Herausgegeben vom
Deutschen Verein für öffentliche und private Fürsorge e.V.

# Fachlexikon der Sozialen Arbeit

8., völlig überarbeitete und aktualisierte Auflage 2017

Redaktion und Lektorat:
Ralf Mulot und Dr. Sabine Schmitt

Nomos

Deutscher Verein
für öffentliche
und private Fürsorge e.V.

Unter *www.fachlexikon.nomos.de* finden Sie weiterführende Informationen und Aktualisierungen.

**Die Deutsche Nationalbibliothek** verzeichnet diese Publikation in der Deutschen Nationalbibliografie; detaillierte bibliografische Daten sind im Internet über http://dnb.d-nb.de abrufbar.

ISBN 978-3-8487-2374-4

8., völlig überarbeitete und aktualisierte Auflage 2017

# Vorwort

Das Fachlexikon der Sozialen Arbeit ist erstmals vor 36 Jahren – anlässlich des 100-jährigen Bestehens des Deutschen Vereins für öffentliche und private Fürsorge e.V. im Jahre 1980 – erschienen und liegt nunmehr in der 8. Auflage vor. Inzwischen ist es als Standardwerk für die Fachkräfte der Sozialen Arbeit, für Mitarbeiterinnen und Mitarbeiter in den Kommunen, den Ländern und dem Bund, anderen Behörden und Verbänden, für die Kommunal-, Landes- und Bundespolitik, für Studierende und Lehrende und für alle an Sozialer Arbeit, Sozialpolitik und Sozialrecht Interessierte unverzichtbar geworden.

Die Planung, Vorbereitung und Herstellung eines so aufwendigen Buchprojektes lässt sich nur in einer interdisziplinär arbeitenden Institution wie dem Deutschen Verein realisieren. Neben den Referentinnen und Referenten der Geschäftsstelle haben viele Expertinnen und Experten aus der Mitgliedschaft des Deutschen Vereins – Kommunen, Bundesländern, Wohlfahrtsverbänden und deren Einrichtungen, Hochschulen und Gerichten – mitgearbeitet. Insgesamt konnten wir rund 650 ausgewiesene Fachleute aus allen Bereichen der Wissenschaft und Praxis der Sozialen Arbeit, der Sozialpolitik und des Sozialrechts als Autorinnen und Autoren gewinnen – getreu dem Grundsatz des Fachlexikons: Fachwissen aus erster Hand!

In den vergangenen 36 Jahren wurden die Konzeption des Fachlexikons, die Schwerpunktsetzung und der Themenzuschnitt immer wieder kritisch hinterfragt und den Erfordernissen der Leserschaft und der Praxis angepasst. Bei der Vorbereitung dieser Neuauflage galt dem interdisziplinären Anspruch des Fachlexikons ein besonderes Augenmerk. So wurden Themenbereiche aus vielen Nachbar- und Randdisziplinen neu systematisiert und im Hinblick auf ihre Relevanz für Soziale Arbeit, Sozialpolitik und Sozialrecht konzipiert.

Die Beiträge wurden vollständig überarbeitet und aktualisiert. Nicht nur Änderungen in Gesetzgebung und Rechtsprechung wurden berücksichtigt, sondern auch aktuelle Entwicklungen und Diskussionen in Wissenschaft und Praxis. Dafür wurden einige Themenbereiche neu konzipiert, manche Stichwörter thematisch zusammengefasst und etliche Einträge neu aufgenommen. Insbesondere die Änderungen im Grundsicherungs- und Sozialhilferecht (SGB II und XII), im Recht der Rehabilitation und Teilhabe (SGB IX) und im Bereich der Pflege (SGB XI) wurden berücksichtigt. Auch aktuelle Entwicklungen der Flüchtlingspolitik, der Familienpolitik, im Bereich der Jugendhilfe und des bürgerschaftlichen Engagements fanden Eingang in das Fachlexikon.

Viele sozialpolitische Reformvorhaben der Bundesregierung in der 18. Legislaturperiode konnten bis zur Sommerpause 2016 nicht endgültig verabschiedet werden. Wenn die Gesetzesinitiativen auf den parlamentarischen Weg gebracht wurden und ihre Umsetzung bis zum Ende der Legislaturperiode zu erwarten ist – wie beim Bundesteilhabegesetz –, wurde in den Stichwörtern auf mögliche Auswirkungen hingewiesen. Sobald die Reformprojekte abgeschlossen sind, bieten wir den Nutzerinnen und Nutzern des Fachlexikons auf einer Themenseite im Internet (www.fachlexikon.nomos.de) aktualisierte Fassungen der Stichwörter.

Für die Konzeption des Themenkomplexes Psychologische Grundlagen der Sozialen Arbeit konnten wir – wie schon bei der Vorauflage – Prof. Dr. Silke Birgitta Gahleitner von der Alice-Salomon-Hochschule in Berlin gewinnen. Prof. Dr. Jürgen Burmeister, Duale Hochschule Baden-Württemberg, Heidenheim, unterstützte uns bei Fragen zu den Themen Ökonomie des Sozialen und Sozialmanagement. Schließlich konnten wir für den Themenkomplex Heilpädagogik auf die Expertise von Kai-Raphael Timpe, Geschäftsführer des Berufs- und Fachverbands Heilpädagogik e.V., Berlin, zurückgreifen. Diese drei Fachleute standen der Redaktion mit Kompetenz und großem Engagement zur Seite. Wir sind ihnen zu großem Dank verpflichtet.

Ein verbessertes Bezugssystem zwischen den Stichwörtern sowie 775 Verweisstichwörter und ein Wörterverzeichnis im Anhang sollen dazu beitragen, einerseits die einschlägigen Stichwörter zum gewünschten Themenbereich rasch zu finden und sie andererseits systematisch in den übergreifenden Kontext einzuordnen. Zum Verständnis der Konzeption und zu einer möglichst einfachen Handhabung des Fachlexikons möchten wir den Leserinnen und Lesern des Fachlexikons die einleitenden Hinweise auf den nächsten Seiten besonders ans Herz legen.

Bereits zum dritten Mal haben wir das Fachlexikon in Kooperation mit dem Nomos Verlag, Baden-Baden, erstellt. Diese bewährte Zusammenarbeit hat sich wieder einmal als angenehm und reibungslos erwiesen. Die Gesamtverantwortung sowie die redaktionelle Bearbeitung lag – wie bei den beiden Vorauflagen – in den Händen von Dr. Sabine Schmitt und Ralf Mulot. Redaktionelle Unterstützung erfuhren sie von Petra Schäfter. Die fachlichen Entscheidungen wurden von der Redaktion in Zusammenarbeit mit Fachleuten aus allen Arbeitsfeldern des Deutschen Vereins getroffen.

Wir möchten all jenen danken, die als bewährte oder als neue Autorinnen und Autoren zur Qualität dieser Auflage beigetragen haben. Für die gründliche Überarbeitung der Stichwörterliste ist besonders den Referentinnen und Referenten der Geschäftsstelle des Deutschen Vereins zu danken. Unser Dank gilt auch den Kooperationspartner/innen beim Nomos Verlag, die mit großem Engagement den Herstellungsprozess begleitet haben. Stellvertretend für alle sei Volker Daiber, Dr. Martin Reichinger und Stefan Simonis gedankt.

Durch das engagierte und kompetente Zusammenwirken aller ist wiederum ein Nachschlagewerk entstanden, das Fachkräften und allen an der Sozialen Arbeit Interessierten einen raschen und gründlichen Überblick über Grundsatzfragen, spezielle Einzelfragen und aktuelle Entwicklungen im gesamten Bereich der Sozialen Arbeit erlaubt.

Die Herstellung von Lexika gehört zu den anspruchsvollsten Verlagsprojekten. Dabei kann es bei aller Sorgfalt dennoch zu Fehlern kommen. Deshalb sind wir für Rückmeldungen, Anregungen und Kritik dankbar.

Berlin, im Juli 2016

*Johannes Fuchs*
Präsident des Deutschen Vereins

*Michael Löher*
Vorstand des Deutschen Vereins

# Inhalt

# Einleitung
# Zur Konzeption des Fachlexikons

Das Fachlexikon der Sozialen Arbeit wendet sich an Sozialarbeiter/innen und Sozialpädagog/innen, an Verwaltungsfachkräfte und Führungspersonal, an Lehrende und Studierende sowie an interessierte Fachleute aus Wissenschaft, Politik, Rechtspflege und Medizin. Es ist als Nachschlagewerk konzipiert und ermöglicht eine schnelle Orientierung ebenso wie eine vertiefte Recherche in immer komplexer werdende Bereichen der Sozialen Arbeit. Auf diese Weise gibt es Auskunft über Grundsatzfragen und aktuelle Entwicklungen in Praxis, Wissenschaft und Politik.

Durch die Hierarchie von Grund-, Haupt- und Nebenstichwörtern, ein System von Verweisstichwörtern und Querverweisen sowie Hinweisen auf weiterführende Literatur erlaubt das Lexikon stets die Vertiefung vom Besonderen zum Allgemeinen und umgekehrt. In den Grundstichwörtern werden einige für die Soziale Arbeit zentrale Begriffe umfassend beschrieben. Sie ermöglichen einen Überblick über Gesamtzusammenhänge einschließlich historischer Entwicklungen. Die Haupt- und Nebenstichwörter stellen einen Begriff vor allem im Hinblick auf die Praxis der Sozialen Arbeit dar; sie erörtern aktuelle Probleme und wissenschaftliche Diskurse. Im Fachlexikon sind auch zahlreiche Beiträge aus den Bereichen Pädagogik, Psychologie, Psychiatrie, Soziologie, Sozialmedizin, Ökonomie, Rechts- und Verwaltungswissenschaften enthalten, die die Erkenntnisse aus den Bezugswissenschaften für die Soziale Arbeit nutzbar machen. Um den Nutzer/innen eine schnelle Übersicht zu erlauben, findet sich im Anhang ein Verzeichnis, in dem alle Stichwörter, auch die Verweisstichwörter, aufgelistet sind.

Viele Fragen der Sozialen Arbeit wurden und werden kontrovers gestellt und ebenso kontrovers diskutiert und beantwortet. In einem Fachlexikon „objektive“ Begriffsbestimmungen zu liefern, die zur Legitimation eines Standpunktes dienen könnten, ist nicht realisierbar und auch nicht gewollt. Stattdessen haben sich Redaktion und Autor/innen zum Ziel gesetzt, die unterschiedlichen fachlichen Positionen, die bei der Definition eines Begriffs eine Rolle spielen, im Stichwort sichtbar werden zu lassen, sodass die Nutzer/innen einen eigenen Standpunkt entwickeln können. Das gilt für theoretische Ansätze, Praxiskonzeptionen und Rechtsauffassungen gleichermaßen.

Im Unterschied zu früheren Auflagen finden sich die Literaturangaben nunmehr direkt unter dem jeweiligen Stichwort.

Redaktionsschluss dieser Auflage war der 10. Juli 2016.

# Zur Benutzung des Fachlexikons

1. *Alphabetische Ordnung:* Die Stichwörter sind ebenso wie das Abkürzungs- und das Verzeichnis der Autorinnen und Autoren alphabetisch geordnet. Die Umlaute ä, ö und ü werden wie ihre Grundlaute a, o und u behandelt; der Buchstabe ß ist wie ss eingeordnet. Die für Lexika gültige Konvention der Nichtberücksichtigung von Leerzeichen, Bindestrichen und anderen Sonderzeichen bei der alphabetischen Sortierung wird auch hier befolgt.

   | | | |
   |---|---|---|
   | Beispiel: | Sozialeinkommen | *steht vor* |
   | | Soziale Kontrolle. | |
   | | Soziale Vorsorge | *steht vor* |
   | | Sozialgeheimnis. | |

2. *Abkürzungen:* Für den Titel des Stichworts wird im jeweils folgenden Text eine Abkürzung benutzt. Sie besteht aus dem Anfangsbuchstaben oder – bei mehrgliedrigen Begriffen – aus einer Kombination aller Anfangsbuchstaben.

   Beispiele: Familie = F.; familiengerechte Hilfe = f. H.,

   oder aus der für den Begriff gebräuchlichen Kurzform,

   Beispiele: Deutsches Rotes Kreuz = DRK
   Weltgesundheitsorganisation = WHO.

3. *Unterschiedliche Bedeutungen* eines Begriffs sind im Artikel durch arabische Ordnungsziffern gekennzeichnet.

4. *Querverweise:* Der lexikalische Pfeil verweist auf andere Stichwörter, die vertiefende, ergänzende oder weiterführende Informationen zur Thematik enthalten.

Berlin, im Juli 2016 Die Redaktion

**Abhängigkeit** → Sucht

**Abklärung der beruflichen Eignung und Arbeitserprobung** Die Prüfung der beruflichen Eignung und Arbeitserprobung innerhalb der beruflichen Rehabilitation erfolgt nach § 33 Abs. 4 S. 2 SGB IX (→ Rehabilitation und Teilhabe behinderter Menschen), um die Art und den Umfang der Leistungen zur → Teilhabe am Arbeitsleben festzustellen. Es ist eine Vorstufe zur eigentlichen → Rehabilitation. Die Prüfung wird rehabilitationsträgerspezifisch durchgeführt (→ Rehabilitationsträger). Das Verfahren umfasst die Feststellung der beruflichen Eignung von → behinderten oder von Behinderung bedrohten Menschen, ggf. in Verbindung mit einer Arbeitserprobung. Ziel ist es, ein neues berufliches Tätigkeitsfeld unter Berücksichtigung der individuellen Fähigkeiten zu ermitteln und die Zuordnung der geeigneten Maßnahmen für eine berufliche Eingliederung vorzunehmen. Die Eignungsabklärung findet in Einrichtungen der beruflichen Rehabilitation (z.B. in Berufsbildungswerken und → Berufsförderungswerken) oder u.U. bereits in einer Einrichtung der → medizinischen Rehabilitation statt.

Die Eignungsabklärung umfasst die Ermittlung der Kenntnisse und Fähigkeiten der Leistungsberechtigten zur Abklärung des Leistungsvermögens und zur Feststellung der körperlichen, geistigen und psychischen Belastbarkeit für eine berufliche Bildungsmaßnahme oder Arbeitstätigkeit. Die Feststellung der beruflichen Eignung erfolgt u.a. durch eine psychologische Eignungsdiagnostik, eine arbeitsmedizinische Begutachtung, eine gezielte berufspraktische Erprobung, die Abklärung der psychophysischen Belastbarkeit sowie der persönlichen Voraussetzungen zur Einleitung der beruflichen Rehabilitation. Im Verfahren sollen Neigung, Eignung und Leistungsfähigkeit der Leistungsberechtigten sowie die am Arbeitsmarkt zur Verfügung stehenden Beschäftigungsmöglichkeiten berücksichtigt werden. Eine Arbeitserprobung umfasst die praktische Abklärung von beruflichen Fähigkeiten zur Ermittlung der arbeitsrelevanten beruflichen Leistungsfähigkeit und der sozialen Ressourcen unter Berücksichtigung der konkreten Einwirkungen am Arbeitsplatz. Ziel der Arbeitserprobung ist es, gemeinsam mit dem Leistungsberechtigten bei feststehendem Berufsziel Zweifelsfragen in Bezug auf die konkreten Anforderungen der Aus- oder Weiterbildung bzw. des Arbeitsplatzes zu klären. Die Dauer zur Abklärung liegt bei ca. zwei Wochen mit einer Kombination der Arbeitsprobung und bis ca. sechs Wochen für → psychisch kranke Menschen. → Sozialleistungsträger sind u.a. die Bundesagentur für Arbeit (→ Agentur für Arbeit), die → Rentenversicherung und die → Unfallversicherung.

Nach § 45 Abs. 3 SGB IX besteht ein Anspruch auf Übergangsgeld, wenn während der Teilnahme kein oder ein geringeres Arbeitsentgelt oder Arbeitseinkommen erzielt wird. Keinen Anspruch haben die Empfänger/innen einer Entgeltersatzleistung (z.B. → Krankengeld, → Arbeitslosengeld). Die Versicherungspflicht in der → Kranken- und → Pflegeversicherung nach § 5 Abs. 1 Nr. 6 SGB V, § 20 Abs. 1 S. 2 Nr. 6 i.V.m. S. 1 SGB XI und in der Rentenversicherung nach § 1 S. 1 Nr. 3 SGB VI besteht weiter, nicht aber in der → Arbeitslosenversicherung.

*Janina Bessenich/Thorsten Hinz*

**Ablauforganisation** → Organisation

**Abschiebung** ist die zwangsweise Durchsetzung der einem/einer Ausländer/in obliegenden Ausreisepflicht. Nach § 58 Abs. 1 Aufenthaltsgesetz (AufenthG, → Zuwanderungsgesetz) ist ein/e Ausländer/in abzuschieben, wenn die Ausreisepflicht vollziehbar ist und die freiwillige Erfüllung der Ausreisepflicht nicht gesichert ist oder aus Gründen der öffentlichen Sicherheit und Ordnung eine Überwachung der Ausreise erforderlich erscheint. Letzteres wird generell für inhaftierte Ausländer/innen angenommen (§ 58 Abs. 3 Nr. 1 AufenthG). Überwachungsbedürftigkeit der Ausreise wird zudem von Gesetzes wegen angenommen im Falle nicht erfolgter freiwilliger Ausreise innerhalb der gesetzten Frist (Nr. 2), bei einer Ausweisung aufgrund eines besonders schwerwiegenden Ausweisungsinteresses gem. § 53 i.V.m. § 54 Abs. 1 AufenthG (Nr. 3), bei Mittellosigkeit (Nr. 4), fehlendem Pass (Nr. 5), Falschangaben oder Verweigerung von Angaben gegenüber der Ausländerbehörde (Nr. 6) oder wenn der/die Betroffene mangelnde Bereitschaft zur freiwilligen Ausreise zu erkennen gegeben hat (Nr. 7). Unbegleitete Minderjährige dürfen nur abgeschoben werden, wenn sie im Zielstaat einem Familienmitglied, einer sorgeberechtigten Person oder einer geeigneten Einrichtung übergeben werden können (§ 58 Abs. 1 a AufenthG). Ist die Ausreisefrist abgelaufen, darf der Termin der A. den Betroffenen nach Ablauf der Ausreisefrist nicht mehr angekündigt werden (§ 59 Abs. 1 S. 8 AufenthG i.d.F. des »Asylpakets I«, → Asylrecht).

Im Asylverfahren prüft das Bundesamt für Migration und Flüchtlinge (BAMF), ob die A. des/der Ausländer/in ins Herkunftsland zu unterbleiben hat wegen politischer Verfolgung (Art. 16 a → Grundgesetz [GG]; § 60 Abs. 1 S. 2 AufenthG), Verfolgung i.S. der Genfer Flüchtlingskonvention (§§ 3 ff. Asylgesetz [AsylG]; § 60 Abs. 1 S. 1 AufenthG), eines drohenden ernsthaften Schadens (§ 4 AsylG; § 60 Abs. 2 AufenthG) oder sonstiger zielstaatsbezogener A.verbote (§ 60 Abs. 5 AufenthG: Verstoß gegen die → Europäische Konvention zum Schutze der Menschenrechte und Grundfreiheiten, namentlich Art. 3, Schutz vor unmenschlicher oder erniedrigender Behandlung; § 60 Abs. 7 AufenthG: erhebliche konkrete Gefahr für Leib, Leben oder Freiheit). Sog. »Allgemeingefahren«, die die gesamte Bevölkerung im Zielstaat oder die Bevölkerungsgruppe des/der Ausländer/in allgemein betreffen, sind nicht im Asylverfahren zu prüfen (§ 60 Abs. 7 S. 5 AufenthG), sondern im Rahmen eines ins Ermessen des jeweiligen Landesinnenministers gestellten, längstens dreimonatigen A.stopps zu berücksichtigen (§ 60 a Abs. 1 S. 1 AufenthG). Eine Ausnahme davon bilden sog. »Extremgefahren«: Führt die A. »sehenden Auges in den sicheren Tod« (Bundesverwaltungsgericht), muss das BAMF auch bei Allgemeingefahr A.schutz gewähren.

Die Ausländerbehörde hat zu prüfen, ob einer A. rechtliche (z.B. Verstoß gegen Art. 6 GG) oder tatsächliche (z.B. Fehlen gültiger Reisepapiere) Hindernisse entgegenstehen (§ 60 a Abs. 2 AufenthG). In diesen Fällen ist die A. auszusetzen und dem/der Betroffenen darüber eine Bescheinigung zu erteilen (»Duldung«, § 60 a Abs. 4 AufenthG). Die Geltendmachung gesundheitlicher A.hindernisse ist an strenge formale Voraussetzungen geknüpft (§ 60 a Abs. 2 c, 2 d AufenthG i.d.F. des »Asylpaket II«). Die A. kann auch aus dringenden humanitären persönlichen Gründen ausgesetzt werden, etwa zum Zweck einer Berufsausbildung (§ 60 a Abs. 2 S. 3 ff. AufenthG).

*Heiko Habbe*

**Abschiebungshaft** ist kurzfristiger Freiheitsentzug zur Sicherung einer → Abschiebung. § 62 Aufenthaltsgesetz (AufenthG, → Zuwanderungsgesetz) knüpft die A. an strenge Voraussetzungen. A. darf nur Ultima Ratio sein, Alternativen müssen daher stets geprüft werden; die A. ist auf den minimal erforderlichen Zeitraum zu beschränken (§ 62 Abs. 1 S. 1 AufenthG). Minderjährige dürfen allenfalls in besonderen Ausnahmefällen inhaftiert werden (§ 62 Abs. 1 S. 2 AufenthG).

§ 62 AufenthG unterscheidet zwischen der (seltenen) Vorbereitungshaft zur Vorbereitung einer Ausweisung (Abs. 2) und der Sicherungshaft zur Sicherung der Abschiebung (Abs. 3). Letztere setzt neben der praktischen Durchführbarkeit und rechtlichen Zulässigkeit der Abschiebung das Vorliegen eines Haftgrundes voraus; zudem muss das anordnende Amtsgericht die Verhältnismäßigkeit der Maßnahme prüfen. Als Haftgründe zählt § 62 Abs. 3 S. 1 abschließend auf: Ausreisepflicht aufgrund unerlaubter Einreise (Nr. 1), eine ergangene, aber noch nicht vollziehbare Abschiebungsanordnung gegenüber einem/einer als besonders gefährlich eingestuften Ausländer/in (z.B. wegen Terrorismusgefahr) gem. § 58 a AufenthG (Nr. 1 a), Wechsel des Aufenthaltsorts ohne Meldung an die Ausländerbehörde nach Ablauf der Ausreisefrist (Nr. 2), schuldhafte Nichtauffindbarkeit zu einem angekündigten Abschiebungstermin (Nr. 3), sonstiges Entziehen (Nr. 4) und Fluchtgefahr (Nr. 5). Kriterien, die die Annahme von Fluchtgefahr rechtfertigen, sind gem. § 2 Abs. 14 AufenthG insbesondere Untertauchen, Identitätstäuschung, Vernichten von Reisedokumenten oder die Inanspruchnahme von Schleusern gegen erhebliches Entgelt. Weitere formale Voraussetzungen für die Anordnung von A. sind gem. §§ 415 ff. → Familienverfahrensgesetz (FamFG) u.a. das Vorliegen eines aussagefähigen Haftantrags, wozu laut Bundesgerichtshof (BGH) auch die Vorlage der Ausländerakte gehört, sowie die Anhörung der Betroffenen zu den erhobenen Vorwürfen.

Die Haft darf max. 18 Monate dauern (§ 62 Abs. 4 AufenthG), muss jedoch unterbleiben bzw. aufgehoben werden, wenn bereits feststeht, dass die Abschiebung nicht innerhalb der nächsten drei Monate erfolgen kann (so der BGH mit Blick auf Abs. 3 S. 3). Der Vollzug der A. ist in § 62 a AufenthG geregelt. Gefangene sind in gesonderten Einrichtungen, getrennt von Strafgefangenen, unterzubringen (Abs. 1 S. 1). Familien ist im Fall der Inhaftierung ausreichende Privatsphäre zu gewährleisten. Besondere Vorschriften gelten bei Inhaftierung Minderjähriger (Abs. 3). Kontakt zu Anwält/innen, Familienangehörigen, Konsularbehörden und Hilfsorganisationen ist zu ermöglichen (Abs. 2, Abs. 4).

Eine max. viertägige A. zu reduzierten Voraussetzungen ermöglicht der Ausreisegewahrsam (§ 62 b AufenthG). Wegen des Abweichens von den Voraussetzungen des § 62 Abs. 3 AufenthG bestehen Zweifel an der Europarechtskonformität der Vorschrift. Haft zur Sicherung der Überstellung in Dublin-Verfahren (→ Dublin III-Verordnung) folgt eigenen Voraussetzungen in Art. 28 VO Nr. 604/2013 (EU) i.V.m. § 2 Abs. 15 AufenthG.

*Heiko Habbe*

**Abstammung** als biologische Kategorie bedeutet die durch Zeugung und Geburt begründete genetische Zuordnung eines Menschen zu seinen Eltern. A. ist als Rechtsbegriff die hauptsächliche (daneben nur noch durch Adoption begründbare) Voraussetzung des Rechtsbandes der → Verwandtschaft (§ 1589 → Bürgerliches Gesetzbuch [BGB]) und, durch sie vermittelt, der Schwägerschaft (§ 1590 BGB).

Gemäß § 1591 BGB ist Mutter eines Kindes die Frau, die es geboren hat. Mutter des Kindes ist also auch die Frau, die sich die befruchtete Eizelle einer anderen Frau einpflanzen lässt und das Kind austrägt (→ Ersatzmutter). Die genetische Mutter ist mit dem auf diese Weise zur Welt gekommenen Kind nicht verwandt. Die allein auf der Geburt beruhende biologische Mutterschaft ist unverrückbar und von niemandem anfechtbar. Hinsichtlich der Vaterschaft arbeitet das Gesetz mit bestimmten Vermutungen, die nur durch eine → Vaterschaftsanfechtung im Rahmen eines → Vaterschaftsprozesses widerlegt werden können: War die Mutter zum Zeitpunkt der Geburt verheiratet, so gilt ihr Ehemann für und gegen jedermann als der Vater des Kindes (§ 1592 Nr. 1 BGB). Auf die Dauer der → Ehe vor der Geburt und die tatsächliche Zeugungsfähigkeit des Mannes kommt es nicht an. Das Gleiche gilt, wenn der Ehemann verstirbt und das Kind binnen 300 Tagen nach dem Tode des Mannes geboren wird (§ 1593 S. 1 BGB). Hat die Frau binnen dieser Frist allerdings erneut geheiratet, so gilt der neue Ehemann als der Vater (§ 1593 S. 2 BGB). War zum Zeitpunkt der Geburt die Mutter verheiratet, aber die → Ehescheidung anhängig und erkennt ein Dritter spätestens binnen eines Jahres nach Rechtskraft der Scheidung mit Zustimmung der Mutter und dem (früheren) Ehemann die Vaterschaft an (→ Vaterschaftsanerkennung), so gilt dieser Dritte frühestens mit Rechtskraft der Scheidung als Vater (§ 1599 Abs. 2 BGB). War die Mutter zum Zeitpunkt der Geburt nicht verheiratet, so gilt derjenige Mann als Vater, der die Vaterschaft mit Zustimmung der Mutter (§ 1595 Abs. 1 BGB) anerkennt (§ 1592 Nr. 2 BGB). Eine tatsächliche Prüfung der Vaterschaft findet nicht statt.

Ist das Kind mit Einwilligung des Mannes und der Mutter (gleich, ob miteinander verheiratet oder nicht) durch künstliche Befruchtung mittels Samenspende eines (ggf. anonymen) Dritten gezeugt worden, so ist die Anfechtung der Vaterschaft durch den rechtlichen Vater oder die Mutter ausgeschlossen (§ 1600 Abs. 5 BGB). Anfechtungsberechtigt ist aber das Kind selbst. Nach der Rechtsprechung des OLG Hamm (OLG Hamm NJW 2013, 1167) hat das Kind zudem gegen den Befruchtungsarzt/die Samenbank einen Anspruch auf Preisgabe des Namens des anonymen Samenspenders. Die Gefahr, dass der anonyme Samenspender von dem Kind auf Unterhalt in Anspruch genommen wird und das Kind nach seinem Tod Erb- oder Pflichtteilsansprüche (→ Erbrecht) geltend macht, ist also real.

Besteht keine Vaterschaftsvermutung nach § 1592 Nr. 1 oder 2 BGB, so ist die Vaterschaft in einem Vaterschaftsverfahren festzustellen (§ 1592 Nr. 3 BGB). Antragsberechtigt sind das Kind, die Mutter und der Vater, wenn die Mutter einer Vaterschaftsanerkennung durch ihn nicht zugestimmt hat. Zur Kenntnis der Mutter siehe → Vertrauliche Geburt; zur → Staatsangehörigkeit des Kindes siehe dort.

*Hans-Otto Burschel*

**Abstandsgebot** In der deutschen Fürsorgegeschichte lassen sich zwei Interessen benennen, die bei der Bemessung und Festsetzung von → Regelbedarfen (bzw. ihrer historischen Äquivalente) eine zentrale Rolle gespielt haben: Zum einen war der unabdingbare → Bedarf bzw. notwendige Lebensunterhalt zu bestimmen; insbesondere der physiologische Bedarf. Hierfür wurden teilweise Warenkörbe mit den als notwendig angesehenen Gütern aufgestellt (→ Bedarfsbemessungssystem), deren preislicher Wert als Orientierungsgröße für die Höhe der festzusetzenden Regelbedarfe diente. Zum anderen wurden Leistungen aus Mindestsicherungssystemen auch immer im Spannungsverhältnis zum Wohlstandsniveau abhängig Beschäftigter (als gesellschaftlicher »Normalfall«) gesehen und hier insbesondere in Relation zu den verhältnismäßig niedrigen → Einkommen unqualifizierter bzw. gering qualifizierter Arbeiter/innen: Aus ordnungspolitischen Gründen sollten die bedarfsorientierten Fürsorgeleistungen (deutlich) unter den leistungsbezogenen Lohneinkommen liegen.

Das zuletzt in § 28 Abs. 4 SGB XII normiert A. bestimmte, dass die Regelbedarfe zusammen mit Durchschnittsbeträgen für die Kosten von → Unterkunft und → Heizung sowie weiteren Leistungen unter den durchschnittlichen monatlichen Nettoarbeitsentgelten unterer Lohn- und Gehaltsgruppen (einschließlich einmaliger Zahlungen zuzüglich → Kindergeld und → Wohngeld) in einer → Haushaltsgemeinschaft mit einem Ehepaar und drei Kindern mit einem alleinverdienenden Vollzeitbeschäftigten liegen müssen. Faktisch hat das A. nie die Neufestsetzung der Regelbedarfe beeinflusst.

Als einer der Sicherung der → Menschenwürde und Verwirklichung des → Sozialstaatsprinzips sachfremde Regelung wurde das explizite A. nach dem Urteil des Bundesverfassungsgerichts vom 9.2.2010 (1 BvL 1/09 u.a.) zur Unvereinbarkeit der Regelbedarfe mit der Verfassung aus dem SGB XII (→ Sozialhilfe) herausgenommen.

*Reiner Höft-Dzemski*

**Abtreibung** → Schwangerschaftsabbruch

**Abtretung** → Rechtsnachfolge

**Abwehrprozesse** → Psychoanalytische Beratung und Therapie

**Abweichendes Verhalten** → Devianz, → Soziale Kontrolle

**ADHS** (Aufmerksamkeitsdefizithyperaktivitätssyndrom, wissenschaftlich korrekt: Aufmerksamkeitsdefizit/Hyperaktivitätsstörung, gemäß dem Diagnostischen und Statistischen Manual Psychische Störungen [DSM] IV Nr. 314.01 – der unaufmerksam-impulsiv-hyperaktive Typ bzw. 314.00 – der unaufmerksame Typ) gilt international als valide → Diagnose. 2004 wurde ADHS vom führenden Forscher R. Barkley als »harmful dysfunction« bezeichnet, als einen Zustand, der den Menschen in seiner psychischen, emotionalen, kognitiven und sozialen Entwicklung beeinträchtigt, resultierend aus einer Dysfunktion interner Mechanismen, ihre natürliche Funktion zu erfüllen.

Die konstitutionell bedingte spezifische Regulierungsdynamik bei ADHS mit den typischen funktionellen Auswirkungen führt zu einem Wahrnehmungs- und Reaktionsstil, der Betroffene von Gleichaltrigen unterscheidet. Wie die internationale Forschung immer eindeutiger belegt, besteht bei ADHS eine Aufmerksamkeitsstörung in Form von Ablenkbarkeit und zu geringer Ausdauer, wobei zudem die Aufmerksamkeit nur bei subjektiv positiver emotionaler Vorbewertung einer Sache oder einer Person aktiviert werden kann. Angesichts einer schwierigen oder subjektiv langweiligen Aufgabenstellung erfolgt schlagartiges »Ermüden«. Betroffene können nach Unterbrechung oft nicht zurück zur Aufgabe finden, können sich nicht so schnell umorientieren. Bedingt durch eine mittlerweile belegbare Dysregulation des Hirnstoffwechsels im Stirnhirn (und einige strukturelle Unterschiede im Vergleich zu Nichtbetroffenen), nutzen Kinder, Jugendliche und Erwachsene mit ADHS offensichtlich ihre neuronalen Netzwerke »anders«. So reift eine »automatische Servo-Verhaltenskontrolle« nicht aus, die Kurzzeitspeicherkapazität bleibt zu klein bezüglich des Aufnehmens und Integrierenkönnens von Information innerhalb des Speichers über die Zeit. Das Setzen von Prioritäten ist nur schwer möglich. Ein reifes, abgewogenes Entscheiden, ebenso ein ständiges, selbstangeleitetes inneres Sprechen mit der Fähigkeit, sich planend und zielgerichtet anzuleiten, entwickelt sich nicht ausreichend. Der Spontanabruf von Wissen gelingt oft nur unzureichend oder verzögert. Da nicht gleichmäßig auf Altdaten im Langzeitspeicher zuverlässig zurückgegriffen werden kann, ist → Lernen aus Erfahrung/Einsicht kaum möglich. Es entsteht kein Gefühl für Zeit und Zeitverlauf. Unangenehme Aufgaben werden meist bis auf den letztmöglichen Zeitpunkt »geschoben«. Die Impulskontrollstörung beinhaltet eine eingeschränkte Steuerungsfähigkeit der Bewegungsimpulse und der sprachlichen Äußerungen, aber auch, dass schnell emotional, sofort bewertend, polarisierend wahrgenommen wird. Die Stimmung kippt extrem schnell aus geringstem Anlass. Die Gefühlslage wird rasch extrem mit einem »sich Hineinsteigern«, ohne dies zu wollen oder verhindern zu können. Die motorische Unruhe, die aber nicht bei allen Betroffenen besteht (diese wirken dann eher langsam und verträumt), weicht im Laufe der Kinderentwicklung einer eher inneren Getriebenheit, kann aber auch bei hoher → Motivation oder Neuheitscharakter einer Situation intermittierend völlig verschwinden. Bereits im Vorschulalter besteht ein hohes Unfallrisiko, ab Eintritt in die Schule mit zusätzlich häufiger Entwicklung von → Angst, → Depression, oppositionellem Trotzverhalten. Ca. 80% der Kinder haben Schwierigkeiten mit dem Lernen i.S. einer Lese- oder Rechtschreibschwäche, Rechenschwäche bis hin zur Ausformung einer Legasthenie oder Dyskalkulie.

Zielführende Hilfestellungen sind Psychoedukation, Elterntraining, → Verhaltensorientierte Beratung und Therapie auf Basis eines profunden Störungsbildverständnisses, v.a. → soziale Kompetenz im Jugendalter, Hilfen zur Selbstorganisation mit Visualisierung, auch für das Management von Zeit und Finanzen.

*Cordula Neuhaus*

**Adoleszenz** → Jugend, → Pubertät

**Adoption** → Adoptionsvermittlungsgesetz (AdVermiG), → Annahme als Kind

**Adoptionsvermittlungsgesetz (AdVermiG)** Gesetz über die Vermittlung der Annahme als Kind und über das Verbot der Vermittlung von Ersatzmüttern (i.d.F. vom 21.12.2001, BGBl I S. 354). Das A. regelt die Adoptionsvermittlung bei einer sogenannten Fremdkindadoption (§ 1

AdVermiG). Bei der Annahme einer/eines Minderjährigen durch den Ehegatten bzw. eingetragenen Lebenspartner eines Elternteils oder durch mit ihr/ihm verwandte Personen wie Großeltern gibt das zuständige → Jugendamt im familiengerichtlichen Verfahren nach § 194 → Familienverfahrensgesetz (FamFG) allein eine → gutachtliche Stellungnahme zum Vorliegen der Voraussetzungen für eine → Annahme als Kind nach den Regelungen im BGB (§§ 1741 ff. BGB) ab. Zudem ist im A. das Verbot der Ersatzmuttervermittlung (§ 13 c AdVermiG) und der Suche von Ersatzmüttern oder Bestelleltern durch Anzeigen (§ 13 d AdVermiG) normiert.

Das Gesetz gilt nach § 68 Nr. 12 SGB I als besonderer Bestandteil des → Sozialgesetzbuchs (SGB). Abweichend von den allgemeinen Regelungen im SGB X ist insbesondere der Umgang mit den Vermittlungsakten inklusive der → Akteneinsicht (§ 9 b AdVermiG) und der → Datenschutz (§ 9 d AdVermiG) geregelt. Es kennt zudem eigenständige Bußgeld- und Strafvorschriften (§§ 14, 14 b AdVermiG).

Adoptionsvermittlung erfolgt durch die Adoptionsvermittlungsstellen der Jugendämter (§ 2 AdVermiG) und die durch die zentrale Adoptionsvermittlungsstelle des zuständigen → Landesjugendamts anerkannten Adoptionsvermittlungsstellen anderer Organisationen, etwa solche von Trägern der freien → Kinder- und Jugendhilfe (§ 4 AdVermiG). Die Vermittlung internationaler Adoptionen durch die Adoptionsvermittlungsstelle eines Jugendamts oder einer anderen Organisation bedarf einer gesonderten Gestattung durch die zentrale Adoptionsvermittlungsstelle des zuständigen Landesjugendamts (§ 2 a AdVermiG). Im Übrigen sind eine Adoptionsvermittlung oder eine Adoptionsanzeige nicht zulässig (§§ 5 f. AdVermiG).

Die zuständige Adoptionsvermittlungsstelle prüft die allgemeine Eignung von Bewerbern – auch im Rahmen einer internationalen Adoption – für die Annahme eines Kindes (§ 7 AdVermiG) und erstellt einen sog. Sozialbericht („homestudy“). Auf das Erstellen eines Sozialberichts besteht ein → Rechtsanspruch. Steht die allgemeine Eignung fest, hat die Adoptionsvermittlungsstelle zu prüfen, für welches bestimmte Kind die Bewerber im Vergleich zu anderen Bewerbern besonders geeignet sind (»Matching«). Im Anschluss wird das Kind bei den Bewerbern in Adoptionspflege gegeben (§ 8 AdVermiG).

Vor und während der Adoptionspflege ebenso wie nach der Adoption hat die Adoptionsvermittlungsstelle die Aufgabe, die Annehmenden, das Kind und seine Eltern zu beraten und zu unterstützen, auch im Hinblick auf die rechtlichen Voraussetzungen einer Adoption wie die erforderlichen Einwilligungserklärungen bzw. den Antrag der Annehmenden (§ 9 AdVermiG).

*Birgit Hoffmann*

**Adoptionswirkungsgesetz (AdWirkG)** Das AdWirkG trat am 1.1.2002 als »Gesetz über Wirkungen der Annahme als Kind nach ausländischem Recht« in Kraft und schuf einheitliche Regelungen zum Anerkennungs- und Wirkungsfeststellungsverfahren bei ausländischen Adoptionen. Seit dem 1.9.2009 kann auf Antrag beim → Familiengericht allgemeinverbindlich festgestellt werden, ob die Adoption in Deutschland anzuerkennen oder (bei Vertragsadoptionen) wirksam ist. Das Verfahren der Nachadoption wurde damit abgeschafft und Rechtsunsicherheit für Betroffene beseitigt. Das Verfahren ist fakultativ. Liegen die Voraussetzungen des § 3 vor, ermöglich das AdWirkG die Umwandlung einer »schwachen Adoption« in eine »Volladoption«, wodurch das adoptierte Kind die rechtliche Stellung eines leiblichen Kindes des/der Annehmenden erhält. Um die Anwendung des Gesetzes zu vereinfachen, ist in jedem Oberlandesgerichtsbezirk nur ein Gericht zuständig (Konzentrationsgericht, § 5 Abs. 1 u. 2). Bei der Anerkennungs- und Wirkungsfeststellung wird die → Bundeszentralstelle für Auslandsadoption beteiligt (§ 5 Abs. 3), bei Umwandlungen die jeweils zuständige Zentrale Adoptionsstelle des Landesjugendamtes sowie das zuständige → Jugendamt (Adoptionsvermittlungsstelle). Das AdWirkG erfasst auch Adoptionsbeschlüsse, die vor seiner Geltung erlassen worden sind.

*Gabriele Scholz*

**Adressat/in** wird in der Sozialen Arbeit als eine Art Sammel- oder Oberbegriff für jene Menschen, benutzt, an die sich deren Angebote unmittelbar richten. Im Rahmen des sog. Wohlfahrtsdreiecks (→ Dreiecksverhältnis, sozialrechtliches) bietet Soziale Arbeit Leistungen an, welche durch öffentlich-rechtliche, markwirtschaftliche, gemeinschaftliche oder hybride Organisationen erbracht werden. Die A. im Kontext marktwirtschaftlicher Arrangements bezeichnet man i.d.R. als → Kunden, Teilnehmende oder Mandanten. Die Beziehung zwischen Anbietern und A. ist idealtypisch von einer partnerschaftlichen, symmetrischen Beziehung gekennzeichnet und beruht auf einem ohne Zwang zustande gekommenen Vertrag über die von den Marktteilnehmenden unmittelbar zu erbringende Leistung bzw. Gegenleistung. Im Rahmen gemeinschaftlicher Vereinigungen, wie Jugendverbände, Kirchengemeinden, Genossenschaften oder Selbsthilfevereine, werden A. meist als Mitglieder bezeichnet. Trotz des überwiegend gemeinschaftlichen und auf Gegenseitigkeit beruhenden Charakters dieser Organisationen existieren hier, bei unterschiedlichen Beschäftigungs- und Machtverhältnissen, tendenziell eher asymmetrische Beziehungen zwischen vor (→ Macht in der Sozialen Arbeit). An die Gruppe unmittelbarer Nutznießer oder Zielgruppen öffentlicher Träger richten sich jene Angebote und Maßnahmen, die in der Regel mit einem öffentlichen Schutz- und Kontrollauftrag (staatliche → Daseinsvorsorge und -fürsorge) verbunden sind und sich durch einen → Zwangskontext mit eingeschränkten Freiheitsrechten der A. auszeichnen. In diesen asymmetrischen Beziehungen bezeichnet man A. als Klient/innen (z.B. → Hilfe zur Erziehung), Patient/innen (z.B. → Psychiatrische Versorgung) oder Proband/innen (→ Straffälligenhilfe).

*Herbert Effinger*

**AFET – Bundesverband für Erziehungshilfe e.V.** Der AFET ist ein Bundesfachverband der → Kinder- und Jugendhilfe mit dem Schwerpunkt → Hilfen zur Erziehung und starker Orientierung auf die Schnittstellen der angrenzenden Fachgebiete. Er arbeitet stark austauschorientiert und bezieht sich deutlich auf seine Mitglieder und seine Gremien. Er agiert aktuell pragmatisch, sowohl inhaltlich fachlich als auch jugendhilfepolitisch. Dabei wird die → Kooperation mit anderen Trägern und Organisationen gesucht. Seine zentrale Aufgabe ist die fachliche Qualifizierung der Erziehungshilfe und die Einflussnahme auf fachpolitische Entwicklungen.

Der AFET bietet – insbesondere → öffentlichen und → freien Trägern – eine Plattform für Dialog mit dem Ziel, gemeinsam konsensfähige Standpunkte zu finden: Bearbeitung von Grundsatzfragen, Erarbeitung fachpolitischer Stellungnahmen, Erstellung von Arbeitshilfen und Veröffentlichungen, Durchführung bundesweiter Fachveranstaltungen, Förderung von Forschungsvorhaben, Förderung des Informations- und Erfahrungsaustausches, Kooperation und Vernetzung mit anderen Verbänden und Öffentlichkeitsarbeit.

2015 hat der AFET ca. 650 Mitglieder, darunter 13 Bundesländer, ca. 100 → Jugendämter, über 350 → Einrichtungen der Erziehungshilfe, → Landesjugendämter und Ministerien, Ausbildungsstätten und Hochschulen, → kommunale Spitzenverbänden, privatwirtschaftliche Einrichtungen und Einzelpersonen.

*Anschrift*: Georgstr. 26, 30159 Hannover, www.afet-ev.de

*Jutta Decarli*

**Agentur für Arbeit** (AfA, ehemals Arbeitsamt) ist die unterste und örtliche Verwaltungsebene der gemäß § 367 Abs. 2 SGB III (→ Arbeitsförderung) in drei Ebenen gegliederten Bundesagentur für Arbeit (BA, ehemals Bundesanstalt für Arbeit). Die zweite Ebene bilden zehn Regionaldirektionen. Die Umbenennung von Arbeitsamt in AfA erfolgte im Rahmen des »Dritten Gesetzes für moderne Dienstleistungen am Arbeitsmarkt« vom 23.12.2003 (BGBl I S. 2921). Der Bezirk einer AfA umfasst i.d.R. eine oder mehrere → kreisfreie Städte bzw. → Landkreise. In flächenmäßig großen AfA-Bezirken sind regelmäßig Geschäftsstellen eingerichtet, um die Wege der Bürger/innen zu verkürzen. Deutschlandweit gibt es 156 AfAs mit 616 Geschäftsstellen (Stand Mai 2015). Jede AfA wird gem. § 383 Abs. 1 SGB III von einem/r Geschäftsführer/in oder einer Geschäftsführung geleitet, die aus einer/einem Vorsitzenden und bis zu zwei weiteren Mitgliedern besteht. Organe der → Selbstverwaltung sind bei der BA der Verwaltungsrat und bei den AfA die Verwaltungsausschüsse. Sie überwachen die Arbeit des Vorstandes beziehungsweise der Geschäftsführung und beraten diese in allen Fragen des → Arbeitsmarktes.

Innerhalb ihres Bezirks ist die AfA für die Entgeltersatzleistungen aus der → Arbeitslosenversicherung und die aktive Arbeitsförderung zuständig (Aufzählung in § 3 Abs. 3 und 4 SGB III). Sie ist insbesondere für die Bewilligung und Auszahlung von → Arbeitslosengeld (Alg) und anderer passiver Leistungen wie dem → Insolvenzgeld an Arbeitnehmer/innen und die Berufsberatung und Arbeitsvermittlung (§§ 29 ff. SGB III), aber auch für Leistungen an Arbeitgeber und an Träger von Arbeitsförderungsmaßnahmen verantwortlich. Die Familienkasse der BA ist zudem für die Durchführung des Bundeskindergeldgesetzes (BKGG, → Kindergeld) zuständig (§ 7 Abs. 1 BKGG). Eine weitere besondere Dienststelle ist die Zentrale Auslands- und Fachvermittlung (ZAV) in Bonn.

Bezieht eine arbeitsuchende Person keine Leistungen aus der Arbeitslosenversicherung oder ist ihr Anspruch auf Arbeitslosengeld erschöpft und ist sie hilfebedürftig (→ Hilfsbedürftigkeit), ist nicht die AfA, sondern das → Jobcenter zuständig. Die jeweilige örtliche → Zuständigkeit ist in § 327 SGB III und § 36 SGB II (→ Grundsicherung für Arbeitsuchende) geregelt. Neben den Landkreisen und kreisfreien Städten ist die BA jedoch auch

Träger von Leistungen nach dem SGB II. Seit durch das »Vierte Gesetz für moderne Dienstleistungen am Arbeitsmarkt« vom 24.12.2003 (BGBl I S. 2954) die → Arbeitslosenhilfe und die → Sozialhilfe zum sog. Hartz IV (→ Arbeitslosengeld II – Alg II, § 19 SGB II) zusammengelegt wurden, erfolgt mit Ausnahme der sog. Optionskommunen (§ 6 a SGB II) die Aufgabenwahrnehmung nach dem SGB II durch Kommunen und BA gemeinsam (→ Träger der Grundsicherung). Dies erfolgte zunächst in Arbeitsgemeinschaften und seit dem 1.1.2011, am dem das »Gesetz zur Weiterentwicklung der Organisation der Grundsicherung für Arbeitsuchende« in Kraft trat (BGBl I 2010 S. 1112), durch 303 gemeinsame Einrichtungen, die zusammen mit den begrenzt zugelassenen kommunalen Trägern (105) die Jobcenter bilden (§ 6 d SGB II).

*Evelyn Räder*

**AGE Platform Europe** ist ein europäisches Netzwerk bestehend aus etwa 150 Organisationen von Menschen über 50, die mehr als 25 Mio. ältere Menschen in der → Europäischen Union (EU) vertreten. AGE versteht sich als Sprachrohr für die Interessen der 150 Mio. älteren Einwohner/innen der EU. AGE setzt sich dafür ein, zentrale Themen älterer Menschen auf die EU-Tagesordnung zu bringen und bei europäischen Debatten das Augenmerk auf ältere Menschen zu lenken. Wichtige Themenfelder für die europäische Organisation und ihre Mitglieder sind altersfreundliches Europa, Aktives Altern, lebenslanges Lernen, Gesundes Altern, angemessenes Einkommen und Bekämpfung von Armut im Alter. AGE wurde im Januar 2001 als Ergebnis eines Diskussionsprozesses gegründet, wie die Zusammenarbeit zwischen Seniorenorganisationen auf EU-Ebene verbessert und ausgebaut werden könnte. Zu den Gründungsmitgliedern gehören die drei europäischen Seniorenorganisationen Eurolink Age (EA), die European Platform of Senior's Organisations (EPSO) und die Fédération Internationale des Associations de Personnes Agées (FIAPA). Zu den Mitgliedern zählen → Seniorenverbände und Organisationen, die gemeinsam mit oder für ältere Menschen arbeiten, um deren Ansichten, Interessen und Bedürfnisse eine gewichtige Stimme zu verleihen. Das → Kuratorium Deutsche Altershilfe, die → Bundesarbeitsgemeinschaft der Senioren-Organisationen und die Senioren Union der CDU in Niedersachsen (beobachtendes Mitglied) sind als deutsche Mitglieder in der Europäischen Seniorenplattform vertreten.

*Annette Scholl*

**Aggression** Das Phänomen der A. durchdringt das soziale Zusammenleben der Menschen. Beispiele sind Bullying und → Mobbing in der Schule und im Berufsleben, sexuelle Belästigung und Vergewaltigung und gewalttätige → Delinquenz. Ein weiteres Beispiel ist die Intergruppen-A., die von Auseinandersetzungen nach Fußballspielen bis zur Feindseligkeit gegen Migranten. Daher kommt der Kontrolle der A. im sozialen Kontext eine große Bedeutung zu. A. wird als absichtliches Handeln definiert, dass auf die Schädigung eines anderen gerichtet ist. Zwei Grundformen der A. sind zu unterscheiden: impulsive A., die geringe Planung aufweist und auf der emotionalen Grundlage von Ärger, Wut oder Empörung spontan stattfindet, und instrumentelle A., bei der → Gewalt überlegt und berechnend eingesetzt wird, um ein erstrebenswertes Ziel zu erreichen.

Die empirische A.forschung umfasst verschiedene Ebenen der Betrachtung, die von den Stimulus-Bedingungen bis zum kulturellen Hintergrund reichen. Ein Beispiel für die erstgenannte Ebene besteht in dem vielfach bestätigten Befund, dass Provokationen Vergeltung hervorrufen und damit einen Teufelskreis der A. in Gang setzen können. Die kulturellen Determinanten werden durch die Kultur der Ehre veranschaulicht, die beinhaltet, dass sich Personen schon aufgrund von Kleinigkeiten persönlich angegriffen fühlen und Vergeltung üben. Die Frustrations-Aggressions-Theorie bezieht sich darauf, dass eine Blockierung der Zielerreichung Gefühle der Frustration erzeugt, die aggressive Reaktionen nach sich ziehen können (eine andere häufige Reaktion auf Frustration ist Rückzug). Symbole, die mit der A. zu tun haben, können ein aggressives → Verhalten nach einer Frustration fördern. Alle unangenehmen Erfahrungen rufen einen negativen Affekt hervor, der die A.bereitschaft erhöht.

Das allgemeine A.modell beinhaltet Ausgangsbedingungen, vermittelnde Variablen und Konsequenzen. Ausgangsbedingungen entstammen entweder der Situation (z.B. Provokation) oder der Person (z.B. ihre Gereiztheit). Weiterhin wirken sich vermittelnde Merkmale aus, die sich auf → Emotionen und Gedanken beziehen. Schließlich treten Konsequenzen auf, die sowohl die Art der Informationsverarbeitung (unbewusst oder bewusst) als auch die Art der A. (impulsiv oder instrumentell) umfassen. Aus diesem Modell lässt sich das schon erwähnte Phänomen des Teufelskreises der A. ableiten: Geringfügige → Konflikte tendieren dazu, im Laufe der Zeit zu gewalttätigen Konflikten zu eskalieren. In der → Familie ist die Entstehung eines Teufelskreises der A. ein großes Problem, das häufig im Verborgenen schwelt und zu einer Bedrohung des Zusammenhalts unter den Familienmitgliedern führt.

Nach der Erregungs-Transfer-Theorie kann eine aggressive Handlung durch Resterregung, die aus früheren Erfahrungen, die nur kurze Zeit zurückliegen, resultiert, verstärkt werden. Wenn sowieso Ärger in einer interpersonellen Beziehung vorherrscht, kann die Resterregung leicht zu einer Ärgersteigerung führen, die auf einer Fehlattribution beruht. So stellt körperliche Anstrengung durch schnelles Laufen physiologische Erregung bereit, die einer Ärgeremotion hinzuaddiert werden kann. Solche emotionalen Transfereffekte spielen besonders in Ausnahmesituationen der physischen oder sozialen Bedrohung eine Rolle. Das erklärt, warum sich → Arbeitslosigkeit ungünstig auf interpersonelle Beziehungen auswirken kann, indem die Feindseligkeit der betroffenen Person gesteigert wird. Attributionen beeinflussen die Stärke der Vergeltung nach einer Provokation. Wenn der Anlass auf eine feindselige Intention einer anderen Person zurückgeführt wird, steigt das A.niveau an. Umgekehrt wird die A.bereitschaft minimiert, wenn der Anlass durch äußere Umstände, Missgeschicke oder entschuldbare Fehlleistungen erklärt wird. Je stärker eine Person solche entlastenden Attributionen verwendet, desto geringer wird ihr Streben nach Vergeltung ausfallen.

Viele aggressive Vorfälle beruhen auf der Wirkung von Vorbildern, die Gewalt vorleben. Der Familie, der Schule und den Gleichaltrigen (→ Peergroup) kommt in diesem Zusammenhang eine große Bedeutung zu. Durch die Nachahmung von Vorbildern kann es zu einer Weitergabe der A.neigung über die Generationen kommen. Eine weitere Förderung aggressiver Tendenzen entsteht aufgrund der Gewaltdarstellung in Computerspielen und Fernsehprogrammen, die besonders bei Jungen, die diese Medien häufig nutzen, eine antisoziale Wirkung entfalten. In diesem Zusammenhang sind auch Darstellungen von Vergewaltigungen in pornographischen Produktionen und Gewalttätigkeit, die in Sportarten wie Fußball und Eishockey regelmäßig zu beobachten sind, zu erwähnen. Letztere wirken sich v.a. dann problematisch aus, wenn sie durch den Schiedsrichter nicht als Foul geahndet werden.

Eine wichtige Maßnahme gegen aggressive Tendenzen bei Kindern und Jugendlichen ist Elterntraining, das für die Kinder ein positives Familienklima schafft und es den Eltern ermöglicht, schwierige Erziehungssituationen ohne Gewaltanwendung zu bewältigen. Außerdem spielt Kindertraining eine große Rolle, das sowohl das Lernen einer kognitiven Steuerung des Handelns (erst Denken, dann Handeln) als auch eine Neuinterpretation von geringfügigen Anlässen im Sinne von entlastenden Attributionen beinhaltet (Petermann u.a.). Gerade selbstunsichere Kinder und Jugendliche neigen vorschnell dazu, sich angegriffen zu fühlen. Daher ist soziales Kompetenztraining ein wichtiger Beitrag zur Reduktion von aggressiven Entwicklungstendenzen im Kindes- und Jugendalter. Außerdem kommt der Konfliktmediation bei Streitigkeiten unter Jugendlichen eine große Bedeutung zu, da sie eine Eskalation der Konflikte verhindern kann (Montada u.a.).

*Lit.* Albrecht, H. J.: Fußball und Gewalt. Entwicklungen, Erklärungsansätze und Prävention, MschrKrim 2006/89, S. 158–174; Krahé, B.: Sexuelle Aggression und Opfererfahrung unter Jugendlichen und jungen Erwachsenen: Prävalenz und Prädiktoren, PsyRu, 2009/60, S. 173–183; Lösel, F./Bliesener, T.: Aggression und Delinquenz unter Jugendlichen, Neuwied 2003; Lösel, F./Bender, D./Jehle, J.M. (Hrsg.): Kriminologie und wissensbasierte Kriminalpolitik, Mönchengladbach 2007; Montada, L./Kals, E.: Mediation, 3. Aufl., Weinheim 2013; Petermann, F./Petermann, U.: Training mit aggressiven Kindern, 13. Aufl., Weinheim 2012.

*Hans-Werner Bierhoff*

**Agogik** Aus dem Niederländischen stammende Bezeichnung für eine Form der Theoriebildung auf vorwissenschaftlicher Ebene mit dem Ziel, das im Bereich sozialer Dienstleistungs- und Bildungsaktivitäten vorhandene Erfahrungswissen zu systematisieren, die handlungsleitenden Prinzipien herauszuarbeiten sowie die darin enthaltenen Wertvorstellungen zu reflektieren. Die A. versteht sich als Beitrag zur Weiterentwicklung des klassischen Methodeninventars der → Sozialen Arbeit.

A. ist ein praxistheoretisches Wissenschaftskonzept, das Interaktionsprozesse (→ Interaktion) sozialer → Kommunikation so zu erklären versucht, dass es für die Beteiligten möglich wird, ihr auf Problemlösung ausgerichtetes Handeln zu beobachten und gleichzeitig in der Eingebundenheit komplexer Prozesse zu reflektieren.

A. ist ein umfassender Begriff für die (An-)Leitung, → Beratung und Lehre von Menschen. A. ist ein ganzheitlicher und lebensweltbezogener Handlungsansatz, der kognitive, emotionale, körperliche und soziale Lernprozesse initiiert und begleitet. Die Denkfiguren der A. befassen sich mit Aspekten einer dialogischen, demokratischen, Kreativität und Kräfte freisetzenden Gestaltung von menschlichen Beziehungen und Lebenssituationen. A. als sozialer Bildungsprozess ist ressourcenorientiert und ermöglicht über die Anregung von Selbstwirksamkeitsprozessen persönliches Wachstum.

Soziala. wird als Oberbegriff für die Pädagogik (→ Erziehung allgemein), Andragogik (→ Erwachsenenbildung) und Geragogik (→ Bildung im Alter) verwendet, die arbeitsfeldspezifische Akzente setzen.

*Ingrid Maria Sitzenstuhl*

**AIDS-Hilfe** Die erste A. wurde 1983 in Berlin unter dem Namen Deutsche AIDS-Hilfe gegründet, 1984 folgten München und Hamburg, 1985 Köln, Düsseldorf und Frankfurt, in der Folge viele weitere Städte. Ziele waren professionelle Hilfe und Unterstützung für Kranke, die Sammlung und Verbreitung von Informationen über die Krankheit und politisches Engagement gegen die befürchtete (erneute) Diskriminierung schwuler Männer, später auch von Drogengebraucher/innen, Prostituierten und Migrant/innen aus Ländern mit besonders weiter HIV-Verbreitung (Hochprävalenzländer). Heute sind fast alle der derzeit etwa 120 örtlichen A.-Organisationen – dazu gehören z.B. auch Drogenhilfen, Präventionsprojekte, Schwulen- und Lesbenzentren sowie Wohn- und Pflegeprojekte – in Landesverbänden sowie dem Bundesverband → Deutsche AIDS-Hilfe e.V. zusammengeschlossen. Ihre Arbeitsgrundlage ist die strukturelle → Prävention, der zufolge Gesundheitsverhalten nicht nur Folge individueller Entscheidungen ist, sondern maßgeblich von politischen, sozioökonomischen und kulturellen Strukturen beeinflusst wird, Verhaltens- und Verhältnisprävention nicht zu trennen sind und die drei Präventionsebenen (Primär-, Sekundär- und Tertiär-Prävention) zusammengehören. Die A.-Organisationen informieren und beraten Menschen aus allen Bevölkerungsgruppen – auch »auf der Straße« und in den Szenen, z.B. in der Schwulen- oder Drogenszene, telefonisch und im Internet –, bieten → Selbsthilfe- und Gesprächsgruppen für HIV-Positive, Aidskranke sowie An- und Zugehörige an und begleiten und betreuen Menschen mit HIV, Aids und Hepatitis zu Hause, in Wohnprojekten, → Krankenhäusern, Gefängnissen und Drogentherapie-Einrichtungen. Darüber hinaus führen sie Aufklärungs- und Fortbildungsveranstaltungen für verschiedene Bevölkerungs- und Berufsgruppen durch (z. B. in Schulen und Jugendeinrichtungen) und leisten politische Arbeit sowie Presse- und → Öffentlichkeitsarbeit auf lokaler/regionaler Ebene. Einige A. und Projekte bieten des Weiteren die Möglichkeit, sich auf HIV, Hepatitis und z.T. auch auf andere sexuell bzw. beim Drogenkonsum übertragbare → Krankheiten testen zu lassen, betreiben Drogenkonsumräume, Kontaktläden für Drogengebraucher/innen oder Anlaufstellen für Stricher, organisieren Beschäftigungs- und Qualifizierungsprojekte für Menschen mit HIV und kooperieren mit Betreiber/innen von Bordellen oder Clubs sowie mit Nutzer/innen sexueller Dienstleistungen. Finanziert werden die A. i.d.R. im Rahmen von kommunalen Leistungsvereinbarungen sowie über Landeszuwendungen, darüber hinaus tragen häufig Spenden, Sponsoringleistungen und Erlöse aus Benefizveranstaltungen zur Sicherung der Arbeitsfähigkeit bei. Unerlässlich für die meisten A.-Organisationen sind ehrenamtliche Mitarbeiter/innen, die z.B. in Präventionsteams und für Informations- und Aufklärungsveranstaltungen eingesetzt werden.

*Informationen:* www.aidshilfe.de

*Holger Sweers*

**Akkreditierung von Studiengängen** → Studium der Sozialen Arbeit

**Akteneinsicht** ist den Verfahrensbeteiligten eines → Verwaltungsverfahrens, Verwaltungsprozesses oder eines Verfahrens in Familiensachen und den Angelegenheiten der freiwilligen Gerichtsbarkeit (→ Familienverfahrensgesetz [FamFG]) grundsätzlich zu gewähren. Personen, die am Verfahren nicht beteiligt sind (Dritte) steht grundsätzlich kein Recht auf A. zu, soweit es sich nicht um amtliche Informationen nach dem Informationsfreiheitsgesetz (IFR) handelt. Erst das Recht auf A. ermöglicht es den betroffenen Personen, ihre Rechte im behördlichen oder gerichtlichen Verfahren effektiv wahrzunehmen, da hierfür meist eine genaue Kenntnis der Aktenlage erforderlich ist. Zu den Akten gehören alle Unterlagen, die sich auf das konkrete Verfahren beziehen (z.B. auch Bilder, Skizzen, Pläne, Urkunden usw.). Nicht umfasst sind jedoch interne Bearbeitungsvermerke, damit den Bearbeiter/innen eine unbefangene → Aktenführung ermöglicht wird (vgl. §§ 100 Abs. 3 Verwaltungsgerichtsordnung [VwGO], 120 Abs. 4 Sozialgerichtsgesetz [SGG]). Um die oftmals sehr persönlichen Daten über die am Verfahren beteiligten Personen vor Dritten zu schützen (→ Datenschutz), besteht eine Pflicht zur Gewährung von A. im Verwaltungsverfahren gegenüber Dritten nur dann, wenn diese ein rechtliches Interesse an der A. geltend machen können (§§ 29 Abs. 1 Verwaltungsverfahrensgesetz [VwVfG], 25 Abs. 1 SGB X). Die A. kann selbst Verfahrensbeteiligten verwehrt werden, wenn dies zum Schutz berechtigter Interessen anderer Personen oder Institutionen an der Geheimhaltung bestimmter in den Akten befindlichen Informationen erforderlich ist. Im sozialrechtlichen Verwaltungsverfahren kann die A. auch zum Schutz der betroffenen Person selbst verwehrt werden, soweit es sich um gesundheitliche Informationen handelt und zu befürchten ist, dass die A. zu einem unmittelbaren (insbesondere gesundheitlichen) Nachteil bei der betroffenen Person führen würde. In diesem Fall ist der Akteninhalt von einem Arzt der betroffenen Person mitzuteilen. Im gerichtlichen Verfahren besteht für alle Verfahrensbeteiligten ein Recht auf A. (§§ 100 Abs. 1 VwGO, 120 Abs. 1 SGG). Allerdings ist die Behörde berechtigt, die Vorlage von Akten dem Gericht vorzuenthalten, wenn sie dazu gesetzlich verpflichtet oder dies zum Wohle des Bundes oder eines deutschen Landes erforderlich ist (§§ 99 Abs. 2 VwVfG, 119 Abs. 1 SGG). Im FamFG findet sich eine ganz ähnliche Abstufung: Die Beteiligten haben grundsätzlich ein Recht auf A., wenn nicht schwerwiegende Interessen anderer entgegenstehen. Dritte hingegen müssen zunächst ein berechtigtes Interesse an der A. glaubhaft machen. Ihnen kann die A. selbst bei Vorliegen eines berechtigten Interesses schon dann versagt werden, wenn der A. schutzwürdige Interessen anderer Personen entgegenstehen (§ 13 FamFG).

*Anusheh Rafi*

**Aktenführung** Dass Akten in der täglichen Praxis ordnungsgemäß geführt werden und auch vollständig sein müssen (BVerfG v. 6.6.1983 – 2 BvR 244/83), folgt aus dem Gebot der Transparenz und Nachvollziehbarkeit des Verwaltungshandelns, das wiederum aus dem in Art. 20 Abs. 3 → Grundgesetz verankerten → Rechtsstaatsprinzip hergeleitet wird. Der materiell- und formell-rechtliche Stand einer Sache muss jederzeit aus der Akte ersichtlich sein. Weder im → Sozialgesetzbuch noch in den allgemeinen Verwaltungsgesetzen findet sich aktuell eine allgemeingültige Legaldefinition des Begriffs der Akte. Sofern eine Akte, wie bei Behördenakten üblich, strukturiert aufgebaut und damit nach bestimmten Merkmalen zugänglich und auswertbar ist, fällt sie jetzt unter den Begriff der nicht automatisierten Datei (§ 67 Abs. 3 S. 2 SGB X). Ausgehend hiervon fasst das § 3 Abs. 6 Datenschutzgesetz Nordrhein-Westfalen unter den Begriff der Akte »jede der Aufgabenerfüllung dienende Unterlage, die nicht Teil der automatisierten Datenverarbeitung ist«. Konkret versteht man darunter jede Sammlung von Trägern geschriebener oder gesprochener Texte sowie von Abbildungen, die von einer Person oder Stelle zu bestimmten amtlichen oder dienstlichen Zwecken, etwa als Grundlage für künftige Entscheidungen, geführt wird und deren einzelne Teile auf Dauer in einer bestimmten physischen Ordnung zusammengefasst sind. Vorentwürfe oder persönliche Notizen fallen nur darunter, sofern sie Bestandteil eines Vorganges werden und amtlichen Charakter haben. A. umfasst damit insbesondere die Verpflichtung, alle für das Verwaltungsverfahren einschl. der Anhörung und die abschließende Entscheidung wesentlichen Vorgänge durch Vermerke und Niederschriften chronologisch festzuhalten. Für einen Bescheid (→ Sozialleistungsbescheid) ist das insofern von großer Bedeutung, als sich die Sachverhaltsdarstellung in der Begründung auf den dokumentierten Akteninhalt und die dort aufgeführten Tatsachen stützen muss. Das Landessozialgericht NRW (Urteil v. 28.5.2008 – L11 KA 16/08) zählt in diesem Zusammenhang »alle Unterlagen, die den Gegenstand des Verwaltungsverfahrens betreffen, und zwar unabhängig davon, ob die Behörde sie zu den Verwaltungsakten im engeren Sinn nimmt«, zum Aktenbegriff im Sinne des § 25 SGB X. Darüber hinaus umfasst der Aktenbegriff zum Fall gehörende Datenträger im IT-System ggf. einschl. elektronischer Akte. Die A. selbst ist durch entsprechende Dienstanweisungen oder → Verwaltungsvorschriften durch die jeweiligen Träger zu bestimmen. Das Gleiche gilt für die Aufbewahrungsfristen. Die Unterteilung einer Gesamtakte beispielsweise in Arbeitsplatz- oder Fallakte und Verfahrensakte (Rechtsstreitigkeiten) ist sinnvoll. Weitere Unterteilungen in z.B. Pflegedokumentation, Auszahlungsnachweise und Forderungsmanagement sind wegen einer schnelleren Übersicht empfehlenswert. Die A. muss innerhalb eines Trägers dann allerdings einheitlich sein. Eine Durchnummerierung der Seiten ist gesetzlich nicht vorgegeben, erleichtert jedoch die Handhabung und Bezugnahme in der Begründung von Entscheidungen. Darüber hinaus ist sie wichtiges Indiz dafür, dass die Akte nicht manipuliert wurde.

*Rainer Gilles*

**Aktion Psychisch Kranke e.V. (APK)** ist ein überparteilicher, berufsgruppenübergreifender und von Einrichtungen und Leistungsträgern unabhängiger Zusammenschluss von Parlamentarier/innen und engagierten Fachleuten aus der → Psychiatrischen Versorgung. Sie tritt für die Verbesserung der Versorgung → psychisch kranker und → seelisch behinderter Menschen ein. Seit 1971 gestaltet die APK die Weiterentwicklung psychiatrischer Versorgungsstrukturen durch federführende Beteiligung an wesentlichen psychiatriepolitischen Reformprojekten mit. Auf der Basis der Empfehlung der Psychiatrie-Enquête (1975) und der »Empfehlungen der Expertenkommission zur Reform der Versorgung im psychiatrischen und psychotherapeutisch/psychosomatischen Bereich (1988)« setzt sich die APK für den Ausbau bedarfsgerechter Versorgungsstrukturen für psychisch kranke Menschen ein. Im Mittelpunkt steht dabei der geforderte Paradigmenwechsel von der an Einrichtungskonzepten orientierten »institutionszentrierten« Behandlung und → Rehabilitation zum an individuellen Bedarfen und Zielen orientierten »personenzentrierten Ansatz«. Schwerpunktthemen seit 2008 sind: seelische Gesundheit von Kindern und Jugendlichen, Weiterentwicklung psychiatrisch/psychotherapeutischer Krankenhausbehandlung, → Teilhabe psychisch kranker Menschen an Arbeit und Beschäftigung und am Leben in der Gemeinschaft, personenzentrierte Hilfen für psychisch kranke alte Menschen und für Menschen mit Pflegebedarf, Psychiatrie und → Menschenrechte, Umsetzung der → UN-Behindertenrechtskonvention (BRK) sowie Förderung der → Selbsthilfe.

Arbeitsweisen sind: themenspezifische Expertenkommissionen, Politikberatung, Einwirken auf die Gesetzgebung; Erarbeitung von Rahmenempfehlungen zur regionalen Versorgung, Dokumentation, Kooperation und Finanzierung, Fachveranstaltungen, Information der Bevölkerung durch Broschüren u.a.

*Anschrift*: Oppelner Straße 130, 53119 Bonn, www.apk-ev.de

*Ulrich Krüger*

**Aktivierende Pflege** Seit Inkrafttreten des Pflege-Versicherungsgesetzes existiert folgende Interpretation dessen, was man unter a. P. versteht, und eine klare Angabe darüber, welchen Stellenwert diese haben sollte: »Die Pflege soll als a. P. erbracht werden, die vorhandene und wiedererlernbare Fähigkeiten des pflegebedürftigen Menschen fördert und sichert. Selbstständigkeit und Selbsthilfefähigkeit des Pflegebedürftigen sind zu unterstützen und der Pflegebedürftige zur Mithilfe bei der Ausführung aller Pflegeleistungen anzuleiten. Aktivierende Maßnahmen sollen alle körpernahen Verrichtungen einbeziehen, aber auch die hauswirtschaftliche Versorgung, die Organisation des Tagesablaufs und die Gestaltung der Wohnung oder des Pflegeheimes. Die Angehörigen des Pflegebedürftigen sollen sich an der a. P. beteiligen. Die aktive Einbeziehung des Pflegebedürftigen ist eine wesentliche Voraussetzung, → Pflegebedürftigkeit zu überwinden, den Pflegezustand zu verbessern oder einer Verschlimmerung vorzubeugen. Dazu gehören z.B. die Ermunterung und ggf. Hilfestellung beim bettlägerigen Pflegebedürftigen zum Aufstehen und Umhergehen, die geistige Anregung insbesondere bei alleinstehenden, vereinsamten Menschen, die Anleitung zum selbstständigen Essen statt passiver Nahrungsaufnahme usw.« (Stellungnahme der Bundesregierung zu § 28 Abs. 4 SGB XI → Pflegeversicherung). A. P. setzt demnach ein rehabilitatives Pflegeverständnis voraus. Denn ein rehabilitatives Pflegeergebnis kann langfristig nur erzielt werden, wenn es gelingt, die noch vorhandenen Selbstpflegefähigkeiten und → Ressourcen des pflegebedürftigen Menschen zu aktivieren. Mithin sollte Pflege einen grundsätzlich rehabilitativen Charakter haben. Eine überwiegend »versorgende Pflege« führt dazu, dass → Hilfebedürftigkeit erhalten und gefördert, statt vermieden und behoben wird. Die generelle Umsetzung dieses gesetzlich verankerten Anspruchs kann jedoch nur unter der Voraussetzung eines ergebnisorientierten Qualitätsansatzes im → Gesundheitswesen gewährleistet werden. Bei dem heutigen maßnahmenorientierten System werden Aktivierungs-/Rehabilitationserfolge finanziell eher bestraft.

*Adelheid von Stösser*

**Alkoholismus** → Sucht

**Alleinerziehende** sind Personen, die ohne Lebenspartner oder Lebenspartnerin mit einem oder mehreren minder- oder volljährigen, unverheirateten, leiblichen, Adoptiv-, → Stief- oder → Pflegekindern im → Haushalt leben. Rund ein Fünftel aller A. in Deutschland pflegen eine Partnerbeziehung ohne → Haushaltsgemeinschaft. A. tragen die elterliche Verantwortung für ein oder für mehrere Kinder weitgehend allein. Sie sind ledig, verheiratet-getrenntlebend, geschieden oder verwitwet. Zwischen A. und ihren Kindern bestehen soziale, verbindliche Beziehungen, in denen Alltag gestaltet wird. Der alleinerziehende Elternteil ist allein verantwortlich für alle Belange des täglichen Lebens und muss von daher auch versuchen, Erwerbsarbeit, Versorgungsansprüche und Familienarbeit miteinander zu koppeln. In den vergangenen Jahren stieg der Anteil der A. an allen Familienhaushalten deutlich an. Derzeit stellen die A. 20% aller Familienformen, d.h. jede fünfte Familie mit Kindern unter 18 Jahre im eigenen Haushalt in Deutschland ist eine A.-Familie. Das Gros der A. stellen mit rund 90% eindeutig die Mütter.

A., die mit einem Partner oder einer Partnerin im Haushalt leben, gelten nach dem „Lebensformenkonzept“ als Lebensgemeinschaften mit Kindern. Synonym zum Begriff „Alleinerziehende“ wird häufig auch der Begriff „Ein-Eltern-Familie" verwendet. Die ansteigende Tendenz dieser Familien- und Lebensform ist nicht nur zahlenmäßig zu verzeichnen. Auch Akzeptanz und Wertschätzung von A. sind deutlich gestiegen. Sie haben heute einen legitimen Charakter und gelten als eine moderne Familien- und Lebensform von vielen. Seit einiger Zeit wird eine kontroverse Diskussion um die Definition des A.-Begriffes geführt. Sie beinhaltet die Frage, ob Mütter oder Väter nicht auch dann als alleinerziehend gelten, wenn sie mit einer Partnerin oder einem Partner im Haushalt zusammenleben. Entscheidend sei doch, wer der alleinerziehende Elternteil ist und wer sich um das Kind kümmert und nicht, ob noch jemand im Haushalt lebt. Die Selbstdefinition von A. kann in dieser Diskussion weiterhelfen. Demnach erleben sich viele A. dann nicht als alleinerziehend, wenn der Partner, die Partnerin oder der leibliche Elternteil die Vater- bzw. Mutterrolle übernimmt. Der Begriff A. ist inhaltlich nahezu identisch mit dem Begriff Ein-Eltern-Familie. In vielen Untersuchungen zur Lebenssituation A. werden beide Begriffe geführt. Beide Begriffe weisen jedoch Unschärfen auf. Als alleinerziehend könnten beispielsweise viele bundesdeutsche Mütter bezeichnet werden, weil ihnen deutlich häufiger als den Vätern die Verantwortung für die Erziehung der Kinder obliegt. Der Begriff Ein-Eltern-Familie wiederum erfasst nicht die Verheiratet-Getrenntlebenden, die sich häufig noch in einem Zwischenstadium vor der → Ehescheidung befinden. Die meisten A. wünschen sich eine stabile Partnerschaft. Ein Drittel aller A. lebt nach drei Jahren wieder mit einem neuen Partner oder einer neuen Partnerin zusammen. Viele A. definieren sich über eigene Erwerbsarbeit und sehen diese als einen elementaren Bestandteil ihres Lebenskonzeptes.

In der Heterogenität ihrer Lebensformen weisen A. einige Besonderheiten auf, die für die → Soziale Arbeit eine sehr bedeutende Rolle spielen. Rund einem Drittel aller A. geht es ausgesprochen gut. Dieser wissenschaftliche Befund verweist auf die Annahme, dass A. eine normale und gesellschaftlich stabile Familienform darstellen. Aber ungefähr zwei Drittel aller A. leben in spezifischen Risikosituationen und die Armutsquote bei A. ist deutlich höher als bei Zwei-Eltern-Familien. Die teils sehr schwierig zu bewältigenden problematischen Situationen korrespondieren mit besonderen Lebensumständen, wie mit einem geringen Schul- oder Berufsabschluss, mit geringfügiger Beschäftigung, mit geringem Einkommen, mit mehreren Kindern, mit krisenhaften Familienbiografien, mit mangelnder Kleinkindbetreuung und mit Schwachstellen in den → sozialen Netzwerken der jeweiligen A. In der Sozialarbeit/Sozialpädagogik und speziell in Beratungskonstellationen treten häufiger diejenigen A. in Erscheinung, die mit solchen multiproblematischen Lebenskonstellationen zu tun haben. In der → Beratung verschwimmt jedoch oft das analytische Bild, weil sich die meist alleinerziehenden Frauen in ihren Äußerungen auf Erziehungsprobleme, Versorgungsprobleme der Kinder, Überlastungsphänomene, Kommunikationsprobleme, Vernachlässigung der → Unterhaltspflicht des getrennt lebenden Elternteils oder auf → Verhaltensauffälligkeiten der Kinder beziehen. Der Blick in der Sozialarbeit/Sozialpädagogik ist von daher zunächst fallbezogen, aber zusätzlich feldbezogen und auf die gesellschaftlichen Rahmenbedingungen auszurichten. Neue Formen der lokalen und gesellschaftlichen Verteilung von Chancen gehören neben der betreuenden und beraterischen Arbeit zu den sozial- und kommunalpolitischen Leistungen der sozialpädagogischen Tätigkeit. Dazu zählen das Eintreten für die Entwicklung entsprechender Möglichkeiten sowie die Vernetzung mit den bereits vorhandenen zielgruppenbezogenen Angeboten beruflicher und schulischer → Fort- und Weiterbildung, mit Wiedereinstiegsprogrammen und beruflichen Integrationsprojekten, mit Foren zur Unternehmenssensibilisierung für die spezifischen → Kompetenzen von A. und insbesondere mit den pluralen Angeboten der → Kindertagesbetreuung vom Kleinkindalter an.

BMFSFJ (Hrsg.): Monitor Familienforschung – Alleinerziehende in Deutschland. Lebenssituationen und Lebenswirklichkeiten von Müttern und Kindern, Ausgabe 28, Berlin 2012; Hammer, V.: Aktuelle wissenschaftliche Erkenntnisse zu Einelternfamilien in Deutschland, in: BZgA FORUM Sexualaufklärung und Familienplanung, Heft 1/2011, S. 3–7; Hammer, V.: Alleinerziehende – eine Familienform mit gesellschaftlichem Potenzial, in: LebensUmwege: Alleinerziehende. Zehn Porträts, Gütersloh 2013, S. 192–195; Prognos AG: Im Blickpunkt: Alleinerziehende wirksam unterstützen. Kompetenzbüro Wirksame Familienpolitik, Berlin 2015.

*Veronika Hammer*

**Allgemeiner Sozialdienst (ASD)** Die historischen Wurzeln für den ASD finden sich in den meisten deutschen Städten am Anfang der 1920er-Jahre, als bei den Polizei- oder Gesundheitsbehörden (sozial-)fürsorgerische Dienste eingerichtet wurden, die sich der Armen in der Stadtgesellschaft anzunehmen hatten (verarmte

Familien, ledige Mütter, verwahrloste Kinder).

Ein ASD existiert heute unter dieser oder vergleichbaren Bezeichnungen (Kommunaler Sozialdienst) flächendeckend in allen → kreisfreien Städten und → Landkreisen der Bundesrepublik Deutschland. Der ASD gewährleistet die sozialpädagogische Basisversorgung im erzieherischen Bereich. Damit sind die Gemeinsamkeiten, die die ASD in Deutschland aufweisen, aber auch schon erschöpft: Organisationsform und Aufgabenprofil des ASD variieren von Stadt zu Stadt und von Landkreis zu Landkreis oft erheblich. Das liegt zum einen an der Organisationshoheit der kommunalen Ebene und zum anderen daran, dass es – anders als beim → Jugendamt (JA) und beim → Sozialamt – keine gesetzliche Vorschrift für Organisation und Aufgabenstellung des ASD gibt. Als weitere Schwierigkeit für die Beschreibung des ASD kommt hinzu, dass die Dienste – wie allerorts die Kommunalverwaltungen – auch noch ständigen Wandlungsprozessen unterworfen sind (ausgelöst durch Reformprozesse der Verwaltung [→ Verwaltungsmodernisierung] und/oder Haushaltskonsolidierungsprozesse).

Die häufigste Variante ist die Organisation des ASD als Abteilung innerhalb des Jugendamts. Es finden sich aber auch – tendenziell in größeren Städten – ASD als eigenständige Dienststellen. In kleineren Kommunen kann der ASD Teil eines »übergreifenden« Amtes für Jugend, Familie und Soziales sein, aber auch – eher seltener – Teil des Sozialamtes oder sogar des → Gesundheitsamtes.

Ebenso wie die Organisationsform variieren die Aufgabenprofile der ASD; die o.g. Basisversorgung im erzieherischen Bereich ist der kleinste gemeinsame Nenner, der von jedem ASD wahrgenommen wird. Dazu gehören im Einzelnen die eigenständige → Beratung von → Familien zu erzieherischen Belangen, die Beratung über → Hilfen zur Erziehung bis hin zur Antragstellung, die → Trennungs- und Scheidungsberatung, wenn → Anträge zum Sorge- oder → Umgangsrecht gestellt wurden einschließlich Berichterstattung an das → Familiengericht. Weiterhin gehört zum Aufgabenprofil jedes ASD die Wahrnehmung der Garantenpflicht, d.h. die Abwendung von einer Gefährdung des → Kindeswohls i.S. des § 8 a SGB VIII und des § 1666 BGB. Zwei weitere Aufgaben im Zusammenhang mit → Kinder- und Jugendhilfe können, müssen aber nicht zum Aufgabenprofil des ASD gehören: Die Fallverantwortung bei stationären Hilfen zur Erziehung (→ Hilfeplanung in der Jugendhilfe) ist mancherorts bei einem gesonderten Fachdienst angesiedelt, d.h. die → Zuständigkeit wechselt mit dem Beginn einer stationären Hilfe. Ähnliches gilt für die Jugendgerichtshilfe (→ Mitwirkung des Jugendamts in Verfahren nach dem Jugendgerichtsgesetz [JGG]): Sie kann Aufgabe der ASD-Fachkraft sein, kann aber auch von einem speziellen Fachdienst innerhalb oder auch außerhalb des ASD wahrgenommen werden. Die Diskussion, ob eine Aufgabe eher in einem »breit« zuständigen ASD oder in einem gesonderten speziellen Sozialdienst (besonderen Sozialdienst) anzusiedeln sei, wird permanent geführt.

Es gibt ASD, die neben diesen Aufgaben im Bereich der Kinder- und Jugendhilfe weitere sozialpädagogische Beratungsaufgaben wahrnehmen (ganzheitlicher Ansatz): → Beratung in wirtschaftlichen Fragen für Leistungsempfänger/innen nach dem SGB II (→ Grundsicherung für Arbeitsuchende) und anderer Transferleistungen (eine Aufgabe, die nach Einführung des SGB II und der eigenen Beratungskompetenz der Fallmanager/innen und der persönlichen Ansprechpartner/innen in den Jobcentern deutlich an Bedeutung verloren hat); Beratung bei Wohnungsproblemen; Beratung bei Behinderung/chronischer Erkrankung über Leistungen und Fördermöglichkeiten; Beratung von Senior/innen über Hilfen usw. In Kommunen, in denen der ASD sich auf die o.g. Jugendhilfeaufgaben beschränkt, existieren für die hier aufgelisteten weiteren Aufgaben i.d.R. kleine sozialpädagogische Dienste beim Sozial- und/oder Gesundheitsamt.

Gemeinsamkeiten bei allen ASD finden sich dann wieder bei den grundlegenden fachlichen Prinzipien und Methoden der sozialpädagogischen Arbeit. Nahezu alle ASD arbeiten mit dem Prinzip der regionalen räumlichen Zuständigkeit, d.h. jede sozialpädagogische → Fachkraft deckt in einem räumlich definierten Bezirk alle dem ASD zugeordneten Aufgaben ab; daher rührt die Bezeichnung Bezirkssozialarbeit für die Tätigkeit im ASD.

Ein weiteres Prinzip der Bezirkssozialarbeit ist die aufsuchende Arbeit: Neben Terminen im Amt führen alle ASD-Fachkräfte auch Hausbesuche durch; die Notwendigkeit dafür ergibt sich aus der Zuständigkeit für Kinder- und Jugendhilfe. Um eine fachgerechte → sozialpädagogische Diagnose durchführen zu können, muss das häusliche Umfeld und das Verhalten und Agieren der Familienmitglieder im häuslichen Umfeld gesehen werden. Damit ist durchaus auch ein Kontrollaspekt verbunden.

Das dritte Merkmal der Bezirkssozialarbeit ist die intensive Vernetzung: Alle Bezirkssozialpädagog/innen müssen in ihrem Bezirk und darüber hinaus enge Arbeitskontakte zu den wichtigsten Kooperationspartnern aufbauen und pflegen, weil nur in »Koproduktion« wirksame Hilfe organisiert und geleistet werden kann. Zu den Kooperationspartnern zählen u.a. → Kindertageseinrichtungen, Schulen, die Polizei, Kinderärzte und -kliniken, Hebammen, → freie Träger, die Sozialämter, die Jobcentern, Wohnungsämter und Wohnungsunternehmen, → sozialpsychiatrische Dienste, → Psychiatrien, Psychosoziale Beratungsstellen (→ Psychosoziale Beratung), Schuldnerberatungsstellen (→ Schuldnerberatung). In diesem Kontext werden Bezirkssozialpädagog/innen des ASD neben der eigenen Beraterfunktion immer auch die eines Case-Managers innehaben, der andere (besondere Dienste oder Spezialdienste) mobilisiert und deren Einsatz organisiert (→ Case Management).

Ein wichtiges Diskussionsthema in allen ASD ist die Frage nach der gebotenen Organisation und Handlungsweise bei Mitteilungen über Kindeswohlgefährdung, d.h. die Umsetzung der Garantenpflicht; mittlerweile gibt es in nahezu allen ASD dazu entsprechende Regelungen und Dienstanweisungen, die Handlungssicherheit für die Bezirkssozialpädagog/innen bringen sollen. In den letzten Jahren kamen in diesem Arbeitsfeld als konkurrierende Instanz im eigenen Haus (Jugendamt) vielerorts die → »frühen Hilfen« dazu, Spezialdienste für den Kinderschutz. Ein weiteres wichtiges Thema stellt die Kostenentwicklung und Kostenkontrolle bei den Hilfen zur Erziehung nach §§ 27 ff. SGB VIII dar: Die Bezirkssozialarbeit befindet sich hier nicht selten in einem Dilemma zwischen dem Rechtsanspruch der Klient/innen auf die geeignete Hilfe und dem Druck zur Kostenreduzierung, der von den Verantwortlichen für den kommunalen Haushalt ausgeübt wird.

*Lit.* Blätter der Wohlfahrtspflege: Der Allgemeine Sozialdienst, Heft 1/2002; Deutscher Verein für öffentliche und private Fürsorge: Profil für einen kommunalen Sozialdienst, Frankfurt a. M. 2002; Greese, D./Güthoff, F./Kersten-Rettig, P.: Allgemeiner Sozialer Dienst – jenseits von Allmacht und Ohnmacht, Münster 2003; Hans-Böckler-Stiftung: Modernisierung kommunaler Sozialverwaltungen und der Sozialen Dienste, Düsseldorf 1997; Institut für Sozialarbeit und Sozialpädagogik (Hrsg.): Der Allgemeine Soziale Dienst. Aufgaben, Zielgruppen, Standards, München/Basel 2010; Stieve, H.: Tagebuch einer Fürsorgerin, Nachdruck der Originalausgabe von 1925, Weinheim 1983.

*Dieter Maly*

**Allgemeines Gleichbehandlungsgesetz (AGG)** Um Verpflichtungen aus vier EU-Richtlinien – sog. Anti-Rassismus-Richtlinie (2000/43/EG), sog. Rahmenrichtlinie Beschäftigung (2000/78/EG), sog. Gender-Richtlinie (2002/73/EG bzw. neugefasst 2006/54/EG), Richtlinie zur Gleichstellung der Geschlechter auch außerhalb der Arbeitswelt (2004/113/EG) – nachzukommen, hat Deutschland insbesondere das AGG geschaffen, das seit dem 18.8.2006 in Kraft ist. Ziel des AGG ist es, Benachteiligungen aus Gründen der Rasse oder wegen der ethnischen Herkunft, des Geschlechts, der Religion oder Weltanschauung, einer Behinderung, des → Alters oder sexuellen Identität zu verhindern oder zu beseitigen (§ 1). Das AGG enthält Vorschriften zum Schutz vor arbeitsrechtlichen Benachteiligungen (mit entsprechender Anwendung für öffentlich-rechtliche Dienstverhältnisse, § 24) und im Zivilrechtsverkehr im Bereich von Massengeschäften und privatrechtlichen Versicherungen sowie deren Ausnahmereglungen. Es listet Maßnahmen und Pflichten des Arbeitgebers zum Schutz vor Benachteiligungen sowie Rechte der Beschäftigten (Beschwerderecht, Leistungsverweigerungsrecht, §§ 13 f.) und ihre Rechtsfolgen bei Verstößen gegen das → Benachteiligungsverbot (Entschädigung, Schadensersatz, § 15 Abs. 1–3, § 21 Abs. 2, Beseitigungs-, Unterlassungsansprüche, § 21 Abs. 1) auf. Beschäftigte i.S. des AGG sind auch die in einem arbeitnehmerähnlichen Rechtsverhältnis in einer → Werkstatt für behinderte Menschen tätigen Personen (§ 6 Abs. 1 Nr. 3). Als Formen der Ungleichbehandlung unterscheidet das AGG unmittelbare und mittelbare Benachteiligung, Belästigung, sexuelle Belästigung und die Anweisung zu einer dieser Verhaltensweisen (§ 3 Abs. 1–5). Die Beweislast ist zugunsten derjenigen Partei erleichtert, die sich auf eine Benachteiligung beruft: Sie muss lediglich die Tatsachen glaubhaft machen, die eine Benachteiligung begründen könnten. Die Gegenpartei trägt dann die Beweislast dafür, dass kein Verstoß gegen die Bestimmungen zum Schutz vor Benachteiligung vorliegt (§ 22). Um die Durchsetzung von Rechten der Betroffenen zu erleichtern, werden unterstützende Antidiskriminierungsverbände i.S. von § 23 Abs. 1 befugt, in gerichtlichen Verfahren als Beistände Benachteiligter in der Verhandlung aufzutreten (§ 23 Abs. 2). Der von Kritikern des AGG befürchteten Bürokratiezuwachs und eine Klageflut blieb aus. Auf der Grundlage von § 25 ist eine Antidiskriminierungsstelle des Bundes errichtet worden. Zu ihren Aufgaben zählen u.a. Information, → Beratung, auf Wunsch Unterstützung von Betroffenen bei einer gütlichen Einigung, Öffentlichkeitsarbeit, Maßnahmen zur Verhinderung von Benachteiligungen, Durchführung wissenschaftlicher Untersuchungen sowie die regelmäßige Vorlage eines Berichts an den Deutschen Bundestag, einschließlich Empfehlungen zur Beseitigung und Vermeidung von Benachteiligungen (§ 27).

Ein durch die EU-Kommission mit der Begründung einer mangelhaften Umsetzung der Richtlinien eingeleitetes Vertragsverletzungsverfahren gegen die Bundesrepublik Deutschland (im Hinblick auf das Schutzniveau bei Diskriminierungen aufgrund des Geschlechts bei Kündigungen), wurde Ende 2010 eingestellt.

*Susann Kroworsch*

**Altenbegegnungsstätte** → Altentagesstätte/Altenbegegnungsstätte

**Altenberichterstattung** Die Bundesregierung ist verpflichtet, dem Deutschen Bundestag einmal pro Legislaturperiode einen Bericht über die Lage der älteren Menschen in Deutschland (Altenbericht) vorzulegen. Daraus ergibt sich die A. der Bundesregierung. Für jeden Altenbericht beruft die Bundesregierung eine Sachverständigenkommission und gibt ihr ein Thema sowie eine Bearbeitungsfrist vor. Die Kommission erarbeitet einen Bericht und die Bundesregierung erstellt dazu eine Stellungnahme. Bericht und Stellungnahme werden dem Bundestag zugeleitet und als Altenbericht der Bundesregierung veröffentlicht.

Inzwischen wurden sieben Altenberichte erstellt. Die Altenberichte werden in Wissenschaft, Politik und Praxis vor allem seit dem Fünften Altenbericht stark rezipiert. Im Fünften Altenbericht (»Potenziale des → Alters in Wirtschaft und Gesellschaft«, 2006) werden die positiv bewerteten Aspekte des Alterns in den Vordergrund gerückt. Der Sechste Altenbericht (»Altersbilder in der Gesellschaft«, 2010) weist vor allem auf die große Vielfalt der Lebensumstände im Alter hin. Im Siebten Altenbericht (»Sorge und Mitverantwortung in der Kommune«) steht die lokale Politik für ältere und mit älteren Menschen im Mittelpunkt, er wird 2016 veröffentlicht.

Das jeweilige Berichtsthema wird interdisziplinär und auf dem neuesten Stand der Forschung bearbeitet. Die A. der Bundesregierung trägt damit wesentlich zur Verbreitung von differenziertem Wissen über Alternsprozesse und Lebenssituationen älterer Menschen bei. Vor allem aber werden in den Altenberichten problematische Entwicklungen im jeweiligen Themenfeld benannt und Empfehlungen zur Lösung dieser Probleme formuliert. Auf diese Weise gibt die A. der Bundesregierung laufenden fachpolitischen Debatten neue Impulse.

*Frank Berner*

**Altenhilfe** verfolgt das Ziel, »dazu beizutragen, Schwierigkeiten, die durch das Alter entstehen, zu verhüten, zu überwinden oder zu mildern und alten Menschen die Möglichkeit zu erhalten, am Leben in der Gemeinschaft teilzunehmen« (§ 71 Abs. 1 Satz 2 SGB XII → Sozialhilfe).

Eine allgemeine Anerkennung der Notwendigkeit sozialer Unterstützung im → Alter und eine gesetzliche Verpflichtung zur Vorhaltung einer Altenhilfeinfrastruktur existierte in Deutschland bis zur Einführung des Bundessozialhilfegesetzes (BSHG) nicht. Bis dahin war es den → Gemeinden im Rahmen ihrer Allzuständigkeit überlassen, → Daseinsvorsorge für alte Menschen zu betreiben (z.B. durch Errichten und Betreiben von Altenheimen, Wärmestuben oder Volksküchen). Die soziale Dimension des Alters und soziale Problemlagen im Alter wurden sozialgesetzlich als »Randgruppenproblem« – und somit als Fürsorgeproblem – verstanden.

Erstmals wurde mit Einführung des § 75 in das BSHG eine recht weit gefasste Verpflichtung, eine Altenhilfeinfrastruktur auf kommunaler Ebene zu entfalten, normiert. Den Kommunen wurde die Aufgabe übertragen, sowohl im Sinne von einzelfallbezogener Hilfe als auch im Sinne eines einkommensunabhängigen Beratungsangebots und als Infrastrukturentwicklungsaufgabe »A.« zu entwickeln. Gerade im Hinblick auf eine allgemeine Infrastrukturverantwortung, die in der Nähe zur gemeinderechtlichen Allzuständigkeit für die Daseinsvorsorge angesiedelt ist, wird verschiedentlich mit Recht auf die »Systemwidrigkeit« der Ansiedlung einer Altenhilfeverpflichtung im ehemaligen BSHG (und heutigen SGB XII) verwiesen. Mit der Übertragung der A. in die Zuständigkeit der Kommunen und der gesetzlich vorgegebenen Zuordnung im Aufgabenbereich »Soziales« rückte die »Pflichtaufgabe Altenhilfe« mit einem breiten Ermessensspielraum hinsichtlich ihrer Gestaltung in den Aufgabenbereich der seinerzeit eher fürsorgerisch orientierten Sozialarbeit (Schmidt/Klie 1998).

Seit den 1980er-Jahren ließ sich neben der speziellen Entwicklung der A. zudem eine allgemeine »Gerontologisierung« von klassischen Arbeitsfeldern der Sozialen Arbeit konstatieren (z.B. im → Sozialdienst im Krankenhaus oder im → Allgemeinen Sozialdienst der → Sozialämter). Zugleich diversifizierten sich allmählich die Angebote der Arbeit für ältere Menschen nach (1) besonderen Zielgruppen bzw. → Lebenslagen und (2) verschiedenen Generationen, die sich zeitgleich in der nachberuflichen Lebens- bzw. Altersphase befinden (z.B. »junge Alte« oder »alte Alte«). In den 1990er-Jahren wurde angesichts der Finanzsituation in den Kommunen deutlich, dass A. gem. § 75 BSHG zwar zu den → Pflichtleistungen der Kommunen zählt, für die aber ein (zu) breiter Gestaltungsraum gegeben war, der sie mancherorts in den Bereich der fiskalisch relativ ungesicherten »freiwilligen Leistungen« geraten ließ. Dies tangierte insbesondere die offene Altenarbeit im Spektrum von Altenclubs, → Altentagesstätten/Altenbegegnungsstätten sowie Nachbarschaftszentren, die bis dahin eine weite Verbreitung in Stadt und Land fanden, negativ.

Neben der A. nach § 75 BSHG im engeren Sinn wurden vor allem in der → Altenhilfe- bzw. Altenplanung der → Landkreise und Städte auch (sozial-)pflegerische Dienste und Einrichtungen im ambulanten, teilstationären und stationären Bereich, die im kommunalen Raum an der Versorgung im Alter beteiligt sind, in den Maßnahmenkatalog unter dem Stichwort »A.« – nun in einem weiter gefassten Verständnis des Begriffs – einbezogen. Mit dem Inkrafttreten der Sozialen → Pflegeversicherung (SGB XI) 1995 setzte die institutionelle Trennung von A. und Pflegewesen ein, und es sank die Bedeutung der Kommunen für die Gestaltung der Pflegelandschaften – soweit Regelungen in → Landespflegegesetzen im Einzelfall hier nicht gegenläufige Verpflichtungen niederlegten. Demgegenüber stieg das Gewicht der Spitzenverbände der → Pflegekassen und der Leistungserbringer auf der Bundesebene.

Den Kommunen fällt im Pflegerecht bis heute eine eher randständige Position zu. Sie sind summarisch in § 8 Abs. 2 SGB XI aufgeführt: Sie werden in einer Aufzählung den Instanzen zugerechnet, die in Ausübung einer »gemeinsamen Verantwortung« zur Lösung des sozialen Problems → »Pflegebedürftigkeit« beitragen sollen – eine Vorschrift, der man, so eine Auffassung, in Ermangelung einer Definition der Letztverantwortung durch den Gesetzgeber jeden normativen Gehalt absprechen kann. Ein andere Auslegung sieht hierin hingegen eine Leitbildfunktion mit Implikationen für eine governance-orientierte Pflegepolitik, die sektorenübergreifend angelegt ist und die »die Voraussetzungen für die Einlösung der Verantwortung unterschiedlicher Akteure schafft« (Klie/Krahmer/Plantholz 2014, § 8 Rdnr. 5). Diese gewisse Interpretationsoffenheit führte dazu, dass sich differierende Teilwirklichkeiten in den Ländern und Regionen der Republik herausgebildet haben. Eine gewisse Einheitlichkeit ist nach Inkrafttreten der Pflegeversicherung nur dort und dann nur mit Blick auf diejenigen inhaltlichen Gegenstände der Pflegepolitik vorzufinden, wo Landesregierungen mittels ökonomischer Anreizsysteme vor allem kommunale Koordinationsaufgaben und Maßnahmen zur Arrondierung der Pflege durch → soziale Dienste förderten. Hier ging es vornehmlich um → Beratung mit Blick auf die Herstellung geeigneter Pflege- und Unterstützungsarrangements sowie um ein → Case-Management im Falle komplexerer Problemlagen. Dort hingegen, wo solche Anreize nicht gesetzt worden sind – und dies dominierte die Situation in der Zeit auch nach der Jahrtausendwende zunächst – differenzieren sich unterschiedliche Niveaus lokalen Engagements in Sachen A. mit Blick auf das Thema »Leben mit Pflegebedürftigkeit« aus – bei übergreifender Tendenz zum »freiwilligen kommunalen Engagement«, wie dies Adalbert Evers und Thomas Klie formulierten.

Einflussmöglichkeiten des zuständigen → Trägers der Sozialhilfe bestehen im Grundsatz bei Abschluss von Versorgungsverträgen (§ 72 SGB XI) und bei Pflegesatzvereinbarungen (§ 85 SGB XI). Zu berücksichtigen ist allerdings, dass die Wettbewerbskonzeption der Pflegeversicherung im Sozialleistungsdreieck (Versicherter, Leistungsträger und Leistungserbringer) das Wettbewerbsgeschehen auf der Ebene »Versicherter – Leistungserbringer« ansiedelt. Dies ist (allein) in der → Pflege möglich, weil hier die → Sozialversicherung nur eine Ergänzungsfunktion (bei → häuslicher Pflege) oder Entlastungsfunktion (bei stationärer Pflege) hat. Die Gefahr eines »Moral-hazard«, die bei Wettbewerb auf dieser Ebene des Sozialleistungsdreiecks sonst gegeben wäre, wird durch das Erfordernis von Selbstbeteiligungen der Bürger/innen minimiert. Die Hürden für den Abschluss eines Versorgungsvertrags sind daher konsequenterweise niedrig gehalten. Im Falle ihrer Erfüllung besteht für die Pflegekassen ein Kontrahierungszwang. Kommunale Pflegepolitik kann also den Wettbewerb nicht »aushebeln«. Sie kann aber ggf. als zuständiger Sozialhilfeträger Einfluss nehmen auf die Preisgestaltung in »Sozialhilfeeinrichtungen«, und sie kann durch Fallsteuerung den »Sog ins Heim« zu beeinflussen suchen.

Es besteht daher eine Gemengelage aus Standardisierungen durch Wirkungen der Bundesebene bei gleichzeitiger Differenzierung durch Grade der Verantwortungsübernahme auf Länder- und insbesondere kommunaler Ebene. Dabei ist eine aktive Mitwirkung an der gesamtgesellschaftlichen Aufgabe »pflegerische Versorgung«

(§ 8 Abs. 1 SGB XI) vom Gesetzgeber durchaus gewollt: Der → Sicherstellungsauftrag der Pflegekassen ist zu interpretieren vor dem Hintergrund der Infrastrukturverantwortung der Bundesländer im Rahmen der dualen Finanzierung und der Zuschussfunktion der Sozialversicherungsleistung. Beides impliziert, dass eine alleinige Verantwortungsverlagerung hin zum primären Kostenträger vom Gesetzgeber nicht intendiert war und ist. Allerdings ist zu konstatieren, dass sich die Bundesländer aus der dualen Finanzierung mehr oder weniger stark verabschiedet haben. Insbesondere die Entwicklung der vollstationären Pflege ist derzeit von der kommunalen A. kaum mehr nachhaltig zu beeinflussen.

Mit Inkrafttreten der Sozialen Pflegeversicherung (SGB XI) hatten sich die (normativen) Grundlagen für Dienste und → Einrichtungen wesentlich geändert. Drei Aspekte sind vor allem zu nennen: (1) Mit der Einführung des SGB XI haben sich die zentralen Akteure und die Ebenen, auf denen sie vornehmlich agieren, gewandelt. Folge sind veränderte Machtkonstellationen und neue Machtasymmetrien nun zulasten der → Leistungserbringer und ihrer Verbände. (2) Es besteht kein Anspruch auf Bedarfsdeckung. »Gute Pflege« erfordert den Einsatz privater Finanzmittel, so möglich. Anders formuliert: Nur Personen, die Anspruch auf → Hilfe zur Pflege nach SGB XII haben, sind leistungsrechtlich bedarfsdeckend versorgt. (3) A. war breiter angelegt als die auf die Pflegesituation abhebenden Dienste und Einrichtungen, die sich im Prozess der Konstitution eines Pflegewesens ab Mitte der 1990er-Jahre auf jetzt eigener rechtlicher Grundlage reorganisierten. Eine Ausdifferenzierung zwischen einer an Profil gewinnenden Pflege und einem konturenärmeren Rest an (ehedem) A. setzte zugleich ein (Schmidt 2003). Wobei anzumerken ist, dass das klassische Praxisfeld »A.« immer mehr umfasste als die in § 71 SGB XII normierte Altenhilfe im engeren Sinn.

Unter wettbewerblichen Prämissen stellt sich seitdem die Frage nach einer → Koordination und Systematisierung von Hilfen, die in der Vergangenheit immer wieder angemahnt wurden, neu. Impulse hierzu können gesetzt werden zum einen durch den Gesetzgeber, wie mit dem zeitweiligen Vorhaben, ein Altenhilfestrukturgesetz zu erlassen, zum anderen durch Formen der Versorgungsintegration an der Schnittstelle zwischen Sozial-, Gesundheits- und Pflegewesen. Das erstgenannte Konzept steht für eine staatliche Regulierung durch Rahmensetzung, letztgenanntes repräsentiert eine Managing-Care-Strategie verantwortlicher Leistungsträger und -erbringer. Im Zuge der Novellierung des Pflege-Weiterentwicklungsgesetzes (PfWG) hatte der Gesetzgeber im Jahr 2008 im SGB XI einen neuen Vertragstyp, den »Pflegestützpunkt« (→ Pflegeberatung), als Option eingeführt und damit einen Impuls zu mehr Versorgungsintegration in der Pflege alter Menschen im kommunalen Raum gesetzt (§ 92 c SGB XI; nach Inkrafttreten des Pflegestärkungsgesetzes II, PSG II, dann § 7 c SGB XI n.F.). Dies hat seither – wurde diese Option aufgegriffen – zu einer gewissen Revitalisierung kommunalen Engagements in der A. im Segment Pflege und bei angrenzenden pflegeflankierenden Diensten geführt. Aufgabe von Pflegestützpunkten ist zum einen die umfassende, unabhängige Auskunft und Beratung. Zum anderen geht es um die Bereitstellung abgestimmter pflegerischer und sozialer Versorgungs- und Betreuungsangebote. Auf lokal bereits vorhandene Beratungsstrukturen ist bei der Einrichtung von Pflegestützpunkten zurückzugreifen.

Für die Einrichtung von Pflegestützpunkten sind Pflege- und Krankenkassen zuständig, wenn die oberste Landesbehörde dies bestimmt. Ein kommunales Initiativrecht existiert nicht. Dies hat zum einen dazu geführt, dass sich Pflegestützpunkte nicht als republikweit präsentes Element der Pflegeinfrastruktur von Städten und Landkreisen konstituieren konnten. Zum anderen wurde die Gefahr einer »monopolistischen Rolle« der Pflegekassen gesehen, die nach dem SGB XI stets gemeinsam und einheitlich agieren müssen, und die Abkehr von früheren Überlegungen, den Kommunen eine Schlüsselrolle bei der Strukturentwicklung in der A. zuzuweisen, weil sie eine Mehrfachzuständigkeit (örtliche Daseinsvorsorge, A. nach § 71 SGB XII und Hilfe zur Pflege nach § 61 SGB XII) haben, kritisiert (Ziller 2008).

Im Falle einer positiven Entscheidung der obersten Landesbehörde hat die Errichtung von Pflegestützpunkten innerhalb von sechs Monaten zu erfolgen. Hierzu werden Rahmenverträge geschlossen. Diese sind auf der örtlichen Ebene im Hinblick auf die Arbeit und Finanzierung von Pflegestützpunkten in gemeinsamer Trägerschaft der gesetzlichen Kranken- und Pflegekassen und der nach Landesrecht zu bestimmenden Stellen für A. und für Hilfe zur Pflege nach SGB XII zu beachten.

Das Bundesversicherungsamt entnahm zeitlich befristet aus dem Ausgleichsfonds der Sozialen Pflegeversicherung maximal 60 Mio. Euro an Fördermitteln zur Anschubfinanzierung. Diese wurden nach dem Königsteiner Schlüssel zwischen den Bundesländern aufgeteilt. Die Finanzierung des Aufbaus von Pflegestützpunkten lief Mitte 2011 aus. Die an einem Pflegestützpunkt beteiligten Kosten- und Leistungsträger können für das Einzugsgebiet Verträge zur wohnortnahen integrierten Versorgung nach § 92 b SGB XI mit der Maßgabe, dass Pflege- und Krankenkassen gemeinsam und einheitlich handeln, schließen. Träger eines Pflegestützpunktes kann auch eine im Land zugelassene und tätige → Pflegeeinrichtung sein.

Das in Pflegestützpunkten eingesetzte Personal wird im Rahmen einer vertraglichen Vereinbarung anteilig getragen. Es ist sicherzustellen, dass in Pflegestützpunkten Pflegeberatung nach § 7 a SGB XI in Anspruch genommen werden kann. Mit Blick auf Trägerschaft und Beratungsauftrag ist weiterhin zentral, dass die Unabhängigkeit der Beratung gewährleistet ist. Hierzu empfiehlt es sich, auf der lokalen Ebene entsprechende, Vertrauen stiftende vertragliche Regelungen zu treffen (Frommelt/Klie u.a. 2008).

Seit 2009 haben Personen, die Leistungen nach SGB XI beziehen, einen Rechtsanspruch auf individuelle → Pflegeberatung und Hilfestellung durch Pflegeberater/innen, die die Pflegekasse als Anstellungsträger ihren Versicherten auf Nachfrage anbietet (und zukünftig namentlich benennt, § 7 a SGB XI n.F. nach PSG II). Das PSG II sieht zudem vor, dass Pflegeberatung auf Wunsch auch in der Privatwohnung der Pflegebedürftigen stattfinden soll (derzeit nur → Kann-Leistung). Pflegeberater veranlassen nicht die zur Durchführung eines Versorgungsplans erforderlichen Maßnahmen, wie dies im Gesetzentwurf zum PfWG noch vorgesehen war, sondern haben beim zuständigen Leistungsträger auf erforderliche Maßnahmen und deren Genehmigung hinzuwirken. Pflegeberatung konzentriert sich nicht allein auf Leistungen nach dem SGB XI, sondern auf in Betracht zu ziehende → Sozialleistungen insgesamt (u.a. SGB V, SGB XII). Hier besteht eine Überlappung der Aufgaben von Pflegeberatung nach § 7 a SGB XI und den o.g. Aufgaben von Pflegestützpunkten (§ 92 b SGB XI). Ein Versorgungsplan, den Pflegeberater/innen bei Bedarf in einem Case-Management-gestützten Prozess entwickeln, beinhaltet u.a. Empfehlungen zu im Einzelfall erforderlichen Maßnahmen und dem vorhandenen örtlichen Leistungsangebot. Die Informationspflicht der Pflegekassen (§ 7 SGB XI) erstreckt sich auch auf Pflegestützpunkte und die unentgeltliche Pflegeberatung.

Die Pflegekassen wirken durch Pflegestützpunkte auf eine bessere Abstimmung der regionalen und kommunalen Versorgungsstrukturen hin. Dies ist in § 12 SGB XI als zusätzliche, weitere Aufgabe der Pflegekassen definiert worden. Sie sollen örtliche oder regionale Arbeitsgemeinschaften nach § 94 Abs. 2 bis 4 SGB X bilden. Insbesondere durch die Pflegeberatung stellen die Pflegekassen sicher, dass Leistungen (genannt werden: → Grundpflege, → Behandlungspflege, ärztliche Behandlung, spezialisierte ambulante → Palliativversorgung, Leistungen zur → Prävention, zur → medizinischen Rehabilitation und zur → Teilhabe sowie hauswirtschaftliche Versorgung) nahtlos und störungsfrei ineinander greifen.

Neben der Profilierung von Pflegestützpunkten als Instrument der Versorgungsintegration in der pflegerischen Versorgung gewinnt in den letzten Jahren die Diskussion um den Stellenwert einer kommunalen Altenpolitik im Zuge der → demografischen Entwicklung zusehends an Bedeutung. Zentral sind hier die Überlegungen des Netzwerks »Soziales neu gestalten« (SONG) im Kontext der Bertelsmann-Stiftung. Die aktuelle Dominanz zentral steuernder nationaler Institutionen, die zu einer Marginalisierung der Kommunen und deren Steuerungsfähigkeit und Steuerungsbereitschaft geführt hat, so die in einer für das Netzwerk erstellten Expertise dargelegte Folgerung (Klie 2009, 22 f.), ist zu korrigieren, die Infrastrukturverantwortung den Kommunen im Rahmen einer sozialpolitischen Neuordnung zuzuweisen. Zentrale Aufgaben der Pflege(ver)sicherung sind entsprechend zu rekommunalisieren: die Begutachtungs- und Case-Management-Funktion sowie die Leistungsträgerschaft bei Care-Leistungen (bei Beibehaltung eines zentralen Finanzierungsfonds und nationaler Vorgaben für Leistungsberechtigung, Leistungen und Qualitätsanforderungen). Auch der 7. Altenbericht der Bundesregierung (→ Altenberichterstattung) in der laufenden 15. Legislaturperiode widmet sich der Bedeutung der Kommune.

Die Bund-Länder-Arbeitsgruppe, die Empfehlungen zur Stärkung der Rolle der Kommunen in der Pflege entwickelte, identifiziert zwei Themenfelder, in denen Handlungsbedarf besteht: angemessene Steuerungsmöglichkeiten der Angebotsstrukturen vor Ort sowie effiziente Kooperations- und Koordinationsstrukturen (inkl. besserer Verzahnung der kommunalen Beratung sowohl im Rahmen kommunaler Daseinsvorsorge als auch in der Rolle der Kommune als Sozialleistungsträger (BMG o.J.)

So argumentieren die Bundesländer im Zuge des Gesetzgebungsverfahrens zum PSG II, dass Vor-Ort-Kenntnisse, die die Pflegekassen ob ihrer nicht hinreichend lokal ausgelegten Organisationsstruktur nicht repräsentieren, unabdingbar seien, will man umfassende Hilfen für Pflegebedürftige organisieren. In bundesweit 60 Modellkommunen soll, so die Forderung der Länder, die aktive Rolle der Kommune entsprechend erprobt werden, wie dies zuvor bereits die Bund-Länder-Arbeitsgruppe zur Stärkung der Rolle der Kommune empfohlen hat.

Alles deutet darauf hin, dass in Zukunft die Rolle der Kommune als Akteur im Feld pflegerischer Versorgung gestärkt werden wird. Damit könnte zudem eine Neuprofilierung der A. einhergehen, die zuletzt deutlich ins Abseits der fachlichen Aufmerksamkeitszonen geraten war. Allerdings ist zu konstatieren, dass dort, wo sich Kommunen aus der fachlichen Pflegediskussion verabschiedet hatten und sich nur mehr als Sozialleistungsträger für Hilfe zur Pflege nach SGB XII positionierten, ein systematischer Kompetenzaufbau zwingend ist, will man zuwachsende Gestaltungsräume fachlich kundig nutzen.

*Lit.* Bundesministerium für Gesundheit (BMG): Empfehlungen der Bund-Länder-Arbeitsgruppe zur Stärkung der Rolle der Kommunen in der Pflege (Ms.). o.O., o.J. (2015), http://www.bmg.bund.de/fileadmin/dateien/Downloads/E/Erklaerungen/BL-AG-Pflege-Gesamtpapier.pdf (1.4.2016); Frommelt, M./Klie, T. u.a.: Pflegeberatung und Pflegestützpunkte: Die Aufgabe personen- und familiebezogener Unterstützung bei Pflegebedürftigkeit und ihre Realisierung in der Reform der Pflegeversicherung und das Case Management, in: Case Management, 2008/Sonderheft »Pflege«, S. 5–17; Klie, T.: Sozialpolitische Neuorientierung und Neuakzentuierung rechtlicher Steuerung, Gütersloh 2009; Klie, T./Krahmer, U./Plantholz, M. (Hrsg.): Sozialgesetzbuch XI. Soziale Pflegeversicherung. Lehr- und Praxiskommentar, 4. Aufl., Baden-Baden 2014; Schmidt, R./Klie, T.: Neupositionierung Sozialer Arbeit mit alten Menschen? Wirkungen von Wettbewerbselementen und neuen Steuerungsmodellen auf die Gestalt der Profession, in: Zeitschrift für Gerontologie und Geriatrie 1998, S. 304–312; Schmidt, R.: Von der Altenhilfe zum sich ausdifferenzierenden Pflegewesen: Bruchstellen und Dimensionen der Neuordnung, in: Homfeldt, H. G./Schulze-Krüdener, J. (Hrsg.): Handlungsfelder der Sozialen Arbeit, Baltmannsweiler 2003, S. 310–326; Ziller, H.: Der lange Weg zum Case Management. Vom »Projekt Altenhilfestrukturgesetz« zum Pflegeweiterentwicklungsgesetz, in: Case Management, 2008, Sonderheft »Pflege«, S. 18–20.

*Roland Schmidt*

**Altenhilfeplanung** zählt neben → Jugendhilfe- und Behindertenhilfeplanung zu den Feldern einer Fachsozialplanung (→ Sozialplanung), die als fest etabliert gelten können. Grundlegende Zielsetzung von A. ist, angesichts der → demografischen Entwicklung die Handlungssicherheit für die zukünftige Gestaltung kommunaler Altenpolitik zu erhöhen. Im Vordergrund stehen dabei die Themen → Gesundheit, → Hilfe- und → Pflegebedürftigkeit, → Wohnen im Alter, Freizeit und → Kommunikation. Es soll eine dem → Bedarf und den → Bedürfnissen der älteren Menschen entsprechende Infrastruktur an → sozialen Diensten und → Einrichtungen entwickelt sowie darauf hingewirkt werden, dass möglichst viele Lebensbereiche altengerecht ausgestaltet werden. Einerseits hatte A. durch das Pflegeversicherungsgesetz (PflegeVG → Pflegeversicherung) weiteren Aufwind erhalten, da den Ländern die Aufgabe zufällt, für eine ausreichende Versorgungsstruktur zu sorgen und als bedarfsgerecht eingestufte Einrichtungen im investiven Bereich zu fördern. Andererseits zeigte sich in der Folge des PflegeVG vielerorts die Entwicklung, dass A. auf eine ausschließliche Pflegebedarfsplanung reduziert wurde. Damit einher ging auch eine Veränderung im Planungsverständnis. Während A. nicht nur umfassender angelegt ist, zeichnet sie sich in aller Regel auch durch die Partizipation älterer Menschen am Planungsgeschehen aus. Anders verhält es sich bei der Pflegebedarfsplanung. Hier wird im Wesentlichen auf zwei Größen Bezug genommen. Die regionale bzw. örtliche demografische Entwicklung wird zu mittlerweile statistisch sehr gut abgesicherten Daten über die Anteile älterer Menschen, die auf häusliche oder stationäre Pflege angewiesen sind, in Beziehung gesetzt. Die Bundesländer, denen eigentlich die Aufgabe der Pflegeinfrastrukturplanung obliegt, haben diese an die Landkreise und Kommunen delegiert. Von diesen wird jedoch die mangelnde Steuerungsfunktion der Pflegebedarfsplanung bemängelt, da Inverstoren jederzeit Pflegeheime bauen und Versorgungsverträge mit Pflegekassen schließen können, auch wenn es in der Pflegeplanung so nicht vorgesehen war. Andererseits kann dies aber einen Qualitätswettbewerb zwischen den verschiedenen Anbietern fördern. Aktuell gewinnt mit quartiers- und sozialraumbezogenen Ansätzen wieder ein umfassenderes Planungsverständnis an Bedeutung, um wohnortnahe Versorgungsstrukturen zu fördern. Insgesamt sollen Perspektiven und Voraussetzungen für ein selbstständiges Leben im Alter entwickelt werden. Hierzu müssen die unterschiedlichen Lebenslagen älterer Menschen und das gesamte Spektrum der Seniorenarbeit, der → Altenhilfe und -politik in den Blick genommen werden. Eine wichtige Rolle spielen dabei neue Wohnformen, die dazu beitragen können, das Entweder-oder zwischen Heim und zu Hause aufzubrechen. Im Gespräch sind hier Hausgemeinschaften, ambulant betreute Wohngemeinschaften oder gemeinschaftliches Wohnen. Weitere wichtige Planungsbereiche stellen angesichts der nehmenden Zahl hochaltriger Menschen die Versorgung bei demenziellen Erkrankungen, die Gerontopsychiatrie und die geriatrische Rehabilitation dar. Daneben bedarf es einer passgenauen Beratung über die unterschiedlichen Hilfe- und Unterstützungsangebote für ältere Menschen, aber auch für Angehörige, wenn esum die Vereinbarkeit von Pflege und Beruf geht.

*Jürgen Burmeister*

**Altenpflege** → Pflege, → Pflegeberufe

**Altenpflegeheim** → Pflegeeinrichtung

**Altenpflegehelfer/in** Die A. arbeiten unter Anleitung einer → Fachkraft an der qualifizierten Betreuung, Versorgung und → Pflege alter Menschen mit. Wie bei den → Altenpfleger/innen steht der zu betreuende/zu pflegende Mensch im Mittelpunkt ihrer Arbeit. A. helfen bei der Körperpflege und beim Essen oder verabreichen nach ärztlicher Anordnung Medikamente. Sie leisten Hilfe bei der Bewältigung von Alltagssituationen, begleiten ältere Menschen z.B. bei Arztbesuchen oder Behördengängen, organisieren Programme zur Freizeitgestaltung für Senioren, betreuen Angehörige, führen informierende Gespräche und begleiten Sterbende. Die Ausbildung der A. ist nicht bundeseinheitlich geregelt, sondern liegt in der Zuständigkeit der Länder. Dies führt zu unterschiedlicher Dauer (i.d.R. ein Jahr), zu unterschiedlichen Inhalten und zu unterschiedlichen Zugangsvoraussetzungen zur Ausbildung. Dies hat zugleich zur Herausbildung unterschiedlicher Helferberufe geführt, deren Ausprägung nicht unbedingt zu überzeugen vermag. Die theoretische Ausbildung der A. erfolgt nach Lernfeldern, insbesondere im Lernfeld personen- und situationsbezogener Pflege. Ergänzt wird die theoretische Ausbildung durch die praktische Befähigung, die in stationären oder ambulanten → Einrichtungen der Altenpflege erworben wird. Die Berufsbezeichnung A. erfordert wie bei Altenpfleger/innen eine Berufserlaubnis, die durch eine landesrechtlich geregelte Ausbildung in dazu zugelassenen Ausbildungseinrichtungen erfolgt (→ Pflegeberufe, → Ausbildung in sozialen Berufen). Der erfolgreiche Abschluss einer der unterschiedlichen Ausbildungen befähigt auch bei fehlendem mittleren Bildungsabschluss nach dem bundeseinheitlichen Altenpflegegesetz zur Aufnahme einer Ausbildung zum/zur Altenpfleger/in.

*Eberhard Funk*

**Altenpfleger/in** Die A. leisten eine selbstständige und eigenständige → Pflege älterer Menschen einschließlich ihrer → Beratung, Begleitung und Betreuung. Die Berufsbezeichnung (staatlich anerkannte A.) ist an den erfolgreichen Abschluss einer dreijährigen bundeseinheitlich geregelten Ausbildung gebunden. Die Ausbildung kann auch in Teilzeitform durchgeführt werden und dann bis zu fünf Jahre dauern. Sie umfasst theoretischen und praktischen Unterricht in einer Altenpflegeschule sowie die praktische Ausbildung in einem Heim, einer stationären oder in einer ambulanten → Pflegeeinrichtung (ambulanter Pflegedienst). Unterricht und praktische Ausbildung wechseln sich meist in mehrwöchigen Blöcken ab, wobei der Anteil an der praktischen Ausbildung überwiegt. Kenntnisse und Fähigkeiten aus einer anderen abgeschlossenen Ausbildung, insbesondere in der Pflege, können angerechnet werden. Auf Antrag kann die Dauer der Ausbildung in der Altenpflege verkürzt werden.

Der → Deutsche Verein für öffentliche und private Fürsorge hat sich bereits 2011 für eine generalistische Pflegeausbildung ausgesprochen, in der die bisherige Ausbildungen in der Altenpflege, der Gesundheits- und Krankenpflege sowie der Gesundheits- und Kinderkrankenpflege einfließen und aufgehen sollen (→ Pflegeberufe). Übergänge zwischen den Fachschulen und Hochschulen sollen ermöglicht werden.

Die Bundesregierung arbeitet aktuell mit Hochdruck an einem Pflegeberufegesetz, das noch 2016 beschlossen werden soll. Die Schaffung einer gemeinsamen Ausbildung zur Pflegefachkraft erfordert u.a. neue Ausbildungscurricula, umfassend weitergebildete Lehrkräfte und mehr Praxisorte.

*Eberhard Funk*

**Altenpolitik** → Altenberichterstattung, → Altenhilfe, → Altenhilfeplanung

**Altentagesstätte/Altenbegegnungsstätte** Der gesellschaftliche Trend zur Singularisierung, sich verändernde Familienstrukturen hin zur Kleinfamilie bzw. Lebenspartnerschaft, zunehmende Berufstätigkeit von (Schwieger-)Töchtern und eine hohe Flexibilität im Beruf, aber ebenso der Rückgang an Mitgliedschaften in Vereinen, Kirchengemeinden, Verbänden usw. hat vor allem bei älteren Menschen zur Folge, dass gemeinschaftliche → Teilhabe sowie die Chance zum Dialog mit anderen Menschen brüchiger wird. Senior/innen, deren persönliche Netzwerke über die Jahre hinweg weitmaschig werden, sind deshalb neue Möglichkeiten der sozialen Einbindung wichtig. Die Zugehörigkeit zu einer Gruppe Gleichgesinnter oder Gleichaltriger wird stetig bedeutsamer. Für Hochaltrige sind solche Gruppen häufig ein Ersatz für den Familienverbund und Nachbar-/Freundschaften.

Die Stabilisierung oder Verbesserung der sozialen, psychischen und physischen Situation von Senior/innen zu sichern, ist Aufgabe der A./A. Ziel ihrer Arbeit ist die Förderung von Begegnung und → Kommunikation sowie von Information und → Bildung älterer und alter Menschen untereinander, aber auch generationsübergreifend. A. gibt es bundesweit seit bald 50 Jahren, wobei sie sich heute durch ein sehr unterschiedliches Profil, je nach Bedarf vor Ort, auszeichnen.

A./A. sind Einrichtungen der Offenen → Altenhilfe gemäß § 71 SGB XII (→ Sozialhilfe) und fester Bestandteil der → sozialen Infrastruktur der Kommune, zumeist in Trägerschaft der → Freien Wohlfahrtspflege oder von Kirchengemeinden.

A./A. sind an mehreren Tagen der Woche geöffnet und werden i.d.R. von einer hauptamtlichen → Fachkraft geleitet. Das Angebot reicht von geselligem Beisammensein bei Kaffee und Kuchen mit Tanz, Sport und Spielen hin zu Kultur-, Bildungs- und Gesundheitsaktivitäten unterschiedlicher Art. Die Fachkräfte sind zugleich Gesprächspartner/innen für persönliche Fragen, bieten individuelle → Beratung an und vermitteln bei Bedarf notwendige Hilfe- und Pflegedienstleistungen. Je nach historischem Ursprung und Profil wird Einzelfallhilfe, Gruppen- und Sozialraumarbeit geleistet. Schwerpunkt ist zumeist die → soziale Gruppenarbeit. Viele Besucher/innen suchen die A./A. regelmäßig auf, sodass eine feste Gruppenbildung in den Einrichtungen charakteristisch ist. So ist es eine beständige Herausforderung, die Vielfalt und Buntheit des → Alters in allen Facetten wiederspiegeln zu lassen.

Bereits in den 1990er-Jahren wurden verschiedene Ansätze zur »Öffnung« gegenüber jüngeren Senior/innen sowie Migrant/innen und eine Erweiterung um generationsübergreifende Kultur- und Bildungsangebote erprobt. Der Funktionswandel setzte sich in den 2000er-Jahren fort. Heute sind inkludierende Ansätze – z.B. die Mehrgenerationenarbeit, eine enge Verknüpfung mit anderen Einrichtungen – z.B. → Kindertageseinrichtung, → Familienzentrum, → Mehrgenerationenhaus, – und die multifunktionale Nutzung der Räume typisch. Entscheidend bei all dem ist, dass ältere und alte Menschen einen selbstverständlichen Teil ihres Alltags im Kontakt mit anderen auch in der A./A. gestalten können.

*Gerda Holz*

**Altenwohnanlagen** → Wohnen im Alter

**Alter** Altern bezieht sich auf individuelle Veränderungsprozesse über die Lebensspanne, A. auf einen Abschnitt im Lebenslauf. Biologie, Psychologie und Soziologie verwenden unterschiedliche Definitionen von Alter(n). In der Biologie werden als Alternsprozesse jene Veränderungen definiert, die mit der Reproduktionsphase einsetzen und eine Abnahme der Adaptationsfähigkeit des Organismus nach sich ziehen. Aus Sicht der Psychologie ist Altern nicht allein durch Verluste, sondern auch Gewinne gekennzeichnet. Mit einer biografischen Betrachtung des Alterns stellt sich die Frage, wie Alternsprozesse durch frühere Lebenserfahrungen beeinflusst werden und ob mit dem Älterwerden Unterschiede zwischen Personen sowie → soziale Ungleichheiten zunehmen (differenzielles Altern). In der Soziologie ist das Altwerden Teil von Lebensläufen, die in gesellschaftliche Wandlungsprozesse eingebettet sind. Mit dem sozialen Wandel verändern sich auch Prozesse des Alterns. Dies lässt sich an der Veränderung von Altersgrenzen erkennen. Mit zunehmender Lebenserwartung (und sinkender Geburtenrate) wird in vielen Gesellschaften eine Politik des »aktiven Alters« verfolgt, die mit normativen Forderungen an die gesellschaftliche → Partizipation älterer Menschen verknüpft ist (längere Erwerbstätigkeit, mehr freiwilliges Engagement).

Wann beginnt die Phase des A.? Die Definition der Biologie – A. als postreproduktive Phase – ist als Grundlage individueller und gesellschaftlicher A.definitionen wenig brauchbar. In der Lebenslaufsoziologie (→ Lebenslaufforschung) wird der Lebenslauf häufig in drei Lebensabschnitte eingeteilt, die sich an der Beteiligung am Arbeitsleben orientieren: Bildungsphase, Erwerbsphase sowie Ruhestand. Das Entstehen der Lebensphase A. ist ein Ergebnis der wohlfahrtsstaatlichen Institutionalisierung von Lebensläufen. In der Psychologie und in der → Sozialberichterstattung wird zwischen einem »dritten« und einem »vierten« Lebensalter unterschieden. Jenseits einer A.grenze von etwa 80 bis 85 Jahren steigt die Häufigkeit von Multimorbidität sowie von sozialen Verlusten deutlich an. Die Unterscheidung zwischen drittem und viertem Lebensalter wird jedoch bisweilen kritisiert, da dies negative A.bilder verfestige.

Die zunehmende Langlebigkeit kann als gesellschaftlicher Erfolg angesehen werden. Die → demografische Entwicklung birgt jedoch nicht allein Chancen, sondern auch Herausforderungen und Risiken für die Gesellschaft (z.B. Kosten für → Alterssicherung und Gesundheitssystem). Auf viele A.fragen haben Gesellschaft und Politik bislang nur unzulängliche Antworten. Politik, die auf die Lösung von A.fragen zielt, ist Querschnittspolitik und umfasst → Arbeitsmarktpolitik (z.B. Verlängerung der Lebensarbeitszeit), → Sozialpolitik (z.B. Nachhaltigkeit der A.sicherung), Gesundheits- und Pflegepolitik (z.B. Versorgung chronischer Erkrankungen [ → chronische Krankheiten] und → Pflegebedürftigkeit). Neben die Altenpolitik, die Rahmenbedingungen dafür schafft, jedem Menschen ein → selbstbestimmtes Leben im A. zu ermöglichen, tritt die Generationenpolitik, die den Zusammenhalt der Generationen angesichts des demografischen Wandels stärkt.

*Clemens Tesch-Römer*

**Altersdepression** → Depression, → Gerontopsychiatrie

**Altersgemischte Gruppen in Kindertageseinrichtungen** entstanden Ende der 1980er-Jahre. Heute gibt es verschiedene Formen der a. G.: In Zwei-Jahrgangs-Gruppen werden Ein- und Zweijährige oder Zwei- und Dreijährige betreut. Des Weiteren wird zwischen der kleinen, der erweiterten, der großen und der weiten Altersmischung unterschieden. In der kleinen Altersmischung werden drei Jahrgänge – zumeist 0–3-Jährige – betreut. Derartige Gruppen finden sich entweder in Kinderkrippen oder in Krippengruppen in → Kindertageseinrichtungen. Von einer erweiterten Altersmischung wird dann gesprochen, wenn Zweijährige in Kindergartengruppen aufgenommen werden. Diese Öffnung hat v.a. im aktuellen Ausbau der → Kindertagesbetreuung für Kinder unter drei Jahren an Bedeutung gewonnen. Die Gründe hierfür sind weniger in pädagogisch-konzeptionellen, sondern v.a. in fiskalischen und strukturellen Überlegungen zu suchen. Bei der großen Altersmischung werden Kinder von einigen Monaten zusammen mit Kindergartenkindern in einer Gruppengröße von 15 bis 25 Kindern betreut. Eine Mischform bilden hier die Nestgruppen, in denen entweder Zwei- und Dreijährige in Kindertageseinrichtungen mit erweiterter oder neu aufgenommene Säuglinge, Ein- und auch Zweijährige in Kindertageseinrichtungen mit großer Altersmischung aufgenommen werden. In einer weiten Altersmischung finden sich Kinder von 1–10 oder 0–12 Jahren. Befürworter der a. G. sehen ihren Gewinn für die Entwicklung der Kinder v.a. in der Sozialerziehung und → Partizipation. Bislang fehlen jedoch Forschungen zu den Auswirkungen der verschiedenen Formen der a. G. auf Kinder.

*Maria-Theresia Münch*

**Altershomogene Gruppen in Kindertageseinrichtungen** oder Jahrgangsgruppen unterteilen ausgehend von einem eher (kognitiven) Leistungsbild des Menschen die Kinder mit Aufnahme in eine → Kindertageseinrichtung in drei Altersgruppen: Krippe (Kinder bis zum dritten Lebensjahr), Kindergarten (drei bis sechs Jahre) und → Hort (sieben bis zwölf Jahre). Traditionell gab es dann noch eine weitergehende Einteilung in Lieger, Krabbler und Läufer in der Krippe. Im Kindergarten wurden die Drei- bis Vierjährigen in der Jüngsten-Gruppe, später in der Mittleren- und Älteren-Gruppe gefasst. In den Bundesländern mit einer ausgewiesenen → Vorschulerziehung war der letzte Kindergartenjahrgang dann die Vorschulgruppe. Entsprechende Einteilungen gab es auch für den Hort. Im weitestgehenden Fall kann davon ausgegangen werden, dass die Kinder jährlich die → Erzieherin wechselten. Das Ziel dieser Pädagogik lag mehr auf einer Gruppenleitung durch die Erzieherin als in der Führung durch die Kindergruppe. Die Leitungsvorgaben bildeten die Grundlagen für Maßstab und Vergleich. Mit dem Konzept des → Situationsansatzes und der Erkenntnis, dass bei der kindlichen Entwicklung das Entwicklungs- und weniger das Lebensalter von Bedeutung ist bzw. die jüngeren von den älteren Kindern lernen, ging die Grundlage für die a. G. i. K. zunehmend verloren. Die Flexibilität in der Ausgestaltung von Arbeitsverträgen und Arbeitszeiten der Erzieher/innen sowie die zeitliche Flexibilität in den Betreuungsverträgen, die mit den Eltern häufig in Abhängigkeit zur Dauer ihrer Erwerbsstätigkeit geschlossen werden, tragen zusätzlich zum Rückgang von a. G. i. K. bei (→ Altersgemischte Gruppen in Kindertageseinrichtungen). Bislang gibt es kaum vergleichende Forschung über die Auswirkungen bestimmter Gruppenformen auf die Entwicklung der Kinder.

*Maria-Theresia Münch*

**Alterspsychiatrie** → Gerontopsychiatrie

**Alterssicherung** Der Begriff der A. lässt sich auf verschiedene Weise fassen. Bezieht man ihn auf die Situation der Einzelnen, gehören zur A. alle Maßnahmen, die die Sicherung des Lebensunterhaltes im Alter gewährleisten, und zwar unabhängig davon, ob entsprechende Ansprüche auf diese Leistungen vorher erworben wurden (z.B. Rentenanwartschaften), ob sich Ansprüche aufgrund der aktuellen Lebenssituation im Alter ergeben (z.B. der bedarfsabhängige Anspruch auf → Wohngeld oder zivilrechtliche Unterhaltsansprüche [ → Unterhaltspflicht]) oder ob im Alter finanzielle Mittel vorhanden sind oder gewährt werden, ohne dass darauf ein Anspruch besteht. Weil im Alter regelmäßig das Erwerbseinkommen ausfällt, besteht die Notwendigkeit, schon in der Phase der Erwerbstätigkeit für diese Lebenssituation vorzusorgen, d.h. »Alterssicherung« oder »Altersvorsorge« zu betreiben; insoweit werden die beiden Begriffe z.T. synonym gebraucht. Betrachtet man den Begriff der A. institutionell, spricht man also vom »System der A.«, gehören dazu alle Institutionen und Einrichtungen, alle Maßnahmen oder Regelsysteme, die → soziale Sicherheit für den Fall des Alters gewährleisten sollen. In vielen Staaten hat sich eine A. nach dem sog. Drei-Säulen-Modell herausgebildet, bestehend aus den Regelsicherungssystemen (z.B. gesetzliche → Rentenversicherung, Beamtenversorgung), der → betrieblichen Altersversorgung und der privaten Vorsorge. Die Regelsicherungssysteme fungieren dabei als Basissysteme, während die betriebliche und die private Vorsorge als zweite und dritte Säule eine Verbesserung des durch ein Basissystem erreichten Versorgungsniveaus herbeiführen sollen.

(1) Für den Großteil der Bevölkerung bildet die gesetzliche Rentenversicherung die tragende Säule im System der A. Ihre Leistungen machen fast 80% des gesamten → Einkommens der Rentnerhaushalte aus Alterssicherungssystemen aus. Insgesamt sind rd. 80% der erwerbstätigen Bevölkerung Mitglied der gesetzlichen Rentenversicherung. Als wichtigstes Einzelsystem der sozialen Sicherheit stellt die gesetzliche Rentenversicherung damit auch eine zentrale Größe in unserer Volkswirtschaft dar. Etwa jeder zehnte Euro des Bruttoinlandsprodukts fließt durch ihr System. Die Beamtenversorgung ist im Beamtenversorgungsgesetz (BeamtVG) geregelt. Weil der Gesetzgeber die Reformmaßnahmen in der gesetzlichen Rentenversicherung (→ Rentenreform) in den vergangenen Jahren »wirkungsgleich« auf die Beamtenversorgung übertragen hat, steigen auch die beamtenrechtlichen Ruhegehälter nicht mehr so an wie bisher. Entsprechend wird auch der Aufbau einer ergänzenden privaten Altersvorsorge bei aktiven Beamt/innen staatlich gefördert. Gesonderte Regelsicherungssysteme bestehen für Landwirte (→ Alterssicherung der Landwirte) und für manche freien Berufe (Berufsständische Versorgungswerke).

(2) Ergänzt werden die Leistungen der Regelsicherungssysteme zunächst durch Leistungen der betrieblichen Zusatzversorgung. Diese Zusatzsicherung gründet z.T. auf Tarifvertrag, z.T. beruht sie auf Zusagen des einzelnen Arbeitgebers.

(3) Im Bereich der privaten Vorsorge gibt es vielfältige Gestaltungsmöglichkeiten. Neben der Kapitalbildung (z.B. durch Sparverträge, Lebensversicherungen oder durch den Kauf verzinslicher Wertpapiere oder Bundesschatzbriefe) kommt bspw. der Erwerb von Grundbesitz, von Aktien oder von Investmentfonds in Frage. In einem solchen Fonds bündelt eine Kapitalgesellschaft die Gelder vieler Anleger, um sie nach dem Prinzip der Risikomischung in verschiedene Vermögenswerte anzulegen und zu verwalten. Darüber hinaus gibt es eine Vielzahl besonderer Anlageformen. Die Entscheidung darüber, welche Form bzw. welcher »Mix« an privaten Zusatzvorsorgeprodukten optimal ist, wird von den persönlichen Risikopräferenzen, von der Lebenssituation und Lebensplanung und von vielen weiteren Faktoren beeinflusst. Zu berücksichtigen ist u.a. sowohl die Sicherheit der Anlage, die z.B. von der Bonität des Schuldners abhängt, als auch die Rentabilität bzw. der zu erwartende Ertrag. Auch muss bedacht werden, wie kurzfristig und zu welchen Konditionen eine Anlage bei Bedarf in ein Bankguthaben bzw. in Bargeld umgewandelt werden kann.

Auch wenn die Regelsicherungsleistungen weiterhin die tragende Säule der A. bilden werden, gewinnen die Zusatzversorgungssysteme an Bedeutung. Der Gesetzgeber hat sich vor diesem Hintergrund bereits 2001 dazu entschlossen, die zweite und dritte Säule, d.h. die betriebliche und private A. stärker zu fördern (»Riester-Rente«, Basis- oder »Rürup-Rente«). Alle drei Säulen der A. müssen frühzeitig in eine ganzheitliche A.planung einbezogen werden.

Reichen die Leistungen der A. aus allen drei Säulen nicht aus, um die Existenzgrundlage im Alter zu sichern, könnten ggf. Fürsorgeleistungen in Anspruch genommen werden. Von besonderer Bedeutung ist insoweit die bedarfsorientierte → Grundsicherung im Alter und bei Erwerbsminderung, die auf die Bekämpfung der sog. verschämten Altersarmut (→ Armut) gerichtet ist. Erreicht werden soll dieses Ziel insbesondere durch eine Begrenzung des Rückgriffs auf Kinder und Eltern der Bedürftigen. Wer Leistungen der Grundsicherung im Alter und bei Erwerbsminderung in Anspruch nimmt, muss also nicht befürchten, dass Angehörige in die Pflicht genommen werden; etwas anderes gilt nur, wenn diese über ein sehr hohes Einkommen verfügen (→ Elternunterhalt, → Übergang von Ansprüchen).

*Lit.* Ernst & Young/Verband Deutscher Rentenversicherungsträger (Hrsg.): Ratgeber zur Altersvorsorge, 2. Aufl., Bonn 2004.

*Sylvia Dünn*

**Alterssicherung der Landwirt/innen** Die A. d. L. ist Teil des agrarsozialen Sicherungssystems und verfolgt sowohl sozialals auch agrarstrukturpolitische Ziele. Rechtsgrundlage ist das Gesetz über die A. d. L. (ALG). Die Durchführung obliegt der landwirtschaftlichen Alterskasse als Teil der Sozialversicherung für Landwirtschaft, Forsten und Gartenbau (SVLFG).

Versichert sind selbstständig tätige Landwirtinnen und Landwirte, deren Unternehmen die festgesetzte Mindestgröße erreicht, ihre Ehegatten sowie mitarbeitende Familienangehörige. Die Versicherten erhalten Leistungen zur → medizinischen Rehabilitation, Betriebs- und Haushaltshilfe zur Aufrechterhaltung des Unternehmens und im Versicherungsfall (Erwerbsminderung, Alter, Tod) Renten, die aber nur eine Teilsicherung bewirken und durch andere Versorgungselemente (z.B. Altenteil) zu ergänzen sind. Die Rentenansprüche sind u.a. davon abhängig, dass das Unternehmen abgegeben ist bzw. keine selbstständige landwirtschaftliche Tätigkeit ausgeübt wird.

Die A. d. L. wird durch Beiträge und Bundesmittel finanziert. Die Beitragsentwicklung ist an die der gesetzlichen → Rentenversicherung gekoppelt, die Differenz zwischen Beitragseinnahmen und Ausgaben wird aus Bundesmitteln gedeckt. Der Beitrag ist für alle Landwirtinnen und Landwirte sowie ihre Ehegatten gleich hoch; für mitarbeitende Familienangehörige beträgt er die Hälfte und wird von dem/der Landwirt/in getragen. Versicherte mit einem Jahreseinkommen bis zu 15.500 Euro erhalten einen Beitragszuschuss.

*Gerhard Zindel*

**Altersversorgung, betriebliche** → Betriebliche Altersversorgung und Sozialleistungen

**Alzheimer Krankheit** → Demenz, → Gerontopsychiatrie

**Ambivalenz** bezeichnet das simultane Vorhandensein zweier antagonistischer Gefühle (Zuneigung – Abneigung, Hass – Liebe) gegenüber einem psychologischen Objekt. Dies betrifft insbesondere Personen, mit denen man in enger gefühlsmäßiger Beziehung steht. Das Nebeneinander widersprüchlicher Gefühle ist ein normales psychisches Phänomen, welches nur dann einen psychopathologischen Stellenwert hat, wenn der bestehende Gefühlskonflikt von starker Intensität und dauerhaft ist und einen hohen Generalisierungsgrad erreicht. Letzteres bedeutet, dass er sich in breiten Bereichen des täglichen sozialen und beruflichen Lebens auswirkt. Beispiele sind etwa die Generalisierung eines intensiven Gefühlskonflikts von den ersten engen Bezugspersonen auf alle Menschen desselben Geschlechts oder alle künftigen Bezugspersonen.

Ambivalenten Gefühlsregungen und den damit verbundenen → Konflikten wird v.a. in der psychoanalytischen Literatur eine entscheidende Rolle in der Genese neurotischer Störungen zugemessen (→ Psychoanalytische Beratung und Therapie). Die Kritik an der mit einem allgemeinen Neurosekonzept verbundenen Annahme eines gemeinsamen Pathomechanismus für die heute als Angst-, Stress- und somatoforme Störungen bezeichneten Störungsbilder ist inzwischen breit akzeptiert. Sie stellt eine obligatorische und einheitliche Rolle ambivalenter Gefühlskonflikte in der Entstehung dieser Störungen in Frage. Nach den Erkenntnissen der Bindungsforschung (→ Beziehung/ Bindung in der Sozialen Arbeit) stehen jedoch überdauernde intensive Gefühlskonflikte mit frühen prägenden Gefühlsbeziehungen (ambivalent-unsicherer Bindungsstil) in Zusammenhang, welche sich bedeutsam auf automatisierte Wahrnehmungsbereitschaften sowie die Stress- und Emotionsregulation auswirken (vgl. Grawe) und somit einen Vulnerabilitätsfaktor in der Entstehung von Störungen der → Kommunikation und → Interaktion darstellen. Konfrontation mit Problemen, die aus dem Phänomen der A. resultieren, ergibt sich in der Sozialen Arbeit in verschiedensten Arbeitsfeldern, bspw. im Kontext der → Kinder- und Jugendhilfe, in der → Partnerschaftsberatung oder im Umgang mit → Sucht.

*Stephan R. Siegfried/Klaudius Siegfried*

**Ambulant betreute Wohnformen** → Betreutes Wohnen behinderter und psychisch kranker Menschen, → Wohnen im Alter

**Ambulante ärztliche Versorgung** ist der Gegenbegriff zu stationärer Versorgung, unter dem regelmäßig die Versorgung in einer → Einrichtung unter grundsätzlicher Einbeziehung von Leistungen der Unterkunft und Verpflegung verstanden wird. Ambulante Leistungen erfolgen üblicherweise durch niedergelassene Ärzte und Ärztinnen. Im Recht der gesetzlichen → Krankenversicherung (SGB V) sind ambulante und stationäre Versorgung deutlich getrennt. Die a. ä. V. wird in der gesetzlichen Krankenversicherung regelmäßig von Vertragsärzt/innen erbracht

(→ vertragsärztliche Versorgung), während die stationäre Versorgung durch zugelassene → Krankenhäuser erfolgt. Beide Sektoren unterscheiden sich im Hinblick auf Organisationsvorgaben (Zulassung, Vergütung) sowie Regelungen zur Leistungserbringung. Die Trennung der beiden Sektoren wird verstärkt kritisiert. Bemühungen, für die konkrete Leistungserbringung auch die Kompetenzen der verschiedenen Sektoren nutzbar zu machen, haben daher zugenommen (z.B. Verträge der → integrierten Versorgung nach §§ 140 a ff. SGB V). Eine besondere Stellung nimmt dabei die ambulante spezialfachärztliche Versorgung ein (§ 116 b SGB V). Diese ermöglicht bei bestimmten, komplexen, schwer therapierbaren Krankheiten eine ambulante Versorgung des Patienten sowohl durch niedergelassene Vertragsärzt/innen als auch durch Krankenhäuser, sofern diese festgelegte Anforderungen erfüllen. Zur Unterstützung von Patient/innen, die zwischen den Versorgungsbereichen wechseln, besteht ein Anspruch auf → Versorgungsmanagement (§ 11 Abs. 4 SGB V). Dieser erstreckt sich auch auf Versorgungsbereiche wie → Rehabilitation oder → Pflege. Trotz grundsätzlicher Beibehaltung der sektoralen Trennung in der gesetzlichen Krankenversicherung erfolgt die Qualitätssicherung (→ Qualitätsmanagement) sektorenübergreifend (§§ 136 ff. SGB V).

*Katja Fahlbusch*

**Ambulante Dienste für ältere Menschen** Der Begriff ambulante Dienste für ältere Menschen ist ein Oberbegriff für qualitätsgesicherte gesundheits- und sozialpflegerische Dienstleistungen, die Pflegedienste, Anbieter von Betreuungs- und Entlastungsangeboten und mobile soziale Hilfsdienste für ältere Menschen erbringen. Der Begriff verweist dabei auf die Hauptzielgruppe solcher Dienste. Das Tätigkeitsspektrum dieser Dienste erstreckt sich jedoch auch auf Menschen, die der → häuslichen Krankenpflege bedürfen, → psychisch kranke Menschen, → behinderte Menschen oder auch pflegebedürftige Kinder.

Wenn ältere Menschen pflegebedürftig sind, können sie Pflegesachleistungen der ambulanten Pflegedienste nach § 36 SGB XI in Anspruch nehmen (→ häusliche Pflege). Diese Leistungen umfassen grundpflegerische Leistungen wie die Körperpflege, Hilfen beim Ausscheiden, Hilfen bei Nahrungsaufnahme, Unterstützung bei der Mobilität und die hauswirtschaftliche Versorgung. Neben der → Grundpflege erbringen die Pflegedienste für pflegebedürftige Menschen auch ärztlich verordnete Leistungen der häuslichen Krankenpflege nach § 37 SGB V, wie Wundversorgung oder Injektionen. In der Praxis werden Grund- und → Behandlungspflege häufig während eines Einsatzes gemeinsam verrichtet. Eine weitere zentrale Aufgabe der Pflegedienste stellt die → Beratung dar. Die Beratung umfasst ein breites Spektrum von Themen, wie Fragen zur Unterstützung, Stabilisierung und Entlastung des häuslichen Pflegesettings, zum Leistungsrecht der → Pflege- und → Krankenversicherung, zur Ausstattung mit → Hilfsmitteln und → Pflegehilfsmitteln, zu Wohnumfeld verbessernden Maßnahmen, aber auch zur Unterstützung der sozialen → Teilhabe im Quartier. Die Beratung richtet sich auch an die pflegenden Angehörigen (→ Angehörigenarbeit), um sie über Entlastungsmöglichkeiten in ihrer Pflegesituation zu informieren, wie z.B. → Tages-, Verhinderungs- oder → Kurzzeitpflege. Pflegedienste bieten zudem die Möglichkeit zur Anleitung und Schulung in Kursen oder in der eigenen Häuslichkeit. Die Schulung vermittelt dabei sowohl praktische Anleitungen zur Körperpflege als auch Hilfen zur Bewältigung der eigenen Pflegesituation wie etwa bei herausforderndem Verhalten bei → Demenz oder der Auseinandersetzung mit Überlastung, Tod und Sterben. Pflegedienste haben zudem die Aufgabe, bei Empfänger/innen des → Pflegegeldes für Pflegebedürftige regelmäßig einen Beratungseinsatz nach § 37 Abs. 3 SGB XI durchzuführen.

Eine wachsende Bedeutung im Sinne der → Sozialraumorientierung kommt den Betreuungsleistungen zu. Mit der Einführung des neuen Begriffs der → Pflegebedürftigkeit soll die Betreuung als eigenständige Leistung in das SGB XI aufgenommen werden. Gegenwärtig haben pflegebedürftige Menschen Anspruch auf Leistungen von nach Landesrecht anerkannten niedrigschwelligen Betreuungs- und Entlastungsangeboten oder vergleichbaren Angeboten von Pflegediensten. Die vielfältigen Angebote umfassen unterschiedliche Zielsetzungen. So sollen Pflegepersonen entlastet werden, z.B. durch Betreuungsgruppen für demenziell Erkrankte. Durch Betreuungsangebote sollen soziale Kontakte und die Einbindung in das soziale Umfeld erhalten werden, wie z.B. durch Begleitung zum Spaziergang. Des Weiteren sollen Pflegebedürftige bei typischen Alltagsverrichtungen unterstützt werden, z.B. im Haushalt oder bei Behördenangelegenheiten.

*Elisabeth Fix*

**Ambulante Krankenpflege/Ambulante Pflege** → Häusliche Krankenpflege, → Häusliche Pflege

**Ambulante medizinische Rehabilitation** ist eine Form der Erbringung von Leistungen zur → Rehabilitation und umfasst in einer weiten Definition alle Rehaleistungen, die nicht stationär, also ohne Unterkunft über Nacht, durchgeführt werden. Der Begriff der a. m. R. wird in der Praxis fast ausschließlich für Maßnahmen → medizinischer Rehabilitation verwendet, bei anderen nichtstationären Leistungen der R. wird eher von ambulanten Leistungen zur → Teilhabe gesprochen, z.B. in der → Sozialhilfe. A. m. R. ist insbesondere von Maßnahmen zur Vorsorge, z.B. nach §§ 20 ff. SGB V und der kurativen Behandlung abzugrenzen, auch wenn bei letzterer rehabilitative Zielsetzungen zu verfolgen sind (§ 27 SGB IX).

A. m. R. wird von allen Trägern der medizinischen Rehabilitation nach § 6 Abs. 1 Nr. 1 und 3–7 SGB IX erbracht, wobei die → Krankenkassen und die → Rentenversicherung die größte Zahl der Maßnahmen, vorwiegend in den Indikationsgebieten Orthopädie/Traumatologie und Sucht, sowie Kardiologie und Neurologie tragen.

Das Konzept der a. m. R. ist dem der stationären medizinischen Rehabilitation nachgebildet. Als Vorteile der ambulanten medizinischen Rehabilitation gelten u.a.: Erhalt der sozialen Einbettung, bessere Möglichkeit zur regionalen Verzahnung, zeitliche Flexibilisierung und Kosteneinsparungen. Bei gleichem Rehakonzept und korrekter Indikation werden vergleichbar gute Rehaergebnisse erzielt. Allerdings muss der Rehabilitand in der Lage sein, die Einrichtung aufzusuchen.

Maßnahmen a. m. R. dürfen i.d.R. nur in → Einrichtungen erfolgen, mit denen ein Vertrag nach §§ 19 und 21 SGB IX besteht, vgl. dazu auch §§ 40 Abs. 1 und 111 c SGB V.

Näheres zu den Maßnahmen der a. m. R. wie z.B. Indikationen, Anforderungen an Struktur- und Prozessqualität regeln die trägerübergreifende Rahmenempfehlungen zur a. m. R. der → Bundesarbeitsgemeinschaft für Rehabilitation (BAR).

Grundsätzlich gilt nach § 19 Abs. 2 (vgl. auch § 40 Abs 1. und 2) SGB V ein Vorrang ambulanter vor stationären Maßnahmen. Dieser Vorrang wird jedoch nicht regelhaft umgesetzt, wenngleich der Anteil von Maßnahmen a. m. R. von niedrigem Niveau aus steigt.

Nach § 40 Abs. 1 SGB V kann die a. m. R. in der besonderen Form als mobile Rehabilitation, die im GKV-Versorgungsstärkungsgesetz ausdrücklich erwähnt wird, zulasten der Krankenkassen erbracht werden: Ein interdisziplinäres Team unter ärztlicher Leitung erbringt alle Leistungen in der Wohnung des Rehabilitanden. Bedeutende Kontextfaktoren können so unmittelbar berücksichtigt werden. Zielgruppe der mobilen Rehabilitation sind multimorbide Patienten oder → behinderte Menschen mit erheblichen Funktionsbeeinträchtigungen und einem komplexen Hilfebedarf, die ohne das aufsuchende Angebot nur geringe Rehabilitationschancen haben. Die positiven Effekte und die Effizienz der Maßnahmen lassen sich auf hohem deskriptivem Niveau gut darstellen. Die mobile Rehabilitation ist zugleich ein Gegenentwurf zur etablierten stationären Rehabilitation, da das Team sich der Lebenssituation der Betroffenen anpassen muss. Noch existieren Einrichtungen der mobilen Rehabilitation nur an wenigen Standorten. Für die mobile Rehabilitation für geriatrische Patienten zulasten der → Krankenversicherung liegt eine Rahmenempfehlung vor. Angesichts des demografischen Wandels und des Wunsches nach Verbleib in der Häuslichkeit bei → Pflegebedürftigkeit und Behinderung (Stichwort: Ambulantisierung der Hilfen) wird die Bedeutung der mobilen Rehabilitation zunehmen.

Nach § 40 Abs. 1 SGB V sind Leistungen der a. m. R. auch in stationären Pflegeeinrichtungen nach § 72 Abs. 1 SGB XI zu erbringen. Diese Option wird derzeit nur durch die mobile Rehabilitation genutzt.

*Matthias Schmidt-Ohlemann*

**Ambulantisierung** beschreibt eine Entwicklung bzw. einen Prozess der Verlagerung der Erbringung sozialer und gesundheitlicher Leistungen aus dem stationären Setting hin zu einer ambulanten Leistungserbringung. A. ist Teil einer Entwicklung, die in vielen Sozialleistungssystemen seit Längerem stattfindet. Für die → Sozialhilfe ist seit 2005 im Zwölften Buch → Sozialgesetzbuch der Vorrang ambulanter vor teilstationären und vor stationären Leistungen festgeschrieben (§ 13 Abs. 1 Satz 2). In der → Eingliederungshilfe beschreibt A. den Prozess, → behinderte Menschen mehr ambulante statt stationäre, also einrichtungsgebundene Leistungen anzubieten. A. wird auch durch die Ziele der → UN-Behindertenrechtskonvention (BRK) befördert. Eine Ausprägung gleichberechtigter → Teilhabe von Menschen mit Behinderungen ist nämlich, dass sie – wie alle Menschen – nicht gezwungen sind, besondere Wohnformen aufzusuchen (Art. 19 BRK). Insofern stellt A. eine Entwicklung dar, eine lebenswelt- bzw. sozialraumorientierte Leistungserbringung (→ Sozialraumorientierung) zu ermöglichen. Dies führt zum Auf- und Ausbau eines inklusiven Sozialraumes. Die sozialräumlich orientierte Leistungserbringung und die A. sind bisher hauptsächlich im Bereich der Teilhabe am Leben in der Gesellschaft bei betreuten Wohnformen von Bedeutung. Sie ist jedoch nicht darauf beschränkt und wirkt beispielsweise auch hinsichtlich der → Teilhabe am Arbeitsleben z.B. auch auf anerkannte → Werkstätten für behinderte Menschen.

*Daniel Heinisch*

**Amtsarzt/-ärztin** ist die Funktionsbezeichnung der Person, die nach Ländergesetzen des → öffentlichen Gesundheitsdienstes (ÖGD) ein → Gesundheitsamt leitet. Davon abzugrenzen sind die Aufgaben des amtsärztlichen Dienstes, der ebenfalls im Gesundheitsamt angesiedelt ist und einen Teil dessen Aufgabenspektrums (z.B. Einstellungsuntersuchungen für Beamte, Gutachten, Stellungnahmen u.ä.) darstellt. Die Voraussetzungen für die Leitung eines Gesundheitsamtes sind neben der Approbation als Arzt/Ärztin die erfolgreich absolvierte Facharztweiterbildung für öffentliches Gesundheitswesen. Die Facharztweiterbildungen sind in den jeweiligen Weiterbildungsordnungen der Landesärztekammern geregelt und umfassen einen Weiterbildungszeitraum von fünf Jahren. Inhalte sind neben nachgewiesenen Tätigkeiten in der ärztlichen Versorgung der Abschluss einer sechsmonatigen theoretischen Weiterbildung.

Wegen der starken Spezialisierung im ÖGD in → Sozialmedizin, → Sozialpädiatrie, Psychiatrie, Epidemiologie, Umweltmedizin u.a. ist es i.d.R. nicht mehr für eine einzige Person möglich, auf all diesen Gebieten eine in die Tiefe gehende fachliche Spezialisierung vorzuweisen. Die Leitung eines Gesundheitsamtes erfordert nach heutigen Maßstäben in erster Linie Management- und besondere Kommunikationsfähigkeiten (Organisieren, Vernetzen, Motivieren) sowie gesundheitspolitisches Engagement, d.h. Einmischen in auf die → Gesundheit bezogene soziale und ökologische Belange der Kommune. Der/die A. hat daher in erster Linie Führungsaufgaben zu übernehmen und die fachliche Expertise der in der Organisationsstruktur des Gesundheitsamtes idealerweise multiprofessionell aufgestellten Mitarbeiterinnen und Mitarbeiter (z.B. Fachärztinnen/Fachärzte für Psychiatrie und Psychotherapie, → Sozialarbeiter/innen und Sozialpädagog/innen, Umweltingenieur/innen) zu berücksichtigen.

*Thomas Götz*

**Amtsgeheimnis** meint den auch als Dienstgeheimnis bezeichneten Grundsatz, nach dem Beschäftigte in bestimmten Ämtern die Pflicht haben, über Angelegenheiten Verschwiegenheit zu bewahren, deren Geheimhaltung geboten ist (vgl. z.B. § 3 Abs. 1 Tarifvertrag für den Öffentlichen Dienst [TVöD], § 37 Beamtenstatusgesetz [BeamtStG], § 35 SGB I). Das A. wirkt sich ähnlich aus wie die Regelungen zum → Datenschutz, dient jedoch nicht wie dieser dem Schutz des allgemeinen Persönlichkeitsrechts, sondern dem Vertrauen der Öffentlichkeit in die Verschwiegenheit öffentlicher Stellen. Umfasst werden alle Informationen, die der Behörde in ihrer Funktion zugänglich gemacht werden und die der Geheimhaltung bedürfen. Darunter fallen keine offenkundigen Tatsachen oder Informationen, die ihrer Bedeutung nach keine Geheimhaltung erfordern. Ferner kann es Situationen geben, in denen eine Weitergabe an andere Behörden dienstrechtlich oder zum Schutze Dritter geboten ist. Insofern findet das A. ähnlich wie der Datenschutz seine Grenzen, wenn es um den Schutz höherwertiger Güter geht. Vom A. entbunden wird der Geheimnisträger durch den Dienstvorgesetzten (→ Aussagegenehmigung) – anders als beim Datenschutz, wo die Entbindung von der Verschwiegenheit durch die betroffene Person geschieht. Die Regelung zum → Sozialgeheimnis in § 35 SGB I war ursprünglich eine Sondervorschrift zum Amtsgeheimnis. Durch den verfassungsgerichtlich erweiterten Schutz der informationellen Selbstbestimmung wurde das Sozialgeheimnis nunmehr auch auf Aspekte des Datenschutzes ausgeweitet, sodass nicht mehr nur sog. Geheimnisse, sondern sämtliche Sozialdaten erfasst sind.

Eine Verletzung des A. kann arbeitsrechtliche und dienstrechtliche Konsequenzen haben. Gemäß § 353 b Strafgesetzbuch (StGB) ist die Verletzung des A. unter Strafe gestellt, wenn dadurch wichtige öffentliche Interessen gefährdet werden. Sie kann mit → Freiheitsstrafe bis zu fünf Jahren oder mit → Geldstrafe geahndet werden. Auch eine fahrlässige Verletzung des A. ist strafbar. Zusätzlich kann auch eine Strafbarkeit nach § 203 StGB in Betracht kommen (→ Schweigepflicht). Dieser schützt im Gegensatz zu § 353 b StGB allerdings in erster Linie die Individualinteressen der betroffenen Personen und nicht die Allgemeinheit. Das A. kann nur von Amtsträgern verletzt werden. Soweit Behörden mit → freien Trägern zusammenarbeiten und diesen bestimmte Aufgaben übertragen, haben sie in Rahmenverträgen sicherzustellen, dass die Angestellten der freien Träger ebenfalls zur Verschwiegenheit verpflichtet sind. Für die von → Sozialleistungsträgern nach den → Sozialgesetzbüchern erhobenen Daten ist die Geheimhaltungspflicht für Dritte bereits in § 78 SGB X geregelt.

*Anusheh Rafi*

**Amtshaftung** ist die auf den Staat übergeleitete → Haftung eines Amtsträgers wegen der Verletzung einer Amtspflicht.

Rechtsgrundlage für die A. ist § 839 des → Bürgerlichen Gesetzbuchs (BGB) i.V.m. Art. 34 des → Grundgesetzes (GG). § 839 BGB bestimmt die privatrechtliche persönliche Haftung des Beamten, die nach Art. 34 GG auf den Staat übergeleitet wird. Der Staat übernimmt die persönliche Haftung des Amtswalters mit für diesen schuldbefreiender Wirkung und kann den Beamten nur bei Vorsatz oder grober Fahrlässigkeit ggf. in Regress nehmen. Mit der A. wird dem durch eine Amtspflichtverletzung Geschädigten ein solventer Schuldner gestellt. Zugleich führt die Haftungsübernahme des Staates in Verbindung mit der Beschränkung des Regresses gegenüber dem handelnden Beamten auf Vorsatz und grobe Fahrlässigkeit dazu, dass die Entscheidungsbereitschaft des Amtsträgers nicht übermäßig durch Furcht vor Haftung gelähmt wird. Die einzelnen Voraussetzungen der A. lauten:

(1) Ein Amtsträger muss als Beamter in Ausübung eines öffentlichen Amtes gehandelt haben. Beamter i.d.S. ist jeder, der im funktionellen Sinne öffentlich-rechtlich tätig ist (haftungsrechtlicher Beamtenbegriff). Entscheidend ist, dass das Handeln in Erfüllung öffentlicher Aufgaben erfolgt; eine Ernennung zum Beamten oder eine Anstellung im öffentlichen Dienst ist nicht nötig. Behörden können sich auch zur Erfüllung ihrer Aufgaben in öffentlich-rechtlicher Form Privater bedienen, z.B. der Beliehenen, denen Aufgaben zur selbstständigen Wahrnehmung übertragen werden (bspw.: TÜV-Sachverständiger). Ein Verhalten ist dann Ausübung eines öffentlichen Amtes, wenn die zugrunde liegende Zielsetzung öffentlich-rechtlicher Natur ist. Zudem muss zwischen dieser Zielsetzung und der schädigenden Handlung ein so enger Zusammenhang bestehen, dass die Handlung der Wahrnehmung der öffentlich-rechtlichen Aufgabe zuzurechnen ist; eine bloß bei Gelegenheit der Ausübung von Staatsgewalt verursachte Schädigung wird nicht erfasst.

Nicht zum Bereich öffentlich-rechtlichen Handelns gehören die rein fiskalische Verwaltung sowie die Erfüllung hoheitlicher Aufgaben in den Formen des Privatrechts. Dies geschieht häufig bei der → Daseinsvorsorge im Sozialbereich (→ Krankenhäuser, Altenheime, Kinderspielplätze). Die Verkehrssicherungspflicht des Staates für diese Einrichtungen richtet sich nach allgemeinem Bürgerlichem Recht. Daneben haftet der Amtsträger nach § 839 BGB.

(2) Weiter muss eine Amtspflicht verletzt worden sein. Die Amtspflichten bemessen sich nach den öffentlich-rechtlichen Rechtspflichten der Träger öffentlicher Gewalt. Dazu gehören die Pflicht zum rechtmäßigen Handeln einschließlich der fehlerfreien Ausübung von → Ermessen, zur Antragsbearbeitung in der gebotenen Beschleunigung, zur Schonung unbeteiligter Dritter, zum verhältnismäßigen Handeln (→ Verhältnismäßigkeitsgrundsatz) sowie zur Erteilung wichtiger Auskünfte (→ Auskunft).

(3) Die verletzte Amtspflicht muss gegenüber dem geschädigten Dritten bestehen. Dazu muss die Amtspflicht neben der Erfüllung allgemeiner öffentlicher Belange auch dem Zweck dienen, gerade den Interessen des Geschädigten zu dienen. Auch eine andere Behörde kann daher Dritter sein, wenn sie dem Beamten bei Erledigung seiner Amtsgeschäfte wie ein Bürger gegenübersteht.

(4) Infolge der vorsätzlichen oder fahrlässigen (§ 276 Abs. 2 BGB) Amtspflichtverletzung muss bei dem durch die Amtspflicht geschützten Dritten ein Schaden entstanden sein.

(5) Gem. § 839 Abs. 1 S. 2 BGB haftet ein Beamter, dem lediglich Fahrlässigkeit zur Last fällt, nur dann, wenn der Geschädigte nicht auf anderem zumutbaren Wege Ersatz erlangen kann. Diese Subsidiaritätsklausel bezweckt den Schutz des Amtsträgers, gilt aber grundsätzlich auch für die übergeleitete A. des Staates. Allerdings haben die Gerichte die Anwendung der Klausel auf die staatliche Haftung erheblich beschränkt. So gelten Ansprüche auf → Sozialleistungen nicht als anderweitige Ersatzmöglichkeit, weil dies dazu führt, dass der Staat sich auf Kosten der sozialversicherungsrechtlichen Solidargemeinschaft entlastet. Auch privatrechtliche Versicherungsansprüche (z.B. Lebens- oder Krankenversicherung) hindern nach der Rechtsprechung die Geltendmachung des Amtshaftungsanspruchs nicht, da sie nicht zu diesem Zweck begründet wurden.

Eine Ersatzpflicht tritt auch dann nicht ein, wenn es der Verletzte vorsätzlich oder fahrlässig unterlassen hat, den Schaden durch Gebrauch eines Rechtsmittels abzuwenden (§ 839 Abs. 3 BGB). Dieser Vorbehalt führt zu einem Vorrang der Rechtsschutzmöglichkeiten gegen das schädigende Verhalten gegenüber der Schadensersatzpflicht.

Für Amtspflichtverletzungen bei dem Urteil in einer Rechtssache besteht eine Haftung nur dann, wenn die Pflichtverletzung in einer Straftat besteht (§ 839 Abs. 2 BGB), in erster Linie vorsätzlicher Rechtsbeugung (§ 336 StGB). Rechtskräftige richterliche Urteile sollen nicht allgemein mit der Begründung erneut zur Überprüfung gestellt werden können, dass der erkennende Richter fehlerhaft entschieden habe.

Die Haftung trifft grundsätzlich diejenige Körperschaft, die dem Beamten die Aufgabe übertragen hat, bei deren Wahrnehmung die Amtspflichtverletzung erfolgt ist. Die Ansprüche verjähren nach drei Jahren (§ 195 BGB). Die Verjährung beginnt regelmäßig mit Ablauf des Jahres, in dem der Geschädigte von der Amtspflichtverletzung erfahren hat (§ 199 BGB).

Der Amtshaftungsanspruch gewährt zwar Schadensersatz für die Folgen eines rechtswidrigen hoheitlichen Handelns. Indes geht er nur auf Entschädigung in Geld, da nur dies vom ursprünglich als Privatperson haftenden Beamten verlangt werden konnte. Der Anspruchsberechtigte ist im Übrigen so zu stellen, wie er ohne die schädigende hoheitliche Handlung stehen würde (§ 249 BGB). Für den Anspruch sind die ordentlichen Gerichte (→ Zivilgerichte) zuständig (Art. 34 S. 3 GG).

*Lit.* Baldus, M./Grzeszick, B./Wienhues, S.: Staatshaftungsrecht, 4. Aufl., Heidelberg u.a. 2013; Ossenbühl, F./Cornils, M.: Staatshaftungsrecht, 6. Aufl., München 2013.

*Bernd Grzeszick*

**Amtshilfe** Begrifflich ist A. von Rechtshilfe zu unterscheiden – »Alle Behörden des Bundes und der Länder leisten sich gegenseitig Rechts- und Amtshilfe« (§ 35 Abs. 1 Grundgesetz [GG]). Je nachdem, ob die um Unterstützung angegangene Institution ein Gericht oder eine Behörde ist, erfasst A. Unterstützungsleistungen durch Behörden (diese Eigenschaft kommt nach § 31 Abs. 3 S. 1 SGB IV auch den vertretungsberechtigten Organen der Träger der → Sozialversicherung zu) und Unterstützungsleistungen durch Gerichte, wenn es sich um spezifisch richterliche Handlungen (ansonsten gleichfalls A.) handelt. Konkretisierungen zur Rechtshilfe werden durch die Verweisungen der Gerichtsgesetze auf §§ 156 ff. Gerichtsverfassungsgesetz (GVG) hergestellt und finden sich zur A. in den Verwaltungsverfahrensgesetzen (§§ 4 ff. VwVfG; §§ 3 ff. SGB X). Die A. setzt ein Ersuchen einer Behörde an eine andere Behörde (bzw. an ein als Verwaltung tätig zu werdendes Gericht) um ergänzende Hilfe voraus. Dieses Ersuchen ist zulässig, wenn die ersuchende Behörde a) aus rechtlichen oder aber auch aus tatsächlichen Gründen, z.B. weil die zur Vornahme der Amtshandlung erforderlichen Dienstkräfte oder Einrichtungen fehlen, die Amtshandlung nicht selbst vornehmen kann, b) zur Durchführung ihrer Aufgaben auf die Kenntnis von Tatsachen angewiesen ist, die ihr unbekannt sind, oder Urkunden oder sonstige Beweismittel benötigt, die im Besitz der ersuchten Behörde sind, oder c) die Amtshandlung nur mit wesentlich größerem Aufwand vornehmen könnte als die ersuchte Behörde (z.B. weil nur letztere »vor Ort« ist).

Die ersuchte Behörde ihrerseits kann die A. verweigern, wenn sie rechtlich oder tatsächlich dazu nicht in der Lage ist oder durch die Hilfeleistung dem Wohl des Bundes oder eines Landes erheblichen Schaden zufügen würde. Die Vorlage von Urkunden oder Akten sowie die Erteilung von → Auskünften sind ausgeschlossen, wenn ihre Weitergabe nach rechtlichen Vorschriften oder ihrem Wesen nach auch im Verkehr zwischen den Behörden im Rahmen der A. geheim gehalten werden müssen (→ Datenschutz, → Sozialgeheimnis).

Im Übrigen braucht die ersuchte Behörde A. nicht zu leisten, (1) wenn sie die Hilfe nur mit unverhältnismäßig großem Aufwand erbringen könnte oder eine andere Behörde dies wesentlich einfacher oder mit wesentlich geringerem Aufwand tun kann, (2) wenn sie unter Berücksichtigung der Aufgaben der ersuchenden Behörde durch die Hilfeleistung die Erfüllung ihrer eigenen Aufgaben ernstlich gefährden würde. Hingegen rechtfertigt der Umstand, dass die ersuchte Behörde das ihr angesonnene Tun nicht für zweckmäßig hält, nicht die Versagung der A.

Kommen für die A. mehrere Behörden in Betracht, so soll nach Möglichkeit eine Behörde der untersten Verwaltungsstufe des betreffenden Verwaltungszweigs um A. ersucht werden. Die Zulässigkeit der Maßnahme, die durch die A. verwirklicht werden soll, richtet sich nach dem für die ersuchende Behörde geltenden Recht. Deshalb trägt die ersuchende Behörde auch die Verantwortung gegenüber der ersuchten Behörde für die Rechtmäßigkeit der Handlung. Die Durchführung, das heißt Art und Weise der A., richtet sich hingegen nach dem für die ersuchte Behörde maßgebenden Recht, die dementsprechend auch für die Rechtmäßigkeit der Durchführung verantwortlich ist. Die ersuchende Behörde hat der ersuchten Behörde für die A. keine Verwaltungsgebühr zu zahlen, hingegen auf Anforderung Auslagen zu erstatten, wenn sie im Einzelfall 35 Euro bzw. bei A. zwischen Trägern der Sozialversicherung 100 Euro übersteigen. Nimmt die ersuchte Behörde zur Durchführung der A. eine kostenpflichtige Amtshandlung vor, so stehen ihr gegenüber der ersuchenden Behörde die von einem Dritten geschuldeten Kosten (Verwaltungsgebühren, Benutzungsgebühren und Auslagen) zu.

*Gottfried Eichhoff*

**Amtspflegschaft** → Pflegschaft

**Amtsvormundschaft** Eine → Vormundschaft für Minderjährige ist gem. § 1773 → Bürgerliches Gesetzbuch (BGB) erforderlich, wenn der/die Minderjährige nicht unter → elterlicher Sorge steht oder wenn die Eltern zur Vertretung der gesamten Angelegenheiten ihres Kindes nicht berechtigt sind. Sind die Eltern lediglich zur Vertretung einzelner Angelegenheiten nicht berechtigt, ist für diese Angelegenheiten eine → Pflegschaft einzurichten. Eine A. ist eine Vormundschaft, die das → Jugendamt kraft Gesetzes (gesetzliche A.) oder aufgrund familiengerichtlicher Anordnung und Bestellung (bestellte A.) zu führen hat.

Die A. trifft kraft Gesetzes in zwei Konstellationen ein: einerseits für Kinder, deren Mütter noch minderjährig sind und bei denen auch der andere Elternteil nicht zur Sorge berechtigt ist (§§ 1673, 1675, 1678, 1791 c BGB), und andererseits für Kinder, die nach Einwilligung ihrer Eltern in eine Adoption (→ Annahme als Kind), die das Ruhen der elterlichen Sorge zur Folge hat, in Adoptionspflege leben (§ 1751 Abs. 1 S. 1 Halbs. 1 BGB), aber noch nicht durch die Bewerber angenommen wurden. Die bestellte A. kommt grundsätzlich in allen denkbaren Fällen des § 1773 BGB in Betracht. Nach dem Gesetzeswortlaut hat das → Familiengericht das Jugendamt jedoch nur dann zum Vormund (§ 1791 b BGB) zu bestellen, wenn kein geeigneter ehrenamtlicher Einzelvormund zur Verfügung steht. Eine Einwilligung des Jugendamts ist keine Voraussetzung für seine Auswahl und Bestellung. Das Führen von Vormundschaften ist eine sogenannte andere Aufgabe des Jugendamts (§ 55 Abs. 1 i.V.m. § 2 Abs. 3 Nr. 11 SGB VIII). Das Jugendamt überträgt nach § 55 Abs. 2 SGB VIII die Führung der A. durch Verwaltungsakt auf eine/n einzelne/n Beamte/n oder Angestellte/n. Das Jugendamt unterliegt als Amtsvormund der allgemeinen Aufsicht des Familiengerichts (§ 1837 BGB), die die Vormundschaft führende → Fachkraft einer beschränkten → Dienst- und → Fachaufsicht ihres Dienstherrn.

Entsprechend dem Vorrang der ehrenamtlichen Einzelvormundschaft gehört es gem. § 53 SGB VIII zum Aufgabenkreis der Jugendämter, geeignete Personen zu finden, die in der Lage sind, Vormundschaften zu übernehmen, diese dem Familiengericht vorzuschlagen und sie bei der Ausübung der Vormundschaft zu beraten und zu unterstützen. Außerdem soll das Jugendamt gem. § 56 Abs. 4 SGB VIII jährlich überprüfen, ob im Interesse des Kindes die A. durch eine Einzelvormundschaft ersetzt werden kann. Das Gesetz geht generell davon aus, dass eine Vormundschaft durch eine Einzelperson für ein Kind vorteilhafter ist, da eine Einzelperson ohne Interessenskonflikte auch Rechte des Kindes gegenüber dem Jugendamt geltend machen kann und ehrenamtliche Einzelvormünder oft mehr Zeit für eine persönliche Betreuung und Begleitung des Kindes haben. Entgegen diesen allgemein anerkannten Vorstellungen dominiert in der Praxis eine Amtsvertretung durch das Jugendamt, da sich für viele Konstellationen keine geeigneten ehrenamtlichen Vormünder finden lassen.

*Birgit Hoffmann*

**Analytische Psychologie** wurde von dem Schweizer Arzt C. G. Jung (1875–1961) begründet. Sie gehört zusammen mit der Psychoanalyse Freuds und der Individualpsychologie Adlers zu den klassischen tiefenpsychologischen Therapieformen (→ Psychoanalytische Beratung und Therapie). Jung entwickelte in Ergänzung der Theorien der Psychoanalyse das Konzept der Archetypen, nach welchem dem menschlichen Erleben und → Verhalten genetische, evolutionär erworbene Dispositionen zugrunde liegen. Eine Bestätigung hierfür fand er in universalen Gestaltungen, Themen und Motiven, die in den verschiedensten Kulturen, Religionen, der Kunst, den Erzählungen, Mythen und Märchen überall auf der Welt auftreten, so z.B. die Große Mutter und die Göttin, der Große Vater und Gott, der Held und die Heldin, die Suchwanderung, der Widersacher, die Hexe, der Zauberer usw.

Den Entwicklungsprozess auf eine ganzheitliche → Identität, ein erweitertes → Bewusstsein, eine lebendige Beziehung zum unbewussten Potenzial, auf eine größere humanitäre Reife und soziale Verantwortlichkeit hin nannte Jung »Individuation«. Im Individuationsprozess soll sich der Mensch die verschiedenen Aspekte seines Wesens bewusst machen, verarbeiten und in sein Leben hineingestalten. Hierzu gehören bspw. seine dunklen Seiten (der »Schatten«), die im Gegensatz zu den nach außen dargestellten, gesellschaftlich erwünschten Aspekten (»Persona« = Maske) stehen, oder auch seine gegengeschlechtlichen Anteile (Animus = männliche Aspekte in der Frau, Anima = weibliche Aspekte im Mann). Im Individuationsprozess soll er auch seine biopsycho-soziale Einheit und Ganzheit erfahren, die Jung das »Selbst« nannte. Dieses Selbst ist ein offenes und schöpferisches System und ist nie vollständig zu erfahren oder zu verwirklichen. Immer bleiben weite Bereiche unbewusst und ungelebt. Jede Lebensphase bringt neue Aufgaben mit sich, sodass der Individuationsprozess niemals abgeschlossen ist, sondern im Gegenteil die Entwicklung einer Offenheit für die fortwährende psychische Wandlung und Neuschöpfung ein wesentliches Kennzeichen der Individuation ist (→ Selbst-Entwicklung).

Von diesen Polaritäts- und Ganzheitsvorstellungen wird auch ein integratives Behandlungskonzept abgeleitet, in dem neben dem analytischen Aufarbeiten unbewusster (traumatischer) Erfahrungen und Konflikte die Förderung der kreativen Entfaltung und selbstverantwortlichen Lebensgestaltung von großer Bedeutung ist. Wichtiger Bestandteil einer a. P. ist auch die Auseinandersetzung mit unbewussten Ausdrucksformen der Psyche, also z.B. mit Träumen, Phantasien und Symbolen, in denen sich ungelebtes Leben und schöpferische Impulse spiegeln können.

Fort- und Weiterbildungsmöglichkeiten in a. P. gibt es in Deutschland z.Zt. insbesondere in Stuttgart, München, Berlin und Köln.

*Informationen:* www.cgjung.de

*Lutz Müller*

**Anamnese** (griech.: Erinnerung) In Medizin, Psychoanalyse, Psychotherapie, Sozialer Arbeit und → sozialen Dienstleistungen eine strukturierte → Exploration und Dokumentation der relevanten Sachverhalte und ihrer Vorgeschichte in der Anfangsphase des Kontakts; verwandte Begriffe sind → Diagnose, Assessment und Profiling. Der jeweilige professionelle Kontext und die entsprechenden Fragestellungen beeinflussen Instrumente und Techniken, daher besteht hier eine große Vielfalt und die Erfordernis methodischer Kontrolle. Insbesondere über den Einsatz von EDV ist eine zunehmende Standardisierung festzustellen. A. hatte besonderes Gewicht in den Fachdiskussionen der Sozialen Arbeit in den 1960er- und 1970er-Jahren. Eine Grundlage bilden die Freud'schen Überlegungen zur Methodik des → Erstgesprächs und deren Rezeption in der sich weiter entwickelnden Psychoanalyse (→ Psychoanalytische Beratung und Therapie). Einfluss auf die Soziale Arbeit in Deutschland hatte die Soziale Diagnose Alice Salomons sowie nach 1945 das amerikanische Social-Work-Modell mit der Differenzierung von Case-, Group- und Community-Work. In der psychologisch orientierten Rezeption einer medizinisch geprägten Case-Work-Tradition erhielt die A. eine tragende Bedeutung (→ Case Management, → Einzel[fall]hilfe).

In einem Behandlungs-Modell werden die Schritte A. – Diagnose – → Intervention unterschieden. Diese Dreiteilung ist mit mehreren Schwierigkeiten verbunden: a) Trennschärfe: Aktuelle sozialpädagogisch-diagnostische Verfahren unterscheiden kaum systematisch nach A. und Diagnose, einige Verfahren der Diagnose beschränken sich gänzlich auf die Phänomene; einen umfassenderen Zugang versuchen hermeneutische Verfahren. In Psychoanalyse und → Therapie wird auf den Interventionscharakter der A. verwiesen und der mehrdimensionale Aspekt der A. als → Kommunikation hervorgehoben; b) Problemzentrierung: Der medizinische A.-Begriff verweist auf → Krankheiten und ihre Genese. Aktuelle Paradigmen der Sozialen Arbeit versuchen demgegenüber auf → Ressourcen zu orientieren; auch diese inhaltliche Neuausrichtung hat eine Abkehr vom A.-Begriff bewirkt; c) Helfer-Klient-Bezug: Mit dem Bild des Hilfesuchenden als → »Kunden« und der Betonung seines Subjektstatus verliert der A.-Begriff (als expertokratisch kritisiert) ebenfalls an Bedeutung.

Die administrative Funktion der A. als (Vor-)Entscheidung über das Vorliegen von Ansprüchen und Zuweisung zu bestimmten Diensten ist dagegen gewachsen, insbesondere im Zusammenhang mit der Einführung von Steuerungsmodellen. Damit verbunden ist eine Diffusion der Begrifflichkeiten und Techniken. A. und Diagnose bilden im Behandlungsmodell die Grundlage für eine spätere → Evaluation bzw. → Katamnese. Im Rahmen des Case-Management wird der Begriff Assessment benutzt, der die Exploration von Problemen und Ressourcen umfasst. Abzugrenzen vom Case-Managements als Methode der Sozialen Arbeit sind das Fall-Management der Arbeitsagenturen sowie die entsprechend unterschiedlichen Assessmenttechniken. Das im Bereich der → Arbeitsförderung angesiedelte Profiling konzentriert sich auf die Ermittlung von »marktgängigen« Kompetenzen und Stärken. Mögliche vermittlungsbehindernde Faktoren sollen über »aktivierende A.« erfasst werden.

*Thomas Marthaler*

**Andragogik** → Erwachsenenbildung

**Anerkennung ausländischer Berufsabschlüsse** Die A. von Berufs- und Bildungsabschlüssen ist ein wichtiger Aspekt der europäischen Arbeitnehmerfreizügigkeit und damit nicht nur ein Element der Verwirklichung der → europäischen Grundfreiheiten → Personenfreizügigkeit und → Dienstleistungsfreiheit, sondern auch ein wesentliches Element zur Erzeugung und Aufrechterhaltung des → europäischen Binnenmarktes. Schon durch den Vertrag zur Gründung der Europäischen Wirtschaftsgemeinschaft (EWGV) 1957 war die »gegenseitige Anerkennung der Diplome, Prüfungszeugnisse und sonstigen Befähigungsnachweise« Regelungsgegenstand (§ 57). Mit der europäischen Richtlinie 2005/36/EG über die A. von Berufsqualifikationen vom 7.9.2005 wurden bestehende allgemeine und sektorale A.regelungen konsolidiert und in eine allgemeingültige Norm transformiert. Diese Richtlinie legt für reglementierte Berufe die Vorschriften fest, nach denen ein Mitgliedstaat die Berufsqualifikationen anerkennt, die in einem anderen Mitgliedstaat für den Zugang zu diesem Beruf und dessen Ausübung erworben wurden. Nach der automatischen Regelung der Richtlinie erfolgt die A. der Berufsqualifikation für Ärzt/innen, Zahnärzt/innen, Tierärzt/innen, Apotheker/innen, Gesundheits- und Krankenpfleger/innen, Hebammen/Entbindungspfleger, Architekt/innen. Nach dem System der allgemeinen Regelung hingegen erfolgt die A. der Qualifikation für alle anderen reglementierten Berufe.

Mit dem auf die europäische Berufsanerkennungsrichtlinie bezugnehmenden Gesetz zur Verbesserung der Feststellung und A. im Ausland erworbener Berufsqualifikationen (A.gesetz des Bundes) soll es ausländischen → Fachkräften erleichtert werden, ihre berufliche Qualifikation auf dem deutschen → Arbeitsmarkt einzusetzen. Damit soll nicht zuletzt der Fachkräftebedarf in Deutschland gesichert werden. Art. 1 des A.gesetzes des Bundes ist das Berufsqualifikationsfeststellungsgesetz (BQFG), die Art. 2–61 beinhalten Anpassungen und Änderungen in den betroffenen berufsrechtlichen Fachgesetzen.

Die A. von Berufsqualifikationen bei den landesrechtlich reglementierten und mit einer staatlichen A. verbundenen Berufen der → Sozialen Arbeit, Kindheitspädagogik, → Heilerziehungspflege, → Heilpädagogik und der → Erzieher/innen ist nicht durch das A.gesetz des Bundes geregelt, sondern geschieht durch die BQFG der Länder. Grundlage hierfür ist wiederum die europäische Berufsanerkennungsrichtlinie 2005/36/EG (modernisiert durch die EU-Richtlinie 2013/55/EU). Die BQFG der Länder garantieren, dass die Abwicklung des Antragsverfahrens über den durch die Dienstleistungsrichtlinie vorgeschriebenen sog. Einheitlichen Ansprechpartner erfolgt. Sie ermöglichen eine elektronische Antragstellung. Die BQFG der Länder regeln nicht nur die A. von ausländischen reglementierten, sondern auch von nichtreglementierten Berufen. Der im Ausland erworbene Ausbildungs- bzw. Berufsqualifikationsnachweis gilt dann als gleichwertig, wenn er im Herkunftsland die Befähigung zu vergleichbaren beruflichen Tätigkeiten ermöglicht und zwischen den Berufsqualifikationen keine wesentlichen Unterschiede bestehen. Liegen wesentliche Unterschiede vor, so ist es möglich, dass diese durch Ausgleichsmaßnahmen (Absolvieren eines Anpassungslehrganges oder einer Eignungsprüfung) aufgewogen werden oder ein partieller Berufszugang gewährt wird.

*Peter Buttner*

**Anerkennungskultur** beschreibt die Gesamtheit aller Maßnahmen, mit denen gegenüber den freiwillig Engagierten (→ Ehrenamtliche/freiwillige Tätigkeit im sozialen Bereich) Dank, Lob und Wertschätzung ausgesprochen wird. Diese Gesten, die nicht nur symbolischer Art sein müssen, sind für die Förderung des → bürgerschaftlichen Engagements sowie eines effizienten → Freiwilligenmanagements unersetzlich. Der Begriffsteil »Kultur« macht deutlich, dass der Ausdruck der Wertschätzung weder beliebig noch singulär ist. Eine wirksame Kultur der Anerkennung ist eingebettet in ein Gesamtkonzept, das die Engagierten in den Mittelpunkt stellt und deren Wirken der Öffentlichkeit zugänglich macht. Engagement wird dadurch sichtbar und erlebbar. Solidarisches Handeln bekommt ein Gesicht und motiviert zum Nachmachen. Die Formen der Anerkennung sind vielfältig wie das Engagement selbst und sollten möglichst einsatznah und organisationsbezogen sein. Auszeichnungen und Ehrungen sind bekannte Beispiele dafür. Die gleichberechtigte Einbeziehung von Freiwilligen in die jeweilige Organisation mit ihrer jeweiligen Veranstaltungskultur (Betriebsfeiern, Betriebsausflüge) ist eine bedeutsame Form der Anerkennung. Weitere Formen können sein: Bescheinigung über erworbene Qualifikationen, Freiwilligen-Card, Gewährung von Maßnahmen der → Fort- und Weiterbildung, Anrechnung bei der Studienplatzvergabe. Anerkennung stößt allerdings dort an die Grenzen, wo das Steuer- und Gemeinnützigkeitsrecht (→ Gemeinnützigkeit von Körperschaften) tangiert ist. Engagement wirkt konkret vor Ort.

*Michael Bergmann*

**Anfechtungsklage** → Rechtsbehelf

**Angehörigenarbeit** hat das Ziel, Angehörige in ihrer Rolle als Pflegende zu unterstützen und zu entlasten, in ihrer Rollenfindung zu begleiten und auf Grenzen ihrer Belastbarkeit aufmerksam zu machen. Sie richtet sich an die Zielgruppe der pflegenden An- und Zugehörigen. Das sind Personen, die einen hilfe- oder pflegebedürftigen Menschen (→ Pflegebedürftigkeit) unentgeltlich pflegen, begleiten oder betreuen: (Ehe-)Partner/innen, erwachsene Kinder alter Eltern, Eltern von Kindern mit Behinderung sowie minderjährige Kinder erkrankter Eltern, aber auch Freunde oder Nachbarn. Die professionelle A. wird meist von → Sozialarbeiter/innen und Sozialpädagog/innen, Kranken- und Altenpflegefachkräften und Psycholog/innen geleistet, und zwar sowohl im ambulanten Bereich – in Pflegestützpunkten oder anderen Beratungsstellen, in der Häuslichkeit (→ Häusliche Pflege) und in Selbsthilfeorganisationen – als auch in der (teil-)stationären Versorgung – in → Tagespflege, → Pflegeeinrichtungen, → Krankenhäusern und → Hospizen.

Auf der individuellen Ebene geht es oft zunächst um die Vermittlung von Informationen über Unterstützungs- und Entlastungsangebote wie Pflegedienste, → Kurzzeit- und Tagespflege, Rehabilitationsangebote, Gesprächskreise, → niedrigschwellige Betreuungs- und Entlastungsangebote und Hospizdienste. Vor allem beinhaltet A. aber Einzelberatung, insbesondere zu (sozial-)rechtlichen (z.B. gesetzliche → Pflegeversicherung) und finanziellen Fragen, zu → Vorsorgevollmachten oder zu Maßnahmen der Wohnraumanpassung (→ Barrierefreiheit), zur Vereinbarkeit von Pflege und Erwerbstätigkeit sowie insbesondere in Konfliktsituationen psychosoziale → Beratung. In einer längerfristigen Begleitung (→ Case Management), ggf. mit Hausbesuchen, geht es um Unterstützung der pflegenden Angehörigen bei der Durchsetzung ihrer Rechte und ihrer Stärkung i.S. von → Empowerment.

Auf der Ebene kollektiver Angebote gehören neben Informationsveranstaltungen, → Pflegekursen, Präventionsangeboten – z.B. betreuter Urlaub – v.a. Angehörigengruppen zur A. Unter professioneller Anleitung oder als → Selbsthilfegruppe bieten sie pflegenden Angehörigen einen geschützten Rahmen, um über ihre Erfahrungen zu sprechen, Informationen auszutauschen und sich von ähnlich betroffenen Menschen verstanden zu wissen. Neben den etablierten persönlichen und schriftlichen Kontakten nimmt die Bedeutung ergänzender Online-Angebote deutlich zu.

Auf der strukturellen Ebene in der Gemeinde (→ Care) liegt der Schwerpunkt der A. von kommunalen Einrichtungen, Beratungsinstanzen und Interessenvertretungen darauf, mit gezielter Öffentlichkeitsarbeit für Transparenz der Angebote zu sorgen, Kooperationsstrukturen auszubauen sowie auf der Grundlage einer Defizitanalyse neue Angebote zu initiieren und die Erkenntnisse aus der A. in die → Sozialpolitik einfließen zu lassen. Pflegende Angehörige sind auch Expert/innen in eigener Sache und aktive Partner/innen der professionellen Akteure. In Selbsthilfezusammenschlüssen und Interessenvertretungen artikulieren sie Verbesserungsvorschläge und fordern Mitbestimmung bei politischen Entscheidungen.

*Susanne Kohler/Hanneli Döhner*

**Angehörigengruppen** → Angehörigenarbeit

**Angehörigenpflege** → Angehörigenarbeit, → Häusliche Pflege

**Angestelltenversicherung** → Rentenversicherung

**Angst** (althochdt. angust, verwandt mit lat. angustus: eng) ist ein Gefühlszustand, der als Unruhe, Hilflosigkeit, Enge, Unlust und Bedrohtsein erlebt wird. Manche Autor/innen unterscheiden zwischen A. und Furcht, wonach A. schwer greifbaren und diffusen Ursachen zugeordnet wird, während Furcht eine reale Gefahr zum Gegenstand hat. Daneben werden auch die Begriffe »Zustandsangst« (A., die zu einem bestimmten Anlass auftritt) und »Eigenschaftsangst« (zeitlich überdauernde Bereitschaft eines Menschen, mit erhöhter A. zu reagieren) verwendet. Von A. begrifflich unterschieden werden → Phobien. Dies sind überstarke A.reaktionen, die dauerhaft und unangemessen sind, wobei »unangemessen« bedeutet, dass starke A.gefühle vorhanden sind, obwohl tatsächlich keine Gefahr gegeben ist. Einigkeit besteht in der Einschätzung der Bedeutung von A. bei der Entstehung von Verhaltensstörungen (→ Verhaltensauffälligkeiten) und psychosozialen Beeinträchtigungen und Krankheiten (→ Psychosomatik).

Auch Erklärungsversuche für A. sind zahlreich und widersprüchlich. Philosophische Deutungen fassen A. als Grundtatsache menschlicher Existenz auf: für S. Kierkegaard ist A. Gewissensangst, also A. vor der Sünde. M. Heidegger versteht A. als Bangen vor dem In-der-Welt-Sein und vor dem absoluten Nichts. Psychologische Erklärungen wurden erstmals von S. Freud vorgenommen: Anfangs betrachtete er A. als Folge nicht abgeführter sexueller Triebspannungen. Später sah er in ihr ein »Gefahrsignal« mit der Funktion, das »Ich« vor den Bedrohungen der Außenwelt (Realangst), vor den Triebansprüchen des »Es« (Triebangst) oder vor den Drohungen des »Über-Ich« (Gewissensangst) zu schützen (→ Psychoanalytische Beratung und Therapie). F. Riemann unterscheidet vier Grundformen der A. Diese entsprechen entgegengesetzten Grundstrebungen des Menschen und entwickeln sich zu Neurosen, wenn eine Grundstrebung verabsolutiert und die A. vor der Gegenstrebung wirksam wird: (1)

Schizoide Persönlichkeiten verabsolutieren die Selbstwerdung und entwickeln intensive A. vor der Hingabe; (2) depressive Persönlichkeiten verabsolutieren Selbsthingabe und Anpassung und entwickeln intensive A. vor der Selbstwerdung; (3) zwanghafte Persönlichkeiten verabsolutieren Dauer und Stabilität und entwickeln intensive A. vor Vergänglichkeit und Wandel; (4) hysterische Persönlichkeiten verabsolutieren Vergänglichkeit und Wandel und entwickeln intensive A. vor Dauer und Stabilität. Nach humanistischem Denken (→ Humanistische Beratung und Therapie) wird A. als Inkongruenz betrachtet, als Diskrepanz zwischen der natürlichen Aktualisierungstendenz auf der einen und dem Selbstkonzept (→ Selbst-Entwicklung) der Person auf der anderen Seite. Ein inkongruentes Selbstkonzept entsteht durch eine Entzweiung zwischen frühen wahrgenommenen → Bedürfnissen und den durch Werte und → Normen vermittelten Zielsetzungen. Aus lerntheoretischer Sicht (→ Lernen) sind Entstehung, Aufrechterhaltung und Verringerung von A.reaktionen das Ergebnis von klassischer und operanter Konditionierung: Es wird angenommen, dass ein ursprünglich neutraler Reiz durch Koppelung mit einem A.auslösenden Reiz bei ein- oder mehrmaligem zeitlichem Zusammentreffen zum Auslöser von A. werden kann. Diese A.reaktion begünstigt ein → Verhalten, das geeignet ist, die A. zu verringern. Auf diese Weise lernt der Organismus, angstauslösende Situationen zu vermeiden. Häufig weitet sich in der Folge die A. auf immer mehr Situationen aus (Generalisierung), woraus am Ende die fast völlige Einschränkung der Bewegungsfreiheit des → Individuums resultieren kann. Kognitive A.theorien heben die Bedeutung der Bewertung von Situationen durch das Individuum hervor: A. entsteht demnach, wenn eine Situation als gefährlich interpretiert wird. Solche Situationseinschätzungen geschehen vor dem Hintergrund der Lerngeschichte und der konstitutionellen Merkmale der → Persönlichkeit. Der Vergleich mit bereits erlebten Situationen schließt auch die Bewertung möglicher Bewältigungsstrategien mit ein. Aus neurobiologischer Sicht wirken an der Entstehung von A. verschiedene Bereiche des Gehirns mit: limbisches System, Amygdala, Hypothalamus und Großhirnrinde. Das limbische System ist verantwortlich für die grundlegenden Gefühle; die Amygdala, das A.zentrum des Gehirns, bewertet die potenzielle Bedrohlichkeit von Sinnesreizen; der Hypothalamus steuert den Ausstoß von Stresshormonen und die Großhirnrinde bewertet die vom Mandelkern ausgelösten Reaktionen und korrigiert sie ggf.

A. wird im Wesentlichen auf drei Ebenen zu erfassen versucht: durch (a) verbalsubjektive Beschreibungen (Mitteilungen von Betroffenen über empfundene A., Tests, standardisierte Fragebögen, Befragung, projektive Verfahren); (b) Verhaltensbeobachtung (z.B. Vermeidungsverhalten oder Fluchtreaktionen, Mimik und sonstiges körperliches Ausdrucksverhalten); (c) Kontrolle physiologischer Daten (z.B. Puls- und Atemfrequenz, Schweißabsonderung, Mundtrockenheit, Hautwiderstand). Je nach zugrunde liegender Entstehungstheorie der A. sind die therapeutischen Ansätze für verschiedene Formen der A.bewältigung ausgerichtet: Während psychoanalytische Bemühungen auf Bewusstmachen der tiefer liegenden Ursachen abzielen, beabsichtigen lerntheoretisch orientierte Vorgehensweisen i.w.S. ein »Verlernen« der A. Aus kognitiven A.theorien wird der Erwerb neuer Bewältigungsstrategien als therapeutische Konsequenz abgeleitet. Aus humanistischer Sicht ermöglicht ein professionelles Beziehungsangebot Selbstexploration und selbstorganisierte Prozesse in Richtung eines kongruenteren Selbstkonzepts.

*Lit.* Bandelow, B.: Angst- und Panikerkrankungen. Ätiologie, Diagnostik, Therapie, Bremen 2003; Freud, S.: Hysterie und Angst, in: Freud, S., Studienausgabe, Band 6, 10. Aufl., Frankfurt a.M. 2006; Riemann, F.: Grundformen der Angst. Eine tiefenpsychologische Studie, 9. Aufl., München 1975.

*Silke Birgitta Gahleitner*

**Anhörung Beteiligter** Nach § 24 SGB X sind die → Sozialleistungsträger verpflichtet, vor Erlass eines → Verwaltungsakts (VA), der in die Rechte von Beteiligten eingreift, diese zu den für die Entscheidung erheblichen Tatsachen anzuhören. Durch die A. sollen die Bürger/innen vor Überraschungsentscheidungen der Verwaltung geschützt werden. Eine A. ist bei Entziehung einer bereits vorhandenen Rechtsposition oder Verletzung eines rechtlich geschützten Interesses durchzuführen (§ 24 Abs. 1 SGB X). Sie ist erforderlich, wenn durch den Widerspruchsbescheid erstmals in die Rechte des Beteiligten eingegriffen wird. Typischerweise betrifft die A. einen Verwaltungsakt, der → Sozialleistungen entzieht oder vermindert. Ob eine A. nötig ist, ist streitig, wenn eine Leistung erstmals ganz oder teilweise abgelehnt werden soll. Im Rahmen der A. ist den Betroffenen Gelegenheit zur Stellungnahme zu den entscheidungserheblichen Tatsachen innerhalb einer angemessenen Frist zu geben. Auch eine Anhörung zu Rechtsfragen ist zuzulassen, da die Beteiligten nur entscheidungserhebliche Tatsachen vortragen können, wenn ihnen deren Rechtserheblichkeit bekannt ist. Die Angemessenheit der Frist unterliegt der gerichtlichen Nachprüfung. Als angemessen wurden Fristen zwischen zwei und vier Wochen angesehen. Die A. kann mündlich, durch → Akteneinsicht oder durch Verlesen der maßgebenden Unterlagen oder auch schriftlich durch Mitteilung der wesentlichen Fakten erfolgen. Vorbringen, das nach Ablauf der Frist, aber vor Erlass des VA eingegangen ist, ist bei der Entscheidung zu berücksichtigen. Wer Beteiligte/r ist, regelt § 12 SGB X. In der → Kinder- und Jugendhilfe bestehen besondere Beteiligungsvorschriften (vgl. § 8 SGB VIII). Im Übrigen ist bei handlungsunfähigen (§ 11 SGB X) und beschränkt geschäftsfähigen Menschen (→ Geschäftsfähigkeit) der → gesetzliche Vertreter zu hören. Die A. kann auch durch Bevollmächtigte und Beistände (§ 13 Abs. 3 SGB X, → Beistandschaft) erfolgen. Es steht im → Ermessen der Verwaltung, von der A. in den in § 24 Abs. 2 SGB X aufgeführten Fällen abzusehen. Die Aufzählung ist abschließend. Bei Ausübung des Ermessens ist zu beachten, dass das Gesetz eine großzügige Anhörungspraxis gebietet. Die A. kann bis zur letzten Tatsacheninstanz eines sozial- oder verwaltungsgerichtlichen Verfahrens nachgeholt werden (§ 41 SGB X). Dafür genügt die Klageerhebung und eventuelle Klageerwiderung nicht (→ Klage). Es ist ein eigenständiges Verwaltungsverfahren notwendig, ggf. unter Aussetzung (§ 114 Abs. 2 S. 2 Sozialgerichtsgesetz [SGG]) des Gerichtsverfahrens. Eine unterlassene und auch nicht nachgeholte (§ 42 S. 2 SGB X) A. führt zur Aufhebung des Verwaltungsakts im gerichtlichen Verfahren (§ 42 SGB X). Außerdem sind im Widerspruchsverfahren die Kosten einer zweckentsprechenden Rechtsverfolgung oder Rechtsverteidigung auch dann zu erstatten, wenn der Widerspruch nur wegen unterlassener A. abgewiesen wird (§ 63 Abs. 1 S. 2 SGB X).

*Angela Busse*

**Annahme als Kind** oder Adoption ist die vollständige soziale und rechtliche Eingliederung eines Kindes in eine neue → Familie oder bei einer Einzelperson. Hierdurch erlangt es den Status eines ehelichen Kindes von verheirateten Adoptierenden oder den eines leiblichen Kindes einer adoptierenden Einzelperson. Gem. § 9 Abs. 7 des Lebenspartnerschaftsgesetzes (LPartG, → Lebenspartnerschaft) ist seit 2005 die Adoption eines leiblichen Kindes durch den Lebenspartner des Vaters bzw. die Lebenspartnerin der Mutter sowie nach einer Einzeladoption durch eine Lebenspartnerin/einen Lebenspartner die anschließende Adoption des Kindes durch die andere Lebenspartnerin/den anderen Lebenspartner möglich, sog. Sukzessivadoption (BVerfG, Urt. v. 19.2.2013 – 1 BvR 3247/09).

Die Rechtsbeziehungen des Kindes zu seiner → Herkunftsfamilie werden beendet. Sie entstehen mit allen Rechten und Pflichten zur neuen Familie bzw. Einzelperson. Die A. a. K. ist in den §§ 1741–1766 → Bürgerliches Gesetzbuch (BGB) geregelt. Für die Adoption Volljähriger gelten besondere Vorschriften (§§ 1767–1772 BGB). Das Adoptionsvermittlungsgesetz (AdVermiG) regelt das Verfahren der → Adoptionsvermittlung. Es ist ein ergänzender Teil des → Sozialgesetzbuches (SGB), § 68 Nr. 12 SGB I, dies führt zur Anwendbarkeit des SGB I und X. Bezüge zum → Kinder- und Jugendhilfegesetz (SGB VIII) bestehen aufgrund § 36 Abs. 1 S. 2 SGB VIII (Prüfung im Hilfeplanverfahren) und § 51 SGB VIII (Beratung und Belehrung vor Ersetzung von elterlichen Einwilligungen, § 1748 BGB). Für das familiengerichtliche Verfahren gilt das → Familienverfahrensgesetz (FamFG §§ 186 ff.).

A. a. K. ist eine Hilfe für Kinder, die entweder ohne Eltern sind oder nicht bei ihren Eltern leben können. Ein großer Teil der ausgesprochenen A. a. K. sind Adoptionen durch einen Stiefelternteil. Über die A. a. K. wird durch richterlichen Beschluss entschieden (Dekretadoption gem. § 1752 BGB). Die Voraussetzungen des § 1741 Abs. 1 S. 1 BGB müssen vorliegen; danach muss die A. a. K. dem → Kindeswohl dienen. Die Adoptionsvermittlungsstelle des → Jugendamtes prüft, ob Adoptionsbewerber/innen für die Aufnahme eines Kindes geeignet sind (§ 7 AdVermiG). Eine angemessene Adoptionspflegezeit (§ 1744 BGB) soll dem gerichtlichen Ausspruch der A. a. K. vorausgehen. Die Adoptionsvermittlungsstelle ist durch das Gericht anzuhören. Dies geschieht i.d.R. durch eine schriftliche Äußerung gem. § 189 FamFG. Leibliche Eltern müssen in die Adoption ihres Kindes einwilligen (§ 1747 Abs. 1 S. 1 BGB). Auch ein Mann, dessen Vaterschaft (noch) nicht feststeht, muss grundsätzlich in die A. a. K. einwilligen (§ 1747 Abs. 1 S. 2 BGB). Die elterliche Einwilligung kann aus schwerwiegenden Gründen gem. § 1748 BGB, z.B. bei anhaltend gröblicher Pflichtverletzung dem Kind gegenüber, durch das → Familiengericht ersetzt werden. Die A. a .K. kann nur unter sehr eingeschränkten Voraussetzungen wieder aufgehoben werden (§§ 1759 ff. BGB).

Anstelle der früher üblichen Inkognitoadoption werden heute offene(re) Formen der A. a. K. angestrebt (vgl. § 1747 Abs. 2 S. 2 BGB). Unter Beachtung des Kindeswohls wird die (teilweise) Aufhebung der

Anonymität geprüft und ob z.B. Kontakte zu leiblichen Eltern und/oder Geschwistern möglich sind. Für eine gesunde Identitätsentwicklung von Kindern (→ Identität) ist ferner wichtig, dass sie altersangemessen und frühzeitig über ihre Adoption aufgeklärt werden (s. auch → Anonyme Kindesabgabe, → Vertrauliche Geburt).

Adoptionsvermittlung ist gesetzliches Monopol staatlicher oder von staatlichen Stellen anerkannten Adoptionsvermittlungsstellen → freier Träger (§§ 1, 2 AdVermiG). Anderen Stellen und Personen ist die Adoptionsvermittlung untersagt (§§ 5, 6 AdVermiG). Wer dagegen verstößt, handelt ordnungswidrig oder strafbar (§ 14 AdVermiG); z.B. → Kinderhandel, § 236 StGB.

Keine A. a. K. ist eine »Freigabe« kryokonservierter befruchteter Eizellen durch die (genetischen) Eltern. Diese ist nach dem Embryonenschutzgesetz derzeit zulässig, eine Übertragung überzähliger befruchteter Eizellen auf Fremdempfängerinnen ist rechtlich nicht geregelt.

Aufgrund rückläufiger Zahlen der Adoptionsvermittlungen im Inland ist die Auslandsadoption für ungewollt kinderlose Paare eine mögliche Alternative. Auch hier ist ein Rückgang zu verzeichnen. Hinzu kommt, dass sich das Profil der ausländischen Kinder, für die Eltern gesucht werden, verändert hat. Während kleinere und gesunde Kinder häufiger die Chance haben, in ihrem Heimatstaat adoptiert oder in Pflege genommen zu werden, werden für Auslandsvermittlungen zunehmend Familien für sog. Special Needs-Kinder gesucht. Das sind Mädchen und Jungen ab vier Jahren mit körperlichen Handicaps oder psychischen Auffälligkeiten. Die Adoption eines Kindes aus dem Ausland ist wegen der rechtlichen und sozialen Besonderheiten sowie der Lebensbedingungen in den Herkunftsländern der Kinder häufig langwierig, aufwendig und i.d.R. mit hohen Kosten verbunden. Die Herkunftsländer der Kinder finden sich in aller Welt. Die meisten Kinder wurden in den zurückliegenden Jahren in den osteuropäischen Staaten, insbesondere in der Russischen Föderation adoptiert. Weitere Herkunftsländer finden sich in Mittel- (Haiti) und Südamerika (Kolumbien) sowie Asien (Thailand) sowie in einigen afrikanischen Staaten.

1993 wurde zum Schutz von Kindern vor (internationalem) → Kinderhandel und verbotenen Adoptionsvermittlungen das multilaterale → Haager Adoptionsübereinkommen (HAÜ) geschlossen. Durch das HAÜ sollen Kinder bei interstaatlichen Verfahren besser geschützt werden. In Deutschland ist das HAÜ zum 1.3.2002 in Kraft getreten. Nationale Begleitgesetze und die Änderungen des AdVermiG traten in Deutschland ergänzend in Kraft. Dem HAÜ gehören inzwischen 95 Staaten an.

*Lit.* Bundesarbeitsgemeinschaft Landesjugendämter (Hrsg.): Empfehlungen zur Adoptionsvermittlung, 7. Aufl., 2014, www.bagljae.de; Evers, M./Friedemann, E.-V.: Handbuch Adoption. Der Wegweiser zur glücklichen Familie, München 2014; Rech-Simon, C./Simon, F. B.: Survival-Tipps für Adoptiveltern, 3. Aufl., Heidelberg 2014; Reese, A.: Der weite Weg: Auslandsadoption. Ablauf, Problemfelder, Perspektiven, Saarbrücken 2012.

*Antje Krebs/Ruth Schürbüscher*

**Anomie** → Devianz

**Anonyme Geburt** → Anonyme Kindesabgabe, → Vertrauliche Geburt

**Anonyme Kindesabgabe** Seit 1999 haben konfessionelle, freie, kommunale und private Träger in Deutschland Angebote für eine a. K. geschaffen. Sie kann auf drei Wegen erfolgen: die medizinisch begleitete anonyme Geburt, die anonyme Arm-zu-Arm-Übergabe des Neugeborenen oder die Ablage des Kindes in einer Babyklappe. Angebote für eine a. K. richten sich an Frauen, die ihre Schwangerschaft aufgrund einer psychosozialen Konfliktsituation verheimlichen und sich ein Leben mit ihrem Kind nicht vorstellen können. Die Angebote für eine a. K. und die Zahl der a. K. werden von keiner amtlichen Statistik erfasst. Aktuellste Zahlen des → Deutschen Jugendinstituts (DJI) weisen für das Jahr 2010 insgesamt 220 Angebote aus, davon 90 Babyklappen, 104 Angebote für eine anonyme Geburt und 26 Angebote für die anonyme Übergabe des Neugeborenen. Für den Zeitraum von 1999 bis Mai 2010 konnte das DJI 973 a. K. nachweisen. 652 der Kinder wurden anonym geboren, 278 von ihnen in einer Babyklappe abgelegt und 43 anonym übergeben.

Hauptziel der Angebote ist, Kindstötungen und -aussetzungen zu verhindern. Dafür nehmen sie allgemein folgende Risiken in Kauf: Angebote für eine a. K. können die medizinische Versorgung des Kindes und der Mutter nicht vollständig gewährleisten; sie berücksichtigen die Rechte des Kindes kaum; sie nehmen in Kauf, dass Kinder dauerhaft in Unkenntnis ihrer Herkunft leben müssen; insbesondere Babyklappen können nicht ausschließen, dass Mütter zu einer a. K. gezwungen werden; aufgrund einer fehlenden Rechtsgrundlage handeln die an einer a. K. beteiligten Akteure unter hoher Rechts- und Handlungsunsicherheit. Die Zahl der Kindstötungen und -aussetzungen ist seit 1999 relativ konstant geblieben. Studien aus der → forensischen Psychiatrie und gynäkologischen Psychosomatik weisen darauf hin, dass Frauen, die Angebote für eine a. K. nutzen, und Frauen, die Kindsaussetzungen oder -tötungen begehen, verschiedenen Zielgruppen angehören. Im fachlichen und fachpolitischen Diskurs sind Angebote für eine a. K. daher grundsätzlich umstritten.

Die Lebenssituationen und Problemlagen der Frauen, die ihr Neugeborenes anonym abgeben, sind heterogen. Sie haben ein starkes Bedürfnis danach, die Schwangerschaft vor der Familie und dem sozialen Umfeld zu verbergen. Ihrem Kind gegenüber möchten sie nicht unbedingt anonym bleiben. Häufig verleugnen sie ihre Schwangerschaft über eine relativ lange Dauer und reagieren panisch, wenn sie die nahende Entbindung realisieren. Ihr Wunsch nach Anonymität erschwert es ihnen, in dieser Situation professionelle Beratung und Begleitung zu suchen. Wenn ein Beratungsprozess möglich ist, führt dieser nicht selten zur Aufgabe der Anonymität. Seit dem 1.5.2014 haben schwangere Frauen mit Anonymitätswunsch die Möglichkeit einer → vertraulichen Geburt.

*Alexandra Krause*

**Anorexia nervosa** Unter A. n. (Magersucht) versteht man eine ganz überwiegend bei Mädchen in der Präpubertät und → Pubertät erstmalig auftretende und von psychischen Faktoren abhängige extreme Gewichtsabnahme bzw. Verweigerung der Nahrungsaufnahme, die von der Befürchtung begleitet ist, zu dick zu werden. Das Krankheitsbild wird in den → Klassifikationssystemen psychischer Störungen DSM-IV und → ICD-10 als eigene Störung definiert, wobei folgende Hauptmerkmale unterschieden werden: starke Furcht, zu dick zu werden, Störung des Körperschemas, Gewichtsverlust von mindestens 15% gegenüber dem Ideal- oder Ausgangsgewicht, die Weigerung, zuzunehmen. Die Erkrankung tritt bei Mädchen deutlich häufiger auf (95%) als bei Jungen. Die Häufigkeitsangaben schwanken zwischen 2–12 Erkrankungen pro 100.000 aus der Altersgruppe 14–24 Jahre.

Im Vordergrund des klinischen Bildes stehen der eklatante Gewichtsverlust und die Nahrungsverweigerung sowie ein abnormes Essverhalten, Stuhlverstopfung und ein Ausbleiben der Regel. Die Patientinnen versuchen unter allen Umständen, eine fortschreitende Gewichtsabnahme zu erreichen bzw. ein extrem niedriges Gewicht aufrechtzuerhalten; es besteht ein übertriebener Einfluss der Figur oder des Körpergewichts auf die Selbstbewertung. Der Gewichtsabnahme dient nicht nur die Nahrungsverweigerung, sondern häufig kommt es auch zum selbst herbeigeführten Erbrechen sowie zum Missbrauch von Abführmitteln. Viele Patientinnen versuchen auch durch übermäßigen Bewegungsdrang (ständiges Hin- und Herlaufen, extreme Gymnastik, übertriebene sportliche Betätigung), ein niedriges Gewicht beizubehalten. Nicht selten findet man auch heimliches Naschen bei sonstiger Nahrungsverweigerung. Die Patientinnen sind sehr auf ihre Symptomatik fixiert und überwachen die Nahrungsaufnahme oft mit einem Kalorienplan. Psychisch sind sie durch einen besonders starken Willen, ausgeprägten Leistungsehrgeiz, aber auch die Neigung zu depressiven Verstimmungen (bis hin zur Suizidalität, → Suizid) sowie i.d.R. eine gute → Intelligenz gekennzeichnet. Mit dem extremen Gewichtsverlust einhergehen hormonelle Veränderungen (Senkung des Leptinspiegels) und z.T. morphologische und neuropsychologische Befunde. Im zunehmenden Krankheitsverlauf und bei extrem niedrigem Gewicht zeigen sich zusätzlich ein extremes Nachlassen des Konzentrationsverhaltens, der Reaktionsfähigkeit und der Auffassungsgeschwindigkeit sowie verminderte Leistungen in der Gestaltwahrnehmung, der visuomotorischen Koordination und des Gedächtnisses für optisches Material.

Im Hinblick auf die Ursache werden biologische Faktoren, familiäre Einflüsse und erlebnisreaktive Zusammenhänge diskutiert. Eine wichtige Rolle spielen soziale Faktoren – das in der Gesellschaft vorherrschende Schlankheitsideal führt bei Mädchen zu einer besonderen Unzufriedenheit mit dem eigenen Körper(bild) –, Probleme mit der weiblichen Rollenübernahme sowie spezifische Familienkonstellationen, die durch hohe Leistungsorientierung, Grenzüberschreitungen und die Verhinderung von Autonomiebestrebungen gekennzeichnet sind. Als → Therapie ist ambulante Psychotherapie – unter Einbezug der Familie – angezeigt; parallel muss eine Gewichtskontrolle erfolgen. Bei extremer Abmagerung ist eine stationäre Behandlung erforderlich, die verschiedene Komponenten umfassen muss (Ernährung, Bekämpfung der sekundären körperlichen Folgen, Psychotherapie, → Familientherapie, schulische Förderung). Mit dem Ansteigen des Körpergewichts und der psychischen Stabilisierung vollzieht sich bei den meisten Patientinnen eine Veränderung der Einstellung: Sie nehmen Abstand von ihrer extremen »Magersuchtsideologie«, interessieren sich wieder mehr für ihre Umgebung und beginnen, in der Psychotherapie mitzuarbeiten. Entscheidende Bedeutung kommt von Anfang an der Arbeit mit Eltern zu, die in Form von → Elternberatung oder auch Familientherapie stattfindet. Von großer Bedeutung ist nach Abschluss der stationären Behandlung eine langfristige ambulante Nachbetreuung der Patientinnen.

Die Prognose lautet, dass bei einem Drittel bis zur Hälfte der Fälle eine Heilung möglich ist. In einem Drittel bleibt die Symptomatik weiter erhalten, es kommt häufig zu Rückfällen. In einem weiteren Drittel bleibt die künftige Entwicklung problematisch, es treten immer wieder Essstörungen auf, auch ein »Wechsel« zur → Bulimia nervosa. Die Mortalitätsrate liegt bei etwa 5–13%, bezogen auf den Lebenslauf. Prognostisch ungünstige Faktoren sind: extreme Gewichtsabnahme, spätes Erkrankungsalter, häufiges Erbrechen, Abführmittelmissbrauch sowie zusätzliche psychopathologische Auffälligkeiten wie depressives und zwanghaftes Verhalten (→ Depression, → Zwangssymptome), eine problematische Familiensituation und eine ausgeprägte Störung des Körperschemas, die auch nach Gewichtszunahme erhalten bleibt.

*Klaus Fröhlich-Gildhoff*

**Anpassung** Der Begriff findet mit unterschiedlichen Bedeutungen sowohl im Alltagswissen als auch in verschiedenen Wissenschaften Verwendung. Allgemein bezeichnet A. einen Prozess, in dem es um die Herstellung von Ähnlichkeiten zwischen verschiedenen Einheiten bzw. zwischen Einheiten und ihren Umweltbedingungen geht. In diesem Sinne ist A. eine allgemeine und notwendige, wenngleich häufig sehr komplexe Tatsache, die sich ebenso in der Biologie wie im sozialen Leben findet. So kann z.B. sozialer Wandel, aber auch die Ausdifferenzierung biologischer Arten als ein evolutionärer Prozess der A. an sich wandelnde Umwelten verstanden werden. In der → Entwicklungspsychologie hat besonders Piaget darauf hingewiesen, dass auch die individuelle Entwicklung als ein Prozess der A. (Adaptation), z.B. kognitiver Strukturen, an Anforderungen durch die Umwelt abläuft, wobei diese allerdings in die bereits vorhandenen kognitiven Strukturen integriert oder assimiliert werden müssen, was einer beliebigen Manipulation Grenzen setzt.

Jeder Sozialisationsprozess (→ Sozialisation) ist auch als ein Prozess der Internalisierung von und A. an → Rollen, → Normen, Werte und → Einstellungen einer → Gesellschaft, → Gruppe oder Erziehungsperson zu verstehen, wodurch → Individuen einerseits befähigt werden, am gesellschaftlichen Leben teilzunehmen; A. wird hier als Enkulturation verstanden. Andererseits bedeutet dieser Prozess aber immer auch eine Form von Disziplinierung, der Ausübung von Macht und der Unterdrückung von Individualität durch gesellschaftliche → Institutionen, z.B. durch die auf Sozialisation bzw. → Erziehung spezialisierten Institutionen wie die Soziale Arbeit. A. wird hier gleichgesetzt mit Konformität und fehlende A. mit zu kontrollierendem abweichenden Verhalten (→ Devianz, → soziale Kontrolle).

Auf der Ebene der → Interaktion findet eine wechselseitige A. von Einstellungen und Perspektiven statt, ohne die eine Verständigung unmöglich wäre, grundsätzlich setzt Interaktionsfähigkeit die Fähigkeit zur A. an Erwartungen und Perspektiven von anderen voraus. Da allerdings Interaktionen in modernen Gesellschaften in vielfältigen sozialen Kontexten, sozialen Beziehungen und Rollen stattfinden, ist neben der Fähigkeit zur A. an Erwartungen immer auch die Fähigkeit zur flexiblen Darstellung individueller Absichten und Perspektiven eine notwendige Grundvoraussetzung für soziale Interaktion. A. ist also kein passives Reagieren auf Erwartungen und Anforderungen der Umwelt, sondern setzt ein aktives Handeln i.S. eines Ausbalancierens zwischen eigenen subjektiven Perspektiven, Interessen und Absichten einerseits und den Anforderungen der sozialen Umwelt andererseits voraus. Hieraus ergibt sich auch z.B. die Möglichkeit, strategischer A., d.h. die Möglichkeit soziale (institutionelle) Erwartungen zu erfüllen, ohne dass es diese auf eine verinnerlichte Haltung basieren müssen (Rollendistanz).

An dem Spannungsverhältnis zwischen individuellen Orientierungen, Interessen, Perspektiven und Werthaltungen einerseits und den sozialen Erwartungen der A. ergeben sich dann Diskussionen um das legitime Ausmaß von A. an gesellschaftlich vorgegebene Strukturen bzw. Zumutungen und die Möglichkeit und Notwendigkeit von Widerstand gegen sie. A. ist also nicht nur eine gesellschaftliche Notwendigkeit, sondern gleichzeitig auch immer im Hinblick auf die in ihr enthaltenen Prozesse von Herrschaft und Unterdrückung zu hinterfragen.

Dieser politische Kontext des Begriffs von A. ist häufig auch im Konzept der Assimilation präsent, das als A. von → Minderheiten und ethnisch-kulturellen Gruppen oder Migrant/innen an die vorherrschende Kultur und Gesellschaft verstanden wird. Dabei bezeichnet das Konzept der Assimilation häufig eine politische Leitvorstellung, die von einer ethnisch und kulturell homogenen Gesellschaft ausgeht. Innerhalb der Migrationssoziologie wird Assimilation allerdings auch als ein neutrales deskriptives Konzept benutzt, um kulturelle und soziale A.prozesse zu beschreiben. Assimilation meint dann nur die Auflösung systematischer Unterschiede in der Verteilung von Merkmalen zwischen den verschiedenen Gruppen über die Zeit, und keineswegs die – kulturelle, soziale oder ökonomische – Gleichheit der Individuen. Assimilation bedeutet hier also auch nicht unbedingt die einseitige A. an die Aufnahme- oder Mehrheitsgesellschaft, sondern einen Prozess, der über die Bereitstellung von Integrationschancen und Zugängen zu zentralen gesellschaftlichen Institutionen, die aktive Entwicklung von Ressourcen und über Enkulturation teilweise über mehrere Generationen abläuft.

*Axel Groenemeyer*

**Anrechnungszeiten** → Rentenrechtliche Zeiten

**Anti-Aggressivitäts-Training** → Aggression

**Antidiskriminierungsgesetz** → Allgemeines Gleichbehandlungsgesetz (AGG)

**Antrag** Ein A. ist eine einseitige, empfangsbedürftige öffentlich-rechtliche Willenserklärung. Er kann für die Entstehung eines Anspruchs Voraussetzung sein (bspw. beim → Arbeitslosengeld, §§ 136 ff. SGB III) oder nur verfahrensrechtliche Bedeutung haben (bspw. bei → Renten nach dem SGB VI, vgl. § 115 SGB VI), dann entsteht ein Anspruch unabhängig vom A. (§ 40 SGB I). Abweichend davon muss der → Träger der Sozialhilfe in der Regel von Amts wegen tätig werden, wenn ein Bedarfsfall bekannt wird (§ 18 SGB XII). »Bekanntwerden« bedeutet, dass die Notwendigkeit der Hilfegewährung dargetan oder anderweitig erkennbar ist. Dafür genügt es, wenn ein A. auf → Sozialhilfe bei einer unzuständigen Behörde (→ Zuständigkeit, sachliche und örtliche) gestellt wurde. Für die → Grundsicherung im Alter und bei Erwerbsminderung (§ 41 Abs. 1 am Ende SGB XII) gilt, dass ein verfahrensrechtlicher A. zu stellen ist. Die Wirkung des A. nach § 37 SGB II wird seitens der → Rechtsprechung als konstitutiv für den Beginn des Verwaltungsverfahrens verstanden.

Allgemeine Vorgaben zum A. sind in § 16 SGB I geregelt. Nach § 16 Abs. 1 S. 2 SGB I werden A. auf → Sozialleistungen von allen → Sozialleistungsträgern, von allen → Gemeinden und bei Aufenthalt im Ausland auch von den amtlichen Vertretungen der Bundesrepublik Deutschland entgegengenommen. A., die bei diesen (unzuständigen) Stellen eingereicht werden, gelten als zu dem Zeitpunkt gestellt, in dem sie dort eingegangen sind. Auf die Vollständigkeit des A. kommt es nicht an. § 16 Abs. 2 S. 1 SGB I verpflichtet unzuständige Leistungsträger, für die Sozialleistung nicht zuständige Gemeinden, amtliche Vertretungen der Bundesrepublik Deutschland im Ausland, Anträge unverzüglich an den zuständigen Leistungsträger weiterzuleiten. »Unverzüglich« bedeutet ohne schuldhaftes Zögern. Nach § 16 Abs. 3 SGB I sind die Leistungsträger verpflichtet, darauf hinzuwirken, dass unverzüglich klare und sachdienliche A. gestellt und unvollständige A. ergänzt werden. Bei der Auslegung eines A. ist nicht an dessen Wortlaut festzuhalten. Es ist der wirkliche Wille der Antragsteller/innen zu erforschen. Ausnahmsweise wirken A. bis zu einem Jahr zurück (§ 28 SGB X), wenn von der Stellung eines A. abgesehen wurde, weil ein Anspruch auf eine andere Sozialleistung geltend gemacht und diese Leistung versagt wurde. Schriftlichkeit des A. ist wegen § 9 SGB X i.d.R. nicht erforderlich. Die Verwendung von Formularen kann im Rahmen der → Mitwirkungspflicht nach § 60 Abs. 2 SGB I verlangt werden.

Ein Sozialleistungsträger muss den eingereichten A. auch annehmen, wenn er unzuständig ist oder den A. für unbegründet oder unzulässig hält (§ 20 Abs. 3 SGB X).

Nur handlungsfähige Personen (§ 36 SGB I, → Handlungsfähigkeit) können A. stellen. Der A. kann bis zur Bestandskraft der Entscheidung des Leistungsträgers frei zurückgenommen werden.

Zum A. im zivilrechtlichen Sinne siehe → Vertrag.

*Angela Busse*

**Anwaltszwang** bedeutet, dass sich die Prozessparteien durch einen Rechtsanwalt oder eine Rechtsanwältin vertreten lassen müssen. Der A. bezweckt die Fürsorge für rechtsunkundige, nicht geschäftsgewandte Parteien und die Konzentration des Verfahrens. A. besteht in Zivilprozessen vor dem Landgericht (LG), Oberlandesgericht (OLG) und dem Bundesgerichtshof (BGH) (→ Zivilgerichte). Das Gleiche gilt vor den → Familiengerichten in Ehe- und Scheidungsfolgesachen (→ Ehescheidung) sowie in selbstständigen Familienstreitsachen. Vor dem BGH müssen sich Parteien durch eine/n Rechtsanwalt oder eine Rechtsanwältin vertreten lassen, der/die dort zugelassen ist. Die Fähigkeit, von Rechtsanwält/innen, vor einem Gericht rechtswirksame Handlungen vorzunehmen (Postulationsfähigkeit), ist bei Zivilprozessen ist in § 78 Zivilprozessordnung (ZPO), die Vertretung in Familiensachen in § 114 → Familienverfahrensgesetz (FamFG) geregelt. A. besteht auch in Arbeitsrechtsstreitigkeiten vor dem Bundesarbeitsgericht (BAG) und vor den Landesarbeitsgerichten (§ 11 Abs. 2 Arbeitsgerichtsgesetz [ArbGG]) sowie vor dem Bundesverwaltungsgericht (BVerwG), den Oberverwaltungsgerichten (§ 67 Abs. 1 Verwaltungsgerichtsordnung [VwGO]) und dem Bundessozialgericht (BSG) (§ 166 Sozialgerichtsgesetz [SGG]). § 140 Strafprozessordnung (StPO) regelt die Fälle der notwendigen Verteidigung im Strafverfahren.

*Wolfgang Vomberg*

**Anwartschaft** → Arbeitslosengeld (Alg), → Rentenrechtliche Zeiten, → Rentenversicherung

**Appreciative Inquiry** → Großgruppenverfahren

**Äquivalenzprinzip** ist bei Versicherungen eine Berechnungsgrundlage, die zeigen soll, ob die einzuzahlenden Prämien nebst Zinseffekten ausreichen, um die Aufwände für eintretende Versicherungsfälle sowie die Verwaltungskosten zu begleichen. Die Beschäftigung mit diesem Prinzip führt zu Grunderkenntnissen über die gesetzlichen → Sozialversicherungen.

Die Erfüllung des Ä. ist Voraussetzung dafür, dass ein Versicherungsschutz von Unternehmen angeboten wird. Das Ä. ist also ein Indikator dafür, welche Risiken durch eine private Versicherung abgesichert werden können. Die notwendige Berechnungsgrundlage ist nicht darstellbar, wenn Informationsasymmetrie vorliegt, wenn also die Informationen über die Eintrittswahrscheinlichkeit ungleich verteilt sind. Der Klient weiß mehr über seine Schadensneigung, als die Versicherung erfahren kann. Die eine Versicherung verhindernde Folge solcher Informationsasymmetrien ist ein Prozess, der »adverse selection« genannt wird. Es bilden sich unter den Klient/innen zwei entgegengesetzte Gruppen. Diejenigen, die ihr persönliches Risiko niedriger einschätzen als die Prämie, werden zu einer günstigeren Versicherung wechseln oder sich nicht mehr versichern. Die Verbleibenden stellen tendenziell Risiken dar, die teurer sind als die Beiträge. In der Folge müssen die Beiträge weiter steigen. Weitere Klient/innen mit niedriger Risiko-Selbsteinschätzung steigen aus, die Verbleibenden können irgendwann die Beiträge nicht mehr bezahlen. Die Versicherung wird unmöglich. Einige Informationsasymmetrien lassen sich durch Vertragsklauseln, Informationspflichten (z.B. Gesundheitsvoruntersuchung) oder Abstufungen (z.B. Schadensfreiheitsrabatt) heilen. Wo dies nicht möglich ist, aber gesellschaftlich und politisch eine Risikoabsicherung dennoch erstrebenswert ist, ist die Möglichkeit einer gesetzlichen Sozialversicherung zu prüfen.

In der gesetzlichen Sozialversicherung müssen natürlich ebenfalls Einnahmen und Ausgaben dem Ä. gehorchen. Hier können aber die Auswirkungen der Informationsasymmetrien mithilfe des Instruments Zwangsmitgliedschaft ausgeschlossen werden. Risikoungleichheiten können nicht zum Ausstieg aus der Versicherung führen. Die Beiträge werden so angepasst, dass sie der Risikosumme entsprechen und die Versicherung dauerhaft existent bleibt (globales Ä.).

Allerdings kann das Abweichen vom individuellen Ä. und die Sozialisierung des Risikos aufseiten der Klient/innen und aufseiten der Versicherer zu einem Nachlassen im Effizienzstreben führen. Eine höhere Neigung zur Inanspruchnahme von Leistungen und zur Leistungsgewährung sind Folge der Zwangsmitgliedschaft und Zwangsbeiträge. Dieser Gefahr der Unwirtschaftlichkeit kann einerseits durch kostendämpfende Regulierungen und wettbewerbsähnliche Strukturen begegnet werden, andererseits wiegt diese Gefahr geringer als das gesellschaftlich und volkswirtschaftlich höhere Gut der Absicherung aller Bürger/innen gegen die grundlegenden Risiken des Leben.

*Johannes Zacher*

**Arbeiterwohlfahrt (AWO)** Die AWO ist ein föderaler, wertegebundener Mitgliederverband und gliedert sich bundesweit in 29 Bezirks- und Landesverbände, 402 Kreisverbände und 3.539 Ortsvereine. Sie gehört zur → Freien Wohlfahrtspflege. Die AWO wird von rund 350.000 Mitgliedern sowie 57.500 ehrenamtlich Engagierten getragen. Sie hat 206.000 Hauptamtliche Mitarbeiter/innen und unterhält über 13.000 Einrichtungen und Dienste in allen Bereichen der Sozialen Arbeit. Die AWO umfasst rund 3.500 Selbsthilfe-, Helfer- und andere Gruppen → Bürgerschaftlichen Engagements. Mehr als 700 selbstständige Einrichtungen, Initiativen und Organisationen gehören ihr als korporative Mitglieder an. Der Bundesverband hat seinen Sitz in Berlin.

Der Hauptausschuss der AWO wurde 1919 vom Parteiausschuss der SPD aufgrund der Initiative der Reichstagsabgeordneten Marie Juchacz gegründet. Ziel war es, die Mitwirkung der Arbeiterschaft an der Wohlfahrtspflege zu stärken sowie den konfessionellen Verbänden ein neues Aktionsmodell entgegen zu stellen: Die AWO beruht auf der Hilfe zur → Selbsthilfe und bekennt sich zu den Werten des freiheitlich-demokratischen Sozialismus: → Solidarität, Toleranz, Freiheit, Gleichheit, → Soziale Gerechtigkeit. In der Weimarer Republik übernahm sie Aufgaben im → Sozialstaat, betonte jedoch die Verantwortung des Staates für die soziale Sicherung. 1933 wurde die AWO zerschlagen. Im Nationalsozialismus wurden einige Mitglieder verfolgt und ermordet, gingen in den Widerstand oder halfen aus dem Ausland. Ab 1945 organisierte sich die AWO in örtlichen Ausschüssen sowie Vereinen und schloss sich auf Kreis- und Bezirksebene zusammen. 1948 gründete sie sich in der Bundesrepublik Deutschland als unabhängiger Verein außerhalb der SPD neu. In der DDR war sie anfangs inoffiziell tätig, zwischen 1961–1989 konnte sie jedoch nicht wirken. 1990 wurde die gesamtdeutsche AWO in Berlin wieder begründet.

Die AWO fördert Bürgerschaftliches Engagement und ist Themenanwalt insbesondere für Menschen in sozial schwachen Lebenslagen. Sie übernimmt wertegebunden → soziale Dienstleistungen. Ziel ihrer Arbeit ist eine sozial gerechte Gesellschaft. Die AWO arbeitet mit den Menschen auf Augenhöhe zusammen und fördert Mitbestimmung und Beteiligung. Ihre Kernauffassung ist es, Menschen unabhängig von ethnischer Herkunft, Religion, Weltanschauung, Familienstand, Nationalität oder Geschlecht zu helfen, sie zu befähigen und einzubinden. 1974 gründete der Bundesverband der AWO als Gesellschaft das heutige → Institut für Sozialarbeit und Sozialpädagogik (ISS). Das Jugendwerk der AWO wurde 1978 gegründet und ist der eigenständige Kinder- und Jugendverband der AWO. Seit 1998 ist AWO International der Fachverband der AWO für Entwicklungszusammenarbeit und Humanitäre Hilfe. Seit 2002 besteht das Zukunftsforum Familie als familienpolitischer Fachverband. Ihre Interessen auf europäischer Ebene vertritt die AWO als Mitglied von Solidar. Der Bundesverband ist Herausgeber der Fachzeitschrift »Theorie und Praxis der Sozialen Arbeit« und des Magazins »AWO Ansicht«.

*Anschrift:* Blücherstr. 62/63, 10961 Berlin, www.awo.org

*Marius Mühlhausen*

**Arbeitnehmerfreizügigkeit** → Personenfreizügigkeit

**Arbeitsagentur** → Agentur für Arbeit

**Arbeitsamt** → Agentur für Arbeit

**Arbeitsassistenz** umfasst im Rahmen der → Teilhabe am Arbeitsleben zeitlich wie tätigkeitsbezogen regelmäßig wiederkehrende angemessene Vorkehrungen zum Erhalt und zum (Wieder-)Einstieg in Beschäftigung oder in eine selbstständige Tätigkeit. Damit bildet A. eine Möglichkeit, das gleiche Recht von Menschen mit Behinderung auf Arbeit und Beschäftigung umzusetzen und sowohl Zugang als auch mittels → technischer Arbeitshilfen Chancengleichheit zu gewährleisten (Art. 27 → UN-Behindertenrechtskonvention). A. kann – sofern der Arbeitgeber keine Maßnahmen ergreift – von → Rehabilitationsträgern wie der Bundesarbeitsagentur für Arbeit als Hilfe zur Erhaltung oder Erlangung eines Arbeitsplatzes gewährt werden. V.a. wird A. allerdings als Leistung des → Integrationsamts an → schwerbehinderte Menschen im Rahmen der → begleitenden Hilfe im Arbeitsleben wahrgenommen. Sie bildet damit eine bedeutende Leistung der Ausgleichsabgabe (2014: 23,6 Mio. Euro; → Beschäftigungspflicht der Arbeitgeber). A. kann auch in Form des → Persönlichen Budgets ausgeführt werden. Von der A. ist nicht die Wegeassistenz mit umfasst, wohl aber arbeitsplatzbezogene Unterstützungen wie z.B. Vorlesen von Schriftstücken oder Hilfestellung bei der Kommunikation. Für eine einheitliche Praxis der Leistungserbringung hat die → Bundesarbeitsgemeinschaft der Integrationsämter und Hauptfürsorgestellen Empfehlungen erlassen. Hauptnutzende der A. sind v.a. Menschen mit Sinnes- und Körperbeeinträchtigung.

*Daniel Heinisch*

**Arbeitsberechtigung** → Ausländerbeschäftigung

**Arbeitsbeschaffungsmaßnahme (ABM)** → Öffentlich geförderte Beschäftigung

**Arbeitserlaubnis** → Ausländerbeschäftigung

**Arbeitsfähigkeit** → Arbeitsunfähigkeit

**Arbeitsfeldanalyse** Bisher in Ansätzen entwickelte und praktizierte umfassende Vorgehensweise zur Untersuchung eines konkreten, fest definierten Arbeitsfeldes. Anders als die Arbeitsplatzanalyse (→ Arbeitsplatzuntersuchung) und die Berufsanalyse, mit der die Ergebnisse von Arbeitsplatzanalysen unter Berufsbezeichnungen zusammengefasst werden, ist die A. grundsätzlich als Mehrebenenanalyse konzipiert. Sie wird auf mehreren Untersuchungsebenen mittels theoretischer und empirischer Analysetechniken durchgeführt, deren Ergebnisse miteinander verknüpft werden müssen: (1) die Analyse der sozioökonomischen Bedingungen, in deren Folge die für das konkrete Arbeitsfeld relevanten (psycho-)sozialen Probleme entstehen. In diese Untersuchung der Verursachungszusammenhänge und -bedingungen sozialer Probleme kann die räumliche und soziale Strukturiertheit der Kommune mit einbezogen werden (etwa in Form von Sozialraumanalysen), da Unterschiede in den Lebens- und Arbeitsbedingungen (→ Lebenslage) spezifische Motivationslagen und Handlungsmuster der Bewohner/innen zur Folge haben können. Die praktische Durchführung dieser Analyse umfasst die Aufarbeitung sozioökonomischer und soziologischer Theorieansätze unter Verwendung verfügbarer statistischer → Daten, die in einer Sekundäranalyse für den Untersuchungszweck aufbereitet werden müssen. (2) die organisationssoziologische Analyse der institutionell-organisatorischen Struktur des Arbeitsfeldes und seiner rechtlichen Grundlagen (→ Organisationssoziologie). Diese Analyse umfasst u.a. folgende Aspekte: das Zielsystem (offizielle und nichtoffizielle Ziele und deren Konkretisierung in Vorschriften und Anordnungen, → Zielkonflikte, Zielverschiebungen), die Arbeitsbedingungen mit ihren personellen und sächlichen Ressourcen, die Aufgabenverteilung, → Kooperation und → Kommunikation, die Koordinierung der Arbeit und ihrer Entscheidungsabläufe sowie die Führungskultur (→ Führungskonzeption). Dabei geht es v.a. um die Aufdeckung organisationsstruktureller Hemmnisse, die einer problemadäquaten Lösung durch Soziale Arbeit entgegenstehen, um den Ausweis von Handlungsspielräumen und schließlich um die Entwicklung von institutionell-organisatorischen Alternativen. (3) die Analyse der Problemauswahl und -bearbeitung in den Institutionen des Arbeitsfeldes. Dabei stehen im Vordergrund der Untersuchung die sozialstrukturellen (→ Sozialstruktur) und individuellen Merkmale der konkreten Zielgruppe und deren spezifische Problemkonstellationen, die Untersuchung der Leistungsangebote mit ihren notwendigen Handlungsvoraussetzungen wie z.B. der Qualifikation der → Fachkräfte und schließlich die Untersuchung der arbeitsfeldspezifischen Interaktionskontexte (→ Interaktion) der beteiligten Personengruppen. Hier werden v.a. empirische Forschungsmethoden (→ Empirische Sozialforschung) wie die schriftliche und mündliche Befragung, Beobachtungsverfahren, die Gruppendiskussion und die Aktenanalyse zur Anwendung kommen.

Ziel der A. ist es zunächst, die Fachkräfte der Sozialen Arbeit in die Lage zu versetzen, mithilfe wissenschaftlicher Methodik die eigene berufliche Alltagspraxis und deren gesellschaftliche und institutionell-organisatorische Determiniertheit zu untersuchen. Aus der genauen Kenntnis, Analyse und Reflexion des Arbeitsfeldes lassen sich Zielvorstellungen konkreter formulieren, um nachfolgend die Aktivitäten zur Zielerreichung besser steuern, überwachen (→ Controlling) und bewerten zu können. Insofern hat die A. auch eine Evaluationsfunktion (→ Evaluation). Mithilfe der auf einer theoretisch und empirisch fundierten Bestandsaufnahme beruhenden kritischen Bewertung des Arbeitsfeldes können bis dahin nicht praktizierte Handlungsmöglichkeiten und vorhandene Handlungsspielräume aufgedeckt werden. Deren konsequente Nutzung erfordert ggf. die Entwicklung geeigneter Handlungsalternativen, Finanzierungskonzepte und/oder methodisch angepasster Arbeitskonzepte. Solche innovativen Praxisvorhaben lassen sich u.U. auch als Modellprojekte realisieren. Insofern bildet die A. eine notwendige und geeignete Voraussetzung für → Innovation und Qualitätsentwicklung (→ Qualitätsmanagement) in den unterschiedlichen Arbeitsfeldern der Sozialen Arbeit. Gleichzeitig kann sie grundlegende Informationen für differenzierte Fortbildungsangebote (→ Fort- und Weiterbildung) liefern, die zur Weiterentwicklung und fachlichen Qualifizierung der Sozialarbeitspraxis beitragen.

*Lit.* Kähler H.D./Schulte-Altedorneburg, M.: Selbstrecherchierte Arbeitsfeldanalysen, in: Archiv für Wissenschaft und Praxis der Sozialen Arbeit 3/1994, S. 173–200.

*Helmut Lukas*

**Arbeitsförderung (SGB III)** soll dem Entstehen von → Arbeitslosigkeit entgegenwirken, die Dauer der Arbeitslosigkeit verkürzen und den Ausgleich zwischen Angebot und Nachfrage auf dem Ausbildungs- und → Arbeitsmarkt unterstützen (§ 1 Abs. 1 S. 1 SGB III). Dabei soll ein hoher Beschäftigungsgrad erzielt und die Beschäftigungsstruktur verbessert werden, um das Wirtschaftswachstum zu fördern. Als durchgängiges Prinzip der A. soll die → Gleichstellung von Frauen und Männern verfolgt werden. Seit 2009 gehört es zudem zu den ausdrücklichen Zielen des Arbeitsförderungsrechts, durch die Verbesserung der individuellen Beschäftigungsfähigkeit Langzeitarbeitslosigkeit zu vermeiden und die berufliche Situation von Frauen zu verbessern.

Leistungen der A. sind in § 3 Abs. 3 SGB III aufgeführt. Sowohl Arbeitgeber/innen als auch Arbeitnehmer/innen können sie von der Bundesagentur für Arbeit bzw. den → Agenturen für Arbeit und den → Jobcentern erhalten. Das Leistungsspektrum reicht von der → Berufsberatung über die Vermittlung von Arbeits- und Ausbildungsplätzen (→ Ausbildungsförderung) und Leistungen zur beruflichen Weiterbildung (→ Fort- und

Weiterbildung) bis hin zur Unterstützung der Selbstständigkeit. Abzugrenzen sind diese von passiven Leistungen aus der → Arbeitslosenversicherung, worunter Entgeltersatzleistungen zur finanziellen Absicherung im Falle von Arbeitslosigkeit (→ Arbeitslosengeld, Teilarbeitslosengeld nach § 162 SGB III und → Insolvenzgeld) oder sonstigen Entgeltersatzleistungen (Kurzarbeitergeld nach §§ 95 ff. SGB III und Übergangsgeld und Ausbildungsgeld für → behinderte Menschen nach §§ 117 ff. SGB III) verstanden werden. Demgegenüber ist die aktive A. auf Stabilisierung von Beschäftigung und die (Wieder-)Eingliederung in den Arbeitsmarkt gerichtet. Sie bedient sich hierfür sehr unterschiedlicher und sich im stetigen Wandel befindender Instrumente, die zum großen Teil auch im Geltungsbereich des SGB II (→ Grundsicherung für Arbeitsuchende) einsetzbar sind (§ 16 SGB II). Der Leistungskatalog des Arbeitsförderungsrechts wird in § 19 SGB I beschrieben. Er umfasst Leistungen an Arbeitnehmer/innen, Arbeitgeber und an Träger von Arbeitsförderungsmaßnahmen. Die Instrumente der aktiven A. lassen sich in Maßnahmen zur Förderung der Berufsausbildung, beruflichen Eingliederung, → beruflichen Bildung sowie Existenzgründungsförderung, → öffentlich geförderte Beschäftigung sowie Eingliederungszuschüsse unterteilen. Das SGB III regelt zudem den Anspruch auf → Berufsberatung sowie Ausbildungs- und Arbeitsvermittlung und diese unterstützende Leistungen. Die → Agenturen für Arbeit als Träger der Arbeitslosenversicherung und die → Jobcenter haben im Rahmen der A. die Aufgabe, Ausbildungs- und Arbeitsuchende zu beraten, zu unterstützen und zu fördern.

Bereits das Gesetz über Arbeitsvermittlung und Arbeitslosenversicherung (AVAVG) von 1927 enthielt eine Reihe von Arbeitsförderungsinstrumenten. In der ersten großen Wirtschaftskrise der Nachkriegszeit 1966/67 wurde deutlich, dass konjunkturelle Arbeitslosigkeit mit einem wirksamen arbeitsmarktpolitischen Instrumentarium abgefedert werden kann. Die Erkenntnis, dass berufliche Arbeitsmärkte einen starken Ordnungsrahmen und viele Akteure benötigen, die an ihrer Stabilisierung und Weiterentwicklung interessiert sind, führte letztlich zur Verabschiedung des Arbeitsförderungsgesetzes (AFG) 1969, das noch → Rechtsansprüche in der Fort- und Weiterbildung für Beschäftigte und Arbeitslose beinhaltete. Das AFG wurde 1997 in das SGB III überführt. 1997 wurde die berufliche Weiterbildung mit dem Gesetz zur Reform der A. trotz ihrer zentralen Rolle zur Vermeidung und Bekämpfung von Arbeitslosigkeit zur reinen → Ermessensleistung mit dem Ziel der kurzfristigen Vermittlung in Beschäftigung. Die Gesetze für moderne Dienstleistungen am Arbeitsmarkt (sog. Hartz-Gesetze) führten neben der Einführung neuer, im Wesentlichen wieder abgeschaffter Instrumente der A. auch zur weitgehenden Reduzierung längerfristiger Weiterbildungsmaßnahmen, sodass abschlussbezogene Weiterbildungen die Ausnahme wurden.

Mit der Reform zur Neuausrichtung der arbeitsmarktpolitischen Instrumente zum 1.1.2009 (BGBl. 2009 S. 2917) wurden die sog. Maßnahmen zur Aktivierung und beruflichen Eingliederung für nach einem Ausbildungsplatz Suchende, von Arbeitslosigkeit bedrohte Arbeitsuchende und Arbeitslose in § 46 SGB III zusammengefasst. Es handelt sich dabei um Ermessensleistungen zur Heranführung an den Ausbildungs- und Arbeitsmarkt, zur Feststellung, Verringerung oder Beseitigung von sog. Vermittlungshemmnissen, zur Vermittlung in eine versicherungspflichtige Beschäftigung, zur Heranführung an eine selbstständige Tätigkeit und zur Stabilisierung der Beschäftigungsaufnahme. Bisher im Einzelnen geregelte Förderleistungen (wie bspw. die Unterstützung der Beratung und Vermittlung durch Übernahme von Bewerbungskosten und Reisekosten) wurden durch die Neuregelung ersetzt, um einen flexibleren Einsatz der Eingliederungsleistungen der A. zu ermöglichen. Flankiert wurde dies durch die Einführung eines Vermittlungsbudgets (→ Budgetierung) bei der Agentur für Arbeit für die/den einzelne/n Arbeitslose/n, von Arbeitslosigkeit bedrohte/n Arbeitnehmer/in und die/den nach einem Ausbildungsplatz Suchende/n zur Unterstützung bei der Erreichung ihrer in der → Eingliederungsvereinbarung bestimmten Eingliederungsziele.

Mit dem Gesetz zur Verbesserung der Eingliederungschancen am Arbeitsmarkt vom 20.12.2011 (BGBl. S. 2854) wurde zur Umsetzung von Einsparvorgaben insbesondere der Anspruch auf den Gründungszuschuss abgeschafft, der fortan unter erschwerten Bedingungen und – wie alle wesentlichen Förderinstrumente der Arbeitslosenversicherung (Ausnahmen in § 3 Abs. 3 SGB III) – als Ermessenleistung gewährt werden kann (§§ 93 f. SGB III).

Als Beispiel für die stetige Weiterentwicklung der A. ist das neue Instrument der Assistierten Ausbildung für lernbeeinträchtigte (→ Lernbehinderung) und sozial benachteiligte junge Menschen (§ 130 SGB III) zu nennen (eingeführt durch das 5. SGB IV-Änderungsgesetz vom 15.4.2015 – BGBl. S. 583), mit der die A. einer bedeutende Zielgruppe am Arbeitsmarkt weiterentwickelt wurde.

*Lit.* Schubert, J. (Hrsg.): jurisPraxiskommentar SGB III Arbeitsförderung, Saarbrücken 2014; Leitfaden für Arbeitslose – Der Rechtsratgeber zum SGB III, 31. Aufl., Frankfurt a.M. 2015.

*Evelyn Räder*

**Arbeitsgelegenheit** (1) → Grundsicherung für Arbeitsuchende: Die A. ist ein arbeitsmarktpolitisches Instrument der Grundsicherung für Arbeitsuchende. A. dienen der Wiedererlangung der Beschäftigungsfähigkeit und dem Abbau von Vermittlungshemmnissen (BT-Drucks. 17/6277, S. 115). Erwerbsfähige Leistungsberechtigte (→ Erwerbsfähigkeit) können zur Erhaltung oder Wiedererlangung ihrer Beschäftigungsfähigkeit gemäß § 16 d SGB II einer A. zugewiesen werden. Die Tätigkeit in einer A. kann für Leistungsberechtigte sozial stabilisierend wirken, weil Tagesstruktur geschaffen wird und die → Teilhabe an Arbeit zur Stärkung des Selbstvertrauens beitragen kann. Ist Leistungsberechtigten der Zugang zum Arbeitsmarkt infolge langer → Arbeitslosigkeit und individueller Problemlagen erschwert, ist eine Stabilisierung der Lebensumstände häufig Bedingung, um weitere Schritte zur Erwerbsintegration zu ermöglichen. Die Zuweisung in eine A. erfolgt durch → Verwaltungsakt oder mittels einer entsprechenden Teilnahmevereinbarung in der → Eingliederungsvereinbarung (§ 15 SGB II). Beide Handlungsalternativen ermöglichen die → Sanktion von Pflichtverletzungen (vgl. § 31 Abs. 1 Nr. 1 und 2 SGB II). Um eine Verdrängung regulärer Beschäftigungsverhältnisse durch die öffentlich geförderten A. auszuschließen, ist gesetzlich geregelt, dass die in A. zu verrichtende Arbeit zusätzlich und wettbewerbsneutral sein und im öffentlichen Interesse liegen muss. Eine Arbeit ist gem. § 16 d Abs. 2 SGB II zusätzlich, wenn sie ohne Förderung nicht bzw. nicht in diesem Umfang oder erst zu einem späteren Zeitpunkt durchgeführt würde. Sie liegt gem. § 16 d Abs. 3 SGB II im öffentlichen Interesse, wenn sie den Interessen der Allgemeinheit dient. Das Kriterium der Wettbewerbsneutralität ist gem. § 16 d Abs. 4 SGB II erfüllt, wenn die Wirtschaft durch die A. nicht beeinträchtigt und die Erwerbstätigkeit auf dem allgemeinen Arbeitsmarkt weder verdrängt noch ihre Entstehung beeinträchtigt wird. Eine A. ist rechtswidrig, wenn eines dieser Merkmale nicht erfüllt ist. Wird ein/e Leistungsberechtigte/r in einer rechtswidrigen A. tätig, kann nach Aufhebung der Zuweisung ein öffentlich-rechtlicher Erstattungsanspruch des/der Leistungsberechtigten begründet sein: Hat das Jobcenter rechtswidrig eine Arbeitsleistung für den Anbieter der A. veranlasst, können Leistungsberechtigte Wertersatz für ihre Arbeitsleistung verlangen (vgl. BSG, Urt. v. 13.3.2011 – B 14 AS 98/10 R). Die Zuweisung in eine A. ist gegenüber solchen Leistungen nachrangig, die die Eingliederung in den allgemeinen Arbeitsmarkt unmittelbar unterstützen (§ 16 d Abs. 5 SGB II). Die Höchstzuweisungsdauer beträgt 24 Monate in einem Zeitraum von fünf Jahren (§ 16 d Abs. 6 SGB II). Durch die Begrenzung der Zuweisungsdauer soll sichergestellt werden, dass Leistungsberechtigte nicht dauerhaft in A. beschäftigt werden. In einer A. beschäftigte Leistungsberechtigte erhalten eine angemessene Mehraufwandsentschädigung (§ 16 d Abs. 7 SGB II), mit der Aufwendungen gedeckt werden können, die durch die Verrichtung der Arbeit entstehen (z.B. Fahrtkosten, → Aufwendungsersatz). Über die Pauschale hinaus können nach der → Rechtsprechung des → Bundessozialgerichts (BSG) auch konkrete Aufwendungen erstattet werden, soweit nachgewiesen wird, dass sie durch die pauschal gewährte Mehraufwandsentschädigung nicht gedeckt sind (BSG, Urt. v. 13.11.2008 – B 14 AS 66/07 R).

(2) → Asylbewerberleistungsgesetz (AsylbLG): Gem. § 5 Abs. 1 AsylbLG sollen in Aufnahmeeinrichtungen A. gestellt werden. Die A. sollen insbesondere der Aufrechterhaltung und Betreibung der Aufnahmeeinrichtung dienen. A. sollen auch bei staatlichen, kommunalen und gemeinnützigen → Trägern zur Verfügung gestellt werden. Anders als im SGB II ist die Aufwandsentschädigung bereits der Höhe nach gesetzlich geregelt (1,05 Euro pro Stunde, § 5 Abs. 2 AsylbLG). Leistungsberechtigte nach AsylbLG können per Verwaltungsakt zur Verrichtung einer A. verpflichtet werden, alternativ kann eine freiwillige Teilnahmevereinbarung getroffen werden. Bei unbegründeter Ablehnung der A. «besteht kein Anspruch auf Leistungen nach diesem Gesetz"(§ 5 Abs. 4 AsylbLG). Diese Reglung ist mit Blick auf die – aus migrationspolitischen Gründen nicht relativierbare (vgl. BVerfG, Urt. v. 18.7.2012 – 1 BvL 10/10) – staatliche Verpflichtung zur Gewährleistung des → Existenzminimums problematisch. In der Praxis werden nach einer »Sanktion« in der Regel die nach § 1 a AsylbLG unerlässlichen Leistungen gewährt.

(3) → Sozialhilfe (SGB XII): Als unterstützende Maßnahme können Leistungsberechtigten nach § 11 Abs. 3 SGB XII »Tätigkeitsangebote« unterbreitet werden. Anders als die A. in SGB II und AsylbLG ist die Annahme des Angebots freiwillig, Nachteile bei Nichtaufnahme der Tätigkeit entstehen nicht.

*Lit.* Voelzke, T. in: Hauck, K./Noftz, W. (Hrsg.): Sozialgesetzbuch SGB II – Grundsicherung für Arbeitsuchende. Kommentar, Loseblattsammlung, Berlin (Stand 2015), § 16 d; Thie, S. in: Münder, J. (Hrsg.): LPK-SGB II. Sozialgesetzbuch II. Grundsicherung für Arbeitsuchende, 5. Aufl., Baden-Baden 2013, § 16 d.

*Constanze Rogge*

**Arbeitsgemeinschaft** A. sollen die Zusammenarbeit der einzelnen → Sozialleistungsträger untereinander und die Zusammenarbeit mit anderen Beteiligten, besonders den Trägern der → Freien Wohlfahrtspflege, fördern. Ihre Zusammensetzung und Arbeitsweise richtet sich nach ihrer jeweiligen Aufgabe. In § 17 Abs. 3 SGB I ist die Verpflichtung zur Zusammenarbeit verankert. Die A. haben überwiegend nicht hoheitliche, koordinierende Funktionen. Je nach Aufgabenstellung können die A. auf Dauer eingerichtet werden oder als Ad-hoc-A. projektbezogen gebildet werden. In den A. soll darauf hingewirkt werden, dass die von den verschiedenen Trägern geplanten Maßnahmen aufeinander abgestimmt werden und sich gegenseitig ergänzen. Denkbar sind A. auf örtlicher und überörtlicher Ebene sowie auf Landesebene. Auf Bundesebene bestehen ebenfalls zahlreiche A., z.B. innerhalb der freien Wohlfahrtspflege (→ Bundesarbeitsgemeinschaft der Freien Wohlfahrtspflege e.V.). Sonderregelungen enthalten § 94 SGB X für die Träger der → Sozialversicherung, § 4 Abs. 2 SGB XII für die → Träger der Sozialhilfe und § 78 SGB VIII für die → Jugendhilfeträger. Die A. nach § 94 SGB X unterstehen staatlicher → Rechtsaufsicht. A. nach dem früheren § 44 b SGB II gibt es aufgrund der Entscheidung des → Bundesverfassungsgerichts vom 20.12.2007 seit 2010 nicht mehr. Sie sind ersetzt durch die Zusammenarbeit der → Träger der Grundsicherung in einer gemeinsamen Einrichtung, die von Gesetzes wegen → Jobcenter heißt. Das Jobcenter ist keine A. im Sinne des § 94 SGB X, sondern eine Sonderform der Zusammenarbeit der Träger auf Basis des eigens hierfür eingeführten Art. 91 e → Grundgesetz.

*Jonathan I. Fahlbusch*

**Arbeitsgemeinschaft der deutschen Familienorganisationen (AGF) e.V.** In der 1954 gegründeten AGF sind der Deutsche Familienverband e.V. (DFV), die evangelische arbeitsgemeinschaft familie e.V. (eaf), der Familienbund der Katholiken e.V. (FDK), der → Verband alleinerziehender Mütter und Väter, Bundesverband e.V. (VAMV) und der → Verband binationaler Familien und Partnerschaften, iaf e.V. zusammengeschlossen.

Die AGF setzt sich für die Interessen und Rechte von → Familien in Politik und Gesellschaft ein. Durch nationale und internationale Fachkonferenzen, Beobachtung und Auswertung der nationalen und europäischen → Familienpolitik sowie durch Entwicklung von gemeinsamen Positionen der Familienorganisationen wirkt sie bei der Gestaltung einer familiengerechten Politik und Gesellschaft mit. Sie setzt sich in Gremien für die Interessen der Familien ein und fördert den Dialog zwischen den Familienorganisationen, den Verantwortlichen der Familienpolitik sowie national und international die Kooperation von Organisationen, deren Arbeit für Familien von Bedeutung ist. Auf europäischer Ebene ist sie Mitglied des europäischen Zusammenschlusses von Familienverbänden (COFACE). Unter ihrem Dach organisiert die AGF das → Bundesforum Familie, ein unabhängiges Netzwerk, in dem mehr als 120 Organisationen engagiert sind, um die gesellschaftlichen Strukturen für Familien zu verbessern.

*Anschrift*: Einemstr. 14, 10785 Berlin, www.ag-familie.de

*Sven Iversen*

**Arbeitsgemeinschaft für Kinder- und Jugendhilfe – AGJ** ist das Forum bundeszentraler Zusammenschlüsse, Organisationen und Institutionen der freien und öffentlichen → Kinder- und Jugendhilfe. Die rund 100 Mitglieder der AGJ arbeiten und wirken zusammen mit dem Ziel der jugend- und fachpolitischen Kommunikation und Kooperation auf der Bundesebene, aber auch im europäischen bzw. internationalen Kontext und bilden ein fachlich kompetent arbeitendes Netzwerk in den sechs Mitgliedergruppen der AGJ: bundeszentrale → Jugendverbände und Landesjugendringe, bundeszentrale Spitzenverbände der → Freien Wohlfahrtspflege, bundeszentrale Fachorganisationen der Jugendhilfe, Oberste Jugend- und Familienbehörden der Länder, → Bundesarbeitsgemeinschaft Landesjugendämter, Vereinigungen und Organisationen, die auf der Bundesebene in den Bereichen Personal und Qualifizierung für die Kinder- und Jugendhilfe tätig sind.

Die AGJ sieht ihren zentralen Auftrag darin, die organisatorischen und fachlichen Strukturen der Kinder- und Jugendhilfe zu bündeln, versteht sich als Interessenvertretung, als träger- und handlungsfeldübergreifender Zusammenschluss im Interesse der Einheit der Kinder- und Jugendhilfe. Oberstes Ziel dabei ist die Weiterentwicklung der fachlichen Standards. Grundlage der Zusammenarbeit sind Pluralität und Partnerschaft. Zentral für das Handeln sind die Leitbegriffe → Kommunikation – Kompetenz – → Kooperation. In den Arbeitsfeldern und gleichnamigen Fachausschüssen der AGJ werden Erfahrungen und Erkenntnisse der Strukturen der Kinder- und Jugendhilfe ausgetauscht und ausgewertet und fachliche Positionen zu grundsätzlichen Fragen und aktuellen Themen entwickelt. Weiter gehört zu den Aufgaben die Information der Strukturen der Kinder- und Jugendhilfe durch die Herausgabe der Zeitschrift »FORUM Jugendhilfe« und weiterer Publikationen sowie die AGJ-Website, die Durchführung von Fachtagungen und des → Deutschen Kinder- und Jugendhilfetages sowie die Vergabe des → Deutschen Kinder- und Jugendhilfepreises. Aktuelle Projekte der AGJ sind das Fachkräfteportal der Kinder- und Jugendhilfe (gemeinsam mit dem IJAB e.V.) und die Koordinierungsstelle »Handeln für eine jugendgerechte Gesellschaft«.

*Informationen*: www.agj.de

*Peter Klausch*

**Arbeitsgerichte** bilden mit den Landesarbeitsgerichten (LAG) und dem Bundesarbeitsgericht (BAG) in Erfurt die Gerichte für Arbeitssachen. Organisation und Verfahren der A. richten sich nach dem Arbeitsgerichtsgesetz (ArbGG). A. und LAG bilden Kammern, die mit jeweils einem/einer Berufsrichter/in als Vorsitz und zwei ehrenamtlichen Richter/innen besetzt sind. Beim BAG sind die jeweiligen Senate mit drei Berufsrichter/innen und zwei ehrenamtlichen Richter/innen besetzt. Dabei stammt ein/e ehrenamtliche/r Richter/in aus den Kreisen der Arbeitnehmer/innen, der/die andere aus denen der Arbeitgeber/innen. Dies soll eine Anschauung des Sachverhalts aus der Praxis des Arbeitslebens sowie Nutzung der Sachkenntnis und Berufserfahrung der ehrenamtlichen Richter/innen ermöglichen. Der Arbeitsgerichtsprozess kennt zwei wesentliche Verfahrensarten: das Urteilsverfahren und das Beschlussverfahren. Das erste befasst sich mit allen bürgerlich-rechtlichen Streitigkeiten mit arbeitsrechtlichem Bezug, während das zweite Streitigkeiten mit kollektivem Bezug, etwa Betriebsverfassungsgesetz oder Mitbestimmungsgesetz, zum Gegenstand hat. Die beiden Verfahren schließen sich gegenseitig aus. Die Arbeitsgerichtsbarkeit ist Teil der ordentlichen Gerichtsbarkeit, es handelt sich jedoch um einen eigenen Rechtsweg.

Die Verfahren vor den A. folgen im Wesentlichen den Prozessgrundsätzen des Zivilprozessverfahrens. Nach der Verhandlungsmaxime haben die Parteien das Verfahren in der Hand, es wird nur auf ihr Betreiben eröffnet und geführt. Sie haben den Sachverhalt in den Prozess einzubringen. Das Gericht ist an das Vorbringen der Parteien gebunden, es kann nicht von sich aus ermitteln. Dies unterschiedet das Urteilsverfahren vom Beschlussverfahren, in dem das Gericht den Sachverhalt – im Rahmen der Anträge – von Amts wegen zu erforschen hat. Es gelten weiter der Grundsatz der Unmittelbarkeit, nach dem die Verhandlung unmittelbar vor dem gesamten erkennenden Gericht zu erfolgen hat, sowie der Grundsatz der Mündlichkeit, nach dem nur aufgrund mündlicher Verhandlung und nur über das Verhandelte entschieden werden darf. Die Verfahren sind grundsätzlich öffentlich. Sie sollen im Interesse der Beteiligten an einer schnellen Klärung beschleunigt werden. Es findet daher vor einer Kammerverhandlung in den Urteilsverfahren stets eine Güteverhandlung statt. Dies soll eine rasche und gütliche Lösung ermöglichen. Das Verfahren vor den A. ist kostenpflichtig, es gelten gegenüber den Bestimmungen für Zivilprozessverfahren jedoch Kostenvergünstigungen, etwa eine Gebührenbeschränkung in der ersten Instanz oder ein Wegfall von Gebühren bei Vergleichen, Anerkenntnissen, Verzichten und Klagerücknahmen vor streitiger Verhandlung. Gegen Entscheidungen der A. kann unter bestimmten Voraussetzungen mit einer Berufung/Beschwerde (→ Rechtsbehelf) zum LAG oder mit einer Sprungrevision/Sprungrechtsbeschwerde zum BAG vorgegangen werden. Entscheidungen der LAG wiederum sind unter bestimmten Voraussetzungen mit der Revision/Rechtsbeschwerde vor dem BAG angreifbar.

*Katja Fahlbusch*

**Arbeitslosengeld** (**Alg**) ist eine Versicherungsleistung, die die → Agentur für Arbeit in der ersten Zeit nach Verlust des Arbeitsplatzes erbringt. Es ist vom → Arbeitslosengeld II (Alg II) zu unterscheiden, das eine steuerfinanzierte → Grundsicherungsleistung ist.

Das Alg ist in den §§ 136 ff. SGB III (→ Arbeitsförderung) geregelt. Es wird bei → Arbeitslosigkeit und beruflicher Weiterbildung (→ Fort- und Weiterbildung) gezahlt. Voraussetzungen für den Bezug von Alg sind die persönliche Meldung bei der Agentur für Arbeit, → Arbeitslosigkeit und die Erfüllung der Anwartschaftszeit. Von der Meldung als arbeitslos ist die Meldung als arbeitsuchend (§ 38 Abs. 1 SGB III) zu unterscheiden; beide haben persönlich zu erfolgen (§ 141 SGB III bzw. § 38 Abs. 1 S. 1 SGB III). Erfolgt die Arbeitsuchemeldung nicht innerhalb der Frist von drei Monaten vor Beendigung des Arbeitsverhältnisses bzw. drei Tagen nach Kenntnis des Beendigungszeitpunktes, hat dies eine Sperrzeit von einer Woche unter Minderung der

Anspruchsdauer des Alg zur Folge (§ 159 Abs. 1 Satz 1 Nr. 7, Abs. 6 i.V.m. § 148 Abs. 1 Nr. 3 SGB III). Alg wird frühestens vom Tage der persönlichen Arbeitslosmeldung an gewährt. Arbeitslos sind diejenigen Arbeitnehmer/innen, die beschäftigungslos sind und sich bemühen, ihre Beschäftigungslosigkeit zu beenden (Eigenbemühungen), und außerdem den Vermittlungsbemühungen der Agentur für Arbeit zur Verfügung stehen (Verfügbarkeit) (§ 138 Abs. 1 SGB III). Beschäftigungslosigkeit liegt vor, wenn der/die Betreffende in keinem Beschäftigungsverhältnis steht. Als beschäftigungslos gilt aber auch, wer eine Tätigkeit im Umfang von weniger als 15 Stunden wöchentlich ausübt (§ 138 Abs. 3 SGB III). Unter Eigenbemühungen sind alle Möglichkeiten zur beruflichen Eingliederung zu fassen, die Arbeitslosen zuzumuten sind (→ Zumutbarkeit von Arbeit). Verfügbar sind diejenigen, die den Vermittlungsbemühungen der Agentur für Arbeit jederzeit nachkommen können.

Die Anwartschaft auf Alg hat erfüllt, wer in den letzten zwei Jahren (Rahmenfrist, § 143 SGB III) mindestens zwölf Monate versicherungspflichtig beschäftigt war (§ 142 Abs. 1 SGB III; Ausnahme: verkürzte Anwartschaftszeit nach § 142 Abs. 2 SGB III). Der Anspruch auf Alg ist zeitlich befristet. Die Anspruchsdauer richtet sich nach der Länge der Vorbeschäftigung und dem Lebensalter der Betroffenen (§ 147 SGB III). Die Dauer des Anspruchs verlängert sich um die Restdauer des wegen Entstehung eines neuen Anspruchs erloschenen Anspruchs, wenn nach der Entstehung des erloschenen Anspruchs noch keine fünf Jahre verstrichen sind (§ 147 Abs. 4 SGB III). Der allgemeine Leistungssatz für das Alg beträgt gemäß § 149 Nr. 2 SGB III 60% des pauschalierten Nettoentgelts (Leistungsentgelt), das sich aus dem Bruttoentgelt ergibt, das der/die Arbeitslose im Bemessungszeitraum (Entgeltabrechnungszeiträume des letzten Jahres) erzielt hat (Bemessungsentgelt). Der erhöhte Leistungssatz für diejenigen, die selbst oder deren Ehe- oder Lebenspartner/in (→ Ehe, → Lebenspartnerschaft) mindestens ein Kind i.S. von § 32 Abs. 1 u. 3–5 Einkommensteuergesetz haben, beträgt gemäß § 149 Nr. 1 SGB III 67% des Bemessungsentgelts. Die Voraussetzungen eines Anspruchs auf Arbeitslosengeld bei beruflicher Weiterbildung regelt § 144 SGB III.

*Evelyn Räder*

**Arbeitslosengeld II (Alg II)** dient der Sicherung des Lebensunterhalts von erwerbsfähigen (→ Erwerbsfähigkeit) → Leistungsberechtigten nach dem SGB II (→ Grundsicherung für Arbeitsuchende). Es setzt sich zusammen aus dem → Regelbedarf (§ 20 SGB II, bis 31.12.2010: Regelleistung), den → Mehrbedarfen (§ 21 SGB II), den ergänzenden Leistungen nach § 24 Abs. 3 SGB II sowie den Kosten für → Unterkunft und → Heizung (§ 22 SGB II). Seit dem 1.1.2016 beträgt der monatliche Regelbedarf für alleinstehende oder alleinerziehende Personen 404 Euro. Für weitere Personen in der → Bedarfsgemeinschaft werden niedrigere Sätze gewährt. Der Regelbedarf ist weitgehend pauschaliert (→ Pauschalierung), → einmalige Leistungen sind nur in den in § 24 Abs. 3 SGB II abschließend aufgezählten Fällen möglich. Kann ein im Einzelfall vom Regelbedarf umfasster und nach den Umständen unabweisbarer Bedarf nicht gedeckt werden, kann dem/der Hilfebedürftigen nach § 24 Abs. 1 SGB II ein → Darlehen erbracht werden, das allerdings mit den laufenden Leistungen aufgerechnet wird. Nachdem das Bundesverfassungsgericht in seinem Urteil vom 9.2.2010 die Bemessung des Regelbedarfs insbesondere für Kinder für verfassungswidrig erklärt hat, sind durch das → Regelbedarfs-Ermittlungsgesetz zum 1.1.2011 u.a. gesonderte → Leistungen für Bildung und Teilhabe für junge Menschen bis 25 Jahren (§ 28 SGB II) sowie in § 21 Abs. 6 SGB II eine moderate Öffnungsklausel im Sinne eines Mehrbedarfszuschlags für dauerhaft abweichende Bedarfe eingeführt worden.

Zum Alg II gehören außerdem die Kosten der Unterkunft und Heizung. Sie werden in tatsächlicher Höhe übernommen, soweit sie angemessen sind. Unangemessen hohe Kosten werden nur so lange übernommen, wie es dem Leistungsberechtigten nicht möglich oder zumutbar ist, die Kosten zu reduzieren. Das Bundessozialgericht hat an die Bemessung der Angemessenheit i.S. eines »schlüssigen Konzepts« hohe Anforderungen gestellt, die Gegenstand zahlreicher gerichtlicher Auseinandersetzungen sind. Dasselbe gilt für gesetzliche Einschränkungen wie die Beschränkung der Unterkunftskosten nach einem nicht erforderlichen Umzug und die Aufwendungen für ein Eigenheim. Teilweise erhobenen Forderungen nach einer Pauschalierung der Unterkunftskosten bzw. dem Erlass einer → Rechtsverordnung zur Bemessung der Unterkunftskosten ist die Politik bisher nicht nachgekommen. Sie birgt auch die Gefahr der Verletzung des → Bedarfsdeckungsprinzips. Unter den Voraussetzungen des § 22 a Abs. 2 SGB II ist eine Pauschalierung durch → Satzung möglich. Von dieser Möglichkeit wird aber auch regional nur sehr zurückhaltend Gebrauch gemacht. Für den Anspruch auf ggf. bestehende Mehrbedarfe wegen Schwangerschaft, Alleinerziehung, Behinderung oder kostenaufwendiger → Ernährung gelten weitgehend dieselben Grundsätze wie in der → Sozialhilfe. Durch das Regelbedarfs-Ermittlungsgesetz wurde ein neuer Mehrbedarfstatbestand für dezentrale Warmwasserbereitung eingeführt. Den Mehrbedarfszuschlag wegen eines unabweisbaren laufenden besonderen Bedarfs nach § 21 Abs. 6 SGB II kennt die Sozialhilfe, die diese Fälle über eine abweichende Bemessung des Regelbedarfs nach § 27 a Abs. 4 SGB XII löst, hingegen nicht. Mitglieder der Bedarfsgemeinschaft eines/einer erwerbsfähigen Leistungsberechtigten, die selbst nicht erwerbsfähig sind, erhalten zur Sicherung ihres Lebensunterhaltes Sozialgeld nach § 23 SGB II. Dem Sozialgeld geht die → Grundsicherung im Alter und bei Erwerbsminderung nach dem 4. Kapitel SGB XII vor. Der Anspruch auf Alg II oder Sozialgeld schließt Leistungen der → Hilfe zum Lebensunterhalt aus (§ 5 Abs. 2 SGB II).

*Karen Peters*

**Arbeitslosenhilfe** Die A. wurde durch Art. 3 des Vierten Gesetzes für moderne Dienstleistungen am Arbeitsmarkt (BGBl. I 2003 S. 2954) mit Wirkung zum 1.1.2005 abgeschafft. Mit der Einführung des Zweiten Buches → Sozialgesetzbuch (SGB II → Grundsicherung für Arbeitsuchende) wurde die bisherige A. mit der → Hilfe zum Lebensunterhalt nach dem Bundessozialhilfegesetz für Erwerbsfähige zusammengeführt. Die A. war eine bedürftigkeitsgeprüfte → Sozialleistung, die erhalten konnte, wer vorher → Arbeitslosengeld (Alg) bezogen hatte (sog. Anschluss-A.). Die früher gewährte »originäre« A., die nicht vom vorherigen Bezug von Alg abhängig war, wurde bereits mit Wirkung zum 1.1.2000 abgeschafft. Die A. war dem Alg nachgebildet, betrug aber ca. 10% weniger als dieses (57% bzw. 53% des pauschalierten Nettoentgelts) und war von der Bedürftigkeit der Empfänger/innen abhängig. Eine Höchstanspruchsdauer gab es nicht. Bei der Bedürftigkeitsprüfung wurde → Vermögen und → Einkommen angerechnet. Die Freigrenzen lagen deutlich über denen der → Sozialhilfe.

Die Abschaffung der A. und die Verweisung der ehemaligen Empfänger/innen auf das häufig niedrigere → Arbeitslosengeld II (Alg II) führten zu erheblichen Protesten. Insbesondere diejenigen, die nach Vollendung des 58. Lebensjahres auf eine weitere Vermittlung in den → Arbeitsmarkt verzichtet hatten, fühlten sich durch die Abschaffung der A. benachteiligt. Das Bundessozialgericht hat jedoch mittlerweile in ständiger → Rechtsprechung eine Verletzung der Eigentumsgarantie des Art. 14 → Grundgesetz (GG) durch die Neuregelung verneint.

*Karen Peters*

**Arbeitslosenversicherung** Historischer Ausgangspunkt für die heutige A. war die nach dem Ersten Weltkrieg eingeführte staatliche Erwerbslosenfürsorge, die in den 1920er-Jahren zu einer beitragsfinanzierten Versicherung weiterentwickelt wurde. Sie besteht in den Grundzügen noch heute. Das Leistungsniveau der A. und die Bedingungen für deren Inanspruchnahme unterlagen jedoch einem stetigen Wandel. Die A. hat zwei wesentliche Funktionen. Zum einen trägt sie temporär zur Einkommenssicherung von Personen bei, die ihren Arbeitsplatz verloren haben (→ Arbeitslosigkeit, → Arbeitslosengeld). Damit leistet sie in wirtschaftlichen Schwächephasen einen Beitrag zur Stützung der gesamtwirtschaftlichen Nachfrage. Zum anderen soll die A. über Maßnahmen der → Arbeitsförderung die effiziente Besetzung von Arbeitsplätzen unterstützen. Damit soll der Abgleich von Angebot und Nachfrage auf dem → Arbeitsmarkt (»Matching«) verbessert werden. Seit 1997 ist die A. im SGB III – → Arbeitsförderung geregelt.

Die A. ist ein Teil des deutschen Sozialversicherungssystems (→ Sozialversicherung). Träger der A. ist die Bundesagentur für Arbeit (BA, → Agentur für Arbeit) in Nürnberg. Aufsichtführendes Ministerium (→ Rechtsaufsicht) ist das → Bundesministerium für Arbeit und Soziales (BMAS). Die → Selbstverwaltungsorgane sind der Verwaltungsrat bei der BA und die Verwaltungsausschüsse bei den Arbeitsagenturen, die sich aus gleichen Teilen aus Vertreter/innen der Arbeitnehmer/innen, der Arbeitgeber und der öffentlichen Körperschaften zusammensetzen (§ 371 Abs. 5 SGB III). Finanziert werden die Leistungen der A. gemäß § 340 SGB III über Beiträge der Versicherungspflichtigen, der Arbeitgeber/innen und Dritter, Umlagen, Mittel des Bundes und sonstige Einnahmen. Die Beiträge werden von den versicherungspflichtig Beschäftigten und den Arbeitgeber/innen je zur Hälfte getragen (§ 346 SGB III). Der Beitragssatz liegt seit 2011 bei 3 % (Stand: 2015). Die Finanzierung aus Bundesmitteln ist in den §§ 363 ff. SGB III geregelt. Die A. ist eine Pflichtversicherung. Pflichtversichert sind gem. § 25 SGB III Arbeitnehmer/innen und Auszubildende. Demgegenüber unterfallen u.a. geringfügig Beschäftigte gem. § 27 Abs. 2 SGB III nicht der Versicherungspflicht. Auch besondere Personengruppen, z.B. Beamte/innen, Soldat/innen oder Personen, die das reguläre Rentenalter erreicht haben, sind versicherungsfrei (§ 27 Abs. 1 Nr. 1; § 28 Abs. 1

Nr. 1 SGB III). Den Versicherten erwächst aus der A. ein Anspruch auf Arbeitslosengeld (Alg), wenn sie mindestens zwölf Monate innerhalb der letzten zwei Jahre Beiträge zur A. gezahlt haben. U.a. infolge des Vierten Gesetzes für moderne Dienstleistungen am Arbeitsmarkt (sog. Hartz IV-Gesetz), das zum 1.1.2005 in Kraft getreten ist (BGBl. I 2003 S. 2954), werden nur noch gut ein Drittel aller registrierten Arbeitslosen von der A. betreut. Durch den Anstieg prekärer Beschäftigung (→ Prekarisierung) können viele Menschen die Anspruchsvoraussetzungen für das Arbeitslosengeld nicht erfüllen und sind ohne Umweg über die A. auf → Arbeitslosengeld II angewiesen.

*Evelyn Räder*

**Arbeitslosigkeit** (1) A. wird in § 138 SGB III als materiell-rechtliche Anspruchsvoraussetzung für die Versicherungsleistung → Arbeitslosengeld (Alg) definiert. Wer arbeitslos ist, wird zudem in § 16 Abs. 1 SGB III und damit übereinstimmend in § 53 a Abs. 1 SGB II bestimmt. § 16 Abs. 2 SGB III und § 53 a Abs. 2 SGB II regeln, wer nicht als arbeitslos gilt. Das sind nach § 16 Abs. 1 SGB III die Teilnehmer/innen an Maßnahmen der aktiven → Arbeitsmarktpolitik, nach § 53 a Abs. 2 SGB II erwerbsfähige Hilfebedürftige, die nach Vollendung des 58. Lebensjahres ohne ein Angebot einer sozialversicherungspflichtigen Beschäftigung mindestens zwölf Monate Leistungen der → Grundsicherung für Arbeitsuchende beziehen, solange der Leistungsbezug jeweils andauert. Diese Begriffsbestimmungen dienen der Abgrenzung für die statistische Erfassung von A., die von der Bundesagentur für Arbeit (→ Agentur für Arbeit) in monatlicher Arbeitsmarktberichterstattung offengelegt wird. Dabei ist A. eine Bilanz zwischen Arbeitskräfteangebot und Arbeitskräftenachfrage. Relevante Kennzahl ist die Arbeitslosenquote, die je nach Berechnungsweise die Zahl der Arbeitslosen in Bezug zur Summe der Arbeitslosen zuzüglich allen abhängig beschäftigten zivilen Erwerbstätigen (nationale Berechnung) oder zuzüglich allen zivilen Erwerbstätigen (also inkl. Selbstständige und zivile Familienangehörige – im Ausland die gebräuchlichere Berechnung) setzt. § 16 SGB III ist daneben relevant für die Erbringung von Leistungen der aktiven → Arbeitsförderung, die A. voraussetzen. Die Begriffsbestimmung der Vorschrift stellt bewusst Vergleichbarkeit mit der A. für den Anspruch auf Alg her.

Für das Alg gilt allein § 138 SGB III. Arbeitslos im arbeitsförderungsrechtlichen Sinn können nur Arbeitnehmer/innen sein. Das sind Personen, die jedenfalls zukünftig eine abhängige Beschäftigung anstreben. Darüber entscheidet die Agentur für Arbeit anhand einer Prognose aufgrund der Erklärungen der Antragsteller/innen auf Alg und deren Übereinstimmung mit den tatsächlichen Gegebenheiten. § 138 SGB III definiert drei gleichrangige Tatbestandsmerkmale für das Vorliegen von A., die kumulativ gegeben sein müssen: Beschäftigungslosigkeit, Eigenbemühungen und Verfügbarkeit. Beschäftigungslos im leistungsrechtlichen Sinne sind Personen, die nicht in einem Beschäftigungsverhältnis stehen oder mit einer Arbeitszeit von weniger als 15 Stunden wöchentlich beschäftigt, selbstständig oder als mithelfende Familienangehörige tätig sind. Mehrere solcher Erwerbstätigkeiten werden zusammengerechnet. Gelegentliche Abweichungen von geringer Dauer, durch die die 15-Stunden-Grenze überschritten wird, werden nicht berücksichtigt. Gelegentliche Abweichungen kehren nicht in kurzen Zeitabständen regelmäßig wieder, das nächste Mal kann noch nicht vorausgesehen werden. Von geringer Dauer sind Abweichungen je nach Dauer der Beschäftigung oder Tätigkeit bis zu drei Wochen (bei unbefristeten Beschäftigungsverhältnissen oder nach drei Monaten befristeter Beschäftigung).

A. setzt auch Bemühungen des/der Arbeitslosen zur Beendigung der Beschäftigungslosigkeit voraus. Eigenbemühungen umfassen insbesondere die Wahrnehmung der Verpflichtungen aus der → Eingliederungsvereinbarung und die Inanspruchnahme der Selbstinformationseinrichtungen der Agentur für Arbeit. Aus leistungsrechtlicher Sicht ist zu beurteilen, welche Eigenbemühungen konkret von der arbeitslosen Person verlangt werden können, welche ihr z.B. unter Kostengesichtspunkten, aufgrund ihrer beruflichen Qualifikation und im Hinblick auf bereits unternommene Aktivitäten zuzumuten (→ Zumutbarkeit) sind. Der arbeitslosen Person droht eine Sperrzeit (→ Sanktion) nach § 159 Abs. 1 S. 2 Nr. 3 SGB III, wenn sie trotz Belehrung über die Rechtsfolgen die von der Agentur für Arbeit geforderten Eigenbemühungen ohne wichtigen Grund nicht nachweist. Verfügbarkeit für die Arbeitsvermittlung liegt vor, wenn die/der Arbeitslose eine zur Arbeitsförderung versicherungspflichtige Beschäftigung unter den üblichen Bedingungen des für sie/ihn in Betracht kommenden → Arbeitsmarktes ausüben kann und darf und bereit ist, jede solche Beschäftigung anzunehmen und auszuüben sowie Vorschlägen der Agentur für Arbeit zur beruflichen Eingliederung zeit- und ortsnah Folge leisten kann und bereit ist, an Maßnahmen zur beruflichen Eingliederung in das Erwerbsleben teilzunehmen.

§ 139 SGB III regelt Sonderfälle der Verfügbarkeit, § 140 SGB III die Zumutbarkeit von Beschäftigungen. Der/die Arbeitslose muss körperlich, geistig und seelisch in der Lage sein, eine versicherungspflichtige Beschäftigung auszuüben. Dem dürfen keine gesundheitlichen Einschränkungen oder tatsächliche oder rechtliche Bindungen entgegenstehen. Verfügbarkeit muss stets aktuell vorliegen, es genügt nicht, dass Bindungen bei Gelegenheit zur Arbeitsaufnahme auf eine dritte Person übertragen werden können. Die Fähigkeit, Vermittlungsvorschlägen nachkommen zu können, ist anhand des tatsächlichen Aufenthaltsortes und der tatsächlichen Erreichbarkeit, z.B. per Post, zu beurteilen. Aufgrund einer Ermächtigung in § 164 SGB III hat die Bundesagentur für Arbeit dazu eine Erreichbarkeits-Anordnung erlassen. Nach § 428 SGB III ist der Bezug von Alg für Arbeitnehmer/innen ab 58 Jahren auch möglich, wenn sie nicht arbeitsbereit sind und nicht alle Möglichkeiten zur Beendigung ihrer Beschäftigungslosigkeit nutzen und nutzen wollen. Im Gegenzug muss ungeminderte → Rente wegen Alters zum frühestmöglichen Zeitpunkt in Anspruch genommen werden. Seit 2008 darf die Regelung nicht mehr für Neufälle angewendet werden. Sie hat daher keinen Anwendungsbereich mehr.

Für Leistungen der → Grundsicherung für Arbeitsuchende nach dem SGB II (→ Arbeitslosengeld II [Alg II]) ist A. keine Anspruchsvoraussetzung.

(2) Auswirkungen der A. auf Betroffene: Größenordnung und Dauerhaftigkeit der A., insbesondere der Langzeit-A., sind nach Auffassung sozialpolitischer und wissenschaftlicher Akteure gegenwärtig das wichtigste → soziale Problem unserer → Gesellschaft. In den neuen Bundesländern hat die Massenarbeitslosigkeit der 1990er-Jahre zu erheblichen sozialen Verwerfungen und psycho-sozialen Problemlagen geführt. Der Verlust des Arbeitsplatzes führt zu finanziellen Einschränkungen. Die sozialen Auswirkungen von eingeschränktem bzw. fehlendem eigenen → Einkommen werden von der Haushaltssituation der Arbeitslosen sowie der Höhe des Einkommens vor der A. mitgeprägt: A. des/der Hauptverdiener/in oder einer anderen Person, Kompensationsmöglichkeit durch Arbeitsaufnahme eines anderen Haushaltsmitglieds; Einkommensminderung trifft untere Einkommensschichten stärker als relativ gut verdienende Haushalte. Das Ausmaß der Einkommensminderung durch A. gestaltet sich unterschiedlich und reicht von verhältnismäßig guter finanzieller Ausstattung bei sozialverträglicher Ausgliederung bis zu Einkommensarmut (→ Armut). A. ist heute Hauptursache für Einkommensarmut und den Bezug von Alg II.

Der Umfang der Einkommensreduzierung ist von zentraler Bedeutung für die psycho-soziale Situation der Arbeitslosen. A. (insbesondere Langzeit-A.) kann Prozesse sozialen Abstiegs bis hin zur sozialen Randständigkeit auslösen, wenn z.B. die → Sozialleistungen nicht ausreichen, um Kredite zu bedienen oder die Wohnungsmiete zu bezahlen. Als psycho-soziale Folgen von A. werden u.a. Perspektivlosigkeit, Langeweile, sozialer Rückzug und → Depressionen beschrieben. Allerdings reagieren nicht alle Betroffenen gleich: Für die individuelle Bewältigung von A. sind vielfältige soziale und individuelle Faktoren wie Verfügbarkeit von gesellschaftlich akzeptierten Alternativrollen, z.B. als Hausfrau, Berufsorientierung und die finanzielle Situation von Bedeutung. Die Belastungen aus Langzeit-A. führen teilweise zu riskantem Gesundheitsverhalten (erhöhter Medikamenten- und Nikotinkonsum [→ Sucht], nicht bedarfsgerechte → Ernährung) und entsprechenden Folgeschäden. A. trifft auch die → Familie des/der Arbeitslosen: Sozialkontakte, familiale Aufgabenteilung und Rollenerwartungen können sich verändern, die Eltern-Kind-Beziehungen können beeinträchtigt werden. In Abhängigkeit von der jeweils spezifischen Situation der Haushalte kann sich das Vorhandensein einer Familie stabilisierend auf die/den Arbeitslose/n auswirken; das Zusammenwirken von materiellen und psycho-sozialen Belastungen kann jedoch auch zu Überforderungen der Familie führen. Insbesondere langfristige A. des Haushaltsvorstands birgt für alle Haushaltsangehörigen ein erhöhtes Verarmungsrisiko.

Wenn Jugendliche und junge Erwachsene nach dem Schulabschluss arbeitslos werden (→ Jugendarbeitslosigkeit), können teilweise keine gesellschaftlich akzeptierten neuen Rollen übernommen werden; die soziale → Integration kann infrage gestellt werden. Schulabgänger/innen mit geringem bzw. fehlendem Abschluss sind bei jungen Arbeitslosen überrepräsentiert.

*Lit.* Allmendinger, J./Ludwig-Mayerhofer, W./Spitznagel, E.: Arbeitslosigkeit, in: Albrecht, G./Groenemeyer, A. (Hrsg.): Handbuch soziale Probleme, Bd. 1, 2. Aufl., Wiesbaden 2012, S. 320ff.; Hollederer, A.: Arbeitslos – Gesundheit los – chancenlos?, IAB-Kurzbericht Nr. 04/2003, Nürnberg 2003, abrufbar unter: doku.iab.de

*Franz-Josef Sauer/Reiner Höft-Dzemski*

**Arbeitsmarkt** bezeichnet das Zusammentreffen von Arbeitskräfteangebot und Arbeitskräftenachfrage. Individuen bieten ihre Arbeitskraft an und entscheiden über den Umfang ihrer Erwerbsbeteiligung, indem sie den Nutzen des erzielbaren Lohns und der entgangenen Freizeit gegeneinander abwägen. Private und öffentliche Unternehmen fragen Arbeitskräfte nach und entscheiden über die Beschäftigung, indem sie deren Beitrag zur betrieblichen Wertschöpfung mit den gesamten Lohnkosten vergleichen.

Der A. lässt sich in Teilarbeitsmärkte gliedern. In räumlicher Hinsicht ist zwischen grenzüberschreitenden, nationalen und regionalen A. zu unterscheiden. Darüber hinaus gibt es qualifikatorische, berufliche und betriebliche Teila. Während Arbeitsplätze mit hohen oder speziellen Qualifikationsanforderungen entsprechende Bildungs- oder Berufsabschlüsse erfordern, gibt es bei einfachen Tätigkeiten deutlich weniger Zugangsvoraussetzungen. Wechselprozesse am A. vollziehen sich nicht nur zwischen Betrieben, sondern auch über interne A. innerhalb von Betrieben.

Arbeitskräfteangebot und Arbeitskräftenachfrage sind typischerweise nicht ausgeglichen. Am A. kann es zu einem Angebotsüberschuss und damit → Arbeitslosigkeit einerseits sowie einem Nachfrageüberschuss und damit Arbeitskräftemangel andererseits kommen. Arbeitslosigkeit und Arbeitskräftemangel können auch nebeneinander bestehen, wenn Teila. betrachtet werden. So kann einem Mangel an Fachkräften ein Überschuss an Geringqualifizierten gegenüberstehen.

Für Ausgleichs- oder Matchingprobleme am A. gibt es viele Gründe. Friktionelle Arbeitslosigkeit entsteht regelmäßig durch Arbeitskräftefluktuation und daraus resultierenden Suchprozessen auf beiden Seiten des A. Ausgleichsprobleme können aber auch entstehen, wenn die Stellenanforderungen der Betriebe nicht den → Kompetenzen auf der Bewerberseite entsprechen (qualifikatorischer Mismatch). Zusätzliche Schwierigkeiten bei der Stellenbesetzung ergeben sich, wenn der potenzielle Betrieb und die potenzielle Arbeitskraft räumlich nicht ohne Weiteres zusammenzuführen sind (regionaler Mismatch). Darüber hinaus können A. deshalb nicht geräumt sein, weil der Wachstumspfad einer Volkswirtschaft auf Dauer zu schwach ausfällt, es zu konjunkturellen Schwankungen kommt oder staatliche bzw. kollektivvertragliche Regulierungen zu wenig am Beschäftigungsziel ausgerichtet sind.

Die Notwendigkeit einer Regulierung des A. wird kontrovers diskutiert. Dabei geht es um die Frage, ob der A. ein Markt wie jeder andere ist und damit keiner speziellen Regulierung bedarf oder ob er Besonderheiten aufweist, die Eingriffe in die Vertragsfreiheit rechtfertigen. Traditionell neoklassische Ansätze machen prinzipiell keinen Unterschied zwischen Gütermärkten und A. Es gilt das Postulat der vollkommenen Konkurrenz. Staatliche Regulierungen und gewerkschaftliche Einflüsse beeinträchtigen danach Tauschmöglichkeiten, beschränken so die Funktionsweise des A. und führen im Ergebnis zu Arbeitslosigkeit.

Alternative Ansätze benennen Besonderheiten des A., die aus Verteilungs- und Effizienzgründen Regulierungen nötig machen können. Der A. unterscheidet sich danach von anderen Märkten, weil das Gut Arbeit direkt an den Menschen gebunden ist. Im → Arbeitsvertrag überträgt deshalb der Anbieter der Arbeitskraft nur teilweise die Eigentumsrechte auf den Nachfrager. Eine besondere Schutzbedürftigkeit der Arbeitnehmer/innen wird aus zwei Faktoren abgeleitet. Erstens: Für den Großteil der Bevölkerung ist Arbeit die einzige oder hauptsächliche Quelle der Existenzsicherung. Zweitens: Durch den Arbeitsvertrag entsteht eine Autoritätsbeziehung mit einem Über- und Unterordnungsverhältnis. Die experimentelle Ökonomie zeigt, dass Fairness das Verhalten von Wirtschaftssubjekten positiv beeinflussen kann und dadurch Wohlfahrtsgewinne erzeugt. Neben Verteilungsargumenten gibt es Effizienzgründe für A.regulierungen, die Marktunvollkommenheiten ausgleichen sollen. So können die zu erbringenden Arbeitsleistungen im Arbeitsvertrag häufig nicht genau spezifiziert werden. Asymmetrische Informationen auf beiden Seiten des Marktes, wie z.B. Karriere- oder Leistungsversprechen, erschweren bei fehlender Regulierung die für das Zustandekommen von langfristigen Arbeitsverhältnissen wichtigen impliziten Vereinbarungen und psychologischen Kontrakte.

Am A. haben sich auf staatlicher, tariflicher und betrieblicher Ebene spezifische Regelungen entwickelt. Das → Grundgesetz enthält die für die Gestaltung der A.ordnung wesentlichen Prinzipien. Grundlegendes Merkmal ist die individuelle Freiheit des Arbeitsvertrages, konstituiert durch das → Grundrecht auf freie Entfaltung der Persönlichkeit und das Privateigentum an Produktionsmitteln. Die Gültigkeit der beiden Prinzipien wird durch das → Arbeitsrecht und die Tarifautonomie eingeschränkt. So gibt es, unter anderem, Regelungen für den Arbeitnehmerschutz, die Entlohnung, die Betriebs- und Unternehmensverfassung und die soziale Absicherung bei → Krankheit, → Alter und Arbeitslosigkeit.

Wirtschaftliche Aktivitäten sorgen für einen stetigen Strukturwandel, der sich auch auf den A. auswirkt. Dadurch kommt es zu regionalen, sektoralen, beruflichen, qualifikatorischen, tätigkeitsbezogenen und erwerbsformenspezifischen Verschiebungen in der Beschäftigung. Neben den eher konjunkturell bedingten, kurzfristigen Veränderungen gibt es längerfristige Trends. In Deutschland zählen hierzu eine Abnahme produktionsorientierter Tätigkeiten und ein relativer Anstieg von Dienstleistungstätigkeiten. Während der Anteil der höher qualifizierten Tätigkeiten zunimmt, geht der Anteil der einfachen Tätigkeiten zurück. Das Normalarbeitsverhältnis, also unbefristete Vollzeitbeschäftigung, verlor in den letzten Dekaden zulasten anderer Erwerbsformen, wie z.B. Leiharbeit, befristeter Beschäftigung und Teilzeitarbeit, an Bedeutung. Auch der Niedriglohnbereich hat in der längeren Frist zugenommen.

*Lit.* Franz, W.: Arbeitsmarktökonomik, 8. Aufl., Berlin 2013; Keller, B.: Einführung in die Arbeitspolitik, 7. Aufl., München 2008; Möller, J./Walwei, U. (Hrsg.): Handbuch Arbeitsmarkt, Bielefeld 2009.

*Ulrich Walwei*

**Arbeitsmarktliche (gutachterliche) Stellungnahme** Nach § 38 SGB IX kann die Bundesagentur für Arbeit (BA) von anderen → Rehabilitationsträgern vor Einleitung von Leistungen zur → Teilhabe am Arbeitsleben (LTA) eingeschaltet werden, um im Sinne einer Gutachterfunktion zu Notwendigkeit, Art und Umfang von geplanten LTA unter Berücksichtigung arbeitsmarktlicher Zweckmäßigkeit Stellung zu nehmen. Die → Agentur für Arbeit berücksichtigt dabei die bisherige berufliche Tätigkeit, Eignung und Neigung, die Lage und Entwicklung des infrage kommenden → Arbeitsmarktes und die Aussicht, die bestmögliche, dauerhafte berufliche Eingliederung zu erreichen. Soweit vergleichbare Leistungen bereits durchgeführt wurden, ist der Eingliederungserfolg vorangegangener Leistungen in die Beurteilung der arbeitsmarktlichen Zweckmäßigkeit einzubeziehen. Es besteht kein Beteiligungszwang bzw. keine Notwendigkeit für eine obligatorische Einschaltung der BA. Die BA wird nur bei einer einzelfallbezogenen Aufforderung eines anderen Rehabilitationsträgers tätig, der → Datenschutz ist bei der Gestaltung der Verfahrensabläufe zu gewährleisten. Die Möglichkeit zur Einschaltung der BA und die daraus resultierende Verpflichtung der BA zur Abgabe einer a. S. ist unabhängig davon, ob der Leistungsberechtigte bereits Kontakt mit der Agentur für Arbeit oder einem → Träger der Grundsicherung nach §§ 6, 6 a SGB II hatte. Die Einschaltung der BA ausschließlich zum Zwecke der Begutachtung durch deren Fachdienste (Ärztlicher Dienst, Berufspsychologischer Service, Technischer Beratungsdienst) ist nur zulässig, wenn ein Bezug zur Aufgabenstellung nach § 38 SGB IX besteht.

*Thomas Stähler*

**Arbeitsmarktpolitik** umfasst alle organisatorischen, rechtlichen und politischen Maßnahmen zur Beeinflussung des Arbeitskräfteangebots, der Arbeitskräftenachfrage und der Ausgleichsprozesse auf dem → Arbeitsmarkt. Bei der A. i.w.S. geht es um die gezielte Ausgestaltung der institutionellen Rahmenbedingungen, die indirekt auf Arbeit und Beschäftigung einwirken, wie das System der Arbeitsbeziehungen, die → berufliche Bildung, die soziale Sicherung und die gesetzliche Regulierung von → Arbeitsverträgen. Zur A. i.e.S. zählen direkte Maßnahmen der → Arbeitsförderung sowie die Einkommenssicherung bei → Arbeitslosigkeit. Die A. i.e.S. lässt sich in aktive und passive Maßnahmen unterteilen. Die aktive A. hat zum Ziel, eine Eingliederung von Arbeitslosen in den Arbeitsmarkt zu erreichen. Maßnahmen der aktiven A. umfassen die → Berufsberatung, die Ausbildungs- und Arbeitsvermittlung, die → Fort- und Weiterbildung sowie verschiedene Formen der → öffentlich geförderten Beschäftigung. Die passive A. umfasst Maßnahmen, die auf eine finanzielle Kompensation im Falle der Arbeitslosigkeit ausgerichtet sind, also überwiegend Lohnersatzleistungen (→ Arbeitslosengeld).

Die A. i.e.S. hat sich Mitte der letzten Dekade grundlegend gewandelt. Zentrales Leitmotiv der auf den Vorschlägen der Kommission »Moderne Dienstleistungen am Arbeitsmarkt« basierenden Arbeitsmarktreformen ist seitdem das Konzept des aktivierenden → Sozialstaats. Die sog. »Hartz-Reformen« veränderten die Relation zwischen staatlich organisierter → Daseinsvorsorge und der Eigenverantwortung der Bürger/innen. Instrumente wie verschärfte Regelungen für die → Zumutbarkeit von Arbeit, die Pflicht zur frühzeitigen Arbeitslosmeldung, verbindliche Eingliederungspläne (→ Eingliederungsvereinbarung) sowie die Ausgabe von → Gutscheinen für Vermittlung und Bildung stärken die Eigenverantwortung und bringen eine restriktivere Handhabung der finanziellen Unterstützung von Arbeitslosen mit sich. Die A. i.e.S. ist primär in den → Sozialgesetzbüchern (SGB) II (→ Grundsicherung für Arbeitsuchende) und III (Arbeitsförderung) kodifiziert. Die Ausgaben für die Arbeitsförderung werden in erster Linie durch lohnbezogene Beiträge von Beschäftigten und Arbeitgebern an die Bundesagentur für Arbeit finanziert. Ihre lokalen → Agenturen für Arbeit sind Träger der aktiven A. und zahlen das Arbeitslosengeld aus. Die steuerfinanzierte, bedürftigkeitsabhängige Grundsicherung für Arbeitsuchende (→ Arbeitslosengeld II) wird vom Bund und den Kommunen administriert. Bedarfsträger sind zum einen kooperative → Jobcenter, in denen Arbeitsagenturen und Kommunen die Aufgaben gemeinsam wahrnehmen. Zum anderen werden Kommunen allein mit der Verwaltung der Grundsicherung beauftragt. Das SGB II setzt weitestgehend auf das Standardspektrum aktiver Maßnahmen. Eine Besonderheit stellen die → Arbeitsgelegenheiten in der Mehraufwandsvariante (»Ein-Euro-Jobs«) dar.

Wirkungsanalysen zur → Effizienz und → Effektivität von Maßnahmen spielen im Bereich der A. eine wichtige Rolle. Das Institut für Arbeitsmarkt- und Berufsforschung (IAB) hat nach § 282 SGB III und § 55 SGB II den Auftrag, die Wirkungen der Arbeitsförderung und der → Grundsicherung wissenschaftlich zu untersuchen. Dabei wird u.a. analysiert, wie die Maßnahmen auf individueller, regionaler und gesamtwirtschaftlicher Ebene wirken und ob sie sich für den Träger auszahlen können.

*Ulrich Walwei*

**Arbeitspflicht** Die A. (»Erwerbsobliegenheit«) ist ein dem Prinzip des »Förderns und Forderns« entsprechendes Instrument in der → Grundsicherung für Arbeitsuchende (SGB II), die erwerbsfähigen Leistungsberechtigten (→ Erwerbsfähigkeit) im Rahmen des allgemeinen Nachranggrundsatzes und der erwerbsbezogenen Selbsthilfe- und Mitwirkungsobliegenheit (→ Mitwirkungspflichten) zum Einsatz ihrer Arbeitskraft zu verpflichten. Ziel der A. ist die Beendigung oder Verringerung der → Hilfebedürftigkeit. Die A. ist unmittelbar verbunden mit der Verpflichtung zur Arbeitsuche, d.h. sich eigeninitiativ aktiv um Arbeit zu bemühen, und mit der Verpflichtung zum Abschluss einer → Eingliederungsvereinbarung. Weder die Forderung nach Einsatz der Arbeitskraft noch die nach Eigenbemühungen ist auf sozialversicherungspflichtige Beschäftigungsverhältnisse beschränkt; der A. entsprechen die Leistungsberechtigten auch durch Aufnahme von → geringfügigen Beschäftigungen, Gelegenheitsjobs, freiberuflichen oder selbstständigen Tätigkeiten und/oder durch Übernahme zumutbarer → Arbeitsgelegenheiten.

Sowohl die A. als auch die Obliegenheit zur Arbeitsuche stehen unter dem Vorbehalt der → Zumutbarkeit, der eine verfassungskonforme Auslegung erfordert. So sind bspw. im Kontext des geforderten Arbeitseinsatzes tatsächliche oder auch normative Beschränkungen des Leistungsvermögens explizit nach den Vorgaben des § 10 SGB II zu berücksichtigen. Im Rahmen der Eigenbemühungen sind Art, Umfang und Intensität entsprechend den personenbezogenen Leistungsgrundsätzen gem. § 3 SGB II verfassungskonform auszulegen.

Die A. gilt auch, wenn SGB II-Leistungen nur aufstockend oder nur kurzfristig bezogen werden. Sie ist weder an eine nachhaltige Arbeitsmarktintegration noch an eine Überwindung der → Arbeitslosigkeit gebunden. Daraus resultiert, dass auch Minijobs und Beschäftigungen im Niedriglohnbereich in den Grenzen des § 10 SGB II verlangt werden können. Die Weigerung, die vereinbarten Eigenbemühungen nachzuweisen oder eine zumutbare Arbeit aufzunehmen, stellt eine Pflichtverletzung im Sinne § 31 SGB II dar, mit der Folge, → Sanktionen in Form von Leistungskürzungen auszulösen.

Das Recht der → Sozialhilfe (SGB XII) kennt ebenfalls eine A. Hier gilt das Prinzip des → Nachrangs der Sozialhilfe, was die Vorrangigkeit der Verpflichtung zur → Selbsthilfe auslöst. Diese kann u.a. durch den Einsatz der Arbeitskraft im Rahmen des § 11 Abs. 3 S. 4 SGB XII entstehen, soweit durch die verpflichtende Aufnahme einer »zumutbaren Tätigkeit« → Einkommen erzielt werden kann. Die nach SGB XII nicht erwerbsfähigen Leistungsberechtigten können auch zur Teilnahme an den hierfür erforderlichen Vorbereitungen (z.B. an einem Arbeitstraining) verpflichtet werden; bezüglich der Zumutbarkeit der Tätigkeiten gelten vergleichbare Regelungen wie im SGB II. Diese Obliegenheit zur Aufnahme einer einkommensgenerierenden Tätigkeit ist ebenfalls sanktionsbewehrt. Die praktische Bedeutung der A. in der Sozialhilfe ist gering, da der leistungsberechtigte Personenkreis ohnehin keiner oder nur einer geringfügigen Tätigkeit nachgehen kann.

*Maria Meyer-Höger*

**Arbeitsplatzschutzgesetz** Das Gesetz über den Schutz des Arbeitsplatzes bei Einberufung zum Wehrdienst vom 30.3.1957 (BGBl. I S. 293 – ArbPlSchG –; neu gefasst durch Bekanntmachung vom 16.7.2009, BGBl. I S. 2055, zuletzt geändert am 29.6.2015, BGBl. I S. 1061) enthält Rechte und Pflichten der Beteiligten eines → Arbeitsverhältnisses für den Fall, dass der Arbeitnehmer zum Grundwehrdienst oder zu einer Wehrübung einberufen wird. Neben Vorgaben der Rechte und Pflichten von Arbeitnehmern (Arbeitern, Angestellten und die zu ihrer beruflichen Ausbildung Beschäftigten) werden auch Regelungen zu Heimarbeitern, Handelsvertretern, Beamten und Richtern gemacht. Das Gesetz will nachteiligen Auswirkungen der Einberufung zum Wehrdienst auf das Arbeitsverhältnis entgegenwirken. Grundsätzlich ruht das Arbeitsverhältnis während der genannten Zeiten. Ordentliche → Kündigungen sind währenddessen regelmäßig ausgeschlossen. Außerordentliche Kündigungen bleiben hingegen möglich. Sachbezüge und Wohnraum sowie etwaige zusätzliche Alters- und Hinterbliebenenbezüge sind weiterhin zu leisten. Bei Fortsetzung des Arbeitsverhältnisses dürfen keine Benachteiligungen aufgrund der Wehrdienstleistung für die Arbeitnehmer entstehen. Für etwaige Mehrbelastungen der Arbeitgeber aufgrund dieser Regelung, etwa aufgrund einer weiteren Einstellung für den Wehrdienst leistenden Arbeitnehmer, werden Ausgleichszahlungen vom Bund erbracht. Spezifische Sonderregelungen bestehen für kleine Betriebe mit i.d.R. fünf oder weniger Arbeitnehmern ausschließlich der zu ihrer Berufsbildung Beschäftigten. Das ArbPlSchG gilt auch für den freiwilligen Wehrdienst, sowie – mit bestimmten Abweichungen – nach § 16 a ArbPlSchG auch für die Soldaten auf Zeit und nach § 78 Abs. 1 Nr. 1 Zivildienstgesetz für Zivildienstleistende.

*Katja Fahlbusch*

**Arbeitsplatzuntersuchung** Der Arbeitsplatz wird als die räumliche Konkretisierung der Aufgabenerfüllung und Sachmittel einer Arbeitsstelle definiert. Dies kann ein fester Ort sein, der Arbeitsplatz kann jedoch auch ständig wechseln, etwa bei einem Sozialarbeiter oder einer Pflegekraft im Außendienst. Durch eine A. werden Informationen gesammelt über die horizontale und vertikale Einbindung des Arbeitsplatzes in die Gesamtstruktur, die Abläufe arbeitsteiliger Prozesse, die Menge und die Qualität der zu leistenden Arbeit sowie über die räumlichen und anderen sachlichen Arbeitsbedingungen. Eine A. kann ausgelöst sein durch geänderte Aufgabenstellung, Wissensfortschritt, Bedarfsfragen, Spar- und Konsolidierungsprogramme, neue Steuerungsmodelle (→ Verwaltungsmodernisierung), gewandelte Erwartungen der Mitarbeiter/innen oder auch durch aufgetretene Schwierigkeiten (vgl. → Arbeitsfeldanalyse). Die A. bezweckt regelmäßig die Gewinnung von Information für weitergehende unternehmerische Entscheidungen, etwa die klare Abgrenzung von Aufgaben und Verantwortung, die optimale Gestaltung des Arbeitsflusses und der äußeren Arbeitsbedingungen einschließlich ergonomischer Anforderungen und Sachmitteleinsatz sowie die quantitative und qualitative Bestimmung des Personalbedarfs. Zugleich werden bei einer A. häufig auch Informationen gewonnen, die die Arbeitsplatzinhaber/innen selbst unmittelbar betreffen und z.B. der Schaffung günstiger Voraussetzungen für Arbeitszufriedenheit, → Personalentwicklung und Leistungsbereitschaft der Arbeitsplatzinhaber/innen dienen.

Jede A. läuft – schematisch vereinfacht – in den Phasen Problembeschreibung, Zielbestimmung, Aufnahme und Analyse des Ist-Zustandes, kritische Wertung, Entwicklung neuer Sollvorstellungen und Umsetzung der geplanten Maßnahmen ab. Der Ist-Zustand kann insbesondere erhoben werden durch die Auswertung von Organisationsplänen, Funktionsbeschreibungen und Arbeitsvorgängen, durch Besichtigung des Arbeitsplatzes, Interview, schriftliche Befragung (Fragebogen), tägliche Arbeitsaufzeichnungen der Arbeitsplatzinhaber/innen oder stichprobenweise Beobachtung des Arbeitsplatzes (Multimomentaufnahme). Häufig werden diese Erhebungstechniken kombiniert. Eine A. wird – ebenso wie eine Organisationsuntersuchung (→ Organisationsanalyse) – von den Arbeitsplatzinhaber/innen mitunter als unerwünschte Einmischung von außen oder persönlicher Angriff empfunden. Dadurch kann sich emotionaler Widerstand aufbauen. Zunehmend werden Arbeitsplatzinhaber/innen deshalb in die Weiterentwicklung ihrer Arbeitsbedingungen und Arbeitsergebnisse mit einbezogen (→ Organisationsentwicklung, → Qualitätszirkel).

*Alexander Hobelsberger*

**Arbeitsrecht** ist ein Sammelbegriff für verschiedene rechtliche Regelungen betreffend die Position von Arbeitnehmerinnen und Arbeitnehmer in unterschiedlichen Kontexten. Es hat sich seit dem späten 19. Jh. kontinuierlich entwickelt und ist in verschiedenen rechtlichen Regelwerken normiert. Das A. lässt sich grob unterteilen in Individualarbeitsrecht und Kollektivarbeitsrecht. Zum Individualarbeitsrecht zählen diejenigen Regelungen, die das Verhältnis von Arbeitnehmer/innen und Arbeitgebern zum Gegenstand haben, sprich das Arbeitsvertragsrecht sowie das Recht des → Arbeitsschutzes. Zum Kollektivarbeitsrecht hingegen gehören die Regelungen, die das Verhältnis der Verbände zueinander betreffen, etwa das Tarif- und Streikrecht, das Betriebs- und Unternehmensverfassungsrecht. Das A. umfasst weiter das Arbeitsverfahrensrecht, also Regelungen zum Verfahren vor den → Arbeitsgerichten. Da die relevanten Normen sowohl dem Privatrecht als auch dem → öffentlichen Recht entstammen, ist eine einheitliche Klassifizierung des A. nicht möglich.

Ihre Legitimation finden die arbeitsrechtlichen Regelungen in der besonderen soziologischen Lage der Arbeitnehmer/innen. Zwar gilt auch für die Verdingung der eigenen Arbeitskraft der Grundsatz der Vertragsfreiheit - ist aber das Kräftegleichgewicht gestört, bedarf es einer Regulation. Das → Arbeitsverhältnis ist verbunden mit persönlicher Abhängigkeit, d.h. einer Weisungsunterworfenheit der Arbeitnehmerin/des Arbeitnehmers mit Blick auf Ort, Zeit, Art und Inhalt der Arbeit. Dazu tritt häufig die wirtschaftliche Abhängigkeit der Arbeitnehmer/innen. Dieses Ungleichgewicht hat zur Entwicklung des A. als Schutzrecht geführt. Es erfasst neben Regelungen zum Schutz vor betrieblichen Gefahren für Leben, Gesundheit und Eigentum der Arbeitnehmer/innen insbesondere den Schutz vor → Kündigungen in Form des Kündigungsschutzgesetzes (KSchG). Der → Arbeitsvertrag unterliegt bestimmten gesetzlichen Vorgaben, von denen nicht zulasten der Arbeitnehmer/innen abgewichen werden darf, und hat eine Kontrolle der Allgemeinen Geschäftsbedingungen (AGB) zu durchlaufen. Neben derartigen Regelungen zum Schutz aller Arbeitnehmer/innen bestehen weitergehende Sonderbestimmungen für bestimmte Personengruppen wie Schwangere, Jugendliche, Heimarbeiter/innen, Wehrdienstleistende u.ä. Arbeitsrechtliche Regelungen finden sich weiter maßgeblich in Tarifverträgen.

Weitere Entwicklungslinie des A. ist ein modernes Betriebs- und Unternehmensverfassungsrecht, welches insbesondere eine → Mitbestimmung der Arbeitnehmer/innen in den Betrieben sicherstellen soll. Dies ist maßgeblich im Betriebsverfassungsgesetz (BetrVG) Gegenstand der Regelungen. Geprägt wird das A. zudem durch supranationale Rechtsetzung seitens der → Europäischen Union (EU), welche etwa hinsichtlich der Lohngleichheit von Mann und Frau oder bzgl. Arbeitsbedingungen Vorgaben enthält. Auswirkungen auf das nationale A. entfalten weiter internationale Verträge, wie etwa solche der → Internationalen Arbeitsorganisation (IAO) oder des Internationalen Paktes über wirtschaftliche, soziale und kulturelle Rechte.

*Katja Fahlbusch*

**Arbeitsschutz** bezeichnet die Gesamtheit aller Maßnahmen und Vorschriften, die Arbeitnehmer/innen vor Unfällen und Gesundheitsgefahren bei der Arbeit sowie vor berufsbedingten Erkrankungen schützen. A. gliedert sich in Gesundheitsschutz und Arbeitssicherheit. Bei der Verhütung arbeitsbedingter Gesundheitsgefahren spielt die betriebliche Gesundheitsförderung ein wichtige Rolle (§ 20 a SGB V). Zeitgemäßer und ganzheitlicher A. setzt die fortwährende Auseinandersetzung mit den vielfältigen Wirkungen der technischen, organisatorischen und sozialen Arbeitsbedingungen voraus. Das deutsche öffentlich-rechtliche A.recht basiert auf einem dualen System. Die staatlichen Institutionen und die Träger der → Unfallversicherung gestalten das öffentliche A.recht aus. Der Staat ist verfassungsrechtlich dazu verpflichtet, alle Bürger vor vorhandenen und möglichen Gefahren zu schützen (→ Sozialstaat). Durch den Erlass entsprechender Gesetze und Verordnungen (u.a. Arbeitsschutzgesetz [ArbSchG], Jugendarbeitsschutzgesetz [ → Jugendarbeitsschutz], Mutterschutzgesetz [ → Mutterschutz], Gewerbeordnung, Gefahrenstoffverordnung) kommt der Staat seiner Schutzpflicht nach. Mit der Überwachung der gesetzlichen Vorgaben ist die Gewerbeaufsicht betraut. Daneben erlassen die Träger der gesetzlichen Unfallversicherung (SGB VII, Gesetzliche Unfallversicherung) verbindliche Unfallverhütungsvorschriften (§ 15 SGB VII) für ihre Mitgliedsunternehmen und deren Beschäftigte. Innerhalb der Überwachung des präventiven A. bietet der technische Aufsichtsdienst den Betrieben → Beratung, Information und Fortbildung an. Der Arbeitgeber ist verpflichtet, alles technisch, organisatorisch sowie personell Notwendige zu veranlassen, um die Beschäftigten bei der Arbeit zu schützen (§ 3 ArbSchG). Insbesondere die Verhaltens- und Verhältnisprävention (→ Prävention) soll die Beschäftigten für gesundheitsgefährdende Arbeitsbedingungen sensibilisieren und sie dadurch vor Gesundheitsschädigungen schützen. Darüber hinaus sind die Richtlinien des Europäischen Gemeinschaftsrechts (→ Europäische Union) Grundlage für Änderungen und Verbesserungen im nationalen A. Durch die Festlegung allgemeiner Grundsätze des A. in der Arbeitsschutz-Rahmenrichtlinie wurde eine einheitliche Konzeption für den betrieblichen A. geschaffen und durch das ArbSchG umgesetzt. Ergänzt wird das staatliche A.recht durch privatrechtliche Vereinbarungen wie Tarifverträge bzw. Betriebsvereinbarungen.

*Ulrike Häcker*

**Arbeits- und Belastungserprobung behinderter Menschen** → Abklärung der beruflichen Eignung und Arbeitserprobung

**Arbeits- und Berufsberatung** → Arbeitsförderung (SGB III), → Berufsberatung

**Arbeits- und Beschäftigungstherapie** → Ergotherapie

**Arbeits- und Sozialministerkonferenz (ASMK)** ist eine von mehreren Fachministerkonferenzen in Deutschland, die der

Zusammenarbeit und der Koordinierung der Länderinteressen, aber auch der Zusammenarbeit mit dem Bund dienen. Der ASMK gehören die Ministerinnen und Minister bzw. die Senatorinnen und Senatoren für Arbeit und Soziales der Länder an. Das → Bundesministerium für Arbeit und Soziales (BMAS) wird beteiligt. Die ASMK berät und beschließt über wichtige und grundsätzliche Angelegenheiten der Arbeits- und → Sozialpolitik. Wesentliche Teile der Arbeits- und Sozialpolitik werden zwar durch Gesetzgebung auf Bundesebene geregelt, die Ausführung und Umsetzung erfolgt aber durch die Länder. Die ASMK ist daher – unabhängig von der förmlich geregelten Rolle des Bundesrates – ein wichtiges Instrument, um vonseiten der Länder Einfluss auf bundespolitische Diskussionen zu nehmen und Impulse für notwendige Veränderungen in der Arbeits- und Sozialpolitik zu setzen. Zu den zentralen Themen gehören u.a. → Sozialhilfe, → Eingliederungshilfe, Gesetzliche → Pflegeversicherung sowie → Rentenversicherung. Der Vorsitz der ASMK geht jedes Jahr auf ein anderes Land über. Die ASMK tagt regelmäßig einmal im Jahr im November. Ihr geht zur Vorbereitung eine Amtschefkonferenz ACK (Staatssekretärinnen und -sekretäre der Länder) voraus. Facharbeitsgruppen wie bspw. die → Konferenz der obersten Landessozialbehörden (KOLS) arbeiten der ASMK und der ACK fachlich zu.

*Ralf Sommer*

**Arbeitsunfähigkeit** ist gegeben, wenn der/die Arbeitnehmer/in seine zuletzt ausgeübte oder eine ähnliche Tätigkeit aufgrund von → Krankheit oder Behinderung vorübergehend nicht mehr oder nur unter der Gefahr einer Verschlimmerung des Zustandes ausüben kann. Bei der Beurteilung ist grundsätzlich darauf abzustellen, welche Bedingungen die bisherige Tätigkeit geprägt haben. Der Verweis auf andere, vom Direktionsrecht des Arbeitgebers nicht gedeckte Tätigkeiten im Betrieb ist regelmäßig nicht zulässig. Auch Arbeitslose können arbeitsunfähig sein. Bezugspunkt der A. ist dann die Tätigkeit, für die er/sie sich der Arbeitsverwaltung zwecks Vermittlung zur Verfügung gestellt hat. Zwischen Krankheit und Unfähigkeit zur Fortsetzung der ausgeübten Tätigkeit bzw. der Verrichtung von Tätigkeiten muss ein erkennbarer kausaler Zusammenhang bestehen. Die A. sowie die voraussichtliche Dauer sind dem Arbeitgeber bzw. der → Agentur für Arbeit unverzüglich, d.h. ohne schuldhaftes Zögern mitzuteilen. Im Falle der A. wird regelmäßig → Entgeltfortzahlung gewährt. A. ist Voraussetzung für den Bezug von → Krankengeld in der gesetzlichen → Krankenversicherung bzw. Verletztengeld in der gesetzlichen → Unfallversicherung. Die A. ist ein Rechtsbegriff. Die Feststellung obliegt den jeweils zuständigen staatlichen Stellen bzw. den Gerichten. Die ärztlichen Atteste sind daher nur medizinische Gutachten, auf deren Grundlage festgestellt wird, ob A. gegeben ist. Für den Bereich der gesetzlichen Krankenversicherung finden sich nähere Regelungen in der Richtlinie des → Gemeinsamen Bundesausschusses über die Beurteilung der A. und die Maßnahmen zur stufenweise Wiedereingliederung nach § 92 Abs. 1 S. 2 Nr. 7 SGB V.

*Katja Fahlbusch*

**Arbeitsunfall** Nach der Legaldefinition des § 8 Abs. 1 SGB VII sind A. Unfälle von kraft → Gesetzes oder kraft → Satzung oder freiwillig Versicherten infolge einer den Versicherungsschutz begründenden Tätigkeit (versicherte Tätigkeit); Unfälle sind zeitlich begrenzte, von außen auf den Körper einwirkende Ereignisse, die zu einem Gesundheitsschaden oder zum Tod führen. Auch sog. Wegeunfälle sind vom Gesetzgeber als A. anerkannt, denn gem. § 8 Abs. 2 SGB VII zählt zu den versicherten Tätigkeiten auch das Zurücklegen des mit der versicherten Tätigkeit zusammenhängenden unmittelbaren Weges nach und von dem Ort der Tätigkeit (Nr. 1), das Abweichen von einem solchen Weg in besonderen Fällen, wie z.B. wegen der Unterbringung eines Kindes in fremde Obhut aufgrund beruflicher Tätigkeit der Eltern (Nr. 2 a) oder bei Fahrgemeinschaften (Nr. 2 b), oder bei versicherten Kindern wegen ihrer Obhutsbedürftigkeit (Nr. 3) sowie Familienheimfahrten im Zusammenhang mit der versicherten Tätigkeit (Nr. 4); außerdem wird als versicherte Tätigkeit angesehen das hiermit zusammenhängende Verwahren, Befördern, Instandhalten und Erneuern eines Arbeitsgerätes oder einer Schutzausrüstung sowie deren Erstbeschaffung, wenn diese auf Veranlassung der Unternehmer erfolgt (Nr. 5). Dem Gesundheitsschaden i.S. von § 8 Abs. 1 S. 2 SGB VII gleichgestellt sind von Gesetzes wegen die Beschädigung oder der Verlust eines → Hilfsmittels (Abs. 3). Der Unfallversicherungsschutz ist somit umfassend ausgestaltet. Voraussetzung ist, dass der Unfall der versicherten Person sowohl infolge einer versicherten Tätigkeit eingetreten als auch für einen Gesundheitsschaden oder den Tod dieser Person ursächlich gewesen ist. Die versicherte Tätigkeit muss dabei nicht notwendigerweise die einzige, wohl aber eine wesentliche Ursache für den Unfall darstellen, ebenso wie der Unfall eine wesentliche, aber nicht notwendigerweise die einzige Ursache für einen

Gesundheitsschaden oder den Tod gewesen sein muss. Bei den durch § 8 Abs. 2 SGB VII dem A. gleichgestellten Wegeunfällen ist darüber hinaus erforderlich, dass der zurückgelegte Weg zu der versicherten Tätigkeiten in einem wesentlichen inneren Zusammenhang steht. Daher bleiben solche Verrichtungen als unwesentlich unberücksichtigt, die andere, mit der versicherten Tätigkeit nicht zusammenhängende Ursachen haben, wie z.B. das Zurücklegen des Weges aus vorwiegend eigenwirtschaftlichen Gründen. Aus dem Versicherungsschutz gänzlich ausgenommen sind Risiken, die der privaten Lebenssphäre zuzuordnen sind. Der Schutz entfällt deshalb bei Tätigkeiten, die privaten Zwecken dienen (z.B. Spaziergang während der Arbeitspause).

*Harald Dahm*

**Arbeitsverbot** → Ausländerbeschäftigung

**Arbeitsverhältnis** Das A. ist das Rechtsverhältnis zwischen Arbeitnehmer/in und Arbeitgeber. Nach der herrschenden Vertragstheorie ist dies durch den → Arbeitsvertrag begründet. Nach der Eingliederungstheorie hingegen entsteht ein A. bereits mit der – nicht notwendig rechtsgeschäftlichen – Willensübereinstimmung und der Eingliederung der Arbeitnehmerin/des Arbeitnehmers in den Betrieb durch den Arbeitgeber. In der neueren Arbeitsrechtslehre wurde die Vertragstheorie um die Lehre vom faktischen A. ergänzt. Ein solches liegt vor, wenn die Arbeitnehmerin/der Arbeitnehmer Arbeitsleistungen erbringt, ohne einen wirksamen Arbeitsvertrag zu haben. Damit wird zwar kein Vertrag für die Zukunft fingiert, Rechte und Pflichten während der tatsächlich bereits geleisteten Arbeit richten sich jedoch nach allgemeinen Vertragsregeln. Durch die Einbeziehung der Lehre vom faktischen A. haben sich die Theorien in ihren Wertungen angeglichen, eine Unterscheidung ist regelmäßig nicht mehr erforderlich. Konkrete Ausgestaltung findet das jeweilige A. regelmäßig durch den Arbeitsvertrag. Gesetzliche Grundlagen sind hauptsächlich im → Bürgerlichen Gesetzbuch, in der Gewerbeordnung und im Handelsgesetzbuch verortet. Das A. endet mit der → Kündigung, einvernehmlicher Aufhebung oder durch Zeitablauf. Da es ein personengebundenes Dauerschuldverhältnis ist, endet es weiter mit dem Tod der Arbeitnehmerin/des Arbeitnehmers, nicht hingegen bei Übergang des Betriebs. Das A. ist der Regelfall eines sozialversicherungsrechtlichen Beschäftigungsverhältnisses, welches grundsätzlich Sozialversicherungspflicht bzw. -berechtigung bewirkt, s. § 7 SGB IV.

*Katja Fahlbusch*

**Arbeitsvermittlung** → Arbeitsförderung (SGB III)

**Arbeitsvertrag** ist ein privatrechtlicher, personenrechtlicher, gegenseitiger Austauschvertrag, durch den sich auf der einen Seite der/die Arbeitnehmer/in zur Leistung fremdbestimmter, abhängiger oder unselbstständiger Arbeit unter Leitung und nach → Weisung des Arbeitgebers und auf der anderen Seite der Arbeitgeber zur Zahlung einer Vergütung verpflichtet. Der A. ist ein Unterfall des Dienstvertrags gem. § 611 → Bürgerliches Gesetzbuch. Die Hauptpflicht der Arbeitnehmer/innen ist die Arbeitsleistung. Daneben stehen die Pflicht zur Befolgung von Anweisungen, Treuepflicht und ggf. ein Wettbewerbsverbot. Die Hauptpflicht des Arbeitgebers besteht in der Zahlung der Vergütung. Daneben stehen u.a. Fürsorgepflichten und die Pflicht zur Beschäftigung, zur Gewährung von Urlaub sowie zur Erteilung eines → Arbeitszeugnisses. Auf den A. finden die Regelungen des allgemeinen Schuldrechts Anwendung, sofern nicht die Eigenheiten des A., namentlich die Bezugnahme auf menschliche Tätigkeiten und der Charakter des Arbeitsverhältnisses als Dauerschuldverhältnis, entgegenstehen. Die Leistung wird über einen längeren Zeitraum erbracht. Ein Erfolg hingegen ist nicht geschuldet. Dies ist bedingt durch die persönliche Abhängigkeit der Arbeitnehmer/innen, der Erbringung der Arbeitsleistung in einer fremdbestimmten, fremdgeschaffenen und aufrechtgehaltenen Organisation sowie der Weisungsgebundenheit. Der A. ist formfrei möglich. Er beinhaltet regelmäßig ergänzend die Arbeitsbedingungen, sofern sie sich nicht aus den einschlägigen Tarifverträgen oder Betriebsvereinbarungen ergeben. Der A. endet durch → Kündigung, einvernehmlichen Aufhebungsvertrag, Zeitablauf oder Tod des/der Arbeitnehmer/in, nicht hingegen durch Übergang des Betriebs.

*Katja Fahlbusch*

**Arbeitsverwaltung** → Agentur für Arbeit, → Arbeitslosenversicherung

**Arbeitszeugnis** Mit Beendigung eines (dauernden) Arbeits- bzw. Ausbildungsverhältnisses haben Arbeitnehmer/innen, Auszubildende sowie arbeitnehmerähnliche Personen Anspruch auf ein A. (§ 109 Gewerbeordnung [GewO], § 630 → Bürgerliches Gesetzbuch [BGB], § 8 Berufsbildungsgesetz [BBiG], § 84 Abs. 2 Handelsgesetzbuch [HGB]). Verpflichtet zur Ausstellung des A. ist der Arbeitgeber. Das A. ist schriftlich zu erstellen, zu unterschreiben und mit einem Datum zu versehen. Es ist zu unterscheiden zwischen einem einfachen und einem qualifizierten A. Ein einfaches A. erfasst Art und Dauer der Beschäftigung sowie Daten des/der Arbeitnehmer/in. Die Art der Beschäftigung ist genau und vollständig zu beschreiben. Ein qualifiziertes A. erfasst neben Art und Dauer auch Leistung und Verhalten des/der Arbeitnehmer/in im → Arbeitsverhältnis. Die Leistung ist nach den Anforderungen und der Erbringung der vertraglich geschuldeten Tätigkeit zu beurteilen, mit Verhalten ist die Führung im Dienst (§ 630 BGB), also das Sozialverhalten gegenüber Vorgesetzten, Kollegen und Kunden gemeint. Die Wortwahl, in dem das A. abgefasst ist, steht im Ermessen des Arbeitgebers. Die Bewertung muss allerdings die eines wohlwollenden, verständnisvollen Arbeitgebers sein. Das A. darf nur Tatsachen enthalten, keine Behauptungen, Annahmen oder Verdächtigungen. Das A. ist im Stil objektiv abzufassen. Es gilt der Grundsatz der Wahrheit und Vollständigkeit. Die Darlegungs- und Beweislast hängt vom Inhalt des A. ab. Für ein überdurchschnittliches A. ist der/die Arbeitnehmer/in beweisbelastet, im Übrigen hat der Arbeitgeber die erforderlichen Nachweise zu erbringen. Der Anspruch erlischt mit Erfüllung. Er verjährt in drei Jahren, kann aber zuvor bereits verwirkt sein. Der Anspruch ist unabdingbar, d.h. er kann nicht für die Zukunft einvernehmlich ausgeschlossen werden. Die/der Arbeitnehmer/in hat das A. beim Arbeitgeber abzuholen. Der Anspruch kann vor den → Arbeitsgerichten mit einer Klage auf Erteilung oder Berichtigung des A. geltend gemacht werden.

*Katja Fahlbusch*

**Armut** bezieht sich im Ausgangspunkt auf eine wirtschaftliche Mangellage: Die eigenen Mittel reichen nicht aus, um den angemessenen → Bedarf zu decken. Was angemessen ist, entscheidet sich im gesellschaftlichen Diskurs. Im Fall absoluter A. können die Betroffenen nicht einmal ihre existenzsichernden Bedarfe nach Nahrung, Kleidung und Wohnen decken. In Wohlfahrtsstaaten hat sich ein weiteres A.verständnis etabliert, das auch die Befriedigung soziokultureller Bedarfe zugesteht (sozio-kulturelles → Existenzminimum). Die Bedarfsdeckung zielt nach diesem Verständnis auf gesellschaftliche → Teilhabe und nicht nur auf die physische Existenzsicherung. Damit bestimmt sich A. relativ zum gesellschaftlichen Wohlstand (relative A.). Was jeweils konkret als A. gefasst wird, ist ebenso kulturell determiniert wie ihre Wahrnehmung und Bewertung. Der Umfang von A. in einer Gesellschaft wird stark vom Ausmaß → sozialer Ungleichheit beeinflusst, er hängt aber auch von den Messverfahren und Regelungen zur Bestimmung von A. ab (A.grenzen), für die normative Setzungen notwendig sind.

A.risiken werden in Marktwirtschaften beständig produziert, denn einen Anspruch auf ein (bedarfsdeckendes) Markteinkommen gibt es nicht. Den daraus folgenden Risiken entgegenzuwirken, ist eine sozialpolitische Aufgabe, die sich ethisch mit der Wirkung von A. auf die Betroffenen begründen lässt. Nach diesem Verständnis zielen sozialstaatliche Interventionen auf die → Menschenwürde. In den beiden deutschen Grundsicherungsgesetzen (→ Grundsicherung für Arbeitsuchende [SGB II], → Sozialhilfe [SGB XII]) wird ein entsprechender Bezug hergestellt: Die Leistungsberechtigten sollen in die Lage versetzt werden, »ein Leben zu führen, das der Würde des Menschen entspricht« (§ 1 Abs. 1 SGB II und § 1 SGB XII). Neben dieser ethischen Perspektive lässt sich die Sicherung sozialer Teilhabe als sozialpolitische Aufgabe über deren sozial stabilisierende Wirkung oder auch ökonomisch begründen. Für die Wirtschaft ist es förderlich, wenn Menschen ihre Leistungsfähigkeit für die Teilhabe am Arbeitsleben erhalten oder entwickeln. Soziale Teilhabe steht in dieser Deutung in enger Beziehung zu → Erwerbsfähigkeit und Erwerbstätigkeit. Auch hierfür findet sich in der deutschen Sozialgesetzgebung mit der Ausgestaltung des SGB II eine Entsprechung. Soziale Teilhabe ist nicht nur über Leistungen zum Lebensunterhalt zu sichern, sondern über das gesamte Instrumentarium arbeitsmarktpolitischer und sozialer Dienstleistungen. Die Eröffnung von Bildungschancen (→ Bildung) hat in diesem Kontext ebenfalls einen herausragenden Stellenwert.

Mit Bezug auf die Empfänger von Grundsicherungsleistungen wird gelegentlich der Begriff der bekämpften A. verwendet. Es geht um die Personen, die Leistungen zum Lebensunterhalt erhalten, weil eigene Einkünfte unter dem sozio-kulturellen Existenzminimum liegen und ein höchstens geringfügiges Vermögen vorhanden ist. Über die Anzahl der Menschen, die diese Sozialleistungen trotz Bedürftigkeit (→ Hilfebedürftigkeit) nicht in Anspruch nehmen (verdeckte A.), gibt es unterschiedliche Schätzungen. Für Aussagen zum Umfang von A. reicht daher der Bezug auf die Empfänger von Grundsicherungsleistungen nicht aus. Für internationale Vergleiche sind Bezüge auf nationale Fürsorgesysteme ohnehin ungeeignet, weil die Kriterien für die Gewährung entsprechender Leistungen in den einzelnen Staaten unterschiedlich sind. In A.untersuchungen werden daher i.d.R. andere Konzepte zur Erfassung des Ausmaßes von A. verwendet (→ Statistische Grundlagen der Sozialen Arbeit).

Mit dem Ressourcenansatz (→ Ressourcen) wird auf eine unzureichende Ausstattung mit Mitteln zur Bedarfsdeckung abgestellt. In empirischen Untersuchungen wird häufig das → Einkommen als Ressource verwendet (Einkommensa.). Als A.(risiko)grenze gilt nach der EU-weit akzeptierten Definition ein Nettoäquivalenzeinkommen von 60% des Median aller Haushaltseinkommen. Einkommen wird auf Haushaltsebene (→ Haushalt) erfasst und nach einer festen Gewichtung (Äquivalenzskala) auf die Haushaltsmitglieder umgerechnet. Als einkommensarm gelten Personen mit einem Einkommen unter dem ermittelten Grenzwert. Der Ressourcenansatz basiert auf der Vorstellung, dass die verfügbaren finanziellen Mittel die Konsummöglichkeiten begrenzen und damit die Teilhabe am Leben in der Gemeinschaft maßgeblich beeinflussen. Unterversorgung wird nach diesem Konzept indirekt gemessen. An diesem Ansatz wird kritisiert, dass mit dem Einkommen lediglich eine von mehreren Ressourcen erfasst wird. Über welche Ressourcen Haushalte insgesamt verfügen (z.B. soziale Netzwerke → Soziales Kapital), um ihre Bedarfe zu decken, lässt sich bei ausschließlicher Betrachtung des Einkommens nicht eindeutig ableiten. Daher wird in etlichen Studien nicht mehr von Einkommensa., sondern von A.gefährdung oder A.risiko gesprochen. An der Kritik am Ressourcenansatz setzt der Lebensstandardansatz an, der auf die Einkommensverwendung fokussiert, die sich im Versorgungsniveau spiegelt. Nach diesem Konzept wird A. als Unterversorgung mit bestimmten Konsumgütern und Dienstleistungen gefasst (materielle Deprivation → Soziale Benachteiligung). Vom Standpunkt der Bedarfsdeckung aus entspricht das einer direkten Messung von A. Wie alle Messkonzepte macht auch dieses Konzept normative Setzungen notwendig, insbesondere in der Auswahl der Indikatoren, über die gesellschaftliche Teilhabe erfasst werden soll.

Als multidimensionales Konzept der A.messung, das sich in der → A.forschung etabliert hat, gilt der Lebenslagenansatz. Neben den Ressourcen sollen die individuellen Handlungsspielräume berücksichtigen werden, die durch die → Lebenslagen beeinflusst sind. Unterversorgung ist nach diesem Ansatz in verschiedenen Dimensionen zu erfassen. Häufig werden neben dem Einkommen die Dimensionen Bildung, Erwerbstätigkeit, Wohnen und Gesundheit betrachtet, die sich wiederum wechselseitig beeinflussen (können). Dem Lebenslagenansatz wird entgegengehalten, dass die Auswahl geeigneter Indikatoren und die Festlegung von Grenzwerten problematisch sind; auch wird generell infrage gestellt, dass Handlungsspielräume empirisch erfasst werden können. Dieser Kritikpunkt richtet sich auch an den Verwirklichungschancen-Ansatz (capability approach), der Ähnlichkeiten mit dem Lebenslagenansatz aufweist.

*Lit.* Bäcker, G./Naegele, G./Bispinck, R./Hofemann, K./Neubauer, J.: Sozialpolitik und soziale Lage in Deutschland. Bd. 1, 5. Aufl., Wiesbaden 2010; Böhnke, P.: Wahrnehmung sozialer Ausgrenzung, APuZ 10/2015, S. 16–25; Bundesregierung: Lebenslagen in Deutschland. Der vierte Armuts- und Reichtumsbericht der Bunderegierung. Bonn 2013; Hauser, R.: Das Maß der Armut: Armutsgrenzen im sozialstaatlichen Kontext – Der sozialstatistische Diskurs, in: Huster, E.-U./Boeckh, J./Mogge-Grotjahn, H. (Hrsg.): Handbuch Armut und soziale Ausgrenzung, 2. Aufl., Wiesbaden 2012, S. 122–146.

*Monika Burmester*

**Armutsforschung** ist keiner bestimmten Wissenschaftsdisziplin zuzuordnen. → Armut ist Forschungsgegenstand unter anderem der Soziologie, Politologie, Sozialwissenschaften, Ökonomie, Pädagogik, Psychologie und Theologie. A. identifiziert Erscheinungsformen von Armut, setzt sich mit Erklärungen für ihre Ursachen auseinander und entwickelt u.U. Handlungsempfehlungen für die Politik. Ein besonderer Zweig der A. befasst sich mit der historischen Entwicklung von Armut. A. hat in den letzten Jahrzehnten einen Aufschwung erfahren, nachdem sich einstmalige Hoffnungen auf die armutsvermeidende Wirkung einer prosperierenden Wirtschaft, die Armut zu einem Randgruppenphänomen werden lassen sollte, zerschlagen haben. Erwerbsarbeit – für breite Bevölkerungsschichten die wesentliche Grundlage der Erzielung von → Einkommen – hat ihre existenzsichernde Funktion verloren. Die in Deutschland auf Erwerbseinkommen basierenden sozialen Sicherungssysteme der → Arbeitslosenversicherung und der → Rentenversicherung erweisen sich darüber hinaus aufgrund von Leistungseinschnitten als immer weniger armutsfest. Vor diesem Hintergrund haben die Themen Armut und → soziale Ausgrenzung auch in der Politik an Bedeutung gewonnen, was sich u.a. in der regelmäßigen Sozialberichterstattung (→ Armuts- und Reichtumsberichterstattung) spiegelt. A. bezieht sich i.d.R. auf bestimmte Regionen und entsprechend auf spezifische sozialpolitische Zielsetzungen und wohlfahrtsstaatliche Arrangements. Dies kann in kritischer

Weise geschehen, indem u.a. aufgezeigt wird, wie → Sozialpolitik bestimmte Ausgrenzungsprozesse hervorruft oder befördert. Das kann aber auch in engem Bezug auf sozialpolitische Gestaltung geschehen, indem Lösungsmöglichkeiten aufgezeigt und mehr oder weniger pragmatische Handlungsempfehlungen entwickelt werden.

Die Gruppe der Armen ist heterogen. Ein auf soziale → Teilhabe basierendes Armutsverständnis macht multiple Zugänge sowohl zu den einzelnen Gruppen als auch innerhalb der Gruppen zu unterschiedlichen Lebenslagen und -phasen notwendig. Mit A. befassen sich entsprechend unterschiedliche wissenschaftliche Professionen, die je spezifische Zugänge wählen (z.B. Forschung zu → Resilienz) oder spezifische Aspekte betrachten (z.B. → Gesundheit). Wirtschaftswissenschaftliche Beiträge zur A. fokussieren bspw. auf Fragen der Einkommens- und Vermögensverteilung und der Wirkung ökonomischer Rationalitäten auf Teilhabe. Ökonomisch geprägte Vorstellungen der Anreizwirkung von (Transfer-)Einkommen auf das Arbeitsangebotsverhalten (Armutsfalle) hatten in den letzten Jahren erheblichen Einfluss auf die Begründung von Sozialreformen in Deutschland. Die Einführung der → Grundsicherung für Arbeitsuchende sowie die ebenfalls ökonomisch legitimierten Deregulierungen des Arbeitsmarktes (→ Arbeitsmarktpolitik) haben nicht nur Armutsrisiken in der Bevölkerung verschoben (und zum Teil verschärft). Gleichzeitig wurde mit der Ausrichtung auf aktivierende und sozialinvestive Sozialpolitik der Blick auf Armut von Erwerbsfähigen verändert. Armut trotz Arbeit (working poor) ist seither ein Thema, das u.a. bei der Einführung des allgemeinen Mindestlohns eine Rolle spielte. Die Folgen der Aktivierungspolitik für erwerbsfähige Grundsicherungsbeziehende und ihre Familienangehörigen sind Gegenstand der A., die sich in der Bewertung auf die differenzierten Untersuchungen der Arbeitsmarktforschung stützen kann, die Bedingungen für Erwerbsintegration untersucht.

Empirisch fundierte A. befasst sich u.a. mit der Quantifizierung des Umfangs von Armut, mit methodischen Fragen der Armutsmessung, mit zeitlichen Entwicklungen, mit räumlicher Segregation, mit der Identifizierung von Armutsrisikogruppen und Einflussfaktoren auf Armut sowie mit der Dynamik von Armutsverläufen. Für quantitative Untersuchungen wird i.d.R. auf Querschnittsdaten der amtlichen oder halbamtlichen Statistik (→ Statistische Grundlagen der Sozialen Arbeit) zurückgegriffen, in den letzten Jahren auch zunehmend auf Paneldaten, insbesondere auf das → Sozio-oekonomische Panel (SOEP), die europäische Gemeinschaftsstatistik EU-SILC und das Panel Arbeitsmarkt und soziale Sicherung (PASS). Mit diesen Datensätzen lassen sich auf der Ebene einzelner Haushalte Änderungen von Armutslagen abbilden. Die Bedeutung der zeitlichen Dimension von Armut wurde in den Untersuchungen zur dynamischen Armutsforschung herausgearbeitet, in denen u.a. festgestellt wurde, dass breite Bevölkerungsschichten Armutserfahrungen machen (soziale Entgrenzung von Armut), diese aber häufig von vergleichsweise kurzer Dauer sind (Armut als Phase im Lebenslauf) und Armut zudem auf individuelle Lebensereignisse (Individualisierung von Armut) zurückzuführen sei. Aktuellere Untersuchungen deuten auf eine Zunahme verfestigter Armut hin, was als Beleg für abnehmende Aufstiegsmobilität bestimmter Bevölkerungsschichten zu interpretieren ist und der Debatte um soziale Ausgrenzung Nahrung gibt.

Von Armut sind Menschen unterschiedlichen Lebensalters betroffen. Nicht alle haben die Möglichkeit, Armut aus eigener Kraft zu überwinden. In den letzten Jahren lag in Deutschland ein Schwerpunkt der A. auf Kinderarmut, während Altersarmut erst langsam in den Blick gerät. Kinderarmut gilt aus verschiedenen Gründen als besonders problematisch. So wird u.a. darauf verwiesen, dass Kinder Unterversorgung spezifisch wahrnehmen, aber auch auf die Folgen, die benachteiligende Lebenslagen für die gesellschaftliche Teilhabe der Kinder und Heranwachsenden insbesondere in Bezug auf Leistungsfähigkeit und -bereitschaft in Schule und Ausbildung haben können. Die A. liefert Begründungen für eine Umsteuerung in den → familienunterstützenden Hilfen, die ursprünglich nicht primär auf Armutsvermeidung ausgerichtet sind. Das gilt sowohl für monetäre Leistungen als auch für die sozialen Dienstleistungen.

Die A. in Deutschland ist von der Diskussion auf der europäischen Ebene beeinflusst, insbesondere von den dort getroffenen methodischen Entscheidungen in Bezug auf Armutsmessung und → Sozialberichterstattung sowie den formulierten politischen Ansprüchen hinsichtlich Armutsbekämpfung. Darüber hinaus erhält sie Impulse aus der internationalen Forschung.

*Lit.* Bareis, E./Wagner, T. (Hrsg.): Politik mit der Armut. Europäische Sozialpolitik und Wohlfahrtsproduktion „von unten“, Münster 2015; Frech, S./Groh-Samberg, O. (Hrsg.): Armut in Wohlstandsgesellschaften, Schwalbach/Ts. 2014; Huster, E.-U./Boeckh, J./Mogge-Grotjahn, H.

(Hrsg.): Handbuch Armut und soziale Ausgrenzung, 2. Aufl., Wiesbaden 2012.

*Monika Burmester*

**Armuts- und Reichtumsberichterstattung** ist eine Teildisziplin der → Sozialberichterstattung. Sie informiert die (Fach-)Öffentlichkeit, Verwaltung und die sozialpolitischen Akteure über Zustand und Entwicklungstendenzen der materiellen Wohlfahrt in einer → Gesellschaft. Zielstellung ist zum einen, Handlungsoptionen im Bereich der → sozialen Gerechtigkeit aufzuzeigen, andererseits kann die A. auch als Instrument zur Überprüfung politischer Interventionen gegen → Armut und → soziale Ungleichheit gelten. Dabei fallen wissenschaftliche Veröffentlichungen der Armuts- und Reichtumsforschung genauso unter den Begriff der A. wie »amtliche« Armuts- und Reichtumsberichte und entsprechende Berichte von Wohlfahrtsverbänden (→ Freie Wohlfahrtspflege) und Gewerkschaften.

A. setzt Kriterien voraus, mit denen sowohl arme und benachteiligte wie auch reiche → Gruppen in der Bevölkerung identifiziert werden können. Dazu werden unterschiedliche, zumeist relative Armuts- und Reichtumskonzepte herangezogen, denen die durchschnittlichen Lebensverhältnisse der Bevölkerung als Maßstab zugrunde liegen. Allgemeingültige Grenzen für Armut und Reichtum gibt es dabei nicht. Breiter Konsens besteht nur darüber, dass in Bezug auf die Eingrenzung von Armut die Mindeststandards, die ein nicht zu unterscheitendes soziokulturelles → Existenzminimum bestimmen, so festgelegt werden sollten, dass → soziale Ausgrenzung vermieden und der soziale Zusammenhalt gefördert wird.

Berücksichtigt man ausschließlich die materiellen → Ressourcen zur Berechnung der Armuts- bzw. Reichtumsschwelle, gilt i.d.R. als armutsgefährdet, wem weniger als 60% eines an der Haushaltsgröße gewichteten mittleren → Einkommens der Bevölkerung zum Leben zur Verfügung steht. »Einkommensreich« ist nach dieser Definition, wer über mehr als das Doppelte des mittleren Einkommens monatlich verfügen kann. Außer Acht gelassen werden hier aber Schulden und → Vermögen. Eine umfassende A. sollte allerdings weitere Dimensionen der → Lebenslage berücksichtigen und sich nicht auf Analysen zur Verfügbarkeit von Einkommen und Vermögen beschränken.

Spätestens mit der Veröffentlichung des 1. Armuts- und Reichtumsberichtes der Bundesregierung im Jahr 2001 hat sich die A. als ein wichtiges Instrument präventiver → Sozialpolitik etabliert. Reine Armutsberichte gab es allerdings für mehrere bundesdeutsche Großstädte bereits in den späten 1980er-Jahren und kurze Zeit danach auch in einigen Bundesländern. Der erste umfangreichere bundesweite Armutsbericht wurde 1994 vom → Deutschen Paritätischen Wohlfahrtsverband und dem Deutschen Gewerkschaftsbund veröffentlicht.

Laut Beschluss des Bundestages von 2001 ist die Bundesregierung aufgefordert, regelmäßig in der Mitte einer Legislaturperiode einen Armuts- und Reichtumsbericht vorzulegen. Der Bericht soll »der Komplexität und Vielschichtigkeit von Armut und Reichtum Rechnung tragen und Lebenslagen sowie die Verteilung von Einkommen in der Bundesrepublik realistisch darstellen«. Begleitet wird die Erstellung des Berichtes durch ein wissenschaftliches Gutachtergremium und einen Beraterkreis, der sich aus Akteuren der → Zivilgesellschaft wie Wohlfahrtsverbänden, Kirchen, Sozialpartnern und weiteren Institutionen zusammensetzt. Der öffentliche und wissenschaftliche Diskussionsprozess in der Entstehungs- und Rezeptionsphase eines Armuts- und Reichtumsberichtes ist dabei als integraler Bestandteil der Berichterstattung zu verstehen.

*Informationen*: www.armuts-und-reichtumsbericht.de

*Andreas Keil*

**Assessment** → Anamnese, → Case Management

**Assimilation** → Anpassung

**Assistenz, persönliche** → Persönliche Assistenz

**Assistierte Ausbildung** → Arbeitsförderung (SGB III)

**Ästhetische Erziehung** → Kunst- und Kulturpädagogik

**Asylberechtigte** Asylberechtigt ist, wer als politisch Verfolgte/r im Sinne des Art. 16 a → Grundgesetz (GG) anerkannt ist (→ Asylrecht). A. genießen in Deutschland die Rechtsstellung eines → Flüchtlings nach der Genfer Flüchtlingskonvention (§ 2 Asylgesetz [AsylG]). Das bedeutet, dass sie sich auf die in der Genfer Flüchtlingskonvention verbrieften Rechte wie Freizügigkeit, Teilhabe am → Arbeitsmarkt und dem System der → sozialen Sicherheit berufen können.

Wer als A. anerkannt ist, hat einen Rechtsanspruch auf eine Aufenthaltserlaubnis nach § 25 Abs. 1 Aufenthaltsgesetz (AufenthG) (→ Zuwanderungsgesetz), die bei der örtlichen Ausländerbehörde beantragt werden kann. Diese Aufenthaltserlaubnis bildet auch die Grundlage für den Familiennachzug (§ 29 ff.

AufenthG, → Familienzusammenführung). Nach drei Jahren haben Asylberechtigte grundsätzlich einen → Rechtsanspruch auf eine unbefristete Niederlassungserlaubnis.

Am 7.7.2016 wurde im Bundestag ein → Integrationsgesetz verabschiedet, das voraussichtlich im Sommer 2016 in Kraft tritt. Es ist ein Artikelgesetz und sieht insbesondere Änderungen im SGB II, SGB III, SGB XII sowie im → Asylbewerberleistungsgesetz (AsylbLG), im AsylG und im AufenthG vor.

*Melanie Kößler*

**Asylbewerberleistungsgesetz** (AsylbLG) Das AsylbLG vom 3.6.1993 regelt die Höhe und die Art der → Sozialleistungen für Asylsuchende und verschiedene andere Gruppen von Migrant/innen (→ Asylberechtigte, → Migration). → Leistungsberechtigte sind gem. § 1 AsylbLG neben den Asylsuchenden Geduldete, vollziehbar Ausreisepflichtige und Personen mit einer Aufenthaltserlaubnis aus verschiedenen humanitären, politischen oder völkerrechtlichen Gründen (→ Flüchtlinge) sowie ihre Familienangehörigen. Das Gesetz, das infolge des sog. Asylkompromisses 1993 verabschiedet wurde, sollte ursprünglich »Anreize für Wanderungsbewegungen durch ein im internationalen Vergleich eventuell hohes Leistungsniveau […] vermeiden«. Das → Bundesverfassungsgericht erklärte diese migrationspolitischen Erwägungen für eine Absenkung der Leistungen gegenüber anderen Sozialleistungsempfänger/innen jedoch mit Urteil v. 18.7.2012 für verfassungswidrig. Daraufhin wurde das AsylbLG zum 1.3.2015 reformiert und insbesondere die Höhe der Leistungen weitgehend an diejenigen des SGB II und XII angepasst. Im Zuge der stark steigenden Zahl von Asylsuchenden in Deutschland wurde das AsylbLG jedoch bereits durch das sog. Asylverfahrensbeschleunigungsgesetz vom 15.10.2015 wieder verschärft. Abweichungen von den → Sozialgesetzbüchern gibt es v.a. im Hinblick auf die Art der Leistungen (Vorrang von → Sachleistungen vor → Geldleistungen), die medizinische Versorgung sowie die Möglichkeit von Sanktionierungen. Während der Dauer der Unterbringung in Erstaufnahmeeinrichtungen erhalten Leistungsberechtigte zur Deckung des → Bedarfs an → Ernährung, Unterkunft, Heizung, Kleidung, Gesundheitspflege und Gebrauchs- und Verbrauchsgütern des Haushalts (sog. notwendiger Bedarf) Leistungen in Form von Sachleistungen (§ 3 AsylbLG). Hinzu kommen Leistungen zur Deckung des persönlichen Bedarfs, welche ebenfalls vorrangig als Sachleistungen gewährt werden sollen, aufgrund des hohen Verwaltungsaufwandes jedoch meist in Form von Geldleistungen (145 Euro monatlich) erbracht werden. Bei einer Unterbringung außerhalb von Erstaufnahmeeinrichtungen sind vorrangig Geldleistungen zu gewähren. Der notwendige Bedarf beträgt dann in Anlehnung an das → Regelbedarfs-Ermittlungsgesetz monatlich für alleinstehende Leistungsberechtigte 219 Euro und ist zusätzlich zum persönlichen Bedarf in Höhe von 145 Euro und den Kosten für → Unterkunft, → Heizung und Hausrat (als Sach- oder Geldleistung) zu erbringen. Leistungen zur medizinischen Versorgung werden nach § 4 AsylbLG nur bei akuter → Krankheit und Schmerzzuständen erbracht. Leistungen für sonstige Behandlungen sind nach § 6 AsylbLG im Wege des → Ermessens zu gewähren, soweit sie zur Sicherung der → Gesundheit unerlässlich sind. In der Regel entscheidet das zuständige → Sozialamt über die Notwendigkeit der Behandlung. Es muss vor der Behandlung einen Berechtigungsschein ausstellen, nur in manchen Bundesländern (Hamburg, Bremen, Nordrhein-Westfalen) gibt es eine sog. Gesundheitskarte, welche den direkten Zugang zum Arzt ermöglicht und mit wenigen Ausnahmen einen der gesetzlichen → Krankenversicherung gleichgestellten Leistungskatalog umfasst. § 1 a AsylbLG sieht Anspruchseinschränkungen vor für den Fall, dass Leistungsberechtigte eingereist sind, um Sozialleistungen zu beziehen, aufenthaltsbeendende Maßnahmen nicht vollzogen werden können oder sie im Wege einer sog. Relocation (Neuverteilung) in einen anderen Mitgliedstaat der → Europäischen Union verteilt wurden. Nach 15 Monaten Aufenthalt in Deutschland ist in der Regel gem. § 2 AsylbLG das SGB XII entsprechend anzuwenden.

Am 7.7.2016 wurde im Bundestag ein → Integrationsgesetz verabschiedet, das voraussichtlich im Sommer 2016 in Kraft tritt. Es ist ein Artikelgesetz und sieht insbesondere Änderungen im SGB II, SGB III, SGB XII sowie im AsylbLG, im Asylgesetz (→ Asylrecht) und im Aufenthaltsgesetz (AufenthG, → Zuwanderungsgesetz) vor.

*Kerstin Becker*

**Asylbewerberleistungsstatistik** → Statistik der sozialen Mindestsicherungssysteme

**Asylrecht** Gewährleistet wird das → Grundrecht auf Asyl für politisch Verfolgte durch Art. 16 a → Grundgesetz (GG). Das Bundesverwaltungsgericht hat den Begriff konkretisiert: »Asylrechtlichen Schutz genießt jeder, der wegen seiner Rasse, Religion, Nationalität, Zugehörigkeit zu einer sozialen Gruppe oder wegen seiner politischen Überzeugung Verfolgungsmaßnahmen mit Gefahr für Leib und Leben oder Beschränkungen seiner persönlichen Freiheit ausgesetzt ist oder solche Verfolgungsmaßnahmen begründet befürchtet.« (BVerwG, Urt. v. 17.5.1983 – 9 C 36/83). Asylrechtlicher Schutz knüpft mithin an dem Anderssein bzw. Andersdenken einer Person an, das grundsätzlich staatliche Verfolgungsmaßnahmen auslösen bzw. befürchten lässt. Ausnahmsweise kann auch nichtstaatliche Verfolgung das Recht auf Asyl begründen, wenn sich das Verhalten nichtstaatlicher Akteure dem Staat zurechnen lässt.

Im GG von 1949 hatte das Grundrecht auf Asyl keine geschriebenen Schranken. Mit dem sog. Asylkompromiss von 1993 wurde das Grundrecht auf Asyl durch die Einführung des Konzepts sicherer Drittstaaten und eine damit verbundene Grundgesetzänderung (Art. 16 a GG) grundlegend eingeschränkt. Sichere Drittstaaten sind die Mitgliedsstaaten der → Europäischen Union (EU) sowie Norwegen und die Schweiz (§ 26 a Abs. 2 und Anlage 1 Asylgesetz [AsylG]). Wer über einen sicheren Drittstaat nach Deutschland einreist, kann sich in Deutschland nicht mehr auf das Grundrecht auf Asyl berufen. Allerdings besteht dann grundsätzlich die Möglichkeit, auf internationalen Schutz zu rekurrieren. Im Rahmen des dann folgenden Dublin-Verfahrens wird geprüft, ob Deutschland oder ein anderer EU-Staat für das Asylverfahren zuständig ist (→ Dublin III-Verordnung, → Europäische Flüchtlingspolitik). Die Möglichkeit, legal und sicher nach Deutschland einzureisen, um hier einen Asylantrag zu stellen, gibt es nicht, da das deutsche Asylrecht ein humanitäres Visum zur Einreise nicht vorsieht (→ Aufenthaltsrechtliche Illegalität).

In Art. 16 a GG ist auch das Konzept der sog. sicheren Herkunftsstaaten verankert. Nach Ansicht des Bundesgesetzgebers lassen es die allgemeinen politischen Verhältnisse in diesen Ländern gewährleistet erscheinen, dass dort weder politische Verfolgung noch unmenschliche oder erniedrigende Bestrafung oder Behandlung stattfinden. Als sichere Herkunftsstaaten gelten derzeit die EU-Mitgliedsstaaten sowie Albanien, Bosnien und Herzegowina, Ghana, Kosovo, Mazedonien, die ehemalige jugoslawische Republik, Montenegro, Senegal und Serbien (§ 29 a Abs. 2 und Anlage II AsylG). Wer aus einem dieser Länder stammt und um Asyl nachsucht, muss die vom Bundesgesetzgeber aufgestellte Vermutung widerlegen, dass ihm/ihr dort abweichend von der allgemeinen Lage politische Verfolgung droht. Das AsylG schränkt darüber hinaus den → Rechtsschutz der Asylbewerber/innen aus diesen Staaten ein und enthält weitere Sonderregelungen für diese Menschen während des Asylverfahrens.

Zuständige Behörde für das Asylverfahren ist das → Bundesamt für Migration und Flüchtlinge (BAMF). Einfachgesetzlich wird das Asylverfahren im AsylG (frühere Bezeichnung: Asylverfahrensgesetz, i.d.F. der Neubekanntmachung vom 2.9.2008 [BGBl. I S. 1798], das durch Art. 1 des Gesetzes vom 2.2.2015 [BGBl. I S. 130] geändert worden ist) ausgestaltet. Im Rahmen des Gemeinsamen Europäischen Asylsystems geschaffene EU-Verordnungen und EU-Richtlinien, die bisher teilweise in deutsches Recht umgesetzt wurden, ergänzen die Vorgaben des AsylG.

Der Asylantragstellung vorgeschaltet ist regelmäßig das Asylgesuch, das bei einer staatlichen Stelle wie z.B. der Polizei oder Grenzbehörde gestellt werden kann. Von dort werden die um Asyl Nachsuchenden an eine nächstgelegene Aufnahmeeinrichtung vermittelt und untergebracht, wo sie nach einer erkennungsdienstlichen Behandlung den sog. »Flüchtlingsausweis« (Ankunftsnachweis) erhalten. Anschließend werden die Asylsuchenden grundsätzlich bundesweit nach dem sog. Königsteiner Schlüssel verteilt und einer Aufnahmeeinrichtung zugewiesen. Von dort aus kann der Asylantrag gestellt werden. Asylsuchende müssen hierfür grundsätzlich persönlich bei der für sie zuständigen Außenstelle des BAMF erscheinen. Wer den Asylantrag gestellt hat, ist Asylbewerber/in und erhält das Aufenthaltsdokument »Aufenthaltsgestattung« (→ Aufenthalt). Während des Asylverfahrens erhalten Asylbewerber/innen Leistungen nach dem → Asylbewerberleistungsgesetz (AsylbLG) (→ Leistungen zum Lebensunterhalt für Ausländer/innen). Das BAMF prüft grundsätzlich sowohl, ob die Voraussetzungen für das Grundrecht auf Asyl vorliegen, als auch, ob internationaler Schutz bzw. (vorübergehende) Abschiebeverbote einen weiteren Aufenthalt in Deutschland ermöglichen. Internationaler Schutz wird gewährt, wenn die Eigenschaft als → Flüchtling bzw. eine subsidiäre Schutzberechtigung zuerkannt wird. Subsidiär schutzberechtigt ist, wer nicht als Flüchtling oder → Asylberechtigte/r anerkannt wird, jedoch stichhaltige Gründe für die Annahme vorgebracht hat, dass ihm/ihr im Herkunftsland ein ernsthafter Schaden wie Folter oder Todesstrafe droht (§ 4 AsylG). Wird die subsidiäre Schutzberechtigung festgestellt, kann eine Aufenthaltserlaubnis bei der zuständigen örtlichen Ausländerbehörde beantragt werden (→ Rechtsanspruch, § 25 Abs. 2 Aufenthaltsgesetz [AufenthG]). Dem BAMF befindet auch darüber, ob ein Verbot der → Abschiebung vorliegt (§ 24 Abs. 2 AsylG i.V.m. § 60 Abs. 5 u. 7 AufenthG). Davon wird insbesondere dann ausgegangen, wenn bei einer Abschiebung in einen anderen Staat eine erhebliche konkrete Gefahr für Leib und Leben oder Freiheit besteht. Wird ein solches Abschiebeverbot festgestellt, kann eine Aufenthaltserlaubnis bei der örtlichen Ausländerbehörde beantragt werden (Regel-Rechtsanspruch nach § 25 Abs. 3 AufenthG). In bestimmten Fallkonstellationen wird eine Duldung im Sinne des § 60 a AufenthG erteilt. Eine Duldung ist kein Aufenthaltstitel, sondern ein Papier, das die vorübergehende Aussetzung der Abschiebung aufgrund eines tatsächlichen oder rechtlichen Abschiebungshindernisses bescheinigt. Ein Abschiebungshindernis kann z.B. eine schwere Erkrankung oder eine Schwangerschaft im fortgeschrittenen Stadium sein.

2014 wurden Bosnien und Herzegowina, Ghana, Mazedonien, die ehemalige jugoslawische Republik und Senegal als sichere Herkunftsstaaten eingestuft; gleichzeitig wurde die → Residenzpflicht gelockert und der Zugang zum Arbeitsmarkt für Asylbewerber/innen verbessert sowie der Grundsatz gesetzlich eingeführt, wonach Asylbewerber/innen → Geld- statt → Sachleistungen erhalten. Anfang 2015 wurde das AsylbLG aufgrund von verfassungsgerichtlichen Vorgaben novelliert. Das → Bundesverfassungsgericht (BVerfG) hatte 2012 festgestellt, dass das Grundrecht auf ein menschenwürdiges → Existenzminimum migrationspolitisch nicht relativierbar ist, also für deutsche und ausländische Staatsbürger gleichermaßen gilt und die damaligen Leistungssätze für verfassungswidrig erklärt (BVerfGE 132, 134).

Seit Herbst 2015 hat die Dynamik der asylrechtlichen Bundesgesetzgebung erheblich zugenommen (tagesaktuelle Fassung der Gesetze unter www.gesetze-im-internet.de; aktuelle Gesetzesentwürfe unter www.fluechtlingsrat-berlin.de). Im Rahmen des sog. Asylpakets I wurde im Asylverfahrensbeschleunigungsgesetz vom 20.10.2015 (BGBl. I S. 1722) u.a. die Liste der sicheren Herkunftsstaaten erweitert und es wurden weitere Restriktionen für Menschen aus diesen Staaten wie das Beschäftigungsverbot sowie die Verpflichtung des Verbleibs in der Erstaufnahmeeinrichtung während des gesamten Asylverfahrens verabschiedet. Auch wurden mögliche Leistungskürzungen im AsylbLG festgeschrieben, der Vorrang von Sachleistungen vor Geldleistungen wieder eingeführt und die Verbesserungen hinsichtlich der Residenzpflicht relativiert bzw. teilweise zurückgenommen. Asylbewerber/innen mit Bleibeperspektive haben nunmehr Zugang zu → Integrationskursen, wenn Kursplätze verfügbar sind (§ 44 AufenthG). Ferner wurde das Mindestalter für die asyl- und aufenthaltsrechtliche Handlungsfähigkeit von 16 auf 18 Jahre erhöht. Demzufolge müssen → unbegleitete minderjährige Flüchtlinge bei der Antragstellung in asyl- und aufenthaltsrechtlichen Verfahren nunmehr durch ihren Vormund (→ Vormundschaft) bzw. – falls noch nicht vorhanden – durch das → Jugendamt im Rahmen der Notvertretung vertreten werden.

Die Frist für die Umsetzung der EU-Aufnahmerichtlinie sowie EU-Verfahrensrichtlinie ist am 20.7.2015 abgelaufen. Diese Richtlinien sind Kernbestandteile des Gemeinsamen Europäischen Asylsystems (→ Europäische Asylpolitik) und sehen u.a. Schutzvorschriften für besonders schutzbedürftige Personen vor. Das BAMF hat für ein paar Fragestellungen einen »Leitfaden zur unmittelbaren innerstaatlichen Anwendung der Richtlinie 2013/32/EU des Rates vom 26.6.2013 (Verfahrensrichtlinie)« herausgegeben (abrufbar unter http://www.migrationsrecht.net). Offen ist derzeit, ob eine vollständige Umsetzung der Richtlinie durch den Bundesgesetzgeber noch geplant ist.

Im Rahmen des Gesetzes zur Verbesserung der Unterbringung, Versorgung und Betreuung ausländischer Kinder und Jugendlicher vom 28.10.2015 (BGBl. I S. 1802) wurde u.a. festgelegt, dass unbegleitete, ausländische Minderjährige grundsätzlich nach dem Königsteiner Schlüssel bundesweit verteilt werden sollen – so wie Erwachsene auch. Allerdings wird das Verteilverfahren für unbegleitete Minderjährige durch Kindeswohlaspekte modifiziert. Nach den Neuregelungen soll die die Verteilung ausgeschlossen werden, wenn sie das → Kindeswohl der unbegleiteten Minderjährigen gefährdet. Die gesetzlichen Bestimmungen im SGB VIII sehen vor, dass die Umverteilung innerhalb eines Monats abgeschlossen sein soll. Verankert sind diese Vorgaben zum Verteilungsverfahren für unbegleitete Minderjährige im SGB VIII (→ Kinder- und Jugendhilfe).

Mit dem Datenaustauschverbesserungsgesetz vom 2.2.2016 (BGBl. I S. 130) soll die Registrierung und Identifizierung Asyl- und Schutzsuchender verbessert werden. Hierfür wurde der sog. »Flüchtlingsausweis« eingeführt (Ankunftsnachweis, siehe § 63 a AsylG). Am 17.3.2016 trat das sog. Asylpaket II in Kraft (Gesetz zur Einführung beschleunigter Asylverfahren vom 16.3.2016, BGBl. I S. 390). Insbesondere für Menschen aus sog. sicheren Herkunftsstaaten gilt nun ein beschleunigtes Asylverfahren. Sie sollen in »besonderen Aufnahmeeinrichtungen«

untergebracht werden, die sie grundsätzlich nicht verlassen dürfen. Auch wird die Möglichkeit von Abschiebeverboten aufgrund einer Erkrankung grundlegend eingeschränkt. Ebenfalls am 17.3.2016 trat das Gesetz zur erleichterten Ausweisung von straffälligen Ausländern und zum erweiterten Ausschluss der Flüchtlingsanerkennung bei straffälligen Asylbewerber (BGBl. I S. 394) in Kraft. Eine grundlegende Änderung und Verschärfung des Ausweisungsrechts ist bereits zum 1.1.2016 in Kraft getreten. Im Gesetzgebungsverfahren befindet sich derzeit ein Gesetz, wonach auch Tunesien, Marokko und Algerien als sichere Herkunftsstaaten eingestuft werden sollen.

Am 7.7.2016 wurde im Bundestag ein → Integrationsgesetz verabschiedet, das voraussichtlich im Sommer 2016 in Kraft tritt. Es ist ein Artikelgesetz und sieht insbesondere Änderungen im SGB II, SGB III, SGB XII sowie im AsylbLG, im AsylG und im AufenthG vor.

*Lit.* Bergmann, J./Dienelt, K.: Ausländerrecht. Kommentar, 11. Aufl., München 2016; Hofmann, R. M.: Ausländerrecht, Kommentar, 2. Aufl., Baden-Baden 2016; Marx, R.: Aufenthalts-, Asyl- und Flüchtlingsrecht, Handbuch, 5. Aufl., Baden-Baden 2015; Hailbronner, K.: Ausländerrecht, Kommentar, Loseblattsammlung, Heidelberg, Stand: April 2014.

*Melanie Kößler*

**Aufenthalt** Die Vorschriften des Sozialgesetzbuches (SGB) haben in erster Linie Gültigkeit für Personen, die im Bundesgebiet über einen Wohnsitz verfügen oder einen gewöhnlichen Aufenthalt wirksam begründet haben (§ 30 Abs. 1 SGB I). Unter tatsächlichem Aufenthalt ist die rein körperliche Anwesenheit eines Menschen im Bundesgebiet zu verstehen. Für den Wohnsitz und den gewöhnlichen A. gibt es hingegen eine Legaldefinition: Einen Wohnsitz hat jemand dort, wo er »eine Wohnung unter Umständen innehat, die darauf schließen lassen, dass er die Wohnung beibehalten und benutzen wird« (§ 30 Abs. 3 S. 1 SGB I). Ein gewöhnlicher A. besteht dann, wenn sich ein Mensch an einem bestimmten Ort »unter Umständen aufhält, die erkennen lassen, dass er an diesem Ort oder in diesem Gebiet nicht nur vorübergehend verweilt« (§ 30 Abs. 3 S. 2 SGB I). Der Nachweis eines gewöhnlichen A. stellt eine wichtige Voraussetzung für den Bezug verschiedener → Sozialleistungen (wie z.B. der → Grundsicherung im Alter und bei Erwerbsminderung gem. § 41 Abs. 1 S. 1 SGB XII) dar, führt in der Praxis aber immer wieder zu erheblichen Schwierigkeiten. Dies gilt gerade bei Personen, die z.B. nach der Entlassung aus einer → Einrichtung oder dem → Strafvollzug keine eigene Wohnung haben (→ Wohnungslosigkeit). Für die Feststellung des gewöhnlichen A. solcher Personen ist nach der → Rechtsprechung der → Verwaltungsgerichte und der → Sozialgerichte auf die näheren Umstände des Einzelfalls abzustellen und eine Würdigung sämtlicher maßgebender Gesichtspunkte durchzuführen. Von maßgebender Bedeutung ist dabei der tatsächlich zum Ausdruck gelangende Wille eines Menschen (subjektiver Aspekt), der auch in entsprechender Weise eine Umsetzung erfährt (objektiver Aspekt). Es darf keine von reinen Besuchszwecken geprägte Anwesenheit bestehen, sondern der A.ort muss der Mittelpunkt der Lebensbeziehungen von Antragstellern im Sinne eines prinzipiell zukunftsoffenen A. darstellen. Wer als wohnungsloser Hilfebedürftiger belegen kann, dass er regelmäßig die am A.ort nach § 67 SGB XII vorgehaltene Beratungsstelle aufsucht (→ Hilfe zur Überwindung besonderer sozialer Schwierigkeiten), stellt an diesem Ort einen gewöhnlichen A. unter Beweis. Anderes gilt bei einer haftentlassenen Person, die sich nur wenige Tage in einem Übernachtungshaus aufhielt, um von dort aus Straftaten vorzubereiten und zu begehen. Hier fehlt es an der wirksamen Begründung eines neuen Lebensmittelpunkts und der Absicht, bis auf Weiteres an diesem Ort zu verbleiben. Hiervon unterschieden werden muss der Fall eines Leistungsberechtigten, der seine Familie verließ und in einem anderen Kreis einen Schlafplatz in einer Notunterkunft bezog, um anschließend in einer an diesem Ort nach § 67 SGB XII betriebenen Einrichtung aufgenommen zu werden: Hier bestand eine zielgerichtet umgesetzte Perspektive, weshalb die Begründung eines gewöhnlichen A. in dieser Kommune zu bejahen ist.

Zum Begriff A. im Kontext des Ausländer- und Asylrechts → Aufenthaltsrechtliche Illegalität und → Residenzpflicht.

*Manfred Hammel*

**Aufenthaltsbestimmung** Die Pflicht und das Recht, den → Aufenthalt eines Kindes zu bestimmen, sind Teil der → elterlichen Sorge (§§ 1626, 1629 → Bürgerliches Gesetzbuch [BGB]), und zwar der tatsächlichen Personensorge (§ 1631 Abs. 1 BGB). Dabei ist zu beachten, dass der Aufenthalt des Kindes nicht mit seinem Wohnsitz (§ 11 BGB) identisch sein muss. Teil des A.recht ist der Anspruch auf → Herausgabe des Kindes (§ 1632 Abs. 1, Abs. 4 BGB). Das Umgangsbestimmungsrecht und das Recht, → Hilfe zur Erziehung (HzE) zu beantragen, sind nicht Bestandteile des A.rechts.

Die A.recht ist von besonderer Bedeutung, wenn Eltern ihr Kind nicht selbst erziehen (können), sondern Dritte damit beauftragen oder HzE außerhalb des Elternhauses beim → Jugendamt beantragen. Eine → Fremdunterbringung des Kindes gegen den Willen der Eltern im Rahmen einer HzE kommt dabei nur in Betracht, wenn den Eltern zuvor das A.recht und das Recht, HzE zu beantragen, vom → Familiengericht entzogen und auf eine/n Pfleger/in übertragen wurde. Es ist regelmäßig unverhältnismäßig, Eltern quasi »auf Vorrat« das A.recht und das Recht, HzE zu beantragen, zu entziehen, wenn der/die Pfleger/in dann gleichwohl einen Aufenthalt des Kindes bei seinen Eltern bestimmt. Die Entscheidung für eine mit → Freiheitsentziehung verbundene Unterbringung des Kindes bedarf, gleichgültig, ob sie von Eltern, Vormund oder Pfleger/in vorgenommen wird, stets der Genehmigung durch das Familiengericht (§§ 1631 b, 1793, 1915 BGB; §§ 151 Nr. 6, Nr. 7, 167 → Familienverfahrensgesetz [FamFG]). Ist bei Trennung und Scheidung zwischen gemeinsam sorgeberechtigten Eltern streitig, bei wem das Kind seinen Lebensmittelpunkt haben soll, wird das Familiengericht vielfach entsprechend dem Grundsatz der Verhältnismäßigkeit allein die Befugnis zur A. bei im Übrigen weiterhin gemeinsamer Sorge auf einen Elternteil übertragen (§ 1671 Abs. 1 BGB).

*Birgit Hoffmann*

**Aufenthaltsgesetz** → Zuwanderungsgesetz

**Aufenthaltsrechtliche Illegalität** bezeichnet den Aufenthalt in Deutschland ohne gültige Papiere (→ Zuwanderungsgesetz). A. I. entstand historisch gesehen als Kategorie mit dem wachsenden Anspruch der Nationalstaaten im Laufe des 20. Jh., Grenzen zu ziehen und zu überwachen. Die reichen Länder der Erde erleben eine starke Zunahme der illegalen → Migration seit den 1980er-Jahren. Die legalen Zugangswege für Menschen aus armen Ländern sind weniger geworden, die Einwanderungsregime der reichen Länder immer strenger. Schätzungen der »illegalen« Population in Deutschland bewegen sich gewöhnlich zwischen 200.000 und 500.000 Personen. Wanderungsbewegungen haben sich weltweit aufgrund der immensen Erleichterungen in Kommunikation, Verkehr und Transport in den letzten Jahrzehnten vervielfacht. Die öffentliche Wahrnehmung der illegalen Migration nahm in den letzten Jahren zu, v.a. aufgrund der vielfach tragisch gescheiterten Versuche, trotz großer Hindernisse nach Europa einzuwandern, z.B. Afrikaner, die auf dem Meeresweg über das Mittelmeer in Richtung Lampedusa und Süditalien in Kleinbooten ertrinken.

Menschen in der a. I. haben keinen Schutz vor gefährlichen Arbeitsbedingungen, Ausbeutung und Lohnbetrug. Bezüglich ihrer Gesundheitsversorgung stehen sie i.d.R. ohne Krankenversicherung da. Kinder in der a. I. können meist Kindergarten oder Schule nicht besuchen, denn dort ist die Gefahr der Entdeckung besonders groß. Menschenrechtliche Mindeststandards werden deswegen von zivilgesellschaftlichen Gruppen wie dem Katholischen Forum »Leben in der Illegalität« in der öffentlichen Diskussion seit einigen Jahren thematisiert. Unumstritten ist inzwischen, dass im Krankheitsfall Menschen in der a. I. eine Behandlung zusteht. Die Kosten hierfür werden vom Staat übernommen, es besteht keine Weitermeldungspflicht. Mitarbeiter/innen an öffentlichen Stellen unterliegen ansonsten einer Übermittlungspflicht an die Ausländerbehörde, wenn sie Kenntnis von einem unerlaubten Aufenthalt erlangen. Ebenso stellt Beihilfe zum unerlaubten Aufenthalt eine Straftat dar. Mit dieser strafrechtlich restriktiven Orientierung verfolgt die Bundesrepublik eine in Europa einmalige Politik. Das Recht auf Schulbesuch wurde auf Bundesebene 2011 für Kinder in der a. I. eingeräumt. Da Bildung aber Ländersache ist, bleibt die Umsetzung dieses Gesetzes unüberschaubar.

In der Praxis nahmen Kommunen eine Vorreiterrolle bei der Wahrnehmung eines sozial(politisch)en Auftrags bezüglich »Illegaler« in den letzten Jahren ein. Bürgerschaftliche Initiativen für die Gesundheitsversorgung wurden unterstützt, Freiräume für den Schulbesuch von Kindern in der a. I. soweit wie möglich genutzt, am sozialen Auftrag orientierte Behörden suchten Wege aus der a. I. für die Betroffenen. Die Soziale Arbeit als Menschenrechtsprofession steht vor einer besonderen Herausforderung, da Menschen in der a. I. im gesellschaftlichen Gefüge ohne Zweifel eine schutzbedürftige Gruppe darstellen.

*Philip Anderson*

**Aufenthaltsstatus** → Zuwanderungsgesetz

**Aufgabenkritik** ist ein ständiger Prozess zur Verbesserung der → Effektivität (»Das Richtige tun«), → Effizienz (»Etwas richtig tun«) und der → Wirtschaftlichkeit (Input-Output-Verhältnis optimieren). Aufgaben dienen der Erreichung eines oder mehrerer Ziele. Angesichts begrenzter → Ressourcen sowie neuer dringlicher Aufgaben und steigender Standards müssen wahrgenommene Aufgaben und Standards geprüft werden (Ist das angestrebte Ziel erfüllt oder von nachrangiger Dringlichkeit? Kann die Zielgruppe eingeschränkt werden? Ist Verschieben oder Strecken der Maßnahmen möglich? Können die Standards reduziert werden?). A. fordert Konflikte mit begünstigten Bürger/innen und Institutionen heraus. Jedoch sind ohne A. die Handlungs-, Entwicklungs- und Modernisierungsspielräume und damit der gesellschaftliche Gesamtnutzen geringer. Neben der federführenden Organisationsstelle sollte A. mit dem Träger der Fachaufgabe, den Mitarbeiter/innen und der Personalvertretung als Prozess der → Organisationsentwicklung konzipiert werden. Denkbare Anstöße und Vorgaben sind: Stellenvergleiche (Analyse überdurchschnittlichen Bedarfs bei gleicher Aufgabe und Organisation), → Kennzahlen für Kostendeckungsgrade und Zuschussbedarfe, Verhältniszahlen von Aufwand und Wirkung, rechtfertigen überdurchschnittliche Standards überdurchschnittliche Zuschussbedarfe. Dekonzentration der A. bedeutet die Bereitstellung weiterer Ressourcen für neue Aufgaben und höhere Standards durch Umschichtung innerhalb eines Fachbereichs oder einer sonstigen Organisationseinheit. Anreize werden durch Personalentwicklungsmaßnahmen (→ Personalentwicklung), betriebliches Vorschlagswesen und bessere Ressourcenausstattung gesetzt (→ Organisationsanalyse).

Im internationalen Vergleich sind deutsche Verwaltungen überreglementiert und übersteuert, wegen ihrer Aufgabenvielfalt und Komplexität zu kostenaufwendig und zu schwer zu steuern. Aufgabenverständnis und Aufgabenbestand sind wesentlich zu verändern, um die Verwaltungen zugleich leistungsfähiger und kostengünstiger zu gestalten. Politische und bürokratische Ressortinteressen wirken als Aufgabengeneratoren, praktizieren additives Ressourcenmanagement und drängen → bürgerschaftliches Engagement in den Hintergrund. Die Politik klagt über die Verwaltung, früher priorisierte Aufgaben beizubehalten, die Verwaltungen klagen über die Scheu der Politik, klare (auch unpopuläre) Entscheidungen über den Aufgabenabbau zu treffen.

Angesichts dauerhafter Finanzkrisen ist eine kurzfristige Sparpolitik mit linearen oder quotierten Kürzungen unzulänglich. A. im umfassenden Sinn ist als Produktkritik ein Instrument der Haushaltskonsolidierung sowie der Aufstellung von Haushaltssicherungskonzepten. Daneben ist eine strukturelle → Verwaltungsmodernisierung und die Auseinandersetzung mit Neuen Steuerungsmodellen notwendig.

*Heinrich-Peter Drenseck*

**Aufgabenübertragung** Gem. SGB II und XII haben die jeweiligen → Sozialleistungsträger die Möglichkeit, Körperschaften in ihren Hoheitsgebieten zur Durchführung von Aufgaben heranzuziehen. Voraussetzung ist eine gesetzliche Regelung durch Landesgesetz (vgl. § 99 Abs. 1 und Abs. 2 SGB XII, § 6 Abs. 2 SGB II). Rechtsquellen sind hier regelmäßig die Ausführungsgesetze zum SGB II und SGB XII. Bundesgesetzlich ist geregelt, dass eine Heranziehung erfolgen kann und deren Umfang landesgesetzlich zu bestimmen ist. Auch ist jeweils ein Weisungsrecht (→ Weisung) des heranziehenden Trägers gegenüber dem herangezogenen Träger vorgesehen. Die Landesausführungsgesetze regeln weitere Einzelheiten dazu. Im Rahmen der Ausgestaltung des Heranziehungsverhältnisses ist das verfassungsrechtlich garantierte Recht der Gemeinden und Landkreise auf → Selbstverwaltung zu berücksichtigen (Art. 28 Abs. 2 → Grundgesetz [GG]). Die rechtsdogmatische Einordnung der Heranziehung und damit auch die konkrete Ausgestaltung, ihre Grenzen und Konsequenzen sind im Einzelnen streitig. Praktisch umstritten sind oftmals der Umfang des Weisungsrechts sowie die Frage, wer im Außenverhältnis zum Sozialleistungsberechtigten in welcher Situation Rechtshandlungen vornehmen kann. Die Heranziehung führt nicht zur Veränderung der sachlichen → Zuständigkeit. Bundesgesetzlich ist geregelt, dass im Fall eines Widerspruchs (→ Rechtsbehelf) des Leistungsberechtigten die heranziehende Körperschaft den Widerspruchsbescheid zu erlassen hat (vgl. § 6 Abs. 2 S. 1 2. Halbs. SGB II, § 99 Abs. 1 2. Halbs. sowie Abs. 2 2. Halbs. SGB XII). Zum Teil gilt dies vorbehaltlich landesrechtlich abweichender Regelungen (§ 99 Abs. 2 am Ende SGB XII). Auch im Rahmen der Heranziehung hat die Gemeinde gem. § 16 Abs. 1 SGB I einen → Antrag auf Sozialleistungen unabhängig von ihrer Zuständigkeit entgegenzunehmen.

*Angela Busse*

**Aufklärung über soziale Rechte und Pflichten** ist nach § 13 SGB I die planmäßige, allgemeine und nicht einzelfallbezogene Information der Bevölkerung über die Rechte und Pflichten, die sich aus dem → Sozialgesetzbuch (SGB) (insbesondere aus seinen besonderen Teilen) ergeben. Die Vorschrift gilt für alle Sozialleistungsbereiche. Verpflichtet zur A. sind in erster Linie die → Sozialleistungsträger (vgl. auch § 12 SGB I). In rechtssystematischer Hinsicht gehört die A. zu den Informations- und Beratungspflichten der Sozialleistungsträger nach §§ 13–15 SGB I. Da das → Sozialrecht unübersichtlich ist, sollen diese Regelungen den Zugang zu den → Sozialleistungen erleichtern, Orientierungsschwierigkeiten abhelfen und so die → sozialen Rechte stärken. Die A. wendet sich an die Bevölkerung in ihrer Gesamtheit. Sie umfasst u.a. die Information über wichtige Bestimmungen des Leistungsrechts, insbesondere über die Voraussetzungen für die Erlangung von Sozialleistungen und über ihren Umfang. Sie setzt kein individuelles an die Sozialverwaltung gerichtetes Begehren voraus. Bei neuen gesetzlichen Regelungen besteht eine verstärkte A.pflicht. Dabei kann allerdings keine gezielte Information der von Neuregelungen betroffenen Bevölkerungsgruppen verlangt werden. Mittel der A. sind u.a. Informationsschriften, Merkblätter, Plakate, Zeitungsanzeigen, Informationsveranstaltungen, Filme und Werbespots sowie neue Medien. Die Amtssprache ist nach § 19 Abs. 1 SGB X zwar Deutsch, Aufklärungsmaterial wird aber auch in den häufigsten Fremdsprachen zur Verfügung gestellt.

Die A. umfasst nur die gegenwärtige Rechtslage und erstreckt sich ausschließlich auf Angelegenheiten des → Sozialgesetzbuches. Die Verpflichtung zur A. besteht für den einzelnen Sozialleistungsträger nur im Rahmen seiner örtlichen und sachlichen → Zuständigkeit. Die A. ist für den Sozialleistungsträger selbst eine absolute Verpflichtung. Dieser steht jedoch kein klagbarer Anspruch (→ Rechtsanspruch) der einzelnen Bürger/innen auf A. gegenüber, denn die A. richtet sich gerade bewusst an die Allgemeinheit. Ob die Verletzung von A.pflichten durch falsche oder irreführende Informationen einen sozialrechtlichen Herstellungsanspruch oder einen Anspruch aus → Amtshaftung begründet, ist streitig.

*Angela Busse*

**Aufmerksamkeitsdefizithyperaktivitätssyndrom** → ADHS

**Aufrechnung** ist ein Rechtsinstitut, das die Aufhebung einer Forderung durch eine Gegenforderung bewirkt. Sich gegenüberstehende Ansprüche aus einem Schuldverhältnis werden durch einseitige Erklärung der A. zum Erlöschen gebracht. Nach den §§ 387 ff. → Bürgerliches Gesetzbuch (BGB) setzt die A. das Bestehen einer Aufrechnungslage voraus: Es müssen zwei gegenseitige, gleichartige und aufrechenbare Forderungen vorliegen und die A. darf nicht durch Vertrag oder kraft Gesetzes ausgeschlossen sein (siehe Aufrechnungsverbote gemäß §§ 390 ff. BGB). Die A. ist auch im Sozialrecht zulässig, allerdings begrenzt § 51 Abs. 1 SGB I die Aufrechnungsbefugnis des zuständigen → Sozialleistungsträgers durch die Pfändbarkeitsvoraussetzungen des § 54 Abs. 2 und 4 SGB I. Eine weitere Begrenzung enthält § 51 Abs. 2 SGB I bei der A. mit Erstattungs- oder Beitragsansprüchen, um zu verhindern, dass wegen der A. (Sozialhilfe-)Bedürftigkeit entsteht. Von § 51 SGB I abweichende Regelungen finden sich insbesondere im Recht der → Arbeitsförderung (§ 333 SGB III), in der → Grundsicherung für Arbeitsuchende (§ 43 bzw. §§ 42 a Abs. 2, 43 Abs. 3 SGB II für die Aufrechnung von Rückzahlungsansprüchen aus → Darlehen) und in der → Sozialhilfe (§ 26 Abs. 2–4 SGB XII). Sie sind bei der A. vorrangig zu beachten (§ 37 SGB I). Der Sozialleistungsträger erklärt die A. nach Ausübung von → Ermessen durch → Verwaltungsakt, vor dessen Erlass der/die Berechtigte i.d.R. anzuhören ist (→ Anhörung Beteiligter).

*Bojana Marković*

**Aufsichtspflicht** Aufsichtspflichtig sind Personen, denen Minderjährige (→ Minderjährigkeit) oder (wegen ihrer geistigen oder körperlichen Verfassung) aufsichtsbedürftige Volljährige zur Erziehung, Betreuung oder Behandlung anvertraut sind (vgl. § 832 → Bürgerliches Gesetzbuch [BGB]). Die A. soll die Aufsichtsbedürftigen vor Schaden bewahren, aber auch verhindern, dass andere Personen zu Schaden kommen. Bei Kindern ist die A. Teil der Personensorge, die originär Aufgabe der Eltern bzw. Personensorgeberechtigten ist (gemäß § 1631 BGB; → Elterliche Sorge). Bei Lehrer/innen besteht A. aufgrund landesrechtlicher Bestimmungen (ebenso bei Heil- und Pflegefällen), oder sie ergibt sich aus → Vertrag (z.B. bei Aufnahme in Jugendgruppe, Heim oder Kindergarten, bei Jugendreisen oder Spielplatzprogrammen, bei der Betreuung durch Babysitter). Der Vertrag kann ausdrücklich (schriftlich oder mündlich) oder stillschweigend (»konkludent«) geschlossen worden sein (z.B. in der → Kindertagespflege).

Die A. kann von dem/der Verpflichteten übertragen werden, bei minderjährigen Helfer/innen nur mit Zustimmung durch deren → gesetzlichen Vertreter (→ Geschäftsfähigkeit). Die Übertragung setzt voraus, dass die betreffende Person bereit ist, die Aufsicht zu übernehmen; sie muss geeignet sein und entsprechend der Notwendigkeiten angeleitet werden. Eine sorgfältige Auswahl durch die zunächst für die A. verantwortliche Person ist entscheidend. Keinesfalls darf die ausgewählte Person mit der Aufgabe überfordert sein (das kann z.B. der Fall bei ehrenamtlichen Helfer/innen, Praktikant/innen oder auch Mitarbeiter/innen sein, die durch Personalmangel überlastet sind).

Auch eine Trägerorganisation kann insofern die A. verletzen.

Aufsichtspflichtige haften nur für den Schaden, für den die Verletzung ihrer A. ursächlich (kausal) war (→ Schadenersatz). Welche A. im Einzelfall zu erfüllen ist, insbesondere, welches Maß an Sorgfalt notwendig ist, um den Vorwurf fahrlässigen Handelns und damit eine zivil- bzw. strafrechtliche → Haftung (sowie arbeits- bzw. dienstrechtliche Sanktionen) zu vermeiden, hängt von den Umständen des Einzelfalls ab. Gesetzlich sind Grenzen der A. nicht im Einzelnen festgelegt; die Auslegung der rechtlichen Regeln obliegt der → Rechtsprechung. Konkret bestimmen unterschiedliche Faktoren Inhalt und Umfang der A.: z.B. die aufsichtsbedürftige Person selbst (körperliche, seelische, soziale und geistige Reife, Problemverhalten, frühere »Auffälligkeit«), das Gruppenverhalten der minderjährigen Person, die Gruppengröße, die Gefährlichkeit der Beschäftigung (insbesondere im Hinblick auf erlebnispädagogische Aktionen (→ Erlebnispädagogik), den Umgang mit Medien, die Art der Spiel- und Beschäftigungsgeräte (Gebrauch von Waffen, Werkzeugen, Umgang mit Feuer usw.), die örtliche Umgebung (z.B. unbekannte Umgebung, Ufergelände, Straßenverkehr), die beschäftigten Personen, insbesondere Qualifikationen und Fähigkeiten der Aufsichtsperson, ihre pädagogische Erfahrungen und ihre Vertrautheit mit den Minderjährigen (vgl. Trenczek u.a., 742).

In der Praxis sind zumeist mehrere der genannten Faktoren zu beachten (strafrechtlich ist von besonderer Bedeutung die → Garantenpflicht). Fachliche und juristische Maßstäbe stehen dabei in einem Wechselverhältnis. Die höchstrichterliche Rechtsprechung fragt bei der Beurteilung eines Falles nach dem fachlichen Handlungskonzept der/des Aufsichtspflichtigen. Neben den allgemein fachlichen Zielen (in der Pädagogik Entwicklung zu Selbstständigkeit und sozialem Handeln, Entfaltung individueller Fähigkeiten, → Erziehungsstile; in der Pflege Respekt vor der Autonomie der Betroffenen; Perspektive der → Rehabilitation, Alltagsorientierung) sind auch detailliertere Bestimmungsfaktoren fachlichen Handelns zu bedenken (wie Alter der Aufsichtsbedürftigen, körperliche und psychische Verfassung, Gruppensituation und -dynamik, örtliche und räumliche Gegebenheiten, Gefährlichkeit von Gegenständen oder Spielarten). Bedeutsam ist auch, ob auf gefährliche Situationen vorbereitet wurde (durch Warnungen, Ermahnungen, Übungen).

Die Anforderungen an Aufsichtspflichtige orientieren sich nur am praktisch Möglichen; die Verantwortlichen können ihre Augen nicht überall haben und nicht gleichzeitig an mehreren Stellen anwesend sein. A. bedeutet auch nicht unbedingt Anwesenheitspflicht. Es wird nur verlangt, dass Aufsichtspflichtige den Überblick über das Geschehen haben, um ggf. schnell eingreifen zu können. Zu den erforderlichen Vorsichtsmaßnahmen gehört, auf einen Unfall vorbereitet zu sein (Erste-Hilfe-Fähigkeiten, Kenntnis der örtlichen Verhältnisse, ausreichende Personalstärke). Zu beachten sind nicht zuletzt besondere Schutzvorschriften, die sich aus Gesetzen bzw. behördlichen Anweisungen ergeben (z.B. bei Sport, Schwimmen, Wanderungen). Das zivilrechtliche Haftungsrisiko wird dem/der Aufsichtspflichtigen meist durch eine gesetzliche (z.B. für Kindergarten und Schule → Unfallversicherung für Kinder, Schüler, Studierende) oder private (durch den Träger abzuschließende) → Unfallversicherung abgenommen, wobei diese ihn/sie allerdings bei Vorsatz oder grober Fahrlässigkeit in Regress nehmen kann. Ähnliches gilt für die → Amtshaftung. Hat der Träger einer Einrichtung nicht für ausreichenden Versicherungsschutz gesorgt, hat er u.U. als Arbeitgeber den/die von dritter Seite in Anspruch genommene/n Arbeitnehmer/in von der Haftung freizustellen (→ Arbeitsverhältnis).

*Lit.* Fieseler, G./Herborth, R.: Recht der Familie und Jugendhilfe. Arbeitsplatz Jugendamt/Soziale Dienste, 7. Aufl., Köln 2010; Lorenz, A.: Zivil- und familienrechtliche Grundlagen der Sozialen Arbeit. Ein Studienbuch, 2. Aufl., Baden-Baden 2013; Trenczek, T./Tammen, B./Behlert, W./von Boetticher, A.: Grundzüge des Rechts. Studienbuch für soziale Berufe, 4. Aufl., Wien 2014.

*Angelika Gregor*

**Aufwendungsersatz** Der → Träger der → Sozialhilfe hat nach § 19 Abs. 5 SGB XII Anspruch auf A. gegen die in § 19 Abs. 1 bis 3 SGB XII genannten und als Gesamtschuldner haftenden Personen, wenn er ohne Prüfung, in welchem Umfang aufgrund vorhandenen → Einkommens und → Vermögens und der Zumutbarkeit des Einsatzes Bedürftigkeit besteht, sog. erweiterte Hilfe erbringt. Die Möglichkeit, die Bedarfsdeckung dergestalt unter Hintanstellung des → Nachrangs der Sozialhilfe sicherzustellen, wird in § 19 Abs. 5 SGB XII nicht ausdrücklich eingeräumt, aber vorausgesetzt. Unter Anstrengung pflichtgemäßen → Ermessens kommt erweiterte Hilfe mit der Konsequenz des A. bei Unabweisbarkeit der Bedarfsdeckung insbesondere in Betracht, wenn die Festsetzung des Eigenanteils des/der → Leistungsberechtigten längere

Vorarbeit erfordert oder die Leistung eines Dritten (z.B. Heimträger) ohne Kostenzusicherung nicht erbracht wird. Auf erweiterte Hilfe darf der Träger der Sozialhilfe nicht ausweichen, um das Verwaltungsverfahren zu erleichtern und sich die Möglichkeit zu schaffen, auf Grundlage von § 19 Abs. 5 SGB XII A. zu verlangen. Der Anspruch des Sozialhilfeträgers auf A. ist ein öffentlich-rechtlicher. Er wird durch Erlass eines → Leistungsbescheids geltend gemacht. Der A. ist zu unterscheiden vom → Kostenbeitrag.

*Gottfried Eichhoff*

**Ausbildung, assistierte** → Arbeitsförderung (SGB III)

**Ausbildung in sozialen Berufen** ist in Deutschland inhaltlich und formal nahezu so vielgestaltig wie das System der → sozialen Berufe selbst. Die Bildungsgänge und ihre Qualifikationsniveaus reichen von kurzen Lehrgängen (z.B. European Care Licence, Qualifizierungsmaßnahmen für Tagesmütter) über ein-, zwei- und dreijährige Berufsausbildungen bis hin zu Bachelor- und Masterstudiengängen an Fachhochschulen und Universitäten (→ Studium der Sozialen Arbeit). Da der Großteil der sozialen Berufe landesrechtlichen Regelungen unterliegt, unterscheiden sich auch Abschlüsse prinzipiell gleicher Ausrichtung und Wertigkeit je nach Bundesland. Die Abschlussbezeichnungen sind nicht alle einheitlich (z.B. Kinderpfleger/innen vs. Sozialassistent/innen vs. sozialpädagogische Assistent/innen) und dieselbe Berufsbezeichnung in zwei Bundesländern lässt andererseits nicht unbedingt darauf schließen, dass eine identische Ausbildung zugrunde liegt, selbst nicht bei reglementierten Berufen. Das System der landesrechtlich geregelten Ausbildung in sozialen Berufen ist allerdings durch länderübergreifende Rahmenvereinbarungen der → Kultusministerkonferenz (KMK), z.B. zur Ausbildung und Prüfung von → Erzieher/innen koordiniert. Nur die Ausbildungen in den teils zu den sozialen Berufen zählenden bundesrechtlich geregelten Berufen (→ Pflegeberufe, Gesundheitsfachberufe) sind auch bundesweit in ihrer Ausbildung weitgehend einheitlich.

Die seit Beginn der 1970er-Jahre bestehenden Hochschulstudiengänge mit Diplomabschluss in der Sozialarbeit/Sozialpädagogik, Pädagogik und teils auch → Heilpädagogik sind vollständig durch Bachelorstudiengänge ersetzt. Neben den Bachelorstudiengängen sind viele spezialisierte Masterstudiengänge entstanden, nicht nur in einzelnen Arbeitsfeldern der → Sozialen Arbeit wie → Gemeinwesenarbeit, → Kinder- und Jugendhilfe, der → klinischen Sozialarbeit und der Sozialen Arbeit in der Psychiatrie sondern auch mit explizit wissenschaftlicher Ausrichtung (z.B. angewandte Forschung in der Sozialen Arbeit) und mit methodischen oder anderen Spezialisierungen (z.B. systemische Sozialarbeit, forensische Sozialarbeit, Sozialraumentwicklung, Internationale Soziale Arbeit, Governance in der Sozialen Arbeit) sowie im → Sozialmanagement, der Erziehungswissenschaft, der Pflege, der Heilpädagogik, der → Beratung und Seelsorge. Die Mehrzahl dieser Masterstudiengänge sind weiterbildende Masterstudiengänge, d.h. sie setzen eine zwischenzeitliche einschlägige Berufstätigkeit voraus. Teilweise gibt es auch konsekutive Masterstudiengänge, die im direkten Anschluss an den vorlaufenden Bachelorstudiengang studiert werden können.

Neben dem schon lange bestehenden Trend zur Diversifizierung, Spezialisierung und Professionalisierung im Feld der sozialen Berufe, der sich letztlich über das ganze 20. Jh. erstreckt, hat v.a. der Prozess der europäischen Integration weitere Entwicklungen angestoßen und befördert. Hierzu sind zu zählen: die Modularisierung von Ausbildungen und der damit verbundene Orientierungswechsel weg von bloßen Lehrinhalten hin zur Beschreibung angezielter Lernergebnisse bzw. → Kompetenzen (Lernergebnisorientierung). Dies hat in vielen Fällen neben einer Konkretisierung auch zu einer Formalisierung des Ausbildungs- und Lehrgeschehens beigetragen. Die europäischen Bestrebungen zur Erhöhung der Mobilität von Ausbildungsnehmenden und Arbeitskräften haben durch Instrumente wie das Lissabon-Abkommen, den Europäischen → Qualifikationsrahmen für Hochschulabschlüsse, den Europäischen Qualifikationsrahmen für Lebenslanges Lernen, den Europass und die EU-Anerkennungsrichtlinie die Vergleichbarkeit von Ausbildungen in den Fokus gerückt und als wichtiges Mittel zur Erreichung der Personen- und → Dienstleistungsfreiheit etabliert.

Beginnend mit dem Bolognaprozess hat auch eine neue Welle der Akademisierung das Feld der sozialen Berufe verändert: Die Berufsakademie-Ausbildungen zur Sozialen Arbeit wurden auf die akademische Ebene gehoben, die therapeutischen Gesundheitsfachberufe und die Pflege konnten, zunächst ermöglicht über Modellklauseln in den Berufsgesetzen und schließlich befördert durch Empfehlungen des Wissenschaftsrates, eigenständige oder duale akademische Ausbildungen neben der regulären Berufsausbildung in Gang setzen. Mit den Studiengängen der Kindheitspädagogik wurde ein akademischer Zweig auch für die Erzieher/innenausbildung etabliert und mit dem im Januar 2016 vom Bundeskabinett beschlossenen Pflegeberufsgesetz ist die akademische Ausbildung für die Kranken-, Alten- und Kinderkrankenpflege schließlich zur Regelalternative neben der traditionellen Berufsausbildung geworden.

Die Ausbildungsanforderungen in den etablierten sozialen Berufen wurden in den letzten Jahren angehoben. Hierbei spielen berufsständische Professionalisierungsbestrebungen eine wichtige Rolle, jedoch auch hoheitliche Bestimmungen sowie der allgemein zunehmende Bezug auf wissenschaftliche Methoden und Erkenntnisse (Sozialwissenschaften, Gesundheitswissenschaften, Pflegewissenschaften und bezugswissenschaftliche Erkenntnisse). Damit könnte es auch international zu einer etwas größeren Konvergenz der A. und Berufsbilder kommen.

*Lit.* Buttner, P. (Hrsg.): Das Studium des Sozialen: aktuelle Entwicklungen in Hochschule und den sozialen Berufen, Berlin 2007; Kraus, B. u.a. (Hrsg.): Soziale Arbeit zwischen Generalisierung und Spezialisierung: Das Ganze und seine Teile, Opladen 2011; Pundt, J./Kälble, K. (Hrsg.): Gesundheitsberufe und gesundheitsberufliche Bildungskonzepte, Bremen 2015; Salomon, A.: Die Ausbildung zum sozialen Beruf, Berlin 1927.

*Peter Buttner*

**Ausbildungsförderung** findet in der Bundesrepublik Deutschland in fünf unterschiedlichen Formen statt. Dabei ist zunächst die staatliche Förderung von der tariflichen A. zu unterscheiden. Letztere zielt vor allem auf die Sicherung von Ausbildungsplätzen sowie die Übernahme von Auszubildenden nach der Lehrzeit. Sie wird zwischen den Tarifparteien ausgehandelt. Die staatliche A. erfolgt zum einen durch die finanzielle Unterstützung des Schulbesuchs ab der 10. Klasse, welche im Allgemeinen als »Schüler-BaföG« bezeichnet wird. Zum Zweiten unterstützt der Staat das Studium an Hochschulen durch finanzielle Mittel, die als zinsloses → Darlehen vergeben werden. Zum Dritten wird aber auch die Ausbildung als zweiter Bildungsweg finanziell gefördert, wobei dies meist eine Form der beruflichen Aufstiegsfortbildung bedeutet und als sog. »Meister-BAföG« bekannt ist. Diese Formen der staatlichen A. werden durch das Bundesausbildungsförderungsgesetz (BAföG) geregelt. Das BAföG ist familienabhängig, d.h. das → Einkommen und → Vermögen der Person selbst sowie das ihrer nächsten Angehörigen werden als einzubringende Eigenleistung bei der Berechnung der Höhe des Zuschusses berücksichtigt. Zum 1.8.2016 tritt die 25. BAföG-Reform in Kraft, die u.a. eine Anhebung der Bedarfssätze und höhere Einkommensfreibeträge mit sich bringt. Außerdem soll die Reform die Förderungslücken beseitigen, die durch die Umstellung von Diplomstudiengängen auf Bachelor und Master entstanden sind. Ein Teil der Reform tritt bereits zum 1.1.2016 in Kraft und erleichtert → Flüchtlingen den Zugang zur akademischen Bildung, da sie dann bereits nach 15 Monaten → Aufenthalt in Deutschland BAföG beantragen können.

Ausbildungsbegleitende Hilfen (abH) und Berufsausbildung in einer außerbetrieblichen Einrichtung (BaE) werden i.d.R. nicht mit dem Begriff der A. assoziiert, stellen aber einen nicht unerheblichen Teil der Förderung dar. Über die Bundesagentur für Arbeit (→ Agentur für Arbeit) werden Maßnahmen finanziert, die insbesondere sozial benachteiligte Jugendliche (→ soziale Benachteiligung) bei einer Ausbildung im Rahmen des dualen Systems unterstützen bzw. reguläre Ausbildungsplätze ersetzen sollen. Diese Form der A. wird über das SGB III geregelt (s. insbesondere die §§ 59 ff.).

Ziel der staatlichen A. ist es, die → Chancengerechtigkeit im Bildungswesen zu verbessern, indem die Schwelle zur Aufnahme einer dualen oder weiterführenden Ausbildung für Personen niedrig gehalten wird, die aus sog. »bildungsfernen Schichten« kommen. Die Einführung des BAföG 1971 war zudem von dem Gedanken getragen, die Bildungsreserven in den einkommensschwächeren Bevölkerungsschichten zu mobilisieren. Die Einschränkungen des BAföG in den 1980er- und 1990er-Jahren korrespondierten mit zunehmender → Arbeitslosigkeit, einem Anstieg der Studierendenzahlen, langen Studienzeiten und nicht zuletzt mit den wachsenden Sozialausgaben des Staates. Inzwischen wurden die Studienzeiten durch die Studienreform und die Umstellung auf Bachelor- und Master-Abschlüsse reduziert, die Arbeitslosigkeit in der Bundesrepublik Deutschland ist zurzeit vergleichsweise niedrig und in manchen Branchen ist gar ein Fachkräftemangel zu konstatieren. Auch ist die Bedeutung von Bildung durch die → Organisation für wirtschaftliche Zusammenarbeit und Entwicklung (OECD) deutlich aufgewertet worden. Daher werden zurzeit die Investitionen in Bildung wieder verstärkt.

*Informationen*: www.bafoeg.de

*Nicole Pötter*

**Ausgleichsabgabe** → Beschäftigungspflicht der Arbeitgeber

**Ausgrenzung, soziale** → Soziale Ausgrenzung

**Ausgründung** Übertragung eines Teilbereichs einer → Organisation auf eigenständige Rechtsträger. Damit verbunden sind die Umstellung und regelmäßig auch eine Aufspaltung zahlreicher, dem auszugründenden Bereich zuzuordnender Rechtsbeziehungen. Da nur die betroffenen Beschäftigungsverhältnisse nach § 613 a → Bürgerliches Gesetzbuch (BGB) automatisch übergehen, ist hinsichtlich der übrigen Rechtsbeziehungen zwischen zwei Verfahren zu unterscheiden. Bei A. aus Kapitalgesellschaften, → Stiftungen und → Vereinen kann nach dem Umwandlungsgesetz (UmwG) mit der Folge vorgegangen werden, dass die nicht an spezifische Eigenschaften anknüpfenden Rechtsverhältnisse automatisch auf den neuen Rechtsträger übergehen. Wegen der Komplexität und weiteren Nachteilen eines Vorgehens nach dem UmwG sowie der im Sozialbereich typischen, spezifischen Vertragsbeziehungen erfolgt die Umstellung der Rechtsbeziehungen auf den neuen Rechtsträger stattdessen regelmäßig in enger Absprache mit den Vertragspartnern durch individuelle → Vereinbarungen.

Mit A. werden so unterschiedliche Ziele verfolgt wie Bildung überschaubarer Einheiten, Verkürzung der Entscheidungswege, Verantwortungsverlagerung auf Leitungskräfte, Trennung gegenläufiger Interessenssphären, Zurückdrängung von Partikularinteressen, Haftungsbegrenzung, Vorbereitung von → Kooperationen, Trennung zwischen steuerbegünstigten und -pflichtigen Aktivitäten, Entwicklung eigenständiger Unternehmenskulturen, stärkere Ausrichtung auf Kernkompetenzen, Erfüllung von Auflagen, Änderung des Vergütungssystems, Erleichterung einer Sanierung, → Outsourcing und bei A. aus öffentlich-rechtlichen Organisationen auch die Umstellung von der Kameralistik (→ Haushalt) auf die → Doppik sowie die Vorbereitung einer Vollprivatisierung (→ Privatisierung).

In die Entscheidung zur A. sollten im Rahmen einer differenzierten Chancen- und Risikoanalyse auch die Risiken einbezogen und kompensiert werden. Z.B. ist zu denken an die Reaktion des gesellschaftlichen Umfeldes und der Geschäftspartner, Entfremdungsgefahr, Verschlechterung informeller Strukturen, Zunahme der Gremien, Transaktions-, Umstellungs- und Rechtsformkosten, unternehmensinterne Widerstände, Mitgliedschaft in Zusatzversorgungskassen (→ Zusatzversorgung), steuerrechtlicher Mehraufwand und bei A. aus öffentlich-rechtlichen Organisationen auch der Rückzug aus der politischen Verantwortung. Bei der A. wählen die → Freien Träger regelmäßig die Rechtsform der GmbH, während die Kommunen gelegentlich auch auf die Rechtsform der Stiftung oder des Vereins zurückgreifen (→ Gesellschafts- und Unternehmensformen im sozialen Bereich).

Der Trend zur A. ist seit Jahren ungebrochen. Die Freien Träger verselbstständigen Betriebsteile, z.B. → Pflegeeinrichtungen, → Krankenhäuser und Rettungsdienste vorrangig zur Optimierung der betrieblichen Strukturen, ohne deren grundsätzliche Zuordnung zu ändern. Dagegen wählen öffentlich-rechtliche Organisationen die A. auch zur Vorbereitung einer Vollprivatisierung.

*Thomas von Holt*

**Auskunft** Im Ersten Buch → Sozialgesetzbuch – Allgemeiner Teil – (SGB I) wirken → Aufklärung, A. und → Beratung zusammen mit dem Ziel, den Bürger/innen den Zugang zu den fein gegliederten Sozialleistungsbereichen und ihren Leistungsmöglichkeiten zu erleichtern.

(1) Nach § 15 SGB I haben die einzelnen Bürger/innen einen Anspruch gegen die zur A. verpflichteten Stellen auf Beantwortung gezielter Fragen in allen sozialen Angelegenheiten nach dem SGB, nicht aber auf die erschöpfende Klärung eines Falles. Die Pflicht zur A. erstreckt sich gem. § 15 Abs. 2 SGB I auf die Benennung des für das Leistungsbegehren zuständigen → Sozialleistungsträgers sowie auf alle Sach- und Rechtsfragen, die für A.suchende von Bedeutung sein können und zu deren Beantwortung die A.stelle imstande ist. Die A. kann mündlich und schriftlich erteilt werden. Ein Anspruch auf schriftliche A. besteht nicht. Zur A. verpflichtet sind die in den Ausführungsgesetzen der Länder bezeichneten Stellen (überwiegend die → kreisfreien Städte und die → Landkreise) und die Sozialleistungsträger der sozialen → Kranken- und gesetzlichen → Pflegeversicherung (SGB V und XI). Die A.stellen sind nach § 15 Abs. 3 SGB I zur Zusammenarbeit mit den Sozialleistungsträgern verpflichtet, um eine möglichst umfassende Erteilung der A. durch eine Stelle sicherzustellen. Dem Ziel der Kooperation der Sozialleistungsträger dienen auch die gemeinsamen → Servicestellen nach §§ 22 ff. SGB IX. Deren Aufgabe ist die Beratung und Unterstützung → behinderter und von Behinderung bedrohter Menschen im Zusammenhang mit Sozialleistungen der → Rehabilitation und → Teilhabe.

(2) Der Anspruch der Bürger/innen auf sozialdatenschutzrechtliche A. aus § 83 Abs. 1 SGB X erstreckt sich auf die zur Person der Betroffenen gespeicherten Sozialdaten einschließlich Hinweisen auf die Herkunft und die Empfänger dieser Daten und auf den Zweck der Speicherung. Eine A.erteilung unterbleibt, wenn die in

§ 83 Abs. 4 SGB X geregelten Voraussetzungen vorliegen, z.B. wenn dadurch wichtige öffentliche oder private Interessen gefährdet würden oder der Verwaltungsaufwand nach § 83 Abs. 1 S. 2 SGB X unverhältnismäßig wäre. Letztere Ausnahme kann jedoch nur im Ausnahmefall den Auskunftsanspruch hindern, denn § 83 SGB X berührt das Grundrecht der Bürger/innen auf informationelle Selbstbestimmung (→ Datenschutz).

(3) Dem Interesse der Sozialleistungsträger an der Durchsetzung des → Nachrangs der Sozial- und Jugendhilfe dienen die A.pflichten des Bürgers/der Bürgerin nach § 117 SGB XII und § 97 a SGB VIII. Eine A.pflicht nach diesen Normen kann auch Angehörige bzw. die Einsatzgemeinschaft nach § 19 SGB XII treffen, welche selbst keine Sozialleistungen erhalten oder begehren, sowie Arbeitgeber und Finanzbehörden (§ 21 Abs. 4 SGB X). Das A.ersuchen der Sozialleistungsträger ist ein → Verwaltungsakt, der im Wege der Verwaltungsvollstreckung (→ Zwangsvollstreckung) durchgesetzt werden kann. Beim Übergang von Unterhaltsansprüchen (§ 94 Abs. 1 SGB XII) geht auch der zivilrechtliche A.anspruch gegen Unterhaltspflichtige (§ 1605 Bürgerliches Gesetzbuch [BGB]) auf den → Träger der Sozialhilfe über (→ Unterhaltspflicht).

*Rüdiger Meier*

**Auskunftsverweigerungsrecht** → Zeugnisverweigerungsrecht

**Ausländerbeschäftigung** Ob Menschen ohne deutschen Pass in Deutschland erwerbstätig sein dürfen, hängt u.a. von ihrer Staatsangehörigkeit ab. Bürger/innen der → Europäischen Union (EU) bzw. des Europäischen Wirtschaftsraums (EWR) und Schweizer Staatsangehörige sowie ihre Familienangehörigen, unabhängig von der Staatsangehörigkeit, benötigen keine Erlaubnis zur Aufnahme einer Beschäftigung oder selbstständigen Tätigkeit. Ihr Wohnsitz spielt dabei keine Rolle. Auch Studierende (§ 16 Aufenthaltsgesetz [AufenthG] → Zuwanderungsgesetz) dürfen unabhängig von der Staatsangehörigkeit 120 ganze oder 240 halbe Tage im Jahr genehmigungsfrei arbeiten. Ansonsten benötigen Drittstaatsangehörige hingegen für die Aufnahme einer Erwerbstätigkeit in Deutschland eine Genehmigung der Ausländerbehörde, die nur zusammen mit einem Aufenthaltstitel (§ 4 Abs. 2 AufenthG), einer Duldung (§ 32 Beschäftigungsverordnung [BeschV]) oder einer Aufenthaltsgestattung (§ 61 Asylgesetz [AsylG]) ausgestellt werden kann. Hierbei wird zwischen der Erwerbserlaubnis und der Beschäftigungserlaubnis unterschieden.

Die *Erwerbserlaubnis* berechtigt zur Aufnahme jeder Beschäftigung und jeder selbstständigen Tätigkeit. Das AufenthG regelt ihre Erteilung für verschiedene Aufenthaltstitel, wenn diese Aufenthaltstitel einen dauerhaften Verbleib in Deutschland ermöglichen wie z.B. die Niederlassungserlaubnis (§ 9 Abs. 1 AufenthG), die Aufenthaltserlaubnis für Familienangehörige (§ 27 Abs. 5 AufenthG) oder die Aufenthaltserlaubnisse für bleibeberechtigte → Flüchtlinge (§§ 23 Abs. 2 S. 5 und Abs. 4 S. 2, 25 Abs. 1 und Abs. 2, 25 a Abs. 4, 25 b Abs. 5 AufenthG).

Die *Beschäftigungserlaubnis* dient der Regelung des Arbeitsmarktzugangs für Personen, die zur Arbeitsaufnahme kurz- oder langfristig nach Deutschland kommen oder aus anderen Gründen zugewandert sind, aber noch nicht über einen auf Dauer ausgerichteten Aufenthaltsstatus verfügen. Sie wird auf der Grundlage der §§ 39 bis 42 AufenthG und der Beschäftigungsverordnung (BeschV) erteilt. Sie kann je nach den Anforderungen der BeschV (a) von der Ausländerbehörde ohne Zustimmung der → Agentur für Arbeit, (b) von der Ausländerbehörde mit Zustimmung der Arbeitsagentur, aber ohne Vorrangprüfung, oder (c) von der Ausländerbehörde mit Zustimmung der Arbeitsagentur und nach einer Vorrangprüfung erteilt werden. Mit der Vorrangprüfung ermittelt die Arbeitsagentur, ob deutsche oder bevorrechtigte ausländische Arbeitsuchende für die Arbeitsstelle verfügbar sind und ob die angestrebte Beschäftigung nicht zu ungünstigeren Bedingungen erfolgt, als sie für deutsche Arbeitnehmer/innen üblich sind. Diese Prüfung erfolgt insbesondere, wenn Personen zum Zweck der Arbeitsaufnahme einreisen wollen, ohne dass sie über eine akademische Qualifizierung oder Ausbildung in einem Mangelberuf verfügen. Menschen im Asylverfahren (→ Asylrecht) oder mit einer Duldung können nach drei Monaten eine Beschäftigungserlaubnis *mit* Vorrangprüfung erhalten, nach 15 Monaten *ohne* Vorrangprüfung und nach vier Jahren *ohne* Zustimmung der Arbeitsagentur (§ 32 BeschV). Für Personen aus den Balkanstaaten oder mit geringer Bleibeperspektive besteht ein generelles Arbeitsverbot (§ 60 a Abs. 6 AufenthG und § 33 BeschV).

*Dorothee Frings*

**Ausländer/innen, Leistungen zum Lebensunterhalt für** → Leistungen zum Lebensunterhalt für Ausländer/innen

**Ausländerrecht** → Zuwanderungsgesetz

**Ausländische Berufsabschlüsse** → Anerkennung ausländischer Berufsabschlüsse

**Ausländische Kinder und Jugendliche** → Kinder mit Migrationshintergrund

**Auslandsadoption** → Annahme als Kind, → Bundeszentralstelle für Auslandsadoption (BZAA), → Kinderhandel

**Ausreiseeinrichtung** § 61 Abs. 2 Aufenthaltsgesetz (AufenthG, → Zuwanderungsgesetz) räumt den Bundesländern die Möglichkeit ein, A. für vollziehbar ausreisepflichtige Ausländer/innen zu schaffen. Soweit sie hiervon Gebrauch machen, können sie gemäß § 61 Abs. 1 AufenthG diese verpflichten, in einer A. zu wohnen. A. dienen als offene Einrichtung der Unterbringung von Personen, die keine oder unzutreffende Angaben zu ihrer Identität und → Staatsangehörigkeit machen und/oder die Mitwirkung bei der Beschaffung von Heimreisedokumenten verweigern. Die Betreuung in der A. soll dazu dienen, die Bereitschaft zur freiwilligen Ausreise oder zur notwendigen Mitwirkung bei der Beschaffung von Heimreisedokumenten zu fördern. Gegenüber der → Abschiebungshaft stellt die Unterbringung in einer A. ein milderes Mittel dar. Den besonderen Bedürfnissen von Frauen, Kindern und Jugendlichen sowie Traumatisierten soll durch räumliche und personelle Ausstattung der A. Rechnung getragen werden. Die meisten A. in den Bundesländern wurden zwischenzeitlich wieder geschlossen, jedoch trägt die Unterbringung in Landes-Aufnahmeeinrichtungen teils ähnliche Züge.

*Heiko Habbe*

**Aussagegenehmigung** Wer im öffentlichen Dienst tätig ist, ist zur Verschwiegenheit verpflichtet (→ Amtsgeheimnis, → Schweigepflicht) und darf nicht ohne Weiteres vor Gericht aussagen. Um zu verhindern, dass vertrauliche Informationen weitergegeben werden und um das Vertrauensverhältnis zwischen Vorgesetzten und Mitarbeiter/innen zu wahren, müssen Dienstvorgesetzte ihren Mitarbeiter/innen grundsätzlich vor ihrer gerichtlichen Aussage eine A. erteilen. Das gilt selbst dann, wenn das Dienstverhältnis schon erloschen ist. In diesem Fall ist die A. vom letzten Dienstvorgesetzten einzuholen bzw. von der Person, die zu dem Zeitpunkt dienstvorgesetzt war, auf den sich die Aussage bezieht (vgl. z.B. § 67 Abs. 3 S. 2 u. 3 Bundesbeamtengesetz [BBG]). Eine A. ist nur dann nicht erforderlich, wenn es sich bspw. um offenkundige oder gänzlich unbedeutende Tatsachen handelt. Ferner bedarf es dann nicht der A., wenn es um die Weitergabe eines auf Tatsachen gestützten Korruptionsverdachts geht oder um geplante schwere Straftaten im Sinne von § 138 Strafgesetzbuch (StGB). Soweit jedoch die Verschwiegenheitspflicht reicht, muss vor einer Aussage eine A. des/der Dienstvorgesetzten vorliegen. Das ergibt sich für Bundesbeamte aus § 67 Abs. 3 BBG. Für Landesbeamte gibt es entsprechende Regelungen in den Landesgesetzen sowie in § 37 Abs. 3 Beamtenstatusgesetz. Für Leistungsträger, die nach § 35 SGB I dem → Sozialgeheimnis unterliegen, muss beachtet werden, dass jede Übermittlung von → Daten – also auch die Übermittlung an Gerichte – nur zulässig ist, soweit die Voraussetzungen für eine Übermittlung vorliegen (vgl. hierzu §§ 67 ff. SGB X). Soweit eine A. erteilt wurde, kann die Aussage trotzdem verweigert werden, wenn andere Voraussetzungen eines → Zeugnisverweigerungsrechts vorliegen. Insbesondere ergibt sich aus der Fürsorgepflicht des/der Arbeitgeber/in, dass er/sie vor einer A. dafür Sorge tragen sollte, dass sich der/die Arbeitnehmer/in nicht versehentlich selbst belastet. Würde der/die Arbeitnehmer/in sich sogar mit der Aussage nach § 203 StGB strafbar machen, sollte der/die Arbeitgeber/in von einer Erteilung der A. absehen. Wird die A. hingegen grundlos verweigert, kann auf Erteilung der A. geklagt werden.

*Anusheh Rafi*

**Aussagepflicht** → Zeugnisverweigerungsrecht

**Aussiedler/in** → Spätaussiedler/innen

**Autismus** Unter der Bezeichnung A. versteht man eine schwere zwischenmenschliche Kontakt- und Kommunikationsstörung, die 1943/44 von dem deutsch-amerikanischen Kinderpsychiater Kanner und dem österreichischen Pädiater Asperger beschrieben wurde. Sie tritt in zwei Varianten auf: als frühkindlicher A. (Kanner-Syndrom) und als autistische → Persönlichkeitsstörung (Asperger-Syndrom).

Der *frühkindliche A.* ist nach dem → Klassifikationssystem → ICD 10 durch folgende Merkmale gekennzeichnet: Beginn vor dem Alter von 30 Monaten; grundlegender Mangel in der sozialen Interaktion, insbes. in Reaktion auf andere Menschen; Defizite in der → Sprachentwicklung; abnormes sprachliches Verhalten, wenn sich Sprache überhaupt entwickelt (z.B. metaphorische Sprache, Pronomenumkehr); bizarre Reaktionen auf verschiedene Umweltreize, jedoch Fehlen von Hinweisen auf eine schizophrene Erkrankung (z.B. Wahn, Halluzinationen); z.T. treten stereotyp repetitive Verhaltensweisen auf. »Neben diesen spezifischen diagnostischen Merkmalen zeigt sich häufig eine Vielzahl unspezifischer Probleme, wie Phobien, Schlaf- und Essstörungen,

Wutausbrüche und (autodestruktive) Aggression« (ICD 10). Kennzeichnende Merkmale, die zunächst von Eltern bemerkt werden (sollten), sind der fehlende Blickkontakt und die früh zu beobachtende Kontaktverweigerung, die sich z.B. darin zeigt, dass die Kinder Zuwendung und Zärtlichkeiten seitens naher Bezugspersonen ablehnen und von sich aus keinen Kontakt suchen. Bei den meisten Kindern mit frühkindlichem A. ist die Sprachentwicklung extrem verzögert; sie zeigen zwanghaft-rituelles Verhalten und ausgeprägte Veränderungsängste. Darunter versteht man das Auftreten erheblicher Angstsymptome (→ Angst), wenn Veränderungen in der Umgebung der Kinder erfolgen (z.B. Umstellungen in der Wohnung, Änderung des Tagesablaufs, neue Kleidung). Die → Intelligenz ist bei den meisten Kindern mit frühkindlichem A. beeinträchtigt. Insgesamt sind etwa 60% geistig behindert (→ Geistig behinderte Menschen), 20% lernbehindert (→ Lernbehinderung), bei ca. 17% liegt der Intelligenzquotient im Grenzbereich zur Normalität und bei 3% im Durchschnittsbereich oder darüber.

Der frühkindliche A. ist nach neueren Untersuchungen keine ganz seltene Erkrankung, man rechnet mit etwa 5–10 Betroffenen auf 10.000 Kinder und Jugendliche. Die Geschlechterrelation ist zur Seite der Jungen verschoben (2:1 bis 5:1). Die Ursachen sind letztlich nicht geklärt. Als mitverursachend wird eine Hirnfunktionsstörung angenommen, die sekundär die zusätzlichen Symptome (z.B. Wahrnehmungsstörungen, Sprachentwicklungsrückstand, → Intelligenzminderung) erklärt; diese sind wiederum der Ausgangspunkt für tiefgreifende Interaktionsstörungen (→ Interaktion). Die These einer alleinigen Psychogenese lässt sich nicht aufrechterhalten. Die → Therapie muss verschiedenen Komponenten Rechnung tragen: dem Kontaktverhalten, der motorischen Entwicklung, der Sprachentwicklung und dem → Sozialverhalten. Dementsprechend haben sich Konzepte durchgesetzt, die integrativ verschiedene Komponenten umfassen. Auch eine medikamentöse Behandlung kann als unterstützende Maßnahme hilfreich sein. Die Prognose hängt von Sprachentwicklung und Intelligenz ab. Kinder, die bis zum 6. Lebensjahr eine kommunikative Sprache entwickelt haben, haben eine relativ günstige Prognose, aber alle autistischen Kinder zeigen bei entsprechender Förderung Entwicklungsfortschritte. Etwa die Hälfte ist im Erwachsenenalter aber immer noch ohne Sprache.

Die *autistische Persönlichkeitsstörung* (Asperger-Syndrom) findet sich gleichfalls häufiger beim männlichen Geschlecht (Gesamt-Häufigkeit drei Betroffene pro 10.000 Kinder) und ist nicht durch eine so hochgradige Kontaktstörung gekennzeichnet wie beim frühkindlichen A. Auch im Hinblick auf andere Entwicklungsbereiche ergeben sich Unterschiede: So lernen Kinder mit Asperger-A. häufig früh sprechen und entwickeln sogar eine grammatisch und stilistisch hochwertige, manchmal gekünstelte Sprache. Auch hat ihre Sprache immer eine kommunikative Funktion, und hinsichtlich der Intelligenz sind die Kinder durchschnittlich bis überdurchschnittlich begabt. Auffällig ist ihre motorische Ungeschicklichkeit. Die Behandlung besteht in einem schrittweisen Kontakt- und Sozialtraining unter Nutzung der speziellen Eigenarten und Interessen der Kinder. Oft muss man sie allerdings von ihren Sonderinteressen (z.B. für Dinosaurier, für Gesetze oder für Schmelzpunkte von Metallen) und entsprechend schillernd erscheinenden Sonderbegabungen (z.B. einer besonderen Merkfähigkeit für isolierte Sachverhalte) schrittweise wegführen, weil sie sich sonst nur noch in deren Bedeutungsumkreis bewegen. Die Prognose ist günstiger als beim frühkindlichen A., weil mit zunehmendem Lebensalter eine gewisse Nachreifung einsetzt und weil aufgrund der meist guten intellektuellen Fähigkeiten auf dem Leistungssektor eine positive Entwicklung der Kinder möglich ist.

In der aktuellen Fachdiskussion wird davon ausgegangen, dass sich diese beiden klassischen Typen nicht immer eindeutig unterscheiden lassen und die diagnostischen Grenzen verwischen, häufiger wird die Diagnose «atypischer Autismus"gestellt. Daher wird zunehmend der Begriff der «Autismus-Spektrum-Störung" (ASS) als Oberbegriff für das gesamte Spektrum autistischer Störungen verwendet. Auch in der neu herausgegebenen Version des DSM, der DSM-5 (Mai 2013) werden die ASS in eine Kategorie mit unterschiedlichen Schweregraden zusammengefasst.

*Lit.* Girsberger, T.: Die vielen Farben des Autismus: Spektrum, Ursachen, Diagnose, Therapie und Beratung, Stuttgart 2015; Kamp-Becker, I./Bölte, S.: Autismus, München 2014.

*Klaus Fröhlich-Gildhoff*

**Autogenes Training** → Entspannungsverfahren

**Autonomie** → Selbstbestimmtes Leben, → Selbst-Entwicklung

**Autorität** (lat. Ansehen, Macht, sachliche Überlegenheit, sittliche Größe) bringt ein relationales Verhältnis der Über- und Unterordnung zwischen Menschen und Menschengruppen sowie zwischen Menschen und Institutionen auf den Begriff. Sie wirkt als → soziale Kontrolle über die → Interaktionen von Gruppenmitgliedern oder über die sozialen Beziehungen in Organisationen. Wesentlich für Geltung, Reichweite, Stärke und Dauer einer A. und des aus ihr abgeleiteten Herrschaftsanspruchs ist, dass die Untergeordneten diesen Anspruch als legitim anerkennen. Seit dem römischen Recht wird zwischen potestas (Herrschaft aufgrund von Zwangsgewalt) und auctoritas (Herrschaft aufgrund von Einsicht und Vertrauen der Beherrschten in die Rechts- und Sachdienlichkeit der Herrschaftsverhältnisse) unterschieden. Damit lässt sich A. als eine Form von Macht beschreiben, die nicht auf → Gewalt und Zwang, sondern auf Vertrauen und Anerkennung von Werten beruht. Die Konstitution von A. ist historisch und kulturell variabel: Nachdem die »Aufklärung« die Vernunft zur Richtschnur des Handelns gemacht hatte, veränderten sich das Wertbewusstsein und darüber die Legitimitätsgrundlagen von A. einschließlich ihrer A.konflikte. Der A.verlust von Kirche und feudalem Staat wurde durch die Entwicklung zur zweckrationalen Industrie- und später zur Dienstleistungsgesellschaft durch Sach-A. (kraft erwiesener oder vermuteter Sach- und Fachkenntnisse), Funktions-A. (kraft erwiesener oder vermuteter Fähigkeit, erwünschte Ergebnisse zu liefern) und Organisations-A. (kraft erwiesener oder vermuteter Fähigkeit, Menschen und Dinge zu »organisieren« [Sofsky/Paris]) kompensiert, die sich fortwährend neu zu bewähren haben.

Für die Soziale Arbeit relevant sind Verhältnis und Spannungen zwischen formal institutionalisierter und informal persönlicher A. (in Organisationsstrukturen und Entscheidungsprozessen) sowie der Einfluss der A.formen auf Erziehungs- und Sozialisationsprozesse. Insbesondere E. Fromm hat im Kontext der Autoritarismusforschung die psychosoziale Dynamik autoritärer Orientierung untersucht und auf die Besonderheit dieser A.skonflikte aufmerksam gemacht (vgl. auch Milgram-Experiment): Äußere Repression geht mit der Verdrängung von Triebregungen einher. Dann bewundert der Untergebene die A. und strebt danach, sich ihr zu unterwerfen, aber gleichzeitig will er selbst A. sein und andere sich gefügig machen. Unsere derzeitige neoliberale Gesellschaft, die sich ideologisch, politisch und ökonomisch fast ausschließlich auf die Regulationskraft des Marktes verlässt, bringt eine besondere Spannung in der A.legitimation hervor. A.en, die früher namhaft gemacht werden konnten, treten bei der Marketingorientierung als sog. Systeme mit ihren Hierarchien und Zwängen auf. Die komplexe und anonyme A. des Marktes führt dazu, dass Menschen, die nicht zu den »Modernisierungsverlierern« gehören wollen, sich selbstbestimmt und selbstgewollt dem Diktat des Marktes unterwerfen müssen.

*Margret Dörr*

**AWO Bundesakademie** ist institutionell und konzeptionell aus der seit 1974 praktizierten bundeszentralen Fortbildungsarbeit des Bundesverbandes der → Arbeiterwohlfahrt (AWO) erwachsen. Als Organisationseinheit der Bundesgeschäftsstelle organisiert und führt sie bedarfs- und praxisorientierte Qualifizierungsangebote durch, die der Kompetenzentwicklung und -erweiterung von Fach- und Führungskräften der AWO dienen. Die Lerninhalte aus Bereichen der Sozialen Arbeit, → Sozialwirtschaft sowie Management- und Fachwissen werden nach aktuellen methodisch-didaktischen Aspekten der → Erwachsenenbildung aufbereitet und vermittelt.

Die AWO Bundesakademie verfolgt zusammengefasst drei Qualifizierungsstränge: Unternehmensentwicklung (Optimierung von Managementkonzepten, Organisations- und Unternehmensführung), Verbandsentwicklung (strategische Themenbearbeitung im Hinblick auf die Mitgliedsorganisation AWO) und Fachlichkeit (Weiterentwicklung fachlicher Fragestellungen, Methoden und Konzepte Sozialer Arbeit). Die Analyse des jeweiligen Qualifizierungsbedarfs zur systematischen → Personalentwicklung findet in einem dialogischen Prozess zwischen Fachpersonal, Anstellungsträger und der Akademie statt. Die Weiterbildungsinhalte und -methoden ermöglichen einen ausgewogenen Theorie-Praxis-Transfer, geben Raum für reflektorische und experimentelle Lernprozesse. Bildungspolitisch setzt sich die Bundesakademie für ein durchlässiges und transparentes Bildungssystem ein und kooperiert mit verschiedenen Hochschulen. Die AWO Bundesakademie ist im Rahmen einer Systemakkreditierung seit Herbst 2009 zertifiziert.

*Informationen*: www.awo-bundesakademie.org

*Karin Kaltenbach*

**Babyklappe** → Anonyme Kindesabgabe, → Vertrauliche Geburt

**Bachelor-Master-System** → Studium der Sozialen Arbeit

**Bahnhofsmission** Die B. sind ambulante Hilfeeinrichtungen der evangelischen und katholischen Kirchen mit Anlaufstellen an über 100 Bahnhöfen in Deutschland. Sie leisten soziale Hilfen für alle Personengruppen, die sich am Bahnhof aufhalten. Ihr Hilfeangebot ist niedrigschwellig, die Hilfe ist kostenlos und kann ohne Voranmeldung in Anspruch genommen werden. Personen mit weitergehendem Hilfebedarf werden an örtliche Fachdienste vermittelt. Auch Personen ohne Hilfeanliegen wird Aufenthalt gewährt. Als zugehende Hilfe bietet die B. Menschen im Bahnhof ihre Unterstützung an; als mobile Hilfe begleitet sie mobilitätseingeschränkte Personen auf Reisen. Nach ihrem Selbstverständnis wirkt die B. als »Kirche am Bahnhof« und als Ort handelnder Ökumene. Sie bietet Menschen unabhängig von ethnisch-kultureller Herkunft, Weltanschauung und Religionszugehörigkeit ihren seelsorgerischen Beistand an.

Entstanden sind die B. als Antwort auf die wachsende soziale Not in deutschen Städten Ende des 19. Jh. Heute gehören u.a. von → Armut betroffene Menschen und Menschen mit Mobilitätseinschränkungen zu den Zielgruppen der B. . Organisatorisch getragen wird die B. von den örtlichen Einrichtungen der Caritas und der Diakonie und deren überörtlichen Dachverbänden. Diese sind auf Bundesebene im Verband der Deutschen Evangelischen B. e.V. und der Bundesarbeitsgemeinschaft der Katholischen B. in Deutschland zusammengeschlossen. Gemeinsam bilden sie seit 1910 die Konferenz für Kirchliche B. Träger der Bundesgeschäftsstellen sind das → Diakonische Werk der EKD und IN VIA – Katholischer Verband für Mädchen- und Frauensozialarbeit – Deutschland e.V. Unterstützt wird die B. durch die Deutsche Bahn AG, die Räume und Ausstattung kostenfrei zur Verfügung stellt.

*Information*: www.bahnhofsmission.de

*Christian Bakemeier*

**Balanced Scorecard (BSC)** ist ein in den 1990er-Jahren entwickeltes Controllinginstrument, das erstmals über rein wirtschaftliche → Kennzahlen hinausgeht. Sie umfasst neben der finanziellen Perspektive auch die Kundenperspektive, die interne Prozessperspektive und die Lern- und Entwicklungsperspektive, die alle als gleich bedeutsam für den Unternehmenserfolg gelten. Für jede Perspektive sollen jeweils Ziele formuliert, Kennzahlen entwickelt, Zielwerte festgelegt und Maßnahmen zur verbesserten Zielerreichung geplant werden. Die Maßnahmen sollen zugleich die aktuellen strategischen Ziele berücksichtigen und so das operative an das strategische → Controlling anbinden. Der Erfolg der Maßnahmen wird durch regelmäßigen Abgleich von Ziel- und Ist-Kennzahlen gemessen. Die vier Perspektiven werden in einem kausalen Zusammenhang gesehen: Nur durch stetige Lern- und Entwicklungsprozesse wird das Unternehmen eine gute Prozessqualität entwickeln können. Diese ist erforderlich, um Kund/innen zufriedenstellen und binden zu können, was letztlich zu einem guten wirtschaftlichen Ergebnis führt. Im Ausgangsmodell werden damit alle Maßnahmen der vier Perspektiven an dem Oberziel »wirtschaftlicher Erfolg« ausgerichtet.

Durch wenige Anpassungen lässt sich das Modell auch für Nonprofit-Organisationen und Behörden einsetzen. Die finanzielle Perspektive kann zur Ergebnisperspektive erweitert werden und z.B. bei einem Träger der Behindertenhilfe neben dem Finanzergebnis die verbesserte → Teilhabe behinderter Menschen am gesellschaftlichen Leben umfassen. Die BSC wird erfolgreich von Verbänden, sozialen Dienstleistern und Behörden für eine konsequente Ausrichtung aller wesentlichen Aktivitäten an den strategischen Zielen eingesetzt. Durch die Integration von Frühindikatoren, z.B. Investitionen in Fortbildung, ist die BSC auch ein wichtiger Baustein des Risikomanagements.

*Christian Koch*

**Bank für Sozialwirtschaft** Die Bank für Sozialwirtschaft AG (BFS), Berlin/Köln, ist bundesweit das einzige Kreditinstitut, das sich ausschließlich auf das Geschäft mit Einrichtungen, Organisationen und Unternehmen der Sozial- und Gesundheitswirtschaft konzentriert. Aktionäre der 1923 gegründeten Bank sind Spitzenverbände der → Freien Wohlfahrtspflege und andere Akteure aus der → Sozialwirtschaft. Die Bilanzsumme lag am 31.12.2014 bei 9,31 Mrd. Euro.

Das Angebot der BFS umfasst neben Kreditgeschäft, Einlagen-/Wertpapiergeschäft und Zahlungsverkehr spezielle Leistungen für die Sozial- und Gesundheitswirtschaft. So bietet z.B. das Online-Factoring eine unkomplizierte Vorfinanzierung von Forderungen an Kostenträger. Standort- und Wettbewerbsanalysen und Beleihungswertgutachten für Sozialimmobilien unterstützen eine fundierte Investitionsentscheidung, Instrumente für Spendenorganisationen optimieren das → Fundraising usw. Die Kundenberatung berücksichtigt die rechtlichen Rahmenbedingungen der

Finanzierung in den Einzelbranchen → Altenhilfe, Behindertenhilfe (→ Eingliederungshilfe für behinderte Menschen), → Gesundheitswesen usw.

Serviceleistungen wie z.B. ein Informationssystem zu Förderprogrammen und -politik der → Europäischen Union (EU) im Internet (www.eufis.eu), Seminare, Veranstaltungen und Publikationen zu rechtlichen und betriebswirtschaftlichen Fragestellungen der Sozial- und Gesundheitswirtschaft runden das Angebotsspektrum ab.

*Anschrift*: Wörthstraße 15-17, 50668 Köln, www.sozialbank.de

*Stephanie Rüth*

**Barbetrag, angemessener** ist neben → Bedarfen für Kleidung Bestandteil des weiteren notwendigen → Lebensunterhalts in stationären → Einrichtungen. Rechtsgrundlage für diese Leistung ist § 27b Abs. 2 SGB XII. Er ist den → Leistungsberechtigten als → Geldleistung auszuzahlen und zur Verfügung zu stellen. Der a. B. gewährleistet die Persönlichkeitsentfaltung und ermöglicht es den Leistungsberechtigten, ihr Leben in der Einrichtung nach eigenen Vorstellungen zu gestalten. Hierzu zählen insbesondere die → Teilhabe am gesellschaftlichen und kulturellen Leben und die Beziehungen zur Umwelt. Ähnliches sieht § 27a SGB XII mit den persönlichen → Bedürfnissen des täglichen Lebens und § 39 SGB VIII als Bestandteil des Unterhalts in der → Eingliederungshilfe für seelisch behinderte Kinder und Jugendliche gem. § 35a SGB VIII vor. Aus dieser Zweckbestimmung folgt auch, dass weder die Einrichtung noch z.B. die gesetzlichen Vertreter der Leistungsberechtigten den a. B. zur Finanzierung anderer Bedarfe verwenden dürfen.

Die Bemessung des a. B. richtet sich nach § 27b Abs. 2 S. 2 SGB XII. Volljährige Leistungsberechtigte erhalten demnach mindestens einen Barbetrag in Höhe von 27 vom Hundert der Regelbedarfsstufe 1 (→ Regelbedarf) nach der Anlage zu § 28 SGB XII. 2016 beträgt dieser 109,08 Euro. Wie hoch der Barbetrag im Einzelfall ausfällt, lässt das SGB XII offen. Das Bundesverwaltungsgericht hat insoweit auf die typisierende Verbrauchsstatistik der → Einkommens- und Verbrauchsstichprobe verwiesen (Urteil v. 8.7.2004 – 5 C 44/03). Demgegenüber verweist die Praxis auf eine individuelle Bedarfsfeststellung i.S.v. § 9 SGB XII. Für minderjährige Leistungsberechtigte setzen die zuständigen Landesbehörden oder die von ihnen bestimmten Stellen für die in ihrem Bereich bestehenden Einrichtungen die Höhe des Barbetrages fest. Eine Minderung des garantierten Mindestbarbetrags ist gem. § 27b Abs. 2 S. 4 SGB XII nur zulässig, wenn dessen bestimmungsgemäße Verwendung nicht möglich ist. Da der Begriff der »bestimmungsgemäßen Verwendung« weit auszulegen ist, kommt ein solcher Ausfall nur in Betracht, wenn Leistungsberechtigte z.B. als Kleinstkinder oder wegen einer vorübergehenden Bewusstlosigkeit physisch außer Stande sind, eigene Bestimmungen über die Verwendung des Barbetrags zu treffen. Eine Kürzung lässt sich insbesondere nicht damit rechtfertigen, dass für einen Leistungsberechtigten einzelne Verwendungsarten nicht in Betracht kommen. Die freie Verfügbarkeit über den a. B. sichert vielmehr gerade die Freiheit, bei dessen Verwendung individuelle Schwerpunkte zu setzen und »Ausfälle« hinsichtlich einer Verwendungsmöglichkeit (z.B. Sport) durch andere zu kompensieren (z.B. Museumsbesuche).

Der vor Inkrafttreten des SGB XII geleistete zusätzliche Barbetrag gem. § 21 Abs. 3 S. 4 Bundessozialhilfegesetz wird im Wege der Besitzstandsregelung nach § 133a SGB XII weitererbracht. Voraussetzung hierfür ist, dass die Leistungsberechtigten am Stichtag, dem 31.12.2004, Anspruch auf diese Leistung hatten.

*Friederike Mußgnug*

**Barrierefreiheit** bedeutet die uneingeschränkte Nutzung von Gegenständen, Gebrauchsgütern und Objekten durch alle Menschen über denselben Zugangsweg. Eine Zugänglichkeit über alternative Zugangswege gilt dabei nicht als barrierefrei. Laut → UN-Behindertenrechtskonvention ist Ziel von B., für Menschen mit Behinderungen den gleichberechtigten Zugang zur physischen Umwelt, zu Transportmitteln, Information und Kommunikation, einschließlich Informations- und Kommunikationstechnologien und -systemen, sowie zu anderen Einrichtungen und Diensten, die der Öffentlichkeit in städtischen und ländlichen Gebieten offenstehen oder für sie bereitgestellt werden, zu gewährleisten. Nach § 4 des → Behindertengleichstellungsgesetzes (BGG) sind barrierefrei »bauliche und sonstige Anlagen, Verkehrsmittel, technische Gebrauchsgegenstände, Systeme der Informationsverarbeitung, akustische und visuelle Informationsquellen und Kommunikationseinrichtungen sowie andere gestaltete Lebensbereiche, wenn sie für → Menschen mit Behinderungen in der allgemein üblichen Weise, ohne besondere Erschwernis und grundsätzlich ohne fremde Hilfe auffindbar, zugänglich und nutzbar sind.«

Zur B. gehören Vorkehrungen für die verschiedensten Arten von Behinderungen (z.B. die rollstuhlgerechte Bauweise, die Ausstattung mit akustischen Hinweisen, das Vorhalten von Gebärdendolmetscher/innen, der Gebrauch von Leichter Sprache). B. wird neben dem BGG und Verordnungen zu dessen Umsetzung auch in § 17 SGB I vorgeschrieben. Hiernach sind die → Sozialleistungsträger verpflichtet, darauf hinzuwirken, dass ihre Verwaltungs- und Dienstgebäude frei von Zugangs- und Kommunikationsbarrieren sind und → Sozialleistungen in barrierefreien Räumen und Anlagen ausgeführt werden. Außerdem haben → Menschen mit Hörbehinderungen und Menschen mir Sprachbehinderungen das Recht, bei der Ausführung von Sozialleistungen → in Deutscher Gebärdensprache mit lautsprachbegleitenden Gebärden oder über andere geeignete Kommunikationshilfen zu kommunizieren. Die Kosten für die Kommunikationshilfen (z.B. Dolmetscher/innen) müssen die Leistungsträger übernehmen. § 9 BGG i.V.m. der Kommunikationshilfeverordnung (KHV) vom 17.7.2002 definiert detailliert das Recht hör- und → sprachbehinderter Menschen, Gebärdensprache und andere Kommunikationshilfen bei der Kommunikation mit Trägern öffentlicher Gewalt zu verwenden und § 10 BGG i.V.m. der Verordnung über barrierefreie Dokumente in der Bundesverwaltung (VBD) vom 17.7.2002 trifft Regelungen, inwieweit öffentliche Dokumente, Bescheide und Vordrucke in für → blinde und → sehbehinderte Menschen zugänglicher Form gestaltet werden müssen. Zur Herstellung von B. bei Gebäuden und im Verkehr schreibt § 8 BGG vor, dass alle Neu-, Um- und Erweiterungsbauten im Eigentum des Bundes sowie sonstige öffentliche bauliche Anlagen, Wege, Plätze und Straßen barrierefrei zu errichten sind. Der mit der BGG-Reform vom Mai 2016 neu eingefügte § 11 sieht überdies vor, dass Träger öffentlicher Gewalt ab dem 1.1.2018 mit Menschen mit geistigen und seelischen Behinderungen in einfacher und verständlicher Sprache kommunizieren. Auf Verlangen sollen insbesondere Bescheide, Allgemeinverfügungen, öffentlich-rechtliche Verträge und Vordrucke in einfacher und verständlicher Weise erläutert werden. Des Weiteren sollen vermehrt Informationen in Leichter Sprache bereitgestellt und die Kompetenzen für das Verfassen von Texten in Leichter Sprache bei den Trägern der öffentlichen Gewalt auf- und ausgebaut werden. Gemäß § 12 BGG i.V.m. der Barrierefreie Informationstechnik-Verordnung (BITV) vom 17.7.2002 sind außerdem alle Internet- und Intranetauftritte von Trägern öffentlicher Gewalt barrierefrei zu gestalten. Schließlich wird bei der Deutschen Rentenversicherung Knappschaft-Bahn-See eine Bundesfachstelle B. errichtet.

Das nur für die Träger der öffentlichen Gewalt geltende BGG auf Bundesebene wurde durch Landesgleichstellungsgesetze ergänzt. Außerdem gibt es Bestrebungen, durch verschiedene Initiativen (lokale Teilhabepläne) die B. auch auf kommunaler Ebene zu verbessern.

*Antje Welke*

**Basis-Rente** → Alterssicherung, → Private Altersvorsorge

**Baugesetzbuch (BauGB)** → Stadtentwicklung

**Beauftragte für Menschen mit Behinderung** sind, je nach zugehöriger Ebene, Ansprechpartner/innen für Belange und Interessen von → behinderten Menschen auf Bundes-, Landes- oder kommunalen Ebene. B. wirken auf gleichwertige Lebensbedingungen von Menschen mit und ohne Behinderung hin. Damit helfen sie, die → UN-Behindertenrechtskonvention (BRK), insbesondere hinsichtlich → Inklusion, → Teilhabe und → Partizipation der Menschen mit Behinderung an und in der Gesellschaft auf allen Ebenen und in allen Bereichen umzusetzen. Für die Wahrnehmung des Auftrags besteht regelmäßig ein umfassendes Auskunfts-, Akteneinsichts- und Unterstützungsrecht öffentlicher Stellen.

Der/die B. des Bundes setzt sich auch für die Berücksichtigung der unterschiedlichen Lebensbedingungen von Frauen und Männern mit Behinderung ein, einschließlich der Beseitigung einer geschlechterspezifischen Benachteiligung. Seit dem Inkrafttreten der BRK ist bei der/dem B. auch die staatlichen Koordinierungsstelle (Art. 33 Abs. 1 BRK) angesiedelt. Diese soll die Einbindung der → Zivilgesellschaft, insbesondere der Menschen mit Behinderung gewährleisten, die Umsetzung der BRK fördern, begleiten und die Maßnahmen dazu überwachen. Dafür besteht seit 2010 auf Bundesebene der Inklusionsbeirat mit untergeordneten, thematischen Fachausschüssen.

Die/der B. des Bundes wird durch die Bundesregierung für die Dauer der Legislaturperiode bestellt. In einigen Bundesländern wird die Person durch das jeweilige Parlament gewählt.

*Daniel Heinisch*

**Bedarf** ist im deutschen Sozialwesen eine zentrale Kategorie für die Bemessung von Art und Umfang → sozialer Dienstleistungen und deren Organisation als → Geld- und → Sachleistungen. Am B. des hilfsbedürftigen Menschen sollen sich die sozial- und heilpädagogischen Instrumente der → Hilfeplanung, Pflegeplanung, Gesamtplanung oder Entwicklungsplanung in der

Behindertenhilfe, → Sozialhilfe, → Altenhilfe oder → Jugendhilfe orientieren. Die häufig geradezu synonym verwendeten Begriffe B. und → Bedürfnis sind auseinanderzuhalten, da der B. eine beschaffungsbezogene Konkretisierung von Bedürfnissen darstellt. Um sozialpolitisch bearbeitbar zu werden, müssen Bedürfnisse als subjektive Mangeldefinitionen in bedarfsbezogene Leistungskategorien übersetzt werden, die dann wiederum als Nachfrage nach Gütern und Dienstleistungen wirksam werden. Die Quantifizierung der zur Befriedigung von Bedürfnissen zur Verfügung stehenden bzw. als notwendig erachteten (Geld-)Mittel bildet den B. Insofern werden die Bedürfnisse durch B.definitionen so operationalisiert und gefiltert, dass über spezifische Mengen und Qualitäten von sozialen Leistungen entschieden werden kann. Ob die als bedarfsgerecht definierten Leistungen dann tatsächlich zur Bedürfnisbefriedigung eingesetzt werden, hängt von der Nachfrage und der Inanspruchnahme ab. Nicht jede Inanspruchnahme von bedarfsbezogenen Angeboten Sozialer Arbeit durch → Klient/innen entspricht jedoch einem subjektiv ausgeprägten Bedürfnis, nicht jedes Bedürfnis mündet in Nachfrage und Inanspruchnahme, auch wenn bedarfsgerechte Angebote vorhanden sind. Wenn Bedürfnis, B., Angebot und Nachfrage auseinanderfallen, ist zu ermitteln, ob (a) die verfügbaren → Ressourcen eine B.deckung und damit ein dem B. entsprechendes Angebot nicht erlauben, (b) die konzipierte Lösung dem Bedürfnis grundsätzlich nicht gerecht wird, (c) einzelne Aspekte der Lösung (z.B. Öffnungszeiten, Preis, Personalausstattung, Entfernung usw.) nicht bedürfnisgerecht sind oder (d) ein Mangel an Information oder persönliche Hemmnisse der Inanspruchnahme entgegenstehen.

Gerade der Charakter des B. als ein in Güter und Dienstleistungen übersetztes Bedürfnis führt im Sozialwesen zwingend zu einer Relativierung der Bedürfnisse. Nicht alle Bedürfnisse werden als bedarfsrelevant wahrgenommen, und für andere, subjektiv unterschätzte Bedürfnisse werden B.größen definiert und als meritorische Güter zur Verfügung gestellt. Insofern objektiviert und filtert der B. im Sozialbereich nicht nur Bedürfnisse in organisierbare und bepreisbare Produkte, sondern er stellt auch eine normative, kulturelle, sozialpolitische und/oder sozialökonomische Definition von Zielgrößen Sozialer Arbeit wie → Teilhabe, → Existenzminima, Versorgungsniveaus, Lebensqualität oder Kompetenz dar. Bei diesen Festlegungen sind zu unterscheiden: (a) ein permanent vorhandener Grundb. für Menschen, die nicht oder nur begrenzt in der Lage sind, ohne Hilfe Dritter zu leben; (b) ein gesellschaftsbedingter B. für Personengruppen, die im Modernisierungsprozess von → Exklusion bedroht sind; (c) ein verteilungsbedingter B., der sich aus nicht akzeptierter → sozialer Ungleichheit ergibt; (d) ein katastrophenbedingter B. sowie (e) ein »geweckter« B., der wesentlich durch die Anbieter sozialer Dienstleistungen, aber auch durch Standards anderer Länder entstehen kann. Weiterhin lässt sich differenzieren nach (a) objektivem B. (weitgehend durch fachliche Urteile definiert), (b) subjektivem B. (durch individuelle Präferenzen definiert) und (c) latentem B. (noch nicht definiert).

*Bernd Halfar*

**Bedarfsanalyse** Die B. in der Sozialen Arbeit ist das schwierigste und wichtigste Element der strukturierten Informationsaufbereitung im Rahmen der individuellen → Hilfeplanung oder der Planung der → sozialen Infrastruktur. Die B. ist Bestandteil der → Bedarfsplanung und schließt eine Prognostik der zukünftigen Annahmen der erwartbaren Leistungsinanspruchnahme und Zielsetzung, die operative Ressourcenbindung bei der Hilfeplanung oder die Ressourcenverteilung auf der Systemebene mit Orientierung auf strukturqualitative Rahmenbedingungen (wie z.B. Qualifikation des Personals, Öffnungszeiten, Flächenbedarf etc.) im Rahmen der → Sozialplanung ein. Auf der Grundlage der Gesetzgebung und einer B. (politische Gremien, Leistungsträger, → Leistungserbringer, Leistungsnehmer/innen) ist die Bedarfsfeststellung das Ergebnis eines sozialpolitischen Aushandlungsprozesses in einer Kommune. Dabei können Rahmenbedingungen in bestimmten Leistungsfeldern kommunal stark variieren und das spezifische soziale Leistungsprofil einer Kommune prägen. Bei B., die durch ein interkommunales → Benchmarking gestützt werden sollen, sind deshalb die Informationsgrundlagen des Vergleiches zwischen den teilnehmenden Kommunen abzustimmen.

Mittels verschiedener diskursorientierter Verfahren (Vier-Felder-Matrix, Zielkaskade, Portfoliotechnik, Gruppendiskussion, Zukunftswerkstatt, → Delphi-Methode, world-cafe etc.) und komplexer mathematisch-statistischer Analyseverfahren (Korrelations- und Clusteranalyse etc.) werden in öffentlichen und demokratischen Aushandlungsprozessen → Bedarfe für kommunale Handlungsoptionen entwickelt. Im Rahmen der Neuen Steuerungsmodelle werden verstärkt → Effektivität und → Effizienz der sozialen Dienstleistungen hinterfragt. Das fordert eine Kombination qualitativer und quantitativer Erhebungsmethoden (→ Empirische

Sozialforschung) für den zu bewertenden Leistungsgegenstand. Grundlegend für die soziale Dienstleistungsproduktion ist dabei, dass sich der Bedarf nicht über marktregulierende Mechanismen ergibt, der durch die Kaufkraft der »Kundin«/des »Kunden« gedeckt ist. Es gibt ein gebrochenes Verhältnis zwischen Angebot und Nachfrage im Bereich → sozialer Dienstleistungen, weil mit der Leistungserstellung keine oder keine kostendeckenden Einnahmen erwirtschaftet werden. So hat eine gesteigerte Nachfrage keinen positiven, sondern einen negativen Einfluss auf die öffentlich verfügbaren finanziellen Mittel. Die leistungs- bzw. produktbezogene Ressourcenbereitstellung ist durch den kommunalpolitischen Aushandlungsprozess bei der Aufstellung öffentlicher Haushalte determiniert. Die Leistungserbringer sozialer Dienstleistungen (→ freie und → öffentliche Träger, → privat-gewerbliche Träger) sind daran gebunden, mit den Leistungs- und damit Kostenträgern abzustimmen, ob und welche Leistungen finanziert werden. Mittels gesetzlicher und politischer Rahmen- und Zielsetzungen und entsprechenden Programmen transformieren die Leistungs- bzw. Kostenträger → Bedürfnisse und Wünsche in eine gesellschaftlich relevante Bedarfsdeckung.

Bedarfe können auch staatlich-administrativ definiert sein. Dabei wird durch → Sozialpolitik dann eine direkte Einflussnahme auf Handlungsdefizite von Leistungsnehmer/innen verantwortet oder korrigiert. Das entspricht dann einer bedarfsanalytisch gestützten berechtigten Umsetzung von Mängellagen in Bedarfe nicht mehr. In der Steuerungslogik einer Bürgergesellschaft ist jedoch die Beteiligung von Bürger/innen bedarfsanalytisch das qualitativ bestimmende Element in der sozialen Dienstleistungsproduktion. Durch die Beteiligung der Leistungsnehmenden als Ko-Produzenten im Prozess der Leistungserstellung und durch die fehlende oder teilweise Finanzierung einer Leistung durch die Leistungsnehmenden ist kein ökonomisch gleichgestellter Marktmechanismus für die soziale Dienstleistungsproduktion zu unterstellen. Eine markt- oder quasi-marktregulierte Steuerung ist damit für den sozialen Bereich nicht anwendbar.

Es ergeben sich Steuerungsanforderungen für ein Management im sozialen Bereich (→ Sozialmanagement) durch die auf der Grundlage der Neuen Steuerungsmodelle (→ Verwaltungsmodernisierung) einzuführenden Zielsteuerungsprozesse und durch die Einführung der doppelten Buchführung (→ Doppik) im öffentlichen Dienst, was u.a. ein alle leistungserstellenden Bereiche durchziehendes → Kontraktmanagement erfordert. Durch die bedarfsanalytische Orientierung auf – zum einen – die problemzentrierten Diskurse zu → Lebenslagen und Verwirklichungschancen auf der Grundlage der → Sozialberichterstattung und – zum anderen – die Diskurse zur Systematik und Finanzierung des Produktprofils (aller Produkte) einer Kommune ergeben sich normative, strategische und operative Anforderungen zur Steuerungsunterstützung durch Sozialplanung und → Controlling. In der Verzahnung der Funktionalitäten von Sozialplanung und Controlling sind kommunale Leistungs- und Finanzziele beschreib- und wirkungsorientiert bewertbar. Auf einer gesicherten Datenbasis ermöglicht eine in der Steuerungslogik der Bürgergesellschaft (→ Zivilgesellschaft) ermittelte B. notwendige und angemessene Impulse zur Weiterentwicklung der sozialen Einrichtungen, Dienste und Angebote.

*Ingo Gottschalk*

**Bedarfsbemessungssystem** dient der Konkretisierung und Quantifizierung des durch Regelsätze (→ Regelbedarf) nach § 28 SGB XII (→ Sozialhilfe) zu deckenden notwendigen Lebensunterhalts (§ 27 SGB XII). Nach heute überwiegender Auffassung ist der notwendige Lebensunterhalt in einer hoch entwickelten → Gesellschaft nicht über einen absoluten Maßstab zu definieren, der im Zeitablauf entweder völlig konstant bleibt oder lediglich in größeren Intervallen neu bestimmt wird. Der durch Regelsätze zu deckende → Bedarf wird hingegen mit Blick auf die sozialintegrative Funktion des Sozialhilferechts und seine Zweckbestimmung in § 1 SGB XII, »dem Empfänger der Hilfe die Führung eines Lebens zu ermöglichen, das der Würde des Menschen entspricht« (→ Menschenwürde) als eine – oberhalb eines physiologischen Mindestniveaus liegende – weitgehend variable Größe angesehen, deren Ausprägung vom Lebensstandard einer Gesellschaft beeinflusst wird. Die Festsetzung der Regelsätze in der Sozialhilfe erfolgte bis in die 1980er-Jahre nach der »Warenkorbmethode«: Die nach Status (Haushaltsvorstand bzw. Haushaltsangehörige) und Lebensalter (nur bei Haushaltsangehörigen) unterschiedlichen Warenkörbe enthielten nach Art und Menge definierte Güter und Dienstleistungen zur Deckung des Bedarfs an → Ernährung, für hauswirtschaftlichen Bedarf und persönliche Bedürfnisse des täglichen Lebens (→ Bedürfnisse, persönliche, des täglichen Lebens). Die preislich bewerteten Warenkörbe waren Grundlage für die Festsetzung der Regelsätze. Art und Umfang der in die Warenkörbe übernommenen Güter waren wissenschaftlich letztendlich nicht zwingend zu begründen. Warenkörbe sind insbesondere für die Bemessung absoluter Bedarfsminima geeignet. Sie werden aufgestellt, um einen bestimmten Lebensstandard durch regelmäßige preisliche Neubewertung über längere Zeit auf einem real gleichbleibenden Niveau zu halten. Es hat sich gezeigt, dass die grundsätzlich mögliche Neujustierung an geänderte gesellschaftliche Verhältnisse in der Praxis nur schwer und mit zeitlichen Verzögerungen umzusetzen war. Für die Regelsatzwarenkörbe hatte der → Deutsche Verein für öffentliche und private Fürsorge über Jahrzehnte eine gutachtliche Position inne. Seine Arbeiten entsprachen dem Stand der Wissenschaft.

Das Warenkorbsystem zur Bemessung der Regelsätze wurde 1990 durch ein → Statistikmodell abgelöst, nachdem bereits seit längerer Zeit kein Einvernehmen über die einzelnen Positionen im Warenkorb sowie die preisliche Fortschreibung mehr erzielt werden konnte. Das Statistikmodell orientiert sich an den tatsächlichen Ausgaben unterer Einkommensgruppen für Bedarfspositionen, die nach den sozialhilferechtlichen Regelungen durch Regelsätze zu decken sind. Da die periodisch durchgeführte → Einkommens- und Verbrauchsstichprobe des Statistischen Bundesamtes Datengrundlage ist, eröffnet das Statistikmodell die Möglichkeit, Entwicklungen des gesellschaftlichen Wohlstandsniveaus, die sich in geänderten Konsumausgaben niederschlagen, bei der Regelsatzbemessung zu berücksichtigen. Das Statistikmodell ist grundsätzlich zur Bemessung von Leistungen geeignet, die einem relativen Verständnis von Bedarf entsprechen.

Jedes B. für die Regelsätze ist letztendlich Ergebnis normativer und politischer Entscheidungen. Ein B. ist in diesem Zusammenhang als eine Verfahrenskonvention zu verstehen, deren Ergebnisse zur Begründung und Legitimierung von Entscheidungen dienen, für die jedoch kein Wahrheitsanspruch (im wissenschaftlichen Sinne) erhoben wird. Seit 2011 nennt das → Regelbedarfs-Ermittlungsgesetz zentrale Parameter für die Bemessung der Regelsätze nach dem Statistikmodell, insbesondere die Festlegung der sog. Referenzgruppen, deren Ausgabeverhalten Grundlage für die Bemessung ist. Gesetzlich nicht geregelt ist, welche Ausgaben der Referenzgruppen im Einzelnen zu berücksichtigen sind.

*Reiner Höft-Dzemski*

**Bedarfsdeckungsprinzip**, auch Bedarfsdeckungsgrundsatz genannt, ist ein aus der Verfassung (→ Grundgesetz) abgeleitetes → Strukturprinzip des Sozialhilferechts. Es besagt, dass die Leistungen der → Sozialhilfe so beschaffen und bemessen sein müssen, dass der sozialhilferechtliche → Bedarf vollständig befriedigt werden kann. Das B. findet sich im SGB XII nicht eigenständig rechtlich geregelt, sondern ergibt sich aus der Bestimmung des Leistungsumfangs in der materiellen Anspruchsnorm. So ist das B. etwa in § 29 Abs. 3 S. 1 SGB XII mit der Bestimmung verwirklicht, dass die Leistungen für Heizung (→ Heizung, Kosten der) in tatsächlicher Höhe erbracht werden. Einer eigenständigen einfachrechtlichen Normierung des B. bedarf es aber nicht, weil sich die Herleitung und Begründung des B. aus der grundsätzlichen Aufgabe der Sozialhilfe ergibt, den Leistungsberechtigten die Führung eines Lebens zu ermöglichen, das der Würde des Menschen entspricht (§ 1 S. 1 SGB XII). Denn aus der → Menschenwürde ergeben sich bereits Mindestvoraussetzungen, die für ein Dasein der Bürger/innen zwingend erfüllt sein müssen. Kann ein Mensch diese Mindestvoraussetzungen nicht selbst sicherstellen, so ist es Aufgabe des → Sozialstaates, den Anspruch zur Sicherung des → Existenzminimums der/des Einzelnen zu erfüllen. Art und Umfang dieses staatlicherseits zu sichernden Existenzminimums (ausgestaltet und beschrieben oder differenziert nach »soziokulturelles«, »verfassungsrechtliches« oder »einfachrechtliches« Existenzminimum) ergibt sich aus dem Bedarf, verstanden als der Summe der grundlegenden, zur Sicherung der Existenz zu erfüllenden → Bedürfnisse des Menschen. Ohne dass diese grundlegenden Bedürfnisse des Menschen erfüllt sind, also ohne die Deckung dieses Bedarfs, ist ein menschenwürdiges Dasein nicht möglich. Am Grundsatz der Bedarfsdeckung kann von Verfassungs wegen kein Zweifel bestehen. Allerdings ist der Bedarf selbst die unbekannte Größe, die den Grundsatz brisant macht.

Kern bzw. Dreh- und Angelpunkt des B. ist mithin der Bedarf, seine Bemessung (→ Bedarfsbemessungssystem) und die Weise seiner Bestimmung anhand von tatsächlichen, rechtlichen, normativen oder politischen Kriterien. Abgesehen von ökonomischen, sozialen und soziologischen Aspekten der Bedarfsbemessung ist die Bestimmung des im Wege der Sozialhilfe zu deckenden Bedarfs eine wertende politische Entscheidung. Der Grad dessen, was ein Mensch abgesehen von Nahrung und Wohnen in kultureller Hinsicht braucht, um in Würde zu leben, ist einerseits individuell (→ Individualisierungsprinzip), andererseits an gesellschaftlichen Anschauungen, Gepflogenheiten und Verhaltensweisen (z.B. → Einkommens- und Verbrauchsstichproben) auszurichten. In dem den Bedarf spiegelnden Existenzminimum bildet sich Wohlstand und → Armut der Gesellschaft bzw. des Staates ab und die durch die Gesetzgebung ausgedrückte gesellschaftliche (Mehrheits-) Überzeugung und Wertung, was zur Sicherung der Existenz des Einzelnen notwendig sei.

*Lit.* Berlit, U./Conradis, W./Sartoris, U. (Hrsg.): Existenzsicherungsrecht, 2. Aufl., Baden-Baden 2013; Rothkegel, R.: Die Strukturprinzipien des Sozialhilferechts. Bestand, Bedeutung und Bewertung, Baden-Baden 2000; Wahrendorf, V.: Die Fortgeltung der „Strukturprinzipien" im SGB XII und ihre Durchbrechung durch das SGB II, in: Fahlbusch, J. (Hrsg.): 50 Jahre Sozialhilfe. Eine Festschrift, Berlin 2012, S. 117–130.

*Jonathan I. Fahlbusch*

**Bedarfsgemeinschaft** Der Begriff B. umfasst nahezu alle Formen des familiären Zusammenlebens von Partner/innen mit deren Kindern oder Elternteilen. Gem. § 7 Abs. 3 SGB II können folgende mit dem/der erwerbsfähigen → Leistungsberechtigten in einem Haushalt zusammenlebende Personen eine Bedarfsgemeinschaft bilden: Eltern und deren Partner/innen, die eigenen Ehepartner/innen (→ Ehe) oder Lebenspartner/innen (→ Lebenspartnerschaft) sowie Personen, die mit der leistungsberechtigten Person im gemeinsamen Haushalt so zusammenleben, »dass nach verständiger Würdigung der wechselseitige Wille anzunehmen ist, Verantwortung füreinander zu tragen und füreinander einzustehen«. Mitglieder der B. können auch unverheiratete Kinder der vorgenannten Personen sein, die die Leistungen zur Sicherung ihres → Lebensunterhalts nicht aus eigenem → Einkommen oder → Vermögen beschaffen können. Diese können die B. mit ihren Eltern erst nach Vollendung des 25. Lebensjahres verlassen; ein früherer mit Leistungen der → Unterkunft und → Heizung nach § 22 SGB II finanzierter Auszug in eine eigene Wohnung ist nur möglich, wenn ein schwerwiegender sozialer Grund besteht. Die sog. temporäre B. regelt die Zuteilung der Regelleistungen für Kinder (→ Regelbedarf-Ermittlungsgesetz), die regelmäßig in beiden Haushalten ihrer getrennt lebenden Eltern aufwachen.

Dass eine B. besteht, hat der → Leistungsträger nachzuweisen. Gem. § 7 Abs. 3 a SGB II ist der Bestand einer Verantwortungs- und Einstandsgemeinschaft zu vermuten, wenn die Partner/innen länger als ein Jahr zusammenleben, mit einem gemeinsamen Kind zusammenleben, Kinder oder Angehörige im Haushalt versorgen oder befugt sind, über Einkommen oder Vermögen der anderen Person zu verfügen. Die Erwartung, dass die Mitglieder der Bedarfsgemeinschaft vorranging vor dem → Träger der Grundsicherung füreinander einstehen (→ Subsidiarität), wird insbesondere im Zusammenhang mit der → Hilfebedürftigkeit gem. § 9 SGB II relevant. Ob eine Person hilfebedürftig ist, entscheidet sich nicht nur nach deren eigenen Einkommen und Vermögen, sondern auch nach denen des mit ihr zusammenlebenden Partners. Bei unverheirateten Kindern richtet sich die Hilfebedürftigkeit auch nach Einkommen und Vermögen der Eltern und der anderen in § 7 Abs. 3 Nr. 3 SGB II benannten Personen. Deren Einbeziehung und Heranziehung entfällt nur, wenn dieses Kind selbst schwanger ist oder ein eigenes Kind bis zur Vollendung des sechsten Lebensjahres betreut.

Weil eine B. im Verwaltungsverfahren immer als Gesamtheit vertreten wird, sind auch diejenigen Mitglieder Verfahrensbeteiligte, die an sich über ein für sich ausreichendes Einkommen verfügen. Als solche sind für sie namentlich die → Mitwirkungs- und Auskunftspflichten nach § 60 SGB II relevant. Die Reduzierung des Leistungsanspruchs infolge einer Pflichtverletzung gem. § 31 a SGB II betrifft stets die gesamte B., da der Anteil des sanktionierten Mitglieds im gemeinsamen Haushalt fehlt und von den übrigen Mitgliedern zu überbrücken ist. Betrifft die Sanktion auch die Leistungen für Unterkunft und Heizung nach § 22 SGB II, kann dies die Existenz der gesamten B. gefährden.

*Friederike Mußgnug*

**Bedarfsplanung** in der Sozialen Arbeit umfasst die fachmethodische Ermittlung der → Bedürfnisse und Wünsche von Klient/innen und Nutzer/innen auf der Ebene der einzelnen Hilfebedürftigen (→ Hilfeplanung oder andere Methoden der Informationsgewinnung) und deren Übertragung auf die Systemebene. Im Rahmen der B. wird auf der Grundlage einer → Bedarfsanalyse die Problemsituation für eine administrative Entscheidungsfindung zum Einzelfall (→ Case Management) oder zur Infrastrukturplanung (→ Sozialplanung) bewertet.

Der Diskurs zwischen den Hilfebedürftigen, den → Leistungserbringern und den → Sozialleistungsträgern ist im Rahmen der B. eine Voraussetzung für die Ausgestaltung politischer Prioritäten und für das administrative Handeln.

Für B. müssen qualitative und quantitative Aspekte einer Rückkopplungsstruktur (→ Controlling, → Berichtswesen, → Sozialberichterstattung, → Qualitätsmanagement) zur Erstellung und zum Ressourcenmanagement → sozialer Dienstleistungen berücksichtigt werden.

*Ingo Gottschalk*

**Bedürfnisse** als universelle und schillernde Bezeichnung für Mangelgefühle des Menschen, die durch seine physische, psychische und soziokulturelle Existenz verursacht werden. Menschliche B. werden in diesem Sinne häufig als Spannungszustände interpretiert, die aus einer subjektiv erlebten Mangellage (materieller oder immaterieller Art) resultieren und nach Befriedigung drängen. Diese mit psychologischen Vokabeln durchsetzte Begriffsbildung schließt sich an die in der wirtschaftswissenschaftlichen Literatur älteste und gebräuchlichste B.-Definition F. W. B. von Hermanns (1832) an, der B. lapidar als »das Gefühl eines Mangels, verbunden mit dem Streben ihn zu beseitigen« beschreibt. Das Spektrum der in der Literatur zu findenden Klassifizierungsarten des Begriffs und die Fülle der dort aufgelisteten B.-Varianten zeugen von terminologischer Unschärfe und Mehrdeutigkeit. Die generelle Unterscheidung zwischen elementaren, naturgegebenen Grundb. (→ Existenzminimum) und erlernten, gesellschaftlich vermittelten B. macht die Abgrenzung der elementaren, häufig auch »objektiv« genannten Primärb. nach Luft, Nahrung, Schlaf, Schutz und Sexualität relativ einfach. Eine weitere gängige Klassifizierung ist die nach Individualb., über deren Befriedigung die/der Einzelne allein entscheidet, und Kollektivb., die, obwohl individuell wahrgenommen, als öffentliche B. durch gesellschaftliche bzw. politische Institutionen erst anerkannt und mit öffentlichen Gütern organisiert befriedigt werden (→ Soziale Sicherheit, Verkehr, → Ausbildung, Umweltschutz u.a.). Im bisherigen Verlauf der Geschichte lassen sich in allen bekannten Gesellschaften stets Diskrepanzen zwischen menschlichen B. und Möglichkeiten ihrer Befriedigung nachweisen. Augenfällig sind z.B. die vielgestaltigen gesellschaftlichen Tabus und sexuellen → Abwehrmechanismen, die seit jeher wesentlich die direkte Befriedigung sexueller B. »vergesellschaften«, verhindern, hemmen, verdrängen oder auch – i.S. der Sublimierung (S. Freud) – ablenken und durch »kulturell nutzbringende Arbeit« (H. Marcuse) ersetzen. Die Wirtschaftswissenschaften sehen in den menschlichen B. den Ursprung allen wirtschaftlichen Handelns. »Ohne B. keine Produktion« (K. Marx). Und das sog. ökonomische Prinzip ist die Antwort auf die Knappheit von Ressourcen, die zur Befriedigung von B. zur Verfügung stehen, aber dafür niemals zur Gänze ausreichen. Als soziologisch bedeutsam gilt vor allem der Zusammenhang von B. und den Verhältnissen in der Güterproduktion und -verteilung, die über die jeweilige Gesellschaftsordnung und damit über gesellschaftliche → Normen und → Sanktionen geregelt sind und die Möglichkeiten für die B.befriedigung von → Individuen und sozialen → Gruppen festlegen. Sind die Möglichkeiten der Erfüllung von B. gesellschaftlich ungleich verteilt, kommt es zu sozialen Abstufungen, Benachteiligungen und sozialem Ausschluss (→ soziale Ungleichheit).

*Jürgen Burmeister*

**Bedürfnisse, persönliche, des täglichen Lebens** gehören zum sog. notwendigen → Lebensunterhalt. Ihre finanzielle Deckung erfolgt im Rahmen der → Grundsicherung für Arbeitsuchende durch das → Arbeitslosengeld II (Alg II) gem. § 20 SGB II bzw. das Sozialgeld gem. § 23 SGB II und im Rahmen der → Sozialhilfe gem. § 27 a SGB XII. Über die Verwendung ihrer für die p. B. zur Verfügung stehenden Mittel können die → Leistungsberechtigten eigenverantwortlich entscheiden. Da allerdings auch die p. B. aus dem Regelsatz (→ Regelbedarf) finanziert werden müssen, ist der Spielraum für deren Erfüllung begrenzt. Die → Hilfe zum Lebensunterhalt in → Einrichtungen nach § 27 b SGB XII sieht entsprechend einen angemessenen → Barbetrag zur persönlichen Verfügung vor.

Neben den Bedarfen im Zusammenhang mit der physischen Existenz ermöglichen das SGB II und das SGB XII mit der Anerkennung der p. B. die Verwirklichung des soziokulturellen → Existenzminimums. Nach § 27 a SGB XII sollen Leistungsberechtigte in vertretbarem Umfang am sozialen und kulturellen Leben in der Gemeinschaft teilhaben können (→ Teilhabe). Dies umfasst neben der Pflege von sozialen Kontakten durch die Möglichkeit, Geschenke zu machen, den Bezug einer Zeitung und die Nutzung von kulturellen oder sportlichen Angeboten. Besondere Erwähnung finden im Kontext der Sozialhilfe die p. B. von Kindern und Jugendlichen. Die Berücksichtigung ihrer p. B. steht neben den → Leistungen für Bildung und Teilhaben gem. § 28 SGB II bzw. § 34 SGB XII.

*Friederike Mußgnug*

**Bedürftigkeit** → Hilfebedürftigkeit, → Pflegebedürftigkeit

**Befragung** → Empirische Sozialforschung

**Begabung** Während B. früher mit (vererbter) Anlage gleichgesetzt wurde, wird der Begriff heute rein deskriptiv verwendet, »um das langfristig stabile Leistungsniveau eines → Individuums in einem bestimmten Tätigkeitsbereich zu kennzeichnen« (Süllwold). Der deskriptive B.begriff lässt offen, ob die betreffende Disposition oder Fähigkeit zu einem bestimmten Leistungsniveau auf genetische Faktoren oder auf → Lernen und Übung oder auf eine Interaktion zwischen beiden zurückgeht. Ein einheitlicher Leistungs- und B.bereich liegt vor, wenn die ihn konstituierenden Leistungen untereinander über zufällige Zusammenhänge (statistisch ausgedrückt: signifikante Korrelationen; → Statistische Grundlagen der Sozialen Arbeit) aufweisen, sodass von dem Niveau einer Leistung auf das einer anderen ebenfalls zu diesem Bereich gehörenden Leistung geschlossen werden kann. Die laienhafte Ausdrucksweise, derzufolge jemand in undifferenzierter Weise als »begabt« charakterisiert wird, entspricht nicht den Ergebnissen der modernen B.forschung. Es gibt nicht die B. schlechthin, sondern eine Reihe verschiedener statistisch unabhängiger Leistungs- und B.arten (oder B.faktoren), z.B. Rechenfähigkeit, sprachliches Abstraktionsvermögen, schlussfolgerndes → Denken, räumliches Vorstellungsvermögen, unmittelbares Behalten usw. Statistisch unabhängig heißt, dass man nicht von der Kenntnis des Ausprägungsgrades in einem B.bereich auf das Niveau in einem anderen B.bereich schließen kann.

In der Alltagssprache wird B. oft gleichgesetzt mit → Intelligenz. Neben intellektuellen Fähigkeiten gibt es jedoch auch musische, künstlerische und psychomotorische B. Eine spezielle Form der B. stellt die »Hochbegabung« dar. Kognitive »Hochbegabung« ist durch einen Intelligenzquotienten (IQ) > 130 und »Höchstbegabung« durch einen IQ > 160 definiert. Diese Definition trägt allerdings dem Modell multipler unabhängiger B. keine Rechnung.

*Stephan R. Siegfried/Klaudius Siegfried*

**Beglaubigung** stellt den Vermerk der Echtheit auf einem Schriftstück dar, bezogen auf dessen Qualität als Abschrift einer Urkunde (Beglaubigte Abschrift) oder auf die Person des/der Aussteller/in (Unterschriftsbeglaubigung). Bei der B. einer Abschrift wird deren Übereinstimmung mit einem Schriftstück bestätigt. Die B. einer Unterschrift stellt die Bestätigung dar, dass die Urkunde von der Person stammt, die sie ausgestellt hat. Vorschriften, die eine Beglaubigung vorschreiben, dienen sowohl dem Schutz vor Übereilung (Warnfunktion) als auch der Klarstellung von Abschluss, Inhalt und Rechtsfolgen eines Rechtsgeschäfts. Fehlt die vorgeschriebene Form, liegt regelmäßig Nichtigkeit vor (§ 125 → Bürgerliches Gesetzbuch [BGB]). Charakteristisch für die öffentliche B. (§ 129 BGB) ist, dass eine schriftlich vorgefasste Erklärung – regelmäßig vor einem/einer Notar/in – unterschrieben wird, wobei die Urkundsperson dann die Unterschrift beglaubigt (§§ 39 u. 40 Beurkundungsgesetz [BeurkG]). Soweit gesetzlich zugelassen, können auch andere Urkundspersonen tätig werden, etwa die → Betreuungsbehörde gemäß § 6 Abs. 2 Betreuungsbehördengesetz, § 65 BeurkG (u.a. Beglaubigung von Unterschriften auf einer → Vorsorgevollmacht). Gesetzlich vorgeschrieben ist die Beglaubigung u.a. in § 77 BGB für Anmeldungen zum Vereinsregister (→ Verein) und in §§ 1355 Abs. 3 S. 2, Abs. 4 S. 5, Abs. 5 S. 3, 1617 ff. BGB, §§ 41, 45 Personenstandsgesetz (→ Personenstand) für Erklärungen zum Ehe, Familien- und Kindernamen.

*Michael Grabow*

**Begleitende Hilfe im Arbeits- und Berufsleben** ist eine Aufgabe des → Integrationsamtes, als besondere Regelung zur → Teilhabe → schwerbehinderter Menschen im Arbeitsleben. Die b. H. wird an schwerbehinderte Menschen, Arbeitgeber oder → Integrationsfachdienste geleistet und hat zum Ziel, dass schwerbehinderte Menschen in ihrer sozialen Stellung nicht absinken, auf Arbeitsplätzen beschäftigt werden, auf denen sie ihre Fähigkeiten und Kenntnisse voll verwerten und weiterentwickeln können sowie durch Leistungen der → Rehabilitationsträger und Maßnahmen der Arbeitgeber befähigt werden, sich am Arbeitsplatz und im Wettbewerb mit nichtbehinderten Menschen zu behaupten. An schwerbehinderte Menschen leistet das Integrationsamt aus Mitteln der Ausgleichsabgabe (→ Beschäftigungspflicht der Arbeitgeber) Geldleistungen z.B. für technische Arbeitshilfen, zum Erreichen des Arbeitsplatzes (nach Maßgabe der Kraftfahrzeughilfe-Verordnung), zur Gründung und Erhaltung einer selbstständigen beruflichen Existenz, zur Beschaffung, Ausstattung und Erhaltung einer behinderungsgerechten Wohnung oder zur Teilnahme an Maßnahmen zur Erhaltung und Erweiterung beruflicher Kenntnisse und Fertigkeiten sowie → Arbeitsassistenz. Neben den finanziellen Hilfen kommen auch persönliche Hilfen in Betracht, z.B. → Beratung und Betreuung zu Fragen des Arbeitslebens, bei persönlichen Schwierigkeiten, bei Arbeitsplatzproblemen, bei Umsetzungen, bei Konflikten mit Kolleg/innen oder dem Arbeitgeber, bei Gefährdung des Arbeitsplatzes bis hin zur psychosozialen Betreuung.

Arbeitgeber können einen Zuschuss erhalten, z.B. für eine (schwer-)behinderungsgerechte Einrichtung von Arbeitsplätzen, für Prüfungsgebühren der Berufsausbildung, Prämien zur Einführung eines betrieblichen Eingliederungsmanagements sowie für außergewöhnliche Belastungen, die im Anschluss an eine Beschäftigung in einer → Werkstatt für behinderte Menschen verbunden sind. Träger von Integrationsfachdiensten einschließlich psychosozialer Dienste freier gemeinnütziger Einrichtungen und Organisationen sowie Träger von Integrationsprojekten leisten dabei die nach den Umständen des Einzelfalls notwendige psychosoziale Betreuung.

Die b. H. versteht sich als ergänzende Hilfe der → Teilhabe am Arbeitsleben der Rehabilitationsträger. Leistungen der Rehabilitationsträger dürfen nicht versagt werden, weil b. H. in Betracht kommt. B. H. ist gegenüber der → Sozialhilfe und der → Eingliederungshilfe gleichrangig, im Übrigen nachrangig. Obwohl das Integrationsamt kein Rehabilitationsträger ist, gilt § 14 SGB IX (Zuständigkeitserklärung) auch für das Integrationsamt – einschließlich der Möglichkeit der → Kostenerstattung für unzuständig erbrachte Leistungen. B. H. ist auch als → Persönliches Budget ausführbar und soll in enger Zusammenarbeit zwischen Integrationsamt, Bundesagentur für Arbeit und den übrigen Rehabilitationsträgern ausgeführt werden.

*Daniel Heinisch*

**Begleiteter Umgang** ist eine Hilfestellung, mit der in Konfliktsituationen der Umgang und Kontakt zwischen einem Kind und einer nicht mit ihm zusammenlebenden wichtigen Bezugsperson, z.B. ein Elternteil, Geschwister oder Großeltern, durch die Anwesenheit eines unbeteiligten Dritten unterstützt und gefördert werden soll. Entsprechend den Regelungen des → Umgangsrechts haben Kinder und Jugendliche einen Anspruch auf Umgang mit ihren Eltern sowie jedes Elternteil auf den mit seinem Kind. Dieses Recht auf Umgang entfaltet sich auch auf Großeltern und Geschwister. In besonderen Fällen, bei denen sozial-familiäre Beziehungen zwischen dem Kind und dieser engen Bezugsperson angenommen werden können, haben zudem auch Dritte das Recht auf Umgang mit dem Kind beziehungsweise das Kind hat einen Anspruch auf Umgang mit diesen Dritten (vgl. §§ 1626, 1684, 1685 BGB).

B. U. wird unterschieden in eine Leistung der → Kinder- und Jugendhilfe nach § 18 Abs. 3 SGB VIII aufgrund einer außergerichtlichen oder mithilfe eines Familienrichters/einer Familienrichterin erzielten Einigung der Umgangsberechtigten und in eine Leistung der Kinder- und Jugendhilfe aufgrund einer Anordnung des → Familiengerichts nach § 1684 Abs. 4 S. 3 u. 4 BGB. Dieser durch das Familiengericht angeordnete Umgang erfolgt meist in den Fällen, in denen ein Schutz des Kindes/Jugendlichen vor dem/der Umgangsberechtigten notwendig ist, da bspw. eine Gefährdung und/oder psychische Beeinträchtigung des Kindes/Jugendlichen durch den Umgang nicht ausgeschlossen werden können, z.B. beim Verdacht auf → sexuellen Missbrauch, bei Tatbeständen der → Kindesvernachlässigung oder bei → häuslicher Gewalt eines Elternteils gegenüber dem anderen. Da in solchen Fällen das Recht auf Umgang dem Recht des Kindes/Jugendlichen auf Schutz vor Gefahren für sein Wohl gegenübersteht, kann das Familiengericht anordnen, dass der Umgang nur stattfinden darf, wenn ein mitwirkungsbereiter Dritter – der/die Umgangsbegleiter/in – anwesend ist. Dritter kann auch ein Träger der Jugendhilfe oder ein Verein sein; dieser bestimmt jeweils, welche Einzelperson die Aufgabe wahrnimmt (vgl. § 1684 Abs. 4 BGB). Vor einer Anordnung des b. U. durch das Familiengericht ist das → Jugendamt gem. § 162 → Familienverfahrensgesetz (FamFG) i.V.m. § 50 SGB VIII anzuhören.

Durch den b. U. sollen – je nach Lage des Einzelfalls – Kontakt- und Beziehungsabbrüche vermieden bzw. Kontaktanbahnungen ermöglicht werden, sodass die emotionalen und sozialen Beziehungen und Bindungen zwischen den Umgangsberechtigten erhalten, entwickelt oder (wieder-)hergestellt werden. Ziele der Maßnahme insgesamt sind, die Eltern bzw. andere Umgangsberechtigte darin zu unterstützen, bei allen Handlungen und Entscheidungen das Wohl des Kindes in den Mittelpunkt zu stellen, dem Kind eine zufriedenstellende und förderliche Beziehung zu beiden Elternteilen bzw. den anderen Umgangsberechtigten zu ermöglichen und die Befähigung der Beteiligten, den Umgang auch ohne Begleitung verantwortungsvoll durchzuführen.

Typischerweise gliedert sich der b. U. in mehrere Phasen: Zunächst prüft das Jugendamt in eigener fachlicher Zuständigkeit die Geeignetheit oder Notwendigkeit des b. U. als Jugendhilfemaßnahme. Nach einer positiven Entscheidung erfolgt in der Vorbereitungsphase die Kontaktaufnahme des Umgangsbegleiters/der Umgangsbegleiterin mit den Eltern, dem Kind und ggf. den anderen Personen, die zum Umgang berechtigt sind. Neben dem Kennenlernen der Personen und ihrer Wünsche, Vorstellungen und Ängste in Bezug auf den b. U. steht in dieser Phase der Abschluss einer Kooperationsvereinbarung hinsichtlich der Rahmenbedingungen und Ziele des b. U. sowie der Rollen der unterschiedlichen Beteiligten im Vordergrund. Der/die Umgangsbegleiter/in sollte grundsätzlich das Vertrauen aller Beteiligten besitzen, da ansonsten keine tragfähige Beziehung, in deren Verlauf positive Verhaltensänderungen möglich werden, aufgebaut werden kann. In der Phase der Durchführung erfolgt die Begleitung der Umgangskontakte. Diese Kontakte können in Abhängigkeit von der jeweiligen Problem- und der sich daraus ableitenden Zielstellung sowohl in den Privaträumen der Umgangsberechtigten, in den Räumen des mitwirkungsbereiten Dritten als auch im öffentlichen Raum stattfinden. Diese Kontakte werden mit dem Kind vor- und nachbereitet. Auch die Eltern/anderen Umgangsberechtigten werden im Vorfeld der Kontakte beraten und erhalten während des Kontakts und im Nachgang des Kontaktes ggf. konkrete Hilfestellungen und Anregungen. Ziel der Abschlussphase des b. U. ist es, die Kontakte zu verselbstständigen und mithilfe einer Vereinbarung über die zukünftigen Umgangsmodalitäten in die Eigenverantwortung der Eltern/anderen Umgangsberechtigten zu legen. Der jeweilige Zeitrahmen des einzelnen begleiteten Umgangskontakts richtet sich wie die Dauer des b. U. insgesamt nach den Erfordernissen des Einzelfalls (z.B. Länge der Unterbrechung des Umgangs, Ausmaß des Gefährdungspotenzials, Intensität des Elternkonflikts bzw. des Konflikts mit den anderen Umgangsberechtigten, Ausmaß der bestehenden Ängste u.ä.).

Umgangsbegleiter/innen sollten über eine entsprechende Fachlichkeit verfügen, die es ihnen ermöglicht, auch in höchst strittigen und komplexen Konstellationen das → Kindeswohl zu sichern und dabei gleichzeitig Ambiguitäten und → Ambivalenzen im → Verhalten der Beteiligten auszuhalten und ggf. positiv umzudeuten. Neben pädagogischen, psychologischen und methodischen Kenntnissen sind Kenntnisse über Gesprächsführung und die einschlägigen Rechtsnormen notwendig. Bei der Inanspruchnahme des b. U. werden von den Eltern und sonstigen Umgangsberechtigten keine Gebühren oder Kostenbeteiligung erhoben. Vielmehr werden bei Geeignetheit und Notwendigkeit der Maßnahme die entstehenden Kosten vom Jugendamt im Rahmen bspw. von → Fachleistungsstunden oder pauschalen Förderungen – sowohl der Institution als auch des Falls – übernommen.

*Lit.* Fthenakis, E. W. (Hrsg.): Begleiteter Umgang von Kindern: Ein Handbuch für die Praxis, München 2008.; Klinkhammer, M.; Prinz, S.; Klotmann, U. (Hrsg.): Handbuch Begleiteter Umgang: Pädagogische, psychologische und rechtliche Aspekte, 2. Aufl., Köln 2011; Prenzlow, R. (Hrsg.): Handbuch Elterliche Sorge und Umgang: Pädagogische, psychologische und rechtliche Aspekte, Köln 2013.

*Petra Mund*

**Behandlungspflege** ist ein Teilgebiet der Krankenpflege (→ Häusliche Krankenpflege), neben der → Grundpflege. Die manchmal auch als spezielle Pflege bezeichnete B. umfasst die Durchführung diagnostischer und therapeutischer Maßnahmen durch ausgebildete oder zumindest speziell geschulte Pflegekräfte (→ Pflegeberufe) nach Anordnung und unter Überwachung des Arztes/der Ärztin. Dazu gehören z.B. Injektionen, Katheterisieren, Verbände, Dekubitusbehandlung, Absaugen der Atemwege, Blasenspülungen, Einläufe, Einreibungen, Wickel sowie gezielte Maßnahmen zur → Rehabilitation von Pflegebedürftigen, die über die allgemeine → aktivierende Pflege hinausgehen. Die Abgrenzung zur Grundpflege ist fließend; eine Rolle spielt dabei auch der Schweregrad der Erkrankung. Abgrenzungskriterium kann etwa sein, dass Maßnahmen der B., wenn sie von Vertragsärzt/innen selbst durchgeführt würden, nach der entsprechenden Vergütungsregelung vergütet würden. Die B. ist ausgebildeten oder zumindest speziell geschulten Pflegekräften vorbehalten. Für in stationären → Pflegeeinrichtungen geleistete B. kommt die → Krankenversicherung nicht auf. Nach §§ 41–43 SGB XI ist die gesetzliche → Pflegeversicherung zuständig. Diese lange umstrittene Zuordnung ist seit dem 1.4.2007 dauerhaft festgeschrieben. B. ist in erster Linie ein sozialrechtlicher Begriff. Pflegewissenschaftlich ist er äußerst umstritten. Zu berücksichtigen sind die durch das 2. Pflegestärkungsgesetz (PSG II) zum 1.1.2017 eintretenden Änderungen. Zudem hat das Bundeskabinett hat am 28.6.2016 einen Regierungsentwurf zu einem 3. Pflegestärkungsgesetz (PSG III) verabschiedet, mit dem u.a. der neue Pflegebedürftigkeitsbegriff zum 1.1.2017 eingeführt werden soll.

*Werner Hesse*

**Behaviorismus** → Verhaltensforschung

**Behinderte Menschen** Der Begriff der Behinderung und der Behinderten bzw. heute b. M. hat im Laufe des 20. Jh. ältere Begriffe wie Verkrüppelung und Beschädigung abgelöst. Er erschien 1919 mit dem »Selbsthilfebund der Körperbehinderten« im öffentlichen Leben und ist mit der Eingliederungshilfe 1961 und dem Schwerbehindertengesetz 1974 relevanter Rechtsbegriff geworden. In → Gesundheitswissenschaften und Medizin ist Behinderung zunächst als Krankheitsfolge und persönlicher Funktionsmangel definiert worden. Heute wird sie als Ergebnis einer Wechselwirkung von gesundheitlichen Funktions- und Aktivitätsstörungen mit behindernden persönlichen und gesellschaftlichen Kontextfaktoren angesehen, in deren Ergebnis die → Teilhabe beeinträchtigt ist. Dem entspricht das Verständnis der International Classification of Functioning, Disability and Health (→ ICF) der → Weltgesundheitsorganisation (WHO) von 2001 und von Art. 1 der → UN-Behindertenrechtskonvention. Behinderung wird so nicht nur als persönliche Eigenschaft, sondern als gesellschaftliches Verhältnis verstanden.

Nach § 2 Abs. 1 SGB IX und § 3 → Behindertengleichstellungsgesetz (BGG) sind Menschen behindert, wenn ihre körperliche Funktion, geistige Fähigkeit oder seelische Gesundheit mit hoher Wahrscheinlichkeit länger als sechs Monate von dem für das Lebensalter typischen Zustand abweichen und daher ihre Teilhabe am Leben in der Gesellschaft beeinträchtigt ist. Sie sind von Behinderung bedroht, wenn die Beeinträchtigung zu erwarten ist. Diese Definition eröffnet den Anwendungsbereich für das Recht der → Rehabilitation und Teilhabe b. M. (SGB IX). Ein Teil der b. M. sind durch ein besonderes Verfahren als → schwerbehinderte Menschen anerkannt (§§ 2 Abs. 3, 69 SGB IX) oder diesen gleichgestellt (§ 2 Abs. 2 SGB IX). Die Definition aus § 2 Abs. 1 SGB IX gilt im gesamten → Sozialrecht. Es gibt jedoch in einzelnen Leistungsgesetzen Beschränkungen des Kreises der Leistungsberechtigten oder bereichsspezifische Regelungen. So sind für die → Eingliederungshilfe für b. M. (§ 53 SGB XII) v.a. wesentlich b. M. leistungsberechtigt, die in der → Eingliederungshilfe-Verordnung näher beschrieben sind. Für die Arbeitsverwaltung wird in § 19 SGB III der Begriff der b. M. auf das Arbeitsleben bezogen. Dabei wird ausdrücklich auch → Lernbehinderung einbezogen.

Im → Grundgesetz ist festgeschrieben, dass b. M. nicht benachteiligt werden dürfen (Art. 3 Abs. 3 Satz 2 GG). Das deutsche und europäische Recht der → Gleichstellung b. M. – wie das Behindertengleichstellungsgesetz – und die UN-Behindertenrechtskonvention konkretisieren und ergänzen dies. Rechtliche und soziale Gleichstellung sowie → Inklusion von b. M. sind dadurch wichtige Ziele übergeordneten Rechts, die nicht nur durch sozialrechtliche und pädagogische Leistungen, sondern auch durch → Barrierefreiheit und politische → Partizipation der → Behindertenverbände und Behindertenbeauftragten erreicht werden sollen.

Das Bundeskabinett hat am 28.6.2016 einen Regierungsentwurf zu einem → Bundesteilhabegesetz verabschiedet, der wesentliche Änderungen des Rechts der Rehabilitation und Teilhabe b. M. und der Eingliederungshilfe vorsieht. Das Bundesteilhabegesetz soll stufenweise zwischen 2017 und 2020 in Kraft treten.

*Felix Welti*

**Behindertenberichterstattung** → Teilhabeberichterstattung

**Behinderteneinrichtung** → Einrichtungen für Menschen mit Behinderung

**Behindertengerechte Wohnung** → Barrierefreiheit

**Behindertengleichstellungsgesetz** (BGG) ist am 1.5.2002 in Deutschland in Kraft getreten und enthält Regelungen und Instrumente zum barriere- und diskriminierungsfreien Kontakt mit → öffentlichen Trägern auf Bundesebene. Dabei dient es zusammen mit dem SGB IX (im Bereich des → Sozial- und → Arbeitsrechts) und dem → Allgemeinen Gleichbehandlungsgesetz (AGG; im Bereich Zivil- und Arbeitsrecht) der Umsetzung des 1994 ins → Grundgesetz (GG) aufgenommenen → Diskriminierungsverbots von Menschen mit Behinderung aus Art. 3 Abs. 3 S. 2 GG und ist ebenso im Sinne der → UN-Behindertenrechtskonvention auszulegen. Auf Länderebene regeln die jeweiligen Landesgesetze die Gleichstellung von Menschen mit Behinderungen, wenngleich auch teilweise mit abweichenden Anforderungen. Über das BGG hinausgehende Konkretisierungen, insbesondere zur → Barrierefreiheit, finden sich im Personenbeförderungsgesetz, in Musterbauordnungen u.a. Die folgenden Ausführungen enthalten die Änderungen der Novellierung, durch die das geltende Recht unter Berücksichtigung der UN-BRK und der Ergebnisse der 2013 bis 2014 durchgeführten → Evaluation des BGG weiterentwickelt wurde. Das Gesetz zur Weiterentwicklung des BGG soll 2016 in Kraft treten.

Neben der Zielbestimmung des BGG, der Gleichstellung von Menschen mit Behinderung, erläutert § 1 den Anwendungsbereich für Träger der öffentlichen Gewalt und lässt die Einbeziehung Privater nur mittelbar über das Zuwendungsrecht (§ 1 Abs. 3) zu. § 2 enthält eine gesonderte Regelung zur Gleichstellung von Frauen mit Behinderungen (Abs. 1) sowie neuerdings das Verbot von Mehrfachdiskriminierungen (Abs. 2). Die in § 3 niedergelegte Definition von Behinderung ist mit der Novellierung von 2016 an den Wortlaut der UN-BRK angepasst worden; § 4 definiert den Begriff →Barrierefreiheit (§ 4). § 5 regelt die von Fachverbänden als zu schwach kritisierten →Zielvereinbarungen zwischen nach § 13 Abs. 3 anerkannten Verbänden und Unternehmen zur Herstellung von Barrierefreiheit in der

Privatwirtschaft; § 6 die Anerkennung der →Gebärdensprache als eigenständige Sprache und anderer Kommunikationsformen und -hilfen. Zu den Hauptregelungsinhalten von § 7 gehören das Benachteiligungsverbot für Dienststellen und sonstige Einrichtungen der Bundesverwaltung, das um den Tatbestand der Belästigung und einer Vermutungsregelung für das Vorliegen einer Benachteiligung erweitert wurde (Abs. 1), aber auch die ausdrückliche gesetzliche Verankerung von angemessenen Vorkehrungen, deren Versagung nun als subjektiv einklagbares Recht ausgestaltet ist. § 8 bezieht alle Neu-, Um- und Erweiterungsbauten im Eigentum des Bundes (ohne die bisherige Erheblichkeitsschwelle) in den Geltungsbereich der Pflicht zur Herstellung von umfassender Barrierefreiheit ein. In den §§ 9–11 wird die Ausgestaltung der Zugänglichkeit und der Abbau von Barrieren zur Wahrnehmung von Rechten im Verwaltungsverfahren bzw. für Verwaltungsinformationen geregelt. Die Neufassung von § 9 beinhaltet für Menschen mit Sprach- und Hörbehinderungen die Möglichkeit, Gebärdensprache und andere Kommunikationshilfen zu verwenden, deren Kosten die Behörde nach Maßgabe der Kommunikationshilfeverordnung trägt. Auf Antrag kann eine bestimmte Gestaltung von Bescheiden gefordert werden (§ 10). Mit § 11 wird nun erstmalig auch die Bereitstellung von Informationen sowie die Förderung Leichter Sprache normiert. Ab 2018 sollen u.a. Bescheide auf Verlangen von Menschen mit geistiger Behinderung im Ermessen der Behörde zunächst in einfacher, verständlicher Sprache und – falls nicht ausreichend – anschließend in Leichter Sprache erläutert werden. § 12 enthält Bestimmungen für eine barrierefreie Informationstechnik (§ 11 BGG), insbesondere Internetauftritte. Mit § 13 wird eine Bundesfachstelle für Barrierefreiheit bei der → Deutschen Rentenversicherung Knappschaft-Bahn-See geschaffen. Mit der gesetzlichen Prozessstandschaft (§ 14 BGG, § 63 SGB IX) und der in der Praxis bisher wenig genutzten Verbandsklage (§ 15), die nun auch Unterlassen zum Gegenstand von Feststellungsklagen macht, werden förmlich anerkannten → Behindertenverbänden (§ 15 Abs. 3) zwei zusätzliche Rechtsbehelfe eingeräumt. § 16 sieht bei der von der Bundesregierung beauftragten Person für die Belange von Menschen mit Behinderung die Errichtung einer Schlichtungsstelle vor, die ein niedrigschwelliges Verfahren für Einzelpersonen und auch Verbände ermöglichen soll. §§ 17, 18 regeln das Amt der/des →Beauftragten für Menschen mit Behinderung.

*Susann Kroworsch*

**Behindertenhilfe** → Behinderte Menschen, → Eingliederungshilfe für behinderte Menschen

**Behindertensport** → Rehabilitationssport

**Behindertenverbände** sind Zusammenschlüsse von Menschen mit Behinderungen bzw. deren Angehörigen, Freunden und Förderern. Sie verfolgen das Ziel der möglichst vollständigen Eingliederung und → Teilhabe → behinderter Menschen in Schule, Beruf und Gesellschaft. B. möchten einerseits durch die Bündelung von Einzelinteressen den Prozess zu mehr Teilhabe beschleunigen und andererseits die einzelnen behinderten Menschen bei der Lebensbewältigung und Wahrnehmung ihrer Rechte und Interessen unterstützen.

Die Zusammenschlüsse kriegsverletzter Menschen und ihrer Angehörigen einschließlich der kriegsblinden Menschen sind die historisch ältesten B. Der → Sozialverband VdK Deutschland e.V. und der → Sozialverband Deutschland e.V. (SoVD) gehören nach Mitgliederzahl und Leistungsfähigkeit zu den größten B. Mit dem Wandel der Behindertenhilfe von karitativer Fürsorge hin zu einem Verständnis zunächst von »Hilfe zur Selbsthilfe« und schließlich von Selbstbestimmung und Teilhabe entstanden eine Vielzahl von B. Eltern insbesondere geistig behinderter Kinder (→ geistig behinderte Menschen) schlossen sich zusammen, um durch gemeinsame Bemühungen die erforderlichen Eingliederungshilfen sicherzustellen. In der Folgezeit entstanden weitere B., zumeist mit der Zielsetzung, eine bestimmte Gruppe behinderter Menschen zu unterstützen und zu fördern. Hinzu kam die Ende der 1970er-Jahre aus den USA nach Deutschland geschwappte Selbstbestimmt-Leben-Bewegung (→ Selbstbestimmtes Leben). Ausgangspunkt dieser Behindertenbewegung waren Menschen mit Behinderungen, die nicht bevormundet, betreut und diskriminiert werden wollten und durch ihr eigenes Engagement zeigten, dass eine Behinderung kein Hindernis für eine selbstbestimmte und eigenständige Lebensführung ist. Diese Bewegung brachte weitere B. hervor, deren primäres Ziel nicht mehr die Vertretung einer bestimmten Gruppe behinderter Menschen, sondern uneingeschränkte Teilhabe statt ausgrenzender → Fürsorge, gleiche Bürgerrechte statt gesellschaftlicher Ausgrenzung und Selbstbestimmung und → Emanzipation statt Anpassung und Normalisierung sind. In den 1990er-Jahren bekam nicht zuletzt durch den unermüdlichen Einsatz der B. auch die Behindertenpolitik in Deutschland neuen Schwung. Themen der Gleichberechtigung, der → Menschenrechte und der Teilhabe behinderter Menschen drängten sich neben die Versorgungsthemen. Dieser sog. Paradigmenwechsel von der Fürsorge hin zur gleichberechtigten Teilhabe für Menschen mit Behinderungen spiegelte sich in einer Vielzahl neuer Gesetze wieder (1993: Einführung des → Benachteiligungsverbots in Art. 3 Abs. 3 S. 2 → Grundgesetz [GG], 2001: Inkrafttreten des Neunten Buches → Sozialgesetzbuch [SGB IX], 2002: Inkrafttreten des → Behindertengleichstellungsgesetzes [BGG]). Insbesondere durch das BGG und der damit geschaffenen Möglichkeit der Verbandsklage (§ 13 BGG) ist die Funktion der B. aufgewertet worden. B., die auf Vorschlag des Beirates für die Teilhabe behinderter Menschen (§ 64 SGB IX) vom → Bundesministerium für Arbeit und Soziales anerkannt worden sind, haben die Möglichkeit, auf Feststellung eines Verstoßes gegen das BGG zu klagen, ohne in ihren eigenen Rechten verletzt zu sein. Seit 2005 richten sich die Bemühungen der B. vorrangig auf die Umsetzung der → UN-Behindertenrechtskonvention, die Schaffung eines neuen Bundesteilhabegesetzes sowie die → Inklusion in Schule und anderen Lebensbereichen. Akteure in B. sind Menschen mit Behinderungen, Angehörige, Ehrenamtliche und Fachleute. Die Verbandsarbeit wird durch Mitgliedsbeiträge und Spenden finanziert und in begrenztem Umfang aus öffentlichen Mitteln unterstützt. Die Mehrzahl der B. ist in der → Bundesarbeitsgemeinschaft Selbsthilfe von Menschen mit Behinderung und chronischer Erkrankung und ihren Angehörigen e.V. (BAG Selbsthilfe) zusammengeschlossen, die als Dachorganisation eine behinderungsübergreifende Interessenvertretung in Fragen der → Sozialpolitik und der → Rehabilitation wahrnimmt. Die BAG Selbsthilfe hat sich wiederum mit den traditionellen Sozialverbänden und anderen unabhängigen B. zu einem Aktionsbündnis, dem → Deutschen Behindertenrat (DBR), zusammengeschlossen.

*Antje Welke*

**Behindertenwohnheim** → Betreutes Wohnen behinderter und psychisch kranker Menschen

**Behördenbetreuung** bezeichnet die Führung einer → Betreuung durch die → Betreuungsbehörde als → juristische Person. Die B. ist nachrangig (§ 1900 Abs. 4 BGB), da wegen der Anforderung eines persönlichen Kontaktes zwischen Betreuer/in und betreuter Person (§ 1897 Abs. 1, § 1901 Abs. 3 S. 3 BGB) vorrangig eine natürliche Person zu bestellen ist (§ 1897 Abs. 1 BGB) und auch dem Betreuungsverein (→ Vereinsbetreuung) nach dem Prinzip der → Subsidiarität Vorrang zukommt (§ 1900 Abs. 1, Abs. 4 BGB). Für die B. ist eine Einwilligung der Behörde – anders als bei einer natürlichen Person (§ 1898 Abs. 2 BGB) und beim Betreuungsverein (§ 1900 Abs. 1 S. 2 BGB) – nicht erforderlich. Entsprechend finden sich in der Praxis v.a. solche Betreuungen bei der Betreuungsbehörde, bei denen die Betroffenen aufgrund ihrer Persönlichkeitsstruktur und/oder ihres Krankheitsbildes die Grenzen der persönlichen Zumutbarkeit für die Betreuer/innen (§ 1901 Abs. 3 S. 1 BGB) überschreiten. Die Behörde überträgt die Wahrnehmung der Betreuungsaufgaben einzelnen Mitarbeiter/innen. Den Vorschlägen des/der Volljährigen ist grundsätzlich zu entsprechen (§ 1900 Abs. 4 S. 2, Abs. 2 BGB). Die Auswahl der Person kann betreuungsgerichtlich überprüft werden (§ 291 → Familienverfahrensgesetz). Die B. ist von dem Fall abzugrenzen, dass ein/e Behördenmitarbeiter/in – mit Zustimmung der Behörde – persönlich zum/zur Betreuer/in bestellt wird (sog. Behördenbetreuer, § 1897 Abs. 2 S. 2 BGB). Bei der B. kann grundsätzlich keine Aufwandsentschädigung oder Vergütung verlangt werden (§§ 1908 i Abs. 1 S. 1, 1885 a Abs. 5, 1836 Abs. 3 BGB), Aufwendungsersatz nur, wenn das dazu einzusetzende Vermögen und Einkommen des/der Betroffenen ausreicht (§§ 1908 i Abs. 1 S. 1, 1835 Abs. 5 BGB). In diesem Fall ist ausnahmsweise auch die Bewilligung einer Vergütung zulässig, § 8 Abs. 1 → Vormünder- und Betreuervergütungsgesetz.

*Michael Grabow*

**Beihilfen** In der → Sozialhilfe wird der Begriff für eine → Geldleistung verwendet, die nicht in Form eines → Darlehens erbracht wird, also nicht rückerstattet werden muss. Zudem bezeichnen B. staatliche Mehrleistungen an Beamte. Im Kontext der Wirtschaftsförderung meint B. eine öffentliche Geldleistung an private Unternehmen. Als Rechtsbegriff tauchen B. vor allem als Teil des → Wettbewerbsrechts der → Europäischen Union (EU) auf. Art. 107 Abs. 1 des Vertrages über die Arbeitsweise der Europäischen Union (AEUV) verbietet staatliche B., die den → Wettbewerb auf dem → Binnenmarkt durch selektive Begünstigungen an Unternehmen verfälschen. Die EU-Kommission prüft als überwachende Kontrollbehörde erstens, ob staatliche Mittel an Unternehmen fließen. Staatliche Mittel können auch öffentlich verordnete Versicherungsbeiträge sein. Unter den Unternehmensbegriff fallen alle Anbieter, die auf einem potenziellen Markt tätig sind, u.U. also auch gemeinnützige → Organisationen oder solche mit öffentlicher Rechtsform. Eine Generalausnahme für Unternehmen sozialer Dienstleistungen gibt es nicht, es gelten jedoch Sonderausnahmen. Zweitens prüft die Kommission, ob die Unternehmen überhaupt begünstigt werden. Als Begünstigung gelten nicht nur klassische → Zuwendungen, sondern auch Steuervorteile, vergünstigte Kredite oder das Zahlen überhöhter Preise. Zum Dritten muss eine selektive Förderung vorliegen. Leistungsentgelte dürften grundsätzlich als nicht selektiv angesehen werden. Diskutiert wird, ob die steuerliche → Gemeinnützigkeit als B. einzuordnen ist, die Rechtspraxis hält sie für mit EU-Recht vereinbar. Viertens prüft die Kommission einen Eingriff in einen binnenmarktrelevanten Wettbewerb, der jedoch in der Regel vorliegt, wenn es sich nicht um bestimmte rein lokalbezogene Dienstleistungen handelt. Die B.kontrolle ist so aufgebaut, dass jede nach dem oben dargestellten Prüfschema vorliegende B. zur Genehmigung bei der Kommission anzumelden ist (Notifizierungsverfahren). Gewähren die Staaten B. ohne Genehmigung, müssen diese zurückgefordert werden. Zur Verwaltungsvereinfachung sind B. unter 200.000 Euro innerhalb von drei Jahren von dem Verfahren ausgenommen (sog. De-minimis-B.), sie können von der Kommission jedoch nachträglich überprüft werden. Wichtige Sondererleichterungen gibt es zudem für Unternehmen der → Daseinsvorsorge bzw. für Anbieter sog. Dienstleistungen von allgemeinem wirtschaftlichem Interesse (DAWI), zu denen Sozialdienstleistungen gehören. Ein zentrales Instrument ist hier der von der Kommission verabschiedete Freistellungsbeschluss, wonach B. an Anbieter sozialer Dienstleistungen unabhängig von der Höhe der Fördermittel vom Notifizierungsverfahren freigestellt werden. Notwendig ist hierfür jedoch ein sog. Betrauungsakt, aus dem sich bereits im Vorfeld der B.gewährung der öffentliche Zweck sowie die Kosten- und Förderparameter verbindlich und eindeutig ergeben müssen. Als Betrauungsakt kommen → Gesetze, Verordnungen, → Verwaltungsakte oder auch Kombinationen in Betracht. Weiterhin können B. an DAWI-Anbieter unter 500.000 Euro innerhalb von drei Jahren freigestellt werden (DAWI-de-minimis-B.), wobei die Anforderungen hier etwas geringer sind als bei einer Freistellung unter dem Freistellungsbeschluss.

Zwar setzt das B.recht in der täglichen Praxis bei den Anwendern Sensibilität voraus und es treten Unsicherheiten auf. Die Gefahren eines Zugriffs der EU-Kommission bei B. im sozialen Bereich wurden in der Vergangenheit aber überdramatisiert. Die Kommission hält sich im Sozialbereich mit der Kontrolle zu Recht zurück. Auch akzeptiert sie bei eher formal anmutenden Verstößen gegen die Vorgaben zumeist Anpassungen für die Zukunft. Relevant wird das B.recht dort, wo Wettbewerber bereit sind, den (teuren) Klageweg zu bestreiten, um über eine Entscheidung der nationalen Gerichte oder des → Gerichtshofs der Europäischen Union (EuGH) die öffentlichen Stellen oder die Kommission zu einer Handlung zu bewegen. Allerdings ist ein Klageerfolg mit dem Ergebnis einer Rückforderung der B. mehr als fraglich.

*Niklas Kramer*

**Beirat für die Teilhabe behinderter Menschen** wird beim → Bundesministerium für Arbeit und Soziales (BMAS) gebildet. Er soll das BMAS in Fragen der → Teilhabe → behinderter Menschen beraten und bei Aufgaben der Koordinierung unterstützen. Dem Beirat obliegt insoweit auch (1) die Unterstützung bei der Förderung von → Rehabilitationseinrichtungen und die Mitwirkung bei der Mittelvergabe aus dem Ausgleichsfonds (die Mittel kann das BMAS nur aufgrund von Beiratsvorschlägen vergeben) und (2) die Anregung und Koordinierung von Maßnahmen zur Evaluierung von Regelungen im → Sozialgesetzbuch Neuntes Buch – → Rehabilitation und Teilhabe behinderter Menschen (SGB IX) sowie forschungsbegleitender Fragen. Der Beirat ist ein zentrales Gremium zur Gewährleistung von → Partizipation, indem die Möglichkeit besteht, wichtige behindertenpolitische Vorhaben und Entwicklungen zu erörtern.

Rechtsgrundlage des Beirats bilden §§ 64 ff. SGB IX. Er besteht aus 48 Mitgliedern, darunter Vertreter/innen der Arbeitnehmer und Arbeitgeber, der → Behindertenverbände, → Sozialleistungsträger, → kommunalen Spitzenverbände, der → Bundesarbeitsgemeinschaft der Freien Wohlfahrtspflege, Rehabilitationsdienste und -einrichtungen sowie Bundesländer. Beiratsmitglieder und ihre Vertreter/innen werden für vier Jahre berufen und sind ehrenamtlich tätig.

Der Beirat tagt in der Regel zweimal im Jahr. Vorsitz und stellvertretenden Vorsitz führen jährlich wechselnd Vertreter/innen der Arbeitnehmer, Arbeitgeber und Behindertenverbände.

*Claudia Tietz*

**Beistandschaft** des zuständigen → Jugendamts ist ein für Minderjährige kostenfreies Angebot zur Beratung, Unterstützung und rechtlichen Vertretung in Bezug auf die Vaterschaftsfeststellung und/oder die Geltendmachung von Kindesunterhalt (§ 1712 → Bürgerliches Gesetzbuch [BGB]). Eine Beistandschaft für die Feststellung der Vaterschaft (§§ 1712 Abs. 1 Nr. 1, 1713 Abs. 1 BGB) tritt auf schriftlichen Antrag der Mutter des/der Minderjährigen, eine B. für die Geltendmachung von Unterhalt (§§ 1712 Abs. 1 Nr. 2, 1713 Abs. 1 BGB) auf schriftlichen Antrag des allein zur Sorge berechtigten Elternteils bzw. bei gemeinsamer Sorge auf schriftlichen Antrag des Elternteils, in dessen Obhut sich der/die Minderjährige befindet, ein.

Zuständig für das Wahrnehmen der Aufgaben als Beistand ist das Jugendamt am gewöhnlichen Aufenthaltsort des den Antrag stellenden Elternteils (§ 87c Abs. 5, Abs. 1 SGB VIII). Es ist als Beistand gleichberechtigter gesetzlicher Vertreter des Kindes neben dem antragstellenden Elternteil (§ 1716 S. 1 BGB). Nur in gerichtlichen Verfahren ist eine Vertretung auch durch den antragstellenden Elternteil ausgeschlossen, wenn das Kind in dem Verfahren durch einen Beistand vertreten wird (§§ 173, 234 Familienverfahrensgesetz [FamFG]). Dem antragstellenden Elternteil steht gegenüber der → Fachkraft, die die Aufgaben des Jugendamts als Beistand wahrnimmt (§ 55 Abs. 2 SGB VIII), kein Weisungsrecht zu. Er kann die B. jedoch durch schriftliches Verlangen jederzeit beenden (§ 1715 Abs. 1 S. 1 BGB).Für die B. gelten im Übrigen grundsätzlich die gleichen Regelungen wie für die → Vormundschaft mit Ausnahme der Regelungen über die familiengerichtliche Aufsicht und die Verpflichtung zur Rechnungslegung (§ 1716 Abs. 1 S. 2 Hs. 1 BGB).

*Birgit Hoffmann*

**Beitrag** → Kostenbeitrag

**Bekleidungshilfen** → Einmalige Leistungen

**Belastungserprobung** → Abklärung der beruflichen Eignung und Arbeitserprobung

**Benachteiligung** → Soziale Benachteiligung

**Benachteiligungsverbot von Menschen mit Behinderung** ist ein → Grundrecht, das 1994 als Satz 2 in Art. 3 Abs. 3 mit dem Wortlaut »Niemand darf wegen seiner Behinderung benachteiligt werden« ins → Grundgesetz (GG) aufgenommen wurde. Es konkretisiert und verstärkt den Förderungs- und Integrationsauftrag des Sozialstaatsprinzips zugunsten von → behinderten Menschen mit Behinderung und ergänzt diesen Auftrag um ein striktes Benachteiligungsverbot. Schutzzweck der Norm ist, die Stellung von Menschen mit Behinderung in Recht und Gesellschaft zu stärken. Gleichzeitig beinhaltet sie den Auftrag an den Staat, auf die gleichberechtigte → Teilhabe von Menschen mit Behinderung hinzuwirken (vgl. auch Art. 21 Abs. 1 und Art. 26 EU-Grundrechtecharta). Art. 3 Abs. 3 Satz 2 GG bindet alle Träger der öffentlichen Gewalt, insbesondere auch den Privatrechtsgesetzgeber. Im öffentlichen Dienst ist zudem Art. 33 Abs. 2 GG zu berücksichtigen. Eine behinderungsbezogene Ungleichbehandlung liegt vor, wenn Regelungen oder andere Maßnahmen der öffentlichen Gewalt ohne zwingenden Grund Menschen mit Behinderung direkt oder indirekt schlechter als Menschen ohne Behinderung stellen. Auf das Gewicht der Benachteiligung kommt es nicht an. Das Grundrecht ist nicht verletzt, wenn Menschen mit Behinderung bevorzugt werden. Träger des Grundrechts sind ausschließlich natürliche Personen, nicht dagegen → Behindertenverbände.

Basierend auf der Grundgesetzergänzung wurden weitere wichtige neue Gesetze geschaffen: das SGB IX (→ Rehabilitation und Teilhabe behinderter Menschen), das → Behindertengleichstellungsgesetz (BGG), Landesgleichstellungsgesetze, das → Allgemeine Gleichbehandlungsgesetz (AGG) und die Ratifizierung der → UN-Behindertenrechtskonvention (BRK).

*Susann Kroworsch*

**Benchmarking** ist als strukturierter und damit organisierter Prozess zu verstehen, durch den das Lernen aus der Praxis anderer ermöglicht wird. Dabei gilt die Orientierung jenen, die als Beste oder zumindest Führende bezüglich dieser Praxis anerkannt sind. Abgeleitet ist dies vom Begriff »Benchmark«, mit dem der Topograf einen Orientierungspunkt bei Vermessungsarbeiten bezeichnet. Ursprünglich von der US-amerikanischen Industrie entwickelt, ist B. seit einigen Jahren im Bereich → sozialer Dienste und → Einrichtungen als ein Managementkonzept verankert, das systematisches Lernen durch den Vergleich mit anderen ermöglicht, um in der Folge erkannte Stärken zu pflegen und Schwächen zu beheben. Ausgereifte B.-Modelle, die auf einen sehr umfassenden Vergleich sozialer Einrichtungen zielen und dabei auch die Kunden- bzw. Nutzerperspektive sowie die Perspektive von zentralen Kooperationspartnern einschließen, werden auch als Einstieg in die Entwicklung bzw. als Bestandteil eines Konzeptes des → Qualitätsmanagements genutzt, da Einrichtungen durch das B. sehr genau wissen, welche Qualitätsdefizite oder auch -vorsprünge bestehen. Realisiert werden diese Modelle mittels anonymisierter Datenbanken, die jeder Einrichtung das eigene Profil vor dem Hintergrund aller anderen Einrichtungen liefern, ohne dass man seine Daten den Wettbewerbern preisgeben muss. In der → öffentlichen Verwaltung fand B. seinen Niederschlag in Form interkommunaler Leistungsvergleiche. Diese sollen im Rahmen der „Neuen Steuerung" das Lernen vom Besseren ermöglichen und dadurch qualitätsstiftend wirken.

*Jürgen Burmeister*

**Beobachtung** → Empirische Sozialforschung

**Beobachtungsstelle für gesellschaftspolitische Entwicklungen in Europa** analysiert gesellschaftspolitische Trends und Entwicklungen in den Mitgliedstaaten der → Europäischen Union (EU) sowie auf europäischer Ebene und deren Auswirkungen auf Deutschland. Sie erstellt dazu vor allem ländervergleichende Expertisen. Durch ihre europaweite Vernetzung mit Akteuren der → Sozialpolitik gewinnt die B. aktuelle Einblicke in gesellschaftspolitische Diskurse und Trends in den EU-Mitgliedstaaten. Die Ergebnisse der Arbeit werden in Form von Arbeitspapieren und Kurzexpertisen für die → öffentlichen Träger und die → freien Träger Sozialer Arbeit und die weitere Fachöffentlichkeit europäisch vergleichend aufbereitet. Die B. konzipiert außerdem internationale Fachveranstaltungen und Workshops und führt diese durch. Mit ihrer Arbeit fördert sie dabei vor allem den europaweiten Austausch über gesellschaftspolitische Themen und identifiziert Lösungsansätze für gemeinsame Herausforderungen. Die B. setzt somit Impulse für gegenseitiges Lernen. Sie versteht sich als Mittlerin zwischen Politik, Wissenschaft und Praxis. Zentrale Themen sind → Soziale Dienste in Europa, → soziale Innovation, Seniorenpolitik und → Pflege, → soziale Dienstleistungen, → Familienpolitik sowie → bürgerschaftliches Engagement. Träger der B. ist das → Institut für Sozialarbeit und Sozialpädagogik e.V. (ISS). Die B. wird vom → Bundesministerium für Familie, Senioren, Frauen und Jugend gefördert.

*Informationen*: www.beobachtungsstelle-gesellschaftspolitik.eu

*Sören Hoyer*

**Beratung** Als B. bezeichnet man ein kommunikatives Geschehen, bei dem Fragen, Irritationen oder Probleme der einen (an der → Kommunikation beteiligten) Seite geklärt und einer Lösung zugeführt werden, ohne deren Entscheidungsautonomie zu verletzen. I.d.R. geht es bei B. um eine Kommunikation zwischen Personen; in einem davon abgeleiteten Sinne wird B. heute auch als Team- und → Organisationsberatung praktiziert. Die Definition von B. lässt sich auf unterschiedliche Formen ihrer Ausübung beziehen. Sowohl die Alltagsberatung als auch B. in beruflicher Nebenfunktion als auch B. in eigens dafür geschaffenen Einrichtungen weisen diese Merkmale auf. B. wird heute in unterschiedlichen Arbeitsfeldern und von verschiedenen Berufsgruppen ausgeübt – dies ist gemeint, wenn B. als diversifiziert bezeichnet wird. Dies lässt sich an Hand der Merkmale der obigen Definition verdeutlichen:

Fragt man, wer berät, so trifft man auf Laien wie auf Professionelle unterschiedlicher Disziplinen – Erziehungswissenschaften, Psychologie, Rechtswissenschaften, Philosophie, Soziale Arbeit u.a. Aus der fachlichen Herkunft der Berater/innen ergibt sich die jeweils besondere Expertise, die in die B. eingebracht wird. Alltagsberatung basiert auf lebensweltlicher Expertise, Professionelle kennen sich jeweils in den durch Studium und Zusatzausbildungen gegebenen Schwerpunktbereichen besonders gut aus. → Sozialarbeiter/innen und Sozialpädagog/innen bringen als ihre besondere Expertise sozialrechtliches und pädagogisch-psychologisches Wissen in die B. ein sowie die Fähigkeit, Lebensweltbezug herzustellen und Ressourcenaktivierung zu unterstützen. Fragt man, wessen Fragen, Irritationen oder Probleme Thema eines B.prozesses sind, so kommen die unterschiedlichen Klientele in den Blick: Bildungs- und → Berufsberatung, → Schuldnerberatung, Sozial- und → Familienberatung z.B. lassen sich jeweils auch durch ihre Zielgruppen unterscheiden. In der Sozialen Arbeit werden häufig Menschen zu Klient/innen, die Schwierigkeiten mit der alltäglichen Lebensführung haben.

Fragt man danach, welche Fragen, Irritationen oder Probleme Gegenstand von B. sind, dann lassen sich meist trotz der Vielfalt an individuellen Anliegen Themengruppen angeben, die in den unterschiedlichen B.angeboten jeweils im Zentrum stehen. In der Bildungsberatung z.B. stehen Lernprozesse, die Wahl von Ausbildungsgängen und die individuell zu treffenden Entscheidungen im Mittelpunkt; die Familienberatung beschäftigt sich mit Erziehungsproblemen und innerfamiliären Beziehungen; in der Sozialberatung geht es dagegen eher um die materielle Lebensbasis der Klient/innen. Fragt man danach, wie die Anliegen der Ratsuchenden geklärt und einer Lösung zugeführt werden, so ist die Methodenfrage gestellt. B. ist durch eine spezifische Form der Kommunikation gekennzeichnet: Sie belehrt nicht, sondern orientiert sich am Anliegen, am Problemerleben und den Verarbeitungsstrukturen der Klient/innen.

Deshalb gehört eine personzentrierte Gesprächsführung zu den methodischen Grundlagen (→ Gesprächsführung, Methoden der); psychologisches Verstehen der jeweiligen Anliegen ist erforderlich, um ein gemeinsames Problemverstehen zu erarbeiten – in der Sozialen Arbeit werden diese methodischen Grundlagen als Handlungsmethode B. gelernt und in der Praxis angewendet. Je nach Thema und Klientel kommen weitere Methoden hinzu. So benötigt bspw. die Bildungsberatung Verfahren der Informationsrecherche, in der B.arbeit mit Kindern kommen spieltherapeutische Verfahren zum Einsatz und B.arbeit im klinischen Kontext erfordert grundlegende medizinische Kenntnisse und psychotherapeutisches Wissen. Da beruflich ausgeübte B. immer in institutionellen Kontexten stattfindet, gilt es zudem, die jeweiligen rechtlichen Rahmenbedingungen zu kennen und zu berücksichtigen.

B., wie sie heute in den westlich geprägten Gesellschaften praktiziert wird, ist seit den 1920er-Jahren in mehreren Schüben der → Professionalisierung entwickelt worden. Sie umfasst ein stark diversifiziertes, vorwiegend professionell besetztes Handlungsfeld, das nicht von einer einzigen, sondern von unterschiedlichen Berufsgruppen ausgeübt wird. In der beruflichen Praxis von Sozialer Arbeit kommt B. allerdings nicht nur in der Form von explizit als B. ausgewiesenen Angeboten vor. Auch in den klassischen Feldern der Sozialen Arbeit (Jugendhilfe, Betreuung, Vergabe von Transferleistungen, Strafvollzug und Resozialisierung, Wohnungslosen-Arbeit, Stadtteilarbeit) wird heute B.arbeit geleistet, allerdings eher als Nebenfunktion anderer Aufgaben, nicht immer räumlich und institutionell von diesen abgegrenzt, häufig auch in Form eines Gesprächs »zwischen Tür und Angel«. B. wird vielfältig eingesetzt und ist heute zu einer Querschnittsaufgabe der Sozialen Arbeit geworden. Gerade deshalb ist es wichtig, die Differenz zu anderen Kommunikationsformen deutlich hervorzuheben. Was unterscheidet B. von der Informationsvergabe, von der Hilfe beim Ausfüllen eines Formulars oder vom Aushandeln der Freizeitgestaltung in einer betreuten Wohngruppe? B. setzt auf den Unterstützungswunsch und die Veränderungsbereitschaft der Ratsuchenden. Eine Problemdefinition soll erarbeitet, emotional wie existenziell berührende Sichtweisen sollen erörtert, Perspektivwechsel ermöglicht werden. Ein B.gespräch ist ergebnisoffen und muss Vertraulichkeit hinsichtlich der thematisierten Inhalte herstellen. Dies ist gemeint, wenn die Freiwilligkeit der Inanspruchnahme als Merkmal von B. genannt wird.

Wenn B. zu einer Querschnittsaufgabe der Sozialen Arbeit wird, findet sie in unterschiedlichen institutionellen Umgebungen statt, auch in solchen, die durch Nähe zur Administration oder zu Aufgaben mit Sanktionscharakter die Freiwilligkeit der Inanspruchnahme nicht per se sicherstellen können. Dann ist es Aufgabe der Sozialarbeiter/innen, durch Abgrenzung der Gesprächssituation von anderen Kommunikationsformen und im Herstellen einer Arbeitsbeziehung B. zu ermöglichen. Das wird allerdings nicht immer gelingen (→ Zwangskontexte in der sozialen Arbeit).

*Lit.* Nestmann, F./Engel, F./Sickendiek, U. (Hrsg.): Das Handbuch der Beratung, 3 Bde.,Tübingen 2007–2013.

*Ruth Großmaß*

**Beratung behinderter Menschen** Die → Beratung der → behinderten oder von Behinderung bedrohten Menschen ist ein integraler Bestandteil der Behindertenhilfe und der Leistungen zur → Teilhabe. Sie ist eine wesentliche Voraussetzung zur Bewältigung behinderungsbedingter Problemsituationen und Bedarfslagen. B. hat die Aufgabe, Menschen mit Behinderung den Zugang zu ihren Rechten zu eröffnen und zu erleichtern, in erster Linie durch die Vermittlung sachlicher Information über bestehende Rechtsansprüche, Leistungen bzw. Maßnahmen und Hilfen, → Einrichtungen, → Soziale Dienste usw. Sie ist darüber hinaus aber auch im umfassenden Sinne als Angebot bei persönlichen und psychosozialen Fragestellungen zu verstehen. Im Idealfall steht die B. am Anfang eines Hilfeprozesses, begleitet ihn und führt zur Problemformulierung und Bedarfsermittlung sowie zur Problemlösung und Bedarfsdeckung. B. wird von den gesetzlichen → Rehabilitationsträgern, Behörden, → Behindertenverbänden, → Selbsthilfegruppen, Verbänden der → Freien Wohlfahrtspflege, aber auch von verschiedenen Einrichtungen und Diensten angeboten. Nach dem → Sozialgesetzbuch (SGB) haben alle Bürger/innen – also auch behinderte Menschen – einen einklagbaren Anspruch auf B. über ihre Rechte und Pflichten gegenüber den → Sozialleistungsträgern (§ 14 SGB I).

Für die gesetzlichen Rehabilitationsträger besteht nach dem Sozialgesetzbuch (SGB) eine Pflicht zur → Auskunft und B. Nach den §§ 13 bis 15 SGB I sowie nach §§ 12 Abs. 1 Nr. 3, 22 SGB IX haben behinderte und von Behinderung bedrohte Menschen Anspruch auf B. über die Leistungsvoraussetzungen und Leistungen der Rehabilitationsträger einschließlich besonderer Hilfen im Arbeitsleben.

Zuständig für die B. durch die Rehabilitationsträger ist in erster Linie der für die

Leistung zuständige Träger. Die B. und Auskunft ist durch die Einrichtung gemeinsamer örtlicher → Servicestellen der Rehabilitationsträger zu gewährleisten. Die Träger der → Krankenversicherung, → Unfallversicherung, → Rentenversicherung und → Arbeitsförderung hatten zu diesem Zweck bereits im Mai 2001 eine Rahmenempfehlung zur Einrichtung trägerübergreifender Servicestellen für Rehabilitation abgeschlossen, die Anfang 2008 von einer Rahmenvereinbarung abgelöst worden ist. Es wird weiter angestrebt, die Träger der → Sozialhilfe, die Träger der öffentlichen → Kinder- und Jugendhilfe sowie die Träger der → Kriegsopferversorgung und → Kriegsopferfürsorge mit einzubeziehen.

Weitere Beratungspflichten bestehen nach § 31 Abs. 2 SGB XI für die → Pflegekassen, nach § 59 Nr. 1 SGB XII für die → Gesundheitsämter, nach § 11 SGB XII für die → Träger der Sozialhilfe, nach § 95 Abs. 1 SGB IX für die → Schwerbehindertenvertretung, nach § 93 SGB IV für die Versicherungsämter und nach §§ 92 Abs. 1 S. 2 Nr. 8, 112 Abs. 2 S. 1 Nr. 4 SGB V für Ärzte und → Krankenhäuser. Der Sicherung von B. und Auskunft gegenüber behinderten Menschen dienen ferner besondere Vorschriften des SGB IX (§§ 60, 61), die sich insbesondere auch an Ärztinnen, Ärzte und andere Vertreter/innen der Gesundheits- und Sozialberufe richten. Rechtsfolgen falscher Beratung können bei Amtspflichtverletzung nach Art. 34 → Grundgesetz i.V.m. § 839 → Bürgerliches Gesetzbuch (→ Amtshaftung) und aus allgemeinen schuldrechtlichen Haftungstatbeständen (→ Haftung) eintreten.

Das Bundeskabinett hat am 28.6.2016 einen Regierungsentwurf zu einem → Bundesteilhabegesetz verabschiedet, der wesentliche Änderungen des Rechts der Rehabilitation und Teilhabe behinderter Menschen und der Eingliederungshilfe vorsieht. Das Bundesteilhabegesetz soll stufenweise zwischen 2017 und 2020 in Kraft treten.

*Thomas Stähler*

**Beratung in der Sozialhilfe** ist eine personenbezogene, antragsunabhängige → soziale Dienstleistung (§ 10 Abs. 2 SGB XII). Sie ist eine → Pflichtleistung nach § 11 SGB XII, auf die Leistungsbezieher/innen nach dem SGB XII, aber auch Personen Anspruch haben, die (noch) keine Leistungen aus dem SGB XII erhalten, denen aber Sozialhilfebedürftigkeit droht (vgl. § 15 SGB XII). Beratung ist darüber hinaus auch Annexleistung bei allen sozialhilferechtlichen → Geld- und → Sachleistungen (§ 8 SGB XII).

B. nach § 11 SGB XII soll soziale und persönliche Probleme der Anspruchsberechtigen wahrnehmen und ihnen ein (freiwilliges) Angebot zur Stabilisierung und Verbesserung ihrer Lebenssituation machen. Sie ist mehr als eine → Auskunft nach § 15 SGB I und spezifischer als die → Aufklärung nach § 13 SGB I. Sie ergänzt die Beratung nach § 14 SGB I insofern, als es nicht allein um die Rechte und Pflichten nach dem SGB, sondern auch um allgemeine Lebensberatung geht. B. ist informelles Verwaltungshandeln; die im Beratungsprozess mitgeteilten personengebundene Daten unterliegen dem → Sozialdatenschutz aus § 35 SGB I i.V.m. §§ 67 ff. SGB X. Fachlich spezialisierte Beratung und Unterstützung, die das SGB XII vorsieht, geht der allgemeinen → Beratung vor. B. kann in Unterstützung übergehen, wenn sich dafür der → Bedarf abzeichnet (§ 11 Abs. 3 SGB XII).

Der Beratungskontext ergibt sich aus § 11 Abs. 2 SGB XII. Berücksichtigt und festgestellt werden die persönliche Situation der → Leistungsberechtigten, ihr Bedarf an Leistungen und Unterstützung. Es wird aber auch ausgelotet, welche eigenen → Ressourcen vorhanden sind, um die persönliche Situation zu verbessern, die Notlage zu überwinden und aktiv am Leben in der Gemeinschaft teilzuhaben. Aus der B. kann eine → Leistungsabsprache nach § 12 SGB XII folgen. Eine Sonderstellung nimmt die Budgetberatung ein (§ 11 Abs. 2 S. 4 SGB XII). Sie umfasst zum einen die Beratung von Personen, deren wirtschaftliche Dispositionsfähigkeit eingeschränkt ist und denen Überschuldung droht, im Hinblick darauf, wie sie die ihnen zur Verfügung gestellten Mittel zur Deckung ihres Bedarfs wirtschaftlich einsetzen können (§ 11 Abs. 3 S. 5 SGB XII). Zum anderen dient die Budgetberatung der Beratung bei der Inanspruchnahme und Durchführung eines (trägerübergreifenden) → Persönlichen Budgets.

B. nach § 11 Abs. 1 SGB XII ist gegenüber den Angeboten der → freien Wohlfahrtspflege, von Angehörigen der rechtsberatenden Berufe und von sonstigen Stellen subsidiär (→ Subsidiarität). Deshalb sollen die → Sozialhilfeträger zunächst auf diese Angebote hinweisen. Der Beratungsanspruch gegen den Sozialhilfeträger besteht allerdings weiter. Bei besonders komplexen Problemlagen soll auf die Inanspruchnahme einer Fachberatung (z.B. → Schuldnerberatung, → Drogenberatung) hingewirkt werden.

Der Sozialhilfeträger entscheidet über Art und Ausmaß der Beratung nach pflichtgemäßem → Ermessen. Bei fehlerhafter B., die nachweislich zu einem Schaden geführt hat, haftet der Träger nach den Grundsätzen der → Amtshaftung, auch wenn die fehlerhafte Beratung von einem Dritten auf seine Veranlassung erbracht wurde. Folgt aus falscher Beratung eine falsche Dispositionsentscheidung der Leistungsberechtigten, besteht u.U. ein sozialrechtlicher Herstellungsanspruch.

*Gabriele Kuhn-Zuber*

**Beratungsbesuch** (§ 37 Abs. 3–7 SGB XI) ist der Besuch in der eigenen Häuslichkeit durch Fachkräfte bei Pflegebedürftigen, die → Pflegegeld für Pflegebedürftige nach § 37 SGB XI erhalten, oder bei Personen mit erheblichem Bedarf an allgemeiner Beaufsichtigung und Betreuung nach § 45 a SGB XI (z.B. Demenzkranke). Er dient der Sicherstellung der → Qualität der Laienpflege im häuslichen Bereich. Ein B. bei Pflegebedürftigen der Pflegestufen I und II findet halbjährlich einmal, bei Pflegestufe III vierteljährlich einmal statt. Personen nach § 45 a SGB XI dürfen innerhalb der vorgenannten Zeiträume zweimal einen B. abrufen; wenn sie noch keine Pflegestufe haben, alle sechs Monate. Der B. wird von der → Pflegekasse vergütet. Die Vergütung beträgt seit dem 1.1.2015 in den Stufen I und II 22 Euro und in der Stufe III 32 Euro. Durchgeführt werden die B. i.d.R. durch einen zugelassenen Pflegedienst nach Wahl des/der Pflegebedürftigen oder durch von den Landesverbänden der Pflegekassen anerkannte Beratungsstellen; seit dem 1.1.2009 auch durch Pflegeberater/innen nach § 7 a SGB XI. Wenn die erforderliche → Grundpflege und hauswirtschaftliche Versorgung nicht sichergestellt ist, besteht kein Anspruch mehr auf Pflegegeld (§ 37 Abs. 1 SGB XI). In der fachpolitischen Diskussion wird der B. als unzureichendes Instrument der Qualitätssicherung betrachtet. Hierfür genannte Gründe sind geringe finanzielle Anreize, mangelnde fachliche Qualifikation der durchführenden Fachkräfte für die Beratungssituation und die faktische Kontrollsituation.

*Heike Hoffer*

**Beratungsgutschein** → Pflegeberatung

**Beratungshilfe** nach dem Gesetz über Rechtsberatung und Vertretung für Bürger mit geringem Einkommen vom 18.6.1980 – Beratungshilfegesetz (BerHG) – (BGBl. I S. 689) i.d.F. des Gesetzes zur Änderung des Prozesskostenhilfe- und Beratungshilferechts vom 31.8.2013 (BGBl. I S. 3533) erhält auf allen Rechtsgebieten, wer nach seinen persönlichen und wirtschaftlichen Verhältnissen die für eine → Beratung oder, soweit erforderlich, Vertretung benötigten Mittel nicht aufbringen kann. Das sind i.d.R. Personen, die → Hilfe zum Lebensunterhalt nach dem SGB XII beziehen. Auch bei anderen Personen mit geringem → Einkommen können die Voraussetzungen dafür vorliegen. Es darf keine andere Möglichkeit zur kostenlosen Beratung und/oder Vertretung zur Verfügung stehen (z.B. als Mitglied in einer Gewerkschaft, eines Mietervereins oder bei bestehender Rechtsschutzversicherung). In derselben Angelegenheit darf B. nicht bereits bewilligt oder versagt worden sein. Da B. für die Wahrnehmung von Rechten außerhalb eines gerichtlichen Verfahrens gewährt wird, darf in derselben Angelegenheit außerdem kein gerichtliches Verfahren anhängig sein (wer sich in einem gerichtlichen Verfahren vertreten lassen möchte, kann → Prozesskostenhilfe bzw. Verfahrenskostenhilfe bekommen).

Die Inanspruchnahme von B. darf nicht mutwillig erscheinen. Mutwilligkeit liegt vor, wenn B. begehrt wird, obwohl jemand, der die Kosten selbst tragen müsste, bei verständiger Würdigung aller Umstände der Angelegenheit davon absehen würde, sich beraten oder vertreten zu lassen. Über den Antrag auf B., für den das in Anlage 1 der B.formularverordnung (BerHFV) vom 2.1.2014 (BGBl. I S. 2) bestimmte Formular zu verwenden ist, entscheidet das für den Wohnsitz zuständige Amtsgericht. Wird eine zur B. berufene Beratungsperson – das sind Rechtsanwältinnen und Rechtsanwälte sowie in Kammern zugelassene Rechtsbeistände, in steuerrechtlichen Angelegenheiten auch Steuerberater/innen und Wirtschaftsprüfer/innen sowie in Rentenangelegenheiten auch Rentenberater/innen – mit der Bitte um B. unmittelbar aufgesucht, ist der der Antrag spätestens vier Wochen nach Beratungsbeginn zu stellen. Liegen die Voraussetzungen für die Gewährung von B. vor, stellt das Amtsgericht, wenn es nicht selbst – soweit dem Anliegen durch eine sofortige Auskunft, einen Hinweis auf andere Möglichkeiten für Hilfe oder die Aufnahme eines Antrags oder einer Erklärung entsprochen werden kann – die Beratung vornimmt, einen Berechtigungsschein für B. durch eine Beratungsperson nach Wahl des Rechtssuchenden aus. B. kann durch Beratungspersonen auch in Beratungsstellen gewährt werden, die aufgrund einer Vereinbarung mit der Landesjustizverwaltung eingerichtet sind. Wird die B. nicht bereits durch das Amtsgericht selbst, sondern durch eine Beratungsperson gewährt, sind an diese 15 Euro zu bezahlen. Die Beratungsperson kann auf diese Gebühr verzichten. Alle übrigen Kosten der B. trägt in aller Regel die Landeskasse. In Bremen und Hamburg tritt die eingeführte öffentliche Rechtsberatung an die Stelle der B. und in Berlin kann zwischen der Inanspruchnahme der öffentlichen Rechtsberatung und B. gewählt werden, wenn und soweit das Landesrecht nichts anderes bestimmt.

*Gottfried Eichhoff*

**Bereitschaftspflege/familiale Bereitschaftsbetreuung** Kinder/Jugendliche werden vorübergehend in speziell ausgewählten Betreuungsfamilien in Obhut genommen, wenn aufgrund einer krisenhaften Situation in der eigenen → Familie das → Jugendamt sie zu ihrem Schutz unterbringen muss. Der Einsatz erfolgt immer an der Schwelle der Kindeswohlgefährdung (→ Kindeswohl) und dauert, bis eine Einschätzung und damit Entscheidung über eine Rückkehr in die Familie, mögliche Folgehilfen oder eine längerfristige → Fremdunterbringung getroffen werden kann. B. hat in hohem Maß eine »Clearing«-Funktion, d.h. die Kinder und Jugendlichen sind aus einer akuten Gefährdungssituation herausgenommen worden, um Zeit für eine Abklärung und für eine Entscheidung über eine geeignete und notwendige Hilfe im Anschluss daran zu gewinnen.

Es handelt sich bei den Familien der betreuten Kinder/Jugendlichen überwiegend um Familien in gravierenden Unterversorgungslagen in mehreren Lebensbereichen (→ Armut, schlechte Wohnverhältnisse, soziale Isolation, Gesundheitsprobleme, mangelnde Bildung, → Arbeitslosigkeit usw.) und der damit verbundenen Überforderung bei der Versorgung und Erziehung von Kindern. Etwa die Hälfte der Kinder/Jugendlichen kommen aus Ein-Elternteil-Familien. Die → Inobhutnahme erfolgt bei dem überwiegenden Teil der Familien nach bereits andauernden Interventions- und Beratungskontakten der → Kinder- und Jugendhilfe. Die kurzfristige Betreuung in speziell ausgewählten Familien statt in Notaufnahmegruppen von Heimen ist besonders bei Kleinkindern entwicklungsfördernd. Aber auch ältere Kinder und Jugendliche können sich im familialen Rahmen durchaus positiv stabilisieren. Bei etwa zwei Dritteln ist die Unterbringung nach einem Zeitraum von bis zu drei Monaten beendet. Da jedoch etliche Klärungsverfahren sich aus unterschiedlichen Gründen hinziehen, sind auch Unterbringungen bis zu zwei Jahren in B. zu konstatieren, was für die Kinder zu negativen Folgen hinsichtlich ihrer Bindungserfahrungen führen kann.

Eine qualifizierte Maßnahme der B. zeichnet sich durch die Sicherstellung folgender Bereiche aus: a) Schutz der Kinder; b) Förderung von Kindern und Eltern; c) fundierte Einschätzung der Situation des Kindes und seiner Familie unter der Bedingung ihrer dezidierten → Partizipation; d) Einbindung der Betreuungspersonen und der beratenden → Fachkräfte in die → Hilfeplanung; e) qualifizierte Auswahl, Vorbereitung und Begleitung der Betreuungspersonen/-familien; f) geeignete Rahmenbedingungen der Jugendhilfe (Sach- und Personalausstattung, angemessene Beratungskapazität, Vergütung der Betreuungsfachkräfte usw.). In der B. muss im Interesse der Kinder eine konstruktive → Kooperation zwischen Jugendhilfe und → Herkunfts- und Betreuungsfamilie hergestellt werden. Die Maßnahme muss aufgrund der Nähe zur Arbeit der → Allgemeinen Sozialdienste und damit zum Hilfeplanverfahren als eine Art → Krisenintervention von anderen Formen der → Vollzeit- und → Kurzzeitpflege unterschieden werden. Organisatorisch gibt es große Unterschiede in der Durchführung, sei es beim öffentlichen oder beim freien Träger, mit professionellen Betreuungspersonen oder mit Laien, fest angestellt oder auf Pflegegeldbasis. Ein dringender Weiterentwicklungsbedarf besteht in Bezug auf Konzepte der Arbeit mit den Herkunftsfamilien zur Wiederherstellung der Erziehungsfähigkeit in der Zeit der Unterbringung (z.B. mit aufsuchender → Familientherapie).

*Elisabeth Helming*

**Berichtswesen** Das B. umfasst alle Strukturen und Mittel zur Erarbeitung, Weiterleitung, Verarbeitung und Speicherung von Informationen zu Entscheidungen, Entwicklungen oder Veränderungen in der Sozialunternehmung. Informationen sind zur Steuerung für jede Tätigkeit erforderlich, ermöglichen die betriebliche (fachspezifische) → Kommunikation, fördern die innerbetriebliche Zusammenarbeit, dienen der Prüfung, Präzisierung oder Korrektur eigener (organisationsinterner) und vorgegebener (organisationsexterner) Zielsetzungen, bringen Sicherheit und Transparenz, ermöglichen Kontinuität und → Teamarbeit. Auch wenn diese Anforderungen weitgehend erfüllt sind, ist das Informationsbedürfnis von Mitarbeiter/innen oft nicht ausreichend befriedigt. Die planvolle Verteilung der → Ressource Information kann nur mit Unterstützung aus den oberen Führungsebenen gelingen.

Aus der Perspektive der Führungskräfte steht zunächst deren eigenes Informationsbedürfnis im Vordergrund. Schneller und gezielter Zugriff auf Informationen setzt voraus, dass Anforderungen an die informationelle Grundstruktur in der Unternehmung klar definiert sind. → Daten müssen mit Blick auf die Fragestellungen der Betriebsführung erfasst und ausgewertet und auf Anforderung abrufbar sein. Berichte können in Papier- und in elektronischer Form erstellt werden. Schließlich soll die Informations- und Kommunikationstechnik die Flut von Informationen auf unterschiedlichen Ebenen des Unternehmens reduzieren. Zur Aufgabe des → Controllings wird die Gestaltung der betrieblichen Informationslandschaft noch aus einem anderen Grund: Ohne Überprüfung der bestehenden bürokratischen Regelsysteme wird sich der Einsatz moderner Informations- und Kommunikationstechnologie (IT) nicht effektiv nutzen lassen. Es sind vor allem rückständige Strukturen der Arbeitsteilung, die eine besondere Affinität zum Informationsmanagement aufweisen. Je arbeitsteiliger die Organisationsstrukturen angelegt sind, desto mehr informationelle Schnittstellen müssen berücksichtigt werden. Das wiederum schafft einen hohen Koordinationsaufwand, der sich hemmend auf das Tempo des Informationsflusses auswirkt. Das Controlling wird damit zur institutionellen Ebene, die das B. als Führungsinstrument maßgeblich mit zu gestalten hat. Es hat Merkmale in Abhängigkeit von den Bedürfnissen der Unternehmung (vor allem) als Finanz- und Leistungsgrößen und -werte zu definieren, verdichten und zu hierarchisieren. Diese sind als z.B. Ist- und Planungswerte zusammenzufassen und ggf. zu aggregieren.

Die vertraglichen → Vereinbarungen zur Prüfung von Leistungen, → Wirtschaftlichkeit und Qualitäten erfordern zur internen Steuerung wie zur Dokumentation an Anspruchsgruppen wie für die Vertragspartner in hohem Maße Transparenz zum Unternehmensgeschehen. Die Thematik der Datensicherheit wird mit der Entwicklung technischer Anwendungen immer bedeutsamer. Berechtigungskonzepte regeln den Zugriff auf und die Verwendungsmöglichkeiten von Betriebsdaten.

*Hans-Christoph Reiss*

**Berücksichtigungszeiten für Kindererziehung** → Kindererziehungszeiten, rentenrechtliche Anerkennung von, → Rentenrechtliche Zeiten

**Berufliche Bildung** gliedert sich in Aus- und Weiterbildung (hier auch Anpassungs- bzw. Aufstiegsfortbildung). Traditionelles Strukturmerkmal beruflicher Ausbildung in Deutschland ist die Verknüpfung des Lernorts Betriebs mit dem Lernort Schule (duale Ausbildung). Die Mehrheit dualer Ausbildungen erfolgt auf der Basis des Berufsbildungsgesetzes (BBiG). Die Zuständigkeit für die beruflichen Schulen liegt in der Hoheit der Länder, die Zuständigkeit für die betriebliche, außerschulische Berufsbildung beim Bund. Berufliche Ausbildung im Sozial- und Gesundheitswesen ist i.d.R. nicht im BBiG geregelt. Diese Ausbildungen sind durch Länder- oder sektorale Bundesgesetze normiert (→ Ausbildung in sozialen Berufen). Sie erfolgen je nach Ausbildung vollzeitschulisch mit → Praktika oder dual mit Zahlung einer (Ausbildungs-)Vergütung (hier auch Teilzeit-, berufsbegleitende, praxisintegrierte Ausbildung).

Berufliche Weiterbildung baut auf einer abgeschlossenen Ausbildung auf. Während berufliche Ausbildungen im Sekundarbereich I verortet sind, können Weiterbildungen im Sekundarbereich II (hier z.B. staatlich anerkannte Weiterbildungen in der Pflege) oder im tertiären Bereich (Fachschulen, Berufsakademien, Hochschulen) angesiedelt sein. Die vertikale Durchlässigkeit (Erwerb der Zugangsvoraussetzungen für den nächsten Bildungsbereich, hier z.B. zur Fachschule oder Hochschule) hat in der b. B. eine hohe Priorität, auch wenn sie nicht durchgängig gewährleistet ist. Sie hat zur Voraussetzung, dass der Abschluss in einer definierten Institution erworben wurde, die Teil des seitens von Bund und Ländern definierten Systems b. B. ist. Jenseits dieser formalen Setzung existiert die Forderung nach einer Validierung und Anerkennung nichtformalen und informellen → Lernens für eine horizontale und vertikale Anschlussfähigkeit von erworbenen Kompetenzen in der beruflichen Aus- und Weiterbildung. Mit dem Europäischen → Qualifikationsrahmen ergibt sich für die Nationalstaaten eine Verpflichtung, erworbene → Kompetenzen auch außerhalb formaler Bildung anschlussfähig zu machen. Im Deutschen Qualifikationsrahmen ist die Zuordnung der formalen Abschlüsse zu acht Niveaustufen erfolgt. Je nach Kompetenzniveau ressortieren die Aus- und Weiterbildungen auf den Stufen 1 oder 2 (Berufsausbildungsvorbereitung), 3 oder 4 (Berufsfachschulen) bis 6 und 7 (Fachschulen, Hochschulen, Bachelor- oder Masterabschluss). Die Validierung nichtformalen und informellen Lernens steht dagegen noch aus.

Berufsorientierung an Schulen, Berufs- und Weiterbildungsberatung (hier auch → Jugendberufsagenturen) sowie die Zusammenarbeit zwischen den Partnern (Arbeitgeber, Gewerkschaften, Bundesinstitut für Berufsbildung [BIBB], Fachministerien, Kammern) sind wesentliche Systemmerkmale von b. B. in Deutschland. B. B. wird durch entsprechende Förderprogramme (z.B. Ausbildungsbeihilfe, Bundesausbildungsförderungsgesetz [BAföG], Meister BAföG, Begabtenförderung, Bildungsgutschein) flankiert.

*Birgit Hoppe*

**Berufliche Rehabilitation** → Teilhabe am Arbeitsleben für Menschen mit Behinderung

**Berufsberatung** begleitet und fördert Menschen jeden Alters bei persönlichen Entscheidungen im Zusammenhang mit → Bildung, Beruf und Beschäftigung, so z.B. bei der Erstberufs- oder Studienwahl, bei beruflichen Veränderungen bis zum Berufswechsel, Weiterbildungsfragen, Fragen zur → Vereinbarkeit von Familien- und Erwerbsleben u.a.m. Gegenstandsbereiche professioneller B. sind insofern Zugänge, Inhalte, Anforderungen und Perspektiven von geregelten Berufen, von anderen Erwerbsarbeitsmöglichkeiten, grundständigen und weiterbildenden Studiengängen, beruflichen Weiterbildungen sowie dazugehörige Förderungsfragen sowie internationale Aspekte. Ziel ist es, gemeinsam mit den Ratsuchenden ihre → Ressourcen zu erschließen und einen aktiven Lern- und Entwicklungsprozess anzuregen und zu begleiten. Es geht dabei um individuell mögliche Bildungs- und Berufsoptionen, persönliche Zukunftsentwürfe, Informationsrecherche und -verarbeitung sowie um die realistische Einschätzung der eigenen Möglichkeiten, beruflichen Chancen und Risiken und um die Entwicklung von Handlungsoptionen. Damit trägt die B. dazu bei, dass Ratsuchende ihre beruflichen Entscheidungen eigenverantwortlich treffen und umsetzen können.

B. geschieht als persönliche Dienstleistung im Kontakt mit Einzelnen oder mit (Klein-)Gruppen. Sie ist deutlich mehr als das Erteilen von Auskunft und Rat, Stellenvermittlung oder Informationsweitergabe. Die Grundhaltung professioneller B. beschreiben die ethischen Standards der Internationalen Vereinigung für Bildungs- und Berufsberatung (www.aiosp.com). Gemäß SGB III ist B. Pflichtaufgabe der → Agenturen für Arbeit, wird aber auch von anderen Institutionen, Verbänden und selbstständigen Berater/innen angeboten, oft unter anderen Begrifflichkeiten wie Bildungsberatung, Karriere- oder Laufbahnberatung, → Coaching u.a. Private Angebote sind i.d.R. kostenpflichtig.

Gute B. ist gefragt, ihr wird für eine hohe Bildungs- und Erwerbsbeteiligung und angesichts der Veränderungsprozesse in der Arbeitswelt, der Internationalität in Bildung und Arbeit sowie der → demografischen Entwicklung und ihrer Folgen für die Wirtschaft eine große Bedeutung zugemessen. Trotzdem ist diese Dienstleistung in Deutschland de facto ungeregelt und damit ohne verpflichtende spezifische Aus- oder Fortbildung oder Kompetenzüberprüfung der Berater/innen möglich. Dies und ein insgesamt unübersichtliches Gesamtangebot machen es nicht leicht, eine gute B. zu finden. Für die Entwicklung der Qualität und Professionalität von B., auch i.S. des → Verbraucherschutzes, setzt sich seit 1956 gemeinnützig der Deutsche Verband für Bildungs- und Berufsberatung e.V. (dvb, www.dvb-fachverband.de) ein. Zahlreiche Akteure in der B. haben sich im Nationalen Forum Beratung in Bildung, Beruf und Beschäftigung e.V. (nfb, www.forum-beratung.de) zusammengeschlossen und ein Qualitätskonzept erarbeitet (www.beratungsqualitaet.net).

*Birgit Lohmann*

**Berufsbildungsgesetz** → Berufliche Bildung

**Berufsbildungswerke** → Berufsförderungswerke

**Berufsethik** → Ethik in der Sozialen Arbeit

**Berufsfachschulen** → Fachschulen

**Berufsförderungswerke** (BFW) sind im Sozialgesetzbuch IX benannte → Einrichtungen der beruflichen → Rehabilitation. Ihr Auftrag ist es, Menschen mit gesundheitlichen Beeinträchtigungen die volle → Teilhabe am Arbeitsleben und gesellschaftliche → Inklusion zu ermöglichen. Das Angebot der B. umfasst ein breites Spektrum beruflicher Qualifizierungen für Erwachsene, die ihren bisherigen Beruf nicht mehr ausüben können und die besondere Unterstützung eines B. benötigen. Darüber hinaus bieten die B. Leistungen in den Bereichen → Prävention, → Beratung, Diagnostik und → Integration an. Die Maßnahmen werden im Auftrag eines zuständigen → Rehabilitationsträgers (z.B. → Deutsche Rentenversicherung, → Agentur für Arbeit, → Unfallversicherung) durchgeführt.

Interdisziplinäre Teams (z.B. Ärzt/innen, Psycholog/innen, Ausbilder/innen, Sozialpädagog/innen und Therapeut/innen) begleiten die Rehabilitandinnen und Rehabilitanden individuell. Die Angebote richten sich nach den Anforderungen des → Arbeitsmarktes und finden – wenn möglich – in der Zusammenarbeit mit Unternehmen statt. Bei Bedarf stehen Wohnmöglichkeiten zur Verfügung. Die B. halten Leistungen für ein breites Spektrum von gesundheitlichen Beeinträchtigungen vor. Ein Teil der B. hat sich auf bestimmte Behinderungsarten spezialisiert – z.B. → blinde und sehbehinderte Menschen.

Die 28 B. sind über den Bundesverband Deutscher Berufsförderungswerke (BV

BFW) organisiert und bieten an etwa 100 Standorten mehr als 250 berufliche Qualifizierungsangebote an. Der BV BFW bündelt den Erfahrungsaustausch und fördert die Zusammenarbeit mit den Trägern der Rehabilitation sowie mit Akteuren aus Politik, Wissenschaft, Unternehmen und Verbänden.

*Niels Reith*

**Berufsgenossenschaften** Träger der gesetzlichen → Unfallversicherung sind neben dem Bund, den Ländern und → Gemeinden bzw. Gemeindeunfallverbänden die gewerblichen und die landwirtschaftlichen B. Das Recht der gesetzlichen Unfallversicherung ist im SGB VII geregelt. Die B. sind paritätisch selbstverwaltete (→ Selbstverwaltung), rechtsfähige Körperschaften des → öffentlichen Rechts. Als Teil der mittelbaren Staatsverwaltung unterliegen sie staatlicher Aufsicht (→ Fachaufsicht, → Rechtsaufsicht). Die B. sind gesetzlich bestimmte Pflichtvereinigungen der Unternehmen zur verschuldensunabhängigen Beschränkung der → Haftung der Unternehmer gegenüber Versicherten, ihren Angehörigen und Hinterbliebenen für einen durch einen Versicherungsfall gemäß § 7 SGB VII (→ Arbeitsunfall, → Berufskrankheit) verursachten Personenschaden (§ 104 ff. SGB VII). Es gibt neun gewerbliche (Stand: 1.1.2015) und eine Sozialversicherung für Landwirtschaft, Forsten und Gartenbau (SVLFG), die auch für die Durchführung der landwirtschaftlichen Unfallversicherung zuständig ist. Die Zugehörigkeit eines Unternehmens zu einer bestimmten B. richtet sich regelmäßig nach Art und Gegenstand sowie dem Sitz des Unternehmens (§§ 121 ff., 130 ff. SGB VII).

Unternehmer haben gegenüber der für sie zuständigen B. eine generelle Unterstützungspflicht sowie im Einzelfall spezielle Mitteilungs-, Auskunfts-, Anzeige- und Meldepflichten (§§ 191 ff. SGB VII). Die Finanzierung der B. erfolgt gem. § 150 SGB VII sowohl durch Beiträge der Unternehmer, für deren Unternehmen Versicherte tätig sind oder zu denen Versicherte in einer besonderen, die Versicherung begründenden Beziehung stehen, als auch durch freiwillig Versicherte, die kraft → Gesetzes sowie kraft → Satzung versicherten Unternehmer und ihre im Unternehmen mitarbeitenden Ehegatten. Berechnungsgrundlage für die Beiträge sind regelmäßig der Finanzbedarf (Umlagesoll), die Arbeitsentgelte der Versicherten und die Gefahrenklassen (§§ 152 ff. SGB VII). Die B. haben mit allen geeigneten Mitteln für die Verhütung von Arbeitsunfällen, Berufskrankheiten und arbeitsbedingten Gesundheitsgefahren und für eine wirksame Erste Hilfe zu sorgen (§ 14 SGB VII). Zu diesem Zweck können sie unter bestimmten Voraussetzungen als autonomes Recht Unfallverhütungsvorschriften erlassen (vgl. § 15 SGB VII). Die Beratung und Überwachung der Unternehmen durch die B. auf dem Gebiet der → Prävention erfolgt durch Aufsichtspersonen (§§ 18 ff. SGB VII). Die B. haben auch für die erforderliche Aus- und → Fortbildung der in den Unternehmen mit Präventionsaufgaben betrauten Personen zu sorgen (§ 23 SGB VII).

*Harald Dahm*

**Berufskrankheit** ist nach der Legaldefinition des § 9 Abs. 1 SGB VII eine → Krankheit, die die Bundesregierung durch → Rechtsverordnung (Berufskrankheiten-Verordnung [BKV]) als B. bezeichnet und die kraft → Gesetzes oder kraft → Satzung oder freiwillig Versicherte infolge einer den Versicherungsschutz begründenden Tätigkeit erleiden. In der BKV sind solche Krankheiten als B. bezeichnet, die nach den Erkenntnissen der medizinischen Wissenschaft durch besondere Einwirkungen verursacht sind, denen bestimmte Personengruppen durch ihre versicherte Tätigkeit in erheblich höherem Maße als die übrige Bevölkerung ausgesetzt sind. Zurzeit gilt die BKV i.d.F. vom 22.12.2014. Ihre Anlage 1 enthält 77 Positionen. Besteht für die versicherte Person die Gefahr, dass eine B. entsteht, wieder auflebt oder sich verschlimmert, hat der Träger der → Unfallversicherung mit allen geeigneten Mitteln der Gefahr entgegenzuwirken; ist die Gefahr nicht zu beseitigen, hat er den/die Versicherte/n zur Unterlassung der gefährdenden Tätigkeit aufzufordern und etwaige dadurch entstehende Nachteile zu entschädigen (§ 3 BKV). Nach § 9 Abs. 2 SGB VII müssen die Unfallversicherungsträger darüber hinaus eine Krankheit, die nicht in der BKV bezeichnet ist oder bei der die dort bestimmten Voraussetzungen nicht vorliegen, wie eine B. anerkennen, sofern im Zeitpunkt der Entscheidung nach neuen Erkenntnissen der medizinischen Wissenschaft die Voraussetzungen für eine Bezeichnung in der BKV erfüllt sind.

*Harald Dahm*

**Berufspraktikum** → Praktikum

**Berufsschule** → Bildung

**Berufs- und Fachverband Heilpädagogik e.V. (BHP)** Der BHP ist die zentrale berufsständische und fachverbandliche Vertretung von Heilpädagoginnen und Heilpädagogen in Deutschland. 1985 gegründet vertritt der BHP etwa 5.000 Mitglieder bundesweit. Der BHP ist Ansprechpartner für Verbände, Gewerkschaften und politische Akteure rund um heilpädagogische Themenfelder. Zudem arbeitet der BHP eng zusammen mit den Ausbildungsstätten für → Heilpädagogik, → Fachschulen und Fachakademien, Hochschulen und Universitäten und ist ein Bindeglied zwischen Wissenschaft und Praxis. Mit eigenen Fachtagungen, Publikationen und Weiterbildungsangeboten trägt der BHP zur Qualitätsentwicklung im Bereich der Heilpädagogik bei. Der BHP erarbeitet in regelmäßigen Abständen das Berufsbild Heilpädagogin/Heilpädagoge und definiert damit unter anderem berufsethische Grundlagen, heilpädagogische Handlungskonzepte und heilpädagogische Tätigkeitsfelder. Durch die Veröffentlichung des Berufsbildes und weiterer regelmäßig aktualisierter Positionspapiere leistet der BHP einen wesentlichen Teil zum Selbstverständnis der Profession und Disziplin der Heilpädagogik. Als Gründungsmitglied der Internationalen Gesellschaft heilpädagogischer Berufsverbände engagiert sich der BHP für ein europäisches Berufsbild Heilpädagogin/Heilpädagoge.

*Kai-Raphael Timpe*

**Berufsunfähigkeitsrente** → Rente wegen Erwerbsminderung

**Berufsverband der Erziehungswissenschaftlerinnen und Erziehungswissenschaftler (BV-Päd.) e.V.** ist die professionspolitische Interessenvertretung von universitär ausgebildeten Pädagoginnen und Pädagogen in allen beruflichen Handlungsfeldern. 1977 von Diplom-Pädagog/innen gegründet, versteht sich der Verband als ein berufliches Netzwerk, das den fachlichen Austausch der Mitglieder untereinander fördert und sie in unterschiedlichen berufsrelevanten Fragestellungen berät. Angesichts zahlreicher, teils spezifischer Bachelor- und Masterstudiengänge (→ Studium der Sozialen Arbeit) und einer „entgrenzten" Pädagogik (→ Erziehungswissenschaftliche Grundlagen der Sozialen Arbeit) stehen außerschulisch tätige Pädagog/innen vor dem Problem, dass ihre Berufsfelder nicht eindeutig professionell besetzt sind. Der BV-Päd. unterstützt sie in ihrem individuellen wie kollektiven Professionalisierungsprozess. Schwerpunkte der Arbeit liegen darin, das Kompetenzprofil von Erziehungswissenschaftler/innen sichtbar zu machen und deren Lage in Ausbildung und Beruf zu verbessern, mittels Öffentlichkeitsarbeit, Vernetzung und Kooperationen, des Verfassens von Stellungnahmen sowie → Beratung und → Coaching zu den Themen Studium, Berufseinstieg und Karriere. Die Homepage informiert über bundesweite Studienstandorte mit dem Kernfach Erziehungswissenschaft. Der BV-Päd. veranstaltet regelmäßig Tagungen zu fach- und berufspolitischen Themen, tritt auf pädagogischen Jobmessen und in universitären Informationsveranstaltungen auf. Er gibt die Zeitschrift „Der pädagogische Blick" heraus.

*Anschrift*: Im Trierischen Hof 1, 60311 Frankfurt am Main, www.bv-paed.de

*Birte Egloff*

**Berufsvorbereitende Bildungsmaßnahmen (BvB)** richten sich an Jugendliche und junge Erwachsene mit dem Ziel, die Aufnahme einer beruflichen Ausbildung vorzubereiten. Schulische Defizite und psychosoziale Probleme, die der Aufnahme oder dem erfolgreichen Abschluss einer Ausbildung im Wege stehen, sollen im Rahmen der BvB abgebaut werden. Meist wird neben der Vermittlung von Basisqualifikationen und Grundkenntnissen in verschiedenen Berufsfeldern Stützunterricht und eine sozialpädagogische Betreuung angeboten. Der Besuch einer Berufsschule ist verpflichtend. Manche Angebote ermöglichen das Nachholen eines Schulabschlusses. Für die Förderung von BvB ist die → Agentur für Arbeit zuständig. Die rechtliche Grundlage sind die §§ 59 ff. SGB III. Der/die Berufsberater/in (→ Berufsberatung) oder – wenn der/die Jugendliche Anspruch auf → Arbeitslosengeld II hat – der/die Fallmanager/in entscheidet, ob eine BvB sinnvoll ist und welche der vorhandenen Angebote passend sind. Anbieter von BvB sind i.d.R. → freie Träger der Jugendberufshilfe (→ Jugendsozialarbeit). Seit 2004 besteht durch die Teilnahme an einer Einstiegsqualifizierung (EQJ) die Möglichkeit, Berufsvorbereitung in Form eines sechs- bis zwölfmonatigen Praktikums in einem Betrieb zu machen (§§ 68 ff. Berufsbildungsgesetz). In Berufsschulen wird mit dem Berufsvorbereitungsjahr und dem Berufsgrundschuljahr eine weitere, schulische Form der Berufsvorbereitung angeboten. Für → behinderte Menschen gibt es spezielle Maßnahmen, die ihren besonderen Förderbedarfen Rechnung tragen (§ 33 SGB IX).

*Nicole Pötter*

**Berufung** → Rechtsbehelf

**Beschädigtenrente** umfasst alle → Geldleistungen, die im Bereich der → Kriegsopferversorgung und des sozialen Entschädigungsrechts (→ Soziale Entschädigung) nach dem → Bundesversorgungsgesetz (BVG) oder nach Gesetzen, die das BVG für entsprechend anwendbar erklären, sog. Nebengesetze (z.B. Infektionsschutzgesetz, → Opferentschädigungsgesetz, Soldatenversorgungsgesetz, Zivildienstgesetz → Freiwilligendienste), für die gesundheitlichen und wirtschaftlichen Folgen einer Schädigung an der Gesundheit gewährt werden. Die Auswirkungen der Schädigungsfolgen werden mit dem Grad der Schädigungsfolgen (GdS) bemessen. B. wird ab einem GdS von 25 gewährt, sofern die Gesundheitsstörung länger als sechs Monate anhält. Die B. setzt sich von der Gesetzessystematik her aus vom → Einkommen abhängigen sowie aus einkommensunabhängigen Leistungen zusammen. Einkommensunabhängig sind die Grundrente (§§ 30, 31 BVG), die Pflegezulage nach den Stufen I–VI (§ 35 BVG), die Schwerstbeschädigtenzulage nach den Stufen I–VI (§ 31 BVG), die Kleider- und Wäscheverschleißpauschale (§ 15 BVG), die Führzulage für Blinde (§ 14 BVG) sowie das Bestattungsgeld (§ 36 BVG) und das → Sterbegeld (§ 37 BVG). Vom Einkommen abhängig sind die Ausgleichsrente (§ 32 BVG), der Ehegattenzuschlag (§ 33 a BVG; gilt auch für Lebenspartner), der → Kinderzuschlag (§ 33 b BVG) und der Berufsschadensausgleich (§ 30 Abs. 3–16 BVG). Die vorstehend genannten Leistungsansprüche sind im BVG sehr differenziert geregelt. Sie gelten gleichermaßen für Ansprüche nach den sog. Nebengesetzen, weshalb das BVG auch als »Grundgesetz der Versorgung« bezeichnet wird. B. wird nur auf Antrag gewährt. Der Antrag ist materiellrechtliche Voraussetzung des Anspruchs auf Versorgung. Er setzt gleichzeitig ein → Verwaltungsverfahren nach dem SGB X i.V.m. dem Gesetz über das Verwaltungsverfahren der Kriegsopferversorgung in Gang.

Hinsichtlich der Pfändbarkeit der B. ist § 1610 a des → Bürgerlichen Gesetzbuchs (BGB) zu beachten. Er schafft eine Rechtsvermutung, die den Körper- oder Gesundheitsbeschädigten die Beweislast dafür abnimmt, dass die empfangenen → Sozialleistungen tatsächlich zur Deckung eines schädigungsbedingten Mehraufwandes erforderlich sind. § 1610 a BGB schützt damit im Wesentlichen die einkommensunabhängigen Leistungen vor dem Zugriff der Gläubiger.

*Hans-Jörg Schweinlin*

**Beschäftigungserlaubnis** → Ausländerbeschäftigung

**Beschäftigungsgesellschaften** sind betriebsförmig organisierte → Einrichtungen, deren Hauptzweck darin besteht, zusätzliche → Arbeitsverhältnisse für bestimmte Zielgruppen der → Arbeitsmarkt- und → Sozialpolitik zu bieten. Drei Erscheinungsformen von B. sind von Bedeutung:

(1) *Betriebliche Transfergesellschaften* sollen im Zuge von Betriebsschließungen und Umstrukturierungen entstehende → Arbeitslosigkeit dadurch auffangen, dass die betroffenen Mitarbeiter nicht einfach entlassen, sondern übergangsweise in besondere Betriebe zur Weiterbeschäftigung übergeleitet werden. Ziel ist, einen möglichst hohen Anteil der betroffenen Arbeitnehmer/innen in neue Arbeitsverhältnisse zu integrieren und Arbeitslosigkeit zu vermeiden. Die Finanzierung erfolgt durch die Bundesagentur für Arbeit (→ Agentur für Arbeit) (nach § 110 f. SGB III) und Mitteln aus → Sozialplänen von Unternehmen. Im Jahr 2013 bezogen 26.700 Beschäftigte aus 1.200 Betrieben Transferkurzarbeitergeld. Nach Angaben der Bundesagentur für Arbeit liegt die Erfolgsquote von Transferkurzarbeitergeld bei knapp 50%, d.h. die Hälfte der Teilnehmer/innen wechselt daraus direkt in eine andere Erwerbsarbeit.

(2) Als Reaktion auf die steigende Zahl arbeitsloser Sozialhilfeempfänger/innen begannen → Träger der → freien Wohlfahrtspflege und Kommunen Ende der 1980er-Jahre verstärkt, lokale Programme zur Arbeitsbeschaffung aufzulegen (→ öffentlich geförderte Beschäftigung). Zur Umsetzung dieser Programme wurden auch *lokale B.* als besondere Träger gegründet. Zielgruppen sind schwer in reguläre Arbeitsverhältnisse Vermittelbare wie Langzeitarbeitslose und Benachteiligte. Arbeitsfelder sind u.a. Umweltschutz, Recycling, → soziale Dienstleistungen. Auch → Ausbildung und Qualifizierung (→ Fort- und Weiterbildung) spielt bei vielen dieser Träger eine Rolle. Im SGB II bekamen ab 2005 → Arbeitsgelegenheiten gem. § 16 d großes Gewicht. Sie wurden zum wichtigsten Instrument für B., die in den ersten Jahren der Umsetzung des neuen Rechts noch einmal stark expandierten. Mit der gesetzlichen Änderung des SGB II im Jahr 2011 wurde der Anwendungsbereich von Arbeitsgelegenheiten deutlich eingeschränkt. Viele B. wurden daraufhin aufgelöst. Da die Zahl der Langzeitarbeitslosen weiterhin hoch ist, wird erneut über die Stärkung eines »sozialen → Arbeitsmarktes« diskutiert. Die Bundesregierung hat dazu 2015 ein erstes Pilotprogramm aufgelegt. Dies könnte zu einem wieder größeren Bedarf an B. führen, um derartige Programme umzusetzen.

(3) Sozialbetriebe oder »soziale Unternehmen« (→ soziales Unternehmertum) versuchen, Beschäftigung für bestimmte Zielgruppen dauerhaft zu organisieren. Durch die Erschließung wirtschaftlicher Betätigungsfelder und lokaler Netzwerke wird

ein Mix aus öffentlicher Förderung, zivilgesellschaftlichen Engagements und eigenwirtschaftlich generierten → Ressourcen hergestellt. Ziele sind Gemeinwesenorientierung, Stärkung der lokalen Ökonomie und Unterstützung für besondere Zielgruppen wie Migrant/innen, Ältere und Langzeitarbeitslose. Im Aufbau eines sozialen Arbeitsmarktes kann diesem Unternehmenstyp in einem → Dritten Sektor zwischen Markt und Staat größere Bedeutung zukommen.

*Matthias Schulze-Böing*

**Beschäftigungspflicht der Arbeitgeber** Private und öffentlich-rechtliche Arbeitgeber, die über mindestens 20 Arbeitsplätze verfügen, müssen nach § 71 Abs. 1 Neuntes Buch → Sozialgesetzbuch – Rehabilitation und Teilhabe behinderter Menschen (SGB IX) auf wenigstens 5% der Arbeitsplätze → schwerbehinderte Menschen beschäftigen. Die B. d. A. ist eine öffentlich-rechtliche Verpflichtung gegenüber dem Staat. Der einzelne schwerbehinderte Mensch kann aus ihr keinen Anspruch auf Beschäftigung gegen Arbeitgeber oder Staat herleiten. Die B. d. A., die mit dem → Grundgesetz vereinbar ist (BVerfG, Urteil vom 10.1.2004, NZA 2005, 216), kann mit der Beschäftigung schwerbehinderter Menschen (§ 2 Abs. 2 SGB IX) und gleichgestellter → behinderter Menschen (§ 2 Abs. 3 SGB IX) erfüllt werden (§ 68 Abs. 3 SGB IX). Die Mindestzahl der Pflichtarbeitsplätze ergibt sich aus der Zahl aller anrechenbaren Arbeitsplätze und dem Pflichtsatz von 5% (§§ 71, 73, 74, 75 SGB IX). Auf Pflichtarbeitsplätze werden auch teilzeitbeschäftigte schwerbehinderte Menschen (§ 75 Abs. 2 SGB IX), schwerbehinderte Arbeitgeber (§ 75 Abs. 3 SGB IX) und in Heimarbeit beschäftigte schwerbehinderte Menschen angerechnet (§ 127 Abs. 1 SGB IX). Weitere Sonderregelungen enthalten § 74 Abs. 1 und § 76 Abs. 2 SGB IX für Auszubildende. Die Bundesagentur für Arbeit kann bei schwerbehinderten Menschen, deren Eingliederung auf besondere Schwierigkeiten stößt, eine Mehrfachanrechnung vornehmen (bis zu drei Pflichtplätze, § 76 Abs. 1 SGB IX). Für kleinere Betriebe und Dienststellen sieht § 77 Abs. 2 S. 1 SGB IX Erleichterungen vor.

Solange die vorgeschriebene Zahl schwerbehinderter Menschen nicht beschäftigt wird, ist gemäß § 77 Abs. 1 SGB IX für jeden unbesetzten Pflichtplatz eine monatliche Ausgleichsabgabe zu entrichten. Die Höhe der Ausgleichsabgabe beträgt nach § 77 Abs. 2 S. 1 SGB IX je Monat und unbesetztem Pflichtplatz: 115 Euro bei einer Beschäftigungsquote ab 3% bis unter 5%; 200 Euro bei einer Beschäftigungsquote ab 2% bis unter 3%; 290 Euro bei einer Beschäftigungsquote unter 2%.

Zuständig für die Erhebung und die Verwendung der Ausgleichsabgabe sind die → Integrationsämter (§ 102 Abs. 1 Nr. 1 SGB IX). Die Ausgleichsabgabe darf nur für Zwecke der besonderen Leistungen zur → Teilhabe schwerbehinderter Menschen am Arbeitsleben einschließlich der → begleitenden Hilfe im Arbeits- und Berufsleben verwendet werden (§ 77 Abs. 5 SGB IX). Näheres regelt die Schwerbehinderten-Ausgleichsabgabeverordnung vom 28.3.1988 (BGBl. I S. 484) i.d.F. vom 22.12.2008 (BGBl. I S. 2959).

Die Arbeitgeber haben der für ihren Sitz zuständigen → Agentur für Arbeit einmal jährlich die Daten anzuzeigen, die u.a. zur Berechnung der B. d. A. notwendig sind (§ 80 Abs. 2 SGB IX). Die schuldhafte Nichterfüllung der B. d. A. stellt für den Arbeitgeber eine Ordnungswidrigkeit dar (§ 156 Abs. 1 Nr. 1, Abs. 2 SGB IX).

*Michael Alber*

**Beschäftigungspolitik** → Arbeitsmarktpolitik

**Beschäftigungstherapie** → Ergotherapie

**Beschäftigungsverbote** → Arbeitsschutz

**Beschäftigungsverordnung** → Ausländerbeschäftigung

**Beschlagnahme** Die Strafprozessordnung (StPO) kennt zwei Arten der Sicherstellung von Gegenständen: (a) Sicherstellung von Gegenständen, die als Beweismittel von Bedeutung sind (§ 94 StPO); (b) Sicherstellung von Gegenständen, die der Einziehung oder dem Verfall nach dem Strafgesetzbuch unterliegen (§ 111 b StPO). »Sicherstellung« ist der Oberbegriff für die Begründung staatlichen Herrschaftsverhältnisses über einen Gegenstand. Hinsichtlich der Sicherstellung von Beweismitteln (a) ist begrifflich wiederum zu unterscheiden: Ist der Gegenstand gewahrsamslos oder wird er freiwillig herausgegeben, liegt eine Sicherstellung nach § 94 Abs. 1 StPO vor; andernfalls bedarf es der förmlichen B. nach § 94 Abs. 2 StPO. Die Sicherstellung von Gegenständen, die der Einziehung oder dem Verfall unterliegen (b), kann ausschließlich mittels förmlicher B. erfolgen. Eine förmliche B. nach § 94 Abs. 2 StPO bedarf der richterlichen Anordnung; bei Gefahr im Verzuge können jedoch auch die Staatsanwaltschaft oder ihre Ermittlungspersonen die Anordnung treffen (§ 98 Abs. 2 StPO), doch soll bei ausdrücklichem Widerspruch binnen drei Tagen die richterliche Bestätigung eingeholt werden (§ 98 Abs. 2 StPO). Hinsichtlich bestimmter Gegenstände kann ein B.verbot bestehen, so z.B. ggf. bei schriftlichen Mitteilungen zwischen der/dem Beschuldigten und bestimmten zur Zeugnisverweigerung (→ Zeugnisverweigerungsrecht) Berechtigten (§§ 52, 53 Abs. 1 S. 1 Nr. 1 bis 3 b, z.B. Geistliche, Ärzt/innen, Anwält/innen).

*Michael Bolowich*

**Beschwerde** → Rechtsbehelf

**Beschwerde- und Ombudsstellen** → Ombudschaft, → Rechtsbehelf

**Besondere Sozialdienste (BSD)** → Allgemeiner Sozialdienst (ASD)

**Bestandsanalyse** → Planung

**Bestandskraft** → Rechtskraft

**Bestattungskosten** sind die unmittelbar für eine Beerdigung entstehenden Kosten. Sie sind im erforderlich Umfang von der → Sozialhilfe zu übernehmen/zu erstatten, soweit den Bestattungsverpflichteten die Übernahme der Kosten nicht zugemutet werden kann (§ 74 SGB XII). Eine der Würde eines Verstorbenen entsprechende Bestattung soll nicht an fehlenden Mitteln scheitern. Anspruchsberechtigte dieses speziellen Kostenersatz- und Schuldenübernahmeanspruchs sind nur Menschen, die auch rechtlich verpflichtet sind, die B. zu tragen; eine bloß sittliche Bestattungspflicht reicht nicht.

Die Bestattungs- und Kostentragungspflicht kann folgen aus → Vertrag (z.B. Heim- oder Leibgedingevertrag), → Erbrecht (§ 1968 des → Bürgerlichen Gesetzbuches [BGB]), → Unterhaltsrecht, → Familienrecht (§ 1615 m BGB) oder einer nach dem Bestattungsrecht der Länder angeordneten öffentlich-rechtlichen Bestattungspflicht (BSG 29.9.2009 – BSGE 104, 219). Eine bestattungsverpflichtete juristische Person (Krankenhaus, Heimträger) ist nur anspruchsberechtigt, wenn sie von ihr zu tragende B. nicht über den Pflegesatz bzw. Entgeltvereinbarungen refinanzieren kann (BVerwG 29.1.2004 – NJW 2004, 1969).

Der verpflichteten Person sind die B. stets dann zuzumuten, soweit sie aus dem Nachlass, Sterbegeldversicherungen, Bestattungsvorsorgeverträgen oder Schadenersatzansprüchen gegen Dritte bestritten werden können oder durchsetzbare Ausgleichsansprüchen gegen Miterben/andere Verpflichtete bestehen. Die Kostentragung ist wirtschaftlich umso zumutbarer, je enger das Verwandtschaftsverhältnis/die rechtliche Beziehung sowie die personale Nähe zur verstorbenen Person waren. Zerrüttete Verwandtschaftsverhältnisse erhöhen die Anforderungen an die Zumutbarkeit, schließen eine Bestattungs- und Kostentragungspflicht aber nur selten aus. Unzumutbar ist, wenn die Tragung der B. zu Überschuldung oder Sozialhilfebedürftigkeit (→ Hilfebedürftigkeit) führt. Für den → Einsatz des Einkommen/Vermögens gelten die Grenzen für → Hilfe in besonderen Lebenslagen (§§ 85, 88 ff. SGB XII).

Übernahmefähig sind alle erforderlichen Kosten einer würdigen, den örtlichen Verhältnissen entsprechenden einfachen Bestattung; religiöse Bindungen der verstorbenen Person sind zu berücksichtigen. Umfasst sind u.a. notwendigen Aufwendungen für Leichenschau, Leichenbeförderung, Leichenhausgebühren, Einsargung, Sarg, Sargträger, Kranz, Blumen, Grab- und sonstige Friedhofsgebühren sowie die Ersterrichtung des Grabes, bei Feuerbestattung auch für Einäscherung und Urnenbeisetzung, sowie Stolgebühren. Nicht final auf die Bestattung selbst ausgerichtete Kosten (etwa Todesanzeigen, Danksagungen, Leichenschmaus, Anreisekosten, Bekleidung) sind nicht übernahmefähig (BSG 25.8.2011 – BSGE 109, 61).

Zuständig für die Übernahme ist der örtlich/überörtliche → Träger der Sozialhilfe, der bis zum Tod der verstorbenen Person Sozialhilfe gewährte, sonst der örtliche Träger, in dessen Bereich der Sterbeort liegt (§ 98 Abs. 3 SGB XII).

*Uwe Berlit*

**Beteiligungsrechte** → Partizipation

**Betreutes Wohnen behinderter und psychisch kranker Menschen** ist eine ambulante Form der → Eingliederungshilfe für behinderte Menschen nach § 53 ff. SGB XII. Diese wird bei Bedarf durch den → Träger der Sozialhilfe finanziert. In der Formulierung des SGB IX gehört das B. W. zu den Hilfen zur → Teilhabe am Leben in der Gemeinschaft. Diese dienen dazu, die Folgen einer Behinderung abzuwenden, zu beseitigen, zu mindern, ihre Verschlimmerung zu verhüten oder ihre Folgen zu mindern (§ 4 SGB IX). Selten wird auch Hilfe in einem Wohn- oder Pflegeheim als B. W. bezeichnet, hier v.a. in ausgelagerten und weniger intensiv begleiteten Wohnbereichen der → Einrichtung.

2014 lebten in Deutschland 169.488 Menschen mit Behinderung ambulant betreut in einer eigenen Wohnung, davon waren 71% (120.336) → seelisch behinderte Menschen, 6% mehr als im Jahr 2013. Die Fallzahlen steigen somit, die Dynamik verlangsamt sich im Vergleich zu den Vorjahren (durchschnittliche jährliche Steigerung seit 2012: 7,6%, seit

2006 13,6%). Pro 1.000 Einwohner/innen erhielten 2014 durchschnittlich 2,1 Personen ambulante Betreuungsleistungen im Wohnbereich, das heißt einer von 476 Einwohner/innen nahm B. W. in Anspruch. Für die Betreuung im Rahmen des B. W. wurden im Jahr 2014 pro Fall durchschnittlich 9.830 Euro ausgegeben. Für das B. W. gibt es keine Altersgrenzen. 2014 waren 10,8% über 60 Jahre alt.

Sozialrechtlich ist ein Vorrang der ambulanten Leistungen vorgegeben. Das entspricht auch den Wünschen der meisten Menschen mit seelischer Behinderung, die Betreuungsleistungen beantragen. Das Verhältnis der Nutzer/innen von ambulantem B. W. und Heimbewohner/innen wird als Ambulantisierungsquote bezeichnet. Diese betrug bei seelisch behinderten Menschen 2014 im deutschlandweiten Mittel 69%, in Berlin 90%, in Hamburg 81% und im Rheinland 79%.

B. W. ist Teil einer gemeindenahen (→ Gemeindepsychiatrie) → Rehabilitation und Versorgung (→ Komplementäre Dienste und Einrichtungen für psychisch kranke/seelisch behinderte Menschen). B. W. beinhaltet Beratung, Förderung, Training und Unterstützung in allen i.w.S. mit dem Wohnen zusammenhängenden Fragen (Selbstversorgung, Freizeitgestaltung, soziale Kontakte, Umgang mit Geld, Behördenangelegenheiten). Die Betreuung umfasst auch kurzfristige Hilfe bei akuten psychischen Krisen. Kontakte zwischen den Betreuungspersonen und den Nutzer/innen von B. W. finden zumeist in der Wohnung der Nutzer/innen statt. Allerdings sind auch begleitete Einzel- und Gruppenaktivitäten außerhalb der Wohnung üblich. Hohe Flexibilität hinsichtlich der Themen und der Intensität gehören zu den Charakteristika des B. W.

Die Nutzer/innen des B. W. leben allein in eigener Wohnung oder mit eigenem Mietvertrag in Wohngemeinschaften. Betreuung von seelisch behinderten Menschen, die bei ihren Eltern leben oder keinen festen Wohnsitz haben, ist im Rahmen des B. W. i.d.R. ausgeschlossen. Manche Anbieter von B. W. halten für seelisch behinderte Menschen, die nicht allein wohnen wollen oder können, Wohnungen für Wohngemeinschaften mit zwei bis vier Bewohner/innen vor. Dies ermöglicht Gesellschaft und erleichtert gemeinsame Aktivitäten, erfordert jedoch Absprachen zur gemeinsamen Haushaltsführung und zur wechselseitigen Rücksichtnahme. Sofern eine täglich mehrstündige Präsenz von Unterstützungspersonen erforderlich ist, lässt sich dies leichter für Wohngemeinschaften organisieren. Die meisten seelisch behinderten Nutzer/innen des B. W. leben und versorgen sich jedoch allein. Sie nehmen bei Bedarf weitere Hilfen außerhalb der eigenen Häuslichkeit in Anspruch. Die meisten sind gleichzeitig in ambulanter psychiatrischer Behandlung. Manche nehmen parallel auch Hilfen zur Tagesgestaltung, Hilfen zur Teilhabe am Arbeitsleben oder Pflegeleistungen nach SGB XI in Anspruch. Auch sozialversicherungspflichtig beschäftigte Arbeitnehmer/innen können B. W. nutzen. Allerdings werden sie ab einer Verdienstgrenze zu Selbstzahlern. Sofern Nutzer/innen von B. W. kein ausreichendes Einkommen haben, erhalten sie neben dem B. W. auch → Leistungen zur Sicherung des Lebensunterhalts, über die sie frei verfügen können. Dies ist ein Unterschied zum Heim, wo die unterhaltssichernden Leistungen an den Heimträger gehen und der/die Bewohner/in nur einen geringen Barbetrag erhält.

Im Rahmen des Antragsverfahrens zum B. W. wird ein individueller Hilfeplan erstellt, in dem die Ziele der Betreuung und die Vorgehensweise beschrieben werden. Während lange Zeit pauschale Betreuungsschlüssel für das B. W. charakteristisch waren, können inzwischen Art und Umfang der Hilfe in den meisten Kommunen individuell festgelegt werden. Häufig werden zwei bis vier → Fachleistungsstunden pro Woche geleistet, gelegentlich Hilfeintensitäten wie in einem Heim. Die Betreuung wird i.d.R. von → Sozialarbeiter/innen und Sozialpädagogen/innen oder Gesundheits- und Krankenpfleger/innen (→ Gesundheitsberufe) mit sozialpsychiatrischer Kompetenz geleistet, die in Diensten mit der Bezeichnung B. W. angestellt sind. Vielerorts bieten auch freiberuflich tätige Betreuer/innen B. W. an.

Eine weitere Form des B.W. ist das Begleitete Wohnen in Gastfamilien (auch Familienpflege genannt). Bei dieser Wohnform lebt der behinderte Mensch in einer Gastfamilie und wird von den Familienmitgliedern der Gastfamilie in Form von familienbezogener individueller Betreuung unterstützt. Familien, die sich als Familienpflegestellen zur Verfügung stellen, müssen bestimmte Voraussetzungen erfüllen und werden durch → Fachkräfte in ihrer Arbeit begleitet und beraten.

Das Bundeskabinett hat am 28.6.2016 einen Regierungsentwurf zu einem → Bundesteilhabegesetz verabschiedet, der wesentliche Änderungen des Rechts der → Rehabilitation und Teilhabe behinderter Menschen und der Eingliederungshilfe vorsieht. Das Bundesteilhabegesetz soll stufenweise zwischen 2017 und 2020 in Kraft treten.

*Lit.* Bundesarbeitsgemeinschaft der überörtlichen Träger der Sozialhilfe: Kennzahlenvergleich Eingliederungshilfe 2014, www.lwl.org/spur-download/bag/

2016-02-02-bericht2014.pdf (27.5.2016); Rosemann, M./Konrad, M. (Hrsg.): Handbuch Betreutes Wohnen: Von der Heimversorgung zur ambulanten Unterstützung, Köln 2011.

*Ulrich Krüger*

**Betreute Wohnformen** → Betreutes Wohnen behinderter und psychisch kranker Menschen, → Wohnen im Alter, → Wohnformen für Jugendliche

**Betreuung** Unter B. ist die Rechtsfürsorge für Volljährige zu verstehen, die ihre Angelegenheiten aufgrund einer psychischen Erkrankung, einer geistigen, seelischen oder körperlichen Behinderung ganz oder teilweise nicht selbst erledigen können (§ 1896 Abs. 1 S. 1 BGB). Im Unterschied zur früheren → Vormundschaft und Gebrechlichkeitspflegschaft für Volljährige stellt die B. die Person des/der Betreuten in den Vordergrund: Diese/r ist durch den/die Betreuer/in in seiner/ihrer Individualität wahrzunehmen und bei der Verwirklichung seines/ihres Lebensplanes zu unterstützen ist (vgl. § 1901 Abs. 2 und 3 BGB). Im Gegensatz zur früheren Rechtslage geht den Betreuten durch die Betreuerbestellung – von der etwa zusätzlich notwendig werdenden Anordnung eines Einwilligungsvorbehalts (§ 1903 BGB) abgesehen – keinerlei Rechtskompetenz verloren. Die B. ergänzt die zur Fürsorge für Minderjährige im BGB vorhandene Vormundschaft (§§ 1773 ff. BGB) und → Pflegschaft (§ 1909 BGB).

Bei der B. ist zwischen dem Außenverhältnis zum Rechtsverkehr (§ 1902 BGB) und dem Innenverhältnis zu den Betreuten (§ 1901 BGB) zu unterscheiden. Während die Rechtsmacht der Betreuer/innen im Außenverhältnis allein durch den Aufgabenkreis begrenzt wird, ein für die Betreuten als deren → gesetzliche/r Vertreter/in vorgenommenes Rechtsgeschäft damit nach außen unabhängig davon wirksam ist, ob es dem Wohl der/s Betreuten dient, kommt es im Innenverhältnis zu den Betreuten maßgeblich auf das Wohl an: Nur wenn das Rechtsgeschäft im Innenverhältnis dem Wohl der/des Betreuten entspricht, liegt ein rechtmäßiges Handeln der Betreuer/innen vor.

Die Anordnung von B. geschieht als – vom Betreuungsrichter zu beschließende – Einheitsentscheidung durch die Bestellung eines Betreuers/einer Betreuerin. Sie beinhaltet die Bestimmung abgegrenzter Aufgabenkreise als Grundlage der rechtlichen Handlungskompetenz und -verpflichtung des Betreuers/der Betreuerin: Ein Aufgabenkreis stellt ein Segment aus dem Gesamtkomplex der Personen- und Vermögenssorge für einen Menschen dar. Soweit der Aufgabenkreis reicht, ist der/die Betreuer/in im Innen- und Außenverhältnis berechtigt und verpflichtet, für den/die Betroffene/n zu handeln. Spezielle Genehmigungserfordernisse sind aber zusätzlich zu beachten. Liegt ein hinreichender Aufgabenkreis nicht vor, darf der/die Betreuer/in zur Vermeidung einer Schadensersatzpflicht nicht für den/die Betreute/n handeln, sondern hat vielmehr das Betreuungsgericht mit dem Ziel einer Erweiterung anzurufen (§ 1901 Abs. 5 BGB).

Neben der subjektiven Unfähigkeit zur Erledigung von Angelegenheiten setzt die Anordnung von B. eine objektiv zu beurteilende Erforderlichkeit voraus. Nicht erforderlich ist eine B. dann, wenn die notwendigerweise fremd zu regelnden Angelegenheiten des/der Betroffenen durch eine/n – etwa mit einer → Vorsorgevollmacht ausgestatteten – Bevollmächtigte/n oder unter Inanspruchnahme von Hilfen des sozialen Netzes (z.B. durch Sozialbetreuer/innen der Wohneinrichtung) besorgt werden können (§ 1896 Abs. 2 BGB). Insoweit hat die → Betreuungsbehörde eine im Einzelfall bestehende Pflicht zur Vermittlung derartiger Hilfen (§ 4 Abs. 2 S. 2 BtBG). Obwohl die Anordnung von B. – von der lediglich körperlichen Behinderung abgesehen – auch von Amts wegen und damit auch ohne den Willen des/der Betroffenen möglich ist, kommt sie dann nicht in Betracht, wenn ihr der/die noch mit einem freien Willen ausgestattete Betroffene widerspricht (§ 1896 Abs. 1 a BGB).

Die B. soll vorrangig durch ehrenamtlich tätige Einzelpersonen geführt werden (§ 1897 Abs. 1 und Abs. 6 BGB). Nachrangig kommt eine Berufsbetreuung, eine → Vereinsbetreuung und an letzter Stelle eine → Behördenbetreuung in Betracht (§ 1900 BGB). Bei der dem Betreuungsgericht nach § 1897 Abs. 5 BGB obliegenden Auswahl der Betreuer/innen ist neben diesem Rangverhältnis zu beachten, dass bestimmte Personen wegen eines potenziellen Interessenkonflikts ausgeschlossen sind (§ 1897 Abs. 3 BGB) und andere besonders berücksichtigt werden müssen: So ist dem eine bestimmte Person bezeichnenden Vorschlag des/der Betroffenen, auch einem vor Verfahrensbeginn gemachten (sog. Betreuungsverfügung), grundsätzlich zu entsprechen und auf seinen eine bestimmte Person ausschließenden Vorschlag Rücksicht zu nehmen (§ 1897 Abs. 4 BGB).

Die B. stellt lediglich Rechtsfürsorge in dem Sinne dar, dass die Betreuer/innen nicht die tatsächliche Fürsorge als Versorgungshandlung schulden, sondern nur deren Organisation, etwa durch die Beauftragung eines Pflegedienstes (vgl. §§ 1897 Abs. 1, 1901 Abs. 1 BGB). Die Betreuungsmethode ist aber insoweit eine persönliche, als die Betreuer/innen die Rechtsfürsorge unter Herstellung und Aufrechterhaltung eines persönlichen Kontakts zu den Betreuten zu erledigen haben. Die Einhaltung des persönlichen Kontakts ist in dem jährlich von dem/der Betreuer/in einzureichenden Bericht darzulegen (§§ 1908 i Abs. 1 S. 1, 1840 Abs. 1 S. 2 BGB) und vom Gericht zu überprüfen (§§ 1908 i Abs. 1 S. 1, 1837 Abs. 2 S. 2 BGB). Die Nichteinhaltung des erforderlichen persönlichen Kontakts stellt einen die Entlassung des Betreuers rechtfertigenden wichtigen Grund dar (§ 1908 b Abs. 1 S. 2 BGB). Zum persönlichen Kontakt gehört auch, dass die Erledigung wichtiger Angelegenheiten vorab mit den Betreuten besprochen wird, soweit dies deren Wohl zulässt (§ 1901 Abs. 3 S. 3 BGB). Bei der eigenverantwortlichen Führung der B. unterliegen die Betreuer/innen der Rechtsaufsicht des Betreuungsgerichts (§§ 1908 i Abs. 1 S. 1, 1837 Abs. 2 BGB). Nachdem die Zahl der Betreuungsverfahren in den Vorjahren stetig gestiegen war, ist im Jahre 2013 ein Rückgang im Vergleich zum Vorjahr um 1,09% zu verzeichnen gewesen. Ende 2013 gab es über 1,3 Mio. Betreuungsverfahren. Der Anteil der ehrenamtlichen B. lag bei 62,17% (2011). Innerhalb der beruflichen B. betrug der Anteil von Vereinen 5,79% (2011), der von Behörden 0,32% (2011).

*Lit.* Thar, J./Raack, W.: Leitfaden Betreuungsrecht, 6. Aufl., Köln 2014.

*Michael Grabow*

**Betreuungsbehörde** ist die Behörde, die auf örtlicher Ebene nach den Bestimmungen der einzelnen Bundesländer für Betreuungsangelegenheiten (→ Betreuung) zuständig ist, § 1 S. 1 Betreuungsbehördengesetz (BtBG). In fast allen Flächenstaaten sind danach die → Landkreise und → kreisfreien Städte mit der Wahrnehmung der Aufgaben nach dem BtBG betraut. Sonderregelungen gibt es in den Stadtstaaten. Begrifflichkeit und Organisation sind regional unterschiedlich: Neben der Bezeichnung »B.« findet sich etwa auch der Begriff »Betreuungsstelle«. Im → Bürgerlichen Gesetzbuch (BGB) und im → Familienverfahrensgesetz (FamFG) wird die B. als »zuständige« Behörde bezeichnet.

Zu den Aufgaben der B. gehört nach § 4 BtBG die Beratung und Unterstützung von Betreuer/innen und Bevollmächtigten. Betreuungsbedürftigen Personen soll ein Beratungsangebot unterbreitet und der Kontakt zu → Sozialleistungsträgern vermittelt werden. Die B. hat nach § 5 BtBG dafür zu sorgen, dass ein ausreichendes Angebot zur Einführung und Fortbildung von Betreuer/innen vorhanden ist. Sie fördert die Aufklärung und → Beratung über → Vorsorgevollmachten und → Betreuungsverfügungen (§ 6 Abs. 1 S. 2 BtBG) und ist befugt, für Unterschriften oder Handzeichen (§§ 126 Abs. 1, 129 Abs. 1 S. 2 BGB) auf diesen eine öffentliche → Beglaubigung vorzunehmen (§ 6 Abs. 2 BtBG).

Die B. kann Betreuungen anregen. Sie unterstützt das Gericht durch die Erstellung eines Sozialberichts (§ 8 Abs. 1 Nr. 1 BtBG) und bei der Feststellung des aufklärungsbedürftigen Sachverhalts. Auf Anforderung durch das Gericht schlägt sie im Einzelfall geeignete Betreuer/innen vor (§ 8 Abs. 2 BtBG). Sie hat u.U. selbst Betreuungen zu führen, sog. → Behördenbetreuung. Daneben kann auch ein/e Mitarbeiter/in der B. persönlich zum/zur Behördenbetreuer/in bestellt werden (§ 1897 Abs. 2 S. 2 BGB). Führt die B. oder ein/e Behördenbetreuer/in die Betreuung, liegt eine sog. befreite Betreuung vor (§§ 1908 i Abs. 2 S. 2 BGB, 1857 a BGB).

Die B. ist in bestimmten Verfahren auf Antrag als förmlich Beteiligte hinzuzuziehen (§ 274 Abs. 3 FamFG) und bei der Betreuerbestellung und der Anordnung eines Einwilligungsvorbehalts anzuhören (§ 279 Abs. 2 FamFG). Sie kümmert sich um die Vorführung des/der Betroffenen zur gerichtlichen Anhörung (§ 278 Abs. 5–7 FamFG) und zum Zwecke der Gutachtenerstellung (§§ 283, 284 Abs. 3 FamFG). Beschlüsse des R→ Betreuungsgerichts sind ihr gegebenenfalls bekannt zu geben (§ 288 Abs. 2 FamFG). Ihr steht bei bestimmten Entscheidungen ein Beschwerderecht zu (§ 303 Abs. 1 FamFG). In → Unterbringungssachen bestehen parallele Regelungen für die Beteiligung und die Anhörung der B. (§§ 315 Abs. 3, 320 S. 2 FamFG), für die Vorführung zur Anhörung und zum Zwecke der Gutachtenerstellung (§§ 319 Abs. 5, 322 FamFG) sowie über die Beschwerde (§ 335 Abs. 4 FamFG). Ferner hat die B. die Betreuer/innen auf deren Wunsch bei der Zuführung der Betroffenen zur freiheitsentziehenden Unterbringung nach § 1906 BGB zu unterstützen (§ 326 FamFG).

*Michael Grabow*

**Betreuungsbehördengesetz (BtBG)** → Betreuungsbehörde

**Betreuungsgeld** wurde zum 1.8.2013 als → Familienleistung für jene Eltern eingeführt, deren Kind ab dem 1.8.2012 geboren wurde und die für ihr Kind weder eine öffentlich geförderte → Kindertageseinrichtung noch → Kindertagespflege nach § 24 Abs. 2 SGB VIII in Anspruch nehmen. Es ist im Bundeselterngeld- und Elternzeitgesetz (→ Elterngeld) verankert und wird unabhängig davon gewährt, ob die Eltern erwerbstätig sind. Im Regelfall wird B. einkommensunabhängig in Höhe von 150 Euro pro Monat zwischen dem 15. und dem 36. Lebensmonat des Kindes gezahlt. Es ist nicht zu versteuern. B. ist eine vorrangige Leistung und wird bei → Arbeitslosengeld II, → Sozialhilfe und → Kinderzuschlag angerechnet.

Das Bundesverfassungsgericht hat mit Urteil vom 21.7.2015 (1 BvF 2/13) entschieden, das B.gesetz sei wegen fehlender Gesetzgebungskompetenz des Bundes formell verfassungswidrig und daher nichtig. Eine Übergangsregelung hat das Gericht nicht getroffen. Bewilligende B.bescheide dürfen jedenfalls nach dem 21.7.2015 nicht mehr erlassen werden. Das → Bundesministerium für Familie, Senioren, Frauen und Jugend ist zu dem Ergebnis gekommen, aus Gründen des Vertrauensschutzes müsse bereits erhaltenes B. nicht zurückgezahlt werden. Außerdem erfolge die Auszahlung von B. auf der Grundlage bereits bewilligter Bescheide weiterhin. In Bayern wird B. als Landesleistung weitergeführt. Abweichend von der Bundesregelung wird es nur an die Eltern ausgezahlt, die Früherkennungsuntersuchungen für ihre Kinder wahrnehmen.

*Markus Faßhauer*

**Betreuungsgericht** heißt die bei den Amtsgerichten gebildete Abteilung, die für Betreuungssachen, → Unterbringungssachen und betreuungsgerichtliche Zuweisungssachen (vgl. § 340 → Familienverfahrensgesetz [FamFG]) zuständig ist (§§ 23 a Abs. 2 Nr. 1, 23 c Abs. 1 Gerichtsverfassungsgesetz [GVG]). Mit der Einführung des FamFG hat das B. das frühere Vormundschaftsgericht abgelöst. Die jenem daneben zuvor zugewiesenen Aufgaben in Bezug auf Minderjährige sind seit diesem Zeitpunkt dem → Familiengericht übertragen. Das B. ist mit Betreuungsrichter/innen besetzt, die als Einzelrichter tätig werden und mindestens über eine einjährige richterliche Berufspraxis verfügen müssen (§ 23 c Abs. 2 GVG).

Betreuungssachen sind nach § 271 FamFG Verfahren zur Bestellung von Betreuer/innen, zur Aufhebung der → Betreuung, zur Anordnung eines Einwilligungsvorbehalts und sonstige Verfahren, die die rechtliche Betreuung eines/einer Volljährigen (§§ 1896 bis 1908 i → Bürgerliches Gesetzbuch [BGB]) betreffen. Unterbringungssachen im Sinne von § 312 FamFG betreffen Maßnahmen der → Freiheitsentziehung, etwa die Genehmigung einer freiheitsentziehenden Unterbringung eines/einer Betreuten, einer Einwilligung in eine ärztliche Zwangsmaßnahme (§ 1906 Abs. 3 a BGB), einer regelmäßigen oder länger andauernden freiheitsentziehenden Maßnahme bei einem/einer Betreuten oder einem/einer Vollmachtgeber/in oder eine freiheitsentziehende Unterbringung eines Volljährigen nach den → Psychisch-Kranken-Gesetzen.

*Michael Grabow*

**Betreuungshelfer/in** → Erziehungsbeistand

**Betreuungsrecht** → Betreuung

**Betreuungs- und Entlastungsleistungen nach dem SGB XI** (BuE) sind in verschiedenen Regelungen des SGB XI (→ Pflegeversicherung) enthalten. Für den häuslichen Bereich sind § 45 b und § 124 relevant, für den stationären Bereich gilt § 87 b. In § 45 b sind die zusätzlichen BuE normiert. § 124 umfasst Leistungen der häuslichen Betreuung. § 87 b beinhaltet Maßnahmen der zusätzlichen Betreuung und Aktivierung in stationären Einrichtungen. Ab 1.1.2017 findet sich die Regelung des § 87 b in dem neuen § 43 b SGB XI, ausgestaltet als Individualanspruch, wieder. Allen Leistungen ist gemein, dass sie der Betreuung und Unterstützung von Pflegebedürftigen sowie von Versicherten mit festgestelltem erheblichem allgemeinen Beaufsichtigungs- und Betreuungsbedarf dienen. Bei → häuslicher Pflege unterstützen und entlasten sie zudem die pflegenden Angehörigen und vergleichbar nahestehenden Pflegepersonen.

Insbesondere vor dem Hintergrund des in der gesetzlichen Pflegeversicherung geltenden Grundsatzes des Vorrangs der häuslichen Pflege kommen den Leistungen der häuslichen Betreuung und den zusätzlichen BuE besondere Bedeutung zu. Bei § 124 handelt es sich der Art nach um einen Anspruch auf → Sachleistungen. § 124 Abs. 2 umschreibt beispielhaft den Inhalt häuslicher Betreuungsleistungen. Erfasst sind die Unterstützung von Aktivitäten im häuslichen Umfeld, die dem Zweck der → Kommunikation und der Aufrechterhaltung sozialer Kontakte dienen, oder die Unterstützung bei der Gestaltung des häuslichen Alltags. Abgrenzungsschwierigkeiten bestehen zu den bisherigen anerkannten → niedrigschwelligen BuE. Im Zuge der Einführung des neuen Begriffs der → Pflegebedürftigkeit wird die häusliche Betreuungsleistung ab 1.1.2017 als »pflegerische Betreuungsmaßnahmen« in § 36 SGB XI integriert.

§ 45 b beinhaltet die zusätzlichen BuE. In Absatz 1 werden qualitätsgesicherte Betreuungs- und Entlastungsangebote näher aufgeführt. Sofern Anspruchsberechtigte diese Angebote in Anspruch nehmen, erhalten sie auf → Antrag einen zusätzlichen Leistungsbetrag. Erstattet werden erbrachte Aufwendungen, die ihnen im Zusammenhang mit der Inanspruchnahme von Leistungen der → Tages-, → Nacht- und → Kurzzeitpflege, der zugelassenen Pflegedienste (sofern es sich um besondere Angebote der allgemeinen Anleitung und Betreuung oder Angebote der hauswirtschaftlichen Versorgung und nicht um Leistungen der → Grundpflege handelt) oder der nach Landesrecht anerkannten niedrigschwelligen Betreuungs- und Entlastungsangebote (die nach § 45 c gefördert oder förderungsfähig sind) entstanden sind. Die Kosten müssen nachwiesen werden. Für beanspruchte BuE werden monatlich bis zu 104 Euro bzw. bis zu 208 Euro (erhöhter Betrag) erstattet. Eine Kostenerstattung erfolgt auch, sofern für die Finanzierung der Aufwendungen Mittel der Verhinderungspflege eingesetzt werden. Zudem ist es anspruchsberechtigten Personen möglich, ihren nicht ausgeschöpften ambulanten Sachleistungsbetrag bis zu maximal 40% umzuwidmen und für niedrigschwellige Angebote zu verwenden.

Niedrigschwellige Betreuungsangebote wurden in der gesetzlichen Pflegeversicherung zum 1.1.2002 eingeführt. Dabei werden anspruchsberechtigte Personen durch Helfer/innen betreut. Dies sind überwiegend Ehrenamtliche, die durch Pflegefachkräfte angeleitet werden. Die Betreuung findet in Gruppen oder im häuslichen Bereich statt. Zudem unterstützen die Helfer/innen beratend die pflegenden Angehörigen und vergleichbar nahestehenden Pflegepersonen. Der zusätzliche Leistungsbetrag ist seit dem 1.1.2015 auch für anerkannte niedrigschwellige Entlastungsangebote einsetzbar. Diese sollen helfen, den Bedarf der Versicherten an Unterstützung im Haushalt zu decken. Allgemeine oder pflegebedingte Alltagsanforderungen oder die eigenverantwortliche Organisation individuell benötigter Hilfeleistungen sollen besser bewältigt werden. Das SGB XI nennt beispielhaft Serviceangebote für haushaltsnahe Dienstleistungen, Alltagsbegleiter und Pflegebegleiter. Wichtig ist, dass der Bezug zum konkreten Pflegealltag gegeben ist. Dies ist nicht der Fall, soweit es um die Erbringung reiner hauswirtschaftlicher Dienstleistungen wie die Übernahme von Gartenarbeiten geht. Kosten werden nur für anerkannte niedrigschwellige Angebote erstattet. Die Einzelheiten zur Anerkennung bestimmen die Landesregierungen. Dies gilt auch für Vorgaben zur regelmäßigen Qualitätssicherung. Gegenwärtig überarbeiten die Bundesländer ihre bestehenden Verordnungen. Die Angebote werden seit Januar 2016 in die Vergleichslisten der Pflegekassen aufgenommen. Die Listen enthalten konkrete Angebotsinformationen, Preise sowie Angaben zu regionaler Verfügbarkeit.

Ab 1.1.2017 erhalten Anspruchsberechtigte aus der gesetzlichen Pflegeversicherung für zusätzliche BuE einen monatlichen »Entlastungsbetrag« in Höhe von bis zu 125 Euro. Im Zusammenhang mit der Neusystematisierung der §§ 45 a–d SGB XI werden niedrigschwellige Angebote künftig unter dem neuen Oberbegriff »Angebote zur Unterstützung im Alltag« zusammengefasst.

*Jana Henneberger*

**Betreuungsverein** → Vereinsbetreuung

**Betreuungsverfügung** Die B. ermöglicht es einer noch nicht unter → Betreuung stehenden volljährigen Person für den Fall der Betreuung vorzuschlagen, wer die Betreuung wahrnehmen soll und welche inhaltlichen Wünsche hinsichtlich der möglichen zukünftigen Betreuung bestehen (§§ 1897 Abs. 4 S. 3, 1901 Abs. 3 S. 2, 1901 c S. 1 → Bürgerliches Gesetzbuch [BGB]). Sie stellt somit eine vorsorgliche privatautonome Regelung für den Fall der Anordnung einer Betreuung dar. Kommt es später tatsächlich zu einer Betreuungsanordnung, so ist die B. nach dem Grundsatz des Vorrangs des Willens des betreuten Menschen zu berücksichtigen. Daher ist → Geschäftsfähigkeit für eine B. nicht erforderlich. Die B. im Sinne von § 1901 c BGB ist ein Schriftstück. Auf der Grundlage des Willensvorrangs kann sich der/die Verfügende jedoch stets auch formlos zu seinen Wünschen hinsichtlich der Betreuung äußern und sich von der B. auch später formlos gänzlich oder in einzelnen Punkten distanzieren. Inhaltlich kann die B. neben Regelungen zur Person des Betreuers/der Betreuerin Wünsche zur Wahrnehmung der Betreuung im Einzelnen enthalten wie z.B. hinsichtlich der Übertragung bestimmter Aufgabenkreise, der Lebensgestaltung, der Wohnung oder einer möglichen Unterbringung (§ 1906 BGB).

Abzugrenzen ist die B. von der → Vorsorgevollmacht und von der → Patientenverfügung. Im Gegensatz zur B. dient die Vorsorgevollmacht wesentlich dazu, die Bestellung eines Betreuers/einer Betreuerin zu vermeiden. Die Patientenverfügung wiederum bezieht sich auf mögliche zukünftige Untersuchungen des Gesundheitszustandes, Heilbehandlungen oder ärztliche Eingriffe und ist in § 1901 a BGB inzwischen besonders geregelt.

*Edna Rasch*

**Betriebliche Altersversorgung und Sozialleistungen** Betriebliche Sozialleistungen haben in Deutschland eine lange Tradition. Bereits Anfang des 19. Jh. richteten verschiedene große Unternehmen sog. Hilfs- und Unterstützungskassen für ihre

Arbeitnehmer/innen ein, die Leistungen bei → Krankheit, Invalidität und im → Alter erbrachten und auch zur Versorgung von Hinterbliebenen beitrugen. Heute erbringen Unternehmen eine Vielzahl verschiedener freiwilliger sozialer Aufwendungen zugunsten ihrer Mitarbeiter/innen und deren → Familien, darunter die Einrichtung von Werkskantinen, Betriebskindergärten oder Sportstätten.

Betriebliche Sozialleistungen können auch unter Einschränkungen oder Vorbehalt erbracht werden. Der Arbeitgeber kann die Leistung z.B. im → Arbeitsvertrag oder in einer Betriebsvereinbarung zusagen und ist insofern dann auch rechtlich gebunden. Ggf. sind bei der Ausgestaltung und Verwaltung auch Mitbestimmungsrechte des → Betriebsrates zu beachten. Lässt der Arbeitgeber betriebliche Sozialleistungen individuell unterschiedlich nur bestimmten Arbeitnehmer/innen zukommen, kann darin ein Verstoß gegen den Gleichbehandlungsgrundsatz (→ Allgemeines Gleichbehandlungsgesetz) liegen. Eine Differenzierung muss durch sachliche Gründe gerechtfertigt sein. Weil der Arbeitgeber zur Erbringung betrieblicher Sozialleistungen nicht rechtlich verpflichtet ist, besteht für die Unternehmen i.d.R. die Möglichkeit, aus wirtschaftlichen Gründen von der weiteren Gewährung der Leistung abzusehen. Einzelvertragliche oder kollektive Zusagen enthalten oft entsprechende Vorbehalte. Die Verbreitung der betrieblichen Sozialleistungen ist damit stark von der wirtschaftlichen Lage der Unternehmen abhängig, auch davon, ob und in welchem Umfang sie die Notwendigkeit sehen, durch die zusätzlichen Angebote Mitarbeiter/innen an sich zu binden bzw. neue Mitarbeiter/innen zu gewinnen.

In der DDR kam den betrieblichen Sozialleistungen eine besondere Bedeutung zu, weil → soziale Sicherheit i.w.S. durch die Betriebe im Rahmen eines umfassenden → Arbeitsverhältnisses gewährleistet wurde.

Wichtigste betriebliche Sozialleistung ist heute die betriebliche Altersversorgung. Darunter fallen nach dem Betriebsrentengesetz v. 19.12.1974 alle Leistungen, die ein Arbeitgeber seinen Arbeitnehmer/innen zur Alters-, Invaliditäts- und Hinterbliebenensicherung zusagt. Die betriebliche Altersversorgung bildet die zweite Säule der → Alterssicherung. Ihre Bedeutung nimmt u.a. aufgrund der verstärkten steuerlichen Förderung zu. In den neuen Bundesländern ist die Verbreitung aber noch immer deutlich geringer als in den alten Bundesländern. Auch profitieren Frauen weniger stark als Männer, Beschäftigte in kleinen Unternehmen weniger stark als Beschäftigte in großen Unternehmen. Als Formen der betrieblichen Altersversorgung lassen sich interne Durchführungswege (Direktzusage und Unterstützungskasse) und externe Durchführungswege (Pensionskasse, Pensionsfonds, Direktversicherung) unterscheiden. Häufig werden die Leistungen der betrieblichen Altersversorgung durch Beiträge des Arbeitgebers finanziert. Der/die Beschäftigte kann sich jedoch auch beteiligen oder den Aufbau durch sog. Entgeltumwandlung selbst finanzieren. Der Pensions-Sicherungs-Verein auf Gegenseitigkeit mit Sitz in Köln (PSVaG) ist Träger der gesetzlichen Insolvenzsicherung der Formen der betrieblichen Altersversorgung, die nicht anderweitig entsprechend abgesichert sind. Die wesentlichen arbeitsrechtlichen Fragen (→ Arbeitsrecht) bei betrieblichen Versorgungszusagen sind im Betriebsrentengesetz geregelt.

*Sylvia Dünn*

**Betriebliche Sozialarbeit** beinhaltet ein breites Spektrum von Aufgaben und Maßnahmen, den i.d.R. größere Unternehmen, Behörden und vergleichbar strukturierte Organisationen ihren Beschäftigten betriebsintern oder -extern als freiwillige Leistung zur Verfügung stellen. Damit wird dem interdependenten Verhältnis Rechnung getragen, in dem die individuelle körperliche, psychische und soziale Befindlichkeit, die Leistungsfähigkeit und -bereitschaft auf der einen und betriebliche Strukturen und Arbeitsbedingungen auf der anderen Seite zueinander stehen. Durch persönliche Belastungen gebundene, die Unternehmensziele und den Arbeitsprozess beeinträchtigende Mitarbeiterpotenziale werden mithilfe von Maßnahmen der B. verbessert bzw. wieder aktiviert. Aufgabenbereiche sind: (1) individuelle → Beratung, z.B. bei Konflikten am Arbeitsplatz, psychischen Auffälligkeiten, Suchtverhalten, Wiedereingliederung nach Rehabilitationsmaßnahmen, Überschuldungsfragen, persönlichen bzw. familiären Schwierigkeiten, bei der Vorbereitung auf den Ruhestand, der Erschließung inner- wie außerbetrieblicher Hilfen, und bei Führungsfragen (→ Coaching); (2) → Personalentwicklung, z.B. Führungskräfte-Training, Information, Aufklärung und Schulung z.B. im Rahmen von Sucht- bzw. Gesundheitsprävention; (3) organisationsbezogene Maßnahmen, z.B. Begleitung von Team-, → Organisationsentwicklungs- und → Qualitätsmanagement-Prozessen, Projekte zur → Gesundheitsförderung (Stressbewältigung, Raucherentwöhnung u.ä.), inner- und überbetriebliche Gremienarbeit.

Fachliche Voraussetzung zur Ausübung von B. ist ein abgeschlossenes Hochschulstudium der Sozialarbeit/Sozialpädagogik, ggf. auch einer vergleichbaren Fachrichtung (→ Studium der Sozialen Arbeit). Zusätzliche Aus- und Fortbildungen z.B. in → Gesprächsführung, Konfliktmoderation, → Coaching sind erforderlich. Strukturell wie funktional sind betriebliche Sozialberatungen meist einer Stabsstelle innerhalb des Personal-, Sozial- oder Gesundheitswesens zugeordnet. Somit bewegen sich die dort Beschäftigten im Spannungsfeld unternehmerischer Ziele, personenbezogener Bedürfnisse der Mitarbeiter/innen und der eigenen berufsethischen Haltung. Persönliche Belastbarkeit und psychische Stabilität sind deshalb essenzielle Standards für betriebliche Sozialarbeiter/innen. Darüber hinaus ist die Fähigkeit zu konzeptionellem und vernetztem Denken, zu Abstraktions- und Integrationsvermögen sowie die Bereitschaft zu eigenen qualitätssichernden Maßnahmen (→ Evaluation, → Supervision u.a.) erforderlich.

Die moderne B. entwickelte sich – historisch bedingt – zunächst mit deutlicher Ausprägung reagierender → Einzel(fall)hilfe. Parallel zur wachsenden Bedeutung systemtheoretischer Wissenschaftsepistemologien haben sich zunehmend mehr präventive Konzepte (z.B. betriebliches Gesundheitsmanagement, Verbesserung → sozialer Kompetenzen, Motivations- und Qualitätssicherungsarbeit) etabliert. Ebenfalls hat eine Sensibilisierung für Marketing (→ Kosten-Nutzen-Analyse, Netzwerkarbeit) stattgefunden. Seit 1994 ist der → Bundesfachverband Betriebliche Sozialarbeit e.V. (bbs) die fachliche Plattform für die in der B. Beschäftigten.

*Michael Bremmer*

**Betriebserlaubnis** Vor Aufnahme des Betriebs einer → Einrichtung, in der Kinder oder Jugendliche ganztägig oder für einen Teil des Tages betreut werden, sieht § 45 SGB VIII die Notwendigkeit einer Erlaubnis des öffentlichen → Jugendhilfeträgers vor. Diese Pflicht gilt auch für »sonstige betreute Wohnformen« (§ 48 a SGB VIII). Hierzu zählen etwa Jugendwohngemeinschaften oder mobile Betreuung. Ausnahmen von der Erlaubnispflicht sind in § 45 Abs. 1 Satz Nr. 1 bis 3 SGB VIII enthalten, so dürfen bspw. Jugendfreizeiteinrichtungen oder → Jugendherbergen ohne B. betrieben werden. Im Unterschied zu dem auf eine Person ausgerichteten Begriff der → Pflegeerlaubnis, wie sie in § 43 SGB VIII für die → Kindertagespflege und in § 44 SGB VIII für die → Vollzeitpflege normiert wird, wird in § 45 SGB VIII auf den Begriff der Einrichtung abgestellt, welcher orts- bzw. gebäudebezogen und vom Wechsel des Personals unabhängig ist.

Auf die Erteilung einer B. besteht ein → Rechtsanspruch, wenn die in § 45 Abs. 2 SGB VIII genannten Voraussetzungen vorliegen: die Gewährleistung des → Kindeswohls sowie die in Nr. 1 bis 3 genannten Kriterien. Hier wird zum einen gefordert, dass die dem Zweck und der Konzeption der Einrichtung entsprechenden räumlichen, fachlichen, wirtschaftlichen und personellen Voraussetzungen für den Betrieb erfüllt sind, und zum anderen, dass die gesellschaftliche und sprachliche → Integration in der Einrichtung unterstützt wird. Schließlich sollen zur Sicherung der Rechte von Kindern und Jugendlichen in der Einrichtung geeignete Verfahren der Beteiligung sowie der Möglichkeit der Beschwerde in persönlichen Angelegenheiten Anwendung finden. Dementsprechend soll der Träger der Einrichtung gemäß § 45 Abs. 3 SGB VIII mit dem Antrag auf Erlass der B. auch deren Konzeption vorlegen und die Eignung des Personals nachweisen. Der Zweck der B. ist die Sicherung eines dem Wohl der untergebrachten Kinder und Jugendlichen dienenden Mindeststandards durch eine präventiv ausgerichtete, öffentlich verantwortete Kontrolle. In diesem Zusammenhang wird auch der Begriff des Erlaubnisvorbehalts verwendet.

Sachlich und örtlich zuständig für die Prüfung und Erteilung der B. ist gemäß §§ 85 Abs. 2 Nr. 6, 87 a Abs. 2 SGB VIII i.d.R. das → Landesjugendamt, in dessen → Zuständigkeit die Einrichtung gelegen ist. Um abzusichern, dass die Voraussetzungen zur Erteilung der B. weiterbestehen, soll der zuständige Jugendhilfeträger vor Ort nach den Erfordernissen des Einzelfalls deren Weiterbestehen überprüfen, § 46 SGB VIII. Zudem haben die Einrichtungen bestimmte Meldepflichten, § 47 SGB VIII. Die B. wird zurückgenommen oder widerrufen, wenn das Wohl der Kinder oder der Jugendlichen in der Einrichtung gefährdet und der Träger nicht bereit oder in der Lage ist, die Gefährdung abzuwenden, § 45 Abs. 7 SGB VIII.

Im politischen Diskurs wird immer wieder eine Stärkung der Aufsicht nach §§ 45 ff. SGB VIII gefordert, etwa in Form von Befristungen der B. oder der Möglichkeit von anlassunabhängigen, routinemäßigen Überprüfungen von Einrichtungen.

Derzeit ist geplant, das SGB VIII umfassend zu modernisieren. Betroffen sind u.a. die Themenkomplexe Hilfen zur Erziehung, inklusive Lösung für Kinder- und Jugendliche mit Behinderungen im SGB VIII, Pflegekinderhilfe, Betriebserlaubnisverfahren, Qualitätsentwicklung in der Kinder- und Jugendhilfe. Die Änderungen sollen je nach Regelungsbereich entweder 2017 oder 2022 in Kraft treten.

*Réka Fazekas*

**Betriebskrankenkasse** → Krankenkassen

**Betriebsrat** Der B. vertritt die Interessen der Arbeitnehmerinnen und Arbeitnehmer in einem Betrieb. Gesetzliche Grundlage für die Wahl und die Aufgaben des B. ist das Betriebsverfassungsgesetz (BetrVG) von 1972. Eine größere Reform erfolgte zuletzt im Jahr 2001. Dabei wurde das Betriebsverfassungsrecht insbesondere im Hinblick auf veränderte Unternehmensstrukturen sowie neue Formen der Arbeitsorganisation und Beschäftigung – wie etwa Leiharbeit und Telearbeit – modernisiert. Auch in anderen Gesetzen sind Rechte und Pflichten des B. geregelt, bspw. im Kündigungsschutzgesetz (KSchG) oder dem SGB IX in Bezug auf die → Integration → schwerbehinderter Menschen.

B. werden in Betrieben mit i.d.R. mindestens fünf Arbeitnehmer/innen jeweils für die Dauer von vier Jahren gewählt (vgl. § 1 u. § 13 BetrVG). Sind mindestens fünf Jugendliche unter 18 oder Auszubildende unter 25 Jahren beschäftigt, wird zusätzlich eine Jugend- und Auszubildendenvertretung gewählt, die die Belange diese besonderen Gruppe von Beschäftigten wahrnimmt (vgl. § 60 BetrVG). Hinsichtlich der Zusammenarbeit von Arbeitgeber und B. gilt das Gebot der vertrauensvollen Zusammenarbeit (vgl. § 2 BetrVG). Maßnahmen des Arbeitskampfes zwischen B. und Arbeitsgeber sind unzulässig. Betätigungen, durch die der Arbeitsablauf oder der Frieden des Betriebs beeinträchtigt werden, sowie jedwede parteipolitische Betätigung im Betrieb sind zu unterlassen (vgl. § 74 BetrVG). Die Mitwirkungsbefugnisse des B. sind unterschiedlich stark und reichen von Anhörungs- und Unterrichtungsrechten bis zu Mitbestimmungsrechten, bei denen der Arbeitgeber ohne den B. nicht wirksam handeln kann und im Fall, dass eine Einigung nicht zustande kommt, die Einigungsstelle entscheidet (vgl. § 87 BetrVG).

Zu den allgemeinen Aufgaben des B. zählen u.a. die Überwachung der zugunsten der Beschäftigten geltenden Gesetze, Tarifverträge und Betriebsvereinbarungen, die Durchsetzung der tatsächlichen → Gleichstellung von Frauen und Männern, die Förderung der → Vereinbarkeit von Familien- und Erwerbsleben, der Beschäftigung älterer Arbeitnehmer/innen sowie der Integration Schwerbehinderter und ausländischer Arbeitnehmer/innen. Auch Maßnahmen des betrieblichen → Arbeits- und Umweltschutzes und zur Bekämpfung von Rassismus und Fremdenfeindlichkeit (→ Diskriminierung) sind von dem Aufgabenbereich des B. umfasst. Mitbestimmungsrechte hat der B. bei personellen Einzelmaßnahmen wie Einstellungen, → Kündigungen, Versetzungen und Eingruppierungen (vgl. § 99 u. § 102 BetrVG). Als »Herzstück der Betriebsverfassung« gilt die Mitbestimmung in sozialen Angelegenheiten (vgl. § 87 BetrVG) wie bspw. bei Beginn und Ende der täglichen Arbeitszeit oder Regelungen über den Gesundheitsschutz. Für Beschäftigte im öffentlichen Dienst gilt statt des BetrVG das Personalvertretungsrecht des Bundes und der Länder (→ Personalrat).

*Dorette Nickel*

**Beurkundung** ist ein von gesetzlichen Vorschiften für verschiedene Tatbestände vorgesehenes Formerfordernis (vgl. § 128 → Bürgerliches Gesetzbuch [BGB]), das in Abgrenzung zur einfachen Schriftform (§ 126 BGB) und der öffentlichen → Beglaubigung (§ 129 BGB) die größte Formenstrenge und rechtliche Reichweite (Beweis- und Schutzfunktion) aufweist. B. bedeutet die mit öffentlichem Glauben vorgenommene Errichtung eines Schriftstücks über Tatsachen, Vorgänge und Erklärungen, die die Urkundsperson selbst wahrgenommen haben muss und mit dem Schriftstück urkundlich bezeugt. Die B. ersetzt jede andere vorgeschriebene Form.

Das Beurkundungsverfahren ist im Beurkundungsgesetz (BeurkG) vom 28.8.1969 (BGBl. I S. 1513) geregelt. Darin finden sich besondere Verfahrensvorschriften, etwa über die Protokollierung von Willenserklärungen (§§ 8 ff.), über Prüfungs- und Belehrungspflichten (§§ 17 ff.), die Beteiligung von → behinderten Menschen (§§ 22 ff.) sowie die Einhaltung erbrechtlich relevanter Formerfordernisse (§§ 27 ff., → Erbrecht). Die Urkundsperson hat sich insbesondere bei der Beurkundung einer Willenserklärung davon zu überzeugen, dass die erklärende Person → Geschäftsfähigkeit besitzt, und soll bei deren Fehlen die Beurkundung ablehnen (§ 11 Abs. 1 S. 1 BeurkG). Daraus lässt sich eine Indizwirkung der vorgenommenen B. für das Bestehen von Geschäftsfähigkeit im Zeitpunkt der Erklärung ableiten.

Befugt zur B. sind Notare, daneben aber auch in gesetzlich speziell geregelten Fällen andere Urkundspersonen bzw. sonstige Stellen, etwa Amtsrichter/innen und Rechtspfleger/innen gem. § 62 Abs. 1 Nr. 1–3 BeurkG, § 3 Nr. 1 f Rechtspflegergesetz (RPflG) sowie von der Leitung des → Jugendamtes gem. §§ 59 Abs. 3 i.V.m. § 70 Abs. 2 SGB VIII und § 1 Abs. 2 und §§ 60 ff. BeurkG ermächtigte geeignete

Beamte und Angestellte. Die Beurkundungsbefugnis der Jugendämter ist in § 59 Abs. 1 Nr. 1–9 SGB VIII abschließend geregelt. Die örtliche → Zuständigkeit für B. auf der Grundlage von § 59 SGB VIII ergibt sich aus § 87 e SGB VIII.

Für die Praxis der → sozialen Dienste sind v.a. folgende zu beurkundenden Vorgänge bedeutsam: Erklärungen der Anerkennung, des Widerrufs der Anerkennung, der Zustimmung zur Anerkennung, der Zustimmung des als Vater geltenden Ehemannes sowie des Kindes oder seines gesetzlichen Vertreters in Zusammenhang mit der → Vaterschaftsanerkennung (§ 59 Abs. 1 Nr. 1 SGB VIII, § 1594 ff. BGB); Anerkennung der Mutterschaft gem. § 59 Abs. 1 Nr. 2 SGB VIII; Verpflichtungserklärungen zur Erfüllung von Unterhaltsansprüchen gem. § 59 Abs. 1 Nr. 3 u. 4 SGB VIII [ → Unterhaltspflicht]; Einwilligungs-, Verzichts-, Widerrufs und Bereiterklärungen im Rahmen der → Annahme als Kind gem. § 59 Abs. 1 Nr. 5–7 SGB VIII; Sorgeerklärungen nach § 1626 a Abs. 1 Nr. 1 BGB [ → elterliche Sorge] und Zustimmungen gem. § 59 Abs. 1 Nr. 8 SGB VIII); erbrechtlich relevante Verfügungen (z.B. der Erbvertrag und die Errichtung eines Testaments durch einen Minderjährigen, vgl. § 2247 Abs. 4 BGB).

*Michael Grabow*

**Beurteilungsspielraum** Als B., genauer: → unbestimmten Rechtsbegriff mit B. wird eine von der → Rechtsprechung entwickelte Rechtsfigur bezeichnet. Sie bezeichnet den Fall, dass der → Gesetzgeber der Exekutive ausnahmsweise die Entscheidung darüber zugesteht, ob ein Tatbestandsmerkmal vorliegt. Während es beim → Ermessen um die Auslegung der Rechtsfolgenseite geht, geht es beim B. um die Bewertung und Entscheidung über das Vorliegen der Tatbestandsseite. Das → Bundesverfassungsgericht (BVerfG) hat für die Anwendung des B. deutliche Grenzen gesetzt (BVerfGE 84, 34; BVerfGE 88, 40). Danach ist regelmäßig von der vollen gerichtlichen Überprüfbarkeit bei der Auslegung unbestimmter Rechtsbegriffe und davon auszugehen, dass kein von den Gerichten nicht nachprüfbarer B. der Exekutive besteht. Dies entspricht auch den grundlegenden Anforderungen an effektiven → Rechtsschutz aus Art. 19 → Grundgesetz (GG). Nur in Ausnahmefällen wird der Behörde ein eigener, nicht überprüfbarer Freiraum eingeräumt. Dies ist insbesondere der Fall bei Prüfungs- oder prüfungsähnlichen Entscheidungen, bei beamtenrechtlichen Beurteilungen, bei Entscheidungen von weisungsfreien, sachkundigen bzw. repräsentativ zusammengesetzten Gremien, z.B. der Prüfstelle für jugendgefährdende Schriften, bei besonderen Prognose- und Risikoentscheidungen der Verwaltungsbehörden oder Entscheidungen verwaltungspolitischer Art. Diesen Ausnahmefällen ist gemeinsam, dass es sich jeweils um Wertentscheidungen handelt, die aufgrund der besonderen Umstände durch das Gericht nicht nachvollzogen werden können.

*Gerd Goldmann*

**Bevölkerungsentwicklung** → Demografische Entwicklung

**Bewährungshilfe** versteht sich als ambulanter → Sozialer Dienst in der Justiz mit dem generellen Ziel der → Resozialisierung von Straftäter/innen. Der spezifische Auftrag an die B. als Teil der → Straffälligenhilfe ergibt sich aus dem Strafgesetzbuch (StGB). Es sieht im Falle der → Strafaussetzung zur Bewährung (§§ 56 ff. StGB) die Möglichkeit und mit Eintreten der Führungsaufsicht (§§ 68 ff. StGB, → Maßregeln der Besserung und Sicherung) automatisch eine Unterstellung unter eine/n hauptamtliche/n Bewährungshelfer/in vor. B. soll den verurteilten Personen helfend und betreuend zur Seite stehen, gleichzeitig aber im Einvernehmen mit dem Gericht bzw. der Führungsaufsichtsstelle Auflagen und Weisungen sowie die Lebensführung überwachen.

Begründet im »doppelten Mandat« von Hilfe und Kontrolle übernimmt B. damit einerseits die für das Selbstverständnis der → Sozialen Arbeit unverzichtbare Aufgabe der Hilfeleistung, indem sie für und mit den Betroffenen notwendige, an Grundbedürfnissen orientierte Leistungen (z.B. Wohnung, Einkommen) organisieren hilft. Andererseits geht sie rückfallpräventiv vor. Hilfestellung wird i.d.R. methodisch mit einem → Case Management durchgeführt. Grundlage hierfür ist Auftrag und Mitwirkung der/des Betroffenen, da → Hilfe – verstanden als Dienstleistung – ohne einen Konsens zwischen hilfsbedürftiger Person und Helfer/in nicht möglich erscheint. Der Kontrollauftrag im Sinne einer tertiären → Kriminalprävention hingegen setzt dieses Einverständnis nicht voraus, da es um übergeordnete Werte (z.B. Opferschutz, Sicherheit der Allgemeinheit) geht. Die Soziale Arbeit ist hierbei eine Instanz der → sozialen Kontrolle. Nach heutigem Stand der Wissenschaft wirken methodische Prozesse rückfallreduzierend, wenn sie gezielt Risikofaktoren verändern, Faktoren also, die zu der Entstehung von Rückfällen unmittelbar beitragen. Große Herausforderung ist es daher, die → Motivation der Straftäter/innen zur Selbstveränderung zu fördern.

Anstellungsträger für die Sozialarbeiter/innen der B. sind i.d.R. die Bundesländer. Die Organisationsformen sind sehr unterschiedlich: Während die B. z.B. in Bayern, Nordrhein-Westfalen, Hessen und Rheinland-Pfalz traditionell an den jeweiligen Landgerichten angegliedert ist, hat Mecklenburg-Vorpommern ein eigenes Landesamt geschaffen, Sachsen-Anhalt bindet die Dienststellen direkt an das Ministerium, Sachsen, Niedersachsen und Brandenburg ordnen die B. des Landes einem Oberlandesgericht zu. Baden-Württemberg hat die B. von 2007 bis 2016 einem privaten Träger überlassen, diese Regelung aber wieder zurückgenommen.

Fast alle Bundesländer unternahmen in den letzten Jahren erhebliche Anstrengungen, ihre B. zu modernisieren. Dazu wurden Qualitätsstandards und → Qualitätsmanagementsysteme entwickelt, die die methodischen Prozesse transparent nach innen und außen beschreiben sollen. Vor allem soll gewährleistet werden, dass die Vorgehensweise evidenzbasiert ist und sich an den jeweils aktuellen Erkenntnissen der wissenschaftlichen Forschung bezüglich Rückfallprävention orientiert.

*Wolfgang Klug*

**Beweis** Der B. verhilft im Zivilprozess dem Gericht zur Überzeugung von der Wahrheit oder Unwahrheit einer Tatsache. B. ist zu erheben, wenn eine Tatsachenbehauptung entscheidungserheblich und bedürftig, d.h. von dem/der Gegner/in bestritten ist. In Verfahren mit Untersuchungsgrundsatz (z.B. Verfahren nach dem → Familienverfahrensgesetz, Verwaltungsprozess) kann auch über unbestrittene zweifelhafte Tatsachen B. erhoben werden. Rechtsbegründende Tatsachen muss der/die Kläger/in (→ Rechtsanspruch, → Klage) vortragen und unter B. stellen. Dem/der Gegner/in obliegt es, rechtshindernde, rechtsvernichtende und rechtshemmende Einreden darzutun. Dies korrespondiert mit der B.last. Für die tatsächlichen Voraussetzungen ihres Rechts oder ihrer Einrede hat die Partei mit den zulässigen B.mitteln (Sachverständige/r, Augenschein, Parteivernahme, Urkunde, Zeug/in) vollen B. zu erbringen (Strengbeweis). Ausnahmsweise genügt der Freibeweis. In der B.würdigung ist das Gericht frei (§ 286 Zivilprozessordnung). Der B. verlangt die Bildung einer sicheren Überzeugung von der Richtigkeit der B.tatsache. Z.T. erleichtert das Gesetz die B.führung durch Vermutungen, z.B. § 1600 d Abs. 2 S. 1 → Bürgerliches Gesetzbuch. In bestimmten Fällen kommt als B.erleichterung der Anscheinsbeweis zur Anwendung (BGB).

Behörden ermitteln in sozialrechtlichen Angelegenheiten gem. §§ 20 ff. SG X aufgrund der Verweisung in § 24 Verwaltungsverfahrensgesetz (VwVfG) von Amts wegen (Untersuchungsgrundsatz); sie können sich nach → Ermessen der o.g. B.mittel bedienen (§ 26 VwVfG) und eidesstattliche Versicherung verlangen und abnehmen (§ 27 VwVfG).

*Lutz Haertlein*

**Bewilligungsbescheid** Der Begriff »Bescheid« ist umgangssprachlich und wird gesetzlich nicht geregelt. Bei einem Bescheid handelt sich um ein Dienstschreiben, das in einer besonderen Form verfasst ist und in der Regel einen oder mehrere → Verwaltungsakte enthält. Er wird für gewöhnlich am Ende eines → Verwaltungsverfahrens oder eines Teils davon erlassen. Verfahren für Bescheide über Leistungen nach dem Sozialgesetzbuch richten sich nach dem SGB X. Diese Regelungen stimmen weitgehend mit denen des Verwaltungsverfahrensrechts des Bundes und der Länder (→ Verwaltungsrecht) überein.

Ein B. hat die Bewilligung einer Leistung zum Inhalt, so z.B. über → Hilfen zur Erziehung oder Leistungen zur Sicherung des Lebensunterhalts nach dem SGB II (→ Arbeitslosengeld II). Häufig handelt es sich dabei um Verwaltungsakte mit Dauerwirkung; so sollen bspw. Leistungen der → Grundsicherung für Arbeitsuchende gem. § 41 Abs. 1 S. 4 SGB II für sechs Monate bewilligt werden.

Betroffenen stehen unterschiedliche → Rechtsbehelfe zur Verfügung. Gegen einen B. ist in aller Regel die Erhebung eines Vorverfahrens/Widerspruchsverfahrens möglich (§§ 77 ff. Sozialgerichtsgesetz [SGG]). Verläuft dies erfolglos, kann eine Anfechtungsklage gemäß § 54 Abs. 1 SGG erhoben werden. Gegen einen ablehnenden Bescheid ist eine Verpflichtungsklage nach § 54 Abs. 1 SGG oder eine kombinierte Anfechtungs- und Leistungsklage nach § 54 Abs. 4 SGG möglich. Wird trotz Antrag kein Bescheid erlassen, ist unter bestimmten Voraussetzungen eine Untätigkeitsklage möglich.

*Sabine Gallep*

**Bewusstsein** umgreift die Gesamtheit der Zustände und Vorgänge des menschlichen Erlebens der äußeren Welt und des (körperlichen) »Selbst« – einschließlich Wollen und Fühlen. Unterschieden wird zwischen: (1) der direkten und vor-reflektiven Gegenwärtigkeit der äußeren und inneren Welt für den Menschen als das rezeptive, bloße Aufnehmen von Empfindungs- und Wahrnehmungsinhalten; (2) darauf aufbauend der reflektierten → Wahrnehmung der Welt, des Selbst (→ Selbst-Entwicklung) und der eigenen Vergegenwärtigung zu ihr. Hierbei werden im B. Inhalt, Subjekt und Akt der Wahrnehmung differenziert »erlebt«: Das B. begnügt sich nicht damit, einen sinnlichen Eindruck zu empfangen, sondern verknüpft diesen mit Symbolen (Bilder, Musik, Begriffen etc.), wodurch die sinnlichen Eindrücke der Welt und des Selbst in sinnhafte Gebilde verwandelt und somit begreifbar werden (Cassirer); (3) Nachdenken über die Inhalte der sinnhaften Gebilde: Das reflexive B. ist sprachsymbolisch organisiert, weil ein situationsunabhängiges Vorstellen an die Abstraktionsstufen von Sprache gebunden ist: »Die bewusste Vorstellung umfasst die Sachvorstellung plus der zugehörigen Wortvorstellung« (Freud). Diese dritte Ebene des B. ist eng mit der Fähigkeit des Erinnerns verbunden und ermöglicht zudem das Probehandeln als vorausschauendes Lenken des Handelns, wodurch auch neue Erkenntnisse über das Selbst und die Welt hergestellt werden können. Dennoch weigerte sich Freud, das Gebiet des Psychischen allein durch das B. zu definieren: Das Ich ist nicht Herr im eigenen Hause, d.h. das B. kann uns nur ein lückenhaftes Bild über unsere psychischen Vorgänge geben. Freud erkennt, dass allem Denken und Handeln etwas anderes zugrunde liegt: ein dunkler Trieb, verdrängte Erlebnisse, Gefühle und Handlungen, die »hinter unserem Rücken« unser Denken, Handeln und Fühlen bestimmen. Er geht von einem »psychischen Apparat« aus und unterscheidet an ihm die Systeme Bewusst, Vorbewusst und Unbewusst. Dabei umfasst das Bewusste aktuelle, das Vorbewusste jederzeit aktualisierbare und das Unbewusste nur schwer oder dem Ich gar nicht zugängliche psychische Inhalte. Für immer unbewusst bleiben die Regungen der Triebe/des Begehrens im Es. Sie lassen sich nur aus ihren Äußerungen erschließen. Ins Unbewusste sinken aber auch viele Erfahrungen ab, die einmal bewusst erlebt worden sind, aber unbewusst »gemacht« werden müssen, weil sie sozial nicht zugelassen sind, da sie dem geltenden B., den herrschenden → Normen und Werten widersprechen. Freuds Theorie über die Struktur und Dynamik des Psychischen, insbes. des Unbewussten und der Triebe haben die Aufgaben des B. deutlicher gemacht. Das B. gehört zu den Ich-Funktionen, dient also im Wesentlichen der Orientierung in der und Anpassung an die Realität. Erkennbar wird hier, dass B. und Erfahrungsbereich unhintergehbar ineinandergreifen und unsere B. genannten Gedankengebilde und mehr noch unser Unbewusstes in der (körperlichen) Lebenswelt miteinander vermittelter → Individuen und Kollektive verankert sind und sich in gesellschaftlicher Praxis auswirken (Lorenzer).

*Margret Dörr*

**Bezirkssozialarbeit** → Allgemeiner Sozialdienst (ASD)

**Bezugsgruppe** → Peergroup

**Bildung** ist neben dem Begriff → Erziehung einer der zentralen Grundbegriffe der deutschen Erziehungswissenschaft und Pädagogik, der in seiner inhaltlichen Ausgestaltung wesentlich geprägt wird durch das Wissen darüber, worin das Wesen des Menschen gesehen werden kann. B. umfasst demzufolge Beschreibungen, welche grundlegende Haltung der Mensch zu sich und zu der ihn umgebenden materiellen, sozialen und geistigen Umwelt einnimmt. Dieser Prozess der Selbst-Welt-Auseinandersetzung erfolgt – so wird es bis heute in der Tradition W. v. Humboldts (1767–1835) gesehen – überwiegend mithilfe der Sprache und anderer Symbolsysteme wie Wissenschaft, gegenständliche Kunst, Musik, Literatur, Malerei, audiovisuelle Kommunikation usw. Daraus ergibt sich, dass B. eine dynamische Grundkategorie erziehungswissenschaftlichen Verstehens darstellt, die über Jahrhunderte hinweg ständigen Anpassungen an jeweils aktuelle Entwicklungen der → Gesellschaft insgesamt unterlag und unterliegt. Das, was unter B. jeweils verstanden wird, ist also abhängig vom zeitdiagnostischen Gehalt einer kulturellen Epoche, stellt sich also in der »Wissensgesellschaft« anders dar als in einer Industrie- oder Agrargesellschaft.

Dieser skizzierte Sprachgebrauch von B., wie er sich in der akademischen Disziplin der Erziehungswissenschaft (→ Erziehungswissenschaftliche Grundlagen der Sozialen Arbeit) herausgebildet hat, ist vom Gebrauch des Begriffes in den öffentlichen gesellschaftlichen Diskursen zu unterscheiden. Hier wird B. überwiegend mit Qualifikation gleichgesetzt. Es wird damit eine bildungsökonomische Perspektive (→ Bildungsökonomie) eingenommen, die sich auf die Schnittstelle von schulischer und beruflicher Ausbildung einerseits und die Ansprüche des → Arbeitsmarktes andererseits bezieht. Diese Version des B.begriffs wird somit v.a. durch Qualifikation und → Lernen charakterisiert, während die fachinterne Version durch anthropologische und gesellschaftlich-kulturelle Perspektiven bestimmt wird.

Der fachinterne Diskurs über B. wurde in den 1990er-Jahren sehr stark durch die Modernisierungsdebatte in den Sozialwissenschaften geprägt. Dabei spielten die Ausführungen zur sog. reflexiven Moderne (vgl. Giddens) eine besondere Rolle. Die Grundannahmen dieser Debatte besagen, dass die »Freisetzung« des Menschen aus Traditionen und sozialen Einbettungen zu einer erhöhten Reflexivität geführt hat. Das bedeutet, dass Reflexion für den einzelnen Menschen dann an Bedeutung gewinnt, wenn vertraute soziale Kontexte immer weniger zur Verfügung stehen, wenn die Geschwindigkeiten der sozialen und biografischen Veränderungen immer höher werden. In der bildungstheoretischen Debatte wurde dieser Sachverhalt mit dem Begriff der »reflexiven Bildung« bezeichnet. Es wird somit angesichts der Fortschritte in den Bereichen der Gen- und der Informationstechnologie als den entscheidenden Motoren für Modernisierungsprozesse eine neue Qualität in den B.prozessen gesehen, mit denen sich Menschen und v.a. die heranwachsende Generation auseinanderzusetzen haben. Diese neue Qualität besteht darin, dass alle elementaren Lebensentscheidungen reflexiv an die Biografie rückgebunden werden und nur noch bedingt durch soziale Kontexte und Gemeinschaften aufgefangen und getragen werden. B. integriert in diesem Sinne die Kompetenz zur Biografizität, welche es Menschen ermöglicht, ihr Leben flexibel an neue Gegebenheiten anzupassen, ohne sich selbst fremd zu werden. Die Steigerung von Reflexivität und Biografizität sind also zwei Kernmerkmale von B. in der Wissensgesellschaft. Ein drittes Merkmal wird in einer Flexibilitätssteigerung gesehen. Damit ist gemeint, dass Menschen nicht mehr nur auf eine Selbst- und Welthaltung festgelegt sind, sondern ihre Teilidentitäten relativ unabhängig voneinander agieren können. Im Sinne W. Diltheys (1833–1911) wird der moderne Mensch dadurch gleichsam zum Weltenwanderer. Diese Eigenschaft wird in einer Gesellschaft hoch geschätzt, die sich sowohl nach außen (→ Globalisierung) als auch nach innen (Multikulturalismus) mit anderen, oftmals fremden Kulturen auseinandersetzen muss. Die damit einhergehenden notwendigen gesellschaftlichen Anstrengungen zur → Integration und → Inklusion bestimmen zunehmend auch die B.anforderungen der Subjekte im kulturellen und sozialen Raum. Zusätzlich zu Reflexivitätssteigerung, Biografizität und Flexibilität werden damit aktive → Teilhabe (→ Partizipation) und → Solidarität zu Kernmerkmalen von B. in der Moderne.

Das B.system: Wenn auch das, was unter B. verstanden werden kann, nur z.T. über → Institutionen umsetzbar ist, spielen doch Institutionen eine zentrale Rolle im Prozess der reflexiven B. Grundprinzip des B.systems in der Bundesrepublik Deutschland ist der föderale Charakter, d.h. für die Ausgestaltung des B.systems, einschließlich des Schulsystems, sind die einzelnen Bundesländer zuständig. Art. 7 → Grundgesetz (GG) regelt grundsätzlich nur, dass das allgemeinbildende Schulwesen unter staatlicher Aufsicht steht (auch private Schulen unterstehen somit den Landesgesetzen). Grundsätzlich muss unterschieden werden zwischen Einrichtungen des allgemeinbildenden Pflichtschulbereichs (Primarbereich und Sekundarbereich I und II), des berufsbildenden Bereichs, dem Bereich der Fachhochschulen, Hochschulen und Universitäten sowie dem der Weiterbildung. Ausbildungsgänge nach Absolvierung des Pflichtschulbereichs ordnet man dem Tertiärbereich zu.

Wesensmerkmal im allgemeinbildenden Pflichtschulbereich ist die Gegliedertheit des Schulsystems, d.h. es bestehen i.d.R. mehrere getrennte Schularten im Bereich der Sekundarstufe I (Klasse 5 bzw. 7–10) nebeneinander, die auf einer gemeinsamen Grundschule aufbauen. Neben der Grundschule (in allen Bundesländern vierjährig, außer in Berlin und Brandenburg, dort sechsjährig) gibt es folgende → Schulformen: Hauptschulen, Realschulen, Sekundarschulen, Mittelschulen, Regelschulen, Gesamtschulen, Gymnasien. Für benachteiligte und behinderte Kinder und Jugendliche gibt es außerdem ein vielfältiges Netz von Sonder- bzw. → Förderschulen. Grundsätzlich kann gesagt werden, dass das Ziel der Sekundarstufe I darin besteht, dass die Heranwachsenden auf eine berufliche Ausbildung vorbereitet werden. Die Sekundarstufe II umfasst die Oberstufe in Gymnasien, Abendschulen und Kollegs sowie berufsbildenden Schulen, die den Erwerb einer allgemeinen oder fachgebundenen Hochschulzugangsberechtigung ermöglichen. Allgemeines Ziel der Sekundarstufe II ist folglich die Herausbildung der Studierfähigkeit.

Eine Besonderheit des B.wesens ist die vielgestaltige → berufliche B., die ihren Schwerpunkt in einer betrieblichen Ausbildung hat, daneben jedoch auch noch den obligatorischen Besuch einer öffentlichen Berufsschule einschließt. Diese Form der Berufsausbildung wird als duales System bezeichnet. Die Ausbildung erfolgt in einer Arbeitsteilung zwischen dem Lernort Berufsschule und dem Lernort Betrieb. Entsprechend dem Beschluss der → Kultusministerkonferenz (KMK) vom 14./15.3.1991 über die »Rahmenvereinbarung über die Berufsschule« hat diese einerseits die Aufgabe, den Schülerinnen und Schülern allgemeine und berufliche Lerninhalte unter besonderer Berücksichtigung der Anforderungen der Berufsausbildung zu vermitteln und andererseits auch ein die Berufsausbildung vorbereitendes oder begleitendes B.angebot zu machen. Die Berufsschule vermittelt eine berufliche Grund- und Fachbildung und erweitert die vorher erworbene allgemeine B. Das duale System ergänzend gibt es zunehmend Berufsausbildungen in berufsbildenden Vollzeitschulen, die in verschiedenen Formen existieren: das Berufsvorbereitungsjahr (BVJ), das Berufsgrundbildungsjahr (BGJ), die Berufsfachschule (BFS), die Berufsaufbauschule (BAS), die Fachschule (FS), die Fachoberschule (FOS) und das Fachgymnasium (FG). Die Einrichtung derartiger Schularten unterliegt ebenfalls landesinterner Regelungen.

In Anbetracht der gestiegenen Ausbildungserwartungen und Qualifikationserfordernisse sind für das B.wesen außerdem verschiedene Formen des sog. zweiten B.wegs typisch, dazu gehören u.a. Kollegs, Abendrealschulen, Abendgymnasien sowie der schwerpunktmäßig expandierte Bereich der betrieblichen und außerbetrieblichen → Erwachsenenbildung, der → Fort- und Weiterbildung, z.B. in Berufs- bzw. Betriebsakademien. Diese Entwicklung spiegelt die Veränderungen in der Arbeitswelt und damit im Erwerbsverhalten wider, die gemeinhin mit dem Begriff des lebenslangen Lernens verknüpft sind.

Aktuelle Probleme, die die B. und das B.wesen betreffen, resultieren einerseits aus den rasanten Transformationen der gesellschaftlichen Entwicklung von einer traditionellen Industriegesellschaft hin zu einer Dienstleistungs-, Wissens- und Mediengesellschaft. B.erwartungen, B.verhalten und B.erfordernisse werden dadurch nachdrücklich geprägt und führen zu neuen Erfordernissen hinsichtlich dessen, was Bestandteil von Kerncurricula (→ Curriculum) einzelner Fächer an Hochschulen, allgemein- und berufsbildenden Schulen sein wird. Der klar umrissene inhaltliche Kanon wird immer mehr einer prinzipien- und problemorientierten Basierung von Wissen weichen. Der Bereich der beruflichen Fort- und Weiterbildung ist in den letzten Jahren deutlich expandiert und hat gegenüber den klassischen beruflichen Ausbildungen einen hohen Stellenwert bekommen. Dieser Trend wird durch den Einsatz neuer Informationstechnologien beschleunigt, wie die Stichworte der Virtuellen Schule, der Virtuellen Universität oder auch des → E-Learnings signalisieren. In Bezug auf die neuen Medien (Computer, Internet) werden die Fragen im Mittelpunkt stehen, ob mittels dieser Medien selbstorganisiertes Lernen gefördert werden kann, ob sie die klassische Rolle des Lehrers durch den des Moderators ersetzen werden oder inwieweit durch ihre Nutzung → soziale Kompetenzen entwickelt oder gestärkt werden u.a. (→ Medienbildung). In diesem Zusammenhang ist auch die Differenzierung zwischen formaler, nicht formaler und informeller B. zunehmend in die B.debatte eingeflossen, und damit B.orte neben Schule und Ausbildung wie familiale Lebensformen, soziale Arrangements oder die → Kinder- und Jugendhilfe in den Blickpunkt des Interesses gerückt.

Zudem steht das deutsche B.system immer stärker in Beziehung und zugleich in Konkurrenz zu ausländischen B.institutionen. Dies zeigen → internationale Vergleichsstudien über die → Effektivität und Erträge schulischer Angebote; zudem befindet sich gegenwärtig insbesondere die europäische Hochschullandschaft in einem grundlegenden Umbau. 1999 vereinbarten ursprünglich 29 und mittlerweile an die 40 Staaten Europas mit der sog. Bologna-Deklaration die Entwicklung eines »gemeinsamen europäischen Hochschulraums« mit dem Ziel, bis 2010 Kompatibilität und Vergleichbarkeit von B.angeboten und -abschlüssen herzustellen. Die flächendeckende Einführung eines gestuften Bachelor-Master-Systems in Deutschland ist der erste Schritt dieser Europäisierung des B.wesens und soll es Studierenden sowie Hochschulabsolvent/innen ermöglichen, grenzüberschreitend zu studieren, zu forschen und zu arbeiten (→ Studium der Sozialen Arbeit).

Im Kontext dieser Internationalisierung von B.gängen und -abschlüssen werden auch die Diskussionen um die weiteren Institutionen des B.wesens zunehmen und die deutschen Konzeptionen und Strukturen von Schularten, Pflichtschulzeiten, Rahmenlehrplänen, Lehrer/innenbildung usw. infrage stellen. Absehbar werden unabhängig von föderalistischen Zuständigkeiten vergleichbar dem Bolognaprozess im Hochschulwesen in ganz Deutschland länderübergreifende Regelungen eingeleitet werden, sodass der Bau an einem einheitlichen europäischen B.system in den nächsten Jahren weitergeführt wird. Dabei scheint es aktiver Anstrengung der Bildungswissenschaft und -politik zu bedürfen, Kritik- und Konfliktfähigkeit fördernde B.institutionen zu erhalten, damit B. jenseits neoliberaler Subjektivierungstendenzen einhergehend mit messbarer Effektivität und Ökonomisierung v.a. ihr kritisches Potenzial weiter entfalten und als zentrale Grundlage emanzipatorischer, integrierender und demokratischer Prozesse fungieren kann.

*Lit.* Benner, D. (Hrsg.): Bildung zwischen Staat und Markt, Weinheim 1996; Cortina, K./Baumert, J./Leschinsky, A./Mayer, K. U./Trommer, L. (Hrsg.): Das Bildungswesen in der Bundesrepublik Deutschland: Strukturen und Entwicklungen im Überblick. Ein Bericht des Max-Planck-Instituts für Bildungsforschung, Reinbek

2008; Giddens, A.: Konsequenzen der Moderne, Frankfurt a.M. 2008; Klein, R./Dungs, S. (Hrsg.): Standardisierung der Bildung: Zwischen Subjekt und Kultur, Wiesbaden 2010; Gross, F./Marotzki, W./Sander, U.: Internet – Bildung – Gemeinschaft, Wiesbaden 2008.

*Sandra Tiefel*

**Bildungsgutschein** → Leistungen für Bildung und Teilhabe (BuT)

**Bildungslandschaften** bezeichnen die Vernetzung aller Bildungsangebote und Bildungsakteure auf örtlicher Ebene in Federführung eines kommunalen Verantwortungsträgers). Dabei sollen Bildungsangebote zielführend und/oder zielgruppenbezogen aufeinander abgestimmt und auf der Grundlage fachlicher/bildungspolitischer Zielstrategien auf regionaler Ebene umgesetzt werden. → Bildung wird dabei verstanden als die Aneignung sozialer, emotionaler und kognitiver Schlüsselkompetenzen. Die Erkenntnis, dass eine erfolgreiche und dauerhafte soziale → Integration der Gesellschaftsmitglieder in die Wissensgesellschaft nur über »lebenslanges Lernen« möglich ist, hat die Bedeutung einer differenzierten Bildungsinfrastruktur in den Mittelpunkt des Interesses von Politik und Öffentlichkeit gerückt. B. verstehen sich als Plattformen von Lerngelegenheiten für alle Bürgerinnen und Bürger; gleichwohl können sie je nach regionalen Bedingungen Schwerpunkte in den Zielgruppen setzen: Vor dem Hintergrund der Ergebnisse der → Internationalen Vergleichs- und PISA-Studien, die für Deutschland nach wie vor einen besonders straffen Zusammenhang von sozialer Herkunft, Bildungsbeteiligung und Bildungserfolg konstatieren, rückt gerade die Verbesserung der Bildungsbedingungen für junge Menschen ins Zentrum der fachpolitischen Diskussion. Auf der Grundlage eines ganzheitlichen Bildungsverständnisses werden B. gerade mit Blick auf ein kommunales Gesamtkonzept von Bildung, Erziehung und Betreuung ausgestaltet. Durch eine gezielt gesteuerte Bildungsinfrastruktur, die nicht nur die formalen Orte der Bildung (→ Kindertageseinrichtungen, Schulen usw.), sondern auch die non-formalen und informellen Bildungsorte (→ Familie, Angebote der → Kinder- und Jugendhilfe, Cliquen usw.) in die Planung mit einbezieht, wird Bildung und Förderung aller jungen Menschen unabhängig von ihrer sozialen Herkunft und damit ihre gesellschaftliche → Teilhabe gewährleistet. B. bieten damit für jede Kommune erhebliche Entwicklungschancen und langfristig Standortvorteile. Wenngleich ein zentraler Ansatzpunkt von B. in der optimalen Förderung junger Menschen liegt, sollen sich ihre Angebote auf Lebens- und Lernwelten aller Bürgerinnen und Bürger des kommunalen Raums beziehen. Das Ziel von B. ist es, die auf örtlicher Ebene vorhandenen Bildungsressourcen systematisch zusammenzuführen, neue Bildungsressourcen gemeinsam zu erschließen und größtmöglich und effektiv nutzbar zu machen. Dies setzt eine Verständigung der kommunalen Akteure über bildungspolitische Zielsetzungen und über konzeptionelle Schwerpunkte voraus. In jüngster Zeit sind im kommunalen Raum zahlreiche B. entstanden. Zentrale Fragen im Prozess der Umsetzung sind insbesondere: Umfang der kommunalen Steuerung, kommunales Bildungsmanagement, bereichsübergreifende Planung und Vernetzung sowie die Finanzierung und Personalausstattung.

*Josef Faltermeier/Petra Mund*

**Bildungsökonomie** hat seit der Mitte des 20. Jh. zunehmendes Gewicht in der Bildungspolitik gewonnen. Zwei Diskussionsstränge dominieren: Der eine betont den steigenden Stellenwert von → Bildung für die wissensbasierte Ökonomie. Das theoretische Fundament dieser Denkrichtung ist die Humankapitaltheorie (1), die andere bezieht sich auf die Kosten der Ausbildung (2):

(1) Die Humankapitaltheorie deutet Aufwendungen für Bildung als Investition, die wirtschaftliche und soziale Vorteile bringt. Das unterscheidet sie von der traditionellen Bildungstheorie, die den Eigenwert der Bildung betont und sich gegen deren »Ökonomisierung« wendet. Investitionen in Bildung bringen private und soziale Erträge sowohl monetärer wie nicht monetärer Art. Dem/der Einzelnen bringt sie neben höherem Einkommen und geringerer Arbeitslosigkeit auch den Vorteil höherer Arbeits- und Lebensqualität. Die sozialen Erträge bestehen u.a. in höheren Steuerleistungen und in gesellschaftlich wertvollen Einstellungen (z.B. Umweltbewusstsein). Ein erweitertes Verständnis von Humankapital umfasst neben leicht messbaren Fähigkeiten auch »soft skills« wie die Fähigkeit zur Steuerung des eigenen → Lernens.

(2) Wissensbasierte Ökonomien erfordern hohe Investitionen in Bildung. Dennoch gibt es vielfach Engpässe bei der Bildungsfinanzierung. Die Politik reagiert darauf mit (a) organisatorischen Reformen, die auf einen effektiveren und effizienteren Einsatz öffentlicher Mittel abzielen und (b) einer Ausweitung privater Beiträge zur Bildung: (a) Bildungsangebote werden in Europa weitgehend vom Staat bereitgestellt. Staatliche Bildungsanstalten

werden traditionell nach kameralistischen Grundsätzen finanziert und unterliegen einer strikten politischen Regulierung. Diese »Überregulierung« öffentlicher Bildungseinrichtungen verhindert, dass auf jenen Entscheidungsebenen, auf denen die Zweckmäßigkeit von Ausgaben am besten beurteilt werden kann, ein Interesse an einem rationalen Mitteleinsatz entsteht. Um den Einsatz knapper Mittel zu optimieren, wurde die Autonomie von Bildungseinrichtungen in finanzieller wie in pädagogischer Hinsicht in vielen Ländern erhöht. Dies ging mit erhöhter Rechenschaftspflicht und Ergebniskontrolle einher. (b) Die Diskussion über private Beiträge beschränkt sich auf den Hochschulbereich. Aus Sicht der B. verschiebt sich mit zunehmender Bildungsstufe – von der Vor- über die Pflicht- bis zur Hochschule und Weiterbildung – das Gewicht von den sozialen Erträgen auf die privaten. Das rechtfertigt im tertiären Bereich eine Beteiligung der Studierenden an den Bildungskosten. Auch die Verteilungseffekte der staatlichen Bildungsausgaben sprechen für Studiengebühren. Während die Ausgaben für Schulen allen sozialen Schichten annähernd gleichmäßig zugute kommen, profitieren von den Hochschulausgaben – aufgrund sozial selektiver Zugangsmuster – überproportional die gehobenen Einkommensschichten. Dreh- und Angelpunkt jedes Gebührenmodells ist seine Sozialverträglichkeit, die finanzielle Barrieren für einkommensschwache Studierende verhindert.

*Hans Pechar*

**Bildungspaket** → Leistungen für Bildung und Teilhabe (BuT)

**Bildungsurlaub** Das Recht auf B. wurzelt im Übereinkommen 140 der → Internationalen Arbeitsorganisation (ILO) vom 24.6.1974. Danach sind die ratifizierenden Mitgliedstaaten verpflichtet, eine Politik festzulegen und durchzuführen, die mit geeigneten Methoden und nötigenfalls schrittweise den bezahlten B. fördert. Das Recht auf B. ist in den meisten Bundesländern durch Landesgesetze normiert (Weiterbildungsgesetz, Bildungsurlaubsgesetz, Bildungsfreistellungsgesetz). Berechtigt zur Inanspruchnahme von B. sind regelmäßig Arbeiter/innen und Angestellte, Anspruchsgegner ist der Arbeitgeber. Der B. umfasst eine bestimmte Anzahl von Tagen im Jahr. Bei rechtmäßiger Inanspruchnahme von B. bestehen Freistellungs- und Entgeltfortzahlungsansprüche. Die Voraussetzungen für den Anspruch auf B. variieren. Erforderlich ist regelmäßig, dass die Veranstaltung, die besucht werden soll, dem Zweck der beruflichen oder politischen Weiterbildung dient (→ Fort- und Weiterbildung). Die Veranstaltung muss Wissen vermitteln, das im Beruf verwendet werden und damit für den Arbeitgeber von Vorteil sein kann. Die Veranstaltung dient der politischen Weiterbildung, wenn sie das Verständnis der Arbeitnehmer/innen für gesellschaftliche, soziale und politische Zusammenhänge verbessert. Erforderlich ist, dass die Veranstaltung frei zugänglich ist, wobei das Erfordernis der Entrichtung von Gebühren dem nicht entgegensteht. Erforderlich ist regelmäßig die Mitteilung der Teilnahmeabsicht in gewissen, vor dem B. liegenden Fristen.

*Katja Fahlbusch*

**Bindung/Beziehung in der Sozialen Arbeit:** Die Qualität der professionellen B.-/Beziehungsgestaltung wird zunehmend als wesentliche Grundlage von Veränderungsprozessen in der Sozialen Arbeit mit Einzelnen, Paaren, Familien und Gruppen angesehen. Darunter versteht man die zwischen Klient/in und Sozialarbeiter/in bzw. Sozialpädagog/in in einem Hilfeprozess ablaufenden Beziehungsinteraktionen – jedoch unter Berücksichtigung des → sozialen Umfeldes. Historisch betrachtet erkannte erstmals J. Bowlby (1907–1990) die Bedeutung von Beziehungsentbehrungen für die Persönlichkeitsentwicklung und entwickelte daraus die B.theorie, die ethologisches, entwicklungspsychologisches und psychoanalytisches Denken verknüpft. Demnach konstituiert B. als Gesamtheit emotional und kognitiv verankerter Verbindungen eines Menschen zu Personen, zu denen er kontinuierlich über Raum und Zeit hinweg in Beziehung steht, ein »Gefüge psychischer Sicherheit« (Grossmann u.a.) und erweist sich damit als ein zentrales Konstrukt zum Verständnis der lebensnotwendigen soziokulturellen Erfahrungen.

In Situationen von Verunsicherung wird – evolutiv bedingt – B.verhalten aktiviert. Ist das B.bedürfnis befriedigt, ist Raum für → Exploration. Die Abwesenheit stabiler B.personen hingegen behindert die Exploration und damit eine gesunde Entwicklung emotionaler, kognitiver und sozialer Fähigkeiten. Damit wird B. zu einem lebenslangen Schutzfaktor (→ Resilienz). Über die → Interaktion mit B.personen entwickelt der Säugling Erwartungen, die sich zunächst in sog. B.typen niederschlagen, mit der Zeit jedoch zu »internalen Arbeitsmodellen« (Stern) bzw. »B.repräsentationen« verfestigen. Werden die Signale des Kindes richtig wahrgenommen und interpretiert sowie prompt und angemessen beantwortet, entwickelt sich eine sichere B., die von Vertrauen, Gegenseitigkeit und Kontinuität geprägt ist (»Konzept der Feinfühligkeit« nach

Ainsworth). Reagiert die B.person mit Distanz auf B.bedürfnisse, kann eine unsicher-vermeidende B., bei wechselnder Beantwortung der B.bedürfnisse eine unsicher-ambivalente B. entstehen. Die B.typen sind jedoch nicht als absolute, sondern als relative Größen, also als »B. anteile« oder auch »konstruktive Bewältigungsformen« der bestehenden B.verhältnisse zu verstehen (Ainsworth). Im Gegensatz dazu erleben Kinder ohne einen »sicheren Hafen« das existenzielle Bedürfnis, sich der Bezugsperson zu nähern, jedoch dort nicht sicher oder gar bedroht zu sein. Dies hinterlässt beim Kind einen unlösbaren B.konflikt und kann im Extremfall zur Ausbildung eines »desorganisierten B.musters« führen, das zusätzlich zu den drei B.typen klassifiziert wird. Eine globale, schwerwiegende Fragmentierung bis Zerstörung der B.organisation wird klassifiziert als »B.störung« (Brisch) mit einem hohen Risiko, im späteren Leben psychische Störungen zu entwickeln.

Angelehnt an die drei B.qualitäten der Kinder unterscheidet man im Erwachsenenalter eine autonom sichere, eine unsicher-distanzierte, eine präokkupierte B.repräsentation und einen zusätzlich zu klassifizierenden unverarbeiteten B.anteil. Die B.repräsentationen finden eine Entsprechung auf neurophysiologischer Ebene. Zuwendung, Nähe und Körperkontakt festigen B.prozesse neurophysiologisch. Gelungene Interaktionen werden auf diese Weise zu einem grundlegenden Organisationsprinzip der emotionalen, sozialen und kognitiven Entwicklung. B.theorie gibt daher nicht nur Antworten auf Fragen zur frühen Kindheit. In jedem Alter sind B.gefühle und B.verhalten eng mit der gesamten Entwicklung verbunden, mit dem Denken, Planen, Wollen, der Entwicklung der Selbstständigkeit, der Selbstkontrolle und der sozialen Fähigkeiten. B.theorie und -forschung, der lange berechtigterweise vorgeworfen wurde, sich zu sehr auf die Kindheit und die klassische Kleinfamilie zu beschränken, ist heute – nach dieser »Post-Bowlbyschen-Denkweise« (Drieschner) – weltweit mit dem sozial-emotivem → Verhalten zwischen Menschen über alle Altersstufen hinweg befasst und weist eine hohe Korrespondenz mit Theorien sozialer Unterstützung und Bildungstheorien auf.

Die Qualität des Gefüges zwischenmenschlicher Interaktion stellt daher auch einen der wichtigsten Prognose- und Gestaltungsfaktoren für Hilfeprozesse dar. Auf der Suche nach Hilfe (→ Hilfe/Helfen) wird das B.system aktiviert. Helfende Beziehungen der Sozialen Arbeit sind daher grundsätzlich B.beziehungen (Pauls). Aus der Psychotherapie- und Beratungsforschung sowie aus der Forschung zu sozialer Unterstützung ist bekannt, dass »emotionale korrektive Erfahrungen« sowie eine gute Einbettung in soziale Netzwerke den Erfolg professioneller Begleitung maßgeblich beeinflussen. Werden emotional wichtige Erlebnissequenzen von bedeutsamen Bezugspersonen empathisch unterstützt, so werden innere – häufig noch vage – Gefühlszustände auf der Ebene bewusster Diskurse »verfügbar«. Alternativerfahrungen zu ehemals negativen Beziehungserfahrungen ermöglichen daher Persönlichkeitsentwicklung (Mentalisierungsprozesse nach Fonagy). Als erster Vertreter aus dem helfenden Spektrum formulierte C. R. Rogers die wachstumsfördernde Beziehung als notwendige und hinreichende Grundbedingung beraterischen und therapeutischen Handelns. Viele Menschen, die auf der Suche nach Hilfe sind, müssen häufig zunächst einmal erreicht werden, an die ehemals unterbrochene Kommunikation muss angeknüpft, zerstörtes Vertrauen in vorsichtigen »schützenden Inselerfahrungen« (Gahleitner) neu ermöglicht werden. Eine Änderung der inneren B.schemata bzw. -repräsentationen benötigt daher viel Raum und Zeit.

Sind Professionelle mit B.phänomenen, Phänomenen sozialer Unterstützung, evtl. Störungen sowie deren Ursachen vertraut, können sie beziehungs- und umfeldorientiert darauf eingehen. Dazu gehört als Voraussetzung eine mehrdimensionale, b.sensible diagnostische Abklärung (→ psychosoziale Diagnostik), die der Biografie, der → Lebenswelt und dem sozialen Umfeld angemessenen Stellenwert einräumt und von Beginn an ein möglichst nahtloses Anknüpfen an den »jeweiligen Beziehungsstatus« gestattet. Darauf sollte eine indikationsspezifische und situationsadäquate → Intervention aufbauen, in der der Beziehungsgestaltung ein Primat vor methodischen Aspekten eingeräumt wird. Gelungene Interaktionen stellen einen Mikrokosmos von Feinabstimmungen zur Verfügung, der Schutz, Stabilität und Kontinuität sowie eine Ausgangsbasis für Neuerschließungen und (Neu-)Strukturierungen bietet.

*Lit.* Bowlby, J.: Bindung und Verlust, München 2006; Brisch, K. H.: Bindungsstörungen. Von der Bindungstheorie zur Therapie, Stuttgart 1999; Drieschner, E.: Bindung in familialer und öffentlicher Erziehung. Zum Zusammenhang von psychischer Sicherheit, Explorationssicherheit und früher Bildung im geteilten Betreuungsfeld, in: Drieschner, E./Gaus, D. (Hrsg.): Liebe in Zeiten pädagogischer Professionalisierung, Wiesbaden 2011, S. 105–156; Fonagy, P./Gergely, G./Jurist, E. L./Target, M.: Affektregulierung, Mentalisierung und die Entwicklung des

Selbst, Stuttgart 2004; Gahleitner, S. B.: Neue Bindungen wagen. Beziehungsorientierte Therapie bei sexueller Traumatisierung, München 2005; Grossmann, K./ Grossmann, K. E.: Bindungen. Das Gefüge psychischer Sicherheit, Stuttgart 2004; Stern, D. N.: Die Lebenserfahrung des Säuglings, Stuttgart 1992.

*Silke Birgitta Gahleitner*

**Bindungstheorie** → Bindung/Beziehung in der Sozialen Arbeit

**Bindungswirkung** kommt rechtlich relevantem Handeln unabhängig von seiner Rechtmäßigkeit zu: Was in → Rechtsnormen (Gesetzeskraft), → Verwaltungsakten (Bestandskraft), Urteilen (→ Rechtskraft), privat- oder öffentlich-rechtlichen → Verträgen oder anderweitig z.B. in Beschlüssen, Plänen oder in einer ständigen Verwaltungspraxis festgelegt ist, muss bis zu seiner etwaigen Aufhebung eingehalten werden. Unmittelbare B., ohne weitere staatliche Maßnahmen, haben die Grundrechte (Art. 1 Abs. 3 → Grundgesetz [GG]), aber auch viele Rechtsnormen, Verwaltungsakte und Verträge: Garantierte Rechte stehen jedem Einzelnen bei Tatbestandserfüllung zu; Pflichten bestehen kraft Gesetzes. Mittelbare B. besteht, wenn die unmittelbare Wirkung davon abhängt, dass Rechte und Pflichten noch konkretisiert werden. So hat das → Sozialstaatsprinzip nur mittelbare B., weil es mit Ausnahme eines Anspruchs auf ein menschenwürdiges → Existenzminimum davon abhängig ist, dass der Gesetzgeber es konkretisiert (v.a. im → Sozialgesetzbuch). Verwaltungsakte schließen Verwaltungsverfahren mit einem für Verwaltung und Adressat/innen von ihrer Bekanntgabe an unmittelbar bindenden Ergebnis ab. Für Adressat/innen wird die B. im Falle der Anfechtung des Verwaltungsakts (außer im Falle des Sofortvollzugs) suspendiert, bis er Bestandskraft erlangt. Ständige Verwaltungspraxis bewirkt eine unmittelbare Selbstbindung, von der die Verwaltung nur in besonders gelagerten Fällen abweichen darf.

*Christiane Trüe*

**Bioenergetik** stellt eine Fortführung und Erweiterung der Vegeto- bzw. Orgontherapie von W. Reich dar. Ausgehend von der These der funktionellen Identität von Charakterpanzer und Muskelpanzer, diagnostiziert die B. Störungen vom Ausdruck und der Bewegung des Körpers her. So ist z.B. die emotionale Erregbarkeit in erster Linie abhängig von der Atemfunktion. Eine besonders wichtige Rolle spielt die sexuelle Erfüllung bei der Steuerung des Energiehaushalts im Körper. Reich nahm an, dass volle Befriedigung überschüssige Energien abbaut, sodass keine Energie für die Entwicklung von Störungen zur Verfügung steht. Dieser Abbau tritt jedoch nicht ein, wenn die Energie durch Blockierungen i.S. von Muskelverspannungen festgehalten wird. Therapeutisches Ziel ist daher, diese Blockierungen im Muskelapparat aufzulösen. Die B. wird als Einzel- und → Gruppentherapie durchgeführt und setzt als vorwiegend körperorientierte → Therapie bei der Durchführung in jedem Fall fachkundige und genaue anatomische und physiologische Kenntnisse voraus, um nicht evtl. Schaden anzurichten.

*Silke Birgitta Gahleitner*

**Bioethik** ist ein Teilgebiet der angewandten Ethik, das sich mit den Reflexionen der Prinzipien und Ziele moralischen Handelns in Zusammenhang mit bioetechnischen und biomedizinischen Entwicklungen befasst. B. sieht ihre Aufgabe darin, konkrete individuelle und gesellschaftliche Entscheidungen zu beeinflussen. Bioethisches Denken ist damit oftmals schwer von biopolitischen und biorechtlichen Überlegungen zu unterscheiden. Der Begriff der B. wurde in den 1970er-Jahren in der angloamerikanischen Ethikdiskussion geprägt. Seit Mitte der 1980er-Jahre spielt B. auch in der kontinentaleuropäischen und v.a. deutschen Debatte eine wichtige Rolle. Dabei wurden im Lauf der Zeit neben den medizinethischen Fragestellungen auch die Tier- und Umweltethik einbezogen, sodass B. sich heute an der individuellen, an der sozialen und an der natürlichen → Lebenswelt des Menschen orientiert und versucht, die unterschiedlichen Sachverhalte in diesen Bereichen, die den verantwortlichen Umgang des Menschen mit Leben betreffen, zu reflektieren.

B. bezeichnet in der Diskussion nicht nur einen Gegenstand ethischer Reflexionen, sondern steht auch für eine inhaltliche Ausrichtung. B. versteht sich als konsensorientierte Verantwortungsethik, die Meinungsbildung, Güterabwägung und Entscheidungsfindung bei grundlegenden medizinischen und gesundheitspolitischen Fragen sowie in konkreten Konfliktsituationen prägen will. B. verzichtet auf metaphysische Begründungen und gründet auf einer pragmatischen Akzeptanz neuer Technologien in Biologie und Medizin. Menschliches Leben wird in bioethisch geprägten Entscheidungsprozessen einer differenzierten Abwägung unterzogen, da es seinen Wert nicht absolut haben soll, sondern nur entsprechend einer festzustellenden Lebensqualität, für deren Ermittlung es allerdings auch in der B. keinen einheitlichen Maßstab gibt.

Aktuelle Fragestellungen der B., für die konsensfähige Antworten gesucht werden, sind die Forschung mit humanen embryonalen Stammzellen, die Einbindung von nichteinwilligungsfähigen Menschen in gruppennützige und fremdnützige Forschungsvorhaben, → Sterbehilfe, gerechte Strategien für die Verteilung knapper Organe, die Möglichkeit zur Übertragung tierischen Gewebes oder tierischer Organe auf den Menschen oder die Allokation begrenzter Ressourcen im → Gesundheitswesen. In vielen westlichen Ländern, auch in der Bundesrepublik Deutschland, sind mittlerweile auf unterschiedlichen Ebenen ethische Beratungsgremien gebildet worden, z.B. Ethikkommissionen bei den Landesärztekammern, Klinische Ethikkomitees, aber auch Ethikräte auf nationaler Ebene, die die jeweiligen Akteurinnen und Akteure beraten und ihnen konkrete Entscheidungshilfen geben sollen.

*Oliver Tolmein*

**Biografischer Ansatz** Individuelle und kollektive → Identitäten formen sich unter den jeweiligen historisch-soziokulturellen Verhältnissen und Veränderungen: Menschen sind, was sie lebensgeschichtlich geworden sind (Individuation [→ Selbst-Entwicklung], → Sozialisation, → Lebenslaufforschung).

In der → empirischen Sozialforschung verfolgt der b. A. die erfahrungsnahe Rekonstruktion allgemeiner Strukturen und Prozesse aus persönlichen Erinnerungen, vornehmlich durch qualitative Methoden. In der Bildungs-, Kultur- und Sozialarbeit will der b. A. Handlungs- und Denkweisen von Menschen aus ihren früheren → Lebenswelten heraus verstehen und daraus individuell angepasste Angebote und Problemlösungen entwickeln (→ Sozialökologie).

Zentrale Methode des b. A. (in Einzel- oder auch Gruppenarbeit) ist die lebensgeschichtliche Gesprächsführung: Vorstrukturiert nach Lebensphasen (→ Kindheit, → Jugend, → Alter usw.) und Sozialräumen (→ Sozialraumorientierung), ansonsten aber offen für die erzählerischen Schwerpunktsetzungen der Gesprächspartner, wird die Biografie erfragt. Wertende Meinungen werden zurückgestellt zugunsten detailgenauer Beschreibungen und lebendiger Geschichten aus eigenem Erleben. Anstöße zum Erinnern geben dabei Hinweise auf historische Ereignisse, Vergleiche mit Erfahrungen anderer (je nach Milieu, Generation, Geschlecht), persönliche Dokumente und Erinnerungsstücke, Lieder usw. Der b. A. nutzt die Kompetenzen autobiografischen Erzählens in jedem Alter und Kontext zur Stärkung des Selbstwertgefühls und der sozialen Einbindung. Beim Übergang in neue Lebensabschnitte und in Lebenskrisen öffnet er Wege der Selbstthematisierung und Reflexion. In helfenden Beziehungen (→ Bindung/Beziehung in der Sozialen Arbeit) erleichtert er allen Beteiligten die Steuerung von Nähe oder Distanz durch Wechsel zwischen persönlicher Betroffenheit und themenzentriertem Interesse an früheren Verhältnissen und Ereignissen.

Die → Sozialplanung folgt dem b. A. bei der Förderung von Verständnis und → Kooperation im Netzwerk von Betroffenen, Angehörigen, Diensten, Ämtern etc. (→ Partizipation, → Gemeinwesenarbeit, → Stadtteilarbeit). Auch die → Fort- und Weiterbildung (z.B. Vorbereitung auf Alter und Pension) greift mit dem b. A. lebensgeschichtlich erworbene Kompetenzen der Teilnehmer/innen auf.

*Heinz Blaumeiser*

**Bipolare Störungen** → Depression, → Manie

**Bisexualiät** → Gleichgeschlechtliche Lebensweisen

**Blinde Menschen** Gemäß der Definition in Teil A Nr. 6 der Anlage zu § 2 Versorgungsmedizin-Verordnung (VersmedV) gilt in Deutschland ein Mensch als blind, dem das Augenlicht vollständig fehlt, dessen Sehschärfe auf keinem Auge und auch nicht beidäugig mehr als 0,02 (1/50) beträgt oder wenn andere Störungen des Sehvermögens von einem solchen Schweregrad vorliegen, dass sie dieser Beeinträchtigung der Sehschärfe gleichzuachten sind. Diese anderen Störungen – z.B. erhebliche Gesichtsfeldeinschränkungen – werden im Anschluss an die Definition beschrieben. B. M. in Deutschland erhalten einen Grad der Behinderung (GdB) von 100 und die Merkzeichen Bl, H, B, G und RF zuerkannt. Das ausschließlich b. M. vorbehaltene Merkzeichen Bl ist Voraussetzung für die Gewährung von → Blindengeld, Parkerleichterungen und besonderer Steuerfreibeträge im Einkommenssteuerrecht. Den B. M. in vielen Fällen gleichgestellt sind hochgradig → sehbehinderte Menschen (Sehschärfe 1/20 und weniger). So besteht z.B. gegenüber den gesetzlichen → Krankenkassen Anspruch auf Blindenhilfsmittel (Produktgruppe 07 des Hilfsmittelverzeichnisses) sowie den Blindenführhund (Produktgruppe 99) auch schon für hochgradig sehbehinderte Versicherte. Für die Anerkennung als blind ist es ohne Belang, auf welcher Ursache die Sehstörung beruht (Defekt des Auges, des Sehnervs, der Sehrinde im Gehirn oder sonstiger cerebraler Schädigungen). Mit seinem Urteil vom 11.8.2015 – B 9 BL 1/14 R – hat das

Bundessozialgericht (BSG) im Rahmen einer Entscheidung über Blindengeld seine bisherige Rechtsprechung aufgegeben, wonach zur Abgrenzung von Blindheit und geistigen (→ geistig behinderte Menschen) und seelischen Behinderungen (→ Seelisch behinderte Menschen) ausschlaggebend sein soll, ob das trotz eines zumindest teilweise intakten Sehapparates Wahrgenommene erkannt werden kann (Erkennungsstörung) oder ob etwas zwar wahrgenommen, aber nur nicht richtig identifiziert, also benannt werden kann (Benennungsstörung) und ob bei → Mehrfachbehinderten Menschen die Störung des Sehens sich von den anderen Hirnleistungsstörungen als spezifische Behinderung abhebt. Entscheidend ist nun allein, ob es insgesamt an der Möglichkeit zur Sinneswahrnehmung »Sehen« (optische Reizaufnahme und deren weitere Verarbeitung im Bewusstsein des Menschen) fehlt.

Eine gesicherte Datenlage über die Zahl der b. M. in Deutschland gibt es nicht. In jedem Fall dürfte sie höher als diejenige der Empfänger/innen von Blindengeld sein. Es gibt Hinweise darauf, dass die Anzahl b. M. sinkt. Statistisch belegt ist ein hoher Anteil der Altersblinden (zwei Drittel der b. M. sind älter als 65 Jahre).

Blindheit, egal in welchen Alter sie eintritt, muss nicht zu Passivität führen. Für b. M. jeden Alters stehen zahlreiche Möglichkeiten für → Rehabilitation und Aktivitäten zur Verfügung. Für weitere Informationen s. → Deutscher Blinden- und Sehbehindertenverband (DBSV).

*Christiane Möller*

**Blindengeld** ist eine monatlich gezahlte → Geldleistung für → blinde Menschen zum Ausgleich blindheitsbedingter Mehraufwendungen, z.B. für die Inanspruchnahme von → Persönlicher Assistenz, → sozialen Dienstleistungen, → Hilfsmitteln und es gleicht die Mehrkosten für eine blindheitsbedingt aufwendigere Lebensführung aus. Es dient hingegen nicht zur Deckung des Lebensunterhalts oder zur Befriedigung von Unterhaltsansprüchen Dritter und wird auch nicht zu den steuerpflichtigen Einkünften gezählt. Werden bei einkommensabhängigen → Sozialleistungen die Anspruchsvoraussetzungen geprüft, so darf B. nicht als → Einkommen bzw. im Falle der Ansparung auch nicht als → Vermögen angerechnet werden (§ 11 a Abs. 3 S. 1 SGB II (→ Grundsicherung für Arbeitsuchende), § 83 Abs. 1 SGB XII (→ Sozialhilfe), § 21 Abs. 4 Nr. 4 BAföG – vgl. auch BSG vom 11.12.2007 – B 8/9 b SO 20/06 R). Kriegsblinde und Berufsunfallblinde erhalten anstelle des B. Pflegegeldleistungen: Pflegezulage nach § 35 → Bundesversorgungsgesetz für Kriegsblinde; Pflegegeld nach § 44 SGB VII für Berufsunfallblinde.

Die Sonderstellung des B. geht darauf zurück, dass die Blindheit sich überall und ständig und immer wieder auf neue Weise auf die Lebensführung der Betroffenen einschränkend auswirkt und zwar auch bei Erreichen eines Höchstmaßes an Selbstständigkeit.

In Deutschland hat jedes Bundesland ein Landesblindengeldgesetz erlassen, das eine an die Feststellung der gesetzlichen Blindheit knüpfende einkommens- und vermögensunabhängige pauschale Geldleistung vorsieht, über deren Verwendung kein Nachweis zu führen ist. Das B. verringert sich beim Bezug von Leistungen der gesetzlichen oder einer privaten → Pflegeversicherung oder bei einer Unterbringung in einer Behinderten- oder → Pflegeeinrichtung.

Die Leistungsbeträge (für Minderjährige und Erwachsene, für Heimbewohner/innen und für Pflegegeldempfänger/innen) variieren dabei je nach Bundesland deutlich. Die Beträge für erwachsene Blinde mittleren Alters reichen von 270 Euro in Thüringen bis 681,70 Euro in Nordrhein-Westfalen (jeweils Stand: 1.7.2016). Im Falle sozialhilferechtlicher Bedürftigkeit haben blinde Menschen Anspruch auf Blindenhilfe nach § 72 SGB XII. Auf diese Leistung werden jeweils das Landesblindengeld und verwandte Leistungen angerechnet; die Blindenhilfe dient daher meistens der Aufstockung des Landesblindengeldes auf einen höheren Betrag.

In einigen Bundesländern (Berlin, Hessen, Mecklenburg-Vorpommern, Nordrhein-Westfalen, Sachsen und Sachsen-Anhalt) wird hochgradig → sehbehinderten Menschen ein gemindertes B. gewährt. Zudem sehen Bayern, Schleswig-Holstein, Berlin, Nordrhein-Westfalen und Sachsen-Anhalt spezielle Leistungen für taubblinde bzw. schwer hör- und sehbehinderte Menschen vor. Eine Aufstockung durch die Blindenhilfe ist in diesen Fällen nicht möglich. Eine jährlich aktualisierte Übersicht über B. und verwandte Leistungen ist beim → Deutschen Blinden- und Sehbehindertenverband e.V. (DBSV) erhältlich.

*Christiane Möller*

**Blindenhilfe** → Blinde Menschen, → Blindengeld, → Blindenwerkstätten

**Blindenwerkstätten** Bis zur Aufhebung des Blindenwarenvertriebsgesetzes (BliWaG) aufgrund des Zweiten Mittelstands-Entlastungsgesetzes vom 7.9.2007 (BGBl. I. S. 2484) durften Waren unter Hinweis auf ihre Herstellung durch → blinde Menschen nur von B. vertrieben werden, die als solche staatlich anerkannt waren und sich an die Regeln des BliWaG und der dazu erlassenen Durchführungsverordnung hielten. Diese Regeln (u.a. Beschränkung auf bestimmte Blindenwaren und Zusatzwaren, Verwendung des Blindenwarenzeichens), die ursprünglich dem Schutz der B. vor unseriöser Konkurrenz und dem Schutz der Käufer/innen vor gefühlsbetonter Werbung dienen sollten, erschienen als zu eng und nicht mehr als zeitgemäß; eine Modernisierung wurde jedoch von den zuständigen Ministerien abgelehnt. Stattdessen wurde den bestehenden (bis zum 13.9.2007 anerkannten) B. unter der Bedingung, dass sie sich auch weiterhin an die bisherigen Regeln halten, ein Bestandsschutz gewährt im Hinblick auf die für sie geltenden sozial- und steuerrechtlichen Regelungen (§ 143 i.V.m. § 140 und 141 SGB IX, § 30 Abs. 1 S. 1 Nr. 5 Schwerbehinderten-Ausgleichsabgabeverordnung, § 5 Abs. 1 Nr. 7 SGB V, § 1 Abs. 2 a SGB VI, § 2 Abs. 1 Nr. 4 SGB VII, § 4 Nr. 19 b Umsatzsteuergesetz).

*Anschrift*: Bundesverband staatlich anerkannter Blindenwerkstätten e.V., Memelstr. 6, 23554 Lübeck, bsab-ev.de

*Christiane Möller*

**Blutgruppengutachten** → Vaterschaftsprozess

**Bolognaprozess** → Studium der Sozialen Arbeit

**Borderline-Störung** bezog sich ursprünglich auf das Grenzgebiet zwischen Neurose und → Psychose, das nosologisch nicht genau einzuordnen war. Mittlerweile wird unter dem Begriff »Borderline« (→ Persönlichkeitsstörung) eine eigenständige diagnostische Kategorie verstanden. Menschen, die unter der Auffälligkeit der B. leiden, zeigen dramatische und extreme Schwankungen in Gefühlen, in Selbstbild und in → Einstellungen der Welt gegenüber. Ihr Handeln ist gekennzeichnet durch Impulsivität und starke Stimmungsschwankungen, oftmals sind selbstverletzende Verhaltensweisen – auch in Form exzessiven Alkohol- oder Drogenkonsums – zu beobachten. Besonders häufig zeigen sich die Probleme im interpersonellen Bereich. Die Selbsteinschätzung schwankt oft zwischen Größenfantasien einerseits und massiver Selbstabwertung und Verzweiflung andererseits. Oftmals zeigt sich ein Kreislauf: Emotionale Instabilität, impulsives → Verhalten und Schwierigkeiten in Beziehungen bedingen einander und schaukeln sich hoch. Nach den Kriterien des → Klassifikationssystems → ICD-10 wird die B. wie folgt beschrieben: »Ein tiefgreifendes Muster von Instabilität in zwischenmenschlichen Beziehungen, im Selbstbild und in den Affekten sowie von deutlicher Impulsivität. Der Beginn liegt im frühen Erwachsenenalter und manifestiert sich in den verschiedenen Lebensbereichen.« Die Prävalenz liegt in der Allgemeinbevölkerung bei 1–2% und im klinischen Behandlungskontext bei ca. 15%; zu drei Vierteln sind Frauen von der Erkrankung betroffen. Hohe Komorbidität besteht zu → Depressionen, Angststörungen (→ Angst) und Alkohol- bzw. Drogenmissbrauch (→ Sucht).

Die komplexe und gravierende Problematik weist auf Ursachen in sehr frühen Phasen der → Selbst-Entwicklung – und hier insbes. der Strukturbildung – hin. Mit großer Wahrscheinlichkeit kann ein »schwieriges Temperament« auf der biologischen Ebene eine (mit-)verursachende Rolle spielen – dieses ist jedoch immer im Zusammenhang mit sozialen Faktoren und Interaktionsprozessen zu betrachten. Die Instabilität in der innerseelischen Struktur und dem manifesten Verhalten hängt mit (sehr) frühen Beziehungserfahrungen zusammen, die durch ein hohes Maß an Unregelmäßigkeiten und Diskontinuitäten gekennzeichnet sind. Die Betroffenen haben häufige Wechsel von Nähe und Distanz sowie von Vernachlässigungen erlebt. Eine besondere Bedeutung spielen → Traumata, insbesondere sexuelle Gewalterfahrungen. So berichten etwa 60% der weiblichen Patientinnen mit B. über sexuelle Gewalt in der Kindheit. Die Betroffenen haben besondere Probleme, innere Zustände von sich und anderen aufgrund der erfahrenen eigenen Vernachlässigungen bzw. Inkonsistenzen innerpsychisch abzubilden. Es kommt zu Schwierigkeiten in der Regulation von Affekten und zu einem dauerhaften Gefühl von Unsicherheit in zwischenmenschlichen Beziehungen. Dieses wird über einfache Strukturbildungen auszugleichen versucht, z.B. massive → Aggression/Autoaggression, übermäßige Idealisierung, rigide Schwarz-Weiß-Betrachtungen der Welt.

→ Therapie: Da die Auffälligkeiten der B. aus frühen dysfunktionalen Beziehungserfahrungen resultieren, liegt die zentrale Bedeutung im Umgang mit Betroffenen in der Arbeit in, an und mit der Beziehung (→ Bindung/Beziehung in der Sozialen Arbeit). Es geht zum einen um die Realisierung einer (therapeutischen) Begegnungs-Haltung, die neue, korrigierende Beziehungserfahrungen ermöglicht; zum anderen ist es nötig, Patient/innen bzw. Klient/innen im therapeutischen oder pädagogischen Setting spezifisch im Aufbau der Selbstwahrnehmung und Affektregulation zu unterstützen und ihnen im Umgang mit der oft als unkontrollierbar erlebten Symptomatik zu helfen, sie also auf dem Weg der Entwicklung von Selbstkontrolle konkret zu unterstützen. Ein wirksames Konzept ist die »Dialektisch-behaviorale Therapie« (DBT, ursprünglich von Linehan entwickelt, in Deutschland von Bohus etabliert).

*Klaus Fröhlich-Gildhoff*

**Brainstorming** (amerikan.: glänzende Idee, Geistesblitz) ist ein von A. F. Osborn (1888–1966) entwickeltes Verfahren, das den Einfallsreichtum in einer → Gruppe, z.B. bei der Entwicklung von Lösungsideen, fördern soll. Um kreativitätshemmende Faktoren zu reduzieren, gelten vier Grundregeln: Übe keine Kritik! Je mehr Ideen, desto besser! Ergänze und verbessere bereits vorhandene Ideen! Je ungewöhnlicher die Idee, desto besser!

Das ursprüngliche Verfahren sieht zwei Phasen vor: (1) Ideen finden, (2) Ergebnisse sortieren. In der ersten Phase werden spontane Ideen geäußert. Idealerweise inspirieren sich die Teilnehmer/innen gegenseitig und kombinieren die Ideen miteinander. Je kühner und phantasievoller die Ideen sind, desto besser. Nach einer Pause werden die Ideen thematisch sortiert und problemferne Ideen aussortiert. Anschließend erfolgt eine Auswertung durch die B.-Teilnehmer/innen oder andere Fachleute. Die Qualität der Ergebnisse wird durch die Frage- und Aufgabenstellung beeinflusst. Sie darf weder zu allgemein gehalten sein, noch zu spezifisch, sollte aber sehr präzise formuliert sein.

*Carole Maleh*

**Brüssel II a-Verordnung** (VO) ist die Bezeichnung für die Verordnung (EG) Nr. 2201/2003 des Rates vom 27.11.2003 über die → Zuständigkeit und die Anerkennung und Vollstreckung von Entscheidungen in Ehesachen und in Verfahren betreffend die elterliche Verantwortung und zur Aufhebung der Verordnung (EG) Nr. 1347/2000. Sie vereinheitlicht die internationale Zuständigkeit von Gerichten und Behörden für → Ehescheidungen und -trennungen sowie für den Erlass von Maßnahmen zum → Kinderschutz. Sie sichert zudem die grenzüberschreitende Anerkennung solcher Entscheidungen kraft Gesetzes und ihre Vollstreckung. Erfasst sind z.B. Regelungen des Sorge- und Umgangsrechts (→ Elterliche Sorge), → Inobhutnahme und andere Maßnahmen zum Schutz der Person oder des Vermögens des Kindes und seine grenzüberschreitende Unterbringung in einem Heim oder einer Pflegefamilie (→ Fremdunterbringung). Grundsätzlich ist für solche Maßnahmen nur der Staat des gewöhnlichen → Aufenthalts des Kindes zuständig. Hierdurch werden Zuständigkeitskonflikte zum Nachteil des Kindes vermieden. Von dieser Grundregel kann im Interesse des → Kindeswohls ausnahmsweise durch Zuständigkeitsübertragung zwischen Behörden verschiedener Staaten oder Vereinbarung der Parteien abgewichen werden. In dringenden Fällen kann der Staat, in dem sich das Kind befindet, ohne dort einen gewöhnlichen Aufenthalt zu haben, Schutzmaßnahmen treffen. Die Zuständigkeitsregeln sind weitgehend identisch mit denen des → Haager Kinderschutzübereinkommens (KSÜ).

Die VO schafft ein System der grenzüberschreitenden Zusammenarbeit. Jeder Vertragsstaat bestimmt eine → Zentrale Behörde, die die Gerichte und Jugendhilfebehörden bei der grenzüberschreitenden Fallbearbeitung unterstützt. In Deutschland ist dies das Bundesamt für Justiz (BfJ) in Bonn. Durchführungsbestimmungen sind im Internationalen Familienrechtsverfahrensgesetz (IntFamRVG) enthalten. Die VO gilt seit dem 1.3.2005 mit Ausnahme Dänemarks in allen Staaten der → Europäischen Union (EU). Im Anwendungsbereich verdrängt sie das Haager Minderjährigenschutzabkommen (MSA) und das – für Deutschland am 1.1.2011 in Kraft getretene – Haager Kinderschutzübereinkommen (KSÜ). Das → Haager Kindesentführungsübereinkommen (HKÜ) bleibt in Entführungsfällen anwendbar. Wird jedoch die Kindesrückführung nach HKÜ abgelehnt, ermöglicht die VO ein anschließendes Sorgerechtsverfahren im Staat des bisherigen gewöhnlichen Aufenthalts des Kindes, das zu einer erleichtert durchsetzbaren Sorgerechts- und Herausgabeentscheidung führen kann. Auch Umgangsentscheidungen sind nach der VO in anderen EU-Mitgliedstaaten unmittelbar durchsetzbar. Bei grenzüberschreitender Unterbringung eines Kindes in einem anderen EU-Staat ist vorher i.d.R. die Zustimmung der Behörden desjenigen Staates einzuholen, in dem das Kind untergebracht werden soll. Derzeit ist eine Revision der Brüssel II a-Verordnung geplant.

*Frauke Bachler*

**Budget** → Haushaltsplan, → Persönliches Budget (PB)

**Budgetierung** ist ein Planungs- und Kontrollprozess. Die Anwendung einer B. erlaubt die Gestaltung künftiger Politik ebenso wie sie eine rückblickende Erfolgskontrolle (durch die Bewertung der Umsetzung bisheriger Budgetansätze) zulässt. Das Budgetierungssystem ist ein zentrales Controllinginstrument (→ Controlling).

Zur Anwendung einer B. ist dem Leitgedanken der → Dezentralen Fach- und Ressourcenverantwortung Rechnung zu tragen. Abweichungen in den Leistungseinheiten können (in bestimmtem Umfang) erwünscht und als Ausgangspunkte zur Initialisierung von Lernprozessen verstanden werden: Werden die Budgetmittel einer Kostenstelle in einem Wirtschaftsjahr nicht aufgebraucht, sind sie in der folgenden Wirtschaftsperiode für Investitionen gemäß einer Prioritätenliste zu verwenden. Diese »Deckungsfähigkeit« ist im Haushaltsrecht öffentlicher Haushalte ein Instrument, mit dessen Hilfe die sachliche Bindung einzelner Ausgaben an den vorgegebenen Ausgabentitel durchbrochen werden kann, um bei einem Haushaltstitel mehr Ausgaben zu leisten, als im Haushaltsplan vorgesehen wurden. Jedoch sind damit auch Einsparungen bei einem oder mehreren anderen Titeln vorausgesetzt. Die Deckungsfähigkeit ist eine Form der Ermächtigung, die der Verwaltung, sowohl in der Kameralistik (→ Haushalt) als auch in der → Doppik, eine Verschiebung von Haushaltsmitteln zum Zweck der flexiblen Haushaltsführung ermöglicht. In diesem Kontext ist auch die »Übertragbarkeit« (i.S. zeitliche Übertragbarkeit) als eine bedeutsame Maßnahme zur sparsameren Bewirtschaftung der Haushaltsmittel zu verstehen. Sie beschreibt die Möglichkeit, Haushaltsmittel (als Haushaltsreste) in das folgende Haushaltsjahr zu übertragen, sodass die Ermächtigung zu deren Verausgabung auch für das nächste Jahr erhalten bleibt.

Der Budgetierungsprozess erfolgt schließlich in drei Phasen: Phase 1: Budget-Vorausschätzung. Budgetverantwortliche erstellen termingerecht Bedarfsschätzungen für die folgende Wirtschaftsperiode in Form einzeln beplanter Kostenarten. Mit der Leitungsebene wird eine zielbezogene Fortschreibung der Budgetansätze vorgenommen. Schließlich sind die Budgetvorstellungen mit anderen Teilplänen, z.B. Stellen- und Personalplan, Kapazitäts-, Investitions- und Instandhaltungsplänen abzustimmen. Phase 2: Budgeterstellung. Die Budgets werden zwischen der bewirtschafteten Stelle und den Budgetverantwortlichen gebildet. Zur Sicherung der Zielkonsistenz ist die Plausibilität der Ansätze anhand ermittelter Abweichungen der Vorperioden zu überprüfen. Phase 3: Budgetkontrolle. Soll-Ist-Vergleiche mit anschließenden Abweichungsanalysen erfolgen i.d.R. monatlich. Bei einzelnen Kostenstellen oder Budgetbereichen kann eine quartalsweise oder halbjährliche Vergleichsdarstellung als ausreichend angesehen werden. Abweichungen sind zu begründen. Bedeutsam sind die Budgetabweichungen primär für die Neustrukturierung zukünftiger Verhaltensweisen. Daher erfolgt auch die periodische Budgetkontrolle nur global. Bei gravierenden Abweichungen werden Abweichungsanalysen vorgenommen und Kontrolltätigkeiten auf Einzelpositionen ausgedehnt.

*Hans-Christoph Reiss*

**Bulimia nervosa** ist eine Störung, die durch Heißhungerattacken, selbst herbeigeführtes Erbrechen und demzufolge starke Gewichtsschwankungen gekennzeichnet ist. Klinisches Merkmal der Erkrankung sind ständig wiederkehrende Phasen von Heißhunger, während derer die Patient/innen große Mengen hochkalorischer Nahrungsmittel zu sich nehmen, die sie dann durch selbst herbeigeführtes Erbrechen wieder von sich geben. Betroffene haben das Gefühl, die Kontrolle über das eigene Essverhalten verloren zu haben. Charakteristisch sind auch abnorme Essgewohnheiten, depressive Verstimmungen bzw. starke Stimmungsschwankungen sowie eine niedrige Selbstachtung. Für die Störung ist keine eindeutige körperliche Ursache erkennbar, allerdings bestehen körperliche Folgeerkrankungen (Störung des Säure-Basen-Haushalts, chronische Verätzungen der Speiseröhre). B. n. kommt ganz überwiegend bei jungen Mädchen und Frauen vor (90%), die Prävalenzrate beträgt 1–2%, der Störungsbeginn liegt meist im jungen Erwachsenenalter (20–30 Jahre).

Im Hinblick auf die Ursachen werden Persönlichkeitsfaktoren, genetisch-konstitutionelle Einflüsse, familiäre sowie gesellschaftliche Einflüsse diskutiert, wobei es bisher keine Belege für organische Prädispositionen gibt. Es ist von einem komplexen Zusammenspiel der o.g. Faktoren auszugehen. Eine wichtige Rolle spielen – neben der übersteigerten Übernahme gesellschaftlich vorgegebener Schönheitsideale – nicht gelingende familiäre Ablösungsprozesse und Krisen bei der Entwicklung der Geschlechtsrollenidentität. Nicht selten entwickelt sich B. n. infolge der → Anorexia nervosa (bei 25–50% der Patient/innen). Auch Mischformen, Bulimanorexien, kommen vor, bei denen die Kennzeichen einer Anorexia vorliegen und gleichzeitig Heißhungerattacken (Binges) bestehen, ferner meist selbst induziertes Erbrechen, Laxantienabusus oder Diuretikamissbrauch.

Die Behandlung muss im Einzelfall nach sorgfältiger Analyse von Symptomatik und Genese erfolgen. Im Wesentlichen werden dabei ähnliche Prinzipien angewandt wie bei der Anorexia nervosa, v.a. eine Kombination aus ambulanter Einzel-Psychotherapie (→ Therapie) und → Familientherapie; in schweren Fällen ist die Behandlung in einer spezialisierten psychosomatischen Klinik angezeigt. Bei Patient/innen mit B. n. ist damit zu rechnen, dass sie die Behandlungsmaßnahmen unterlaufen, z.B. durch Missbrauch von Abführmitteln, unbeobachtetes Erbrechen. Die Prognose der B. n. ist günstiger als bei der Anorexie, allerdings kommt es in 10–30% der Fälle zu einer Chronifizierung der Störung. In vielen Fällen besteht die Symptomatik in gering ausgeprägter Form im späteren Leben weiter.

*Klaus Fröhlich-Gildhoff*

**Bundesagentur für Arbeit** → Agentur für Arbeit

**Bundesakademie für Kirche und Diakonie** (bakd) mit Sitz in Berlin gehört als Marke zur Akademien für Kirche und Diakonie gGmbH. Sie entstand 2006 aus der Diakonischen Akademie Deutschland (DAD) durch den Beitritt der Evangelischen Kirche in Deutschland (EKD) und wurde so zur bundesweiten Akademie von Diakonie und Kirche. Die B. zielt auf die Weiterbildung von hauptamtlichen Mitarbeitenden in sozialen, pflegerischen und bildungsorientierten Arbeitsfeldern. Sie ist mit über 11.000 Teilnehmertagen einer der größten Anbieter. 2006 wurde der bisherige Arbeitsbereich der Führungsakademie als gemeinnützige Aktiengesellschaft (FAKD gAG) ausgegründet. Im Januar 2010 ist die Bundesfachakademie/Gesellschaft für Fortbildung und Organisationsentwicklung sozialer Dienste gGmbH (Bufa/GFO) in die B. überführt worden. Ebenfalls seit Januar 2010 werden die Angebote des Burckhardthauses e.V. von der B. weitergeführt. 2014 wurde die FAKD gAG und die B. zur Akademien für Kirche und Diakonie gGmbH verschmolzen. Die FAKD besteht ebenfalls als eigene Marke fort.

Die Programmangebote der B. haben sich in der Geschichte vielfältig verändert. Zu dem ursprünglichen Schwerpunkt in der → Kinder- und Jugendhilfe kamen schon bald Managementthemen. Immer wieder gingen Innovationen für unterschiedliche Arbeitsbereiche und Mitarbeitende von der B. aus, u.a. Kurse zum Kindschaftsrecht (Verfahrenspflegschaft) und zur → Schuldnerberatung. Bei Qualifizierungen zum → Qualitätsmanagement gehört die B. ebenso zu den führenden Anbietern wie in Feldern von → Supervision, → Coaching, Systemische Beratung, → Mediation und → Themenzentrierter Interaktion (TZI). Dazu kommen zahlreiche Angebote für besondere Zielgruppen wie Schulleitungen, Krankenhausgeschäftsführungen, Pflegedienstleitungen und Mitarbeitende in der Elementarpädagogik. Durch die Angebote der FAKD ist insbesondere die Langzeitfort- und Weiterbildung für Führungskräfte in Kirche und Diakonie wesentlich ausgeweitet worden. Die B. verfügt über ein Netz von Praxis- und Hochschulpartnern.

*Udo Krolzik*

**Bundesaltenplan** Den B. gibt es seit 1992; 2009 wurde die aktuelle Fassung veröffentlicht. Er ist ein Förderinstrument des Bundes und soll dazu beitragen, ältere Menschen in ihrem selbstständigen und gleichberechtigten Leben in der Gesellschaft zu unterstützen. Grundlegende und bedeutende Anliegen sind dabei die Gewährleistung von Schutz und Hilfe im → Alter, die aktive → Partizipation und Aktivierung der Potenziale von älteren Menschen sowie die Unterstützung von behinderten älteren Menschen für ihre selbstbestimmte Teilhabe am gesellschaftlichen Leben. Damit ist der B. ein wesentliches innovatives Element der Politik des Bundes für ältere Menschen.

Zuwendungen nach dem B. können an seniorenpolitisch tätige Akteurinnen und Akteure vergeben werden, die das Ziel haben, ältere Menschen in ihrem selbstständigen und gleichberechtigten Leben in der Gesellschaft zu unterstützen. Der B. erlaubt u.a. die Förderung von in erheblichem Bundesinteresse liegenden überregionalen Tagungen und Seminaren, von internationaler Arbeit für ältere Menschen, von Vernetzungsarbeit, von Projekten zu zukunftsgerichteten, gesellschaftspolitisch relevanten Themenstellungen mit Bezug zu älteren Menschen. Für Maßnahmen nach dem B. stehen rd. 10 Mio. Euro pro Haushaltsjahr zur Verfügung.

*Carsten Ibel*

**Bundesamt für Justiz (BfJ)** → Zentrale Behörden

**Bundesamt für Migration und Flüchtlinge (BAMF)** ist eine Bundesoberbehörde mit Sitz in Nürnberg und zahlreichen Außenstellen in der gesamten Bundesrepublik. Das BAMF untersteht dem Bundesministerium des Innern und befasst sich mit der → Migration nach und aus Deutschland. In diesem Zuge hat das BAMF auch die Aufgabe, die → Integration der Migrant/innen in die deutsche Gesellschaft zu fördern. Hierzu führt es etwa die → Integrationskurse durch. Es befasst sich aber auch mit dem Thema »Rückkehrförderung«. Das BAMF führt das Ausländerzentralregister und erforscht die Migration. Hier ist der jährliche Migrationsbericht zu nennen, den das BAMF herausgibt und der auf dessen Homepage www.bamf.de abrufbar ist. Seine wichtigste Aufgabe besteht jedoch in der Prüfung von Schutzanträgen von solchen ausländischen Personen, die in der Bundesrepublik Asyl oder Internationalen Schutz (d.h. Flüchtlingsschutz und subsidiären Schutz) suchen. Die → Anträge, die in weit überwiegender Zahl in den Außenstellen gestellt werden, werden dort von sog. Einzelentscheidern bearbeitet, die die Antragsteller/innen anhören und z.T. für den Umgang mit Minderjährigen oder Traumatisierten besonders geschult sind. Die Entscheidung des BAMF beschränkt sich auf eine Statusentscheidung, d.h., es wird der beantragte Status (z.B. als → Flüchtling) zuerkannt oder der Antrag wird abgelehnt. Die Erteilung der Aufenthaltserlaubnis oder die → Abschiebung fallen dann in den Aufgabenbereich der Ausländerbehörden.

*Stephan Hocks*

**Bundesarbeitsgemeinschaft der Berufsbildungswerke e.V. (BAG BBW)** Die BAG BBW ist seit 1972 der Dachverband von Berufsbildungswerken in Deutschland. Sie vertritt gebündelt die politischen Interessen der Berufsbildungswerke und richtet ihre Aktivitäten auf eine erfolgreiche soziale und berufliche Integration von jungen Menschen mit Behinderung. Berufsbildungswerke sind gemeinsam mit → Berufsförderungswerken und »vergleichbaren Einrichtungen« Einrichtungen der beruflichen Rehabilitation nach § 35 SGB IX (→ Teilhabe am Arbeitsleben für Menschen mit Behinderung). Die Arbeit der Berufsbildungswerke beruht auf dem »Aktionsprogramm zur Förderung der Rehabilitation von Behinderten« aus dem Jahr 1970, auf den »Grundsätzen der Berufsbildungswerke« aus dem Jahr 1976 sowie auf dem aktuellen Rahmenvertrag der BAG BBW mit der Bundesagentur für Arbeit aus dem Jahr 2015. Die Arbeit der Berufsbildungswerke zeichnet sich durch ein ganzheitliches Konzept aus, das in die Ausbildung junger Menschen mit Behinderung Unterstützungssysteme und andere Lebensbereiche einbezieht. Es ist ein spezialisiertes und hochprofessionelles Angebot, in dem in der Regel neben der Berufsausbildung auch ein Hauptschulabschluss nachgeholt wird. Über das Instrument der Verzahnten Ausbildung (VAmB) arbeiten Berufsbildungswerke eng mit der freien Wirtschaft zusammen. Innerhalb von VAmB absolvieren die jungen Menschen bis zu 18 Monate ihrer Ausbildung in einem Unternehmen. Eine Verzahnte Ausbildung ist in allen der über 230 Ausbildungsberufe möglich, die Berufsbildungswerke anbieten.

*Janina Bessenich/Thorsten Hinz*

**Bundesarbeitsgemeinschaft der Freien Wohlfahrtspflege e.V. (BAGFW)** ist die 1966 zu einem eingetragenen → Verein konstituierte Zusammenarbeit der sechs Spitzenverbände der → Freien Wohlfahrtspflege (→ Arbeiterwohlfahrt, → Deutscher Caritasverband, → Deutscher Paritätischer Wohlfahrtsverband, → Deutsches Rotes Kreuz, → Diakonie Deutschland – Evangelischer Bundesverband, → Zentralwohlfahrtsstelle der Juden in Deutschland). Die BAGFW hat ihren Hauptsitz in Berlin; sie unterhält daneben die Abteilung Wohlfahrtsmarken in Köln und die Vertretung bei der → Europäischen Union in Brüssel.

Die BAGFW vertritt auf Bundesebene die Gesamtinteressen der Freien Wohlfahrtspflege gegenüber Staat und Öffentlichkeit. Die zentrale Aufgabe der BAGFW ist es, gemeinsame fach- und sozialpolitische Positionen mit dem Ziel der Einflussnahme auf die Bundespolitik nach außen zu entwickeln und zu vertreten. Zudem obliegt ihr die Sicherung sachgerechter Rahmenbedingungen für die Arbeit der Freien Wohlfahrtspflege. Die Zusammenarbeit ist in Kommissionen und Fachausschüssen organisiert, die es ermöglichen, zeitnah zu reagieren und Positionen zu aktuellen politischen Entwicklungen und Gesetzgebungsvorhaben vorzubereiten. Den Kommissionen und Fachausschüssen gehört jeweils mindestens ein/e Vertreter/in je Spitzenverband an. Der Vorsitz in den Fachausschüssen liegt i.d.R. beim für jeweils zwei Jahre federführenden Verband, der auch den Präsidenten bzw. die Präsidentin stellt. Der Vorsitz in den Kommissionen ist von der Federführung unabhängig. Er wird von der Mitgliederversammlung aus ihrem Kreis für jeweils zwei Jahre gewählt.

*Informationen*: www.bagfw.de

*Gerhard Timm*

**Bundesarbeitsgemeinschaft der Integrationsämter und Hauptfürsorgestellen (BIH)** Die 17 teils kommunal, teils staatlich verfassten Integrationsämter in Deutschland haben zum Zweck der gegenseitigen Unterrichtung, Abstimmung, Koordinierung und Förderung der engen Zusammenarbeit gem. ihrer gesetzlichen Verpflichtung nach § 86 SGB X die BIH als gesetzliche Arbeitsgemeinschaft im Sinne des § 94 SGB X analog gebildet. Die BIH vertritt die → Integrationsämter und Hauptfürsorgestellen gem. §§ 13 Abs. 5, 30 Abs. 6, 80 Abs. 6, 105 Abs. 2, 113 Abs. 2 SGB IX in zahlreichen Gremien auf Bundesebene, z.B. im → Beirat für die Teilhabe behinderter Menschen des → Bundesministeriums für Arbeit und Soziales oder im Beratenden Ausschuss der Bundesagentur für Arbeit (→ Agentur für Arbeit). Sie organisiert den überregionalen fachlichen Austausch ihrer Mitglieder in Grundsatzfragen des Schwerbehindertenrechts und der → Kriegsopferfürsorge. Die BIH erarbeitet gemeinsame Empfehlungen zur Durchführung des Leistungsrechts und unterstützt die Weiterentwicklung des Rechts der → schwerbehinderten Menschen im Arbeitsleben im SGB IX und der Kriegsopferfürsorge im Bundesversorgungsgesetz (BVG) auf Bundesebene. Daneben erbringt sie für ihre Mitglieder eine große Zahl von Dienstleistungen bei der → Fort- und Weiterbildung der Mitarbeiter/innen, der EDV und der gemeinsamen → Öffentlichkeitsarbeit. Sie publiziert u.a. die Zeitschrift »ZB – Behinderte Menschen im Beruf«, die an alle beschäftigungspflichtigen Arbeitgeber in Deutschland verteilt wird.

*Michael Alber*

**Bundesarbeitsgemeinschaft der Landesjugendämter (BAGLJÄ)** ist ein Zusammenschluss der 17 → Landesjugendämter im Bundesgebiet (zwei in NRW), die in ihrem jeweiligen Einzugsbereich überörtliche Aufgaben der → Kinder- und Jugendhilfe wahrnehmen, wie z.B. → Beratung öffentlicher und freier → Träger der Jugendhilfe, Schutz von Kindern und Jugendlichen in → Einrichtungen (→ Kinderschutz), → Fort- und Weiterbildung von Fachkräften oder Durchführung von Modellvorhaben zur Weiterentwicklung der Jugendhilfe.

Die BAGLJÄ existiert seit 1954. Sie entwickelt gemeinsame Verfahrensweisen und Grundsätze für die Kinder- und Jugendhilfe in Bund, Ländern und Kommunen, nimmt zu Gesetzentwürfen im Bereich der Jugendhilfe Stellung, erarbeitet Empfehlungen und Arbeitshilfen und trägt somit zu einer bundeseinheitlichen Anwendung des SGB VIII und zu einer gleichmäßigen Ausgestaltung der Angebote und Leistungen der Kinder- und Jugendhilfe im Bundesgebiet bei. Sie ist Mitglied in zentralen Fachgremien und arbeitet eng mit Institutionen und Organisationen der öffentlichen und der freien Jugendhilfe zusammen. Sie führt eigene Fachveranstaltungen zu aktuellen Themen durch. Bei all dem nimmt sie insbesondere die Interessen der öffentlichen Jugendhilfe wahr. So unterstützt sie seit dem Jahr 2011 die → Jugendämter bei der Öffentlichkeitsarbeit.

Vorsitz und Geschäftsführung der BAGLJÄ liegen seit dem 1.5.2010 beim Landesjugendamt Rheinland-Pfalz.

*Informationen*: www.bagljae.de

*Birgit Zeller*

**Bundesarbeitsgemeinschaft der Senioren-Organisationen e.V. (BAGSO)** Die BAGSO wurde 1989 von elf Seniorenverbänden gegründet, um die Interessen der älteren Generationen effektiver vertreten zu können. Über ihre 112 Mitglieder vertritt sie ca. 13 Mio. ältere Menschen in Deutschland (Stand: 2015). Die BAGSO setzt sich ein für ein realistisches Altersbild in der Gesellschaft, ein → selbstbestimmtes Leben im → Alter, die gesellschaftliche → Teilhabe und → Partizipation Älterer, ein solidarisches Miteinander der Generationen, ein gesundes Altern und eine hochwertige gesundheitliche und pflegerische Versorgung, die Interessen älterer Verbraucherinnen und Verbraucher. Um diese Ziele zu erreichen, hat die BAGSO Fachkommissionen eingesetzt, die Stellungnahmen für Anhörungen vorbereiten und Positionspapiere erarbeiten. Sie wirkt in politisch und gesellschaftlich bedeutsamen Gremien mit, führt Fachtagungen und die Deutschen Seniorentage durch. Vierteljährlich erscheinen die BAGSO-Nachrichten, eine Fachzeitschrift für Aktive in Seniorenarbeit und Seniorenpolitik. Weitere Publikationen sind u.a. »Entlastung für die Seele – Ratgeber für pflegende Angehörige«, »Schuldenfrei im Alter«, »Wegweiser durch die digitale Welt«. Darüber hinaus gibt die BAGSO Pressemitteilungen zu aktuellen seniorenrelevanten politischen und gesellschaftlichen Themen heraus. Gefördert wird ihre Arbeit vom → Bundesministerium für Familie, Senioren, Frauen und Jugend.

*Anschrift*: Bonngasse 10, 53111 Bonn, www.bagso.de

*Ursula Lenz*

**Bundesarbeitsgemeinschaft der überörtlichen Träger der Sozialhilfe (BAGüS)** wurde 1947 als Arbeitsgemeinschaft der damaligen Landesfürsorgeverbände gegründet und ist ein freiwilliger Zusammenschluss aller 23 überörtlichen → Träger der Sozialhilfe in Deutschland. Sie hat sich zum Ziel gesetzt, für die Entwicklung lebensnaher und praxisgerechter Sozialgesetze einzutreten, für eine einheitliche Rechtsanwendung zu sorgen sowie zu einer wirksamen Gestaltung der Hilfen und zur Gleichbehandlung (→ Gleichheits[grund]satz) der → Leistungsberechtigten beizutragen. Der von ihren Mitgliedern zu betreuende Personenkreis umfasst insbesondere → behinderte und von Behinderung bedrohte Menschen, pflegebedürftige Menschen (→ Pflegebedürftigkeit) sowie Menschen mit besonderen sozialen Schwierigkeiten. Grundlage allen Handelns ist das → Sozialgesetzbuch (SGB), v.a. das SGB XII, das den überörtlichen Trägern der Sozialhilfe Aufgaben von überregionaler Bedeutung oder besonderer finanzieller Tragweise zuweist.

Die BAGüS arbeitet eng und kooperativ mit den zuständigen parlamentarischen Gremien, mit den für soziale Leistungen

Verantwortung tragenden Ministerien im Bund und in den Ländern, mit den kommunalen Organisationen, aber auch den Spitzenverbänden der Anbieter von Leistungen und den Betroffenenverbänden zusammen. Die von ihren Fachausschüssen erarbeiteten und verabschiedeten fachlichen Empfehlungen stellen die Grundlage für die einzelnen Mitglieder zur einheitlichen Rechtsanwendung des geltenden Rechts dar. Die BAGüS ist weder Träger von → Einrichtungen der → Sozialhilfe noch werden von ihr Entscheidungen in Einzelfällen getroffen.

*Anschrift*: Warendorfer Straße 26–28, 48145 Münster.

*Matthias Krömer*

**Bundesarbeitsgemeinschaft für Rehabilitation e.V. (BAR)** Das in allen Sozialleistungsbereichen gesetzmäßig verankerte Recht auf Leistungen zur Teilhabe erfordert eine trägerübergreifende Koordination und Kooperation, die auch die Fachverbände sowie Verbände der → Freien Wohlfahrtspflege, Organisationen behinderter Menschen (→ Behindertenverbände) unter Einschluss der Interessenvertretungen behinderter Frauen einbezieht. Auf Initiative der Sozialpartner haben daher im Jahr 1969 deren Spitzenorganisationen, die Spitzenverbände der → Sozialversicherung sowie die Bundesagentur für Arbeit (→ Agentur für Arbeit) gemeinsam mit den Ländern die BAR gebildet. Aufgabe und Zweck der BAR ist es, Forum des Erfahrungsaustausches zu sein und darauf hinzuwirken, dass Leistungen der → Rehabilitationsträger nach einheitlichen Grundsätzen gestaltet werden, sowie der Rehabilitation und Teilhabe in ihren einzelnen Bereichen immer wieder neue Impulse zu geben, um die bestmögliche Eingliederung → behinderter Menschen in die Gesellschaft, v.a. in Arbeit und Beruf (→ Teilhabe am Arbeitsleben für Menschen mit Behinderung), zu erreichen. Durch das am 1.7.2001 in Kraft getretene SGB IX (→ Leistungen zur Rehabilitation und Teilhabe) sind die Aufgaben der BAR erweitert und gesetzlich fundiert. Die BAR wirkt bei der Erfüllung gesetzlicher Aufgaben mit (vgl. v.a. § 13 Abs. 7 u. § 20 Abs. 2 a SGB IX), die in erster Linie der Weiterentwicklung des Rehabilitationssystems durch effektive trägerübergreifende Zusammenarbeit dienen. Die BAR bildet dabei den Rahmen für die notwendigen Vorbereitungs- und Abstimmungsprozesse und erhält Berichtsaufgaben (vgl. v.a. § 13 Abs. 8 u. § 24 Abs. 2 SGB IX).

*Thomas Stähler*

**Bundesarbeitsgemeinschaft für Straffälligenhilfe e.V. (BAG-S)** ist ein 1990 gegründeter Fachzusammenschluss der Spitzenverbände der → Freien Wohlfahrtspflege und des → DBH – Fachverbands für Soziale Arbeit, Strafrecht und Kriminalpolitik. Die BAG-S will die Hilfen für straffällig gewordene Menschen und deren Angehörige verbessern und vertritt überverbandliche Interessen der → Straffälligenhilfe auf Bundesebene gegenüber der Öffentlichkeit, der Verwaltung und der Politik. Sie will das öffentliche Bewusstsein für die Aufgaben der → Integration und der → Resozialisierung fördern und der → sozialen Ausgrenzung Straffälliger entgegenwirken. Dazu veranstaltet sie Fachtagungen, erstellt Informationsbroschüren, Berichte und Arbeitshilfen zu fachpolitisch relevanten Fragestellungen, berät Einrichtungen und Medien und gibt einen Fachinformationsdienst und einen Newsletter heraus. Im Zusammenwirken mit Wissenschaft und Forschung dokumentiert sie Entwicklungen und Problemstellungen in der Straffälligenhilfe und bereitet wissenschaftliche Forschungsergebnisse für die Praxis auf. Durch Mitwirkung an Gesetzgebungsverfahren im Wege von Anregungen und Stellungnahmen setzt sie sich für eine fachliche, zielgerichtete Weiterentwicklung des Hilfesystems und eine integrative Sozial- und Kriminalpolitik ein. In ihren Fachausschüssen, bundesweiten Fachveranstaltungen und Gremien sowie in Veröffentlichungen und Stellungnahmen vertritt die BAG-S gemeinsame sozial- und kriminalpolitische Positionen und Reformvorschläge ihrer Mitgliedsverbände.

*Anschrift*: Oppelner Str. 130, 53119 Bonn, www.bag-straffaelligenhilfe.de

*Gabriele Kawamura-Reindl*

**Bundesarbeitsgemeinschaft Gemeindepsychiatrischer Verbünde e.V. (BAG GPV)** Die BAG GPV hat sich 2006 als Zusammenschluss von regionalen → Gemeindepsychiatrischen Verbünden (GPV) gebildet, die sich gemeinsamen Qualitätsstandards verpflichten und die gemeinsam bereit und in der Lage sind, auch Menschen mit starken psychischen Beeinträchtigungen in der Region die erforderlichen Hilfen zu leisten. Kernelemente dieser Standards sind: Übernahme regionaler Pflichtversorgung, einzelfallbezogene Kooperation bei der Hilfeplanung und der Hilfeleistung, kontinuierliche gemeinsame Weiterentwicklung des regionalen Hilfesystems. Dadurch soll in den Regionen der Mitgliedsverbünde ein verlässliches personenzentriertes regionales Hilfesystem geschaffen und weiterentwickelt werden. Die BAG unterstützt auch den Neuaufbau von GPV, führt Fachtagungen durch und nimmt gegenüber Politik, Leistungsträgern und psychiatrischen Dienstleistern zu aktuellen Fragen der Organisation, Finanzierung und Steuerung von Hilfen Stellung.

Die in der BAG organisierten GPV nehmen nur Mitglieder auf, die sich untereinander durch Kooperationsvertrag oder Bildung eines → Vereins mit entsprechender Zielsetzung verbindliche Regeln zur Umsetzung der genannten Standards geben. Der Aspekt der Qualitätssicherung wird dadurch verstärkt, dass die Mitgliedschaft auf vier Jahre begrenzt ist und der Verbund anschließend unter Darlegung seiner Einhaltung der Qualitätsstandards eine Neuaufnahme beantragen muss. Dadurch dient die Mitgliedschaft in der B. auch als Ausweis gesicherter → Qualität. Im Jahr 2015 waren 25 Verbünde Mitglied.

*Anschrift*: Oppelner Str. 130, 53119 Bonn, www.bag-gpv.de

*Ulrich Krüger*

**Bundesarbeitsgemeinschaft Kinder- und Jugendschutz** (**BAJ**) ist ein Zusammenschluss von Spitzenverbänden der → Freien Wohlfahrtspflege, von → Jugend-, → Familien- und Fachverbänden, den Landesarbeitsgemeinschaften und Landesstellen für → Kinder- und → Jugendschutz und von Einzelpersonen mit dem gemeinsamen Interesse an Fragen des Kinder- und Jugendschutzes. Die BAJ wurde 1951 gegründet, um sich überparteilich und überkonfessionell für den Schutz von Kindern und Jugendlichen einzusetzen und ihre → Integration in die Gesellschaft zu unterstützen, indem sie Maßnahmen des Kinder- und Jugendschutzes anregt und fördert. Daneben will die BAJ ein Forum für den Meinungsaustausch und die Meinungsbildung ihrer Mitglieder sowie zur Beratung der politischen Institutionen sein. Die Ziele der BAJ sollen erreicht werden durch die Erarbeitung von gemeinsamen Stellungnahmen, durch Veröffentlichungen, durch Fachgespräche sowie durch Aktionen und Veranstaltungen. Die BAJ will mit ihren Initiativen dazu beitragen, den Anspruch von Kindern und Jugendlichen auf → Erziehung und → Bildung zu realisieren und ihr Recht auf körperliche, seelische und soziale Entwicklung zu verwirklichen (→ Kinderrechte). Dabei will sie Kinder und Jugendliche vor Gefährdungen schützen und sie befähigen, Gefährdungen zu bewältigen und bewusst und kritisch damit umzugehen.

*Anschrift*: Mühlendamm 3, 10178 Berlin, www.bag-jugendschutz.de

*Gerd Engels*

**Bundesarbeitsgemeinschaft Prekäre Lebenslagen – gegen Einkommensarmut und soziale Ausgrenzung e.V.** (**BAG PLESA**) will als Zusammenschluss von regionalen Gruppen aus Erwerbslosigkeit, prekärer Arbeit und Einkommensarmut Diskussionen mit Aktivist/innen aus verschiedenen Städten und Regionen sicherstellen. Zu ihren Zielen gehört deshalb die Unterstützung eines Selbstorganisierungsprozesses mit Menschen, die von neoliberaler Politik, Prekarisierung, Entdemokratisierung und Ausgrenzung getroffen sind. Deren Initiativen wollen in den lokalen politischen Alltag einzugreifen, sich wehren, um soziale Standards zu verteidigen. Dazu veranstaltet die BAG PLESA bezahlbare Seminare. Hier wird soziale Begegnung miteinander und eine gemeinsame politische Bildung ermöglicht. Die Bildungsarbeit will auch die Arbeit vor Ort unterstützen. Was die BAG PLESA tut, ergibt sich aus den Lebensbedingungen und Erfahrungen von Menschen, die von Armut betroffen und bedroht sind, daran leiden. Was ein Mensch in unserer Gesellschaft zum Leben braucht, sind Entscheidungen, die die Existenzgrundlagen der Menschen in Armut verbessern, indem sie ein sanktionsfreies Mindesteinkommen auf dem Weg zum »Guten Leben« gewährleisten. Die BAG PLESA ist solidarisch mit sozialen Zusammenhängen und Initiativen, die über den nationalen und wachstumsorientierten Tellerrand hinwegschauen.

*Anschrift:* c/o FALZ, Friedberger Anlage 24, 60316 Frankfurt a.M.

*Hinrich Garms*

**Bundesarbeitsgemeinschaft Selbsthilfe von Menschen mit Behinderung und chronischer Erkrankung und ihren Angehörigen e.V.** (**BAG SELBSTHILFE**) ist die Dachorganisation von 121 bundesweiten Selbsthilfeverbänden (→ Behindertenverbände) chronisch kranker und → behinderter Menschen und 13 Landesarbeitsgemeinschaften mit einer Million Einzelmitgliedern. Die BAG S. setzt sich ein für ein gleichberechtigtes Leben behinderter und chronisch kranker Menschen, für → Solidarität zwischen behinderten und nicht behinderten Menschen, für berufliche und soziale → Teilhabe, Beteiligung und Mitwirkung behinderter Menschen und ihrer Verbände (→ Partizipation). Als sozialpolitische Interessenvertretung veröffentlicht sie Stellungnahmen zu Fragen der → Sozial- und Gesundheitspolitik und verschafft durch Mitarbeit in zahlreichen Bundesgremien, durch Mitwirkung bei Gesetzgebungsvorhaben und durch → Öffentlichkeitsarbeit den Anliegen behinderter und chronisch kranker Menschen in der politischen Willensbildung Geltung. Die BAG S. ist anerkannter Patientenverband i.S. der Patientenbeteiligungsverordnung

(→ Patientenbeteiligung) und wirkt in den Gremien des → Gemeinsamen Bundesausschusses mit. Die BAG S. bietet Betroffenen → Beratung bei rechtlichen und sozialen Problemen an, veranstaltet Seminare und Arbeitstagungen. Sie gibt Informationsmaterial über Behinderungsarten und Erkrankungen, zu Fragen der → Rehabilitation und zum Behindertenrecht heraus.

*Anschrift:* Kirchfeldstraße 149, 40215 Düsseldorf; www.bag-selbsthilfe.de

*Martin Danner*

**Bundesarbeitsgemeinschaft Soziale Stadtentwicklung und Gemeinwesenarbeit e.V. (BAG)** Die BAG hat sich 2002 als bundesweites Netzwerk von Praktiker/innen v.a. aus Netzwerken und Landesarbeitsgemeinschaften der → Stadtteilarbeit konstituiert und versteht sich als vernetzende Fach- und Interessenvertretung für → Gemeinwesenarbeit in der sozialen → Stadt- und Stadtteilentwicklung. Sie hat sich aus einem Zusammenschluss von Landesnetzen der Arbeit in sozialen Brennpunkten in den 1970er-Jahren weiterentwickelt. In der BAG sind Akteure aus Netzwerken der Soziale-Stadt-Quartieren und vergleichbaren Stadt- bzw. Gemeindegebieten aus verschiedenen Bundesländern organisiert, die Gemeinwesenarbeit in integrierte Stadtentwicklungsprozesse einbringen. Die BAG begreift das Bund-Länder-Programm → »Soziale Stadt« als eine wesentliche Strategie und wichtige Chance für alle Stadtteile mit besonderem Entwicklungsbedarf. Sie leistet einen aktiven Beitrag zur Stärkung der kooperativen Zusammenarbeit von → freien, → öffentlichen und → privat-gewerblichen Trägern. Zur Entwicklung dieser → Kooperationen bedarf es der Profilierung der Rolle und der Aufgaben der Gemeinwesenarbeit in einem bewohnerorientierten → Quartiers- und Stadtteilmanagement. Die BAG fungiert als fachlicher fachpolitischer Partner für sozialraumbezogene Netzwerke, für Bewohnerbeteiligung und -aktivierung. Dabei ist die gemeinwesenorientierte und soziale Stadt(teil)entwicklung für die BAG, über aktuelle Förderkulissen hinaus, eine zentrale Zukunftsaufgabe.

*Informationen*: www.bagsozialestadtentwicklung.de

*Reinhard Thies*

**Bundesarbeitsgemeinschaft Werkstätten für behinderte Menschen (BAG WfbM)** ist der freiwillige bundesweite Zusammenschluss der Träger aller Einrichtungen, die Menschen die → Teilhabe an Arbeit und Gesellschaft ermöglichen, die ihren Lebensunterhalt aufgrund ihrer Behinderung (→ behinderte Menschen) nicht, noch nicht oder noch nicht wieder durch Erwerbsarbeit auf dem allgemeinen → Arbeitsmarkt sichern können.

Die BAG WfbM ist ein eingetragener gemeinnütziger Verein. Mitglieder sind Träger von Eingliederungseinrichtungen, insbesondere von → Werkstätten, Förderstätten und Integrationsunternehmen. Derzeit sind 94% der bundesweit 724 Werkstattträger in der BAG WfbM organisiert. Die Mitglieder der BAG WfbM bieten über 300.000 Erwachsenen mit Behinderungen Teilhabe am Arbeitsleben. 31.000 davon sind zu ihrer → Beruflichen Bildung im Berufsbildungsbereich der Werkstätten, etwa 256.000 sind zu ihrer Arbeits- und Berufsförderung im sog. Arbeitsbereich tätig. Mehr als 15.000 Menschen sind so schwer behindert, dass sie einer besonderen Betreuung, Förderung und → Pflege bedürfen.

Die BAG WfbM wurde am 18.6.1975 in Bonn gegründet. Ihr Sitz ist seit 1985 in Frankfurt am Main, seit 2015 betreibt sie darüber hinaus auch ein Büro in Berlin. Ihr Vorstand besteht aus fünf ehrenamtlichen Mitgliedern. Darüber hinaus gibt es ein Präsidium, in dem alle Spitzen- und Fachverbände der Freien Wohlfahrtspflege vertreten sind.

Der Verband organisiert außerdem jährlich die Werkstätten-Messe in Nürnberg.

*Martin Berg*

**Bundesarbeitsgemeinschaft Wohnungslosenhilfe e.V. (BAG W)** ist ein bundeszentraler Zusammenschluss → freier und → öffentlicher Träger und ihrer → sozialen Dienste und → Einrichtungen für Menschen ohne Wohnung und Obdach (→ Wohnungslosigkeit/Wohnungslosenhilfe), der Fach- und Trägerverbände dieser Hilfe sowie der bundesweit zuständigen Körperschaften und Institutionen des öffentlichen Rechts. Sie besteht seit 1954. Bis 1991 trug die BAG W den Namen »Bundesarbeitsgemeinschaft für Nichtsesshaftenhilfe e.V.«. Als Dachverband hat die BAG W die Aufgabe, die nötige Zusammenarbeit und Abstimmung zwischen der Praxis der Hilfe und den für sie zuständigen öffentlich-rechtlichen Instanzen und der → Sozialpolitik auf Bundesebene herzustellen. Sie vertritt die Interessen der Menschen, die von Wohnungslosigkeit, von → Armut und → sozialer Ausgrenzung betroffen oder bedroht sind oder in unzumutbaren Wohnverhältnissen leben, sowie die Interessen der Wohnungslosenhilfe und der Hilfen für von Wohnungslosigkeit bedrohte Menschen (→ Prävention, → Wohnungssicherung). Diese Aufgabe wird durch Bereitstellung von Daten zur Lage und Entwicklung der Wohnungslosigkeit, Lobbyarbeit, → Öffentlichkeitsarbeit, Fachtagungen, fachpolitische Stellungnahmen, Forschungsförderung, Publikationstätigkeit und Informationsvermittlung erfüllt. Sie ist Herausgeber der Fachzeitschrift »wohnungslos« (früher: »Gefährdetenhilfe«).

*Anschrift*: Boyenstraße 42, 10115 Berlin, www.bagw.de

*Thomas Specht*

**Bundesausbildungsförderungsgesetz (BAföG)** → Ausbildungsförderung

**Bundeselterngeld- und Erziehungszeitgesetz (BEEG)** → Elterngeld, → Erziehungszeiten

**Bundeserziehungsgeldgesetz (BErzGG)** → Elterngeld, → Erziehungszeiten

**Bundesfachverband Betriebliche Sozialarbeit e.V. (bbs)** Der 1994 gegründete Verband vertritt die fachlichen Interessen der in Unternehmen, Behörden und vergleichbaren Organisationen angestellten bzw. freiberuflich tätigen Betriebssozialarbeiter/innen. Umfragen zufolge gibt es bundesweit etwa 1.200 Organisationen, die ihren Beschäftigten Leistungen der → Betriebliche Sozialarbeit anbieten. Davon sind dem bbs ca. 800 Betriebe bekannt, aus denen wiederum etwa 40% der dort beschäftigten betrieblichen Sozialarbeiter/innen über eine persönliche bzw. korporative Mitgliedschaft im bbs organisiert sind. Zweck des Verbandes ist es, den Betrieben ein professioneller Partner und Unterstützer ihrer Personal-, Sozial- und Gesundheitspolitik zu sein. Weiterhin ist man mit der Verbandsgründung dem breiten Bedürfnis nach kollegialem Austausch einerseits und kontinuierlicher einschlägiger und professionell durchgeführter Fortbildung andererseits innerhalb eines formaljuristisch verbindlichen Handlungsrahmens nachgekommen. Die Ziele des Verbandes sind demzufolge dual angelegt; sie dienen sowohl der → Professionalisierung der Mitglieder als auch der → Kooperation mit den Betrieben und Organisationen (vgl. § 1 der Satzung).

*Anschrift*: Postfach 21 02 28, 72025 Tübingen, www.bbs-ev.de

*Michael Bremmer*

**Bundesforum Familie (BFF)** ist ein unabhängiges Netzwerk für Akteure der → Familienpolitik. Im Netzwerk engagieren sich mehr als 120 Organisationen, u.a. Wohlfahrts- und → Familienverbände, → Stiftungen, Forschungseinrichtungen, Religions- und Weltanschauungsgemeinschaften sowie Gewerkschaften und Fachverbände. Ziel des BFF ist es, die gesellschaftlichen Strukturen für → Familien zu verbessern und die Anerkennung der Leistungen von Familien zu erhöhen. Kern der Arbeit des BFF ist der vertiefte Austausch zu einem von den Mitgliedern gewählten Themenschwerpunkt über einen Zeitraum von in der Regel zwei Jahren. Die beteiligten Mitgliedsorganisationen bringen ihre Positionen und Praxiserfahrungen in die Diskussionen ein und suchen gemeinsam nach Lösungen, die das alltägliche Leben als Familie in der Gesellschaft erleichtern. Sie bündeln ihre vielfältigen Erfahrungen und ihr Fachwissen, geben ihre Expertise in Form von Handreichungen an die Praxis weiter und richten sich mit Appellen und Empfehlungen an Politik und Gesellschaft. Diese interdisziplinäre Zusammenarbeit steht allen Mitgliedsorganisationen offen und fördert ihre Vernetzung.

Das BFF wurde im September 2000 in Berlin unter der Trägerschaft der → Arbeitsgemeinschaft der deutschen Familienorganisationen (AGF) als feste Plattform der vielfältigen Organisationen gegründet, die bereits seit dem Internationalen Jahr der Familie (1994) im Rahmen der »Ständigen Familienkonferenz« zusammengearbeitet hatten. Von 2007 bis 2012 war das BFF als eigenständiger → Verein organisiert. Seit 2013 steht das BFF wieder als Projekt unter dem Dach der AGF. Mitglied im Netzwerk können alle bundesweit agierenden Organisationen werden, die die Selbstverpflichtung zur aktiven Mitarbeit unterschreiben. Im Rahmen einer Projektförderung durch das → Bundesministerium für Familie, Senioren, Frauen und Jugend konnten bisher folgende Schwerpunktthemen bearbeitet werden: »Familie und Medien – vernetzte Familie«, »Migrationsfamilien – zwischen Integration und Ausgrenzung«, »Familie und Generationen – Leben in gemeinsamer Verantwortung«, »Kinder brauchen Werte – Bündnisinitiative: Verantwortung Erziehung«, »Zeit und Gesundheit«, »Grundschulkinder fordern und fördern«. Der Themenschwerpunkt im Zeitraum 2013–2015 ist »Familie und Inklusion« (→ Inklusion).

*Anschrift:* c/o Arbeitsgemeinschaft der deutschen Familienorganisationen, Einemstraße 14, 10785 Berlin, www.bundesforum-familie.de

*Ulrich Paschold*

**Bundesfreiwilligendienst** → Freiwilligendienste

**Bundesgerichtshof** → Strafgerichte, → Zivilgerichte

**Bundesjugendkuratorium (BJK)** ist ein Sachverständigengremium der Bundesregierung, dem bis zu 15 Expert/innen aus Politik, Verwaltung, Fachorganisationen, Verbänden und Wissenschaft angehören.

Der/Die Bundesjugendminister/in beruft die Mitglieder für die Dauer der Legislaturperiode. Das BJK ging aus dem 1950 eingerichteten Kuratorium für Jugendfragen hervor. Mit der Novellierung des Jugendwohlfahrtsgesetzes erhielt das Kuratorium 1961 eine gesetzliche Grundlage, die 1990 in das SGB VIII (→ Kinder- und Jugendhilfe) überführt wurde. Auftrag und Arbeitsweisen des BJK sind in § 83 Abs. 2 SGB VIII, einer allgemeinen → Verwaltungsvorschrift und einer Geschäftsordnung geregelt. Das BJK berät die Bundesregierung und richtet sich mit seinen Voten an die (Fach-)Öffentlichkeit. Der Beratungsauftrag umfasst Angelegenheiten, die die → Lebenswelten von Kindern und Jugendlichen betreffen, und fokussiert die kinder- und jugendhilfepolitischen Initiativen des zuständigen Ressorts der Bundesregierung (→ Bundesministerium für Familie, Senioren, Frauen und Jugend [BMFSFJ]).

Seit 2007 wird das BJK durch die Arbeitsstelle Kinder- und Jugendpolitik beim → Deutschen Jugendinstitut geschäftsführend unterstützt. In der 17. Legislaturperiode hat sich das BJK zu den Themen → Migration, → Inklusion, → Kinderrechte, Medien, → Jugendhilfeplanung und → Betreuungsgeld öffentlich geäußert. Das Fachministerium wurde insbesondere bei der Profilierung einer eigenständigen → Jugendpolitik beraten. In der 18. Legislaturperiode begleitet das BJK die vom BMFSFJ initiierte Jugendstrategie »Handeln für eine jugendgerechte Gesellschaft« und arbeitet an Stellungnahmen zu aktuellen Themen wie Junge Menschen auf der Flucht (→ unbegleitete minderjährige Flüchtlinge).

*Informationen*: www.bundesjugendkuratorium.de

*Mike Corsa*

**Bundesjugendplan** → Kinder- und Jugendplan des Bundes (KJP)

**Bundeskindergeldgesetz (BKGG)** → Kindergeld

**Bundeskonferenz für Erziehungsberatung e.V. (bke)** ist der unabhängige, trägerübergreifende Fachverband für → Erziehungs, → Jugend- und → Familienberatung in Deutschland. Die Landesarbeitsgemeinschaften für Erziehungsberatung (LAG) bilden zusammen die bke. Das → Fort- und Weiterbildungsprogramm der bke umfasst thematische Einzelkurse und curriculare Weiterbildungen und fördert die Qualifizierung der Mitarbeitenden von Erziehungsberatungsstellen. Ergänzend greifen Fachtagungen aktuelle Themen auf. Die Wissenschaftlichen Jahrestagungen werden in Kooperation mit jeweils einer LAG organisiert und dienen dem Transfer zwischen Wissenschaft und Praxis. Regelmäßige bke-Stellungnahmen und bke-Hinweise begleiten die Beratungsarbeit. Mit dem Erwerb des bke-Qualitätssiegels können Erziehungsberatungsstellen dokumentieren, dass sie die fachlichen Standards einhalten (→ Qualitätsmanagement). Die »Zeitschrift für Kindschaftsrecht und Jugendhilfe« sowie die »Informationen für Erziehungsberatungsstellen« werden von der bke (mit)herausgegeben. Einzelpublikationen für Fachkräfte und Eltern ergänzen das Angebot. Die bke ist Trägerin der bke → Onlineberatung, die unter www.bke-elternberatung und www.bke-jugendberatung Unterstützung im Internet anbietet. Die bke ist u.a. Mitglied der → Arbeitsgemeinschaft für Kinder- und Jugendhilfe, des Deutschen Arbeitskreises für Jugend, Ehe- und Familienberatung sowie des → Deutschen Vereins für öffentliche und private Fürsorge.

*Anschrift*: Herrnstraße 53, 90763 Fürth, www.bke.de

*Silke Naudiet*

**Bundesministerium für Arbeit und Soziales (BMAS)** Das BMAS ist das zuständige Bundesministerium für die Bereiche → Arbeitsmarktpolitik, → Arbeitsförderung, die → Grundsicherung für Arbeitsuchende (SGB II), für → Arbeitsrecht, → Arbeitsschutz und -medizin. Der Aufgabenbereich umfasst ebenfalls die Zuständigkeit für die → Renten- und → Unfallversicherung, für das → Sozialgesetzbuch, für → Sozialhilfe, → Prävention und → Rehabilitation, → Soziale Entschädigung und Versorgungsmedizin, die → Teilhabe → behinderter Menschen sowie für die Arbeits- und Sozialgerichtsbarkeit.

Das BMAS trug früher den Namen Bundesministerium für Arbeit und Sozialordnung und ging zwischen 2002 und 2005 im Bundesministerium für Wirtschaft und Arbeit auf. Bei der Regierungsbildung nach der Bundestagswahl 2005 wurde der Aufgabenbereich wieder neu zugeschnitten.

*Informationen*: www.bmas.bund.de

*Ralf Mulot*

**Bundesministerium für Familie, Senioren, Frauen und Jugend (BMFSFJ)** Das BMFSFJ gestaltet die Förderung von Familien (→ Familienpolitik), z.B. über das → Elterngeld und das ElterngeldPlus und setzt sich für die Berücksichtigung ihrer Interessen ein. Es initiiert Modellprojekte zur Förderung eines selbstständigen Lebens von Seniorinnen und Senioren und zur Hilfe und → Pflege im → Alter, zum

Beispiel durch das Familienpflegezeitgesetz. Eine weitere Aufgabe ist es, die → Gleichstellung von Mann und Frau in allen Bereichen des Lebens durchzusetzen, v.a. in der Arbeitswelt. Darüber hinaus nimmt das BMFSFJ, in engem Kontakt zu den Ländern und Gemeinden sowie der öffentlichen → Kinder- und Jugendhilfe, die Interessen von Kindern und Jugendlichen wahr. Schließlich betreut es die Durchführung des Bundesfreiwilligendienstes (→ Freiwilligendienste) und fördert das → bürgerschaftliche Engagement durch seine → Engagementpolitik. Zudem ist es Aufgabe des BMFSFJ, das Thema »Demokratie und Vielfalt« sowie Extremismusprävention voranzutreiben.

*Verena Herb*

**Bundesministerium für Gesundheit (BMG)** führt im Rahmen des → Grundgesetzes (GG) die gesetzgeberischen und verwaltungsmäßigen Aufgaben auf dem Gebiet der Gesundheitspolitik (→ Gesundheit) durch. Dies umfasst schwerpunktmäßig u.a. die Themen Gesundheitsversorgung, gesetzliche → Krankenversicherung, → gesetzliche Pflegeversicherung, Gesundheitsvorsorge, Infektions- und Gesundheitsschutz (u.a. Infektionsschutzgesetz), Biotechnologie und Biomedizin sowie Bekämpfung von → Krankheiten einschließlich der Aufklärung über Drogen, AIDS und Alkohol. Das BMG umfasst neben dem Leitungsstab sechs Abteilungen: Abteilung Z: Zentralabteilung mit Personal, Organisation, Haushalt, Europa und Internationales; Abteilung G: Grundsatzfragen der Gesundheitspolitik, Telematik; Abteilung 1: Arzneimittel, Medizinprodukte, Biotechnologie; Abteilung: 2: Gesundheitsversorgung, Krankenversicherung; Abteilung 3:, Gesundheitsschutz, Krankheitsbekämpfung, Biomedizin; Abteilung 4: Pflegeversicherung, → Prävention. Zur wissenschaftlichen Beratung und zur Erledigung bestimmter Verwaltungsaufgaben auf dem Gesundheitssektor unterstützen fünf nachgeordnete Behörden das BMG: das Bundesinstitut für Arzneimittel und Medizinprodukte (BfArM), das Robert-Koch-Institut (RKI), das Paul-Ehrlich-Institut (Bundesamt für Sera und Impfstoffe), das Deutsche Institut für medizinische Dokumentation und Information (DIMDI) sowie die → Bundeszentrale für gesundheitliche Aufklärung (BZgA).

*Anschrift*: 53107 Bonn (1. Dienstsitz) bzw. 11055 Berlin (2. Dienstsitz).

*Christina Friede-Mohr*

**Bundesnetzwerk Bürgerschaftliches Engagement (BBE)** gegründet im Juni 2002 auf fraktionsübergreifende Initiative der Enquete-Kommission »Zukunft des Bürgerschaftlichen Engagements« des 14. Deutschen Bundestags. Besonderes Kennzeichen des BBE ist seine multisektorale Struktur: Es ist ein gemeinsames Netzwerk von Organisationen aus der Bürgergesellschaft und dem → Dritten Sektor, aus Staat und Politik sowie aus der Wirtschaft und dem Arbeitsleben. Auch Wissenschaft und Medien wirken mit. Das BBE ist ein deliberatives Forum für Austausch, Beratung und gegenseitiges Lernen und versteht sich als Wissens- und Kompetenzplattform und als ein Ort der »assoziativen Demokratie« (Klein/Olk). Es bündelt Anliegen seiner Mitglieder und entwickelt aus einer bereichs- und sektorübergreifenden Perspektive Impulse für die Stärkung von → bürgerschaftlichem Engagement und Bürgergesellschaft. Im Zentrum steht dabei die engagement- und demokratiepolitische Agenda.

Das BBE hat Anfang 2016 rd. 260 Mitgliedsorganisationen, darunter die beiden christlichen Kirchen, Wohlfahrtsverbände, die (Dach-)Verbände des Sports, der Kultur, des Natur- und Umweltschutzes, der → Stiftungen sowie der Hilfs- und Rettungsdienste, der → Deutsche Bundesjugendring, der Deutsche Frauenrat, die → Bundesarbeitsgemeinschaft der Senioren-Organisationen, Gewerkschaften, Stiftungen, die Dachorganisationen der → Selbsthilfe, der → Freiwilligenagenturen und -zentren und → Seniorenbüros, Forschungsinstitute, aber auch Wirtschaftsunternehmen, nachgeordnete Behörden mehrerer Bundesministerien und alle 16 Bundesländer sowie Kommunen.

Gegenüber traditionellen Diskussionen um das Ehrenamt zeichnet sich die Arbeit im BBE durch den Bezug auf die → Zivil- bzw. Bürgergesellschaft und durch enge Verbindungen von Engagement und → Partizipation als Rahmenkonzept aus. Leitbild des BBE ist eine aktive Bürgergesellschaft, die durch ein hohes Maß an Teilhabe der Bürgerinnen und Bürger bei der Gestaltung des Gemeinwesens geprägt ist. Das Netzwerk beschäftigt sich in Arbeitsgruppen mit einem breit gefächerten Spektrum von Themen und Anliegen. Eine besondere Aktivität des BBE ist die 2016 zum 12. Mal durchgeführte »Woche des Bürgerschaftlichen Engagements«. Unter dem Motto »Engagement macht stark!« finden bundesweit öffentliche Aktivitäten, Aktionen und Projekte der Mitglieder statt, die auf das Engagement der Bürger/innen aufmerksam machen, es sichtbar machen und anerkennen.

Das BBE selbst ist als nicht eingetragener → Verein organisiert. Die inhaltliche Arbeit erfolgt in Arbeitsgruppen, die die verschiedenen Anliegen und Schwerpunkte des BBE repräsentieren und in Form von Workshops, Fachveranstaltungen, Impulspapieren etc. bearbeiten. Die Amtszeit von Gremien und Arbeitsgruppen beträgt drei Jahre. Die Bundesgeschäftsstelle begleitet die Arbeit des Netzwerks und erbringt Servicefunktionen. Träger von Geschäftsstelle und Projekten ist seit 2011 die BBE Geschäftsstelle gemeinnützige GmbH. Deren Gesellschafter sind mit dem jeweils amtierenden Sprecherrat identisch. Das BBE finanziert sich aus Mitgliedsbeiträgen, Spenden und öffentlichen Zuwendungen.

*Anschrift:* BBE Geschäftsstelle, Michaelkirchstr. 17/18, 10179 Berlin, www.b-b-e.de

*Lit.* Klein, A./Olk, T.: Transsektorale Vernetzung und assoziative Demokratie. Erfahrungen des Bundesnetzwerks Bürgerschaftliches Engagement (BBE), in: Zimmer, A. E./Simsa, R. (Hrsg.): Forschung zu Zivilgesellschaft, NPOs und Engagement. Quo vadis?, Wiesbaden 2014; Klein, A./Sprengel, R./Neuling, J. (Hrsg.): Jahrbuch Engagementpolitik 2013–2016, Schwalbach/Ts. 2013 ff.; Olk, T./Klein, A./Hartnuß, B. (Hrsg.): Engagementpolitik. Die Entwicklung der Zivilgesellschaft als politische Aufgabe, Wiesbaden 2010.

*Ansgar Klein*

**Bundesprüfstelle für jugendgefährdende Schriften** → Jugendmedienschutz

**Bundessozialgericht** → Sozialgerichte

**Bundessozialhilfegesetz (BSHG)** → Sozialhilfe

**Bundesstiftung »Mutter und Kind – Schutz des ungeborenen Lebens«** besteht seit 1984 als rechtsfähige → Stiftung des öffentlichen Rechts zur Unterstützung schwangerer Frauen in Notlagen. Die B. zahlt die jährlich vom Bund zur Verfügung gestellten rd. 92 Mio. Euro an die Landesstiftungen für Frauen und Familien in Not und ähnliche zentrale Einrichtungen, die für die Weitergabe der Mittel an werdende Mütter in Notlagen innerhalb ihres Bundeslandes verantwortlich sind. Die Stiftungsmittel werden z.B. für die Babyerstausstattung, die Weiterführung des Haushalts, die Wohnung und Einrichtung sowie die Betreuung des Kleinkindes gewährt. Zu den Voraussetzungen für die Auszahlung von Mitteln gehört, dass die Frau noch vor der Entbindung einen Antrag auf Unterstützung bei einer Schwangerschaftsberatungsstelle an ihrem Wohnsitz bzw. gewöhnlichen Aufenthaltsort stellt. Hilfe aus Mitteln der B. wird erst gewährt, wenn es keine anderen Hilfen gibt, sie nicht rechtzeitig zur Verfügung stehen oder nicht ausreichen. Die Stiftungsmittel sind gegenüber sämtlichen → Sozialleistungen nachrangig und werden dort nicht als → Einkommen angerechnet. Ein → Rechtsanspruch auf Leistung besteht nicht. Die Höhe und Dauer der Hilfe richten sich nach den persönlichen Umständen, aber auch nach der Gesamtzahl der Antragstellerinnen. Im Jahr 2013 konnten über 132.000 schwangere Frauen in einer Notlage mit durchschnittlich 692 Euro für jede Erstbewilligung unterstützt werden.

*Anschrift*: c/o Bundesministerium für Familie, Senioren, Frauen und Jugend, 53107 Bonn, www.bundesstiftung-mutter-und-kind.de

*Roland Simon/Sabine Ullrich*

**Bundesteilhabegeld** Das B. geht auf Empfehlungen des → Deutschen Vereins für öffentliche und private Fürsorge e.V. (DV) vom 7.12.2004 zurück. Mit dem B. wird die Einführung einer aus dem Bundeshaushalt steuerfinanzierten monatlichen → Geldleistung vorgeschlagen. Das B. soll zur eigenständigen Verwendung für Teilhabebedarfe zur Verfügung stehen, die ansonsten durch die → Eingliederungshilfe abgedeckt würden. So kann das B. als vorgelagerter Nachteilsausgleich das Ziel der → Partizipation und selbstbestimmten Lebensführung von → behinderten Menschen fördern. Gleichzeitig könnten die für die Eingliederungshilfe zuständigen → Leistungsträger entsprechend entlastet werden. Mit dem B. ist eine Verknüpfung von Fach- und Finanzreform verbunden, also die Reform der Eingliederungshilfe mit der Entlastung der zuständigen Leistungsträger.

Die Idee des B. wurde mit der verstärkten Debatte um eine Eingliederungshilfereform von Verbänden aufgegriffen, modifiziert und in die Diskussion eingebracht. So hat etwa das Forum behinderter Juristinnen und Juristen im Mai 2013 ein nach Art und Schwere der Beeinträchtigung gestaffeltes B. in Höhe von bis zu 1.100 Euro vorgeschlagen. Im Koalitionsvertrag von CDU/CSU und SPD für die 18. Legislaturperiode des Bundestags hat das B. als Prüfauftrag Eingang gefunden. Auch die → Arbeits- und Sozialministerkonferenz (ASMK) schlug im September 2013 ein (eigenes) B. vor, mit der sie die Erwartung verband, die im Koalitionsvertrag angekündigte Entlastung der Kommunen durch das B. vorzunehmen. Parallel dazu wurde auf Ebene des DV die Aktualisierung der Empfehlungen von 2004 beraten – insbesondere mit Blick auf die Anschlussfähigkeit an die Reformdiskussionen zur Eingliederungshilfe – und am 9.10.2013 verabschiedet.

In der Fassung der Empfehlungen des DV von 2013 sollte als Voraussetzungen für den Bezug des B. allein die Vollendung des 18. Lebensjahrs und der Anspruch auf Eingliederungshilfe genügen. Hinsichtlich der Höhe des B. wurde die Höchstgrundrente des → Bundesversorgungsgesetz herangezogen, abzüglich eines Abschlags. Dieser ist geboten, weil zwar die Teilhabebeeinträchtigung dem Bundesversorgungsgesetz immanent ist, aber die → Beschädigtenrente eine Funktion von Entschädigung und Genugtuung verfolge. Das B. der ASMK unterschied sich von dem des DV u.a. dadurch, dass eine Festlegung auf einen bestimmten Betrag getroffen wurde, der nicht auf Leistungen der Eingliederungshilfe angerechnet werden sollte. Nach Vorstellung des DV wäre bei einem B. von 600 Euro monatlich ein Finanzierungsbedarf des Bundes von etwa 4 Mrd. Euro pro Jahr entstanden. Je nach Ausgestaltung des B. würde sich dadurch eine Entlastung der Kommunen bzw. Länder ergeben.

*Daniel Heinisch*

**Bundesteilhabegesetz** Das B. bezeichnet ein behindertenpolitisches Vorhaben der Bundesregierung der 18. Legislaturperiode. Mit dem Koalitionsvertrag 2013 ist das zuvor als Reform der → Eingliederungshilfe bzw. Bundesleistungsgesetz diskutierte Vorhaben festgeschrieben worden. Der eigentlichen Erarbeitung vorgeschaltet wurde zwischen 2014 und 2015 ein breiter Beteiligungsprozess im → Bundesministerium für Arbeit und Soziales (BMAS), an dem auch viele → Behindertenverbände sich beteiligten. Am 28.6.2016 wurde der Regierungsentwurf des B. vom Bundeskabinett verabschiedet. Ziel ist, das parlamentarische Verfahren noch 2016 zu beenden. Der Entwurf bezweckt, die → Teilhabe von → behinderten Menschen zu verbessern und die Steigerung bei den Kosten der → Eingliederungshilfe zu dämpfen. Allerdings ist ein → Bundesteilhabegeld kein Bestandteil des Entwurfs. Der Entwurf enthält als Kernstück eine Reform des SGB IX (→ Rehabilitation und Teilhabe behinderter Menschen), dessen Teil 1 die trägerübergreifende Bedarfsermittlung und Teilhabeplanung regelt. Im zweiten Teil des SGB IX soll die Eingliederungshilfe verankert werden. Sie wird eine neue Beschreibung des Personenkreises und eine Konzentration auf die Fachleistung enthalten, ebenso wie Möglichkeiten der gemeinsamen Leistungserbringung und der Bildung von Pauschalen. Die Eingliederungshilfe wird eine deutliche Erhöhung der Grenze für den Einsatz von → Einkommen und → Vermögen enthalten. Insbesondere die Regelungen zur → Pflege werden wohl (neue) Fragen aufwerfen. Das B. soll stufenweise zwischen 2017 und 2020 in Kraft treten.

*Daniel Heinisch*

**Bundesverband Deutscher Stiftungen** Die Idee für eine Interessenvertretung der deutschen → Stiftungen wurde in einer der traditionsreichsten Stiftungen des Landes, der Fuggerei in Augsburg, geboren. Im Jahr 1948 als »Arbeitsgemeinschaft bayerischer Wohltätigkeits, Erziehungs- und Kultusstiftungen« gegründet, erhielt der Verband 1990 seinen heutigen Namen. Aus einem kleinen Kreis ist mittlerweile eine Stiftungsfamilie mit über 3.300 Mitgliedern erwachsen. Dazu gehören Stiftungen, Freunde des Stiftungswesens und Stiftungsverwaltungen, die 2.000 weitere Stiftungen repräsentieren. Jede der Mitgliedsstiftungen ist einzigartig: im Typ, in der Struktur und Größe, in ihrem Anliegen und Zweck. Damit repräsentiert der B. D. S. die bunte und vielfältige deutsche Stiftungslandschaft. Basis des Verbandes ist das im Zentrum Berlins gelegene Haus Deutscher Stiftungen.

Neben vielfältigen Veranstaltungen im gesamten Bundesgebiet organisiert der B. D. S. jedes Jahr den größten europäischen Stiftungskongress und stärkt damit die Aufmerksamkeit für Stiftungen in der Öffentlichkeit. Mit der Verleihung des Stifterpreises und der Stiftermedaille ehrt der Verband herausragende Personen und würdigt deren Engagement. Kreative Ideen in der Kommunikation von Stiftungen werden mit dem Kommunikationspreis KOMPASS ausgezeichnet. Mitglieder profitieren von einem breit gefächerten Informations, Service- und Beratungsangebot, von Praxiserfahrungen und Kontakten. Auf politischer Ebene macht der Verband sich für die Verbesserung der rechtlichen und steuerrechtlichen Rahmenbedingungen stark. Die Vielfalt der Stiftungen gilt es zu bewahren, nicht zuletzt um ihrem Wirken dauerhaft gesellschaftspolitischen Rückhalt zu geben.

*Informationen*: www.stiftungen.org

*Hedda Hoffmann-Steudner*

**Bundesverband für körper- und mehrfachbehinderte Menschen e.V.** wurde 1959 von regionalen Zusammenschlüssen von Eltern mit körper- und mehrfachbehinderten Kindern gegründet. Heute sind in 13 Landesverbänden und 270 Orts- und Kreisvereinen ca. 27.000 Familien mit behinderten Angehörigen organisiert. Als Selbsthilfe- und Fachverband vertritt er → körperbehinderte Menschen, die ein weitgehend unabhängiges Leben führen können, ebenso Menschen mit schweren und mehrfachen Behinderungen, die dauerhaft auf Zuwendung und Unterstützung angewiesen sind. Menschen mit cerebralen Bewegungsstörungen bilden die größte Gruppe. Die regionalen Mitgliedsorganisationen sind Träger von Einrichtungen und Diensten auf allen Arbeitsfeldern der

Behindertenhilfe. In 50 Clubs und Gruppen treffen sich behinderte und nicht behinderte Menschen. Ziel der Arbeit ist es, den Einzelnen Chancen zu eröffnen, ein erfülltes Leben zu führen. Voraussetzungen hierzu sind: angemessene medizinische, pädagogische und soziale Leistungen, eine weitgehend barrierefreie Umwelt (→ Barrierefreiheit) sowie gesicherte rechtliche Ansprüche. Notwendig ist auch die Veränderung von → Einstellungen in der Gesellschaft. Die gegenseitige Unterstützung und Beratung der Betroffenen bilden das Fundament der Verbandsarbeit. Als Fachverband verknüpft er aktuelles Fachwissen aus Medizin, Pädagogik, beruflicher und sozialer Rehabilitation mit der Praxis der Arbeit für und mit körper- und mehrfachbehinderten Menschen. Er informiert und berät behinderte Menschen und deren Angehörige sowie Fachleute durch die Herausgabe des Magazins DAS BAND im verbandseigenen Verlag und organisiert den Austausch durch Tagungen und Weiterbildung. Als sozialpolitische Interessenvertretung versteht er sich als sachverständiges, kritisches Gegenüber von Gesetzgeber, Regierung und Verwaltung.

*Anschrift*: Brehmstr. 5–7, 40239 Düsseldorf, www.bvkm.de

*Norbert Müller-Fehling*

**Bundesverband Psychiatrie-Erfahrener e.V. (BPE)** Psychiatrie-Erfahrene sind Menschen, die mit dem psychiatrischen System in Kontakt gekommen sind, also mit der Psychiatrie Erfahrung haben. Diese Wortwahl distanziert sich bewusst von der sog. »psychischen Krankheit«, deren Existenz umstritten ist (→ Psychisch kranke Menschen). Psychiatrie-Erfahrene müssen sich nicht als »krank« definieren, sie können aus der Rolle des Kranken und Hilfebedürftigen ausbrechen.

Der BPE ist ein gemeinnütziger und mildtätiger Verein. Er ist ein Zusammenschluss von passiven oder aktiven Mitgliedern, die sich für ihre Rechte einsetzen und die individuelle → Selbsthilfe in Gruppen praktizieren. Der Verband berät Menschen mit Psychiatrie-Erfahrung im Sinne der Betroffenen und ist unabhängig. Themen sind u.a. Psychopharmaka, Diagnosen, Schutz vor Zwangsbehandlung, → Patientenverfügung für die Psychiatrie, aber auch Umgang und Erleben von seelischen Krisen, Schwierigkeiten, die von Betreuern verursacht werden, Erfahrungen mit Einsamkeit, Ausgrenzung und → Stigmatisierung sowie das allgemeine Wohn- und Lebensumfeld. Kontakt zu → Selbsthilfegruppen wird vermittelt und umfangreiches Informationsmaterial kann angefordert werden.

*Anschrift*: Wittener Straße 87, 44789 Bochum, www.bpe-online.de

*Martin Lindheimer*

**Bundesvereinigung der kommunalen Spitzenverbände** (BV) Der → Deutsche Städtetag, der → Deutsche Landkreistag und der → Deutsche Städte- und Gemeindebund bilden die BV. Die Federführung liegt beim Deutschen Städtetag. Die drei Spitzenverbände erfassen alle → Gemeinden, Städte (→ Kreisfreie, → Kreisangehörige Städte) und Kreise (→ Landkreise) in der Bundesrepublik.

Die Zusammenarbeit im Rahmen der BV findet in Geschäftsstellenbesprechungen und im Gesamtvorstand statt. Durch die Geschäftsordnungen von Bundestag und Bundesregierung sind die → kommunalen Spitzenverbände an der Gesetzgebungsarbeit beteiligt. Kommunalpolitisch bedeutsame Angelegenheiten werden von den Beschlussgremien der einzelnen Verbände entschieden. In großen gesetzgeberischen Vorhaben (u.a. der → Sozialpolitik) geben die kommunalen Spitzenverbände auch gemeinsame Stellungnahmen im Rahmen der BV ab.

*Anschrift*: Hausvogteiplatz 1, 10117 Berlin; Gereonstr. 18–32, 50670 Köln.

*Stephan Articus*

**Bundesvereinigung Lebenshilfe e.V.** (BV LH) wurde 1958 von dem niederländischen UN-Offizier Dr. h. c. Tom Mutters mit Eltern und Fachleuten in Marburg als gemeinnütziger Verein gegründet. Sie ist dem Selbsthilfegedanken (→ Selbsthilfe) verpflichtet und lebt das Motto: »Es ist normal, verschieden zu sein.« Die BV LH vereinigt etwa 130.000 Mitglieder in 509 Orts- und Kreisvereinigungen und 16 Landesverbänden sowie 109 Dienste und Einrichtungen und 14 Verbände als kooperative Mitglieder. Sie ist die größte Interessenvertretung von Menschen mit geistiger Behinderung und ihren Familien in Deutschland und bietet mit 4.160 Diensten und Einrichtungen vielfältige Angebote zur Unterstützung, von → Beratung, → Frühförderung über → Kindestageseinrichtungen bis zu Wohnunterstützung und → Werkstätten für behinderte Menschen. Geführt wird die BV LH durch einen ehrenamtlich tätigen Bundesvorstand, den drei Selbstvertreter, neun Elternteile und zwei Fachleute bilden. Insgesamt ist in der Lebenshilfe eine Vielzahl ehrenamtlich und hauptamtlich Engagierter aktiv, damit Menschen mit geistiger Behinderung lebenslang so normal und selbstständig wie möglich leben können und die Unterstützung erhalten, die sie dafür brauchen. In ihrem Grundsatzprogramm hat die Lebenshilfe ihre Mission formuliert: → Menschenrechte sichern,

→ Teilhabe verwirklichen und eine Gesellschaft für alle gestalten. Auf diese Weise bahnt sie → Inklusion den Weg.

Zentral ist die Selbstvertretung von Menschen mit Behinderung, insgesamt gibt es in der Lebenshilfe über 10.000 Mitglieder mit geistiger Behinderung. Im Sinne von »Nichts über uns, ohne uns« gestalten sie auf allen Ebenen mit. Die Lebenshilfe ist Mitinitiatorin und Mitglied von Inklusion International, dem Weltverband der Selbsthilfeorganisationen für Menschen mit geistiger Behinderung sowie von Inklusion Europe, dessen europäischer Untergliederung.

*Jeanne Nicklas-Faust*

**Bundesverfassungsgericht** (BVerfG) ist ein allen übrigen Verfassungsorganen gegenüber selbstständiger und unabhängiger Gerichtshof des Bundes (§ 1 Bundesverfassungsgerichtsgesetz – BVerfGG – vom 12.3.1951, i.d.F. der Bekanntmachung vom 11.8.1993, BGBl. I S. 1473) mit Sitz in Karlsruhe. Es ist neben Bundespräsident, Bundesregierung, Bundestag und Bundesrat das fünfte oberste Bundesorgan, sein Präsident oder seine Präsidentin in der protokollarischen Rangfolge der Bundesrepublik der fünfthöchste Repräsentant des Staates. Das Gericht besteht aus zwei Senaten, in die je zur Hälfte von einem Wahlausschuss des Bundestages und des Bundesrates acht Richter/innen gewählt werden. Von den Richter/innen müssen jeweils drei aus der obersten Gerichtsbarkeit des Bundes (Bundesgerichtshof, Bundesverwaltungsgericht, Bundesarbeitsgericht, Bundessozialgericht, Bundesfinanzhof) kommen, die übrigen Richter/innen werden üblicherweise aus dem Kreise der Hochschullehrer/innen des Rechts und dem höheren politiknahen Spektrum rekrutiert. Die Richter/innen müssen das 40. Lebensjahr vollendet haben, zum Bundestag wählbar sein und die Befähigung zum Richteramt nach dem deutschen Richtergesetz besitzen. Das Gericht verfügt über einen Präsidenten/eine Präsidentin und eine/n Vizepräsident/in, die jeweils einem der Senate vorsitzen.

Die Zuständigkeit des BVerfG ergibt sich aus Art. 93 des → Grundgesetzes (GG) und dem Verfahrensrecht im BVerfGG. Im Groben unterscheidet man zwischen Organstreit-, Normenkontroll- und Verfassungsbeschwerdeverfahren. Bei den mehreren tausend Antragseingängen im Jahr handelt es sich weit überwiegend um Verfassungsbeschwerdeverfahren. Darüber hinaus bestimmt das Grundgesetz noch einige Verfahren, für die das BVerfG zuständig ist – etwa die Anklage des Bundespräsidenten oder Parteiverbotsverfahren.

Das BVerfG gilt als ein außerordentlich mächtiges Organ. Seine Entscheidungen binden die Verfassungsorgane des Bundes und der Länder sowie alle Gerichte und Behörden. Die Entscheidungen besitzen in einer Vielzahl von Verfahren Gesetzeskraft. Das Gericht kann von Bundestag und Bundesrat erlassene → Gesetze verwerfen (für verfassungswidrig erklären) und bis zum Erlass eines verfassungskonformen Gesetzes selbst Regelungen setzen; seine Entscheidungen sind nach nationalem Recht nicht überprüfbar. Die hohe mediale Aufmerksamkeit, v.a. aber seine sehr verantwortungsvolle Entscheidungspraxis haben dazu geführt, dass das BVerfG trotz gelegentlich derber Kritik an seinen Entscheidungen einen hohen, nachgerade unangefochtenen Stellenwert besitzt. Seine Entscheidungen prägen nicht nur die Rechtswirklichkeit, sondern auch die Wertmaßstäbe, die der Gesellschaft und der Verfassung zugrunde liegen.

*Jonathan I. Fahlbusch*

**Bundesversicherungsanstalt für Angestellte (BfA)** → Deutsche Rentenversicherung Bund (DRV)

**Bundesversorgungsgesetz (BVG)** Das »Grundgesetz« des Sozialen Entschädigungsrechts ist das Gesetz über die Versorgung der Opfer des Krieges (BVG) i.d.F. der Bekanntmachung v. 22.1.1982 (BGBl. I S. 21), zuletzt geändert durch Art. 5 des Gesetzes v. 30.7.2009 (BGBl. I S. 2495). Die staatliche Versorgung der Kriegsbeschädigten und Kriegshinterbliebenen reicht in das Jahr 1920 zurück, als das Reichsversorgungsgesetz geschaffen wurde. Zwar ist die Zahl der Empfänger/innen von Leistungen nach dem BVG von knapp 4,4 Mio. Personen im Jahr 1952 deutlich auf 378.000 Personen im Jahr 2009 zurückgegangen, aber das BVG stellt für die sonstigen Entschädigungsgesetze auch heute noch den maßgeblichen rechtlichen Kristallisationspunkt dar (vgl. → soziale Entschädigung).

Anspruchsberechtigt nach dem BVG (sog. Beschädigte) sind Personen (Deutsche, deutsche Volkszugehörige und andere Kriegsopfer, § 7 Abs. 1 BVG), die durch eine militärische oder militärähnliche Dienstverrichtung oder durch einen Unfall während der Ausübung des militärischen oder militärähnlichen Dienstes oder durch die diesem Dienst eigentümlichen Verhältnisse sowie durch im BVG gleichgestellte Begebenheiten eine gesundheitliche Schädigung erlitten haben (§ 1 Abs. 1 BVG). Die Berücksichtigung der unmittelbaren Kriegseinwirkungen (§ 1 Abs. 2 Buchstabe a BVG) stellt sicher, dass auch die von der Zivilbevölkerung erlittenen Gesundheitsschäden in den Schutzbereich des BVG einbezogen sind.

Das BVG sieht zahlreiche Leistungen vor: Heilbehandlung, → Krankenbehandlung, → Beschädigtenrente, Pflegezulage, Bestattungsgeld, → Sterbegeld, → Hinterbliebenenrenten, Leistungen der → Kriegsopferfürsorge usw. Bei Renten/laufenden Versorgungsbezügen unterscheidet das BVG zwischen einkommensunabhängigen Leistungen (Grundrente, Schwerstbeschädigtenzulage, Pflegezulage, Führzulage für Blinde, Kleiderverschleißpauschale) sowie einkommensabhängigen Leistungen (Ausgleichsrente, Ehegattenzuschlag, Kinderzuschlag und Berufsschadensausgleich), die je nach Umfang und Schwere der Schädigungsfolgen kumulativ gewährt werden können. Praktische Bedeutung haben v.a. die Grundrente (§ 31 BVG), die Ausgleichsrente (§ 32 BVG), der Berufsschadensausgleich (§ 30 Abs. 3–16 BVG) und die Pflegezulage (§ 35 BVG). Bei der Versorgung der Hinterbliebenen ist insbesondere die Grundrente (§§ 38, 40 BVG) und die Ausgleichsrente (§ 41 BVG) von Bedeutung, die anders als die Grundrente des Beschädigten Unterhaltsfunktion hat. Eine Vielzahl von → Sozialleistungsträgern erbringen Leistungen im Zusammenhang mit dem BVG. Allerdings liegt die Hauptzuständigkeit bei den → Versorgungs- und Landesversorgungsämtern.

*Dirk Waschull*

**Bundesvertriebenengesetz (BVFG)** Das Gesetz über die Angelegenheiten der Vertriebenen und → Flüchtlinge vom 19.5.1953 i.d.F. der Bekanntmachung vom 10.8.2007 (BGBl. I S. 1902), zuletzt geändert durch Art. 1 des Gesetzes vom 6.9.2013 (BGBl. I S. 3554), hat bundeseinheitlich die verschiedenen Flüchtlingsgesetze der Länder abgelöst. Das BVFG bildet die Rechtsgrundlage für die Eingliederung der Vertriebenen in die Wirtschafts- und Sozialordnung der Bundesrepublik. Die Begriffe Vertriebene/r, Heimatvertriebene/r, Sowjetzonenflüchtling, deutsche Volkszugehörigkeit usw. werden im BVFG definiert. Rechte und Vergünstigungen als Vertriebene/r (einschließlich → Spätaussiedler/in, Aussiedler/in und Umsiedler/in) kann – vorbehaltlich bestimmter Ausschlusstatbestände und der vollzogenen Eingliederung – nur beanspruchen, wer die deutsche Staats- oder Volkszugehörigkeit (→ Staatsangehörigkeit) besitzt, einen ehemaligen Wohnsitz in den Vertreibungsgebieten nachweist und seinen ständigen → Aufenthalt in Deutschland hat. Den Berechtigten wird auf → Antrag eine Bescheinigung bzw. ein Ausweis zum Nachweis der Spätaussiedler- bzw. Vertriebenen- und Flüchtlingseigenschaft ausgestellt (§ 15 BVFG). Inhaltlich regelt das BVFG u.a. die Eingliederung in das berufliche, kulturelle und soziale Leben sowie die Förderung selbstständiger Erwerbstätiger. Das BVFG verpflichtet aber auch Bund und Länder dazu, das Kulturgut in den Vertreibungsgebieten zu bewahren und wissenschaftlich zu erforschen (§ 96 BVFG).

*Stephan Hocks*

**Bundesverwaltungsgericht** → Verwaltungsgerichte

**Bundeszentrale für gesundheitliche Aufklärung (BZgA)** in Köln ist eine Behörde im Geschäftsbereich des → Bundesministeriums für Gesundheit. Ihrem Gründungszweck folgend, die → Gesundheit der Menschen zu fördern und zu erhalten, erfüllt sie folgende Aufgaben: Konzeption von Strategien und Programmen der → Prävention und → Gesundheitsförderung, Umsetzung durch personalkommunikative Maßnahmen und bevölkerungsweite Kampagnen der Gesundheitsaufklärung, Qualitätssicherung von Programmen und Maßnahmen, Qualifikation von Multiplikatoren, Koordinierung und → Kooperation in der Prävention auf nationaler und internationaler Ebene. Seit 2007 betreibt die BZgA zusammen mit dem → Deutschen Jugendinstitut das Nationale Zentrum → Frühe Hilfen (NZFH). Es entstand im Rahmen des Aktionsprogramms „Frühe Hilfen für Eltern und Kinder und soziale Frühwarnsysteme", um den präventiven → Kinderschutz und die Fachpraxis beim Auf- und Ausbau der Frühen Hilfen zu stärken. Das NZFH trägt dazu bei, die Rechte von Kindern auf Schutz, Förderung und gesellschaftliche → Teilhabe zu verbessern. Mit Inkrafttreten des Präventionsgesetzes im Jahr 2015 hat die BZgA weitere zusätzliche Aufgaben erhalten: Sie unterstützt die gesetzlichen → Krankenkassen bei der Wahrnehmung ihrer Aufgaben zur Gesundheitsförderung in → Lebenswelten. Zudem ist die Geschäftsstelle der Nationalen Präventionskonferenz bei der BZgA in Köln angesiedelt.

Die BZgA nimmt ihre Aufgaben – neben der Verwaltungsabteilung – in fünf Fachabteilungen mit entsprechenden Referaten wahr. Zurzeit sind rd. 250 Mitarbeiterinnen und Mitarbeiter in der BZgA beschäftigt.

*Heidrun Thaiss*

**Bundeszentralregister** ist ein deutsches, beim Bundesamt für Justiz geführtes Register. Die Aufsicht führt das Bundesministerium für Justiz und Verbraucherschutz, gesetzliche Grundlage ist das B.gesetz (BZRG). In das B. werden nach § 4

BZRG alle rechtskräftigen Verurteilungen mit den Personendaten der Betroffenen eingetragen, durch die ein deutsches Gericht im Geltungsbereich des BZRG wegen einer rechtswidrigen Tat auf → Geld-, → Freiheits-, → Jugendstrafe erkannt, jemanden mit Strafvorbehalt (§ 59 Strafgesetzbuch) verwarnt, nach § 27 → Jugendgerichtsgesetz (JGG) die → Schuld eines/einer Jugendlichen oder Heranwachsenden festgestellt oder eine → Maßregel der Besserung und Sicherung anordnet hat. Außerdem werden nach § 54 Abs. 1 BZRG ausländische Verurteilungen unter den dort genannten Voraussetzungen eingetragen. Berücksichtigung finden auch Entscheidungen von Verwaltungsbehörden, die strafrechtlich bedeutsam sein können (z.B. → Abschiebung von Ausländer/innen, Untersagung der Gewerbe- und Berufsausübung, Passentzug, Versagung oder Entzug einer waffenrechtlichen Erlaubnis).

Jeder Person über 14 Jahre wird auf Antrag mitgeteilt, welche Eintragungen über sie im B. elektronisch gespeichert sind. Auszüge daraus werden als Führungszeugnis, behördliches Führungszeugnis, erweitertes Führungszeugnis im Gesetz beschrieben. Nicht darin aufgenommen werden geringfügige Verurteilungen wie Freiheitsstrafen bis zu drei Monaten, Geldstrafen bis zu 90 Tagessätzen, Jugendstrafe bis zu zwei Jahren bei → Strafaussetzung zur Bewährung. Eintragungen über Verurteilungen werden nach Ablauf einer bestimmten Frist getilgt, es sei denn, es handelt sich um eine Verurteilung zu lebenslanger Freiheitsstrafe oder die Unterbringung in der → Sicherungsverwahrung oder in einem psychiatrischen Krankenhaus wurde angeordnet, § 45 BZRG. Die Länge der Tilgungsfrist richtet sich nach den §§ 46 ff. BZRG. Ein Teil des B. ist das → Erziehungsregister.

*Réka Fazekas*

**Bundeszentralstelle für Auslandsadoption (BZAA)** Die BZAA wurde im Zuge der Umsetzung des → Haager Adoptionsübereinkommens (HAÜ) von 1993 eingerichtet. Sie arbeitet auf Grundlage des Adoptionsübereinkommens-Ausführungsgesetzes vom 1.1.2002; seit 1.1.2007 ist sie beim Bundesamt für Justiz in Bonn angesiedelt. Die BZAA ist als Empfangs- und Weiterleitungsstelle im Rahmen des HAÜ koordinierend tätig und arbeitet mit den Zentralen Adoptionsstellen der → Landesjugendämter sowie den Auslandsadoptionsvermittlungsstellen in → freier Trägerschaft (→ Adoptionsvermittlungsgesetz [AdVermiG]) zusammen. Im Gegensatz zu den Zentralen Adoptionsstellen der Landesjugendämter, die auch die Aufsicht über die Adoptionsvermittlungsstellen ausüben, ist die BZAA selbst keine Adoptionsvermittlungsstelle. Weitere, über das HAÜ hinausgehende Aufgaben ergeben sich aus dem AdVermiG, etwa bei der Zulassung von internationalen Adoptionsvermittlungsstellen, der Adoptionsbefähigungsbescheinigung für im Ausland lebende Deutsche und dem → Adoptionswirkungsgesetz, hier im Zusammenhang mit der Anerkennung ausländischer Adoptionsbeschlüsse.

*Gabriele Scholz*

**Bündnis für Gemeinnützigkeit** (**BfG**) ist ein Zusammenschluss maßgeblicher Dachorganisationen des → Dritten Sektors. Mitglieder sind die → Bundesarbeitsgemeinschaft der Freien Wohlfahrtspflege, die → Bundesarbeitsgemeinschaft der Senioren-Organisationen, der → Bundesverband Deutscher Stiftungen, der → Deutsche Bundesjugendring, der Deutsche Kulturrat, der Deutsche Naturschutzring, der Deutsche Olympische Sportbund, der Deutsche Spendenrat, der Stifterverband für die Deutsche Wissenschaft und VENRO – Verband Entwicklungspolitik und Humanitäre Hilfe deutscher Nichtregierungsorganisationen. Entscheidungen werden im Konsens getroffen. Nach außen tritt ein dreiköpfiger Sprecherrat auf, der jeweils für zwei Jahre gewählt wird. Der Trägerkreis beruft zusätzlich einen Beirat von Einzelpersonen und Organisationen, die ihn beratend begleiten; dazu zählt u.a. das → Bundesnetzwerk Bürgerschaftliches Engagement.

Die Anfänge des Bündnisses gehen auf eine Projektgruppe „Reform des Spenden- und Gemeinnützigkeitsrechts" zurück, die sich 2005 konstituierte, um an der zeitgemäßen Fortentwicklung der rechtlichen und steuerlichen Rahmenbedingungen für gemeinnütziges Handeln (→ Gemeinnützigkeit von Körperschaften) und → bürgerschaftliches Engagement in Deutschland mitzuwirken. Im Oktober 2009 formalisierte sich das Bündnis durch Verabschiedung einer „Arbeitsgrundlage".

Das BfG versteht sich als Netzwerk zur Vertretung gemeinsamer Interessen des Sektors im Hinblick auf die Ausgestaltung des bürgerschaftlichen Engagements in Deutschland.

*Gerhard Timm*

**Bürgerbeauftragte/r** → Ombudschaft

**Bürgerbeteiligungsverfahren** → Partizipation

**Bürgergeld** → Grundsicherung

**Bürgergesellschaft** → Zivilgesellschaft

**Bürgerhaushalt** Als B. bezeichnet man unterschiedliche Verfahren, um Bürger regelmäßig an Entscheidungen über den → Haushalt einer Kommune zu beteiligen (→ Partizipation). Im Idealfall wird durch Veranstaltungen oder über das Internet zunächst die Haushaltssituation dargestellt und anschließend ein strukturierter Diskussions- oder Rückmeldeprozess zur Verwendung öffentlicher Gelder durchgeführt, beispielsweise zur Priorisierung von Investitionen oder Einsparungen. Die erarbeiteten Vorschläge dienen Verwaltung und Politik jedoch nur als Orientierung, da das Haushaltsrecht als Kernkompetenz den kommunalen Parlamenten vorbehalten bleibt. Dennoch sollten die Entscheidungen des Rates an die Bevölkerung zurückgespiegelt werden um deutlich zu machen, welche Vorschläge aus dem Beteiligungsverfahren berücksichtigt wurden. Nicht alle B. umfassen diese drei Stufen, in der Praxis hat sich eine große Vielfalt unterschiedlicher Formen entwickelt. B. können sich sowohl auf den gesamten → Haushaltsplan einer Kommune beziehen oder lediglich auf einzelne Teile bzw. ein festgelegtes Budget. Bei der am häufigsten verbreiteten Form des B. können Bewohner/innen einer Kommune Vorschläge für den Haushaltsplan zumeist über das Internet einreichen. Nach Abschluss der Haushaltsberatungen erfolgt eine Erklärung, welche Vorschläge umgesetzt wurden. Bürgerschaftliche Beteiligungsprozesse wurden im Zusammenhang mit Finanzpolitik lange Zeit eher kritisch gesehen und trotz steigender Popularität seit Mitte der 2000er-Jahre haben B. bislang keine starke Verbreitung gefunden.

*Jens Wurtzbacher*

**Bürgerinitiativen** sind Zusammenschlüsse von Menschen auf meist lokaler Ebene, die ein bestimmtes gesellschaftliches oder politisches Problem aufzeigen, seine Bearbeitung durch politisch Verantwortliche einfordern oder es eigenverantwortlich lösen wollen. Dabei bauen sie auf das Engagement in der kleinen, überschaubaren → Gruppe (→ Bürgerschaftliches Engagement). Der Begriff B. entstand gegen Ende der 1960er-Jahre in einer Phase, die durch die Studentenbewegung und eine reformerische Aufbruchstimmung geprägt war. In teilweise kritischer Distanz zu den etablierten Parteien und Verbänden wollen B. im Bewusstsein ihrer Mündigkeit und bürgerschaftlichen Verantwortung (→ Partizipation) ihre Angelegenheiten selbst in die Hand nehmen und/oder unmittelbaren Druck auf die politisch Verantwortlichen ausüben. B. können borniert ihren eigenen Vorteil suchen, stellvertretend für schwächere Gruppen der Bevölkerung handeln oder auch das wohlverstandene Gemeinwohl verfolgen.

Themenschwerpunkte waren zunächst die Bereiche Wohnen, Verkehr, → Stadtentwicklung, → Erziehung, Soziales und Kultur, später auch Atomenergie, Umweltschutz, → Verbraucherschutz, → Gleichstellung von Frauen, Frieden und Abrüstung, Dritte Welt, → Arbeitslosigkeit, Asyl und → Migration. Die Strukturen von B. reichen von losen, informellen Freundeskreisen bis zu straff geführten → Vereinen. Teilweise sind B. in regionale und sogar nationale Zusammenschlüsse eingebunden, so z.B. dem 1972 gegründeten Bundesverband Bürgerinitiativen Umweltschutz und dem überwiegend aus Verbänden bestehenden → Bundesnetzwerk Bürgerschaftliches Engagement (gegründet 2002). Die Lebensdauer der Gruppen variiert erheblich. Angehörige der Mittelschichten mit höherem Bildungsgrad sind deutlich überrepräsentiert, auch wenn vereinzelt B. von Arbeitern, Bauern, Arbeitslosen oder Randgruppen (z.B. Obdachloseninitiativen) vorkommen. Die Aktions- und Protestformen sind sehr vielfältig und teilweise phantasievoll. Dazu gehören Unterschriftensammlungen, Informationsstände, Podiumsdiskussionen, Happenings, Straßenfeste, Demonstrationen und Formen des zivilen Ungehorsams.

B. finanzieren sich meist durch Mitgliedsbeiträge und Spenden, erhalten in machen Fällen, und meist projektgebunden, staatliche Zuschüsse.

Eine eigenständige und themenübergreifende B.bewegung als eng verflochtenes und auf Dauer gestelltes Netzwerk, wie es z.B. bei der Frauenbewegung und Anti-Atomkraftbewegung besteht, hat sich angesichts der Verschiedenheit der Themen, Gruppenstrukturen und Politikstile nicht entwickeln können. Jedoch werden die B. weitgehend den sog. neuen → sozialen Bewegungen zugerechnet, die seit den späten 1960er-Jahren entstanden sind. Abgesehen von Erfolgen, Teilerfolgen und Misserfolgen im Hinblick auf konkrete Anliegen besteht eine weiterreichende Wirkung von B. darin, dass sie das bürgerschaftliche Selbstbewusstsein und die demokratische Kultur gestärkt haben, teilweise auch staatliche Verwaltungen entlastet haben.

*Dieter Rucht*

**Bürgerkommune** ist in den letzten zwei Jahrzehnten zur Leitidee eines vielfältigen Reformprozesses geworden, auf den sich zahlreiche → Gemeinden in der Bundesrepublik begeben haben. Im Zentrum steht die Anerkennung, Förderung und Aufwertung der engagierten Bürgerschaft gegenüber der Verwaltung und der gewählten Gemeindevertretung. Die verstärkte Beteiligung an Planungs- und Entscheidungsprozessen, aber auch die Mitwirkung bei der Produktion öffentlicher Güter und die Stärkung des sozialen Zusammenhalts stehen im Zentrum dieser Reforminitiativen. Die Ursachen für diese Neubestimmung des kommunalen Kräftedreiecks liegen auf mehreren Ebenen: Bürgerinnen und Bürger haben sich in den letzten Jahrzehnten verstärkt in → Bürgerinitiativen, → Selbsthilfegruppen und Ehrenämtern engagiert oder an runden Tischen, mit Protesten und → sozialen Bewegungen in das kommunalpolitische Geschehen eingemischt und dabei ihr Kompetenzbewusstsein gestärkt.

Auf kommunaler Ebene hat bereits in den 1990er-Jahren ein Verwaltungsreformprozess eingesetzt, in dem zunächst die Tradition der Ordnungsverwaltung durch das → Leitbild der Dienstleistungskommune abgelöst wurde. Die B. wird als deren Weiterentwicklung betrachtet, weil sie ein Kundenmodell überwinden hilft, das für den öffentlichen Sektor zu kurz greift. Nach der deutsch-deutschen Vereinigung haben direktdemokratische Elemente in alle Gemeindeordnungen Einzug gehalten, die zuvor nur in Süddeutschland üblich waren (Direktwahl der Bürgermeister/innen, Sachvoten etc.). Zusätzlich experimentieren viele Kommunen mit zusätzlichen Beteiligungsangeboten (aktivierende Befragungen, Zukunftswerkstätten, → Bürgerhaushalte etc.). Ziel ist die Stärkung der Gemeindebürgerschaft in drei Rollen: (1) als Mitgestalter und Koproduzenten, z.B. durch die Förderung → bürgerschaftlichen Engagements über → Freiwilligenagenturen, Bürgerstiftungen, Aufgabenübertragung; (2) als → Kunden/Kundinnen durch Kundenbefragung, Beschwerdemanagement in der öffentlichen Verwaltung und in kommunalen Betrieben (Bürgerämter etc.); (3) als Auftraggeber und Entscheider durch Bürgerversammlungen, Bürgerforen, E-Democracy, Demokratiebilanzen oder bindende Referenden.

→ Soziale Berufe und kommunale Sozialeinrichtungen sind in diesen Reformprozess eingebunden. Zur bevorzugten Kooperationsform sind themenorientierte Netzwerke geworden, die nach Möglichkeit alle kommunalen Akteure eines Handlungsfeldes einbinden. Auf der Handlungsebene ist eine »neue Professionalität« gefordert, die den Mitwirkungs-, Koproduktions- und Gestaltungswünschen der → Adressat/innen, die nicht länger abhängiges »Klientel« sein wollen, gerecht wird. → Empowerment ist dabei zu einem Schlüsselkonzept geworden, an dem sich sozialpädagogisches Handeln orientieren sollte. In der Umsetzung des Reformmodells »B.« zeigen sich zahlreiche Widerstände in Politik, Verwaltung und organisierter → Zivilgesellschaft. Zu den brisanten Problemzonen zählen die geringe Beteiligung von bildungsarmen und sozial schwachen Gruppen, die Begrenzung auf Beteiligungsnischen oder die bloß symbolische Nutzung des Begriffs »B«. Um die demokratischen und sozialen Ansprüche durch ein einprägsames Leitbild zu verdeutlichen, ist deshalb die »Solidarkommune« ins Spiel gebracht worden. Sie kann sich auf Forderungen und Experimente globalisierungskritischer und städtischer Sozialbewegungen berufen, die in vielen Ländern mit der Parole »Right to the City« (Recht auf die Stadt) angetreten sind.

*Roland Roth*

**Bürgerliches Gesetzbuch (BGB)** Das BGB entstand nach langwierigen Vorarbeiten in verschiedenen Kommissionen in der Zeit ab 1874. Am 1.1.1900 ist es innerhalb des Gebietes des damaligen Deutschen Reiches in Kraft getreten, hat mehrere Wechsel der politischen Verfassung überdauert und gilt heute als Bundesrecht, Art. 123 Abs. 1, 125 des → Grundgesetzes (GG). Das BGB ist Grundlage und Reflex einer liberalen Wirtschaftsordnung. Vertragsfreiheit, Eigentum und → Erbrecht sind ihm selbstverständlich. Dagegen wird auf → soziale Probleme kaum eingegangen; die Arbeitsverhältnisse sind nur dürftig geregelt. Das Gesetz ist im Stil abstrakt und wenig volksnah, aber eine systematisch und dogmatisch gelungene Zusammenfassung wesentlicher Rechtsmaterien. Es hat sich in allen wesentlichen Teilen als Grundlage der privaten Wirtschaftsordnung bewährt. Im → Familienrecht haben fundamentale Änderungen das patriarchalisch-autoritäre Familienbild des 19. Jh. durch ein partnerschaftliches Verständnis zwischen den Beteiligten abgelöst.

In den fünf Büchern des BGB werden die Hauptbereiche des Privatrechts geregelt: im 1. Buch »Allgemeiner Teil« v.a. die Grundregeln über Rechtshandlungen und die Fähigkeit, solche vorzunehmen, im 2. und 3. Buch das Recht des vertraglichen Güteraustauschs (z.B. Kauf, Miete, Pacht) und das allgemeine Vermögensrecht (an beweglichen und unbeweglichen Sachen), im 4. Buch das Familienrecht (→ Ehe-, Kindschafts-, Vormundschafts-, Betreuungsrecht), im 5. Buch das Erbrecht. Das Einführungsgesetz zum BGB (EG-BGB) enthält insbesondere das → Internationale Privatrecht, das die maßgebende Privatrechtsordnung bei Sachverhalten mit Auslandsberührung bestimmt.

*Hans-Jürgen Schimke*

**Bürgerrechte** → Grundrechte, → Menschenrechte

**Bürgerschaftliches Engagement** Im Begriff des B. E. bündeln sich unterschiedliche Formen von freiwilligen, nicht auf materiellen Gewinn ausgerichteten, gemeinwohlorientierten Tätigkeiten. Dazu zählen traditionelle und neue Formen ehrenamtlicher Tätigkeiten in Vereinen, Verbänden und Kirchen (→ Ehrenamtliche/freiwillige Tätigkeit im sozialen Bereich), → Freiwilligendienste, unterschiedliche Varianten der → Selbsthilfe, der Wahrnehmung öffentlicher Funktionen sowie Formen der politischen Beteiligung und Mitbestimmung (→ Partizipation). B. E. ist aber nicht nur ein Sammelbegriff. Er nimmt Bezug auf das Konzept der → Zivil- bzw. Bürgergesellschaft und erfährt damit eine politische Aufwertung, da er Gemeinwohlverantwortung mit Teilhabe- und Mitbestimmungsmöglichkeiten und der Bildung von → sozialem Kapital verbindet. B. E. findet im öffentlichen Raum statt, folgt eigensinnigen Gestaltungsansprüchen und trägt zur Erzeugung und Vermehrung öffentlicher Güter in der Wohlfahrtsgesellschaft bei.

Der Freiwilligensurvey ist die wichtigste empirische Quelle für das B. E. Demnach liegt die Engagementquote in Deutschland bei 36% (23 Mio. engagierte Menschen). Ein weiteres Drittel wäre bereit, sich unter bestimmten Voraussetzungen zu engagieren (Engagementpotenzial). Die Engagementquote ist im Bundesdurchschnitt seit 1999 relativ stabil bei starken regionalen und lokalen Differenzen (2016 werden die Ergebnisse des vierten Surveys erwartet). Die größten Bereiche des B. E. sind Sport, Schule und Kindergarten, Kirche und Religion, Freizeit und Geselligkeit, Kultur und Musik sowie der soziale Bereich. Am häufigsten engagieren sich die Menschen im → Verein und in → Einrichtungen in öffentlicher, freier oder kirchlicher Trägerschaft. Männer sind insgesamt etwas häufiger engagiert als Frauen, wobei Männer häufiger als Frauen in Vorstands- und anderen Wahlpositionen zu finden sind. Auch Jugendliche sind häufig engagiert und erzielen im Altersvergleich einen Durchschnittswert. Das Engagement der über 60-Jährigen ist in den vergangenen Jahren stark angestiegen; dies gilt besonders für die sog. jungen Alten (60 bis 69 Jahre). B. E. ist in den neuen Bundesländern geringer ausgeprägt als in den alten, wobei sich die Unterschiede zwischen Ost und West in den letzten Jahren verringert haben. Mit B. E. verbindet sich ein Gemisch aus verschiedenen Interessen und Erwartungen, die altruistische Motive, Eigensinn und auch Eigennutz miteinander verbinden. Dabei stehen Spaß und Freude an der Tätigkeit, das Zusammenkommen mit sympathischen Menschen sowie die Absicht, anderen Menschen zu helfen und dem Gemeinwohl zu dienen, an vorderster Stelle. Aber auch das Interesse am Erwerb oder Erhalt von Qualifikationen, die ggf. auch für Arbeit und Beruf nützen, die Möglichkeit, Verantwortung zu übernehmen und im B. E. Entscheidungs- und Mitbestimmungsmöglichkeiten zu finden, ziehen hohe Erwartungen auf sich.

B. E. hat in der politischen und wissenschaftlichen Diskussion der letzten Jahre eine enorme Aufwertung erfahren. 2001 war das von den → Vereinten Nationen ausgerufene »Internationale Jahr der Freiwilligen«. In der 14. Legislaturperiode hat der Deutsche Bundestag eine Enquete-Kommission »Zukunft des Bürgerschaftlichen Engagements« eingesetzt, die einen umfangreichen Bericht mit Analysen und Handlungsempfehlungen vorgelegt hat. Seit der 15. Legislatur arbeitet ein Unterausschuss des Bundestages an diesem Thema. Im Juni 2002 hat sich das → Bundesnetzwerk Bürgerschaftliches Engagement (BBE) gegründet, das als nationale Plattform träger- und bereichsübergreifend → Engagement- und Demokratiepolitik fördern und den Anliegen der Bürgergesellschaft stärkeres Gewicht verleihen will.

Trotz bestehender Kontroversen wird allgemein anerkannt, dass B. E. nicht nur einer verstärkten Aufmerksamkeit, sondern v.a. öffentlicher und politischer Anerkennung und einer intensiven Förderung und Unterstützung bedarf. Über Wege und Strategien der → Engagementförderung wird daher auf allen föderalen Ebenen sowie in den Organisationen des → Dritten Sektors, aber auch in Wirtschaftsunternehmen (→ Corporate Citizenship/Corporate Social Responsibility) gerungen. Dabei geht es um neue Wege und Instrumente für Anerkennung, Motivation, Unterstützung und Anreiz ebenso wie um Möglichkeiten des frühen Erwerbs bürgerschaftlicher Kompetenzen in Formen des non-formalen und informellen Lernens (→ Civic Education). Es gilt, bürokratische Hemmnisse in Verwaltungen und Organisationen abzubauen und eine angemessene rechtliche Absicherung (insbesondere Haftpflicht- und Unfallversicherungsschutz) zu gewährleisten. Besondere Bedeutung kommt der Schaffung einer effektiven und nachhaltigen Infrastruktur der lokalen Engagementförderung (→ Freiwilligenagenturen und -zentren, → Selbsthilfekontaktstellen, → Seniorenbüros u.a.) zu, die sowohl den Engagierten Anlaufmöglichkeiten, Beratung, Vermittlung, Begleitung und Qualifizierung bietet als auch die Organisationen und Einrichtungen des Dritten Sektors bei ihren Bemühungen um eine effektive Verankerung des B. E. unterstützt sowie Aufgaben lokaler Vernetzung übernehmen kann. Eine wachsende Bedeutung hat auch die Stärkung ziviler Handlungsformen gegen Formen gruppenbezogener Menschenfeindlichkeit und Gewalt.

Die Förderung des B. E. und die Weiterentwicklung der Bürgergesellschaft erfordern es, staatliche und nichtstaatliche Institutionen und Organisationen für das Engagement der Bürgerinnen und Bürger zu öffnen. Gefragt sind neue → Leitbilder in öffentlichen Verwaltungen sowie in Einrichtungen der Bildung, Kultur, Gesundheit und sozialen Versorgung, die Mitbestimmung und Mitgestaltung ermöglichen. Auf lokaler Ebene bündeln sich diese Perspektiven im Reformmodell der → Bürgerkommune. Der Umbau des sozialstaatlichen Systems ist künftig auf eine neue Verschränkung und Aufgabenteilung zwischen staatlichen, marktförmigen und zivilgesellschaftlichen Akteuren (→ Wohlfahrtsmix) angewiesen. Dabei darf das Engagement der Bürgerinnen und Bürger nicht als Ausfallbürge für einen sich zurückziehenden → Sozialstaat instrumentalisiert und über monetäre Anreize zu einem verkappten Niedriglohnbereich werden. Eine systematische und bereichsübergreifende Engagementpolitik eröffnet weitreichende Gestaltungsoptionen, die in den aktuellen Reformdebatten zum Umbau des Sozialstaats noch weithin unterschätzt werden. Sie ist zudem eine wichtige Voraussetzung dafür, über Formen selbstwirksamer Gestaltung der Gesellschaft auch die Partizipation der Bürgerinnen und Bürger zu stärken.

*Lit.* Klein, A./Sprengel, R./Neuling, J. (Hrsg.): Jahrbuch Engagementpolitik 2016: Bürgerschaftliches Engagement und Partizipation, Schwalbach/Ts. 2015; Olk, T./Hartnuß, B. (Hg.): Handbuch Bürgerschaftliches Engagement, Weinheim/Basel 2011.

*Birger Hartnuß/Ansgar Klein*

**Bürgerstiftungen** sind meist rechtsfähige Stiftungen des bürgerlichen Rechts und definieren sich über die sog. »10 Merkmale« einer B. des → Bundesverbandes Deutscher Stiftungen. Wesentliche Merkmale sind die Unabhängigkeit von Staat, Wirtschaft oder anderen Einzelinteressen, die lokale oder regionale Ausrichtung und der breite Stiftungszweck.

Die ersten beiden B. in Deutschland wurden 1996 und 1997 in Gütersloh und Hannover nach dem Vorbild der US-amerikanischen Community Foundations gegründet. Mitte 2015 verzeichnete die Stiftung Aktive Bürgerschaft 387 B., die zusammen über ein Stiftungskapital von gut 300 Mio. Euro verfügen. Etwa 45.000 Menschen sind als Stifter/innen, Spender/innen oder ehrenamtlich engagiert.

B. fördern → bürgerschaftliches Engagement und gemeinnützige Organisationen oder führen oft in Kooperation eigene Projekte durch. Die Mittel der B. fließen im Bundesdurchschnitt vor allem in die Bereiche Bildung und Erziehung (47%), Kunst und Kultur (17%) sowie Soziales (15%). Darüber hinaus unterstützen B. auch Personen und Organisationen beim stifterischen Engagement und verwalteten Ende 2014 mehr als 600 Treuhandstiftungen und Stiftungsfonds.

B. sind für Träger der → Sozialen Arbeit als Partner für die Gründung und Verwaltung eigener Stiftungen interessant und mittelfristig auch als Fördermittelgeber. Die durchschnittlichen Förderausgaben lagen Ende 2014 bei 44.000 Euro, die der zehn stärksten B. bei durchschnittlich 500.000 Euro.

*Informationen*: www.aktive-buergerschaft.de

*Stefan Nährlich*

**Burnout** Schwerpunktmäßig im deutschen Sprachraum gebräuchlicher Begriff für einen (ätiologisch mit hoher Arbeitsbelastung, insbesondere in psychosozialen Arbeitsfeldern, assoziierten) Erschöpfungszustand (»Erschöpfungsdepression«). Der Begriff wurde von Freyberger (1974) in die Literatur eingeführt. Maslach unterscheidet in ihrem »Maslach Burnout Inventory« verschiedene Dimensionen des B.: »Emotionale Erschöpfung«, »Depersonalisation« und »reduzierte persönliche Leistungsfähigkeit«. In der Entstehung von B. werden sowohl personenbezogene Faktoren (z.B. Persönlichkeitsmerkmale wie Neurotizismus) als auch strukturbezogene Faktoren (z.B. Arbeitsanforderungen) diskutiert. Der B.begriff wurde in verschiedener Hinsicht kritisiert: so umfasst er in der Praxis neben moderaten arbeitsbezogenen psychischen Belastungssyndromen häufig auch schwere bis schwerste Formen psychischer Erkrankungen. In der International Classification of Diseases (→ ICD-10) der → Weltgesundheitsorganisation ist B. als sog. »Z«(=Zusatz-)Codierung genannt: Im Abschnitt zu »Personen, die das Gesundheitswesen aus sonstigen Gründen in Anspruch nehmen« (Z70-Z76) wird unter Z73 (»Probleme mit Bezug auf die Lebensbewältigung«) »Ausgebranntsein (Burn-out)« genannt.

*Thomas Heidenreich*

**Bürokratie** (1) Unter B. wird eine spezifische Ausprägung des modernen Beamtentums und des Verwaltungshandelns in öffentlich-rechtlichen wie privaten → Organisationen verstanden. Insbesondere durch das Werk des Soziologen Max Weber liegt eine ausgearbeitete B.-Theorie vor. Charakteristisch für die B. ist die Herausbildung von spezialisierten Aufgaben aufgrund fachlicher Ausbildung. Zentrale Elemente sind ihre Regelgebundenheit, die Amtshierarchie mit festgelegten Zuständigkeiten, das Laufbahnprinzip und v.a. die unparteiische und objektive Erledigung von Aufgaben ohne Ansehen der Person. Die bürokratische Organisation zeichnet sich idealtypisch aus durch geschultes Personal, Einheitlichkeit, Unterordnung sowie Vermeidung von Reibungsverlusten und Herstellung effizienter Geschäftsabläufe. Mit diesen Charakteristika setzte sie sich gegenüber allen anderen Organisationsformen durch. Da B. somit Regeln, Zwecke, Mittel und sachliche Unpersönlichkeit zur Voraussetzung hat, ist sie »rationalen« Charakters und deshalb eng verkoppelt mit dem für die Entwicklung kapitalistischer Wirtschaftsformen besonders förderlichen Prinzip des »Rationalismus«.

(2) In der Alltagssprache wird B. häufig gleichgesetzt mit langwierigen, umständlichen und kleinlichen Verfahrensweisen mit oft lebensfremden Ergebnissen. Eine Ursache hierfür liegt in der Notwendigkeit der Überprüfung von Verwaltungshandeln durch Aufsichtsbehörden oder die Verwaltungsgerichtsbarkeit. Sie erfordert eine ständige und ‚gerichtsfeste' Dokumentation von Verwaltungsentscheidungen, die einen erheblichen Aufwand mit sich bringt und dazu beiträgt, dass B. dazu neigen, »sich selbst zu verwalten«.

(3) Derzeit befinden wir uns in einem institutionellen Wandel, der mit den Begriffen → Verwaltungsmodernisierung, New Public Management (NPM), neues Steuerungsmodell oder neue Formen der → Governance gekennzeichnet wird. Die Verwaltung wird nicht mehr ausschließlich als »rationale«, sondern als Organisation mit »begrenzter Rationalität« (bounded rationality) angesehen, die ihren eigenen Gesetzmäßigkeiten unterworfen ist. Im Unterschied zur B.-Theorie Webers liegt gleichwohl kein konsistenter theoretischer Entwurf vor. Stattdessen wird vielfach auf »Best-Practice-Modelle« Bezug genommen, indem Erfahrungen erfolgreicher Organisationen im Hinblick auf eigene Zielvorstellungen adaptiert werden (Isomorphie). Wichtiges Resultat dieser Neuorientierung ist, dass die Verwaltung nicht mehr nur durch präzise Rechtsnormen oder zweckgebundene Mittelzuweisungen gesteuert wird, sondern durch → Ziel- und Leistungsvereinbarungen (ZLV), durch Output- anstelle von Inputsteuerung und durch Globalhaushalte, bei denen die Verwaltung selbst entscheidet, wie sie ihre Mittel am zweckmäßigsten zur Erreichung der vereinbarten Ziele einsetzt. Bürokratische Organisationen werden nicht mehr einer strikten Verhaltens-, sondern einer Ergebniskontrolle (→ Controlling) unterworfen, die anhand der Zielerreichung, nach Qualitätskriterien oder Verfahren der Leistungsbemessung durchgeführt wird. Darüber hinaus ändert sich das Selbstverständnis der Beamt/innen bzw. Angestellten grundlegend: Waren sie im bürokratischen Modell nur nach hierarchischen Anweisungen tätig, übernehmen sie im Falle des NPM die vollständige Verantwortung sowohl für ihre Entscheidungen wie auch die Effizienz ihres Handelns.

*Rolf von Lüde*

**Bußgeld** → Ordnungswidrigkeit

**Care** Unter dem englischen Begriff C. werden sowohl bezahlte als auch unbezahlte personenbezogene Sorgetätigkeiten für andere, aber auch für sich (Selbstsorge) verstanden. C. umfasst Erziehungs-, Haushalts-, Betreuungs-, Versorgungs- und Pflegetätigkeiten, die privat, beruflich oder zivilgesellschaftlich geleistet werden können. Damit ist auch → Soziale Arbeit in weiten Teilen bezahlte C.-Arbeit. C. ist ein Schlüsselkonzept der → Gender Studies, da C.-Arbeit v.a. von Frauen geleistet wird. Insbesondere die feministische Wohlfahrtsstaatsforschung setzt sich seit den 1990er-Jahren intensiv mit der Verteilung von Sorgearbeit auf die Geschlechter, den Staat und den Markt auseinander. In den letzten Jahren gerät C. als Konzept zunehmend in den Fokus soziologischer, sozialpädagogischer, politikwissenschaftlicher, ethischer sowie ökonomischer Fragestellungen.

Die C.-Forschung geht davon aus, dass jeder Mensch im Laufe seines Lebens – sei es in Kindheit, Alter oder Krankheit – sorgebedürftig ist. C. ist dabei jedoch keine unerschöpfliche Ressource, sondern ein kostbares öffentliches Gut, ohne das → Gesellschaften dauerhaft nicht existieren können. Weitere Besonderheiten von C. bestehen darin, dass Fürsorge zeitintensiv und schwer quantifizierbar ist sowie i.d.R. eine Beziehung zwischen Sorgegebenden und Sorgeempfangenden herstellt. Ungeachtet ihres hohen gesellschaftlichen Wertes wird C.-Arbeit kaum anerkannt. Zentrale Anliegen der C.-Forschung sind deswegen nicht nur die Umverteilung von C. auf beide Geschlechter, sondern auch das Sichtbarmachen und die Aufwertung von Fürsorgetätigkeiten.

Bezüglich der gesellschaftlichen Organisation von C. steht Deutschland in der Tradition eines starken »Female Caregiver«-Regimes, das sich größtenteils auf die Erbringung von Sorgearbeit durch Frauen stützt. Durch die gestiegene Erwerbsorientierung von Frauen und die erhöhte Notwendigkeit einer doppelten Erwerbstätigkeit beider Elternteile funktioniert diese einseitige Zuweisung familialer Fürsorge an das weibliche Geschlecht immer weniger. Einzelne familienpolitische Instrumente wie z.B. das → Elterngeld zielen deshalb auf eine stärkere C.-Einbindung von Männern ab. Aufgrund der schwierigen → Vereinbarkeit von Familien- und Erwerbsleben ist es für Frauen und Männer eine Herausforderung, verlässlich C. für Kinder und Angehörige zu leisten. Zeitnot bestimmt den Alltag von Familien. Um Zeit für Kinder zu haben, sparen Eltern an Zeiten für die Partnerschaft und die eigene Erholung. Vor diesem Hintergrund wird im aktuellen Diskurs häufig von einer »C.-Krise« gesprochen, die sich auch im Bereich der professionellen C.-Arbeit widerspiegelt (z.B. Pflegenotstand). Hier zeigt sich zunehmend das weltweite Phänomen der »care industry« bzw. der globalen »care chains«, bei denen Migrantinnen aus ärmeren Schwellen- und Entwicklungsländern die Sorgearbeit in reicheren Industrienationen leisten.

*Johanna Possinger*

**Caritas Internationalis** → Deutscher Caritasverband (DCV)

**Case Management** (**CM**) und Soziale Arbeit sind in ihrer Entwicklung eng miteinander verbunden. Ausgehend von einer primär personenzentrierten → Einzel(fall)hilfe (Case Work) entwickelte sich CM zu einem Handlungsansatz, der Menschen mit mehreren Problemlagen unterstützt und durch einen komplexen Hilfeprozess begleitet (Fallarbeit), zugleich aber auch die Kooperation und Koordination von Humandiensten fokussiert und steuert (Systemmanagement). Eingesetzt werden Case Managerinnen und Case Manager u.a. in Beratungseinrichtungen, im Strafvollzug, in der Beschäftigungsförderung, in Krankenhäusern, Gesundheitseinrichtungen und Versicherungen. In der → Klinischen Sozialarbeit koordinieren sie Behandlungsprozesse und erschließen gesundheitsfördernde Ressourcen. CM ist eine besondere Beratungs- und Management-Aufgabe, die als kooperativer Prozess angelegt und zu verstehen ist.

Gegenstand von CM ist eine bedarfsorientierte Versorgung für Menschen in Mehrfachproblemlagen. CM verfolgt dabei das Ziel, Ressourcen der Klientel und der Umwelt zu aktivieren und zur Problembewältigung nutzbar zu machen. Ein umfangreiches CM ist nur bei Fallkonstellationen indiziert, die Leistungen von mehreren Diensten erfordern. Die zuständige Fachkraft oder ein Dienst müssen sich aufgrund der vielfältigen Aufgaben systematisch mit anderen Fachkräften und Diensten vernetzen.

Aus dem sozialarbeiterischen Ansatz hat sich ein transdisziplinärer Mehrebenenansatz entwickelt. Das ursprüngliche CM konzentriert sich als Verfahrensweise auf die individuelle Fallebene: Der Fokus liegt hier auf der Zusammenarbeit unter der Moderation der Case Managerin bzw. des Case Managers. Dazu bedienen sie sich methodisch eines definierten Regelkreises (Klärung und Aufnahme, Bedarfsermittlung, Planung, Linking und Durchführung, Leistungssteuerung und Monitoring, Evaluation) und arrangieren Hilfen aus einer Hand. Im Rahmen einer Sorgeberatung (Care Counselling) wird erörtert, was anliegt und in welchen Bereichen Rat und Unterstützung gebraucht wird. Dann erst wird abgesprochen, wer in den Hilfeprozess einzubinden ist. Die Unterstützung erfolgt durch Verknüpfung verschiedener informeller und formeller Hilfen. CM will dabei das eigene, oft beeinträchtigte Selbstmanagement ergänzen und notfalls zeitweise ersetzen. Der »Fall« im CM ist nicht die Person, sondern die Problemlage, die gemeinsam zu definieren ist.

Der Handlungsansatz ist zugleich ein Programm, nach dem Leistungen im Versorgungssystem des Sozial- und Gesundheitswesens effektiv und effizient gesteuert werden. In Organisationen steht eine Prozesssteuerung im Mittelpunkt. Es geht um die Bildung von Fallgruppen, um für unterschiedliche Klient/innen passende Behandlungsprogramme zu installieren sowie um die systematische Vernetzung von einrichtungsinternen und externen Diensten. Der Aufbau einer fallunabhängigen Vernetzungsstruktur in einer Region markiert den Übergang zum Care Management (Versorgungssteuerung).

CM verbindet systemische und ökosoziale Perspektive. Das für einen Fall arrangierte Netzwerk wird je nach individuellem Bedarf erweitert oder optimiert. Bei der systembezogenen Netzwerkarbeit geht es darum, die Hilfeangebote einer Region auf den Bedarf einer Zielgruppe abzustimmen und dazu alle relevanten Einrichtungen, Dienste, selbstständig tätigen Professionellen, Ehrenamtlichen sowie Patienten- und Angehörigenvertretungen, die in dem Themenfeld arbeiten, einzubeziehen. Die Möglichkeiten reichen von gegenseitigem Austausch und Kennenlernen über Bedarfsanalysen bis hin zu Maßnahmen oder Projekten der koordinierten Zusammenarbeit. Eine funktionierende Vernetzung soll die Grenzen einer nach Säulen getrennten Versorgung überwinden.

CM als Handlungsansatz ist in Deutschland zwar schon seit Jahrzehnten bekannt, wird aber nach wie vor kontrovers diskutiert. Befürworter/innen schätzen ihn als eine der wichtigsten Innovationen im Sozial- und Gesundheitswesen, kritische Stimmen sehen in ihm ein neo-liberales Instrument, das im Wesentlichen Sparzwänge legitimieren soll. Häufig wird in dieser Diskussion der Unterschied zwischen dem Handlungsansatz selbst und seiner mangelhaften Implementierung ignoriert. Echtes CM ist voraussetzungsreich und benötigt bspw. qualifizierte Fachkräfte und den Aufbau eines CM-Systems in der → Organisation und in der Region. Empirische Untersuchungen belegen, dass CM eine raschere Vermittlung von Diensten ermöglicht und die Versorgung und Situation der Klientel verbessert. Zudem werden Personenrechte gestärkt und die beteiligten Professionellen profitieren von der Kooperation.

Die Deutsche Gesellschaft für Care und Case Management (DGCC) erstellt als zuständige Fachgesellschaft Kriterien und Standards für Theorie und Praxis des CM. Sie gelten sowohl für Case Manager/innen als auch für Einrichtungen, die das Konzept anwenden, und bieten gesetzlichen Festlegungen und deren Umsetzung einen fachlichen Rahmen. Die Leitlinien umfassen vier Standards zum CM: Rahmenempfehlungen mit Definitionen von Qualitätsstandards (→ Qualität) zum Konzept; ethische Grundlagen als normativ bindender Bestandteil des Ansatzes (→ Ethik in der Sozialen Arbeit); Auditierungsgrundsätze für Einrichtungen sowie Richtlinien für die Weiterbildung (→ Fort- und Weiterbildung) im Rahmen des Zertifizierungssystems (→ Zertifizierung).

*Lit.* Deutsche Gesellschaft für Care und Case Management e.V. (Hrsg.): Case Management Leitlinien – Rahmenempfehlungen, Standards und ethische Grundlagen, Heidelberg 2015; Löcherbach, P./Klug, W./Remmel-Fassbender, R./Wendt, W. R. (Hrsg.): Case Management: Fall- und Systemsteuerung in der Sozialen Arbeit, 4. Aufl., München 2009; Wendt, R./Löcherbach, P. (Hrsg.): Case Management in der Entwicklung – Stand und Perspektiven in der Praxis, 2. Aufl., Heidelberg 2011.

*Peter Löcherbach*

**Case Work** → Case Management, → Einzel(fall)hilfe

**Chancengerechtigkeit** gehört neben den Grundprinzipien Freiheit, Gleichheit vor dem Gesetz und sozialer Schutz in Notlagen zu den zentralen normativen Leitideen der Sozialen Marktwirtschaft. Individueller wirtschaftlicher Erfolg und die gesellschaftliche Stellung eines → Individuums sollen nicht von extern determinierten Faktoren wie sozialer Herkunft, Geschlecht oder staatlich gewährten Privilegien abhängen. Vielmehr impliziert C., dass die staatlichen und gesellschaftlichen Rahmenbedingungen allen Menschen gleiche Möglichkeiten einräumen, eigene Ziele zu verfolgen und durch eigene Leistungen erfolgreich zu sein. Sie ist damit Voraussetzung für soziale (Aufstiegs-)Mobilität. Eine chancengerechte → Gesellschaft ist idealtypisch dadurch charakterisiert, dass sich jeder Mensch gleichen Startbedingungen gegenübersieht bzw. über eine vergleichbare Ausgangsausstattung verfügt und in einem fairen Wettbewerbsprozess (level playing field) bei gleichen individuellen Leistungen vergleichbare Markteinkommen erzielen kann. Inhaltlich, aber auch hinsichtlich ihrer Bedeutung für die Soziale Marktwirtschaft besteht eine enge und komplementäre Beziehung zwischen C., Leistungsgerechtigkeit und Regelgerechtigkeit – gemeinsam machen sie eine marktwirtschaftliche Wirtschaftsordnung für viele Menschen zustimmungsfähig und attraktiv.

Hingegen ist C. von Gerechtigkeitsbegriffen abzugrenzen, die auf konkrete Verteilungsergebnisse abstellen (Einkommens- bzw. Verteilungsgerechtigkeit, Bedarfsgerechtigkeit; → Soziale Rerechtigkeit). Während bei Letzteren konkrete, i.d.R. egalitäre Verteilungsergebnisse als Referenzpunkt dienen, lassen sich aus dem Kriterium der C. keine konkreten Ziele für die Einkommensverteilung ableiten. Ungleiche Markteinkommen können in einer chancengerechten Gesellschaft erstens aufgrund unterschiedlicher individueller Anstrengungen und Leistungen resultieren. Zweitens lässt sich selbst bei vergleichbaren Leistungen im Wettbewerbsprozess der Einflussfaktor Zufall im Leben nicht eliminieren. Und drittens ist C. nicht gleichzusetzen mit einer unrealistischen Chancengleichheit. Die Verwirklichung von C. kann sich sinnvollerweise nur auf veränderbare gesellschaftliche bzw. staatliche Regeln und Institutionen beziehen, nicht aber auf naturgegebene, unveränderbare Unterschiede zwischen einzelnen Individuen, z.B. im Hinblick auf → Intelligenz, → Kreativität oder körperliche Leistungsfähigkeit. Vollständige Chancengleichheit bleibt daher eine Fiktion.

Als normatives Gerechtigkeitskonzept ist C. ein gesellschaftspolitisches Ziel, dessen Realisierung nicht automatisch erfolgt, sondern das – wie auch die Erhaltung der Wirtschaftsordnung »Soziale Marktwirtschaft« insgesamt – eine staatliche Aufgabe darstellt. Während im gewerblich-unternehmerischen Bereich u.a. das Wettbewerbs- und Kartellrecht ungerechtfertigte Vorteile verhindern und für C. sorgen sollen, sind aus der Perspektive des Individuums die institutionelle Ausgestaltung des → Arbeitsmarktes und der → Arbeitsmarktpolitik sowie insbesondere das Bildungssystem zentrale Ansatzpunkte.

Die ökonomische Relevanz von → Bildung für C. und Aufstiegsmobilität zeigt sich v.a. auf dem Arbeitsmarkt. Zum einen nimmt das Arbeitslosigkeitsrisiko mit höheren Bildungsabschlüssen deutlich ab: 2014 war in Deutschland die qualifikationsspezifische Arbeitslosenquoten von Menschen ohne Berufsabschluss (19,9%) fast achtmal so hoch wie bei Akademiker/innen (2,6%). Zum anderen geht ein höheres Qualifikationsniveau mit erheblichen Einkommensvorteilen einher. Die von der → Organisation für wirtschaftliche Zusammenarbeit und Entwicklung (OECD) durchgeführte → internationale Vergleichsstudie zur Erfassung grundlegender → Kompetenzen von Erwachsenen (PIAAC) zeigt für Deutschland, dass jeder Schritt auf der 5-stufigen Kompetenzskala einen durchschnittlichen Einkommensanstieg von 23,5% bedeutet. Die durchschnittliche Bildungsrendite eines zusätzlichen Bildungsjahres beträgt etwas unter 10%. Diese Daten belegen, wie wichtig ein Bildungssystem ist, das allen Kindern gleichermaßen gute Bildungsperspektiven eröffnet und die Bildungsbeteiligung und den Bildungserfolg nicht vom → Einkommen oder dem sozialen Status der Eltern (→ Sozialstruktur) abhängig macht. Andernfalls droht eine Verfestigung → sozialer und ökonomischer Ungleichheiten über Generationen hinweg. Neben formal offenen Zugängen zum Bildungssystem kommt es in entwickelten Volkswirtschaften v.a. darauf an, dass Bildungsangebote auch von Kindern und Jugendlichen aus sozial schwächeren und bildungsfernen Schichten in hohem Maße erfolgreich ausgeschöpft werden. Wie u.a. internationale Schulvergleichsstudien verdeutlichen, konnte das deutsche Bildungssystem diesen Anspruch in der Vergangenheit nicht ausreichend erfüllen. Im Durchschnitt schneiden Kinder mit einem vorteilhaften sozialen Hintergrund in den PISA-Untersuchungen nicht nur deutlich besser ab. Selbst bei gleichen gemessenen Kompetenzen hatten sie in der PISA-Studie 2003 eine bis zu viermal höhere Wahrscheinlichkeit, ein Gymnasium zu besuchen, als Kinder aus weniger privilegierten Familien. Neueren Untersuchungen zufolge sind bis zu 14,5% der erwerbsfähigen Bevölkerung von funktionalem Analphabetismus betroffen sind. Das ist unter dem Aspekt der C. ebenso bedenklich wie der zwar rückläufige, mit fast 6 % aber immer noch nicht vernachlässigbare Anteil von Jugendlichen, die eine allgemeinbildende Schule ohne Hauptschulabschluss verlassen.

Inzwischen gibt es zwar einige Hinweise auf Verbesserungen im deutschen Bildungssystem, Gleichwohl empfiehlt sich nach Erkenntnissen der empirischen Bildungsforschung u.a. eine Intensivierung der frühkindlichen und vorschulischen Bildung, längeres gemeinsames → Lernen in der Grundschule sowie eine Erhöhung des Wettbewerbs zwischen Schulen, um das Bildungssystem sowohl effizienter zu machen als auch seine soziale Selektivität weiter zu verringern. Weniger relevant und ökonomisch nur schwer zu rechtfertigen ist hingegen die in Deutschland immer wieder als für C. zentral erachtete vollständige Gebührenfreiheit eines Hochschulstudiums (→ Bildungsökonomie).

*Lit.* Eilfort, M./Raddatz, G.: Gerechtigkeit und Soziale Marktwirtschaft, in: Wirtschaftspolitische Blätter, 2011, Nr. 2, S. 239–247; Raddatz, G.: Chancengerechtigkeit und Bildung in der Sozialen Marktwirtschaft, in: TUP – Theorie und Praxis der Sozialen Arbeit, 2013, Nr. 4, S. 301–311; Roman Herzog Institut (Hrsg.): Was ist Gerechtigkeit – und wie lässt sie sich verwirklichen? Antworten eines interdisziplinären Diskurses, Diskussionspapier Nr. 11, München 2009; Woessmann, L.: The economic case for education, in: Education Economics, Vol. 24(1), 2011, S. 3–32.

*Guido Raddatz*

**Change Management** ist ein Sammelbegriff für Führungs-, Beratungs- und Trainingsansätze, die unabhängig von der jeweiligen methodischen Orientierung den Anspruch verfolgen, durch ihre → Interventionen die → Organisation für die Herausforderungen der Zukunft fit zu machen und den dazu notwendigen Wandel professionell zu gestalten. Damit wird eine Wende postuliert von einer gewissen Unverbindlichkeit von Führung, Beratung und Training hin zum stringent geplanten und durchgeführten Wandel. Die Ursachen für diese Wende liegen in den sich verschärfenden Rahmenbedingungen nahezu aller Unternehmen und Organisationen, u.a. rasante Entwicklungen auf dem Gebiet der Informations- und Kommunikationstechnologie, die es möglich machen, Arbeitsprozesse direkter, schneller und kostengünstiger zu organisieren; steigender Markt- und Wettbewerbsdruck; zunehmende Transparenz bei Kund/innen und Klient/innen in Bezug auf Produkte und Leistungsangebote; steigender Kostendruck.

Um Organisationen/Unternehmen in einem Umfeld von sich immer häufiger, schneller und radikaler vollziehenden Veränderungen Erfolg versprechend zu führen, werden zwei Aspekte deutlich stärker als früher fokussiert: (1) schnelle und konsequente Umsetzung von Konzepten, da Zeit sich zum strategischen Erfolgsfaktor entwickelt hat; (2) intensive Arbeit mit den Betroffenen, die anstehende Veränderungen zunächst oft weniger als Chance, sondern als Bedrohung und Zumutung erleben.

Es kommen unterschiedliche Instrumente sowohl betriebswirtschaftlicher als auch sozialpsychologischer Natur (auch simultan) zum Einsatz, z.B. Reengineering der Geschäftsprozesse; Kostenoptimierung: Six Sigma; Downsizing; → Outsourcing; → Balanced Scorecard; Akzeptanzanalysen; Mitarbeiterbefragung; → Zielvereinbarung; Strategie-, Kommunikations- und Kooperationsworkshops; Informationskaskade. Die hohe Kunst besteht aber darin, die folgenden Aspekte gleichzeitig im Blick zu haben: Entwicklungen im relevanten Umfeld; Vernetzung und Interdependenz von Strategie, Prozessen, Strukturen, Personen und Unternehmenskultur; die Einbeziehung und (Mit-)Gestaltungsenergie der Betroffenen; mit Widerstand rechnen und konstruktiv aufgreifen; echte → Kommunikation (→ Feedback) statt nur einseitiger Information betreiben; an der inneren Haltung von Menschen zu Veränderungen und an ihren in diesem Zusammenhang relevanten mentalen Modellen arbeiten.

*Klaus Doppler/Bert Voigt*

**Charakter** (griech.: das Eingeschnittene, Eingeprägte, Eingegrabene), ein im Alltag und der älteren deutschen Persönlichkeitstypologie verwendetes Konzept zur Beschreibung unterschiedlicher Persönlichkeiten (Klages; Schichtenlehren zum »Aufbau des Charakters« bei Lersch und Rothacker; ältere psychoanalytische Literatur [Freud: oraler, analer C.]). In der modernen Psychologie wurde der Begriff C. weitgehend aufgegeben zugunsten dem der → Persönlichkeit – eine Entwicklung, die v.a. durch die intensive Rezeption angloamerikanischer Literatur eingeleitet worden ist. Allport nennt folgende Gründe für die Bevorzugung des Begriffs »Persönlichkeit«: Schon aus der Etymologie des Wortes C. ergibt sich ein Definitionsbestandteil, der sich auch beim Studium der charakterologischen Werke wiederfinden lässt: die Betonung des Statischen, Starren, Unveränderbaren. Weiterhin hat der Begriff C. in seiner alltäglichen Verwendungsweise (»er hat einen guten [schlechten] C.«) eine stark wertende, moralisierende Bedeutung, in der v.a. auf Merkmale wie Aufrichtigkeit, Selbstkontrolle und Gradlinigkeit Bezug genommen wird. Allport definiert C. deshalb als die »bewertete Persönlichkeit« (engl.: personality evaluated). Das in der älteren Forschung benutzte C.-Konzept ist zudem enger als das der Persönlichkeit, weil es eine Reihe von Persönlichkeitsbereichen (z.B. Begabungsdimensionen, → Begabung) ausspart und auf motivationale (→ Motivation, → Einstellungen) Strukturen fokussiert ist.

*Klaudius Siegfried*

**Charta der Grundrechte der Europäischen Union (GRC)** Die GRC wurde von den Staats- und Regierungschefs der → Europäischen Union (EU) am 7.12.2000 beim Europäischen Rat in Nizza proklamiert. Sie war vorher von einem

Grundrechte-Konvent erarbeitet worden. Voll rechtsverbindlich geworden ist sie mit dem Vertrag von Lissabon am 1.12.2009. Sie ist hierzu am 12.12.2007 textlich verändert worden. Nach Art. 6 Abs. 1 S. 1 des Vertrags über die EU (EUV) erkennt die EU die Rechte, Freiheiten und Grundsätze an, die in der GRC niedergelegt sind. Die GRC und die Verträge der EU sind rechtlich gleichrangig. Nach Art. 51 GRC gilt sie für die Organe, Einrichtungen und sonstigen Stellen der EU und für die Mitgliedstaaten ausschließlich bei der Durchführung des Rechts der Union. Sie dehnt den Geltungsbereich des Unionsrechts nicht aus. Sie ist im Einklang mit den → Menschenrechten der → Europäischen Konvention zum Schutze der Menschenrechte und Grundfreiheiten (EMRK) und mit den gemeinsamen Verfassungsüberlieferungen der Mitgliedstaaten auszulegen (Art. 52 Abs. 3, 4 GRC). Das Schutzniveau anderer Menschenrechts- und Grundrechtskodifikationen darf nicht eingeschränkt werden (Art. 53 GRC).

Die GRC gliedert sich in sieben Titel: Würde des Menschen, Freiheiten, Gleichheit, → Solidarität, Bürgerrechte, justizielle Rechte und allgemeine Bestimmungen über Auslegung und Anwendung. Der → Menschenwürde sind die Rechte auf Leben und Unversehrtheit und die Verbote von Folter, unmenschlicher und erniedrigender → Strafe oder Behandlung, Sklaverei und Zwangsarbeit (→ Menschenhandel) zugeordnet. Freiheiten sind die Rechte auf Freiheit und Sicherheit, Achtung des Privat- und Familienlebens, → Datenschutz, Eheschließung (→ Ehe) und Familiengründung (→ Familie), Gedanken-, Gewissens- und Religionsfreiheit, Meinungs- und Informationsfreiheit, Versammlungs- und Vereinigungsfreiheit, Freiheit der Kunst und Wissenschaft, Recht auf → Bildung, Berufsfreiheit und Recht zu arbeiten, unternehmerische Freiheit, Eigentum, → Asylrecht und Schutz bei → Abschiebung, Ausweisung und Auslieferung. Der → Gleichheitsgrundsatz in der GRC umfasst auch Schutz vor → Diskriminierung wegen Geschlechts, Rasse, Hautfarbe, ethnischer oder sozialer Herkunft, genetischer Merkmale, Anschauungen, Zugehörigkeit zu einer nationalen Minderheit, Vermögen, Geburt, → Behinderung, → Alter oder sexueller Ausrichtung (→ gleichgeschlechtliche Lebensweisen). Im Titel Solidarität sind → soziale Grundrechte kodifiziert: Rechte der Arbeitnehmer/innen auf Anhörung und Kollektivverhandlungen sowie Schutz bei ungerechtfertigter Entlassung und auf gerechte und angemessene Arbeitsbedingungen, das Verbot der → Kinderarbeit und der → Jugendarbeitsschutz sowie Mutterschafts- und Elternurlaub (→ Mutterschutz, → Elternzeit), Zugang zu einem Arbeitsvermittlungsdienst, zu → sozialer Sicherheit und Unterstützung, Gesundheitsschutz, → Daseinsvorsorge, Umweltschutz und → Verbraucherschutz. Dieser Titel schützt v.a. das nationale Recht vor Beschränkungen des sozialen Schutzes zugunsten des → Europäischen Binnenmarkts.

*Felix Welti*

**Chronische Krankheiten** haben weltweit an Bedeutung gewonnen und dominieren in den westlichen Industrienationen das Krankheitsspektrum (→ Krankheit). Epidemiologisch relevant sind Herz-Kreislauf-Krankheiten, bösartige Neubildungen, Krankheiten des Bewegungs- und Stützapparates, Diabetes, Arthritis, Erkrankungen der Atmungsorgane und psychische Leiden (→ Psychisch kranke Menschen). In der Todesursachenstatistik überwiegen in Deutschland Herz-Kreislauf-Erkrankungen. Ihr Anteil geht jedoch zurück; dagegen gewinnen bösartige Neubildungen, psychische Krankheiten sowie die Krankheiten des Nervensystems und der Sinnesorgane an Gewicht (Statistisches Bundesamt).

C. K. sind mit den Mitteln der Medizin allein kaum aufzuhalten – trotz beachtlicher Erfolge in Teilbereichen. Anders als Akuterkrankungen sind c. K. durch Dauerhaftigkeit und Langfristigkeit charakterisiert: 20–30-jährige Verlaufsdauern sind keine Ausnahme mehr, sodass c. K. meist den gesamten weiteren Lebenslauf strukturieren. Dabei weisen sie eine besondere Verlaufsdynamik auf, gekennzeichnet durch die wechselnde Abfolge von krisenhaften, instabilen und stabilen Phasen, die dem Krankheitsverlauf die Form einer spiralförmigen Kurve verleihen. Selten bleiben c. K. auf körperliche Beschwerden begrenzt. Sie haben zudem psychische, soziale und ökonomische Auswirkungen, die ihrerseits im Wechselspiel mit körperlichen Beeinträchtigungen stehen, woraus die für c. K. typische Komplexität resultiert. I.d.R. führen sie zu verminderter Belastbarkeit, in späteren Phasen auch zu Einschränkungen der Leistungs- und Funktionsfähigkeit sowie oft zu → Hilfe- und → Pflegebedürftigkeit. C. K. erfordern stets die Inanspruchnahme des Versorgungswesens. Dabei werden die Erkrankten im Verlauf der Krankheit mit einer Vielzahl von Diensten und Helfern konfrontiert und wechseln zwischen verschiedenen Versorgungsbereichen und -arten hin und her, sodass sie am Ende meist auf lange, die Lebensqualität beeinträchtigende Versorgungskarrieren zurückblicken können.

Aus diesen besonderen Merkmalen erwachsen für die Erkrankten und ihr → soziales Umfeld zahlreiche Bewältigungsherausforderungen: Ihnen sind vielfältige Anpassungsprozesse auf der Ebene der Biografie, der → Identität oder des Alltags- und Familienlebens abgefordert. Auch das unkalkulierbare Auf und Ab der Krankheitsverläufe stellt die Erkrankten auf eine harte Probe, weil es ihnen stets neue Anpassungen abverlangt, die oft schon wieder überholt sind, kaum dass eine gelungen ist. Die Tatsache, dass kein Lebensbereich unberührt bleibt, erweist sich ebenfalls als Herausforderung und Belastung. Viele Auswirkungen c. K. werden vornehmlich im persönlichen Lebensumfeld – dem Zuhause – und damit fernab vom Versorgungswesen bewältigt. Den Angehörigen kommt daher hohe Bedeutung zu. Sie leisten einen Großteil der erforderlichen Unterstützung und Pflege bei c. K., erfahren aber bisher kaum die nötige Aufmerksamkeit und Entlastung (→ Angehörigenarbeit).

Auch für die Versorgungsgestaltung resultieren aus diesen Merkmalen Konsequenzen: So erfordern c. K. eine langfristige Versorgung und ein ebensolches Management. Flexibilität, Individualität und vorausschauende Planung stellen weitere unverzichtbare Elemente dar. Um der Komplexität von c. K. zu entsprechen, bedarf es zudem einer mehrdimensionalen und multiprofessionellen, integrierten Versorgung, die aus einem Kontinuum an aufeinander abgestimmten langfristigen Hilfen besteht und neben den Erkrankten auch deren soziales Umfeld einbezieht. Zur Vermeidung von Versorgungsbrüchen und -karrieren sind auch schließlich angemessene Unterstützung und Begleitung auf dem Weg durch das Versorgungssystem notwendig: → Integrierte Versorgung, die Ebnung passgenauer Versorgungspfade, der Ausbau von Disease Management (→ Disease Management Programme) und → Case Management oder die Verbesserung der Patienteninformation und -beratung sind in diesem Zusammenhang an Bedeutung gewinnende Aufgabenfelder – auch und gerade für die Soziale Arbeit.

*Doris Schaeffer*

**Civic Education (C.E.)** → Erziehung und → Bildung zur/zum kompetenten, mündigen Bürger/in. Im Begriff der C.E. bündeln sich Ansätze der → politischen Bildung, der Stärkung von → Partizipation von Kindern und Jugendlichen, der demokratischen Gestaltung des Alltags in pädagogischen Einrichtungen sowie der Förderung von → ehrenamtlicher/freiwilliger Tätigkeit. In Anlehnung an angelsächsische Diskussionen und Erfahrungen gibt es auch in Deutschland seit einigen Jahren Bemühungen, demokratische und bürgerschaftliche Kompetenzen als Bildungsfaktor kenntlich zu machen und ihre Herausbildung in und durch die pädagogischen Institutionen zu fördern. Ein modernes Bildungsverständnis beinhaltet nicht nur kognitives Wissen, sondern auch → soziales Lernen und → Kompetenzen wie Kommunikations-, Kooperations- und Teamfähigkeit, → Empathie und soziales Verantwortungsbewusstsein sowie Vertrautheit mit den demokratischen Institutionen und Partizipations- und Mitbestimmungsfähigkeiten als mündige Bürger/innen.

C.E. zielt auf die Entwicklung von Bereitschaft und Fähigkeiten zur Übernahme von Verantwortung für das Gemeinwesen und zur aktiven Beteiligung an der Gestaltung des sozialen, kulturellen und politischen Lebens. Dafür ist es notwendig, Lern- und Erfahrungsräume bereitzustellen, um Engagementfelder und -formen kennenzulernen, selbst ein Engagement auszuprobieren, Engagementrollen einzuüben und soziale und bürgerschaftliche Kompetenzen zu erwerben.

Bürgerschaftliche Verhaltensdispositionen werden in → Kindheit und früher → Jugend grundgelegt. Frühzeitige Engagement- und Demokratieförderung (→ Engagementstrategie) ist daher eine Aufgabe sowohl von → Familie als auch der pädagogischen Institutionen und Einrichtungen. Dabei kommt der Schule eine herausragende Bedeutung zu. Innovative Konzepte wie bspw. das Service Learning versuchen, den Fachunterricht der Schule gezielt mit dem Kennenlernen und Erproben von Engagementmöglichkeiten zu verknüpfen und dabei → Kooperationen und Vernetzungen zwischen der Schule und dem umliegenden Gemeinwesen aufzubauen.

Einem umfassenden, auch bürgerschaftliche Kompetenzen einschließenden Anspruch von Bildung kann Schule allein nicht gerecht werden. Notwendig ist ihre Öffnung für Kooperationen und Partnerschaften mit Akteuren und Einrichtungen der lokalen Bürgergesellschaft (→ Zivilgesellschaft). Formelle (arrangierte und mit konkreten Lernerwartungen verbundene) Bildungsprozesse wie etwa im Unterricht gilt es mit solchen informeller Art (weniger geplant und in der Regel auch außerhalb des Schulgebäudes) zu verknüpfen. → Bürgerschaftliches Engagement ist dabei einerseits Bildungsfaktor bzw. -ziel, andererseits auch Bildungsort. Engagement und die dabei stattfindenden informellen Bildungsprozesse z.B. in Vereinen, Projekten und Initiativen eröffnen Möglichkeiten für ein informelles Lernen in lebensweltlichen Zusammenhängen, für ein gemeinsames Lösen realer Probleme.

*Birger Hartnuß*

**Coaching** Der Begriff C. stammt aus dem Leistungssport und meint die kontinuierliche, systematische Unterstützung, Begleitung sowie das Training in der Verbindung von Person und Berufsrolle. C. wird als personbezogener Entwicklungsprozess verstanden, der auf einer intensiven, aber zeitlich begrenzten Lernpartnerschaft beruht, in der ein Coach anhand einer begleiteten Aktivität und mittels reflektierender Diskussion einem Anderen hilft, eine neue herausfordernde Aufgabe zu erfüllen oder anstehende Probleme zu bewältigen. C. ist grundsätzlich methodenübergreifend bzw. methodenunabhängig; es stellt ein spezielles, ganz konkretes, praktisches Anwendungsfeld dar für jenes pädagogische oder psychologische Konzept, das der Coach mitbringt; es wird allerdings ausgerichtet auf konkrete Umsetzungsziele, deren Spannungsfelder und damit verbundene Anforderungen im beruflichen Kontext. Die persönliche Beziehung von Coach und Klient/in hat dabei einen hohen Stellenwert. Sie sollte getragen sein von Vertrauen, Wertschätzung und Empathie. Gleichwohl bleiben Klient/innen selbst verantwortlich für ihr Lernen, ihre Entscheidungen und ihr konkretes Handeln bei der Umsetzung. C. kann nicht nur in Einzelgesprächen, sondern auch mit → Gruppen und in Teams stattfinden. Bei Führungsteams werden dabei zumeist vorab konkrete Themenstellungen vereinbart. „Coach“ ist keine geschützte Berufsbezeichnung. Relevant für die Auswahl sollte deshalb neben Person und Referenzen die Basis-Qualifikation in einer Methode sein.

*Bert Voigt*

**Community Organizing** (**CO**) ist ein aus den USA stammender Handlungsansatz (vgl. Saul D. Alinsky) zur Stärkung einer politisch handlungsfähigen → Bürger- oder → Zivilgesellschaft als ebenbürtiges Gegenüber zu den beiden anderen Säulen des Gemeinwesens: Staat und Markt. Aus diesem ordnungspolitischen Verständnis heraus baut CO lösungsorientierte, zivilgesellschaftliche → Partizipation auf breiter gesellschaftlicher Basis von unten auf. Sie konkretisiert sich in Form von parteipolitisch und konfessionell unabhängigen Bürgerplattformen (community organizations), die sich aus einer Vielzahl bestehender zivilgesellschaftlicher Gruppen vor Ort (Initiativen, Vereine, religiöse Gemeinden, selbstständige Einrichtungen) zusammensetzen, mit dem Ziel, Missstände zu beheben bzw. strukturelle Verbesserungen zu erreichen.

Aus demokratietheoretischer Sicht zielt CO darauf, Menschen zu befähigen, ihr eigenes Leben, das gesellschaftliche Zusammenleben und damit das öffentliche Leben (wieder) gemeinsam mit anderen zu gestalten, gegebenenfalls zu verändern und zu entwickeln, d.h. persönlich und öffentlich-politisch handlungsfähig zu werden. Das handlungstheoretische Verständnis von CO teilt viele Praktiken mit der herkömmlichen → Gemeinwesenarbeit, hebt sich jedoch durch wesentliche Besonderheiten ab. So werden Bürgerplattformen nicht themenzentriert, sondern durch die Knüpfung von Beziehungen über sozioökonomische und ethnische Trennlinien hinaus organisiert; sie sind langfristig angelegt, bestimmen ihre Themen selbst, bieten keine Dienstleistungen oder Projekte an, sondern setzen sich für praktikable Lösungen struktureller Probleme im Gemeinwesen ein. Sie entwickeln deshalb eine hartnäckige und erfolgreiche Handlungsfähigkeit (mittels Aktionskampagnen), die sich sowohl konflikt- als auch kompromissbereit zeigt. Im Unterschied zum Programm → »Soziale Stadt« und zum → Quartiersmanagement legt CO Wert auf die bürgerschaftliche Selbstorganisation und auf staatlich unabhängige Finanzierungsformen (Eigenbeiträge, → Stiftungen, → Corporate Citizenship/Corporate Social Responsibility). CO wendet sich überwiegend, aber nicht ausschließlich an Menschen und Gruppen, die selbst- oder fremdverursacht aus der Teilnahme und -gabe ausgegrenzt sind. CO setzt auf die Mitarbeit von vielen Freiwilligen aus den mitwirkenden Gruppen, die jedoch von einem community organizer (professioneller Koordinierungskraft) begleitet werden.

CO wird für gewöhnlich im US-amerikanischen Kontext nicht als Teil der professionellen Sozialen Arbeit, sondern als eigenständiger Bereich verstanden. In Deutschland hingegen beeinflussten die seit 1945 immer wiederkehrenden Rezeptionswellen die deutsche Gemeinwesenarbeit stark, ohne dass sich eine eigene Praxis des CO entwickelte. Im Zusammenhang mit der wachsenden Relevanz der Zivilgesellschaft/Bürgergesellschaft in Deutschland wird CO einerseits als eigenständiger Ansatz mit wachsendem Erfolg realisiert (vgl. Deutsches Institut für Community Organizing und Forum on Community Organizing) und andererseits oft als allgemeine Bezeichnung für Partizipationsansätze verflachend verwendet.

*Leo Joseph Penta*

**Conterganstiftung für behinderte Menschen (CfbM)** ist eine → Stiftung, die Leistungen in Form der Kapitalentschädigung, der lebenslangen Conterganrente sowie jährlicher Sonderzahlungen an → behinderte Menschen erbringt, deren Fehlbildungen mit der Einnahme thaliomidhaltiger Präparate der Firma Chemie Grünenthal GmbH durch die Mutter während der Schwangerschaft in Verbindung gebracht werden können. Die Stiftung fördert auch Forschungs- und Erprobungsvorhaben zur → Teilhabe am Leben in der Gesellschaft und zu Spätfolgen der Beeinträchtigungen. Die Stiftung untersteht der Aufsicht des → Bundesministeriums für Familie, Senioren, Frauen und Jugend (BMFSFJ). Die gesetzliche Grundlagen der CfbM ist das Conterganstiftungsgesetz (ContStiftG – BGBl. I 2009 S. 1534 ff.). Die CfbM ist die Nachfolgeorganisation des Hilfswerks für behinderte Kinder (BGBl. I 1971 S. 2018).

Seit der Änderung des ContStiftG vom 25.6.2009, kann die Auszahlung der von der Firma Grünenthal GmbH zugesagten Mittel in Höhe von 50 Mio. Euro an die contergangeschädigten Menschen in Form von jährlichen Sonderzahlungen erfolgen. Die Höhe der Kapitalentschädigung, der jährlichen Sonderzahlung und der Conterganrente richtet sich nach der Schwere des Körperschadens und der hierdurch hervorgerufenen Körperfunktionsstörungen. Contergangeschädigte Menschen, die ihre Ansprüche bisher gar nicht oder verspätet (nach ContStiftG alte Fassung) geltend gemacht haben, erhielten mit dem 2. Änderungsgesetz außerdem die Möglichkeit, ab Juli 2009 Leistungen nach dem Conterganstiftungsgesetz für die Zukunft geltend zu machen. Seit dem 1.8.2013 können anerkannte contergangeschädigte Menschen, die eine Conterganrente erhalten, Anträge auf Leistungen zur Deckung spezifischer Bedarfe stellen.

*Anschrift*: Geschäftsstelle der CfbM, 50964 Köln

*Antje Welke*

**Controlling** ist ein Begriff der Wirtschaftslehre und wird als Teilfunktion der Unternehmensführung (als Steuerungsfunktion sowie als Führungs- und Informationssystem) gesehen. Es versorgt alle Ebenen mit Zahleninformationen und setzt seine Aktivitäten planmäßig und zielgerichtet zur Steuerung der Organisation im Rahmen der Unternehmensziele ein. C. heißt demnach, Führungskräfte zum praktischen Erreichen vereinbarter Ziele führen. Führungs- und fachliche Aufgaben werden durch den Aufbau und die Ausgestaltung von Systemen sichergestellt (Datenerfassungssysteme, Berichtssysteme, Auswertungs-Tools). Es besitzt seine eigenen Methoden und Verhaltensregeln. Gelegentlich spricht man auch von einer »Controllingphilosophie«. Im Rahmen der Neuen Steuerungsmodelle bedeutet dies, dass das C. dafür sorgt, dass jeder Verantwortungsträger sich selbst im Rahmen der erarbeiteten Ziele und Pläne kontrollieren kann. Die gängigste Differenzierung beschreibt das operative und strategische C. Beim operativen C. geht es um die Steuerung der → Wirtschaftlichkeit und Rentabilität sowie der Liquidität der Organisation u.a. durch → Budgetierung und → Finanzplanung, bezogen auf das laufende Geschäftsjahr. Mittels strategischem C. werden neue Potenziale für die Organisation analysiert und aufgebaut.

In funktionaler Hinsicht hat C. eine Planungs- und Kontrollfunktion, z.B. durch die Gestaltung von Budgetierungssystemen und spezifischer Finanz- und Haushaltsplanungssysteme (auf der Basis doppelter Buchführung und der Kameralistik) wahrzunehmen, die durch eine Beratungsfunktion zu ergänzen ist. Diese Beratungsfunktion bezieht sich auf alle betrieblichen Fragestellungen, insbesondere auf die Ergänzung der nicht von externer Beratung wahrgenommenen Aufgaben (vor allem der Steuerberatung und Wirtschaftsprüfung), die Beratung zur Gestaltung der betrieblichen Informations- und Kommunikations-Konzepte (z.B. Auswahl von Anwendersoftware) sowie die Gestaltung von → Berichtswesen und → Balanced Scorecards und der Vorbereitung der Erstellung und die Begleitung der Umsetzung von Investitions- und Finanzierungsplanungen. Zudem hat es eine Moderationsfunktion übertragen bekommen, die sich in der Initialisierung von Lernprozessen (z.B. im Rahmen der Budgetierung) und dem Unterstützen und Begleiten von Veränderungsprozessen zeigt sowie das Vermitteln von administrativen Verfahren und Techniken des Prozessmanagements widerspiegelt.

Das C. kann aber nicht zwangsläufig alle genannten Funktionen erfüllen, alle Methoden und Instrumentenkenntnisse in sich vereinen. Eine organisationsspezifische Ausgestaltung seines Aufgabenspektrums ist selbstverständlich. Ein »Muss« ist es jedoch, dass Kenntnisse von den dargestellten Abläufen und Strukturen, Methoden, Techniken, Instrumenten gegeben sind, sodass gewährleistet ist, dass Planung und Kontrolle betrieblicher Abläufe in der notwendigen Weise erfolgen.

*Hans-Christoph Reiss*

**Corporate Citizenship/Corporate Social Responsibility** Gesellschaft und Wirtschaft beeinflussen sich wechselseitig. Während im 19. Jahrhundert Max Weber die gesellschaftlichen und kulturellen Grundlagen wirtschaftlichen Handelns herausarbeitete, analysierte Karl Marx zeitgleich die gesellschaftlich prägende Kraft kapitalistischen Wirtschaftens von Unternehmen als gesellschaftlichen Akteuren. Im Zuge der wirtschaftlichen → Globalisierung seit den 1980er-Jahren haben Formen kapitalistischen Wirtschaftens und privatwirtschaftlicher Unternehmen weiter stark an Bedeutung gewonnen, wobei Wirtschaft und Unternehmen entsprechend der Varianz kapitalistischer Gesellschaften national unterschiedliche Ausprägungen aufweisen. In der deutschen und der internationalen Fachöffentlichkeit wird seit einigen Jahren die gesellschaftliche Verantwortung von Wirtschaft und Unternehmen (engl. corporate social responsibility/CSR) diskutiert und zusehends auch eingefordert.

In entwickelten kapitalistischen → Sozialstaaten realisieren Unternehmen ihre gesellschaftliche Verantwortung (CSR) auf zweierlei Art und Weise: (1) in der betrieblichen Innenwelt und (2) in ihrer Umwelt. Kommen Unternehmen ihrer gesellschaftlichen Verantwortung nach, so steht die Einhaltung gesetzlicher – insbesondere wirtschafts-, arbeits-, sozial- und umweltrechtlicher – Verpflichtungen im Mittelpunkt der innerbetrieblichen Verantwortung. Besonders verantwortliche Unternehmen bieten zudem Maßnahmen betrieblicher → Sozialpolitik mit entsprechend freiwilligen Sozial-, Gesundheits- und Vermögensleistungen an (→ betriebliche Altersversorgung und Sozialleistungen). Darüber hinaus sind Unternehmen in ihrer gesellschaftlichen Umwelt engagiert, wobei die Verkopplung zwischen wirtschaftlichem Unternehmenszweck und gesellschaftlichem Engagement unternehmensbezogen höchst unterschiedlich ausfällt und empirisch eine breite Streuung zwischen den Polen »eng« und »lose« vorzufinden ist. In Fällen einer relativ losen Kopplung zwischen Unternehmenszweck und Engagement wird Unternehmen in der internationalen Fachdiskussion die Rolle eines Corporate Citizen (CC) zugewiesen. In diesem Sinne engagieren sich Unternehmen mittels Geld- und Sachspenden (→ Spendenwesen) sowie Dienstleistungen, die mit konkreten gesellschaftlichen Bedarfen und Zwecken begründet werden und keinen unmittelbaren Unternehmensbezug erkennen lassen.

In der Sozialpolitik und der → Sozialen Arbeit wird der Bedeutungszuwachs von Wirtschaft und Unternehmen für die Entwicklung von Gesellschaften kritisch gesehenund bisweilen schlicht zurückgewiesen. Und in der Tat vermitteln Wirtschaft und Unternehmen ein ambivalentes Bild: Sie sind ein wichtiger Auslöser oder zumindest ein wesentlicher Anlass → sozialer Probleme, zugleich aber auch ein wichtiger Akteur in der Bearbeitung und sogar Lösung gesellschaftlicher Probleme.

*Holger Backhaus-Maul*

**Corporate Governance** steht für eine sorgfältige Gestaltung der Unternehmensverfassung, die eine effektive und an den Zielen des Unternehmens ausgerichtete Arbeit gewährleisten soll. Die Bundesregierung hat als Reaktion auf große Unternehmenspleiten durch eine Kommission den Deutschen Corporate Governance Kodex (DCGK, www.corporate-governance-code.de) entwickeln lassen. Nach spektakulären Insolvenzen sozialer Träger wurde die Anpassung des DCGK für Non-Profit-Organisationen (Nonprofit Governance) diskutiert und die meisten Verbände haben Richtlinien für angemessene Organisationsverfassungen entwickelt, z.B. die Deutsche Bischofskonferenz für die Caritas und die → Diakonie Deutschland. Zentrale Fragen der Nonprofit Governance sind die Machtbalance zwischen – meist ehrenamtlicher – Unternehmensaufsicht und – meist hauptamtlicher – Geschäftsführung, die Verankerung der ideellen Ausrichtung der Organisation, der Einfluss verschiedener Anspruchsgruppen auf die strategische Steuerung und ein ausreichender Informationsfluss bis zur Mitgliederversammlung oder ggf. Öffentlichkeit. Typische Gestaltungsparameter sind Aufgabenverteilung zwischen den Organen, Zustimmungsvorbehalte, Organgröße und besetzung, Sitzungsrhythmus und Informationsrechte. Da in der → Sozialwirtschaft zunehmend Unternehmensverbünden wie bspw. → Vereine oder → Stiftungen mit Tochtergesellschaften entstehen, steigt die Bedeutung der C. G. für das langfristige Überleben der Organisationen.

*Christian Koch*

**Corporate Identity** → Kommunikationsmanagement, → Leitbild(-entwicklung)

**Curriculum** Unter einem C. (lat. Zeitabschnitt, Ablauf; Plural: Curricula) versteht man allgemein einen auf einer Theorie des Lehrens und → Lernens beruhenden Plan für die Inhalte und den Aufbau von Lehreinheiten, bei dem → Lernziele, -inhalte und -organisation so aufeinander bezogen werden, dass fundierte und begründete Entscheidungen für diesen ermöglicht werden. In Abgrenzung zum Lehrplan als einer Übersicht von Lehrinhalten, die in einem festgelegten Zeitraum »vom Lernenden angeeignet und verarbeitet werden sollen« (Blankertz) sind C. weiter und prozesshafter auf das gesamte Geschehen des Lernens und Lehrens unter Einbeziehung der Akteure/Akteurinnen und Rahmenbedingungen gefasst.

C. werden vor dem Hintergrund unterschiedlicher didaktischer Theorien und Modelle (→ Didaktik) mit jeweils anderem Ausgangspunkt entwickelt: So setzen situationsorientierte C. an erforderlichen Qualifikationen für die Bewältigung von Lebenssituationen an. Für eine C.konstruktion sind hier vier Schritte von Bedeutung: (1) Zunächst werden auf der Basis einer Analyse der gesellschaftlichen Situation die gegenwärtigen und zukünftig zu bewältigenden Lebenssituationen von Lernenden erfasst. (2) Daraus lassen sich konkrete Qualifikationen, d.h. »Befähigungen zum erfolgreichen Umgang mit Welt« (Robinsohn), bezogen auf Lernzielbereiche und -ebenen unter Berücksichtigung gesellschaftlicher Anforderungen, fachwissenschaftlicher Erfordernisse sowie der Fähigkeiten und Bedürfnisse der/des Lernenden ableiten. (3) Es folgt die Konkretisierung des C. durch Aussagen zu Lernenden, Lehrenden, Methoden, Medien, Lernorganisation, Zeit, Lernzielkontrollen und Evaluation. (4) Am Schluss steht die C.revision, d.h. die laufende Reform des C. unter Berücksichtigung von Veränderungen von u.a. Gesellschaft, Wissensbeständen, Zielgruppen und deren Ausgangslage. Ausgangspunkte anderer Ansätze sind v.a. die Strukturen einer Fachwissenschaft, Lernprozesse oder Sozialisationsbedingungen der Lernenden (→ Sozialisation). Auch gilt es immer, den »heimlichen Lehrplan« (»hidden curriculum«), d.h. die unbeabsichtigten Lernprozesse, zu beachten.

Je mehr ein C. als offenes C. unter Einbeziehung der → Adressat/innen begriffen wird, umso klarer ist es auf die im weitesten Sinn auf → Bildung hin orientierten Aufgabenfelder der Sozialen Arbeit zu beziehen. Insbesondere in der → frühkindlichen Bildung, Betreuung und Erziehung, der außerschulischen → Jugend- und der → Erwachsenenbildung liegen C. bzw. Bildungs- oder Orientierungspläne im Sinne o.g. situationsorientierter C. vor. Auch z.B. im Feld der → Familienbildung, bei Ansätzen zur → Prävention und im Kontext von → Partizipation wird z.T. entsprechend gearbeitet. Gegenwärtig werden C. in der Sozialen Arbeit zwar weniger unter dem Begriff selbst diskutiert, jedoch verweisen die Diskurse v.a. um die Konsequenzen aus den PISA-Studien, um Bildungspläne im Elementarbereich und um Kompetenzorientierung in Aus-, Fort- und Weiterbildung (→ Ausbildung in sozialen Berufen, → Fort- und Weiterbildung, → Outcomeorientierung) deutlich auf o.g. Ansätze.

*Lit.* Blankertz, H.: Theorien und Modelle der Didaktik, 14. Aufl., München, 2000; Robinsohn, S. B.: Bildungsreform als Revision des Curriculums und ein Strukturkonzept für Curriculumentwicklung, 5. Aufl., Neuwied/Berlin 1988.

*Elke Kruse*

**Darlehen** Gegenstand der → sozialen Rechte sind nach § 11 SGB I die in diesem Gesetzbuch genannten → Dienst-, → Sach- und → Geldleistungen. D. zählen zu den Geldleistungen, die neben die in Form einer nicht rückzahlbaren → Beihilfe erbrachte → Geldleistung treten können.

Da → Sozialleistungen i.d.R. als Beihilfe erbracht werden, bedarf es einer ausdrücklichen gesetzlichen Ermächtigung, die Leistungen als D. zu bewilligen. Daher sehen insbesondere das SGB II (→ Grundsicherung für Arbeitsuchende) und das SGB XII (→ Sozialhilfe) D.tatbestände vor, nach denen je nach Ausgestaltung der Norm D. als → Pflichtleistung zu erbringen sind oder als Ermessensleistung (→ Ermessen) erbracht werden können. Beispielhaft seien hier die Übernahme von Miet- und Energieschulden (§ 22 Abs. 8 SGB II, § 36 Abs. 1 SGB XII), die Deckung unabweisbarer Bedarfe (§ 24 Abs. 1 SGB II, § 37 SGB XII), nicht sofort verwertbares ungeschütztes Vermögen (§ 24 Abs. 5 SGB II, § 91 SGB XII) sowie D. bei vorübergehender Notlage (§ 38 SGB XII) genannt.

Obwohl mit § 42 a SGB II zum 1.4.2011 eine zentrale D.vorschrift geschaffen wurde und trotz vieler D.tatbestände fehlt es an einer Norm, die die Rechtsform und die Modalitäten der D.vergabe ausdrücklich regelt. Die sog. Zweistufentheorie, wonach die Entscheidung über D. dem Grunde nach in Form eines → Verwaltungsaktes (VA) und die nähere Ausgestaltung und Rückabwicklung des D. mittels eines zivilrechtlichen Vertrages erfolgen, dürfte inzwischen überholt sein, da aufgrund der Regelungen in § 53 ff. SGB X über den öffentlich-rechtlichen D.vertrag weder Raum noch Bedarf für eine zivilrechtliche Vertragsgestaltung bestehen.

Nach § 53 Abs. 2 SGB X kann ein öffentlich-rechtlicher D.vertrag über Sozialleistungen nur geschlossen werden, soweit die Leistungserbringung im Ermessen des → Sozialleistungsträgers steht. Da der D.vertrag einen Austauschvertrag darstellt, gilt nach § 55 Abs. 2 SGB X die Einschränkung des § 53 Abs. 2 SGB X nicht. Daher kann im Sozialleistungsbereich die Form des öffentlich-rechtlichen D.vertrages gewählt werden.

Als weitere, inzwischen von den Leistungsträgern am meisten genutzte Möglichkeit einer D.vergabe kommt die Bewilligung eines D. durch VA in Betracht. Auch wenn durch § 42 a Abs. 2 S. 2 SGB II nur geregelt ist, dass die → Aufrechnung per VA zu erfolgen hat, so spricht gerade diese Regelung nicht nur für den Bereich des SGB II dafür, auch die Vergabe des D. im Rahmen eines einstufigen Verfahrens per VA vorzunehmen. Wenn der Leistungsträger allein in Form eines VA handelt, kann er im VA neben der D.bewilligung auch die Rückzahlungsmodalitäten inkl. der Rückzahlungspflicht regeln. Die Rückzahlungspflicht eines per VA bewilligten D. ergibt sich aus der Rechtsnatur eines D., da diese Pflicht einem D. immanent ist: Wurde das D. per VA bewilligt, ist der Rückzahlungsanspruch als Spiegelbild der Bewilligung auch durch einen VA zu regeln.

Sowohl bei Abschluss eines öffentlich-rechtlichen Vertrages als auch bei einer D.bewilligung per VA stellt sich die Frage, an welche Personen ein D. vergeben wird, wer also D.nehmer ist. Auch wenn es ausdrücklich nur in § 42 a Abs. 1 S. 3 SGB II geregelt ist, trifft die Rückzahlungsverpflichtung über das SGB II hinaus die Personen, an die ein D. vergeben wurde. Grundsätzlich können D. an eine Person, mehrere einzelne oder an mehrere Personen gemeinsam vergeben werden (§ 42 a Abs. 1 S. 2 SGB II, § 38 Abs. 1 S. 2 SGB XII). Mit der Vergabe des D. an bestimmte Personen wird daher auch gleichzeitig über die Rückzahlungsverpflichtung bezüglich des D. entschieden.

Der Leistungsträger hat bei der Wahl der D.nehmer ein Auswahlermessen. Aufgrund des Individualanspruchs auf existenzsichernde Leistungen insbesondere nach dem SGB II und SGB XII ist das Ermessen daran zu orientieren, bei wem der Hilfebedarf besteht. Bei einem D. an Auszubildende nach § 27 Abs. 4 SGB II/§ 22 Abs. 1 SGB XII kommt ein D. nur für den Auszubildenden selbst, aber nicht für den/die Partner/in und Kinder in Betracht. Soll ein D. für die Ersatzbeschaffung eines Kinderbettes nach § 24 Abs. 1 SGB II/§ 37 Abs. 1 SGB XII bewilligt werden, ist dieses D. nur dem jeweiligen Kind zu bewilligen, wobei der Bescheid an den gesetzlichen Vertreter, also ein Elternteil, zu richten oder der D.vertrag mit dem gesetzlichen Vertreter zu schließen ist. Dagegen könnte ein D. für eine Ersatzbeschaffung eines Kühlschranks oder einer Waschmaschine an alle Mitglieder der Gemeinschaft nach dem SGB II oder SGB XII vergeben werden, da Nutznießer der Aufbewahrung von Lebensmitteln im Kühlen und des Waschens von Wäsche alle Mitglieder der Gemeinschaft sind.

Bei der D.vergabe an minderjährige Kinder ist eine Besonderheit zu beachten: Bei Abschluss eines öffentlich-rechtlichen Vertrages mit einem minderjährigen Kind ist die Zustimmung des → Familiengerichts nach § 1643 Abs. 1 → Bürgerliches Gesetzbuch (BGB) i.V.m. § 1828 Nr. 8 BGB erforderlich, auch wenn das Kind durch die Eltern gesetzlich vertreten wird. Bei der Vergabe eines D. per VA wäre es aufgrund des bestehenden Auswahlermessens (vgl. ausdrücklich § 42 a Abs. 1 S. 2 SGB II/§ 38 SGB XII, aber auch bei einem D. nach § 37 SGB XII) und der Regelung des § 1643 Abs. 1 BGB i.V.m. § 1822 Nr. 8 BGB ermessensfehlerhaft, D. im Regelfall an minderjährige Kinder zu bewilligen. Unumgänglich und damit zulässig ist die Vergabe von D. an minderjährige Kinder bei nicht sofort verwertbarem Vermögen nach § 24 Abs. 5 SGB II/§ 91 SGB XII wegen des Individualanspruchs einer jeden Person inkl. der minderjährigen Kinder. Dasselbe gilt auch, wenn lediglich ein Bedarf des Kindes zu decken ist (z.B. Ersatzbeschaffung eines Kinderbettes).

Da § 42 a SGB II die D.modalitäten abschließend regelt und eine Zinszahlungspflicht nicht vorgesehen ist, sind D. nach dem SGB II zinslos zu bewilligen. § 44 SGB I ist nicht einschlägig, da diese Bestimmung die Verzinsung von Sozialleistungen, nicht aber von Rückzahlungsansprüchen eines Sozialleistungsträgers regelt.

*Lit.* Becker, R., in: jurisPK-SGB XII, 2. Aufl., Saarbrücken 2014; Bittner, C., in: jurisPK-SGB II, 4. Aufl., Saarbrücken 2015; Luik, S./Blüggel, J./Greiser, J., in: Eicher, W.: SGB II. Kommentar, 3. Aufl., München 2013.

*Lutz Wittler*

**Daseinsvorsorge** Der Begriff der D. wurde durch E. Forsthoff eingeführt, um das neue Konzept der Leistungsverwaltung gegenüber der klassischen Eingriffsverwaltung abzugrenzen und zu begründen. In einer arbeitsteiligen industrialisierten → Gesellschaft sind Menschen existenziell auf die Bereitstellung wirtschaftlicher, sozialer und kultureller Dienstleistungen angewiesen. Die ökonomische Theorie geht davon aus, dass der Markt für die effiziente Herstellung und Verteilung von Gütern am besten geeignet ist. Allerdings kann es öffentliche Güter wie bspw. die Wasserversorgung geben, bei denen der Markt versagt und staatliche Eingriffe ausnahmsweise erforderlich sind. Die D. betrifft jedoch nicht nur solche öffentlichen, sondern u.U. auch sog. meritorische Güter, die zwar grundsätzlich marktfähig sind, bei denen die Marktergebnisse jedoch als falsch empfunden werden. Zu den klassischen Bereichen der D. zählen die Versorgung mit Wasser, Elektrizität, öffentlichem Verkehr und Gesundheits- sowie Sozialdienstleistungen, aber auch der Umweltschutz. Daneben beansprucht z.B. die öffentliche Kulturförderung oder der öffentliche Rundfunk, Teil der D. zu sein. Bei der D. geht es um die Gewährleistung bestimmter politisch erwünschter Zugangschancen, Kontinuitäten, Nutzungsweisen und Ergebnisse für alle Bürger/innen. In Deutschland ist D. eng mit dem Begriff der sozialen Marktwirtschaft verbunden. Hier wird die D. meist bei den Kommunen, ihrer geschützten → Selbstverwaltung in Art. 28 Abs. 2 S. 1 → Grundgesetz (GG) und in den Gemeindeordnungen (GO) festgemacht. Dabei kann die öffentliche Hand Leistungen der D. durch die eigene Verwaltung, eigene Unternehmen, durch Private oder durch Mischformen erbringen lassen. Die GO binden öffentliche Unternehmen an einen öffentlichen Zweck. Rein erwerbswirtschaftliche Unternehmen sind untersagt. Seit den 1990er-Jahren werden verschiedene neue Formen der Leistungserbringung im Rahmen der D. wie (Teil-) → Privatisierungen sowie öffentliche und private Partnerschaften (→ Öffentlich-Private Partnerschaften) diskutiert. Mit der → demografischen Entwicklung rückt besonders die D. im ländlichen Raum in den politischen Fokus. Die Abgrenzung der D. zum → Sozialstaatsprinzip ist nicht eindeutig. Im Gegensatz zu meist bedarfsorientierten → Sozialleistungen geht es bei sozialer D. um Leistungen für alle Bürger/innen, die mit dem Wandel der gesellschaftlichen Verhältnisse wichtiger werden (z.B. → Kindertagesbetreuung). Im Rahmen des → Sozialgesetzbuchs (SGB) haben die Kommunen Pflicht- und Ermessensaufgaben der sozialen D. zu erfüllen. Zudem können sie eigene Aufgaben festlegen. In der → Europäischen Union (EU) gibt es keinen einheitlichen Begriff der D., allerdings haben die sog. Dienste von allgemeinem Interesse (DAI) in den EU-Verträgen einen besonderen Stellenwert. Unter das europäische → Wettbewerbsrecht fallen sogenannte wirtschaftliche DAI, wobei Ausnahmeregelungen bestehen. Die Mitgliedstaaten verfügen über ein → Ermessen zur Bestimmung und Organisation der D. Die EU-Kommission und die EU-Gerichte behalten sich eine Missbrauchskontrolle vor, um offenkundig unberechtigte Verweise auf die D. zulasten des Binnenmarktes zu verhindern. Spätestens seit den EU-Verhandlungen zu einem internationalen Freihandelsabkommen mit den USA (TTIP) diskutiert die Öffentlichkeit den möglichen Einfluss des internationalen Handelsrechts auf die D. In diesen Abkommen bestehen eigenständige Schutzansätze, welche die D. von Marktöffnungsverpflichtungen ausnehmen sollen.

*Niklas Kramer*

**Daten** In der Sozialforschung (→ Empirische Sozialforschung) werden D. als beobachtete Ausprägungen (Werte) von Merkmalen (Variablen) sozialwissenschaftlicher Untersuchungseinheiten definiert (z.B. → Gesellschaften, → Organisationen, → Gruppen, → Individuum). D. lassen sich zunächst in quantitative (numerische) und qualitative (verbale oder inhaltlich beschreibende) D. unterscheiden. Unter bestimmten Voraussetzungen können qualitative D. (z.B. Texte, Bilder) quantifiziert werden. Die D.gewinnung ist ein Prozess, der mit der Forschungsplanung beginnt. Dem folgt eine Feldphase, zumeist in Form einer persönlichen, telefonischen oder schriftlichen Befragung. Weitere D.gewinnungsverfahren sind die Beobachtung, die Inhaltsanalyse und das Experiment. Man unterscheidet zwischen Primär- und Sekundärdaten. Während Primärdaten zur Analyse von Forschungsproblemen neu erhoben werden, liegen Sekundärdaten bereits vor und werden wiederholt ausgewertet. Für die Durchführung von Sekundäranalysen haben D.archive wie das Datenarchiv für Sozialwissenschaften des GESIS Leibniz-Instituts für Sozialwissenschaften eine herausragende Bedeutung. D.archive erstellen in der Regel Meta-D., also D. oder Informationen über existierende D. oder D.sätze. Zu den Sekundärdaten gehören auch prozessproduzierte D. Sie entstehen ohne Eingriff von Forschenden. Darunter fallen D. aus amtlichen Vorgängen (z.B. Daten von Standesämtern über Eheschließungen), abgeleitete Statistiken (z.B. Eheschließungsziffern) und diverse Arten von »Verhaltensspuren«, z.B. Ausleihziffern von Bibliotheken; Gerichtsakten (→ Statistische Grundlagen der Sozialen Arbeit). Prozessproduzierte D. können bei der Nutzung elektronischer Medien oder computergestützter → Kommunikation gewonnen werden. Meta-Analysen verwenden als D. publizierte empirische Befunde, fassen diese zusammen und erklären mögliche Unterschiede in den Ergebnissen verschiedener Studien. Ferner lassen sich D. nach ihrem Aggregationsgrad unterscheiden. Aggregat- oder Makrodaten sind D. über zusammengefasste sozialwissenschaftliche Größen (z.B. Geburten- oder Sterbeziffern einer Bevölkerung). Dagegen liefern Mikrodaten Informationen über Individuen (z.B. Familienstand). Beziehen sich D. nur auf einen Zeitpunkt (z.B. Stichtag), so spricht man von Querschnittdaten, werden D. von Untersuchungseinheiten wiederholt erhoben, von Längsschnittdaten. In der → Lebenslaufforschung werden solche Längsschnittdaten retrospektiv oder prospektiv ermittelt. Im ersten Fall werden Personen zu einem Zeitpunkt über ihr vergangenes Leben befragt. Im zweiten Fall sind die Längsschnittdaten auf den zukünftigen Lebenslauf gerichtet und werden durch aufeinander folgende D.erhebungen gewonnen (Panel-Studien). Werden Werte einer Variablen bei einer Untersuchungseinheit (z.B. Deutschland) wiederholt erhoben (z.B. jährliche Daten zum Bevölkerungsstand), spricht man von Zeitreihen. Aus rechtlicher Sicht sind personenbezogene D. bedeutsam, deren Verarbeitung im Bundesdatenschutzgesetz geregelt wird (→ Datenschutz).

*Michael Wagner*

**Datenabgleich** durch Träger nachrangiger (von einem bestehenden Bedarf abhängiger) → Sozialleistungen ist darauf gerichtet festzustellen, ob Leistungsbeziehende über Mittel (zu berücksichtigende Einnahmen und einzusetzendes → Vermögen) verfügen, die bei Beantragung oder während des Bezugs der Leistungen entgegen der nach § 60 Abs. 1 SGB I hinsichtlich aller für die Leistung erheblichen Tatsachen bestehenden Verpflichtung nicht angegeben worden sind. Der automatisierte D. zielt auf die Entdeckung rechtswidriger Inanspruchnahme von Leistungen (sog. → Sozialleistungsmissbrauch) und kann präventive Wirkung zur Einhaltung von Offenbarungspflichten entfalten.

Die seit dem 27.6.1993 bestehende Befugnis zum regelmäßigen automatisierten D. ist mit Inkrafttreten des SGB XII am 1.1.2005 in § 118 SGB XII übernommen worden – unter Ausnahme der Personen, die Leistungen nach dem 4. Kapitel SGB XII beziehen (→ Grundsicherung im Alter und bei Erwerbsminderung). Das zeitgleich in Kraft getretene SGB II (→ Grundsicherung für Arbeitsuchende) verpflichtet in § 52 SGB II die Träger dieser Leistung zum regelmäßigen automatisierten D. Im Übrigen weisen § 118 SGB XII und § 52 SGB II viele Gemeinsamkeiten auf. Nach diesen Vorschriften veranlassen die → Träger der Sozialhilfe bzw. die Bundesagentur für Arbeit (BA; → Agentur für Arbeit) und die zugelassenen kommunalen Träger (Optionskommunen; → Träger der Grundsicherung) regelmäßig Überprüfungen, ob die Leistungsbezieher/innen auch Leistungen der BA, etwa auch als Leistungen der → Arbeitsförderung (SGB III), der → Sozialhilfe, der → Renten- oder Unfallversicherungsträger beziehen oder für andere Zeiträume Leistungen der Grundsicherung für Arbeitsuchende von anderen Trägern bezogen haben, ob sie Einkünfte aus einer versicherungspflichtigen bzw. geringfügigen Beschäftigung haben, ob sie über Kapitalerträge, für die ein Freistellungsauftrag erteilt worden ist, oder über ausländische Zinserträge, die in einem EU-Mitgliedstaat ausgeschüttet worden sind (§§ 45 d Abs. 1, 45 e Einkommensteuergesetz [EStG]), verfügen oder Kapitalvermögen vorhanden ist, das nicht mehr der steuerlich geförderten → Alterssicherung dient (§ 10a EStG bzw. Abschnitt XI EStG).

Die Ausgestaltung des D. ist in der Sozialhilfedatenabgleichsverordnung (SoziDAV) vom 21.1.1998 und in der Grundsicherungs-Datenabgleichsverordnung (GrSiDAV) vom 27.5.2005 geregelt. Danach übermitteln die Auskunft ersuchenden Stellen die Anfragedatensätze kalendervierteljährlich an die Datenstelle der Träger der Rentenversicherung (sog. Kopfstelle). Diese übermittelt den sog. Auskunftsstellen (z.B. Träger der Sozialversicherung, Bundeszentralamt für Steuern usw.) die Anfragedatensätze der Auskunft ersuchenden Stellen. Die Auskunftsstellen führen den D. durch und übermitteln die Antwortdatensätze an die zentrale Vermittlungsstelle. Diese übermittelt die Antwortdatensätze an die Träger der Sozialhilfe bzw. die BA und die zugelassenen kommunalen Träger (Optionskommunen), die die bewilligenden Stellen über die Ergebnisse des D. unterrichten. Die Auskunftsstellen und die Kopfstelle müssen die übermittelten Daten unverzüglich nach Abschluss des Abgleichs löschen.

*Gottfried Eichhoff*

**Datenanalyse** Der Begriff D. wird in erster Linie in der quantitativen Sozialforschung verwendet (→ Daten; → Empirische Sozialforschung). Ziel einer D. ist es, Kennziffern zur Beschreibung einer Stichprobe zu berechnen und Zusammenhänge zwischen Variablen aufzudecken. Man unterscheidet abhängige (»zu erklärende«) von unabhängigen (»erklärenden«) Variablen. So werden zur Erklärung des Erwerbseinkommens (→ Einkommensverteilung) häufig die Variablen Geschlecht, Ausbildung, Dauer der Betriebszugehörigkeit oder berufliche Stellung herangezogen. Analog könnte die Wahrscheinlichkeit des Bezugs von → Sozialhilfe etwa durch die Variablen Alter, Familienstand, Kinderzahl und Unterbrechung der Erwerbskarriere infolge von Arbeitslosigkeit, Krankheit o.Ä. erklärt werden. D. bestehen in der Regel im Einsatz statistischer Verfahren, wobei entsprechende sozialwissenschaftliche Statistik-Programme verwendet werden (→ Statistische Grundlagen der sozialen Arbeit). Der eigentlichen statistischen Analyse gehen z.T. aufwendige Dateneditionen und -kodierungen sowie Fehlerkontrollen voraus. Statistische Verfahren zur D. lassen sich danach unterscheiden, ob sie sich auf eine, zwei oder drei und mehr Variablen richten (uni-, bi- und multivariate Verfahren). Welches statistische Verfahren zum Einsatz kommt, hängt vom Skalenniveau der Variablen und davon ab, ob Querschnitt- oder Längsschnittdaten vorliegen. Die D. beginnt mit univariaten Auswertungsverfahren, zu denen die Berechnung von Häufigkeiten, dem Mittelwert, der Standardabweichung sowie dem Minimum und Maximum gehört. Zur Bestimmung von bivariaten Zusammenhängen werden häufig Kreuztabellen erstellt sowie einfache Korrelations- und Regressionsanalysen durchgeführt. Mit multivariaten statistischen Verfahren lassen sich Zusammenhänge zwischen drei und mehr Variablen bestimmen. Zur Analyse zeitbezogener Mikrodaten, z.B. der Dauer von Ehen oder von Erwerbstätigkeiten, eignen sich Verfahren der Ereignisanalyse. Während sich die Deskriptivstatistik auf die Beschreibung von Verteilungen und Zusammenhängen richtet, behandelt die Inferenzstatistik die Übertragung von Befunden aus Stichproben auf die Grundgesamtheit. Dafür ist es erforderlich, Signifikanztests durchzuführen, die angeben, mit welcher Sicherheit von Kennziffern der Stichprobe auf die Grundgesamtheit geschlossen werden kann. Auch statistisch aufwendige Methoden geben nicht per se Aufschluss über die Ursachen der zu erklärenden Sachverhalte. Kausalhypothesen lassen sich allenfalls im Rahmen von Theorien und mit Längsschnittdaten testen. Man kann von einer kausalen Beziehung zwischen zwei Variablen X und Y erst dann sprechen, wenn sie miteinander korrelieren, wenn X zeitlich Y vorausgeht und der Zusammenhang zwischen X und Y nicht verschwindet, wenn der Einfluss von Drittvariablen berücksichtigt wird. Bei einem experimentellen Forschungsdesign entfällt eine Kontrolle von Drittvariablen, sofern die Versuchsgruppen randomisiert werden.

*Michael Wagner*

**Datenschutz** dient dem Schutz personenbezogener → Daten vor Missbrauch und soll das Recht auf informationelle Selbstbestimmung bei Angaben über die eigene Privat- bzw. Intimsphäre (→ Grundrecht auf D., Art. 1 Abs. 1, Art. 2 Abs. 1 → Grundgesetz [GG]) sicherstellen. Personenbezogene Daten sind alle Einzelangaben über persönliche oder sachliche Verhältnisse einer bestimmten oder zumindest bestimmbaren natürlichen Person, z.B. Name, Alter, Kontaktdaten, Kranken-, Beschäftigten- oder Kundendaten, Zeugnisse. Nicht zum D. i.e.S. gehören Regelungen, die das Recht am eigenen Bild, z.B. Verwendung von Fotos, Post-, Betriebs- oder Staatsgeheimnisse u.ä. schützen oder gesetzliche → Schweigepflichten, z.B. für Amtsträger/innen (→ Amtsgeheimnis), Rechtsanwält/innen, Ärzt/innen, kirchliche Seelsorger/innen. Auf der Bundesebene regelt das Bundesdatenschutzgesetz (BDSG) seit 1977 den D. für die Bundesbehörden und nicht öffentliche Stellen, z.B. Unternehmen, rechtsfähige → Vereine, Berufsverbände oder Ärzte, soweit sie Datenverarbeitungsanlagen nutzen (§ 2 Ab. 1 BDSG). Für Landes- und Kommunalbehörden gelten die D.gesetze der Länder. Weitere Regelungen für die Erhebung, Verarbeitung und Nutzung von Daten in speziellen Sachgebiets- oder Betätigungsfeldern, in denen personenbezogene Daten eine große Rolle spielen, finden sich z.B. in §§ 67 ff. SGB X i.V.m. § 35 SGB I, §§ 61 ff. SGB VIII, §§ 93 ff. SGB XI (→ Sozialgeheimnis).

Aufgabe des D. ist es, Unternehmen und Behörden zu verpflichten, organisatorische oder technische Vorkehrungen zu treffen, um den Missbrauch der personenbezogenen Daten ihrer Kund/innen, Klient/innen, Patient/innen etc. während der Erhebung, Verarbeitung (konkret: Speicherung, Veränderung, Übermittlung, Sperrung oder Löschung) oder während der Nutzung von vornherein auszuschließen. Die Grundsätze des D. sind Datenvermeidung und -sparsamkeit, die Benennung des Zwecks sowie die Erforderlichkeit der Datenerhebung, -verarbeitung und -nutzung. Dem Grundprinzip der Datenvermeidung bzw. -sparsamkeit zufolge ist die Erhebung, Verarbeitung und Nutzung personenbezogener Daten grundsätzlich verboten. Unternehmen und Behörden können aber personenbezogene Daten für ihre Arbeit erheben, verarbeiten und nutzen, soweit das BDSG oder ein Spezialgesetz das genehmigen oder die betroffene Person zuvor und in Kenntnis des Verwendungszwecks ihrer Daten freiwillig in die Erhebung etc. eingewilligt hat (§ 4 a BDSG). Ist die Erhebung, Verarbeitung oder Nutzung durch eine Rechtsvorschrift erlaubt, setzt ihre Zulässigkeit zusätzlich eine Abwägungsentscheidung zwischen den berechtigten Interessen der die Daten verarbeitenden (betrieblichen oder behördlichen) Stelle und den schützenswerten Interessen der betroffenen Person voraus. Personenbezogene Daten dürfen nur für Zwecke genutzt werden, für die sie erfasst worden sind (Zweckbestimmung). Ausnahmen von diesem Grundsatz sind allein zulässig, wenn Daten z.B. zur Gefahrenabwehr, Bekämpfung von Straftaten und → Ordnungswidrigkeiten oder zur Durchführung von wissenschaftlichen Forschungen (siehe auch → Empirische Sozialforschung, → Statistische Grundlagen der Sozialen Arbeit) erhoben, verarbeitet oder genutzt werden. Alle Daten, die nicht mehr zum gesetzlich zulässigen Zweck benötigt werden, sind zu löschen. Jede/r Betroffene hat jederzeit das Recht, Auskunft bezüglich der über sie/ihn gespeicherten Daten bzw. die Richtigstellung falscher Daten zu verlangen (§§ 19 i.V.m. § 34 BDSG). Wird gegen die datenschutzrechtlichen Vorschriften verstoßen, hat der/die Betroffene einen Anspruch auf → Schadenersatz (§ 7 BDSG). Neben diesen rechtlichen Rahmenbedingungen haben Unternehmen und Behörden technisch-organisatorische Maßnahmen zu veranlassen, z.B. für Zugriffs- und Einsichtsrechte, die elektronische Übermittlung von Daten (Verschlüsselung) und Lagerung oder Entsorgung von Datenträgern (§ 9 BDSG). Zur Überwachung der Vorschriften des BDSG und anderer datenschutzrechtlicher Regelungen haben öffentliche und nicht öffentliche Stellen, die automatisiert personenbezogene Daten verarbeiten, eine/n → Datenschutzbeauftragte/n zu bestellen.

Seit Mitte der 1990er-Jahre wurde der D. zum Gegenstand der Gesetzgebung der → Europäischen Union. Insbesondere für den internationalen Austausch von personenbezogenen Daten sowie den Umgang mit diesen Daten im Internet und in der Wirtschaft sollen europäisch einheitliche Standards festgelegt werden. Voraussichtlich im Frühjahr 2016 wird eine neue EU-Datenschutz-Grundverordnung in Kraft treten. Anpassungen im BDSG bzw. den einschlägigen Spezialgesetzen müssen binnen zwei Jahren nach Inkrafttreten umgesetzt werden.

*Lit.* Gola, P./Schomerus, R.: Bundesdatenschutzgesetz. Kommentar, 12. Aufl., München 2015.

*Cornelia Markowski*

**Datenschutzbeauftragte/r** ist ein/e Beauftragte/r in einer öffentlichen oder nicht öffentlichen Stelle (private Organisation, Vereinigung, Unternehmen), der/die für die Einhaltung des → Datenschutzes sorgt. Für Stellen des Bundes und die Privatwirtschaft gilt das Bundesdatenschutzgesetz (BDSG). Für Landes- oder Kommunalbehörden gelten die Datenschutzgesetze der Länder. D. sind in der Ausübung ihrer Fachkunde weisungsfrei (→ Weisung), allerdings der Behörden- bzw. Geschäftsleitung unmittelbar unterstellt. Zu den Aufgaben des/der D. gehört die Beratung der Hausleitung und Mitarbeiter/innen in Fragen des Datenschutzes, entsprechende Schulung des Personals, Prüfung und Überwachung der Datenschutzvorschriften und Schaffung von Transparenz in der Datenverarbeitung im Haus (z.B. durch Verfahrensverzeichnisse und Vorabkontrollen). Öffentliche Stellen des Bundes müssen D. bestellen. Das gilt mit wenigen Ausnahmen auch auf Landesebene. Nicht öffentliche Stellen haben eine/n D. regelmäßig dann zu bestellen, wenn bei ihnen die Verarbeitung personenbezogener Daten automatisiert erfolgt und mehr als zehn Arbeitnehmer/innen damit befasst sind (§ 4 f Abs. 1 BDSG). Als D. darf bestellt werden, wer die erforderliche Fachkunde und Zuverlässigkeit besitzt. Die Bestellung externer D. ist zulässig. Ein Widerruf der Bestellung ist nur unter eingeschränkten Voraussetzungen möglich. D. stehen unter besonderem Kündigungsschutz.

*Cornelia Markowski*

**DBH-Fachverband für Soziale Arbeit, Strafrecht und Kriminalpolitik** Der DBH-Fachverband ist eine bundesweit und international tätige Fachorganisation. In ihr sind Verbände und Vereinigungen mit insgesamt 10.000 Mitgliedern aus der → Straffälligenhilfe, → Bewährungshilfe und Opferhilfe zusammengeschlossen. Unter der früheren Bezeichnung „Deutsche Bewährungshilfe" ist er bekannt als Interessenwahrer für eine humane ambulante Strafrechtspflege. Er hat dazu beigetragen, dass Bewährungshilfe, → Gerichtshilfe und der → Täter-Opfer-Ausgleich in das deutsche Strafrecht eingebunden wurden.

Der DBH-Fachverband fördert durch Fachtagungen, Veröffentlichungen, Stellungnahmen und Weiterbildungen die Praxis und Reform einer rechtsstaatlichen, sozialen Strafrechtspflege, leistet einen Beitrag zur → Kriminalprävention, arbeitet an der Beseitigung und Minderung von Ursachen, Erscheinungsformen und Folgeproblemen von → Kriminalität, unterstützt die Wiedereingliederung von Strafgefangenen und setzt sich für Schadenswiedergutmachung und Täter-Opfer-Ausgleich (TOA) ein. Dabei fördert er die Kooperation zwischen Angehörigen der Strafrechtsberufe, der → ambulanten Dienste der Justiz und der freien Straffälligenhilfe.

Der DBH-Fachverband gibt die Zeitschrift »BEWÄHRUNGSHILFE: Soziales, Strafrecht, Kriminalpolitik« heraus und ist Initiator und Träger von Modellversuchen und Projekten zur Erprobung und Realisierung Erfolg versprechender Weiterentwicklungen. Daraus haben sich die folgenden Projekte und → Einrichtungen entwickelt: DBH-Bildungswerk (Aus- und Weiterbildung), Servicebüro für Täter-Opfer-Ausgleich und Konfliktschlichtung (TOA), Förderung der Ehrenamtlichen Mitarbeit im Strafvollzug (Projekt LOTSE) und das Projekt Übergangsmanagement zwischen Strafvollzug und Nachbetreuung.

Die Tätigkeitsfelder des DBH-Fachverbandes werden durch das Bundesjustizministerium und Landesjustizministerien gefördert. Präsident ist Prof. Dr. Marc Coester (seit 2015); Bundesgeschäftsführer ist Peter Reckling (seit 2003).

*Informationen*: www.dbh-online.de; www.toa-servicebuero.de; www.projekt-lotse.de; www.uebergm.de

*Peter Reckling*

**Deckelung von Sozialleistungen** erfolgt mit dem Ziel, die Ausgaben für → Sozialleistungen zu begrenzen, um bspw. das Beitragsniveau in der Sozialversicherung weitgehend stabil zu halten. Dies erfolgt auf der Ebene der Bestimmung der begünstigten Personengruppen und/oder bei der Auswahl der Maßnahmen zur Bedarfsdeckung. Fiskalische Erwägungen bestimmen damit den Umfang der Bedarfsdeckung und beeinflussen die Festlegung des → Bedarfs.

Eine verbreitete Form der D. v. S. ist die → Budgetierung, die aus dem Gesundheitswesen seit Langem bekannt ist und kritisch bewertet wird. Die Legitimation für die Budgetierung einer Versicherungsleistung findet sich in der Bestimmung, dass lediglich eine »ausreichende, zweckmäßige und wirtschaftliche Versorgung der Versicherten« (§ 5 SGB V) zu gewährleisten ist. Auch in anderen Bereichen werden wirtschaftliche Kriterien an die Versorgung bzw. Bedarfsdeckung angelegt. Die Budgetierung der Mittel zur aktiven → Arbeitsmarktpolitik führt zu einer starken Selektion sowohl der Maßnahmen als auch der geförderten Personen. Grundlage dafür ist der fehlende individuelle → Rechtsanspruch auf bestimmte Förderleistungen nach SGB III (→ Arbeitsförderung) oder SGB II (→ Grundsicherung für Arbeitsuchende). → Sozialraumbudgets, wie sie im Kontext der Stärkung oder Umsteuerung ambulanter Versorgungsstrukturen existieren oder diskutiert werden, sind auf regionale Gebietseinheiten bezogene Leistungsbegrenzungen.

Weitere Formen der D. v. S. finden sich in rechtlichen Regelungen, nach denen die Gewährung von Maßnahmen unter Kostenvorbehalt zu stellen ist (in Bezug auf ambulante Versorgung: § 13 SGB XII → Sozialhilfe). Auch die → Pauschalisierung von → Geldleistungen zur Bestreitung des Lebensunterhalts kann als D. v. S. interpretiert werden, sofern in begründeten Einzelfällen keine Ausnahmeregelungen vorgesehen sind. Gemessen an der jeweiligen Marktlage fallen zu niedrige anerkannte Wohnkosten (SGB II) (→ Unterkunft, Kosten der) ebenfalls hierunter.

*Monika Burmester*

**De-facto-Flüchtlinge** → Flüchtlinge

**Dekompensation** Der Begriff D. wird oft im Zusammenhang mit psychischen oder körperlichen Zusammenbrüchen gebraucht. Es handelt sich um den Verlust der Ausgleichsfähigkeit der Kräfte in einem dynamischen System (z.B. Organismus), dessen normale Funktionstüchtigkeit durch die wechselseitige Stützung verschiedener Einzelfunktionen (z.B. Herz-Kreislauf-Atmung) sichergestellt wird. Ursachen einer D. können Überlastungen des ganzen Systems oder gewisser Teile sein, die nicht mehr von anderen Stellen ausgeglichen werden können. An der Grenze der Kompensationsfähigkeit (→ Kompensation) genügen oft minimale Mehrbelastungen, um das ganze System versagen zu lassen; die vorhandenen Bewältigungsfähigkeiten des Systems reichen nicht aus, um aktuelle Anforderungen bzw. Aufgaben zu bewältigen oder mit Stressoren (→ Stress) umzugehen.

Psychische D. meint den durch akute äußere oder innere Belastungen (z.B. Verlusterlebnis, Enttäuschung, Beleidigung, → Krankheit, → Trauma) bedingten Zusammenbruch eines (bereits labilen) seelischen Gleichgewichts. Ihre Symptome sind entweder in Erregungszuständen entgleisende Affekte wie Trauer, Verzweiflung, Wut, Freude usw., die ein besonnenes und situationsadäquates Reagieren erschweren bis unmöglich machen – oder aber es erfolgt ein Zusammenbruch in Form völliger Erstarrung, also Handlungsunfähigkeit und Ohnmacht.

*Klaus Fröhlich-Gildhoff*

**Deliktsfähigkeit** → Handlungsfähigkeit

**Delinquenz** ist im deutschen Sprachraum – entsprechend seiner lateinischen Wurzel delinquere, »sich vergehen«, »einen Fehler begehen« – eine entstigmatisierende (→ Stigmatisierung) Bezeichnung für Verstöße gegen strafrechtliche Normen. D. wird insbesondere für das tatbestandsmäßige und rechtswidrige Verhalten (z.B. Diebstahl, Körperverletzung, Raub, Brandstiftung) von Kindern und Jugendlichen verwendet, um dessen spezifischen sozialen Sinngehalt sowie die Ubiquität/Normalität und Episodenhaftigkeit von → Jugendkriminalität zu unterstreichen. Diese Konzeption von D. legt helfende und keine strafenden Reaktionen nahe und spiegelt sich sowohl in der erzieherischen Ausrichtung des → Jugendgerichtsgesetzes (JGG), als auch in der Zunahme der vor- und außergerichtlichen Bereinigung von Konflikten (→ Diversion). Kinder- und Jugenddelinquenz und die damit angestrebte Entdramatisierung konkurriert mit dem Etikett → Kriminalität (→ Labeling approach) und dem damit verbundenen starken sozialen und moralischen Unwerturteil.

In der Praxis hat sich diese begriffliche Unterscheidung jedoch nur teilweise durchgesetzt und scheint in der jüngeren Vergangenheit auch analytisch zunehmend aufgeweicht und dethematisiert zu werden. Darauf verweist insbesondere die zunehmend synonyme Verwendung der Begriffe D. und Kriminalität. Im Kontext der wachsenden Kontroll- und Sicherheitsorientierung, auch in der Sozialen Arbeit, sind darüber hinaus zwei Tendenzen sichtbar, die den Impetus der Entstigmatisierung und die analytische Schärfe des Begriffs bedrohen. Zum einen zeigt sich eine Tendenz, das Verhalten von Jugendlichen, das im o.g. Sinne als episodenhaft und altersspezifisch erklärt wird, mit dem Etikett D. von sog. »Intensiv-« oder »Mehrfachtäter/innen« abzugrenzen. Zum anderen wird D. in Anlehnung an die Verwendung des Begriffs im angloamerikanischen Sprachraum (delinquency) zunehmend auch für abweichendes Verhalten (→ Devianz) außerhalb des strafrechtlichen Normenkatalogs verwendet. Dazu gehören Handlungen, die die öffentliche Ordnung stören (z.B. öffentlicher Alkoholkonsum, Weglaufen, Verstöße gegen die Schulpflicht und andere »disorders«). Diese Ausdehnung des klaren Referenzrahmens Strafrecht ermöglicht in den USA und Großbritannien ein weitgehendes und frühzeitiges Intervenieren der staatlichen Instanzen der → sozialen Kontrolle. Mit diesen beiden Tendenzen sind die – auch präventive – Erweiterung des Netzes der Sozialen Kontrolle und der Sanktions- wie Disziplinierungsanlässe ebenso verbunden wie das Verwischen der Grenzen zwischen Jugendhilfe, → Jugendschutz und Jugendgerichtsbarkeit. Dies zeigt sich exemplarisch an der Forderung und Umsetzung von Jugendarrest für schulabstinente junge Menschen.

*Tilman Lutz*

**Delphi-Methode** ist ein qualitativ-schöpferisches Verfahren, das die Sammlung von Informationen und einen strukturierten Austausch dieser Informationen für einen Entscheidungsfindungsprozess ermöglicht. Zu einem bestimmten Problem, zu vorgegebenen Thesen oder einer Entwicklungsprognose äußert sich anhand eines standardisierten Fragebogens mittels zwei- bis vierfach wiederholender, schriftlicher und anonymer Befragung eine bestimmte Anzahl ausgewählter Expert/innen. Die Expert/innen erhalten nach jeder Befragungsrunde die Bewertung der einzelnen Teilnehmer/innen und das durch die Auswertung erstellte Gruppenergebnis. Somit kann die eigene Bewertung der Teilnehmer/innen in der neuerlichen Befragungsrunde reflektiert und revidiert oder ergänzt werden. Durch die wiederholte Befragung soll die Spannbreite der Expertenmeinungen verringert und eine Vereinheitlichung der Expertenmeinungen angestrebt werden.

Die → Interaktion der Teilnehmer/innen findet statt, ohne dass man einen gemeinsamen Raum und eine gemeinsame Zeit finden muss. Die erfolgreiche Anwendung des Verfahrens wird insbesondere durch die Auswahl der Expert/innen, das verständliche Design des Fragebogens und die angemessene Informationsrückkopplung bestimmt (→ Empirische Sozialforschung). Diese Methode kann für einzelne Planungsprojekte im sozialen Bereich (z.B. zur Einschätzung der Entwicklungsmöglichkeiten der → Einrichtungen der Alten- oder Jugendhilfe) oder für die Erarbeitung sozialpolitischer Leitbilder (→ Leitbildentwicklung) bzw. strategischer Leitlinien einer integrierten → Sozialplanung eingesetzt werden.

*Ingo Gottschalk*

**Demenz** Unter D. versteht man krankhafte geistige Abbauprozesse, die in einem etwa 5–10-jährigen Verlauf bis zum Tod in Abhängigkeit und → Pflegebedürftigkeit münden. Die Krankheit äußert sich durch zunehmenden Verlust intellektueller Fähigkeiten mit Beeinträchtigung des → Gedächtnisses, des abstrakten → Denkens, des Urteilsvermögens sowie höherer Hirnfunktionen. Letzteres kann sich als Sprachstörungen, Störungen bei der Ausführung alltäglicher Handlungen und Störungen des Erkennens bemerkbar machen. Von den Veränderungen werden alle geistig-seelischen Bereiche, auch die angemessene Steuerung emotionaler Zustände und affektiver Impulse ergriffen. Neben reaktiven → Depressionen kommen vielfach Persönlichkeitsveränderungen und sekundäre Störungen aus dem psychotischen Formenkreis dazu wie Wahn, Halluzinationen, paranoides Erleben und massive Angst- und Unruhezustände. Die heute weltweit akzeptierten Arbeitsdefinitionen von D. sind im → ICD (International Classification of Diseases) und dem DSM (Diagnostic and Statistical Manual of Mental Disorders) verankert.

D. als Oberbegriff umfasst eine Reihe von Krankheitsbildern mit unterschiedlichen Ursachen und Verläufen und einer gemeinsamen Endstrecke. Ursächlich können neurodegenerative Krankheiten unterschiedlichster Art sein, aber auch Stoffwechsel- und Gefäßprozesse oder Folgen mechanischer und toxischer Schäden des Gehirns. Gemeinsam mit den gefäßbedingten D.prozessen stellt die Alzheimer-D. die große Mehrheit der Krankheitsformen. Man geht davon aus, dass es sich bei zwei Drittel der Erkrankungen um D. vom Alzheimer-Typ handelt. Diese Form der Erkrankung ist trotz erheblicher Forschungsanstrengungen bislang nicht heilbar. Zu weiteren bekannten Formen gehören die frontotemporale D. und die Lewy-Body-D. Nur 10% der Fälle sind sekundäre D. mit behandelbarer Ursache, z.B. bei Parkinson-Erkrankung.

Die D. setzt häufig schleichend ein, sie verläuft individuell unterschiedlich. Im Endstadium einer D. sind die Erkrankten mit neurologischen Ausfallserscheinungen (Inkontinenz, Schluckstörungen) schwerst pflegebedürftig und meist nicht mehr in der Lage, sich mit Worten verständlich zu machen. Sie verkennen ihre aktuelle Umwelt und ihre Bezugspersonen. Aber selbst in diesen Krankheitsstadien bleiben die Erkrankten auf der Gefühlsebene ansprechbar und reagieren auf emotionale Reize und insbesondere auf Zuwendung. So kann es mit Einfühlungsvermögen und kompetenter Unterstützung gelingen, ein therapeutisches Milieu zu schaffen, das zum Wohlbefinden auch in fortgeschrittenen Krankheitsstadien beiträgt.

Zum degenerativen Geschehen im Gehirn gibt es verschiedene Theorien. Die bekannteste ist die Amyloid-These. Bei den Erkrankten sammeln sich giftige Eiweißklumpen im Gehirn an, die Nervenzellen und ihre Kontakte untereinander schädigen. Zellgebiete und Nervenverbindungen sterben zunehmend ab. Intrazelluläre Ablagerungen (Tau-Fibrillen) spielen ebenfalls eine Rolle. Außerdem gibt es Hinweise auf entzündliche Prozesse, von denen nicht gesichert ist, ob sie als ursächliche oder begleitende Phänomene verstanden werden müssen. Mithilfe von Biomarkern wie bestimmten Eiweißstoffen im Nervenwasser und bildgebenden Verfahren ermöglicht die Forschung die Identifizierung von D. bereits 10–15 Jahre vor dem Vollbild der Erkrankung. Um allerdings eine sichere Diagnose bei Gedächtnisstörungen stellen zu können, müssen weitere u.a. neuropsychologische Verfahren zur Anwendung kommen, die v.a. andere Krankheitsursachen ausschließen. Da es auch genetische Varianten gibt, die meist schon in jüngerem Lebensalter auftreten, kann eine entsprechende Untersuchung angezeigt sein.

Wenn D. mit allen Symptomen ausgeprägt ist, sind bereits bis zu 90% der wichtigsten Nervenzellgebiete zerstört. Auch deshalb ist es außerordentlich wichtig, die Erkrankung so früh wie möglich zu erkennen. Mit geeigneten Präparaten können der Krankheitsverlauf verzögert und die Auswirkungen gemildert werden. Zu den anerkannten Wirkstoffen bei einer Alzheimer-D. gehören Azetylcholinesterasehemmer und Memantine. Andere Präparate, z.B. Psychopharmaka und Tranquilizer, werden immer noch bei Unruhe- und Wahnsymptomatik eingesetzt, obwohl sie den Erkrankten nachweislich schaden und lebensverkürzend wirken.

Eine frühe Diagnose kann nicht nur die Chancen medikamentöser Therapie verbessern. Sie kann Betroffenen auch helfen, ihre Selbstbestimmung ganz bewusst mit Blick auf den zu erwartenden Krankheitsverlauf wahrzunehmen, z.B. über die Nutzung von → Vorsorgevollmachten, Betreuungs- und → Patientenverfügungen. Beratungs- und Begleitungsangebote durch professionelle Stellen und Selbsthilfeorganisationen (Alzheimer-Gesellschaften) sind dabei unverzichtbar. Die Bedeutung nichtmedikamentöser und insbesondere psychosozialer Maßnahmen in der Therapie (→ Musik-, Kunst-, Aroma-, Tier-, Erinnerungs- und → Ergotherapie, kognitive Stimulation) wird noch häufig unterschätzt. Sie tragen nachweislich dazu bei, die geistige Leistungsfähigkeit zu fördern, emotionales Wohlbefinden zu sichern, → Verhaltensauffälligkeiten zu reduzieren und die Fähigkeit zur Alltagsbewältigung zu stärken. Ein wertschätzender und verständnisvoller Umgang mit Betroffenen ist Grundlage für den Verbleib im → sozialen Umfeld und den Erhalt von Lebensqualität. Pflegende Angehörige benötigen neben Information und Beratung bedürfnisgerechte Unterstützung und Entlastung, um nicht selbst zu erkranken.

Aktuell leben mindestens 1,5 Mio. Menschen mit D. in Deutschland, davon rund 24.000 unter 65 Jahren. Jährlich wird mit 300.000 Neuerkrankungen gerechnet. Da D. überwiegend im fortgeschrittenen Lebensalter auftritt, wird die Zahl im Gefolge der → demografischen Entwicklung weiter steigen. Große Kohortenstudien der letzten Jahre zeigen, dass die Anzahl Erkrankter bei den jüngeren Kohorten abnimmt. Ursächlich sind bessere medizinische Versorgung und gesünderer → Lebensstil. Generell tragen Bewegung, gesunde Ernährung, geistige Aktivität und soziale → Teilhabe zu einer Risikominderung bei.

*Lit.* Bundesministerium für Gesundheit (Hrsg.): Nationales Gesundheitsziel „Gesund älter werden“, www.gesundheitsziele.de; Kruse, A. (Hrsg.): Lebensqualität bei Demenz?, Heidelberg 2010; Matthews, F. E. u.a.: A two-decade comparison of prevalence of dementia in individuals aged 65 years and older from three geographical areas of England: results of Cognitive Function and Ageing, Study I and II, in: Lancet 2013, 382, S. 1405–1412; Stechl, E. u.a.: Praxishandbuch Demenz, Frankfurt a.M. 2012.

*Petra Weritz-Hanf*

**Deming-Kreis** → Qualitätsmanagement

**Demografische Entwicklung** ist ein komplexes Phänomen, das auf das Zusammenspiel der drei grundlegenden demografischen Dimensionen zurückzuführen ist: Geburtenverhalten (Fertilität), Sterblichkeit (Mortalität) und Zu- bzw. Abwanderung (Migration).

Die Geburtenentwicklung wird anhand der durchschnittlichen Zahl der Lebendgeburten pro Frau gemessen (total fertility rate – TFR). Dieser Wert bildet als theoretisches Maß jene Kinderzahl ab, die eine Frau im Laufe ihres Lebens bekäme, wenn für sie die zum Beobachtungszeitpunkt identifizierten alterspezifischen Geburtenraten zwischen dem 15. und 49. Lebensjahr gelten würden. Das sog. Bestanderhaltungsniveau, jene TFR, bei der der Erhalt der Bevölkerungsgröße für das folgende Jahr (unabhängig von Zu- und Abwanderungen) gewährleistet ist, liegt statistisch bei 2,1. 1880 betrug die TFR in Deutschland noch 4,6. Der erste große Rückgang auf ein Niveau von 2,9 erfolgte bis in die 1920er-Jahre, die beiden Weltkriege ließen die TFR weiter sinken. Dieser Trend wurde nur von der sogenannten »Babyboom-Phase« in den 1960er-Jahren unterbrochen, während der im Durchschnitt 2,5 Kinder pro Frau zur Welt gebracht wurden. Zehn Jahre später sank die Zahl erneut deutlich und lag lange Zeit bei ca. 1,3. Seit Kurzem wird ein leichter Anstieg verzeichnet, 2014 betrug die TFR 1,47. Deutschland gehört damit aber immer noch zu den europäischen Ländern mit der niedrigsten Geburtenrate. Da die TFR aufgrund ihrer Berechnungsgrundlage z.B. den zeitlichen Aufschub von Geburten nicht abbilden kann, wird oft zusätzlich die sogenannte Kohortenfertilität herangezogen. Hier wird die reproduktive Phase eines gesamten Geburtsjahrgangs abgewartet, um die tatsächliche durchschnittliche Kinderzahl pro Frau zu bestimmen. Für den Jahrgang 1965 lag der Wert mit 1,55 deutlich höher als die TFR. Die Gründe für die niedrige Fertilität sind vor allem auch der wachsenden Kinderlosigkeit zuzuschreiben. So sind 22% der zwischen 1968 bis 1972 geborenen deutschen Frauen kinderlos geblieben. In der gesellschaftlichen Diskussion gelten oft unzureichende sozialpolitische Maßnahmen als Hauptgrund für die geringe Geburtenzahl. Forschungsergebnisse indessen weisen darauf hin, dass das individuelle Geburtenverhalten nicht nur auf finanziellen Überlegungen basiert; neueste Umfragen für Großbritannien zeigen etwa, dass ein Drittel der befragten kinderlosen Frauen nie Kinder haben wollte. Ein Viertel der kinderlosen Männer gibt an, nie die richtige Partnerin gefunden zu haben, um eine → Familie zu gründen.

Die Sterblichkeit einer Bevölkerung wird anhand der durchschnittlichen Lebenserwartung gemessen. Bei der Berechnung wird davon ausgegangen, dass die aktuell bestehenden Lebensumstände über die gesamte zukünftige Lebensspanne der zugrunde gelegten Bevölkerungsgruppe gültig sind; verschlechtern sich die Lebensumstände, wird die tatsächliche Lebenserwartung über-, bei einer Verbesserung unterschätzt. In den vergangenen 160 Jahren ist die Lebenserwartung in den Industrieländern stetig um durchschnittlich drei Lebensmonate pro Jahr gestiegen. Dieser Trend trifft seit ca. 50 Jahren auch auf Deutschland zu, wo 2014 die Lebenserwartung für Männer mehr als 78, für Frauen über 83 Jahre betrug. 1900 lag dieser Wert für Frauen noch bei 45 Jahren. Offizielle Vorausberechnungen gehen von einem weiteren Anstieg bis 2060 auf 87 Jahre für Männer und 90 Jahre für Frauen aus.

Die Ursachen für die Zunahme der Langlebigkeit sind zunächst im medizinischen Fortschritt, den Verbesserungen der hygienischen Verhältnisse und der Ernährungslage zu suchen. So konnte die einst hohe Säuglingssterblichkeit auf ein heute äußerst niedriges Niveau gesenkt werden. Die weiterhin steigende Lebenserwartung ist deshalb auf eine Reduzierung der Sterblichkeit höherer Altersgruppen zurückzuführen. Die Auswirkungen der Vereinigung 1990 zeigen, wie sehr die Sterblichkeit des Menschen noch im höheren Alter beeinflusst werden kann: Schon kurze Zeit nach dem Systemwechsel, der die Lebensverhaltnisse in den östlichen Bundesländern deutlich verbesserte, glichen sich auch die Sterbewahrscheinlichkeiten der über 70-Jährigen im Osten Deutschlands an jene in Westdeutschland an bzw. unterschritten diese sogar. Der zu erwartende weitere medizinische Fortschritt, vor allem im Bereich der → Prävention bei Herz-Kreislauf-Erkrankungen, sowie die Datenlage, die keine Abflachung des bemerkenswert linearen Anstiegs der Lebenserwartung erkennen lässt, sprechen dafür, dass auch in Zukunft die sogenannte fernere Lebenserwartung älterer Menschen weiter zunehmen wird.

Wanderungsbewegungen stellen die dritte demografische Dimension dar. Obwohl in Deutschland seit den 1970er-Jahren mehr Menschen sterben als geboren werden, gab es keinen Bevölkerungsrückgang, da lange Zeit genügend Menschen aus dem Ausland zuwanderten. So waren 1992 noch 700.000 mehr Ein- als Auswanderer zu verzeichnen. 1997 bis 2010 lag der Migrationssaldo bei einer vergleichsweise niedrigen durchschnittlichen Nettozuwanderung von ca. 100.000. Seit 2011 sind die Zahlen erneut deutlich gestiegen und lagen 2015 bei 1,1 Mio. Offizielle Schätzungen gehen von einem zukünftigen Wanderungssaldo von jährlich 200.000 aus, und sagen bis 2060 einen Rückgang der deutschen Bevölkerung auf ca. 73 Mio. Personen vorher.

Abgesehen von grenzüberschreitender Migration war Deutschland insbesondere seit der Vereinigung 1990 von einer ausgeprägten Binnenwanderung betroffen, die ursprünglich hauptsächlich in Ost-West-Richtung stattfand. Seit 2001 ist der Ost-West-Saldo allerdings kontinuierlich zurückgegangen und ab 2012 ausgeglichen. Der Osten altert dennoch stärker als der Westen der Bundesrepublik. So betrug 2011 das mittlere Alter im Osten ca. 47 Jahre, während es im Westen bei 44 Jahren lag.

Die d. E. wird die Altersstruktur der deutschen Bevölkerung auch insgesamt weiter verändern: Amtliche Prognosen rechnen bis 2060 mit einem Rückgang des Anteils der unter 20-Jährigen von heute 18 auf 16%, während die über 65-Jährigen mit dann 32% ihren Anteil um die Hälfte vergrößern werden. Die Gruppe der über 80-Jährigen wird mit 12% sogar mehr als doppelt soviel Menschen an der Gesamtbevölkerung stellen als heute. Gleichzeitig schrumpft der Anteil der 20- bis 64-Jährigen – die potenzielle Arbeitsbevölkerung – um mehr als ein Fünftel.

Die d. E. stellt als Querschnittsphänomen Herausforderungen an fast alle Bereiche von Gesellschaft und Politik, so etwa → Gesundheit, Wohnen, Arbeit und → Bildung. Die Komplexität des Handlungsbedarfs wird zudem erhöht, da einzelne Bereiche wiederum Interdependenzen aufzeigen. Die Wohnsituation z.B. spielt eine entscheidende Rolle für die erfolgreiche → Rehabilitation eines erkrankten älteren Menschen. Daneben hat die d. E. nicht nur Auswirkungen auf der Makroebene: Immer längere Lebensspannen stellen den Menschen auch vor die Frage, ob traditionelle Lebensverläufe in Zukunft Gültigkeit haben können.

*Lit.* Kreyenfeld, M./Konietzka, D. (Hrsg.): Childlessness in Europe. Contexts, Causes, and Consquences, Heidelberg 2016; Marten, C./Neyer, G./Ostner, I.: Neue Risiken, neue Politiken – Familienpolitischer Wandel in Deutschland, Österreich und der Schweiz, Soziale Welt 19/2012, S. 115–137; Max-Planck-Institut für demografische Forschung/Population Europe: www.population-europe.eu – Europäisches Informationsportal zum Demografischen Wandel; Oeppen, J./ Vaupel J.W.: Broken Limits to Life Expectancy, in: Science 2002/296/5570, S. 1029–1031; Wilkoszewski, H.: Germany's Social Policy Challenge, London School of Economics and Political Science

2011, abrufbar unter: etheses.lse.ac.uk/886/

*Harald Wilkoszewski*

**Demoskopie** (begriffliche Neubildung nach griech. demos = Volk, skopein = betrachten), auch Umfrage- oder Meinungsforschung, ist die Ermittlung und Analyse von Erfahrungen, Wertvorstellungen, Verhaltensweisen, Lebensverhältnissen und der Meinungsbildung der Bevölkerung bzw. einzelner Bevölkerungsgruppen. I.d.R. werden standardisierte Befragungen repräsentativer Stichproben als Erhebungsmethode der D. genutzt. Ergänzend zu den standardisierten Repräsentativbefragungen arbeitet die D. auch mit qualitativen Erhebungsverfahren wie Tiefeninterviews oder Gruppendiskussionen. Diese Erhebungsmethoden erlauben tiefergehende Einzelfallanalysen und sind auch besonders geeignet zur Hypothesensammlung im Vorfeld von Repräsentativbefragungen. Standardisierung und Repräsentativität von Befragungen sind die Voraussetzung dafür, dass demoskopische Ergebnisse verallgemeinert werden können. Die Stichproben werden je nach Erkenntnisziel repräsentativ für die Bevölkerung oder für Teilmengen der Bevölkerung angelegt, wie bspw. Jugendliche, Angehörige einer bestimmten Berufsgruppe oder sozialen Schicht, Mitarbeitende einer Organisation oder eines Unternehmens. Die Stichproben für Repräsentativbefragungen werden entweder nach dem Random-Verfahren gebildet, bei dem eine Zufallsauswahl aus Adressen oder Telefonnummern gebildet wird, oder nach dem Quoten-Verfahren, bei dem die Befragten nach vorgegebenen Merkmalen wie Alter, Geschlecht, Bildungsstand und Region ausgewählt werden. Eine Stichprobe ist dann repräsentativ, wenn ihre Struktur exakt mit der Struktur der Grundgesamtheit übereinstimmt (→ Empirische Sozialforschung, → Statistische Grundlagen der Sozialen Arbeit).

Die moderne D. stützt sich sowohl auf persönlich-mündliche als auch auf telefonische, schriftliche und Online-Befragungen. Die Wahl der geeigneten Befragungsmethode hängt zum einen von dem zu befragenden Personenkreis und seiner Erreichbarkeit ab, zum anderen von der Komplexität des Fragenprogramms, der Länge des Interviews, dem für die Durchführung der Untersuchung zur Verfügung stehenden Zeitrahmen und den finanziellen Mitteln. Für komplexe und lange Interviews empfiehlt sich i.d.R. eine Befragung Face-to-face, für Befragungen, die sehr kurzfristig durchgeführt werden müssen, telefonische oder Online-Befragungen.

Die wichtigsten Einsatzgebiete der D. sind die Marktforschung, Sozialforschung, Analysen der politischen Einstellungen, Mitarbeiterbefragungen und die Media- und Werbewirkungsforschung. Alle Disziplinen, die sich mit der Analyse gesellschaftlicher und ökonomischer Verhältnisse und mit der Mentalität und den Bedürfnissen von Individuen und Gruppen auseinandersetzen – wie die Soziologie, Politikwissenschaft, Psychologie und Wirtschaftswissenschaften –, nutzen in Teilbereichen demoskopische Verfahren und Erkenntnisse. Dies gilt zunehmend auch für die Geschichtswissenschaft, der sich mit demoskopischen Analysen eine neue historische Quelle für die Untersuchung der Entwicklung von Zeitgeist, der Akzeptanz politischer Ideen und Maßnahmen und von Übereinstimmung und Diskrepanzen zwischen öffentlicher Meinung und veröffentlichter Meinung erschließt. Auch im Bereich der Jurisprudenz werden demoskopische Analysen eingesetzt, z.B. im Wettbewerbsrecht und Marktschutz oder bei Verdacht auf Irreführung der Verbraucher/innen durch bestimmte Aussagen und Werbebotschaften.

Die Qualität einer demoskopischen Untersuchung entscheidet sich nicht nur an der Qualität der Stichprobe und Durchführung der Interviews, sondern in hohem Maße an dem Untersuchungskonzept und der Fragebogenentwicklung. Der Einfluss von Frageformulierungen und Reihenfolgeeffekten in einem Fragebogen wird oft unterschätzt. Sachgerecht angewandt stellt die D. eine wertvolle Erkenntnisquelle dar, die gerade auch für die Analyse → sozialer Probleme und Entwicklungen und der Akzeptanz und Wirkung von Maßnahmen und sozialen Programmen geeignet ist.

*Renate Köcher*

**Denken** Als D. werden alle internen kognitiven Prozesse (→ Kognitionen) bezeichnet, die der Manipulation mentaler Inhalte dienen. Es umfasst u.a. die Begriffsbildung, die Ordnung/Kategorisierung von Reizen, das Schlussfolgern und das Problemlösen. Effektive Denkleistungen gelten als Grundlage hoher → Intelligenz. Diese wiederum gilt als protektiver Faktor für eine gelingende soziale Entwicklung.

Zum Verständnis der Entwicklung des D. dienen die bahnbrechenden Arbeiten von J. Piaget. Seine Einteilung der kognitiven Entwicklung in vier verschiedene Phasen gilt heute noch als handlungsleitend und konstitutiv für das Verständnis der Entwicklung von Denkprozessen. Schon gegen Ende der Phase der sensumotorischen Entwicklung (ca. 0–2 Jahre) kommt es zu einfachen Schlussfolgerungen, Handlungsergebnisse werden imaginativ vorweggenommen und Handlungen werden kognitiv verinnerlicht. In der Phase präoperatorischen D. (ca. 2–7 Jahre) zeigen Kinder noch große Probleme bei der Ordnung der äußeren Umwelt, sie können kein System der Klassenverschachtelung erfassen (z.B.: Auf diesem Bild sind mehr Mädchen als Jungen: Sind mehr Mädchen oder mehr Kinder zu sehen? Antwort: Mehr Mädchen) und haben noch kein Konzept der Mengeninvarianz entwickelt. Sie neigen zu unangemessenen Verallgemeinerungen (z.B.: Ein Sturm richtet etwas Schlimmes an, daher ist er »böse«) und sind noch gefangen im kindlichen Egozentrismus, d.h., sie sind noch nicht in der Lage, die Perspektive anderer Menschen einzunehmen. In der Phase des konkret-operatorischen D. (ca. 7–12 Jahre) entwickeln sie dann einen stabilen Zahlbegriff, lernen mit Klassenhierarchien umzugehen und können logische Schlussfolgerungen korrekt durchführen. Erst im Stadium des formal-operatorischen D. (ab 12 Jahre) können kompliziertere kombinatorische Systeme ebenso wie Proportionsverhältnisse erfasst werden und das Problemlösen kann sich von konkreten Situationen lösen.

In Ergänzung zu Piagets Phasen der kognitiven Entwicklung, deren letzte Phase ja in der frühen Jugend beginnt, wurde die Entwicklung des D. über die Lebensspanne weiter untersucht. Bereits vom dritten bis zum fünften Lebensjahrzehnt nimmt die sog. fluide Intelligenz (Wahrnehmungsgeschwindigkeit, schlussfolgerndes D.) ab, während die kristalline Intelligenz (Sprachgewandtheit, Wissen) bis ins hohe Alter zunimmt. In höherem Lebensalter kann eine weitere Phase des D. eintreten, die als postformal-dialektisches D. (Weisheit) bezeichnet wird.

Beim schlussfolgernden D. sowie im Rahmen eines Problemlöseprozesses können typische Unzulänglichkeiten auftreten, die auch für die → Soziale Arbeit relevant sind, da sich die Auswirkungen auf das → Verhalten und die Lebensgestaltung der Klient/innen erstrecken. Problemlösung kann als Überführung eines unerwünschten in einen erwünschten Zustand gesehen werden. Ein funktionaler Problemlöseprozess mit den Bestandteilen allgemeine Orientierung, Problembeschreibung, Alternativensuche, Entscheidungsfindung, Anwendung/Überprüfung der Entscheidung kann im Rahmen sozialarbeiterischer Hilfestellung unterstützt werden (Problemlösetraining).

*Michael Borg-Laufs*

**Depression** ist die Bezeichnung für eine Gruppe phänomenologisch verwandter psychischer Zustände, die sich in Schweregrad, Ursache und Verlauf jedoch erheblich unterscheiden und von normal psychologischen Reaktionen bis hin zu schweren psychiatrischen Erkrankungen (→ Psychisch kranke Menschen) reichen können. Der Begriff bedarf daher genauerer Differenzierung, dennoch gibt es im klinischen Bereich fließende Übergänge zwischen den differenzialdiagnostisch abzugrenzenden D.formen. Gemeinsames Hauptmerkmal ist die niedergedrückte und pessimistische Grundstimmung mit allgemeiner Lust- und Antriebslosigkeit. Hinzukommen häufig verminderte Konzentration und Aufmerksamkeit, Schuldgefühle mit unangemessenen Selbstvorwürfen, Hoffnungslosigkeit und körperliche Beschwerden wie Schlafstörungen, Appetitverminderung, Gewichtsabnahme, Verdauungsunregelmäßigkeiten und andere vegetative Symptome. Es besteht eine weitgehende Unfähigkeit, Freude oder Interesse an normalerweise angenehmen Tätigkeiten und Erlebnissen zu empfinden bzw. darauf angemessen emotional zu reagieren. Symptome des sog. → Burnouts sind Vorformen einer depressiven Erkrankung. Das Gefühl der Verzweiflung und Aussichtslosigkeit führt bei schweren depressiven Verstimmungen nicht selten zu einer → Suizidgefährdung.

Das → Klassifikationssystem → ICD 10 unterscheidet depressive Episoden mit unterschiedlichen Schweregraden (Leichte, Mittelgradige und Schwere depressive Episode, letztere ohne oder mit psychotischen Symptomen) von rezidivierenden depressiven Störungen – hier treten die Symptomatiken (phasenhaft) regelmäßig wieder auf – bis hin zu anhaltenden affektiven Störungen. Diese phänomenologische Differenzierung hebt darauf ab, dass die Störung in unterschiedlichen Ausprägungsgraden, Intensitäten und Dauer auftreten kann. Hinsichtlich der Prävalenz gibt es verschiedene Studienergebnisse; zusammenfassend ist davon auszugehen, dass mindestens 20% der Bevölkerung (ca. 25% Frauen und 10% Männer) mindestens einmal im Leben an einer depressiven Störung leiden, das Erkrankungsrisiko für eine schwere D. liegt bei 10–14%. Etwa 10% der schwer erkrankten Menschen sterben durch Suizid. D. wird vor diesem Hintergrund als »Volkskrankheit« bezeichnet; regionale wie überregionale Zusammenschlüsse bemühen sich, rechtzeitiges Erkennen, Behandlung und Prävention zu verbessern (www.buendnis-depression.de).

Über die Ursachen der Erkrankung gibt es keinen fachlichen Konsens. Während bei den leichteren Formen oft psychosoziale Faktoren dominieren (z.B. die nicht gelingende Bewältigung von Krisen, besondere Belastungen, Verlusterlebnisse u.ä. bei oft unzureichender sozialer Unterstützung), wird bei den schweren Ausprägungen von einer multifaktoriellen Genese ausgegangen, wobei biologische Vulnerabilitäten, v.a. aber auch schwere frühkindliche Belastungen eine besondere Rolle spielen. Ein besonderes Erkrankungsrisiko ist bei psychisch kranken oder suchtkranken Eltern gegeben, wobei klare Belege für genetische Dispositionen fehlen; so sind auch hier (frühe) Beziehungs- und Sozialisationserfahrungen prägend. Typisch sind erlernte Verarbeitungsmuster und kognitive Schemata, die ausgehend von geringen Selbstwirksamkeitserwartungen und mangelndem Kontrollerleben zur Herabsetzung des eigenen Selbstwertes und zum Gefühl tiefer Ohnmacht bzw. Hilflosigkeit führen.

Die Behandlung erfolgt je nach Art und Ausprägung der D. psychotherapeutisch und/oder medikamentös. Eine medikamentöse Behandlung sollte immer von psychotherapeutischer Unterstützung begleitet sein (→ Therapie). Hilfreiche Effekte haben i.d.R. Betroffenen- → Selbsthilfegruppen. Bei chronischen Formen ist eine zusätzliche sozial- bzw. gemeindepsychiatrische Begleitung angezeigt (→ Sozialpsychiatrie, → Gemeindepsychiatrie).

*Klaus Fröhlich-Gildhoff*

**Deprivation** → Hospitalismus, → Soziale Benachteiligung

**Deutsche AIDS-Hilfe e.V. (DAH)** Die 1983 gegründete DAH ist seit 1985 Dachverband von z.Zt. etwa 120 örtlichen → AIDS-Hilfen, Fachverband für → Gesundheitsförderung und strukturelle → Prävention im Kontext von HIV/AIDS, Hepatitis und sexuell übertragbaren Infektionen (STIs) sowie Interessenverband der davon besonders Bedrohten und Betroffenen – in Deutschland v.a. Männer, die Sex mit Männern haben, Migrant/innen aus Hochprävalenzgebieten und Drogengebraucher/innen. Ihre Arbeitsgrundlage ist die strukturelle Prävention: Gesundheitsverhalten ist nicht nur Folge individueller Entscheidungen, sondern wird maßgeblich von politischen, sozioökonomischen und kulturellen Strukturen beeinflusst; Verhaltens- und Verhältnisprävention gehören zusammen. Als Selbsthilfeorganisation fördert die DAH Selbstorganisation und Vernetzung, engagiert sich gegen Diskriminierung und für gleichen Zugang zu Prävention und Versorgung sowie die selbstbestimmte und gleichberechtigte → Teilhabe am gesellschaftlichen Leben und an der Arbeitswelt. Sie organisiert außerdem das Gespräch zwischen Betroffenen sowie Wissenschaft, Medizin und Politik und leistet Öffentlichkeits- und Lobbyarbeit. Die DAH-Bundesgeschäftsstelle in Berlin entwickelt zielgruppenspezische Medien, Kampagnen und Internetauftritte, erarbeitet Qualitätsstandards für Prävention und → Beratung und organisiert Fort- und Weiterbildungsveranstaltungen. Die Mitgliedsorganisationen informieren und beraten Menschen aus allen Bevölkerungsgruppen – auch vor Ort, z.B. in Schulen, in den Schwulen- oder Drogensszenen oder in Haftanstalten –, leisten Hilfe zur → Selbsthilfe und bieten Betreuung, Pflege und z.T. auch Diagnostik (HIV, Hepatitis, STIs) an.

*Anschrift*: Wilhelmstr. 138, 10963 Berlin; www.aidshilfe.de

*Holger Sweers*

**Deutsche Arbeitsgemeinschaft Selbsthilfegruppen e.V. (DAG SHG)** Die DAG SHG hat sich zum Ziel gesetzt, die Bildung und die dauerhafte Arbeit von → Selbsthilfegruppen anzuregen und zu unterstützen. Aus dem weiten Spektrum von unterschiedlichen Selbsthilfeansätzen fördert sie insbesondere solche Initiativen, in denen bei überschaubarer Gruppengröße eine unmittelbare menschliche Begegnung vor Ort über einen längeren Zeitraum das Hauptanliegen der Gruppenmitglieder ist, weniger den überregionalen Zusammenschluss zur Interessenvertretung Betroffener nach außen.

Die DAG SHG ist kein Dachverband im klassischen Sinne, sondern ein Fachverband. Ihre Mitglieder sind neben Gruppen und Institutionen v.a. → Fachkräfte aus psychosozialen Berufen. Das Konzept der sog. → Selbsthilfekontaktstellen wurde im Wesentlichen von der DAG SHG entwickelt. Inzwischen gibt es etwa 300 derartige Einrichtungen im ganzen Bundesgebiet, die mehr oder weniger eng mit der DAG SHG zusammenarbeiten. Darüber hinaus ist die DAG SHG Träger der → NAKOS in Berlin und ähnlicher Einrichtungen auf Länderebene. Sie ist Mitglied im → Deutschen Paritätischen Wohlfahrtsverband (DPWV) – Gesamtverband. Die DAG SHG gehört zu den maßgeblichen Spitzenorganisationen der → Selbsthilfe, die von der gesetzlichen → Krankenversicherung an der Umsetzung des § 20 h SGB V zu beteiligen sind, und zu den vier vom → Bundesministerium für Gesundheit nach § 140 f SGB V anerkannten Verbänden, die sachkundige Personen zur Patientenvertretung im → Gemeinsamen Bundesausschuss und in anderen Gremien unseres Gesundheitswesens benennen.

*Informationen*: www.dag-shg.de

*Jürgen Matzat*

**Deutsche Fernsehlotterie** → Deutsches Hilfswerk (DHW)

**Deutsche Gesellschaft für Erziehungswissenschaft (DGfE)** 1964 als gemeinnütziger Verein gegründet, ist die DGfE die Vereinigung der in Forschung und Lehre tätigen Erziehungswissenschaftler/innen. Sie hat über 3.300 Mitglieder. Sie fördert die erziehungswissenschaftliche Forschung und Theorieentwicklung, diskutiert unter Beachtung wissenschaftlicher Standards Strukturfragen der pädagogischen Studiengänge, kooperiert mit nationalen wissenschaftlichen Gesellschaften und vertritt die Erziehungswissenschaft gegenüber den Bildungs- und Forschungsministerien des Bundes und der Länder .

Die DGfE fördert den wissenschaftlichen Nachwuchs und unterstützt den wissenschaftlichen Informationsaustausch durch Kongresse, Kommissionstagungen, Schriftenreihen und das Mitteilungsblatt »Erziehungswissenschaft«. Alle zwei Jahre veranstaltet die DGfE einen Kongress, der sich mit Fragen der Wissenschaftsentwicklung und der Entwicklung des Bildungssystems (→ Bildung) befasst. Die wissenschaftlichen Sektionen der DGfE präsentieren die fachliche Spezialisierung der Erziehungswissenschaft, unter anderen über die Sektionen »Historische Bildungsforschung«, »Allgemeine Erziehungswissenschaft«, »International und interkulturell vergleichende Erziehungswissenschaft«, »Schulpädagogik« und »Sozialpädagogik und Pädagogik der Kindheit, Erwachsenenbildung«. Für die Soziale Arbeit bedeutsam ist die Sektion Sozialpädagogik und Pädagogik der Kindheit. Gegliedert in zwei Kommissionen sind in der Sektion über 600 Wissenschaftler/innen engagiert, die zu Fragen der Sozialen Arbeit und der Pädagogik der Kindheit forschen und an den bundesrepublikanischen Universitäten und angewandten Hochschulen lehren.

*Anschrift*: DGfE Geschäftsstelle, Warschauer Straße 36, 10243 Berlin, www.dgfe.de

*Werner Thole*

**Deutsche Gesellschaft für Internationale Zusammenarbeit** (GIZ) → Entwicklungszusammenarbeit

**Deutsche Gesellschaft für Kinder- und Jugendpsychiatrie, Psychosomatik und Psychotherapie e.V.** (DGKJP) mit Sitz in Berlin ist die wissenschaftliche Vereinigung der Fachärztinnen und Fachärzte für → Kinder- und Jugendpsychiatrie und -psychotherapie und anderer auf dem Gebiet tätiger Wissenschaftler/innen mit mehr als 1.300 Mitgliedern. Organ der DGKJP ist die Zeitschrift für Kinder- und Jugendpsychiatrie und Psychotherapie.

Die DGKJP dient u.a. der Förderung von Wissenschaft und Forschung, des öffentlichen Gesundheitswesens und der öffentlichen Gesundheitspflege sowie der Bildung. Erfüllt wird dieser Zweck z.B. mit Durchführung wissenschaftlicher Kongresse . Wesentliche Aufgabe ist zudem die Information von Entscheidungsträgern in Politik und Selbstverwaltung der Ärzteschaft, Gesundheitsökonomie und der Medien, so z.B. durch die Erarbeitung fachpolitischer Stellungnahmen. Da sich Kinder- und Jugendpsychiatrie und -psychotherapie als Schnittstellenfach versteht, weisen fachpolitische Stellungnahmen oftmals Bezüge zur Jugendhilfe auf. Schließlich gehört auch die Erarbeitung medizinischer Leitlinien zu den Aufgaben der Fachgesellschaft. Die DGKJP kooperiert eng mit dem Berufsverband für Kinder- und Jugendpsychiatrie, Psychosomatik und Psychotherapie in Deutschland e.V. (BKJPP) und der Bundesarbeitsgemeinschaft der Leitenden Klinikärzte für Kinder- und Jugendpsychiatrie, Psychosomatik und Psychotherapie e.V. (BAG KJPP). Kontakte bestehen u.a. auch zu Fachverbänden der Jugendhilfe.

*Informationen:* www.dgkjp.de

*Katharina Wiebels*

**Deutsche Gesellschaft für Psychiatrie und Psychotherapie, Psychosomatik und Nervenheilkunde e.V.** (DGPPN) ist mit über 8.300 Mitgliedern die größte wissenschaftliche Fachgesellschaft von Ärztinnen und Ärzten sowie Wissenschaftlerinnen und Wissenschaftlern, die in Deutschland auf dem Gebiet der psychischen Gesundheit arbeiten. Sie engagiert sich für die Anliegen von Menschen mit psychischen Erkrankungen, um deren Versorgungssituation und Stellung in der Gesellschaft zu verbessern. Grundlage ihrer Arbeit ist die Vision einer Gesellschaft, in der die betroffenen Menschen unbehelligt von Vorurteilen leben können und die optimalen, wissenschaftlich fundierten und individualisierten medizinischen, psychologischen und sozialen Hilfen erhalten. Zu den zentralen Aufgaben der Fachgesellschaft gehören die Förderung von Aus-, Fort- und Weiterbildung sowie die Beratung und Unterstützung von Gesetzgebung und Verwaltung in allen Fragen des Fachgebiets. Die DGPPN beteiligt sich intensiv an der Einführung von qualitätssichernden Maßnahmen in der Psychiatrie und Psychotherapie. Dazu gehört u.a. die Entwicklung von praxisbezogenen Leitlinien zur Diagnostik und Therapie, die auf empirischer Evidenz und Expertenkonsens beruhen. Gemeinsam mit anderen Institutionen gehört die DGPPN zu den Initiatoren des »Aktionsbündnisses für Seelische Gesundheit«. Die

DGPPN wurde 1842 gegründet und hat ihren Sitz in Berlin.

*Anschrift*: Reinhardtstraße 27 B, 10117 Berlin; www.dgppn.de

*Jürg Beutler*

**Deutsche Gesellschaft für Soziale Arbeit e.V. (DGSA)** Seit ihrer Gründung 1989 versteht sich die DGSA als Forum und Netzwerk der Wissenschaft → Soziale Arbeit in Lehre, Forschung und Praxis. Sie initiiert und beteiligt sich national und international an Diskursen über die Weiterentwicklung von Theorie und Wissenschaft, der → Sozialarbeitsforschung und der ethischen Fundierung von Theorie und Praxis (→ Ethik in der Sozialen Arbeit). Unter Wahrung und Anerkennung der Pluralität politischer, weltanschaulicher und fachlicher Unterschiede organisiert und fördert sie den Austausch durch Tagungen, Kongresse, Publikationen und kooperiert auch mit anderen Fach- und Berufsverbänden. Getragen und organisiert werden diese Diskurse v.a. von Sektionen und Fachgruppen, wie Theorie- und Wissenschaftsentwicklung, → Klinische Sozialarbeit, → Gemeinwesenarbeit, → Case Management, Ethik, Forschung, Promotionsförderung, → Sozialwirtschaft, Politik, Gender (→ Gender Studies), Internationales und Hochschuldidaktik. Ein besonderes Anliegen ist die Förderung des wissenschaftlichen Nachwuchses durch Kolloquien und Forschungswerkstätten für Promovierende. Neben der Einzelmitgliedschaft können auch Träger von → Sozialen Diensten oder → Einrichtungen als → juristische Person Mitglied werden. In den letzten Jahren wurden v.a. Fragen zum Verhältnis der Sozialen Arbeit zu ihren Nachbardisziplinen, zur Bildungs- und → Sozialpolitik, den Folgen des institutionellen und gesellschaftlichen Wandels für die Gestaltung von Ausbildung und Praxis, zum Verhältnis von Empirie und Theorie in der Wissenschaftsentwicklung sowie zur Gestaltung professioneller Hilfebeziehungen erörtert.

*Anschrift:* Postfach 1129, Schlossstraße 23, 74370 Sersheim, www.dgsainfo.de

*Michaela Köttig*

**Deutsche Gesellschaft für Soziale Psychiatrie e.V. (DGSP)** ist der bundesweite Zusammenschluss der Reformkräfte in der psychosozialen/→ psychiatrischen Versorgung. Ihre ca. 2.100 Mitglieder rekrutieren sich aus allen Berufsgruppen der psychosozialen Arbeit und mittlerweile aus einer Vielzahl von institutionellen Leistungsanbietern. Die DGSP begreift psychisches Leiden im sozialen Kontext. Ziel ist die Durchsetzung einer Psychiatrie, die den Bedürfnissen der psychisch leidenden Menschen gerecht wird: Gemeindeintegrative Hilfen sollen den Platz psychiatrischer Anstalten einnehmen (psychosoziale → Gesundheit), psychiatrische Hilfen sind an den Bedürfnissen der Betroffenen personenzentriert zu organisieren und anzubieten. Die DGSP sieht sich den Zielen der → UN-Behindertenrechtskonvention (UN-BRK) verpflichtet. Die DGSP führt bundesweite Kongresse durch, veröffentlicht die Fachzeitschrift »Soziale Psychiatrie« und bietet ein vielfältiges Angebot an kurz-, mittel- und langfristigen sozialpsychiatrischen Fortbildungsangeboten an. Der Verband bezieht zu gesundheits- bzw. psychiatriepolitischen Entwicklungen Stellung. Die DGSP verfügt über Landesverbände sowie über Fachausschüsse zu psychiatrierelevanten Themen. Ein aktueller Schwerpunkt der Verbandsarbeit ist die Befassung mit dem Thema der Psychosenbehandlung mit Neuroleptika, Reduzierung und Absetzen von Neuroleptika, Forensik und → Gemeindepsychiatrie, Psychiatrie und Europa und die Umsetzung der UN-BRK. Aktuell befasst sich die DGSP mit den Herausforderungen der psychiatrischen Behandlung und Versorgung von Menschen nach der Flucht.

*Anschrift*: Zeltinger Str. 9, 50969 Köln, www.dgsp-ev.de

*Richard Suhre*

**Deutsche Gesellschaft für Supervision e.V. (DGSv).** In der DGSv, 1989 als Fach- und Berufsverband gegründet, sind über 4.300 Berater/innen und 40 Organisationen (Akademien, Institute und Hochschulen) organisiert, die das Beratungskonzept → Supervision für Personen und Organisationen im Kontext beruflicher Arbeit professionalisieren. Durch anspruchsvolle Standards für ihre Mitglieder, Zertifizierung von Supervisionsausbildungen, Veranstaltung von Fachtagungen, Verbreitung von Fachinformationen und Forschungsförderung setzt sich die DGSv für die Qualitätsentwicklung von Supervision und Coaching ein. Die Profession Supervision hat Wurzeln in der Sozialen Arbeit und Bildungsarbeit, in unterschiedlichen therapeutischen Schulen und der Seelsorge. Supervisor/innen der DGSv nehmen das berufliche Handeln von Einzelpersonen, → Gruppen, Teams oder Organisationseinheiten im Spannungsfeld Person – → Organisation – → Rolle und Anspruchsgruppen in den Blick und sehen sich in Verantwortung für gesellschaftliche Themen in der Arbeitswelt. Verstärkt werden Supervisor/innen, häufig unter dem Label Coaching, in allen Bereichen der Arbeitswelt in Anspruch genommen. Die Bezeichnung »Supervisorin DGSv« bzw. »Supervisor DGSv« oder auch »Coach DGSv« weist Supervisor/innen als besonders qualifizierte Berater/innen aus. Die Mitgliedschaft in der DGSv ist in vielen Organisationen und Unternehmen Voraussetzung für die Übernahme einer Tätigkeit als Supervisor/in oder Coach. Die DGSv ist national und international vielfach vernetzt.

*Anschrift:* Neusser Straße 3, 50670 Köln, www.dgsv.de

*Paul Fortmeier*

**Deutsche Hauptstelle für Suchtfragen e.V. (DHS)** In der DHS haben sich unter Wahrung ihrer Eigenständigkeit viele Verbände zusammengeschlossen, die bundesweit in der Suchtkrankenhilfe tätig sind. Aufgabe der DHS ist es, die Interessen ihrer Mitglieder zu koordinieren und als Fachstelle für Suchtfragen Themen der Suchtproblematik (→ Sucht) aufzugreifen, fachliche Diskussionen zu fördern, Stellungnahmen, Richtlinien und Rahmenkonzeptionen zu entwickeln, Fachkonferenzen durchzuführen und zum Meinungsaustausch beizutragen. Die DHS befasst sich mit der Bekämpfung des Missbrauchs von Suchtmitteln aller Art: Alkohol, Tabak, Medikamente, illegale Drogen sowie nicht stoffgebundener Suchtformen, z.B. Essstörungen (→ Anorexia nervosa, → Bulimia nervosa) und pathologisches Spielverhalten.

Organe der DHS sind die Mitgliederversammlung, der Vorstand, das Wissenschaftliche Kuratorium mit Fachleuten aus allen relevanten wissenschaftlichen Disziplinen und die Fachausschüsse. Auf Landesebene entsprechen der DHS die Landesstellen für Suchtfragen.

*Anschrift*: Westenwall 4, 59065 Hamm; www.dhs.de.

*Gabriele Sauermann*

**Deutsche Krankenhausgesellschaft (DKG)** ist der Dachverband der Krankenhausträger in Deutschland. Sie vertritt die Interessen von 16 Landesverbänden und zwölf Spitzenverbänden in der Bundespolitik und der Politik der → Europäischen Union (EU) und nimmt ihr gesetzlich übertragene Aufgaben wahr. Die 1.980 → Krankenhäuser versorgen jährlich mit 1,2 Mio. Mitarbeitern knapp 40 Mio. ambulante und stationäre Patienten. Bei 94 Mrd. Euro Jahresumsatz in deutschen Krankenhäusern handelt die DKG für einen maßgeblichen Wirtschaftsfaktor im Gesundheitswesen.

Die DKG unterstützt ihre Mitglieder bei der Erfüllung ihrer Aufgaben und setzt sich im Zusammenwirken mit staatlichen und sonstigen Institutionen des Gesundheitswesens für die Verbesserung der Leistungsfähigkeit der Krankenhäuser ein.

Eine besonders verantwortungsvolle Aufgabe ist die Unterstützung von Ministerien, Körperschaften und Behörden bei der Vorbereitung und Durchführung von Gesetzen. Im Rahmen der Gesundheitsreform 2000 wurden die Aufgaben und Kompetenzen der → Selbstverwaltung im stationären Bereich erheblich erweitert. Insbesondere die Wahrnehmung der Selbstverwaltungsaufgaben im → Gemeinsamen Bundesausschuss hat für die DKG eine hohe Priorität.

Wesentliche Meilensteine aus Sicht der Krankenhäuser waren die Umsetzung der von den Selbstverwaltungspartnern vereinbarten vertraglichen Regelungen zur Qualitätssicherung (→ Qualitätsmanagement), die Einführung des neuen Entgeltsystems im Krankenhaus (→ Diagnosis-Related Groups [DRG]) und für die psychiatrischen und psychosomatischen Einrichtungen.

*Georg Baum*

**Deutscher Behindertenrat (DBR)** wurde am 3.12.1999 in Berlin gegründet. Gründungsmitglieder sind die großen Sozialverbände, die → Bundesarbeitsgemeinschaft Selbsthilfe sowie unabhängige → Behindertenverbände. Der DBR ist ein Aktionsbündnis der maßgeblichen Verbände chronisch kranker (→ chronische Erkrankungen) und → behinderter Menschen. Er versteht sich als Plattform des Erfahrungsaustausches, aber auch des gemeinsamen Handelns, indem er themenorientierte Initiativen und Aktionen ermöglicht. Der DBR ist kein Dachverband der Mitgliedsorganisationen. Diese vertreten sich grundsätzlich selbst. Der DBR verfolgt insbesondere die Ziele, dem Recht auf Selbstbestimmung (→ selbstbestimmtes Leben) behinderter und chronisch kranker Menschen zur Durchsetzung zu verhelfen, ihre umfassende → Teilhabe in allen gesellschaftlichen Lebensbereichen zu verwirklichen, Ausgrenzungen und Benachteiligungen entgegenzutreten, → Diskriminierungen behinderter und chronisch kranker Menschen sowie ihrer Angehörigen zu bekämpfen, auf die umfassende Gleichstellung mit nicht behinderten Menschen hinzuwirken sowie den Vorrang der → Selbsthilfe gegenüber fremd organisierter Hilfe durchzusetzen. Am 3.12., dem Welttag der Menschen mit Behinderung, organisiert der DBR in jedem Jahr eine zentrale politische Veranstaltung zu aktuellen behindertenpolitischen Themen.

Gremien des DBR sind Vollversammlung, Arbeitsausschuss und Sprecherrat (vier Personen). Die Aktivitäten des DBR werden durch ein Sekretariat unterstützt, das jährlich wechselnd bei einem der Mitgliedsverbände angesiedelt ist, die im Sprecherrat vertreten sind.

*Anschrift*: Sekretariat 2016: Sozialverband VdK Deutschland e.V., Linienstraße 131, 10115 Berlin.

*Detlef Eckert*

**Deutscher Berufsverband für Soziale Arbeit (DBSH)** ist national sowie auch international ein anerkannter Berufsverband und Vertreter für die Profession → Soziale Arbeit in Deutschland und vertritt seine Mitglieder berufspolitisch. Der DBSH ist zugleich Fachgewerkschaft für die Professionsangehörigen und als solches Mitglied im Deutschen Beamtenbund und Tarifunion (dbb). Er organisiert ca. 6.000 Professionsangehörige wie → Sozialarbeiter/innen und Sozialpädagog/innen, → Erzieher/innen, Heilpädagog/innen. Neben der Möglichkeit der persönlichen Mitgliedschaft fungiert der DBSH entsprechend für Verbände und Zusammenschlüsse von Berufsgruppen der Sozialen Arbeit (juristische Mitglieder), als Dachverband für die Profession der Sozialen Arbeit.

Die Bundesorganisation des DBSH ist über ihre politischen Organvertretungen als Gesamtverband strukturiert. Gleichsam ist der DBSH dezentral, analog der Bundesländer, durch Landesverbände organisiert. Zur fachlichen Arbeit in den verschiedensten Handlungsfeldern hat der DBSH Funktionsbereiche eingerichtet. Für die Statusgruppen Frauen, Senioren und Jugend stehen im DBSH eigene Vertretungen zur Verfügung. Der DBSH hat für sich eine Berufsethik auf Grundlage ethischer Theorien sowie dazugehörige berufsethische Prinzipien entwickelt und in 2015 veröffentlicht. Innerhalb ihrer fachlichen Tätigkeiten erkennen alle Mitglieder die Berufsethik des DBSH als verbindlich an.

Der DBSH setzt sich für eine Humanisierung der Lebensverhältnisse und die → Teilhabe aller Menschen am gesellschaftlichen Leben ein. Um dieser Verantwortung gerecht werden zu können, will der DBSH mehr Handlungskompetenzen für die beschäftigten Professionsangehörigen, eine größere Akzeptanz sozialer Praxis, die Festschreibung notwendiger Schlüsselkompetenzen und Qualitätsstandards für die Tätigkeitsfelder der Sozialen Arbeit, berufsgesetzliche Regelungen, die den Einsatz von Professionsangehörigen in den Tätigkeitsfeldern der Sozialen Arbeit sicherstellen, eine Verbesserung und Aufwertung von Forschung und Ausbildung an (Fach-)Hochschulen und Universitäten und einen gesellschaftlichen Stellenwert Sozialer Arbeit, der ihren tatsächlichen Leistungen entspricht.

Zur Wahrung von Qualität hat der DBSH ein eigenes »Berufsregister Soziale Arbeit des DBSH« (BSA) eingerichtet. Wesentliche inhaltliche Positionen bilden die Grundlagen der Erklärungen des DBSH: die Sozialpolitische Erklärung des DBSH (Saarbrücker Erklärung), die Veröffentlichung zur »Solidarität«, die Berufspolitische Erklärung (Heidelberger Erklärung) sowie die Berufsethische Erklärung (Berliner Erklärung). Zur Information von Mitgliedern, der Fachöffentlichkeit sowie Interessierten dienen die vom DBSH herausgegebene Zeitschrift »Forum SOZIAL«, das »Internetprotal« sowie die Nutzung von »Sozialen Medien«. Zur Unterstützung des DBSH wurde der Förderverein für Soziale Arbeit e.V. (FSA) gegründet.

*Anschrift*: Michaelkirchstraße 17/18, 10179 Berlin, www.dbsh.de

*Michael Leinenbach*

**Deutscher Blinden- und Sehbehindertenverband e.V. (DBSV)** Der DBSV ist Spitzenverband in Deutschland und Verband der → freien Wohlfahrtspflege. Er vertritt als Selbsthilfeorganisation die Interessen von Menschen, die sehbehindert, blind, hörsehbehindert oder taubblind sind oder deren Erkrankung zu einer Seheinschränkung führen kann (Augenpatient/innen). Dem DBSV gehören 20 Landesvereine als ordentliche Mitglieder und 33 Organisationen und Einrichtungen als korporative Mitglieder an. Darüber hinaus hält der DBSV Beteiligungen an gemeinnützigen Gesellschaften und wirkt gestaltend in 25 weiteren Organisationen wie dem → Deutschen Behindertenrat und dem → Deutschen Paritätischen Wohlfahrtsverband mit sowie international in der Europäischen Blindenunion und der Weltblindenunion.

Ziele des Verbandes sind die Förderung der selbstbestimmten und gleichberechtigten → Teilhabe der Betroffenen und die Durchsetzung von → Barrierefreiheit in allen Lebensbereichen. Der DBSV und sein Netzwerk bieten spezielle Serviceleistungen an, wie u.a. Verleih von Literatur in Punktschrift oder im Daisy-Format, → Beratung, insbesondere zu sozialrechtlichen Fragen oder zur → Rehabilitation bei Sehverlust und Angebote zur Freizeitgestaltung, Kultur und Sport.

Speziell für Augenpatient/innen hat der DBSV das Beratungsangebot »Blickpunkt Auge – Rat und Hilfe bei Sehverlust« entwickelt.

*Anschrift:* Rungestraße 19, 10179 Berlin, www.dbsv.org und www.blickpunkt-auge.de

*Christiane Möller*

**Deutscher Bundesjugendring (DBJR)** ist die 1949 gegründete Arbeitsgemeinschaft von 28 → Jugendverbänden bzw. deren Dachorganisationen auf Bundesebene, 16 Landesjugendringen (→ Jugendringe) und sechs Anschlussverbänden. Die Interessen der Kinder und Jugendlichen in Deutschland stehen im Mittelpunkt der Arbeit; ebenso die fachliche Weiterentwicklung der Kinder- und → Jugendarbeit. Der DBJR steht für die Vielfalt jugendlicher Belange. Er vertritt Interessen aller Kinder und Jugendlichen gegenüber Parlament, Regierung und Öffentlichkeit durch fachliche Stellungnahmen zu aktuellen jugendpolitischen Themen, Positionen oder Einflussnahme auf Planung und Förderung der Kinder- und Jugendarbeit sowie entsprechende Gesetzgebung. Seine Mitgliedsorganisationen stehen für ein breites Spektrum jugendlicher Aktivitäten, freiwilliges und selbstbestimmtes Engagement junger Menschen sind deren Basis. Themen wie → Bildung, Ehrenamt, Nachhaltigkeit, internationale Zusammenarbeit, → Migration, Digitalisierung, → Partizipation und gerechte → Teilhabe an der Gesellschaft stehen im Vordergrund. Der DBJR repräsentiert seine Mitglieder im Ausland, arbeitet international mit zahlreichen Jugendorganisationen zusammen und ist in der → europäischen Jugendpolitik aktiv.

Die Organe des DBJR sind Vollversammlung, Hauptausschuss und Vorstand. Publikationen: Zeitschrift »Jugendpolitik«, Newsletter und Broschüren zu aktuellen jugendpolitischen Themen.

*Anschrift*: Mühlendamm 3, 10178 Berlin, www.dbjr.de

*Daniel Grein*

**Deutscher Caritasverband (DCV)** ist die von den deutschen Bischöfen anerkannte institutionelle Zusammenfassung und Vertretung der katholischen Caritas in Deutschland. Er ist einer der sechs Spitzenverbände der → Freien Wohlfahrtspflege, diese arbeiten in der → Bundesarbeitsgemeinschaft der Freien Wohlfahrtspflege e.V. zusammen. Der Verband wurde 1897 von Lorenz Werthmann in Köln gegründet. Der Sitz und die Zentrale des Verbandes sind in Freiburg i.Br. (Vertretungen in Berlin, München und Brüssel). Der DCV ist Mitglied von Caritas Internationalis mit Sitz in Rom, zu deren Initiatoren er gehört.

Mitglieder des DCV sind (1) die Diözesan-Caritasverbände der 27 Diözesen in Deutschland, (2) die caritativen Personalfachverbände, die → bürgerschaftliches Engagement bündeln, (3) die Einrichtungsfachverbände, die die fachlichen und unternehmerischen Interessen von caritativen Einrichtungen gleicher Fachrichtung vertreten, (4) die caritativen Vereinigungen und (5) die überdiözesan tätigen caritativen Orden. Mitglieder des DCV sind zudem die korporativen Mitglieder und, soweit in deren Satzungen geregelt, auch die persönlichen Mitglieder der Diözesan-Caritasverbände und der Personalfachverbände. Zu der so strukturierten verbandlichen Caritas in Deutschland gehören 8.200 meist rechtlich selbstständige Träger mit 24.000 → sozialen Diensten und → Einrichtungen in den Arbeitsfeldern Gesundheitshilfe, → Kinder- und Jugendhilfe, Familienhilfe, → Altenhilfe, Behindertenhilfe, weitere soziale Hilfen wie offene Dienste und Aus- und Fortbildung. In den Diensten und Einrichtungen arbeiten 590.000 berufliche Mitarbeiter/innen, davon 235.000 Vollzeit- und 355.000 Teilzeitkräfte, darunter 60.000 geringfügig Beschäftigte (Stand: 31.12.2012). Mehrere Hunderttausend ehrenamtlich und freiwillig tätige Menschen unterstützen die Arbeit der verbandlichen Caritas. Präsident des Verbandes ist Prälat Dr. Peter Neher (seit 2003).

Der DCV erfüllt als Zusammenschluss der verbandlichen Caritas auf Bundesebene die Funktionen der Koordinierung, der Interessenvertretung sowie der Qualitäts- und Strukturentwicklung. Auf der Basis seiner theologischen und ethischen Grundsätze, die im Leitbild formuliert sind, sowie seiner Satzung hat der DCV folgende Aufgabenschwerpunkte: die anwaltschaftliche Interessenvertretung für benachteiligte und hilfebedürftiger Menschen durch sozialpolitisches Lobbying, die Förderung der fachlichen Weiterentwicklung caritativer Arbeit (z.B. Qualitätssicherung, → Sozialraumorientierung, → Prävention), die Mitwirkung bei der Gestaltung der Rahmenbedingungen und Normen Sozialer Arbeit und die Förderung von Konzepten für die Sicherung der Stellung der Dienste und Einrichtungen im Wettbewerb der Dienstleistungserbringer. Zudem leistet der DCV mit seinem Werk »Caritas international« Hilfen im Ausland, meist zusammen mit den Caritasverbänden der Partnerländer.

*Anschriften*: Karlstr. 40, 79104 Freiburg; Reinhardtstraße 13, 10117 Berlin, www.caritas.de.

*Georg Cremer*

**Deutsche Rentenversicherung Bund (DRV Bund)** ist eine Bundeskörperschaft des → öffentlichen Rechts mit → Selbstverwaltung, die die Aufgaben der gesetzlichen → Rentenversicherung erfüllt. Sie ging am 1.10.2005 aus der Bundesversicherungsanstalt für Angestellte (BfA) und dem Verband Deutscher Rentenversicherungsträger (VDR) hervor.

Die DRV Bund nimmt als größter → Rentenversicherungsträger Aufgaben für die ihr zugeordneten Versicherten, Rentner/

innen und Arbeitgeber wahr. Hierzu gehören z.B. die Berechnung der Renten, die → Rehabilitation und die Betriebsprüfung. Zur DRV Bund gehören die Zentrale Zulagenstelle für Altersvermögen (ZfA) und die Zentrale Stelle für Pflegevorsorge (ZfP), denen Aufgaben im Zusammenhang mit der steuerlich geförderten zusätzlichen Alters- bzw. Pflegevorsorge obliegen.

Die DRV Bund ist für Grundsatz- und Querschnittsaufgaben und die gemeinsamen Angelegenheiten der Rentenversicherungsträger zuständig. Zu den Grundsatz- und Querschnittsaufgaben können die Selbstverwaltungsorgane der DRV Bund (paritätisch mit Vertreter/innen der Versicherten und der Arbeitgeber besetzt) Entscheidungen treffen, die auch für die anderen Rentenversicherungsträger (Deutsche Rentenversicherung Knappschaft-Bahn-See [ → knappschaftliche Rentenversicherung], → Regionalträger) verbindlich sind. Die DRV Bund nimmt eine Steuerungs- und Koordinierungsfunktion für die gesamte gesetzliche Rentenversicherung wahr. Die laufenden Verwaltungsgeschäfte der DRV Bund führt das Direktorium, das z.Zt. aus dem Präsidenten und zwei Direktor/innen besteht.

*Dana Matlok*

**Deutscher Fürsorgetag (DFT),** Kongress und Fachtagung für alle an der Weiterentwicklung Sozialer Arbeit, des → Sozialrechts und der → Sozialpolitik Interessierten, wird i.d.R. alle drei Jahre durch den → Deutschen Verein für öffentliche und private Fürsorge e.V. (DV) an wechselnden Orten veranstaltet. Der DFT ist das bedeutsamste Forum → öffentlicher und → freier Träger sozialer Arbeit im deutschsprachigen Raum, Treffpunkt für Verantwortliche aus Kommunalpolitik, den Ländern, dem Bund, der → Freien Wohlfahrtspflege, also für → Fachkräfte aus allen sozialen Arbeitsfeldern, Vertreter/innen der Sozialgesetzgebung, des Sozialrechts, der Sozialpolitik, Ausbildung und Wissenschaft. An ihm nehmen regelmäßig gut 2.100 Personen teil. Der DFT bietet die Möglichkeit zur breiten fachlichen Diskussion, er dient der gegenseitigen Information, dem Erfahrungsaustausch und gibt Einblick in die Bedeutung und Funktion von Einrichtungen und Institutionen Sozialer Arbeit. Über 150 Referentinnen und Referenten geben in Workshops, Fachforen, Symposien fachliche Impulse. Seine Arbeitsergebnisse tragen dazu bei, die fachliche Diskussion voranzutreiben und so auf die Praxis der sozialen Arbeit einzuwirken. Die Präsenz führender Politiker/innen des Bundes, der Länder und der Kommunen unterstreicht das Gewicht des sozialen Sektors im gesellschaftlichen Leben der Bundesrepublik Deutschland. Die früher in Sammelbänden, heute auf der Website des DV (www.deutscher-verein.de oder www.deutscher-fuersorgetag.de) veröffentlichten Fachbeiträge und Ergebnisse werden in gesetzgebenden Körperschaften zitiert, wirken sich teilweise unmittelbar in der Sozialgesetzgebung aus und geben Impulse für Entwicklungen und Reformen.

Die Vorläufer des DFT waren Jahresversammlungen der Vereinsmitglieder und dienten nach Gründung des DV 1880 als wesentliche Mittel zur Verwirklichung der Vereinsziele: »Fragen der Armenpflege und Wohltätigkeit, sowohl nach der Seite der Gesetzgebung, als auch der praktischen Ausführung genauerer Prüfung zu unterziehen, die widerstreitenden Meinungen aufzuklären, auf die Gesetzgebung einzuwirken, eine auf Vorbeugung gerichtete Wohltätigkeit zu befürworten und eine Verständigung über die gemeinsamen Aufgaben und Interessen der Armenverbände und Armenfreunde herbeizuführen« (Münsterberg). Jahresversammlungen und DFT galten und gelten der Anregung und Fortentwicklung verbindlicher Grundsätze zur Abwendung von Notlagen. An ihren Arbeitsthemen lassen sich Entwicklungsschritte in Sozialpolitik und Sozialwesen ablesen. Neben Aufbau und Ausbau grundlegender sozialer Sicherung waren spezielle Probleme – u.a. von Obdachlosen, → behinderten Menschen, → psychisch kranken Menschen, alten Menschen und die Auswirkungen von Massennotständen nach zwei Weltkriegen und von Wirtschaftskrisen – Verhandlungsgegenstand von Fürsorgetagen. Nach Verabschiedung des Bundessozialhilfegesetzes (BSHG) gewannen die Gesichtspunkte Vorbeugung, → persönliche Hilfe und → Beratung zunehmend an Bedeutung für Praxis und Theorie sozialer Arbeit, also auch in der Themenpalette der DFT. Mit Beginn des wirtschaftlichen Abschwungs Anfang der 1980er-Jahre rückten die Bemühungen um materielle Sicherung der Lebensgrundlage erneut in den Vordergrund. DFT-Themen gelten den wachsenden sozialen Problemen von Arbeitslosen, Jugendlichen ohne Ausbildungsplatz, Pflegebedürftigen, den Notlagen von Rentner/innen, Familien mit Migrationshintergrund in der Bundesrepublik und Zuwandernden. Die offenen Grenzen in Europa, die umfassenden politischen und gesellschaftlichen Veränderungen in den Ländern Ost- und Südosteuropas und die deutsche Wiedervereinigung haben die Soziale Arbeit und den DV zu Beginn der 1990er-Jahre vor große und neue Herausforderungen gestellt. Der 72. DFT »Die soziale Arbeit in den 1990er-Jahren – Neue Herausforderungen bei offenen Grenzen in Europa«, 1990 in Hannover, griff daher sowohl die aktuellen Ereignisse im Zuge der deutschen Einigung als auch die europäische Dimension Sozialer Arbeit auf. Mit dem Thema »Zwischen Versorgung und Eigenverantwortung – Partizipation im Sozialstaat« bot der 76. DFT 2003 die Möglichkeit, die Spannbreite der gesellschaftspolitischen Diskussion um die Zukunft der sozialen Sicherungssysteme wie der Sozialen Arbeit insgesamt abzubilden. Der 78. DFT wurde 2009 zusammen mit der Fachmesse ConSozial in Nürnberg unter dem Motto »Märkte für Menschen: verantworten – gestalten – selbst bestimmen« durchgeführt. Er hat damit die im Zeitalter globalisierter Märkte und zunehmender sozialer Verwerfungen die für den gesellschafts- und sozialpolitischen Diskurs zentrale Frage nach dem Verhältnis von Wirtschaft und Bürger/innen aufgegriffen. 2012 fand der 79. DFT in Hannover statt. »Ohne Bildung keine Teilhabe – Von der Kindheit bis ins hohe Alter« war das generationenübergreifende Thema, das sich insbesondere Fragen der Teilhabegerechtigkeit und ihren Hürden widmete. Das Jubiläum des 80. DFT wurde 2015 in Anwesenheit von Bundespräsident Gauck, Bundeskanzlerin Dr. Merkel und der Bundesfamilienministerin Schwesig in Leipzig zeitgleich mit dem 1.000-jährigen Stadtjubiläum begangen. Das Motto »Teilhaben und Teil sein« griff als roter Faden das Motto des vorhergehenden DFT auf und stellte die verschiedenen Themenfacetten in das Spannungsfeld der öffentlichen und persönlichen Verantwortung. Der 81. DFT wird 2018 in Stuttgart stattfinden.

*Lit.* Deutscher Verein für öffentliche und private Fürsorge (Hrsg.): Forum für Sozialreformen. 125 Jahre Deutscher Verein für öffentliche und private Fürsorge, Berlin 2005.

*Michael Löher*

**Deutscher Gehörlosen-Bund e.V. (DGB)** ist die Nachfolgeorganisation des 1927 gegründeten Reichsverbands der Gehörlosen Deutschlands (ReGeDe). Im DGB sind 16 Landesverbände und zehn weitere Organisationen zusammengeschlossen, deren Aktivitäten bundesweit für gehörlose Menschen richtungsweisend sind. Er versteht sich als sozialpolitische, kulturelle und berufliche Interessenvertretung der Gehörlosen in Deutschland und als Forum für die Gebärdensprachgemeinschaft. Ein Präsidium aus sieben ehrenamtlich beschäftigten Personen und hauptamtlichen Mitarbeiter und Mitarbeiterinnen der Geschäftsstelle zeichnen für die Arbeit des DGB verantwortlich. Er informiert Mitglieder und Öffentlichkeit über aktuelle Themen und berät seine Landesverbände bezüglich notwendiger sozialpolitischer Aktivitäten in ihren Bundesländern. Über die 26 Mitgliedsverbände sind ca. 30.000 Mitglieder aus mehr als 600 Vereinen im DGB organisiert. Aufgrund ihrer Hörbehinderung (→ hörbehinderte Menschen) kommunizieren sie vorwiegend in der Deutschen → Gebärdensprache. Die Deutsche Gebärdensprache bildet traditionell das Fundament des sozialen und kulturellen Zusammenlebens Gehörloser als Sprachgemeinschaft und trägt in erheblichem Maße zur Identität, psychischen → Gesundheit und → Bildung bei. Mit der gesetzlichen Anerkennung der Gebärdensprache durch das → Sozialgesetzbuch Neuntes Buch (SGB IX; 2001) und das → Behindertengleichstellungsgesetz (2002) wurde ein wichtiges politisches Ziel des DGB erreicht. Der DGB bietet für seine Zielgruppen bundesweit Seminare an, informiert und berät in allen Fragen des Gehörlosenwesens. Er ist Mitglied in der Europäischen Vereinigung der Gehörlosen (EUD, European Union of the Deaf) und dem Weltverband der Gehörlosen (WFD, World Federation of the Deaf).

*Anschrift*: Prenzlauer Allee 180, 10405 Berlin, www.gehoerlosen-bund.de

*Helmut Vogel*

**Deutscher Kinderschutzbund e.V. (DKSB)** – 1953 gegründet – tritt dafür ein, den Grundrechten für Kinder (→ Kinderrechte) Geltung zu verschaffen und die körperliche, seelische, geistige und soziale Entwicklung der Kinder zu schützen und zu fördern (→ Kindheit, → Kinderschutz, → Kindeswohl). Im Vordergrund stehen die Themen: soziale Verhältnisse, insbesondere → Armut, denen Kinder in der → Gesellschaft und ihren Institutionen ausgesetzt sind (z.B. → Kindesmisshandlung; → Kindesvernachlässigung), Folgen technologischer Entwicklung und sozialen Wandels für Kinder (z.B. → Jugendschutz, → Jugendmedienschutz) und die Umsetzung der → UN-Kinderrechtskonvention, die umfassende Rechte auf Schutz, Versorgung und → Partizipation als Staatenverpflichtung kodifiziert. Die über 430 Ortsverbände mit über 50.000 Mitgliedern und mehr als 5.000 hauptamtlich Beschäftigten machen v.a. Angebote im präventiven Bereich für Kinder und → Familien (bspw. Kinderhäuser Blauer Elefant, → Begleiteter Umgang, Verfahrenspflegschaften, Elternkurse) und leisten → Beratung und Hilfe in Krisensituationen (→ Krisenintervention). In einer eigenen Arbeitsgemeinschaft (Nummer gegen Kummer e.V.) betreibt der DKSB in Zusammenarbeit mit anderen Trägern eine Vielzahl von Kinder- und Jugend- sowie Elterntelefonen. Der Bundesverband und die 16 Landesverbände sowie die Orts- und Kreisverbände wenden sich an die Öffentlichkeit, Politik und Verwaltung, um das Bewusstsein für eine positive kindliche Entwicklung zu fördern und um notwendige gesetzliche Rahmenbedingungen und Fördermaßnahmen zu initiieren. Neben fachlichen Empfehlungen gibt der DKSB-Bundesverband vierteljährlich die Zeitschrift »Kinderschutz aktuell« heraus.

*Anschrift*: Schöneberger Straße 15, 10963 Berlin, www.dksb.de

*Paula Honkanen-Schoberth*

**Deutscher Kinder- und Jugendhilfepreis – Hermine-Albers-Preis (DJHP)** Die → Arbeitsgemeinschaft für Kinder- und Jugendhilfe – AGJ verleiht den DJHP im Andenken an ihr Gründungs- und Vorstandsmitglied Dr. Hermine Albers. Stifter des DJHP sind die Obersten Jugend- und Familienbehörden der Länder, sie stellen die erforderlichen Finanzmittel zur Durchführung und Vergabe des Preises zur Verfügung. Der im Juli 1955 begründete Preis wurde bis 1986 als Hermine-Albers-Preis zur Förderung der Jugendwohlfahrt ausgeschrieben. Seit 1987 wird der Wettbewerb als Deutscher Jugendhilfepreis – Hermine-Albers-Preis fortgeführt (seit 2006 als Deutscher Kinder- und Jugendhilfepreis).

Der DJHP wird im zweijährigen Rhythmus ausgeschrieben und in drei Kategorien vergeben: Der »Praxispreis« hat eine jeweils vom Vorstand der AGJ festgelegte Themenbindung. Sein Ziel und Zweck ist, Personen, die im Bereich der Arbeit mit Kindern, Jugendlichen und ihren Familien tätig sind, anzuregen, neue Konzepte, Modelle und Praxisbeispiele zur Weiterentwicklung der → Kinder- und Jugendhilfe auszuarbeiten und darzustellen. In der Kategorie »Theorie- und Wissenschaftspreis« werden fachtheoretische und wissenschaftliche Arbeiten ausgezeichnet, die der Theorie der Kinder- und Jugendhilfe neue Impulse geben. Mit dem »Medienpreis« sollen Journalistinnen und Journalisten angeregt werden, über die vielfältige Arbeit der Kinder- und Jugendhilfe zu berichten. Zur Begutachtung der eingereichten Arbeiten beruft der Vorstand der AGJ eine Jury. Der DJHP hat eine Gesamtdotierung von bis zu 15.000 Euro.

*Informationen*: www.agj.de

*Peter Klausch*

**Deutscher Kinder- und Jugendhilfetag (DJHT)** Die → Arbeitsgemeinschaft für Kinder- und Jugendhilfe (AGJ), Zusammenschluss der Träger der öffentlichen und freien Kinder- und Jugendhilfe, die mit dem Ziel der fachlichen Kooperation und Kommunikation zur Weiterentwicklung der → Kinder- und Jugendhilfe auf der Bundesebene zusammenarbeiten, organisiert und veranstaltet den DJHT. Der erste Jugendhilfetag fand 1964 statt, seit 1984 wird er alle vier Jahre durchgeführt. Bisher veranstaltete die AGJ insgesamt 15 Deutsche Kinder- und Jugendhilfetage als größte Events der Kinder- und Jugendhilfe in Europa.

Der DJHT soll zur Verbesserung des Wissens über die Angebote, Leistungen und Aufgaben der Kinder- und Jugendhilfe in der Öffentlichkeit beitragen, Raum bieten für Austausch und Netzwerkarbeit und die Auseinandersetzung mit unterschiedlichen Standpunkten in Theorie und Praxis der Kinder- und Jugendhilfe ermöglichen. Der DJHT hat Fortbildungscharakter. Er gibt einen Einblick in die alltägliche Praxis und Diskurse, stellt konzeptionelle Entwicklungen und innovative und methodische Ansätze der Kinder- und Jugendhilfe vor. Der DJHT bietet insbesondere jungen und zukünftigen Fachkräften Kontaktmöglichkeiten und zielt auf die gemeinsame Durchsetzung verbesserter gesellschaftlicher Rahmenbedingungen für Kinder, Jugendliche und ihre Familien. Als zentrale Kommunikationsplattform ist er das Forum für Praxis, Verwaltung und Wissenschaft der Kinder- und Jugendhilfe sowie für → Kinder- und Jugendpolitik. Zentrale Veranstaltungselemente sind der Fachkongress mit zahlreichen Veranstaltungen und Angeboten zu unterschiedlichen Themenschwerpunkten sowie die Fachmesse »Markt der Kinder- und Jugendhilfe« mit Ausstellungen und Präsentation von Projekten, Angeboten, Leistungen und Aktivitäten aus der Praxis. Das Programm und die Angebote des DJHT haben eine europäische Dimension. Der DJHT spiegelt insgesamt die Realität und den Alltag der Kinder- und Jugendhilfe und stellt sich zugleich aktuellen Themen der Kinder- und Jugendhilfe sowie Kinder- und Jugendpolitik mit dem Ziel der Weiterentwicklung in Theorie und Praxis.

*Informationen*: www.jugendhilfetag.de

*Peter Klausch*

**Deutscher Landkreistag (DLT)** ist der Zusammenschluss aller 295 deutschen → Landkreise einschließlich Region Hannover, Regionalverband Saarbrücken und Städteregion Aachen. Der Landkreisbereich umfasst rd. 96% der Fläche der Bundesrepublik Deutschland mit knapp 56 Mio. Einwohner/innen, das sind ca. 68% der Gesamtbevölkerung. Unmittelbare Mitglieder des DLT sind entsprechend dem föderalen Aufbau der Bundesrepublik die 13 Landkreistage in den Flächenländern, mittelbare Mitglieder die diesen Landesverbänden angehörenden Landkreise. Der DLT vertritt drei Viertel der Aufgabenträger auf der überörtlichen Kommunalebene, die durch die 107 kreisfreien Städte (einschließlich Stadtstaaten) komplettiert wird, und ist der größte kommunale Spitzenverband. Weitere unmittelbare Einzelmitglieder sind die sog. Höheren Kommunalverbände; das sind insbesondere die → Landschaftsverbände Rheinland und Westfalen-Lippe, der Landeswohlfahrtsverband Hessen, der Bayerische Bezirketag, der Landeswohlfahrtsverband Sachsen, der Kommunalverband für Jugend und Soziales Baden-Württemberg und der Kommunale Sozialverband Mecklenburg-Vorpommern.

Der DLT fördert die kommunale → Selbstverwaltung und vertritt die Belange der Landkreise und seiner weiteren Mitglieder gegenüber Bundesregierung, Bundestag und Bundesrat, mit denen er in ständigem Kontakt steht. Er berät die zuständigen Stellen bei der Vorbereitung und Durchführung von → Gesetzen, Verordnungen, Erlassen und weiteren die Landkreise berührenden Bestimmungen. Überdies fördert er das Verständnis der Öffentlichkeit für die Aufgaben und Einrichtungen der Landkreise. Hierzu bedient er sich auch der monatlich erscheinenden eigenen Fachzeitschrift »Der Landkreis«. Der DLT ist kein Lobbyist, sondern Gemeinwohl-Repräsentant der unteren demokratischen Ebene im Verwaltungsaufbau der Bundesrepublik. Um kommunalrelevante Interessen auch auf europäischer Ebene durchzusetzen, unterhält er ein Europabüro in Brüssel. Er arbeitet parteipolitisch unabhängig und ohne staatliche Zuschüsse.

Der DLT wirkt in zahlreichen Gremien und Einrichtungen des Bundes und der Länder beschließend oder beratend mit (z.B. Konjunkturrat, → Konferenz der Obersten Landessozialbehörden) und vertritt die Landkreise in unterschiedlichen Institutionen (z.B. Bundesagentur für Arbeit, → Deutscher Verein für öffentliche und private Fürsorge, → Deutsche Krankenhausgesellschaft). Ein besonderes Schwergewicht liegt in der Vertretung der Interessen des ländlichen Raums.

Verbandsintern hat der DLT eine wichtige Informationsfunktion gegenüber seinen Mitgliedern und organisiert den Erfahrungsaustausch unter den Kreisen. Organe des DLT sind die Landkreisversammlung, der Hauptausschuss und das Präsidium. Zur Vorberatung sind sieben Fachausschüsse gebildet, u.a. für Soziales und Arbeit und für Jugend, Bildung und Kultur.

Nach dem ersten Geschäftsführer des DLT aus den Jahren 1917–1919, dem späteren Widerstandskämpfer Ulrich von Hassell, der 1944 hingerichtet worden ist, ist das Verbandshaus in Berlin benannt.

*Anschrift:* Ulrich-von-Hassell-Haus, Lennéstraße 11, 10785 Berlin, www.landkreistag.de

*Irene Vorholz*

**Deutscher Paritätischer Wohlfahrtsverband (Der Paritätische)** Als Spitzenverband der → Freien Wohlfahrtspflege vereinigt der Paritätische über 10.000 rechtlich selbstständige Mitgliedsorganisationen mit zuletzt rd. 45.000 sozialen Betrieben, rd. 66.5000 hauptamtlich Beschäftigten und mehr als einer Mio. unentgeltlich Engagierten, die Soziale Arbeit für andere oder in → Selbsthilfe leisten. Die Arbeitsfelder umfassen alle Bereiche der → Sozialen Arbeit, u.a. → Alten-, Behinderten-, Familien-, → Kinder- und Jugendhilfe, Frauenarbeit, Hilfe für → Flüchtlinge, Humanitäre Hilfe, Gefährdetenhilfe, psychosoziale Hilfen, → Migration, Entwicklungszusammenarbeit sowie Infrastruktureinrichtungen zur Unterstützung von → bürgerschaftlichem Engagement und Selbsthilfe. Er gliedert sich in einen Gesamtverband mit Sitz in Berlin sowie 15 Landesverbände mit 235 Kreisgruppen und Bezirksgeschäftsstellen. Die Dienstleistungspalette des Verbandes reicht von fachlicher und betriebswirtschaftlicher Beratung, Qualitätsentwicklung (→ Qualitätsmanagement) und → Zertifizierungen über Finanzakquise und → Fort- und Weiterbildung bis hin zur politischen Interessenvertretung für seine Mitglieder.

Der Paritätische legt Wert auf seine politische, konfessionelle und weltanschauliche Ungebundenheit sowie die Achtung der Autonomie seiner Mitglieder. Offenheit, Vielfalt und Toleranz zählen zu den Grundprinzipien seiner Arbeit. Der Verband ist daher grundsätzlich offen für alle Gruppierungen, die überwiegend Soziale Arbeit und schulische Bildungsarbeit leisten, sofern ihre Ziele und ihre konkrete Arbeit an den »Geboten der Menschlichkeit« ausgerichtet sind, wie es in den 1989 erstmalig verabschiedeten »Grundsätzen der Verbandspolitik« des Paritätischen heißt. Seine Grundausrichtung machte den Verband seit Ende der 1960er-Jahre zunehmend attraktiv für eine Vielzahl von → Selbsthilfegruppen von → behinderten Menschen und Menschen mit → chronischen Erkrankungen und ihren Angehörigen, von Sozialhilfe- und Arbeitsloseninitiativen, von Frauenprojekten, Elterninitiativen, → Migranteorganisationen und anderen. In der Folge entwickelte sich die Verbindung von traditioneller Sozialer Arbeit und neuen → sozialen Bewegungen, von professioneller Sozialer Arbeit und Bürgerengagement sowie von → Einrichtungen und Diensten und Selbsthilfe zu einem besonderen Markenzeichen des Paritätischen. Seine Offenheit trug auch entscheidend dazu bei, dass er aus seiner Mitgliedschaft heraus regelmäßig neue fachliche und politische Impulse setzen konnte. Beispiele hierfür sind der erste Armutsbericht (→ Armuts- und Reichtumsberichterstattung) für die Bundesrepublik Deutschland aus dem Jahre 1989, das Konzept einer → Grundsicherung für Kinder von 1994 oder das aktuelle bundesweite Modellprojekt zum → persönlichen Budget in der Behindertenhilfe.

Der 1924 unter dem Namen »Verband der freien gemeinnützigen Wohlfahrtseinrichtungen Deutschlands« gegründete Verband wurde 1934 aufgelöst und in die »Nationalsozialistische Volkswohlfahrt« überführt. Die genauen Umstände dieser Auflösung näher zu untersuchen, ist eine Aufgabe, der sich der Verband derzeit stellt. Nach Gründung verschiedener Landesverbände nach dem Zweiten Weltkrieg wurde 1949 in Frankfurt am Main auch der Paritätische Gesamtverband wiedergegründet.

*Anschrift:* Oranienburger Straße 13–14, 10178 Berlin, www.paritaet.org

*Ulrich Schneider*

**Deutscher Sozialrechtsverband e.V.** wurde 1965 als »Deutscher Sozialgerichtsverband« gegründet. Er dient der Pflege des → Sozialrechts in Wissenschaft und Praxis. Mit der 1982 vollzogenen Umbenennung in »D. S.« war keine Neuorientierung der Ziele verbunden. Vielmehr sollte damit dem Missverständnis berufsständischer Orientierung vorgebeugt und die sachbezogene Zielsetzung stärker zum Ausdruck gebracht werden. Der Mitgliederkreis umfasst alle, die sich im System der sozialen Sicherung engagieren (Sozialpartner, Sozialversicherungsträger, Bundes- und Länderverwaltungen, Hochschullehrer/innen, Richter/innen, rechtsberatende Berufe). Für sie soll der Verband ein Forum für den notwendigen offenen Meinungsaustausch bieten. Die wissenschaftliche Durchdringung des Sozialrechts hat immer wieder Schwierigkeiten, mit der raschen Entwicklung des Rechtsgebietes Schritt zu halten. Sozialrechtswissenschaft kann zudem nur interdisziplinär und im Austausch mit der Praxis sinnvoll betrieben werden. Der D. S. will insbesondere den Kontakt zwischen verschiedenen Bereichen der Praxis sowie zwischen Wissenschaft und Praxis auf allen Gebieten des Sozialrechts verstärken. Gefördert werden soll auch der Vergleich der nationalen Sozialrechtsordnungen sowie die Kenntnis des europäischen und → internationalen Sozialrechts. Der D. S. trägt in Arbeitstagungen, durch Veröffentlichungen und durch seine Schriftenreihe zur Bearbeitung der anstehenden Fragen bei und fördert darüber hinaus wissenschaftliche Einrichtungen und wissenschaftliche Arbeiten.

*Informationen*: www.sozialrechtsverband.de

*Peter Udsching*

**Deutscher Städtetag (DST)** ist ein freiwilliger Zusammenschluss von rund 3.400 Städten und Gemeinden mit rund 51 Mio. Einwohner/innen, darunter die drei Stadtstaaten und 107 → kreisfreie Städte; außerordentliche Mitglieder sind u.a. → Landschaftsverbände, Regionalverbände und Landeswohlfahrtsverbände. Der DST vertritt als → kommunaler Spitzenverband die Belange seiner Mitgliedsstädte auf Bundesebene und gegenüber der → Europäischen Union. Er berät die staatlichen und kommunalen Behörden bei der Vorbereitung und Durchführung von Gesetzen u.a., gibt Empfehlungen und führt Erfahrungsaustausch in den verschiedenen Sachbereichen durch. In allen Bundesländern bestehen Mitgliedsverbände auf Landesebene. Organe des DST sind die Hauptversammlung, der Hauptausschuss und das Präsidium. Die fachliche Arbeit wird in Fachausschüssen vorbereitet. In der Hauptgeschäftsstelle des DST führen hauptamtliche Mitarbeiter/innen die laufenden Geschäfte des Verbandes. Publikationsorgane sind die Zeitschrift »der städtetag«, die Buchreihe »Beiträge zur Stadtpolitik«, thematische Arbeitshilfen sowie im Internet die Seite www.staedtetag.de.

Der Bereich der kommunalen Sozialpolitik (Sozialwesen, → Jugendhilfe, → Arbeitsmarktpolitik) wird im DST vom Ausschuss für Soziales, Jugend und Familie sowie einem Dezernat der Hauptgeschäftsstelle abgedeckt. Außer Vorschlägen und Stellungnahmen in der Sozialgesetzgebung (z.B. → Grundsicherung für Arbeitsuchende [SGB II]), Beratung der Mitgliedstädte u.a. durch schriftliche Arbeitshilfen (z.B. in den Bereichen → Altenhilfe, Behindertenhilfe, Soziale Brennpunkte, Ausländische Arbeitnehmer/innen) vertritt der DST die Städte als örtliche Träger der Sozial- und Jugendhilfe (→ Träger der Sozialhilfe, → Jugendhilfeträger) in verschiedenen Institutionen (z.B. Bundesagentur für Arbeit, → Deutscher Verein für öffentliche und private Fürsorge, → Deutsches Jugendinstitut, → Bundesjugendkuratorium).

*Anschriften:* Hausvogteiplatz 1, 10117 Berlin; Gereonstr. 18–32, 50670 Köln.

*Stephan Articus*

**Deutscher Städte- und Gemeindebund (DStGB)** ist der Vertreter der Interessen der deutschen Städte und Gemeinden vornehmlich der → kreisangehörigen Städte und Gemeinden. Über seine 17 Mitgliedsverbände vertritt er rund 11.000 große, mittlere und kleine Kommunen mit über 50 Mio. Einwohner/innen und ist über seine Mitgliedsverbände der mitgliederstärkste → kommunale Spitzenverband. Der DStGB ist privatrechtlich und föderal organisiert und arbeitet parteipolitisch neutral und unabhängig von Staatszuschüssen. Die Mitgliedschaft ist freiwillig. Zu den Aufgaben gehören die kontinuierliche Kontaktpflege zu den Verantwortlichen in Bundesregierung, Bundestag, Bundesrat und → Europäischer Union (EU), die Vertretung politischer Standpunkte der Städte und Gemeinden gegenüber den Organen des Bundes und der Öffentlichkeit, die Verbreitung der spezifischen Anliegen und Erfahrungen des Mitgliederkreises sowie die Durchsetzung ihres Anspruches auf Berücksichtigung in der zentralen Politik von Bund und Ländern sowie in den Medien. Die Sensibilisierung und Mobilisierung von Politik und Öffentlichkeit für kommunalpolitische Interessen geschieht durch Medienarbeit und Veranstaltungen. Der DStGB gewährleistet darüber hinaus den Erfahrungsaustausch und berät seine Mitglieder in allen kommunalpolitischen Angelegenheiten. Für die → Sozial-, Bildungs- und → Jugendpolitik gibt es Fachausschüsse und es sind besondere Erfahrungsaustausche zwischen der Hauptgeschäftsstelle und den Mitgliedsverbänden eingerichtet worden. Darüber hinaus vertritt der Verband seine Mitglieder in zentralen Organisationen auch der Sozial- und Jugendpolitik, z.B. im → Deutschen Verein für öffentliche und private Fürsorge, bei der → Deutschen Krankenhausgesellschaft oder dem → Deutschen Jugendinstitut.

Folgende 17 Verbände sind Mitglieder des DStGB: Bayerischer Gemeindetag, Gemeinde- und Städtebund Rheinland-Pfalz, Gemeinde- und Städtebund Thüringen, Gemeindetag Baden-Württemberg, Hessischer Städte- und Gemeindebund, Hessischer Städtetag, Niedersächsischer Städte- und Gemeindebund, Niedersächsischer Städtetag, Städte- und Gemeindebund Nordrhein-Westfalen, Saarländischer Städte- und Gemeindetag, Sächsischer Städte- und Gemeindetag, Schleswig-Holsteinischer Gemeindetag, Städte- und Gemeindebund Brandenburg, Städte- und Gemeindebund Sachsen-Anhalt, Städte- und Gemeindetag Mecklenburg-Vorpommern, Städtebund Schleswig Holstein, Städtetag Rheinland-Pfalz. Organe des Verbandes sind der Hauptausschuss, das Präsidium sowie der Deutsche Gemeindekongress. Vertreter der Mitgliedsverbände entsenden Fachleute in verschiedene Fachausschüsse und besondere Arbeitskreise. Zur Beratung der Mitglieder veröffentlicht der DStGB Arbeitshilfen und Dokumentationen und stellt im Internet Informationen z.B. für die örtlichen → Sozial- und → Jugendhilfeträger zur Verfügung. Der DStGB gibt monatlich die Verbandszeitschrift »Stadt und Gemeinde« heraus, die sich mit Schwerpunktthemen befasst. Der DStGB hat ein Brüsseler Büro. Dessen Aufgabe ist es, frühzeitig Informationen an die Hauptgeschäftsstelle weiterzugeben, Kontakte zu den Institutionen der EU zu knüpfen und die Interessen der Kommunen in Brüssel zu vertreten.

*Anschrift:* Marienstraße 6, 12207 Berlin, www.dstgb.de

*Uwe Lübking*

**Deutscher Verein für öffentliche und private Fürsorge e. V. (DV)** ist der gemeinnützige zentrale Zusammenschluss insbesondere der → öffentlichen und → freien Träger der Sozialen Arbeit in der Bundesrepublik Deutschland. Satzungszweck des DV ist es, einen Mittelpunkt für alle Bestrebungen zur Förderung der Sozialen Arbeit, des → Sozialrechts und der → Sozialpolitik zu bilden. Der DV ist Forum und Plattform für die Zusammenarbeit von Vertreter/innen der Praxis, Ausbildung und Wissenschaft, der Exekutive und Legislative mit dem Ziel der Analyse, Anregung und Unterstützung von Entwicklungen in der Sozialpolitik, des Sozialrechts und der Sozialen Arbeit in Deutschland, insbesondere in den Bereichen Sozial-, Kinder-, Jugend- und → Familienpolitik sowie der → Sozial-, → Jugend- und Familienhilfe, → Alten- und Gesundheitshilfe, der Hilfe für → behinderte Menschen, → Pflege, → soziale Berufe und freiwilliges/ehrenamtliches soziales Engagement, → Sozialplanung und Organisation → Migration und → Integration, soziale Dienste in der Bundesrepublik Deutschland und in Europa.

Die wesentlichen Tätigkeitsfelder des DV sind die Erarbeitung von Empfehlungen für die Praxis, Informationen der auf diesen Gebieten tätigen Personen einschließlich der Förderung des Erfahrungsaustausches, der → Fort- und Weiterbildung von Multiplikatoren, Führungskräften und Mitarbeiter/innen sozialer Dienste und Einrichtungen, gutachterliche Tätigkeiten in Grundsatzfragen des Sozialrechts, Förderung der für die Soziale Arbeit bedeutsamen Wissenschaften, Anregung und Begleitung von Gesetzesvorhaben, fachliche Unterstützung bei der Umsetzung in die Praxis, Auswertung der Entwicklung der

Sozialen Arbeit und Sozialpolitiken in anderen Ländern, insbesondere denen der → Europäischen Union und Förderung der internationalen Zusammenarbeit, Herausgabe von Schriften und sonstigen Veröffentlichungen zu Fragen der Sozialen Arbeit, des Sozialrechts und der Sozialpolitik. Der DV veranstaltet alle drei Jahre mit dem → Deutschen Fürsorgetag den im deutschsprachigen Raum größten und bedeutendsten Fachkongress der sozialen Arbeit, des Sozialrechts und der Sozialpolitik.

Der DV über 2000 Mitglieder. Die Hauptsäulen der Mitglieder sind: a) die öffentlichen Träger (Bund, Länder, → Landkreise und → kreisfreie Städte, → kreisangehörige Städte und → Gemeinden) und deren Dachverbände, wie → Deutscher Städtetag, → Deutscher Landkreistag und → Deutscher Städte- und Gemeindebund; b) die Spitzenverbände der → freien Wohlfahrtspflege: → Arbeiterwohlfahrt (AWO), → Deutscher Caritasverband (DCV), → Deutscher Paritätischer Wohlfahrtsverband (DPWV), → Deutsches Rotes Kreuz (DRK), → Diakonisches Werk der Ev. Kirche in Deutschland, → Zentralwohlfahrtsstelle der Juden in Deutschland e.V. (ZWST) mit ihren Landesgliederungen, Kreis- und Ortsstellen sowie zahlreichen angeschlossenen Einrichtungen. Weiter gehören dem DV c) Bundesländer, Bundesministerien als Gäste in den Fachgremien, Ausbildungsstätten, Fachhochschulen und Universitäten, Forschungseinrichtungen, → Sozialgerichte, andere → Sozialleistungsträger, Selbsthilfeverbände, → Behindertenverbände, private Pflegeeinrichtungen und -dienste und betriebliche Sozialeinrichtungen, d) Einzelpersonen (v.a. Sozialarbeiter/innen, Verwaltungsfachkräfte, leitende Persönlichkeiten aus Verwaltung, Politik und Verbandswesen, Wissenschaftler/innen, Dozent/innen, Rechtsanwält/innen und Richter/innen) an.

Vereinsorgane sind die Mitgliederversammlung, die alle zwei Jahre zusammentritt und der insbesondere die Wahl der Hauptausschussmitglieder, die Beschlussfassung über die → Satzung sowie die Entgegennahme des Geschäftsberichts obliegt, der Hauptausschuss (220 Mitglieder), der die Grundsätze der Vereinsarbeit bestimmt, die Mitglieder des Präsidiums sowie den Präsidenten bzw. die Präsidentin wählt, das Präsidium (35 Mitglieder), das u.a. den Vorstand bestellt, den Wirtschaftsplan beschließt sowie Stellungnahmen und Empfehlungen abgibt, der Präsidialausschuss, der insbesondere über die Aufnahme neuer Mitglieder entscheidet und die Stellungnahmen und Empfehlungen des Deutschen Vereins vorbereitet sowie der Vorstand. Das Präsidium setzt Ausschüsse und Arbeitskreise ein. Es wurde ein ständiger Ausschuss »Internationale Zusammenarbeit und europäische Integration« (Fachausschuss Internationales) gebildet, der u.a. die Aufgaben des Deutschen Nationalkomitees des → International Council on Social Welfare (ICSW) wahrnimmt. Der ständige Ausschuss des → Internationalen Sozialdienstes Deutscher Zweig (ISD) ist »Board« im Sinne der Satzung des »International Social Service« (ISS). Das Präsidium hat aus Expert/innen der öffentlichen und freien sozialen Arbeit sechs Fachausschüsse eingesetzt, die unter dem Vorsitz eines Präsidiumsmitglieds insbesondere Stellungnahmen zu Gesetzesvorhaben, aktuellen fachlichen Fragen und sozialpolitischen Entwicklungen und Empfehlungen für die praktische Arbeit ausarbeiten. Außerdem hat das Präsidium teilweise Arbeitskreise zur Beratung von Einzelfragen gebildet.

Der DV unterhält seine Geschäftsstelle seit Juli 2004 in Berlin. Mit ca. 70 Mitarbeiterinnen und Mitarbeitern ist sie in fünf Arbeitsfeldern und zwei Stabsstellen organisiert: I. Grenzüberschreitende Sozialarbeit – Internationaler Sozialdienst (ISD); II. Kindheit, Jugend, Familie, Soziale Berufe; III. Grundlagen sozialer Sicherung, Sozialhilfe, soziale Leistungssysteme, IV. Alter, Pflege, Rehabilitation, Gesundheit; Steuerung sozialer Dienste, V. Bundeszentrale Fachpublikationen; Stabsstelle Internationales; Stabsstelle Bürgerschaftliches Engagement. In den Arbeitsfeldern werden Gesetzgebungsvorschläge und Stellungnahmen zu Gesetzentwürfen sowie Praxisempfehlungen zur Auslegung und Umsetzung von Gesetzen mit dem Ziel der Vereinheitlichung ebenso erarbeitet, wie Vorschläge zur Verbesserung von Strukturen, Methoden. Jährlich werden auf Antrag von Mitgliedern Gutachten auf dem Gebiet des Sozialrechts und Jugendhilferechts erstellt. Die zahlreichen Veranstaltungen des DV spiegeln die Schwerpunkte der inhaltlichen Arbeit wider und greifen aktuelle Entwicklungen auf.

Die Fachveranstaltungen sind praxisorientiert und fördern eine bundesweit einheitliche Rechtsanwendung. Eventuelle Bedarfe zur Weiterentwicklung des Sozialrechts und die Thematisierung von Umsetzungsschwierigkeiten in der Praxis der Sozialen Arbeit und in den sozialen Diensten, die Praktikerinnen und Praktiker aus unterschiedlichen Bereichen der Rechtsanwendung an den DV herantragen, werden aufgegriffen, erörtert. Vorschläge zur Abhilfe werden erarbeitet. Die Erkenntnisse fließen in die fachpolitische Diskussion des DV ein und wirken sich auf die Erarbeitung seiner fachlichen Positionen aus. Die Fachveranstaltungen haben einen bundesweiten Teilnehmendenkreis und werden dezentral bundesweit durchgeführt. Sie wenden sich an Führungskräfte und Mitarbeiter/innen aus den Bundes-, Landes- und Kreisverbänden der freien Wohlfahrtspflege und deren Einrichtungen, aus den Verwaltungen der Bundesländer, der Städte, Landkreise, Gemeinden, Gemeindeverbänden und Gebietskörperschaften sowie aus den Bundesministerien, aus wissenschaftlichen Einrichtungen die Gerichtsbarkeit sowie an interessierte Einzelpersonen. Der Deutsche Verein erweitert seine Qualifizierungsangebote durch Veranstaltungen mit Kooperationspartnern und mit externen Dozenten/innen.

Der DV wurde 1880 auf Initiative des Deutschen Armenpflegekongresses als »Deutscher Verein für Armenpflege und Wohltätigkeit« gegründet; die Umbenennung erfolgte 1919. Bereits 1887 wird im Lehrbuch der Deutschen Armengesetzgebung von Emil Münsterberg die erfolgreiche Tätigkeit des DV wie folgt konstatiert: »Man wird im Verlaufe der Arbeit keine nennenswerte Frage berührt finden, zu welcher nicht der Deutsche Verein vielfaches, oft das Beste, oft auch das einzige Material an die Hand gegeben hätte.« Diese Funktionen nimmt der DV bis heute wahr.

Ehrenamtlicher Präsident des Deutschen Vereins ist derzeit Johannes Fuchs, Landrat a.D. des Rems-Murr-Kreises. Hauptamtlicher Vorstand ist Michael Löher.

*Anschrift*: Michaelkirchstraße 17–18, 10179 Berlin, www.deutscher-verein.de

*Lit.* Deutscher Verein für öffentliche und private Fürsorge (Hrsg.): Forum für Sozialreformen. 125 Jahre Deutscher Verein für öffentliche und private Fürsorge, Berlin 2005.

*Michael Löher*

**Deutsches Hilfswerk (DHW)** ist eine → Stiftung bürgerlichen Rechts, gegründet 1967. Stifter im Auftrag der Arbeitsgemeinschaft der öffentlich-rechtlichen Rundfunkanstalten der Bundesrepublik Deutschland (ARD) und der → kommunalen Spitzenverbände ist der Norddeutsche Rundfunk (NDR). Die Stiftung bezieht ihre Einnahmen aus der Veranstaltung der Deutschen Fernsehlotterie. Die Fernsehlotterie arbeitet als gemeinnützige GmbH nicht im eigenwirtschaftlichen Interesse. Aus den von ihr eingespielten Mitteln fördert das DHW soziale und karitative Projekte und Maßnahmen freier gemeinnütziger → Sozialleistungsträger. Dazu gehören auch Einrichtungen der → Arbeiterwohlfahrt, des → Deutschen Caritasverbandes, des → Diakonischen Werks, des → Deutschen Roten Kreuz, des → Deutschen Paritätischen Wohlfahrtsverbandes, der → Zentralwohlfahrtsstelle der Juden in Deutschland e.V. sowie das → Kuratorium Deutsche Altershilfe. Bisher konnten über 7.500 Hilfsprojekte mit mehr als 1,75 Mrd. Euro gefördert werden. Das DHW und die Fernsehlotterie unterstützen im Jahr rd. 350 gemeinnützige Projekte zugunsten von hilfsbedürftigen Kindern und Einrichtungen für Jugendliche, Senioren, kranke und → behinderte Menschen. Sie bilden ein erfolgreiches »Tandem für den Guten Zweck«.

*Anschrift*: Axel-Springer-Platz 3, 20355 Hamburg.

*Christian Kipper*

**Deutsches Institut für Jugendhilfe und Familienrecht e. V. (DIJuF)** wurde 1906 als »Archiv Deutscher Berufsvormünder e.V.« gegründet und nach weiteren Namensänderungen als »Deutsches Institut für Vormundschaftswesen e.V. (DIV)« fortgeführt. Infolge der Kindschaftsrechtsreform hat das Institut 1999 eine breitere Ausrichtung erfahren und sein Aufgabenspektrum erweitert. Seither führt es seinen jetzigen Namen. Kern der Arbeit des DIJuF sind Fachberatung und Forschung. Es versteht sich als »Forum für Fachfragen« und fördert den fachlichen Dialog zwischen Institutionen und Berufsgruppen, die mit Fragen der → Kinder- und Jugendhilfe und des → Familienrechts befasst sind. Den institutions- und professionsübergreifenden Fachdiskurs verfolgt es u.a. durch Ständige Fachkonferenzen oder Fachveranstaltungen. Das Institut fördert das Gespräch mit der Familiengerichtsbarkeit (→ Familiengericht) und betreibt Forschung.

Mitglieder des DIJuF sind die → Jugendämter Deutschlands, die → Landesjugendämter und Fachministerien, ausländische Institutionen der Jugendhilfe sowie einzelne → freie Träger. Das DIJuF unterstützt die fachliche Arbeit der Jugendämter durch gutachtliche Rechtsberatung. Zudem bietet es als nichtstaatliche Organisation die Unterstützung bei der grenzüberschreitenden Geltendmachung und zwangsweisen Durchsetzung von Unterhaltsansprüchen von im In- und Ausland lebenden Kindern gegen den nicht im selben Staat lebenden Elternteil. In der Geschäftsstelle wird das weltweite Netzwerk Child Support Worldwide (CSW) mit Unterhaltsexpert/innen aus Praxis, Politik und Wissenschaft. Das DIJuF hat Beobachterstatus bei der Haager Konferenz für internationales Privatrecht. Durch die Wahrnehmung seiner Infrastrukturaufgaben verfügt das DIJuF über Detailkenntnisse von Problemen bei der Rechtsanwendung in der Praxis, die es zur Fortentwicklung der Jugendhilfe und des Familienrechts an den nationalen Gesetzgeber, die EU oder die Haager Konferenz rückmeldet. Das DIJuF veröffentlicht die Ergebnisse seiner Arbeit in der Fachzeitschrift »Das Jugendamt«, im Portal für das gesamte Recht der Kinder- und Jugendhilfe (KiJuP-online) und in zahlreichen Einzelpublikationen.

*Anschrift*: Postfach 102020, 69010 Heidelberg, www.dijuf.de, www.childsupport-worldwide.org, www.kijup-online.de

*Thomas Meysen/Hanne Stürtz*

**Deutsches Jugendinstitut e.V. (DJI)** Das DJI ist eines der größten sozialwissenschaftlichen Forschungsinstitute in Deutschland in den Themenbereichen → Kindheit, → Jugend (→ Jugendforschung), → Familie und den darauf bezogenen Politik- und Praxisfeldern. Als außeruniversitäre Einrichtung bietet das DJI an der Schnittstelle zwischen unterschiedlichen wissenschaftlichen Disziplinen, föderalen Ebenen, Politikbereichen und Fachpraxen verwertbare Erkenntnisse aus überwiegend → empirischer Sozialforschung, wissenschaftsbasierte → Beratung der Politik sowie wissenschaftliche Begleitung und Anregung der Fachpraxis.

Das DJI hat seinen Hauptsitz in München sowie eine Außenstelle in Halle an der Saale. Es beschäftigt insgesamt inzwischen fast 350 Personen, davon rd. 190 wissenschaftliche Mitarbeiter/innen; es wird von einem Direktorium geführt. Träger des 1963 gegründeten Instituts ist ein gemeinnütziger Verein mit Mitgliedern aus Politik, Wissenschaft, Verbänden sowie aus Institutionen der → Kinder- und Jugendhilfe und Familienhilfe (→ sozialpädagogische Familienhilfe). Der institutionelle Etat wird vor allem aus Mitteln des → Bundesministeriums für Familie, Senioren, Frauen und Jugend erbracht, ergänzt um Mittel der Länder. Den größeren Anteil seines Haushalts wirbt das Institut jedoch durch Drittmittel zur Durchführung von Forschungsprojekten ein.

In fünf fachlichen Organisationseinheiten wird am DJI ein breites Spektrum an Themen behandelt: Forschung zu den → Lebenslagen und zur Entwicklung von Kindern und Jugendlichen, zur Lage und zum Zusammenleben von Familien sowie zu den darauf bezogenen Leistungssystemen und Politiken des Erziehungs-, Bildungs- und Sozialwesens. Dabei gehört die → Sozial- und Bildungsberichterstattung zu den satzungsgemäßen Aufgaben des DJI. Zentrale Grundlage hierfür ist der DJI-Survey AID:A – »Aufwachsen in Deutschland: Alltagswelten«. Fortlaufende Arbeitsschwerpunkte sind u.a.: → Frühkindliche Bildung, Betreuung und Erziehung, Fragen zum → Kindeswohl, → Kinderschutz und → Frühen Hilfen, → Ganztagsschule und außerschulische Kooperationspartner, Präventionsmöglichkeiten der → Delinquenz (→ Kriminalitätsprävention) im Kindes- und Jugendalter, Analyse grundlegender Leistungen und Strukturen der Kinder- und Jugendhilfe, Übergänge im Jugendalter.

Das DJI hat traditionell die Geschäftsführung sowohl für die Sachverständigenkommission zur Erstellung der jeweiligen Kinder- und Jugendberichte der Bundesregierung (→ Kinder- und Jugendberichterstattung) als auch für das → Bundesjugendkuratorium inne. Seit Beginn der nationalen Bildungsberichterstattung ist das DJI zudem mitverantwortlich für die Erstellung des Bildungsberichts »Bildung in Deutschland«.

Über seine Forschungsaktivitäten und Forschungsergebnisse informiert das DJI u.a. durch kontinuierliche Publikationen (DJI Impulse, DJI-Verlag, DJI-Buchreihen in Fremdverlagen, Materialien aus Forschungs- und Entwicklungsprojekten, Jahresberichte), Fachveranstaltungen sowie auf der Homepage www.dji.de.

*Thomas Rauschenbach*

**Deutsches Rotes Kreuz e. V. (DRK)** ist die anerkannte nationale Rotkreuzgesellschaft Deutschlands und anerkannter Spitzenverband der → freien Wohlfahrtspflege. Als Mitglied der Internationalen Rotkreuz- und Rothalbmond-Bewegung hat sich das DRK verpflichtet, bundesweit und eigenständig gemäß den Grundsätzen der Bewegung – Menschlichkeit, Unparteilichkeit, Neutralität, Unabhängigkeit, Freiwilligkeit, Einheit und Universalität – zu wirken. Das DRK vertritt diejenigen, die der Hilfe und Unterstützung bedürfen, damit soziale Benachteiligung und Not beseitigt sowie individuelle, familiäre und soziale Lebensbedingungen verbessert werden. Es hat sich zur Aufgabe gemacht, Krankheiten vorzubeugen und Gesundheit, Jugend und soziale Wohlfahrt zu fördern. Dazu werden die freiwillige Hilfe und ständige Einsatzbereitschaft der Mitglieder der Bewegung gestärkt sowie ein universales Solidaritätsbewusstsein mit allen, die des Schutzes und der Hilfe bedürfen, geweckt und gefestigt. Zum DRK gehören 19 Landesverbände und der Verband der Schwesternschaften. Das DRK ist ein föderativer Verband mit mehr als 470 Kreisverbänden, denen rd. 4.500 Ortsvereine angehören. Es hat derzeit mehr als drei Mio. Fördermitglieder. Regelmäßig ehrenamtlich aktiv sind rund. 300.000 Menschen, hinzukommen mehr als 138.000 Jugendliche im Jugendrotkreuz. Hauptamtlich beschäftigt sind im DRK rund 158.000 Menschen. Im Verband der Schwesternschaften sind mehr als 22.0000 Rotkreuz-Schwestern tätig.

Zu den Aufgabenfeldern des DRK gehören: Altenhilfe, ambulante sozialpflegerische Dienste, Ausbildung in Erster Hilfe, Hilfe für Menschen mit Behinderung, Berg- und Wasserwacht, Blutspendedienst, Entlastende Hilfen für Pflegende, Familienarbeit, Freiwilligendienste (Freiwilliges Soziales Jahr, Bundesfreiwilligendienst, internationale Freiwilligendienste), Gesundheitsförderung, Integrationshilfen für Menschen mit besonderem Hilfebedarf oder mit Migrationshintergrund, Jugendsozialarbeit, Katastrophenschutz, Kinder- und Jugendhilfe, Krankenhäuser, Kur- und Erholungshilfen, Rettungs-, Such- und Sanitätsdienst sowie die Verbreitung von Kenntnissen über das humanitäre Völkerrecht und über die Grundsätze und Ideale der Internationalen Rotkreuz- und Rothalbmondbewegung.

Als Wohlfahrtsverband ist das DRK mit seinen Einrichtungen, Angeboten und Diensten bundesweit in fast allen Feldern der Wohlfahrts- und Sozialarbeit sowohl mit ehrenamtlich als auch hauptamtlich Tätigen aktiv. Das DRK nimmt in seiner anwaltschaftlichen Funktion die Interessenvertretung benachteiligter Bevölkerungsgruppen (»most vulnerable«) wahr. In allen Feldern der Wohlfahrts- und Sozialarbeit ist das DRK aufgrund seines Selbstverständnisses und seiner Grundsätze verpflichtet, seine ihm in Form von Spenden oder öffentlichen Zuwendungen zur Verfügung gestellten Mittel wohlfahrtspflegerisch effektiv und wirtschaftlich effizient einzusetzen. Dies erfordert eine permanente Anpassung seiner Strukturen und Prozesse an aktuelle Anforderungen und Bedingungen sowie die Entwicklung eigener Konzepte, die zu erwartende soziale und gesellschaftliche Veränderungen antizipieren und das DRK auf neue Herausforderungen vorbereiten. Die DRK-Wohlfahrts- und Sozialarbeit setzt das sozialstaatliche Subsidiaritätsprinzip fort, indem es – soweit es möglich ist – Hilfe zur Selbsthilfe leistet und damit Selbstständigkeit und Verantwortung fördert.

*Anschrift:* DRK Generalsekretariat, Carstennstr. 58, 12205 Berlin, www.drk.de

*Susanne Pohl*

**Deutsches Zentralinstitut für soziale Fragen (DZI)** wurde 1893 gegründet und ist ein unabhängiges wissenschaftliches Informations- und Dokumentationszentrum mit vielfältigen Dienstleistungen in den Arbeitsbereichen Spenderberatung und Soziale Literatur. Die Stiftung wird getragen vom Senat von Berlin, dem → Bundesministerium für Familie, Senioren, Frauen und Jugend (BMFSFJ), dem Deutschen Industrie- und Handelskammertag, dem → Deutschen Städtetag und der → Bundesarbeitsgemeinschaft der Freien Wohlfahrtspflege e.V. Die DZI-Bibliothek ist die umfassendste deutschsprachige Sammlung von Fachliteratur für Soziale Arbeit, Sozialpädagogik, Wohlfahrtspflege. Ihr Altbestand reicht zurück bis ca. 1880. Seit 1979 werden alle Neuerscheinungen, d.h. Fachbeiträge aus 170 ausgewerteten Fachzeitschriften und alle wesentlichen Monografien, in der Datenbank DZI SoLit (230.000 Datensätze) dokumentiert. Rund 230 Institutionen, v.a. Hochschulen, abonnieren die Datenbank und machen sie in ihren Netzwerken frei zugänglich. Im Online-Portal SOWIPORT sind Recherchen in DZI SoLit für Individualnutzer kostenfrei möglich. Alle dokumentierten Titel sind kurzfristig beim DZI verfügbar. Im Verlag des DZI erscheint monatlich die Fachzeitschrift »Soziale Arbeit« sowie jährlich aktualisiert der »DZI Spenden-Almanach«, mit Fachbeiträgen und Tipps zum → Spendenwesen sowie Statistiken und Einzelportraits aller mit dem DZI Spenden-Siegel ausgezeichneten Organisationen. Das Spenden-Siegel ist das Gütesiegel für Spenden sammelnde Organisationen in Deutschland. Die DZI Spenderberatung gibt der Öffentlichkeit auch Auskunft zu vielen hundert Organisationen ohne Spenden-Siegel, u.a. auch mit negativen Einschätzungen oder sogar Warnungen. Im International Committee on Fundraising Organizations (ICFO) kooperiert das DZI mit Spendenauskunftsstellen anderer Staaten.

*Anschrift*: Bernadottestraße 94, 14195 Berlin, www.dzi.de

*Burkhard Wilke*

**Deutsches Zentrum für Altersfragen (DZA)** ist ein vom → Bundesministerium für Familie, Senioren, Frauen und Jugend getragenes wissenschaftliches Institut mit Sitz in Berlin, das mit den Methoden sozial- und verhaltenswissenschaftlicher Alternsforschung die → Lebenslagen älter werdender und alter Menschen erforscht und mit Blick auf gesellschaftlich relevante Altersfragen wissenschaftlich unabhängige Politikberatung betreibt. Die Forschung am DZA basiert auf drei Prämissen: Individuelle Entwicklung vollzieht sich über den gesamten Lebenslauf, Altwerden ist in den sozialen und kulturellen Wandel eingebettet und die Lebensphase → Alter zeichnet sich durch Vielfalt und Ungleichheit aus. Themenbereiche der Forschung sind Erwerbstätigkeit, Weiterbildung und Ruhestand, freiwilliges Engagement und → Partizipation, wirtschaftliche Lage und soziale Sicherung, → Gesundheit und Wohlbefinden, Altersbilder und Altersdiskriminierung, Wohnen und

Wohninfrastruktur sowie Familie, Partnerschaft, Generationenbeziehungen und soziale Unterstützung. Am DZA wird der »Deutsche Alterssurvey« (DEAS) durchgeführt, eine thematisch umfassende, längsschnittlich angelegte Studie zu Lebenssituationen in der zweiten Lebenshälfte. Seit 2011 liegt auch die wissenschaftliche Leitung des »Freiwilligensurveys« am DZA, einer repräsentativen Befragung von Personen ab 14 Jahren zum freiwilligen Engagement in Deutschland. In der Politikberatung werden wissenschaftliche Befunde für Akteure in der Politik aufbereitet. Das DZA unterstützt mit einer Geschäftsstelle die Expertenkommissionen, welche die Altenberichte der Bundesregierung erstellen. Zudem hat das DZA an den Weltaltenplänen der → Vereinten Nationen mitgewirkt. Das DZA bietet der Öffentlichkeit internetbasierte Informationssysteme an. Das Statistikinformationssystem GeroStat enthält sozialgerontologisch relevante Daten aus der → empirischen Sozialforschung des DZA und der amtlichen Statistik (www.gerostat.de). Im Forschungsdatenzentrum werden Forschungsdaten des DZA dokumentiert und als nutzerfreundliche Datensätze für Wissenschaftler und Wissenschaftlerinnen kostenlos zur Verfügung gestellt (www.fdz-dza.de).

*Anschrift*: Manfred-von-Richthofen-Straße 2, 12101 Berlin, www.dza.de

*Clemens Tesch-Römer*

**Deutsche Vereinigung für Jugendgerichte und Jugendgerichtshilfen (DVJJ)** wurde 1917 gegründet und ist ein interdisziplinärer Fachverband. Ziel der DVJJ ist es, die mit der → Jugendkriminalität zusammenhängenden Fragen unter Berücksichtigung der wissenschaftlichen Erkenntnisse und praktischen Erfahrungen zu erörtern und ihre Lösung zu fördern. Die DVJJ richtet alle drei Jahre den Deutschen Jugendgerichtstag aus und veranstaltet Fachtagungen und Fortbildungsseminare zu aktuellen und grundlegenden Fragen der Jugendkriminalität, der Jugendstrafrechtspflege und der Arbeit mit straffällig gewordenen jungen Menschen. Sie gibt die vierteljährlich erscheinende interdisziplinäre Fachzeitschrift »Zeitschrift für Jugendkriminalrecht und Jugendhilfe (ZJJ)«, eine Schriftenreihe und weitere Materialien zum Jugendstrafrecht und zur → Kinder- und Jugendhilfe heraus. Durch die Erstattung von Gutachten und Stellungnahmen beteiligt sie sich beratend an Gesetzgebungsverfahren und bearbeitet praxisrelevante Fragestellungen.

Die DVJJ hat rd. 1.800 Mitglieder aus allen Berufsgruppen, die am Jugendstrafverfahren mitwirken oder sich wissenschaftlich mit Jugenddelinquenz befassen. Stärkste Berufsgruppen in der DVJJ sind Fachkräfte der Jugendhilfe im Strafverfahren/in der Jugendgerichtshilfe, Mitarbeiter/innen der Jugendhilfe in freier Trägerschaft und Jurist/innen. Die DVJJ unterhält in allen Bundesländern Landesgruppen, die sich mit den Gegebenheiten vor Ort befassen und eigenständige Veranstaltungen anbieten.

*Anschrift*: Lützerodestraße 9, 30161 Hannover; www.dvjj.de

*Nadine Bals*

**Deutsche Vereinigung für Rehabilitation (DVfR)**, gegründet 1909 als Deutsche Vereinigung für Krüppelfürsorge, ist ein bundesweiter gemeinnütziger Fachverband. Mitglieder sind die → Rehabilitationsträger, → Behindertenverbände und Selbsthilfeverbände (→ Selbsthilfe), Rehabilitationsdienste und -einrichtungen, Berufs- und Fachorganisationen sowie interessierte Einzelpersonen und Rehabilitationsexpert/innen.

Ziel der DVfR ist es, das Rehabilitationssystem in Übereinstimmung mit der → UN-Behindertenrechtskonvention weiterzuentwickeln. Dazu begleitet die DVfR die Entwicklungen im Bereich der medizinischen, schulischen, beruflichen und sozialen Rehabilitation kritisch aus Sicht der Betroffenen, erarbeitet konstruktive Lösungsvorschläge und bemüht sich um den Interessenausgleich zwischen den an der → Rehabilitation beteiligten Gruppen.

Sie organisiert den fachlichen Austausch in Ausschüssen, eigenen Veranstaltungen, Kooperationen und Projekten. Ihre Arbeitsergebnisse werden im Internet und in gedruckter Form (u.a. in der Zeitschrift »Die Rehabilitation«) veröffentlicht. Seit 2010 ist die DVfR Träger des internetbasierten Diskussionsforums »Rehabilitations- und Teilhaberecht« (www.reha-recht.de). Die DVfR und die → Bundesarbeitsgemeinschaft für Rehabilitation (BAR), Frankfurt am Main, vertreten gemeinsam die Interessen Deutschlands im Weltverband Rehabilitation International (RI).

*Anschrift*: Maaßstraße 26, 69123 Heidelberg, www.dvfr.de

*Matthias Schmidt-Ohlemann*

**Deutsche Vereinigung für Soziale Arbeit im Gesundheitswesen e.V. (DVSG)** vertritt als Fachverband die Interessen der → Sozialen Arbeit im → Gesundheitswesen. Sie hat ihren Ursprung in der 1926 gegründeten »Deutschen Vereinigung für den Fürsorgedienst im Krankenhaus«, der späteren »Deutschen Vereinigung für Sozialarbeit im Krankenhaus« (DVSK). 2003 erfolgte die Öffnung des Fachverbandes zur DVSG, um den Veränderungen im Gesundheitswesen Rechnung zu tragen und das Potenzial der Sozialarbeit sektorenübergreifend zu nutzen und einzusetzen.

Ziel der DVSG ist es insbesondere, die Soziale Arbeit in den Strukturen und verschiedenen Arbeitsfeldern des sich wandelnden Sozial- und Gesundheitssystems stabil zu verankern, zu fördern und weiterzuentwickeln. Dies geschieht auf struktureller Ebene durch die Teilnahme in Fach-, Diskussions- und Entscheidungsgremien sowie durch die Erarbeitung von Konzepten, gesundheits- und sozialpolitischen Stellungnahmen (z.B. zu den aktuellen Gesetzesreformen im Rahmen des SGB V und SGB XI u.a.). Die Weiterentwicklung der Profession erfolgt durch die Erarbeitung von Richtlinien und Standards (z.B. Produkt- und Leistungsbeschreibung sowie Leitfaden zum Aufbau eines Qualitätsmanagementsystems für → Klinische Sozialarbeit, die Herausgabe der Fachzeitschrift »Forum sozialarbeit + gesundheit«, spezifische → Fort- und Weiterbildungen, sowie regelmäßige Fachtagungen. Die alle zwei Jahre stattfindenden Kongresse bieten ein zeitgemäßes Forum zum Fachaustausch zwischen Praxis, Lehre, Forschung und Politik.

*Anschrift*: Haus der Gesundheitsberufe, Alt-Moabit 91, 10559 Berlin, www.dvsg.org

*Sibylle Kraus*

**Devianz** beschreibt die Abweichung von einer → Norm. Dies besitzt zwei Mindestanforderungen: erstens eine Norm als Verhaltensstandard, auf die Bezug genommen wird, um eine Handlung zu beurteilen; zweitens die entsprechende Wahrnehmung einer Normüberschreitung. Von D. zu sprechen, setzt damit voraus, dass bestimmte Regeln als gültig für andere Personen – bzw. auch die eigene Person – betrachtet werden. Noch mehr als bei → Kriminalität ist dies im Falle von D. jedoch prinzipiell strittig: Das Strafrecht als formalisierte und demokratisch legitimierte Form der Bestimmung von Kriminalität richtet sich an alle Bürger/innen; D. hingegen umfasst auch Normen, die für unterschiedliche Personen gelten, von verschiedenen informellen und formellen Sanktionen bedroht sind und sehr unterschiedliche Handlungen betreffen. So könnte letztlich jede Handlung in einem Kontext als deviant, in einem anderen als konform interpretiert werden. Wie der → Labeling approach beschreibt, können Normverletzungen erst dann als solche beschrieben werden, wenn sie bestimmten Personen in spezifischen Kontexten zugeschrieben werden. D. besteht deshalb nicht gleichsam in sich, sondern nur als Zuschreibung (Becker).

Angesichts der Komplexität von D. wäre es ein Missverständnis, sie als das Gegenteil von Normalität bzw. Normalitätserwartungen zu verstehen, denn D. ist keine Ausnahme. Auch für Kriminalität kann gelten, dass sie eher die Regel als die Ausnahme ist (Dollinger/Schabdach). Umso mehr gilt dies für D. Menschen, die sich immer an alle Regeln halten bzw. dies versuchen, würden oftmals Misstrauen erregen. Zudem sind Regeln derartig deutungsoffen, vielfältig und im Verhältnis zueinander widersprüchlich, dass es kaum möglich ist, stets konform zu handeln. Dies wirft die Frage auf, wer als deviant bezeichnet und behandelt wird und wer nicht. Wenn letztlich alle Menschen gegen Regeln verstoßen, kann die Identifizierung eines Einzelnen als deviant nicht nur mit einer betreffenden Handlung erklärt werden. Es bedarf stattdessen der Beachtung, für wen welche konkrete Person in welchem Kontext als deviant gilt. Eine derartige Zuschreibung setzt Erwartungen voraus, die D. erst möglich machen und die bewusst zu halten sind.

Für die Soziale Arbeit ist es entscheidend, dass sie i.d.R. spezifische Erwartungen an konformes Handeln und besondere Deutungen von D. verfolgt. So werden normverletzende Handlungen von ihr oftmals mit → sozialen Problemen assoziiert, d.h. D. wird als Folge von gesellschaftlicher Anomie oder Desintegration, problematischer Erziehung, »schlechten« Freunden und ähnlichen Sozialisationsschwierigkeiten interpretiert. Mit diesen Zuschreibungen konkurrieren andere, die z.B. eher psychologische oder strafrechtliche bzw. gar keine institutionellen → Interventionen nahelegen. Letzteres ist etwa der Fall, wenn D. zwar wahrgenommen, aber nicht als einer institutionellen Maßnahme bedürftige Bagatelle oder als Fall für rein informelle Kontrolle wahrgenommen wird. Wenn derartige Interpretationen zur Geltung kommen, so erfolgt dies nicht beliebig. Vielmehr wird politisch festgelegt, welche Deutungen beim Auftreten bestimmter Arten von D. vorrangig gelten sollen, und damit auch, welche Institutionen zu einer Intervention berechtigt sind (Schetsche). Dies wird besonders deutlich am Beispiel strittiger D.deutungen. So ist derzeit etwa der Besitz von geringen Mengen an Cannabisprodukten illegal und damit ein Fall für das Strafrecht. Ob dies sinnvoll ist oder nicht, ist umstritten. Die Soziale Arbeit ist in derartige politische Bedeutungszuschreibungen und Auseinandersetzungen involviert. Sie kann nur auf D. reagieren, wenn ihr hierzu öffentliche Mittel bereitgestellt werden und ihre Tätigkeit politisch anerkannt ist und gefördert wird. Oftmals verbinden sich mit diesen Voraussetzungen spezifische Interventionserwartungen, zu denen sich die Soziale Arbeit eigenständig und ggfs. kritisch zu positionieren hat.

Bedeutsam für die Soziale Arbeit ist ferner, dass sich Subjekte selbst aktiv mit Grenzziehungen von D. und Konformität auseinandersetzen. So werden Regeln teilweise übertreten, um sich zu stilisieren, um emotionale Anregung zu erfahren usw. (Ferrell u.a.). In ihrer Arbeit mit Einzelnen ist die Soziale Arbeit aufgefordert, diese subjektive, kontextbezogene Bedeutung von deviantem Verhalten ernst zu nehmen, ohne vorschnell externe Kategorisierungen zu übernehmen. So sind Terminologien von Polizei oder Strafjustiz (z.B. »Rückfalltäter«, »Intensivtäter«) für die Soziale Arbeit problematisch, insofern sie der subjektiven Bedeutung von Grenzüberschreitungen nicht entsprechen, sondern institutionellen Logiken folgen. Auch hier muss sich die Soziale Arbeit eigenständig professionell positionieren. Es kommt hinzu, dass sich empirisch eine hohe Komplexität der biografischen Verläufe von D. und Kriminalität zeigt. Während sich individuell gehäufte Formen von Normverletzungen in aller Regel nach einiger Zeit verlieren, kann es im Einzelfall nicht vorhergesagt werden, wie sich Karrieren der D. entwickeln. Es bedarf genauer biografischer Analysen, um individuelle Hintergründe von D. zu erschließen, wobei Prognosen stets zurückhaltend zu handhaben sind. Dies steht im Widerspruch zu anders gelagerten Erwartungen, die sich oftmals mit Ansprüchen der → Kriminalprävention verbinden. Gegenwärtig wird von der Sozialen Arbeit regelhaft erwartet, Sicherheit zu gewährleisten, z.B. indem → Kindeswohl vorbeugend geschützt oder jugendlichen Gewalthandlungen präventiv begegnet wird. Diesbezüglich ist es für die Soziale Arbeit zentral, die jeweils zur Geltung kommenden Normen transparent zu machen, die betreffenden Akteure als Subjekte ernst zu nehmen und die Folgen des professionellen Handelns für die jeweiligen Lebenswelten reflexiv bewusst zu halten.

*Lit.* Becker, H. S.: Außenseiter, 2. Aufl., Wiesbaden 2014; Dollinger, B./Schabdach, M.: Jugendkriminalität, Wiesbaden 2013; Ferrell, J./Hayward, K. J./Young, J.: Cultural criminology, London 2008; Schetsche, M.: Wissenssoziologie sozialer Probleme, Wiesbaden 2000.

*Bernd Dollinger*

**Dezentrale Fach- und Ressourcenverantwortung** beinhaltet zwei Kernaussagen: a) Fachlich verantwortliche Stellen sollten möglichst eigenverantwortlich über den Einsatz der für die Zielerreichung bereitgestellten Mittel entscheiden können. b) Fach- und Ressourcenverantwortung wird von der Führung möglichst weit auf dezentrale Stellen mit unmittelbarem »Kunden- bzw. Bürgerkontakt« delegiert.

Im klassischen Modell der Verwaltungsorganisation teilten Personalamt, Hauptamt und Kämmerei die → Ressourcen Personal, Material und Finanzen dem jeweiligen Fachbereich zu. Dies bedeutete, dass die Amtsleitungen ihr Personal nicht selbst aussuchen konnten und um Mittel kämpfen mussten. Mit der Gestaltung Neuer Steuerungsmodelle wird Ihnen das Recht, die Ressourcen selbst zu bewirtschaften, zugestanden. Mit den Kernaussagen der dezentralen Ressourcenverantwortung ist die Erwartung verbunden, dass fachlich verantwortliche Stellen sich schnell und flexibel auf neue oder veränderte Erwartungen und Situationen einstellen. Die Nachteile geteilter Verantwortlichkeiten sind jedoch offensichtlich: a) Diejenigen, die für das Erreichen fachlicher Ziele verantwortlich sind, können nicht über den Umfang, die Art, den Zeitpunkt und die Dauer des Ressourceneinsatzes entscheiden. b) Zentrale Stellen entscheiden in dieser Weise, auch wenn sie die fachlichen Erfordernisse nicht hinreichend berücksichtigen können. c) Es entstehen Doppelarbeiten. Die Entscheidungsprozesse gestalten sich zeitaufwendig, wenig flexibel und ineffizient. d) Es existieren keine Anreize und keine Gründe für die fachverantwortlichen Stellen, mit den Ressourcen wirtschaftlich umzugehen. Einsparungen verfallen am Jahresende und senken im Zweifel die nächste Mittelzuteilung. e) Zugleich sind die zentralen Einheiten durch Anforderungen der Fachstellen überlastet, die bei einer integrierten Fach- und Ressourcenverantwortung nicht gestellt würden.

Die positiven Erfahrungen mit dezentral integrierter Fach- und Ressourcenverantwortung verwundern daher nicht. Voraussetzung für diese ist, dass das eigenverantwortliche Handeln der Fachstellen an klar definierte Ziele und Spielregeln gebunden wird. D. F. u. R. muss deshalb in ein sogenanntes → Kontraktmanagement eingebettet werden. Inhalt und Gegenstand ist die Zielentwicklung und Zielvereinbarung auf der Grundlage geschäftspolitischer Schwerpunkte. Strategische Ziele sind zunächst auf die Frage nach den beabsichtigten Ergebnissen/Wirkungen zu fokussieren. Aus diesen Wirkungszielen werden Programm- bzw. Produktziele sowie Prozess-, Struktur- und Ressourcenziele (Budgets) abgeleitet. Zentrale Bedeutung für alle beteiligten Entscheidungsträger hat ein regelmäßiges → Berichtswesen, das für Transparenz sorgt und die

Grundlage zur Fortentwicklung der Ziele und Maßnahmen ist.

D. F. u. R. bedeutet die weitgehende Delegation von Verantwortung für Fach- und Ressourcenfragen im Rahmen vereinbarter Ziele und Spielregeln. Regelmäßige Überprüfungen und Fortentwicklungen stellen sicher, dass D. F. u. R. ein Erfolgsfaktor für die → Effektivität und → Effizienz von Organisationen ist.

*Hans-Christoph Reiss*

**Dezernat** Organisatorische Gliederung, Teil einer Gesamtverwaltung von → Landkreisen, Ländern und Städten mit unterschiedlich gegliederten Aufgabenbereichen wie z.B. Soziales, Jugend, Bau, Kultur, Umwelt, Schule. Diesen Aufgaben entsprechend gliedert sich die Gesamtverwaltung je nach ihrer Größe in verschiedene D.

Soziald. umfassen meistens mehrere Ämter, wobei die Zuordnung von einzelnen Aufgaben unterschiedlich ist und politische sowie fachliche Ziele berücksichtigt. Zweckmäßigerweise sollten die Dienstleistungen und Einrichtungen nach dem SGB VIII und SGB XII in einem D. zusammengefasst sein, um die → sozialen Dienstleistungen und → Einrichtungen sowie die Förderung der → freien Träger vernetzt planen und entwickeln zu können. Eine Anbindung der → Jobcenter optimiert die Vernetzung von → Sozial- und → Arbeitmarktpolitik. Es empfiehlt sich, die → Sozial- und → Jugendhilfeplanung, das → Controlling und die → Personal- und → Organisationsentwicklung auf D.ebene zu konzentrieren, um gezielt und flexibel auf Veränderungen reagieren zu können. Die Struktur der D. ist unterschiedlich. Sie kann sich in Ämter oder Fachbereiche, Abteilungen und Sachgebiete untergliedern. Häufig ist die Dreiteilung in D., Amt/Fachbereich, Abteilung und Sachgebiet. Grundsätzlich ist die Gestaltung der D.zuschnitte immer ein Ausdruck der kommunalpolitischen Schwerpunktsetzung und passt sich daher den aktuellen Anforderungen zur kommunalen → Daseinsvorsorge an.

Dem D. steht die Dezernentin/der Dezernent vor, entweder als gewählte/r Beigeordnete/r oder als Bedienstete/r der jeweiligen Kommune mit unterschiedlicher Besoldung und unterschiedlichem Dienstgrad. Die Dezernent/innen unterstehen meist direkt dem obersten Dienstherrn, Landrätin/Landrat, Oberbürgermeister/in usw.

*Herbert Retaiski*

**Diagnose** Der Begriff »diagnosis« (griech.) bedeutet: unterscheiden, durch und durch erkennen. D. ist demnach »die unterscheidende Erkenntnis«, in Abgrenzung zum Begriff Diagnostik, der als Fähigkeit und Lehre, die → Krankheiten richtig zu erkennen, beschrieben wird. Diagnostizieren verlangt daher von der → Fachkraft, Informationen und → Daten zu sammeln, die sich auf eigene Beobachtungen, aber auch auf Aussagen Dritter beziehen. Diese Informationen und Daten sind zu prüfen, zu vergleichen und schließlich zu bewerten. Hieraus werden Arbeitshypothesen gebildet, die es ermöglichen, Aussagen bezüglich konkreter Hilfeformen zu treffen und entsprechende Entscheidungen in die Wege zu leiten. D. ermöglicht ein strukturiertes → Fallverstehen.

Im Zuge der → Professionalisierung der Sozialarbeit in den USA führte M. Richmond 1917 im Rahmen des Casework (→ Einzel[fall]hilfe) die D. als beruflichen Arbeitsvorgang ein. Sie beschrieb die soziale D. als ein Bemühen, zu einer möglichst exakten Definition der sozialen Situation und der → Persönlichkeit eines Menschen, der in einer sozialen Notlage ist, zu gelangen, sowohl unter Berücksichtigung seiner Beziehung zu anderen Menschen, von denen er in irgendeiner Weise abhängt oder die von ihm abhängen, als auch seine Beziehung zu den sozialen → Institutionen seiner Gemeinde. A. Salomon griff 1926 in Deutschland diesen neuen Fachbegriff auf. Bereits in den Anfängen der beruflichen Sozialarbeit ist eine mehrdimensionale Sichtweise angelegt. Der D.begriff war lange relativ eindimensional auf den Aspekt der Person ausgerichtet, bis sich ein interdisziplinärer Theoriebestand (→ Sozialarbeitswissenschaft) für Sozialarbeit entfaltete.

Anfang der 1950er-Jahre erschien in der amerikanischen Literatur (F. Hollis) der Begriff → psychosoziale D. Die bisherige Orientierung an einer überwiegend medizinischen Diagnostik veränderte sich zugunsten einer eigenständigen, an der sozialen Profession ausgerichteten D. Die soziale Situation der Klient/innen, z.B. → Familie, Arbeit, Wohnung, Nachbarschaft wird nun stärker in die D. einbezogen. Dies konnte in dem Maße erfolgen, wie Theorien des sozialen Handelns, des sozialen → Verhaltens (→ Sozialverhalten) und der → Kommunikation entwickelt wurden und in die → Soziale Arbeit Eingang fanden. Dieser Begriff der D. war ausgerichtet an einem Linearmodell (Ursache-Wirkung) von → Anamnese, D. und Behandlung. Daran orientiert war der Einsatz von D.bögen, die zur Verbesserung der Qualifizierung der Erziehungshilfen (→ Hilfen zur Erziehung) führen sollte – eine Überzeugung, die sich bis heute in vielen Jugendämtern gehalten hat. Der Nachteil der D.erhebung mittels eines standardisierten Abfragebogens oder einer Checkliste ist, dass sich die Betroffenen weiterhin in der Situation einer klinischen Anamnese befinden, die weder partizipativ, dialogisch noch transparent ist. Zudem ist die Wahrscheinlichkeit größer, dass durch diese D.bögen die Ergebnisse der standardisierten Erhebung gleichwohl zu einer nicht ausreichenden standardisierten Einschätzung des Falles führen kann. B. Müller z.B. verstand soziale D. auch als eine besondere Art von Expertenwissen und fordert, dass eine D. einerseits immer eine Arbeit zur Lösung eines → sozialen Problems sein muss und andererseits auch Beziehungsarbeit ist und auf die Beiträge der Beziehungspartnerinnen und -partner und Netzwerke angewiesen ist. Die in den 1970er-Jahren beginnende Aufnahme system- und kommunikationstheoretischer Erkenntnisse in die Soziale Arbeit, die hauptsächlich über das Interesse an familientherapeutischen Konzepten (→ Familientherapie) erfolgte, führte zu einem anderen Verständnis der Dynamik des Handlungsprozesses und der Bedeutung von D. Handlungsprozesse werden nun in ganzheitlichen Zusammenhängen betrachtet und dabei der Einfluss von Wechselwirkungen berücksichtigt. Selten gibt es dabei einen eindeutigen Anfang; die Sozialarbeit findet meist eine bestimmte Situation mit einer speziellen Dynamik der jeweiligen Akteure vor.

Der im 8. Jugendbericht der Bundesregierung aufgenommene und weitergeführte Perspektivenwechsel hin zu einer lebensweltlich (→ Lebenswelt) ausgerichteten, ganzheitlichen Sozialen Arbeit u.a. mit den Maximen der → Prävention, Alltagsnähe und → Partizipation setzt sich von dem bisherigen individualisierenden fallbezogenen Handlungsprozess ab. Bei der Wahrnehmung diagnoserelevanter Faktoren vollzieht sich aktuell eine Abwendung von einer Defizitorientierung hin zu einer Kompetenz- und Ressourcenorientierung. D. in der Sozialen Arbeit ist kein lineares Ursache-, Problemerkennungs- und Problembehandlungsverfahren, sondern eine ganzheitliche Methode der Problem-, Erkenntnis-, Ressourcen- und Kompetenzerfassung, aus der sich Lösungsstrategien ableiten lassen. Dies geschieht durch einen transparenten, partizipatorischen und dialogischen Aushandlungsprozess, in dem theoretisches Erklärungs- und Handlungswissen der professionellen Helfer/innen mit dem lebensweltlichen Betroffenheitswissen der Klient/innen zusammentrifft. Ziel ist es, zu einer annähernd gemeinsamen Einschätzung der Situation zu gelangen und daraus Lösungen zu fokussieren. Sozialarbeiterisches Handeln darf sich dabei nicht nur auf die Problemfeststellung und -lösung des Klientensystems beziehen, sondern muss sich selbstreflektierend auch als Teil des Systems verstehen (→ Supervision).

Durch das komplexe menschliche Handeln und die vielfältigen Umwelteinflüsse ist menschliche Entwicklung sehr schwer zu verstehen oder gar vorherzusagen. Es erfordert daher einen immer wiederkehrenden ggf. zirkulären Überprüfungs- und Weiterentwicklungsprozess der D. Die D. ist eine professionelle Grundlage für alle Dokumentationen und Stellungnahmen sowie für das → Hilfeplanverfahren nach § 36 SGB VIII (→ Hilfeplanung in der Jugendhilfe). Gute D., Gutachten und Hilfepläne zeichnen sich dadurch aus, dass es ihnen gelingt, verschiedene Perspektiven miteinander zu verbinden und somit eine auf Aushandlungsprozesse gegründete Hilfeplanung zu ermöglichen (→ Sozialpädagogische Diagnose).

*Lit.* Harnach-Beck, V.: Psychosoziale Diagnostik in der Jugendhilfe. Grundlagen und Methoden für Hilfeplan, Bericht und Stellungnahme, 6. Aufl., Weinheim u.a. 2011; Heiner, M. (Hrsg.): Diagnostik und Diagnosen in der Sozialen Arbeit. Ein Handbuch, Berlin 2004; Müller, B.: Was heißt Soziale Diagnose?, in: Sozialmagazin 30, 2005, Nr. 7/8, S. 21–31; Staub-Bernasconi, S.: Diagnose als unverzichtbares Element von Professionalität, in: Neue Praxis 35, 2005, Nr. 5, S. 530–534.

*Karl-Heinz Weyrich*

**Diagnosis-Related Groups (DRG)** – auch diagnose-bezogene Fallpauschalen genannt – sind ein Patientenklassifikationssystem zur Abrechnung einzelner Behandlungsfälle bei stationären Aufenthalten im → Krankenhaus, § 17 b Krankenhausfinanzierungsgesetz (KHG), §§ 3 ff. Krankenhausentgeltgesetz (KHEntG). Sie stellen neben der von den Ländern getragenen Investitionsförderung nach § 8 KHG das zentrale Mittel der → Krankenhausfinanzierung dar (sog. duales System). Dabei werden medizinisch ähnliche Behandlungsfälle zu Fallgruppen zusammengefasst und die Kosten für die Behandlung dieser Fälle pauschaliert. Kriterien für die Zusammenfassung der Fälle sind z.B. die → Diagnose nach dem Schlüssel der → ICD 10, der Schweregrad der Erkrankung, das Alter der Patient/innen, Komplikationen, Entlassungsgründe u.ä. Die Abrechnung nach DRG wurde für deutsche Krankenhäuser mit dem Gesetz zur Einführung des diagnoseorientierten Fallpauschalensystems für Krankenhäuser (Fallpauschalengesetz – FPG) vom 23.4.2002 (BGBl. I S. 1412) verbindlich. Ziele des FPG waren die Förderung des Wettbewerbs zwischen den Krankenhäusern durch Vergleichbarkeit des Preis-Leistungs-Verhältnisses, größere Transparenz der Kosten und der Abbau von dem mit dem System tagesgleicher Pflegesätze angelegten Fehlanreizen (insbesondere der Anreiz zur Verlängerung der Verweildauer). Die in deutschen Krankenhäusern anzuwendenden DRG wurden auf der Basis des australischen AR-DRG-System (Australian Refined Diagnosis Related Groups) entwickelt und wird als G-DRG-System bezeichnet.

Grund für die Umstellung auf das DRG-System war, dass die bisherige Art der Finanzierung der laufenden Krankenhausbetriebskosten durch die → Krankenkassen zu einer ständigen Erhöhung der Kosten geführt hatte. Bis Mitte der 1990er-Jahre waren die Betriebskosten über tagesgleiche, vollpauschalierte → Pflegesätze finanziert worden, später durch ein Mischsystem aus Fallpauschalen, Sonderentgelten und Pflegesätzen. Seit dem 1.4.2004 erfolgt die Abrechnung der laufenden Betriebskosten in Krankenhäusern (mit Ausnahme psychiatrischer Kliniken) ausschließlich über DRG. Die Einführung der DRG für alle Krankenhäuser erfolgte in zwei Stufen: In der Einführungsphase (2003–2004) wurden die DRG auf Grundlage der krankenhausspezifischen Selbstkosten berechnet. Diese Phase war budgetneutral, das bisherige Krankenhausbudget existierte also weiter, lediglich die Abrechnung erfolgte über DRG. Dadurch hatten die Krankenhäuser Zeit, sich auf den neuen Vergütungsmodus einzustellen. 2005 bis Ende 2006 lief die sog. Konvergenzphase. Dabei wurde die krankenhausspezifische Vergütungshöhe in drei Schritten an landesweit einheitliche Fallpauschalen angepasst. Seit 1.1.2007 erhalten die Krankenhäuser landesweit einheitliche pauschale Preise für eine bestimmte Behandlung.

Einzelheiten zur Abrechnung der DRG-Fallpauschalen und der jeweils geltende Fallpauschalenkatalog sind in der Fallpauschalenvereinbarung enthalten. Diese ist von der gemeinsamen Selbstverwaltung (→ Deutsche Krankenhausgesellschaft [DKG], Spitzenverband Bund der Krankenkassen [GKV-Spitzenverband Bund], Verband der Privaten Krankenversicherung [PKV-Verband]) zu vereinbaren. Kommt keine Einigung zustande, erlässt das → Bundesministerium für Gesundheit (BMG) die Einzelheiten in einer Verordnung, der Krankenhaus-Fallpauschalenverordnung. 2001 gründeten der GKV-Spitzenverband Bund, der PKV-Verband und die DKG das Institut für das Entgeltsystem im Krankenhaus gGmbH (InEK). Das Institut unterstützt die Selbstverwaltung und deren Gremien bei der nach § 17b KHG gesetzlich vorgeschriebenen Einführung und Weiterentwicklung des deutschen DRG-Systems. Der aktuelle Fallpauschalenkatalog 2016 enthält 1.220 DRG (2015: 2.200) und 179 Zusatzentgelte (2015: 170). Die Kalkulation einer Fallpauschale basiert auf der mittleren Verweildauer und gilt für eine bestimmte Mindest- bzw. Höchstzahl von Behandlungstagen (sog. Grenzverweildauer). Für Überschreitungen der Grenzverweildauer wird zusätzlich eine tagesbezogene Vergütung gezahlt, für wesentliche Unterschreitungen gibt es einen Abzug.

Ein Problem des DRG-Abrechnungssystems ist, dass es für die Krankenhäuser Anreize zur Ausweitung der Fallzahlen setzt, um mehr Pauschalen abrechnen zu können. Dies kann die Beitragssatzstabilität gefährden. Schließlich ist denkbar, dass Krankenhäuser finanzielle Vorteile dadurch zu erlangen versuchen, dass sie Einsparungen bei der Versorgungsqualität vornehmen oder unrentable Patient/innen von vornherein nicht aufnehmen.

*Lit.* Rosenbrock, R./Gerlinger, T.: Gesundheitspolitik. Eine systematische Einführung, 3. Aufl., Bern 2014.

*Heike Hoffer*

**Diagnostik, soziale** → Sozialdiagnostik

**Diakonie Deutschland – Der Evangelische Bundesverband** (vormals: Diakonisches Werk der Evangelischen Kirche in Deutschland – DW der EKD) Diakonie ist Lebens- und Wesensäußerung der evangelischen Kirchen in Deutschland. Sie kümmert sich um Menschen in Not und in sozial ungerechten Verhältnissen. Dabei versucht sie, auch die Ursachen dieser Notlagen zu beheben. Sie tut dies als Teil der Kirche, die den Auftrag hat, Gottes Liebe zur Welt in Jesus Christus allen Menschen zu bezeugen. Die Diakonie Deutschland ist Teil des Evangelischen Werkes für Diakonie und Entwicklung; dieses neue Werk ist im Jahr 2012 entstanden im Wege einer Fusion von DW der EKD und Evangelischem Entwicklungsdienst (eed). Zur Diakonie gehören die 19 Diakonischen Werke der Evangelischen Landeskirchen, neun Freikirchen mit ihren diakonischen Einrichtungen sowie 69 Fachverbände. Gemeinsam repräsentieren sie etwa 27.000 rechtlich selbstständige Einrichtungen und Dienste unterschiedlicher Größe und Rechtsform, in denen rd. 453.000 Mitarbeitende beschäftigt sind. Außerdem engagieren sich in den diakonischen Arbeitsfeldern ca. 700.000 Menschen ehrenamtlich.

Die Diakonie Deutschland hat die Aufgabe, ihre Mitglieder zu fördern und die diakonische Arbeit anzuregen, zu planen und zu fördern, um dadurch auch den Kirchengemeinden zu helfen, die im Evangelium bezeugte Liebe Gottes auch durch ihr Sein und Handeln mitzuteilen.

Um diese Aufgabe zu erfüllen, unterstützt das Werk die Zusammenarbeit der Landes- und Fachverbände sowie der Diakonie der Freikirchen. Als anerkannter Spitzenverband der → Freien Wohlfahrtspflege ist das Werk Mitglied der → Bundesarbeitsgemeinschaft der Freien Wohlfahrtspflege und vertritt die Diakonie gegenüber der Bundesrepublik Deutschland sowie gegenüber in- und ausländischen zentralen Organisationen. Außerdem arbeitet die Diakonie Deutschland mit anderen diakonischen Verbänden in Eurodiaconia, dem Europäischen Verband für Diakonie zusammen. Wichtig im Hinblick auf die internationale Dimension diakonischen Handelns ist die Zusammenarbeit mit »Brot für die Welt – Der Evangelische Entwicklungsdienst« im Evangelischen Werk für Diakonie und Entwicklung; hier ist auch die »Diakonie Katastrophenhilfe« verortet, die Soforthilfe in Katastrophenfällen weltweit, aber auch in Deutschland leistet.

Die Diakonie Deutschland als Teil des Evangelischen Werkes für Diakonie und Entwicklung hat ihren Sitz in Berlin und eine Dienststelle in Brüssel. Oberstes Organ des Werkes ist die Konferenz Diakonie und Entwicklung. Sie beschließt u.a. allgemeine Grundsätze für die diakonische und volksmissionarische Arbeit, die vom Ausschuss Diakonie vorbereitet werden. Dieser Ausschuss berät auch die Leitung der Diakonie Deutschland. Geleitet wird die Diakonie Deutschland von drei hauptamtlichen Personen, die zugleich dem Vorstand des Evangelischen Werkes für Diakonie und Entwicklung angehören. Dieser wird beaufsichtigt von einem aus 20 Personen bestehenden Aufsichtsrat.

*Anschrift:* Caroline-Michaelis-Straße 1, 10115 Berlin, www.diakonie.de

*Wolfgang Teske*

**Diakon/in** Der Begriff geht zurück auf griech. diakonos, im Neuen Testament gebraucht als Diener/in (v.a. in den synoptischen Evangelien) und als Vermittler/in (in den Paulusbriefen). In der alten Kirche entwickelte sich eine Ämtertrias von Bischof, Presbyter und D. Der Diakonat und der D. verloren danach ihre Bedeutung. Im Protestantismus des 19. Jh., v.a. durch die Ausbreitung der Inneren Mission (J. H. Wichern für die Brüderhausdiakonie und T. Fliedner für die Diakonissen), und im Zuge des Zweiten Vatikanischen Konzils der Katholischen Kirche im 20. Jh. wurde das Amt neu diskutiert. Die Ausgestaltung, die sich daraus neu entwickelt, ist unterschiedlich.

Im Katholizismus ist der D. die erste Stufe des Weihesakramentes, dem Priester- und Bischofsamt folgen können. Es ist eine auf Lebenszeit verliehene Weihe in den Ständigen Diakonat der Kirche. Diakone sind Teil des Klerus und üben ihr Amt als Hauptamt oder neben einem Zivilberuf aus. Zunehmend werden ihnen liturgische Aufgaben in der Gemeinde übertragen – eine Folge des Priestermangels.

In der Evangelischen Kirche verleihen die Landeskirchen nach der Einsegnung (Ordination) das D.amt. Es ist eine Berufung auf Lebenszeit – als Teil des Diakonats der Kirche, »Christi Liebe in Wort und Tat zu verkündigen«, Art. 15 Grundordnung der Evangelischen Kirche in Deutschland (EKD) und umfasst, wie die anderen geistlichen Ämter, auch eine Beauftragung zu Verkündigung und Liturgie. Das Predigtamt dient der Evangeliumsverkündigung als dem Existenzgrund der Kirche. Der Diakonat dient der Nächstenliebe als der wichtigsten Lebensäußerung der Kirche (Gutachten der EKD 1996). Die Einsegnung in das D.amt erfolgt nach einer diakonisch-theologischen Ausbildung – in Verbindung mit einem staatlich anerkannten sozial-pädagogischen oder pflegerischen Abschluss. Diese doppelte Qualifikation ermöglicht es Diakon/innen, in kirchlichen und diakonischen Arbeitsfeldern zu arbeiten. Diakon/innen sind – durch diese doppelte Kompetenz, »Brückenbauer/innen« einer diakonischen Kirche im → Sozialraum. Die Qualität der Berufung, als D. professionell zu arbeiten, verbindet sich im Zusammenwirken des biblischen Auftrags der Nächstenliebe mit sozialem Handeln. »Bilden – Unterstützen – Verkündigen« sind die Leitgedanken für die diakonisch-gemeindepädagogischen Ausbildungsgänge in der EKD. In einer Fachkommission werden seit 2016 die Ausbildungsgrundlagen für die Aufgaben in den kirchlichen Arbeitsfeldern erarbeitet, eine zukunftsweisende Entwicklung zur Klärung der Ämter und Aufgaben in der Kirche.

D. werden in ihrem Dienst von diakonischen Gemeinschaften unterstützt, die im Dachverband »Verband Evangelischer Diakonen-, Diakoninnen und Diakonatsgemeinschaften« (VEDD) zusammengeschlossen sind.

*Heidi Albrecht*

**Diakonisches Werk der Evangelischen Kirche in Deutschland** → Diakonie Deutschland – Der Evangelische Bundesverband

**Dialog der Sozialpartner** → Sozialer Dialog

**Dialogverfahren** Miteinander Denken ist möglich – das ist die Botschaft des D. So verstandener Dialog geht weit über das Verhandeln hinaus, das Politik, Verbände und Medien meinen, wenn sie von Dialog reden. Durch das Wort (griech. »dia logos«) kann in einer Gruppe ein Strom von Sinn entstehen. Im Alltagsverständnis wird unter Dialog oft Zwiesprache verstanden. Das ist im D. ausdrücklich nicht gemeint. Die Politik bezeichnet es als Dialog, wenn Bürgerinnen und Bürger sich durch eigene Beiträge an der Meinungsbildung zu einem Thema beteiligen dürfen. In der Ministerialbürokratie ist der »strukturierte Dialog« erfunden worden, um dem Klärungs- und Abstimmungsprozess mit Sachverständigen und Lobbyorganisationen eine neue Bezeichnung zu geben. Im klassischen philosophischen Verständnis ist der Dialog ein offenes, fragendes Gespräch, in dem versucht wird, das Wesen der Dinge schrittweise zu erhellen. Eine Methode dafür ist die Dialektik, die Rede in These und Antithese. Von all dem unterscheidet sich das D.

Im D. geht es nicht um »das Wesen der Dinge«, sondern um Erfahrungen, → Wahrnehmungen oder Meinungen, um mentale Modelle, die das → Denken und Handeln lenken. Ziel des D. ist es, dem Denkvorgang auf den Grund zu gehen und den Ablauf der Denkprozesse zu ändern. Der geistige Vater, Erfinder und Praktiker des D., der englische Physiker D. Bohm, stellt fest: »Unser Denken ist Quelle und größtes Hindernis des Dialogs. Es produziert Annahmen oder Meinungen aus Gedanken, die wir einmal gedacht haben. Wir identifizieren uns damit. Deshalb verteidigen wir diese Meinungen, als würden wir uns selbst verteidigen, und wollen andere davon überzeugen, dass wir Recht haben. In einem Dialog werden wir uns dessen auf kollektive Weise bewusst. Wenn wir es schaffen, unsere Annahmen in der Schwebe zu halten und alles zu betrachten, befinden wir uns im selben Bewusstseinszustand. Die Intelligenz kann frei arbeiten.« Bohm hat folgende Prinzipien und Praktiken für das D. erprobt: (1) Die Teilnehmenden sitzen im Kreis. So wird niemand bevorzugt und eine direkte → Kommunikation ist möglich. (2) Ein/e Dialogbegleiter/in hilft dabei, die Ängste und Beklemmungen des Anfangs zu überwinden. Von Zeit zu Zeit erklärt er/sie, was gerade geschieht. Seine/ihre Aufgabe ist es, einen geschützten Raum zu schaffen und sich selbst überflüssig zu machen. (3) Dialog ist keine Verhandlung und wir müssen nichts entscheiden. Es gibt keine Tagesordnung und keine Gruppenleitung. Der Dialog bleibt offen und frei, ein leerer Raum. Ein Schüler von Bohm, W. Issacs, hat vier Kernfähigkeiten für den Dialog ausgearbeitet: Zuhören, Respektieren, Suspendieren und Artikulieren. Diese Kernfähigkeiten können gelernt und trainiert werden. Dialog ist ein praktisch erprobtes und methodisch reflektiertes Verfahren geworden.

In sozialen Hilfesystemen werden an verschiedenen Stellen sog. Qualitätsdialoge geführt. Das können Gespräche sein, an denen Leistungsanbieter, Betroffene, Angehörige, Betreuer/innen und → Sozialleistungsträger einer Region teilnehmen, oder Gespräche zwischen einem Leistungsträger und einem Leistungserbringer. Es geht darum, die Qualität von Hilfen zu bewerten, auch die Qualität von Hilfestrukturen. In diesen Qualitätsdialogen werden die Prinzipien und Praktiken des D. nicht in Reinform umgesetzt. Das D. hat dazu beigetragen, dass verantwortliche Akteure in sozialen Hilfesystemen gelernt haben, warum eine für alle Beteiligten befriedigende Verständigung bei sehr unterschiedlichen Perspektiven und Interessen schwierig ist und dass eine solche Verständigung trotzdem gelingen kann.

*Lit.* Bohm, D.: Der Dialog. Das offene Gespräch am Ende der Diskussionen, 4. Aufl., München 2002; Isaacs, W.: Dialog als Kunst gemeinsam zu denken, Bergisch Gladbach 2002.

*Andreas Kuhn*

**Diätzulage** → Mehrbedarf

**Didaktik** Unter D. versteht man in einem umfassenden Sinn die Wissenschaft vom Lehren und → Lernen. Schon im griechischen Ursprung des Wortes (didáskein) finden sich die Bedeutungen »lehren und belehren« auf der einen und »lernen, belehrt werden«, zudem aber ebenso »sich selbst aneignen« auf der anderen Seite. Diese verschiedenen Bedeutungen stellen gegenwärtig auch in der → Sozialen Arbeit und ihrer Ausbildung zentrale Elemente didaktischer Reflexion dar, etwa im Rahmen von Fragen rund um Kompetenzorientierung, Selbststudium und das Streben danach, das Lehren auf das Lernen zu beziehen. Noch heute werden nach den Anfang der 1970er-Jahre von Bittner und Klafki aufgestellten Definitionen fünf Auffassungen von D. unterschieden: D. als a) Wissenschaft vom Lehren und Lernen, b) Theorie oder Wissenschaft vom Unterricht, c) Theorie der Bildungsinhalte (→ Curriculum), d) Theorie der Steuerung von Lernprozessen, e) Anwendung psychologischer Lehr- und Lerntheorien.

Die frühe Theoriegeschichte der D. ist geprägt von schuldidaktischen Fragestellungen. V.a. zwei erstmals in den 1950er-Jahren entwickelte Ansätze standen zunächst im Vordergrund: (1) In der aus der geisteswissenschaftlichen Pädagogik stammenden bildungstheoretischen D. (v.a. Klafki) stehen die Lehrinhalte, ihr bildungstheoretischer Hintergrund (→ Bildung) sowie ihre Auswahl und Ordnung für die Vermittlungssituation im Vordergrund. Mittels »didaktischer Analyse« soll der Bildungsgehalt auszuwählender Inhalte im Gesamtzusammenhang und in der konkreten Lernsituation überprüft werden. (2) In der lerntheoretischen D. (Heimann u.a.), auch als »Berliner Modell« bezeichnet, stehen demgegenüber das Lernen und die das Lernen beeinflussenden Aspekte im Mittelpunkt. Durch eine »Strukturanalyse« können die Ausgangsbedingungen der Lernenden und die Entscheidungen der Lehrenden im Hinblick auf Intentionen, Inhalte, Methoden und Medien bestimmt werden. In einer »Faktorenanalyse« werden die Bedingungen, die den tatsächlichen Unterricht bestimmen (normierende, konditionierende und organisierende Faktoren), reflektiert.

Heute lassen sich allein 46 verschiedene Ansätze (Theorien/Modelle) der D. unterscheiden, die sich den fünf inhaltlichen Kategorien Bildung, Lernen, Interaktion, System und Konstruktion zuordnen lassen (vgl. Kron). Für die Soziale Arbeit hervorzuheben sind v.a. folgende: In der »kritisch-konstruktiven D.« (Klafki u.a.), die auf die Förderung von Selbst- und Mitbestimmung bzw. → Emanzipation ausgerichtet ist, werden insbesondere die Entscheidungen für Ziele im Zusammenspiel von gesellschaftlichem und bildungstheoretischem Hintergrund didaktischer Reflexion unterworfen. Im Rahmen der lehrtheoretischen D. (»Hamburger Modell«, Schulz) werden die Struktur- und Handlungsmomente von Unterricht im Kontext institutioneller und gesellschaftlicher Bedingungen betrachtet. Als zentrale → Lernziele werden hier → Kompetenz, Autonomie und → Solidarität betrachtet. Mit der »(kritisch-)kommunikativen D.« (Schäfer/Schaller, Popp, Winkel) geriet die Bedeutung des Interaktionsaspektes (→ Interaktion, → Kommunikation) in Lehr- und Lernsituationen in den Blick. In der »konstruktivistischen« bzw. »systemisch-konstruktivistischen D.« (Reich) wird von einem/einer Lernenden ausgegangen, der/die sich sein/ihr Wissen selbst konstruiert, organisiert und verantwortet und dafür den geeigneten Rahmen benötigt. Ausgehend davon, dass Beziehungen den Rahmen und den Kontext jeder Vermittlung von Inhalten darstellen und damit entscheidend zum Lernen beitragen, kommt hier dem Beziehungsaspekt eine zentrale Rolle zu. In die Betrachtung einbezogen wird das gesamte System von Unterricht bzw. außerschulischen Lernsituationen.

Im Fokus der D. befinden sich – je nach Theoriemodell in unterschiedlicher Gewichtung – verschiedene voneinander zu unterscheidende Betrachtungs- und Handlungsebenen, die von der Mikroebene, auf der die aktuelle Lernsituation in den Blick genommen wird, über intrapersonale Faktoren und institutionelle Bedingungen bis hin zur Makroebene des gesellschaftlichen und historischen Kontextes reichen.

Neben der Schulpädagogik traten seit den 1980er-Jahren weitere Felder des Lehrens und Lernens, u.a. die → Erwachsenenbildung, die Hochschulbildung und die → Frühkindliche Bildung, Betreuung und Erziehung verstärkt in den Blick didaktischer Überlegungen. Die Soziale Arbeit bezieht sich v.a. dort auf D., wo es um die Unterstützung von Lernprozessen geht und von ihr Aufgaben der Bildung, Kultur- und Freizeitarbeit, Förderung und Entwicklungsbegleitung wahrgenommen werden. Die Initiierung und Begleitung von Bildungsprozessen – wobei hier von einem ganzheitlichen Bildungsbegriff ausgegangen wird – stellt eine zentrale Aufgabe Sozialer Arbeit dar. Es liegen erst wenige handlungsfeldübergreifende Buchveröffentlichungen zur D. im Kontext der Sozialen Arbeit vor, erstaunlicherweise, ist doch die D. in allen Handlungsfeldern der Sozialen Arbeit von Bedeutung, in denen es um Bildung in einem weiten Verständnis geht, z.B. in der Erwachsenen-, → Familien- und Seniorenbildung, der → Kinder- und Jugendhilfe (u.a. → Jugendbildung und → Jugendsozialarbeit, → internationale Jugendarbeit), in Partizipationsprojekten (→ Partizipation), der → Freizeitpädagogik sowie in Teilen von sozialraumorientierter Arbeit (→ Sozialraumorientierung) und → Beratung. Es geht darum, die Allgemeine D. und ihre Teildisziplinen (u.a. Schulstufendidaktik, Fachdidaktik) mit ihren Theorien und Modellen unter Berücksichtigung des Auftrags, der spezifischen Aufgaben und der Rahmenbedingungen Sozialer Arbeit nutzbar zu machen für die Theorie und Praxis Sozialer Arbeit. Angeleitete Lernprozesse können so geplant (→ Planung), analysiert und unterstützt, Konzeptionen und Programme unter Berücksichtigung didaktischer Aspekte entworfen (→ Konzeptentwicklung) und kritisch reflektiert werden. Auch können klare Aussagen über die Orientierung an bestimmten didaktischen Prinzipien, z.B. am Alltag bzw. der → Lebenswelt der → Adressat/innen, an der aktuellen Problemsituation oder an Erfahrungen getroffen werden.

*Lit.* Klafki, W.: Neue Studien zur Bildungstheorie und Didaktik: Zeitgemäße Allgemeinbildung und kritisch-konstruktive Didaktik, 6. Aufl., Weinheim/Basel 2007; Kron, F. W./Jürgens, E./Standop, J.: Grundwissen Didaktik, 6. Aufl., München/Basel 2014; Reich, K.: Konstruktivistische Didaktik. Das Lehr- und Studienbuch mit Online-Methodenpool, 5. Aufl., Weinheim 2012; Schilling, J.: Didaktik/Methodik Sozialer Arbeit. Grundlagen und Konzepte, 6. Aufl., München/ Basel 2013.

*Elke Kruse*

**Dienstaufsicht** ist die personalrechtliche Aufsicht über die Pflichterfüllung einer/ eines Bediensteten im Innenverhältnis des Anstellungsträgers durch die/den Dienstvorgesetzten. Sie gehört neben der → Rechts- und → Fachaufsicht zu dem Instrumentarium der Selbstkontrolle innerhalb des hierarchisch gegliederten Verwaltungsaufbaus über die ordnungsgemäße Aufgabenerfüllung. Während die D. an das Verhalten der einzelnen Bediensteten anknüpft und der innerbehördlichen Sicherstellung der ordnungsgemäßen Aufgabenerfüllung dient, sind die Rechts- und Fachaufsicht v.a. Aufsichtsinstrumente im Verhältnis von vor- zu nachgeordneten Behörden, wobei sich die Rechtsaufsicht ausschließlich auf die Rechtmäßigkeit des Verhaltens der nachgeordneten Behörde erstreckt, die Fachaufsicht auf die Rechtmäßigkeit und Zweckmäßigkeit.

Als Mittel der Selbstkontrolle ist die D. eng verbunden mit der dienstlichen Weisungsbefugnis der/des Dienstvorgesetzten gegenüber weisungsabhängigen Bediensteten und teilt insoweit auch die Voraussetzungen und Grenzen des dienstlichen Weisungsrechtes, insbesondere die instanzielle und sachliche Zuständigkeit, die Dienstbezogenheit der Weisung und die hinreichende Fachkompetenz der/des aufsichtsführenden bzw. anweisenden Vorgesetzten. Unberührt von der D. bleibt die Verantwortung für die Erfüllung gesetzlicher Pflichten, die die Rechtsordnung den Angehörigen bestimmter Berufe im Zusammenhang mit der Berufsausübung auferlegt (z.B. die → Schweigepflicht von Ärzt/innen, Sozialarbeiter/innen, Sozialpädagog/innen u.a. nach § 203 Strafgesetzbuch [StGB]).

*Barbara Dembowski*

**Dienstaufsichtsbeschwerde** ist ein formloser und deshalb nicht fristgebundener → Rechtsbehelf, der sich gegen das persönliche Verhalten eines Amtswalters/ einer Amtswalterin (Bedienstete/n der öffentlichen Verwaltung oder eines Richters/einer Richterin) in oder anlässlich der Ausübung seines/ihres Amtes richtet. Die auf das persönliche Verhalten ausgerichtete Beschwerde unterscheidet sich von der Gegenvorstellung als einem Ersuchen an die Behörde, eine von ihr getroffene Entscheidung zurückzunehmen oder zu ändern, und der Fachaufsichtsbeschwerde, die sich an die vorgeordnete Behörde wendet und diese ersucht, im Rahmen ihrer Kompetenz die Recht- und Zweckmäßigkeit einer Maßnahme der nachgeordneten Behörde zu überprüfen (→ Fachaufsicht).

Das Recht zu formlosen Beschwerden wurzelt in dem verfassungsrechtlich abgesicherten Petitionsrecht (→ Petition) des Art. 17 → Grundgesetz (GG). Nach ihm hat jedermann das Recht, sich einzeln oder in Gemeinschaft mit anderen schriftlich mit Bitten oder Beschwerden an die zuständigen Stellen oder die Volksvertretung zu wenden. Dem entspricht eine Pflicht der angegangenen zuständigen Stelle, die Beschwerde entgegenzunehmen, sorgfältig zu prüfen und sie, wenn und soweit in ihr eine sachliche Beschwerde erkennbar ist, zu bescheiden.

Über die D. entscheidet die/der Dienstvorgesetzte. Dabei hat sie/er den gegen das persönliche Verhalten gerichteten Vorwürfen nicht nur nachzugehen und, wenn sie sich als gerechtfertigt erweisen, ggf. die geeigneten Disziplinarmaßnahmen zu treffen, sondern auch, wenn sie sich als nicht gerechtfertigt erweisen, gem. der Schutz- und Fürsorgepflicht der Behörde gegenüber ihren Bediensteten diese bei Ausübung ihrer dienstlichen Tätigkeit vor ungerechtfertigten Angriffen Dritter zu schützen, unwahre Behauptungen richtig zu stellen und zurückzuweisen (dabei sind ggf. das → Sozialgeheimnis und die Befugnis zur Richtigstellung unwahrer Tatsachenbehauptungen nach § 69 Abs. 1 Nr. 3 SGB X zu beachten.

*Barbara Dembowski*

**Dienstgeheimnis** → Amtsgeheimnis

**Dienstleistungsberufe** → Soziale Berufe

**Dienstleistungsfreiheit** Im Vertrag über die Arbeitsweise der Europäischen Union (AEUV) zählt die D. zu den Grundfreiheiten des → europäischen Binnenmarktes. Sie trägt mit der → Niederlassungsfreiheit dazu bei, dass die drei weiteren → europäischen Grundfreiheiten, die Waren- und Kapitalverkehrsfreiheit sowie die → Personenfreizügigkeit in der → Europäischen Union (EU) umgesetzt werden können.

Eine Dienstleistung im Allgemeinen ist jede selbstständige Tätigkeit, die i.d.R. gegen Entgelt erbracht wird und die deshalb als wirtschaftliche Tätigkeit angesehen wird. Ihre Ausübung ist zeitlich limitiert, also vorübergehender Natur (vgl. Art. 57 AEUV). Es gelten die Vorschriften des Kapitels über die Dienstleistungen (Art. 56–62 AEUV). Für die Frage, ob die Tätigkeiten des Leistenden im Erbringungsland vorübergehenden Charakter haben, sind nach der Rechtsprechung des → Gerichtshofs der Europäischen Union (EuGH) nicht nur die Dauer der Leistung, sondern auch ihre Häufigkeit, regelmäßige Wiederkehr oder Kontinuität zu berücksichtigen (vgl. Fall Schnitzer, Europäischer Gerichtshof, Entscheidung v. 11.12.2003, C-215/01). Die Dienstleistung ist auf die Erfüllung eines bestimmten Auftrages durch eine natürliche oder → juristische Person hin bezogen und dies unter den Voraussetzungen, welche das Erbringungsland für seine eigenen Angehörigen vorschreibt. Nutzen Dienstleistende zur Ausübung ihrer Tätigkeit eine gewisse Infrastruktur, wie etwa ein Büro, so ändert dies die Einstufung der Tätigkeit als reine Dienstleistung nicht. Dienstleistende sind keine Arbeitnehmer/innen; sie handeln nicht nach Weisung.

Die grenzüberschreitende Nutzung von Dienstleistungen im Gesundheits- und Sozialsektor erzeugt folgende Problematik: Das hierzulande geltende → Sachleistungsprinzip läuft Gefahr ausgehöhlt zu werden, wenn eine erheblich höhere Anzahl von Behandlungen und Nutzungen von Gesundheits- und sozialen Diensten im EU-Ausland in Anspruch genommen würde, denn diese Leistungen werden nach dem Geldleistungsprinzip abgegolten. Mit der Patientenrechterichtlinie (2011/24/EU), in Kraft seit 24.4.2011, hat die EU Regelungen für die Nutzung von Gesundheitsdienstleistungen in der gesamten EU geschaffen, die Garantien für Qualität und Sicherheit enthalten. Dazu gehört auch der Zugang zu allen Informationen für Patient/innen über die Voraussetzungen, unter denen sie in einem anderen Mitgliedstaat der EU Anspruch auf Gesundheitsversorgung haben, sowie über die Bedingungen, unter denen ihnen Kosten nach ihrer Rückkehr erstattet werden.

*Stephanie Scholz*

**Dienstleistungsorientierung** → Verwaltungsmodernisierung

**Dienstleistung, soziale** → Soziale Dienstleistung

**Dienstleistungsrichtlinie** → Dienstleistungsfreiheit

**Dienstvertrag** → Arbeitsvertrag

**DIN EN ISO 9001:2015** ist die international anerkannte Norm zur Gestaltung und → Zertifizierung von Qualitätsmanagementsystemen. Die Norm ist auf alle Branchen und alle Organisationsgrößen anwendbar. Ziel ist, im Zeitalter der → Globalisierung mit weltweit einheitlichen Standards in der Gestaltung von Managementsystemen durch eine von einer unabhängigen Stelle vorgenommene Zertifizierung Vertrauen unter Vertragspartnern, insbesondere hinsichtlich der gelieferten Produkte und Dienstleistungen zu schaffen. Inzwischen haben sich in einigen Branchen, hier sind besonders die Automobilindustrie, die Luftfahrtindustrie und das → Gesundheitswesen und der Soziale Bereich zu nennen, eigene Normen etabliert, die auf der ISO 9001 fußen, die entweder in den Anforderungen weit darüber hinaus gehen oder Adaptionen mit begrifflicher Anpassung darstellen. So sind die Anforderungen der AZAV aus dem SGB III für Anbieter und Maßnahmen der Berufsförderung an die ISO 9001 angelehnt. Anwender nehmen i.d.R. auch eine Kombizertifizierung vor. Eine Anforderung der ISO 9001 ist, die Einführung von → Qualitätsmanagement als eine strategische Entscheidung der Leitung, die für das Qualitätsmanagementsystem verantwortlich ist und es steuern soll, zu betrachten. Damit soll sichergestellt werden, dass Qualitätsmanagement nicht als reine Stabsstellenaufgabe begriffen wird. Es ist weiter Managementaufgabe, das Qualitätsmanagementsystem regelmäßig auf seine Wirksamkeit und Angemessenheit hin zu überprüfen und ständig zu verbessern. Die Leitung muss sich selbst verpflichten, die Bedeutung der Erfüllung der Anforderungen der Kunden/Abnehmer zu vermitteln, die Qualitätspolitik und Qualitätsziele festzulegen, Managementbewertungen durchzuführen und die Verfügbarkeit von → Ressourcen sicherzustellen. Zentraler Gedanke ist, dass der »Kunde« – oder Abnehmer – einer Leistung die Anforderungen an diese bestimmt. → Kunden/Kundinnen im sozialen Bereich können sowohl die Empfänger/innen einer Leistung sein als auch die Kostenträger. Die Definition der Anforderungen setzt einen Dialog und eine bewusste Entscheidung über die tatsächlich zu erfüllenden Anforderungen voraus. Die DIN EN ISO 9001:2015 folgt einem prozessorientierten Ansatz und ist so mit dem Auftrag der Sozialgesetzgebung an → Sozialleistungsträger, die Struktur-, Prozess- und Ergebnisqualität sicherzustellen, kompatibel. Das Qualitätsmanagementsystem muss dokumentiert werden. Die Form der Dokumentation ist frei wählbar. In den meisten Organisationen setzen sich digitale Qualitätsmanagement-Handbücher durch, die über einen zentralen Server gesteuert werden. Für die Gestaltung der Gliederung, die Verwendung von Begriffen sowie die Tiefe der Beschreibungen gibt es keine Vorgaben. Diese muss dem Zweck und dem Reifegrad der → Organisation angemessen sein.

*Norbert Kohlscheen*

**Diplompädagog/in** → Ausbildung in sozialen Berufen

**Disease-Management-Programme (DMP)** sind strukturierte, leitliniengestützte und qualitätsgesicherte Behandlungsprogramme der Gesetzlichen → Krankenversicherungen (GKV) für bestimmte → chronische Krankheiten (§§ 137 f, 137 g SGB V). Kennzeichnend für DMP ist, dass das Behandlungskonzept in aller Regel sektorübergreifend gestaltet ist, um eine bessere Verzahnung zwischen dem ambulanten und dem stationären Sektor zu erreichen und die langfristige, kontinuierliche und integrierte Behandlung und Betreuung chronisch kranker Patient/innen verbessern. Ziel ist die Verbesserung der Lebensqualität und die weitgehende Vermeidung der Spätfolgen einer Erkrankung. Wesentlicher Bestandteil von DMP sind daher oft Schulungsprogramme, mit denen die Patient/innen den eigenverantwortlichen Umgang mit ihrer Erkrankung lernen sollen, um die sog. Compliance (Einhalten der vorgesehenen Maßnahmen) zu erhöhen. Die Teilnahme an einem DMP ist für die Patient/innen freiwillig; es bestehen allerdings finanzielle Anreize zur Teilnahme.

Der medizinische Inhalt der DMP wird seit dem 1.1.2012 vom → Gemeinsamen Bundesausschuss (G-BA) festgelegt. Die bisherigen G-BA-Empfehlungen und entsprechenden Bestandteile der bis 2012 erlassenen Risikostruktur-Ausgleichsverordnung (RSAV) des → Bundesministeriums für Gesundheit (BMG), die DMP betreffen, werden vom G-BA schrittweise in Richtlinien überführt. Die Anforderungen der RSAV gelten bis zum Inkrafttreten dieser Regelungen weiter (§ 321 Abs. 1 SGB V). Im Rahmen der Vorgaben des G-BA entwickeln die → Krankenkassen eigene Konzepte. Diese werden in den Versorgungsverträgen mit den Kassenärztlichen Vereinigungen bzw. einzelnen Ärzt/innen festgeschrieben. Die Konzepte müssen vom Bundesversicherungsamt zugelassen werden. Die Zulassung dient, ebenso wie eine umfangreiche, datenschutzsensible Dokumentation, der Qualitätssicherung der DMP. Bislang hat der G-BA Anforderungen an DMP für die Krankheiten Diabetes mellitus Typ 1 und 2, Brustkrebs, koronare Herzkrankheit sowie chronisch obstruktive Atemwegserkrankungen festgelegt; entsprechende Rechtsverordnungen des BMG hierzu liegen vor. Bis zum 31.12.2016 muss der G-BA weitere für DMP geeignete chronische Erkrankungen festlegen und Richtlinien insbesondere für die Behandlung von Rückenleiden und → Depressionen erlassen (§ 137 f Abs. 1 S. 3 SGB V).

*Heike Hoffer*

**Diskriminierung** bezeichnet im rechtlichen Sinne eine Ungleichbehandlung einer Person aufgrund einer oder mehrerer rechtlich geschützter D.merkmale ohne einen sachlichen Rechtfertigungsgrund. Der weiter gehende sozialwissenschaftliche Begriff meint die gruppenspezifische → soziale Benachteiligung und/oder → soziale Ausgrenzung. Das Recht gegen D. ist i.d.R. als D.verbot formuliert und im internationalen Völker- und Europarecht wie z.B. in der → UN-Behindertenrechtskonvention oder in der → Europäischen Konvention zum Schutze der Menschenrechte und Grundfreiheiten (EMRK) sowie im nationalen Recht normiert. Die Menschenrechtsabkommen beeinflussen die Ausgestaltung des deutschen Antidiskriminierungsrechts dadurch, dass ihre rechtlichen Vorgaben im deutschen Recht umzusetzen und bei der Auslegung und Anwendung deutschen Rechts zu beachten sind.

Im deutschen Recht ist der D.schutz im → Grundgesetz, in einfachen Gesetzen sowie in untergesetzlichen Regelungen verankert. Das GG schützt insbesondere durch Art. 3 Abs. 2 und 3 vor D. durch den Staat (bzw. durch Private über mittelbare Drittwirkungen). Auf Bundesebene gehören zu den Gesetzen, die explizit auf die Verhinderung von D. bzw. der Förderung von Gleichstellung abzielen, u.a. das → Allgemeine Gleichbehandlungsgesetz (AGG) und das → Behindertengleichstellungsgesetz (BGG). Nachrangig dazu gibt es weitere D.verbote in den Landesverfassungen und spezifischen Landesgesetzen wie Gleichstellungs-, Schulgesetze usw.

Zu den rechtlich geschützten D.merkmalen gehören → Alter, Abstammung, Geschlecht, Hautfarbe, körperliche oder geistige Fähigkeiten, politische Überzeugung, soziale oder ethnische Herkunft/Zugehörigkeit, Religion, sexuelle Orientierung. Erfolgt eine Benachteiligung aufgrund mehrerer Merkmale gleichzeitig, liegt eine mehrdimensionale D. vor, die oftmals die gesellschaftliche → Teilhabe der betroffenen Person zusätzlich erschwert. Es werden weitere D.formen unterschieden: unmittelbare D. (Anknüpfung an ein D.merkmal) und mittelbare D. (faktische Benachteiligung trotz formaler Gleichbehandlung), strukturelle D. (Ursachen für Ungleichbehandlung liegen in gesellschaftlichen, staatlichen oder institutionellen Strukturen), (sexuelle) Belästigung, die ebenfalls als D. anerkannt ist. Es ist jeweils kein zusätzliches subjektives Element erforderlich; allein die tatsächliche oder mögliche Wirkung einer Ungleichbehandlung ist ausschlaggebend. Positive Maßnahmen (bewusste, temporäre Bevorzugung von Mitgliedern einer

→ Gruppe) wie Förderquoten sind zum Nachteilsausgleich erlaubt.

D.schutz im → Sozialrecht ist vor allem bei der Erbringung sozialer Dienst- und Geldleistungen relevant. Nicht jede Differenzierung z.B. nach dem Alter (§ 31 a Abs. 2 SGB II) oder dem Aufenthaltsstatus (§ 1 Abs. 7 BEEG) ist eine Benachteiligung im Rechtssinne. Es existieren jedoch spezielle Benachteiligungsverbote im Sozialrecht bzw. Fördergebote im Bereich der → Sozialleistungen zugunsten von Mitgliedern benachteiligter Gruppen. Für Leistungen nach dem → Sozialgesetzbuch erklärt § 2 Abs. 2 AGG die speziellen Benachteiligungsverbote des § 33 c SGB I und § 19 a SGB IV für anwendbar. Die Verbote sind relevant bei der Ermessensausübung durch → Sozialleistungsträger, bei der Anwendung → unbestimmter Rechtsbegriffe, der → Beratung über → Sozialleistungen und der Leistungserbringung selbst. Sowohl die Frage nach Rechtfertigungsgründen als auch nach Rechtsfolgen bei Verstößen ist rechtlich noch nicht geklärt. Aus § 33 c SGB I und § 19 a SGB IV ergeben sich jedoch Unterlassungsansprüche. Ein weiteres spezielles → Benachteiligungsverbot für schwerbehinderte Menschen im Arbeitsleben enthält § 81 Abs. 2 SGB IX. Das SGB IX enthält zudem Förderpflichten des Arbeitgebers, vgl. § 71 Abs. 1, 81 Abs. 1, 82 SGB IX.

*Susann Kroworsch*

**Distanz, soziale** → Soziale Distanz

**Diversion** (von lat. »diversio«) i.S. von Umleiten oder Wegführen vom System formeller Sozialkontrolle wurde in den 1960er-Jahren als kriminalpolitische Richtung aus den USA eingeführt, die der Entlastung der Justiz von Bagatelldelikten dienen sollte. Eine einheitliche Definition von D. existiert nicht. In Deutschland wird unter D. i.d.R. die Möglichkeit verstanden, Jugendstrafverfahren aus Subsidiaritäts- (§§ 45, 47 → Jugendgerichtsgesetz [JGG]) bzw. Opportunitätsgründen (§§ 153 ff. Strafprozessordnung) einzustellen. Dies dient nach hiesigem Verständnis neben der Entlastung der Justiz und der Verfahrensbeschleunigung v.a. der Spezialprävention (→ Kriminalprävention): D. basiert auf empirisch breit abgesicherten Erkenntnissen kriminologischer Forschung, die deutlich gemacht haben, dass → Jugendkriminalität in Ursachen und Verlauf weithin ein gänzlich anderes Phänomen ist als die → Kriminalität. Der weitaus größte Teil der Jugendkriminalität ist bagatellhaft, ubiquitär und passager. Zur Verhinderung weiterer Taten bedarf es daher einer formellen strafrechtlichen Reaktion nicht, sie birgt im Gegenteil die Gefahr der Über-Kriminalisierung durch den strafrechtlichen Zugriff.

Staatsanwaltliche D. bedeutet Absehen von Anklage, z.T. nach erzieherischen Maßnahmen; richterliche D. entsprechend Absehen von Verurteilung. Die deutsche Strafrechtspraxis hat von den D.möglichkeiten in zunehmendem Maße Gebrauch gemacht. Die D.rate – Anteil der Personen, deren Verfahren gem. §§ 45, 47 JGG eingestellt worden ist (= Divertierte), an allen Verurteilten oder Divertierten – beträgt seit vielen Jahren bundesweit durchschnittlich rund zwei Drittel. Der weitaus größte Teil aller D.entscheidungen wird durch die Staatsanwaltschaft getroffen.

In fast allen Bundesländern existieren D.richtlinien, um zu einem vermehrten Gebrauch der Verfahrenseinstellungen gem. §§ 45, 47 JGG und zu einer Vereinheitlichung der Anwendungspraxis beizutragen. Letzteres Ziel ist nicht erreicht worden. Es gibt erhebliche regionale Unterschiede, die nicht auf Tat- oder Tätermerkmalen beruhen, sondern auf unterschiedlichen Vorstellungen der Staatsanwält/innen und Richter/innen darüber, was ausreichend und erforderlich ist, um die jungen Straftäter/innen von weiteren Straftaten abzuhalten, sowie auf unterschiedlichen Angebotsstrukturen der Jugendhilfe. Der Sozialen Arbeit kommt bei der D. eine ganz erhebliche Bedeutung zu, da sie im Rahmen der → Mitwirkung im Verfahren nach dem Jugendgerichtsgesetz die Justiz diesbezüglich berät und einen wesentlichen Teil der Maßnahmen, die Voraussetzung für die Verfahrenseinstellung sind, durchführt.

Kritik an der D. geht in verschiedene Richtungen: Im Bereich der D. bei Bagatelldelikten bestehen Bedenken einerseits gegen ein nur schriftliches Verfahren, das den Betroffenen nicht verständlich sei und nicht ernst genommen werde, andererseits gegen die Ausweitung von institutionalisierten D.maßnahmen im Bagatellbereich (z.B. Ladendiebstahlsprojekte), die zu Net-Widening führen und in teilweise rechtsstaatlich problematischem Umfang faktische Entscheidungskompetenzen an die Polizei übertragen.

*Theresia Höynck*

**Diversity Management** meint den Umgang mit der Vielfalt von Menschen in einer Organisation, die aktiv hergestellt und gefördert, also »gemanagt« werden soll: »Managing Diversity«. Das Konzept stammt wesentlich aus den USA; dort verbanden sich in den 1960er-/70er-Jahren die Forderungen der Civil Rights-Bewegungen für Gleichberechtigung und gegen Rassismus mit dem »business case«, also dem ökonomischen Interesse an der Ausschöpfung des sog. Humankapitals aller Beschäftigten (»diverse Teams sind kreativer«) und an der Erschließung neuer Kund/innen (»passende Ansprechpersonen für diverse Märkte«).

D. M. bezieht sich als Konzept heute in Deutschland auf unterschiedliche Ziele: in ethischer Hinsicht auf Chancengleichheit, → soziale Gerechtigkeit und den vorurteilsfreien Umgang mit Menschen; in ökonomischer Hinsicht auf Produktivität und Gewinnmaximierung. Für Unternehmen und Betriebe, aber auch für → Organisationen mit weiteren Zielsetzungen bietet ein weiter gefasstes D. M. die Möglichkeit, die eigene Organisationskultur zu verändern. Zielt D. M. nämlich auf Chancengleichheit, stellt es auch »Dominanzkulturen« (Rommelspacher) und »Männerbünde« (Kreisky) infrage. D. M. muss sich dann auch mit den → Normen und → Interaktionen beschäftigen, die Chancengleichheit in Einrichtungen verhindern.

D. M. managt, was oft als Persönlichkeitsmerkmal gefasst wird (→ Persönlichkeit) oder aber, angemessener, als Ungleichheitsfaktor beachtet werden sollte (Herkunft, Geschlecht, Alter usw.). Wenn es nur um die Beachtung als Merkmale geht, besteht die Gefahr, diese als scheinbar natürliche Differenzen zu essenzialisieren, also Menschen nur mit Blick auf ein Merkmal zu betrachten, was der Zielsetzung von D. M. gerade nicht entspricht. Vielmehr reproduziert D. M. dann sogar Stereotypen. Werden Merkmale hingegen als Faktoren oder Dimensionen erkannt, die die Gefahr von Ungleichbehandlungen markieren, wird D. M. den Zielen der Wertschätzung auch und gerade von Unterschieden eher gerecht. Dann liegt es in Deutschland auch nahe, nicht nur wie bisher Alter, Geschlecht und Migration, sondern auch Behinderung oder sexuelle Identität zu adressieren. Manche Konzepte von D. M. fassen diese als »innere Diversity-Dimensionen«, bergen damit aber die Gefahr, soziale Kategorien zu individualisieren. Daher ist es wichtig, diese Merkmale zwar analytisch je für sich zu verstehen, aber auch zu berücksichtigen, dass alle Menschen immer bezogen auf alle diese Merkmale positioniert sind: Jeder und jede ist »divers«, aber je unterschiedlich als alt und jung, hetero- und homosexuell, mobil oder behindert, deutsch oder nichtdeutsch aussehend usw. jeweils bestimmten Nachteilen ausgesetzt oder genießt umgekehrt gerade deshalb Privilegien. Folglich überschneiden sich die Merkmale auch (»intersektionale« oder »mehrfache« Ungleichheiten, → Intersektionalität).

Das → Allgemeine Gleichbehandlungsgesetz (AGG), das in Deutschland seit 2006 vielfache Diskriminierung auch in der Arbeitswelt verbietet, gebietet D. M. (als eine bekannte Strategie, um Diskriminierung präventiv zu verhindern) gesetzlich nicht, ermöglicht dessen Umsetzung allerdings im Rahmen sog. positiver Maßnahmen. Teile der Privatwirtschaft haben sich zu solchen Maßnahmen z.B. in der »Charta der Vielfalt« (www.charta-der-vielfalt.de) verpflichtet; gerade international tätige Unternehmen engagieren sich – wenn auch unterschiedlich intensiv – für Diversity.

*Susanne Baer/Sarah Elsuni*

**Doppeltes Mandat** → Sozialarbeiter/innen und Sozialpädagog/innen

**Doppik** Kurzform für doppelte Buchführung und kaufmännisches Rechnungswesen. Das System der doppelten Buchführung baut gedanklich auf einem T-Kontensystem auf, deren Soll (linke Seite eines T-Kontos) und Haben (rechte Seite eines T-Kontos) betragsmäßig immer gleich sind, da jeder Geschäftsvorfall gleichzeitig bei einem Konto im Soll und bei einem anderen Konto im Haben gebucht wird. Welche Konten hierbei bebucht werden, richtet sich nach der Art des Geschäftsvorfalls. In Betracht kommen hierbei Konten der Aktiv- (Soll) und der Passivseite (Haben) der Bilanz sowie der Aufwendungen (Soll) und Erträge (Haben) der Gewinn- und Verlustrechnung.

Ein reiner Aktivtausch liegt z.B. bei dem Kauf eines Pkw vor, da der Kauf auf dem Fahrzeugkonto im Soll (Zugang) und auf dem Bankkonto im Haben (Abgang) gebucht wird. Ein reiner Passivtausch liegt z.B. bei einer Umschuldung vor, da der Verringerung der einen (Buchung im Soll) die Zunahme einer anderen Verbindlichkeit (Buchung im Haben) auf der Passivseite der Bilanz gegenübersteht.

Bei der Bezahlung der Gehälter wird z.B. das Aufwandskonto Gehälter im Soll und das Bankkonto im Haben bebucht. Bei allen Buchungen werden Aufwendungen und Erträge zeitlich exakt abgegrenzt. So wird z.B. der oben genannte Pkw zunächst auf dem Fahrzeugkonto im Soll erfasst und nur der laufende Werteverzehr jeweils anteilig als Abschreibungsaufwand periodengerecht in das Aufwandskonto umgebucht.

Zur Ergebnisermittlung werden alle Aufwands- und Ertragskonten in einem T-Konto, dem optisch zur Gewinn- und Verlustrechnung aufbereiteten Gewinnkonto, zusammengeführt und dessen Saldo auf der Passivseite der Bilanz bei dem Kapital in Form eines Gewinns (Haben) oder eines Verlustes (Soll) ausgewiesen.

Die Aufwands- und Ertragskonten werden häufig getrennt nach einzelnen Tätigkeiten, z.B. Projekten, geführt, die dann als Kostenstellen bezeichnet werden. Diese Teilergebnisrechnungen werden für die Gewinn- und Verlustrechnung der Gesamtorganisation aufaddiert.

Insbesondere mit der Orientierung am konkreten Werteverzehr und der damit ohne weiteres ersichtlichen → Wirtschaftlichkeit unterscheidet sich die D. von der strukturell input-orientierten Kameralistik (→ Haushalts- und Rechnungswesen) der öffentlichen Verwaltung. Denn während die mit der D. mögliche Orientierung am konkreten Werteverzehr fast zwangsläufig zur ständigen Kontrolle der Kosten-Nutzen-Relation führt und die Schaffung der organisatorischen Rahmenbedingungen für eine etwaige zeitnahe Gegensteuerung nahe legt, ist dies bei einer strukturell input-orientierten Sichtweise und daran ausgerichteten Verwaltungsstruktur fern liegend.

Die öffentliche Verwaltung will dem Problem der damit verbundenen Unwirtschaftlichkeit von Verwaltungshandeln im Rahmen der → Verwaltungsmodernisierung entgegenwirken und ersetzt die Kameralistik durch ein → Neues Kommunales Finanzmanagement.

*Thomas von Holt*

**Dorfhelfer/in** Hauswirtschafter/in (→ Hauswirtschaft) oder Familienfrau/-mann mit mindestens fünfjähriger Haushaltspraxis und Abschlussprüfung an der Fachschule für Agrarwirtschaft (Schwerpunkt Dorfhilfe und soziales Management). Die → Fachkraft ist immer dann zur Stelle, wenn eine → Familie Hilfe und Unterstützung benötigt. Sie/er übernimmt i.d.R. das Haushaltsmanagement auf Zeit und begleitet im Familienalltag, wenn ein Elternteil aus verschiedenen Gründen dazu nicht in der Lage ist. In landwirtschaftlichen Unternehmerhaushalten wird die/der D. auch in der Außenwirtschaft oder in der Direktvermarktung eingesetzt. Kostenträger der Familieneinsätze sind die → Krankenkassen oder → Sozial- und → Jugendämter, die nach Prüfung der Erforderlichkeit über das Hilfeangebot entscheiden. → Sozialstationen, D.werke oder landwirtschaftliche Selbsthilfeorganisationen vermitteln dann die Fachkräfte in die jeweiligen Familien. Neben wechselnden Familieneinsätzen übernimmt die/der D. auch als Mitarbeiter/in Versorgungs- und Betreuungsaufgaben in Behinderten- oder Altenheimen. Die zunehmende Nachfrage nach → haushaltsnahen Dienstleistungen bietet den D. ebenso die Möglichkeit, ihre/seine Kenntnisse und Fertigkeiten auf selbstständiger Basis zu vermarkten. Die fachschulischen Unterrichtsinhalte werden in der einjährigen Fachschule als Vollzeitangebot oder innerhalb von zwei Jahren berufsbegleitend vermittelt und sind auf die beruflichen Möglichkeiten von D. ausgerichtet. Von D. wird im Arbeitsleben erwartet, dass sie neben dem fachlichen Können soziale Kompetenzen besitzen, flexibel und belastungsfähig sind und sich auf unterschiedliche Menschen einstellen können.

*Gabriele Großkinsky*

**Down-Syndrom** → Trisomie 21

**Dreiecksverhältnis, sozialrechtliches** Der Begriff s. D. kommt dann ins Spiel, wenn ein zuständiger → Sozialleistungsträger die Leistungen nicht selbst erbringt, sondern sich dafür der → Einrichtungen und Dienste Dritter (→ Leistungserbringer in der Sozialen Arbeit) bedient. Diese Konstruktion gründet ursprünglich in der Bedeutung, die der Gesetzgeber den → freien und gemeinnützigen Trägern (→ freie Wohlfahrtspflege) zuerkannt hat (vgl. § 17 Abs. 3 SGB I, → Subsidiarität). Die → öffentlichen Träger und die gemeinnützigen und freien Einrichtungen und Organisationen sollen zum Wohl der Leistungsberechtigten zusammenarbeiten. Bei dieser → Kooperation haben die Leistungsträger die Selbstständigkeit der freien und gemeinnützigen Träger zu beachten. Eine Zusammenarbeit zwischen öffentlichen Sozialleistungsträgern und freien Trägern ist immer dort notwendig, wo sich deren Aufgabenbereiche berühren bzw. überschneiden. Das Modell der Leistungserbringung im s. D. kennt somit drei Akteure: die leistungsberechtigte Person, die Träger von Sozialleistungen und die Erbringer von Sozialleistungen.

→ Leistungsberechtigte/r ist, wer einen Anspruch (→ Rechtsanspruch) auf eine Sozialleistung bzw. auf eine ermessensfehlerfreie Entscheidung hat, wenn es sich um Leistungen handelt, die nach → Ermessen gewährt werden. Die leistungsberechtigte Person stellt bei dem zuständigen Leistungsträger (→ Zuständigkeit) einen → Antrag auf eine Sozialleistung. Ist der zuständige Leistungsträger zugleich berechtigt, von Amts wegen zu handeln, kann er der leistungsberechtigten Person eine Sozialleistung auch anbieten, ohne dass ein Antrag vorliegt. Gewährt ein Leistungsträger eine Sozialleistung und verweist er zur Leistungserbringung auf einen Dritten, so schließt die Gewährung der Leistung zugleich die Kostenübernahme ein, wenn dieser Dritte zur Leistungserbringung zugelassen ist. Im System des s. D. wird somit der Anspruch der berechtigten Person auf eine Sozialleistung zum Anspruch auf Kostenübernahme für die Leistungen eines zugelassenen Dritten. Kommen für die Leistungserbringung verschiedene solcher Dienste bzw. Einrichtungen in Betracht, so hat der/die Leistungsberechtigte das Recht, zwischen diesen Leistungserbringern zu wählen (§ 33 Satz 2 SGB I i.V.m. Art. 1 Abs. 1, 2 Abs. 1 → Grundgesetz [GG], → Wunsch- und Wahlrecht).

Den Leistungsträgern kommt eine → Gewährleistungspflicht zu. Sie müssen darauf hinwirken, dass die zur Ausführung von Sozialleistungen erforderlichen sozialen Dienste und Einrichtungen rechtzeitig und ausreichend zur Verfügung stehen (vgl. § 17 Abs. 1 Nr. 2 SGB I). »Ausreichend« meint, dass genügend Dienste und Einrichtungen in einer Region vorhanden sein müssen, damit weder im Hinblick auf die Anzahl noch auf die Art der angebotenen Leistungen eine Unterversorgung entstehen kann. Weil die Leistungsträger auch die Wunsch- und Wahlrechte der Leistungsberechtigten zu berücksichtigen haben, umfasst das Kriterium »ausreichend« zugleich den Aspekt einer gewissen Vielfalt. Um ihrer Strukturverantwortung gerecht zu werden, schließen die Leistungsträger mit freien gemeinnützigen Trägern, aber auch mit → privat-gewerblichen Trägern sog. Leistungserbringungsverträge. Darin werden die Modalitäten der Leistungserbringung im Vorfeld einer konkreten Inanspruchnahme geregelt und → Vereinbarungen über Leistungen, Vergütungen, Qualität und Qualitätssicherung sowie die Prüfung der Einrichtungen getroffen (vgl. u.a. §§ 17 SGB II, 78 b ff. SGB VIII, 75 ff. SGB XII). Mit dem Abschluss eines solchen Leistungserbringungsvertrages sind die jeweiligen Einrichtungsträger zugleich zur Leistungserbringung zugelassen, im Bereich der → gesetzlichen Pflegeversicherung und der gesetzlichen → Krankenversicherung benötigen sie für die Zulassung allerdings grundsätzlich einen Versorgungsvertrag (§ 72 SGB XI bzw. §§ 111 f. SGB V).

Während des gesamten Prozesses der Leistungserbringung obliegt dem Leistungsträger die Gesamtverantwortung. Auch wenn sich der Leistungsträger für die Leistungserbringung Dritter bedient, wird dadurch seine Funktion demnach keineswegs auf die eines Kostenträgers reduziert (vgl. auch § 97 Abs. 1 SGB X). Nimmt eine Person, der eine Sozialleistung gewährt worden ist, einen zur Leistungserbringung zugelassenen Träger einer Einrichtung in Anspruch, so hat der Einrichtungsträger einen Vergütungsanspruch gegenüber der leistungsberechtigten Person in Höhe der Kostenübernahme, die der Leistungsträger der Person gewährt hat. Die Leistungserbringer haben gegenüber dem Leistungsträger den Anspruch, dass dieser sich bei der Kostenübernahme im Einzelfall an die Vergütungsvereinbarungen hält, die er mit den Leistungserbringern geschlossen hat.

Die Leistungsträger sind nicht befugt, diesen Leistungserbringern → Weisungen zu erteilen. Die Leistungserbringer haben gegenüber dem Leistungsträger einen Anspruch auf ermessensfehlerfreie Entscheidung darüber, ob Leistungserbringungsverträge abgeschlossen werden sollen. Bis auf wenige Ausnahmen (z.B. → Krankenhäuser) ist es ermessensfehlerhaft, die Verweigerung eines solchen Vertragsabschlusses allein mit fehlendem Bedarf zu begründen, da die Kosten für den Leistungsträger nicht bereits durch die Zulassung eines Leistungserbringers entstehen, sondern erst nach der Bewilligung einer Leistung durch die konkrete Inanspruchnahme der Leistung durch die leistungsberechtigte Person (BVerwG, Urt. v. 30.9.1993 – BVerwGE 94, 202; BSG, Urt. v. 23.7.2002 – B 3 KR 12199 R). Bei Meinungsverschiedenheiten über den Abschluss der Leistungserbringungsverträge werden i.d.R. → Schiedsstellen eingeschaltet.

Zwischen der leistungsberechtigten Person, die einen Leistungserbringer in Anspruch nimmt, und diesem Leistungserbringer besteht ein privatrechtlicher → Vertrag. Gegenstand des Vertrages ist auch die Kostenübernahmeerklärung, die der Leistungsträger gegenüber der leistungsberechtigten Person zugleich mit der Gewährung der Leistung abgegeben hat.

Will sich ein Leistungsträger für die Leistungserbringung nicht eines freien gemeinnützigen oder gewerblichen, sondern eines anderen Sozialleistungsträgers bedienen, so findet das Modell des s. D. keine Anwendung. Es gelten dann die Regelungen der §§ 87 ff. SGB X.

*Lit.* Brünner, F.: Ausschreibungspflicht für soziale Dienstleistungen?, ArchSozArb 36 (2005), S. 70 ff.; Engler, U.: Die Leistungserbringung in den SGB II, III, VIII und XII im Spannungsverhältnis zum europäischen und nationalen Vergaberecht, RsDE 71 (2010), S. 41 ff.; Neumann, V.: Freiheitsgefährdung im kooperativen Sozialstaat, Köln 1992; Pattar, A. K.: Sozialhilferechtliches Dreiecksverhältnis, Sozialrecht aktuell 2012, S. 85 ff.

*Renate Bieritz-Harder*

**Dritter Sektor** Die von den Sozial- und Wirtschaftswissenschaften in den 1980er-Jahren herausgearbeiteten Leistungsgrenzen von Markt und Staat, von manchen als »Staats- und Marktversagen« bezeichnet, erzeugten wissenschaftliche Neugier. So dauerte es nicht lange, bis jenseits von Staat und Markt ein D. S. identifiziert wurde, dessen Steuerung und Koordination beziehungsweise → Governance nicht über Hierarchie und preisvermittelten Markttausch, sondern mittels → Solidarität erfolgt. Der Begriff D. S. war und ist aber eine schlichte Negativabgrenzung, d.h. er kennzeichnet einen nicht staatlichen und nicht marktlichen Bereich der → Gesellschaft. Darüber hinaus lenkt er die Aufmerksamkeit auf einen gesellschaftspolitisch relevanten und zugleich wissenschaftlich vernachlässigten Gegenstandsbereich. Es ist aber unangemessen, von einem eigenständigen D. S. neben Staat und Markt zu sprechen, denn das konstitutiv Gemeinsame dieses Sektors ist nach wie vor nicht erkennbar. Wissenschaftlich fruchtbarer hingegen ist es, die Aufmerksamkeit auf das Spektrum der → Organisationen dieses vermeintlich eigenständigen Sektors zu richten, das von → Bürgerinitiativen und kommunitären Lebensformen über Sportvereine und Wohlfahrtsverbände (→ freie Wohlfahrtspflege) bis hin zu Genossenschaften und selbstverwalteten Betrieben reicht. Diese Organisationen bieten oft eine Projektionsfläche für überhöhte gesellschaftspolitische Erwartungen an einen »Dritten Weg« oder unerschöpflich erscheinende beschäftigungspolitische Potenziale jenseits der Erwerbsarbeit. Gewinnbringender hingegen sind eher organisationssoziologische Perspektiven, die – im Vergleich zu Verwaltungen und Unternehmen – die besonderen Fähigkeiten, Ressourcenpotenziale, Dilemmata und strategischen Optionen dieser »hybriden Organisationen« herausarbeiten.

*Holger Backhaus-Maul*

**Drogenabhängigkeit** → Sucht

**Drogenbeauftragte/r** → Sucht

**Drogenberatung** ist ein dialogischer, zielgerichteter, entwicklungsorientierter Prozess, der sich am individuellen Hilfebedarf der Klient/innen orientiert. D. erfolgt auf der Basis einer gemeinsam mit dem/der Klient/in erstellten Ziel- und Hilfeplanung mit Clearing-, Koordinierungs- und Vermittlungsaufgaben. D. umfasst eine gründliche Anamnese, berücksichtigt aktuelle Problemlagen der/des Klient/in für die Feststellung des Hilfebedarfs, eine Ziel- und Hilfeplanung, Dokumentation, Kontrolle des Beratungsverlaufes mit Bewertung der Zielerreichung und gegebenenfalls Zielkorrektur. Sie kann kurzfristig informationsorientiert, aber auch längerfristig problemlösungsorientiert sein. Die in der D. angewendeten Methoden sind (sozial-)wissenschaftlich fundiert und folgen wissenschaftlichen wie fachlichen Standards.

D. wird in der Regel in Drogenberatungsstellen durchgeführt, aber auch in allgemeinen Jugend oder Suchtberatungsstellen, überwiegend bei → Trägern der → freien Wohlfahrtspflege. D. kann auch aufsuchend erfolgen.

Beraten werden Personen, die psychoaktive Substanzen konsumieren, missbrauchen oder abhängig sind (→ Sucht), sowie deren Angehörige (→ Angehörigenarbeit) und weitere Bezugspersonen. D. umfasst in der Regel ein voraussetzungsloses, zeitnahes Erstgespräch, → Krisenintervention und bei Bedarf die Vermittlung in Soforthilfen oder Einschalten dafür zuständiger Dienste im Verdachtsfall akuter Selbst- und/oder Fremdgefährdung. D. informiert über Hilfemöglichkeiten, klärt über Wirkungen und Risikopotenziale psychoaktiver Substanzen und riskanter Konsumformen auf und sensibilisiert für die Entwicklung von Gefährdung und Abhängigkeit; ggf. erfolgt die Überleitung in einen Beratungsprozess. Aufgabe von D. ist die Vermittlung in weiterführende Einrichtungen und Dienste, insbesondere ambulante und stationäre → medizinische Rehabilitation, therapeutische Interventionen (→ Therapie), Substitutionsbehandlung, psychosoziale Betreuung, betreutes Wohnen (→ Wohngemeinschaften für Drogenabhängige) und angrenzende Bereiche der → Jugendhilfe und der → Sozialhilfe, Vermittlung in Rechts- und → Schuldnerberatung, Anti-Gewalt-Einrichtungen, → Selbsthilfegruppen sowie Herstellung eines Problembewusstseins und Veränderungsmotivation. Bei fortgesetzter Beratung erfolgen eine Anamnese, Indikationsstellung, Klärung des Hilfebedarfs, insbesondere individuelle Vorgeschichte, Suchtgenese, Ressourcen und Bewältigungsversuche als Basis für die Indikation und Einschätzung begleitender → psychischer Störungen sowie für die Hilfeplanung. Aufsuchende D. wird für diejenigen Drogenabhängigen erbracht, die nur eingeschränkt oder vorübergehend oder gar nicht in der Lage sind, eine D. aktiv aufzusuchen, z.B. in Justizvollzugsanstalten, Krankenhäusern und anderen psychosozialen Einrichtungen. D.stellen werden zwar staatlich finanziert; trotz ihrer zentralen Aufgaben, z.B. Vernetzung und Vermittlung in Leistungen der Hilfesysteme, sind sie jedoch nur unzureichend mit Geldmitteln ausgestattet und leitungsrechtlich nicht abgesichert.

*Heike Drees*

**Drogentherapie** → Drogenberatung

**Dublin III-Verordnung** ist die Kurzbezeichnung für die »Verordnung (EU) Nr. 604/2013 des europäischen Parlaments und des Rates vom 26.6.2013 zur

Festlegung der Kriterien und Verfahren zur Bestimmung des Mitgliedstaats, der für die Prüfung eines von einem Drittstaatsangehörigen oder Staatenlosen in einem Mitgliedstaat gestellten Antrags auf internationalen Schutz zuständig ist« (im Volltext abrufbar unter www.eur-lex.europa.eu). Die Grundidee des sog. Dublin-Systems geht auf einen völkerrechtlichen Vertrag zurück, der 2003 mit der Dublin II-VO in eine EU-Verordnung gefasst wurde, die in allen Mitgliedstaaten der → Europäischen Union (EU) sowie Norwegen, Island, die Schweiz und Liechtenstein (Dublin-Staaten) unmittelbar gilt. Die Dublin III-VO trat am 19.7.2013 in Kraft und löste die Dublin II-VO ab.

Kernelement dieses Dublin-Systems ist es zu regeln, welcher Dublin-Staat für das Asylverfahren zuständig ist. Dabei wird davon ausgegangen, dass grundsätzlich derjenige europäische Staat zuständig ist, wo die/der Asylsuchende erstmals europäischen Boden betreten und erstmals einen Asylantrag gestellt hat. Stellt die/der Asylsuchende in einem anderen Mitgliedstaat einen Asylantrag, sieht das Dublin-System vor, dass er/sie in einem förmlichen Verfahren an den zuständigen Dublin-Staat zurücküberstellt werden soll. Um festzustellen, welcher Dublin-Staat zuständig ist, werden die Asylsuchenden erkennungsdienstlich behandelt. Das Dublin-System ist mit der sog. Eurodac-Datenbank verbunden, in der u.a. die Fingerabdrücke aller Asylsuchenden abgespeichert werden und abgeglichen werden können.

In Deutschland ist das → Bundesamt für Migration und Flüchtlinge (BAMF) für die Umsetzung der Dublin III-VO zuständig. Die/der Asylsuchende erhält vom BAMF einen Bescheid, in dem die Rücküberstellung in den Dublin-Staat der Ersteinreise angeordnet wird. Hiergegen kann innerhalb einer Woche nach Bekanntgabe mit den entsprechenden → Rechtsbehelfen (Eilrechtsschutz und Anfechtungsklage, vgl. §§ 34 a, 74 Asylgesetz [AsylG]) vorgegangen werden.

Die Praxis der letzten Jahre zeigt, dass die Mechanismen des Dublin-Systems in vielen Fällen aus der Perspektive der → Menschenrechte bedenklich sind und auch aus organisatorischen Gründen nicht funktionieren. Vor diesem Hintergrund wurden in der Dublin III-VO einige Schutzmechanismen verankert: So dürfen → unbegleitete minderjährige Flüchtlinge nicht gegen ihren Willen in einen anderen Dublin-Staat rücküberstellt werden. Auch ist ein Selbsteintrittsrecht vorgesehen, also die freiwillige Übernahme der → Zuständigkeit, von dem das BAMF z.B. in Fällen besonders verletzlicher Personengruppen Gebrauch machen kann. Zudem kann ein anderer Dublin-Staat dadurch zuständig werden, dass die vorgegebenen Fristen im Rahmen des Rücküberstellungsverfahrens verpasst werden. Aufgrund der menschenrechtswidrigen Aufnahmebedingungen in Griechenland werden Asylsuchende bereits seit 2011 nicht mehr dorthin rücküberstellt; in Einzelfällen wurde die Rücküberstellung auch in andere EU-Staaten wie Bulgarien, Ungarn und Italien abgelehnt.

*Melanie Kößler*

**Duldung** → Flüchtlinge

**Durchsuchung** Die Strafprozessordnung (StPO) differenziert zwischen D. bei Verdächtigen und anderen Personen. Bei einem/einer Verdächtigten kann die D. der Wohnung und anderer Räume sowie seiner/ihrer Person und der ihm/ihr gehörenden Sachen zum Zwecke seiner/ihrer Ergreifung vorgenommen werden oder wenn zu vermuten ist, sie werde zum Auffinden von Beweismitteln führen (§ 102 StPO). Bei anderen Personen sind D. nur zur Ergreifung des/der Beschuldigten oder Verfolgung von Spuren einer Straftat oder → Beschlagnahme bestimmter Gegenstände und nur dann zulässig, wenn Tatsachen vorliegen, aus denen zu schließen ist, die gesuchte Person, Spur oder Sache befinde sich in den durchsuchten Räumen (§ 103 Abs. 1 S. 1 StPO). Auch hier ist die D. von Personen und Sachen gestattet. Zum Zwecke der Ergreifung von Beschuldigten, die einer Straftat nach § 89 a oder § 129 a Strafgesetzbuch (StGB), auch i.V.m. § 129 b, dringend verdächtig sind, darf ein ganzes Gebäude durchsucht werden, wenn aufgrund von Tatsachen anzunehmen ist, der/die Beschuldigte halte sich dort auf. Wenn der/die Betroffene sich nicht freiwillig der D. unterwirft, ist diese durch den/die Richter/in, bei Gefahr im Verzuge auch durch die Staatsanwaltschaft oder ihre Ermittlungspersonen (insbesondere die Polizei) anzuordnen (§ 105 Abs. 1 S. 1 StPO); im Falle einer D. nach § 103 Abs. 1 S. 2 StPO bei Gefahr im Verzuge nur durch Richter/in oder Staatsanwaltschaft. Eine D. zur Nachtzeit darf nur unter engen Voraussetzungen stattfinden (§ 104 StPO).

*Michael Bolowich*

**Dyskalkulalie** → Rechenstörung

**Early Excellence Centres** »Early Excellence« bedeutet, ressourcenorientiert alle Kinder zu fördern und → Familien zu unterstützen. Leitidee der E. E. C. ist die Integration der Bereiche → Erziehung, → Bildung und Betreuung, → Gesundheit sowie Unterstützung und → Beratung für Familien. Vor ca. 20 Jahren entstand in England die Idee, Zentren für eine kindgerechtere und effektivere Früherziehung einzurichten. 1997 rief die englische Regierung das »Early Excellence Centre-Programm« ins Leben, dessen Ziele und Schwerpunkte in das »Sure Start-Programm« (2000) und das »Children Centre-Programm« (2004) integriert und erweitert wurden. Heute gibt es in England ca. 500 dieser frühpädagogischen Zentren. 2001 wurde in Berlin das erste deutsche E. E. C. vom Pestalozzi-Fröbel-Haus eröffnet. E. E. C. verstehen sich als »Gemeinschaft forschend Lernender«, zu der die Kinder, ihre Familien und das pädagogische Fachpersonal gleichermaßen gehören. Im Mittelpunkt des pädagogischen Handelns stehen das Kind und seine Bildungsprozesse. Diese gilt es mittels Beobachtung zu erkennen und das Kind auf hohem Niveau individuell zu fördern. Dabei stehen folgende Aspekte im Vordergrund: Wohlbefinden, Engagement und Schemata (Verhaltensmuster). Eltern, als Experten ihrer Kinder, und pädagogische → Fachkräfte gehen eine neue Bildungs- und Erziehungspartnerschaft ein, in der die Eltern gleichberechtigt in die Diskussion um Schlüsselkonzepte der kindlichen Entwicklung einbezogen werden und bei der Förderung ihrer Kinder mitarbeiten (→ Elternarbeit).

*Maria-Theresia Münch*

**Eckregelsatz** → Regelsatz

**Effektivität** meint Wirksamkeit oder Zielerreichung. Damit unterscheidet sich E. von → Effizienz, die sich auf die Relation von Output und Input bezieht und somit ein Ziel-Mittel-Verhältnis beschreibt. Als dritter Begriff in diesem Zusammenhang ist Sparsamkeit anzufügen. Diese stellt allein auf einen möglichst geringen Mitteleinsatz ab. Die Frage nach E. zielt darauf, was durch einen bestimmtem Input bewirkt wird. Oder anders formuliert: Wurde das Beabsichtigte auch erreicht? Dabei kann sich der E.-Begriff auf einzelne Handlungen wie auf eine → Organisation insgesamt beziehen. So handelt eine gemeinwirtschaftliche Organisation im Ganzen umso effektiver, je eher sie in der Lage ist, den insgesamt beabsichtigten Nutzen zu stiften. Lassen sich gesetzte Ziele einfach quantifizieren, wie z.B. die Anzahl vermittelter Jugendlicher in den ersten Arbeitsmarkt, dann kann anhand der tatsächlichen Vermittlungserfolge die E. des entsprechenden → sozialen Dienstes leicht bestimmt werden. Anders verhält es sich, wenn die Ziele (von Organisationen) z.B. Bedarfsdeckung oder (bei Hilfeprozessen) z.B. Entwicklung von Selbstwertgefühl lauten. Diese Ziele sind nicht ohne Weiteres zugänglich, was bedeutet, dass sie in dieser Form nicht unmittelbar gemessen werden können. Will man dennoch an der Frage nach der E. festhalten, müssen einige Zwischenschritte getan werden, bevor man zu einer Antwort gelangt. Zunächst müssen die vorliegenden Ziele so weit konkretisiert bzw. operationalisiert (→ Operationalisierung) werden, damit es möglich wird, den Grad ihres Eintretens zu ermitteln. Dazu ist es i.d.R. notwendig, Indikatoren (→ Sozialindikatoren) zu entwickeln, die als Platzhalter für ein nicht unmittelbar zugängliches Ziel stehen und gut messbar sind. In einem weiteren Schritt können die Ziele bzw. Indikatoren in → Kennzahlen und konkrete Zielgrößen (angestrebte Ausprägung der Kennzahl, z.B. 20%) überführt werden: Wie hoch soll der Anteil der Jugendlichen sein, der durch ein Beschäftigungsprojekt in reguläre Arbeitsverhältnisse vermittelt werden kann? Als Zielgröße sollte ein Wert bestimmt werden, der anspruchsvoll, aber auch realisierbar erscheint. Solche Kennzahlen und Zielgrößen eignen sich nicht nur dafür, die eigene E., z.B. im Kontext von Evaluationsprojekten, regelmäßig zu bestimmen, sondern sie ermöglichen auch einen organisationsübergreifenden Leistungsvergleich (→ Benchmarking oder interkommunale Leistungsvergleiche). Hier muss jedoch darauf geachtet werden, dass nur solche Einrichtungen, Dienste, Projekte u.a. sinnvoll miteinander verglichen werden, die auch vergleichbar sind, weil sich die Rahmenbedingungen und die Klientel im Wesentlichen entsprechen. Hält man einen Vergleich auch dann für interessant, wenn es gewisse Unterschiede gibt, müssen diese bei der Interpretation der Kennzahlen angemessen berücksichtigt werden, um nicht zu völlig verzerrten Ergebnissen zu gelangen. Mit dem Ansatz eines → Social Return on Investment (SROI) gibt es aktuell ein neues Verfahren, auch den durch → soziale Dienstleistungen geschaffenen finanziellen Mehrwert zu erfassen, wenn z.B. durch ein Beschäftigungsprojekt zusätzliche Arbeitsplätze geschaffen werden.

*Jürgen Burmeister*

**Effizienz** bedeutet → Wirtschaftlichkeit und stellt auf das Verhältnis von Output und Input bei der Erstellung von materiellen wie immateriellen Gütern ab. Betrachtet wird bei der Frage nach E. also immer eine Ziel-Mittel-Relation: Welches Ergebnis wurde mit welchem Aufwand erzielt? Effizientes Handeln ist mit dem sog. ökonomischen Prinzip gleichzusetzen, das es als Minimal- und Maximalprinzip gibt. Während beim Minimalprinzip versucht wird, einen festgelegten Output mit geringstmöglichem Mitteleinsatz zu realisieren, wird beim Maximalprinzip danach gestrebt, einen größtmöglichen Output zu erreichen, wobei der Mitteleinsatz bestimmt wird. Der Begriff der E. selbst gibt nicht vor, worin das Ziel bzw. der Zweck eines Handelns oder einer gesamten → Organisation besteht, weswegen M. Weber in diesem Zusammenhang von formaler Rationalität spricht, wie sie auch in dem von ihm so bezeichneten Typus des zweck-rationalen Handels zum Ausdruck kommt. Während bei erwerbswirtschaftlich ausgerichteten Unternehmen Wirtschaftlichkeit als grundsätzliches Ziel bedeutet, einen möglichst großen Gewinn, eine möglichst hohe Rendite zu erzielen, steht bei gemeinwirtschaftlichen Organisationen die Bedarfsdeckung oder der Nutzen der Leistung (deswegen auch: Nonprofit-Organisationen) im Vordergrund. Gleichwohl gilt es auch hier, effizient und damit wirtschaftlich zu handeln, indem vorhandene Mittel so eingesetzt werden, dass ein möglichst großer Nutzen gestiftet wird, oder indem ein vorab definierter Nutzen mit einem möglichst geringen Mitteleinsatz realisiert wird. In der jüngeren Praxis sozialer Einrichtungen und auch der öffentlichen Verwaltung lässt sich beobachten, dass E. immer mehr mit Sparsamkeit gleichgesetzt wird, womit Wirtschaftlichkeit im eigentlichen Sinne als Zielgröße aufgegeben wird und es nur noch um die Reduktion des Mitteleinsatzes geht.

*Jürgen Burmeister*

**Effizienzkontrolle** → Evaluation, → Wirtschaftlichkeitsprüfungen

**EFQM** Die Ende der 1980er-Jahre gegründete European Foundation for Quality Management (EFQM) hat sich insbesondere die Förderung der Wettbewerbsfähigkeit europäischer Organisationen zum Ziel gesetzt. Dazu vergibt die EFQM seit 1992 jährlich einen zunächst als European Quality Award (EQA) und seit 2006 als EFQM Excellence Award (EEA) bezeichneten Preis. Mit diesem Qualitätspreis zeichnet die EFQM gewinnorientierte, aber auch vermehrt soziale Organisationen aus, die nachweislich hervorragende Leistungen zur Erfüllung der Erwartungen von Kund/innen, Mitarbeiter/innen und anderen Interessengruppen erbringen. Im Vordergrund steht dabei die Idee, durch diese Initiativen zu einer thematischen Sensibilisierung beizutragen sowie mithilfe eines umfassenden Qualitätsgedankens zu exzellenten Ergebnissen und Best-Practice-Beispielen zu kommen.

Dem Preis liegt ein Bewertungsmodell zugrunde, das die Anforderungen an Ganzheitlichkeit erfüllt und die relevanten Stakeholder einer Organisation einbezieht – wobei zunächst der Ausrichtung auf die Kund/innen eine besondere Aufmerksamkeit zukam. Die neun Kriterien innerhalb des Modells decken alle Facetten der Tätigkeit einer Organisation ab und stehen im Zusammenhang mit dem Erreichen jeweiliger Schlüsselergebnisse über kunden-, mitarbeiter-, aber auch gesellschaftsbezogene Einflussgrößen. Bestmögliche Ergebnisse mit Prozessen, Produkten und Dienstleistungen lassen sich durch eine Führung erzielen, die Strategie, Mitarbeiter/innen, Partnerschaften und Ressourcen optimal verknüpft. Die ersten fünf Kriterien werden als »Befähiger« bezeichnet und beschreiben die Voraussetzungen des Erfolgs einer Organisation. Bei den übrigen vier handelt es sich um »Ergebnis«-Kriterien, die über den Erfolg der Organisation im Hinblick auf die wesentlichen Stakeholder Auskunft geben. Da das Modell als Grundlage für eine Selbstbewertung dient, werden die einzelnen Kriterien durch insgesamt 32 Teilkriterien und beispielhaft benannte Ansatzpunkte konkretisiert. Bei einer Organisationsbewertung auf Basis des EFQM-Modells wird i.d.R. auf den Ansatz einer Selbstbewertung zurückgegriffen, der es einer Organisation auch unabhängig von einer Bewerbung um den EEA ermöglicht, durch ständiges Messen und kritisches Infragestellen nach einer vorgegebenen Systematik die eigenen Stärken und Verbesserungspotenziale selbst zu identifizieren. Diese Analyse bildet dann den Ausgangspunkt für einen kontinuierlichen Lern- und Optimierungsprozess.

Da auch das EFQM-Excellence-Modell wechselnden Anforderungen der Interessengruppen hinsichtlich Verbreitung, Anwendbarkeit und Akzeptanz unterliegt, wurde es im Jahr 2012 erneut überarbeitet. Bestrebungen einer besseren Übertragbarkeit auf die besonderen Bedingungen von sozialen Einrichtungen wurde dadurch Rechnung getragen, dass in der deutschen Übersetzung das Kriterium Schlüsselergebnisse beibehalten wurde. Die Grundkonzepte wurden leicht modifiziert und handlungsorientierter formuliert, das Kriterienmodell wurde moderat sprachlich verändert und die RADAR-Bewertungsmatrizen wurden benutzerfreundlicher dargestellt.

Für die Organisationen des öffentlichen Sektors haben die zuständigen Minister/innen 2000 beschlossen, ein Gemeinsames Europäisches Qualitätsbewertungssystem (Common Assessment Framework – CAF) einzuführen. Dieses Bewertungssystem lehnt sich an das EFQM-Modell an, wobei die Kriterien Prozess- und Veränderungsmanagement sowie Kunden-/Bürgerbezogene Ergebnisse sprachlich abweichen. Ähnliche sprachliche Anpassungen gibt es auf der Ebene der Teilkriterien. Die Anwendung des CAF ist kostenlos und offen zugänglich. Seit 2001 gibt es das CAF-Netzwerk als Zusammenschluss von Verwaltungen, die CAF als wirksames und kostengünstiges Instrument der → Verwaltungsmodernisierung nutzen (wollen).

*Informationen:* www.efqm.org/; www.caf-netzwerk.de

*Klaus J. Zink*

**Ehe** (aus dem Althochdt.: »awe« = Ewigkeit, Recht, Gesetz) ist eine in der jeweiligen Gesellschaftsordnung sozial anerkannte und durch → Rechtsnormen gefestigte Lebensgemeinschaft. Sie ist nach deutschem Recht ausschließlich monogam und verschiedengeschlechtlich. Gleichgeschlechtlichen Paaren (→ Gleichgeschlechtliche Lebensweisen) bleibt die E. bislang verwehrt, ihnen stellt der Gesetzgeber seit 1.8.2001 mit der → Lebenspartnerschaft erstmals ein eigenes familienrechtliches Institut zur Verfügung. Die E. und die → Familie stehen nach Art. 6 Abs. 1 → Grundgesetz (GG) unter dem besonderen Schutz der staatlichen Ordnung.

Staatliches und kirchliches → Eherecht sind in der Bundesrepublik streng getrennt. Nach katholischer Kirchenlehre ist die E. eine unauflösliche, ausschließliche Gemeinschaft zwischen einem Mann und einer Frau mit dem Ziel der Kindererzeugung; sie beruht auf einem → Vertrag und ist Sakrament. Nach evangelischer Auffassung umschließt die von Gott mit der Schöpfung gestiftete E. das Postulat der Unauflöslichkeit, der Einehe und der Ebenbürtigkeit der Frau; die Trauung ist das vor Gott und Gemeinde abgegebene gegenseitige Treueversprechen mit kirchlicher Segnung und Fürbitte. In der Bundesrepublik kann eine gültige E. nur vor dem Standesamt geschlossen werden; der kirchlichen Trauung, die erst nachfolgen darf, kommt keine bürgerlich-rechtliche Wirkung zu. Die rechtlichen Regelungen zur Eingehung einer E. sind durch das Eheschließungsrechtsgesetz zum 1.7.1998 in das → Bürgerliche Gesetzbuch (§§ 1303 ff. BGB) reintegriert worden. Die E. wird grundsätzlich immer noch auf Lebenszeit geschlossen und verpflichtet die Ehegatten zur ehelichen Lebensgemeinschaft (§ 1353 BGB), sie kann aber durch familiengerichtlichen Beschluss auf Antrag eines oder beider Ehegatten geschieden werden, wenn sie gescheitert ist (§§ 1564 ff. BGB) (→ Ehescheidung).

Die Wertvorstellung der monogamen, unauflöslichen E. mit dem Willen zu gemeinsamen Kindern hat sich geändert. Fortpflanzung sowie Schutz- und Versorgungsfunktionen besonders für die Frau haben einen anderen Stellenwert erhalten. Andere Formen der Lebensgemeinschaft auf Dauer oder Zeit haben sich gebildet und sind gesellschaftlich anerkannt. Die Anzahl der Ehescheidungen ist seit 2005 rückläufig. Die durchschnittliche Dauer der im Jahr 2014 geschiedenen Ehen betrug 14 Jahre und acht Monate. Somit setzte sich der Trend der vergangenen Jahre zu einer längeren Ehedauer bis zur Scheidung weiter fort. Vor 20 Jahren betrug die durchschnittliche Dauer der geschiedenen Ehen noch zwölf Jahre. Etwa die Hälfte der im Jahr 2014 geschiedenen Ehepaare hatte gemeinsame Kinder unter 18 Jahren. Insgesamt waren 2014 rund 134.800 minderjährige Kinder von der Scheidung ihrer Eltern betroffen.

*Hans-Otto Burschel*

**Eheähnliche Gemeinschaft**, auch nichteheliche Lebensgemeinschaft oder → Ehe ohne Trauschein genannt, liegt vor, wenn zwei nicht verheiratete Personen auf Dauer angelegt in einer gemeinsamen Wohn- und Wirtschaftsgemeinschaft leben, die keine weiteren Lebensgemeinschaften gleicher Art zulässt und sich durch eine innere Bindung auszeichnet (BVerfG, Urteil vom 17.11.1992, NDV 1993, 124). Der Begriff »eheähnlich« knüpft an den Rechtsbegriff der Ehe an, unter dem die Lebensgemeinschaft zwischen Mann und Frau gemeint ist. Gleichgeschlechtliche Partnerschaften (→ Gleichgeschlechtliche Lebensweisen) oder Partnerschaften zwischen Verwandten fallen nicht unter diesen Begriff. Bei gleichgeschlechtlichen Partnern liegt eine sogenannte → Lebenspartnerschaft oder lebenspartnerschaftsähnliche Partnerschaft vor.

Die e. G. grenzt sich von einer reinen Wohn- und Wirtschaftsgemeinschaft insofern ab, dass zwischen den Partnern eine gemeinsame Planung und Gestaltung der Lebensführung angestrebt wird und ein wechselseitiger Wille besteht, Verantwortung füreinander zu tragen und füreinander einzustehen (Verantwortungs- und Einstehungsgemeinschaft; BVerwG, Urteil vom 17.5.1995, NDV-RD 1996, 38; BSGE 90, 90, § 7 Abs. 3 SGB II). Die Feststellung einer Intimbeziehung wird nicht vorausgesetzt, ferner sind behördliche Nachforschungen in der Intimsphäre der Partner unzulässig. Zur Feststellung einer e. G. dürfen ausschließlich äußere Indizien dienen. Anhaltspunkte können dabei sein: lang andauerndes Zusammenleben, Zusammenleben mit einem gemeinsamen Kind, Versorgung von Kindern oder Angehörigen im Haushalt oder Verfügungsbefugnis des einen Partners über das → Einkommen und → Vermögen des anderen (§ 7 Abs. 3 a SGB II). Getrennte Kassen sind jedoch kein Hindernis.

Leben Mann und Frau in einer e. G., dürfen sie sozialhilferechtlich nach § 20 SGB XII hinsichtlich der Voraussetzungen sowie des Umfangs der → Sozialhilfe nicht besser gestellt werden als Ehegatten. Gemäß § 7 Abs. 3 Nr. 3 b SGB II gehört eine Person, die mit dem/der erwerbsfähigen Hilfebedürftigen in e. G. lebt, zur → Bedarfsgemeinschaft. So ist in der → Grundsicherung für Arbeitssuchende und in der Sozialhilfe das Einkommen und das Vermögen des eheähnlichen Partners bei Prüfung der Hilfebedürftigkeit zu berücksichtigen wie bei nicht getrennt lebenden Ehegatten (§ 9 Abs. 2 SGB II). Obwohl Partner in e. G. in Bezug auf die Versagung von Sozialleistungen wie Ehegatten behandelt werden, genießen sie nicht die gleichen Vorzüge wie Ehepartner wie bspw. das steuerrechtliche Ehegattensplitting (→ Familienbesteuerung) oder die beitragsfreie → Familienversicherung in der → Krankenversicherung. Des Weiteren besteht kein gegenseitiger Anspruch auf Unterhaltsansprüche der Partner. Stirbt ein eheähnlicher Partner, bleibt der überlebende Teil von der gesetzlichen Erbfolge ausgeschlossen und hat keinen Anspruch auf → Witwen-/Witwerrente.

*Stefanie Vorberger*

**Eheberatung** → Partnerschaftsberatung

**Ehegattensplitting** → Familienbesteuerung

**Eheliches Güterrecht** Im e. G., der Regelung der vermögensrechtlichen Wirkungen der → Ehe, gilt weitgehend Vertragsfreiheit (§ 1408 → Bürgerliches Gesetzbuch [BGB]; → Vertrag). Wird durch Ehevertrag keine abweichende Vereinbarung getroffen, gilt als gesetzlicher Güterstand die → Zugewinngemeinschaft. Alle abweichenden Vereinbarungen vor wie auch während der Ehe müssen bei gleichzeitiger Anwesenheit beider Partner vor einem Notar/einer Notarin geschlossen werden (§ 1410 BGB); der Formzwang (→ Beurkundung) schützt vor Übereilung und sichert den Nachweis des Vereinbarten.

Für den Inhalt des Ehevertrags besteht begrenzte Vertragsfreiheit; es kann Gütertrennung oder Gütergemeinschaft oder innerhalb eines bestimmten Güterstands eine Abweichung von nicht zwingend vorgeschriebenen Normen vereinbart werden. Wird der gesetzliche Güterstand der Zugewinngemeinschaft ausgeschlossen oder aufgehoben und ergibt sich aus dem Ehevertrag nichts anderes, tritt Gütertrennung ein (§ 1414 BGB). Die → Vermögen beider Ehegatten bleiben getrennt, jeder verwaltet und nutzt sein Vermögen allein, soweit er nicht mit dem Vermögen zum Familienunterhalt beizutragen hat (§ 1360 BGB; → Eherecht). Durch Ehevertrag kann auch Gütergemeinschaft vereinbart werden (§§ 1415–1482 BGB). Dabei wird das gesamte gegenwärtige und zukünftige Vermögen der Ehegatten gemeinschaftliches Vermögen (Gesamtgut); daneben kann jeder Ehegatte Sondergut oder Vorbehaltsgut besitzen. Die Ehegatten können anordnen, dass die Gütergemeinschaft nach dem Tod eines Ehegatten zwischen dem überlebenden Ehegatten und den gemeinschaftlichen Abkömmlingen fortgesetzt wird (§§ 1483–1518 BGB). Eheverträge, ihre Änderung oder Aufhebung sollten im Güterrechtsregister eingetragen werden. Die Eintragung, die nur auf Antrag erfolgt, ist bei jedem Amtsgericht zu bewirken, in dessen Bezirk auch nur einer der Ehegatten seinen gewöhnlichen → Aufenthalt hat (§ 1558 BGB). Bei Verlegung des gewöhnlichen Aufenthalts in einen anderen Gerichtsbezirk muss die Eintragung im Register dieses Bezirks wiederholt werden (§ 1559 BGB). Die Einsicht in das Register ist jedem gestattet (§ 1563 BGB). Dritte müssen die Eintragung gegen sich gelten lassen, auch wenn sie sie nicht kennen.

*Hans-Jürgen Schimke*

**Ehemündigkeit** Um eine → Ehe eingehen zu können, müssen die Eheschließenden ehemündig sein, d.h. eine bestimmte Altersgrenze erreicht haben. Das Gesetz sieht in § 1303 Abs. 1 → Bürgerliches Gesetzbuch (BGB) vor, dass die Ehe nicht vor dem Eintritt der → Volljährigkeit beider Eheleute, also vor Vollendung des 18. Lebensjahres (§ 2 BGB), geschlossen werden soll. Auf Antrag kann das → Familiengericht von der Vorschrift Befreiung erteilen, wenn der/die Antragsteller/in das 16. Lebensjahr vollendet hat und der andere Ehegatte volljährig ist (§ 1303 Abs. 2 BGB). Vor der Entscheidung sind der/die Minderjährige persönlich, seine/ihre Eltern, das Jugendamt und der/die andere Verlobte anzuhören. Widerspricht der/die → gesetzliche Vertreter/in oder ein/e sonstige/r Personenberechtigte/r dem Antrag auf Befreiung, so darf das Familiengericht die Befreiung nur erteilen, wenn der Widerspruch nicht auf triftigen Gründen beruht (§ 1303 Abs. 3 BGB). Die Befreiung ist zu erteilen, wenn die beabsichtigte Ehe dem Wohle des/der Minderjährigen nicht widerspricht. Die Befreiung ist nicht allgemein, sondern nur für die Ehe mit einem bestimmten Partner zu erteilen. Kommt die beabsichtigte Ehe nicht zustande und will der/die Betreffende vor Erreichen der Volljährigkeit die Ehe mit einem anderen Partner eingehen, so muss erneut Befreiung beantragt werden. Für das Eingehen einer eingetragenen → Lebenspartnerschaft ist die Volljährigkeit beider Partner ein unbedingtes Erfordernis (§ 1 Abs. 3 Lebenspartnerschaftsgesetz), von dem das Familiengericht bei → Minderjährigkeit des einen Partners keine Befreiung aussprechen kann.

*Hans-Otto Burschel*

**Eherecht** Das staatliche E. – das kirchliche E. wird hier nicht dargestellt – regelt die → Ehe und die damit zusammenhängenden Lebensverhältnisse, soweit sie durch → Rechtsnormen erfassbar sind und erfasst werden sollen.

Eine Ehe zwischen Deutschen soll nicht vor Eintritt der → Volljährigkeit geschlossen werden (→ Ehemündigkeit). Hat einer der Partner das 16. Lebensjahr vollendet und ist der andere volljährig, so kann das → Familiengericht auf Antrag hiervon Befreiung erteilen (§ 1303 Abs. 1, 2 → Bürgerliches Gesetzbuch [BGB]). Nicht einander heiraten dürfen Verwandte in gerader Linie, also Personen, die voneinander abstammen (§ 1589 S. 1 BGB) sowie Geschwister und Halbgeschwister (§ 1303 S. 1 BGB). Dies gilt auch, wenn die Verwandtschaft durch Adoption erloschen ist. Heiraten können demnach z.B. Cousin und Cousine und Onkel und Nichte, da sie nicht in gerader Linie voneinander abstammen. Für Ausländer/innen bestimmen sich die Voraussetzungen der Eheschließung und evtl. Eheverbote i.d.R. nach ihrem Heimatrecht (Art. 13 Einführungsgesetz zum BGB [EGBGB]). Innerhalb der Bundesrepublik kann die Ehe nur vor einem/einer Standesbeamt/in geschlossen werden (§ 1310 BGB). Hat diese/r bei Anmeldung der Eheschließung (das frühere »Aufgebot« ist entfallen) konkrete Anhaltspunkte dafür, dass eine »Scheinehe« (§ 1314 Abs. 2 Nr. 5 BGB) geschlossen werden soll, kann er/sie die Eheschließung verweigern oder nach § 45 Abs. 2 Personenstandsgesetz (PStG) die Entscheidung des Amtsgerichts herbeiführen. Die Erklärungen, die Ehe miteinander eingehen zu wollen (Trauung, §§ 1311, 1312 Abs. 1 S. 1 BGB), müssen persönlich bei gleichzeitiger Anwesenheit vor dem Standesamt abgegeben werden. Stellvertretung und bedingte oder befristete Erklärungen sind unzulässig (§ 1311 BGB). Die Zuziehung von Trauzeug/innen ist nicht (mehr) notwendig, auf Wunsch der Eheleute aber möglich (§ 1312 Abs. 1 S. 2 BGB). Die Ehe wird auf Lebenszeit geschlossen, § 1353 Abs. 1 S. 1 BGB; dies schließt die → Ehescheidung nicht aus, wenn die Ehe gescheitert ist (§§ 1564 ff. BGB).

Die wichtigste Rechtswirkung der Ehe ist die Pflicht zur ehelichen Lebensgemeinschaft (§ 1353 Abs. 1 S. 1 BGB). Was diese Pflicht konkret beinhaltet, entzieht sich einer generalisierten Beurteilung und unterliegt einem stetigen gesellschaftlichen Wandel sowie der Vereinbarung zwischen den Ehegatten. Als unverzichtbar setzt diese von Partnerschaft und Gleichberechtigung geprägte eheliche Lebensgemeinschaft nach heutigem Verständnis nicht nur die Verpflichtung zur häuslichen Gemeinschaft voraus, sondern auch, dass die Ehegatten aufeinander Rücksicht nehmen und einander Beistand geben. Die Eheleute tragen füreinander Verantwortung (§ 1353 Abs. 1 S. 2 BGB). Das Recht auf Herstellung der ehelichen Lebensgemeinschaft ist einklagbar, aber nicht vollstreckbar (§ 120 Abs. 3 → Familienverfahrensgesetz [FamFG]). Eine Pflicht zur ehelichen Lebensgemeinschaft besteht nicht, wenn die Ehe gescheitert ist oder das Verlangen einen Missbrauch darstellt. Die Rechtsprechung gewährt aber ausnahmsweise auch einen vollstreckbaren Anspruch auf Beseitigung einer Störung oder Unterlassung einer zukünftigen Störung gegen den anderen Ehegatten oder einen Dritten, wenn der »räumlich-gegenständliche Bereich« der Ehe beeinträchtigt wird (BGHZ 6, 360). Diese Rechtsprechung betrifft Lebenssachverhalte, in denen ein Ehegatte einen anderen Partner gegen den Willen des anderen Ehegatten in die gemeinsame Ehewohnung aufnimmt.

Die Haushaltsführung regeln die Partner im gegenseitigen Einvernehmen. Beide Ehegatten sind berechtigt, erwerbstätig zu sein, haben dabei aber auf den anderen Ehegatten und die → Familie die gebotene Rücksicht zu nehmen (§ 1356 BGB). Jeder Ehegatte ist berechtigt, Geschäfte zur angemessenen Deckung des Lebensbedarfs auch mit Wirkung für den anderen Partner vorzunehmen; aus solchen Geschäften werden beide Ehegatten berechtigt und verpflichtet, soweit sich aus den Umständen nichts anderes ergibt (§ 1357 Abs. 1 BGB). Beide Ehegatten sind verpflichtet, durch ihre Arbeit und ggf. mit ihrem → Vermögen die Familie angemessen zu unterhalten. Der Unterhalt umfasst die Kosten des Haushalts, die persönlichen Bedürfnisse der Ehegatten (einschließlich Taschengeld) und den Lebensbedarf der gemeinsamen unterhaltsberechtigten Kinder. Führt ein Ehegatte den Haushalt, erfüllt er damit i.d.R. seine

→ Unterhaltspflicht gegenüber der Familie (§ 1360 BGB). Der Unterhalt umfasst auch Prozesskostenvorschüsse für Rechtsstreitigkeiten in persönlichen Angelegenheiten, z.B. Ehescheidung, Strafverfahren (§ 1360 a Abs. 4 BGB), soweit dies der Billigkeit entspricht. Zu den vermögensrechtlichen Beziehungen der Ehepartner vgl. → Eheliches Güterrecht und → Zugewinngemeinschaft. Im Regelfall wird die Ehe durch den Tod eines Ehegatten aufgelöst. Die Auflösung ist auch durch Beschluss des Familiengereichts möglich.

Das vierte Buch des BGB (§§ 1297 ff.) (→ Familienrecht) gilt seit dem Beitritt zur Bundesrepublik auch in den neuen Bundesländern für alle familienrechtlichen Verhältnisse, die z.Zt. des Beitritts bestanden, soweit in Art. 234 EGBGB nichts anderes bestimmt ist.

*Informationen*: www.familienrecht-ratgeber.de

*Lit.* Dethloff, N./Beitzke, G: Familienrecht. Ein Studienbuch, 31. Aufl., München 2015; Gastiger, S./Oswald, G.: Familienrecht, Stuttgart/Berlin/Köln 1978; Palandt, O.: Bürgerliches Gesetzbuch (BGB). Kommentar, 75. Aufl., München 2016.

*Hans-Otto Burschel*

**Ehescheidung** Eine → Ehe wird durch richterliche Entscheidung des zuständigen → Familiengerichts auf Antrag eines oder beider Ehepartner geschieden (§ 1564 → Bürgerliches Gesetzbuch [BGB]), wenn die gesetzlichen Voraussetzungen vorliegen. Im Jahr 2014 wurden in Deutschland rund 166.200 Ehen geschieden, dies entspricht 2,1% weniger als 2013. In 52% der Fälle wurde das Verfahren von der Ehefrau beantragt, nur zu 40% war der Mann der Antragsteller. In 8% der Fälle stellten beide Ehegatten den Antrag. Etwa die Hälfte der im Jahr 2014 geschiedenen Ehepaare hatte gemeinsame Kinder unter 18 Jahren, rd. 134.800 minderjährige Kinder waren von der E. ihrer Eltern betroffen, knapp 1% weniger als im Vorjahr.

Eine Ehe kann unabhängig von etwaigem Verschulden der Ehepartner geschieden werden gemäß § 1565 BGB. Das Gesetz verlangt, dass die Ehepartner mindestens ein Jahr getrennt leben und beide geschieden werden wollen. Vor Ablauf des Trennungsjahres ist eine E. nur in Ausnahmefällen möglich (§ 1565 Abs. 2 BGB) wegen unzumutbarer Härte, z.B. bei schwerer Alkoholsucht (→ Sucht) oder Gewalttätigkeit (→ Häusliche Gewalt). Nach dreijährigem Getrenntleben wird die Ehe auch gegen den Willen des Partners, der weiter verheiratet bleiben möchte, geschieden (§ 1566 Abs. 2 BGB). In eng begrenzten Ausnahmesituationen soll die Ehe trotz längeren Getrenntlebens gemäß der Härteklausel des § 1568 BGB nicht geschieden werden. Wenn es Aussicht auf Fortbestand der Ehe gibt, kann das E.verfahren vorübergehend unterbrochen werden, damit die Ehepartner eine → Partnerschaftsberatung, ggf. eine → Mediation aufsuchen (§ 136 → Familienverfahrensgesetz [FamFG]).

Nach § 137 FamFG soll über die E. und ihre Folgen möglichst gleichzeitig entschieden werden. Bei Ehen mit Kindern wird seit der Reform des → Kindschaftsrechts über die → elterliche Sorge im Rahmen der E. nur entschieden, wenn mindestens ein Elternteil die Übertragung der alleinigen elterlichen Sorge beantragt. Anderenfalls ist die elterliche Sorge – auch zur Entlastung der betroffenen Kinder – nicht Gegenstand des familiengerichtlichen Verfahrens. Ebenso entscheidet das Familiengericht nur auf Antrag über weitere Scheidungsfolgen wie → Umgangsrecht, Kindes- und Ehegattenunterhalt (→ Unterhaltspflicht), Hausrataufteilung, Zuweisung der Ehewohnung und Zugewinnausgleich.

Der E.antrag muss von einem Anwalt/einer Anwältin eingereicht werden (§ 114 FamFG); der andere Ehepartner kann, muss aber nicht anwaltlich vertreten sein. Örtlich zuständig für die E. ist das Familiengericht, in dessen Bezirk die Ehepartner ihren gemeinsamen gewöhnlichen → Aufenthalt zuletzt gehabt haben (§ 122 Ziff. 3 FamFG); im Übrigen richtet sich die örtliche Zuständigkeit nach dem gewöhnlichen Aufenthalt der gemeinsamen Kinder (§ 122 Ziff. 1 u. 2 FamFG). Beschwerdeinstanz für die Entscheidungen der Familiengerichte sind die Oberlandesgerichte, dritte Instanz ist der Bundesgerichtshof (BGH). Die Kosten der E. tragen die Ehepartner je zur Hälfte; bei Bedürftigkeit können sie über die staatliche Verfahrenskostenhilfe finanziert werden.

*Angelika Gregor*

**Ehrenamtliche/freiwillige Tätigkeit im sozialen Bereich** Ehrenamtlich bzw. freiwillig Engagierte stellen sich unentgeltlich in einem institutionellen Rahmen zur Verfügung (→ Bürgerschaftliches Engagement). Lange Zeit prägte und initiierte dieser Personenkreis das soziale Engagement, das von Kirchen, Genossenschaften, Vereinen und Assoziationen organisiert wurde. V.a. im 19. Jh. entwickelte sich in bürgerlichen und konfessionellen Milieus eine lokale Kultur des Ehrenamts, nicht zuletzt im Kontext der kommunalen Armenpflege. Gegen Ende des 20. Jh. verbanden sich zahlreiche Aktivitäten der bürgerlichen Frauenbewegung mit ehrenamtlichem Engagement in der Sozialen

Arbeit und → Sozialpolitik. Ihre Gründerinnen schufen Ausbildungen für soziale Frauenberufe und waren Vorkämpferinnen für die Qualifizierung → sozialer Dienste in der freien und behördlichen Wohlfahrtspflege (→ Soziale Bewegungen).

Heutzutage trifft die Bezeichnung »ehrenamtlich« im ursprünglichen Wortsinn nur noch für vereinzelte Tätigkeiten zu. Dazu gehören im sozialen Bereich die → Vormundschaft, → Pflegschaft, → Bewährungshilfe oder → Betreuung, aber auch jene Funktionen, die aufgrund eines durch Wahl erworbenen Mandates ausgeübt werden, z.B. als Vorstandsmitglied eines → Vereins oder Verbands, im Kuratorium einer Einrichtung, als gewähltes Mitglied in Gremien, z.B. dem → Jugendhilfeausschuss, Ausländerbeirat, einem → Jugendverband oder einem Forum von Sozialhilfeempfänger/innen. Das soziale Ehrenamt wird mehrheitlich eindeutig von Frauen ausgeübt, während die mit 39% häufiger ehrenamtlich engagierten Männer (Frauen 32%) überwiegend sportliche, freizeit-, politik- und berufsbezogene Tätigkeiten bevorzugen. Frauen sind verstärkt im Gesundheits- und Sozialbereich sowie in kirchlich-religiösen Gruppen engagiert.

Ehrenamtliches Engagement ist nicht voraussetzungslos zu haben. Es basiert auf Zeit und Geld. Dabei korrespondiert eine wachsende soziale Ungleichheit mit Prozessen einer → »Monetarisierung des Engagements«. Die zunehmende Bedeutung individueller finanzieller Anreize weitet eine Grauzone des Niedriglohns aus und macht eine grundlegende, kriteriengeleitete Unterscheidung von Erwerbsarbeit und Engagement erforderlich. Erst die Zukunft der → Engagementpolitik wird zeigen, wohin die vielfältig beschworenen Wege in eine gleichermaßen moderne, zivilisierte und solidarische Gesellschaft führen.

*Ansgar Klein*

**Eigenanteil** → Kostenbeitrag

**Eignungsabklärung** → Abklärung der beruflichen Eignung und Arbeitserprobung

**Einbürgerung** Mit der E. werden Ausländer/innen deutsche Staatsangehörige (→ Staatsangehörigkeit) und damit gleichberechtigte Bürger/innen. Die zentralen Rechtsgrundlagen einer Einbürgerung sind in §§ 8 ff Staatsangehörigkeitsgesetz (StAG) verankert (in der im BGBl. III, Gliederungsnummer 102-1, veröffentlichten bereinigten Fassung, zuletzt geändert durch Art. 3 des Gesetzes v. 28.10.2015, BGBl. I S. 1802). Grundsätzlich unterscheidet das Gesetz zwischen der Anspruchseinbürgerung (→ Rechtsanspruch) und der Ermessenseinbürgerung (→ Ermessen). Zentrale Voraussetzungen für eine Anspruchseinbürgerung nach § 10 StAG sind grundsätzlich ein achtjähriger gewöhnlicher und rechtmäßiger → Aufenthalt in Deutschland, eine Niederlassungserlaubnis, eine Blaue Karte oder unter bestimmten Voraussetzungen auch eine befristete Aufenthaltserlaubnis, die eigenständige Lebensunterhaltsicherung, entsprechende deutsche Sprachkenntnisse (B 1, s. § 2 Abs. 11 Aufenthaltsgesetz), das Bekenntnis zur freiheitlich demokratischen Grundordnung, i.d.R. das Aufgeben der bisherigen Staatsangehörigkeit sowie keine strafrechtliche Verurteilung. Ausnahmen von diesen Voraussetzungen gibt es z.B. für Kinder oder Ehegatten.

Ausländer/innen müssen bei der lokal zuständigen Einbürgerungsbehörde einen → Antrag auf Einbürgerung stellen.

Das → Bundesamt für Migration und Flüchtlinge bietet unter www.bamf.de ein kostenfreies Online-Testcenter zur Vorbereitung auf den Einbürgerungstest sowie weitere Informationen an.

*Melanie Kößler*

**Ein-Eltern-Familie** → Alleinerziehende

**Ein-Euro-Job** → Öffentlich geförderte Beschäftigung

**Eingliederungshilfe für behinderte Menschen** Die E. befindet sich im Umbruch. Sie soll aus der → Sozialhilfe herausgelöst und in einem eigenen Gesetz (Teil II SGB IX) neu gefasst werden und dabei den Anforderungen an die → UN-Behindertenrechtskonvention genügen. Die E. (§§ 53 ff. [SGB] XII soll im Rahmen der nachrangigen Sozialhilfe die Möglichkeit zur → Teilhabe am Gemeinschaftsleben sicherstellen. Sie wird durch das zum 1.7.2001 in Kraft getretene SGB IX (→ Rehabilitation und Teilhabe behinderter Menschen) beeinflusst. Seit Einführung der gesetzlichen → Pflegeversicherung ist die E. die finanziell bedeutsamste Hilfe nach dem SGB XII – neben der → Grundsicherung im Alter und bei Erwerbsminderung.

Die E. umfasst Leistungen zur → medizinischen Rehabilitation und beruflichen Teilhabe im selben Umfang wie die vorrangigen Leistungsgesetze nach dem → Sozialgesetzbuch (SGB), insbesondere SGB III, V und VI. Zur E. zählen auch begleitende schulische, schulvorbereitende und vorschulische Maßnahmen (§ 54 Abs. 1 Nr. 1 SBG XII) sowie Leistungen zur Teilhabe am Leben in der Gemeinschaft (§ 54 Abs. 1 SGB XII, § 55 SGB IX). Die zahlenmäßig und finanziell bedeutsamsten Leistungen der E. sind Hilfen in betreuten Wohnmöglichkeiten (§ 55 Abs. 2 Nr. 6 SGB XII) sowie Hilfen in einer → Werkstatt für behinderte Menschen (WfbM, § 41 SGB IX) im Rahmen der beruflichen Teilhabe. Leistungsberechtigt sind wesentlich körperlich, geistig oder seelisch → behinderte Menschen. Hierüber ist in der → Eingliederungshilfe-Verordnung Näheres ausgeführt.

Aufgabe der E. ist es, eine Behinderung zu verhüten, deren Folgen zu beseitigen oder zu mildern und den behinderten Menschen in die Gesellschaft einzugliedern (§ 53 Abs. 3 SGB XII, § 4 SGB IX). Die dabei zu verfolgenden Ziele sind, eine Teilnahme am Leben in der Gemeinschaft zu ermöglichen oder zu erleichtern, die Ausübung eines Berufs oder einer sonstigen angemessenen Tätigkeit zu ermöglichen und soweit wie möglich die Unabhängigkeit von → Pflege zu erreichen. Leistungen der E. werden zielgerichtet und unabhängig vom Grund des Hilfebedarfes erbracht. Solange das mit der Leistung verfolgte Ziel realistischerweise erreicht werden kann, erfolgt die Leistung ohne zeitliche Begrenzung. Beispiele für Leistungen der E. sind die → Frühförderung oder die Suchtbehandlung als medizinische Maßnahme, heilpädagogische Betreuung als vorschulische Maßnahme, Internatsbetreuung als begleitende schulische Maßnahme, ein WfbM-Besuch als berufliche Maßnahme sowie die Betreuung im Wohnbereich, sei es in einem Wohnheim oder einer anderen ambulant betreuten Wohnform als Leistung zur Teilhabe am Leben in der Gemeinschaft (→ Betreutes Wohnen behinderter und psychisch kranker Menschen).

Die Abgrenzung der E. v.a. zur Krankenhilfe (→ Hilfen zur Gesundheit) oder zur → Hilfe zur Pflege ist im Einzelfall schwierig. Sie ist aber wegen des Nachrangs von Sozialhilfeleistungen bedeutsam. Leistungen der E. müssen immer zielgerichtet und die Behinderung konkret beeinflussend sein. Für seelisch behinderte Kinder und Jugendliche (§ 35 a SGB VIII) und seelisch behinderte junge Volljährige (§ 41 SGB VIII) werden Leistungen der E. im Rahmen der Jugendhilfe nach den Bestimmungen des SGB VIII (→ Kinder- und Jugendhilfe) erbracht. Die zuständigen Träger der E. werden i.d.R. durch Ausführungsgesetzes der Länder zum SGB XII bestimmt.

Das Bundeskabinett hat am 28.6.2016 einen Regierungsentwurf zu einem → Bundesteilhabegesetz verabschiedet, der wesentliche Änderungen des Rechts der Rehabilitation und Teilhabe behinderter Menschen und der E. vorsieht. Das Bundesteilhabegesetz soll stufenweise zwischen 2017 und 2020 in Kraft treten.

*Lit.* Mergler, O./Zink, G.: Handbuch der Grundsicherung und Sozialhilfe. Teil I: SGB II – Grundsicherung für Arbeitsuchende, Loseblattausgabe, Stuttgart/ Berlin/Köln (Stand: 2015); Mrozynski, P.: Rehabilitationsrecht. Eine Darstellung der sozialrechtlichen Grundlagen unter Berücksichtigung der Rechtsprechung, 3. Aufl., München 1992; Schellhorn, W./ Schellhorn, H./Hohm, K-H.: Kommentar zum SGB XII, 19. Aufl., Köln 2015.

*Franz Schmeller*

**Eingliederungshilfe-Verordnung (EinglH-VO)** hat die Funktion, die im SGB IX und im SGB XII (§§ 53 ff.) beschriebenen Leistungen für → behinderte Menschen näher zu bestimmen. Sie beschreibt den Personenkreis der wesentlich körperlich, geistig und seelisch behinderten Menschen näher (§§ 1–3). Im Abschnitt II werden Leistungen der → Eingliederungshilfe für behinderte Menschen ergänzend zu denen in § 53 SGB XII näher bestimmt. Es handelt sich v.a. um → Rehabilitationssport (§ 6), Kraftfahrzeughilfe (§ 8), → Hilfsmittel (§§ 9 und 10) sowie schulische Maßnahmen (§§ 12 und 13). Die Ermächtigung für die Verordnung ergibt sich aus § 60 SGB XII. Das Bundeskabinett hat am 28.6.2016 einen Regierungsentwurf zu einem → Bundesteilhabegesetz verabschiedet, der wesentliche Änderungen des Rechts der Rehabilitation und Teilhabe behinderter Menschen und der Eingliederungshilfe vorsieht.

*Franz Schmeller*

**Eingliederungsvereinbarung** Mit Beginn der Arbeitsmarktreform (»Hartz IV«) am 1.1.2005 wurde in der Arbeitsverwaltung die E. zwischen Arbeitsuchenden und Vermittler/in bzw. Fallmanager/in (→ Case Management) eingeführt, die wie kein anderes Instrument die Bedeutung der individuellen Betreuung unter Berücksichtigung des Leitgedankens des »Förderns und Forderns« widerspiegelt. Die große Bedeutung liegt in der individuellen Ausgestaltung dieses → Vertrages auf der Grundlage der individuellen → Beratung des/der Arbeitsuchenden durch Vermittler/in bzw. Fallmanager/in, im Gegensatz zu den sonst eher sehr arbeitsteiligen und hoch frequentierten Prozessen in der Arbeitsverwaltung. Die gesetzliche Grundlage für die E. bildet der § 15 Abs. 1 S. 1 SGB II (→ Grundsicherung für Arbeitsuchende), der sowohl die Förderleistungen des Trägers als auch die Bemühungen der Arbeitsuchenden festschreibt. Voraussetzung für den Abschluss einer E. ist ein systematisches Profiling in der Beratung, dessen Ergebnisse in die E. einfließen sollen. Die individuelle Integrationsstrategie und die Ziele der Maßnahme- oder Unterstützungsangebote sollen so dem/der Arbeitsuchenden erläutert werden und sind ebenfalls zu dokumentieren. Die Bemühungen des/der Arbeitsuchenden sind in Ausgestaltung und Umfang auch individuell auf die Person und ihre spezifische Situation abzustimmen, so z.B. bei der Anzahl geforderter Bewerbungen in einem definierten Zeitraum.

Die Intention des Gesetzes ist es, ein ausgewogenes Unterstützungssystem von Fördern und Fordern aufzubauen. An die → Qualität des Abschlusses einer E. werden besondere Maßstäbe angelegt, da bei vertragswidrigen Verhalten → Sanktionen ausgesprochen werden können, die sich auf den Leistungsbezug auswirken. Auch die Einbeziehung einer möglichen Schadenersatzpflicht bei Abbruch von Bildungs- oder Beschäftigungsmaßnahmen macht die besondere Anforderung an die Qualität, Transparenz und Sorgfalt bei der Gestaltung einer E. deutlich. Eine E. ist ein öffentlich-rechtlicher Vertrag und ersetzt den → Verwaltungsakt, der nicht durch Widerspruch angefochten werden kann. Eine E. soll i.d.R. für höchstens sechs Monate abgeschlossen werden, um auch die Zielerreichung regelmäßig zu überprüfen und ggf. neu auszurichten. Bei der sich einer E. evtl. anschließenden neu abgeschlossenen E. sind die aus dem vorangegangenen Zeitraum gewonnenen Erfahrungen mit der Eingliederungsstrategie zu berücksichtigen.

*Manfred Neumann*

**Einkommen** ist bei bedürftigkeitsabhängigen → Sozialleistungen bedarfsmindernd zu berücksichtigen. Als E. zu berücksichtigen sind i.d.R. alle Einkünfte in Geld oder Geldeswert, d.h. alle Einnahmen ohne Rücksicht auf ihre Herkunft und Rechtsnatur sowie ohne Rücksicht darauf, ob sie zu den Einkunftsarten i.S. des Einkommensteuergesetzes gehören oder der Steuerpflicht unterliegen. Wegen der im Fürsorgerecht unterschiedlichen Berücksichtigung von E. (grundsätzlich voll) und → Vermögen (Freilassung von Schonvermögen) ist die Abgrenzung von Bedeutung: E. ist alles das, was jemand in der Bedarfszeit dazu erhält, und Vermögen das, was er in der Bedarfszeit bereits hat. Nicht als E. anzusehen sind – übereinstimmend bei der → Grundsicherung für Arbeitsuchende (SGB II), der → Sozialhilfe (SGB XII) und der → Kinder- und Jugendhilfe (SGB VIII) – die Grundrente nach oder entsprechend dem → Bundesversorgungsgesetz (BVG) sowie die Renten und Beihilfen, die nach dem Bundesentschädigungsgesetz (→ Soziale Entschädigung) für einen Schaden an Leib und Leben gewährt werden, bis zur Höhe der vergleichbaren Grundrente nach dem BVO (§ 11 a Abs. 1 SGB II; § 82 Abs. 1 S. 1 SGB XII; § 93 Abs. 1 S. 1 SGB VIII). Die genannten Bestimmungen sehen weiter vor, dass eine Bereinigung vorzunehmen ist durch Absetzung der auf das E. entrichteten Steuern, der Pflichtbeiträge zur → Sozialversicherung einschließlich der Beiträge zur → Arbeitsförderung sowie der nach Grund und Höhe angemessenen Beiträge zu öffentlichen oder privaten Versicherungen oder ähnlichen Einrichtungen (in der Jugendhilfe zur Absicherung der Risiken → Alter, → Krankheit, → Pflegebedürftigkeit und → Arbeitslosigkeit). Hinsichtlich weiterer Absetzungen, die in § 11 b Abs. 1 SGB II und § 82 Abs. 2 SGB XII aufgeführt werden, beschreitet die Jugendhilfe in § 93 Abs. 3 SGB VIII einen anderen Weg und sieht im Interesse der Verwaltungsvereinfachung eine pauschale Kürzung des zuvor ermittelten Betrages um 25% vor, sofern nicht nachgewiesen wird, dass die Belastungen höher als der pauschale Abzug sind; ihr Abzug steht dann im pflichtgemäßen → Ermessen des → Jugendamts, soweit die Belastungen nach Grund und Höhe angemessen sind und die Grundsätze einer wirtschaftlichen Lebensführung nicht verletzen. Leistungen, die aufgrund öffentlich-rechtlicher Vorschriften zu einem ausdrücklich genannten Zweck erbracht werden, sind in der Jugendhilfe nicht (§ 93 Abs. 1 S. 3 SGB VII) und in der Sozialhilfe sowie der Grundsicherung für Arbeit (§ 83 Abs. 1 SGB XII, § 11 a Abs. 3 SGB II) nur so weit, als diese im Einzelfall demselben Zweck dienen, als E. zu berücksichtigen. Entschädigungen, die wegen eines Schadens, der nicht Vermögensschaden ist, nach § 253 Abs. 2 → Bürgerliches Gesetzbuch (BGB) geleistet werden, sind nicht als E. zu berücksichtigen (§ 83 Abs. 2 SGB XII, § 11 a Abs. 2 SGB II); dasselbe gilt unter bestimmten Voraussetzungen für Zuwendungen der → freien Wohlfahrtspflege (§ 84 Abs. 1 SGB XII, § 11 a Abs. 4 SGB II).

Weitere Einnahmen, die in der Grundsicherung für Arbeitsuchende nicht als E. zu berücksichtigen sind, werden in § 1 der Arbeitslosengeld II/Sozialgeld-Verordnung (Alg II-V) aufgeführt. Dort sind auch Maßgaben zur Berechnung des E. aus nicht selbstständiger Arbeit (§ 2), aus selbstständiger Arbeit, Gewerbebetrieb und Land- und Forstwirtschaft (§ 3) sowie in sonstigen Fällen (§ 4) aufgeführt und Pauschbeträge für die zu berücksichtigenden Beiträge zu öffentlichen und privaten Versicherungen und die mit der Erzielung des E. verbundenen notwendigen Ausgaben (Werbungskosten) festgelegt.

Erläuterungen zu § 11 ff. SGB II und der Alg II-V finden sich in den von der Bundesagentur für Arbeit herausgegebenen und einer kontinuierlichen Aktualisierung unterworfenen fachlichen Hinweisen. Diese verstehen sich als wichtiges Arbeitsmittel für die praktische Umsetzung des SGB II und sollen als Leitlinien nicht den Charakter von starren Durchführungsanweisungen haben.

Für die Sozialhilfe sind die Maßgaben zur Berechnung des E. in der Verordnung zur Durchführung des § 82 SGB XII aufgeführt. Weitere Einnahmen, die – neben den in §§ 82 Abs. 1, 83 und 84 SGB XII genannten Ausnahmen – in der Sozialhilfe von der Anrechnung als E. ausgeschlossen sind, können verschiedenen Leistungsgesetzen entnommen werden; eine Zusammenstellung findet sich in Randnummer 37 f. der Empfehlungen des Deutschen Vereins zum Einsatz von Einkommen und Vermögen in der Sozialhilfe.

*Lit.* Deutscher Verein: Empfehlungen für den Einsatz von Einkommen und Vermögen in der Sozialhilfe, Berlin 2016.

*Gottfried Eichhoff*

**Einkommens- und Verbrauchsstichprobe** ist eine amtliche Erhebung (→ Empirische Sozialforschung → Statistische Grundlagen der Sozialen Arbeit) zu Einkommenssituation (→ Einkommen), Verbrauchsverhalten (→ Verhalten) und Lebenssituation der privaten Haushalte, die seit 1962/63 in der Bundesrepublik Deutschland, seit 1993 auch in den neuen Ländern und Berlin-Ost alle fünf Jahre durchgeführt wird. Im Jahr 2013 beteiligten sich rund 55.000 Haushalte, die sich aufgrund von Werbemaßnahmen der Statistischen Landesämter und des Statistischen Bundesamtes zur freiwilligen Mitarbeit bereit erklärten. Im Rahmen der Erhebung zeichnen die Haushalte unter anderem drei Monate lang detailliert ihre Einnahmen und Ausgaben auf. Darüber hinaus machen sie Angaben zur Zusammensetzung des Haushalts und den sozioökonomischen Merkmalen der Haushaltsmitglieder, ihren Wohnverhältnissen, zum Haus- und Grundbesitz, zur Ausstattung mit Gebrauchsgütern, ihren Vermögensbeständen und Schulden (→ Sozialindikatoren). Die → Daten geben einen Einblick in die wirtschaftliche und soziale Lage der Haushalte verschiedener Bevölkerungsgruppen. Die Stichprobenziehung erfolgt als Quotenstichprobe. Die Daten des → Mikrozensus bilden die Grundlage für die Hochrechnung. In die Ergebnisdarstellung fließen nur die Angaben von Haushalten mit einem Nettoeinkommen von bis zu 18.000 Euro monatlich ein, da sich Haushalte mit höheren Einkommen nicht in ausreichendem Maße an der Erhebung beteiligen. Die Daten der E. u. V. dienen als Basis für die Ermittlung der → Regelbedarfe nach dem → Statistikmodell (→ Bedarfsbemessungssystem) und bilden eine wichtige Grundlage für die → Armuts- und Reichtumsberichterstattung der Bundesregierung.

*Kristina Kott*

**Einkommensverteilung** und Einkommensungleichheit sind ein wesentliches Element → sozialer Ungleichheit. Veränderungen der E. sowie die Einkommensmobilität und Einkommensdynamik geben Aufschluss über die Entwicklung von Einkommenslagen und die individuellen Chancen und Risiken zur Erlangung und Erhaltung von materiellen Lebensstandards und damit über die soziale Offenheit einer Gesellschaft.

Es gibt derzeit keine einheitliche Theorie, die die verschiedenen Ansätze zur Beschreibung der Ursachen und Wirkungen sowie der Dynamik der E. integriert. Zu unterscheiden sind funktionelle E. und personelle E. Die funktionelle E. beschreibt die Verteilung des Volkseinkommens auf volkswirtschaftliche Produktionsfaktoren – insbesondere Arbeit und Kapital. In Deutschland sind die Unternehmer- und Vermögenseinkommen (ungeachtet der Finanzkrise) von 2000 bis 2014 um etwa 30% gewachsen – und damit viermal so stark wie die Arbeitnehmerentgelte im selben Zeitraum. Die (bereinigte) Bruttolohnquote gibt die Verteilung des Volkseinkommens auf Arbeitnehmer/innen und Unternehmen an, unter Berücksichtigung der Veränderungen in der Beschäftigungsstruktur. Weitere Untersuchungen zur Verteilung der Erwerbseinkommen beschäftigen sich mit Lohndifferentialen nach Wirtschaftszweigen, Berufsgruppen und sozio-demografischen Merkmalen (u.a. gender pay gap). Unter personeller E. versteht man die Verteilung des → Einkommens auf Individuen oder Gruppen, wobei die genaue Definition der Empfängereinheiten nach Datenlage und Untersuchungszeitraum variieren kann. Wichtige Darstellungskonzepte sind die Verteilung des Arbeitseinkommens auf Erwerbspersonen sowie die Verteilung von Markteinkommen und verfügbaren Haushaltseinkommen (Haushaltsnettoeinkommen) der privaten Haushalte in der Bevölkerung.

Untersuchungsfelder der E. sind die Zusammensetzung der Einkommen aus verschiedenen Quellen wie Erwerbs- und Kapitaleinkommen sowie die Bedeutung sozialstaatlicher Maßnahmen in Form von (direkten) Steuern und Transfers oder Rentenanwartschaften. Beobachtungen der zeitlichen Entwicklung der E. richten sich v.a. auf Veränderungen der Einkommensschichtung (arm/reich) und auf sozio-demografische Veränderungen. Dynamische Betrachtungen der E. beziehen sich auf die Messung intra- und intergenerationaler Mobilität (Ausmaß und Richtung der Einkommensdynamik innerhalb einer Zeitperiode; Determiniertheit guter Lebensbedingungen durch das Elternhaus).

Das verfügbare Haushaltseinkommen bildet das zentrale Maß für die Verteilung des Wohlstandes in der Bevölkerung. Hierbei werden alle Einkommensarten (aus Erwerbsarbeit, Kapital und privaten Transfers) aller Haushaltsmitglieder aggregiert und um direkte Steuern und Sozialabgaben (→ Arbeitslosen-, → Renten-, → Pflege- und → Krankenversicherung) bereinigt sowie um soziale Transferleistungen (v.a. → Wohngeld, → Kindergeld, → Elterngeld, → Arbeitslosengeld II) ergänzt. Dieses Haushaltseinkommen steht allen Haushaltsmitgliedern gemeinsam zur Verfügung, die daraus nach bedarfsgerechter Umverteilung innerhalb des Haushalts (Pooling-Annahme) dasselbe materielle Wohlstandsniveau erzielen. Um die verfügbaren Einkommen zwischen Privathaushalten unterschiedlicher Größe und Struktur vergleichen zu können, werden die Einkommensangaben der privaten Haushalte in sog. Äquivalenzeinkommen (modifizierte Pro-Kopf-Einkommen) umgerechnet. Dabei werden Einspareffekte berücksichtigt, die sich durch gemeinsames Wirtschaften ergeben (economies of scale). Die Verteilung der verfügbaren Äquivalenzeinkommen wird in der → Armutsforschung zur Berechnung von Armutsrisikoquoten herangezogen. Gebräuchliche Messkonzepte (→ Indikatoren) zur Beschreibung der E. und Einkommensungleichheit sind die Einkommensanteile der reichsten und ärmsten Bevölkerungsgruppen und deren Verhältnisse nach Einkommensschwellen (Dezil-Ratios) oder Einkommensanteilen (Palma Ratio, Verhältnis des Anteils der reichsten 10% zu den ärmsten 40%) sowie der Gini-Koeffizient, Atkinson- und Entropie-Maße (Theil-Index). Weil die Anzahl der Einkommensempfänger/innen im Bereich niedrigen Einkommens größer ist als die Anzahl derjenigen mit hohem Einkommen, zeigt die grafische Darstellung der E. üblicherweise ein »rechtsschiefes« oder »linkssteiles« Bild.

In Deutschland hat die Einkommensungleichheit innerhalb der letzten beiden Dekaden deutlich zugenommen. Im europäischen Vergleich liegt die Einkommensungleichheit in Deutschland hinsichtlich der verfügbaren Einkommen weiterhin im Mittelfeld (höher als in den skandinavischen, niedriger als in den meisten süd- und osteuropäischen Ländern), hinsichtlich der Markteinkommen jedoch eher im oberen Bereich (höher als in den skandinavischen und den meisten anderen europäischen Ländern).

Im Rahmen einer Theorie der E. wird zwischen normativen und positiven Ansätzen unterschieden. Positive Erklärungsansätze der E. nehmen die Aktivitäten der handelnden Individuen zum Ausgangspunkt. So erklärt z.B. die sog. Humankapitaltheorie die E. aus Entscheidungen des Individuums für Investitionen in seine eigenen Kenntnisse und Fähigkeiten, die schon vor Beginn der Erwerbsphase durch die schulische Ausbildung und danach durch die betriebliche Bildung und Weiterbildung erfolgen. Normative Analysen gehen von der Bestimmung einer »optimalen E.« aus. Für Wachstumsanalysen ist dabei von Bedeutung, inwieweit die E. das Wachstum beeinflusst; sozialstaatliche Ansätze beschäftigen sich mit dem effizienten Einsatz knapper → Ressourcen. Andere Ansätze stellen Gerechtigkeitspostulate oder soziale Wohlfahrtsfunktionen in den Vordergrund. Mehrdimensionale Ansätze heben insbesondere die Bedeutung der E. für die Handlungsspielräume und Verwirklichungschancen (capabilities) sowie die → Lebenslagen und Lebensqualität in der Bevölkerung hervor.

*Lit.* Annual macro-economic database (ameco) of the European Commission (2016), abrufbar unter www.ec.europa.eu; Bundesministerium für Arbeit und Soziales (BMAS): Lebenslagen in Deutschland. Der 4. Armuts- und Reichtumsbericht der Bundesregierung, Berlin/Bonn 2013; Goebel, J./Krause, P.: Einkommensentwicklung – Verteilung, Angleichung, Armut und Dynamik, in: Statistisches Bundesamt (Destatis)/Wissenschaftszentrum Berlin für Sozialforschung (Hrsg.): Datenreport 2016. Ein Sozialbericht für die Bundesrepublik Deutschland, Bonn 2016; OECD: In It Together. Why Less Inequality Benefits All. OECD Publishing, Paris 2015.

*Peter Krause*

**Einkünfte** → Einkommen

**Einmalige Leistungen** Im Gegensatz zu laufenden Leistungen werden e. L. nicht regelmäßig, sondern bei Vorliegen eines besonderen Bedarfs gesondert als Zuschuss erbracht. Sie werden in der → Sozialhilfe und in der → Grundsicherung für Arbeitssuchende gewährt (vgl. § 31 SGB XII und § 24 Abs. 3 SGB II). Einmalige Bedarfe sind nicht von der Regelleistung umfasst (→ Regelbedarf). Sie betreffen Leistungen für die Erstausstattung einer Wohnung einschließlich Haushaltsgeräten, die Erstausstattung für Bekleidung sowie die Erstausstattung bei Schwangerschaft und Geburt. Es muss sich tatsächlich um eine erstmalige Ausstattung handeln; Ersatzbeschaffungen fallen nicht darunter. Seit dem 1.1.2011 können e. L. auch für die Anschaffung und die Reparatur von orthopädischen Schuhen, für Reparaturen von therapeutischen Geräten und Ausrüstungen (z.B. Brillen, Brillengläser) sowie für die Miete von therapeutischen Geräten beantragt werden. Mit Ausnahme der Reparatur bzw. Miete von therapeutischen Geräten können e. L. pauschaliert (→ Pauschalierung) erbracht werden. Werden e. L. nicht in Form von Pauschalbeträgen ausgezahlt, werden sie in tatsächlicher Höhe gewährt. Bei Vorliegen der jeweiligen Voraussetzungen besteht ein → Rechtsanspruch auf die Leistungen. Im Rahmen des SGB XII erfolgen e. L. vorrangig als → Geldleistungen, im SGB II besteht ein Auswahlermessen zwischen der Erbringung als Sach- oder Geldleistung (§ 24 Abs. 3 S. 5 SGB II).

*Anika Cieslik*

**Einrichtungen** sind im → Sozialrecht die organisatorische Zusammenfassung sächlicher und personeller Mittel unter der Verantwortung eines Trägers, die in einem bestimmten Sachbereich oder mit einer besonderen Zielsetzung Leistungen zur Deckung der → Bedarfe von hilfebedürftigen Personen erbringen. Der Begriff der E. gehört neben dem der → sozialen Dienste (vgl. z.B. § 17 SGB II) und → Organisationen (vgl. § 17 Abs. 3 SGB I) oder Veranstaltungen (vgl. § 4 Abs. 2 S. 1 SGB VIII) zu den Bezeichnungen für die → Institutionen, durch die → privat-gewerbliche, gemeinnützige und → freie Träger ihr Angebot personenbezogener Dienstleistungen organisieren. Je nach Sachbereich finden sich unter dem Begriff E. eine unübersichtliche Anzahl eigener Begriffsbildungen, die speziellere E. mit einer bestimmten Zielrichtung oder Aufgabe bezeichnen wie etwa → Pflegeeinrichtung (§ 11 SGB XI), → E. für Menschen mit Behinderung, → Werkstatt für behinderte Menschen, Bildungseinrichtung, Pflegeheime, Wohnheime, Inobhutnahmestellen, Fachberatungsstellen (→ Schuldner-, → Drogen-, → Familien-, → Erziehungsberatung usw.). Damit umfasst der E.begriff grundsätzlich ambulante, teil- und vollstationäre Hilfeangebote. Aufgabe und Funktion der E. ist die Verwirklichung → sozialer Rechte und Ansprüche, die die → Sozialleistungsträger aufgrund der Sozialleistungsgesetze zu erbringen oder sicherzustellen haben. Viele → Sozialleistungen werden nicht in Geld erbracht, sondern als → Sachleistung, also durch das Zurverfügungstellen einer Infrastruktur, in der oder mit deren Hilfe sich der abstrakte → Rechtsanspruch in konkrete Hilfe, in eine personengebundene Dienstleistung verwandeln lässt. Die Sozialleistungsträger sind dafür verantwortlich, dass den → Leistungsberechtigten die nötigen E. bedarfs- und zeitgerecht zur Verfügung stehen (§ 17 Abs. 1 SGB I). Zur Entwicklung einer entsprechenden Hilfelandschaft soll das gesamte Sozialrecht beitragen (§ 1 Abs. 2 SGB I).

Historisch bedingt ist Deutschland gekennzeichnet von einem korporativ organisierten → Wohlfahrtsstaat, in dem die freien Träger der Wohlfahrtspflege eine Selbstständigkeit in Zielsetzung und Durchführung ihrer Aufgaben genießen; die Sozialleistungsträger sind nicht identisch mit den E.trägern, sondern letztere sind privatrechtlich organisierte privatwirtschaftliche oder gemeinnützige, der → freien Wohlfahrtspflege zuzurechnende → Leistungserbringer, die in der Zusammenarbeit mit den Sozial- und → Jugendhilfeträgern eine besondere Stellung haben (§ 17 Abs. 3 S. 2 SGB I, § 4 Abs. 1 SGB VIII, § 11 Abs. 2 SGB XI, § 5 SGB XII).

Die leistungsberechtigten Bürger/innen, die Sozialleistungsträger und die leistungserbringenden E. und Dienste stehen untereinander in einem rechtlichen → Dreiecksverhältnis (»sozialrechtliches Leistungsdreieck«). Dabei ist das Verhältnis der E. sowohl zu den Sozialleistungsträgern als auch zu den leistungsberechtigten Bürger/innen durch gesonderte → Verträge und → Vereinbarungen geregelt: Während zwischen E.trägern und Sozialleistungsträgern Vereinbarungen mit dem Ziel einer Zulassung bzw. Berechtigung zur entgoltenen Leistungserbringung geschlossen werden, schließen E.träger und Verbraucher/innen einen Wohn- und Betreuungsvertrag (→ Wohn- und Betreuungsvertragsgesetz [WBVG]) oder einen Dienstleistungsvertrag, der die Rechte und Pflichten der Parteien auf privatrechtlicher Basis regelt.

Während heimmäßige Betreuung eine tatsächliche oder vorgehaltene Verbundleistung von Unterkunft, Verpflegung und Betreuung meint (§ 1 Abs. 1 WBVG), nimmt die Rechtsprechung im Bereich der jugendhilfe- oder sozialhilfefinanzierten E.-Betreuung eine stationäre Hilfe an, wenn der Träger der E. die Verantwortung für die gesamte Lebensführung von Bewohner/innen im Hinblick auf den Aufnahmegrund übernommen hat (BVerwG Urt. v. 24.2.1994 – NDV 1994, S. 430–432). Die → Pflegekasse wiederum trifft die Unterscheidung zwischen ambulanten, teil- und vollstationären E. (§ 71 SGB XI) einfach danach, welche dieser drei Versorgungsformen der E.träger in seinem Antrag auf Abschluss eines Versorgungsvertrages (§ 72 SGB XI) benannt hat; die Begriffe »Heim« und E. kennzeichnen somit keine identischen Leistungssettings. In der gesetzlichen → Pflegeversicherung und der → Sozialhilfe werden die teil- und vollstationären E. von den → ambulanten Diensten unterschieden (§ 71 SGB XI; §§ 13, 75 SGB XII). Dabei besteht ein Vorrang ambulanter vor teil- und vollstationärer Hilfe (§ 3 SGB XI; §§ 9 Abs. 2, 13 Abs. 1 SGB XII). Fachlich hat sich in allen Hilfefeldern eine sozialökologisch-ganzheitliche Betrachtungsweise (→ Sozialökologie, → Sozialraum) und damit eine Bevorzugung der ambulanten Hilfe mit ihrem stärker lebensweltbezogenen (→ Lebenswelt) Ansatz durchgesetzt. Die Sozialleistungsträger wollen auch aus Kostengründen den Ausbau ambulanter Hilfen. Um ihn zu befördern, wird die bisher getrennte → Zuständigkeit örtlicher und überörtlicher Sozialhilfeträger für ambulante bzw. stationäre Hilfe (§ 97 SGB XII) zunehmend zugunsten einer einheitlichen Zuständigkeit des örtlichen Trägers (»Kommunalisierung«) oder des überörtlichen Trägers (»Hochzonung«) aufgegeben. Auch werden zwischen Sozialhilfe- und E.trägern Vereinbarungen zum Abbau von stationären Plätzen der Behindertenhilfe getroffen, deren Umsetzung mit einem Ausbau des ambulanten Angebots verbunden sein muss, um die Bedarfsdeckung im Einzelfall nicht zu gefährden.

Die Hilfebedarfe von Menschen sind oftmals komplex und vielgestaltig und machen es entsprechend notwendig, dass sich die E. in ihrem Leistungsangebot nicht nur einer Bedarfslage zuwenden. Auch stehen viele E. deshalb vor der Herausforderung, mit mehreren zuständigen Sozialleistungsträgern Vereinbarungen abzuschließen. In der → Kinder- und Jugendhilfe wie in der Hilfe für → behinderte und pflegebedürftige Menschen besteht die Notwendigkeit, die Angebotssegmente innerhalb der Hilfefelder zu vernetzen. Ebenso sind Überschneidungsbereiche der Hilfefelder (z.B. bei der Unterstützung von Familien mit einem behinderten Elternteil durch Eingliederungshilfe- und Jugendhilfeleistungen, bei der Unterstützung wohnungsloser Frauen mit Kind durch Hilfen nach §§ 67 ff. SGB XII und Jugendhilfeleistungen, bei der Versorgung pflegebedürftiger behinderter Menschen durch Pflegeversicherungs- und Eingliederungshilfeleistungen usw.) so mit Komplexleistungen auszugestalten, dass die derzeit stattfindenden Zuständigkeitsverweisungen der Leistungsträger untereinander sowie eine Unterversorgung der Betroffenen ausgeschlossen werden.

*Lit.* Brühl, A. u.a.: Handbuch Sozialrechtsberatung (HSRB), 2. Aufl., Baden-Baden 2007; Frommann, M.: Sozialhilfe nach Vereinbarung, Frankfurt a.M. 2002; Kreutz, M.: Soziale Dienstleistungen durch gemeinnützige Einrichtungen der Freien Wohlfahrtspflege als Förderung der Kultur und Erhaltung des kulturellen Erbes nach dem Vertrag zur Gründung der Europäischen Gemeinschaft, Baden-Baden 2010; Neumann, V.: Freiheitsgefährdung im kooperativen Sozialstaat. Rechtsgrundlagen und Rechtsformen der Finanzierung der freien Wohlfahrtspflege, Köln u.a. 1992.

*Jonathan Fahlbusch*

**Einrichtungen für Menschen mit Behinderung** sind die organisatorische Bündelung personeller und sachlicher Mittel, um unter der Verantwortung eines Trägers Leistungen für diesen Personenkreis zu erbringen. Damit können sowohl behinderungsspezifische Bedarfe wie → Pflege und → Rehabilitation als auch allgemeine Lebensbedarfe wie Arbeit, → Bildung, Wohnen oder Freizeit gedeckt werden. Die Organisationsform kann als Dienst oder ambulante → Einrichtung, als teilstationäre oder stationäre Einrichtung ausgestaltet sein. Ambulante Dienste oder Einrichtungen erbringen die Leistungen im persönlichen Umfeld des Menschen mit Behinderung (z.B. Pflege-, Assistenz- und Betreuungsdienste) oder werden von ihm aufgesucht (z.B. → Beratung, → Therapie, Förderung). Sie können sowohl offen und niederschwellig angeboten werden (offener Treff, Beratung) oder auf der Grundlage von Leistungsvereinbarungen und individuellen Kostenzusagen (z.B. ambulant betreutes Wohnen, → Frühförderung) in einer ambulanten Einrichtung oder mobil erbracht werden. Teilstationäre Einrichtungen erbringen regelmäßig, über einen bestimmten Teil des Tages, wöchentlich an mehreren Tagen Leistungen an einem bestimmten Ort mit einer definierten Platzzahl (z.B. Tageseinrichtungen für Kinder, → Werkstätten für → behinderte Menschen [WfbM]). Für eine stationäre Einrichtung ist prägend, dass der Einrichtungsträger die Gesamtverantwortung für die tägliche Lebensführung übernimmt (stationäre Wohngruppe, Wohnheim). Die Leistung beschränkt sich nicht auf einzelne Verrichtungen, sondern umfasst die gesamte Betreuung der Leistungsberechtigten, solange sie sich in der Einrichtung aufhalten.

Die Zuordnung der Einrichtungsform ist leistungsrechtlich von Bedeutung. Sie bestimmt den Zugang zu → Sozialleistungen (z.B. Pflegesachleistungen [§ 36 SGB XI], → häusliche Krankenpflege § 37 SGB V) und sie beeinflusst, abhängig von den Regelungen in den Bundesländern, die örtliche und sachliche → Zuständigkeit der örtlichen und überörtlichen Träger der → Eingliederungshilfe. Für die Infrastrukturentwicklung ambulanter Angebote hat sich die getrennte sachliche Zuständigkeit als hemmend erwiesen und wurde inzwischen in den meisten Bundesländern überwunden, prägt aber bis heute das Leistungsangebot.

Der vorgezeichnete Lebensweg von Menschen mit komplexer Behinderung durch eine nahtlose Kette von Spezialeinrichtungen (→ Förderkindergarten, → -schule, WfbM, Wohnheim) verliert in einer sich inklusiv entwickelnden Angebotslandschaft an Bedeutung. Menschen mit Behinderung und ihre Familien setzen zunehmend und gestärkt durch die → UN-Behindertenrechtskonvention ihren Wunsch und Anspruch auf nichtaussondernde Leistungen durch. Dabei gilt es den besonderen Förder-, Assistenz- und Unterstützungsbedarf in der → Lebenswelt aller Kinder, Jugendlichen und erwachsenen Menschen zu berücksichtigen. In Tageseinrichtungen für Kinder gelingt das in der Regel gut, in der Schule zunehmend besser und im Arbeitsleben nur vereinzelt. Wohnangebote, die sich nicht vom Wohnen aller Bürgerinnen und Bürger unterscheiden, stehen vorrangig Menschen mit überschaubarem Unterstützungsbedarf zur Verfügung.

Mit der Reform der Eingliederungshilfe durch ein Bundesteilhabegesetz sollen die Leistungen an die Person und ihren Bedarf gebunden und unabhängig von einer Einrichtung in den üblichen Lebenszusammenhängen personenzentriert erbracht werden. Die Grenzen zwischen ambulanter und stationärer Leistung werden aufgelöst, und die ambulante Form der Leistungserbringung wird zum Referenzmodell für alle Leistungen für Menschen mit Behinderung.

*Norbert Müller-Fehling*

**Einsatz des Einkommens/Vermögens** Der Nachrang von Leistungen der → Fürsorge verlangt, dass grundsätzlich zunächst das eigene → Einkommen und → Vermögen eingesetzt wird, ehe in der → Grundsicherung für Arbeitsuchende (SGB II) Leistungen zur Sicherung des Lebensunterhalts und in der → Sozialhilfe (SGB XII) existenzsichernde Leistungen erbracht werden. Neben den Hilfesuchenden bzw. → Leistungsberechtigten haben dabei auch die sonstigen in die → Bedarfsgemeinschaft nach dem SGB II bzw. in die Einsatzgemeinschaft nach dem SGB XII einbezogenen Personen ihre Mittel einzusetzen. Nur das im Rahmen der Schongrenzen liegende Vermögen (§ 12 Abs. 2 SGB XII, § 90 Abs. 2 SGB XII) ist nicht einzusetzen. Dem Einkommen wird der ermittelte → Bedarf gegenübergestellt; Leistungen werden grundsätzlich nur insoweit gewährt, als der Bedarf das Einkommen übersteigt.

Bei den Leistungen nach dem 5. bis 9. Kapitel des SGB XII (→ Hilfe in besonderen Lebenslagen) und bei den → Hilfen zur Erziehung nach dem → Kinder- und Jugendhilfegesetz (SGB VIII) müssen der/dem Leistungsberechtigten und den einsatzpflichtigen Personen von vornherein vorhandene Eigenmittel so ausreichend belassen werden, dass der laufende Lebensunterhalt bestritten werden kann und während der Hilfeleistung auch eine angemessene Lebensführung sichergestellt bleibt. Deshalb wird bei diesen Leistungen die Bedürftigkeit anhand einer den Verhältnissen des Einzelfalles anzupassenden Einkommensgrenze geprüft. Das Einkommen unter dieser Grenze bleibt vom Einsatz frei und das Einkommen über dieser Grenze kann nur in angemessenem Umfang als für die Kosten der Hilfe einsatzpflichtig behandelt werden. Der Einkommensgrenze ist das monatliche Einkommen während der Dauer des Bedarfs gegenüberzustellen (nach § 87 Abs. 2 und 3 SGB XII ausnahmsweise auch Berücksichtigung von Einkommen, das nach Wegfall des Bedarfs in einem längeren Zeitraum erworben wird). Die Frage, was von dem über der Einkommensgrenze liegenden Einkommen als Eigenanteil nach § 87 Abs. 1 SGB XII einzusetzen ist, unterliegt unter Anwendung und Auslegung des → unbestimmten Rechtsbegriffs »in angemessenem Umfang« der sozialgerichtlichen Kontrolle.

Das unter der Einkommensgrenze liegende Einkommen darf nur zur Deckung des Bedarfs herangezogen werden, wenn und soweit a) von einem anderen Leistungen für einen besonderen Zweck gewährt werden, für den auch die Sozialhilfeleistung bestimmt ist (§ 88 Abs. 1 Nr. 1 SGB XII; → Zweckbestimmte Leistungen); b) zur Deckung des Bedarfs nur geringfügige Mittel erforderlich sind (§ 88 Abs. 1 Nr. 2 SGB XII); c) eine Person auf voraussichtlich längere Zeit der Pflege in einer Anstalt, einem Heim oder einer gleichartigen Einrichtung bedarf (§ 88 Abs. 1 S. 2 SGB XII).

Besondere Regelungen über die Freistellung vom E. gelten für Hilfen, die vorwiegend nicht materieller Art sind (§§ 68 Abs. 2, 71 Abs. 4 SGB XII). Bei bestimmten Maßnahmen der → Eingliederungshilfe für behinderte Menschen ist der Einkommenseinsatz nur in eingeschränktem Umfang und der Vermögenseinsatz möglich (§ 92 Abs. 2 und 3 SGB XII). Die für das 5. bis 9. Kapitel des SGB XII hinsichtlich des Einkommenseinsatzes zur Anwendung kommenden Bestimmungen gelten bei der pauschalierte Kostenbeteiligung in der → Kinder- und Jugendhilfe entsprechend (§ 90 Abs. 4 SGB VIII).

*Gottfried Eichhoff*

**Einsatzgemeinschaft** → Bedarfsgemeinschaft

**Einsetzen der Sozialhilfe**, d.h. die Erfüllung des → Rechtsanspruchs auf → Sozialhilfe, ist – mit Ausnahme der → Grundsicherung im Alter und bei Erwerbsminderung nach den §§ 41 ff. SGB XII – nicht von der Stellung eines → Antrags abhängig. Nach § 18 Abs. 1 SGB XII setzt die Sozialhilfe ein, sobald dem → Sozialhilfeträger oder den von ihm beauftragten Stellen bekannt wird, dass die Voraussetzungen für die Leistung vorliegen. Nach dem → Bedarfsdeckungsprinzip ist der Sozialhilfeträger von Amts wegen zum Tätigwerden verpflichtet, sobald er von einem sozialhilferechtlichen → Bedarf bzw. von einer tatsächlichen Notlage Kenntnis erlangt. Die nicht antragsabhängige Leistungsverpflichtung ist Ausdruck des klassischen → Fürsorgeprinzips im Sozialhilferecht mit dem Ziel der Gewährleistung eines niedrigschwelligen Zugangs zur Sozialhilfe. Bekanntwerden bedeutet, dass eine auf die Leistungsvoraussetzungen bezogene, inhaltlich qualifizierte positive Kenntnis vorliegt. Weder ein Erahnen noch ein »Kennen müssen« der Notlage genügen diesem Kriterium. Erst das Bekanntwerden konkreter Anhaltspunkte für das Vorliegen eines Hilfebedarfs verpflichtet den Sozialhilfeträger sowohl zur umfassenden Ermittlung des Sachverhalts als auch zu einer zeitgerechten, erforderlichenfalls auch sofortigen → Hilfe. Die Kenntniserlangung hat somit zentrale Bedeutung für den Zeitpunkt des Leistungsbeginns. Bei antragsabhängigen Leistungen beginnt die Leistungspflicht am Ersten des Monats, in dem der Antrag gestellt ist.

Aus dem Bedarfsdeckungsprinzip folgt ferner, dass Sozialhilfe nur auf Beseitigung einer gegenwärtigen Notlage gerichtet ist. Für Notlagen in Zeiträumen vor Kenntniserlangung durch den Sozialhilfeträger trifft ihn in der Regel keine Leistungsverpflichtung. Dies entspricht dem Grundsatz, dass es »keine Sozialhilfe für die Vergangenheit« gibt und demnach Sozialhilfe in der Regel nicht rückwirkend gewährt wird. Die Übernahme von Schulden ist mit Ausnahme der Tatbestände des § 36 SGB XII (Mietschulden) grundsätzlich keine Aufgabe der Sozialhilfe. Abweichend vom Zeitpunkt nach § 18 SGB XII kann der Sozialhilfeträger aus Gründen der Effektivität des → Rechtsschutzes auch für Zeiträume vor Bekanntwerden der Notlage zu Leistungen verpflichtet werden. Im »Eilfall« ist er gem. § 25 SGB XII dem sog. Nothelfer zur Erstattung der vor Kenntnis der Notlage entstandenen Aufwendungen verpflichtet.

Die Kenntnis der Leistungsvoraussetzungen nach § 18 Abs. 1 SGB XII muss der »zuständige« Sozialhilfeträger erhalten (→ Zuständigkeit). Wird im Einzelfall der Bedarf einem nicht zuständigen Träger der Sozialhilfe oder einer nicht zuständigen → Gemeinde bekannt, so sind nach § 18 Abs. 2 SGB XII zur Vermeidung von Leistungsverzögerungen die bekanntgewordenen Umstände dem zuständigen Sozialhilfeträger unverzüglich mitzuteilen und etwa vorhandene Unterlagen zu übersenden. Der zuständige Träger ist dann zu weitergehenden Ermittlungen verpflichtet und muss bei Vorliegen der sonstigen Voraussetzungen rückwirkend ab Kenntnis der unzuständigen Stelle Sozialhilfe leisten.

*Maria Meyer-Höger*

**Einspruch** → Rechtsbehelf

**Einstandsgemeinschaft** → Bedarfsgemeinschaft

**Einstellung** Im Gegensatz zum allgemeinpsychologischen Begriff der E., der eine spezifische kurzzeitige situative Reaktionsbereitschaft (engl. »set«) meint, zielt der sozialpsychologische E.begriff auf eine zeitlich relativ stabile (wertende) Haltung einem sozialen Objekt gegenüber. Mit »sozialen Objekten« sind z.B. andere Personen, soziale Gruppen, Institutionen, Ideen und Ideologien gemeint. Eine E. (auch »Attitüde« genannt) kann in drei Komponenten zerlegt werden: 1) eine kognitive, 2) eine affektive und 3) eine Handlungstendenz. Die kognitive Komponente umfasst die Bereitschaft zu einer bestimmten → Wahrnehmung und Vorstellung des sozialen Objekts. Sie äußert sich in spezifischen (meist stereotypen) Feststellungen und Meinungen (z.B.: »Mitglieder der Gruppe X sind musikalisch, faul usw.«). Diese sind Ausdruck einer E., wenn sie mit einer deutlichen affektiven Komponente (»mag ich« bzw. »lehne ich ab«, »sympathisch« bzw. »unsympathisch«) verknüpft sind, die eine mehr oder minder starke Bewertung (entlang der Dimension „gut vs. schlecht“) anzeigt. Die Stärke der Bewertung verrät, dass es sich nicht nur um reine Meinung (im Sinne einer neutralen Hypothese) handelt, sondern um eine Überzeugung, die wegen ihrer affektiven Verwurzelung durch logische Argumente nur schwer korrigierbar ist. Üblicherweise ist mit der kognitiven und affektiven E.komponente eine bestimmte Handlungstendenz verknüpft, d.h. die Bereitschaft, entsprechend der Überzeugung zu handeln. Ob es tatsächlich zu einer Handlung kommt, hängt nicht nur von der Stärke der E., sondern auch von zahlreichen anderen Faktoren (Situationsmerkmale, soziale Beziehung, Machtverhältnisse, Konformitätsdruck usw.) ab. Zwischen den drei genannten Komponenten besteht bei stabilen E. eine Konsistenz (Übereinstimmung). Eine bedeutsame Inkonsistenz (Widersprüche zwischen kognitiver, affektiver und Handlungskomponente) kann zur E.veränderung führen. Inkonsistenzen zwischen den E.komponenten sowie zwischen E. demselben sozialen Objekt gegenüber erzeugen in einer Person einen unangenehmen Zustand mit dem Bestreben, Konsistenz herzustellen. Dies hat Festinger (1957) in seiner sog. Dissonanztheorie beschrieben und in zahlreichen Experimenten nachgewiesen (Dissonanzen = Nicht-Übereinstimmung von → Kognitionen). Eine Verringerung von Dissonanzen erfolgt meist durch eine Veränderung der Informationssuche und -verarbeitung, d.h. durch Vermeidung, Ignorierung, Hinzufügung, Ersetzung oder Umwertung von Informationen (»einstellungsbedingte Selektivität«, »selektive Informationsaufnahme«). Die Dissonanztheorie macht auch deutlich, dass E. ihre Stabilität und Widerstandskraft gegenüber Veränderungen auch durch ihren Kontext in anderen ähnlichen E. sowie im Gruppenkontext haben. Vorurteile sind negative E. Wenn Aspekte der eigenen Person (z.B. eigener Körper, eigene Fähigkeiten und Eigenschaften) E.objekt sind, so spricht man von Selbst-Konzepten (→ Selbst-Entwicklung).

*Klaudius Siegfried*

**Einstiegsgeld** dient der Förderung der Erwerbstätigkeit von arbeitslosen (→ Arbeitslosigkeit) erwerbsfähigen (→ Erwerbsfähigkeit) Leistungsberechtigten. Die Rechtsgrundlage zur Gewährung von E. findet sich mit Wirkung seit dem 1.1.2009 in § 16 b SGB II (→ Grundsicherung für Arbeitsuchende). Das E. ist eine eigenständige Eingliederungsleistung, die an erwerbsfähige Bezieher/innen von → Arbeitslosengeld II (Alg II) zur Überwindung von → Hilfebedürftigkeit bei Aufnahme einer sozialversicherungspflichtigen oder selbstständigen Erwerbstätigkeit erbracht werden kann, wenn dies zur Eingliederung in den allgemeinen Arbeitsmarkt erforderlich ist und mit der aufgenommenen Erwerbstätigkeit die Hilfebedürftigkeit durch die erzielten Erwerbseinkünfte künftig beendet werden kann oder wenn zu erwarten ist, dass der/die Leistungsberechtigte innerhalb eines angemessenen Zeitraumes nicht mehr auf Alg II angewiesen sein wird. Die Förderung durch E. dient nach den fachlichen Hinweisen der Bundesagentur für Arbeit (→ Agentur für Arbeit) primär der Überwindung und nicht der Reduzierung von Hilfebedürftigkeit. Eine Förderung kann daher zwar auch erfolgen, wenn nachvollziehbare Gründe für die Annahme vorliegen, dass dadurch die Hilfebedürftigkeit perspektivisch überwunden werden kann. Die Förderung bleibt aber ausgeschlossen, wenn die erzielten Einnahmen voraussichtlich so gering bleiben, dass der/die Leistungsberechtigte dauerhaft auf Leistungen des SGB II angewiesen sein wird.

Das E. wird nicht als → Einkommen auf das Alg II angerechnet. Faktisch werden dadurch die Absetzbeträge nach § 11 b SGB II erhöht, sodass es sich dabei um eine Art »Kombilohn« handelt. Die Förderung durch E. wird durch Leistungen zur Eingliederung von Selbstständigen (§ 16 c SGB II) nicht ausgeschlossen. Förderung mit E. kann mit geeigneten finanziellen Hilfen (→ Zuschüssen oder → Darlehen) oder Existenzgründercoaching kombiniert werden.

Wie alle Eingliederungsleistungen nach dem SGB II steht die Gewährung des E. im → Ermessen des → Jobcenters, d.h. es besteht kein → Rechtsanspruch auf die Gewährung von E. Die Integrationsfachkraft entscheidet jeweils in Bezug auf die zu fördernde Person, ob die Gewährung von E. zur Aufnahme einer Erwerbstätigkeit erforderlich ist. Die Förderung mit E. ist verbindlich durch den Abschluss einer → Eingliederungsvereinbarung zu begleiten.

E. soll für mindestens sechs Monate und kann längstens für 24 Monate gewährt werden. Die Gewährung des maximalen Förderzeitraums bedarf einer besonderen Begründung. Der Grundbetrag des E. darf höchstens 50% der maßgebenden → Regelleistung zur Sicherung des Lebensunterhalts nach § 20 SGB II betragen. Das E. soll für jedes zusätzliche Mitglied in der → Bedarfsgemeinschaft um 10% der Regelleistung angehoben werden. Für Hilfebedürftige, die bereits zwei Jahre oder länger arbeitslos waren oder gravierende Vermittlungshemmnisse aufweisen, ist unter Beachtung des allgemeinen Lohnniveaus eine erhöhte Förderung möglich. Bei Förderungen von über sechs Monaten Dauer kann eine stufenweise Verringerung erfolgen, wenn die Marktfähigkeit des/der geförderten Leistungsberechtigten mit zunehmender Dauer der Erwerbstätigkeit steigt.

*Evelyn Räder*

**Einstweiliger Rechtsschutz** i.w.S. umfasst die gesetzlichen Regelungen sowie behördlichen und gerichtlichen Anordnungen, die den Eintritt unzumutbarer Nachteile für die Rechtsposition der Rechtsuchenden vorläufig bis zu einer Entscheidung in der Hauptsache vermeiden sollen. Im Hinblick auf eine regelmäßig lange Verfahrensdauer dient e. R. der Verwirklichung des verfassungsrechtlichen Anspruchs auf effektiven → Rechtsschutz (Art. 19 Abs. 4 → Grundgesetz [GG]). Durch ein Offenhalten und durch Zwischenregelungen soll die Schaffung irreversibler Tatsachen verhindert, jedoch keine Entscheidung in der Hauptsache vorweggenommen werden.

Im → Verwaltungs- und → Sozialrecht wird bereits von Gesetzes wegen e. R. gegen belastende → Verwaltungsakte eröffnet, indem Widerspruch (→ Rechtsbehelf) und Anfechtungsklage gem. § 80 Abs. 1 S. 1 Verwaltungsgerichtsordnung (VwGO), § 86 a Abs. 1 S. 1 Sozialgerichtsgesetz (SGG) grundsätzlich aufschiebende Wirkung zukommt. Kraft des Suspensionseffekts ist der Verwaltungsakt dann vorläufig nicht vollzieh- und vollstreckbar. Soweit davon abweichend in den in § 80 Abs. 2 VwGO, § 86 a Abs. 2 SGG genannten – praktisch häufigen – Fällen die aufschiebende Wirkung nicht eintritt (z.B. gem. § 39 SGB II), kann e. R. dadurch erreicht werden, dass durch behördliche Anordnung die sofortige Vollziehung des Verwaltungsakts ausgesetzt wird (§ 80 Abs. 4 VwGO, § 86 a Abs. 3 SGG).

E. R. i.e.S. wird auf → Antrag durch die für die Hauptsache zuständigen Gerichte gewährt. Die gerichtliche Entscheidung ergeht in einem abgekürzten beschleunigten Verfahren i.d.R. ohne förmliche Beweisaufnahme nach summarischer Prüfung des vorgetragenen und glaubhaft gemachten Sachverhalts. In Verwaltungs- und Sozialgerichtsverfahren unterscheidet sich e. R. nach der Zielsetzung des Rechtsbegehrens: In sog. Anfechtungssachen richtet sich der Antrag auf Anordnung bzw. Wiederherstellung der aufschiebenden Wirkung des Widerspruchs bzw. der Anfechtungsklage (§ 80 Abs. 5 VwGO, § 86 b Abs. 1 SGG). In sog. Vornahmesachen kann das Gericht – auf ggf. auch schon vor Klageerhebung zulässigen Antrag – durch einstweilige Anordnung gem. § 123 VwGO, § 86 b Abs. 2 SGG zur Sicherung eines Rechts der Antragstellenden die Aufrechterhaltung eines bestehenden Zustands anordnen (Sicherungsanordnung) oder zur Abwendung wesentlicher Nachteile einen vorläufigen Zustand regeln (Regelungsanordnung), z.B. eine vorläufige Leistungsgewährung. Voraussetzung hierfür ist das Vorliegen eines (materiell-rechtlichen) Anordnungsanspruchs und eines Anordnungsgrundes (Nachteil, der ein Abwarten unzumutbar erscheinen lässt, z.B. besondere Eilbedürftigkeit wegen einer dringlichen Notlage). Im Zivil- und Arbeitsgerichtsprozess kommt e. R. insbesondere in Form des Arrests (Sicherung der → Zwangsvollstreckung wegen einer Geldforderung, §§ 916 ff. Zivilprozessordnung [ZPO]) oder der einstweiligen Verfügung (Sicherung eines nicht auf Geld gerichteten Anspruchs, z.B. Verbot, Gebot oder Duldung einer Handlung, §§ 935 bis 942 ZPO) in Betracht.

*Hans-Ulrich Weth*

**Einzel(fall)hilfe** Soziale E. ist ein sog. klassisches Konzept der Methoden der → Sozialen Arbeit neben der → Sozialen Gruppenarbeit und der → Gemeinwesenarbeit. Es orientierte sich an Casework, das sich als klinische (Einzel-)Fallarbeit in zwei Schulen in den USA entwickelte: diagnostic-school (G. Hamilton) und functional-school (J. Taft). M. Richmond (Social Diagnosis 1917) und A. Salomon (Soziale Diagnose 1926) erarbeiteten erste wissenschaftliche Begründungen für die E. Ihre Konzepte gingen von einem frühen Verständnis für die Beziehung der Klient/innen zu → Familie und Umwelt aus. Danach prägte die Psychoanalyse die E. In Deutschland brach die theoretische Arbeit (→ Sozialtherapie – S. Wronsky/ A. Kronfeld; Methode der Familienfürsorge – M. Baum/H. Scherpner) mit der NS-Zeit ab. Nach 1945 fand ein lebhafter Methodentransfer aus den USA statt. In der Aus-, → Fort- und Weiterbildung erkannte man in Deutschland die Chance der → Professionalisierung durch die Methoden der Sozialarbeit.

Die Ich-Psychologie bildete das Konstrukt für die E.: Stärkung des Ich als Hilfe zur Anpassung und die Arbeit im Hier und Jetzt. Übertragungsphänomene wurden erkannt, aber nicht aktiv bearbeitet. Der Hilfeprozess wurde in drei Phasen eingeteilt: Fallaufnahme (oder → Anamnese, Initialphase), → psychosoziale Diagnose und Behandlung. Die helfende Beziehung zwischen Klient/in und Sozialarbeiter/in bildete die tragende Säule (→ Hilfe/ Helfen, → Beziehung/Bindung in der Sozialen Arbeit). Wissen, methodisches Können und professionelle Haltung waren Standards einer Feld- und Fachkompetenz, die besonders über Lehrfälle zu einer → Kasuistik Sozialer Arbeit führen sollte. Gerade diese Bemühungen gerieten Ende der 1960er-/Anfang der 1970er-Jahre in die sozialwissenschaftliche Kritik. Sie richtete sich gegen die → Individualisierung von gesellschaftlich verursachten Problemlagen, gegen die Verknüpfung von Methode und Ziel und gegen das eklektizistische Verarbeiten wissenschaftlicher Theorien. Mehrdimensionale Problemdefinitionen wurden vermisst, die infrastrukturelle Gegebenheiten im Gemeinwesen, ökonomische Lebensumstände, Grenzen und Möglichkeiten der Institution, der Sozialarbeiter/innen und der Klient/innen einbeziehen.

Therapeutische Schulen fanden danach über Zusatzausbildungen Eingang in die Praxis der E. Erst die zunehmende Spezialisierung der → Sozialen Dienste rief neue eigenständige Überlegungen hervor, z.B. über → Case Management. Heute prägt v.a. die professionelle → Beratung insbesondere mit einem → systemischen oder einem lebensweltorientierten Ansatz (→ Lebenswelt) die Arbeit mit Einzelnen und Familien. In Verbindung mit integrativen Ansätzen wie der sozialen Netzwerkarbeit findet sich das Konzept der E. in der Praxis der verschiedensten Sozialen Dienste wieder.

*Manfred Neuffer*

**E-Learning** (Electronic Learning) ist → Lernen, das mit elektronischen Informations- und Kommunikationstechnologien (Basis- und Lerntechnologien) unterstützt wird. Es gibt inzwischen eine Vielzahl von Lern-/Anwendungssystemen, die von E.-Anwendungen unterstützt bzw. ermöglicht werden. Für den Bereich der → Sozialen Arbeit ist die Anwendung von E.-Szenarien in Bildungsbereichen (Schule, → berufliche Bildung, → Erwachsenenbildung, → Hochschule) von besonderer Bedeutung (E-Teaching). E. wird dabei meist als »blended learning« organisiert: Präsenz- und Onlinephasen wechseln einander ab. Für jeden Arbeitsbereich, für jede Zielgruppe hat E. dabei jeweils eigene Voraussetzungen und Gesetzlichkeiten.

Typische Produkte und Angebote im E.-Bereich sind Computer-based und Web-based Trainings und Lern- und Wissensportale. Dabei verändern sich zwar die jeweiligen Lernarrangements (von besonderer Bedeutung für lebenslanges Lernen ist dabei das zeit- und ortsunabhängige Lernen). Die »konventionellen« Fragen einer → Didaktik, Lernbegleitung, der Verantwortung für einen Lernprozess, der Verantwortung von Lernangeboten und Lerninhalten bleiben jedoch genau wie bei anderen Lernmethoden erhalten. Technisch unterstützt werden können dabei fast alle Lernformen – von standardisierten, an einem festen Wissenskanon orientierten Lernangeboten (z.B. computergestützte Trainingsprogramme) bis hin zu individuell vereinbarten und individuell begleiteten Lernformen (E-Coaching). Eine entscheidende Weiterentwicklung von E.-Anwendungen stellte das »Web 2.0« dar: Es steht für interaktive und kollaborative Anwendungen des World Wide Web. Bei webbasierten E.-Anwendungen werden Wissen/Inhalte nicht mehr nur »von oben«, etwa von Lernprogrammentwicklern verbreitet, sondern auch »von unten«, insbesondere durch die Lernenden, weiterentwickelt. Dies geschieht im Kontext Sozialer Arbeit v.a. über Social Software, etwa Wikis, Weblogs, Podcasts, virtual classroom, open meetings, Foto- und Videoportale, Tauschbörsen sowie passwortgeschützte Plattformen.

Dabei ist zwischen »privaten« Lernräumen – etwa Lernplattformen für bestimmte Lerngruppen (z.B. Kursgruppen von Bildungsmaßnahmen) und öffentlichen Lernräumen zu unterscheiden. Renommierte Hochschulen stellen inzwischen weltweit Vorlesungen und anderen Lehrformate frei im Netz zur Verfügung. Diese Formate sind jedoch vorwiegen auf aneignendes Lernen ausgerichtet. Von besonderer Bedeutung ist jedoch beim E., dass mit neuen Formen der elektronisch unterstützten Interaktivität nicht nur aneignendes, sondern auch interaktives Lernen ermöglicht wird. E.-Szenarien und E.-Plattformen erfordern weitgehende Selbstlern- und Selbststeuerungskompetenzen, die Nutzung der vielfältigen Anwendungen ist unabhängig von Inhalten auch als mediales Kompetenztraining zu begreifen (→ Medienbildung). Die Nutzung interaktiver Lernsysteme setzt weitgehende Lesefähigkeiten sowie die Fähigkeit, sich schriftlich auszudrücken, voraus (»Electronical Reading Literacy«). Ob hier neuen Exklusionsprozessen benachteiligter Lernergruppen der Weg gebahnt wird, ist zu beobachten. Große Bedeutung hat E. im Bereich der Erwachsenenbildung einschließlich der Hochschulbildung auch für Soziale Arbeit, weil hier orts- und zeitunabhängiges Lernen für bestimmte Zielgruppen (z.B. Frauen mit Kindern, Studium für Berufstätige, für Menschen mit Beeinträchtigungen oder mit Migrationserfahrungen) individuell möglich gemacht werden kann.

*Petra Gromann*

**Elektronische Gesundheitskarte** Die e. G. (§ 291 a SGB V → Krankenversicherung) ist die erweiterte Krankenversichertenkarte, die zum Nachweis der Berechtigung zur Inanspruchnahme von Leistungen im Rahmen der vertragsärztlichen Versorgung dient. Neben den bereits bislang auf der Krankenversichertenkarte gespeicherten Informationen kann die e. G. Angaben über die Übermittlung ärztlicher Verordnungen in elektronischer oder maschinell verarbeitbarer Form aufnehmen sowie den Berechtigungsnachweis zur Leistungsinanspruchnahme nach den Regelungen des Europarechts darstellen. Mit der e. G. soll es u.a. möglich sein, in Notsituationen auf erforderliche, medizinische Daten zuzugreifen, elektronische

Arztbriefe mit Befunden, Diagnosen, Therapieempfehlungen sowie Behandlungsberichten in elektronischer und maschinell verwertbarer Form für eine einrichtungsübergreifende fallbezogene Kooperation zu speichern, Daten betreffend die Prüfung der Arzneimitteltherapiesicherheit sowie selbst von den Patient/innen zur Verfügung gestellte Daten aufzunehmen. Die letztgenannten Nutzungsoptionen sind abhängig von der vorherigen, zu dokumentierenden Einwilligung der Versicherten gegenüber dem Arzt, Zahnarzt, Psychotherapeuten oder Apotheker. Diese Einwilligung ist frei widerrufbar. Die technischen Vorgaben und Voraussetzungen werden von der Gesellschaft für Telematik (§ 291 b SGB V) vorgegeben. Als »Gegenstück« der e. G. für die Versicherten besteht bei den → Leistungserbringern eine (elektronische) Kennzeichnung (elektronischer Heilberufsausweis).

*Katja Fahlbusch*

**Elementarbereich** → Frühkindliche Bildung, Betreuung und Erziehung (F.B.B.E.)

**Elementarerziehung** → Frühkindliche Bildung, Betreuung und Erziehung (F.B.B.E.)

**Elterliche Sorge** bezeichnet die Rechtsbeziehungen zwischen Eltern und minderjährigen Kindern (→ Minderjährigkeit). Sie beginnt mit der Geburt und endet i.d.R. mit der → Volljährigkeit des Kindes. Rechtsgrundlage sind die §§ 1626–1698 b → Bürgerliches Gesetzbuch (BGB). E. S. gliedert sich in Personensorge und Vermögenssorge. Grundsätzlich steht die e. S. für eheliche Kinder beiden Eltern gemeinsam zu (im Konfliktfall vgl. § 1628 BGB). Eltern, die bei der Geburt des Kindes nicht miteinander verheiratet sind, sind gemeinsam sorgeberechtigt, wenn sie jeder eine Sorgeerklärung gem. § 1626 a BGB gegenüber einer befugten Stelle (→ Jugendamt, Notar) abgeben. Anderenfalls ist grundsätzlich die Mutter alleinige Inhaberin der e. S. (§ 1626 a Abs. 3 BGB).

Die gemeinsame e. S. oder Teile der e. S. bei nicht miteinander verheirateten Eltern ist auf Antrag eines Elternteils (Mutter oder des [rechtlichen] Vaters) nach der Geburt des Kindes durch das Familiengericht übertragbar (§ 1626 a Abs. 1 Nr. 3, Abs. 2 BGB). Das Familiengericht überträgt die e. S. oder Teile der e. S., wenn dies dem → Kindeswohl nicht widerspricht (§ 1626 a Abs. 2 BGB). Wenn keine Gründe gegen die gemeinsame e. S. vorgebracht werden und auch nicht erkennbar sind, ist von der gesetzlichen Vermutung auszugehen, dass die gemeinsame e. S. dem Kindeswohl nicht widerspricht. Damit wird unter Einschränkung des Amtsermittlungsgrundsatzes dem Familiengericht ermöglicht, die gemeinsame e. S. allein aufgrund des Vortrags der beteiligten Eltern und unter Berücksichtigung der sonst bereits bekannten Tatsachen zu regeln. Lehnt ein Elternteil die gemeinsame e. S. ab, muss er konkrete Anhaltspunkte darlegen, dass sich die gemeinsame e. S. negativ auf das Kindeswohl auswirkt.

Die Personensorge umfasst Pflege, → Erziehung, → Aufsichtspflicht, → Aufenthaltsbestimmung, → Herausgabe des Kindes, Bestimmung des Umgangs des Kindes mit Dritten (→ Umgangsrecht). § 1626 Abs. 3 BGB sieht i.d.R. den Umgang des Kindes mit beiden Elternteilen und mit anderen Personen vor, zu denen das Kind Bindungen besitzt, deren Fortsetzung für die kindliche Entwicklung förderlich ist. Leitbild elterlicher → Erziehung ist gem. § 1626 Abs. 2 BGB die Berücksichtigung der wachsenden Fähigkeit und des wachsenden Bedürfnisses des Kindes zu selbstständigem, verantwortungsbewusstem Handeln, die altersentsprechende Kommunikation mit dem Kind und das Streben nach Einverständnis. Kinder haben ein Recht auf gewaltfreie Erziehung (§ 1631 Abs. 2 BGB). Eltern können beim Familiengericht beantragen, sie in geeigneten Fällen zu unterstützen (§ 1631 Abs. 3 BGB). Hier ist insbesondere das Zusammenwirken von Jugendamt und Familiengericht beachtlich (§ 50 Abs. 1 SGB VIII). Das Kind selbst findet im Verfahren der e. S. gem. § 159 des → Familienverfahrensgesetzes (FamFG) vor dem Familiengericht Gehör. Ab dem 14. Lebensjahr werden Jugendliche, die nicht geschäftsunfähig sind (→ Geschäftsfähigkeit), stets angehört. Jüngere Kinder werden richterlich angehört, wenn die Neigungen, Bindungen oder der Wille des Kindes für die Entscheidung von Bedeutung sind; eine Kindesanhörung findet auch dann statt, wenn es zur Feststellung des Sachverhalts nötig erscheint, dass sich das Familiengericht einen persönlichen Eindruck von dem Kind macht (§ 159 Abs. 2 FamFG). Dem Kind wird vom Familiengericht ein → Verfahrensbeistand (Anwalt/Anwältin des Kindes) zur Seite gestellt (§ 158 FamFG).

Die Vermögenssorge verpflichtet die Eltern zur unentgeltlichen Verwaltung des Kindesvermögens. Sie haben das Recht und die Pflicht, für das → Vermögen des Kindes zu sorgen. Den Personensorgeberechtigten obliegt die Vertretung des Kindes in Vermögensangelegenheiten; ihre Aufgabe ist es, durch tatsächliche und rechtliche Maßnahmen das Kindesvermögen zu erhalten und zu vermehren.

Wichtige Einschränkungen der e. S. nach dem BGB sind: das Gebot der Rücksichtnahme auf Eignung und Neigung des Kindes in Angelegenheiten der Ausbildung und des Berufes, in denen der Rat einer Lehrkraft oder einer anderen geeigneten Person, z.B. im Berufsinformationszentrum, eingeholt werden soll (§ 1631 b BGB); das Verbot der Sterilisation Minderjähriger (§ 1631 c BGB); die Grenzen der Vertretungsbefugnis gem. §§ 1629, 1795, 181 BGB. Die e. S. kann aus rechtlichen oder tatsächlichen Gründen ruhen (§§ 1673–1675 BGB).

Bei → Ehescheidung entscheidet das Familiengericht nur auf Antrag über die Übertragung der alleinigen e. S. (§ 1671 Abs. 1 BGB) auf einen Elternteil. Liegt kein elterlicher Antrag vor, bleibt die e. S. bei den Eltern gemeinsam. Dem Antrag auf Alleinsorge ist stattzugeben, wenn der andere Elternteil zustimmt (§ 1671 Abs. 2 Nr. 1 BGB, mit Einspruchsrecht des Kindes ab dem 14. Lebensjahr) oder wenn perspektivisch die Beendigung der gemeinsamen e. S. und die Übertragung der e. S. auf den antragstellenden Elternteil dem Kindeswohl am besten entspricht (§ 1671 Abs. 2 Nr. 2 BGB). Wenn trotz dauerhafter Trennung oder Scheidung der Eltern die gemeinsame e. S. weiterbesteht, so ist nur noch für Entscheidungen in Angelegenheiten, deren Regelung für das Kind von erheblicher Bedeutung ist, eine gegenseitige Absprache und Einigung notwendig (§ 1687 Abs. 1 S. 1 BGB). Über alle anderen Angelegenheiten des täglichen Lebens entscheidet der Elternteil allein, bei dem das Kind lebt (§ 1687 Abs. 1 S. 2, 3 BGB). Die gemeinsame e. S. nach Trennung oder Scheidung setzt voraus, dass beide Elternteile in der Lage sind, die Verantwortung für das Kind gemeinsam zu tragen und Erziehungsfragen zu besprechen, sowie zur Kooperation bereit sind. Sind Eltern außerstande oder nicht berechtigt, die e. S. insgesamt oder in einzelnen Angelegenheiten wahrzunehmen, so bekommt das Kind eine → Amtsvormundschaft oder → Pflegschaft (vgl. §§ 1773, 1909, 1671 Abs. 3 i.V.m. § 1666 BGB). Eltern, denen die e. S. nicht zusteht, haben i.d.R. die Pflicht und das Recht zum persönlichen Umgang mit dem Kind (§ 1684 Abs. 1 BGB). Bei Trennung und Scheidung haben Eltern einen → Rechtsanspruch auf Beratung und Unterstützung bei der Entwicklung eines einvernehmlichen Konzepts für die Wahrnehmung der e. S. (§ 17 Abs. 2 SGB VIII). Kinder und Jugendliche sind daran zu beteiligen.

*Lit.* Fröschle, T.: Sorge und Umgang. Elternverantwortung in der Rechtspraxis, Bielefeld 2013; Heilmann, S. (Hrsg.): Praxiskommentar Kindschaftsrecht, Köln 2015; Schwab, C. H.: Familienrecht, 22. Aufl., München 2014.

*Angelika Gregor*

**Elternarbeit in der Kindertagesbetreuung**
Der Begriff und die Praxis der sog. »E.« in → Kindertageseinrichtungen (Kitas) spiegelte sich bis Ende der 1990er-Jahre v.a. darin wieder, dass sich das Arbeiten mit Eltern in einer eher monologischen Beziehung vollzog, welche das Informieren von Eltern über wichtige organisatorische und das Kind betreffende Themen umfasste oder die elterliche Mitarbeit zum Gestalten von Festen in Anspruch nahm. Eltern wurde in Kindertageseinrichtungen häufig als eher lästiges und zu belehrendes Anhängsel ihrer Kinder begegnet. Der Begriff E. ist mittlerweile sowohl in den rechtlichen Vorgaben, im wissenschaftlichen Diskurs, wie auch in weiten Teilen der Bildungsprogramme und in der Fachpraxis abgelöst worden von einer »Zusammenarbeit mit Eltern« oder gar der »(Bildungs- und) Erziehungspartnerschaft« von Kita und Eltern. In den gesetzliche Vorgaben des Bundes heißt: »Bei der Wahrnehmung ihrer Aufgaben sollen die in den Einrichtungen tätigen Fachkräfte und anderen Mitarbeiter mit den Erziehungsberechtigten zum Wohl der Kinder zusammenarbeiten. Die Erziehungsberechtigten sind an den Entscheidungen in wesentlichen Angelegenheiten der Tagespflege zu beteiligen« (§ 22 SGB VIII). Diese Vorgaben bilden den professionellen Anspruch eines gemeinsamen, dialogischen und gleichberechtigten Agierens im Kontext der → Erziehung und → Bildung der Kinder von Eltern und frühpädagogischen → Fachkräften. Sie fordern auch dazu auf, eine professionelle Haltung zu entwickeln, die es ermöglicht, Eltern an der Entwicklung von Konzeptionen und pädagogischen Entscheidung teilhaben zu lassen.

Im Paradigma einer erfolgreichen »Erziehungpartnerschaft« erlebt das Kind, dass seine Eltern in der Kita willkommen sind, sich aktiv beteiligen können und als ihre primären Bindungspersonen geschätzt und respektiert werden. Eine wertschätzende Einbeziehung der Wertvorstellungen und → Kompetenzen seiner Eltern und seiner familiären Lebenswelt ermöglicht dem Kind somit eine Stärkung seiner Identitätsentwicklung (→ Identität). Eltern als gleichberechtigte Partner auf Augenhöhe in die Planung pädagogischer Begleitung und Unterstützung ihrer Kinder miteinzubeziehen und sie an der konzeptionellen Weiterentwicklung der Kita zu beteiligen, erfordert ein hohes Maß an Selbstreflexion, Auseinandersetzung mit der Diversität familiärer Kulturen, Kommunikations- und Konfliktkompetenz und Fachwissen. Familienorientierte Strukturen in frühpädagogischen Institutionen zu etablieren bedeutet auch eine weite Öffnung in den → Sozialraum und eine umfassende interdisziplinäre → Kooperation. Um diesen hohen professionellen Ansprüchen zeitlich und personell gerecht zu werden, wird zum einen die Ausweitung der sog. mittelbaren pädagogischen Arbeit benötigt. Zum anderen bedeutet dies auch die Notwendigkeit, dieses Handlungsfeld umfassend in die → Curricula der fachschulischen und hochschulischen Ausbildungsgänge zu integrieren.

*Henriette Harms*

**Elternbeirat** Neben der unmittelbaren Zusammenarbeit der pädagogischen → Fachkräfte mit den Eltern in Einzelgesprächen oder Elternabenden, wird Eltern mit der Einrichtung von E. (Elternausschüssen u.ä.) die Möglichkeit der Mitbeteiligung am Geschehen einer → Kindertageseinrichtung insgesamt gegeben. Zusammensetzung, Arbeitsweise und Befugnis von E. sind ebenso unterschiedlich wie ihre Benennungen. Häufig delegieren die Eltern einer Gruppe ein oder mehrere Eltern in den E. und dieser tagt regelmäßig oder anlassbezogen. Während manche Beiräte nur ein Informationsrecht haben, werden ihnen andernorts partielle oder umfassende Beschlussrechte eingeräumt. Das Verhältnis dieser Beschlussrechte zur Trägerhoheit ist i.d.R. nicht bestimmt und Gegenstand von Auseinandersetzungen. Tatsächlich besteht ein unvermeidbares Spannungsverhältnis zwischen dem Ziel einer stärkeren Einbeziehung der Eltern einerseits und der rechtlichen Stellung des Trägers als Arbeitgeber und als Verantwortlicher für den Betrieb der Einrichtung andererseits. Diese Verantwortung kann der Träger auch nicht auf einen E. übertragen; er kann sich nur bemühen, die Sichtweisen der Eltern ernst zu nehmen und sie in seine Entscheidungen einzubeziehen. Solche Form der Beteiligung wird als „Benehmensherstellung“ bezeichnet. Zuweilen sind statt oder ergänzend zu einem E. auch gemeinsame Gremien von Eltern, Mitarbeiter/innen der Einrichtung und Trägervertretern vorgesehen. Das rechtliche Verhältnis der drei Gruppen und ihre jeweiligen Befugnisse sind noch schwieriger zu bestimmen. Damit ist ein solches Gremium eher als symbolischer Ausdruck von Kooperationsbereitschaft und als Beratungsgremium zu verstehen.

Die Einrichtung von E. ein Ausfluss des Erziehungsrechts der Eltern gem. Art. 6 → Grundgesetz, das die Eltern für die Dauer der Betreuung auf die Einrichtung übertragen. Um dieser herausgehobenen Bedeutung der Eltern gerecht zu werden, haben die Kita-Gesetze der Länder Regelungen zur Beteiligung vorgesehen, die von Kita-Beiräten bis hin zur Einrichtung von Landeselternbeiräten reicht. Die auf regionaler oder Landesebene gefällten Beschlüsse der E. sind als Willensbekundungen der Eltern zu verstehen. Ihr Verhältnis zu den (Landes-)Jugendhilfeausschüssen (§ 71 SGB VIII) ist wenn überhaupt, dann landesrechtlich bestimmt.

*Detlef Diskowski*

**Elternberatung** umfasst alle Beratungsangebote, die Mütter und Väter, mithin alle Personen die die Sorge für junge Menschen übernommen haben, bei der Pflege, Betreuung und → Erziehung ihrer Kinder unterstützen sollen. Neben gesprächsorientierten Angeboten zu im Lebensverlauf relevant werdenden Themen wie → Gesundheit, Entwicklung und → Erziehung werden handlungsorientierte Kurse und Treffs, z.B. Stilltreff oder → Eltern-Kind-Gruppen, angeboten. Hier erhalten die Mütter und Väter einerseits die Möglichkeit zur Begegnung und zum Austausch mit anderen Eltern, andererseits eröffnet sich die Gelegenheit zum unmittelbaren Umsetzen und Einüben des vorab Besprochenen.

Angebote der E. können sich sowohl in Trägerschaft des → öffentlichen Gesundheitsdienstes als auch in der öffentlichen und freien → Kinder- und Jugendhilfe befinden (vgl. §§ 16, 28 SGB VIII). Insbesondere die differenzierten Angebote der E. in Bezug auf den frühkindlichen Bereich haben durch den Diskurs zur Verbesserung des → Kinderschutzes an Bedeutung gewonnen. Durch einen bewusst niedrigschwellig gehaltenen Zugang werden die Angebote insbesondere für Familien in schwierigen Lebenssituationen erreichbar und stellen für sie einen präventiven Unterstützungsansatz dar.

*Petra Mund*

**Elternbildung** → Familienbildung

**Elterngeld** Anspruch auf E. haben Eltern, die in den ersten Lebensmonaten ihrer Kinder nicht oder nicht mehr als 30 Wochenstunden erwerbstätig sind und mit dem Kind in einem Haushalt leben. E. kann parallel zu öffentlich geförderter Kinderbetreuung in Anspruch genommen werden. In Ausnahmefällen können auch nahe Verwandte E. erhalten. Pro Geburt/Adoption können max. 14 Monate Basis-E. bezogen werden. Für Geburten ab dem 1.7.2015 kann jeder Monat Basis-E. gegen zwei Monate E.Plus getauscht werden. Die Monate können frei zwischen den Elternteilen aufgeteilt und auch parallel in Anspruch genommen werden. Ein Elternteil muss jedoch mindestens zwei und kann höchstens zwölf von 14 Monaten Basis-E., bzw. 24 von 28 Monaten E.Plus beantragen (Die gilt nicht für

→ Alleinerziehende). Der Bezug von Basis-E. ist nur bis Vollendung des 14. Lebensmonats des Kindes möglich (bei Adoption bis zur Vollendung des achten Lebensjahres). Erhält die Mutter Mutterschaftsleistungen, muss sie für diesen Zeitraum Basis-E. in Anspruch nehmen. Zusätzlich können die Eltern oder die/der Alleinerziehende einen Partnerschaftsbonus in Form vier weiterer, zusammenhängender Monate E.-Plus erhalten, wenn sie in diesem Zeitraum (parallel) zwischen 25 und 30 Wochenstunden arbeiten. Das E. ersetzt 65–67% des nach der Geburt des Kindes wegfallenden monatlichen Erwerbseinkommens. Für Geringverdienende, Mehrkindfamilien und Familien mit Mehrlingen gibt es Zuschläge. Die Leistung beträgt mind. 300 Euro bis max. 1.800 Euro (E.Plus: mind. 150, max. 900 Euro). Das E. wird auf Leistungen des → Arbeitslosengeldes II, der → Sozialhilfe und des → Kinderzuschlags angerechnet. Einen anrechnungsfreien E.freibetrag in Höhe von max. 300 Euro erhalten jedoch Eltern, die vor der Geburt des Kindes erwerbstätig waren. Anträge bearbeiten die Elterngeldstellen der Länder. Die gesetzlichen Regelungen sind im Gesetz zum E. und zur → Elternzeit (BEEG) normiert. Ausführliche Informationen und ein Elterngeld-Rechner finden sich unter http://www.familien-wegweiser.de.

Das E. löste 2007 das Bundeserziehungsgeld ab, welches als bedürftigkeitsgeprüfter → Sozialer Transfer mit sinkendem Einkommen stieg. Familien mit niedrigem oder ohne Einkommen profitieren durch die Ausgestaltung des E. als Lohnersatzleistung heute weniger von der Familienleistung und durch die 2011 eingeführte Anrechnung auf die wichtigsten Sozialleistungen in vielen Fällen sogar gar nicht. Gesetzgeberisches Ziel des E. war es, Eltern im ersten Lebensjahr einen Schonraum zu schaffen, Frauen zu einer früheren Wiederaufnahme der Berufstätigkeit zu motivieren und die Väterbeteiligung an der Kinderbetreuung zu erhöhen. Väter nehmen heute zwar häufiger → Elternzeit als vor der Reform, zumeist jedoch nur zwei »Vätermonate«. Die Möglichkeit einer anderen Aufteilung zwischen den Eltern ist häufig nicht bekannt bzw. gesellschaftlich nicht akzeptiert.

*Isa von Kalben*

**Elterninitiativen** entstehen i.d.R., weil Eltern mit dem vorhandenen Bildungs-, Erziehungs- oder Betreuungsangebot für ihre Kinder unzufrieden sind, weil es nicht ihren pädagogischen Vorstellungen entspricht oder nicht im gewünschten Umfang zur Verfügung steht. Entsprechend finden sich E. in den Bereichen, in denen der erreichte quantitative und qualitative Standard von den Bedürfnissen der Eltern abweicht. In den 1970er-Jahren gründeten sich deshalb die Kinderläden; das Fehlen von Betreuungsmöglichkeiten für Kleinkinder in Westdeutschland sorgte später für das Aufkommen privat organisierter → Kindertagespflege oder von → Eltern-Kind-Gruppen oder Elterninitiativkindertagesstätten. Kritik an der Ausstattung, der räumlichen Situation oder der Unterrichtsgestaltung von Schulen motiviert Eltern zum entsprechenden Engagement im Schulbereich bis hin zur Gründung und Betrieb von Privatschulen. Auch in der Gestaltung von Spielplätzen, Aktionen zur Verkehrsberuhigung oder Verbesserung des Wohnumfeldes engagieren sich E.

Die Vielfalt der Gründe, die E. zugrunde liegen, die Kurz- oder Langfristigkeit ihrer Ziele, die Unterschiedlichkeit der Zusammensetzung bedingen jeweils sehr verschiedene Formen und Strukturen. So finden sich sehr punktuelle und kurzzeitige E. ebenso wie verfestigte und dauerhafte Formen bis hin zur gemeinsamen Trägerschaft von pädagogischen Einrichtungen. Eine übliche Form der Organisation von dauerhaften E. ist der → Verein. Getragen werden die E. vom persönlichen und finanziellen Engagement der beteiligten Eltern. Der partizipative und vom Subsidiaritätsgedanken getragene Grundansatz der → Kinder- und Jugendhilfe führt aber dazu, dass E. häufig immateriell und auch finanziell gefördert werden (§ 4 Abs. 3 und § 25 SGB VIII, Stärkung der → Selbsthilfe) Neben der finanziellen Förderung (freiwillige Leistung nach Maßgabe des Haushalts) zur Unterstützung der Ehrenamtlichenstruktur oder zur Erbringung einer bestimmten Leistung erhalten E. als Träger von → Kindertageseinrichtungen in vielen Ländern die gesetzliche Finanzierung nach Landesrecht. Neben der Förderung durch die öffentliche Jugendhilfe (i.d.R. durch das → Jugendamt) erhalten E. zuweilen eine Förderung durch die Gemeinde oder finanzieren ihre Aktivitäten durch Spenden.

E. sind also ebenso Zeichen eines erlebten Mangels von Eltern wie sie gleichzeitig Ausdruck von → bürgerschaftlichem Engagement und realisierter Selbsthilfe sind. Aufgrund der zumeist kritischen Haltung zu etablierten Strukturen und wegen der Besonderheiten ihrer Organisationsstruktur (Spontanität, unklare rechtliche Verantwortlichkeit) ist ihr Verhältnis zu den kommunalen und staatlichen Verwaltungen im Grundsatz nicht spannungsfrei. Sie stellen damit auch einen Motor der gesellschaftlichen und pädagogischen Entwicklung dar.

*Detlef Diskowski*

**Eltern-Kind-Gruppe** ist eine Bezeichnung für eine Bildungs-, Begegnungs- oder Spielgruppe, die von Eltern selbst getragen wird (→ Elterninitiativen) oder in deren Arbeit die Eltern umfassend mit einbezogen sind. Träger sind kommunale oder → freie Träger und E. sind oft ein Angebotsteil von kirchlicher Gemeindearbeit, → Volkshochschulen oder Eltern-Kind-Zentren, → Familienzentren, → Mehrgenerationenhäusern. Das Angebot ist kostenpflichtig oder unentgeltlich und z.T. gibt es einen thematischen Schwerpunkt (Prager-Eltern-Kind-Programm [PEKIP], Musik u.a.). Zielgruppe sind Kleinkinder mit ihren Eltern, wobei die Angebote entweder stärker auf Kinder ausgerichtet sind oder die E. vorrangig als Elterntreffpunkt dienen. E. bezeichnet auch die professionelle pädagogische Arbeit in oder im Verbund mit → Kindertagesstätten. Haben solche E. einen geringen Zeitumfang, dienen sie stärker dem gegenseitigen Kennenlernen vor einer verbindlichen Aufnahme in die → Kindertagesbetreuung; haben sie ein verlässliches, tägliches und mehrstündiges Angebot, dann stellen eine besondere Form der Kindertagesbetreuung dar, die diese mit → Familienbildung und z.T. → Hilfe zur Erziehung verbindet. E. haben sich entwickelt als Ausdruck → bürgerschaftlichen, sozialen Engagements und werden immer stärker Teil der → Kinder- und Jugendhilfe, wobei keine eindeutige Zuordnung zu einer Leistungsform möglich ist. In der Verbindung von Elterneinbeziehung/Elternbildung mit Bildungs- und Begegnungsangeboten für Kinder entwickeln sie ihre besondere Stärke.

*Detlef Diskowski*

**Elternrecht** In Art. 6 Abs. 2 S. 1 → Grundgesetz (GG) wird die Pflege und → Erziehung als das natürliche Recht der Eltern und die ihnen zuvörderst obliegende Pflicht normiert und durch Art. 6 Abs. 2 S. 2 GG dahingehend ergänzt, dass über die Betätigung die staatliche Gemeinschaft wacht. Art. 6 Abs. 3 GG führt aus, dass gegen den Willen der Erziehungsberechtigten Kinder nur aufgrund eines Gesetzes von der Familie getrennt werden dürfen, wenn die Erziehungsberechtigten versagen oder die Kinder aus anderen Gründen zu verwahrlosen drohen. Mit diesen Regelungen wird verfassungsrechtlich das komplexe Verhältnis von Eltern, Kindern und Staat benannt.

I.d.R. sind → Grundrechte als Abwehrrechte dem Staat gegenüber ausgestaltet. Das E. unterscheidet sich jedoch von anderen Grundrechten: Nirgendwo im GG wird Privatpersonen (hier: Eltern) ein Recht gegenüber anderen Privatpersonen (hier: Kindern) eingeräumt; zugleich ist nirgendwo mit dem Recht eine Pflicht derart verbunden und diesbezüglich ein staatliches → Wächteramt eingesetzt, wie dies in Art. 6 Abs. 2 GG der Fall ist. Damit ist das E. ein fremdnütziges Recht im Interesse des → Kindeswohls, das auch in einem Spannungsverhältnis zum Recht des Kindes auf Entfaltung der → Persönlichkeit und → Menschenwürde steht. Über das Abwehrrecht hinaus enthält auch Art. 6 Abs. 2 GG die Förderungsverpflichtung des Staates, positiv die Lebensbedingungen für ein gesundes Aufwachsen des Kindes zu schaffen.

Im Verhältnis Eltern–Staat markiert das E. aus Art. 6 Abs. 2 GG zunächst einen Vorrang der Elternverantwortung, also ein Abwehrrecht gegen staatliche Eingriffe in die Erziehung. Es umfasst die freie Entscheidung über die Pflege, d.h. die Sorge für das körperliche Wohl, und über die Erziehung, d.h. die Sorge für die seelische und geistige Entwicklung einschließlich der Bildung und Ausbildung des minderjährigen Kindes (wobei allerdings Art. 7 GG für den gesamten Bereich des Schulwesens eine zentrale Ausnahme macht). Ausgehend von dem generellen verfassungsrechtlichen Bemühen, Abhängigkeiten jeglicher Art entgegenzutreten, hat das → Bundesverfassungsgericht (BVerfG) die Grundrechtspositionen Minderjähriger in Verknüpfung von Art. 6 Abs. 2 S. 2 GG und Art. 1 Abs. 1, Art. 2 Abs. 1 GG entwickelt und so Minderjährige als autonome Rechtssubjekte auch in Bezug auf die Eltern anerkannt. Das Verhältnis Eltern–Kind–Staat wird verfassungsrechtlich nur grundsätzlich geregelt, die konkrete Ausgestaltung ist primär Aufgabe des Gesetzgebers und geschieht im Zivilrecht in §§ 1626 ff. → Bürgerliches Gesetzbuch (BGB) unter dem Stichwort der → elterlichen Sorge. Diese ist als zivilrechtliche Regelung streng von den verfassungsrechtlichen Aussagen zum E. zu trennen. Für die Ausgestaltung des zivilrechtlichen Rechtsverhältnisses zwischen Eltern und Kindern hat der Gesetzgeber einen nicht unerheblichen Gestaltungsspielraum. Allerdings hat er sich dabei an der verfassungsrechtlichen Aussage zu orientieren, dass das zwar noch unmündige, aber zunehmend urteilsfähige Kind die ihm um seiner Persönlichkeit willen zustehenden Rechte mit zunehmender Eigenverantwortung ausüben können soll. Damit will das BVerfG die selbstbestimmte Persönlichkeitsentfaltung der Kinder auch gegenüber den Eltern schützen. Elternautonomie soll beschränkt werden, wo → Fremdbestimmung des Kindes wegen seines fortgeschrittenen Reifegrades kein Mittel der Entfaltung der Persönlichkeit des Kindes mehr ist.

Neben dem Vorrang der Elternverantwortung ist jedoch auch die Maxime des Kindeswohls die zweite verfassungsrechtliche Grundsatzentscheidung. Der Staat hat die Aufgabe, die Balance zwischen E. und → Kinderrecht gesetzlich auszugestalten, daneben obliegt ihm auch das in Art. 6 Abs. 2 S. 2 GG angesprochene Wächteramt. Zur Sicherung der Menschenwürde des Kindes verpflichtet dies den Staat – bei allem gebotenen Respekt vor der Erziehungs- und Pflegeautonomie der Eltern – dort einzugreifen, wo die Eltern bei der Wahrnehmung ihrer Elternverantwortung versagen und das Kindeswohl gefährdet ist. Das Kindeswohl ist allerdings ein → unbestimmter Rechtsbegriff, der einer Auslegung und Konkretisierung bedarf, bevor er auf einen Einzelfall angewendet werden kann. Soweit es um die Trennung des Kindes von seinen Eltern als dem stärksten Eingriff in das Elternrecht geht, ist dieser allein unter den engen Voraussetzungen des Art. 6 Abs. 3 GG zulässig. Das elterliche Fehlverhalten muss dabei ein solches Ausmaß erreichen, dass das Kind bei einem Verbleiben in der Familie in seinem körperlichen, geistigen oder seelischen Wohl nachhaltig gefährdet ist. Wenn Eltern das Sorgerecht für ihre Kinder entzogen und damit zugleich die Aufrechterhaltung der Trennung der Kinder von ihnen gesichert werden soll, darf dies zudem nur unter strikter Beachtung des Grundsatzes der Verhältnismäßigkeit erfolgen. Dieser gebietet es, dass Art und Ausmaß des staatlichen Eingriffs sich nach dem Grund des Versagens der Eltern und danach bestimmen müssen, was im Interesse des Kindes geboten ist. Der Staat muss daher nach Möglichkeit versuchen, durch helfende, unterstützende, auf Herstellung oder Wiederherstellung eines verantwortungsgerechten Verhaltens der leiblichen Eltern gerichtete Maßnahmen sein Ziel zu erreichen. Wegen der Vorrangigkeit des E. hat der Staat v.a. institutionelle Hilfsmöglichkeiten anzubieten, die etwa im SGB VIII (→ Kinder- und Jugendhilfe) normiert sind.

In der aktuellen verfassungsrechtlichen Diskussion spielt die Frage eine Rolle, ob eine eigenständige Grundrechtsposition des Kindes neben dem E. ausdrücklich im Grundgesetz verankert werden sollte. Zwar sind Kinder ohnehin eigenständige Grundrechtsträger aufgrund ihres Rechts auf Persönlichkeitsentfaltung und ihrer Menschenwürde, Art. 1 Abs. 1, Art. 2 Abs. 1 GG. Dennoch erhoffen sich die Befürworter der Normierung von Kinderrechten im GG hierdurch eine Aufwertung der Rechtspositionen von Kindern etwa dahingehend, dass das Handeln von Gesetzgebung, Verwaltung und Gerichten noch stärker als bisher von der Maxime des Kindeswohls geleitet wäre. Bspw. wäre dann der Anspruch auf → Hilfen zur Erziehung nach § 27 SGB VIII nicht mehr ausschließlich aus der Perspektive von Personensorgeberechtigten zu formulieren. Vielmehr müsste durch individuelle → Rechtsansprüche der Kinder und Jugendlichen selbst der Anspruch auf Hilfe zur Erziehung erweitert werden, um ihre Subjektstellung zu stärken und ihrem in der Verfassung festgeschriebenen Recht Rechnung zu tragen. Schließlich werden diese Bestrebungen auch als Signal für eine größere Kinderfreundlichkeit in der Gesellschaft verstanden.

*Lit.* Jarass, H./Pieroth, B.: Grundgesetz für die Bundesrepublik Deutschland: GG, 13. Aufl., München 2014; Münder, J./ Trenczek, T.: Kinder- und Jugendhilferecht, 8. Aufl., Baden-Baden 2015; Münder, J./Wiesner, R./Meysen, T. (Hrsg.): Handbuch Kinder- und Jugendhilferecht, 2. Aufl., Baden-Baden 2011; Wiesner, R. (Hrsg.): SGB VIII Kinder- und Jugendhilfe, 5. Aufl., München 2015.

*Réka Fazekas*

**Elternrente** ist eine Rentenleistung des sozialen Entschädigungsrechts (→ Soziale Entschädigung). Die entsprechenden gesetzlichen Regelungen finden sich in den §§ 49 ff. des → Bundesversorgungsgesetzes (BVG). Die E. stellt einen Ersatz für Unterhaltsleistungen eines an den Folgen einer Schädigung verstorbenen Kindes dar. Sie wird gewährt, wenn ein Kind unmittelbar an den Folgen einer Schädigung i.S. der §§ 1 ff. BVG oder im Sinne eines anderen Gesetzes, welches das BVG für entsprechend anwendbar erklärt, gestorben ist. Das kann z.B. das Infektionsschutzgesetz für Impfschäden (→ Impfungen), das → Opferentschädigungsgesetz für Opfer von Gewalttaten, das Soldatenversorgungsgesetz für Wehrdienstschäden oder das Zivildienstgesetz für im Zivildienst (→ Freiwilligendienste) erlittene Schädigungen sein. Die E. wird gewährt, wenn die Eltern voll erwerbsgemindert oder erwerbsunfähig i.S.d. SGB VI sind (→ Erwerbsfähigkeit) oder aus anderen zwingenden Gründen eine zumutbare Erwerbstätigkeit nicht ausüben können oder das 60. Lebensjahr vollendet haben. E. hat von ihrer Zweckbestimmung her reine Unterhaltsersatzfunktion. Sie soll die durch den schädigungsbedingten Tod des Kindes verminderten Unterhaltschancen ausgleichen und ist ihrem Wesen nach eine auf die wirtschaftlichen Bedürfnisse und die Sicherung einer angemessenen Lebensstellung ausgerichtete Versorgungsleistung. Die Höhe der E. wird vom → Einkommen der Berechtigten beeinflusst. Sie wird als Elternpaar- oder Elternteilrente gezahlt. Maßgebend für die Höhe der Leistung ist auch, wie viele Kinder in Folge einer Schädigung den Tod fanden. Sie wird frühestens von dem Monat an gezahlt, in dem das geschädigte (verstorbene) Kind das 18. Lebensjahr vollendet hätte. Auch Adoptiveltern, Stief- und Pflegeeltern (→ Pflegefamilie) sowie Großeltern können unter bestimmten Voraussetzungen E. erhalten.

*Hans-Jörg Schweinlin*

**Elternunterhalt** ist eine Form des nach §§ 1601 ff. → Bürgerliches Gesetzbuch (BGB) bei Bedürftigkeit der Berechtigten und Leistungsfähigkeit der Verpflichteten geschuldeten Verwandtenunterhalts und erlangt im Rahmen des → Übergangs von Ansprüchen auf den → Träger der Sozialhilfe nach § 94 SGB XII v.a. dann Bedeutung, wenn ein oder beide Elternteil/e in einer Alten- und → Pflegeeinrichtung untergebracht sind und → Hilfe zur Pflege nach § 61 SGB XII (→ Sozialhilfe) geleistet werden muss, weil die pflegebedürftige Person den Bedarf aus ihrem → Einkommen (einschließlich der Leistungen aus der gesetzlichen → Pflegeversicherung) und → Vermögen nicht in vollem Umfang decken kann. Bedürftigkeit und Leistungsfähigkeit müssen während der gleichen Zeit bestehen. Die Leistungsfähigkeit zur Zahlung von (Verwandten-)Unterhalt hat nach § 1603 Abs. 1 BGB ihre Grenze, wo die Unterhaltspflichtigen bei Berücksichtigung ihrer sonstigen Verpflichtungen außerstande sind, ohne Gefährdung ihres angemessenen Unterhalts (Eigenbedarf), Unterhalt an den Berechtigten zu gewähren. Wegen der unterhaltsrechtlichen Rangfolge, bei der die Eltern der Unterhaltspflichtigen noch hinter der absteigenden Linie (Enkel usw.) an vorletzter Stelle stehen (§ 1609 Nr. 6 BGB) erweist sich der Anspruch auf E. als vergleichsweise schwach ausgestaltet.

Den »schlechten« Rang der Eltern hat der Familiensenat des Bundesgerichtshofs (BGH) in der seit 2002 fortentwickelten Rechtsprechung zum E. als Grund dafür angeführt, dass den Unterhaltspflichtigen im Rahmen des E. aus ihrem Einkommen ein monatlicher Freibetrag verbleiben muss, der den im Vergleich zu anderen (vorrangigen) Unterhaltsrechtsverhältnissen zu berücksichtigenden Eigenbedarf (Selbstbehalt) maßvoll übersteigt und der nach den maßgeblichen unterhaltsrechtlichen Leitlinien der Familiensenate der Oberlandesgerichte (OLG) (Stand: 1.1.2016) i.d.R. mindestens 1800 Euro beträgt. Eine spürbare und dauerhafte Senkung ihres berufs- und einkommenstypischen Lebensstandards brauchen die dem Grunde nach zur Gewährung von E. Verpflichteten jedenfalls insoweit nicht hinzunehmen, als sie nicht einen nach den Verhältnissen unangemessenen Aufwand betreiben oder ein Leben im Luxus führen. Das gilt insbesondere vor dem Hintergrund, dass i.d.R. eine Inanspruchnahme zum E. erst stattfindet, wenn die Unterhaltsverpflichteten sich selbst in einem höheren Lebensalter befinden, ihre Lebensverhältnisse demzufolge bereits längerfristig seinem Einkommensniveau angepasst haben, Vorsorge für ihr eigenes Alter treffen möchten und dann unerwartet der Forderung ausgesetzt werden, sich an den für ihre Eltern aufgrund deren Hilfe- und → Pflegebedürftigkeit anfallenden Kosten zu beteiligen.

Weil der beim E. angemessene Eigenbedarf nicht durchgängig in einem festen Betrag angesetzt werden kann, sondern anhand der konkreten Umstände des Einzelfalls und unter Berücksichtigung der besonderen Lebensverhältnisse, die bei der Inanspruchnahme von E. vorliegen, zu ermitteln ist, hat sich – ausgehend von Empfehlungen des → Deutschen Vereins für öffentliche und private Fürsorge (DV) – durchgesetzt, dass den Kindern gegenüber ihren Eltern von dem den Freibetrag übersteigenden Einkommen ein weiterer Anteil zu belassen ist. Der Familiensenat des BGH betont zwar, dass es der verantwortlichen Beurteilung der in erster Instanz und in der Berufung zuständigen Gerichte unterliegt, ob und unter welchen Voraussetzungen die in den meisten Tabellen und Leitlinien der OLG als Selbstbehalt angegebenen Mindestbeträge zu erhöhen sind, hat aber gleichzeitig herausgestellt, dass es grundsätzlich zu billigen ist, wenn bei der Ermittlung des für den E. einzusetzenden bereinigten Einkommens allein auf einen – etwa hälftigen – Anteil des Betrages abgestellt wird, der den an sich vorgesehenen Mindestselbstbehalt übersteigt. Bei einem bereinigten Einkommen von 2600 Euro können einem nicht anderweitig Unterhaltspflichtigen also i.d.R. 400 Euro (Hälfte der Differenz zwischen 2600 und 1800 Euro) als E. abverlangt werden. Wenn der/die dem Grunde nach zum E. Verpflichtete verheiratet ist und mit dem Ehegatten zusammenlebt, muss der sog. Familienmindestselbstbehalt gewahrt bleiben. Dabei sind – ungeachtet weiterer Ansätze für vorrangig unterhaltsberechtigte Kinder – für den Unterhalt des Ehegatten (Stand: 1.1.2016) mindestens 1.440 Euro zu berücksichtigen, sodass bei einem Familieneinkommen, das (1800 + 1440 =) 3.240 Euro nicht erreicht, Leistungsfähigkeit zur Zahlung von E. ausscheidet; die 3.240 Euro entsprechen einer Verdoppelung des Mindestselbstbehalts abzgl. eines Ansatzes von 10% für Vorteile des Zusammenlebens (2 x 1800 =) 3600 – 360. Ist das Familieneinkommen höher als 3.240 Euro, wird der individuelle Familienselbstbehalt ausschlaggebend. Dieser wird nach Abschnitt D. I. der Düsseldorfer Tabelle aus der Summe des Familienmindestselbstbehalts und 45% des darüber hinausgehenden Familieneinkommens gebildet. Die Leistungsfähigkeit errechnet sich dann verkürzt nach der Formel: (bereinigtes Familieneinkommen – Familienmindestselbstbehalt) x 55% x Anteil, mit dem der zum E. verpflichtete Ehegatte zum Familieneinkommen beiträgt. Trägt der zum E. verpflichtete Ehegatte mangels eigenen Einkommens nicht zum Familieneinkommen bei, stehen ihm aus dem Familieneinkommen 5–7% als Taschengeld zu – davon kann die Hälfte zum E. verlangt werden.

Beim E. – wie im Verwandtenunterhalt überhaupt – gilt, dass die Verpflichteten grundsätzlich auch den Stamm ihres Vermögens zur Bestreitung des Unterhalts einzusetzen haben. Eine Verwertung des Vermögensstamms kann jedoch nicht verlangt werden, wenn sie die Verpflichteten von fortlaufenden Einkünften abschneiden würde, die sie zur Erfüllung weiterer Unterhaltsansprüche oder anderer berücksichtigungswürdiger Verbindlichkeiten oder zur Bestreitung des eigenen Unterhalts benötigen. Auch die Verwertung eines angemessenen selbst genutzten Immobilieneigentums kann regelmäßig nicht gefordert werden. Allgemein ausgedrückt brauchen die dem Grunde zum E. Verpflichteten den Stamm ihres Vermögens nicht zu verwerten, wenn dies mit einem wirtschaftlich unvertretbaren Nachteil verbunden wäre. Dass der E. vergleichsweise schwach ausgebildet ist, wirkt sich auch auf das zu belassende Schonvermögen aus. Weil neben der primären, durch die gesetzliche → Rentenversicherung repräsentierten Altersversorgung zusätzlich private Vorsorge getroffen werden soll, können die zum E. Verpflichteten bis zu 5% ihres Bruttoeinkommens für zusätzliche Altersversorgung zurücklegen – die so geschaffenen Werte bleiben dem Zugriff der bedürftigen Eltern bzw. des Trägers der Sozialhilfe entzogen, damit der Zweck der Alterssicherung erreicht werden kann.

*Lit.* Deutscher Verein: Empfehlungen für die Heranziehung Unterhaltspflichtiger in der Sozialhilfe, Berlin 2014; Günther, F.: Elternunterhalt, in: Münchener Anwaltshandbuch Familienrecht, 4. Aufl., München 2014.

*Gottfried Eichhoff*

**Elternzeit** Arbeitnehmerinnen und Arbeitnehmer haben ab der Geburt ihres Kindes einen Rechtsanspruch auf bis zu 36 Monate unbezahlte Freistellung von ihrer Arbeit. Zwölf Monate müssen spätestens bis zum dritten Geburtstag und die restlichen 24 Monate bis zum achten Geburtstag des Kindes in maximal drei Zeitabschnitten in Anspruch genommen werden. Während der E. besteht Kündigungsschutz, der schon bis zu acht Wochen vor der E. beginnt. Jedes Elternteil kann E. alleine oder gleichzeitig mit dem anderen Elternteil in Anspruch nehmen. Eltern dürfen während der E. bis zu 30 Wochenstunden arbeiten. In Betrieben mit mehr als 15 Beschäftigten besteht ein gesetzlicher Anspruch auf Teilzeitarbeit während der E.. Die E. muss spätestens sieben Wochen vor Beginn beim Arbeitgeber schriftlich angemeldet werden. Hierbei sind die Zeiten der Inanspruchnahme für die nächsten zwei Jahre festzulegen. Ab dem dritten Geburtstag verlängert sich die Frist auf 13 Wochen. Die gleichen Fristen gelten auch bei Arbeitszeitreduzierung während der Elternzeit. Der Anspruch besteht für jedes Kind, auch wenn sich die Zeiträume überschneiden. Alternativ kann Großeltern ein eigener Anspruch auf E. zustehen, wenn ein Elternteil des Kindes minderjährig oder bis zum 21. Lebensjahr noch Schüler/in einer allgemeinbildenden oder beruflichen Schule ist. Die gesetzlichen Regelungen zur E. sind in den §§ 15 bis 21 des Gesetzes zum → Elterngeld und zur E. (BEEG) normiert.

*Informationen:* www.familien-wegweiser.de

*Isa von Kalben*

**Emanzipation** (seit 18. Jh. aus lat. emancipatio/emancipare: entlassen, für selbstständig erklären und mancipare: zu eigen geben) bedeutete vormals die Freigabe eines Menschen aus dem Status der Sklaverei oder des Sohnes eines (Haus-)Vaters in die Selbstständigkeit. Im Zuge der Französischen Revolution für die Rechte der Bürgerinnen und Bürger im 18. Jh., der amerikanischen Befreiungsbewegungen der Schwarzen Menschen aus der Sklaverei im 19. Jh. sowie der Auseinandersetzungen um die Rechte von Jüdinnen/Juden und Frauen im 19./20. Jh. in Deutschland erhielt der Begriff zunächst vorrangig die Bedeutung einer Befreiung von Unmündigkeit und Bevormundung durch das Staatswesen. Ziel war hier eine gleichberechtigte → Teilhabe an demokratisch verfassten Rechten, z.B. dem Wahlrecht für Frauen. E. bezieht sich dabei durchgängig auf die Idee vom Menschen als Subjekt. Zugleich verbindet sich mit der Erlangung von erweiterten und gleichen Rechten die Formulierung eines eigenen Selbstbewusstseins (z.B. black consciousness) und die Betonung und Entwicklung spezifischer alltagskultureller Artikulationsweisen und Identitätspolitiken.

Für die Soziale Arbeit in der Bundesrepublik sind die neuen → sozialen Bewegungen und deren Kulturformen seit den 1970er-Jahren prägend. Aus diesen entwickelte sich ein neues Verständnis einer emanzipatorischen Sozialen Arbeit; diese wird als ein Instrument begriffen, mit dem E.prozesse mediiert werden können. Dabei geht es immer um die Verschiebung von Machtverhältnissen und die Erweiterung von Spielräumen aus der Perspektive der gesellschaftlich Benachteiligten und Diskriminierten (→ Diskriminierung). Die neuen sozialen Bewegungen von Frauen, LGBTQ (lesbische, schwule, bisexuelle, transgender, queere Menschen), Menschen mit Beeinträchtigungen, Menschen mit Migrationshintergründen u.a. setzen mit ihren Ansprüchen auf → Selbsthilfe, → Selbsterfahrung, → selbstbestimmtes Leben neue Paradigmen der Sozialen Arbeit. Mit der Gründung und konzeptionellen Erfindung von z.B. → Frauenhäusern, Antipsychiatrieprojekten, Reformprojekten des → Strafvollzugs oder Bildungsprojekten für → gleichgeschlechtliche Lebensweisen entsteht ein Verständnis von E., das über die nach wie vor erhobenen Rechtsansprüche an den Staat hinaus zugleich autonome, selbstorganisierte Subjekte schaffen will. In der Diskussion seit den 1990er-Jahren wird E. als Transformationsprozess aus einer unzumutbaren Situation in eine Perspektive der Sicherheit und Selbststeuerung verstanden. E. wird mit Selbstbefreiung identisch gesetzt. Im Prozess der E. geht es auch um die Befreiung des → Denkens. Somit wird E. als Begriff, Prozess und Ergebnis permanent selbstreflexiv durchdacht. Konkrete materielle Hilfen, therapeutische/pädagogische Unterstützung, → Bildung, → Beratung und politische Initiativen im Gemeinwesen werden als Angebote an oder Initiativen von Menschen verstanden, ihre Umwelt und sich selbst frei und reflektiert zu gestalten. Aktuell wird dieser E.diskurs in der Sozialen Arbeit unter den Stichwörtern → Partizipation und Anerkennung sowie Engagement in der → Zivilgesellschaft, → Empowerment, → Community Organizing sowie E. durch Bildung weitergeführt. In den Vordergrund rücken dabei Subjekt-, Diversity- und Anerkennungskonzepte, die hybride sowie multi- und transkulturelle Lebensformen möglich und lebbar machen sollen.

*Heike Weinbach*

**Emotionen** sind komplexe, integrative und organismisch begründete Reaktionen auf Selbst- und Weltwahrnehmungsprozesse und vermitteln ein Gefühl der Konsistenz und Ganzheit. Das Emotionssystem ist zu begreifen als ein organisiertes, bedeutungsvolles und generell adaptives Handlungssystem, das biologisch disponiert, jedoch sozial auszugestalten ist. E. zeigen die leibseelische Zuständlichkeit einer Person an und enthalten eine subjektive Erlebniskomponente, eine neurophysiologische Erregungskomponente, eine kognitive Bewertungskomponente und eine interpersonale Ausdrucks- und Mitteilungskomponente. Die Regulation von E. vollzieht sich somit im Rahmen von Prozessen der (1) Repräsentation von E., (2) der → Kommunikation von E. (sozial) sowie (3) der Wahrnehmung von Indikatoren des Erlebens (insbesondere von körperlichen Gefühlsindikatoren).

Als theoretische Grundpositionen dienen evolutionsbiologische, emotionstheoretische, lerntheoretische und tiefenpsychologische Überlegungen. Biologische Denkmodelle betrachten E. als evolutiv festgelegte, aktivierbare Reaktionsmuster, die Empfindungen körperlicher Veränderungen anzeigen und dadurch Signale setzen. Lerntheoretische Theorien begreifen E. als erworbene motivationale Erlebnis- und Handlungsdispositionen, die das → Verhalten in Gang setzen und steuern. Kognitiv-handlungstheoretisch begründete Denkmodelle greifen diesen Aspekt auf und fassen E. auf als wertende Stellungnahmen zu Denkprozessen, die Entscheidungs- und Bewältigungsprozesse vorantreiben. Entwicklungsorientierte Denkmodelle verstehen E. als Erlebnis-Zustände einer Person, in denen sich biografische Erfahrungen mit gesellschaftlichen Erwartungen sowie mit eigenen Versuchen der Bedürfnisbefriedigung und Konfliktbewältigung niederschlagen und zukünftige Erlebnis-, Entfaltungs- und Handlungsmöglichkeiten gestalten. Personzentrierte dynamisch und dialektisch orientierte Ansätze betrachten Entwicklung als einen Prozess über die ganze Lebensspanne hinweg und haben emotionstheoretisch wichtige Aspekte zur Belastungs- und Bewältigungsforschung sowie Krisenforschung (Ulich) beigetragen, die für die Praxis der Sozialen Arbeit von großer Relevanz sind.

Zur Förderung adäquater emotionaler Selbst- und → Fremdwahrnehmung in pädagogischen Feldern der Sozialen Arbeit sowie klinischen Zusammenhängen, also für → Beratung, → Therapie, Betreuung und Begleitung (→ Klinische Sozialarbeit), ist der Umstand bedeutsam, dass die → Exploration, Bewusstwerdung und Artikulation von E. und Bedürfnissen die Möglichkeit bietet, dysfunktionale emotionale Schemata (maladaptive E.) in adaptive zu reorganisieren. Arbeit an E. ermöglicht Klienten eine bessere Befriedigung ihrer Bedürfnisse, gezielte Motivationsprozesse und realitätsgetreuere Beurteilungsmaßstäbe innerhalb des hoch komplexen psychischen Verarbeitungssystems (Damasio). Neben der Linderung psychischer Beeinträchtigungen (→ Trauma, → Depression) fördern insbesondere »emotional-korrigierende Erfahrungen« (→ Bindung/Beziehung in der Sozialen Arbeit) Entwicklungen hin zu mehr internaler Kohärenz sowie externaler Korrespondenz, die für die bessere Passung von Verhalten in Verhältnissen als zentrale Aufgabe Sozialer Arbeit von besonderer Bedeutung sind. Aktuelle Interventionsansätze wie die emotionsfokussierte Therapie (Elliott u.a. 2004, Reicherts/Pauls 2013) erlauben, auch im Rahmen sozialtherapeutischer Maßnahmen wichtige Aspekte problematischer Emotionsverarbeitung – sowohl intrapsychisch (intrapersonal) als auch interpersonal – zu diagnostizieren und Ansatzpunkte für → Interventionen und entsprechende Kompetenzen zu formulieren.

*Lit.* Elliott, R./Watson, J. C./Goldman, R. N./Greenberg, L. S.: Learning emotion-focused therapy. The process-experiential approach to change, Washington 2004; Reicherts, M./Pauls, H.: Erlebens- und Emotionsorientierung, in: Pauls, H./ Stockmann, P./Reicherts, M. (Hrsg.): Beratungskompetenzen in der psychosozialen Fallarbeit. Ein sozialtherapeutisches Profil, Freiburg 2013, S. 79–100.

*Silke Birgitta Gahleitner/Helmut Pauls*

**Empathie** Synonym für Einfühlung, ein unabdingbares Wesensmerkmal eines hilfreichen Beziehungsangebots in → Beratung und → Therapie. Sich in eine andere Person einfühlen zu können, also wie ein zweites Ich (»alter ego«) gewissermaßen in deren Haut zu schlüpfen, dient dazu, deren Gefühls- und Gedankenwelt sowie Verhaltensweisen besser verstehen und nachvollziehen zu können. Dabei ist eine »als ob«-Perspektive maßgeblich, d.h. sich zwar in die andere Person hineinzuversetzen, jedoch ohne sich zu überidentifizieren oder gar mit ihr zu verschmelzen bzw. sich »eins zu fühlen«. Ein innerer Abstand i.S. einer »partiellen Identifikation« oder auch einer »stellvertretenden Introspektion« trägt dazu bei, dass es nicht zu einer Problemansteckung kommt. »Empathisches Verstehen« wird in der Praxis durch ein Mitschwingen in Form von aktivem Zuhören, begleitendem Explorieren oder auch Interpretationen umgesetzt, wobei darauf zu achten ist, Klient/innen nicht zu weit vorauszueilen, sondern möglichst nahe an dem zu bleiben, was ihnen schon zugänglich ist. Die beratende Person bemüht sich daher, das von der hilfesuchenden Person verbal und nonverbal Ausgedrückte aufzugreifen und zu vertiefen (→ Gesprächsführung, Methoden der). Fühlt sich diese wirklich verstanden und wertgeschätzt, so erhöht dies das Vertrauen in die andere Person (→ Bindung/Beziehung in der Sozialen Arbeit), führt zu größerer Offenheit anderen und sich selbst gegenüber und bedingt konstruktive Veränderungsprozesse.

*Gerhard Stumm*

**Empfängnisverhütung** → Familienplanung

**Empirische Sozialforschung** In der e. S. werden Methoden und Techniken zur Erhebung und Auswertung von → Daten über soziale Sachverhalte entwickelt und angewandt. Man unterscheidet vier Untersuchungstypen, die jeweils unterschiedliche Ziele verfolgen. Explorative Studien richten sich auf weitgehend unbekannte soziale Bereiche, die aus theoretischer Sicht unzureichend konzeptualisiert sind. Hier geht es nicht darum, Hypothesen zu testen, sondern diese erst zu entwickeln. In deskriptiven Studien steht vor allem die Frage im Vordergrund, wie häufig bestimmte Sachverhalte vorkommen oder wie bestimmte Merkmale verteilt sind. Dagegen richtet sich ein dritter Untersuchungstyp explizit auf die Überprüfung von Hypothesen und Theorien. Schließlich spricht man von Evaluationsstudien, wenn die Wirksamkeit von politischen oder sozialplanerischen Maßnahmen bestimmt werden soll. Untersuchungen können sich auf die Ebene von → Individuen (z.B. Heirat, Wanderung, Drogenkonsum), von Kollektiven (z.B. → soziale Bewegungen, soziale → Normen, städtische Wohnviertel) und die Wechselwirkungen zwischen diesen Ebenen richten.

Der Forschungsprozess beginnt mit der präzisen Formulierung eines Forschungsproblems. So kann es darum gehen, einen Sachverhalt (besser) erklären zu wollen, z.B. den Anstieg der Scheidungsquote. Man kann aber auch bei einem → sozialen Problem ansetzen, z.B. der → Gewalt an Schulen. Dazu wird das Problem in einzelne zu erklärende Sachverhalte zerlegt. Sodann wird untersucht, welche Theorien sich heranziehen lassen, um diese Sachverhalte zu erklären. Diese u.U. konkurrierenden Hypothesen sollen dann empirisch getestet werden (→ Statistische Grundlagen der Sozialen Arbeit). Dabei wird i.d.R. die Forschungsfrage (der Gegenstandsbereich) aus pragmatischen Gründen (verfügbare Zeit und Mittel) eingeengt.

Daraufhin wird ein Forschungsdesign entwickelt. Hierbei ist abzuwägen, welche Methode der e. S. angemessen ist. Meist wird es sich um eine Form der Befragung handeln. In der quantitativen e. S. kann die Befragung face-to-face, schriftlich, telefonisch oder online (oder in Kombination) vorgenommen werden. Online-Befragungen haben den Vorteil, zeitsparend und kostengünstig zu sein, meist aber den Nachteil, keine repräsentative Stichprobe zu erhalten. Die face-to-face- und die telefonische Befragung können auch computerunterstützt vorgenommen werden. Man unterscheidet computerassistierte persönliche (CAPI) von computerassistierten telefonischen Interviews (CATI). Weitere Verfahren sind die teilnehmende oder nicht-teilnehmende Beobachtung, die Inhaltsanalyse, die Sekundäranalyse vorhandener Studien und das Experiment (im Feld oder im Labor). Die Wahl der geeigneten Methode hängt vom Forschungsproblem und von den Kosten ab. Aus Kostengründen wird eine schriftliche oder telefonische (computergestützte) einer face-to-face-Befragung häufig vorgezogen.

Am Beginn der Datenerhebung steht häufig eine explorative Studie. Es sind vor allem qualitative Studien, die dazu dienen, ein Feld zu explorieren. Mitunter lassen sich Interviewpassagen und Texte durch eine theoriebezogene Codierung quantitativ auswerten. Umgekehrt können quantitative Studien dazu dienen, Fälle zu klassifizieren und deren Häufigkeit zu bestimmen, um dann eine oder zwei solcher Klassen eingehender qualitativ zu untersuchen. Der nächste Schritt besteht darin, eine Stichprobe aus einer definierten Grundgesamtheit zu ziehen. Je nach Forschungsproblem können das z.B. Personen, Haushalte, Wohnviertel einer Stadt oder auch Textteile aus Zeitungen sein. I.d.R. wird eine Wahrscheinlichkeitsstichprobe gezogen. Dabei ist eine Zufallsauswahl notwendig, um die Bedingung der Repräsentativität einer Stichprobe zu erfüllen. Die Stichprobe ist dann ein verkleinertes Abbild der Grundgesamtheit, weil jedes Element der Grundgesamtheit die gleiche Chance hatte, in die Stichprobe »gezogen« zu werden. Bei Befragungen wird die Repräsentativität durch Ausfälle, z.B. Krankheit oder Verweigerung, eingeschränkt. Die Ausschöpfungsquote wird definiert als der Anteil der realisierten Interviews an dem um stichprobenneutrale Ausfälle bereinigten Stichprobenansatz. Sie liegt bei face-to-face-Befragungen häufig unter 50%. Ausfälle lassen sich teilweise korrigieren, indem die Fälle der Stichprobe anhand ihrer Verteilung in der Grundgesamtheit gewichtet werden, z.B. nach Geschlecht und Alter.

Die in der quantitativen e. S. eingesetzten Erhebungsinstrumente (Fragebogen, Beobachtungsschema) erfordern die Umsetzung der theoretischen Konzepte (deren Zusammenhang in den Hypothesen formuliert wird) in empirisch messbare Merkmale (Variablen); dies wird als → Operationalisierung bezeichnet. Für Teile der Untersuchung wird man, soweit dies angezeigt ist, auf bereits vorhandene Skalen (z.B. zur Messung von Einstellungen), Indizes oder Fragen (z.B. zur Bildung, Berufsklassifikation) zurückgreifen. Die Messverfahren sollen den Bedingungen der Zuverlässigkeit (Reliabilität) und der Gültigkeit (Validität) genügen. Die Erhebungsinstrumente sollten i.d.R. einem Pretest unterzogen werden. Die Auswertung der Ergebnisse erfolgt mit Hilfe von Verfahren der beschreibenden und schließenden Statistik, zumeist multivariaten Verfahren (→ Datenanalyse). Eine wichtige neuere Entwicklung sind Mehrebenen-Analysen; dabei handelt es sich um ein statistisches Verfahren, bei dem sowohl die Effekte des Kontextes, z.B. von Schulen, als auch die der Individuen (Schüler/innen) auf ein abhängiges Merkmal, z.B. Absentismus, gemessen werden.

Im letzten Schritt erfolgt die Berichterstattung. Hier werden die wichtigsten deskriptiven Befunde bewertet oder es wird bei hypothesentestenden Studien geprüft, ob sich die Theorie bewährt hat. Es ist auch häufig angebracht, den Praxisbezug der Forschungsergebnisse herzustellen. Dieser Praxisbezug kann z.B. darin bestehen, Vorschläge zur Lösung oder Reduktion sozialer Probleme zu machen und zu begründen.

*Lit.* Baur, N./Blasius, J. (Hrsg.): Handbuch Methoden der empirischen Forschung, Wiesbaden 2014; Diekmann, A.: Empirische Sozialforschung. Grundlagen, Methoden, Anwendungen, Reinbek b. Hamburg 2007; Schnell, R./Hill, P. B./Esser, E.: Methoden der empirischen Sozialforschung, 9. Aufl., München 2011.

*Michael Wagner*

**Empowerment** Der Begriff E. ist nicht direkt ins Deutsche zu übersetzen und wird unterschiedlich verwendet. Je nach Lesart wird unter »power« politische Macht oder auch Alltagskompetenz verstanden; ferner werden mit E. einerseits Prozesse der Selbstaneignung von Macht bzw. Alltagskompetenz, andererseits die professionelle Unterstützung solcher Prozesse bezeichnet. Geprägt wurde der Begriff von Barbara Solomon in den 1970er-Jahren im Zusammenhang mit der amerikanischen Bürgerrechtsbewegung (»black empowerment: social work in oppressed communities«). In seiner Ursprungsbedeutung bezieht sich E. somit auf einen politischen Machtbegriff, indem Prozesse beschrieben werden, in denen gesellschaftlich marginalisierte Bevölkerungsgruppen ihre Machtlosigkeit überwinden und – im Kontext → sozialer Bewegungen – politisch handlungsfähig werden. In der Folgezeit machte der Begriff E. in der → Sozialen Arbeit Karriere; seit Mitte der

1990er-Jahre findet E. auch in der deutschen Sozialarbeit weite Verbreitung und gilt in verschiedenen Handlungsfeldern als bedeutsames Leitkonzept. Keine Übereinkunft besteht hinsichtlich der Frage, ob es sich dabei um ein Handlungskonzept der Sozialen Arbeit handelt, oder ob sich E. »nur« auf eine anzustrebende professionelle Haltung bezieht.

Wesentliche Grundannahme des E.-Konzepts ist ein Menschenbild, nach dem alle Menschen, gleich in welcher marginalisierten Lebenslage oder problematischen Lebenssituation sie sich befinden, prinzipiell über die Fähigkeit verfügen, gemäß ihren eigenen Vorstellungen selbstbestimmt zu leben, sofern sie Zugang zu den dafür nötigen Ressourcen erhalten. Damit wendet sich der E.-Ansatz explizit gegen defizitorientierte Klientenbilder sowie gegen ein Rollenverständnis, demzufolge Sozialarbeiter/innen als Expert/innen für die »richtigen« Problemlösungen und Lebensentwürfe fungieren. Denn gerade hierin bestehe die Gefahr, dass Soziale Arbeit selbst zur Entmündigung von → Adressat/innen beitrage und E.-Prozesse verhindere. Grundlegend im E.-Konzept ist ferner die Bedeutung, die dem Zusammenhang zwischen → Individuum, → Gruppe und → Gesellschaft beigemessen wird: Eine lediglich auf das Individuum abzielende Soziale Arbeit greife zu kurz – E.-Prozesse seien vielmehr auf Veränderungsprozesse auf den verschiedenen Ebenen angewiesen. Unterstützung von E.-Prozessen durch Professionelle heißt vor diesem Hintergrund, »Möglichkeitsräume« für die Entwicklung und Umsetzung autonomer und selbstbestimmter Lebensentwürfe von Adressat/innen zu eröffnen. Dazu dienen folgende Maximen und Handlungsansätze:

(1) Ressourcenorientierung: Sie beinhaltet zum einen, verschüttete → Ressourcen von Adressat/innen zu erkennen und sichtbar zu machen und zum anderen, mit Hilfe verschiedener Methoden und Techniken Zugänge zu ökonomischen, sozialen und/oder personalen Ressourcen zu eröffnen bzw. Ressourcen neu zu erschließen.

(2) Partizipationsorientierung: Wenn ein Ziel von E.-Prozessen in der Ermöglichung eigensinniger Lebensentwürfe von Adressat/innen besteht, wird ein ergebnisoffener Verständigungsprozess zwischen Professionellen und Adressat/innen zu allen die Zusammenarbeit betreffenden Fragen erforderlich. Grenzen des E.-Prozesses liegen allerdings dort, wo ein E.-Prozess auf Kosten anderer Gruppen, z.B. Migrant/innen, geht. Dies kollidiert mit grundlegenden Wertvorstellungen des E.-Konzepts. Eigene Vorstellungen von Adressat/innen beziehen sich auch auf Zeitabläufe und Schritte in Hilfeplänen. Daher sei es erforderlich, Abstand von normierten Hilfeverfahren und -abläufen zu nehmen.

(3) Verknüpfung verschiedener Handlungsebenen: Auch wenn in einer Einrichtung die Arbeit mit einzelnen Adressat/innen im Zentrum steht, müssen i.S. des E.-Ansatzes → Interventionen auf verschiedenen Ebenen angestrebt und sinnvoll miteinander verknüpft werden: So ist z.B. ergänzend zur psychosozialen Arbeit mit einzelnen Familien an die Initiierung von → Selbsthilfegruppen bis hin zur Mitarbeit bei der Entwicklung infrastruktureller Angebote, etwa eines stadtteilbezogenen Familientreffs, zu denken.

Der Versuch, das E.-Konzept in die Praxis der Sozialen Arbeit, z.B. im Rahmen einer stationären Einrichtung für Menschen mit Behinderung, umzusetzen, setzt einen mehr oder weniger komplexen Prozess der → Personal- und → Organisationsentwicklung voraus, in dem nicht zuletzt Arbeitsabläufe und -routinen auf dem Prüfstand stehen, die die Adressat/innen entmündigen können. Eine bruchlose Umsetzung des E.-Konzepts in die Praxis ist allerdings nicht möglich. Stolpersteine und Grenzen können u.a. aus Rahmenbedingungen resultieren, die nicht unmittelbar zu beeinflussen sind, z.B. durch Fördermittel vorgegebene Zeitabläufe. Ferner setze das Doppelmandat von »Hilfe und Kontrolle« einer einseitigen Positionierung Professioneller i.S. einer Unterstützung eigensinniger Lebensentwürfe von Adressat/innen Grenzen, und zwar aufgrund institutioneller, auf »Normalisierung« abzielender Aufträge wie etwa im Bereich der Psychiatrie. Eine illusionäre Verleugnung solcher Aufträge könne mit Enttäuschungen auf beiden Seiten einhergehen. Erforderlich ist daher, dass E.-Praktiker/innen offen mit diesen Widersprüchen umgehen und sie systematisch in ihr Handeln einbeziehen.

In diesem Sinne kann das E.-Konzept als wichtige Leitlinie und Richtschnur für eine emanzipatorische Praxis verstanden werden. Allerdings ist kritisch anzumerken, dass die begriffliche und konzeptionelle Unschärfe, die Fokussierung auf »Autonomie« und »Selbstverantwortung« als Zielgröße im E.-Konzept (»man muss autonom sein«) sowie eine zunehmende Bedeutung der Ebene des Individuums im E.-Diskurs eine neoliberale Vereinnahmung des Konzepts zulassen und diese auch zu beobachten ist. Dies kann dazu führen, dass »Selbstverantwortung« ohne Berücksichtigung tatsächlich vorhandener Ressourcen i.S. eines »Selbst schuld« zynisch missbraucht wird.

*Lit.* Herriger, N.: Empowerment in der sozialen Arbeit. Eine Einführung, 5. Aufl.,

Stuttgart 2014; Lenz, A./Stark, W. (Hrsg.): Empowerment. Neue Perspektiven für psychosoziale Praxis und Organisation. Fortschritte der Gemeindepsychologie und Gesundheitsförderung, Bd. 10, Tübingen 2002; Theunissen, G.: Empowerment und Inklusion behinderter Menschen. Eine Einführung in Heilpädagogik und Soziale Arbeit, 3. Aufl, Freiburg/Br. 2013; Vossebrecher, D./Jeschke, K.: Empowerment zwischen Vision für die Praxis und theoretischer Diffusion, in: Forum kritische Psychologie, Bd. 51, 2007, S. 53–66.

*Lilo Dorschky*

**Engagement** → Bürgerschaftliches Engagement

**Engagementberichterstattung** Der Deutsche Bundestag hat die Bundesregierung durch Beschluss vom 19.3.2009 (BT-Drucks. 16/11774) beauftragt, einmal in jeder Legislaturperiode einen wissenschaftlichen Bericht einer Sachverständigenkommission vorzulegen, der sich neben einer allgemeinen Bestandsaufnahme des → bürgerschaftlichen Engagements in Deutschland auf einen Schwerpunkt konzentriert. Der Bericht soll die Entwicklung in der → Engagementpolitik unterstützen, indem er die Entwicklung des bürgerschaftlichen Engagements verfolgt und sichtbar macht. In der 16. Legislaturperiode erschien der »Bericht zur Lage und zu den Perspektiven des bürgerschaftlichen Engagements in Deutschland«, den das → Bundesministerium für Familie, Senioren, Frauen und Jugend (BMFSFJ) beim Wissenschaftszentrum Berlin für Sozialforschung (WZB) in Auftrag gegeben hatte. Er ist als Vorläuferbericht zu betrachten. Er behandelte schwerpunktmäßig den Beitrag des bürgerschaftlichen Engagements zur Bewältigung sozialer Aufgaben unter besonderer Beachtung des Engagements im Kontext von Familie und familiennahen Unterstützungsformen. Der erste Engagementbericht sollte neben einer (bündelnden) Bestandsaufnahme zur Lage und Situation des bürgerschaftlichen Engagements in Deutschland das Thema »Bürgerschaftliches Engagement von Unternehmen« schwerpunktmäßig bearbeiten. Ziel des Berichts war es, mittel- und langfristige Perspektiven für Politik und Gesellschaft zu eröffnen und eine Grundlage für gesellschaftspolitisches Handeln zu bieten. Der zweite Engagementbericht hat die Aufgabe, die Bedeutung des bürgerschaftlichen Engagements für die Bewältigung der Herausforderungen der → demografischen Entwicklung auf der lokalen Ebene zu analysieren. Er geht von einem weiten Engagementverständnis aus und greift zentrale Themen wie → Bildung, → Migration (inkl. → Flüchtlinge), → Partizipation, → Monetarisierung, Genossenschaften und → Daseinsvorsorge auf und arbeitet die regionalen Divergenzen ebenso heraus wie die Bedeutung des Engagement für Schlüsselbereiche lokaler Politik.

*Thomas Klie*

**Engagementfördernde Infrastruktur** Neben den zahlreichen Vereinen, Verbänden, Stiftungen und Kirchengemeinden, die seit Langem → bürgerschaftliches Engagement generieren und fördern, hat sich in den letzten 30 Jahren mit den lokalen Anlaufstellen zur Engagementförderung ein neuer Typus von Infrastruktur herausgebildet. → Freiwilligenagenturen und -zentren, → Mehrgenerationenhäuser, → Seniorenbüros, → Selbsthilfekontaktstellen, → Bürgerstiftungen, soziokulturelle Zentren, Nachbarschaftshäuser, Stadtteilbüros und Anlaufstellen in der Kommunalverwaltung unterscheiden sich in ihren konkreten Aufträgen, Organisationsstrukturen und Arbeitsansätzen. Gemeinsam ist allen Einrichtungen der Auftrag, bürgerschaftliches Engagement vor Ort anzuregen und zivilgesellschaftliche Strukturen zu stärken. Sie informieren, beraten und vermitteln Interessierte, betreiben Öffentlichkeitsarbeit für das Engagement, tragen zur Qualifizierung der Freiwilligenkoordinierung bei und setzen kreative Projekte um, die an gesellschaftlichen Problemlagen anknüpfen und dem Gemeinwesen zugutekommen. Die verschiedenen Anlaufstellen haben damit wesentlich zur Modernisierung und Qualifizierung der Engagementförderung beigetragen. Trotz dieses Erfolgs befinden sich viele Einrichtungen in einer prekären Situation, und es mangelt an ausreichenden Finanz- und Personalressourcen. Auch auf Landes- und Bundesebene haben sich e. I. und Netzwerke etabliert, die übergreifend tätig sind, vernetzen und politische Lobbyarbeit für Bürgerengagement und -beteiligung betreiben.

*Gisela Jakob*

**Engagementförderung** → Engagementstrategie

**Engagementpolitik** beschreibt ein sich entwickelndes reformpolitisches Feld, das die Förderung → bürgerschaftlichen Engagements unter der Leitperspektive einer aktiven Bürgergesellschaft verfolgt. Traditionell wird die Förderung des Ehrenamtes und seiner Rahmenbedingungen nur als Teilaspekt etablierter Bereichspolitiken wie der Sozial-, Familien-, Gesundheits-, Bildungs- oder Umweltpolitik behandelt. Der Zusammenhang von bereichsspezifischen und bereichsübergreifenden Entwicklungen von → Zivilgesellschaft und bürgerschaftlichem Engagement wird jedoch zunehmend erkannt und lässt die Notwendigkeit von Engagementförderung aus einer Querschnittsperspektive deutlich werden. Mit E. verbinden sich daher Aufgaben und Anliegen der Verbesserung rechtlicher und finanzieller Rahmungen auf nationaler und europäischer Ebene, von Demokratisierung und → Partizipation, → Organisations- und Institutionenentwicklung, der Absicherung → engagementfördernder Infrastrukturen u.a.

Seit 2000 ist eine Reihe innovativer Institutionen entstanden, die Einfluss auf engagementpolitische Aushandlungsprozesse nehmen und Agendasetting betreiben (Politics). Die Enquete-Kommission »Zukunft des Bürgerschaftlichen Engagements« und der seit 2002 arbeitende Unterausschuss »Bürgerschaftliches Engagement« des Bundestages, das → Bundesnetzwerk Bürgerschaftliches Engagement, Netzwerke auf Landes- und regionaler Ebene, überregionale Fortbildungsinstitutionen, Stabs- und Leitstellen bei Ministerpräsidenten, ressortübergreifende Arbeitsgruppen, Ausschüsse und Netzwerke setzen sich dafür ein, die Ressource bürgerschaftliches Engagement bei der Lösung gesellschaftlicher Probleme verstärkt einzubeziehen und dafür entsprechende Voraussetzungen zu schaffen.

Auch im Bereich konkreter Maßnahmen und Programme (Policy) hat E. an Konturen gewonnen. Neue Formen von → Freiwilligendiensten, → Lokale Bündnisse für Familien, → Mehrgenerationenhäuser, aber auch Programme wie → »Soziale Stadt« zeugen davon, dass bürgerschaftlichem Engagement und Partizipation zunehmend strategische Bedeutung beigemessen werden. Auf allen föderalen Ebenen werden zivilgesellschaftlich inspirierte politische Steuerungsinstrumente erprobt. Hierzu zählen etwa Lern-Entwicklungsnetzwerke, Moderations- und Mediationsverfahren, Modelle der Bürgeraktivierung und Bürgerbeteiligung u.a. Engagementpolitische Anliegen und Vorhaben sind im politischen Institutionensystem und dem Tagesgeschäft inzwischen erstaunlich fest verankert. Allerdings ist es bislang noch nicht gelungen, die Bürgergesellschaft als Leitidee zentraler politischer Reformvorhaben zu verankern (Polity). Die Neuverteilung von Verantwortung und Rollen zwischen Staat, Zivilgesellschaft und Wirtschaft bleibt ein anspruchsvolles Ziel der E.

*Birger Hartnuß/Ansgar Klein*

**Engagementstrategie** meint die systematische Planung von Schrittfolgen und die argumentativ begründete Festlegung thematischer Schwerpunkte für eine Förderung des → bürgerschaftlichen Engagements und der → ehrenamtlichen/freiwilligen Tätigkeiten. Dabei ist es eine Herausforderung guter → Engagementpolitik, in der Phase des Agenda-Settings eine multisektorale → Partizipation zu ermöglichen, um so → Kooperationen, Vernetzungen und Akteursvielfalt im Feld des Engagements strategisch einzubeziehen. Einzubeziehen sind dann zivilgesellschaftliche Akteure, Akteure aus der Wirtschaft und Kommunen, Ländern und Bund sowie Wissenschaft und Medien.

Im Sinne eines solchen multisektoralen Erstellungsprozesses hat erstmals in den Jahren 2009/2010 das Bundesnetzwerk Bürgerschaftliches Engagement (BBE) mit dem »Nationalen Forum für Engagement und Partizipation« in zahlreichen Dialogforen mit über 400 beteiligten Akteuren aus den verschiedenen gesellschaftlichen Sektoren eine partizipative Agenda der Engagementpolitik aufgebaut. Aktuell führt das Bundesministerium für Familie, Senioren, Frauen und Jugend (BMFSFJ) als das engagementpolitische Haus der Bundesregierung eine Aktualisierung seiner eigenen E. unter Einbezug externer Expertise durch. Eine E. sollte wegen der engen Zusammenhänge von Engagement und Partizipation immer auch mit einer Partizipationsstrategie verknüpft sein. Auf diesen notwendig engen Zusammenhang hat die Enquete-Kommission »Zukunft des Bürgerschaftlichen Engagements« in ihrem Abschlussbericht hingewiesen.

*Ansgar Klein*

**Entgeltersatzleistung** → Arbeitslosengeld (Alg)

**Entgeltfortzahlung** Das Gesetz über die Zahlung des Arbeitsentgelts an Feiertagen und im Krankheitsfall (Entgeltfortzahlungsgesetz – EFZG – vom 26.5.1994, BGBl. I S. 1014, 1065, zuletzt geändert durch Art. 7 GKV-Versorgungsstärkungsgesetz vom 16.7.2015 [BGBl. I S. 1211) regelt die Weiterzahlung von Arbeitsentgelt für Arbeitnehmer/innen an gesetzlichen Feiertagen und im Krankheitsfall der sowie die wirtschaftliche Sicherung im Bereich von Heimarbeit. Arbeitnehmer/innen sind dabei Arbeiter/innen, Angestellte und zu ihrer Berufsausbildung Beschäftigte. Ist einem/einer Arbeitnehmer/in die Arbeitsleistung subjektiv oder objektiv unmöglich, so hat sie/er sie nicht zu leisten (§ 275 Abs. 1 → Bürgerliches Gesetzbuch [BGB]). Gleiches gilt, wenn die Leistung zwar noch möglich, aber wegen zu befürchtender Gefahr einer Gesundheitsverschlechterung nicht zuzumuten ist (vgl. § 275 Abs. 3 BGB). In diesen

Fällen entfällt grundsätzlich auch die Gegenleistungspflicht des Arbeitgebers (§ 326 BGB), sprich der Vergütungsanspruch der Arbeitnehmer/innen. Diese Folge wird durch das EFZG modifiziert. Sind Arbeitnehmer/innen (allein) aufgrund einer Krankheit zur Erbringung ihrer Arbeitsleistung nicht in der Lage, ohne dass sie ein Verschulden trifft, und besteht das Arbeitsverhältnis bereits vier Wochen ununterbrochen, so haben sie Anspruch auf E. Krankheit ist dabei ein regelwidriger Körper- oder Geisteszustand. Sie muss dergestalt sein, dass die nach dem Inhalt des → Arbeitsvertrags geschuldete Leistung nicht erbracht werden kann (→ Arbeitsunfähigkeit). Erfasst ist auch die Arbeitsunfähigkeit infolge der Spende von Organen oder Geweben, die nach den §§ 8 und 8 a des Transplantationsgesetzes erfolgt, oder einer Blutspende zur Separation von Blutstammzellen oder anderen Blutbestandteilen im Sinne von § 9 des Transfusionsgesetzes (§ 3 a EFZG).

Die Arbeitsunfähigkeit sowie deren voraussichtliche Dauer ist dem Arbeitgeber unverzüglich, d.h. ohne schuldhaftes Zögern (§ 121 BGB) mitzuteilen. Regelmäßig ist für Arbeitsunfähigkeit, die länger als drei Kalendertage dauert, – unabhängig von etwaigen Ansprüchen auf E. – eine ärztliche Bescheinigung vorzulegen. Sie darf nicht auf einem Verschulden des/der Arbeitnehmer/in beruhen, also nicht aufgrund leichtfertigen oder und vorsätzlichen Verhaltens gegen das von einem verständigen Menschen im eigenen Interesse zu erwartende, gebotene Verhalten vorliegt (etwa Schlägereien). Der Anspruch besteht für sechs Wochen, also 42 Kalendertage, während des bestehenden Arbeitsverhältnisses. Bei mehrfacher Arbeitsunfähigkeit infolge derselben Krankheit, besteht E.anspruch – zum Schutz des Arbeitgebers vor unzumutbaren Belastungen – innerhalb eines Zeitraums von zwölf Monaten nur für insgesamt sechs Wochen (Rahmenfrist), es sei denn die erneute Arbeitsunfähigkeit infolge derselben Krankheit liegt sechs Monate zurück (fehlender Fortsetzungszusammenhang). Die Höhe der E. soll derjenigen Vergütung entsprechen, die Arbeitnehmer/innen unter Zugrundelegung der Regelarbeitszeit erhalten hätten, wenn sie nicht erkrankt wären (modifiziertes Lohnausfallprinzip). Keine Berücksichtigung finden etwa Überstunden oder Trinkgelder. Geht die Arbeitsunfähigkeit auf das Verhalten Dritter zurück, geht ein Anspruch auf → Schadenersatz der Arbeitnehmer/innen kraft Gesetzes auf den Arbeitgeber über, wenn dieser E. geleistet hat. Für den Fall, dass Arbeitsunfähigkeit aufgrund der Spende von Organen, Gewebe oder Blut im Sinne des § 3 a EFZG vorliegt, kann der Arbeitgeber bei der gesetzlichen Krankenkasse des Spendenempfängers die Erstattung der von ihm an seine/n Arbeitnehmer/in aufgrund des EFZG zu leistenden Aufwendungen (einschließlich der vom Arbeitgeber zu tragenden Beiträge zur Sozialversicherung und zur betrieblichen Alters- und Hinterbliebenenversorgung) beantragen.

*Katja Fahlbusch*

**Entgeltvereinbarungen** → Vereinbarungen über Leistungen, Vergütungen sowie die Prüfung der Einrichtungen

**Entlassungsmanagement** → Versorgungsmanagement

**Entmündigung** → Betreuung

**Entschädigung für Opfer von Gewalttaten** → Opferentschädigungsgesetz (OEG)

**Entschädigung, soziale** → Soziale Entschädigung

**Entspannungsverfahren** sind über eine bestimmte Methodik definierte Verfahren, die bei den Klient/innen Entspannungszustände hervorrufen sollen. Über das Alltagsverständnis von Entspannung hinaus sind vegetative, hirnelektrische und interozeptive Entspannungsmerkmale relevant. Der Zielzustand entspricht dabei idealerweise einer zeitlichen Ausdehnung des üblicherweise sehr flüchtigen Zustandes zwischen aktivierter Wachheit und Schlaf (Schläfrigkeit). Die bekanntesten Verfahren sind Autogenes Training (AT), Progressive Muskelrelaxation (PMR), Imaginationsverfahren, Meditation, Hypnose, sowie Bio- und Neurofeedback. E. haben als begleitende Maßnahme bei vielen therapeutischen Interventionen, aber auch in der → Prävention ein breites Einsatzspektrum, allerdings kann nicht von einer unspezifischen Breitbandwirkung ausgegangen werden. Vielmehr ist die Wirkung von E. spezifisch bei bestimmten Störungsbildern, Problemen und Personenmerkmalen. Es zeigte sich z.B. durchaus kontraintuitiv, dass E. bei einem Stresspräventionsprogramm für Kinder keinen nennenswerten Beitrag zum Gesamterfolg des Trainings leisteten. Die Forschung gerade zu differenziellen Effekten der verschiedenen E. steht allerdings noch ganz am Anfang. Einsatzgebiete von E. sind u.a. körperliche Erkrankungen wie Hypertonie, Kopfschmerzen, Rheuma, Herzerkrankungen, Asthma und psychische Erkrankungen wie etwa aggressive Störungen, Schlaf-, Angst- und Belastungsstörungen.

*Michael Borg-Laufs*

**Entwicklungshilfe** → Entwicklungszusammenarbeit

**Entwicklungspsychologie** beschäftigt sich mit der Beschreibung, Vorhersage, Erklärung und Optimierung von Veränderungen des Erlebens und → Verhaltens über die gesamte Lebensspanne. Entwicklung schließt hierbei Gewinne und Verluste an Funktionsfähigkeit ein, wobei bei gleichem Alter Gewinne in einem Bereich (z.B. Zunahme des Erfahrungswissens im höheren Alter) mit Verlusten in anderen einhergehen können (z.B. Abnahme der Fähigkeit zum Lösen neuer Probleme).

Alle heutigen Entwicklungsmodelle verstehen sich »biopsychosozial« und betrachten das Wechselspiel von biologischen, psychologischen und sozialen Einflüssen auf die Entwicklung: Entwicklung wird dadurch ausgelöst, dass sich Menschen im Laufe ihres Lebens mit Anforderungen auseinandersetzen, die biologisch, sozial/ kulturell und durch eigenes Handeln angeregt sind. Daraus resultierende → Interaktionen zwischen → Individuen und ihrer Umwelt führen zur Entwicklung. Um dieser Komplexität menschlicher Entwicklung gerecht zu werden, nutzt die E. Erkenntnisse anderer Wissenschaften, wie der Biologie, Medizin, Neurowissenschaft, Ökonomie und Soziologie.

Besondere Forschungsmethoden der E. sind Längsschnittstudien, in denen dieselben Personen über mehrere Messzeitpunkte hinweg untersucht und Verhaltensänderungen direkt erfasst werden, sowie Querschnittstudien, in denen verschiedene Altersgruppen zu einem Messzeitpunkt verglichen und Veränderungen aus Differenzen zwischen den → Gruppen erschlossen werden. Von wachsender Bedeutung sind Studien, die Kohorten im Längsschnitt vergleichen, die unter unterschiedlichen gesellschaftlichen Bedingungen aufwachsen. Verglichen mit der Vergangenheit hat sich in vielen Bereichen das Tempo der E. verändert, z.B. die Verzögerung der Übernahme von Erwachsenenrollen angesichts gesellschaftlicher Unsicherheiten über die Zukunft.

Während entwicklungspsychologisch fundierte → Interventionen sich lange Zeit auf die → Prävention von Fehlentwicklungen konzentrierten, gewinnt zunehmend die Förderung einer positiven Entwicklung an Bedeutung (durch Förderung von → Kompetenzen und eines ressourcenreichen Umfelds → Ressourcen). Damit richten sich Interventionen nicht mehr ausschließlich auf das Individuum und die Familie, sondern es werden zunehmend alle ökologischen Kontexte, etwa Freizeit und Arbeit, in die Intervention einbezogen, die an der Entwicklung von Verhalten und Erleben beteiligt sind. Das schließt z.B. die Schaffung von Angeboten für Jugendliche ein, in denen sie Verantwortung übernehmen und neue Fähigkeiten entwickeln können, um den gestiegenen Anforderungen einer globalisierten Welt besser zu entsprechen.

Nachdem die Anwendung der E. sich früher vor allem auf die Optimierung von Entwicklung in Kindheit und Jugend konzentrierte (z.B. Programme zur Frühförderung für sozial benachteiligte Kinder), werden Interventionen heute in allen Abschnitten der Lebensspanne durchgeführt (z.B. kognitives Training im höheren Alter). Die Bedeutung entwicklungspsychologischer Erkenntnisse für die Soziale Arbeit besteht darin, dass Interventionsmaßnahmen die Entwicklungsbedingungen und die Funktion von Verhaltensweisen für das Erreichen von Entwicklungszielen berücksichtigen müssen (z.B. übermäßiger Alkoholkonsum Jugendlicher als Demonstration des Erwachsenseins). Zudem kann Soziale Arbeit Entwicklungsprozesse fördern.

*Martin Pinquart/Rainer K. Silbereisen*

**Entwicklungszusammenarbeit** bezeichnet staatliche und nichtstaatliche Maßnahmen, die darauf abzielen, die wirtschaftlichen, sozialen, ökologischen und politischen Verhältnisse in Entwicklungsländern zu verbessern. Im Gegensatz zum früher oft verwendeten, tendenziell paternalistischen Ausdruck Entwicklungshilfe betont der im offiziellen Sprachgebrauch verwendete Begriff E. das partnerschaftliche Verhältnis von Geber- und Empfängerländern. E. beschreibt im Kern einen (finanziellen, technischen, personellen) Nord-Süd Ressourcentransfer und wird durch den weiter gefassten Begriff der Entwicklungspolitik ergänzt, der insbesondere auch internationale Rahmenbedingungen wie etwa das globale Handels- und Finanzsystem mitberücksichtigt. Da es keine allgemeingültige Definition von Entwicklung gibt, bleiben auch die Begriffe E., Entwicklungspolitik und Entwicklungsland letztlich vage.

Die deutsche staatliche E. wird federführend vom Bundesministerium für wirtschaftliche Zusammenarbeit und Entwicklung (BMZ) verantwortet, jedoch spielen auch andere Ministerien, insbesondere das Auswärtige Amt, das Wirtschaftsministerium und in jüngster Zeit vermehrt das Umweltministerium eine wichtige Rolle. Die Durchführung der Projekte und Programme liegt in den Händen spezialisierter Organisationen, wie der KfW-Entwicklungsbank oder der Deutschen Gesellschaft für Internationale Zusammenarbeit (GIZ). Letztere ist 2011 durch die Fusion der Vorgängerorganisationen Deutsche Gesellschaft für Technische Zusammenarbeit (GTZ), Internationale Weiterbildung und Entwicklung (InWEnt) und Deutscher Entwicklungsdienst (DED) entstanden. Neben der bilateralen E. leistet Deutschland auch finanzielle Beiträge zur multilateralen E. (Verhältnis zwei Drittel zu einem Drittel), insbesondere zu den Entwicklungsprogrammen der Weltbank, der → Europäischen Union (EU) und der → Vereinten Nationen (UN). Deutschland wendet 0,41% seines Bruttonationaleinkommens (BNE) für E. auf und ist damit weit von den Zielvorgaben der EU (0,56% BNE) und UN (0,7% BNE) entfernt (Stand 2014). Bei der vom Entwicklungsausschuss der → Organisation für wirtschaftliche Zusammenarbeit und Entwicklung (OECD) statistisch erfassten Official Development Assistance (ODA) sind jedoch andere Ressourcentransfers wie etwa private Spenden, Rücküberweisungen von Migranten oder Wirtschaftsinvestitionen nicht mit eingerechnet.

Inhaltlich richtete sich die internationale E. von 2000–2015 an den acht Millennium Development Goals (MDGs) der UN aus, die die Armutsbekämpfung (→ Armut) in den Ländern des Südens in den Mittelpunkt stellte. Die im September 2015 als Nachfolgeprogramm von der UN verabschiedeten Sustainable Development Goals (SDGs) verstehen sich dagegen als globaler Zielrahmen. Neben der klassischen Armutsbekämpfung spielen in den 17 Ober- und 169 Unterzielen ökologische und soziale Nachhaltigkeit eine große Rolle. Insbesondere Ziele wie die Reduzierung → sozialer Ungleichheit (Ziel 10), die Etablierung nachhaltiger Produktions- und Konsummuster (Ziel 12) oder die Bekämpfung des Klimawandels (Ziel 13) fordern die Industrieländer zu einer Transformation ihrer Wirtschafts- und Lebensweise auf. Entwicklungspolitik hat somit den Anspruch, globale Zukunftspolitik zu sein.

*Martin Adelmann*

**Epilepsie** Die Bezeichnung E. stammt aus dem Griechischen und bedeutet »ergriffen«, »überwältigt« werden. Epileptische Anfälle sind die klinischen Erscheinungen akuter Funktionsstörungen des Gehirns aufgrund einer abnormen neuronalen Entladung der Hirnrinde. Man unterscheidet lokalisationsbezogene (fokale, partielle) Anfälle von generalisierten Anfällen. Die fokalen Anfälle unterteilt man in einfach fokale, bei denen das Bewusstsein erhalten ist. Kommt es zu einer Bewusstseinstrübung, liegt ein komplex-fokaler Anfall vor. Ein sekundär generalisierter Anfall wird auch »Grand mal« genannt. Er beginnt meist mit einem Initialschrei, nachfolgender Tonuszunahme der gesamten Muskulatur, Bulbusdeviation und anschließender Phase mit Zuckungen des Körpers. Zungenbiss oder Einnässen können auftreten; Terminalschlaf folgt meist. Zu der Gruppe der generalisierten Anfälle gehören auch Absencen, Myoklonien, klonische, tonische oder atonische Anfälle. Ätiologisch unterscheidet man idiopathische Epilepsien (genetisch bedingt), symptomatische Epilepsien (mit struktureller Veränderung bzw. Grunderkrankung im Zentralnervensystem) und kryptogene Epilepsien (Ursache bisher nicht ermittelt). Diagnostisch sollte neben einer neurologischen Untersuchung eine Magnetresonanztomographie (Frage nach strukturellen Veränderungen im Gehirn) durchgeführt werden. Die Elektroenzephalographie ist die direkte Methode, um pathologisch entladende Neuronenverbände nachzuweisen. Zusätzlich können ein PET und/oder SPECT durchgeführt werden. Neben der medikamentösen Therapie mit Antikonvulsiva kommen epilepsiechirurgische Operationen oder Stimulationsverfahren infrage.

*Karina Rieck*

**Erben, Kostenersatzpflicht der** → Kostenersatz

**Erbrecht** Das E. ist die Summe der Rechtsnormen, die die privaten vermögensrechtlichen Folgen des Todes eines Menschen regeln, und ist von Art. 14 → Grundgesetz (GG) geschützt. Die wesentlichen Vorschriften finden sich in den §§ 1922 ff. → Bürgerliches Gesetzbuch (BGB). Besteht beim Erbfall ein Auslandsbezug, so ist auch das Internationale Erbrecht zu beachten. Maßgeblich sind hierbei neben internationalen Staatsverträgen vor allem die Regelungen der am 17.8.2015 in Kraft getretenen Erbrechtsverordnung der → Europäischen Union (EU) sowie der Art. 25 ff. Einführungsgesetz zum Bürgerlichen Gesetzbuch (EGBGB). Anders als bisher wird danach in vielen Fällen nicht mehr an die → Staatsangehörigkeit, sondern an den gewöhnlichen → Aufenthalt des Erblassers im Zeitpunkt des Todes angeknüpft.

Nach deutschem E. geht das Vermögen (Erbschaft) mit dem Tod einer Person (Erbfall) als Ganzes auf eine oder mehrere Personen (Erben) über (§ 1922 BGB). Der Erbe wird also ohne Zutun oder Kenntnis vom Erbfall Gesamtrechtsnachfolger des gesamten Nachlasses, d.h. Eigentümer aller Sachen und Gläubiger aller Ansprüche, aber auch Schuldner aller Verbindlichkeiten. Will eine Person nicht Erbe werden, kann sie die Erbschaft binnen einer Frist von sechs Wochen nach ihrer Kenntnis von der Erbenstellung ausschlagen (§§ 1942 ff. BGB). Erbe wird dann diejenige Person, die erben würde, wenn die das Erbe ausschlagende Person zur Zeit des Erbfalls nicht gelebt hätte. Gibt es keine Erben oder haben alle die Erbschaft ausgeschlagen, erbt der Staat (§ 1936 BGB). Will der Erbe die → Haftung für Schulden des Erblassers auf die Erbmasse beschränken, kann er beim Nachlassgericht die Nachlassverwaltung oder das Nachlassinsolvenzverfahren beantragen (§§ 1975 ff. BGB). Reicht der Nachlass nicht einmal hierfür aus, kann er sich auf die Dürftigkeit des Nachlasses berufen (§ 1990 BGB). Mehrere Erben bilden eine Erbengemeinschaft (§§ 2032 ff. BGB). Jeder Erbe kann beim Nachlassgericht einen Erbschein beantragen, der sein Erbrecht bezeugt (§ 2353 BGB, §§ 352 ff. Familienverfahrensgesetz [FamFG]).

Es gibt zwei Möglichkeiten, Erbe zu werden: durch gesetzliche oder gewillkürte Erbfolge. Vorrangig bestimmt der Erblasser durch eine Verfügung von Todes wegen, wer Erbe wird (§ 1937 BGB). Dies geschieht durch Testament (§§ 2064 ff. BGB) oder durch Erbvertrag bzw. durch gemeinschaftliches Testament (§§ 1941, 2265 ff., 2274 ff. BGB). In der Verfügung von Todes wegen kann der Erblasser festlegen, wer zu welchem Anteil Erbe werden soll, er kann einen oder mehrere gesetzliche Erben ausschließen (Enterbung), Vermächtnisse, Auflagen oder Testamentsvollstreckung anordnen. Bei der Errichtung von Verfügungen von Todes wegen sind insbesondere Formvorschriften zu beachten. Die Person muss testierfähig sein und das 16. Lebensjahr vollendet haben (§ 2229 BGB). Bis auf Sonderregelungen kann das Testament grundsätzlich nur eigenhändig (§§ 2231, 2247 BGB) oder öffentlich (§ 2232 BGB) verfasst werden. Bei der eigenhändigen Errichtung muss das Testament vom Erblasser selbst geschrieben und unterschrieben werden (§ 2247 BGB), es darf nicht von einer anderen Person oder maschinenschriftlich geschrieben werden. Das eigenhändige Testament kann, muss aber nicht in besondere amtliche Verwahrung beim Nachlassgericht gegeben werden (§ 2248 BGB), das dann die Verwahrangaben an das Zentrale Testamentsregister meldet (§ 347 FamFG). Wird ein Testament nicht in die besondere amtliche Verwahrung gegeben, muss derjenige, der es im Besitz hat, es nach dem Tod des Erblassers unverzüglich beim Nachlassgericht abliefern (§ 2259 BGB). Das öffentliche Testament wird durch Niederschrift eines Notars errichtet, indem der Erblasser dem Notar seinen letzten Willen erklärt oder ihm eine Schrift mit der Erklärung übergibt, dass diese seinen letzten Willen enthalte (§ 2232 BGB). Der Notar übergibt sodann die Niederschrift/das Testament zur besonderen amtlichen Verwahrung an das Nachlassgericht und übermittelt die Verwahrangaben an das Zentrale Testamentsregister. Beim Tod des Erblassers wird das Nachlassgericht vom Zentralen Testamentsregister über die verwahrten erbrelevanten Verfügungen benachrichtigt und eröffnet sodann die Verfügungen von Todes wegen (§§ 348 ff. FamFG). Das Testament kann vom Erblasser jederzeit durch Vernichtung oder durch Errichtung eines neuen Testaments widerrufen werden (§§ 2253 ff. BGB). Der Erbvertrag ist ein zweiseitiger → Vertrag zwischen dem Erblasser und einer anderen Person. Der Erblasser muss unbeschränkt geschäftsfähig (→ Geschäftsfähigkeit) sein und es müssen beide Vertragsparteien zum Vertragsschluss gleichzeitig persönlich vor dem Notar anwesend sein (§§ 2274 ff. BGB). Ein Widerruf ist grundsätzlich nicht möglich, wohl aber unter bestimmten Voraussetzungen die Anfechtung, die Aufhebung und der Rücktritt (§§ 2281 ff. BGB). Das gemeinschaftliche Testament kann nur von Ehegatten (→ Ehe) oder Lebenspartner/innen (→ Lebenspartnerschaft) errichtet (§§ 2265 ff. BGB) und zu Lebzeiten widerrufen werden. Es kann Bestimmungen enthalten, an die der überlebende Ehegatte/Lebenspartner nach dem Tod des anderen gebunden ist, die er also grundsätzlich nicht mehr ändern kann (§§ 2270 ff. BGB).

Existiert keine wirksame gewillkürte Erbfolgebestimmung, so regelt das Gesetz, wer Erbe wird (gesetzliche Erbfolge). Gesetzliche Erben sind die Verwandten des Erblassers in einer festgelegten Reihenfolge (§§ 1924 ff. BGB) sowie sein Ehegatte (§§ 1931 ff. BGB) bzw. Lebenspartner (§ 10 Lebenspartnerschaftsgesetz [LPartG]). Nichteheliche und eheliche Kinder sind im E. grundsätzlich gleichgestellt. Die Reihenfolge der gesetzlichen Erben bestimmt sich nach dem Verwandtschaftsgrad, ein näherer Verwandter schließt einen entfernteren Verwandten von der Erbfolge aus (§ 1930 BGB). Zu welchem Anteil der Ehegatte/Lebenspartner erbt, hängt davon ab, ob und welche Verwandte neben ihm erben.

Für Abkömmlinge, Eltern und Ehegatte/Lebenspartner des Erblassers besteht ein Pflichtteilsrecht, wenn der Erblasser sie von der Erbfolge ausgeschlossen hat (§§ 2303 ff. BGB). Ein Entzug des Pflichtteils, der die Hälfte des gesetzlichen Erbteils beträgt, ist nur in engen Ausnahmefällen möglich (§§ 2333 ff. BGB).

*Lit.* Brox, H./Walker, W.-D.: Erbrecht, 26. Aufl., München 2014; W. Schlüter/

A. Röthel: Erbrecht, 17. Aufl., München 2015.

*Stefan Poller*

**Erbvertrag/Erbverzicht** → Erbrecht

**Erfolgskontrolle** → Evaluation

**Ergebnisqualität** → Qualität

**Ergotherapie** (von griech. ergon = Arbeit, Handlung) unterstützt und begleitet Menschen jeden Alters, die in ihrer Handlungsfähigkeit eingeschränkt oder von Einschränkung bedroht sind. Ziel ist, sie bei der Durchführung für sie bedeutungsvoller Betätigungen in den Bereichen Selbstversorgung, Produktivität und Freizeit in ihrer persönlichen Umwelt zu stärken. Hierbei dienen spezifische Aktivitäten, Umweltanpassung und → Beratung dazu, dem Menschen Handlungsfähigkeit im Alltag, gesellschaftliche → Teilhabe und eine Verbesserung seiner Lebensqualität zu ermöglichen. Grundlage ist der ergotherapeutische Prozess aus ergotherapeutischer Diagnostik, Therapieplanung, Intervention (Beratung, Therapie) sowie der → Evaluation. Im Mittelpunkt dieses Prozesses steht der/die Patient/in bzw. Klient/in (klientenzentrierte E.). Zur Dokumentation und Auswahl der geeigneten Therapiemethoden (s.u.) wird neben ergotherapeutischen Modellen zunehmend die → ICF genutzt. Die Berufsausübung ist im Ergotherapeutengesetz – ErgThG – verankert. Die dreijährige Ausbildung ist durch die Ausbildungs- und Prüfungsverordnung (ErgThAPrV) gesetzlich geregelt und findet an → Berufsfachschulen statt. Aktuell wird im Rahmen von Modellvorhaben eine Ausbildung an Hochschulen erprobt.

E. gehört zu den → Heilmitteln und ist eine persönlich erbrachte Dienstleistung in der Kuration (Akutmedizin), → Rehabilitation, → Prävention und → Gesundheitsförderung sowie in Form einer Beratung von Einzelpersonen oder Institutionen. Ergotherapeut/innen arbeiten in den verschiedensten → Einrichtungen sowie freiberuflich, z.B. in Praxen. Die ambulante Leistungserbringung zulasten der Gesetzlichen → Krankenversicherung ist durch die Heilmittel-Richtlinie (HMR) nach § 92 SGB V i.d.F. vom 1.7.2011 und die Rahmenempfehlungen nach § 125 SGB V i.d.F. vom 15.4.2016 geregelt. Die Leistungen im institutionellen Bereich sind nicht geregelt, lehnen sich jedoch stark an die des ambulanten Bereiches an. Die HMR unterscheidet vier Behandlungsformen: (1) motorisch-funktionelle Behandlung zur Verbesserung und zum Erhalt z.B. der Mobilität, der Sensibilität, der Haltung, der Grob- und Feinmotorik. Hierzu gehört auch die Handtherapie; (2) sensomotorisch/perzeptive Behandlung zur Verbesserung und zum Erhalt z.B. der sensomotorischen Funktionen, der Koordination, der manuellen Geschicklichkeit, der Wahrnehmungsverarbeitung, des situationsgerechten → Verhaltens; (3) Hirnleistungstraining/neuropsychologisch orientierte Behandlung zur Verbesserung von kognitiven Fähigkeiten, z.B. der Aufmerksamkeit, Konzentration, Ausdauer, → Gedächtnis, Reaktion, Orientierung, Handlungsplanung; (4) psychisch-funktionelle Behandlung zur Verbesserung z.B. der psychischen Funktionen wie Belastbarkeit, Ausdauer, Tagesstrukturierung, der → Fremd- und Selbstwahrnehmung, der emotionalen Fähigkeiten. Versorgung und Training mit notwendigen Hilfsmitteln ist ebenfalls ein Bestandteil der E. In allen Verfahren werden in unterschiedlicher Ausprägung Behandlungsansätze integriert, die der Erlangung oder Wiedergewinnung u.a. der Arbeitsfähigkeit (→ Arbeitsunfähigkeit) dienen. Die Beratung der Klient/innen und ihrer Angehörigen sowie Maßnahmen zur Integration in das häusliche und → soziale Umfeld sind wichtiger Bestandteil der E.

*Arnd Longrée*

**Erhebung(-smethoden)** → Empirische Sozialforschung, → Statistische Grundlagen der Sozialen Arbeit

**Erholung** Die Tatsache, dass jeder Mensch im Lauf des Tages, der Woche und des Jahres E.zeiten braucht, um seine → Gesundheit und Arbeitskraft zu erhalten, hat sich v.a. in Arbeitszeit-, Ferien- und Urlaubsregelungen niedergeschlagen. Ein Recht auf E. sieht sogar Art. 24 der Allgemeinen Erklärung der → Menschenrechte vor.

Einige Bundesländer, manchmal auch einzelne Kreise und → Gemeinden, stellen Mittel für E.maßnahmen für bestimmte Bevölkerungsgruppen zur Verfügung, die nach unterschiedlichen Richtlinien vergeben werden. So gibt es Mittel für Familien-E. (→ familienunterstützende Hilfen), häufig auch für Kinder- und Jugendliche, und die E. für alte Menschen, in einigen Ländern darüber hinaus besondere Mittel für Mütter und für → behinderte Menschen. Diese Leistungen sind allerdings seit Jahren rückläufig. Die jeweiligen Vergaberichtlinien von Ländern und Kommunen können im Internet aufgefunden werden.

E.maßnahmen sind zu unterscheiden von Kuren (→ medizinische Rehabilitation) und Maßnahmen der → vorbeugenden Hilfe. Da auch die E. letztlich der Erhaltung der Gesundheit dient, ist die Unterscheidung nicht ganz trennscharf zu vollziehen. Die E. dient der Vermeidung bzw. dem Ausgleich von Erschöpfungszuständen. Wenn Erschöpfungszustände ein solches Maß angenommen haben, dass sie geeignet sind, die Gesundheit zu gefährden, sind Maßnahmen der vorbeugenden Gesundheitshilfe angezeigt, die insbesondere im Rahmen der gesetzlichen → Krankenversicherung und der → Sozialhilfe nach ärztlicher Verordnung von den → Krankenkassen und → Trägern der Sozialhilfe ganz oder teilweise zu finanzieren sind. Die nach Maßgabe von Haushaltsansätzen und Richtlinien als freiwillige Leistung der Länder oder Kommunen unterstützten E.maßnahmen lassen sich wie folgt skizzieren:

Die Alten-E. dient dazu, Abwechslung und Abstand vom Alltag und einer oft wenig reizvollen Wohnumgebung zu finden, sich zu entspannen, andere Eindrücke zu gewinnen sowie neue menschliche Kontakte zu knüpfen. Sie zielt damit auf Erhaltung und Stabilisierung der (psychischen) Gesundheit als eine der wichtigsten Voraussetzungen für ein erfülltes → Alter. Zum E.programm gehören im Allgemeinen Angebote der Bewegungstherapie, Wanderungen, Spaziergänge, Ausflüge, kreative Tätigkeiten, Gespräche über Lebensfragen und Gesundheitsprobleme des Alters, Unterhaltung und Geselligkeit. Für diese Maßnahmen (als → Altenhilfe i.e.S.) kann auch eine Finanzierungszuständigkeit des Sozialhilfeträgers nach § 71 SGB XII gegeben sein.

Die Behinderten-E. bietet Menschen mit Behinderungen die Möglichkeit zu einem Ortswechsel und Abstand vom Alltag, was aufgrund von Barrieren der räumlichen Umwelt und Problemen bei An- und Abfahrt sowie des Bedarfs an Pflegeleistungen und/oder Betreuung für den einzelnen Menschen mit Behinderungen vielfach nur sehr schwierig zu erreichen ist. Besonders für Jugendliche und junge Erwachsene sowie für → geistig behinderte und → mehrfachbehinderte Menschen werden eigene Freizeiten durchgeführt, um neben der Gesundheit Freude und Erlebnisbereicherung, die Verselbstständigung vom Elternhaus, die Entwicklung lebenspraktischer Fähigkeiten, Kontakte und Gemeinschaftsfähigkeit zu fördern. E.freizeiten von Menschen mit und ohne Behinderungen sollen die soziale → Integration stärken. Für die Behinderten-E. kann auch eine Finanzierungszuständigkeit des Sozialhilfeträgers im Rahmen der §§ 53, 54 SGB XII (→ Eingliederungshilfe für behinderte Menschen) gegeben sein.

Die Familien-E. dient dem gemeinsamen Erleben der Freizeit mit vermehrten und vertieften Möglichkeiten des Kontaktes, des Gespräches, gemeinsamen Wanderungen, Erfahrungen und Erlebnissen, besonders in den Bereichen → Bildung, → Spiel und Sport. Die Familien-E. ist eine bedeutsame Möglichkeit für Mitglieder einer → Familie, einmal außerhalb der Alltagsbelastungen zueinanderzukommen und Gemeinsames zu erleben. Maßnahmen der Familien-E. werden insbesondere in Familienferienstätten von Trägern der → freien Wohlfahrtspflege angeboten. Die Teilnahme an diesen Angeboten durch einkommensschwache Familien wird von einigen Bundesländern gefördert. Im Übrigen ist eine Förderung in § 16 Abs. 2 SGB VIII (→ Kinder- und Jugendhilfe) durch die → Jugendhilfeträger vorgesehen.

Maßnahmen der Kinder- und Jugend-E. können durch individuelle Entwicklungs- und Wachstumsschwierigkeiten, Krankheitsanfälligkeiten, leichtere psychosomatische Störungen (→ Psychosomatik), fehlerhafte oder falsche → Ernährung, seelisch belastende Situationen in der Familie und Schulstress begründet sein. Neben den durch die Lage der E.einrichtungen bedingten günstigen Klimaeinflüssen zählen zielgruppenbezogene ausgewogene Ernährung, sozialpädagogisch begleitete Freizeitgestaltung (→ Freizeitpädagogik) und musische Angebote (→ Kunst- und Kulturpädagogik) zu den therapeutischen Hilfen. Träger der E.einrichtungen sind die → freien und → öffentlichen Träger der → Jugend- und → Sozialhilfe. Neben allgemeinen Zuschussleistungen kann eine Finanzierung durch die → Jugendhilfeträger gem. § 11 Abs. 3 SGB VIII (→ Kinder- und Jugendhilfe) gegeben sein.

*Lit.* Deutsches Jugendinstitut: Kurzevaluation der Einrichtungen der Familienerholung, München 2012, www.dji.de

*Werner Hesse*

**Erinnerung** → Rechtsbehelf

**Erlebnispädagogik** bezeichnet ein handlungsorientiertes Vorgehen, bei dem der Mensch mit seinen Empfindungen und seinem Erleben im Mittelpunkt des in erster Linie gruppenpädagogischen gestalteten Prozesses steht. Durch das bewusste Initiieren und Begleiten von psychischen, physischen und sozialen Grenzerfahrungen werden Situationen geschaffen, die durch die anschließende Reflexion des Erlebten die Entwicklung und (Nach-)Reifung der → Persönlichkeit fördern und unterstützen sollen. Gruppendynamische Interaktionsspiele, erlebnis- und abenteuerorientierte Sportarten (z.B. Extremklettern, Kajakfahren), aber auch mehrtägige Segeltörns und Wanderungen bilden grundlegende methodische Bausteine der E. Allen diesen Formen ist gemein, dass sie wesentliche Elemente der → sozialen

Gruppenarbeit derart miteinander verschränken, dass durch das gemeinsam Erlebte sowohl für die → Gruppe als auch für die Einzelnen soziale Lernprozesse (→ Soziales Lernen) möglich werden. Charakteristisch für diese Lernprozesse ist die Erfahrung, dass die Aktivitäten erst durch eine gemeinsame Gestaltung erfolgreich gelingen können. Wesentliches Ziel von E. ist ein ganzheitliches → Lernen – durch Kopf, Herz und Hand – und die reziproke Verknüpfung von → Selbsterfahrung und Gruppenlernen in einem mit Mitteln der E. gestalteten pädagogischen Setting. Mitbegründer der E. ist der Reformpädagoge K. Hahn (1886–1974), der 1941 in Wales die Outward-Bound Sea Schule eröffnete. Der von Hahn verfolgte Ansatz der Erlebnistherapie stellte das praktische Erfahren und nicht die theoretische Unterweisung in den Mittelpunkt des pädagogischen Prozesses.

Heute findet E. unter dem Leitgedanken »Lernen durch Erleben« zunehmend in den Feldern der → Jugendarbeit gem. § 11 SGB VIII, → Jugendsozialarbeit gem. § 13 SGB VIII und den erzieherischen Hilfen §§ 27 ff. SGB VIII – besonders in der Arbeit mit in ihrem Verhalten auffälligen (→ Verhaltensauffälligkeiten), straffällig gewordenen (→ Jugendkriminalität) oder drogenabhängigen Jugendlichen (→ Sucht) –, aber auch innerhalb der Schule eine große Resonanz. Hier steht die Kontrastierung der bisherigen → Lebenswelt der Jugendlichen mithilfe der E. im Mittelpunkt. Den Jugendlichen sollen durch das Erleben von Extremsituationen Gegenentwürfe zu ihren bisherigen Erfahrungen und z.T. schädigenden Freizeitaktivitäten geboten werden. In jüngster Zeit werden neben den originären Ansätzen der E., den Outdoor-Aktivitäten in der Natur, sowohl gestalterische Indoor-Aktivitäten, als auch Aktivitäten im urbanen Raume (City Bound) angeboten. In zahlreichen Fortbildungsveranstaltungen, aber auch im Rahmen der grundständigen pädagogischen Ausbildungsgänge haben Elemente der E. Eingang gefunden. Vor dem Hintergrund der immer weiter voranschreitenden Technologisierung der Umwelt und der damit einhergehenden Vereinzelung des Individuums erfreut sich E. in jüngerer Zeit auch des Interesses von Unternehmen der freien Wirtschaft zur Schulung ihrer Mitarbeiter und Mitarbeiterinnen.

*Petra Mund*

**Ermessen** bedeutet die gesetzlich vorgesehene Entscheidungsfreiheit, beim Vorliegen des gesetzlichen Tatbestandes die Rechtsfolge zu bestimmen. Die größte Bedeutung kommt dem E. im → Verwaltungsrecht zu. E. ist aber auch in anderen Rechtsgebieten zu finden. Räumt der → Gesetzgeber E. ein, trifft die Behörde keine gebundene Entscheidung mehr, sondern kann unter mehreren, gesetzlich vorgesehenen Möglichkeiten wählen. Mehrdeutige Merkmale auf der Tatbestandsseite einer → Rechtsnorm (sog. → unbestimmte Rechtsbegriffe) sind kein Fall des E., da E. ausschließlich die Rechtsfolgenseite einer Rechtsnorm betrifft. Hinweise auf E. können insbesondere die Wörter »kann«, »darf«, »ist befugt« oder »ist berechtigt« geben. E. räumt der Behörde keine völlige Freiheit ein, denn dies würde zur Willkürlichkeit der behördlichen Entscheidung führen und gegen das → Rechtsstaatsgebot verstoßen (→ Bundesverfassungsgericht [BVerfG] – BVerfGE 20, 155). Die Rechtslehre kennt zwei Arten von E. Entschließungse. liegt vor, wenn die Behörde entscheiden kann, ob sie bei Vorliegen der tatbestandlichen Voraussetzungen handelt. Auswahle. liegt vor, wenn die Behörde beim Vorliegen der tatbestandlichen Voraussetzungen wählen kann, in welcher Form sie tätig wird, solange sie die äußeren Grenzen des E. beachtet. Das E. ist durch zwei Grundsätze eingeschränkt: Zum einen gilt der Vorrang des Gesetzes, demzufolge die Behörde an die → Grundrechte des → Grundgesetzes (GG) aus Art. 1 Abs. 3 GG und höherrangiges Recht gebunden ist. Ihre Entscheidung darf nicht gegen das GG, Gesetze oder Verordnungen verstoßen. Zudem darf die Behörde wegen des Prinzips des Vorbehalts des Gesetzes nur tätig werden, wenn ihr eine gesetzliche Grundlage vorliegt und die Voraussetzungen dieser Grundlage erfüllt sind. Die Behörde hat daher stets nur pflichtgemäßes E., d.h. sie ist verpflichtet, ihr E. entsprechend dem Zweck der Ermächtigung auszuüben. Auf pflichtgemäße Ausübung des E. besteht ein → Rechtsanspruch (§ 39 SGB I). Die Behörde hat ihre Entscheidung nach sachgerechten Gesichtspunkten unter gerechter und billiger Abwägung des öffentlichen Interesses und der Belange der Bürgerin/des Bürgers zu treffen. Zu berücksichtigen sind z.B. die sozialpolitischen Zielsetzungen des Gesetzgebers (→ Sozialpolitik), das geschützte Rechtsgut sowie konkrete und individuelle → Lebenslagen der Leistungsbegehrenden.

Das E. kann so eingeschränkt sein, dass nur eine Entscheidung richtig (ermessensfehlerfrei) ist; in diesem Fall wird von einer E.reduzierung auf null gesprochen. In der Praxis von großer Bedeutung ist die Selbstbindung der → Verwaltung bei der Ausübung des E. Sie kann sich z.B. aus → Satzungen, Richtlinien, der Übernahme von Empfehlungen oder aus einer länger währenden, gleichbleibenden Verwaltungspraxis ergeben. Diese Selbstbindung dient vor allem der Einhaltung des → Gleichheits(grund)satzes. Wird E. nicht pflichtgemäß ausgeübt, liegt ein E.fehler vor. Dies ist unter anderem der Fall, wenn die Behörde das E. nicht ausübt (E.nichtgebrauch), eine zulässige Handlungsalternative nicht in Betracht zieht (E.unterschreitung) oder eine nicht vorgesehene Rechtsfolge wählt (E.überschreitung). Ein E.fehler liegt auch vor, wenn die Behörde aufgrund unzutreffender oder unzureichender Tatsachengrundlage entscheidet, wenn sie sachfremde Erwägungen anstellt, wenn sie den → Verhältnismäßigkeitsgrundsatz nicht beachtet oder gegen den Gleichheitsgrundsatz verstößt. In diesen Fällen handelt es sich um E.fehlgebrauch. Aus einer Verwaltungspraxis, die dem Gesetz widerspricht, kann jedoch kein Anspruch auf Gleichbehandlung hergeleitet werden (keine Gleichheit im Unrecht). Dagegen ist die Änderung einer bisher geübten Verwaltungspraxis zugunsten einer als sachgerechter erscheinenden neuen Handhabung nicht rechtsfehlerhaft. Die E.ausübung ist im Widerspruchsverfahren in vollem Umfang überprüfbar (→ Rechtsbehelf). Im gerichtlichen Verfahren besteht nur eine eingeschränkte Überprüfbarkeit dahin, ob ein E.fehler vorliegt; Fragen der Zweckmäßigkeit unterliegen dagegen nicht der gerichtlichen Nachprüfung. Ist die Verwaltungsentscheidung e.fehlerhaft, so ist sie auch rechtswidrig und kann mit Widerspruch und Klage angegriffen werden. Im Sozialleistungsrecht spielt E. eine große Rolle. Dies gilt auch im Bereich des SGB II (→ Grundsicherung für Arbeitsuchende). Hier besteht etwa die Verpflichtung der → Sozialleistungsträger, Hilfebedürftige mit dem Ziel der Eingliederung in Arbeit zu unterstützen (§ 14 SGB II) und Leistungen zur Eingliederung in Arbeit nach § 35 SGB III (→ Arbeitsförderung) zu erbringen. Dem Leistungsträger wird jedoch u.a. in den Leistungsgrundsätzen (§ 3 Abs. 1 S. 1 SGB II) sowie bei den kommunalen Eingliederungsleistungen (§ 16 a S. 1 SGB II) E. eingeräumt. In der → Sozialhilfe besteht die Besonderheit, dass auf die Hilfe als solche im Grundsatz ein unabdingbarer Anspruch besteht, Art und Maß der Leistungserbringung allerdings grundsätzlich in das pflichtmäßige E. des Trägers der Sozialhilfe fallen (§ 17 SGB XII).

*Lit.* Kretschmer, H.-J.: GK-SGB I. Gemeinschaftskommentar zum Sozialgesetzbuch Allgemeiner Teil, 3. Aufl., Neuwied 1996, § 39 Rn. 3; Krahmer, U., in: Krahmer, U./Trenk-Hinterberger, P. (Hrsg.): LPK-SGB I. Sozialgesetzbuch I Allgemeiner Teil. Lehr- und Praxiskommentar, Baden-Baden 2014, § 39 Rn. 7; Schindler, B.: Verwaltungsermessen, Zürich u.a. 2010.

*Gerd Goldmann*

**Ermittlungsverfahren** Ein E. wird eingeleitet, wenn die Strafverfolgungsbehörde (Polizeibehörde und Staatsanwaltschaft in Strafsachen; Finanzbehörde und Zollfahndung im jeweiligen speziellen Wirkungsbereich) Kenntnis von Tatsachen erhält, die den Verdacht begründen, dass eine Straftat begangen wurde oder ihre Begehung noch andauert (sog. Anfangsverdacht, § 152 Abs. 2 Strafprozessordung [StPO] i.V.m. § 160 Abs. 1 StPO). Besteht der Anfangsverdacht einer Straftat, sind die Strafverfolgungsbehörden verpflichtet, von Amts wegen ein E. einzuleiten (Legalitätsprinzip). Erhält die Staatsanwaltschaft durch eine Anzeige oder auf anderem Wege Kenntnis von einer Straftat, hat sie den Sachverhalt zu erforschen. Sie muss dabei nicht nur die belastenden, sondern auch die entlastenden Umstände ermitteln und für die Erhebung von Beweisen Sorge tragen (§ 160 Abs. 2 StPO). Die Staatsanwaltschaft ist Herrin des E., sie kann die Polizei beauftragen, Ermittlungen anzustellen. Die Polizei darf nur im Rahmen des sog. „ersten Zugriffs" selbst die Initiative ergreifen (unaufschiebbare Maßnahmen). Das E. wird durch Erhebung der Klage oder Einstellung des Verfahrens abgeschlossen. Eine Klage wird erhoben, wenn der/die Beschuldigte der Straftat hinreichend verdächtig ist, d.h. eine Verurteilung wahrscheinlich ist. Eingestellt wird das E., wenn kein hinreichender Tatverdacht besteht oder wenn die besonderen Voraussetzungen einer Einstellung nach dem Opportunitätsprinzip (§§ 153 ff. StPO) vorliegen, bspw. wenn die Schuld des Täters gering erscheint.

*Constanze Rogge*

**Ernährung** bezeichnet die Aufnahme von Nahrungsmitteln zur Versorgung des Körpers mit wichtigen Nährstoffen, zur Energiegewinnung und Gesunderhaltung. Sozialhilferechtlich bezieht sich E. auf den das physiologische → Existenzminimum sicherstellenden → Bedarf eines Menschen nach Nahrung und Getränken. Dementsprechend ist die E. auch ein Bestandteil des → Regelbedarfs zur Sicherung des Lebensunterhalts (§§ 20 Abs. 1 SGB II, 27 a Abs. 1 SGB XII, § 3 Abs. 1 Asylbewerberleistungsgesetz [AsylbLG]). Der Bedarf an E. wird meist durch → Geldleistungen gedeckt (in der → Sozialhilfe außerhalb von Einrichtungen nach § 27 a SGB XII oder in der → Grundsicherung für Arbeitsuchende nach § 20 SGB II). → Sachleistungen werden überwiegend innerhalb von Einrichtungen

(§ 27 b SGB XII) oder in Erstaufnahmeunterkünften für Asylbewerber/innen erbracht (§ 3 Abs. 1 AsylbLG). Im Bereich des physiologischen Existenzminimums muss der E.bedarf so bemessen sein, dass eine die notwendigen Nährstoffe einschließende, vollwertige E. gesichert wird. Vollwertig in diesem Sinne ist eine auf den neuesten Erkenntnissen der Ernährungswissenschaft basierende E. Sie ist nicht gleichzusetzen mit einer Vollwertkost, die neben ernährungswissenschaftlichen und medizinischen Aspekten auch soziale (z.B. fairer Handel) und ökologische (z.B. Bio-Qualität) Kriterien einbezieht. Nach dem derzeitigen Stand der Wissenschaft entspricht eine Vollkost bzw. leichte Vollkost einer vollwertigen E. Diese Kostformen berücksichtigen sowohl präventive Aspekte zur Gesunderhaltung als auch therapeutische Aspekte. Eine Orientierung für die Zusammensetzung einer vollwertigen E. geben der von der Deutschen Gesellschaft für Ernährung (DGE) entwickelte Ernährungskreis und die DGE-Lebensmittelpyramide.

Neben der Funktion der physiologischen Versorgung hat E. aber auch gesellschaftliche Bedeutung. Die Aufnahme von Nahrung wird in den meisten Kulturen mit der Pflege zwischenmenschlicher Beziehungen verbunden und ist somit auch ein Aspekt der → Teilhabe am gesellschaftlichen und kulturellen Leben. Fehl- und Mangelernährung können verschiedene Krankheiten verursachen oder begünstigen. Vor allem in den Industrieländern ist eine steigende Anzahl an ernährungsbedingten Erkrankungen (sog. Zivilisationskrankheiten) zu verzeichnen. Die Ursachen von Fehlernährung liegen häufig in einem breiten Angebot an schnell verfügbaren, preislich günstigen, kalorienreichen, aber gleichzeitig nährstoffarmen Lebensmitteln. Möglichkeiten zur Erhaltung und Verbesserung der Gesundheit (→ Prävention) bestehen in der Wahrnehmung einer Ernährungsberatung und/oder der Teilnahme an ernährungsbezogenen Präventionskursen, die oftmals von den gesetzlichen → Krankenkassen angeboten oder bezuschusst werden.

*Anika Cieslik*

**Ersatzansprüche** → Kostenersatz, → Kostenerstattung

**Ersatzfamilie** → Pflegefamilie

**Ersatzmutter** Dieser Begriff bezeichnet die im alltäglichen Sprachgebrauch sog. Leihmutter, also eine Frau, die sich einer künstlichen oder natürlichen Befruchtung unterzieht oder einen nicht von ihr stammenden Embryo auf sich übertragen lässt, um ihn auszutragen, und sich bereit erklärt, das Kind nach der Geburt Dritten zur Adoption oder zur sonstigen Aufnahme auf Dauer zu überlassen (§ 13 a → Adoptionsvermittlungsgesetz [AdVermiG]). Die E.vermittlung (§§ 13 c f. AdVermiG) und die Vornahme der künstlichen Befruchtung zu diesem Zweck sowie die Übertragung eines fremden menschlichen Embryos auf eine Frau ist in Deutschland anders als in anderen Staaten – etwa den USA – untersagt (§ 1 Abs. 1 Embryonenschutzgesetz [ESchG]). Zuwiderhandlungen gegen diese gesetzlichen Regelungen können strafrechtlich sanktioniert werden (§ 14 b AdVermiG). Das entgegen diesen Vorgaben von einer Frau ausgetragene und geborene Kind gilt rechtlich als Kind der Ersatzmutter, denn nach § 1591 → Bürgerliches Gesetzbuch (BGB) ist unabhängig von einer genetischen Verwandtschaft diejenige Frau rechtliche Mutter eines Kindes, die es geboren hat. Unter bestimmten Voraussetzungen verstößt eine nach ausländischem Recht zulässige E.schaft, die für die genetische Mutter und/oder den genetischen Vater den Status der Elternschaft begründet, nicht gegen wesentliche Grundsätze des deutschen Rechts (sog. ordre public, vgl. Art. 6 EGBGB) und ist daher anzuerkennen (Bundesgerichtshof, Beschluss vom 10.12.2014 – XII ZB 463/13).

*Birgit Hoffmann*

**Ersatzvornahme** → Zwangsmittel

**Ersatzzeiten** → Rentenrechtliche Zeiten

**Erstattungs- und Ersatzansprüche** → Kostenersatz, → Kostenerstattung

**Erstgespräch** Die Anfangsphase der Zusammenarbeit zwischen → Sozialarbeiter/innen und Klient/innen prägt entscheidend die Qualität beruflicher Praxis in vielen Arbeitsfeldern Sozialer Arbeit. Als E. werden die ersten Gespräche in der → Einzel(fall)hilfe bezeichnet, die mit den Zielen geführt werden, ein Vertrauensverhältnis aufzubauen, die → Zuständigkeit zu klären, Anliegen, → Ressourcen und wechselseitige Erwartungen in einer ersten Übersicht einzuschätzen und am gemeinsam erkannten Bedarf an einer Zusammenarbeit orientierte Absprachen oder Arbeitsbündnisse vorzubereiten, wenn nicht andere Voraussetzungen (z.B. kurzfristiger Informationsbedarf, direkte notwendige materielle Unterstützung, Hinweise auf die Notwendigkeit von → Kriseninterventionen u.a.) ein anderes Vorgehen erforderlich machen. Die E. finden meist in Räumlichkeiten → sozialer Dienste oder als – in aller Regel angekündigte – Hausbesuche statt. Sie können in unterschiedlichen personellen Konstellationen stattfinden.

Unterschiedliche Voraussetzungen aufseiten der Klient/innen, insbesondere der Grad der Freiwilligkeit, beeinflussen den Charakter des E. ebenso wie Qualifikation und professionelles Selbstverständnis der Sozialarbeiter/innen sowie die Strukturen der sozialen Dienste, in denen die E. durchgeführt werden. Die im E. thematisierten → Lebenslagen der Klient/innen werden tendenziell unter der Perspektive der Passung mit den Angeboten und organisatorischen Besonderheiten der sozialen Dienste wahrgenommen und kategorisiert. E. sind insofern der strategische Ort, an dem über die Zuständigkeit und Inanspruchnahme sozialer Dienste wesentlich entschieden wird. In Anbetracht des Tripelmandats Sozialer Arbeit gilt es hier jedoch auch, die professionelle Perspektive mit der institutionell-organisatorischen, aber auch der Klientenperspektive in Beziehung zueinander zu setzen und, wenn nötig, über Zuständigkeit und Inanspruchnahme sozialer Dienste zu verhandeln.

In Abhängigkeit von den jeweiligen Voraussetzungen sind unterschiedliche Methoden der → Gesprächsführung für E. gefordert. So machen angeordnete E. eine andere Gesprächsführung notwendig als angebotene oder erbetene. Die Gesprächspartner/innen im E. müssen nicht notwendig die Klient/innen für die anschließende Zusammenarbeit sein. Zu regeln ist auch das situationsangemessene Umgehen mit den anfallenden Informationen (→ Aktenführung, → Akteneinsicht, → Datenschutz).

Gegenstand der E. sind → Lebenslagen, die als komplex, dynamisch und intransparent bezeichnet werden können. Die für das Umgehen mit diesen Situationen nachgewiesenen typischen Fehler lassen sich auch in E. nachweisen. Wichtige Elemente der Gestaltung von E. sind u.a. das akzeptierende Eingehen auf die Ausgangslage der Klient/innen, die Berücksichtigung der Komplexität miteinander vernetzter Faktoren, das Vermeiden voreiliger → Diagnosen und direkter Ratschläge, Hinweise auf Möglichkeiten und Grenzen Sozialer Arbeit, die besondere Beachtung von Ressourcen und Stärken (→ Empowerment und → Case Management).

*Harro Dietrich Kähler*

**Erwachsenenbildung** hat in Deutschland unterschiedliche Wurzeln. Begründet ist die Idee einer → Bildung Erwachsener im Besonderen in der Aufklärung, dem Wechsel von der ständischen zur bürgerlichen Gesellschaft, mit dem Ziel, Individualität und Eigenverantwortung der Einzelnen zu fördern. Arbeiterbildung und betriebliche E. haben sich im Zuge der Industrialisierung stärker herausgebildet. Diese berücksichtigten sowohl Anlernprozesse als auch innerbetriebliche Fortbildungen. Sog. Arbeiterbildungsvereine formulierten bereits im 19. Jh. emanzipatorische Ziele. Spätestens mit dem Aufkommen bürgerlicher Lesegesellschaften in der Mitte des 18. Jh. ist von E. sprechen. Bis in die 1970er-Jahre waren die → Volkshochschulen der zentrale »Anbieter« des → Lernens Erwachsener. Rechtliche Grundlagen sind im System E. immer nur für Teilbereiche gültig, so gibt es von staatlicher Seite den Ansatz, E. über ordnungs- und förderpolitische Maßnahmen zu strukturieren. Rechtslage und Organisation der E. bleibt jedoch unübersichtlich, bislang gibt es keine Rahmenordnung auf Bundesebene. Ebenso gestaltet sich E. in institutioneller Hinsicht heterogen und unübersichtlich. Es gibt weit über die Volkshochschulen hinaus Angebote der E. von unterschiedlichen Trägern. Etablierte Bildungsinstitutionen sind ebenso virulent wie öffentliche und private Träger, die sich mit ihren Angeboten auf besondere Adressatengruppen spezialisieren oder sich mit besonderen Themenbereichen profilieren.

Durch die gesellschaftlichen Änderungen der 1970er-Jahre und der in dieser Zeit proklamierten Forderung: »Chancengleichheit durch Bildung« wird der Begriff der E. vermehrt ersetzt durch »Weiterbildung« (→ Fort- und Weiterbildung). Mit der begrifflichen Erweiterung wird versucht, die unterschiedlichen Wurzeln in einen systemischen Kontext zu bringen (vgl. Nuissl). → Kooperation, → Koordination, Professionalität und Qualität wie auch die flächendeckende Versorgung werden als Parameter in diesem Zusammenhang formuliert. Der Deutsche Bildungsrat bezeichnete E. in der begrifflichen Erweiterung hin zu Weiterbildung bereits 1970 im Strukturplan als »Fortsetzung oder Wiederaufnahme organisierten Lernens nach Abschluss einer unterschiedlich ausgedehnten ersten Bildungsphase«. Dabei werden alle Aktivitäten zusammengefasst, die sowohl der Vertiefung, der Erweiterung oder auch Erneuerung von → Kompetenzen, Wissen, Fähigkeiten bzw. Fertigkeiten von Menschen dienen, die eine erste Bildungsphase beendet haben.

Kade skizzierte ein Verwischen der Grenzen der E. zu anderen Institutionen und ein Lernen Erwachsener aus der E. im engeren Sinne hinaus über den Bereich der Kirchen, Betriebe, Gewerkschaften und Parteien in andere gesellschaftliche Handlungszusammenhänge. Diskurse über Entgrenzung des Lernens sind gekoppelt mit dem Zuwachs der Bedeutung informeller Lernprozesse. Fachliche Expertisen gehen davon aus, dass Erwachsene 80% ihrer Kompetenzen außerhalb formaler Bildungseinrichtungen erwerben. »Lernen ohne Grenzen« lautet auch einer der zentralen Empfehlungen des Innovationskreises Weiterbildung für eine Strategie zur Gestaltung des Lernens im Lebenslauf.

Die E. mit den ihr eigenen Theoriekonzepten und Modellen des Lehrens und Lernens wird durch die Rahmenbedingungen der → Gesellschaft wesentlich beeinflusst. Das gegenwärtige Spannungsgefüge des → Individuums zwischen gesellschaftlichen Anforderungen und subjektiven Aneignungs- und Lernprozessen in seiner → Lebenswelt (vgl. Mikula) stellt im Besonderen die E. vor große Herausforderungen. Die Theorie der E. hat daher einen Wandel erfahren und es konnten Grundlinien einer Theorie des Erwachsenenlernens entwickelt werden. Seit den 1980er-Jahren fragt E. nach der subjektiven Aneignung von Wissen. Konstruktivistische Pädagogik, die Lernen als einen aktiven, selbstgesteuerten Konstruktionsprozess anerkennt, gewinnt an Bedeutung (Arnold/Siebert) und entwickelt sich jenseits der linear orientierten Input-output-Lernvorstellungen. Zentral wird somit das Subjekt – der Lerner –, denn er entwickelt sich im Aneignungsprozess durch konkrete Erfahrungen und das Gelernte wird in umfassende Bedeutungszusammenhänge gestellt. Von der Tradition aus denkend, hat sich E. auch mit Fragen beschäftigt, die mit der Anpassung an die Gesellschaft im Sinne der Verwertbarkeit von Bildungsprozessen einhergehen. E. hat somit sowohl die Entwicklung kritischer Urteilsfähigkeit bzw. Selbstbestimmung als auch den Kompetenzerwerb im Blick. Erkenntnisse des Konstruktivismus haben Konsequenzen für das Lernen Erwachsener und damit auch für erforderliche Lernsettings. Lebenslanges Lernen und der Wunsch nach neuen Lernkulturen stellen hohe Anforderungen an die Professionalität der in der Erwachsenbildung tätigen Referent/innen. Das Lernen Erwachsener erfordert Lehr-Lernarrangements, die bspw. lebensweltbezogenes, erfahrungs- und handlungsorientiertes Lernen ebenso ermöglichen wie vernetztes Lernen.

E. hat auch unter Betrachtung ihrer Entstehung die Aufgabe, soziale → Exklusion zu verhindern. Ergebnisse zeigen, dass die in der Kindheit angelegte strukturelle Bildungsarmut die Aufwärtsbewegung und Weiterbildung im Lebenslauf mehrfach beeinträchtigt (Egger). E. kann einen wichtigen Beitrag für »Bildung für alle« leisten, wenn sie sich – so Mikula – auch als Widerstand gegen die ökonomische Abhängigkeit begreift. Eine subjektorientierte E. stellt dabei das selbstbewusste, selbstbestimmte und in seiner → Persönlichkeit gestärkte Individuum in den Mittelpunkt. Weiterbildung /E. wird Antworten auf zwei große Entwicklungen finden müssen: zum einen auf die Diskussion um Kompetenzorientierung und informelles Lernen und zum anderen auf die Frage nach wirksamen Formen der Initiierung und Begleitung von Veränderungslernen im Sinne der Nachhaltigkeit (vgl. Arnold).

*Lit.* Arnold, R.: Perspektiven der Erwachsenenbildung aus systemischer und relationaler Sicht, www.sowi.uni-kl.de; Arnold, R./Nolda, S./Nuissl, E. (Hrsg.): Wörterbuch Erwachsenenbildung, 2. Aufl., Stuttgart 2010; Mikula, R.: Lernen in der Erwachsenenbildung: theoretische Perspektiven und Einblicke in die Forschungslandschaft, in: Magazin erwachsenenbildung.at, 7/8, Wien 2009; Olbrich J.: Geschichte der Erwachsenenbildung in Deutschland, Opladen 2001.

*Pia Theresia Franke*

**Erweiterte Hilfe** → Aufwendungsersatz

**Erwerbserlaubnis** → Ausländerbeschäftigung

**Erwerbsfähigkeit** Der Begriff E. ist für das gesamte System des → Sozialgesetzbuchs (SGB) von zentraler Bedeutung. Im Recht der gesetzlichen → Rentenversicherung kann bspw. die verminderte E. zum Anspruch auf → Rente wegen verminderter E. führen. Bei den die Existenz sichernden Leistungen ist die E. ein wesentliches Abgrenzungskriterium für die Leistungsberechtigung nach dem SGB II (→ Grundsicherung für Arbeitsuchende) oder der nach dem SGB XII (→ Sozialhilfe)

Das Gesetz zur → Grundsicherung für Arbeitsuchende (SGB II) enthält in § 8 Abs. 1 SGB II eine Legaldefinition der E. Danach ist erwerbsfähig, wer nicht wegen → Krankheit oder Behinderung (→ behinderte Menschen) auf absehbare Zeit außerstande ist, unter den üblichen Bedingungen des allgemeinen → Arbeitsmarktes mindestens drei Stunden täglich erwerbstätig zu sein. Die Definition der E. ist an die des Rentenrechts angelehnt. E. bedeutet die Befähigung einer Person zur Ausübung einer abhängigen Beschäftigung oder selbstständigen Tätigkeit zur Erzielung eines → Einkommens. Maßstab der Beurteilung ist nicht der erlernte oder zuletzt ausgeübte Beruf (wie bei der Beurteilung der → Arbeitsunfähigkeit im Recht der Gesetzlichen → Krankenversicherung), sondern der allgemeine Arbeitsmarkt. Nicht entscheidend sind die Verfügbarkeit der Antragsteller sowie die

→ Zumutbarkeit einer Erwerbstätigkeit. Für Ausländer/innen gilt die Besonderheit, dass sie im Sinne von § 8 Abs. 1 SGB II nur erwerbstätig sein können, wenn ihnen die Aufnahme einer Beschäftigung nach dem Aufenthaltsgesetz (→ Zuwanderungsgesetz) erlaubt ist oder erlaubt werden könnte (§ 8 Abs. 2 SGB II, → Ausländerbeschäftigung).

Grundsätzlich entscheidet die → Agentur für Arbeit oder der zugelassene kommunale Träger in den → Jobcentern über das Vorliegen der Erwerbsfähigkeit. Widerspricht ein Leistungsträger nach § 44 a SGB II der Entscheidung, ist die Agentur für Arbeit oder der zugelassene kommunale Träger bei der Entscheidung über die Erwerbsfähigkeit an die gutachterliche Stellungnahme des → Rentenversicherungsträgers gebunden.

*Antje Wrackmeyer-Schoene*

**Erwerbsminderung** → Grundsicherung im Alter und bei Erwerbsminderung, → Rente wegen Erwerbsminderung

**Erwerbsobliegenheit** → Arbeitspflicht

**Erwerbsunfähigkeitsrente** → Rente wegen Erwerbsminderung

**Erzieher/in** ist a) die Berufsbezeichnung für eine pädagogische → Fachkraft im Arbeitsfeld der → sozialen Berufe und b) der Abschluss einer Ausbildung an einer Fachschule bzw. Fachakademie für Sozialpädagogik. E. sind qualifiziert für die professionelle Arbeit mit Kindern und Jugendlichen sowie mit deren → Familien vor dem Hintergrund und unter Einbeziehung des → sozialen Umfeldes und der gesellschaftlichen Rahmenbedingungen. Sie sind vorrangig in sozialpädagogischen Arbeitsfeldern der → Kinder- und Jugendhilfe und hier v.a. in → Kindertageseinrichtungen tätig. So arbeiteten in den Jahren 2010 und 2011 sieben von zehn Fachkräften der Kinder- und Jugendhilfe in Kindertageseinrichtungen; 2014 betrug der Anteil männlicher E. hier 4,8%.

E. sind Fachkräfte für → Bildung, → Erziehung und Betreuung. Ihr Aufgabenspektrum hat sich in den letzten Jahren deutlich erweitert. Insbesondere die → frühkindliche Bildung, Betreuung und Erziehung in Kindertageseinrichtungen hat an Bedeutung gewonnen. Bildung wird hier als aktive Aneignungstätigkeit des Kindes in sozialen Settings verstanden. Aufgabe der E. ist es, ausgehend von der Einzigartigkeit jedes Kindes Bildungsprozesse anzuregen und zu begleiten. Dabei gilt es, die jeweiligen → Lebenslagen und → Lebenswelten, in denen Kinder aufwachsen, zu berücksichtigen und die Kinder zu beteiligen (→ Partizipation). Dazu müssen auch → Erziehungsziele, z.B. im Bereich der Förderung → sozialer Kompetenzen, und das spezifische Verhältnis von Erziehung und Bildung reflektiert werden. Zur Aufgabe von E. gehört die Zusammenarbeit mit Müttern und Vätern (insbesondere in → Familienzentren), die Kooperation mit anderen Fachdiensten der Jugendhilfe, mit der Schule und anderen Akteuren in der Kommune (inkl. Politik). Diese Anforderungen stellen sich auch an E., die in der → Jugendarbeit, den → Hilfen zur Erziehung oder in der Arbeit mit jungen Erwachsenen tätig sind.

Die Ausbildungsvoraussetzungen für E. sind landesrechtlich geregelt. Sie bestehen i.d.R. in einem mittleren Bildungsabschluss und einer abgeschlossenen zweijährigen Berufsausbildung. Die Ausbildung zur/zum E. dauert i.d.R. drei Jahre. Die staatliche Anerkennung als E. wird durch ein Anerkennungsjahr (additives Modell) oder eine Praxisphase innerhalb der Ausbildung (integratives Modell) erworben. Besonders durch den Ausbau von Plätzen für Kinder von 0–3 Jahren und im Bereich der → Ganztagsschule ist der Fachkräftebedarf an E. in den letzten Jahren deutlich gestiegen. Allerdings kollidieren die umfangreichen fachlichen Anforderungen nach wie vor mit eher schwierigen Rahmenbedingungen (Fachkraft-Kind-Relation, Vorbereitungszeiten, Bezahlung, hoher Anteil an Teilzeitstellen). Angesichts der zunehmenden fachlichen Herausforderungen wird der Bedarf einer Akademisierung der Ausbildung immer deutlicher. Inzwischen gibt es in jedem Bundesland Studiengänge für Kindheitspädagogik (→ Ausbildung in sozialen Berufen).

*Raingard Knauer*

**Erzieherische Hilfen** → Hilfe zur Erziehung (HzE)

**Erzieherischer Bedarf** Den Begriff e. B. gibt es im SGB VIII (→ Kinder- und Jugendhilfe) selbst nicht. Er stammt aus § 6 Abs. 1 Jugendwohlfahrtsgesetz (JWG), wo er zusammenfassend als Voraussetzung für den individuellen → Rechtsanspruch auf Hilfen geprägt wurde. Ein solcher wurde angenommen, wenn die »familiäre Erziehung defizitär« ist. Hingegen enthält § 27 SGB VIII als Eingangsnorm der individuellen → Hilfen zur Erziehung (HzE) als Voraussetzung, dass ein Anspruch existiert, »wenn eine dem Wohl des Kindes oder des Jugendlichen entsprechende Erziehung nicht gewährleistet ist«. Hierfür wird als »Kürzel« weiterhin der Begriff e. B. gebraucht. Allerdings kommt es nach § 27 SGB VIII nicht mehr entscheidend auf einen ausschließlich individuell zu ermittelnden Bedarf an. Der Blick wird hingegen darauf gelenkt, ob die konkrete Lebenssituation des/der Minderjährigen durch Mangel oder → soziale Benachteiligung gekennzeichnet ist, diese also hinter den üblichen, vergleichbaren Sozialisationsbedingungen zurückbleibt. Hinzukommen muss, dass das gegenwärtige Sozialisationsfeld des/der Minderjährigen nicht in der Lage ist, aus eigenen Kräften diese Mangel- und Defizitsituation abzubauen, sodass erzieherische Hilfebedürftigkeit, e. B., besteht.

Grundlage für die Feststellung des e. B. ist regelmäßig die fachlich-sozialpädagogische Einschätzung der Fachkräfte des → Jugendamtes. Bei voraussichtlich längeren Hilfen ist nach § 36 SGB VIII ein entsprechendes Hilfeplanverfahren (→ Hilfeplanung in der Jugendhilfe) unter Beteiligung der Betroffenen vorgeschrieben. Die fachlich-sozialpädagogische Einschätzung und die Festlegungen im Hilfeplan haben faktisch anspruchskonkretisierende Wirkung für den Rechtsanspruch auf HzE. Es ist strittig, ob der partizipatorische Gestaltungsprozess (→ Partizipation) der Hilfeplanung zur Konsequenz hat, dass den Fachkräften ein nur sehr eingeschränkt überprüfbarer → Beurteilungsspielraum eingeräumt ist. Von der Literatur wird dies überwiegen abgelehnt und eine volle Überprüfbarkeit durch die → Verwaltungsgerichte angenommen.

Liegen die Voraussetzungen des § 27 Abs. 1 SGB VIII vor – besteht also ein e. B., so ist damit die Voraussetzung des individuellen Rechtsanspruchs auf HzE erfüllt. Es handelt sich um einen zwingenden Rechtsanspruch, der als solcher insbesondere nicht an finanzielle Maßgaben (Haushaltsmittel, Noch-Vorhandensein von Mitteln u.ä.) gebunden ist. Welche der in §§ 28 ff. SGB VIII beispielhaft aufgezählten HzE dann die geeignete und notwendige ist, ist nach Feststellung des e. B. gesondert in einem weiteren Schritt zu prüfen.

*Angela Smessaert*

**Erziehung** kann neben → Bildung und → Lernen als einer der klassischen Begriffe der Pädagogik und E.wissenschaft und darüber hinaus neben → Sozialisation, → Hilfe, → Intervention, → Inklusion und Förderung als einer der zentralen Begriffe der erziehungswissenschaftlichen und sozialpädagogischen Diskussionen angesehen werden. Prozesse der E. und die mit diesem Begriff im wissenschaftlichen wie im alltäglichen Sprachgebrauch beschriebenen Sachverhalte werden allerdings keineswegs mehr einheitlich und normativ rückversichernd diskutiert. Das Implodieren bislang konsensual geteilter Werte und → Normen, die Auflösung soziokulturell gewachsener sozialer Milieus und moralischer Bezugssysteme, die Dynamisierung der Generationenbeziehungen und Geschlechterverhältnisse, die Biografisierung von Lebensläufen und -plänen sowie die Infragestellung des in den pädagogischen Institutionen versammelten Expertenwissens haben das in den letzten anderthalb Jahrhunderten herausgebildete gesellschaftliche Konzept von E. durcheinander gewirbelt (vgl. Winkler). Konnte – ohne Widerspruch zu provozieren – bis vor Kurzem noch angenommen werden, dass E. mindestens durch das Generationenverhältnis (→ Generationenvertrag) konstituiert wird, also ältere Menschen sich Heranwachsenden mit dem Ziel zuwenden, ihnen die moralischen und normativen Regularien und Verständigungsformen der → Gesellschaft mitzuteilen, so ist nicht einmal mehr diese schlichte Konstante für die Beschreibung des E.begriffs gegeben. Inzwischen sind es gerade die jüngeren Gesellschaftsmitglieder, die die bisherigen »E.verhältnisse« umkehren, indem sie bspw. in den pädagogischen Institutionen und familiären Kontexten Ältere in den Umgang mit neueren technologischen Errungenschaften einführen und so zur Etablierung neuer Lernkulturen beitragen – m.a.W.: E. als Begriff hat an Unbestimmtheit gewonnen und ist als pädagogische Tätigkeit diffuser und schwieriger geworden, zuweilen sogar unsichtbar, indifferent und so aufgeweicht, dass vor knapp zwei Jahrzehnten schon das »Ende der E.« apostrophiert wurde (Giesecke).

Die jahrzehntelang gültige Definition, wonach E. »die Summe der Reaktionen einer Gesellschaft auf die Entwicklungstatsache« (Bernfeld) meint, also die Initiierung von Lernprozessen als Antwort auf die Tatsache, dass junge Menschen, unabhängig davon, in welchen Kulturen und unter welchen Verhältnissen sie aufwachsen, nicht qua Geburt mit den gleichen sozialen, emotionalen, kulturellen, kommunikativen und kognitiven Kompetenzen ausgestattet sind wie ältere. Ungeachtet der aktuell diskutierten Infragestellungen lässt allerdings auch diese einprägende Bestimmung offen, ob E. lediglich intentionale Interventionen, mithin absichtsvolle, bewusst geplante, oder auch funktionale, also beiläufige, nicht geplante und über die gesellschaftlichen Verhältnisse oder mediale Angebote strukturell ausgelöste E.prozesse kennzeichnet. Aber auch bzgl. der Disparität von funktionaler und intentionaler E. besteht bei denjenigen, die weiterhin am klassischen E.begriff festhalten, kein Konsens. So bezeichnen die einen lediglich die Handlungen als E., durch die eine erzieherische Absicht verfolgt wird. Hingegen entdecken andere auch in jenen Handlungen E., die ohne pädagogische Zielvorstellungen, also nicht intentional oder aufgrund der gesellschaftlich-strukturellen Verhältnisse und hierüber konfigurierter sozial-kultureller Rituale ausgelöst werden. Die mit dem funktionalem E.begriff gemeinte Vorstellung findet sich im Kern auch in den Überlegungen wieder, die mit dem Begriff Sozialisation bezeichnet werden.

Diese differente theoretische Ortsbestimmung resümierend, bleibt festzuhalten, dass der Begriff E. nicht nur aufgrund veränderter gesellschaftlicher Verhältnisse, sondern auch aufgrund seiner vagen theoretischen Bestimmung zur Bezeichnung von pädagogischen Handlungsprozessen nur dann zur Verständigung beiträgt, wenn das jeweils mit ihm Gemeinte situationsbezogen präzise belegt wird. Auch das gegenwärtig wieder wachsende gesellschaftliche Interesse am E.begriff – in Bezug auf nationalistisches, xenophobisches und gewaltförmiges Verhalten von älteren Kindern und Jugendlichen grassiert die Rede von einer »Erziehungskatastrophe« und die Forderung nach mehr E. und die allgemein festgestellte »Unfähigkeit« zur E. mündet in einer Überflutung des Buchmarktes mit E.ratgebern – kann nicht darüber hinwegtäuschen, dass in der wissenschaftlichen Disziplin, die sich mit Fragen der E. beschäftigt, an dem Begriff und Gegenstand der E. – insbesondere in anthropologischen Begründungsformen – nicht mehr uneingeschränkt festgehalten wird (Thole 2009 a). Termini wie »pädagogisches Handeln«, »Bildung«, »Lernen«, → »Interaktion« und → »Sozialisation« erfahren seit einigen Jahrzehnten größere Aufmerksamkeit und tragen wesentlich zum weitgehenden Verzicht auf den E.begriff in den pädagogischen Fachöffentlichkeiten bei.

Trotz der referierten Skepsis und der Einwände gegen einem Festhalten am Begriff der E. besteht doch weitgehend Konsens, dass auch moderne Gesellschaften nicht auf E. verzichten können, zumal sie sich, gewollt oder ungewollt, im Alltag durchgängig realisiert. E., auch diesbezüglich wird kaum Widerspruch geäußert, als pädagogische Handlung ist dabei als Teil des Reproduktionsprozesses einer Gesellschaft immer auch bestimmt durch historische Wandlungsprozesse. Die materiellen und kulturellen, politischen und sonstigen Bedingungen des jeweiligen Gesellschaftssystems konfigurieren die jeweils favorisierten Formen von E. und diese ihrerseits wieder die spezifischen Bedingungen und Zustände des gesellschaftlichen E.systems. E. ist also keineswegs eine gesellschaftlich frei schwebende, idealistisch beliebig begründbare Aktivität, sondern vielmehr ein bedingter und bedingender Faktor der gesellschaftlich-historischen Entwicklungs-, Auseinandersetzungs- und Entscheidungsprozesse, jederzeit und durchgängig verbunden mit Formen und Bedingungen gesellschaftlicher Herrschaft und Macht. E. selbst konstituiert zugleich »immer auch ein Gewaltverhältnis von Menschen über Menschen, i.d.R. bestimmter Erwachsener über bestimmte Kinder und Jugendliche« (Giesecke), also eine Beziehungskonstellation, die darauf abzielt, noch nicht vollends selbstständige Subjekte durch E. mit den sozial-kulturellen Verkehrsformen und normativen Regularien einer Gesellschaft bekannt zu machen und diese habituell zu verankern (vgl. Winkler). E. ist somit eingebunden in die jeweils prägnanten Modi der Vergesellschaftung. Bezogen auf die E. meint Vergesellschaftung u.a. die im Zuge der Ausdifferenzierung gesellschaftlicher Teilbereiche und Systeme wachsende und noch weiter zunehmende Übernahme von E.aufgaben durch gesellschaftlich organisierte Träger und → Institutionen.

Im Konzert der sozialpädagogischen Diskussionen spielt der E.begriff heute durchgängig keine bedeutende Rolle mehr, obwohl er im Kontext der Wiederentdeckung der Disziplin, der Pünktlichkeit, der Ordnung und Anpassung als pädagogische Leitideen im Kontext der sozialpädagogischen Arbeit mit Jugendlichen, die an der Gesellschaft leiden und auf der Suche nach einem Platz in ihr und Anerkennung sind, vermehrt wieder Verwendung findet. Auch in der Pädagogik der Kindheit findet er neben den Begriffen Bildung, Lernen und Pflege durchaus prominente Beachtung. Allgemein findet der Begriff E. jedoch weder bei den Akteur/innen im Feld der Sozialen Arbeit noch bei denjenigen, die über die Handlungskompetenzen von Sozialpädagog/innen nachdenken, größere Aufmerksamkeit. Präsent ist er allerdings noch im Kontext der Charakterisierung und Bezeichnung einzelner sozialpädagogischer Handlungsfelder wie etwa den → »Hilfen zur Erziehung« oder der → »Erziehungsberatung«. Von »Sozialerziehung« oder von »sozialerzieherischen Maßnahmen«, Termini, die bis in die 1970er-Jahre hinein in den sozialpädagogischen Gesprächen Bedeutung zukam, ist heute nur noch selten – und wenn, dann in eher praktischen, kaum jedoch noch in theorieverbundenen Kontexten – die Rede. Zumindest sprachlich hat sich das sozialpädagogische Projekt der Moderne weitgehend von der Vorstellung verabschiedet, »Teil einer groß angelegten Volkserziehung« zu sein (Lattke). Über die Renaissance des Bildungsbegriffs in der Sozialpädagogik (vgl. Homfeldt u.a.; Rauschenbach; Thole 2009 b) scheint aber in jüngster Zeit auch E. wieder einen zumindest diskursfähigen Rang zu erlangen, setzt doch die Aktivierung von Bildungsprozessen unter institutionellen Rahmungen pädagogisches Handeln und mithin wie auch immer angelegte und codierte E.leistungen voraus. Und vermehrt sind Voten zu vernehmen, die dafür plädieren, in Abgrenzung zur Schule im Kontext der Sozialen Arbeit nicht primär von → Bildung, sondern von E. zu sprechen.

Bildung und E., darin besteht weitgehend Einigkeit, stellen konstitutive Bezugspunkte sozialpädagogischen Denkens dar (→ Erziehungswissenschaftliche Grundlagen der Sozialen Arbeit), zumal dann, wenn Prinzipien wie → soziale Gerechtigkeit, → Solidarität, gesellschaftliche → Teilhabe und die Ermöglichung eines Lebens in einer solidarisch hergestellten Freiheit als Orientierungen deutlicher als bisher sozialpädagogisches Handeln fundieren sollen.

*Lit.* Bernfeld, S.: Sisyphus oder die Grenzen der Erziehung, 10. Aufl., Frankfurt a.M. 2006; Giesecke, H.: Einführung in die Pädagogik, 7. Aufl., Weinheim/München 2004; Homfeldt, H. G./Schulze-Krüdener, J. (Hrsg.): Wissen und Nichtwissen. Herausforderungen für Soziale Arbeit in der Wissensgesellschaft, Weinheim/München 2000; Lattke, H.: Sozialpädagogische Gruppenarbeit, Freiburg 1962; Rauschenbach, T.: Bildung – eine ambivalente Herausforderung für die Soziale Arbeit?, in: Soziale Passagen 2, 2009, S. 209–226; Thole, W.: Die Wiederentdeckung der Erziehung und ihre Infragestellung durch die Neurobiologie, in: Helsper, W./Hillebrandt, C./Schwarz, T. (Hrsg.): Schule und Bildung im Wandel. Anthologie historischer und aktueller Perspektiven, Wiesbaden 2009 a, S. 303–316; Thole, W.: Wissenschaftliche Positionen und Konzepte Sozialer Arbeit. Versuch zum „Stand der Dinge“: sozialpädagogische Theoriediskurse in der Bundesrepublik Deutschland, in: Willems, H. u.a. (Hrsg.): Handbuch der sozialen und erzieherischen Arbeit in Luxemburg, Luxemburg 2009 b, S. 497–521; Winkler, M.: Erziehung, in: Krüger, H.-H./Helsper, W. (Hrsg.): Einführungskurs Erziehungswissenschaft. Bd. 1, 9. Aufl., Stuttgart 2010.

*Werner Thole*

**Erziehungsanspruch** Der Begriff E. findet sich nicht im SGB VIII (→ Kinder- und Jugendhilfe). Unter Geltung des Jugendwohlfahrtgesetzes (JWG) wurde der Begriff – rechtsdogmatisch eher beliebig – für die allgemeine Bezeichnung von Ansprüchen auf → Erziehung bzw. auf → Hilfen zur Erziehung (HzE) verwandt. Im SGB VIII gibt es verschiedene Bezugspunkte zum E.: in § 1 Abs. 1 wird ausgeführt, dass jeder junge Mensch ein Recht (auf Förderung seiner Entwicklung und) auf Erziehung hat, § 27 nennt den Anspruch auf Hilfe; insbesondere im 2. Kapitel des SGB VIII, dem Leistungskapitel, finden sich weitere Rechte auf erzieherische, sozialpädagogische Hilfen. Die z.T. umgangssprachliche Verwendung des Begriffes E. sagt nichts darüber aus, ob sich aus den jeweiligen gesetzlichen Regelungen Rechte i.S. eines subjektiven → Rechtsanspruches ergeben. Ob sich im konkreten Fall aus der Formulierung des Gesetzes ein E. ergibt, ist im Rahmen der allgemeinen juristischen Auslegungsmethoden zu ermitteln.

Vielleicht wegen der prominenten Stellung des § 1 Abs. 1 SGB VIII ist rechtsdogmatisch besonders umstritten, ob sich hieraus ein subjektiver Rechtsanspruch auf (Förderung bzw.) Erziehung der jungen Menschen ergibt. Diese Frage wurde schon unter der Geltung des ähnlich lautenden § 1 JWG intensiv diskutiert. Die Kontroverse hat für das SGB VIII wenig praktische Bedeutung, da das SGB VIII einzelne, individualbezogene Rechtsansprüche enthält. Die Position, die von einem E. ausgeht, stellt wesentlich auf den Wortlaut ab. Die herrschende Meinung vertritt – zu Recht – die Auffassung, dass § 1 Abs. 1 SGB VIII kein subjektives Recht auf Erziehung i.S. eines E. ist. Begründet wird dies vornehmlich mit dem sich in der Gesetzesbegründung findenden Willen des Gesetzgebers und aus der hinsichtlich der Voraussetzungen und Rechtsfolgen sehr allgemeinen Formulierung des § 1 Abs. 1 SGB VIII – was z.T. sogar zu der Auffassung führt, dass es sich hierbei nur um eine generalklauselartige Kompromissformulierung mit moralischem Appellcharakter handele. Wenngleich § 1 Abs. 1 SGB VIII keinen subjektiven E. begründet, so ist er doch als zentrale Auslegungsrichtlinie programmatischen Charakters zu begreifen.

Eindeutig ist der Rechtscharakter des in § 27 Abs. 1 SGB VIII normierten individuellen, subjektiven Rechtsanspruchs auf HzE. Dies ergibt sich daraus, dass die → Adressat/innen des § 27 SGB VIII die Personensorgeberechtigten (→ Elterliche Sorge) sind und § 27 Abs. 1 SGB VIII die Tatbestandsvoraussetzungen und die Rechtsfolgen des Anspruchs auf HzE im Einzelnen regelt. Anspruchsinhaber sind – jugendhilfepolitisch heftig kritisiert – die Personensorgeberechtigten. Als subjektiver Rechtsanspruch ist der E. nach § 27 Abs. 1 SGB VIII im üblichen Verwaltungs- und Gerichtsverfahren durchsetzbar. Zu beachten ist insbesondere, dass bzgl. der Rechtsfolgen kein → Ermessen des Trägers der öffentlichen Jugendhilfe besteht, allerdings bzgl. der Tatbestandsvoraussetzungen strittig ist, ob ein → Beurteilungsspielraum hinsichtlich des Vorliegens des → erzieherischen Bedarfs eingeräumt ist.

*Angela Smessaert*

**Erziehungsbeistand** und Betreuungshelfer/in sollen nach § 30 SGB VIII Kinder oder Jugendliche bei der Bewältigung von Entwicklungsproblemen möglichst unter Einbeziehung des → sozialen Umfeldes unterstützen und ihre Verselbstständigung unter Erhaltung des Lebensbezugs zur → Familie fördern.

Die E.schaft stellt eine ambulante Form der → Hilfe zur Erziehung dar. Der/die Personensorgeberechtigte hat hierauf nach § 27 SGB VIII einen → Rechtsanspruch, wenn diese i.d.R. längerfristig angelegte Hilfe zur Deckung des → erzieherischen Bedarfs im Einzelfall geeignet und notwendig ist. Der erzieherische Bedarf, der dieser Hilfe entspricht, verlangt eine individuelle Unterstützung des jungen Menschen durch eine kontinuierliche Bezugsperson bei der Bewältigung von einzelnen Konfliktlagen in seinem außerfamiliären Lebensbereich. Die soziale Situation darf jedoch nicht so sehr von gravierenden und verdichteten sozialen Problemen gekennzeichnet sein, dass dies eine → Fremdunterbringung des jungen Menschen nahelegt. Die Hilfe zielt auf Verhaltensänderungen beim jungen Menschen einschließlich des Sozial- und Leistungsverhaltens in der Schule sowie auf (Wieder-)Herstellung tragfähiger Familienbeziehungen ab. Soll die Hilfe, die insbesondere für ältere Kinder und Jugendliche in Betracht kommt, der Förderung der Verselbstständigung dienen, kann sie auch zur (räumlichen) Trennung von den Eltern führen. Nach § 41 Abs. 2 SGB VIII ist eine entsprechende Anwendung für junge Volljährige vorgesehen. Die Erfahrung zeigt, dass für die Durchführung dieser Hilfe i.d.R. eine hauptamtliche → Fachkraft (→ Sozialarbeiter/innen und Sozialpädagog/innen) erforderlich ist. E. und Betreuungshelfer/innen sind entsprechend zumeist beim → Jugendamt oder einem Wohlfahrtsverband, also bei öffentlichen oder freien → Jugendhilfeträgern, angestellt. Der E. geht auf die schon um 1900 bei Verwahrlosung oder Gefährdung von Minderjährigen eingeführte Schutzaufsicht zurück, reichsgesetzlich geregelt in den §§ 56–61 Reichsjugendwohlfahrtsgesetz (1922) und § 7 Abs. 1 Nr. 5 Reichsjugendgerichtsgesetz (1923). Aus ihr ist mit dem Jugendwohlfahrtsgesetz (1961) die E.schaft entwickelt worden, die schon → Erziehung statt Aufsicht, aber weiterhin mindestens Gefährdung voraussetzte. Für sie galt ein sehr förmliches Verfahren mit Bestellung des E. durch das Jugendamt, z.T. aber nach Anordnung der Bestellung durch das Vormundschaftsgericht oder → Jugendgericht. Das SGB VIII hat die Voraussetzungen vereinfacht und die Formvorschriften gestrichen.

E.schaft kann dem/der Jugendlichen auch vom Jugendgericht auferlegt werden (§§ 10, 12 Jugendgerichtsgesetz). Vor der Entscheidung ist das Jugendamt anzuhören. Das Jugendamt entscheidet eigenverantwortlich über die Hilfegewährung und wird durch die jugendrichterliche Anordnung nicht verpflichtet. Jugendhilfe und Jugendrichter/in können daher nur in enger Abstimmung zu einer umsetzungsfähigen Entscheidung kommen können.

Derzeit ist geplant, das SGB VIII umfassend zu modernisieren. Betroffen sind u.a. die Themenkomplexe Hilfen zur Erziehung, inklusive Lösung für Kinder- und Jugendliche mit Behinderungen im SGB VIII, Pflegekinderhilfe, Betriebserlaubnisverfahren, Qualitätsentwicklung in der Kinder- und Jugendhilfe. Die Änderungen sollen je nach Regelungsbereich entweder 2017 oder 2022 in Kraft treten.

*Heike Schmid-Obkirchner*

**Erziehungsberatung** Institutionelle E. ist in § 28 SGB VIII als eine → Hilfe zur Erziehung (HzE) nach §§ 27 ff. SGB VIII definiert. Funktionale E. ist Bestandteil aller HzE. Voraussetzung für die Inanspruchnahme institutioneller E. ist, dass eine dem Wohl des Kindes oder Jugendlichen entsprechende → Erziehung nicht gewährleistet ist. E. hat die Aufgabe, Kinder, Jugendliche sowie Eltern und andere → Erziehungsberechtigte bei Erziehungsfragen und bei der Bewältigung von Problemen zu unterstützen. Thematisiert werden können alle Fragen rund um die Förderung einer gesunden Entwicklung der Kinder, der Erziehungssicherheit der Eltern und der Bewältigung von Krisen und → Konflikten im familiären Zusammenleben. Auch die Unterstützung bei Trennung und Scheidung ist in § 28 SGB VIII genannt (→ Trennungs- und Scheidungsberatung) . Die Erarbeitung einer einvernehmlichen Lösung zur Ausgestaltung des Sorgerechts (→ Elterliche Sorge) und tragfähiger Umgangsregelungen (→ Umgangsrecht) sowie der Verbesserung der → Kommunikation der Eltern zum Wohle der Kinder nach Trennung und Scheidung gehören zu den Aufgaben von E. Insbesondere bei Eltern, die nach der Trennung hochstrittig reagieren, ist die gut strukturierte → Kooperation mit dem → Familiengericht und dem → Jugendamt notwendig. Das Familiengericht kann nach § 156 Abs. 1 → Familienverfahrensgesetz (FamFG) die Inanspruchnahme von → Beratung anordnen, was eine Anpassung des methodischen Vorgehens bei erforderlich macht.

E. wird in E.stellen und anderen Beratungsdiensten erbracht. Die meisten E.stellen sind nicht auf E. beschränkt, sondern bieten ergänzend weitere Leistungen nach SGB VIII an. Präventive Angebote zur Förderung der Erziehung in der Familie (§ 16 SGB VIII) gehören ebenfalls zum üblichen Aufgabenspektrum von E.stellen. Den → Rechtsanspruch auf E. haben nach § 27 SGB VIII die Eltern bzw. die Personensorgeberechtigten. Kinder und Jugendliche können nach § 8 SGB VIII ohne Wissen der Eltern E. in Anspruch nehmen, wenn sie sich in einer Not- und Konfliktlage befinden. E. umfasst wie alle HzE pädagogische und damit verbundene therapeutische Leistungen (§ 27 Abs. 3 SGB VIII) und bezieht die Familie und das → soziale Umfeld in die Arbeit ein. Die Zusammenarbeit in einem multidisziplinären Team, ist für die E. gesetzlich verankert (§ 28 SGB VIII). Damit wird der Komplexität der möglichen Problemlagen in Familien Rechnung getragen. Die Fachrichtungen, die in der E. hauptsächlich vertreten sind, sind Psychologie, → Soziale Arbeit/Sozialpädagogik, Pädagogik, Kinder- und Jugendlichentherapie; seltener → Heilpädagogik und → Logopädie. Medizinische und juristische Kompetenz wird i.d.R. durch nebenberuflich Tätige eingebracht. Die → Fachkräfte sollen mit unterschiedlichen methodischen Ansätzen vertraut sein, d.h. eine beraterisch-therapeutische → Fort- und Weiterbildung ist für Fachkräfte in der E. Standard. Es überwiegt die → systemische Beratung und Therapie; tiefenpsychologisch orientierte Verfahren, verhaltenstherapeutische → Interventionen und weitere humanistische Verfahren finden ebenfalls Anwendung. Eine Approbation nach dem Psychotherapeutengesetz ist i.d.R. nicht erforderlich, aber häufig vorhanden.

E. ist eine niederschwellige HzE. Durch § 36 a Abs. 2 SGB VIII ist die Möglichkeit der direkten Inanspruchnahme von E. ohne Antrag beim Jugendamt gegeben. E. ist eine Hilfe, die sehr flexibel und passgenau auf den jeweiligen Hilfebedarf abgestimmt wird. Die Mitarbeitenden der E. stehen unter → Schweigepflicht nach § 203 Strafgesetzbuch (StGB) und achten auf die konsequente Einhaltung des → Datenschutzes. Das sichert den Vertrauensschutz, der die beraterische Beziehung kennzeichnet.

E. ist fester Bestandteil der → sozialen Infrastruktur. Zugehende Angebote wie offene Sprechstunden in → Kindertageseinrichtungen oder → Familienzentren erleichtern den Zugang für die Ratsuchenden. Dabei werden auch Bevölkerungsgruppen, die in der Klientel unterrepräsentiert sind, in den Blick genommen, und die E. verankert sich im → Sozialraum. Ergänzend zur Präsenzberatung ist der Zugang zu E. über die → Onlineberatung, die von Eltern und Jugendlichen überregional und anonym genutzt werden kann, möglich.

E. wird dem jeweiligen Bedarf der Familie angepasst. Das Spektrum der Interventionen im Rahmen der E. umfasst je nach Konstellation und Fragestellung informative Gespräche ebenso wie intensive Beratungsprozesse mit diagnostischen Elementen (→ Diagnose) und unter Beteiligung mehrerer Familienmitglieder sowie ggf. mehrerer Fachkräfte. Entsprechend reicht die Dauer und Frequenz der → Beratung von kurzen, klärenden Gesprächen bis hin zu häufigen Terminen über mehrere Monate. Thematische Gruppen (→ Gruppentherapie) z.B. für Kinder oder Eltern mit Trennungs-/Scheidungserfahrung sind fester Bestandteil des Angebots von E.stellen und ergänzen die Arbeit mit Einzelnen. Fallbezogene Zusammenarbeit erfolgt u.a. mit Fachkräften aus Regeleinrichtungen wie Schulen und → Kindertageseinrichtungen, Ärztinnen und Ärzten, anderen Jugendhilfeeinrichtungen in öffentlicher und freier Trägerschaft sowie dem Familiengericht.

Zunehmend übernehmen E.stellen fachdienstliche Aufgaben, z.B. stehen die Mitarbeitenden als insoweit erfahrene Fachkraft nach § 8 a und § 8 b SGB VIII zur Gefährdungseinschätzung für andere Einrichtungen zur Verfügung oder wirken im Hilfeplanverfahren nach § 36 SGB VIII mit. Fachberatung und (anonyme) Fallbesprechungen für Mitarbeitende anderer Einrichtungen innerhalb und außerhalb der Jugendhilfe stehen ebenso zur Verfügung wie die Unterstützung von → Selbsthilfegruppen.

Fallübergreifende Kooperation und Vernetzung findet in fachlichen und fachpolitischen Arbeitskreisen und Gremien statt. E.stellen sind bspw. flächendeckend an den Netzwerken → Frühe Hilfen beteiligt. E. sollten an der Jugendhilfeplanung nach § 71 SGB VIII und den Arbeitsgemeinschaften nach § 78 SGB VIII mitwirken.

Der Fachverband für die E., die → Bundeskonferenz für Erziehungsberatung (bke), zählt 2015 in Deutschland ca. 1.050 Erziehungsberatungsstellen. Bei 2,3 Planstellen für jeweils 10.000 Minderjährige sind die Vorgaben der → Weltgesundheitsorganisation (WHO) nicht erreicht und es ist von einer Unterversorgung auszugehen. Die Zahl der neu begonnenen Beratungen nach § 28 SGB VIII in Deutschland im Jahr 2013 betrug 310.082. Damit ist E. die am häufigsten in Anspruch genommene HzE.

*Lit.* bke: Rechtsgrundlagen der Beratung, Fürth 2009; bke: Familie und Beratung. Memorandum zur Zukunft der Erziehungsberatung, Fürth 2012; Menne, K. (Hrsg.): Fachliche Grundlagen der Beratung, Fürth 2015; Scheurer-Englisch, H./Hundsalz, A./Menne, K. (Hrsg.): Jahrbuch für Erziehungsberatung, Bd. 10,Weinheim/Basel 2014.

*Silke Naudiet*

**Erziehungsberechtigte/r** ist, wer befugt und verantwortlich ist, ein Kind oder einen Jugendlichen zu erziehen. In rechtlicher Hinsicht ist der/die nach den Vorschriften des → Bürgerlichen Gesetzbuchs (BGB) Personensorgeberechtigte für die → Erziehung des Kindes oder Jugendlichen verantwortlich (vgl. § 7 Abs. 1 Nr. 5 SGB VIII). Nach §§ 1626–1696 BGB steht die Personensorge (→ Elterliche Sorge) i.d.R. jedem – auch minderjährigen (→ Minderjährigkeit) – Elternteil, nach Maßgabe einer Entscheidung des → Familiengerichts aber auch einem Elternteil allein oder einem (Amts-)Vormund (→ Vormundschaft) oder einem/einer (Amts-)Pfleger/in (→ Pflegschaft) zu. Nach § 7 Abs. 1 Nr. 6 SGB VIII ist darüber hinaus jede sonstige Person über 18 Jahren E., die aufgrund einer Vereinbarung mit dem Personensorgeberechtigten Kinder oder Jugendliche erzieht und nicht nur für einzelne Verrichtungen Aufgaben der Personensorge wahrnimmt (»tatsächliche Personensorge«), z.B. Heimerzieher/innen, Pflegeeltern, → Erziehungsbeistände bzw. Betreuungshelfer/innen. Einem Pflegeverhältnis oder einer Heimunterbringung liegt eine solche Vereinbarung stets zugrunde – unabhängig davon, ob die gesetzliche Befugnis zur Entscheidung und Vertretung des/der Personensorgeberechtigten in Angelegenheiten des täglichen Lebens bei längerfristiger → Familienpflege oder Heimunterbringung nach § 1688 BGB besteht. E. kann aber auch eine Person sein, die ihre Befugnis ohne den Zusammenhang mit einer bestimmten gesetzlichen Aufgabe von den Eltern ableitet.

*Heike Schmid-Obkirchner*

**Erziehungsgeld** → Elterngeld

**Erziehungshilfe** → Hilfe zur Erziehung (HzE)

**Erziehungsmaßregeln** (§§ 9 ff. → Jugendgerichtsgesetz [JGG]) Aus Anlass einer Straftat eines Jugendlichen oder eines Heranwachsenden können nach dem JGG E. angeordnet werden (§§ 5, 105 Abs. 1 JGG). Sie werden nach einer mündlichen Verhandlung von den → Jugendgerichten allein oder zusammen mit anderen Sanktionen verhängt (2013 an 34% der Verurteilten). Fast immer handelt es sich dabei um Weisungen (§ 10 JGG), Gebote und Verbote, welche die Lebensführung des/der Jugendlichen oder Heranwachsenden regeln und dadurch seine → Erziehung fördern oder sichern sollen. Die im Gesetz nicht abschließend aufgeführten Weisungen können sich auf den Aufenthaltsort, die Arbeit und Ausbildung oder die Freizeitgestaltung beziehen.

Die Weisungen, sich der Betreuung und Aufsicht einer bestimmten Person zu unterstellen (sog. Betreuungsweisung), an einem sozialen Trainingskurs teilzunehmen, gemeinnützige Arbeit zu leisten und sich zu bemühen, einen Ausgleich mit dem/der Verletzten zu erreichen (→ Täter-Opfer-Ausgleich), sind geeignet, auch erheblicher → Kriminalität zugrunde liegende Defizite erfolgreich anzugehen und damit freiheitsentziehende Maßnahmen zu vermeiden. Das Jugendgericht kann Weisungen nachträglich ändern oder von ihnen befreien. Ihre Laufzeit beträgt bis zu zwei Jahren. Meistens wacht die Jugendgerichtshilfe (JGH) darüber, dass der/die Verurteilte der Weisung nachkommt (§ 38 Abs. 2 S. 3 JGG). Kommt der/die Verurteilte der Weisung schuldhaft nicht nach, so kann das Jugendgericht ihre Befolgung durch Verhängung von Jugendarrest erzwingen (sog. Ungehorsamsarrest). Minderjährige Angeklagte kann das Jugendgericht auch verpflichten, unter den im SGB VIII genannten Voraussetzungen → Hilfe zur Erziehung in Form der Erziehungsbeistandschaft (→ Erziehungsbeistand) oder in einer Einrichtung über Tag und Nacht oder in einer sonstigen betreuten Wohnform in Anspruch zu nehmen, was in der Praxis allerdings sehr selten ist. Als alleinige Sanktion sind die E. selten (2013 nur 11% der Verurteilten); allerdings werden sie häufig i.V.m. anderen Sanktionen (§ 8 JGG), insbes. → Zuchtmitteln, angeordnet. V.a. gemeinnützige Arbeit und → Täter-Opfer-Ausgleich werden gehäuft auch im Rahmen der → Diversion und Aussetzung der → Jugendstrafe auferlegt.

*Jörg-Martin Jehle*

**Erziehungsplan** dient als Arbeitshilfe und Förderplan für eine kontrollierte Erziehungsarbeit. Nach § 36 SGB VIII sollen, wenn eine → Hilfe zur Erziehung voraussichtlich für einen längeren Zeitraum notwendig ist, die → Fachkräfte gemeinsam mit den Personensorgeberechtigten und dem/der betroffenen Minderjährigen einen E. als Grundlage der Arbeit aufstellen. Der E. enthält Feststellungen über den → erzieherischen Bedarf, die zu gewährende Art der Hilfe und die notwendigen Leistungen. Er soll regelmäßig überprüft werden, ob die geplanten Maßnahmen weiterhin geeignet und notwendig sind. Werden weitere Personen, Einrichtungen und Dienste für den/die Minderjährige/n tätig, sind sie an der Aufstellung und Überprüfung des E. gem. § 36 Abs. 2 SGB VIII zu beteiligen. Wenn eine Rückkehr des/der Minderjährigen in die → Herkunftsfamilie nicht möglich ist, so ist nach § 37 Abs. 1 SGB VIII eine dem Wohl des/der Minderjährigen (→ Kindeswohl) förderliche und auf Dauer angelegte neue Lebensperspektive zu erarbeiten. Sind Maßnahmen nach §§ 53 bis 60 SGB XII (→ Eingliederungshilfe für behinderte Menschen) notwendig, so müssen auch die damit verbundenen Personen und Träger am E. beteiligt werden. Hinsichtlich der Einbeziehung von Angehörigen, die sich im Prozessverlauf des E. uneinsichtig, kooperationsunwillig oder -unfähig zeigen, ist nach Prüfung des Einzelfalls deren Beteiligung einzuschränken, insbesondere wenn die Interessen des/der Minderjährigen nicht gewahrt bleiben.

*Maria-Theresia Münch*

**Erziehungsregister** Das E. ist Teil des → Bundeszentralregisters, geregelt im Gesetz über das Zentralregister und das Erziehungsregister (BZRG). Über die ins Bundeszentralregister aufzunehmenden Entscheidungen hinaus werden dort Entscheidungen betreffend Jugendliche und Heranwachsende aufgenommen, insbesondere Anordnungen des → Jugend- oder → Familiengerichts nach den Vorschriften des → Jugendgerichtsgesetzes zur Sanktionierung von Straftaten, Entscheidungen bezüglich Verzichts auf Strafverfolgung, Entscheidungen über die mangelnde strafrechtliche Verantwortlichkeit, Entscheidungen des Familiengerichts bei Gefährdung des → Kindeswohls sowie bestimmte vollstreckungsrelevante Tatsachen. Auskunft aus dem E. darf nur Strafgerichten und Staatsanwaltschaften, Justizvollzugsbehörden, Familiengerichten, → Jugendämtern, Gnadenbehörden, den für waffen- und sprengstoffrechtliche Erlaubnisse zuständigen Behörden und Verfassungsschutz- und Sicherheitsbehörden erteilt werden. Eintragungen im E. werden entfernt, sobald der/die Betroffene das 24. Lebensjahr vollendet hat, jedoch nicht, solange im Zentralregister eine Verurteilung zu → Freiheitsstrafe, Strafarrest oder → Jugendstrafe oder eine freiheitsentziehende → Maßregel der Besserung und Sicherung eingetragen ist. Eintragungen im E. und zugrundeliegende Sachverhalte muss der/die Betroffene nicht offenbaren. Dies gilt jedoch nicht gegenüber den Gerichten oder Behörden, die ein Recht auf Auskunft aus dem E. haben.

*Nina Bolowich*

**Erziehungsrente** ist eine Rente wegen Todes. Sie ist im Gegensatz zu den anderen Renten wegen Todes (→ Witwen- und Witwerrente, → Waisenrente) eine Rente aus eigener Versicherung. Die E. ist in § 47 SGB VI geregelt. Ist der geschiedene Ehegatte gestorben, hat der überlebende Ehegatte, der nicht wieder geheiratet hat, bei Erziehung eines Kindes einen Rentenanspruch, sofern er bis zum Tode des geschiedenen Ehegatten die allgemeine Wartezeit (→ rentenrechtliche Zeiten) von fünf Jahren erfüllt hatte und die Scheidung (gleichgestellt ist die Nichtigerklärung und Aufhebung der → Ehe) nach dem 30.6.1977 erfolgte. Erfasst wird die Erziehung eines eigenen Kindes oder eines Kindes des verstorbenen geschiedenen Ehegatten, das das 18. Lebensjahr noch nicht vollendet hat. Gleichgestellt sind → Stiefkinder, → Pflegekinder, Enkel und Geschwister des Versicherten und des verstorbenen geschiedenen Ehegatten sowie – über das 18. Lebensjahr hinaus – die Sorge für ein behindertes Kind (→ behinderte Menschen). Der Anspruch auf E. reicht längstens bis zur Regelaltersgrenze. Seit der Überarbeitung des Lebenspartnerschaftsgesetzes (→ Lebenspartnerschaft) kann der überlebende Lebenspartner ab dem 1.1.2005 Ansprüche auf E. geltend machen (§ 47 Abs. 4 SGB VI). Dies gilt selbst dann, wenn der Todesfall vor dem 1.1.2005 eingetreten ist. Der Anspruch auf E. besteht auch für verwitwete Ehegatten, wenn diese nach § 120 a SGB VI ein Rentensplitting unter Ehegatten durchgeführt haben (§ 47 Abs. 3 SGB VI). Ab dem 1.1.2005 wurde die Möglichkeit des Rentensplittings auch auf die eingetragenen Lebenspartnerschaften übertragen.

Wurde die Ehe vor dem 1.7.1977 geschieden, findet § 243 SGB VI (sog. Geschiedenen-Witwenrente) Anwendung. Diese knüpft daran an, dass der geschiedene Ehegatte vor seinem Tod dem anderen Unterhalt gezahlt hat, zur Zahlung von Unterhalt verpflichtet (→ Unterhaltspflicht) oder dazu nur deshalb nicht verpflichtet war, weil der andere seinen Lebensunterhalt durch eigenes → Einkommen bestritten hat. § 243 SGB VI findet keine Anwendung, wenn sich der Unterhaltsanspruch des geschiedenen Ehegatten nach dem Recht bestimmt, das im Beitrittsgebiet gegolten hat; dann besteht nach § 243 a SGB VI Anspruch auf E. bei Erfüllung der sonstigen Voraussetzungen auch, wenn die Ehe vor dem 1.7.1977 geschieden ist.

Innerhalb der gesetzlichen → Rentenversicherung stellt sich die E. als eine → Familienleistung dar, die wegen des geringen Bekanntheitsgrades vermutlich oft nicht beantragt wird. Die E. löst einen dem

Grunde nach bestehenden Anspruch auf Unterhaltszahlung durch den geschiedenen Ehegatten mit einer → Sozialleistung ab, obwohl in der gesellschaftlichen Wirklichkeit nur in seltenen Fällen neben dem vollen Kindesunterhalt auch nennenswerter Unterhalt gezahlt wird. Die E. entspricht in ihrer Höhe einer vollen → Rente wegen Erwerbsminderung. Eigenes Einkommen wird angerechnet. Im Gegensatz zur Witwen- oder Witwerrente besteht im Fall einer erneuten Heirat oder der Begründung einer eingetragenen Lebenspartnerschaft kein Anspruch auf → Rentenabfindung.

*Dana Matlok*

**Erziehungsschwierigkeiten** Der Begriff wird i.d.R. verwendet für Verstöße von Kindern und Jugendlichen gegen erzieherische → Normen in Erziehungsinstitutionen. Damit ist die Gesamtheit der von Erziehenden – z.B. Eltern oder Lehrkräfte – als problematisch wahrgenommenen Verhaltensweisen gemeint, weil sie den Erziehungsprozess und damit sowohl die personale Entwicklung der Kinder und Jugendlichen als auch die institutionellen Abläufe beeinträchtigen oder stören. Für die als E. bezeichneten Verhaltensweisen werden je nach fachlicher Perspektive oder Inhalt auch Termini wie Verhaltensstörungen, → Verhaltensauffälligkeiten, abweichendes Verhalten (→ Devianz), Erziehungsprobleme, → Schulschwierigkeiten, Unterrichtsstörungen u.a. verwendet. Dabei wird jeweils diskutiert, ob und in wieweit den Termini negative Wertungen oder Nebenbedeutungen eigen sind. Da alle diese Termini in der Praxis unerwünschte Verhaltensweisen kennzeichnen, ist ein negativer Beiklang nicht vermeidbar. Hinzu kommt, dass die Etikettierung (→ Labelling approach) von Verhaltensweisen als erziehungsschwierig von Personen mit unterschiedlichen Auffassungen und Kompetenzen vorgenommen wird und damit in Teilen jeweils subjektiv ist.

Die sozial- und erziehungswissenschaftliche Analyse und Bewertung von E. erfolgt nach dem multifaktoriellen Ansatz. Sie werden also nicht nur als Verhaltensweisen oder Merkmale der als erziehungsschwierig geltenden Personen betrachtet. Es werden in der Bedingungsanalyse vielmehr auch die Erziehungsinstitutionen (z.B. → Familie, → Kindertageseinrichtung und → Hort, Schule, → Peergroup, Heim), ihre materielle Ausstattung und die in ihnen handelnden Personen (Eltern, Sozialpädagog/innen, Lehrkräfte, Heimerzieher/innen u.a.m.), deren Erziehungsvorstellungen und → Erziehungsstile, ihre erzieherische Kompetenz sowie das Maß der Ausfüllung ihres Erziehungsauftrages und schließlich die Auswirkungen der soziokulturellen Situation (z.B. Schichtzugehörigkeit, ökonomische Situation, Familien- und Wohnsituation, Bildungsnähe oder -ferne der Familie) untersucht. Dabei wird deutlich, dass die Gründe für E. keineswegs hauptsächlich bei den Kindern und Jugendlichen zu finden sind. Mehr noch wirken oft (unterschiedliche) institutionelle Eigenheiten und Anforderungen, das Handeln und/oder Unterlassen der verantwortlichen Personen sowie die Besonderheiten der gesellschaftlichen Situation und der je konkreten → Lebenslage.

In der Praxis arbeiten die Erziehungsinstitutionen vielfach nebeneinander her. Die multifaktorielle Verursachung von E. erfordert jedoch eine enge zielorientierte Zusammenarbeit der Erziehungsträger, z.B. von → Kinder- und Jugendhilfe und Schule. Beiden sind Förderung, Erziehung und Bildung junger Menschen aufgegeben, beide sind systemisch gesehen trotz unterschiedlicher Aufgaben und Handlungsfelder grundsätzlich gleichen Zielen verpflichtet. Realisiert werden inzwischen kommunale Netzwerke wie »Ein Quadratkilometer Bildung«, die in multiprofessioneller Zusammenarbeit die Bildungsentwicklung von Kindern und Jugendlichen optimieren wollen und Veränderungsprozesse in Familien, Institutionen und Sozialräumen begleiten. Bestandteil solcher Netzwerke sind auch Beratungsdienste, Maßnahmen der Eltern- und → Familienbildung sowie multiprofessionelle Teams an Schulen.

*Uwe Sandfuchs*

**Erziehungsstelle** Der Begriff E. ist zurückzuführen auf ein beim Landeswohlfahrtsverband (LWV) Hessen 1972 entwickeltes Modell von Pflegestellen. Danach wurden → Familien, Paare oder auch Einzelpersonen mit pädagogischer Qualifikation und besonderer persönlicher Eignung, die in der Lage sind, auch stark entwicklungsbeeinträchtigte Kinder und Jugendliche in ihrer Familie aufzunehmen, als E. bezeichnet. Die speziellen Merkmale der E. zum Zeitpunkt ihrer Konzeptionierung waren die besonders sorgfältige Auswahl von Pflegepersonen und → Pflegekindern (→ Pflegekinderhilfe) sowie die Vermittlung meist älterer Kinder oder auch Jugendlicher im Rahmen der öffentlichen Erziehung, eine höhere finanzielle Honorierung der Erziehungsleistung als sonst im Pflegekinderbereich üblich, eine kontinuierliche → Beratung durch eine → Fachkraft und zusätzlich eine externe unabhängige Fachberatung.

An den vorhandenen Erfahrungen erfolgreich anknüpfend haben sich bundesweit eine Vielzahl unterschiedlicher Pflegestellenformen etabliert, die dem E.-Modell folgen. So entstanden sonder-, sozial- oder auch heilpädagogische Pflegestellen. Auch von Fachkräften, die in Jugendhilfeeinrichtungen angestellt sind, werden unter der Zuordnung zu § 34 SGB VIII (→ Heimerziehung, sonstige betreute Wohnform) E., häufig unter dem Begriff Sozialpädagogische Lebensgemeinschaft angeboten. Eine Problematik entsteht hier des Öfteren hinsichtlich einer nicht transparenten Abgrenzung bzw. Zuordnung dieser Formen familienanaloger Unterbringungen zu § 33 oder § 34 SGB VIII. Während die Privatheit und Autonomie der E der Hilfen nach § 33 weitestgehend erhalten bleibt, unterliegen die E gem. § 34 SGB VIII den Vorgaben der § 45 ff. (→ Betriebserlaubnis durch den überörtlichen Träger) und der §§ 78 a–g SGB VIII (Vereinbarungen über Leistungsangebote, Entgelte und Qualitätsentwicklung). Sowohl die E. als Formen der Sonderpflege gemäß § 33 S. 2 SGB VIII als auch die E i.S. des § 34 SGB VIII weisen bundesweit steigende Fallzahlen auf.

Standards professioneller E.arbeit sind z.B.: ein bis zwei Kinder/Jugendliche je E. bei einem Beraterschlüssel von ca. 1:10. Der finanzielle Umfang des Erziehungsgelds oder der Vergütung bei Festanstellung bzw. Honorarvertrag variieren erheblich. Die E. haben i.d.R. eine sozialpädagogische Ausbildung, erhalten → Beratung, → Fortbildung, z.T. auch → Supervision. Der Anstellungsträger der Berater/innen sichert die Kontinuität in der Beratung der E. Die Berater/innen übernehmen eine Mittlerfunktion zwischen E. und → Herkunftsfamilie. Die meisten Kinder und Jugendlichen haben mehr oder weniger regelmäßigen Kontakt zu ihrer Herkunftsfamilie.

Die Rückführung zu den leiblichen Eltern, die Versorgung von Kindern mit Behinderung in E., die Belegung von E. mit Migrationshintergrund und die Vermittlung von Kindern mit Migrationshintergrund sind Themenbereiche, die in den Fokus geraten sind und sich verstärkt konzeptionell im Ausbau befinden.

*Martin Lengemann*

**Erziehungsstile** Erste Studien zu den Auswirkungen eines bestimmten E. (→ Erziehung) auf das Leistungsniveau von Kindern in einer → Gruppe wurden in den 1930er-Jahren in den USA von K. Lewin und seinen Mitarbeitern (Lewin u.a. 1939) vorgenommen. Die Forschergruppe arbeitete mit zehnjährigen Jungen und untersuchte die Wirkungen unterschiedlicher Führungsstile auf die Produktivität und → Kreativität der Arbeitsergebnisse sowie auf das emotionale Klima der Gruppe. Die Reaktionen lassen sich folgendermaßen zusammenfassen: Die Kinder der autoritär geführten Gruppe zeigten sich unterwürfig und diszipliniert, die → Interaktionen zwischen den Gruppenmitgliedern waren von wenig Gemeinsamkeit und von emotionaler Kälte geprägt. Es gab keine kreativen Arbeitsergebnisse, allerdings eine hohe Produktivität. Die Jungen der demokratisch geführten Gruppe waren am zufriedensten und entwickelten eine hohe Kreativität bei der Aufgabenlösung, allerdings war ihre Produktivität im Vergleich zu den Teilnehmern der autoritär geführten Gruppe geringer und zeigte eine geringere Qualität. Die Beteiligung war hoch, es bildeten sich Kleingruppen, das emotionale Klima war entspannt, freundlich und durch Gleichberechtigung gekennzeichnet. Die höchste Unzufriedenheit, chaotische Arbeitsabläufe und geringste Produktivität gab es in der laissez-faire geführten Versuchsgruppe. Untersuchungen zu den E. lassen sich wesentlich auf zwei Grundstrukturen zurückführen: auf das Ausmaß des Lenkungs- und Kontrollverhaltens und das Ausmaß emotionaler Wärme bzw. Kälte.

In Weiterführung der Forschungen Lewins gehen Tausch/Tausch (1963) davon aus, dass ein Kind, dem unbedingte Wertschätzung und einfühlendes Verstehen von authentischen Erziehungspersonen entgegengebracht wird, sich zu einer starken → Persönlichkeit entwickeln kann. Das Anliegen des Forscherpaars war es u.a., die Auswirkungen eines Unterrichts darzustellen, der an der Person des Kindes ebenso orientiert ist wie an dem Lehrplan. Begriffe wie Selbstwertschätzung, emotionale Reife, Selbstakzeptanz und Freiheit werden als → Erziehungsziele genannt, die es mithilfe des sozial-integrativen E. zu erreichen gilt. Baumrind (1991) schlägt für den demokratischen E. die Bezeichnung »autoritativ« vor, da er sich durch eine hohe Kompetenz der Eltern oder → Erzieher/innen auszeichnet und sowohl durch Persönlichkeitsautorität als auch durch emotionale Wärme geprägt ist. Regeln und Forderungen sind der jeweiligen kindlichen Entwicklungsphase angemessen und werden begründet und erklärt. Der autoritäre E. ist nach Baumrind durch Starrheit, Machtausübung, Strafe und Kontrolle gekennzeichnet, und so erzogene Kinder zeigen wenig Selbstvertrauen und Verantwortungsbereitschaft. Der permissive (nachgiebige) Stil zeichnet sich durch geringe Anforderungen sowie fehlende Kontrolle und mangelnde Einhaltung von Regeln aus. Er kann in seiner Extremform bis zur → Kindesvernachlässigung führen. Kinder, die diesem E. ausgesetzt sind, zeigen Verhaltensprobleme und haben soziale Anpassungsschwierigkeiten.

Eine weitere Möglichkeit, Erziehungsverhalten zu differenzieren, wird von verhaltenstheoretisch ausgerichteten Autor/innen vorgenommen. Das Marburger E.konzept von Herrmann u.a. (1972) stützt sich auf die behavioristisch orientierte Lernpsychologie (→ Verhaltensforschung) und enthält erstens Aussagen über elterliches Bekräftigungsverhalten und zweitens über dessen Auswirkungen auf das kindliche → Verhalten. In dem »Marburger Zweikomponenten-Konzept« wird zwischen kindlichem Vermeidungsverhalten und kindlichem Zuwendungsverhalten unterschieden, die beide eine Folge des elterlichen Verhaltensrepertoires sind. So zeigen Kinder, die häufig Unterstützung und positive Bekräftigung erhielten, ein eher unbefangenes und neugieriges Lernverhalten und halten die sozialen Spielregeln ein. Sie werden als »gebotsorientiert« bezeichnet. Demgegenüber verhalten sich Kinder, die häufig bestraft werden, eher zurückhaltend, ängstlich; sie zeigen häufiger Vermeidungsverhalten und werden als »verbotsorientiert« bezeichnet. Bei der Interpretation der Untersuchungsergebnisse wurde allerdings nicht das tatsächliche Elternverhalten, sondern die → Wahrnehmung des elterlichen Verhaltens durch die Kinder erfasst.

Von E. zu sprechen, ist nur dann sinnvoll, wenn davon ausgegangen werden kann, dass es sich hierbei um konsistente Verhaltensweisen und Haltungen der Erziehungspersonen handelt, die in fast gleich bleibender Weise im Erziehungsalltag eingesetzt werden. Nun ist das Kind aber nicht nur Objekt (oder Opfer) der Erziehungsbemühungen der Erwachsenen, sondern vom ersten Lebenstag an ein aktiv (mit-)gestaltendes Subjekt. Es ist an vielfältigen Interaktionen in seiner Umwelt nicht nur beteiligt, sondern weiß diese auch zu steuern und zu beeinflussen, was Auswirkungen auf das Erziehungsverhalten der Eltern und die familiäre Atmosphäre hat. Es stellen sich somit für die E.forschung neue Fragen, die nicht nur die Einwirkungen der Eltern und deren E. mit entsprechenden Auswirkungen in den Mittelpunkt stellen, sondern auch nach dem Temperament, der genetischen Ausstattung, der Mitbeteiligung und dem Vermögen derjenigen fragen, die erzogen werden sollen. Im Rahmen dieser Überlegungen spielt die Frage nach dem Einfluss des Eigenanteils des Kindes an seiner Entwicklung eine herausragende Rolle. Welchen Anteil hat das Kind als aktives Subjekt mit seinem Selbstentfaltungswillen und welche Bedeutung seine Erziehungsfähigkeit und -willigkeit auf das Verhalten und den E. der Eltern? Der Zusammenhang und das Wechselspiel verschiedener Faktoren oder Faktorenbündel, die sowohl auf die Kompetenz von Kindern als auch von Eltern Einfluss haben und entweder den E. beeinflussen oder unabhängig davon wirksam werden, werden in der neueren E.forschung auch in ihrer Vernetztheit methodisch berücksichtigt.

*Lit.* Baumrind, D.: Effective parenting during the early adolescent transition, in: Cowan, P. A./Hetherington, E. M. (Hrsg.): Family transitions, Hillsdale 1991, S. 111–163; Lewin, K./Lippitt, R./White, R. K.: Pattern of agressive behavior in experimentally created social climates, in: Journal of Social Psychology, 10, 1993, S. 271–299; Tausch, R./Tausch, A. M.: Erziehungspsychologie. Begegnung von Person zu Person, 11. Aufl., Göttingen u.a. 1998; Tschöpe-Scheffler, S.: Fünf Säulen der Erziehung. Wege zu einem entwicklungsfördernden Miteinander von Erwachsenen und Kindern, 7. Aufl., Ostfildern 2013.

*Sigrid Tschöpe-Scheffler*

**Erziehungswissenschaftliche Grundlagen der Sozialen Arbeit** Erziehungswissenschaft (E.) ist eine relativ junge wissenschaftliche Disziplin. Historisch taucht der Begriff E. erstmals zu Beginn des 19. Jh. auf, kann sich aber erst in den 1960er-Jahren als gleichberechtigte Wissenschaft im Orchester der geistes- und sozialwissenschaftlichen Fachgebiete platzieren. Die Ursprünge der E. können allerdings gut auf 100 Jahre früher datiert werden, nicht jedoch unter dem Namen E., sondern unter dem Begriff Pädagogik. Gegen die »alte« Pädagogik argumentierend, der vorgeworfen wird, die Wirklichkeit lediglich vorurteilsverhaftet zu interpretieren, verbindet sich mit der Durchsetzung des Begriffs E. die programmatische Idee, »die Erziehungswirklichkeit mit präzisen, zumeist empirisch-analytischen Methoden untersuchen zu wollen, um die Resultate für die pädagogische Praxis bereitzustellen« (Lenzen). Insbesondere seit 2000 hat sich die E. zu einer Disziplin entwickelt, die ihre Diskussionen und ihr Wissen wesentlich auch empirischen, quantitativ-heuristischen, qualitativ-rekonstruktiven und historischen Forschungen verdankt (→ Empirische Sozialforschung). Mit der Herausbildung zu einer eigenständigen Wissenschaft präsentiert die E. der → Sozialen Arbeit erhebliches Wissen zur Entwicklung und Fundierung ihrer eigenen professionellen und disziplinären Identität.

Die E. oder Pädagogik untergliedert sich in verschiedene Teilbereiche oder -disziplinen, unter denen neben der Schul- und Sonderpädagogik, der Historischen Pädagogik, der Pädagogik der Frühen Kindheit und der Systematischen Pädagogik auch die Sozialpädagogik zu finden ist. Damit ist signalisiert, dass pädagogische Konzepte neben sozialwissenschaftlichen, psychologischen und juristischen Wissenskontexten eine zentrale Bezugsadresse für sozialpädagogisches Denken und Handeln in den unterschiedlichsten Arbeitsfeldern darstellen und die diesbezüglichen Diskurse unter dem Dach der E. einen Diskussionsort finden.

Auch im alltäglichen Sprachgebrauch wird i.d.R. zwischen E. und Pädagogik unterschieden. Mit E. werden zumeist Begriffe wie Theorie, Forschung, Plausibilität und Genauigkeit, aber auch Abstraktheit, Langeweile und »Gelaber« assoziiert; mit Pädagogik hingegen Praxis, erzieherisches Handeln und emphatisches Engagement. Eine diese alltagssprachliche Verwendung aufgreifende Unterscheidung findet sich zuweilen auch in einschlägigen Lehrbüchern. Pädagogik steht hier dann für die direkte pädagogische, E. für die wissenschaftliche Praxis der theoretischen Reflexion und Forschung. Die Codierung des erzieherischen Handelns als Pädagogik und des theoretischen Reflektierens und empirischen Forschens als E. wird allerdings nicht von allen geteilt, die über pädagogische und erziehungswissenschaftliche Fragestellungen nachdenken, und die jeweils favorisierte Variante der Markierung der Differenz oder Kongruenz ist abhängig von der präferierten Theorieströmung.

Die gegenwärtige erziehungswissenschaftliche Theorielandschaft ist vielfältig, stark ausdifferenziert und diffus. Als die prägendsten und prominentesten erziehungswissenschaftlichen Grundkonzeptionen können immer noch die geisteswissenschaftliche Pädagogik, die empirische und die kritische E. identifiziert werden. Die geisteswissenschaftliche Pädagogik entwickelte sich auf der Basis von W. Diltheys hermeneutischer Wissenschaftstheorie in den ersten drei Jahrzehnten des 19. Jh. Ausgehend vom Primat der Praxis, der prinzipiellen Vorrangigkeit des pädagogisch-gesellschaftlichen Handelns vor der Theorie und der Betonung der Eigenständigkeit der → Erziehung in Theorie und Praxis gegenüber anderen gesellschaftlichen Sphären versteht sich die geisteswissenschaftliche Pädagogik als hermeneutische Erziehungstheorie, die ihre Erkenntnisse aus der Geschichte bzw. Praxis von Erziehung zu erschließen versucht. Bei der empirischen E. handelt es sich dagegen um keinen geschlossenen Theorietyp. Neben der Idee einer empirischen Bildungsforschung, die sich auf die Modulationen von unterrichtlichen Lehr- und Lernprozessen konzentriert, finden sich im Spektrum der empirisch orientierten E. Modelle, die sich als empirische Bildungsforschung vorstellen, diese jedoch nicht auf Schule und Unterricht beschränken, sondern auch die nichtschulischen, also bspw. erwachsenen- und sozialpädagogischen Handlungsfelder mit als Forschungsfeld adressieren. Zudem konnten sich in den letzten zwei Jahrzehnten Konzepte der experimentellen und der deskriptiven Pädagogik insbesondere die kritisch-rationale E. profilieren Im deutlichen Kontrast sowohl zur geisteswissenschaftlichen Pädagogik und anfänglich auch zur empirischen E. entwickelte sich in den späten 1960er-Jahren die kritische E. heraus. In Anlehnung an und beeinflusst durch die Impulse der »68er« sowie durch kritische Marxismusinterpretationen und Gesellschaftsanalysen der sog. Frankfurter Schule um T. Adorno, M. Horkheimer und H. Marcuse begründeten die Hauptvertreter dieser Strömung eine sozialwissenschaftlich abgefederte erziehungswissenschaftliche Theorie, die »Mündigkeit« und → »Emanzipation« zum Fokus erziehungswissenschaftlichen Denkens und Handelns erkor. Pointiert formuliert geht es der Idee der kritischen E. um die radikale Erneuerung der bürgerlichen Gesellschaft durch die über Bildung aufgeklärten und zum selbstständigen Handeln befähigten Gesellschaftsmitglieder.

Weitere erziehungswissenschaftliche Theorien wie die praxeologische und die kommunikative Pädagogik, die handlungstheoretische E., die psychoanalytische und historisch-materialistische Pädagogik oder die phänomenologische E. bildeten sich auf dem Fundament der skizzierten theoretischen Grundkonzeptionen heraus. In jüngster Zeit gewannen insbesondere systemtheoretische Entwürfe und reflexiv-modernisierungstheoretische Ortsbestimmungen innerhalb der E. an Bedeutung. Die E. systemtheoretischer Provenienz begreift die Pädagogik als Teil eines eigenständigen E.systems, beobachtet dieses nicht aus einer Binnenperspektive, sondern quasi von außen und stellt fest, dass Pädagogik nicht in der Lage ist, Intentionen zu realisieren, die außerhalb dieses E.systems liegen. Modernisierungstheoretische, reflexiv angelegte Konzeptualisierungen der E. knüpfen sowohl an die Erkenntnisse der Kritischen E. als auch an neuere gesellschaftstheoretische Diagnosen an. Das strukturelle Implodieren der industriellen Erwerbsarbeitsgesellschaft, die fein gestrickten Wandlungs- und Ausdifferenzierungsprozesse bestehender Lebensformen und sozialer Milieus, die Biografisierung (→ Biografischer Ansatz) von Lebensläufen sowie die Herausbildung neuer → sozialer Ungleichheiten, Geschlechter- und Generationenkonstellationen (→ Gender Mainstreaming, → Generationenvertrag) fordern die E. heraus und drängen diese zu einer stärkeren empirischen Grundausrichtung.

Die Ausdifferenzierung der Sozialen Arbeit als ein hilfeorientiertes gesellschaftliches Handlungsfeld verdankt sich wesentlich auch pädagogischen Ideen, wie schon ein flüchtiger Blick bspw. in die Arbeiten von J. H. Pestalozzi belegt. Auffallend ist, dass, im Gegensatz zu gegenwärtigen Annahmen, eine scharfe Trennung zwischen »erzieherischen« und »helfenden« Intentionen sich auch nicht bei denjenigen älteren Theoriekonzeptionen formuliert findet, die für die Idee einer eigenständigen, von der E. unabhängigen Wissenschaft der Sozialen Arbeit plädieren. Weder A. Salomon noch G. Bäumer oder später I. Arlt oder H. Lattke verzichteten darauf, die Bedeutung des Pädagogischen im Prozess des Helfens zu betonen. Insbesondere H. Lattke argumentierte gegen Positionen, die die Soziale Arbeit auf Intuition allein begründen wollen und meinen, auf pädagogisches Wissen und Können verzichten zu können. → Hilfe, Erziehung, Betreuung, → Fürsorge, Unterstützung und → Bildung sind heute zentrale Begriffe einer modernen Theorie und Praxis Sozialer Arbeit. Die Initiierung von Hilfeprozessen, die Unterstützung bei der Generierung von Lebensbewältigungs- und Lebensgestaltungskompetenzen basiert auf der Hoffnung, Bildungsprozesse anzustoßen.

Im Kontext der Sozialpädagogik erfahren neben der kritischen E., deren Bedeutung für die Soziale Arbeit insbesondere K. Mollenhauer herausstellte, neuerdings ebenfalls systemtheoretische und reflexivmodernisierungstheoretische Konzepte Aufmerksamkeit. Systemtheoretischen Beobachtungen entnimmt die Sozialpädagogik die Mitteilung, dass sich die Soziale Arbeit über den Modus »Hilfe« zu einem eigenständigen, wenn auch partiell offenen, gesellschaftlichen Teilsystem emanzipierte (Weber u.a.). Dem modernisierungstheoretischen Blick verdankt die neuere Sozialpädagogik eine Stärkung der Kenntnis, dass sich das Spektrum sozialpädagogischer Aufgaben, Frage- und Gegenstandsbereiche nicht lediglich theoretisch aufklären lässt, sondern empirische Vergewisserungen vonnöten sind (Thole 2012), auch um die Handlungskompetenzen der sozialpädagogischen Akteur/innen und die Expertise der Sozialen Arbeit weiter zu qualifizieren.

Für die Soziale Arbeit, die sich der Unterstützung der Subjekte bei Gewinnung oder Wiederherstellung ihrer Autonomie in der Lebensgestaltung verpflichtet fühlt, sind die Begriffe Bildung, Anerkennung und Zugehörigkeit zentral. Angesichts der neuen gesellschaftlichen Spaltungen und der Verschärfungen der Problem- und Ungleichheitslagen kommt der Sozialen Arbeit aus einer gesellschaftstheoretischen Perspektive die Aufgabe zu, über die Initiierung von Bildungserfahrungen gesellschaftliche Zugehörigkeit und damit auch Anerkennungserlebnisse zu ermöglichen. Soziale Arbeit präsentiert sich damit als ein gesellschaftliches Allgemeinangebot, das die Eskalation von materiellen, kulturellen und sozialen Problemlagen bei gesellschaftlichen Teilgruppen mittels Hilfs-, Unterstützungs- und Bildungsangebote abzufedern beauftragt ist.

*Lit.* Krüger, H.-H.: Einführung in Theorien und Methoden der Erziehungswissenschaft, 6. Aufl., Opladen 2012; Krüger, H.-H./Grunert, C.: Wörterbuch Erziehungswissenschaft, 2. Aufl., Wiesbaden 2006; Lenzen, D. (Hrsg.): Erziehungswissenschaft. Ein Grundkurs, 6. Aufl., Reinbek 2004; Tenorth, H.-E.: Geschichte der Erziehung. Einführung in die Grundzüge ihrer neuzeitlichen Entwicklung, 5. Aufl., Weinheim 2010; Thole, W. (Hrsg.): Grundriss Soziale Arbeit. Ein einführendes Handbuch, 4. Aufl., Wiesbaden 2012; Thole, W.: Wissenschaftliche Positionen und Konzepte Sozialer Arbeit. Versuch zum „Stand der Dinge“: sozialpädagogische Theoriediskurse in der Bundesrepublik Deutschland, in: Willems, H. u.a. (Hrsg.): Handbuch der sozialen und erzieherischen Arbeit in Luxemburg, Luxemburg 2009, S. 497–521; Weber, G./Hillebrandt, F.: Soziale Hilfe – ein Teilsystem der Gesellschaft?, Opladen/Wiesbaden 1999.

*Werner Thole*

**Erziehungszeiten** → Berücksichtigungszeiten für Kindererziehung, → Bundeselterngeld- und Erziehungszeitgesetz (BEEG), → Kindererziehungszeiten, rentenrechtliche Anerkennung von

**Erziehungsziele** sind in → Gruppen und → Organisationen einer → Gesellschaft entwickelte und damit dem gesellschaftlichen Wandel unterworfene Normvorstellungen und Grundsätze, deren Einhaltung mit bestimmten Sanktionen sichergestellt werden soll. Sie sind Idealvorstellungen von der Gesamtpersönlichkeit oder von einzelnen Persönlichkeitsmerkmalen (→ Persönlichkeit) und Grundlage erzieherischen Handelns. Es wird dabei zwischen formellen (bewusst gesetzte → Normen) und informellen (Haltungen, → Einstellungen, Werte) E. unterschieden. E. dienen der Reflexion und Beurteilung der Angemessenheit des erzieherischen Handelns und sind gewissermaßen ein Beurteilungsmaßstab bzw. dienen auch der Erfolgskontrolle. E. können auf unterschiedlichem Abstraktionsgrad formuliert, aber nur auf der Verhaltensebene in konkretes Handeln umgesetzt werden. E. können sich global auf die Organisation der → Erziehung in bestimmten → Institutionen (→ Familie, → Kindertageseinrichtungen, Schule, Ausbildung usw., → Lernziel) beziehen, indem sie Richtschnur für das erzieherische Handeln innerhalb dieser Institutionen sind. Politische und wirtschaftliche Instanzen sowie Kirchen und Verbände setzen E. fest. Soziokulturelle, ökonomische und individuelle Faktoren beeinflussen diese Setzung. E. tragen zur Stabilisierung oder Destabilisierung gesellschaftlicher Wertordnungen bei, besonders dann, wenn sie einseitig gesellschaftspolitisch interpretiert werden. Hier ist es wichtig, zu hinterfragen, wer mit welchem Interesse welche E. formuliert und propagiert. Das Erreichen von E. hängt von den verwendeten Erziehungsmitteln ab und E. sind eingebunden in einen bestimmten → Erziehungsstil.

*Maria-Theresia Münch*

**Essen auf Rädern** → Mahlzeitendienste

**Essstörungen** → Anorexia nervosa, → Bulimia nervosa

**Etat** → Haushaltsplan

**Ethik in der Sozialen Arbeit** reflektiert alle moralischen Orientierungen und normativen Implikationen, die im einzelnen sozialprofessionellen Handeln (→ Professionalisierung) wie in den institutionellen Vermittlungsformen und strukturellen Rahmenbedingungen → Sozialer Arbeit zur Geltung kommen. Die unausweichlich moralische Dimension sozialprofessionellen Handelns wird oftmals ausgeblendet – nicht zuletzt wegen des vollmundigen Pathos, das im Zeichen von Nächstenliebe, Mitleid, Fürsorge, selbstloser Hilfe usw. die berufliche Soziale Arbeit immer wieder begleitet. Gleichwohl erfordert gerade die Professionalität Sozialer Arbeit die ethische Reflexion ihrer moralischen Dimensionen und Gehalte. Sie filtert jene moralischen Überzeugungen aus, die berufliche Soziale Arbeit nur ideologisch überhöhen und überfrachten. Sie hebt solche moralischen Orientierungen und Verbindlichkeiten ins Bewusstsein, die selbst als normative Leitideen Sozialer Arbeit begründet werden können oder aber mit solchen übereinstimmen. In diesem Sinne haben nationale wie internationale Berufsverbände (z.B. → Deutscher Berufsverband für Soziale Arbeit, → International Federation of Social Workers) berufsethische Prinzipien zu »Codes of ethics« zusammengestellt und ermöglichen so eine erste systematisierte normative Orientierung im Felde Sozialer Arbeit. Das fachwissenschaftliche Bemühen um eine Berufsethik zeichnet darüber hinaus die Grundhaltungen etwa der Anerkennung, der Achtsamkeit, der Assistenz oder des Anwaltlichen als elementare professionsmoralische Handlungsprofile aus.

Die ethische Reflexion Sozialer Arbeit ist Sache jedes/jeder Sozialprofessionellen. Eine Berufsethik ist keine Ableitung konkreter Handlungsorientierungen aus allgemeinen moralischen Normen, die »ethische Fachleute« für die »Praktiker Sozialer Arbeit« bewerkstelligen. Sie ist vielmehr ein Prozess, in dem moralische Probleme und Konfliktsituationen Sozialer Arbeit von den Sozialprofessionellen selbst im Lichte allgemein verbindlicher Grundprinzipien beurteilt werden und der so Lösungsmöglichkeiten erkennen lässt. Zur professionsmoralischen Handlungskompetenz gehört zwingend eine berufsethische Reflexionskompetenz. Strittig ist allerdings, ob es in einer pluralen → Gesellschaft angesichts der Vielfalt unterschiedlicher Wertmuster und moralischer Grundüberzeugungen überhaupt allgemein verbindliche ethische Grundprinzipien geben kann. Der geschuldete Respekt vor der legitimen Vielfalt unterschiedlicher moralischer Überzeugungen und Lebensentwürfe gründet freilich selbst in der unbedingten Achtung vor der Autonomie eines/einer jeden Einzelnen – Autonomie verstanden als die Lebensführung eines Menschen, die mit dem selbstbejahten eigenen Leitbild eines gelingenden Lebens übereinstimmt. Die unbedingte Achtung vor der Autonomie eines/einer Jeden zwingt deshalb auch zur unbedingten Geltung → (sozialer) Gerechtigkeit und → Solidarität. Denn nur Gerechtigkeit gewährleistet durch den Ausgleich widerstreitender Interessen u.ä. gleiche Achtung eines/einer Jeden. Nur Solidarität eröffnet durch ihre unterstützenden Hilfen u.ä. die Chance, dass auch benachteiligte Menschen (→ soziale Benachteiligung) zur selbstbestimmten Lebensführung einschließlich der Bewältigung schwieriger → Lebenslagen befähigt werden.

Mit der Achtung vor der Autonomie eines/einer Jeden sowie mit Gerechtigkeit und Solidarität sind wenigstens drei ethische Grundprinzipien ausgewiesen, die auch für die E. Sozialer Arbeit Allgemeingültigkeit beanspruchen dürfen. Eine moderne Gesellschaft mag durchaus ein berechtigtes Interesse haben, randständige Personen(-gruppen) durch Soziale Arbeit in ihr System zu integrieren und damit ihre eigene Funktionalität zu sichern. Dieses Interesse muss aber aus ethischen Gründen einem Selbstverständnis Sozialer Arbeit untergeordnet bleiben, das ein kritisch-emanzipatorisches → Empowerment einzelner Menschen wie sozialer → Gruppen und Netzwerke (Gemeinwesen) beabsichtigt und so eine selbstbestimmte Lebensführung möglichst vieler Menschen besser gelingen lassen will. Soziale Arbeit ist deshalb schon aus ethischen Gründen Menschenrechtsprofession. → Menschenrechte beinhalten jene elementaren Lebensbedingungen, die eine menschenwürdige Lebensführung ermöglichen. Sie sind somit die gesellschaftlichen Platzhalter für die ethische Forderung nach gerechter und solidarischer Achtung autonomer Lebensführung aller. Infolgedessen muss es Sozialer Arbeit letztlich um die Verwirklichung dieser Menschenrechte gehen.

In diesem Sinne überschreitet die E. Sozialer Arbeit die individualethische Perspektive auf das einzelne sozialprofessionelle Tun und unterzieht auch die institutionellen Vermittlungsformen (Sozialverwaltungen usw.) sowie die gesellschaftlichen und ökonomischen Rahmenbedingungen Sozialer Arbeit einer ethischen Kritik. Natürlich müssen sich auch die sozialprofessionellen Selbstverständnisse wie »fürsorgender Helfer« (→ Hilfe/Helfen), »personenbezogener sozialer Dienstleister« u.ä. an diesen Grundprinzipien messen lassen. Im Zentrum ethischer Reflexion stehen die konkreten Handlungsformen Sozialer Arbeit wie → Beratung, Betreuung, → Bildung, → Case Management, → Erziehung, → Organisation, → Pflege, Sozialadministration usw. Im Bedarfsfall gilt es, das eigene konkrete sozialprofessionelle Handeln im Lichte der genannten ethischen Grundprinzipien selbstkritisch zu prüfen und nachvollziehbar zu begründen. Hier stellen sich typischerweise Fragen wie diese: Respektiert meine Beratung den Anspruch autonomer Lebensführung der Beratenen oder schlägt sie in verdeckte Bevormundung um? Stützt mein Management sozialer Dienstleistungen die Problemlösungsressourcen der Hilfesuchenden oder verstärkt es ihre Abhängigkeit? Dient mein erzieherisches Handeln der langfristigen Entfaltung von Eigenverantwortung des Kindes oder stabilisiert es dessen Unmündigkeit? Fordert der Konfliktfall widerstreitender Loyalitätsansprüche eine klare Loyalitätspräferenz für die Hilfesuchenden? Was ist jedoch, wenn Loyalitätsansprüche einzelner Hilfesuchender untereinander widerstreiten oder aber mit meinen ethischen Grundauffassungen kollidieren?

Gerade die Details alltäglicher Sozialer Arbeit enthalten brisante moralische Konflikte, die nicht generalistisch diskutiert werden können. Oftmals werden Kompromisse nötig sein, die die zur Disposition stehenden Güter abwägen und zwischen moralischen Verbindlichkeiten vermitteln. Nicht selten fühlen sich deshalb Sozialprofessionelle von den moralischen Ansprüchen überfordert. Die E. Sozialer Arbeit verpflichtet infolgedessen nicht zu einer »Heldenmoral«, sondern ermutigt zur nüchternen Offenlegung moralischer Konflikte und Problemstellungen, um sie unter Abwägung von Für und Wider gemeinsam mit möglichst vielen Betroffenen zu beraten und zu lösen.

*Lit.* Banks, S./Noehr, K. (Hrsg): Teaching Practical Ethics for Social Professions, Kopenhagen 2003; Lob-Hüdepohl, A.: Die normativen Grundlagen sozialer Arbeit – (auch) ein Beitrag zur Public-Health-Ethik, in: Bundesgesundheitsblatt 52, 2009, S. 549–556; Lob-Hüdepohl, A: „People first". Die „Mandatsfrage" sozialer Professionen aus moralphilosophischer Sicht, in: Ethikjournal 1/1, 2013, http://www.ethikjournal.de/fileadmin/user_upload/ethikjournal/Texte_Ausgabe_1_04-2013/1_2013_1_Lob-Huedepohl.red.pdf (17.5.2016); Maaser, W.: Lehrbuch Ethik. Grundlagen, Problemfelder und Perspektiven, Weinheim 2010.

*Andreas Lob-Hüdepohl*

**Etikettierung** → Labeling approach

**Eurodiaconia – Europäischer Verband für Diakonie** → Diakonie Deutschland – Evangelischer Bundesverband

**Europäische Arbeitsgemeinschaft der älteren Generationen (EURAG)** Die 1962 als »Bund der älteren Generation Europas« gegründete gemeinnützige, überparteilich und überkonfessionell arbeitende Interessenvertretung Älterer ist die älteste und eine der größten europäischen → Nichtregierungsorganisationen für Senior/innen. Sie hat zurzeit 30 Mitgliedsorganisationen, vor allem in den osteuropäischen Ländern, sowie Einzelmitglieder in 33 europäischen Ländern. Sie ist Mitglied bei → AGE und der → Platform of Euopean Social NGOs und hat partizipatorischen Status beim → Europarat sowie beratenden Status bei den → Vereinten Nationen (UN). Ziele der EURAG wurden in der »Ljubljana Erklärung« 2005 formuliert und 2015 in Paris bestätigt: Erhaltung und Modernisierung der Systeme des Sozialschutzes, gleicher und voller Zugang zur Gesundheitsvorsorge und medizinischen Behandlung, → Pflege und Selbstbestimmung im → Alter, Generationensolidarität und gesellschaftlicher Zusammenhalt, Aktives Altern, Zugang zu den neuen Technologien, lebenslanges → Lernen, Zugang zur Welt der Kultur und Kunst, → Teilhabe an den politischen Entscheidungsprozessen, Verhinderung von → Diskriminierung aufgrund des Alters. Die EURAG verfolgt ihre Ziele in Zusammenarbeit mit ihren Mitgliedern auf regionaler, nationaler und europäischer Ebene durch Vernetzung von Aktivitäten, die Durchführung nationaler und internationaler Fachtagungen.

*Anschrift*: EURAG-Generalsekretariat, Leckova 1520/CZ 14900 Praha; www.eurag-europe.net; deutsche Sektion: Seniorenbüro, Brennerstr.90, 20099 Hamburg.

*Christian Wienberg*

**Europäische Flüchtlingspolitik** Von einer e. F. kann i.e.S. erst ab dem Jahr 1999 gesprochen werden. Denn mit dem in diesem Jahr in Kraft getretenen Amsterdamer Vertrag wurden der → Europäischen Union (EU) erstmalig weitreichende Kompetenzen hinsichtlich der Regelungen der Migrations- und Asylpolitik (→ Migration) zuerkannt. Auf seinem Treffen in Tampere im Oktober 1999 formulierte der Europäische Rat als Ziel der gemeinsamen europäischen Asylpolitik »eine offene und sichere Europäische Union, die uneingeschränkt zu ihren Verpflichtungen aus der Genfer Flüchtlingskonvention und aus anderen einschlägigen Menschenrechts-Übereinkünften steht und die in der Lage ist, auf der Grundlage der Solidarität auf humanitäre Anforderungen zu reagieren«.

Auf der Grundlage des Amsterdamer Vertrages wurden zahlreiche Richtlinien verabschiedet, die zu einer Harmonisierung der Asylpolitik, vor allem aber auch der Praxis der Asylgewährung und Flüchtlingsaufnahme in den Mitgliedstaaten führen sollen. Zu nennen sind hier insbesondere die Richtlinie über die Gewährung des vorübergehenden Schutzes im Falle eines Massenzustromes von Vertriebenen, die Richtlinie zur Festlegung von Mindestnormen bei der Aufnahme von → Flüchtlingen, die Richtlinie für Mindestnormen für die Anerkennung von Drittstaatsangehörigen und Staatenlosen als Flüchtlinge im Einklang mit der Genfer Flüchtlingskonvention, die Richtlinie über Mindestnormen für Verfahren in den Mitgliedstaaten zur Zuerkennung oder Aberkennung der Flüchtlingseigenschaft sowie die Verordnung zur Festlegung der Kriterien und Verfahren zur Bestimmung des Staates, der für die Prüfung eines in einem Mitgliedsstaat gestellten Asylantrag zuständig ist (→ Dublin III-Verordnung). Auch aufgrund der Tatsache, dass während der ersten Phase der Harmonisierung noch das Einstimmigkeitsprinzip zugrunde lag, wurden zunächst i.d.R. nur Mindeststandards verabschiedet, die den Mitgliedstaaten noch erhebliche Ermessensspielräume (→ Ermessen) in der Anwendung der Regelungen einräumten. In einer zweiten Phase der Schaffung eines »Gemeinsamen Europäischen Asylsystems« (GEAS), die 2013 abgeschlossen wurde, wurden die Richtlinien konkretisiert. Die in diesem Rahmen verabschiedeten fünf Richtlinien und zwei Verordnungen sehen gewisse Verbesserungen bei den Schutzstandards vor, insbesondere bei besonders verletzlichen Personengruppen wie etwa Traumatisierten.

Festzustellen ist allerdings, dass die Staaten tatsächlich von einer gemeinsamen e. F. noch weit entfernt sind. So gibt es zwischen den europäischen Staaten etwa nach wie vor signifikante Unterschiede in den Anerkennungsquoten, den Standards der Asylverfahren und den Lebensbedingungen der Flüchtlinge. Die Defizite der e. F. sind besonders 2015 deutlich geworden, als es den EU-Staaten nicht gelang, eine gemeinsame Antwort auf den durch den Konflikt im Nahen Osten ausgelösten deutlichen Anstieg der Flüchtlingszahlen in Europa zu finden. Vor allem gibt es bisher keinen Konsens, wie eine faire Verantwortungsteilung bei der Aufnahme der Flüchtlinge aussehen könnte. Der Europäische Rat hat im September 2015 auf der Basis der Mitteilung der Kommission eine Europäische Migrationsagenda verabschiedet, die eine Reihe von Sofortmaßnahmen vorsieht, um auf die Tragödie im Mittelmeerraum – im Jahr 2015 ertranken ca. 3.500 Menschen bei der Flucht nach Europa – zu reagieren. Von den dort beschlossenen Maßnahmen – insbesondere die Einrichtung von »Hotspots« zur Registrierung und Verteilung der Flüchtlinge sowie die Umsiedlung von 160.000 Asylsuchenden – wurde bisher kaum etwas umgesetzt.

Ziel der e. F. ist es auch, die Kontrolle der Außengrenzen weiter auszubauen, wozu etwa die Errichtung einer gemeinsamen Europäischen Grenzschutzagentur (Frontex) gehört. Schon jetzt ist es Asylsuchenden nahezu unmöglich, auf legalem Wege nach Europa zu kommen und hier Asyl zu beantragen (→ Asylberechtigte, → aufenthaltsrechtliche Illegalität). Die Kompetenzen und Ressourcen von Frontex sollen erheblich ausgeweitet werden, um die Mitgliedsstaaten bei der Kontrolle der Außengrenzen zu unterstützen. In den vergangen Jahren ist die Zahl der Asylbewerber/innen in den 28 EU-Mitgliedstaaten insgesamt kontinuierlich gestiegen, von 226.000 Anträgen im Jahr 2008 auf 626.000 im Jahr 2014. Teil der e. F. soll zukünftig auch eine gemeinsame europäische Rückführungspolitik sein. Zur Unterstützung von Projekten der verschiedenen Bereiche der e. F. zur Aufnahme und Integration, der Rückführung oder Verteilung von Flüchtlingen wurde der Europäische Asyl-und Migrationsfond (AMIF) eingerichtet, der in der Bundesrepublik Deutschland durch das → Bundesamt für Migration und Flüchtlinge (BAMF) verwaltet wird.

In der konkreten Beratung von Flüchtlingen kommt hinsichtlich europäischer Aspekte v.a. der 2014 novellierten Dublin III-Verordnung besondere Bedeutung zu, d.h. der Frage, welcher Staat für die Durchführung des Asylverfahrens zuständig ist. Maßgebliches – allerdings nicht allein ausschlaggebendes – Kriterium ist dabei, über welche EU-Außengrenzen ein/e Asylbewerber/in eingereist ist. Dieses System steht u.a. deswegen in der Kritik, weil teilweise EU-Mitgliedstaaten den Asylsuchenden kein den völkerrechtlichen Standards entsprechendes Asylverfahren und auch keine angemessenen Lebensbedingungen bieten und weil gemäß dieser Zuständigkeitsregelung die Staaten mit EU-Außengrenzen für den überwiegenden Teil der Asylverfahren zuständig wären. Faktisch kommt das Verfahren ohnehin nur noch sehr eingeschränkt zur Anwendung.

Ein zentraler Ansprechpartner für → Nichtregierungsorganisationen (NRO) in Fragen der e. F. ist der → Europäische Flüchtlingsrat (ECRE). Dessen Mitgliedorganisationen sind i.d.R. verlässliche Ansprechpartner, wenn es darum geht, auch für den Einzelfall relevante, aktuelle Informationen oder Ansprechpartner in anderen europäischen Ländern zu finden. Mehrere NRO aus verschiedenen europäischen Ländern betreiben zudem die Homepage www.ecoi.net, auf der relevante Informationen zur Situation in den Herkunftsländern der Flüchtlinge zu finden sind.

*Harald Löhlein*

**Europäische Gemeinschaften (EG)** → Europäische Union (EU)

**Europäische Grundfreiheiten** Die Rolle der vier G. der → Europäischen Union (EU), → Personenfreizügigkeit, → Dienstleistungs- und → Niederlassungsfreiheit, Waren- sowie Kapitalverkehrsfreiheit, resultiert aus der Gründungsgeschichte der Europäischen Gemeinschaft zunächst als Wirtschaftsgemeinschaft (EWG). Ihre Platzierung in den ersten Kapiteln des damaligen EWG-Vertrages deutet darauf hin, dass sie ein wesentlicher Anker des wirtschaftlichen Handelns mit Blick auf einen gemeinsamen Markt sein sollten. Der nunmehr anzustrebende → europäische Binnenmarkt beruht auf der wirtschaftlichen Integration, der die vier G. dienen. Dies ist auch Gegenstand der Binnenmarktvorschriften in Art. 26 des Vertrags über die Arbeitsweise der Europäischen Union (AEUV). Sie sind die Grundlage für eine freiheitliche Wirtschaftsordnung, die sich seit dem Inkrafttreten des Lissabon Vertrages am 1.12.2009 auch am Ziel der »sozialen Marktwirtschaft« auszurichten hat. Als Teil des Primärrechts sind die G. unmittelbar anwendbares und dem nationalen Recht gegenüber vorrangiges Recht. Einerseits tragen die G. durch ihre wettbewerbliche Ausrichtung zur Schaffung des europäischen Binnenmarkts bei (der Mensch als »Marktbürger«). Andererseits statten sie die zunehmend als Unionsbürger/innen verstandenen Staatsangehörigen der Mitgliedstaaten mit subjektiven Rechten aus, die sie gegen diskriminierende Maßnahmen der Mitgliedstaaten ausüben können. Anfangs waren die G. der Rahmen zur Ausübung der wirtschaftlichen Freiheiten durch den einzelnen; Handelshemmnisse zwischen den Mitgliedstaaten sollten abgebaut werden. Als »Unionsbürger« weitete sich der Umfang der G. aus: Der freie »Schengen-Raum« (→ Schengener Abkommen) ließ die Arbeitnehmerfreizügigkeit zu einer allgemeinen Freizügigkeit werden, aus der Nicht-Diskriminierung im marktwirtschaftlichen Umfeld wurde eine allgemeine Anti-Diskriminierungspolitik, letztere durch die Einführung des Art. 19 AEUV durch den Amsterdamer Vertrag von 1997.

Den G. liegen die Prinzipien der Inländergleichbehandlung, der gegenseitigen Anerkennung, der Transparenz und der Verhältnismäßigkeit zugrunde. Die Inländergleichbehandlung zielt bei grenzüberschreitenden Sachverhalten auf eine Nicht-Diskriminierung aufgrund der → Staatsangehörigkeit. Diese kann jedoch auch zur Inländerdiskriminierung führen, die europarechtlich erlaubt ist, innerstaatlich allerdings an den verfassungsmäßig verbürgten → Grundrechten zu messen ist. Es wird zwischen unmittelbarer und mittelbarer → Diskriminierung unterschieden: Eine unmittelbare Diskriminierung liegt vor, wenn eine staatliche Regelung in ihrem Tatbestand ausdrücklich auf die Inländer- oder Ausländereigenschaft abstellt. Eine mittelbare Diskriminierung liegt vor, wenn eine Regelung zwar formal auf In- und Ausländer/innen gleichermaßen anwendbar ist, die faktischen Auswirkungen aber überwiegend aufgrund der Staatsangehörigkeit eintreten. Zur Diskriminierung wird eine Ungleichbehandlung aber erst dann, wenn sie nicht aus sachlichen Gründen gerechtfertigt und verhältnismäßig ist.

Das Prinzip der gegenseitigen Anerkennung dient dem Ziel der Integration, ohne jedoch eine Harmonisierung der einschlägigen Rechtsvorschriften zu verlangen: Die entsprechenden Normen anderer EU-Staaten sind in jedem Mitgliedstaat den inländischen Vorschriften gleichzusetzen. Entwickelt wurde dieser Ansatz in der sog. Cassis de Dijon–Entscheidung (EuGH, Rs. 120/78, Slg. 1979, 649 – Rewe AG gegen Bundesmonopolverwaltung für Branntwein [Cassis de Dijon]) und in der Dassonville-Rechtsprechung (EuGH, Rs. 8/74, Slg. 1974, 837 – Dassonville) des → Gerichtshofs der Europäischen Union (EuGH). Für berufliche Qualifikationen gilt dieses Prinzip ebenso, z.T. modifiziert durch Anerkennungsprüfungen. Dieser auch Herkunftslandprinzip genannte Ansatz hat sich allerdings nicht im Dienstleistungs- und Niederlassungsbereich durchgesetzt. In diesen Fällen findet Integration durch Rechtsangleichung statt, indem G. als Auslöser für eine Harmonisierung von nationalen Rechtsvorschriften dienen. Im Verhältnis zu den Grundrechten sind zwar auch die G. subjektive Rechte und können bei individueller Betroffenheit ad personam eingeklagt werden. Dennoch sind sie voneinander zu unterscheiden: Die europäischen Grundrechte dienen nicht der Verwirklichung des Binnenmarkts und zielen nicht auf die Integration der Wirtschafts- und Rechtsordnungen der Mitgliedstaaten, ihre Wirkung geht von einem menschenrechtlichen Kern als Abwehrrecht gegenüber staatlicher bzw. unionsbedingter Gewalt aus. Stoßen G. und Grundrechte aufeinander, so haben beide, die einen aus dem AEUV, die anderen aus der → Charta der Grundrechte der Europäischen Union gleichen Rang und müssen mittels der praktischen Konkordanz in einem Abwägungsergebnis zueinander gebracht werden. Dieser Konflikt ist noch nicht ausgetragen, wie bspw. die EuGH-Entscheidungen Rüffert (Rs. C-346/06) und EU-Kommission gg. Luxemburg (Rs. C-319/06) zeigen. Die Richtlinie zum → Verbraucherschutz von 2011, welche die Umsetzung der G. und damit die Binnenmarktintegration weiter voranbringen soll, wurde zum 13.6.2014 auch in Deutschland in nationales Recht umgesetzt.

*Stephanie Scholz*

**Europäische Jugendpolitik** bezeichnet die verschiedenen jugendpolitischen Strategien, Programme und Initiativen der → Europäischen Union (EU) und des → Europarats. Die → Jugendpolitik des 47 Vertragsstaaten umfassenden Europarats zielt v.a. auf die Stärkung des Engagements Jugendlicher für → Menschenrechte und Demokratie. In den Europäischen Jugendzentren in Straßburg und Budapest finden hierzu internationale Begegnungen und Trainings sowie Qualifizierungsmaßnahmen für die → internationale Jugendarbeit statt. Die freiwillige Zusammenarbeit der 28 Mitgliedstaaten der EU in Jugendfragen wiederum basiert seit dem Jahre 2002 auf der → Offenen Methode der Koordinierung und nimmt damit auf die einzelstaatlichen Zuständigkeiten und das Prinzip der → Subsidiarität Rücksicht. Nach einer Revision der Erfolge und Defizite der E. J. 2008 beschloss der Rat der EU Ende 2009 einen »erneuerten Rahmen für die jugendpolitische Zusammenarbeit in Europa (2010–2018)«, auch EU-Jugendstrategie genannt. Mit ihrer Hilfe sollen europaweit die Chancen junger Menschen im Bildungswesen und auf dem → Arbeitsmarkt erhöht sowie deren gesellschaftliches Engagement, soziale → Integration und → Solidarität gefördert werden. Die neue Strategie wirbt für eine wirksamere Beteiligung Jugendlicher und ihrer Organisationen bei der Ausgestaltung der E. J. und fordert die stärkere Einmischung der Jugendpolitik in andere Politikfelder.

Acht Handlungsfelder stehen im Mittelpunkt der gemeinschaftlichen Anstrengungen: → Bildung und Ausbildung, Beschäftigung und Unternehmergeist, → Gesundheit und Wohlbefinden, → Partizipation, Freiwilliges Engagement, Soziale Integration, Jugend in der Welt sowie → Kreativität und Kultur. Verbesserte Verfahren und Instrumente sollen den Nutzen der E. J. für die Jugendlichen erhöhen und die politische Sichtbarkeit verbessern. Dreijährige Arbeitszyklen und Schwerpunktthemen sorgen für mehr inhaltliche Kontinuität und werden jeweils mit einem bilanzierenden europäischen Jugendbericht abgeschlossen. Mit einem neuen Rahmen für das Politik- und Praxislernen, einer intensiveren Kooperation mit der → Jugendforschung, der konzeptionellen Aufwertung von → Jugendarbeit und → Jugendsozialarbeit, der Erprobung von → Indikatoren und dem wirksamen Einsatz von EU-Programmmitteln und -fonds profiliert sich E. J. zunehmend als attraktiver Partner der → Kinder- und Jugendhilfe. Mit dem Programm JUGEND IN AKTION (und seinen entsprechenden Vorläuferprogrammen) steht der EU ein eigenes, ressortspezifisches Handlungsinstrumentarium für E. J. zur Verfügung, mit der die EU konkret Einfluss auf die Lebensbedingungen von Jugendlichen nehmen kann. Seit 2014 ist JUGEND IN AKTION Teil des Programms Erasmus+ und fördert zudem auch die sektorübergreifende Zusammenarbeit mit der allgemeinen und → beruflichen Bildung.

*Hans-Georg Wicke*

**Europäische Konvention zum Schutze der Menschenrechte und Grundfreiheiten (EMRK)** vom 4.11.1950 (BGBl. 1952 II S. 685) trat am 3.9.1953 in damals zehn westeuropäischen Staaten, darunter auch in der Bundesrepublik Deutschland, in Kraft. Ende 2015 gibt es 47 Konventionsstaaten mit über 800 Mio. Menschen, die sich direkt auf die Rechte der EMRK

(→ Menschenrechte, → europäische Grundfreiheiten) berufen können. Im Laufe der Zeit wurden die Garantien der EMRK wie auch das Verfahren durch aktuell 14 Protokolle ergänzt bzw. geändert (vgl. EMRK i.d.F. vom 22.10.2010, BGBl. 2010 II S. 1198). Hervorzuheben ist das 11. Protokoll, mit dem 1998 ein ständiger Europäischer Gerichtshof für Menschenrechte (EGMR) in Straßburg eingerichtet wurde.

Die einzelnen Rechte sind im 1. Abschnitt der EMRK sowie in den Protokollen 1, 4, 6, 7, 12 und 13 niedergelegt. Zu ihnen zählen die Fundamentalgarantien wie das Recht auf Leben (Art. 2 EMRK) sowie das Verbot der Folter, der unmenschlichen oder erniedrigenden Behandlung (Art. 3 EMRK), das absolute Geltung beansprucht, und die Freiheitsrechte wie bspw. das Recht auf Achtung des Privat- und Familienlebens (Art. 8 EMRK) und die Religionsfreiheit (Art. 9 EMRK). Insbesondere die → Rechtsprechung des EGMR zu Art. 3 EMRK ist für Deutschland praxisrelevant, da das Gericht daraus einen Abschiebeschutz für Ausländer/innen ableitet (→ Abschiebung). Das Gericht stärkte zudem die Rechte von Angestellten in kirchlichen → Arbeitsverhältnissen (aus Art. 8 EMRK). Von Bedeutung sind auch die verfahrens- und justizbezogenen Rechte: Art. 5 EMRK normiert die Grenzen des rechtmäßigen Freiheitsentzugs (relevant für die Sicherungsverwahrung; → Freiheitsentziehung); die Grundsätze für ein faires gerichtliches Verfahren finden sich in Art. 6 EMRK, woraus das Gericht (neben Art. 13 EMRK) die Notwendigkeit einer Beschwerdemöglichkeit bei überlangen Gerichtsverfahren ableitet. Die EMRK schützt ferner gemeinschaftsbezogene und politische Handlungen. Zu nennen sind u.a. die Meinungsfreiheit (Art. 10), die Versammlungsfreiheit (Art. 11) und das Wahlrecht (Art. 3 des 1. Protokolls). Diskriminierungsverbote (→ Diskriminierung) enthalten Art. 14 EMRK und das 12. Protokoll. Diese Rechte können durch Einzelpersonen im Wege der Individualbeschwerde vor dem EGMR geltend gemacht werden. Daneben haben auch die Konventionsstaaten die Möglichkeit, die Verletzung der EMRK in einem anderen Konventionsstaat zu rügen. Kommt das Gericht zum Ergebnis, dass die EMRK verletzt wurde, so muss der verurteilte Staat die Verletzung rückgängig machen oder eine angemessene Entschädigung in Geld zahlen. Die Urteile gegen Deutschland binden im Rahmen des → Grundgesetzes die nationalen Gerichte, die Verwaltung und auch den Gesetzgeber (→ Gesetzgebung) unmittelbar, weil sie die Entscheidungen grundsätzlich berücksichtigen müssen. Für den Menschenrechtsschutz in Europa hat die EMRK allergrößte Bedeutung. Dies gilt sowohl für die Konventionsstaaten wie auch für die → Europäische Union, die einen Beitritt zur EMRK anstrebt.

*Sebastian Müller*

**Europäischer Binnenmarkt** ist der gemeinsame Wirtschaftsraum der Mitgliedstaaten der → Europäischen Union (EU) und damit Teil des Europäischen Wirtschaftsraums (EWR). In ihm sollen die vier → Europäischen Grundfreiheiten, also der freie Verkehr von Personen, Waren, Dienstleistungen und Kapital, realisiert werden. Mit dem E. B. ist die Annahme verbunden, ein intensiverer → Wettbewerb führe zu einer besseren Allokation von Ressourcen und somit zu positiven Wachstums- und Beschäftigungseffekten sowie niedrigeren Preisen und größerer Auswahl für Verbraucher/innen. Verteilungseffekte werden dabei zunächst außer Acht gelassen.

Seit den 1950er-Jahren wurde durch die Abschaffung der Binnenzölle der Handel zwischen den Mitgliedstaaten intensiviert (Zollunion). Die mitgliedstaatliche Gestaltungsfreiheit in Bezug auf ihre jeweiligen Wirtschafts- und Sozialsysteme blieb zunächst weitgehend unangetastet, zumal die europäischen Institutionen kaum autonomen Handlungsspielraum besaßen. Mit Blick auf die unterschiedlichen Regulierungen in den Mitgliedstaaten war der zwischenstaatliche Handel mit Erzeugnissen weiter beschränkt. Der Versuch der Europäischen Kommission, die nationalen Regulierungen vollständig zu harmonisieren, scheiterte zum einen an den unterschiedlichen Interessen der Mitgliedstaaten, zum anderen daran, dass die Vereinheitlichung detailreicher Vorschriften der Mitgliedstaaten kaum vollständig umzusetzen war. Eine neue Entwicklung läutete die Entscheidung »Cassis-de-Dijon« des → Gerichtshofs der Europäischen Union (EuGH) von 1979 ein. Sie besagte, dass Waren, die in einem Mitgliedstaat zugelassen sind, grundsätzlich im gesamten E. B. gehandelt werden können, solange nicht zwingende Erfordernisse des Allgemeininteresses, wie Gesundheits-, Verbraucher- oder Umweltschutz, dagegenstehen. Dieses Prinzip der gegenseitigen Anerkennung fand schließlich auch in der Einheitlichen Europäischen Akte Niederschlag, die 1987 in Kraft trat und die Verwirklichung des E. B. bis Ende 1992 als Ziel formulierte. Dazu wurde das Einstimmigkeitserfordernis bei Abstimmungen in Angelegenheiten des E. B. durch qualifizierte Mehrheitsentscheidungen ersetzt. Seit Mitte der 1990er-Jahre ist die Binnenmarktpolitik durch Liberalisierungsversuche der Europäischen Kommission und des EuGH geprägt, die auf eine Transformation der Wirtschafts- und Sozialsysteme in Richtung des liberalen Marktmodells abzielen. Institutionelle Unterschiede zwischen den Mitgliedstaaten werden zunehmend als illegitime Beschränkung der Grundfreiheiten interpretiert. Auch die nationalen Sozialleistungssysteme stehen im Spannungsverhältnis zu den Grundfreiheiten (etwa zur Freizügigkeit der Bürger/innen oder zur Dienstleistungsfreiheit der Erbringer/innen → sozialer Dienstleistungen) sowie dem → Wettbewerbsrecht und geraten zunehmend unter Anpassungsdruck.

*Informationen*: http://ec.europa.eu/growth/single-market/

*Johannes Eisenbarth*

**Europäischer Flüchtlingsrat** (**ECRE**; engl. European Council on Refugees and Exiles) ist ein Zusammenschluss von derzeit ca. 90 → Nichtregierungsorganisationen (NRO) aus 30 Ländern, die in der Beratung und Unterstützung von → Flüchtlingen engagiert sind. Voraussetzung für die Mitgliedschaft ist u.a., dass die → Organisationen jeweils landesweit tätig sind. Die deutschen Mitgliedsorganisationen von ECRE sind die Wohlfahrtsverbände → Arbeiterwohlfahrt, → Diakonie Deutschland – Evangelischer Bundesverband, → Deutscher Caritasverband, → Deutsches Rotes Kreuz und → Deutscher Paritätischer Wohlfahrtsverband sowie Pro Asyl.

ECRE setzt sich für eine faire und humane Behandlung von Asylbewerber/innen und Flüchtlingen ein, insbesondere für die vollständige Anwendung der einschlägigen völkerrechtlichen Verpflichtungen. Zu nennen sind hier v.a. die Genfer Flüchtlingskonvention und die → Europäische Konvention zum Schutze der Menschenrechte und Grundfreiheiten. ECRE sieht seine Rolle v.a. darin, die Aktivitäten der verschiedenen NRO im Bereich der Flüchtlingshilfe besser miteinander zu vernetzen. Die zentralen Aufgaben von ECRE bestehen in der Unterstützung seiner Mitgliedsorganisation in fachlichen Fragen (capacity building), besonders aber auch in der Formulierung und Vertretung von gemeinsamen Positionen zur → europäischen Flüchtlings- und Asylpolitik. Zudem organisiert ECRE seit vielen Jahren eine europäische Kooperation von Rechtsanwälten, die sich mit Fragen des Asylrechts befassen (European Legal Network on Asylum – ELENA). Seit 2009 hat ECRE seinen Sitz in Brüssel.

*Informationen*: www.ecre.org

*Harald Löhlein*

**Europäischer Gerichtshof** → Gerichtshof der Europäischen Union (EuGH)

**Europäischer Sozialfonds** (**ESF**) Der ESF dient der Förderung der Beschäftigung in der → Europäischen Union (EU). Er wurde bereits 1957 eingerichtet und findet seine Grundlage in Art. 162–164 des Vertrages über die Arbeitsweise der Europäischen Union (AEUV). Danach soll der ESF die berufliche Verwendbarkeit und die örtliche und berufliche Mobilität der Arbeitskräfte fördern sowie die Anpassung an die industriellen Wandlungsprozesse erleichtern, insbesondere durch → berufliche Bildung und Umschulung.

Der ESF ist einer der Europäischen Struktur- und Investitionsfonds (ESIF), die Unterschiede innerhalb und zwischen den Mitgliedstaaten der EU bezüglich Lebensstandard und Wohlstand verringern und so einen höheren wirtschaftlichen und sozialen Zusammenhang (Kohäsion) ermöglichen sollen. Die Mittel des ESF werden daher stärker in den wirtschaftlich schwächer entwickelten Regionen Europas eingesetzt. Der ESF unterstützt dabei die → Arbeitsmarkt- und → Beschäftigungspolitik in den Mitgliedstaaten. Auf europäischer Ebene wird nur ein Rahmen vorgegeben; die Mitgliedsstaaten entwickeln auf dieser Grundlage – und ergänzt durch eigene Mittel – individuelle Förderprogramme. In Deutschland werden die Mittel vom Bund und von den Ländern verwaltet; es gibt daher in der Förderperiode 2004–2020 insgesamt 17 Förderprogramme. Innerhalb dieser Förderprogramme wird eine Vielzahl von einzelnen Programmen mit unterschiedlicher Schwerpunktsetzung durchgeführt, z.B. zu Beschäftigung und sozialer → Integration, Weiterbildung und Qualifizierung. Für die Programme können sich bei Bund und Ländern verschiedene Organisationen und Institutionen bewerben, die sich im Bereich Beschäftigung und soziale Eingliederung engagieren, z.B. öffentliche Verwaltungen, Wohlfahrtsverbände (→ freie Wohlfahrtspflege), → Nichtregierungsorganisationen, Gewerkschaften und Arbeitgebervereinigungen.

In der Förderperiode 2014–2020 vergibt der ESF Mittel von rd. 80 Mrd. Euro; das entspricht ca. 8% des Haushaltes der EU. Für Deutschland werden rd. 7,5 Mrd. Euro bereitgestellt. Rund 2,7 Mrd. Euro fließen dabei in das Programm des Bundes, rd. 4,8 Mrd. Euro in die Länderprogramme.

*Informationen:* www.esf.de

*Britta Spilker*

**Europäischer Wirtschaftsraum** (**EWR**) → Europäischer Binnenmarkt

**Europäischer Wirtschafts- und Sozialausschuss (EWSA)** Der EWSA ist ein beratendes Nebenorgan der → Europäischen Union (EU). Er vertritt die Interessen der Sozialpartner und organisierten Gruppen aus der → Zivilgesellschaft. Er bringt sich mit Stellungnahmen gegenüber EU-Legislativvorschlägen sowie auf eigene Initiative ein. Arbeitsgrundlage bilden die Art. 301–304 des Vertrages über die Arbeitsweise der Europäischen Union (AEUV). Die bis zu 350 EWSA-Mitglieder sind in drei Gruppen organisiert: Gruppe I – »Arbeitgeber« (Unternehmensverbände aus Industrie, Handel, Finanzsektor und Landwirtschaft), Gruppe II – »Arbeitnehmer« (einzelstaatliche Gewerkschaftsverbände), Gruppe III – »Verschiedene Interessen« (Verbraucher, Sozialwirtschaft, Handwerk, regierungsunabhängige Organisationen im Sozial- und Umweltbereich, freie Berufe usw.). Der Rat der EU ernennt die EWSA-Mitglieder auf Vorschlag der Regierungen der Mitgliedstaaten für fünf Jahre; eine Wiederernennung ist zulässig. Die Mitglieder arbeiten unentgeltlich. Das Präsidium des Ausschusses wird für zwei Jahre aus den Reihen des EWSA bestimmt. Bei Vorhaben in bestimmten Bereichen wie bspw. bei einem Großteil der Arbeits- und → Sozialpolitik muss der EWSA von Kommission, Rat und Parlament zwingend angehört werden. Zudem kann er fakultativ angehört werden. Zwar ist die Europäische Kommission inhaltlich nicht an die Stellungnahmen gebunden, sie geht nach Angaben des EWSA aber regelmäßig darauf ein. Das Plenum verabschiedet in gewöhnlich neun Plenartagungen mehr als 150 Stellungnahmen pro Jahr. Diese werden in Fachgruppen und weiteren nachgeordneten Ad-hoc-Studiengruppen mit i.d.R. einem Hauptberichterstatter erarbeitet. Die sechs Fachgruppen tagen monatlich und erfassen die Politikbereiche der EU: INT – Binnenmarkt, Produktion und Verbrauch; TEN – Verkehr, Energie, Infrastrukturen, Informationsgesellschaft; NAT – Landwirtschaft, ländliche Entwicklung, Umweltschutz; ECO – Wirtschafts- und Währungsunion, wirtschaftlicher und sozialer Zusammenhalt; SOC – Beschäftigung, Sozialfragen, Unionsbürgerschaft; REX – Außenbeziehungen. Hinzu kommen besondere Arbeitsgruppen wie die Kommission für den industriellen Wandel (CCMI), die Binnenmarktbeobachtungsstelle (BBS), die Beobachtungsstelle für nachhaltige Entwicklung (BNE), die Arbeitsmarktbeobachtungsstelle (ABS) und der Lenkungsausschuss Europa 2020. Zu wichtigen Unterthemen werden innerhalb der Fachgruppen ständige Studiengruppen gebildet. Zu Förderung des Meinungsbildungsprozesses organisiert der EWSA regelmäßig Konferenzen und Anhörungen. Der EWSA begreift sich als Mittler für den zivilen Dialog, als organisierte Verbindung zwischen den Verwaltungsebenen und den Bürgern/innen. Er unterhält Kontakte zu Netzwerken der nationalen Wirtschafts- und Sozialräte und weiteren Organisationen der Zivilgesellschaft nicht nur auf EU-Ebene und in den Mitgliedstaaten, sondern auch in anderen Teilen der Welt.

*Anschrift:* Rue Belliard 99, 1040 Brüssel, Belgien, www.eesc.europa.eu

*Niklas Kramer*

**Europäisches Armutsnetzwerk** → European Anti-Poverty Network (EAPN)

**Europäisches Fürsorgeabkommen** → Internationale Abkommen zur Sozialhilfe und Jugendhilfe

**Europäische Sozialarbeit** Stand und Entwicklung der → Sozialen Arbeit und der sozialen Sicherungssysteme in den einzelnen Ländern Europas (→ Europäisches Sozialmodell, → Europäische Sozialpolitik) sind in den letzten Jahren zunehmend und ausführlich beschrieben worden. Eine Fülle grenzüberschreitender Zeitschriften, Fachveranstaltungen und themenbezogener Forschungs- und Evaluationsprojekte mit europaweitem Bezug belegt gleichfalls die hohe Bedeutung, die diesem Thema innerhalb der fachwissenschaftlichen Diskussion heute beigemessen wird. Die Gründe hierfür liegen in der Einsicht, dass globale soziale Phänomene und Probleme (→ Globalisierung) wie → Migration oder → Arbeitslosigkeit nach professioneller und wissenschaftlicher Kooperation verlangen, die auf Ländergrenzen keine Rücksicht nimmt.

Auch wenn sich die Unterschiede in den einzelnen, historisch gewachsenen länderspezifischen Ausprägungen der Sozialen Arbeit in Zukunft nicht auflösen werden, so bieten sich doch zahlreiche Ebenen des Vergleichs und der Diskussion an, die sowohl zu einer Verbesserung der nationalen Systeme Sozialer Arbeit als auch zu einem Zusammenwachsen auf europäischer Ebene beitragen können. Dies sind z.B. (1) die Organisationsstruktur der Sozialen Arbeit, die im jeweiligen → Wohlfahrtsmix zum Ausdruck kommt, der sich aus dem Zusammenspiel von kommunalen, verbandlichen, privaten und Selbsthilfeorganisationen ergibt, (2) die Theorien, Modelle und Methoden der Sozialen Arbeit, die sich im Rahmen einer europäischen Diskussion zunehmend herausschälen und die sich schließlich im Fachdiskurs etablieren, (3) das zukünftige Selbstverständnis der Sozialen Arbeit als Funktionssystem der Vermittlung von

→ Inklusion und Vermeidung von → Exklusion mit der Folge der Generierung gemeinsamer ethischer Maßstäbe (→ Ethik in der Sozialen Arbeit) sowie der Entwicklung von »best-practice«- bzw. »evidence-based practice«-Modellen, (4) die Angleichung der Ausbildungsformen und -niveaus im Sinne des sog. Bolognaprozesses (→ Studium der Sozialen Arbeit) und (5) die Verstärkung der Theoriebildung und Forschung mit dem Ziel der Bündelung von Ressourcen und der Sicherung einer europäischen und internationalen Anschlussfähigkeit der Disziplin (→ Internationale Soziale Arbeit.

Vor allem der deutschen Sozialen Arbeit, die im europäischen Vergleich über nur geringe Ressourcen etwa im Bereich der Forschung, der Theorieentwicklung oder der Gründung von Excellence Centern usw. verfügt, bietet sich hier die Chance, im Rahmen von Vergleichen unter »Gleichen« national noch nie Erfahrenes zu diskutieren und zu erproben und damit soziale Fragen in einem größeren Kontext zu untersuchen und neue Lösungsvarianten zu finden. Der rege Austausch solcher intrasystemischen Differenzen über Länder- und Sprachgrenzen hinweg schafft Impulse für die Praxis, die Ausbildung, die Wissenschaft und nicht zuletzt das Selbstverständnis Sozialer Arbeit. Einer sich in der Entwicklung befindenden vergleichenden → Sozialarbeitswissenschaft kommt dabei die Aufgabe zu, diese Tendenzen auf europäischer Ebene zu dokumentieren, zu beforschen, zu begleiten und zu evaluieren.

*Ria Puhl/Peter Erath*

**Europäische Sozialcharta** (**ESC**, engl.: European Social Charter) Die Mitglieder des → Europarats verabschiedeten 1961 mit der ESC den ältesten regionalen Völkerrechtsvertrag zum Schutz wirtschaftlicher und → sozialer Rechte als Ergänzung zur → Europäischen Konvention zum Schutze der Menschenrechte und Grundfreiheiten (EMRK). Der Schwerpunkt der ESC liegt auf sozialen Mindeststandards für abhängig Beschäftigte (individuelle und kollektive Rechte), sie garantiert aber auch Rechte zum sozialen Schutz der Gesamtbevölkerung (Familien- und Gesundheitsschutz, Zugang zu → sozialen Diensten) sowie Rechte für besonders schutzbedürftige Personen (Kinder, Mütter, → behinderte Menschen, ausländische Arbeitnehmer/innen und ihre Familien). Die ESC wurde durch Zusatzprotokolle über weitere soziale Rechte und ein kollektives Beschwerdeverfahren ergänzt. 1996 wurde eine inhaltlich überarbeitete Version der ESC verabschiedet, die Deutschland noch nicht ratifiziert hat. Die aktualisierte ESC trat am 1.7.1999 in Kraft und bindet 33 Mitgliedstaaten des Europarats, weitere zehn Staaten (darunter Deutschland) sind an die ESC von 1961 gebunden. Damit sind 43 Mitglieder des Europarats – darunter alle 28 Mitgliedstaaten der → Europäischen Union (EU) – Vertragsstaaten entweder der ESC 1961 oder der ESC 1996. Lediglich vier Mitglieder des Europarats (Schweiz, Liechtenstein, San Marino und Monaco) haben keine der beiden Versionen der ESC ratifiziert (Stand: 16.9.2015).

Zum Kernbestand der sozialen Rechte in der ESC zählen das Recht auf Arbeit, das Vereinigungsrecht, das Recht auf Kollektivverhandlungen und das Streikrecht, das Recht auf → soziale Sicherheit, das Recht auf soziale und ärztliche → Fürsorge, das Recht der → Familie auf sozialen, rechtlichen und wirtschaftlichen Schutz sowie das Recht der Wanderarbeitnehmer/innen und ihrer Familien auf Schutz und Beistand. Die ESC 1996 erweitert die Mindeststandards um das Recht auf unentgeltlichen Primar- und Sekundarschulunterricht (→ Bildung), Wohnung, Schutz vor → Armut und sozialem Ausschluss (→ Exklusion) sowie Nichtdiskriminierung (→ Diskriminierung). Die meisten Bestimmungen verpflichten unmittelbar nur die Staaten und können nicht individuell eingeklagt werden. Allerdings haben nationale Gerichte bestimmte Rechte unmittelbar angewandt. Die Vertragsstaaten überwachen die Einhaltung der garantierten Rechte durch ein internationales Kontrollsystem mit nationalen Staatenberichten. Nach Prüfung der Staatenberichte entscheidet der Europäische Ausschuss für Soziale Rechte mit seinen unabhängigen Sachverständigen, ob die Staaten ihre Vertragspflichten eingehalten haben (sog. conclusions). 15 Staaten haben als zusätzliche Kontrollmöglichkeit das kollektive Beschwerdeverfahren anerkannt. Mit diesem Instrument können internationale Gewerkschaften, → Nichtregierungsorganisationen sowie nationale Gewerkschaften und Nichtregierungsorganisationen aus denjenigen Staaten, die dieses Verfahren anerkennen, Beschwerde vor dem Ausschuss für Soziale Rechte erheben. Allerdings gibt es keine Individualbeschwerde und die Kontrollverfahren führen nicht zu einer verbindlichen → Rechtsprechung.

*Informationen:* www.coe.int

*Eva Maria Hohnerlein*

**Europäische Sozialpolitik** Die → Europäische Union (EU) versteht sich – auf einer Werte-Ebene – nicht nur als Binnenmarkt der Gleichbehandlung und Transparenz der Unionsbürger/innen (→ Unionsbürgerschaft) in ihren grenzüberschreitenden wirtschaftlichen Grundfreiheiten und

Grundfreizügigkeiten, sondern auch als Sozialmodell. Sie ist im Vertrag als (wettbewerbsfähige) soziale Marktwirtschaft (Art. 3 Vertrag zur Gründung der Europäischen Gemeinschaft [EUV]) verankert (im Verbund mit Art. 20 → Grundgesetz [GG] zu sehen) und betont die politischen, wirtschaftlichen und → sozialen Grundrechte der Unionsbürger/innen (Art. 6 EUV). Die → Charta der Grundrechte der Europäischen Union (GRC) von Nizza (2000) ist infolge der Reform von Lissabon Primärrecht geworden. Zu diesen Grundrechten gehört auch der freie Zugang zu den Dienstleistungen von allgemeinem Interesse (Art. 36 GRC, Art. 14 AEUV sowie Protokoll Nr. 26). In der politik- und rechtswissenschaftlichen Literatur ist es kontrovers, ob das europäische politische System völkerrechtlich als intergouvernementales Vertragssystem oder herrschaftlich als Supranationalisierung zu interpretieren ist: Staatenbund oder Bundesstaat? Gemischte Interpretationsformeln bieten sich im Begriff des Verfassungsvertragsverbundes an. Trotz der Subsidiaritätsklausel in Art. 5 Abs. 2 EUV und entgegen Art. 136 und 152 EUV erzwang schon vor dem Vertrag von Lissabon die Herbeiführung einer Übereinstimmung der mitgliedstaatlichen Modalitäten bei der Erstellung von Gesundheits- und Sozialdienstleistungen mit den Prinzipien des → europäischen Binnenmarktes eine Veränderungsdynamik der Systeme.

Verschiedene policy-Dimensionen einer Europäisierung der Sozialpolitik im Mehr-Ebenen-System der EU sind zu unterscheiden. Dazu zählen auch Bereiche wie Verbraucherschutz, Gleichstellungspolitik (→ Gleichstellung), sozialer Dialog etc. Herausgehoben werden:

Neben dem koordinierenden Arbeits- und Sozialrecht der EU, das z.B. den Leistungsexport der Altersrentenanwartschaften geregelt hat, ist der → Europäische Sozialfonds (ESF) unmittelbar sozialpolitisch wirksam, da er personenzentriert an der »employability« ansetzt und durch Humankapitalmaßnahmen die Reintegration besonders gefährdeter Bevölkerungsgruppen in den → Arbeitsmarkt im Lichte des wirtschaftlichen Strukturwandels fördert. Hat diese → Sozialpolitik wirtschaftspolitische Aspekte, so ist der Europäische Fonds für die regionale Entwicklung (EFRE) primär regionale Wirtschaftsstrukturpolitik. Er weist durch die Erwirkung infrastruktureller Impulse aber auch sozialpolitische Aspekte auf, da die → Lebenslagen der Wohnbevölkerung von den Potenzialen der Region abhängen. ESF und EFRE wirken ferner zusammen. Neuerdings wird diese Politik von der Europäischen Kommission im Lichte eines Paradigmas »investiver Sozialpolitik« weiter profiliert.

Das → Europäische Sozialmodell sieht eine Marktöffnung und eine wettbewerbliche Steuerung der sozialen Dienstleistungsmärkte auf der Grundlage des freien Zugangs der Unionsbürger/innen zu den Dienstleistungen (oftmals reduziert auf die Frage wohlfahrtsoptimaler Preise) und den Sozialschutzsystemen vor. Hinzu kommen noch die Ziele einer hohen Produktqualität und einer fiskalischen Nachhaltigkeit. Dies sind zugleich die obersten Ziele der → Offenen Methode der Koordinierung (OMK). Die eindeutige Linie des → Gerichtshofs der Europäischen Union (EuGH) in Fragen grenzübergreifender Inanspruchnahme medizinischer Leistungen oder im Fall von Leistungen nach dem SGB XI macht diese Binnenmarktorientierung deutlich. Die Freizügigkeiten als → europäische Grundfreiheiten des Binnenmarktes erzwingen immer mehr eine definitiv »geteilte Kompetenz«: Die Art und Weise des Funktionierens der Erstellung von Dienstleistungen im Gesundheits- und Sozialsektor müssen mit dem europäischen Binnenmarktrecht übereinstimmen. Die EuGH-Rechtsprechung ist eindeutig hinsichtlich der Grundfreiheit der grenzüberschreitenden Patientenmobilität. Es liegt dazu die Richtlinie »Über die Ausübung der Patientenrechte in der grenzüberschreitenden Gesundheitsversorgung« vor. Obwohl die OMK eine inter-gouvermentale Praxis ist, zeigt sie doch, dass sehr wohl teleologisch durchaus eine schleichende Harmonisierung angedacht ist, wenngleich sie auch anders ausgelegt werden kann. Es gibt keine sektorielle Ausnahmeregelung in dem Sinne, dass ganze Zweige → sozialer Dienste aus dem Geltungsbereich der europäischen Wettbewerbsregimelogik herausgenommen werden; aber aus transaktionskostentheoretischen Überlegungen heraus gibt es u.a. de-minimus-Regelungen für die allgemeine (europaweite) Ausschreibungspflicht. Hier spielen das Örtlichkeitsprinzip sowie die soziale Bedarfskomplexität der Dienste bzw. Angebote eine Rolle.

Die Binnenmarktdynamik zieht die Gewährleistungsstaatlichkeit als modernisierten → Governance-Modus des → Wohlfahrtstaates (als wohlfahrtsstaatliches Kontraktmanagement) nach sich. So zwingt das europäische Recht zu einer marktoffenen Ökonomisierung, da die Modalitäten der Erstellung sozialer Dienste markt- und wettbewerbskonform in der Logik des Binnenmarktes ausgestaltet sein müssen. Teleologisch (Zielausrichtung) lässt die EU die Wohlfahrtsstaatlichkeit zu; modal (Art und Weise) erzwingt sie Marktoffenheit und Wettbewerbssteuerung. Die Zielkonflikte dieses Sozialmodell-Denkens im Verhältnis zum Binnenmarkt sind nicht neu und auch unvermeidbar, liegen in der Logik des Zusammenspiels von Markt und → Sozialstaat (als materialisierte Form des → Rechtsstaates) begründet und können nur als politischer Balanceakt spannungsreich gelebt werden.

*Lit.* Schulz-Nieswandt, F.: „Europäisierung" der Sozialpolitik und der sozialen Daseinsvorsorge? Eine kultursoziologische Analyse der Genese einer solidarischen Rechtsgenossenschaft, Berlin 2012; Schulz-Nieswandt, F.: Das Privatisierungs-Dispositiv der EU-Kommission. Das ontologische Existenzial der Daseinsvorsorge, die sakrale Doxa des Binnenmarktes und die „kafkaistischen" Epiphanien der Regulationskultur, Berlin 2013; Schulz-Nieswandt, F.: Die Zukunft der kommunalen Daseinsvorsorge, Kommunalwirtschaft 7/2014, S. 335–342.

*Frank Schulz-Nieswandt*

**Europäisches Sorgerechtsabkommen des Europarates** → Haager Kindesentführungsübereinkommen (HKÜ)

**Europäisches Sozialmodell** Von einem E. S. ist seit Anfang der 1970er-Jahre die Rede, als die Verbesserung der Lebensbedingungen der Bevölkerung in der → Europäischen Union (EU) ernsthaft zum Thema wurde. Dies stand auch in engem Zusammenhang mit Legimitationsproblemen angesichts seinerzeitiger Erweiterungen. In den 1990er-Jahren setzte ein Strukturierungsprozess ein, der sich an zwei sog. Weißbüchern ablesen lässt: Wachstum, Wettbewerbsfähigkeit, Beschäftigung – Herausforderungen der Gegenwart und Wege ins 21. Jahrhundert (KOM [93] 700) sowie Europäische Sozialpolitik – Ein zukunftsweisender Weg für die Union (KOM [94] 333). Langfristig interessant sind weniger konkrete sozialpolitische Festlegungen (→ Europäische Sozialpolitik) als vielmehr die Einleitung einer expliziten Debatte zu grundlegenden Werten. Dazu gehört bspw. die starke Arbeitsmarktorientierung als Grundlage des E. S., wie sie auch in der Aufnahme eines Sonderkapitels in den Amsterdamer Vertrag über die Europäische Union (EUV) ihren Niederschlag fand.

Drei allgemeine Aspekte bestimmen die Sicht auf das E. S.: Es gilt als (a) Idealtyp (Traditionen des Altertums und der europäischen Aufklärung), (b) Set gemeinsamer Werte, Prinzipien, Institutionen und Regulierungsverfahren und (c) politisches Projekt. Immer geht es um die ideologische und politisch-praktische Festlegung von individuellen und gesellschaftlichen Rechten und Pflichten. Obwohl lange Zeit über das E. S. diskutiert wurde, gibt es keine klare Definition. 1996 legte die französische Regierung in einem vertraulichen Papier anlässlich einer Tagung des Sozialministerrates einen Diskussionsrahmen vor. Als Elemente des E. S. wurden darin → soziale Sicherheit, Sozialpartnerschaft und die staatliche Sicherung des nationalen sozialen Zusammenhalts genannt. Zudem wurde betont, dass es sich dabei um Aktivposten für Europa handelt (später als »produktive Rolle der Sozialpolitik« ausgearbeitet). Wie die Arbeits- und Sozialminister bei einem informellen Treffen unter griechischer Ratspräsidentschaft 2003 formulierten, reflektiert das E. S. folgende gemeinsame Prinzipien: (1) Europas Erfolg darf niemanden ausschließen; (2) Solidarität ist an wirtschaftlichen Erfolg gebunden; (3) Es besteht weder ein Dilemma noch ein Widerspruch zwischen wirtschaftlichem und sozialem Fortschritt; (4) Der → Wohlfahrtsstaat ist kein Luxus, ein Produkt der wirtschaftlichen Entwicklung, sondern ein produktiver Faktor. Eine Modernisierung des E. S. könne zu wirtschaftlichem Fortschritt beitragen.

Mittlerweile finden sich mehr oder weniger konkrete Festlegungen, v.a. in der Orientierung auf die → Charta der Grundrechte der Europäischen Union. Nach wie vor wird jedoch die Forderung erhoben, in gleichem Maße einen rechtebasierten Ansatz, kulturelle Vielfalt sowie hohe soziale Qualität der Beschäftigung und → sozialer Dienste zu verankern. Es wird immer deutlicher, dass der Druck durch Prozesse der → Globalisierung den Platz für Grundsatzfragen nicht nur einengt, sondern darüber hinaus zu einer spezifischen und restriktiven Ausformulierung der Wettbewerbsorientierung (Soziale Innovation, Sozialinvestition) führt – bis hin zu einer Einschränkung von Freiheitsrechten (EuGH, Urteil vom 15.9.2015 – C67-/14). Vergessen wird auch die Ambiguität der europäischen Traditionen.

*Peter Herrmann*

**Europäische Strukturfonds** → Europäischer Sozialfonds (EFS)

**Europäische Union (EU)** Die EU erhielt im Vertrag von Lissabon eigene Regeln über die Beziehungen von EU und Mitgliedstaaten. Er umfasst den »Vertrag über die EU« (EUV) und den »Vertrag über die Arbeitsweise der Europäischen Union« (AEUV). Die EU wurde dadurch zu einer Rechtsperson. Damit wurde die bisherige Verdoppelung in EU und Europäische Gemeinschaft (EG) überwunden und die europäische Integration vereinfacht. Die EU gründet auf → Menschenwürde, Freiheit, Demokratie, Gleichheit, → Rechtsstaat und wahrt die → Menschenrechte: Sie bekennt sich zu einer → Gesellschaft, »die sich durch Pluralismus, Nichtdiskriminierung, Toleranz, Gerechtigkeit, Solidarität und die Gleichheit von Frauen und Männern auszeichnet« (Art. 2 EUV). Dies hat sozialpolitische Folgen. Die genannten Garantien schützen den Menschen in seiner körperlichen Existenz und gewähren so Rechte auf Sozial- und Krankenhilfe (→ Soziale Rechte). Gleichheit begründet soziale → Teilhabe. Gerechtigkeit und → Solidarität heißt ein Füreinander-Einstehen der Menschen. Eine sich darauf gründende Ordnung verlangt nach einem ausgebauten → Sozialstaat.

Die Wirtschafts- und Sozialordnung der EU beruht auf dem → europäischen Binnenmarkt; dieser wirkt auf die nachhaltige Entwicklung Europas auf der Grundlage ausgewogenen Wirtschaftswachstums und von Preisstabilität, einer wettbewerbsfähigen sozialen Marktwirtschaft, die auf Vollbeschäftigung und sozialen Fortschritt abzielt, hin. Sie bekämpft → soziale Ausgrenzung und → Diskriminierungen und fördert → soziale Gerechtigkeit und sozialen Schutz, → Gleichstellung von Frauen und Männern, Solidarität zwischen den Generationen und den Schutz der → Kinderrechte (Art. 3 Abs. 3 EUV). Der Binnenmarkt ist mithin kein Selbstzweck, sondern zielt auf Vollbeschäftigung und sozialen Fortschritt. Er soll den arbeitenden Menschen wie der Gesellschaft als Ganzes zugute kommen. Nach Art. 2 Abs. 3 AEUV koordinieren die Mitgliedstaaten »ihre Wirtschafts- und Beschäftigungspolitik«. Art. 6 AEUV sieht eine ergänzende, unterstützende oder koordinierende Rolle der EU beim Schutz und bei der Verbesserung der → Gesundheit, bei der allgemeinen und beruflichen → Bildung und bei der Verwaltungszusammenarbeit vor. Gem. Art. 4 Abs. 2 AEUV existiert eine geteilte Zuständigkeit im Hinblick auf den Binnenmarkt, die »Sozialpolitik einschließlich der in diesem Vertrag genannten Aspekte«, den »wirtschaftlichen, sozialen und territorialen Zusammenhalt« sowie den → Verbraucherschutz. Nach Art. 5 AEUV koordinieren die Mitgliedstaaten ihre Wirtschaftspolitik. Dazu beschließt der Rat die Grundzüge der Maßnahmen, zur Abstimmung der Beschäftigungspolitik (→ Arbeitsmarktpolitik) der Mitgliedstaaten werden Leitlinien erlassen. Auch Initiativen zur Koordinierung der → Sozialpolitik der Mitgliedstaaten sind vorgesehen.

In der EU gibt es auf dem Gebiet der Sozialpolitik viele geteilte Zuständigkeiten. Dementsprechend führen Art. 151, 153 AEUV viele Einzelmaterien auf, in denen die EU die Mitgliedstaaten bei der Verwirklichung ihrer Aufgaben unterstützt und ergänzt: Verbesserung der Arbeitsumwelt zum Schutz der Gesundheit und Sicherheit der Arbeitnehmer/innen (→ Arbeitsschutz), Arbeitsbedingungen, → soziale Sicherheit und sozialer Schutz, Schutz bei Beendigung des Arbeitsvertrags, Unterrichtung und Anhörung der Arbeitnehmer/innen, kollektive Formen der Wahrnehmung der Arbeitnehmer- und Arbeitgeberinteressen einschließlich der Mitbestimmung (ohne Arbeitsentgelt, Koalitions-, Streik- und Aussperrungsrecht), Beschäftigung von Drittstaatsangehörigen (→ Ausländerbeschäftigung), berufliche Eingliederung, Chancengleichheit von Männern und Frauen auf dem Arbeitsmarkt, Bekämpfung → sozialer Ausgrenzung und Modernisierung sozialen Schutzes. Die »anerkannte Befugnis der Mitgliedstaaten, die Grundprinzipien ihres Systems der sozialen Sicherung festzulegen«, ist nicht berührt (Art. 153 Abs. 4 AEUV). Ferner darf EU-Recht weder das finanzielle Gleichgewicht der Systeme sozialer Sicherheit beeinträchtigen, noch die Mitgliedstaaten hindern, ein höheres Maß an sozialem Schutz zu verwirklichen. Die zwischenstaatliche Koordinierung der Systeme sozialer Sicherheit ist im einfachen Gesetzgebungsverfahren erlaubt (Art. 48 AEUV). Der EU fällt damit zwar kein umfassendes sozialpolitisches Mandat zu. Die Mitgliedstaaten sind aber in ihrer sozialpolitischen Gestaltungsmacht durch das EU-Recht vielfältig begrenzt und damit auch gebunden. Einerlei, ob in ergänzender, unterstützender oder koordinierender Weise – die EU kann auf sämtlichen Gebieten der Sozialpolitik aktiv werden (siehe auch → Europäischer Wirtschafts- und Sozialausschuss [EWSA]), mögen dafür auch die Mehrheitsanforderungen und Eingriffsmodalitäten variieren.

Nach Art. 6 EUV erkennt die EU die in der → Charta der Grundrechte (GRC) niedergelegten Rechte, Institutionen und Grundsätze als den Verträgen im Range gleichstehendes Recht an. Die GRC soll die Lücke beim Schutz der Menschenrechte schließen und das EU-Recht an diesen Rechten ausrichten. Zugleich soll gesichert werden, dass EU-Recht mit dem Verfassungsrecht der Mitgliedstaaten im Einklang steht. Aus dem Katalog der EU-Menschenrechte ergeben sich außerdem mögliche Neuausrichtungen der Sozialpolitik, die auch Rückwirkungen auf die Rechtsordnungen der Mitgliedstaaten haben. Die GRC enthält ein weit gefasstes Diskriminierungsverbot (Art. 21 GRC), Rechte von Kindern und älteren Menschen (Art. 24 f. GRC) und auf berufliche → Eingliederung behinderter Menschen (Art. 26 GRC). Sie kennt eigene → soziale Grundrechte (Art. 27–38 GRC) mit zahlreichen Garantien des Arbeitsrechts und der sozialen Sicherheit, namentlich Unterrichtung und Anhörung der Arbeitnehmer/innen, Kollektivverhandlungen und -maßnahmen, den Schutz vor ungerechtfertigter Entlassung, gerechte und angemessene Arbeitsbedingungen, Verbot der → Kinderarbeit und → Jugendarbeitsschutz sowie die → Vereinbarkeit von Familien- und Erwerbsleben. Daneben stehen weitere Grundrechte sozialen Gehalts, wie etwa auf Zugang zu unentgeltlicher Arbeitsvermittlung und Leistungen sozialer Sicherheit und sozialer Dienste, auf Gesundheitsschutz sowie auf Dienstleistungen von allgemeinem wirtschaftlichem Interesse, ferner auf Umwelt- und Verbraucherschutz.

*Eberhard Eichenhofer*

**Europarat** Der 1949 gegründete E. mit Sitz in Straßburg ist die älteste politische Organisation europäischer Staaten. Seine Kernaufgaben sind die Förderung von Demokratie, → Menschenrechten und Rechtsstaatlichkeit in den 47 Mitgliedstaaten. Der E. ist nicht zu verwechseln mit dem Europäischen Rat, dem Gremium der Staats- und Regierungschefs der → Europäischen Union (EU). Der E. beschäftigt sich mit allen Aspekten der europäischen Gesellschaft mit Ausnahme der Verteidigung, wobei die Schwerpunkte auf den Gebieten Recht, kulturelle Zusammenarbeit, → Erziehung und → Bildung, → Gesundheit, → Integration → behinderter Menschen, Rechte von Migrant/innen (→ Migration) und → Minderheiten, Umweltschutz sowie sozialer Zusammenhalt (Bekämpfung von → Armut) liegen. Er unterstützt die Mitgliedstaaten beim Kampf gegen Korruption und Terrorismus und bei Reformen des Justizsystems. Seit dem Fall des Eisernen Vorhangs rückte die Wahrung demokratischer und rechtsstaatlicher Strukturen in den Vordergrund. Organe des E. sind das Ministerkomitee und die Parlamentarische Versammlung. Eine wichtige Rolle spielen die rund 400 internationalen → Nichtregierungsorganisationen, die als Mitglieder aktiv an Entscheidungsprozessen des E. teilnehmen.

Zu den größten Erfolgen des E. zählt die → Europäische Konvention zum Schutze der Menschenrechte und Grundfreiheiten (EMRK) von 1950, die durch 16 Zusatzprotokolle (Stand: 1.8.2015) ergänzt wird. Der Beitritt zur EMRK ist Voraussetzung für die Mitgliedschaft im E. Zur Durchsetzung der EMRK wurden ein gerichtliches Kontrollsystem (Europäischer Gerichtshof für Menschenrechte) und später ein unabhängiger Menschenrechtskommissar eingeführt. Außer der EMRK und ihren Zusatzprotokollen hat der E. über 200 völkerrechtliche Verträge ausgearbeitet, darunter die → Europäische Sozialcharta zum Schutz wirtschaftlicher und → sozialer Grundrechte. Die Abkommen sollen das gemeinsame kulturelle Erbe bewahren, den wirtschaftlichen und sozialen Fortschritt fördern, die Rechtspraxis harmonisieren oder Mindeststandards in Europa gewährleisten. Der E. bietet ein Forum zur Ausarbeitung gemeinsamer Lösungen für aktuelle Probleme: Migration, Bekämpfung von Rassismus, → Diskriminierung, → sozialer Ausgrenzung, → Menschenhandel und → Gewalt gegen Frauen und Kinder, Schutz der Rechte von Kindern (→ Kinderrechte, → Kinderschutz), → Familienpolitik und → Familienrecht, soziale Integration von Menschen mit Behinderung und von Randgruppen (Obdachlose, Strafgefangene, Roma) und interkultureller Dialog. Durch die Europäischen Jugendzentren, das Europäische Jugendwerk und den Mobilitätsfonds für behinderte Jugendliche unterstützt er die → internationale Jugend- und Bildungsarbeit. Der Sozialentwicklungsfonds des E. arbeitet als Entwicklungsbank und gewährt Darlehen an Hilfsprojekte für → Flüchtlinge oder Opfer von Naturkatastrophen sowie für Investitionsprogramme im sozialen Bereich (wie Wiedereingliederung Arbeitsloser, Bau von Sozialwohnungen).

*Anschrift:* Avenue de l'Europe, 67006 Straßburg CEDEX, Frankreich, www.coe.int

*Eva Maria Hohnerlein*

**European Anti-Poverty Network (EAPN,** dt. Europäisches Armutsnetzwerk) EAPN wurde 1990 von → Nichtregierungsorganisationen (NGO) gegründet und ist eine demokratisch strukturierte Organisation mit einer jährlichen Generalversammlung und einem Exekutivausschuss als Leitungsorgan. EAPN äußert sich mit Stellungnahmen zur Politik der → Europäischen Union (EU) mit dem Ziel, die Bekämpfung von → Armut und → sozialer Ausgrenzung zu einer Priorität europäischer Politik zu machen, eine Lobby für und mit Menschen zu schaffen, die von Armut und Ausgrenzung betroffen oder bedroht sind, sowie Strategien zur Bekämpfung von Armut und sozialer Ausgrenzung zu entwickeln und zu überprüfen. Hierzu arbeitet EAPN mit relevanten Organisationen und Forschungsinstituten zusammen. Die Tätigkeit von EAPN besteht in Lobbyarbeit, sozialanwaltschaftlichem Handeln und dem Einsatz für die Berücksichtigung von Fragen der Armut und sozialer Ausgrenzung in allen Feldern europäischer Politik. Über die Homepage können Informationen zu Armut und sozialer Ausgrenzung in der EU abgerufen werden. Ein Newsletter informiert über aktuelle Entwicklungen in allen europäischen Ländern. Über transnationale Arbeitsgruppen sowie Fortbildungen wird der Austausch über die nationale Politik und die Praxis der sozialen Eingliederung (→ Integration) in den Mitgliedstaaten der EU gewährleistet. EAPN ist Gründungsmitglied der → Platform of European Social NGOs und als NGO beim → Europarat akkreditiert.

*Anschrift*: Square de Meeûs 18, B-1050 Brussels, www.eapn.org

*Carola Schmidt*

**European Social Network** (ESN) ist ein europaweiter Zusammenschluss von Verbänden, → Organisationen und → öffentlichen Trägern → sozialer Dienste. Mitglieder sind u.a. Vereinigungen von Sozialamtsleiter/innen, Dachverbände sozialer Dienste in der kommunalen → Selbstverwaltung, einzelne Regionen und Städte sowie Institute der → empirischen Sozialforschung und Organisationen in der Qualitätsverbesserung. Die 120 Mitgliedsorganisationen (Stand Oktober 2015) kommen aus 35 europäischen Ländern innerhalb und außerhalb der → Europäischen Union (EU).

ESN bringt Menschen zusammen, die eine Schlüsselrolle in der Entwicklung und Bereitstellung kommunaler und regionaler Sozialdienste spielen. Ziele des ESN sind es, einen Praxisaustausch zwischen Mitgliedern zu ermöglichen, über aktuelle Themen und Möglichkeiten in Europa zu informieren und die europäische Ebene über lokale Praxiserfahrung und Belange der Mitglieder zu informieren, um so eine erfolgreiche → europäische Sozialpolitik zu schaffen.

Momentan arbeitet ESN vor allem an folgenden Themen: → Kinder-und Jugendhilfe in Europa, gemeindenahe Betreuung für → behinderte Menschen und → psychisch kranke Menschen, Leben im → Alter sowie → soziale Innovation und Evidenzbasierte Praxis in der → Sozialen Arbeit. Aktivitäten zu diesen Themen umfassen Seminare und Konferenzen, Workshops, Arbeitsgruppen, Peer Arbeitstreffen europäischer Projekte und eine Datenbank mit Praxisbeispielen aus ganz Europa.

*Informationen*: www.esn-eu.org

*Lisa Schönenberg*

**Eurozone** → Europäische Union (EU)

**EU-SILC** (European Union Statistics on Income and Living Conditions) ist die Standarddatenquelle für die Messung von → Armut und Lebensbedingungen in den Mitgliedstaaten der → Europäischen Union. Sie wird seit 2005 europaweit einheitlich durchgeführt. Neben dem Einkommen werden auch Angaben zu weiteren wichtigen Lebensbereichen wie die Wohnsituation oder die → Gesundheit erfragt. Rechtsgrundlage der Erhebung ist die EU-Rahmenverordnung Nr. 1177/2003. Übergeordnetes Ziel von EU-SILC ist die Bereitstellung fundierter Entscheidungshilfen für die → Sozialpolitik auf nationaler und europäischer Ebene (→ europäische Sozialpolitik). Dazu werden aus den → Daten sowohl monetäre als auch nichtmonetäre → Sozialindikatoren ermittelt. Ein wichtiger Sozialindikator ist die Quote der von Armut oder → sozialer Ausgrenzung bedrohten Bevölkerung. Um die Vergleichbarkeit der Ergebnisse in den einzelnen Mitgliedstaaten zu gewährleisten, werden EU-weit die gleichen Merkmale erhoben und es gelten verbindlich einzuhaltende einheitliche Standards für die Erhebungsmethoden.

In Deutschland wird diese amtliche Erhebung unter der Bezeichnung »Leben in Europa« durchgeführt. Seit 2008 wird eine Zufallsstichprobe realisiert. Es nehmen jährlich rund 14.000 Haushalte sowie die in ihnen wohnenden Personen ab 16 Jahren freiwillig an der Erhebung teil. Jeder ausgewählte Haushalt wird in vier aufeinander folgenden Jahren befragt. Das ermöglicht auch eine Auswertung der Ergebnisse im Längsschnitt. Die Daten werden anhand des → Mikrozensus auf die Gesamtbevölkerung der Bundesrepublik Deutschland hochgerechnet.

*Kristina Kott*

**Evaluation** Wissenschaftliche Dienstleistung, die insbesondere Programme und Projekte systematisch und datengestützt beschreibt und bewertet. Alternative Zwecke von E. – Verbesserung, Entscheidungsfindung, Rechenschaftslegung, → Wissensmanagement – fordern Kompetenzen in → Empirischer Sozialforschung sowie Politikberatung oder → Organisationsberatung und → Organisationsentwicklung. Gemäß der »Standards für E.« ist E. auf Genauigkeit, Durchführbarkeit, Fairness und insbesondere Nützlichkeit verpflichtet. Neben der hier fokussierten Programm-E. können Personen (→ Personalentwicklung) oder Organisationen (→ Zertifizierungen) evaluiert werden. »Programme« sind zielgeführte Bündel von Aktivitäten oder → Interventionen. Sie basieren auf → Ressourcen bzw. Inputs und sollen vermittels bereitgestellter Produkte, Leistungen oder Outputs,

Outcomes bzw. Impacts im sozialen System auslösen (→ Wirkungsanalyse), z.B. bzgl. kompensatorischer → Bildung/ → Erziehung oder sozialer → Inklusion. E. fokussiert Outcomes, d.h. gewünschtes Wissen, → Einstellungen, → Verhalten, verbesserte/stabilisierte → Lebenslagen bei Zielgruppen. E. will Zielerreichung und Wirksamkeit messen, in der Logik → sozialer Dienstleistungen als Koproduktionen von Zielgruppenmitgliedern und Fachpersonal. E. bindet Bewertungskriterien transparent an soziale Werte zurück. Deren Geltung ist zwischen den Anspruchsgruppen – wie Politik, → Leistungserbringer, → Selbsthilfegruppen – im durch Verteilungskonflikte geprägten Feld der → Sozialen Arbeit umstritten. Je nachdem, ob E. durch Insider (Peer-E. und → Selbst-E.) oder durch Outsider (Fremd-E.) gesteuert wird, kommen konkurrierende Wertpositionen bei der Beurteilung von Güte, Nutzen oder sozialer Bedeutsamkeit der Programme zum Zuge. Fremd-E. stärkt Unabhängigkeit, Selbst-E. → Fachlichkeit. E.modelle reichen von den wertedistanzierten (quasi) experimentellen über wertepriorisierende, nutzungs- und entscheidungsorientierte bis hin zu werterelativistisch/konstruktivistischen und wertepositionierten Ansätzen. Alle nutzen empirische Methoden, je nachdem eher qualitative und/oder quantitative, eher vorab festgelegte (bzgl. Design und Instrumenten standardisierte) oder responsive/offene E.verfahren. Mit der → Verwaltungsmodernisierung und dem Erfordernis, im Zuge von Leistungsvereinbarungen (vgl. § 78 SGB VIII) Bedarfs- und Problemangemessenheit, → Effektivität und → Effizienz nachzuweisen und durch → Qualitätsmanagement bzw. → Controlling zu sichern, werden E. verstärkt beauftragt. Besonderheiten von E. gegenüber solchen standardisierten Ansätzen sind: Theorie der Koproduktion, Outcome-Orientierung, an ausgehandelte soziale Werte rückgebundene Interpretationen/Schlussfolgerungen. Aufbau von E.vermögen in Praxisorganisationen verlangt: Förderung von Selbst-E. durch Vorgesetzte; → Professionalisierung von E., die mit der »Gesellschaft für Evaluation« (DeGEval) und der »Zeitschrift für Evaluation« sowie E.studiengängen voranschreitet; Entschlossenheit von Entscheidungsträgern, E. für Planung wie Umsetzung von Programmen zu nutzen.

*Wolfgang Beywl*

**Existenzgründung** → Arbeitsförderung (SGB III)

**Existenzminimum** umfasst die zum (Über-)Leben mindestens notwendigen Güter und Dienstleistungen. Das physische E. beinhaltet Nahrungsmittel, Bekleidung, Unterkunft und gesundheitliche Versorgung in dem Maße, dass die körperliche Unversehrtheit gerade aufrechterhalten wird. Es ist abhängig von klimatischen Verhältnissen, Intensität körperlicher Arbeit und eventuellen gesundheitlichen Beeinträchtigungen. Wenn dieses Minimum nicht erreicht wird, leben die Betroffenen in absoluter → Armut. Das soziokulturelle E. ist weiter gefasst und an der Norm eines menschenwürdigen Daseins (→ Menschenwürde) ausgerichtet, das die Mittel für ein Mindestmaß gesellschaftlicher → Teilhabe voraussetzt. Es umfasst neben dem physischen E. auch die Deckung von Mobilitäts-, Bildungs-, Informations- und Kommunikationsbedarfen (→ Bedarf) sowie Möglichkeiten der Pflege zwischenmenschlicher Beziehungen und der Nutzung von kulturellen und Freizeitangeboten. Da insbesondere die Elemente soziokultureller Teilhabe von gesellschaftlichen Entwicklungen und Standards sowie der Infrastruktur abhängen, sind das so definierte E. und die damit implizierte Armutsgrenze relativ.

Die Sicherung des E. kann über → Geld- oder → Sachleistungen oder mit einer Kombination beider Transferarten erreicht werden. In Deutschland dominieren monetäre → Transfers, aus deren Bemessung sich eine politische Armutsgrenze bzw. ein gesetzliches E. ergibt. Letzteres wurde anfangs ausschließlich als → Sozialhilfe unter den Bedingungen des Bundessozialhilfegesetzes von 1962 (BSHG) gewährt. Mittlerweile sind für einzelne Bevölkerungsgruppen verschiedene Vorschriften maßgeblich: das → Asylbewerberleistungsgesetz (AsylbLG, BGBl. I S. 2022, letzte Änderung BGBl. I S. 1722), das SGB II (→ Grundsicherung für Arbeitsuchende, i.d.F. vom 13.5.2011, BGBl. I S. 850, 2094, letzte Änderung BGBl. I S. 974) mit → Arbeitslosengeld II (Alg II) und Sozialgeld sowie das SGB XII (Sozialhilfe, BGBl. I S. 3022, 3023, letzte Änderung BGBl. I S. 2557) mit → Hilfe zum Lebensunterhalt und → Grundsicherung im Alter und bei Erwerbsminderung.

Die Höhe des E. ist umstritten. Auch wenn – wie in Deutschland – bei der Bemessung eine empirisch-statistische Methode angewendet wird, fließen bei zahlreichen Details normative Setzungen ein. Das Bundesverfassungsgericht (BVerfG) hat 2010 den Grundrechtscharakter (→ Grundrechte) der Sicherung des soziokulturellen E. festgestellt und die damaligen → Regelbedarfe wegen fehlerhafter Umsetzung des gewählten Ermittlungsverfahrens und unzureichender Dynamisierung für nicht verfassungsgemäß erklärt (1 BvL 1/09). Die mit dem → Regelbedarfs-Ermittlungsgesetz (BGBl. I S. 453) erfolgte Neuregelung genügt den verfassungsrechtlichen Anforderungen »noch«, wie das BVerfG 2014 – allerdings nicht vorbehaltlos – entschieden hat (1 BvL 10/12, 1 BvL 12/12, 1 BvR 1691/13).

*Irene Becker*

**Exklusion** bedeutet wörtlich Ausschluss (lat. exclusio) oder Ausgrenzung. Der Gegenbegriff ist → Inklusion. Das Spannungsfeld zwischen Inklusion und E. wird vor allem in der Soziologie untersucht. E. bezeichnet den Vorgang des Ausschlusses aus der Gesellschaft bzw. den Status des Ausgeschlossenseins von unterprivilegierten Gruppen. Es kann davon ausgegangen werden, dass in komplexen, modernen Gesellschaften eine allumfassende E. bestimmter gesellschaftlicher Gruppen, wie zum Beispiel Menschen mit Behinderung, eher unwahrscheinlich ist. Ihre absolute E. würde bedeuten, dass sie oder ihre Belange von öffentlicher Kommunikation ausgeschlossen und somit in keiner Form öffentlich wahrgenommen würden. Dies ist faktisch in einer Demokratie mit einer relativ freien Presse nicht gegeben. Vielmehr aber spielen gerade für → behinderte Menschen indirekte E. eine wichtige Rolle – etwa wenn in despektierlicher oder verniedlichender Form berichtet wird.

Das zu E. dazugehörige Adjektiv „exklusiv" ist häufig zunächst durchaus positiv konnotiert: Wer möchte nicht Besitzer einer exklusiven Limousine oder anerkanntes Mitglied in einem exklusiven Golfklub sein? Die In-Gruppe möchte – oft aus Gründen des Herrschafts- und Machterhalts oder aus Misstrauen – unter sich, d.h. exklusiv bleiben. Als Gesellschaftsmodell kann E. jedoch keine Vision sein, weil sie Menschen ausschließt, damit ungerecht ist und mittel- und langfristig zu Gewalt führen kann. Ein exklusives Gemeinwesen sondert Menschen aus und kann kein Zusammen- und Zugehörigkeitsgefühl vermitteln. Nur eine inklusive Orientierung kann den nötigen gesellschaftlichen Zusammenhalt, Kohäsion und Friedfertigkeit ermöglichen.

*Ulrich Niehoff*

**Experiment** → Empirische Sozialforschung

**Exploration** ist eine sozialwissenschaftliche Forschungsmethode sowie ein diagnostisches Verfahren in der Psychologie. Ursprünglich wurde mit E. in der Forschung die Phase zwischen der Formulierung des Problems und der Entscheidung über die Anlage der Untersuchung bezeichnet. E. ist jedoch insbes. in theoretisch wenig erfassten und empirisch kaum erforschten Bereichen zu einem eigenständigen bedeutsamen Verfahren zur Entdeckung von bis dahin unbekannten Zusammenhängen in der sozialen Wirklichkeit geworden. Im Unterschied zu Fragebogen oder Test erlaubt die E. ein dialogisches Vorgehen, sodass subjektive Sinndeutungen und Problemlagen Berücksichtigung finden und nicht einem festgelegten Schema Folge geleistet werden muss. Obwohl dieses Verfahren in der Diagnostik häufig angewandt wird, ist es in der psychologischen Fachliteratur umstritten. Zu den Hauptkritikpunkten zählt, die Beurteilungskriterien seien subjektiv und unsystematisch. Auch die Beeinflussung der Proband/innen entziehe sich der Kontrolle. Einstellungen und Einflussnahme des Explorierenden spielten eine Rolle. Im Gegenzug kritisieren Befürworter der E.-Verfahren, dass Klassifikationssysteme und Tests expertokratische Normalitätskonstruktionen transportieren und diesen Sachverhalt nicht ausreichend reflektieren. Im klinisch-therapeutischen Bereich psychosozialer Praxis haben E.-Verfahren aus der Psychoanalyse (→ Psychoanalytische Beratung und Therapie) daher eine lange Tradition. Den Klient/innen wird die Auswahl und Formulierung der Probleme überlassen. Diagnostische Urteile werden im Bewusstsein der Vorläufigkeit prozessorientiert gefällt (→ Anamnese, → Erstgespräch). Humanistische, systemische und integrative Verfahren der Psychotherapie und → Beratung haben an diese Entwicklungen angeknüpft und den Schwerpunkt auf dialogische, dem Relevanzsystem der Klient/innen folgende Aspekte gelegt (→ Psychosoziale Diagnose). Narrative Verfahren aus der rekonstruktiven Biografieforschung eines dialogisch orientierten → Fallverstehens haben wiederum daran angeknüpft und bilden den Übergang in den Bereich der → empirischen Sozialforschung. Dort erfolgt E. durch qualitative, offene Erhebungserfahren (Beobachtung, explorative Interviews), durch → Fallstudien sowie Sekundäranalysen vorhandenen Materials. In der qualitativen Forschung der Sozialen Arbeit haben Vorgehensweisen der E. aufgrund des komplexen, situativen und häufig einzigartigen, einzelfallorientierten Charakters der Hilfepraxis stark an Bedeutung gewonnen.

*Silke Birgitta Gahleitner*

**Fachaufsicht** ist Recht- und Zweckmäßigkeits-Kontrolle öffentlicher Verwaltungstätigkeit durch übergeordnete Behörden. Im Gegensatz zur (umfassenden) Kontrolle der Verwaltungstätigkeit innerhalb bestehender Verwaltungshierarchien (also innerhalb ein- und desselben Verwaltungsträgers) dient Aufsicht (→ Rechtsaufsicht und F.) der Kontrolle der mittelbaren Staatsverwaltung, also von rechtlich selbstständigen Verwaltungsträgern (Anstalten, Körperschaften, Stiftungen, kommunalen Gebietskörperschaften) durch die staatliche Verwaltung (Bundes- oder Landesbehörde) sowie der Kontrolle einer staatlichen Ebene durch eine andere (Aufsicht des Bundes über die Länder) und ist auf bestimmte Aufsichtsmittel beschränkt. Im Gegensatz zur Rechtsaufsicht umfasst F. sowohl die Kontrolle der Gesetzmäßigkeit (Rechtmäßigkeit) als auch der Zweckmäßigkeit der Verwaltungstätigkeit einschließlich der Ausübung des → Ermessens. Zur F. gehört die rechtliche und fachliche Beratung der beaufsichtigten Behörde. Förmliche F.maßnahmen sind typischerweise der Erlass von generellen → Weisungen (z.B. in Form von → Verwaltungsvorschriften oder Durchführungshinweisen) oder von Einzel-Weisungen; gegen förmliche Maßnahmen steht der beaufsichtigten Behörde der Rechtsweg offen. Einzelheiten und zuständige Aufsichtsbehörde ergeben sich für Bundesbehörden aus bundesrechtlichen, für Landesbehörden aus landesrechtlichen Bestimmungen (z.B. für die Kommunen aus den Gemeindeordnungen, Landkreisordnungen usw.).

*Jochen Schumacher*

**Fachberatung für Kindertagesbetreuung** Mit dem → Kinder- und Jugendhilfegesetz (KJHG) erging 1991 gemäß § 72 SGB VIII der gesetzliche Auftrag an die Träger der öffentlichen → Kinder- und Jugendhilfe, Fortbildung und Praxisberatung der Mitarbeiter/innen der → Jugendämter und → Landesjugendämter sicherzustellen. Die Länder wurden aufgefordert, F. in ihren Ausführungsgesetzen zu verankern und durch Finanzierungsbeteiligung abzusichern. Das ist bis heute noch nicht in allen Ländern der Fall.

In den letzten Jahren ist die F. in das Blickfeld der Forschung wie auch des Bundes gerückt. F. bezeichnet eine Tätigkeit, die unterschiedlich ausgestaltet und in verschiedenen Hierarchiestufen der öffentlichen und freien Jugendhilfe sowie außerhalb klassischer Jugendhilfestrukturen angesiedelt ist. Durch ihre spezifische Rolle, Aufgabenzuschnitte, ihren Einblick in die Praxis der → Kindertagesbetreuung und Strukturen der Jugendhilfe hat F. eine tragende, koordinierende, vermittelnde und moderierende Funktion. Sie initiiert und unterstützt Veränderungsprozesse von Einrichtungen und Trägern. Sie ist Transfer- und Steuerungsinstanz zwischen Mitarbeiter/innen und Trägern, Wissenschaft und Praxis, Politik, Verwaltung und Pädagogik. F. stellt eine personenbezogene, strukturentwickelnde soziale Dienstleistung dar, die qualitätsentwickelnd und -sichernd im Kindertagesbetreuungssystem wirkt. Unterschieden werden Aufgabenbereiche wie Aufsicht, → Beratung, Verwaltung und Steuerung bezogen auf → Kindertageseinrichtungen, → Kindertagespflege und Träger. Am schärfsten zeigt sich der für F. charakteristische Spannungsbogen in der Koppelung von Aufsicht und Beratung.

Mit Blick auf die rasanten Entwicklungen im Bereich der Kindertagesbetreuung wie auch in der Ausbildung von → Erzieher/innen, den vielfachen Qualitäts- und Qualifizierungsoffensiven auf Bundes-, Länder- und Trägerebene ist es dringend erforderlich, das nach wie vor diffuse und kaum untersuchte Feld der F. stärker und nachhaltiger in den Blick zu nehmen. Es braucht eine transparente Beschreibung der Kompetenzen, beruflichen Vorqualifikationen, Profile, Qualitätsstandards, strukturellen, finanziellen und gesetzlichen Rahmenbedingungen von F. Für die Weiterentwicklung von F. ist darüber hinaus eine Verständigung über quantitative Standards für die personelle Ausstattung von F. erforderlich. Aufgrund der bestehenden Heterogenität im System F. wird dies nicht ohne eine entsprechende Normierung in den Gesetzen bzw. in den Verordnungen zur Personalausstattung in der Kindertagesbetreuung umsetzbar sein. Des Weiteren bedarf es qualitativer Rahmensetzungen hinsichtlich Aus-, → Fort- und Weiterbildung der Fachberater/innen. Hierzu gilt es, ein qualifizierungs- und auswahlrelevantes Anforderungsprofil für die und gemeinsam mit der F. auszuarbeiten. Schließlich geht es um die Formulierung von und Verständigung über gemeinsame Qualitätskriterien im Hinblick auf die konkrete Arbeit der F.

*Maria-Theresia Münch*

**Fachbereichstag Soziale Arbeit (FBTS)** Der FBTS ist ein freiwilliger Zusammenschluss (e.V.) der Fachbereiche und Fakultäten an deutschen Hochschulen, die ein → Studium der Sozialen Arbeit anbieten. Er ist aus der Konferenz der Fachbereichsleitungen der Fachbereiche Sozialwesen (KFS) hervorgegangen und geht auf die 1916/17 von Alice Salomon mitgegründete Konferenz der Sozialen Frauenschulen zurück, so dass der FBTS auf eine über 100-jährige Geschichte zurückblickt. Als autonomes kollegiales Organ der Selbstverwaltung bündelt er die fachlichen, organisatorischen und bildungspolitischen Aktivitäten seiner derzeit über 70 Mitglieder. Diese rekrutieren sich überwiegend aus den Hochschulen für angewandte Wissenschaft (HAW) und einigen Universitäten. Der FBTS vertritt diese Fachbereiche und Fakultäten gegenüber Hochschulen, Ministerien und anderen Bildungsorganisationen in allen hochschulpolitischen Angelegenheiten und gegenüber Kammern, (Wohlfahrts-)Verbänden, Gewerkschaften bzw. den Sozialpartnern in allen Angelegenheiten der Sozialen Arbeit auf regionaler, nationaler und internationaler Ebene. Gegenseitige Information, Kooperation und Beratung sowie die Wahrnehmung gemeinsamer Interessen in Angelegenheiten der Lehre, des Studiums, der Forschung, der Förderung des wissenschaftlichen Nachwuchses, der Fort- und Weiterbildung sowie des Wissenstransfers in die Praxis der Sozialen Arbeit zählen zu seinen Aufgaben. Dazu führt der FBTS zweimal im Jahr Konferenzen und weitere Fachtagungen durch.

*Informationen:* www.fbts.de

*Peter Schäfer*

**Fachhochschulen** → Studium der Sozialen Arbeit

**Fachkraft** Die Bundesregierung versteht unter F. grundsätzlich Personen sowohl mit einer anerkannten akademischen als auch mit einer anerkannten anderweitigen mindestens zweijährigen abgeschlossenen Berufsausbildung. Die Sozialgesetzgebung grenzt den Begriff der F. in der Sozialen Arbeit ein: § 6 SGB XII formuliert programmatisch, mit der Aufgabe der → Sozialhilfe seien nur Personen zu beschäftigen, die fachlich und persönlich geeignet sind. Bei der fachlichen Eignung können Ausnahmeregelungen eingeräumt werden, die persönliche Eignung ist zwingend. Fachliche Eignung kann sowohl über eine der Aufgaben entsprechenden Ausbildung erworben sein oder durch vergleichbare Erfahrungen. In der Sozialverwaltung können unterschiedliche Berufsfelder vertreten sein. Das F.gebot bezieht sich zunächst auf die → öffentlichen Träger der → Kinder- und Jugendhilfe, diese Norm wird ebenso auf die → freien Träger übertragen (§§ 79, 45 und § 74 Abs. 1 Ziff. 1 SGB VIII). § 72 SGB VIII legt das F.gebot zugrunde und präzisiert die Qualifikationen von Mitarbeiter/innen in der Kinder- und Jugendhilfe. Fachliche und persönliche Eignung sind hier die Parameter. Fachliche Ausbildung muss dazu befähigen, die jeweilige Aufgabe zu bewältigen (vgl. Wiesner). Eine Definition ist im Einzelfall ggf. erforderlich. § 72 SGB VIII formuliert den Tätigkeitsausschluss hingegen eindeutig. Das SGB VIII akzentuiert durch die persönliche Eignung – deren Überprüfung oder Ausschluss – auch den Schutzauftrag.

Über Indikatoren persönlicher Eignung wird kontrovers debattiert, eröffnen diese einen Interpretationsspielraum. Persönliche Eignung stellt nach Münder einen → unbestimmten Rechtsbegriff dar, ein einheitlicher Kriterienkatalog ist bislang nicht formuliert worden. SGB VIII definiert überwiegend sozialpädagogische und sozialarbeiterische Aufgaben, so kommen alle entsprechenden Berufsabschlüsse der verschiedenen Ebenen (Fachschule, Bachelor, Master, Diplom) in Betracht (→ Ausbildung in sozialen Berufen, → Studium der Sozialen Arbeit). In den Bundesländern gibt es im Bereich der Kinder- und Jugendhilfe landesrechtliche Regelungen und Empfehlungen für den Einsatz von geeignetem Personal in betriebserlaubnispflichtigen Einrichtungen. Nach SGB VIII werden ausschließlich Personen mit einer einschlägigen Ausbildung als F. begriffen. Münder u.a. konstatieren, dass Personen, die aufgrund besonderer Erfahrungen im Bereich der Kinder- und Jugendhilfe tätig sind, keine gesonderte F.-Klassifizierung darstellen. Diese sind begründungspflichtige Ausnahmen vom Grundsatz der ausgebildeten hauptamtlichen F. Ausschließlich F. sind in leitenden Funktionen zu beschäftigen. Kernberufe wie bislang formuliert werden erweitert bspw. durch Kindheitspädagog/in, Heilpädagog/in. Betreuung in → Kindertageseinrichtungen stellt den Leistungsbereich der Kinder- und Jugendhilfe mit dem größten Wachstumsfaktor dar. Unterschiedliche Untersuchungen wie bspw. die Nubbek-Studie liefern wichtige Hinweise auf Qualifizierungen. Aktuell wird von einem weiten Spektrum → sozialer Berufe ausgegangen.

*Pia Theresia Franke*

**Fachleistungsstunde** ist eine Verrechnungsform für Leistungsentgelte, die insbesondere bei ambulanten Leistungen der → Kinder- und Jugendhilfe auf der Basis von § 77 SGB VIII angewandt wird. Bundesrechtlich gibt es keine näheren Bestimmungen zur Ausgestaltung und Berechnungsmodalitäten von F. Diese sind zwischen der öffentlichen und der freien Jugendhilfe zu vereinbaren, ggf. im Rahmen näherer landesrechtlicher Bestimmungen. Die kalkulierten Gesamtkosten eines Leistungsangebots (Personal-, Sach-, Investitions- und Vorhaltekosten) werden dabei bezogen auf eine Zeitstunde berechnet. Die so ermittelten Preise für eine F. sind allerdings nur dann vergleichbar, wenn gleiche fachliche und qualitative Standards zugrunde liegen und wenn die Vergütung sich auf gleiche Sachverhalte bezieht. So werden in manchen Modellen nur die direkt mit den Leistungsempfänger/innen verbrachten Zeiteinheiten vergütet, in anderen hingegen auch Wege- und Vorbereitungszeiten.

*Norbert Struck*

**Fachlichkeit** Seit 2001 wird die Diskussion um F. auf der Grundlage der Anerkennung Sozialer Arbeit als Fachwissenschaft geführt. F. ist eingebunden sowohl in Organisationen, sozialstaatliche Gesetzgebung als auch in sozial- und ordnungspolitische Ziele (vgl. Müller). Dieser Kontext löst Klärungsbedarf hinsichtlich Handlungsfreiheit und evtl. divergierender Ziele aus; er stellt die Parameter sowohl für Handlungskonzepte und -verständnis in den unterschiedlichen Feldern Sozialer Arbeit als auch für das professionelle Verständnis der → Fachkräfte dar. Das Selbstverständnis Sozialer Arbeit bedingt Theoriebildung, Werteverständnis, Zielsetzungen und Handlungswissen und so F.

F. bedeutet kein monomethodisches Vorgehen, sondern wendet Handlungsansätze, die unterschiedliche Methoden einbeziehen, an. → Soziale Einzel(fall)hilfe, → Gemeinwesenarbeit und → soziale Gruppenarbeit bezeichnen klassische Methoden Sozialer Arbeit. Aktuelle Versuche, Soziale Arbeit durch eine Erhöhung der Männerquote aufzuwerten, sind auch unter diesem Aspekt zu diskutieren, um dem Eindruck vorzubeugen, dass biografische Vorerfahrungen als wertvoller erachtet werden als Fachwissen mittels wissenschaftlichen Studiums (vgl. Sabla). F. hat sich im Wesentlichen auf spezifische Arbeitsfelder wie → Kinder- und Jugendhilfe (→ Neue Fachlichkeit in der Jugendhilfe), → Allgemeiner Sozialdienst, Alten- und Behindertenhilfe oder Suchtberatung bezogen definiert; ebenso haben sich arbeitsfeldübergreifende Themen wie Sozialraum-, Lebensweltorientierung, Diversity und Netzwerkarbeit konstituiert.

*Pia Theresia Franke*

**Fachplanung** Unter F. im sozialen Bereich wird die operative → Planung der Leistungserbringung durch die Produktverantwortung tragenden Organisationseinheiten eines → Sozialleistungsträgers (Kommune, Land, Bund) verstanden. F. im sozialen Bereich ist auf ein bestimmtes Produkt oder ein bestimmtes Vorhaben (z.B. Planung einer → Kindertageseinrichtung) ausgerichtet. → Qualitätsmanagement, fachliches und finanzielles → Controlling und der Abschluss von Leistungsvereinbarungen oder Leistungsverträgen (→ Vereinbarungen) zwischen dem öffentlich-rechtlichen Leistungsträger und den → Leistungserbringern sozialer Arbeit sind im Rahmen der F. dabei als entsprechende Steuerungsinstrumente auszugestalten. Durch die Zusammenführung von Fach- und Ressourcenverantwortung und die Dezentralisierung von Entscheidungskompetenzen im Rahmen der → Verwaltungsmodernisierung wird eine leistungsbezogene Sensibilität für fachliche Entwicklungen und deren Umsetzung in F. gesichert. Die Sektorierung von Aufgabenfeldern oder Fachbereichen wird durch eine integrierte → Sozialberichterstattung und → Sozialplanung für eine aufgaben- und ressortübergreifende strategische Planungsperspektive vermieden.

*Ingo Gottschalk*

**Fachschulen** sind Einrichtungen der beruflichen Weiterbildung (→ Fort- und Weiterbildung). Die Ausbildung erfolgt in den Fachbereichen Agrarwissenschaft, Gestaltung, Technik, Wirtschaft und Sozialwesen. In Bayern erfolgt die Ausbildung teilweise an Fachakademien. Der Unterricht kann in Vollzeit- oder Teilzeitform erfolgen. F. zeichnen sich durch eine enge Verzahnung von Theorie und Praxis aus. Sie haben das Ziel, → Fachkräfte für die Übernahme von Führungsaufgaben zu qualifizieren und die Bereitschaft zur beruflichen Selbstständigkeit zu fördern.

Die Bildungsgänge in den einzelnen Fachbereichen schließen an eine berufliche Erstausbildung und an Berufserfahrungen an und führen zu einem staatlichen, postsekundären Berufsabschluss nach Landesrecht. Darüber hinaus können an F. weitere Abschlüsse und Zertifikate erworben werden. Die → Kultusministerkonferenz hat einheitliche Grundlagen für alle Bundesländer in einer Rahmenvereinbarung über F. festgelegt. Die weitere Ausgestaltung ist Ländersache. Abschlusszeugnisse, die nach der Rahmenvereinbarung erteilt werden, werden in allen Bundesländern anerkannt.

Mit dem erfolgreichen Abschluss einer F. kann außerdem eine schulische Hochschulzugangsberechtigung in Form der Fachhochschulreife erworben werden. Dazu muss vor der Fachschulabschlussprüfung der Nachweis eines mittleren Bildungsabschlusses erbracht werden. Als weitere Voraussetzung müssen die erforderlichen zeitlichen und inhaltlichen Rahmenvorgaben durch die Stundentafeln und Lehrpläne abgedeckt und durch die Abschlussprüfung oder eine Zusatzprüfung nachgewiesen werden. Seit 2009 erhalten Inhaber eines Fachschulabschlusses zudem eine allgemeine Hochschulzugangsberechtigung. Während die Fachhochschulreife persönlich erworben wird, können jedoch die Voraussetzungen für die Hochschulzugangsberechtigung durch neue Gesetzgebung jederzeit wieder geändert werden.

Im Fachbereich Sozialwesen gibt es die Fachrichtungen Sozialpädagogik (→ Soziale Arbeit), → Heilerziehungspflege und → Heilpädagogik. Eine große Berufsgruppe, die an F. bzw. Fachakademien für Sozialpädagogik ausgebildet wird, sind die → Erzieher/innen. Aufnahmevoraussetzung ist ein mittlerer Schulabschluss oder ein gleichwertig anerkannter Bildungsabschluss und eine abgeschlossene Berufsausbildung, beispielsweise als Kinderpfleger/in oder → Sozialassistent/in, oder eine vom jeweiligen Bundesland als gleichwertig anerkannte Qualifizierung, wie zum Beispiel ein einschlägiges Praktikum im sozialen Bereich. Einzelheiten legen die Länder aufgrund ihrer Zuständigkeit fest. Die Ausbildung zum Erzieher bzw. zur Erzieherin dauert bei Vollzeitunterricht in der Regel drei Jahre. Häufig findet zunächst eine zweijährige theoretische Ausbildung mit Praxiszeiten statt, an die sich ein begleitetes, einjähriges Berufspraktikum in einer sozialpädagogischen Einrichtung anschließt. Teilweise werden auch mehrere Praxisphasen an verschiedenen Einrichtungen in eine dreijährige Ausbildung integriert.

*Wiebke Bartels*

**Fachsozialarbeit** meint die Ausdifferenzierung und Diversifikation von einer grundständig generalistisch ausgerichteten hin zu einer spezialisierten, höher qualifizierten → Sozialen Arbeit. Als anerkanntes Beispiel für F. wird → Klinische Sozialarbeit mit einem inhaltlichen und formalen → Curriculum erweiterter und vertiefter akademischer Kompetenzen auf Masterniveau (→ Studium der Sozialen Arbeit), eigenen definierten Standards und Qualitätskriterien angesehen. Klinische Sozialarbeit zeichnet sich auch durch eine disziplinäre Verankerung in einer wissenschaftlichen Fachgesellschaft (→Deutsche Gesellschaft für Soziale Arbeit [DGSA]) aus, betreibt einen eigenständigen wissenschaftlichen Diskurs mittels der Fachzeitschrift »Klinische Sozialarbeit« und praktiziert eine fachspezifische Zertifizierung durch die Zentralstelle für Klinische Sozialarbeit (ZKS). Klinische Sozialarbeit erfüllt damit als F. weitgehend Kriterien einer sozialen Profession (→Professionalisierung). Weitere Spezialisierungen wie → Sozialmanagement, → Schuldnerberatung, → Schulsozialarbeit und → Bewährungshilfe werden als Beispiele einer F. bzw. sich auf dem Weg dorthin entwickelnd diskutiert. Gemeinsame Kennzeichen dafür sind eine wissenschaftlich ausdifferenzierte Verankerung in Theorie und Praxis sowie eine kontinuierliche Ausgestaltung in Handlungsfeldern der Sozialen Arbeit. Zusätzlich bedarf es einer wissenschaftlich reflektierten Praxis nach anerkannten fachlichen Standards sowie überprüfbarer Qualitätsmerkmale und → Kompetenzen auf akademischem Niveau unter dem Dach der Wissenschaft der Sozialen Arbeit.

*Peter Schäfer*

**Fachverbände für Menschen mit Behinderung** sind eine Interessensgemeinschaft vom Bundesverband evangelische Behindertenhilfe e.V., vom Bundesverband für körper- und mehrfachbehinderte Menschen e.V. (seit 2004), von der Bundesvereinigung Lebenshilfe e.V., vom Bundesverband Caritas Behindertenhilfe und Psychiatrie e.V. und vom Bundesverband anthroposophisches Sozialwesen e.V. Die F. repräsentieren ca. 90% der Dienste und Einrichtungen für Menschen mit geistiger, seelischer, körperlicher oder mehrfacher Behinderung in Deutschland und pflegen seit 1978 eine enge Kooperation. Ethisches Fundament der Zusammenarbeit ist das gemeinsame Bekenntnis zum Recht auf Selbstbestimmung und gleichberechtigte Teilhabe → behinderter Menschen am Leben in der Gesellschaft. Zentrale Felder der Zusammenarbeit sind die → Sozial-, Gesundheits- und Gesellschaftspolitik. Die Kooperation findet ferner dort statt, wo es um strukturelle oder konzeptionelle Fragen der Unterstützung behinderter Menschen in den verschiedenen Lebensphasen (z.B. soziale → Teilhabe bei → Pflegebedürftigkeit im → Alter) und Gemeinschaftskontexten (z.B. → Teilhabe am Arbeitsleben) oder um die Umsetzung des Paradigmenwandels von der → Fürsorge zur → Inklusion geht. Gemeinsam werden Positionen zu Grundsatzfragen der Politik für behinderte Menschen erarbeitet und Stellungnahmen zu wichtigen Gesetzesvorhaben formuliert. Ferner werden Handlungsleitlinien für Dienste und Einrichtungen verfasst und öffentliche Fachveranstaltungen zu aktuellen behinderungsspezifischen Themen durchgeführt.

*Janina Bessenich/Thorsten Hinz*

**Fahrdienste für behinderte Menschen** sind meist Dienste, die außerhalb des öffentlichen Personennahverkehrs und außerhalb von Krankentransporten in einer separaten Organisationsform mit speziell ausgerüsteten Fahrzeugen → behinderte Menschen befördern. Zielgruppe sind in erster Linie schwer gehbehinderte Menschen, die öffentliche Verkehrsmittel wegen ihrer Behinderung nicht oder nur unter großen Schwierigkeiten benutzen können. Unter den Fahrtzwecken stehen die Erledigung persönlicher Angelegenheiten (etwa Einkauf, Behördengang, Arztbesuch) und die

Teilnahme am öffentlichen Leben (z.B. Freizeitveranstaltungen, Kino, Theater, Museum, Besuchsfahrten zu Verwandten und Freunden). Nicht zum Aufgabenbereich der F. zählen: Krankentransporte, Fahrten zu Zielorten, die außerhalb der genehmigten Kilometer-Entfernung liegen, regelmäßige Fahrten zu → Werkstätten für behinderte Menschen, Schulen, Lehrstellen sowie Arbeits- oder Umschulungsplätzen. Es besteht kein gesetzlicher Anspruch auf einen F. Vielmehr sind die F. eine Ermessensleistung (→ Ermessen), die je nach Kommune unterschiedlich angeboten wird, weshalb im Einzelnen die Regelungen in den Kommunen und Landkreisen sehr unterschiedlich sind. Insbesondere die Finanzierung, die Voraussetzungen der Inanspruchnahme, die Anzahl der möglichen Fahrten pro Monat oder Quartal und die Höhe der von vielen Kommunen erhobenen Kostenbeteiligung sind in den Gemeinden unterschiedlich geregelt. Träger der F. sind überwiegend Verbände der → freien Wohlfahrtspflege. Immer häufiger beauftragen die Kommunen auch private Anbieter (Taxiunternehmen) mit dieser Leistung.

*Antje Welke*

**Fahrkosten** werden im Bereich der → Sozialversicherung übernommen, wenn die Kosten im Zusammenhang mit der Inanspruchnahme von Versicherungsleistungen stehen. In der → Krankenversicherung werden F. übernommen, wenn die Fahrten aus zwingenden medizinischen Gründen erforderlich sind (§ 60 SGB V). Fahrten zur stationären Behandlung im → Krankenhaus, Krankentransporte, Rettungsfahrten und Fahrten zur ambulanten Behandlung werden übernommen, wenn dadurch stationäre Behandlungen vermieden bzw. verkürzt werden können. Für vor- und nachstationäre Krankenhausbehandlung einschließlich des ambulanten Operierens gilt die Regelung entsprechend. Die Übernahme der F. erfolgt unter Abzug der Zuzahlungen (§ 61 SGB V; → Selbstbeteiligung in der Krankenversicherung). F. zur ambulanten Behandlung werden nur in Ausnahmefällen mit vorheriger Genehmigung von der Krankenkasse übernommen. Die Ausnahmefälle sind in den Krankentransport-Richtlinien des → Gemeinsamen Bundesausschusses festgelegt (z.B. Dialysebehandlungen, Versicherte mit einem Schwerbehindertenausweis und den Merkzeichen »aG«, »Bl« oder »H« [→ schwerbehinderte Menschen] oder einem Bescheid über die Einstufung in Pflegestufe I oder III nach SGB XI).

Die Bestimmung des erforderlichen Transportmittels richtet sich nach der medizinischen Notwendigkeit im Einzelfall und ist unter den zur Verfügung stehenden Transportmitteln vorzunehmen. Für die F. ist der jeweils günstigste Fahrpreis aller Verkehrsmittel anzusetzen. Bei der Benutzung eines privaten Fahrzeugs ist Versicherten für jeden zurückgelegten Kilometer der nach dem Bundesreisekostengesetz festgelegte Höchstsatz (0,20 Euro) als Wegstreckenentschädigung zu erstatten (§ 60 Abs. 3 Nr. 4 SGB V), maximal jedoch der Betrag, der bei Inanspruchnahme der ansonsten zur Verfügung stehenden Transportmittel entstanden wäre. Für medizinisch notwendige Begleitpersonen (z.B. bei Krankenhausbehandlung des Kindes) wird eine Mitnahmeentschädigung gewährt.

Die → Arbeitslosenversicherung (SGB III) übernimmt F. im Zusammenhang mit einer beruflichen → Fort- und Weiterbildung für Pendelfahrten zwischen Wohnort und der Ausbildungsstätte oder bei einer erforderlichen auswärtigen Unterbringung für die An- und Abreise sowie Familienheimfahrten oder Besuchsfahrten (§ 63 SGB III). Ferner werden im Zusammenhang mit Leistungen zur → medizinischen Rehabilitation und Leistungen zur → Teilhabe am Arbeitsleben für Menschen mit Behinderung F.- und Reisekosten übernommen (§ 60 Abs. 5 SGB V; § 43 Abs. 1 SGB VII; § 53 SGB IX). Die Reisekosten umfassen neben den F. u.a. Verpflegungs- und Übernachtungskosten sowie die Aufwendungen für eine erforderliche Begleitperson. Bei einer medizinische Rehabilitation und bei Maßnahmen zur Teilhabe am Arbeitsleben sind auch die Kosten für Familienheimfahrten oder Besuchsfahrten zu übernehmen (§ 43 Abs. 3 SGB VII; Gemeinsame Richtlinie der Verbände der Unfallversicherungsträger über Reisekosten; § 53 Abs. 2 SGB IX). Für Reisekosten sind keine Zuzahlungen zu leisten.

*Ulrike Häcker*

**Fahrlässigkeit** → Haftung, → Schuld

**Fallbeschreibung** wird in unterschiedlichen Bereichen als Fallstudie, Fallarbeit, Fallgeschichte, Fallrekonstruktion bezeichnet. Als Fall in der → Sozialen Arbeit versteht man die Sichtweise und Interpretation eines Geschehens durch eine/n Beobachter/in. Dem Fall liegt ein → soziales Problem oder ein soziales Anliegen zugrunde. Geschehnisse an sich sind noch kein Fall. Durch die Beobachtung und die Bewertung als Problem werden Geschehnisse als Fall definiert oder nicht. Die Problemwahrnehmung und -einschätzung setzt sich aus objektiven (z.B. → Armut, Behinderung) und subjektiven Kriterien (z.B. eigene Betroffenheit, → Normen, Werte) sowie aus theoretischen Ansätzen (psychologische, sozialpädagogische, soziologische) zusammen. Ein Fall kann neben einzelnen Akteuren auch → Gruppen, → Familien oder Bevölkerungsgruppen und professionelle Arbeitsteams (z.B. → Kindertagesstätten, soziale → Organisationen) umfassen. Die F. ist die Darstellung der aus subjektiver Wahrnehmung, professionellem (praktischen und theoretischen) Wissen und Informationen gewonnenen Fakten und → Daten.

Inhalte einer F. sind u.a.: (1) der Anlass für den Fall (Was ist geschehen, dass eine Geschichte zum Fall geworden ist?); (2) die Fragestellung/en des/der Professionellen (Was will ich mit der F. und was brauche ich, um auftrags- und gesetzesgemäß zu handeln?); (3) der Auftrag (Gehört die Befassung mit diesem Fall zu meinem originären Arbeitsfeld?); (4) der Gegenstand der Beschreibung (Wer sind die Akteure, worum geht es, wie ist der Fall zu einem Problem geworden, wie stellt sich das Problem dar und warum ist es gerade jetzt aufgetreten?); (5) → Ressourcen (Was haben die Akteure für Problemlösungskompetenzen?).

Die F. dient der Rekonstruktion von Geschehnissen, der professionellen → Beratung, der Reflexion und der → Supervision. Sie ist die wesentliche Grundlage für eine Hilfeentscheidung, eine → Intervention oder eine → Hilfeplanung. Eine sorgfältige F. ermöglicht ein Einschätzen und Abwägen, welche Handlungsalternativen welche Konsequenzen zur Folge haben können. Sie ist nicht abschließend, sondern kann entsprechend der Fallentwicklung fortgeschrieben werden. Beim Auftreten neuer Aspekte ist der Fallverlauf erneut zu überprüfen und ggf. zu verändern. Es können aus einer F. Erkenntnisse und Hypothesen gebildet und Analysen abgeleitet werden, die dann passgenaue Entscheidungen und Interventionen ermöglichen.

Die F. ist ein bedeutender Teil der → sozialpädagogischen Diagnose. Im Gegensatz zu dieser hat die F. keine professionelle Bewertung des Erfassten und Beschriebenen (Schlussfolgerung, Analyse, »In-Beziehung-Setzen« der gewonnenen Erkenntnisse) zum Ziel. Die F. ist Bestandteil jeder Form der professionellen Dokumentation, z.B. im Rahmen der Berichterstellung, der Aktenführung und der Begutachtung.

*Karl-Heinz Weyrich*

**Fallmanagement** → Case Management

**Fallpauschalen, diagnose-bezogene** → Diagnosis-Related Groups (DRG)

**Fallstudie** Um einen vielschichtigen Sachverhalt – ein Geschehen, einen Gegenstand, einen Prozess – anderen zugänglich zu machen, wird die Darstellungsform der F. bevorzugt. Zum Fall kann dabei grundsätzlich alles werden, was Gegenstand von Forschung ist, und ebenso, was sich zur Veranschaulichung lebens- oder berufspraktischen Geschehens eignet und das Wissen hierüber erweitert. F. sind das Ergebnis der praktischen oder empirischen Erfahrung des jeweiligen Verfassers, aus → Diagnose- und → Explorationsprozessen oder mithilfe rekonstruktiv aufgearbeiteter Quellen oder Akten. Zielsetzung der »Kunst des Fallverstehens« (→ Fallverstehen, → Kasuistik, → Psychosoziale Diagnose) ist, Komplexität abzubilden und subjektive, jedoch auch kollektive Verlaufsprozesse anschaulich zu machen. Unterschieden werden können F., die ein Geschehen auf einem bestimmten Wissenschaftsgebiet beschreiben und analysieren, von solchen, die der Weitergabe einer bestimmten Praxis dienen, etwa auf dem Gebiet der Heilbehandlung, der Justiz oder der Sozialen Arbeit. Die F. hat sich als unverzichtbare Form der Wissensübermittlung trotz zeitweiliger Kritik aus dem akademischen Bereich der Psychologie erhalten und in vielen Feldern der Forschung und Praxis Sozialer Arbeit als ein wichtiges Medium der Erkenntnisgewinnung und zu Ausbildungszwecken etabliert. Bekannte Beispiele sind Studien wie »Die Arbeitslosen von Marienthal« (Jahoda) sowie »Kaspar Hauser« (Mollenhauer).

*Silke Birgitta Gahleitner*

**Fallunspezifische Arbeit** → Sozialraumorientierung

**Fallverstehen** bezeichnet die Kompetenz, Grund-Folge-Beziehungen, die ein Geschehen charakterisieren, systematisch aufzudecken, sowie die Fähigkeit, eine stellvertretende Krisenbewältigung/Sozialisationsleistung in einem professionellen Rahmen zu entwickeln. Einen Fall bildet eine Situation, in die z.B. eine Person, eine Familie oder eine Institution involviert ist und die durch objektive und subjektive Bedingungen und Bedeutungen charakterisiert ist. Der Begriff des »Falles« ist dem der »Falle« etymologisch verwandt. Dies verweist auf die menschliche Verstrickung in eine (Lebens-)Geschichte, die es wirklichkeitsgerecht zu deuten gilt. Für den Phänomenologen Schapp ist der Ort, wo Wirklichkeit sichtbar wird, die Aufdeckung des Verstricktseins in Geschichten. Da solchen Fall-Geschichten nicht zu entrinnen ist, ist für das F. die Vorstellung des Würfelfalles/des Scheiterns (z.B. der Untergang Trojas) in einer Fallensituation heuristisch wertvoll. Ein Fall ist generell sowohl »zum Sprechen«

als auch »zur Sprache« zu bringen, d.h. diskursiv und als Text sprachlich einzufangen. Kräfte oder Konflikte, die ein Geschehnis in Entstehungs- und Reproduktionslogik begründen, werden auf diese Weise herausgearbeitet. Dies zeigt, wie etwas (aus-)fällt. So bildet das F. eine (Lebens-)Geschichte ab, die es in der Entstehung, Ausgestaltung und Potenzialität zu begreifen, darzustellen und ggf. umzukehren gilt (→ Intervention). Auf dieser Grundlage wird das F. möglich.

Die »Operation des Verstehens« in den Geisteswissenschaften unterscheidet sich prinzipiell von naturwissenschaftlichen Erklärungsmodellen: Ihr Ziel ist nicht »gegenständliche Begründung«, sondern »bedeutungshaltiges Verstehen«. Die verstehende Methode in der Tradition der Hermeneutik von Schleiermacher über Dilthey, Heidegger bis zu Oevermann ist das Mittel des F. Nach Dilthey bezeichnet Verstehen das Erfassen der Bedeutung symbolischer Äußerungen im Kontext eines geschichtlichen Zusammenhangs (nicht aber den psychologischen Vorgang der Einfühlung). In der Philosophie Heideggers ist Verstehen ein Wesensmerkmal (Existenzial), eine ursprüngliche Vollzugsweise des Daseins (Daseinsanalyse), da der Mensch sich stets verstehend zu sich selbst und zur Welt verhält. Die »Analytik des Daseins« ermöglicht F.: Ein Vorverständnis liegt jedem Verstehen zugrunde (hermeneutische Spirale des Verstehens); »Dasein« entwirft gleichsam ein »Sein-Können« künftiger Möglichkeiten gemäß einem Entwurfscharakter von Zukunft. Die Identifizierung typischer Erzeugungsgründe und Fallstricke im Horizont möglicher Daseinsformen (»In-der-Welt-Sein«, »Sorge«, »Verstehen«, »Rede«, »Befindlichkeit«) verhilft dazu, einen Fallverlauf in einer gelebten bzw. inszenierten Dynamik zu erkennen.

Die → Operationalisierung von Fällen ist konstitutiv für die wissenschaftliche Untersuchung: (1) als Fallbestimmung, um den Fall einzugrenzen; (2) als Fallbeobachtung, um Fokussierung der Fallangelegenheit zu ermöglichen; (3) als Fallerhebung, die aus den Methoden der → empirischen Sozialforschung resultiert: »Zur Erfassung der sozialen Wirklichkeit sind qualitative und quantitative Methoden angezeigt. Objektive Tatbestände und subjektive Einstellungen sollen erhoben werden. Gegenwärtige Beobachtungen sollen durch historisches Material ergänzt werden. Unauffällige Beobachtungen des spontanen Lebens und direkte, geplante Befragungen sollen angewendet werden« (Jahoda u.a.). (4) Die Falldarstellung beschreibt Abläufe, Situationen, und Vorgänge, die den Fall determinieren; (5) die → Datenanalyse ermöglicht – im Erkenntnisfeld zwischen Theorie, Empirie und Philosophie – das Verstehen eines existenziellen Fallmodus. Dieser repräsentiert Erzeugungsgründe für individuelle Falläußerungen und Folgen im sozialen Feld. (6) Abschließend ergibt sich eine Dokumentation z.B. als Typen- oder Modellbildung. (7) Ggf. werden weiterführende Deutungsoptionen in ein Konzept überführt. F. kann eingeübt werden, wenn die Idee der Fallsupervision bzw. der Forschungswerkstatt sachgerecht praktiziert wird. Charakteristisch ist die konsequente Orientierung am Fallmaterial, das zur Aufschließung einer Fragestellung gewonnen und mithilfe der angeleiteten Sequenzanalyse erschlossen wird. Die Verbindung des F. kann in der Logik des Projektkonzeptes wünschenswerte Lösungen für die professionelle Praxis erzeugen, wenn es gelingt, eine Verbindung der Idee John Deweys zum entdeckenden Lernen mit der Idee der Rekonstruktion eines Falles herzustellen. Eine Forschungsmethodologie, die eine in Daten gegründete »Operation des F.« ermöglicht ist die »Fallrekonstruktion in der Sozialen Arbeit« (Kraimer). Diese Form der Fallrekonstruktion fußt auf dem Verstehen des Falles und nimmt eine Vermittlungsposition zwischen Wissenschaft und professionalisiertem Handeln ein – eigens für die Soziale Arbeit. Hier wird der Fall – im Sinne Oevermanns – als eine in sich gültige Miniatur verstanden, die eine widersprüchliche Einheit von universalisierter Regelanwendung und situationsbezogener Handlungsstruktur darstellt. Diese dialektische Figur gilt es in der Logik von Krise und Routine, von Entscheidungszwang und Begründungsverpflichtung in jedem Fall zu erkennen und aufzudecken.

*Lit.* Jahoda, M./Lazarsfeld. P. F./Zeisel, H.: Die Arbeitslosen von Marienthal: ein soziographischer Versuch über die Wirkungen langandauernder Arbeitslosigkeit. Nachdruck, Frankfurt a.M. 2009; Kraimer, K.: Fallrekonstruktive Soziale Arbeit. Ansätze – Methoden – Optionen. Einführung mit Glossar und Bibliografie, Ibbenbüren 2014; Oevermann, U.: Die Methode der Fallrekonstruktion in der Grundlagenforschung sowie der klinischen und pädagogischen Praxis, in: Kraimer, K. (Hrsg.): Die Fallrekonstruktion. Sinnverstehen in der sozialwissenschaftlichen Forschung, Frankfurt a.M. 2000; Schapp, W.: In Geschichten verstrickt: zum Sein von Mensch und Ding, 2. Aufl., Wiesbaden 1976.

*Klaus Kraimer*

**Fallzahl** (1) Summe aller Leistungseinheiten oder Abrechnungseinheiten in einem bestimmten Zeitraum. Die F. ist ein → Indikator für das Leistungsvolumen eines

Hilfesystems oder regionaler sowie organisatorischer Einheiten dieses Systems. F. können unter bestimmten Bedingungen verglichen und mit Bezug auf korrelierende Variablen im Vergleich bewertet werden. Ein häufig verwendeter Indikator, um Leistungen zu bewerten, sind Kosten je Fall, andere sind Verweildauern oder Abbruchquoten. Was und wann ein Fall ein Fall ist, entscheiden auf → Antrag die zuständigen Behörden auf der Grundlage rechtlicher Vorgaben oder die → Leistungserbringer nach eigenem → Ermessen. Letzteres gilt für zuwendungsfinanzierte Infrastruktureinrichtungen (→ Zuwendungen). Bei Antragsentscheidungen ist die Klassifikation eines Falles eindeutig. Wenn Personen auf dieser Grundlage Hilfeleistungen erhalten, stimmen diese in den hilferelevanten Merkmalen überein. Ab einer bestimmten Anzahl sind F. statistisch vergleichbar. Bei niedrigschwelligen Leistungen ohne Antrag können F. verglichen und herangezogen werden, um Leistungen im Vergleich zu bewerten, wenn die relevanten Merkmale im Umfeld der Institutionen übereinstimmen oder nur geringfügig voneinander abweichen. Mit der Einführung des Neuen Steuerungsmodells (NSM) in den Kommunen (→ Verwaltungsmodernisierung) entstanden in Deutschland sog. interkommunale Vergleichsringe. In diesen werden u.a. die F. der → Sozialhilfe sowie der → Kinder- und Jugendhilfe ausgewertet. In der Behindertenhilfe entstand ein Stadtstaatenvergleich, in dem festgestellt wurde, der Vergleich werde erheblich dadurch beeinträchtigt, dass die beteiligten Länder keine realen F. geliefert hatten. Auch die → Sozial- und → Jugendhilfeplanung der Länder arbeitet mit Vergleichen auf der Basis von F.

(2) Faktor, um Stellen in Verwaltungen zu bemessen. Die F. multipliziert mit durchschnittlichen realen Bearbeitungszeiten für Aufgaben oder Vorgänge, die der entsprechenden Fallgruppe zugeordnet sind (Ist-Aufnahme), ergibt das Arbeitsvolumen der Stelle, die dafür zuständig ist. Die mittlere Bearbeitungszeit kann für jede beliebige Auswahl ermittelt werden. Die Verallgemeinerbarkeit der Bemessung hängt davon ab, wie repräsentativ die berücksichtigten Fälle und die gemessenen Bearbeitungszeiten sind. Erst ab einer bestimmten Anzahl Fälle in derselben Leistungseinheit und einer bestimmten Anzahl gemessener Bearbeitungszeiten derselben Aufgabe, (a) derselben Person und (b) verschiedener Personen sind das Arbeitsvolumen und darüber dann die Stellenbemessung allgemeingültig bestimmbar. Deshalb sind insbesondere für kleine → Gemeinden interkommunale Vergleiche erforderlich, um diese Anforderung an eine Stellenbemessung zu erfüllen.

*Andreas Kuhn*

**Familie** Gewöhnlich beginnen Erörterungen über F. heute mit Fragen nach »der« Definition »der« F. und wägen dann unterschiedliche begriffliche Kernelemente bzw. -komponenten ihrer Morphologie gegeneinander ab. Konstatiert wird dann entweder ein Zerfall der F. oder es wird Entwarnung mit dem Hinweis auf die relative Dauerhaftigkeit der → Institution gegeben. Ein wissenssoziologischer Zugang hebt demgegenüber darauf ab, die diskursive Konstruktion von F. zu rekonstruieren. Eine solche Perspektive macht deutlich, dass es »die F.« nicht gibt, sondern dass in regelrechten Deutungskämpfen darum gerungen wird, die richtige F. zu bestimmen. F.diskurse sind dabei öffentliche Diskussionsprozesse, die sich auf je spezifische F.leitbilder und/oder Themen von F. von allgemeinem gesellschaftlichen Belang beziehen. Für diese Diskurse gilt, dass sie auf unterschiedlichen gesellschaftlichen Ebenen ablaufen und dass sich diese Ebenen entlang von Macht- und Hierarchieebenen gegenseitig beeinflussen. Um den persuasiven Aspekt dieser Diskurse fassen zu können, wurde der Begriff der F.rhetorik eingeführt. F.rhetorik (Lüscher) ist ein Ausdruck von Interpretationen der Situation von F. als gesellschaftlicher Institution, eben dessen, was F. heißen soll und darf. Nicht allen privaten Lebensformen soll dieser Rang zukommen, und eben darum geht es in den Auseinandersetzungen, die nicht selten das Ausmaß und die Schärfe eines Kulturkampfes annehmen können.

Es geht dabei meist um Vorstellungen von »normalen« F., die als natürliche und beste Umgebung für das Aufwachsen der Kinder und die Pflege der Beziehungen der Erwachsenen angesehen werden. F.leitbilder (Diabaté u.a.) vermitteln zwischen der Ebene öffentlicher und privater bzw. subjektiver Vorstellungen von F. Der Einzelne kann als reflektierender Mensch aktiv die Lebens-, Gesellschafts- und F.entwürfe mitgestalten. Gerade die Verschränkungen zwischen individuellen, privaten und kollektiven, öffentlich gemachten Bildern machen sie besonders wichtig. Dabei spielen die Medien eine immer wichtigere Rolle, da die F. in vielen Film- Fernseh- und anderen Medienformaten implizit und explizit als Thema aufgegriffen wird. Prägend für die inhaltliche Ausformung von F.leitbildern ist ein dreifacher Mythos (Lenz u.a.): (1) Der »Harmoniemythos« bezeichnet die Vorstellung, dass das F.leben in der Vergangenheit durch Harmonie und Eintracht gekennzeichnet gewesen sei und die heutige

F. dagegen mit ihren Konflikten und Problemen eine Art Verfallserscheinung darstelle. (2) Der »Größenmythos«, umfasst die Vorstellung, dass die F. »früher« aus drei und mehr Generationen bestanden habe, was tatsächlich aufgrund der geringen Lebenserwartung (z.B. im 18. und 19. Jh.) eher eine Ausnahmeerscheinung war. (3) Der »Konstanzmythos« besagt schließlich, dass F. als Gefühlsgemeinschaft eine Naturkonstante sei, die immer und überall vorhanden sei. Alle drei Mythen sind durch die empirische und historische F.forschung dekonstruiert worden.

Wichtiger für die theoretische wie praktische Arbeit als strukturelle, morphologische Fragen der »richtigen F.form« sind die Herstellungspraktiken von F. Es geht also um das Alltagshandeln in und von F. – das »Doing Family« (Jurczyk u.a.). Diese Hervorhebung des Akteursstatus der F. und ihrer Mitglieder unterstreicht, dass F. heute als Ressource für → Gesellschaft und → Individuen nicht mehr selbstverständlich gegeben ist. Vielmehr sind zu ihrem Zustandekommen, ihrem alltäglichen Funktionieren sowie der Kontinuität in der F.biografie körperliche, mentale und emotionale »Leistungen« (i.S. mehr oder weniger bewusster und zielgerichteter Aktivitäten) notwendig, die jedoch immer schwieriger zu erbringen sind. F.alltag konstituiert sich damit als zwar gesellschaftlich geformter, aber selbst hervorgebrachter und gestalteter Tätigkeits- und Erfahrungszusammenhang im Privatbereich moderner Gesellschaften. Unterschiede in den → Lebenslagen und der konkreten sozialökologischen Situierung von F. bestimmen mit über die verfügbaren Ressourcen, Anforderungen von F.leben und damit auch die Muster familialer Praktiken sowie das Erbringen von Leistungen (→ Familienleistungen). Familiale Lebensführung findet in aktiver und permanenter Auseinandersetzung mit gesellschaftlichen Rahmenbedingungen, kulturellen Traditionen und Wertesystemen statt. Besonders angesichts sich beschleunigt verändernder ökonomischer, sozialer und kultureller Lebensbedingungen wird deutlich, dass F. ein anforderungsreicher, aktiver Gestaltungsprozess ist.

Die stärksten Änderungsimpulse ergeben sich aus den Umstrukturierungen des Wirtschafts- und Arbeitssystems: Flexiblere Arbeitszeiten und Arbeitsorte sowie auf der Basis der Digitalisierung verdichtete und entgrenzte Produktionsformen lassen die bisherigen Vereinbarkeitskonzepte als unzureichend erscheinen (→ Vereinbarkeit von Familien- und Erwerbsleben). Beispielhaft gesehen irritieren multilokale F.konstellationen die Organisation des F.lebens, seien sie durch berufliche Mobilität oder durch Trennung bedingt (→ Patchwork-Familie). In vielen F. sind komplexe logistische Planungen vonnöten, welche die zeitlich und räumlich gebundenen Aktivitäten der F.mitglieder koordinieren und synchronisieren, was v.a. von den Müttern bewerkstelligt wird. Diese ungleiche Verantwortungszuweisung ist Ursache für deren persistierenden Benachteiligungen auf dem → Arbeitsmarkt. Gleichzeitig ist jedoch die Erwerbsbeteiligung beider Eltern ökonomisch immer notwendiger und insbesondere von vielen Frauen gewünscht, was F. als Lebenszusammenhang ebenfalls verändert.

Insgesamt gesehen lässt sich aus der integrierten wissenssoziologischen wie praxistheoretischen Betrachtung von F. im Hinblick auf die Intervention in und Unterstützung von F. ableiten, dass es nicht darum gehen kann, abstrakte Werte zu implementieren, sondern die F.akteure bei der Erbringung der Leistungen für die F. selbst und die Gesellschaft mit den notwendigen materiellen, ideellen und zeitlichen Ressourcen zu versorgen – im familienpolitischen Diskurs also um die Trias von Zeit, Geld und Infrastruktur (→ Familienpolitik). Dann kann es F. gelingen, ihre Lebensziele in autonomen Formen von Lebensführung zu realisieren.

*Lit.* Diabaté, S./Ruckdeschel, K./Schneider, N.: Leitbilder als „missing link" der Familienforschung: Eine Einführung, in: Schneider, N./Diabaté, S./Ruckdeschel, K. (Hrsg.): Familienleitbilder in Deutschland, Opladen 2015, S. 11–17; Jurczyk, K./Lange, A./Thiessen, B. (Hrsg.): Doing Family. Warum Familienleben heute nicht mehr selbstverständlich ist, Weinheim 2014; Lenz, K./Böhnisch, L.: Zugänge zu Familien – ein Grundlagentext, in: Böhnisch, L./Lenz, K. (Hrsg.): Familien. Eine interdisziplinäre Einführung, Weinheim 1997, S. 9–63; Lüscher, K.: Familienrhetorik, Familienwirklichkeit und Familienforschung, in: Vascovics, L. (Hrsg.): Familienleitbilder und Familienrealitäten, Opladen 1997, S. 50–69.

*Andreas Lange*

**Familienberatung** bezeichnet eine Form der → Beratung, die das Beziehungsgeflecht der → Familie in den Blick nimmt. F. wird in Erziehungsberatungsstellen (→ Erziehungsberatung), Ehe-, Familien- und Lebensberatungsstellen (→ Partnerschaftsberatung) und integrierten Beratungsstellen, die beides miteinander verbinden, angeboten. Im Unterschied zur → Familientherapie dient die F. nicht der Heilkunde, sondern der Förderung der gesunden Entwicklung von Kindern sowie der Beziehungs- und Erziehungsfähigkeit der Eltern. In der F. wird von der Annahme ausgegangen, dass die → Kommunikation und die Qualität der Beziehungen in der Familie Auswirkungen auf das Wohlbefinden ihrer Mitglieder hat. → Verhaltensauffälligkeiten, psychische oder psychosomatische Probleme eines → Individuums werden als Ausdrucksform des Familiensystems wahrgenommen. In der F. stehen vorrangig die Stärkung der → Ressourcen und die Förderung des Selbsthilfepotenzials der Familie im Fokus. Durch die → Interventionen der → Fachkraft werden gemeinsam mit der Familie Lösungswege erarbeitet, die gegenseitige → Empathie gefördert und das familiäre Miteinander verbessert. Ausgehend vom Einzelnen und dem Familiensystem werden die Subsysteme der verschiedenen Ebenen betrachtet und auch die Mehrgenerationenperspektive einbezogen. F. setzt nicht den Einbezug mehrerer oder aller Familienmitglieder in die Beratung voraus, sondern ist durch die familienorientierte Herangehensweise auch in der Arbeit mit Einzelnen gekennzeichnet.

In der F. sind analog zur Familientherapie neben dem → systemischen Ansatz v.a. die psychoanalytische Ausrichtung, vertreten u.a. durch H.-E. Richter, und die F. mit humanistischem Hintergrund (→ Humanistische Beratung und Therapie) als deren Begründerin V. Satir gilt, zu nennen. Die lösungsorientierte Beratung ist eine neuere Entwicklung der F. Dabei wird der Blick weg vom Problem und dem Verständnis der Problementstehung hin zur möglichen Lösung gelenkt. Zentrale familientherapeutische Interventionen beruhen auf besonderen Fragetechniken. Zirkuläre Fragen, Skalierungsfragen, Wunderfragen, Fragen nach Ausnahmen und Alternativen u.a. sollen der Familie und der Fachkraft Zusammenhänge bewusst machen und gewohnte Sicht- und Handlungsweisen »verstören«. Das Reframing, also die Herstellung eines neuen Sinnzusammenhangs für das Erlebte, das Aufzeichnen eines Genogramms zur bildlichen Verdeutlichung komplexer Familiensysteme und die Arbeit mit Familienskulpturen sind weitere typische Vorgehensweisen.

Bei den Fachkräften in der Sozialen Arbeit und in den → Hilfen zur Erziehung nach § 27 ff. SGB VIII gehören Kompetenzen in F. zum Standard. Erziehungsberatungsstellen verstehen sich zugleich als F.stellen und führen den Begriff meist auch im Namen. Das Evangelische Zentralinstitut für Familienberatung bietet eine zertifizierte Weiterbildung »Integrierte Familienorientierte Beratung IFB« an, die den Richtlinien und der Rahmenordnung der im Deutschen Arbeitskreis für Jugend-, Ehe- und Familienberatung (DAKJEF) bundesweit zusammengeschlossenen Fachverbände entspricht.

*Silke Naudiet*

**Familienberichterstattung** Seit 1965 werden im Auftrag des Bundestages regelmäßig, mindestens in jeder zweiten Legislaturperiode, Familienberichte erstellt. Eine unabhängige Sachverständigenkommission, eingesetzt vom → Bundesministerium für Familie, Senioren, Frauen und Jugend (BMFSFJ), wird bei der Berichterstellung durch eine Geschäftsführung, meist vom → Deutschen Jugendinstitut e.V. (DJI), unterstützt. Den Berichten wird eine Stellungnahme der Bundesregierung angefügt. Sie dienen nicht nur der Politikberatung, sondern strahlen seit dem 5. Bericht (1994) mit der These der »strukturellen Rücksichtslosigkeit der Gesellschaft gegenüber Familien« auch stark auf die öffentliche und fachpolitische Diskussion zu → Familien aus. Dabei wechseln sich Berichte zur Gesamtsituation von Familien in Deutschland mit denen zu Teilbereichen ab. So war der 7. Bericht ein Gesamtbericht zu »Familie zwischen Flexibilität und Verlässlichkeit – Perspektiven für eine lebenslaufbezogene Familienpolitik« (BT-Drucks. 16/1360, 26.4.2006), der mit seiner dialogorientierten Einbindung gesellschaftlicher Gruppen wie Fachöffentlichkeit, Verbänden, Kirchen u.a.m. neue Wege beschritt. Er erarbeitete die sog. Trias der → Familienpolitik von Zeit, Geld und Infrastruktur. Anschließend vertiefte der 8. Bericht das Thema »Zeit für Familie - Familienzeitpolitik als Chance einer nachhaltigen Familienpolitik« (BT-Drucks. 17/9000, 15.3.2012). Er begründete die Notwendigkeit von → Zeitpolitik für Familien als wichtige Säule wirksamer Familienpolitik.

*Karin Jurczyk*

**Familienbesteuerung** fokussiert begrifflich eine ehe-, familien- und nicht zuletzt kindergerechte Gestaltung des Einkommensteuerrechts. Tatsächlich gilt im deutschen Steuerrecht der Grundsatz der Individualbesteuerung – eine Besteuerung der → Familie als solche findet nicht statt. Die Verwendung des Begriffs steht im Zusammenhang mit dem verfassungsrechtlichen Gebot, wonach zur → Steuerfreiheit des Existenzminimums der Familie nur das darüber hinausgehende → Einkommen der Besteuerung unterworfen werden darf (BVerfGE 82, 60, 93 f.) und mündet bisweilen in die rechtspolitische Forderung nach Einführung eines »Familiensplitting« in der Einkommensteuer. Dem liegt der Gedanke zugrunde, dass die steuerlichen Kinderfreibeträge nur das Existenzminimum der Kinder von der Steuer freistellen, aber die Unterhaltslast der Eltern

– tatsächlich oder gemessen an ihrem Einkommen sich familienrechtlich ergebenden Verpflichtungen – (häufig) weit höher liegt. Argumentativer Angelpunkt bei der Befürwortung des Familiensplitting ist die im Rahmen der Besteuerung maßgebliche und bei gleichem Nettoeinkommen für Eltern im Vergleich mit Kinderlosen geringere Leistungsfähigkeit. Kritiker der Bestrebung, eine F. auf Grundlage des Familiensplitting einzuführen, wenden sich dagegen, dass die steuerliche Entlastung umso stärker wäre, je höher das Familieneinkommen ist, und eine übermäßige Wirkung bei wohlhabenden Familien die Folge wäre.

Mit ähnlicher Argumentation wird auch das bestehende »Ehegattensplitting« angegriffen. Bei diesem Splittingverfahren wird der Grundsatz der Individualbesteuerung wegen der getrennten Ermittlung der Einkünfte beider Ehegatten zwar nicht durchbrochen, zusammenlebende Ehegatten werden aber in Bezug auf die Gesamtsteuerschuld (wahlweise) zusammen veranlagt und die tarifliche Einkommensteuer wird nach der Hälfte des gemeinsamen Einkommens berechnet und sodann verdoppelt. Auf diese Weise kommt es in Fällen, in denen die Ehegatten unterschiedlich hohe Einkünfte haben oder ein Ehegatte gar kein Einkommen erzielt, zu der als staatliche Subvention kinderloser Ehen bzw. Benachteiligung nichtehelicher Lebensgemeinschaften bezeichneten und – im Extrem – als »Millionärsgattinnen-Effekt« kritisierten Wirkung. Bei annähernd gleichem Verdienst der Partner verliert das Ehegattensplitting allerdings seine Wirkung und es macht dann keinen Unterschied, ob die Partner in einer → Ehe leben oder eine nichteheliche Lebensgemeinschaft bilden.

*Gottfried Eichhoff*

**Familienbildung** ist eine präventive Leistung der → Kinder- und Jugendhilfe zur allgemeinen Förderung der → Erziehung in der → Familie und hat ihre Rechtsgrundlage in § 16 SGB VIII, welcher ohne Begriffsdefinition die Inhalte von F. beschreibt. Danach umfasst F. insbesondere Angebote, die auf Bedürfnisse und Interessen sowie auf Erfahrungen von Familien in unterschiedlichen → Lebenslagen und Erziehungssituationen eingehen, die Familien in ihrer Gesundheitskompetenz stärken, die Familie zur Mitarbeit in Erziehungseinrichtungen und in Formen der → Selbst- und → Nachbarschaftshilfe besser befähigen sowie junge Menschen auf → Ehe, Partnerschaft und das Zusammenleben mit Kindern vorbereiten. Der Landesrechtsvorbehalt in § 16 Abs. 4 SGB VIII sieht vor, dass Näheres zu Inhalt und Umfang der Aufgaben durch das Landesrecht geregelt wird.

F. richtet sich grundsätzlich – unabhängig vom Vorhandensein einer konkreten Problemlage oder eines → erzieherischen Bedarfs – an alle Familien, Mütter und Väter und junge Menschen in ihren jeweiligen unterschiedlichen → Lebenslagen und -situationen sowie Familienformen und -modellen. Dabei sollen nicht nur Eltern in ihrer → Rolle als Erziehende, sondern auch die Familie in ihrer Gesamtheit angesprochen werden. Charakteristisch für die F. ist deren sowohl Inhalte, Arbeitsformen und Methoden als auch die Organisationsstrukturen betreffende Heterogenität. Die überwiegend bildenden Angebote erfassen die jeweiligen Familienmitglieder in ihren unterschiedlichen Rollen und Funktionen und richten sich im optimalen Fall an den konkreten → Bedarfen der Familien vor Ort aus. F.angebote können sich dabei auf bestimmte Familienphasen, Familienfunktionen, besondere Familien-/Lebenssituationen oder besondere Belastungen beziehen. In Themenfeldern wie Gründung und Führen einer Beziehung/Partnerschaft/Ehe, Familiengründung, Säuglingspflege, Kindererziehung, → Ernährung, → Gesundheit, Finanzen, frühkindliche Bildung, Schule, Medien usw. sollen die Eigenkompetenzen der Familie und ihrer Familienmitglieder gestärkt und Unterstützung bei der Bewältigung des komplexen Familienalltags sowie der Herausforderungen, die an Familien und deren Mitglieder herangetragen werden, gegeben werden. In methodischer Hinsicht werden durch F. familienunterstützende Angebote bspw. in Form von → Eltern-Kind-Gruppen, Elternkursen, Elternbriefen, offenen Treffs, themenbezogenen Informationsangebote gestellt.

Die für F. charakteristische Heterogenität spiegelt sich schließlich in ihren Organisationsstrukturen wieder. F. findet sowohl im institutionellen als auch im nicht institutionellen Bereich statt. Anbieter sind bspw. F.stätten, → Jugendämter, → Familienverbände, → Volkshochschulen, Beratungsstellen, Mütter-, → Familien- und Nachbarschaftszentren, → Elterninitiativen, Eltern-Kind-Gruppen, → Selbsthilfegruppen sowie → Kindertageseinrichtungen und Schulen. In der Praxis bestehen wesentliche Herausforderungen der F. in der Erreichung einzelner Zielgruppen, der Ausrichtung der Angebote an den konkreten Bedarfen der Familien vor Ort, der Steuerung und Abstimmung der vielfältigen Angebote vor Ort sowie der → Kooperation, Vernetzung und Finanzierung.

*Romy Ahner*

**Familienbüros** sind eine relativ neue Organisationsform kommunaler → Familienpolitik. Angesichts der Vielfalt familialer Lebens- und Bedarfslagen sowie der Unübersichtlichkeit familienpolitischer Aufgaben, Angebote und Akteure sollen durch F. Parallelstrukturen und unklare Zuständigkeiten vermieden und Transparenz und bedarfsgerechte Inanspruchnahme vorhandener Angebote gewährleistet werden. F arbeiten zumeist in kommunaler Trägerschaft und verstehen sich i.d.R. als Anlaufstellen für → Familien. Sie bieten v.a. Information, → Beratung und ggf. Weitervermittlung zu anderen Angeboten und Stellen, erfassen die Bedarfe der Familien und leiten entsprechende Informationen ggf. weiter. Sie sind Teil der familienpolitischen Netzwerke vor Ort (z.B. der → Lokalen Bündnisse für Familie), koordinieren diese häufig und sind in der Öffentlichkeitsarbeit aktiv. Dabei finden sich unterschiedliche Schwerpunktsetzungen in der Arbeit der einzelnen F. Manche sind eher strategisch ausgerichtet bzw. besonders in der Koordination und Kooperation aktiv, in anderen dominiert die Lotsenfunktion für die Familien. Es gibt F., die sich eher mit → Frühen Hilfen und → Prävention befassen, andere haben ihren Schwerpunkt bei der Koordination des → bürgerschaftlichen Engagements für Familien. Je nach Arbeitsschwerpunkt stehen entweder alle Familien, junge Familien oder auch andere Verwaltungsstellen im Zentrum der Arbeit. Die finanzielle und personelle Ausstattung der F. variieren stark. Angebote und Leistungen der F. betreffen z.B. den Ausbau und die Vermittlung von → Kindertagesbetreuung oder Ferienspielen/-betreuung, Bildungsangeboten, die Koordination und Vermittlung der Frühen Hilfen, insbesondere der Neugeborenenbegrüßung, sowie die Vermittlung von Ehrenamtlichen.

F. können sowohl für die Familien als auch für die Kommunen viel erreichen. Sie schaffen Transparenz und signalisieren klare Zuständigkeiten. Dies erleichtert den Zugang zu Angeboten und ermöglicht frühe und lösungsorientierte Hilfen für die Familien. Eine optimierte und bedarfsgerechte Nutzung von Hilfeangeboten stärkt familiengerechte Strukturen und trägt zur Erhöhung des Stellenwertes von Familienpolitik bei. Vernetzungsstrukturen in den Kommunen werden gestärkt und die Kooperation wird verbessert. Doppelarbeit wird vermieden und für die Kommunen erhöhen sich Standortqualität und Image. Voraussetzungen für solche positiven Entwicklungen sind neben einer guten räumlichen Lage und einer angemessenen personellen und finanziellen Ausstattung der F. die Mitarbeit anderer Stellen in den lokalen Netzwerken sowie die Anerkennung und Unterstützung durch Verwaltung und Politik. Entscheidend für den Erfolg ist auch Niedrigschwelligkeit, die durch eine wertschätzende und offene Haltung gegenüber den Familien, offene Serviceangebote (z.B. Elterncafé) sowie eine → Sozialraumorientierung der Arbeit erreicht wird. Herausforderungen betreffen u.a. die Sicherstellung der Arbeit der F., einen permanenten Anpassungsdruck aufgrund sich ändernder Bedarfe sowie klare Zuständigkeiten und Aufgabenprofile.

*Angelika Engelbert*

**Familienerholung** → Erholung

**Familiengerechte Hilfe** ist einer der tragenden Grundsätze des Sozialhilferechts. Der Grundsatz ist in § 16 → SGB XII niedergelegt und konkretisiert für das Sozialhilferecht Art. 6 Abs. 1 → Grundgesetz (GG), der die → Familie unter besonderen staatlichen Schutz stellt. Nach § 16 SGB XII sollen die → Träger der Sozialhilfe bei ihren Leistungen die besonderen Verhältnisse in der Familie berücksichtigen (§ 16 S. 1 SGB XII), die Kräfte der Familie zur → Selbsthilfe anregen und den Zusammenhalt der Familie festigen (§ 16 S. 2 SGB XII). Zur Familie i.S. von § 16 SGB XII gehören neben Ehegatten und Kindern auch Verwandte und Pflegeeltern und -kinder. Die Vorschrift gilt auch für unvollständige Familien. Strittig ist, ob sie auch auf → eheähnliche oder lebenspartnerschaftsähnliche Gemeinschaften Anwendung findet. Nicht erforderlich ist, dass eine → Haushaltsgemeinschaft besteht.

Der Grundsatz der f. H. verleiht keine → Rechtsansprüche. Er ist aber bei der Gesetzesauslegung und bei der Ausübung von → Ermessen zu beachten. Dies gilt sowohl für die Leistungen der Sozialhilfe als auch für die Anwendung der sonstigen Vorschriften des SGB XII, etwa die Heranziehung → Unterhaltspflichtiger. Ausprägungen des Grundsatzes der f. H. enthalten z.B. die Regelungen zum → Mehrbedarf für Alleinerziehende, die Berücksichtigung der Zahl der Familienmitglieder bei den angemessenen → Unterkunftskosten, die Hilfe zur → Familienplanung, die Hilfen bei Schwangerschaft und Mutterschaft, die → häusliche Pflege, → Hilfe zur Weiterführung des Haushalts und → Altenhilfe. Mit dem Grundsatz der f. H. wird der prägenden Bedeutung der Familie für den Einzelnen auch in wirtschaftlicher Hinsicht Rechnung getragen. Der Grundsatz der f. H. begrenzt ferner den Grundsatz des → Nachrangs der Sozialhilfe, nach dem Leistungen der Sozialhilfe nur erbracht werden, wenn eigene Mittel einschließlich der der Familie nicht ausreichend sind (§ 2 SGB XII). Wegen des Grundsatzes der f. H. darf dies aber nicht zu einer Zerstörung des Zusammenhalts in der Familie führen. Die Schutzklausel in § 26 Abs. 1 S. 2 bzw. § 39 Abs. 2 SGB XII sucht deshalb zu vermeiden, dass unterhaltsberechtigte Angehörige und andere mit dem/der → Leistungsberechtigten in Haushaltsgemeinschaft lebende Personen von Einschränkungen der Leistungen betroffen sind.

Der Grundsatz der f. H. findet sich auch in der → Grundsicherung für Arbeitsuchende nach dem SGB II. Nach § 3 Abs. 1 S. 2 Nr. 2 SGB II soll die familiäre Situation bei den Leistungen zur Eingliederung in Arbeit berücksichtigt werden. Die familiäre Situation ist ferner bei der Beurteilung der → Zumutbarkeit von Arbeit zu beachten (§ 10 Abs. 1 Nr. 3 SGB II). Außerdem wird die familiäre Situation bei der Bemessung der → Regelbedarfe (§ 20 SGB II) vorgesehen und Alleinerziehende erhalten einen zusätzlichen Mehrbedarfszuschlag (§ 21 SGB II).

*Jürgen Winkler*

**Familiengericht** ist die bei einem Amtsgericht für familiengerichtliche Verfahren gebildete Abteilung für Familiensachen (§ 23 a Abs. 1 S. 1 Nr. 1, § 23 b Abs. 1 Gerichtsverfassungsgesetz [GVG]). Grundsätzlich hat der Gesetzgeber bei jedem deutschen Amtsgericht ein F. vorgesehen, die Länder können aber durch Rechtsverordnung einem Amtsgericht für die Bezirke mehrerer Amtsgerichte die Familiensachen zuweisen (§ 23 d GVG). Nächsthöhere Rechtsmittelinstanz sind die Senate für Familiensachen bei den Oberlandesgerichten.

Die Zuständigkeiten des F. wurden seit seiner Einführung zum 1.7.1977 ständig erweitert; mit Inkrafttreten des → Familienverfahrensgesetzs (FamFG) zum 1.9.2009 als neues Verfahrensgesetz wurde das F. für alle durch den sozialen Verbund von → Ehe und → Familie sachlich verbundenen Rechtsstreitigkeiten zuständig. Diese umfassen alle Familiensachen nach § 111 FamFG: → Eherecht, → Kindschaftsrecht, → Abstammung, → Annahme als Kind, Ehewohnung und Haushalt, Gewaltschutz, → Versorgungsausgleich, → Unterhaltspflicht, → eheliches Güterrecht- und → Lebenspartnerschaft sowie sonstige Familiensachen. Außerdem ist das F. gem. § 112 FamFG für Familienstreitsachen zuständig. Mit dem FamFG wurde das Vormundschaftsgericht aufgelöst und seine Aufgaben dem F. und dem neuen → Betreuungsgericht übertragen. Das Rechtspflegergesetz legt fest, welche Angelegenheiten des F. dem Einzelrichter/der Einzelrichterin vorbehalten sind; im Übrigen sind die Rechtspfleger/innen bei den F. zuständig.

Verhandlungen, Erörterungen und Anhörungen in Familiensachen sind nach § 170 Abs. 1 GVG grundsätzlich nicht öffentlich, nur die (formell) am Verfahren Beteiligten haben ein Anwesenheitsrecht. Das F. kann die Öffentlichkeit zulassen, allerdings nicht gegen den Willen der Beteiligten. Ermittlungen erfolgen grundsätzlich von Amts wegen (§ 26 FamFG). Entscheidungen erfolgen gem. § 38 FamFG durch Beschluss.

Das Verfahrensrecht ergibt sich aus dem FamFG, maßgebliches materielles Recht ist hauptsächlich das → Familienrecht als Teil des → Bürgerlichen Gesetzbuchs (BGB). Wenn es um Kinder und Jugendliche geht, etwa bei Maßnahmen wegen Gefährdung des Kindeswohls (§ 1666 BGB), wird auch das SGB VIII relevant und ist die Zusammenarbeit des F. mit dem → Jugendamt wichtig. Es besteht die Pflicht des F. zur Anhörung des Jugendamts (§ 162 FamFG), parallel dazu die Pflicht des Jugendamts zur → Mitwirkung im familiengerichtlichen Verfahren (§ 50 SGB VIII). Allerdings haben F. gegenüber Jugendämtern nach überwiegender und überzeugender Auffassung keine Weisungsbefugnis in Bezug auf die Gewährung von Leistungen der Jugendhilfe.

Weil hier unterschiedliche Professionen aufeinander treffen, sind eine offene Haltung und Bereitschaft zur → Kooperation notwendig. Familienrichter/innen sind Volljurist/innen, haben aber i.d.R. keine besondere Aus- oder Fortbildung im → Sozialrecht. Auch wenn Kenntnisse des Sozialrechts wünschenswert wären, kann detailliertes Wissen aus dem Bereich der → Kinder- und Jugendhilfe nicht unbedingt vorausgesetzt werden. Dies bedeutet für die → Fachkräfte der Jugendhilfe, dass sie in Anhörungen und Stellungnahmen neben ihrer sozialpädagogischen → Fachlichkeit auch Informationen hinsichtlich der Strukturen der Jugendhilfe vor Ort und Empfehlungen sowie die jeweiligen Rechtsgrundlagen für mögliche Hilfeleistungen einbringen sollten, damit das F. sich ein umfassendes Bild als Grundlage für seine Entscheidung machen kann. In der Praxis ist die Verantwortungsgemeinschaft von F. und Jugendhilfe insbesondere im Bereich des → Kinderschutzes mitunter schwierig umzusetzen, da Einschätzungen unterschiedlich sein und Verfahren lange dauern können sowie Sorgerechtsentzüge schon von Gesetzes wegen nie endgültig sind (vgl. § 1696 BGB, § 166 FamFG).

*Diana Eschelbach*

**Familiengerichtshilfe** → Mitwirkung des Jugendamts in familiengerichtlichen Verfahren

**Familienhebamme** → Frühe Hilfen

**Familienhelfer/in** Als F. sind gegenwärtig in der Bundesrepublik v.a. → Sozialarbeiter/innen und Sozialpädagog/innen tätig. Träger der Maßnahme sind freie Wohlfahrtsverbände (→ Freie Wohlfahrtspflege) oder die → Jugendämter selbst. Entsprechend der institutionellen Vielfalt variieren die Anstellungsverhältnisse ebenso wie die Art der Finanzierung (fest angestellt oder auf Honorarbasis; einzelfallbezogen, nach → Fachleistungsstunden, pauschal) und die räumlichen und sächlichen Voraussetzungen.

Da die Arbeit in beachtlichem Umfang im Privatbereich der → Familie stattfindet, müssen sich die F. auf das jeweilige Familienklima und die dort praktizierten Umgangsformen einstellen. Insbesondere darf in der Arbeit mit den Müttern und Vätern das Wohlergehen der Kinder nicht aus dem Blickfeld geraten; die Förderung der Erziehungsfähigkeit von Müttern und Vätern ist ein Kernelement der Unterstützung. Die mit dieser Hilfe intendierten Lernprozesse und Verhaltensänderungen bei Eltern und Kindern können nur erreicht werden, wenn es gelingt, ein gutes Vertrauensverhältnis aufzubauen. In der Zusammenarbeit mit der Familie braucht es ein Gleichgewicht zwischen freundlicher Anbindung und professioneller Distanz. Die Erkenntnis aus der Therapieforschung, dass – neben der Ressourcenaktivierung – die Qualität der Therapiebeziehung einer der am besten gesicherten Einflussfaktoren auf das Therapieergebnis ist, lässt sich auf die Soziale Arbeit übertragen (→ Bindung/Beziehung in der sozialen Arbeit). Da → sozialpädagogische Familienhilfe in hohem Maß beziehungsabhängig, »relational« ist, führt ein aufsuchendes Familienhilfemodell zu Fragen hinsichtlich der Qualitäten, Werte, Wissen, Fähigkeiten, Haltungen, die eine → Fachkraft in diesem Bereich benötigt; familientherapeutisch-systemische Zusatzausbildungen sind unbedingt von Vorteil.

Das Ergebnis einer sozialpädagogischen → Intervention in einer Familie entsteht zudem in »Gemeinschaftsarbeit«, an der die Familienmitglieder aktiv beteiligt sind. Dennoch gibt es inhärente Asymmetrien zwischen den Familien und den Fachkräften, Fluktuationen zwischen Macht und Ohnmacht: Eigen-Macht der Klient/innen, Positionsmacht der Fachkräfte (→ Macht in der sozialen Arbeit). Wenn eine Integration dieser beiden Pole gelingt, finden sozialpädagogische Interventionen in einem Raum des Handelns jenseits der Gegensätze »Hilfe oder Kontrolle« statt. Die Balance dieser beiden Aspekte ist ein bedeutungsvolles Thema für F. Eine Maxime dabei ist vielleicht die im Paradox »respektvoll konfrontieren« bezeichnete Vorgehensweise. »Respekt« ist überhaupt eine Haltung, die insbesondere in der Begleitung sozial benachteiligter Mütter, Väter und Kinder unbedingt erforderlich ist. Um das notwendige Gleichgewicht von Nähe und Distanz zwischen F. und Familie zu sichern, ist eine die praktische Arbeit kontinuierlich begleitende → Supervision unabdingbar. Auch gegenseitige Praxis- und → kollegiale Beratung, Fortbildungen, gute Zusammenarbeit im Hilfeplanverfahren und Formen der → Selbstevaluation sind den Erfolg der Arbeit fördernde Bedingungen.

*Elisabeth Helming*

**Familienhilfe, sozialpädagogische** → Sozialpädagogische Familienhilfe

**Familienkasse** → Agentur für Arbeit, → Kindergeld

**Familienkrankenhilfe** → Familienversicherung

**Familienlastenausgleich** → Familienleistungsausgleich

**Familienleistungen** Unter F. können einerseits die die von → Familien erbrachten Leistungen und andererseits die Leistungen für Familien, d.h. die an Familien adressierten, staatlichen bzw. staatlich veranlassten Leistungen und Maßnahmen verstanden werden.

Wesentliche F. im erstgenannten Sinne liegen in der Übernahme von Verantwortung für das physische und psychische Wohlergehen der Familienmitglieder, Investitionen in Bildung und Ausbildung von Kindern, der Gewährleistung der Generationensorge und der Begründung lebenslanger familiärer (Generationen-)Solidarität. Familien stehen unter dem besonderen Schutz des → Grundgesetzes. Als wichtigste Sozialisations-, Erziehungs- und Bildungsinstanz für Kinder tragen Familien zur Entwicklung der Kinder zu politisch, wirtschaftlich und sozial verantwortlichen Mitgliedern der → Gesellschaft bei. Diese F. legen damit die Grundlagen des Humanvermögens der Gesellschaft und sind Voraussetzung für deren Zukunftsfähigkeit und Leistungsfähigkeit. F. in diesem Sinne kommen daher neben den Familienmitgliedern selbst auch der gesamten Gesellschaft zugute unabhängig davon, ob der/die Einzelne sich an diesen familiären Herstellungsleistungen beteiligt. Die Erbringung von F.

kann aus persönlichen und innerfamilialen Gründen als auch aufgrund schlechter struktureller Rahmenbedingungen beeinträchtigt sein. Familien sehen sich daneben oftmals enormen Anforderungen gegenüber, die sie sich selbst stellen und die von der Gesellschaft an sie herangetragen werden. Familien bei der Bewältigung des Familienalltags und in ihrer Funktionsfähigkeit zu unterstützen, ist eine Zielsetzung der → Familienpolitik. Die Unterstützung von Familien und Kindern erfährt dabei eine große Zustimmung in der Gesellschaft.

F. im zweitgenannten Sinne rechtfertigen sich u.a. aus den o.g. positiven externen Effekten der Leistungen von Familien. Sie lassen sich in monetäre, infrastrukturelle und zeitpolitische Maßnahmen unterteilen. Zuständigkeiten, Antragsverfahren, Voraussetzungen und Systematiken sind sehr unterschiedlich. Über das notwendige Ausmaß und die tatsächlichen finanziellen Aufwendungen von F. gibt es unterschiedliche Auffassungen. Das Finanztableau ehe- und familienbezogener Leistungen des → Bundesministeriums für Familie, Senioren, Frauen und Jugend (BMFSFJ) umfasst u.a. steuerliche Maßnahmen, Maßnahmen der Sozialversicherungssysteme, Arbeitsmarkt- oder Bildungspolitik, bildungsbezogene, gesundheitliche Maßnahmen und Leistungen des Staats als Arbeitgeber. Maßnahmen der Familienförderung, d.h. solche, die über das verfassungsrechtlich gebotene Maß hinaus Wertschätzung und Unterstützung geben und die Generationensolidarität stärken, stellen hier nur einen kleinen Teil dar (→ Familienleistungsausgleich). Das komplexe System der F. wird insbesondere für seine vielseitigen, nicht immer beabsichtigten Wechselwirkungen und Inkonsistenzen kritisiert. Mit der 2014 abgeschlossenen Gesamtevaluation ehe- und familienbezogener Leistungen wurden insbesondere die Wirksamkeit familienpolitischer Maßnahmen untersucht und Handlungsbedarfe für die Weiterentwicklung aufgezeigt. Familien können sich im Familien-Wegweiser des BMFSFJ (www.familien-wegweiser) online über die wichtigsten F. informieren.

*Romy Ahner*

**Familienleistungsausgleich** zielt darauf ab, von → Familien erbrachte Leistungen (→ Familienleistungen) als gesellschaftlich bedeutende Leistung anzuerkennen und zu honorieren. Der vom 7. Familienbericht (→ Familienberichterstattung) als Oberbegriff bezeichnete Familienlastenausgleich soll hingegen die Funktionsfähigkeit der Familie schützen und mit der Geburt und → Erziehung der Kinder verbundene Belastungen (wie etwa ein durch zumindest zeitweise reduzierte Erwerbsbeteiligung vermindertes Erwerbseinkommen, verminderte Möglichkeiten der Vermögensbildung) ausgleichen. Oft werden die Begriffe jedoch auch synonym verwendet. Dann umfasst der F. letztlich alle Leistungen und Sachaufwendungen, mit denen der Staat und die Sozialversicherungsträger Familien unterstützen (bspw. → Kindergeld, → Elterngeld, rentenversicherungsrechtliche Berücksichtigung von → Kindererziehungszeiten, Mitversicherung in der Krankenkasse). Eine inhaltlich klare allgemeingültige Definition fehlt bislang. Ebenso fehlt es an einer klaren Definition der tatsächlichen Höhe staatlicher Leistungen an Familien. Im Finanztableau der ehe- und familienbezogenen Leistungen weist das → Bundesministerium für Familie, Senioren, Frauen und Jugend (BMFSFJ) für das Jahr 2012 150 familienbezogene Maßnahmen mit einem fiskalischen Volumen von 128,9 Mrd. Euro sowie ehebezogene Maßnahmen mit einem fiskalischen Volumen von 73,6 Mrd. Euro auf. Es umfasst dabei u.a. steuerliche Maßnahmen, Maßnahmen der Sozialversicherungssysteme, Arbeitsmarkt- oder Bildungspolitik, bildungsbezogene, gesundheitliche Maßnahmen und Leistungen des Staats als Arbeitgeber. Maßnahmen der Familienförderung, d.h. solche, die über das verfassungsrechtlich gebotene Maß hinaus Wertschätzung und Unterstützung geben und die Generationensolidarität stärken, stellen hier nur einen kleinen Teil dar. Problematisch i.S. eines F., der die Leistungen von Familien anerkennen und honorieren soll, erscheint die Anrechnung monetärer Leistungen im Rahmen der → Grundsicherung.

F. i.e.S. meint das duale System von Kindergeld und Kinderfreibeträgen (§ 31 Einkommensteuergesetz [EStG]). Dieses Optionsmodell wird oft als Kernstück des F. bezeichnet. Es sieht vor, dass die verfassungsrechtlich gebotene Freistellung des Kinderexistenzminimums entweder durch Kindergeld oder die Kinderfreibeträge gewährleistet wird. Die steuerlichen Kinderfreibeträge sind in § 32 Abs. 6 EStG enthalten und setzen sich aus einem Freibetrag für das sächliche → Existenzminimum und einen Freibetrag für den Betreuungs- und Erziehungs- oder Ausbildungsbedarf des Kindes zusammen. Hierbei handelt es sich genaugenommen nicht um F. im o.g. Sinne, sondern um die Sicherstellung einer verfassungsgemäßen Besteuerung. Sofern jedoch das monatlich gezahlte Kindergeld die Freibetragswirkung übersteigt, dient es der Förderung der Familie. Da das Kindergeld auf Leistungen der Grundsicherung anzurechnen ist, entfaltet es bei Familien im Sozialleistungsbezug wiederum keine tatsächlichen Auswirkungen.

*Romy Ahner*

**Familienpflege** bezeichnet eine personenbezogene soziale Dienstleistung für → Familien in verschiedenen Not- und Konfliktsituationen. Ausgebildet in den Schwerpunkten → Erziehung, → Pflege und → Hauswirtschaft übernehmen staatlich anerkannte → Fachkräfte für F. oder → Dorfhelferinnen in den Familienhaushalten alle Versorgungs- und Erziehungsaufgaben, die in der jeweiligen Lebenssituation erforderlich sind. Dazu zählen die Versorgung und Pflege von Säuglingen, Kleinkindern und Kindern wie auch von pflegebedürftigen und behinderten Familienmitgliedern, die pädagogische Begleitung der Kinder sowie die Erledigung aller hauswirtschaftlichen Aufgaben in der Familie. Zunehmend werden Familienpfleger/innen auch im Rahmen interdisziplinärer Teams in familienähnlichen Kontexten eingesetzt, bspw. in Wohnheimen für → behinderte Menschen, in der Hilfe für → psychisch kranke Menschen, in → Kindertageseinrichtungen, Hausgemeinschaften für Demenzerkrankte u.ä.

Entwickelt hat sich die F. aus einer ehrenamtlichen Hilfe zur Unterstützung notleidender Familien und Einzelpersonen zwischen den beiden Weltkriegen. Die → Professionalisierung dieser sog. »Hauspflege« wurde von der Schwesternschaft St. Elisabeth zu Beginn des 19. Jh. betrieben. In vielen Gemeinden und Kreisen war F. einer der ersten gemeindlichen Dienste der → freien Wohlfahrtspflege mit sozialpflegerischem Auftrag (Gemeindeschwestern, die für die Unterstützung von Kranken und/oder bei Problemen von Familien eingesetzt wurden). Heute sind Träger der F. überwiegend die konfessionellen Verbände der freien Wohlfahrtspflege und deren Fachverbände. Neben solitären F.diensten/-stationen erbringen Anbieter der ambulanten Pflege Leistungen in der F. Da weder die → Krankenversicherungen noch die öffentlichen → Jugendhilfeträger kostendeckende Erstattungssätze leisten, müssen die Träger ihre Fachdienste für F. aus Eigen- bzw. Fördermitteln subventionieren. Wenn eine Familie vorübergehend ihre wesentlichen, auf die Versorgung von Kindern bezogenen Aufgaben nicht allein erfüllen kann und Hilfe benötigt, wird der Einsatz einer F. v.a. auf den rechtlichen Grundlagen des SGB V (→ Krankenversicherung) oder VIII (→ Kinder- und Jugendhilfe) bewilligt.

Im SGB V ist die Unterstützung von Familien in Krankheitsfällen geregelt: Befindet sich ein haushaltsführendes Elternteil aufgrund einer Erkrankung in stationärer Behandlung und im Haushalt lebt ein Kind unter zwölf Jahren, so formuliert der § 38 einen → Rechtsanspruch auf eine sog. Haushaltshilfe (→ Hilfe zur Weiterführung des Haushalts). Diese Leistung wird von den F.diensten erbracht und von den gesetzlichen → Krankenkassen anteilig finanziert. Bei ambulanter oder teilstationärer Behandlung besteht bislang kein gesetzlicher Anspruch, was zu schwierigen Situationen für die Familie führen kann. Als Hilfe im Zusammenhang mit Schwangerschaft und Mutterschaft wird F. bei sog. Risikoschwangerschaften und nach der Entbindung eingesetzt. F.übernimmt alle notwendigen Aufgaben im Haushalt, um die Schwangere zu entlasten bzw. das Familiensystem aufrechtzuerhalten. Rechtsgrundlage für diese Hilfen ist der § 24 h im SGB V. Leistungsvoraussetzung in allen diesen Fällen ist eine ärztliche Verordnung. Ein vergleichbarer Einsatz erfolgt auch bei Abwesenheit der haushaltsführenden Person aufgrund einer stationären Maßnahme der → Prävention oder → Rehabilitation – auch hier wird die Mutter/der Vater mit allen Aufgaben während der Abwesenheit durch eine/n Familienfpfleger/in vertreten. Je nachdem, um welchen Kostenträger es sich in diesem Fall handelt, ist das Recht auf Haushaltshilfe entweder im § 54 SGB IX oder im § 38 SGB V geregelt.

Auf Grundlage des SGB VIII kann in anderen Not- und Krisensituationen die vorübergehende Weiterführung des Haushalts in der Familie erfolgen. V.a. der § 20 »Betreuung und Versorgung des Kindes in Notsituationen«, regelt dieses. Dies kann bei Überlastungssituationen der Eltern der Fall sein: Psychosoziale Überlastungssymptome, Suchterkrankungen (→ Sucht), aber auch schwere → chronische/psychische Krankheiten und schließlich die Unterstützung der Familie nach dem Tod eines Elternteils gehören dazu. Besonders zu nennen ist der Handlungsansatz des HaushaltsOrganisationsTraining-HOT®, der vom → Deutschen Caritasverband in den Jahren 2000 bis 2003 im Rahmen eines Bundesmodellprojektes entwickelt wurde. Diese anleitende Begleitung dient der Kompetenzstärkung der Eltern zur Bewältigung des Alltags mit ihren Kindern und dem → Kinderschutz. Die Maßnahme wird in Zuständigkeit der kommunalen → Jugendämter häufig über §§ 27 ff. SGB VIII (→ Hilfe zur Erziehung) finanziert. Zunehmende Bedeutung erhält die F. und HOT® auch in der → Prävention, bei den → Frühen Hilfen sowie bei der Armutsprävention und der → Gesundheitsförderung.

Die F. hat sich mit diesem vielfältigen Einsatzgebiet zu einem professionellen Fachdienst zur qualifizierten Unterstützung von Familien entwickelt. Mit ihrer interdisziplinären Qualifikation wird sie den vielfältigen und ganzheitlichen Aufgaben im System Familie gerecht und kann frühe Hilfe und alltagspraktische Unterstützung leisten. Familienpfleger/innen leiten Familien in Fragen der Kinder- und Säuglingspflege und der Haushaltsführung an und vermitteln ihnen wichtige Kompetenzen. Trotz eines anerkannt hohen Bedarfs an diesen familienunterstützenden Hilfen unterliegen die Handlungsspielräume der F.dienste engen Begrenzungen. Die nicht annähernd kostendeckende Finanzierung und die oftmals nicht gelingende rechtliche Zuordnung des ganzheitlichen Hilfeansatzes der F. zu einer rechtlich zugrunde liegenden auskömmlichen Finanzierungsquelle erschweren es den Trägern, ihr Leistungsangebot aufrechtzuerhalten.

*Lit.* DCV: HOT®, www.haushaltsorganisationstraining.de; Institut für Soziale Arbeit e.V.: Profilentwicklung der Familienpflege im Bistum Aachen, Münster 2009; Simpfendörfer, D./Feulner, M. (Hrsg.): Soziale Dienste: den Alltag bewältigen, Hamburg 2006.

*Ulrike Wössner/Theresia Heimes*

**Familienpflegezeit** Seit dem 1.1.2015 gelten im Bereich der → Pflege neue gesetzliche Regelungen für eine bessere → Vereinbarkeit von Familien- und Erwerbsleben. Für Angehörige, die trotz Pflegeverantwortung erwerbstätig bleiben möchten, zielen die Neuregelungen insbesondere auf eine höhere zeitliche Flexibilität, aber auch auf eine bessere finanzielle Flankierung pflegebedingter Auszeiten oder reduzierter Erwerbstätigkeit. Die F. stützt sich dabei auf drei wesentliche Säulen: Beschäftigte können eine zehntägige Auszeit ohne Ankündigungsfrist von der Arbeit nehmen, wenn sie die Pflege oder die nötige Organisation der Pflege eines oder einer Angehörigen kurzfristig bewerkstelligen müssen. Neu ist seit dem 1.1.2015 die Verknüpfung der Auszeit mit einer Lohnersatzleistung, dem Pflegeunterstützungsgeld – analog dem Kinderkrankengeld. Es wird bei der → Pflegeversicherung der zu pflegenden Person beantragt und eröffnet Familien die Möglichkeit, sich im Akutfall um die pflegerische Versorgung der Angehörigen zu kümmern, ohne sich um Einkommensverluste sorgen zu müssen. Dieser → Rechtsanspruch gilt für alle Beschäftigten unabhängig von der Größe des Unternehmens.

Mit dem Pflegezeitgesetz (PflegeZG) haben Beschäftigte einen Anspruch darauf, bis zu sechs Monaten ganz oder teilweise aus dem Job auszusteigen, um pflegebedürftige nahe Angehörige mit mindestens Pflegestufe I in häuslicher Umgebung zu pflegen. Darüber hinaus besteht die Möglichkeit einer vollständigen oder teilweisen Freistellung von bis zu drei Monaten für die Begleitung einer oder eines nahen Angehörigen in der letzten Lebensphase. Zu den nahen Angehörigen zählen neben den eigentlichen Familienmitgliedern auch Stiefeltern, lebenspartnerschaftsähnliche Gemeinschaften sowie Schwägerinnen und Schwäger. Der Rechtsanspruch gilt gegenüber Arbeitsgebern ab 16 Beschäftigten und mit einer Anmeldefrist von zehn Tagen. Beschäftigte, die sich über einen längeren Zeitraum um die → häusliche Pflege naher Angehöriger kümmern müssen, haben seit dem 1.1.2015 durch das Familienpflegezeitgesetz (FPfZG) einen Rechtsanspruch auf teilweise Freistellung von bis zu 24 Monaten. Während der 24-monatigen F. können Beschäftigte ihre Wochenarbeitszeit auf bis zu 15 Stunden (durchschnittlich) reduzieren. Dieser Rechtsanspruch gilt allerdings nur in Unternehmen mit mindestens 25 Beschäftigten und ist schriftlich spätestens acht Wochen vor dem gewünschten Beginn einzureichen.

Beschäftigte, die eine Freistellung nach dem PflegeZG oder dem FPfZG in Anspruch nehmen, können seit dem 1.1.2015 ein zinsloses → Darlehen beim Bundesamt für Familie und zivilgesellschaftliche Aufgaben (BAFzA) beantragen, um den Lebensunterhalt in dieser Zeit abzusichern. Das Darlehen wird in monatlichen Beiträgen ausgezahlt und deckt zwischen 50 Euro und maximal der Hälfte des durch die Arbeitszeitreduzierung fehlenden Nettogehalts ab. Nach Ablauf der (Familien-)Pflegezeit wird es in Raten wieder zurückgezahlt. In besonderen Härtefällen – etwa wenn der Pflegende selbst erkrankt – kann die Rückzahlung des Darlehens erlassen werden. Die Pflegezeit und die F. können miteinander kombiniert werden, müssen aber unmittelbar aneinander anschließen und dürfen die Gesamtdauer von 24 Monaten nicht überschreiten. Kündigungsschutz besteht von der Ankündigung – höchstens jedoch zwölf Wochen vor dem angekündigten Beginn – bis zum Ende der jeweiligen Freistellung.

*Stefanie Vorberger*

**Familienplanung** i.e.S. ist die bewusste Bestimmung der Zahl der eigenen Kinder sowie des Zeitpunkts ihrer Geburt mit Mitteln oder Methoden der Schwangerschafts- bzw. Empfängnisregelung. Der Begriff F. wird oftmals gleichgesetzt mit Begriffen wie Geburtenkontrolle, »geplante Elternschaft«, Antikonzeption oder Fruchtbarkeitsregelung. Allen Begriffen ist gemeinsam die individuelle Entscheidungsfreiheit hinsichtlich des Zeitpunkts der Geburt sowie der Anzahl der

Kinder. Im Gegensatz hierzu versteht sich Bevölkerungskontrolle als die bevölkerungspolitische Einflussnahme v.a. staatlicher Institutionen auf das reproduktive Verhalten der Menschen i.S. einer gewünschten Bevölkerungszu- oder -abnahme. Die »passageren« Methoden der Empfängnisregelung sind: a) Methoden ohne Anwendung von Mitteln (z.B. Koitus interruptus, Temperaturmethode), b) mechanische Methoden (z.B. Kondom, Portiokappe), c) chemische Methoden (z.B. Vaginalzäpfchen), d) hormonelle Kontrazeption (z.B. Pille). Definitive Methoden der Empfängnisregelung sind die Sterilisation des Mannes und der Frau. Der → Schwangerschaftsabbruch hingegen wird heute weithin nicht als Mittel der F. angesehen. Institutionalisierte F. setzt auf vorsorgliche Verhinderung ungeplanter Schwangerschaften und die Methoden der Nachverhütung (»Pille danach«, »Spirale danach«) nach ungeschütztem Sexualverkehr. Charakteristisch für die zur Verfügung stehenden Methoden der Empfängnisregelung ist, dass sie entweder Nebenwirkungen haben oder unsicher sind. Ebenso sind sie nicht alters- und kulturspezifisch angepasst und z.T. anwendungsproblematisch. Für den Mann stehen nur wenige Methoden zur Verfügung.

Obwohl Mittel und Methoden der bewussten und gezielten Beeinflussung des reproduktiven Verhaltens so alt wie die menschliche Gesellschaft selbst sind, wurden erst gegen Ende des 19. Jh. vom Staat unabhängige F.gesellschaften gegründet. Die weltweite Entstehung spezieller Organisationen für F. (z.B. → pro familia) führte 1952 zur Gründung der International Planned Parenthood Federation (IPPF), die mittlerweile als globales Netzwerk von 152 Mitgliedsorganisationen in über 170 Ländern aktiv ist. F.arbeit wird heute aber auch in nicht geringem Umfang von staatlichen Organisationen betrieben. Das international praktizierte Konzept der F. i.w.S. umfasst mittlerweile Beratung über Methoden der Empfängnisregelung oder Geburtenkontrolle, sexuell übertragbare Krankheiten, → Schwangerschaftskonfliktberatung, Sexual-, Partner-, Schwangerenberatung, Hilfen bei unerwünschter Kinderlosigkeit, → Sexualerziehung. F. als ein Konzept der Verhinderung ungeplanter Schwangerschaften hat maßgeblich zur Entsexualisierung institutionalisierter F. geführt. Erst mit der Entstehung der neuen Frauenbewegung zu Beginn der 1970er-Jahre, welche die Idee der F. in einen umfassenden Zusammenhang von Körper, → Sexualität und Geschlechterverhältnis stellt, sind Perspektiven einer Neuorientierung des rationalen Konzepts von F. entstanden. Im Mittelpunkt steht dabei die Rückgewinnung der sexuellen Basis von F. und deren unterschiedliche Bedeutung für Frauen und Männer. Die neue F. versteht sich als ein Programm sexueller Kultur, das von der geschlechtsspezifischen Sexualität der Menschen ausgeht, von der F. nur »ein« Ausdruck ist. Mitte der 1980er-Jahre begann ein punktuelles Aufeinanderzugehen der internationalen Frauengesundheitsbewegung und der internationalen Organisationen für Bevölkerungs- und F.programme, welches zu einer weiteren Neuorientierung der F. hin zu einem Konzept sexueller und reproduktiver Gesundheit und Rechte führte. Diese basiert auf einer engen Verknüpfung von Sexualität, Reproduktion und Gesundheit mit der Idee der → Menschenrechte, wie es bislang in der Geschichte institutionalisierter F. nicht der Fall war. Der Paradigmenwechsel fand schließlich seinen Niederschlag in den Aktionsplänen der Konferenzen der → Vereinten Nationen 1994 in Kairo und 1995 in Peking. Damit wurde global der politische Wille bekundet, sexuelle und reproduktiver Gesundheit zu fördern und zu schützen und sexuelle und reproduktive Rechte als Menschenrechte anzuerkennen.

Die zunehmende Vielfalt von Lebensformen neben der traditionellen Form der → Ehe und → Familie (z.B. → Alleinerziehende, → Eheähnliche Gemeinschaften, → Gleichgeschlechtliche Lebensweisen, »Singles«, → Patchwork-Familien, → Regenbogenfamilien) sowie die rapide Entwicklung auf dem Gebiet der Reproduktionsmedizin stellen die Institutionen der F. vor ständig neue Aufgaben, Probleme und ethische Dilemmata. Mit dem Wegfall der Bipolarität zu Beginn der 1990er-Jahre haben sich die Arbeit und das Selbstverständnis institutionalisierter, insbesondere nichtstaatlicher F. zusätzlich kompliziert. Der Entstaatlichungsprozess institutionalisierter F. in Osteuropa hat erneut die Frage nach dem Verhältnis zum Staat und der Zulässigkeit staatlicher Interventionen in den Bereichen Sexualität und F. aufgeworfen. Die Schwierigkeiten bei der Umsetzung des Aktionsplans von Kairo haben deutlich gemacht, dass das Recht auf sexuelle und reproduktive Gesundheit tendenziell immer gefährdet ist und immer wieder gesichert werden muss. Schließlich müssen sich die Institutionen der F. verstärkt mit den Auswirkungen einer globalen Ökonomie auf die sexuelle und reproduktive Gesundheit, das Geschlechterverhältnis und die Lebensformen von Frauen und Männern befassen. Die wegweisenden UN-Konferenzen von Kairo und Peking haben ihre Ziele bei Weitem noch nicht erreicht, auch wenn z.B. weltweit die Müttersterblichkeit nahezu halbiert worden ist (seit 1990 von 532.000 auf 303.000 Frauen im Jahr 2015). Deren Hauptursachen sind der mangelnde Zugang zur Gesundheitsversorgung für Frauen, der Mangel an finanziellen Ressourcen, veränderte Prioritäten in der Entwicklungszusammenarbeit und eine Zunahme des politischen und religiösen Fundamentalismus, Um die Ziele von Kairo erreichen zu können, hat die Vollversammlung der Vereinten Nationen 2010 das Aktionsprogramm von Kairo zur Daueraufgabe erklärt.

*Lit.* Thoß, E.: Plädoyer für ein Programm sexueller Kultur, in: pro familia magazin 2/1992; Thoß, E.: Total Global und Uniform: Sexuelle und reproduktive Gesundheit und Rechte, in: pro familia magazin 2/1996; Vereinte Nationen: Transforming Our World: The 2030 Agenda for Sustainable Development, New York 2015; WHO: Family Planning/Contraception, Factsheet Nr. 351, Genf 2015.

*Elke Thoß*

**Familienpolitik** ist als Querschnittsaufgabe unterschiedlicher Politikbereiche zu sehen, die darauf gerichtet ist, → Familien in ihrem Zusammenhalt zu stärken, sie bei der prinzipiell selbstbestimmten Gestaltung des privaten Lebens sowie der Erbringung ihrer gesellschaftlichen Leistungen zu unterstützen. Ansätze der F. entwickelten sich in Deutschland mit der Industrialisierung: im 19. Jh. mit dem bürgerlichen → Ehe- und → Familienrecht und den Einschränkungen der Frauenarbeit einschließlich der → Mutterschutzgesetze, über die Unterstützung bedürftiger Familien durch Familienzulagen in der Weimarer Republik bis zur nationalsozialistischen F. mit Ehestandsdarlehen, Geburtenprämien und rassistischen Eheverboten. Systematisiert und institutionell verankert wurde F. 1953 mit der Einrichtung eines Bundesministeriums für Familienfragen in der Bundesrepublik Deutschland. Bis Ende der 1990er-Jahre standen in Westdeutschland monetäre Maßnahmen für Familien im Vordergrund der F. (Kinderfreibeträge, → Kindergeld, Wohnungsbauförderung, Ehegattensplitting usw. [→ Familienleistungsausgleich]), die zunehmend durch pädagogische Hilfen wie → Familienbildung, die → Kinder- und Jugendhilfe nach SGB VIII für Familien in Risikolagen sowie den Ausbau der → Kindertagesbetreuung ergänzt wurden. Die F. in Ostdeutschland verfolgte demgegenüber Ziele der Geburtenförderung und unterstützte die Erwerbstätigkeit von Müttern, die F. in Westdeutschland dagegen das männliche Ernährermodell.

Heute muss sich F. auf spätmoderne, d.h. individualisierte und flexibilisierte Erwerbs- und Lebensbedingungen, biografische Verläufe und Einstellungen einrichten (→ Vereinbarkeit von Familien- und Erwerbsleben). Dies betrifft insbesondere egalitärere Geschlechterverhältnisse, Lebensformen jenseits von Ehe und Normalfamilie sowie bedingt durch die → demografische Entwicklung und die Anerkennung von Kindern als Rechtssubjekte (→ Kinderrechte) veränderte Generationenverhältnisse. In diesem Zusammenhang konstatiert der 7. Familienbericht ein erhebliches Modernisierungsdefizit der deutschen F. Probleme zeigen sich auch hinsichtlich einer effektiven Armutsbekämpfung von Familien, insbesondere bei → Alleinerziehenden. Der vorgeschlagene Dreiklang einer nachhaltigen F. umfasst → Zeitpolitik im Lebenslauf und im Alltag, die Entwicklung integrativer Infrastrukturen in Nachbarschaft und Gemeinde sowie passgenaue monetäre Transfers zur Sicherung der Zukunftsfähigkeit von Familie.

Neben den staatlichen Ebenen von Bund, Ländern und Kommunen beeinflussen auch nichtstaatliche Akteure die Lebensbedingungen von Familien, v.a. Unternehmen und Gewerkschaften, → freie und → öffentliche Träger, → Zivilgesellschaft und Medien. Aktuell wird die Vernetzung unterschiedlicher Träger familienpolitischer Maßnahmen und unterschiedlicher Bereiche der F. verfolgt, um etwa durch → lokale Bündnisse für Familien die Lebensbedingungen von Familien vor Ort zu verbessern. Dies ist umso notwendiger, als die Entwicklungen der Spätmoderne und die Globalisierung von Wirtschaft und Gesellschaft die »strukturelle Rücksichtslosigkeit« gegenüber Familie eher erhöhen und die Ressourcen von Familien verknappen.

*Karin Jurczyk*

**Familienrat,** auch Verwandtschaftsrat, Familiengruppenkonferenz, Family Group Conference ist ein in Neuseeland entwickeltes Hilfeplanungsverfahren, mit dem das → Jugendamt → Familien und ihre Netzwerke in eine gestaltende Position bei der → Hilfeplanung in der Jugendhilfe bringt. Zur Organisation des F. beauftragt das Jugendamt eine/n Koordinator/in (Trennung »Hilfeplanung« und »Wächteramt«). Diese/r informiert die Kernfamilie über das Verfahren und unterstützt sie, ihr Netzwerk zum F. zu mobilisieren. Die Koordination orientiert den F. an der familiären Kultur (Sprache, Ort, Termin, Rituale, Verpflegung und Teilnehmende). Mit der ASD-Fachkraft wird die »Sorge« des Amtes (z.B. Sicherheit eines Kindes in der Familie), die Gegenstand der Lösungsüberlegungen sein wird, präzise formuliert und geprüft, welche → Fachkräfte anwesend sein müssen. Der F. beginnt mit der »Informationsphase« (Vorstellung, Familienritual, Darlegung der für einen tragfähigen Plan notwendigen Information, Sorge des Jugendamtes, Auftragsformulierung: »Machen Sie einen Plan, der ...!«). Danach verlassen alle Professionellen den Raum (»exklusive Familienzeit«), um der Familie Raum für die eigene Planung zu geben. Nach dieser »Family-only-Phase« präsentiert die Familie ihren Plan (Verhandlungsphase), der jetzt von der Fachkraft des Jugendamtes geprüft wird, ob er ihre vorher formulierte Sorge (auf-)löst. Wenn ihr Teile des Lösungsplans noch nicht ausreichend sicher erscheinen, formuliert sie diese »Restsorge« als Auftrag für eine zweite exklusive Familienzeit. Der danach von allen unterschriebene Plan benennt Vorhaben, Zuständigkeiten und Überprüfungsvereinbarungen. In Folgeräten wird der Plan optimiert.

Der wesentliche Mehrwert des F. zeigt sich in seinen sozialen Wirkungen, denn neben der instrumentellen Problemlösung entstehen durch das Zusammenwirken eines Kreises von direkt und indirekt Betroffenen gemeinschaftsbildende Wirkungen. In der Praxis finden sich mittlerweile auch Anwendungen, die sich auf einzelne Elemente des F. (Kreiserweiterung, Heimspiel, professionelle Lösungsabstinenz, »Family-only-Zeit«, neutrale Koordination, Sorgeerklärung) konzentrieren. Das Prinzip von relationalen, kreiserweiternden Hilfe(planungs)prozessen wurde in der Arbeit mit straffälligen Menschen (Gemeinschaftskonferenzen und Sozialnetz-Konferenzen) aufgegriffen. In der → Eingliederungshilfe für behinderte Menschen ist ein ähnliches relationales Hilfeplanungsverfahren als »Persönliche Zukunftsplanung im Unterstützerkreis« bekannt.

*Wolfgang Budde/Frank Früchtel*

**Familienrecht** Das F. enthält alle Regelungen, die die Rechtsverhältnisse der Familienmitglieder untereinander wie auch die Beziehungen der → Familie oder ihrer Mitglieder nach außen rechtlich bestimmen. Zentrale Rechtsgrundlagen aller familienrechtlichen Regelungen bilden die → Europäische Konvention zum Schutz der Menschenrechte und Grundfreiheiten (EMRK) und Art. 6 → Grundgesetz (GG). Gemäß Art. 8 Abs. I EMRK hat jede Person das Recht auf Achtung ihres Privat- und Familienlebens, ihrer Wohnung und ihrer Korrespondenz. Art 12 EMRK garantiert das Recht aller Männer und Frauen im heiratsfähigen Alter, eine → Ehe einzugehen und eine Familie zu gründen.

Gemäß Art. 6 Abs. 1 GG stehen Ehe und Familie unter dem besonderen Schutz der staatlichen Ordnung. Das bedeutet in negativer Hinsicht, dass es dem Staat untersagt ist, Ehe und Familie zu beeinträchtigen. In positiver Hinsicht ist es Aufgabe des Staates, Ehe und Familie zu fördern und vor Beeinträchtigungen durch Dritte zu bewahren. Als Instituts- bzw. Einrichtungsgarantie gewährleistet Art. 6 Abs. 1 GG den Bestand und die wesentlichen Strukturen von Ehe und Familie. Verfassungswidrig wäre danach nicht nur eine völlige Abschaffung der Ehe, sondern auch ein Eingriff in den Kernbestand der das → Ehe- und Familienrecht bildenden Vorschriften. Zu dem Kernbestand zählt das Verbot der Mehrehe und der Grundsatz der auf Lebenszeit geschlossenen Ehe. Ob zum Kernbestand der Ehe auch gehört, dass die Eheleute geschlechtsverschieden sind, ist heftig umstritten.

Es ist gemäß Art. 6 Abs. 2 GG das natürliche Recht der Eltern und die zuvörderst ihnen obliegende Pflicht, ihre Kinder zu erziehen und zu pflegen (→ Elternrecht). Unter Beachtung dieses Vorranges der Elternautonomie ist der Staat (→ Familiengerichte und → Jugendämter) verpflichtet, die Ausübung der elterlichen Erziehung zum Wohl des Kindes zu überwachen (staatliches → Wächteramt). Demgemäß dürfen gemäß Art. 6 Abs. 3 GG gegen den Willen der Erziehungsberechtigten Kinder nur auf Grund eines Gesetzes von der Familie getrennt werden, wenn die Erziehungsberechtigten versagen oder wenn die Kinder aus anderen Gründen zu verwahrlosen drohen.

Mütter haben gemäß Art. 6 Abs. 4 GG Anspruch auf den Schutz und die → Fürsorge der (staatlichen) Gemeinschaft. Art. 6 Abs. 5 des 1949 verabschiedeten GG gab dem Gesetzgeber die heute weitestgehend erfüllte Pflicht auf, → nichteheliche und eheliche Kinder gleich zu behandeln.

Das materielle F. ist im Wesentlichen im 4. Buch des → Bürgerlichen Gesetzbuchs (§§ 1297–1921 BGB) geregelt und umfasst die Themen Eheschließung, → Ehe, → Ehescheidung sowie → Kindschafts- und Unterhaltsrecht und den → Versorgungsausgleich. Ebenfalls im F. ist die → Vormundschaft und die → Pflegschaft für Minderjährige sowie die → Betreuung Volljähriger und die → Patientenverfügung (§ 1901 a BGB) geregelt. Das Recht der gleichgeschlechtlichen → Lebenspartnerschaft regelt das Lebenspartnerschaftsgesetz (LPartG). Das Recht der nichtehelichen Lebensgemeinschaften ist im F. nicht gesondert geregelt. Insoweit ist auf allgemeine zivilrechtliche Regelungen zurückzugreifen. Darüber hinaus gibt es öffentlich-rechtliche Quellen des F.: SGB VIII (→ Kinder- und Jugendhilfe), Bundeskindergeldgesetz (BKGG), Bundeselterngeld- und Elternzeitgesetz (BEEG), das → Unterhaltsvorschussgesetz (UVG) und das Einkommensteuergesetz (EStG).

Das familienrechtliche Gerichtsverfahren ist seit 2009 im → Familienverfahrensgesetz (FamFG) geregelt, das das Gesetz über die Freiwillige Gerichtsbarkeit (FGG) abgelöst hat. Bei Beteiligung ausländischer Eheleute sind für die Frage des Internationalen Zivilverfahrensrechts die Verordnung (EG) Nr. 2201/2003 des Rates vom 27.11.2003 über die Zuständigkeit und die Anerkennung und Vollstreckung von Entscheidungen in Ehesachen und in Verfahren betreffend die elterliche Verantwortung (→ Brüssel II a-Verordnung) und für das → Internationale Privatrecht die Verordnung (EU) Nr. 1259/2010 des Rates vom 20.12.2010 zur Durchführung einer Verstärkten Zusammenarbeit im Bereich des auf die Ehescheidung und Trennung ohne Auflösung des Ehebandes anzuwendenden Rechts (Rom III-Verordnung) sowie Art. 13–24 des Einführungsgesetzes zum Bürgerlichen Gesetzbuch (EGBGB) zu beachten.

Das F. unterliegt dem gesellschaftlichen Wandel. Im Bereich der Vormundschaft für Minderjährige, der → Abstammung (Stichwort: Reproduktionstourismus) und der Adoption durch eingetragene Lebenspartnerschaften besteht Reformbedarf, sodass mit weiteren Änderungen des F. in den kommenden Jahren zu rechnen ist. Vom Gesetzgeber zu lösen sein wird auch die Frage, ob das Institut der Ehe auch für gleichgeschlechtliche Paare geöffnet werden soll oder ob es insoweit bei der Sonderform der eingetragenen Lebenspartnerschaft verbleiben soll.

*Lit.* Münder, J./Ernst, R./Behlert, W.: Familienrecht – eine sozialwissenschaftlich orientierte Darstellung, 7. Aufl., Baden-Baden 2013; Schwab, D.: Familienrecht, 23. Aufl., München 2015; von Münch, E. M./Backhaus, B.: Ehe- und Familienrecht von A–Z, München 2010; www.familienrecht-ratgeber.de

*Hans-Otto Burschel*

**Familiensoziologie** ist der überlieferte Bestand des soziologischen Wissens über die → Familie sowie die → Ehe und andere Lebensformen. Aufgrund der Begrenzung ihres Forschungsgegenstandes gehört sie zu den speziellen Soziologien (wie Bildungssoziologie, Arbeitssoziologie), unterscheidet sich von der allgemeinen Soziologie jedoch nicht im Erkenntnisziel. Auch die verwendeten Methoden sind weitgehend identisch, wobei insbesondere Panelerhebungen, Multi-Actor-Befragungen sowie »mixed methods«-Studien in den letzten Jahren an Bedeutung gewonnen haben. F. konzentriert sich nicht allein auf den gesellschaftlichen Teilbereich »Familie« und darin enthaltene Dyaden (z.B. Vater-Kind), sondern schließt die Analyse der interdependenten Beziehungen zwischen Familie und anderen sozialen Systemen und zur Gesamtgesellschaft mit ein.

Als Begründer der F. gelten W. H. Riehl und Le Play. Die Hauptwerke beider Autoren erschienen 1855. Beide verabsolutierten einen bestimmten Familientyp: Riehl den des mittelständischen Bürgertums, Le Play den des Boden besitzenden Bauerntums. Wegen ihrer stark bewertenden Beschreibung und wegen der – zwar versteckten – naturrechtlichen Konstruktion von Familie sind sie als »Väter« der F. nicht unumstritten, und es wird zuweilen statt ihrer E. Durkheim mit seinem Einführungswerk in die F. (1888) als Begründer benannt.

Überblickt man die familiensoziologische Forschung von den Anfängen bis heute, so ist die Vielfältigkeit ihrer Forschungsfragen und -ergebnisse groß. Aber auch die Kontinuität bestimmter Thematiken ist erstaunlich. Immer wieder werden Fragestellungen nach den Auflösungserscheinungen von Ehe und Familie erforscht, familiale Interaktionsbeziehungen analysiert, die mütterliche Erwerbstätigkeit problematisiert und die Gründe für die gesunkene Fertilität untersucht. Weitere aktuelle Forschungsgegenstände sind die zunehmende Pluralität familialer Lebensformen (→ Alleinerziehende, → Patchworkfamilien, → Regenbogenfamilien), Trennungen und Scheidungen, Multilokalität von Familie, Kinder- und Familienarmut, Familie als Bildungsort für Kinder sowie das »doing family«, das heißt die Herstellung von Familie im Alltag. Die Dimension von Gender ist dabei ein zentrales Querschnittsthema und ein erklärender Faktor von F. (→ Gender Studies). In den letzten Jahren stehen vermehrt die Sorgetätigkeiten von Familien für Kinder und Ältere (→ Care) im Fokus des Interesses. Hierbei geht es um Fragen der geschlechtsspezifischen Arbeitsteilung, der → Vereinbarkeit von Familien- und Erwerbsleben, des sorgebedingten Armutsrisikos von Frauen sowie der Sorgebeteiligung von Vätern bzw. Männern. Weltweit ist ein starkes Interesse an familialen Wandlungsprozessen und an der gesamtgesellschaftlichen Bedeutung von Familie festzustellen, wie familiensoziologische Veröffentlichungen aus Japan, Australien, Neuseeland, China usw., aber auch aus den sog. Entwicklungsländern zeigen. Insofern kommt der vergleichenden F. zwar bereits schon heute, aber vermutlich in

Zukunft noch verstärkt besondere Bedeutung zu.

*Johanna Possinger*

**Familientherapie** Die familientherapeutische Arbeit hat sich aus unterschiedlichen Disziplinen (z.B. Systemtheorie, Kybernetik, Verhaltenstherapie, Kommunikationstheorie) entwickelt. Von grundsätzlicher Bedeutung ist folgende Leitidee: Wenn ein Arbeitssetting nicht nur in der Dyade Therapeut/in-Klient/in besteht, sondern auch weitere beobachtbare Wechselwirkungen zwischen Familienmitgliedern berücksichtigt – die Beziehungen von Kind und Mutter und Vater und Geschwistern und Großeltern usw. – können bisher verborgene Sinnzusammenhänge für hilfreiche Lösungen erkannt werden. Somit wird die ganze → Familie mit ihren spezifischen Mustern, Geschichten und Beziehungsinteraktionen als System betrachtet. Das Ziel der F. ist es, diese Familiendynamiken offenzulegen und zum Familiensystem passende Verstehens- und Handlungsperspektiven zu entwickeln.

Die systemische Grundidee, nach der → Verhalten stets funktional ist und prinzipiell nach Berücksichtigung des Kontextes sinnvoll zu erklären ist, eröffnet die Möglichkeit, auch zunächst bizarr anmutendes Verhalten oder Vorgehen zu verstehen oder zumindest plausibler erscheinen zu lassen (→ Systemischer Ansatz, → Systemische Beratung und Therapie). Hierbei sind eine Haltung des Nicht-Wissens und ein respektvolles und wertschätzendes Vorgehen bei der Suche nach möglichen Kontextbedingungen für das als »problematisch« definierte Verhalten essenziell. Im Rahmen von F. geht es um die Entdeckung und Veränderung familiär konstruierter Muster, Einstellungen und Regelabläufe, um gemeinsam mit allen Beteiligten passende Strategien und Umgangsweisen für die Zukunft zu entwickeln. Im Gegensatz zur Therapeut/in-Klient/in-Dyade wird ein/e Klient/in nicht als Patient/in betrachtet, sondern vielmehr als »Symptomträger/in«, dessen Erkrankung, Leiden und/oder psychische Belastung als Ausdruck des aus der Balance geratenen Familiensystems verstanden wird und den Ausgangspunkt einer F. darstellt. Den Familienmitgliedern wird vermittelt, dass für die Weiterentwicklung des Familiensystems jedes einzelne Mitglied als hilfreich erachtet wird, und Verantwortung bei der Etablierung neuer Lösungen übernehmen muss, während Schuldzuweisungen bearbeitet und abgebaut werden sollen. Die Berücksichtigung des Sprachgebrauchs der jeweiligen Familie und die Verwendung variabler Überschriften (z.B. Familiengespräch, → Familienberatung, Ideenschmiede, Treffen) anstelle des Therapie-Begriffs können die Kooperations- und Ankopplungsmöglichkeiten des Familiensystems erhöhen.

Besondere Formen der Unterstützung von Eltern sind aus dem Verständnis der Bewältigung des familiären Alltags als hochkomplexe und anspruchsvolle Arbeit entstanden (Elterncoaching, Elterliche Präsenz, Marte-Meo-Modell). Zusammenfassend lässt sich die aktuelle, kompetenzfokussierte, kommunikations- und systemorientierte Perspektive der F. von früheren defizitorientierten, individualpsychologischen Sichtweisen familientherapeutischer Behandlung abgrenzen.

*Jan Beucke*

**Familienunterstützende Hilfen** bezeichnen im umfassendem Sinne alle Hilfeangebote und sozialstaatlichen Transferleistungen, die darauf abzielen, sozialen, ökonomischen und/oder gesundheitlichen Problemlagen von → Familien vorzubeugen bzw. diese zu überwinden. Die Hilfen beziehen sich auf Familien und auf alte, behinderte und kranke Menschen.

In der → Kinder- und Jugendhilfe werden seit Jahren präventive Hilfen für Familien ausgebaut. Das gilt v.a. für Familien in sozial und ökonomisch benachteiligten → Lebenslagen, mit besonderen Unterstützungsbedarfen und in Krisensituationen (→ soziale Benachteiligung), für alleinerziehende Elternteile (→ Alleinerziehende) und für alleinstehende werdende Mütter. Als besonders wirksam haben sich Angebote erwiesen, die sich auf die → Lebenswelt von Familien insgesamt beziehen und sozialräumlich ausgerichtet sind. Zunehmend werden niedrigschwellige Angebote z.B. in Form von → Mehrgenerationenhäusern bzw. → Familienzentren ausgebaut. Nach dem SGB VIII (§§ 16–32 sowie §§ 8 ff.) werden unter f. H. insbesondere Familienfreizeiten und Familienerholung (→ Erholung), → Familienbildung, → Familienberatung, Erziehungsbeistandschaft (→ Erziehungsbeistand), → soziale Gruppenarbeit, → sozialpädagogische Familienhilfe, → Kindertagesbetreuung und → Kindertagespflege verstanden. F. H. dienen u.a. auch zur Vermeidung der Herausnahme von Kindern aus Familien (→ Fremdunterbringung). In zugespitzten Familienkrisensituationen haben sich sog. »Familienaktivierungsprogramme« als besonders wirksam erwiesen. Diese Ansätze wollen Familien durch intensive, gezielte und zeitlich begrenzte Unterstützung helfen, ihre konfliktbehafteten Familienbeziehungen und -strukturen zu verändern und zufriedenstellend neu zu organisieren. Die Arbeit konzentriert sich dabei im Wesentlichen auf vier Schritte: 1) Sicherheit für alle Familienmitglieder, 2) Gewaltstopp und Krisendämpfung, 3) Vermittlung von Techniken zur Gewaltreduktion und Anleitung zur → Selbsthilfe im Alltag, 4) Erfolgskontrolle. Der Ausbau → Früher Hilfen für Schwangere und Familien mit Neugeborenen ist in den letzten Jahren gezielt vorangetrieben worden.

Als f. H. gelten auch materielle Transferleistungen. Hierbei handelt es sich insbesondere um vorrangige (z.B. → Wohngeld, → Elterngeld, → Kindergeld, → Kinderzuschlag sowie Leistungen nach dem → Unterhaltsvorschussgesetz) und um nachrangige Sicherungssysteme (Leistungen nach SGB II und SGB XII), dies sind im einzelnen Leistungen nach dem Recht der → Sozialhilfe, die die ökonomische Leistungsfähigkeit der Familie erhalten oder wiederherstellen. Darüber hinaus gibt es die → haushaltsnahen Dienstleistungen. Aber auch die → Schuldnerberatung, die Bemühungen zur Erhaltung der Wohnung usw. sind als wichtige f. H. anzusehen. Die Angebote der Jugendhilfe, der gesundheitlichen und der materiellen Hilfen müssen als Gesamtheit gesehen werden, da oftmals im Einzelfall eine Vernetzung der Angebote erforderlich und sinnvoll ist. Weitere spezielle f. H. gibt es v.a. in den Bereichen → Altenhilfe, → Rehabilitation und → Hilfen zur Gesundheit.

Derzeit ist geplant, das SGB VIII umfassend zu modernisieren. Betroffen sind u.a. die Themenkomplexe Hilfen zur Erziehung, inklusive Lösung für Kinder- und Jugendliche mit Behinderungen im SGB VIII, Pflegekinderhilfe, Betriebserlaubnisverfahren, Qualitätsentwicklung in der Kinder- und Jugendhilfe. Die Änderungen sollen je nach Regelungsbereich entweder 2017 oder 2022 in Kraft treten.

*Josef Faltermeier*

**Familienverbände** sind parteipolitisch ungebundene Fach- und Interessengruppen, die sich als Interessenvertretungen bundesweit für die Verbesserung wirtschaftlicher, sozialer und kultureller Rahmenbedingungen für → Familien in Politik, Verwaltung, Arbeitswelt, Gesellschaft und Öffentlichkeit einsetzen; die konfessionellen Verbände auch innerhalb der Kirchen. F. sind wichtige Akteure zwischen der staatlichen → Familienpolitik in ihrer querschnitthaften Bedeutung, den → Trägern der Sozialen Arbeit und den Familien selbst in ihren unterschiedlichen Entwicklungsphasen, Ausprägungen und Rechts- wie Erscheinungsformen. Trotz öffentlicher Förderung sind F. unabhängig und verstehen sich als Instrumente kritischer Politikbegleitung und -beratung (gegenüber staatlicher Familienpolitik). Abhängig von Zielgruppe, Struktur und Organisationsform (engagierte Familien als Einzelmitglieder oder Dachverband für Fachverbände) ist in F. stärker die Lobbyfunktion oder die Anwaltschaft für Familien ausgeprägt.

Schwerpunkte der inhaltlichen Arbeit sind die Entwicklung eines gerechten → Familienleistungs- und Familienlastenausgleichs, insbesondere die Überwindung von → Armut, die Verbesserung der → Vereinbarkeit von Familien- und Erwerbsleben, die Verbesserung einer familienfreundlichen Infrastruktur auf der örtlichen Ebene, die Anerkennung von Familienarbeit (Fürsorge- und Erziehungsleistung) in der Gesellschaft, im Sozialversicherungs- und Abgabensystem sowie Eltern- und → Familienbildung zur Stärkung der Erziehungskraft in der Familie.

Die bestehenden F. sind: Deutscher Familienverband e.V. (DFV), Familienbund der Katholiken (FDK), Evangelische Arbeitsgemeinschaft Familie e.V. (EAF), → Verband alleinerziehender Mütter und Väter (VAMV), → Verband binationaler Familien und Partnerschaften e.V. (iaf), Zukunftsforum Familie e.V. (ZFF). Weitere Initiativen sind etwa die Selbsthilfeinitiative Alleinerziehender e. V. (SHIA), der Verband Kinderreicher Familien in Deutschland e.V (VKFD) oder der Verband Berufstätiger Mütter e.V. (VBM). Neben den Bundesverbänden existieren bei F. i.d.R. auch Landesverbände und regionale bzw. diözesane Gliederungen. Auf Bundesebene haben sich kurz nach Gründung des Bundesfamilienministeriums im Jahr 1954 die Familienorganisationen DFV, FDK, EAF zur → Arbeitsgemeinschaft der deutschen Familienorganisationen (AGF e.V.) zusammengeschlossen. Die AGF erweiterte sich Ende der 1960er-Jahre um den VAMV; der Verband binationaler Partnerschaften (iaf) ist seit 2008 Mitglied. Bis 2007 und erneut seit 2013 koordiniert die AGF als Projekt auch das → Bundesforum Familie, eine Plattform für rund 120 bundesweit agierende Verbände und Organisationen, deren Arbeit für Familien von Bedeutung ist. Die Confederation of Family Organisations in the European Union (COFACE) arbeitet auf der europäischen Ebene als Zusammenschluss nationaler Verbände mit Sitz in Brüssel. Als internationaler Zusammenschluss arbeitet die 1953 aus der World Family Organisation (WFO) hervorgegangene International Commission on Couple and Family Relations (ICCFR). Ziel ist der interdisziplinäre Fachdialog von Wissenschaft, vielfältigen Berufsgruppen und Interessensverbänden, welche für und mit Familien arbeiten. Die deutschen F. werden in COFACE und ICCFR durch die AGF verteten.

*Rosemarie Daumüller*

**Familienverfahrensgesetz (FamFG)** Das Gesetz über das Verfahren in Familiensachen und in den Angelegenheiten der freiwilligen Gerichtsbarkeit (BGBl. I S. 2586, 2587) ist zum 1.9.2009 in Kraft getreten. Eingeteilt ist es in neun Bücher: Allgemeiner Teil, Verfahren in Familiensachen, Verfahren in → Betreuungs- und → Unterbringungssachen, Verfahren in Nachlass- und Teilungssachen, Verfahren in Registersachen und unternehmensrechtliche Verfahren, Verfahren in weiteren Angelegenheiten der → freiwilligen Gerichtsbarkeit und der → Freiheitsentziehung, Verfahren in Aufgebotssachen, Schlussvorschriften. Verfahren in Familiensachen betreffen: → Ehe, → Ehescheidung und Folgesachen, → Kindschaftsrecht, → Abstammung, → Annahme als Kind, Ehewohnung und Haushalt, Gewaltschutz (→ Gewalt, → Häusliche Gewalt), → Versorgungsausgleich, → Unterhaltspflicht, → Eheliches Güterrecht, sonstige Familiensachen und → Lebenspartnerschaft.

Reformziele waren die Schaffung eines einheitlichen, für sämtliche Familiensachen geltenden Verfahrensrechts mit einem anwenderfreundlichen Gesetzesaufbau und einer verständlichen Gesetzessprache. Außerdem wichtig waren die Stärkung der konfliktvermeidenden und konfliktlösenden Elemente im familiengerichtlichen Verfahren, die Beschleunigung der Kindschaftsverfahren und die Einführung eines einheitlichen Rechtsmittels, der Beschwerde (→ Rechtsbehelf). Neue Begrifflichkeiten im FamFG sind: Beteiligte statt Parteien, Antrag statt Klage, Verfahren statt Prozess, Aussetzung des Verfahrens statt Aussetzung des Rechtsstreits, Beschluss statt Urteil und Verfahrensbeistandschaft statt Verfahrenspflegschaft. Dabei sollte deutlich werden, dass im Bereich des → Familienrechts möglichst einvernehmliche Lösungen erreicht werden sollen.

Im familiengerichtlichen Verfahren gilt der Grundsatz der Amtsermittlung (§ 26 FamFG), d.h. das → Familiengericht muss grundsätzlich von Amts wegen die zur Feststellung der entscheidungserheblichen Tatsachen erforderlichen Ermittlungen selbst durchführen. Ein weiterer Grundsatz ist das Hinwirken auf Einvernehmen in Kindschaftssachen (§ 156 FamFG). Geht es im Verfahren um eine Gefährdung des → Kindeswohls, → Umgangsrecht, den → Aufenthalt des Kindes oder dessen → Herausgabe an die Sorgeberechtigten, wird ein solches Verfahren vorrangig vor anderen behandelt und es muss innerhalb eines Monats ein früher erster Termin mit allen Beteiligten stattfinden, bei dem versucht werden soll, eine einvernehmliche Lösung zu finden (Vorrang- und Beschleunigungsgebot, § 155 Abs. 1 FamFG).

Muss schnell eine Entscheidung ergehen, kann das Familiengericht eine einstweilige Anordnung erlassen (§§ 49 ff. FamFG); in Verfahren, in denen es um Kindeswohlgefährdung geht, muss es diese Möglichkeit unverzüglich prüfen (§ 157 Abs. 3 FamFG). Länger dauernde kindesschutzrechtliche Maßnahmen muss das Familiengericht in angemessenen Zeitabständen überprüfen; hat es keine Maßnahme getroffen, muss auch ein solches Absehen von gerichtlichen Maßnahmen in angemessenem Zeitabstand, i.d.R. nach drei Monaten, geprüft werden (§ 166 FamFG).

*Diana Eschelbach*

**Familienversicherung** Die F. ist Ausprägung des Solidaritätsprinzips (→ Solidarität) in der gesetzlichen → Krankenversicherung. Ein Mitglied der gesetzlichen Krankenversicherung kann seinen Familienangehörigen beitragsfrei einen eigenständigen Versichertenstatus vermitteln. Nach § 10 SGB V können Ehegatte, Lebenspartner/in, eigene sowie Stief-, Pflege- und Enkelkinder von Mitgliedern familienversichert sein, wenn diese ihren Wohnsitz im Inland haben, nicht selbst versicherungspflichtig, freiwillig versichert oder versicherungsfrei sind, weder hauptberuflich selbstständig erwerbstätig sind noch regelmäßiges → Einkommen haben, das ein Siebtel der monatlichen Bezugsgröße nach § 18 SGB IV überschreitet. Dabei gilt die → Kindertagespflege für bis zu fünf gleichzeitig anwesende fremde Kinder bis zum 31.12.2018 nicht als hauptberuflich selbständige Tätigkeit.

Kinder sind grundsätzlich bis zur Vollendung des 18. Lebensjahres familienversichert. Die Altersgrenze erhöht sich, sofern die Kinder nicht berufstätig sind (23. Lebensjahr), sich in Schul- oder Berufsausbildung befinden, ein freiwilliges soziales oder ökologisches Jahr (25. Lebensjahr, → Freiwilligendienste) sowie Wehr- oder Ersatzdienst ableisten (entsprechende Verlängerung über das 25. Lebensjahr hinaus möglich). Keine Altersbegrenzung besteht für Kinder, die sich aufgrund einer Behinderung nicht selbst unterhalten können, sofern die Behinderung zu einem Zeitpunkt eintrat, als das Kind bereits familienversichert war. Die F. für Kinder ist ausgeschlossen, wenn der andere Elternteil nicht Mitglied einer gesetzlichen Krankenkasse ist, sein Gesamteinkommen regelmäßig ein Zwölftel der Jahresarbeitsentgeltgrenze (für 2010: 49.950 Euro pro Jahr) übersteigt und regelmäßig höher ist als das Gesamteinkommen des Mitglieds. Die F. wird bei der → Krankenkasse des Mitglieds durchgeführt.

Sind beide Elternteile gesetzlich versichert, besteht ein Wahlrecht. Für Fristen nach dem Mutterschutzgesetz (→ Mutterschutz) und in der → Elternzeit ist eine F. ausgeschlossen, wenn die betroffenen Personen zuletzt vor diesen Zeiträumen nicht gesetzlich versichert waren. Wie das Erfordernis des höheren Gesamteinkommens beim eine F. vermittelnden Mitglied soll auch diese Regelung die Solidargemeinschaft davor schützen, von Personen (temporär) für eine beitragsfreie Mitversicherung in Anspruch genommen zu werden, die grundsätzlich einem anderen, nämlich dem privaten Versicherungssystem angehören. Das Institut der F. findet sich entsprechend auch in der → gesetzlichen Pflegeversicherung (§ 25 SGB XI).

*Katja Fahlbusch*

**Familienwissenschaft** ist ein Sammelbegriff, der unterschiedliche einzelwissenschaftliche Disziplinen mit ihrem je spezifischen theoretisch-konzeptionellen und methodischen Erkenntnisinteresse am Gegenstandsbereich → Familie vereint. Die Vielfalt familienwissenschaftlicher Teildisziplinen, die im Zuge von wissenschaftlichen Spezialisierungen durch Differenzierung entstanden sind, basiert auf gedanklich-systematischen Vorläufern wie etwa den griechischen und alteuropäischen Haushaltslehren. Neben dem → Familienrecht, der Familienpädagogik und der Familienpsychologie hat sich im Verlaufe des 19. Jh. die → Familiensoziologie zu einem prominenten, eigenständigen Wissenschaftsgebiet entwickelt. Als ihr Begründer wird häufig der französische Soziologe E. Durkheim genannt. Neben kulturvergleichenden Analysen sind sozialökologische Ansätze wie der von J. Bronfenbrenner für die familienwissenschaftliche Theoriebildung und Praxis weiterführend gewesen, aber auch die innovativen Perspektiven der Frauenforschung (→ Gender Studies): Mit der pointierten Feststellung, dass die Familie des Mannes nicht die Familie der Frau ist (S. Metz-Göckel), wurde die Asymmetrie der Geschlechterverhältnisse in Familie und Gesellschaft aufgedeckt und führte zur Formulierung und Begründung von weitgehenden gendersensiblen und lebenslaufbezogenen Handlungserfordernissen für die aktuelle → Familienpolitik.

*Uta Meier-Gräwe*

**Familienzentren** sind Institutionen, die Bedarfe von Kindern und → Familien in einem integrierten Gesamtkonzept aufgreifen. Dabei kann sich der Begriff auf unterschiedliche Einrichtungstypen beziehen, z.B. auf Familienbildungsstätten, Mütterzentren oder → Mehrgenerationenhäuser. I.d.R. meint der Begriff aber → Kindertageseinrichtungen (Kitas), die eltern- und kindbezogene Angebote bündeln und die Kita als Bildungs- und Erfahrungsort gleichermaßen für Kinder und Eltern konzipieren. So entstehen bedarfsgerechte und niedrigschwellige Zugänge zu Angeboten, die sich an den → Lebenslagen der Familien im Einzugsgebiet orientieren. Beispiele dafür sind Angebote zur Elternbildung (z.B. Sprachkurse), Freizeit- und Kontaktangebote (z.B. Elterncafé, → Eltern-Kind-Gruppen) oder auch für den Arbeitsmarkt relevante Angebote (z.B. Qualifizierungsmaßnahmen für die Eltern, Bewerbertraining). F. sind eng mit regional bereits bestehenden Fachdiensten und Institutionen vernetzt und kooperieren mit diesen. So kann ein breites Unterstützungssystem im → Sozialraum entstehen, das Familien fördert und aktivierende Impulse im Gemeinwesen setzt.

Die Funktionserweiterung von Kitas hat etwa vor 15 Jahren an unterschiedlichen Orten begonnen und zu vielfältigen Bezeichnungen geführt, wie etwa »Eltern-Kind-Zentrum«, »Haus für Kinder und Familien«, »Kinder- und Familienzentrum«, »Familienkita« oder »Familienkompetenzzentrum«. Auch die Organisationsformen und Einrichtungsprofile sind verschieden und von regionalen Gegebenheiten abhängig. Die Entwicklung von Kitas zu F. ist eine Antwort der Praxis auf die steigenden Anforderungen an Familien. F. greifen Fragestellungen und Probleme der Eltern auf, damit diese die Entwicklungsprozesse der Kinder im familialen Umfeld bestmöglich unterstützen können. Mögliche Risiken für die Entwicklungsprozesse der Kinder können so präventiv abgefedert werden.

Im Zuge der Forderung, inklusive Konzepte in Kindertageseinrichtungen umzusetzen (→ Inklusion), gewinnt die institutionelle Weiterentwicklung zu F. nochmals an Bedeutung. Ziel inklusiver Konzepte ist es, die Entwicklungsprozesse aller Kinder, unabhängig von Heterogenitätsmerkmalen wie Behinderung, kulturelle Herkunft, sozioökonomischer Status usw. in gleichem Maße zu unterstützen. Dafür ist ein breit gefächertes Angebotsspektrum für die Familien und Kinder in enger Vernetzung mit dem Sozialraum umso entscheidender. Erste Ergebnisse aus Studien zeigen, dass besonders Kinder aus benachteiligten Familien und → Kinder mit Migrationshintergrund von niedrigschwelligen Angeboten für Eltern profitieren können. Damit können F. ein wichtiger Baustein für die Verbesserung der → Chancengerechtigkeit im Bildungssystem sein.

Einige Bundesländer fördern den Aufbau von F., wie Berlin, Hessen und insbesondere Nordrhein-Westfalen. Dort sind 2014/15 bereits rund ein Drittel aller Kindertageseinrichtungen F. Darüber hinaus fördern ein Teil der Kommunen und große → freie Träger die institutionelle Weiterentwicklung.

*Regine Schelle*

**Familienzusammenführung** oder »Familiennachzug« bezeichnet sowohl den Zuzug von Ausländern zu ihren Familienangehörigen (den sog. »Stammberechtigten«) vom Ausland aus als auch die Herstellung der Familieneinheit im Inland. Wer als Teil einer → Familie gilt, ist nicht einheitlich geregelt. Familie i.S. des Art. 6 des → Grundgesetzes (GG) bezeichnet die Kernfamilie, also Ehegatte, Eltern und Kind, einschließlich Stief-, Pflege- und Adoptiv- sowie erwachsenem Kind. Entferntere Verwandte und Lebenspartner sind »Familie« nur i.S. von Art. 8 der → Europäischen Konvention zum Schutze der Menschenrechte und Grundfreiheiten (EMRK). Weder Art. 6 GG noch Art. 8 EMRK begründen einen Anspruch auf Zuzug zu und Aufenthalt beim Stammberechtigten. Sie verpflichten den Staat nur, die jeweiligen Interessen gerecht abzuwägen. Selbst die Kernfamilie kann darauf verwiesen werden, im Ausland zusammenzuleben, sofern dies dort möglich ist. Zweifelhaft ist deshalb, ob subsidiär Schutzberechtigte vom F. ausgeschlossen werden dürfen.

Zu unterscheiden ist der Zuzug zu freizügigkeitsberechtigten Unionsbürgern (→ Unionsbürgerschaft) und zu sonstigen, auch deutschen Stammberechtigten. Für Letztere gelten die §§ 3 ff., 27 ff. des Aufenthaltsgesetzes (AufenthG). Danach muss der Nachzugswillige grundsätzlich die Passpflicht erfüllen und das Visumverfahren einhalten; auch dürfen keine Ausweisungsgründe vorliegen. Ist der Stammberechtigte kein Deutscher, muss in der Regel ferner der Lebensunterhalt gesichert, ausreichender Wohnraum vorhanden und der → Aufenthalt des Stammberechtigten im Bundesgebiet auf Dauer angelegt sein. Letzteres ist fraglich, wenn er ein humanitäres Aufenthaltsrecht besitzt, weshalb bestimmte Inhaber solcher Rechte von der F. ausgeschlossen werden (§ 29 Abs. 3 AufenthG). Außerdem muss der Ehegatte für die F. vor der Einreise grundsätzlich deutsche Sprachkenntnisse vorweisen.

Beeinflusst wird die Auslegung dieser Vorschriften durch das Recht der → Europäischen Union (EU), insbesondere die sog. Familienzusammenführungs-Richtlinie 2003/86/EG vom 22.9.2003 und das Assoziationsrecht EU-Türkei. Dies hat im August 2015 zur Einführung einer Härtefallklausel geführt: Seither darf der Ehegatte eines Stammberechtigten trotz Fehlens von Sprachkenntnissen nachziehen, wenn ihm der Erwerb dieser Kenntnisse ausnahmsweise nicht zumutbar ist.

Andere Familienangehörige als Ehegatten, minderjährige, ledige Kinder und Eltern von → unbegleiteten minderjährigen Flüchtlingen haben nur die Möglichkeit, aber keinen Anspruch auf F., wenn der Zuzug der Vermeidung einer außergewöhnlichen Härte dient.

Großzügiger geregelt ist die F. zu Angehörigen der EU, die von einer ihrer Grundfreiheiten nach dem EU-Vertrag Gebrauch gemacht haben. Nach §§ 3 ff. des Freizügigkeitsgesetzes/EU vom 30.7.2004 setzt die F. in diesen Fällen nur den Nachweis der Eigenschaft als Familienangehöriger voraus. Außerdem können sämtliche Verwandte des Unionsbürgers und seines Ehegatten in direkter absteigender Linie (Kinder, Enkelkinder) bis zur Vollendung des 21. Lebensjahres nachziehen, Verwandte in direkter aufsteigender Linie (Eltern, Großeltern) dann, wenn ihnen Unterhalt geleistet wird. Sprachkenntnisse oder Unterhaltsnachweise dürfen nicht verlangt werden. Die Ungleichbehandlung deutscher Unionsbürger gegenüber anderen Unionsbürgern wird als Inländerdiskriminierung kritisiert.

*Thomas Oberhäuser*

**Feedback** ist ein aus der Kybernetik und Systemtheorie entliehener Begriff. Er bedeutet »Rückmeldung zum Zwecke der Beeinflussung des weiteren Verlaufs« (Thermostatprinzip). Um Struktur und Prozess einer → Gruppe transparent zu machen und den Einzelnen die Möglichkeit zu geben, Selbst- und → Fremdwahrnehmung systematisch zu vergleichen, hat die Gruppendynamik ein System gegenseitiger Information und Rückkoppelung entwickelt, das als F.-Technik bezeichnet wird. Ihm liegt die Erkenntnis zugrunde, dass die Einzelnen nur sehr wenig aus ihrer isolierten Erfahrung lernen. F. gibt den Einzelnen deshalb direkte Informationen über Wirkungen und Wirksamkeit ihres → Verhaltens, macht die verhaltenssteuernden Gefühle, Gedanken und Beziehungen der anderen »greifbar« und schafft damit die Möglichkeit bewusster Korrektur im eigenen Verhalten (→ Soziales Lernen).

In vielen Organisationen wurde in den letzten Jahren eine strukturierte Form der Mitarbeiterbefragung als Führungs-F. etabliert, z.B. als 360°-F., zu dem sowohl Mitarbeiter/innen als auch Vorgesetzte, direkte Kolleg/innen und (interne) Kooperationspartner beitragen. Im Rahmen von → Change Management, → Organisationsentwicklung und geplantem sozialem Wandel findet sich Befragungs-F. (datasurvey) als spezielle Form in der Koppelung mit Veränderungsmaßnahmen, Aktionsforschung und Training.

*Bert Voigt/Klaus Doppler*

**Feldforschung** → Empirische Sozialforschung

**Festbeträge** sind Höchstbeträge für die Erstattung von Arznei- und Hilfsmittelpreisen durch die → Krankenkassen. Ist für eine Leistung ein F. festgesetzt, erfüllt die Krankenkasse ihre Leistungspflicht mit dem F. Der → Gemeinsame Bundesausschuss bestimmt durch Richtlinien, für welche Gruppen von Arzneimitteln F. bestimmt werden können (§ 35 Abs. 1 SGB V). Nach Anhörung von Sachverständigen setzt der Spitzenverband Bund der Krankenkassen den F. für die jeweilige Arzneimittelgruppe fest. Von der Festbetragsregelung ausgenommen sind Arzneimittel mit patentgeschützten Wirkstoffen, deren Wirkungsweise neuartig ist oder nebenwirkungsärmer als bisherige Arzneimittel mit der betreffenden Indikation sind und somit eine therapeutische Verbesserung bedeuten.

Der Spitzenverband Bund der Krankenkassen bestimmt → Hilfsmittel, für die F. festgesetzt werden. Dabei sollen in ihrer Funktion gleichartige und gleichwertige Mittel in Gruppen zusammengefasst und die Einzelheiten der Versorgung festgelegt werden (§ 36 Abs. 1 SGB V). Wird den Versicherten ein Arzneimittel oder ein Hilfsmittel verordnet, dessen Kosten den maßgebenden F. übersteigen, haben die-Versicherten diesen Differenzbetrag (Aufzahlung) zusätzlich zur gesetzlichen Zuzahlung selbst zu tragen, wenn sie die Verordnung wünschen. Durch das Gesetz zur Verbesserung der Wirtschaftlichkeit in der Arzneimittelversorgung (AVWG; BGBl. 2006 I S. 984) vom 1.5.2006 sind die F. für Arzneimittel auf das untere Preisdrittel abgesenkt worden. Für Arzneimittel, deren Abgabepreise 30% und mehr unterhalb des Festbetrags liegen, ist im Gesetz die Befreiungsmöglichkeit von der Zuzahlungspflicht vorgesehen.

Besondere Regelungen gelten für den Zahnersatz im Bereich der geringen Einkommen (§ 55 Abs. 3 SGB V).

*Ulrike Häcker*

**Festnahme** Die Strafprozessordnung (StPO) unterscheidet zwischen der vorläufigen F., die durch jedermann vorgenommen werden kann, und der F. durch Staatsanwaltschaft oder Polizei. Gemäß § 127 Abs. 1 ist jedermann (Privatpersonen, Polizeibeamte, Staatsanwält/innen) zur vorläufigen F. befugt, wenn jemand, der der Flucht verdächtig ist oder dessen → Identität nicht sofort festgestellt werden kann, auf frischer Tat betroffen oder verfolgt wird. Zur Feststellung der Identität ist die F. dann zulässig, wenn der/die Betroffene oder Verfolgte Angaben zur Person verweigert oder sich nicht ausweisen kann und er/sie deshalb nicht ohne Nachforschungen identifiziert werden kann. § 127 Abs. 1 rechtfertigt auch die Anwendung körperlicher → Gewalt, wenn diese für die F. erforderlich und angemessen ist. Staatsanwaltschaft und Polizei sind zur vorläufigen F. aber auch dann befugt, wenn die Voraussetzungen eines Haftbefehls (dringender Tatverdacht und Haftgrund – §§ 112 ff.) oder eines Unterbringungsbefehls (§ 126 a) vorliegen und zudem Gefahr im Verzuge besteht. Eine vorläufig festgenommene Person ist, sofern sie nicht wieder freigelassen wird, unverzüglich, spätestens am Tage nach ihrer F. dem/der Amtsrichter/in, in dessen/deren Bezirk sie festgenommen wurde, zur Vernehmung vorzuführen (§ 128 Abs. 1). Der/die Amtsrichter/in entscheidet sodann, ob er/sie auf Antrag der Staatsanwaltschaft einen Haft- oder Unterbringungsbefehl erlässt oder die Freilassung des/der Festgenommenen anordnet.

*Michael Bolowich*

**Finalprinzip** Das F. (lat. finis = Grenze, Ende, Endzweck) bezweckt die Erreichung eines Ziels, z.B. die Gewährleistung des physischen → Existenzminimums für Personen, die ihren → Lebensunterhalt nicht aus eigenen Kräften und Mitteln sichern können. Leistungssysteme der sozialen Sicherheit können nach finalen und kausalen Systemen unterschieden werden. Ein Anspruch auf Leistungen, die nach dem F. gestaltet sind, besteht ausschließlich im Bedarfsfall und unabhängig davon, wie die Bedarfslage eingetreten ist (z.B. der Anspruch auf → Sozialhilfe). In kausal gestalteten Sicherungssystemen setzt die Gewährung von Leistungen indes voraus, dass bestimmte Umstände vorliegen, z.B. der Eintritt des Rentenalters oder ein ursächlicher Zusammenhang zwischen einem Unfall und einer versicherten Tätigkeit. Sozialversicherungssysteme und Systeme sozialer Vorsorge können allerdings auch final und kausal zugleich sein: Sie sind final, indem sie gegen ein bestimmtes Risiko absichern, und kausal, indem sich die Absicherung nach der vorausgegangenen Vorsorge bemisst. Eine besondere Konstellation des Verhältnisses von Finalität und Kausalität findet sich im SGB IX (→ Rehabilitation und Teilhabe behinderter Menschen): Einerseits wird in § 4 Abs. 1 SGB IX das F. betont – die Ziele des Gesetzes sollen unabhängig von der Ursache der Behinderung erreicht werden, niemand soll wegen der

Ursache seiner Behinderung die notwendigen Leistungen nicht erhalten. Die Ursache der Behinderung kann jedoch für die Trägerbestimmung (z.B. Gesetzliche → Unfallversicherung beim Vorliegen eines → Arbeitsunfalls) oder das Leistungsziel (z.B. Gesetzliche → Krankenversicherung) relevant sein.

*Constanze Rogge*

**Finanzausgleich** → Föderalismus

**Finanzierung sozialer Dienste und Einrichtungen** richtet sich nach der Trägerschaft, dem Selbstverständnis sowie den konkreten rechtlichen und wirtschaftlichen Rahmenbedingungen. Typische F.formen sind in der Reihenfolge ihrer Bedeutung: (1) Leistungsentgelte auf gesetzlicher oder vertraglicher Grundlage, die von der öffentlichen Hand oder den Nutzer/innen selbst, ggf. auch anteilig, gezahlt werden. Ermittelt wurden die Entgeltsätze in der Vergangenheit vorrangig inputorientiert nach dem Selbstkostendeckungsprinzip auf Basis der echten Selbstkosten. Inzwischen werden die Entgelte auf der Basis der in der Vergangenheit angefallenen Kosten ausgehandelt. Problematisch ist hierbei ein undifferenzierter Rückgriff auf Betriebsvergleiche, da hierbei die Abhängigkeit zwischen verschiedenen Kostenpositionen ausgeblendet wird (z.B. Ersatz von Personalkosten durch Sachaufwand oder umgekehrt). In Teilbereichen werden die Entgeltverhandlungen inzwischen durch Ausschreibungen ersetzt. Dies führt zu einer Ausdünnung des bisherigen Angebots, wenn die bisherigen Komplexleistungen nur schlagwortartig in die Ausschreibung aufgenommen werden. Z.B. kann eine undifferenzierte Ausschreibung und Neuvergabe des Rettungsdienstes zu gravierenden Qualitätseinbußen beim Katastrophenschutz des bisherigen Trägers führen. (2) → Zuwendungen der öffentlichen Hand wie → Europäische Union, Bund, Länder, → Landschaftsverbände und Kommunen. Die Vergabe erfolgt auf haushaltsrechtlicher Grundlage i.d.R. durch Bewilligungsbescheid. Durch Bedingungen und Auflagen soll nach kameralistischem Verständnis der wirtschaftliche Mitteleinsatz sichergestellt werden; häufig führt dies aber zu unnötigen Zusatzkosten. Wegen ihrer Input-Orientierung verliert diese F.form an Bedeutung. (3) Bei dem Dualen F.system werden die Investitionen durch Zuwendungen und die Betriebskosten durch Leistungsentgelte aufgebracht. Wegen der in Teilsegmenten möglichen Substitution von Investitionskosten durch Betriebskosten und umgekehrt, z.B. Wärmedämmung statt Heizkosten oder Maschinen statt Arbeitskraft, verlockt diese F. zur unwirtschaftlichen Kostenverlagerung auf spätere Jahre oder andere F.träger. Ein Beispiel hierfür ist die Finanzierung von → Krankenhäusern: Während die → Krankenversicherungen die Betriebskosten tragen, übernehmen die Bundesländer die Investitionskosten. (4) Mit Zeitspenden, also ehrenamtlichem Arbeitseinsatz, werden insbesondere anderweitig nicht oder nicht ausreichend finanzierbare Sozialleistungen erbracht. (5) Spenden (→ Spendenwesen), Mitgliedsbeiträge und Erbschaften tragen in erster Linie bei gemeinnützigen Organisationen (→ Gemeinnützigkeit von Körperschaften) zur F. sozialer Aufgaben bei. Bei der Investitionsfinanzierung wird zunehmend auf neue F.formen zurückgegriffen, wie Leasing oder → Öffentlich-Private Partnerschaft. Hierbei sind die unter → Outsourcing und → Privatisierung beschriebenen Interessengegensätze zu beachten. In letzter Zeit werden auch gemeinnützigen Körperschaften mezzanine F.formen angeboten. Die F. befindet sich in einem grundlegenden Wandel mit gravierenden Auswirkungen auf Zusammenstellung und Ausgestaltung der sozialen Angebote, die Anbieterstruktur und die gesamtgesellschaftliche Prosperität.

*Thomas von Holt*

**Finanzplanung** Zu unterscheiden ist die F. der öffentlichen Hand von der eines Unternehmens. Für die öffentliche Hand ergibt sich die Verpflichtung zur Erstellung einer F. aus § 50 des Haushaltsgrundsätzegesetzes (HGrG). Danach legen Bund und Länder sowie die nicht unmittelbar genannten → Gemeinden – bei denen das HGrG in § 51 davon ausgeht, dass auch diese dazu verpflichtet sind – ihrer Haushaltswirtschaft eine fünfjährige F. zugrunde, wobei das laufende Haushaltsjahr das erste Planungsjahr ist. Der Inhalt der F. ergibt sich aus § 9 des Gesetzes zur Förderung der Stabilität und des Wachstums der Wirtschaft (StWG). Danach sind der Umfang und die Zusammensetzung der voraussichtlichen Ausgaben und die Deckungsmöglichkeiten in ihren Wechselbeziehungen zu der mutmaßlichen Entwicklung des gesamtwirtschaftlichen Leistungsvermögens darzustellen. Der F. von Bund und Ländern ist eine einheitliche Systematik zugrunde gelegt, die von dem bei der Bundesregierung gebildeten F.rat (§ 51 HGrG) empfohlen wird. Bei der F. ist auch die im Jahr 2011 von Bund und Ländern gemeinsam beschlossene und im → Grundgesetz verankerte Schuldenbremse (Art. 109 Abs. 3 S. 1 GG) zu beachten. Danach sind die Haushalte von Bund (ab 2016) und Ländern (ab 2020) grundsätzlich ohne Aufnahme neuer Kredite auszugleichen. Die F. dient dazu, die Haushaltspolitik nicht allein anhand der aktuellen Haushaltslage auszurichten, sondern zukunftsorientiert und vorausschauend. Auf europäischer Ebene spricht man daher von der Finanziellen Vorausschau, die für sieben Jahre die jährlichen Ausgabenobergrenzen der → Europäischen Union (EU) festschreibt, damit sich diese innerhalb der zur Verfügung stehenden Eigenmittel der EU bewegen. Die F. wird der Haushaltsplanung zugrunde gelegt. Jedoch ist allein der → Haushaltsplan im Verhältnis von Legislative und Exekutive verbindlich und ermächtigt dazu, Ausgaben zu leisten und Verpflichtungen einzugehen. Die F. ist nur für die Exekutive verbindlich und wird erst durch den Haushaltsplan für das jeweilige Haushaltsjahr verwirklicht. Bei der F. von Unternehmen werden Einnahmen und Ausgaben eines Planungszeitraums gegenübergestellt. Zweck der F. ist es hier, langfristig den Gewinn zu maximieren und dabei gleichzeitig die Zahlungsfähigkeit sicherzustellen, da ansonsten die Insolvenz droht. Auch bei gemeinnützigen Unternehmen der → Sozialwirtschaft ist die F. heute vielfach ein übliches Instrument der Unternehmenssteuerung. Sie dient hier der Sicherung der Zukunftsfähigkeit. Zudem beurteilen Banken auf der Basis der F. eines Unternehmens dessen Kreditwürdigkeit. Die Ausformung der F. bei Unternehmen ist unterschiedlich. Die kurzfristige F. (Liquiditätsplanung) dient dazu, die Liquidität zu gewährleisten. Bei der mittelfristigen F. steht im Vordergrund, wie eine Finanzierung erfolgt. Wesentliche Frage ist, in welchem Maße kurz- oder langfristig Fremdmittel aufgenommen werden sollen. Die F. steht in enger Verbindung zu den weiteren Unternehmensplanungen, wie etwa die Investitionsplanung.

*Wolfgang Teske*

**Flexible Altersgrenze** → Rente wegen Alters

**Flüchtlinge** Ausgangspunkt für die juristische Begriffsdefinition im Flüchtlingsrecht ist die Genfer Flüchtlingskonvention: Danach ist F., wer sich aus begründeter Furcht vor Verfolgung wegen seiner Rasse, Religion, Nationalität, politischen Überzeugung oder Zugehörigkeit zu einer bestimmten sozialen Gruppe außerhalb des Landes (Herkunftsland) befindet, dessen → Staatsangehörigkeit er besitzt und dessen Schutz er nicht in Anspruch nehmen kann oder wegen dieser Furcht nicht in Anspruch nehmen will oder in dem er als Staatenloser seinen vorherigen gewöhnlichen Aufenthalt hatte und in das er nicht zurückkehren kann oder wegen dieser Furcht nicht zurückkehren will (§ 3 AsylG [AsylG]). Im Unterschied zum Asylrecht, das vor staatlicher Verfolgung schützt, kann die Verfolgung grundsätzlich von staatlichen oder nichtstaatlichen Akteuren ausgehen (§ 3 c AsylG).

Da der Antrag auf Asyl den Antrag auf internationalen Schutz umfasst, prüft das für das Asylverfahren zuständige → Bundesamt für Migration und Flüchtlinge (BAMF) auch, ob Asylsuchenden die Eigenschaft als F. zuzuerkennen ist (→ Asylrecht, s. dort auch Ausführungen zum Begriff internationaler Schutz).

F. können sich auf die in der Genfer Flüchtlingskonvention verbrieften Rechte wie Freizügigkeit, Teilhabe am → Arbeitsmarkt und dem System der → sozialen Sicherheit berufen.

Wer als F. anerkannt ist, hat einen → Rechtsanspruch auf eine Aufenthaltserlaubnis nach § 25 Abs. 2 Aufenthaltsgesetz (AufenthG) (→ Zuwanderungsgesetz), die bei der örtlichen Ausländerbehörde beantragt werden kann. Diese Aufenthaltserlaubnis bildet auch die Grundlage für den Familiennachzug (§ 29 ff. AufenthG, → Familienzusammenführung). Nach drei Jahren haben Flüchtlinge grundsätzlich einen → Rechtsanspruch auf eine Niederlassungserlaubnis.

Am 7.7.2016 wurde im Bundestag ein → Integrationsgesetz verabschiedet, das voraussichtlich im Sommer 2016 in Kraft tritt. Es ist ein Artikelgesetz und sieht insbesondere Änderungen im SGB II, SGB III, SGB XII sowie im AsylbLG, im AsylG und im AufenthG vor.

*Melanie Kößler*

**Flüchtlings(sozial)arbeit** ist Soziale Arbeit mit → Flüchtlingen, d.h. noch nicht anerkannten Asylbewerber/innen. Sie betrifft grundsätzlich alle Lebensbereiche, findet aber vor allem in Flüchtlingsunterkünften statt. Flüchtlinge werden zunächst von den Ländern untergebracht und dann auf die Kommunen verteilt. Sie unterliegen zahlreichen gesetzlichen Restriktionen (z.B. Asylbewerberleistungsgesetz). Da sie monatelang keine eigene Wohnung suchen und ihre materielle Existenz nicht selbst sichern können/dürfen, werden sie von den Kommunen versorgt. In den teilweise sehr großen Unterkünften sind kommunal finanzierte Sozialdienste (→ Allgemeiner Sozialdienst) für sie zuständig. Kommunen delegieren den Flüchtlingssozialdienst auch an Wohlfahrtsverbände (→ freie Wohlfahrtspflege). Für diese Dienste gibt es weder eine verbindliche Verpflichtung noch bundesweite Anforderungen noch eine professionspolitische Debatte. Ihre Ausgestaltung hängt von den Trägern und von den konkreten Bedingungen vor Ort ab.

Aus der Perspektive Sozialer Arbeit als helfender und aktivierender Profession könnte F. umfassen: ganzheitliche Betreuung von Flüchtlingen, Einzelfallhilfe zur beruflichen bzw. schulischen → Integration, Verfahrens- oder Perspektivenberatung zu Asylverfahren (→ Asylrecht), soziale Gruppenarbeit zur Aktivierung der eigenen → Ressourcen bzw. zur Wahrnehmung von Rechten, Vernetzung mit ehrenamtlichen und zivilgesellschaftlichen Gruppen sowie dem umliegenden Gemeinwesen und Aktivitäten gegen Ausländerfeindlichkeit (→ Diskriminierung).

Die Aufgaben der Flüchtlingssozialdienste bestehen de facto aber zunächst darin, für einen geregelten Ablauf in den Wohnheimen zu sorgen, → Konflikten vorzubeugen, Bildungsintegration der Kinder zu gewährleisten und den Behördenkontakt zu organisieren. Im Rahmen ihrer Kapazitäten versuchen sie mit Projekten, Lobbyarbeit und in der Zusammenarbeit mit → Ehrenamtlichen die Situation zu verbessern. Migrationsdienste der Wohlfahrtsverbände und andere freie Träger begleiten und beraten Flüchtlinge darüber hinaus mit Deutschkursen, Integration in Arbeit, Begegnungsprojekten, Traumatherapie (→ Trauma) und Ehrenamtskoordination. Darüber hinausgehend sollten alle Felder der Sozialen Arbeit (z.B. → Gemeinwesenarbeit, → Jugendsozialarbeit) sich mit dem Flüchtlingsthema auseinandersetzen und grundlegende Kenntnisse u.a. zum rechtlichen Status von Flüchtlingen, zu Unterstützungsmöglichkeiten und zu den Folgen von Traumatisierungen erwerben.

Wie in der → Migrationssozialarbeit sind auch und gerade in der Flüchtlingsarbeit die Grenzen zwischen Sozialarbeit, politischer Arbeit und Menschenrechtsarbeit fließend. Flüchtlinge unterliegen gesetzlichen Regelungen, die menschenrechtlichen Normen widersprechen, und sind von ausländerrechtlichen Maßnahmen wie z.B. → Abschiebung bedroht, die humanitäre Katastrophen darstellen können. Auch stellt sich die Frage nach dem Mandat Sozialer Arbeit für Flüchtlinge, die aufgrund von Grenzkontrollen oder Abschiebungen gar nicht als (potenzielle) Klient/innen im Land sind. Der Bezug auf die → Menschenrechte, auf internationale Konventionen (z.B. → UN-Kinderrechtskonvention) und Empfehlungen internationaler Organisationen (z.B. des → Hohen Flüchtlingskommissars der Vereinten Nationen) stellen daher wichtige Grundlagen einer Flüchtlingssozialarbeit dar, die dem Anspruch Sozialer Arbeit als Menschenrechtsprofession gerecht wird.

*Nausikaa Schirilla*

**Föderalismus** bedeutet, dass in einem Bundesstaat Gesamtstaat (Bund) wie Gliedstaaten (Länder) Staatsqualität besitzen und die Kompetenzen auf den Feldern → Gesetzgebung, Verwaltung und → Rechtsprechung und auch die Steuereinnahmen auf beide Ebenen verteilt sind. Liegt der Schwerpunkt der Aufgaben und Kompetenzen wie in der Bundesrepublik bei den Gliedstaaten, handelt es sich um einen föderativen, sonst um einen unitarischen Bundesstaat. Der F. zieht sich wie ein roter Faden durch die deutsche Verfassungsgeschichte, angefangen beim Heiligen Römischen Reich Deutscher Nation, das 1806 endete, über das 1871 gegründete Deutsche Reich, die Weimarer Reichsverfassung von 1919 bis zum Grundgesetz (GG) von 1949. In der nationalsozialistischen Diktatur und in der DDR gab es keinen F. Das Bundesstaatsprinzip (Art. 20 Abs. 1 GG) unterliegt der sog. Ewigkeitsgarantie, kann also nicht abgeschafft werden.

Das GG weist das Recht der Gesetzgebung grundsätzlich den Ländern zu, enthält allerdings so viele Vorbehalte zugunsten des Bundes, dass der Schwerpunkt faktisch beim Bund liegt. Die Mitwirkung der Länder bei der Gesetzgebung des Bundes erfolgt über den Bundesrat. Die Verteilung der Verwaltungskompetenzen folgt dem Grundsatz, dass die Länder die Bundesgesetze (→ Gesetz) als eigene Angelegenheit ausführen, soweit das GG nichts anderes bestimmt oder zulässt. Der Bund darf Gesetze selbst nur in wenigen, im GG explizit genannten Fällen ausführen. Eine Mischverwaltung von Bund und Ländern ist grundsätzlich unzulässig (Ausnahme: die gemeinsamen Einrichtungen im SGB II, → Grundsicherung für Arbeitsuchende). Die Arbeitsteilung zwischen Bund und Ländern bei der Wahrnehmung staatlicher Aufgaben im F. dient u.a. der Machtbegrenzung und ermöglicht insbesondere Vielfalt und Unterschiedlichkeit und die Entwicklung von Alternativen. Sie kann aber zu Schwerfälligkeit bei der politischen Willensbildung und je nach parteipolitischen Konstellationen zur gegenseitigen Blockade führen. Als kooperativer F. werden die vielfältigen Kontakte zwischen Bund und Ländern bezeichnet, die ein abgestimmtes oder sogar einheitliches Vorgehen ermöglichen sollen. Hierzu gehören informelle Gespräche ebenso wie eine institutionalisierte Zusammenarbeit durch Fachministerkonferenzen (→ Arbeits- und Sozialministerkonferenz) oder Staatsverträge.

Die F.reform I aus dem Jahr 2006 hat die Gesetzgebungsbefugnisse von Bund und Ländern auf einigen Feldern neu geregelt, die Befugnisse des Bundestages und der Landtage gestärkt und die Zustimmungserfordernisse des Bundesrates abgebaut. Die F.reform II aus dem Jahr 2009 befasste sich mit den Finanzbeziehungen von Bund und Ländern. Hervorzuheben ist die ab 2016 geltende sog. Schuldenbremse für den Bund und das ab 2020 für die Länder greifende Neuverschuldungsverbot.

*Irene Vorholz*

**Förderkindergarten** ist eine Einrichtung der → frühkindlichen Bildung, Betreuung und Erziehung für Kinder, die wegen einer bestehenden oder drohenden Behinderung in einer → Kindertageseinrichtung nicht oder nicht ausreichend gefördert werden können. F. haben den Auftrag und das Ziel der individuellen, ganzheitlichen Förderung (→ Frühförderung behinderter Menschen) und Entwicklung des Kindes im Kontext seines → sozialen Umfeldes. Vor dem Hintergrund des gesellschaftlichen Ziels der → Inklusion und daraus ableitend der gemeinsamen Förderung behinderter und nicht behinderter Kinder werden reine F. immer seltener. Kinder mit Behinderungen sollen vielmehr entsprechend dem Grundsatz der uneingeschränkten → Teilhabe (vgl. § 4 Abs. 3, § 19 Abs. 3 SGB IX) an allen Aktivitäten und Angeboten für Kinder, die nicht behindert sind, partizipieren. Die Leistungserbringung in Sondereinrichtungen wie F. soll die Ausnahme darstellen. Daher gibt es zunehmend Kindertageseinrichtungen, die eine integrative Betreuung behinderter und nicht behinderter Kinder – meist gemeinsam in einer Gruppe – gem. § 22 a Abs. 4 SGB VIII anbieten. Jedes Kind hat einen Grundanspruch auf Förderung nach Maßgabe des § 24 SGB VIII. Der zusätzliche Bedarf aufgrund der Behinderung ist nach § 35 a SGB VIII oder nach § 54 SGB XII i.V. mit § 55 Abs. 2 Nr. 2 SGB IX zu decken. Etwaige behinderungsbedingte Mehrkosten sind von den → Trägern der Sozialhilfe zu übernehmen.

*Petra Mund*

**Förderschule** – in manchen Bundesländern immer noch Sonderschule oder Schule mit sonderpädagogischem Förderschwerpunkt genannt – bezeichnet eine Schulform für Kinder und Jugendliche, die aufgrund einer spezifischen Behinderung (vermeintlich) besonderer Rahmen- und Förderbedingungen des → Lernens bedürfen. Die Einschulung bzw. Überweisung in eine F. erfolgt generell auf der Grundlage eines festgestellten spezifischen sonderpädagogischen Förderbedarfs. Durch die sonderpädagogische Förderung, als zentraler Bestandteil einer umfassenden → schulischen Rehabilitation, soll das Recht der behinderten und von einer Behinderung bedrohten Kinder und Jugendlichen auf eine ihren persönlichen Möglichkeiten entsprechende schulische → Bildung und → Erziehung verwirklicht werden. Durch die enge Begleitung und gezielte Förderung soll ein möglich hohes Maß an schulischer, beruflicher und gesellschaftlicher Eingliederung und → Teilhabe erzielt werden.

Das F.wesen ist in Deutschland differenziert ausgebaut. Insbesondere werden spezielle Schulformen für geistig behinderte, körperbehinderte, hörgeschädigte, blinde/sehgeschädigte, sprachbehinderte und lernbehinderte Kinder und Jugendliche vorgehalten. Eine besondere Form der F. stellen die die Schulen für verhaltensauffällige Kinder und Jugendliche, auch Schulen für Erziehungshilfe genannt, dar. Während bei den anderen Schulformen der sonderpädagogischer Förderbedarf sich zunächst und primär von einer körperlichen/kognitiven Beeinträchtigung ableitet, ist er bei → Verhaltensauffälligkeiten schwer zu bestimmen. Im Falle verhaltensauffälliger Kinder steht daher, in manchen Fällen noch stärker als bei den anderen F.formen, neben der schulischen auch die soziale Förderung und Unterstützung im Mittelpunkt der individuellen Hilfe. Die Existenz von F. und die damit verbundene Separierung der betroffenen Kinder und Jugendlichen werden nicht zuletzt durch die seit dem 26.3.2009 für Deutschland rechtswirksame → UN-Behindertenrechtskonvention (UN-BRK) immer wieder und auch aktuell kritisch diskutiert. Auch wenn generell dem jeweiligen sonderpädagogischen Förderbedarf auch in allgemeinbildenden Schulen entsprochen werden kann und in den meisten Bundesländern es den Eltern/jungen Menschen frei steht, zwischen den beiden Formen der Beschulung zu wählen, wird jungen Menschen mit Behinderungen der Besuch einer Regelschule immer noch mit der Begründung der fehlenden materiellen oder personellen Ressourcen verwehrt. Erschwerend kommt hinzu, dass in den Schulgesetzen der Länder weiterhin kein → Rechtsanspruch auf gemeinsame/inklusive (→ Inklusion) Bildung zu finden ist. Nicht zuletzt deswegen gilt es auch weiterhin, mithilfe entsprechender finanzieller Ressourcen die vorhandenen Schulen und das didaktische Lehrmaterial derart anzupassen, dass die Orientierung der Schule an den verschiedenen Bedürfnissen der jungen Menschen sowie die ressourceorientierte Nutzungder vorhandenen Vielfalt aller jungen Menschen erreicht und tatsächliche Wahlfreiheit möglich werden.

*Petra Mund*

**Förderungen** → Zuwendungen

**Forensische Psychiatrie** Die F. P. umfasst Teilgebiete der Psychiatrie und Rechtsmedizin und hat die auf wissenschaftlichen Grundlagen beruhende Beratung von Juristen und Juristinnen an → Straf- und → Zivilgerichten zum Gegenstand. Der Begriff leitet sich von lat. »forum« = Marktplatz, Forum ab, als Hinweis darauf, dass Gerichtsverfahren und der Vollzug von Strafen vormals in der Öffentlichkeit, z.B. auf dem Marktplatz stattfanden. Im Fokus stehen medizinische, psychologische und soziale Probleme in ihren Auswirkungen auf die individuellen Fähigkeiten zu rechtlich relevanten Handlungen, deren Diagnostik, Einordnung und Bewertung sowie Behandlung.

In Gerichtsverfahren besteht im Zusammenhang mit einer angemessenen Bewertung von Sachverhalten und Urteilsfindung häufig Bedarf nach gutachterlichen Einschätzungen. Forensisch-psychiatrische bzw. psychologische Fachkräfte geben in diesem Zusammenhang Einschätzungen zum Gesundheitszustand von Angeklagten, zu deren Schuldfähigkeit (Einsichts- und Steuerungsfähigkeit), zur Kriminalprognose und Unterbringungsnotwendigkeit (§§ 63, 64 Strafgesetzbuch [StGB]), zur Glaubwürdigkeit von Zeug/innen, Haftfähigkeit von Verurteilten, bzw. zu Fragen der Verhandlungsfähigkeit und des Disziplinarrechts. Im Zusammenhang mit Fragen der Aussetzung von → Straf- und → Maßregelvollzug zur Bewährung erstellen forensische Sachverständige Gutachten zur Kriminalprognose und zur Realisierbarkeit einer Entlassung. Auf dem Gebiet der Rechtsmedizin stehen Fragen nach der medizinischen Einordnung von Tätermerkmalen, Tatbeständen und Beweismitteln im Mittelpunkt (z.B. Drogenkonsum), sowie Fragen zur → Geschäftsfähigkeit, Unterbringungsnotwendigkeit, Minderung der Erwerbsfähigkeit, Berufsunfähigkeit, Rentenrecht (→ Rente) und Aspekte des Straßenverkehrsrechts. Im → Familienrecht beantworten forensische Sachverständige Fragen des Sorge-, bzw. Umgangs- und Besuchsrechts. Weitere Gebiete sind das Betreuungsrecht, ausländer- und asylrechtliche Fragestellungen und die Begutachtung des Transsexualismus.

Die Stellung des Sachverständigen im Gerichtsverfahren ist die eines Zeugen, der aus Sicht der Justiz der Entscheidungskompetenz des Gerichts untergeordnet ist, diese jedoch durch sachverständige Einschätzung fachlich fundiert. In der Rechtspraxis ist die Stellung des Gutachters deutlich exponiert, da das Gericht verpflichtet ist, einen Sachverständigen zu befragen, wenn Tatsachen festzustellen oder Fragen zu beurteilen sind, für deren Feststellung oder Beurteilung das Gericht selbst die erforderliche Sachkenntnis nicht besitzt. Gegenstand der F. P. sind immer Aspekte der Einsichts- und Steuerungsfähigkeit eines Menschen. → Psychische Störungen und Erkrankungen wirken sich auf die inneren Bedingungen eines Patienten aus, dessen Gefühle, Emotionen, Erwartungen, Selbsterleben und die Einschätzung anderer massiv beeinflusst sein können. Dadurch kann die Fähigkeit, nach »freiem Willen« zu handeln, deutlich eingeschränkt sein. Entsprechend stehen neben der Bewertung der → Schuld Aspekte der Sozialgefährlichkeit und der Behandlung, → Rehabilitation und → Resozialisierung im Mittelpunkt.

Die Nachfrage nach forensisch-psychiatrischer Sachkunde ist vor dem Hintergrund der Differenzierung des Strafrechts im Umgang mit Gewalt- und Sexualstraftäter/innen in den vergangenen Jahren deutlich gestiegen. Entsprechend kam es im Bereich der Ausbildung zur Spezialisierung und Professionalisierung. Die → Deutsche Gesellschaft für Psychiatrie, Psychotherapie und Nervenheilkunde (DGPPN) vergibt seit 2003 ein entsprechendes Zertifikat an Psychiater/innen, das an umfangreiche Weiterbildungsmerkmale und die Facharztanerkennung (Psychiatrie) geknüpft ist. Diese Regelung fand Eingang in einen Beschluss des Deutsche Ärztetags, der eine Schwerpunktbezeichnung F. P. beschlossen hat. Die Weiterbildungsordnung baut ebenfalls auf der Facharztweiterbildung auf und sieht umfangreiche Bestimmungen und Mindeststandards vor. Die entsprechenden Regelungen im Bereich der Psychologie bestehen in von den Berufsverbänden vergebenen Zertifikaten in Rechtspsychologie. Die gutachterliche Tätigkeit zu forensisch-psychiatrischen Fragestellungen ist bislang auf Berufsgruppen aus Medizin, Psychologie und Kriminologie beschränkt. Psychische Erkrankung und Straffälligkeit äußern sich vorwiegend in sozialen Phänomenen. Die Einbeziehung entsprechender Fachkräfte aus der → Sozialen Arbeit bleibt hier einstweilen Forderung. Abgesehen von einzelnen regionalen Besonderheiten, ist die forensisch-gutachterliche Tätigkeit von professionell Sozialarbeitenden (z.B. bezogen auf kriminalprognostische Aussagen) noch eine Seltenheit. Mit der Etablierung einer Forensischen Sozialarbeit als → Fachsozialarbeit könnte hier eine sinnvolle Ergänzung geschaffen werden. Insgesamt nimmt die F. P. eine interdisziplinäre Stellung ein, die psychologische, psychiatrische, juristische, kriminologische und sozialwissenschaftliche Aspekte vereint.

F. P. ist im Rahmen der gesetzlichen Bestimmungen auch mit der Unterbringung und Behandlung psychisch kranker und/

oder suchtkranker Straftäter/innen im Maßregelvollzug beschäftigt. Die Forensischen Kliniken und Abteilungen erfüllen den Auftrag der »Besserung und Sicherung«, also Schutz der Öffentlichkeit vor gefährlichen psychisch kranken Straftäter/innen durch deren Behandlung und Resozialisierung.

Die Eigenständigkeit der Disziplin F. P. ist besonders im Bereich der Forschung zu erkennen. Hier finden sich Forschungsergebnisse in Bezug auf psychisch auffällige und psychisch kranke Täter/innen, Ursachenforschung (Zusammenhang zwischen psychischer Erkrankung und → Delinquenz), Verlaufsforschung, Therapieorganisationsforschung und neuerdings verstärkt Therapieeffizienzforschung. Forschung und Theoriebildung F. P. sind eng geknüpft an die in Deutschland an acht Universitäten angesiedelten Lehrstühle bzw. Institute für F. P.

*Lit.* Häßler, F./Kinze, W./Nedopil, N. (Hrsg.): Praxishandbuch Forensische Psychiatrie. Grundlagen, Begutachtung, Interventionen im Erwachsenen-, Jugendlichen- und Kindesalter, 2. Aufl., Berlin 2015; Kröber, H.-L./Dölling, D./Leygraf, N./Sass, H. (Hrsg.): Handbuch der Forensischen Psychiatrie, Bd. 1: Strafrechtliche Grundlagen der Forensischen Psychiatrie, Darmstadt 2007; Nedopil, N.: Forensische Psychiatrie. Klinik, Begutachtung und Behandlung zwischen Psychiatrie und Recht, 3. Aufl., Stuttgart 2007; Schaumburg, C.: Maßregelvollzug (Basiswissen), 2. Aufl., Bonn 2005; Schmidt-Quernheim, F./Hax-Schoppenhorst, T.: Professionelle forensische Psychiatrie. Behandlung und Rehabilitation im Maßregelvollzug, 2. Aufl., Bern 2008.

*Gernot Hahn*

**Formerfordernis** → Beglaubigung, → Beurkundung

**Fortbildung** → Fort- und Weiterbildung

**Fortbildungs-Akademie (FAK)** des → Deutschen Caritasverbandes (DCV) wurde 1973 als bundeszentrales Institut zur → Fort- und Weiterbildung von Führungskräften, Multiplikator/innen und Expert/innen der → Sozialen Arbeit – vornehmlich – im DCV gegründet. In ihren Programmen, die in Zusammenarbeit mit einem Beirat und den »interessierten Parteien« entwickelt werden, orientiert sich die FAK an den im → Leitbild des DCV formulierten christlichen Werten einer menschenwürdigen, gerechten und solidarischen Gesellschaft (→ Solidarität) und unterstützt die Realisierung der strategischen Ziele des DCV. Die Lernansätze der FAK nehmen Bezug auf → Organisations- und Personalentwicklungsprozesse in den Verbänden und Unternehmen der Sozialen Arbeit der Caritas, im Bestreben, individuelle und organisationale Lernprozesse miteinander zu verknüpfen. Der Lernort auf Bundesebene ist durch die Besonderheit charakterisiert, dass er für die Lernenden zugleich organisationsintern und arbeitsplatzfern ist. Aus dieser Position ergeben sich spezifische Lernmöglichkeiten, die in kurz- und langfristigen Settings realisiert werden: Kurse in Abschnitten, Modulreihen, Seminare, Fachtagungen, Symposien und Workshops. Qualifizierungen für Aufgaben im → Sozial- und → Qualitätsmanagement, in → Beratung, Didaktik und Methoden der Sozialen Arbeit bilden wichtige Programmschwerpunkte. Didaktisch orientiert sich die Kursarbeit der FAK an modernen Konzepten der beruflichen → Erwachsenenbildung, sie fördert i.S. des Europäischen → Qualifikationsrahmens psychosoziale, kognitive und Handlungskompetenz, Persönlichkeitsbildung und berufliche Identitätsentwicklung in reflektierten Gruppenprozessen. Die FAK unterhält mit dem Caritas-Tagungszentrum eine eigene Bildungsstätte.

*Anschrift*: Wintererstr. 17–19, 79104 Freiburg, www.fak-caritas.de

*Michael Manderscheid*

**Fort- und Weiterbildung** Die Begriffe F. und W. werden im beruflichen Kontext häufig synonym verwendet. Man spricht dann von (beruflicher) F., wenn der Erhalt, die Erweiterung, die Anpassung der Kompetenzen oder die Reflexion beruflicher Handlungsweisen bezogen auf einen Arbeitsplatz bzw. Aufgabenbereich im Vordergrund stehen. (Berufliche) W. bereiten auf weiterführende Qualifikationen für spezifische Funktionen und/oder Positionen vor und vermitteln fachrichtungsbezogene und fachrichtungsübergreifende Kenntnisse und Fähigkeiten.

Veränderte Rahmenbedingungen, gesetzliche Änderungen, neue Notlagen und spezialisierte Arbeitsansätze, Technisierung und Digitalisierung erfordern flexible und veränderungsbereite → Organisationen und Mitarbeiter/innen. Auf der Ebene der Organisation werden verschiedenste Entwicklungsprozesse ausgelöst, die auf Mitarbeiterebene entsprechende Qualifizierungen erfordern. Qualifizierungen können als organisierte W., als selbstgesteuertes und selbstorganisiertes → Lernen geleistet werden. W. baut auf dem Ausbildungswissen auf und ermöglicht den Erwerb neuer Kompetenzen zur fachlich und persönlich qualifizierten Aufgabenwahrnehmung (Anpassungsfortbildung) oder für einen beruflichen Aufstieg (Aufstiegsfortbildung). Kompetenzen sind: Fachkompetenz, Methodenkompetenz,

Soziale Kompetenz, Selbstlernkompetenz, personale und → (inter-)kulturelle Kompetenz.

Der Deutsche Bildungsrat hat 1970 die zentrale Definition des Begriffs W. getroffen. Demnach handelt es sich dabei um die »Fortsetzung oder Wiederaufnahme organisierten → Lernens nach Abschluss einer verschiedenartig ausgedehnten ersten Bildungsphase«. Die Definition kann grundsätzlich auch heute noch verwendet werden, sie ist allerdings zu ergänzen. Organisiertes Lernen wurde als fremdorganisiertes Lernen verstanden, heute wird dem selbstorganisierten bzw. selbstgesteuerten und informellen Lernen eine zumindest ebensolche Bedeutung beigemessen. Die → Kultusministerkonferenz der Länder formulierte 2002: »W. ist die Fortsetzung oder Wiederaufnahme organisierten Lernens nach Abschluss einer unterschiedlich ausgedehnten ersten Bildungsphase und in der Regel nach Aufnahme einer Berufs- oder Familientätigkeit. W. in diesem Sinne liegt auch vor, wenn die Einzelnen ihr Lernen selbst steuern. W. umfasst die allgemeine, politische, kulturelle und wissenschaftliche Bildung. Sie kann in Präsenzform, in Form von Fernlehre, E-Learning, selbst gesteuerten Lernen oder in kombinierter Form stattfinden.« Mit der Erweiterung der Definition wird die Perspektive von W. geändert: Kompetenzentwicklung tritt an die Stelle von Qualifikationserwerb. Formen selbstorganisierten Lernens sind z.B. → Coaching, → Supervision, → Qualitätszirkel, Projektarbeit, Lernen in Teams und Lernen durch Lehren.

Die → Europäische Union (EU) beschrieb 2004 → Kompetenzen als »die Fähigkeit zur Anwendung von Kenntnissen, Knowhow und Fähigkeiten in einem gewohnten und/oder neuen Arbeitszusammenhang«. Das Bundesministerium für Bildung und Forschung und die Kultusministerkonferenz haben 2006 beschlossen, den Deutschen → Qualifikationsrahmen (DQR) für lebenslanges Lernen zu entwickeln, in dem auf acht Niveaustufen fachliche und personelle Kompetenzen beschrieben werden.

Geregelte W. enden mit einer Anerkennung durch die Industrie- und Handelskammer (IHK) bzw. durch die staatliche Anerkennung. W.träger, die ungeregelte W. anbieten, verleihen zum Abschluss der W. häufig Zertifikate. W. ist nur im geringen Maße staatlich geregelt. Bundes- und Landesgesetze zur W. beschränken sich auf die Darstellung von Grundsätzen und Regelungen zur Förderung. Relevante Gesetze sind z.B. das Arbeitsförderungs-Reformgesetz, W.gesetze der Länder, Betriebsverfassungsgesetz und Tarifverträge. Die Anforderungen an W. sind höchst unterschiedlich und verändern sich dynamisch. Daraus resultieren mannigfaltige Anforderungen an W.angebote, denen am besten durch Trägervielfalt und Wettbewerb im W.markt entsprochen werden kann. Die Angebotsvielfalt und kaum formulierte Qualitätsstandards führen allerdings zu einem unübersichtlichen W.markt. Interessent/innen haben es schwer, die Qualität der angebotenen Bildungsmaßnahme einzuschätzen. Standardformulierungen und systematisches → Qualitätsmanagement gewinnen im Marktgeschehen an Bedeutung für Interessent/innen, W.anbieter sowie die W. fördernde Stellen. Zum Nachweis definierter Standards und eines Qualitätsmanagementsystems durchlaufen Bildungsträger Zertifizierungsprozesse, z.B. der Internationalen Organisation für Normung (ISO) oder der Lernorientierten Qualitätstestierung in der W. (LQW).

Angebotsformen der F. und W. sind: bundeszentrale, regionale und Inhouse-F., Fernlehrgänge, webbasiertes → E-Learning und Blended Learning Programme (Verbindung von Präsenzveranstaltungen mit E-Learning-Programmen durch ein gemeinsames → Curriculum). Träger von F. und W. im Sozialbereich sind → öffentliche und → freie Träger, Verbände, → Fachschulen, Akademien, Fachhochschulen und Gesamthochschulen sowie Privatunternehmern W.interessierte stehen vor der Aufgabe, aus dem unübersichtlichem Markt das passende Angebot heraus zu finden. Da z.Zt. noch keine umfassende Bildungsdatenbank besteht, sind W. in verschiedenen Bildungsdatenbanken zu recherchieren. Die Recherche wird unterstützt durch die bundesweite Metasuche des Infoweb Weiterbildung (www.iwwb.de).

Im Rahmen einer Kann-Leistung vergibt die Bundesagentur für Arbeit Bildungsgutscheine zur beruflichen Qualifizierung an Berechtigte. Bildungsgutscheine enthalten Aussagen über das Ziel und Dauer der W. Der → Gutschein kann bei einem durch die Bundesagentur zugelassenem W.träger eingelöst werden. Die angestrebte W.maßnahme muss den festgelegtem W.ziel und anderen genannten Bedingungen entsprechen.

*Lit.* Brettschneider, M.: Kompetenzentwicklung aus der Perspektive der Weiterbildung, Deutsches Institut für Erwachsenenbildung, Bonn 2006; Tippelt, R./ Hippel, A v. (Hrsg.): Handbuch Erwachsenenbildung Erwachsenenbildung/Weiterbildung, 5. Aufl., Wiesbaden 2011.

*Klaus Titz*

**Fragebogen** → Empirische Sozialforschung

**Frauenbeauftragte/r** → Gleichstellungsbeauftragte

**Frauenbewegung** → Soziale Bewegungen

**Frauenforschung** → Gender Studies

**Frauenhandel** → Menschenhandel

**Frauenhäuser** sind Zufluchtseinrichtungen für Frauen und ihre Kinder, die körperliche, sexualisierte und psychische → Gewalt sowie ökonomische Ausbeutung erleben bzw. davon bedroht sind. Überwiegend handelt es sich dabei um Gewalt durch einen aktuellen oder ehemaligen Partner oder eine andere Person des nahen sozialen Umfelds (→ Häusliche Gewalt). Neben Schutz bieten F. → Krisenintervention sowie umfassende soziale, rechtliche und ggf. psychologische → Beratung und alltagspraktische Unterstützung, z.T. auch voraus- und nachgehende Beratung. F. arbeiten ergebnisoffen und ressourcenorientiert. Für Kinder bestehen i.d.R. Betreuungs- und Unterstützungsangebote, z.T. auch spezialisierte Angebote zur Bewältigung der (mit-)erlebten Gewalt. Das Angebot der F. richtet sich grundsätzlich an jede Frau unabhängig von Alter, sozioökonomischem und kulturellem Hintergrund und rechtlichem Status. F. sind i.d.R. rund um die Uhr erreichbar und verfügen über umfassende Kooperations- und Vernetzungsstrukturen zu Einrichtungen der → Kinder- und Jugendhilfe, der Gesundheitsversorgung, der → Migrations- und → Flüchtlings(sozial)arbeit sowie zur Polizei. Das Angebot der F. wird in einigen Bundeländern durch Zufluchtswohnungen mit einem vergleichbaren Angebot ergänzt.

Die Gründung von F. geht auf die neue Frauenbewegung (→ Soziale Bewegungen) zurück. Gewalt von Männern gegen Frauen wurde von ihr als extreme Form gesellschaftlicher Unterdrückung und Ausdruck eines strukturell verankerten ungleichen Machtverhältnisses zwischen den Geschlechtern begriffen. Die ersten F. entstanden in Großbritannien und den Niederlanden; 1976 eröffnete das erste F. in Westberlin. Ab 1990 entstanden auch in den neuen Bundesländern F. 2012 existierten in Deutschland 353 F. und 41 Zufluchtswohnungen mit insgesamt rund 6.000 Plätzen. Jährlich werden etwa 15-17.000 Frauen und ähnlich viele Kinder aufgenommen. Es bestehen erhebliche regionale Unterschiede in der Versorgung mit F.plätzen und in ihrer Erreichbarkeit. Insbesondere in Ballungsgebieten wird ein Mangel an F.plätzen konstatiert. Versorgungsdefizite werden zudem beschrieben für gewaltbetroffene psychisch erkrankte oder suchterkrankte Frauen, für Frauen mit Behinderungen und für ältere, pflegebedürftige Frauen. F. verfügen bis heute über keine gesicherte öffentliche Finanzierung. Bundesweit dominieren Misch- und Tagessatzfinanzierungen mit einer Mietkostenbeteiligung der Nutzerinnen.

F. tragen in hohem Maß zur gesellschaftlichen Aufklärung über Ursachen, Ausmaß und Folgen der Gewalt gegen Frauen und ihrer Kinder, zur Enttabuisierung der Problematik, ihrer Anerkennung als Verletzung der → Menschenrechte sowie zur Verbesserung sozialer und rechtlicher Handlungsmöglichkeiten der Opfer bei (→ Gewaltschutzgesetz). Wichtige Netzwerke oder Organisationen der F. sind die Zentrale Informationsstelle autonomer F. (www.autonome-frauenhaeuser-zif.de); Frauenhauskoordinierung e.V. (www.frauenhauskoordinierung.de) und Women Against Violence Europe (www.wave-network.org).

*Karin Wieners*

**Frauenstrafvollzug** ist der → Strafvollzug der → Freiheitsstrafe für weibliche Gefangene und Verwahrte in Justizvollzugsanstalten. Insgesamt waren am 31.3.2015 in Deutschland 3.753 Frauen inhaftiert und verwahrt (davon 428 im → Jugendstrafvollzug und eine in → Sicherungsverwahrung). Da somit 5,9% aller Inhaftierten weiblichen Geschlechts waren, gibt es in den 16 Bundesländern nur fünf eigenständige Frauenhaftanstalten. Dies bedeutet, dass etwa 70% der inhaftierten Frauen trotz des in den Strafvollzugsgesetzen festgeschriebenen Trennungsgebotes in Abteilungen des Männervollzuges untergebracht sind. Bemerkenswert ist eine kontinuierliche Zunahme der Anzahl weiblicher Inhaftierter in den letzten Jahren (Anstieg von über 40% von 2.625 inhaftierten Frauen im Jahr 1993 auf 3.753 bis 2015). Die Inhaftierungsquote männlicher Insassen geht dagegen kontinuierlich zurück. Angesichts der geringeren Deliktschwere straffällig gewordener Frauen in Bezug auf »Gefährlichkeit« und »Sozialschädlichkeit« ist festzustellen, dass weibliche Gefangene unter ähnlich hohen Sicherheitsbedingungen wie männliche Gefangene »übersichert« untergebracht werden.

Als vergleichsweise randständig ist im F. die Unterbringung im offenen Vollzug zu betrachten. Derzeit sind lediglich 6,8% der Frauen im offenen Vollzug untergebracht. Auch wegen der kleinen Zahl steht der F. im Schatten der öffentlichen Aufmerksamkeit und der Reformbestrebungen. Nach wie vor fehlen spezifische Behandlungsangebote für straffällig gewordene Frauen, die ihre weibliche → Sozialisation und ihre → Lebenslage vor und nach der Entlassung aus der Haft genügend berücksichtigen. Die betrifft z.B. Erfahrungen mit sexualisierter oder → häuslicher Gewalt. Hinzu kommen die erschwerten Chancen für Frauen auf dem → Arbeitsmarkt, ihre besondere Mehrbelastung durch Mutterschaft und Familienarbeit.

Sonderregelungen für Frauen enthalten die Länder-Strafvollzugsgesetze für die gemeinsame Unterbringung von Müttern mit ihren noch nicht schulpflichtigen Kindern. In derzeit sechs Mutter-Kind-Einrichtungen wird der geforderten Angleichung an die allgemeinen Lebensverhältnisse mehr Rechnung getragen, indem zunehmend offene Vollzugsplätze geschaffen werden. Für diese Mütter besteht auch die Möglichkeit, im Rahmen des »Hausfrauenfreigangs« die Betreuung ihrer Familie tagsüber wahrzunehmen. Eine weitere Benachteiligung besteht in der vergleichsweise geringen Anzahl von Plätzen für eine sozialtherapeutische Behandlung (→ Sozialtherapie). In bundesweit insgesamt 45 sozialtherapeutischen Einrichtungen gibt es nur vier Abteilungen für Frauen. Eine internationale Studie der Universität Greifswald bestätigt das Erfordernis eines eigenständigen F., weil angesichts des geringeren Gefährdungspotenzials von Frauen im Vollzug »eine größere Stabilität im engen Zusammenhang mit einer erfolgreichen Wiedereingliederung steht«.

*Hannelore Maelicke*

**Freie Träger** verantworten ein breites Spektrum an → sozialen Diensten, → Einrichtungen und Projekten, um den → Bedarfen und → Rechtsansprüchen von Menschen im Sozial- und Gesundheitsbereich gerecht zu werden. Sie unterscheiden sich von den → öffentlichen Trägern einerseits durch ihre Rechtsform (überwiegend als eingetragene → Vereine, → Stiftungen oder gemeinnützige Gesellschaften mit beschränkter Haftung [GmbH]), andererseits durch den steuerrechtlichen Status der → Gemeinnützigkeit. Mit zunehmender Tendenz entwickeln sich darüber hinaus auch → privatgewerbliche Träger in der Rechtsform der GmbH.

F. T. stehen im Kontext der neueren Gesetzgebung (wie der gesetzlichen → Pflegeversicherung) in einer Wettbewerbssituation (→ Wettbewerb) untereinander sowie auch mit behördlichen und erwerbswirtschaftlichen Einrichtungen. Wettbewerbskriterien sind dabei zum einen der Preis, in einem noch stärkeren Maße aber die Qualität der Leistungen. Dieser Preis- und Qualitätswettbewerb zwischen f. T. und behördlichen sowie gewerblichen Trägern findet allerdings vor dem Hintergrund jeweils unterschiedlicher Ziel- und Wertvorstellungen statt. Anstelle der Gewinnorientierung als Selbstzweck verstehen sich die f. T. mit ihren sozialen Dienstleistungen auch als Organisationen der → Daseinsvorsorge und der Gemeinwohlorientierung. Mit der Offenlegung ihrer Qualität gegenüber ihren → »Kunden/Kundinnen« leisten sie auch einen wichtigen Beitrag zum → Verbraucherschutz. Das Verfolgen gemeinnütziger Zwecke ist dabei auch ein Kriterium der Verbandszugehörigkeit eines f. T. zu Spitzenverbänden der → freien Wohlfahrtspflege. Die Spitzenverbände bündeln die Erfahrungen und Interessen der f. T. und vertreten sie gegenüber Politik und Gesellschaft, wobei durch diese auch weitere gesellschaftliche Funktionen der Gesamtheit der f. T. wahrgenommen werden, wie die Anwaltsfunktion gegenüber betroffenen Menschen sowie die sozialpolitische Funktion mit der Zielrichtung der Weiterentwicklung der Sozialgesetzgebung und der Finanzierungsstruktur Sozialer Arbeit. F. T. und ihre Verbände sind darüber hinaus Akteure der Umsetzung und Evaluation neuer Sozialgesetze, z.B. in Monitoring-Prozessen der jeweiligen Bundesregierung. Die f. T. selbst sowie auch ihre Verbände organisieren die → Fort- und Weiterbildung ihrer Mitarbeiterinnen und Mitarbeiter zur Weiterentwicklung fachlicher Methoden und Standards wie der Einrichtungsqualität. Diese Angebote erhalten auch Ehrenamtliche, die die Arbeit der f. T. zusätzlich ergänzen. F. T. sind strukturell einerseits fachlich in Fachverbänden und andererseits organisatorisch in den sechs Spitzenverbänden der freien Wohlfahrtspflege organisiert. Zur Vertretung, Bündelung und Stärkung ihrer Interessen arbeiten diese in der → Bundesarbeitsgemeinschaft der Freien Wohlfahrtspflege (BAGFW) zusammen. Durch gemeinsame Strategien steuern die in der BAGFW zusammenarbeitenden Spitzenverbände auch die Art und Qualität der Dienstleistungserbringung der f. T., z.B. durch die vereinbarten arbeitsfeldübergreifenden Qualitätsziele und Standards (www.bagfw-qualitaet.de). Das Angebotsspektrum der f. T. kommt in der Statistik der Einrichtungen der Freien Wohlfahrtspflege zum Ausdruck: Die f. T. unterhalten über 102.000 Einrichtungen und Dienste, in denen über 1,5 Mio. hauptamtliche Mitarbeitende beschäftigt sind, geschätzte 2,5–3 Mio. Menschen engagieren sich in → ehrenamtlichen/freiwilligen Tätigkeiten. Die fachliche Ausrichtung der f. T. verteilt sich wie folgt: über 38.000 Jugendhilfeeinrichtungen, über 16.000 Altenhilfeeinrichtungen, über 15.000 Einrichtungen der Behindertenhilfe, über 7.000 Einrichtungen der Familienhilfe, über 1.400 Krankenhäuser.

So unterschiedlich wie die Arten der sozialen Dienstleistungserbringung durch f. T.

sind, sind auch deren Finanzierungsgrundlagen: F.T. bringen Eigenmittel ein, die auch durch Mitgliedsbeiträge, Spenden, Erlöse der Fernsehlotterien (Aktion Mensch, Stiftung Deutsches Hilfswerk, GlücksSpirale) und Inanspruchnahme des Kapitalmarktes gespeist werden. Laufende Kosten werden im Wesentlichen durch Leistungsentgelte von Nutzer/innen der Leistungen bzw. deren Ansprüche an Träger der sozialen Sicherung, z.B. → Krankenversicherungen, gedeckt sowie auch aus öffentlich-rechtlichen Haushalten. Die Grundproblematik der f. T. besteht in der Gradwanderung zwischen der eigenständigen Ausgestaltung des sozialen Dienstleistungsangebots (Werteorientierung, Art, Preis und Qualität) mit den vorgenannten Zielvorstellungen und den Leistungsentgelten öffentlich-rechtlicher Geldgeber, die Einfluss auf die fachliche, wirtschaftliche, personelle und organisatorische Gestaltung des Dienstleistungsangebots haben. Damit bleiben trotz des Einsatzes moderner betriebswirtschaftlicher Methoden die wirtschaftlichen Steuerungsmöglichkeiten – im Gegensatz zu den Möglichkeiten der häufig als Beispiel herangezogenen Wirtschaftsunternehmen – sehr begrenzt. Eine weitere Schwierigkeit wird darin gesehen, dass f. T. bzw. ihre Verbände nicht immer gleichzeitig alle genannten Funktionen wahrnehmen können, wie etwa die Vertretung der Einrichtungsinteressen und die Interessen der Patient/innen bzw. Hilfebedürftigen.

*Uwe Schwarzer*

**Freie Wohlfahrtspflege** Die F. W. ist eine unverzichtbare Säule des → Sozialstaates der Bundesrepublik Deutschland. Unter F. W. werden alle Dienste und → Einrichtungen verstanden, die sich in freigemeinnütziger Trägerschaft befinden und sich in organisierter Form im sozialen Bereich und im → Gesundheitswesen betätigen. Hauptmerkmale ihrer Tätigkeit sind Unabhängigkeit und partnerschaftliche → Kooperation mit den öffentlichen → Sozialleistungsträgern mit dem Ziel einer sinnvollen und wirksamen Ergänzung von sozialen Angeboten zum Wohle der Hilfesuchenden. Grundlage dieser Zusammenarbeit, soweit sie durch → öffentliche und → freie Träger geleistet wird, ist das Prinzip der → Subsidiarität. Es räumt freien Trägern bei der Erfüllung sozialstaatlicher Aufgaben einen bedingten Vorrang ein. F. W. bietet die Möglichkeit, die Vielfalt der Überzeugungen und Gestaltungswünsche, die sich in einer pluralistischen → Gesellschaft entwickelt haben, in helfendes Handeln und Angebote für → soziale Dienstleistungen umzusetzen. Sie ist damit zugleich Garant des → Wunsch- und Wahlrechts der Hilfesuchenden. F. W. sieht Aufgabenschwerpunkte in der Förderung → bürgerschaftlichen Engagements, in der Entwicklung und Vorhaltung sozialer Dienstleistungen und in der Wahrnehmung einer Anwaltsfunktion für Hilfebedürftige. Sie hat besondere Möglichkeiten, → persönliche Hilfen gemeinde-, familien- und personennah zu leisten.

→ Soziale Dienste der Wohlfahrtsverbände unterscheiden sich v.a. durch die Ausrichtung auf gemeinwohlorientierte Ziele und die fehlende Gewinnerzielungsabsicht von sonstigen Angeboten sozialer Dienste. Sie sind geprägt durch das breite Spektrum ihrer unterschiedlichen humanitären, weltanschaulichen und religiösen Zielsetzungen. Dieses Spektrum, das an die unterschiedlichen Motivationen und Wertvorstellungen der im »Vorraum« der Hilfe tätigen Personen anknüpft, schlägt sich in den jeweiligen → Leitbildern und Hilfekonzepten der Verbände und ihrer Einrichtungen ebenso wie in der einzelnen Hilfeleistung nieder. Die Wertegebundenheit der Wohlfahrtsverbände und ihrer Dienste und Einrichtungen stellt den Kern des zivilgesellschaftlichen Mehrwerts gemeinwohlorientierter sozialer Dienste dar. Sie ist Ausdruck einer Verfassungspraxis, in der der Staat humanitär, weltanschaulich und religiös geprägten gesellschaftlichen Gruppen und damit einer unterschiedlich motivierten sozialen Praxis breiten Raum gibt. Die Wohlfahrtsverbände und ihre Einrichtungen haben eine größere Verpflichtung und mehr Möglichkeiten als öffentliche und gewerbliche Träger, die bereits im »Vorraum« sozialer Dienste angelegte Personenbezogenheit der Hilfe zu verwirklichen. Die Wertegebundenheit des Trägers darf jedoch keinesfalls den Hilfeprozess einseitig bestimmen. Genauso entscheidend ist, an welche Werte die/der Hilfesuchende sich selbst gebunden fühlt und welche Hilfe sie/er deshalb anfordert. Die Offenheit der Angebote für alle Hilfesuchenden ist ein zentrales Merkmal. Soziale Dienste gemeinwohlorientierter Träger bauen auf Verlässlichkeit, Kontinuität und langfristige Verantwortlichkeit. Sie sind geprägt von Empathie für die Betroffenen und deren prekäre → Lebenslagen. Das verschafft ihnen eine Glaubwürdigkeit, die sich nicht zuletzt in der Nachfrage der Hilfesuchenden widerspiegelt. Das ist der Kern eines Verständnisses, wonach gemeinwohlorientierte soziale Dienste über Wirtschaftlichkeitskriterien hinaus Besonderheiten aufweisen, die zu einer bestimmten Sozialkultur beitragen. Durch ihre besondere sozial gestaltende Aufgabe tragen gemeinwohlorientierte soziale Dienste zu einem Gemeinwesen bei, welches das soziale Wohl auch dadurch gewährleistet, dass die Bürgerinnen und Bürger ihre eigene Verantwortung für dieses Wohl erkennen und wahrnehmen. Vor diesem Hintergrund sind alle genannten Besonderheiten sozialer Dienste von Wohlfahrtsverbänden zu verstehen und zu bewerten. Sie sind gekennzeichnet durch: Vielzahl und Vielfalt, Mobilisierung der → Zivilgesellschaft, Schaffung sozialer Bindungen und Vernetzungen, → Partizipation, Innovationsfunktion, Anwaltschaft, Bürgerverantwortlichkeit in den Verbänden, Zusammenschluss in Verbänden.

F. W. ist überwiegend in der Rechtsform des eingetragenen → Vereins, gelegentlich auch der → Stiftung und – mit deutlich zunehmender Tendenz – der gemeinnützigen GmbH (→ Gemeinnützigkeit von Körperschaften) organisiert. Diese Institutionen haben sich zum Zwecke des fachlichen Erfahrungsaustausches, der fachpolitischen Meinungsbildung und der politischen Außenvertretung in sechs Spitzenverbänden zusammengeschlossen. Diese sind → Arbeiterwohlfahrt, → Deutscher Caritasverband, → Deutscher Paritätischer Wohlfahrtsverband, → Deutsches Rotes Kreuz, → Diakonie Deutschland – Evangelischer Bundesverband und → Zentralwohlfahrtsstelle der Juden in Deutschland. Auch die Spitzenverbände selbst sind in der Rechtsform des eingetragenen Vereins organisiert. Ihre Arbeit wird von den entsprechenden Vereinsgremien (z.B. Mitgliederversammlung, Vorstand, Beratungsgremien) verantwortet. Die Spitzenverbände der F. W. haben sich in der → Bundesarbeitsgemeinschaft der Freien Wohlfahrtspflege e.V. (BAGFW) zusammengeschlossen. Als Spitzenverbände müssen sie verschiedenen Kriterien genügen. Im Einzelnen ist gefordert, dass die Tätigkeiten überregional angeboten werden und dass sich die Angebotspalette auf den gesamten Bereich der Wohlfahrtspflege bezieht. Zudem müssen die einzelnen Verbände und ihre Mitglieder von der gleichen ideellen und am Gemeinwohl orientierten Zielsetzung getragen sein, und jeder Verband muss über eindeutige und umfassende Organisationsformen verfügen. Die Angebote müssen für alle Hilfesuchenden offen sein. Die Spitzenverbände der F. W. arbeiten in der BAGFW zusammen, um ihr Ziel, die Sicherung und Weiterentwicklung der Sozialen Arbeit, durch gemeinschaftliche Initiativen und sozialpolitische Aktivitäten gemeinsam zu verfolgen. Hierdurch unterstreichen sie ihre gesamtgesellschaftliche Verantwortung zur Mit- und Ausgestaltung der Wohlfahrtsarbeit nicht nur in Deutschland, sondern auch in Europa. Untergliederungen und Mitgliedsorganisationen der Spitzenverbände sind in allen Bereichen der → Jugendhilfe, der Gesundheitshilfe und in allgemeinen sozialen Hilfen tätig. Sie leisten z.B. Hilfe für Kinder, für die ältere Generation, für → behinderte Menschen, für ausländische Arbeitnehmer/innen und für → Flüchtlinge. Der BAGFW entsprechende Arbeitsgemeinschaften bestehen in allen Bundesländern und vielfach auch auf kommunaler Ebene. Am Dialog zwischen Wissenschaft und Praxis und sozialpolitischer Meinungsbildung beteiligt sich die F. W. auch in verbandsübergreifenden Organisationen. Dies gilt insbesondere für den → Deutschen Verein für öffentliche und private Fürsorge, in dessen Vereinsgremien und Fachausschüssen Mitarbeiter/innen der F. W. Interessen und Wissen aus ihrem Bereich einbringen und Verantwortung für die Gesamtheit Sozialer Arbeit tragen, und für das »Bündnis für Gemeinnützigkeit«.

Neben der fachlichen Förderung Sozialer Arbeit hat die F. W. auch Instrumente der wirtschaftlichen Förderung entwickelt (z.B. die → Bank für Sozialwirtschaft, den Wirtschaftsbund sozialer Einrichtungen, Versicherungsunternehmen) und an der Gründung und Weiterentwicklung besonderer Finanzierungsinstitutionen und Lotterien mitgewirkt (z.B. Aktion Mensch, Stiftung → Deutsches Hilfswerk, Glücks-Spirale). Gemeinsam mit anderen Akteuren ist sie im 2013 gegründeten Verein »Kongress der Sozialwirtschaft e.V. « vertreten, der alle zwei Jahre den gleichnamigen Kongress veranstaltet. Sie bearbeitet als Herausgeber von einschlägigen Publikationen zahlreiche Themen für Führungskräfte und Manager in sozialen Unternehmungen und rückt damit die wachsende Bedeutung der F. W. in Sozialwirtschaft und → sozialem Unternehmertum in den Blick.

Die F. W. ist dem sog. → Dritten Sektor zuzuordnen. Er ist zwischen Staat und Markt positioniert. Der Dritte Sektor umfasst eine breite Palette von Institutionen. Zu ihm gehören Sportvereine ebenso wie Umweltgruppen, Kindergärten und Krankenhäuser. Die Organisationen des Dritten Sektors sind also in sehr unterschiedlichen Bereichen tätig. Sie unterscheiden sich von gewerblichen Unternehmen darin, dass Gewinnerzielung nicht das Ziel ihrer Aktivitäten ist. Dies ist allerdings nur eins von mehreren Charakteristika. Die Aktivitäten der Dritte-Sektor-Organisationen zielen darauf, gesellschaftlich als sinnvoll und notwendig erachtete Leistungen zu erbringen. Ziel aller Aktivitäten der Wohlfahrtsverbände ist die Verbesserung von Lebenslagen. Dafür stellen sie notwendige Hilfen zur Verfügung, bieten Dienstleistungen an und eröffnen Möglichkeiten des ehrenamtlichen Engagements (→ ehrenamtliche/freiwillige Tätigkeit im sozialen Bereich). Politisch setzen sich die Verbände anwaltschaftlich für bessere Lebensbedingungen von Menschen ein, die arm, krank, pflegebedürftig oder von anderen sozialen Notlagen betroffen sind. Darüber hinaus nehmen die Wohlfahrtsverbände auch eine Pilotfunktion wahr: Sie richten ihr Augenmerk auf Nöte und Handlungsbedarf, der sich aufgrund gesellschaftlicher Veränderungen ergibt. Eine besondere Bedeutung kommt dabei auch der Hilfe für Flüchtlinge und der Förderung ihrer → Integration (→ Flüchtlings[sozial]arbeit) zu. Hierfür entwickeln sie passende Angebote, um den Zusammenhalt in der Gesellschaft zu fördern, Bedürftigen zu helfen und Integration zu unterstützen. Grundlage der Zusammenarbeit mit den öffentlichen Sozialleistungsträgern ist das Subsidiaritätsprinzip. Die F. W. genießt – ebenso wie andere potenziell Leistungsfähige – einen Vorrang vor der Aufgabenerfüllung durch den Staat. Mit ihren Maßnahmen, Diensten und Einrichtungen leisten die Wohlfahrtsverbände einen nicht zu ersetzenden Beitrag zur Sozialstaatlichkeit des Gemeinwesens i.S. des → Grundgesetzes der Bundesrepublik Deutschland. Die Rolle des Staates als notwendiges und handlungsfähiges Vollzugsorgan und als Ausfallbürge ist dabei unbestritten und unverzichtbar. Die letztendliche und verfassungsgemäße Verpflichtung des Staates zur → Daseinsvorsorge und → Fürsorge kann nicht delegiert werden, auch nicht an die Spitzenverbände der F. W.

F. W. ist in einer den jeweiligen Zeitströmungen entsprechenden Ausprägung Bestandteil abendländischer Kultur- und Wirtschaftsentwicklung gewesen (→ Geschichte der Sozialen Arbeit). Nacheinander und nebeneinander wurde und wird sie von unterschiedlichen Motivationen getragen: der christlichen Nächstenliebe, der bürgerlichen Aufklärung, der → Solidarität der Arbeiter/innen, dem Leidensdruck Betroffener. Ihre heutigen Gestaltungs- und Organisationsformen sind im Wesentlichen in der zweiten Hälfte des 19. und dem ersten Viertel des 20. Jh. im Umbruch der Lebens- und Wirtschaftsweise entstanden und seitdem in vielfältiger Weise den Notwendigkeiten angepasst worden. 1848 wurde der Centralausschuss für die innere Mission der deutschen evangelischen Kirche gegründet, 1869 das Zentralkomitee der deutschen Landesvereine vom Roten Kreuz, 1897 der Caritasverband für das katholische Deutschland, 1917 die Zentralwohlfahrtsstelle der Juden in Deutschland, 1919 der Hauptausschuss der Arbeiterwohlfahrt, 1924 der Deutsche Paritätische Wohlfahrtsverband. Die wohlfahrtspflegerischen Initiativen, die sich in den Spitzenverbänden zusammenschlossen, waren den Spitzenverbänden zeitlich vorausgegangen und haben sich auch später auf die jeweiligen Erfordernisse der Zeit einstellen müssen (z.B. durch Hilfen für die Opfer der Weltkriege, wirtschaftliche und gesundheitliche Hilfen in den Zeiten der Massenarmut, differenzierte persönliche Hilfen in Zeiten guter wirtschaftlicher Entwicklung, Betreuung ausländischer Arbeitnehmer/innen und ihrer Familien, Betreuung und Integration von Flüchtlingen, Selbsthilfebewegung [ → Selbsthilfe], → interkulturelle Öffnung der bestehenden Dienste und Einrichtungen). So werden den aktuellen Bestrebungen von muslimischen Organisationen zur Gründung eines eigenen Wohlfahrtsverbandes zunächst Strukturen und Initiativen der Sozialen Arbeit an der Basis vorausgehen. Die nachhaltigste Beeinträchtigung ihrer Entwicklung erlebte die F. W. nach der Machtübernahme durch die Nationalsozialisten, als die Verbände entweder unter Anwendung unterschiedlicher Methoden aufgelöst (Arbeiterwohlfahrt, Deutscher Paritätischer Wohlfahrtsverband, Zentralwohlfahrtsstelle der Juden) oder unter nationalsozialistische Vorherrschaft gestellt wurden (Deutscher Caritasverband, Deutsches Rotes Kreuz und Innere Mission mit der nationalsozialistischen Volkswohlfahrt zur »Reichsgemeinschaft der Freien Wohlfahrtspflege in Deutschland«). Nach 1945 lebten die freien sozialen Initiativen schnell wieder auf. In den Gründungsjahren der Bundesrepublik Deutschland fanden sie sich wieder zu Spitzenverbänden zusammen. 1948 wurde auch die seit 1924 institutionalisierte Zusammenarbeit der Spitzenverbände (damals als »Deutsche Liga der Freien Wohlfahrtspflege«) wieder aufgenommen, und zwar unter dem Namen »Arbeitsgemeinschaft der Spitzenverbände der Freien Wohlfahrtspflege«. 1948 fand auch sofort die Arbeiterwohlfahrt in dieses Gremium, nachdem sie in der Weimarer Zeit der Liga nicht angehörte. 1961 wurde der Zusammenschluss umbenannt in »Bundesarbeitsgemeinschaft der Freien Wohlfahrtspflege« und 1966 in die Rechtsform des eingetragenen Vereins gebracht.

Zukunftsprognosen für die F. W. werden in Anbetracht des eingeleiteten Systemwechsels der sozialstaatlichen Versorgung bevorzugt aus der betrieblichen Perspektive gestellt. Für die Aktivitäten der Wohlfahrtsverbände ist diese zunehmend einseitige Betrachtung jedoch zu eng, denn Vereine und Verbände der F. W. sind schließlich auch Orte, an denen soziale Beziehungen geknüpft werden. Ihre gestaltende Kraft für den gesellschaftlichen Zusammenhalt gewinnen die Verbände aus der Beteiligung der Bürgerinnen und Bürger an der Produktion sozialer Leistungen. Und sie stellen über individuelle Hilfe und Fürsorge hinaus Öffentlichkeit her für die politischen und sozialen Belange im lokalen Raum. Das stärkt das Bewusstsein, aufeinander angewiesen zu sein und sich umeinander kümmern zu müssen. Kein Betriebsmanagement kann Selbstsorge und Gemeinschaftsverantwortung von Menschen ersetzen und ebenso wenig sind Gemeinsinn und Bürgertugenden nach ökonomischen Regeln herstellbar oder politisch anzuordnen. Dieses Verständnis gilt es auch in Zukunft in das wirtschaftlich geprägte Kerngeschäft der F. W. zu integrieren und damit neue Reformperspektiven auch für ein → europäisches Sozialmodell zu eröffnen. Die F. W. stellt sich Themen wie → Sozialraumorientierung, soziales Unternehmertum, soziale Innovationen, Wirkungsorientierung und der digitalen Modernisierung. Dienste und Einrichtungen der F. W. werden daher auch zukünftig lebensnahe Orte sein, in denen sich Freiwillige engagieren und zugleich die Lebensqualität jener bereichern, die auf Hilfe und Unterstützung angewiesen sind.

*Lit.* Bundesarbeitsgemeinschaft der Freien Wohlfahrtspflege (Hrsg.): Die Freie Wohlfahrtspflege – von Menschen für Menschen, 2. Aufl. , Berlin 2014; Bundesarbeitsgemeinschaft der Freien Wohlfahrtspflege (Hrsg.): Die Freie Wohlfahrtspflege – Profile und Leistungen, Freiburg 2002; Bundesarbeitsgemeinschaft der Freien Wohlfahrtspflege (Hrsg.): Memorandum: »Zivilgesellschaftlicher Mehrwert gemeinwohlorientierter sozialer Dienste«, Brüssel 2004, www.bagfw.de

*Gerhard Timm*

**Freie Wohlfahrtspflege in Europa** → Soziale Organisationen in Europa

**Freiheitsentziehung** Art. 2 Abs. 2 S. 2 des → Grundgesetzes (GG) gewährleistet die Unverletzlichkeit der Freiheit der Person. Die Vorschrift wird ergänzt durch S. 3: In dieses Recht darf nur aufgrund eines → Gesetzes eingegriffen werden. Der Begriff F., zwangsweise Beseitigung der Freiheit, wird umfasst von dem Begriff Freiheitsbeschränkung i.w.S. als Oberbegriff. Freiheitsbeschränkung i.w.S. ist die Beschränkung der Freiheit in bestimmten einzelnen Beziehungen ohne eine Beseitigung der Freiheit. Gem. Art. 104 Abs. 1 GG kann die Freiheit der Person nur aufgrund eines förmlichen Gesetzes und nur unter Beachtung der darin vorgeschriebenen Formen beschränkt werden (Freiheitsbeschränkung i.w.S.). Nach Art. 104 Abs. 2 S. 1 GG hat über die Zulässigkeit und Fortdauer der F. nur der/die Richter/in zu entscheiden. Bei jeder nicht auf richterlicher Anordnung beruhenden F. ist nach Abs. 2 S. 2 unverzüglich eine richterliche Entscheidung herbeizuführen. Die F. definiert § 415 Abs. 2 → Familienverfahrensgericht (FamFG) – etwas zu eng – dahin: F. einer Person gegen ihren Willen oder im Zustande der Willenlosigkeit insbes. in einer abgeschlossenen Einrichtung, wie einem Gewahrsamsraum oder einem abgeschlossenen Teil eines Krankenhauses.

Wesentliche Kriterien der F. sind das Festhalten auf einem bestimmten beschränkten Raum, die ständige Überwachung des Aufenthalts und die Verhinderung der Kontaktaufnahme mit Personen außerhalb dieses Raumes durch Sicherungsmaßnahmen. Nach dieser Definition kann auch eine sog. halboffene oder offene Unterbringung eine F. sein. Nach dem → Betreuungsrecht kann auch durch mechanische Vorrichtungen, Medikamente oder auf andere Weise die Freiheit entzogen werden, ohne dass die betroffene Person untergebracht sein muss (§ 1906 Abs. 4 → Bürgerliches Gesetzbuch [BGB]). Jeweils kommt es auf den natürlichen, nicht den rechtsgeschäftlichen Willen der Person an, da es um die tatsächliche Frage der körperlichen Bewegungsfreiheit geht; erforderlich ist also nicht → Geschäftsfähigkeit, sondern nur, dass die Person nach ihrer Einsichtsfähigkeit, ihrer geistigen und sittlichen Reife die Bedeutung der F. zu erkennen vermag, wobei auch schlüssiges → Verhalten ausreichen kann. Die Zustimmung kann jederzeit widerrufen werden.

Die Begriffe F. und Unterbringung decken sich nicht, der letztere ist insofern umfassender, als nicht jede Unterbringung eine F. darstellt. Die Unterbringung kann ein Sonderfall der F. sein, z. B. und v.a. nach den → Psychisch-Kranken-Gesetzen der Länder. Andererseits ist nicht jede F. eine Unterbringung. Die §§ 415ff. FamFG sind anzuwenden auf die Fälle der F. aufgrund Bundesrechts, d.h. der (Vorbereitungs- oder Sicherungs-)Haft zum Zwecke der → Abschiebung von Ausländer/innen (§ 62 Aufenthaltsgesetz) und der Absonderung nach § 30 Infektionsschutzgesetz (IfSG), und regeln das gerichtliche Verfahren unter Verweisung auf den allgemeinen Teil des FamFG (→ Freiwillige Gerichtsbarkeit). Die richterliche Anordnung der F. bedeutet nicht zugleich die Gestattung einer Zwangsbehandlung, was bzgl. einer Infektionskrankheit in § 28 Abs. 1 S. 3 IfSG ausdrücklich festgelegt ist. Das Verfahren der Unterbringung nach den Psychisch-Kranken-Gesetzen der Bundesländer sowie der zivilrechtlichen Unterbringung nach § 1906 BGB ist bundeseinheitlich in den §§ 312 ff.

FamFG geregelt. S. auch → Elterliche Sorge, → Vormundschaft, → Freiheitsstrafe, → Strafvollzug, → Jugendstrafvollzug, → Betreuung.

*Rolf Marschner*

**Freiheitsstrafe** ist neben der → Geldstrafe eine der beiden Hauptstrafen des Strafrechts. Während die Verhängung von → Strafen ein schuldhaftes Verhalten voraussetzt, existieren daneben als weitere Rechtsfolgen der Straftat die → Maßregeln der Besserung und Sicherung. Sie sind schuldunabhängig, d.h. können (teilweise) auch gegen vermindert schuldfähige oder gar schuldunfähige Straftäter/innen angeordnet werden. Daher spricht man auch von der Zweispurigkeit des Sanktionenrechts.

Im Jahre 1969 wurde die frühere Unterteilung in verschiedene Formen der F. (Zuchthaus, Gefängnis, Einschließung und Haft) aufgegeben. Die F. wird in Justizvollzugsanstalten (im Volksmund: Gefängnis) vollzogen. Die in den Bundesländern geltenden Strafvollzugsgesetze regeln u.a. die Art und Weise des Vollzuges der F. Durch sie soll der/die Gefangene fähig werden, künftig in sozialer Verantwortung ein Leben ohne Straftaten zu führen (Vollzugsziel). Der Vollzug der F. dient auch dem Schutz der Allgemeinheit vor weiteren Straftaten. Geregelt ist die F. vornehmlich im Allgemeinen Teil des Strafgesetzbuches (StGB), und zwar in den §§ 38, 39 sowie §§ 56–58 StGB. Nach ihrer Dauer sind die lebenslange und die zeitige F. zu unterscheiden (§ 38 Abs. 1 StGB).

(1) Lebenslange F.: Die lebenslange F. ist v.a. grundsätzlich zwingende Rechtsfolge bei der Begehung eines Mordes (§ 211 StGB). Nach einer Entscheidung des → Bundesverfassungsgerichts (BVerfG) aus dem Jahr 1977 ist die lebenslange F. mit dem → Grundgesetz vereinbar (BVerfGE 45, 187). Das Gericht betonte aber zugleich, dass die Vollzugsanstalten auch bei den zu lebenslanger F. verurteilten Gefangenen verpflichtet seien, auf deren → Resozialisierung hinzuwirken. Außerdem müsse grundsätzlich auch den zu lebenslanger F. Verurteilten eine Chance verbleiben, ihre Freiheit wiedererlangen zu können. Als Reaktion auf dieses Urteil führte der Gesetzgeber im Jahre 1981 § 57a ins StGB ein. Seitdem ist eine Aussetzung der lebenslangen F. durch ein Gericht nach frühestens 15 Jahren möglich. Für eine solche Entlassung ist zum einen eine positive Legalprognose Voraussetzung, zum anderen, dass »nicht die besondere Schwere der Schuld des Verurteilten die weitere Vollstreckung gebietet« (§ 57a Abs. 1 S. 1 Nr. 2 StGB). In einer weiteren Entscheidung aus dem Jahr 1992 hat das BVerfG bestimmt, dass der ggf. vorzunehmende Ausspruch der besonderen Schwere der → Schuld durch das Tatgericht erfolgen muss (BVerfGE 86, 288). Die Strafvollstreckungskammer hat dann später zu entscheiden, wie viele Jahre Strafverbüßung die jeweilige lebenslange F. unter dem Gesichtspunkt der Schuldschwere konkret erfordert.

(2) Zeitige F.: Das Höchstmaß der zeitigen F. beträgt 15 Jahre, das Mindestmaß einen Monat (§ 38 Abs. 2 StGB). Jedoch soll eine kurze F. unter sechs Monaten wegen möglicher schädlicher Folgen für den Verurteilten nur in Ausnahmefällen verhängt (§ 47 StGB) und stattdessen auf eine → Geldstrafe erkannt werden. Eine zeitige F. von bis zu zwei Jahren Dauer kann unter bestimmten Voraussetzungen von vornherein zur Bewährung ausgesetzt werden (sog. → Strafaussetzung zur Bewährung, geregelt in den §§ 56–56g StGB). Darüber hinaus existieren Bestimmungen über die Aussetzung des Restes einer F. zur Bewährung (§§ 57–58 StGB):

a) Aussetzung einer zeitigen F.: Eine zeitige F. von nicht mehr als einem Jahr setzt das aburteilende Gericht zur Bewährung aus, wenn zu erwarten ist, dass »der Verurteilte sich schon die Verurteilung zur Warnung dienen lassen und künftig auch ohne die Einwirkung des Strafvollzugs keine Straftaten mehr begehen wird« (§ 56 Abs. 1 StGB). Strenger sind die Voraussetzungen für die Aussetzung einer F. von mehr als einem bis zu zwei Jahren Dauer. Sie kann nur dann zur Bewährung ausgesetzt werden, wenn neben einer günstigen Sozialprognose nach einer »Gesamtwürdigung von Tat und Persönlichkeit des Verurteilten« besondere Umstände vorliegen. Jedoch wird eine F. von mindestens sechs Monaten Dauer dann nicht zur Bewährung ausgesetzt, wenn dies die Verteidigung der Rechtsordnung gebietet (§ 56 Abs. 3 StGB). Wird eine F. zur Bewährung ausgesetzt, bestimmt das Gericht eine zwischen zwei und fünf Jahren liegende Bewährungszeit (§ 56a Abs. 1 StGB). I.d.R. wird die verurteilte Person einem/einer Bewährungshelfer/in unterstellt (§ 56d StGB) (→ Bewährungshilfe). Häufig ordnen die Gerichte flankierend Auflagen (etwa einen Geldbetrag an eine gemeinnützige Einrichtung zu zahlen, § 56b StGB) oder Weisungen an (§ 56c StGB). Das Gericht kann die Aussetzung der Strafe unter bestimmten Voraussetzungen (z.B. bei Begehung einer neuen Straftat) widerrufen (§ 56f StGB). Andernfalls erlässt es die Strafe nach Ablauf der Bewährungszeit (§ 56g StGB).

b) Aussetzung des Strafrestes einer zeitigen F.: Die Strafvollstreckungskammer prüft auf Antrag, ob eine Aussetzung des Strafrestes nach Ablauf von zwei Dritteln der verhängten Strafe möglich ist. Zentrale Voraussetzung dafür ist eine günstige Prognose, dass nämlich die Aussetzung »unter Berücksichtigung des Sicherheitsinteresses der Allgemeinheit verantwortet werden kann« (§ 57 Abs. 1 StGB). Bei Personen, die zum ersten Mal eine F. von nicht mehr als zwei Jahren Dauer verbüßen (sog. Erstverbüßer), kann die Strafvollstreckungskammer die Strafe schon nach Ablauf der Hälfte zur Bewährung aussetzen. Voraussetzung ist aber u.a., dass besondere Umstände vorliegen (§ 57 Abs. 2 StGB).

Im Jahr 2013 wurden in Deutschland 115.880 Personen zu einer F. verurteilt. Zum Stichtag 31.3.2014 befanden sich 49.097 Personen im Vollzug einer F. (→ Strafvollzug). Die F., die gegen Jugendliche und Heranwachsende verhängt werden kann, nennt man → Jugendstrafe. Sie beträgt mindestens sechs Monate und höchstens 15 Jahre (§§ 18, 105 Abs. 3 → Jugendgerichtsgesetz). Gegen Soldaten kann als freiheitsentziehende Maßnahme Strafarrest zwischen zwei Wochen und sechs Monaten Dauer verhängt werden (§ 9 Abs. 1 Wehrstrafgesetz). Untersuchungshaft wird i.d.R. auf die Strafe angerechnet (§ 51 StGB).

*Lit.* Fischer, T.: Strafgesetzbuch mit Nebengesetzen, 62. Aufl., München 2015; Meier, B.-D.: Strafrechtliche Sanktionen, 4. Aufl., Berlin/Heidelberg u.a. 2015; Schönke, A./Schröder, H.: Strafgesetzbuch: StGB. Kommentar, 29. Aufl., München 2014; Streng, F.: Strafrechtliche Sanktionen. Die Strafzumessung und ihre Grundlagen, 3. Aufl., Stuttgart 2012.

*Jörg Kinzig*

**Freinet-Pädagogik** In den 1920er-Jahren entwickelten Célestin (1896–1966) und Élise Freinet (1898–1983) in Frankreich die »pédagogie populaire«, die »Pädagogik des Volkes«, im Rahmen der Bewegung »École Moderne« zeitgleich mit vielen anderen Ansätzen in der → Reformpädagogik. Die F. stellt kein geschlossenes Konzept dar. Auch wenn sie viele pädagogische Methoden entwickelt und v.a. deswegen Bekanntheit erlangt hat, ist sie eher eine Denkweise über das → Lernen und die Entwicklung von Kindern sowie eine Haltung ihnen gegenüber. Um das Jahr 1980 herum fasste die F. auch in der außerschulischen Arbeit in → Kindertageseinrichtungen und → Horten Fuß und fand dort eine ganz eigene Ausprägung.

Kennzeichnend für die F. sind folgende Prinzipien: Bezug zum Leben der Kinder; freier Ausdruck als Ausgangspunkt pädagogischen Handelns; Selbsttätigkeit, Selbstorganisation und Kooperation; durchgängige Differenzierung und Alltagsnähe; konsequente → Partizipation und dialogische Beziehung zwischen Kindern und Erwachsenen. Diese Prinzipien finden sich auch in der basisdemokratischen Art und Weise wieder, in der Freinet-Pädagog/innen zusammenarbeiten. Sie selbst sprechen von der »Freinet-Bewegung« und verstehen sich durchaus auch politisch. É. und C. Freinets Vorstellung vom Lernen, die sie in einer Zeit ohne Entwicklungspsychologie und Hirnforschung mit Begrifflichkeiten wie »Tastendes Versuchen« und »Natürliche Methode« umschrieben, ist durchaus modern. Heute werden auf Seiten der F. häufig die Begriffe »Entdeckendes Lernen« bzw. »Erfahrungslernen« verwendet. Dahinter steckt die inzwischen von den meisten Hirnforscher/innen und Erziehungswissenschaftler/innen geteilte Auffassung, dass kindliches Lernen v.a. in der selbstaktiven und wechselseitigen kognitiven, emotionalen, sozialen und physischen Verarbeitung persönlicher Erfahrungen besteht. C. Freinet sprach in diesem Zusammenhang von »Arbeit«. In Schulen wie in Kindertagesstätten stehen den Kindern deshalb unzählige Möglichkeiten zur Selbsttätigkeit zur Verfügung. In beiden Bereichen wird versucht, die Kinder soweit wie möglich zu »Regisseuren« ihres Alltags zu machen. Erwachsene sehen sich selbst eher als Begleiter dieses Prozesses. P. Le Bohec, ein französischer Freinet-Pädagoge, forderte von Lehrer/innen bspw., »so lange wie möglich zu schweigen«, aber auch »ganz vorsichtig einen Blick über den Zaun vorzuschlagen, wenn sich aus dem Geschehen heraus eine Richtung anbietet«. Konsequent wird in der Charta der französischen F. von 1968 formuliert: »Wir maßen uns nicht an, im voraus definieren zu können, was aus dem Kind wird.« Erziehung, Bildung, Zusammenleben im Alltag werden in der F. als Prozesse betrachtet, deren Ausgang offen ist. Die frühpädagogische Ausprägung der F., die Kinder von 0–12 Jahren umfasst, hat sich v.a. um die Auseinandersetzung mit der dialogischen Haltung in der Beziehungsgestaltung zwischen Erwachsenen und Kindern verdient gemacht.

*Lothar Klein*

**Freire-Pädagogik** Paolo Freires (1921–1997) »Pädagogik der Unterdrückten« nimmt ihren Ausgangspunkt in Alphabetisierungskampagnen in Lateinamerika (besonders Chile und Brasilien). Für Freire kann → Erziehung »niemals neutral sein«, sondern sie dient entweder der Befreiung oder der Domestizierung des Menschen. Ziel seiner humanistischen, befreienden Pädagogik ist die Aufhebung der Unterdrückung von Menschen als politische Praxis. Zentral ist ein neues Verständnis des Lehrer-Schüler-Verhältnisses, die Einheit von Aktion und Reflexion sowie das Dialogische Prinzip als Methode der Begegnung zwischen Menschen. Nur so kann sich, nach Freires Auffassung, der Einzelne als Teil einer Welt begreifen, deren Veränderung im Hinblick auf eine humane Gestaltung nur durch seine Mitwirkung möglich wird. Durch den Dialog, der darauf bedacht sein soll, die Welt, so wie sie das Gegenüber sieht, begreifen zu lernen, will er die »Kultur des Schweigens« aufheben. Bildungsprozesse nicht nach dem traditionellen Lehrer-Schüler-Verhältnis, dem »Bankiers-Konzept«, wie Freire es nennt, zu organisieren, sondern zu ihrem Ausgangspunkt die wirklichen, zentralen Themen des Menschen zu machen, die ihn unmittelbar und existenziell betreffen, ist Ziel seiner problemformulierenden Bildungsarbeit.

Die F. hat in der Ersten Welt eine Reihe von Übertragungs- und Adaptionsversuchen, insbesondere in der → Erwachsenenbildung, ausgelöst. Diese Übernahme als Pädagogik der Dritten Welt in West-Europa wird zwar von vielen als problematisch angesehen; viele Ansätze und Projekte zeigen jedoch, dass die Grundprinzipien der F. auch neue wichtige Lernebenen für die Industrienationen bieten.

*Angelika Ehrhardt/Josef Faltermeier*

**Freiwillige Arbeit** → Ehrenamtliche/freiwillige Tätigkeit im sozialen Bereich

**Freiwillige Gerichtsbarkeit** (FG) ist eine besondere Verfahrensart der ordentlichen Gerichtsbarkeit. Sie umfasst eine Vielzahl an Rechtsangelegenheiten, darunter Familiensachen (mit Ausnahme von Ehe- und Familienstreitsachen; → Familiengericht), → Betreuung und → Unterbringung, Nachlass- und Teilungssachen (→ Erbrecht), Registersachen (Handels-, Genossenschafts-, Partnerschafts-, Vereins- und Güterrechtsregister), → Freiheitsentziehung und Grundbuchsachen.

Grundlegende Verfahrensordnung ist das zum 1.9.2009 in Kraft getretene Gesetz über das Verfahren in Familiensachen und in den Angelegenheiten der freiwilligen Gerichtsbarkeit (→ Familienverfahrensgesetz [FamFG]). Es enthält neben einem allgemeinen Teil auch besondere Bestimmungen in den einzelnen Verfahrensarten wie z.B. Familiensachen oder Betreuungs- und Unterbringungssachen. Daneben gelten weitere spezielle Vorschriften in einzelnen Bereichen wie etwa die Grundbuchordnung (GBO) für das Verfahren in Grundbuchsachen oder das Beurkundungsgesetz (BeurkG) für öffentliche → Beurkundungen und Verwahrungen durch den Notar. Die Zuständigkeit ist unterschiedlich geregelt. In bestimmten Angelegenheiten (z.B. Familien-, Betreuungs-, Unterbringungs- und Freiheitsentziehungssachen) sind die ordentlichen Gerichte zuständig. Dabei ist das Amtsgericht in der Regel erstinstanzliches Gericht. Sofern es keinen gesetzlichen Richtervorbehalt gibt, entscheiden dort neben Richter/innen auch Rechtspfleger/innen. Neben der → Rechtsprechung umfasst die FG auch Angelegenheiten der vorsorgenden Rechtspflege. So sind bspw. Notar/innen im Bereich der Beurkundungen von Grundstücksverträgen, Verfügungen von Todes wegen, Eheverträgen, → Vollmachten und Gesellschaftsverträgen zuständig. Verfahren der FG werden auf Antrag oder teilweise auch von Amts wegen eingeleitet. Da im Gegensatz zur streitigen Gerichtsbarkeit der Grundsatz der Amtsermittlung gilt, hat das Gericht von Amts wegen die zur Feststellung der entscheidungserheblichen Tatsachen notwendigen Ermittlungen durchzuführen (§ 26 FamFG). Es ist somit weder an das Vorbringen der Beteiligten noch an die Beweismittel der Zivilprozessordnung (ZPO) gebunden. Beteiligter im Verfahren ist nach § 7 FamFG zunächst in Antragsverfahren zwingend der/die Antragsteller/in. Als Beteiligte zum Verfahren hinzuzuziehen sind weiterhin diejenigen Personen, deren Recht durch das Verfahren unmittelbar betroffen wird, sowie diejenigen Personen, die nach dem FamFG oder nach anderen Gesetzen von Amts wegen oder auf Antrag zu beteiligen sind. Soweit gesetzlich vorgesehen, können darüber hinaus auch weitere Personen auf Antrag oder von Amts wegen hinzugezogen werden. In § 34 FamFG ist die persönliche Anhörung eines Beteiligten vorgeschrieben soweit es zur Gewährung des → rechtlichen Gehörs des Beteiligten erforderlich oder gesetzlich vorgeschrieben ist. So ist bspw. in § 159 FamFG auch die persönliche Anhörung des Kindes in Kindschaftssachen angeordnet. Wenn dies zur Wahrnehmung seiner Interessen notwendig ist, hat das Gericht dem/der Beteiligten einen → Verfahrensbeistand (z.B. § 158 FamFG in Kindschaftssachen, § 174 FamFG in Abstammungssachen, § 191 FamFG in Adoptionssachen) bzw. dem/der Betroffenen eine/n → Verfahrenspfleger/in (z.B. § 276 FamFG in Betreuungssachen, § 317 FamFG in Unterbringungssachen, § 419 FamFG in Freiheitsentziehungssachen) zu bestellen. Darüber hinaus ist in vielen Verfahren die Beteiligung, Mitwirkung oder Anhörung von Behörden (bspw. Anhörung bzw. Beteiligung des → Jugendamts in Kindschafts-, Abstammungs- und Adoptionssachen nach §§ 162, 176, 195 FamFG, Anhörung der zuständigen Behörde in Betreuungs- und Unterbringungssachen nach §§ 279, 320 FamFG) und weiteren Personen vorgesehen (bspw. mögliche Einbindung der Pflegeperson in Kindschaftssachen § 161 FamFG). Die Beteiligten können das Verfahren grundsätzlich selbst betreiben (§ 10 FamFG). Die Vertretung durch einen Anwalt ist nur in den gesetzlich vorgeschriebenen Fällen notwendig (bspw. § 10 Abs. 4 FamFG vor dem Bundesgerichtshof, § 114 FamFG im Scheidungsfolgenverbund). Im Übrigen können sich die Beteiligten durch Bevollmächtigte (zum vertretungsbefugten Personenkreis § 11 Abs. 2 FamFG) vertreten lassen oder zum Termin mit einem Beistand (→ Beistandschaft) erscheinen (§ 12 FamFG). Mündliche Verhandlungen sind i.d.R. nicht zwingend erforderlich und finden dann auch unter Ausschluss der Öffentlichkeit statt.

Die Entscheidung ergeht durch Beschluss und wird in der Regel durch Bekanntgabe gegenüber dem/der Beteiligten wirksam, für den/die er seinem wesentlichen Inhalt nach bestimmt war; Entscheidungen, die die Genehmigung eines Rechtsgeschäfts zum Gegenstand haben, werden mit → Rechtskraft wirksam (§ 40 FamFG). Bei nachträglicher wesentlicher Änderung der zugrunde liegenden Sach- oder Rechtslage kann das Gericht (in Antragsverfahren nur auf Antrag) die rechtskräftige Entscheidung nachträglich aufheben oder abändern (§ 48 FamFG). Gegen die erstinstanzliche Entscheidung der Amts- und Landgerichte ist in der Regel die Beschwerde (§§ 58 ff. FamFG; → Rechtsbehelf) statthaft. Sie steht derjenigen Person zu, die durch den Beschluss in ihren Rechten beeinträchtigt ist bzw. gegen einen den Antrag zurückweisenden Beschluss in Antragsverfahren nur dem/der Antragsteller/in. Das Beschwerderecht Minderjähriger wird gesondert in § 60 FamFG geregelt. Darüber hinaus regelt das Gesetz in Einzelfällen weitere Beschwerdeberechtigungen (bspw. des Jugendamts, vgl. §§ 162, 176, 194 FamFG). Die Frist zur Einlegung der Beschwerde beträgt einen Monat ab schriftlicher Bekanntgabe des Beschlusses bzw. zwei Wochen gegen Endentscheidungen im einstweiligen Anordnungsverfahren (→ einstweiliger Rechtsschutz) und Entscheidungen über den Antrag auf Genehmigung eines Rechtsgeschäfts (§ 69 FamFG). Die Beschwerde ist schriftlich oder zur Niederschrift der Geschäftsstelle bei dem Gericht einzulegen, dessen Beschluss angefochten wird. Gegen Entscheidungen des Beschwerdegerichts ist die Rechtsbeschwerde statthaft, sofern diese zugelassen oder zulassungsfrei ist (§ 70 FamFG). Die Kosten des Verfahrens (Gerichtskosten und die zur Durchführung des Verfahrens notwendigen Aufwendungen der Beteiligten) sind nach den Vorgaben des § 80 FamFG zu verteilen und richten sich hinsichtlich der Gerichtskosten (Gebühren und Auslagen) nach dem Gesetz über Kosten der freiwilligen Gerichtsbarkeit für Gerichte und Notare (GNotKG).

*Romy Ahner*

**Freiwilligenagenturen/-zentren** sind lokale Einrichtungen zur Förderung des → bürgerschaftlichen Engagements. Zu ihren Kernaufgaben zählen die Information, Beratung und Vermittlung von Bürger/innen in freiwilliges Engagement, die Beratung von Non-Profit-Organisationen und kommunalen Einrichtungen in Fragen der Engagementförderung sowie die Öffentlichkeits- und Lobbyarbeit. Viele F. haben inzwischen ein deutlich breiteres Aufgabenprofil entwickelt, das u.a. Kooperationsprojekte mit Schulen und Jugendeinrichtungen, Projekte mit Wirtschaftsunternehmen, Qualifizierungsangebote für freiwillige und hauptberufliche Mitarbeiter/innen sowie die Vernetzung im lokalen Gemeinwesen einschließt. Erste F. entstanden in den 1980er-Jahren (Berlin, München, Bremen). In der zweiten Hälfte der 1990er-Jahre setzte ein Gründungsboom ein. Anfang der 2000er-Jahre wurden rund 190 F. gezählt, derzeit sind es nach Angaben der Bundesarbeitsgemeinschaft der Freiwilligenagenturen (bagfa) über 500 F. Der Engagementatlas 2015 hat knapp 700 F. gezählt. Träger von F. sind Wohlfahrtsverbände, Kommunen, aber auch Zusammenschlüsse öffentlicher und freier Träger sowie eigenständige Vereine. Auf Bundesebene haben sich die F. in der bagfa zusammengeschlossen, ebenso bestehen Landesarbeitsgemeinschaften. F. haben für ihre Arbeit eigene Qualitätsstandards und ein entsprechendes Qualitätsmanagementsystem entwickelt. Sie haben sich vielerorts als Vernetzungs- und Entwicklungsagenturen für bürgerschaftliches Engagement im Gemeinwesen etabliert. Die nachhaltige Finanzierung vieler F. ist weiterhin ungeklärt.

*Birger Hartnuß*

**Freiwilligendienste** sind eine geregelte Form → bürgerschaftlichen Engagements, deren organisatorische Struktur durch gesetzliche Vorgaben festgelegt ist. Im Unterschied zu anderen freiwilligen und ehrenamtlichen Aktivitäten sind Dauer, Aufgaben und Zielsetzungen sowie Einsatzstellen und Trägerstrukturen verbindlich geregelt und werden in schriftlichen Vereinbarungen zwischen den Zentralstellen bzw. Trägerorganisationen und den Teilnehmer/innen festgehalten.

Die F. werden in Einrichtungen der → freien Wohlfahrtspflege, der → Kinder- und Jugendhilfe, der Behindertenhilfe, des → Gesundheitswesens, des Sports, der

Kultur, des Umwelt- und Naturschutzes, des Zivil- und Katastrophenschutz sowie in Religionsgemeinschaften und Gebietskörperschaften erbracht. Sie dauern i.d.R. zwölf Monate, mindestens aber sechs und höchstens 24 Monate, sind in die → Sozialversicherung eingebunden, werden mit einem Taschengeld entgolten und bei Bedarf wird Unterkunft und Verpflegung gestellt. Über diese formalen Kriterien hinausgehend besteht ein besonderes Kennzeichen von F. darin, dass sie die Übernahme gesellschaftlicher Verantwortung mit umfassenden Lern- und Bildungsprozessen verbinden. F. sollen zur persönlichen Entwicklung der Teilnehmer/innen beitragen, berufliche Orientierung ermöglichen, fachliches und methodisches Wissen und Können vermitteln sowie → soziales Lernen und bürgerschaftliche Haltungen befördern. In den internationalen F. geht außerdem um → interkulturelles und globales Lernen. Der Bildungsauftrag ist im Jugendfreiwilligendienstgesetz (JFDG) und im Bundesfreiwilligendienstgesetz (BFDG) fixiert und findet in der gesetzlich vorgeschriebenen pädagogischen Begleitung und in der → politischen Bildung (im Bundesfreiwilligendienst [BFD]) seinen Ausdruck.

Die Entwicklung der F. ist durch eine Ausdifferenzierung und Ausweitung ihrer Formen, Tätigkeitsfelder und Teilnehmerzahlen gekennzeichnet. 1993 wurde das → Freiwillige Soziale Jahr (FSJ) auf Sport- und Kultureinrichtungen ausgeweitet und das → Freiwillige Ökologische Jahr (FÖJ) eingeführt. 1998 wurde der Europäische F. etabliert. Die Internationalisierung setzt sich mit der Einrichtung des entwicklungspolitischen F. »weltwärts« unter der Federführung des Bundesministeriums für Entwicklung und Zusammenarbeit (BMZ) fort. 2009 folgte »kulturweit«, das Programm des Auswärtigen Amtes und der Deutschen UNESCO-Kommission, und 2012 wurde vom → Bundesministerium für Familie, Senioren, Frauen und Jugend (BMFSFJ) der Internationale Jugendfreiwilligendienst (IJFD) gegründet.

Mit der Einführung des BFD im Jahr 2011, nach der Aussetzung der Wehrpflicht und dem Ende des Zivildienstes, haben sich Format, Ausrichtung und Organisation von F. verändert. Waren sie vorher als Jugendfreiwilligendienste auf Jugendliche und junge Erwachsene im Übergang zwischen Schule und Ausbildung/Beruf ausgerichtet, so ist mit dem BFD ein Dienst etabliert worden, der auch von älteren Freiwilligen wahrgenommen und in Teilzeit erbracht werden kann. Knapp ein Drittel der BFD-Teilnehmer/innen sind über 27-Jährige.

Die Teilnehmerzahlen in den F. sind in den letzten Jahren stetig gestiegen: von knapp 13.000 FSJ- und FÖJ-Plätzen im Jahr 2001/02 auf mittlerweile ca. 100.000 Plätze, davon 59.000 Freiwillige in den gesetzlich geförderten Jugendfreiwilligendiensten (53.204 FSJ, 2.800 FÖJ, 3.400 IJFD im Jahrgang 2014/15) (Huth u.a. und Angaben des BMFSFJ); 35.000 Plätze im BFD, die von ca. 40.000 Freiwilligen z.T. in Teilzeit belegt werden; 3.300 Freiwillige bei »weltwärts« und 292 bei »kulturweit«. Nimmt man noch die privatrechtlich geregelten F. im Bereich der Versöhnungs- und Entwicklungsarbeit hinzu, kommt man auf die Zahl von ca. 100.000 Freiwilligen im Jahr 2015, deren Zahl sich mit der Einführung des BFD mit Flüchtlingsbezug nochmals um 10.000 erhöhen wird. 60% der Teilnehmer/innen sind Frauen, 40% Männer, wobei der Frauenanteil im FSJ mit 67% am Höchsten ist. 17% der Freiwilligen haben einen Migrationshintergrund, deren Anteil in den letzten Jahren stetig gestiegen ist. Freiwillige mit höheren Bildungsabschlüssen und einem (Fach-)Abitur sind nach wie vor überrepräsentiert: 72% im FÖJ, 66% im BFD unter 27 Jahren und 63% im FSJ (Huth u.a., 277).

Mit der Einführung des BFD nach dem Ende des Zivildienstes ist ein staatlich organisierter F. etabliert worden, mit dem sich das federführende Bundesministerium einen direkten Zugriff geschaffen hat (vgl. Jakob 2013). Freiwillige im BFD schließen ihren Vertrag direkt mit dem Bundesamt für Familie und zivilgesellschaftliche Aufgaben (BAFzA), das auch die Betreuung zahlreicher Einsatzstellen übernommen hat und für die politische Bildung zuständig ist. Die Konstruktion des BAFzA in der Doppelrolle als Zentralstelle und steuernde Instanz, die für die Zuweisung von Plätzen und finanziellen Mitteln zuständig ist, untergräbt die Arbeit der Trägerorganisationen. Angesichts dieses staatlichen Zugriffs stellen sich Fragen nach dem Verhältnis von Staat und → Zivilgesellschaft (vgl. Bibisidis u.a.). Ist es Aufgabe des Staates, einen F. in eigener Regie umzusetzen? Oder sollte sich staatliche → Engagementpolitik nicht vielmehr darauf beschränken, mit finanziellen und rechtlichen Mitteln förderliche Rahmenbedingungen zu schaffen, die Organisation und Umsetzung von bürgerschaftlichem Engagement aber der Zivilgesellschaft überlassen? Mit der Altersöffnung des BFD sind weitere Herausforderungen verbunden: Der hohe Anteil von 65% Arbeitslosen bei den über 27-jährigen BFD-Teilnehmer/innen deutet darauf hin, dass der F. als Ersatz für eine Erwerbsarbeit fungiert (vgl. Beller/Haß

2013). Wenn Einrichtungen immer wieder darauf hinweisen, dass sie ohne BFD-Freiwillige den Betrieb nicht aufrechterhalten könnten, liegt die Frage nach der Arbeitsmarktneutralität der Dienste nahe. Die zukünftige Gestaltung der F. sollte sich daran orientieren, sie in ihrer Besonderheit als geregelte Form eines bürgerschaftlichen Engagements und als Ort für vielfältige Bildungsprozesse weiter zu entwickeln. Diese Anforderung stellt sich für alle Beteiligten, den Gesetzgeber ebenso wie die Zentralstellen und Einrichtungen.

*Lit.* Beller, A./Haß, R.: Experiment Altersöffnung: Politische Ziele und nicht-intendierte Folgen – empirische Befunde aus der Pionierphase des Bundesfreiwilligendienstes, in: Voluntaris. Zeitschrift für Freiwilligendienste, 2013, 1 (1), S. 51–72; Bibisidis, T. u.a. (Hrsg.): Zivil – Gesellschaft – Staat. Freiwilligendienste zwischen staatlicher Steuerung und zivilgesellschaftlicher Gestaltung, Wiesbaden 2015; Huth, S.: Abschlussbericht der gemeinsamen Evaluation des Gesetzes über den Bundesfreiwilligendienst (BFDG) und des Gesetzes zur Förderung von Jugendfreiwilligendiensten (JFDG), Frankfurt a.M. u.a. 2015; Jakob, G.: Freiwilligendienste zwischen Staat und Zivilgesellschaft, 2013, www.fes.de/buergergesellschaft/publikationen/documents/BB-40FreiwilligendiensteInternet.pdf

*Gisela Jakob*

**Freiwilligenmanagement** Für → Vereine, Verbände und → Einrichtungen, die das freiwillige Engagement der Bürgerinnen und Bürger als Freiwilligenarbeit nutzen wollen, ist die systematisch aufgebaute, geplante und organisierte Einbindung Freiwilliger in die Mitarbeiterschaft von hohem Stellenwert. F. ist die Planung, Koordination, Begleitung sowie Aus- und Bewertung von freiwilligem Engagement bzw. von Freiwilligenarbeit (→ ehrenamtliche/freiwillige Tätigkeit im sozialen Bereich). Aus der Freiwilligenarbeit ergeben sich viele organisatorische Anforderungen, die eine Entwicklung von nachhaltig förderlichen Rahmenbedingungen bedingen. Einige dieser Anforderungen sind: Abgrenzung der Freiwilligenarbeit von der Arbeit angestellter Mitarbeiter/innen hinsichtlich der jeweiligen Aufgaben- und Verantwortungsbereiche, Rechte und Pflichten; → Kooperation zwischen Haupt- und Ehrenamtlichen oder Freiwilligen; Unterstützungsangebote und Begleitung, evtl. → Supervision für die Freiwilligen; Anerkennungskultur; Qualifizierungsangebote mit der Option für einen Aufstieg innerhalb der Organisation (z.B. von Gruppenleitung zum Vereinsvorstandsvorsitz); → Evaluation der Qualität der Freiwilligenarbeit. In größeren Organisationen ist es sinnvoll, das F. als Funktion an eine dafür qualifizierte → Fachkraft zu übertragen. Die zentralen Aufgaben hier sind einerseits die Entwicklung von Engagementfeldern und Aufgabenprofilen für Freiwillige, andererseits die Entwicklung von nachhaltig förderlichen Rahmenbedingungen.

*Thomas Kegel*

**Freiwilliges Ökologisches Jahr (FÖJ)** → Freiwilligendienste

**Freiwilliges Soziales Jahr (FSJ)** → Freiwilligendienste

**Freizeitpädagogik** Mit der Reduzierung der Arbeitszeit seit Beginn des 20. Jh. stieg die Bedeutung von Freizeit. Der Begriff F. wurde in den 1920er-Jahren von F. Klatt zur Zeit der Jugendbewegung (→ Soziale Bewegungen) eingeführt. F. versteht Freizeit als Lernzeit, die unabhängig von der Arbeitswelt angesehen werden muss. Lebenssinn und eigene → Identität werden nicht mehr ausschließlich in der Arbeit gefunden, sondern ebenfalls in der vermehrt zur Verfügung stehenden freien Zeit. Die Anforderungen an jede/n Einzelne/n, freie Zeit zu gestalten, steigen. Sich selbst beschäftigen zu können, wird in Zukunft immer wichtiger. Freizeit bietet die Möglichkeit, sich im stress- und leistungsfreien Raum einzubringen. Sie ist nicht ausschließlich als Konsumzeit, sondern auch als Lernzeit und Zeit für Weiterbildung zu nutzen. In Abgrenzung zu kommerziellen Freizeitangeboten bietet F. Angebote, die zum Mitlernen, Auseinandersetzen und Mitgestalten einladen. Diese richten sich an alle Zielgruppen (Kinder bis Senior/innen) und werden in unterschiedlichen Praxisfeldern angeboten. Praxisfelder von Freizeitpädagog/innen sind u.a. die offene und verbandliche → Jugendarbeit, die schulische Freizeitbildung in → Ganztagsschulen sowie die außerschulische und außerbetriebliche Kultur- und Bildungsarbeit sowie die Tourismus- und Reisepädagogik. Kliniken, Kur-, Gesundheits-, Sport- und Wellnesseinrichtungen bieten weitere Tätigkeitsfelder. Das Berufsbild der Freizeitpädagog/innen ist sehr vielfältig. Sie müssen Angebote situationsbezogen entwickeln, planen, gestalten, durchführen und nachbereiten. Freizeitinteressen sollen geweckt, neue Fertigkeiten und Kenntnisse vermittelt, erprobt und vertieft werden. Die Auseinandersetzung mit neuen Freizeittrends sowie freizeitpädagogischen dienstleistungs- und marktorientierten Angeboten ist unerlässlich. Zentrale Tätigkeiten sind z.B. Anregen, Animieren, Beraten, Fördern und Koordinieren. Eine Erweiterung der F. erfolgte mit der Einführung der Begriffe der »Pädagogik der Freizeit«, »Pädagogik der freien Lebenszeit« und »Freizeitwissenschaft«. Sie umschreiben die Verknüpfungen und Beziehungen zwischen Freizeit und Pädagogik auf einer wissenschaftlich-reflektierenden Ebene und die sich wandelnde Bedeutung der Freizeit für pädagogisches Handeln in allen pädagogischen Handlungsfeldern unter Berücksichtigung praktisch-methodischer Aspekte und Ergebnissen der pädagogischen Freizeitforschung. Im Rahmen von Forschungsprojekten an ausgewählten Instituten und Hochschulen wird die Praxis durch Freizeitforschung qualifiziert. Themen sind z.B. das Freizeitverhalten unterschiedlicher Bevölkerungsgruppen, Gästebefragungen in Urlaubs- und Kurorten, Tourismusanalysen, Zusammenhänge von Gesundheitsbildung und Freizeit (Wellness), Wechselwirkungen von Sport und Freizeit, Zeitbudgetstudien, Freizeitenevaluation, pädagogische Kinder- und Jugendreisen, nonformale → Bildung.

*Nicole Stollenwerk*

**Freizügigkeit** → Arbeitnehmerfreizügigkeit, → Europäische Grundfreiheiten, → Personenfreizügigkeit

**Fremdbestimmung** bezeichnet im Gegensatz zur Selbstbestimmung einen Zustand, in dem das Handeln einer Person von Kräften außerhalb ihrer selbst gesteuert wird. Betrachtet man F. als eine Frage der Beherrschung und Nicht-Beherrschung der physikalischen, biologischen, psychischen und sozialen Gegebenheiten und Gesetzmäßigkeiten des eigenen Handelns, fokussiert die Soziale Arbeit insbesondere die sozialen Bezüge bzw. Problemlagen und ihre Veränderungsmöglichkeiten.

Das Selbst als handlungsleitende Instanz, als die Gesamtheit der innerpsychischen Struktur innerhalb ihrer jeweiligen Bezüge, basiert auf realen Erfahrungen, insbesondere den Bindungs- und Beziehungserfahrungen mit zentralen Bezugspersonen (→ Selbstentwicklung; → Bindung/Beziehung in der Sozialen Arbeit). Aus dem Kräfteverhältnis sozialer Beziehungen, welches sich in sozialen Systemen über die → Interaktionen von → Individuen heraus entwickelt, entstehen Machtstrukturen (→ Macht in der Sozialen Arbeit). Begreift man Macht als ein Vorhandensein an Machtquellen, wird deutlich, wie sehr dieser Zusammenhang erneut auf das Vorhandensein von Teilhabechancen im Verlauf der → Sozialisation zurückverweist. → Soziale Benachteiligung, → soziale Ausgrenzung, → soziale Kontrolle usw. erhöhen daher wie in einem Teufelskreis das Risiko von fremdbestimmten → Lebenslagen und Lebensweisen. Immer wieder erlebte F. durch äußere Zuschreibungen manifestiert sich in der Folge häufig in sog. Attributionsvorgängen: Eigene Handlungen wird zunehmend als unabänderlich fremdbestimmt wahrgenommen. Soziale Arbeit als Menschenrechtsprofession reflektiert diese Zusammenhänge in Forschung, Theoriebildung und Praxis im Sinne der Förderung von Chancen zu einem selbstbestimmteren Erleben und Verhalten innerhalb der umgebenden (Macht-)Verhältnisse.

*Silke Birgitta Gahleitner*

**Fremdunterbringung** Die ganztägige Betreuung und Unterbringung von Kindern und Jugendlichen außerhalb ihrer → Herkunftsfamilie wird als F. bezeichnet. Im SGB VIII finden F. zum einen im Rahmen der → Hilfen zur Erziehung nach §§ 27 ff. SGB VIII Anwendung, zum anderen kann auch bei Maßnahmen der → Eingliederungshilfe für seelisch behinderte Kinder und Jugendliche nach § 35 a SGB VIII eine F. zum Tragen kommen. Dabei kann eine F. sowohl eine auf Dauer angelegte als auch eine zeitlich befristete Form der Hilfe sein. Die Angebotspalette des SGB VIII für im Rahmen von Hilfen zur Erziehung erbrachte Maßnahmen der F. wird in §§ 33 bis 35 SGB VIII konkretisiert: → Vollzeitpflege, → Heimerziehung sowie → intensive sozialpädagogische Einzelbetreuung. Im Bereich der Eingliederungshilfe für seelisch behinderte Kinder und Jugendliche nach § 35 a SGB VIII können Maßnahmen der F. gemäß Abs. 2 Nr. 3 und 4 durch geeignete Pflegepersonen und in → Einrichtungen über Tag und Nacht sowie in sonstigen Wohnformen geleistet werden. Sowohl bei den Hilfen zur Erziehung als auch bei der Eingliederungshilfe richtet sich Leistungserbringung nach dem Bedarf im Einzelfall.

Die Anzahl der Hilfen zur Erziehung, die mit einer F. einhergehen, ist im Verlauf der letzten Jahre kontinuierlich angestiegen. Lebten 1991 48.017 Kinder und Jugendliche in einer Vollzeitpflege außerhalb ihrer Herkunftsfamilie und 68.190 in Heimerziehung, waren es zum Jahresende 2014 69.823 in Vollzeitpflege und 72.204 in Heimerziehung. Diese Statistik unterscheidet allerdings nicht danach, ob die Kinder und Jugendlichen ganzjährig oder nur für einen Teil des Jahres fremduntergebracht waren. Zudem lässt sich nicht erkennen, in welchen Fällen eine auf Dauer angelegte Versorgung und Erziehung eines Kindes im Vordergrund steht bzw. wann die F. als Überbrückungshilfe beim kurzfristigen Ausfall einer Familie, als Übergangshilfe für Jugendliche und zur Situationsklärung in Form der → Bereitschaftspflege fungiert. Auch muss beachtet werden, dass der Anteil der ambulanten Hilfen an den Hilfen zur Erziehung insgesamt innerhalb der letzten Jahre weiter angewachsen ist, sodass auch in der → Kinder- und Jugendhilfe ein Trend zur → Ambulantisierung erkennbar ist. Nichtsdestotrotz gewinnt die F. als Hilfeform zahlenmäßig weiter an Bedeutung. Da zudem fremduntergebrachte Kinder und Jugendliche häufig als Hochrisikogruppe gelten, was → psychische Störungen mit Krankheitswert oder negative Bildungskarrieren anbelangt, ist ein steigendes Interesse von Wissenschaft und Forschung am Themenkomplex F. sowie eine wachsende Zahl von Gerichtsentscheidungen und politischen Initiativen zu erkennen.

Bei einer F. soll gemäß § 37 SGB VIII darauf hingewirkt werden, dass die Pflegeperson oder die in einer Einrichtung für die Erziehung verantwortliche Person und die Herkunftseltern zum Wohle des Kindes oder des Jugendlichen zusammenarbeiten. Durch Beratung und Unterstützung sollen die Erziehungsbedingungen in der → Herkunftsfamilie innerhalb eines im Hinblick auf die Entwicklung des Kindes oder Jugendlichen vertretbaren Zeitraums so weit verbessert werden, dass sie das Kind oder den Jugendlichen wieder selbst erziehen kann. Während der F. soll durch begleitende Beratung und Unterstützung der Familie darauf hingewirkt werden, dass die Beziehung des Kindes oder Jugendlichen zur Herkunftsfamilie gefördert wird. Ist eine nachhaltige Verbesserung der Erziehungsbedingungen in der Herkunftsfamilie innerhalb dieses Zeitraums nicht erreichbar, so soll mit den beteiligten Personen eine andere, dem Wohl des Kindes oder Jugendlichen förderliche und auf Dauer angelegte Perspektive erarbeitet werden.

Dem verfassungsrechtlich gebotenen Vorrang der Rückführung entsprechend ist die → Kinder-und Jugendhilfe also dazu angehalten, mit der Herkunftsfamilie zusammenzuarbeiten und Rückkehroptionen auszuloten. Hierbei kann es bedeutsam sein, einem Kind, das seine Familie verlassen muss, Gelegenheit zu geben, sich angemessen und möglichst ohne Zeitdruck von seinen Bezugspersonen zu verabschieden, wobei ihm auch dabei geholfen werden sollte, die Gründe für seine F. zu verstehen. Einer besonderen Unterstützung können auch die Herkunftseltern bedürfen, weil es nur so zu für alle Beteiligten befriedigenden Besuchskontakten und ggf. auch zu einer Rückführung kommen kann. Kann eine nachhaltige Rückführung jedoch nicht erreicht werden oder ist sie von vornherein nicht mit dem → Kindeswohl vereinbar, genießt eine kontinuitätssichernde Hilfe und Perspektivplanung der kindlichen Lebensumstände Vorrang. Optimierungsstrategien für die F. müssen sich daher darauf richten, Kinder und Jugendliche soweit wie immer möglich in die ihr Leben betreffende Angelegenheiten einzubeziehen; sie sind auf langfristige Planungen für Kinder und Jugendliche und auf die gezieltere Auswahl des für den Einzelfall geeigneten Lebensorts gerichtet. Mit Blick auf F. in Heimen richten sich Reformbemühungen auf die weitere Verkürzung von Aufenthaltsdauern, verbunden mit einer gezielteren Einbeziehung des → sozialen Umfelds und einer gezielteren, auf Selbstständigkeit und Autonomie setzenden Förderpraxis. Für den Bereich der → Vollzeitpflege setzt sich demgegenüber eher die Auffassung durch, sie wieder stärker als eine auf Dauer angelegte Alternative zum Aufwachsen in einer Herkunftsfamilie, die das Wohl des Kindes nicht gewährleisten kann, zu nutzen und rechtlich abzusichern.

Kinder und Jugendliche werden häufig von Verwandten und manchmal von anderen Personen aus dem sozialen Umfeld aufgenommen, wenn sie nicht bei ihren Eltern leben können. Das geschieht vielfach auf private Initiative und selbstorganisiert, ohne Beteiligung öffentlicher Stellen. Auch bei einer solchen → Verwandtenpflege handelt es sich um eine F. Sie bietet Kindern und Jugendlichen die Chance, außerhalb des Elternhauses aufzuwachsen, ohne den Bezug zur eigenen Herkunft zu verlieren. Zumindest ein Teil ihrer gewohnten Umgebung und der bestehenden Bindungen bleibt ihnen erhalten. Bei der Arbeit mit diesen Familien ist es wichtig, sich der Besonderheiten im Vergleich zur Betreuung von Kindern und Jugendlichen durch familienfremde Pflegepersonen bewusst zu werden und auf diese einzugehen.

*Lit.* Diouani-Streek, M.: Kontinuität im Kinderschutz – Perspektivplanung für Pflegekinder, Berlin 2015; Kindler, H. u.a. (Hrsg): Handbuch Pflegekinderhilfe, Berlin 2011; Münder, J./Meysen, T./ Trenczek, T. (Hrsg.): Frankfurter Kommentar SGB VIII, 7. Aufl., Baden-Baden 2013; Statistisches Bundesamt (Hrsg.): 2014 hat für 531.500 junge Menschen eine Hilfe zur Erziehung begonnen, Pressemitteilung Nr. 436 vom 27.11.2015.

*Réka Fazekas*

**Fremdwahrnehmung** Mit dem Begriff der F. werden in den Sozialwissenschaften zwei Bedeutungen verbunden: Zum einen geht es darum, wie ein → Individuum andere Personen wahrnimmt. Dieser Wahrnehmungsprozess ist immer von im Verlauf der → Selbst-Entwicklung herausgebildete subjektiven Faktoren – wie → Einstellungen, möglichen Vorurteilen, Vorerfahrungen und Projektionen – beeinflusst. Professionalität im Bereich psychosozialer Berufe besteht darin, die eigene F. bewusst zu reflektieren und möglichst durch den Abgleich mit anderen Beobachtungen zu validieren. Zum anderen wird der Begriff F. für den Prozess der → Wahrnehmung des Individuums durch andere Personen benutzt; hier spielen z.B. die Rückmeldungen und/oder Bewertungen des Individuums durch andere beim Aufbau des Selbstwertes und der → Identität eine Rolle.

*Klaus Fröhlich-Gildhoff*

**Frühe Hilfen** stellen eine unspezifische professionsübergreifende Querschnittsaufgabe dar, die sich im Kontext des → Kinderschutzes herausgebildet hat und nicht nur auf das System der → Kinder- und Jugendhilfe beschränkt ist. F. H. werden als Teil des präventiven Kinderschutzes verstanden. Sie sollen bereits das Entstehen von Risikosituationen oder Gefährdungen des → Kindeswohls verhindern und dazu beitragen, dass Risiken für das Wohl und die Entwicklung des Kindes frühzeitig erkannt und reduziert werden.

F. H. sind seit dem Inkrafttreten des Bundeskinderschutzgesetzes (BKiSchG) 2012 in § 1 Abs. 4 des Gesetzes zur Kooperation und Information im Kinderschutz (KKG) legal definiert: Kern der F. H. ist die Vorbehaltung eines möglichst frühzeitigen, koordinierten und multiprofessionellen Angebots im Hinblick auf die Entwicklung von Kindern v.a. in den ersten Lebensjahren für Mütter und Väter sowie schwangere Frauen und werdende Väter. Zudem wurde mit dem BKiSchG § 16 SGB VIII um Absatz 3 ergänzt. Hierdurch ist die Spezifik der Angebote im System F. H. insbesondere für Mütter, Väter, schwangere Frauen und werdende Väter ausdrücklich auch in die Zuständigkeit und in die Leistungspalette der Kinder- und Jugendhilfe aufgenommen worden, und zwar unter dem Oberbegriff → Familienbildung. Ziel dieser Neuerungen durch das BKiSchG ist es, dass System der F.H. zu verfestigen: So soll etwa die Zusammenarbeit von Gesundheitshilfe und Jugendhilfe verbessert und Eltern rund um die Geburt ihrer Kinder der Zugang zu den Angeboten und Leistungen der Jugendhilfe ermöglicht werden.

Bereits 2007 wurde das Nationale Zentrum Frühe Hilfen (NZFH) vom → Bundesministerium für Familie, Senioren, Frauen und Jugend (BMFSFJ) als ein Kooperationsprojekt der → Bundeszentrale für gesundheitliche Aufklärung (BZgA) in Köln mit dem → Deutschen Jugendinstitut e.V. (DJI) in München gegründet. Das übergeordnete Ziel des NZFH ist es, Kinder durch eine möglichst wirksame Vernetzung von Hilfen des → Gesundheitswesens und der Kinder- und Jugendhilfe früher und besser vor Gefährdungen zu schützen. Um dies zu verwirklichen, soll insbesondere die Erreichbarkeit von Risikogruppen verbessert werden. Das NZFH strebt eine wissensbasierte Verbesserung der Praxis im Feld F. H. und den Aufbau einer Präventionskette an: von der allgemeinen und frühzeitigen Information und Aufklärung über die Kindesentwicklung bei werdenden Eltern, die Motivation zur Teilnahme an Vorsorgeuntersuchungen und die aktive Verweisung an spezielle Hilfen und Unterstützungen bis hin zur begleitenden Familienarbeit in schwierigen sozialen Lagen. Im Mittelpunkt stehen Familien mit Kindern vom vorgeburtlichen Alter bis zum Alter von ca. drei Jahren, deren Lebenssituationen durch hohe Belastungen (z.B. → Armut, → Gewalt oder → Sucht im Elternhaus) gekennzeichnet sind.

Das NZFH führt zudem die Begleitforschung zur »Bundesinitiative Netzwerke Frühe Hilfen und Familienhebammen« (BIFH) durch, welche in § 4 KKG zeitlich auf vier Jahre befristetet wurde. Damit unterstützt der Bund den flächendeckenden Auf- und Ausbau der Netzwerke F. H., den Einsatz von Familienhebammen sowie den Aufbau von Angeboten mit Ehrenamtlichen. Im Gesetz ist darüber hinaus festgelegt, dass der Bund nach Ablauf dieser Modellphase Ende 2015 einen Fonds zur dauerhaften Sicherstellung der Netzwerke Frühe Hilfen und der psychosozialen Unterstützung von Familien einrichten wird. Erste Ergebnisse dieses Projekts besagen, dass in fast allen Jugendamtsbezirken im Zuge der Umsetzung der Bundesinitiative die strukturellen Voraussetzungen für einen bundesweiten flächendeckenden Ausbau von Netzwerken Frühe Hilfen geschaffen wurden. Dennoch wird in vielen Jugendamtsbezirken nach wie vor ein hoher fachlicher Entwicklungsbedarf gesehen. Die systematische Kooperation zwischen Gesundheitswesen und Kinder- und Jugendhilfe im Bereich der F. H. ist also ebenfalls noch ausbaufähig. Diskutiert werden neben einer gesetzlichen Regelung zur verbindlichen Beteiligung der Akteure aus dem Gesundheitswesen inklusive finanzieller Ressourcen für die dabei zu erbringenden Leistungen auch praktikablere Modelle der Kooperation.

Zu beachten ist, dass für die Gewährung von F. H. das Vorliegen einer konkreten oder akuten Gefährdungslage für das Wohl des Kindes nicht erforderlich ist. Das niedrigschwellige frühzeitige Ansetzen ist ein wesentliches Merkmal der F. H. Damit bedarf es auch nicht unbedingt einer spezifischen Belastungssituation oder Fehlentwicklung in der → Erziehung und dem Aufwachsen des Kindes i.S. der → Hilfen zur Erziehung nach § 27 SGB VIII. Die spezifischen Beratungs- und Unterstützungsangebote der F. H. zielen auf die besondere Belastungssituation der Eltern rund um die Geburt des Kindes und in der frühen Kindheitsphase ab und orientieren sich an den → Bedarfen in dieser Phase. Sie sollen den Eltern positive Erfahrungen mit Hilfeangeboten vermitteln und sie für andere Hilfen der Kinder- und Jugendhilfe gewinnen, sofern diese erforderlich sein sollten oder zu späterer Zeit noch werden. Der Zugang zu den Eltern wird über die Stellen ermöglicht, mit denen die Eltern in der Phase der Schwangerschaft, der Geburt und in den ersten Lebensjahren des Kindes ohnehin in regelmäßigem Kontakt stehen. Hierzu zählen beispielsweise Gynäkolog/innen, (Familien-)Hebammen, Geburtskliniken oder Kinderärzt/innen, aber auch Schwangerschafts(konflikt)beratungsstellen (→ Schwangerschaftskonfliktberatung). Damit richten sich die Angebote der F. H. an alle Eltern und erfolgen in nicht stigmatisierender Art und Weise. Hilfreich ist dabei eine institutionalisierte → Koordination. Die Kenntnis über die Aufgaben der anderen Systeme sowie das Wissen über die Möglichkeiten und Grenzen der eigenen Hilfen sind ebenfalls unverzichtbar. Eine bedeutende Rolle spielt in diesem Zusammenhang auch der gesetzliche Rahmen zur Weiterleitung von → Daten (→ Datenschutz).

*Lit.* Meysen, T./Eschelbach, D.: Das neue Bundeskinderschutzgesetz, Baden-Baden 2012; Münder, J./Meysen, T./Trenczek, T. (Hrsg.): Frankfurter Kommentar SGB VIII, 7. Aufl., Baden-Baden 2013; Nationales Zentrum für Frühe Hilfen/Bundesinitiative Frühe Hilfen (Hrsg.): Zentrale Ergebnisse der Begleitforschung des NZFH zur BIFH, München 2015.

*Réka Fazekas*

**Früherkennungsuntersuchung** → Frühe Hilfen, → Kinderschutz, → Prävention

**Frühförderung** → behinderter Menschen ist ein System von Hilfen für behinderte und von Behinderung bedrohte Kinder und ihre Familien. Gemeinsam mit niedergelassenen Ärzt/innen, Therapeut/innen und den überregional ausgerichteten → Sozialpädiatrischen Zentren bilden die örtlichen Frühförderstellen das System der → frühen Hilfen. Sie werden dabei von Fachkliniken, Diagnose- und Beratungsstellen für Kinder mit speziellen Behinderungen unterstützt. F. beginnt mit der Feststellung eines Entwicklungsrisikos und endet mit dem Schuleintritt. Die Entwicklung eines Kindes ist gefährdet durch somatische und/oder psychosoziale Risiken.

Es gibt in Deutschland rund 800 Frühförder- und Beratungsstellen. Ihrer Arbeitsweise, personelle und materielle Ausstattung, fachliche Ausrichtung und Finanzierungsstruktur unterscheidet sich in und zwischen den Bundesländern erheblich. Mit dem Neunten Buch → Sozialgesetzbuch (SGB IX) und der Frühförderungsverordnung wurde eine bundesweit einheitliche gesetzliche Grundlage der F. geschaffen. Interdisziplinäre F. wurde zum Standard. Sie besteht aus einem abgestimmten System ärztlicher, medizinisch-therapeutischer, psychologischer, heilpädagogischer und psychosozialer Leistungen. Im Rahmen eines interdisziplinären und ganzheitlichen Konzeptes bietet sie Hilfen an, um eine drohende oder eingetretene Behinderung zum frühestmöglichen Zeitpunkt zu erkennen, durch gezielte Förder- und Behandlungsmaßnahmen auszugleichen oder zu mildern. Die heilpädagogische Förderung (→ Heilpädagogik) steht mit ärztlichen und medizinisch-therapeutischen Leistungen im Dienste der Entwicklungsförderung des Kindes. Interdisziplinäre Frühförderstellen sind familien- und wohnortnahe (lebensweltorientierte) Einrichtungen, die Kinder ambulant und mobil/aufsuchend diagnostizieren, behandeln und fördern. Zum Wesensmerkmal der F. gehört, dass alle Angebote für das Kind mit der → Beratung und Begleitung der → Familie konzeptionell verbunden werden. Sie sind darauf gerichtet, sowohl die Kompetenzen des Kindes zur → Teilhabe am Leben in der Gesellschaft als auch die Entwicklungskräfte der Familie zu erkennen, zu fördern und zu stärken. Die Leistungen der F. werden nicht symptomorientiert, sondern als Komplexleistung systemorientiert erbracht. Sie umfasst die Früherkennung und Diagnostik sowie die Förderung und Behandlung. Alle Leistungen werden auf der Grundlage eines individuellen Förder- und Behandlungsplans unter Einbeziehung der Bezugspersonen interdisziplinär entwickelt und erbracht.

Die Komplexleistung F. wird durch eine abgestimmte Leistungserbringung der → Rehabilitationsträger, in der Regel → Krankenkassen und der → Träger der Eingliederungshilfe, finanziert. Trotz der gesetzlichen Vorgaben und Landesrahmenempfehlungen gestaltet sich die Entwicklung der Komplexleistung F. aufgrund der Systemgrenzen der beteiligten → Sozialleistungsträger schwierig, sodass die Leistung nicht allen Kindern zugänglich ist, die davon profitieren könnten.

*Norbert Müller-Fehling*

**Frühkindliche Bildung, Betreuung und Erziehung (F.B.B.E.)** ist noch ein junger Begriff. Er kennzeichnet einen Paradigmenwechsel im Blick auf das Kind sowie auf die mit der → Bildung, Betreuung und → Erziehung von Kindern befassten Systeme. F.B.B.E. umfasst die Zeit der frühen → Kindheit ab der Geburt bis zum Eintritt in die Schule. Begriffe wie frühkindliche Bildung, Frühpädagogik, Pädagogik der frühen Kindheit, frühkindliche Erziehung, Erziehung im vorschulischen Alter, Vorschulerziehung, Elementarpädagogik, Elementarbildung, Elementarerziehung werden synonym verwendet. Der Begriff F.B.B.E. kristallisierte sich als eigenständiger Terminus in der Diskussion um die Ergebnisse der in den letzten Jahren veröffentlichten PISA-, IGLU und Starting-Strong-Studien heraus (→ Internationale Vergleichsstudien).

F.B.B.E. wird nicht nur aufgrund gesellschafts-, arbeitsmarkt- und bildungspolitischer Entwicklungen ein herausragender Stellenwert zugeschrieben. Auch Forschungsergebnisse aus Neurobiologie und → Entwicklungspsychologie machen auf die besondere Entwicklungs- und Bildungsfähigkeit des Kindes bereits in den ersten Lebensjahren aufmerksam (→ Lernen). Der mit dem Aufkommen des Begriffs F.B.B.E. markierte Paradigmenwechsel bezieht sich auf die Erkenntnis, dass Kinder von Geburt an lernen und demzufolge ihr Aufwachsen in einem Dreiklang von Bildung, Erziehung und Betreuung geschehen muss. Abzugrenzen ist der Begriff F.B.B.E. vom Begriff der → Frühförderung, die sich im strengen Sinne auf Maßnahmen zur Förderung und → Rehabilitation entwicklungsgehemmter und -gestörter Kinder beschränkt. Wenn von F.B.B.E. gesprochen wird, ist zumeist die öffentliche, institutionalisierte Erziehung und Bildung in → Kindertageseinrichtungen gemeint. Gleichwohl findet F.B.B.E. sowohl in der → Familie als auch in familiennahen Betreuungsformen wie der → Kindertagespflege, Krabbelgruppen, → Eltern-Kind-Gruppen statt.

Historisch gesehen zielte F.B.B.E. zunächst auf vernachlässigte oder in ihrer Entwicklung wenig geförderte Kleinkinder. Sie hatte demzufolge v.a. eine bewahrende, betreuende und kompensatorische Funktion (→ Kompensatorische Erziehung). Die aus dieser Zeit wirkende negative Konnotation des Begriffes Betreuung hat sich gewandelt. Inzwischen wird der Stellenwert von Betreuung insbesondere für Kleinkinder anerkannt. Je jünger Kinder sind, desto größer sind ihre zu befriedigenden emotionalen und Bindungsbedürfnisse (→ Bindung/Beziehung in der Sozialen Arbeit). Sehr junge Kinder benötigen intensive Zuwendung einer konstanten Bezugsperson, die sich durch → Empathie, Zuneigung, Responsivität etc. auszeichnet. Pflegerisch-betreuende Aktivitäten wie Füttern, Windeln wechseln etc. werden heute als bindungs- und bildungsfördernde Aktivitäten verstanden. Darüber hinaus gewährleistet Betreuung den Schutz von Kindern vor Schädigungen physischer und psychischer Art. Das Explorationsverhalten kleiner Kinder hängt in hohem Maße von sicheren Bindungen ab. Pflege und Fürsorge sind demnach grundlegend für die Erziehung und Bildung von Kindern.

Erziehung im Kontext der F.B.B.E. grenzt sich von der Erziehung der mittleren Kindheit und der → Jugend ab. Kleinkinder sind in hohem Maße erziehungsbedürftig, wobei sich Erziehung in erster Linie auf ihr (soziales) → Verhalten und die ihm zugrundeliegenden → Einstellungen, Werthaltungen, Regeln und moralischen Grundsätze bezieht. Das Kind soll sich im Normengefüge (→ Normen) seiner → Gesellschaft zurechtfinden und dieses weitgehend übernehmen. Erziehung trägt dazu bei, dass sich das Kind zu einer eigenständigen, auch Vorgaben und → Rollen hinterfragenden → Persönlichkeit entwickelt, welche Werte und Regeln freiwillig übernimmt, weil es sie als vernünftig, sinnvoll und wahr erkannt hat. Die Entwicklung von Kindern wird nachhaltig von den Lebensverhältnissen (Einkommen und Berufstätigkeit der Eltern, soziale Schicht, Bildungsgrad, Wohnverhältnisse, → Arbeitslosigkeit), den Familienstrukturen (→ Alleinerziehende, → Patchwork-Familie, → Geschwisterkonstellation) und den Kommunikationsstrukturen (Sprachstil, → Erziehungsstil, Mediennutzung) der Herkunftsfamilie beeinflusst.

Bildung im Kontext der F.B.B.E. erlangte in den letzten Jahrzehnten eine immer größere Bedeutung. Es gibt vielfältige wissenschaftlich fundierte Ansätze zur Bildung im frühen Kindesalter. Nach Fthenakis sind Kinder aktive, kompetente Wesen, die ihre eigene Entwicklung mitgestalten. Bildung wird hier primär als sozialer Prozess konzeptualisiert, der in einem spezifischen Kontext und in der → Interaktion stattfindet. Ebenso werden Anforderungen der Wirtschaft und Gesellschaft thematisiert, denen durch den Erwerb von sog. Basiskompetenzen (personale, → soziale, lernmethodische → Kompetenzen ebenso wie die Entwicklung von → Resilienz) entsprochen werden soll. Ein anderer Ansatz ist das von Laewen und Schäfer vertretene Konzept. Dies stellt v.a. die Selbstbildungsfähigkeit des Kindes in den Mittelpunkt. Demnach geht es bei der frühkindlichen Bildung nicht nur um den Erwerb von Wissen oder Kompetenzen, sondern um Eigenaktivität und Selbsttätigkeit des Kindes und dessen Bemühen um Weltverständnis und Handlungskompetenz. Dies schließt die Bildung der sinnlich-emotionalen → Wahrnehmung, der Imagination, des → Spiels, der Ästhetik, der Sprache, sozialer Beziehungen und Bewegungsfähigkeit ein. Den Erwachsenen kommt die Aufgabe der Gestaltung von anregungsreichen Erfahrungsräumen zu. Andere Konzepte der F.B.B.E. sind beispielsweise der Ansatz der Ko-Konstruktion (Wygotski), der zukunftsorientierte Ansatz (Textor) oder der Situationsansatz der 1970er-Jahre.

Im § 22 Abs. 2 und insbesondere im Abs. 3 SGB VIII wird der Förderungsauftrag, der für die institutionalisierte und familiennahe F.B.B.E gilt, umfassend definiert, wobei der Bildungsaspekt explizit mit einbezogen wird. Inzwischen haben alle Bundesländer Bildungspläne, -empfehlungen, Rahmenrichtlinien entwickelt. Zukünftig stellt sich die Frage nach verbesserten konzeptionellen, personellen und zeitlichen Rahmenbedingungen der institutionellen und familiennahen F.B.B.E., nach Qualitätsentwicklung und -sicherung bzw. → Qualitätsmanagement, einer stärkeren → Sozialraumorientierung und → Elternarbeit, der Aus- und Weiterbildung pädagogischer Fachkräfte (→ Ausbildung in sozialen Berufen) sowie einer ausreichenden und adäquaten Finanzierung des Systems der F.B.B.E.

*Lit.* Fthenakis, W. E.: Zur Neukonzeptualisierung von Bildung in der frühen Kindheit, in: Fthenakis, W. E. (Hrsg.): Elementarpädagogik nach PISA. Wie aus Kindertagesstätten Bildungseinrichtungen werden können, 5. Aufl., Freiburg 2006; Laewen, H.-J.: Bildung und Erziehung in Kindertageseinrichtungen, in: Laewen, H.-J./Andres, B. (Hrsg.): Bildung und Erziehung in der frühen Kindheit. Bausteine zum Bildungsauftrag von Kindertageseinrichtungen, Berlin u.a. 2008; Schäfer, G. E.: Was ist frühkindliche Bildung?, in: Schäfer, G. E. (Hrsg.): Bildung beginnt mit der Geburt. Förderung von Bildungsprozessen in den ersten Lebensjahren, 4. Aufl., Berlin 2011; Textor, M. R.: Bildung im Kindergarten. Zur Förderung der kognitiven Entwicklung, Norderstedt 2012.

*Maria-Theresia Münch*

**Führungsaufsicht** → Maßregeln der Besserung und Sicherung

**Führungskonzeption** ist die Beschreibung des verbindlichen Rahmens und der Maximen für die Bewältigung der unternehmensspezifischen Aufgaben von Führungskräften. Die F. gibt Orientierung für die systematische Entwicklung des Unternehmens und das Handeln der Führungskräfte. Sie nimmt somit Einfluss auf die → Organisationsentwicklung und die → Personalentwicklung. Die F. korrespondiert mit dem spezifischen Wertekanon und dem Gegenstand bzw. dem Auftrag des Unternehmens. Zentrale Aspekte der F. sind die die Personalführung (Führung im engeren Sinne), die Art und Weise der Entscheidungsfindung und die Erwartungen an die Zusammenarbeit der Führungskräfte in der Organisation.

Die F. kann Eckpunkte für die übergeordnete und umfassende Verantwortung der Führungskräfte definieren. Sie sind z.B. verantwortlich für die Produkte bzw. Dienstleistungen (Art und Qualität), die Strukturen (Aufbau der Organisation), die Prozesse (Ablauf der Produktion und der internen Steuerung), das Personal (Motivation, Qualifikation, Quantität) und die → Wirtschaftlichkeit des Handelns. Weitere Felder sind die Beobachtung von übergreifenden Trends (z.B. → demografische Entwicklung), die Ermittlung von veränderten Erwartungen von Kunden bzw. Anspruchsgruppen (z.B. bei → Qualität und individuellem Zuschnitt von Dienstleistungen), die Beobachtung des Handelns des Gesetzgebers (z.B. Vorsorge für sich abzeichnende Veränderungen), die Einschätzung der Entwicklung bei Mitbewerbern auf dem Markt (z.B. Erkennen von Marktlücken, Reaktion auf Aktivitäten des Wettbewerbs) sowie das Eingehen von strategischen Partnerschaften und → Kooperationen. Sich ständig wandelnde Rahmenbedingungen und Anforderungen machen die Anpassung der Organisation und der von ihr erbrachten Leistungen zur wichtigsten Aufgabe von Führungskräften.

F. legt das Steuerungskonzept des Unternehmens fest. Weitverbreitet ist das Führen mit Zielen. Dies setzt voraus, dass die Führungskräfte mittelfristig zu erreichende strategische Ziele definieren. Aus diesen werden Teilziele mit eindeutig bewertbaren Erfolgsindikatoren (→ Kennzahlen) abgeleitet. Als zentrales Steuerungsinstrument für Führungskräfte bewährt sich die → Balanced Scorecard (BSC). Sie bildet die Strategie eines Unternehmens durch Kennzahlen in für den Unternehmenserfolg entscheidenden Bereichen ab und macht die Wirkungszusammenhänge zwischen den verschiedenen Zieldimensionen sichtbar. Typische Zieldimensionen sind »Finanz- und Sachziele«, »interne Prozesse«, »Innovation und Mitarbeiter/innen«, »Markt und Kunden«. Einige Unternehmen fügen eine die Werte und das Selbstverständnis betreffende Dimension hinzu, z.B. »Ethik«. Als Instrument für die Gestaltung von Veränderungen gehört das → Projektmanagement zur Grundausstattung von Führungskräften. Anstelle großer, linearer Entwicklungsvorhaben, bei denen erst am Ende der Entwicklung Nutzen entsteht, treten immer häufiger zyklische Modelle, bei denen jeder in kurzem Zeitabstand erfolgende Entwicklungsschritt einen eigenen Nutzen erzeugt. Dies ermöglicht den Ausstieg aus Projekten, ohne dass bereits erreichter Nutzen verlorengeht.

Hierarchisch und zentral orientierte Führungs- sowie Steuerungs- und Entwicklungsinstrumente stoßen vermehrt an kapazitäre und methodische Grenzen. Ursachen sind u.a. die Geschwindigkeit der Veränderungen im Umfeld einer Organisation, die Ausdifferenzierung von Leistungen, der steigende Anteil von Aufgaben mit individuellen Lösungen sowie die Komplexität der Prozesse, Netzwerke, Rahmenbedingungen und Regeln mit Einfluss auf die Leistungserbringung. Als Reaktion darauf verfolgen Unternehmen mit einem hohen Anteil von Entwicklungsaufgaben und individualisierten Leistungen oft die Leitbilder einer »agilen Organisation« oder gar einer »fluiden Organisation«, die ständig in Bewegung ist und sich vorausschauend auf neue Herausforderungen einstellt. Als vielversprechender Weg erscheint die Verlagerung von Kompetenzen und Gestaltungsmacht in die Teams. Entscheidungen über umzusetzende Lösungen fallen dann auf der Ebene der Mitarbeiter/innen. Klare Leitlinien und messbare Ziele ersetzen detailgenaue Prozessbeschreibungen und Vorgaben. Diese verlieren in Arbeitsfeldern mit einem hohen Anteil individueller Lösungen ohnehin an Wirksamkeit. Hieraus ergeben sich jedoch neue Herausforderungen für das Prozessmanagement- und die Qualitätssicherung. Dies stellt hohe Anforderungen an die Reife der Teammitglieder und ihrer Fähigkeit, innerhalb eines definierten Rahmens informierte und ausgewogene Entscheidungen zu treffen. Voraussetzungen für solche selbstgesteuerten Teams ist ein Prozess der Befähigung von Mitarbeitenden und Führungskräften, denen in diesen Fällen auch Coaching-Kompetenzen abgefordert werden (→ Personalentwicklung). F. haben auch die Aufgabe, zu definieren, welche Mitglieder einer Organisation Führungskräfte sind. F. leistet damit einen Beitrag zum Herstellen von Zugehörigkeit und zur Klärung von Verantwortung. Denn Führungskräfte handeln und sprechen im Interesse des Gesamtunternehmens und nicht nur im Interesse eines Unternehmensteils. Eine besondere Herausforderung für Führungskräfte ist das Herstellen von Übereinstimmung des eigenen Führungshandelns und den z.B. im Unternehmensleitbild beschriebenen handlungsleitenden Normen. Entspricht das Handeln der Führungskräfte den Maßstäben des Leitbildes, steigt die Wahrscheinlichkeit einer durch Eigenmotivation gesteuerten Umsetzung der Ansprüche des Leitbildes durch die Mitarbeitenden beträchtlich.

Die Praxis zeigt, dass nicht die dogmatische Orientierung an einem bestimmten, vordefinierten Führungsstil für den Erfolg maßgeblich ist, sondern die situative Angemessenheit und die Ausgewogenheit des Handelns. Die Sensibilisierung für die Wirkungen des Führungshandelns auf Dritte kann z.B. über ein 360°-Feedback unterstützt werden. Hierbei werden Einschätzungen unterschiedlicher Quellen (z.B. Vorgesetzte, Kunden, Mitarbeitende, Selbstbild) zu einem Gesamtbild zusammengefügt.

*Lit.* Badelt, C./Meyer, M./Simsa, R. (Hrsg.): Handbuch der Nonprofit Organisation, 5. Aufl., Stuttgart 2013; Brandes, U./Franke, S./Hansen, P./Luinstra, S./Trebien, D.: Augenhöhe – Film, Berlin 2015, www.augenhoehe-film.de (21.11.2015); Gehrmann, G./Müller, K.-D.: Management in sozialen Organisationen, 5. Aufl., Regensburg/Bonn 2013; Wöhrle, A.: Den Wandel managen – Organisationen analysieren und entwickeln, Baden-Baden 2005.

*Wolfgang Lerche*

**Führungsstil** → Führungskonzeption

**Führungszeugnis** → Bundeszentralregister

**Fundraising** Der Begriff F. stammt aus den USA, meint Mittelbeschaffung und ist in Deutschland seit Beginn der 1990er-Jahre gebräuchlich. Dabei wird F. häufig synonym verwendet für → Sozialmarketing, → Sponsoring oder → Spendenwesen. F. gilt jedoch als Oberbegriff und bezeichnet eine Vielzahl von Aktivitäten einer → Organisation zur Akquisition von materiellen und immateriellen Drittmitteln. Diese → Ressourcen können finanzielle, physische und personelle sein oder sich in der Bereitstellung von Technologien und Know-how manifestieren. Die Ressourcen sind: staatliche/öffentliche Förderung, Firmensponsoring, Stiftungsförderung, → Kooperationen, Leistungsentgelte, Mitgliedsbeiträge, Spenden; ihre Quellen: Privatpersonen, Firmen, → Stiftungen, öffentliche und staatliche Institutionen.

F. wird in der Sozialen Arbeit wegen des großen zeitlichen wie personellen Aufwandes eher unsystematisch betrieben. Aber das zunehmende Interesse der → Freien Wohlfahrtspflege für F. befördert auch das Verständnis für die strategische Beschaffung von Ressourcen: F. verlangt ein Konzept zur Einwerbung von

Mitteln auf Grundlage einer eigens dafür erstellten Marketingstrategie; dies geschieht unter Einbezug einer systematisch angelegten → Öffentlichkeitsarbeit (→ Kommunikationsmanagement), wobei der elektronischen → Kommunikation und der Online-Präsenz eine immer größere Bedeutung zukommt.

Zur Finanzierung von sozialen Regelaufgaben ist F. nicht geeignet, bietet sich jedoch als sinnvolle Ergänzung der Ressourcenbeschaffung an.

*Ria Puhl*

**Funktionale Gesundheit** → ICF

**Funktionstraining** wird zumeist bei chronischen → Krankheiten des Bewegungsapparates eingesetzt, um die Funktionsfähigkeit zu fördern, zu erhalten, Verschlechterungen zu vermeiden und Schmerzen zu lindern sowie Hilfe zur → Selbsthilfe zu geben. F. findet in → Gruppen unter fachlicher Anleitung statt. Besonders mit den Mitteln der Krankengymnastik und/oder der → Ergotherapie wirkt F. damit gezielt auf spezielle körperliche Strukturen (Muskeln, Gelenke usw.) von → behinderten Menschen oder Menschen, denen eine Behinderung droht. Dies unterscheidet F. vom → Rehabilitationssport, der auf die allgemeine Leistungsfähigkeit abzielt. Weiterhin wird im Zusammenhang mit der jeweiligen Beeinträchtigung der Gebrauch von → Hilfsmitteln und Gegenständen des Alltags eingeübt. Im Austausch mit Anderen wird die Selbsthilfefähigkeit gestärkt.

Die Rechtsgrundlage des F. als ergänzende Leistung der → Rehabilitation ist § 44 Abs. 1 Nr. 4 SGB IX in Verbindung mit den für die jeweiligen → Rehabilitationsträger geltenden speziellen Vorschriften. Weitere trägerübergreifende Grundlage bildet die Rahmenvereinbarung über den Rehabilitationssport und das F. in der aktuellen Neufassung. Im Unterschied zum Rehabilitationssport ist keine ärztliche Betreuung oder Überwachung erforderlich.

F. wird zumeist von den örtlichen Arbeitsgemeinschaften durchgeführt, die über die Landesverbände der Deutschen Rheuma-Liga angehören; auch andere → Selbsthilfegruppen können das F. durchführen.

*Jeanne Nicklas-Faust*

**Fürsorge** Der Begriff F. ersetzte Ende des 19. Jh. den Begriff »Armenpflege«, um die Reformbestrebungen im Bereich der Wohlfahrtspflege während des Kaiserreichs auch terminologisch zum Ausdruck zu bringen (→ Geschichte der Sozialen Arbeit). So entstanden mit der Ausdifferenzierung der Zielgruppen über die Armenunterstützung hinaus neue Handlungsfelder wie die → Säuglings-, Krüppel- und Gesundheitsfürsorge (→ Hilfen zur Gesundheit). Nach dem Ersten Weltkrieg fand der Begriff F. mit der Reichsfürsorgepflichtverordnung und der Reichsgrundsätze über Voraussetzung, Art und Maß der öffentlichen Fürsorge Eingang in die Gesetzgebung, und auch die Umbenennung des Deutschen Vereins für Armenpflege und Wohltätigkeit in → Deutscher Verein für öffentliche und private Fürsorge im Jahre 1919 kann als Indiz für ein geändertes Verständnis staatlicher → Sozialpolitik gedeutet werden. Nach dem Zweiten Weltkrieg hielt der Gesetzgeber zunächst an dem Begriff F. fest, aber zu Beginn der 1960er-Jahre wurde der Begriff F. nach und nach durch Begriffe wie → Sozialhilfe, Sozialarbeit, Sozialpädagogik und soziale Sicherung ersetzt. Mit der geänderten Terminologie wurde einem gewandelten Verständnis → Sozialer Arbeit Rechnung getragen, neue Grundsätze und Methoden sollten zum Ausdruck gebracht werden. Nicht zuletzt ging es darum, die neue Stellung von → Leistungsberechtigten im demokratischen → Rechtsstaat – auf der Basis von → Menschenwürde und einklagbaren → Rechtsansprüchen – auch sprachlich deutlich zu machen.

F. bezeichnet auch heute noch leistungsrechtlich eine der Säulen der sozialen Sicherung neben → Sozialversicherung (→ Versicherungsprinzip) und Versorgung (→ Versorgungsprinzip). Kennzeichnend für das → Fürsorgeprinzip ist die individuelle → Bedürftigkeit, die → Nachrangigkeit der Leistungen gegenüber der → Selbsthilfe und Hilfen Dritter sowie eine Finanzierung aus Steuermitteln.

In fachlichen Diskursen ist der Begriff F. längst nicht mehr präsent und wird als überholt angesehen. Er lebt aber in der Umgangssprache und in traditionsreichen Begrifflichkeiten (→ Kriegsopferfürsorge, Hauptfürsorgestellen, → Deutscher Fürsorgetag) weiter.

*Ralf Mulot*

**Fürsorgeabkommen** → Internationale Abkommen zur Sozialhilfe und Jugendhilfe

**Fürsorgeprinzip** bezeichnet eine Methode zur Herstellung → sozialer Sicherheit. Es ist Ausdruck der wissenschaftlich fundierten, strukturellen Möglichkeiten des → Sozialstaats, soziale Aufgaben zu erfüllen. Das F. gehört neben dem → Versicherungs- und dem → Versorgungsprinzip in den klassischen Dreiklang des deutschen → Sozialrechts aus → Sozialversicherung, Sozialversorgung und → Sozialhilfe. Während das Versicherungsprinzip auf einer Gefahrengemeinschaft aufbaut, in der zur

Sicherung seiner Mitglieder ein versicherungsmäßiges Gegenseitigkeitsverhältnis gebildet wird, fehlt bereits im Versorgungssystem sowohl die Gefahrengemeinschaft als auch das Gegenseitigkeitsverhältnis. Anders als das Fürsorgesystem ist die Versorgung aber nicht von Bedürftigkeit abhängig, sondern erfolgt aufgrund typisierender Merkmale. Die Versorgung hat einen Grund, ein der Allgemeinheit erbrachtes oder von ihr verursachtes Opfer (Sonderopfer) und wird mithin vom → Kausalprinzip beherrscht. Aus der Abgrenzung zum Versicherungs- und dem Versorgungsprinzip ergeben sich als tragende Merkmale des F. der notwendige Ausgangspunkt individueller → Hilfebedürftigkeit, ohne dass es auf den Grund der Bedürftigkeit ankäme, die Nachrangigkeit gegenüber der → Selbsthilfe und Hilfen von anderer Seite (→ Subsidiarität) und ihre Finanzierung aus Steuermitteln.

Die → Fürsorge ihrerseits ist geprägt von Strukturprinzipien, wie dem → Individualisierungs- und dem → Bedarfsdeckungsprinzip.

Die Systematisierung des deutschen Sozialrechts wird mit jüngeren Augen in der Typenreihe → soziale Vorsorge, → soziale Entschädigung und → sozialer Ausgleich oder sozialer Hilfe und Förderung gesehen. Das F. gibt wie die genannten Geschwisterbegriffe nur eine Typisierung und systematische Zuordnung wieder, die im deutschen Sozialrechtssystem allerdings nicht verwirklicht ist. Der praktische Nutzen der Systematisierung ist deshalb gering, auch wenn eine grundlegende Systematisierung sowohl für das sozial- als auch für das rechtswissenschaftliche Verständnis des Sozialstaates und seiner Leistungsgesetze unerlässlich ist.

*Jonathan I. Fahlbusch*

**Ganztagsschule** Gemäß der Definition der → Kultusministerkonferenz (KMK) sind G. Schulen, bei denen im Primar- und Sekundarbereich I an mindestens drei Tagen in der Woche ein mindestens sieben Zeitstunden umfassendes Angebot inklusive Mittagessen für die Schülerinnen und Schüler bereitgestellt wird. Diese Ganztagsangebote müssen in einem konzeptionellen Zusammenhang mit dem Unterricht stehen und unter Aufsicht und Verantwortung der Schulleitung organisiert und in enger Kooperation durchgeführt werden. Ferner unterscheidet die KMK drei verschiedene Formen der G., abhängig von Anzahl der am Angebot teilnehmenden Schülerinnen und Schüler und des Verpflichtungsgrads: Während bei der voll gebundenen G. alle Schülerinnen und Schüler verpflichtend an mindestens drei Wochentagen an einem mindest siebenstündigen Angebot der Schule teilnehmen, verpflichtet sich bei der teilweise gebundenen Form nur ein Teil der Schülerinnen und Schüler an mindestens drei Wochentagen an einem mindest siebenstündigen Angebot der Schule teilzunehmen. In der gebundenen G. findet der Unterricht über den ganzen Tag verteilt statt und die klassische Einteilung in 45-minütige Unterrichtseinheiten kann aufgelöst werden. Durch den Wechsel von Unterrichts-, Bildungs- und Freizeitangeboten, wird das pädagogische Konzept ganz auf die Bedürfnisse der Kinder abgestellt. So wird aus dem eher starren Schulablauf ein beweglicher – rhythmisierter – Tagesablauf. Bei der offenen Form der G. können einzelne Schülerinnen und Schüler auf Wunsch an den ganztägigen Angeboten teilnehmen. Für sie ist ein Aufenthalt, verstanden als ein Bildungs- und Betreuungsangebot an der Schule an mindestens drei Tagen für mindestens sieben Zeitstunden möglich. Die jeweils zu Beginn des Schuljahrs bestehende Wahlfreiheit, an der gebundenen, teilweise gebundenen oder offenen G. teilzunehmen, stellt in der Praxis hohe Anforderungen an die Koordination der Angebote. Neben den genannten Formen der G. gibt es zahlreiche weitere ganztägige Angebotsformen an Schulen, die z.T. in Verantwortung der → Kinder- und Jugendhilfe durchgeführt werden (z.B. → Horte).

Vor dem Hintergrund der verstärkten Diskussion um die Neujustierungen im Bildungssystem durch eine verbesserte Verzahnung von Bildungs-, Erziehungs- und Betreuungsangeboten steigt seit einigen Jahren die Zahl der G. stetig, wenngleich der Ausbaustand der G. in den einzelnen Bundesländern höchst unterschiedlich ist. Im Jahr 2013 gab es insgesamt rund 14.347 Grund-, Haupt und Realschulen sowie Gesamtschulen und Gymnasien mit Ganztagsschulbetrieb, wobei mehr als die Hälfte dieser G. Grundschulen waren. Grundsätzlich kann jede Schule zu einer G. transformiert werden.

*Petra Mund*

**Garantenpflicht** erwächst aus Handlungsanforderungen infolge einer Garantenstellung, die eine verantwortliche Person oder → Organisation rechtlich zugewiesen erhalten hat. Von einer Garantenstellung mit daraus erwachsenden Handlungsanforderungen im Sinne einer G. kann in zwei unterschiedlichen Konstellationen gesprochen werden: (1) im Hinblick auf eine gesetzlich festgelegten »Gesamtverantwortung« des → öffentlichen Trägers, eine Infrastruktur an Leistungen zur Verfügung zu stellen und die Realisierung von → Rechtsansprüchen von → Leistungsberechtigten zu garantieren (so u.a. Gewährleistungsverpflichtung des Trägers der öffentlichen Jugendhilfe gem. § 79 SGB VIII); (2) im Hinblick auf eine Garantenstellung der Mitarbeiter/innen des → Jugendamtes bzw. des → Allgemeinen Sozialdienstes (ASD) im Kontext des Umgangs mit Situationen möglicher Gefährdung des → Kindeswohls. In den Debatten, in denen von G. die Rede ist, wird zumeist die zweitgenannte Bedeutung angesprochen.

Im Kontext von möglicher Kindeswohlgefährdung (§ 8 a SGB VIII) haben die beim Träger der öffentlichen Jugendhilfe tätigen → Fachkräfte aufgrund ihrer beruflichen Position im Grundsatz eine Garantenstellung inne. Wenn einer Fachkraft »gewichtige Anhaltspunkte für die Gefährdung des Wohls eines Kindes oder Jugendlichen« bekannt werden (§ 8 a SGB VIII), so werden dadurch Handlungspflichten ausgelöst: fachlich angemessene Einschätzung des Gefährdungsrisikos sowie aktiver Schutz des leiblichen und seelischen Wohls des »Rechtsguts Kind/Jugendlicher« durch situativ angemessene Hilfen/Unterstützungsangebote oder auch durch → Inobhutnahme oder durch Anrufung des → Familiengerichts. Wenn durch eine Fallzuständigkeit der tatsächliche Schutz für ein Kind/Jugendlichen übernommen worden ist oder wenn eine objektiv-rechtliche Verpflichtung zur Schutzübernahme besteht, resultieren daraus Verhaltenspflichten für die zuständige Fachkraft. Das Unterlassen von Handlungen in Situationen, in denen eine Pflicht zum Handeln i.S. des Schutzes eines Kindes/Jugendlichen gegeben war, ist strafrechtlich überprüfbar und kann mit strafrechtlichen Konsequenzen verbunden sein. Mit einer G. ist eine individuelle Verantwortlichkeit gegeben, die strafrechtlich überprüft werden kann: ob eine Fachkraft angesichts der Erkennbarkeit der jeweiligen situationalen Konstellationen das rechtlich und fachlich Angemessene zum Schutz eines Kindes/Jugendlichen getan hat und ob ggf. eine Schädigung des leiblichen und seelischen Wohls eines Kindes/Jugendlichen ursächlich auf die Unterlassung notwendiger Handlungen seitens der Fachkraft zurückzuführen ist (Unterlassungsdelikt nach § 13 Strafgesetzbuch [StGB]). Auch Fachkräfte bei Trägern der freien Jugendhilfe kommen in eine Garantenstellung mit einer entsprechenden G., wenn sie Leistungen erbringen und somit tatsächlich den Schutz für ein Kind/einen Jugendlichen übernommen haben. Die Konstituierung einer eigenen G. der Fachkraft des freien Trägers setzt die G. der Jugendamt-Fachkraft nicht außer Kraft; Letztgenannte besteht weiter, sie wandelt sich jedoch in Auswahl- und Kontrollpflichten.

G. im Kontext von Kindeswohlgefährdung bezieht sich somit auf die Person und deren individuelle Verantwortung einschließlich deren ggf. strafrechtlicher Überprüfung. Die Organisation (Jugendamt oder → freier Träger als → Leistungserbringer) muss die Bedingungen dafür schaffen, dass Mitarbeiter/innen die ihnen zukommende G. auch tatsächlich und kompetent wahrnehmen können: u.a. durch fachliche Orientierungen, adäquate Arbeitsbedingungen, Personalauswahl, Fortbildung etc. Insofern zielt G. auf eine persönlich wahrzunehmende Verantwortlichkeit von Fachkräften, sie hat aber auch Implikationen für Organisationshandeln.

*Joachim Merchel*

**Gebärdensprachen** sind natürlich gewachsene und vollwertige Sprachen. Sie werden in erster Linie von gehörlosen, aber auch von ertaubten und schwerhörigen Menschen gesprochen (→ Hörbehinderte Menschen). Sie stellen für diese die Möglichkeit einer missverständnisfreien → Kommunikation dar und spielen eine wichtige Rolle bei ihrer Identitätsfindung. Die unterschiedlichen Länder verfügen über eigene nationale G., die sich über Jahrhunderte hinweg herausgebildet haben. In Deutschland wird die Deutsche G. (DGS) gesprochen. Innerhalb der nationalen G. gibt es jeweils unterschiedliche Dialekte. Diese sind häufig durch den Einfluss der jeweiligen regionalen Gehörlosenschule geprägt. Besonders dort wurden sie von Generation zu Generation weitergegeben, da viele gehörlose Menschen zusammen kamen.

1880 sprach sich auf dem 2. Internationalen Kongress der Taubstummenlehrer in Mailand die anwesende Lehrerschaft gegen eine weitere Verwendung der G. im Unterricht aus. Dieser Beschluss wurde in Deutschland bis Anfang der 1990er-Jahre befolgt. Es wurde nach der oralistischen Methode ausschließlich die deutsche Sprache unterrichtet und DGS in den Schulen nicht gelehrt. Gehörlose Kinder lernten die G. trotz des Verbotes in den Pausen von ihren Schulkameraden. Hierbei spielte der geringe Prozentsatz an Kindern mit gehörlosen Eltern eine tragende Rolle für die Pflege der Sprache. 1981 führte Schweden als erstes Land in Europa die G. an den Gehörlosenschulen wieder ein. In Deutschland begann 1993 mit einem bilingualen Schulversuch (Unterricht in Deutsch und DGS) in Hamburg die Rückkehr der DGS als Unterrichtssprache. Mehrere Schulen sind seither diesem Beispiel gefolgt. Dennoch gilt es bis heute nicht als selbstverständlich, Unterricht gehörloser Schüler in G. durchzuführen.

Die DGS wurde 2001 durch die Aufnahme ins Neunte Buch → Sozialgesetzbuch (SGB IX) und 2002 durch das → Behindertengleichstellungsgesetz (BGG) als eigenständige Sprache anerkannt. DGS wird, mit Hilfe der Hände und Arme, der Oberkörper- und Kopfhaltung, der Mimik sowie bestimmter Mundbewegungen (Mundbild und -gestik) realisiert und über den visuellen Kanal wahrgenommen. Sie verfügt über eine eigene komplexe Grammatik und über einen umfassenden Gebärdenschatz. Das lautsprachbegleitende Gebärden (LBG) muss von der DGS unterschieden werden. Hier werden die gesprochenen Worte jeweils mit einer Gebärde begleitet. Da dabei die grammatischen Bezüge der DGS nicht berücksichtigt werden, handelt es sich nicht um eine G., sondern um eine Absehhilfe für das gesprochene Deutsch.

*Thomas Worseck*

**Geburtenrückgang** → Demografische Entwicklung

**Gedächtnis** Ohne G. wäre Leben in der uns bekannten Form nicht möglich, denn ein funktionstüchtiges G. ist eine notwendige Bedingung für jegliche Art der Verarbeitung von Erfahrungen und damit für erfolgreiches Agieren und Handeln in der Umwelt. Ohne G. wäre alles neu, ohne seine Leistungen wären wir in jedem Moment mit unbekannten Möglichkeiten, Herausforderungen und Risiken konfrontiert. G. ist somit eine Voraussetzung für → Lernen, aber auch für elementare kognitive Funktionen wie → Wahrnehmung, Verstehen, → Denken, Urteilen, Problemlösen und Sprache. Das G. und seine Leistung in allgemeiner Form zu benennen ist keineswegs trivial, v.a. weil die gedächtnispsychologische Forschung die Einheitlichkeit des G. infrage gestellt und eine

Vielzahl spezialisierter G.systeme und -prozesse identifiziert hat. Trotz dieser Diversität lässt sich aus humanwissenschaftlicher Perspektive ein Minimalkriterium für das Vorliegen einer G.leistung formulieren: Wenn vergangene Ereignisse gegenwärtiges → Verhalten oder Erleben eines → Individuums systematisch beeinflussen, muss ein G. vorliegen, das zwischen beiden vermittelt.

Aus Sicht der kognitiven G.psychologie lassen sich drei aufeinander folgende Hauptprozesse unterscheiden, die an G.leistungen beteiligt sind: (1) Enkodierung (engl. encoding): die Aufzeichnung eines Ereignisses in der Form eines (mentalen, neuronalen, materiellen etc.) Codes, z.B. einer G.spur (engl. trace) oder einer kognitiv repräsentierten Information als Resultat der Wahrnehmung durch die Sinnesorgane; (2) Speicherung (engl. storage): die Aufbewahrung der enkodierten Information über eine Zeitspanne hinweg; (3) Abruf (engl. retrieval): die Aktualisierung der Informationen, also die beobachtbare Beeinflussung des gegenwärtigen Erlebens oder Verhaltens durch das zunächst enkodierte und zwischenzeitlich gespeicherte vergangene Ereignis. Für jede dieser drei Phasen sind Faktoren identifiziert worden, die auf das G. einwirken können. Die G.leistung ist z.B. unter vielen Bedingungen umso besser, je tiefer die betreffenden Informationen enkodiert, d.h. je mehr sie mit bestehenden Wissensbeständen verknüpft und sinnhaft geordnet (chunking) werden, je kürzer die Phase der Speicherung (das Behaltensintervall) ist, je weniger andere konkurrierende Informationen während der Speicherung aufgenommen werden (geringere retroaktive Interferenz), je effektiver die Hinweise oder Auslöser (engl. cues) für einen Abruf von Informationen sind bzw. je größer die Übereinstimmung zwischen der Enkodierungs- und Abrufsituation ist.

Prinzipiell jeder Reiz in der Umwelt bzw. jeder interne kognitive Prozess kann Anlass für den Abruf von Informationen sein – vorausgesetzt, ein Bezug zur Phase der Enkodierung liegt vor oder wird konstruiert. So können die Werbung eines Reisebüros, aber auch der assoziative Gedankengang einer Person Erinnerungen an einen vergangenen Urlaub wachrufen. Die interne Generierung von Abrufhinweisen wird uns v.a. dann bewusst, wenn wir mithilfe bestimmter Strategien versuchen, uns an eine zunächst nicht abrufbare Information zu erinnern. Der nicht gelingende, aber sich phänomenal ankündigende Abruf verbaler Informationen wird durch den Zustand des »Auf-der-Zunge-Liegens« (engl. tip-of-the-tongue) begleitet, der den oft fragmentarischen Charakter von G.leistungen illustriert.

In der vorherrschenden Forschungspraxis wird meist zwischen verschiedenen Systemen des G. unterschieden: (1) perzeptuelle bzw. sensorische Register, in denen alle eintreffenden Wahrnehmungen aus den verschiedenen Sinnesmodalitäten (visuell, akustisch etc.) für wenige hundert Millisekunden für die weitere Verarbeitung bereitgehalten werden, ohne dass wir uns dessen bewusst sind; (2) prozedurales (auch implizites) G., das die i.d.R. nicht bewusste Wirkung von Erfahrungen auf nachfolgende kognitive und motorische Prozesse bezeichnet. Dieses G.system ermöglicht den Erwerb vielfältiger, automatisch vollzogener Fertigkeiten (z.B. Fahrradfahren, Lesen) und sog. Priming-Einflüsse. Unter Priming werden allgemeine Erfahrungsnachwirkungen bezeichnet, die sich in einer schnelleren oder flüssigeren Verarbeitung von Informationen (»Bahnung«) als Folge einer vorangegangenen Verarbeitung ähnlicher Informationen zeigt, wie die beschleunigte Identifikation eines Wortes (z.B. in einer lexikalischen Entscheidungsaufgabe) nach vorheriger Lektüre semantisch assoziierter Informationen; (3) semantisches G., das Wissen von Fakten (z.B. geografische oder politische Kenntnisse) umfasst, dessen Abruf i.d.R. ohne Erinnerung an die Umstände (Ort, Zeit) der Enkodierung erfolgt; (4) episodisches G., das eine »mentale Zeitreise«, d.h. eine bewusste Reaktualisierung eines vergangenen Selbst im räumlichen und zeitlichen Kontext der vergangenen Erfahrung erlaubt, z.B. bei der Erinnerung an das erste Aufschlagen des vorliegenden Lexikons; (5) das Arbeitsgedächtnis, in dem wenige Informationen innerhalb eines begrenzten Zeitrahmens manipuliert und zueinander in Beziehung gesetzt werden, wie beim Kopfrechnen oder Auswendiglernen.

Nachdem sich die frühe G.psychologie auf die reproduktiven, passiven und kontextfreien Funktionen des menschlichen G. konzentrierte, werden heutzutage verstärkt seine rekonstruktiven, aktiven Eigenschaften sowie seine Verankerung in Handlungen und körperlichen Zuständen (engl. embodiment) erforscht. Die Rekonstruktivität erlaubt auf der einen Seite eine große Detailgenauigkeit beim G.abruf sowie eine soziale Koordination von Erinnerungen, kann jedoch auf der anderen Seite auch zu G.täuschungen und -verfälschungen führen. Die jüngere Forschung widmet sich u.a. den zukunftsorientierten (prädiktiven) Funktionen und der motorischen Basis des G. (z.B. Lindner u.a.), sozialen Einflüssen auf G.prozesse (Hirst/Echterhoff), darunter den Effekten von gemeinsamem Enkodieren und Abrufen in Gruppen (Rajaram) sowie subtilen Einflüssen der → Kommunikation von Erfahrungen auf deren Repräsentation im G. von Sprecher/innen (Saying-is-Believing-Effekt; Echterhoff u.a.).

*Lit.* Echterhoff, G./Higgins, E. T./Levine, J. M.: Shared reality: Experiencing commonality with others' inner states about the world, in: Perspectives on Psychological Science, 2009/4, S. 496–521; Hirst, W./Echterhoff, G.: Remembering in Conversations: The social sharing and reshaping of memories, in: Annual Review of Psychology, 2012/63, S. 55–79; Lindner, I./Echterhoff, G./Davidson, P. S. R./Brand, M.: Observation inflation: Your actions become mine, in: Psychological Science, 2010/21, S. 1291–1299; Rajaram, S./Pereira-Pasarin, L.: Collaborative memory: Cognitive research and theory, in: Perspectives on Psychological Science, 2010/5, S. 649–663.

*Gerald Echterhoff*

**Gefährdetenhilfe** Traditionelle Bezeichnung für jenen Bereich der → Sozialen Arbeit (Fürsorge), der die Hilfebereiche → Wohnungslosigkeit/Wohnungslosenhilfe (»Nichtsesshaftenhilfe«), → Straffälligenhilfe, Obdachlosenhilfe und häufig auch noch die Suchtkrankenhilfe umfasst. Während der Begriff in der Hilfe vor Ort meist schon längst nicht mehr anzutreffen ist, hat er in einigen Dach- und Fachverbänden immer noch nicht ausgedient. Schon 1974 wurde die G. im damaligen Bundessozialhilfegesetz (BSHG) von der → Hilfe zur Überwindung besonderer sozialer Schwierigkeiten (damals § 72 BSHG, heute §§ 67–69 SGB XII) abgelöst.

Zur Geschichte des Begriffs stellt H. Holtmannspötter (2002, 374) fest: »Die G. war ein Fürsorgesystem eigener Art für volljährige Männer und Frauen, das im 19. Jh. auf Seiten der → freien Wohlfahrtspflege entstanden war, um jene Personen wieder in ein ‚geordnetes und gesittetes Leben in der Gesellschaft' zurückzuführen, die gegen diese moralische Verhaltensmaxime verstoßen hatten und sozial auffällig geworden waren durch Straffälligkeit, Prostitution, unwirtschaftliches Verhalten und dadurch verursachter öffentlicher Unterstützungsbedürftigkeit, Sucht und ‚Verwahrlosung', Arbeitslosigkeit, Obdachlosigkeit, Betteln und Umherziehen – i.d.R. Tatbestände, die auch durch das Strafrecht oder durch die Ordnungs- und Sicherheitsgesetze als ‚Gefahren für die öffentliche Sicherheit und Ordnung' erfasst und geahndet wurden. [...] Sie sollten ‚gebessert' werden durch Aufnahme in Anstalten und Heime, in denen sie unter Aufsicht der Fürsorger/-innen zu einem geregelten Leben und Arbeiten als Mann oder als Frau entsprechend dem jeweiligen gesellschaftlichen Rollenbild angeleitet und schließlich mit Unterstützung und Empfehlung wieder in Arbeit und ‚Stellung' vermittelt oder aber auf Dauer ‚beheimatet' bzw. ‚bewahrt' und ‚betreut' werden konnten. Die G. war also das Erziehungssystem für diejenigen, die nicht mehr von der Erziehungsverantwortung des Staates für Minderjährige, sondern nur durch Kriminalisierung [...] erreicht werden konnten oder über ‚Unmündigkeit', die nicht selten als Mittel der Unterbringung und ‚Verwahrung' in der G. oder (im regen Austausch) der Psychiatrie genutzt wurde. So wie die G. als Initiative der freien Wohlfahrtstätigkeit entstanden war, so blieb sie auch deren ‚Sache' kraft Tradition und Selbstverständnis, geringen Zuschüssen der öffentlichen Hand und – nicht zuletzt – durch eigenes Wirtschaften über den Einsatz der Arbeitskraft der ‚Insassen', aber ohne rechtliche Verfassung oder Absicherung in den Vorläufern des Bundessozialhilfegesetzes (BSHG). Erst mit diesem Gesetz wurde die G. 1961 als ‚Hilfe für Gefährdete' in das System der → Sozialhilfe integriert.«

In § 72 BSHG a.F. war dementsprechend von Gefährdeten die Rede, »die aus Mangel an innerer Festigkeit ein geordnetes Leben in der Gemeinschaft nicht führen können«. Darüber hinaus ermöglichte § 73 die zwangsweise Unterbringung der Betroffenen in einer geeigneten und dafür anerkannten → Einrichtung der G. Diese Bestimmung wurde vom → Bundesverfassungsgericht (BVerfG) 1967 als verfassungswidrig aufgehoben: »Der Staat hat aber nicht die Aufgabe, seine Bürger zu ‚bessern' und deshalb auch nicht das Recht, ihnen die Freiheit zu entziehen, nur um sie zu ‚bessern', ohne dass sie sich selbst oder andere gefährdeten, wenn sie in Freiheit blieben.« (BVerfG, Urteil v. 18.7.1967 – BVerfGE 22, S. 180)

In Konsequenz dieses Urteils und ebenso der Ablösung individualisierender und pathologisierender Erklärungsansätze abweichenden Verhaltens (→ Devianz) wurde 1974 in § 72 BSHG vom Gesetzgeber ein Recht auf → »Hilfe zur Überwindung besonderer sozialer Schwierigkeiten« normiert und die G. als vordemokratisches Erziehungssystem – zumindest dem sozialhilferechtlichen und sozialpolitischen Anspruch nach – abgeschafft. Es wäre an der Zeit, dass dieser Entscheidung des Gesetzgebers auch die Fach- und Dachverbände folgen und den vordemokratischen Begriff G. durch den Begriff der Hilfe für Personen in sozialen Schwierigkeiten ablösen.

*Lit.* Holtmannspötter, H.: Die Reform der Nichtsesshaftenhilfe in den Jahren 1970 bis 1990, in: wohnungslos 2004, S. 97; Holtmannspötter, H.: Gefährdetenhilfe, in: Fachlexikon der sozialen Arbeit, 5. Aufl., Berlin 2002, S. 374 f.; Spankeren, R. v./Stockhecke, K.: Die Nichtsesshaftenhilfe auf dem Weg in den Sozialstaat (1950–1970), in: wohnungslos 2004, S. 91.

*Thomas Specht*

**Geheimhaltung** → Amtsgeheimnis, → Datenschutz, → Schweigepflicht

**Geheimnisschutz** → Amtsgeheimnis

**Gehörlose Menschen** → Hörbehinderte Menschen

**Gehörlosengeld** In einigen Bundesländern erhalten → hörbehinderte Menschen das G. Es dient als Ausgleich für den Mehraufwand (Kosten für Gebärdensprachdolmetscher [→ Gebärdensprachen], → Hilfsmittel u.ä.), den gehörlose Menschen für ihre Behinderung aufbringen müssen. Das G. ist vermögens- und einkommensunabhängig. Derzeit wird das G. auf Antrag in den Bundesländern Berlin (Rechtsgrundlage: Landespflegegeldgesetz; derzeitige Höhe 131 Euro/Monat), Brandenburg (Landespflegegeldgesetz; 82 Euro/Monat), Nordrhein-Westfalen (Gesetz für die Hilfen für Blinde und Gehörlose, 77 Euro/Monat), Sachsen (Landesblindengeldgesetz; 103 Euro/Monat) und Sachsen-Anhalt (Landesblinden- und Gehörlosengeldgesetz; 41 Euro/Monat) ausgezahlt.

*Thomas Worseck*

**Geistig behinderte Menschen** sind ganz unterschiedliche Individuen – so wie andere Menschen auch. Als Interessenvertretung von Menschen mit geistiger Behinderung und ihren Familien schreibt die Bundesvereinigung Lebenshilfe: »Es ist normal, verschieden zu sein: Jeder Mensch ist einzigartig und unverwechselbar.« Die geistige Behinderung ist nur ein Merkmal unter vielen, daher wird heutzutage zumeist die Bezeichnung Menschen mit geistiger Behinderung gewählt. Andere sprechen von Menschen mit Lernschwierigkeiten, da sie den Begriff der geistigen Behinderung als diskriminierend empfinden. In Gesetzen und im behördlichen Umgang wird weiterhin der Begriff der geistigen Behinderung genutzt. Konstitutiv für eine geistige Behinderung sind eine verminderte Intelligenz und Unterstützungsbedarfe in der Bewältigung des Alltags. Nach der → ICF wird Behinderung als Wechselwirkung von Körperfunktionen und -strukturen mit Kontextfaktoren gesehen. Ähnlich definiert die → UN-Behindertenrechtskonvention Behinderung als Wechselwirkung aus Beeinträchtigungen mit Barrieren aller Art. Dies verweist auf die Relativität der Feststellung einer Behinderung. Dies gilt auch für Menschen mit geistiger Behinderung, die je nach ihrem persönlichen Umfeld und den Lebensbedingungen sehr selbstständig sein und ihren Alltag eigenständig bewältigen können.

Zu den vorgeburtlichen Ursachen geistiger Behinderung zählen Veränderungen der Erbanlagen, Fehlbildungen, Infektionen und die Aufnahme von Alkohol durch die Mutter, unter der Geburt handelt es sich zumeist um Sauerstoffmangel und nach der Geburt können Hirnblutungen, Infektionen sowie Vernachlässigung und Missbrauch zu kognitiven Beeinträchtigungen führen. Gerade bei leichten Formen einer geistigen Behinderung bleibt die Ursache häufig unklar. Bei Menschen mit geistiger Behinderung können sich Beeinträchtigungen beim Lernen, bei der Wahrnehmung, der Sprachentwicklung, der Fein- und Grobmotorik sowie im psychosozialen Verhalten zeigen, andererseits auch besondere Talente wie eine hohe Sensibilität oder Musikalität. Aus Statistiken im Schulalter leitet sich eine Prävalenz von ca. 0,9% der Bevölkerung ab. Die Quote nimmt mit zunehmendem Alter ab, daher ist von etwa 450.000 bis 500.000 Menschen mit geistiger Behinderung in Deutschland auszugehen.

Sie leben heute ganz unterschiedlich: Wohnen noch immer etwa die Hälfte erwachsener Menschen mit geistiger Behinderung im Elternhaus, sind neben großen Institutionen und kleineren Wohnstätten Formen des ambulant betreuten Wohnens in den vergangenen Jahren immer häufiger geworden. Neben einer Beschäftigung in einer → Werkstatt für behinderte Menschen stehen Formen der Beschäftigung auf dem allgemeinen Arbeitsmarkt, zum Teil mit dauerhafter → Persönlicher Assistenz und in → Integrationsprojekten. Mit diesen Veränderungen geht eine Normalisierung der Lebensverläufe von Menschen mit geistiger Behinderung einher, so pflegen Menschen mit Behinderung Freundschaften, leben in Partnerschaften und werden Eltern, auch wenn sie weiterhin Unterstützung benötigen. Diese Entwicklung geht vielfach auf die seit den 1970er-Jahren verbreitete Förderung von Menschen mit geistiger Behinderung zurück: Bis in die 1960er-Jahre als bildungsunfähig eingestuft, tragen → Frühförderung, therapeutische Verfahren und schulische → Bildung dazu bei, Kinder mit geistiger Behinderung umfassend zu fördern und die Ausschöpfung ihrer → Ressourcen zu ermöglichen. Daneben bieten das gemeinsame Aufwachsen von Kindern mit und ohne Behinderung in Kindertagesstätten und Schulen sowie eine ermutigende → Erziehung starke Entwicklungsanreize.

Die Diagnose einer geistigen Behinderung wird häufig erst in den ersten Lebensjahren gestellt, in der Regel nach der Feststellung einer Entwicklungsverzögerung. Eine Ausnahme stellt die → Trisomie 21 dar, die mit den typischen Merkmalen zumeist unmittelbar nach der Geburt diagnostiziert wird.

*Jeanne Nicklas-Faust*

**Geldleistung** ist neben → sozialen Dienstleistungen und → Sachleistungen eine der drei → Leistungsarten des Sozialleistungsrechts (§ 11 SGB I). Die → persönliche Hilfe und die erzieherische Hilfe (→ Hilfe zur Erziehung) gehört zu den sozialen Dienstleistungen. Besteht ein Anspruch (→ Rechtsanspruch) auf G., kann der Berechtigte unter gewissen Umständen auch verlangen, einen Vorschuss zu erhalten (§ 42 SGB I). Über die Weise der Auszahlung von G. enthält § 47 SGB I Vorschriften. Danach ist die G. in der Regel kostenfrei auf ein Konto zu überweisen. Der § 42 SGB II enthält insoweit eine besondere Regelung. Bedient sich der → Sozialleistungsträger eines Dritten zur Erbringung der Leistung (→ Dreiecksverhältnis, sozialrechtliches), wird die G. direkt an den → Leistungserbringer ausgezahlt, demgegenüber der Sozialhilfeträger die Übernahme der Kosten erklärt hat. Diese Art der Leistung wird als Sachleistungsverschaffungsanspruch (Bundessozialgericht, Urt. v. 28.10.2008 – B 8 SO 22/08) bezeichnet. Zahlreiche Sozialleistungsgesetze kennen als Leistungsart nur die G. Das betrifft etwa → Wohngeld, → Kindergeld, → Ausbildungsförderung oder Renten. Im SGB II (→ Grundsicherung für Arbeitsuchende) und SGB XII (→ Sozialhilfe) hingegen sind alle drei Leistungsarten genannt. § 10 Abs. 3 SGB XII bestimmt, dass die G. Vorrang vor Gutscheinen und Sachleistungen hat. Im Übrigen ergibt sich aus den einzelnen Leistungstatbeständen des SGB II und des SGB XII, ob eine Leistung nur als G. in Betracht kommt. Ansprüche auf G. sind nach § 44 SGB I zu verzinsen und unterliegen nach § 45 SGB I der → Verjährung. Gegen Ansprüche des Leistungsberechtigten kann der Leistungsträger nach § 41 SGB I mit Gegenansprüchen aufrechnen (→ Aufrechnung). Der Leistungsberechtigte kann Ansprüche auf G. unter bestimmten Voraussetzungen übertragen und verpfänden (§ 53 SGB I). Umgekehrt können sie nach § 54 SGB I aber auch gepfändet werden (→ Pfändungsschutz). Die Vererbung (→ Erbrecht) von G. ist in §§ 56, 58 SGB I geregelt. Im → Sozialhilferecht ist die Übertragung, Verpfändung und Pfändung von Ansprüchen nach § 17 Abs. 1 SGB XII grundsätzlich ausgeschlossen. Die Sozialleistungsgesetze kennen G. als → Beihilfen, die nicht zurückgezahlt werden müssen, oder als → Darlehen. G. in Form eines Darlehens finden sich etwa in § 24 Abs. 1, 4 und 5 SGB II sowie in §§ 37 Abs. 1 und 38 SGB XII.

*Christian Grube*

**Geldstrafe** ist neben der → Freiheitsstrafe eine der beiden Hauptstrafen des Strafrechts (→ Strafe). Während G. und Freiheitsstrafe ein schuldhaftes Verhalten voraussetzen, existieren als weitere Rechtsfolgen der Straftat die → Maßregeln der Besserung und Sicherung, die teilweise auch gegen vermindert schuldfähige oder schuldunfähige Straftäter/innen angeordnet werden können. Daher spricht man in diesem Zusammenhang von der Zweispurigkeit des Sanktionenrechts. Von der G. ist die Geldbuße zu unterscheiden, die als Rechtsfolge bei einer → Ordnungswidrigkeit in Betracht kommt. Im Jahr 2013 wurden in Deutschland 558.312 Personen zu einer G. verurteilt.

Die G. ist in §§ 40–43 Strafgesetzbuch (StGB) geregelt. Sie wird nach skandinavischem Vorbild seit dem Jahr 1975 nach dem Tagessatzsystem bemessen (§ 40 StGB), das die frühere Geldsummenstrafe abgelöst hat. Dabei sind die Zahl und die Höhe der Tagessätze voneinander zu unterscheiden. Das Gericht bestimmt zunächst nach der Schwere der Tatschuld die Zahl der Tagessätze. Sie liegt zwischen mindestens fünf, höchstens aber 360 Tagessätzen, in Ausnahmefällen (bei einer Gesamtgeldstrafe) bis zu 720 Tagessätzen (§§ 40 Abs. 1, 54 Abs. 2 StGB). Danach ist die Höhe der Tagessätze festzusetzen. Sie richtet sich nach den »persönlichen und wirtschaftlichen Verhältnissen des Täters«. Bei der Berechnung der Tagessatzhöhe – mindestens 1 Euro, höchstens aber 30.000 Euro – ist i.d.R. von dem Nettoeinkommen auszugehen, »das der Täter durchschnittlich an einem Tag hat oder haben könnte« (§ 40 Abs. 2 StGB). Macht die Person keine, unzureichende oder unzutreffende Angaben über ihre finanziellen Verhältnisse, können ihre Einkünfte, ihr Vermögen und andere Grundlagen für die Bemessung eines Tagessatzes geschätzt werden (§ 40 Abs. 3 StGB). Durch die individuell festzulegende Höhe soll eine gleiche Belastung unterschiedlich leistungsfähiger Straftäter/innen ermöglicht werden. Um Härten zu vermeiden, können der verurteilten Person bereits im Urteil oder auch danach Zahlungserleichterungen (§ 42 StGB) gewährt werden.

Ist die G. uneinbringlich (das heißt die verurteilte Person zahlt nicht und eine Vollstreckung bleibt ebenfalls erfolglos), wird für jeden Tagessatz ein Tag Ersatzfreiheitsstrafe vollstreckt (§ 43 StGB). In allen Bundesländern kann anstelle der Ersatzfreiheitsstrafe freie (gemeinnützige) Arbeit geleistet werden. Allerdings existieren unterschiedliche Umrechnungsmaßstäbe (von drei bis sechs Arbeitsstunden für einen Tagessatz).

Eine → Strafaussetzung der G. zur Bewährung ist im deutschen Recht nicht vorgesehen. Allerdings kann in Ausnahmefällen eine Verurteilung zu einer G. bis zu 180 Tagessätzen vorbehalten werden (Verwarnung mit Strafvorbehalt). In diesem Fall wird die vorbehaltene Strafe bestimmt und der Täter neben dem Schuldspruch verwarnt (§ 59 StGB). Bewährt sich der Verwarnte, wird er nach Ablauf der Bewährungszeit nicht zu der vorbehaltenen Strafe verurteilt, sodass es mit der Verwarnung sein Bewenden hat (§ 59 b StGB).

*Jörg Kinzig*

**Gemeinde** Bundesverfassungsrechtlich als Institution nach Art. 28 → Grundgesetz (GG) gewährleistete Gebietskörperschaft mit eigener demokratischer Legitimation (Kommunalwahl) und eigenverantwortlich zu bestimmendem Wirkungskreis (→ Selbstverwaltung). Ihrem rechtlichen Wesen nach sind die heutigen G. nicht wie im 19. Jh. als nachbarschaftlich bestimmte Ortsgemeinschaften, sondern als politisch-verwaltungsmäßige Wirkungseinheiten, die die Bevölkerung in ihrer sozialen Unterschiedlichkeit und räumlich mobilen Orientierung örtlich einbeziehen, zu verstehen. Als die den Bürger/innen nächsten öffentlichen Verantwortungs- und Handlungseinheiten »konkreter Öffentlichkeit« sind sie Bestandteil der ausführenden Gewalt. In den drei Stadtstaaten fallen die rechtlichen Qualitäten G., Kreis, Land zusammen. Es gibt zwei unterschiedliche Gemeindearten: die kreisangehörigen Städte und Gemeinden sowie die kreisfreien Städte.

Die G. erfüllen Aufgaben auf fast allen Feldern des öffentlichen Wirkens, so in der Bauplanung und im Bauwesen (→ Stadtentwicklung), in der Wirtschaftsförderung und der Schul-, Kultur- und Sportentwicklung, der Kommunalwirtschaft oder im Umweltschutz. Im Sozialbereich sind besonders die → Sozialhilfe (→ Sozialamt), → Kinder- und Jugendhilfe (→ Jugendamt) und das → Gesundheitswesen (→ Gesundheitsamt, → Krankenhaus) zu nennen. Auch sind sie Träger von Teilaufgaben der → Grundsicherung für Arbeitsuchende (SGB II) bzw. als »Optionskommune« insgesamt Träger.

Die Aufgaben und Zuständigkeiten – als Angelegenheiten des übertragenen Wirkungskreises oder als Selbstverwaltungsangelegenheiten – ergeben sich aus landesrechtlichen Zuordnungen, aber auch aus eigenen Beschlüssen des G.rates (Aufgabenfindungsrecht der G.). Nach der → Föderalismusreform und der Neufassung des Art. 84 GG darf der Bund den Kommunen zukünftig keine Aufgaben übertragen. Eine untypische Ausnahme bildet derzeit vielfach noch das Sozialwesen mit der Sozialhilfe (SGB XII) und der Grundsicherung für Arbeitsuchende (SGB II). Mit der Neufassung des § 69 SGB VIII werden nunmehr auch die Träger der öffentlichen Jugendhilfe durch die Länder bestimmt.

Die G. haben eigene Personal-, Organisations- und Finanzhoheit. Im Jahr 2009 beliefen sich die Gesamtausgaben der Kommunen auf rund 175 Mrd. Euro. Insbesondere die Sozialausgaben steigen dramatisch und lagen 2009 bei rund 40 Mrd. Euro, doppelt so hoch wie 1990. Die stagnierenden Einnahmen der Kommunen gefährden die sozialen und kulturellen Grundlagen der G.

Die G.ordnungen (GO) der Länder normieren die Organe der G. und deren Zuständigkeiten sowie das Haushaltsrecht. Obgleich auch die G.räte Organe der ausführenden Gewalt sind, gibt es in den GO gewaltenteilende Elemente, da die Vorbereitung der Beschlüsse der G.vertretung, die Durchführung der Beschlüsse sowie die Erledigung der Geschäfte der laufenden Verwaltung der Bürgermeisterin/dem Bürgermeister (der G.verwaltung i.e.S.) in eigener Zuständigkeit obliegt. Die Bürgermeister/innen werden nunmehr durchgängig direkt gewählt. Formen unmittelbarer Demokratie (Bürgeranhörung, Volksbegehren, Volksentscheid) sind hier und da gemeindeverfassungsrechtlich vorgesehen. In der sozialen Realität sind die G. höchst verschiedenartig, z.B. infolge ihrer unterschiedlichen Größe. 50% der Bundesbürger/innen leben in Klein- und Mittelstädten, jede/r Dritte in einer Großstadt.

*Uwe Lübking*

**Gemeindekrankenpflege** → Häusliche Krankenpflege

**Gemeindepsychiatrie** resultiert aus den Grundprinzipien einer → Sozialpsychiatrie, wie sie in der Psychiatrie-Enquête von 1975 ihren Ausdruck fand. G. die praktische Umsetzung der Sozialpsychiatrie. G. betont die Normalisierung psychiatrischer Hilfen. Diese sollen, wie alle anderen gesundheitsbezogenen und sozialen Hilfen, im Rahmen der allgemeinen → Daseinsvorsorge der → Gemeinden erbracht werden. Eine Ausgliederung in wohnortferne Spezialeinrichtungen wird im Konzept der G. abgelehnt. Stattdessen wird Gemeinde- bzw. Wohnortnähe aller psychiatrischen Hilfen gefordert, weil nur nahe und leicht zugängliche Hilfen das Leben in eigener Wohnung und die Einbeziehung des → sozialen Umfelds des → psychisch kranken Menschen, v.a. der Angehörigen und sonstigen nahe Bezugspersonen, ermöglichen. In früheren Zeiten wurden psychiatrische Einrichtungen in abgelegenen Gebieten angesiedelt, um Belästigungen der sonstigen Gesellschaft zu vermeiden. Das führte zu einer zunehmenden → Exklusion der psychisch kranken Menschen, weil bestehende Kontakte außerhalb der Einrichtung abbrachen und neue kaum geschlossen werden konnten. Organisatorisch verlangt das Konzept G. einen multiprofessionellen, zugehenden → sozialpsychiatrischen Dienst, der möglichst rund um die Uhr verfügbar sein und ein breites Spektrum an sozialpsychiatrischen Hilfen in den Bereichen Behandlung, Wohnen, Tagesgestaltung und Arbeit vorhalten sollte, deren Anbieter in einem → Gemeindepsychiatrischen Verbund (GPV) zusammengeschlossen sein sollten.

Nach dem Konzept der G. soll der GPV eine regionale Pflichtversorgung übernehmen. Danach müssen für jeden psychisch kranken oder → seelisch behinderten Menschen in der Gemeinde die erforderlichen Hilfen angeboten werden. Niemand darf wegen Art oder Schwere seiner Beeinträchtigungen abgewiesen werden.

*Ulrich Krüger*

**Gemeindepsychiatrischer Verbund (GPV)** → Psychisch kranke Menschen benötigen oft abgestimmte Hilfen in verschiedenen Bereichen (psychiatrische Behandlung und → Rehabilitation, Hilfe zur → Teilhabe am Arbeitsleben und am Leben in der Gemeinschaft, Hilfe in Krisensituationen, → Pflege), für die unterschiedliche Einrichtungen und Dienste, aber auch unterschiedliche Leistungsträger zuständig sind. Komplexleistungen, die mehrere oder alle erforderliche Hilfen zusammenfassen, sind schwierig zu organisieren. Deshalb wurde bereits in der Psychiatrie-Enquete (1975) und in mehreren Berichten von Expertenkommissionen zur psychiatrisch-psychotherapeutischen Versorgung die Notwendigkeit von GPV betont. Die ersten GPV sind daraufhin bereits in den 1970er-Jahren entstanden (→ Gemeindepsychiatrie).

Im GPV schließen sich i.d.R. auf kommunaler Ebene Anbieter → psychiatrischer Versorgung zusammen, um gemeinsam ein bedarfsgerechtes Angebot an Hilfen sicherzustellen, aber auch, um für Verständnis und Toleranz zu werben, da psychisch kranke Menschen weiterhin von → Stigmatisierung bedroht sind. In letzter Zeit erleben GPV eine stärkere Beachtung, weil deutlich wird, dass die üblichen Marktregulationen nicht zu einer Sicherstellung von Hilfen für psychisch kranke Menschen führen. Psychisch Kranke können krankheitsbedingt bisweilen nicht von sich aus nach erforderlichen Hilfen fragen, komplexe Hilfen nicht organisieren, ihre Erkrankung nicht erkennen und sich nicht an übliche Abläufe in Arztpraxen, Beratungsstellen oder Rehabilitationseinrichtungen anpassen. Sie verhalten sich nicht wie typische Kunden. Das führt zu dem problematischen Phänomen: Je kränker ein psychisch kranker Mensch ist, desto größer ist sein Risiko, keine Hilfe zu bekommen. GPV haben die Aufgabe, Versorgungslücken aufzudecken und dafür Sorge tragen, dass auch Menschen mit schweren psychischen Erkrankungen oder Behinderungen bedarfsgerechte Hilfen erhalten.

Die → Aktion Psychisch Kranke unterscheidet zwischen Gemeindepsychiatrischen Steuerungsverbünden und Gemeindepsychiatrischen Leistungsanbieterverbünden. In den Steuerungsverbünden (weitere Bezeichnungen: Psychiatriebeirat, → Psychosoziale Arbeitsgemeinschaft [PSAG]) kommen idealerweise psychosoziale Leistungsanbieter, Leistungsträger, Psychiatrieerfahrene, Angehörige psychisch Kranker, Bürgerhelfer und Verbandsvertreter unter Leitung der Kommune zusammen. Im Leistungserbringerverbund schließen sich qualitätsgesicherte Leistungsanbieter zusammen, die eine regionale Pflichtversorgung übernehmen, also keinen Menschen wegen Art oder Schwere der psychischen Erkrankung abweisen. Seit 2006 gibt es als Zusammenschluss von regionalen GPV die → Bundesarbeitsgemeinschaft GPV e.V.

*Ulrich Krüger*

**Gemeindepsychologie** → Sozialpsychologie

**Gemeinnützigkeit von Körperschaften** Gemeinnützige Körperschaften (zumeist in der Rechtsform des eingetragenen → Vereins, mit zunehmender Tendenz der GmbH und der → Stiftung, seltener der Genossenschaft [ → Sozialgenossenschaft] oder der Aktiengesellschaft) sind steuerbegünstigt, wenn sie gemeinnützigen, mildtätigen oder kirchlichen Zwecken dienen. Die Begünstigung besteht insbesondere in der Befreiung von der Körperschaftsteuer und der Gewerbesteuer sowie in der teilweisen Ermäßigung des Umsatzsteuersatzes. Die Anerkennungsvoraussetzungen sind in §§ 51–68 Abgabenordnung (AO) geregelt. Gemeinnützige Vereine sind verpflichtet, ihre → Satzung in Form der Mustersatzung abzufassen.

Gemeinnützige Zwecke werden verfolgt, wenn die Tätigkeit ausschließlich und unmittelbar darauf gerichtet ist, die Allgemeinheit auf materiellem, geistigem oder sittlichem Gebiet selbstlos zu fördern. Als förderungswürdig sind u.a. anzuerkennen: Förderung von Wissenschaft und Forschung, → Bildung und → Erziehung, des Wohlfahrtswesens, der → Jugendhilfe, der → Altenhilfe, des öffentlichen Gesundheitswesens. Mildtätige Zwecke werden verfolgt, wenn die Tätigkeit darauf gerichtet ist, Personen selbstlos zu unterstützen, die infolge ihres körperlichen, geistigen oder seelischen Zustands auf die Hilfe anderer angewiesen sind oder deren Bezüge nicht höher sind als das Vierfache (bei Alleinstehenden das Fünffache) des → Regelsatzes der → Sozialhilfe. Kirchlich sind Zwecke, die darauf gerichtet sind, eine Religionsgemeinschaft, die Körperschaft des öffentlichen Rechts ist, selbstlos zu fördern.

Die Allgemeinheit wie auch mildtätige und kirchliche Zwecke werden selbstlos gefördert oder unterstützt, wenn dadurch nicht in erster Linie eigenwirtschaftliche – z.B. gewerbliche oder sonstige – Erwerbszwecke verfolgt und die Mittel nur für die satzungsmäßigen Zwecke verwendet werden. Zudem dürfen die Mitglieder bei ihrem Ausscheiden oder bei Auflösung oder Aufhebung der Körperschaft nicht mehr als ihre eingezahlten Kapitalanteile und den gemeinen Wert ihrer geleisteten Sacheinlagen zurückerhalten. Auch dürfen keine Personen durch Ausgaben, die dem Zweck der Körperschaft fremd sind, oder durch unverhältnismäßig hohe Vergütungen begünstigt werden. Neben der Selbstlosigkeit sind die Ausschließlichkeit und die Unmittelbarkeit Grundvoraussetzungen für die Anerkennung steuerbegünstigter Zwecke. Ausschließlichkeit liegt vor, wenn eine Körperschaft nur ihre steuerbegünstigten satzungsmäßigen Zwecke verfolgt. Unmittelbar verfolgt eine Körperschaft ihre steuerbegünstigten satzungsmäßigen Zwecke, wenn sie selbst diese Zwecke verwirklicht. Das kann auch durch Hilfspersonen geschehen, wenn nach den rechtlichen und tatsächlichen Beziehungen, die zwischen der Körperschaft und der Hilfsperson bestehen, das Wirken der Hilfsperson wie eigenes Wirken der Körperschaft anzusehen ist.

Schließt das Gesetz die Steuervergünstigungen insoweit aus, als ein wirtschaftlicher Geschäftsbetrieb unterhalten wird, so verliert die Körperschaft für die Werte, die zu diesem Betrieb gehören, die Steuervergünstigungen, soweit nicht ein → Zweckbetrieb gegeben ist. Ein Zweckbetrieb nach § 65 AO liegt u.a. vor, wenn (1) der wirtschaftliche Geschäftsbetrieb in seiner Gesamtrichtung dazu dient, die steuerbegünstigten satzungsmäßigen Zwecke der Körperschaft zu verwirklichen, (2) die Zwecke nur durch einen solchen Geschäftsbetrieb erreicht werden können und (3) der wirtschaftliche Geschäftsbetrieb zu nicht begünstigten Betrieben derselben oder ähnlicher Art nicht im größeren Umfange in → Wettbewerb tritt, als es bei Erfüllung der steuerbegünstigten Zwecke unvermeidbar ist. Eine Einrichtung der Wohlfahrtspflege ist ein Zweckbetrieb, wenn sie im besonderen Maße bedürftigen Personen dient.

Aus der Satzung, dem Stiftungsgeschäft oder der sonstigen Verfassung der Körperschaft muss sich unmittelbar und ausschließlich der verfolgte Zweck unter Berücksichtigung der gesetzlichen Anforderungen der Gemeinnützigkeit, der Mildtätigkeit oder der Unterstützung kirchlicher Zwecke ergeben. Die Satzungszwecke und die Art ihrer Verwirklichung müssen so genau bestimmt sein, dass das Vorliegen der satzungsmäßigen Voraussetzungen für die Steuervergünstigung prüfungsfähig ist. Ein gemeinnütziger Verein muss in dem zu beurteilenden Veranlagungszeitraum (Jahresprinzip) alle Voraussetzungen für die Gemeinnützigkeit erfüllen. Die tatsächliche Geschäftsführung der Körperschaft muss auf die ausschließliche und unmittelbare Erfüllung der steuerbegünstigten Zwecke gerichtet sein und den Bestimmungen entsprechen, die die Satzung über die Voraussetzung für Steuervergünstigungen enthält. Der Nachweis darüber ist durch ordnungsmäßige Aufzeichnungen der Einnahmen und Ausgaben zu führen.

Etwa angesammeltes Vermögen muss satzungsgemäß gebunden sein. Eine steuerlich ausreichende Vermögensbindung liegt vor, wenn der Zweck, für den das Vermögen bei Auflösung oder Aufhebung der Körperschaft oder bei Wegfall ihres bisherigen Zwecks verwendet werden soll, in der Satzung so genau bestimmt ist, dass aufgrund der Satzung geprüft werden kann, ob der Verwendungszweck steuerbegünstigt ist.

An gemeinnützige Körperschaften können Spenden (→ Spendenwesen) gegeben werden, deren Umfang das zu versteuernde Einkommen des Spendenden mindert. Als Beleg dienen Spendenbescheinigungen (Zuwendungsbestätigungen) der Körperschaft.

Gem. § 60 a AO wird auf Antrag der Körperschaft die Einhaltung der satzungsmäßigen Voraussetzungen nach den §§ 51, 59–61 AO festgestellt. Durch dieses gesonderte Feststellungsverfahren wurde die bisherige vorläufige Bescheinigung abgelöst. Die Feststellung durch die Finanzbehörde hat für die Besteuerung der Körperschaft Bindungswirkung.

Nach einigen Grundsatzentscheidungen des → Gerichtshofs der Europäischen

Union (EuGH) ist das Gemeinnützigkeitsrecht auch auf Organisationen anzuwenden, die ihren Sitz in anderen EU-Staaten haben.

*Lit.* Goetz, M./Hesse, W./Koglin, E./Tacke, G.: Praxisratgeber Vereinsrecht, 5. Aufl., Regensburg 2014; Hüttemann, R.: Gemeinnützigkeits- und Spendenrecht, 3. Aufl., Köln 2015; Schleder, H.: Steuerrecht der Vereine, 11. Aufl., Herne 2015.

*Erika Koglin*

**Gemeinsame Empfehlungen** Im Rahmen der durch Gesetz, → Rechtsverordnung oder allgemeine Verwaltungsvorschrift getroffenen Regelungen wirken die → Rehabilitationsträger im Benehmen mit Bund und Ländern darauf hin, dass das Rehabilitationsverfahren nahtlos und zügig verläuft und die Leistungen zur → Teilhabe dem Umfang nach einheitlich erbracht werden. Hierzu vereinbaren die Rehabilitationsträger g. E. im Rahmen der → Bundesarbeitsgemeinschaft für Rehabilitation (BAR) nach dem SGB IX. Die g. E. treten an die Stelle der Gesamtvereinbarungen nach dem Rehabilitationsangleichungsgesetz (RehaAnglG), das durch das SGB IX aufgehoben worden ist. Rehabilitationsträger in dem Sinn sind die im SGB IX genannten Träger der → Krankenversicherung, → Unfallversicherung, → Rentenversicherung, → Kriegsopferversorgung/ → Kriegsopferfürsorge, → Arbeitsförderung (→ Arbeitslosenversicherung), öffentliche → Kinder- und Jugendhilfe und → Sozialhilfe. Die → Träger der Sozialhilfe und die → Jugendhilfeträger orientieren sich bei der Wahrnehmung ihrer Aufgaben an den vereinbarten Empfehlungen oder können diesen beitreten. Der Gesetzgeber hat im SGB IX eine Reihe von Regelungstatbeständen für g. E. aufgeführt, eröffnet der Bundesregierung entsprechend ihrer politischen Verantwortung aber die Möglichkeit, auf ministeriellem Wege über den Erlass einer Rechtsverordnung einzugreifen, wenn sie das für erforderlich erachtet.

*Thomas Stähler*

**Gemeinsamer Bundesausschuss** (G-BA) Der G-BA regelt maßgeblich die Ansprüche der gesetzlich Krankenversicherten. Zu seinem weit gefassten Betätigungsfeld gehören insbesondere die Bewertung von medizinischen Methoden, Steuerung der Versorgung mit Arzneimitteln, aber auch die Regelung einer Vielzahl weiterer Leistungen der Gesetzlichen → Krankenversicherung (wie Krankenfahrten, Psychotherapie, Krebsfrüherkennung und → Zahnersatz) und die Bedarfsplanung für die Sitze niedergelassener Ärzte. Darüber hinaus legt er umfangreiche Maßnahmen der ambulanten und stationären Qualitätssicherung (→ Qualitätsmanagement) fest. Seit 2015 wird ein Innovationsfonds für die Förderung neuer Versorgungsformen bei ihm verwaltet, dem jährlich 300 Mio. Euro zur Verfügung stehen (§ 92 a SGB V). Der G-BA ist das höchste Gremium der Gemeinsamen Selbstverwaltung von → Krankenkassen, Vertrags(zahn)ärzten, Psychotherapeuten und Krankenhausträgern; er hat seinen Sitz in Berlin und untersteht der Aufsicht des → Bundesministeriums für Gesundheit. Seine Entscheidungen sind für Versicherte, Krankenkassen und Leistungserbringer in aller Regel verbindlich (§ 91 Abs. 6 SGB V). Er ist paritätisch besetzt durch den Spitzenverband Bund der Krankenkassen einerseits und Kassenärztliche Bundesvereinigung, Kassenzahnärztliche Bundesvereinigung und → Deutsche Krankenhausgesellschaft andererseits (§ 91 SGB V). Der Vorsitzende sowie zwei weitere Mitglieder sind unparteiisch; Patientenvertreter (§ 140 f SGB V) haben das Recht zur Mitberatung. Bei Erlass seiner Richtlinien gelten umfangreiche Beteiligungs- und Stellungnahmerechte für Betroffene; die Sitzungen seines Beschlussgremiums sind öffentlich.

*Informationen:* www.g-ba.de

*Dominik Roters*

**Gemeinsame Servicestellen** → Servicestellen

**Gemeinwesenarbeit** ist ein zentrales Arbeitsfeld insbesondere im kommunalen → Quartiersmanagement. Hier kooperiert G. mit intermediären Akteuren und Gebietsbeauftragten innerhalb der Verwaltung, um »benachteiligte« Quartiere im Sinne der dort lebenden Bevölkerung zu gestalten. G. organisiert projekt- und themenunspezifische Prozesse über eine Vielzahl von Aktivierungsaktionen anhand direkt geäußerter und (durchaus häufig wechselnder) Interessen der Wohnbevölkerung mit dem Ziel der »Grundmobilisierung« eines Wohnquartiers, die den »Humus« für größere Einzelprojekte bildet.

Die Formen der Bewohneraktivierung sind vielfältig und werden jeweils situationsangemessen entwickelt. Sie reichen vom klassischen Einstieg durch eine aktivierende Befragung (→ Empirische Sozialforschung) über räumliche oder auf Themen bzw. Zielgruppen bezogene Versammlungen, spezifische Einzelaktionen wie Stadtteilfeste, kulturelle Veranstaltungen oder Skandalisierungsaktionen bis hin zu regelmäßig tagenden Gruppen und Initiativen wie etwa Mieterbeiräten, Stadtteilorganisationen oder Quartier-Komitees. Darüber hinaus werden Zugangsmöglichkeiten über bestehende Gruppierungen genutzt wie etwa über → Vereine, → Elternbeiräte, lokale Politikgremien, Pfarrgemeinderäte oder Presbyterien – all dies u.a. über Befragungen, Haustürgespräche, vielfältige Gruppenaktivitäten, → Öffentlichkeitsarbeit durch Flugblätter, Unterschriftensammlungen oder Plakate, Wettbewerbe und Stadtteilkonferenzen.

Ausgangspunkt für die Beschäftigung mit G. (als umfassende, aber nicht präzise Übersetzung der amerikanischen Bezeichnungen → community organising, community-development und community-work) war in der Bundesrepublik Deutschland die Unzufriedenheit mit den herkömmlichen Methoden der → Sozialen Arbeit: → Einzel(fall)hilfe und → Soziale Gruppenarbeit. Für die berufliche Sozialarbeit wurde G. insbesondere in der Rezeption in den 1950er- und 1960er-Jahren zur »dritten Methode der Sozialarbeit«, die eine verbesserte Wirksamkeit klassischer Sozialer Arbeit versprach und zudem mehr → Professionalisierung bringen sollte. Für die politische Linke, insbesondere in den späten 1960er- und 1970er-Jahren, bot G. die Chance, das System individueller Hilfe zu überwinden und über Lern- und Organisationsprozesse Widerstand »von unten« zur Veränderung sozialer und ökonomischer Bedingungen zu entwickeln. Ende der 1970er- und in den 1980er-Jahren wurde G. mehr und mehr zu einem undifferenziert benutzten Begriff zur Präsentation angeblich »fortschrittlicher« Praxis. Zunächst war G. die »dritte Methode der Sozialarbeit«, dann diente sie als Etikett für lokale → Bürgerinitiativen und emanzipatorische Aufklärungsarbeit in Institutionen und Wohnquartieren und nicht zuletzt war die Rede vom »Arbeitsprinzip G.« als durchgängige Blickrichtung für jedwedes sozialarbeiterische Berufsfeld.

Theorie und Praxis der G. in den 1970er-Jahren haben den Blick geschärft für die Lebensbedingungen betroffener (Rand-)Gruppen und für sich in Quartieren abbildende gesellschaftliche Widersprüche. G. bot eine akzentuierte Sichtweise, die sich auf manifeste, in sozialen Räumen vorfindbare Erscheinungsformen → sozialer Ungleichheit, Unterprivilegierung, → sozialer Ausgrenzung und ökonomischer bzw. sozialer/psychischer Not richtete, basierend auf einem kritischen Konzept von → Gesellschaft, Sozialer Arbeit und professioneller → Interaktion, ohne jedoch darauf gründende und in Institutionen realisierbare Strategien zu entwickeln. Ein bis heute wirkendes Verdienst der G. besteht darin, den Blick für sozialräumliche und lebensweltliche Dimensionen → sozialer Benachteiligung geschärft und entsprechende methodische Konsequenzen daraus gezogen zu haben.G. ist mit ihren theoretischen und praktischen Suchbewegungen in der zweiten Hälfte des 20. Jh. die zentrale Quelle für das insbesondere in der Sozialen Arbeit bedeutsame Fachkonzept → »Sozialraumorientierung«, in dem sich wesentliche Erkenntnisse und methodische Prinzipien der G. Abbilden (→ Sozialraum; → Stadtteilarbeit).

*Lit.* Hinte, W./Lüttringhaus, M./Oelschlägel, D.: Grundlagen und Standards der Gemeinwesenarbeit, 3. Aufl., Weinheim/München 2011; Hinte, W./ Treeß, H.: Sozialraumorientierung in der Jugendhilfe. Theoretische Grundlagen, Handlungsprinzipien und Praxisbeispiele einer kooperativ-integrativen Pädagogik, 3. Aufl., Weinheim/München 2014.

*Wolfgang Hinte*

**Gender Mainstreaming** ist eine Mitte der 1980er-Jahre im Kontext der Menschenrechtskonferenzen der → Vereinten Nationen (UN) entwickelte und in den folgenden Jahrzehnten weiter etablierte Strategie. Mit dem (auch damals nicht neuen inhaltlichen) Ziel, → Gleichstellung zwischen den Geschlechtern und Chancengleichheit ohne → Diskriminierung herbeizuführen, nimmt G. M. die Verhältnisse der Geschlechter zueinander in den Blick: Geschlecht wird als bedeutendes soziales Phänomen erkannt, das eine wesentliche Rolle bei der Gestaltung von (gesellschaftlichen) Lebenssituationen spielt. Geschlechterverhältnisse werden dabei nicht als ein statisches, sondern als ein grundsätzlich veränderbares Verhältnis verstanden, das auch jenseits eines binären Verständnisses von Geschlecht (Mann/Frau) sowie in Intersektion mit anderen Ungleichheitsdimensionen wie Herkunft, sexuelle Orientierung und/oder Behinderung Anwendung finden kann (→ Intersektionalität).

Innovativ war G. M. durch die Form, die Ziele und Inhalte umzusetzen: Mainstreaming bedeutet, Geschlechterverhältnisse als Thema aus den marginalisierten Rändern in das Zentrum von Handlungsorientierungen und Entscheidungen zu setzen. Damit geht es mitnichten darum, das Geschlecht »abzuschaffen« oder als sozial relevantes Phänomen nicht anzuerkennen – ein Vorwurf, der der Befassung mit »Gender«, sei es im Rahmen der → Gender Studies oder des G. M., auch aktuell noch oftmals gemacht wird. Vielmehr geht es darum, statt biologischer Legitimationen soziale und kulturelle Deutungen von Geschlecht als Grundlage gesellschaftlicher Unterschiede zu erkennen und diese gezielt in den Blick zu nehmen.

In → Organisationen wird G. M. als Instrument eingesetzt, um Gender als maßgebliche Kategorie zur Überprüfung von Entscheidungsprozessen und Entscheidungen auf allen Ebenen anzuwenden. Im Sinne eines Top-down-Prozesses wird G. M. durch die Spitze einer Organisation angeregt und im Hinblick auf die finanziellen und organisatorischen Rahmenbedingungen strukturiert, um sodann für alle Entscheidungen in den jeweiligen Fach- und Arbeitsbereichen implementiert zu werden. Geschlechterpolitik wird dadurch zur Querschnittsaufgabe für alle Arbeitsabläufe und alle in die Entscheidungsprozesse eingebundenen Personen.

Anwendung findet G. M. etwa im politischen und im Arbeitsbereich. Als Instrument ersetzt es dabei nicht die inhaltliche und politische Zielsetzung, vielmehr ist die Ausformulierung der jeweiligen Geschlechterpolitik in den Organisationen erforderlich. Neben inhaltlichen (z.B. »Wie können finanzielle Mittel diskriminierungsfrei verwendet werden?« – Gender Budgeting) geht es auch um personelle Fragen (»Wer wird für welche Stellen bzw. Positionen ausgewählt, zu welchen Bedingungen angestellt« usw., aber auch: »Wie kann Gender-Kompetenz im Rahmen von Weiterbildung erlernt werden?«). Analysen und Erkenntnisse der Frauen- und Geschlechterforschung dienen als Grundlage zur Ausrichtung der Zielsetzung. Die zu wählenden Instrumente zur Umsetzung sind in den rechtlichen Kontext eingebettet, der mit den Vorgaben der Gleichheits- und Antidiskriminierungsrechte den für G. M. geltenden Rahmen vorgibt.

Für den Bereich der → Sozialen Arbeit entfaltet G. M. z.B. im Bereich der → Arbeitsförderung Bedeutung, wenn es um die Entwicklung und Ergreifung von Maßnahmen für einen verbesserten Zugang zu Arbeitsplätzen für sog. Berufsrückkehrerinnen geht. Neben konkreten Maßnahmen (Frauen-/Männerförderung, Auswahlregelungen, Trainings, Öffentlichkeitsarbeit usw.) geht es zugleich darum, die strukturellen Bedingungen zu analysieren und zu ändern, die dazu führen können, dass Frauen in bestimmte, sie benachteiligende Situationen geraten und dadurch unterschiedliche Bedarfe entstehen, die es im Sinne der Gleichstellung genderkompetent zu adressieren gilt.

*Sarah Elsuni/Susanne Baer*

**Gender Studies** Die englische Terminologie G. S. hat sich auch im Deutschsprachigen als Bezeichnung für die Institutionalisierung von Frauen- und Geschlechterforschung im Wissenschaftssystem durchgesetzt. Gender betont die soziale Konstruiertheit von Geschlecht und beinhaltet so die kritische Abgrenzung von Auffassungen, die Zweigeschlechtlichkeit als natürlich, eindeutig und unveränderbar setzen. Im Zentrum geschlechtertheoretischer Ansätze stehen im Gegensatz dazu Theorie- und Forschungsperspektiven, die Geschlecht als soziales und historischspezifisches Phänomen analysieren. Mit G. S. sind demnach zwei Entwicklungsstränge verbunden: (1) wissenschaftspolitische Kämpfe zur Durchsetzung von Geschlechtertheorien in Forschung und Lehre; (2) erkenntniskritische Debatten über Geschlecht.

Seit ihren Anfängen hat Frauen- und Geschlechterforschung, zunächst in enger Wechselbeziehung mit Frauenbewegungen, disziplinäre und interdisziplinäre Fragestellungen und Fragen von Transdisziplinarität verfolgt. Konkret wird diese Stärke in interdisziplinären Studiengängen oder Studienprogrammen an Universitäten und Hochschulen, die zumeist fakultäts- oder fachbereichsübergreifend verankert und an interdiszplinär arbeitenden Zentren für Geschlechterforschung konzipiert worden sind. Die institutionelle Verstetigung dieser Angebote ist immer noch umkämpft, auch weil die interdisziplinäre Ausrichtung sich der strukturellen Logik von Fächern und Fakultäten widersetzt. Geschlechtertheorien bilden keinen einheitlichen Wissenskorpus. Theorie- und Forschungsansätze umfassen ein breites kontrovers diskutiertes Spektrum. An den Theoriedebatten der deutschsprachigen Frauen- und Geschlechterforschung beteiligen sich seit ihren Anfängen in den 1970er-Jahren in Westdeutschland Frauen (und zunächst nur wenige Männer) aus verschiedenen Fächerkulturen wie Geschichtswissenschaften, Soziologie, Erziehungswissenschaften, Psychologie, Medizin, Planungswissenschaften und Natur- und Technikwissenschaften, wobei sozial- und kulturwissenschaftliche Zugänge bis heute besonders einflussreich sind. G. S. bündeln breite Wissensbestände, die keine homogene Version von Geschlecht, sondern reflexiv-kritische Debatten über diese komplexe Kategorie bereitstellen. Zentrale Argumentationslinien beziehen sich auf gesellschaftstheoretische Fragestellungen, auf handlungs- interaktionstheoretische Ansätze, auf Fragen der Geschlechtsidentität und auf Diskurse und kulturelle Repräsentationen von (Geschlechter-)Differenz.

Gesellschaftstheoretisch steht die Frage im Zentrum, wie Ungleichheitsrelationen auch durch eine Strukturkategorie wie Geschlecht, im Zusammenspiel mit anderen Ungleichheitsachsen (→ Intersektionalität), geprägt werden. Auf → Soziale Arbeit bezogen lenkt diese Theorietradition den Blick auf die gesellschaftliche Arbeitsteilung der Geschlechter – die deutliche Mehrheit von Frauen in diesem Arbeitsfeld verweist demnach auf historisch verfestigte Geschlechterhierarchien. Handlungs- und interaktionstheoretische rücken die Herausbildung einer zweigeschlechtlichen sozialen Ordnung in den Blick. Erkenntnisleitend ist die Grundanahme, dass Geschlecht keine natürliche, sondern eine durch und durch sozial erzeugte Tatsache ist. Untersucht wird die interaktive Herstellung von Differenz, verbunden mit Bewertungen und Hierarchisierungen. So bilden Weiblichkeit und Fürsorglichkeit (→ Care) eine Bedeutungseinheit und dies legitimiert die Arbeitsteilung der Geschlechter. Die Rekonstruktion solcher Interaktions- und Interpretationsprozesse analysiert Geschlecht als soziale Konstruktion (Gender). Auch die persönliche Aneignung und Gestaltung von Geschlechtsidentität wird im Blickwinkel von geschlechtertheoretisch fundierten Sozialisations- und Entwicklungstheorien als unabgeschlossener, lebenslang konfliktreicher Prozess aufgefasst und eine homogene, binär strukturierte Geschlechtsidentität wird verworfen. Soziale Arbeit ist aus dieser Perspektive aufgefordert, Theorien und Zuschreibungen zu hinterfragen, die Geschlechterdifferenz fortschreiben, wobei die Forschungslogik nicht eins zu eins auf Praxishandeln übertragen werden kann, da Forschung retrospektiv und handlungsentlastet, Soziale Arbeit hingegen häufig unter Handlungsdruck agiert.

Die Dekonstruktion der binären Kodierung von Geschlecht steht im Mittelpunkt von diskurstheoretischen und dekonstruktivistisch ausgerichteten Ansätzen und Arbeiten der Queer Studies. Geschlecht wird als sprachlicher Diskurseffekt entschlüsselt und als ein performativer Akt aufgefasst, in dessen Mittelpunkt die Darstellung von etwas steht, das erst im Zuge dieser Aufführung ensteht. Geschlecht ist demnach kein vorgängiges, sondern ein kulturell erzeugtes Phänomen, dessen Bedeutungen unterlaufen und verschoben werden können. Das Untersuchungsinteresse gilt der Verschränkung beispielsweise von Diskursen der Sozialen Arbeit mit Diskursen zu Geschlecht (z.B. Mutterschaft oder Gewalthandeln). Zudem schärft sie die Aufmerksamkeit für die Wirkung von Zwangsheterosexualität und Pathologisierungen unterschiedlicher Formen des Begehrens (→ Gleichgeschlechtliche Lebensweisen, → Trans- und Intergeschlechtlichkeit), die binäre Kodierungen zurückweisen. Ansätze der G. S. leisten einen grundlegenden Beitrag zu Fragestellungen der ebenfalls interdisziplinär verankerten Sozialen Arbeit. Sie werden aber gegenwärtig immer noch als Spezialdiskurs am Rand der theoretischen Debatten und praktischen Handlungsmodelle verhandelt. Dabei bietet die fortlaufende Reflexion der eigenen Begriffe und Forschungen, die die Geschlechterforschung charakterisiert, ausgezeichnete Anknüpfungspunkte für reflexive Ansätze der Sozialen Arbeit. Die größte Herausforderung, die das Wechselverhältnis von Theorie und Praxis hier bereithält, ist die auf Dauer gestellte Paradoxie, die Bedeutung von Geschlecht ernst zu nehmen und Geschlecht zugleich radikal in Frage zu stellen. Diese reflexive Pendelbewegung könnte auch auf andere Paradoxien der Sozialen Arbeit übersetzt werden.

*Lit.* Becker, R./Kortendiek, B. (Hrsg.): Handbuch Frauen- und Geschlechterforschung. Theorie, Methoden, Empirie, 3. Aufl., Wiesbaden 2010; Bereswill, M./ Liebsch, K. (Hrsg.): Geschlecht (re)konstruieren. Zur methodologischen Produktivität der Frauen und Geschlechterforschung, Münster 2013; Ehlert, G.: Gender in der Sozialen Arbeit. Konzepte, Perspektiven, Basiswissen, Schwalbach i. T. 2012; Ehlert, G./Funk, H./Stecklina, G. (Hrsg.): Wörterbuch Soziale Arbeit und Geschlecht, Weinheim/München 2011.

*Mechthild Bereswill*

**Generationenvertrag** ist ein Ausdruck (kein echter → Vertrag) für Regelungen der Altersversorgung und des Familienlastenausgleichs, die nach dem Umlageverfahren und nicht nach dem Kapitalstockverfahren funktionieren. Grundlage für Erwägungen zum G. ist ein Teilgebiet der → sozialen Vorsorge, nämlich die Korrektur der Ungleichverteilung der Verdienstmöglichkeiten im Laufe der individuellen Erwerbsbiografie. Dies betrifft insbesondere die Arbeitseinkommen. Den mittleren Jahren der Erwerbsfähigkeit stehen einerseits Jahre des Heranwachsens und der Ausbildung gegenüber, andererseits Jahre verminderter oder auslaufender Erwerbsfähigkeit im Alter. Zwischen den Lebensphasen muss ein intertemporärer Ausgleich stattfinden.

Zur Regelung der Einkommensumschichtung zwischen den verschiedenen Lebensphasen bieten sich im Wesentlichen zwei Möglichkeiten an: (1) Regelung über den privaten Kapitalmarkt, indem tatsächlich (Ausbildungs-)Kredite aufgenommen und abbezahlt werden und Rücklagen für das Alter gebildet, angelegt und dann wieder verbraucht werden; (2) Regelung über ein staatlich organisiertes Umlageverfahren. Dabei werden die junge und ältere Generation von den sich in der Erwerbsphase Befindlichen mit unterhalten – durch Renten, Kindergeld, Ausbildungsbeihilfen usw.

Es sind verschiedene Vorteile und Nachteile der Lösung über den Staat und über den Kapitalmarkt gegeneinander abzuwägen. Der Nachteil des Umlageverfahrens liegt in der Unsicherheit zukünftiger Lohnhöhen in Abhängigkeit von der Wirtschaftskraft und der Bereitschaft zur Leistung von Abgaben. Auch die → demografische Entwicklung lässt Zweifel an der Einlösbarkeit des G. aufkommen. Aber auch das Kapitalstockverfahren zeigt erhebliche Risiken. Prinzipiell läge der notwendigerweise anzulegende Kapitalstock für die Renten (z.Zt. ca. 240 Mrd. Euro pro Jahr) bereits in einer Größenordnung, von je nach Zinssatz 10–30 Billionen Euro. Es ist also sehr fraglich, ob es einen ausreichenden, nicht nur hochspekulativen Kapitalmarkt für diese Beträge gäbe. Dazu kommen Währungsrisiken bei einer Anlage im Ausland und die Frage der Verantwortung für die Anlageformen, wenn entweder Millionen nicht am Kapitalmarkt erfahrener Bürger/innen ihr Geld auf sehr lange Frist anlegen sollen oder wenn dies Börsenmakler für sie tun. Der nutzbare Output des angelegten Kapitals hängt dann ebenfalls von der wirtschaftlichen Lage und der Wertentwicklung ab, die zum Zeitpunkt der Entnahme herrschen werden. Bei demografisch bedingt sinkender Zahl arbeitender Menschen wird in Zukunft die Rendite auf die eingesetzte Arbeit (Lohn) tendenziell steigen, wohingegen die Rendite auf dann übermäßig vorhandenes Kapital sinken wird.

Ein Kapitaldeckungsverfahren führt also im Maßstab einer bevölkerungsweiten Rentenversicherung und Ausbildungsfinanzierung zu keinem besseren oder sichereren Ergebnis als das durch den G. definierte Umlageverfahren.

*Johannes Zacher*

**Genetische Beratung** → Pränataldiagnostik

**Genfer Flüchtlingskonvention** → Flüchtlinge, → Hoher Flüchtlingskommissar der Vereinten Nationen (UNHCR)

**Gerechtigkeit** → Chancengerechtigkeit, → Soziale Gerechtigkeit

**Geriatrie** (griech.), auch Altersmedizin bzw. -heilkunde genannt, ist die Lehre von den → Krankheiten des alternden Menschen. Als → Gerontologie oder Altersforschung wird andererseits die Wissenschaft bezeichnet, die sich mit Alterungsvorgängen in all ihren Aspekten befasst, darunter psychologischen, sozialen, wirtschaftlichen, politischen und gesellschaftlichen. Die Sektion G. in der Europäischen Facharztvereinigung (U.E.M.S.) veröffentlichte 2008 eine Begriffsdefinition, wonach G. eine medizinische Spezialdisziplin ist, die sich mit den körperlichen, mentalen, funktionellen und sozialen Bedingungen der akuten, chronischen, rehabilitativen, präventiven Behandlung und Pflege älterer Patient/innen – auch am Lebensende – befasst (www.uemsgeriatricmedicine.org).

Der Großteil älterer Patient/innen leidet neben einer akuten, zur Krankenhauseinweisung führenden Störung an einer Vielzahl unterschiedlicher Erkrankungen (Multimorbidität) und/oder zum Teil chronischen Einschränkungen, Funktionsstörungen unterschiedlicher Ausprägung mit einer meist negativen Rückwirkung, v.a. auf den psychosozialen Bereich. Dies erfordert ein umfassendes therapeutisch-rehabilitatives Gesamtkonzept. Geriatrische Medizin überschreitet daher die organmedizinisch orientierte Medizin und bietet zusätzliche Therapieangebote im Rahmen eines interdisziplinären Teams. Das Hauptziel ist es, den funktionellen Status einer älteren Person zu optimieren sowie Lebensqualität und Autonomie zu verbessern. Geriatrische Medizin ist nicht ausdrücklich durch das → Alter definiert, sie befasst sich jedoch mit den typischen Erkrankungen älterer Patient/innen. Die meisten Patient/innen sind zwar älter als 65 Jahre, aber diejenigen Gesundheitsprobleme, die durch die G. als Spezialdisziplin am besten angegangen werden können, sind in der Altersklasse der über 80-Jährigen besonders verbreitet. Zu den häufigsten → Diagnosen in der G. zählen: degenerative Gelenkerkrankungen, Rückenschmerz, Bluthochdruck, Herzinsuffizienz, arterielle Verschlusskrankheit, koronare Herzkrankheit, chronisch obstruktive Lungenerkrankung, Diabetes mellitus, Fettstoffwechselstörungen und Osteoporose. Besondere Risiken stellen kognitive Einbußen, eine Minderung der Seh- und Hörfähigkeit, Gangunsicherheiten und Stürze dar: Zu den häufigsten Sturzfolgen gehören Frakturen, besonders die Schenkelhalsfraktur. Rund ein Drittel aller über 65-Jährigen stürzt mindestens einmal pro Jahr (vgl. Tinetti u.a.).

Studien zeigen die positiven Auswirkungen der G. für ältere Patient/innen. Das Risiko, eine Behinderung zu erleiden oder zu sterben, ist für ältere Patient/innen deutlich geringer, wenn sie bei der Einweisung in ein Allgemeinkrankenhaus direkt auf eine geriatrische Station aufgenommen werden (vgl. European Union Geriatric Medicine Society, www.eugms.org). Interdisziplinarität (→ Interdisziplinäre Kooperation) ist der Grundsatz der Arbeit im geriatrischen Team. Dieses besteht aus Ärztinnen und Ärzten, Stationsassistenten/innen, Pflegekräften, → Sozialarbeiter/innen, Physiotherapeut/innen, Ergotherapeut/innen (→ Ergotherapie), Neuropsycholog/innen,

Logopäd/innen (→ Logopädie), Diätassistent/innen, Seelsorger/innen, Psycholog/innen, medizinischen Bademeister/innen. Bei Bedarf können auch noch weitere Berufsgruppen hinzugezogen werden. Erforderlich ist nicht nur die multiprofessionelle Versorgung der Patient/innen, sondern die ständige Abstimmung und Information innerhalb des Teams während der → Therapie und damit eine fortlaufende Diskussion aller Belange des Patient/innen.

Die Einschätzung der gesamten Situation des Patienten/der Patientin durch alle beteiligten Berufsgruppen erfolgt durch ein Assessment (engl.: Einschätzung, Beurteilung) anhand exakter Beobachtung, → Anamnese und standardisierter, validierter Tests. Aus arbeits- und zeitökonomischen Gründen wird das Assessment mehrstufig durchgeführt. Auf der ersten Stufe wird das Geriatrische Screening durchgeführt, dann folgt das Standardisierte Geriatrische Basisassessment. Die von der deutschen Arbeitsgruppe Geriatrisches Assessment (AGAST) hierfür empfohlenen Tests sind: Barthel-Index, Mini-Mental-State-Test, Geriatric Depression Scale, Sozialfragebogen nach Nikolaus, Mobilitätstest nach Tinetti, Timed »Up and Go«, Uhrentest und Messung der Handkraft. Falls erforderlich, können auf einer dritten Stufe weitere psychometrische und an das spezielle Krankheitsgeschehen angepasste Tests erfolgen. Die aus den Tests gewonnenen Informationen müssen sorgfältig ausgewertet werden. Sie bilden die Grundlage und dienen der Verlaufskontrolle für eine optimale und gezielte Therapie, Betreuung und → Rehabilitation (→ Medizinische Rehabilitation). Besonderer Berücksichtigung bedarf die im Alter veränderte Funktion des Organismus. Dies ist auch bei jeglicher Pharmakotherapie zu bedenken: Die Einnahme einer Vielzahl von Medikamenten (Multimedikation) hat Arzneimittelneben- und -wechselwirkungen zur Folge, welche zu den häufigsten Todesursachen bei Älteren in westlichen Ländern zählen. Auch ist die starre Anwendung diagnosespezifischer medizinischer Leitlinien auf den multimorbiden alten Menschen nicht nur unwirtschaftlich, sondern kann dessen Lebensqualität auch beeinträchtigen und ihn gefährden. Insofern wird das Verlassen einer Leitlinie, welches sonst die begründete Ausnahme sein muss, in der G. eher noch der notwendige Regelfall bleiben (vgl. Kompetenz-Centrum Geriatrie beim → Medizinischen Dienst der Krankenversicherung Nord, www.kcgeriatrie.de/leitlinien_1.htm). Eine besondere Herausforderung in Diagnostik und Therapie stellen Erkrankungen wie → Demenz, → Depressionen und Delir dar, die auch vor dem Hintergrund der → demografischen Entwicklung zunehmend an Bedeutung gewinnen.

Die G. hat es aufgrund ihrer Interdisziplinarität schwer, als eigenes Fachgebiet anerkannt zu werden. Bis heute ist sie in Deutschland in den meisten Bundesländern nur eine Zusatzweiterbildung anderer medizinischer Gebiete: Ärzt/innen können sich nach einer Facharztweiterbildung (z.B. in Innerer Medizin, Allgemeinmedizin, Psychiatrie, Neurologie) durch Tätigkeit an einer befugten Stätte in G. weiterbilden und dann zusätzlich die Bezeichnung »G.« führen. Einige Bundesländer haben mittlerweile den Facharzt mit Schwerpunkt G. eingeführt. Allerdings wird den Studierenden der Medizin geriatrisches Wissen noch nicht flächendeckend vermittelt. Lehrstühle für G. gibt es zurzeit nur in Aachen, Berlin, Bochum, Erlangen-Nürnberg, Hamburg, Köln, Ulm und Witten/Herdecke (www.dggeriatrie.de/nachwuchs/geriatrie-an-der-universitaet.html).

*Lit.* Arbeitsgruppe Geriatrisches Assessment (Hrsg.): Geriatrisches Basisassessment: Handlungsanleitungen für die Praxis, 2. Aufl., München 1997; Kohlmann, W./Eckardt, R./Steinhagen-Thiessen, E.: Standards in der geriatrischen Behandlung. Herausforderungen für die geriatrische Versorgung, in: Handbuch Gesundheitswirtschaft, Berlin 2007; Steinhagen-Thiessen, E./Borchelt, M.: Morbidität, Medikamentation und Funktionalität im Alter, in: Mayer, K./Baltes, P. B. (Hrsg.): Die Berliner Altersstudie, Berlin 1996; Tinetti, M. E./Williams, C. S.: Falls. Injuries Due to Falls, and the Risk of Admission to a Nursing Home, in: The New England Journal of Medicine 337, 1997, S. 1279–1284.

*Elisabeth Steinhagen-Thiessen/ Susanne Segebrecht*

**Gerichtshilfe** ist eine Ermittlungshilfe für Staatsanwaltschaft und Gericht bei der Täterbeurteilung im Ermittlungs- und Strafverfahren in Form der Hilfe bei der Strafzumessung (§ 160 Abs. 3 S. 2 Strafprozessordnung [StPO]) und bei der Vorbereitung von nachträglichen Entscheidungen im Strafvollstreckungsverfahren (§ 463 d StPO). Die G. ist in erster Linie Rechtshilfe und nur in zweiter Linie → Sozialhilfe. Sie gehört nach Art. 294 Einführungsgesetz zum Strafgesetzbuch (EGStGB) zum Geschäftsbereich der Landesjustizverwaltungen. Sie wird i.d.R. den Landgerichten oder den Staatsanwaltschaften zugeordnet; durch → Rechtsverordnung kann die Landesregierung aber eine andere Behörde aus dem Bereich der Sozialverwaltung bestimmen. Teilweise werden einheitliche Dienste gebildet, die auch Aufgaben der → Bewährungshilfe und Führungsaufsicht (→ Maßregeln der Besserung und Sicherung) übernehmen.

Die Einschaltung der G. steht im → Ermessen der Staatsanwaltschaft bzw. des Gerichts. Im Rahmen der Ermittlung der für die Bestimmung der Rechtfolgen der Tat bedeutenden Umstände (§ 160 Abs. 3 S. 1 StPO) erforscht die G. die persönlichen Verhältnisse der beschuldigten bzw. angeklagten Personen objektiv und ohne Rücksicht auf positive und negative Auswirkung für diese (z.B. schulische/berufliche Bildung/Tätigkeiten, soziale Kontakte/Lebenssituation zur Tatzeit, Entwicklungsschwierigkeiten). Dabei bestimmt die G. den Umfang ihrer Ermittlungen i.d.R. selbst. Der/die Gerichtshelfer/in hat die beschuldigte bzw. angeklagte Person vor der Befragung über ihr Schweigerecht zu belehren und darauf hinzuweisen, dass ihre Angaben in dem Verfahren gegen sie verwertet werden können. Im schriftlichen Bericht (der zu den Akten genommen wird) beschreibt die G. die Persönlichkeit der/des Beschuldigten/Angeklagten; es ist überwiegend anerkannt, dass er auch prognostische Hinweise und Anregungen des/der Gerichtshelfer/in enthalten darf.

In der Hauptverhandlung kann das Gericht den/die schon im Ermittlungsverfahren eingeschalteten Gerichtshelfer/in als Zeugen/Zeugin vernehmen. Es besteht kein → Zeugnisverweigerungsrecht. Das Gericht darf den Bericht nicht gem. § 256 StPO verlesen, weil er nicht Erklärungen einer »öffentlichen Behörde« enthält, wohl aber unter den Voraussetzungen des § 251 StPO.

Zur Vorbereitung bestimmter Strafvollstreckungsentscheidungen kann sich das Gericht oder die Vollstreckungsbehörde der G. bedienen (§ 463 d StPO, → Strafvollzug); dazu gehören u.a. die nachträgliche Entscheidung über die → Strafaussetzung oder über die Verwarnung mit Strafvorbehalt (§ 453 Abs. 1 StPO), über die Aussetzung des Strafrestes zu Bewährung (§ 454 Abs. 1 StPO) oder über den Aufschub der Vollstreckung einer → Freiheitsstrafe (§ 455 Abs. 1 StPO). Gericht und Vollstreckungsbehörde entschieden über die Hinzuziehung der G. unter Berücksichtigung des Aufwands und die Bedeutung der Angelegenheit für die/den Verurteilten. Die Hinzuziehung ist geboten, wenn von der G. Erkenntnisse zu erwarten sind, aufgrund derer v.a. der Widerruf der Strafaussetzung oder der Aussetzung des Strafrestes möglicherweise vermieden werden kann. In solchen Fällen kann die Nichteinschaltung der G. einen schweren Verfahrensfehler darstellen, der eine Aufhebung der daraufhin betroffenen Entscheidung und eine Zurückverweisung rechtfertigen kann. Der/die Gerichtshelfer/in erstellt einen schriftlichen Bericht, der im Beschlussverfahren verwertet wird.

*Uwe Klerks*

**Gerichtshof der Europäischen Union (EuGH)** Der EuGH mit Sitz in Luxemburg ist das rechtsprechende Organ der → Europäischen Union (EU) und »sichert die Wahrung des Rechts bei der Auslegung und Anwendung der Verträge« (Art. 19 Abs. 1 Vertrag über die Europäische Union [EUV]) sowie der von den Gemeinschaftsorganen erlassenen Rechtsvorschriften. Bereits infolge des Vertrages über die Europäische Gemeinschaft für Kohle und Stahl (1952) war er für Vertragsstreitigkeiten zuständig. 1957 wurde der EuGH als gemeinsames Organ der Europäischen Gemeinschaften etabliert. Der EuGH umfasst den Gerichtshof, das Gericht (EuG – früher Gericht erster Instanz) und Fachgerichte (Art. 19 EUV). Jeder Mitgliedstaat entsendet eine/n Richter/in an den EuGH, sodass er nach der letzten Erweiterung aus 28 Mitgliedern besteht. Die Amtsdauer der Richter/innen beträgt sechs Jahre. Sie werden im gegenseitigen Einvernehmen durch die Regierungen der Mitgliedstaaten ernannt. Bei seiner Rechtsfindung wird der EuGH durch acht Generalanwält/innen unterstützt, die ähnlich wie die Richter/innen berufen werden. »Der Generalanwalt hat öffentlich in völliger Unparteilichkeit und Unabhängigkeit begründete Schlussanträge zu den Rechtssachen zu stellen« (Art. 252 Vertrag über die Arbeitsweise der Europäischen Union [AEUV]) und unterbreitet dem Gericht einen konkreten Entscheidungsvorschlag.

Der EuGH trifft im Bereich des → Sozialrechts im Wesentlichen Vorabentscheidungen, die durch mitgliedstaatliche Gerichte aller Ebenen vorgelegt werden können (oberste Instanzen sind sogar dazu verpflichtet), sofern die Interpretation von europäischem Recht oder die Feststellung der Gültigkeit des Handelns der EU-Institutionen vonnöten ist (Art. 267 AEUV). Der EuGH interpretiert lediglich ausgewählte Rechtsaspekte und versetzt anrufende Gerichte dadurch in die Lage, Urteile in ihren konkreten Rechtssachen zu fällen. Daneben kann der EuGH im Sozialrechtsbereich auch mit Vertragsverletzungsverfahren (Art. 258, 259 AEUV) befasst werden, die von der Kommission oder einem Mitgliedstaat angestrengt werden können. Seit den 1960er-Jahren hat der EuGH ca. 900 sozialpolitisch relevante Urteile gesprochen, von denen rund zwei Drittel Bezug auf die → Europäischen Grundfreiheiten (Personen-, Dienstleistungs-, Waren- und Kapitalverkehrsfreiheit) nehmen. Zunehmend bedient er sich auch der Normen zur → Unionsbürgerschaft (Art. 20 AEUV) als Grundlage seiner → Rechtsprechung. Der EuGH hat sich als gewichtiger sozialpolitischer Akteur etabliert, der mit seinen Entscheidungen bis in Sphären genuin mitgliedstaatlicher Kompetenzen vordringt. In den Rechtssachen *Höfner und Elser* (1991) bspw. setzte er sich wettbewerbsrechtlich (→ Wettbewerbsrecht) mit der Unternehmenseigenschaft von Trägern der → Sozialversicherung, hier bei der Arbeitsvermittlung (→ Arbeitsförderung), auseinander. Umfang- und folgenreich ist auch seine Rechtsprechung zu Sozialschutz und Freizügigkeit (z.B. Rechtssache *Grzelczyk* [2001] zum Anspruch auf Gewährung des → Existenzminimums für Unionsbürger), zum → Vergaberecht (z.B. Rechtssache *Rüffert* [2008] zur Tariftreue bei → öffentlichen Aufträgen) sowie zur → Dienstleistungsfreiheit im Zusammenhang mit → sozialen Dienstleistungen (etwa Rechtssachen *Kohll* und *Decker* [1998] zum Erwerb gesundheitlicher Waren und Dienstleistungen im europäischen Ausland). Wegen seiner rechtschöpfenden Tätigkeit in diesem Bereich stand der EuGH wiederholt in der Kritik.

*Johannes Eisenbarth*

**Gerichtsvollzieher/in** → Zwangsvollstreckung

**Geringfügige Beschäftigung** („Minijob") liegt vor, wenn das monatliche regelmäßige Arbeitsentgelt max. 450 Euro beträgt. Ein Minijob ist auch parallel zu einem sozialversicherungspflichtigen → Arbeitsverhältnis möglich. Im Jahre 2015 arbeiteten rd. 7,5 Mio. Personen als Minijobber/innen, davon rd. 2,5 Mio. in Nebenbeschäftigung. Nach Schätzungen des Deutschen Gewerkschaftsbundes (DGB) gehen dem Staat und den → Sozialversicherungen hierdurch Einnahmen in Höhe von 3 Mrd. Euro verloren.

Für Minijobber/innen zahlen Arbeitgeber pauschale Sozialversicherungsbeiträge sowie eine pauschale Steuer (im gewerblichen Bereich insgesamt ca. 30%, davon 15% an die → Rentenversicherung, 13% an die → Krankenversicherung, 2% pauschale Steuern; in Privathaushalten weniger).

Ab dem Jahr 2013 besteht auch für Minijobber/innen Rentenversicherungspflicht. Sie können sich aber auf eigenen Wunsch davon freistellen lassen. Tatsächlich sind deswegen 2015 nur rd. 17% rentenversichert. In der Krankenversicherung löst der Beitrag des Arbeitgebers keinen eigenständigen Versicherungsschutz aus, die Beschäftigten müssen also über andere Wege krankenversichert sein.

Trotz der höheren Abgaben sind Minijobs für die Arbeitgeber attraktiv. Durch die hohe Flexibilität des Arbeitseinsatzes ergeben sich große Produktivitätsvorteile. Untersuchungen zeigen, dass die Löhne niedrig sind und vielfach Arbeitnehmerrechte vorenthalten werden (z.B. → Entgeltfortzahlung bei Krankheit, Urlaub). Als Hilfe zur Integration in den → Arbeitsmarkt erweist sich die g. B. jedoch i.d.R. nicht. Wissenschaftler/innen machen hierfür Fehlanreize verantwortlich.

*Johannes Jakob*

**Gerontologie** (griech.: geron = alter Mensch) ist die Wissenschaft von → Alter und vom Altern. An der Erforschung beteiligen sich zahlreiche wissenschaftliche Disziplinen natur-, human- und sozialwissenschaftlicher Prägung. Der Bogen spannt sich von der biologischen Grundlagenforschung und ihrer Anwendung in der → Geriatrie hin zur Analyse der Potenziale und → Lebenslagen/→ Lebensstile. G. stellt eine Querschnittsdisziplin dar.

Im Alter besteht eine hohe interindividuelle Schwankungsbreite von biologischen und psychologischen Funktionen. Differenzielle G. akzentuiert die Verschiedenheit des individuellen Alters, seine Variabilität und Plastizität. Die Gestaltbarkeit von Altersverläufen entspricht auch den sozialpolitikwissenschaftlichen und soziologischen Zugängen. Moderne G. fokussiert Differenz: das gilt für Risiken und Beeinträchtigungen sowie für Potenziale und → Ressourcen. Altern und Altsein werden zudem im Lebenslauf betrachtet, in Bezug zum mittleren Erwachsenenalter gestellt und in der Generationenabfolge analysiert.

Zuletzt rückte das hohe (»vierte«) Alter in den Fokus gerontologischer Forschung und wissenschaftlicher Politikberatung. Diese Lebensphase wird nicht länger als eine Fortschreibung des beginnenden (»dritten«) Alters verstanden, sondern als qualitativ eigenständiger Abschnitt. Die Einbettung des Altersdiskurses in den Prozess der → demographischen Entwicklung öffnete schließlich die Perspektive der G. hin zu disziplinübergreifenden Fragen nach Produktivität und Wohlstand alternder Gesellschaften.

*Roland Schmidt*

**Gerontopsychiatrie** oder Alterspsychiatrie (»Old Age Psychiatry«, »Psychogeriatrics«, »Geriatric Psychiatry«) ist ein Teilgebiet der → Psychiatrischen Versorgung, das international breite Anerkennung findet. Wegen der → demografischen Entwicklung nimmt die Bedeutung der G.

stetig zu. Nach der → Weltgesundheitsorganisation (WHO) ist eine kompetente G. und -psychotherapie unverzichtbar und nicht durch andere Fachgebiete, etwa die → Geriatrie oder die allgemeinpsychiatrische Kompetenz zu ersetzen.

Diagnostische Methoden und präventive, therapeutische und rehabilitative → Interventionen der G. unterscheiden sich von denen der Allgemeinpsychiatrie, da bei Menschen mit zunehmendem Alter spezifische Besonderheiten berücksichtigt werden müssen. Das betrifft pharmakologische Interventionen einschließlich der Nebenwirkungsrisiken ebenso wie psychotherapeutische Verfahren. Wichtig ist auch die Kenntnis generationsübergreifender gerontologischer Problemstellungen und die Vertrautheit mit den Strukturen komplementärer Netze in der → Altenhilfe. G. ist von der Geriatrie als Zweig der inneren Medizin, deren Schwerpunkte im altersspezifischen Assessment und in der → Rehabilitation liegen, abzugrenzen. Die Kenntnis akuter und → chronischer → Krankheiten des alten Menschen und deren Einflussnahme auf → Kognition und → Verhalten gehören zum Kompetenzbereich der G.

Die gerontopsychiatrische Fachgesellschaft heißt »Deutsche Gesellschaft für G. und -psychotherapie« (DGGPP). Es gibt bisher in Deutschland noch keine spezifische ärztliche Weiterbildung »G.«, sondern nur eine fakultative Weiterbildung »Klinische Geriatrie«, die mehreren Facharztgruppen offensteht. Zusätzlich können Allgemeinmediziner/innen und Psychiater/innen ein »Zertifikat G.« erwerben, das von der Deutschen Akademie für G. und -psychotherapie (DAGPP) und der → Deutschen Gesellschaft für Psychiatrie und Psychotherapie, Psychosomatik und Nervenheilkunde (DGPPN) verliehen wird. Basale Kompetenzen in der G. gehören zum Kernbereich des Mutterfachs Psychiatrie. In ihrer differenzierenden Auffächerung auf der Basis des international gewachsenen Gewichts verlangt die G. allerdings nach einem eigenen Schwerpunkt (Haupt/Gutzmann). Im Rahmen der Überarbeitung der ärztlichen Weiterbildungsordnung wird ein solcher angestrebt.

Ein Viertel der älteren Menschen leidet an → psychischen Störungen. Die häufigsten Erkrankungen sind → Demenzen und → Depressionen. Demenzen nehmen im Alter zu: von mehr als 1% in der Altersgruppe der 65-69-Jährigen auf rund 40% unter den über 90-Jährigen. Frauen weisen ein höheres Demenzrisiko auf, was wesentlich der höheren Lebenserwartung geschuldet ist. In Deutschland muss man von mehr als 300.000 Neuerkrankungen pro Jahr und einem Krankenbestand von 1,5 Millionen Demenzkranker ausgehen. Depressionen weisen dagegen keinen Altersgang auf. Die Prävalenz der schweren (majoren) Depressionen wird in den meisten Studien mit 2-4% angegeben, die von leichteren (minoren) depressiven Störungen mit knapp 10%. Ein besonders hohes Depressionsrisiko weisen ältere Menschen auf, die in Institutionen versorgt werden. Für alte Menschen besteht in Deutschland ein wesentlich höheres Suizidrisiko als für die Jüngeren. Ein Alkoholmissbrauch wird bei 10 bis 20%, eine Alkoholabhängigkeit bei 2 bis 3% der älteren Männer angenommen. Bei älteren Frauen spielen Tranquilizer eine vergleichbare Rolle (→ Sucht). Während nach dem 60. Lebensjahr das Erkrankungsrisiko für → Schizophrenie äußerst gering ist, treten bei knapp 5% dieser Altersgruppe umschriebene paranoide Syndrome auf. Während bei Jüngeren primäre Angstkrankheiten dominieren, treten beim älteren Menschen die Ängste im Rahmen körperlicher Erkrankungen als sog. »sekundäre Angsterkrankungen« in Erscheinung, werden aber zu selten therapeutisch ernst genommen.

Psychopharmaka sind auch im Alter unverzichtbar, wenn sie indikationsgerecht eingesetzt werden. So sind Neuroleptika geeignet, paranoide Störungen günstig zu beeinflussen. Für Menschen mit Demenz, bei denen sie zu häufig eingesetzt werden, stellen sie eher ein Risiko dar. Bei der Alzheimerkrankheit kann die Demenzentwicklung durch Cholinesterasehemmer im Einzelfall verzögert werden. Memantine ist als weiteres Medikament auch bei schwereren Demenzen zugelassen. Nichtmedikamentöse Therapieverfahren (z.B. kognitive Aktivierung) sind bei Demenzen wirksam, werden aber zu selten angeboten. Eine Depression mit → Suizidgefährdung sollte mit Antidepressiva behandelt werden. Bei den übrigen depressiven Störungen sind Psychotherapien (→ Therapie) die erste Wahl. Sie wirken zwar ebenso gut wie bei Jüngeren, werden bei diesen aber achtmal häufiger eingesetzt als bei Älteren.

Während sich die G. früher wesentlich auf stationäre Angebote beschränkte, wurden in den letzten 20 Jahren ambulante und aufsuchende Angebote häufiger. Hierbei spielen niedergelassene Psychiater/innen, gelegentlich als Schwerpunktpraxis, und gerontopsychiatrische Institutsambulanzen eine wesentliche Rolle. Zum ambulanten Angebot zählen auch auf Diagnose und Therapie von Demenzerkrankungen spezialisierte Gedächtnissprechstunden (»memory-clinic«), von denen es 2015 in Deutschland etwa 160 gibt. Nach den Vorschlägen der Expertenkommission der Bundesregierung 1988 sollen als Kompetenzzentren für alte → psychisch kranke Menschen spezialisierte → Tageskliniken, Ambulanzen und Beratungsstellen in sog. Gerontopsychiatrischen Zentren zusammengefasst werden. Dieses Konzept wurde bei der Psychiatrieplanung der Länder bisher zu wenig berücksichtigt (Gutzmann). Besonders bei Tageskliniken besteht immer noch ein deutlicher Mangel. Trotz der → Ambulantisierung der G. sind stationäre Behandlungen weiterhin bei Menschen mit schweren Depressionen und Suizidalität sowie bei gravierenden → Verhaltensauffälligkeiten von Menschen mit Demenz notwendig.

*Lit.* Gutzmann, H.: Versorgungsstrukturen und versorgungsrechtliche Aspekte: Gerontopsychiatrie, in: Pantel, J./Schröder, J./Bollheimer, C./Sieber, C./Kruse, A. (Hrsg): Praxishandbuch Altersmedizin: Geriatrie – Gerontopsychiatrie – Gerontologie, Stuttgart 2014, S. 686–693; Haupt, M./Gutzmann, H.: Schwerpunkt Gerontopsychiatrie, in: Die Psychiatrie 8/2011, S. 226–232; World Psychiatric Association and World Health Organization: Psychiatry of the elderly: A technical consensus statement, Geneva 1996.

*Hans Gutzmann*

**Gesamtplan in der Eingliederungshilfe** Seit dem Inkrafttreten des Bundessozialhilfegesetzes (BSHG) im Jahr 1961 und des Folgegesetzes, des Zwölften Buches → Sozialgesetzbuch (SGB XII) im Jahr 2005, gibt es die Regelung zum G. (§ 58 SGB XII). Diese schreibt vor, dass der → Träger der Sozialhilfe für Leistungen der → Eingliederungshilfe so frühzeitig wie möglich einen G. zur Durchführung der einzelnen Leistungen aufzustellen hat.

Insbesondere durch das Neunte Buch Sozialgesetzbuch (SGB IX) im Jahr 2001 erfuhr der Begriff des G. eine erweiterte Bedeutung. Die Einflüsse der → UN-Behindertenrechtskonvention (BRK) und die damit korrespondierenden Gedanken des Personenzentrierten Ansatzes beeinflussten und beeinflussen deutlich die Handhabung des G. Die im SGB IX eingeführten Gedanken der Koordinierung der Leistungen (§ 10) und der Leistungsabsprachen (§ 12) machen den Zusammenhang mit dem individuellen → Bedarf in Verknüpfung zur Leistung besonders deutlich. Damit wird der Sinnzusammenhang zwischen dem G. in seiner Funktion der Planung von Leistungen und dem des stets individuellen Bedarfes deutlich.

Folgt man bei der Erörterung des individuellen Bedarfs den Gedanken der BRK, dem SGB IX und den damit einhergehenden strukturellen Ideen des → ICF, so erhält man ein vielfältig geschichtetes Bild. Da die Erörterung des Bedarfes zusätzlich auch stark von der Person der/des Hilfesuchenden geprägt sowie von den Verfahren, Instrumenten und fragenden Personen abhängig ist, trägt sie die Züge einer (Bedarfs-)Vereinbarung. Dieser (vereinbarte) Bedarf wird im Zuge des G. mit einer oder mehreren möglichen Leistungen in Beziehung gestellt. Dabei werden neben Leistungen verschiedener → Sozialleistungsträger die Leistungen der → Sozialhilfe – insbesondere die Leistungen des nicht abgeschlossenen Leistungskatalogs SGB XII – als mögliche Hilfen in Betracht gezogen. In diesem Verfahrensschritt werden den (vereinbarten) Bedarfen eine oder mehrere Leistungen gegenübergestellt. In diesem wichtigen Schritt werden Ziele der/des Hilfesuchenden auf der Matrix des Bedarfes mit den Leistungen in Übereinstimmung gebracht, d.h. vereinbart. Dabei ist wichtigstes Wertungskriterium die Ergebnisqualität. Insofern ist der G. auch immer ein Verfahren, in dem wirkungsorientiert Prognosen im Diskurs erörtert werden.

Die Anforderungen an die Professionalität der beruflich Beteiligten am G. beziehen sich damit wesentlich auf Kompetenzen hinsichtlich der Falldiagnostik und der Führung von Diskursen. Die gemeinsame Erarbeitung von Zielen unter Beachtung der ausgeübten → Partizipation der Hilfesuchenden ist Kernstück des G.

Die Falldiagnostik bzw. das → Fallverstehen ist bei dem Verfahren des G. Grundlage des Geschehens. In der Vorbereitung richten sich die beruflich Beteiligten in einem kooperativen Handeln auf die wesentlichen Merkmale/Wünsche der/des Hilfesuchenden aus. Dabei sind Erkenntnisse vormals durchgeführte Beratungen – mit Einverständnis der Hilfesuchenden – zu berücksichtigen.

Das Bundeskabinett hat am 28.6.2016 einen Regierungsentwurf zu einem Bundesteilhabegesetz verabschiedet, der wesentliche Änderungen des Rechts der Rehabilitation und Teilhabe behinderter Menschen und der Eingliederungshilfe vorsieht.

*Werner Lukas-Nülle*

**Gesamtschule** → Schulformen

**Geschäftsfähigkeit** ist die Fähigkeit einer Person, durch eigene Willenserklärungen (Äußerung eines Rechtsfolgewillens) Rechtswirkungen herbeiführen zu können. Abzugrenzen ist die G. von der Einwilligungsfähigkeit als Voraussetzung für einen Eingriff in höchstpersönliche Rechtsgüter. Das → Bürgerliche Gesetzbuch (BGB) geht – ungeschrieben – davon aus, dass jedem Menschen G. zukommt und beschränkt sich darauf, die Ausnahmen zu regeln. So ist die Geschäftsunfähigkeit in § 104 BGB und die beschränkte G. für Minderjährige zwischen sieben und 18 Jahren in §§ 106 ff. BGB geregelt. Einfluss auf die G. hat im Betreuungsrecht (→ Betreuung) auch die Anordnung eines Einwilligungsvorbehalts nach § 1903 BGB, in deren Folge der Betroffene einem beschränkt Geschäftsfähigen gleichsteht. Geschäftsunfähig sind gem. § 104 Nr. 1 BGB noch nicht sieben Jahre alte Personen, nach § 104 Nr. 2 BGB außerdem diejenigen, die sich in einem die freie Willensbestimmung ausschließenden Zustand krankhafter Störung der Geistestätigkeit befinden, sofern nicht dieser Zustand seiner Natur nach ein vorübergehender ist. Ein Ausschluss der freien Willensbestimmung liegt dann vor, wenn jemand nicht imstande ist, seinen Willen frei und unbeeinflusst von der vorliegenden Störung zu bilden (Defekt der Erkenntnisebene) und/oder nach (noch) zutreffend gewonnenen Einsichten zu handeln (Defekt der Steuerungsebene).

Die Willenserklärung von Geschäftsunfähigen ist unabhängig von der Frage eines etwaigen Vorteils oder Nachteils nichtig, § 105 Abs. 1 BGB. Davon macht § 105 a BGB allerdings eine Ausnahme insoweit, als ein von volljährigen Geschäftsunfähigen abgeschlossenes Rechtsgeschäft des täglichen Lebens, das mit geringwertigen Mitteln bewirkt werden kann (etwa Zeitungskauf oder Kauf von Lebensmitteln; Grenze zwischen 25 und 50 Euro), dann als wirksam anzusehen ist, wenn Leistung und Gegenleistung erbracht worden sind. Eine der/dem Geschäftsunfähigen gegenüber abzugebende Willenserklärung wird nur wirksam, wenn sie dem → gesetzlichen Vertreter zugeht (§ 131 Abs. 1 BGB), wobei es nach der Rechtsprechung darauf ankommt, dass die Willenserklärung an den gesetzlichen Vertreter adressiert wird. Ist jemand lediglich vorübergehend in der Geistestätigkeit gestört oder bewusstlos, nimmt dies der Person zwar nicht die G., führt in der rechtlichen Konsequenz aber auch dazu, dass das vorgenommene Rechtsgeschäft nichtig ist (§ 105 Abs. 2 BGB).

Die Geschäftsunfähigkeit kann sich auf einen gegenständlichen Kreis von Angelegenheiten (etwa den Abschluss von Handy-Verträgen) beschränken, sog. partielle Geschäftsunfähigkeit, wohingegen die Annahme einer relativen Geschäftsunfähigkeit für besonders schwierige Rechtsgeschäfte im Interesse des Schutzes des Rechtsverkehrs abgelehnt wird. Für bestimmte Ausnahmebereiche wird allerdings auch eine partielle G. (bei im Übrigen bestehender Geschäftsunfähigkeit) anerkannt, so für die sog. »Ehegeschäftsfähigkeit«, § 1304 BGB, und für die Testierfähigkeit im Sinne von § 2229 Abs. 4 BGB.

*Michael Grabow*

**Geschichte der Sozialen Arbeit** → Soziale Arbeit, im deutschen Sprachraum traditionell differenziert in Sozialarbeit/Sozialpädagogik, soll hier verstanden werden als der Bereich → sozialer Sicherheit, der im → Sozialstaat dem → Fürsorgeprinzip – im Unterschied zu → Versicherungs- und → Versorgungsprinzip – unterliegt. Historisch wurden dafür die Begriffe »Armenpflege«, → »Fürsorge« und »Wohlfahrtspflege« verwandt.

Soziale Arbeit als System organisierter und professioneller Hilfe trat im Prozess der Modernisierung an die Stelle ethisch-moralisch verankerter Unterstützung für Menschen in Notlagen, die sich bereits in frühen Zeugnissen menschlicher Gesellschaften nachweisen lässt. Auch die Weltreligionen sehen die Hilfe für Bedürftige als Teil der religiösen Praxis vor. Im Mittelalter war das religiös motivierte Almosengeben weit verbreitet und erste soziale Institutionen entstanden: Klöster, Spitäler, Findelhäuser. Die Armen waren in die städtische Gesellschaft integriert; ihre Lage galt nicht als Makel. Die Ursprünge der modernen Armenfürsorge in Deutschland liegen in der frühen Neuzeit, als infolge ökonomischer Umbrüche ländliche Bevölkerungsschichten in die Städte zogen. Der Zuzug »fremder« Armer führte zu einer Neukonzeption des Unterstützungswesens: Es wurde nun zwischen »würdigen« und »unwürdigen« Armen unterschieden, wobei ihre Arbeitswilligkeit bzw. -fähigkeit ein entscheidendes Kriterium war. Vielerorts wurde die Bettelei verboten, mit der Hilfeleistung war die Kontrolle der Hilfeempfangenden verbunden und erste administrative Instanzen entstanden. Weitreichende Konsequenzen hatte die Einführung des »Heimatprinzips«: Da die Pflicht zur Hilfeleistung für Bedürftige den Städten (und später den Flächenstaaten) oblag, sollten nur diejenigen ein Recht auf Unterstützung haben, die an dem jeweiligen Ort ansässig waren. Im 17. Jh. fand die Arbeitspflicht eine Verschärfung durch die Einrichtung von Zucht- und Arbeitshäusern für herumziehende, bettelnde Arme ohne festen Wohnsitz. Sie wurden von den Städten und Ländern, z.T. auch von den Kirchen eingerichtet und sollten der »Erziehung zur Arbeit« dienen. Ihr Zweck war nicht nur die Disziplinierung ihrer Insassen, sondern auch die Abschreckung der gesamten armen Bevölkerung. Damit lässt sich die »Sozialdisziplinierung« (Sachße/Tennstedt) als eine zentrale Leitidee der Fürsorgeentwicklung in Deutschland identifizieren.

In der ersten Hälfte des 19. Jh. führten Bevölkerungswachstum und Binnenwanderung insbesondere in den industriellen Zentren zu einem enormen Anstieg der armen Bevölkerung. 1842 schrieb das »Preußische Gesetz über die Verpflichtung zur Armenfürsorge« die primäre Zuständigkeit der → Gemeinden als »Ortsarmenverbände« bzw. subsidiär die der »Landesarmenverbände« fest. Es regelte aber weder Art und Umfang der Unterstützung noch die Organisation und Ausgestaltung ihrer Durchführung. Das Gesetz wurde 1871 auf das gesamte Deutsche Reich übertragen, ebenso wie das Unterstützungswohnsitzgesetz (UWG) (mit Ausnahme von Bayern und Elsass-Lothringen). Als logische Folge der seit 1867 bestehenden Freizügigkeit band das UWG die Pflicht zur Armenunterstützung nicht mehr an die »Heimatgemeinde«, sondern an diejenige Kommune, in der die Bedürftigen ihren realen Wohnsitz hatten – allerdings mit einem Mindestaufenthalt von zwei Jahren. Die öffentliche Armenpflege war mit ihren Aufgaben überfordert und vielerorts wurde eine Organisationsreform gefordert. Ein Reformmodell war das sog. Elberfelder System, das in der rheinischen Textilstadt 1853 eingeführt und bis zum Ende des 19. Jh. auf viele andere Städte übertragen wurde. Es sah den Einsatz ehrenamtlicher Armenpfleger/innen vor, die in ihrem jeweiligen Wohnquartier den Kontakt zu den Armen herstellten und deren → Bedarf ermittelten. Sie bewilligten selbst die Leistungen, waren aber den ebenfalls ehrenamtlich arbeitenden Bezirksvorstehern gegenüber rechenschaftspflichtig.

Parallel zum zersplitterten und überforderten öffentlichen Armenwesen entstanden eine Vielzahl von → Vereinen und Organisationen auf örtlicher Ebene, die sich als Ausdruck »freier Liebestätigkeit« oder »Privatwohltätigkeit« der Armenunterstützung durch Spenden und durch überwiegend von Frauen initiierte karitative und soziale Einrichtungen widmeten. Die Gründung von Dachverbänden, wie 1848 der Centralausschuss für die Innere Mission (aus der die → Diakonie hervorging) und 1897 der → Deutsche Caritasverband, war der organisatorische Beginn der → Freien Wohlfahrtspflege.

Mit dem »Gründerkrach« von 1873, in dessen Folge viele Menschen arbeitslos wurden, nahm das Elend in den Städten weiter zu. Als sog. »sociale Frage« stand die Lage der Arbeiterschaft im Fokus öffentlichen Interesses: Zum einen wurde der vermeintliche Funktionsverlust der proletarischen Familie als Gefahr für die Gesamtgesellschaft wahrgenommen, zum anderen fürchtete man das politische Erstarken der sozialistischen Arbeiterbewegung. Der deutsche Staat, der bisher keine direkte Verantwortung für die Armenpflege übernommen hatte, reagierte auf die vermeintliche Umsturzgefahr mit einer Mischung aus Repression und sozialpolitischen Maßnahmen. Im Unterschied zu anderen Industrienationen, die bereits zuvor eine Entwicklung zum → Wohlfahrtsstaat vollzogen hatten, konzentrierte sich die → Sozialpolitik in Deutschland auf den Aufbau einer → Sozialversicherung mit einer gesetzlichen → Krankenversicherung (1883), → Unfallversicherung (1884) und Invaliditäts- und Altersversicherung (1889).

Auch eine steigende Zahl von Bürgern und Bürgerinnen sah die Verelendung der Arbeiterbevölkerung als Gefahr für die Gesellschaft. Sie forderten staatliche Eingriffe zur Förderung von → Gesundheit, »Sozialhygiene«, Bildung sowie eines »sittlichen Familienlebens« der proletarischen Bevölkerung. Prominente Beispiele dieser in vielerlei Vereinen und Instituten organisierten »Bürgerlichen Sozialreform« waren der »Verein für Socialpolitik« und der »Deutsche Verein für öffentliche Gesundheitspflege«, beide 1873 gegründet. Aus diesen Kreisen ging 1880 der »Deutsche Verein für Armenpflege und Wohlthätigkeit« (seit 1919 → Deutscher Verein für öffentliche und private Fürsorge) hervor, in dem sich Vertreter der Armenverwaltung und der Privatwohltätigkeit zusammenschlossen, um die auf örtlicher Ebene zersplitterten Bestrebungen zu vereinheitlichen und reichsweite Reformen anzustoßen. Die bürgerliche Sozialreformbewegung legte zahlreiche wissenschaftliche Studien zur Lage der Arbeiterschaft vor, die der empirischen Untermauerung ihrer politischen Forderungen dienten. Initiativ waren hier v.a. die o.g. Vereine, aber auch das 1890 von dem Industriellen W. Merton gegründete »Institut für Gemeinwohl«.

Seit dem Ende des 19. Jh. setzte eine → Professionalisierung der Sozialen Arbeit ein. Grund war zum einen, dass das Elberfelder System in Großstädten mit einer zunehmend segregierten Bevölkerung nicht mehr praktikabel war. Es wurde im sog. Straßburger System und im Frankfurter System weiterentwickelt, in denen nicht mehr ehrenamtliche, sondern Berufsbeamte im Innendienst eingesetzt wurden, an die sich die Bedürftigen wenden mussten. Zum anderen hatte die Frauenbewegung, insbesondere ihr bürgerlicher Flügel, die Soziale Arbeit als ein Berufsfeld reklamiert, für das Frauen besonders geeignet seien. Daher kamen erste Ansätze für die → Ausbildung in sozialen Berufen aus der Frauenbewegung, u.a. von A. Salomon, die 1908 in Berlin die erste überkonfessionelle Soziale Frauenschule gründete, der eine Vielzahl von Ausbildungsinstituten in ganz Deutschland folgte.

Mit der Professionalisierung ging eine Ausdifferenzierung der Handlungsfelder der Sozialen Arbeit einher. Neben die Beseitigung materieller Not in der traditionellen Armenpflege trat die »sociale Fürsorge« in besonderen Lebenslagen: Säuglings-, Wohnungs-, Familien-, Gesundheits-, »Trinker«-, »Krüppel«-, Tuberkulosen-, Strafentlassenen-, Betriebs- und Jugendfürsorge, später auch die Erwerbslosenfürsorge. Dies erforderte nicht nur die Ausdifferenzierung → sozialer Berufe, sondern auch den Ausbau entsprechender Einrichtungen: Psychiatrie, Behinderteneinrichtungen, Kinderbewahranstalten etc. Auch die → Adressat/innen Sozialer Arbeit wurden vielfältiger, insbesondere kamen mit der → Kriegsopferfürsorge nach dem Ersten Weltkrieg auch bürgerliche Schichten hinzu. Ziel war nun nicht mehr nur die unmittelbare Linderung existenzieller Not, sondern auch → Beratung, → Bildung und → Prävention. Seit Anfang des 20. Jh. lässt sich eine »Pädagogisierung« (Hering/Münchmeier) der Sozialen Arbeit feststellen, in deren Zentrum nun »die Armen« und ihr Verhalten und nicht mehr soziale Probleme standen. Mit der Professionalisierung verfestigte sich die für die Soziale Arbeit charakteristische strukturelle Asymmetrie zwischen den professionellen Helfer/innen, die überwiegend aus der Mittelschicht stammten, und den Hilfebedürftigen (→ Macht in der Sozialen Arbeit).

In der Weimarer Republik erfolgte eine Konsolidierung, Verrechtlichung und Professionalisierung der Sozialen Arbeit. Das UWG behielt zunächst seine Gültigkeit und die Pflicht zur Fürsorge wurde weiterhin den Gemeinden übertragen; allerdings wurden die Mindestleistungen gesetzlich fixiert. Die Empfänger/innen von Hilfeleistungen waren nun nicht mehr vom aktiven und passiven Wahlrecht ausgeschlossen. Unter dem Einfluss führender Fürsorgewissenschaftler wie W. Polligkeit und J. C. Klumker wurde das »Reichsjugendwohlfahrtsgesetz« (RJWG) vom 9.7.1922 konzipiert, das erstmals jedem deutschen Kind das »Recht auf Erziehung zur leiblichen, seelischen und gesellschaftlichen Tüchtigkeit« zuerkannte (→ Kinder- und Jugendhilfe). 1924 wurde die »Reichsfürsorgepflichtverordnung« (RFV) und die »Reichsgrundsätze über Voraussetzung, Art und Maß der öffentlichen Fürsorge« (RGr) erlassen, die als Einheit aufzufassen sind und das UWG ablösten. Die RFV übertrug die Armenpflege den Ländern, ersetzte das Prinzip des UWG durch das des »gewöhnlichen → Aufenthalts« und schuf mit den Landes- und Bezirksfürsorgeverbänden größere und leistungsfähigere Fürsorgeträger, die die Aufgaben der ehemaligen Land- und Ortsarmenverbände übernahmen. Weiterhin basierte das Weimarer Fürsorgerecht auf den Grundsätzen der → Subsidiarität und → Individualisierung, legte → Arbeits- sowie Rückerstattungspflicht der Hilfesuchenden fest und sah eine vorbeugende Hilfeleistung, aber keinen einklagbaren → Rechtsanspruch auf Unterstützung vor. Ausdrücklich wurde das Zusammenwirken von öffentlicher und freier Wohlfahrtspflege festgeschrieben.

Die Machtübergabe an das nationalsozialistische Regime 1933 hatte zur Folge, dass das Fürsorgesystem auf (sozial-)rassistische Grundlagen gestellt wurde: Soziale Probleme wurden nun als Folge minderwertiger Erbanlagen interpretiert, was zur systematischen Ausgrenzung sog. »Asozialer« führte. Das Konzept der »Volkspflege« i.S. eines »gesunden Volkskörpers« manifestierte sich im Vorrang der Gesundheitsfürsorge und deren Verstaatlichung im → Öffentlichen Gesundheitsdienst seit 1934. Als zentrale Organisation wurde die Nationalsozialistische Volkswohlfahrt (NSV) gegründet; die bestehenden Wohlfahrtsverbände wurden entweder »gleichgeschaltet« oder aufgelöst, bedeutende jüdische Akteur/innen der Sozialen Arbeit wurden vertrieben oder ermordet. Fürsorgeleistungen beschränkten sich nun auf »wertvolle Volksgenossen«, während als »unwert« kategorisierte Hilfebedürftige diskriminiert, eingesperrt, zwangssterilisiert und – u.a. im Zuge der sog. »Euthanasiepolitik« – ermordet wurden. Nicht wenige Akteur/innen und Organisationen der Sozialen Arbeit wirkten mit an der Ausformulierung sozialrassistischer Ideologie und an deren Umsetzung in verbrecherische Praktiken.

Nach dem Zweiten Weltkrieg und dem Ende des NS-Regimes war die Soziale Arbeit zurückgeworfen auf die reine Nothilfe: Millionen Wohnungsloser, Geflüchteter, Displaced Persons, Kriegsversehrter, -witwen und -waisen mussten versorgt werden. In den westlichen Besatzungszonen betrieb man eine Restauration des Weimarer Fürsorgerechts. RFV und RGr behielten ihre Gültigkeit, das → Subsidaritätsprinzip und der Dualismus von öffentlicher und privater Wohlfahrtspflege wurden wieder hergestellt. Die Zuständigkeit für Hilfeleistungen wurde in die Kommunen zurückverlagert. Ein wichtiger Impuls ging 1949 von der Verabschiedung des → Grundgesetzes (GG) aus, das u.a. durch → Grundrechte und → Sozialstaatsprinzip (Art. 20, 28 GG) die Stellung der Hilfesuchenden im demokratischen → Rechtsstaat nachhaltig stärkte. Methodisch profitierte die Soziale Arbeit von Ansätzen aus den USA, wie → Einzel(fall)hilfe, → Soziale Gruppenarbeit, → Gemeinwesenarbeit, die zurückkehrende Vertriebene und Emigrant/innen einführten.

Konzepte für eine Gesamtreform des sozialen Systems, wie z.B. 1955 in der »Rothenfelser Denkschrift« vorgelegt, fanden erst in der Konzeption eines einheitlichen → Sozialgesetzbuches (SGB) ab 1975 eine Umsetzung. Das Bundessozialhilfegesetz (BSHG, → Sozialhilfe) von 1961, dessen Verabschiedung durch eine Phase starker ökonomischer Prosperität (»Wirtschaftwunder«) begünstigt war, schloss die Tendenz der 1950er-Jahre zur Modernisierung der Fürsorge und Verbesserung der Rechtsposition der Fürsorgeempfänger/innen ab. Das BSHG legte den Begriff der → Menschenwürde zugrunde und erkannte erstmals einen einklagbaren Rechtsanspruch auf bestimmte Sozialhilfeleistungen gesetzlich an. Allerdings sah es weiterhin eine Bedürftigkeitsprüfung vor und die Höhe der Leistungen blieb in der Kritik. 1961 wurde auch das RJWG reformiert, eine grundsätzliche Neukonzeption fand es aber erst im → Kinder- und Jugendhilfegesetz von 1990.

In der Sowjetischen Besatzungszone schlug man bereits mit der »Verordnung über Sozialfürsorge« vom 22.4.1947 einen anderen Weg ein, der eine weitgehende Abkehr von RFV und RGr bedeutete. Die öffentliche Fürsorge wurde zentralisiert; eine Einheitssozialversicherung und eine staatliche Grundversorgung für mittellose Personen wurden geschaffen. Zur Betreuung und Kontrolle der Leistungsempfänger/innen wurden »Sozialkommissionen« ins Leben gerufen, die sich vorwiegend aus Vertreter/innen der Massenorganisationen (z.B. Freier Deutscher Gewerkschaftsbund, Freie Deutsche Jugend, Demokratischer Frauenbund Deutschlands) zusammensetzten, die ehrenamtlich tätig waren. Die freie Wohlfahrtspflege wurde zurückgedrängt und blieb im Wesentlichen auf die evangelische Diakonie und den katholischen Caritasverband beschränkt. Hinzu kam die »Volkssolidarität« als staatsnaher Wohlfahrtsverband. Erstmals wurde in der DDR ein »Recht auf Arbeit« institutionalisiert, das mit einer Pflicht zur Arbeit korrespondierte. Im Unterschied zur Bundesrepublik war die Erwerbstätigkeit von Müttern erwünscht, was sich im Aufbau eines umfassenden Systems der → Kindertagesbetreuung ausdrückte.

In den 1960er- und 1970er-Jahren geriet die Soziale Arbeit in der Bundesrepublik in die Kritik politischer Protest- und → sozialer Bewegungen: Sie bekämpfe lediglich Symptome und nicht deren gesellschaftliche Ursachen; zudem sei der dem BSHG zugrunde liegende → Regelbedarf viel zu gering bemessen. Bis Mitte der 1970er-Jahre wurden die bundesdeutschen Sozialleistungen weiter ausgebaut, als Massenarbeitslosigkeit die finanzielle Belastung immer mehr erhöhte, was in den 1980er-Jahren zu Bestrebungen zum Ab- bzw. Umbau des Sozialstaats führte. Diese Situation verschärfte sich nach dem Beitritt der DDR zur Bundesrepublik Deutschland im Jahre 1990, bei dem das gesamte → Sozialrecht auf die fünf neuen Bundesländer sowie Ostberlin übertragen wurde, allerdings mit einigen Regelungen, die die ehemaligen DDR-Bürger/innen bis 1996 schlechter stellten. Der anhaltenden Massenarbeitslosigkeit wurde mit der im Jahre 2005 eingeführten → Grundsicherung für Arbeitsuchende nach dem SGB II begegnet. Ihr Anspruch des »Förderns und Forderns«, ein umfassendes Sanktionssystem und die Ermittlung des Regelbedarfs werden seither als nicht vereinbar mit den Prinzipien moderner Sozialer Arbeit kritisiert.

Soziale Arbeit hat heute einen zunehmend internationalen Bezug (→ Europäische Sozialpolitik, → Internationale Sozialpolitik), bspw. durch internationale Abkommen wie die → UN-Behindertenrechtskonvention, die Änderungen in der deutschen sozialen Praxis hin zu einer weitgehenden → Inklusion erfordert. Aber auch die Auswirkungen der → Globalisierung, insbesondere Flucht und → Migration, erfordern eine Neuorientierung Sozialer Arbeit, die nicht auf überkommene Konzepte aus den Anfängen des Fürsorgewesens zurückgreift.

*Lit.* Hering, S./Münchmeier, R.: Geschichte der Sozialen Arbeit: eine Einführung, 5. Aufl., Weinheim/Basel 2014; Kuhlmann, C.: Soziale Arbeit im nationalsozialistischen Herrschaftssystem, in: Thole, W.: Grundriss Soziale Arbeit, 3. Aufl., Wiesbaden 2010, S. 87–107; Rathmayr, B.: Armut und Fürsorge, Opladen u.a. 2014; Sachße, C./Tennstedt, F.: Geschichte der Armenfürsorge in Deutschland, Bd. 1–4, Stuttgart 1988–2012; Sachße, C./Tennstedt, F. (Hrsg.): Soziale Sicherheit und soziale Disziplinierung, Frankfurt a.M. 1986; Schnurr, S.: Sozialpädagogen im Nationalsozialismus. Eine Fallstudie zur sozialpädagogischen Bewegung im Übergang zum NS-Staat, Weinheim/München 1997; Wendt, W. R.: Geschichte der Sozialen Arbeit, Bd. 1 u. 2, 5. Aufl., Stuttgart 2008; Willing, M.: Sozialistische Wohlfahrt. Die staatliche Sozialfürsorge in der Sowjetischen Besatzungszone und der DDR (1945–1990), Tübingen 2008.

*Sabine Schmitt*

**Geschlechtsspezifische Kinder- und Jugendarbeit** setzt die Geschlechtlichkeit der Zielgruppen ins Zentrum ihres Handelns, um den unterschiedlichen → Lebenslagen von Mädchen und Jungen gerecht zu werden, Benachteiligungen abzubauen und Gleichberechtigung zu fördern. Sie wird auch als geschlechterdifferenzierend, -bewusst, -reflexiv oder -sensibel bezeichnet. G. K. u. J. entstand im Kontext der westdeutschen feministischen Patriarchatskritik der 1970er-Jahre, zunächst in der offenen → Jugendarbeit und ausschließlich im Format der Mädchenarbeit. Im Zuge dessen wurden – z.T. gegen massive Widerstände – Mädchenangebote, Mädchentage, Mädchenräume in den Jugendhäusern und exklusive Mädchentreffs eingeführt. Die Entwicklung der Jungenarbeit folgte in den 1990er-Jahren wie sich auch geschlechtsspezifische Ansätze in anderen Jugendhilfefeldern und der Schule sowie in den neuen Bundesländern zunehmend etablierten.

Zentrale Antriebsmomente waren die Ablösung des Jugendwohlfahrtsgesetzes durch das → Kinder- und Jugendhilfegesetz 1990, in dem die Gleichberechtigung von Mädchen und Jungen im »Geschlechterparagrafen« § 9 Abs. 3 neu als Förderziel für die → Kinder- und Jugendhilfe festgeschrieben wurde, und die seit der Jahrtausendwende folgende Durchsetzung der Politik des → Gender Mainstreamings. Damit wandelte sich g. K. u. J. von einer provokanten Praxis zu einem relativ normalen Qualitätsstandard der Praxis. Primäres Kennzeichen der g. K. u. J. ist die geschlechtshomogene Gruppenarbeit. Dies schließt die Gleichgeschlechtlichkeit der → Fachkräfte ein. Dieses Setting soll vor Marginalisierungen und Übergriffen schützen, Freiräume zur Bearbeitung geschlechtsspezifischer Belange und gleichgeschlechtliche Identifikation in der → Peergroup und der pädagogischen Beziehung ermöglichen. Weiteres Kriterium ist die emanzipatorische Zielsetzung, womit Jugendarbeitsangebote, in denen Mädchen und Jungen traditionellerweise (z.B. religiöse Träger) oder aus formalen Gründen (z.B. Wettkampfsport) getrennt sind oder sich wegen unterschiedlicher Freizeitvorlieben (z.B. Fußball und Reiten) geschlechtshomogen zusammenfinden, i.d.R. nicht als g. K. u. J. gelten.

Weiterentwicklungen der g. K. u. J. konzentrieren sich insbesondere auf Fragen des situativen Cross Works im pädagogischen Alltag, in dem weibliche Fachkräfte mit Jungen und männliche Fachkräfte mit Mädchen zu tun haben und dabei Gefahr laufen, unreflektiert konservative Geschlechterordnungen zu reproduzieren – sei es im Kontakt mit Mädchen und Jungen, aber auch kollegial und räumlich-institutionell. Neue kritische Fragen werden auch durch die dekonstruktivistisch inspirierten Queerstudies (→ Gender Studies) ausgelöst. Sie verweisen darauf, dass der Diskurs der g. K. u. J., auch wenn er geschlechtliche Zuschreibungen überwinden will, doch die binäre, heteronormative Codierungsmatrix von Geschlecht konzeptionell zur Voraussetzung hat und sie essenzialistisch reproduziert. Angesichts dessen werden verstärkt Impulse aus der Intersektionalitätsforschung (→ Intersektionalität) reflektiert und eine Pädagogik der – egalitären – Vielfalt propagiert.

*Lotte Rose*

**Geschwisterkonstellation** Unter der G. einer Person versteht man, welchen Rang in ihrer Geschwisterreihe (engl. birth order) sie einnimmt, welcher Altersabstand zwischen den einzelnen Geschwistern gegeben ist, welches Geschlecht die einzelnen Geschwister haben und wie viele Geschwister vorhanden sind.

Bei der G. handelt es sich um einen viel diskutierten Faktor, dem eine bedeutende Rolle in vielen theoretischen Überlegungen zugewiesen wird, die aber überwiegend alltagspsychologischer bzw. nichtempirischer Natur sind. Die wissenschaftliche Untersuchung der Beziehung zwischen der Geburtsreihenfolge und → Persönlichkeit (operationalisiert durch das 5-Faktoren Modell) anhand mehrerer großer, unabhängiger Stichproben ergab kürzlich, dass die G. keinerlei Einfluss auf Persönlichkeitsvariablen hat. Sowohl bei Vergleichen innerhalb der → Familien als auch bei Vergleichen zwischen Familien ergaben sich keine signifikanten Unterschiede durch die G. Lediglich bezüglich der → Intelligenz konnte in Übereinstimmung mit früheren Befunden leicht erhöhte Intelligenz bei höherem Rang in der G. nachgewiesen werden. Gleichwohl muss berücksichtigt werden, dass die genannten Befunde an die jeweilige → Operationalisierung des Konstruktes Persönlichkeit gebunden sind.

In früheren Überlegungen (A. Adler) wurden einzelnen Geschwisterpositionen charakteristische Persönlichkeitsmerkmale zugewiesen: Das älteste Geschwister solle darunter leiden, vom nächstjüngeren entthront worden zu sein, andererseits falle ihm auch eine Tendenz zu Führungspositionen zu. Das jüngste Geschwister sei gekennzeichnet durch die »Nesthäkchenposition« (Verwöhnt-werden-wollen, Passivität). Das mittlere Geschwister habe eine wenig ausgeprägte Stellung und sei somit eher unsicher, tendiere eher zu Kompromissen und Konfliktvermeidung. Das Einzelkind weise häufig Schwierigkeiten im Kontakt auf. Schachter hob die Tatsache hervor, dass Erstgeborene (Einzelkinder und Älteste) eine Zeitlang mit den Eltern allein gelebt haben, sie dadurch abhängiger von den Eltern seien, was zu Zügen der Ängstlichkeit führe. Andere Autor/innen bringen damit eher eine Tendenz zu leichten Intelligenzvorteilen in Verbindung.

Eine große Geschwisterzahl wurde mit der Aufgabe individueller Ansprüche und Verhaltensweisen zugunsten von Gruppeninteressen in Verbindung gebracht, was zu Persönlichkeitszügen wie Harmoniebedürfnis, Kompromissfähigkeit, Geschick im Kontakt mit anderen Personen in Beziehung stehe, aber auch mit dem Bedürfnis nach Zuwendung bis hin zur Tendenz, diese durch Krankheit erhalten zu wollen. Hingewiesen wurde auch auf mögliche Geschlechtsunterschiede: Ältere Schwestern übernähmen eher fürsorgliche und lehrende Rollen gegenüber den jüngeren Geschwistern, ältere Brüder verhielten sich ihnen gegenüber eher wettbewerbsorientiert (Brody u.a.). Nach Tomans Ansatz sollen spätere Beziehungen und deren Erfolg von der G. der beteiligten Personen herzuleiten sein.

*Jan Beucke*

**Gesellschaft** Seit dem 15 Jh. wird das mittelhochdeutsche Wort »Gesellschaft« = »Vereinigung mehrerer Gefährten« auch als Bezeichnung für die soziale Ordnung der Menschheit gebraucht. Es bezeichnet das Zusammenleben von Menschen in der Gesamtheit sozialer Verhältnisse unter bestimmten territorialen, politischen und wirtschaftlichen Bedingungen. In Abgrenzung zum Staat ist G. zum Inbegriff der im Recht und in der Wirtschaft zweckrational handelnden → Individuen geworden (seit Th. Hobbes: »society«). Den Begriff der »bürgerlichen G.« (»civil society«) verwendet als erster Ferguson. Bei A. Smith ist dies eine unabhängig vom Staat existierende Tausch-G. In der Philosophie z.B. bei Kant wird G. weltbürgerlich auf die Menschheit bezogen. In der Soziologie (→ Soziologische Grundlagen der Sozialen Arbeit) ist G. eine konstituierende Kategorie z.B. bei Tönnies (Gemeinschaft u. G.). Er versteht G. als soziale Lebensform im Zuge der Industrialisierung. Dabei wird G. als durch »Willkür« bestimmt betrachtet, da trotz aller Verbindung die Menschen getrennt sind, Gemeinschaft demgegenüber als Typus eines sozialen Gebildes, das durch »Wesenswillen« (z.B. → Verwandtschaft, Freundschaft) zur Zusammengehörigkeit führt. M. Weber spricht – in seinem Grundriss der verstehenden Soziologie – statt von Gemeinschaft von Vergemeinschaftung, statt von G. von Vergesellschaftung (Wirtschaft und G.). Die Struktur des Zusammenlebens, die Lebensformen haben nach Spranger einen je vorherrschenden Charakter: den theoretischen, den ökonomischen, den ästhetischen, den religiösen und den nach Macht anstelligen. Die Lebensformen sind demnach die eigentlichen Erzieher, weil sie den Kindern und Jugendlichen (schonungslos) zeigen, wie Erwachsene tatsächlich gesellschaftlich überdauern.

Die Modernisierung der G. – ein »unvollendetes Projekt« (Habermas) – bezeichnet technische/soziale/evolutionäre Neuerungen, die sich etwa seit dem 17. Jh. weltweit zeigen und verbreiten. In der Sicht von Parsons wird der Strukturwandel der G. als ein sich selbst verstärkender Prozess durch bestimmte »Saatbeetgesellschaften« initiiert. Coleman entfaltet den Argumentationszusammenhang, dass die moderne G. von einer grundlegenden Asymmetrie gekennzeichnet ist, die auf der Expansion nicht gegenständlich greifbarer Personen (»korporative Akteure«) in anonymen Institutionen zulasten personaler Zusammenhänge beruht. Berger u.a. zeigen die G. als (genetischen) Vorgang der Konstruktion mit den Prozessen der Externalisierung (unvermeidliche Folgen von Handlungen) und Objektivierung (als Folge der Externalisierung in Form von Wirkungen). Als Kette des Handelns mit institutionalisierten Folgen organisiert sich G. scheinbar selbst als soziales Gebilde. Die fortschreitende Differenzierung führt in westlichen G. zu individualisierten Lebensformen (→ Individualisierung), die sich in den einzelnen sozialen Milieus (Mittler zwischen Individuum und G.) als soziale »Einheiten«, z.B. mit Ähnlichkeiten in Lebensstil und Lebensführung abbilden, während sie in anderen, z.B. in traditionsgeleiteten G., zu kulturellen Verwerfungen/Zusammenbrüchen führen – etwa in der Folge wirtschaftlicher Wachstumsinteressen weltweit.

Das Gefährdungsprofil moderner G. liegt in der Globalisierung von Risiken als deren Verstärkung durch eine zunehmende Anzahl von Gefahren aus objektiv gegebenen Risikoumwelten, die globale Katastrophen jederzeit bedingen können (Giddens). »Nach der ersten Moderne des ökonomischen Liberalismus ... und der zweiten Moderne der Wohlfahrtsökonomie und des demokratischen Rechtsstaates stehen wir jetzt an der Schwelle einer Dritten Moderne« (Münch). Hierin verschärfen sich soziale, ökonomische und ökologische Risiken, deren Bewältigung bzw. Eindämmung oder Abmilderung durch gesellschaftliche Kräfte weitgehend aussteht. Die Beschreibung der modernen G. ist in pluralen Definitionsformeln vollzogen worden: Risiko-, Informations-, Medien-, Konsum-, Kommunikations-,

Ego-, Ellenbogen-, Überlebens-G. sind Beispiele. Weder die hierzulande vielzitierten Thesen einer »Risikog.« (Beck) noch die gesellschaftstheoretischen Arbeiten von Habermas (»Theorie des kommunikativen Handelns«) haben einen international verbreiteten Anschluss gefunden, bieten jedoch Stoff für die weitere Reflexion über G. als Welt-G., die Kant bereits vorzeichnet: als Streben nach dem »Weltbesten«, ohne allerdings die elektronische Entfesselung der Welt in ihrer derzeit virulenten und ökologisch zerstörerischen Form zu kennen.

In der → Sozialstruktur der bundesdeutschen G. verfestigen sich zunehmend → soziale Ungleichheiten z.B. in den vielfältigen Erscheinungsweisen der → Armut. Die → Sozialberichterstattung der Bundesregierung dokumentiert jährlich die sozialpolitischen Entwicklungen (z.B. Jugend-, Familienbericht [ → Familienberichterstattung]). Sozialpolitische Projekte werden soziologisch reflektiert (vgl. z.B. die Beiträge der Sektion Sozialpolitik der Deutschen Gesellschaft für Soziologie). Unterstützungsmaßnahmen werden z.B. in Form der Netzwerkbildung im Zuge der gesellschaftlichen Modernisierung zum Ausgleich des Zerfalls sozialer Beziehungen entwickelt.

*Lit.* Berger, P. L./Luckmann, T.: Die gesellschaftliche Konstruktion der Wirklichkeit: eine Theorie der Wissenssoziologie, 24. Aufl., Frankfurt am Main 2012; Coleman, J. S.: Die asymmetrische Gesellschaft: vom Aufwachsen mit unpersönlichen Systemen, Weinheim/Basel 1986; Giddens, A.: Entfesselte Welt: wie die Globalisierung unser Leben verändert, Frankfurt am Main 2001; Münch, R.: Globale Dynamik, lokale Lebenswelten: der schwierige Weg in die Weltgesellschaft, Frankfurt a. M. 1998.

*Klaus Kraimer*

**Gesellschaftsschichten** → Soziales Milieu, → Sozialstruktur

**Gesellschafts- und Unternehmensformen im sozialen Bereich** Inzwischen werden für soziale Aufgaben alle verfügbaren Unternehmensformen eingesetzt, sodass auch im Sozialbereich die jeweils optimale Unternehmensform auszuwählen ist. Als privatrechtliche Unternehmensformen sind in der Rangfolge ihrer Bedeutung der → Verein, die → Stiftung bürgerlichen Rechts, die Gesellschaft mit beschränkter Haftung (GmbH), die Aktiengesellschaft (AG), die Genossenschaft und die Gesellschaft bürgerlichen Rechts (GbR) zu nennen. Nur bei der GbR ist keine gemeinnützigkeitsrechtliche Anerkennung der Gesellschaft, wohl aber der Gesellschafter mit ihrer Tätigkeit in der Gesellschaft möglich. Als öffentlich-rechtliche Unternehmensformen kommen insbesondere Regie- und Eigenbetriebe sowie Anstalten, Körperschaften und Stiftungen des öffentlichen Rechts in Betracht. Diese können mit ihren Betrieben gewerblicher Art bei Vorliegen der einschlägigen Voraussetzungen als gemeinnützig anerkannt werden.

(1) Der Verein steht als im Vereinsregister eingetragener Idealverein, als nicht rechtsfähiger Verein und in seltenen Ausnahmefällen als wirtschaftlicher Verein zur Verfügung. Der eingetragene Idealverein ist nach wie vor die am meisten verbreitete Rechtsform im sozialen Bereich. Ihn kennzeichnen einfache Gründung, weitreichende Spielräume bei der Satzungsgestaltung, strukturelle Ausrichtung auf eine Austarierung unterschiedlicher Interessenlagen, geringer Organisationsaufwand, marginale Publizitätspflichten, Beschränkung des wirtschaftlichen Risikos auf das Vereinsvermögen, einfache Beitrittsmöglichkeit und die damit unproblematisch mögliche Verankerung der von ihm transportierten Ideale. Aufgrund seiner strukturellen Innenorientierung ist er aber als Betriebsträger eher ungeeignet. Zudem werden wirtschaftliche Tätigkeiten in Vereinen von Vereinsregistern zunehmend kritisch hinterfragt. Daher erfolgen → Ausgründungen von Betrieben in Tochtergesellschaften.

(2) Die Stiftung bürgerlichen Rechts gibt es als rechtsfähige sowie als nicht rechtsfähige Stiftung in Form einer Schenkung unter Auflagen. Auch die grundsätzlich relativ unproblematisch rückabwicklungsfähige und daher von den Beteiligten häufig gar nicht gewollte Treuhandvereinbarung wird als Stiftung bezeichnet. Die Schenkung unter Auflagen eignet sich insbesondere für kleinere, einem ideellen Zweck gewidmete Vermögen und stellt die Umsetzung der Auflagen durch eine i.d.R. als → »Satzung« bezeichnete Ergänzungsvereinbarung zum Schenkungsvertrag sicher. Die Gründung einer rechtsfähigen Stiftung ist wegen der erforderlichen Anerkennung seitens der Stiftungsaufsicht und langfristig auszurichtenden Stiftungssatzung aufwendig. Die Satzung einschließlich der Anzahl und Kompetenzen der Organe können wie bei einem Verein an die konkreten Erfordernisse angepasst werden; der Organisationsaufwand ist gering, statt Publizitäts- bestehen Berichtspflichten gegenüber der Stiftungsaufsicht. Im Vergleich zur Mitgliederversammlung des Vereins ist die Stiftung strukturell auf eine geringere Anzahl von Entscheidungsträgern ausgerichtet und hat wegen der Stiftungsaufsicht sowie der langfristigen Orientierung einen seriöseren Ruf. Wegen stiftungsrechtlicher

Vorgaben ist auch die Stiftung, wie der Verein, als Rechtsträger von Betrieben eher ungeeignet.

(3) Die GmbH ist eine auf betriebswirtschaftliche Anforderungen ausgerichtete Rechtsform. Der Gesellschaftsvertrag kann im Rahmen des GmbH-Gesetzes flexibel an die Erfordernisse angepasst und hierbei auch eine ideelle Prägung festgelegt werden. Neben der zwingend vorgeschriebenen Gesellschafterversammlung und der ihrer Einzelweisungsbefugnis unterliegenden Geschäftsführung kann der Gesellschaftsvertrag zusätzliche Aufsichts- oder Beratungsorgane vorsehen und deren Kompetenzen in einem weiten Rahmen gestalten. Das Mindeststammkapital beträgt 25.000 Euro. In der Alternative der Unternehmergesellschaft (haftungsbeschränkt) beträgt das Mindestkapital ein Euro. Durch die erforderliche notarielle Beurkundung sind Gründung und Gesellschafterwechsel bei der GmbH formal aufwendig. Bis zur Eintragung in das Handelsregister haften die im Namen der GmbH Handelnden persönlich wie bei einer GbR. Auf die GmbH sind die allgemein für Kapitalgesellschaften geltenden Rechnungslegungs- und Prüfungspflichten anzuwenden.

(4) Gelegentlich werden große gemeinnützige und gewerbliche Sozialunternehmen als AG geführt. Wegen des erheblichen Gründungs- und Organisationsaufwands und der weitgehend vorgegebenen Satzungsgestaltung ist die AG nur in Ausnahmefällen sinnvoll, z.B. bei einem auf Übernahmen ausgerichteten Geschäftskonzept. Bei der AG ist die als Vorstand bezeichnete Geschäftsführung weitgehend weisungsfrei.

(5) Die Genossenschaft ist auf die Förderung der Interessen oder ideellen Ziele ihrer unabhängig von der Kapitaleinlage gleichberechtigten Mitglieder gerichtet. Wegen der aufwendigen Gründung, insbesondere der notwendigen Mitwirkung eines Prüfungsverbandes, ist diese Rechtsform im sozialen Sektor wenig verbreitet.

(6) Bei der GbR haften die Gesellschafter persönlich gesamtschuldnerisch mit ihrem gesamten Vermögen. Von dieser bei privaten Leistungsanbietern verbreiteten Rechtsform ist wegen der begrenzten Versicherbarkeit betrieblicher Risiken häufig abzuraten. Die GbR kann nicht als gemeinnützig anerkannt werden, umsatzsteuerlich ist sie weitgehend den anderen Unternehmensformen gleichgestellt.

(7) Regiebetriebe sind vollständig in die Verwaltung ihres öffentlich-rechtlichen Trägers eingegliedert und werden von dieser gesteuert. Die enge Verflechtung mit der Verwaltung erschwert eine wirtschaftliche Betriebsführung. Im Sozialsektor besteht daher ein Trend zum Eigenbetrieb.

(8) Eigenbetriebe sind aus der Verwaltung des öffentlich-rechtlichen Trägers ausgegliederte, organisatorisch – nicht rechtlich – selbstständige Sondervermögen des Trägers. Der Träger ist in den Organen des Eigenbetriebs vertreten. Die Buch-, Wirtschaftsführung und Prüfung ist an Kapitalgesellschaften angelehnt. Wegen der geringen Autonomie und der unbeschränkten Trägerhaftung besteht ein Trend zur Ausgründung in eine GmbH.

Zielsetzung, eventueller Gewährsträger und Organisationsstruktur – wie z.B. Organe und deren Kompetenzen – ergeben sich bei Anstalten, Körperschaften und Stiftungen des öffentlichen Rechts aus deren Gründungsgesetz. Zur Verbesserung der betriebswirtschaftlich geforderten Flexibilität besteht zunehmend ein Trend zur Ausgründung, insbesondere in GmbH-Strukturen.

*Lit.* Holt, T. v./Koch, C.: Gemeinnützige GmbH, 3. Aufl., München 2015; Holt, T. v./Koch, C.: Stiftungssatzung, 2. Aufl., München 2011; Hoppe, W./Uechtritz, M./Reck, H.-J.: Handbuch Kommunale Unternehmen, 3. Aufl., Köln 2012; Sauter, E./Schweyer, G./Waldner, W.: Der eingetragene Verein, 20. Aufl., München 2016.

*Thomas von Holt*

**Gesetz** Der Begriff des G. ist schillernd; er findet sich in den Naturwissenschaften als Bezeichnung regelhafter Abläufe und Strukturen (Naturgesetze); im Bereich der Philosophie und Theologie beschreibt er verhaltensleitende und -bewertende Sollensgebote (→ Normen). Das G. im Rechtssinn zeichnet sich inhaltlich durch eine allgemeine Regelung i.S. eines Verhaltensgebotes aus, das formal in einem bestimmten Verfahren ergangen und auf ein staatliches Organ rückführbar ist. Das G. ist danach ein der staatlichen Rechtsordnung zugehöriger Rechtssatz (neben → Rechtsverordnung und → Satzung), eine Rechtsquelle, die einen Lebenssachverhalt regelmäßig generell und nicht konkret-individuell regelt. Die Rechtswissenschaft unterscheidet das G. im formellen und im materiellen Sinne. Das formelle G. bezeichnet das Parlaments-G., also ein G., das im Verfahren der → Gesetzgebung von den Legislativorganen (Bundestag und Bundesrat) verabschiedet wird. Materielle G. sind hingegen – mit gewissen Unschärfen – alle generell-abstrakten Rechtssätze, also auch Rechtsverordnungen und Satzungen. Wenn der Staat in Rechte, insbesondere → Grundrechte, seiner Bürger eingreift, bedarf es hierfür eines formellen Parlaments-G. (»G.-Vorbehalt«); das G. geht Akten der Verwaltung und untergesetzlichen Normen gleicher Rechtssetzungsebene (Bund, Land) vor

(Vorrang des Gesetzes). Rechtsverordnungen bedürfen einer Ermächtigung durch G. (vgl. Art. 80 → Grundgesetz [GG]). Vollziehende Gewalt und → Rechtsprechung sind an die G. und an die Verfassung gebunden (Art. 1 Abs. 3, 20 Abs. 3 GG, → Rechtsstaat). Während damit der Bereich der eingreifenden Verwaltung dem Vorbehalt und Vorrang des G. unterliegt, ist die Rolle des G. im Bereich des leistenden Staatshandelns im → Sozialstaat mediatisiert. Staatliche Leistungen können auch ohne eine Grundlage im G. gewährt werden; hinreichend ist grundsätzlich die Ausweisung der für die Leistung benötigten finanziellen Mittel im Haushaltsplan (und dessen Verabschiedung durch ein Haushalts-G., → Haushalt). Die Sozialleistungs-G. (→ Sozialrecht) konkretisieren die Leistungsansprüche der Bürger jedoch weitgehend. Hier konkurriert das G. infolge der weitverbreiteten funktionalen → Selbstverwaltung mit Formen nichtgesetzlicher Normsetzung durch normkonkretisierende und -ersetzende Empfehlungen, Richtlinien und Verträge. Im Recht der → Europäischen Union (EU) ist dem G. die Handlungsform der Verordnung (Art. 288 Vertrag über die Arbeitsweise der EU [AEUV]) vergleichbar.

*Michael Droege*

**Gesetzgebung** G. (Legislative) bezeichnet eine Staatsfunktion. Sie bildet neben der vollziehenden Gewalt (Exekutive, d.h. Regierung und Verwaltung) und der rechtsprechenden Gewalt (Judikative, → Rechtsprechung) das dritte Kernelement der Staatsgewalt. Der Gegenstand der G. ist einerseits durch ihr Ziel bestimmt, → Normen mit allgemeinem Geltungsanspruch zu schaffen, und ist andererseits auf das Verfahren der Rechtssetzung bezogen. Die Entstehung des modernen Verfassungs- und → Rechtsstaats wurde begleitet von dem Anliegen, das Bürgertum an der G. zu beteiligen. Im demokratischen Verfassungsstaat der Gegenwart schafft G. den Rahmen, um die im politischen Prozess artikulierten Interessen im parlamentarischen Verfahren in Normen zu fassen und damit das Gemeinwohl zu konkretisieren. G. hat eine Scharnierfunktion zwischen Recht und Politik. Die ständig notwendige Anpassung dieser Systeme an die wirtschaftlichen und sozialen Veränderungen macht die G. zum Zentrum der Auseinandersetzung von Regierung und Opposition.

Während vollziehende Gewalt und Rechtsprechung an das → Gesetz gebunden sind (Vorrang des Gesetzes), ist die G. an die Verfassung gebunden (Art. 20 Abs. 3 Grundgesetz [GG]), man spricht vom »Vorrang der Verfassung«. Diese lässt als Rahmenordnung dem Gesetzgeber weite Gestaltungsfreiheiten, wie er sein Recht zur G. ausübt. Einerseits wird infolge der Vergesetzlichung weiter Bereiche des gesellschaftlichen Lebens eine spürbare Zunahme der Rechtsproduktion durch G. konstatiert; andererseits fordern die Prozesse der Informalisierung staatlichen Handelns und der Entparlamentarisierung das Gesetz und mit ihm die G. heraus; neben die G. treten infolgedessen andere Formen und Foren der rechtlichen Steuerung gesellschaftlicher Prozesse (→ Governance). Im → Sozialrecht ist so das Instrument der Normsetzung durch → Verträge ebenso verbreitet wie die Normsetzung durch demokratisch allenfalls schwach legitimierte Institutionen wie den → Gemeinsamen Bundesausschuss.

An dem Verfahren der G. sind auf Bundesebene neben dem Bundestag als Parlament der Bundesrat als Vertretung der Länder im Bund (»zweite Kammer«), Bundesregierung, Bundespräsident und Vermittlungsausschuss formal beteiligt. Auf das G.verfahren nehmen allerdings auf allen Ebenen Parteien und Verbände als organisierte Interessengruppen Einfluss. Sachkompetenz in Bezug auf die durch G. geregelten Materien ist im parlamentarischen Prozess nur sicherzustellen, soweit externer Sachverstand am Verfahren beteiligt wird (»Anhörungen«) oder aber in den Ministerialverwaltungen des Bundes vorhanden ist. Auch deswegen nimmt die Bedeutung der Debatte im Plenum des Parlaments zugunsten der Beratung in den spezialisierten Fachausschüssen stetig ab.

Die G. ist im Wesentlichen in den Art. 70 ff. GG geregelt. Das GG gibt grundsätzlich den Ländern das Recht zur G. Ausnahmen zugunsten des Bundes müssen im GG ausdrücklich bestimmt sein (Art. 70 GG). Im Bereich der »ausschließlichen Gesetzgebung« (Einzelaufzählung der Materien in Art. 73 GG) ist allein der Bund zuständig, im Bereich der »konkurrierenden Gesetzgebung« (Einzelaufzählung der Materien in Art. 74 GG) sind die Länder zuständig, »solange und soweit der Bund von seinem Gesetzgebungsrecht keinen Gebrauch macht« (Art. 72 GG). Für die → Soziale Arbeit wesentliche Materien sind durch Bundesgesetze geregelt beispielsweise im → Bürgerlichen Gesetzbuch, im Strafrecht, im Ausländerrecht (→ Zuwanderungsgesetz), im Recht der »öffentlichen → Fürsorge« (→ Sozialhilfe, → Jugendhilfe), Sozialversicherungsrecht (→ Sozialversicherung) – einschließlich der → Arbeitslosenversicherung, des Krankenhausfinanzierungs- und Pflegeversicherungsrechts (→ Krankenhausfinanzierung, → Pflegeversicherung)

– und schließlich im Umweltrecht. Außerdem haben die Länder im Fall der konkurrierenden G. in einigen Bereichen das Recht erhalten, von Bundesgesetzen im Wege der Landesgesetzgebung abzuweichen (Art. 72 Abs. 3 GG). Die Verteilung der G.kompetenzen spiegelt die Verflechtung von Bund und Ländern im föderalen System wider (→ Föderalismus). Auf die intensive Nutzung konkurrierender G.kompetenzen durch den Bund und die Zunahme zustimmungspflichtiger Gesetze reagierte deshalb die Föderalismusreform I mit einer deutlichen Stärkung der G.kompetenzen der Länder und mit dem Instrument der Abweichungs-G.

Das Verfahren der G. ist in Art. 76–78, 82 GG geregelt. Es kann durch Initiativen der Bundesregierung, des Bundestages oder des Bundesrates eingeleitet werden. Werden Länderinteressen berührt, ist die verfahrensrechtliche Stellung des Bundesrates durch das Erfordernis der »Zustimmung« verstärkt. In allen anderen Fällen kann der Bundesrat »Einspruch« einlegen und so eine nochmalige Befassung des Bundestages mit der Gesetzesvorlage erzwingen. Das Verfahren der G. endet mit Ausfertigung der Gesetze durch den Bundespräsidenten und Verkündung im Bundesgesetzblatt (Art. 82 GG). Zur G. i.w.S. rechnet man auch den Erlass von → Rechtsverordnungen durch die Bundesregierung, einzelne Bundesminister oder Landesregierungen (Art. 80 GG). Im Gefolge der sich stetig verdichtenden europäischen Einigung ist auch die G. in die Wechselwirkungen des europäischen Mehrebenensystems eingebunden. Rechtsakte und Normen der Organe der → Europäischen Union (EU) gewinnen hier zunehmend an Einfluss. Infolge der Übertragung staatlicher Souveränitätsrechte (vgl. Art. 23 GG) auf die EU wird auch der Gestaltungsspielraum nationaler G. – namentlich durch Verordnungen und Richtlinien (vgl. Art. 288 Vertrag über die Arbeitsweise der EU [AEUV]) – spürbar konturiert.

*Lit.* Ossenbühl, F.: Gesetz und Recht, Verfahren der Gesetzgebung, in: Isensee, J./Kirchhof, P. (Hrsg.): Handbuch des Staatsrechts, Bd. 5, 3. Aufl., Heidelberg 2007, § 100 u. § 102; Pieper, S. U.: Gesetzgebungsverfahren, in: Morlok, M./Schliesky, U./Wiefelspütz, D. (Hrsg.): Parlamentsrecht, Baden-Baden 2016, § 40; Schneider, H.: Gesetzgebung, 3. Aufl., Heidelberg 2002.

*Michael Droege*

**Gesetzlicher Vertreter** ist der für eine Person aufgrund gesetzlicher Vertretungsmacht als Stellvertreter im Sinne von §§ 164 ff. BGB Handelnde. Dabei treten die Rechtswirkungen seiner der Handlung nicht für ihn, sondern für den Vertretenen ein. Die für eine wirksame Stellvertretung erforderliche Vertretungsmacht im Sinne von § 164 Abs. 1 → Bürgerliches Gesetzbuch (BGB) folgt für den Stellvertreter entweder aus einer rechtsgeschäftlich erteilten → Vollmacht (§ 167 BGB) oder – im Fall des g. V. – direkt aus gesetzlichen Vorschriften. So gehört die gesetzliche Vertretungsmacht sorgeberechtigter Eltern/des allein sorgeberechtigte Elternteils eines wegen Geschäftsunfähigkeit oder lediglich beschränkter Geschäftsfähigkeit rechtlich nicht in vollem Umfang handlungsfähigen Minderjährigen zum integralen Bestandteil der nach § 1626 Abs. 1 BGB oder § 1626 a BGB zustehenden → elterlichen Sorge, § 1629 BGB, ohne dass insoweit eine besondere gerichtliche Entscheidung erforderlich wäre. Ebenso kommt dem Vorstand eines rechtsfähigen Vereins in Bezug auf diesen ohne Weiteres gesetzliche Vertretungsmacht nach § 26 Abs. 2 BGB zu. Demgegenüber erfordert der Eintritt gesetzlicher Vertretungsmacht in anderen Fällen eine vorherige gerichtliche Entscheidung. So ist, wenn leibliche Eltern aus tatsächlichen Gründen (Minderjährigkeit, Krankheit, unbekannter Aufenthalt, Tod) oder weil ihnen das → Familiengericht wegen des Vorliegens von Gefährdung des → Kindeswohls die elterliche Sorge entzogen hat, die elterliche Sorge und damit das Vertretungsrecht nicht mehr ausüben können, eine familiengerichtlichen Entscheidung notwendig. Dem Minderjährigen wird dann unter den Voraussetzungen von § 1773 BGB oder § 1909 BGB ein Vormund oder Pfleger bestellt, der gem. § 1793 BGB bzw. §§ 1915, 1793 BGB g. V. des Minderjährigen ist. Im Betreuungsrecht (→ Betreuung) erlangt der Betreuer eines Volljährigen im Umfang des ihm übertragenen Aufgabenkreises aufgrund des Bestellungsbeschlusses die Stellung eines g. V. des Betroffenen (§ 1902 BGB), wobei diese Vertretungsmacht neben die möglicherweise noch vorhandene eigene rechtliche Handlungsfähigkeit der Betroffenen tritt und damit gegebenenfalls eine Doppelkompetenz zur Regelung der rechtlichen Angelegenheiten des Betreuten vorliegt.

Der g. V. unterliegt bestimmten Einschränkungen seiner Vertretungsmacht: So ist es ihm untersagt, im Namen der Vertretenen mit sich selbst oder als Vertreter eines Dritten ein Rechtsgeschäft zu schließen, sofern dieses nicht in der Erfüllung einer Verbindlichkeit besteht oder für den Vertretenen lediglich rechtlich vorteilhaft ist (§ 181 BGB). So kann ein Elternteil nicht im Namen des von ihm vertretenen Kindes einen Kaufvertrag mit sich selbst über ein von dem Kind etwa geerbtes Grundstück abschließen. Auch ist es dem g. V. eines Minderjährigen oder eines Betreuten untersagt, in dessen Namen mit seinem, des Vertreters, Ehegatten oder Verwandten in gerade Linie ein Rechtsgeschäft zu tätigen, § 1795 BGB (gegebenenfalls i.V.m. § 1629 Abs. 2 S. 1 oder § 1915 oder § 1908 i Abs. 1 S. 1 BGB). Erforderlich ist in einem solchen Fall die Bestellung eines Ergänzungspflegers (§ 1909 BGB) oder eines Ergänzungsbetreuers (§ 1899 Abs. 4 BGB). Von diesen Vertretungsausschlüssen kann im Fall gesetzlicher Vertretungsmacht keine Befreiung erteilt werden.

*Michael Grabow*

**Gesetzmäßigkeit der Verwaltung** ist ein grundlegendes Prinzip des (sozialen) → Rechtsstaates. G. d. V. prägt sich aus im Vorrang und im Vorbehalt des → Gesetzes. Vorrang des Gesetzes, verankert in Art. 20 Abs. 3 → Grundgesetz (GG), bedeutet, dass die Verwaltungsbehörden (Exekutive) bei ihrem Handeln an die geltenden Gesetze gebunden sind und sich nur in den darin gezogenen Grenzen bewegen dürfen. Vorbehalt des Gesetzes (Parlamentsvorbehalt) bedeutet, dass die Exekutive in den vorbehaltenen Regelungsbereichen nur tätig werden darf, wenn und soweit sie hierzu die Legislative durch förmliches Gesetz ermächtigt hat. Auch dieser Grundsatz wird aus Art. 20 Abs. 3 GG hergeleitet.

Jeder Eingriff der Verwaltung in die Rechte der Bürger/innen (Eingriffsverwaltung) bedarf der Rechtsgrundlage in einem Gesetz. Fehlt eine solche gesetzliche Grundlage, ist das Verwaltungshandeln rechtswidrig. Bei rein interner Verwaltungstätigkeit und im Bereich der Leistungsverwaltung (→ Daseinsvorsorge) ist eine Rechtsgrundlage demgegenüber nicht unbedingt erforderlich (gesetzesfreie Verwaltung). Allerdings ist auch die Leistungsverwaltung kein rechtsfreier Bereich. Die → Grundrechte sind stets zu beachten, in der Subventionsverwaltung insbesondere der → Gleichheits(grund)satz und das Willkürverbot des Art. 3 GG. Auch für die Leistungsverwaltung hat der Gesetzgeber die grundlegenden Entscheidungen zu treffen. Mit dem Gesetzesvorbehalt ist vereinbar, dass der Gesetzgeber die Verwaltung zum Handeln nach pflichtgemäßem → Ermessen ermächtigt. Dieses ist nach Inhalt, Zweck und Ausmaß hinreichend zu bestimmen (vgl. § 40 Verwaltungsverfahrensgesetz [VwVfG] – Bund, § 39 SGB I, § 114 Verwaltungsgerichtsordnung [VwGO], § 54 Sozialgerichtsgesetz [SGG]).

Für den Sozialleistungsbereich ist der Gesetzesvorbehalt in § 31 SGB I formuliert. Danach »dürfen Rechte und Pflichten nur begründet, festgestellt, geändert oder aufgehoben werden, soweit ein Gesetz es vorschreibt oder zulässt«. Mit der Formulierung »zulässt« ist klargestellt, dass auf einem formellen Gesetz beruhende Rechtsvorschriften zur Begründung, Feststellung, Änderung oder Aufhebung von Rechten und Pflichten ausreichen. § 31 SGB I spricht nicht von Sozialleistungen, sondern vom Sozialleistungsbereich, was bedeutet, dass z.B. auch Rechte im Rahmen der Selbstverwaltung, des → Verwaltungsverfahrens und der sonstigen Tätigkeit des → Sozialleistungsträgers nur eingeräumt werden dürfen, soweit das Gesetz dies vorschreibt oder zulässt.

Bei Verstößen gegen das Gebot der G. d. V. gewährleistet Art. 19 Abs. 4 GG den Bürger/innen → Rechtsschutz. Gesetzesverstöße durch die Verwaltung können schließlich zu Ansprüchen auf Folgenbeseitigung (vgl. § 113 Abs. 1 S. 2 und 3 VwGO), auf Entschädigung oder → Schadenersatz (Art. 34 GG, § 839 BGB; → Amtshaftung) führen.

*Walter Roth*

**Gesprächsführung, Methoden der,** sind Beschreibungen von Haltungen und → Einstellungen sowie von Strategien und Techniken, die in professionellen Interaktionskontexten zur Förderung und Veränderung von Kommunikationsprozessen (→ Kommunikation) angewendet werden. Professionelle G. dient generell zur Problem- und Konfliktlösung sowie zur Stärkung der personalen Kompetenzen und → Ressourcen, wie Selbstachtung, Selbstempathie, → Selbsthilfe u.a. Die einzelnen Methoden orientieren sich an spezifischen Veränderungstheorien, wie Systemtheorie, Kommunikationstheorie (Watzlawick, Schulz von Thun), Konflikttheorie (Glasl), Lerntheorien, Persönlichkeitstheorien und an der Psychotraumatologie. Sie wurden innerhalb von spezifischen Arbeitsfeldern entwickelt, wie Psychotherapie (→ Therapie), → Beratung, → Coaching, Verhandlung, → Supervision, Konfliktregelung, → Psychiatrie, → Krisenintervention, in der aufsuchenden und aktivierenden → Sozialen Arbeit sowie in der Arbeit mit unmotivierten Personen (im Zwangskontext).

Je nach zugrunde liegendem Metamodell können folgende Methoden unterschieden werden: die personorientierte/klientenzentrierte G. (Rogers) inkl. deren Weiterentwicklungen wie die »Gewaltfreie Kommunikation« (Rosenberg), die »Motivierende Gesprächsführung« (Miller, Rollnick) und das Focusing (Gendlin); die systemische G. (Satir, Minuchin, Mailänder Modell) und die lösungs- und ressourcenorientierte G. (de Shazer, Kim Berg) inkl. der Erweiterung für die Beratung in Zwangskontexten (Conen, Cecchin); erlebnisaktivierende gestalttherapeutische (Perls) und psychodramatische (Moreno) Methoden; kognitiv-behaviorale Ansätze (Kelly, Ellis); psychoanalytische Methoden wie das »Szenische Verstehen« (Lorenzer); Mediations- und Deeskalationsmethoden; Verhandlungsmodelle wie das Harvard-Konzept (Fisher, Ury); konfrontativ-pädagogische (Weidner, Kilb), hypnotherapeutische (Erickson) und provokative (Farrelly) Methoden sowie Methoden zur Stressregulation aus der dialektisch-behavioralen (Linehan) und psychodynamisch-imaginativen Therapie (Reddemann). In den einzelnen methodischen Richtungen wurden spezifische Gesprächstechniken entwickelt und in der Folge von anderen Richtungen oft ohne Bezugnahme auf deren metatheoretische Herkunft in den jeweiligen Ansatz integriert. So stellt das Neurolinguistische Programmieren (NLP) eine Methodensammlung der erfolgreichen Techniken aus vielen der oben erwähnten Ansätze dar. Als Basis-Gesprächstechniken gelten das aktive Zuhören (Spiegeln, Paraphrasieren, Verbalisieren emotionaler Erlebensinhalte), die Ich-Botschaften, das Reframing, das zirkuläre Fragen, die Skalierungsfragen sowie ressourcen-, ziel- und lösungsfokussierte Fragetechniken (z.B. die »Wunder-Frage«), Fragen nach der Ausnahme des Problems, die paradoxe → Intervention, Hypothetisieren u.a. Eine von Wertschätzung, Kongruenz/Authentizität und → Empathie geprägte Haltung wird für die fachgerechte Anwendung sämtlicher Methoden und Techniken vorausgesetzt.

*Sylvia Keil*

**Gesprächspsychotherapie** → Humanistische Beratung und Therapie

**Gestaltpsychologie** Grundlegend für die G. ist ihre Beschäftigung mit dem Verhältnis zwischen dem Ganzen und seinen Teilen. »Gestalt« als Begriff wurde von dem Psychologen C. Freiherr v. Ehrenfels (1859–1932) im Jahre 1890 eingeführt und als seelische Ganzheit definiert, die durch Transponierbarkeit (eine Melodie bleibt bspw. erhalten, wenn alle ihre Töne auf ein anderes Höhenniveau verändert werden) und Übersummativität (das Ganze ist mehr als die Summe seiner Teile) gekennzeichnet ist. Als Geburtsjahr der G. gilt 1912, als M. Wertheimer (1880–1943) seine »Experimentellen Studien über das Sehen von Bewegung« veröffentlichte. Weitere »Väter« der G. sind W. Köhler (1887–1967) und K. Koffka (1886–1941) in Frankfurt. In Berlin schloss sich später K. Lewin (1890–1947) den Grundauffassungen der G. an. Diese Autoren stellen die sog. »Berliner Schule« dar, welche sich in ihrem Wirkungsgrad deutlich von anderen abhebt.

Neben der Gestalt stellt die »Feldtheorie« einen der gewichtigsten Begriffe in der G. dar. Von Wertheimer (1912) ein- und von allen wichtigen Vertretern weitergeführt, geht die Feldtheorie davon aus, dass das → Verhalten eines Lebewesens nicht ohne das Wissen um die Bedingungen seines Lebens (Feld) verstanden und analysiert werden kann. So beginnt jede Analyse von Verhalten mit der Analyse der Situation, in der dieses gezeigt wird. Dabei steht nicht die objektive Situation im Mittelpunkt des Interesses, sondern deren → Wahrnehmung und Interpretation durch das Lebewesen selbst. Im Gegensatz zu elementaristischen vertraten die ganzheitspsychologischen Schulen die Idee einer Ganzheitlichkeit des Seelischen. Auf dieser Grundlage bildete die G. eine Gegenströmung zur atomistischen Methodenlehre und zu sog. »objektiven« psychologischen Richtungen und setzte die Phänomenologie und die Untersuchung des Zusammenhangs einzelner Teile zu einer Ganzheit in den Mittelpunkt ihrer Forschungstätigkeit. Entsprechend lehnt sie viele traditionelle methodische Verfahren ab.

Die G. fasst ihre Erkenntnisse über das Zusammenwirken von Elementen zu einem ganzheitlichen Gebilde in den Gestaltgesetzen zusammen, von denen hier einige exemplarisch dargestellt werden sollen: das Gesetz der Nähe, welches besagt, dass Elemente mit geringen Abständen zueinander als zusammengehörig wahrgenommen werden; das Gesetz der Ähnlichkeit, nach dem Elemente, die sich ähnlich sind, eher als zueinander gehörig erlebt werden als solche, die sich unähnlich sind; das Gesetz der Geschlossenheit, nach dem die Wahrnehmung fehlende Elemente einer Gestalt vervollständigt und schließlich das wohl bekannteste Gesetz der guten Gestalt, nach dem einzelne Elemente so wahrgenommen werden, dass sie eine zusammenhängende Gestalt bilden. Die von F. Perls (1893–1970) entwickelte Gestalttherapie stellt nicht – wie häufig fälschlich vermutet – die psychotherapeutische Anwendung der G. dar. Jedoch bilden die Erkenntnisse der G. (bspw., dass nicht abgeschlossene Handlungen die Tendenz haben, sich vermehrt ins → Gedächtnis zu drängen) neben solchen der Psychoanalyse und der Humanistischen Psychologie die theoretischen Grundlagen der Gestalttherapie (→ Humanistische Beratung und Therapie). Eine ihrer Hauptannahmen ist, dass → psychische Störungen aufgrund gestörter Wahrnehmung (v.a. der eigenen Interessen und → Bedürfnisse) entstehen. Grundlage für die Gestalttherapie – und so schließt sich der Kreis zur G. – ist der Mensch als ganzheitliches System, welches nicht unabhängig von seinem Umfeld betrachtet werden kann.

*Markos Maragkos*

**Gestalttherapie** → Gestaltpsychologie, → Humanistische Beratung und Therapie

**Gesundheit** Gesundheitsvorstellungen sind soziale Konstruktionen. Da sie soziokulturellen und historischen Einflüssen und Veränderungen unterliegen und G. in verschiedenen Epochen, Kulturen und innerhalb einer Gesellschaft unterschiedlich wahrgenommen und verstanden wurde und wird, ist es nicht möglich, ein allgemeines, universales Substrat von G. zu finden. Folglich kann es auch keine allgemein gültige Definition des Begriffs G. geben. G. ist ein relationaler Begriff, der erst im Bezugskontext praktische Bedeutung gewinnt. Entsprechend den vielfältigen Vorstellungen, was G. bedeutet, differieren auch die zahlreichen (wissenschaftlichen) Versuche, den Begriff zu bestimmen.

Unter G. wird heute nicht mehr nur die Abwesenheit von medizinisch definierter → Krankheit verstanden. G. steht vielmehr für ein positives Konzept, das die Bedeutung sozialer und individueller Ressourcen ebenso betont wie die körperlichen Voraussetzungen. Substrat des Gesundseins ist das → Individuum in seinem materiellen und psychisch-sozialen Lebenskontext. Hilfreich für eine erste Annäherung an den Begriff der G. und für die Verhältnisbestimmung zum Begriff Krankheit ist die Begriffsanalyse von Göckenjan (1991), der G. als einen existenziellen Lebenszustand charakterisiert, der sich aus drei unterschiedlichen Perspektiven definieren lässt: als Wertaussage, als Abgrenzungskonzept und als Funktionsaussage. Diese Interessenorientierungen mischen sich i.d.R. zu vielfältigen Deutungskonfigurationen.

Gesundheitsdefinitionen auf der Basis von »Wertaussagen« enthalten zumeist einen positivierenden Kern. G. wird z.B. als absoluter Wert oder als Lebensziel verstanden. Eine viel zitierte Definition in diesem Sinne findet sich in der Präambel der Verfassung der → Weltgesundheitsorganisation (WHO) von 1948: »Health ist a state of complete physical, mental and social well-beeing and not merely the absence of disease or infirmity.« Mit dieser (in Verkennung der politischen Funktion) oft als utopisch kritisierten umfassenden Definition und dem Terminus »well-beeing« löste die WHO den Begriff G. aus einer rein biomedizinischen Sichtweise und den engen Bezügen des professionellen Krankheitssystems und verankerte ihn in den Dimensionen des täglichen Lebens. G. umfasst nach diesem Verständnis körperliche, psychische, mentale und soziale Aspekte und → Ressourcen, die sich wechselseitig beeinflussen. In neueren Deklarationen betont die WHO inzwischen mehr den Prozesscharakter von G. 2014 spezifizierte die WHO ihre Aussagen zur G.: »Mental health is defined as a state of well-being in which every individual realizes his or her own potential, can cope with the normal stresses of life, can work productively and fruitfully, and is able to make a contribution to her or his community.«

G. als »Abgrenzungskonzept« ist eng mit der medizinischen Deutung und Diagnostik von Krankheit verknüpft (Biomedizinische Perspektive). G. wird dabei zumeist als vollständige Abwesenheit von allen Merkmalen der Krankheit verstanden (dichotome Vorstellung) und damit negativ, durch die Abgrenzung von einem Gegenteil definiert. In der Medizin wird versucht, die Einschätzung von G. und Krankheit durch objektive Messwerte abzusichern. Definierte Schwellen- oder Normwerte (jenseits deren man krank ist) sind für Legaldefinitionen notwendig (man ist entweder berechtigt oder nicht berechtigt, Leistungen der → Sozialversicherung zu beziehen). Das Abgrenzungskonzept ist jedoch nur vordergründig konkret und gibt eine nur scheinbare Klarheit vor, da Grenzen unterschiedlich gedeutet werden.

Als »Funktionsaussage« steht G. einerseits für Leistungs- und Arbeitsfähigkeit in körperlicher und sozialer Hinsicht (vorrangig definiert vom Medizinsystem) bzw. als Rollenerfüllung (Soziologische Perspektiven). Zu diesem Komplex gehören andererseits alle homöostatischen Gesundheitsvorstellungen eines körperlich-psychischen Gleichgewichts i.S.d. störungsfreien Funktionierens eines hoch integrierten Systems bzw. für die erfolgreiche Adaption und Regulation unter den Bedingungen einer konkreten → Lebenswelt (Salutogenetische Perspektive → Salutogenese). Auch diese Bestimmungen sind nur in Teilen konkret und lassen sich eher als Metaphern deuten, die selbst wieder klärungsbedürftig sind.

Mit dem Ziel, zu einer dem heutigen theoretischen Entwicklungsstand angemessenen und zugleich interdisziplinär verwendbaren Arbeitsdefinition von G. zu gelangen, hat Hurrelmann die Grundvorstellungen zentraler wissenschaftlicher Theorien zusammengetragen, um daraus Grundsätze für einen wissenschaftlich haltbaren und belastbaren Gesundheitsbegriff abzuleiten. Dabei wurden Lern- und Persönlichkeitstheorien, Stress- und Bewältigungstheorien, Sozialisationstheorien, Interaktions- und Sozialstrukturtheorien sowie Public-Health-Theorien ausgewertet. Darauf aufbauend haben Hurrelmann und Richter (2013) vorgeschlagen, G. wie folgt zu definieren: »G. bezeichnet den Zustand des Wohlbefindens einer Person, der gegeben ist, wenn diese Person sich psychisch und sozial in Einklang mit den Möglichkeiten und Zielvorstellungen und den jeweils gegebenen äußeren Lebensbedingungen befindet. G. ist das Stadium des Gleichgewichts von Risikofaktoren und Schutzfaktoren, das eintritt, wenn einem Menschen eine Bewältigung sowohl der inneren (körperlichen und psychischen) als auch äußeren (sozialen und materiellen) Anforderungen gelingt. G. ist ein Stadium, das einem Menschen Wohlbefinden und Lebensfreude vermittelt.« G. kann nicht nur »optimal«, »umfassend« oder »positiv« sein. Jedes Gesundheitskonzept muss die Bedingtheit und potenzielle Einschränkung von G. integrieren können. G. ist damit eine lebensgeschichtlich immer wieder neu und aktiv herzustellende Balance (Gesundheits-Krankheits-Kontinuum).

*Lit.* Borgetto, B./Kälble, K.: Medizinsoziologie. Sozialer Wandel, Krankheit, Gesundheit und das Gesundheitssystem, Weinheim/München 2007; Hurrelmann, K./Franzkowiak, P.: Gesundheit, in: Bundeszentrale für gesundheitliche Aufklärung: Leitbegriffe der Gesundheitsförderung (letzte Aktualisierung am 17.4.2015), www.leitbegriffe.bzga.de/alphabetisches-verzeichnis/gesundheit/; Hurrelmann, K./Richter, M.: Gesundheits- und Medizinsoziologie, Weinheim/Basel 2013; Hurrelmann, K./Richter, M. (Hrsg.): Soziologie von Gesundheit und Krankheit. Ein Lehrbuch, Wiesbaden 2015.

*Karl Kälble*

**Gesundheitliche Aufklärung** → Bundeszentrale für gesundheitliche Aufklärung (BZgA)

**Gesundheitsamt** ist eine Einrichtung des → öffentlichen Gesundheitsdienstes (ÖGD) auf der Ebene der → Landkreise bzw. → kreisfreien Städte (untere Verwaltungsebene). Diese sind entweder in staatlicher (z.B. in Bayern) oder kommunaler Trägerschaft (z.B. in Hessen). Die Aufgaben des G. sind gesetzlich geregelt. Dabei stellen die Gesundheitsdienstgesetze der Bundesländer die jeweilige Hauptrechtsgrundlage für die allgemeinen Aufgabenstellungen dar. Dadurch können einzelne Aufgabengebiete je nach Bundesland unterschiedlich stark vertreten sein. Ergänzt werden diese durch Bundesgesetze und -verordnungen wie das Infektionsschutzgesetz, die Trinkwasserverordnung, das Heilpraktikergesetz oder die → Sozialgesetzbücher (z.B. § 59 SGB XII). Die G. führen die Aufgaben des ÖGD aus, indem sie diese entweder in eigener Trägerschaft erfüllen oder freie gemeinnützige Träger damit beauftragen (die in der Regel durch Zuwendungen finanziert werden).

Das G. wird in der Regel von einem → Amtsarzt/einer Amtsärztin geleitet. Das Mitarbeiterspektrum ist auf Interdisziplinarität angelegt und setzt sich u.a. aus Ärztinnen und Ärzten und anderen Therapeuten und Therapeutinnen, → Sozialarbeiter/innen, Gesundheitsaufseher/innen und Umweltingenieur/innen zusammen. Das Aufgabenspektrum ist vielfältig und spielt sich in den vier Hauptfeldern des Gesundheitsschutzes, der Gesundheitshilfen, der → Gesundheitsförderung und der Gesundheitssteuerung ab. Im Fokus stehen dabei sowohl bevölkerungsmedizinische Aspekte sowie die Rolle, die der/die Einzelne dabei einnimmt. Den vier Hauptfeldern können einzelne Aufgaben in unterschiedlichem Ausmaß zugeordnet werden. Dabei wird immer mehr von der klassischen Sichtweise einer kontrollierenden Behörde abgerückt und eine partnerschaftlich-vernetzte, beratende und aufklärende Rolle eingenommen.

Hierzu zählen: Das Gutachterwesen (→ Gutachten, Stellungnahmen u.a., → Sozialmedizin), die → Beratung: → sozialpsychiatrischer Dienst, Suchtberatung, HIV-Beratung, sonstige sozialmedizinische Beratung (Schwangerschaftsberatung u.a.); die Hygiene und der Infektionsschutz (Trinkwasserkontrolle, Begehung von → Einrichtungen, z.B. → Krankenhäuser und Arztpraxen, Geschlechtskrankheiten, Tuberkulose, AIDS, Ausbruchskontrolle übertragbarer Erkrankungen wie z.B. Masern [Seuchenbekämpfung]), die Umwelthygiene, die Kinder- und Jugendgesundheit (z.B. Schuleingangsuntersuchungen), die Zahnheilkunde (Gruppenprophylaxe), der Katastrophenschutz und die → Gesundheitsberichterstattung. Diese Aufgaben werden organisatorisch oft in einzelnen Abteilungen oder Sachgebieten zusammengefasst. Oft sind für diese Aufgaben eigene Abteilungen zuständig (z.B. Amtsärztlicher Dienst, Kinder- und Jugendärztlicher Dienst, Gesundheitsberichterstattung, Sozialpsychiatrischer Dienst, Hygiene und Infektionsschutz etc.) Weitere wichtige Elemente sind die Krankheitsprävention und die Gesundheitsförderung über die Lebensspanne.

Die G. sind in der Regel nicht selbst therapeutisch tätig, außer im Kontext der → Subsidiarität. Dieses Prinzip beherrscht auch die anderen Aufgabengebiete. Wenn z.B. der Durchimpfungsgrad der Bevölkerung nicht ausreicht, hat das G. nicht von sich aus zu impfen, sondern in erster Linie die niedergelassenen Ärzt/innen auf das Problem aufmerksam zu machen. Sollte dies zu keiner Verbesserung führen, kann das G. selbst Impfungen anbieten. Entsprechend dem Prinzip der → Solidarität werden auch zunehmend Aufgaben festgelegt, die an → freie Träger abgegeben werden sollen wie etwa die Suchtberatung. In Baden-Württemberg stellt der sozialpsychiatrische Dienst ein Beispiel für Subsidiarität dar. Dort befindet sich dieser Dienst zu einem großen Teil in der Hand von freien Trägern.

Im Sinne der »new public health« arbeiten die G. vernetzt mit anderen Behörden und Einrichtungen (z.B. Schul-, → Sozial- und → Jugendamt, Ordnungsamt, Polizei, oft auch im Rahmen der Amtshilfe) sowie als Dienstleister für die Bürgerinnen und Bürger der Lebenswelt Kommune. Damit leisten sie eine wichtige Vermittlungsarbeit zwischen der Bevölkerung und der Verwaltung in allen gesundheitlichen Belangen.

Besondere Aufgaben der G. ergeben sich für den Personenkreis von Menschen, die in prekären Lebensumständen leben, insbesondere Hartz-IV-Empfänger/innen, Flüchtlinge und sonstige Migrant/innen sowie Obdachlose und Drogenkonsument/innen. Da Migranten wegen ethnischer oder sprachlicher Verständigungsprobleme oft benachteiligt sind und nicht über ausreichende Kenntnisse des → Gesundheitswesens verfügen, sind spezifische Angebote zu entwickeln. Obdachlose und Drogenkonsument/innen benötigen aufgrund ihrer schwierigen Gesundheitssituation und geringen Lebenserwartung besondere Angebote. Ähnliche Lücken der Versorgung sind bei alten Menschen sowie Kindern und Jugendlichen mit besonderen gesundheitlichen Problemstellungen zu finden. Eine weitere wichtige Aufgabe des G. ist die Umweltmedizin geworden. Dieses Fachgebiet ist Teil des Angebotsspektrums von einzelnen G. geworden, weil es – i.S. des Subsidiaritätsprinzips – oftmals nicht von anderen Leistungserbringern angeboten wird.

Die Herausforderungen der G. in der Zukunft sind vor allem darin zu sehen, den Spagat zwischen oft gering zur Verfügung stehenden finanziellen und personellen → Ressourcen und der Erfüllung und Weiterentwicklung einer Vielzahl von bevölkerungsmedizinischen Aufgaben hinzubekommen. Diese sind neben den klassischen Themen aus dem Infektionsschutz v.a. in der Förderung von → Gesundheit über Lebensspanne in der Lebenswelt Kommune und der subsidiären Medizin verortet. Als praktische Dienstleister im Bereich »public health« bedarf es zukünftig auch einer engeren Verzahnung mit anwendungsorientierter Forschung und einem intensiver vernetzten Denken. Nur so können große Gesellschaftsthemen wie z.B. → Armut und gesundheitliche Ungleichheit mit der Expertise und Professionalität der G. nachhaltig angegangen werden.

*Lit.* BVÖGD (Hrsg.): 1950–2010: 60 Jahre BVÖGD, Engagement für die Gesundheit der Bevölkerung, Aalen 2010; Kuhn, J./Wildner, M./Zapf, A..: Der öffentliche Gesundheitsdienst: Standortbestimmung mit freundlichem Ausblick, Deutsches Ärzteblatt 9/2012, A-413, B-355, C-351; Kuhn, J./Heyn, M. (Hrsg.): Gesundheitsförderung durch den öffentlichen Gesundheitsdienst, Bern 2015; Stehn, R.: Soziale Arbeit im Öffentlichen Gesundheitsdienst, München 2005.

*Thomas Götz*

**Gesundheitsberichterstattung** informiert über die gesundheitliche Lage und die gesundheitliche Versorgung der Bevölkerung. Sie findet auf Ebene der Kommunen/Kreise, der Länder und des Bundes statt. Die G. des Bundes stellt für die G. der Kommunen/Kreise und Länder eine Referenzfunktion dar. Ziel der G. ist die Bereitstellung und Aktualisierung von → Daten und Informationen für gesundheitspolitische Entscheidungsträger, Forschung, Akteure im Gesundheitswesen sowie die Fachöffentlichkeit. Die G. gibt einen Überblick über alle Teilaspekte des → Gesundheitswesens in Deutschland und die wichtigsten Zusammenhänge und Probleme. Behandelt werden u.a. die Rahmenbedingungen des Gesundheitswesens, die gesundheitliche Lage der Bevölkerung, Gesundheitsverhalten/-gefährdungen, → Krankheiten, Ressourcen der Gesundheitsversorgung, Leistungen und Inanspruchnahme, Ausgaben, Kosten sowie die Finanzierung.

Die G. des Bundes gliedert sich in folgende drei Bereiche: (1) Das Informationssystem der G. des Bundes (IS-GBE) liefert als Online-Datenbank (www.gbe-bund.de) umfassende gesundheitsrelevante Informationen in Form von Tabellen, Grafiken und Texten. (2) Themenhefte geben Auskunft über den Gesundheitszustand der Bevölkerung in Deutschland. (3) Schwerpunktberichte/Spezialberichte beschreiben detailliert und umfassend spezielle Themen der → Gesundheit und des Gesundheitssystems.

Die G. des Bundes wurde durch das Bundesministerium für Bildung und Forschung im Rahmen eines mehrjährigen Forschungsprojektes initiiert und finanziell vom → Bundesministerium für Gesundheit (BMG) gefördert. Seit 1999 ist die G. des Bundes gemeinsame Aufgabe des Statistischen Bundesamtes (Betrieb des Informations- und Dokumentationszentrums) und des Robert-Koch-Institutes (fachliche Verantwortung, Koordination des Berichtsystems). Die politische Verantwortung obliegt dem BMG.

*Sven Marth*

**Gesundheitsberufe** ist ein gesetzlich nicht definierter und weit gefasster Sammelbegriff für Berufe unterschiedlicher Ausbildungsniveaus, die mit dem Erhalt von → Gesundheit, der → Prävention von → Krankheiten oder der Behandlung und → Rehabilitation kranker Menschen zu tun haben. Das Haupttätigkeitsfeld der G. ist die Patientenversorgung, d.h. die präventive, kurative oder rehabilitative Arbeit mit, an oder für Patient/innen. G. mit direktem Patientenbezug werden auch als personenbezogene Dienstleistungsberufe im Gesundheitswesen bezeichnet. Enger gefasst ist der Begriff der Gesundheitsfachberufe (auch: Medizinalfachberufe), der die Pflege-, Assistenz- und therapeutischen, teilweise auch medizinisch-technischen Berufe umfasst.

Wegen sich schnell verändernder Rahmenbedingungen im Gesundheitswesen und der dynamischen Entwicklung wissenschaftlicher Erkenntnisse in den medizinischen Wissenschaften stehen die G. unter einem hohen Veränderungs-, Kooperations- und Innovationsdruck. G. gibt es als bundesgesetzlich geregelte (z.B. akademische Heilberufe), landesgesetzlich geregelte (z.B. Pflegehilfsberufe) und als nicht geregelte Berufe. Bei den geregelten G. bestimmen Bundes- oder Landesgesetze, welche Prüfungen erfolgreich abgelegt, welche Ausbildungen durchlaufen und welche weiteren Voraussetzungen gegeben sein müssen, damit die Berufsbezeichnung geführt werden darf. Die durch Bundesrecht geregelten G. lassen sich unterscheiden in Heilberufe, Berufe nach Berufsbildungsgesetz und Berufe nach der Handwerksordnung. Die bundesgesetzlich geregelten Heilberufe dürfen nur mit Approbation oder Berufserlaubnis ausgeübt werden. Zu ihnen zählen: die ärztlichen Berufe, psychologische/r sowie Kinder- und Jugendlichen-Psychotherapeut/in, Apotheker/in, Gesundheits- und Krankenpfleger/in, Gesundheits- und Kinderkrankenpfleger/in, Altenpfleger/in, Hebamme/Entbindungspfleger, Ergotherapeut/in, Logopäd/in, Orthoptist/in, Physiotherapeut/in, Masseur/in und medizinische/r Bademeister/in, Diätassistent/in, medizinisch-technische/r Laboratoriumsassistent/in und die anderen Berufe nach MTA-Gesetz, Podolog/in, Notfallsanitäter/in, pharmazeutisch-technische/r Assistent/in. Zu den durch das (Bundes-)Berufsbildungsgesetz geregelten Berufen zählen die medizinischen, zahnmedizinischen und pharmazeutisch-kaufmännischen Fachangestellten. Die bundesgesetzlich geregelten Gesundheitshandwerke umfassen Berufe wie Augenoptiker/in, Hörgeräteakustiker/in, Orthopädieschuhtechniker/in, Zahntechniker/in u.a. Die durch Landesrecht geregelten G. unterscheiden sich zwischen den Bundesländern erheblich. Zu den bekannteren landesgesetzlich geregelten Berufen zählen u.a. Altenpflegehelfer/in, Gemeindepfleger/in und Pflegehelfer/in. Das Feld der nicht geregelten G. ist besonders unübersichtlich und heterogen: Sie reichen von Berufen mit universitärer Ausbildung (z.B. klinische Linguistik, Oekotrophologie) bis hin zu Berufen mit kurzen Lehrgangsausbildungen (u.a. Yogalehrer/in, diverse »Bindestrich-Therapeuten«) sowie von wissenschaftsorientierten Berufen bis zur berufsmäßigen Esoterik. Eine Besonderheit unter den G. in Deutschland bilden die Heilpraktiker/innen. Nach Heilpraktikergesetz bedarf die Ausübung dieses naturkundlich geprägten Heilberufs der staatlichen Erlaubnis, eine bestimmte Ausbildung ist aber nicht vorgeschrieben. Einige Gesundheitsfachberufe (→ Pflegeberufe, Physio- und → Ergotherapie, → Logopädie u.a.) befinden sich in einem Akademisierungsschub. Dies bedeutet, dass neben den Berufsausbildungen Hochschulstudien angeboten werden, oft nachlaufend zur beruflichen Erstqualifikation, zunehmend aber auch die bisherige (z.B. berufsschulische) Ausbildung ersetzend (→ Ausbildung in sozialen Berufen, → Studium der Sozialen Arbeit). Das im Januar 2016 geplante Pflegeberufsgesetz etabliert die akademische Ausbildung als alternative Regelausbildung neben der Ausbildung an Pflegefachschulen.

*Peter Buttner*

**Gesundheitsdienst, öffentlicher** → Öffentlicher Gesundheitsdienst (ÖGD)

**Gesundheitserziehung** → Prävention

**Gesundheitsförderung** Manche Menschen bleiben auch unter extremen gesundheitlichen Belastungen gesund. Diese Beobachtung führte zur Suche nach erklärenden Faktoren und zur Entdeckung, dass → Gesundheit und → Krankheit sich aus dem Verhältnis von Belastungen und → Ressourcen erklären. Gesundheitsressourcen erhöhen die physischen und psychischen Möglichkeiten der Bewältigung von Gesundheitsbelastungen; sie vergrößern die individuellen Handlungsspielräume zur Überwindung gesundheitlich belastenden Verhaltens; sie begünstigen die Entwicklung von Kompetenzen für die Veränderung von Strukturen, die entweder direkt die Gesundheit belasten oder gesundheitlich belastendes Verhalten fördern. Obgleich die kausalen Verknüpfungen wissenschaftlich noch nicht vollständig geklärt wurden, gelten heute Selbstwertgefühl, Selbstwirksamkeit, Einbindung in soziale Netzwerke, → Partizipation und → Teilhabe sowie → Bildung und → Einkommen als wichtigste Gesundheitsressourcen. Ihre Entwicklung und Förderung ist deshalb in den letzten Jahrzehnten unter der Bezeichnung G. zur zentralen Perspektive der Bemühungen um Senkung der Eintrittswahrscheinlichkeit von Krankheit (Primärprävention) geworden, gewinnt aber auch in der → Rehabilitation, der → Jugendarbeit sowie in der → Sozialen Arbeit immer mehr an Bedeutung.

Die Ottawa-Charta für G. der → Weltgesundheitsorganisation (WHO) von 1986 enthält die Eckpunkte und Handlungsperspektiven dieses Konzepts und ist eines der wichtigsten Programmdokumente moderner Gesundheitspolitik. Danach zielt G. auf einen Prozess, allen Menschen ein höheres Maß an Selbstbestimmung zu ermöglichen und sie damit zur Stärkung ihrer Gesundheit zu befähigen. Gesundheit wird als ein wesentlicher Bestandteil des alltäglichen Lebens verstanden und nicht als vorrangiges Lebensziel. Gesundheit steht für ein positives Konzept, das in gleicher Weise die Bedeutung sozialer und individueller wie körperlicher Faktoren für die Gesundheit betont. Die Verantwortung für G. liegt deshalb nicht nur bei dem Gesundheitssektor, sondern in allen Politikbereichen und zielt über die Entwicklung gesünderer Lebensweisen hinaus auf die Förderung von umfassendem Wohlbefinden. Die professionelle Unterstützung der G. besteht danach v.a. in der anwaltschaftlichen Interessenvertretung der Zielgruppen, ihrer Befähigung sowie der Ermöglichung gesundheitsförderlicher Entscheidungen und Handlungen sowie der Vermittlung und der Vernetzung von Akteuren. G. soll durch Aktivitäten auf fünf Handlungsfeldern betrieben werden: der Entwicklung einer intersektoralen Gesamtpolitik; der Schaffung gesundheitsförderlicher → Lebenswelten (Setting-Ansatz in der → Prävention in Lebenswelten); der Unterstützung von Gemeinschaftsaktionen; der Entwicklung von persönlichen Kompetenzen sowie der Neuorientierung der Gesundheitsdienste. Eng verwandt mit der G. sind wissenschaftliche Konzepte wie Salutogenese, → Empowerment und Health Literacy/ Gesundheitskompetenz.

*Rolf Rosenbrock*

**Gesundheitshilfe** → Hilfen zur Gesundheit

**Gesundheitskarte** → Elektronische Gesundheitskarte

**Gesundheitsökonomie** ist ein Teilgebiet der Wirtschaftswissenschaften, insbesondere der Volkswirtschaftslehre. G. befasst sich mit der Anwendung wirtschaftswissenschaftlicher Methoden in der Gesundheitsversorgung. Gegenstände der G.: (1) G. untersucht die Märkte, auf denen Gesundheitsleistungen angeboten und nachgefragt werden. Sie fragt nach den Einflussgrößen des Verhaltens von Ärzt/innen, → Krankenhäusern, Pharmaindustrie, aber auch von Versicherten und Patient/innen. Sie untersucht Steuerungsmechanismen, die die Politik oder andere Akteure einsetzen, um Qualität und → Wirtschaftlichkeit der Gesundheitsversorgung zu beeinflussen; sie entwickelt Reformvorschläge für solche Mechanismen. G. analysiert theoretisch und empirisch die unterschiedlichen Vergütungssysteme für die → Leistungserbringer im → Gesundheitswesen. (2) G. befasst sich mit den unterschiedlichen Finanzierungsquellen und Organisationsformen der finanziellen Absicherung im Krankheitsfall. Die Wirkungen unterschiedlicher Ausgestaltung der Verträge zwischen Versicherten und → Krankenkassen (zum Beispiel: unterschiedliche Formen von Selbstbehalten) und der verschiedenen Möglichkeiten der Kalkulation der Prämien/Beiträge (z.B. das Umlageverfahren der gesetzlichen Kassen, das Kapitaldeckungsverfahren bei den privaten → Krankenversicherungen) werden untersucht. (3) Die gesundheitsökonomische → Evaluation als Teilgebiet der G. führt → Kosten-Wirksamkeits- oder → Kosten-Nutzen-Analysen von medizinischen Maßnahmen durch. (4) Auch mit den ökonomischen Einflussgrößen des Gesundheitsverhaltens von → Individuen befasst sich die G. – beispielsweise wird das Rauchverhalten in Abhängigkeit von der Höhe der Zigarettenpreise oder die Bereitschaft von Beschäftigten, gegen höhere Löhne gesundheitliche Risiken auf sich zu nehmen, untersucht. (5) Die Zusammenhänge zwischen dem Gesundheitswesen und der Volkswirtschaft insgesamt stellen ebenfalls einen Untersuchungsgegenstand der G. dar – so wird etwa der Einfluss der Kostendämpfungspolitik auf den → Arbeitsmarkt untersucht. (6) Auch ökonomische Aspekte des Gesundheitssystemvergleichs sind von Interesse – so werden etwa die Preisregulierungen unterschiedlicher Länder für Arzneimittel in ihren Auswirkungen auf die Geschwindigkeit, mit denen Arzneimittel im jeweiligen Land vom pharmazeutischen Hersteller auf den Markt gebracht werden, untersucht. – Ausbildung zum Gesundheitsökonomen: Masterstudiengänge mit

Schwerpunkt in G. werden an einer Reihe von Universitäten angeboten. G. wird außerdem in Bachelor- und Masterstudiengängen insbesondere der Betriebs- und Volkswirtschaftslehre, in den Bereichen Gesundheitsmanagement, Pflegemanagement, → Gesundheitswissenschaften gelehrt. – Berufsfelder für Gesundheitsökonomen: Krankenkassen, Krankenhauskonzerne, Arztnetze, pharmazeutische Unternehmen, öffentliche Verwaltung bei Bund und Ländern, private und öffentliche Forschungseinrichtungen. Fachgesellschaft: Deutsche Gesellschaft für Gesundheitsökonomie (DGGÖ).

*Jürgen Wasem*

**Gesundheitspolitik** → Gesundheit, → Gesundheitsberichterstattung, → Gesundheitswesen

**Gesundheitsprävention** → Prävention

**Gesundheitsvorsorge** → Prävention

**Gesundheitswesen** Das G. bietet allen Bürger/innen Dienste, → Einrichtungen, Maßnahmen und Vorkehrungen zur Erhaltung, Förderung und Wiederherstellung der → Gesundheit an. Dem einzelnen Menschen und seiner jeweils eigenen Lebenswelt hat das Bezugssystem G. in seiner Prophylaxe, Diagnostik, → Therapie und Nachsorge zu dienen. Nach § 1 SGB V (→ Sozialgesetzbuch [SGB]) sind die Versicherten für ihre Gesundheit mit verantwortlich; sie sollen durch eine gesundheitsbewusste Lebensführung, durch frühzeitige Beteiligung an gesundheitlichen Vorsorgemaßnahmen sowie durch aktive Mitwirkung an → Krankenbehandlung und → Rehabilitation dazu beitragen, den Eintritt von → Krankheit und Behinderung zu vermeiden oder ihre Folgen zu überwinden. Unser G. lässt sich nach folgenden Gesichtspunkten ordnen:

(1) Entsprechend seiner Funktion: vorbeugend (präventiv) und heilend (kurativ). Zur → Prävention (Gesundheitsvorsorge) gehören: Impfungen (Beseitigung von Risikofaktoren), Umweltschutz, Gesundheitserziehung, Vorsorgeuntersuchungen, Hygiene in Betrieben und im Lebensmittelwesen, Verhütung von Rückfällen, → Arbeitsschutz. Zur kurativen Medizin gehören: Erkennung und Behandlung von Krankheiten, Linderung oder Besserung von Beschwerden.

(2) Entsprechend dem Ort der Dienstangebote: ambulant und stationär. Die → ambulante ärztliche Versorgung teilen sich die Allgemeinärzt/innen (Haus- und Familienärztin/-arzt) und die Fachärzte verschiedener Sachgebiete. Eingeschränkt kann das → Krankenhaus (§ 39 SGB V) teilstationäre, vor- und nachstationäre sowie ambulante Leistungen erbringen. Neue Versorgungsformen werden erprobt, wie z.B. hausarztzentrierte Versorgung (§ 73 b SGB V) oder → integrierte Versorgung (§ 140 a SGB V) etwa unter Beteiligung → medizinischer Versorgungszentren. Dazu kommen Sozialstationen (eine Organisationsform zur Bündelung pflegerischer Dienste), Hebammen, Masseur/innen, Krankengymnast/innen, Zahntechniker/innen u.a. Die stationären Dienste werden in Allgemeinkrankenhäusern, Fach- und in Sonderkrankenhäusern angeboten.

(3) Entsprechend der Trägerschaft der Dienstangebote: → freie Träger; → öffentliche Träger; → privat-gewerbliche Träger. Die Rehabilitation – die dritte Hauptrichtung der Medizin neben Prävention und Kuration – versucht die körperlich-seelisch-geistige Integrität → behinderter Menschen (→ Psychisch kranke Menschen) wiederherzustellen. Hierzu sollen Behinderungen einschließlich → chronischer Krankheiten soweit als möglich ausgeglichen oder gemindert werden (§ 26 Abs. 1 Nr. 1 SGB IX). »Bei Rehabilitationsleistungen ist darauf zu achten, dass psychisch Kranke mit somatisch Kranken gleichbehandelt werden« (Begründung zu § 11 SGB V in BR-Drucks. 200/88, S. 163). Ihre Hilfen stehen allen zur Verfügung: Neugeborenen, Kindern, Jugendlichen, Erwachsenen und alten Menschen. Nicht die Ursache entscheidet über den Umfang der Leistung, das Rehabilitationsziel bestimmt Dienste und Hilfen (im medizinischen, psychologischen, pädagogischen und soziologischen Bereich). Die Reintegration bemüht sich im somatischen Bereich um bestmögliche Wiederherstellung; im seelischen Bereich um ein akzeptiertes Leben mit der Krankheit. Die Resozialisierung will → Sucht oder seelische Erkrankung beseitigen.

Das Rettungswesen und die Krankentransporte werden vorwiegend von freigemeinnützigen Trägern durchgeführt. Es handelt sich jedoch um eine staatliche Aufgabe.

Innerhalb des G. hat das öffentliche G. eine Sonderstellung. Neben den Einrichtungen zur stationären Behandlung und der ambulanten Betreuung durch die Heilberufe besteht hier eine dritte Säule. Die Dienste und Einrichtungen (→ öffentlicher Gesundheitsdienst [ÖGD]) dienen regelmäßig nicht unmittelbar der Krankenversorgung und sind nicht unmittelbar kurativ ausgerichtet. Zielperson ist der gesunde Mensch (→ Medizinischer Dienst der Krankenversicherung, Medizinalaufsicht, Seuchenbekämpfung, rechtsmedizinische Tätigkeit).

Gesundheitsausgaben und Krankheitskosten erlangen eine erhebliche volkswirtschaftliche Bedeutung. 2014 wurden ca. 327 Mrd. Euro als Ausgaben für die Gesundheit erfasst. Davon entfielen 89 Mrd. Euro auf ärztliche Leistungen, 82 Mrd. Euro auf pflegerisch-therapeutische Leistungen, 51 Mrd. Euro auf Arzneimittel und 18 Mrd. Euro auf → Hilfsmittel. Die Kostensteigerung im G. wird insbesondere auf die Faktoren Verschiebung der Altersstruktur der Bevölkerung und medizinisch-technischer Fortschritt (z.B. neu entwickelte Heilverfahren und Medikamente) zurückgeführt. Die gesetzlichen → Kranken- und → Pflegekassen tragen mehr als 60% der gesamten Gesundheitsausgaben; die private → Krankenversicherung lediglich ca. 10%. Die andauernden Reformbemühungen mit dem Ziel, die Gesundheitsausgaben zumindest zu begrenzen, sind politisch stark umstritten. Die Kassen fordern eine »einnahmeorientierte Ausgabenpolitik« (Beitragsstabilität), die Leistungsanbieter fordern davon unabhängig → Kostenerstattung für erbrachte notwendige Leistungen. Politische Absicht ist, Belastung der Arbeitseinkommen und der Arbeitskosten durch Krankenversicherungsbeiträge zu vermeiden. Neben einer Reduzierung des Umfangs der versicherten Gesundheitsdienstleistungen werden deshalb die Patient/innen schrittweise stärker in Form von Eigenanteilen (Zusatzbeiträge zur gesetzlichen Krankenversicherung oder → Zuzahlungen z.B. bei Krankenhausaufenthalt und Rehabilitationsmaßnahmen sowie zu Medikamenten und Hilfsmittel) herangezogen.

*Frank Ehmann*

**Gesundheitswissenschaften** Der Begriff G. ist in den 1980er-Jahren als deutsche Entsprechung zur internationalen Bezeichnung »Public Health« (P.H.) eingeführt worden. Die beiden Begriffe werden i.d.R. synonym, z.T. aber mit unterschiedlicher Akzentsetzung verwendet. Sie stehen für die Wissenschaft und Praxis eines in Deutschland wiedererstarkten multidisziplinären Fachgebietes, das Aspekte der → Gesundheitsförderung und der -systemgestaltung in den Fokus rückt. Das Erkenntnisinteresse richtet sich auf die Verbesserung der → Gesundheit der Bevölkerung bzw. von Bevölkerungsgruppen durch Krankheitsverhütung und Gesundheitsförderung, die Wechselwirkungen zwischen somatischen, psychischen, ökologischen und sozialen Prozessen bezogen auf die Entstehung von Gesundheit und → Krankheit sowie auf den Zustand des gesundheitlichen Versorgungssystems und die für seine Weiterentwicklung relevanten Rahmenbedingungen (→ Gesundheitswesen). Drei Prinzipien kennzeichnen die G.: die Multidisziplinarität, der Bevölkerungs- und Systembezug sowie die Anwendungsorientierung. Sie sind theoretisch, empirisch und anwendungsbezogen angelegt. Hurrelmann und Razum (2012) favorisieren im »Handbuch der Gesundheitswissenschaften« die deutsche Bezeichnung, da sie durch den Plural die multidisziplinäre Ausrichtung und durch den zweiten Wortbestandteil den wissenschaftlichen Charakter dieses Gebietes zum Ausdruck bringt. Sie definieren G. als »ein Ensemble von wissenschaftlichen Einzeldisziplinen, die auf einen gemeinsamen Gegenstandsbereich gerichtet sind, nämlich die Analyse von Determinanten und Verläufen von Gesundheits- und Krankheitsprozessen und die Ableitung von bedarfsgerechten Versorgungsstrukturen und deren systematische Evaluation unter Effizienzgesichtspunkten«. Konstitutiv für die Multidisziplin G. sind u.a. Disziplinen wie Demografie, Epidemiologie, Gesundheitsmanagement, → -ökonomie, -pädagogik, -politik, -psychologie, -soziologie, -systemforschung, Medizin, → Pflegewissenschaften, Ethik, Statistik, Versorgungsforschung mit den sie kennzeichnenden Ansätzen und gesundheitswissenschaftlichen Zugängen.

Die G. wurden mit dem Ziel aufgebaut, den im internationalen Vergleich in Deutschland bestehenden Nachholbedarf in der Forschung und Lehre zu decken um damit den neu entstandenen Anforderungen an eine wissenschaftlich fundierte Gesundheitsversorgung zu entsprechen. Dank öffentlicher Förderung entstanden in den 1990er-Jahren grundständige und weiterführende Studiengänge, Promotions- und Habilitationsmöglichkeiten sowie eigenständige Forschungsverbünde. Das zunächst im postgradualen Bereich der Universitäten angesiedelte Studienangebot hat sich inzwischen auf (Fach)Hochschulen und auf die neu eingeführten Bachelor- und Masterprogramme ausgeweitet (→ Studium der Sozialen Arbeit). Zudem wurden konkrete Inhalte der G. (P.H.) in andere hochschulische Ausbildungen integriert (z.B. Medizin und Pflege). Allerdings hat sich die strukturelle Sicherung gesundheitswissenschaftlicher Institute und Forschungseinrichtungen trotz der intensiven politischen Förderung in den 1990er-Jahren nur lückenhaft und fragil entwickelt.

*Karl Kälble*

**Gesundheitsziele** wurden von der → Weltgesundheitsorganisation (WHO) bereits in allgemeiner Form Mitte der 1980er-Jahre für Europa vorgegeben. Sie sollen helfen, Gesundheitsprobleme zu lösen und die bestehenden Ungerechtigkeiten abzubauen. Verantwortliche Akteure des → Gesundheitswesens formulieren für spezifische Zielbereiche Empfehlungen und erarbeiten Maßnahmenkataloge. Zwischenzeitlich haben alle Bundesländer eigene G. oder vorrangige Handlungsfelder festgelegt. Auf nationaler Ebene werden seit 2000 verschiedene G. vom Kooperationsverbund gesundheitsziele.de entwickelt. Einige G. wurden inhaltlich bereits überarbeitet. Aktuell gibt es acht Nationale G., u.a. Brustkrebs (»Mortalität vermindern, Lebensqualität erhöhen«), Gesund älter werden oder Alkoholkonsum reduzieren. Bei der Festlegung der Handlungsfelder und Kriterien für Leistungen zur Verhinderung und Verminderung von Krankheitsrisiken sowie zur → Gesundheitsförderung sind die Nationalen G. nebst ihrer Teilziele zu berücksichtigen (Präventionsgesetz vom 17. Juli 2015, BGBl. I S. 1368). G. werden i.d.R. quantitativ definiert. Die bisherigen Erfahrungen mit der Auseinandersetzung mit G. zeigen, dass diese Ziele nicht von oben vorgegeben werden dürfen. Es muss ein Prozess mit allen beteiligten Akteuren angestoßen werden. Die wesentliche Forderung ist die Mess- und Evaluierbarkeit von Gesundheitsprojekten. Ständige → Öffentlichkeitsarbeit und → Gesundheitsberichterstattung sind hilfreiche Instrumente, mit denen der Prozess begleitet werden kann.

*Jana Henneberger*

**Getrenntleben** Ehegatten leben getrennt, wenn zwischen ihnen keine häusliche Gemeinschaft besteht und zumindest einer der Ehegatten diese erkennbar auch nicht wiederherstellen will, weil er die eheliche Lebensgemeinschaft (→ Ehe, → Eherecht) ablehnt (§ 1567 Abs. 1 → Bürgerliches Gesetzbuch [BGB]). Ausschließlich durch äußere Umstände erzwungene räumliche Trennung (z.B. Arbeit eines Ehegatten im Ausland, Strafhaft) ist kein G., weil es am Trennungswillen fehlt. Wenn getrennte Bereiche geschaffen sind, nicht mehr gemeinsam gewirtschaftet wird und keine wechselseitigen Versorgungsleistungen mehr erbracht werden, ist G. auch innerhalb der ehelichen Wohnung möglich (§ 1567 Abs. 1 S. 2 BGB).

Die Dauer des G. ist für die → Ehescheidung von Bedeutung. Wollen beide Partner die Scheidung, wird nach mindestens einjährigem G. das Scheitern der Ehe vermutet und die Ehe geschieden (§ 1566 Abs. 1 BGB). Eine Scheidung vor Ablauf des einjährigen G. ist nur in Ausnahmefällen möglich (§ 1565 Abs. 2 BGB). Widerspricht ein Ehegatte nach einjährigem G. der Scheidung, gilt die Vermutung des Scheiterns der Ehe nicht und der antragstellende Ehegatte muss den Richter vom Scheitern der Ehe überzeugen. Leben die Ehegatten seit drei Jahren getrennt, wird das Scheitern der Ehe unwiderleglich vermutet (§ 1566 Abs. 2 BGB). Leben die Ehegatten als Versöhnungsversuch kurze Zeit wieder zusammen, verliert die bereits abgelaufene Zeit des G. ihre Wirksamkeit nicht. Während des G. kann ein Ehegatte von dem anderen gem. § 1361 Abs. 1, 4 BGB Unterhalt (→ Unterhaltspflicht) in Geld verlangen, wenn die sonstigen unterhaltsrechtlichen Voraussetzungen (Leistungsfähigkeit des/der Unterhaltspflichtigen, Bedürftigkeit des/der Unterhaltsberechtigten) vorliegen. Bei G. kann jeder Ehegatte von dem anderen die ihm gehörenden Haushaltsgegenstände herausverlangen, ist jedoch verpflichtet, sie dem anderen Ehegatten zum Gebrauch zu überlassen, soweit dieser sie zur Führung eines abgesonderten Haushalts benötigt und die Überlassung nach den Umständen des Falles der Billigkeit entspricht (§ 1361 a Abs. 1 BGB). Ebenso kann ein Ehegatte gem. § 1361 b BGB verlangen, dass ihm der andere die Ehewohnung vollständig oder zu einem Teil zur alleinigen Benutzung überlässt, soweit dies notwendig ist, um eine schwere Härte zu vermeiden. Es entscheidet das zuständige → Familiengericht auf Antrag.

Für die minderjährigen Kinder kann, wenn die Eltern nicht nur vorübergehend getrennt leben, die → elterliche Sorge durch das Gericht auf Antrag auf ein Elternteil allein übertragen werden (§ 1671 BGB). Unterhaltsansprüche des Kindes kann der/die Sorgeberechtigte gegen den anderen Elternteil geltend machen; ist keine Sorgerechtsregelung getroffen, ist hierzu der Elternteil berechtigt, in dessen Obhut sich das Kind befindet (§ 1629 Abs. 2, 3 BGB).

Bei dauerndem G. entfällt die Möglichkeit der Ehegatten, sich steuerlich zusammen veranlagen zu lassen und das sog. Ehegattensplitting zu nutzen (§§ 26, 26 a Einkommensteuergesetz). Anders als im Scheidungsrecht, wo ein kürzeres Zusammenleben die Trennungsfristen für die Scheidung nicht unterbricht (§ 1567 Abs. 2 BGB), reicht steuerrechtlich ein kurzfristiges Zusammenleben, um das G. mit der Folge aufzuheben, dass für das laufende Jahr wieder die Zusammenveranlagung und das Ehegattensplitting geltend gemacht werden können.

*Hans-Otto Burschel*

**Gewährleistungspflicht** Die G. (auch Gewährleistungsverpflichtung, Gewährleistungsverantwortung) des öffentlichen → Sozialleistungsträgers ist in § 17 Abs. 1 SGB I geregelt. § 17 Abs. 1 Nr. 2 SGB I normiert ein institutionelles Sicherstellungsgebot. Es beinhaltet Leitvorstellungen zur rechtzeitigen und ausreichenden Bereitstellung von → sozialen Diensten und → Einrichtungen. Die Leistungsträger können selbst → Einrichtungen und Dienste bereitstellen oder die Leistungserbringung durch Dritte organisieren. Werden Dritte in die Leistungserbringung einbezogen, sind in allen Bereichen des Sozialgesetzbuches spezielle Regelungen vorgesehen, wie die Finanzierung, Qualitätssicherung und Kontrolle im konkreten Fall zu erfolgen hat (→ Leistungserbringer in der sozialen Arbeit, → Dreiecksverhältnis, sozialrechtliches). Auch die zeitgemäße Versorgung sowie die einfache Gestaltung des Zugangs zu → Sozialleistungen gehört zur G. und damit zur Gesamtverantwortung der Leistungsträger für die Erbringung von Sozialleistungen. Diese Gesamtverantwortung wird nicht durch § 17 Abs. 3 S. 2 SGB I berührt, wonach die Sozialleistungsträger die Selbstständigkeit der → freien Träger zu achten haben. Aus der Gewährleistungsverantwortung des § 17 SGB I kann kein subjektiver Anspruch der Leistungsberechtigten hergeleitet werden und dementsprechend ist die G. auch im Fall extremer Unterversorgung nicht klagbar. Es ist aber möglich, das Einschreiten der → Rechtsaufsicht anzuregen. Sinnvoller dürfte es allerdings sein, den konkreten → Rechtsanspruch aus materiell-rechtlicher Grundlage durchzusetzen. Beispiele für solche Konstellationen finden sich hinsichtlich der Durchsetzung eines Sekundäranspruchs auf Förderung von Kindern in Tageseinrichtungen im Wege der Amtshaftungsklage (→ Amtshaftung, bspw. Landgericht Leipzig, Urt. vom 2.2.2015 – 7 O 1455/14). Spezialregelungen zur G. sind § 79 Abs. 1 SGB VIII für das Recht der → Kinder- und Jugendhilfe sowie § 17 SGB II für die → Grundsicherung für Arbeitsuchende und § 5 Abs. 5 S. 2 SGB XII für den → Träger der Sozialhilfe. Im Recht der → Sozialversicherung wird die G. auch als → Sicherstellungsauftrag bezeichnet (§ 12 Abs. 1 S. 1 SGB XI, §§ 72, 72 a SGB V). Im Zivilrecht bezieht sich G. auf die Mängelgewährleistung, wie z.B. im Kauf- bzw. Werkvertrag (§§ 437 ff. bzw. §§ 634 ff. → Bürgerliches Gesetzbuch [BGB]). Sie regelt die Rechte der Käufer/innen bzw. Besteller/innen bei Rechts- oder Sachmängeln des Kaufgegenstands oder Werkes.

*Angela Busse*

**Gewalt** ist ein gesellschaftliches Phänomen, das in vielfältigen Erscheinungsformen auftritt und von unterschiedlichen wissenschaftlichen Disziplinen in verschiedenen Kategorisierungen zu erfassen versucht wird. Eine übergreifende, allgemeingültige Definition von G. erscheint weder möglich noch sinnvoll. Die Begriffsbestimmung ist von der Perspektive der jeweiligen wissenschaftlichen Disziplin und der entsprechenden Zweckmäßigkeit abhängig. Jede Profession wie bspw. Recht, Psychologie, Sozial- und Politikwissenschaften bildet den G.begriff aus, der ihr am handhabbarsten erscheint und mit dem sie glaubt, ihre jeweilige gesellschaftliche Funktion am besten ausüben zu können. Die Einschätzung darüber, was als G. bezeichnet wird, unterliegt gesellschaftlichen Veränderungsprozessen. Lange Zeit galten etwa die G.ausübung des Ehemannes gegenüber seiner Frau sowie die elterliche G. gegenüber Kindern als legitimer Ausdruck des Züchtigungsrechtes des männlichen Familienoberhauptes bzw. der Eltern. Diese Wahrnehmung und Rechtsauffassung hat sich historisch betrachtet erst innerhalb der letzten Jahrzehnte durch das erfolgreiche Engagement politischer und → sozialer Bewegungen wie der Frauen- und Kinderrechtsorganisationen verändert. So wurde bspw. im Jahr 2000 Kindern ein Recht auf G.freiheit in der Erziehung eingeräumt (§ 1631 Abs. 2 → Bürgerliches Gesetzbuch [BGB]). Das G.monopol liegt beim Staat; verschiedene Rechtsnormen, insbesondere das Straf- und Zivilrecht, verbieten die G.ausübung durch das Individuum und belegen diese mit sanktionierenden Rechtsfolgen. Ausnahmen gelten nur in Notwehr- und Notstandssituationen wie z.B. in §§ 32–35 Strafgesetzbuch (StGB).

Hinsichtlich der Formen der G. wird bei interpersonaler G. häufig zwischen physischer, psychischer, sexualisierter und verbaler G. unterschieden. Hinzu kommen ökonomische G. als Wegnehmen oder Vorenthalten finanzieller Ressourcen, soziale G. durch Isolieren und Verhindern von sozialen Kontakten. Diese Differenzierungen sind eher von abstrakt-analytischem Nutzen, da die einzelnen Formen der G. meist nicht isoliert, sondern überschneidend auftreten und sich wechselseitig verstärken. Neben interpersonaler G. gibt es auch G.phänomene, die durch oder gegen → Institutionen und politische Systeme verübt werden, wie z.B. staatliche G. und Terrorismus sowie strukturelle und kulturelle G., die durch soziale Unterdrückungs- und Diskriminierungsverhältnisse einer Gesellschaft und die kulturelle Konstruktion von Ungleichheit geformt und ermöglicht werden (→ Diskriminierung, → Soziale Ungleichheit).

Unterschieden wird auch nach den Orten und Kontexten der G.ausübung. Im öffentlichen Raum wird überwiegend G. von Männern gegenüber Männern ausgeübt bzw. von und gegenüber männlichen Jugendlichen. Auch kulturelle, z.B. rassistisch oder von Hass auf »Andersartige«, wie Homosexuelle oder behinderte Menschen, motivierte G. findet überwiegend im öffentlichen Raum und durch männliche G.täter statt. Unter G. im öffentlichen Raum fällt auch G., die durch Personen in öffentlichen Einrichtungen begangen wird. Dazu gehören G. und Missbrauch z.B. in Heimen, Kliniken, Schulen usw. Im privaten Raum geht es um G. von Vätern und Müttern gegen Söhne und Töchter in Form von → Kindesmisshandlung und → Kindesvernachlässigung, → sexuellem Missbrauch, um G. in Paarbeziehungen, die überwiegend von Männern gegenüber Frauen ausgeübt wird (→ häusliche Gewalt), oder um G. gegen alte, pflegebedürftige oder behinderte Menschen in privaten Pflegekontexten.

Im Juli 2016 hat der Bundestag eine Reform des Sexualstrafrechts verabschiedet. Damit macht sich künftig nicht nur strafbar, wer sexuelle Handlungen mit Gewalt oder Gewaltandrohung erzwingt, sondern es reicht bereits aus, wenn sich der Täter über den erkennbaren Willen des Opfers hinwegsetzt (Grundsatz »Nein heißt Nein«). Zudem soll ein neuer Straftatbestand von sexuellen Übergriffen aus Gruppen heraus eingeführt werden. Die Änderungen sollen bereits 2016 in Kraft treten.

*Birgit Schweikert*

**Gewaltfreie Erziehung** → Gewalt, → Kinderschutz

**Gewaltschutzgesetz** (GewSchG), BGBl. I S. 3513, in Kraft seit 1.1.2002, bietet Opfern von → häuslicher Gewalt und → Stalking zivilrechtliche Handlungsmöglichkeiten gegenüber der gewaltausübenden Person. Es ermöglicht die gerichtliche (i.d.R. befristete) Zuweisung einer gemeinsam genutzten Wohnung (§ 2) sowie Schutzanordnungen (§ 1). Eine Wohnungszuweisung kann nach auch bei unverheirateten und nicht in einer eingetragenen Lebenspartnerschaft lebenden Paaren erfolgen. Schutzanordnungen können unabhängig vom Vorliegen einer familiären, häuslichen oder sonstigen sozialen Bindung von Opfer und Täter/in erlassen werden. Sie umfassen bspw. das Verbot, Kontakt zum Opfer aufzunehmen, sich ihm in einem bestimmten Umkreis zu nähern oder andere Orte aufzusuchen, an denen sich das Opfer regelmäßig aufhält. Ein Verstoß gegen eine Anordnung nach GewSchG ist strafbar (§ 4). Zuständig für Verfahren nach dem GewSchG ist das → Familiengericht. Das GewSchG wird durch polizeirechtliche Regelungen flankiert, die in Fällen häuslicher Gewalt u.a. einen bis zu 14-tägigen Verweis der gewaltausübenden Person aus der gemeinsamen Wohnung erlauben. Mit dem GewSchG wurde Forderungen nach einer Entlastung der Opfer häuslicher Gewalt und einer verstärkten Inverantwortungnahme der Täter/innen Rechnung getragen. Die Wirkung des Gesetzes wird überwiegend positiv bewertet. Probleme werden v.a. im Verhältnis zum → Umgangs- und Sorgerecht und in der praktischen Umsetzung beschrieben.

*Karin Wieners*

**Gewerbliche Träger** → Privat-gewerbliche Träger

**Gewohnheitsrecht** ist ungeschriebenes Recht, das kraft langdauernder allgemeiner tatsächlicher Übung eines → Verhaltens (lat. consuetudo) und der allgemeinen Anerkennung ihrer Verbindlichkeit (lat. opinio juris/necessitatis) gilt. Konstitutiv für das G. ist der äußere Aspekt, dass ein bestimmtes Verhalten über einen langen Zeitraum geübt wird, und der innere Aspekt der Überzeugung der Rechtsgenoss/innen, dass dieses Verhalten so rechtlich erlaubt oder geboten ist (vgl. auch BVerfGE 22, 114, 121). Das G. ist Rechtsquelle im Kanon des positiven Rechts. Es kann auf allen Rechtsebenen vorkommen, so auf Ebene des Gesetzes- und des Verfassungsrechts (Verfassungsgewohnheitsrecht). G. findet sich im öffentlichen Recht ebenso wie im Privatrecht. Es tritt neben das geschriebene, staatliche Recht. Im Kollisionsfall kann G. je nach seiner Stellung in der Normenhierarchie dem geschriebenen Recht vorgehen, es kann vorheriges geschriebenes Recht verdrängen, selbst aber etwa auch durch ein nachfolgendes → Gesetz verdrängt werden. G. ist von kaum zu überschätzender rechtsgeschichtlicher Bedeutung. Die modere Dynamik in den sozialen Verhältnissen steht heute indes der Neuentstehung von G. zumeist entgegen. Das im staatlichen → Gesetzgebungsverfahren gesetzte, geschriebene Gesetz hat G. in seiner systematischen Bedeutung abgelöst. G. ist vor allem noch in zwei Bereichen rechtspraktisch bedeutsam: Zum einen findet es sich als überkommener Rechtsbestand und örtliches G. (Observanz) in ländlichen Gebieten; zum anderen spielt es im Völkerrecht (G. aus Staatenpraxis und deren Anerkennung) eine wichtige Rolle.

*Michael Droege*

**Gewöhnlicher Aufenthalt** → Aufenthalt

**gGmbH** → Gemeinnützigkeit von Körperschaften

**Gilde Soziale Arbeit e.V. (GiSA)** ist ein seit 1995 eingetragener gemeinnütziger

Verein der → Sozialen Arbeit mit Sitz in Hamburg. In der GiSA arbeiten Frauen und Männer aus der Praxis, Lehre und Wissenschaft zusammen, die sich der Sozialen Arbeit verpflichtet wissen. Zweck des Vereins ist die Förderung der Jugendhilfe (→ Kinder- und Jugendhilfe) und Sozialen Arbeit sowie die Sammlung und Verbreitung von Erkenntnissen über fortschrittliche, zeitgemäße Wege und Formen Sozialer Arbeit.

Seit 1925 wird der Rundbrief »Gilde Soziale Arbeit« veröffentlicht. Er soll ein Spiegel der bestehenden Probleme im Felde von → Sozialpolitik und Sozialarbeit sein und richtet den Blick auf die Verbreitung neuer Erkenntnisse und Entwicklungen im Praxisfeld Soziale Arbeit. Abonnenten des Rundbriefes sind hauptsächlich Bibliotheken verschiedener Hochschulen auf dem Gebiet der Sozialen Arbeit, aber auch interessierte Privatpersonen aus Lehre und Praxis.

Die Gilde gibt eine Schriftenreihe heraus, die mittlerweile im dritten Band erschienen ist. Sie führt in jedem Jahr eine Jahrestagung durch sowie eine Herbsttagung und die Tagung der »Älteren Gilde« zu aktuellen Themen aus der Jugendhilfe und Sozialen Arbeit. In verschiedenen Städten existieren Gildenkreise, in denen sich die Mitglieder zu regional bedeutsamen Themen treffen.

*Bernd Kammermeier*

**Gleichbehandlung** → Allgemeines Gleichbehandlungsgesetz (AGG), → Gleichheits(grund)satz, → Gleichstellung

**Gleichgeschlechtliche Lebensweisen** Gleichgeschlechtliche Liebe und Erotik sind seit der Antike überliefert, sie kommen vermutlich in allen Gesellschaften vor. Gleichgeschlechtliche Sexualität wird in vielen Ländern geächtet und strafrechtlich verfolgt. Der Strafrechtsparagraf 175 wurde in Deutschland 1968 (DDR) bzw. 1969 (BRD) liberalisiert und erst 1994 ganz gestrichen. Medizinisch galt Homosexualität lange Zeit als Krankheit, wird heute jedoch als nichtpathologische Variante der Sexualität angesehen. Forschungen zur Entstehung von Homosexualität haben zu keinen tragfähigen Ergebnissen geführt. Es besteht nach wie vor die historisch begründete Gefahr, dass Forschungsergebnisse benutzt werden, um homosexuelle Menschen zu manipulieren oder sie »heilen« zu wollen. Die Sexualwissenschaft geht davon aus, dass mind. 5% der Menschen homosexuell sind und noch mehr bisexuelle Erfahrungen machen. Viele leben in Partnerschaften, manche mit Kindern (sog. → Regenbogenfamilien).

Homosexuelle Menschen treten seit den 1970er-Jahren selbstbewusst als Lesben und Schwule auf. Schwule haben als besonders von HIV/AIDS Betroffene wichtige Aufklärungsarbeit geleistet. Nach wie vor gelten die Bezeichnungen »lesbisch« und »schwul« als Schimpfworte, insbesondere bei Kindern und Jugendlichen. Die homo- oder bisexuelle Orientierung wird den meisten Menschen in der → Pubertät bewusst, manchen bereits früher oder erst in späteren Lebensjahren. Der Prozess der Bewusstwerdung und der schrittweisen Öffnung nach außen wird »Coming-out« genannt. In der BRD gibt es für gleichgeschlechtliche Paare seit 2001 das → Lebenspartnerschaftsgesetz. Verpartnerte können das leibliche Kind des Partners/der Partnerin oder ein von diesen zuvor adoptiertes Kind annehmen (Stiefkindadoption, → Stiefkind). Gegenüber der → Ehe bestehen noch Unterschiede, z.B. ist keine gemeinsame Fremdadoption möglich. Mehrere Richtlinien der → Europäischen Union und das → Allgemeine Gleichbehandlungsgesetz verbieten Ungleichbehandlungen aufgrund der sexuellen Orientierung.

Die Soziale Arbeit ist gefordert, Menschen unabhängig von ihrer sexuellen Orientierung zu begleiten, damit in Zusammenhang stehende individuelle und soziale Problemlagen jedoch in den Blick zu nehmen. Eine informierte, offene und akzeptierende Haltung sowie die Auseinandersetzung mit (verinnerlichter) Homophobie ist Voraussetzung für die Beratung und Unterstützung. Besonders die Zeit des Coming-out ist durch Einsamkeit und Ängste geprägt. → Diskriminierung und Gewalterfahrungen können Risiken wie Suizidgefährdung (→ Suizid) verstärken. In stark religiösen Familien potenzieren sich die Belastungen, sodass ein offen homosexuelles Leben kaum möglich ist. Auch die ethnische Herkunft kann hierbei eine Rolle spielen. Es gibt Beratungsangebote sowie staatliche Ansprechpersonen in zahlreichen Städten und über das Internet. Soziale und kulturelle Projekte bieten Kontakt- und Freizeittreffs an, außerdem existiert eine umfangreiche kommerzielle Szene (s. auch → Trans- und Intergeschlechtlichkeit).

*Lela Lähnemann*

**Gleichheits(grund)satz** Das Gleichheitsprinzip findet sich im → Grundgesetz (GG) in verschiedenen Vorschriften: Im allgemeinen G. (Art. 3 Abs. 1 GG), dem → Sozialstaatsprinzip und den besonderen bzw. speziellen G. (Art. 3 Abs. 2 und 3, Art. 6 Abs. 5, Art. 33 Abs. 1–3, Art. 38 Abs. 1 GG). Letztere sind Konkretisierungen des allgemeinen G., die diesem in der Anwendung vorgehen. Wenn kein spezieller G. eingreift, gelangt der allgemeine G. zur Anwendung.

Der allgemeine G. ist zum einen ein vorstaatliches → Menschenrecht, zum anderen bindet er Gesetzgeber, Verwaltung und Gerichte (Art. 1 Abs. 3 GG). Nach der Rechtsprechung des → Bundesverfassungsgerichts enthält der G. die Weisung an den Gesetzgeber, Gleiches gleich sowie Ungleiches seiner Eigenart entsprechend verschieden zu behandeln. Der G. ist dann nicht verletzt, wenn sich für eine Ungleichbehandlung vernünftige Erwägungen finden lassen, die aus der Natur der Sache folgen oder sonst sachlich gerechtfertigt sind. Damit wird der allgemeine G. als Willkürverbot gedeutet. Es entsteht das Problem, wie man ermittelt, ob zwei Sachverhalte gleich oder ungleich sind. Je schärfer man das Differenzierungskriterium bestimmt, desto kleiner sind die Gruppen des gleichen Sachverhalts und damit umso größer die Möglichkeiten einer unterschiedlichen Behandlung. Dabei kann die Auswahl des Differenzierungskriteriums nur durch ein Werturteil erfolgen. Das Kriterium darf nicht durch die Verfassung verboten sein; solche Verbote enthalten v.a. die besonderen G. Auch das Differenzierungsziel muss verfassungsgemäß sein. Dann ist das Verhältnis von Differenzierungsziel und -kriterium zu überprüfen, dies ist der systematische Standort der Willkürprüfung.

Der Gesetzgeber hat bei seinen Entscheidungen weitgehend Gestaltungsfreiheit, solange er sachgerechte Differenzierungen bestimmt. Dabei ist bei gewährender Staatstätigkeit die Freiheit größer als bei Eingriffen in die Rechte Einzelner. Der Einzelne hat grundsätzlich keinen Anspruch auf ein Tätigwerden des Gesetzgebers aus dem G. Für die Verwaltung spielt der G. v.a. im Rahmen des → Ermessens eine Rolle. Hierzu gehört auch der Grundsatz der Selbstbindung der Verwaltung, eine bestimmte Verwaltungsübung bei der Ausübung des Ermessens oder der Auslegung → unbestimmter Rechtsbegriffe auch in der Zukunft anzuwenden. Dabei gibt es jedoch keine Gleichheit im Unrecht, also keinen Anspruch auf Wiederholung einer falschen rechtswidrigen Entscheidung. Die → Rechtsprechung muss den G. bei Anwendung und Auslegung aller Rechtsvorschriften beachten, ähnlich wie die Verwaltung. Doch gibt es bei ihr keine Selbstbindung. Eine Entscheidung verletzt dann das GG, wenn sie neben fehlerhafter Rechtsanwendung oder Verfahrensweise auch gegen andere Verfassungsgrundsätze verstößt.

Die speziellen G. stellen Kriterien auf, nach denen auf keinen Fall unterschieden werden darf. Art. 3 Abs. 2 GG fordert die Gleichbehandlung von Männern und Frauen. Eine unterschiedliche Behandlung ist nur dann erlaubt, wenn der zu beurteilende Sachverhalt nur von einem Geschlecht erfüllt werden kann (z.B. Mutterschutzvorschriften). Im Gegensatz zum allgemeinen G. enthält Art. 3 Abs. 2 GG eine aktive Handlungsverpflichtung für den Staat: Er hat die tatsächliche Durchsetzung der Gleichberechtigung zu fördern und auf die Beseitigung bestehender Nachteile hinzuwirken (Art. 3 Abs. 3 S. 2 GG). Dieses Staatsziel gibt keinen Individualanspruch auf staatliches Handeln. Art. 3 Abs. 3 GG zählt Kriterien auf wie Rasse, Religion, Sprache, (soziale) Herkunft, religiöse und politische Anschauungen und nunmehr auch ausdrücklich ein Benachteiligungsverbot wegen einer Behinderung. Diese dürfen nicht Ursache einer Differenzierung sein. Art. 6 Abs. 5 GG fordert die Gleichstellung der → nichtehelichen Kinder. Art. 33 Abs. 1–3 GG postuliert für alle Deutschen die gleichen Rechte und Pflichten als Staatsbürger/innen, der Zugang zu den öffentlichen Ämtern richtet sich nur nach Eignung und Leistung. Art. 38 Abs. 1 S. 1 GG garantiert für das Wahlrecht, dass jede Stimme gleich viel zählt. (→ Allgemeines Gleichbehandlungsgesetz; → Behindertengleichstellungsgesetz).

*Lit.* Maunz, T./Dürig, G.: Grundgesetz. Kommentar, Loseblattausgabe, 76. Aufl., München 2016.

*Barbara Dembowski*

**Gleichstellung** ist der heute gebräuchliche Begriff für Politiken und Programme, die auf die Herstellung von Gleichheit, genauer auf Chancengleichheit zielen. I.e.S. geht es um die G. von Frauen und Männern, i.w.S. aber auch um die G. zur Beseitigung von → Diskriminierungen entlang weiterer Ungleichheitsdimensionen wie Herkunft, Behinderung, sexueller Orientierung und/oder Alter. So verfolgt die Europäische Kommission eine »Politik gegen Diskriminierung und für Vielfalt«, gegen »mehrdimensionale« oder »intersektionale« Diskriminierung (→ Intersektionalität). In der Wissenschaft befassen sich → Gender Studies, Forschungen zu Weißsein, postkoloniale und queere Theorie und Disability und Diversity Studies mit G.

G. zielt auf die Beseitigung von Diskriminierungen und ist somit ein Ziel von Antidiskriminierungspolitik. Der Rechtsrahmen ist durch verschiedene Gesetze und Regelungen gegeben: In Deutschland gelten etwa das → Allgemeine Gleichbehandlungsgesetz oder das → Behindertengleichstellungsgesetz. Diese Gesetze gehen auf die Gleichheitsrechte des Art. 3 des → Grundgesetzes sowie auf Richtlinien auf der Grundlage der Art. 19 und 157 des Vertrags über die Arbeitsweise der Europäischen Union zurück; zudem gelten die Gleichheitsregelungen der internationalen → Menschenrechte der → Vereinten Nationen, der → Europäischen Konvention zum Schutze der Menschenrechte und Grundfreiheiten und, für die EU, der → Charta der Grundrechte der Europäischen Union.

Regeln und Maßnahmen zur G. zielen darauf, den → Gleichheitsgrundsatz tatsächlich zu verwirklichen. Gleichheit ist das Prinzip, das G. zugrunde liegt. Was daraus folgt, ist umstritten. Zielte (rechtliche) Gleichheit früher nur auf die formale Gleichbehandlung, ist heute anerkannt, dass Gleichheit die tatsächliche G. in allen Lebensbereichen bezweckt. Dazu dienen auch Strategien wie → Gender Mainstreaming oder Antidiskriminierungspolitik. G. bedeutet damit nicht, Menschen vorzuschreiben, wie sie zu leben haben, wie es egalitäre Ideologien tun. Vielmehr steht G. im Zusammenhang mit freiheitlicher Selbstbestimmung und bedeutet, Menschen in unterschiedlichen → Lebenslagen ein gleichermaßen → selbstbestimmtes Leben zu ermöglichen. Daraus folgt ein Verbot, Menschen zur Anpassung an stereotype Vorstellungen von »Männern« und »Frauen«, von »Normalität« und »Behinderung«, von »dem Christentum«, »dem Islam« oder »dem Judentum«, von »Ehepartnern« und »Schwulen« oder »Lesben«, oft also von »uns« und »den anderen« zu zwingen – unabhängig davon, ob die Bezugnahme auf diese Aspekte »gut« oder »schlecht« gemeint ist. Zur Geschlechtergleichheit sagt das → Bundesverfassungsgericht etwa, dass durch staatliche Handlungen an das Geschlecht grundsätzlich keine Vor- oder Nachteile geknüpft werden dürfen und der Staat Rollenverteilungen, die zu einer höheren Belastung oder sonstigen Nachteilen für ein Geschlecht führen, nicht verfestigen darf; zudem sei es zulässig, Nachteile durch Fördermaßnahmen auszugleichen. Das gilt für alle strukturellen Ungleichheiten.

*Susanne Baer/Sarah Elsuni*

**Gleichstellungsbeauftragte** haben den Auftrag, zur Verwirklichung der im → Grundgesetz (GG) verankerten Gleichberechtigung von Frauen und Männern beizutragen (→ Gleichheitsgrundsatz, → Gleichstellung). Sie setzen sich dafür auf allen Ebenen ein: in Bundes- und Landesbehörden, Kommunalverwaltungen, öffentlich-rechtlichen Institutionen, in Verbänden und in (größeren) Unternehmen. Verträge und Richtlinien auf der Ebene der → Europäischen Union (EU), Bundes- und Landesgleichstellungsgesetze bilden neben dem GG und dem → Allgemeinen Gleichbehandlungsgesetz die gesetzliche Grundlage der Tätigkeit von G. Anfang der 1980er-Jahre setzten sich Frauengruppen und -organisationen für die Einrichtung von Gleichstellungsstellen und deren Vernetzung in den verschiedenen gesellschaftlichen Bereichen ein. Die erste kommunale Gleichstellungsstelle wurde 1982 in Köln eingerichtet.

Inzwischen arbeiten G. in einem zunehmend professionalisierten gleichstellungspolitischen Aufgabenfeld. G. haben die Aufgabe, für die eigene Organisation (interne Zuständigkeit) gezielte Maßnahmen zu entwickeln, um Frauen und Männer in ihrer beruflichen Entwicklung dort zu unterstützen, wo sie jeweils unterrepräsentiert sind, und treten dafür ein, dass die → Vereinbarkeit von Familien- und Erwerbsleben für Frauen und Männer sich nicht nachteilig auf die berufliche Entwicklung auswirkt. Dazu dienen Förderprogramme, Gleichstellungskonzepte bzw. entsprechende Maßnahmen zur Arbeitszeit-, Organisations- und Personalpolitik. Zudem haben G. in verschiedenen Institutionen auch externe Aufgaben im Hinblick auf die persönliche Beratung und Unterstützung bzw. die fachliche Beratung von Frauen und Männern. Bei kommunalen G. erweitert sich diese externe Aufgabe auf alle Bürgerinnen und Bürger der Gebietskörperschaft. Die G. sollen Ansprechpartner/innen für die persönlichen, fachlichen und politischen Aspekte von Geschlechtergerechtigkeit sein, diese in allen Bereichen des gesellschaftlichen Lebens anmahnen und Vorschläge für die Verwirklichung von → Chancengerechtigkeit entwickeln. Die meisten kommunalen Gleichstellungsstellen sind deshalb direkt bei der Verwaltungsspitze angesiedelt. Mit der Umsetzung von Konzepten der EU zum → Gender Mainstreaming sind bei den verschiedenen gleichstellungspolitischen Aufgaben- und Themenfeldern Männer als Betroffene und Gestalter einbezogen. In Gender Mainstreaming-Konzepten sind Diversity-Ansätze enthalten, die es ermöglichen, Geschlecht im Kontext zu betrachten (Lebenslagen, Migration, Alter, Behinderung etc.) und damit differenzierte Handlungsstrategien für eine Antidiskriminierungs- und Teilhabepolitik zu entwickeln (→ Diversity Management). Die zentralen Themenfelder der G. sind: die Erweiterung von Handlungsspielräumen für Frauen und Männer, die Herstellung von Gleichwertigkeit männlich und weiblich konnotierter Handlungsfelder und die Prävention von → Gewalt. Die G. haben sich auf Länder- und Bundesebene zu Arbeitsgemeinschaften zusammengeschlossen, um Informationen auszutauschen, Stellung zu politischen Entwicklungen zu nehmen und auf mehr Geschlechtergerechtigkeit hinzuwirken.

*Cornelia Höschele*

**Gleichstellungsgesetz für Menschen mit Behinderung** → Behindertengleichstellungsgesetz (BGG)

**Globalisierung** Das Phänomen der G. ist keineswegs jüngeren Datums – ebenso wenig wie seine politische und wissenschaftliche Thematisierung. Bereits K. Marx verstand den modernen Kapitalismus als eine globale, auf die soziale und territoriale Entgrenzung ihrer Operationsweise angelegte Form der Vergesellschaftung. Die erste Phase einer – auch so genannten und als solche wahrgenommenen – handels-, finanz- und industriekapitalistischen »Weltwirtschaft« ist auf die Wende vom 18. zum 19. Jh. zu datieren: Im Zeitalter der Kolonialisierung weiter Teile der Welt durch den europäischen Imperialismus wurde der Grundstein nicht nur des globalisierten Warentauschs, sondern auch der späteren multiethnischen Prägung der kolonialen »Mutternationen«, namentlich Großbritanniens und der Niederlande (aber etwa auch Portugals), gelegt. Nachdem die wirtschaftliche Prosperitätsphase nach dem Zweiten Weltkrieg nicht nur mit der Auflösung der europäischen Kolonialreiche zusammenfiel, sondern auch die massive Anwerbung von Arbeitskräften insbesondere aus dem nördlichen (so im Falle Deutschlands und der Schweiz) und südlichen Mittelmeerraum (v.a. seitens Frankreichs und Belgiens) mit sich brachte, ist die gegenwärtige Phase der G. mit dem Zusammenbruch des Staatssozialismus nach 1989 eingeläutet worden. Dieser war zwar nicht – wie teilweise vermutet worden war – gleichbedeutend mit dem »Ende der Geschichte«, wohl aber mit dem Abschluss einer jahrzehntelangen »Systemkonkurrenz« und der Etablierung »einer« Welt des globalisierten Kapitalismus.

Die 1990er-Jahre stellten folgerichtig die Hochzeit eines teilweise – von befürwortenden wie kritischen Stimmen gleichermaßen – dramatisierten G.diskurses dar, der die Welt in ein radikal neuartiges Zeitalter grenzenloser Mobilität, Flexibilität und Produktivität übergehen sah. Zumindest die hochfliegenden Hoffnungen insbesondere von liberalen Ökonomen haben sich allerdings nicht durchweg bewahrheitet: Die durch den liberalisierten Welthandel herbeigeführten Wohlstandsgewinne sind global höchst ungleich verteilt, die auf deregulierten Finanzmärkten möglich gewordenen weltumspannenden (und höchst spekulativen) Transaktionen haben zu Beginn des 21. Jh. zu massiven Krisenerscheinungen geführt. Die wachsenden globalen sozialen Ungleichheiten wie auch die dem globalen kapitalistischen Entwicklungsmodell geschuldeten ökologischen Probleme sind zudem zum Motor weitreichender Wanderungsbewegungen geworden (→ Migration), die die Aufnahme- und Umverteilungsbereitschaft der Zuwanderungsgesellschaften auf eine schwere Probe stellen. Bei alledem sind Grenzen keineswegs bedeutungslos geworden – auch wenn (oder gerade weil) sie gewissermaßen alltäglich überschritten werden. Denn in der Tat bleibt der größte Teil etwa des Welthandels – oder auch des globalen Tourismus – nach wie vor auf die industriellen Zentren der Welt beschränkt (weswegen hier auch eher von »Internationalisierung« als von G. gesprochen werden sollte), die Herstellung nationalstaatsübergreifender politischer Institutionen zur Bearbeitung globaler Probleme – wie etwa des Klimawandels – steht vor kaum zu überwindenden strukturellen Hürden, und die reichen Gesellschaften, die Länder der → Europäischen Union ebenso wie die Vereinigten Staaten, suchen sich – mehr oder weniger erfolgreich – rechtlich, polizeilich und militärisch gegen unerwünschte Einwanderung abzuschotten (→ Europäische Flüchtlingspolitik).

Die Praxisprobleme Sozialer Arbeit, die sich insbesondere aus der – auch für die Zukunft zu erwartenden – zunehmenden Arbeits- und Armutsmigration ergeben, sind ebenso offensichtlich wie vielfältig. Mit der zum Teil dauerhaften, zum Teil vorübergehenden Zuwanderung zunächst meist männlicher Arbeitssuchender bilden sich nicht nur transnationale soziale Räume mit neuartigen Mustern zwischengesellschaftlicher Familienbeziehungen heraus, sondern es entwickeln sich auch Probleme ethnischer und räumlicher (zumeist städtischer) Segregation. Weibliche Migrantinnen aus dem europäischen Osten bzw. aus Lateinamerika und Südostasien sind typischerweise – häufig in → aufenthaltsrechtlicher Illegalität und daher auch ohne arbeits- oder sozialrechtlichen Schutz – in globale »Sorgeketten« privater Haushalts- und Pflegetätigkeiten eingebunden, die zu ganz neuen, dienstleistungsgesellschaftlichen Geschlechterungleichheiten und → Diskriminierungen führen. Überhaupt greifen im Zuge globaler Wanderungsbewegungen informelle, illegalisierte, teilweise auch kriminelle Ökonomien um sich, »globalisiert« sich auch die – tatsächliche oder jedenfalls subjektiv wahrgenommene – Unsicherheit sowohl aufseiten der Zugewanderten wie in der Mehrheitsgesellschaft.

All diese Phänomene zeigen nachdrücklich die Grenzen klassischer, nationalstaatlich gerahmter – und nationalgemeinschaftliche Solidaritätskompromisse widerspiegelnder – Wohlfahrtspolitik auf. Die nationalen Wohlfahrtssysteme der fortgeschrittenen Industriegesellschaften sind auf den globalisierungsbedingten (und das heißt vor allem anderen: migrationsgetriebenen) Wandel ihrer → Sozialstruktur institutionell schlecht vorbereitet – und je mehr sie, wie etwa der deutsche → Sozialstaat, auf »Leistung« und »Äquivalenz« statt auf Bedarfsdeckung und soziale → Teilhabe setzen, desto so weniger. In dem Maße, wie der Aufbau alternativer Instrumente einer globalen → Sozialpolitik und globaler → sozialer Rechte dem Tempo internationaler Migrationsströme systematisch hinterherhinkt, wird die Praxis Sozialer Arbeit in den wohlhabenden Nationen der Welt zwangsläufig darauf verwiesen sein, mit strukturell knappen bzw. politisch verknappten Ressourcen globale Probleme vor Ort zu bearbeiten. Auf die Dauer werden solche lokalen »Lösungen« allein jedoch der sozialen Problematik des globalisierten Kapitalismus nicht beikommen können.

*Lit.* Altvater, E./Mahnkopf, B.: Grenzen der Globalisierung. Ökonomie, Ökologie und Politik in der Weltgesellschaft, 7. Aufl., Münster 2007; Fischer-Lescano, A./Möller, K.: Der Kampf um globale soziale Rechte, Berlin 2012; Pries, L.: Transnationalisierung. Theorie und Empirie grenzüberschreitender Vergesellschaftung, Wiesbaden 2010.

*Stephan Lessenich*

**Governance** bezeichnet in der Politikwissenschaft die Steuerung im politischen System. Unter dem Begriff des Politischen Systems sind alle staatlichen und außerstaatlichen Einrichtungen zusammengefasst. Daher umfasst G. das Handeln verschiedener Akteure im Mehrebenensystem: Verwaltung, Politiker/innen, Akteure aus der → Zivilgesellschaft wie Verbände oder Vereine sowie Medien sind an politischen Entscheidungen beteiligt. Die Komplexität der G. liegt zum einen in der gegenseitigen Abhängigkeit bei politischen Aushandlungs- und Regelungsprozessen begründet. So sind bspw. Entscheidungen auf lokaler Ebene mit jenen auf nationaler Ebene verflochten und umgekehrt. Zum anderen stellt die große Vielfalt an beteiligten Akteuren eine Herausforderung dar. Grundlage der politischen Steuerung ist daher immer die Kooperation der politischen und gesellschaftlichen Akteure, sodass Handlungsformen wie → Kooperation, → Koordination und → Moderation die G. prägen. Good G. bezeichnet die Verbesserung der Effizienz und Effektivität dieser Entscheidungsprozesse. (Für unternehmerische Entscheidungsprozesse → Corporate Governance.)

European G. betrifft die Steuerung im Mehrebenensystem der → Europäischen Union, d.h. die Verflechtung der Ebenen zwischen EU-Gremien, Mitgliedsstaaten, Regionen und Kommunen. Global G. bezieht sich auf den Versuch, die Aufgaben zu bewältigen, die aus der → Globalisierung resultieren. Infolgedessen werden auch politische Entscheidungsprozesse globalisiert, sodass sich sowohl staatliche wie auch nichtstaatliche Akteure zunehmend auf multilateraler Ebene koordinieren und zusammenarbeiten müssen.

*Anke Böckenhoff*

**Großelternpflege** → Verwandtenpflege

**Großgruppenverfahren**, auch Großgruppen-Interventionsverfahren genannt, werden mit → Gruppen angewandt, die eine Mindeststärke von 30 Personen aufweisen. I.d.R. kommen diese Personen zu einer Veranstaltung zusammen. In mehreren Stunden bis zu mehreren Tagen arbeiten die Teilnehmer/innen an Themen und streben ein gemeinsames Ziel an. Die Großgruppe interveniert durch ihre Arbeit in eine Situation ihrer → Organisation oder ihres Unternehmens. Die Teilnehmenden sitzen hierarchie- und funktionsübergreifend in Achtergruppen im Veranstaltungsraum verteilt und arbeiten zu unterschiedlichen Fragestellungen und Aufgaben. I.d.R. gibt es keine Redner/innen, Podiumsdiskussionen, hintereinander aufgestellte Stuhlreihen und kein passives Zuhören. Eigenverantwortung, Engagement und aktive Teilnahme der Anwesenden sind gefragt.

Das Bestreben des G. ist die zeitgleiche Einbindung einer großen Anzahl von Betroffenen in einen Veränderungsprozess. Dies können bis zu 2.500 Personen sein – begrenzt durch den logistischen Aufwand. Durch die Teilnahme aller Betroffenen und deren Austausch untereinander werden eine gleiche Informationsbasis und ein gleicher Wissensstand erreicht. Dies schafft gegenseitiges Verständnis und die Grundlage für eine effektive Zusammenarbeit. Da alle Betroffenen gleichzeitig an der Bearbeitung der Situation beteiligt sind, werden in einem kurzen Zeitraum eine Vielzahl von Ideen, Lösungen, Zielen und Maßnahmen entwickelt. Dadurch wird eine schnelle Veränderung der Unternehmenssituation erwirkt. Katalysator dafür sind auch die verbindlich vereinbarten Maßnahmen auf Bereichs-, Abteilungs- und individueller Ebene. Diese werden nach der Veranstaltung sofort und simultan umgesetzt. Die auf der Veranstaltung entstehende Dynamik führt zu einem Veränderungsschub, der auch darüber hinaus anhält. Teilnehmer/innen, die diese Energie auf der Veranstaltung erfahren haben, werden sie an Personen, welche nicht teilgenommen haben, weiterleiten. Schließlich wird die → Kommunikation in großen Gruppen, welche sonst nur schwer zu organisieren ist, effektiv gestaltet. Die breite und weitreichende Akzeptanz der Veranstaltungsresultate und damit die hohe Identifikation mit der eigenen Organisation ist Kern des G.

Die zurzeit vier wichtigsten Großgruppen-Interventionsmethoden sind Open Space, Appreciative Inquiry, Zukunftskonferenz und Real Time Strategic Change. Diese können auch miteinander kombiniert werden. Open Space-Konferenzen eignen sich zur schnellen Erarbeitung von Lösungen und Veränderungsaspekten komplexer und konfliktbeladener Themen. Zum zentralen Thema bieten die Teilnehmenden entscheidende Aspekte als Workshops an. Die Ergebnisse der parallel laufenden Arbeitsgruppen werden dokumentiert, im Plenum priorisiert und schließlich Umsetzungsmaßnahmen dazu definiert. Appreciative Inquiry-Konferenzen werden z.B. bei der Zusammenführung von Organisationen und Unternehmen angewandt. Im wertschätzenden Austausch werden bestehende Potenziale analysiert und ein positives Denken und Handeln bei der Zusammenführung erreicht. Zukunftskonferenzen werden eingesetzt, um in einer Organisation gemeinsam mit allen Beteiligten Zukunftsperspektiven zu entwickeln. Diese Methode kann auch in Gruppen mit konfliktärer Herkunft angewendet werden. Nachdem eine gemeinsame Basis geschaffen wurde, werden dann im Konsens Ziele und Maßnahmen festgelegt. Auf einer Real Time Strategic Change-Konferenz werden die Betroffenen über Veränderungsabsichten der Unternehmensleitung informiert. Ziel ist die Aktivierung und → Motivation der Mitarbeiter/innen sowie eine gemeinsame Strategieabstimmung.

*Carole Maleh*

**Grundeinkommen** Als G. können sowohl → Einkommen bezeichnet werden, die durch anderweitige Einkommen aus derselben oder einer anderen Quelle ergänzt werden, als auch → soziale Transfers, mit denen der → Sozialstaat das → Existenzminimum seiner Bürgerinnen und Bürger gewährleistet (→ Grundsicherung). In den gegenwärtigen sozialpolitischen Debatten wird mit diesem Begriff allerdings zumeist ein Einkommen bezeichnet, das den beiden genannten Bedeutungen zugleich entspricht: Ein allgemeines und bedingungsloses G. soll vom Staat an alle Bürgerinnen und Bürger gezahlt werden – und zwar ihnen individuell (und nicht ihrem Haushalt und ohne dessen Anrechnung), ohne Bedürftigkeitsprüfung, ohne Bedingung und ohne Erwartung einer Gegenleistung. Dabei soll das G. oberhalb des gesellschaftlichen → Existenzminimums liegen, sodass jede/r davon bei voller gesellschaftlicher Zugehörigkeit leben kann. Es soll durch Einkommen aus anderen Quellen, v.a. durch Erwerbseinkommen, »ergänzt« werden können.

Mit Vorläufern wurde die Idee eines solchen G. in den 1960er-Jahren in den USA von einigen Wirtschaftswissenschaftlern, u.a. von M. Friedman, vorgestellt. In weitgehender Unkenntnis dieser Vorschläge wurde das G. zwei Jahrzehnte später auch in Europa aus unterschiedlichen Lagern heraus und mit unterschiedlichen Konzepten gefordert. In der Bundesrepublik wurde diese Forderung zumeist von Intellektuellen als Antwort auf die »Krise der Arbeitsgesellschaft« aufgegriffen. Ende der 1980er-Jahre brach diese Debatte ab, wurde jedoch in jüngerer Zeit neu belebt, wobei sie nun eher von politischen Akteuren außerhalb der Wissenschaften getragen und u.a. über das »Netzwerk Grundeinkommen« organisiert wird. Auch wenn das G. häufig als ein verschiedene Lager einendes Projekt erscheint, unterscheiden sich die vertretenen G.konzepte nicht nur in den intendierten Zielen, sondern auch in der anvisierten Höhe des G., in dessen institutionellen Ausgestaltung, in der Art seiner Finanzierung und den intendierten Auswirkungen auf andere sozialstaatliche Instrumente.

*Matthias Möhring-Hesse*

**Grundgesamtheit** → Statistische Grundlagen der Sozialen Arbeit

**Grundgesetz (GG)** für die Bundesrepublik Deutschland vom 23.5.1949 ist die für Deutschland geltende Verfassung. Konzipiert zunächst »für eine Übergangszeit« (so die alte Fassung der Präambel), ist es im Verlauf von über 60 Jahren eine echte »Verfassung« geworden. Der Name »Verfassung« wurde seinerzeit vermieden, um ihn einer künftigen gesamtdeutschen Lösung vorzubehalten (Art. 146 GG). Seit dem 3.10.1990 gilt das GG auch für die gem. Art. 23 GG beigetretenen, aus dem Territorium der ehemaligen DDR gebildeten fünf neuen Bundesländer.

Die Gliederung des GG ist einfach: Es stellt die → Grundrechte (→ Menschenrechte) mit dem Bekenntnis zur → Menschenwürde voran und sichert die einzelne Person gegen alle Verletzungen ihrer Rechte vonseiten der öffentlichen Gewalt durch gerichtliche Kontrolle (Art. 19 Abs. 4 GG, → Rechtsschutz). Sodann bestimmt es die Staatsform (Art. 20 GG: Republik, repräsentative Demokratie, Bundesstaat) und gestaltet sie im Einzelnen aus. Besonders wichtige Grundsätze sind das Bekenntnis zum sozialen Rechtsstaat (→ Sozialstaatsprinzip), zur Gewaltenteilung, zur unmittelbaren Geltung der Grundrechte (Art. 1 Abs. 3 GG) und der allgemeinen Regeln des Völkerrechts (Art. 25 GG). Diese Grundsätze sind auch für die Länder verbindlich (Art. 28 Abs. 1 GG). Das Staatsziel europäische Integration und die aktive Mitwirkung bei der Entwicklung der → Europäischen Union (EU) sind in Anknüpfung an den Verträge von Maastricht vom 7.2.1992 und von Lissabon vom 13.12.2007 in Art. 23 GG geregelt. Schon die Präambel des GG formuliert die Zielvorstellung Deutschlands als gleichberechtigtes Glied in einem vereinten Europa. Hierzu können Hoheitsrechte auf die EU übertragen werden; zum Schutz vor einer allzu leichten Abänderung des EU-Vertrags sind Sicherungen eingebaut (Art. 23 Abs. 1 S. 2, Art. 79 Abs. 2, 3 GG).

In Art. 79 Abs. 3 GG wird der Menschenwürdegrundsatz, der → Rechtsstaat und das Sozialstaatsprinzip für unabänderlich erklärt. Ebenfalls danach nicht veränderbar ist die innerstaatliche föderalistische Gliederung (→ Föderalismus). Weiter gilt eine Vermutung für die Zuständigkeit der Länderstaatsgewalt (Art. 30 GG) und für die Gesetzgebungszuständigkeit der Länder (Art. 70 GG) vor der des Bundes.

Das GG regelt weiterhin die Stellung der Verfassungsorgane (Bundestag und Bundesrat samt deren gemeinsamen Ausschuss, Bundespräsident, Bundesregierung, → Bundesverfassungsgericht). Es hat sich dabei für eine starke Stellung des Bundeskanzlers und für eine schwache des Bundespräsidenten entschieden. Die im Einzelnen sehr komplizierte Gewichtsverteilung in diesem System wurde vor dem Hintergrund der Erfahrungen mit der Weimarer Verfassung und unter dem Einfluss westlichen demokratischen Denkens entwickelt.

Art. 70 ff. GG enthalten sodann Kompetenzordnung und Verfahren der → Gesetzgebung sowie die Verteilung der Verwaltungskompetenzen zwischen Bund und Ländern (Art. 83 ff. GG). Die Grundlagen der → Rechtsprechung mit den dazugehörigen Grundrechten (keine Ausnahmegerichte, Garantie des gesetzlichen Richters, Abschaffung der Todesstrafe, → rechtliches Gehör, Rechtsstaatsgrundsätze des Strafrechts und Strafprozessrechts) schließen sich an (Art. 92–104 GG). Von größter praktischer Bedeutung ist die Verteilung von Einnahmen und Ausgaben zwischen Bund und Ländern (Art. 104 a–115 GG), die sog. Finanzverfassung (→ Finanzausgleich). Schließlich sind 1968 die damals heftig diskutierten sog. Notstandsartikel, die Regelung des Verteidigungsfalls (Art. 115 a ff. GG), eingefügt worden.

An relativ versteckter Stelle – Art. 140 GG, der auf die Art. 136–139, 141 der Weimarer Reichsverfassung (WRV) von 1919 verweist – ist das Verhältnis von Staat und Kirche geregelt: Staat und Kirche sind getrennt, was eine Kooperation nicht ausschließt; der Staat ist »neutral«, er garantiert Glaubens- und Gewissensfreiheit (Art. 4 GG) und den Religionsgesellschaften die selbstständige Regelung ihrer Angelegenheiten »innerhalb der Schranken des für alle geltenden Gesetzes« (Art. 137 Abs. 3 WRV).

Das GG hat sich als Ordnung des staatlichen Lebens, von der sowohl Stabilität als auch Anpassungsfähigkeit verlangt wird, in einem Maße bewährt, wie man es 1949 kaum hoffen konnte. V.a. was die Aktualisierung der Grundrechte angeht, ist es »gelebte« Verfassung geworden. Die Grundrechte, das Demokratie- und Sozialstaatsprinzip enthalten allerdings noch vielfältige Veränderungs- und Entwicklungschancen. Die deutsche Einigung von 1990 hat zu zahlreichen Änderungen des GG geführt. Präambel und Schlussartikel wurden neu gefasst, der überflüssig gewordene Art. 23 GG erhielt den erwähnten europarechtlichen Inhalt. Von den übrigen Änderungen sind hervorzuheben: Die Frauenförderung hat durch den Satz »Der Staat fördert die tatsächliche Durchsetzung der Gleichberechtigung von Frauen und Männern und wirkt auf die Beseitigung bestehender Nachteile hin« (Art. 3 Abs. 2 S. 2 GG, → Gleichstellung) ebenso Unterstützung erhalten wie die Stellung → behinderter Menschen durch das neue Diskriminierungsverbot: »Niemand darf wegen seiner Behinderung benachteiligt werden« (Art. 3 Abs. 3 S. 2 GG, → Benachteiligungsverbot von Menschen mit Behinderung). Hinzu gekommen ist auch die Aufgabe staatlichen Schutzes der »natürlichen Lebensgrundlagen« (Art. 20 a GG).

Eine Reihe von GG-Änderungen stehen mit dem europäischen Integrationsprozess in Zusammenhang (z.B. das kommunale Wahlrecht für EU-Bürger, Art. 28 Abs. 1 S. 3 und 4 GG; Zulassung von Frauen zum Wehrdienst, Art. 12 a Abs. 4 S. 2 GG; Grundgesetzänderung für die Ratifizierung des Vertrages von Lissabon, Art. 23 Abs. 1 a, Art. 45 S. 3 GG).

*Lit.* Stein, E./Frank, G.: Staatsrecht, 21. Aufl., Tübingen 2010; von Mangoldt/ Klein/Starck, Kommentar zum Grundgesetz, 3 Bde, 7. Aufl., München 2016.

*Frank Ehmann*

**Grundpflege** ist ein Teilbereich der → Pflege (→ Pflegebedürftigkeit, → Häusliche Krankenpflege, → Hilfe zur Pflege) neben der → Behandlungspflege. Sie umfasst die erforderlichen nichtmedizinischen Hilfeleistungen bei den Verrichtungen des täglichen Lebens für Menschen, die wegen → Krankheit oder Behinderung auf diese Hilfe angewiesen sind, insbesondere Körperpflege, Hilfe bei der Nahrungsaufnahme, Hilfe bei der Verrichtung der Notdurft, An- und Ausziehen, Hygiene im Krankenzimmer, Vermeidung von Gefahren für Patienten und ihre Umgebung. Bei Maßnahmen, die im Grenzbereich zur Behandlung liegen (z.B. Bewegungsübungen, Überwachung der Medikamenteneinnahme, Vorbeugemaßnahmen gegen das Wundliegen), ist die Abgrenzung zur Behandlungspflege fließend; eine Rolle spielt dabei auch der Schweregrad der Krankheit. G. wird als Leistungsbestandteil der häuslichen Krankenpflege nach § 37 Abs. 1 SGB V (→ Krankenversicherung) gewährt, wenn diese notwendig ist, einen Krankenhausaufenthalt zu vermeiden oder zu verkürzen. G. kann gemäß § 37 Abs. 2 SGB V als Satzungsleistung der → Krankenkassen gewährt werden, wenn sie der Sicherung des Ziels der ärztlichen Behandlung dient. Diese Satzungsleistung ist jedoch ausgeschlossen für gemäß des Elften Buches Sozialgesetzbuch (SGB XI → Pflegeversicherung) pflegebedürftige Menschen. G. ist die Kernleistung der häuslichen und stationären Leistungen der Pflegeversicherung sowie der ergänzenden Hilfe zur Pflege nach § 61 SGB XII (→ Sozialhilfe). Zu berücksichtigen ist, dass das Bundeskabinett am 28.6.2016 einen Regierungsentwurf zu einem 3. Pflegestärkungsgesetz (PSG III) verabschiedet hat, mit dem u.a. der neue Pflegebedürftigkeitsbegriff auch für die Hilfe zur Pflege nach dem SGB XII zum 1.1.2017 eingeführt werden soll.

*Werner Hesse*

**Grundrechte** sind gegenüber dem einfachen → Gesetz vorrangige Rechte gegenüber der öffentlichen Gewalt. G. gewährleisten als Abwehrrechte Freiheiten sowie die Integrität der Person oder von Besitzständen (»status negativus«). Als Rechte auf Mitwirkung (→ Partizipation) an → Gesetzgebung, Regierung und Verwaltung begründen sie den »status activus«, als Rechte auf Schutz und auf → Teilhabe an öffentlichen Leistungen den »status positivus« (→ Soziale Grundrechte). Grundrechtlich geschützt sind auch Rechte auf Gleichbehandlung oder → Gleichstellung und auf rechtsstaatliche Verfahren (→ Rechtsstaat). G. können als institutionelle Garantien rechtliche Einrichtungen wie → Ehe, → Eigentum und → Erbrecht gewährleisten. Sie können als strikte Regeln oder als nur zu optimierende Prinzipien ausgeformt sein. Ihre Einhaltung ist Gegenstand politischer Diskussionen. Die G. können in Bezug zu Zielen und Bedingungen Sozialer Arbeit gesetzt werden.

G. enthielten in Deutschland zuerst die Frankfurter Paulskirchenverfassung von 1848, dann die Weimarer Reichsverfassung von 1919. Im → Grundgesetz (GG) von 1949 werden G. unter dem Bekenntnis zu unverletzlichen und unveräußerlichen → Menschenrechten (Art. 1 Abs. 2) als unmittelbar geltendes Recht gegenüber Gesetzgebung, Verwaltung und → Rechtsprechung garantiert (Art. 1 Abs. 3). Auch die meisten Landesverfassungen enthalten G. Sie können auf dem Rechtsweg (Art. 19 Abs. 4) und schließlich vor dem → Bundesverfassungsgericht (BVerfG) oder einem Landesverfassungsgericht durchgesetzt werden. Die im Grundgesetz enthaltenen G. dienen der Achtung und dem Schutz der → Menschenwürde (Art. 1 Abs. 1). Die meisten von ihnen gelten deshalb für alle Menschen. Sie sind nur in einigen Fällen Bürgerrechte lediglich aller Deutschen (vgl. Art. 116, → Staatsbürgerschaft), z.B. Versammlungs- und Vereinigungsfreiheit oder Wahlrecht. Das → Asylrecht für politisch Verfolgte (Art. 16 a) kommt nur für Nichtdeutsche in Betracht. Soweit G. auf inländische → juristische Personen, nichtrechtsfähige → Vereine und Handelsgesellschaften ihrem Wesen nach anwendbar sind, gelten sie auch für diese (Art. 19 Abs. 3).

Als Freiheitsrechte werden garantiert: Leben, körperliche Unversehrtheit und Freiheit der Person (Art. 2 Abs. 2, 102, 104), freie Entfaltung der Persönlichkeit (Art. 2 Abs. 1). Lebensbereiche, die sich als wichtig oder besonders verwundbar erwiesen haben, werden durch spezielle Freiheitsrechte geschützt: Gewissens-, Glaubens-, Bekenntnis- (Art. 4), Meinungs-, Presse-, Kunst-, Wissenschafts- (Art. 5), Versammlungs- (Art. 8) und Vereinigungsfreiheit einschließlich der Freiheit und Betätigung der Gewerkschaften und Arbeitgeberverbände (Art. 9), Vertraulichkeit der individuellen → Kommunikation (Art. 10), Freizügigkeit (Art. 11) und Berufsfreiheit (Art. 12 Abs. 1). Wirtschaftliche Interessen schützen und beschränken Eigentum und Erbrecht (Art. 14, 15). Die Gleichheitsrechte bestehen aus dem allgemeinen → Gleichheits(grund)satz (Art. 3 Abs. 1) und aus speziellen Gleichheitsgeboten: der Gleichberechtigung der Geschlechter (Art. 3 Abs. 2), den Verboten der → Diskriminierung wegen Rasse, Sprache, Religion, Heimat, Herkunft und Behinderung (Art. 3 Abs. 3), der Gleichheit der staatsbürgerlichen Rechte und des Zugangs zu öffentlichen Ämtern (Art. 33 Abs. 1–3) sowie der Wahlrechtsgleichheit (Art. 38 Abs. 1). Durch den allgemeinen Gleichheitssatz wird der Staat verpflichtet, sachlich nicht zu rechtfertigende Ungleichbehandlungen zu unterlassen. Ein G. auf Mitwirkung an der Ausübung von Staatsgewalt enthält das Wahlrecht (Art. 38, 20 Abs. 2). Mitwirkungsrechte an der politischen Willensbildung sind insbesondere Meinungs-, Presse-, Versammlungs- und Vereinigungsfreiheit. G. mit Verfahrensgarantien und zum Schutz der Rechtsstaatlichkeit sind umfassender gerichtlicher → Rechtsschutz gegen Rechtsverletzungen durch die öffentliche Gewalt (Art. 19 Abs. 4), das Verbot von Ausnahmegerichten und die Garantie des gesetzlichen Richters (Art. 101), der Anspruch auf → rechtliches Gehör vor Gericht, das Bestimmtheitsgebot und das Verbot der Mehrfachbestrafung (Art. 103) sowie die Rechtsgarantien bei → Freiheitsentziehungen (Art. 104). Das Grundgesetz enthält nur wenige explizite → soziale G., so den Schutz der Mütter (Art. 6 Abs. 4, → Mutterschutz) und das Benachteiligungsverbot wegen einer Behinderung (Art. 3 Abs. 3 S. 2, → behinderte Menschen). Allerdings kann aus dem → Sozialstaatsprinzip in Verbindung mit der Pflicht des Staates zum Schutz der → Menschenwürde eine Garantie des individuellen → Existenzminimums und des Grundbestandes des Systems der → sozialen Sicherheit hergeleitet werden.

Die G. sind in erster Linie subjektive Rechte der Einzelnen. Sie sind zugleich Bestandteil des objektiven Verfassungsrechts und drücken verfassungsrechtliche Wertentscheidungen aus. Eine Wirkung auch auf private Rechtsverhältnisse (Drittwirkung) ergibt sich dadurch, dass die G. zur Auslegung des einfachen Rechts herangezogen werden (mittelbare Drittwirkung).

Staatliche Eingriffe in G.positionen dürfen nur durch Gesetz oder aufgrund eines Gesetzes (G.schranke) erfolgen (Gesetzesvorbehalt). Sie müssen dem → Verhältnismäßigkeitsgrundsatz genügen und den Wesensgehalt des G. unangetastet lassen. Letztlich bestimmt das BVerfG Reichweite und Gewährleistungsintensität der G.

Die → Europäische Union (EU) erkennt die G. aus der → Charta der Grundrechte der EU, aus der → Europäischen Konvention zum Schutze der Menschenrechte und Grundfreiheiten und aus den gemeinsamen Verfassungsüberlieferungen der Mitgliedstaaten an (Art. 7 Vertrag über die Europäische Union [EUV]). Der Vertrag über die Arbeitsweise der Europäischen Union (AEUV) verbürgt das Verbot der Diskriminierung wegen der Staatsangehörigkeit (Art. 18 AEUV), die Freizügigkeit der Unionsbürger/innen (Art. 21 AEUV, → Personenfreizügigkeit), das Kommunalwahlrecht (Art. 22 AEUV) und die Lohngleichheit von Mann und Frau (Art. 157 AEUV).

*Lit.* Alexy, R.: Theorie der Grundrechte, Frankfurt a.M. 1994; Hohmann-Dennhardt, C.: Menschenwürde im Sozialstaat des 21. Jahrhunderts, TuP 3/2011, S. 177–185; Pieroth, B./Kingreen, T./ Poscher, R./ Schlink, B.: Staatsrecht II – Grundrechte, 30. Aufl., Heidelberg u.a. 2014; Welti, F.: Teilhabe im sozialen Rechtsstaat, Soziale Passagen 2011, S. 201–216.

*Felix Welti*

**Grundrente** → Beschädigtenrente

**Grundsicherung** bezeichnet in Politik und Sozialwissenschaften spezifische oder alle Konzepte eines vorleistungsunabhängigen (unbefristet) garantierten existenzsichernden Mindesteinkommens mit oder ohne Bedürftigkeitsprüfung für alle Einwohner/innen, Bürger/innen oder Teilpopulationen eines Gemeinwesens. Ziele, Ausgestaltung und Bezeichnungen entsprechender Reform-Konzepte sind ebenso wie die Verwendung des Begriffs G. heterogen. Verfolgt werden vor allem sozial-, arbeitsmarkt-, finanz- und/oder gesellschaftspolitische Ziele. Wichtige Gestaltungsparameter sind der einbezogene Personenkreis, das Niveau und die Ausgestaltung der Leistung, die Einkommens- und Vermögensanrechnung, die Familiensubsidiarität (→ Subsidiarität), die Sanktionierung mangelnder → Selbsthilfe, insbesondere von Arbeitsverweigerung, die Verwaltung und die Finanzierung.

Die ökonomische Theorie hat bislang keine allgemein akzeptierte Begründung staatlicher Umverteilung hervorgebracht. Gleichwohl existieren einige fundamentale Begründungsansätze: (1) Versagen auf Versicherungsmärkten, (2) externe Effekte einer G. auf den sozialen Frieden, (3) Nutzeninterdependenz zwischen Individuen, (4) Sozialkontrakt. Während die ersten drei Ansätze mit den tatsächlichen Präferenzen der Individuen argumentieren, liegen dem Sozialkontrakt hypothetische Präferenzen über eine adäquate Wohlfahrtsverteilung zugrunde.

Die vermutlich erste G. überhaupt gab es zu Beginn der Industrialisierung insbesondere im Süden Englands. Von 1795 bis 1834 wurde Lohnarbeitern ein an Familiengröße und Brotpreis ausgerichtetes Mindesteinkommen garantiert (»Speenhamland-System«). Dies eröffnete der aufgrund hoher Brotpreise verarmten und daher potenziell aufsässigen Landbevölkerung eine Perspektive in der entstehenden Industriegesellschaft. Nachteilig wirkte sich die G. jedoch auf Arbeitsmoral und Arbeitsproduktivität aus, zudem konnten sehr geringe Löhne zulasten der Allgemeinheit vereinbart werden. Daher wurde die G. 1834 stark eingeschränkt. Zur hiesigen Historie vgl. → Fürsorge, → Geschichte der Sozialen Arbeit.

Die Herkunft des deutschen Begriffs G. lässt sich nicht zweifelsfrei nachvollziehen. Im Kontext einer breiten europäischen Diskussion war Mitte der 1980er-Jahre mit G. vielfach eine bedürftigkeitsunabhängige G. (→ Grundeinkommen) universeller Art (für die gesamte Bevölkerung) gemeint. Damit verbunden war meist die gesellschaftspolitische Vision einer (partiellen) Überwindung der Erwerbsgesellschaft, teilweise aber auch »nur« die Abmilderung der materiellen Konsequenzen für die aus ihr Ausgegrenzten (→ soziale Ausgrenzung). Das sog. Bürgergeld hingegen zielt auf Bürokratieabbau und eine Verbesserung der Arbeitsanreize.

Die deutsche G. besteht insbesondere aus der → Grundsicherung für Arbeitsuchende, der → Sozialhilfe (einschließlich → Grundsicherung im Alter und bei Erwerbsminderung) und dem → Asylbewerberleistungsgesetz. Den Mitgliedstaaten der EU wird durch die (unverbindliche) Empfehlung 92/441/EWG des Rates der damaligen EG vom 24.6.1992 eine G. nahegelegt.

*Bruno Kaltenborn*

**Grundsicherung für Arbeitsuchende** wurde als Zweites Buch → Sozialgesetzbuch (SGB II) durch Art. 1 des Vierten Gesetzes für moderne Dienstleistungen am Arbeitsmarkt (BGBl. I 2003 S. 2954) zum 1.1.2005 eingeführt. Vorausgegangen waren intensive Diskussionen um die Zusammenführung der → Sozialhilfe (genauer: der → Hilfe zum Lebensunterhalt) und der → Arbeitslosenhilfe. Die wesentlichen Anstöße für die Zusammenführung kamen von der durch die Bundesregierung eingesetzten Kommission »Moderne Dienstleistungen am Arbeitsmarkt« unter Vorsitz von P. Hartz (wodurch sich umgangssprachlich die Bezeichnung »Hartz-Kommission« und in deren Folge für das SGB II der Begriff »Hartz IV« durchsetzte) sowie der Kommission zur Reform der Gemeindefinanzen. Die G. f. A. ersetzt die frühere Arbeitslosenhilfe sowie die Hilfe zum Lebensunterhalt für Erwerbsfähige. Die Arbeitslosenhilfe wurde mit Einführung der G. f. A. abgeschafft. Anspruchsberechtigt nach dem SGB II sind Personen, die das 15. Lebensjahr vollendet und das Renteneintrittsalter (→ Renten wegen Alters) noch nicht erreicht haben, die erwerbsfähig (→ Erwerbsfähigkeit) und hilfebedürftig (→ Hilfebedürftigkeit) sind und ihren gewöhnlichen → Aufenthalt in der Bundesrepublik Deutschland haben, sowie die Mitglieder ihrer → Bedarfsgemeinschaft (die dem Haushalt angehörenden Kinder, die Eltern eines erwerbsfähigen Kindes sowie der Partner des Hilfebedürftigen). Keinen Anspruch haben stationär untergebrachte Personen und Bezieher/innen von Altersrenten (§ 7 Abs. 4 SGB II). Auch bestimmte Gruppen von Ausländer/innen sind vom Leistungsbezug ausgeschlossen (→ Leistungen zum Lebensunterhalt für Ausländer/innen). Auszubildende erhalten nur im Einzelfall und in begrenztem Umfang Leistungen (vgl. § 7 Abs. 5, 6 und § 27 SGB II).

Ziel der G. f. A. ist es, die Eigenverantwortung von erwerbsfähigen, hilfebedürftigen Personen zu stärken und dazu beizutragen, dass sie ihren Lebensunterhalt unabhängig von der G. f. A. aus eigenen Mitteln und Kräften, insbesondere durch die Aufnahme einer Erwerbstätigkeit bestreiten können (§ 1 Abs. 1 SGB II). Erst in zweiter Linie dient die G. f. A. nach der Intention des Gesetzgebers auch dazu, den Lebensunterhalt der Hilfebedürftigen zu sichern. Unter der Grundphilosophie des »Fördern und Forderns« sollen den Hilfebedürftigen einerseits alle Hilfen zur Verfügung gestellt werden, um ihre Eingliederung in Arbeit zu erreichen. Dazu stehen ganz überwiegend die Arbeitsintegrationsleistungen des SGB III (→ Arbeitsförderung) zur Verfügung. Darüber hinaus können weitere soziale Leistungen erbracht werden, die zur Eingliederung in das Arbeitsleben erforderlich sind (u.a. → Schuldner- und → Drogenberatung, Kinderbetreuung, → Pflege von Angehörigen). Auf der anderen Seite wird von den → Leistungsberechtigten gefordert, dass sie alle Kräfte bemühen, ihre Hilfebedürftigkeit zu beenden oder zu verringern. An die Verletzung der → Mitwirkungspflichten knüpft das SGB II erhebliche Leistungseinschränkungen (→ Sanktion). Den erwerbsfähigen Hilfebedürftigen soll ein/e persönliche/r Ansprechpartner/in benannt werden, der/die mit den Hilfebedürftigen eine → Eingliederungsvereinbarung abschließen soll, in der sowohl die Pflichten der Leistungsberechtigten als auch die Unterstützungsleistungen der → Träger der Grundsicherung festgeschrieben werden. Kommt eine Vereinbarung nicht zustande, kann sie durch → Verwaltungsakt ersetzt werden. Durch großzügig ausgestaltete Freibeträge bei Erwerbstätigkeit (§ 11 b Abs. 2 SGB II) soll der Anreiz zur Arbeitsaufnahme weiter erhöht werden.

Die materiellen Leistungen (für Erwerbsfähige: → Arbeitslosengeld II [Alg II], für die nicht erwerbsfähigen Mitglieder der Bedarfsgemeinschaft: Sozialgeld) entsprechen weitgehend denen der Sozialhilfe. Bei den Leistungsberechtigten wird ein bundeseinheitlicher → Regelbedarf in Höhe von derzeit 404 Euro (Stand 2016) berücksichtigt, in dem bis auf wenige, abschließend aufgezählte Ausnahmen auch alle früheren → einmaligen Leistungen einbezogen sind, außerdem die angemessenen Kosten für → Unterkunft und → Heizung sowie ggf. → Mehrbedarfe und im Einzelfall ein ergänzendes → Darlehen. Leistungsberechtigte nach dem SGB II werden in der gesetzlichen → Pflege- und → Krankenversicherung pflichtversichert, wenn sie nicht bereits durch eine → Familienversicherung abgesichert sind. Die Einbeziehung in die gesetzliche → Rentenversicherung wurde hingegen mit Wirkung zum 1.1.2011 abgeschafft. Träger der G. f. A. sind die Bundesagentur für Arbeit (→ Agentur für Arbeit) und die → Landkreise und → kreisfreien Städte, die zur einheitlichen Durchführung der Aufgaben gemeinsame Einrichtungen bilden bzw. die zugelassenen kommunalen Träger nach § 6 a SGB II, die die Aufgaben alleine wahrnehmen. In beiden Fällen führt die Behörde die Bezeichnung → Jobcenter.

Das SGB II ist seit seinem Inkrafttreten durch zahlreiche Gesetze teilweise moderat, häufiger jedoch auch umfassend und grundlegend reformiert worden. Weitreichende Änderungen enthalten v.a. das Gesetz zur Änderung des SGB II und anderer Gesetze vom 24.3.2006 (BGBl. I S. 558), das Gesetz zur Fortentwicklung der Grundsicherung für Arbeitsuchende vom 20.7.2006 (BGBl. I S. 1706) und das Gesetz zur Ermittlung von Regelbedarfen und zur Änderung des Zweiten und Zwölften Buches Sozialgesetzbuch vom 24.3.2011 (BGBl. I S. 453). Die Ziele des Gesetzgebers (schnelle und passgenaue Vermittlung der Betroffenen in Arbeit, ausreichende materielle Sicherung bei → Arbeitslosigkeit in Abhängigkeit vom → Bedarf, Vermeidung einseitiger Lastenverschiebungen zwischen den Gebietskörperschaften, effiziente und bürgerfreundliche Verwaltung sowie eine breite Zustimmungsfähigkeit) sind u.a. wegen der gespaltenen → Zuständigkeit und der anhaltend hohen strukturellen Arbeitslosigkeit nicht ausreichend erreicht worden. Auch die angestrebte Verwaltungsvereinfachung ist durch die teilweise sehr kleinteiligen gesetzlichen Vorgaben bei der Prüfung der Hilfebedürftigkeit und die zahlreichen gesetzlichen Änderungen nicht eingetreten.

*Lit.* Eicher, W. (Hrsg.): SGB II, Grundsicherung für Arbeitsuchende, 3. Aufl., München 2013; Estelmann, M. (Hrsg.): Kommentar zum SGB II, Loseblatt, Köln (Stand Juli 2015); Münder, J. (Hrsg.): LPK-SGB II. Sozialgesetzbuch II. Grundsicherung für Arbeitsuchende, 5. Aufl., Baden-Baden 2013.

*Karen Peters*

**Grundsicherung im Alter und bei Erwerbsminderung** ist eine zum 1.1.2003 in kommunaler Trägerschaft eingeführte, den notwendigen Lebensunterhalt sichernde Leistung mit Ausschluss des → Übergangs von Ansprüchen der Berechtigten gegen ihre nach bürgerlichen Recht Unterhaltspflichtigen. Ziel ist insbesondere die Verhinderung verschämter Altersarmut unter Beachtung des auch empirisch gesicherten Befunds, dass viele Frauen mit geringen Alterseinkünften wegen des bei ihren Kindern befürchteten Unterhaltsrückgriffs keine → Hilfe zum Lebensunterhalt nachgefragt hatten. Die G. wurde mit der Rentenreform vom 26.6.2001 (BGBl. I S. 1310) als Gesetz über eine bedarfsorientierte Grundsicherung im Alter und bei Erwerbsminderung (GSIG) beschlossen. Das eigenständige Leistungsgesetz wurde im Zuge des Vermittlungsverfahrens zur Einordnung des Sozialhilferechts in das → Sozialgesetzbuch am 27.12.2003 (BGBl. I S. 3022) mit Wirkung vom 1.1.2005 wieder aufgehoben und zeitgleich wurde die gegenüber der Hilfe zum Lebensunterhalt vorrangige G. in das Vierte Kapitel (§§ 41 ff.) des SGB XII (→ Sozialhilfe) überführt. Die Finanzierung der G. blieb weiter in Diskussion; die Ausgaben wuchsen stetig (2004: 2,09; 2009: 3,916; 2014: 5,459 Mrd. Euro netto). Der Bund beteiligte sich bis 2008 mit einem Festbetrag (409 Mio. Euro) und dann mit einem ausgehend von 13% jährlich steigenden Anteil an den Nettoausgaben des Vorvorjahres. Um das u.a. zum Gesetz zur Ermittlung von Regelbedarfen anhängige Vermittlungsverfahren beilegen zu können, kam es im Februar 2011 überraschend zu der politischen Entscheidung, in deren Umsetzung der Bund 2012 von den Nettoausgaben im Vorvorjahr nicht bloß 16%, sondern 45% übernahm, 2013 den Ländern 75% der bei den → Trägern der Sozialhilfe im Kalenderjahr entstandenen Nettoausgaben erstattete und seit 2014 diese Ausgaben in voller Höhe trägt. Das löste 2013 den zur Bundesauftragsverwaltung in Art. 104 a Abs. 2 S. 2 → Grundgesetz (GG) beschriebenen Mechanismus aus, sodass innerhalb des SGB XII die Parallelsysteme G. und Hilfe zum Lebensunterhalt von den Sozialhilfeträgern einerseits im Auftrag des Bundes und andererseits in kommunaler Eigenverwaltung administriert werden. Die Integration der Bundesauftragverwaltung – nach Art. 85 GG vom Bund gegenüber den Ländern wahrzunehmende Rechts- und Fachaufsicht –

in ein bestehendes Sozialleistungssystem ist einzigartig und problematisch, weshalb ein erneuter Wechsel des Standorts der G. nicht ausgeschlossen erscheint; im Eckpunkte-Papier zur Rentenstrukturreform vom 23.6.1999 hatte die damalige Bundesregierung zunächst die gesetzliche → Rentenversicherung als Träger vorgesehen.

Anspruch auf die zu beantragende G. haben bei gewöhnlichem Aufenthalt im Inland und in den letzten zehn Jahren nicht vorsätzlich oder grob fahrlässig herbeigeführter Bedürftigkeit (1) Personen bei Erreichen der ausgehend von 65 seit 2012 stufenweise auf 67 Jahre ansteigenden Altersgrenze und (2) Personen, die das 18. Lebensjahr vollendet haben und unabhängig von der jeweiligen Arbeitsmarktlage auf Dauer voll erwerbsgemindert sind. Besteht Bedürftigkeit und machen die Angaben und Nachweise Anspruchsvariante (2) wahrscheinlich, ersucht der Sozialhilfeträger den zuständigen → Rentenversicherungsträger um Prüfung der medizinischen Voraussetzungen; das Ergebnis ist bindend. Das Ersuchen ist nicht erforderlich, wenn ein Rentenversicherungsträger bereits im Rahmen eines Antrags auf → Rente wegen verminderter Erwerbsfähigkeit die medizinischen Voraussetzungen festgestellt oder nach § 109 a Abs. 2 und 3 SGB VI gegenüber einem Träger der Sozialhilfe oder des SGB II eine gutachterliche Stellungnahme zur Erwerbsfähigkeit oder der Fachausschuss einer → Werkstatt für behinderte Menschen nach Maßgabe der §§ 2 und 3 der Werkstättenverordnung eine Stellungnahme über die Aufnahme in eine Werkstatt oder Einrichtung abgegeben hat.

Die G. erkennt – ohne die Möglichkeit regionaler Abweichungen beim Regelsatz – dieselben Bedarfe an wie die Hilfe zum Lebensunterhalt bei Volljährigen. Allerdings müssen die Deckung einmaliger Bedarfe, die Übernahme von Beiträgen für die Vorsorge, Leistungen für Bildung und Teilhabe sowie ergänzende Darlehen sämtlich gesondert beantragt werden. Bei Aufnahme in eine stationäre Einrichtung werden als Bedarfe für Unterkunft und Heizung die durchschnittlichen angemessenen tatsächlichen Aufwendungen für die Warmmiete eines Einpersonenhaushaltes im Bereich des zuständigen Sozialhilfeträgers zugrunde gelegt und der Barbetrag zur persönlichen Verfügung (Taschengeld) kann nur als Hilfe zum Lebensunterhalt in Anspruch genommen werden. Die Vermutung der Bedarfsdeckung durch Personen, mit denen die antragstellende Person in einer Wohnung lebt, gilt in der G. nicht. Zur Prüfung der Bedürftigkeit wird – erweitert um zwei Tatbestände zur Nichtanrechnung als → Einkommen (§ 43 Abs. 2 und 3 SGB XII) – auf die auch für die Hilfe zum Lebensunterhalt geltenden Regeln (§§ 82 bis 84 und 90 f. SGB XII) verwiesen; dabei wird nach § 43 Abs. 1 S. 2 SGB XII Einkommen und → Vermögen des nicht getrennt lebenden Partners (Ehegatte usw.) berücksichtigt, soweit sie dessen notwendigen Lebensunterhalt übersteigen. Unterhaltsansprüche von Leistungsberechtigten gegenüber ihren Kindern und Eltern bleiben unberücksichtigt, sofern – und das wird gesetzlich vermutet – deren jährliches Gesamteinkommen i.S. des § 16 SGB IV unter 100.000 Euro liegt. Kommt es zur Widerlegung der Vermutung, besteht ab Widerlegung kein Anspruch auf G. mehr und es kann die mit Unterhaltsrückgriff behaftete Hilfe zum Lebensunterhalt bezogen werden. G. wird i.d.R. jeweils für zwölf Kalendermonate bewilligt und der Sozialhilfeträger kann nach Ermessen, soweit der Bund dazu nichts konkretisiert, einen kürzeren Zeitraum bestimmen oder auch auf Dauer bewilligen.

Informationen und Beratung zur G. können bei den zuständigen Sozialhilfeträgern eingeholt werden. Die außerdem zur Information über die Leistungsvoraussetzungen und zur Hilfe bei der Antragstellung verpflichteten Rentenversicherungsträger fügen dem Rentenbescheid, wenn die Rente unter 822,15 Euro (Stand 1.7.2016) liegt, ein Formular zur Beantragung von G. bei.

*Lit.* Bieritz-Harder, R./Conradis, W./Thie, S. (Hrsg.): Sozialgesetzbuch XII, Sozialhilfe, Lehr- und Praxiskommentar, 10. Aufl., Baden-Baden 2015; Schellhorn, W./Schellhorn, H./Hohm, K-H.: Kommentar zum SGB XII, 19. Aufl., Köln 2015.

*Gottfried Eichhoff*

**Gründungszuschuss** → Arbeitsförderung (SGB III)

**Grundvermögen, Einsatz des** → Vermögen

**Gruppe** Der Begriff der (sozialen) G. wird im Alltagsgebrauch für unterschiedliche Phänomene verwendet: z.B. die G. der Raucher, der Zuschauer, der Chormitglieder. Eine so weite Definition führt dazu, sich gegenüber unterschiedlichen Konstellationen fälschlich in gleicher Weise zu verhalten. Es ist daher nicht nur von wissenschaftlichem, sondern auch von praktischem Wert zu wissen, wann es sich tatsächlich um eine G. handelt. Auch der fachwissenschaftliche Gebrauch des Begriffs differiert nach Erkenntnisinteresse. In der → Sozialpsychologie ist eine G. durch folgende Merkmale definiert:

(a) relative Kleinheit (drei bis ca. 25 Personen; eine Dyade wird gelegentlich auch als G. bezeichnet, in ihr sind jedoch Konstellationen wie Untergruppen, Koalitionen usw. nicht möglich), (b) unmittelbarer Kontakt (möglicherweise relativiert die Nutzung von Chatrooms usw. die Bedeutung dieses Kriteriums), (c) gemeinsame Ziele, → Normen und Werte, (d) → Rollen, Funktionen und Positionen, (e) relatives Überdauern (gruppentypische Phänomene sind bei längerem Bestehen deutlicher). Diese Definition schließt soziale Kategorien (Raucher), situative Gruppierungen (Zuschauer) sowie → Organisationen aus.

In ihrer psychodynamischen Funktion ermöglicht die Primärg. (i.d.R. die → Familie) die Entwicklung der sozialen → Identität. Arbeits- und Problembewältigungsprozesse finden meist in G. statt, Ähnliches gilt für private und gesellschaftliche Anliegen. Obwohl sich jede G. unterschiedlich entwickelt, lassen sich »typische« Phasen feststellen, die mehr oder weniger deutlich in allen G. sichtbar werden. Im Hinblick auf die Beziehungsformen der G.mitglieder hat sich folgendes Phasen-Modell bewährt: (1) Fremdheit mit Vorsicht und Zurückhaltung, gegenüber der G.leitung Abhängigkeit und Rebellion (Gegenabhängigkeit), (2) Orientierung: Entstehung situationsüberdauernder Beziehungen, (3) Vertrautheit: Entstehen einer G.struktur mit Normen, Rollen und »Wir-Gefühl«, (4) Konformität mit Druck zum Einhalten der G.normen und Abgrenzung gegenüber anderen G. und (5) Auflösung: Trauer, Erleichterung, Zukunftsorientierung. Dauer und Ausprägungsgrad sind je nach G. verschieden, durch neue Mitglieder oder Veränderungen in den G.zielen kann eine Rückkehr zu früheren Phasen stattfinden. Wichtig: Aufgaben der G.leitung und Leistungsfähigkeit der G. differieren mit diesen Entwicklungsstufen.

Für die Entwicklung einer G. ist die Art des Zustandekommens wichtig. Informelle G. entstehen auf Initiative der Mitglieder und haben wenige ausdrückliche Regeln, formelle G. haben definierte Rollen (z.B. Teamleiter) und ein meist von außen definiertes Ziel. Bei der Familie handelt es sich um einen Sonderfall: Eine Zweierbeziehung ist keine G. in unserem Sinne, durch Kinder kommt zwar auf Initiative der Eltern eine sog. natürliche G. zustande, für die Kinder aber handelt es sich um eine »Zwangsmitgliedschaft«. Für → soziale Berufe ist Verstehen und konstruktives Umgehen mit G. und ihrer Dynamik von erheblicher Bedeutung (→ Soziale Gruppenarbeit), v.a. wenn der Umgang mit zwangsweise zustande gekommenen G. einen »Doppelauftrag« (Hilfe und Kontrolle) beinhaltet.

*Wolfgang Rechtien*

**Gruppenarbeit** → Soziale Gruppenarbeit

**Gruppenpädagogik** → Soziale Gruppenarbeit

**Gruppentherapie** bezieht sich als Obergriff auf ein breites Spektrum verschiedener Formen der beraterisch-therapeutischen Arbeit in und mit → Gruppen. Mitunter wird der Begriff der G. synonym zu Gruppenpsychotherapie (als gezielte Heilbehandlung → psychischer Störungen in der Gruppe) verstanden, wobei diese Engführung gerade aus sozialarbeiterischer Perspektive aufgrund der Überschneidungen zwischen therapeutischer, pädagogischer und → sozialer Gruppenarbeit in Bezug auf Anwendungsbereich, Methoden und Wirkweise wenig angemessen erscheint. In der psychosozialen Praxis finden sich – insbesondere in Handlungsfeldern, in denen sich klinisch-sozialarbeiterische Aufgaben stellen (→ Klinische Sozialarbeit) – zahlreiche Gruppenangebote, die nicht auf eine psychotherapeutische Behandlung im individuums- und störungszentrierten Sinne abzielen, sondern – auf wissenschaftlich fundierter Basis – einen heilsamen und entwicklungsförderlichen Erfahrungsraum für Menschen in Belastungssituationen eröffnen und damit selbstverständlich als therapeutisch einzuordnen sind (→ Therapie). In diesem Verständnis ermöglicht G. psychosoziale Probleme und Schwierigkeiten in Gegenwart anderer bzw. gemeinsam mit anderen Klient/innen in einem emotional sicheren und geschützten Rahmen zu reflektieren, zu ver- und bearbeiten.

Für die konkrete Ausgestaltung der Arbeit in und mit Gruppen wurden im Rahmen der zentralen beraterisch-therapeutischen Ansätze (→ psychoanalytische Beratung und Therapie, s. hierzu auch → Psychodrama, → verhaltensorientierte, → humanistische und → systemische Beratung und Therapie) unterschiedliche Konzepte entwickelt. Im Sinne der richtungsweisenden Überlegungen von Yalom kommen in allen Formen der G. ganz eigene, gruppenbezogene Wirkfaktoren zum Tragen, die im Einzelsetting so nicht (oder kaum) hergestellt werden können. Hierzu gehören z.B. Erfahrungen von Altruismus (d.h., dass Gruppenteilnehmer/innen in der Rolle als Klient/in erleben können, mit dem, was sie sagen oder tun, für andere wichtig und/oder hilfreich zu sein) oder der Universalität des Leidens (die entlastende und tröstende Erfahrung machen zu können, dass andere Menschen ähnliche Schwierigkeiten haben) ebenso wie die vielfältigen Möglichkeiten zu interpersonalem Lernen (→ Soziales Lernen). Dementsprechend ist G. insbesondere dann angezeigt und erfolgversprechend, wenn es um die Be- und Verarbeitung von Belastungen und Problemen geht, die mit Erfahrungen von Ausgrenzung, sozialer Desintegration, Gefühlen von Isolation, Einsamkeit, Entfremdung und/oder Scham verknüpft sind, bzw. wenn besonders markante Beeinträchtigungen und Schwierigkeiten in der Gestaltung von zwischenmenschlichen Beziehungen und Kontakten bestehen. Darüber hinaus bieten gruppentherapeutische Ansätze oftmals einen guten Zugang um Selbsthilfekräfte (→ Selbsthilfe) und → Empowerment-Erfahrungen der Gruppenteilnehmer/innen zu fördern.

*Christine Kröger*

**Gutachten** sind Beweismittel in (Sozial-)Verwaltungsverfahren (→ Verwaltungsverfahren), sozialgerichtlichen bzw. verwaltungsgerichtlichen Verfahren (§ 106 Sozialgerichtsgesetz [SGG], § 98 Verwaltungsgerichtsordnung [VwGO]). Für das (Sozial-)Verwaltungsverfahren sind sie in § 21 SGB X bzw. § 26 Verwaltungsverfahrensgesetz (VwVfG) des Bundes oder der Länder geregelt: Ein/e Sachverständige/r hat die Pflicht, ein G. zu erstellen, wenn dies durch Rechtsvorschrift vorgesehen ist.

Eine sozialrechtliche Fragestellung der G. ist regelmäßig, ob aufgrund einer vorliegenden gesundheitlichen Beeinträchtigung → Sozialleistungen beansprucht werden können. Oft geht es auch darum nachzuweisen, dass eine gesundheitliche Störung eine bestimmte Ursache hat. In diesem Fall entscheidet das Ergebnis des G. auch mittelbar über die → Zuständigkeit eines bestimmten → Sozialleistungsträgers für die begehrte Sozialleistung. Die zu begutachtende Sachfrage ist im Rahmen der Ermittlungen so einzugrenzen, dass sie von der Rechtsfrage des Vorliegens der gesetzlich geregelten Voraussetzungen abgegrenzt werden kann. Die Feststellung, ob die gesetzlichen Voraussetzungen vorliegen, obliegt ausschließlich den Gerichten oder Sozialleistungsträgern. Soweit das G. dazu Ausführungen macht, darf das Gericht diese Ausführungen nicht ungeprüft übernehmen. Im G. sind lediglich die Fakten darzulegen, die dem/der Richter/in oder dem Sozialleistungsträger eine eigene rechtliche Einschätzung ermöglichen. Das G. ist vonseiten der Justiz und Verwaltung auf seine Schlüssigkeit prüfen. Werden mehrere G. eingeholt und kommen diese zu unterschiedlichen Ergebnissen, wird weitere Sachaufklärung erforderlich. Dabei kann es auch nötig sein, dass im Rahmen des Untersuchungsgrundsatzes (§ 20 SGB X) bzw. der Untersuchungsmaxime (§ 103 SGG, § 86 Abs. 1 VwGO) ein weiteres G. eingeholt wird. Seine Ergebnisse haben nicht automatisch Vorrang vor denjenigen des vorhergehenden G., sondern sie sind in die Schlüssigkeitsprüfung einzubeziehen.

Für das Sozialverwaltungsverfahren ergibt sich eine → Mitwirkungspflicht der Person, die Sozialleistungen beantragt, aus § 62 SGB I. Im gerichtlichen Verfahren gibt es keine entsprechende ausdrückliche Regelung. Jedoch wird eine faktisch vergleichbare Lage dadurch geschaffen, dass die Unaufklärbarkeit einer Tatsache zulasten der Partei geht, die die Beweislast (→ Beweis) für eben diese Tatsache trägt. Nach § 109 Abs. 1 S. 1 SGG ist auf → Antrag des/der Sozialleistungsberechtigten vom Sozialgericht ein/e bestimmte/r Arzt/Ärztin als Gutachter/in zu hören. Das G. nach § 109 SGG hat denselben Stellenwert wie ein vom Gericht aufgrund der Untersuchungsmaxime angefordertes G.

Das sog. antizipierte Sachverständigeng. wird in einigen Bereichen des → Sozialrechts diskutiert. Mittlerweile hat sich entsprechend der Situation im allgemeinen Verwaltungsrecht die Auffassung durchgesetzt, dass es sich um G. mit besonderem Beweiswert handelt.

*Angela Busse*

**Gutachtliche Stellungnahmen (Äußerungen) in der Sozialen Arbeit** Eine Reihe gesetzlicher Vorschriften verpflichtet Behörden, die Soziale Arbeit leisten, zur Problemlösung der bei Gerichten/anderen Behörden anhängigen Verfahren als Fachbehörde beizutragen (»hat mitzuwirken«, »hat sich zu äußern«, »unterstützt« etc. (vgl. etwa §§ 50, 52 SGB VIII, § 8 S. 1 Betreuungsbehördengesetz [BtBG]). Die g. S. ist eine mögliche Art, diesen Pflichten nachzukommen. Umgekehrt sind Gerichte/andere Behörden aufgrund der für sie geltenden Regelungen verpflichtet, Behörden, die Soziale Arbeit leisten, »anzuhören« (vgl. etwa §§ 162, 176, 194, 279 Abs. 2 → Familienverfahrensgesetz [FamFG]; § 38 → Jugendgerichtsgesetz [JGG]). Der Inhalt der g. S. ergibt sich aus der zur Entscheidung anstehenden Frage, orientiert sich demnach an den jeweiligen materiell-rechtlichen Regelungen, die den Gegenstand des Verfahrens bilden. Die Sozialbehörde äußert sich als selbstständige Fachbehörde. So sind Gerichte gegenüber der Sozialbehörde nicht weisungsbefugt.

Es empfiehlt sich folgender Aufbau einer g. S.: (1) Vorgeschichte und derzeitige Situation der Betroffenen (chronologische Auflistung der problemrelevanten Einzelereignisse bis zum gegenwärtigen Zeitpunkt); (2) psychosozialer Befund (Beschreibung des gegenwärtigen Erlebens und Verhaltens der Betroffenen); (3) Diagnose/Prognose (Erklärung oder Klassifikation der negativen/positiven Aspekte des Befundes/Versuch der fachlichen Feststellung künftigen Erlebens und Verhaltens); (4) für → Familiengericht, → Betreuungsgericht und andere Behörden: zusammenfassende Beurteilung und Entscheidungsvorschlag bzw. Handlungsempfehlungen; für → Jugendgericht: Äußerungen zur Zurechnungsfähigkeit (§§ 20, 21 Strafgesetzbuch [StGB]); bei Jugendlichen zur strafrechtlichen Verantwortlichkeit (§ 3 JGG); bei jungen Erwachsenen zur Anwendbarkeit des → Jugendstrafrechts (§ 105 JGG); zum Vorliegen schädlicher Neigungen (§ 17 Abs. 2 JGG) usw.

*Birgit Hoffmann*

**Güterrecht, eheliches** → Eheliches Güterrecht

**Gütesiegel** → Qualitätssiegel

**Gutschein** Trotz häufiger Verwendung im Alltag gibt es für den G. keine gesetzliche Definition. Im Handel verbrieft er dem Kunden das Recht, sich eine Ware oder Dienstleistung des Ausstellers auszusuchen, die dem im G. ausgewiesenen Umfang oder Wert entspricht. G. finden auch im Sozialbereich Anwendung, z.B. als Kita-G. in der → Kindertagesbetreuung, als Bildungsgutschein (§§ 81 Abs. 4 SGB III, § 16 Abs. 1 S. 2 Nr. 4 SGB II) sowie als Aktivierungs- und Vermittlungsgutschein (§§ 45 Abs. 4 SGB III, § 16 Abs. 1 S. 2 Nr. 2 SGB II) im Bereich der Leistungen zur Eingliederung in Arbeit oder ggf. im Rahmen des → Persönlichen Budgets zur Teilhabe von Menschen mit Behinderung (§ 17 Abs. 3 S. 2 SGB IX). Auch bestimmte → Leistungen für Bildung und Teilhabe zur Sicherung des Existenzminimums von Kindern können durch Ausgabe personalisierter G. erbracht werden (vgl. § 29 SGB II, § 34 a SGB SGB XII). G. beinhalten regelmäßig die Zusage des Leistungsträgers, für die Erbringung der im G. genannten Leistung durch einen Dritten die im G. genannte oder in Rahmenverträgen vereinbarte Vergütung zu zahlen. G. nehmen eine Zwitterstellung zwischen → Geld- und → Sachleistung ein, werden vom Gesetz aber den Sachleistungen gleichgestellt. Sie beinhalten eine Bindung an den Verwendungszweck, belassen dem G.inhaber jedoch die Freiheit, zwischen vorhandenen Angeboten zu wählen. Finanziert wird nur die tatsächliche Inanspruchnahme von Leistungen.

*Bojana Marković*

**Haager Adoptionsübereinkommen (HAÜ)** Das Haager Übereinkommen vom 25.5.1993 über den Schutz von Kindern und die Zusammenarbeit auf dem Gebiet der internationalen Adoption (HAÜ) (BGBl I 2001, S. 2950) wurde zum 1.3.2002 von der Bundesrepublik ratifiziert. Es wird bei Auslandsadoptionen angewandt, d.h. Anknüpfungspunkt des HAÜ ist der mit der Adoption (→ Annahme als Kind) verbundene Aufenthaltswechsel des Kindes zwischen zwei Vertragsstaaten; die → Staatsangehörigkeit der Beteiligten ist unerheblich. Im Zentrum des HAÜ steht das → Kindeswohl. Kinder sollen vor Handel geschützt (→ Kinderhandel) und nur ins Ausland vermittelt werden, wenn sie in ihren Heimatstaaten nicht adäquat untergebracht werden können (→ Subsidiarität). Die zwischenstaatliche Zusammenarbeit wird durch die Schaffung zentraler Behörden in den Vertragsstaaten institutionalisiert. In Deutschland sind dies die Zentralen Adoptionsstellen der → Landesjugendämter und die → Bundeszentralstelle für Auslandsadoption. Regelungen zur Umsetzung des Übereinkommens sind im → Adoptionsvermittlungsgesetz und im Adoptionsübereinkommens-Ausführungsgesetz enthalten. Das HAÜ wurde von 96 Staaten ratifiziert und hat international große Bedeutung erlangt.

*Gabriele Scholz*

**Haager Erwachsenenschutzübereinkommen** Das Haager Übereinkommen vom 12.1.2000 über den Internationalen Schutz von Erwachsenen ist am 1.1.2009 für die Bundesrepublik Deutschland in Kraft getreten. Es schafft einen einheitlichen rechtlichen Rahmen für grenzüberschreitende Fälle, in denen Erwachsene aufgrund einer Erkrankung, ihres Alters oder einer Behinderung (→ behinderte Menschen) dauerhaft oder auch zeitweise schutzbedürftig sind. Es vereinheitlicht die internationale → Zuständigkeit, das anwendbare Recht sowie die Anerkennung, Vollstreckbarerklärung und Vollstreckung ausländischer Entscheidungen, schafft mit der → Zentralen Behörde (ZB) eine zentrale Anlaufstelle in jedem Vertragsstaat und ermöglicht so eine internationale Zusammenarbeit. In Deutschland wird diese Aufgabe vom Bundesamt für Justiz (BfJ) mit Sitz in Bonn wahrgenommen. Das Übereinkommen findet mit Stand September 2015 auf alle grenzüberschreitenden Fallkonstellationen zwischen den Vertragsstaaten Deutschland, Estland, Finnland, Frankreich, Österreich, der Tschechischen Republik, der Schweiz und dem Vereinigten Königreich – dort allerdings nur für das Gebiet von Schottland – Anwendung. Der jeweils aktuelle Stand der Vertragsstaaten kann unter www.bundesjustizamt.de oder www.hcch.net abgerufen werden.

*Frauke Bachler*

**Haager Kinderschutzübereinkommen (KSÜ)** Das Haager Übereinkommen vom 19.10.1996 über die Zuständigkeit, das anzuwendende Recht, die Anerkennung, Vollstreckung und Zusammenarbeit auf dem Gebiet der elterlichen Verantwortung und der Maßnahmen zum Schutz von Kindern zielt darauf ab, die Rechte und Interessen von Kindern in grenzüberschreitenden Situationen und Verfahren zu Fragen der elterlichen Verantwortung zu schützen. Es umfasst alle Personen unter 18 Jahren, unabhängig von ihrer → Staatsangehörigkeit.

Gegenstand sind insbesondere Sorge- und → Umgangsrecht, aber auch Schutzmaßnahmen. Durch gemeinsame Regeln zu Zuständigkeit, Anerkennung und Vollstreckung von Entscheidungen, zur Unterbringung und Sonderregeln zu → Kindesentführung, dem anzuwendenden Recht und der Zusammenarbeit der Gerichte und Behörden – insbesondere mithilfe von → Zentralen Behörden – sollen Konflikte zwischen den Rechtssystemen vermieden werden. Leitlinien sind dabei das → Kindeswohl und der gewöhnliche → Aufenthalt. Hervorzuheben ist Art. 16, nach dessen Abs. 3 einmal entstandene gesetzliche Sorgerechtsregeln durch Wechsel des gewöhnlichen Aufenthaltes nicht mehr untergehen. Gemäß Art. 20 gilt diese Regelung für alle Minderjährigen.

Das KSÜ hat zurzeit 42 Vertragsstaaten. Es löst weitgehend das Haager Minderjährigenschutzübereinkommen (MSA) von 1961 ab, das für Deutschland aber noch im Verhältnis zur Türkei gilt. Innerhalb der → Europäischen Union EU (außer Dänemark) werden die Regeln zu Zuständigkeit, Anerkennung und Vollstreckung allerdings verdrängt durch die sog. → Brüssel II a-Verordnung. Deutsche Zentrale Behörde ist das Bundesamt für Justiz.

*Ursula Rölke*

**Haager Kindesentführungsübereinkommen (HKÜ)** Das Haager Übereinkommen vom 25.10.1980 über die zivilrechtlichen Aspekte internationaler Kindesentführung mit zur Zeit 93 Vertragsstaaten weltweit (allerdings nicht alle im Verhältnis zu Deutschland) bietet ein Verfahren zur Rückführung von Kindern nach → Kindesentführung durch einen Elternteil ins Ausland und insbesondere Hilfestellung im Verfahren durch → Zentrale Behörden in den Vertragsstaaten, für Deutschland das Bundesamt für Justiz. Maßgeblich ist der gewöhnliche → Aufenthalt, nicht die → Staatsangehörigkeit des Kindes.

Voraussetzung ist, dass Ausgangs- und Zielstaat Vertragsstaaten sind, das Kind unter 16 Jahren alt ist und in das Sorgerecht (→ Elterliche Sorge) eines zumindest Mitsorgeberechtigten rechtswidrig eingegriffen wurde. Typischer Fall ist die Rückkehr eines Elternteils – häufig die Mutter – mit dem Kind in den jeweiligen Herkunftsstaat nach Trennung insbesondere einer binationalen Beziehung. Das Verfahren ist kein Sorgerechtsverfahren. Vielmehr soll die Rückführung den vorherigen Zustand für das Kind wiederherstellen. Eventuelle Sorgerechtsregelungen sollen dann im Ausgangsstaat getroffen werden. Dementsprechend findet keine umfassende Prüfung des → Kindeswohls statt. I.d.R. ist die Rückführung anzuordnen, Rückführungshindernisse, geregelt in Art. 13 und 20, durch die das Kind vor gefährdenden bzw. unzumutbaren Situationen geschützt werden soll, werden selten anerkannt. Weitere Sonderregelungen finden sich in Art. l 11 der → Brüssel II a-Verordnung für Entführungsfälle innerhalb der → Europäischen Union (EU), sowie für dessen Vertragsstaaten im → Haager Kinderschutzübereinkommen (KSÜ).

*Ursula Rölke*

**Haager Minderjährigenschutzabkommen (MSA)** → Haager Kinderschutzübereinkommen (KSÜ)

**Haager Übereinkommen** ist der Oberbegriff für die Konventionen, die von der Haager Konferenz für Internationales Privatrecht in Den Haag erarbeitet werden. Ziel der Konventionen ist eine zunehmende Vereinheitlichung des → Internationalen Privatrechts, d.h. der Regelungen, die sich mit Fragen gerichtlicher Zuständigkeit, des anzuwendenden Rechts sowie der Anerkennung und Vollstreckung von Urteilen befassen. Solche Regelungen finden sich in einer Vielzahl von Gebieten, für die Soziale Arbeit sind insbesondere die Bereiche → Kinderschutz sowie Fragen des → Ehe- und → Personenstands relevant. Die Haager Konferenz, die sich 1893 erstmals traf und seit 1955 eine dauerhafte zwischenstaatliche Organisation ist, hat 80 Mitglieder. Nicht-Mitgliedstaaten können den Übereinkommen beitreten. Zwischen 1951 und 2008 beschloss die Konferenz 38 internationale Übereinkommen, darunter das → Haager Kindesentführungsübereinkommen, das → Haager Adoptionsübereinkommen, das → Haager Kinderschutzübereinkommen und das Übereinkommen über die internationale Geltendmachung von Unterhalt für Kinder und andere Familienangehörige. In Europa werden die Übereinkommen teilweise modifiziert und ergänzt durch → Verordnungen, z.B. die Brüssel II a-Verordnung.

*Informationen*: www.hcch.net

*Gabriele Scholz*

**Haftbefehl** ist die richterliche Anordnung zur Einschränkung der Freiheit einer Person durch Inhaftierung (§ 114 Strafprozessordnung [StPO]). Voraussetzungen für den Erlass eines H. sind ein dringender Tatverdacht und ein Haftgrund (§ 112 Abs. 1 StPO). Ein dringender Tatverdacht liegt vor, wenn der/die Beschuldigte eine Straftat mit großer Wahrscheinlichkeit begangen hat. Haftgründe sind gem. § 112 Abs. 2 StPO die Flucht, das Bestehen einer Flucht- oder Verdunkelungsgefahr, bei dringendem Tatverdacht hinsichtlich bestimmter Straftaten auch das Bestehen einer Wiederholungsgefahr (§ 112 a StPO); bei Vorliegen eines dringenden Tatverdachts hinsichtlich bestimmter schwerer Taten (z.B. eines Tötungsdeliktes) ist ein Haftgrund nicht erforderlich (§ 112 Abs. 3 StPO). Die → Freiheitsentziehung darf zur Schwere der Tat nicht außer Verhältnis stehen. Gegen Jugendliche und Heranwachsende ist der Erlass eines H. nur zulässig, wenn der Zweck nicht durch vorläufige Anordnungen der Erziehung oder andere Maßnahmen erreicht werden kann (§ 72 Abs. 1 Jugendgerichtsgesetz [JGG]). Gegen den richterlichen H. ist das Rechtsmittel der Beschwerde (→ Rechtsbehelf) gegeben; der/die Betroffene kann nach Verhaftung auch Antrag auf mündliche Haftprüfung (§ 117 StPO) stellen. Ist eine Aufhebung des H. nicht möglich, kann eine Aussetzung seines Vollzugs in Betracht kommen (§ 116 StPO).

Neben dem H. im Rahmen des Ermittlungsverfahrens gibt es den H. zur Vorführung des/der Angeklagten zur Hauptverhandlung (§ 230 Abs. 2 StPO) und zur Vorführung des/der Verurteilten zum Strafantritt (§ 457 Abs. 2 StPO). Bei voraussichtlichem Widerruf der → Strafaussetzung zur Bewährung kann ein Sicherungshaftbefehl (§ 453 c Abs. 1 StPO) erlassen werden.

*Uwe Klerks*

**Haftung** bedeutet, für eine rechtlich begründete Verpflichtung einstehen zu müssen. Zu unterscheiden ist zwischen der zivilrechtlichen und der strafrechtlichen H. Die zivilrechtliche H. bezieht sich auf den Ausgleich eines Schadens zwischen Bürger/innen. Wer vorsätzlich oder fahrlässig das Leben, den Körper, die Gesundheit, die Freiheit, das Eigentum oder ein sonstiges Recht eines anderen widerrechtlich verletzt, ist dem anderen zum Ersatz des daraus entstehenden Schadens verpflichtet

(§ 823 Abs. 1 → Bürgerliches Gesetzbuch [BGB]). Hier kann gegebenenfalls → Schadensersatz verlangt werden. Die strafrechtliche H. bezieht sich auf die Bestrafung von gesetzeswidrigen Verhaltensweisen einzelner Bürger/innen durch den Staat. Wenn eine Person einen gesetzlich normierten Straftatbestand verwirklicht, kann ein staatsanwaltschaftliches Ermittlungsverfahren und gegebenenfalls eine Verurteilung die Folge sein.

Grundsätzlich ist die H. vom Verschulden (→ Schuld) abhängig. Schuldhaft handelt, wer vorsätzlich oder fahrlässig den Schaden verursacht hat. Fahrlässig handelt, wer die im Verkehr erforderliche Sorgfalt außer Acht lässt (§ 276 BGB). Fahrlässigkeit beinhaltet die Voraussehbarkeit des Schadenseintritts und zugleich die Zumutbarkeit des zur Abwendung eines möglichen Schadens erforderlichen Verhaltens. Zu beachten ist dabei, dass Fragen der H. immer nach den jeweiligen Umständen des Einzelfalles zu beurteilen sind. I.d.R. können zivilrechtliche H.risiken über eine Versicherung abgedeckt werden. Lediglich in Fällen, in denen ein Schaden absichtlich herbeigeführt oder grob fahrlässig verursacht wird, greifen Versicherungen nicht.

Besondere Bedeutung für die Soziale Arbeit kommt der H. in den Bereichen der Verletzung einer → Aufsichtspflicht und bei der Frage zu, ob der/die Betreffende eine sog. Garantenstellung einnahm und ggf. durch Unterlassen eine → Garantenpflicht verletzt hat. Viel diskutiert wird das Thema Aufsichtspflicht etwa im Bereich der → Jugendarbeit. Eine mögliche H. des Garanten hat in den medial spektakulär aufbereiteten Fällen von → Kindesmisshandlungen mit Todesfolge für eine große Verunsicherung bei den → Fachkräften gesorgt. Die strafrechtliche H. bei Verletzung einer Garantenpflicht hat jedoch sehr enge Grenzen und ist ohnehin nur ausnahmsweise relevant. Die tatsächliche Zahl von Verurteilungen ist äußerst gering, sodass die Ängste oft in keinem Verhältnis zur Realität stehen.

*Réka Fazekas*

**Handlungsfähigkeit** ist die Fähigkeit, Handlungen vorzunehmen, die rechtliche Konsequenzen haben. Dazu gehört insbesondere die Fähigkeit, wirksame Willenserklärungen abzugeben (→ Geschäftsfähigkeit). Verfahrensfähigkeit (im Gerichtsverfahren auch Prozessfähigkeit) bezeichnet die Fähigkeit, entweder selbst oder durch einen Vertreter (→ Gesetzlicher Vertreter, → Vollmacht) wirksam Verfahrenshandlungen vorzunehmen, bspw. Anträge zu stellen oder Erklärungen abzugeben. Grundsätzlich ist die Verfahrensfähigkeit mit Geschäftsfähigkeit gegeben (§ 71 Sozialgerichtsgesetz [SGG]). Sie kann aber auch darüber hinausgehen, damit auch beschränkt geschäftsfähige oder geschäftsunfähige Personen sich aktiv in Verfahren einbringen können, die sie betreffen. So sind z.B. in Verfahren in Familiensachen und in Angelegenheiten der freiwilligen Gerichtsbarkeit teilweise schon Menschen mit vollendetem 14. Lebensjahr verfahrensfähig (§ 9 Abs. 1 Nr. 3 Familienverfahrensgesetz [FamFG]). In → Betreuungssachen und → Unterbringungssachen sind alle Betroffenen uneingeschränkt verfahrensfähig (§§ 9 Abs. 1 Nr. 4, 275, 316 FamFG). Im behördlichen Verfahren wird die Verfahrensfähigkeit teilweise auch als Handlungsfähigkeit bezeichnet. Sie ist grundsätzlich mit der Geschäftsfähigkeit gegeben (§§ 11 SGB X, 12 Verwaltungsverfahrensgesetz [VwVfG]). → Anträge auf → Sozialleistungen können schon mit dem vollendeten 15. Lebensjahr gestellt werden (§ 36 SGB I).

Rechtliche Konsequenzen hat eine Handlung auch, wenn man für deren Folgen einstehen muss. Das zeigt sich z.B. bei der Deliktsfähigkeit, womit die Fähigkeit gemeint ist, für einen verursachten Schaden zivilrechtlich zur Verantwortung gezogen werden zu können (→ Haftung, → Schadenersatz). Die Deliktsfähigkeit ist grundsätzlich mit dem vollendeten siebten Lebensjahr gegeben (§ 828 Abs. 1 Bürgerliches Gesetzbuch [BGB]). Jüngere Menschen müssen zivilrechtlich nicht für den von ihnen verursachten Schaden aufkommen. Hier käme nur eine Haftung einer aufsichtspflichtigen Person für die Verletzung ihrer → Aufsichtspflicht in Betracht (§ 831 BGB). Der Ausdruck »Eltern haften für ihre Kinder« ist rechtlich nicht zutreffend. Ab dem vollendeten siebenten Lebensjahr sind Kinder nur entsprechend ihrer Einsichtsfähigkeit für den verursachten Schaden verantwortlich (§ 828 Abs. 3 BGB). Im Straßenverkehr ist die Deliktsfähigkeit erst ab dem vollendeten zehnten Lebensjahr gegeben (§ 828 Abs. 2 BGB), da Kinder vorher signifikant schlechter Geschwindigkeiten und Entfernungen abschätzen können. Auch bei Erwachsenen kann die Deliktsfähigkeit aufgrund von geistigen Defiziten vermindert oder ausgeschlossen sein (§ 827 BGB). Im → Strafrecht wird noch zwischen Schuldfähigkeit (→ Schuld) und → Strafmündigkeit unterschieden.

Weitere Unterfälle der H. sind die → Religionsmündigkeit sowie die Testierfähigkeit (→ Erbrecht) und Ehefähigkeit (→ Ehe).

*Anusheh Rafi*

**Handlungsfeld** → Soziale Arbeit

**Handlungskompetenz** → Kompetenzen

**Handlungstheorie** → Soziologische Grundlagen der Sozialen Arbeit

**Handwerker/innen, Rentenversicherung der** → Rentenversicherung der Handwerker/innen

**Härtefall** In den Sozialleistungsgesetzen der → Grundsicherung für Arbeitsuchende (SGB II), des → Kinder- und Jugendhilfegesetzes (SGB VIII) und der → Sozialhilfe (SGB XII) finden sich vielfach Regelungen, wonach in H. oder in besonderen H. eine Leistung gewährt werden kann, obwohl im Regelfall die Leistungen ausgeschlossen sind (sog. Härteklauseln). Härteklauseln ermöglichen es, Besonderheiten des Einzelfalls, die von der generellen Regelung nicht mit berücksichtigt und daher atypisch sind, angemessen und verfassungskonform zu berücksichtigen (→ Individualisierungsprinzip).

H.regelungen i.S. besonderer Härte sind beispielsweise Bestimmungen zur Gewährung eines ergänzenden Anspruchs auf → Leistungen zum Lebensunterhalt nach SGB II oder SGB XII (§§ 7, 27 SGB II, § 22 SGB XII) für Auszubildende, die vor dem Hintergrund des Rechts der → Ausbildungsförderung (Bundesausbildungsförderungsgesetz [BAföG], SGB III) generell keinen solchen Leistungsanspruch nach SGB II/SGB XII haben. H.regelungen für atypische Fallkonstellationen finden sich auch im Rahmen der sozialhilfe- und grundsicherungsrechtlichen Regelungen des Schonvermögens (vgl. § 12 SGB II, § 90 SGB XII) (→ Vermögen).

Bei dem Begriff H./besonderer H. handelt es sich nach der → Rechtsprechung um einen auslegungsbedürftigen → unbestimmten Rechtsbegriff, der der vollen richterlichen Nachprüfung unterliegt. Ob eine Härte oder ein besonderer H. vorliegt, ist von den Trägern der Leistung in Würdigung der Umstände des Einzelfalls von Amts wegen zu prüfen. Nach der Rechtsprechung des Bundesverwaltungsgerichts (BVerwG) und des Bundessozialgerichts (BSG) ist unter dem Begriff H. ein atypischer Sachverhalt zu verstehen, dessen Atypizität sich aus der Gegenüberstellung des Regelungstatbestandes mit den Besonderheiten des Einzelfalls ergeben muss (BVerwGE 115, 32). Dabei muss eine objektive Härte feststellbar sein. Diese liegt aber nicht schon dann vor, wenn eine Entscheidung von dem betroffenen Bürger subjektiv als zu hart empfunden wird. Beim besonderen H. ist zusätzlich zu prüfen, ob durch die Anwendung der Regelvorschrift die betroffene Person in ihrer spezifischen Situation unzumutbar und übermäßig hart, also in hohem Maße unbillig getroffen wird. So liegt nach der Rechtsprechung im Falle des Ausschlusses von Auszubildenden von Leistungen nach SGB II und SGB XII ein besonderer H. erst dann vor, wenn die Folgen des Anspruchsausschlusses über das Maß hinausgehen, das typischerweise mit der Versagung von Hilfe zum Lebensunterhalt für eine Ausbildung verbunden ist und vom Gesetzgeber bewusst in Kauf genommen worden ist (BVerwGE 94, 224). In der Praxis wird die Anwendung von gesetzlichen H.regelungen zunehmend durch die Bildung von konkretisierenden Fallgruppen erleichtert.

Erst wenn das Vorliegen eines (besonderen) H. definitiv festgestellt wird, steht dem Leistungsträger je nach Regelungsinhalt ggf. noch ein → Ermessen hinsichtlich der Rechtsfolge zu.

*Maria Meyer-Höger*

**Härtefälle in der Krankenversicherung** Leistungen der gesetzlichen → Krankenversicherung entsprechen dem → Bedarf; demnach gibt es im Hinblick auf die Leistungen keine abzufedernde Härte, wohl aber hinsichtlich der Beteiligung der Versicherten an diesen Leistungen. Hierbei handelt es sich maßgeblich um Zuzahlungen (→ Selbstbeteiligung in der Krankenversicherung). Diese sind sozialverträglich auszugestalten. Personen mit geringem → Einkommen oder erhöhtem Erkrankungsrisiko werden von Zuzahlungsregeln verstärkt getroffen. Zur Vermeidung wirtschaftlicher Härten sieht § 62 SGB V eine Belastungsgrenze vor. Erfasst sind alle Zuzahlungen der §§ 20 ff. SGB V (→ Arzneimittel, stationäre Maßnahmen, → Heil- und → Hilfsmittel, → Häusliche Krankenpflege). Nicht erfasst sind Zuzahlungen zum → Zahnersatz, da hier die Sonderregelung des § 55 SGB V mit einer eigenen Härtefallregelung einschlägig ist. Ebenfalls unberücksichtigt bleiben Zahlungen, die nicht durch eine Leistung nach dem SGB V bedingt sind, z.B. für ausgeschlossene Medikamente wie Lifestyle-Produkte und Sehhilfen, sofern kein Anspruch nach dem SGB V besteht.

Die erste Voraussetzung für eine Befreiung von Zuzahlungspflichten ist an die wirtschaftliche Leistungsfähigkeit der Betroffenen gekoppelt. Die (zumutbare) Belastungsgrenze beträgt grundsätzlich 2% der jährlichen Bruttoeinnahmen zum Lebensunterhalt. Zu den Einnahmen zum Lebensunterhalt gehören dabei die persönlichen Einnahmen, die für den allgemeinen Lebensunterhalt bestimmt sind, einschließlich der gesetzlichen Abzüge. Ausgenommen sind Grundrenten nach dem → Bundesversorgungsgesetz (BVG) (→ Beschädigtenrente) sowie Renten und Beihilfen für Körper- oder Gesundheitsschäden nach dem Bundesentschädigungsgesetz. Sowohl für die Berechnung der Zuzahlungsbelastung als auch für die Berechnung der Bruttoeinnahmen sind jeweils die Belastung und Einnahmen der mit dem/der Versicherten im Haushalt lebenden Angehörigen (Verwandte, Verschwägerte, Ehegatte; gemeint ist nicht: familienversicherte Angehörige) und die des/der Lebenspartner/in zu berücksichtigen. Von den jährlichen Gesamtbruttoeinnahmen sind anschließend für im Haushalt lebende Angehörige und den/die Lebenspartner/in prozentuale Abschläge vorzunehmen. Sonderregelungen für die Bestimmung der Bruttoeinnahmen bestehen insbesondere für Versicherte, die → Hilfe zum Lebensunterhalt oder → Grundsicherung im Alter und bei Erwerbsminderung nach dem SGB XII oder ergänzende Hilfe zum Lebensunterhalt nach dem BVG erhalten, sowie für Versicherte, die in einem Heim untergebracht sind und die Kosten von dem → Träger der Sozialhilfe oder der → Kriegsopferfürsorge getragen werden, sowie bei dem in § 264 SGB V genannten Personenkreis.

Hinsichtlich der Höhe der Belastungsgrenze besteht eine Ausnahme für chronisch kranke Menschen (→ Chronische Krankheiten). Für diese Personengruppe liegt die Belastungsgrenze bei 1% der jährlichen Bruttoeinnahmen. Als chronisch krank sind dabei nach Vorgabe des SGB V Menschen anzusehen, die wegen derselben schwerwiegenden Krankheit in Dauerbehandlung sind. Konkretere Bestimmungen finden sich in den Richtlinien des → Gemeinsamen Bundesausschusses zur Umsetzung der Regelungen in § 62 für schwerwiegend chronisch Erkrankte (»Chroniker-Richtlinie« i.d.F. vom 22.1.2004, zuletzt geändert am 19.6.2008). Nach derzeitiger Definition ist eine Krankheit demnach chronisch, wenn sie wenigstens ein Jahr lang mindestens einmal pro Quartal ärztlich behandelt wird und ein weiteres Merkmal vorliegt. Dieses weitere Merkmal kann sein: (1) → Pflegebedürftigkeit der Stufe II oder III des SGB XI, (2) ein Grad der Behinderung von mindestens 60 oder eine Minderung der → Erwerbsfähigkeit von mindestens 60%, wobei diese Einbuße zumindest auch durch eine Krankheit im obigen Sinne begründet sein muss, oder (3) Erforderlichkeit einer kontinuierlichen medizinischen Versorgung, ohne die nach ärztlicher Einschätzung eine lebensbedrohliche Verschlimmerung, eine Verminderung der Lebenserwartung oder eine dauerhafte Beeinträchtigung der Lebensqualität durch Krankheit im obigen Sinne zu erwarten ist. Nach der durch das Gesetz zur Stärkung des Wettbewerbs in der gesetzlichen Krankenversicherung (GKV-WSG) vorgenommenen Änderung müssen Versicherte ab einem bestimmten Geburtsjahrgang für eine Absenkung der Belastungsgrenze auf 1% zudem regelmäßig Gesundheits- und Krebsfrüherkennungsuntersuchungen (→ Prävention) in Anspruch genommen haben. Für chronisch Kranke, die diese Früherkennungsuntersuchungen nicht in Anspruch genommen haben, kann eine Absenkung auf 1% alternativ auch durch Teilnahme an einem strukturierten Behandlungsprogramm erfolgen. Sind alle Voraussetzungen erfüllt, stellt die → Krankenkasse den Betroffenen eine Bescheinigung darüber aus, dass für den Rest des Jahres keine Zuzahlungen mehr zu leisten sind.

*Katja Fahlbusch*

**Härtefälle in der Pflegeversicherung** Die gesetzliche → Pflegeversicherung sieht regelhaft je nach Umfang des Hilfebedarfs drei Stufen der → Pflegebedürftigkeit betroffener Personen vor; mit diesen drei Stufen korrespondieren entsprechende Leistungen. Darüber hinaus können in besonders gelagerten Einzelfällen – zur Vermeidung von Härten – pflegebedürftige Personen der Pflegestufe III zusätzliche Leistungen erhalten. So können bei Bezug von Pflegesachleistungen (→ Häusliche Pflege) nach § 36 Abs. 4 SGB XI zusätzliche Pflegeeinsätze bis zu einem Gesamtwert von 1.995 Euro monatlich gewährt werden. Bei der vollstationären Pflege (→ Pflegeeinrichtung) ergibt sich dies aus § 43 Abs. 3 i.V.m. § 43 Abs. 2 Nr. 4 SGB XI. Voraussetzung für die Gewährung dieser Leistungen ist jeweils, dass ein außergewöhnlich hoher Pflegebedarf vorliegt, der das übliche Maß der Pflegestufe III weit übersteigt. Als Beispiel ist bei den Pflegesachleistungen das Endstadium von Krebserkrankungen genannt, wo regelmäßig mehrfach auch in der Nacht Hilfe geleistet werden muss. Bei der vollstationären Pflege sind weiter Apalliker/innen oder Personen mit schwerer → Demenz genannt. Ob ein H. vorliegt, entscheidet die → Pflegekasse auf der Grundlage eines Gutachtens des → Medizinischen Dienstes der Krankenversicherung. Die Pflegekassen haben sicherzustellen, dass die H.regelungen bei Pflegesachleistungen für max. 3%, bei vollstationärer Pflege für max. 5% der jeweils bei ihr versicherten pflegebedürftigen Personen der Pflegestufe III Anwendung findet. Die Einhaltung dieser Grenzen ist vom Spitzenverband Bund der Pflegekassen zu überwachen, welcher ggf. geeignete Maßnahmen zu ergreifen hat. Einzelheiten zur Anwendung der H.regelungen enthalten die auf § 17 SGB XI beruhenden H.richtlinien vom 10.7.1995 i.d.F. des Beschlusses vom 28.10.2005, die Anlage zu den

Begutachtungs-Richtlinien der Spitzenverbände der Pflegekassen sind. Die Richtlinien regeln die Voraussetzungen zur Annahme eines H. sowie zum Verfahren der Feststellung. Zu berücksichtigen sind die durch das 2. Pflegestärkungsgesetz (PSG II) zum 1.1.2017 eintretenden Änderungen.

*Katja Fahlbusch*

**Hartz IV** → Grundsicherung für Arbeitsuchende

**Häufigkeit/Häufigkeitsverteilung** → Statistische Grundlagen der Sozialen Arbeit

**Hauptfürsorgestelle** → Integrationsamt

**Hausarztmodell** (auch: Hausarztzentrierte Versorgung) bezeichnet die Stärkung der Funktion und Stellung des Hausarztes/der Hausärztin i.S. einer qualifizierten Grundversorgung der Versicherten durch eine besondere Form der hausärztlichen Versorgung. Dies erfolgt vorrangig durch eine Verpflichtung der → Krankenkassen, ihren Versicherten eine hausarztzentrierte Versorgung bei besonders hierfür qualifizierten Hausärzt/innen anzubieten (§ 73 b SGB V). Traditionell gliedert sich die ärztliche Versorgung in der Gesetzlichen → Krankenversicherung in haus- und fachärztliche Versorgung (§ 73 Abs. 1 SGB V). An der hausärztlichen Versorgung nehmen neben den Hausärzt/innen (Allgemeinmediziner/innen) auch Kinderärzt/innen und Internist/innen ohne Schwerpunktbildung teil. Dabei können die Versicherten grundsätzlich frei zwischen allen als Vertragsarzt/-ärztin nach §§ 95 ff. SGB V niedergelassenen Ärzt/innen und den zugelassenen → Medizinischen Versorgungszentren wählen (§ 76 Abs. 1 SGB V), und es besteht keine Pflicht, vorrangig den/die eigene/n Hausarzt/-ärztin zu konsultieren. Die Regelung der Wahlfreiheit berücksichtigt allerdings nicht hinreichend, dass zwischen Patient/in und Hausarzt/-ärztin traditionell ein besonders enges Vertrauensverhältnis besteht. Zudem hat die Wahlfreiheit in der Vergangenheit wiederholt zu einer Unter-, Über- bzw. Fehlversorgung zulasten der Krankenkassen geführt. Dieser Entwicklung wollte der Gesetzgeber mit der Einführung des H. in das SGB V im GKV-Modernisierungsgesetz vom 14.11.2003 entgegenwirken. Ziele der Einführung waren auch, die → Qualität der patientennahen Versorgung zu verbessern und die Lotsenfunktion der Hausärzt/innen zu stärken.

Das H. ist durch die Krankenkassen verpflichtend und flächendeckend anzubieten (§ 73 b Abs. 1, 4 SGB V). Für die → Leistungserbringer und die Versicherten ist die Teilnahme grundsätzlich freiwillig. Zum H. schließen die Krankenkassen mit den in § 73 b Abs. 4 SGB V genannten Leistungserbringern Verträge ab; ein Anspruch auf Abschluss eines Vertrags besteht nicht. In den Verträgen ist insbesondere die konkrete Ausgestaltung der Anforderungen des § 73 b Abs. 2 SGB V sowie die Vergütung zu regeln. Diese Anforderungen dienen der verbesserten Pharmakotherapie, einer leitliniengestützten Behandlung, der hausarztspezifischen Fortbildung und einem hausarztspezifischem → Qualitätsmanagement. Bei Teilnahme am H. verpflichten sich die Versicherten gegenüber ihrer Krankenkasse dazu, nur eine/n von ihnen gewählte/n Hausarzt/-ärztin in Anspruch zu nehmen und ambulante fachärztliche Leistungen der → Krankenbehandlung (Ausnahme: Augen- und Frauenärzt/innen) nur nach vorheriger Überweisung in Anspruch zu nehmen (Überweisungsgebot). Hierdurch sollen mehr gezielte Überweisungen an Fachärzt/innen erfolgen und Doppeluntersuchungen vermieden werden. An diese Verpflichtung und die Wahl des Hausarztes/der Hausärztin sind sie mindestens ein Jahr gebunden. Diese/r kann nur aus wichtigem Grund gewechselt werden. Die dadurch entstehenden Synergieeffekte sollen die Kassen durch Bonusleistungen an die teilnehmenden Patient/innen zurückgeben, sei es durch ermäßigte Zuzahlungen (→ Selbstbeteilung in der Krankenversicherung) oder in Form von Beitragsermäßigungen (sog. Hausarzttarif).

*Heike Hoffer*

**Hausaufgabenhilfe** oder -betreuung (synonym: Schularbeitenhilfe oder -betreuung), in Abgrenzung zur Nachhilfe bei konkreten Lerndefiziten, wird in gebührenfreien und -pflichtigen Formen, neben der Eigenleistung durch Eltern, u.a. von Schulen, Einrichtungen der → Kinder- und Jugendhilfe, Unternehmen und → Elterninitiativen angeboten. H. findet in der offenen → Jugendarbeit und in der Schulkinderbetreuung, u.a. im → Hort, statt. In verschiedenen Handlungsfeldern der Jugendhilfe, u.a. Jugendarbeit, → Jugendsozialarbeit (insbesondere → Schulsozialarbeit) und → Hilfe zur Erziehung (HzE), kommt H. zur Anwendung. Im Rahmen von HzE wird pädagogisch orientierte H. gewährt, u. a. in Tagesgruppen (§ 32 SGB VIII), um Konzentration und Motivation zum Schulbesuch zu fördern. Mit H. kann Unterstützung im Falle → sozialer Benachteiligung und zur Überwindung individueller Beeinträchtigungen von Kindern und Jugendlichen geleistet werden (vgl. § 13 SGB VIII). In der → Kooperation von Schule und Jugendhilfe stellt H. neben Förder- und Freizeitangeboten ein

Kernelement der Ausgestaltung der → Ganztagsschule dar. Es bestehen Unterschiede in der Hausaufgabenpraxis zwischen offenen und (teilweise) gebundenen Ganztagsschulen. Letztere verzichten z.T. auf Hausaufgaben, da die damit verbundenen Lern- und Arbeitsschritte im Schultag in sog. Lernzeiten integriert werden können. Gesetzliche Bestimmungen, insbesondere Einschränkungen, zur Erteilung von Hausaufgaben liegen als Teil des Schulrechts in Länderkompetenz.

*Maria-Theresia Münch*

**Hausdurchsuchung** → Durchsuchung

**Hausgrundstück** → Vermögen

**Haushalt** Die öffentlichen H. des Bundes, der Länder, der Kommunen und der → Sozialversicherungen zählen neben den Privathaushalten und den Betrieben zu den ökonomischen Einheiten innerhalb der Wirtschaftsordnung Deutschlands. Alle auf die Ausgaben und Einnahmen eines öffentlichen H. bezogenen Vorgänge werden als Haushaltswirtschaft bezeichnet. Gem. Art. 109 des → Grundgesetzes (GG) sind Bund und Länder in ihrer Haushaltswirtschaft selbstständig und voneinander unabhängig. Diese Aussage gilt aber nicht absolut. So haben sich beide an gemeinsam geltenden Grundsätzen für das Haushaltsrecht, für eine konjunkturgerechte Haushaltswirtschaft und für eine mehrjährige → Finanzplanung zu orientieren und den Erfordernissen des gesamtwirtschaftlichen Gleichgewichts Rechnung zu tragen. Die im Zusammenhang der Haushaltswirtschaft erlassenen Rechtsvorschriften bilden das Haushaltsrecht. Grundlegende Vorschriften sind in den Art. 109 bis 115 GG bzw. den Landesverfassungen enthalten. Weiter maßgeblich sind das Gesetz zur Förderung der Stabilität und des Wachstums der Wirtschaft (StWG), das Haushaltsgrundsätzegesetz (HGrG), die Bundeshaushaltsordnung bzw. die Landeshaushaltsordnungen, die jährlichen Haushaltsgesetze des Bundes und der Länder und diverse → Verwaltungsvorschriften. Das HGrG verpflichtet Bund und Länder, ihr Haushaltsrecht nach den Grundsätzen des HGrG zu regeln. Mit dem jeweiligen Haushaltsgesetz wird der → Haushaltsplan festgestellt. Für die Sozialversicherungsträger sind die §§ 67 bis 79 des Vierten Buches → Sozialgesetzbuch maßgeblich.

*Wolfgang Teske*

**Haushaltsgemeinschaft** bezeichnet in der → Grundsicherung für Arbeitsuchende und in der → Sozialhilfe eine Gemeinschaft von Personen, die gemeinsam in einem Haushalt leben. Sie ist abzugrenzen von der → Bedarfsgemeinschaft nach dem SGB II bzw. der Einsatzgemeinschaft nach dem SGB XII.

In der Grundsicherung für Arbeitsuchende besteht eine H., wenn der/die → Leistungsberechtigte mit Verwandten (→ Verwandtschaft) oder Verschwägerten in einer Wirtschaftsgemeinschaft lebt (§ 9 Abs. 5 SGB II). Dies muss das → Jobcenter nachweisen. In diesem Fall wird widerlegbar vermutet, dass die leistungsberechtigte Person von den verwandten oder verschwägerten Personen unterhalten wird, wenn deren → Einkommen über der Freibetragsgrenze nach § 1 Abs. 2 Arbeitslosengeld II/Sozialgeld-Verordnung (Alg II-V) liegt. Diese Freibetragsgrenze wird wie folgt berechnet: doppelte → Regelleistung nach § 20 Abs. 2 S. 1 SGB II (derzeit 2 x 404 Euro) zuzüglich der angemessenen Aufwendungen für → Unterkunft und → Heizung sowie 50% der übersteigenden bereinigten Einnahmen. Die Leistung an die leistungsberechtigte Person wird um den über der Einkommensgrenze liegenden Betrag gekürzt. → Vermögen der Verwandten und Verschwägerten ist nicht zu berücksichtigen, wenn es von der leistungsberechtigten Person selbst nicht einzusetzen wäre. Bei Personen, die mit der leistungsberechtigten Person in einer Bedarfsgemeinschaft leben (§ 9 Abs. 2 SGB II), sind deren weiterreichende Anrechnungsregeln anzuwenden.

Bei der → Hilfe zum Lebensunterhalt nach den §§ 27 ff. SGB XII wird vermutet, dass zwischen Personen, die gemeinsam in einer Wohnung oder einer anderen Unterkunft leben, eine H. besteht, ungeachtet, ob sie verwandt oder verschwägert sind (§ 39 SGB XII). Diese gesetzliche Vermutung kann widerlegt werden, z.B. durch getrennte Mietverträge, getrennte Konten oder Untermietverträge. Ausgenommen von der Vermutung sind mit den Eltern oder einem Elternteil zusammenlebende Schwangere und Personen, die ein leibliches Kind unter sechs Jahren selbst betreuen (§ 39 S. 3 Nr. 2 SGB XII), sowie → behinderte Menschen i.S. von § 53 SGB XII, pflegebedürftige Menschen (→ Pflegebedürftigkeit) und Menschen im → betreuten Wohnen (§ 39 S. 3 Nr. 2 SGB XII). § 39 SGB XII gilt außerdem nicht bei Personen, die mit der leistungsberechtigten Person in einer Einsatzgemeinschaft leben (§§ 19 Abs. 1 S. 2, Abs. 2 S. 2, Abs. 3 SGB XII; z.B. eheähnliche Partnerin); bei diesen sind die weitergehenden Anrechnungsregeln anzuwenden. Außerdem wird vermutet, dass die leistungsberechtigte Person von den Mitbewohner/innen Leistungen erhält, wenn dies nach deren Einkommen und Vermögen zu erwarten ist. Der Einsatz von Einkommen kann nur erwartet werden, wenn dieses den Sozialhilfebedarf deutlich übersteigt. Bei der Höhe des Freibetrages ist zu berücksichtigen, in welchem Verwandtschafts- oder Schwägerschaftsverhältnis die Mitbewohner/innen zur leistungsberechtigten Person stehen und ob → Unterhaltspflichten bestehen. Vermögen ist nicht anzurechnen, wenn die leistungsberechtigte Person es selbst nicht einzusetzen hätte. Die Freibeträge sind höher anzusetzen. Werden tatsächlich Leistungen erbracht, sind diese anzurechnen.

Bei der → Grundsicherung im Alter und bei Erwerbsminderung nach den §§ 41 ff. SGB XII gilt die Regelung nicht (§ 43 Abs. 6 SGB XII).

*Lit.* Empfehlungen des Deutschen Vereins für den Einsatz von Einkommen und Vermögen in der Sozialhilfe (SGB XII) vom 15.12.2015, www.deutscher-verein.de; Münder, J. (Hrsg.): LPK-SGB II. Sozialgesetzbuch II. Grundsicherung für Arbeitsuchende, 5. Aufl., Baden-Baden 2013; Schoch, D. in: Berlit, U./Conradis, W./ Sartorius, U. (Hrsg.): Existenzsicherungsrecht, 2. Aufl., Baden-Baden 2013, Kap. 18 Bedarfs-, Einsatz-, Haushaltsgemeinschaft.

*Jürgen Winkler*

**Haushaltsnahe Dienstleistungen** Als h. D. werden bezahlte Tätigkeiten Dritter in Privathaushalten bezeichnet, wie z.B. die Wohnungsreinigung, die Zubereitung von Mahlzeiten, die Gartenpflege, die Versorgung von Haustieren, die Wäschepflege sowie Einkaufen. Es handelt sich also um Arbeiten im Haushalt, die traditionell überwiegend oder ausschließlich von den Familienmitgliedern selbst erledigt worden sind. Ob zu den h. D. auch eher personenbezogene Dienstleistungen wie Kinderbetreuung oder die Versorgung von älteren Hilfebedürftigen zu zählen sind, ist umstritten. H. D. sind abzugrenzen gegenüber professionellen Hilfssystemen (institutionelle Kinderbetreuung, Altenpflege) einerseits und »Lifestyle-Angebote« andererseits, wobei die Trennlinien nicht in jedem Fall eindeutig sind. Der Begriff h. D. ist Mitte der 1990er-Jahre aufgekommen, als verstärkt darüber diskutiert wurde, ob und wie man die meist im Schwarzmarkt angesiedelte Arbeit von Haushaltshilfen legalisieren und professionalisieren könne, um zusätzliche Beschäftigungspotenziale zu erschließen. Es wird davon ausgegangen, dass ein hoher und weiter zunehmender Bedarf an h. D. besteht – u.a. aufgrund der steigenden Frauenerwerbstätigkeit und der Alterung der Gesellschaft.

H. D. können grundsätzlich auf zwei Wegen erbracht werden – im Rahmen von Arbeitsverhältnissen in Privathaushalten oder durch Dienstleistungsunternehmen bzw. Einzelselbstständige. Professionelle Angebote wurden Ende der 1990er-Jahre im Rahmen öffentlich geförderter Modellprojekte erprobt, bei denen die Arbeitgeberfunktion von Dienstleistungsagenturen übernommen wurde. Ziel war es, durch die Bündelung von kürzeren Einsätzen in mehreren Haushalten auch sozialversicherungspflichtige Arbeitsplätze im Bereich der h. D. zu schaffen. Darüber hinaus wurden verschiedene Maßnahmen zur Vereinfachung des Verwaltungsaufwandes bei Anstellungen in Privathaushalten und zur steuerlichen Förderung der Nutzung von h. D. ergriffen. Seit 2003 können im Rahmen der Einkommensteuer Teile der Kosten für Haushaltshilfen, die im Rahmen eines Minijobs oder sozialversicherungspflichtig beschäftigt werden, und für h. D., die von Unternehmen erbracht werden, innerhalb gewisser Höchstgrenzen von der Steuerschuld abgezogen werden. Diese Maßnahmen haben dazu beigetragen, mehr legale Beschäftigung im Bereich der h. D. zu schaffen. Gleichzeitig klafft aber offenbar weiterhin eine große Lücke zur Inanspruchnahme von h. D. insgesamt: Im Jahr 2011 gaben im → Sozio-oekonomischen Panel 9,4% aller Befragten an, regelmäßig oder gelegentlich eine Haushaltshilfe zu nutzen. Dies entsprach rund 3,8 Mio. Privathaushalten in Deutschland. Die Zahl der angemeldeten Minijobs in Privathaushalten lag demgegenüber trotz deutlicher Steigerungen in den vergangenen Jahren im September 2015 aber nur bei knapp 290.000. Als Hemmnisse einer stärkeren Inanspruchnahme von legal erbrachten h. D. gelten die höheren Kosten im Vergleich zum Schwarzmarkt, ein geringes Unrechtsbewusstsein von Privathaushalten und Beschäftigten, aber auch ein Mangel an attraktiven Dienstleistungsangeboten. Aus sozialpolitischer Perspektive besteht eine zentrale Herausforderung darin, auch Haushalten mit geringem Einkommen den Zugang zu h. D. zu ermöglichen.

*Claudia Weinkopf*

**Haushaltsplan** Im H. werden alle Einnahmen und Ausgaben einer Körperschaft öffentlichen Rechts wie etwa Bund, Länder und Kommunen erfasst. Der H. dient der Feststellung und Deckung des Finanzbedarfs. Er wird für ein oder mehrere Rechnungsjahre, nach Jahren getrennt, in aller Regel vor Beginn des Haushaltsjahres festgestellt. Auf Bundes- und Landesebene erfolgt dies durch das Haushaltsgesetz. Dabei sind verschiedene Haushaltsgrundsätze zu beachten, die im → Grundgesetz (GG) und Haushaltsgrundsätzegesetz (HGrG) niedergelegt sind. So sind u.a. alle Einnahmen und Ausgaben in den H. einzustellen, wobei die Ausgaben durch die Einnahmen ausgeglichen sein müssen (Art. 110 Abs. 1 GG). Ab dem Jahr 2016 muss der Haushalt des Bundes aufgrund der im GG verankerten Schuldenbremse (Art. 109 Abs. 3 GG) ohne Aufnahme von Krediten ausgeglichen werden; für die Länder gilt dies ab dem Jahr 2020. Bei der Aufstellung sind zudem die Grundsätze der → Wirtschaftlichkeit und Sparsamkeit (§ 6 HGrG) zu beachten. Neben Bestimmungen zur Aufstellung eines H. enthält das HGrG auch Regelungen zu dessen Ausführung. Ergänzt werden diese Vorschriften durch die der Bundes- und Landeshaushaltsordnungen. In zeitlicher Dimension wird der H. durch die mehrjährige → Finanzplanung fortgeschrieben. Durch den H. wird die Verwaltung ermächtigt, Ausgaben zu leisten und Verpflichtungen einzugehen. Der H. begründet aber weder unmittelbare Ansprüche oder Verbindlichkeiten, noch hebt er sie auf. Von daher besteht für die Verwaltung auch keine Verpflichtung, die im H. eingestellten Ausgaben tatsächlich zu tätigen.

*Wolfgang Teske*

**Haushalts- und Rechnungswesen** Regelungsgegenstand und Geltungsbereich: Planung und Abrechnung der → Haushalte der öffentlichen Hand (Bund, Länder, Kommunen, aber auch Kirchen), teilweise Geltung für andere Rechtspersonen, die dem öffentlichen Bereich unmittelbar zuzurechnen sind (Anstalten und → Stiftungen des öffentlichen/kirchlichen Rechts). Sofern die öffentliche Hand die Aufgabenerfüllung in privater Rechtsform (Stiftung, → Verein, Gesellschaften) organisiert, sind zusätzlich die Bestimmungen zu beachten, die für diese Rechtsformen zwingend gelten (z.B. Bilanzierung nach dem Handelsgesetzbuch [HGB] bei einer Jugendhilfe-GmbH). Zwingende Sonderregelungen, die eine Bilanzierung nach handelsrechtlichen Grundsätzen vorsehen, gelten für Eigenbetriebe (Eigenbetriebsgesetze, -verordnungen der Länder). Dies gilt auch für zwingende gesetzliche Bestimmungen, die an die Art der Betätigung anknüpfen (z.B. → Krankenhäuser, → Pflegeeinrichtungen).

Grundlagen der Haushaltsgesetzgebung in Bund und Ländern: → Grundgesetz (GG), Haushaltsgrundsätzegesetz (HGrG), Gesetz zur Förderung der Stabilität und des Wachstums der Wirtschaft (StWG). Rechtsgrundlagen der Haushaltspraxis in den Bundes- und Landesverwaltungen: Bundeshaushaltsordnung (BHO), Landeshaushaltsordnungen (LHO), die von den Finanzministerien zu den Haushaltsordnungen erlassenen → Verwaltungsvorschriften und die in ihrer Geltungsdauer auf regelmäßig ein Jahr begrenzten Haushaltsgesetze. Den Haushaltsgesetzen sind die → Haushaltspläne als Anlage beigefügt, die eine Aufstellung über alle Einnahmen, Ausgaben und Verpflichtungsermächtigungen eines Jahres enthalten. Grundlagen des Haushaltswesens der → Gemeinden, → Landkreise und Gemeindeverbände: Landesverfassungen (LVerf), Gemeinde- und Landkreisordnungen (LKrO/GO), Gemeindehaushaltsverordnungen (GemHVO) der Länder sowie die Haushaltssatzungen. Grundlagen für die Träger der → Sozialversicherung: die haushaltsrechtlichen Bestimmungen im Vierten Buch des → Sozialgesetzbuches (SGB IV), ergänzt durch die Verordnung über das Haushaltswesen in der Sozialversicherung (SVHV) und die Verordnung über den Zahlungsverkehr, die Buchführung und die Rechnungslegung in der Sozialversicherung (SVRV).

Bestandteile des H. u. R.: die jährliche Haushalts- und die mittelfristige → Finanzplanung (fünf Jahre, beginnend mit dem noch laufenden Haushaltsjahr), die Ausführung des → Haushaltsplans, die Abwicklung der Zahlungsgeschäfte, die Buchführung, die Rechnungslegung (Kassenwesen) und die → Rechnungsprüfung. Haushaltsplan: gegliedert in den Verwaltungshaushalt (für die laufenden Geschäfte) und den Vermögenshaushalt (für die Investitionen).

Haushaltsgrundsätze: Grundsatz der Einheit und Vollständigkeit des jährlichen Haushaltsplans (Einnahmen, Ausgaben und Verpflichtungsermächtigungen); Grundsatz des Haushaltsausgleichs bezogen auf die Höhe von Einnahmen und Ausgaben des Haushaltsplans; Grundsatz der Jährlichkeit; Grundsatz der Gesamtdeckung, der alle Einnahmen als Deckungsmittel für alle Ausgaben beschreibt; Fälligkeitsprinzip; Bruttoprinzip als Gebot der getrennten und nicht saldierten Veranschlagung von Einnahmen und Ausgaben; Grundsatz der Einzelveranschlagung; das materielle Gebot der Haushaltswahrheit; Grundsatz der → Wirtschaftlichkeit und Sparsamkeit; Grundsatz der Öffentlichkeit.

Formen der Rechnungslegung: Traditionell sog. Kameralistik: Im Vordergrund: Erfassung sämtlicher Ist-Einnahmen und Ist-Ausgaben und Vergleich zwischen im Haushaltsplan geplanten (budgetierten) und tatsächlichen (effektiven) Zahlungswerten. Keine exakten Periodenabgrenzungen. Entscheidend: nicht die wirtschaftliche Zuordnung zu einer Periode, sondern die (oft zufällige) Zahlungswirksamkeit. Keine Erfassung von Bestandsveränderungen. Vermögen und Schulden bleiben unberücksichtigt. Kosten, die sich nicht in Geldzahlungen niederschlagen, z.B. Abschreibungen, kalkulatorische Kosten, werden grundsätzlich nicht erfasst. Ausnahme: die sog. kostenrechnenden Einrichtungen z.B. im Gebührenbereich. Kein unmittelbarer Zusammenhang zwischen Mittelherkunft und Mittelverwendung.

Erweiterte (moderne) Kameralistik (Umsetzung v.a. in den Bundesländern): Kameralistik, die um betriebswirtschaftliche Elemente (z.B. Kosten- und Leistungsrechnung [KLR], → Controlling und → Berichtswesen) ergänzt wird. KLR vermag den Ressourcenverbrauch in Form von Kosten abzubilden. → Doppik (auch doppelte Buchführung): Komponenten der Doppik: Finanzrechnung (Zu- und Abfluss von Haushaltsmitteln zur Feststellung der Liquidität), Bilanzrechnung (Gegenüberstellung von Vermögen einerseits und Fremd- und Eigenkapital andererseits), Gewinn- und Verlustrechnung (Gegenüberstellung von Ertrag und Aufwand zur Ermittlung des Ressourcenverbrauchs).

Kommunale Doppik (Umstellung der Rechnungslegung auf kommunaler Ebene von der Kameralistik auf die Doppik, v.a. bei Gemeinden, Städten, Kreisen, weiteren Gemeindeverbänden), auch als Neues Kommunales Haushaltsrecht (NKHR), Neues Kommunales Finanzmanagement (NKF) bezeichnet, Teil des sog. Neuen Steuerungsmodells (NSM). Ziel des NSM ist die Führung der öffentlichen Verwaltung nach betriebswirtschaftlichen Grundsätzen (wesentliche Elemente: Definition von Produkten und Leistungen, die als Steuerungsgröße dienen, Verzicht auf eine exakte Zuordnung vieler einzelner Ausgabepositionen zur Erstellung der Produkte/Leistungen, Bildung von Gesamtbudgets, Übertragung der Budgetverantwortung auf die ausführenden Verwaltungseinheiten, diese haben mit den bereitgestellten Budgets die Planung und Ausführung der Produkterstellung zu gewährleisten, Vereinbarung von Leistungszielen – → Kontraktmanagement –, regelmäßige Information über Zielfindung und Zielerreichung, d.h. Steuerungsunterstützung, Controlling, Einführung einer → Kosten- und Leistungsrechnung).

*Lit.* Engels, D./Eibelshäuser, M. (Hrsg.): Kommentar zum Haushaltsrecht. Loseblattausgabe, Köln 2015; Leibinger, B./Müller, R./Wiesner, H.: Öffentliche Finanzwirtschaft, 13. Aufl., Heidelberg 2014; Schuy, J.: Haushaltsrecht, 27. Aufl., Heidelberg 2010; www.haushaltssteuerung.de

*Stefan Schick*

**Häusliche Ersparnis** Der Einsatz des → Einkommens für Leistungen der → Sozialhilfe nach dem SGB XII ist in bestimmten Fällen der Höhe nach auf die Aufwendungen beschränkt, die für den häuslichen Lebensunterhalt erspart werden. Dies begünstigt diejenigen, die nach § 19 Abs. 3 SGB XII zum Mitteleinsatz verpflichtet sind.

In Reinform nennt § 92 Abs. 2 S. 3 SGB XII die Beschränkung auf die h. E.: Erhalten → behinderte Menschen die in § 92 Abs. 2 S. 1 Nr. 1–8 SGB XII genannten Eingliederungshilfeleistungen, ist nur ein → Kostenbeitrag in Höhe der h. E. zu fordern. Ein weitergehender Einkommenseinsatz nach den §§ 85 ff., 92 Abs. 1 oder 92 a SGB XII ist dann ausgeschlossen. Eine ebensolche Beschränkung sieht § 92 a Abs. 1 SGB XII vor: Für Leistungen nach dem 3. und 4. Kapitel SGB XII (→ Hilfe zum Lebensunterhalt bzw. → Grundsicherung), die in einer teilstationären (z.B. → Tages- oder → Nachtpflege) oder stationären (Pflegeheim, Wohnheim für behinderte Menschen, → Krankenhaus) → Einrichtung erbracht werden, darf nur ein Mitteleinsatz in Höhe der h. E. verlangt werden. Dabei ist nur das Einkommen der leistungsberechtigten Person bzw. das gemeinsame Einkommen der leistungsberechtigten Person und ihres nicht getrennt lebenden Ehegatten oder Lebenspartners einzusetzen. § 92 a Abs. 2 SGB XII gibt diese Beschränkung des Einkommenseinsatzes auf die h. E. allerdings in bestimmten Fällen auf, nämlich dann, wenn eine Person auf voraussichtlich längere Zeit (mindestens sechs Monate) Leistungen in einer stationären Einrichtung bedarf. In diesen Fällen soll die Aufbringung der Mittel über die h. E. hinaus in angemessenem Umfang verlangt werden. Dabei soll nach § 88 Abs. 1 S. 2 SGB XII sogar der Einkommenseinsatz auch unter der Einkommensgrenze verlangt werden. Bei alleinstehenden Personen, die bei Umzug ins Heim i.d.R. ihre Wohnung auflösen, wird daher das für den Lebensunterhalt zu Hause tatsächlich nicht benötigte Einkommen meist voll auch unter der Einkommensgrenze verlangt.

Sowohl bei auf die h. E. beschränktem Mitteleinsatz (§ 92 a Abs. 1 SGB XII) als auch bei Mitteleinsatz im angemessenen Umfang (§ 92 a Abs. 2 SGB XII) gewährleistet § 92 a Abs. 3 SGB XII, dass ein nicht getrennt lebender Ehegatte oder Lebenspartner (ggf. mit minderjährigen unverheirateten Kindern) wegen des Leistungsbezugs des anderen Partners in einer stationären oder teilstationären Einrichtung Sozialhilfe für den notwendigen Lebensunterhalt beantragen muss. Vielmehr muss geprüft werden, ob das gemeinsame Einkommen ausreicht, die h. E. (Abs. 1) bzw. den weitergehenden angemessenen Anteil (Abs. 2) zu tragen, ohne den notwendigen Lebensunterhalt der im Haushalt Verbliebenen zu gefährden.

Der Umfang der h. E., den die zuständigen Landesbehörden näher bestimmen können, orientiert sich am → Regelbedarf der Regelbedarfsstufe 3 (Anl. zu § 28 SGB XII). In teilstationären Einrichtungen beschränkt sich die h. E. auf das tatsächlich in der Einrichtung eingenommene Essen und Hygieneleistungen.

*Andreas Pattar*

**Häusliche Gewalt** ist eine Form von → Gewalt im privaten sozialen Nahraum, die gravierende Folgen hat. Denn wenn im privaten Umfeld, in dem Vertrauen, Fürsorge, Liebe erwartet und benötigt werden, stattdessen Demütigungen, Verletzungen, Misshandlungen stattfinden, prägt diese Erfahrung Erwachsene, insbesondere aber auch Kinder, auf eine schädigende Art und Weise. Das für eine positive Entwicklung notwendige Vertrauen sowohl in andere Menschen als auch in die eigenen Fähigkeiten, das Erleben von Akzeptanz und Respekt der physischen und psychischen Integrität werden nachhaltig gestört. Die direkten und indirekten Folgen von h. G. sind langwierig. Je früher der Gewaltkreiskreislauf unterbrochen werden kann, desto größer ist die Chance, ein gewaltfreies Leben führen und weiteren Schaden mindern und abwenden zu können.

Der Begriff h. G. leitet sich aus der im englischsprachigen Raum verwendeten Bezeichnung »domestic violence« ab. Synonym werden häufig auch Begrifflichkeiten wie familiäre Gewalt, Gewalt im sozialen Nahraum, Partnerschaftsgewalt verwendet. Eine allgemein verbindliche Definition existiert nicht. Bei enger Auslegung von h. G. geht es um Gewalt zwischen Erwachsenen, die in einer intimen Beziehung leben oder gelebt haben. Bei weiter Auslegung werden auch Lebensformen erfasst, die sich durch eine Lebensgemeinschaft oder gemeinsame Wohnung auszeichnen, ohne dass eine intime Beziehung besteht oder bestand, so z.B. zwischen Verwandten, in einer Wohngemeinschaft, einer Pflegebeziehung oder im Heim.

Geht man von der Definition h. G. als Partnergewalt aus, sind auf der Grundlage internationaler und nationaler Studien geschlechtsspezifische Unterschiede festzustellen. H. G. wird überwiegend von Männern gegenüber ihrer Partnerin oder Expartnerin ausgeübt. Die Verletzungsfolgen sind meist erheblich; das Verletzungs- und Tötungsrisiko für Frauen steigt, wenn körperliche und/oder sexuelle Gewalt von einem Beziehungspartner ausgeht. H. G. von Frauen gegenüber ihren männlichen (Ex-)Partnern ist ebenfalls empirisch belegt, sie findet meist in (wesentlich) geringerem Umfang und mit anderen Folgen statt. Bei h. G. gegen Männer wird vor allem psychische Gewalt und soziale Kontrolle ausgeübt; das Verletzungsrisiko sinkt, wenn die Gewalt von der Beziehungspartnerin ausgeht. Die deutsche Repräsentativerhebung »Lebenssituation, Sicherheit und Gesundheit von Frauen in Deutschland« belegt zu h. G. gegen Frauen eine auch im europäischen Vergleich hohe Betroffenheit von Frauen aller Altersgruppen, Ethnien und Schichten. So haben rund 25% der in Deutschland lebenden Frauen mindestens einmal in ihrem Leben h. G. erlebt. Zwei Drittel der betroffenen Frauen haben schwere bis sehr schwere körperliche und/oder sexuelle Gewalt erlitten. Gewaltsame Kindheitserfahrungen sind mit Abstand der stärkste Risikofaktor für Frauen, später Opfer von h. G. zu werden. Die neueren Zahlen aus der 2014 veröffentlichten Studie der Europäischen Grundrechteagentur sind vergleichbar: Von Gewalt in Paarbeziehungen sind danach in Deutschland 22% der Frauen betroffen.

Jedem Opfer von h. G. stehen zivilrechtliche Schutzmöglichkeiten gegen den Gewalttäter, insbesondere nach dem sog. → Gewaltschutzgesetz, zur Verfügung. Die Polizei kann nach dem Polizeigesetz des jeweiligen Bundeslandes eingreifen und den Täter von bestimmten Orten wegweisen, ihm einen Platzverweis erteilen oder ihn in Gewahrsam nehmen. H. G. bedeutet meist Körperverletzung, sexuelle Gewalt usw. und verwirklicht Straftatbestände. Hier müssen Polizei und Staatsanwaltschaft strafrechtlich einschreiten und tätig werden. Opfer von h. G. brauchen professionelle Hilfe und Unterstützung. Hierzu stehen in Deutschland spezialisierte Unterstützungseinrichtungen für betroffene Frauen (→ Frauenhäuser), Männer und Kinder zur Verfügung.

Im Juli 2016 hat der Bundestag eine Reform des Sexualstrafrechts verabschiedet. Damit macht sich künftig nicht nur strafbar, wer sexuelle Handlungen mit Gewalt oder Gewaltandrohung erzwingt, sondern es reicht bereits aus, wenn sich der Täter über den erkennbaren Willen des Opfers hinwegsetzt (Grundsatz »Nein heißt Nein«). Die Änderungen sollen bereits 2016 in Kraft treten.

*Birgit Schweikert*

**Häusliche Krankenpflege** i.S. der → Krankenversicherung ist die pflegerische Versorgung von Kranken in ihrer Häuslichkeit, d.h. im eigenen Haushalt, im Familienhaushalt, aber z.B. auch im Altenwohnheim oder in einer Seniorenresidenz (→ Wohnen im Alter), wenn dort eine eigene ausgestattete Wohnung zur Selbstversorgung zur Verfügung steht. H. K. wird auch an anderen geeigneten Orten wie z.B. im Betreuten Wohnen, in Schulen und Kindergärten, bei besonderes hohem Pflegebedarf auch in → Werkstätten für behinderte Menschen erbracht.Nach § 37 Abs. 1 SGB V ist die h. K. Pflichtleistung der Krankenversicherung, wenn durch sie eine Behandlung im → Krankenhaus ersetzt, vermieden oder verkürzt wird. Die h. K. wird dann bis zu vier Wochen gewährt. Verlängerung ist möglich, wenn der → Medizinische Dienst der Krankenversicherung bestätigt, dass die Pflege zur Krankenhausvermeidung weiter erforderlich ist. Die h. K. nach § 37 Abs. 1 SGB V umfasst → Behandlungspflege, → Grundpflege und hauswirtschaftliche Versorgung der Patient/innen im erforderlichen Umfang. Zur Versorgung der Familienangehörigen kommt ergänzend Haushaltshilfe in Frage.

H. K. ist nach § 37 Abs. 2 SGB V ferner Pflichtleistung der Krankenversicherung, wenn sie zur Sicherung des Ziels der ärztlichen Behandlung erforderlich ist. In diesem Fall wird die h. K. zeitlich unbegrenzt gewährt; die Pflichtleistung beschränkt sich aber auf die Behandlungspflege. Grundpflege und hauswirtschaftliche Versorgung kommen nur als Satzungsleistung in Frage, es sei denn, es liegt bereits → Pflegebedürftigkeit i.S. der Gesetzlichen → Pflegeversicherung (SGB XI) vor. H. K. wird nur gewährt, soweit keine Haushaltsangehörige sie übernehmen können (§ 37 Abs. 3 SGB V). Die zur Durchführung der Pflege erforderlichen Personen kann die → Krankenkasse selbst anstellen oder Verträge mit entsprechenden Pflegediensten abschließen. Ersatzweise ist sie zur Übernahme der angemessenen Kosten für von den Versicherten selbst beschaffte Kräfte verpflichtet. Für die gesetzliche → Unfallversicherung gilt § 32 SGB VII. H. K. umfasst auch die ambulante → Palliativversorgung sowie die psychiatrische Krankenpflege (→ Psychiatrische Versorgung). Sie soll Patient/innen mit schweren psychischen Erkrankungen und entsprechenden Fähigkeitsstörungen helfen, ein eigenständiges Leben in gewohnter Umgebung zu führen. Die Verordnung kann nur durch einschlägige Fachärzt/innen oder zumindest im Zusammenwirken mit ihnen erfolgen. Der Verordnung ist ein Behandlungsplan hinzuzufügen.

Volljährige Versicherte müssen in der Krankenversicherung eine Zuzahlung in Höhe von 10% der Kosten sowie 10 Euro je Verordnung von h. K. leisten. Sie ist auf 28 Tage je Kalenderjahr begrenzt. In der → Sozialhilfe kommt h. K. insbesondere im Rahmen der Krankenhilfe und → Eingliederungshilfe für behinderte Menschen (Behandlungspflege) sowie im Rahmen der → Hilfe zur Pflege (Grundpflege) infrage.

*Werner Hesse*

**Häusliche Pflege** bezeichnet die → Pflege von Menschen in einem Haushalt. Während → häusliche Krankenpflege die → Behandlungspflege in den Vordergrund stellt, wird unter h. P. v.a. die → Grundpflege verstanden. Dementsprechend sind Leistungen der häuslichen Krankenpflege dem System der gesetzlichen → Krankenversicherung zugeordnet, während Leistungen der h. P. primär Gegenstand der gesetzlichen Pflegeversicherung sind. Leistungen der h. P. während Schwangerschaft und Wochenbett sind gemäß § 24 g SGB V von der gesetzlichen Krankenversicherung zu gewähren.

Voraussetzung für Leistungen der h. P. von der gesetzlichen → Pflegeversicherung ist die Feststellung der → Pflegebedürftigkeit. Relevant ist der Grad der Selbstständigkeit bzw. Unselbstständigkeit bei der Bewältigung bestimmter Alltagsanforderungen. § 36 SGB XI nennt zuallererst die Pflegesachleistung. Die Leistungen sind nicht bedarfsdeckend konzipiert. Vielmehr steht je nach Grad der Pflegebedürftigkeit ein bestimmtes Leistungsbudget zur Verfügung. Soweit diese Beträge zur Finanzierung der notwendigen Pflegeleistungen nicht ausreichen, sind Pflegebedürftige auf die Hilfe durch Angehörige oder andere nahe stehende Personen angewiesen. Sie können weitergehende Leistungen der h. P. aus eigenen Mitteln finanzieren oder bei wirtschaftlicher Bedürftigkeit i.S. des § 19 Abs. 3 SGB XII (→ Sozialhilfe) ergänzende → Hilfe zur Pflege nach § 61 SGB XII in Anspruch nehmen. § 13 Abs. 3 S. 2 SGB XI bestimmt ausdrücklich, dass das Prinzip der Bedarfsdeckung (→ Bedarfsdeckungsprinzip) nach dem SGB XII weiterhin gilt. Leistungen der h. P. kommen gemäß § 61 Abs. 1 S. 2 SGB XII auch dann in Betracht, wenn noch nicht der für die Pflegeversicherung maßgebliche Grad der Schwerpflegebedürftigkeit erreicht ist (so genannte Pflegestufe 0).

Anstelle der Pflegesachleistung können die Pflegebedürftigen gemäß § 37 SGB XI ein → Pflegegeld wählen, wenn sie die Pflege selbst sicherstellen. § 64 SGB XII sieht ein Pflegegeld unter denselben Voraussetzungen und in derselben Höhe vor. Pflegesachleistung und Pflegegeld von der Pflegeversicherung können gemäß § 38

SGB XI auch jeweils anteilig beliebig miteinander kombiniert werden. Für die häusliche Pflege in Wohngemeinschaften stellt § 38 a SGB XI zusätzliche Leistungen zur Verfügung.

Als flankierende Leistungen sieht § 39 SGB XI Pflegesachleistungen bei Verhinderung der Pflegeperson vor. Zusätzlich kann → Kurzzeitpflege gemäß § 42 SGB XI in Betracht kommen. Die h. P. wird darüber hinaus durch die Finanzierung von → Pflegehilfsmitteln, die Bereitstellung von technischen Hilfen wie Pflegebetten oder Liftern sowie die Bezuschussung von notwendigen Wohnraumanpassungsmaßnahmen gemäß § 40 SGB XI nachhaltig gefördert.

Nicht zuletzt dient der Förderung und Aufwertung der Pflegepersonen deren soziale Absicherung im Rahmen des § 44 SGB XI, der ihnen den Schutz der gesetzlichen → Unfallversicherung während der Pflege sowie Beitragszeiten in der gesetzlichen → Rentenversicherung verschafft.

Flankierend zum Sozialrecht erfahren pflegende Angehörige Unterstützung durch das Pflegezeitgesetz und das → Familienpflegezeitgesetz, die kurzfristige bzw. längerfristige (bis zu 24 Monate) Freistellung von der abhängigen Beschäftigung ermöglichen.

Zu berücksichtigen sind die durch das 2. Pflegestärkungsgesetz (PSG II) zum 1.1.2017 eintretenden Änderungen. Zudem hat das Bundeskabinett hat am 28.6.2016 einen Regierungsentwurf zu einem 3. Pflegestärkungsgesetz (PSG III) verabschiedet, mit dem u.a. der neue Pflegebedürftigkeitsbegriff auch für die Hilfe zur Pflege nach dem SGB XII zum 1.1.2017 eingeführt werden soll.

*Werner Hesse*

**Hausrecht** ist Teil derjenigen Besitzrechte an einem Grundstück sowie an Wohn- oder Geschäftsräumen, die es der/dem Eigentümer/in oder Benutzungsberechtigten gestatten, anderen den Aufenthalt darin zu untersagen oder in bestimmter Weise zu beschränken. Wenn der Zugang oder Aufenthalt durch vertragliche Vereinbarungen geregelt ist, bestimmt sich die Inhaberin/der Inhaber und der Umfang des H. nach dem → Vertrag. Soweit nicht das Gesetz oder Rechte Dritter entgegenstehen, können andere Personen von jeder Einwirkung auf das H. ausgeschlossen werden (§ 903 → Bürgerliches Gesetzbuch [BGB]); bei drohender weiterer Beeinträchtigung kann Unterlassung verlangt werden (§ 1004 BGB). Es kann auch ein Hausverbot ausgesprochen werden. Strafrechtlich ist das H. durch die Vorschriften zum Hausfriedensbruch geschützt (§§ 123, 124 Strafgesetzbuch [StGB]). Davon zu unterscheiden ist das in Art. 13 des → Grundgesetzes (GG) geschützte → Grundrecht auf Unverletzlichkeit der Wohnung, welches nur gegenüber dem Staat und seinen Organen gilt und keine Wirkungen gegen Dritte entfaltet. Das H. ermächtigt seine/n Inhaber/in, eine Hausordnung über die Benutzung des Grundstückes oder des Hauses zu erlassen. Das Recht zu Erlass oder Änderung einer Hausordnung endet allerdings dort, wo die Rechte Dritter tangiert sind. So dürfen Vermieter/innen nicht mittels Hausordnung die gesetzlichen und vertraglichen Rechte ihrer Mieter/innen einschränken.

*Werner Hesse*

**Hausverbot** → Hausrecht

**Hauswirtschaft** Der Begriff H. ist im Kontext der → Sozialen Arbeit sowohl als Leistungsbereich in privaten Haushalten als auch als Fachbereich in sozialen → Einrichtungen und Diensten von Bedeutung. H. umfasst Versorgungs- und Betreuungsleistungen, die für Haushaltsmitglieder bzw. für die Nutzer/innen bereitgestellt werden. Darunter fallen z.B. Leistungen der Verpflegung, Hausreinigung, Wäschepflege und Hausgestaltung. Synonym finden sich in der Praxis sozialer Einrichtungen auch Bezeichnungen wie z.B. Wirtschaftsbetrieb, Küche und Hauswirtschaft, Unterkunft und Verpflegung. Mit der zunehmenden Bedeutung der Alltags- und Lebensweltorientierung in den verschiedenen Feldern der Sozialen Arbeit werden die Förderung und Vermittlung von Alltagskompetenzen für die H. immer wichtiger. Dazu hat die H. ergänzend zur hauswirtschaftlichen Versorgung das Handlungskonzept der hauswirtschaftlichen Betreuung entwickelt.

In der Leistungserstellung sind ausführende Tätigkeiten wie Kochen, Reinigen und Wäschepflege sehr eng mit Bereitstellungs-, Beschaffungs- und Entsorgungstätigkeiten verbunden. In der Haushaltsführung bzw. im Management hauswirtschaftlicher Dienstleistungsbereiche werden Entscheidungen über den Einsatz von → Ressourcen (z.B. Arbeitskraft, Finanzen, Zeit) und Material (z.B. Lebensmittel, Maschinen) sowie den Zuschnitt der hauswirtschaftlichen Dienstleistungen getroffen. Handlungsleitlinie ist dabei die Personen- und Situationsorientierung. Dementsprechend sind der definierte → Bedarf der zu versorgenden Menschen und ihre individuellen → Bedürfnisse, Vorlieben und Abneigungen wichtige Größen. Bedarfe sind aus einer Vielzahl von Faktoren abzuleiten, z.B. aus dem Alter der zu versorgenden Personen (z.B. der ernährungsphysiologische Bedarf,

→ Ernährung), aus medizinischen und/oder pflegerischen Erfordernissen (z.B. einer ernährungsbedingten Erkrankung, allergischen Reaktionen) sowie aus situationsgebundenen Gegebenheiten (z.B. Alltag, Festtage).

In sozialen Einrichtungen und Diensten gewinnen die Schnittstellen der H. zu pädagogischen, pflegerischen und/oder medizinischen Aufgabenfeldern zunehmend an Bedeutung. Versorgungsleistungen werden in sozialen Einrichtungen in Koproduktion erbracht. Angebote der Förderung und Unterstützung von Alltagskompetenzen erfolgen sowohl direkt in den hauswirtschaftlichen Dienstleistungsbereichen der Einrichtungen als auch in Haus- und Wohngemeinschaften sowie im Rahmen von → Therapien und therapieunterstützenden Angeboten. In der H. hat sich dazu als fachliche Vertiefung die Bewohnerorientierte H. entwickelt.

In der → Geschichte der Sozialen Arbeit ist ein Wandel in der Bedeutung der H. zu beobachten. In den ersten Ausbildungskonzepten wie auch im Alltag sozialpädagogischer und -pflegerischer Berufe waren hauswirtschaftliche Kompetenzen ein fester Bestandteil. Nach einer Phase der Ab- und Ausgrenzung hauswirtschaftlicher Tätigkeiten sind vielfältige Integrationsprozesse zu beobachten. In diesen Entwicklungen ist die H. gefragt, individuelle und auf den sozialen Auftrag abgestimmte Leistungen zu erbringen.

*Martina Feulner*

**Heilerziehungspflege** Das professionelle Handlungsfeld H. entstand zur Mitte des letzten Jahrhunderts an der Schnittstelle Pädagogik und → Pflege. Es wurde passgenau konzipiert für die dort entstehenden personellen Bedarfe für die kompetente Alltagsbegleitung von Menschen mit Behinderung in den komplexen und zentralen → Einrichtungen der Behindertenhilfe. Erstmalig richtete der evangelische Pfarrer und Leiter der diakonischen Heil- und Pflegeanstalt Stetten in Baden-Württemberg, Ludwig Schlaich, diese eigenständige Berufsausbildung im Jahre 1958 ein, um einem Personalnotstand in den damals ausgebauten Einrichtungen für Menschen mit Behinderung vorzubeugen und qualifizierte Fachkräfte einsetzen zu können. Daraus entwickelte sich bis heute die H. in einer hybriden Rolle einer »mixed profession« weiter – an den ursprünglichen Tätigkeitsprofilen der Krankenpflege und Pädagogik orientiert, nun hin zu Assistenz, → Beratung, Begleitung, Pflege und → Bildung von Menschen mit Behinderung. In der Praxis befasst sich H. mit den → Bedarfen von Menschen mit Behinderung in allen Altersstufen in ambulanten, stationären Settings oder in selbstständiger Tätigkeit der Alltags- und Teilhabebegleitung. H. gestaltet Unterstützung da, wo sie zur Verwirklichung von Selbstbestimmung und → Teilhabe von Menschen mit Behinderung im Lichte der → UN-Behindertenrechtskonvention und der International Classification of Functioning Disability and Health (→ ICF) angefragt und erforderlich ist. Ihr Handeln richtet die H. aus an individuellen Bedürfnissen der begleiteten Menschen mit Behinderung mit dem Ziel der Verwirklichung bestmöglicher Lebensqualität für ihre Kunden. Das Unterstützungsangebot der H. basiert auf ganzheitlicher und dialogischer Begegnung. Das Methodenrepertoire der → unterstützten Kommunikation und der → Heilpädagogik kommt dabei in Ansätzen zur Anwendung sowie ein breites Wissen über Beeinträchtigung und Behinderung. H. befasst sich heute auch mit der Umsetzung von → Sozialraumorientierung und → Inklusion. Das Berufsbild entwickelt sich ständig weiter, um im interdisziplinären Arbeitsfeld mit Sozialpädagog/innen, Heilpädagog/innen und Pflegefachkräften anschlussfähig und zeitgemäß bestehen zu können. Der Berufsverband Heilerziehungspflege diskutiert bislang ergebnislos über den Austausch der Berufsbezeichnung Heilerziehungspfleger/Heilerziehungspflegerin durch eine aktuelle Alternative. Bis heute kann der Beruf Heilerziehungspfleger/Heilerziehungspflegerin an den staatlich anerkannten Fachschulen für H. erlernt werden. Die Etablierung der H. als Handlungswissenschaft steckt noch in den Kinderschuhen. Die Fachhochschule der Diakonie akkreditierte deutschlandweit 2013 den ersten Bachelor-Studiengang Heilerziehungspflege/»inclusive education and care«. Die evidenzbasierte Überprüfung der heilerziehungspflegerischen Kernkompetenzen durch empirische Forschung ist zu initiieren. Die innere Additivität des heil- und sozialpädagogischen sowie pflegerischen Grundprofils der Berufspraxis ist mit Theoriebezug zu untermauern.

*Heidrun Kiessl*

**Heilmittel** sind Dienstleistungen, die regelmäßig von außen auf den Körper einwirken, um einen bestimmten Behandlungserfolg bei → Krankheit oder Behinderung zu erwirken. Nach den Richtlinien des → Gemeinsamen Bundesausschusses (G-BA) über die Verordnung von H. in der → vertragsärztlichen Versorgung (Heilmittel-Richtlinien) i.d.F. vom 20.1./19.5.2011 sind die zulasten der gesetzlichen → Krankenversicherung verordnungsfähigen H. persönliche medizinische Leistungen, namentlich Maßnahmen der physikalischen Therapie (Massagen,

Bewegungstherapie, Krankengymnastik, Traktionsbehandlungen, manuelle Therapie, Elektro-, Licht-, Wärme- und Kältetherapie, Hydrotherapie, medizinische Bäder und Inhalationstherapie), der Stimm-, Sprech- und Sprachtherapie, der → Ergotherapie oder der podologischen Therapie. Demgegenüber stellen sachliche Leistungen, die von außen auf den Körper wirken, regelmäßig → Hilfsmittel dar (z.B. Einlagen, Kompressionsstrümpfe, Leibbinden).

Die H.-Richtlinien regeln weitere Voraussetzungen für die Verordnung von H., die allgemeinen Verordnungsgrundsätze, den Inhalt von Verordnungen sowie Informationspflichten. Weiter ist ein Katalog der verordnungsfähigen H. gegeben. Dieser wird dem allgemein anerkannten Stand der medizinischen Erkenntnisse entsprechend ergänzt. Daneben existiert ein Katalog betreffend Maßnahmen, deren therapeutischer Nutzen nicht nachgewiesen ist, sowie Indikationen, bei denen der Einsatz von Maßnahmen, deren therapeutischer Nutzen nachgewiesen ist, dennoch nicht anerkannt ist, und Maßnahmen, die der persönlichen Lebensführung zuzuordnen sind (ausgeschlossene H.). Zudem kann nach § 34 → SGB V das → Bundesministerium für Gesundheit (BMG) durch → Rechtsverordnung mit Zustimmung des Bundesrats H. von geringem oder umstrittenen therapeutischen Nutzen oder geringem Abgabepreis bestimmen, deren Kosten die → Krankenkasse nicht übernimmt. Die Regelungskompetenz des G-BA tritt dabei ergänzend neben die Ausschlusskompetenz des BMG. Solange und in dem Umfang, in dem der Verordnungsgeber (BMG) nicht von der ihm eingeräumten Kompetenz Gebrauch gemacht hat, ist der G-BA bis hin zu Leistungsausschlüssen befugt. Die Leistung eines H. kann in der gesetzlichen Krankenversicherung nur auf ärztliche Veranlassung hin erfolgen, es ist also eine ärztliche Verordnung erforderlich. Die Abgabe von H. erfolgt durch zugelassene → Leistungserbringer. Hierbei handelt es sich um entsprechend ausgebildete, berufspraktisch erfahrene Personen. Diese sind regelmäßig an die ärztliche Verordnung gebunden. Folgeverordnungen sind grundsätzlich nur nach erneuter Begutachtung durch den/die behandelnde/n Arzt/Ärztin möglich. Für die zulasten der gesetzlichen Krankenversicherung verordnungsfähigen H. ist von Versicherten, die das 18. Lebensjahr vollendet haben, eine Zuzahlung an den Leistungserbringer zu leisten. Diese beträgt 10% der Kosten sowie 10 Euro pro Verordnung.

*Katja Fahlbusch*

**Heilpädagogik** Der Begriff H. wurde 1861 erstmalig von Georgens und Deinhardt, zwei deutschen »Schulmeistern«, in ihrem Buch »Die H. unter besonderer Berücksichtigung der Idiotie und der Idiotenanstalten« (Leipzig 1861) genannt. Die Autoren wussten bereits, dass man mit Pädagogik nicht heilen kann. Vielmehr kam es ihnen auf die → Teamarbeit an, etwa mit Ärzten. In ihrer »Heilpflege- und Erziehanstalt für geistes- und körperschwache Kinder« Levana in Baden bei Wien arbeiteten sie mit unterschiedlichen Professionen zusammen. Zudem nahmen sie nicht nur Kinder mit, sondern auch ohne Behinderung auf. Teamarbeit und → Inklusion waren also schon seit Beginn der H. Programm. Im Jahr 1931, also 70 Jahre später, wird Heinrich Hanselmann an der Universität Zürich zum außerordentlichen Professor für H. ernannt. Damit erfolgte der Sprung von der seit 1924 nicht-akademischen Ausbildung zum universitären Studium. Die ersten in Deutschland arbeitenden Heilpädagogen sind in Zürich ausgebildet worden. Hanselmann und sein Nachfolger Paul Moor verstanden H. als Pädagogik. Diese Ausrichtung wurde mit Beginn der heilpädagogischen Ausbildung in Deutschland (1963) weiterverfolgt und prägt bis heute das Berufsverständnis von Heilpädagog/innen. Die von dem Wiener Pädiater Hans Asperger vorgeschlagene sogenannte österreichische Richtung, H. sei angewandte Kinderpsychiatrie, setzte sich in Deutschland nicht durch. Aus medizinischer Sicht, wonach H. gern als Heilhilfsberuf gesehen worden wäre, erfüllten diesen Bedarf erst ab 1999 die Ergotherapeuten.

Die akademische Ausbildung erfolgte in Deutschland erst mit der Errichtung von Fachhochschulen in den 1970er-Jahren. Seitdem gibt es in Deutschland zwei Ausbildungsformen: einmal die Fachschulen oder Fachakademien (so in Bayern) und zum anderen die Fachhochschulen, heute meist als Hochschulen für angewandte Wissenschaften benannt. Im Unterschied zu den Hochschulen haben die Fachschulen/Fachakademien als Zugangsvoraussetzung den Beruf als → Erzieher/in oder äquivalente Berufe. Während die nichtakademisch ausgebildeten Heilpädagog/innen eine Gesamtausbildungszeit von mindestens fünf Jahren nachweisen, haben studierte Heilpädagog/innen in der Regel nur sieben Semester bis zum Bachelor-Abschluss durchlaufen. Die unterschiedlichen Ausbildungsformen und -abschlüsse können in der Praxis, etwa bei der Eingruppierung und der beruflichen Funktionszuordnung, zu Verunsicherungen beitragen.

H. versteht sich als Handlungswissenschaft, also als (Erziehungs-)Wissenschaft, die dem Handeln dient. Dabei macht sie sich auch Inhalte aus unterschiedlichen Bezugswissenschaften zu eigen, sofern diese für die heilpädagogische Theoriebildung und Praxis relevant sind. Neben der Erziehungswissenschaft sind dies etwa Bereiche aus der Anthropologie und Ethik, Psychologie, Medizin, Soziologie und Rechtswissenschaft. In Deutschland arbeiten Heilpädagog/innen in der Regel im außerschulischen Bereich und Sonderpädagog/innen in (Sonder-/Förder-)Schulen.

Die Klientel der H. ist heterogen und nicht kategorial bestimmbar, wie etwa durch Behinderungskategorien. Nicht jeder Mensch mit einer Behinderung braucht H.! Die Bestimmung, wer H. braucht, erfolgt mittels heilpädagogischer Diagnostik und in Abstimmung mit den jeweils betroffenen Menschen: nicht über uns, sondern mit uns, lautet das Motto. → Behinderte Menschen, die sich selbst vertreten können und bei Bedarf Assistent/innen anstellen, gehören im Allgemeinen nicht zur Klientel der H. Vielmehr gehören hierzu Menschen, die sich »nicht selber forthelfen können« (Pestalozzi), also ohne heilpädagogische Förderung depriviert würden. Insofern sind Heilpädagog/innen auch Talentesucher bei Menschen, deren Begabungen nur schwer erkennbar sind oder deren psychosoziale Entwicklung aus unterschiedlichen Gründen beeinträchtigt ist. Daher arbeiten Heilpädagog/innen traditionell nach dem → Individualisierungsprinzip, also mit Einzelnen allein oder in → Gruppen, und zwar unabhängig vom Lebensalter und der Lebenssituation, wie einer institutionellen Einrichtung etwa. Ein wesentliches Ziel der heilpädagogischen Arbeit ist, mit dazu beizutragen, dass Menschen trotz Handicaps zu einem sinnerfüllten Leben kommen. Neben dieser humanen, aber auch professionellen Haltung spielt die »entwicklungsfreundliche Beziehung« (Senckel/Luxen) eine wesentliche Rolle. Innerhalb der heilpädagogischen Diagnostik stehen die Beobachtung und das individuelle Verstehen der biografischen und aktuellen Situation im Vordergrund. Dabei ist herauszufinden, was der einzelne Mensch braucht, welche Indikation einer heilpädagogischen Maßnahme zugrunde liegt. Die Methodenfrage richtet sich nach dem Bedarf des einzelnen Menschen und nicht nach irgendeinem Standardangebot seitens des Heilpädagogen. Diese Vorgehensweise macht es mitunter so schwer zu begreifen, wie Heilpädagog/innen arbeiten; das Verstehen des Berufsbildes wäre einfacher, wenn es ein generelles heilpädagogisches Methodenangebot gäbe.

Neben dem Individualisierungsprinzip unterstützt die H. die seit 2009 von Deutschland ratifizierte → UN-Behindertenrechtskonvention (BRK) und deren auf Inklusion ausgerichtete Ziele. Allerdings betrifft diese Unterstützung nicht exklusiv die H. allein, denn die Ziele der BRK müssen von unterschiedlichen Berufsgruppen sowie durch Gesellschaft und Politik umgesetzt werden. In diesem Kontext wollen Menschen mit Behinderungen keine exponierte Stellung, sondern sehen sich als Teil einer Heterogenität, die sozialpolitischen und pädagogischen Herausforderungen gegenübersteht: Es ist normal, verschieden zu sein, lautet das Motto. Gleichwohl steigt insbesondere in Schulen des allgemeinen Bildungssystems der Bedarf an Heilpädagog/innen, zumal nach Art. 24 der BRK Kindern unabhängig vom Schweregrad ihrer Behinderung der Zugang zu Grundschulen und weiterführenden Schulen ermöglicht ist.

Hinzuweisen ist noch auf den → Berufs- und Fachverband Heilpädagogik (BHP) mit Sitz in Berlin, der etwa 5.000 Mitglieder hat (Stand: 2015). Auf seiner Internetseite ist auch das Berufsbild Heilpädagog/in zu finden: www.bhponline.de/berufsbild/

*Lit.* Fischer, D.: Heilpädagogik – ein Versprechen, Würzburg 2009; Fischer, H./Renner, M.: Heilpädagogik. Heilpädagogische Handlungskonzepte in der Praxis, Freiburg 2011; Greving, H. (Hrsg.): Kompendium der Heilpädagogik. 2 Bde., Troisdorf 2007; Kobi, E.: Grundfragen der Heilpädagogik, Berlin 2004.

*Dieter Lotz*

**Heilpädagog/in** → Heilpädagogik

**Heilpädagogische Einrichtung** → Heilpädagogik und Heilerziehung gelten als Synonyme für eine Pädagogik, die in besonderen Situationen gefragt ist. Professionelles heilpädagogisches Handeln findet in h. E. (z.B. heilpädagogischen Heimen oder Tagesstätten) und/oder zunehmend auch in ambulant und mobil arbeitenden Praxen statt. Im Rahmen dieser organisationstheoretischen Ebene erfüllen derartige Institutionen gesellschaftliche, politische und/oder sozialkulturelle Zwecke und Ziele und versuchen diese durch festgelegte Regeln zu erreichen (z.B. Schule = Bildung = Schulabschluss). Die Aufgabe der Heilpädagogik bzw. einer h. E. ist es, den einzelnen Menschen in seiner individuellen Bedürfnislage besonders zu beachten, zu verstehen und zu unterstützen. In h. E. geht es oft um mehr, als nur ein allgemein erwartetes Verhalten zu erzielen. H. E. arbeiten u.a. sinnorientiert (Viktor E. Frankl) und ressourcenorientiert (Paul Moor, Otto Speck u.a.). In h. E. können Kinder und Jugendliche mit besonderem Bedarf eine Unterstützung erfahren. Ursächlich für ein heilpädagogisch intendiertes Handeln sind häufig emotionale, mentale und/oder körperliche Beeinträchtigungsformen, die einer eigenständigen Teilnahme am gesellschaftlichen Leben entgegenstehen oder aber den Menschen in seiner ganzheitlichen Entwicklung behindern. Ganzheitliche Entwicklung oder Sichtweise meint, dass der Fokus für die infrage kommende Hilfeleistung a) nicht allein auf das Kind/den betreffenden Jugendlichen oder Erwachsenen beschränkt (individual-theoretisches Paradigma) bleibt, sondern auch seine verschiedenen Lebenswelten (Kita, Schule, Elternhaus etc.) mit einbezogen werden (systemischer Arbeitsansatz), b) die unterschiedlichen Aspekte von z.B. medizinischen, therapeutischen und/oder (heil-)pädagogischen Hilfen zusammengeführt und unter Beteiligung aller am (heil-)pädagogischen Prozess integrierten Personen zu einem abgestimmten und somit inkludierenden Arbeitsprozess entwickelt wird. Auch heute noch werden häufig h. E. und sonderpädagogische Einrichtungen synonym gebraucht. Klassischerweise werden jedoch unter h. E. außerschulische und unter sonderpädagogischen Institutionen schulische Einrichtungen verstanden. In h. E. werden spezifische Hilfen für → behinderte Menschen und Menschen mit besonderen Erziehungsbedürfnissen erbracht. Dabei sollte das Ziel jeder professionellen Hilfe darin bestehen, jeden Menschen zu einer weitgehend autonom handelnden Person in sozialer → Integration zu befähigen. Als h. E. können bezeichnet werden: Institutionen, die frühe pädagogische Hilfen ganzheitlich anbieten, ambulante und mobile Frühförderstätten, heilpädagogische Praxen, Haus-Früherziehung, Elternberatung, heilpädagogische und integrative bzw. inkludierend arbeitende Kindergärten und Horte, Schulkindergärten/heilpädagogische Tagesstätten, Heime etc. Häufig existieren auch in überwiegend sozialpädagogisch geprägten Einrichtungen zusätzlich Förder- bzw. Fachdienste, die häufig von Heilpädagog/innen angeboten werden.

*Frank-Johannes Lemke*

**Heilpädagogische Handlungsfelder** Heilpädagog/innen sind zur Ausübung ihres Berufes nicht an Einrichtungsbedingungen wie beispielsweise in Arztpraxen gebunden. Sie können ambulant, etwa als mobile heilpädagogische Praxis unterwegs sein und in → Familien arbeiten oder sie setzen ihre beruflichen Kompetenzen in verschiedenen Krippen und → Kindertageseinrichtungen je nach deren Bedarf ein. Traditionell arbeiten Heilpädagog/innen mit einzelnen Menschen, sie sind verantwortlich für die Heilpädagogische Diagnostik (die niemals segregierend ist) und die daraus abgeleiteten »gezielten« Förderpläne oder die Entwicklungsbegleitung. Die sogenannte Zielgruppe ist heterogen, das heißt vielfältig und unterschiedlich hinsichtlich des Lebensalters, das nicht eingeschränkt ist, und des Entwicklungsbedarfes. Die Klientel der → Heilpädagogik stammt aus den Bereichen der Erziehungshilfe (→ Kinder- und Jugendhilfe) und Behindertenhilfe. Gleichwohl zählen nicht »die → behinderten Menschen« per se zur Zielgruppe der Heilpädagog/innen. Nach heilpädagogischem Verständnis ist ihre Klientel primär nicht krank, sondern im weitesten Sinne erziehungsbedürftig. Dieser Sprachgebrauch wird bei erwachsenen, älteren Menschen eher nicht verwendet; Heilpädagogik wird dann zur Schnittmenge der Andragogik.

Die heilpädagogische Fallarbeit mit Einzelnen wird in manchen → Einrichtungen, wie etwa Krippe und Kita, kritisiert, weil die jeweilige Problematik (beispielsweise → ADHS oder andere → Verhaltensauffälligkeiten) in der → Gruppe wieder auftaucht. Daher arbeiten moderne Heilpädagog/innen subjektorientiert auch in Gruppen. Je nach diagnostischem Befund können beispielsweise Methoden aus der → Montessori-Pädagogik, der Psychomotorik, des Heilpädagogischen Spiels, der Heilpädagogischen Übungsbehandlung eingesetzt werden. Auch die Einbeziehung der pädagogischen → Fachkräfte und der Eltern gehört mit zum Förder- oder Begleitungsprogramm. Die heilpädagogische Arbeit ist meist eingebunden in ein komplexes pädagogisches, medizinisches oder psychologisches Helfersystem. Heilpädagog/innen sind insofern angewiesen auf ein interdisziplinäres Team. In der Praxis zeigt sich häufig, dass andere Professionen oder Eltern mit »dem Kind am Ende ihres Lateins« sind; die Kinder sind dann aus dem normalen Raster herausgefallen und werden nicht selten als therapieresistent bezeichnet. Dann wird zurecht die Profession der Heilpädagog/innen beansprucht.

Neben Heilpädagogischen Praxen (400 sind bundesweit beim → Berufs- und Fachverband Heilpädagogik registriert) arbeiten Heilpädagog/innen institutionell beispielsweise in Frühförder- und Erziehungsberatungsstellen, in integrativen/inklusiven Einrichtungen (in Kitas; zunehmend auch in Schulen), in der Heilpädagogischen Familienhilfe, als Heilpädagogische Pflegestelle, in Heilpädagogischen Tageseinrichtungen, in Wohngruppen der Erziehungs- oder Behindertenhilfe, in sogenannten Komplexeinrichtungen wie → Sozialpädiatrische Zentren, in der

→ Kinder- und Jugendpsychiatrie, in der Fachberatung und in Ausbildungs- und Fortbildungsstätten. Auch der Bedarf an Heilpädagog/innen in Einrichtungen der → Altenhilfe steigt.

Grundsätzlich sind Heilpädagog/innen zwei Zielen verpflichtet: Sie sollen dazu beizutragen, dass Menschen mit diversen Handicaps trotz ihrer Beeinträchtigungen zum einen ihre individuellen Talente entdecken und zu einem sinnerfüllten Leben kommen, und zum anderen, dass sie in der → Gesellschaft ein im Sinne der → UN-Behindertenrechtskonvention normales, teilhabendes, teilgebendes und voll inkludiertes Leben (→ Inklusion) führen.

*Dieter Lotz*

**Heilsarmee** Die H. ist eine internationale Bewegung und Teil der universalen christlichen Kirche. Ihre Botschaft gründet sich auf die Bibel. Ihr Dienst ist motiviert von der Liebe zu Gott. Ihr Auftrag ist es, das Evangelium von Jesus Christus zu predigen und menschlicher Not ohne Ansehen der Person zu begegnen. Die H. in Deutschland ist eine Religionsgemeinschaft des öffentlichen Rechts. Sie unterhielt 2015 mehr als 40 Gemeinden sowie 18 soziale Einrichtungen und elf angegliederte Angebote. Die Sozialarbeit umfasst u.a. stationäre und teilstationäre Facheinrichtungen sowie ambulante Angebote der Wohnungslosen- und → Eingliederungshilfe, Wohn- und Übernachtungsheime sowie eine Kindertagesstätte und ein Suchdienst. Hinzu kommen in den Gemeinden Kleider- und Essenausgaben sowie Angebote für Kinder und Jugendliche, Erwachsene, Familien und Senioren. Außerdem ist die H. eine der größten internationalen Abstinenzbewegungen in Bezug auf Alkohol, Nikotin und Drogen. Die H. ist Mitglied des Evangelischen Werks für Diakonie und Entwicklung e.V., der Vereinigung Evangelischer Freikirchen und der Arbeitsgemeinschaft Christlicher Kirchen. Ein General (z.Zt. André Cox) leitet die internationale Organisation mit Sitz in London. Diese ist in Territorien aufgeteilt, an deren Spitze jeweils ein Territorialleiter die Arbeit verantwortet; in Deutschland: Oberst Patrick Naud, Köln.

*Anschrift*: Territoriales Hauptquartier, Salierring 23–27, 50677 Köln; www.heilsarmee.de

*Andreas W. Quiring*

**Heim** → Einrichtungen

**Heimaufsicht** Der Begriff H. bezieht sich nachfolgend auf den Bereich von → Einrichtungen für ältere Menschen sowie volljährige pflegebedürftige Menschen oder volljährige Menschen mit Behinderung. Die Begrifflichkeit drückt aus, dass diese Heime beaufsichtigt bzw. überwacht werden. Gesetzliche Grundlage für die Aufsichtstätigkeiten war seit 1975 das (Bundes-)Heimgesetz sowie die darauf erlassenen Rechtsverordnungen (Heimpersonal-, Heimmindestbau-, Heimmitwirkungs- und Heimsicherungsverordnung). Die Umsetzung bzw. Ausführung dieses Gesetzes nebst Verordnungen war jedoch gemäß Art. 83 GG Ländersache. Dieses Gesetz ist mittlerweile durch eigene »Landesheimgesetze« abgelöst worden (in Hessen z.B. durch das Hessische Gesetz über Betreuungs- und Pflegeleistungen aus dem Jahre 2012). Hinsichtlich der Regelungsinhalte der Verordnungen finden in den einzelnen Bundesländer teilweise bereits eigene Landesverordnungen oder noch die Bundesverordnungen Anwendung. Der Grund dafür ist, dass im Rahmen der Föderalismusreform durch die Änderung des Grundgesetzes (hier: Art. 74 Abs. 1 Nr. 7 GG) die Gesetzgebungskompetenz im Bereich → Heimrecht dem Bund weitgehend entzogen und auf die ausschließliche Zuständigkeit der Länder übertragen worden ist (BGBl.I 2006 S. 2034). Das »Alt«-Recht galt bzw. gilt nach Art. 125 a GG solange fort, bis die einzelnen Bundesländer von ihrem Kompetenzrecht Gebrauch gemacht haben. Nicht davon erfasst waren jedoch die Vorschriften zum Heimvertragsrecht (§§ 5 ff. HeimG). Der Bund hat diese Rechtsmaterie nunmehr in dem → Wohn- und Betreuungsvertragsgesetz (WBVG) geregelt.

Die Aufsichtstätigkeit bezog sich auf weite Bereiche des »Heimlebens«. Der Grund ist im Schutzinteresse der dort lebenden Menschen zu sehen. U.a. wurde überwacht, ob die Wohn- und Betreuungsqualität für die Bewohnerinnen und Bewohner von den Einrichtungsbetreibern gewährleistet wurde bzw. wird (vgl. u.a. § 11 HeimG). Die Überwachungsmaßnahmen durch die zuständigen (Heimaufsichts-)Behörden wurden regelmäßig und auch anlassbezogen durchgeführt. Dabei bestand nach dem Bundesheimgesetz die Möglichkeit der angemeldeten und unangemeldeten Prüfungen. Die Einrichtungen mussten mindestens einmal im Jahr geprüft werden (vgl. § 15 HeimG). Fanden sich Mängel, stand nach dem Bundesheimgesetz den Aufsichtsbehörden ein abgestuftes ordnungsrechtliches Verfahren zur Verfügung. Der Bundesgesetzgeber verfolgte dabei die Intention: → Beratung vor Anordnung. Der Grund lag darin, dass der Gesetzgeber wollte, dass sich der/die Einrichtungsbetreiber/in und die Aufsichtsbehörden zunächst auf »gleicher« Augenhöhe begegneten. Erst wenn die Beratung keinen Erfolg zeigte oder die

Mängel besonders gravierend waren, bestand die Möglichkeit Anordnungen (→ Verwaltungsakte) zu erlassen, die als Ultima ratio bis zur Untersagung des Heims führen konnte (vgl. §§ 17 f. HeimG). Die Aufsichtstätigkeiten mussten mit weiteren Prüfinstanzen (z.B. den → Pflegekassen) koordiniert werden (vgl. § 20 HeimG).

Die einzelnen Landesgesetze haben teilweise den Anwendungsbereich und auch die Anforderungen an die Betreiber/innen gegenüber dem »Alt«-Recht erweitert (z.B. hat Hessen nunmehr auch ambulante Betreuungs- und Pflegedienste vom Anwendungsbereich erfasst).

*Karlheinz Börner*

**Heimaufsicht in der Jugendhilfe** → Betriebserlaubnis

**Heimbeirat** → Heimmitwirkung

**Heimerziehung** als ein Angebot der → Hilfe zur Erziehung (HzE) nach §§ 27, 34 → SGB VIII im Rahmen der → Kinder- und Jugendhilfe will Kindern und Jugendlichen, die infolge individueller, sozialer und gesellschaftlicher Problemlagen in ihren → Herkunftsfamilien überfordert oder gefährdet erscheinen, vorübergehend einen neuen, pädagogisch gestalteten und professionell strukturierten Lebensort mit folgenden Zielsetzungen bieten: »(1) Distanz und Entlastung von Beziehungen und Aufgaben, in und an denen Heranwachsende gescheitert sind, (2) einen für die spezifische Belastbarkeit und Bedürfnislage des Einzelnen eingerichteten Lebensraum und ggf. zusätzliche therapeutische Hilfen, (3) stabile affektive Beziehungen im Umgang mit Erwachsenen, die als Professionelle besonderer Belastung gewachsen sind, und (4) Lernfelder, die attraktiv sind und zugleich für die nicht mehr entlastete Zukunft außerhalb des Heimes lohnende Perspektiven eröffnen« (Thiersch).

Die Diskrepanz zwischen dem hohen pädagogischen Anspruch der H. und ihrer Wirklichkeit bildet immer wieder den zentralen Ansatzpunkt zu ihrer Kritik: Kinder und Jugendliche können durch die Heimunterbringung aus ihrem vertrauten → sozialen Umfeld gerissen und damit vielfacher Bindungen beraubt werden. Demgegenüber sind die sozialen Bezüge im Heim zu oft geprägt von einem hohen Maß an Anonymität, Diskontinuität der Beziehungen und Strukturen totaler Versorgung, die zu weiterer Schädigung (→ Hospitalismus) führen. Eine Belegungspraxis der → Jugendämter, die zu oft reibungslosen administrativen Vollzügen den Vorrang gibt und pädagogische Krisen nicht selten mit Abschiebung und Verlegungen beantwortet, baut damit ein verhängnisvolles System vertikaler Heimdifferenzierung auf, an dessen Ende die H. als »letzte Station« und die geschlossene Unterbringung als letzter Versuch vor dem → Strafvollzug stehen.

Zur Vermeidung dieser Dysfunktionen wird der Ausbau der → familienunterstützenden und ergänzenden Hilfen, der Beratungs- und Bildungsangebote für Eltern und Kinder und die Umwandlung der großen unüberschaubaren Anstalten in kleinere, selbstständige Einheiten wie autonome Wohngruppen innerhalb und außerhalb (Außenwohngruppen) des Heimes oder Kinderhäuser, Kleinstheime und Wohngemeinschaften/Wohngruppen (→ Wohnformen für Jugendliche) angestrebt. Die Entwicklung eines Verbundsystems von Erziehungshilfen soll gewährleisten, dass im Einzelfall die erforderlichen sozialpädagogischen Maßnahmen differenziert und flexibel eingesetzt werden können, um somit ein hohes Maß an persönlicher Entwicklung und sozialer → Integration zu ermöglichen. Eine positive Orientierung an der tatsächlichen → Lebenswelt von Kindern, Jugendlichen und Familien, d.h. an Nachbarschaft, sozialkulturellem Milieu, an vertrauten Lebensorten und gewählter Lebensweise (→ Sozialraumorientierung) soll vor neuerlicher Entwurzelung ebenso schützen wie vor professioneller Überfrachtung.

In diesem Sinne hat sich H. in den letzten Jahren durch enorme personelle und sachliche Investitionen weitgehend zu einer qualifizierten und gleichwertigen Erziehungshilfe, zu einem für Kinder und Jugendliche durchaus »lohnenden Lebensort« entwickeln können. Neben die z.T. immer noch zutreffenden Probleme der mangelnden Kontinuität und Überschaubarkeit des Lebens- und Erziehungsortes Heim treten jedoch neue, v.a. durch finanzielle Vorbehalte gegenüber der »teuren« Erziehungshilfe H. ausgelöste Schwierigkeiten: Eine Belegung der Einrichtungen ausschließlich nach Kostengesichtspunkten, mangelnde öffentliche Planung sowie die belastenden Arbeitsbedingungen der Mitarbeiter/innen haben erhebliche negative Auswirkungen auf die pädagogische Arbeit und verhindern eine qualifizierte und bedarfsgerechte Weiterentwicklung der H. Somit gerät H. wieder in Gefahr, vielfach nur noch eine »letzte Aufbewahrungsstätte« sein zu können – ein verhängnisvoller Zustand, der gerade überwunden schien. Diese Bandbreite der Funktionen und Perspektiven heutiger H. spiegelt sich auch in den immer wieder diskutierten Themenfeldern zwischen »Familienaktivierender H.« (Institut für sozialpädagogische Forschung Mainz) und »Geschlossener Unterbringung«

(→ Deutsches Jugendinstitut). Neu ist eine intensive Auseinandersetzung seit Mitte der 2000er-Jahre um die Spätfolgen der H. in den 1950er- und 1960er-Jahren, die u.a. zur Einrichtung eines »Runden Tisches H.« und in der Folge zu einem Entschädigungsfond für sog. ehemalige Heimkinder führte.

Die Unterbringung in einem Heim erfolgt a) im Rahmen der HzE nach §§ 27 i.V.m. 34 SGB VIII; b) im Rahmen der → Eingliederungshilfe für behinderte Menschen im Grenzbereich zur → Sozialhilfe in Verantwortung der überörtlichen → Träger der Sozialhilfe. Die Anzahl der in Heimen lebenden jungen Menschen war bis Mitte der 2000er-Jahre wegen des verstärkten Ausbaus der ambulanten und offenen Hilfen und der → Familienpflege sowie aus o.g. Kostengründen und der absolut zurückgehenden Kinderzahlen rückläufig, steigt seitdem wieder deutlich an: 2012 lebten 100.000 Mädchen (45%) und Jungen (55%) in Heimen, 15% mehr als 2008. Bezogen auf 10.000 Minderjährige lebten 2012 66 junge Menschen in H., allerdings mit großen regionalen Unterschieden (Baden-Württemberg: 36, Bremen: 152 pro 10.000)

2012 waren in Deutschland 69.985 Personen in den insgesamt 6.500 Einrichtungen beschäftigt (1.470 Einrichtungen stationärer Erziehungshilfe im Schichtdienst, 1.400 ausgelagerte Gruppen im Schichtdienst und 435 in Lebensgemeinschaften, 721 Kleinsteinrichtungen, 1.072 betreute Wohnformen, 210 Einrichtungen des Jugendwohnens im Rahmen der → Jugendsozialarbeit, 289 Einrichtungen für integrierte Hilfen, 329 gemeinsame Wohnformen für Eltern und Kinder, 177 Einrichtungen der → Inobhutnahme von Kindern und Jugendlichen sowie 14 Einrichtungen der geschlossenen Unterbringung). Die Unterbringung junger Menschen außerhalb des Elternhauses (→ Vollzeitpflege, H., sonstige betreute Wohnform) kostete den → öffentlichen Träger der Jugendhilfe 2012 ca. 3,3 Mrd. Euro (52% der Gesamtausgaben für HzE).

*Lit.* Gabriel, T./Winkler, M. (Hrsg.): Heimerziehung. Kontexte und Perspektiven, München, 2003; Günder, R.: Praxis und Methoden der Heimerziehung, 5. Aufl., Freiburg 2015; Schleiffer, R.: Der heimliche Wunsch nach Nähe. Bildungstheorie und Heimerziehung, 5. Aufl., Weinheim/Basel 2014; Wensierski, P.: „Schläge im Namen des Herrn“. Die verdrängte Geschichte der Heimkinder in der Bundesrepublik, Hamburg 2006.

*Christian Schrapper*

**Heimfürsprecher/in** → Heimmitwirkung

**Heimgesetz** → Heimrecht

**Heimmitwirkung** gewährleistet(e) auf der Grundlage des Bundesheimgesetzes (§ 10 HeimG) und der darauf erlassenen Heimmitwirkungsverordnung (HeimmwV) den Bewohnerinnen und Bewohnern in den dort aufgeführten Heimeinrichtungen (z.B. → Pflegeeinrichtungen und → Einrichtungen für Menschen mit Behinderung) das Recht, bei wesentlichen Entscheidungen, die Angelegenheiten des Heimbetriebes betreffen, wie Unterkunft, Betreuung, Verpflegung, Freizeitgestaltung usw. mitzuwirken (vgl. §§ 30 f. HeimmwV). Die HeimmwV regelt(e) darüber hinaus u.a. die Bildung und Zusammensetzung, die Amtszeit, die Geschäftsführung, die Aufgaben und die Stellung des Heimbeirates sowie dessen Mitglieder. Die Mitwirkung wird in aller Regel durch den von den Bewohnerinnen und Bewohnern gewählten Heimbeirat oder eines adäquaten Ersatzgremiums wahrgenommen. Darüber hinaus besteht die Möglichkeit, dass die zuständige Heimaufsichtsbehörde einen Heimfürsprecher bestellt. Die Anzahl der Mitglieder des Heimbeirates richtet sich nach der Anzahl der Bewohnerinnen und Bewohnern – z.B. gehören bei 80 Bewohner/innen in der Regel fünf Mitglieder dem Heimbeirat an (vgl. § 4 HeimmwV). Diese Heimbeiräte können nicht nur Bewohnerinnen und Bewohner sein, sondern auch sogenannte externe Personen, z.B. Angehörige und sonstige Vertrauenspersonen, Mitglieder von örtlichen Senioren- und Behindertenorganisationen sowie von der Heimaufsicht vorgeschlagene Personen (§ 3 Abs. 2 HeimmwV). Der Heimbeirat besitzt ein Mitwirkungsrecht, aber kein Mitbestimmungsrecht. Mitwirkung bedeutet, dass der Heimbeirat vor einer Entscheidung des Heimträgers über eine den Heimbetrieb betreffende Maßnahme rechtzeitig und umfassend informiert werden muss. Die letzte Entscheidung und damit die Verantwortung liegt allerdings beim Heimträger. Daher ist es wichtig, dass die Bewohnerinnen und Bewohner ihre Meinungen und Vorstellungen über den von ihnen gewählten Heimbeirat in die vorbereitenden Überlegungen des Heimträgers einbringen. Die Mitwirkung des Heimbeirats soll von gegenseitigem Vertrauen und Verständnis zwischen Bewohnerschaft, Heimleitung und Heimträger bestimmt sein (§ 32 Abs. 1 HeimmwV). Da der Heimbeirat die Belange und Interessen der Bewohnerinnen und Bewohner zu vertreten hat, muss er deren Wünsche und Vorstellungen kennen. Daher müssen Heimbeirat und Bewohnerschaft in engem Kontakt zueinander stehen und miteinander sprechen. Ein Forum des Informations- und Meinungsaustausches ist die jährlich mindestens einmal abzuhaltende Bewohnerversammlung (§ 20 HeimmwV).

Aufgrund des Wegfalls der Gesetzeskompetenz des Bundes hinsichtlich des Heimrechtes (→ Heimaufsicht) haben mittlerweile einige Bundesländer eigene »Mitwirkungsverordnungen« erlassen, z.B. Baden-Württemberg (Landesheimmitwirkungsverordnung – LHeimMitVO vom 6.2.2012, GBl. vom 20.4.2010, S. 390), Hamburg (Wohn- und Betreuungsmitwirkungsverordnung – WBMitwVO vom 14.2.2012, HmbGVBl. S. 494) und Nordrhein-Westfalen (Wohn- und Teilhabegesetz-Durchführungsverordnung – WTG DVO vom 23.10.2014, GV.NRW, S. 685), die sich von der Bundesverordnung z.B. durch die landesspezifisch neu geregelten Anwendungsbereiche und den Mitwirkungstatbeständen unterscheiden (NRW hat sogar für einzelne Bereiche eine Mitbestimmung vorgesehen – vgl. § 11 WTG DVO). In anderen Ländern, wie z.B. Hessen oder Niedersachsen, findet weiterhin die (Bundes-)HeimmwV Anwendung.

*Karlheinz Börner*

**Heimrecht** Heime sind Lebens- und Versorgungsorte für Menschen, die der Unterstützung, der Förderung, der → Pflege und des Schutzes bedürfen, z.B. Kinderheime, Jugendheime, Einrichtungen für Menschen mit Behinderung, psychisch Kranke, Obdachlose, auf Pflege Angewiesene und alte Menschen. Als H. ließen sich all jene rechtlichen Regelungen bezeichnen und zusammenfassen, die sich direkt oder mittelbar steuernd auf solche kollektiven Lebensformen in Institutionen für förder-, pflege- und schutzbedürftige Personen auswirken. Damit wird ein Verständnis von H. zugrunde gelegt, das nicht lediglich ein Gesetz, wie das ehemalige Bundes-Heimgesetz, in den Blick nimmt, sondern eine »synthetische« Zusammenschau aller bedeutsamen rechtlichen Regelungen für → Einrichtungen und Institutionen wie Heime beinhaltet. Aus den Wechselwirkungen der unterschiedlichen Regelungen aus dem Ordnungsrecht, dem Sozialleistungsrecht, dem Gesundheitsdienst- und Berufsrecht, den Förderbestimmungen der Länder und Kommunen konstituiert sich das H., das es als abgrenzbarer, eigenständig ausmachbarer Regelungsbereich so im deutschen Recht nicht gibt. Davon geht allerdings Art. 74 Abs. 1 Ziff. 7 → Grundgesetz (GG) aus, wenn er die Gesetzgebungskompetenz für das dem Fürsorgerecht zugeordnete H. den Ländern überträgt.

Die deutsche Rechtsordnung kennt, je nach Regelungsbereich und Logik, unterschiedliche Einrichtungs- (Oberbegriff) und Heimbegriffe: Eine Einrichtung i.S. des Sozialhilferechtes ist vom Leistungsumfang definiert. Das Bauordnungsrecht orientiert sich im Wesentlichen an Kriterien des Krankenhausbaus und den dort geltenden Sicherheitsbestimmungen. Die Landesgesetze sind in der Bestimmung ihres Anwendungsbereiches und damit der Ausgestaltung und Definition des Einrichtungsbegriffes nicht einheitlich vorgegangen. In jedem Fall gehören vollstationäre und stationäre Pflege- und Behinderteneinrichtungen in den jeweiligen Anwendungsbereich der Landesgesetze. Teilstationäre Einrichtungen, → Hospize und ambulant betreute Wohngemeinschaften werden in unterschiedlicher Weise in den Anwendungsbereich der landesrechtlichen Kodifikationen zum H. einbezogen. Einrichtungen des → betreuten Wohnens bleiben außerhalb des Anwendungsbereiches. Die Bundesländer Hamburg und Hessen haben ambulante Dienste in ihr »H.« aufgenommen.

Als H. im engeren Sinne lassen sich die bis 2006 im HeimG zusammengefassten Rechtsmaterien und rechtlichen Regelungen bezeichnen. Es kennt unterschiedliche Regelungsinhalte: Als Gewerbesonderrecht enthält es ordnungsrechtliche Regelungen, die für die Einrichtungen i.S. des jeweiligen Landesgesetze gelten. Dazu gehören Anzeigepflichten, Überwachungsrechte und Verpflichtungen der Heimaufsichtsbehörden (→ Heimaufsicht), ordnungsrechtliche Interventions- und Sanktionsmöglichkeiten (Betriebsuntersagung, Kommissarische Heimleitung, Anordnung, Beschäftigungsverbote). Sie standen und stehen im Zusammenhang und z.T. in Konkurrenz zu Aufsichtsobliegenheiten und Aktivitäten anderer Akteure im »H.«, insbesondere zu denen des → Medizinischen Dienstes der Krankenversicherung (MDK).

Das HeimG enthielt von Anfang an zivilrechtliche Regelungen zu dem als gemischten → Vertrag zu qualifizierenden Heimvertrag, der dem besonderen Schuldrecht zuzuordnen ist. Die Heimvertragsregelung aus dem HeimG wurde durch das → Wohn- und Betreuungsvertragsgesetz (WBVG) abgelöst, das seinen Anwendungsbereich nicht mehr aus dem Einrichtungs- oder Heimbegriff ableitet, sondern aus der Kombination von Wohnraumüberlassung und Betreuungs- und Pflegeleistungen in den Vertragswerken. Die Landesgesetze kennen die Verpflichtungen zum Aufbau von Mitwirkungsstrukturen in Heimen, insbesondere durch Beiräte (→ Heimmitwirkung). Entsprechend der Abkehr vom Heimbegriff sprechen die meisten Landesgesetze von Bewohnerbeiräten. Sie enthalten weiterhin Beratungsaufträge sowohl gegenüber Trägern von Einrichtungen als auch gegenüber Bürger/innen, Koordinationsobliegenheiten auf der regionalen Ebene (Arbeitsgemeinschaften) und Kooperationsverpflichtungen mit anderen Aufsichtsbehörden und Kostenträgern.

Mit der Föderalisierung des H. ist die Rechtslage unübersichtlich geworden: 16 landesrechtliche Kodifikationen zum Heimrecht zeigen eine große Variationsbreite von Regelungsoptionen. Während einige Länder, etwa Sachsen, im Wesentlichen bei der alten Konzeption des Heimgesetzes blieben, nutzen andere Länder die neue Gesetzgebungskompetenz zu neuen Wegen in der Ausgestaltung des Rechts der Einrichtungen und Dienste. Hamburg lässt Abweichungen von den vorgegebenen Strukturstandards im Vereinbarungswege zu. Nordrhein-Westfalen akzentuiert besonders Aspekte der → Teilhabe, der → Barrierefreiheit und verzichtet weitgehend auf einengende Standardvorgaben. Das Land Rheinland-Pfalz betont den Beratungsaspekt und verzichtet auf Regelprüfungen. Das Land Schleswig-Holstein (SH) bindet die heimrechtlichen Regelungen wie inzwischen auch Nordrhein-Westfalen (NRW) in ein Gesetzbuch ein, in dem auch Ausbildungsfragen, Fragen der Landespflegeplanung aufgenommen wurden (NRW) oder werden sollen (SH).

Zentrale Themen des alten Heimgesetzes bleiben auch die der neuen Landesgesetze. Dazu gehören die baulichen Mindestanforderungen. In einigen Bundesländern wurden die Anforderungen etwas angehoben (Baden Württemberg, NRW). Auch Fragen der Personalausstattung und des Personalschlüssels bleiben zentrale Fragen auf der landespolitischen Ebene, die auch ihren Niederschlag in den Landesgesetzen gefunden haben. Sie waren bisher in der Heimpersonalverordnung geregelt und konzentrieren sich auf die Leitungsqualifikation und eine Fachkraftquote von 50% des betreuenden Personals. Hinsichtlich der fachlichen Mindeststandards orientieren sich die Landesheimgesetze an dem jeweiligen Stand der Fachdisziplin, es enthält eine »state-of-the-art-Klausel«, die kompatibel mit denen im Sozialleistungsaber auch im Zivilrecht ist.

Die Föderalisierung des H. hat den Ländern gesetzgeberische und politische Gestaltungsoptionen gegeben. Tatsächlich wird das H. weithin dominiert von den leistungserbringungsrechtlichen Vorgaben, insbesondere aus dem SGB XI und XII. Die Abgrenzung zwischen Einrichtungen und Diensten, die Antwort auf die Frage »Heim oder nicht Heim« wird immer schwieriger. Moderne Konzepte in der Behindertenhilfe und in der Pflege sehen eine stärkere Orientierung an ambulanten Versorgungs- und Dienstleistungsprinzipien auch in klassischen Pflege- und Behindertenheimen vor, die mittelfristig eine Abkehr vom Einrichtungs- und Heimbegriff insgesamt nahe legen, respektive eine größere Durchlässigkeit fordern. Während in der Behindertenhilfe der Einrichtungsbegriff auch sozialrechtlich vor der Aufgabe steht, prägt das SGB XI weiterhin eine recht starre Grenze zwischen vollstationären Einrichtungen und ambulanten Diensten. Für die Rechtspraxis wird es darauf ankommen, das H. noch synthetischer in den Blick zu nehmen, d.h. die unterschiedlichen relevanten Rechtsregelungen aufeinander zu beziehen und so für die Einrichtungsträger, aber auch für die Klient/innen, die Einrichtungen und Heime nutzen, eine vergleichsweise transparente und konsistente Rechtsanwendung heimrechtlicher Regelungen sicherzustellen.

*Lit.* Dahlem, O./Giese, D./Igl, G. (Hrsg.): Heimrecht des Bundes und der Länder. Kommentar zum Heimrecht, Loseblattwerk, Köln (Stand: 2016); Klie, T.: Heimaufsicht – Praxis, Probleme, Perspektiven, Hannover 1988; Richter, R.: Das neue Heimrecht, Baden-Baden 2002.

*Thomas Klie*

**Heimschädigungen** → Hospitalismus

**Heimvertrag** → Wohn- und Betreuungsvertragsgesetz (WBVG)

**Heizung, Kosten der** Beim → Arbeitslosengeld II und in der → Sozialhilfe werden neben den Kosten der Unterkunft (KdU, → Unterkunft, Kosten der) auch die → Bedarfe für H. in Höhe der tatsächlichen Aufwendungen erbracht, soweit diese angemessen sind. Die Prüfung der Angemessenheit der Heizkosten erfolgt grundsätzlich getrennt von der Prüfung der Angemessenheit der KdU. Die Heizkosten umfassen u.a. die umgelegten Kosten für Zentralheizungen und für Fernwärme, die i.d.R. als monatliche Abschlagszahlungen an Vermieter zu leisten sind. Der grundsicherungs- und sozialhilferechtliche Bedarf besteht aus den von der Jahreszeit unabhängig, regelmäßig zu leistenden Geldbeträgen. Auch umfasst sind die einmaligen Kosten für die Beschaffung von Heizmaterial (Holz, Kohle, Heizöl) – nicht zulässig ist hier eine monatliche Heizkostenpauschale – sowie die notwendigen Betriebskosten der Heizanlage (Betriebsstrom, Kaminreinigung, Messungen nach dem Bundes-Immissionsschutzgesetz [BImSchG], Wartungen).

Der konkrete Bedarf besteht in der Zurverfügungstellung von Geldmitteln, damit die → Leistungsberechtigten die Lieferung des Heizmaterials bzw der Wärme durch den Vermieter (voraus-)bezahlen können.

Verfügen die Leistungsberechtigten noch über Heizmittel, besteht kein aktueller Bedarf. I.d.R. besteht keine Pflicht der Leistungsträger auf Abgabe einer Kostenübernahmeerklärung vor der Lieferung, es sei denn, der Lieferant ist nur bereit, gegen sofortige Barzahlung zu liefern. Wurde Heizmaterial vor Eintritt der Hilfebedürftigkeit geliefert, jedoch noch nicht (vollständig) bezahlt, kommt allenfalls eine Schuldübernahme nach § 22 Abs. 8 SGB II/§ 36 SGB XII in Betracht. Auch die Kosten für die zentrale Warmwasserversorgung werden von den KdU und H. erfasst. Wird das Wasser über Gas- oder Stromboiler dezentral in den Wohnungen erwärmt, wird ein pauschaler Mehrbedarfszuschlag nach § 21 VII SGB II/§ 30 VII SGB XII anerkannt. Nachforderungen der Vermieter/Energieversorger aus der Jahresabrechnung zählen im Monat ihrer Fälligkeit zu den Aufwendungen der Heizung. Guthaben mindern im SGB II die KdU und H. nach dem Monat der Gutschrift.

Bei der Prüfung, ob Heizkosten angemessen sind, werden aus einem kommunalen (hilfsweise aus dem bundesweiten) Heizsiegel Grenzwerte abgeleitet, deren Überschreitung ein Indiz dafür ist, dass unangemessene Heizkosten vorliegen könnten. Dann müssen die Leistungsberechtigten darlegen, weshalb ihre Kosten dennoch als angemessen anzusehen sind. Als erheblicher Grund wurde bisher die Bettlägerigkeit eines Angehörigen der → Haushaltsgemeinschaft oder die Zugehörigkeit kleiner Kinder zur → Bedarfsgemeinschaft anerkannt. Ein ungünstiger energetischer Standard einer Wohnung stellt für sich genommen dagegen keinen erheblichen Grund dar. Die Absenkung zu hoher Kosten setzt zwingend ein Kostensenkungsverfahren voraus, vgl. KdU. In erster Linie können Heizkosten durch die Änderung des (Heiz-)Verhaltens beeinflusst werden. Dabei ist eine flankierende Energieberatung hilfreich.

*Thorsten Wieland*

**Helfende Beziehung** → Bindung/Beziehung in der Sozialen Arbeit

**Heranwachsende** → Jugend

**Heranziehung zu den Kosten** → Kostenbeitrag, → Kostenersatz

**Herausgabe (des Kindes)** Das Aufenthaltsbestimmungsrecht (→ Aufenthaltsbestimmung) umfasst als Teil der Personensorge (→ Elterliche Sorge) auch das Recht, die H. eines minderjährigen Kindes von jedem zu verlangen, der es den Eltern oder einem Elternteil widerrechtlich vorenthält (§ 1632 Abs. 1 → Bürgerliches Gesetzbuch [BGB]). Ist den Eltern das Aufenthaltsbestimmungsrecht entzogen, steht der H.anspruch dem/der Vormund/in oder Pfleger/in zu, dem/der es übertragen wurde (→ Vormundschaft, → Pflegschaft). Der H.anspruch steht häufig im Zusammenhang mit Konflikten im → Umgangsrecht, zunehmend aber auch mit → Kindesentführungen, z.T. mit Auslandsberührung.

Bei Weigerung des H.pflichtigen entscheidet über das H.verlangen immer das → Familiengericht, unabhängig davon, ob die H. vom anderen Elternteil oder von Dritten verlangt wird (§ 1632 Abs. 3 BGB). Bei der Entscheidung wirkt das → Jugendamt mit (§§ 151 Ziff. 3, 162 → Familienverfahrensgesetz [FamFG]; § 50 Abs. 1 Ziff. 1 SGB VIII). Diese Mitwirkung sollte das Jugendamt als sozialpädagogische Aufgabe begreifen und durch Unterstützung und Beratung zur Lösung des familialen Konflikts beizutragen versuchen sowie auf ein möglichst konstruktives Zusammenwirken aller Beteiligten (Eltern, Kinder, Richter/in, Anwält/innen) hinarbeiten. Nach den §§ 159 und 160 FamFG erfolgt im Verfahren eine Anhörung der Eltern und des Kindes. Über die H. des Kindes an den anderen Elternteil kann das Gericht auch durch einstweilige Anordnung entscheiden (§§ 49 ff. FamFG). Die gerichtliche Anordnung kann durch Ordnungsgeld, Ordnungshaft oder nach einem besonderen Beschluss des Gerichts auch durch unmittelbaren Zwang vollstreckt werden (vgl. §§ 86 ff. FamFG). Die Anwendung von unmittelbarem Zwang gegen ein Kind ist ausgeschlossen, wenn das Kind herausgegeben werden soll, um das Umgangsrecht auszuüben (§ 90 Abs. 2 FamFG). Wenn sich das H.verlangen als Missbrauch des Sorgerechts darstellt, kommt eine Entscheidung gegen die Eltern nach § 1666 BGB in Betracht (vgl. auch § 1632 Abs. 4 BGB für → Pflegefamilien).

*Hans-Jürgen Schimke*

**Herkunftsfamilie** Mit H. wird die Familienform bezeichnet, mit der Kinder biologisch oder durch Adoption (→ Annahme als Kind) verbunden sind. Der Begriff H. verweist damit zunächst lediglich auf die biologische und soziale Herkunft von Menschen. Im Hinblick auf die Ausdifferenzierung der Familienformen in den letzten Jahrzehnten (→ Alleinerziehende, → Patchwork-Familie, → Pflegefamilie, → Stiefkind) soll durch die Bezeichnung H. verdeutlicht werden, dass Herkunftseltern als sog. »biologische Eltern« nicht notwendigerweise auch die »psychologischen Eltern« ihrer Kinder sein müssen. Häufig verwendet wird der Begriff H. im Zusammenhang mit der öffentlichen Erziehung. Er bezieht sich hierbei auf Familien, deren Kinder in Pflegefamilien oder Heimen (→ Heimerziehung) untergebracht sind. Insbesondere ökonomische, soziale und biografische Krisen (→ Arbeitslosigkeit, Wohnungsnot, Statusverlust, Trennung und → Ehescheidung usw.) können dazu führen, dass H. sozialstaatliche Unterstützung brauchen.

Dort, wo Kinder nicht in ihrer H. sondern in Pflegefamilien oder Heimen aufwachsen, ist die unmittelbare Einbeziehung der Herkunftseltern und der Kinder in den Hilfeplanungsprozess sicherzustellen (§ 36 SGB VIII). Die vorübergehende oder auf Dauer angelegte Herausnahme der Kinder (→ Herausgabe [des Kindes]) soll zu einer kindeswohlangemessenen Entwicklung beitragen. Durch die Arbeit mit den leiblichen Eltern soll eine Reintegration der Kinder vorbereitet bzw. ermöglicht werden. Gleichwohl zeigen Studien, dass nach der → Fremdunterbringung mit leiblichen Eltern kaum gezielt gearbeitet wird, ebenso gering sind auch die Rückführungen von Kindern. Es mangelt hier sowohl an entsprechenden Angeboten der Elternarbeit als auch an einer gezielten Rückführungsplanung durch die sozialen Dienste.

Zur grundlegenden Neujustierung der → Hilfen zur Erziehung in der Arbeit mit Herkunftseltern schlägt Faltermeier vor, H. als »Family-Partnership« anzunehmen und in Rahmen einer Erziehungspartnerschaft mit ihnen eng zu kooperieren. Dabei wird darauf verwiesen, dass mit der Fremdunterbringung für alle beteiligten Akteure neue Rahmenbedingungen für die → Erziehung eines Kindes geschaffen werden: Leibliche Eltern teilen ihre Erziehungsverantwortung, Pflegeeltern haben einen neue Familiengeschichte zu berücksichtigen, → Erzieher/innen in den Heimen müssen ihre professionellen Erziehungskonzepte mit Herkunftseltern abstimmen. Zudem wird eine stärkere Einbeziehung der leiblichen Eltern in den Erziehungsalltag der Fremdunterbringung empfohlen. Diese Anforderungen verlangen nach neuen Verständigungen über Rollen und Arbeitsteilungen, insbesondere im Dreieck von H., Pflegeeltern und professionellen Fachkräften. Grundsätzlich wird davon ausgegangen, dass die Herkunftseltern in ihrer Erziehungsverantwortung für das Kind bleiben, dass aber Pflegeltern oder Fachkräfte im Heim als (vorübergehender) Lebensmittelpunkt des Kindes wesentliche Teile des Erziehungsalltags mitgestalten und insoweit Akteure sind, die die Bedürfnisse und das Wohl des Kindes (entscheidend) mitbestimmen. Darüber hinaus ist ein zielgerichteter Ausbau des Angebots an → familienunterstützenden, v.a. sozialräumlicher, Hilfen und eben die Entwicklung einer für alle verbindlichen Eltern-, Restabilisierungs- und Rückführungsarbeit unabdingbar.

*Josef Faltermeier*

**Hierarchie** → Macht in der Sozialen Arbeit

**Hilfebedürftigkeit** Als hilfebedürftig ist eine Person anzusehen, die ohne fremde Hilfe nicht in der Lage ist, ein Leben zu führen, das der Würde des Menschen (→ Menschenwürde) entspricht. Es ist für die Feststellung der H. und die Einleitung geeigneter Maßnahmen zu deren Beseitigung unerheblich, welchen Grund oder welche Ursache die Notlage, die zu einer H. führte, hat, sodass auch eine Person, die ihre Notlage selbst verschuldet hat, hilfebedürftig sein kann. Die Gründe und Ursachen für eine H. können vielfältiger Art sein, so z.B. Ausbleiben von Unterhaltsbeiträgen bei geschiedenen Ehen oder bei Getrenntleben, Verlust des Arbeitsplatzes, verspätete Zahlung von Leistungen nach dem SGB III (→ Arbeitsförderung) und den Sozialversicherungsbestimmungen, → Krankheit ohne Anspruch gegen eine → Krankenkasse, körperliche oder geistige Behinderung, Blindheit, → Pflegebedürftigkeit usw. Eine H. kann aber auch dadurch entstehen, dass Personen nicht in der Lage sind, ihre Ansprüche, z.B. auf → Wohngeld, → Kindergeld, → Arbeitslosengeld, → Krankengeld, → Rente wegen Alters usw., durch Ausfüllung von Vordrucken und Beschaffung notwendiger Nachweise durchzusetzen. So vielfältig wie die H. sind auch die Maßnahmen zur Beseitigung oder Linderung derselben. Sie bestehen i.d.R. aus → Geldleistungen, → Sachleistungen und → persönlicher Hilfe.

Die Beseitigung von H. war anfangs Angelegenheit der → Familie oder Sippe; später folgten dann die Kirchen und die karitativen Gemeinschaften und Vereine sowie auch andere private Einrichtungen (→ Stiftungen). Durch das Unterstützungswohnsitzgesetz (UWG) vom 6.6.1870, das i.d.F. vom 30.5.1908 (RGBl. S. 381) schließlich in ganz Deutschland galt, wurde die Beseitigung von H. Aufgabe öffentlicher Verbände (Orts- und Landarmenverbände), aus welchen dann die Bezirks- und Landesfürsorgeverbände nach der Reichsfürsorgepflichtverordnung (RFV) vom 13.2.1924 (RGBl. I S. 100) hervorgingen. Auch der Begriff der H. und die Maßnahmen zu ihrer Beseitigung wurden in den Reichsgrundsätzen über Voraussetzung, Art und Maß der öffentlichen Fürsorge (RGr) vom 4.12.1924 (RGBl. I S. 765) neu gefasst (→ Geschichte der Sozialen Arbeit).

Eine wesentliche Änderung mit erheblichen Verbesserungen hat das Bundessozialhilfegesetz (BSHG) 1962 insbesondere im Abschnitt I sowie in den §§ 11, 28 und 29 zum Begriff der H. gebracht. Das BSHG spricht nicht von Hilfebedürftigen, sondern vom Hilfeempfänger/Hilfesuchenden Mit dem SGB XII (→ Sozialhilfe) wurde das BSHG 2005 weiter entwickelt und abgelöst. Es spricht nunmehr durchgehend vom → Leistungsberechtigten (§ 19). Seit 1.1.2005 ist H. ein zentraler Begriff in der → Grundsicherung für Arbeitsuchende (SGB II). Anspruchsvoraussetzung für Leistungen ist nach § 7 SGB II u.a. H. Ihre Definition im Sinne des SGB II findet sich in dessen § 9.

*Werner Hesse*

**Hilfe bei Schwangerschaft und Mutterschaft** → Bundesstiftung Mutter und Kind, → Hilfen zur Gesundheit, → Mutterschaftsleistungen

**Hilfeempfänger/in/Hilfesuchende/r** → Adressat/in, → Leistungsberechtigte/r

**Hilfe/Helfen** Soziale Arbeit wird als organisierte H., helfendes Handeln bzw. als helfende Beziehung charakterisiert. Der Anspruch, H. für Bedürftige zu leisten, ist für das Selbstverständnis Sozialer Arbeit grundlegend. Eine ausgearbeitete Theorie der H. liegt jedoch nicht vor. Die Termini H./Helfen werden folglich i.d.R. auch in der Fachkommunikation alltagssprachlich, d.h. nicht als theoretisch begründete und klar definierte Fachbegriffe, gebraucht.

Helfen basiert auf Annahmen hinsichtlich der Anlässe, die H. erforderlich werden lassen, sowie der angemessenen Form und des Umfangs von H.leistungen. H. wird auch in der Sozialen Arbeit nicht voraussetzungslos und nicht ohne die Unterscheidung von wirklicher und vermeintlicher Bedürftigkeit erbracht. Für diese Unterscheidung sind ethisch-moralische Prinzipien, rechtliche Festlegungen und professionelle Diagnostiken bedeutsam. Die moralische Codierung des Helfens – erforderliche H.leistungen zu verweigern, gilt als verwerflich – führt dazu, dass diejenigen, die ihr berufliches Tun als H./Helfen beschreiben, damit beanspruchen können, eine positiv zu bewertende Tätigkeit auszuüben.

Eine wissenschaftliche Begriffsbestimmung hat in Abgrenzung zu einer alltagssprachlichen Verwendung die Gemeinsamkeiten und die Unterschiede von alltäglicher und beruflicher H. analytisch zu klären. Dazu muss vorausgesetzt werden, dass H. von Nicht-H. sowie eine hilfemächtige und eine hilfebedürftige Seite einer sozialen Beziehung unterschieden werden können. H./Helfen vollzieht sich somit in strukturell asymmetrischen sozialen Beziehungen, in denen → Individuen bzw. sozialen → Gruppen → H.bedürftigkeit, d.h. die Unfähigkeit, ein psychisches oder → soziales Problem mit den verfügbaren kognitiven, emotionalen, sozialen, kulturellen oder materiellen → Ressourcen zu lösen, zugeschrieben wird. In die strukturelle Asymmetrie von H.beziehungen sind Potenziale der Macht- und Herrschaftsausübung eingelassen (→ Autorität, → Macht in der Sozialen Arbeit). H. wird von der einen Seite benötigt, sie kann von der anderen Seite gewährt oder verweigert werden. Wer H. gibt, hat deshalb prinzipiell die Chance, dem/der H.bedürftigen seinen Willen aufzuzwingen. Auf dieses Problem beziehen sich moralisch-ethische bzw. rechtliche Regulierungen der H., Alltagsnormen ebenso wie professionelle Ethiken, welche die Realisierung der Macht- und Herrschaftsdimension von H.beziehungen begrenzen sollen. In der Sozialen Arbeit ist es üblich, H. und Kontrolle als Gegensätze zu betrachten. Nimmt man jedoch die Macht- und Herrschaftsdimension des Helfens in den Blick, dann zeigt sich, dass Helfen immer auch eine Kontrolldimension einschließt. Helfen und Nicht-Helfen sind so betrachtet Formen sozialen Handels, durch die → soziale Kontrolle ausgeübt wird.

Potenziell kann jede/r gelegentlich in Situationen geraten, in denen sie/er hilfebedürftig ist. Deshalb sind Strukturen der wechselseitigen H. ein elementares soziales Phänomen, das im Alltagsleben und sozialen Beziehungen auftritt. Entsprechend ist die Verpflichtung, in Notsituationen jedermann H. zu leisten, in die Alltagsmoral i.S. einer reziproken Verpflichtung eingelassen. Jede/r ist zugleich potenzielle/r H.empfänger/in und potenzielle/r H.geber/in. Diese Reziprozität ist im Fall der beruflichen/professionellen H. nicht mehr gegeben. Hier treten hauptberufliche Helfer/innen in eine Beziehung zu H.bedürftigen, wobei eine personale Zurechnung von H.mächtigkeit und H.bedürftigkeit zugrunde liegt und in der diese Zurechnung auf Dauer gestellt ist. Auf diese Personalisierung und Verfestigung reagiert Soziale Arbeit mit dem programmatischen Anspruch, H. zur → Selbsthilfe zu leisten; sie ist zugleich die strukturelle Grundlage des Helfersyndroms.

Im Unterschied zu einer generalisierten H.verpflichtung ist die H.leistung der professionellen selektiv, spezialisiert und methodisch angeleitet. An die Stelle der Macht, H. willentlich zu gewähren bzw. zu verweigern, tritt hier die fachliche bzw. rechtliche Regulierung des H.anspruchs und der H.leistung. Was H.bedürftigkeit begründet und was angemessene Formen der H. sind, ist jedoch nicht von vornherein klar, sondern abhängig von Interpretationen und Bewertungen (→ Fallverstehen). Damit stellt sich die Frage nach der Deutungs- und Definitionsmacht: Wer ist berechtigt, H.bedürftigkeit festzustellen und zu entscheiden, was die angemessene H.leistung ist? Während diese Entscheidungen im Alltagsleben zwischen den Beteiligten ausgehandelt werden, verfügt der/die Professionelle über rechtliche und institutionelle Absicherungen seiner Deutungs- und Definitionsmacht und nimmt ein wissenschaftlich begründetes Expertenwissen in Anspruch.

H.bedürftigkeit impliziert soziale Unterlegenheit und »milde Gaben verletzen den, der sie empfängt« (Mauss). In der Konsequenz geht H. mit Formen der sozialen Beschämung und subjektiven Gefühlen der Scham einher. Denn H. zu erhalten setzt voraus, als eine Person betrachtet zu werden, die eine Situation nicht autonom bewältigt und auf andere sozial Überlegene angewiesen ist. In Beziehungen der gegenseitigen H. ist eine Dynamik eingelassen, welche die Überwindung solcher Unterlegenheit und erfahrender Beschämung ermöglicht. Ein H.empfänger ist berechtigt bzw. verpflichtet, erhaltene H. bei Bedarf zurückzuerstatten, d.h. zum Helfer desjenigen zu werden, der ihm geholfen hat; er erhält damit die Möglichkeit, die Reziprozität der Beziehung und seine Würde als autonom handlungsfähiges Individuum wiederzuerlangen. Diese Möglichkeit besteht in professionellen Helfer/in-Klient/in-Beziehungen nicht.

Ansätze zu einer gesellschaftstheoretischen Betrachtung des Formwandels von H. durch die Herausbildung eines Systems organisierter H., das im Prozess der Modernisierung an die Stelle einer ethisch-moralisch verankerten und generalisierten H.pflicht tritt, sind insbesondere im Rahmen der systemtheoretischen Soziologie der Sozialen Arbeit entwickelt worden. Soziale Arbeit wird dort als organisierte und professionelle H. im → Wohlfahrtsstaat untersucht, die sich von anderen Formen des Helfens durch ihren geringen Spezialisierungsgrad unterscheidet. Ein Verständnis Sozialer Arbeit als »spezifisch unspezifische« Wahrnehmung und Bearbeitung von H.bedürftigkeit führt auch zu Zweifeln an den Möglichkeiten einer → Professionalisierung sozialarbeiterischer H. nach dem Modell der klassischen Professionen. In systemtheoretischen Analysen wird die Frage, ob die Unterscheidung von H. und Nicht-H. zur Ausdifferenzierung eines eigenen gesellschaftlichen Funktionssystems »Soziale Arbeit« geführt hat, also die Frage nach dem gesellschaftlichen Ort Sozialer Arbeit, kontrovers diskutiert.

*Lit.* Bommes, M./Scherr, A.: Soziologie der Sozialen Arbeit, 2. Aufl., Wiesbaden 2012; Fuchs, P.: Die Moral des Systems Sozialer Arbeit – systematisch, in: Merten, R./Scherr, A.: Inklusion und Exklusion in der Sozialen Arbeit, Wiesbaden 2004, S. 17–32; Gängler, H.: Hilfe, in: Krüger, H.-H./Helsper, W. (Hrsg.): Einführungskurs Erziehungswissenschaft. Bd. 1: Einführung in die Grundbegriffe und Grundfragen der Erziehungswissenschaft, 9. Aufl., Stuttgart, 2010; Scherr, A.: Soziale Probleme, Soziale Arbeit und menschliche Würde, in: Hering, S. (Hrsg.): Bürgerschaftlichkeit und Professionalität, Wiesbaden 2007, S. 67–76.

*Albert Scherr*

**Hilfe in besonderen Lebenslagen** ist der – häufig weiterhin verwendete – Sammelbegriff für die Hilfearten, die unter Geltung des Bundessozialhilfegesetzes (BSHG) neben der → Hilfe zum Lebensunterhalt in einem eigenständigen Abschnitt des Gesetzes zusammengestellt waren. Mit der Regelung der → Sozialhilfe im SGB XII ist diese Systematisierung seit dem 1.1.2005 aufgegeben worden und die einzelnen Leistungsarten der ehemaligen H. sind – bis auf die inhaltlich in die → Grundsicherung für Arbeitsuchende (SGB II) integrierte Hilfe zum Aufbau oder zur Sicherung der Lebensgrundlage – als 5. bis 9. Kapitel in das SGB XII übernommen worden. Im Einzelnen sind das die → Hilfen zur Gesundheit (5. Kapitel), die → Eingliederungshilfe für behinderte Menschen (6. Kapitel), die → Hilfe zur Pflege (7. Kapitel), die → Hilfe zur Überwindung besonderer sozialer Schwierigkeiten (8. Kapitel) und die Hilfe in anderen Lebenslagen (9. Kapitel); im 9. Kapitel sind im Wesentlichen unverändert die Bestimmungen der → Hilfe zur Weiterführung des Haushalts, der → Altenhilfe, der Blindenhilfe, der → Bestattungskosten und der aus § 27 Abs. 2 BSHG übernommenen Hilfe in sonstigen Lebenslagen zusammengefasst worden. Die genannten Hilfen erscheinen neben den lebensunterhaltssichernden Leistungen des 3. und 4. Kapitels SGB XII nunmehr als gleichgewichtige, unterschiedliche Lebens- bzw. Notlagen betreffende Leistungen (s. auch → Lebenslage).

*Gottfried Eichhoff*

**Hilfen für junge Menschen/Volljährige** werden nach § 41 SGB VIII (→ Kinder- und Jugendhilfe) gewährt. Die Vorschrift ist als → Soll-Leistung konzipiert und sieht als »Hilfe für die Persönlichkeitsentwicklung und zu einer eigenverantwortlichen Lebensführung« sowohl die erstmalige Gewährung nach Eintritt der → Volljährigkeit als auch die Fortsetzung einer bis zum Eintritt der Volljährigkeit gewährten → Hilfe zur Erziehung nach §§ 27 ff. SGB VIII und einer → Eingliederungshilfe für seelisch behinderte Kinder und Jugendliche nach § 35 a SGB VIII vor. Sie wird i.d.R. bis zur Vollendung des 21. Lebensjahres gewährt, soll aber in begründeten Einzelfällen auch für einen begrenzten Zeitraum darüber hinaus fortgesetzt werden (§ 41 Abs. 1 S. 2 SGB VIII). Sie endet spätestens mit der Vollendung des 27. Lebensjahres.

Während der Eintritt der Volljährigkeit im Jahre 1975 auf die Vollendung des 18. Lebensjahres vorverlagert wurde, hat sich insbesondere in den letzten Jahrzehnten die ökonomische Abhängigkeit junger Menschen auf Grund verlängerter Bildungsphasen sowie dem späteren und zunehmend schwieriger werdenden Eintritt in den → Arbeitsmarkt verlängert. Eltern gewähren aber auch ihren volljährigen Kindern immaterielle Unterstützung und emotionalen Rückhalt. Umso stärker ist deshalb der Unterstützungsbedarf für junge Erwachsene, die aufgrund ihrer belastenden sozialen Erfahrungen, ihrer psychischen Situation, ihrer defizitären Bildungssituation und ihrer eingeschränkten sozialen Unterstützungspotenziale den Anforderungen in dieser zentralen Übergangsphase nicht gerecht werden können. Die Hilfe nach § 41 SGB VIII soll diesen jungen Menschen die Verselbstständigung und den Übergang in Ausbildung und Beruf erleichtern.

Zu den → Adressat/innen zählen auch junge volljährige → Flüchtlinge. Da die meisten erst im Alter von 16 Jahren oder später nach Deutschland kommen, werden diesen jungen Menschen Chancen auf eine selbstbestimmte Zukunftsplanung durch eine abrupte oder vorzeitige Beendigung der Jugendhilfe mit der Vollendung des 18. Lebensjahres verwehrt und bisher erreichte Erfolge infrage gestellt. Deshalb wird in vielen Fällen eine Hilfe für Junge Volljährige angezeigt sein. Andernfalls erhalten diese junge Menschen Leistungen nach dem → Asylbewerberleistungsgesetz und unterliegen zahlreichen Beschränkungen. Mit dem Ende der Jugendhilfe wird darüber hinaus fraglich, ob Wohnraum zur Verfügung steht, ob Gesundheitsversorgung und → Therapie in vollem Umfang gewährt werden und ob eine Ausbildung bewältigt werden kann.

Wegen des Kostenanstiegs für die kommunalen Haushalte wird in den letzten Jahren immer wieder eine Einschränkung des Leistungstatbestandes gefordert. Soweit der Bedarf durch Leistungen nach § 41 SGB VIII gedeckt wird, gehen diese der → Hilfe zur Überwindung besonderer sozialer Schwierigkeiten nach §§ 67, 68 SGB XII vor (§ 67 S. 2 SGB XII). Andererseits gehen Leistungen der Arbeitsvermittlung nach § 3 Abs. 2 SGB II sowie Leistungen zur Eingliederung in Arbeit nach §§ 14–16 g SGB II (→ Grundsicherung für Arbeitsuchende) den Leistungen nach § 41 SGB VIII vor (§ 10 Abs. 3 SGB VIII). Wegen der unterschiedlichen Zielrichtung von SGB II und SGB VIII stellt sich die Frage nach dem Vor- oder Nachrang im konkreten Einzelfall. Liegen seitens des jungen Menschen altersgruppenspezifische Probleme im Hinblick auf seine Persönlichkeitsentwicklung vor, die vorrangig eine intensive pädagogische Unterstützung erfordern, besteht zu Leistungen nach dem SGB II keine Konkurrenz, da die betreffende Bedarfslage davon nicht erfasst wird. Besteht darüber hinaus ein Bedarf an Unterstützung zur Integration des/der jungen Volljährigen in das Erwerbsleben, kommen daneben Eingliederungsmaßnahmen nach dem SGB II in Betracht. Unabdingbar ist eine systematische Kooperation der Jugendhilfe mit den Stellen der → Agentur für Arbeit.

Derzeit ist geplant, das SGB VIII umfassend zu modernisieren. Betroffen sind u.a. die Themenkomplexe Hilfen zur Erziehung, inklusive Lösung für Kinder- und Jugendliche mit Behinderungen im SGB VIII, Pflegekinderhilfe, Betriebserlaubnisverfahren, Qualitätsentwicklung in der Kinder- und Jugendhilfe. Die Änderungen sollen je nach Regelungsbereich entweder 2017 oder 2022 in Kraft treten.

*Reinhard Wiesner*

**Hilfen zur Gesundheit** sind verschiedene Leistungen der → Sozialhilfe, vor allem nach Leistungen §§ 47–51 SGB XII, die bei wirtschaftlicher → Hilfebedürftigkeit und bei Vorliegen weiterer (gesundheitlicher/persönlicher) Voraussetzungen gewährt werden. Hierzu gehören (1) die vorbeugende Gesundheitshilfe, (2) die Hilfe bei → Krankheit, (3) die Hilfe zur → Familienplanung, (4) die Hilfe bei Schwangerschaft und Mutterschaft und (5) die Hilfe zur Sterilisation. Im Rahmen der vorbeugenden Gesundheitshilfe werden hauptsächlich Rehabilitationsmaßnahmen (→ Rehabilitation) bewilligt, wenn die persönlichen und finanziellen Voraussetzungen vorliegen und kein anderer Kostenträger vorhanden ist. Die Hilfe zur Familienplanung umfasst die ärztliche → Beratung über die Frage der Empfängnisregelung einschließlich der erforderlichen Untersuchung und Verordnung von empfängnisregelnden Mitteln (kostenfrei). Bei einer durch Krankheit erforderlichen Sterilisation werden die Kosten für die ärztliche Untersuchung, Beratung und Begutachtung, die ärztliche Behandlung, die Versorgung mit Arznei-, Verband- und → Heilmitteln sowie die Krankenhauspflege geleistet. Bei Schwangerschaft und Mutterschaft werden ärztliche Behandlung und Betreuung sowie Hebammenhilfe, Versorgung mit Arznei-, Verband- und Heilmitteln, → Pflege in einer stationären Einrichtung und häusliche Pflegeleistungen nach § 65 Abs. 1 SGB XII übernommen. Die Leistungen zur → Krankenbehandlung entsprechen den Leistungen der §§ 2–43 b SGB V. Unterschiede in den medizinischen Leistungen für gesetzlich Krankenversicherte und Leistungsberechtigte der Sozialhilfe gibt es damit nicht mehr.

Die vorgenannten Leistungen werden nur für die Personen erbracht, die über keinen anderweitigen Krankenversicherungsschutz verfügen und denen die Aufbringung der Mittel nicht zuzumuten ist. Sie entsprechen den Leistungen der gesetzlichen → Krankenversicherung. Die Regelungen zur Krankenbehandlung nach § 264 SGB V gehen den Leistungen der Hilfe bei Krankheit vor, d.h. der → Träger der Sozialhilfe gewährt Leistungen nach § 48 SGB XII nur in Ausnahmefällen, wenn die Voraussetzungen für eine Leistungsgewährung durch die → Krankenkassen im Rahmen von § 264 SGB V nicht vorliegen. Mit der Einführung der Versicherungspflicht nach § 5 Abs. 1 Nr. 13 SGB V zum 1.4.2007 für Personen, die keinen anderweitigen Anspruch auf Absicherung im Krankheitsfall haben und zuletzt gesetzlich krankenversichert waren, wird der Anwendungsbereich der Vorschrift des § 48 SGB XII weiter eingeschränkt.

Mit der Einführung des GKV-Modernisierungsgesetzes zum 1.1.2004 und der Ergänzung des § 264 Abs. 1 SGB V um die Absätze 2 bis 7 wird die Krankenbehandlung von nicht versicherten Sozialhilfeempfänger/innen und Leistungsberechtigten nach § 4 → Asylbewerberleistungsgesetz durch die Krankenkassen übernommen. Mit der Wahrnehmung der Aufgaben der Krankenbehandlung durch die Krankenkassen im Rahmen des § 264 SGB V ist ein Einfluss des Sozialhilfeträgers im Hinblick auf Art und Umfang der Leistungserbringung ausgeschlossen. Während der Sozialhilfeträger bei der Gewährung von Krankenhilfe selbst prüfen muss, ob die Voraussetzungen hierfür vorliegen, entfällt diese Prüfung bei der Übernahme der Krankenbehandlung gemäß § 264 SGB V. Die Sozialhilfeempfänger/innen erhalten gemäß § 264 Abs. 4 Satz 2 SGB V von der von ihnen gewählten Krankenkasse eine Krankenversichertenkarte nach § 291 SGB V. Diese muss beim Arztbesuch vorgelegt werden. Die Ausstellung eines Behandlungsscheines durch den Sozialhilfeträger entfällt.

Die leistungsrechtliche Gleichstellung bedeutet, dass Bezieher/innen von → Hilfe zum Lebensunterhalt und → Grundsicherung im Alter und bei Erwerbsminderung ebenso wie die gesetzlich Krankenversicherten die Praxisgebühr zu zahlen haben. Zu leisten sind auch Zuzahlungen für Medikamente und stationäre Maßnahmen bis zu einer gesetzlich festgelegten Belastungsobergrenze von 2% der jährlichen Bruttoeinnahmen zum Lebensunterhalt – bei Menschen mit → chronischen Krankheiten in Höhe von 1% (§ 62 SGB V).

Mit der Änderung des § 264 SGB V ist keine volle Gleichstellung der Mitglieder der gesetzlichen Krankenversicherung mit dem Personenkreis der Sozialhilfeempfänger/innen und der Leistungsberechtigten nach dem Asylbewerberleistungsgesetz erfolgt. Sozialhilfeempfänger/innen sind – soweit sie nicht nach § 5 Abs. 1 Nr. 13 SGB V versichert sind – nicht in die Versicherungspflicht der Gesetzlichen Krankenversicherung einbezogen. Die Ausstellung der Krankenversichertenkarte bewirkt eine verfahrensmäßige, aber keine mitgliedschaftliche Gleichstellung. Zudem soll hierdurch sichergestellt werden, dass für die Behandlung von Sozialhilfeempfänger/innen das Wirtschaftlichkeitsgebot gemäß § 12 SGB V ebenfalls in vollem Umfang Anwendung findet. Des Weiteren wird der in § 264 Abs. 2 S. 1 SGB V genannte Personenkreis gemäß § 264 Abs. 6 SGB V in das Budget der Krankenkassen einbezogen.

*Christine Kleiber-Bischof*

**Hilfeplanung in der Jugendhilfe** Die Erstellung eines Hilfeplans schreibt § 36 Abs. 2 S. 2 SGB VIII bei der Gewährung von → Hilfen zur Erziehung (§ 27 ff. SGB VIII) und bei Unterstützungsleistungen nach den §§ 35 a und 41 SGB VIII v.a. dann vor, wenn diese für einen längeren Zeitraum (i.d.R. ab sechs Monaten) erforderlich sind. Diese Rechtsnorm stellt eines der Kernstücke des → Kinder- und Jugendhilfegesetzes dar. Sie korrespondiert mit weiteren im SGB VIII geregelten Mitspracherechten von Eltern und Kindern, so insbesondere mit § 5 (→ Wunsch- und Wahlrecht), § 8 (Beteiligung von Kindern und Jugendlichen) und § 9 (Grundrichtung der Erziehung). Der Gesetzgeber versteht die Hilfen zur Erziehung und die Eingliederungshilfen nach § 35 a SGB VIII als soziale Dienstleistungen, die in enger Abstimmung mit den Eltern und Kindern durch den → öffentlichen Träger der → Kinder- und Jugendhilfe zu erbringen sind. Im Falle des § 35 a sollen in die H. auch medizinische Fachkräfte einbezogen werden. Junge Volljährige (§ 41 SGB VIII) haben einen eigenen Leistungsanspruch, ebenso Minderjährige, die zur Zielgruppe des § 35 a SGB VIII gehören. Eine gute → sozialpädagogische Diagnose ist zentrale Voraussetzung für einen erfolgreichen H.prozess, da diese eine geeignete Grundlage für die konsequente (und transparente) Verständigung zwischen Familie und → Fachkräften über Hilferessourcen und Hilfebedarfe darstellt.

Der Hilfeplan ist eine Vereinbarung zwischen der Jugendhilfe und den Eltern/Personensorgeberechtigten (→ Elterliche Sorge, → Personensorge) und Teil eines rechtsmittelfähigen → Leistungsbescheids des öffentlichen Trägers, den die Personensorgeberechtigten annehmen oder aber ablehnen können. Hinsichtlich der Datenschutzbestimmungen (§§ 61–68 SGB VIII) ist besonders darauf zu achten, dass eine Weitergabe von Sozialdaten nur mit Zustimmung der Betroffenen möglich ist (→ Datenschutz). Nach § 13 SGB X haben Eltern und Kinder das Recht, eine Person ihres Vertrauens als Beistand an dem H.prozess zu beteiligen. Die (fallzuständige) Fachkraft hat die Aufgabe, Eltern und Kinder/Jugendliche über ihre Rechte und Pflichten zu informieren. Grundlage der H. ist das in enger Kooperation zwischen den Eltern, Kindern/Jugendlichen und den Fachkräften der beteiligten → sozialen Dienste zusammengestellte Hilfearrangement, das geeignet sein soll, die Entwicklung des Kindes/Jugendlichen nachhaltig zu unterstützen. Deshalb sind eine Verständigung zwischen der Familie und den Fachkräften über die anzustrebenden Ziele und über die konkreten Handlungsschritte sowie die → Evaluation der Wirkungen zentrale Elemente des Hilfeprozesses. Die H. ist ein auf den einzelnen Fall bezogener Qualitätsentwicklungsprozess, der den Hilfeverlauf und die Wirksamkeit der Hilfen kontinuierlich überprüft.

Den H.prozess zeichnen v.a. zwei zentrale Elemente aus: (1) die Kooperation zwischen fallzuständiger Fachkraft/den beteiligten sozialen Diensten und den betroffenen Eltern/Kindern/Jugendlichen. Hier ist es v.a. die Aufgabe der Fachkräfte, sich mit dem Hilfeverständnis von Eltern und Kindern unter Berücksichtigung von deren Alltagserfahrungen auseinanderzusetzen und die eigenen fachlichen Vorstellungen nach Möglichkeit damit zu verknüpfen. Bei Hilfeempfänger/innen mit Migrationshintergrund ist darauf zu achten, dass vorhandene soziale, sprachliche oder kulturelle Barrieren überwunden und auch hier die aktive Beteiligung am Hilfeprozess sichergestellt wird; (2) die Zusammenarbeit zwischen den Professionellen: Hier sollen die Fachkräfte vor dem Hintergrund der gemeinsamen fachlichen Aufgabenstellung (mit Eltern und Kindern »gelingende« Zukunftswege zu finden) ihre unterschiedlichen → Ressourcen einbringen und so dafür sorgen, dass die Betroffenen selbst den Hilfeprozess akzeptieren und aktiv (mit-)gestalten können. Daneben sind klare und verbindliche Absprachen wichtig: I.d.R. wird der → Allgemeine Sozialdienst (ASD) die Fallkoordination und das → Qualitätsmanagement i.S. einer »Prozessmoderation und eines Fallverlaufscontrollings« wahrnehmen, während die beteiligten sozialen Dienste die gemeinsam vereinbarten Ziele und Handlungsschritte eigenverantwortlich umsetzen. Der H. bei Kindeswohlgefährdung kommt eine besondere Bedeutung zu. Mit den §§ 8 a und 8 b SGB VIII wird der Schutzauftrag der Jugendhilfe noch einmal bekräftigt und öffentliche wie → freie Träger aufgefordert, im Einzelfall einen auf den → Kinderschutz bezogenen Hilfeplan zu erstellen und die Arbeitsschritte aufeinander abzustimmen.

Hilfepläne sollten insbesondere folgende Strukturmerkmale enthalten: a) Personalien der Familie; b) sozialer, ökonomischer und personenbezogener familiärer Kontext, aus dem sich die »erzieherischen Bedarfe« ableiten. Es ist in diesem Zusammenhang selbstverständlich, dass hierbei auch die Problemsicht von Eltern und Kindern angemessen dargestellt wird; c) Einschätzung der Fachkräfte in Bezug auf Hilfebedarf und -arrangement; d) Haltung von Eltern und Kindern gegenüber den in Aussicht gestellten Hilfen; e) Beschreibung der Ressourcen der Familie bzw. Familienmitglieder; f) Zusammenführung von → Ressourcen der Familie, ihres Umfeldes und der professionellen sozialen Dienste; g) Abstimmung der Ziele und Handlungsschritte zwischen Familie und Fachkräften; h) im Falle einer → Fremdunterbringung: Einschätzung der voraussichtlichen Dauer, Umfang der Kontakte zwischen Kind und Herkunftseltern und die Kooperation zwischen → Herkunftsfamilie, → Pflegefamilie/Einrichtung und → Jugendamt. Es empfiehlt sich weiter, eine Rubrik i) besondere Vereinbarungen vorzusehen; schließlich sollte j) der Termin für das Fortschreibungsgespräch, die Schritte, die bis dahin einzuleiten sind, und die Teilziele, die in diesem Zeitraum erreicht werden sollen, vereinbart werden; k) die Unterschrift der Eltern, des Kindes/Jugendlichen und des Jugendamtes sowie der beteiligten sozialen Dienste bestätigen den Abschluss eines gemeinsamen Kontraktes.

Derzeit ist geplant, das SGB VIII umfassend zu modernisieren. Betroffen sind u.a. die Themenkomplexe Hilfen zur Erziehung, inklusive Lösung für Kinder- und Jugendliche mit Behinderungen im SGB VIII, Pflegekinderhilfe, Betriebserlaubnisverfahren, Qualitätsentwicklung in der Kinder- und Jugendhilfe. Die Änderungen sollen je nach Regelungsbereich entweder 2017 oder 2022 in Kraft treten.

*Lit.* Fegert, J. M./Schrapper, C. (Hrsg.): Handbuch Jugendhilfe – Jugendpsychiatrie, Weinheim 2004; Merchel, J.: Hilfeplanung bei den Hilfen zur Erziehung – § 36 SGB VIII, 2. Aufl., Stuttgart 2006; Schwabe, M.: Methoden der Hilfeplanung. Zielentwicklung, Moderation und Aushandlung, 2. Aufl., Frankfurt a.M. 2008; Uhlendorff, U./Cinkl, S./Marthaler, T.: Sozialpädagogische Familiendiagnosen. Deutungsmuster familiärer Belastungssituationen erzieherischer Notlagen in der Jugendhilfe, 2. Aufl., Weinheim/ München 2008.

*Josef Faltermeier*

**Hilfeplanung in der Sozialhilfe** Die Gewährung der → Sozialhilfe ist grundsätzlich bedarfsgerecht (→ Bedarf) und am Einzelfall orientiert auszugestalten (→ Individualisierungsprinzip). Kontinuierliche Kostensteigerungen in der Sozialhilfe machten es notwendig, Steuerungsinstrumente einzusetzen, die den wachsenden Sozialhilfeausgaben entgegenwirken und gleichzeitig den gesetzlichen Ausführungsbestimmungen über die Gewährung der Sozialhilfe nach § 17 Abs. 1 SGB I entsprechen (→ Deckelungen von Sozialleistungen). H. i. d. S. findet insbesondere in Bereichen statt, in denen deutliche Steigerungen von Maßnahmekosten eingetreten sind, wie z.B. die → Eingliederungshilfe für behinderte Menschen oder die → Hilfe zur Pflege. Aber auch bei anderen Sozialhilfeleistungen, wie der → Hilfe zur Überwindung besonderer sozialer Schwierigkeiten oder der → Grundsicherung für Arbeitssuchende, findet H. Anwendung.

H. als Steuerungsinstrument in der Sozialhilfe setzt voraus, dass die Finanzverantwortung und die Fallverantwortung untrennbar miteinander verbunden sind. Für die Leistungsberechtigten steht bei der H. die Stärkung der Autonomie im Vordergrund.

Zu Beginn einer H. steht eine umfassende Prüfung der Gründe für eine → Hilfebedürftigkeit, die alle Bereiche wie z.B. Familie, Gesundheit, Finanzen, Wohnen, Bildung und Arbeit einbezieht. Nur auf dieser Grundlage können adäquate und zielgerichtete Hilfen und Leistungen definiert, bewilligt und bereitgestellt werden.

Bei der H. entscheidet der → Leistungsträger in Absprache mit dem Leistungsberechtigten über das »Ob«, »Wann«, »Wie« und »Wie lange« von Maßnahmen und Unterstützungsleistungen sowie über den gegebenenfalls gebotenen Einsatz externer Dienstleister. In die Entscheidungsfindung können auch eine Begutachtung oder Bewertung vonseiten Dritter einfließen. Leistungsträger und Leistungsberechtigte/r vereinbaren anhand von anvisierten (Teil-)Zielen Maßnahmen und Leistungen und halten sie im sog. Hilfeplan schriftlich fest. Dieser Hilfeplan wird in konkreten und regelmäßigen Zeitabständen gemeinsam daraufhin überprüft, ob die Hilfen nach wie vor geeignet sind und ob die vereinbarten Ziele erreicht wurden. Ist das nicht der Fall, muss der Hilfeplan angepasst und fortgeschrieben werden.

Die → Evaluierung der H. im Hinblick auf ihre Wirkung und Nachhaltigkeit bereitet in der Praxis häufig Schwierigkeiten. Sind die (Teil-)Ziele ergebnisorientiert, wie z.B. eine Schuldenregulierung (→ Schuldnerberatung) oder Arbeitsaufnahme, lässt sich ein Erfolg meist gut dokumentieren. Bei prozessorientierten Vorgaben, die z.B. auf einen Zuwachs an Selbstständigkeit, sozialer → Integration oder → Teilhabe ausgerichtet sind, ist hingegen häufig schwer zu beurteilen, ob und in welchem Ausmaß das Ziel erreicht wurde. Zur besseren Überprüfbarkeit sollten im Hilfeplan für solche weichen Faktoren deshalb möglichst konkrete (Teil-)Ziele benannt werden.

*Margarete July*

**Hilfe zum Lebensunterhalt** Leistungen zum → Lebensunterhalt sind ein Element der → Sozialhilfe und als solche im 3. Kapitel des SGB XII geregelt. Zuständig für diese Leistung ist der kommunale örtliche → Träger der Sozialhilfe. Rechtsgrundlage für die H. z. L. sind die §§ 27 bis 40 SGB XII und das Gesetz zur Ermittlung der Regelbedarfe (RBEG, → Regelbedarf-Ermittlungsgesetz).

Anspruchsberechtigt sind gem. § 19 SGB XII Menschen, die ihren notwendigen Lebensunterhalt nicht oder nicht ausreichend aus eigenen Kräften und Mitteln, insbesondere aus ihrem → Einkommen und → Vermögen, bestreiten können. Reicht das vorhandene Einkommen und Vermögen einer Person zum Bestreiten des Lebensunterhaltes nicht aus, kann sie gem. § 19 Abs. 5 S. 1 SGB XII die fehlenden Mittel in Form von ergänzender H. z. L. erhalten.

H. z. L. soll das vom → Grundgesetz (GG) garantierte soziokulturelle → Existenzminimum (Art. 1 und 20 GG) abdecken und eine menschenwürdige Existenz (→ Menschenwürde) absichern. Charakteristisch für diese Leistung sind zum einen deren → Subsidiarität und zum anderen die Zusage einer umfassenden Sicherung des angemessenen Lebensbedarfs. Diese umfassende Sicherung ist notwendig, da die → Leistungsberechtigten auf kein anderes System der sozialen Sicherung zugreifen können, um spezielle Einzelbedarfe abzudecken. Zur angemessenen umfassenden Absicherung des Existenzminimums umfasst die H. z. L. eine pauschalierte Regelleistung für den Lebensunterhalt, → Mehrbedarfe und einmalige → Bedarfe, besondere Bedarfe für → Teilhabe und → Bildung von Jugendlichen, die Kosten der → Unterkunft und → Heizung und Beiträge zu → Kranken-, → Pflegeversicherung und Vorsorgeleistungen.

Der genaue Zuschnitt der Regelleistung H. z. L. bestimmt sich danach, ob die Leistungsberechtigten außerhalb von → Einrichtungen (§ 27 a SGB XII) leben oder in Einrichtungen Lebensunterhalt bekommen (§ 27 b SGB XII). Ziel beider Leistungsformen ist es, den notwendigen Lebensunterhalt abzudecken. Dieser umfasst außerhalb von Einrichtungen insbesondere → Ernährung, Kleidung, Körperpflege, Hausrat, Haushaltsenergie ohne die auf Heizung und Erzeugung von Warmwasser entfallenden Anteile, persönliche → Bedürfnisse des täglichen Lebens sowie Unterkunft und Heizung. Für Schülerinnen und Schüler umfasst der notwendige Lebensunterhalt auch die erforderlichen Hilfen für den Schulbesuch. Mit Ausnahme der jeweils gesondert geregelten Leistungen zur Deckung von zusätzlichen Bedarfen, der Bedarfe für Bildung und Teilhabe und der Leistungen für Unterkunft und Heizung decken gem. § 27 a Abs. 3 SGB XII die pauschalen Regelsätze nach § 28 den sog. → Regelbedarf der Leistungsberechtigten ab. Neben diesen Hilfen können Sozialhilfeträger insbesondere auch → Hilfe zur Überwindung besonderer sozialer Schwierigkeiten (§§ 67 bis 69 SGB XII) und Hilfe in anderen Lebenslagen (§§ 70 bis 74 SGB XII, → Altenhilfe, → Bestattungskosten, → Blindengeld, → Hilfe zur Weiterführung des Haushalts) erbringen und damit die H. z. L. ergänzen.

Wenn die Leistungsberechtigten regelmäßig außerhalb einer eigenen Häuslichkeit und in einer Einrichtung leben, lehnt sich das SGB XII weitgehend an die Regelungen der → Grundsicherung im Alter und bei Erwerbsminderung nach § 42 SGB XII an; so umfasst die H. z. L. die Regelsätze (§ 42 Nr. 1 SGB XII), die zusätzlichen Bedarfe (§ 42 Nr. 2 SGB XII) und die Aufwendungen für Unterkunft und Heizung (§ 42 Nr. 3 SGB XII). Als Maßstab für die Kosten für Unterkunft und Heizung sind Beträge in Höhe der durchschnittlichen angemessenen tatsächlichen Aufwendungen für die Warmmiete eines Einpersonenhaushaltes im Bereich des nach § 98 SGB XII zuständigen Trägers der Sozialhilfe zugrunde zu legen.

Mit dieser Ausrichtung entspricht die H. z. L. in weiten Teilen der Grundsicherungsleistung für Arbeitsuchende nach dem SGB II. Beide Leistungen verfolgen dasselbe Ziel und richten sich in der Leistungsbemessung am RBEG aus, sodass die Regelleistungen grundsätzlich in identischer Höhe erbracht werden. Unterschiede zwischen den beiden Leistungen treten insbesondere bei den Bestimmungen über die Inanspruchnahme der individuellen Eigenverantwortlichkeit und finanziellen Leistungsfähigkeit der Leistungsberechtigten hervor. Entsprechend spielt die Finanzierung von besonderen Bedarfen durch → Darlehen im SGB II eine deutlich größere Rolle als bei der Sozialhilfe. Die Abgrenzung zwischen den beiden Leistungen regelt § 21 S. 1 SGB XII, der für Leistungsberechtigte nach dem SGB II den Rückgriff auf das SGB XII ausschließt. Beide Leistungen stehen damit alternativ nebeneinander. Wer die Voraussetzung der Grundsicherungsleistungen nach dem SGB II dem Grunde nach erfüllt, hat keinen zusätzlichen Anspruch auf Leistungen der H. z. L. Ausschlaggebend für diese Abgrenzung ist gem. § 7 SGB II die → Erwerbsfähigkeit i.S.d. § 8 SGB II. Ob diese vorliegt und damit auch die Zuordnung zum Rechtskreis des SGB II gegeben ist, entscheidet im Zweifel die Bundesagentur für Arbeit (→ Agentur für Arbeit).

*Lit.* Falterbaum, J. in: Hauck, K./Noftz, W. (Hrsg.): Sozialgesetzbuch SGB XII – Sozialhilfe. Kommentar, Loseblattsammlung, Berlin, Stand 2016, § 27 a; Roscher, F. in: Bieritz-Harder, R./Conradis, W./ Thie, S. (Hrsg.): LPK-SGB XII. Sozialgesetzbuch XII. Sozialhilfe, 10. Aufl., Baden-Baden 2015, § 27 a.

*Friederike Mußgnug*

**Hilfe zur Erziehung** (**HzE**) Unter HzE, auch Erziehungshilfen, werden diejenigen beratenden, begleitenden oder betreuenden sozialpädagogischen individuellen Leistungen der → Kinder- und Jugendhilfe für Minderjährige und ihre Eltern verstanden, für die § 27 Abs. 1 SGB VIII den Personensorgeberechtigten (→ Elterliche Sorge) bei → erzieherischem Bedarf einen → Rechtsanspruch zuerkennt. Die Personensorgeberechtigten – also i.d.R. die Eltern oder ein Elternteil, ggf. Vormund oder Ergänzungspfleger/in – haben einen Anspruch auf HzE, wenn sie eine dem Wohl des Kindes oder des/der Jugendlichen entsprechende → Erziehung nicht gewährleisten können und die Hilfe für die Entwicklung des Kindes/Jugendlichen geeignet und notwendig ist (§ 27 Abs. 1

SGB VIII). Die HzE muss dem Einzelfall entsprechend geeignet und notwendig sein. Die Ausgestaltung ist daher unterschiedlich, insbesondere kommen die in §§ 28–35 SGB VIII aufgeführten Formen in Betracht: → Erziehungsberatung, → soziale Gruppenarbeit, → Erziehungsbeistandschaft, → sozialpädagogische Familienhilfe, Erziehung in einer Tagesgruppe, → Vollzeitpflege, → Heimerziehung, → intensive sozialpädagogische Einzelbetreuung. Allerdings besteht darüber hinaus Raum für flexible, passgenau gebildete Hilfen und sind diese bei entsprechendem Bedarf geboten (§ 27 Abs. 2 SGB VIII). HzE umfassen die Gewährung pädagogischer und damit verbundener therapeutischer Leistungen und schließen bei Bedarf Ausbildungs- und Beschäftigungsmaßnahmen gem. § 13 Abs. 2 SGB VIII ein. Möglich sind Einzelhilfen oder Gruppenhilfen oder – in anderer Unterscheidung – offene, ambulante, teilstationäre oder stationäre Hilfen; grundsätzlich soll die Hilfegewährung in Deutschland erfolgen (§ 27 Abs. 2 S. 3 SGB VIII). Wird ein Kind oder eine Jugendliche während ihres Aufenthalts in einer → Einrichtung oder einer → Pflegefamilie selbst Mutter eines Kindes, so umfasst die HzE auch die Unterstützung bei der Pflege und Erziehung dieses Kindes (§ 27 Abs. 4 SGB VIII).

Die Ausgestaltung erzieherischer Hilfen hat zudem den allgemeinen Regelungen des Ersten Kapitels des SGB VIII zu folgen, bspw. den Regelungen betreffend das → Wunsch- und Wahlrecht der Leistungsberechtigten (§ 5 SGB VIII), die Beteiligung von Kindern und Jugendlichen (§ 8 und § 9 Abs. 2 SGB VIII) und zum Schutzauftrag des → Jugendamtes bei Gefährdung des → Kindeswohls (§ 8 a SGB VIII).

Die niedrigschwellige Erziehungsberatung nach § 28 SGB VIII wird von den Eltern meist ohne Einbeziehung des Jugendamts bei Beratungsstellen in freier oder kommunaler Trägerschaft wahrgenommen. Für die übrigen Leistungen ist eine (formlose) Antragstellung beim zuständigen Jugendamt erforderlich, das bei Vorliegen der Voraussetzungen die Hilfe gewährt. Der/die Personensorgeberechtigte und das Kind oder der/die Jugendliche sind vor der Entscheidung über die Inanspruchnahme einer Hilfe und vor einer notwendigen Änderung von Art und Umfang der Hilfe zu beraten und auf die möglichen Folgen für die Entwicklung des Kindes oder des Jugendlichen hinzuweisen. Da der Anspruch den Personensorgeberechtigten zusteht, müssen grundsätzlich auch alle für ein Kind oder eine/n Jugendliche/n personensorgeberechtigten Erwachsenen mit der Hilfe einverstanden sein. Art und Umfang der Hilfe bemessen sich am erzieherischen Bedarf im Einzelfall. Bei der Ausgestaltung der HzE soll auch das engere → soziale Umfeld des Kindes oder Jugendlichen einbezogen werden (§ 27 Abs. 2 S. 2).

Ist eine Hilfe auf längere Zeit erforderlich, erfolgt die Entscheidung über die Hilfegewährung in der Regel im Zusammenwirken mehrerer Fachkräfte auf der Grundlage eines Hilfeplans. Bei der → Hilfeplanung nach § 36 SGB VIII handelt es sich um einen gemeinsam gestalteten, kooperativen Beratungs-, Planungs- und Hilfegestaltungsprozess unter Beteiligung insbesondere der Personensorgeberechtigten sowie der Kinder und Jugendlichen. Dem allgemein in der Jugendhilfe geltenden Wunsch- und Wahlrecht nach § 5 SGB VIII kommt im Rahmen der Hilfegewährung eine besondere Bedeutung zu: Ist Hilfe außerhalb der eigenen Familie erforderlich, müssen Personensorgeberechtigte sowie Kind bzw. Jugendliche/r bei der Auswahl der Einrichtung oder der → Pflegestelle beteiligt werden. Ihrer Wahl und ihren Wünschen ist zu entsprechen, sofern sie nicht mit unverhältnismäßigen Mehrkosten verbunden sind. In der Praxis stehen insbesondere für → Fremdunterbringungen häufig allerdings keine echten Wahlmöglichkeiten zur Verfügung, insbesondere Pflegestellen werden überall gesucht. Die Familie kann sich jedoch auch selbst für einen kürzeren oder längeren Zeitraum einen Lebensort für ihr Kind suchen, etwa bei Verwandten oder Bekannten aus dem sozialen Nahraum. Wird hierfür HzE in Form der Vollzeitpflege nach §§ 27, 33 SGB VIII beantragt, muss auch diese Hilfe und damit die Pflegeperson geeignet sein (→ Verwandtenpflege). Ein Anspruch auf HzE entfällt nicht schon deshalb, weil unterhaltspflichtige Personen – meist Großeltern – ein Kind bei sich aufgenommen haben und es versorgen (§ 27 Abs. 2 a SGB VIII).

Wird eine stationäre Leistung außerhalb des Elternhauses gewährt, muss das Jugendamt auch den Lebensunterhalt des Kindes oder Jugendlichen (Kosten für den Sachaufwand und für die Pflege und Erziehung) sicherstellen sowie bei Bedarf für die Krankenhilfe aufkommen, vgl. §§ 39 und 40 SGB VIII. Dabei handelt es sich um sogenannte Annexleistungen zu den stationären HzE.

Auf ihre gesellschaftliche und ökonomische Bedeutung verweist die hohe Anzahl von HzE: Im Jahr 2014 wurde für 531.500 Kinder, Jugendliche und junge Erwachsene in Deutschland eine erzieherische Hilfe des Jugendamtes oder einer Erziehungsberatungsstelle begonnen; davon etwa zwei Drittel als Erziehungsberatung gem. § 28 SGB VIII. Für 55.800 Kinder, Jugendliche und junge Erwachsene begann eine vollstationäre Hilfe als Vollzeitpflege in einer anderen Familie, Heimerziehung oder Unterbringung in einer sonstigen betreuten Wohnform. Nicht zuletzt auch wegen der hohen Kosten werden seit einiger Zeit mehr Untersuchungen zur Wirksamkeit der HzE und deren Weiterentwicklung sowie mögliche Reformen der Leistungstatbestände und der Finanzierungsstrukturen diskutiert.

Derzeit ist geplant, das SGB VIII umfassend zu modernisieren. Betroffen sind u.a. die Themenkomplexe Hilfen zur Erziehung, inklusive Lösung für Kinder- und Jugendliche mit Behinderungen im SGB VIII, Pflegekinderhilfe, Betriebserlaubnisverfahren, Qualitätsentwicklung in der Kinder- und Jugendhilfe. Die Änderungen sollen je nach Regelungsbereich entweder 2017 oder 2022 in Kraft treten.

*Lit.* Düring, D. (Hrsg.): Kritisches Glossar der Hilfen zur Erziehung, Frankfurt a.M. 2014; Krause, H.-U. (Hrsg.): Grundwissen Erzieherische Hilfen, 4. Aufl., Weinheim u.a. 2014; Schröer, W./Struck, N./ Wolff, M. (Hrsg.): Handbuch Kinder- und Jugendhilfe, 2. Aufl., Weinheim/Basel 2016; Wiesner, R. (Hrsg.): SGB VIII. Kinder- und Jugendhilfe, 5. Aufl., München 2015.

*Diana Eschelbach*

**Hilfe zur Familienplanung** → Hilfen zur Gesundheit

**Hilfe zur Pflege** ist eine Leistung nach dem → Sozialgesetzbuch (SGB) XII (§§ 61–66 SGB XII). Bis zum Inkrafttreten des Pflege-Versicherungsgesetzes (SGB XI) und den daraus resultierenden Leistungen war die H. z. P. das wichtigste und neben der → häuslichen Krankenpflege oftmals einzige Instrument zur finanziellen Abdeckung des Risikos der → Pflegebedürftigkeit. Da die Pflegeversicherung von Anfang an nicht als Vollversicherung ausgestaltet war, haben viele pflegebedürftige Personen auch nach deren Einführung weiterhin → Sozialhilfe in Form der H. z. P. bezogen. Die H. z. P. stellt eine ergänzende Leistung für diejenigen dar, die nicht pflegeversichert i.S.d. gesetzlichen → Pflegeversicherung (SGB XI) sind oder bei denen die Leistungen der Pflegeversicherung nicht ausreichen und die selbst den Pflegeaufwand aus eigener wirtschaftlicher Kraft nicht beschaffen können. Die H. z. P. hat mithin eine Auffang- und Ausgleichsfunktion zur Aufrechterhaltung der persönlichen Existenz. Sie ist eine nachrangige, einkommens- und vermögensabhängige → Sozialleistung. Leistungsträger ist der örtlich zuständige → Träger der Sozialhilfe.

Der Anteil der Personen, die der ergänzenden H. z. P. bedürfen, hängt von der jeweiligen Ausgestaltung und den Leistungshöhen in der Gesetzlichen Pflegeversicherung ab. Der Anteil der Personen, die H. z. P. beziehen, an der Gesamtzahl der Pflegebedürftigen liegt bei ca. 13%.

Die H. z. P. ist aufgrund ihrer lediglich ergänzenden Funktion in vollem Umfang von den pflegepolitischen Diskussionen und Entscheidungen abhängig, die in der 18. Wahlperiode (2013–2017) nach jahrelangen Diskussionen über die Weiterentwicklung des Pflegebedürftigkeitsbegriffs stattgefunden haben. Mit drei sogenannten Pflegestärkungsgesetzen sollte die Hilfe für Pflegebedürftige und ihre Angehörigen deutlich verbessert werden. Mit dem Ersten Pflegestärkungsgesetz (PSG I) wurde mit Wirkung zum 1.1.2015 die Unterstützung für Pflegebedürftige und ihre Familien ausgeweitet und ein Pflegevorsorgefonds gebildet. Mit dem Zweiten Pflegestärkungsgesetz (PSG II) werden ab dem 1.1.2017 ein neuer Pflegebedürftigkeitsbegriff und ein neues Begutachtungsverfahren eingeführt. Diese gesetzlichen Regelungen sind bereits in Kraft. Ein Drittes Pflegestärkungsgesetz (PSG III), das am 28.6.2016 vom Bundeskabinett beschlossen wurde, soll die Einführung des neuen Pflegebedürftigkeitsbegriffs in der Sozialhilfe vollziehen. Zwischen dem Recht der Gesetzlichen Pflegeversicherung und dem Recht der H. z. P. sowie dem → Bundesversorgungsgesetz (BVG) besteht hinsichtlich der Verständnisse und Bedarfslagen bei Pflegebedürftigkeit eine hohe Begriffsidentität. Die Festlegungen des Gesetzgebers im Rahmen des PSG II sind in der Sozialhilfe und im BVG entsprechend nachzuvollziehen. Dies umfasst sowohl die gesetzlichen Regelungen zu den Voraussetzungen von Pflegebedürftigkeit und zu dem neuen Begutachtungsverfahren als auch die leistungsrechtliche Hinterlegung. Darüber hinaus enthält der neue Pflegebedürftigkeitsbegriff Elemente der → Teilhabe, die eine Abgrenzung der Leistungen der H. z. P. zu den Leistungen der → Eingliederungshilfe erfordern (vgl. § 63 b SGB XII-E).

Nach geltender Rechtslage haben anders als in der gesetzlichen Pflegeversicherung im Rahmen des SGB XII auch kranke und → behinderte Menschen einen Anspruch auf H. z. P., die voraussichtlich für weniger als sechs Monate der → Pflege bedürfen oder die einen geringeren Hilfebedarf haben, als für die Pflegestufe I der Pflegeversicherung erforderlich ist (sogenannte »Stufe 0« der H. z. P.). Zudem wird im Rahmen der H. z. P. auch bei anderen Verrichtungen, die über die körperbezogenen und hauswirtschaftlichen Verrichtungen des SGB XI hinausgehen, Unterstützung gewährt. So leistet die H. z. P. z.B. einen Beitrag zur (Re-)Aktivierung von kommunikativen Fähigkeiten oder übernimmt Hilfestellungen zur Strukturierung des persönlichen Tagesablaufes mit seinen unterschiedlichen körperlichen, geistigen und seelischen Bedürfnissen. Der Pflegebedürftigkeitsbegriff des SGB XII ist nach noch geltender Rechtslage mithin weiter gefasst als der des SGB XI. Daher erklärt es sich auch, dass zwar im Hinblick auf das Ausmaß der Pflegebedürftigkeit, der Eingruppierung in die einzelnen Pflegestufen, im Rahmen der H. z. P. die Entscheidung der → Pflegekasse zugrunde zu legen ist, es wegen des weitergehenden Leistungsspektrums des SGB XII allerdings zu weiteren oder anderen Leistungen durch den Träger der Sozialhilfe kommen kann.

In der aufgrund des PSG III ab 2017 zu erwartenden Rechtslage soll es zu einer Kongruenz der Maßstäbe und Merkmale der Pflegebedürftigkeit kommen. Mit dem Zweiten Pflegestärkungsgesetz wurde ein neuer Pflegebedürftigkeitsbegriff eingeführt, der einen Zugang zu den Leistungen der Pflegeversicherung gewährleistet, unabhängig davon, ob die Pflegebedürftigkeit kognitiv, psychisch oder körperlich bedingt ist. Da die Höhe der Versicherungsleistungen nach dem SGB XI jedoch auf gesetzlich festgesetzte Höchstbeträge begrenzt ist, wird es zukünftig bei finanzieller Bedürftigkeit Aufgabe der H. z. P. nur noch sein, den über die Höchstbeträge hinausgehenden Bedarf an Pflegeleistungen abzudecken. Andere Verrichtungen wie sie in der bisherigen Systematik anerkannt werden konnten, gibt es nach dem neuen Pflegebedürftigkeitsbegriff nicht mehr, und zukünftig können auch Leistungen nach dem SGB XI erbracht werden, wenn die Voraussetzungen für weniger als sechs Monate vorliegen. Für geringfügigere Pflegebedarfe als solche, die den Pflegegrad 1 nach dem neuen Begutachtungsverfahren erreichen, sollen nach dem Gesetzentwurf der Bundesregierung auch keine Leistungen der H. z. P. mehr erbracht werden. Eine Verschlechterung der Rechtslage ist darin nicht zu sehen, weil unterhalb des Pflegegrades 1 lediglich geringfügige Selbstständigkeitseinbußen feststellbar sind, die aus pflegewissenschaftlicher Sicht keine Leistungen rechtfertigen.

Die H. z. P. umfasst nach der geltenden Rechtslage Leistungen der hauswirtschaftlichen und pflegerischen Versorgung (Hilfen im Haushalt, beim Einkaufen, Kochen usw., bei der Körperpflege, bei der → Ernährung und bei der Mobilität) sowie → Hilfsmittel (wie z.B. Windeln, Pflegebetten und Spezialmatratzen). Die Leistungsgewährung erfolgt grundsätzlich in Form eines dem Pflegebedarf entsprechenden → Pflegegeldes. Dessen Höhe richtet sich nach den Leistungen der Pflegeversicherung, soweit es sich um deckungsgleiche Leistungen handelt. Das Pflegegeld kann auch Teil eines trägerübergreifenden → Persönlichen Budgets sein. Neben den Leistungen für die pflegebedürftige Person selbst werden auch Leistungen für die Pflegeperson übernommen. So erstatten die Träger der Sozialhilfe die angemessenen Aufwendungen der Pflegeperson, gewähren angemessene Beihilfen und übernehmen die Beiträge für eine angemessene Alterssicherung der Pflegeperson (§ 65 Abs. 1 SGB XII).

Durch das PSG III soll die Regelungsstruktur des 7. Kapitels SGB XII – H. z. P. neu geordnet werden. In § 61 SGB XII wird die Leistungsberechtigung, im neuen § 61 a SGB XII der sozialhilferechtliche Begriff der Pflegebedürftigkeit geregelt. Maßgeblich für die Beurteilung von Beeinträchtigungen der Selbstständigkeit oder Fähigkeiten sind dann die in den Bereichen Mobilität, kognitive und kommunikative Fähigkeiten, Verhaltensweisen und psychische Problemlagen, Selbstversorgung, Bewältigung von und selbstständiger Umgang mit krankheits- oder therapiebedingten Anforderungen und Belastungen sowie Gestaltungen des Alltagslebens und sozialer Kontakte genannten einzelnen Kriterien. Die Beeinträchtigungen in den einzelnen Bereichen führen aufgrund des neuen Begutachtungsverfahrens nach Maßgabe des SGB XI je nach Schwere zu einer Zuordnung zu fünf Pflegegraden. Die Leistungen werden bei der häuslichen Pflege in Form von Pflegegeld, häuslicher Pflegehilfe, Verhinderungspflege, Pflegehilfsmitteln, Maßnahmen zur Verbesserung des Wohnumfeldes und sog. andere Leistungen erbracht. Die bisher bekannten Leistungsformen sollen zukünftig in modifizierter Form erbracht werden: Pflegegeld wird für die Pflegebedürftigen der Pflegegrade 2 bis 5 entsprechend der Zahlbeträge des SGB XI erbracht; daneben wird ein häusliche Pflegehilfe geschaffen. Pflegebedürftige des Pflegegrades 1 haben einen Anspruch auf Pflegehilfsmittel (§ 64 d SGB XII-E), auf Maßnahmen zur Verbesserung des Wohnumfeldes (§ 64 e SGB XII-E) und einen Entlastungsbetrag von 125 Euro, § 66 SGB XII-E, der zweckgebunden einzusetzen ist. Pflegebedürftige der Pflegegrade 2, 3, 4 oder 5 haben Anspruch auf Pflege in stationären Einrichtungen, wenn häusliche oder teilstationäre Pflege nicht möglich ist oder wegen der Besonderheit des Einzelfalls nicht in Betracht kommt. Der Anspruch auf stationäre Pflege umfasst auch Betreuungsmaßnahmen, § 65 SGB XII-E.

Die Hilfen werden nach der geltenden und auch in der zukünftigen Rechtslage in unterschiedlicher Form angeboten. Bei der ambulanten Pflege lebt der pflegebedürftige Mensch zu Hause und wird dort von Angehörigen, Nachbar/innen oder einem Pflegedienst versorgt. In stationären Einrichtungen lebt und wohnt der pflegebedürftige Mensch. In teilstationären Einrichtungen wird der Pflegebedürftige z.B. stundenweise oder tagsüber oder nur nachts versorgt. → Kurzzeitpflege kommt in Betracht, wenn eine zeitlich beschränkte Unterstützung gebraucht wird. Dabei findet auch im Rahmen der H. z. P. der Grundsatz »ambulant vor stationär« Berücksichtigung. Wie überall in der Sozialhilfe gilt auch bei der H. z. P., dass die → Selbsthilfe vor der Inanspruchnahme staatlicher Hilfe steht. Dem folgt auch die gesetzliche Anordnung, den Einsatz von Verwandten sowie eine nachbarschaftliche Versorgung zu fördern.

*Jonathan I. Fahlbusch*

**Hilfe zur Überwindung besonderer sozialer Schwierigkeiten** ist eine im 8. Kapitel des SGB XII (§§ 67 ff.; → Sozialhilfe) geregelte Leistung für Personen, die solche Schwierigkeiten nicht aus eigener Kraft überwinden können. Sie hängt davon ab, dass der Hilfebedarf nicht bereits durch Leistungen nach anderen Bestimmungen des SGB XII oder nach dem SGB VIII (→ Kinder- und Jugendhilfe) gedeckt wird (sog. interner Nachrang). Die Leistungsberechtigung ergibt sich aus einer Verknüpfung der Merkmale »besondere Lebensverhältnisse« und »soziale Schwierigkeiten«. Beide Merkmale müssen – ohne dass es auf einen kausalen Zusammenhang ankommt – bei der leistungsberechtigten Person vorhanden sein. Von einem Leben in besonderen sozialen Schwierigkeiten ist auszugehen, wenn das Merkmal »besondere Lebensverhältnisse« derart mit dem Merkmal »soziale Schwierigkeiten« verbunden ist, dass die Überwindung der besonderen Lebensverhältnisse auch die Überwindung der sozialen Schwierigkeiten erfordert (§ 1 Abs. 1 der Verordnung zur Durchführung der Hilfe zur Überwindung besonderer sozialer Schwierigkeiten [VO] vom 24.1.2001). Besondere Lebensverhältnisse bestehen bei fehlender oder nicht ausreichender Wohnung, bei ungesicherter wirtschaftlicher Lebensgrundlage, bei gewaltgeprägten Lebensumständen, bei Entlassung aus einer geschlossenen Einrichtung oder bei vergleichbaren nachteiligen Umständen, die ihre Ursachen jeweils in äußeren Umständen oder in der Person des/der → Leistungsberechtigten haben können (§ 1 Abs. 2 VO). Soziale Schwierigkeiten liegen vor, wenn ein Leben in der Gemeinschaft durch ausgrenzendes Verhalten des/der Leistungsberechtigten oder eines Dritten wesentlich eingeschränkt ist, insbesondere im Zusammenhang mit der Erhaltung oder Beschaffung einer Wohnung, mit der Erlangung oder Sicherung eines Arbeitsplatzes, mit familiären oder anderen sozialen Beziehungen oder mit Straffälligkeit (§ 1 Abs. 3 VO). Mit der finalen Verknüpfung der beiden gesetzlichen Merkmale und ihrer Konkretisierung durch eine abstrakte Beschreibung ist – wie in der Fachöffentlichkeit lange gefordert worden war – die einerseits diskriminierende und andererseits zu enge Benennung und Definition von Personengruppen aufgegeben worden, durch die die Empfänger/innen der Hilfe in der bis zum 31.7.2001 unter dem Bundessozialhilfegesetz (BSHG) geltenden VO zur Durchführung des § 72 BSHG vom 9.6.1976 erfasst worden waren (Personen ohne ausreichende Unterkunft, Landfahrer, Nichtsesshafte, aus Freiheitsentziehung Entlassene, verhaltensgestörte junge Menschen).

Als Hilfe kommen alle Maßnahmen in Betracht, die für die Abwendung und Beseitigung der Schwierigkeiten und – falls dies nicht möglich ist – für deren Milderung oder der Verhütung einer Verschlimmerung notwendig sind; insoweit hebt § 68 Abs. 1 S. 1 SGB XII neben der unter fachlichen Gesichtspunkten der → Sozialen Arbeit ohne Rücksicht auf → Einkommen und → Vermögen der Berechtigten ihnen und ihren Angehörigen zu gewährenden → persönlichen Hilfe Maßnahmen bei der Erhaltung und Beschaffung einer Wohnung sowie – als für die Führung eines menschenwürdigen Lebens von gleichermaßen existenzieller Bedeutung – Hilfen zur Ausbildung, Erlangung und Sicherung eines Arbeitsplatzes hervor. Dabei macht die Verpflichtung, in geeigneten Fällen einen Gesamtplan zu erstellen, deutlich, dass dieses Instrument nicht bloß zur Koordinierung der Aktivitäten verschiedener Stellen einzusetzen ist, sondern eine am → Bedarf der einzelnen Leistungsberechtigten orientierte Grundlage für die Entwicklung und Realisierung der zur Deckung ihres Hilfebedarfs notwendigen Maßnahmen bilden soll.

Art und Umfang der Maßnahmen richten sich nach dem Ziel, die Leistungsberechtigten zur → Selbsthilfe zu befähigen, die Teilnahme am Leben in der Gemeinschaft zu ermöglichen und die Führung eines menschenwürdigen Lebens zu sichern. Dabei ist auch zu berücksichtigen, dass die Hilfesuchenden verpflichtet sind, nach eigenen Kräften an der Überwindung der besonderen sozialen Schwierigkeiten mitzuwirken. Vorrangig sind als Hilfe zur Selbsthilfe Dienstleistungen der → Beratung und persönlichen Unterstützung.

Dazu gehört v.a., den Hilfebedarf zu ermitteln, die Ursachen der besonderen Lebensverhältnisse sowie der sozialen Schwierigkeiten festzustellen, sie bewusst zu machen, über die zur Überwindung in Betracht kommenden Maßnahmen und geeigneten Hilfeangebote und -organisationen zu unterrichten, diese, z.B. → Schuldnerberatung, soweit erforderlich zu vermitteln und ihre Inanspruchnahme und Wirksamkeit zu fördern.

Seit den 1970er-Jahren haben sich – auch aus der Diskussion über Randgruppen – die vornehmlich von der → freien Wohlfahrtspflege erbrachten Hilfeangebote, die ganz oder in Teilbereichen im Rahmen von §§ 67 f. SGB XII geleistet werden, z.B. Sozialarbeit mit Familien in Obdachlosenunterkünften (→ Wohnungslosigkeit/Wohnungslosenhilfe) und Inhaftierten (→ Straffälligenhilfe), entwickelt. Dadurch hat sich auch die traditionell fast ausschließlich stationär ausgerichtete sog. Nichtsesshaftenhilfe mit der Ausweitung ambulanter Hilfen für alleinstehende Wohnungslose erheblich verändert. Bei einem am örtlichen Bedarf orientierten und diesen deckenden Hilfeangebot, das ein aufeinander abgestimmtes System von Beratungsangeboten, → sozialen Diensten und → Einrichtungen (ambulante, teil- und vollstationäre Betreuungsformen) umfassen und dabei eine Beratungsstelle für alleinstehende Wohnungslose (erforderlichenfalls verbunden mit einem Angebot zur medizinischen/hygienischen Grundversorgung), Unterkunftsangebote, Tagesaufenthaltsstätten, Angebote des betreuten Wohnens, Arbeits- und Beschäftigungsangebote aufweisen sollte, wird eine Schaffung zusätzlicher regionaler Einrichtungen allenfalls noch wegen spezieller Bedarfslagen in Betracht kommen (z.B. Schwerpunkteinrichtung für langjährig Wohnungslose, die älter und pflegebedürftig sind). Zur Sicherung des Hilfeerfolgs kommt einer engen Zusammenarbeit zwischen Kommunen, örtlichem und überörtlichem → Träger der Sozialhilfe, den gemeinsamen Einrichtungen nach § 44 b SGB II und den → Leistungserbringern besondere Bedeutung zu. Sachlich zuständig für die Hilfe ist der überörtliche Träger der Sozialhilfe, soweit keine abweichenden landesrechtlichen Bestimmungen getroffen werden (§ 97 Abs. 3 SGB XII).

*Gottfried Eichhoff*

**Hilfe zur Weiterführung des Haushalts** sollen Personen mit eigenem Haushalt (→ Haushaltsgemeinschaft) erhalten, wenn keine/r der Haushaltsangehörigen den Haushalt führen kann und die Weiterführung des Haushalts geboten ist (§ 70 Abs. 1 S. 1 SGB XII). Der Anspruch setzt demnach zunächst voraus, dass ein »eigener«, also voll eingerichteter, selbstständiger Haushalt besteht und dass keine/r der Haushaltsangehörigen zur Haushaltführung in der Lage ist. Dazu ist zu beurteilen, ob die Führung des Haushalts möglich und individuell zumutbar ist. Neben den Lebensumständen sind etwa das Alter, die gesundheitliche Verfassung und die persönlichen Fähigkeiten der Haushaltsangehörigen zu berücksichtigen. Die H. muss außerdem geboten sein. Sie ist geboten, wenn beispielsweise minderjährige Kinder oder pflegebedürftige Personen (→ Pflegebedürftigkeit) im Haushalt leben, die andernfalls fremduntergebracht (→ Fremdunterbringung) werden müssten, denn Leistungen der Sozialhilfe sollen gem. § 6 SGB XII Familien schützen und fördern, also familiengerecht (→ familiengerechte Hilfe) sein. Die H. soll in der Regel nur vorübergehend, d.h. für einen Zeitraum von bis zu sechs Monaten, erbracht werden. Sie kann länger gewährt werden, wenn dadurch eine stationäre Unterbringung vermieden oder aufgeschoben wird. Die Leistung aus § 70 SGB XII umfasst nicht nur die eigentliche Haushaltsführung, sondern auch die persönliche Betreuung von Haushaltsangehörigen, zu der z.B. die Sorge für regelmäßige Mahlzeiten und die Hausaufgabenbetreuung (→ Hausaufgabenhilfe) gehört. Die Leistungen können ausnahmsweise auch eine vorübergehende anderweitige Unterbringung neben oder statt der Weiterführung des Haushalts beinhalten, wenn dies im besonderen Einzelfall geboten ist. Der → Träger der Sozialhilfe soll darauf hinwirken, dass die H. von Verwandten oder Nachbarn geleistet wird. Diesen werden die angemessenen Aufwendungen erstattet. Andernfalls werden dem Hilfesuchenden die angemessenen Kosten für eine Hilfskraft erstattet.

*Constanze Rogge*

**Hilfsmittel** nach § 29 Abs. 1 Nr. 1 d SGB I und § 26 Abs. 2 Nr. 6 SGB IX sind meistens Leistungen zur → medizinischen Rehabilitation. Allerdings werden sie auch als Leistungen zur → Teilhabe am Arbeitsleben gemäß § 33 Abs. 8 Nr. 4 SGB IX eingesetzt. H. werden unter anderem durch die → Sozialhilfe, die Gesetzliche → Krankenversicherung und Gesetzliche → Rentenversicherung erbracht; vgl. aber auch § 29 Abs. 2 SGB I bzw. § 6 SGB IX. Einen Überblick über H. als Leistungen zur medizinischen Rehabilitation gibt § 31 SGB IX.

H. sind Körperersatzstücke, orthopädische und andere H., § 31 Abs. 1 S. 1 SGB IX. Für H. ist charakteristisch, dass sie von den Leistungsberechtigten mit sich getragen, geführt oder bei einem Wohnungswechsel mitgenommen werden können. Erfasst sind individuell angepasste H. sowie solche, die der Befriedigung eines allgemeinen Grundbedürfnisses dienen. Sie müssen im Einzelfall erforderlich sein, um den Erfolg der → Krankenbehandlung zu sichern oder eine Behinderung auszugleichen oder einer solchen vorzubeugen. Sie dürfen keine allgemeinen Gebrauchsgegenstände des täglichen Lebens sein. Darüber hinaus ist die Leistungspflicht der gesetzlichen Krankenversicherung auf diejenigen Hilfsmittel beschränkt, die nicht ausgeschlossen sind, § 33 Abs. 1 S. 1 SGB V.

Die H. der → Sozialen Pflegeversicherung knüpfen an die Erleichterung der Pflege an, § 40 Abs. 1 S. 1 Alternative 1 SGB XI. Welche Pflegeh. zu erbringen sind, ergibt sich aus dem Pflegehilfsmittelverzeichnis, § 78 Abs. 2 S. 2 SGB XI. Die Hilfsmittelverzeichnisse der Gesetzlichen Krankenversicherung und der Sozialen Pflegeversicherung können unter www.hilfsmittel.gkv-spitzenverband.de abgerufen werden. Der Gesetzlichen Rentenversicherung ist es möglich, medizinische H. zur Verfügung zu stellen, wenn sie der Verbesserung oder Wiederherstellung der → Erwerbsfähigkeit dienen, § 15 Abs. 1 i.V.m. § 9 Abs. 1 Nr. 1 und 2 SGB VI.

Im Rahmen der → Eingliederungshilfe (§ 54 Abs. 1 Einleitungssatz SGB XII) sind §§ 9, 10 → Eingliederungshilfe-Verordnung (EinglHVO) zu beachten. Weitere Ansprüche auf H. regeln: §§ 27 Abs. 1 Nr. 4, 31 SGB VII) gegen den Träger der Gesetzlichen → Unfallversicherung, § 11 Nr. 8 → Bundesversorgungsgesetz (BVG) gegen den Versorgungsträger, § 40 SGB VIII gegen den → Jugendhilfeträger. Im Unterschied zum → Heilmittel, das immer eine Dienstleistung ist, kommen als H. nur sächliche Mittel in Frage.

*Angela Busse*

**Hinterbliebenenrenten** Stirbt eine versicherte Person, gewähren verschiedene Zweige der → Sozialversicherung den Hinterbliebenen der/des Verstorbenen Renten. Hintergrund ist, dass mit dem Tod der versicherten Person auch die Unterhaltsleistungen wegfallen, die diese zuvor an die Angehörigen erbracht hat. In der gesetzlichen → Rentenversicherung werden als Renten wegen Todes (§§ 46 ff. SGB VI) v.a. → Witwen- und Witwerrenten und → Waisenrenten gezahlt. Auch in anderen Versicherungs- und Versorgungssystemen werden vergleichbare Leistungen gewährt, so z.B. in der → Alterssicherung der Landwirt/innen und nach Maßgabe des Beamtenversorgungsgesetzes (BeamtVG). Die gesetzliche → Unfallversicherung gewährt H. nach Maßgabe des SGB VII, wenn der Tod infolge eines → Arbeitsunfalls oder einer → Berufskrankheit eingetreten ist. Auch das → Bundesversorgungsgesetz (BVG), das die einheitliche Versorgung der Kriegsbeschädigten und Hinterbliebenen regelt (→ Kriegsopferversorgung), das Bundesentschädigungsgesetz (BEG) sowie das → Opferentschädigungsgesetz (OEG) kennen Hinterbliebenenleistungen. In der → betrieblichen Altersversorgung kann ebenfalls eine Hinterbliebenensicherung zugesagt werden.

Der → Gleichheits(grund)satz gebietet, dass H. gleichermaßen an Witwen und Witwer gewährt werden. Der wachsende Anteil eigener Anwartschaften von Frauen führt dazu, dass die H. an sozialpolitischer Bedeutung verlieren. Sie werden jedoch für eine nicht absehbare Zeit notwendig bleiben.

*Sylvia Dünn*

**HIV-Infektion** → AIDS-Hilfe

**Hochbegabung** → Begabung, → Intelligenz

**Hochschulen** → Studium der Sozialen Arbeit

**Hoher Flüchtlingskommissar der Vereinten Nationen (UNHCR)** (engl. United Nations High Commissioner for Refugees) wurde mit Resolution 428 (V) durch die Generalversammlung der → Vereinten Nationen (UN) gegründet und nahm 1951 seine Arbeit auf. Ursprünglich für drei Jahre ins Leben gerufen, um → Flüchtlingen nach dem Zweiten Weltkrieg zu helfen, wurde das UNHCR-Mandat seit 1954 regelmäßig verlängert und gilt seit 2004 unbefristet. Hauptsitz ist Genf, weltweit gibt es z.Zt. 109 Außenstellen und Regionale Büros sowie 341 sog. sub and field offices in 123 Ländern. Der H. wird von der Generalversammlung gewählt, derzeitiger Amtsträger (2016) ist Filippo Grandi (Italien). Der UNHCR erhielt 1954 und 1981 den Friedensnobelpreis und ist laut Satzung eine humanitäre, unpolitische Organisation, um Flüchtlingen »internationalen Rechtsschutz« zu gewähren und »dauerhafte Lösungen« zu suchen. Dies umfasst Rückkehrunterstützung, Integrationsmaßnahmen und Rücksiedlung in Drittstaaten (→ Resettlement) bei Nichtanerkennung als → Asylberechtigte. Hinzu kommen Nothilfe bei Massenflucht und Koordination internationaler Flüchtlingshilfe in Zusammenarbeit mit anderen UN-Sonderorganisationen wie bspw. der → Weltgesundheitsorganisation (WHO).

Die Arbeit des UNHCR ist untrennbar mit der Genfer Flüchtlingskonvention (GFK) verbunden. Diese sog. »Magna

Carta« des Flüchtlingsrechts trat 1954 in Kraft und definiert diejenige Person als Flüchtling, die »aus begründeter Furcht vor Verfolgung wegen ihrer Rasse, Religion, Nationalität, Zugehörigkeit zu einer bestimmten sozialen Gruppe oder wegen ihrer politischen Überzeugung sich außerhalb des Landes befindet, dessen Staatsangehörigkeit sie besitzt, und den Schutz dieses Landes nicht in Anspruch nehmen kann oder wegen dieser Befürchtungen nicht in Anspruch nehmen will«. Das Mandat des UNHCR umfasst zunächst nur Flüchtlinge, die internationale Grenzen überschritten haben. Daneben gibt es aber sog. Binnenvertriebene, die keine Grenzen überschreiten. Angesichts steigender Zahlen hat der UNHCR begonnen, seine Schutzmaßnahmen für diese Gruppe deutlich auszuweiten. Ende 2014 gab es schätzungsweise knapp 60 Mio. gewaltsam vertriebene Menschen weltweit, davon 19,5 Mio. Flüchtlinge, die Landesgrenzen überquert haben, und 38,2 Mio. Binnenvertriebene.

In Berlin befindet sich eine regionale Vertretung, eine weitere Außenstelle beim → Bundesamt für Migration und Flüchtlinge (BAMF) in Nürnberg. Schwerpunkt der Tätigkeit in Deutschland ist → Rechtsschutz. Da die GFK nationales → Asylrecht nicht konkret regelt, wird u.a. darauf geachtet, ob Anträge innerhalb angemessener Verfahren bearbeitet werden. UNHCR-Rechtsberater kommentieren die Rechtslage, zunehmend auch die → europäische Flüchtlingspolitik und angesichts der Vermischung von Flucht- und sonstigen Wanderungsursachen vermehrt Fragen allgemeiner Migrationspolitik (→ Migration). Auf Bitte von Behörden, Gerichten, Anwält/innen oder Asylbewerber/innen kann zu Einzelfällen Stellung genommen werden. Weitere Schwerpunkte sind Fortbildungsmaßnahmen für die Asyl- und → Flüchtlingsarbeit sowie Stärkung der Aufmerksamkeit für Flüchtlingsfragen u.a. am Weltflüchtlingstag (20. Juni).

*Anschriften:* P.O. Box 2500, CH-1211 Genf Dépôt; Zimmerstr. 79/80, 10117 Berlin, www.unhcr.org

*Alfredo Märker*

**Homosexualität** → Gleichgeschlechtliche Lebensweisen

**Hörbehinderte Menschen** Zu den hörbehinderten oder hörgeschädigten Menschen werden die Gruppe der schwerhörigen, die Gruppe der spätertaubten und die Gruppe der gehörlosen Menschen gezählt.

Unter Schwerhörigkeit versteht man eine Minderung des Hörvermögens. Ihr Ausmaß kann von einer leichten Hörminderung bis hin zu Störungen reichen, bei denen die Betroffenen auf Hörhilfen und visuelle Informationen angewiesen sind. Man unterteilt Schwerhörigkeit in leichtgradige Schwerhörigkeit (ca. 7,51 Mio. Menschen in Deutschland), mittelgradige Schwerhörigkeit (ca. 4,68 Mio. Menschen), hochgradige Schwerhörigkeit (ca. 958.000 Menschen) und an Taubheit grenzende Schwerhörigkeit (ca. 213.000 Menschen). Als Orientierung gilt: leichtgradig schwerhörige Menschen verstehen Umgangssprache ohne → Hilfsmittel aus mehr als vier Metern Entfernung, mittelgradig Schwerhörige aus einer Distanz von einem bis vier Metern, hochgradig Schwerhörige aus unter einem Meter Entfernung. Allgemein sind schätzungsweise 10% der Bevölkerung eines Landes von Schwerhörigkeit betroffen.

Als »gehörlos« gelten Personen, die infolge einer schweren Schädigung des Gehörs nur begrenzte Höreindrücke haben, sodass sie Lautsprache über das Gehör nur eingeschränkt oder gar nicht verstehen können und von daher vorwiegend in → Gebärdensprache kommunizieren (100.000 Menschen in Deutschland). Durch die Gebärdensprache haben sie ihre eigene Kultur und ihre eigene Gemeinschaft, über die sie sich identifizieren. Gesprochene Sprache können sie nicht oder nur eingeschränkt auf natürlichem Wege erlernen. Sie sind daher zur Aufnahme der Lautsprache auf visuelle Wahrnehmung angewiesen. Ihr eigenes Sprechen können sie nur mit fremder Hilfe oder über selbstempfundene Bewegungsabläufe beim Sprechen kontrollieren.

Früher wurden Gehörlose als »taub« oder »taubstumm« bezeichnet, seit Beginn des 20. Jh. setzt sich zunehmend das Wort »gehörlos« durch. Der Begriff »taubstumm« wird von den Betroffenen als diskriminierend empfunden: Gehörlose sind nicht sprachlos, auch wenn sie in Gebärdensprache kommunizieren. Daher ist im Deutschen entweder der Begriff »gehörlos« oder »taub« zu verwenden. Im medizinischen Bereich wird der Begriff »Gehörlosigkeit« kaum noch benutzt, da technische Möglichkeiten wie das Cochlea Implantat und Hörgeräte ein gewisses Maß an Hör- und Sprechfähigkeit ermöglichen können. Stattdessen spricht man dort von »an Taubheit grenzender Schwerhörigkeit« oder »Resthörigkeit«. So haben medizinisch gesehen ca. 98% aller Gehörlosen ein Resthörvermögen. Tritt die Ertaubung erst nach dem natürlichen Spracherwerb auf (ca. ab dem dritten Lebensjahr), so spricht man von »postlingualer Ertaubung«, zu Deutsch »Spätertaubung«. Spätertaubte Menschen haben sich die Lautsprache auf natürlichem Wege aneignen können. Der entscheidende Unterschied zwischen Schwerhörigkeit und Gehörlosigkeit besteht darin, dass schwerhörige und auch (spät)ertaubte Menschen hauptsächlich in Lautsprache kommunizieren, während die gehörlosen Menschen die Gebärdensprache als ihre Basissprache haben.

*Thomas Worseck*

**Hörstumme Menschen** ist eine veraltete Bezeichnung für Kinder, die über ein intaktes Gehör verfügen, gesprochene Sprache aber weder als solche wahrnehmen noch verarbeiten und selbst produzieren können, aber z.T. Schriftsprache und Gebärdensprache beherrschen lernen. Neurologisch wird von auditiver Agnosie gesprochen. Kennzeichnend für diese Kinder ist, dass sie bis zum dritten Lebensjahr kaum oder gar nicht sprechen, sie auditiv, visuell und taktil unaufmerksam sind, über Gesten Sprache kompensieren, dabei aber normal intelligent (→ Intelligenz) sind und über ein gutes Sprachverständnis verfügen. Als Ursachen werden Erkrankungen des Zentralnervensystems oder psychogene Störungen vermutet. Diagnostisch kann zwischen motorischer Ausprägung, d.h. einer Entwicklungsdyspraxie, und sensorischer Ausprägung, d.h. einer auditiven Verarbeitungsstörung (AVS) unterschieden werden. Differentialdiagnostisch sind → Autismus, Aphasie und Mutismus abzugrenzen.

Bei Kindern mit Entwicklungsdyspraxie (→ ICD 10, F82) liegt eine Störung der Planung und Programmierung der Sprechbewegungen vor, die Willkürmotorik ist gestört, automatisierte Bewegungsabläufe gelingen besser. Die Störung wirkt sich nachteilig auf den Lauterwerb (Auslassungen, Umstellungen, Einfügungen, Vereinfachungen), die Betonung und Intonation, die Artikulation (Suchbewegungen, mangelnde Koordination der Artikulationsmuskeln) aus. Empfohlen wird eine auf Rhythmisierung, Intonation und Betonung angelegte Therapie. AVS-Kinder (ICD 10, F80.20) haben auf der Ebene der zentralen Hörbahn audiologisch messbare Störungen und mittels psychometrischer Testverfahren feststellbare Beeinträchtigungen in mindestens zwei auditiven Teilfunktionen (Lokalisation, Diskrimination, Selektion, dichotische Diskrimination). Die Einzel- und/oder Gruppentherapie umfasst folgende Bereiche: → Beratung von Eltern und Pädagogen, auditives Training, Arbeit in den gestörten Teilfunktionen (z.B. Übungen zur Geräusch-/Ton- und Klangverarbeitung, zur Verarbeitung stimmlicher Stimuli, zur Laut-, Silben-, Wort- und Satzverarbeitung), Modifikation der Hörumgebung (z.B. Raumakustik oder Einsatz von Frequenzmodulationsanlagen), pädagogisch-didaktische Maßnahmen bei Schulkindern (z.B. Sitzplatzwahl oder Sprecherverhalten der Lehrer/innen). Die Therapie sollte so früh wie möglich einsetzen, um Beeinträchtigungen auf den Lese- und Schreiberwerb präventiv zu begegnen.

*Dietlinde Schrey-Dern*

**Hort** Mit dem Inkrafttreten des → Kinder- und Jugendhilfegesetzes erhielt der H. zum ersten Mal in seiner über 100-jährigen Geschichte in § 22 SGB VIII den Rechtsstatus einer → Kindertageseinrichtung. Ihm wird die Aufgabe der Betreuung, → Bildung und → Erziehung von Kindern von 6–14 Jahren zugeschrieben. Der H. stellt ein familienergänzendes, schulbegleitendes und vielfach auch freizeitgestaltendes Angebot dar, dessen Konzeption und pädagogische Arbeit sich an den Bedürfnissen der Kinder und ihrer Familien orientiert. Die Zahl der H.kinder steigt dort, wo es ein ausgebautes H.system gibt, kontinuierlich. H. können eigenständige Einrichtungen, Teil von Kindertageseinrichtungen und von Grundschulen sein (Schulhorte, Schulkinder-Häuser). In Kombination mit Schulen ist in manchen Bundesländern der H. nicht von SGB VIII, sondern vom Schulgesetz erfasst (z.B. Thüringen).

Die Versorgung mit H.plätzen ist in der Bundesrepublik Deutschland nach Bundesland und Region sehr unterschiedlich; der H. ist noch immer vorrangig eine Einrichtung von Städten und Industrieregionen. Die Aufnahme von Kindern in den H. erfolgt meist nach sozialen Gesichtspunkten (Kinder von → Alleinerziehenden, Kinder aus unterstützungsbedürftigen Familien und konfliktanfälligen Milieus); dies verstärkt die Negativklischees, die dem H. nach wie vor anhaften und auch in der Geschichte des H. begründet sein dürften. Er hat seinen Ursprung in den Bewahranstalten und Arbeitsschulen des 18. und 19. Jh., die dazu dienten, jene Kinder zu verwahren und zu betreuen, deren Lebenszusammenhang durch die Fabrikarbeit der Eltern im Zuge der Industrialisierung gestört war und die infolgedessen zu verwahrlosen drohten; zum anderen waren diese Einrichtungen von einer vorwiegend auf das Arbeitsleben ausgerichteten Bildungsidee geprägt, deren zentrales Anliegen in der Vermittlung von Arbeitshaltung und Arbeitstechniken bestand. Später wurde dem H. häufig die alleinige Funktion einer den schulischen Unterricht ergänzenden und unterstützenden Institution zugedacht (Hausaufgabenhilfe, Vertiefung des Unterrichtsstoffes Kompensierung von Lern-, emotionalen und sozialen Defiziten [ → Kompensatorische Erziehung]).

Heute setzt sich zunehmend ein sozialpädagogisches Verständnis durch. Im H. geschieht die Initiierung und Förderung von Sozialisationsprozessen (→ Sozialisation) von Kindern im Schulalter durch situationsorientierte Hilfestellung (→ Situationsansatz) und Unterstützung bei ihrem Bestreben, eine eigenständige → Persönlichkeit zu werden und in der Auseinandersetzung mit der sie umgebenden Mit- und Umwelt eine → Identität zu gewinnen. Die Ziele der pädagogischen Arbeit im H. bestehen in der Stärkung der Ich-Kompetenz, in der Vertiefung der Sozialkompetenz und in der Erweiterung der Sachkompetenz. Konkret bietet der H. ein erzieherisches Milieu, in dem die Heranwachsenden ihre Beziehungsfähigkeit entwickeln, ihre Interessen artikulieren, die Lösung von → Konflikten einüben und Orientierung für den Umgang mit der Medien-, Freizeit- und Konsumwelt finden können, in dem sie Anleitungen zur Selbstbestimmung, zu sozialem Engagement und zu gesellschaftlicher Mitverantwortung sowie Möglichkeiten zur Erprobung eigenständiger Formen der Lebensgestaltung erhalten. Neben dem H. als Einrichtung der → Kinder- und Jugendhilfe werden gegenwärtig die Betreuungs- und Erziehungsangebote für Kinder im Schulalter in → Ganztagsschulen ausgebaut, die in der Zuständigkeit der Schulverwaltung liegen.

*Matthias Hugoth*

**Hospitalismus**, häufig synonym für Deprivationssyndrom, ist ein seit Beginn des 19. Jh. gebräuchlicher Begriff für die Gesamtheit seelischer und körperlicher Schädigungen, die als Folge oder Korrelat belastender Erfahrungen in Zusammenhang mit (langen) Aufenthalten in Krankenhäusern, »Hospitälern« und Heimen auftreten können.

Psychischer H. beschreibt schwere psychische und körperliche Schädigungen, die auf eine umfassende emotionale Vernachlässigung in der Betreuung zurückgeführt werden können. Typische Symptome sind das Erzwingen von Aufmerksamkeit, das Sammeln von Essen, motorische Unruhe und Stereotypien (Jaktationen), selbstverletzendes Verhalten, geringe oder fehlende Frustrationstoleranz, Resignation bis zur völligen Apathie. Vertrauensvolle, tragfähige Bindungen an Erwachsene gelingen nicht und finden ihren Ausdruck z.B. in ängstlich-vermeidender Beziehungsgestaltung (→ Bindung/Beziehung in der Sozialen Arbeit). Die schwerste Form des H. ist bekannt als »Kaspar-Hauser-Syndrom« (völliger Reizentzug in Verbindung mit Misshandlung). Die Bezeichnungen reaktive Bindungsstörungen oder Anpassungsstörungen werden mitunter als Synonyme für psychischen H. verwendet. H. ist insbesondere im Kontext der Versorgung von Kindern und Jugendlichen zu beobachten, wenn emotionale Zuwendung und pflegerische Fürsorge fehlen und auch körperliche Verwahrlosung auftritt. Die → ICD-10-GM der → Weltgesundheitsorganisation benennt daher auch Infektionserkrankungen, Wachstums- und Entwicklungsstörungen ebenso wie Anpassungs- und Bindungsstörungen oder → Depressionen als Ausdruck von H. Der infektiöse H. bezeichnet durch Klinikaufenthalte verursachte Infektionen.

Bei der Entstehung von H. kommt direkten Umgebungsvariablen eine entscheidende Rolle zu. H. tritt bei institutionalisierten Kindern und Jugendlichen, aber auch bei Erwachsenen in Krankenhäusern, Psychiatrien und Seniorenheimen auf. Schlechter Organisation von Arbeitsabläufen in den Betreuungsfeldern wird eine entscheidende Rolle bei der Entstehung von H. zugewiesen. Insbesondere Versorgungssituationen, in denen einzelne Betreuer/innen für sehr große Gruppen von Kindern und Jugendlichen verantwortlich sind, sodass keinerlei individuelle Betreuung möglich ist, begünstigen das Auftreten von H. Es kommt zu einem Mangel an akustischer und/oder sensorischer Stimulation (keine Ansprache, Gespräche, Musik usw.) und mitunter zu den sog. Fixierungen. Zu wirksamen Gegenmaßnahmen gehören die zunehmende Veränderung in den (Fremd-)Betreuungsformen (Betreutes Wohnen statt Heim, familienähnliche Wohngruppen für Kinder, tagesklinische Angebote usw.) und verschiedene therapeutische → Interventionen wie die tiergestützte → Therapie. In einer randomisierten Interventionsstudie (Bucharest Early Intervention Project) konnte bei institutionalisierten Kindern ein positiver, kausaler Einfluss der Aufnahme in eine → Pflegefamilie auf das Bindungsverhalten und das Auftreten von → psychischen Störungen empirisch nachgewiesen werden.

*Jan Beucke*

**Hospiz(-bewegung)** Bürgerschaftliche Sozial- und Reformbewegung (→ Soziale Bewegungen), die in den 1960er-Jahren von Großbritannien ausging und deren Philosophie weltweite Verbreitung fand. Ziel ist es, der → sozialen Ausgrenzung schwer kranker, sterbender und ihnen nahe stehender Menschen entgegenzutreten und neue Wege für den Umgang der Begleitung und Betreuung am Lebensende zu suchen. Die H. will Bedingungen schaffen, unter denen Sterben als Teil des Lebens integriert und ein selbstbestimmtes, würdiges Lebensende ermöglicht wird. Das → bürgerschaftliche Engagement reicht von Öffentlichkeits- und Bildungsarbeit über die Begleitung und Betreuung schwer kranker, sterbender und ihnen nahe stehender Menschen bis hin zur (nachgehenden) → Trauerarbeit. Ursprünglich auf Krebserkrankte begrenzt, hat die H. ihren Fokus inzwischen auf Menschen jeden Alters mit verschiedenen schweren gesundheitlichen und sozialen Problemen am Lebensende erweitert. Neben ehrenamtlichen Hospizgruppen und → ambulanten Diensten unterhält die moderne H. eine wachsende Zahl an stationären Hospizen, mit denen sie an die Tradition hellenistisch-christlicher Gast-/Pilgerhäuser anknüpft. Um auch in kritischen Lebenssituationen und trotz erheblicher Symptombelastungen ein Höchstmaß an Lebensqualität und Linderung gewährleisten zu können, kooperieren Hospizhelfer eng mit medizinischen, pflegerischen, psychosozialen und spirituellen Professionellen, die den Grundsätzen der H. verpflichtet sind (→ Palliativversorgung).

*Michael Ewers*

**Humanistische Beratung und Therapie** ist neben der → psychoanalytischen, der → verhaltensorientierten und der → systemischen Beratung und Therapie ein weit verbreitetes Therapie-, Gesprächsführungs- und Interventionsverfahren in den verschiedensten Feldern der psychosozialen Arbeit, wie z.B. der → psychosozialen Beratung, (Psycho-) → Therapie, → Sozialtherapie, Einzelfall- und Familienhilfe, → sozialen Gruppenarbeit etc. H. B. u. T. als verbale und/oder nonverbale Interaktion unterstützt Klient/innen professionell und qualifiziert in schwierigen Veränderungs- und Orientierungsprozessen sowie bei Problemen persönlicher und zwischenmenschlicher Art. Formen der h. B. u. T. sind grundsätzlich ausgerichtet an dem, was die Klient/innen und Behandler/innen bzw. Berater/innen im Hilfeprozess subjektiv erleben. Die Hilfe suchende Person mit ihrer subjektiven Wahrnehmung der eigenen Innenwelt und der äußeren Gegebenheiten (ihrer Situation und ihrer Beziehungen) steht im Mittelpunkt des Interaktionsgeschehens. Höchste Priorität haben Ressourcen, Potenziale, Fähigkeiten, Interessen, Gefühle und Motive der Klient/innen.

Den humanistischen Psycholog/innen (→ Humanistische Psychologie) mit ihren Wurzeln, insbesondere in der Phänomenologie und der Existenzphilosophie, ging es um eine Erneuerung der Psychologie. Während die Psychoanalyse zu Beginn des 20. Jh. die triebhafte Natur des Menschen betonte, propagierten Anhänger/innen der Verhaltenstherapie die Manipulierbarkeit des Menschen. Ein/e Hilfesuchende/r sah sich demnach in jedem Fall einem/einer Expert/in gegenüber, sei es für das richtige Medikament, für die richtige Deutung oder für das richtige Lernprogramm. Demgegenüber wird im humanistischen Verständnis der Mensch als einzigartig und kompetent begriffen; Aspekte wie Ganzheit, Selbstbestimmung und Eigenverantwortlichkeit werden betont. Das unmittelbare gegenwärtige Erleben eines Problems und das Verstehen des Sinns sind die Grundlage, die der/die Klient/in zur aktuellen und zukünftigen Problemlösung benötigt. Der Hilfeprozess wird daher als gemeinsame Erfahrung betrachtet, durch die die dem → Individuum innewohnenden, auf Selbstheilung zielenden Kräfte unterstützt werden. Klient/innen sind Expert/innen ihrer selbst – eine grundsätzlich ressourcenorientierte Perspektive. In den humanistischen Verfahren wird daher nicht von Patient/innen, sondern von Klient/innen gesprochen.

Zu den Hauptströmungen gehören die personzentrierte (Psycho-)Therapie und Beratung von C. R. Rogers (auch unter dem Begriff »klientenzentrierte [Psycho-]Therapie und Beratung« oder »Gesprächspsychotherapie« bekannt), Gestalttherapie und -beratung nach F. und L. Perls, die → Logotherapie und Existenzanalyse von V. Frankl, das → Psychodrama von I. Moreno und die Integrative Therapie und Beratung von H. Petzold. H. B. u. T. beinhaltet neben verbalen Formen ein großes Spektrum an anderen Ausdrucksformen, bei denen z.B. durch körperorientierte Arbeit, Imaginationstechniken und künstlerisches Gestalten erlebnisorientierte Prozesse angeregt werden. Nach dem Menschenbild in der h. B. u. T. gibt es eine innewohnende Tendenz, die vorhandenen Potenziale zu entwickeln (Aktualisierungstendenz). Diese Tendenz kann sich dann entfalten, wenn förderliche Bedingungen gegeben sind. Diese werden in einem professionellen Beziehungsangebot dann realisiert, wenn sich Vertrauen in die eigenen Möglichkeiten entwickeln kann. C. R. Rogers formulierte in Auseinandersetzung mit M. Buber und O. Rank als erster Vertreter die wachstumsfördernde dialogische Beziehung und beschrieb diese in sechs Bedingungen. Besonders bekannt sind die drei Kriterien → Empathie, Wertschätzung und Kongruenz als notwendige Grundbedingungen beraterischen und therapeutischen Handelns.

Das Erleben einer förderlichen Begegnung (→ Bindung/Beziehung in der Sozialen Arbeit), in der Klient/innen erfahren, dass sie so angenommen werden, wie sie sind, ist demnach die ausschlaggebende Bedingung für die konstruktive Persönlichkeitsentwicklung (→ Persönlichkeit). In dieser Beziehung wird es möglich, die bisher als hinderlich erlebten Beziehungsmuster zu sich selbst und anderen zu modifizieren und dadurch unabhängiger, eigenverantwortlicher und sozial verantwortlicher zu werden. Sog. Inkongruenzen, die sich aus Wechselwirkungen zwischen leib-seelischen Erfahrungen des Organismus, lebensgeschichtlichen Erfahrungen, pathogenen Symbolisierungsprozessen aktueller Lebensereignisse und spezifischen Belastungsfaktoren ergeben haben, können bewältigt werden. Im Vordergrund humanistischen Vorgehens steht daher nicht die Problemlösung, sondern die Persönlichkeitsentwicklung, in deren Folge Probleme bewältigt werden können. Dazu wird die Schärfung des → Bewusstseins für innere Erfahrungen in ihrer Gesamtheit gefördert mit dem Ziel, immer mehr persönliche Erfahrungen zulassen, akzeptieren und in das Selbstbild aufnehmen zu können. In klinischen wie nichtklinischen Anwendungsfeldern der Sozialen Arbeit können Professionelle mit dieser Grundhaltung als Wirkfaktor Klient/innen unterstützen, sich kognitiv und emotional mit sich und ihren Problemen auseinanderzusetzen und konstruktive Entwicklungen anzustoßen: in Richtung internaler Kohärenz und externaler Korrespondenz.

*Lit.* Eckert, J./Biermann-Ratjen, E.-M./Höger, D. (Hrsg.): Gesprächspsychotherapie. Lehrbuch für die Praxis, Berlin 2006; Kriz, J.: Grundkonzepte der Psychotherapie, 7. Aufl., Weinheim 2014; Pauls, H.: Klinische Sozialarbeit. Grundlagen und Methoden psycho-sozialer Behandlung, 3. Aufl., Weinheim 2013; Rogers, C. R.: Eine Theorie der Psychotherapie, der Persönlichkeit und der zwischenmenschlichen Beziehungen. Entwickelt im Rahmen des klientenzentrierten Ansatzes, Köln 1987.

*Helmut Pauls/Silke Birgitta Gahleitner/ Karl-Otto Hentze*

**Humanistische Psychologie** wird als vierte Kraft zwischen der Psychodynamischen Psychotherapie, der Systemischen Therapie und der verhaltens- und kognitionsorientierten Therapie bezeichnet. Die h. P. hat seit den 1960er-Jahren auch außerhalb der USA die Vorstellung von menschlicher Existenz stark beeinflusst. Ihre Entwicklung ist als Reaktion auf den biologistischen Determinismus der Psychoanalyse und auf das reduzierte Menschenbild des Behaviorismus zu verstehen. Demgegenüber betont die h. P., dass sich Menschen in ihrem Leben immer vor dem Hintergrund einer bedeutungstragenden Vergangenheit auf eine sinnhaft strukturierte Zukunft hin entwerfen und dass alles Erleben und → Verhalten in diesen Prozess eingebettet ist.

Als geistiger Vater gilt der Motivationspsychologe A. Maslow. Zu den Gründern der »Gesellschaft für Humanistische Psychologie« (1962) gehörten u.a. C. R. Rogers und C. Bühler. In der h. P. steht das erfahrende Subjekt mit seinen sinnlichen Möglichkeiten, seiner Realität, Intentionalität und seinen Verstehensprozessen im Mittelpunkt. Die Wurzeln der h. P. liegen in der Existenzphilosophie (Buber, Kierkegaard, Nietzsche, Marcel, Tillich), in der Phänomenologie (Husserl, Brentano, Scheler), im klassischen (Herder) und sozialistischen Humanismus (Marx) sowie im Humanismus moderner französischer Prägung (Merleau-Ponty, Sartre – mit Bezug auf Heidegger –, Camus), auch in der Psychoanalyse z.B. bei O. Rank oder der → Individualpsychologie nach A. Adler. Bereits F. Brentano war um eine Überwindung der Innenwelt/Außenwelt- bzw. Subjekt/Objekt-Dimension bemüht. Mit dem von E. Husserl eingeführten Begriff der → Lebenswelt als Ausgangspunkt der Erfahrung des Menschen sind ebenfalls die sinnhaft-eigenwertigen Aspekte des Lebens zentrales Thema, das auch die Dynamik historisch-kultureller Bedeutungskonstitution berücksichtigt. »Existenz« ist damit etwas, das verwirklicht werden soll und muss. Menschliches Leben als soziale Existenz bedeutet v.a., in fundamentaler Weise Teil der Mitwelt zu sein (Merleau-Ponty). Dabei ist nach M. Buber die Ich-Du-Beziehung als »echte Begegnung« von essenzieller Bedeutung. Die Begegnungs-Partner sind dann wechselseitig Katalysatoren zum Wachsen in Freiheit. Insbesondere die detaillierte Ausformulierung der wachstumsfördernden Beziehungsgestaltung durch C. R. Rogers als notwendige und hinreichende Grundbedingung beraterischen und therapeutischen Handelns hat die Gestaltung von Therapie- und Gesprächsführungsprozessen und professioneller → Interaktion weltweit beeinflusst.

Die von der h. P. hervorgebrachten → Therapie- und → Beratungsformen (→ Humanistische Beratung und Therapie), wie insbesondere die personzentrierte Beratung und Psychotherapie (auch »Gesprächspsychotherapie«), die Gestalttherapie, die Integrative Therapie, die Emotionsfokussierte Therapie (Greenberg) und die → Logotherapie betrachten den Menschen als ein Wesen, das nach Sinn und Selbstverwirklichung strebt. Die Schärfung des → Bewusstseins für innere Erfahrungen steht im Vordergrund. (Psycho-)Therapie und Beratung werden als Lernerfahrung betrachtet, die die dem → Individuum innewohnenden, auf Selbstheilung zielenden Kräfte unterstützt. Selbsterfahrungsaspekte spielen daher in der Ausbildung eine große Rolle (→ Selbsterfahrung).

*Helmut Pauls/Silke Birgitta Gahleitner/ Karl-Otto Hentze*

**Hypothese** → Empirische Sozialforschung

**ICD** Abkürzung für Internationale statistische Klassifikation der → Krankheiten und verwandter Gesundheitsprobleme (International Statistical Classification of Diseases and Related Health Problems) der → Weltgesundheitsorganisation (WHO). Die ICD dient der Verschlüsselung von → Diagnosen, Symptomen, abnormen Laborbefunden, Verletzungen und Vergiftungen, äußeren Ursachen von Morbidität und Mortalität und auch Faktoren, die den Gesundheitszustand beeinflussen, und ist weltweit die Basis für eine vergleichbare Todesursachenstatistik. In Deutschland kommen zwei deutschsprachige Ausgaben der ICD-10 zur Anwendung: Zur Todesursachenverschlüsselung wird die ICD-10-WHO, in der vertragsärztlichen und in der stationären Versorgung die ICD-10-GM eingesetzt (§§ 295 und 301 SGB V). Eine Spezialausgabe für Tumorerkrankungen ist die ICD-O-3.

Die ICD-10 ist ein eindimensionales Klassifikationssystem mit monohierarchischer Verzweigungsstruktur. Sie gliedert sich in 22 Kapitel, die nach jeweils passenden Bezugssystemen (z.B. Ätiologie, Lokalisation, Organsysteme) weiter in Gruppen, Kategorien und Subkategorien unterteilt sind. Beim Wechsel von der ICD-9 auf die ICD-10 wurde aus der numerischen eine alphanumerische Notation mit einem Buchstaben an erster Stelle, dem zwei Ziffern folgen. Je nach Differenzierungsgrad folgen ein Punkt (als Lesehilfe) und bis zu zwei weitere Ziffern. Die Nummernfolge ist nicht durchgängig und gibt so Platz für zukünftige Erweiterungen in den Gruppen und Kategorien.

Im Auftrag des → Bundesministeriums für Gesundheit (BMG) erstellt das Deutsche Institut für Medizinische Dokumentation und Information (DIMDI) die deutsche Ausgabe und gibt jährlich aktualisiert die ICD-10-GM (German Modification) in Buchform und zum Download aus dem Internet heraus (www.dimdi.de). Die nächste Revision wird als ICD-11 für 2017 erwartet. Expert/innen und Anwender/innen können sich über eine Online-Plattform bei der WHO in diesen Revisionsprozess mit Änderungsvorschlägen für die ICD-11 Beta Version einbringen (s. www.who.int/classifications/icd/revision/en/).

*Wolfgang Cibis*

**ICF** (Internationale Klassifikation der Funktionsfähigkeit, Behinderung und Gesundheit) wurde 2001 von der → Weltgesundheitsorganisation (WHO) als Ergänzung zur → ICD herausgegeben. Sie befasst sich mit drei Aspekten der funktionalen → Gesundheit. Danach gilt eine Person als funktional gesund, wenn vor ihrem gesamten Lebenshintergrund (Konzept der Kontextfaktoren) (1) ihre körperlichen und mentalen Funktionen sowie ihre Körperstrukturen allgemein anerkannten (statistischen) Normen entsprechen (Konzept der Körperfunktionen und -strukturen), (2) sie all das tut oder tun kann, was von einem Menschen ohne Gesundheitsproblem (ICD) erwartet wird (Konzept der Aktivitäten) und (3) sie ihr Dasein in allen Lebensbereichen, die ihr wichtig sind, in der Weise und dem Umfang entfalten kann, wie es von einem Menschen ohne Beeinträchtigung der Körperfunktionen oder -strukturen oder der Aktivitäten erwartet wird (Konzept der → Teilhabe (→ Partizipation)).

Das bio-psycho-soziale Modell, auf dem die ICF basiert, besagt, dass der Zustand der funktionalen Gesundheit einer Person mit einem Gesundheitsproblem (→ ICD) das Ergebnis der Wechselwirkung zwischen der Person und ihren Kontextfaktoren ist. Kontextfaktoren sind Umweltfaktoren und personbezogene Faktoren. Letztere sind in der ICF derzeit noch nicht klassifiziert. Es sind nur solche Kontextfaktoren relevant, die sich als Förderfaktoren positiv oder als Barrieren negativ auf die funktionale Gesundheit auswirken. Ist diese Wechselwirkung negativ, wird von Behinderung (→ Behinderte Menschen) gesprochen. Der Einfluss des Kontextes kann mit einem Gedankenexperiment abgeschätzt werden. Hierbei wird das bestehende Gesundheitsproblem der Person als unveränderlich vorausgesetzt, die Konstellation des Kontextes theoretisch variiert und die Änderung des Zustandes der funktionalen Gesundheit hypothetisch beobachtet. Gibt es Konstellationen des Kontextes, bei denen die funktionale Gesundheit der Personen verbessert oder wiederhergestellt wird, dann sollte auch der Abbau von Barrieren und die Schaffung von Förderfaktoren bei der → Intervention berücksichtigt werden.

Die Anwendung des bio-psycho-sozialen Modells ist insbesondere in den Bereichen der → Rehabilitation und des Behindertenwesens hilfreich. Aufgabe der Rehabilitation ist die Verbesserung oder vollständige Wiederherstellung der funktionalen Gesundheit. Mit der ICF können → Ressourcen und Defizite der funktionalen Gesundheit einer Person im Hinblick auf ihre Körperfunktionen und Körperstrukturen, Aktivitäten und → Teilhabe (Partizipation) an Lebensbereichen vor dem Hintergrund ihrer Kontextfaktoren beschrieben werden. Hieraus lassen sich gezielt Interventionen ableiten. Das → Sozialgesetzbuch (SGB) IX basiert wesentlich auf der ICF.

Ein zentrales Ziel der ICF ist, eine gemeinsame Sprache für die Beschreibung der funktionalen Gesundheit zur Verfügung zu stellen, um die Kommunikation zwischen Professionen, Institutionen und betroffenen Menschen zu verbessern.

*Michael F. Schuntermann*

**Identität** Der Begriff der I. wird in den unterschiedlichen Wissenschaftstraditionen sehr verschiedenartig betrachtet. Grundsätzlich geht es um die Einheit oder Unverwechselbarkeit eines → Individuums oder einer → Gruppe, um spezifische Merkmale oder Charakteristika, anhand derer sich das Individuum bzw. die Gruppe beschreiben lassen oder sich selbst beschreibt. Das Individuum vergewissert sich seiner selbst in der fortwährenden, selbstreflexiven Auseinandersetzung mit der Einschätzung seiner Person durch andere anhand der Fragen: »Wer bin ich?« und »Was will ich?« I. bringt die Orientierung des Individuums in der Zeit auch hinsichtlich seiner sozialen Stellung, seines Berufs, seiner politischen Überzeugung etc. auf den Begriff; dabei sind Prozesse der Selbstwahrnehmung, der Wahrnehmung durch andere sowie soziale Vergleiche besonders wichtig. Entwicklungspsychologisch wird der Phase des → Jugendalters eine besondere Bedeutung für die I.bildung zugesprochen, wenngleich die Grundlagen für die I. schon ab der frühen Kindheit gelegt werden (→ Entwicklungspsychologie, → Selbst-Entwicklung).

Das Konzept der I. und I.entwicklung wurde insbesondere von E. H. Erikson geprägt. Er beschreibt im Verlauf der Entwicklung acht »Entwicklungskrisen«, die gelöst werden müssen (vgl. hierzu Fend). Er nannte die fünfte, für das Jugendalter typische Krise: »Identität versus Identitätsdiffusion«. I. als Antwort auf die Frage: »Wer bin ich?« stellt dabei eine Integration vergangener und gegenwärtiger Erwartungen mit Zukunftserwartungen dar. Die Integration von Vergangenheit, Gegenwart und Zukunft vermittelt die Erfahrung von Kontinuität des eigenen Selbst. Die Antwort auf die Identitätsfrage wird durch eine realistische Einschätzung der eigenen Person erreicht« (Grob u.a.). Wichtige Themen sind dabei a) die Entwicklung eigener Wertvorstellungen, politischer → Einstellungen, das Verhältnis zu gesellschaftlichem Engagement, aber auch die Frage nach dem Sinn und die Beantwortung religiöser Fragen; b) das Zusammenleben mit anderen, insbesondere die Partnerschaft, sowie c) berufliche Orientierungen; hierzu zählt auch die Auseinandersetzung mit der eigenen Leistungsbereitschaft. J. E. Marcia, ein Schüler von Erikson, hat das Konzept der I. weiter differenziert und vier Identitätsformen beschrieben: (1) die übernommene I. (gekennzeichnet durch die Orientierung an anderen, vor allen Dingen den Eltern, z.B. wird die von den Eltern vorgeschlagene Berufswahl akzeptiert und übernommen); (2) die kritische I. (Moratorium; hier findet eine Suche nach Informationen statt, das Durchspielen von Alternativen, ein Ausprobieren unterschiedlicher → Lebensstile); (3) die erarbeitete I. (nach sorgfältigem Abwägen, Ausprobieren, dem Auseinandersetzen mit eigenen Fähigkeiten und Interessen werden Entscheidungen getroffen, z.B. für eine Berufswahl. Die Verpflichtung gegenüber anderen und die Verbindlichkeit sind deutlich gestiegen); (4) die diffuse I. (hier findet ein häufiges Hin- und Herschwanken statt, das Aufspringen auf neue Ideen und es ist eine starke Verweigerung festzustellen, sich selbst festzulegen). I.entwicklung ist letztlich – und in der multioptionalen Welt im Besonderen – nie abgeschlossen. Sie ist abhängig von den Lösungen früherer Entwicklungskonflikte bzw. der Bewältigung von Entwicklungsaufgaben und es stellen sich auch im späteren Leben immer wieder neue (→ Rollen-)Anforderungen. Die entsprechenden Erfahrungen und Erkenntnisse erfordern immer wieder eine (Selbst-)Prüfung und die Weiterentwicklung des Bildens und Erlebens von sich selbst in der Welt (vgl. Keupp).

Aus soziologischer Perspektive wird das Konzept der I. eng mit der Handlungstheorie G. H. Meads und dem Symbolischen Interaktionismus, vertreten durch A. Strauss und E. Goffman, verknüpft. In Meads Theorie wird zunächst auf den Begriff des Selbst zurückgegriffen: Das Selbst (engl. »self«, im Dt. mit »I.« übersetzt) ergibt sich aus Erfahrungen, die das Subjekt in einer Handlung macht, an der es teilhat, nachdem es mit seinem »me« die Haltung anderer sich gegenüber eingenommen und dem handlungsbereiten »I« mit seinen Bedürfnissen gegenübergestellt hat. Die auslegende Zuwendung zu den Erfahrungen des Subjekts als den eigenen, in denen es sich gleich ist, kann als I.bildung verstanden werden, die in der Aufschichtung von Selbsterfahrungen in der Zeit besteht (biografische I.). Sie ist erforderlich, damit von I. Anleitungen für die jeweilige Selbsteinschätzung als Subjekt ausgehen können.

Goffman hat die Handhabung der I.darstellung durch soziale Akteure am Beispiel der Täuschung anderer über persönliche Stigmen beschrieben (→ Stigmatisierung), bspw. eines Afroamerikaners, der sich wegen seiner Hautfarbe entschließt, lieber telefonisch als persönlich zu verhandeln. Auf Goffman geht die Unterscheidung in soziale, personale und Ich-I. zurück. Soziale I. setzt sich aus sozialen Merkmalen wie Geschlecht, Körpergröße,

Alter etc. zusammen. Personale I. umfasst grundlegende Fähigkeiten des Rollenhandelns z.B. als Frau, Lehrer, Kranker oder Greis, moralische und rechtliche Einstellungen, lebensgeschichtliche Daten u.a., an deren Kombination andere die Einzigartigkeit eines Individuums erkennen. Ich-I. ergibt sich aus dem Sich-gleich-Sein als Subjekt hinsichtlich dieser und weiterer Komponenten. Mit kollektiver oder Gruppen-I. ist die Zusammenfassung mehrerer Individuen in einer Klasse gemeint, die ein gemeinsames Schicksal – als Emigrant/innen etwa – haben oder die gemeinsam einer übergeordneten Idee – der Nation, der christlichen Religion – folgen, die sie bejahen.

*Lit.* Fend, H.: Entwicklungspsychologie des Jugendalters: Ein Lehrbuch für pädagogische und psychologische Berufe, Wiesbaden 2003; Goffmann, E./Haug, F.: Stigma: Über Techniken der Bewältigung beschädigter Identität, Frankfurt a.M. 2010; Grob, A./Jaschinski, U.: Erwachsen werden: Entwicklungspsychologie des Jugendalters, Weinheim 2003; Keupp, H. (Hrsg.): Identitätskonstruktionen: Das Patchwork der Identitäten in der Spätmoderne, Reinbek 1999.

*Klaus Fröhlich-Gildhoff*

**Illegalität, aufenthaltsrechtliche** → Aufenthaltsrechtliche Illegalität

**Impfungen** sind Maßnahmen zum individuellen und kollektiven Schutz vor Infektionskrankheiten. Die → Weltgesundheitsorganisation (WHO) forderte 2014 in einem weltweiten Aktionsplan, dass bis 2020 alle Menschen weltweit Zugang zu Impfstoffen haben sollen und dass das Potenzial der Impfstoffe noch weiter ausgeschöpft wird. Ziel der I. ist, ein Individuum unempfänglich gegen bestimmte Krankheitserreger zu machen. Gleichzeitig erreicht man durch eine hohe Durchimpfungsrate in der Bevölkerung einen Schutz vor Infektionen von Patienten, die aus mannigfaltigen Gründen nicht/noch nicht geimpft werden können. I. richten sich überwiegend gegen Infektionskrankheiten, die entweder epidemiologisch von Bedeutung oder nur unzureichend zu behandeln sind. Dazu gehören vor allem Poliomyelitis, Tetanus, Hepatitis, Diphtherie, Masern, Mumps, Röteln, Windpocken oder Keuchhusten. Auch gegen die bei uns bedeutsamen Hepatitis A- und Hepatitis B-Viren als Erreger von Gelbsucht existieren wirksame Impfstoffe. Gegen die weltweit bedeutsamen Erkrankungen HIV/AIDS, Hepatitis C und Malaria gibt es bislang keine Impfstoffe.

Man unterscheidet: (a) die aktive Immunisierung (die eigentliche I.), bei der dem zu schützenden Organismus bestimmte abgeschwächte bzw. abgetötete Krankheitserreger oder deren abgeschwächte Gifte (Antigene) verabreicht werden. Der Organismus bildet daraufhin Schutzstoffe (Antikörper). Diese können bei einer späteren Infektion schnell gebildet werden und die eindringenden Krankheitserreger unschädlich machen bzw. ihre Vermehrung verhindern. Sie wirken ausschließlich gegen das sie auslösende Antigen. Stoffe, die zur aktiven Immunisierung verwandt werden, werden als Impfstoffe bezeichnet. Zur Erzeugung des Impfstoffes benötigt der Organismus in der Regel zehn bis 14 Tage. Die Dauer des Impfschutzes ist verschieden lang (sechs Monate bis zehn Jahre). Um einen ausreichenden Impfschutz aufrechtzuhalten, müssen die meisten I. deshalb aufgefrischt werden; (b) die passive Immunisierung, bei der dem zu schützenden Organismus Antikörper von immunisierten Tieren oder Menschen übertragen werden. Der Schutz tritt sofort ein, hält aber wegen des Abbaus der Antikörper nur wenige Wochen bis Monate an. Die zur passiven Immunisierung verwendeten Stoffe werden Immunglobuline genannt. Die passive Immunisierung wird heute nur noch bei speziellen Erkrankungen angewendet (z.B. Tollwut).

Seit der Aufhebung der Impfpflicht für Pocken gibt es in Deutschland keine gesetzliche vorgeschriebene Pflichti. mehr. Die obersten Landesgesundheitsbehörden sollen jedoch zum Schutz der Gesundheit bestimmte I., nach Vorgabe der am Robert Koch-Institut angesiedelten Ständigen Impfkommission, öffentlich empfehlen (§ 20 Abs. 2 Infektionsschutzgesetz [IfSG]). Im Impfschadensfall besteht dann Anspruch auf Versorgung (§ 60 IfSG). Die → Gesundheitsämter sollen die Bevölkerung über die Bedeutung von I. informieren (§ 20 Abs. 1 IfSG).

*René Gottschalk*

**Incoming** ist eine Kurzform für Incoming-Freiwilligendienste bzw. Incoming-Freiwillige. Als I.-Freiwillige können Personen bezeichnet werden, die für einen → Freiwilligendienst nach Deutschland gekommen sind und aus diesem Grund ein Visum beantragt oder ihr Visum zu diesem Zwecke verlängert haben. Das → Bundesministerium für Familien, Senioren, Frauen und Jugend (BMFSFJ) definiert den Begriff I.-Freiwillige enger und versteht darunter Personen, die sich zuvor nicht länger als sechs zusammenhängende Monate in Deutschland aufgehalten haben, deren Muttersprache nicht Deutsch ist und die durch ein I.spezifisches pädagogisches Programm begleitet werden.

I.-Freiwillige können im Rahmen der rechtlich geregelten Freiwilligendienste

Freiwilliges Soziales Jahr (FSJ), Freiwilliges Ökologisches Jahr (FÖJ) und Bundesfreiwilligendienst (BFD) aktiv werden. Darüber hinaus hat eine Vielzahl an → Organisationen der → Zivilgesellschaft eigene, rechtlich ungeregelte I.programme aufgebaut. Auch im entwicklungspolitischen Freiwilligendienst »weltwärts« des Bundesministeriums für wirtschaftliche Zusammenarbeit und Entwicklung (BMZ) wurde im Jahr 2012 eine I.komponente eingerichtet, die als Süd-Nord-Komponente bezeichnet wird. Hier werden nur Freiwillige aus Ländern des Globalen Südens aufgenommen.

Im Jahr 2013 gibt es in Deutschland zwischen 1.100 und 1.400 I.-Freiwillige im FSJ, FÖJ, BFD und im Europäischen Freiwilligendienst (EFD). Die Teilnehmenden kommen größtenteils aus Europa, Südamerika und Ländern der ehemaligen Sowjetunion, sind im Durchschnitt 23 Jahre alt und haben bereits eine Berufsausbildung oder ein Studium abgeschlossen.

*Hanna Hielscher*

**Indikatoren** → Sozialindikatoren

**Individualisierung** als eines der wichtigsten Elemente soziologischer Gegenwartdiagnosen bedeutet eine Veränderung im Verhältnis von Akteur/in und → Gesellschaft in den Dimensionen Kultur, Struktur und Autonomie. In der Dimension der Kultur wird betont, dass die traditionalen Werte pluralisiert sind und immer unverbindlicher werden. Der einzige noch bindende Wert ist der Individualismus. In der Strukturdimension ist eine »Freisetzung« des/der Akteur/in aus vormaligen strukturellen Kontexten gemeint: die Herauslösung aus den Strukturen der Industriegesellschaft, also aus ständisch geprägten Sozialmilieus und klassenkulturellen Lebensformen (→ Sozialstruktur), und die Ablösung durch eine neue Lebensform, in der das → Individuum selbst in den Fokus zur Beantwortung aller seiner Lebensfragen tritt. Der/die Akteur/in gewinnt mit der Auflösung von traditionalen und der parallelen Eingliederung in neue, vielfältigere Strukturzusammenhänge, mit einer zunehmenden »Kreuzung sozialer Kreise« (Simmel) an Individualität. Das Ergebnis dieser Veränderungen ist aus der Sicht der Akteure die Verpflichtung zu mehr Autonomie, Selbstkontrolle und -verantwortung. Die Formen des gesellschaftlichen Zusammenlebens sind nun der eigenständigen Wahlentscheidungen der Einzelnen geschuldet, wodurch sich v.a. sozialstrukturelle, solidarische und politische (»Subpolitik«) Veränderungen ergeben.

I. ist ursächlich v.a. einer Zunahme der sozial-kommunikativen Mobilität geschuldet, die besonders über den → Arbeitsmarkt und (als Substitut bei Arbeitsmarktexklusion) mittels wohlfahrtsstaatlicher Mobilität wirkt. Mobilität bedeutet hier die Ausweitung der Erreich- und Mittelbarkeit der Individualexistenz unabhängig von Ort, Zeit und Status als überholte Dimensionen der alltäglichen traditionalen Lebensführung. Dieser Vorgang als Entgrenzungs- und Öffnungsmechanismus geschieht nicht im Sinne eines Auseinanderdriftens gesellschaftlicher und individueller Rationalität, sondern vielmehr in einer Steigerungslogik: Das mobilisierte Individuum erschließt den erweiterten multioptionalen sozialen Raum sich und gestaltet ihn über autonome Handlungsentscheidungen. Dies schließt die Vergesellschaftung der Akteure ein. Z.B. ermöglichen (und begrenzen) erst rechtliche Rahmenbedingungen, Bildungsinstitutionen, Konsumangebote, medizinische Versorgung, pädagogische Betreuung und v.a. ökonomische Ressourcen die tatsächliche Verfügung des global mobilisierten Handlungsraums. Dadurch wird dieser Prozess zu einer »Arbeitsmarkt-Individualisierung« (Beck). Die Rückfalloption in die wohlfahrtsstaatliche Sicherung erlaubt den Akteuren zudem, die geforderten riskanten Entscheidungen zu treffen, ohne dass das Risiko als »lebensbedrohlich« erfahren werden muss. Die »Vollkasko-Individualisierung« (Beck), die individuelle Entscheidungsautonomie auf dem Rücken kollektiver Absicherung der Entscheidungen, entlässt die Akteure in eine gesicherte Zukunft trotz gegenwärtiger (Entscheidungs-)Unsicherheiten.

Modernisierungstheoretisch kann I. verstanden werden als ein Teilprozess der »reflexiven Modernisierung« (Beck), als Nebenfolge einer zunehmenden Differenzierung und Verschränkung gesellschaftlicher Teilsysteme. Der Grundmechanismus wird dabei von allen soziologischen Theorien als ein »Prozess des Raus und Rein« beschrieben.

*Thomas Kron*

**Individualisierungsprinzip**, auch I.grundsatz genannt, ist ein aus dem Gesetz und mittelbar aus der Verfassung (→ Grundgesetz) abgeleitetes → Strukturprinzip des Sozialhilferechts. Es besagt, dass sich die Leistungen der → Sozialhilfe nach der Besonderheit des Einzelfalles, insbesondere nach der Art des → Bedarfs, den örtlichen Verhältnissen, den eigenen Kräften und Mitteln der Person oder des Haushalts zu richten haben (§ 9 Abs. 1 SGB XII – [früher § 3 Abs. 1 Bundessozialhilfegesetz – BSHG] und § 33 S. 1 SGB I). Das Sozialhilferecht wählt damit die individuelle Bedarfslage zum Ausgangspunkt für die Bestimmung des Inhalts des Leistungsanspruchs. Dies steht im Gegensatz zu anderen Sozialleistungsgesetzen, in denen der Leistungsanspruch von Gesetzes wegen feststeht oder definiert wird, weil ihm nicht ein Bedarf, sondern eine Beitragsleistung gegenübersteht, wie etwa bei → Renten wegen Alters, → Krankengeld oder Verletztengeld. Der wesentliche Unterschied zwischen einer Hilfegewährung nach dem I. und der Leistungsgewährung, die diesem Prinzip nicht folgt, liegt darin, dass der atypische, ungewöhnliche Fall grundsätzlich bereits unmittelbar leistungsrechtlich abgedeckt ist und nicht erst im Wege verfassungskonformer Auslegung erfüllt wird, wie dies etwa aufgrund eines eingeschränkten Leistungsrahmens bei der Gesundheitsversorgung stattfinden kann (vgl. BVerfG v. 6.12.2005 – 1 BvR 347/98).

Das I. ist Bestandteil des → Bedarfsdeckungsprinzips/-grundsatzes. Ihm liegt ein aus der → Menschenwürde abgeleitetes Verständnis der öffentlichen → Fürsorge zugrunde, das deren Aufgabe darin sieht, als unterstes soziales Auffangnetz für Menschen zu dienen, die von anderen Hilfen oder → Sozialleistungen nicht oder nicht im erforderlichen Umfang gesichert werden. In diesem untersten Netz müssen die nur im Einzelfall auftretenden atypischen Gestaltungen aufgefangen werden können. Wie alle Prinzipien gilt auch das I. nur grundsätzlich. Schon unter der Geltung des BSHG wurde das Prinzip an einigen Stellen durchbrochen. Mit dem SGB XII haben die Durchbrechungen zugenommen mit der Folge, dass das I. teilweise allenfalls noch als Ideal Geltung beanspruchen kann. Zum einen werden → Leistungen zur Sicherung des Lebensunterhalts in → Regelsätzen bzw. als Regelbedarf festgelegt und damit i.d.R. nicht mehr an den Lebensverhältnissen der Hilfesuchenden und ihres Lebensortes ausgerichtet; die → einmaligen Leistungen, die gerade zur Deckung individueller Bedarfe gewährt wurden, sind im SGB XII auf einige wenige Hilfen zusammengeschrumpft und im Übrigen in einem erhöhten Regelbedarf pauschaliert (→ Pauschalierung) wiedergegeben. Beschränkungen des Leistungsumfangs sind auch in der → Hilfe zur Pflege (Ausnahme: »andere« Verrichtungen), der Blindenhilfe und in den → Hilfen zur Gesundheit feststellbar. Große Bedeutung hat das I. allerdings nach wie vor bei der Bestimmung der Leistungen der → Eingliederungshilfe für behinderte Menschen.

*Jonathan I. Fahlbusch*

**Individualpsychologie** Begründer der I. ist der Wiener Arzt A. Adler (1870–1937). Er war zunächst Schüler und Weggefährte S. Freuds. Nach einem Bruch zwischen beiden gründete Adler 1911 seine eigene Schule, die er I. nannte. Wichtige Grundannahmen der I. sind die Vorstellung vom Menschen als leiblich-geistig-seelischer Einheit (Holismus), die finale Erklärungsweise menschlichen Handelns (vs. kausaler Determinierung) und das unbedingte soziale Eingebundensein des Menschen, sein Streben nach Zugehörigkeit zur Gemeinschaft (Gemeinschaftsgefühl). Alle Lebensäußerungen des → Individuums, auch sich widersprechend anmutende, sind auf eine gemeinsame Grundstruktur zu beziehen, die Adler den individuellen »Lebensstil« nannte. Dieser prägt sich in der frühen → Kindheit mithilfe der angeborenen »schöpferischen Kraft« des Kindes, mit der es Stellung bezieht zu dem permanenten Wechselspiel der Lebensaufgaben der Individuation und dem Streben nach Einbindung in die Gemeinschaft. Nach Auffassung Adlers löst jedes vom Menschen subjektiv erlebte Gefühl der Unterlegenheit und der Minderwertigkeit ein Überwindungsstreben aus (→ Kompensation), um das Selbstwertgefühl zu stabilisieren.

Die I. findet Anwendung in → Erziehung, → Beratung und → Therapie. Dabei steht immer die Beziehung zwischen Erzieher/in, Berater/in, Therapeut/in und ratsuchender Person im Vordergrund, die von gleichwertiger → Kommunikation und → Kooperation getragen sein soll. Wichtige diagnostische Mittel in Beratung und Therapie sind die Analyse der Familien- und → Geschwisterkonstellation, der frühen Kindheitserinnerungen, die Tageslaufanalyse und die Bearbeitung von Träumen. Dabei geht die I. davon aus, dass das Individuum in Belastungssituationen mit den gleichen (unbewussten) → Einstellungen reagiert, die im familiären und sozialen Beziehungsgefüge der ersten Lebensjahre entwickelt wurden. Diese Einstellungen gilt es in Beratung und Therapie bewusst zu machen, damit der/die Ratsuchende die eigene »tendenziöse Wahrnehmung« reflektieren und ggf. das → Verhalten verändern kann.

Adler maß der Erziehung einen großen Stellenwert zur Prävention seelischer Fehlentwicklungen bei. Deshalb gründete er 1920 in Wien die erste Erziehungsberatungsstelle, in der er mit großem Erfolg Kinder, Eltern und Lehrer beriet und der in rascher Folge weitere Beratungsstellen folgten. Die Verbreitung der I. im Bereich der Erziehung wurde durch die Zeit des Nationalsozialismus erheblich behindert. Nach 1945 hat insbes. R. Dreikurs den Wert der I. für die Pädagogik zunächst in den USA und dann in Europa vertreten.

Die Aus- und Weiterbildung der individualpsychologischen Berater/innen und Therapeut/innen erfolgt an anerkannten Weiterbildungsinstituten (Alfred-Adler-Instituten). In vielen Ländern gibt es wissenschaftliche Gesellschaften, die die Verbreitung der I. zum Ziel haben, z.B. in der Bundesrepublik die Deutsche Gesellschaft für I. (DGIP) mit Sitz in Gotha.

*Katrin Richter-Fuss*

**Individuation** → Analytische Psychologie, → Selbst-Entwicklung

**Individuum** lat. »das Ungeteilte«. In der Soziologie wird das I. unter der Perspektive betrachtet, dass es sich von anderen unterscheidet (Individualität) und von sich selbst und den anderen als relativ einheitlich in seiner Biografie und seinem Handeln angesehen wird (→ Identität). Die Frage, wer der Mensch in beiden Hinsichten sei, reicht weit zurück in die antike Philosophie (Platon, Aristoteles). Der Anspruch des Menschen, als I. seinen Ort in der Welt und die Ziele seines Handelns selbst zu bestimmen, kam in Europa in der Renaissance auf. In der Aufklärung und der deutschen Romantik wurde das I. nicht nur ermuntert, selbst zu denken, sondern auch bestärkt, sich als einzigartig zu sehen. Industrialisierung und zunehmende Arbeitsteilung boten diesem Anspruch Chancen, beschränkten ihn aber auch. Ende des 19. Jh. kam eine soziologische Diskussion in Gang, die das I. aus der Komplexität seiner sozialen Beziehungen und den Leistungen, die es in einer sich immer mehr differenzierenden Gesellschaft zu erbringen hatte, heraus definierte. Das I. eignete sich die sozialen Strukturen an und gab ihnen durch sein Handeln eine eigene Note. Es individualisierte sein Handeln (Durkheim). Die Einzigartigkeit, die dem I. durch seine soziale Konstellation in der Fülle seiner Beziehungen zukam, wurde mit der Erfahrung konfrontiert, dass gemeinschaftliche Beziehungen (Tönnies, Weber), in denen der Mensch als ganze Person vorkam, schwächer wurden und durch gesellschaftliche ersetzt wurden, die das I. nur nach sachlichen, funktionalen Leistungen in standardisierten Rollen (Parsons) beurteilten. Simmel sah das I. in den anonymen Verhältnissen der Großstadt auf sich gestellt. Es war individualisiert. Um in den flüchtigen Begegnungen in der Masse nicht unterzugehen, versucht es krampfhaft auf sich aufmerksam zu machen. Da die entzauberte Moderne dem I. keinen Sinn des Lebens mehr zeigt, den es mit anderen teilt, droht innere Vereinsamung (Weber). Für Riesman kann und will das I. in der außengeleiteten Moderne nicht anders sein als die anderen. Andere betonen, dass sich die kulturellen Muster, nach denen das I. seine Individualität finden kann, pluralisiert haben. Nach der jüngsten Diskussion über Individualisierung in einer reflexiven Moderne (Beck) ist das I. aus bestimmten sozialen Beziehungen, die ihm Halt gaben, freigesetzt worden. Transzendentale Wahrheiten wurden entzaubert. Rationalitäten haben sich pluralisiert. Das I. kann sich weder auf Traditionen noch auf feste, sinngebende Gemeinschaften verlassen, sondern muss seine Ziele und seine Identität in wechselnden sozialen Konstellationen immer wieder neu definieren. Das I. empfindet ein Unbehagen in der Modernität (Berger u.a.), weil ihm das Recht, sein Leben so frei wie möglich zu gestalten, zwar verbrieft wird, aber der Markt und die Mode Standards setzen. Doch diese Rahmen wechseln und sind auch nicht eindeutig. Die Postmoderne ist beliebig (Bauman) geworden. Angesichts der Ungewissheiten und Konjunkturen sozialer Orientierungen legt sich das I. nicht fest, sondern reagiert flexibel auf gesellschaftliche Möglichkeiten. Diese Fähigkeit bedingt ein fragmentiertes Ich (Sennett).

*Heinz Abels*

**Infektionsschutz** → Öffentlicher Gesundheitsdienst (ÖGD)

**Informationelle Selbstbestimmung** → Datenschutz

**Informationspflicht** → Aufklärung über soziale Rechte und Pflichten

**Infrastruktur, engagementfördernde** → Engagementfördernde Infrastruktur

**Infrastruktur, soziale** → Soziale Infrastruktur

**Inhouse-Training** Der Begriff I. ist ursprünglich ein Sammelbegriff für alle organisationsinternen Schulungen und Seminare, deren Durchführung in externe Hände gelegt wurde. Der Sprachgebrauch konzentriert sich allerdings auf solche internen Veranstaltungen, deren Lernschwerpunkt auf dem → Verhalten im beruflichen interaktiven Kontext des jeweiligen Arbeitszusammenhangs liegt, z.B. Gesprächsverhalten in der → Telefonseelsorge oder Führungsverhalten/Führungskonzeption.

Ebenfalls als I. werden Trainings bezeichnet, die sich organisationsintern um eine effizientere → Kooperation oder Teamfähigkeit (→ Teamarbeit) in Arbeits- und Projektgruppen bemühen. Im Rahmen von Organisationsprojekten und → Change Management stellen I. zumeist unumgängliche Teilschritte und Begleitprozesse dar, um nach organisatorischen Veränderungen neben neugeforderten Fertigkeiten auch veränderte → Rollen und Funktionen kooperativ aufeinander einzuspielen. Gegenüber einer individuellen Teilnahme an externen Seminarveranstaltungen bietet das I. den Vorteil, dass → Lernziele und → Didaktik präzise auf die speziellen Erfordernisse der → Organisation und die spezifischen Problemstellungen des Arbeitsfeldes bzw. -platzes abgestimmt werden können, sodass das Problem des → Transfers eine geringere Rolle spielt. Ein weiterer Vorteil ist die bessere Kontrolle des gemeinsamen Lern- und Anwendungserfolges (→ Controlling).

*Bert Voigt/Klaus Doppler*

**Inklusion** kommt aus dem Lateinischen (inclusio = Einschluss) und bedeutet Einbeziehung und unbedingte (i.S. von »nicht an Bedingungen geknüpft«) Zugehörigkeit. I. geht von einer grundsätzlich begrüßenswerten heterogenen Gesellschaftsstruktur aus (diversity). Menschen unterscheiden sich in vielfacher Hinsicht voneinander – seien sie z.B. geschlechtlich, vom Alter, der Nationalität der körperlichen Verfassung oder → Intelligenz her voneinander unterschieden. Persönliche Merkmale von Personen können zu einer eher starken oder schwachen Position in der → Gesellschaft führen, sie eventuell sogar marginalisieren oder ausschließen (exkludieren, → Exklusion). Z.B. kann eine andere als die der Norm entsprechende sexuelle Orientierung, Hautfarbe, berufliche oder soziale Position zu einem Exklusionsrisiko werden.

I. in bildungspolitischer Sicht strebt »eine Schule für alle Kinder« an und selektiert nicht nach intellektueller Leistungsfähigkeit in z.B. Gymnasium, Real- und Hauptschule und schließlich verschiedene Formen von Sonder- bzw. → Förderschulen. Eine große politische Herausforderung besteht darin, i.S. von I. niemanden aus gesellschaftlichen Regelstrukturen auszugrenzen und Barrieren abzubauen. → Integration strebt die Eingliederung an, indem Menschen in ein soziales Gemeinwesen »hineingeleitet werden«. Für Personen, die z.B. als Migrant/innen nach Deutschland kommen, ist Integration notwendig. Menschen, die z.B. aufgrund einer Behinderung ausgegrenzt wurden, müssen wieder eingegliedert, also re-integriert werden. I. bedeutet Nicht-Ausgrenzung: Wenn Bürger/innen nicht ausgegrenzt werden, müssen sie nicht integriert werden. Genauso wie z.B. → öffentliche Gesundheitsdienste, Bibliotheken oder Schulen grundsätzlich unabhängig von Hautfarbe oder Geschlecht in unserer Gesellschaft von allen Menschen besucht werden können, muss dieses auch für → behinderte Menschen möglich sein (→ Barrierefreiheit).

Insbesondere im Schulbereich wird das Prinzip der I. intensiv diskutiert. Es werden nicht mehr nur Wahlmöglichkeiten zwischen Sonderschulen und integrativen Schulformen gefordert, sondern das Recht eines jeden Kindes, in die jeweils zuständige Regelschule aufgenommen zu werden. Hieraus folgt die Pflicht der Schulbehörden, behinderte Kinder ganz selbstverständlich in die allgemeinen Schulkonzepte einzubeziehen. Eventuellen besonderen Bedürfnissen verschiedener Kinder muss dann durch personelle oder materielle Hilfen Rechnung getragen werden. In diesem Sinne ist auch die → UN-Behindertenrechtskonvention (BRK) verfasst, die nach der Ratifizierung durch die Bundesregierung seit dem 1.1.2009 Rechtsgültigkeit in Deutschland besitzt. Sie gesteht jedem Kind bzw. seinen gesetzlichen Vertreter/innen das Recht zu, dass es in die örtliche Regelschule aufgenommen wird. In Art. 24 »Bildung« werden im englischen Originaltext »inclusive schools« gefordert. Die → Behindertenverbände in Deutschland haben immer wieder gefordert, den englischen Begriff »inclusion« mit dem Begriff »I.« zu übersetzen, da dies implizieren würde, von den schulischen Regelstrukturen auszugehen und »schulische Besonderung« von Kindern mit Beeinträchtigungen begründen zu müssen. Heute muss noch immer für die inklusive Beschulung gekämpft und diese begründet werden. Zweifelsfrei hat aber die BRK Impulse für die Gesetzesnovellierungen in den Kultusministerien der Bundesländer gegeben. Aktuell werden die praktischen Entwicklungen zur schulischen I. kontrovers diskutiert. Es ist noch nicht abzusehen, ob sich eine allgemeine inklusive Schulpädagogik in Deutschland durchsetzen wird.

Die Idee einer inklusiven Gesellschaft ist heute eine Vision. Sie umschreibt einen Zukunftsentwurf, eine Wunschvorstellung über die gesellschaftliche Verfasstheit. Es ist beinahe müßig, sich darüber Gedanken zu machen, ob es eine solche Gesellschaft jemals geben wird. Denn eine Gesellschaft, die niemanden ausgrenzt, würde das Sprichwort widerlegen: »Allen Menschen Recht getan, ist eine Kunst, die niemand kann«. Eine inklusive Gesellschaft setzt eine durchgängig barrierefreie und in einem »Design für Alle« verfasste Gesellschaft voraus. Alle gestalteten Lebensbereiche müssten von jedem Menschen gleichermaßen nutzbar sein. Gesellschaftliche Regelstrukturen (z.B. Kindergarten, Schule, Sportvereine) sind heute in ihrer Tendenz eher ausgrenzend. Behinderte Menschen haben die Erfahrung gemacht, dass sie in einer Gesellschaft, die auf Homogenität ausgerichtet ist, häufig scheitern (z.B. im gegliederten Schulsystem mit Haupt- und Realschule sowie Gymnasium). In gesellschaftlichen Regelstrukturen Handelnde haben die Erfahrung gemacht, dass sie sich auf spezielle → Bedürfnisse und → Bedarfe kleiner Gruppen – z.B. Menschen mit kognitiver Beeinträchtigung – nicht ein- und umstellen müssen, weil es anerkannte und spezialisierte Institutionen und Angebote gibt.

Tendenziell verlieren allgemeine Strukturen aber ihre Flexibilität und Anpassungsbereitschaft für besondere Bedarfe, wenn es viele »gute« Lösungen durch Delegation in gesonderte Bereiche gibt. Wenn Soziale Arbeit in Zukunft Ausgrenzung aus Regelstrukturen verhindern will (I.), sollte es neben der grundsätzlichen Möglichkeiten der Inanspruchnahme des etablierten Hilfesystems auch darum gehen, durch Beratung, Unterstützung, Supervision und Begleitung von Professionellen der Sozialen Arbeit (i.S. von »Kompetenz- oder Wissenstransfer«) den Verbleib von marginalisierten Menschen in den Regelstrukturen zu ermöglichen. Das Wissen, das sich in der spezialisierten Sozialen Arbeit quasi getrennt von den gesellschaftlichen Regelstrukturen entwickelt hat, soll wieder dorthin kommen, wo es »eigentlich hingehört« (z.B. Sportvereine, Kirchengemeinden, Volkshochschulen, Kindergärten und Schulen, Arbeits- und Wohnungsmärkte). Natürlich braucht es »Spezialwissen« der Sozialen Arbeit und → Fachlichkeit. Aber dieses Wissen soll auch den Menschen in der Gemeinde zur Verfügung gestellt werden.

*Lit.* Bude, H./Willisch, A. (Hrsg.): Das Problem der Exklusion. Ausgegrenzte, Entbehrliche, Überflüssige, Hamburg 2006; Hinz, A./Körner, I./Niehoff, U.: Von der Integration zur Inklusion, 3. Aufl., Marburg 2012; Niehoff, U.: Inklusion bedeutet Vielfalt! Plädoyer für einen weiten Inklusionsbegriff, in: BHP 2/2015; Wocken, H.: Über Widersacher der Inklusion und ihre Gegenreden – Essay, in: Das Parlament 23/2010, Beilage.

*Ulrich Niehoff*

**Innere Mission** → Diakonie Deutschland – Der Evangelische Bundesverband

**Innovation** Hergeleitet aus den lat. Ursprüngen »novus« und »innovatio« kann I. mit »Neuerung«, »Erneuerung« sowie »Einführung von etwas Neuem« umschrieben werden. I. kann sich in der Sozialen Arbeit auf konkrete Leistungsausrichtungen und methodische Zugänge ebenso beziehen wie auf Prozesse, Strukturen und institutionelle Arrangements. I. als eine zielgerichtete Anpassung der Angebotspolitik und der konkreten Angebotsumsetzung an die Bedarfslagen einer sich zunehmend rascher verändernden → Gesellschaft ist als eine wesentliche Voraussetzung der Fortentwicklung Sozialer Arbeit auf allen Ebenen anzusehen. Die Bedeutung von → Wissensmanagement für diese Aufgabe ist groß, nicht zuletzt auch deshalb, weil Neuerungen in der Sozialen Arbeit einen Beitrag zur qualitativ verbesserten Bewältigung → sozialer Probleme zu leisten haben.

Spielräume und Potenziale zur I. sind insbesondere aufgrund der strukturellen Koppelung an bürokratisch-administrative Systemlogiken bzw. der → Finanzierung über öffentliche Haushalte und entsprechender Leistungsvorgaben limitiert. Ein Bemühen um I. sowie faktische Neuerungen sind im Bereich der Sozialen Arbeit allerdings durchaus nachweisbar, u.a. im → Case Management sowie mit ressourcenorientierten Konzepten. Wichtige Impulse zur I. erhält die Soziale Arbeit über Reformen des Leistungsrechts sowie der gesamten Sozialgesetzgebung. Relevante Impulsgeber sind daneben Modellprojekte, die häufig explizit als Erprobungsvorhaben für Neuerungen konzipiert sind.

*Harald Christa*

**Innungskrankenkasse** → Krankenkassen

**Inobhutnahme von Kindern und Jugendlichen** umfasst nach § 42 Abs. 1 SGB VIII (→ Kinder- und Jugendhilfe) die Befugnis, ein Kind oder einen Jugendlichen bei einer geeigneten Person, in einer geeigneten → Einrichtung oder sonstigen betreuten Wohnform vorläufig unterzubringen. Obhut als fürsorgliche Aufsicht ist Teil von Personensorgerecht und -pflicht (→ Elterliche Sorge) der Eltern i.S. von § 1631 → Bürgerliches Gesetzbuch (BGB); sie kann auch durch sonstige → Erziehungsberechtigte ausgeübt werden. Das zuständige → Jugendamt ist zur I. berechtigt und verpflichtet, wenn ein Kind oder ein/e Jugendliche/r um Obhut bittet (sog. »Selbstmelder«), eine dringende Gefahr für dessen Wohl es erfordert oder unbegleitete ausländische Kinder oder Jugendliche nach Deutschland einreisen (§ 42 Abs. 1 SGB VIII). Dabei ist der mutmaßliche Wille der Personensorgeberechtigten angemessen zu berücksichtigen (§ 42 Abs. 2 SGB VIII). Im Falle einer I. sind die Personensorge- oder Erziehungsberechtigten unverzüglich zu unterrichten. Sind diese mit der I. nicht einverstanden, ist das Kind oder der/die Jugendliche – sofern keine Gefährdung des → Kindeswohls besteht – dem Personensorge- oder Erziehungsberechtigten zu übergeben oder eine Entscheidung des → Familiengerichts über die erforderlichen Maßnahmen zum Kindeswohl herbeizuführen (§ 42 Abs. 3 SGB VIII). Widersprechen die Personensorgeberechtigten der I. nicht, ist unverzüglich ein Hilfeplanverfahren (→ Hilfeplanung) einzuleiten. Die I. endet mit der Übergabe des jungen Menschen an die Personensorgeberechtigten oder der Entscheidung über die Gewährung einer Hilfe (§ 42 Abs. 4 SGB VIII). Freiheitsentziehende Maßnahmen (→ Freiheitsentziehung) sind nur zulässig, soweit sie erforderlich sind, um eine Gefahr für Leib oder Leben – ggf. auch Dritter – abzuwenden (§ 42 Abs. 5 SGB VIII).

Vorbild der Regelung war die Bestimmung des § 1 Jugendschutzgesetz, nach der die zuständigen Behörden – insbesondere auch Polizeibehörden – verpflichtet sind, Kinder und Jugendliche, die sich an Orten mit unmittelbarer Jugendgefährdung aufhalten, in die Obhut des Jugendamtes zu bringen, wenn kein/e Erziehungsberechtigte/r erreichbar ist (→ Jugendschutz). Diese Bestimmung gilt als Spezialvorschrift weiter. Dagegen ist das bisherige Landesausführungsrecht zu I. und Herausnahme mit dem Inkrafttreten des SGB VIII außer Kraft getreten. Die Polizei ist nach dem Polizeirecht des jeweiligen Bundeslandes zur Unterstützung bei I. verpflichtet. Zum 1.10.2005 wurden im Rahmen des Kinder- und Jugendhilfeweiterentwicklungsgesetzes (KICK) die bis dahin auf die §§ 42 und 43 SGB VIII verteilten vorläufigen Maßnahmen zum Schutz von Kindern und Jugendlichen in § 42 SGB VIII systematisch zusammengefasst und neu strukturiert. Erstmalig ausdrücklich gesetzlich geregelt ist hierin nun auch die Erstaufnahme → unbegleiteter minderjähriger Flüchtlinge, zum 1.11.2015 nochmals umfassend neu geregelt im § 42 a SGB VIII.

Im Jahr 2012 wurden in Deutschland insgesamt 40.227 Kinder und Jugendliche in Obhut genommen (21% mehr als 2007), 29,5% davon auf eigenen Wunsch, mit deutlichen regionalen Unterschieden (Bayern: 15, Hamburg: 59 pro 10.000).

*Christian Schrapper*

**Insolvenzberatung** → Schuldnerberatung

**Insolvenzgeld** dient dem Schutz der Arbeitnehmer/innen bei Zahlungsunfähigkeit des Arbeitgebers. Es ist in §§ 183 ff. SGB III geregelt. Voraussetzungen für die Inanspruchnahme von I. ist ein Insolvenzereignis beim Arbeitgeber. Dies kann die Eröffnung des Insolvenzverfahrens, die Abweisung eines Antrags auf Eröffnung eines Insolvenzverfahrens mangels Masse oder die vollständige Beendigung der Betriebstätigkeit sein, wenn ein Antrag auf Eröffnung des Insolvenzverfahrens nicht gestellt worden ist und ein Insolvenzverfahren offensichtlich mangels Masse nicht in Betracht kommt. Ist der Arbeitgeber im Falle eines Insolvenzereignisses den Arbeitnehmer/innen (im sozialversicherungsrechtlichen Sinne) Lohn schuldig geblieben – bestehen also fällige und durchsetzbare Ansprüche der Arbeitnehmer/innen gegen den Arbeitgeber –, so können die Arbeitnehmer/innen innerhalb einer (Ausschluss)Frist von zwei Monaten I. beantragen. Das I. wird dann für die letzten drei Monate vor dem Insolvenzereignis geleistet. Endete das → Arbeitsverhältnis bereits vor dem Insolvenzereignis, so erfasst der Anspruch die letzten drei Monate vor der tatsächlichen Beendigung des Arbeitsverhältnisses. Hat ein/e Arbeitnehmer/in erst verspätet Kenntnis von dem Insolvenzereignis erhalten und in dieser Unkenntnis weitergearbeitet, richten sich die jeweiligen Fristen und Zeiträume nach dem Zeitpunkt der Kenntnisnahme. Das I. wird in Höhe des rückständigen Nettolohns der letzten drei Monate geleistet. Für die Ermittlung des Nettolohns wird von dem relevanten Bruttolohn eine Pauschale für Steuern und Sozialversicherungsbeiträge abgezogen. Zur Ermittlung des Bruttolohns sind grundsätzlich alle maßgeblichen Vergütungsbestandteile zu berücksichtigen. Der relevante Bruttolohn ist in der Höhe begrenzt durch die monatliche Beitragsbemessungsgrenze in der → Arbeitslosenversicherung (§ 341 Abs. 4 SGB II). Übernommen werden vom Arbeitsamt zudem alle fälligen Pflichtbeiträge zur → Sozialversicherung.

*Katja Fahlbusch*

**Institut für Sozialarbeit und Sozialpädagogik e.V. (ISS)**, 1974 gegründet, seit 1991 als selbstständiger gemeinnütziger Verein organisiert, finanziert seine Arbeit aus Leistungsentgelten der Auftraggeber, Zuwendungen von Bundes- und Landesministerien, Stiftungen sowie des Bundesverbands der → Arbeiterwohlfahrt (AWO). Zur Innovation (Entwicklungsarbeit) in der → Sozialarbeit/Sozialpädagogik verpflichtet, erforscht und gestaltet das ISS seit über 40 Jahren Veränderungsprozesse der Sozialen Arbeit. An der Schnittstelle von Forschung, Praxis und Politik leistet das ISS den Transfer von Erkenntnissen und Bedarfen; auf diese Weise begleitet und befördert es die aktuellen Entwicklungen in der Sozialen Arbeit. Forschungs- und Evaluationsergebnisse fließen in die Beratung öffentlicher und freigemeinnütziger Träger ein. Den aktuellen Handlungsprinzipien sozialer Arbeit (Orientierung an → Lebenswelt und → Lebenslagen) sowie dem Leitprinzip der → sozialen Gerechtigkeit verpflichtet, realisiert das ISS v. a. Projekte in der Jugend- und Familienhilfe, → Jugendarbeit, für Menschen in besonderen Lebenslagen, → Migration und → Integration, in den Bereichen des → bürgerschaftlichen Engagements, der alternden Gesellschaft, der Demokratieförderung und Radikalisierungsprävention. Über sein langjähriges Projekt »Beobachtungsstelle für gesellschaftspolitische Entwicklungen in Europa« hat das ISS einen starken europäischen Bezug entwickelt. Die Beobachtungsstelle analysiert gesellschaftspolitische Trends in den Mitgliedsstaaten der EU sowie auf europäischer Ebene und deren Auswirkungen auf die deutsche Situation. Weiterhin ist die »Geschäftsstelle Zweiter Gleichstellungsbericht« beim ISS angesiedelt. Sie unterstützt die unabhängige Sachverständigenkommission wissenschaftlich und organisatorisch. Im ISS arbeiten durchschnittlich 40 Mitarbeitende, davon regelmäßig rund 25 praxiserfahrene Wissenschaftlerinnen und Wissenschaftler verschiedener Fachrichtungen, häufig mit Doppelqualifikation. Über die Ergebnisse der Institutsarbeit informieren Internetseite, Newsletter, Jahresberichte, verschiedene Publikationsreihen, Fachveranstaltungen und Tagungen sowie die Zeitschrift »Migration und Soziale Arbeit«, deren wissenschaftlicher Beirat die Arbeit des ISS seit vielen Jahren begleitet.

*Anschrift*: Zeilweg 42, 60439 Frankfurt, www.iss-ffm.de

*Benjamin Landes*

**Institution** Der Begriff der I. hat eine lange Tradition, aber keine einheitliche Definition gefunden. Allgemein bezieht er sich auf soziale Strukturen, denen zum einen mehr oder weniger große gesellschaftliche Bedeutung zugeschrieben wird und zum anderen eine vergleichsweise hohe Stabilität eigen erscheint. Auch gilt allgemein, dass I. sich sozial unwillkürlich herausbilden und entwickeln; anders als v.a. → Organisationen werden sie also nicht durch Entscheidung geschaffen und sie können auch nicht willkürlich durch individuelle, organisatorische oder politische Entscheidungen verändert oder abgeschafft werden. Die besondere Qualität von I. beruht soziologischen Erkenntnissen zufolge v.a. darauf, dass es sich um Strukturen handelt, die in sozialer, in sachlicher und in zeitlicher Hinsicht generalisiert sind: I. haben nicht nur für wenige, sondern für viele Teilnehmer/innen Bedeutung, sie gelten nicht nur in ganz bestimmten, sondern in zahlreichen Situationen und sie stehen auch nicht schon bei einzelnen, sondern erst mit zahlreichen Abweichungen in Frage. Ihre Generalisierung verleiht I. Stabilität, weil sie Möglichkeiten nicht genau vorzeichnen, sondern die institutionalisierten Erwartungen an das → Verhalten in gewissen Grenzen unspezifisch bleiben. Von I. kann z.B. mit Bezug auf Rituale und Grußformen, → Ehe und → Familie, Eigentums- oder Vertragsrecht, spezielle professionelle Regeln oder auch Organisationen (allgemein, typenbezogen oder bzgl. einzelner Exemplare) gesprochen werden. Der Begriff der I. bezeichnet nicht das »Wesen« der jeweiligen Strukturbildung, sondern die mit ihr verbundene Generalisierung von (gesellschaftlichen) Erwartungen.

Der I.begriff hat in den Sozialwissenschaften seit den 1980er-Jahren eine Renaissance v.a. im Zusammenhang mit politikwissenschaftlichen und soziologischen, aber auch ökonomischen Organisationsforschungen erfahren. In Absetzung vom klassischen I.begriff (etwa der Anthropologie und des Funktionalismus) interessieren sich neuere Forschungen weniger für die Stabilität als für den Wandel von I., stärker für die kognitive und wissensbezogene Bedeutung als für die normative und regulative Funktion von I. Sie schränken den I.begriff zugleich auf solche generalisierten Strukturen ein, die für Organisationen als gesellschaftlich relevante Umwelten jeweils gelten. Ein besonderes Forschungsinteresse gilt der weltgesellschaftlichen Bedeutung und globalen Verbreitung (→ Globalisierung) »westlicher« I. und den kulturell damit verbundenen Rationalitätsvorstellungen. Zu den diesbezüglich wichtigsten Einsichten gehört, dass Organisationen aus ihrer gesellschaftlichen Umwelt zahlreiche institutionalisierte Strukturmuster (»Rationalitätsmythen«) in ihre formalen Strukturen übernehmen, um Legitimität und Unterstützung der Umwelt zu gewinnen; allerdings entkoppeln sie zugleich ihre formalen, für rational gehaltenen Strukturen von ihren tatsächlichen Aktivitätsstrukturen.

*Veronika Tacke*

**Institutionelle Sozialarbeit** (lat. institutio = Anleitung, Erziehung, Einrichtung) ist eine professionelle Steuerungsweise, die in den institutionellen Kontexten der → Sozialen Arbeit/Sozialpädagogik angewendet wird. In Koppelung mit dem → Sozialmanagement geht es im Wesentlichen darum, strukturelle Verbesserungen für Menschen in besonderen → Lebenslagen zu erreichen und für eine sozial gerechte → Gesellschaft einzutreten. Mit der Anwendung von I. S. werden Bezüge zum Klientel Sozialer Arbeit, zum organisatorischen Kontext sowie zum institutionellen Feld (Netzwerke, Unternehmen, Foren, Vereine) hergestellt, um praktische Soziale Arbeit durchzuführen, sicherzustellen und weiterzuentwickeln. Die Übernahme von Verantwortung für finanzielle und organisatorische Rahmenbedingungen im Hilfesystem ist dabei grundlegend. I.S. ist in ihrem Selbstverständnis sowohl an der Erfüllung eines gelingenden Lebens von Menschen als auch an der Weiterentwicklung einzelner Organisationsformen orientiert. Dabei ist das institutionelle sozialarbeiterische Tun nach außen – öffentlichkeits- und umweltorientiert – und nach innen in das System der → Institutionen hinein gerichtet.

Im fachlichen Diskurs werden gegenwärtig als Antwort auf den Ökonomisierungsdruck die fachliche Identität und Institutionalität Sozialer Arbeit als Profession und Disziplin besonders betont. Zu den Leistungen zählen u.a. das Hervorbringen eines zivilgesellschaftlichen Mehrwerts sowie einer sozial-institutionellen Bewegung von Menschen mit Engagementbiografien und die Meinungsführerschaft hinsichtlich der Methoden und Theorien der Sozialarbeit/Sozialpädagogik. I. S. bezieht sich reflexiv-kritisch auf diese Errungenschaften und koppelt sie mit einer berufsethisch motivierten Steuerungsarbeit. I. S. eignet sich als Vertiefungs- oder als Schwerpunktbereich insbesondere in einem Masterstudiengang der Sozialen Arbeit/Sozialpädagogik (→ Studium der Sozialen Arbeit). Dort werden v.a. die → Kompetenzen Entwickeln und Planen, Führen und Verwalten sowie die Beschäftigung mit lernenden → Organisationen i.S. der Veränderungs- und Innovationsfähigkeit von Institutionen Sozialer Arbeit im Hinblick auf ihre Konzepte, Methodiken und Verfahrensweisen erworben. Schnittstellen mit dem Sozialmanagement und der → Sozialwirtschaft sind dadurch vorhanden, dass das Wirtschaften zu sozialen Zwecken – und damit auch die Fachgebiete Personal, Organisation, Marketing, → Controlling, → Qualitäts- und Kostenmanagement – in das Konzept der I.S. integriert ist.

Die Entstehung der I. S. hängt mit einer boomenden Stellensituation bei den → sozialen Dienstleistungen zusammen. Analysen des → Mikrozensus weisen einen Trend mit einem Stellenanstieg für Sozialpädagoginnen und Sozialpädagogen in den Wirtschaftszweigen »Sozialwesen« und »Öffentliche Verwaltung« aus. Die beruflichen Einsatzfelder zur Ausübung von I. S. liegen in erster Linie im öffentlichen Dienst sowie in den gemeinnützigen Kontexten Sozialer Arbeit und in der → Freien Wohlfahrtspflege.

*Veronika Hammer*

**Institutsambulanzen, psychiatrische** → Psychiatrische Versorgung

**Integration** In einem allgemeinen soziologischen Verständnis bedeutet I. die Aufnahme von Einheiten in ein bestehendes Ganzes, die Herstellung einer Einheit aus einzelnen Elementen oder die Fähigkeit einer Einheit, den Zusammenhalt der einzelnen Teilelemente auf Grundlage gemeinsam getragener Werte und → Normen zu erzielen und zu erhalten. Gelingt dies nicht, handelt es sich um Desintegration. Weder in der Wissenschaft, noch in der → Gesellschaft existiert in Deutschland eine allgemeingültige und anerkannte Definition für I. Sie wird entweder als Prozess, als Funktion oder als Ziel verstanden und grenzt sich ab von Begriffen wie → Exklusion und → Inklusion. Bezogen auf das soziale Zusammenleben bedeutet I., dass die verschiedensten Menschen in einem Gemeinwesen gleichberechtigt zusammenleben. In diesem Zusammenhang hat I.politik die Aufgabe, Rahmen für I. zu schaffen, d.h. Fragen der rechtlichen Gleichbehandlung anzugehen, den Abbau von → Diskriminierung voranzubringen, und Anerkennung zu fördern.

Fragen der I. sind v.a. virulent im Bereich der → Migration und der schulischen I. von behinderten Kindern in das Regelschulsystem in Deutschland. Die I. von Menschen mit Migrationshintergrund vollzieht sich in Deutschland vor dem Hintergrund, dass etwa 20% der Bevölkerung einen Migrationshintergrund haben. I. erfolgt sehr unterschiedlich und hängt von politischen, sozioökonomischen und kulturellen Hintergründen der Zugewanderten ab. Dabei bedeutet I. nicht, dass sich eine Person assimilieren, d.h. einseitig anpassen müsse. Der Prozess der I. umfasst gemeinsame Erfahrungen und gegenseitiges Lernen, das Finden von Gemeinsamkeiten und Unterschieden und die Entwicklung gemeinsam getragener Verantwortung und neuer Normen.

Die ersten Überlegungen zur I. von behinderten und nicht behinderten Schüler/innen in einer Schule stammen aus der Mitte der 1970er-Jahre. Seit 1978 galt eine allgemeine Schulpflicht für Kinder, unabhängig von der Höhe ihres Hilfebedarfs. In den 1980er-1990er-Jahren wurden verschiedene Schulversuche für die gemeinsame Beschulung behinderter und nichtbehinderter Kinder erfolgreich gestartet. Diese bildungspolitische Reformbewegung wurde allgemein unter dem Begriff I. zusammengefasst. Parallel wurde der Begriff der I. in den 1990er-Jahren, dann aber vermehrt und im ersten Jahrzehnt des 21. Jh. fast ausschließlich im Zusammenhang mit Migrationsfragen genutzt. Dies waren Jahre, in denen die I.bewegung für Schüler/innen mit Behinderung stagnierte. Dafür nahm nun die

Auseinandersetzung mit dem Begriff der → Inklusion zu. Während I. »Aufnahme von Einheiten in ein bestehendes Ganzes« meint (»rein«), bringt Inklusion die unbedingte Zugehörigkeit zum Gemeinwesen mit seinen Regelstrukturen mit sich (»nicht raus«).

*Ulrich Niehoff*

**Integrationsamt** Das I. ist für die Sicherung der Integration schwerbehinderter Menschen im Arbeitsleben zuständig. Seine Aufgaben umfassen nach § 102 SGB IX: (1) Leistungen an → schwerbehinderte Menschen und ihre Arbeitgeber (→ Begleitende Hilfe im Arbeits- und Berufsleben); (2) den besonderen → Kündigungsschutz für schwerbehinderte Menschen; (3) Schulungs- und Bildungsmaßnahmen für Vertrauenspersonen, Beauftragte der Arbeitgeber, Betriebs-, Personal-, Richter-, Staatsanwalts- und Präsidialräte; (4) die Erhebung und Verwendung der Ausgleichsabgabe (→ Beschäftigungspflicht der Arbeitgeber). Es ist selbst kein Rehabilitationsträger. Deshalb sind bei der Zuständigkeitsklärung (§ 102 Abs. 6 SGB IX) besondere Regelungen zu beachten. Die Leistungen des I. persönlicher und materieller Art stellen eine individuelle, auf die besonderen Anforderungen des Arbeitsplatzes abgestellte Ergänzung zu den Leistungen der → Rehabilitationsträger dar. Das I. arbeitet eng mit den Rehabilitationsträgern, den Arbeitgebern, Arbeitgeberverbänden, Gewerkschaften und → Behindertenverbänden zusammen, so z.B. bei Abschluss von Integrationsvereinbarungen nach § 83 Abs. 1 Satz 4 SGB IX; bei der Prävention nach § 84 Abs. 1 SGB IX; dem Betrieblichen Eingliederungsmanagement (BEM) nach § 84 Abs. 2 Satz 4 SGB IX. Für das betriebliche Integrationsteam ist es Ratgeber und Partner. Die 17 I. in den einzelnen Bundesländern sind kommunal oder staatlich organisiert. Sie und Hauptfürsorgestellen haben sich in der → Bundesarbeitsgemeinschaft der Integrationsämter und Hauptfürsorgestellen (BIH) zusammengeschlossen.

*Michael Alber*

**Integrationsfachdienste** können bei der Beschäftigung → schwerbehinderter Menschen beteiligt werden – §§ 109 ff. SGB IX, §§ 27 a, 28 SchwbAV. Ihre Aufgaben sind: → Beratung und Unterstützung schwerbehinderter Menschen, Hilfestellung und Information der Arbeitgeber bei den unterschiedlichen Problemsituationen im Arbeitsleben, Bewertung der Fähigkeiten zugewiesener schwerbehinderter Menschen, Erarbeitung eines individuellen Fähigkeits-, Leistungs- und Interessenprofils, Unterstützung der Bundesagentur für Arbeit (BA) bei Berufsorientierung, → Berufsberatung in Schulen, Begleitung betrieblicher Ausbildung schwerbehinderter Jugendlicher, Akquise, Vermittlung geeigneter Arbeitsplätze, Vorbereitung schwerbehinderter Menschen auf Arbeitsplätze, Betreuung am Arbeitsplatz, Information von Vorgesetzten und Kolleg/innen am Arbeitsplatz, Nachbetreuung, → Krisenintervention oder psychosoziale Betreuung, Ansprechpartner für Arbeitgeber. I. unterstützen → Integrationsamt und → Rehabilitationsträger. Die BA richtete in jedem Bezirk der BA ein I. ein. Nach Abschluss dieses Prozesses wurde die rechtliche Grundlage hierfür – § 105 Abs. 5 SGB IX – gestrichen. Heute obliegt den Integrationsämtern die Strukturverantwortung im Sinne von § 17 Abs. 1 Ziff. 2 SGB I für das flächendeckende Netz der I. Die personal-sächliche Strukturqualität nach § 112 Abs. 1 Nr. 3 SGB IX wird gemäß §§ 111 Abs. 1 S. 2, Abs. 4 S. 1 SGB IX vertraglich zwischen Auftraggeber und I. vereinbart. Die Einhaltung der vereinbarten Strukturqualität liegt beim I. Die Ergebnisqualität ist in §§ 111 Abs. 4 S. 1, 114 SGB IX geregelt. Der I. schließt mit dem jeweiligen Rehabilitationsträger bzw. dem Integrationsamt einen Rahmenvertrag gemäß § 111 Abs. 4 SGB IX über die näheren Einzelheiten der Einzelauftragserteilung wie Art, Umfang, Dauer, fachliche Leistung, Aufsicht, Qualitätssicherung und Ergebnisbeobachtung. Im Einzelauftrag gemäß § 111 Abs. 2 SGB IX legen die Vertragsparteien dann Art, Umfang, Dauer des im Einzelfall notwendigen Einsatzes und das Entgelt fest. Die → Bundesarbeitsgemeinschaft der Integrationsämter und Hauptfürsorgestellen vereinbart mit den Rehabilitationsträgern eine gemeinsame Empfehlung zur Inanspruchnahme der Leistungen durch diese, zur Zusammenarbeit und Kostenfinanzierung. Die Rehabilitationsträger und Integrationsämter bleiben für ihre Leistungen verantwortlich.

*Michael Alber*

**Integrationsgesetz** Das I. wurde am 7.7.2016 im Bundestag verabschiedet und tritt voraussichtlich im Sommer 2016 in Kraft. Es ist ein Artikelgesetz und sieht insbesondere Änderungen im SGB II, SGB III, SGB XII sowie im → Asylbewerberleistungsgesetz (AsylbLG), im Asylgesetz (→ Asylrecht) und im Aufenthaltsgesetz (AufenthG) (→ Zuwanderungsgesetz) vor. In den geplanten Neuregelungen sollen → Flüchtlinge und → Asylberechtigte nunmehr grundsätzlich erst nach fünf statt wie zuvor nach drei Jahren eine Niederlassungserlaubnis erhalten. Auch wird die Erteilung der Niederlassungserlaubnis von »Integrationsleistungen« (Sprachniveau, eigenständige Sicherung des Lebensunterhalts) abhängig gemacht.

Neu geregelt ist im AufenthG die sog. Wohnsitzauflage (§ 12a AufenthG). Damit legt der Gesetzgeber den Wohnsitz für Flüchtlinge, Asylberechtigte, Subsidiär Schutzberechtigte sowie für Ausländer/innen, denen erstmals eine Aufenthaltserlaubnis nach 22, § 23 oder § 25 Abs. 3 AufenthG erteilt worden ist, für drei Jahre nach Anerkennung der Flüchtlingseigenschaft bzw. Erteilung der Aufenthaltserlaubnis fest. Von der Zuweisung eines Wohnsitzes wird nur auf Antrag, u.a. in gesetzlich näher bestimmten Härtefällen, abgesehen. Im Gesetzgebungsverfahren wurde die Wohnsitzauflage kritisiert und insbesondere die Vereinbarkeit mit EU-Recht und Völkerrecht infrage gestellt.

Das AsylbLG sieht nunmehr vor, dass Leistungskürzungen möglich sind, wenn keine (ausreichenden) Integrationsleistungen erbracht werden; diese weitere Leistungskürzung wird unter verfassungsrechtlichen Aspekten kritisiert. Im Rahmen des I. wurde ferner auch ein Arbeitsmarktprogramm geschaffen, mit dem 100.000 zusätzliche Arbeitsgelegenheiten für Leistungsempfänger/innen nach dem AsylbLG durch den Bund gefördert werden.

*Melanie Kößler*

**Integrationskurs** Der I. ist das »staatliche Grundangebot« (BT-Drucks. 15/420, S. 86) zur Förderung der Integration von Ausländer/innen. Er dient gem. § 3 Abs. 1 Integrationskursverordnung (IntV) dazu, ausreichende Deutschkenntnisse, Alltagswissen sowie Kenntnisse der Rechtsordnung, der Kultur und Geschichte Deutschlands zu vermitteln. Werte des demokratischen Staatswesens, insbesondere die Prinzipien von Rechtsstaatlichkeit (→ Rechtsstaat), Gleichberechtigung, Toleranz und Religionsfreiheit, sind Gegenstand des I. In I. wird die Integration von rechtmäßig auf Dauer im Bundesgebiet lebenden Ausländer/innen gefördert (§ 43 Abs. 1 Aufenthaltsgesetz [AufenthG]). Einen Anspruch auf Teilnahme an einem I. haben Inhaber/innen bestimmter Aufenthaltsrechte (vgl. § 44 Abs. 1 AufenthG), z.B. Personen, denen ein Titel aus humanitären Gründen gem. § 25 Abs. 1 und 2 AufenthG erteilt wurde. Inhaber/innen von Aufenthaltsrechten, die nicht in § 44 Abs. 1 AufenthG genannt sind, haben keinen Anspruch auf Teilnahme. Sie können allerdings auf Antrag zur Teilnahme an einem I. zugelassen werden, soweit freie Plätze verfügbar sind (§ 44 Abs. 4 S. 1 AufenthG). Das zuständige → Bundesamt für Migration und Flüchtlinge hat bei der Entscheidung über den Antrag im Rahmen der Ermessensausübung die Integrationsbedürftigkeit des Ausländers/der Ausländerin zu berücksichtigen. Das verfügbare Angebot an Kursplätzen wird durch vorrangig zuzulassende Personen eingeschränkt (vgl. § 5 Abs. 3 S. 2 IntV).

*Constanze Rogge*

**Integrationsprojekte** sind gemäß §§ 132 ff. SGB IX rechtlich und wirtschaftlich selbstständige Integrationsunternehmen, interne Integrationsbetriebe oder Integrationsabteilungen zur Beschäftigung → schwerbehinderter Menschen, deren → Teilhabe an einer sonstigen Beschäftigung auf dem allgemeinen Arbeitsmarkt auf besondere Schwierigkeiten (s. auch § 132 Abs. 2 SGB IX) stößt. Das Arbeitsverhältnis ist sozialversicherungspflichtig. Die → Integrationsämter fördern die I. aus der Ausgleichsabgabe (vgl. → Beschäftigungspflicht der Arbeitgeber). Daneben kommen auch Eingliederungszuschüsse der Bundesagentur für Arbeit in Betracht. I. beschäftigen mindestens 25% schwerbehinderte Menschen der vorgenannten Gruppe. Insgesamt soll die Quote von 50% schwerbehinderter Menschen nicht überschritten werden.

*Michael Alber*

**Integrationsvereinbarung** Sie regelt die → Teilhabe → schwerbehinderter Menschen am Arbeitsleben durch eine einvernehmliche planvolle betriebliche Eingliederung. Konkret verpflichtet § 83 SGB IX alle privaten und öffentlichen Arbeitgeber, mit der → Schwerbehindertenvertretung, dem → Betriebsrat, dem → Personalrat und in Zusammenarbeit mit dem Beauftragten des Arbeitgebers eine verbindliche I. abzuschließen. Sie wird in der Regel von der Schwerbehindertenvertretung beantragt, ggf. auch von der jeweiligen Interessenvertretung. Das → Integrationsamt kann zur Unterstützung beteiligt werden. Eine abgeschlossene I. wird der zuständigen → Agentur für Arbeit und dem zuständigen Integrationsamt übermittelt (§ 83 Abs. 1 SGB IX). Die I. enthält Regelungen zur Teilhabe schwerbehinderter Menschen am Arbeitsleben, zur Personalplanung (Beschäftigungsquote), Arbeitsplatzgestaltung, Gestaltung des Arbeitsumfeldes, Arbeitsorganisation, Arbeitszeit (Teilzeitarbeit), Ausbildung behinderter Jugendlicher, Einbindung eines Werks- oder Betriebsarztes sowie Durchführungsregelungen.

*Michael Alber*

**Integrative Erziehung** ist auf verschiedene Weise und immer dort möglich, wo Heterogenität in → Gruppen verwirklicht werden soll. Obwohl unterschiedliche Möglichkeiten von → Integration denkbar sind (Alter, Nationalität, Kultur, soziale Herkunft, Religion usw.), bezeichnet I. E. in der sozialpädagogischen Fachpraxis die → Inklusion »behindert« genannter Menschen (→ Behinderte Menschen). I. E. meint demnach die gemeinsame → Erziehung und → Bildung behinderter und nicht behinderter Kinder und Jugendlicher. In der aktuellen bildungspolitischen Diskussion wird der Begriff Inklusion wegen seines nicht segregierenden Ansatzes bevorzugt. Seit der Ratifizierung der → UN-Behindertenrechtskonvention ist die Formulierung i. E. im Wandel zu inklusive Erziehung begriffen.

Durch Eltern- und Trägerengagement entwickelte sich i. E. in Deutschland seit 1974 v.a. im Elementar-, Primar- und teilweise auch Sekundarbereich (→ Schulische Integration). Im Wohn-/Freizeitbereich ist i. E. nur partiell realisiert. Seit Ende der 1970er-Jahre hat sich innerhalb der Pädagogik (→ Erziehungswissenschaftliche Grundlagen der sozialen Arbeit), auch durch den Anspruch der i. E., eine differenzierte, am einzelnen Kind orientierte Pädagogik entwickelt, die auf Aussonderung verzichtet. I. E. bedeutet eine konstante Auseinandersetzung mit den → Persönlichkeiten, Entwicklungsbedürfnissen und Fähigkeiten aller Kinder. Sie setzt ein intensives Eingehen auf den jeweiligen Entwicklungsstand voraus und führt zum Hinterfragen von → Normen und Werten. I. E. hat also eine kindzentrierte, basale Pädagogik zum Inhalt, die bewusst nicht nur behindert genannten Kindern gilt, sondern allen. I. E. birgt die Chance, eigene und andere Behinderungen zu akzeptieren und Verständnis zu entwickeln. I. E. setzt eine Grundhaltung voraus, die den Menschen in seinen Lebensäußerungen als Ganzheit begreift. I. E. darf nicht bedeuten, Behinderte an Nichtbehinderte »anzugleichen«. Vielmehr soll sie einen wechselseitigen Prozess herbeiführen. Die Pädagoginnen und Pädagogen haben hierbei die Aufgabe, integrative Prozesse, die man im allgemeinsten Sinn als »Einigungen« bezeichnen könnte, anzuleiten und zu begleiten. Integration vollzieht sich nicht »automatisch« über eine Zusammenführung von Regel- und Sonderbereich. Die Erkenntnisse wissenschaftlicher Begleitung im Rahmen von i. E. lassen sich axiomatisch auf die o.g. anderen zu integrierenden Gruppen übertragen. I. E. sollte mit einer intensiven Eltern- und interdisziplinären → Teamarbeit einhergehen. Sie erfordert ein Überdenken pädagogischer Vorgehensweisen (→ Erziehungsstile).

*Angelika Rothmayr*

**Integrierte Verbundrechnung** → Neues Kommunales Finanzmanagement

**Integrierte Versorgung** ist eine besondere Versorgung der Versicherten nach § 140 a SGB V und eine andere Form der Regelversorgung. Ziel dieser kooperative Versorgungsform ist die Überwindung der sektoralen (ambulanter und stationärer Versorgungsbereich) und disziplinären Trennung im → Gesundheitswesen. Zur i. V. schließen die → Krankenkassen sektoren- oder interdisziplinär-fachübergreifende Verträge mit den in § 140 a Abs. 3 SGB V abschließend aufgezählten → Leistungserbringern (§§ 140 a Abs. 1 SGB V) ab. Seit dem 1.7.2008 sind auch die → Pflegekassen sowie die Leistungserbringer in der Pflege zur Teilnahme an der i. V. berechtigt. Auch die an den Pflegestützpunkten (→ Pflegeberatung) beteiligten Kostenträger und Leistungserbringer können für deren Einzugsgebiet Verträge zur wohnortnahen i. V. abschließen (§ 7 c Abs. 3 SGB XI).

Die i. V. soll die → Qualität und → Effizienz der Patientenversorgung verbessern, ihre Kosten senken und ihre bevölkerungsbezogene Flächendeckung ermöglichen. Dies geschieht entweder durch i. V. einer einzelnen → Krankheit mit großer Bedeutung für die Bevölkerungsgesundheit (z.B. Herz-Kreislauf-Erkrankungen, Adipositas, Depressionen) oder durch Integration aller (medizinischen und ggf. auch pflegerischen) Versorgungsangebote in einer Region. Die Inanspruchnahme eines Angebots zur i. V. durch die Versicherten ist freiwillig, sodass der Erfolg der i. V. von deren Akzeptanz abhängt. Viele Krankenkassen bieten ihren Versicherten für die Teilnahme an der i. V. spezielle Boni.

Die Förderung neuer Versorgungsformen durch den Innovationsfonds nach § 92 a SGB V ermöglicht eine über die Vergütung der Regelversorgung hinausgehende Übernahme von Kosten durch die Gesetzliche → Krankenversicherung.

*Heike Hoffer*

**Intelligenz** gehört zu den am besten etablierten Konstrukten der empirischen Sozialwissenschaft und wird auch als → »Begabung« oder als »allgemeine kognitive Fähigkeit« bezeichnet. Trotz jahrzehntelanger Forschungstradition gibt es keine allgemein anerkannte Definition von I. Intellektuelle Fähigkeiten werden als über die Zeit hinsichtlich der Rangfolge von Personen als stabile Persönlichkeitseigenschaften verstanden. Personen verfügen über I. bzw. der I. zugerechnete Leistungen in unterschiedlichem Ausmaß.

Ein Kernanliegen in der I.forschung ist es, den I.leistungen zugrundeliegende Fähigkeiten nachzuweisen. Hierzu werden in statistischen Analysen die Gemeinsamkeiten und Unterschiede bei verschiedenartigen I.aufgaben auf zugrundliegende gemeinsame Dimensionen zurückgeführt. Diese I.dimensionen sind nicht direkt beobachtbar, sondern nur indirekt aus beobachtetem → Verhalten erschließbar. Der Grad der Ähnlichkeit zweier I.aufgaben wird über die Korrelationsrechnung über die Personen einer Stichprobe bestimmt. Für die Identifikation der I.dimensionen werden Techniken der Faktorenanalyse eingesetzt. Diese statistischen Methoden (→ Statistische Grundlagen der sozialen Arbeit) erlauben Aussagen über die Beschaffenheit, Anzahl und Struktur der untersuchten Fähigkeiten.

In unterschiedlichen I.theorien variiert die Anzahl und Beschaffenheit der postulierten Fähigkeiten. Eine frühe, von Spearman formulierte Theorie besagt, dass alle I.leistungen auf einen aufgabenübergreifenden generellen Faktor und je einen aufgabenspezifischen Faktor zurückzuführen sind. Ältere I.modelle waren auf die Kontroverse um die Existenz eines generellen I.faktors und auf die Identifikation grundlegender I.faktoren konzentriert. In neueren I.modellen wird aufbauend auf älteren Modellen ein tieferes Verständnis der ablaufenden Denkprozesse angestrebt (→ Denken). Zwei gut etablierte und nur geringfügig voneinander abweichende I.modelle wurden von Horn/Cattell sowie Carroll vorgeschlagen. Horn und Cattell führten die wichtige Unterscheidung zwischen fluider und kristalliner I. ein. Fluide I. bezeichnet die individuellen Unterschiede in der Fähigkeit, komplexere logische Zusammenhänge und abstrakte Strukturen zu begreifen sowie vielfältige Informationen verfügbar zu halten und manipulieren zu können. Unter dem Begriff kristalline I. werden individuelle Unterschiede im verfügbaren und anwendbaren Wissen verstanden. Die Ausprägungen dieser mutmaßlich eher umweltbedingten Komponente der I. hängen stärker von individuellen Lernmöglichkeiten (→ Lernen) sowie der familiären und schulischen Umgebung ab. Neben fluider und kristalliner I. werden weitere I.fähigkeiten unterschieden, wie z.B. allgemeine auditive und visuelle Fähigkeiten sowie verschiedene Gedächtnisleistungen (→ Gedächtnis) und geschwindigkeitsbezogene I.leistungen. Der immer wieder replizierte positive Zusammenhang zwischen verschiedenen I.fähigkeiten kann auf die Wirkung eines allgemeinen I.faktors zurückgeführt werden. Fluide und kristalline I. ändern sich deutlich über die Lebensspanne. Fluide I. nimmt bis ins junge Erwachsenenalter stetig zu und nimmt ab diesem Zeitpunkt bis ins hohe Alter ab. Kristalline I. hingegen bleibt auch im relativ hohen Alter weitgehend erhalten und kann sogar gesteigert werden.

In der Forschung werden verschiedene alternative Erklärungsansätze für I.unterschiede zwischen Personen diskutiert. Ein Erklärungsansatz führt intellektuelle Leistungen auf Prozesse der Informationsverarbeitung zurück, etwa basale sensorische oder motorische Prozesse. In einem weiteren Ansatz ist es das Ziel der Bemühungen, an I. beteiligte kognitive Ressourcen, bspw. das Arbeitsgedächtnis, genauer zu verstehen. Diese denkpsychologischen Bemühungen werden in der Neuropsychologie und Neurophysiologie aufgegriffen. Der dorsolaterale präfrontale Kortex sowie einige weitere Gehirnareale und Botenstoffe sind bei I.leistungen – besonders bei ausschlaggebenden fluiden Intelligenzleistungen – nachweislich von besonderer Relevanz. In der Diskussion um den Grad der Vererbbarkeit von I. dominiert die verhaltensgenetisch gestützte Position, die von einer starken genetischen Bedingtheit von I.leistungen ausgeht. Spezifische, I. nennenswert begünstigende Gene sind nicht bekannt.

Die Ausprägung der intellektuellen Fähigkeiten wurde früher häufig mittels des I.quotienten (IQ) quantifiziert. Dieser bezeichnete ein Verhältnismaß der I., das aus der Beziehung ([I.alter/Lebensalter] x 100) errechnet wurde. Das I.alter wurde aus dem Vergleich der gelösten Aufgaben mit verschieden Altersvergleichsgruppen errechnet. Der IQ wird heute i.d.R. in altersspezifischen Normskalen mit dem Mittelwert 100 und der Standardabweichung 15 ausgedrückt. Zwei empfehlenswerte I.tests sind IST 2000 R (vgl. Amthauer u.a.) und BEFKII 8-10 (vgl. Wilhelm u.a.).

Die I.diagnostik nimmt eine herausragende Stellung in der Feststellung der Hoch- bzw. Minderbegabung ein. Von Minderbegabung spricht man, wenn der IQ unter 85 liegt. Hochbegabung liegt vor, wenn der IQ bei 135 oder höher liegt. Diese Werte stellen lediglich Richtwerte dar, da sie von der verwendeten Begabungsdefinition sowie vom eingesetzten I.test und deren Normen abhängen. Im schulischen Lernkontext treten eine Reihe von → Lern- und Aufmerksamkeitsstörungen (bspw. → Lese-Rechtschreibstörung oder hyperkinetische Störung) auf, bei deren Diagnose der I.messung eine besondere Bedeutung zukommt. In der Altersheilkunde kann die Diagnose altersbedingter → Demenzen als spezielle I.diagnostik verstanden werden.

Überblicksarbeiten und Metaanalysen zeigen, dass Schul-, Berufs- und Studienerfolg gut durch I. vorhergesagt werden können (vgl. Ones u.a.). Allgemeine und spezifische kognitive Leistungstests werden häufig in der Eignungsdiagnostik eingesetzt. In der Vergangenheit haben Konzepte wie »Emotionale I.«, »Soziale I.« oder »Praktische I.« viel Popularität erfahren. Eine weitergehende Anerkennung bleibt diesen Konzepten bisher aufgrund nicht ausgeräumter messmethodischer Probleme verwehrt.

*Lit.* Amthauer, R./Brocke, B./Liepmann, D./Beauducel, A.: Intelligenz-Struktur-Test 2000 R (I-S-T 2000 R), 2. Aufl., Göttingen 2001; Carroll, J. B.: Human cognitive abilities. A survey of factor-analytic studies, Cambridge 2004; Ones, D. S./Viswesvaran, C./Dilchert, S.: Cognitive ability in selection decisions, in: Wilhelm O./Engle, R. W. (Hrsg.): Understanding and Measuring Intelligence, London 2005, S. 431–461; Wilhelm, O./Schroeders, U./Schipolewski, S.: BEFKI 8-10: Berliner Test zur Erfassung fluider und kristalliner Intelligenz für die 8. bis 10. Jahrgangsstufe, Göttingen 2014.

*Olga Kunina-Habenicht/Oliver Wilhelm*

**Intensive sozialpädagogische Einzelbetreuung** »soll Jugendlichen gewährt werden, die einer intensiven Unterstützung zur sozialen → Integration und zu einer eigenverantwortlichen Lebensführung bedürfen. Die Hilfe ist in der Regel auf längere Zeit angelegt und soll den individuellen Bedürfnissen des Jugendlichen Rechnung tragen« (§ 35 SGB VIII). Zielgruppe der i. s. E. sind insbesondere Jugendliche, die sich allen anderen Hilfeangeboten entziehen und aufgrund ihrer aktuellen Lebenssituation besonders gefährdet sind und schon seit Jahren durch spezielle Dienste betreut werden. Begann 1991 für 457 junge Menschen eine i. s. E., waren es 1996 bereits 1.082 und 2012 6.220 Hilfen.

In einer Vielzahl von Konzepten und Praxisberichten ist die rasante Entwicklung und große Vielfalt von Einzelbetreuungsformen dokumentiert: (1) Durch die Ausdifferenzierung traditioneller → Heimerziehung über die Gruppenpädagogik (→ soziale Gruppenarbeit) hinaus entstanden Angebote der Einzelbetreuung Jugendlicher, die allein oder zu mehreren in einer eigenen Wohnung leben. Sie versucht sich an deren Fragen, Vorgaben und Möglichkeiten zu orientieren und nicht an den Erfordernissen eines geregelten Gruppenlebens. (2) In Weiterentwicklung traditioneller Einzelbetreuungsangebote wie Schutzhelfer oder → Erziehungsbeistand wurden neue Formen der individuellen Betreuung junger Menschen durchgesetzt. (3) Im Anschluss an Konzepte der → Reformpädagogik aus den 1920er-Jahren entstanden seit Anfang der 1980er-Jahre vermehrt Projekte und Angebote der sog. → Erlebnispädagogik. Ihnen ist gemeinsam, dass ein intensives Erlebnis in ungewohnter Umgebung der → sozialen Ausgrenzung und Isolation entgegenwirken und die Chance zur Neuorientierung und zum Erfahren grundlegender sozialer Bezüge schaffen soll. (4) Als Weiterentwicklung dieser Projekte wurden seit Mitte der 1980er-Jahre Einzelbetreuungsformen konzipiert und erprobt, die i.V.m. Entwicklungshilfearbeit oder als »Schule unterwegs« oder zur begrenzten → Krisenintervention Reiseprojekte zur Einzelbetreuung Jugendlicher durchführen. (5) In der zweiten Hälfte der 1990er-Jahre wurden mit Mobiler Betreuung oder Flexiblen Hilfen weitere individuell-biografisch orientierte und sozialräumlich verankerte Hilfekonzepte entwickelt und realisiert. Die Grenzen zwischen ambulanten, teilstationären und stationären Hilfekonzepten werden dadurch zunehmend aufgelöst und auch die i. s. E. geht z.T. in diesen neuen integrierten Hilfen auf.

Auslandsmaßnahmen im Rahmen der i. s. E. sind in den letzten Jahren verstärkt in die Kritik geraten. Insbesondere aufgrund der im Ausland eingeschränkten Steuerungs- und Kontrollmöglichkeiten wurde daher 2005 in § 27 Abs. 2 SGB VIII eine gesetzliche Begrenzung von Auslandsmaßnahmen auf Ausnahmefälle vorgenommen.

Derzeit ist geplant, das SGB VIII umfassend zu modernisieren. Betroffen sind u.a. die Themenkomplexe Hilfen zur Erziehung, inklusive Lösung für Kinder- und Jugendliche mit Behinderungen im SGB VIII, Pflegekinderhilfe, Betriebserlaubnisverfahren, Qualitätsentwicklung in der Kinder- und Jugendhilfe. Die Änderungen sollen je nach Regelungsbereich entweder 2017 oder 2022 in Kraft treten.

*Christian Schrapper*

**Interaktion** bezeichnet in der Statistik die Wechselwirkung von zwei Variablen (→ Statistische Grundlagen der sozialen Arbeit), in der Soziologie und → Sozialpsychologie das aufeinander bezogene und sich gegenseitig beeinflussende Handeln von zwei oder mehr Personen oder → Gruppen. Dieser Bezug aufeinander kann lerntheoretisch (das → Verhalten der einen Person ist Reiz für die Reaktion der anderen, diese Reaktion ist wieder Reiz für die nächste Reaktion der ersten Person usw., → Lernen) oder als symbolisch (in hauptsächlich durch Sprache transportierten gemeinsamen Bedeutungen) vermittelt theoretisch gefasst werden, wobei sich diese beiden Auffassungen nicht unbedingt ausschließen. Man kann zwischen unmittelbarer (»face-to-face«) und mittelbarer, im Extrem ganz in die Phantasie verlegte I. (Handeln unter Berücksichtigung einer »Bezugsgruppe«, Denken als »Probehandeln«) unterscheiden. In Bezug auf die Machtverhältnisse kann man symmetrische und asymmetrische I. unterscheiden.

Der Begriff der I. wird in den verschiedenen wissenschaftlichen Disziplinen unterschiedlich verstanden und dementsprechend auch empirisch untersucht. In soziologischen Theorierichtungen hat I. z.B. in der »allgemeinen Handlungstheorie« von Parsons, in der »Austausch«-(»Exchange«-)Theorie (Homans, Blau), im »symbolischen Interaktionismus« (Mead) und in »dramaturgischen« Modellen (Goffman) eine Bedeutung. Im Allgemeinen wird dabei für die Möglichkeit von I. eine gewisse gegenseitige Voraussehbarkeit des Handelns, also ein gewisser Konsens (meist über Werte und → Normen) vorausgesetzt, der zugleich in der I. hergestellt und gelernt wird. In der I. geschieht also auch → Sozialisation, das Internalisieren von Werten und Normen, der Aufbau einer → Identität (s. auch → Subjektivität).

Die Sozialpsychologie hat I. unter den Gesichtspunkten der → Kommunikation, aber auch des Austausches betrachtet. In diesem Zusammenhang werden Interessengegensätze und Konflikte (→ Sozialer Konflikt) angesprochen. In der → Entwicklungspsychologie ist der Begriff der I. im Zusammenhang mit der Bindungstheorie (Bowlby, Ainsworth) besonders bedeutsam: Durch die realen I.erfahrungen des Säuglings und Kleinkindes bilden sich innere Abbilder (mentale Repräsentationen, »internal working model of attachment«) dieser Erfahrungen, die die → Selbst-Entwicklung maßgeblich prägen und zu unterschiedlichen Typen des Bindungsverhaltens führen.

In der Pädagogik wird I. im Zusammenhang mit Erziehungsprozessen (→ Erziehung) betrachtet; eine Kontroverse besteht über die Bedeutung der pädagogischen Beziehung gegenüber der didaktisch-methodischen Vermittlung von (Bildungs-)Inhalten. Die Bedeutung der I. zwischen Kind und Pädagog/in wird am klarsten in der Frühpädagogik betont und untersucht.

*Klaus Fröhlich-Gildhoff*

**Interdisziplinäre Kooperation** reicht von arbeitsteiliger → Kooperation über interaktives Aushandeln in gemeinsamen Problembearbeitungen bis hin zu interdisziplinärer, aber hierarchischer Handlungskoordination. Prozesse der i. K. erfolgen in dafür spezialisierten Formen (Fallkonferenzen), in themen- oder fallbezogenen Gruppen (→ Supervision, → kollegiale Beratung) oder im Austausch schriftlicher oder mündlicher Expertise (auch im → Case Management, Planungsaktivitäten, → Organisationsentwicklung usw.). Die Settings reichen von einmaliger bis regelmäßiger i. K. und sind teilweise rechtlich kodifiziert, etwa im → Kinder- und Jugendhilfegesetz (KJHG): → Jugendhilfeplanung, die Vorschrift kooperativen Zusammenwirkens mehrerer → Fachkräfte usw. Die Arbeitsfelder umfassen bspw. Arbeit mit misshandelten Kindern und Geflüchteten, → Kinder- und Jugendhilfe, Jugendgerichtshilfe, Beratungseinrichtungen, Drogen-, Alten- und → Schulsozialarbeit, Sozialdienste in stationären Bereichen. I. K. hat meist noch keine klare institutionelle und professionelle Regelgestalt, häufig scheitert sie an fehlender → Intersektionalität.

Die Bedeutung der i. K. bezieht sich v.a. auf gravierende und/oder zahlenmäßig zunehmende Probleme, zu deren Bearbeitung einzeldisziplinäre Kompetenz nicht (mehr) reicht, v.a. Multiproblem-Konstellationen und quer- und längsschnittlich verknüpfte Aktivitäten gemischter Wohlfahrtsproduktion. Die qualitative Relevanz liegt u.a. im komplementären Beitrag unterschiedlicher Professionalisierungs- bzw. Berufsprofile, in der Entwicklung nachhaltiger Kooperationsprozesse auch außerhalb je konkreter Fälle und fachlicher Qualifikationsprozesse aufseiten potenziell aller Beteiligten.

*Ulrich Otto*

**Interkommunale Leistungsvergleiche** → Benchmarking

**Interkulturelle Erziehung** Historisch ist das Programm der interkulturellen → Erziehung und → Bildung aus der Kritik an defizitorientierten »ausländerpädagogischen Ansätzen« entstanden. I. E. geht davon aus, dass kulturelle und sprachliche Heterogenität ein grundlegendes Kennzeichen gesellschaftlicher Realität und diese Realität anzuerkennen sei. Interkulturelle Bildung wird als Bestandteil allgemeiner Bildung verstanden. Mittlerweile ist »i. E. und Bildung« im deutschsprachigen Raum zu dem Ausdruck geworden, unter dem die pädagogische Beschäftigung mit migrationsgesellschaftlichen Differenzverhältnissen stattfindet (→ Migration). Allerdings wird i. E. von einer Kritik begleitet, die v.a. die Einschränkungen der »interkulturellen« Perspektive zur Analyse migrationsgesellschaftlicher Differenzverhältnisse betrifft. Zentrale Kritikpunkte sind das Problem der kulturalistischen Reduktion migrationsgesellschaftlicher Verhältnisse und des kulturalisierenden »Inseldenkens«; das Problem, dass sich interkulturelle Pädagogik entgegen ihrer Programmatik als »Ausländerpädagogik« in Anspruch nehmen lässt sowie der Umstand, dass »Kultur« ein Sprachversteck für Rassekonstruktionen darstellt.

*Paul Mecheril*

**Interkulturelle Kompetenz** in der Sozialen Arbeit spezifiziert professionelles Handeln in der Einwanderungsgesellschaft. Dies umschreibt ein Anforderungsprofil zum sensiblen und gleichberechtigten Umgang mit Klient/innen mit Migrationshintergrund. Strittig in der Fachdiskussion ist, inwieweit i. K. überhaupt eine eigenständige spezifische professionelle → Kompetenz darstellt und eine begrifflich einheitliche Definition vorgelegt werden kann. Es wird argumentiert, dass gute professionelle Kompetenzen jeglicher Vielfalt allgemein gerecht werden. Diese Debatte hängt auch mit der Frage der Bewertung ethnisch-kultureller Aspekte zusammen. Die Betonung kultureller Differenzen wird der Vielfalt der Lebensentwürfe von Migrant/innen nicht gerecht und kann rassistische Stereotype verstärken. Der Fokus auf Fremdheit leugnet die Akkulturationsprozesse von Migrant/innen, die sich dieser Gesellschaft größtenteils zugehörig fühlen und grenzt sie damit aus.

I. K. ist daher vor allem als eine selbstreflexive Kompetenz zu verstehen. Angesichts des Umgangs mit scheinbar fremden sozialen Praktiken geht es um die Kompetenz, die richtigen Fragen zu stellen, die Fähigkeit, zuzuhören, Grenzen des Wissens anzuerkennen und eigenkulturell geprägte Normalitätsvorstellungen zu hinterfragen. Zur i. K. gehören damit kognitive Kompetenzen wie Wissen um eigenkulturelle Prägung, Kenntnisse rechtlicher und sozialer Aspekte von → Migration, über Rassismus und → Diskriminierung sowie Kenntnisse kulturspezifischer Hintergründe und Sprachkenntnisse. Zum anderen umfasst i. K. Handlungskompetenzen wie → Kommunikation, Dialog, → Interaktion, anerkennendes Handeln und personale Kompetenzen wie Offenheit, → Empathie, Ambiguitätstoleranz und Selbstreflexion.

Kulturen sind keine statischen Einheiten, sondern flexible, dynamische und vielfältige Gebilde. Daher wird zunehmend der Begriff »interkulturell« durch »transkulturell« ersetzt. Während Kultur eine lebensweltliche Bedeutung (→ Lebenswelt) hat und → Fachkräfte und Klient/innen prägt, lenkt der einseitige Fokus auf Kultur von politischer und → sozialer Benachteiligung ab und wird der Dynamik kultureller Mischungen nicht gerecht. I. K. soll daher auch den Blick auf Diskriminierung lenken und Abgrenzungsprozesse hinterfragen.

Auch wenn bisweilen suggeriert wird, i. K. sei trainierbar, kann i. K. nur in einem längeren Prozess erlernt werden, in → Fort- und Weiterbildung, in → Teamarbeit, → Supervision, → Coaching und anderen Formen der Praxisreflexion. Förderlich sind Auslands- oder Migrationserfahrungen.

I. K. wird angesichts von Migration und → Globalisierung immer bedeutsamer, stößt als letztlich individuelle professionelle Kompetenz aber auch zwangläufig an Grenzen. Migrationsbedingte Anliegen und Ungleichheiten verlangen nach Lösungen in der Antidiskriminierungsarbeit, auf der Organisationsebene der → sozialen Dienste im Zuge ihrer → interkulturellen Öffnung oder auf politischer Ebene im Kontext der → Gleichstellung ausgegrenzter → Minderheiten.

*Nausikaa Schirilla*

**Interkulturelle Öffnung sozialer Dienste** ist eine Strategie zur Veränderung der Angebots- und Personalstruktur → sozialer Dienste angesichts der Herausforderung durch → Migration. Sie zielt auf eine gleichberechtigte und bessere Nutzung aller Dienste durch Klient/innen mit Migrationshintergrund im Sozial- und Gesundheitssystem. I. Ö. erfordert den Abbau von Zugangsbarrieren zu den Diensten und eine Ausrichtung auf spezifische Bedürfnisse von Migrant/innen. Als Barrieren gelten u.a. Sprachbarrieren, Mangel an Informationen oder mangelnde Attraktivität der Angebote, Angst vor → Diskriminierung, schlechte Erfahrungen mit Ämtern und Angst vor behördlichen Eingriffen allgemein. Auf der Seite der → Fachkräfte bestehen vielfach Ressentiments, Kommunikationsprobleme, kulturelle Stereotypen, mangelnde Kompetenz und Angst vor Mehrbelastung. I. Ö. beinhaltet die Bereitstellung niedrigschwelliger, lebensweltorientierter (→ Lebenswelt) und partizipativer Angebote (→ Partizipation) in den Regeldiensten.

Als wichtiger Motor i. Ö. fungiert die Beschäftigung von Fachkräften mit Migrationshintergrund, daher ist die Personalpolitik ein zentrales Instrument. Weitere Instrumente sind → Fort- und Weiterbildung (z.B. → Interkulturelle Kompetenz), → Qualitätsmanagement mit einer Verankerung von interkulturell orientierten Leitbildern und Zielvorgaben, → Organisationsentwicklung zur Entwicklung migrationssensibler Angebote und Strukturen, Einführung von Dolmetscherdiensten, Öffentlichkeitsarbeit (z.B. Mehrsprachigkeit) und Vernetzung, insbesondere mit → Migrantenorganisationen. Notwendig ist die Erhebung statistischer Daten und konsequentes Monitoring. Alle Instrumente sind alternativ und ergänzend zu sehen. I. Ö. wird auch innerhalb neuer Steuerungsmodelle im Zuge der → Verwaltungsmodernisierung oder im

Rahmen der partizipativen → Sozialplanung umgesetzt. Für alle Ansätze gilt jedoch, dass der Prozess von der Leitung gesteuert und mit Ressourcen ausgestattet und von den Mitarbeitenden getragen werden muss.

I. Ö. zielt auf die Veränderung von → Organisationen, sie kann sich allgemein auf einen Träger oder eine Kommune beziehen oder auf einzelne Dienste, z.B. Suchthilfe (→ Sucht, → Drogenberatung), → Altenhilfe, → Kinderschutz. Eine Alternative zu i. Ö stellt auch der aus der Personalentwicklung kommende Ansatz des → Diversity Managements dar. Hier geht es darum, Organisationen nicht nur für migrationsbedingte Unterschiede, sondern auch für Unterschiedlichkeiten aufgrund von Alter, Geschlecht, Religion u.a. zu sensibilisieren. Dies beinhaltet den Abbau von Benachteiligung und die produktive Nutzung der erwähnten Differenzen.

Grenzen I. Ö. liegen oft in Barrieren des Lernens oder der Veränderung in Organisationen generell. I. Ö. stellt eine Strategie der Gleichstellung und Teilhabe marginalisierter Gruppen dar, kann aber alleine keine politischen Probleme wie Einschränkung der Rechte von ausgegrenzten Gruppen (→ soziale Ausgrenzung) wie für → Flüchtlinge oder Illegalisierte (→ aufenthaltsrechtliche Illegalität) lösen.

*Nausikaa Schirilla*

**Interkulturelles Lernen** Viele Zeitdiagnosen weisen darauf hin, dass die (Welt-)Gesellschaft ein Zusammenhang kennzeichnet, für den, nicht zuletzt auch von weltweiten Wanderungsbewegungen angestoßen, soziale Wandlungsprozesse, Diversifikation und Pluralisierungen charakteristisch sind (→ Globalisierung). Diese Pluralisierung sozialer Kontexte, Stile, Selbstverständnisse und Beziehungen wird empirisch nicht selten als Vielfalt kultureller Phänomene wahrgenommen. Normativ verbindet sich hiermit häufig die Position, dass diese Lebensformen in ihrer Differenz prinzipiell anzuerkennen und dass Fertigkeiten wechselseitiger kommunikativer Anerkennung wertvoll und auszubilden seien. Vor diesem Hintergrund wird »i. L.« zu einer zentralen Bildungsaufgabe in einer kulturell pluralen (Welt-)Gesellschaft. Ansätze von i. L. beziehen sich zumeist darauf, Bildungszusammenhänge zu schaffen, in denen die »Anerkennung kultureller Differenz« individuell sinnvoll und sozial möglich wird. Die Erkenntnis der kulturellen Gebundenheit des eigenen D Denkens sowie die Anerkennung unvertrauter kultureller Lebens- und Weltentwürfe sind häufig variierte Orientierungen i. L.

Kritisiert werden Ansätze »i. L.« v.a. mit Bezug darauf, dass durch sie zuweilen jene »kulturelle Differenz« erst geschaffen wird, die dann anerkannt werden soll: Das pädagogische Ziel bspw., dass Jugendliche sich in ihrer kulturellen → Identität reflektieren lernen, kann zur Herstellung und »Erfindung« dieser Identitäten beitragen. Zweitens wird kritisch gegen Ansätze »i. L.« eingewandt, dass sie die (welt-)gesellschaftliche Pluralität ohne Bezug auf die Macht- und Dominanzdimension thematisieren. Hier knüpfen Ansätze an, die »Lernen unter Bedingungen (welt-)gesellschaftlicher Ungleichheit« genannt werden können und Augenmerk auf die Notwendigkeit legen, dass → »Lernen« unter diesen Bedingungen mit Machtverzicht auf der einen und Machtgewinn auf der anderen Seite verbunden sein muss.

*Paul Mecheril*

**International Association of Schools of Social Work (IASSW)** ist der weltweite Zusammenschluss von über 2.000 Hochschulen für Soziale Arbeit in ca. 90 Ländern sowie Hochschullehrerinnen und Hochschullehrern als Einzelmitglieder. Die Gründung einer Internationalen Vereinigung Sozialer Schulen wurde 1928 in Paris beschlossen, die konstituierende Sitzung fand im Juni 1929 in Berlin statt.

Die IASSW sieht ihren Auftrag in der Weiterentwicklung und Verbreitung eines hohen Standards in der Ausbildung für soziale Professionen und in der Forschung innerhalb der → Sozialen Arbeit. Hierzu hat die IASSW gemeinsam mit der → International Federation of Social Workers (IFSW) u.a. folgende Veröffentlichungen herausgegeben : »Global Definition of Social Work« (2014), »Ethik in der Sozialen Arbeit – Darstellung der Prinzipien« (2004), »Global Standards for Social Work Education and Training" (2004) und »Global Agenda for Social Work and Social Development« (2012). Diesem Zweck dient auch die Vernetzung der Ausbildungsstätten über den jährlichen Weltkongress, Regionalkonferenzen, Fachseminare sowie das Online-Magazin »Social Dialogue«. Die → Vereinten Nationen (UN) haben 1992 unter dem Titel »Human Rights and Social Work« ein »Manual über Menschenrechte für Ausbildungsstätten Sozialer Arbeit und die Sozialarbeitsprofession« veröffentlicht und damit → Menschenrechte und → soziale Rechte als Ausbildungsthema für die sozialen Professionen reklamiert. Als → Nichtregierungsorganisation vertritt die IASSW das Anliegen der Ausbildung für Soziale Arbeit gegenüber den UN und deren Fachorganisationen; sie arbeitet zudem eng zusammen mit der IFSW und dem → International Council on Social Welfare (ICSW), z.B. bei Kongressen und bei der Herausgabe der Fachzeitschrift »International Social Work«.

Innerhalb der IASSW gibt es Regionalvereinigungen für Afrika, Asien/Pazifik, Europa, Lateinamerika und Nordamerika/Karibik. Die regionale Vereinigung der IASSW in Europa, die European Association of Schools of Social Work (EASSW), bündelt seit 1995 als unabhängige Organisation die Interessen von etwa 300 Ausbildungsstätten.

*Informationen*: www.iassw-aiets.org, Regionalvereinigung für Europa: www.eassw.org

*Friedrich W. Seibel*

**International Classification of Diseases** → ICD

**International Council on Social Welfare (ICSW)** (dt. Internationaler Rat für Soziale Wohlfahrt) wurde 1928 als International Conference on Social Welfare in Paris gegründet. Die Konferenz fand anfangs alle vier Jahre statt und schuf ein neuartiges Forum für den internationalen Erfahrungs- und Informationsaustausch zwischen sozialen → Organisationen und Forschungs- und Fachpersonal aus dem Bereich der → Sozialen Arbeit. Der ICSW ist eine → Nichtregierungsorganisation (NRO), die soziale Organisationen und wissenschaftliche Einrichtungen in mehr als 70 Ländern umfasst. Sie hat den höchsten Konsultativstatus beim Wirtschafts- und Sozialausschuss (ECOSOC) der → Vereinten Nationen (UN) und ist akkreditiert bei der → Internationalen Arbeitsorganisation (ILO), der → Weltgesundheitsorganisation (WHO), → UNICEF, → UNESCO und der Ernährungs- und Landwirtschaftsorganisation (FAO) der UN. Lag der Aufgabenschwerpunkt seit den 1950er-Jahren auf der Unterstützung beim Aufbau zivilgesellschaftlicher Strukturen (→ Zivilgesellschaft) in Entwicklungsländern, steht heute die Entwicklung sozialer Strukturen und der Wirtschaft zur Bekämpfung von → Armut, Not und Bedürftigkeit, insbes. unter Menschen mit Benachteiligungen (→ soziale Benachteiligung), im Vordergrund. Arbeitsprogramm und Beiträge zur politischen Meinungsbildung, z.B. bei der alljährlichen Sozialentwicklungskommission der UN, orientieren sich an der Allgemeinen Menschenrechtserklärung, z.B. Art. 12, 22, 25 und 26. Die internationalen Konferenzen finden heute alle zwei Jahre statt. Sie werden seit 2010 gemeinsam mit der → International Federation of Social Workers (IFSW) und der → International Association of Schools of Social Work (IASSW) organisiert. Sie werden ergänzt durch das Angebot von regionalen Konferenzen und Expert/innenseminaren sowie ländervergleichenden Analysen, deren Ergebnisse zur Interessenvertretung und Politikberatung auf nationaler wie internationaler Ebene eingesetzt werden können. Die Arbeitssprachen des ICSW sind englisch und französisch, Sitz des Generalsekretariats ist New York. Der ICSW ist weltweit in neun Regionen untergliedert, u.a. die Region Europa. Sie ist akkreditiert beim → Europarat und dort u.a. in der Konferenz der Internationalen NRO (INGOs) aktiv. In ca. zwei Drittel seiner Mitgliedsländer gibt es Nationalkomitees des ICSW organisiert. Der → Deutsche Verein für öffentliche und private Fürsorge e.V. nimmt das deutsche Nationalkomitee wahr.

*Informationen:* www.icsw.org

*Cornelia Markowski*

**Internationale Abkommen zur Sozialhilfe und Jugendhilfe** Die Allgemeine Erklärung der → Menschenrechte (1948) bekräftigt: »Jeder Mensch hat Anspruch auf eine Lebenshaltung, die seine und seiner Familie Gesundheit und Wohlbefinden einschließlich Nahrung, Kleidung, Wohnung, ärztliche Betreuung und der notwendigen Leistung der sozialen Fürsorge gewährleistet; er hat das Recht auf Sicherheit und im Falle von Arbeitslosigkeit, Krankheit, Invalidität, Alter und von anderweitigem Verlust seiner Unterhaltsmittel durch unverschuldete Umstände« (Art. 25). Dieses soziale Menschenrecht begründet einen Anspruch auf → Sozialhilfe für alle Bedürftigen und ihre Familien bei einer individuell nicht zu verantwortenden sozialen Notlage. Art. 11 des Paktes für wirtschaftliche, soziale und kulturelle Rechte der Vereinten Nationen (UN) (1966) erkennt »das Recht eines jeden auf einen angemessenen Lebensstandard für sich und seine Familie an, einschließlich ausreichende Ernährung, Bekleidung und Unterbringung […] sowie […] vor Hunger geschützt zu sein« und macht die Verwirklichung dieses Rechtes für UN-Staaten umfassend verbindlich.

Die → UN-Kinderrechtskonvention (KRK) (1989) enthält die umfassende Formulierung der → Kinderrechte, darunter auch einzelne Garantien mit sozialem Gehalt. Danach sind Kinder vor jeder → Diskriminierung zu schützen und gleich zu behandeln – unabhängig von Rasse, Hautfarbe, Geschlecht, Sprache, Religion, politischer und sonstiger Anschauung, nationaler, ethnischer und sozialer Herkunft, des Vermögens, einer Behinderung, der Geburt oder eines sonstigen Status des Kindes, seiner Eltern oder seines Vormunds. Kindern sind das Überleben und die Entwicklung in physischer, sozialer und kultureller Hinsicht zu gewährleisten. Bei allen Entscheidungen muss das → Kindeswohl berücksichtigt werden. Die Konvention schützt Kinder vor Verwahrlosung und Misshandlung (→ Kindesmisshandlung, → Kindesvernachlässigung, → Kinderschutz) und sieht einen speziellen Schutz für Flüchtlings- wie behinderte Kinder vor (→ Flüchtlinge, → behinderte Menschen). Allen Kindern sind eine angemessene → Gesundheitsvorsorge, Unterbringung, → soziale Sicherheit, angemessene Lebensbedingungen und Unterhalt, → Bildung und → Teilhabe an Kultur zu sichern und sie sind vor wirtschaftlicher Ausbeutung zu schützen (→ Kinderhandel).

Der → Europarat gewährleistet die Menschenrechte unter den europäischen Staaten. Zum Schutz der → sozialen Rechte wurde die → Europäische Sozialcharta 1961 geschaffen. Darin bekräftigen die Vertragsparteien für »jedermann das Recht auf Fürsorge, wenn er keine ausreichenden Mittel hat« (Art. 13). Das gleichfalls vom Europarat ausgearbeitete Europäische Fürsorgeabkommen verpflichtet Belgien, Dänemark, Deutschland, Frankreich, Griechenland, Irland, Island, Italien, Luxemburg, Malta, die Niederlande, Portugal, Spanien, Schweden, die Türkei und das Vereinigte Königreich. Sie haben den Angehörigen der anderen Staaten denselben Status wie den eigenen Staatsangehörigen im Recht der Existenzsicherung einzuräumen, sofern sie sich dort erlaubt aufhalten. Des Weiteren untersagt es die → Abschiebung der ausländischen Staatsangehörigen wegen deren Sozialhilfebedürftigkeit. Schließlich hat der Europäische Gerichtshof für Menschenrechte in der Rechtssache Airey aus dem in Art. 3 der → Europäischen Menschenrechtskonvention niedergelegten Verbot der Folter und unmenschlichen Behandlung die Pflicht für Sozialbehörden abgeleitet, bei offenkundigen und massiven Menschenrechtsverletzungen unter Privaten (z.B. in der Familie) einzuschreiten.

*Eberhard Eichenhofer*

**Internationale Arbeitsorganisation (ILO;** engl. International Labour Organisation), gegründet 1919, seit 1946 Sonderorganisation der → Vereinten Nationen (UN) mit Sitz in Genf. Die ILO ist die einzige UN-Organisation mit einer dreigliedrigen Struktur, in der Regierungen sowie Arbeitnehmer- und Arbeitgeberorganisationen vertreten sind. 2015 zählte die ILO 185 Mitgliedsländer. Die zentralen Organe der ILO sind (1) die jährliche Internationale Arbeitskonferenz, auf der Rechtsakte, Empfehlungen und das Budget verhandelt und beschlossen werden; (2) der Verwaltungsrat mit 56 Vertreter/innen aus 26 Ländern, im dem Regierungen, Arbeitgeber und Arbeitnehmer im Verhältnis 2:1:1 repräsentiert sind. Deutschland hat seit 1951 einen ständigen Sitz im Verwaltungsrat; (3) das Internationale Arbeitsamt (International Labour Office) als Sekretariat. Das Arbeitsamt erhebt eigene Statistiken, veröffentlicht Studien und ein Vierteljahresheft. Es organisiert die Jahreskonferenz und führt technische Programme und Feldaktivitäten weltweit durch.

Mission der ILO ist eine Arbeitswelt mit »menschlichem Antlitz« (Erklärung von Philadelphia, 1944). Die Arbeit der ILO basiert auf vier Prinzipien: Schaffung verbindlicher Standards und Rechte; Verbesserung der Chancengleichheit von Männern und Frauen (→ Gleichstellung); soziale Sicherung (→ soziale Sicherheit) für alle; dreigliedriger → sozialer Dialog.

Die Erarbeitung internationaler Arbeitsstandards (Konventionen) führt nach Beratung und Beschlussfassung zu Rechtsakten, die von den Mitgliedstaaten zu ratifizieren sind (Stand 2015: 189 Konventionen); Empfehlungen (Stand 2015: 204) geben Orientierungen für die Politik.

Als Antwort auf die → Globalisierung der → (Arbeits-)Märkte geht die ILO stärker dazu über, nicht nur neues Recht zu setzen, sondern die politischen Grundlagen weltweiter Systeme des → Arbeits- und Sozialschutzes zu formulieren. Dazu werden u.a. bestehende Rechtsakte zu einem »floor of rights« konzeptionell zusammengeführt. Derartige Konzepte sind sowohl die Decent Work Agenda (1999) als auch die Initiative eines »Social Protection Floor« als zentralem Element des Global Jobs Pact (2009).

Als weltweite Grundrechte der Arbeit (→ soziale Grundrechte) gelten die seit 1998 in einen Kanon von acht Konventionen zusammengeführten sog. Kernarbeitsnormen (u.a. Verbot von → Kinderarbeit und Zwangsarbeit, Versammlungsfreiheit, Koalitionsfreiheit usw.). Die Integration dieser ILO-Kernarbeitsnormen als fester Bestandteil in internationale Handelsabkommen wird von der → Zivilgesellschaft und den Gewerkschaften vehement eingefordert.

Seit 2005 steigt die Bedeutung der ILO-Konzepte als Referenzrahmen für die Debatte über ein soziales Europa als Folge der Finanz- und Wirtschaftskrise (→ Europäisches Sozialmodell, → Europäische Sozialpolitik). Aktuelle Überlegungen und zu erwartende Vorschläge der Kommission der → Europäischen Union (EU) verweisen auf die Notwendigkeit, einen eigenen floor of rights für die EU im Bereich der Arbeitsmarkt- und Sozialpolitik zu definieren. Diskutiert werden u.a. Mindestlöhne, → Sozialeinkommen, Gesundheitsschutz und -versorgung inkl. → Mutterschutz, → Arbeitslosenversicherung, Rentensysteme (→ Rentenversicherung), der Arbeitnehmer-Begriff und die Rolle des sozialen Dialogs.

*Informationen*: www.ilo.org

*Claudia Menne*

**Internationale Gesellschaft für erzieherische Hilfen (IGfH)** Die IGfH ist der mitgliederstärkste Fachverband für Erziehungshilfen in Deutschland. Der 1961 gegen die deutsche Anstaltserziehung gegründete unabhängige Verband ist als deutsche Sektion der Fédération Internationale des Communautés Educatives (FICE) auch international tätig. Die IGfH versteht sich als Lobby im Dienste des Wohls und der Rechte von jungen Menschen, die außerhalb der → Herkunftsfamilie leben (→ Heimerziehung) und im Rahmen der → Hilfen zur Erziehung (HzE) betreut werden. Sie stellt offene sozialpädagogische Diskussionsforen für → Fachkräfte und Betroffene bereit, um zeitgemäße und jeweils bessere Lösungen für die Probleme der jungen Menschen und deren Familien zu finden. Mitglieder können → Jugendämter und → Landesjugendämter sowie Ausbildungsstätten bzw. → freie Träger und → Einrichtungen der Erziehungshilfe, aber auch interessierte Einzelpersonen (Fachkräfte, Betroffene) werden. In den zahlreichen Fachgremien und Regionalgruppen können Mitglieder und Interessierte aktiv mitarbeiten.

Die IGfH veranstaltet regelmäßig Fachtagungen und Expert/innengespräche, bietet ein umfangreiches → Fort- und Weiterbildungsprogramm für Fachkräfte sowie fachliche Beratung und Unterstützung im Bereich der HzE und gibt eigene Buchreihen und die Fachzeitschrift »Forum Erziehungshilfen« heraus. Außerdem fördert der Verband die internationale Zusammenarbeit durch Studienreisen und Beteiligungen an internationalen Kongressen. Die IGfH initiiert und betreibt darüber hinaus ständig modellhafte Praxis- und Forschungsprojekte und versucht durch Stellungnahmen sowie die Mitwirkung an Gesetzgebungsverfahren die Jugendhilfepolitik mit zu gestalten.

*Anschrift*: Galvanistr. 30, 60486 Frankfurt a.M., www.igfh.de, international: www.ficeinter.net

*Josef Koch*

**Internationale Jugendarbeit** ist seit mehr als 50 Jahren ein Theorie- und Praxisfeld, dessen jugendpolitische und pädagogische Bedeutung durch Prozesse der → Globalisierung und Europäisierung und damit verbundener wachsender Mobilität zunimmt. Die gesetzliche Grundlage findet sich in § 11 SGB VIII. Die Ziele richten sich auf → Lernen und → Bildung in internationalen Kontexten. I. J. knüpft an den Interessen junger Menschen an und basiert auf den Prinzipien der partizipativen und freiwilligen Teilnahme. Sie versteht sich aufgrund seiner pädagogischen und politischen Spezifik als eigenständiges Arbeitsfeld und gleichzeitig als Querschnittsaufgabe der → Kinder- und Jugendhilfe. I. J. ist Teil der nationalen → Jugendpolitik und eingebunden in die auswärtigen Beziehungen und damit verknüpften gesamtpolitischen Zielsetzungen. Zu unterscheiden sind die jugendpädagogische, jugendpolitische und außenpolitische Dimension der i. J.

I. J. trägt zum Umgang mit gesellschaftlicher Vielfalt, zur Entwicklung → interkultureller Kompetenz und zum globalen Lernen bei. Der grenzüberschreitende Austausch unterstützt das Kennenlernen von Menschen anderer Kulturen und Gesellschaftsordnungen und hilft, internationale Zusammenhänge besser zu verstehen. Gesellschaftliche und internationale Verantwortung werden gefördert und eine größere → Teilhabe ermöglicht. Auf europäischer Ebene stärkt i. J. durch Austausch und Begegnung ein europäisches Bewusstsein und ermutigt junge Menschen, ihre Rechte und Chancen in Europa aktiv wahrzunehmen. Darüber hinaus will i. J. zu solidarischem Handeln motivieren, auch im Hinblick auf junge Menschen in den Ländern des globalen Südens (→ Solidarität). Im Sinne globalen Lernens fördert i. J. die Auseinandersetzung mit weltweiten Entwicklungen und unterstützt junge Menschen dabei, sich für eine gerechte Welt und eine nachhaltige Zukunft einzusetzen.

I. J. realisiert sich in unterschiedlichen Formaten. Hierzu gehören bi- und multilaterale Begegnungen zwischen Jugendgruppen im In- und Ausland, Jugendgemeinschaftsdienste, z.B. in internationalen Workcamps, und → Freiwilligendienste im Ausland. Internationale Maßnahmen für → Fachkräfte, wie Austausch, Hospitation oder internationale Fachveranstaltungen, ermöglichen das gegenseitige Lernen und den Wissenstransfer zur Weiterentwicklung der Kinder- und Jugendhilfe.

Erfolgreiche i. J. bedarf qualifizierter pädagogischer Begleitung durch interkulturell und diversitätssensibel geschulte haupt- und ehrenamtliche Fachkräfte. Die nachhaltige und positive Wirksamkeit von Maßnahmen der i. J. auf die Persönlichkeitsentwicklung, das gesellschaftliche Engagement und die berufliche Orientierung ist durch fundierte Forschungsarbeiten belegt (vgl. IJAB – Fachstelle für Internationale Jugendarbeit der Bundesrepublik Deutschland e.V. und Forscher-Praktiker-Dialog Internationale Jugendarbeit [Hrsg.]: Internationale Jugendarbeit wirkt. Forschungsergebnisse im Überblick, 2. Aufl., Bonn 2013).

*Marie-Luise Dreber*

**Internationale Klassifikation psychischer Störungen** → ICD, → Klassifikationssysteme psychischer Störungen

**Internationaler Kinderschutz** → Haager Kinderschutzübereinkommen (KSÜ)

**Internationaler Sozialdienst (ISD)** Der ISD ist seit 2001 Teil des → Deutschen Vereins für öffentliche und private Fürsorge, deutsche Zweigstelle der internationalen → Nichtregierungsorganisation International Social Service (ISS) und seit 2012 Träger der → Zentralen Anlaufstelle für grenzüberschreitende Kindschaftskonflikte, zu der auch die → Zentrale Anlaufstelle für Mediation gehört. Der ISD arbeitet als bundeszentrale Fachstelle in der sozialen → Einzelfallhilfe, wenn die Zusammenarbeit mit anderen Staaten erforderlich ist. Der ISS wurde 1924 mit dem Ziel gegründet, soziale Probleme infolge von → Migration und Flucht zu lindern. Als Folge zunehmender Wanderungen aus und nach Deutschland hat der ISD große Bedeutung für die Betroffenen, die Hilfeträger, Ausländerbehörden sowie die Gerichte, die ihn in Einzelfällen mit Auslandsberührung einschalten. Dies ist erforderlich, wenn Familienangehörige in verschiedenen Staaten leben. Neben dem Schutz hilfsbedürftiger Erwachsener gehört der Schutz von Kindern zu den Kernaufgaben des ISD. Ihr Wohl (→ Kindeswohl) steht im Zentrum seiner Arbeit. Der ISD wird kontaktiert bei Fragen zur Regelung der → elterlichen Sorge oder des → Umgangsrechtes nach Trennung oder Scheidung (→ Ehescheidung) der Eltern, Bearbeitung von Fällen internationaler Kindesentführungen, → Vormundschaftssachen, → Hilfe zur Erziehung (Unterbringung) sowie zur Migration, z.B. → Familienzusammenführung oder Weiterwanderung. Rechtliche Grundlagen sind die → UN-Kinderrechtskonvention, die → Haager Übereinkommen und europäisches Recht, z.B. die → Brüssel II a- oder die → Dublin-Verordnung, sowie in- und ausländisches → Familien- sowie Kinder-und Jugendhilferecht. Über den ISD und sein internationales Netzwerk ist es möglich, weltweit mit sozialen Fachstellen zusammenzuarbeiten. So können Hilfen im oder aus dem Ausland in Gang gesetzt und koordiniert, Sozialberichte aus dem Ausland eingeholt und Probleme, die sich aus der Überschneidung verschiedener nationaler Systeme ergeben, gelöst werden. Suchen Erwachsener nach ihren leiblichen Eltern und die Vermittlung von Auslandsadoptionen übernimmt der Verein »familie international frankfurt« (www.fif-eV.de).

Seine Erfahrungen in der Fallarbeit nutzt der ISD zu Weiterentwicklungen im sozialen und rechtlichen Bereich, insbesondere bei der Anwendung und Umsetzung internationaler Konventionen in Deutschland und bei der Etablierung von Schutzmechanismen für vulnerable Gruppen, z.B. beim → Kinderhandel. Er richtet regelmäßig Tagungen im In- und Ausland aus, um die Zusammenarbeit aller beteiligten Stellen zu verbessern und zu einer Vereinheitlichung der fachlichen Standards in diesem Bereich beizutragen. Der Gesamtverband hat u.a. Beobachterstatus bei der Haager Konferenz für internationales Privatrecht und bei den → Vereinten Nationen (UN). Das Generalsekretariat ist in Genf, in rd. 20 Ländern hat der Verband Zweigstellen, in mehr als 100 Ländern ständige Kooperationspartner.

Anschrift: Michaelkirchstr. 17/18, 10179 Berlin, www.internationaler-sozialdienst.de, international: www.iss-ssi.org

*Gabriele Scholz*

**Internationale Soziale Arbeit (ISA)** Nach Lynn Healy kann ISA als internationale professionelle Praxis und Kompetenz für internationale Aktivitäten seitens der Sozialarbeitsprofession und ihrer Mitglieder definiert werden. Sie lässt sich in vier Handlungsfelder unterteilen: (1) auf den internationalen Kontext bezogene, lokale Praxis und Anwaltschaft; (2) professioneller Austausch; (3) internationale Praxis; (4) internationale Policy-Entwicklung und Anwaltschaft.

Die Handlungsfelder (1) und (2) betreffen alle in der → Sozialen Arbeit Tätigen. Internationale Praxis (3) wird derzeit noch von wenigen, jedoch immer mehr werdenden → Sozialarbeiter/innen geleistet. Hingegen müssten sich alle Sozialarbeitenden mittelbar oder unmittelbar an der Entwicklung internationaler Policy und Anwaltschaft (4) im Sozialwesen beteiligen, mit dem Ziel, entsprechend dem Konzept der → Menschenrechte für alle Menschen in allen Gesellschaften die gleichen zivilen, politischen und → sozialen Rechte zu garantieren und → Integration und → Partizipation zu gewährleisten.

Nach Walter Lorenz geht es in der ISA darum, die Grenzen der → Solidarität über Deutschland und Europa hinaus in globaler Perspektive auszuweiten und damit zu einem Wandel von einer Diskussion über nationale bzw. → europäische Sozialmodelle hin zu einem weltweiten Menschenrechtsdiskurs beizutragen.

Ein Beispiel für internationale Praxis (3) in der ISA ist der → Internationale Sozialdienst (ISD). Jedes dritte in Deutschland geborene Kind hat mindestens einen Elternteil, der nach Deutschland eingewandert ist (→ Migration). Arbeit mit Menschen aus anderen Kulturen (→ Flüchtlingsarbeit, → Migrations[sozial]arbeit) gehört inzwischen zum Alltag der → Kinder- und Jugendhilfe. Treten in der Praxis Fallkonstellationen mit Auslandsberührung auf, so stellen sich oft eine Reihe klärungsbedürftiger Fragen, die zumeist soziale, rechtliche und kulturelle Aspekte berühren. Oftmals können Hilfen nur durch die Zusammenarbeit mit Fachstellen im Ausland sinnvoll eingeleitet werden. In solchen Fallkonstellationen mit Auslandsbezug berät und unterstützt der ISD Behörden und Betroffene und ist die Verbindungsstelle zwischen in- und ausländischen sozialen Fachstellen, → Familiengerichten und Vormundschaftsgerichten. Auch über den Gesamtverband International Social Service (ISS), der weltweit über viele Zweigstellen und Korrespondent/innen verfügt, wirkt der ISD daran mit, eine internationale Praxis Sozialer Arbeit zu etablieren. Der ISS bringt seine Expertise in internationalen Organisationen ein, die im Sinne von (4) wirken, wie der Haager Konferenz für → Internationales Privatrecht oder → UNICEF. Weitere Beispiele für eine internationale Praxis der ISA sind das Internationale Komitee des Roten Kreuzes oder die Internationale Organisation für Migration.

Bezogen auf eine internationale Policy-Entwicklung (4) wird auch von Transnationaler Sozialer Arbeit gesprochen. Beispiele hierfür sind neben den → Vereinten Nationen, → UNESCO und UNICEF auch die internationalen professionellen Vereinigungen der Sozialen Arbeit wie die → International Federation of Social Workers (IFSW), die → International Association of Schools of Social Work (IASSW) oder der → International Council on Social Welfare (ICSW).

*Sebastian Regitz*

**Internationale Sozialpolitik** bezeichnet zum einen die vergleichende Betrachtung nationaler Systemantworten auf soziale und gesellschaftliche Herausforderungen (→ Sozialpolitik), zum anderen die Gesamtheit überstaatlichen sozialpolitischen Handelns. Der internationale Vergleich von → Sozialstaaten ist ein wichtiges Analyseinstrument und bietet Anregungen zu alternativen politischen Lösungen und Innovationen, gerade auch im Bereich der → Sozialen Arbeit.

I. S. ist gekennzeichnet durch eine Vielfalt an Akteuren und Steuerungsmechanismen; diese »global social governance« (→ Governance) wirkt vor allem durch Regulierung oder »weiche« Koordinierung. Einer der wichtigsten transnationalen Akteure ist die → Europäische Union (→ europäische Sozialpolitik).

Träger i. S. im Sinne der Durchsetzung der → Menschen- und → Grundrechte sind insbesondere die → Vereinten Nationen (UN, gegründet 1945) und ihre Unterorganisationen, u.a. die Food and Agriculture Organization (FAO), die → Weltgesundheitsorganisation (WHO) und das Weltkinderhilfswerk (→ UNICEF). Die → Internationale Arbeitsorganisation (ILO) wurde schon 1919 gegründet und vereint Regierungen, Arbeitgeber- und Arbeitnehmervertretungen der 185 Mitgliedstaaten. Ihre rechtsverbindlichen Übereinkünfte sowie Empfehlungen befassen sich mit der schrittweisen Verbesserung der Arbeits- und Lebensbedingungen weltweit. Auch die überstaatlichen Wirtschaftsorganisationen, insbesondere die World Trade Organization (WTO), die → Organisation für wirtschaftliche Zusammenarbeit und Entwicklung (OECD), der Internationale Währungsfonds (IWF), die Weltbank und andere haben erheblichen Einfluss auf die i. S.

Neben den staatlichen und überstaatlichen sind auch zivilgesellschaftliche (→ Zivilgesellschaft) sowie privatwirtschaftliche Akteure der i. S. tätig. Das Internationale Rote Kreuz, die Entwicklungsorganisationen der Kirchen, Ärzte ohne Grenzen, Amnesty International, Attac und viele andere → Nichtregierungsorganisationen tragen konkret zur Einhaltung der Menschenrechte und zur Ermöglichung eines menschenwürdigen Lebens (→ Menschenwürde) bei und sind gleichzeitig auch Mitgestalter des internationalen Diskurses über eine zukünftige i. S. Dabei verschiebt sich der Schwerpunkt zunehmend von Armutsbekämpfung (→ Armut) zu einer Politik der → Teilhabe und → Partizipation.

In der Forschung wird sogar die »Sozialpolitisierung« der Weltpolitik annonciert, d.h. soziale Fragen gewinnen angesichts der großen Migrationsbewegungen (→ Migration) und des religiösen Extremismus in vielen Teilen der Welt eine ebenso große Bedeutung wie Sicherheitspolitik. Auch wenn entsprechende internationale Abkommen häufig keinen verbindlichen Charakter haben, fördern sie indirekt die Entwicklung globaler Leitvorstellungen und fokussieren die öffentliche Aufmerksamkeit in Presse und Internet auf sozialpolitische Themen. Auch wenn i. S. nicht zu Konvergenz oder gar zu einem Weltsozialmodell führt, richtet sie den Blick auf die immer stärker werdende internationale Verflechtung der wirtschaftlichen und sozialen Entwicklung und beeinflusst damit die Entwicklung nationaler sozialer Sicherungssysteme (→ soziale Sicherheit).

*Christiane Dienel*

**Internationales Privatrecht (IPR)** Das IPR ist Kollisionrecht für Sachverhalte mit Auslandsbezug. Das bedeutet, dass die Vorschriften des IPR zunächst festlegen, welche nationale Rechtsordnung (z.B. die französische oder deutsche) für einen Sachverhalt mit Auslandsbezug Anwendung finden soll (siehe hierzu die Legaldefinition in Art. 3 am Ende Einführungsgesetz zum Bürgerlichen Gesetzbuch [EGBGB]). Das nationale Rechtsregime, das aufgrund der Vorschriften des IPR Anwendung findet, regelt dann die Rechtsfrage inhaltlich. Grundlage für die Entscheidung, welche nationale Rechtsordnung Anwendung in einem Fall findet, sind sogenannte Anknüpfungspunkte. Typische Anknüpfungspunkte im IPR sind → Staatsangehörigkeit oder der gewöhnliche → Aufenthalt einer Person. Die maßgeblichen deutschen Kollisionsvorschriften, also das deutsche IPR, ist im EGBGB (Art. 3 bis 46) zu finden. Der Begriff »internationales« Privatrecht ist insofern missverständlich, als dass das IPR grundsätzlich gerade kein internationales Recht ist, sondern nationales Kollisionsrecht, das Sachverhalte mit Auslandbezug regelt.

Verwendet das ausländische IPR andere Anknüpfungen als das deutsche, so kann diese dazu führen, dass es auf deutsches Recht zurück- oder auf das Recht eines dritten Staates weiterverweist (sog. »Renvoi«).

Steht ein Anwendungsergebnis im krassen Widerspruch zu den Grundwertvorstellungen (insbesondere den → Grund- und → Menschenrechten) der deutschen Rechtsordnung, so kann es aufgrund des sogenannten Ordre-public-Vorbehalts abgewehrt werden und die entsprechende ausländische Rechtsnorm ist nicht anzuwenden (Art. 6 EGBGB).

Im Bereich der Sozialen Arbeit wurden auf EU- sowie internationaler Ebene zahlreiche Regelwerke verabschiedet, die die nationalen Vorschriften im EGBGB verdrängen, also vorrangig anzuwenden sind.

Zentrale Regelungswerke in Sorgerechtsfragen sind auf EU-Ebene die Brüssel II a-Verordnung (Verordnung [EG] Nr. 2201/2003 des Rates vom 27.11.2003 über die Zuständigkeit und die Anerkennung und Vollstreckung von Entscheidungen in Ehesachen und in Verfahren betreffend die elterliche Verantwortung und zur Aufhebung der Verordnung [EG] Nr. 1347/2000) und auf internationaler Ebene das für Deutschland am 1.1.2011 in Kraft getretene → Haager Kinderschutzübereinkommen (Übereinkommen vom 19.10.1996 über die Zuständigkeit, das anzuwendende Recht, die Anerkennung, Vollstreckung und Zusammenarbeit auf dem Gebiet der elterlichen Verantwortung und der Maßnahmen zum Schutz von Kindern; gemäß Bekanntmachung vom 7.12.2010; BGBl. II 2010 S. 1527). Sowohl in der → Brüssel II a-Verordnung als auch im Haager Kinderschutzübereinkommen ist der zentrale Anknüpfungspunkt für die Regelung von Sorgerechtsfragen der gewöhnliche Aufenthalt des Kindes.

Im Bereich des Unterhaltsrechts ist das zentrale Regelungswerk auf EU-Ebene die Verordnung (EG) Nr. 4/2009 des Rates vom 18.12.2008 über die Zuständigkeit, das anwendbare Recht, die Anerkennung und Vollstreckung von Entscheidungen und die Zusammenarbeit in Unterhaltssachen.

Regelungswerke auf EU-Ebene für den Bereich der vertraglichen und der außervertraglichen Schuldverhältnisse sind die sogenannten ROM I- und ROM II-Verordnungen (Verordnung [EG] Nr. 593/2008 des Europäischen Parlaments und des Rates vom 17.6.2008 über das auf vertragliche Schuldverhältnisse anzuwendende Recht sowie Verordnung [EG] Nr. 864/2007 des Europäischen Parlaments und des Rates vom 11.7.2007 über das auf außervertragliche Schuldverhältnisse anzuwendende Recht). Neben der Brüssel II a-Verordnung ist für Ehescheidungen die ROM III-Verordnung von zentraler Bedeutung (Verordnung [EU] Nr. 1259/2010 vom 20.12.2010 zur Durchführung einer verstärkten Zusammenarbeit im Bereich des auf die Ehescheidung und Trennung ohne Auflösung des Ehebandes).

Wurde eine Rechtsfrage von einem ausländischen Gericht rechtskräftig entschieden und ist dessen Entscheidung z.B. aufgrund der Brüssel II a-Verordnung oder des Haager Kinderschutzübereinkommens »anzuerkennen«, so verdrängt das Internationale Zivilverfahrensrecht (IZVR) das IPR; das maßgebliche Recht muss nicht mehr ermittelt werden, weil die Rechtsfrage auch im Inland verbindlich beantwortet ist und nicht mehr neu entschieden werden muss und darf.

*Lit.* Bundesministerium für Justiz und Verbraucherschutz (Hrsg.): Internationales Privatrecht. Ein Überblick zu den wichtigsten Regelungen privater Rechtsbeziehungen mit dem Ausland, Sept. 2015, abrufbar unter www.bmjv.de; siehe auch Lexikoneintrag auf der Seite der Bundeszentrale für politische Bildung, abrufbar unter www.bpb.de/nachschlagen/lexika

*Melanie Kößler*

**Internationales Sozialrecht** Das Internationale im Begriff i. S. kann zwei verschiedene Bedeutungen haben: (1) Zum einen kann die Regelung von grenzüberschreitenden Vorgängen, v.a. zu Wanderungen in oder aus dem eigenen Hoheitsgebiet, in der eigenen Rechtsordnung gemeint sein. In diesem Fall geht es um die entsprechenden sozialrechtlichen Vorschriften, die der nationale Gesetzgeber erlassen hat, in Deutschland also um deutsches Recht. Dazu gehören die Regelungen über den Export von Leistungen. Dazu gehören aber auch die Regelungen über eine territoriale Anknüpfung von Rechten und Pflichten allgemein, also etwa Wohnsitzanforderungen für die Versicherungspflicht oder für die Leistungsberechtigung. Grundlegend ist in diesem Zusammenhang § 30 SGB I, der als Ausdruck eines Territorialitätsprinzips im → Sozialrecht gedeutet wird, das wiederum durch die Vorschriften des allgemeinen Sozialversicherungsrechts (→ Sozialversicherung) über die Entsendung (sog. Ein- und Ausstrahlung, §§ 4 und 5 SGB IV) eine Durchbrechung erfährt. Allerdings darf nicht übersehen werden, dass hinter territorialen Beschränkungen des sozialen Schutzes oder der Leistungsberechtigung oft eine Ungleichbehandlung steht und deshalb diese Beschränkungen einer Rechtfertigung bedürfen. Dabei spielen die Finanzierung einer → Sozialleistung (steuer- vs. beitragsfinanziert), deren Funktion (mit oder ohne Bezug zum konkreten Wohnumfeld) und die Unterscheidung zwischen → Geld- und → Sachleistungen (im Hinblick auf die Sicherung der Funktion einer Sozialleistung) eine Rolle.

(2) Die zweite Bedeutung der Internationalität bezieht sich auf den Normgeber. Denn oft wird i. S. als Synonym für völkerrechtliches Sozialrecht verstanden. Insofern geht es um zwischenstaatliches Recht, wobei von den möglichen Rechtsquellen (vgl. Art. 38 Statut des internationalen Gerichtshofs) im Sozialrecht v.a. die völkerrechtlichen Verträge eine Rolle spielen. Dabei ist zwischen Verträgen, die unmittelbar von Staaten entweder bi- oder multilateral geschlossen werden, und Verträgen, die im Rahmen von internationalen Organisationen ausgearbeitet und von den Staaten dann unterzeichnet und ratifiziert werden, zu unterscheiden. Beide bedürfen allerdings der Transformation in die deutsche Rechtsordnung (Art. 59 Abs. 2 → Grundgesetz [GG]). Hingegen existieren keine spezifisch sozialrechtlichen allgemeinen Regeln des Völkerrechts, die bereits von Verfassungs wegen gelten (Art. 25 GG). Vom Völkerrecht ist das EU-Recht, das unmittelbar gilt und Anwendungsvorrang vor dem nationalen Recht besitzt (sog. supranationales Recht), zu unterscheiden, wenn auch die Grenzen des Vorrangs umstritten sind.

Inhaltlich betrachtet lassen sich drei verschiedene Quellen des völkerrechtlichen i. S. unterscheiden: (a) Sozialversicherungsabkommen (SVA), die zwischen Staaten (i.d.R. bilateral) geschlossen werden. Sie dienen dazu, Migrant/innen nach dem Gegenseitigkeitsprinzip gleichzustellen und wanderungsbedingte Verluste → sozialer Rechte zu vermeiden. Deutschland hat mit verschiedenen Staaten SVA, deren sachlicher Anwendungsbereich unterschiedlich ist, bzw. Entsendeabkommen geschlossen (Überblick zu finden unter: www.bmas.de). Innerhalb der EU dienen demselben Zweck die Koordinierungsverordnungen (VO 883/2004 mit DVO 987/2009). (b) Abkommen der → Internationalen Arbeitsorganisation (IAO) in Genf. Für die sozialrechtliche Standardsetzung wichtig sind insbesondere das Abkommen Nr. 102 über die Mindestnormen der → Sozialen Sicherheit und neuerdings die Entwicklung von Empfehlungen über social protection floors. (c) Menschenrechtsabkommen, die auch der Absicherung sozialer Rechte (z.T. Rechte zweiter Generation genannt) dienen, die insofern primär gegenständlich (Bezug auf Arbeit, sozialen Schutz, Bildung, Wohnung und allgemeine Ressourcen) gefasst werden. Diese Absicherung erfolgt auf globaler und regionaler Ebene, immer noch zumeist in einem gesonderten Vertrag. Für die UN ist der Pakt über wirtschaftliche, soziale und kulturelle Rechte (IPWSKR) von 1966 zu erwähnen, für Europa die im → Europarat ausgearbeitete → Europäische Sozialcharta (ESC) von 1961 bzw. 1996 (revidierte Fassung, noch nicht von Deutschland ratifiziert).

*Ulrich Becker*

**Internationale Vergleichsstudien** Seit der Jahrtausendwende nimmt Deutschland an einer Reihe von i. V. teil, die in bestimmten Zeitabständen die → Kompetenzen von Schüler/innen messen. Dadurch erhalten die Regierungen der beteiligten Staaten Informationen, die sie für die Verbesserung des Schulsystems nutzen sollen.

Die weltweit größte V. ist PISA (»Programme for International Student Assessment«). Sie wird alle drei Jahre von der → Organisation für wirtschaftliche Zusammenarbeit und Entwicklung (OECD) durchgeführt. Seit der ersten PISA-Studie 2000 stieg die Zahl der Teilnehmerländer von 32 auf 71 (2015). Getestet werden in einer Stichprobenerhebung (in Deutschland ca. 10.000) 15-jährige Schüler/innen in Mathematik, Lesen und Naturwissenschaften. Hinzu kommt bei jeder Studie ein neues Gebiet, etwa die Fähigkeit, Alltagsprobleme zu lösen. Seit 2015 werden die Tests am Computer statt wie früher mit Stift und Papier durchgeführt. Auch die Eltern werden befragt, z.B. welche Berufserwartungen sie für ihr Kind haben. Die Ergebnisse der ersten Erhebung lösten den »PISA-Schock« aus, denn in allen drei Bereichen lag Deutschland unterhalb des OECD-Durchschnitts, zudem erwies sich die schulische Leistung als stark an den Bildungsstand des Elternhauses gekoppelt. Als Reaktion wurden von der → Kultusministerkonferenz (KMK) und der Bundesregierung eine Reihe von Maßnahmen beschlossen, u.a. die Einführung von bundesweit gültigen Bildungsstandards und ihre regelmäßige Überprüfung durch das neu gegründete Institut zur Qualitätsentwicklung im Bildungswesen sowie der Ausbau von → Ganztagsschulen. Seit 2000 sind die deutschen Ergebnisse in allen drei Bereichen kontinuierlich gestiegen.

Weitere i. V. sind TIMSS und IGLU mit rund 50 Teilnehmerländern. Bei der Grundschulleseuntersuchung IGLU (engl. »Progress in International Reading Literacy Study«, PIRLS) werden alle fünf Jahre Text- und Leseverständnis bei ca. 4.000 Viertklässler/innen getestet, bei TIMSS (»Trends in International Mathematics and Science Study«) alle vier Jahre das Niveau in Mathematik und Naturwissenschaften. Bei beiden Untersuchungen lag Deutschland zuletzt im oberen Drittel. Darüber hinaus wurde 2013 erstmals eine Studie zum internationalen Vergleich von IT-Kenntnissen bei Jugendlichen der 8. Klasse durchgeführt, ICILS (»International Computer and Information Literacy Study«). Deutschland lag hier über dem Gesamtdurchschnitt aller 20 Teilnehmerländer und im EU-Durchschnitt. Allerdings werden in keinem Teilnehmerland Computer an Schulen seltener eingesetzt. Federführend bei IGLU, TIMSS und ICILS ist der internationale Verband für Bildungsforschung IEA.

Die Erwachsenenstudie PIAAC wurde von der OECD erstmals 2012 durchgeführt und soll im 10-Jahres-Rhythmus wiederholt werden. Getestet werden 16- bis 65-Jährige in Lesen, alltagsmathematischer Kompetenz und technologiebasiertem Problemlösen. Die Ergebnisse zeigen, dass die Grundkompetenzen der in Deutschland lebenden Erwachsenen insgesamt durchschnittlich sind.

*Katharina Koufen*

**International Federation of Social Workers (IFSW)** ist die weltweite Vereinigung von nahezu 750.000 Vertreter/innen beruflicher sozialer Arbeit aus ca. 115 Ländern, die über nationale Berufsverbände organisiert sind und dort ihre fachlichen und arbeitsrechtlichen Interessen wahrnehmen. Deutschland ist in der IFSW durch den → Deutschen Berufsverband für Soziale Arbeit e.V. (DBSH) repräsentiert. Die IFSW beruft sich darauf, dass soziale Arbeit ihre Wurzeln in unterschiedlichen humanitären, religiösen und demokratischen Philosophien hat und dass diese universell anwendbar sind, um menschliche Bedürfnisse zu erfüllen, die sich aus persönlichen und gesellschaftlichen Interaktionen ergeben. Sie ist eine → Nichtregierungsorganisation (NRO), die → soziale Gerechtigkeit, → Menschenrechte und soziale Entwicklung durch Soziale Arbeit, beste Praxis und internationale → Kooperation zwischen Sozialarbeiter/innen und professionellen Organisationen stärken will. Zu ihren Aufgaben gehören u.a. der grenzübergreifende Austausch, die Förderung professioneller Standards und angemessener Arbeitsbedingungen. Dies geschieht durch Konferenzen und laufende Gremienarbeit zu Grundsatzfragen und aktuellen Problemlagen. In den geraden Jahren finden weltweite und in den ungeraden Jahren regionale Kongresse statt.

Die IFSW ging aus dem 1928 in Paris gegründeten »ständigen internationalen Sekretariat für Sozialarbeiter« hervor und konstituierte sich offiziell 1956 in München. Ihr gehören Berufsverbände an, die sich den von der IFSW verabschiedeten ethischen Grundsätzen und Positionen verpflichtet fühlen. Jedes Land hat – über die Berufsverbände oder einen Zusammenschluss von Verbänden – einen Sitz und eine Stimme. Über die Gemeinschaft der »IFSW Friends« können sich aber auch Einzelpersonen engagieren. Die IFSW arbeitet eng mit anderen internationalen sozialen Organisationen zusammen, z.B. mit dem → International Council on Social Welfare (ICSW) und der → International Association of Schools of Social Work (IASSW). Sie hat beratenden Status in verschiedenen Abteilungen der → Vereinten Nationen (u.a. → UNICEF, → Weltgesundheitsorganisation [WHO], → Hoher Flüchtlingskommissar [UNHCR]) und in der → Europäischen Union. Über das Internet erscheinen Info-Briefe und jeden zweiten Monat das Journal of International Social Work.

*Anschrift*: Generalsekretariat, Postfach 6875, CH–3001 Bern, www.ifsw.org

*Joachim Wieler*

**Intersektionalität** wurde 1989 von der afro-amerikanischen Juristin K. Crenshaw eingeführt. → Diskriminierungserfahrungen Schwarzer Frauen sollten nicht nur auf gender, race oder class reduziert werden. Das englische Wort für Strassenkreuzung benennt eine unübersichtliche Vielzahl an Überkreuzungen verschiedener Ungleichheitsdimenisonen. Diese nicht nur zu addieren (z.B. »doppelte Unterdrückung«), wird seit den Anfängen der → Gender Studies angestrebt. In der deutschsprachigen Theoriedebatte ist I.umstritten. Trotzdem sind gemeinsame theoretische Anliegen erkennbar: (1) die Überwindung eindimensionaler Modelle oder Master-Kategorien; (2) die Erfassung der wechselseitigen Verflechtung von Ungleichheitsachsen; (3) die Frage nach den für die moderne Gesellschaft relevanten Strukturkategorien und die mögliche Erweiterung der klassischen Trias race, class, gender (beispielsweise: Körper, Alter, Sexualität); (4) die analytische Differenzierung und Vermittlung zwischen I. auf der Makroebene verfestigter Ungleichheit und auf der Mikroebene sozialer Identitäten und Handlungsmuster. Theorie und Praxis der Sozialen Arbeit braucht solche differenzierten Analysen, um verfestigte Ungleichheitsstrukturen und subjektive Ungleichheitserfahrungen von Menschen unterscheiden und erkennen zu können. Damit wird für starre Gruppen- und Identitätskonstruktionen sensibilisiert, die die Alltagsinteraktionen Sozialer Arbeit machtvoll begrenzen.

*Mechthild Bereswill*

**Intersexualität** → Trans- und Intergeschlechtlichkeit

**Intervention** bezeichnet im Allgemeinen einen zielgerichteten Prozess des »Dazwischentretens« (lat. intervenire) in mehr oder minder komplexe Systeme, um dort gezielte Veränderungen eines als unbefriedigend erlebten Zustandes herbeizuführen (vgl. → Krisenintervention). Im Bereich personenbezogener sozialer Dienstleistungen sind I. in aller Regel auf Veränderungen des Fühlens, Denkens und Handelns von Menschen (psychische Systeme) und die Funktionsweisen und Strukturen ihrer sozialen Beziehungen (soziale Systeme) ausgerichtet. Je nach Handlungsfeld und Zuständigkeit sprechen wir beispielsweise von Erziehung und Bildung, Hilfe und Kontrolle, Führung und Leitung, Moderation, Therapie oder Pflege. I. stellt also eine Form gezielter → Kommunikation und → Interaktion dar, die an spezifische Intentionen der Intervenierenden gebunden sind. Für die Intervenierenden stellen sich somit Fragen nach dem Zugang zum Wissen über den Zustand und die innere Dynamik komplexer Systeme, wie mit dem Problem der Ungewissheit über die Erkenntnismöglichkeit über die wirklichen Bedürfnisse eines Systems umgangen werden kann und soll und wie Professionelle trotz Ungewissheit und Unsicherheit über Ursachen und Wirkungen entscheidungs- und handlungsfähig bleiben und die Wahrscheinlichkeit für gelingende I. erhöhen.

In der Sozialen Arbeit hat der Begriff in den letzten Jahren – in unterschiedlicher Ausrichtung – an Bedeutung gewonnen. Einige verwenden diesen Begriff synonym für konkretes Handeln auf der Basis allgemeiner Handlungstheorien mithilfe von bestimmten Techniken, Methoden oder Instrumenten. Andere bezeichnen damit alle mittelbaren und unmittelbaren sowie gewollten und ungewollten Aktivitäten in Veränderungsprozessen. Das fängt beim Beobachten an, geht über das Einschätzen (soziale → Diagnose, Assessment) und planungsbasierte Eingreifen mit Hilfe bestimmter Methoden und Techniken bis zur Bewertung der Ergebnisse (→ Evaluation). Dieses Verständnis umfasst damit auch die Risiken und unbeabsichtigten Nebenwirkungen einer I.

Ursprünglich verbindet sich mit dem Begriff I. die Annahme, dass der oder die Intervenierende den zu verändernden Gegenstand (z.B. eine Person und ihre Lebenssituation) eindeutig erkennen und verstehen kann. Auf Basis möglichst wissenschaftlicher Erkenntnisse werden anschließend linear-kausale Ursache-Wirkungs-Mechanismen identifiziert und eine auf dieser Analyse beruhende Veränderungsstrategie entworfen. Ein entsprechender I.plan soll so vorhersagbare Ergebnisse erzielen. Die »Eigensinnigkeit« des sozialen oder psychischen Systems wird dabei eben so wenig berücksichtigt, wie die Unzulänglichkeit scheinbar sicheren Wissens und die Unsicherheit (Kontingenz) über den Ausgang einer I. I., die auf systemischen Grundannahmen beruhen (→ Systemischer Ansatz), gehen dagegen davon aus, dass sich Systeme nur selbst verändern können. Daher sollten I. von außen immer so ausgerichtet sein, dass sich diese an die innere Eigenlogik des Systems anpassen und dieses sich so selbst in die Lage versetzen kann, eine (auch von außen) gewünschte Veränderung herbeizuführen. Da Veränderungswünsche von außen immer auch Widerspruch mobilisieren, können paradoxe I. manchmal Wirkungen in gewünschter Richtung erzielen. Dieser Ansatz korrespondiert sehr eng mit den in der Sozialen Arbeit allgemein akzeptierten normativen Maximen von der Anerkennung von Autonomie, → Subjektivität und Eigensinnigkeit ihrer → Adressat/innen sowie deren aktiver → Partizipation an allen Veränderungsprozessen.

*Herbert Effinger*

**Interview** → Empirische Sozialforschung

**Intervision** → Kollegiale Beratung

**Intuition** Als I. (von lat. intueri: betrachten, erwägen) oder »Eingebung« bezeichnet man ein unmittelbares, nicht reflexiv untermauertes, Erfassen eines Sachverhaltes bzw. die Fähigkeit, Sichtweisen, Gesetzmäßigkeiten oder die subjektive Stimmigkeit von Entscheidungen ohne bewusste rationale Ableitung gefühlsmäßig zu erahnen. Auch komplizierte Vorgänge können durch häufig nicht bewusstes Erahnen (umgangssprachlich »aus dem Bauch«) in Sekundenschnelle erfasst werden und in Handlungsimpulse einmünden. Die Fähigkeit, Eigenschaften und → Emotionen eines menschlichen Gegenübers in Sekundenbruchteilen komplex zu erfassen, basiert zunächst auf einer instinkthaften Differenzierung, in der Folge jedoch entlang der im Leben eingegangenen Erfahrungen. Im weiteren Sinne kann man daher auch sog. »tacit knowledge«, also Formen des Wissens, die sich in professioneller Erfahrung bilden, aber sprachlich kaum expliziert werden können, als I. bezeichnen. Als intuitive Konzepte bezeichnet man im Kontrast dazu tief in der Alltagserfahrung verwurzelte Konzepte, die sich in diesem Rahmen bewährt haben, jedoch durchaus von wissenschaftlichen Konzepten bzw. der Realität abweichen können.

*Silke Birgitta Gahleitner*

**Investitionsfinanzierung in der Pflegeversicherung** Durch die gesetzliche → Pflegeversicherung soll auch der Ausbau einer ausreichenden pflegerischen Versorgung und der notwendigen Infrastruktur hierzu gesichert werden. Die Bundesländer tragen hierfür die Verantwortung (§ 9 SGB XI). Die I. ist als duales Finanzierungssystem ausgestaltet (unterschiedliche Verantwortung für I. und Pflegeleistung). Eine monistische Finanzierung (auch die I. würde durch die → Pflegekasse erfolgen) hat sich im Gesetzgebungsverfahren nicht durchgesetzt. Für → Pflegeeinrichtungen i.S. des SGB XI besteht kein → Rechtsanspruch auf Förderung von Investitionskosten. Eine Förderung kann sich auf sämtliche in § 82 Abs. 2 SGB XI aufgeführten Aufwendungen erstrecken. Findet keine (ausreichende) Förderung statt, kann die Pflegeeinrichtung Aufwendungen hierfür den Pflegebedürftigen (→ Pflegebedürftigkeit) unmittelbar in Rechnung stellen. Regelungen zu Inhalt, Art und Umfang der Förderung sowie der für die Förderung zuständigen Stellen sind in den Bundesländern unterschiedlich ausgestaltet. Die Förderung von konkreten Vorhaben (Objektförderung) verliert an Bedeutung. Alternativ oder ergänzend wird in einigen Bundesländern ein bewohnerorientierter Aufwendungszuschuss (Pflegewohngeld) geleistet. Eine mögliche Investitionsförderung von Pflegeeinrichtungen erfolgt nach landesrechtlichen Bestimmungen. Investitionsaufwendungen einer Pflegeeinrichtung, die nicht vollständig durch eine Förderung gedeckt sind, können den Pflegebedürftigen gem. § 82 Abs. 3 SGB XI i.V.m. Landesrecht gesondert berechnet werden. Pflegeeinrichtungen, deren Investitionen nicht gefördert werden, haben die gesonderte Berechnung von Investitionsaufwendungen der zuständigen Landesbehörde anzuzeigen (§ 82 Abs. 4 SGB XI).

*Franz Schmeller*

**Jobcenter** Die seit 2011 im SGB II enthaltene Bezeichnung erfasst die Leistungsstellen der → Grundsicherung für Arbeitsuchende. J. sind in jedem → Landkreis und jeder → kreisfreien Stadt tätig. Besonderheiten bestehen in Städteregionen und den Stadtstaaten. In den Landkreisen können auch kreisangehörige Kommunen herangezogen werden. In Deutschland gibt es 408 J., darunter 105 kommunale J., in denen die Kommunen allein ohne die → Agenturen für Arbeit die Aufgaben des SGB II erfüllen (Stand Februar 2015).

Die J. entscheiden bspw. über Anträge auf → Arbeitslosengeld II oder Sozialgeld für in der → Bedarfsgemeinschaft lebende nichterwerbsfähige Personen. Sie haben → Leistungen zur Sicherung des Lebensunterhalts wie den → Regelbedarf, → Mehrbedarf oder Bedarfe für → Unterkunft und → Heizung zum Inhalt. Darüber hinaus entscheiden J. über Leistungen der → Arbeitsförderung. Auch die Minderung von Leistungen infolge von Pflichtverletzungen erfolgt durch das J. (→ Sanktion). Sie erlassen die entsprechenden → Verwaltungsakte und schließen → Eingliederungsvereinbarungen. Sie erbringen Dienst-, → Geld- oder → Sachleistungen und beauftragen Dritte. Im Februar 2015 erhielten über 6,1 Mio. Personen Leistungen von den J.

Ideengeschichtlich ist der Begriff mit Theorien eines »aktivierenden Sozialstaats« sowie einer aktivierenden Arbeitsmarkt- und Beschäftigungspolitik verbunden. Diese namentlich in Dänemark, aber auch im Vereinigten Königreich diskutierten Ansätze haben die Entwicklung in Deutschland bis hin zum Begriff maßgeblich beeinflusst. Die aktivierende Funktion hinsichtlich der Arbeitsaufnahme, der Dienstleistungscharakter sowie die Eigenverantwortung und Obliegenheiten der Arbeitsuchenden (→ Mitwirkungspflichten) werden in diesen Konzepten betont. Der ursprüngliche Entwurf eines Vierten Gesetzes für moderne Dienstleistungen am Arbeitsmarkt aus dem Jahr 2003 ging noch davon aus, dass »von den Agenturen für Arbeit Job-Center als einheitliche Anlaufstellen für alle eingerichtet werden« sollten, die einen Arbeitsplatz oder Ausbildungsplatz suchen (BT-Drucks. 15/1516, S. 24). Dazu ist es jedoch nach einem tiefen politischen Richtungsstreit im Rahmen eines politischen Kompromisses nicht gekommen. Nach Entscheidungen des Bundesverfassungsgerichts (BVerfG) (z.B. 2007: BVerfGE 119, 331 und 2014: NZS 2014, 861) und Änderungen des → Grundgesetzes (GG) und des SGB II ist geklärt, dass neben den Arbeitsagenturen auch die Kommunen an der Bildung und Aufgabenwahrnehmung im J. beteiligt sind und die J. »Leistungen aus einer Hand« erbringen.

Der Richtungsstreit hat die Entstehung und Organisation der J. maßgeblich beeinflusst. Zwei Besonderheiten im Verhältnis zu anderen Sozialbehörden (z.B. → Sozialamt) sind zu nennen: (1) Das J. wird von zwei → Trägern der Grundsicherung geprägt: der Bundesagentur für Arbeit bei bundesfinanzierten Leistungen und den kreisfreien Städten und Kreisen als staatsorganisatorische Teile der Länder bei kommunalfinanzierten Leistungen. Die Dualität der Träger führt zu komplizierten Weisungs- und Aufsichtssträngen und hat Auswirkungen auf die Finanzierung. Der Bund trägt 84,8% der Verwaltungskosten des J., der jeweilige kommunale Träger 15,2%. (2) Es sind zwei gleichberechtigte Typen der J. zu unterscheiden: die gemeinsamen Einrichtungen (gE) als Regel (bis 2010 auch als Arbeitsgemeinschaften – ARGE – bezeichnet) und die besonderen Einrichtungen (bE) als Ausnahmen (sog. Optionskommunen, zugelassene kommunale Träger oder kommunale J.), die rechtlich zu einem Viertel der Gesamtanzahl der J. gebildet werden können.

Bei den gE handelt es sich um eine in Art. 91 e GG abgesicherte sog. Mischverwaltung zwischen Bund und Land, weil die Arbeitsagenturen als Teil des Bundes und die kommunalen Grundsicherungsträger als Teil des jeweiligen Landes zusammenwirken. Die gE charakterisiert eine rechtliche Konstruktion eigener Art ohne eigene Dienstherreneigenschaft (Behörde sui generis), weil sie keine vollwertige → juristische Person des → öffentlichen Rechts darstellt. Anderseits nehmen sie weitgehend selbständig Befugnisse wahr. Ihre Struktur ist gesetzlich vorgegeben: Im Mittelpunkt stehen Trägerversammlung und Geschäftsführer.

Die → Weisung und Aufsicht gegenüber den gE entsprechen der Trägerstruktur: Bei bundesfinanzierten Leistungen (z.B. Regelbedarf, Mehrbedarf, Leistungen der Arbeitsförderung) besteht eine → Fach- und → Rechtsaufsicht des zuständigen Bundesministeriums gegenüber der Bundesagentur für Arbeit, die wiederum Weisungen gegenüber der gE erlässt. Bei kommunalfinanzierten Leistungen (z.B. Kosten für Unterkunft und Heizung, kommunale Eingliederungsleistungen oder → Leistungen für Bildung und Teilhabe) verfügen die Kommunen über Weisungsrechte gegenüber der gE. Die Rechtsaufsicht und in einigen Ländern auch die Fachaufsicht gegenüber den Kommunen obliegt den obersten Landesbehörden.

In den bE erfüllen allein die Kommunen alle Aufgaben. Sie bilden eine organisatorisch und finanziell »besondere« Einrichtung. Die Rechtsaufsicht nimmt die oberste Landesbehörde wahr. Die bE ist Bestandteil der Kommunalverwaltung. Einige Länder sehen dabei die Bildung von Anstalten des öffentlichen Rechts vor.

Die J. als neuer besonderer Typus der Massenverwaltung im sozialen Bereich und die konkreten Wirkungen der J. sind umstritten. Die Generalkritik am SGB II, die sich v.a. auf ein Scheitern der Aktivierung und mangelnder sozialer Teilhabe bezieht, wird oft pauschal auf die Aktivitäten der J. bezogen. Bei ihrer Bewertung ist allerdings zu berücksichtigen, dass sie komplexe Aufgaben unter schwierigen politischen, finanziellen, personellen und rechtlichen Rahmenbedingungen erfüllen. Ein erhebliches Optimierungspotenzial kann in der individuellen, passgerechten Ausrichtung der Arbeitsförderung, klarer (auch) sozialpolitischer Aufgabenstellungen sowie der netzwerkartigen Verflechtung (→ Kooperation) mit anderen Akteuren des → Arbeitsmarktes oder der → Sozialpolitik gesehen werden.

*Hans Lühmann*

**Judikative** → Rechtsprechung

**Jugend** Mit dem Begriff »Jugend« wird die Lebensphase zwischen → Kindheit und Erwachsenenalter bezeichnet. Eine einheitliche Definition des Begriffes gibt es nicht. Je nach Fachdisziplin rücken spezifische Gesichtspunkte in den Fokus: in der Soziologie die gesellschaftlichen Bedingungen des Aufwachsens, jugendkulturelle Definitions- und Abgrenzungsprozesse (→ Jugendkultur), Beteiligung und → Integration; in der Psychologie die Prozesse der emotionalen und kognitiven Entwicklung der Identitätsbildung (→ Identität); in Pädagogik und Erziehungswissenschaft Voraussetzungen und Folgen von → Lernen, → Erziehung und → Bildung in formalen, nonformalen und informellen Kontexten. Erst im Ausgang des 18. Jh. wird mit Rousseau als »Erfinder der Jugendphase« der Lebensabschnitt zwischen Kindheit und Erwachsensein als eigenständige Phase mit entsprechendem Freiraum für unterschiedliche Entwicklungs- und Bildungsaufgaben beschrieben. Diese »Schonzeit« (»psychosoziales Moratorium«) im Lebenslauf war jedoch zunächst ein Privileg der männlichen bürgerlichen J. J. als verselbstständigte, von Kindheit und Erwachsensein unterschiedene Lebenszeit wurde in urbanen, hochindustrialisierten Gesellschaften für (fast) alle Jugendlichen erst in der ersten Hälfte des 20. Jh. zur gesellschaftlichen Realität. Damit ist J. als ein soziales Phänomen der Moderne zu verstehen, als eine gesellschaftlich konstruierte Lebensphase von begrenzter Dauer, die über unterschiedliche sozioökonomische Lebensbedingungen, soziale Herkunft, → Normen und Werte, das Rechts- und Bildungssystem determiniert ist. Darüber hinaus ist die J.phase durch den starken Einfluss fördernder, unterstützender und bildender, aber auch kontrollierender → Institutionen geprägt.

Häufig erfolgt die Definition der Lebensphase J. über das Alter und den damit verbundenen Anforderungen, Erwartungen, Möglichkeiten und Grenzen. Nach dem SGB VIII gehört zur J., wer das 14. Lebensjahr, aber noch nicht die → Volljährigkeit mit 18 Jahren erreicht hat; volljährige Jugendliche sind nach dem SGB VIII Personen/Heranwachsende zwischen 18 und 27 Jahren – oft als »junge Erwachsene« bezeichnet. Die juristische und politische Mündigkeit (z.B. volle → Strafmündigkeit und → Geschäftsfähigkeit, allgemeines aktives und passives Wahlrecht) setzt mit dem 18. Lebensjahr ein. Diese (Alters-)Grenzen verlieren jedoch an Schärfe (siehe z.B. die Diskussion um die Herabsetzung des Wahlalters auf 16 bzw. 14 Jahre).

Das Konzept der Entwicklungsaufgaben beschreibt J. als eine Phase der konstruktiven Anpassung an körperliche, seelische und soziale Veränderungen. Das Loslösen vom Elternhaus, das Akzeptieren körperlicher Veränderungen und die Klärung der Geschlechterrolle, der Aufbau sozialer Beziehungen insbesondere zu Gleichaltrigen, die Entwicklung eines eigenen identitätsstiftenden Werte- und Normensystems, das Ausloten von Grenzen und die schulische und berufliche Qualifikation stellen zu bewältigende Anforderungen dar. Diese betreffen zum einen das → Individuum in seiner Einzigartigkeit, sind zum anderen immer auch in gesellschaftlichen Prozessen und (Teil-)Systemen verankert und darauf rückbezogen. Der (neuere) Agency-Begriff stellt Jugendliche deutlicher als Handelnde und Gestaltende in den Fokus. Die Adoleszenz stellt damit auch eine Lebensphase dar, die geprägt ist von psychischen und sozialen Veränderungen im Übergang zum Erwachsenenstatus, der wesentlich über (familiäre) Generationenordnungen zu bestimmen ist.

Grundsätzlich lassen sich drei verschiedene Perspektiven auf J. herausarbeiten. Der homogenisierende, generalisierende Blick beschreibt J. im Singular, d.h. typische Merkmale und Bedingungen des Aufwachsens werden (teilweise klischeehaft) fokussiert. Eine zweite Perspektive rückt demgegenüber die Heterogenität der → Lebenslagen von Jugendlichen (z.B. im Zusammenhang mit jugendkulturellen Milieus) in den Mittelpunkt, sodass in der Ausdifferenziertheit nur mehr von Jugenden (im Plural) gesprochen wird. Die dritte Sichtweise betont die strukturelle Verortung der Jugendlichen im gesamtgesellschaftlichen System und die damit verbundene gemeinsam geteilte soziale Lage.

J. wird immer mehr zu einer spannungsreichen, riskanten Lebensphase von hoher biografischer Ungewissheit. Sie ist weiterhin Gestaltungsraum mit Blick auf die individuelle Entwicklung sowie die eigene gesellschaftliche Positionierung. Zur gleichen Zeit sind Jugendliche mit einer Vielzahl von Problemlagen und Widersprüchlichkeiten konfrontiert. So besteht z.B. ein Spannungsverhältnis zwischen Abhängigkeit und Reife, wenn das Individuum einerseits soziokulturell selbstständig ist, jedoch durch länger und prekärer werdende Bildungs- und Ausbildungswege die ökonomische Selbständigkeit immer später eintritt. Das Ende der J. ist nicht durch ein eindeutiges, singuläres Ereignis oder Kriterium gekennzeichnet, sondern die Statuspassagen zum Erwachsensein zersplittern in (z.T. widersprüchliche) »Teilreifen«. Statusinkonsistenzen werden zum Strukturmerkmal von J., Altersnormen verlieren an Bedeutung. Die gesellschaftliche Entwicklung hin zu mehr Individualität und Pluralität hat Wahlmöglichkeiten vervielfacht, birgt gleichzeitig jedoch auch vermehrt Risiken von individueller Benachteiligung und gesellschaftlicher → Exklusion. Unter diesen Bedingungen wird umso deutlicher, dass es *die* J. als homogene Sozialgruppe nicht gibt. Familiale Lebensbedingungen und Ressourcenausstattungen tragen entscheidend dazu bei, wie Chancen an der Schwelle zum Erwachsensein genutzt und Anforderungen und Risiken bewältigt werden können. Die J. als Lebensphase zwischen Kindheit und Erwachsenenalter befindet sich im Umbruch und hat an Konturen eingebüßt. Parallel zu Individualisierung, Pluralisierung und Entstrukturierung und unter den damit einhergehenden Verunsicherungen – v.a. beim Übertritt ins Berufsleben – ist zumindest eine »Verdichtung«, wenn nicht eine »Vernichtung« der J.phase zu beobachten. »Traditionelle« Entwicklungsaufgaben und neu hinzukommende Kompetenzfelder müssen in kürzerer Zeitspanne und teilweise auch in hoher Konkurrenz erschlossen und bewältigt werden, was zu einer Verringerung der Experimentalräume führt.

*Lit.* Gaiser, W./Krüger, W./de Rijke, J./ Wächter, F.: Jugend und politische Partizipation in Deutschland und Europa, in: Tremmel, J./Rutsche, M. (Hrsg.): Politische Beteiligung junger Menschen. Grundlagen, Perspektiven, Fallstudien, Berlin/Heidelberg/Wiesbaden 2016, S. 13–38; Heitmeyer, W./Mansel, J./Olk, T. (Hrsg.): Individualisierung von Jugend. Zwischen kreativer Innovation, Gerechtigkeitssuche und gesellschaftlichen Reaktionen, Weinheim/München 2011; Rauschenbach, T./Borrmann, S. (Hrsg.): Herausforderungen des Jugendalters, Weinheim 2013; Sandring, S./ Helsper, W./ Krüger, H.-H. (Hrsg.): Jugend. Theoriediskurse und Forschungsfelder, Berlin/ Heidelberg/Wiesbaden 2015; Scherr, A.: Jugendsoziologie. Einführung in Grundlagen und Theorien, Wiesbaden 2015.

*Franziska Wächter*

**Jugendamt** Seit der Föderalismusreform I von 2006 wird durch Landesrecht geregelt, wer als örtlicher → Jugendhilfeträger (§ 69 SGB VIII) ein J. zu errichten hat. i.d.R. sind dies die → Landkreise und → kreisfreien Städte, in einigen Bundesländern auch → kreisangehörige Städte. Viele Kommunen haben die klassische Struktur der J. aufgebrochen und deren Aufgaben mit denen anderer Ämter zusammengefasst (z.B. in einem »Amt für Jugend und Soziales«), sie in einzelne Fachbereiche oder Ämter zergliedert (z.B. in eigenständige Ämter für → Soziale Dienste) oder Mischformen aus beidem entwickelt. Im Jahr 2013 gab es bundesweit etwa 563 J. Mit kontinuierlichem Rückgang der Verantwortungsbereiche des Bundes und der Landesjugendbehörden ist das J. als sozialpädagogische Fachbehörde zentraler staatlicher Akteur der → Kinder- und Jugendhilfe.

Das J. hat seinen Ursprung im Reichsjugendwohlfahrtsgesetz (RJWG), welches 1924 in Kraft getreten ist. Mit dieser Gesetzgebung wurden die bis dahin von → freien und → öffentlichen Trägern geführten Bemühungen der Kinder- und Jugendfürsorge und der Jugendpflege zusammengeführt und unter die Verantwortung von neu zu gründenden J. gestellt. Aufgrund der wirtschaftlichen Situation der Weimarer Republik und der anschließenden Vereinnahmung der öffentlichen Jugendhilfe durch Volkswohlfahrt und Hitlerjugend im Nationalsozialismus wurden allerdings erst 1953 mit der Novelle zum RJWG in Westdeutschland die wesentlichen Elemente der damaligen Gesetzgebung aufgegriffen und flächendeckend J. gebildet. In Ostdeutschland wurden mit Einführung des SGB VIII durch das → Kinder- und Jugendhilfegesetz am 3.10.1990 die Aufgaben der Jugendhilfe unter dem Dach zu errichtender J. zusammengeführt.

Das J. hebt sich im kommunalen Gefüge durch seine besondere Verfasstheit als zweigliedrige Behörde ab. So ist der → Jugendhilfeausschuss nicht der Verwaltung gegenübergestellt, sondern qua Gesetz eigenständiger Teil des J. Hinzu kommt, dass neben den durch die Bürger/innen gewählten Mitgliedern der Vertretungskörperschaft dem Jugendhilfeausschuss auch stimmberichtigte Personen angehören, die u.a. von Trägern der freien Jugendhilfe vorgeschlagen werden. Diese Zweigliedrigkeit steht immer wieder bezüglich dieser Sonderstellung in der Kritik. In der Praxis wird zudem deutlich, dass die hohen fachpolitischen Ansprüche an den Jugendhilfeausschuss nicht flächendeckend erfüllt werden. Seit der Föderalismusreform I können die Bundesländer von dieser Zweigliedrigkeit abweichen. Außer Baden-Württemberg hat bisher allerdings keines davon Gebrauch gemacht.

Der Wirkungsbereich des J. wird in erster Linie durch das SGB VIII determiniert und umfasst »Leistungen und andere Aufgaben zugunsten junger Menschen und Familien« (§ 2 SGB VIII). Das J. hat zudem die Gesamtverantwortung für Planung, Steuerung und Finanzierung der örtlichen Jugendhilfe. Das Spektrum der Leistungen reicht von der Förderung der → Jugendarbeit und der allgemeinen Förderung der Erziehung in der Familie über die Förderung in → Kindertageseinrichtungen/→ Kindertagespflege hin zu den rechtsanspruchserfüllenden → Hilfen zur Erziehung (HzE). Die Leistungen selbst werden zu großen Teilen von Trägern der freien Jugendhilfe erbracht. Zu den »anderen Aufgaben« zählen zum einen Aufgaben, die sich nicht direkt auf die Bürger/innen beziehen, zum anderen Aufgaben, die der Ausübung des staatlichen → Wächteramtes dienen und Eingriffs- und Kontrollbefugnisse umfassen wie bspw. die → Beistandschaft, die → Vormundschaft, die Mitwirkung in gerichtlichen Verfahren und die Aufgaben im → Kinderschutz. J. sind darüber hinaus auch für Aufgaben zuständig, die in anderen Gesetzen begründet sind (z.B. → Adoptionsvermittlung und → Unterhaltsvorschuss).

Neben den durch Recht konkret geregelten Aufgaben setzt die Verwaltung des J. Beschlüsse der Vertretungskörperschaft (Kreistag/Stadtrat) sowie des Jugendhilfeausschusses um. Diese Beschlüsse setzen auch den Rahmen für zentrale Bereiche der Jugendhilfe, die der Gesetzgeber in der konkreten Ausführung den J. überlässt (z.B. die Jugendarbeit, die → Jugendhilfeplanung oder die Qualitätsentwicklung). Diesen Spielräumen in der Ausgestaltung der Aufgaben steht eine deutlich angespannte Haushaltssituation vieler Kommunen gegenüber. Insbesondere der kontinuierliche Anstieg der Ausgaben für die HzE setzt die J. zunehmend unter Rechtfertigungsdruck. Aktuell kommunizierte Strategien zur Begrenzung dieser Entwicklung z.B. durch interne Steuerung der Hilfen über Fach- und Finanzcontrolling oder durch Einführung neuer sozialraumorientierter Finanzierungsmodelle zeigen in der Praxis allerdings nicht die erwünschten finanziellen Effekte.

Auch im Kontext des Kinderschutzes steht das Handeln der J. oft unter medialer und (fach-)politischer Generalkritik. Diese ist nicht selten geprägt von simplizistischen Ideen linearer Steuerbarkeit menschlichen → Verhaltens, ergänzt um Vorschläge zur Verbesserung der Arbeit der → Allgemeinen Sozialen Dienste. So ist z.B. in den letzten Jahren eine deutliche Zunahme von Dokumentationsanforderungen und standardisierten Manualen festzustellen, die eine kompetente Kinderschutzarbeit eher verhindern.

Die Arbeit der J. ist immer wieder geprägt von Schwerpunktthemen und aktuellen Herausforderungen. War die Fachdebatte in den letzten Jahren neben der → Sozialraumorientierung, dem Kinderschutz und den → Frühen Hilfen durch die → frühkindliche Bildung geprägt, so stehen aktuell bspw. Ansätze der → Jugendberufsagenturen und der Personenkreis der → unbegleiteten minderjährigen Flüchtlinge im Fokus. In all diesen Themen erscheint es als lohnenswert, wenn sich die J. auf ihre sozialpädagogischen → Kompetenzen besinnen und sich gemeinsam mit den Entscheidungsträgern der Kommunen für organisationale, finanzielle und mentale Rahmenbedingungen einsetzen, die »dazu beitragen, positive Lebensbedingungen für junge Menschen und ihre Familien sowie eine kinder- und familienfreundliche Umwelt zu erhalten oder zu schaffen« (§ 1 SGB VIII).

Derzeit ist geplant, das SGB VIII umfassend zu modernisieren. Betroffen sind u.a. die Themenkomplexe Hilfen zur Erziehung, inklusive Lösung für Kinder- und Jugendliche mit Behinderungen im SGB VIII, Pflegekinderhilfe, Betriebserlaubnisverfahren, Qualitätsentwicklung in der Kinder- und Jugendhilfe. Die Änderungen sollen je nach Regelungsbereich entweder 2017 oder 2022 in Kraft treten.

*Lit.* Conen, M.-L.: Kinderschutz: Kontrolle oder Hilfe zur Veränderung? Ein systemischer Ansatz, Berlin 2014; Eger, F./Hensen, G. (Hrsg.): Das Jugendamt in der Zivilgesellschaft, Weinheim/Basel 2013; Gries, J./Ringler, D.: Jugendamt und Jugendhilfe in der Bundesrepublik Deutschland. Geschichte, Analysen und Materialien mit den Ausführungsgesetzen der Bundesländer, 2. Aufl., Baltmannswerder 2005; Münder, J./Meysen, T./Trenczek, T. (Hrsg.): Frankfurter Kommentar SGB VIII, Kinder- und Jugendhilfe, 7. Aufl., Baden-Baden 2013.

*Martin Isermeyer*

**Jugendarbeit** Das Arbeitsfeld der Kinder- und Jugendarbeit (im SGB VIII »J.« genannt) ist ein Bereich der → Kinder- und Jugendhilfe und wird in den § 11 und 12 SGB VIII geregelt. Im Gegensatz zur mitglieder- und werteorientierten Jugendverbandsarbeit steht die Offene Kinder- und Jugendarbeit (OKJA) für Prinzipien der Offenheit und Freiwilligkeit. Nach einer Expansion dieses Arbeitsfeldes in den 1980er- und 1990er-Jahren ist seit der Jahrtausendwende eine Trendwende eingetreten, die zu einem »Abbau bzw. einer Konsolidierung des erreichten Ausbauzustandes« (Pothmann, 11) geführt hat, mit großen Unterschieden zwischen den einzelnen Bundesländern und zwischen Ost- und Westdeutschland. Pothmann beschreibt folgende Entwicklungstendenzen für die J. besonders in Bezug auf das Personal: »Erhöhung des Frauenanteils bei den Beschäftigten der Kinder- und Jugendarbeit«, »älter werden des Personalkorpus, weitere formale Professionalisierung der Kinder- und Jugendarbeit« (ebd.) sowie die Zunahme von Teilzeitbeschäftigung.

Die Träger der OKJA bestehen zum einen aus den → öffentlichen Trägern (→ Jugendämtern), in größerem Maße aber den → freien Trägern aus den Bereichen der → Jugendverbände, Wohlfahrtsverbände, aber auch örtlichen Initiativen und Vereinen, die eine Anerkennung als → Jugendhilfeträger besitzen. Der Begriff der OKJA bezieht sich heute nicht mehr nur auf Einrichtungen, die klassischen »Häuser der Offenen Tür«, sondern auch auf mobile, aufsuchende Angebote (→ Mobile J.), Jugendtreffs im ländlichen Raum, Mädchentreffs, Soziokulturelle Zentren, Jugendkulturzentren, Abenteuerspielplätze, Spielmobile und selbstverwaltete Jugendzentren. Die Finanzierung der OKJA wird meist auf kommunaler Ebene gesichert, nur wenige Bundesländer fördern die Einrichtungen und Träger direkt. Zunehmende Bedeutung hat die zeitlich befristete Projektförderung durch Bundes- und Landesprogramme, Stiftungen etc. Ein nach wie vor beklagtes Problem der Finanzierung besteht in der mangelnden gesetzlichen Absicherung der J. insgesamt, diese ist zwar als Pflichtleistung nach § 11 SGB VIII definiert, aber in der Höhe nicht bestimmt. Die OKJA kann vor Ort also auch deutlichen Kürzungen unterworfen werden.

Zahlreiche Untersuchungen der Altersstruktur der Besucherschaft der OKJA zeigen immer wieder deutliche Verschiebungen in Richtung der Verjüngung der Klientel: Schmidt stellt fest, dass »die Offene Kinder- und Jugendarbeit derzeit im Kern von 12- bis 17-jährigen Kindern und Jugendlichen besucht wird, ältere Jugendliche und junge Erwachsene weitgehend nicht mehr von ihr angesprochen werden« (Schmidt, 39). Die Orientierung der OKJA an marginalisierten Jugendlichen wird zwiespältig diskutiert. Einerseits betont sie ihre inklusive Funktion, andererseits erscheint eine Isolierung einzelner Zielgruppen höchst problematisch.

Im Vergleich zu den anderen Bereichen der Jugendhilfe (→ Kinder- und → Jugendschutz, → Jugendsozialarbeit etc.), ist die OKJA durch Freiwilligkeit, Niedrigschwelligkeit und Offenheit der Inhalte charakterisiert, die sich an den Themen der Jugendlichen orientieren soll. Als Methoden können u.a. beschrieben werden: Projektarbeit, mobile aufsuchende Ansätze, Einzelarbeit und → Beratung, Beziehungsarbeit, Arbeit mit Gruppen, → politische Bildung, internationale Jugendbegegnungen usw. In der OKJA existiert eine große Breite unterschiedlicher konzeptioneller Ansätze wie etwa: → Geschlechtsspezifische Kinder- und J., interkulturelle und antirassistische Ansätze, cliquenorientierte Ansätze, Medien- und Kulturarbeit, subjektorientierte OKJA, Demokratiebildung, → Peergroup education, Abenteuer- und → Erlebnispädagogik, → Sozialraumorientierung etc.

Der Ausbau der → Ganztagsschulen und der ganztägigen Betreuung haben gravierende Auswirkungen auf die OKJA. Kinder und Jugendliche sind länger und intensiver in den Schulkontext eingebunden und nachmittags nicht mehr in der Weise als Nutzer/innen von Angeboten ansprechbar. Die Einrichtungen der OKJA sind dabei, auf diese Veränderungen konzeptionell zu reagieren. Die → Kooperation mit der Schule wird zwiespältig diskutiert und ist mit der Gefahr verbunden, dass die J. ihre Arbeitsgrundlage von → Partizipation, Freiwilligkeit, Interessensorientierung und Flexibilität verliert. Die → demografische Entwicklung in Deutschland führt dazu, dass der Anteil der Kinder und Jugendlichen an der Gesamtbevölkerung deutlich zurückgeht. Für die J. stellt sich die Situation vor Ort, in Regionen und Bundesländern sehr unterschiedlich dar. Insbesondere in ländlichen Räumen sind die Auswirkungen schon deutlich spürbar.

Die J. ist inzwischen in der Jugendhilfe an eine Randposition gedrängt worden, weil andere Themen im Vordergrund stehen. Die beiden größten Bereiche der Jugendhilfe, die → Hilfen zur Erziehung und die → Kindertagesbetreuung wurden in den letzten Jahren enorm ausgebaut und sind auch stärker im Fokus der öffentlichen Wahrnehmung. Die J. wird als Feld in der Ausbildung an Hochschulen und Universitäten relativ wenig thematisiert (→ Studium der Sozialen Arbeit), was auch zu einer mangelnden Attraktivität führt. Das uneinheitliche Bild der professionellen Tätigkeit erschwert dies möglicherweise zusätzlich. In einigen Bereichen Deutschlands ist in der J. heute schon ein Fachkräftemangel spürbar. Dies hat aber auch mit strukturellen Schwächen des Feldes zu tun.

Die Zukunftsfähigkeit der OKJA wird bundesweit diskutiert. Im Bereich der Konzeptentwicklung geht es darum, wie die OKJA auf die veränderten Rahmenbedingungen, besonders die Ausweitung des Schulsystems, reagieren und wie es ihr gelingen kann, in der Kooperation mit Schule zu bestehen, ohne ihre Prinzipien aufzugeben, und wie sie ihre Attraktivität bei Jugendlichen behalten kann. Die Zukunft der OKJA ist auch davon abhängig, ob es gelingt, die Organisation, insbesondere die Trägerstruktur so zu verändern, dass sie den veränderten Ansprüchen genügen kann, insbesondere in Bezug auf mehr Flexibilität und Mobilität von Einrichtungen und Personal. In der → Personalentwicklung geht es darum, für den Arbeitsbereich eine Berufsperspektive zurückzugewinnen.

*Lit.* Deinet, U./Janowicz, M. (Hrsg.): Berufsperspektive Offene Kinder- und Jugendarbeit. Bausteine zur Personal- und Organisationsentwicklung, Weinheim/München 2016; Deinet, U./Sturzenhecker, B.: Handbuch Offene Kinder- und Jugendarbeit, 4. Aufl., Wiesbaden 2013; Pothmann, J.: Offene Kinder- und Jugendarbeit als Berufsfeld. Empirische Befunde zur Entwicklung der Personalsituation, in: Deinet, U./Janowicz, M. (Hrsg.): Berufsperspektive Offene Kinder- und Jugendarbeit, Weinheim/München; Schmidt, H.: Empirie der Offenen Kinder- und Jugendarbeit, Wiesbaden 2011.

*Ulrich Deinet*

**Jugendarbeitslosigkeit** Im Jahresdurchschnitt 2014 waren in Deutschland 258.301 junge Menschen unter 25 Jahren arbeitslos gemeldet (→ Arbeitslosigkeit). Bezogen auf alle zivilen Erwerbspersonen war die jahresdurchschnittliche Arbeitslosenquote in dieser Altersgruppe mit 5,7% niedriger als diejenige aller Altersgruppen (6,7%). Die Erwerbslosigkeit junger Menschen in Deutschland liegt deutlich unter dem Durchschnitt der → Europäischen Union (EU). So betrug die jahresdurchschnittliche Erwerbslosenquote junger Menschen unter 25 Jahren nach der Berechnungsmethode der → Internationalen Arbeitsorganisation (ILO) im Jahr 2014 7,7% (Durchschnitt aller EU-Mitgliedstaaten: 22,2%). Dies ist die niedrigste Quote aller Mitgliedstaaten.

Im Jahresdurchschnitt 2014 lag die Dauer der Arbeitslosigkeit in Deutschland über alle Altersgruppen bei 38,1 Wochen, bei Jüngeren unter 25 Jahren war sie mit 17,6 Wochen deutlich kürzer. Im Vergleich zu anderen Personengruppen sind Jüngere unter 25 Jahren im Durchschnitt zwar häufiger von Arbeitslosigkeit betroffen, bleiben aber weniger lang arbeitslos; insbesondere sind sie kaum langzeitarbeitslos.

Die Gründe hierfür sind vielschichtig und u.a. in der Heterogenität der Personengruppe der arbeitslosen jungen Menschen begründet. Insbesondere sind junge Menschen stärker von friktioneller Arbeitslosigkeit betroffen als andere Personengruppen. So sind junge Menschen bspw. häufig arbeitslos gemeldet, wenn sie Zeiten »überbrücken«, die etwa beim Übergang von Schule in Berufsausbildung/Studium oder von Berufsausbildung/Studium bis zur Arbeitsaufnahme entstehen.

Jüngere Menschen tragen in konjunkturell schlechteren Zeiten ein höheres Arbeitslosigkeitsrisiko. In wirtschaftlichen Aufschwungphasen verbessert sich ihre Lage am → Arbeitsmarkt jedoch überdurchschnittlich. Besonders die bereits ausgebildeten jungen Menschen sind häufig aufgrund ihrer auf dem neuesten Stand basierenden Fertigkeiten und Kenntnisse im Vorteil. Verschiedene Studien belegen: Je höher der Schul- bzw. Berufsabschluss, desto geringer ist das Risiko, arbeitslos zu werden. Es ist auch daher ein Schwerpunkt der Politik der Bundesregierung, J. durch Berufsausbildung (→ Ausbildungsförderung) möglichst präventiv zu vermeiden. Hierbei kommt der Bildungs- und → Arbeitsmarktpolitik eine Schlüsselrolle zu. Für die Integration junger Menschen wurden beim Übergang von der Schule in die Berufsausbildung im Jahr 2014 rd. 1,9 Mrd. Euro durch die Bundesagentur für Arbeit (→ Agentur für Arbeit) aufgewandt. Die finanzierten Maßnahmen umfassen u.a. die Berufseinstiegsbegleitung, die Einstiegsqualifizierung, berufsvorbereitende Bildungsmaßnahmen und ausbildungsbegleitende Hilfen.

Das duale System der beruflichen Bildung ist nach wie vor die wesentliche Säule für den Fachkräftebedarf der Zukunft und regelmäßig für über 500.000 junge Menschen pro Jahr der Einstieg in eine qualifizierte berufliche Tätigkeit.

*Mathias Scholz*

**Jugendarbeitsschutz** ist in Deutschland gesetzlich geregelt. Abweichend von den üblichen Altersgrenzen sind im Jugendarbeitsschutzgesetz (JArbSchG) Kinder junge Menschen unter 15 Jahren, Jugendliche unter 18 Jahren. Der J. ist die älteste Form des → Jugendschutzes in Deutschland. Schon 1839 wurde das Preußische

Regulativ über die Beschäftigung jugendlicher Arbeiter in den Fabriken erlassen, das ein Beschäftigungsverbot für Kinder unter neun Jahren enthielt. Auch heute ist die → Kinderarbeit verboten. Das JArbSchG bezieht sich auf alle Formen von Beschäftigung, allerdings gilt es nicht für geringfügige Hilfeleistungen, soweit sie gelegentlich, aus Gefälligkeit, aufgrund familienrechtlicher Vorschriften, in Einrichtungen der → Kinder- und Jugendhilfe, in Einrichtungen zur Eingliederung Behinderter erbracht werden. Außerdem gilt es nicht für die Beschäftigung durch die Personensorgeberechtigten (→ Elterliche Sorge) im Familienhaushalt.

Das Arbeitsverbot für unter 15-Jährige ist allerdings nicht absolut. Kinder über 13 Jahre und vollzeitschulpflichtige Jugendliche dürfen nach der Kinderarbeitsschutzverordnung z.B. mit dem Austragen von Zeitungen beschäftigt werden, mit der Betreuung von Kindern, mit Nachhilfeunterricht und mit Einkaufstätigkeiten mit Ausnahme des Einkaufs von alkoholischen Getränken und Tabakwaren. Auch dürfen sie Handreichungen beim Sport machen und z.B. bei nichtgewerblichen Aktionen und Veranstaltungen in Kirchen und Verbänden beschäftigt werden, wenn diese Tätigkeit nach § 5 Abs. 3 des JArbSchG leicht und für sie geeignet ist. Das Verbot der Beschäftigung von Schulpflichtigen (über 15 Jahre) gilt nicht während der Ferien für die Dauer von höchstens vier Wochen im Kalenderjahr (§ 5 Abs. 4 JArbSchG). Die übrigen Vorschriften des Jugendschutzes müssen selbstverständlich eingehalten werden. Für die Jugendlichen zwischen 15 und 18 Jahren gelten nach dem JArbSchG zahlreiche Vorschriften, die verhindern sollen, dass die jungen Menschen durch die Arbeit überfordert werden. Das JArbSchG regelt die Dauer der Arbeitszeit, die Frage von Ruhepausen, Schichtdienst, Wochenenddiensten und Urlaubsfragen.

Eine wesentliche Ausnahme vom Verbot der Kinderarbeit ist, dass Kinder unter bestimmten Umständen an Theatervorstellungen teilnehmen dürfen. Bei Musikvorführungen und anderen Kulturveranstaltungen gilt die Altersgrenze bei Kindern zwischen drei und sechs Jahren bis zu zwei Stunden täglich und bei Kindern über sechs Jahren bis zu drei Stunden täglich. Diese Vorschrift ist deshalb inzwischen von einiger Bedeutung, weil immer mehr Kinder und Jugendliche in Medienproduktionen, v.a. in Filmen und Fernsehsendungen mitwirken. Gerade die häufig kritisierten Doku-Soaps werden allerdings nicht von dieser Vorschrift erfasst, weil sich die Produzenten dieser Fernsehsendungen häufig auf den Standpunkt stellen, dass es sich hierbei nur um dokumentierende Aufnahmen und nicht um Arbeit (Befolgen von Regieanweisungen) handelt. Darüber hinaus ist für die Beschäftigung in den Medien nicht unwesentlich, dass es für Säuglinge und Kleinkinder unter drei Jahren keine Schutzregeln gibt. Auch hier wird davon ausgegangen, dass man ihnen noch keine Regieanweisungen geben kann und daher hier kein Arbeitsverhältnis vorliegen kann.

*Gerd Engels*

**Jugendarrest** → Erziehungsmaßregeln, → Zuchtmittel

**Jugendärztlicher Dienst** (Synonyme: Jugendgesundheitspflege, Kinder- und Jugendgesundheitsdienst [KJGD]). Oberbegriff für alle kinder- und jugendbezogenen Aktivitäten des → Gesundheitsamtes auf dem Gebiet der → Gesundheitsförderung und -erhaltung. Der Jugendzahnärztliche Dienst ist als spezieller Sektor des J. D. zu sehen. Rechtliche Grundlage war ursprünglich das Gesetz zur Vereinheitlichung des Gesundheitswesens (Vereinheitlichungsgesetz [VereinhG] vom 3.7.1934 [RGBl. I S. 531], § 3 Abs. 1; Detailregelungen in den §§ 55–59 der III. Durchführungsverordnung zum VereinhG). Da das → Gesundheitswesen in der Bundesrepublik Deutschland überwiegend Länderangelegenheit ist, gibt es keine Einheitlichkeit der Rechtsgrundlage mehr; die Bundesländer haben Nachfolgegesetze erlassen.

Der J. D. ist zentrales Tätigkeitsfeld sowohl der Sozialhygiene als auch der sozialen Pädiatrie. Als gemeinsamer Kernbereich über alle Ländergrenzen hinweg ist der Schulärztliche Dienst anzusehen, der Screeninguntersuchungen, sozialpädiatrische Beratungen, sozialkompensatorische kinder- und jugendmedizinische Vorsorgemaßnahmen (z.B. Schutzimpfungen) sowie ergänzende Hilfen für Schülerinnen und Schüler mit der Funktion eines vertrauensärztlichen Dienstes für die Schule verbindet. Die Wahrnehmung der außerschulärztlichen Aufgabenbereiche des J. D. ist regional sehr unterschiedlich in Abhängigkeit von den regionalen Versorgungsstrukturen und -erfordernissen. Am wichtigsten ist zweifellos die sozialkompensatorische, d.h. aufsuchende und nachgehende Gesundheitshilfe für Kinder und Jugendliche in einem sozial benachteiligten Umfeld. Diese ist notwendig in Ergänzung der Komm-Strukturen der kassenärztlichen Versorgung im Hinblick auf Maßnahmen der → Krankheitsverhütung und der Früherkennung; sie hat insbesondere im Kontext des → Kinderschutzes (→ Kindesvernachlässigung und → Kindesmisshandlung) stark an Bedeutung gewonnen; so sind Neugeborenen-

Hausbesuchskonzepte durch Hebammen und Kinderkrankenschwestern/-pfleger in vielen Kreisen und Kommunen eingerichtet. Weitere jugendärztliche Aufgabenfelder bestehen in der bekannten Mütterberatung und in der Durchführung von Früherkennungs- und Vorsorgeuntersuchungen einschließlich Sprachscreenings in → Kindertagesstätten. Hinzu kommt die gesundheitliche Betreuung außerschulischer Kindereinrichtungen sowie die Beratung, Begutachtung und Betreuung behinderter Kinder. Im Zuge der geopolitischen Flüchtlingsbewegungen der letzten Jahre stellt die Betreuung von (begleiteten oder unbegleiteten) Flüchtlingskindern und -jugendlichen (→ Unbegleitete minderjährige Flüchtlinge) durch den J. D. eine zunehmende Herausforderung dar.

Eine enge Kooperation des J. D. mit den örtlichen → Jugendämtern, Sozialdiensten, Schulen und Kindereinrichtungen sowie ein guter Kontakt zu den niedergelassenen Ärzt/innen und → sozialpädiatrischen Zentren ist notwendig.

*Holger Meireis*

**Jugendberatung** ist ein Schwerpunktfeld der → Jugendarbeit und umfasst alle Beratungsangebote für junge Menschen zwischen 14 und 27 Jahren. Ihre gesetzliche Grundlage hat J. in § 11 Abs. 3 Nr. 6 SGB VIII. Als Schwerpunkt der Jugendarbeit orientiert sich J. an den Interessen und Bedarfen junger Menschen und untersteht somit immer wieder Veränderungsprozessen. Die ersten Ansätze von J. entstanden in der therapeutischen Arbeit mit jungen Drogenabhängigen in den 1970er-Jahren. Im Unterschied zur Erwachsenenberatung berücksichtigt J. die besonderen Bedingungen des Jugendalters mit seinen spezifischen Herausforderungen im Ablösungs- und Verselbstständigungsprozess. Verselbstständigung und Ablösung vom Elternhaus auf der einen Seite und der Bedarf nach → Beratung und → Hilfe auf der anderen Seite stehen häufig unbewusst im Gegensatz zueinander und es fällt jungen Menschen besonders schwer, die Schwellen zu Beratungsinstitutionen zu überwinden. So entwickelten sich Konzepte einer allgemeinen professionellen J., die diese Bedingungen berücksichtigten.

J. wird von verschiedenen Prinzipien geleitet: Die Angebote sind immer freiwillig. Die jungen Menschen entscheiden selbst, ob sie das Beratungsangebot wahrnehmen oder nicht. Die Beratung erfolgt lösungsorientiert, wobei → Partizipation und → Selbsthilfe handlungsleitend sind. Bei der Beratung wird die spezifische → Lebenswelt berücksichtigt. Die Beratungen verfolgen i.d.R. einen ganzheitlichen Ansatz. Die Themen der J. sind so vielfältig wie die Problemlagen der jungen Menschen. Sie schließen Themen wie den Übergang von der Schule in den Beruf, → Sucht, Schulden, Schwangerschaft, → Migration, → Psychosoziale Beratung, → Mobbing und Wohnauszugsberatung ein.

J. hat keine eigene institutionalisierte Form wie → Erziehungs- oder → Berufsberatung. Dementsprechend gestaltet sich die Organisationsform vielfältig, oftmals in unterschiedlichen Trägerschaften. J. kann in eigenständigen Einrichtungen, dort meistens von → freien Trägern angeboten werden. Sie ist i.d.R. anonym, kostenlos und freiwillig. Eine besondere Form der eigenständigen J. bilden auch Trägerkonsortien, die gemeinsam J. unter einem Dach anbieten. Die Beratung erfolgt professionsübergreifend und oft in Kooperation zwischen → öffentlichen und freien Trägern. In der Praxis wird dabei häufig die Schnittstellenproblematik zwischen den verschiedenen → Sozialgesetzbüchern (SGB) deutlich. J. kann aber auch direkt im → Jugendamt angesiedelt sein. Oftmals bestehen bei jungen Menschen allerdings Vorbehalte gegenüber Behörden, sodass die Beratung dort erschwert werden kann. Ein Feld der J. bildet inzwischen die → Onlineberatung. Diese Beratungsform zeichnet sich dadurch aus, dass die Beratung gänzlich anonym gestaltet werden kann. Seit 2003 existiert das Beratungsportal www. bke-jugendberatung de. Eine neue Form der J. bilden seit 2009 die sog. → Jugendberufsagenturen, ein Zusammenschluss von öffentlichen Trägern. Sie wurden 2013 im Koalitionsvertrag zwischen SPD und CDU/CSU vereinbart und sollen die Leistungen nach den SGB II, III und VIII für unter 25-Jährige bündeln.

*Doris Leymann*

**Jugendberichterstattung** → Kinder- und Jugendberichterstattung

**Jugendberufsagentur** (JBA) bezeichnet eine freiwillige Zusammenarbeit zwischen → Jobcentern (SGB II), → Agenturen für Arbeit (SGB III) und → Jugendämtern (SGB VIII) auf lokaler Ebene in Deutschland. Das Ziel einer JBA besteht grundsätzlich in der Bündelung der Unterstützungsangebote der drei Rechtskreise SGB II, III und VIII zur Erleichterung der beruflichen und sozialen → Integration von Jugendlichen und jungen Erwachsenen in der Regel bis zum abgeschlossenen 25. Lebensjahr. In einer engeren Begriffsauslegung wird unter einer JBA eine gemeinsame Anlaufstelle der drei Rechtskreise verstanden.

Für JBA bestehen keine gesetzlichen Grundlagen. Bei Zielen und Umsetzung haben die Rechtskreise volle Gestaltungsfreiheit. Häufig gibt es vertragliche Vereinbarungen, um Transparenz über die jeweiligen Angebote herzustellen, Verfahren zur gegenseitigen Information zu schaffen und Unterstützungsprozesse besser aufeinander abzustimmen, z.B. durch gemeinsame Fallkonferenzen.

Die Bezeichnung JBA wurde im Jahr 2007 erstmals für eine gemeinsame Anlaufstelle in Mainz geprägt. Durch die erste landesweite Umsetzung rechtskreisübergreifender Anlaufstellen in Hamburg ab 2012 unter dieser Bezeichnung erfuhren JBA eine breite Aufmerksamkeit in der Fachöffentlichkeit. Im Koalitionsvertrag der Bundesregierung wurde die flächendeckende Einführung von JBA im November 2013 als Ziel für die 18. Legislaturperiode des Bundestages festgelegt. Bundesweit befinden sich viele JBA aktuell noch in ihrer Gründungsphase.

*Heiko Bennewitz*

**Jugendberufshilfe** → Jugendsozialarbeit

**Jugendbewegung** → Soziale Bewegungen

**Jugendbildung** Außerschulische J. ist ein wesentlicher Teil der → Jugendarbeit. In § 11 (3) Nr. 1 SGB VIII hat sie ihre gesetzliche Grundlage. Sie wird dort als erster von sechs Schwerpunkten der Jugendarbeit benannt. J. umfasst die allgemeine, soziale, gesundheitliche, kulturelle, naturkundliche, technische und → politische Bildung. Eine klare Abgrenzung zwischen bzw. eine eindeutige Zuordnung von Aktivitäten, Maßnahmen oder Methoden zu den Schwerpunkten ist regelmäßig nicht möglich, die Grenzen sind fließend. Es kommt auch vor, dass J. synonym zu Jugendarbeit verwendet wird. Im Kontext der → Bildung ist J. die Säule der Jugendarbeit, die eigenständig neben der formalen Bildung in Schule, Studium und Ausbildung junger Menschen steht. Alle organisierten Angebote, die Bildungsprozesse intendieren, sind dabei dem Bereich der nonformalen Bildung und der J. i.e.S. zuzuordnen. Darüber hinaus findet auch in allen anderen Angeboten der → Jugendarbeit Bildung statt. Sie ist ungeplant und nicht intendiert und dem Bereich der informellen Bildung zuzuordnen. Wird der Begriff der J. umfassend gewählt, so ist der informelle Bereich einzubeziehen.

J. zeichnet sich durch folgende wesentliche Grundsätze aus: freiwillige Teilnahme, lebenswelt- und interessenorientiert sowie grundsätzlich für alle offen. Sie leistet im Rahmen der freiheitlich demokratischen Grundordnung einen Beitrag zur freien Entfaltung der → Persönlichkeit nach Art. 2 des → Grundgesetzes. Sie ist ein wichtiger Teil der sozialen Kultur der Bundesrepublik Deutschland. J. hat eine lange Tradition, v.a. als wesentliches Handlungsfeld der → Jugendverbände, wird aber auch von anderen → freien Trägern wie Bildungsstätten, Wohlfahrtsverbänden, Akademien und politischen Jugendorganisationen sowie → öffentlichen Trägern wie der Bundeszentrale und den Landeszentralen für politische Bildung, staatlichen Bildungsstätten, → Volkshochschulen und nicht zuletzt den → Jugendämtern angeboten. Zielsetzung, Inhalte und Methoden werden von den Trägern in eigener Verantwortung bestimmt.

Das Ziel der J. ist es, neben der Wissensvermittlung jungen Menschen eine Urteilsbildung zu ermöglichen und sie zur Mitwirkung anzuregen. Sie soll junge Menschen in die Lage versetzen, sich selbst sowie ihre persönlichen und gesellschaftlichen Lebensbedingungen zu erkennen, sich damit auseinanderzusetzen und an der Gestaltung des gesellschaftlichen Lebens teilzuhaben und mitzuwirken; also junge Menschen zur Selbstbestimmung zu befähigen, sie ihre gesellschaftliche und ökologische Mitverantwortung erkennen zu lassen, sowie ihr soziales Engagement anzuregen. Die Maßnahmen der J. sind daher ein breites, alle für junge Menschen relevanten Felder umfassendes, Bildungsangebot.

Die Methoden der J. sind vielfältig und von einem hohen Maß der Beteiligung und Eigenaktivität junger Menschen gekennzeichnet. Es gibt sowohl vollkommen offene Angebote als auch solche, die deutlich auf eine bestimmte Zielgruppe zugeschnitten sind. Maßnahmen der J. werden für alle Altersgruppen der Jugendarbeit angeboten. Die angewandten Methoden reichen vom klassischen Seminaransatz mit Elementen des Frontalunterrichts bis zu projektorientierten und spielerischen Ansätzen. Wesentlich bei der Auswahl der Methodik sind immer die Aktivierung der teilnehmenden jungen Menschen und ihre Einbeziehung in die aktive Gestaltung von Formen und Inhalten. Viele Angebote der J., v.a. in Jugendverbänden, werden von Jugendlichen selbst organisiert. Institutionelle Angebote der J., wie Seminare, Tagungen, Workshops, Projekte und v.a. Angebote an Bildungsstätten, werden regelmäßig durch hauptamtliche pädagogische → Fachkräfte, Jugendbildungsreferent/innen begleitet oder durchgeführt. Orte der J. lassen sich nicht abschließend aufzählen. Typisch sind jedoch Jugendverbände und -gruppen, Ferien- und Zeltlager, Jugendbildungsstätten, internationale Begegnungsstätten sowie politische oder kulturelle Organisationen.

Die J. ist eine Pflichtaufgabe der → Kinder- und Jugendhilfe und als solche aus öffentlichen Mitteln zu fördern. Laut der letzten amtlichen Maßnahmenstatistik im Rahmen der Kinder- und Jugendstatistik 2008 haben rund 1,4 Mio. junge Menschen in Deutschland an 33.600 öffentlich geförderten Maßnahmen der J. teilgenommen. Aktuellere Zahlen liegen nicht vor.

*Lit.* Düx, W./Prein, G./Sass, E./Tully, C. J.: Kompetenzerwerb im freiwilligen Engagement: Eine empirische Studie zum informellen Lernen im Jugendalter, 2. Aufl., Wiesbaden 2009; Fauer, K./Fischer, A./Münchmeier, R. (Hrsg.): Jugendliche als Akteure im Verband, 2. Aufl., Opladen 2007; Hafeneger, B. (Hrsg.): Handbuch Außerschulische Jugendbildung – Grundlagen, Handlungsfelder, Akteure, 2. Aufl., Schwalbach/Ts. 2012; Rauschenbach, T./Düx, W./Sass, E.: Informelles Lernen im Jugendalter: Vernachlässigte Dimensionen der Bildungsdebatte, 2. Aufl., Weihnheim/München 2008.

*Christian Weis*

**Jugendförderung** ist kein bundesrechtlich im SGB VIII definierter Begriff. Alltagssprachlich umfasst sie i.e.S. die finanzielle Förderung der → Jugendarbeit und schließt i.w.S. alle Formen der Unterstützung und sonstige Maßnahmen zu deren Absicherung und Weiterentwicklung ein. Akteure der J. sind der Bund, die Länder sowie die Städte und Landkreise als örtliche → öffentliche Träger. Ergänzend treten → Stiftungen oder andere private Finanziers hinzu, wie die → Stiftung Deutsche Jugendmarke, Aktion Mensch oder Jugendstiftungen in einzelnen Bundesländern. Arbeitsfeldbezogen spielen auch Institutionen außerhalb der Jugendhilfe wie die Bundesagentur für Arbeit eine wichtige Rolle. Die J. richtet sich an die Träger der Jugendarbeit, insbesondere an die → Jugendverbände, → Jugendringe und an Trägervereine. J. kann sich auf praktisch alle Aktivitäten, Projekte, Einrichtungen und Organisationsformen beziehen.

Die Ausgestaltung der J. erfolgt i.d.R. in der Form von Förderprogrammen und Förderrichtlinien. Rechtliche Grundlage sind das SGB VIII sowie Ausführungsgesetze der Länder. Auf kommunaler Ebene kann J. in der Form einer Satzung der Gebietskörperschaft ausgestaltet sein. Bundesrecht beschreibt in § 11 SGB VIII Grundlagen und Schwerpunkte der Jugendarbeit und konstituiert in § 12 SGB VIII einen grundsätzlichen Förderanspruch der Jugendverbände und Jugendgruppen. Weitere Aufgaben der J. werden in § 13 SGB VIII für die → Jugendsozialarbeit, in § 14 SGB VIII für den erzieherischen → Kinder- und → Jugendschutz benannt. Die Unterstützung der ehrenamtlichen Tätigkeit wird in § 73 SGB VIII besonders hervorgehoben. J. stellt eine Pflichtaufgabe der öffentlichen Träger der Jugendhilfe dar, es handelt sich also keineswegs um »freiwillige Leistungen«. Auf J. besteht jedoch kein individuell einklagbarer → Rechtsanspruch. Nach § 79 Abs. 2 S. 2 SGB VIII sollen die Träger der öffentlichen Jugendhilfe »einen angemessenen Anteil« der für die → Kinder- und Jugendhilfe insgesamt bereitgestellten Mittel für die Jugendarbeit verwenden. Solange aber nirgends definiert ist, was ein angemessener Anteil ist bzw. in welchen Verfahren ein solcher Anteil konkretisiert werden muss, bleibt diese Norm faktisch folgenlos.

Grundsätzlich folgt die J. dem Ebenenfinanzierungsprinzip: der Bund unterstützt mit dem Instrument des → Kinder- und Jugendplans Vorhaben von überregionaler Bedeutung (§ 83 SGB VIII), die Länder wirken auf den Ausbau der Einrichtungen und Angebote in ihrem Einzugsbereich hin (§ 82 SGB VIII), die kommunalen Gebietskörperschaften konzentrieren sich auf die örtlichen Aktivitäten (§ 79 SGB VIII). Dieser Grundsatz wird häufig durch begrenzte Projektförderungen durchbrochen, mit denen Bund und Länder jugendpolitischen Schwerpunktsetzungen auch auf der örtlichen Ebene Geltung verschaffen wollen.

*Norbert Struck*

**Jugendforschung** Der Begriff J. fasst alle wissenschaftlichen Untersuchungen zusammen, die sich auf die Bevölkerungsgruppe der Jugendlichen beziehen. In der Regel wird hiermit die Lebensphase zwischen dem Einsetzen der Geschlechtsreife (→ Pubertät) und dem Erreichen des Status des Erwachsenen bezeichnet. Entsprechend wird in den meisten Jugendstudien unter → Jugend die Zeitspanne zwischen dem zwölften und 25. Lebensjahr definiert. Die theoretische Faszination der J. liegt darin, dass in diesem Lebensabschnitt nach dem Durchlaufen der von den Eltern dominierten → Kindheit eine eigenständige, intensive Auseinandersetzung mit der körperlichen und psychischen Entwicklung einsetzt und gleichzeitig eine Vorbereitung auf gesellschaftliche Aufgaben beginnt. In sozialisationstheoretischer Sicht handelt es sich um die Spannung zwischen der persönlichen Individuation als Sicherung einer Unverwechselbarkeit und Einmaligkeit auf der einen Seite und der sozialen Integration als Eingliederung in die sozialen Anforderungen des Erwachsenenlebens auf der anderen Seite.

Inhaltlich lassen sich die verschiedenen Ansätze der J. in vier große thematische Blöcke gliedern. Sie korrespondieren mit den vier komplexen Entwicklungsaufgaben im Jugendalter: a) Bildung/Qualifizierung/Berufsvorbereitung, b) Ablösung von den Eltern/Aufbau von Freundschafts- und Partnerbeziehungen, die potenziell in eine eigene Familiengründung übergehen, c) Erlernen des Umgangs mit Freizeit-, Konsum- und Medienangeboten mit dem Ziel, souveräne/r Wirtschaftsbürger/in zu werden, d) Aufbau einer eigenen Wertorientierungen und politischer Positionen mit dem Ziel, an der Gestaltung gesellschaftlicher Bedingungen mitzuwirken.

Methodisch herrschen zwei unterschiedliche methodische Ansätze der J. vor. Der erste Ansatz konzentriert sich auf die Befragung zufällig ausgewählter repräsentativer Stichproben von Jugendlichen, der zweite auf intensive Interviews und Beobachtungen einzelner Jugendlicher. Der erste Ansatz wird auch als quantitativ, der zweite als qualitativ bezeichnet (→ Empirische Sozialforschung). Unter den führenden Vertreter/innen der empirischen J. herrscht Übereinstimmung, dass die beiden Ansätze möglichst eng miteinander kombiniert werden sollten. Die quantitativen Erhebungen ermöglichen einen Überblick über Trends und Tendenzen der → Einstellungen, Meinungen und Mentalitäten von Jugendlichen. Die qualitativen Ansätze mit ihrem Schwerpunkt auf der Analyse der persönlichen Auseinandersetzung eines Jugendlichen mit seiner → Lebenswelt machen ein Nachvollziehen der inneren Entwicklung möglich. In Deutschland wird die J. durch die Shell Jugendstudien dominiert. Die langfristige Anlage dieser Studien ermöglicht Vergleiche von Zeitreihen, zum Beispiel zu politischen Interessen und Einstellungen von Jugendlichen oder zu Bildungsmotivationen und Berufspräferenzen.

*Klaus Hurrelmann*

**Jugendfreizeitstätten** → Jugendarbeit

**Jugendgefährdende Schriften** → Jugendmedienschutz

**Jugendgerichte** sind besondere Spruchkörper der Amts- und Landgerichte, die über Verfehlungen Jugendlicher oder Heranwachsender entscheiden (§§ 33 Abs. 1, 107 Abs. 1 → Jugendgerichtsgesetz [JGG]) und für bestimmte Straftaten Erwachsener als Jugendschutzgerichte zuständig sind (§§ 26, 74 b Gerichtsverfassungsgesetz).

Gem. § 33 Abs. 2 JGG gibt es drei Arten von J.: den/die Strafrichter/in als Jugendrichter/in, das Jugendschöffengericht beim Amtsgericht und die Jugendkammer beim Landgericht. Der/die Jugendrichter/in als Einzelrichter/in ist zuständig, wenn keine → Jugendstrafe zu erwarten ist und die Staatsanwaltschaft beim Jugendgericht Anklage erhoben hat (§ 39 Abs. 1 JGG). Dem Jugendschöffengericht, das sich aus einem/einer Jugendrichter/in als Vorsitz und zwei Jugendschöff/innen zusammensetzt (§ 33 a JGG), kommt eine Auffangzuständigkeit zu, wenn kein anderes J. zuständig ist (§ 40 Abs. 1 JGG). Die »große« Jugendkammer ist mit drei bzw. zwei Richter/innen einschließlich des/der Vorsitzenden und zwei Jugendschöff/innen besetzt (§ 33 b JGG). Sie ist in erster Instanz zuständig für Anklagen wegen schwerster Verbrechen, Verfahren von ungewöhnlich großem Umfang sowie bei einer Verbindung mit Strafsachen gegen Erwachsene, wenn für die Erwachsenen nach allgemeinen Vorschriften eine große Strafkammer zuständig wäre (§ 41 Abs. 1 JGG). In Verfahren gegen Heranwachsende ist die große Jugendkammer außerdem zuständig, wenn allgemeines Strafrecht zur Anwendung kommt und eine → Freiheitsstrafe von mehr als vier Jahren oder die Unterbringung des Beschuldigten in einem psychiatrischen Krankenhaus oder in der → Sicherungsverwahrung zu erwarten ist (§ 108 Abs. 3 JGG). In zweiter Instanz ist die »große« Jugendkammer zuständig für Berufungen gegen Urteile des Jugendschöffengerichts (§ 41 Abs. 2 JGG). Die Berufung gegen Urteile des/der Jugendrichter/in verhandelt die aus einem/einer Richter/in und zwei → Schöff/innen bestehende »kleine« Jugendkammer (§§ 33 b Abs. 1, 41 Abs. 2 JGG).

Die Jugendrichter/innen sollen für ihre Aufgabe besonders erzieherisch befähigt und in der Jugenderziehung erfahren sind (§ 37 JGG). Diese gesetzliche Forderung wird bisher nur sehr unvollkommen durch gelegentliche Fortbildungsveranstaltungen der Justiz oder → freier Träger erfüllt. Die Jugendrichter/innen am Amtsgericht sollen zugleich familien- und vormundschaftsrichterliche Erziehungsaufgaben für Jugendliche bearbeiten (§ 34 Abs. 2 S. 1 JGG). Die Jugendschöff/innen sollen jeweils ein Mann und eine Frau (§ 33 a Abs. 1 S. 2 JGG) und im Erziehungswesen erfahren sein (§ 35 Abs. 2 S. 2 JGG). Deshalb ist an ihrer Auswahl der → Jugendhilfeausschuss beteiligt (§ 35 Abs. 1 S. 1 JGG).

*Jörg-Martin Jehle*

**Jugendgerichtsgesetz (JGG)** vom 4.8.1953 (BGBL. I S. 751) i.d.F. der Bekanntmachung vom 11.12.1974 (BGBl. I S. 3427), zuletzt geändert durch Art. 7 des Gesetzes vom 17. Juli 2015 (BGBl. I S. 1332), legt die Besonderheiten fest, die bei der Verfolgung, Verhandlung und Ahndung von Straftaten junger Menschen zu beachten sind. Im Übrigen gelten aber die allgemeinen Vorschriften des Strafgesetzbuches (StGB), der Strafprozessordnung (StPO) und des Gerichtsverfassungsgesetzes, soweit das JGG nichts anderes bestimmt (§ 2 JGG). So enthält das JGG insbesondere keine eigenen Straftatbestände. Auch der Strafprozess entspricht bis auf einige Ausnahmen dem für Erwachsene vorgesehenen Verfahren. Eigenständig sind v.a. die Verantwortlichkeit der Jugendlichen, die Rechtsfolgen der Tat, die Möglichkeiten und die Stellung der Jugendrichter/innen, die erzieherische Ausgestaltung von Strafverfahren und teilweise der → Jugendstrafvollzug geregelt. Die dabei durchgängig zu beachtende erzieherische Ausrichtung der Vorschriften des JGG macht es schwierig, im Einzelfall die (mindestens auch) nach anderen Vorstellungen (Vergeltung, Schuldausgleich, Generalprävention) konzipierten Vorschriften des StGB und der StPO, soweit sie anwendbar bleiben, sinnvoll zu integrieren.

Das JGG gilt für die zur Tatzeit 14–17 Jahre alten Jugendlichen (§ 1 Abs. 2 JGG). Der/Die Jugendliche ist nur dann verantwortlich, wenn er/sie zur Zeit der Tat nach seiner/ihrer sittlichen und geistigen Entwicklung reif genug ist, das Unrecht der Tat einzusehen und nach dieser Einsicht zu handeln (§ 3 JGG). Fehlt es an der Verantwortlichkeit, kann das → Jugendgericht die Maßnahmen im Verfahren nach dem JGG anordnen, zu deren Verhängung das Vormundschaftsgericht nach den Vorschriften des → Bürgerlichen Gesetzbuches befugt wäre. Wo immer es angezeigt erscheint, stellen Jugendstaatsanwaltschaft oder Jugendrichter/in das Verfahren nach Ermahnung oder unter Auflagen oder wenn die Erziehung des/der Angeklagten durch andere häusliche, schulische oder sonstige behördliche Maßnahmen sichergestellt ist, ein (§§ 45 und 47 JGG). Seit den 1980er-Jahren werden diese Möglichkeiten der → »Diversion« zunehmend (inzwischen bei mehr als zwei Drittel aller Verfahren) genutzt. Kommt es zum Urteil, so enden 84% (2013) aller Strafverfahren mit der Anordnung von → Erziehungsmaßregeln oder → Zuchtmitteln, also ohne Verhängung einer → Jugendstrafe, d.h. einer → Strafe im Rechtssinn. Von den → Maßregeln der Besserung und Sicherung des allgemeinen Strafrechts kann nach § 7 JGG i.V.m. §§ 61 ff. StGB eine zeitlich unbefristete Unterbringung in einem psychiatrischen Krankenhaus angeordnet oder eine – nachträgliche – Anordnung der → Sicherungsverwahrung vorbehalten werden. Die Jugendgerichte wenden fast alle Vorschriften des JGG auch bei den zur Tatzeit 18–20 Jahre alten Heranwachsenden an, § 1 Abs. 2 JGG, § 105 JGG, wenn zur Tatzeit »in dem Täter noch in größerem Umfang Entwicklungskräfte wirksam sind« (BGHSt 36, 37 ff.) oder die Tat sich als Jugendverfehlung darstellt. In der Praxis geschieht dies bei etwa zwei Dritteln der angeklagten Heranwachsenden, fast immer aber bei schwerer → Kriminalität.

Um die für die Entscheidung der Jugendgerichte notwendigen sozialen und persönlichen Daten des/der Jugendlichen zu ermitteln und Behandlungsvorschläge zu erarbeiten, aber auch um sofort erzieherisch zu intervenieren und zu helfen, wird bei Beginn der Untersuchungen über das ganze Verfahren hinweg die Jugendgerichtshilfe (→ Mitwirkung in Verfahren nach dem Jugendgerichtsgesetz) eingeschaltet (§ 38 Abs. 3 JGG; auch § 52 SGB VIII). Das Jugendgericht kann in geeigneten Fällen im formlosen Jugendverfahren und damit wesentlich schneller entscheiden. Die Hauptverhandlung gegen Jugendliche ist nicht öffentlich. Bei Heranwachsenden kann aus erzieherischen Gründen die Öffentlichkeit ausgeschlossen werden (§ 109 Abs. 1 S. 4 JGG). Im Verfahren gegen Minderjährige sind die Rechte der Eltern gewahrt (§ 67 JGG). Jugendrichter/innen sind auch für die Vollstreckung der Erziehungsmaßregeln, der Zuchtmittel und der Jugendstrafe zuständig. Der Vollzug des Jugendarrestes liegt in ihrer Hand.

*Jörg-Martin Jehle*

**Jugendgerichtshilfe** → Mitwirkung des Jugendamts in Verfahren nach dem Jugendgerichtsgesetz (JGG)

**Jugendgruppe** → Jugendarbeit, → Soziale Gruppenarbeit

**Jugendherberge** ist die Bezeichnung für die Häuser des Deutschen Jugendherbergswerkes (DJH). Der gemeinnützige Verband mit 2,4 Mio. Mitgliedern und rund 500 J. gilt bundesweit als der größte Anbieter von Jugendunterkünften. Jährlich werden mehr als zehn Mio. Übernachtungen registriert. Mit einem Anteil von 40% bilden Schulklassen traditionell das wichtigste Gästesegment, gefolgt von jungen Familien und Seminargruppen. Das DJH ist anerkannter → freier Träger der Jugendhilfe. Der Lehrer Richard Schirrmann entwickelte 1909 die Idee, jungen Menschen beim Wandern preiswerte Unterkünfte zu bieten. 1912 wurde in der Burg Altena die erste dauerhafte J. eingerichtet; sie dient heute als Museum. Schon bald entstanden auch im Ausland zahlreiche Häuser nach diesem Vorbild.

1932 wurde die International Youth Hostel Federation (IYHF) gegründet. Ihr gehören inzwischen 3.300 J. in 94 Ländern an; sie generierten im Jahr 2015 insgesamt 33 Mio. Übernachtungen. J. sind dem gegenseitigen Verständnis und friedlichen Miteinander von jungen Menschen aus aller Welt verpflichtet. Diesem Ziel dienen auch die internationalen Jugendbegegnungen und Praktika des DJH. Die meisten Häuser in Deutschland haben spezielle Angebotsprofile in den Bereichen Umwelt, Sport, Kultur und Freizeitgestaltung entwickelt. Das DJH beansprucht, ein konkurrenzfähiges Angebot geschaffen zu haben, das sich sowohl an den ideellen Zielen als auch am Markt orientiert.

*Knut Dinter*

**Jugendhilfe** → Kinder- und Jugendhilfe (SGB VIII)

**Jugendhilfeausschuss** Die Position des (Kinder- und) J. als Teil des → Jugendamtes (§§ 69, 70, 71 SGB VIII, → Kinder- und Jugendhilfegesetz) wurde häufig kontrovers diskutiert. Die Zweigliedrigkeit und das Stimmrecht von sachkundigen Frauen und Männern, die auf Vorschlag der → freien Träger von der Vertretungskörperschaft berufen werden (§ 71 Abs. 1 SGB VIII), hat für eine umfassende Bürgerbeteiligung sowie die → Partizipation junger Menschen und der → Jugendverbände hohe Bedeutung. Die Möglichkeiten einer pluralen Träger- und (damit) Angebotsstruktur i.V.m. einer – fachlich und jugendpolitisch gebotenen – partnerschaftlichen Zusammenarbeit der öffentlichen mit der freien Jugendhilfe (§§ 4, 5 SGB VIII) sollen umfassend genutzt werden.

Der J. kann sich unabhängig von der Zuordnung von Aufgaben innerhalb der Verwaltung mit allen Anliegen junger Menschen und ihrer Familien befassen (§ 1 Abs. 3 Nr. 4 i.V.m. § 71 Abs. 2 Nr. 1 SGB VIII). Im Rahmen der → Zuständigkeit des örtlichen (öffentlichen) Trägers und seiner Gesamtverantwortung (§ 79 SGB VIII) bleibt das Jugendamt mit J. und Verwaltung (§ 70 Abs. 1 SGB VIII) die zentrale Institution. Dabei hat der J. das Beschlussrecht in Angelegenheiten der Jugendhilfe im Rahmen der von der Vertretungskörperschaft bereitgestellten Mittel, der von ihr erlassenen Satzung und der von ihr gefassten Beschlüsse (§ 71 Abs. 3 SGB VIII). Explizit sind ihm Aufgaben der → Jugendhilfeplanung und der Förderung der Jugendhilfe (§ 71 Abs. 2 i.V.m. §§ 74, 80 SGB VIII) zugewiesen. Diese Aufgabenstellung begründet – trotz aller länderspezifischen Sonderregelungen zum Landesjugendamt – gleichermaßen Auftrag und Struktur für die Landesjugendhilfeausschüsse als Pendant für die jugendhilfepolitischen Zuständigkeiten der Bundesländer (§§ 71 Abs. 4, 85 Abs. 2 SGB VIII).

Auf dem → Sozialstaatsgebot des → Grundgesetzes (Art. 20, 28 GG) basiert auch die Zielvorgabe zur Herstellung gleichwertiger Lebensverhältnisse (Art. 72 Abs. 2 GG). Regionale Disparitäten wie eine zunehmende sozialräumliche Segregation und das Auseinanderdriften von → Lebenslagen erfordern eine Verzahnung des Kinder- und Jugendhilferechts mit anderen bundeseinheitlichen Regelungen. Der allgemeine Förderauftrag der → Kinder- und Jugendhilfe ebenso wie ihr Leistungsangebot und ihre Schutzfunktion – insbesondere i.S. des in § 8 a SGB VIII konkretisierten → Kinderschutzes – sind bundesweit und einheitlich unverzichtbar.

Alle Akteure müssen die Funktion des J. als grundlegendes jugendhilfepolitisches Gestaltungsgremium nutzen. Anzustreben ist die Definition von – gewünschter – Qualität mit entsprechenden → Zielvereinbarungen. Die Funktion von Arbeitsgemeinschaften (§ 78 SGB VIII) kann sowohl zu Fachfragen als auch zur regionalisierten Einbindung spezifischer Entwicklungen in den Quartieren/Stadtteilen genutzt werden. Hier kann die Grundlage für eine notwendig abgestimmte, gemeinsame und partnerschaftliche Zusammenarbeit des → öffentlichen und der → freien Träger qualitativ und wirkungsorientiert entwickelt werden. Der öffentliche Träger muss im J. über alle fachlichen und finanziellen Belange frühzeitig und umfassend informieren. Kommunalparlamente müssen die Entscheidungskompetenzen des J. achten und seine Rechte stärken. Dazu ist die Kooperationskultur zwischen den politischen Gruppierungen im J. und mit den sachkundigen Bürger/innen zusammen mit der Verwaltung entwicklungsbedürftig, Fortbildung und Arbeitshilfen bleiben gefragt. Die Vertreter/innen der freien Jugendhilfe sollen ihre Mitwirkung so ausüben, dass der J. – auch als unbequeme Instanz – den Bedarf an Jugendhilfeleistungen zum Thema der Politik macht. Die wesentlichen Strukturelemente des SGB VIII haben sich bewährt und lassen weiterhin Vielfalt sowie Flexibilität zu.

*Peter Marquard*

**Jugendhilfeforschung** untersucht die institutionalisierte Praxis der → Kinder- und Jugendhilfe in Form von Angeboten nach dem SGB VIII (z.B. → Kindertagesbetreuung, → Hilfen zur Erziehung, → Jugendarbeit, → Jugendsozialarbeit) als unterstützendes und kompensierendes Element für Kinder, Jugendliche und → Familien zur Bewältigung ihrer → Lebenslagen.

Im Mittelpunkt der Erforschung der institutionalisierten Fachpraxis stehen insbesondere die institutionellen und organisatorischen Voraussetzungen des fachlichen Handelns sowie Verfahren in Bezug auf Inhalte, Form und Abläufe typisierter Routinen, Prozeduren, Arbeitsformen, die damit einhergehenden Rollenzuweisungen sowie die dahinter stehenden Wissensbestände, welche die → Fachkräfte einsetzen, um ihren beruflichen Alltag zu bewältigen (z.B. pädagogische Arbeitsformen, Entscheidungsprozesse, Umsetzungen rechtlicher Vorgaben, Verfahren der Beteiligung von → Adressat/innen, Kooperationsbeziehungen oder Formen der Elternarbeit). Zunehmend werden auch die auf Jugend und Jugendhilfe bezogenen Politiken und damit der politische Rahmen zum Gegenstand der J. gemacht. Die spezifischen Rahmenbedingungen der institutionalisierten Fachpraxis der Kinder- und Jugendhilfe implizieren eine Reihe von Besonderheiten, die es zum einen im Forschungsprozess zu berücksichtigen gilt, und die zum anderen selbst zum Gegenstand der J. gemacht werden. Zu den wichtigsten Rahmenbedingungen, die die Praxis der Kinder- und Jugendhilfe beeinflussen, gehören insbesondere ihre ordnungspolitische Konstellation (Verhältnis Bund, Länder, Kommunen) sowie die Autonomie der Praxis der → freien Träger der Jugendhilfe.

Die Adressatenforschung als Teil der J. thematisiert zum einen die Perspektive der Adressat/innen auf die Angebote der Kinder- und Jugendhilfe und zum anderen bezieht sie sich reflexiv auf das Jugendhilfesystem, indem sie der Frage nachgeht, welche Kinder und Jugendlichen und Familien von der Kinder- und Jugendhilfe als von ihr »zu erreichen« definiert werden. Dem liegt die theoretische Prämisse zugrunde, dass → Bedarfe nicht per se existieren, sondern gesellschaftlich konstruiert werden. In diesem Sinne geht es auch um die empirische Analyse der Konstruktion des Bedarfs, der Problemlage und der Nachfrage, also um die Analyse der gesellschaftlichen Konstruktion der Adressat/innen der Kinder- und Jugendhilfe.

In den letzten Jahren ist eine deutliche Zunahme der Forschungsaktivitäten feststellbar und es werden (fachpolitische) Aktivitäten (z.B. Gesetzesänderungen, Modellprojekte) zunehmend von → Evaluationen begleitet. J. wird von Universitäten, Hochschulen, außeruniversitären Forschungseinrichtungen und auch von Trägern der Jugendhilfe selbst betrieben. Jeder dritte Kinder- und Jugendbericht der Bundesregierung gibt als Gesamtbericht einen Überblick über die Entwicklungen der Jugendhilfe (→ Kinder- und Jugendberichterstattung). Forschungsthemen, die mit den Jahren an Bedeutung gewonnen haben, sind → Partizipation der Adressat/innen, die Schnittstellen zu anderen (Sozial-)Systemen, wie das → Gesundheitswesen, die Schule oder die Justiz, → Kinderschutz, → Frühe Hilfen, → Inklusion sowie Fragen der Qualität und Wirkungen von Angeboten und Leistungen der Jugendhilfe. Insbesondere mit Bezug auf Letzteres werden vermehrt Längsschnittuntersuchungen gefordert.

*Eric van Santen*

**Jugendhilfe für Deutsche im Ausland** § 6 Abs. 3 SGB VIII bestimmt, dass Deutschen mit tatsächlichem oder gewöhnlichen Aufenthalt im Ausland Leistungen nach dem SGB VIII (→ Kinder- und Jugendhilfe) gewährt werden können, sofern sie keine Hilfe vom Aufenthaltsland erhalten. § 6 Abs. 3 SGB VIII greift nur in den Fällen, in denen sowohl der/die Leistungsberechtigte als auch die leistungsbegünstigten Kinder bzw. Jugendlichen ihren tatsächlichen Aufenthalt im Ausland haben. Leben die Leistungsberechtigten im Inland und das Kind bzw. der/die Jugendliche lebt im Ausland, bspw. im Rahmen einer Maßnahme der → Vollzeitpflege, so ist der nach § 86 SGB VIII zu bestimmende örtliche → Träger für die Gewährung der Leistungen zuständig (→ Zuständigkeit, sachliche und örtliche). § 6 Abs. 3 SGB VIII ist ferner von den Maßnahmen abzugrenzen, die im Inland beginnen und infolge der notwendigen Leistungsgestaltung im Ausland fortgesetzt und/oder beendet werden, wie dies bspw. bei → intensiver sozialpädagogischer Einzelbetreuung der Fall sein kann. Gem. § 85 Abs. 2 Nr. 9 SGB VIII ist für die Gewährung von Leistungen der Jugendhilfe für Deutsche im Ausland der überörtliche Träger sachlich zuständig. Örtlich zuständig ist gem. § 88 Abs. 1 S. 1 SGB VIII der Träger, in dessen Bereich der junge Mensch geboren ist. Liegt der Geburtsort im Ausland oder ist nicht feststellbar, so ist das Land Berlin zuständig.

Leistungen der Kinder- und Jugendhilfe sind → persönliche Hilfen für junge Menschen und ihre Eltern. Daher scheidet eine dauerhafte Gewährung von Leistungen der J. für Deutsche im Ausland i.d.R. aus und ist lediglich im grenznahen Raum denkbar. In der Praxis beschränkt sich die Gewährung der Leistung meist auf die Übernahme der entstehenden Kosten durch die im Ausland in Anspruch genommenen örtlichen Einrichtungen und Dienste.

*Petra Mund*

**Jugendhilfeplanung** ist – als Teil einer umfassenden kommunalen → Sozialplanung – ein Instrument zur systematischen, innovativen und damit zukunftsgerichteten Gestaltung der Handlungsfelder der → Kinder- und Jugendhilfe (Kinder-, → Jugend-, Familienförderung, → Hilfen zur Erziehung, sonstige Aufgaben) mit dem Ziel, positive Lebensbedingungen für junge Menschen und ihre Familien zu erhalten oder zu schaffen (§ 1 SGB VIII) und ein qualitativ und quantitativ bedarfsgerechtes Jugendhilfeangebot rechtzeitig und ausreichend bereitzustellen (§ 79 SGB VIII). J. dient der kommunalen → Jugendpolitik (→ Jugendhilfeausschüsse) und den Verwaltungen der → Jugendämter als Steuerungsinstrument bei der Wahrnehmung ihrer Gesamtverantwortung für die Gestaltung der Infrastruktur im Bereich der Jugendhilfe (§ 79 SGB VIII). J. ist Aufgabe des → öffentlichen Trägers der Jugendhilfe, wobei in allen Phasen der Planung die → freien Träger zu beteiligen sind. J. ist kein einmaliger Vorgang, sondern ein kontinuierlicher Prozess fachlicher und politischer Willensbildung und Entscheidungsvorbereitung, der mit Prozessen der → Organisationsentwicklung (von Einrichtungen und Diensten der Jugendhilfe), der fachlichen Steuerung (→ Qualitätsentwicklung) und der ökonomischen Steuerung (→ Controlling) einhergeht.

Als fachliche Entwicklungsaufgabe richtet sich J. auf die Umsetzung aktueller fachlicher Standards in allen Aufgabenfeldern der Jugendhilfe. Als fachpolitische Gestaltungsaufgabe soll J. dazu beitragen, öffentliche Sensibilitäten und Aufmerksamkeiten sowie öffentliche Ressourcen auf die komplexen Aufgaben der Jugendhilfe und damit auf die Sicherung der Lebensbedingungen von jungen Menschen und ihren Eltern zu richten. Damit ist J. nicht nur eine Aufgabe der kommunalen Fachverwaltung (Jugendamt) und der freien Anbieter von Jugendhilfeleistungen (→ Jugendverbände, → Freie Wohlfahrtspflege, → Selbsthilfegruppen, → freigewerbliche Träger etc.), sondern auch ein Forum kommunalpolitischer Entscheidungsfindung (Jugendhilfeausschuss, Rat), und sie ist nicht zuletzt ein Instrument zur verpflichtenden (aber in der Praxis bisher unterentwickelten) Beteiligung der → Adressaten/innen der Jugendhilfe an der Formulierung von Planungszielen, Angebotsstrukturen, Prioritäten und Realisierungsformen (→ Partizipation).

Zentrale Elemente der J. bei der Entwicklung von Strategien zur Lösung der komplexen Aufgaben der Jugendhilfe sind Bestandsaufnahmen, → Bedarfsanalysen und Maßnahmeplanungen (§ 80 SGB VIII). Hierzu gehören qualitative und quantitative Bestands-, Bedarfs-, Sozialraum- und Zielgruppenanalysen, aufgaben- und organisationskritische Bewertungen der Ist-Situation, konkrete Vorschläge zur Ausgestaltung und zur Qualifizierung der Jugendhilfe, Prioritätensetzung für die Umsetzung sowie deren Überprüfung (→ Evaluation).

Eine zentrale Herausforderung liegt in der Weiterentwicklung der J. zu einer ressortübergreifenden integrierten Sozialplanung, wie sie immer stärker (z.B. im Kontext → Früher Hilfen) eingefordert wird.

*Reinhold Schone*

**Jugendhilfestatistik** → Kinder- und Jugendhilfestatistik

**Jugendhilfeträger** übernehmen Aufgaben der → Kinder- und Jugendhilfe (SGB VIII). In § 3 SGB VIII wird unterschieden zwischen → öffentlichen und → freien Trägern der Jugendhilfe. Öffentliche Träger haben die Leistungsverpflichtungen nach dem SGB VIII zu erbringen (§ 3 Abs. 2 SGB VIII) und tragen die Gesamtverantwortung für die Erfüllung der Aufgaben nach dem SGB VIII (§ 79 SGB VIII). Einrichtungen, Dienste und Veranstaltungen sollen an freie Träger delegiert werden, soweit diese in der Lage und bereit sind, die Aufgaben zu übernehmen (Prinzip der → Subsidiarität nach § 4 Abs. 2 SGB VIII).

Träger der öffentlichen Jugendhilfe werden nach § 69 SGB VIII durch Landesrecht bestimmt. Die örtlichen öffentlichen Träger errichten entsprechend § 69 Abs. 3 SGB VIII ein → Jugendamt, welches die Aufgaben gemäß § 85 Abs. 1 SGB VIII wahrnimmt. Überörtliche Träger der Jugendhilfe errichten entsprechend § 69 Abs. 3 SGB VIII → Landesjugendämter, deren Aufgaben in § 85 Abs. 2 SGB VIII geregelt sind. Freie Träger der Jugendhilfe sind z. B. Wohlfahrtsverbände (→ Freie Wohlfahrtspflege), eingetragene → Vereine, → Jugendverbände, (gemeinnützige) Gesellschaften mit beschränkter Haftung etc. Freie Träger müssen nicht zwingend als solche nach § 75 SGB VIII anerkannt werden, und auch nicht anerkannte freie Träger der Jugendhilfe können Aufgaben der Jugendhilfe übernehmen. Nach § 74 Abs. 1 SGB VIII setzt jedoch eine »auf Dauer angelegte Förderung« eine Anerkennung nach § 75 SGB VIII voraus. § 75 SGB VIII regelt entsprechend, wer als freier Träger der Jugendhilfe anerkannt werden kann. Als freie Träger können danach unter bestimmten dort definierten Voraussetzungen juristische Personen und Personenvereinigungen anerkannt werden.

*Matthias Selle*

**Jugendkammer** → Jugendgerichte

**Jugendkriminalität** Unter J. versteht man juristisch die Gesamtheit der von Jugendlichen (14 bis unter 18 Jahre) oder Heranwachsenden (18 bis unter 21 Jahre) verübten Straftaten. Jährlich werden von der Polizei unter 10% der männlichen und unter 5% der weiblichen jungen Menschen (14 bis unter 21 Jahre) in der Polizeilichen Kriminalstatistik (PKS) als tatverdächtig registriert Hierbei handelt es sich aber nur um einen (zu den schwereren Deliktsformen hin verschobenen) Ausschnitt der »Kriminalitätswirklichkeit«. Denn nur ein – deliktspezifisch freilich höchst unterschiedlich großer – Teil von J. wird auch polizeilich registriert. Umfang, Struktur und Entwicklung polizeilich registrierter → Kriminalität (Hellfeld) sind v.a. vom Anzeigeverhalten abhängig. Welche Erscheinungsformen der J. im Fokus öffentlicher Wahrnehmung und des Anzeigeverhaltens sind, unterliegt dem Wandel. Ob einer registrierten Tat auch ein/e Tatverdächtige/r zugeordnet werden kann, wird v.a. von der Aufklärungswahrscheinlichkeit bestimmt (doppeltes Dunkelfeld der PKS). Insgesamt ist – mit Unterschieden im Detail – im Hellfeld nach einer zuvor langen Phase des Anstieges seit etwa 2007 ein Rückgang der Jugendkriminalität in allen Deliktsbereichen zu verzeichnen.

Sog. Täterbefragungen an unausgelesenen Gruppen nach deren delinquentem Verhalten (→ Delinquenz) zeigten diesen Rückgang bereits früher und machen deutlich, dass in der → Jugend Verstöße gegen Strafrechtsnormen ubiquitär, episoden- und bagatellhaft sind. Die übliche Unterscheidung in Kriminelle und Nichtkriminelle muss deshalb ersetzt werden durch die Vorstellung eines Kontinuums, an dessen einem Ende die große Mehrzahl der Jugendlichen mit jugendtypischen, wenigen und leichten Delikten steht, an dessen anderem Ende sich relativ wenige Jugendliche mit vielen und/oder schweren Delikten befinden. Diese allgemeine Verbreitung (Ubiquität) steht in Widerspruch zur (verfehlten) alltagstheoretischen Annahme, Straftaten seien generell Symptome für manifeste Erziehungsdefizite. Erhebliche Unterschiede bestehen aber in Verbreitung, Struktur und Intensität des erfragten delinquenten Verhaltens. Leichte Delikte dominieren; schwere Straftaten sind die Ausnahme. Die Taten werden ferner nicht sehr gehäuft, also mehr als fünfmal, begangen.

Für die meisten jungen Menschen bleibt J. eine Episode im Rahmen ihres Reifungs- und Anpassungsprozesses (Spontanremission). Ferner gilt, dass es – im statistischen Sinne – zwar »normal« ist, im Jugendalter zu delinquieren, aber »anormal«, erwischt und strafrechtlich verfolgt zu werden. Mit steigender Deliktschwere und -häufigkeit wächst indes die Wahrscheinlichkeit polizeilicher Registrierung. Junge Menschen weisen in jeder Gesellschaft und zu allen Zeiten eine deutlich höhere Belastung mit registrierter Kriminalität auf als Erwachsene. Das Deliktsspektrum der Erwachsenen ist wesentlich breiter und typischerweise auch schwerer. Bei Jugendlichen überwiegt opportunistische (durch Gelegenheiten ausgelöste, nicht planvoll begangene), unprofessionelle Bagatellkriminalität, zumeist aus dem Bereich der Eigentums- und Vermögensdelikte. Je jünger die Tatverdächtigen sind, umso höher ist dieser Anteil. Opfer und Täter/in von J. gehören sehr häufig derselben Altersgruppe an.

Die registrierte J. ist überwiegend Kriminalität männlicher junger Menschen. Zwar hat auch die registrierte Kriminalität von jungen Mädchen und Frauen zugenommen, die Zunahmen bei den männlichen Altersgenossen sind indes deutlich größer. Auch nach Befragungsergebnissen ist die Delinquenzbelastung geschlechtsspezifisch unterschiedlich hoch. Bei leichten Delikten, wie Schwarzfahren oder Ladendiebstahl, gleichen sich die Belastungen zwar fast völlig; mit steigender Häufigkeit und Schwere der erfragten Delikte nimmt aber der Geschlechterabstand wieder zu. Dies gilt insbesondere für Gewaltkriminalität (→ Gewalt).

Die → Staatsangehörigkeit ist kein kriminogener Faktor, deshalb ist die Unterteilung in Deutsche und Nichtdeutsche kriminologisch nicht sinnvoll. Zur Belastung von Zugewanderten bzw. von Personen mit Migrationshintergrund gibt es unterschiedliche Befunde. Ein Teil der in manchen Untersuchungen vorgefundenen Höherbelastung junger Menschen mit Migrationshintergrund v.a. bei Gewaltdelikten ist allerdings mit in dieser Gruppe vermehrt auftretenden Belastungsfaktoren zu erklären.

Eine kleine Gruppe von Tatverdächtigen und Verurteilten fällt durch mehrfache Straftatbegehung oder durch die Dauer der Registrierung auf. Die hier verwendeten (oft von der Polizei definierten) Begriffe wie Intensivtäter, Mehrfachtäter oder Schwellentäter sollten nur mit Vorsicht genutzt werden, verweisen aber auf den stabilen Befund, dass deutlich unter 10% der Täter/innen für über die Hälfte aller Taten verantwortlich sind. Risikofaktoren für J. jenseits des ubiquitären Bagatellbereiches liegen in einem komplexen Zusammenspiel individueller und sozialer Faktoren (z.B. demografische Merkmale, Persönlichkeitsmerkmale, persönliche → Einstellungen, → Intelligenz, familiäre Situation, elterliches Erziehungsverhalten, Bindung innerhalb der

Familie, → Peergroups, Schulform, schulische Leistungen, Wohnumfeld). Die Erwartung, diese Gruppe im Einzelfall prospektiv, also zu Beginn ihrer Karriere, bereits erkennen (und präventiv wegschließen) zu können, ist empirisch nicht haltbar. Die kriminologische Verlaufsforschung hat außerdem gezeigt, dass Verläufe „krimineller Karrieren" keineswegs einheitlich sind. → Kriminalprävention bezogen auf J. bedarf daher einer sehr sorgfältigen Analyse der konkreten Situation von Gruppen und Individuen.

*Lit.* Dollinger/Schmidt-Semisch (Hrsg.): Handbuch Jugendkriminalität: Kriminologie und Sozialpädagogik im Dialog, 2. Aufl., Wiesbaden 2011; Neubacher, F.: Kriminologie, 2. Aufl., Baden-Baden 2014; Spieß, G.: Jugendkriminalität in Deutschland – zwischen Fakten und Dramatisierung. Kriminalstatistische und kriminologische Befunde, Konstanz 2012; Walter, M./Neubacher, F.: Jugendkriminalität: eine systematische Darstellung, Stuttgart 2011.

*Theresia Höynck*

**Jugendkultur** Mit dem Begriff J. (engl. youth culture) werden Gesellungsgebilde bezeichnet, die durch spezifische Auslegungs- und Ausdrucksschemata und eine sozialräumliche Interaktionsdichte gekennzeichnet sind, die sich darin von einer in Anschlag gebrachten Erwachsenenkultur unterscheiden und denen sich Menschen anschließen, um positive Erlebnisse zu machen, Identitätsentwürfe zu erproben, → Kompetenzen zu entwickeln und um sich mit Gleichgesinnten zu vergemeinschaften.

Der Begriff J. wird verstärkt seit den 1980er-Jahren in Abgrenzung zum Begriff der Subkultur verwandt. Subkulturen bezeichnen relativ »geschlossene« Interaktionskontexte von Personen aus ähnlichen sozialen (Klassen-)Lagen (→ Sozialstruktur). Aufgrund → sozialer Ausgrenzung und Deprivation – so die Annahme – entwickeln gesellschaftlich benachteiligte soziale Gruppen (typischerweise Jugendliche, ethnische Minderheiten und/oder sozioökonomisch prekär gestellte Menschen) in Subkulturen Praktiken und → Einstellungen, die ihnen Anerkennung unter Gleichgesinnten verschaffen, darin aber in Widerspruch und Konflikt zu hegemonialen, hochkulturellen, legitim erachteten und mehrheitlich akzeptierten Praktiken und Einstellungen in der → Gesellschaft stehen.

In Kritik an der Vorstellung einer Hegemonialkultur, einer vertikalen sozialen Differenzierung in Klassen und der Bewertung des → Verhaltens von Jugendlichen als deviant (→ Devianz), wurde sukzessive der Begriff J. präferiert. Damit wird die Eigenständigkeit der → Jugend sowie ein notwendiger Raum zur Entfaltung Jugendlicher (auch mit gewisser Toleranz abweichenden Verhaltens) betont. J. sind v.a. biografisch begrenzte, gesellschaftlich verankerte Sonderwelten, die vorrangig als Freizeitphänomene behandelt werden. Als Kulturen der Jugend bleibt, wie bei Subkulturen auch, die Abgrenzung von Erwachsenen (und damit ein Fokus auf Peers, d.h. Gleichaltrige) bestehen. Insofern nicht nur Jugendliche, sondern juvenil orientierte Menschen in J. zusammenkommen, findet sich auch der Begriff (Jugend-)Szenen.

Aufgrund gesellschaftlicher Entwicklungen (die auch in J. wirksam werden), v.a. der Pluralisierung kultureller Sinnangebote, die über Medienformate global verbreitet und lokal adaptiert werden und der dadurch beförderten → Individualisierung situativer und biografischer Entscheidungen, finden sich heute eine Vielzahl an Jugendkulturen. J. meint eine unter vielen Jugendkulturen (und damit nicht die J. einer Generation) im gegenwartsgesellschaftlichen »Supermarkt der Sinndeutungsangebote«. Wichtiger als die Abgrenzung von einer Erwachsenenkultur ist dabei die Abgrenzung von J. untereinander, hinsichtlich der als interessant und relevant erachteten Themen und damit verbundenen Praktiken, der lebenspragmatischen Einstellungen und biografischen Orientierungen, der Modi der Selbststilisierung und den Authentizitätsansprüchen. J. dienen dabei nicht nur der Ausbildung von Konsumpräferenzen, Erlebnisorientierungen und → Lebensstilen, sondern dienen auch weitgreifender als »Laboratorien der Moderne«. D.h., in J. erproben, entwickeln, adaptieren und tradieren Menschen sozial geteilte Verhaltensweisen, Kompetenzen und Handlungsorientierungen, die auch über die Jugend und die Zugehörigkeit zu J. hinaus wirksam bleiben.

*Paul Eisewicht*

**Jugendleiter/in** Der Begriff J. steht ursprünglich für hauptberufliche, pädagogische Fachkräfte, die nach dem Abschluss einer Fachschule (Seminar für Kindergärtner/innen, Hortner/innen) und einer sozialpädagogischen Berufspraxis eine zweijährige Ausbildung an Höheren Fachschulen/Jugendleiterseminaren absolvierten. Tätigkeitsfeld von J. waren sozialpädagogische Arbeitsgebiete insbesondere in der Jugendpflege. Die Ausbildung zum/zur J. ging Ende der 1960er-Jahre im Studium der Sozialpädagogik an Fachhochschulen auf (→ Studium der Sozialen Arbeit). Heute wird der Begriff J. für freiwillig-ehrenamtlich engagierte Mitarbeiter/innen in der Kinder- und → Jugendarbeit verwendet. J. sind vorwiegend Jugendliche und junge Erwachsene, die unterschiedliche Angebote der Jugendarbeit planen, durchführen und verantworten. Die überwiegende Mehrheit der J. engagieren sich in → Jugendverbänden. Basis für die Gewinnung von J. sind die vielfältigen Angebote der Jugendarbeit. Junge Menschen werden, animiert von eigenen Erfahrungen und motiviert durch J. und berufliche Fachkräfte, selbst als J. Verantwortung zu übernehmen. Das Spektrum der Tätigkeiten von J. hat sich im Lauf der Zeit so verbreitert, wie sich das Handlungsfeld Jugendarbeit ausdifferenziert hat. Immer noch von großer Bedeutung sind dabei die Leitung von Kinder- und Jugendgruppen, die Planung und Durchführung von Ferienfreizeitmaßnahmen und die Mitwirkung bei zeitlich befristeten Projekten. Ein Teil der J. wirkt bei der Durchführung von Bildungsmaßnahmen mit oder engagiert sich in der verbands- und jugendpolitischen Interessenvertretung.

Die Übernahme von Tätigkeiten als J. setzt ein differenziertes Qualifizierungsprogramm voraus, das Jugendverbände, → Jugendringe, aber auch → örtliche Träger der öffentlichen → Kinder- und Jugendhilfe vorhalten. Hier werden grundlegendes Wissen und fachspezifisches Know-how für die Jugendarbeit vermittelt. Diese Bildungsmaßnahmen werden i.d.R. aus kommunalen Haushalten und den → Landesjugendplänen gefördert. Nach der Absolvierung dieser Maßnahmen können die J. eine Jugendleiter-Card (Juleica) erhalten. Mit ihr sind verschiedene, regional sehr unterschiedliche Vergünstigungen für die Inhaber/innen verbunden. Sie ist gleichzeitig der Beleg für die absolvierte Ausbildung des/der innehabenden J., deren zeitlicher Umfang sowie Rahmeninhalte auf dem Verordnungsweg in den Bundesländer geregelt sind. Pro Jahr werden mindestens 30.000 Juleicas ausgegeben (vgl. www.juleica.de). Es muss aber von einer weit höheren Zahl von J. ausgegangen werden, weil die Juleica keinen verpflichtenden Charakter hat, zumal noch immer nicht alle Absolvent/innen von J.-Bildungsmaßnahmen die Ausstellung einer Juleica beantragen.

*Mike Corsa*

**Jugendmedienschutz** Der J. ist im bundesweit geltenden Jugendschutzgesetz (JuSchG) und im J.-Staatsvertrag der Länder (Staatsvertrag über den Schutz der Menschenwürde und den Jugendschutz in Rundfunk und Telemedien – JMStV) geregelt. Der Schutzaspekt bezieht sich darauf, Kinder und Jugendliche vor dem Konsum gefährdender bzw. beeinträchtigender Medieninhalte zu schützen (s. auch → Medienbildung). Gesetzlich wird zwischen Träger- und Telemedien unterschieden. Trägermedien sind gegenständliche Medien, z.B. DVDs, CDs und Bücher. Telemedien sind elektronische Kommunikations- oder Informationsdienste, z.B. Fernsehen, Radio und Internet. Bei der Einschätzung einer möglichen Jugendgefährdung wird zwischen einer schweren Jugendgefährdung (§ 15 Abs. 2 JuSchG) und einer Entwicklungsbeeinträchtigung (§ 14 Abs. 2 JuSchG; § 5 JMStV) unterschieden. Anbieter haben durch Sendeverbote/Sendezeitgrenzen bzw. Altersverifikationssysteme/Jugendschutzfilter dafür Sorge zu tragen, dass Kinder und Jugendliche einer Altersstufe diese (üblicherweise) nicht wahrnehmen können.

Die Regulierung des → Jugendschutzes im Medienbereich wird in Deutschland von verschiedenen Kontrollinstitutionen ausgeführt: Die Alterskennzeichnung von Kinofilmen, Videos, DVDs obliegt der Freiwilligen Selbstkontrolle der Filmwirtschaft – FSK (www.fsk.de), für die Altersfreigabe vom Computer-, Videospielen ist die Unterhaltungssoftware-Selbstkontrolle – USK zuständig (www.usk.de). Bei der FSK und der USK wirken jeweils von den Ländern berufene Ständige Vertreter der Obersten Landesjugendbehörden mit, die im Begutachtungsverfahren auf der Grundlage der Empfehlungen des Prüfgremiums die Altersfreigaben erteilen. Es gelten folgende Altersgrenzen: ohne Altersbeschränkung, ab sechs, ab zwölf, ab 16 und ab 18 Jahre. Im System der regulierten Selbstkontrolle können Medienanbieter die Umsetzung und Kontrolle der vom Gesetz vorgegebenen Regeln selbst organisieren und sich in sog. Freiwilligen Selbstkontrolleinrichtungen zusammenschließen. Auf der Basis des JMStV ist die Kommission für J. – KJM (www.kjm-online.de) für die Anerkennung und Aufsicht im Rundfunkbereich und bei Telemedien zuständig. Staatlich anerkannte freiwillige Selbstkontrollen sind die Freiwillige Selbstkontrolle Fernsehen (FSF), ein Zusammenschluss von Privatsendern (www.fsf.de) und die Freiwillige Selbstkontrolle Multimedia-Diensteanbieter (FSM), ein Zusammenschluss von Anbietern von Online-Diensten (www.fsm.de). Seit 2011 sind die FSK und die USK auch für Online-Angebote der Filmwirtschaft (www.fsk-online.de) bzw. die Prüfung von Onlinespielen (USK) zuständig. Die öffentlich-rechtlichen Fernsehsender verfügen über eigene Kontrollgremien und Regelungen. Darüber hinaus hat jeder Sender/Anbieter einen Jugendschutzbeauftragten zu berufen. Die Indizierung jugendgefährdender Medien wird von der Bundesprüfstelle für jugendgefährdende Medien (BPjM) vorgenommen (www.bundespruefstelle.de). Mit der Bekanntgabe der Indizierungsentscheidungen im Bundesanzeiger treten Vertriebs- und Verbreitungsbeschränkungen sowie Werbeverbote in Kraft.

*Ingrid Hillebrandt*

**Jugendmigrationsdienst** (JMD) ist ein Beratungsdienst der → Jugendsozialarbeit für Jugendliche und junge Erwachsene mit Migrationshintergrund (→ Migration, → Migrationssozialarbeit) im Alter von 12 bis 27 Jahren. Durchschnittlich 90.000 junge Menschen werden pro Jahr deutschlandweit von den JMD an 450 Standorten begleitet und beraten, insbesondere in Fragen der → Bildung und Ausbildung. Die JMD fungieren als Anlauf, Koordinierungs- und Vermittlungsstelle für die jungen Menschen und deren Eltern und unterstützen die → interkulturelle Öffnung → sozialer Dienste und → Einrichtungen. Sie geben jugendspezifische, präventive und lebenslagenorientierte Hilfestellungen (→ Lebenslage), die auf die sprachliche, schulische, berufliche und soziale → Integration zielen, um individuelle und strukturelle Benachteiligungen (→ soziale Benachteiligung) auszugleichen. Sie stärken zudem den Prozess der Persönlichkeitsentwicklung und die vorhandenen → Kompetenzen. Die JMD bedienen sich dabei des Verfahrens des → Case Managements sowie des Instruments des individuellen Integrationsförderplans.

Neben diesen Angeboten kommt gemeinwesenorientierten Ansätzen (→ Gemeinwesenarbeit) eine hohe Bedeutung zu. Im Vordergrund stehen dabei der Aufbau örtlicher und sozialer Netzwerke u.a. mit Schulen, Initiativen und Institutionen, Betrieben, Arbeitsagenturen (→ Agentur für Arbeit), um Lebenslagen zu verbessern (→ Jugendhilfeplanung), sowie die → Öffentlichkeits- und Lobbyarbeit.

*José Torrejón*

**Jugendplan** → Landesjugendpläne

**Jugendpolitik** Mit J. wird ein alters- und lebensphasenspezifischer Fokus der Politikgestaltung und Politikbewertung zum Ausdruck gebracht: J. bezeichnet die ressortübergreifenden, aber dennoch konzeptionell zusammenhängenden politischen Diskurse, Programme und Entscheidungen, bei denen die Alters- und Lebensphase → »Jugend« sowie die lebensphasenspezifisch zu bewältigenden Aufgaben im Mittelpunkt stehen. Die Konstituierung von J. setzt voraus, dass Jugend von den Lebensphasen → »Kindheit« und »Erwachsensein« abgegrenzt werden kann. Trotz der unscharf gewordenen Konturen von »Jugend« ist weiterhin auszugehen von einer biografischen Phase zwischen Kindheit und Erwachsensein, die mit bestimmten »Entwicklungsaufgaben« verbunden ist und die auch in der gesellschaftlichen Praxis gehandhabt wird als eine Phase, die gegenüber der Kindheit mit erhöhten Freiräumen und Handlungschancen ausgestattet ist, aber im Vergleich zu Erwachsenen mit Restriktionen (insbesondere ökonomische Abhängigkeit) verbunden ist. Auf die Besonderheiten dieser Alters- und Lebensphase ist J. in ihrer Generationenperspektive ausgerichtet.

J. ist mehr als eine Ressortpolitik in den engen Grenzen einer Ministeriumszuständigkeit. In Anlehnung an eine vom → Bundesjugendkuratorium (2009) ausgearbeitete Systematik einer »kohärenten J.« lassen sich vier Dimensionen von J. unterscheiden: (1) J. als Schutz- und Unterstützungspolitik: Jugendliche sollen Gestaltungs- und Unterstützungsmöglichkeiten erhalten, um ihre Entwicklungspotenziale zu nutzen und Risiken dieser Lebensphasen produktiv zu bewältigen, u.a. durch → Jugendschutz, Jugendhilfe, → Jugendmedienschutz, → Gesundheitsförderung. (2) J. als Befähigungspolitik: → Bildung und Befähigung zur gesellschaftlichen → Teilhabe, Verknüpfung unterschiedlicher Lernorte in der Bildungsbiografie junger Menschen stehen im Zentrum. Bildung soll als umfassende Befähigung, als Faktor sozialer → Inklusion und als Schlüssel zu gesellschaftlicher Teilhabe profiliert werden. (3) J. als Teilhabepolitik: In dieser Dimension wird hervorgehoben, dass Jugend nicht nur als eine transitorische Lebensphase verstanden werden kann, sondern auch als eine »gegenwärtige Phase« mit aktuellen Partizipationsmöglichkeiten ausgestattet werden muss – → Partizipation in verschiedenen gesellschaftlichen Bereichen und politische Rechte von jungen Menschen. (4) J. als Generationenpolitik: Hier geht es um Generationengerechtigkeit nicht nur im Hinblick auf künftige Lastenverteilungen zwischen den Generationen, sondern auch um die Frage, ob und wie aktuell junge Menschen in gerechter Weise Zugang zu den gesellschaftlichen Ressourcen (Geld, Zeit, Raum) erhalten (synchrone Generationsgerechtigkeit). Ein solches Konzept einer »kohärenten J.« bedarf einer kompetenten Bündelung in einem eigenen Ressort sowie einer geregelten ressortübergreifenden Kooperation mit → Familien-, Bildungs-, Arbeits-, Integrations- oder auch Gesundheitspolitik, und dies auf den verschiedenen politischen Handlungsebenen (Bundes-, Landes-, Kommunalpolitik).

*Joachim Merchel*

**Jugendpsychiatrie** → Kinder- und Jugendpsychiatrie (KJP)

**Jugendreligionen** → Sekten

**Jugendringe** sind freiwillige Zusammenschlüsse der → Jugendverbände auf kommunaler, Landes- und Bundesebene zur gemeinsamen Interessensvertretung der Jugendverbandsarbeit. J. haben den Charakter von Arbeitsgemeinschaften und achten die Mitgliedsorganisationen, unabhängig von politischen, weltanschaulichen und religiösen Unterschieden. Jeder Jugendverband, der in den Bereichen der Jugendpflege und der → Jugendpolitik tätig ist, hat die Möglichkeit zur Mitarbeit. Entscheidend ist neben einer Orientierung an freiheitlich-demokratischen Grundsätzen die Unabhängigkeit von einem Erwachsenenverband. Grundsätzliche Aufgabe der J. ist es, sich durch → Jugendarbeit, Jugendpolitik und Öffentlichkeitsarbeit für die Belange junger Menschen einzusetzen und so zu verbesserten Rahmenbedingungen der Kinder- und Jugendarbeit der Verbände beizutragen. Die Vertretung der Interessen der Mitgliedsorganisationen durch den J. in unterschiedlichen Vertretungskörperschaften oder im → Jugendhilfeausschuss trägt zur Positionierung und Profilierung der Jugendarbeit bei. J. beraten die ehrenamtlich/hauptamtlich tätigen Mitarbeiter/innen der Jugendverbände bei ihrer Aufgabenwahrnehmung. Auf kommunaler Ebene sind einige J. auch selbst Träger von Einrichtungen der Kinder- und Jugendarbeit. Organisationsform der J. ist meist die des eingetragenen → Vereins, in Bayern die einer Körperschaft des öffentlichen Rechts. Die 16 auf Landesebene organisierten J. sind im → Deutschen Bundesjugendring zusammengeschlossen.

*Petra Mund*

**Jugendschöff/in** → Jugendgerichte

**Jugendschutz** Der Begriff J. ist breit gefasst und umfasst neben den dem Schutz junger Menschen dienenden Regelungen im → Kinder- und Jugendhilfegesetz (SGB VIII) sogenannte Schutznormen, die sich auf typische Gefährdungslagen von Kindern und Jugendlichen in der Öffentlichkeit beziehen. Hierbei wird häufig auch vom gesetzlichen J. gesprochen, wobei dieser Begriff irreführend ist, weil auch der im SGB VIII normierte J. einen gesetzlichen Auftrag hat.

Zum J. zählen Normen mit ordnungsrechtlicher Bestimmung zum Schutz von Kindern und Jugendlichen in der Öffentlichkeit, wie etwa das Jugendschutzgesetz (JuSchG), die Gewerbeordnung (GewO), das Gaststättengesetz (GastG). Diese Regelungen richten sich vornehmlich gegen den möglichen Verursacher einer Gefährdungslage, also an Personen wie Gastwirte, Verkäufer von Alkohol und Tabak, Veranstalter von Filmvorführungen, Spielhallenbetreiber. Sie dienen damit der Abwehr von konkreten Gefahren. Mittel zur Durchsetzung des J. in diesen Bereichen können Verbote, Beschlagnahmen und Bußgelder sein. Der umfangreichste Teil des J. betrifft den Bereich der Medien (→ Jugendmedienschutz). Hier hat eine Bundesoberbehörde, die Bundesprüfstelle für jugendgefährdende Medien, besondere Kompetenzen im Hinblick auf die Indizierung von Medien, §§ 17 ff. JuSchG.

Hiervon zu unterscheiden ist der im SGB VIII in § 14 als eigenständiges Leistungsangebot der → Kinder- und Jugendhilfe normierte erzieherischer Kinder- und Jugendschutz. Er ist Teil eines weit verstandenen Jugendförderungsbegriffs, der vornehmlich auf Primärprävention und Integration ausgerichtet ist. Im Vordergrund stehen deswegen Angebote, die junge Menschen selbst oder mithilfe ihrer Eltern dazu befähigen sollen, sich vor gefährdenden Einflüssen zu schützen und sie zu Kritikfähigkeit, Entscheidungsfähigkeit, und Eigenverantwortung sowie Verantwortung gegenüber Mitmenschen zu aktivieren. Hierbei handelt es sich meist um alters- und entwicklungsgemäße Informationsveranstaltungen insbesondere im Freizeitbereich. Solche Maßnahmen dienen der Aufklärung und sollen zudem sinnhafte Alternativen bei der Lebensgestaltung und -bewältigung aufzeigen und einüben. Die Rechtzeitigkeit solcher Angebote macht erforderlich, schon Kinder gezielt anzusprechen und dabei mit den → Kindertageseinrichtungen und Schulen zusammenzuarbeiten. § 14 SGB VIII dient also der Abwehr potenzieller Gefahren.

Der ordnungsrechtliche und der erzieherische J. haben zwar unterschiedliche Rechtsgrundlagen, Maßnahmen und → Adressat/innen, häufig jedoch vergleichbare thematische Inhalte, etwa den Umgang mit Medien und Computerspielen, Alkohol- und Drogenprävention (→ Sucht), Nichtraucherschutz, den Schutz vor und den Umgang mit → Gewalt. Hiervon zu unterscheiden ist der Bereich des → Kinderschutzes im Rahmen des Schutzauftrags des öffentlichen → Jugendhilfeträgers bei Gefährdung des → Kindeswohls. Ebenfalls unterschieden werden muss der strafrechtliche J. (§§ 174 ff. Strafgesetzbuch). Hier geht es v.a. um den Schutz der sexuellen Unversehrtheit und sexuellen Selbstbestimmung junger Menschen.

*Réka Fazekas*

**Jugendsekten** → Sekten

**Jugendsozialarbeit** Unter J. werden gezielte, insbesondere auf die → Familie und das → soziale Umfeld, die Schule und die Ausbildung bezogene Hilfen für junge Menschen in besonderen sozialen Lebensverhältnissen verstanden. Die Angebote sollen v.a. zu mehr → Chancengerechtigkeit verhelfen und dazu beitragen, dass die betroffenen jungen Menschen am wirtschaftlichen, gesellschaftlichen, kulturellen und politischen Leben der → Gesellschaft teilhaben können.

Anfang der 1950er-Jahre verstand sich J. als Antwort auf die schwierige gesellschaftliche Situation der Jugendlichen nach dem Zweiten Weltkrieg: Viele von ihnen waren ohne Familie und ohne jegliche soziale und beruflichen Perspektive. Durch berufsbezogene Hilfen in Heimstätten – die Ursprünge der heutigen Jugendwohnheime – und in offenen Jugendgemeinschaftswerken wollte man diesen ein Zuhause geben und sie gleichzeitig mit existenzsichernden (handwerklichen) Qualifikationen ausstatten. Insoweit sind die originären Handlungsfelder der J. auch heute die Berufsvorbereitung, Ausbildung bzw. Umschulung. Allerdings hat sich durch den Ausbau präventiver Strategien das Aufgabenspektrum deutlich erweitert. So werden gerade auch jene jungen Menschen gezielt unterstützt, die durch unzureichende Sozialisationsbedingungen in Familie, Schule und sozialem Umfeld von gesellschaftlicher → Teilhabe ganz oder teilweise ausgeschlossen werden. Zur Zielgruppe der J. gehören deshalb v.a. Jugendliche, die die Schule verweigern (→ Schulverweigerung), ohne Abschluss die Schule verlassen, ohne Ausbildungs- und Arbeitsplatz sind, Sozialisationslücken haben; dies gilt insbesondere für Jugendliche und Kinder in schwierigen sozialen Lebensverhältnissen bzw. in Stadtteilen mit besonderem Entwicklungsbedarf, mit Migrationshintergrund und für jugendliche Zugewanderte aus den Aussiedlungsgebieten (§ 13 SGB VIII). Dabei konzentriert sich J. zumeist auf die Begleitung junger Menschen und ihrer Familien in Statuspassagen, also in den Bildungsübergängen bzw. in sozialen Krisensituationen.

J. will die gesellschaftliche Teilhabe junger Menschen durch gezielte Integrationshilfen sicherstellen. Dazu zählen insbesondere die Vermittlung sozialer Schlüsselkompetenzen (z.B. Team- und Konfliktfähigkeit etc.) und die Unterstützung beim Erwerb schulischer bzw. ausbildungsbezogener → Kompetenzen. J. verschafft darüber hinaus den Jugendlichen die Zugänge zu gesellschaftlichen → Ressourcen, die ihnen auf Grund ihrer → Lebenslage bislang wenig oder gar nicht zugänglich waren. J. versteht sich deshalb in der Arbeit mit dem einzelnen jungen Menschen als »biografische Begleitung« und als Anlaufstelle und Stellwerk zur Initiierung, Koordinierung und Vernetzung der informellen und formellen Ressourcen und Hilfenetzwerke (Familie, Schule, Jugendhilfeangebote, Berufsausbildung, → Peergroup usw.). Ausgangspunkt und Orientierungsrahmen ist dabei die unmittelbare → Lebenswelt des jungen Menschen. Die Handlungsfelder der J. reichen heute von der Krisenberatung und -begleitung, der → Schulsozialarbeit, der mobilen und aufsuchenden Jugendarbeit (z.B. → Streetwork) bis hin zur Jugendberufshilfe und der Nachbetreuung. Sie hat sowohl migrations- als auch geschlechterspezifische Aspekte zu berücksichtigen. Heute werden unter J. alle sozialen und berufsbezogenen Angebote, Leistungen und Eingliederungshilfen für junge Menschen in krisenbehafteten Lebensverhältnissen und -situationen verstanden.

*Josef Faltermeier*

**Jugendsoziologie** Aus soziologischer Sicht ist → Jugend keinesfalls ein durch festgelegte Altersgrenzen definierter Zeitraum, sondern eine eigenständige Phase innerhalb des Lebenslaufs, die zwischen dem Ende der Kindheit und dem Beginn des Erwachsenwerdens liegt. Häufig werden der Anfang der → Pubertät als Beginn der Jugendphase und Ereignisse wie Eheschließung oder Familiengründung bzw. der Übergang in die Erwerbstätigkeit als deren Ende definiert. Beginn und Ende der Jugendphase sind somit einerseits Ergebnis individueller biografischer Entwicklungen und Entscheidungen – andererseits durch gesellschaftliche Rahmenbedingungen definiert. Die große Bedeutung der gesellschaftlichen und historischen Rahmenbedingungen für die Definition der Jugendphase verweist zugleich auf ihre Veränderlichkeit und Heteroginität. Aus soziologischer Sicht gibt es die Jugend als homogene Gruppe nicht, weil sich Jugend in verschiedenen historischen Situationen und/oder für verschiedene soziale Gruppen (Jungen, Mädchen, Jugendliche unterschiedlicher sozialer Herkunft) unterschiedlich darstellt.

Menschen, die ihre Jugendphase mehr oder weniger gleichzeitig durchleben, werden als Generation bezeichnet. Damit verbindet sich auch die Annahme, dass sie durch die spezifische historische Konstellation, in der sie aufwachsen, in ähnlicher Weise geprägt werden und ähnliche soziale Muster hinsichtlich ihrer Einstellungen und Verhaltensweisen aufweisen. In diesem Zusammenhang wird von der J. kritisch angemerkt, dass dies allenfalls für außergewöhnlich prägende historische

Ereignisse, wie beispielsweise das Erleben des Ersten Weltkrieges oder der Fall der Mauer gelte. Populäre Etikettierungen wie »Generation Golf« oder »Generation X« hingegen unterstellten eine Art Kollektivbewusstsein, welches sich empirisch nicht nachweisen lasse.

Zentrales Merkmal der Jugendphase ist vielmehr einerseits ihre Expansion und andererseits die damit verbundene Ausdifferenzierung dieser Lebensphase. Im Zuge der Industrialisierung und den damit einhergehenden steigenden Qualifikationsanforderungen durchlebten auch Kinder der Landbevölkerung oder der Arbeiterschaft längere, über die grundständige Schulbildung hinausgehende, Bildungs- und Ausbildungsphasen. Mit dieser Entwicklung verbanden sich auch neue Sozialisationserfahrungen (→ Sozialisation) außerhalb der → Familie, sodass diese »Schonfrist« – zumindest für junge Männer – auch zu einer Zeit biografischer Orientierung und Ablösung von der Herkunftsfamilie wurde. Im Zuge der Bildungsexpansion und der damit einhergehenden Individualisierung hat sich die Jugendphase seit den 1970er-Jahren noch einmal erheblich verlängert und ausdifferenziert. In dem Maße, in dem → Normen hinsichtlich der Lebensgestaltung, z.B. in Bezug auf Geschlechterrollen oder Familiengestaltung, an Bedeutung verlieren, wird die Gestaltung eines eigenen Lebensentwurfs zu einer individuellen Herausforderung. Andererseits verweist die J. auf wachsende → soziale Ungleichheit in der Bildungsbeteiligung und der materiellen Teilhabe zwischen den Jugendlichen, die zunehmend zum Gegenstand sozialpolitischer Interventionen werden, und die die Möglichkeiten einer selbstbestimmten Lebensgestaltung einschränken.

*Bettina Kohlrausch*

**Jugendstrafe** ist die einzige Kriminalstrafe, die nach dem → Jugendgerichtsgesetz (JGG) verhängt werden kann. Auf die J. entfielen im Jahr 2013 etwa 16% der durchdeutsche Gerichte nach Jugendstrafrecht erfolgten Verurteilungen. Sie wird – freilich mit für die Verurteilten gegenüber der → Freiheitsstrafe günstigeren Auskunftsregelungen und Tilgungsfristen – im → Bundeszentralregister vermerkt. Nach § 17 Abs. 2 JGG wird J. verhängt, wenn in nicht unerheblichen Straftaten schädliche Neigungen des/der Jugendlichen oder Heranwachsenden hervorgetreten sind, derentwegen → Erziehungsmaßregeln und → Zuchtmittel zur → Erziehung nicht ausreichen, oder wenn die Schwere der → Schuld → Strafe erfordert. Unter »schädlichen Neigungen« versteht der Bundesgerichtshof verfestigte Sozialisationsmängel, die eine weitere erhebliche Straffälligkeit befürchten lassen. In diesen Fällen muss die J. nicht positiv (als geeignete Erziehung) erforderlich sein. Sie wird vielmehr verhängt, wenn andere Maßnahmen keinen Erfolg versprechen (Ultima Ratio). Ihr Ziel ist aber → Resozialisierung, jedenfalls Spezialprävention (→ Kriminalprävention). Verbleiben Zweifel am Vorliegen der schädlichen Neigungen, kann die Verhängung der J. auch für eine Bewährungszeit ausgesetzt werden (§ 27 JGG). Wird die J. mit der »Schwere der Schuld« begründet, was schwerwiegende Straftaten voraussetzt, dann hat sie stärker vergeltenden und schuldausgleichenden Charakter. Deshalb spricht man auch von der »Doppelnatur « der J.

Die Mindestdauer der J. beträgt sechs Monate, das Höchstmaß für Jugendliche fünf (§ 18 Abs. 1 S. 1 JGG), bei schwersten Verbrechen zehn Jahre; für Heranwachsene zehn, bei Mord in Fällen besonderer Schwere der Schuld 15 Jahre (§ 105 Abs 3 S. 2 JGG). Die konkret festzusetzende Dauer der J. wird nach oben durch die Schwere des verschuldeten Unrechts begrenzt. Sie darf, auch wenn dies aus erzieherischen Gründen geboten sein sollte, nicht über diese Grenze hinausgehen. Sie kann aber, anders als die Strafe im allgemeinen Strafrecht, aus den vorrangig zu beachtenden erzieherischen Gründen unter dem nach Tat und Schuld mindestens »Verdienten« festgesetzt werden (vgl. § 18 Abs. 2 JGG). Die Strafrahmen des allgemeinen Strafrechts gelten nicht (§ 18 Abs. 1 S. 3 JGG).

J. bis zur Dauer von zwei Jahren wird bei guter Prognose zur Bewährung (→ Strafaussetzung) ausgesetzt (§ 21 Abs. 2 JGG). Dies geschah im Jahr 2013 bei ca. 61% der 13.187 verhängten J. Die Strafaussetzung zur Bewährung ist obligatorisch mit der Unterstellung unter die Aufsicht eines/einer Bewährungshelfer/in (→ Bewährungshilfe) verbunden und wird im Regelfall mit der Erteilung von Weisungen oder Auflagen (→ Erziehungsmaßregeln) verknüpft. 2013 wurde zusätzlich der sog. Warnschussarrest eingeführt (§ 16 a JGG), der einen bis zu vier Wochen langen Jugendarrest bezeichnet, der von den Gerichten als Ergänzung einer Jugendstrafe, die zur Bewährung ausgesetzt wurde, verhängt werden kann. Voraussetzung ist, dass der Arrest geboten ist, die Verantwortlichkeit für das begangene Unrecht zu verdeutlichen, diese aus ihrem schädlichen Umfeld zu trennen oder nachdrücklich erzieherisch auf sie einzuwirken. Ob sich diese stark umstrittene Maßnahme bewährt, wird derzeit evaluiert.

Die nicht zur Bewährung ausgesetzte oder nach Bewährungswiderruf zu vollstreckende J. wird in Jugendstrafanstalten vollzogen (→ Jugendstrafvollzug). Hat der/die Verurteilte ein Drittel der J. verbüßt, so kann der/die für die jeweilige Jugendstrafanstalt zuständige Jugendrichter/in, der/die Vollstreckungsleiter/in, ihn/sie zur Bewährung entlassen (§ 88 JGG). Voraussetzung für eine vorzeitige Entlassung ist allerdings eine günstige Sozial- und Legalprognose.

*Jörg-Martin Jehle*

**Jugendstrafrecht** → Jugendgerichtsgesetz (JGG)

**Jugendstrafvollzug** ist der Vollzug der → Jugendstrafe in einer Jugendstrafanstalt. Im Jahr 2014 befanden sich insgesamt 4.910 nach Jugendstrafrecht Verurteilte in den Jugendvollzugseinrichtungen in Deutschland; davon 181 junge Frauen, die in abgetrennten Abteilungen von Frauenanstalten untergebracht waren (→ Frauenstrafvollzug). Die Insassen des J. machten in den letzten 20 Jahren zwischen 6% und 10% aller Gefangenen aus. Die Schwankungen beruhen weitgehend auf der Veränderung des Anteils junger Menschen an der Gesamtbevölkerung.

In seinem Grundsatzurteil vom 31.5.2006 stellte das → Bundesverfassungsgericht fest, dass für den bisherigen Strafvollzug am Jugendlichen eine verfassungsrechtlich notwendige gesetzliche Grundlage fehlte, die den Besonderheiten der jungen Menschen ausreichend Rechnung trägt, und stellte konkrete Qualitätsanforderungen: Bereitstellung ausreichender Bildungs- und Ausbildungsmöglichkeiten, Formen und Unterbringung und Betreuung, die → soziales Lernen in Gemeinschaft, aber auch den Schutz Inhaftierter vor wechselseitiger → Gewalt ermöglichen, ausreichende pädagogische und therapeutische Betreuung sowie eine mit angemessenen Hilfen für die Phase nach der Entlassung verzahnte Entlassungsvorbereitung. Nach der verwirklichten Förderalismusreform (→ Förderalismus) ist die Gesetzgebungskompetenz für den → Strafvollzug auf die Länder übergegangen, sodass zum 1.1.2008 separate Landesjugendstrafvollzugsgesetze sowie betreffende Regelungen innerhalb allgemeiner Strafvollzugs- oder Justizvollzugsgesetze in Kraft getreten sind; diese weichen in Teilbereichen voneinander ab, stimmen jedoch im Kern überein, was die Umsetzung der zentralen Forderungen des Bundesverfassungsgerichts angeht. Die gerichtliche Zuständigkeit im J. ist dagegen beim Bundesgesetzgeber verblieben (§ 92 → Jugendgerichtsgesetz [JGG]). Bundesrechtlich geregelt bleiben weiter die Herausnahme von Heranwachsenden oder Jungerwachsenen aus dem J. sowie die hinsichtlich Vollzugsmaßnahmen zur Verfügung stehenden → Rechtsbehelfe (§§ 90 ff. JGG). Darüber hinaus schreibt der Bundesgesetzgeber in § 2 Abs. 2 S. 2 JGG den Erziehungsgedanken als Leitlinie des Jugendstrafrechts fest. Die → Erziehung der Jugendlichen dient als primäres Mittel der Erreichung des Vollzugsziels: die Befähigung der Jugendlichen zu einem künftigen Leben ohne weitere Straftaten.

Teilweise wird unter Hinweis auf die schädlichen Folgen der Jugendstrafe eine Abschaffung der J. gefordert. Hierbei muss allerdings beachtet werden, dass aufgrund der Ausrichtung des Jugendstrafrechts in den meisten Fällen eine Vielzahl von milderen erzieherischen Sanktionen vorangegangen ist und sich im Vollzug eine von den einzelnen Instanzen ausgelesene hochproblematische Klientel befindet, sodass zum J. derzeit keine Alternative besteht.

*Jörg-Martin Jehle*

**Jugendverbände** sind freiwillige Zusammenschlüsse der Selbstorganisation junger Menschen mit dem Ziel, durch → Jugendarbeit soziale Bildungsangebote für unterschiedliche gesellschaftliche Positionen und weltanschauliche (z.B. konfessionelle, politische, ökologische) Richtungen zu machen. J. sind somit eine zentrale Säule der nachhaltigen Interessensvertretung junger Menschen. Die Organisationsform der J. ist privatrechtlich, meist die des → Vereins.

Böhnisch u.a. beschreiben J. als Orte, in denen für Heranwachsende soziale und kulturelle → Bildung, die Auseinandersetzung mit Sinn- und Wertefragen sowie Möglichkeiten der Begegnung und des Zusammenseins organisiert werden. J. werden zunehmend zu zentralen Lern- und Lebensorten der formellen und informellen Bildung junger Menschen. § 12 Abs. 2 SGB VIII nennt als zentrale Strukturmerkmale der Jugendverbandsarbeit eine auf Dauer angelegte, eigenständige, durch die jungen Menschen gemeinschaftlich gestaltete und mitverantwortete Jugendarbeit. Dennoch ist eine Zusammenarbeit mit Erwachsenenverbänden nicht grundsätzlich ausgeschlossen; i.d.R. wahren J. den Bezug zu Erwachsenen(-organisationen). Es muss jedoch eine klare Abgrenzung, insbesondere durch eigene Organe der Willensbildung vorhanden sein. Die in § 12 Abs. 1 SGB VIII enthaltene Förderverpflichtung der J. durch die → Träger der öffentlichen Jugendhilfe entfaltet normativen Charakter und unterstreicht den Grundsatz, dass in einer freiheitlichen Demokratie Jugendverbandsarbeit dem gesellschaftlichen Engagement vorbehalten und nicht in öffentlicher Trägerschaft zu verorten ist. Ein Beispiel für eine Jugendverbandsarbeit in öffentlicher Trägerschaft war die Freie Deutsche Jugend (FDJ) in der DDR.

Neben den Kommunen sind gegenwärtig J. die zentralen Träger der Jugendarbeit. Wesentlicher Kern der Jugendarbeit in den J. ist die Jugendgruppe. Die Unternehmungen innerhalb dieser Jugendgruppen lassen sich grob in vier Bereiche untergliedern: (1) Geselligkeit, musische, kreative und handwerkliche Tätigkeiten; (2) Gespräche, Information, Bildung und Besinnung; (3) größere, zeitlich befristete Projekte; (4) Öffentlichkeitsarbeit und Mitgliederwerbung. Durch den Ausbau von → Ganztagsschulen sind J. insbesondere für die Nachmittagsbetreuung wichtige Partner von Schulen geworden. Die Angebote der J. werden größtenteils von Ehrenamtlichen geleitet, die i.d.R. während ihrer eigenen Kindheits- und Jugendphase selbst an den jeweiligen Angeboten der J. partizipiert haben und durch die daran anschließende aktive Mitarbeit in der Jugendarbeit das Erlebte weitergeben. Damit diese Übernahme von Verantwortung für die Gestaltung der → Lebenswelten junger Menschen und ihre Interessensvertretung gelingen kann, wird die Arbeit der Ehrenamtlichen insbesondere durch hauptamtlich auf der Landes- und Bundesebene Tätige administrativ wie fachlich flankiert und unterstützt.

Die Entwicklungsgeschichte der J. ist eng mit der Geschichte des öffentlichen Umgangs mit der Jugend verknüpft. Erst die gesellschaftliche Anerkennung des Jugendalters als eine besondere Phase zwischen → Kindheit und Erwachsenenleben, die von den Anforderungen des Erwachsenenlebens freigehalten werden müsse, beförderte Mitte/Ende des 19. Jh. die Bildung eines organisierten Freizeitbereichs und infolgedessen die Entwicklung von Jugendorganisationen nachhaltig. Mit dem veränderten Verständnis von Jugend ging die Erkenntnis einher, dass die Jugendlichen gerade in dieser Phase oftmals von den herkömmlichen Sozialisationsinstanzen (→ Sozialisation) wie Elternhaus und Schule nicht mehr in einem ausreichenden Maße erreicht werden. Heute ist die (verbandliche) Jugendarbeit für junge Menschen eine weitere wichtige Sozialisationsinstanz, deren Konturierung sich auch durch den Ausbau der Ganztagsbetreuung verschiebt. Die Vielzahl von J. lässt sich im Wesentlichen durch folgende Kategorisierung systematisieren lassen: a) konfessionell ausgerichtete Verbände, wie bspw. der Bund der katholischen Jugend (BDKJ), deren Arbeit sich am christlichen Glauben und Werten orientiert; b) Pfadfinderverbände, z.B. Deutsche Pfadfinderschaft Sankt Georg (DPSG) oder der Bund Moslemischer Pfadfinder und Pfadfinderinnen Deutschland (BMPPD); die sportliche, handwerkliche und musische Betätigung, das Leben in der Natur, die Auseinandersetzung mit der gesellschaftlichen Umwelt junger Menschen und ihrer Begegnung mit ausländischen Kindern und Jugendlichen in den Mittelpunkt ihrer Arbeit stellen; c) politische Verbände, z.B. die Sozialistische Jugend Deutschlands – Die Falken, in denen eine politische Gegenwarts- und Gesellschaftsanalyse verbunden mit einer Zukunftsvision leitend für das Handeln ist; d) humanitäre Verbände, z.B. die Jugend der Deutschen Lebens-Rettungs-Gesellschaft (Jugend DLRG), die sich auf den Prinzipien Demokratie, Humanität, Toleranz, Solidarität, Pluralität und Ganzheitlichkeit für die körperliche und geistige Unversehrtheit aller Menschen einsetzen; e) gewerkschaftliche Verbände, wie bspw. Jugend des Deutschen Gewerkschaftsbundes (DGB), die sich mit allen Fragen auseinandersetzen, die sich aus dem Arbeitsleben ergeben können; f) naturbezogene Verbände, z.B. die Naturschutzjugend im NABU-Naturschutzbund, die sich zum Ziel gesetzt, der Naturzerstörung Einhalt zu gebieten; g) sportbezogene Verbände, bspw. die Deutsche Sportjugend im Deutschen Sportbund e.V., die unter der aktiven Mitbeteiligung junger Menschen insbes. die Verbesserung der Rahmenbedingungen im Jugendsport fördern; h) kulturbezogene Verbände, z.B. der Verband Deutsche Jugend in Europa (DJO), der sich für ein geeintes, demokratisches Europa einsetzt. I.d.R. haben sich die J. auf den verschiedenen Ebenen staatlicher Organisation zu → Jugendringen, auf der Bundesebene zum → Deutschen Bundesjugendring, zusammengeschlossen.

*Lit.* Deutscher Bundjugendring (Hrsg.): Fördern fordern! Arbeitshilfe für die lokale Ebene zur Förderung der Jugendverbandsarbeit, Berlin 2013; Oechler, M. Schmidt, H. (Hrsg.): Empirie der Kinder- und Jugendverbandsarbeit. Forschungsergebnisse und ihre Relevanz für die Entwicklung von Theorie, Praxis und Forschungsmethodik, Wiesbaden 2014.

*Petra Mund*

**Jugendwohnheim** → Jugendsozialarbeit, → Wohnformen für Jugendliche

**Jungenarbeit** → Geschlechtsspezifische Kinder- und Jugendarbeit

**Juristische Person** ist die Zusammenfassung von Personen, Sachen oder Vermögen zu einer rechtlich geregelten → Organisation, der von der Rechtsordnung rechtliche Selbstständigkeit zuerkannt wird. J. P. sind Träger von Rechten und Pflichten (→ Rechtsfähigkeit), sie können in eigenem Namen klagen und verklagt werden. Es gibt j. P. des Privatrechts und solche des öffentlichen Rechts. J. P. des Privatrechts sind z.B. eingetragene → Vereine, → Stiftungen des Privatrechts und Aktiengesellschaften. J. P. des öffentlichen Rechts sind z.B. die Körperschaften des öffentlichen Rechts wie Staat, → Gemeinden und Gemeindeverbände, aber auch (vollrechtsfähige) Anstalten des öffentlichen Rechts sowie staatliche Stiftungen.

Weil j. P. zwar Rechtssubjekte, aber keine Personen im üblichen Wortsinn sind, können sie nur durch sog. Organe handeln (z.B. einen → Vertrag abschließen) und verwaltet werden. Welche Organe mit welchen Aufgaben es gibt, ist in entsprechenden → Gesetzen und → Satzungen geregelt. Organe eines Vereins sind z.B. die Mitgliederversammlung und der Vorstand. J. P. haften für von ihren Organen begangene schadensersatzpflichtige Handlungen (§§ 31, 89 → Bürgerliches Gesetzbuch [BGB], → Haftung). Für Schulden der j. P. haftet ausschließlich das → Vermögen der j. P. Strafrechtlich zur Verantwortung gezogen werden können nur die jeweiligen Organträger, bspw. die Geschäftsführerin wegen einer Insolvenzstraftat. Träger der → freien Wohlfahrtspflege bedienen sich oft j. P. zur Erfüllung ihrer Aufgaben (→ Gesellschafts- und Unternehmensformen im sozialen Bereich).

*Petra Schäfter*

**KAIZEN** → Qualitätsmanagement

**Kameralistik** → Haushalts- und Rechnungswesen

**Kann-Leistung** Zum → Sozialrecht gehört eine Vielzahl von Leistungen, die zum Teil als → Rechtsansprüche (→ Pflichtleistungen) ausgestaltet sind, zum Teil aber auch im → Ermessen des → Sozialleistungsträgers stehen. Bei den Ermessensleistungen wird unterschieden zwischen K. und → Soll-Leistungen. »Kann« eine Leistung nach dem Gesetzeswortlaut gewährt werden, entscheidet die Behörde im Einzelfall, ob sie von der Ermächtigung zur Leistung Gebrauch machen will oder nicht und ggf. welche von mehreren in Betracht kommenden Entscheidungen sie trifft. Dabei darf sie nicht willkürlich entscheiden, sondern muss das Ermessen pflichtgemäß ausüben (§ 39 Abs. 1 SGB I). Ermessensentscheidungen sind nicht voll gerichtlich überprüfbar, sondern nur im Hinblick auf pflichtgemäße Ermessensausübung (vgl. § 54 Abs. 2 S. 2 Sozialgerichtsgesetz [SGG]). Durch die ständige Verwaltungspraxis, aber auch durch → Verwaltungsvorschriften oder Ermessensrichtlinien bindet sich die → Verwaltung ggf. selbst. Sie muss das Ermessen in gleich gelagerten Fällen auch in gleicher Weise ausüben und darf nur davon abweichen, wenn sie dies rechtfertigen kann. Auf → Sozialleistungen besteht sehr häufig ein Anspruch, insbesondere im Bereich der Existenzsicherung (→ Existenzminimum). Dazu zählen v.a. die Leistungen der → Grundsicherung für Arbeitsuchende, der → Grundsicherung im Alter und bei Erwerbsminderung, das → Wohngeld und der → Kinderzuschlag. Im Bereich der → Arbeitsförderung (SGB III und SGB II) finden sich dagegen häufig K.

*Claire Vogt*

**Kapital, soziales** → Soziales Kapital

**Kassenärztliche Versorgung** → Vertragsärztliche Versorgung

**Kasuistik** (lat. casus = Fall) bezeichnet eine professionelle Herangehensweise zur Betrachtung und zum Verstehen von Einzelfällen. Sie liefert die Basis für fallspezifische Lösungsansätze, Entscheidungen und Handlungsweisen. Dabei verbleibt die K. in der → Sozialen Arbeit im Unterschied zur theologischen, juristischen oder medizinischen K. nicht bei Vergleich, Einordnung und Beschreibung des Falls, sondern bezieht auch Ziele und Wirkungen von → Interventionen mit ein. In der Sozialarbeit ist K. bestimmt durch die Selbstreflexion von → Fachkräften (v.a. → Sozialarbeiter/innen) über → Rolle, Handlungsmöglichkeiten, Wirkungen und intendierte Ergebnisse vor dem Hintergrund fallspezifischer Rahmenbedingungen. Die Grundlagen dieser K. entwickelten sich im Wesentlichen im Zuge der Methodenbildung und → Professionalisierung der Sozialarbeit nach dem Ersten Weltkrieg (→ Geschichte der Sozialen Arbeit). Bedeutungszuwachs erhielten kasuistische Arbeitsweisen durch gesetzliche Verortungen wie das Hilfeplanverfahren als Grundlage der → Hilfen zur Erziehung im SGB VIII (→ Kinder-und Jugendhilfe). Maßgeblich für die K. ist das → Fallverstehen, das Fallverständnis und die Fallverständigung. Das Fallverstehen erfolgt im Rahmen kasuistischer Methoden und Bearbeitungsformen wie Fallkonferenzen und → Supervisionen. Klient/innen und Fachkräfte sind in die Fallverständigung eingebunden und erlangen ein gemeinsames Fallverständnis. Die heutige Forderung nach individualisierten Angeboten in der Sozialen Arbeit (→ Individualisierungsprinzip) erfordert zunehmend ausgeprägte kasuistische Kompetenzen.

*Ulrich Schwanecke*

**Katamnese** (griech. kata: über/hin; mnesis: Erinnerung) Strukturiertes Erfassen der Lebenssituation ehemaliger Klient/innen einer medizinischen, therapeutischen oder sozialarbeiterischen → Intervention/Behandlung meist sechs bis zwölf Monate nach deren Abschluss mit dem Erkenntnisinteresse der Fortdauer oder Weiterentwicklung einer in diesem Rahmen erzielten Veränderung. K.-Studien fragen nach der Leistungsfähigkeit von Behandlungs- oder Therapieformen, z.B. in den Bereichen Suchthilfe (→ Sucht) und → Verhaltensorientierte Beratung und Therapie, aber auch in der Bewährungshilfe. Für die → Hilfe zur Erziehung ist auf die Jugendhilfe-Effekte-Studie zu verweisen, die u.a. eine K.-Studie umfasste. Für eine K. müssen Vergleichsdaten zumindest von Beginn (→ Anamnese, → Diagnose) und Abschluss einer Intervention verfügbar sein. Weitere die Einsatzfelder begrenzende Schwierigkeiten bilden die → Operationalisierung relevanter Variablen, die Zahl der zu berücksichtigenden Faktoren zur Erklärung einer beobachteten Veränderung sowie deren Bewertung als wünschenswert oder nicht wünschenswert. Die Langzeitperspektive unterscheidet die K. von gebräuchlichen Verfahren des → Qualitätsmanagements und der → Evaluation. Ausgeblendet wird meist die Frage der Wirkfaktoren (black box), mit denen sich auch die qualitative Evaluationsforschung beschäftigt, aktuell z.B. der programmtheoretische Ansatz.

*Thomas Marthaler*

**Kausalprinzip** Das K. ist – ebenso wie das → Finalprinzip – ein Gestaltungsprinzip sozialer Sicherungssysteme. Es bedeutet, dass die Gewährung von Leistungen davon abhängt, dass bestimmte Umstände vorliegen, etwa die Erfüllung der Anwartschaftszeit in der → Arbeitslosenversicherung (§ 142 SGB III). Sozialversicherungssysteme und Systeme sozialer Vorsorge können kumulativ Merkmale des Kausal- und des Finalprinzips aufweisen: Sie sind final, indem sie gegen ein bestimmtes Risiko absichern, und gleichzeitig kausal, indem sich die Absicherung nach der vorausgegangenen Vorsorge bemisst. Kausalität (lat. causa = Ursache, Grund) ist die Verbindung zwischen Ursache und Wirkung. Im Recht dient Kausalität im Allgemeinen dazu, einem Verursacher die Verantwortung für den Eintritt einer bestimmten Wirkung/eines bestimmten (Tat-)Erfolgs zuzurechnen. Im Sozialrecht ist die Kausalität z.B. bei Versicherungsfällen in der Gesetzlichen → Unfallversicherung (SGB VII) relevant. Für die haftungsbegründende und haftungsausfüllende Kausalität gilt hier die »Theorie der wesentlichen Bedingung«: Erforderlich ist zunächst ein Kausalzusammenhang. Dieser besteht, wenn eine Bedingung (Ursache) nicht hinweggedacht werden kann, ohne dass der Erfolg (Wirkung) entfiele. Weil es unbegrenzt viele mögliche Ursachen für einen Erfolg gibt, ist nach der Rechtsprechung des Bundessozialgerichts (vgl. BSG, Urt. v. 9.5.2006 – B 2 U 1/05 R) in einer zweiten Prüfungsstufe die wertende Entscheidung über die Wesentlichkeit der Ursache erforderlich. Demnach muss das Unfallereignis selbst und nicht eine andere, unfallunabhängige Ursache die wesentliche Bedingung für den Eintritt der Schädigung sein. Allgemein ermöglicht es die »Theorie der wesentlichen Bedingung« im Recht der sozialen Sicherheit, den Garantiebereich des spezifischen Sicherungssystems vom allgemeinen Lebensrisiko und von den Garantiebereichen anderer Haftungssysteme abzugrenzen.

*Constanze Rogge*

**Kennzahl** bezeichnet eine Zahl, die einen betrieblich relevanten Inhalt zum Ausdruck bringt. Mithilfe der K. wird ein komplexer Inhalt präzise reduziert und für die Unternehmenssteuerung zugänglich.

K. sind die Grundlage für → Controlling und werden häufig in K.systemen wie bspw. der → Balanced Scorecard zusammengeführt. Typischerweise beziehen sich K. auf die betriebswirtschaftliche Unternehmenssteuerung, doch auch für ein fachliches Wirkungscontrolling → Sozialer Arbeit werden K. genutzt.

Inhaltliche Voraussetzung für die Bildung von Kennzahlen ist eine steuerungsrelevante Zielaussage für die jeweilige → Organisation (z.B. X% Umsatzrendite). Dabei ist sicherzustellen, dass der Nutzen von K. die Kosten der hierzu erforderlichen Erhebung und Verarbeitung von → Daten übersteigt. Dies ist insbesondere bei Datenbeständen der Fall, die ohnehin erhoben und in der Organisation bspw. in Rechnungswesen, Personalverwaltung und → Qualitätsmanagement verarbeitet werden.

K. können Einzel- oder Summenzahlen, Durchschnittswerte, Verhältnisk. (Beziehungs, Gliederungs, Indexzahlen) oder ein Datum sein. Verbreitet sind vor allem Verhältnisk. (z.B. Umsatzrentabilität, Personalkostenquote). Dort wo Verhältnisk. nicht sinnvoll gebildet werden können, haben die übrigen K.typen Stärken.

Bei der Zusammenstellung von K. kommt es nicht darauf an, möglichst viele K. zu finden. Wichtiger ist es, wenige, aber aussagekräftige und inhaltlich ausgewogene K. für die Steuerung zu nutzen.

*Thomas Rinklake*

**Kinderarbeit** ist jede Tätigkeit von Kindern, die zur Befriedigung lebensnotwendiger → Bedürfnisse beiträgt. Diese Definition erfasst neben der Lohnarbeit auch selbstständige Arbeit, gemeinschaftliche Arbeit in indigenen Kulturen und in der Solidarischen Ökonomie sowie (meist) unbezahlte Arbeit in privaten Haushalten (Haus- und Sorgearbeit, → Care). K. ist heute überall in der Welt verbreitet. Im Globalen Süden dient sie vor allem dem Überleben in → Armut. Im eher wohlhabenden Globalen Norden arbeiten Kinder oft, um früher selbstständig zu sein. K. umfasst ein weites Spektrum, das von sklavenähnlichen Arbeitsverhältnissen (→ Kinderhandel) bis zu Arbeitsformen reicht, welche die Menschwürde und Rechte der Kinder achten. Um die Auswirkungen der Arbeit auf Kinder zu erkennen, müssen die Arbeitsbedingungen und der soziokulturelle Kontext berücksichtigt sowie Vor- und Nachteile unter Beachtung der aktuellen Lebenssituation abgewogen werden.

In den meisten Staaten ist Erwerbsarbeit bis zu einem bestimmten Alter (meist bis zum 14. Lebensjahr) gesetzlich verboten. Die → Internationale Arbeitsorganisation (ILO) bekämpft vor allem die »schlimmsten Formen der K.«. Die Durchsetzung der Schulpflicht gilt hierfür als besonders geeignetes Mittel. Kindergewerkschaften im Süden fordern dagegen für sich ein »Recht, in Würde zu arbeiten«, um sich besser gegen Ausbeutung und Misshandlung bei der Arbeit wehren zu können. Sie setzen sich für gerechtere Lebensverhältnisse und bessere Bildungsmöglichkeiten (→ Bildung) ein.

*Manfred Liebel*

**Kinderbeauftragte/r** ist eine Person, die die Interessen von Kindern- und Jugendlichen gegenüber Politik und Gesellschaft vertritt. Nach § 1 Abs. 3 Nr. 4 SGB VIII hat das RJugendamt die Aufgabe, positive Lebensbedingungen für junge Menschen und ihre Familien, sowie eine kinder- und familienfreundliche Umwelt zu erhalten bzw. zu schaffen. Kinder und Jugendliche haben laut § 8 Abs. 2 SGB VIII das Recht, sich in Fragen ihrer → Erziehung und mit Blick auf ihre allgemeinen Entwicklungsbedingungen an das Jugendamt zu wenden. In der Diskussion um die Umsetzung der → UN-Kinderrechtskonvention spielt die Interessenvertretung für und von Kinder/n und Jugendliche/n inzwischen eine große Rolle. Auf Bundes-, Länder- und kommunaler Ebene sind in den letzten Jahren Kinderinteressenvertretungen entstanden (z.B. Kinderkommission des Bundestages, Kinderbüros, Unterausschüsse »Kinder« der → Jugendhilfeausschüsse, Kinderparlamente, Aktionen und Arbeitsgruppen für kinderfreundliche Städte bzw. Verwaltungen, Beteiligungsverfahren im Rahmen von Planungen und Konzepten, Aktionen rund um den Weltkindertag, Kindergipfel, National Coalition). Bislang gibt es auf Bundesebene noch keine/n K., jedoch haben die Bundestagsfraktionen K. und auch in den Ländern und Kommunen wurden K. benannt. Aufgabe der K. ist es, die Belange von Kindern und Jugendlichen in den Fokus der gesellschafts- und sozialpolitischen Diskussion zu rücken und eine Beteiligung von Kindern und Jugendlichen an der Gestaltung ihre Lebens- und Entwicklungsbedingungen sicherzustellen.

*Maria-Theresia Münch*

**Kinderbildungspaket** → Leistungen für Bildung und Teilhabe (BuT)

**Kinderdorf** ist ein Sammelbegriff für → Einrichtungen der → Kinder- und Jugendhilfe nach § 27 i.V.m. §§ 34, 35, 35 a, 37, 41 SGB VIII als → Hilfe zur Erziehung (HzE). I.S. von Hilfen aus einer Hand besteht das K. aus familienanalog geführten K.-Familien und offenen, ambulanten, teilstationären und stationären Angeboten für Kinder und Jugendliche. In den K.-Familien leben Kinder und Jugendliche, die in ihrem bisherigen Lebensumfeld nicht bleiben konnten und eine »förderliche und auf Dauer angelegte Lebensperspektive« benötigen (§ 37 SGB VIII). Besonderes Merkmal sind eine oder zwei pädagogische → Fachkräfte (Hauselternpaar oder Kinderdorfmutter/-vater), die in »häuslicher Gemeinschaft mit den ihnen anvertrauten Personen« leben (§ 18 Arbeitszeitgesetz) und so berufliche Tätigkeit mit privatem Lebensraum verbinden. Die erfolgreiche Nachwuchsgewinnung von Hauseltern oder Kinderdorfmüttern/-vätern stellt für die Träger der K. die größte Herausforderung dar.

Das Konzept zeichnet sich durch das Angebot stabiler, verlässlicher Beziehungen i.V.m. fachlich zielgerichtetem Vorgehen im Rahmen von Erziehungs- und Hilfeplanung aus. Die aufgebaute persönliche Beziehung/Bindung und das Angebot, eine elterliche Rolle auszuüben, bestehen häufig über den Zeitraum der Jugendhilfe hinaus. Weitere pädagogische und hauswirtschaftliche Fachkräfte vervollständigen das Team, das sich Aufgaben teilt, das Alltagsgeschehen reflektiert und Vertretungszeiten absichert. Die vom gemeinsamen Alltagshandeln bestimmte familiäre Lebensgemeinschaft bietet bis zu sechs Kindern (insbesondere auch Geschwistergruppen) Geborgenheit und Sicherheit sowie die Möglichkeit, frühere Erfahrungen und eigenes Verhalten zu bearbeiten und neue Verhaltensweisen aufzubauen: Alltagsleben als → pädagogisch-therapeutisches Milieu. Kleine, geschlechts- und altersgemischte Gruppen, pädagogisch-individuelles Arbeiten innerhalb eines definierten Rahmens sowie ein eigener Wirtschaftsetat im »eigenen« Haus fördern die familienanaloge Lebensform. Die Zusammenarbeit mit den → Herkunftsfamilien ist ein wichtiger konzeptioneller Baustein. Hierzu gehören die Beziehungsklärung und möglichst auch -verbesserung zwischen den Kindern und ihren Eltern, die Regelung und Förderung von (Besuchs-)Kontakten, sowie – sofern angezeigt – die Vorbereitung und Umsetzung der Rückführung ins Elternhaus. Fachdienste beraten die pädagogischen Teams und fördern die Kinder/Jugendlichen durch therapeutische, sozial-, heil- und schulpädagogische Hilfen. Die meist differenzierten Angebote eines K. ermöglichen es den Kindern und Jugendlichen und ihren Familien, aufeinander abgestimmte und vernetzte Hilfen zu erhalten. Die gestaltete Lebensgemeinschaft K. bildet den konzeptionellen, organisatorischen und überwiegend auch baulichen Rahmen für die Hausgemeinschaften. Dabei entsteht das Gefühl der → Teilhabe und Zugehörigkeit zu einem größeren Ganzen. Nachbarschaftliches Zusammenleben und Sozialkontakte werden gefördert. Die Lebensgemeinschaft K. bildet den organischen ersten Schritt vor dem Entdecken des → Sozialraums außerhalb der dörflichen Struktur.

Das erste K. (Pestalozzi-K. in Trogen/ Schweiz) wurde 1946 gegründet. Die

K.idee fand wesentlich durch H. Gmeiner und die SOS-Kinderdörfer weltweite Verbreitung. Heute besteht eine Vielfalt von K. mit unterschiedlicher weltanschaulicher und konzeptioneller Orientierung. In der Bundesarbeitsgemeinschaft K. haben sie in Deutschland ihr gemeinsames fachliches und fachpolitisches Forum.

*Wolfgang Graßl*

**Kindererziehungszeiten, rentenrechtliche Anerkennung** Seit dem 1.1.1986 werden K. rentenbegründend und rentensteigernd angerechnet. Berücksichtigt werden die ersten 24, bei Geburten ab 1992 die ersten 36 Kalendermonate nach der Geburt. Die Zeit verlängert sich bei Mehrlingsgeburten oder wenn innerhalb der Fristen mehrere Geburten erfolgen (§ 56 SGB VI).

Berücksichtigungszeiten für K. (§§ 57, 249 b SGB VI) sollen verhindern, dass Zeiten der Kindererziehung zu rentenrechtlichen Nachteilen führen. Sie sind keine Beitragszeiten und deshalb für sich genommen weder rentenbegründend noch rentensteigernd. Sie umfassen die Zeit der Erziehung eines Kindes bis zu dessen vollendetem zehnten Lebensjahr. Bei Erziehung mehrerer Kinder ist für jedes Kind eine Berücksichtigungszeit von zehn Jahren anzurechnen.

Berechtigt sind Väter und Mütter. Begünstigt werden jedoch nur die Angehörigen der Jahrgänge ab 1921. Ältere Mütter erhalten die Kindererziehungsleistung (§§ 294 ff. SGB VI). Die K. kann nur einer Person zuerkannt werden. Sie wird der Mutter zugeordnet, wenn und solange keine Erklärung von Mutter und Vater etwas Gegenteiliges bestimmt. Die Übertragung durch eine gemeinsame Erklärung auf den Vater ist nur mit Wirkung für die Zukunft möglich. Wurde keine übereinstimmende Erklärung abgegeben, kann die K. dennoch (auch rückwirkend) dem Vater zugeordnet werden, wenn dieser das Kind nachweislich überwiegend erzogen hat. Auch Eltern von → Stief-, → Pflege- und Adoptivkindern (→ Annahme als Kind) können berechtigt sein. Voraussetzung ist grundsätzlich, dass die Erziehung im Inland erfolgt ist. Bei Beamt/innen, Richter/innen oder sonstigen Amtsträger/innen erfolgt keine Anerkennung von K., soweit sie nicht nachversichert wurden. Auch bei Personen, die wegen Mitgliedschaft in der berufsständischen Versorgung von der Versicherungspflicht befreit sind, erfolgt grundsätzlich keine Anerkennung von K. Werden in der berufsständischen Versorgung K. aber nicht gleichwertig wie in der gesetzlichen → Rentenversicherung berücksichtigt, sind die K. in der gesetzlichen Rentenversicherung vorzumerken. Versicherte, die trotz der Anrechnung der K. die allgemeine Wartezeit (→ rentenrechtliche Zeiten) nicht erfüllt haben, können nach § 208 SGB VI freiwillige Beiträge nachzahlen.

Während der K. besteht Versicherungspflicht in der Rentenversicherung. Berechtigte werden so gestellt, als ob sie jeweils ein Durchschnittseinkommen erzielt hätten (ein Entgeltpunkt). Ein Jahr der K. steigert die Rente 2015 monatlich um 29,21 Euro in den alten und 27,05 Euro in den neuen Bundesländern. Eigene Beiträge während der K. kommen bis zur Beitragsbemessungsgrenze hinzu (»additive Lösung«). K. werden auf die Wartezeit angerechnet.

Für seit 2002 beginnende Renten erfolgt eine Höherbewertung von Beitragszeiten für Eltern, die während einer Berücksichtigungszeit für K. eine Teilzeitarbeit ausüben oder trotz Vollzeiterwerbstätigkeit nur unterdurchschnittlich verdienen (§ 70 Abs. 3 a SGB VI). Dasselbe gilt für Pflichtbeitragszeiten aufgrund einer nicht erwerbsmäßigen → Pflege eines Kindes bis zu seinem 18. Lebensjahr (§ 70 Abs. 3 a SGB VI). Berücksichtigungszeiten für K. können ab dem 1.1.1992 bis zum 31.3.1995 auf Antrag bei der Pflegeperson auch wegen Pflege für Zeiten der nicht erwerbsmäßigen Pflege eines Pflegebedürftigen (→ Pflegebedürftigkeit) vorliegen. Seit 1.4.1995 sind nicht erwerbsmäßig tätige Pflegepersonen nach Maßgabe des § 3 SGB VI gesetzlich rentenversichert.

*Dana Matlok*

**Kindergarten** → Kindertageseinrichtungen

**Kindergeld** ist das Herzstück des → Familienleistungsausgleichs in Deutschland. Es hat ein Volumen von knapp 40 Mrd. Euro und wird für über 14 Mio. Kinder gezahlt. Seine Höhe beträgt ab 1.1.2016 monatlich für das erste und zweite Kind 190 Euro, für das dritte Kind 196 Euro, für das vierte und jedes weitere Kind 221 Euro. K. wird grundsätzlich gezahlt für alle Kinder bis zum 18. Lebensjahr, für arbeitslose Kinder bis zum 21. Lebensjahr, für Kinder in Ausbildung bis zum 25. Lebensjahr, nicht aber nach abgeschlossener Erstausbildung, wenn daneben eine Erwerbstätigkeit mit mehr als 20 Stunden pro Woche ausgeübt wird. Für Kinder mit Behinderungen, die sich aufgrund ihrer Behinderung nicht selbst unterhalten können, gibt es keine Altersgrenze. Auf Leistungen der → Grundsicherung wird K. angerechnet. Anspruchsberechtigte sind grundsätzlich die Eltern, Adoptiveltern oder Pflegeeltern des Kindes. Lebt das Kind mit beiden Eltern zusammen, können diese bestimmen, wer von ihnen das K. erhält. Die Auszahlung des K. erfolgt durch die Familienkassen bei den → Agenturen für Arbeit. Für Angehörige des öffentlichen Dienstes fungiert der Dienstherr bzw. Arbeitgeber als Familienkasse.

Das K. ist in zwei Gesetzen geregelt. Wer in Deutschland unbeschränkt steuerpflichtig ist (dies gilt für die übergroße Mehrheit der Berechtigten), erhält es als Steuervergütung nach dem Einkommensteuergesetz (§§ 31 f. und §§ 62 ff. EStG). Für andere Personen mit Bezug zum Inland (z.B. Grenzpendler/innen mit Wohnsitz im benachbarten Ausland) kommt K. als Sozialleistung nach dem Bundeskindergeldgesetz (BKGG) in Betracht. Das K. nach dem EStG steht in engem Zusammenhang mit den steuerlichen Freibeträgen für Eltern (→ Familienbesteuerung). Es soll die steuerliche Freistellung des elterlichen Einkommens in Höhe des → Existenzminimums eines Kindes – einschließlich der Bedarfe für Betreuung und Erziehung oder Ausbildung – bewirken. Nur soweit das K. dafür nicht erforderlich ist, dient es der Förderung der Familie. Weniger als die Hälfte der staatlichen Ausgaben für das K. ist Familienförderung (→ Familienleistungen). Das Finanzamt prüft im Rahmen der Einkommensteuerveranlagung, ob für die/den Berechtigte/n der Abzug der steuerlichen Freibeträge oder die Inanspruchnahme des K. günstiger ist (Günstigerprüfung). Wird durch das K. die → Steuerfreiheit des Existenzminimums des Kindes nicht erreicht, kommt es zum Abzug der steuerlichen Freibeträge und das K. wird mit der sich ergebenden Steuererstattung verrechnet. Andernfalls bleiben die Freibeträge unberücksichtigt. Nur bei höher verdienenden Eltern übersteigt die steuerliche Wirkung der Freibeträge das K.

K. nach dem BKGG entspricht nach Voraussetzungen und Höhe im Wesentlichen dem K. nach dem EStG, ist aber diesem gegenüber nachrangig. Im BKGG verankert ist auch der → Kinderzuschlag für Eltern, die ohne diese Sozialleistung Anspruch auf → Arbeitslosengeld II hätten. Nach der bis 2014 durchgeführten Gesamtevaluation der ehe- und familienbezogenen Maßnahmen führt das K. dazu, dass 1,26 Mio. Familien unabhängig von Leistungen der → Grundsicherung für Arbeitssuchende (SGB II) bleiben.

*Markus Faßhauer*

**Kinderhandel** bezeichnet den → Menschenhandel mit Minderjährigen. Er stellt eine Form des Missbrauchs von Kindern dar und dient dem Zweck der wirtschaftlichen Ausbeutung in verschiedener Weise. Diese Ausbeutung führt vielfach zu schweren körperlichen und seelischen Verletzungen bei den betroffenen Kindern. Ihre grundlegenden Rechte, wie sie universell in der → UN-Kinderrechtskonvention festgelegt sind, werden dabei missachtet. K. ist eine Straftat, die sich oft im Kontext internationaler, organisierter Kriminalität ereignet. Sie stellt damit eine große Herausforderung für die Strafverfolgungsbehörden dar. Gleichzeitig liegt in jedem Fall eine Gefährdung des → Kindeswohls vor und verpflichtet somit alle Akteure des → Kinderschutzes, insbesondere der → Jugendhilfe, zum Handeln. Eine exakte Bestimmung der Zahl der betroffenen Kinder ist derzeit aufgrund fehlender Daten nicht möglich. Experten und Expertinnen gehen von einer hohen Dunkelziffer aus.

Definitionen von K. orientieren sich an dem Zusatzprotokoll zur Verhütung, Bekämpfung und Bestrafung des Menschenhandels, insbesondere des Frauen- und Kinderhandels, zum Übereinkommen der Vereinten Nationen gegen die grenzüberschreitende organisierte Kriminalität aus dem Jahr 2000 (Palermo-Protokoll) sowie an der sog. EU-Menschenhandels-Richtlinie (2011/36/EU). Gemäß Art. 3 des Protokolls bedeutet K. die Anwerbung, Beförderung, Verbringung, Beherbergung oder Aufnahme von Minderjährigen zur → Prostitution oder anderen Formen sexueller Ausbeutung, zur Zwangsarbeit oder Zwangsdienstbarkeit (darunter auch zur Begehung von Straftaten und für Betteltätigkeiten), für Sklaverei oder Leibeigenschaft sowie für die Entnahme von Organen. Daneben existieren auch Formen des Handels in die → Ehe, zur Rekrutierung als Kindersoldaten sowie der Adoptionshandel.

In Deutschland wird K. oft mit dem Handel zu Adoptionszwecken gleichgesetzt. Dies spiegelt sich auch in § 236 Strafgesetzbuch (StGB) wider, der lediglich die Ausbeutungsform des Adoptionshandels unter Strafe stellt. Kinderrechtsorganisationen und Fachstellen zu Menschenhandel fordern seit Langem eine grundlegende Änderung dieses Paragrafen bzw. die Schaffung einer einheitlichen Strafrechtsnorm zu K., die alle Formen der Ausbeutung beinhaltet. Gleichwohl kam es im Zuge der Umsetzung der EU-Menschenhandels-Richtlinie zu einigen Verbesserungen im deutschen Strafrecht. So wurden die Straftatbestände Menschenhandel zum Zwecke der Ausnutzung von Betteltätigkeiten, mit Strafe bedrohter Handlungen sowie zum Zweck der Organentnahme integriert.

Herauszufinden, ob ein Kind betroffen ist, erweist sich in der Praxis als äußerst schwierig. Dies macht eine systematische und umfassende Zusammenarbeit aller relevanter Akteure des Kinderschutzes und der Strafverfolgung sowie der Fachberatungsstellen notwendig. Neben den besonderen Anforderungen an den Schutz betroffener Kinder bestehen spezifische Opferschutzrechte, die u.a. aufenthaltsrechtliche Folgen (→ Aufenthalt) umfassen.

*Martina Döcker/Ingo Stamm*

**Kinderhilfswerk der Vereinten Nationen** → UNICEF

**Kinderkrankenschwester/-pfleger** → Pflegeberufe

**Kinderladen** → Elterninitiativen

**Kinder mit Migrationshintergrund** ist eine Bezeichnung, die in statistischen Untersuchungen, aber auch in politischen, medialen und wissenschaftlichen Diskursen Verwendung findet und Unterschiede nicht nur sichtbar macht und hervorhebt, sondern auch erzeugt. Prominent findet die Bezeichnung bspw. seit 2005 Verwendung im → Mikrozensus. Als »mit Migrationshintergrund« werden bezeichnet: »alle Ausländer und eingebürgerte ehemalige Ausländer, alle nach 1949 als Deutsche auf das heutige Gebiet der Bundesrepublik Deutschland Zugewanderte, sowie alle in Deutschland als Deutsche Geborene mit zumindest einem zugewanderten oder als Ausländer in Deutschland geborenen Elternteil« (Statistisches Bundesamt 2015, 5). Diesen Kriterien zufolge betrug im Jahr 2014 der Anteil der Bevölkerung »mit Migrationshintergrund« i.e.S. 20,3% an der Gesamtbevölkerung von 80,897 Mio. (vgl. ebd., 7). In der Altersgruppe der Kinder unter fünf Jahren besitzen 34,6% einen »Migrationshintergrund« (vgl. ebd.; zur weiteren statistischen Ausdifferenzierung vgl. Deutscher Bundestag 2013, → Kinder- und Jugendberichterstattung).

Je umstrittener und symbolisch bedeutsamer gesellschaftliche (Themen-)Felder sind, umso wichtiger wird es für professionelles Handeln, ein reflektiertes und kritisches Verhältnis zu den Begriffen und Bezeichnungen einzunehmen, die das Feld konstituieren. Das gilt auch für das Themenfeld → Migration. Deshalb wird in der reflexiven Interkulturellen Pädagogik (Hamburger 2009) und der Migrationspädagogik (Mecheril u.a. 2010) gefragt, was die Perspektive oder das begriffliche Instrument K. m. M. bewirkt.

Mit dem Ausdruck K. m. M. wird eine Gruppe benannt, wodurch einerseits sinnvoll die zuweilen problematischen Lebensbedingungen von bestimmten Kindern und Familien in den Blick kommen und Perspektiven Sozialer Arbeit diskutierbar werden, die diese Bedingungen in Rechnung stellen. So lenken bspw. die Ergebnisse der großen → internationalen Vergleichsstudien wie PISA den Blick auf die Bildungsbeteiligung von Jugendlichen und K. m. M. in Deutschland. Es zeigt sich, dass sie in einem erheblichen Maße von den höheren Bildungsabschlüssen ausgeschlossen sind (vgl. zum Forschungsstand Dombrowski/Solga 2012). Weiter wird darauf hingewiesen, dass K. m. M. sehr viel häufiger in prekären Lebenssituationen aufwachsen als Kinder ohne Migrationshintergrund (vgl. Deutscher Bundestag 2013, 90ff.). Mit der Bezeichnung K. m. M. lassen sich also strukturelle und (bildungs-)institutionelle Bedingungen der Ungleichheit markieren. Andererseits gehen mit diesem Instrument aufgrund der Zielgruppenfokussierung und -konstruktion einige gewichtige Probleme einher: »Pauschalisierung«, »Othering« und »Ausländerpädagogik«.

*Pauschalisierung*: Hinter den angeführten statistischen Daten verbergen sich sehr heterogene → Lebenslagen und subjektive Erfahrungen derjenigen Kinder, die als K. m. M. bezeichnet werden. So handelt es sich z.B. um Kinder aus Familien mit einem → (Spät-)Aussiedlerhintergrund oder aus Familien, die Asyl suchen (→ Asylberechtigte), um eingebürgerte Kinder z.B. der zweiten Generation mit einem Elternteil mit Migrationsgeschichte oder um Kinder, die sich als Deutsche verstehen, die eine transnationale Migrationserfahrung aufweisen und für die mehrere natio-ethno-kulturelle Zugehörigkeitskontexte biografisch bedeutsam sind. Die Unterschiedlichkeit der Erfahrungen mit Migration wird durch die pauschalisierende Bezeichnung K. m. M. eher verdeckt. Zudem suggeriert die Konstruktion K. m. M., dass der Aspekt »Migrationshintergrund« das bedeutendste Moment in der Lebenssituation der Kinder sei. Soziale, rechtliche, ökonomische oder bspw. genderbezogene Aspekte treten demgegenüber in den Hintergrund.

*Othering*: Bezeichnungen für Gruppen von Personen werden seit jeher in der (Sozial-)Pädagogik problematisiert, weil diese Gruppen durch die Bezeichnungspraxis (mit) hervorgebracht werden (→ Labeling approach). Die meist nationalstaatlich gefasste Herkunft eines Kindes wird über mehrere Generationen des Aufenthaltes in Deutschland hinaus als nicht deutsch bestimmt, wodurch in der Folge die für gesellschaftliche → Teilhabe relevante Differenz zwischen natio-ethno-kultureller Zugehörigkeit und Nicht-Zugehörigkeit bekräftigt wird. Das Attribut »Migrationshintergrund« ist im deutschsprachigen Diskurs die Chiffre für natio-ethno-kulturelle Andersheit. Aus Kindern werden K. m. M., und damit »irgendwie andere« Kinder. Die Erzeugung der Anderen mit

Hilfe etwa von Bezeichnungspraxen und institutionalisierten Behandlungsformen wird »Othering« genannt. Zu dieser Konstruktion der Anderen trägt die (Sozial-)Pädagogik potenziell maßgeblich bei.

*Ausländerpädagogik*: Insbesondere die Veröffentlichung der Ergebnisse der PISA-Vergleichsstudien hat nicht nur dazu geführt, dass in der Öffentlichkeit über Schwächen des deutschen Schulsystems im Umgang mit migrationsgesellschaftlicher Pluralität diskutiert wird. Zielgruppenorientierung, Defizitfokus und Angleichungsbemühung sind Kennzeichen der zumeist implizit bleibenden Programmatik vieler Ansätze der letzten Jahre, die die Auseinandersetzung mit (Sprach-)Defiziten von K. m. M. in den Mittelpunkt rücken. Zu verzeichnen ist eine Stärkung der Legitimität »ausländerpädagogischer« Ansätze (die meist jedoch unter dem Kürzel »interkulturell« firmieren, → Interkulturelle Erziehung). Dies ist nicht allein eine »Wiederkehr der Ausländerpädagogik«, sondern vielmehr erst ihr eigentlicher Start. Anders als zu Beginn der 1970er-Jahre können pädagogische Ansätze, die auf die Kompensation der mangelnden Kompetenzen der Zielgruppe mit Migrationshintergrund zielen, auf einer breiten sozial-, sprach- und erziehungswissenschaftlichen Expertise aufbauen und raffinierte Wirkungs- und Zustimmungseffekte erzielen.

Angesichts der beschriebenen Probleme wird in der Erziehungswissenschaft (→ Erziehungswissenschaftliche Grundlagen der Sozialen Arbeit) auf die Notwendigkeit eines Paradigmenwechsels in der Beschäftigung mit Migration und Pädagogik hingewiesen. Dieser Wechsel hat im Kern einen veränderten Fokus zur Folge. Weg von der (als defizitär verstandenen) Zielgruppe (z.B. K. m. M.) hin zu den (bildungs-)institutionellen Logiken, Routinen, Strukturen und Prozessen, die auf der einen Seite K. m. M. hervorbringen (→ Diskriminierung durch Ungleichbehandlung) und die auf der anderen Seite die auch durch Migrationsbiografien eingebrachten Differenzen der Sprachen, kulturellen Hintergründe und Lebensorientierungen nicht systematisch in Rechnung stellen (Diskriminierung durch Gleichbehandlung).

*Lit.* Deutscher Bundestag: Bericht über die Lebenssituation junger Menschen und die Leistungen der Kinder- und Jugendhilfe in Deutschland – 14. Kinder- und Jugendbericht, BT-Drucks. 17/12200 v. 30.1.2013; Dombrowski, R./Solga, H.: Soziale Ungleichheiten im Schulerfolg, in: Kuhnhenne, M./Miethe, I./Sünker, H./Venzke, O. (Hrsg.): (K)eine Bildung für alle – Deutschlands blinder Fleck. Stand der Forschung und politische Konsequenzen, Opladen u.a. 2012, S. 51–86; Hamburger, F.: Abschied von der Interkulturellen Pädagogik. Plädoyer für einen Wandel sozialpädagogischer Konzepte, Weinheim 2009; Mecheril, P. u.a.: Migrationspädagogik, Weinheim u.a. 2010; Statistisches Bundesamt: Bevölkerung mit Migrationshintergrund – Ergebnisse des Mikrozensus 2014, Fachserie 1 Reihe 2.2, Wiesbaden 2015.

*Claudia Machold/Paul Mecheril*

**Kinderpolitik** → Jugendpolitik

**Kinderpornografie** → Kindesmisshandlung

**Kinderrechte** sind → Menschenrechte, die den → Bedürfnissen und → Lebenswelten von Kindern und Jugendlichen Rechnung tragen und gewährleisten sollen, dass sie unter bestmöglichen Umständen aufwachsen. Insbesondere die altersbedingte Verletzbarkeit (Vulnerabilität) von Kindern sowie ihr marginaler Status in von Erwachsenen dominierten, generational geordneten Gesellschaften fanden bei der Formulierung von eigenen K. Beachtung und bestärkten die altersunabhängige Gültigkeit aller Menschenrechte für alle Menschen. In der insgesamt 54 Artikel und inzwischen drei Zusatzprotokolle umfassenden → UN-Kinderrechtskonvention (KRK) werden die K. von der Staatengemeinschaft benannt. Kinder sind in diesem Sinne ausnahmslos alle Personen unter 18 Jahren.

Die in der KRK genannten Rechte lassen sich in Schutz-, Förder- und Beteiligungsrechte (engl.: protection, provision and participation rights – die drei P's der Konvention) unterscheiden. Art. 2 (Diskriminierungsverbot), Art. 3 (Wohl des Kindes), Art. 6 (Recht auf Leben) und Art. 12 (Berücksichtigung des Kinderwillens) spiegeln allgemeine Prinzipien wider, die allen K. zugrunde liegen. Die Staaten haben sicherzustellen, dass das Recht jedes Kindes realisiert wird, in einer sicheren Umgebung, frei von → Gewalt und jedweder → Diskriminierung zu leben. Das Recht auf Nichtdiskriminierung besagt, dass kein Kind aufgrund von Hautfarbe, Geschlecht, Religion, politischer oder sonstiger Anschauung, nationaler, ethnischer oder sozialer Herkunft, einer Behinderung, Geburt oder Status seiner Eltern benachteiligt werden darf. Die Staaten sind verpflichtet, bestehende Diskriminierungen abzuschaffen bzw. auf den Abbau bestehender Diskriminierungen hinzuwirken. Dem → Kindeswohl ist bei allen staatlichen Entscheidungen Vorrang einzuräumen und Kinder haben das Recht auf Beteiligung (→ Teilhabe) und auf angemessene Berücksichtigung ihrer Meinung und ihrer Wünsche.

Im Gegensatz zum lange ausschließlich vorherrschenden Verständnis von Kindern als passiven und schutzbedürftigen Wesen, die sich erst noch zu eigenständigen Subjekten entwickeln, werden sie im Sinne der K. als aktive (Rechts-)Subjekte verstanden, die bereits jetzt in der Lage und berechtigt sind, ihr Leben selbst (mit) zu gestalten. Im englischen Original der Konvention findet sich der Begriff »best interest of the child«, der im Unterschied zu dem eher paternalistischen Konzept des Kindeswohls den individuellen Kindeswillen stärker zum Ausdruck bringt.

Zwar sind K. durch Ratifizierung der KRK inzwischen in 195 Staaten (Stand September 2015) formal gültig. Ihr Bekanntheitsgrad, ihre Anerkennung und die tatsächlichen Wirkungen auf die Lebenssituation vieler Kinder sind allerdings noch weit davon entfernt, dem Geist der KRK und einer Kultur der K. zu entsprechen, wie sie in allen Kinder betreffenden Bereichen vorherrschen sollte.

*Verena Lingg*

**Kinderregelleistung** → Regelbedarfs-Ermittlungsgesetz

**Kinderschutz** ist ein Sammelbegriff für rechtliche Regelungen sowie Maßnahmen von staatlichen und nichtstaatlichen Institutionen, die dem Schutz von Kindern und Jugendlichen vor Gefährdungen des → Kindeswohls dienen sollen. Das Kindeswohl ist allerdings ein → unbestimmter Rechtsbegriff, der einer Auslegung und Konkretisierung bedarf, bevor er auf einen Einzelfall angewendet werden kann. Die Rechtsprechung des Bundesgerichtshofs versteht darunter eine gegenwärtige und zwar in einem solchen Maße vorhandene Gefahr, dass sich bei der weiteren Entwicklung der Dinge eine erhebliche Schädigung des körperlichen, geistigen oder seelischen Wohls des Kindes mit ziemlicher Sicherheit voraussehen lässt. Hierzu zählen Beeinträchtigungen wie altersunangemessene Behandlung, → Kindesvernachlässigung, → Kindesmisshandlung, Ausbeutung oder Krankheit. K. ist verfassungsrechtlich geboten (Art. 6 Abs. 2 → Grundgesetz [GG]). Danach ist es zuvörderst die Pflicht der Eltern, im Rahmen der → elterlichen Sorge ihre Kinder vor Gefahren für ihr Wohl zu schützen. Das staatliche → Wächteramt wiederum verpflichtet die staatliche Gemeinschaft, über die Betätigung der Elternverantwortung zu wachen. Auch die → UN-Kinderrechtskonvention, die Deutschland 1992 ratifiziert hat, verpflichtet die staatlichen Stellen, die im Abkommen vereinbarten Mindeststandards zum Wohle von Kindern und Jugendlichen umzusetzen und sie vor Gewaltanwendung, Misshandlung und Verwahrlosung zu schützen. K. ist daher Aufgabe von Eltern wie Staat gleichermaßen. In einfachgesetzlichen Regelungen ist der Verfassungsauftrag unter Achtung der vorrangigen elterlichen Erziehungsverantwortung auszuformen. Derartige gesetzliche Ausgestaltungen finden sich insbesondere im SGB VIII (→ Kinder- und Jugendhilfe), aber auch u.a. im → Bürgerlichen Gesetzbuch (BGB) und im → Familienverfahrensgesetz (FamFG). Staatliche Bestrebungen hinsichtlich K. bewegen sich dabei häufig im Spannungsfeld zwischen → Prävention und → Intervention.

Die Ausfüllung der staatlichen Schutzpflichten im K. obliegen v.a. dem → öffentlichen Träger der Jugendhilfe (→ Jugendamt) und dem → Familiengericht. Mit den gesetzlichen Vorschriften besteht inzwischen ein enges Geflecht von Verfahrensvorgaben und -standards, die das fachlich erforderliche Handeln abbilden und die staatlichen Institutionen binden. Die Wahrnehmung des Schutzauftrags nach § 8 a SGB VIII stellt für die Jugendhilfe die zentrale Aufgabe im K. dar. Sobald dem Jugendamt gewichtige Anhaltspunkte für die Gefährdung des Wohl eines Kindes oder Jugendlichen bekannt werden, hat es das Gefährdungsrisiko im Zusammenwirken mit mehreren → Fachkräften abzuschätzen und den Eltern geeignete und notwendige Hilfen anzubieten. Gelingt es dem Jugendamt nicht, das Gefährdungsrisiko abzuschätzen, etwa weil die Eltern nicht bereit sind, hierbei mitzuwirken, kommt eine Anrufung des Familiengerichts und die Eröffnung eines Verfahrens nach §§ 1666, 1666 a BGB in Betracht. Sofern eine dringende Gefahr besteht und eine Entscheidung des Familiengerichts nicht abgewartet werden kann, hat das Jugendamt das Kind oder den Jugendlichen in Obhut zu nehmen (§ 42 SGB VIII) und auf diesem Weg unmittelbar vor der drohenden Gefahr zu schützen (→ Inobhutnahme von Kindern und Jugendlichen). Das Familiengericht kann nach § 1666 BGB zunächst niedrigschwellige Schutzmaßnahmen auch unterhalb des Sorgerechtsentzugs erlassen und die Personensorgeberechtigten bspw. zur Inanspruchnahme von → Hilfen zur Erziehung verpflichten. Zuvor hat es in einem Gespräch mit den Eltern und dem Jugendamt zu erörtern, welche öffentlichen Hilfen dazu geeignet sind, die Gefährdung des Kindeswohls abzuwenden. Hierbei sollen den Eltern gleichzeitig die Folgen der Nichtannahme der notwendigen Hilfen vor Augen geführt werden.

Der Schutz von Kindern und Jugendlichen vor Kindeswohlgefährdungen wurde in den letzten Jahren kontinuierlich ausgebaut und verbessert. Zuletzt trat 2012 das Gesetz zur Stärkung eines aktiven Schutzes von Kindern und Jugendlichen – Bundeskinderschutzgesetz (BKiSchG) in Kraft. Ziel des BKiSchG ist es, Prävention und Intervention im K. gleichermaßen voranzubringen und alle Akteure, die sich für das Wohlergehen von Kindern engagieren – angefangen bei den Eltern, über den Kinderarzt oder die Hebamme bis hin zum Jugendamt oder Familiengericht –, in ihren Handlungen und in ihrer Vernetzung zu stärken. Hierfür werden → Frühe Hilfen zu Basisangeboten der Kinder- und Jugendhilfe ausgebaut und stehen auch werdenden Eltern zur Verfügung. Weitere Regelungen beinhalten die Verpflichtung aller hauptamtlichen Mitarbeiter/innen in der öffentlichen und freien Jugendhilfe zur Vorlage eines erweiterten Führungszeugnisses. Im Bereich des Ehrenamts sollen öffentliche und freie Träger vereinbaren, bei welchen Tätigkeiten erweiterte Führungszeugnisse nötig sind – abhängig von der Art der Tätigkeit oder der Intensität und Dauer des Kontakts zu Kindern und Jugendlichen. Aufgrund einer weiteren Neuerung des BKiSchG erhalten Einrichtungen, in denen Kinder oder Jugendliche betreut werden, nur eine → Betriebserlaubnis, wenn sichergestellt ist, dass das Personal erweiterte Führungszeugnisse vorlegt und geeignete Beteiligungs- und Beschwerdeverfahren für Kinder und Jugendliche in den Einrichtungen zur Anwendung kommen. Außerdem möchte das BKiSchG auch die Verbindlichkeit fachlicher Standards der Kinder- und Jugendhilfe erhöhen, indem eine kontinuierliche Qualitätsentwicklung und -sicherung (→ Qualitätsmanagement) für alle Bereiche der Kinder- und Jugendhilfe gesetzlich festgeschrieben werden, sodass Standards wie Leitlinien zur → Partizipation von Kindern und Jugendlichen oder zur Prävention von Machtmissbrauch in Einrichtungen weiterentwickelt, angewendet und auch regelmäßig überprüft werden müssen.

*Lit.* Münder, J./Meysen, T./Trenczek, T. (Hrsg.): Frankfurter Kommentar SGB VIII, 7. Aufl., Baden-Baden 2013; Münder, J./Trenczek,T.: Kinder- und Jugendhilferecht, 8. Aufl., Baden-Baden 2015; Münder, J./Wiesner, R./Meysen, T. (Hrsg.): Handbuch Kinder- und Jugendhilferecht, 2. Aufl., Baden-Baden 2011; Wiesner, R. (Hrsg.): SGB VIII Kinder- und Jugendhilfe, 5. Aufl., München 2015.

*Réka Fazekas*

**Kinderschutzzentren** → Kinderschutz, → Kindesmisshandlung

**Kindertagesbetreuung** umfasst alle Angebotsformen der öffentlichen, privaten und betrieblichen → Erziehung, → Bildung und → Betreuung von Kindern vor, neben und außerhalb von Schule. Auf der öffentlichen Seite können hier → Kindertageseinrichtungen, wie Krippen, Kindergärten, → Horte, Kinderhäuser, Eltern-Kind-Zentren, Kinderbetreuung innerhalb von → Mehrgenerationenhäusern, → Ganztagsschulen und → Kindertagespflege genannt werden. Das Spektrum privater K. umfasst Au-Pair-Hilfen, → Elterninitiativen, → Eltern-Kind-Gruppen, sog. Kinderfrauen, Krabbelstuben, Mütterzentren, Spielgruppen, Kindertagespflege (wenn sie denn ausschließlich im privaten Raum initiiert wird). Träger von Einrichtungen der K. sind Kommunen als → öffentliche Träger und → freie Träger wie die Verbände der → Freien Wohlfahrtspflege. Daneben sind auch Wirtschaftsunternehmen, private Initiativen, (Eltern-)Vereine Träger von Angeboten der K.

Der Begriff »Betreuung« ist allerdings zu kurz gegriffen. Seit den → internationalen Vergleichsstudien der → Organisation für wirtschaftliche Zusammenarbeit und Entwicklung (OECD) wird in Deutschland die Notwendigkeit einer integrierten Erziehung, Bildung und Betreuung zur ganzheitlichen Förderung von Kindern aller Altersstufen gesehen, ebenso wie die präventive Funktion frühkindlicher Bildung hinsichtlich → Armut und → Teilhabe.

Ihre rechtliche Grundlage findet die K. in den §§ 22–26 SGB VIII (→ Kinder- und Jugendhilfe). Die konkrete Ausgestaltung unterliegt dem Landesrechtsvorbehalt. Die Beteiligung der Eltern an den Kosten für einen Platz in einer Kindertageseinrichtung oder in Kindertagespflege ist in Deutschland unterschiedlich geregelt. Sie reicht von Beitragsfreiheit bis zu relativ hohen Kosten. Diese können aber von den Eltern im Rahmen der Einkommensteuererklärung als Kinderbetreuungskosten abgesetzt werden. Für Kinder im Kindergartenalter (drei bis sechs Jahre) besteht ein → Rechtsanspruch auf einen wohnortnahen halbtägigen Platz in einer Kindertageseinrichtung oder ergänzend in Kindertagespflege (§ 24 Abs. 3 SGB VIII). Der Gesetzgeber hat mit den Novellierungen des SGB VIII 2005 (Tagesbetreuungsausbaugesetz) und 2008 (Kinderförderungsgesetz) neue Zielpunkte und Rahmenbedingungen für den Ausbau der Angebote für Kinder vom vollendeten ersten bis zum dritten Lebensjahr geschaffen. Seit dem 1.8.2013 hat jedes Kind, welches seinen gewöhnlichen → Aufenthalt in Deutschland hat, einen Anspruch auf einen Platz in einer Kindertageseinrichtung oder in der Kindertagespflege. Der Ausbaustand für Kinder unter drei Jahren ist in den einzelnen Bundesländern unterschiedlich, gleichwohl ist von einem steigenden Bedarf auszugehen. Für Kinder im schulpflichtigen Alter besteht bislang noch kein individueller Rechtsanspruch auf einen Platz in einer Kindertageseinrichtung oder in der Kindertagespflege. Der Träger der öffentlichen Kinder- und Jugendhilfe ist jedoch angehalten, ein bedarfsgerechtes Angebot zu schaffen. Vielfach bestehen entsprechende Angebote im Rahmen der Ganztagsschule, aber auch in Form von Horten. Aktuell findet ein Qualitätsdialog zwischen Bund und Ländern statt, mit dem Ziel sich auf gemeinsame Ziele zur Sicherung und Verbesserung der Qualität zu verständigen. Zudem steht die K. vor der Herausforderung der → Inklusion von Kindern mit Behinderungen und Fluchterfahrungen.

*Maria-Theresia Münch*

**Kindertagesbetreuungsgesetze** umfassen die Ausführungsgesetze der Länder zum → Kinder- und Jugendhilfegesetz (SGB VIII), die sich auf die institutionelle Förderung von Kindern beziehen. Nach Inkraftsetzung des SGB VIII am 26.6.1990, in dem erstmals sowohl der → Kindergarten als auch andere → Kindertageseinrichtungen als Einrichtungen der → Kinder- und Jugendhilfe bezeichnet werden, erließen die Länder Ausführungsbestimmungen zu §§ 22–26 SGB VIII; sie regeln gemäß § 26 SGB VIII Inhalt und Umfang der Förderung von Kindern in Tageseinrichtungen und in Tagespflege (→ Kindertagesbetreuung). Nach dem SGB VIII haben diese Einrichtungen der Kindertagesbetreuung den dreifachen Auftrag der → frühkindlichen Bildung, Betreuung und Erziehung von Kindern im Vor- und Grundschulalter.

Nachdem bereits einige Länder zu Beginn der 1990er-Jahre in ihren Ausführungsgesetzen einen → Rechtsanspruch auf einen Kindergartenplatz eingeführt hatten, gilt dieser nach dem im Rahmen des Schwangeren- und Familienhilfegesetzes 1992 novellierten § 24 SGB VIII inzwischen in allen Bundesländern, unbeschadet des rechtlichen Sonderstatus von Bayern. Die Bestimmungen des am 1.7.2001 in Kraft getretenen neues SGB IX – Rehabilitation und Teilhabe behinderter Menschen – betreffen teilweise auch die gesetzlichen Grundlagen der Jugendhilfe (bspw. § 35 a SGB VIII): Einrichtungen der Jugendhilfe zählen nunmehr ebenfalls zu den Reha-Trägern, sie haben eine Informations- und Beratungspflicht, wenn sie im Rahmen ihrer Betreuungs- und Fördermaßnahmen bei Kindern oder Jugendlichen Behinderungen feststellen, sie sind angehalten, jungen Menschen mit und ohne Behinderung gemeinsam zu betreuen usw. Aufgabe der Ausführungsgesetze zum SGB VIII ist es, neben dem inzwischen mit Rechtsanspruch ausgestatteten Kindergarten auch für die übrigen Formen der Förderung von Kindern in Tageseinrichtungen und in Tagespflege die Voraussetzungen für eine fachliche Absicherung und bedarfsgerechte Weiterentwicklung bereit zu stellen.

Seit 2005 erfolgte eine mehrstufige Reform des SGB VIII für die Kindertagesbetreuung. Dazu gehören das Tagesbetreuungsausbaugesetz (TAG), in Kraft seit 1.1.2005, das Gesetz zur Weiterentwicklung der Kinder- und Jugendhilfe (KICK), ebenfalls seit 2005 in Kraft, und das am 1.1.2009 in Kraft getretene Kinderförderungsgesetz (KiföG). Das TAG legt die Grundlagen für einen systematischen Ausbau der Kindertagesbetreuung v.a. für Kinder unter drei Jahren in Kindertageseinrichtungen und besonders in der Kindertagespflege. Das KICK zielt in erster Linie darauf ab, den Schutz des → Kindeswohls zu stärken und die Zuständigkeit der Jugendämter und der Träger zu präzisieren. Das KiföG verpflichtet die Kommunen zum bedarfsgerechten Ausbau der Tagesbetreuung für Kinder unter drei Jahren bis zum Jahr 2013. Damit wird der im TAG ursprünglich festgelegte Zeitrahmen (bis 2010) erheblich erweitert. Die neu zu schaffenden Plätze sind v.a. für die Kinder vorzuhalten, die für ihre Entwicklung eine professionelle Betreuung außerhalb ihrer Familie benötigen. Ab 1.8.2013, nach Abschluss der Ausbauphase der Betreuungsplätze, wurde der → Rechtsanspruch auf einen Betreuungsplatz für alle Kinder vom vollendeten ersten bis dritten Lebensjahr eingeführt. Damit gibt es ab 1.8.2013 eine rechtliche Verpflichtung zur Bereitstellung von Plätzen ab dem vollendeten ersten Lebensjahr, dieses ist eine weitere wichtige rechtliche Erweiterung der Vorgaben des TAG.

*Matthias Hugoth*

**Kindertageseinrichtungen** sind familienergänzende, familienunterstützende sozialpädagogische Einrichtungen, in denen sich Kinder für einen Teil des Tages oder ganztags aufhalten, um in ihrer Entwicklung zu einer eigenverantwortlichen und gemeinschaftsfähigen → Persönlichkeit gefördert zu werden. Kindertageseinrichtungen gehören also zum System der → Kindertagesbetreuung. Die Bezeichnung K. gilt als Oberbegriff für unterschiedliche Einrichtungsarten: Krippe und Krabbelstube für Kinder im Alter unter drei Jahren, Kindergarten für Kinder im Alter zwischen drei Jahren und Beginn des Schulbesuchs, → Horte für Kinder im Schulalter. K. bestehen sowohl als selbstständige Einrichtungen als auch in unterschiedlichen Kombinationsformen, z.B. Krippe kombiniert mit Kindergarten oder Kindergarten kombiniert mit Hort oder auch als Zusammenfassung aller drei Einrichtungsarten unter einem Dach. Neben diesen traditionellen Einrichtungsarten haben sich, in einigen Ländern bereits seit vielen Jahren, altersgruppenübergreifende Formen entwickelt, etwa mit Gruppen für Kinder im Alter zwischen vier Monaten und sechs Jahren oder zwischen drei und zwölf Jahren (→ Altersgemischte Gruppen in Kindertageseinrichtungen). Ebenso gibt es seit jüngerer Zeit Versuche, Kinderhäuser (Orte für Kinder) und → Familienzentren einzurichten bzw. bestehende Einrichtungen entsprechend weiterzuentwickeln, in denen die traditionellen Altersgrenzen aufgehoben sind, in denen eine enge Verzahnung der pädagogischen Arbeit mit Kindern und der Arbeit mit Eltern erfolgt und in denen pädagogische Konzepte auf der Grundlage eines lebenswelt- und situationsorientierten Ansatzes (→ Lebenswelt, → Situationsansatz) angewandt werden.

*Matthias Hugoth*

**Kindertagespflege** ist im Unterschied zu → Kindertageseinrichtungen eine familiennahe Betreuungsform. Die Wurzeln der K. liegen in der → Nachbarschaftshilfe. In der Nachkriegszeit war sie oft die einzige Möglichkeit für Mütter und Väter, einer beruflichen Tätigkeit nachzugehen und damit die Existenz der Familie zu sichern. Mit der deutschen Teilung entwickelte sich die K. in Ost und West unterschiedlich. Während in Ostdeutschland auf den flächendeckenden Ausbau der institutionellen Betreuung gesetzt wurde und die K. damit den Status eines privat organisierten Betreuungsarrangements behielt, konnte die K. in Westdeutschland in den 1970er-Jahren aus der Bedeutungszuweisung der reinen Nachbarschaftshilfe heraustreten und ein eigenständiges Profil entwickeln.

Gesetzlich wurde die K. erstmals 1991 mit der Einführung des → Kinder- und Jugendhilfegesetzes (KJHG) geregelt. Eine weitere Profilschärfung und Bedeutungszuwachs erfuhr die K. durch das Tagesbetreuungsausbaugesetz (TAG) 2005 sowie mit dem Kinderförderungsgesetz (KiföG) 2008. Erstmals wurde die K. umfassend geregelt und gesetzlich verankert (§§ 22–24 a, 43, 26, 90 SGB VIII). Seither ist die K. rechtlich eindeutig ein gleichrangiges Förderangebot neben Kindertageseinrichtungen. Mit der 2009 eingeführten einkommensteuerrechtlichen Behandlung der Geldleistungen für Tagespflegepersonen entbrannte eine bundesweite Debatte um den Stellenwert der K. im frühkindlichen Betreuungsangebot und der damit verknüpften leistungsorientierten Vergütung für Tagespflegepersonen. Diese Debatte vollzog sich vor dem Hintergrund des forcierten Ausbaus der Betreuungsangebote für Kinder unter drei Jahren und führte in der K. zu einem erheblichen Professionalisierungsschub.

Grundsätzlich ist K. ein Förderangebot für Kinder von 0–14 Jahren, insbesondere aber für Kinder unter drei Jahren. Sie kann entweder im Haushalt des Kindes, dem der Tagespflegeperson oder in anderen geeigneten Räumlichkeiten stattfinden. Seit 1.8.2013 haben alle Kinder ab dem vollendeten ersten Lebensjahr einen Rechtsanspruch auf frühkindliche Förderung in einer Kindertageseinrichtung oder in K. (§ 24 Abs. 2 SGB VIII). Kinder, die das dritte Lebensjahr vollendet haben, haben bis zum Schuleintritt einen Anspruch auf Förderung in einer Kindertageseinrichtung. Dieser Anspruch kann bei besonderem Bedarf oder ergänzend durch die K. umgesetzt werden. Diese Regelung gilt auch für Kinder im schulpflichtigen Alter. Der → öffentliche Träger der Jugendhilfe muss ein bedarfsgerechtes Angebot an Plätzen in K. sicherstellen.

Die Vermittlung von Tagespflegepersonen setzt die Erteilung der Erlaubnis voraus (§ 43 SGB VIII). Diese kann nur durch das → Jugendamt erfolgen und ist an die Prüfung der Geeignetheit der Tagespflegeperson gekoppelt. Die Erlaubnis gilt für fünf Jahre und muss nach Ablauf dieser Frist erneuert werden. Die Vermittlung, Beratung und Fortbildung der Tagespflegepersonen kann das Jugendamt an andere Träger delegieren. Maximal fünf Kinder können gleichzeitig in einer K.stelle betreut werden. Eine Ausnahme bildet hier die sogenannte Großtagespflege, in der unter bestimmten Voraussetzungen auch mehr als fünf Kinder betreut werden können. Die Tagespflegeperson erhält bei einer öffentlichen Förderung nach § 23 Abs. 2 SGB VIII laufende Geldleistungen. Die inhaltliche, umfängliche und finanzielle Ausgestaltung der K. unterliegt dem Landesrechtsvorbehalt.

*Marion von zur Gathen*

**Kindertagesstätte** → Kindertageseinrichtungen

**Kinder- und Jugendberichterstattung** In § 84, Abs. 1 SGB VIII wird die Bundesregierung verpflichtet, einmal in jeder Legislaturperiode »einen Bericht über die Lage junger Menschen und die Bestrebungen und Leistungen der Jugendhilfe« vorzulegen. Jeder dritte Bericht, wie der 2001 vorgelegte elfte und dann wieder der 14. Kinder- und Jugendbericht, ist ein sogenannter Gesamtbericht über die → Kinder- und Jugendhilfe (→ Jugendhilfeforschung); die jeweils beiden anderen Berichte sind thematisch auf ein Themenfeld ausgerichtet – wie der 15. Bericht, in dessen Mittelpunkt die → Lebenslagen Jugendlicher stehen. Die Themensetzung erfolgt jeweils durch das → Bundesministerium für Familie, Senioren, Frauen und Jugend (BMFSFJ) nach Abstimmung im Bundeskabinett. Neben der Bestandaufnahme und Analyse ist es Aufgabe der Berichte, Vorschläge zur Weiterentwicklung der Kinder- und Jugendhilfe zu machen.

Erstellt werden die Berichte von einer unabhängigen Kommission, die durch das BMFSFJ berufen wird. Ihr gehören – seit 2005 – mindestens sieben Sachverständige an. Die Kommissionen bestehen aus Wissenschaftler/innen sowie fachlich einschlägigen Kolleg/innen aus der Fach- und Verbandspraxis sowie der Verwaltung. Jedem Bericht wird vonseiten der Bundesregierung eine Stellungnahme vorangestellt und dem Deutschen Bundestag bzw. Bundesrat vorgelegt. Veröffentlicht wird er als Bundestagsdrucksache. Üblicherweise lassen die Kommissionen während der Arbeit am Bericht eine Reihe von Expertisen erstellen. Diese werden zu den Berichten in Buchform und zuletzt häufiger online über die Homepage des → Deutschen Jugendinstituts (www.dji.de) veröffentlicht. Im Rahmen der Erarbeitung des 15. Berichtes wurden erstmals im begrenzten Umfang Formate der Beteiligung junger Menschen erprobt. Auch wenn formal betrachtet die K. u. J. an den Deutschen Bundestag und den Bundesrat adressiert ist, zeigt sich immer wieder, dass davon abgesehen die größte Resonanz in der Fachpraxis erzeugt wird.

K. u. J. wird auch in den Bundesländern erstellt. Allerdings gibt es in jeder Hinsicht (Rhythmen, Form und Umfang, Bedingungen der Berichtserstellung, politische Funktion usw.) große Unterschiede.

*Christian Lüders*

**Kinder- und Jugenderholung** → Erholung

**Kinder- und Jugendhilfegesetz (KJHG)** Das Gesetz zur Neuordnung des Kinder- und Jugendhilferechts vom 26.6.1990 (BGBl. I S. 1163) enthält als »Artikelgesetz« alle Regelungen, die im Rahmen der Neuordnung des Kinder- und Jugendhilferechts neu geschaffen oder entsprechend geändert bzw. angepasst worden sind. Das Herzstück des KJHG (Art. 1) bildet das SGB VIII (→ Kinder- und Jugendhilfe), das das Jugendwohlfahrtsgesetz (JWG) abgelöst hat und mit dem die Materie Kinder- und Jugendhilfe in das → Sozialgesetzbuch (SGB) eingeordnet worden ist. Das Gesetz ist in den alten Bundesländern am 1.1.1991, in den neuen Bundesländern bereits zusammen mit dem Einigungsvertrag am 3.10.1990 in Kraft getreten und hat die Jugendhilfeverordnung der DDR abgelöst. Alle späteren Änderungen des Kinder- und Jugendhilferechts betreffen das SGB VIII, das seit der Verkündung des KJHG als selbstständiges Stammgesetz fungiert.

*Reinhard Wiesner*

**Kinder- und Jugendhilfe (SGB VIII)** bezeichnet ein Handlungsfeld → Sozialer Arbeit und verweist zugleich auf die als Teil des → Sozialgesetzbuchs (SGB) ausgestaltete (bundesrechtliche) Rechtsgrundlage. Mit dieser Bezeichnung wird ein komplexes Feld sozialer Leistungen zur Förderung der Entwicklung junger Menschen umschrieben. In der Nachkriegszeit hat zunächst der Begriff Jugendhilfe den ursprünglichen Begriff »Jugendwohlfahrt« verdrängt. In den letzten zwei Jahrzehnten wird – anknüpfend an die aktuelle Rechtsgrundlage – meist die erweiterte Bezeichnung »Kinder- und Jugendhilfe« verwendet. K. u. J. umfasst ein breites Spektrum von Aufgaben zur allgemeinen Förderung junger Menschen und → Familien sowie von Hilfen in besonderen → Lebenslagen und Erziehungssituationen und fasst damit die beiden Teilgebiete (Allgemeine Förderung = Jugendpflege bzw. → Jugendarbeit und Hilfen für gefährdete junge Menschen = Jugendfürsorge) zusammen (sog. Einheit der J.). Wie sich am Beispiel der → Jugendsozialarbeit oder den Hilfen zur Verbesserung der elterlichen Erziehungskompetenz (→ Familienbildung) zeigt, sind die Übergänge zwischen allgemeiner Förderung und Hilfen zur Deckung eines individuellen Bedarfs fließend geworden. Zur K. u. J. zählt auch die Förderung von Kindern in → Kindertageseinrichtungen und in → Kindertagespflege, die in den letzten Jahrzehnten vor dem Hintergrund der Bildungsdebatte und der Forderung nach besserer → Vereinbarkeit von Familien- und Erwerbsleben eine hohe gesellschaftspolitische Bedeutung gewonnen hat.

Über viele Jahrhunderte war die Sorge für vernachlässigte und elternlose Kinder autonomer Auftrag von Kirchen, kirchennahen Verbänden und anderen humanitären Organisationen. Die historischen Ursprünge der öffentlichen Erziehung liegen in der Fürsorge für Findel- und Waisenkinder; sie vollzog sich zunächst in der Anstaltserziehung und wurde später durch die → Familienpflege ergänzt. Erst zu Beginn des 20. Jh. kam es mit der Errichtung von → Jugendämtern zum gezielten Aufbau einer öffentlichen J. Mit dem Aufkommen der Jugendbewegungen erweiterte sich das Selbstverständnis der J. und sie erklärte sich nunmehr auch für die »jugendpflegerische« Arbeit zuständig. Nach ihrer gesetzlichen Grundlage (§ 1 Abs. 3 SGB VIII) zielt K. u. J. darauf ab, (1) junge Menschen in ihrer individuellen und sozialen Entwicklung zu fördern und dazu beizutragen, Benachteiligungen zu vermeiden oder abzubauen, (2) Eltern und andere Erziehungsberechtigte bei der → Erziehung zu beraten und zu unterstützen, (3) Kinder und Jugendliche vor Gefahren für ihr Wohl zu schützen und (4) dazu beizutragen, positive Lebensbedingungen für junge Menschen und ihre Familien sowie eine kinder- und familienfreundliche Umwelt zu erhalten oder zu schaffen. → Adressat/innen der K. u. J. sind Kinder und Jugendliche sowie deren Eltern, aber auch junge Volljährige bis zur Vollendung des 27. Lebensjahres.

Schwerpunkt der K. u. J. ist die Förderung der Entwicklung von Kindern und Jugendlichen (Minderjährigen) durch Erziehung, → Bildung und Betreuung. Dabei hat die K. u. J. den vorrangigen Erziehungsauftrag der Eltern (→ Elternrecht) und der Schule zu respektieren. Andererseits setzt sie mit ihren → familienunterstützenden Hilfen zunehmend mehr Eltern erst in die Lage, ihrer Erziehungsverantwortung gerecht zu werden. Soweit die Eltern ihren Erziehungsauftrag nicht wahrnehmen und dem Kind daraus Gefahr für seine Entwicklung droht, hat die K. u. J. zusammen mit dem → Familiengericht Maßnahmen zur Gefahrenabwehr zu ergreifen (staatliches Wächteramt, → Kinderschutz). Darüber hinaus werden Leistungen für junge Volljährige zur Verselbstständigung gewährt (→ Hilfen für junge Menschen/Volljährige).

K. u. J. in Deutschland wird von → öffentlichen und → freien Trägern der K. u. J. geleistet. Die öffentliche K. u. J. nimmt die im SGB VIII und den dazu verabschiedeten Landesausführungsgesetzen definierten Aufgaben wahr und arbeitet dabei mit einer großen Zahl von nichtstaatlichen (freien) Trägern zusammen, die ihrerseits zum größeren Teil in → Jugendverbänden, Wohlfahrtsverbänden und anderen Fachorganisationen auf Bundesebene zusammengeschlossen sind. Freie Träger werden aufgrund ihres Selbstverständnisses nicht als Auftragnehmer der öffentlichen Träger tätig, sondern im Rahmen ihres autonomen Betätigungsrechts. Durch die immer stärkere Verrechtlichung der Zusammenarbeit, die Abhängigkeit freier Träger von öffentlicher Finanzierung und die Tendenz, diese Finanzierung mit der Erbringung konkret vereinbarter Leistungen zu verknüpfen, werden ihre Spielräume jedoch zunehmend enger. Neben den klassischen freigemeinnützigen Trägern werden zunehmend auch → privat-gewerbliche Träger in der K. u. J. tätig.

Im Bereich der öffentlichen K. u. J. unterscheidet man örtliche und überörtliche Träger (→ Jugendhilfeträger). Die überörtlichen Träger und – seit der Änderung des § 69 SGB VIII durch das Kinderförderungsgesetz – auch die örtlichen Träger werden durch Landesrecht bestimmt. Damit hat der Gesetzgeber auf die Änderung von Art. 84 → Grundgesetz (GG) im Rahmen der Föderalismusreform reagiert, wonach es dem Bund künftig verboten ist, den Gemeinden und Gemeindeverbänden Aufgaben zuzuweisen (Art. 84 Abs. 1 S. 7 GG). Durch die Änderung von § 69 SGB VIII werden die Länder in die Umsetzung des Bundesrechts einbezogen mit der Folge, dass bei einer bundesrechtlichen Aufgabenzuweisung die sog. Mehrbelastungsausgleichspflicht gegenüber den Kommunen zur Anwendung kommt, wenn die Länder die kommunalen Gebietskörperschaften zu örtlichen Trägern bestimmen (Konnexitätsprinzip). Örtliche Träger sind – nunmehr aufgrund landesgesetzlicher Regelung – die → Landkreise und → kreisfreien Städte, in einzelnen Ländern auch → kreisangehörige Städte mit eigenem Jugendamt. Überörtliche Träger sind – je nach landesrechtlicher Regelung – die Länder bzw. (in Nordrhein-Westfalen und Baden-Württemberg) höhere Kommunalverbände. Das Schwergewicht der Aufgaben in der K. u. J. liegt seit der Reform des K. u. J.-Rechts (1991) auf örtlicher Ebene. Anders als in der → Sozialhilfe sind alle Leistungen der K. u. J. auf der örtlichen Ebene konzentriert. Die örtlichen Träger handeln durch die Jugendämter, die überörtlichen Träger durch die → Landesjugendämter, die beide aufgrund bundesrechtlicher Vorgaben zweigliedrig organisiert sind (→ Jugendhilfeausschuss und Verwaltung des Jugendamtes, § 70 SGB VIII). Im Rahmen der Föderalismusreform I im Jahre 2006 wurden den Ländern Abweichungsrechte von den bundesrechtlichen Vorgaben zur Behördeneinrichtung zugestanden.

Inhaltlich wird der Bereich der K. u. J. weitgehend durch die im SGB VIII geregelten Aufgaben definiert und auf diese Weise auch von anderen Aufgaben, die der Förderung bzw. dem Schutz von Kindern und Jugendlichen dienen, abgegrenzt, wie etwa dem → Jugendschutz in der Öffentlichkeit bzw. dem → Jugendmedienschutz, der → Ausbildungsförderung oder der → Arbeitsförderung. Der K. u. J. i.e.S. zuzurechnen ist die → Adoptionsvermittlung, die in einem eigenständigen Gesetz geregelt ist. Die Aufgaben der K. u. J. werden im SGB VIII unterteilt in Leistungen und andere Aufgaben. Zu den Leistungen der K. u. J. gehören nach

§ 2 Abs. 2 SGB VIII insbesondere: die allgemeine Förderung junger Menschen, die → Jugendsozialarbeit und der erzieherische Kinder- und Jugendschutz, die allgemeine Förderung der Erziehung in der Familie, die → Partnerschafts-, → Trennungs- und Scheidungsberatung sowie Beratung bei der Ausübung des → Umgangsrechts, die Förderung von Kindern in Tageseinrichtungen und in Tagespflege, die → Hilfe zur Erziehung, die → Eingliederungshilfe für seelisch behinderte Kinder und Jugendliche und die Hilfe für junge Volljährige. Zu den anderen Aufgaben der K. u. J. gehören nach § 2 Abs. 3 SGB VIII insbesondere die Maßnahmen zum Schutz von Kindern und Jugendlichen (→ Inobhutnahme, → Pflegeerlaubnis, → Betriebserlaubnis) sowie die Mitwirkung in gerichtlichen Verfahren, → Beistandschaft, → Pflegschaft und → Amtsvormundschaft). Über diese explizit gesetzlich geregelten Aufgaben hinaus hat die öffentliche K. u. J. eine spezifische Anwaltsfunktion zugunsten junger Menschen und Familien (§ 1 Abs. 3 SGB VIII). Zu diesem Zweck kooperiert sie mit den anderen Einrichtungen und Stellen, deren Aufgaben sich auf die Lebenssituation von Kindern und Jugendlichen auswirken, insbesondere den → Familien- und → Jugendgerichten, den Schulen, den → Sozialämtern, den Stellen der → Agentur für Arbeit sowie den Gesundheitsbehörden (§ 81 SGB VIII).

Die theoretischen Grundlagen der K. u. J. legten in der ersten Hälfte des 20. Jh. insbesondere H. Nohl und H. Scherpner. Sie begründeten den theoretischen Erklärungsrahmen für die gesellschaftliche Funktion der K. u. J. und konstituierten so deren Aufgaben- und Handlungsverständnis. Vor diesem Hintergrund verstand sich K. u. J. bereits zu Beginn ihrer gesetzlichen Entstehungsgeschichte Anfang des 20. Jh. als Fürsprecher insbesondere der »fürsorgebedürftigen« jungen Menschen und ihrer Familien; zusehends entwickelte sie sich danach zu einem eigenständigen, neben Familie und Schule zunehmend gesellschaftlich bedeutsamer werdenden Sozialisationsbereich, der sich insbesondere für das Aufwachsen von Kindern und Jugendlichen begünstigende gesamtgesellschaftliche Rahmenbedingungen einsetzt. In den 1980er-Jahren führten die verstärkt einsetzenden gesellschaftlichen Wandlungsprozesse (Technologisierung der Wirtschaft, Ausdifferenzierungen des → Arbeitsmarktes, Stärkung des Bürgerbewusstseins, Enttraditionalisierung von Sozialisationsmilieus, Pluralisierung von → Lebenslagen, Individualisierung von → Lebensstilen etc.) zu teilweise grundlegenden Veränderungen in den bisherigen »Normalitätskonzepten« der Lebensentwürfe junger Menschen und Familien. Die sich vor diesem Hintergrund verändernden Lebensverhältnisse leiteten auch in der K. u. J. nach und nach eine paradigmatische Neuorientierung ein. Das 1990 in Kraft getretene SGB VIII hat den Paradigmenwechsel schließlich auch auf der gesetzlichen Ebene umgesetzt. Damit hat sich v.a. das Verhältnis der → Fachkräfte zu den Adressat/innen und das professionelle Rollenverständnis (vom intervenierenden Expertentum zur »biografischen Begleitung« und Lebensverhältnisse mitgestaltenden Unterstützung) verändert.

Diese tiefgreifenden Veränderungen in der K. u. J. seit Beginn der 1980er-Jahre wurden im Wesentlichen von zwei theoretischen Ansätzen unterstützt und begleitet. Dies war zum einen die »alltags- bzw. lebensweltorientierte J.« (Thiersch). Der 8. Jugendbericht (1990) (→ Jugendberichterstattung) entwickelte hierzu den konzeptionell-pragmatischen Rahmen, indem er für die Handlungskonzepte der K. u. J. folgende Strukturmaximen formulierte: Prävention, verstanden als Mitarbeit der K. u. J. an lebenswerten, stabilen Verhältnissen und an Krisen vermeidenden bzw. vermindernden Hilfen; Dezentralisierung/Regionalisierung, verstanden als Einbettung der Arbeit in den konkreten regionalen Bezug; Alltagsorientierung, verstanden als der sensible und respektvolle Umgang im sozialen Milieu der Betroffenen, Nutzung der dortigen → Ressourcen und Vernetzung von professionellen und nichtprofessionellen Systemen; → Integration/Normalisierung, verstanden als Arbeitsstrategien, die den eigensinnigen Lebenskonstellationen und Lebensperspektiven der Betroffenen gerecht werden müssen; → Partizipation, verstanden als mitverantwortliche Einbeziehung von Familien und jungen Menschen in die Hilfeprozesse und eine Stärkung ihrer Rechtsposition; Lebensweltorientierung zwischen Hilfe und Kontrolle, verstanden als eine sensible J., die sich ihrer teilweisen Zudringlichkeit bewusst ist und dieser auch Grenzen setzt.

Einen zweiten wichtigen Erklärungsrahmen für neue Handlungsstrategien lieferte die Theorie der »Jugendhilfe als Dienstleistung« (Flösser u.a.). Von ihr gingen wesentliche Impulse zur Modernisierung der J. aus. Im Kern der theoretischen Überlegungen geht es dabei zum einen um die ökonomische Modernisierung der Verwaltung (→ Verwaltungsmodernisierung) und zum anderen um ein neues Fachlichkeitsverständnis (→ Neue Fachlichkeit in der Jugendhilfe). In diesem Kontext gilt es vonseiten der Institutionen, flexible, problemangemessene und lebenslagenbezogene (Hilfe-)Angebote zur

Verfügung zu stellen, die miteinander vernetzt werden und sich auf die vorhandenen Ressourcen (der Adressat/innen und des Umfelds) beziehen. Ein solches Verständnis liegt auch dem SGB VIII zugrunde und kommt in der Ausgestaltung als Leistungsgesetz mit Rechtsansprüchen, Beteiligungsrechten, dem → Wunsch- und Wahlrecht und insbes. dem Hilfeplanverfahren (→ Hilfeplanung in der Jugendhilfe) zum Ausdruck. Dennoch darf nicht übersehen werden, dass auch eine dienstleistungsorientierte K. u. J. im Interesse und zum Schutz des Kindes und Jugendlichen auf Eingriffs- und Kontrollaspekte nicht verzichten kann. Deshalb wurde im Jahre 2005 der staatliche Schutzauftrag bei Kindeswohlgefährdung gesetzlich konkreter ausgestaltet (§ 8 a SGB VIII). Gleichwohl darf vor dem Hintergrund medial vermittelter Fälle von → Kindesvernachlässigung und sexueller Gewalt die Balance von (präventiver) Förderung und staatlicher Kontrolle nicht gefährdet und K. u. J. nicht nur noch aus der Perspektive des → Kinderschutzes wahrgenommen und weiterentwickelt zu werden. Nach den Angaben der → Kinder- und Jugendhilfestatistik wurden im Jahr 2014 aus öffentlichen Mitteln für die K. u. J. ca. 37,8 Mrd. Euro ausgegeben, davon entfielen allein 24,6 Mrd. Euro auf den Bereich der → Kindertagesbetreuung. Die Ausgaben wurden (Stand 2011) zu etwa 68% von kommunalen Gebietskörperschaften, zu etwa 29% von den Ländern (inkl. der Stadtstaaten) sowie zu etwa 3% vom Bund getragen, darunter entfallen 2% auf das Sondervermögen für den Ausbau der Angebote für unter 3-Jährige. Die im Vergleich zu den Gesamtausgaben hohen Kostenanteile der Kindertagesbetreuung zeigen den großen Bedeutungszuwachs dieses Bereichs in den vergangenen Jahren. Der Ausbau ist v.a. auf gesetzliche Vorgaben zurückzuführen, mit denen insbesondere eine bessere → Vereinbarkeit von Familien- und Erwerbsleben ermöglicht werden soll. So lag die Zahl der betreuten unter 3-Jährigen im Jahr 2015 bei knapp 700.000, was einer bundesweiten Betreuungsquote von 32,9 % entspricht. Etwa 100.000 Kinder davon befanden sich in Tagespflege. Knapp 2 Mio. Kinder zwischen 3–6 Jahren wurden in Kindertageseinrichtungen betreut; der Anteil der Tagespflege ist hier mit ca. 14.000 Kindern relativ gering (vgl. Statistisches Bundesamt 2015). Gleichwohl hat sich die Kindertagesbetreuung heute auch konzeptionell ausdifferenziert und sieht sich insbesondere mit Blick auf eine konsequente soziale, bildungsbezogene und damit ganzheitliche Förderung der Kinder in einer deutlich erweiterten Rolle (z.B. Kindertageseinrichtungen als → Familienzentren in Nordrhein-Westfalen).

Die K. u. J. wird durch folgende alte und neue Problemlagen geprägt. Da ist zunächst die Aufgabenteilung zwischen Bund, Ländern und kommunalen Gebietskörperschaften: Während die Gesetzgebungskompetenz beim Bund und bei den Ländern liegt, ist die Umsetzung und damit auch die Finanzierungslast in erster Linie Aufgabe der kommunalen Gebietskörperschaften. Deren kinder- und jugendpolitischer Handlungsspielraum ist weitgehend abhängig von der kommunalpolitischen Prioritätensetzung bzw. der wirtschaftlichen Situation der einzelnen Kreise und Städte. Dies bedeutet, dass die gesetzlich eingeräumten Handlungsspielräume und Gestaltungsaufträge in den einzelnen Kreisen und Städten unterschiedlich genutzt werden und damit deren Angebotsstruktur auch unterschiedlich ist. In letzter Zeit verstärkt sich die Tendenz in der Kommunalpolitik, durch Lockerung bundesrechtlicher Vorgaben weitere Handlungsspielräume zu gewinnen. Dies wird insbesondere deutlich im Hinblick auf die bundesgesetzlichen Vorgaben über die Errichtung und die Organisation der Jugendämter und deren umfassende Zuständigkeit für alle Aufgaben der K. u. J. Im Rahmen der Föderalismusreform 2006 haben die Länder Abweichungsrechte von den bundesgesetzlichen Regelungen über die Einrichtung von Behörden und das Verwaltungsverfahren durchgesetzt. Damit besteht die Gefahr einer weiteren Zersplitterung der Organisation der öffentlichen K. u. J. und damit einer Schwächung der kommunalpolitischen Vertretung der Interessen von Kindern und Jugendlichen. Neben diesen strukturpolitischen Problemlagen sieht sich die K. u. J. gegenwärtig weiteren konzeptionellen Herausforderungen gegenüber: Da ist zum einen die stärkere mitverantwortliche, aktive und gleichberechtigte Einbeziehung der betroffenen jungen Menschen und ihrer Familien in die Hilfeprozesse (§ 36 SGB VIII). Der Ausbau dieser Beteiligungsrechte (§§ 8 und 9 SGB VIII) folgt dem veränderten Verhältnis von Bürger/innen und Staat und einem veränderten Hilfeverständnis. Zum anderen geht es um die Flexibilisierung der erzieherischen Hilfen und der damit einhergehenden Forderung nach sozialräumlicher Arbeit (→ Sozialraumorientierung). Hierzu werden gegenwärtig organisatorisch-strukturelle, finanzielle und sozialpädagogische Konzepte entwickelt. Damit soll die Versäulung von Handlungsfeldern und Angeboten aufgehoben und die flexible Verschränkung von Hilfearrangements zu einer Effektivierung der Hilfeprozesse führen (Modell INTEGRA). Schließlich geht es um die Qualitätsentwicklung (→ Qualität) in der K. u. J. Angebote und Unterstützungsleistungen sollen im Einzelfall durch regelmäßige Erfolgskontrollen auf ihre beabsichtigten Wirkungen hin überprüft (§ 36 SGB VIII) und die hierfür erforderlichen strukturellen Standards und Bewertungsverfahren durch generelle Vereinbarungen zwischen öffentlichen Trägern und Einrichtungen bzw. freien Trägern (§§ 78 a ff. SGB VIII) sichergestellt werden (Wirkungsorientierung). Wenngleich es v.a. im Hinblick auf die Verfahren zur Qualitätsbewertung noch erhebliche Probleme gibt, wird die Notwendigkeit der Qualitätsentwicklung nahezu uneingeschränkt bejaht. Dabei erlangt der Aspekt einer wirkungsorientierten Steuerung der Hilfeprozesse an Bedeutung.

Die künftige Entwicklung der K. u. J. wird v.a. durch die → demografische Entwicklung geprägt werden: Kinder und Jugendliche werden zunehmend zu einer Minderheit in der Gesellschaft, gleichzeitig wachsen die Risiken durch gesellschaftliche Modernisierungsprozesse. Zugleich zeigt sich nach Ansicht des 14. Kinder- und Jugendberichts »gegenwärtig eine Entgrenzung ihrer eigenen Handlungslogiken und Zuständigkeiten«: Die nachhaltige Öffnung der K. u. J. zum Gesundheitswesen, zur Schule und Bildung, zur Justiz, zur Arbeitsverwaltung etc. hin verlangt die Auseinandersetzung mit bereichsübergreifenden fachlichen Standards ebenso wie die Sicherstellung des eigenen Orientierungsrahmens. Hierbei besteht die Gefahr, dass die K. u. J. zunehmend für andere Interessen und Ziele instrumentalisiert wird. Fraglich bleibt, ob es gelingt, auch künftig die notwendigen finanziellen Ressourcen im härter werdenden Verteilungskampf für die K. u. J. sicherzustellen. So wird der Ausbau verschiedener Formen der Tagesbetreuung im Wesentlichen durch die Anforderungen der Arbeitsgesellschaft und den Anspruch an die → Gleichstellung von Männern und Frauen vorangetrieben. Im Hinblick auf die Entwicklung von Kinder- und → Jugendkriminalität wird der K. u. J. zunehmend ein Präventionsauftrag erteilt. K. u. J. muss sich deshalb ihres spezifischen Auftrags, die Entwicklung junger Menschen zu fördern, immer wieder bewusst werden und ihn immer wieder neu definieren und einfordern.

Derzeit ist geplant, das SGB VIII umfassend zu modernisieren. Betroffen sind u.a. die Themenkomplexe Hilfen zur Erziehung, inklusive Lösung für Kinder- und Jugendliche mit Behinderungen im SGB VIII, Pflegekinderhilfe, Betriebserlaubnisverfahren, Qualitätsentwicklung in der Kinder- und Jugendhilfe. Die Änderungen sollen je nach Regelungsbereich entweder 2017 oder 2022 in Kraft treten.

*Lit.* BMFSFJ: 14. Kinder- und Jugendbericht, Bericht über die Lebenssituation und die Leistungen der Kinder- und Jugendhilfe in Deutschland, Berlin 2013; Knab, E./Fehrenbacher, R. (Hrsg.): Die vernachlässigten Hoffnungsträger. Beiträge zur Kinder- und Jugendhilfe, Freiburg i.Br. 2009; Maykus, S. (Hrsg.): Praxisforschung in der Kinder- und Jugendhilfe. Theorie, Beispiele und Entwicklungsoptionen eines Forschungsfeldes, Wiesbaden 2009; Münder, J./Meysen, T. (Hrsg.): Frankfurter Kommentar zum SGB VIII: Kinder- und Jugendhilfe, 6. Aufl., Weinheim 2009; Rätz-Heinisch, R./Schröer, W./Wolff, M.: Lehrbuch Kinder- und Jugendhilfe. Grundlagen, Handlungsfelder, Strukturen und Perspektiven, Weinheim 2009; Rauschenbach, T.: Zukunftschance Bildung. Familie, Jugendhilfe und Schule in neuer Allianz. Weinheim/München 2009; Statistisches Bundesamt: Statistiken der Kinder- und Jugendhilfe. Kinder und tätige Personen in Tageseinrichtungen und in öffentlich geförderter Kindertagespflege am 01.03.2015, Wiesbaden 2015; Stöbe-Blossey, S. (Hrsg.): Kindertagesbetreuung im Wandel, Wiesbaden 2010.

*Josef Faltermeier/Reinhard Wiesner*

**Kinder- und Jugendhilfestatistik** Die K. u. J. basiert als amtliche Statistik auf einer bundesgesetzlichen Grundlage und erfasst wesentliche Leistungen und Aufgaben der → Kinder- und Jugendhilfe. Sie wird zumeist als jährliche Vollerhebung durchgeführt. Gesetzliche Grundlage sind die §§ 98–103 SGB VIII. Die Erhebungsergebnisse, die von den Statistischen Landesämtern und dem Statistischen Bundesamt veröffentlicht werden, dienen u.a. der Weiterentwicklung des SGB VIII, der → Sozialberichterstattung auf den Ebenen des Bundes, der Länder und der Gemeinden, der → Jugendhilfeplanung und der sekundäranalytischen Forschung (→ Statistische Grundlagen der Sozialen Arbeit).

Erste amtliche Erhebungen für die Bereiche der Jugendfürsorge gehen auf das Jahr 1927 zurück. Im Laufe der Jahrzehnte wurde das Erhebungskonzept immer wieder den Anforderungen der Politik, Verwaltung und Jugendhilfepraxis angepasst. Mit Einführung des SGB VIII wurde ein überarbeitetes Erhebungskonzept in das Fachgesetz integriert, da sich eine enge Verzahnung der Erhebungstatbestände mit den Aufgaben- und Leistungsparagrafen anbot. Darüber hinaus wurden inhaltlich neue Schwerpunkte bei den → familienunterstützenden Hilfen gesetzt. Methodisch wurde größtenteils auf Individualerhebungsbögen umgestellt, wodurch einzelfallbezogen erheblich mehr Informationen abgefragt und ausgewertet werden können. Für die fachliche Auswertung wurde inzwischen die Arbeitsstelle Jugendhilfestatistik an der Universität Dortmund eingerichtet.

Die Erhebung der K. u. J. gliedert sich in vier Teile: (1) → Hilfen zur Erziehung gem. §§ 27 Abs. 2, 28–35 a und 41 SGB VIII sowie die vorläufigen Schutzmaßnahmen gem. §§ 42 SGB VIII und die Gefährdungseinschätzungen gemäß § 8 a SGB VIII. Die Erhebungen werden jährlich als Vollerhebung durchgeführt. Darüber hinaus werden die abgeschlossenen Adoptionen und weitere Aufgaben des → Jugendamtes (→ Pflegschaften, → Vormundschaften usw.) zusammenfassend gezählt. (2) Die Angebote der → Jugendarbeit und Fortbildungsmaßnahmen für ehrenamtliche Mitarbeiter/innen anerkannter Träger der Jugendhilfe werden als Vollerhebung alle zwei Jahre erfasst. (3) Die Erhebung der → Einrichtungen und tätigen Personen in der Kinder- und Jugendhilfe ohne → Kindertageseinrichtungen wird als Stichtagserhebung zum 31.12. alle zwei Jahre durchgeführt. Ab 2009 jeweils zum 1. März wird die Erhebung der Kinder und tätigen Personen in Tageseinrichtungen jährlich durchgeführt. Für denselben Stichtag werden ebenfalls Angaben zu den Kindern in → Kindertagespflege und zu den Tagespflegepersonen abgefragt. (4) Die Erhebung der Ausgaben und Einnahmen der öffentlichen Jugendhilfe wird jährlich durchgeführt und nach den Leistungsparagrafen des SGB VIII ausgewiesen. Die Ergebnisse werden im Bereich »Öffentliche Sozialleistungen, Jugendhilfe« auf den Internetseiten des Statistischen Bundesamtes (www.destatis.de) kostenlos bereitgestellt. Zusätzlich veröffentlichen die Statistischen Landesämter unter Berücksichtigung kreisbezogener Ergebnisse ihre Daten. Die Erhebungsinstrumente werden regelmäßig (zuletzt 2016) an die neuen Entwicklungen in der Praxis angepasst. Hierdurch wird auch der Gebrauchswert der K. u. J. als Instrument zur empirischen Fundierung des Feldes gesichert.

*Matthias Schilling*

**Kinder- und Jugendlichenpsychotherapie, analytische und tiefenpsychologisch fundierte** geht auf den Begründer der Psychoanalyse S. Freud (1856–1939) zurück. Seine Schüler und Mitarbeiter hatten mit ihren Forschungen die Bedeutung der frühen → Kindheit für → psychische Störungen und Erkrankungen im Erwachsenenalter aufgezeigt, v.a. hatten sie jedoch mit der Psychoanalyse eine wirksame Methode zur Erkennung und Behandlung von psychischen Erkrankungen entwickelt (→ Psychoanalytische Beratung und Therapie). In der Folge kam es auch schon bald zu ersten Versuchen, mit Hilfe der Psychoanalyse psychisch erkrankte Kinder zu behandeln. Dabei zeigte sich sehr früh die Notwendigkeit, die gebräuchlichen Verfahren und Behandlungstechniken, wie sie bei Erwachsenen angewandt wurden, für die spezifische innere und äußere Erlebniswelt von Kindern zu modifizieren. Von Beginn an waren an der Forschung und Entwicklung wirksamer Behandlungsmethoden wie auch an der Ausübung der → Therapie Psychoanalytiker/innen maßgeblich beteiligt, die aus sozialen, pädagogischen und anderen humanwissenschaftlichen Berufen kamen.

Die analytisch begründeten Verfahren basieren auf der Erkenntnis, dass in der Lebensgeschichte der Patientin/des Patienten erworbene unbewältigte Konflikte abgewehrt werden und unbewusst die Bewältigung aktueller Entwicklungsschritte, Belastungen und innerseelischer oder zwischenmenschlicher Konflikte be- oder verhindert werden. Das führt zu psychischen Störungen und Erkrankungen, wie → Ängsten, → Depressionen, auffallend aggressivem oder dissozialem → Verhalten, Unruhe und Aufmerksamkeitsstörungen, Konzentrations-, → Lern- und Arbeitsstörungen, Einnässen oder Einkoten, Schlafstörungen, Albträumen, frühen Regulationsstörungen, Beziehungsstörungen, psychosomatischen Erkrankungen (→ Psychosomatik), psychogenen Essstörungen, teilweisem oder vollständigem Verstummen, selbst verletzendem Verhalten, Sprachstörungen, → Suchtverhalten, suizidalem Verhalten, (post-)traumatischen Belastungsreaktionen und -störungen (→ Trauma).

In regelmäßigen Behandlungsstunden, einzeln oder auch in → Gruppen, entfaltet sich in der analytischen Psychotherapie über einen Zeitraum, der sich über wenige Sitzungen bis zu mehreren Jahren erstrecken kann, ein Prozess, in dem unbewusste Konflikte, Probleme oder unerfüllte Wünsche sowie traumatische Erlebnisse, die zum Schutz ins Unbewusste abgewehrt wurden, nun dem Psychotherapeuten/der -therapeutin gegenüber i.S. des Wortes »ins Spiel« kommen. Sie werden über das empathische Verstehen (→ Empathie) des Psychotherapeuten/der -therapeutin, der Reflexion seiner/ihrer Gegenübertragung und der Bearbeitung des »Widerstandes« des Patienten/der Patientin in dessen/deren bewusstes Erleben und Selbstverständnis (→ Identität) integriert. Dabei kann sich diese/r allmählich von festgefahrenen Verhaltensmustern lösen, an Selbstvertrauen, Selbstständigkeit, Initiative und Beziehungsfähigkeit gewinnen, ihre/seine Leidenssymptome oder Dissozialität aufgeben. Je jünger das Kind ist, desto wichtiger ist die begleitende Elternarbeit. Ziel ist dabei, den Beziehungspersonen Einsicht in die Dynamik der eigenen, ihnen nicht bewussten Konflikte zu vermitteln. Projektionen auf und Delegationen an das Kind sowie gemeinsame Abwehrformen sollen aufgelöst werden, sodass die Eltern ihre Wünsche und Ängste verarbeiten können, ohne die Entwicklung des Kindes zu beeinträchtigen.

Da Kinder nicht nach der von Freud aufgestellten Behandlungsregel der freien Assoziation therapeutisch arbeiten können, sondern sich eher über freies → Spielen und Gestalten mitteilen, wurde beides bereits vor dem Ersten Weltkrieg als Medium der »Kinderanalyse« verwandt. Die analytische Psychotherapie Jugendlicher vollzieht sich, deren Eigenart und Entwicklungsstand entsprechend, teils mehr auf der sprachlichen Ebene, teils mehr über Spiel, Gestaltung, Zeichnen, Rollenspiel u.a. Säuglinge und Kleinkinder werden meist gemeinsam mit ihren Eltern behandelt werden.

Eine tiefenpsychologisch fundierte K. u. J. ist indiziert, wenn bestimmte Problembereiche und aktuelle Konflikte zu bewältigen sind. Die Arbeit konzentriert sich mehr auf das aktuelle Geschehen. Die Selbstentwicklung wird mit Hilfe der Förderung von vorhandenen Ressourcen gefördert und unterstützt. Um die Wirksamkeit der analytischen und tiefenpsychologisch fundierten K. u. J. empirisch nachweisen zu können, hat sich gerade in Deutschland eine Forschungskultur entwickelt. Beforscht werden die Effekte von Kurz- und Langzeitpsychotherapie bei bestimmten Störungsbildern. Darüber hinaus sind Behandlungsleitlinien für mehrere Störungsbilder entwickelt und veröffentlicht worden.

Während die K. u. J. wie die psychoanalytische Pädagogik in Deutschland dem Nationalsozialismus zum Opfer fiel, wurde sie auch unter Beteiligung deutscher Emigrant/innen in anderen Ländern weiterentwickelt. 1949 wurde im Nachkriegsdeutschland ein Studiengang, in dem sich Erzieher/innen, Sozialarbeiter/innen und Lehrer/innen auf eine tiefenpsychologisch fundierte Betreuung von psychisch gestörten Kindern und Jugendlichen vorbereiten konnten, geschaffen. Die Absolvent/innen dieser Zusatzausbildung bezeichneten sich als »Psychagogen«. Sie schlossen sich 1953 in der »Vereinigung deutscher Psychagogen e.V.« zusammen. Ab 1976 gab es verbindliche Richtlinien für alle Ausbildungsinstitute, die zur psychoanalytischen und tiefenpsychologisch fundierten Behandlung von Kindern und Jugendlichen und deren Eltern ausbildeten. Diese wurden von der Kassenärztlichen Bundesvereinigung anerkannt, sodass nach dem Nachweis der Wirksamkeit der Behandlung die analytische und tiefenpsychologisch fundierte K. u. J. innerhalb der Richtlinienpsychotherapie als Kassenleistung erbracht werden konnte. Im Zuge dieser Veränderung erfolgte die Umbenennung der Berufsbezeichnung vom »Psychagogen« zum »Analytischen Kinder- und Jugendlichen-Psychotherapeuten«. Aus der »Vereinigung Deutscher Psychagogen« wurde die »Vereinigung der analytischen Kinder- und Jugendlichenpsychotherapeuten in Deutschland« (VAKJP). Mit Inkrafttreten des Psychotherapeutengesetzes (PsychThG) am 1.1.1999 wurde die Ausbildung zum Kinder- und Jugendlichen-Psychotherapeuten in der Ausbildungs- und Prüfungsverordnung (KJPsychTh-APrV) staatlich geregelt.

Analytische Kinder- und Jugendlichen-Psychotherapeut/innen sind außer in eigener Praxis auch in der → Kinder- und Jugendhilfe, in Beratungsstellen, Behandlungszentren, in (teil-)stationären Einrichtungen der → Kinder- und Jugendpsychiatrie bzw. der Jugendhilfe tätig. Dabei arbeiten sie nicht nur unmittelbar mit Kindern und Jugendlichen, sondern tragen auch über Anleitung und → Supervision zur Lösung von verinnerlichten Konflikten und Erziehungsproblemen bei. In der Aus-, → Fort- und Weiterbildung von Sozialarbeiter/innen, Pädagog/innen, Psycholog/innen und Ärzt/innen, die mit Kindern arbeiten, kommt ihnen als psychoanalytisch geschulten Supervisor/innen eine besondere Aufgabe zu. Analytische Kinder- und Jugendlichenpsychotherapeuten sind an den Hochschulen in Forschung und Lehre tätig.

*Lit.* Freud, A.: Einführung in die Technik der Kinderanalyse, 8. Aufl., München 2010; Heinemann, E./Hopf, H.: Psychische Störungen in Kindheit und Jugend. Symptome – Psychodynamik – Fallbeispiele – psychoanalytische Therapie, 5. Aufl., Stuttgart 2015; Hopf, H./Windaus, E. (Hrsg.): Lehrbuch der Psychotherapie, Bd. 5: Analytische Kinder- und Jugendlichenpsychotherapie, 3. Aufl., München 2009; VAKJP (Hrsg.): Analytische Kinder- und Jugendlichenpsychotherapie – Berufsbild, Ausbildung, Rechtsgrundlagen, Frankfurt a.M. 2003.

*Peter Lehndorfer*

**Kinder- und Jugendplan des Bundes (KJP)** ist das wichtigste Instrument des Bundes zur Förderung der → Kinder- und Jugendhilfe auf Bundesebene. § 83 Abs. 1 SGB VIII normiert die Anregungs- und Förderungskompetenz des Bundes in der Weiterentwicklung der Kinder- und Jugendhilfe. Die Anregung kann sich sowohl auf die Kinder- und Jugendhilfe insgesamt als auch auf einzelne Bereiche konzentrieren. Die Förderung wird in ers-

ter Linie durch finanzielle Mittel, bspw. durch → Zuwendungen an → freie Träger der Kinder- und Jugendhilfe, realisiert. Zentrale Aufgaben des KJP sind es, dazu beizutragen, dass junge Menschen ihre → Persönlichkeit frei entfalten und ihre Rechte eigenverantwortlich wahrnehmen können, Rahmenbedingungen für eine leistungsstarke Infrastruktur der Kinder- und Jugendhilfe zu schaffen sowie die Förderung der → Gleichstellung von Mädchen und Jungen nach den Prinzipien des → Gender Mainstreamings. Die im Jahr 2012 überarbeiteten Richtlinien über die Gewährung von Zuschüssen und Leistungen zur Förderung der Kinder- und Jugendhilfe durch den KJP enthalten zudem weitere Förderziele wie z.B. die → politische, kulturelle und soziale Bildung.
Zielgruppen des KJP sind junge Menschen i.S. des § 7 Abs. Nr. 4 SGB VIII, Eltern und Erziehungsberechtigte sowie ehren- und hauptamtlich in der Kinder- und Jugendhilfe Tätige. Grundsätzlich gefördert werden können: zentrale Maßnahmen mit einer Bedeutung für das gesamte Bundesgebiet wie die Initiierung von bedarfsgerechten Angeboten, die Qualifizierung von → Fachkräften und Ehrenamtlichen der Kinder- und Jugendhilfe oder internationale Maßnahmen. In erster Linie werden die Fördermittel des KJP an die freien Träger der Kinder- und Jugendhilfe ausgereicht, dem Bund bleibt es jedoch vorbehalten, Verlagerungen in dem Kreis der zu fördernden Organisationen und Verbände vorzunehmen. Die Förderung erfolgt im Regelfall als Projektförderung, nur im Einzelfall als institutionelle Förderung und grundsätzlich als Teilfinanzierung, mit einer entsprechenden Eigenleistung des Geförderten. Eine Vollfinanzierung kommt ausnahmsweise nur in Betracht, wenn die Erfüllung des Zwecks nur bei einer Vollfinanzierung sichergestellt werden kann. Bei Antragstellung ist eine hinreichende Bestimmung der Ziele und eine spätere Erfolgskontrolle Voraussetzung der Förderung. Insgesamt sind im KJP aktuell 21 Hauptförderbereiche ausgewiesen, die im Direkt-, Zentralstellen- oder Länderverfahren beantragt werden können. Förderprogramme des KJP sind derzeit bspw. die politische und kulturelle Bildung, → Jugendsozialarbeit, Eingliederung junger Menschen mit Migrationshintergrund, → internationale Jugendarbeit, Studienprogramme für Fachkräfte der sozialen Arbeit und die Gleichstellung von Jungen und Mädchen. Durch den KJP werden seit 1950 Rahmenbedingungen für eine leistungsstarke bundeszentrale Infrastruktur in der Kinder- und Jugendhilfe geschaffen und gefördert. Im Haushaltsjahr 2015 betrug das Volumen des KJP rd. 148,8 Mio. Euro.

*Petra Mund*

**Kinder- und Jugendpsychiatrie (KJP)** (→ Psychiatrische Versorgung) ist ein eigenständiges medizinisches Gebiet, das in der Bundesrepublik Deutschland seit dem Jahre 1968 den Status einer eigenen Facharztdisziplin hat. In den Richtlinien der Bundesärztekammer ist das Aufgabengebiet wie folgt definiert: »Die KJP umfasst die Erkennung, nichtoperative Behandlung und → Rehabilitation bei psychischen (→ Psychisch kranke Menschen), psychosomatischen (→ Psychosomatik) und neurologischen Erkrankungen oder Störungen sowie bei psychischen und sozialen → Verhaltensauffälligkeiten im Kindesalter.« Dies macht deutlich, dass sich die KJP mit einem breiten Spektrum von Erkrankungen bei Kindern und Jugendlichen befasst. Zu ihnen gehören Hirnfunktionsstörungen, psychosomatische Erkrankungen, schwere Beeinträchtigungen der Realitätsbeziehung (→ Psychosen), frühkindlicher → Autismus, die Folgen von → sexueller Gewalt und anderen Traumatisierungen (→ Trauma), → Sucht, → Suizidversuche und Selbstbeschädigungen, → Persönlichkeitsstörungen, → chronische Krankheiten, Behinderungen (→ Behinderte Menschen), → Intelligenzminderungen und → Epilepsie.

Im Bereich der KJP wird auf der Grundlage eines eher medizinisch orientierten Krankheitsbildes bzw. -modells ein i.d.R. sehr breites und multidisziplinäres therapeutisches Arbeiten mit den Patient/innen – und meist auch ihren Bezugspersonen – realisiert. Psychisch kranke Kinder und Jugendliche werden stationär, teilstationär und ambulant behandelt. Der Schwerpunkt liegt heute in der ambulanten Behandlung – zumeist durch niedergelassene Fachärzt/innen und Klinikambulanzen; insgesamt waren 917 Kinder- und Jugendpsychiater/innen zum Stichtag 31.12.2014 in die vertragsärztliche Versorgungsstruktur eingebunden. Daneben finden teilstationäre Behandlungsmöglichkeiten (z.B. → Tageskliniken) eine immer stärkere Beachtung. Stationäre Behandlung ist bei schweren und z.T. lebensbedrohlichen Erkrankungen (z.B. schweren Formen der → Anorexia nervosa oder akuter Selbstgefährdung) oftmals nicht zu umgehen. In manchen Fällen ist eine stationäre Aufnahme auch notwendig, um Kontakte zum bisherigen Lebensbereich der Betroffenen zu unterbinden und sie dann gemeinsam mit Eltern oder anderen Bezugspersonen wieder in anderer Weise zu rekonstruieren. In Deutschland existieren ca. 145 KJP-Institutionen mit einem Netz von differenzierten Angeboten, sodass nahezu eine flächendeckende Versorgungsstruktur erreicht ist.

Als wesentliche Voraussetzung für die → Therapie in allen Behandlungssettings wird eine breite, »mehrdimensionale Diagnostik« (Remschmidt) angesehen. Das Behandlungsspektrum der KJP umfasst unterschiedlich orientierte psychotherapeutische → Interventionen (→ Kinder- und Jugendlichenpsychotherapie, analytische; Verhaltenstherapie, Gesprächstherapie, → Spieltherapie usw.) im Einzel- und Gruppensetting. Diese werden ergänzt durch → Familientherapie und/oder Elterntrainings. Eine Besonderheit von KJP-Interventionen ist die medikamentöse Behandlung. Das Behandlungsspektrum wird ergänzt durch → Ergotherapie oder andere spezielle Rehabilitationsmaßnahmen. Die Arbeit in der KJP setzt auf ein vernetztes diagnostisches und therapeutisches Angebot, sodass i.d.R. auch Kooperationen mit anderen Diensten, z.B. aus der → Kinder- und Jugendhilfe, zum Alltag gehören. In einer breiten Evaluationsstudie konnten Remschmidt u.a. 2003 zeigen, dass bei den therapeutischen Maßnahmen die familienbezogenen Interventionen (80%) im Vordergrund stehen, eine medikamentöse Behandlung demgegenüber nur in 12% der Fälle erfolgt. Die Erfolgsquoten sind stark von Dauer und Schwere der Erkrankungen abhängig; generell konnte jedoch nachgewiesen werden, dass »der Prozentsatz der erfolgreichen Behandlungen mit steigender Therapiedauer zunimmt«.

Als wissenschaftliche Fachgesellschaft fungiert die → Deutsche Gesellschaft für Kinder- und Jugendpsychiatrie, Psychosomatik und Psychotherapie (DGKJP); daneben gibt es den Berufsverband für Kinder- und Jugendpsychiatrie, Psychosomatik und Psychotherapie in Deutschland e.V. (BKJPP).

*Klaus Fröhlich-Gildhoff*

**Kinderzuschlag** Der K. wurde mit § 6 a Bundeskindergeldgesetz zum 1.1.2005 eingeführt. Er soll → Armut von Kindern bekämpfen, die Erwerbsbereitschaft von Familien mit niedrigem Einkommen unterstützen und verhindern, dass Eltern nur wegen der Unterhaltsbelastung für ihre Kinder → Arbeitslosengeld II (Alg II) in Anspruch nehmen müssen. Zusammen mit dem → Kindergeld und dem anteiligen → Wohngeld soll er (als vorrangige Leistung) der Höhe nach den durchschnittlichen → Bedarf des Kindes decken. Kindergeldberechtigte Eltern können bei der zuständigen Familienkasse den K. erhalten, wenn sie ihren eigenen Unterhaltsbedarf inkl. der Kosten der → Unterkunft decken können und die Hilfebedürftigkeit der → Bedarfsgemeinschaft allein durch den Bedarf des Kindes entstehen würde. Alg II und K. schließen sich daher grundsätzlich aus. Der K. kann auch für volljährige Kinder, die im Haushalt ihrer Eltern leben und noch keine 25 Jahre alt sind, bezogen werden. Seit dem 1.10.2008 wird der K. für die Dauer der Anspruchserfüllung gezahlt. Die Mindesteinkommensgrenze wurde vereinheitlicht und deutlich gesenkt und das elterliche Einkommen in geringerem Umfang als bisher angerechnet. Für einen bestimmten Personenkreis (z.B. → Alleinerziehende) wurde ein kleines Wahlrecht zum Alg II geschaffen. Seit dem 1.1.2011 werden auch im Rahmen des K. mehrere Bestandteile der → Leistungen für Bildung und Teilhabe gewährt und damit ein Wechsel zwischen den Leistungssystemen vermieden. Der K. beträgt zurzeit max. 140 Euro pro Monat und Kind, ab dem 1.7.2016 wird er auf 160 Euro angehoben. In der Praxis gilt die Berechnung des K. nach wie vor als kompliziert und aufwendig. Der K. ist nach § 11 Abs. 1 S. 2 SBG II Einkommen des Kindes und wird bei der Bedürftigkeitsprüfung auf dessen Bedarf angerechnet.

*Nicola Leiska-Stephan*

**Kindesentführung** durch einen Elternteil ist jedes Verbringen eines Kindes gegen den Willen eines Sorgeberechtigten ins Ausland, wenn also der entführende Elternteil nicht allein über den Aufenthaltsort des Kindes bestimmen darf. In Deutschland ist dies insbesondere bei gemeinsamer → elterlicher Sorge ohne eindeutige Zuteilung des → Aufenthaltsbestimmungsrechtes der Fall. Die rechtliche Beurteilung richtet sich dabei nach dem Recht des bisherigen gewöhnlichen → Aufenthaltes des Kindes. Viele ausländische Rechtssysteme stellen aber jede Ausreise des Kindes unter einen Genehmigungsvorbehalt – auch bei Zuteilung des Kindes, z.B. als Wohnsitzrecht zu einem Elternteil. Demzufolge ist auch die Mitnahme des Kindes durch die Mutter bei Rückkehr aus dem Ausland häufig als K. anzusehen. Verlässliche Zahlen, auch zu z.B. Geschlechterverteilungen und Zielländern, liegen nicht vor. Andere übliche Begriffe wie Entziehung, Mitnahme, auch Zurückbehalten nach einem anfangs erlaubten Aufenthalt, international auch »legal kidnapping« und »illegal transfer of residence« implizieren die unterschiedliche Bewertung je nach Situation. Für das Kind ist jede unvorbereitete Trennung aus seinem gewohnten Umfeld ein Eingriff, der erheblichen Stress erzeugen kann.

K. ist strafbar nach § 235 Strafgesetzbuch (StGB) mit Strafantragserfordernis. Erste Orientierung zu möglichen Maßnahmen gibt die → Zentrale Anlaufstelle zu grenzüberschreitenden Kindschaftskonflikten (www.zank.de) beim → Internationalen Sozialdienst, bei Entführung zwischen

Vertragsstaaten des → Haager Kindesentführungsübereinkommens (HKÜ) hilft die → Zentrale Behörde beim Rückführungsverfahren.

*Ursula Rölke*

**Kindesmisshandlung** I.e.S. werden unter K. körperliche Gewalthandlungen verstanden, die von Erwachsenen gegen Kinder ausgeführt werden und die zu (sichtbaren) Verletzungen führen (schlagen, rütteln, verbrennen, würgen etc.). Grundsätzlich gelten alle Formen körperlicher → Gewalt (auch der »Klaps«) als K., weil sie i.d.R. schädliche Folgewirkungen auf die Entwicklung des Kindes haben (Unterscheidung zwischen schwerer und mittelschwerer K.). Seelische K. sind Formen der Gewalt durch Erwachsene, die bei Kindern existenzbedrohende Angstgefühle (→ Angst) hervorrufen oder/und ihm (dauerhaft) das Gefühl vermitteln, nichts wert zu sein und nicht geliebt zu werden (z. B. drohendes, ignorierendes und ablehnendes Verhalten). → Kindesvernachlässigung gilt als eine weitere Form der K.; dabei unterlassen Eltern oder Personensorgeberechtigte (situativ oder/und dauerhaft) fürsorgepflichtiges Handeln, das bei Kindern zu erheblichen körperlichen und/oder seelischen Beeinträchtigungen (oder gar zum Tode) führt oder zumindest dieses Risiko birgt. Hierbei ist nach körperlichen, emotionalen und kognitiven Vernachlässigungsformen zu unterscheiden. Von → sexuellem Missbrauch ist dann auszugehen, wenn ein Mädchen oder Junge von einem/einer Erwachsenen oder einem/einer älteren Jugendlichen als Objekt der eigenen sexuellen Bedürfnisse benutzt wird. Dabei nutzen die Erwachsenen ihre Machtstellung aus, um sich sexuell zu befriedigen. Die Täter sind häufig Männer aus dem familiären bzw. engerem → sozialen Umfeld. Die sexuelle Ausbeutung von Kindern in Familien stellt ein Problem mit einer besonders hohen Dunkelzifferrate dar. Dies ist u.a. darauf zurückzuführen, dass die Betroffenen insbesondere aus Angst, den Familienverband und -status zu gefährden, schweigen. Die psychischen Folgewirkungen (Langzeitfolgen) sind erheblich. Sieht man von den sog. eindeutigen Fällen ab, ist es meist schwierig, sexuelle K. im Frühstadium aus der Außenperspektive zu erkennen. Auf zunehmendes Forschungsinteresse stößt auch der sexuelle Missbrauch von Jungen. Die Täter stammen überwiegend aus dem sozialen Umfeld der betroffenen Jungen (Väter/Stiefväter, Onkel, Nachbarn, Freunde der Familie etc.). Auch die Kinderpornografie im Internet, die Kinderprostitution und der → Kinderhandel werden als sexueller Missbrauch verstanden, weil sie eine sexuelle Ausbeutung von Kindern darstellen.

Gewaltanwendungen gegen Kinder haben eine lange geschichtliche Tradition. Körperliche, seelische und sexuelle Gewalt vermengten sich unter historischen Gesichtspunkten vielfach mit gesellschaftlichen Vorstellungen über die → Erziehung von Kindern. Insoweit sind Erziehung, Disziplinierung und Gewalt eng miteinander verstrickt. Nach wie vor fehlt eine umfassende historische Forschung zur Sozialgeschichte des Kindes. Zaghafte Ansätze des → Kinderschutzes finden sich erst gegen Ende des 19. Jh. Später gab es deutliche Bemühungen, diesen weiter auszubauen. V.a. ab den 1970er-Jahren gab es bundesweite Kampagnen gegen Gewalt gegen Kinder und den Aufbau von Kinderschutzzentren. In der fachlichen und theoretischen Diskussion über die Ursachen von K. hat sich das sog. sozialwissenschaftliche Erklärungsmodell durchgesetzt. Danach korrespondiert K. mit autoritären Erziehungstraditionen, sozialem Druck auf die Familie und persönlichen Deprivationen bei den Eltern/dem Elternteil. Gewalt wird als »sozialer Code« verstanden, der darauf hinweist, dass die Familie ihren Alltag unter den gegebenen Gesamtbedingungen nicht mehr angemessen strukturieren und organisieren kann.

In den Hilfestrategien der → sozialen Dienste geht es neben der Verbesserung der sozioökonomischen und familiären Rahmenbedingungen v.a. auch um eine Stärkung der elterlichen Kompetenzen: Ausbau der Fähigkeiten zur physischen Versorgung des Kindes, Vermittlung von elterlicher Sensibilität für die psychischen Bedürfnisse der jungen Menschen (Perspektivenwechsel auf das Kind), Gefährdungen für das Kind erkennen und angemessene erzieherische Handlungsplanungen vornehmen sind hier zentrale Schlüsselbegriffe. Allgemein gilt für K., dass die Dunkelziffer nach wie vor sehr hoch ist. Betroffen sind v.a. Kinder von 0–6 Jahren, da gerade misshandelte Kinder selten öffentliche Einrichtungen (wie → Kindertageseinrichtungen) besuchen und die K. deshalb häufig unerkannt bleibt. In den letzten Jahren wurden v.a. → »Frühen Hilfen« für Eltern und Kinder ausgebaut. Ziel dieser Hilfenetze ist es, gerade den Schutz von besonders belasteten Eltern/Familien sicherzustellen. Mit der Novellierung des SGB VIII (2005) wurde zudem der Kinderschutzauftrag der → Kinder- und Jugendhilfe verstärkt (§ 8 a – später ergänzt durch § 8 b SGB VIII). Danach ist bei Gefährdung des → Kindeswohls ein »kinderschutzbezogener Hilfe- und Unterstützungsplan« zu erstellen und die Arbeit der im Einzelfall beteiligten → Fachkräfte der sozialen Dienste → öffentlicher und

→ freier Träger engmaschig und zuverlässig abzustimmen. Die Beratung der Professionellen ist durch eine »insoweit erfahrene Fachkraft« sicherzustellen. Darüber hinaus wurde 2008 das Gesetz zur Erleichterung familiengerichtlicher Maßnahmen bei Gefährdung des → Kindeswohls beschlossen; wesentliche Neuregelungen waren v.a. das Beschleunigungsgebot § 50 e Gesetz über die Angelegenheiten der → freiwilligen Gerichtsbarkeit (FGG), die Erörterung der Kindswohlgefährdung (§ 50 f FGG), die Konkretisierung der Rechtsfolgen (§ 1666 Abs. 3 → Bürgerliches Gesetzbuch [BGB]) und die Überprüfung bei Absehen gerichtlicher Maßnahmen (§ 1996 BGB).

Der Ausbau des Kinderschutzes in der Bundesrepublik wird v.a. vom → Deutschen Kinderschutzbund e.V. (DKSB) und den Kinderschutzzentren, aber auch von vielen → Selbsthilfegruppen (Wildwasser, Zartbitter etc.) betrieben; auf lokaler Ebene werden von öffentlichen und → freien Trägern v.a. niedrigschwellige Beratungsstellen eingerichtet und Kriseninterventionsansätze entwickelt (→ Familienzentren, → Mehrgenerationenhäuser etc.). Allgemein haben sich die Hilfekonzepte des Kinderschutzes von traditionell repressiven zu sanktionsfreien/-armen, aber verbindlich kontrollierenden und hilfeorientierten Ansätzen hin entwickelt. Dieser Paradigmenwechsel hat dazu geführt, dass immer mehr gefährdete Eltern die Hilfen und Unterstützungen der kinderschutzbezogenen sozialen Dienste öffentlicher und freier Träger freiwillig in Anspruch nehmen. Jedoch ist auch durch den Ausbau der gesetzlichen Bestimmungen der Kinderschutz deutlich erweitert und die Grundlagen zu möglichst früher Hilfe und Unterstützung gelegt worden.

*Lit.* Deegener, G./Körner, W. (Hrsg.): Kindesmisshandlung und Vernachlässigung. Ein Handbuch, Göttingen 2005; Egle, U. T.: Sexueller Missbrauch, Misshandlung, Vernachlässigung : Erkennung, Therapie und Prävention der Folgen früher Stresserfahrungen, 4. Aufl., Stuttgart 2016; Mertens, B./Pankofer, S.: Kindesmisshandlung: körperliche Gewalt in der Familie, Paderborn 2011; Pillhofer, M./Ziegenhain, U./Nandi. C./Fegert, J. M./Goldbeck, L.: Prävalenz von Kindesmisshandlung und -vernachlässigung in Deutschland, Annäherung an ein Dunkelfeld, Göttingen 2011.

*Josef Faltermeier*

**Kindesvernachlässigung** Im Unterschied zu aktiven Formen der Schädigung, etwa Misshandlung, wird von K. gesprochen, wenn rechtlich oder tatsächlich für das Wohlergehen eines Kindes verantwortliche Erwachsene dieses durch unterlassene Versorgung, Beaufsichtigung, → Erziehung oder Förderung in erheblichem Ausmaß schädigen bzw. eine solche Gefahr heraufbeschwören. Zwischen K. und einer unterdurchschnittlichen bzw. wenig engagierten Fürsorge bestehen fließende Übergänge. Zudem verändern sich Leitbilder guter und schlechter elterlicher Versorgung über Kulturen und Zeiten hinweg graduell. In Deutschland ist es sinnvoll, sich bei der Unterscheidung zwischen K. und einer bloß unterdurchschnittlichen Fürsorge am Rechtsbegriff der Kindeswohlgefährdung (→ Kindeswohl) zu orientieren, der Situationen bezeichnet, in denen akut oder chronisch mit ziemlicher Sicherheit eine erhebliche Schädigung des Kindes zu erwarten ist. Wird die Versorgung eines Kindes in einem Ausmaß unterlassen, das dieser Definition entspricht, kann sicher von K. gesprochen werden und es steht fest, dass eine deutliche Verbesserung der Situation des Kindes herbeigeführt werden muss, nach Möglichkeit im Einvernehmen, notfalls aber auch gegen den Willen der Sorgeberechtigten.

Eine Analyse von 30 Jahren internationaler empirischer Forschung zu verschiedenen Formen der Kindeswohlgefährdung (Behl u.a.) hat gezeigt, dass sich im Vergleich zu → sexuellem Missbrauch und körperlicher → Kindesmisshandlung deutlich weniger Studien mit K. beschäftigen. Hierauf bezieht sich das Schlagwort von der »Vernachlässigung der Vernachlässigung«, die es aus mindestens drei Gründen zu überwinden gilt: (a) K. stellt in Deutschland wie auch in anderen westlichen Industrienationen die Mehrzahl aller Fälle, in denen ein Eingreifen des Kinderschutzsystems erforderlich wird. (b) Langzeitbefunde belegen, dass eine Mehrheit der Kinder, die früh erheblicher Vernachlässigung ausgesetzt sind, langfristig deutliche Beeinträchtigungen in den Bereichen psychische → Gesundheit und soziale → Teilhabe erleiden, sofern sich ihre Versorgung nicht gravierend verbessert. (c) In ersten Interventionsstudien mit Vernachlässigungsfamilien konnten vielfach keine nachhaltig verbesserten Fürsorgebedingungen erreicht werden (Cohn u.a.). Seitdem weiterentwickelte Hilfekonzepte haben sich entsprechend einer systematischen Literaturrecherche v.a. dann in dem Bemühen als erfolgreich erwiesen, erneute K. zu verhindern und positive Fürsorge zu fördern, wenn vier Bedingungen zutrafen: Die ambulante Hilfe war (1) langfristig angelegt und (2) aufsuchend. (3) Es wurde nicht nur auf Probleme reagiert, sondern dem Hilfeansatz lag ein systematisches Konzept der zu fördernden Erziehungsfähigkeiten und Fähigkeiten in der Lebensbewältigung zugrunde. (4) Bei einer vorliegenden Suchterkrankung (→ Sucht), → Depression bzw. Partnerschaftsgewalt (→ Häusliche Gewalt) wurden spezialisierte Dienste einbezogen.

Die Ergebnisse der Interventionsforschung finden eine Entsprechung in Befunden zur Entstehung von K. Hierbei kann derzeit auf etwa 15 Längsschnittstudien zu Risikofaktoren und Risikomechanismen zurückgegriffen werden, wobei Risikofaktoren statistische Vorhersagefaktoren für eine spätere K. bezeichnen, während bei Risikomechanismen zusätzliche Hinweise auf einen ursächlichen Einfluss bei der Entstehung von K. vorliegen müssen. Risikofaktoren kommt v.a. eine Bedeutung für Einschätzungen zu, während ein Wissen um Risikomechanismen für Präventions- und Interventionsanstrengungen bedeutsam ist. Zu den nach derzeitigem Verständnis wichtigsten Risikomechanismen bei der Entstehung von K. zählen (a) lebensgeschichtlich erworbene, gravierend lückenhafte oder verzerrte Fürsorgevorstellungen, (b) ein Rückzug begünstigendes, sehr geringes Selbstvertrauen sowie (c) eine vorübergehend oder dauerhaft eingeschränkte Belastbarkeit und Bewältigungsfähigkeit, in deren Hintergrund Krisen (z.B. absolute → Armut oder Partnerschaftsgewalt), psychische Erkrankungen (z.B. Depressionen) oder kognitive Einschränkungen stehen können. Daneben können weitere Risikomechanismen eine Rolle spielen, etwa Suchterkrankungen, die Aufmerksamkeit und Energie nachhaltig vom Kind weglenken. → Intervention und → Prävention kann prinzipiell auch an Schutzfaktoren ansetzen. Das Wissen hierüber ist aber noch sehr beschränkt. Bei Eltern, die selbst als Kind Gefährdung erfahren haben, beugen spätere unterstützende Beziehungen einer intergenerationalen Weitergabe von K. vor. Soziale Unterstützung sowie positive Nachbarschaftsfaktoren wirken Problemeskalationen entgegen und mildern Belastungsfolgen für Kinder.

Da ambulante Maßnahmen nicht immer ausreichen, um K. abzuwehren, muss im Einzelfall anhand des Risikos erneuter Vernachlässigung, der elterlichen Veränderungsbereitschaft und -fähigkeit sowie des Ausmaßes der beim Kind drohenden Schädigung abgewogen werden, ob eine ambulante Intervention versucht werden kann. Für die relevanten Einschätzungen liegen Hilfen und Verfahren vor, die jedoch bislang nur stellenweise auf Aussagekraft, Zuverlässigkeit und Praktikabilität hin überprüft wurden (für eine Forschungsübersicht Kindler u.a. 2006). Zudem ist bei ambulanter Hilfe wie auch bei einer Fremdunterbringung zu prüfen, inwieweit Förder- bzw. Behandlungsmaßnahmen beim Kind angezeigt sind. Jenseits nicht anders erklärbarer Anzeichen körperlicher Vernachlässigung (z.B. Untergewicht, Windelsoor, erheblich kariöse Zähne) existiert zwar kein charakteristisches Profil durch K. verursachter psychischer Schädigungen. Zu den häufigsten Folgen zählen aber (bei jüngeren Kindern) Entwicklungsverzögerungen, Schwierigkeiten beim Erlernen von Selbstregulation und in der Bindungsentwicklung, (bei älteren Kindern) Schulprobleme, geringes Selbstvertrauen, fehlende Freundschaften und nach innen gerichtete → Verhaltensauffälligkeiten (z.B. Depression). Vor dem Hintergrund erzieherischer Vernachlässigung entwickeln sich zudem häufig Schwierigkeiten im Umgang mit Regeln.

Die → Soziale Arbeit hat eine lange Geschichte der Auseinandersetzung mit K. Dabei konnten gesellschaftliche Einflüsse auf die Häufigkeit von K. (Verbreitung absoluter Armut und extremer → sozialer Ausgrenzung, Entstehung von Armutsquartieren) bewusst gemacht werden. Im 20. Jh. gab es aber auch Ansätze, in denen »Verwahrlosung« als konstitutionelles Familienmerkmal gesehen und ein Schwerpunkt auf Absonderung bzw. Unterdrückung gelegt wurde. Anhaltend problematisch ist eine Sichtweise von K. als mütterlichem Versagen, bei der die Verantwortung von Vätern aus dem Blick gerät.

*Lit.* Behl, L. E./Conyngham, H. A./May, P. F.: Trends in child maltreatment literature, in: Child Abuse & Neglect 27, 2003, S. 215–229; Cohn, A./Daro, D.: Is treatment too late? What 10 years of evaluative research tell us, in: Child Abuse & Neglect 11, 1987, S. 433-442; Galm, B./Hees, K./Kindler, H.: Kindesvernachlässigung: verstehen, erkennen, helfen, München 2010; Kindler, H. u.a. (Hrsg.): Handbuch Kindeswohlgefährdung nach § 1666 BGB und Allgemeiner Sozialer Dienst (ASD), München 2006; Kindler H./Spangler G.: Wirksamkeit ambulanter Jugendhilfemaßnahmen bei Misshandlung bzw. Vernachlässigung, in: Kindesmisshandlung und -vernachlässigung 8/2005, S. 101–116.

*Heinz Kindler*

**Kindeswohl** Das K. ist die zentrale (verfassungs-)rechtliche Vorgabe sowohl für staatliches Handeln als auch für die Wahrnehmung der Erziehungsverantwortung durch die Eltern. Verfassungsdogmatisch betrachtet handelt es sich um eine spezifische, nämlich auf die Sondersituation des (noch) nicht selbstbestimmungsfähigen Kindes ausgerichtete Ausprägung der → Menschenwürde gem. Art. 1 Abs. 1 S. 1 → Grundgesetz (GG). Das K. reflektiert die besondere Schutz- und Förderungsbedürftigkeit des jungen Menschen angesichts der Entfaltungsbedingungen und -möglichkeiten seiner → Persönlichkeit. Das K. (best interest of the child) gehört auch zu den zentralen Begriffen der → UN-Kinderrechtskonvention (KRK). Nach Art. 3 Abs. 1 KRK ist das Wohl des Kindes ein Gesichtspunkt, der vorrangig zu berücksichtigen ist.

Infolge seiner Besonderheit lässt sich das K. nicht abschließend bestimmen, es handelt sich um einen wertausfüllungsbedürftigen Rechtsbegriff, der einen Gegenwarts- und einen Zukunftsbezug aufweist: Er bezeichnet sowohl den gegenwärtigen Zustand des körperlichen, geistigen und seelischen Wohlbefindens des Kindes als auch den Prozess des Hineinwachsens des Kindes in die Selbstbestimmungs- und Selbstverantwortungsfähigkeit (→ Selbst-Entwicklung). Das K. als normativer Begriff ist nicht identisch mit dem Kindeswillen. Es ist unabhängig davon feststellbar, ob das Kind zur Bildung eines selbstständigen Willens fähig ist oder nicht. Gleichwohl ist der tatsächliche Wille des Kindes zu berücksichtigen, soweit dies mit seinem Wohl vereinbar ist (BVerfG, Urt. v. 18.2.1993 – 1 BvR 692/92; ständige Rechtsprechung), also ein bedeutsames Indiz für die Bestimmung des K. Mit zunehmender Einsichts- und damit Selbstverantwortungsfähigkeit des Kindes wachsen die Anforderungen an die Rechtfertigung einer vom tatsächlichen Kindeswillen abweichenden Definition des K. Die Konkretisierung des K. im Einzelfall ist im Wesentlichen ein Akt offener Bewertung. Da Art. 6 Abs. 2 S. 1 GG den Eltern die primäre Erziehungsverantwortung zuweist (→ Elternrecht), ist zudem die Rechtsordnung so auszugestalten, dass die Eltern sich auch gegenüber allen nichtstaatlichen – und damit nicht grundrechtsverpflichteten – Miterziehenden in Pflege- und Erziehungsfragen durchzusetzen vermögen.

Die staatliche K.verantwortung setzt sich v.a. aus dem staatlichen → Wächteramt (Art. 6 Abs. 2 S. 2 GG), dem schulischen Erziehungsmandat (Art. 7 GG) sowie der grundrechtlichen Schutzpflicht des Staates aus Art. 2 GG zusammen. Im Rahmen des staatlichen Wächteramtes obliegt es der staatlichen Gemeinschaft, Gefahren für das K. abzuwehren. Zentraler Anknüpfungspunkt ist dabei der Begriff der K.gefährdung. Primäres Ziel ist die (Wieder-)Herstellung der Elternverantwortung. Dabei ist der Staat aber nicht auf Eingriffsmaßnahmen beschränkt. Vorrang vor Eingriffen haben unterstützende Hilfen für die Eltern, die zum Zweck der Prävention unterhalb der Gefährdungsschwelle ansetzen (→ Hilfe zur Erziehung), aber nicht mit (vorbeugenden) Kontrollbefugnissen verbunden sind. Damit sollen die Eltern in die Lage versetzt werden, mit ihrem Kind so umzugehen, dass es ohne Risiken einer K.gefährdung aufwachsen kann und der Staat sich wieder gegenüber der Familie zurücknehmen kann. Zum anderen geht unsere Rechtsordnung nur bei einem akuten Gefährdungsrisiko für das elementare K. von einem Interventionsinteresse (und einer Interventionspflicht) des Staates aus.

Dies bedeutet, dass vom Staat keine positive Norm für gelingendes Aufwachsen von Kindern gesetzt wird. Vielmehr nähert er sich von seiner negativen Ausprägung – der K.gefährdung – her. Das K. fungiert hier für den Staat als negativer Standard. Im Übrigen steht den Eltern der Interpretations- und der Implementationsprimat hinsichtlich des K. zu. Eine verbindliche Bestimmung über das K. steht dem Staat allein im Rahmen seines zeitlich und thematisch begrenzten schulischen Erziehungsmandats zu. Diese verfassungsrechtlich verankerte Selbstbeschränkung des Staates impliziert, dass der Staat auch für das K. nachteilige Entscheidungen der Eltern in Kauf nimmt bzw. nehmen muss, solange diese nicht eine K.gefährdung bedeuten (BVerfG, Urt. v. 17.2.1982 – 1 BvR 188/80; ständige Rechtsprechung). Im Kontext der Debatte um einen aktiven → Kinderschutz, aber auch spezifischer Benachteiligungen von Kindern aus bildungsfernen Schichten werden vereinzelt Forderungen nach der Statuierung eines Anspruchs auf eine bestmögliche Entfaltung des kindlichen Entwicklungspotenzials i.S. eines Optimierungsgebots (K. als positiver Standard) erhoben. Solche Forderungen sind mit dem Konzept Eltern-Kind-Staat, wie es dem GG zugrunde liegt, nicht vereinbar.

Der Begriff des K. ist darüber hinaus aber auch im Rahmendes ebenfalls aus Art. 6 GG folgenden Schlichtungsauftrags des Staates von Bedeutung. Dieser wird aktiviert, wenn eine Kollisionslage zwischen mütterlichem und väterlichem Elternrecht gegeben ist. Anders als im Rahmen des Wächteramtes wird der Staat hier nicht als »Miterzieher« des Kindes und damit in Konkurrenz zu den Eltern tätig, sondern als Schiedsrichter. Deshalb ist er auch in dieser Funktion nicht an die strengen Voraussetzungen gebunden, die für einen Eingriff in das elterliche Erziehungsrecht nach Art. 6 Abs. 2 S. 2 GG vorliegen müssen. Das K. bildet bei der Ausübung der Schlichtungstätigkeit zur Lösung des Konflikts zwischen mütterlichem und väterlichem Elternrecht die maßgebliche Direktive. Zulässige Gesichtspunkte des K. sind das sog. Kontinuitätsprinzip, das Förderprinzip, die Erziehungsbereitschaft und die faktische

Möglichkeit der → Erziehung des Kindes. Dabei liegt es letztlich in der Verantwortung des Gerichts, unter Beachtung dieser verschiedenen Gesichtspunkte die dem K. zuträgliche Lösung zu finden.

In den Sozialwissenschaften hat es verschiedene Versuche gegeben, den Begriff »Kindeswohl« näher zu definieren. So hat der amerikanische Psychologe Maslow im Jahre 1958 das Modell einer Bedürfnishierarchie, aufbauend auf Grundbedürfnissen entwickelt. Ein erster Versuch der Konkretisierung spezifischer kindlicher Bedürfnisse ist in der K.-Trilogie von Goldstein, Freud und Solnit zu finden. Ein neuerer Katalog von Grundbedürfnissen stammt von dem Kinderarzt Brazelton und dem Kinderpsychiater Greenspan.

In den verschiedenen Tätigkeitsfeldern → Sozialer Arbeit, die – wie insbesondere die → Kinder- und Jugendhilfe – die Förderung der Entwicklung von Kindern und Jugendlichen zum Ziele haben, ist das K. der zentrale Bezugspunkt. Soweit es dabei um die Gewährung und Erbringung von Leistungen (§ 2 Abs. 2 SGB VIII) geht, hat Soziale Arbeit im Hinblick auf den Interpretationsprimat der Eltern in erster Linie die Aufgabe, im Einzelfall ihre Sicht über die bestmögliche Gewährleistung des K. in den Entscheidungsprozess mit den Eltern einzubringen, das Kind entsprechend seinem Alter und Entwicklungsstand zu beteiligen und sich mit Eltern und Kind über den Hilfebedarf und die Ausgestaltung der Hilfe zu verständigen. Eine einseitige Bestimmung des K. seitens der → Fachkräfte und darauf ausgerichtete Hilfen sind aus rechtlichen und fachlichen Gründen abzulehnen, da Akzeptanz und Kooperationsbereitschaft zentrale Voraussetzungen für den Hilfeerfolg sind. Sofern Anhaltspunkte für eine K.gefährdung bekannt werden, hat das → Jugendamt eine Gefährdungseinschätzung vorzunehmen, an der i.d.R. die Eltern und das Kind zu beteiligen sind, um gemeinsam ein Schutzkonzept für die Abwehr der K.gefährdung zu entwickeln. Sind die Eltern nicht bereit oder in der Lage, an der Gefährdungseinschätzung oder an der Abwendung einer festgestellten Gefährdung des K. mitzuwirken, so ist das Jugendamt verpflichtet, das → Familiengericht anzurufen.

*Lit.* Coester, M.: Inhalt und Funktion des Begriffs der Kindeswohlgefährdung – Erfordernis einer Neudefinition?, in: Das Jugendamt 2008, S. 1–9; Jestaedt, M.: Das Kinder- und Jugendhilferecht und das Verfassungsrecht, in: Münder, J./Wiesner, R.: Kinder- und Jugendhilferecht – Handbuch, Baden-Baden 2007; Maywald, J.: Zum Begriff des Kindeswohls, Impulse aus der UN-Kinderrechtskonvention, in: IzKK-Nachrichten 2009/11, S. 16.

*Reinhard Wiesner*

**Kindheit** bezieht sich zum einen auf eine Phase innerhalb der Individualentwicklung. Hier ist als evolutionsgeschichtliche Facette des Menschseins im Vergleich mit allen anderen Säugetieren hervorzuheben, dass der Mensch Merkmale des Kindseins sowohl auf der Ebene seiner Körpermorphologie als auch auf der Ebene mentaler Eigenschaften niemals ganz abstreift, sondern bis ins hohe Alter beibehält. Dies wird als unverzichtbare Grundlage für die Herausbildung der Kulturleistungen des Menschen gesehen (Pohlmann). Ferner zeigt die moderne evolutionstheoretisch inspirierte → Entwicklungspsychologie eine zutiefst soziale Voreinstellung des menschlichen Säuglings (Tomasello). Zum anderen wird die Variabilität dessen, was man unter K. versteht, hervorgehoben. K. wird nicht als eine biologisch-genetische vorgegebene Größe verstanden, sondern als ein diskursiv erzeutes Konstrukt (Klinkhammer). Eine solche konstruktivistische und relationale Betrachtungsweise – K. bestimmt sich demzufolge immer auch in Auseinandersetzung mit den erwachsenen Generationen – ermöglicht die Überwindung alltagsweltlicherVorstellungen. Die Schwierigkeit einer reflexiven Auseinandersetzung mit K. wurzelt in den persönlichen Erfahrungen mit dem eigenen Aufwachsen und deren ahistorischer Verallgemeinerung. So vergleichen heutige Eltern ihre eigene K. der späten 1960er-Jahre mit der aktuellen Situation ihrer eigenen Kinder, ohne dabei mitzubedenken, dass ihr eigener Vergleichsmaßstab eine historisch spezifische Variante des Verständnisses von K. darstellt. Daher sind Auseinandersetzungen mit den Konstruktionen von K. in Medien, Öffentlichkeit und den Einzelwissenschaften Grundbedingungen professionellen Arbeitens mit Kindern und deren Bezugs- und Betreuungspersonen.

Die Variabilität des Verständnisses von K. lässt sich an den jeweiligen Altersbereichen und Bedeutungszuschreibungen des jeweils als Kern von K. betrachteten Faktorenbündels augenfällig machen: Während im Mittelalter die K. bis zum 25. Lebensjahr reichte, geht man heute von einer differenzierteren Umschreibung unterschiedlicher Abschnitte von K. aus: Man unterscheidet Neugeborene (Geburt bis zum 10. Lebenstag), Säuglinge (11. Lebenstag bis 12. Lebensmonat), Kleinkinder (2. bis 5. Lebensjahr) und Schulkinder (6. bis 14. Lebensjahr) (Lenzen). In Pädagogik und Entwicklungspsychologie wurden eine Vielzahl von Phasenmodellen ausgearbeitet, die sich auf jeweils spezifische inhaltliche Charakteristika der K. konzentrieren. Das frühe Modell psychosexueller Stufen von S. Freud wurde ergänzt durch solche, die auf die motorischen, kognitiven und sozial-moralischen Niveauentwicklungen fokussieren. Sie heben also jeweils sehr unterschiedliche Facetten der Normalität heutigen Kindseins hervor. Diese Normalität in ihrer Differenziertheit ist gleichzeitig Ausgangspunkt für die Feststellung von Abweichungen und daran anknüpfender Praktiken von Professionellen und Eltern, diese zu regulieren (Kelle). Über die Medien sowie die Diskurse der Professionen im Umfeld von K. diffundieren diese Modelle und Schlagworte – von der Medien- über die verinselte hin zur Konsum- und digitalen K. – in das Alltagsbewusstsein und können bis zu einem gewissen Grad das Erziehungs- und Bildungshandeln mitsteuern.

K. als Lebensphase wird im 20. und 21. Jh. immer stärker in das moderne Regime des Lebenslaufs eingebunden. Strukturell gesehen tritt neben die → Familien ein Ensemble von → Institutionen und Sozialisationsinstanzen (→ Sozialisation). Mit der Einfügung der K. in ein reguliertes Lebenslaufsystem und der Vielfalt von Sozialisationsinstanzen sind eine Reihe von Konsequenzen verbunden, die in ihrer Summe das Aufgabenprofil des professionellen Umgangs mit Kindern abbilden: Mit → Individualisierung meint man in diesem Zusammenhang, dass traditionale Bindungen frühzeitiger gelockert werden und Kinder von Beginn an als eigenständige → Persönlichkeiten adressiert werden. Die Scholarisierung der K. beinhaltet neben der Schule am Vormittag auch Nachmittagsschulen und sie beginnt heute, intensiviert durch die PISA-Debatten, im Vorschulischen durch eine Vielzahl von Fördermaßnahmen im sprachlichen wie körperlichen Bereich (→ Frühkindliche Bildung, Betreuung und Erziehung). Eine weitere Facette ist der relative Bedeutungsverlust von Erfahrungsbildung im sozialökologischen Nahumfeld, während die Medien und die Mobilität über weite Strecken im Rahmen von Urlaubsreisen und → Bildung an Bedeutung gewinnen. Sequenzialisierung bedeutet die Einpassung der K. in unterschiedliche »Karrieren«: Die Verschulung bezieht Kinder in ein Laufbahnsystem des → Lernens und der Bildungsabschlüsse ein. K. heute ist wie nie zuvor in der Geschichte Bildungskindheit (Wermke), was insbesondere in Fällen des Scheiterns an den offiziellen, mittelschichtorientierten Standards zu massiven Belastungen des Wohlbefindens und Aufwachsens führen kann. Die innere Gliederung des Kindesalters erfolgt gemäß dem schulischen Jahrgangssystem, was eine Standardisierung des chronologischen Alters zur Folge hat. Nach einer ähnlichen Logik entwickeln sich auch im Freizeitbereich Altersklassensysteme für Kinder, etwa im Feld des Vereinssports, der heute zu den wichtigsten Bereichen kindlicher Freizeittätigkeiten gehört. Das gleiche gilt für sozialpädagogische und kirchliche Angebote. All diese Angebote tragen zum von Kindern erlebten Wohlbefinden bei (Andresen/Hurrelmann).

Die ökonomischen Imperativen gehorchende Einpassung der K. als Lebensphase in den modernen Lebenslauf zeigt sich sowohl auf der produktiven wie auf der reproduktiven Seite. In Zeiten des globalen Wettbewerbs wird die Lerntätigkeit der Kinder i.S. der Produktion von »Humankapital« als Faktor des Erwerbssystems angesehen. Die Freizeit der Kinder wiederum wird zum Element einer konsumintensiven Dienstleistungsgesellschaft, in der die Kinder lebensgeschichtlich früher und in wachsendem Maß als individuelle Nachfrager einbezogen werden. Das Primat des Ökonomischen schafft ein großes Aufgabenspektrum für die K.forschung und die professionelle Arbeit mit Kindern. Es geht darum, an der Verbesserung der Bedingungen der Lebensqualität für alle Kinder in Gemeinde, Kommune und Stadt zu arbeiten. Als besondere Aufgabe stellt sich, Kinder aus deprivierten sozialen Lagen, aktuell insbesondere auch → Kinder mit Migrationshintergrund und Flüchtlingskinder, umfassend so zu fördern, dass sie im Hier und Jetzt ein würdiges Leben führen können und dass sie zudem befähigt werden, an der zukünftigen Gesellschaft zu partizipieren.

*Lit.* Andresen, S./Hurrelmann, K.: „Wie gerecht ist unsere Welt?“ Kinder in Deutschland 2013, Weinheim 2013; Klinkhammer, N.: Kindheit im Diskurs. Kontinuität und Wandel in der deutschen Bilduings- und Betreuungspolitik, Marburg 2014; Tomasello, M.: Warum wir kooperieren, Frankfurt a.M. 2010; Wermke, M.: Kindheit/Kind, in: Fechner, K. u.a. (Hrsg.): Handbuch Religion und Populäre Kultur, Stuttgart 2005, S. 147–154.

*Andreas Lange*

**Kindheitspädagogik** → Soziale Berufe

**Kindschaftsrecht** ist als Begriff selbst nicht im → Bürgerlichen Gesetzbuch (BGB) enthalten, bezieht sich aber auf alle rechtlichen Regelungen des → Familienrechts, die Kinder und ihre rechtlichen Beziehungen zu ihren → Familien betreffen. Im Allgemeinen werden hierzu insbesondere gezählt: das Abstammungsrecht (§§ 1591 ff. BGB), das Namensrecht

(§§ 1616 ff. BGB), das Sorgerecht (§§ 1626 ff. BGB), das Umgangsrecht (§§ 1684 f. BGB), das Adoptionsrecht (§§ 1741 ff. BGB), teilweise auch das Kindesunterhaltsrecht (§§ 1601 ff. BGB) und die entsprechend ergänzenden verfahrensrechtlichen Vorschriften im → Familienverfahrensgesetz (FamFG).

Im Jahr 1998 erfolgten insbesondere mit dem Kindschaftsrechtsreformgesetz weitreichende Neuregelungen im materiellen Recht; zuletzt traten im Jahr 2013 das Gesetz zur Gesetz zur Reform der elterlichen Sorge nicht miteinander verheirateter Eltern und das Gesetz zur Stärkung der Rechte des leiblichen, nicht rechtlichen Vaters in Kraft. Diese Reformen vollzogen einerseits gesellschaftliche Entwicklungen nach, setzten andererseits aber auch Vorgaben aus dem internationalen Recht, wie der Rechtsprechung des Europäischen Gerichtshofs für Menschenrechte um. Das 2009 in Kraft getretene FamFG verwendet den Begriff Kindschaftssachen (§§ 151–168 a FamFG) als Sammelbezeichnung für alle familienrechtlichen Verfahren, in denen es unmittelbar um Kinder geht (allerdings mit Ausnahme von → Abstammung, → Annahme als Kind und → Unterhaltspflicht), z.B. → elterliche Sorge, → Umgangsrecht, → Herausgabe eines Kindes, → Vormundschaft, → Pflegschaft, freiheitsentziehende Unterbringung.

*Diana Eschelbach*

**Kirchenasyl** ist die zeitlich befristete Aufnahme von → Flüchtlingen in eine Kirchengemeinde, denen bei → Abschiebung in ihr Herkunftsland Folter und Tod drohen oder für die mit einer Abschiebung nicht hinnehmbare Härten verbunden sind (z.B. dauerhafte Familientrennung, Abbruch einer lebenswichtigen Krankheitsbehandlung). Die Gemeinde will einen Zeitaufschub erreichen, damit alle relevanten rechtlichen und humanitären Gesichtspunkte überprüft werden können. K. setzt keine anderen Rechtsnormen voraus als die in der Verfassung und im internationalen Recht geltenden und beansprucht – anders als seine antiken und mittelalterlichen Vorläufer – keinen rechtsfreien, staatlichem Zugriff entzogenen Raum. Aber es unterstellt, dass auch staatliches Handeln im Einzelfall fundamentale Rechtsnormen übergeht. So kann das Gewissen von Christen in Widerspruch zu staatlichen Regelungen und Maßnahmen geraten. Als Teil der Menschenrechts- und → Flüchtlings(sozial)arbeit setzt sich die K.-Bewegung für eine menschenwürdige Ausgestaltung der Asylpolitik und ein sicheres Schutzverfahren in Deutschland ein.

In Deutschland wurde K. in der heutigen Form erstmals Anfang der 1980er-Jahre gewährt. Seit der bundesweiten Vernetzung der K.-Bewegung in der Ökumenischen Bundesarbeitsgemeinschaft Asyl in der Kirche e.V. 1994 gab es jährlich 30 bis 60 K., allerdings sind die Zahlen seit 2014 signifikant gestiegen auf 430 K. 2014 und 610 K. 2015. Studien zeigen, dass über 75% aller K.-Fälle positiv ausgingen, d.h. dass ein befristeter oder dauerhafter Aufenthaltsstatus (→ Zuwanderungsgesetz) erteilt wurde.

*Genia Schenke Plisch*

**Klage** ist das Gesuch des/der Kläger/in an das Gericht um → Rechtsschutz gegen die/den Beklagte/n mit dem Ziel, eine Entscheidung des Gerichts durch Urteil herbeizuführen. Nach dem Begehren des/der Kläger/in sind verschiedene K.arten zu unterscheiden: im Zivil- und Arbeitsgerichtsprozess (§§ 253 ff. Zivilprozessordnung, §§ 46 ff. Arbeitsgerichtsgesetz) Leistungs-, Feststellungs- und Gestaltungsklagen, im Verfahren vor den → Verwaltungsgerichten (§§ 42, 43 Verwaltungsgerichtsordnung) und → Sozialgerichten (§§ 54 ff., 87 ff. Sozialgerichtsgesetz) Anfechtungs, → Verpflichtungs, Leistungs- und Feststellungsklagen. Im Zivil- und Arbeitsgerichtsprozess wird die K. durch Einreichung einer K.schrift, die die Bezeichnung der Parteien (Kläger/in, Beklagte/r) und des Gerichts, den K.grund und einen bestimmten K.antrag enthalten muss, und Zustellung an die/den Beklagte/n erhoben; im Verwaltungs- und Sozialgerichtsverfahren genügt die Angabe von Kläger/in, Beklagter/Beklagtem und Streitgegenstand (konkrete Kennzeichnung des Sachverhalts). Mit der K.erhebung ist der → Rechtsanspruch »rechtshängig« geworden, wodurch u.a. seine → Verjährung gehemmt wird (§ 204 → Bürgerliches Gesetzbuch). Bevor das Gericht über die K. entscheidet (i.d.R. durch Urteil), prüft es zunächst, ob die formalen Prozessvoraussetzungen (Zulässigkeit) gegeben sind; (nur) wenn dies der Fall ist, befindet es über die sachliche Begründetheit der K. Bei Eingang einer Räumungsklage, mit der nach Kündigung des Mietverhältnisses (→ Mieterschutz) die Räumung der Wohnung beantragt wird, soll die unverzügliche Mitteilung des Gerichts an den → Träger der Grundsicherung bzw. → Träger der Sozialhilfe (§ 22 Abs. 9 SGB II, § 36 Abs. 2 SGB XII) zur Verhinderung von Wohnungslosigkeit beitragen (→ Wohnungssicherung).

*Hans-Ulrich Weth*

**Klasse** → Soziale Ungleichheit, → Sozialstruktur

**Klassifikationssysteme psychischer Störungen** dienen der Vereinheitlichung diagnostischer Kriterien in Form vorgegebener Einteilungen. K. p. S. sind als kumuliertes verdichtetes Fachwissen für viele Bereiche psychosozialer Arbeit (→ Klinische Sozialarbeit) verbindlich und dienen als Entscheidungsgrundlage für die Bewilligung vieler (sozial-)pädagogischer bzw. sozialarbeiterischer Hilfen sowie (psycho-)therapeutischer oder sozialtherapeutischer Behandlungen (→ Therapie; → Psychosoziale Beratung). K. p. S. werden in international besetzten Konsensgemeinschaften erarbeitet und erhalten dadurch überregionale Verbindlichkeit. In der Entstehung der Kriterien spielen jedoch neben dem gesammelten Sachverstand und Erfahrungswissen auch Normalitätskonstruktionen sowie Macht- und Lobbyinteressen eine Rolle. Es ist daher nicht nur unabdingbar für Professionelle der Sozialen Arbeit, sich in den Systemen zurechtzufinden, sondern darüber hinaus, sie kritisch hinterfragen zu können (→ Psychosoziale Diagnose). Heute gebräuchliche K. p. S. sind insbesondere die von der → Weltgesundheitsorganisation (WHO) unterstützte → ICD-10, die für Deutschland als verbindlich gilt, und die Revision der vierten Fassung des DSM-IV. Inzwischen wurden auch Klassifikationssysteme für den stärkeren Einbezug sozialer Dimensionen entwickelt, wie die ebenfalls von der WHO unterstützte → ICF oder das PIE (Person In Environment; Karls/Wandrei).

*Silke Birgitta Gahleitner*

**Klaustrophobie** → Phobien

**Kleinkindererziehung** → Frühkindliche Bildung, Betreuung und Erziehung (F.B.B.E.)

**Klient/in** → Adressat/in

**Klientzentrierte Therapie** → Humanistische Beratung und Therapie

**Klinische Psychologie** ist eine Teildisziplin der Psychologie, die sich mit der Gesamtheit → psychischer Störungen und Probleme und psychischen Aspekten körperlicher Erkrankungen befasst (Entstehung, Verlauf, Verbreitung, Behandlung). Dazu gehören die Themen Ätiologie, Bedingungsanalyse, Deskription und Klassifikation nach den dafür üblichen Klassifikationsschlüsseln → ICD-10 oder DSM-IV, Diagnostik, Epidemiologie und → Intervention/Behandlung: → Prävention, Psychotherapie (→ Therapie), → Rehabilitation, Gesundheitsversorgung, Evaluation (Baumann/Perrez). Schraml/Baumann bezogen in die K. P. Wissen, Techniken und Methoden psychologischer Grundlagenfächer und der Nachbardisziplinen Tiefenpsychologie, Soziologie, Sozialpädagogik und → Sozialpsychiatrie ein, die im breiten klinischen Feld von der Beratungsstelle über Heilerziehungsheime bis zu Krankenhäusern angewandt werden. Insofern gibt es einen nicht unbeträchtlichen Überschneidungsbereich mit der Gesundheitspsychologie und auch der → Klinischen Sozialarbeit. Klinische Psycholog/innen arbeiten in Heimen bzw. → heilpädagogischen Einrichtungen, ambulanten Einrichtungen wie der → Erziehungs-, Jugend-, → Familien-, → Partnerschafts- und → Drogenberatung, in der → Psychiatrischen Versorgung, in Einrichtungen zur → Krisenintervention, Rehabilitation und in psychotherapeutischen Praxen.

Die Wurzeln der wissenschaftlichen K. P. liegen in den USA. L. Widmer (1867–1956) – der bei Wilhelm Wundt in Leipzig studiert hatte – prägte den Begriff Ende des 19. Jh. In Deutschland tauchte der Begriff selbst erst Mitte des 20. Jh. auf, auch wenn vorher schon eine Menge Aktivitäten in Forschung und Praxis dem Gebiet der K. P. zuzuordnen waren. Zentral für dieses Fach stehen heute die wissenschaftliche anerkannten Therapieverfahren: Psychodynamische Psychotherapie, Verhaltenstherapie, Gesprächspsychotherapie und Systemische Therapie. Weitere Impulse, besonders im Bereich der Prävention psychischer Erkrankungen und der strukturellen Verbesserung der stationären, teilstationären und ambulanten psychiatrischen Krankenversorgung, erhielt die K. P. von der »Mental Health«-Bewegung und der → Sozialpsychologie, die sie insbesondere um Gruppenverfahren (Lewin) und eine gemeindepsychologische Orientierung (Keupp) bereicherte. In jüngerer Zeit wird die K. P. stark durch die Neuropsychologie bzw. Klinische Neuropsychologie beeinflusst.

Aufgabenstellungen in Praxis, Forschung und Lehre: (1) → Psychodiagnostik: Klinische Psychodiagnostik ist neben der Anwendung psychologischer Tests v.a. die Differenzialdiagnostik (Leitfrage: Was ist der Fall?; Bspw.: Ist eine Störung organisch oder funktionell bedingt?) und Prognose psychischer Erkrankungen sowie die Indikationsstellung (Leitfrage: Was ist zu tun?) für Psychotherapie oder andere klinisch psychologische → Interventionen (z.B. → Beratung). Neben dem Gespräch kommen dabei, je nach Fragestellung, Verfahren zur Messung umschriebener oder komplexer psychischer Leistungen (z.B. → Intelligenz, → Gedächtnis, Psychomotorik) und der → Persönlichkeit zur Anwendung. (2) Klinisch-Psychologische Beratung: Vollzieht sich in zeitlich begrenzter Situation und ist stets auf ein aktuelles Problem des Klienten/der Klientin bezogen, zu dessen Bewältigung der/die Klinische Psycholog/in aufgrund der Befunde Einsichten vermittelt und Anstöße zu Verhaltensänderungen gibt. (3) Psychotherapie: Behandlung → psychischer Störungen und psychischer Aspekte körperlicher Erkrankungen durch die Anwendung wissenschaftlich anerkannter psychologischer Behandlungsmethoden (insbes. Psychoanalyse, Verhaltenstherapie, Gesprächspsychotherapie, Systemische Therapie) bei Patient/innen mit psychischem → Leidensdruck. Psychodiagnostik, Beratung und Psychotherapie sind eng miteinander verzahnt und werden in der Praxis oft in interdisziplinärer Kooperation zusammen mit Psychiater/innen und Sozialarbeiter/innen durchgeführt. Den Zugang zum Beruf des Psychologischen Psychotherapeuten regeln das Psychotherapeutengesetz vom 16.6.1998 (BGBl. I S. 1311) sowie die Ausbildungs- und Prüfungsverordnung für Psychologische Psychotherapeuten (BGBl. I S. 3749). Zur Ausbildung in → Kinder- und Jugendlichenpsychotherapie sind in Deutschland neben Psycholog/innen und Mediziner/innen auch (sozial- und heil-)pädagogische Fachkräfte mit Hochschulabschluss zugelassen.

*Lit.* Auckentaler, A.: Kurzlehrbuch Klinische Psychologie und Psychotherapie, Stuttgart 2012; Baumann, U./Perrez, M. (Hrsg.): Lehrbuch Klinische Psychologie. Psychotherapie: Klassifikation, Diagnostik, Ätiologie, Intervention, 3. Aufl., Bern 2005; Schraml, W. J./Baumann, U. (Hrsg.): Klinische Psychologie I. Theorie und Praxis, 3. Aufl., Bern 1975; Wittchen, H.-U./Hoyer, J. (Hrsg.): Klinische Psychologie und Psychotherapie, 2. Aufl., Heidelberg 2011.

*Helmut Pauls*

**Klinische Sozialarbeit** bezeichnet professionell beratende und behandelnde Soziale Arbeit in den psychosozialen Feldern des Sozial-, Bildungs-, Justiz- und Gesundheitswesens bei »klinischen« Aufgabenstellungen. K. S. versteht → Gesundheit, Störung, → Krankheit und Behinderung bio-psycho-sozial (bzw. sozio-psycho-somatisch), d.h. in Biologie, Biografie und → Lebenswelt verankert, und bemüht sich um konstruktive Veränderungsimpulse für die Einzelnen im Kontext ihrer Umfeld- und Lebensbedingungen. Auf der Basis dialogischer und kooperativer Hilfeformen sowie geeigneter Settings zum Abbau sozial bedingter und sozial relevanter Belastungen, Krisen (→ Krisenintervention) und Erkrankungen bedient sich K. S. in ihren jeweiligen fall- und situationsspezifischen Bezügen Methoden → psychosozialer Diagnostik und → Intervention wie → psychosozialer Beratung, sozialtherapeutischer Behandlung und Begleitung, sozialer (Psycho-)Therapie u.a. in ambulanten und stationären Kontexten. Zu den Arbeitsfeldern gehören Bereiche der → Kinder- und Jugendhilfe, der → Psychiatrischen Versorgung, der sozialen → Rehabilitation, der Suchtkrankenhilfe, der Arbeit mit Angehörigen von Kranken, der → Sozialtherapie im → Strafvollzug, der → Prävention, insbesondere jedoch Soziale Arbeit mit sozial benachteiligter, »schwer erreichbarer« Klientel in Multiproblemsituationen (Pauls; Gahleitner/Hahn).

Die Bezeichnung ist in Übertragung des amerikanischen Fachbegriffs clinical social work seit 1995 in der deutschen Sozialarbeit als → Fachsozialarbeit üblich geworden. Entsprechende Masterstudiengänge werden inzwischen an vielen Hochschulstandorten angeboten. Das fachsozialarbeiterische Profil K. S. bedarf einer kontinuierlichen Weiterentwicklung, um die steigende Komplexität der gesundheitlichen und strukturellen Herausforderungen an die Soziale Arbeit meistern zu helfen. K. S. setzt im Kontrast zur → Klinischen Psychologie oder Psychiatrie an der sozialen Perspektive an, also daran, das Unterstützungspotenzial durch Kompensation defizitärer sozialstruktureller Situationsfaktoren im Alltag zu mobilisieren, ohne jedoch – im Sinne des doppelten Fokus – die individuelle oder klinische Perspektive des Einzelfalles aus den Augen zu verlieren (Sozialverhältnis und Sozialverhalten). Klinische Sozialarbeiter/innen sind folglich nicht nur gefordert, über Kenntnisse beraterischer und therapeutischer Grundorientierungen und deren Veränderungswissen zu verfügen (→ Therapie, → Beratung), sondern diese für ihre Berufspraxis kritisch zu reflektieren, auf das Spektrum sozialarbeiterischer Anforderungen, Aufgabenstellungen und Zielgruppen zu beziehen und in interdisziplinären Bezügen indikationsspezifisch und situationsadäquat in Anwendung zu bringen, um sich als eigenständiger und dialogfähiger professioneller Partner in den o.g. Arbeitsfeldern, insbesondere im Gesundheitswesen, zu behaupten (Zeitschrift »Klinische Sozialarbeit« seit 2005).

*Lit.* Gahleitner, S. B./Hahn, G.: Klinische Sozialarbeit. Zielgruppen und Arbeitsfelder, Bonn 2008; Pauls, H.: Klinische Sozialarbeit. Grundlagen und Methoden psycho-sozialer Behandlung, 3. Aufl., Weinheim 2013.

*Helmut Pauls/Silke Birgitta Gahleitner*

**Knappschaftliche Rentenversicherung** In der K. R. sind hauptsächlich Arbeitnehmer/innen versichert, die in knappschaftlichen Betrieben (Bergbaubetrieben) beschäftigt sind oder ausschließlich oder überwiegend knappschaftliche Arbeiten verrichten (§§ 133, 134 SGB VI). Versichert sind ferner Beschäftigte bei berufsständischen Organisationen des Bergbaus bzw. bei Bergämtern und ähnlichen Ämtern. Die K. R. weist gegenüber der allgemeinen → Rentenversicherung eine Reihe von Besonderheiten auf. Es handelt sich um ein bifunktionales Sicherungssystem, das die Leistungen der allgemeinen gesetzlichen → Rentenversicherung mit einer → betrieblichen Altersversorgung kombiniert. In der K. R. sind deshalb der Beitragssatz – bei höheren Beitragsbemessungsgrenzen – und die Leistungen etwa um ein Drittel höher als in der allgemeinen Rentenversicherung. Das Defizit zwischen Einnahmen und Ausgaben wird vom Bund ausgeglichen (2014: rund 5,3 Mrd. Euro). Neben den Renten der allgemeinen Rentenversicherung können folgende → Rentenarten in Anspruch genommen werden: → Rente wegen Alters für langjährig unter Tage beschäftigte Bergleute nach vollendetem 62. Lebensjahr (§§ 40, 238 SGB VI; Wartezeit: 25 Jahre); Rente für Bergleute (§§ 45, 242 SGB VI) wegen verminderter Berufsfähigkeit im Bergbau (Wartezeit: fünf Jahre) oder nach Vollendung des 50. Lebensjahres, wenn im Vergleich zu der bisher ausgeübten knappschaftlichen Beschäftigung eine wirtschaftlich gleichwertige Beschäftigung oder selbstständige Tätigkeit nicht mehr ausgeübt wird (Wartezeit: 25 Jahre); Knappschaftsausgleichsleistung (§ 239 SGB VI) nach Vollendung des 55. Lebensjahres (besondere Rente für Bergleute, die aus Rationalisierungsgründen ihren Arbeitsplatz im Bergbau verloren haben; Wartezeit: 25 Jahre). Nach mindestens sechs Jahren ständiger Arbeiten unter Tage wird ein Leistungszuschlag zur Rente gezahlt (§ 85 SGB VI). Der Rentenartfaktor bei der Rentenberechnung (§ 82 SGB VI) beträgt bei den Renten wegen Alters, den Renten wegen voller Erwerbsminderung (→ Rente wegen verminderter Erwerbsfähigkeit) und der Knappschaftsausgleichsleistung 1,3333, bei den Renten für Bergleute 0,5333 (zum Vergleich: in der allgemeinen Rentenversicherung hat die Altersrente den Rentenartfaktor 1,0).

Der Beitragssatz zur K. R. beträgt 2015 24,8%, die Beitragsbemessungsgrenze liegt bei 89.400 Euro (neue Bundesländer: 76.200 Euro) im Jahr, in der allgemeinen Rentenversicherung sind es 18,7% und 72.600 Euro (62.400 Euro). Der Beitragsanteil der Arbeitnehmer/innen beträgt 9,35%, der Arbeitgeberanteil 15,45%. Durchgeführt wird die K. R. von der Deutschen Rentenversicherung Knappschaft-Bahn-See.

*Anschrift:* 44781 Bochum; www.kbs.de

*Monika Rahn*

**Koedukation** (lat. con educare: zusammen erziehen) bezeichnet die gemeinsame → Bildung, → Erziehung und Betreuung von Mädchen und Jungen und ist heute die Regel institutionalisierter Bildung. In den 1950er-Jahren hat sich die K. in allen Schulzweigen der Bundesrepublik Deutschland durchgesetzt. Die formalen Voraussetzungen der → Gleichstellung waren damit realisiert: Mädchen haben seitdem die Chance gleicher Voraussetzungen für ihren Bildungs- und damit auch Lebensweg. Anfang der 1980er-Jahre begann, befördert durch die Ergebnisse der Frauenforschung (→ Gender Studies), eine kritische Auseinandersetzung mit der K. und die Analyse der tatsächlichen Effekte der K. auf die Gleichstellung von Mädchen und Jungen. Es hat sich gezeigt, dass in koedukativen Schulen sexistische und Mädchen benachteiligende Strukturen herrschen. Die getrennte Unterrichtung von Mädchen und Jungen wird seit diesem Zeitpunkt immer wieder erwogen. Bezogen auf die → Jugendarbeit hatte 1984 der sechste Kinder- und Jugendbericht der Bundesregierung zum Thema »Verbesserung der Chancengleichheit von Mädchen in der Bundesrepublik« eine zentrale Bedeutung (→ Kinder- und Jugendberichterstattung). Von diesem Bericht gingen maßgebliche Impulse für eine parteiliche Mädchenarbeit (→ Geschlechtsspezifische Kinder- und Jugendarbeit) und die Arbeitsweise und Strukturen der → Kinder- und Jugendhilfe insgesamt aus. Weiter mündete die Diskussion um den Bericht in der Formulierung des § 9 Abs. 3 SGB VIII. Danach sind die unterschiedlichen → Lebenslagen von Mädchen und Jungen zu berücksichtigen, Benachteiligungen abzubauen und die Gleichberechtigung zu fördern.

Der neuere Diskurs um die Vor- und Nachteile der K. ist erneut durch Ergebnisse der Frauen- bzw. Geschlechterforschung beeinflusst. Ausgehend von dem Grundverständnis der geschlechtersensiblen K. soll Mädchen und Jungen die Gelegenheit gegeben werden, → Identitäten zu entwickeln, die nicht durch geschlechtsstereotype Vorstellungen eingeschränkt werden und ein gleichberechtigtes Zusammenleben ermöglichen. Die deutschen Schulforscherinnen H. Faulstich-Wieland und M. Horstkemper prägten vor diesem Hintergrund den Begriff der reflexiven K.: »Reflexive Koedukation heißt für uns, dass wir alle pädagogischen Gestaltungen dahingehend beleuchten wollen, ob sie die bestehenden Geschlechterverhältnisse eher stabilisieren, oder ob sie eine kritische Auseinandersetzung und damit Veränderung fördern.« Für die Gestaltung des Bildungswesens bedeutet dies, dass geschlechtsstereotype Zuweisungen aufgelöst werden müssen, damit alle wesentlichen Fähigkeiten und Kenntnisse bei Mädchen wie bei Jungen herausgebildet werden können. Geschlechtsbezogene und bewusste Ansätze der Bildung und Erziehung werden nunmehr nicht allein für Mädchen, sondern spätestens seit den Ergebnissen verschiedener Studien wie PISA und TIMSS auch für Jungen eingefordert.

*Petra Mund*

**Kognitionen** Als K. werden alle Funktionen und Prozesse zusammengefasst, die dem Erkenntnisgewinn dienen. Dazu zählen v.a. die Prozesse der → Wahrnehmung, des → Lernens, des Behaltens und Erinnerns, des Vorstellens, Beurteilens und des → Denkens. Damit werden Kognitionen von anderen internen Prozessen wie etwa → Motivation oder → Emotion abgegrenzt. Da K. Auswirkungen auf Motivation, Emotion und → Verhalten von Menschen haben, ist die Erfassung und Beeinflussung von K. auch Gegenstand → Sozialer Arbeit:

(1) → Wahrnehmung: Wahrnehmung ist weniger ein Abbildungsprozess, bei der innere oder äußere Wirklichkeit dem Subjekt zugänglich wird, sondern vielmehr ein Konstruktionsprozess, bei dem das Wahrzunehmende durch subjektive Schemata auf vielfältige Weise gefiltert wird. So nimmt z.B. ein aggressiver Jugendlicher in einer sozialen Situation viel eher eine Bedrohung oder einen Angriff wahr, als andere, unauffälligere Jugendliche. Ansatzpunkt kognitiver Therapie wäre dann u.a. ein Wahrnehmungstraining für soziale Situationen. (2) Gedächtnisfunktionen (Lernen, Behalten, Erinnern): Es werden mindestens zwei unterschiedliche Gedächtnisspeicher unterschieden, das Kurzzeitgedächtnis (KZG), in welchem eine geringe Anzahl von Informationen aktiviert ist und das Langzeitgedächtnis (LZG), in dem Informationen überdauernd gespeichert werden. Für die dauerhafte Speicherung und Abrufbarkeit (Erinnern) von Gedächtnisinhalten ist u.a. der Grad der Elaboriertheit und assoziativen Verknüpfung von Informationen sowie deren Wiederholung entscheidend; bedeutungslos ist hingegen, ob es sich um einen bewussten, intendierten Lernvorgang handelt. Die Art des Lernens (Elaboration, Wiederholung) ist demnach auch in der Praxis von erheblicher Bedeutung. (3) Vorstellungen sind Repräsentationen von Ereignissen oder Objekten ohne dass aktuell ein entsprechender Sinnesreiz vorliegt. Sie können mehr oder weniger bildhaft (Imaginationen) sein. Für die Soziale Arbeit ist relevant, welche Vorstellungen Menschen von ihrem Leben, ihrer Zukunft, von anderen Personen oder bestimmten Situationen haben und wie funktional oder dysfunktional diese Vorstellungen sind. (4) Beurteilen: Folgt man den Erkenntnissen der Psychologie (→ Psychologische Grundlagen der Sozialen Arbeit), dann ist das menschliche Urteilsvermögen auf vielfältige Weise mangelhaft, von Erinnerungsfehlern, sozialer Beeinflussung und möglicherweise unangemessenen kognitiven Schemata verzerrt. Dies trifft nicht nur auf die Klient/innen Sozialer Arbeit zu, sondern auch auf die Sozialarbeiter/innen und ihre fachlichen Urteile, weswegen Ansätze zur Objektivierbarkeit sozialarbeiterischer Urteilsbildung mittels standardisierter Verfahren (z.B. bei der Beurteilung von → Kindeswohlgefährdungen) eine große Bedeutung für die Sozialarbeit als wissenschaftliche Tätigkeit haben. (5) Denken: Als Denken werden alle internen Prozesse bezeichnet, die der Manipulation mentaler Inhalte dienen. Von besonderer Bedeutung sind für die Soziale Arbeit Problemlösungsprozesse, die z.B. im Rahmen → kognitiver Therapie oder kognitiv orientierter Beratung in funktionaler Weise verändert werden sollen.

*Michael Borg-Laufs*

**Kognitive Therapie** → Verhaltensorientierte Beratung und Therapie

**Kollegiale Beratung** ist eine bedarfsorientierte Beratungsform, in der arbeitsspezifische Fragestellungen beantwortet werden. Ziel von k. B. ist, Arbeitsprobleme zu lösen und Handlungsoptionen auf der Mitarbeitendenebene zu entwickeln. K. B. wird als Methode der Personalentwicklung, Qualitätssicherung und -entwicklung (→ Qualitätsmanagement) eingesetzt. K. B. fördert fachlich orientierte betriebliche Netzwerke. Im Kontext Sozialer Arbeit wird k. B. als strukturiertes Verfahren zur Diagnose und zum → Fallverstehen im Rahmen der → Hilfeplanung eingesetzt. K. B. kommt ohne den Einsatz externer Experten aus und wird von Mitarbeitenden einer Ebene geleistet. K. B. wird von der Idee getragen, dass die unterschiedlichen Fähigkeiten der Teilnehmer/innen geeignet sind, Praxisfragen zu lösen. K. B. fördert die Eigenverantwortlichkeit und das Selbsthilfepotenzial der Beteiligten. Ihre Grenzen findet k. B. dort, wo Sachthemen zu Beziehungsthemen werden. In diesem Fall ist eher → Supervision oder → Mediation einzusetzen. K. B.-Gruppen bestehen aus sechs bis zehn Teilnehmenden. Dem Beratungsverlauf liegt ein strukturierter Prozess mit klarer Rollenverteilung zugrunde. Die Beratungsgruppe setzt sich aus dem/der Fallgeber/in, der/dem Moderator/in und den Berater/innen zusammen. Die Rollen wechseln von → Beratung zu Beratung. Beratungsphasen sind: Darstellung der Situation, Formulierung der problembezogenen Fragestellung bzw. des Anliegens, Beratung, Reflexion der/des Ratsuchenden und Rückmeldung an die Beratungsgruppe über das Ergebnis. In psychosozialen Arbeitsfeldern wird der Begriff Intervison als Synonym für K.B. verwendet.

*Klaus Titz*

**Kombilohn** → Einstiegsgeld

**Kommunale Bildungslandschaft** → Bildungslandschaften

**Kommunale Gemeinschaftsstelle für Verwaltungsmanagement (KGSt)** Seit über 65 Jahren entwickelt die KGSt bereits für und mit Kommunen Empfehlungen und Lösungen zu unterschiedlichen Themen des kommunalen Managements. Die KGSt wurde 1949 als Fachorganisation in Köln gegründet und arbeitet seitdem unabhängig vom Staat und von den politischen Parteien. Zu ihren bereits über 1.900 Mitgliedern zählen Städte, Kreise (→ Landkreise), → Gemeinden und verschiedene Verwaltungsorganisationen aller Größenordnungen aus Deutschland und Österreich.

Die KGSt unterstützt die Verwaltungsspitze und Mitarbeiterinnen und Mitarbeiter aller Organisationsebenen im Prozess der → Verwaltungsmodernisierung. Gemeinsam mit den Kommunen erarbeiten Expertinnen und Experten ganzheitliche Strategien und Lösungen für Kommunalverwaltungen im Finanz-, Organisations-, → Personal- und Informationsmanagement (→ Kommunikationsmanagement), aber auch zu kommunalen Fachthemen wie Jugend und Soziales – bspw. Empfehlungen zur Steuerung nachhaltiger kommunaler → Sozialpolitik.

Mit der Gründung ihres Competence Centers (CC) »Soziale Kommune« bündelt und verstärkt die KGSt ihre Aktivitäten im Bereich der sozialen Handlungsfelder, die einen besonderen inhaltlichen Schwerpunkt bilden. Das CC greift aktuelle Herausforderungen auf und bietet praxisnahe Umsetzungshilfen und Lösungen an. Darüber hinaus vernetzt es Know-how-Träger aus Kommunen interkommunal sowie mit Wissenschaft und Forschung.

Der Geschäftsbereich Beratung & Vergleiche der KGSt begleitet Mitgliedsverwaltungen bei der Erarbeitung, Realisierung und Evaluierung von Management- und Organisationskonzepten (→ Organisationsentwicklung) und bei unterschiedlichsten Veränderungsprozessen. Darüber hinaus hilft er ihnen, durch kennzahlenbasierte Vergleiche (→ Kennzahl) ihren Standort zu bestimmen und zu verbessern. In den KGSt-Vergleichsringen können Mitglieder ihre lokale Kennzahlensteuerung aufbauen, erweitern und ihre Stärken und Schwächen analysieren.

Die KGSt kooperiert mit den → kommunalen Spitzenverbänden, mit Hochschulen, innovativen Kommunalverwaltungen der Nachbarländer und Bereichen der Privatwirtschaft und erschließt so weiteres Wissen.

Alle relevanten Ergebnisse werden als Berichte veröffentlicht und den Mitgliedern zur Verfügung gestellt. Unter www.kgst.de finden alle Beschäftigten der Mitgliedsverwaltungen kostenfrei und sofort verfügbar das gesamte Wissen der KGSt und Instrumente, die sie unmittelbar bei ihrer Arbeit einsetzen können.

Ergänzt wird das Leistungsangebot durch ein breit gefächertes → Fort- und Weiterbildungsprogramm. In Fachkonferenzen, Seminaren, Lehrgängen, bei Informationstagen und Kongressen werden die Empfehlungen aus den Berichten sowie neue Entwicklungen in den Kommunalverwaltungen so vermittelt, dass sie in den Kommunen ohne weitere Unterstützung umgesetzt werden können. Alle drei Jahre veranstaltet die KGSt zudem den größten kommunalen Innovationskongress im deutschsprachigen Raum, das KGSt-FORUM.

*Anschrift:* Gereonstraße 18–32, 50670 Köln, www.kgst.de

*Martina Senekowitsch*

**Kommunaler Sozialdienst** → Allgemeiner Sozialdienst (ASD)

**Kommunale Spitzenverbände** Unter k. S. versteht man den Zusammenschluss und die Interessenvertretung der → kreisfreien und → kreisangehörigen Städte, → Gemeinden und → Landkreise auf Bundes- und Landesebene in Deutschland. Auf Bundesebene sind die Gebietskörperschaften im → Deutschen Städtetag, im → Deutschen Städte- und Gemeindebund und im → Deutschen Landkreistag organisiert. Koordiniert wird die Arbeit von der → Bundesvereinigung der kommunalen Spitzenverbände, deren Vorsitz jährlich wechselt. Die k. S. vertreten die Interessen ihrer Mitglieder gegenüber dem Gesetzgeber, dem Parlament, der → Europäischen Union und anderen Organisationen und Verbänden. Wichtige Aufgaben sind die Beteiligung und Anhörung im Gesetzgebungsverfahren und bei Planungsvorhaben, die Mitwirkung in Gremien, Ausschüssen und bei Veranstaltungen sowie die Förderung des Meinungs- und Erfahrungsaustausches unter den Mitgliedern.

*Ralf Mulot*

**Kommunale Verwaltung** → Gemeinde

**Kommune** → Gemeinde, → Kreisangehörige Städte, → Kreisfreie Städte

**Kommunikation** bezeichnet den zwischenmenschlichen Austausch von Informationen und Gedanken durch Symbole, d.h. mithilfe von sprachlichen und/oder nicht sprachlichen Mitteln wie Gestik und Mimik. Wesentliche Bestandteile des K.prozesses sind der Sender der Nachricht, auch Aussagen, und der Empfänger der Nachricht. Eine der bekanntesten K.theorien, basierend auf dem radikalen Konstruktivismus, wurde von P. Watzlawick entwickelt. Er ist der Überzeugung, dass das, was die Menschen als Realität verstehen, nicht etwas objektiv Vorhandenes ist, sondern erst durch die menschliche → Wahrnehmung und Bewertung Wirklichkeit wird. Daher unterscheidet Watzlawick zwischen Wirklichkeit erster und zweiter Ordnung. Die Wirklichkeit erster Ordnung ist das, was allgemein Tatsache genannt wird; die Wirklichkeit zweiter Ordnung entsteht erst durch die Bewertung dieser Tatsachen. Die unterschiedlichen Wirklichkeitskonstruktionen der Menschen beeinflussen ihre K. Vor diesem theoretischen Hintergrund versteht Watzlawick die menschliche K. als ein offenes System: Zwei Personen, die kommunizieren, sind nicht als Einzelwesen zu sehen, sondern miteinander als ein Ganzes; sie bilden ein System. In diesem System entstehen stets Rückkopplungen, sodass die Art und Weise der K. von Person A nicht nur eine bestimmte Wirkung hat, sondern gleichzeitig die K. der Person B mitbestimmt. Die gegenseitigen K.formen und -inhalte stehen gleichsam in einem wechselseitigen Prozess. Watzlawick hat fünf pragmatische Axiome aufgestellt: (1) Man kann nicht nicht kommunizieren, d.h. auch nonverbales → Verhalten ist eine Form von K. (2) Jede K. hat einen Inhalts- und einen Beziehungsaspekt. Dies ist insbesondere für die Analyse von gestörten K.prozessen von Bedeutung. (3) K. ist immer Ursache und Wirkung (Interpunktion von Ereignisfolgen). (4) Menschliche K. bedient sich analoger und digitaler Modalitäten. Dieses Axiom beschreibt die beiden Möglichkeiten der K., Objekte darzustellen: z.B. durch eine Zeichnung (analog) oder durch die direkte Namensgebung (digital). (5) K. ist symmetrisch oder komplementär, je nachdem ob die Beziehung zwischen den Gesprächspartnern auf einem Gleichgewicht oder einem Ungleichgewicht beruht. In Deutschland hat u.a. F. Schulz von Thun das Theoriemodell der K. von Watzlawick aufgegriffen und weiterentwickelt. In seinem als »Vier-Ohren-Modell« bekannt gewordenen Modell der K. unterscheidet er vier Ebenen der K., die in jeder Äußerung enthalten sind: eine Sachinformation, eine Selbstkundgabe, ein Beziehungshinweis und ein Appell. Ähnlich wie das Modell von Watzlawick kann auch dieses bei der Analyse und Klärung von Störungen der menschlichen K. hilfreich sein.

*Petra Mund*

**Kommunikationsmanagement** Der Begriff des K. findet sich seit Anfang der 1990er-Jahre in den einschlägigen Praxishandbüchern zur → Öffentlichkeitsarbeit (Public Relations – PR). K. ist nicht gleichbedeutend mit dem häufig synonym verwendeten Begriff der Kommunikationspolitik. K. meint in pragmatischem Sinne das Management von Kommunikationsprozessen für → Organisationen und Personen mit deren Bezugsgruppen in Form einer bewussten, zielgerichteten und systematischen Gestaltung der jeweiligen Kommunikationsinteressen. Darunter ist die → Koordination aller Aktivitäten eines Unternehmens oder einer Organisation im Bereich der → Kommunikation (Corporate Communications) zu verstehen, zu der Public Relations, Human Relations (Interne Kommunikation) und mitunter auch die Werbung gehören. Basierend auf Unternehmensphilosophie (Corporate Identity), Erscheinungsbild (Corporate Design) und Betriebsklima (Corporate Culture) prägt K. das Bild eines Unternehmens oder einer Organisation in der Öffentlichkeit (→ Leitbild[-entwicklung]).

Da K. die Kommunikation zielgerichtet steuert, liegt ihm ein Stufenplan systematischen Handelns zugrunde, wie er der Sozialen Arbeit aus den neuen Management- bzw. Steuerungskonzepten und der Projektentwicklung bekannt ist. Nach dem gängigen Vier-Phasen-Modell der Deutschen Public Relations Gesellschaft (DPRG) werden (1) in der Situationsanalyse die zielgruppenspezifische Kommunikationssituation, also der Informationsstand der Bezugsgruppen und das Image, erfasst und bewertet. Dabei bedient man sich wissenschaftlicher Instrumente wie der → Demoskopie oder der Kommunikationsforschung, um im Kontaktfeld der Zielgruppen die Fakten und Daten der Ausgangssituation als Ist-Zustand zu erforschen. Auf diesen Ergebnissen aufbauend wird in einem nächsten Schritt (2) die Programmplanung bzw. die Strategie des Kommunikationsprozesses entwickelt. Dazu zählen die Klärung und Erarbeitung der Kommunikationsziele als Soll-Vorgabe, außerdem die anzusprechenden Teilöffentlichkeiten und die zu kommunizierenden Themen. Das so gewonnene PR-Programm wird in der dritten Stufe (3) mittels der Methodik der PR in aufeinander aufbauende Einzelaufgaben zerlegt und mündet in einen Zeit- und Maßnahmenplan, der die mittel- und langfristigen PR-Aktivitäten (Kommunikationsinstrumente) konkretisiert und koordiniert. Dabei kommt den Aufgaben der PR mit der Internet-Präsenz und den Aufgaben der Human Relations mit der Intranet-Nutzung eine schnell wachsende Bedeutung zu. (4) Die vierte und letzte Phase des Stufenplans dient der → Evaluation. Sie vergleicht die Ausgangssituation (Ist-Analyse) mit den methodisch festgelegten, messbaren Zielen des PR-Programmes (Soll-Vorgabe) und führt entweder zur Fortschreibung dieser Vorhaben oder zu einer Neubewertung der Kommunikationsziele und einer Anpassung der Methoden, wenn die Ziele nicht erreicht worden sind oder sich im Verlauf des Kommunikationsprozesses verändert haben.

K. umfasst die Konzeption, Planung, Durchführung und Kontrolle aller Kommunikationsbeziehungen im externen und internen Dialogfeld und ist daher Bestandteil der Leitungs- und Führungsfunktion (Stabsstelle).

*Ria Puhl*

**Kommunitarismus** ist ein Sammelbegriff für höchst disparate Theorieansätze, in die ontologische, normative, soziologische, politiktheoretische und hermeneutisch-moraltheoretische Argumente einfließen. Damit kommt dem K. eine – für die öffentliche Aufmerksamkeit entscheidende – zeitdiagnostische Bedeutung zu, insbesondere der Balance zwischen Eigenwohl und Gemeinwohl, zwischen sozialen Rechten und Pflichten im Handeln kollektiver und individueller Akteure. Gemeinsam ist den Vertreter/innen, dass sie für die Entstehung und Kontinuität der → Gesellschaft einen Horizont kollektiv geteilter Werte voraussetzen. Schlüsselbegriffe sind Gemeinschaft und Gemeinschaftsentwicklung, weshalb »der K.« häufig von einer ebenso heterogenen und als »Liberalismus« zusammengefassten theoretischen Gegenposition abgegrenzt wird. K. beschäftigt sich mit der für → soziale Gerechtigkeit maßgebenden Frage, wie → Solidarität und eine Auseinandersetzung über Gemeinwohl im entsprechend zu gestaltenden öffentlichen Raum unter den Bürger/innen möglich ist. Praktisch gewendet geht es um die hemmenden und unterstützenden Bedingungen von gemeinschaftsfördernden Strukturen als notwendigem »Input« für einen gemeinwohlorientierten »Outcome«. In dieser Dimension materialisiert sich für manche Vertreter/innen des K. das Spannungsfeld zwischen → Wohlfahrtsstaat und Wohlfahrtsgesellschaft.

*Ulrich Otto*

**Kompensation** 1907 veröffentlichte A. Adler seine »Studie über die Minderwertigkeit von Organen«. Er stellte die These auf, dass die Beeinträchtigung der Funktion eines Organs durch die entsprechende psychische Einstellung ausgeglichen werden kann. Dieser Prozess des Ausgleichs wird als K. bezeichnet. Gefühlte oder gemeinte Minderwertigkeiten werden körperlich oder seelisch überwunden. Hiermit wird eine Krankheitstheorie begründet, die → Krankheit nicht als losgelöste Einheit sieht, sondern im Wechselverhältnis von Organismus und sozialer Umwelt. Die psychosomatische Symptombildung (→ Psychosomatik) ist demnach eine personenspezifische (unbewusste) Handlung des Menschen, mit der er seine subjektiv eingeschätzte Mangellage mithilfe des körperlichen Einsatzes auszugleichen sucht. Später erweiterte Adler den Begriff der K. von organischen Minderwertigkeiten auf psychische Minderwertigkeitsgefühle wie Schwäche, Unzulänglichkeit und Hilflosigkeit. Auch diese (subjektiven) Gefühle regen seiner Meinung nach ein Überwindungsstreben an. In der von Adler entwickelten → Individualpsychologie wird eine konstruktive Form der K. angestrebt, die die Einbindung des Menschen in die Gemeinschaft zum Ziel hat. Eine besondere Form der K. ist die Überkompensation, bei der der Versuch des Mangelausgleichs zu besonderen Höchstleistungen führt.

*Katrin Richter-Fuss*

**Kompensatorische Erziehung** bezeichnet jede Erziehungsmaßnahme, die den Ausfall der Eltern bei der → Erziehung kompensiert. Der Ansatz K. E. wurde Mitte der 1960er-Jahre in den USA entwickelt. Durch gezielte Maßnahmen versuchten außerfamiliale Erziehungsinstanzen Defizite familialer → Sozialisation auszugleichen, um die Chancengleichheit von Kindern und Jugendlichen unterschiedlicher Herkunft zu gewährleisten (→ Milieuspezifische Erziehung). Es wurden Sommerkurse und Angebote für Eltern entwickelt, Förderkurse für Schüler/innen, Kurse zur Berufsfindung und Vorbereitungsveranstaltungen durchgeführt. In Deutschland wurde die Praxis der K. E. etwa 1970 aufgegriffen und insbesondere im Elementarbereich erprobt. Sie hat sich jedoch nicht durchgesetzt. Untersuchungen zur Wirkung der K. E. zeigten insbesondere bei der Sprachförderung zwar Erfolge, jedoch auch, dass eine wirkliche → Chancengerechtigkeit nicht erreicht werden konnte. Neben den fehlenden Langzeiteffekten wurden der K. E. das an den → Normen der sog. Mittelschicht ausgerichtete Defizitmodell sowie die zu enge Ausrichtung auf kognitive und schulische Leistungen vorgeworfen. Außerdem retuschiere die K. E. vorhandene schichtenspezifische Gegensätze und negiere strukturelle Probleme. Die K. E. als pädagogischer Ansatz hat sich aufgrund dieser Kritik in Deutschland nicht durchgesetzt, trotz teilweise guter Ansätze einer gezielten Förderung sozial benachteiligter Kinder und Jugendlicher.

*Maria-Theresia Münch*

**Kompetenzen** (lat.: Zuständigkeit, Befugnis, Fähigkeit) ist ein vielschichtiger Begriff, der die individuelle Anwendbarkeit und Umsetzung von Kenntnissen und Befähigungen auf unterschiedlichen Ebenen betont. Damit ist der Begriff der K. von dem der Qualifikation abzugrenzen, letzterer bezieht sich in erster Linie auf den formalen Nachweis einer Berechtigung (z.B. Führerschein). Ausgehend von dem K.begriff der Bildungsforschung können K. nach Weinert (2001, 27) verstanden werden, als die »bei Individuen verfügbaren oder durch sie erlernbaren kognitiven Fähigkeiten und Fertigkeiten, um bestimmte Probleme zu lösen sowie die damit verbundenen motivationalen, volitionalen und sozialen Bereitschaften und Fähigkeiten, um die Problemlösungen in variablen Situationen erfolgreich und verantwortungsvoll nutzen zu können«. K. bezeichnen somit die Gesamtheit aller persönlichen Fähigkeiten und Verhaltensweisen, die es einem → Individuum ermöglichen und erleichtern, Aufgaben nicht nur zu bewältigen, sondern auch in der → Interaktion sowohl mit Einzelnen als auch in der → Gruppe, die gegebenen Anforderungen zu meistern und in einen in Art und Weise angemessenen und effektiven zwischenmenschlichen Umgang und Austausch zu treten. Damit beinhalten K. neben der Ebene des formalen Wissens auch die des Könnens und umfassen darüber hinaus auch die Dimensionen des Verstehens, der Erfahrung, der Motivation sowie der Wertvorstellungen (Haltungen).

Um für diese verschiedene Ebenen die relevanten Fähigkeiten benennen zu können, hat die → Kultusministerkonferenz (KMK) für die weitere Differenzierung des Oberbegriffs K. im schulischen Bereich verschiedene K.dimensionen entwickelt, die heute auch über den schulischen Bereich hinaus ihre Anwendung finden. So beschreibt die Fachkompetenz die Befähigung bestimmte Aufgaben mit Hilfe spezifischer formaler Fachkenntnisse zu lösen. Ergänzend dazu wirkt die Methodenkompetenz, die das Individuum in die Lage versetzt, die gestellten Aufgaben durch eine zielgerichtete, strukturierte und effektive Handlungs- und Vorgehensweise zu bewältigen und dabei auch – sofern erforderlich – vorhandenes Wissen aus anderen Bereichen zu übertragen und situationsgerecht anzuwenden. Die Selbstkompetenz beinhaltet insbesondere die Befähigung und die Bereitschaft, das eigene Verhalten zu reflektieren, sich mit Kritik konstruktiv auseinanderzusetzen und ggf. zukünftig andere Verhaltensweisen zu entwickeln. Sozialkompetenz schließlich umfasst alle Verhaltensweisen und Fähigkeiten, die bei der Gestaltung, Aufrechterhaltung und Weiterentwicklung von sozialen Beziehungen erforderlich sind. Diese Ebenen zusammenfassend spricht die KMK (2004, 9) auch von Handlungskompetenz, »als die Bereitschaft und Fähigkeit des Einzelnen, sich in beruflichen, gesellschaftlichen und privaten Situationen sachgerecht, durchdacht sowie individuell und sozial verantwortlich zu verhalten«.

Auch der Deutsche → Qualifikationsrahmen (DQR), der auf acht Niveaustufen fachliche und personale K. beschreibt, bezieht sich auf einen breiten K.begriff. Dabei unterscheidet der DQR zum einen die K.kategorie »Fachkompetenz« unterteilt in Wissen und Fertigkeiten und zum anderen die K.kategorie »Personale Kompetenz« mit den Unterteilungen Sozialkompetenz und Selbstständigkeit. In den letzten Jahren haben insbesondere die Selbst- und die Sozialkompetenz zunehmend Beachtung erfahren, da deutlich geworden ist, dass formales Wissen für das Bestehen in einer sich permanent wandelnden (Berufs-)Gesellschaft allein nicht ausreichend ist, sondern dass vielmehr von einem ganzheitlichen Bildungsbegriff ausgegangen werden muss. So nimmt die Entwicklung und das Training von sozialer K. auch in Schulen einen immer größeren Raum ein. Angebote des → sozialen Lernens sollen Kinder bereits frühzeitig bei der Entwicklung von Sozial- und Selbstkompetenz unterstützen.

Auch Universitäten, Fachhochschulen und auch private Weiterbildungsinstitute haben auf diese Entwicklung reagiert und berücksichtigen diese Aspekte bewusst bei der Entwicklung ihrer → Curricula, die nun neben fachlichen gleichfalls den Erwerb von Selbst-, Sozial- und Transferkompetenz enthalten, bzw. sie konzipieren gezielte Kurse und Seminare, die neben der Initiierung von fachbezogenen Lernprozessen auch die Entwicklung bzw. Verbesserung der Team- und Kommunikationsfähigkeit und des Einfühlungsvermögens zum Ziel haben. Dabei werden in den modularisierten Studiengängen (nicht nur) der Sozialen Arbeit durch die Bezugnahme zu einem umfassenden K.modell für die unterschiedlichen Ebenen K.ziele definiert und in den Modulhandbüchern ausgewiesen, die zusammengenommen die Handlungskompetenz. für die Soziale Arbeit ergeben (→ Studium der Sozialen Arbeit). Als eine mögliche Orientierung für die Entwicklung konkreter Lehrinhalte in Bezug auf die unterschiedlichen K.ebenen kann das 2008 vom → Deutschen Berufsverband für Soziale Arbeit e.V. (DBSH) entwickelte K.modell für die Soziale Arbeit dienen. Dieses umfassende K.modell benennt neun Schlüsselkompetenzen: strategische K., Methodenk., sozialpädagogische K., sozialrechtliche K., sozialadministrative K., personale und kommunikative K., berufsethische K., sozialprofessionelle Beratungskompetenz sowie Praxisforschungs- und Evaluationskompetenz, die erst durch ihre Verknüpfung und damit in der Summe kompetentes Handeln in der Sozialen Arbeit ermöglichen. Auch der vom → Fachbereichstag Soziale Arbeit entwickelte Qualifikationsrahmen Soziale Arbeit (QR SArb) kann bei der Entwicklung individueller Fähigkeiten in Bezug auf die unterschiedlichen K.ebenen herangezogen werden.

*Lit.* Fachbereichstag Soziale Arbeit: Qualifikationsrahmen Soziale Arbeit (QR SArb), Version 5.1, 2008; Maus, F./Nodes, W./Röh, D. (2008): Schlüsselkompetenzen der Sozialen Arbeit für die Tätigkeitsfelder Sozialarbeit und Sozialpädagogik, Schwalbach/Ts. 2008; Weinert F. E. (Hrsg.): Leistungsmessungen in Schulen, Weinheim/Basel 2001.

*Petra Mund*

**Kompetenz, soziale** → Kompetenzen

**Komplementäre Dienste und Einrichtungen für psychisch kranke/seelisch behinderte Menschen** ist ein Sammelbegriff für alle psychiatrischen → Einrichtungen und Dienste einer Gemeinde außer den psychiatrisch/psychotherapeutischen Kliniken und den niedergelassenen Psychiater/innen. Der Begriff entstammt der Psychiatrie-Enquete von 1975. Er wurde schon bald kritisiert, weil er die Bedeutung der → Krankenhäuser heraushebt und die K. D. u. E. nur als die medizinisch/psychiatrische Versorgung ergänzende Angebotsform erscheinen lässt. Der Begriff wird daher immer seltener verwendet.

Viele Angebotsformen in K. D. u. E. sind über die Modellprogramme im Anschluss an die Psychiatrie-Enquete entstanden. Stationäre komplementäre Einrichtungen sind Rehabilitationseinrichtungen für → psychisch kranke und → behinderte Menschen, Übergangseinrichtungen, Wohneinrichtungen oder Einrichtungen zur lange andauernden Förderung und Versorgung (→ Betreutes Wohnen behinderter und psychisch kranker Menschen), Einrichtungen für ältere psychisch kranke/ → seelisch behinderte Menschen sowie Pflegeheime für → mehrfachbehinderte Menschen. Übergangseinrichtungen sind Einrichtungen, die für psychisch kranke und behinderte Menschen auf zwei bis drei Jahre begrenzte Rehabilitationsmaßnahmen anbieten, i.d.R. im Anschluss an eine psychiatrische Krankenhausbehandlung. Ambulante Angebote der K. D. u. E. sind Ambulant Betreutes Wohnen, Tagesstätten, Sozialpsychiatrische Zentren, Kontakt- und Beratungsstellen, → Integrationsfachdienste, Sozialpsychiatrische Dienste, Integrationsbetriebe und Zuverdienstmöglichkeiten, → Werkstätten für Menschen mit Behinderung und weitere Angebote im Rahmen der → Gemeindepsychiatrie.

Im Krankenhaus wird eine multiprofessionelle Komplexleistung erbracht und im Bereich der ambulanten psychiatrischen Behandlung stellen die behandelnden Ärzt/innen die Koordination der Leistungen sicher (psychiatrische, psychotherapeutische und somatische Behandlung, Krankenpflege, Soziotherapie, → Ergotherapie, Physiotherapie usw.). Dagegen gibt im Bereich der K. D. u. E. zumeist keine gesicherte Koordination der Leistungen. I.d.R. bestehen für die Bereiche Wohnen, Arbeiten, Tagesgestaltung, Krisenhilfe usw. getrennte und wenig verbundene Angebote. Gelegentlich wird durch »koordinierende Bezugspersonen«, Fallmanager/innen oder rechtliche Betreuer/innen eine einzelfallbezogene Koordination geleistet.

Während die psychiatrischen Krankenhäuser und die kassenärztlichen Vereinigungen Versorgungsgebiete haben, für die sie Behandlungsverpflichtung übernehmen, ist i.d.R. die Verpflichtung zur Aufnahme von Klient/innen bei den K. D. u. E. nicht formalisiert. Es gibt jedoch Regionen, in denen die Leistungsanbieter durch Bildung eines → Gemeindepsychiatrischen Verbundes eine Selbstverpflichtung zur Aufnahme hilfebedürftiger psychisch kranker Menschen eingegangen sind. Eine solche regionale Versorgungsverpflichtung stellt sicher, dass Menschen nicht wegen Art oder Schwere ihres Hilfebedarfs abgewiesen und in entfernte Regionen verwiesen werden können.

Das Bundeskabinett hat am 28.6.2016 einen Regierungsentwurf zu einem → Bundesteilhabegesetz verabschiedet, der wesentliche Änderungen des Rechts der → Rehabilitation und Teilhabe behinderter Menschen und der → Eingliederungshilfe vorsieht. Das Bundesteilhabegesetz soll stufenweise zwischen 2017 und 2020 in Kraft treten.

*Ulrich Krüger*

**Konditionierung** → Verhaltensforschung

**Konferenz der obersten Landessozialbehörden (KOLS)** Die KOLS ist eine Facharbeitsgruppe der → Arbeits- und Sozialministerkonferenz (ASMK). Sie dient der Abstimmung unter den für das SGB XII (→ Sozialhilfe) zuständigen obersten Landessozialbehörden und arbeitet der ASMK fachlich zu. Mitglieder sind Vertreter/innen der für Sozialhilfe zuständigen Abteilungen der Länderministerien (i.d.R. die Referatsleitungen bzw. die jeweilige Referentenebene). Ständige Gäste der KOLS sind das → Bundesministerium für Arbeit und Soziales (BMAS), der → Deutsche Verein für öffentliche und private Fürsorge (DV), der → Deutsche Städtetag (DST), der → Deutsche Landkreistag (DLT) sowie die → Bundesarbeitsgemeinschaft der überörtlichen Träger der Sozialhilfe (BAGüS).

Die KOLS erörtert bedeutsame Sach- und Rechtsfragen aus dem Recht der Sozialhilfe und angrenzender Rechtsgebiete. Ziel ist es, einen möglichst einheitlichen Vollzug des SGB XII in allen Ländern und ein einheitliches Verständnis der Leistungen der Sozialhilfe zu anderen (vorrangigen) Leistungen zu erreichen (→ Nachrang der Sozialhilfe). Sie bereitet außerdem politische Entscheidungen der ASMK fachlich vor und wirkt bei der Fortentwicklung des Sozialhilferechts mit. Bei Bedarf werden temporär Unterarbeitsgruppen eingesetzt, bei denen ggf. andere Fachgremien der ASMK beteiligt werden.

Die KOLS tagt zweimal jährlich (Frühjahr und Herbst). Der Vorsitz geht jedes Jahr auf ein anderes Land über.

*Ralf Sommer*

**Konflikt** (1) Mit K. als Bestandteil des sozialen Miteinanders verbinden die Menschen sehr unterschiedliche Erlebnisqualitäten, häufig mit negativen Assoziationen wie Streit, Ärger, Bedrohung (→ Psychosomatik). Positive Aspekte wie Austausch, → Kreativität, Chance, Energie bleiben dagegen eher im Hintergrund. Das jeweilige Verständnis hängt ab von der momentanen Gefühlslage und Lebenssituation, von biografischen Erfahrungen mit K. sowie von (Sub-)Kulturen, in denen wir aufgewachsen sind und in denen wir uns gegenwärtig bewegen. Auch herrschen in einzelnen Institutionen und Organisationen ganz unterschiedliche K.verständnisse vor – vom offenen Austragen über rasches »Beseitigen« bis zum Verleugnen. Den verschiedenen Verständnissen gemeinsam ist, dass K. immer mit einem hohen Grad an Aufregung und Spannung verbunden sind und dass kaum jemand bei einem zwischenmenschlichen K. wirklich neutral und unberührt ist.

Glasl diagnostiziert eine inflationäre Verwendung des Begriffs K. Nach Berkel liegt das Gemeinsame der verschiedenen K.definitionen darin, dass stets zwei oder mehr Elemente (Inhalte, Interessen, → Bedürfnisse) in einer Beziehung der Gegensätzlichkeit, Unvereinbarkeit oder Unverträglichkeit zueinander stehen. Erst wenn einem Widerspruch oder einer Ablehnung wiederum widersprochen wird oder wenn gegensätzliche Interessen in Handlungen umgesetzt werden (sollen) oder das Handeln mindestens einer Seite beeinträchtigt wird, entsteht ein → sozialer K. (Glasl). Wenn dagegen intrapsychisch erlebte Widersprüche der Beteiligten nicht kommuniziert werden, gibt es keinen sozialen K. Bei einem intrapersonalen K. sind es divergierende Strebungen im → Individuum selbst: Annäherungstendenzen (Appetenz) bzw. Vermeidungstendenzen (Aversion). Der »Sinn« von K. besteht also darin, »vorhandene Unterschiede deutlich und fruchtbar zu machen« (Schwarz). Die Fähigkeit, mit K. konstruktiv umzugehen, sind in Psychologie (→ Psychologische Grundlagen der sozialen Arbeit) und Pädagogik erwünschte Erziehungsziele. Die → Entwicklungspsychologie arbeitet für bestimmte Lebensalter typische Anlässe für K. und die Eigenart der Entscheidungsprozesse heraus. Um sich in K.situationen konstruktiv verhalten zu können, müssen sowohl K.strukturen als auch die ablaufende Dynamik verstanden werden. K.analyse ist die Basis jeden Entscheidungsprozesses. Sie zeigt gegensätzliche Interessen und Bedürfnisse der Beteiligten auf, macht den tatsächlichen K.gegenstand deutlich, analysiert die Geschichte und »Eskalationsstufe« des K., differenziert zwischen personalen und strukturellen Auslösern und reflektiert die individuellen K.einstellungen bzw. -reaktionsmuster bei Bedrohungssituationen (Kampf: z.B. ausspielen von Machtmitteln, bedrohen, ohne Rücksicht vollendete Tatsachen schaffen; Flucht: z.B. ignorieren, vermeiden, nicht wahrhaben wollen; Schreck: erstarren, handlungsunfähig werden). Weitere wichtige Differenzierungen sind (a) zwischen »heißen« und »kalten« K. und (b) zwischen personalen (Beziehungsebene) und strukturellen (Sachebene) Anteilen am K.geschehen. Zunehmend werden auch neurobiologische Erkenntnisse mit sozialwissenschaftlichen Ansätzen verbunden (z.B. beim Verstehen des Zusammenhangs von Stressentstehung, Bedürfnissen, → Emotionen, → Kognitionen und K.verhalten). K.managementmodelle entwerfen Strategien, um mit K. konstruktiv umzugehen. Bekannte und umfassende Formen sind → Mediation (z.B. Faller), das Harvard-Konzept (Fisher), die »Jeder-gewinnt-Methode« (Gordon) und »Gewaltfreie Kommunikation« (Rosenberg). Viele K.lösungsansätze sind von diesen Modellen abgeleitet, z.B. »Interrelationales K.management« (Radatz u.a.). Ziel ist, in Bezug auf die Menschen »persönliche K.fähigkeit« und für Organisationen als Gestaltungsprinzip »K.festigkeit« zu entwickeln. In jüngerer Zeit werden auch innovative Ansätze der K.handhabung publiziert. Schettgen hat im Rahmen der Analyse von »Kampfphänomenen in und zwischen Organisationen« gezeigt, dass K.handhabung meist mit den »kulturellen Denk- und Handlungsmustern von Kampf, Durchsetzung, Kontrolle und Widerstand« einhergeht. Doch aus der jahrtausendealten Denktradition und Geistesströmung fernöstlicher Kampfkunst sind Alternativen dazu sicht- und praktizierbar. Am Beispiel des japanischen Aikido (als Modell für ein effektives Konfliktmanagement) kann gezeigt werden, wie »emanzipatorische Körperarbeit« auf der Ebene der Interaktionsentwicklung einen Beitrag leistet zum Aufbau einer Streitkultur – auch und insbesondere in K.situationen. »Fernöstliche Kampfkunst- und Bewegungssysteme als Lernmedium haben eine grundlegende pädagogisch-psychologische Bedeutung weit über den rein körperlichen Bereich hinaus« (Biesenkamp/Buck).

(2) Nach einem soziologietheoretischen K.verständnis (→ Soziologische Grundlagen der sozialen Arbeit) kennzeichnen soziale K. Interessengegensätze zwischen Personen und → Gruppen. Dabei geht es um den Einsatz von Macht (→ Macht in der Sozialen Arbeit) mit dem Ziel, eine Niederlage der Kontrahenten zu erreichen oder eine eigene Niederlage zu verhindern. Die → Organisationssoziologie beschäftigt sich mit → Zielk., K. zwischen Mitarbeitergruppen etc. K.beziehungen sind oft normiert und – wie z.B. Tarifk. – sogar gesetzlich geregelt. Diesen Theorien zufolge sind K. unverzichtbar für Veränderung und sozialen Wandel. Marxistische Theorien sprechen von antagonistischen K. Sie beruhen auf dem Interessengegensatz der Klassen (→ soziale Ungleichheit) und sind im Rahmen der bestehenden Produktionsverhältnisse nicht aufhebbar. Mit interdisziplinären Studien werden in der Friedens- und K.forschung Ursachen und Lösungsmöglichkeiten internationaler K. untersucht (z.B. K. um Ressourcen wie Öl, Wasser, Land, Metalle).

*Lit.* Berkel, K.: Konflikttraining, 9. Aufl., Frankfurt a.M. 2008; Biesenkamp, R./ Buck, G.: Konflikt und Kooperationen in sozialen Organisationen, Berlin 2006; Glasl, F.: Konfliktmanagement. Diagnose und Behandlung von Konflikten in Organisationen, 11. Aufl., Bern 2013; Schettgen, P.: Der alltägliche Kampf in Organisationen. Psychologische Hintergründe und Alternativen am Beispiel der japanischen Kampfkunst „Aikido“, Opladen 2000.

*Günter Buck*

**Konsulargesetz** → Sozialhilfe für Deutsche im Ausland

**Kontingentflüchtlinge** → Flüchtlinge

**Kontopfändung** → Pfändungsschutz

**Kontraktmanagement.** Mit dem Kontrakt (engl. »contract«, für → Vertrag oder → Vereinbarung) wollen die Kontraktpartner ihr Vorhaben verbindlich regeln. Kontrakte schließen Auftraggeber und Auftragnehmer. K. stellt das Verfahren dar, mit dem Ziele vereinbart und anhand eines Zielerreichungsgrades gemessen werden. Der Hauptgegenstand des Kontraktes sind die Ziele, die die jeweiligen Auftragnehmer erreichen sollen. Die zu vereinbarenden Ziele orientieren sich an den strategischen Unternehmens-/Verwaltungszielen, die aus Leitbildern abzuleiten sind. Im Kontrakt werden auch Rahmenbedingungen zur Zielerreichung festgelegt. Diese können z.B. fachliche Qualitätsstandards, personelle Mindestvoraussetzungen oder sonstige Regelungen umfassen. Ebenso werden die entsprechenden → Kennzahlen und → Sozialindikatoren (Erfolgsfaktoren) vereinbart, mit denen Hilfe der Grad der Zielerreichung gemessen wird. Zur Zielerreichung stellen Auftraggeber ein Budget zur Verfügung. Da Kontrakte verbindliche Ziele enthalten, ist die Öffnung des Kontraktes dann sinnvoll, wenn äußere Umstände es einem der Kontraktpartner unmöglich machen, den Kontrakt fortzusetzen. Voraussetzung für die Zielbildung ist die Beschreibung einer exakten Ausgangslage, in der Zahlen, Daten und Fakten zusammengestellt und interpretiert werden. Je genauer die Ausgangslage beschrieben wird, umso leichter fällt die Zielbildung. Beiträge zur Beschreibung der Ausgangslage können die → Jugendhilfeplanung, die → Sozialberichterstattung, die → Kosten- und Leistungsrechnung sowie Daten aus dem → Controlling liefern. Die im Kontrakt vereinbarten Kennzahlen und Indikatoren bilden die Grundlage für Berichte, die Auftragnehmer an vereinbarten Stichtagen den Auftraggebern zur Verfügung stellen. Anhand der vereinbarten Indikatoren und Kennzahlen wird der Grad der Zielerreichung dargestellt. Eventuelle Abweichungen sind deutlich zu machen. Sofern die Zielerreichung hinter dem gewünschten Ergebnis zurückbleibt, ist aufzuzeigen, mit welchen Mitteln Auftragnehmer die Ziele zukünftig erreichen wollen. Die Berichte bieten Auftraggebern die Chance, bei Fehlentwicklungen rechtzeitig gegenzusteuern. Die Zielerreichung kann mit Anreizen oder Sanktionen verbunden sein (z.B. managementbedingte Einsparungen können anteilig beim Auftragnehmer verbleiben, managementbedingte Verluste werden auf neue Rechnung »vorgetragen«. Folglich wird das Budget des kommenden Jahres damit belastet). Der von der → Kommunale Gemeinschaftsstelle für Verwaltungsmanagement (KGSt) geprägte Begriff des K. wird auch als »Strategisches Management« bezeichnet. Kontrakte können ebenso zwischen a) Vorgesetzen und Mitarbeiter/innen, b) als Leistungsvereinbarungen zwischen der öffentlichen Hand und → freien Trägern, c) zur Schaffung von Arbeitsbündnissen zwischen Klienten und Sozialarbeiter/innen, geschlossen werden. Kontrakte zwischen Vorgesetzten und Mitarbeiter/innen werden als → Zielvereinbarung bezeichnet. Diese kann bei der Leistungsorientierten Bezahlung nach dem TVöD zu Prämien führen.

*Jürgen Berenfänger*

**Kontrolle, soziale** → Soziale Kontrolle

**Konzeptentwicklung** beschreibt den Prozess zur Erarbeitung verbindlicher Ziele und Maßnahmen einer → Organisation auf Grundlage ihres → Leitbildes bzw. deren Grundsatzziele. Im Ergebnis entstehen Konzepte wie z.B. Verbandskonzepte, → Führungskonzepte, Einrichtungskonzepte, Fachkonzepte, Leistungsbeschreibungen, in denen der Weg und Mitteleinsatz zur Realisierung der Organisationsziele beschrieben wird. Ziele ermöglichen die Evaluation und sind eine wesentliche Voraussetzung für die wirkungsorientierte Steuerung. Konzeptbasiertes Arbeiten ist eine Grundlage professioneller Sozialer Arbeit. Konzepte dienen der Selbstdarstellung und → Öffentlichkeitsarbeit einer Organisation, in dem das Profil definiert wird und die Organisation sich gegenüber ihrer Umwelt als System abgrenzt. In sozialen Organisationen wird K. häufig als Beteiligungsverfahren gestaltet. Darüber fließen die in der Organisation vorhandenen Kompetenzen, Erfahrungen und fachlichen → Ressourcen in den Entwicklungsprozess ein. Beteiligung kann die Motivation der Mitarbeitenden unterstützen, sich für die Weiterentwicklung der Organisation, deren Angebote und Leistungsprozesse und zu engagieren. K. ist ein Bestandteil der → Organisationsentwicklung, in der die Wirksamkeit, die Zielerreichung und die → Wirtschaftlichkeit der Organisation vor dem Hintergrund der verschiedenen Konzepte evaluiert werden. Die Verantwortung für den Prozess liegt bei der verantwortlichen Führungskraft. Als Struktur für den K.-prozess wird der Problemlösezyklus bezogen auf die betreffende Organisation/ Organisationseinheit angewendet. Der Prozess beginnt mit der Situationsanalyse. Sie dient dazu, die Situation aus verschiedenen Perspektiven (Zielgruppen, Umfeldentwicklung, fachliche Entwicklungen, Bedarfsanalysen, SWOT-Analyse usw.) zu betrachten und die Position der Organisation zu bestimmen. Darauf folgt die Darstellung von Handlungsnotwendigkeiten und Optionen für die Organisation und deren Leistungen. Die Erkenntnisse sind Vorbereitung für den zweiten Schritt, die Zielformulierung. Es werden beobachtbare und messbare Ziele formuliert, die Grundlage für die Konzeptevaluation sind. Zielbereiche sind: Ziele aus Sicht der Zielgruppen, Fachziele, Wirkungsziele usw. Mögliche Zielkonflikte sind in dieser Phase zu berücksichtigen und frühzeitig zu klären. Es folgt die Lösungssuche. Unterstützt von Kreativitätstechniken (→ Metaplan, → Brainstorming, Mind Map usw.) werden Möglichkeiten erarbeitet, die formulierten Ziele zu erreichen. Diesem Schritt folgt die *Bewertung* der Möglichkeiten. Die Bewertung kann durch Anwendung von Analyseverfahren (Nutzwertanalyse, → Wirkungsanalyse, Prozessanalyse usw.) unterstützt werden. Das Ergebnis sind nachvollziehbare Vorschläge für das weitere Vorgehen bzw. die Konzepteinführung. Der folgende Schritt ist die Umsetzung. In diesem Schritt geht es um die Darstellung der erforderlichen Maßnahmen verbunden mit den erforderlichen Ressourcen.

Am Ende steht die Konzeptevaluation. Hier wird festgehalten, anhand welcher Messgrößen oder Indikatoren die Zielerreichung überprüft wird. Die Evaluationsergebnisse sind Ausgangspunkt für die Fortsetzung der K.

*Klaus Titz*

**Konzession** (lat. concessio = Zugeständnis) Amtssprachlich ist die K. die befristete behördliche Genehmigung zur Ausübung eines erlaubnispflichtigen Gewerbes (bspw. Erlaubnis zum Alkoholausschank). Nach Europarecht unterliegt die Erteilung einer K. wie der → öffentliche Auftrag dem → Vergaberecht, wenn die öffentliche Verwaltung sich auf diesem Weg Leistungen am Markt beschafft in einer Weise, die geeignet ist, den freien Wettbewerb zu beeinträchtigen (→ Wettbewerbsrecht). Vergaberechtlich ist die K. daher definiert als entgeltlicher → Vertrag, mit dem ein K.geber einen oder mehrere Unternehmer auswählt und mit Leistungen betraut. Als Gegenleistung darf der Unternehmer die Leistung auf eigenes wirtschaftliches Risiko nutzen und verwerten und erhält ggf. zusätzlich einen Geldbetrag (bspw. Bau und Betrieb eines Flughafens). Die potenzielle Gefahr für den Wettbewerb liegt in der Auswahl bestimmter Unternehmen, welche andere Wirtschaftsteilnehmer von der Leistungserbringung und der damit verbundenen Gewinnchance ausschließt. Der Begriff des K.gebers ist im Wesentlichen mit dem des öffentlichen Auftraggebers identisch. K., die keine Bau-K. sind, sind Dienstleistungs-K. Dienstleistungs-K. unterliegen dem deutschen Vergaberecht erst seit dessen Reform im Jahr 2016. Der derzeitige europarechtliche Schwellenwert für K. beträgt 5.186.000 Euro. Die K.vergabe ist für den sozialen Bereich in Deutschland ohne Bedeutung.

*Anuschka Novakovic*

**Kooperation** bezeichnet R. Sennett zufolge die »handwerkliche Kunst«, »einander zu verstehen und aufeinander zu reagieren, um gemeinsames Handeln zu ermöglichen« (Sennett 2012, 10) und um etwas zu schaffen, das allein nicht zu bewerkstelligen ist (siehe auch → interdisziplinäre K.). Der Begriff beschreibt somit die interaktive – und neuerdings auch virtuelle – Organisation der Erstellung von Leistungen in Arbeitsteilung. Sie erfolgt über die → Koordination der zugrunde liegenden Aktivitäten und setzt das Vorhandensein der erforderlichen → Ressourcen voraus. Die intersubjektiv geregelte K. zwischen Menschen bildet den anthropologischen Kern von sozialen → Institutionen und → Organisationen. Es geht um den wechselseitigen Austausch zwischen den beteiligten Akteur/innen, der auf Dauer angelegt zu Standardisierung, Formalisierung und Institutionalisierung führt.

Zum gegensätzlichen Begriff der Konkurrenz besteht eine Beziehung, denn K. kann kompetitiv (»Koopkurrenz«) sein. Neben der internen (innerbetrieblichen) K. durch Arbeitsteilung (Mikroperspektive), die zunehmend weniger in strengen Hierarchien, sondern vermehrt in Teamstrukturen erfolgt, ist die externe (zwischenbetriebliche) Zusammenarbeit – immer häufiger in Netzstrukturen – zu nennen (Mesoperspektive). Zu unterscheiden ist eine K., die der Erstellung eines Produktes oder einer Dienstleistung dient, von derjenigen, die keine verwertbaren Leistungen erstellt, sondern Interessen der Partner bündelt. Sie beruht entweder auf implizit-stillschweigenden (informellen) oder explizit-vertraglichen (formellen) Vereinbarungen zwischen rechtlich selbstständigen Akteur/innen. K. lässt sich u.a. nach folgenden Kriterien weiter differenzieren: Die Richtung kann horizontal, vertikal oder diagonal verlaufen. Sie kann unterschiedliche Intensität sowohl im Hinblick auf den Zeithorizont (langfristig, kurzfristig) als auch den Formalisierungsgrad (Art und Weise der Verknüpfung von Funktionen und der Vereinbarungen) annehmen. Auch kann die Anzahl der K.-Partner variieren.

In der Sozialen Arbeit hat die Bedeutung der K. unter Organisationen bzw. Akteur/innen zugenommen; folgende Formen sind besonders hervorzuheben: (1) »Lokales Politiknetzwerk« als Politikverflechtung zwischen staatlichen Instanzen, öffentlichen → Einrichtungen und Interessengruppen, getragen von machtstarken Repräsentant/innen. Die Beziehungszusammenhänge sind thematisch nach Politiksektoren begrenzt (z.B. Jugendhilfe, Soziales, Gesundheit, → Stadtentwicklung etc.), funktionieren als Verhandlungssystem und koordinieren sich selbst. (2) »Strategische Allianz« als K. von sozial-wirtschaftlichen Unternehmen (→ soziales Unternehmertum) in unterschiedlicher Trägerschaft. Potenzielle Wettbewerber arbeiten in einer horizontalen Arbeitsgemeinschaft zusammen, um sich gemeinsame Wettbewerbsvorteile zu verschaffen. Die K. wird in vertraglicher Form abgesichert. (3) »Sozialräumliches oder Fachliches Kontraktnetzwerk« als vertikale Form der K. zwischen dem kommunalen Auftraggeber auf der strategischen Ebene (Amt/Fachbereich) und sozial-wirtschaftlichen Unternehmen bzw. Trägern, die auf der operativen Ebene die vertraglich vereinbarten Dienstleistungen in (längerfristigen) Partnerschaften konzertiert erbringen. Teilweise wird der institutionelle Einbettungskontext von besonderen Agenturen – z.B. → Quartiersmanagement/Sozialraumkoordination – zur Herstellung stabiler Vertrauensbeziehungen (zwischen potenziellen Konkurrenten) moderiert. (4) »Projektnetzwerk« als zeitlich befristete Realisierung eines komplexen Vorhabens. Die Zusammenarbeit erfolgt überwiegend in heterarchischer Form mit weichen Steuerungsmedien. Es ist aber auch die hierarchische Form möglich, bei der eine fokale Koordination über harte Medien wie Verträge steuert.

Die K. zwischen Organisationen und Akteur/innen wird in verschiedenen rechtlichen Rahmenbedingungen zur Voraussetzung erhoben und gilt als → Qualitätsstandard: (a) Bei der → Grundsicherung für Arbeitsuchende (SGB II) soll die → Agentur für Arbeit darauf hinwirken, dass bei der Erbringung von Leistungen zur Eingliederung mit den Beteiligten des örtlichen → Arbeitsmarktes (Gemeinden, Kreise/Bezirke, Träger der → freien Wohlfahrtspflege, Arbeitgeber, Arbeitnehmer, Kammern, berufsständische Organisationen) zusammengearbeitet wird (§ 18 SGB II) und dass mit den örtlich zuständigen → Trägern der Sozialhilfe K.-Vereinbarungen abgeschlossen und umgesetzt werden. (b) In der → Kinder- und Jugendhilfe ist die öffentliche Jugendhilfe zur Zusammenarbeit mit der freien Jugendhilfe (§ 4 SGB VIII) und zur Bildung von Arbeitsgemeinschaften aufgerufen, in denen die anerkannten → freien Träger der Jugendhilfe sowie die Träger geförderter Maßnahmen vertreten sind (§ 78 SGB VIII), um geplante Aktivitäten aufeinander abzustimmen und sich gegenseitig zu ergänzen. § 81 SGB VIII formuliert explizit, dass die → öffentlichen Träger der Jugendhilfe mit anderen Stellen und öffentlichen Einrichtungen zusammenarbeiten sollen, deren Tätigkeit sich auf die Lebenssituation junger Menschen und ihrer Familien auswirkt (insbesondere Schulen, Schulverwaltung, Einrichtungen/Stellen der beruflichen Aus- und Weiterbildung, des öffentlichen Gesundheitsdienstes, der Bundesanstalt für Arbeit, Träger anderer Sozialleistungen, Gewerbeaufsicht, Polizei-, Justiz- und Ordnungsbehörden, Einrichtungen der Aus- und Weiterbildung für Fachkräfte und der Forschung). (c) Nach dem SGB XII sollen die → Träger der Sozialhilfe mit anderen Stellen zusammenarbeiten (§ 4 SGB XII), insbesondere mit Kirchen und Religionsgesellschaften des öffentlichen Rechts sowie mit Verbänden der → freien Wohlfahrtspflege (§ 5 SGB XII).

K. ist insgesamt darauf gerichtet, dass sich die Tätigkeit der öffentlichen Träger und der freien Wohlfahrtspflege zum Wohle der → Leistungsberechtigten wirksam ergänzen. Ein Beispiel ist die Zusammenarbeit zwischen Jugendhilfe und Schule: Personelle, räumliche, finanzielle Ressourcen werden zusammengelegt, Kompetenzen und Zugänge zu den → Adressat/innen verbunden. In der K. öffnen sich beide Bereiche sozialräumlich, orientieren sich an den → Lebenswelten und formen gemeinsam die → Bildungslandschaft im Stadtteil bzw. in der Gemeinde.

*Lit.* Müller-Jentsch, W.: Organisationssoziologie, Frankfurt a.M. u.a. 2003; Schubert, H. (Hrsg.): Netzwerkmanagement. Koordination von professionellen Vernetzungen – Grundlagen und Praxisbeispiele, Wiesbaden 2008; Schubert, H.: Planung, Steuerung und Qualitätsentwicklung in Netzwerken Frühe Hilfen, Köln 2015, www.fruehehilfen.de/bundesinitiative-fruehe-hilfen/transfer/impulse-zur-netzwerkarbeit-fruehe-hilfen/prof-dr-dr-herbert-schubert/ (1.4.2016); Sennet, R.: Zusammenarbeit – Was unsere Gesellschaft zusammenhält, Berlin 2012.

*Herbert Schubert*

**Koordination** → Soziale Dienstleistungen werden in Arbeitsteilung erbracht, was eine (intra- und/oder interorganisationale) K. der Aufteilung von Aktivitäten im Prozess der Leistungserstellung zwischen den Beteiligten erfordert. Zur zielgemäßen Erstellung des materiellen oder immateriellen Produkts muss das Zusammenwirken der Beteiligten planmäßig aufeinander abgestimmt werden. K. bedeutet dabei die zeitliche, vertikale, horizontale und sachliche Verknüpfung von Teilen zu dem systemaren Ganzen eines Prozesses. Markt und → Organisation gelten als grundlegende K.-Systeme. Angebot und Nachfrage sind im Bereich sozialer Dienstleistungen als K.-Mechanismen nicht geeignet; deshalb erfolgt K. v.a. im Rahmen von Organisation. Die Integrationsfunktion von K. gilt als eine Hauptdimension der formalen Organisationsstruktur. Die horizontale K. dient der Abstimmung zwischen einzelnen Funktionsbereichen bzw. strategischen Geschäftseinheiten gleicher Hierarchiestufe. Unter vertikaler K. werden Auftragsverhältnisse oder Vereinbarungen zwischen hierarchisch angeordneten Kontrollinstanzen abgewickelt. Aneinander anschließende → Kommunikation ist bei beiden die Schlüsseloperation.

Als strukturelle K.-Instrumente kommen in hierarchischen Organisationen persönliche → Weisungen der Führung, in monozentralen Netzen Vereinbarungen mit dem Fokalakteur und in polyzentralen Netzwerkkooperationen die (gegenseitige) Selbstabstimmung zur Anwendung. Dabei werden voneinander unabhängige Handlungen in Richtung auf ein Ziel in Beziehung gesetzt und durch → Kooperation miteinander verzahnt. Weitere K.-Instrumente sind Programme (auch Verfahrensrichtlinien, Handbücher), informelle Regelsysteme der Organisationskultur und Pläne als zielorientierte Vorgaben für definierte Perioden. Als K.stellen in sozialen Handlungsfeldern spielen Planungsinstanzen eine wichtige Rolle (→ Sozialplanung, → Jugendhilfeplanung). In einer strategisch-planenden Perspektive stellt K. eine vorausschauende A-priori-Abstimmung, in einer operativen Perspektive eine fluide Abstimmung während des Leistungsprozesses und in einer evaluativ bewertenden Perspektive eine Reaktion auf eingetretene Störungen dar.

Im Rahmen der → Verwaltungsmodernisierung wurden Entscheidungskompetenzen an untergeordnete bzw. dezentrale Einheiten übertragen. Damit steigt der K.aufwand, um nach übergeordneten Zielen steuern zu können. Das → Controlling unterstützt die Führung durch »Sekundärk.«, weil es kontinuierlich Messungen durchführt und damit Informationen bereitstellt, die eine verbesserte K. der Teilsysteme durch K.-Instanzen ermöglicht. Die Analyse und Lösung von K.- und Steuerungsproblemen in den Handlungsphasen des Planens, der Kontrolle, der Informationsverarbeitung im Rahmen der Personalführung sowie der Organisationssteuerung ist eine Voraussetzung für eine erfolgreiche K. der Einzelaktivitäten und das Erreichen der Ziele. Zu koordinieren sind Sachziele wie Kundenzufriedenheit, Dienstleistungsqualität oder Dienstleistungsoutput (Erwartungen des Sozialmarkts), Formalziele wie effiziente Ressourcenbewirtschaftung oder Rentabilität (Anforderungen der Stakeholder im Umfeld) und Sozialziele wie Zufriedenheit der Mitarbeiter/innen oder Kooperation in Teams (Anforderungen der Personalmärkte). »Vernetzung« erfordert ein hohes Maß an K. zwischen öffentlichen Einrichtungen und → freien Trägern. Zu nennen sind v.a. die K. lokaler Dienste und Akteure in dezentraler Fach- und Ressourcenverantwortung oder im → Sozialraum (vgl. z.B. → Quartiermanagement). Die Vernetzung der professionellen → Ressourcen von öffentlichen, sozialwirtschaftlichen und zivilgesellschaftlichen Akteuren (→ Zivilgesellschaft) gewinnt die Bedeutung einer Infrastruktur, die als Kollektivgut permanent verfügbar ist (Netzwerke als Kombination von Ressourcen, um Vorteile zu erzielen). Bei der Netzwerkk. sind zwei grundsätzliche Perspektiven zu differenzieren: Die Aufgaben können interorganisational die (kooperative oder kompetitive) Abstimmung und intraorganisational die Steuerung von Organisationen in Netzwerken betreffen. Bei der K. und Steuerung von Dienstleistungen und Produkten der Sozialen Arbeit durch die strategische Managementebene der Kommunalverwaltung werden verbindliche Kontrakte zur Umsetzung von Entwicklungs- und Handlungszielen in Sozialräumen oder in fachlichen Bereichen vereinbart. Bei der K. der Träger und Anbieter im Prozess der operativen Leistungserbringung spielen K.-Agenturen eine wichtige Rolle: Dies kann eine verknüpfende Stelle – wie z.B. die Jugendhilfe-/Sozialplanung – innerhalb der Stadtverwaltung sein. Auf der Ebene des Sozialraums vernetzt eine K.-Agentur – wie z.B. eine Koordinationsstelle – die lokalen Träger, Einrichtungen und zivilgesellschaftlichen Kräfte und gestaltet die inhaltlichen Abstimmungen. Um »Flaschenhals«-Effekte zu vermeiden, wird statt einer monozentrischen Fokussierung auf einen K.-Akteur die Bildung eines K.-Kreises empfohlen, an dem Vermittlungsakteure aus den verschiedenen zu koordinierenden Feldern beteiligt sind.

K. erfordert ein konsequentes → Projektmanagement; dazu gehören v.a. die Instrumente: Zielformulierungen; Abstimmung von Arbeitsschritten und Meilensteinen für die Zielerreichung; Definition des operativen Managementprozesses durch die K.ebene (Sekundärprozess) und Abgrenzung der dezentral, von beteiligten Akteuren selbst verantworteten Aktivitäten (Primärprozess); Kooperations-, Ziel- und Ergebnisvereinbarungen mit den Akteuren auf der Umsetzungs- und Arbeitsebene der Projekt- bzw. Kontraktnetze; → Berichtswesen auf der Grundlage von Indikatoren zur Dokumentation des Outputs und der Zielerreichung (Outcome); → Evaluation.

*Lit.* Kieser, A./Walgenbach, P.: Organisation, 6. Aufl., Stuttgart 2010; Müller-Jentsch, W.: Organisationssoziologie, Frankfurt a.M. u.a. 2003; Schubert, H. (Hrsg.): Netzwerkmanagement. Koordination von professionellen Vernetzungen – Grundlagen und Praxisbeispiele, Wiesbaden 2008.

*Herbert Schubert*

**Kopenhagenprozess** → Studium der Sozialen Arbeit

**Körperbehinderte Menschen** sind infolge einer Schädigung des Stütz- und Bewegungsapparates oder einer → chronischen Krankheit in ihrer Bewegungsfähigkeit dauernd eingeschränkt. Körperbehinderungen treten in einer Vielzahl von Erscheinungsformen auf. Ihre häufigsten sind: Schädigungen des Zentralen Nervensystems durch erworbene Querschnittlähmung, cerebrale Bewegungsstörungen (Spastik, Athetose, Ataxie), Multiple Sklerose, Spaltbildungen des Rumpfes (Spina bifida, Polyomyelitis), Parkinsonerkrankungen, Schädigungen des Skelettsystems durch Rückgratverkrümmungen (Skoliosen, Lordosen, Kyphosen), Osteogenesis imperfecta (Glasknochenkrankheit), Gelenkfehlstellungen (Luxationen), Fehlbildungen des Skelettsystems durch Amelien, Dysmelien, Spaltbildungen von Hand oder Fuß, Amputationen (durch Unfallschäden, Tumore, Gefäßerkrankungen), Muskelerkrankungen (Muskelatrophie, Muskeldystrophie) oder entzündliche Erkrankungen der Knochen und Gelenke. Hinzu treten Verschleiß- und Abnutzungserkrankungen. Diese degenerativen Erkrankungen des Stütz- und Bewegungsapparates (z.B. Arthrose und Bandscheibenschäden) führen im Erwachsenenalter in einer großen Zahl zu Körperbehinderungen.

Laut Statistischem Bundesamt gehörten 2013 62% von 7,5 Mio. → schwerbehinderten Menschen zu der beschriebenen Personengruppe, mehr als die Hälfte ist im nichterwerbsfähigen Alter. Das Spektrum der Körperbehinderungen hat sich erheblich gewandelt. In früheren Jahren standen Kriegsfolgen, die Folgen der Kinderlähmung und chronische Tuberkuloseerkrankungen an erster Stelle. Neben den degenerativen Erkrankungen sind es heute die angeborenen bzw. früh erworbenen Schäden des Zentralnervensystems sowie Unfallfolgen. Während die Körpermotorik i.d.R. beeinträchtigt ist, kommen bei Menschen mit Körperbehinderungen alle individuellen Ausprägungen menschlicher Leistungs- und Verhaltensweisen vor. Innerhalb dieser Personengruppe gibt es deshalb die ganze Bandbreite der gesellschaftlichen und beruflichen → Teilhabe und → Rehabilitation. Die Erlangung und Ausübung hochqualifizierter Berufe ist ebenso möglich wie der unfreiwillige Verzicht auf Erwerbsarbeit. Die Teilhabemöglichkeiten körperbehinderter Menschen hängen von der Bereitstellung kompensatorischer Leistungen, einer weitestgehend barrierefreien Umweltgestaltung, dem barrierefreien Zugang zu den Ressourcen der Gesellschaft und ihrer Integrationsbereitschaft ab (→ Barrierefreiheit). Ein weiterer Wandel besteht in der Zunahme der → mehrfachbehinderten Menschen. Der Personenkreis der Menschen mit Mehrfachbehinderung ist oftmals nicht nur einer Behinderungsart zuzuordnen. Gerade diese Entwicklung stellt hohe Anforderungen an die → medizinische, → schulische, berufliche und soziale Rehabilitation von Menschen mit Körperbehinderungen.

*Norbert Müller-Fehling*

**Körperersatzstücke** → Hilfsmittel

**Korrelation** → Statistische Grundlagen der Sozialen Arbeit

**Kostenbeitrag** wird für Leistungen der → Kinder- und Jugendhilfe im Rahmen der → Kostenbeteiligung verlangt. In der → Sozialhilfe ist der K. vom → Aufwendungsersatz zu unterscheiden. Für die in § 92 Abs. 2 SGB XII aufgeführten Leistungen der → Eingliederungshilfe für behinderte Menschen wird in der → Sozialhilfe K. – begrenzt auf die Kosten des Lebensunterhalts – verlangt. Außerdem kann ein K. verlangt werden, wenn der → Träger der Sozialhilfe nach § 27 Abs. 3 SGB XII einer im Übrigen nicht bedürftigen Person, die jedoch einzelne für ihren Lebensunterhalt erforderliche Tätigkeiten nicht verrichten kann, im Wege des → Ermessens insoweit, z.B. durch eine Haushaltshilfe, → Sachleistungen erbringt bzw. erbringen lässt. Als öffentlich-rechtlicher Anspruch wird ein K. durch → Leistungsbescheid (Heranziehungsbescheid) geltend gemacht.

*Gottfried Eichhoff*

**Kostenbeteiligung** umfasst §§ 90–97 c SGB VIII und meint die Beteiligung der Hilfeempfänger/innen an den Kosten, die der öffentliche → Jugendhilfeträger aufgewendet hat. Die K. ist in zwei Varianten vorgesehen: der pauschalierten K. und den individualisierten Kostenbeiträgen: (1) In § 90 SGB VIII ist die pauschalierte K. geregelt. Für die Inanspruchnahme der hier ausdrücklich benannten Angebote der öffentlichen Jugendhilfe ist ein Kostenbeitrag zu entrichten, der unabhängig vom Einzelfall für die Inanspruchnahme im Voraus einseitig festgesetzt wurde. Der größte Anwendungsbereich ist die → Kindertagesbetreuung, für die eine Staffelung der zu zahlenden Kostenbeiträge nach objektiven Kriterien wie → Einkommen, Kinderzahl und täglicher Betreuungszeit vorgesehen ist, modifiziert nach dem jeweiligen Landesrecht und den Vorgaben der Kommune. Der Kostenbeitrag kann ganz oder teilweise erlassen werden, insbesondere wenn die finanzielle Belastung für die Familie unzumutbar wäre. Verlangen andere Anbieter, also v.a. → freie Träger, Teilnahmebeiträge, können diese vom → Jugendamt entsprechend ganz oder teilweise übernommen werden. (2) Die §§ 91 ff. SGB VIII regeln die Heranziehung zu den Kosten für vollstationäre und teilstationäre Leistungen sowie vorläufige Maßnahmen durch Erhebung eines Kostenbeitrags, der durch → Leistungsbescheid festgesetzt wird. Zuvor muss eine Mitteilung erfolgen. Das Jugendamt trifft eine Vorleistungspflicht trifft: Zunächst wird auf seine Kosten eine Leistung gewährt oder eine → Inobhutnahme durchgeführt – unabhängig von einer K.

Zu den Kosten können gem. § 92 SGB VIII grundsätzlich der junge Mensch und seine Eltern, → Leistungsberechtigte nach § 19 SGB VIII sowie Ehegatten oder Lebenspartner des jungen Menschen oder Leistungsberechtigten nach § 19 SGB VIII herangezogen werden. Von der Heranziehung zu den Kosten kann im Einzelfall abgesehen werden, wenn die Kostenheranziehung Ziel und Zweck der Hilfe gefährden würde oder eine unzumutbare Härte bedeuten würde. Für die Berechnung des Kostenbeitrags ist das jeweilige Einkommen, für junge Volljährige und volljährige Leistungsberechtigte nach § 19 SGB VIII auch deren → Vermögen maßgeblich. Die Vorgaben für die Berechnung des Einkommens finden sich in § 93 SGB VIII; § 94 SGB VIII bestimmt den Umfang der Heranziehung. Seit Inkrafttreten des Kinder- und Jugendhilfeverwaltungsvereinfachungsgesetzes (KJVVG) sind jeweils die Durchschnittseinnahmen und -ausgaben des Vorjahres maßgeblich. Ist das Einkommen zu gering, wie etwa bei Bezug von → Arbeitslosengeld II, muss außer dem einkommensunabhängigen Kostenbeitrag in Höhe des bezogenen → Kindergeldes kein weiterer Kostenbeitrag gezahlt werden. Die Festsetzung der Kostenbeiträge für Eltern, Ehegatten und Lebenspartner erfolgt durch nach Einkommensgruppen gestaffelte Pauschalbeträge in der Kostenbeitragsverordnung des zuständigen Bundesministeriums, junge Menschen und Leistungsberechtigte nach § 19 SGB VIII müssen grundsätzlich 75% ihres Einkommens zahlen.

*Diana Eschelbach*

**Kostenersatz** im Rahmen des Sozialhilferechts bedeutet, dass erhaltene Leistungen zurückzuzahlen sind. Der K. ist in §§ 102 bis 105 SGB XII geregelt und zu unterscheiden vom → Kostenbeitrag, vom → Aufwendungsersatz und von der → Kostenerstattung. Das SGB XII sieht den durch → Leistungsbescheid geltend zu machenden K. bei vier Tatbeständen vor:

(1) Bei dem K. durch Erb/innen (§ 102 SGB XII) handelt es sich um eine eigenständige → Haftung der Erb/innen. Nach dem Tod einer leistungsberechtigten Person oder ihres/ihrer vorverstorbenen Ehegatt/in oder Lebenspartner/in haftet der/die Erb/in mit dem Wert des zum Zeitpunkt des Erbfalls vorhandenen Nachlasses grundsätzlich für die Kosten der → Sozialhilfe, die innerhalb eines Zeitraumes von zehn Jahren vor dem Erbfall entstanden sind und die den vom Grundbetrag des § 85 Abs. 1 SGB XII abgeleiteten Freibetrag (sechsfacher Eckregelsatz, → Regelbedarf) übersteigen. Nicht zu ersetzen sind die Leistungen nach dem 4. Kapitel des SGB XII (→ Grundsicherung im Alter und bei Erwerbsminderung). Von der Ersatzpflicht des/der Erb/in, Ehegatt/in oder Lebenspartner/in der leistungsberechtigten Person sind die Kosten der Sozialhilfe ausgenommen, die während des Getrenntlebens der Ehegatten oder Lebenspartner entstanden sind. Zum Nachlass gehört das gesamte hinterlassene → Vermögen, auch solches, das während der Hilfegewährung nach § 90 Abs. 2 SGB XII als sog. Schonvermögen (z.B. angemessenes Hausgrundstück) nicht einzusetzen war. Vom einzusetzenden Nachlass ist ein Freibetrag in Höhe des sechsfachen Eckregelsatzes freizulassen; dieser Freibetrag erhöht sich auf 15.340 Euro, wenn der/die Erb/in Ehegatte oder Lebenspartner der leistungsberechtigten Person ist oder mit dieser verwandt ist und nicht nur vorübergehend bis zum Tod der leistungsberechtigten Person mit dieser in häuslicher Gemeinschaft gelebt und sie gepflegt hat. Soweit die Inanspruchnahme des Erben/der Erbin nach der Besonderheit des Einzelfalles eine besondere Härte bedeuten würde, ist vom K. abzusehen.

(2) Hat eine volljährige Person die Voraussetzungen dafür, dass die Leistungen der Sozialhilfe an sie selbst oder andere (rechtmäßig) erbracht worden sind, durch vorsätzliches oder grob fahrlässiges Verhalten herbeigeführt, ist sie grundsätzlich – unabhängig von ihren → Einkommens- und Vermögensverhältnissen – zum K. verpflichtet (§ 103 SGB XII). Vom K. kann abgesehen werden, soweit er eine Härte bedeuten würde; der K. kann nur verlangt werden, wenn noch keine drei Jahre seit dem Ablauf des Jahres vergangen sind, in dem die Leistung erbracht worden ist.

(3) Für zu Unrecht erbrachte Sozialhilfeleistungen ist – unabhängig von einem Erstattungsanspruch nach §§ 45, 50 SGB X – zum K. verpflichtet, wer die Leistungen durch vorsätzliches oder grob fahrlässiges Verhalten herbeigeführt hat (§ 104 SGB XII); die unter (2) angeführten Einschränkungen gelten entsprechend.

(4) Hat ein vorrangig verpflichteter Leistungsträger in Unkenntnis der Leistung des → Trägers der Sozialhilfe an die leistungsberechtigte Person geleistet, ist diese Person gegenüber dem Träger der Sozialhilfe in Höhe des Erlangten zum K. verpflichtet (§ 105 SGB XII).

*Gottfried Eichhoff*

**Kostenerstattung** ist eine Art Finanzausgleich, der im → Sozialrecht zwischen den Trägern von → Sozialleistungen auf Grundlage der örtlichen und sachlichen → Zuständigkeit stattfindet. Seit den Anfängen der öffentlichen → Fürsorge gab es in gewisser Hinsicht eine K., sei es, dass Auswärtigen Armenhilfe, wenn überhaupt, nur nach dem Heimatrecht gewährt wurde oder dass (ab 1842) der Unterstützungswohnsitz für die Zuständigkeit der Orts- und Landarmenverbände maßgebend war (→ Geschichte der Sozialen Arbeit). Eine echte K. ist erst durch die Reichsfürsorgepflichtverordnung (RFV) vom 13.2.1924 und die Einführung der vorläufigen Fürsorgepflicht nach dem Aufenthaltsprinzip begründet worden. Maßgebend war dabei – wie weitgehend heute noch – der gewöhnliche → Aufenthalt des/der Hilfeempfänger/in. In den Jahren 1939 bis 1944 ergingen dann mehrere Verordnungen, die der Verfahrensvereinfachung bei der K. dienten. Aber v.a. waren es Vereinbarungen der Fürsorgeverbände untereinander (Wiesbadener Vereinbarung vom 11.1.1932, Hamburger Vereinbarung vom 15.11.1942, Fürsorgerechtsvereinbarung vom 18.9.1947 und 3.5.1949), durch die die K. weitgehend eingeschränkt wurde. Diese Entwicklung hat 1962 durch das Bundessozialhilfegesetz (BSHG) und seit 2005 im SGB XII (→ Sozialhilfe) eine Fortsetzung gefunden. Da das SGB XII und v.a. das SGB VIII (→ Kinder- und Jugendhilfegesetz) hinsichtlich der örtlichen Zuständigkeit vielfach vom tatsächlichen → Aufenthalt und nicht vom gewöhnlichen Aufenthalt der → Leistungsberechtigten ausgehen, kann auf Regelungen zur K. nach wie vor nicht vollkommen verzichtet werden, weil sich ansonsten eine unbillige finanzielle Belastung einzelner Träger – v.a. solcher, in deren Bereich sich Anstalten, Heime oder gleichartige → Einrichtungen befinden – ergeben würde.

Das SGB XII sieht eine K. nur noch für folgende Tatbestände vor: bei einem Aufenthalt in Einrichtungen, bei Bedürftigkeit in der für die Einrichtung geltenden Zuständigkeit nach Verlassen der Einrichtung, bei Unterbringung eines Kindes oder Jugendlichen in einer anderen Familie (§§ 106, 107 SGB XII) sowie bei Zuzug einer Person aus dem Ausland (§ 108 SGB XII). Im Jugendhilferecht sind aufgrund der sehr differenzierten örtlichen Zuständigkeitsbestimmungen weit mehr Regelungen zur K. notwendig geworden (§§ 89 bis 89 e SGB VIII). Das SGB II (→ Grundsicherung für Arbeitsuchende) war zunächst ganz ohne Regelungen zur K. ausgekommen; seit 1.9.2005 gibt es eine Regelung zur K. bei Aufenthalt im → Frauenhaus (§ 36 a SGB II).

Zwischen den → Trägern der Sozialhilfe und der Jugendhilfe untereinander finden ergänzend sowie in deren Verhältnis zueinander und in ihrem Verhältnis zu anderen Leistungsträgern (z.B. → Krankenkassen, → Rentenversicherung) ausschließlich die Erstattungsansprüche (→ Kostenersatz) der §§ 102 ff. SGB X Anwendung. Für Kostenerstattungsstreitigkeiten ist im Jugendhilferecht der Verwaltungsrechtsweg und im Sozialhilferecht für seit 2005 entstandene Fälle der Sozialgerichtsweg gegeben; das frühere Schiedsverfahren auf Vereinbarungsweg nach der Fürsorgerechtsvereinbarung ist entfallen.

*Gottfried Eichhoff*

**Kosten-Nutzen-Analyse (KNA)** dient als Oberbegriff für verschiedene Verfahren zur Bewertung der Effizienz von Handlungsalternativen, insbesondere bei der Beurteilung von Investitionen und Projekten auf Unternehmensebene. Gesellschaftliche KNA werden bei der Bewertung der Wirkung von politischen Entscheidungen und von öffentlichen Ausgaben eingesetzt. Öffentliche Körperschaften sind im Vorfeld von Investitionsvorhaben gesetzlich zu Wirtschaftlichkeitsuntersuchungen solcher Art verpflichtet (§ 7 Bundeshaushaltsordnung).

KNA im engeren Sinn (Cost-Benefit-Analysis) bezeichnet ein Verfahren, das gesellschaftliche und volkwirtschaftliche Kosten und Nutzen einer Maßnahme in Geldgrößen darstellt. Es werden alle gegenwärtigen und diskontierten zukünftigen Effekte (bspw. noch einzulösende → Sozialleistungen, Instandhaltungen, Steuererträge) einbezogen, unabhängig davon, ob sie direkt oder indirekt entstehen und bei welchem Stakeholder sie anfallen.

Ziel des Verfahrens ist, politische Entscheidungen zu rationalisieren und anhand der ermittelten Netto-Erträge jene Handlungsalternative zu ermitteln, die für die Gesellschaft (1) am günstigsten ist oder (2) die größte Rendite verspricht. Im Unterschied zur → Kosten-Wirksamkeits-Analyse werden alle Größen in Geldeinheiten ausgedrückt (monetarisiert) und es werden auch Nutzen einbezogen, die nicht explizit der Erreichung zuvor definierter Maßnahmeziele zuzuordnen sind (externe Effekte).

In der Regel sind die volkswirtschaftlichen Zusammenhänge so komplex und die Prognostizierbarkeit ist so eingeschränkt, dass zahlreiche Annahmen zu treffen sind. Man bemüht sich daher um Transparenz und konservative Berechnungen zu klar abgegrenzten Zeiträumen. Häufig kommen Sensibilitätsanalysen zum Einsatz. Als Nachteil der KNA gilt, dass Kosten und Nutzen, die sich nicht monetarisieren lassen, unberücksichtigt bleiben.

Die KNA entstand in den 1950er- und 1960er-Jahren als Verfahren der Wohlfahrtsökonomik und diente, ganz in keynesianischem Sinne, der Begründung expansiver Fiskalpolitik. Sie wurde im Bereich öffentlicher Investitionsvorhaben und später in der Bemessung von Umwelteffekten eingesetzt. Mit der Einführung der Neuen Steuerung im öffentlichen Sektor in den 1990er-Jahren (→ Verwaltungsmodernisierung) entwickelte sich die KNA zunehmend zum Instrument zur Effizienzsteigerung sozialpolitischen Handelns (→ Sozialpolitik). In der → Gesundheitsökonomie sind KNA in verschiedenster Ausprägung stärker etabliert als in der → Sozialen Arbeit. Bekannt wurden seit 2000 einzelne KNA beispielsweise in den Bereichen → Heimerziehung, → frühe Hilfen, → Arbeitsförderung, Kindertagesbetreuung (→ Kindertageseinrichtungen) und berufliche Rehabilitation (→ Teilhabe am Arbeitsleben für Menschen mit Behinderung).

KNA wird immer häufiger eingesetzt, um → soziale Dienstleistungen oder Transferleistungen (→ soziale Transfers) als gesellschaftliche Investitionen ins Bewusstsein zu bringen (→ Social Return on Investment).

*Britta Wagner*

**Kosten- und Leistungsrechnung** Der Begriff steht für eine Kosten- und Erlösrechnung. Erlöse sind das wertmäßige Äquivalent für die Leistungen. Bei einer alleine auf Kosten bezogenen (wertmäßigen) Rechnung geht es um die zahlen- und mengenmäßig sowie zeitlich richtig abgegrenzte Ermittlung der Ausbringung von Gütern und Dienstleistungen. Dies stellt die Anwender in öffentlichen Verwaltungsbetrieben vor die Schwierigkeit der Abgrenzung der Kosten aus der kameralen Haushaltsstruktur, die sich alleine mit Ausgabenströmen befasst. Es handelt sich um eine organisationsinterne Rechnung mit einem kurzen (bis maximal einjährigen) Planungshorizont. Sie zielt als ein wesentliches Controllinginstrument (→ Controlling) auf die kurzfristige Planung, Steuerung und Kontrolle. Zur Erfüllung des Rechnungszwecks der Planung sind Informationen zu den Wirkungen von Entscheidungen bzw. Maßnahmen bereitzustellen. Kontrollen stellen sich als Zeit-, Betriebs- und Soll-Ist-Vergleiche anhand der geplanten Größen dar.

Die Kostenrechnung besteht aus einem dreiteiligen Abrechnungssystem: Die Kostenartenrechnung erfasst die angefallenen Kosten mengenmäßig und bewertet die Verbräuche und Zeiten. Diese Kosten werden auf einzelne Kostenträger (= erstellte Leistungseinheiten) weiterverrechnet, sofern dies direkt möglich ist (= Einzelkosten). Ist eine direkte Zurechnung von Kosten zu einem Kostenträger nicht möglich, behilft man sich mit einer zwischen der Kostenarten- und Kostenträgerrechnung geschalteten Kostenstellenrechnung. Diese erfasst Kosten am Ort der Kostenentstehung, der Kostenstelle. In einem mehrstufigen Prozess werden die nicht direkt auf einen Kostenträger zurechenbaren Kosten (= Gemeinkosten) auf die Kostenträger weiterverrechnet. Dies erfolgt aus Gründen der Vereinfachung und unter Inkaufnahme der damit verbundenen Ungenauigkeiten in der Kostenzurechnung durch Schlüsselungen. In der Kostenträgerrechnung wird ermittelt, für welche betriebliche Leistungen Kosten entstanden sind. Hier unterscheidet man eine Kostenträgerstückrechnung (= Kalkulation) und eine Kostenträgerzeitrechnung (= Erfolgsrechnung). Systeme der Kostenrechnung lassen sich nach dem Umfang der in Auswertungen einbezogenen Kosten in Voll- und Teilkostenrechnungen, gemäß der Art der Kosten in Ist-, Normal- und Plankostenrechnungen unterscheiden. Für öffentliche/soziale Unternehmungen empfiehlt es sich, auf vollkostenbezogene Systeme der Prozesskostenrechnung zurückzugreifen, um neben den Informationen zu (Abschnitten von) Leistungsprozessen diese auch mit zeitabhängigen Kostenwerten bewerten zu können.

Der Ablauf einer Leistungsrechnung ist von diesen Verfahrensweisen zu unterscheiden. Die Erlöse für erstellte Leistungen sind im Gegensatz zur Kostenrechnung direkt auf den Träger bezogen. Daher besteht die Leistungsrechnung nur aus einer Trägerrechnung. Bedeutsamkeit erlangt sie über die genannten Vergleiche und über die nach einer Summierung von Einzelleistungen erfolgende einheitliche Bewertung – vor allem in Prozessbetrachtungen.

*Hans-Christoph Reiss*

**Kostenvereinbarungen** → Vereinbarungen

**Kosten-Wirksamkeits-Analyse (KWA)** ist ein spezielles Verfahren vom Typ → Kosten-Nutzen-Analyse zur Beurteilung von Handlungsalternativen nach ihrer Effizienz, in dem Teile der klassischen Kosten-Nutzen-Analyse (Cost-Benefit-Analysis) mit Teilen der Nutzwert-Analyse verbunden werden.

Wie die genannten Instrumente ist die KWA (auch Cost-Effectiveness-Analysis) eine Bewertungsmethode für Maßnahmealternativen. Sie ermittelt den volkswirtschaftlichen Aufwand einer Maßnahme in Geldgrößen (Kosten) und stellt ihn den nichtmonetären und gewichteten Wirkungen (in natürlichen Einheiten, z.B. Abbruchquote, Beschäftigungsdauer, Dekubitusrisiko) gegenüber, die durch die Maßnahme erreicht werden. Im Gegensatz zur klassischen Kosten-Nutzen-Analyse werden die Wirkungen nicht in monetäre Größen übersetzt und nur jene Wirkungen betrachtet, die als Verwirklichung zuvor definierter Maßnahmeziele gelten können (Zielerreichungsgrad, Effektivität). Die Vergleichbarkeit von Maßnahmen mit unterschiedlichen Zieldimensionen ist daher eingeschränkt.

Ziel des Verfahrens ist, die Maßnahmealternative mit dem günstigsten Verhältnis von Aufwand und Wirkung zu identifizieren. Da beide Seiten aufgrund verschiedener Messgrößen nicht saldiert werden können, hält man i.d.R. eine Seite konstant und sucht (1) nach der günstigsten Maßnahme bei gleichem Zielerreichungsgrad oder (2) der wirksamsten Maßnahme bei gleichem Aufwand (Budgetbetrachtung).

Problematisch wird die Abhängigkeit der Ergebnisse von den Entscheidungen der

Beteiligten hinsichtlich der Zielgrößen, der Gewichtungen, der betrachteten Alternativen, der Randbedingungen und der Bewertungsmaßstäbe gesehen. Es treten außerdem alle methodischen Schwierigkeiten der → Wirkungsanalyse auf. Als Vorteile der KWA gelten der Zwang zur Zieldefinition, die ganzheitliche Betrachtung durch Berücksichtigung nichtmonetärer Größen sowie das getrennte Ausweisen stark objektivierter (Kosten) und beeinflussbarer Bestandteile (Wirkungen).

An die Stelle der Ergebnisverdichtung in Form von Netto-Erträgen (Kosten-Nutzen-Analyse) tritt das Kosten-Wirksamkeitsdiagramm (auch Kosten-Effektivitäts-Diagramm), das eine Maßnahme im Koordinatensystem hinsichtlich Wirksamkeit (x) und Kosten (y) verortet. Verfügbares Budget und politisch tolerierte bzw. gewünschte Kosten-Wirksamkeits-Verhältnisse definieren die für die Handlungsentscheidung relevanten Bereiche im Diagramm. Im Value-for-Money-Konzept wird die KWA verdichtet und die Wirkungseinheiten pro Kosteneinheit als Beurteilungsgröße eingeführt.

KWA finden auch außerhalb der → Sozialpolitik Verwendung. Aufgrund der großen Zeithorizonte, der Grenzen der Monetarisierbarkeit in der Folgenabschätzung und der Notwendigkeit, externe Effekte in die Entscheidungsfindung zu integrieren, wird die KWA in der Umwelt-, Energie-, Ressourcen-, Agrar-, Sicherheits- und Entwicklungshilfepolitik angewendet.

*Britta Wagner*

**Krabbelstube** → Kindertageseinrichtungen

**Krankenbehandlung** Ein Kernbereich der gesetzlichen → Krankenversicherung, wie sie im SGB V geregelt ist, sind die Leistungen bei → Krankheit, §§ 27 ff. SGB V. Welche Leistungen im Rahmen einer K. in Betracht kommen, wird in § 27 Abs. 1 S. 2 Nr. 1–6 SGB V abschließend aufgezählt und in den §§ 27 a ff. SGB V weiter konkretisiert. Danach gehören insbesondere die ärztliche und psychotherapeutische Behandlung, die zahnärztliche Behandlung einschließlich der Versorgung mit → Zahnersatz, die Versorgung mit Arznei-, Verband-, → Heil- und → Hilfsmitteln, → häuslicher Krankenpflege und Haushaltshilfe, die → Krankenhausbehandlung, medizinische und ergänzende Leistungen zur Rehabilitation (→ Medizinische Rehabilitation) sowie Belastungserprobung und Arbeitstherapie zur K. Versicherte haben allerdings gem. § 27 Abs. 1 S. 1 SGB V nur dann Anspruch auf eine K. aus dem genannten Katalog, wenn diese notwendig ist, um eine Krankheit zu erkennen, zu heilen, ihre Verschlimmerung zu verhüten oder Krankheitsbeschwerden zu lindern.

Zur K. gehört auch die → Palliativversorgung der Versicherten (§ 27 Abs. 1 S. 3 SGB V) sowie die Versorgung mit Hospizleistungen (vgl. §§ 37 v, 39 a, 39 b SGB V). Seit dem 1.1.2016 umfasst die K. zusätzlich Leistungen bei → Kurzzeitpflege für Versicherte, die (noch) nicht pflegebedürftig i.S. des SGB XI sind (§ 39 c SGB V).

Nach § 27 Abs. 1 S. 4 SGB V sind bei der K. die besonderen Bedürfnisse der → psychisch kranken Menschen zu berücksichtigen, insbesondere bei der Versorgung mit Heilmitteln und bei der medizinischen Rehabilitation. Das kann z.B. dadurch geschehen, dass Art und Umfang der K. den besonderen Verhältnissen angepasst werden. Nach § 27 Abs. 1 S. 5 SGB V gehören auch Leistungen zur Herstellung oder Wiederherstellung der Zeugungs- oder Empfängnisfähigkeit zu den Leistungen der K. Voraussetzung dafür ist, dass diese Fähigkeit nicht vorhanden war oder durch Krankheit oder wegen einer durch Krankheit erforderlichen Sterilisation verloren gegangen ist (vgl. § 27 a SGB V).

*Heike Hoffer*

**Krankengeld** ist Lohnausfallleistung der gesetzlichen → Krankenversicherung (§ 40 SGB V). Nach Ausschöpfen des Anspruchs auf → Entgeltfortzahlung nach dem Entgeltfortzahlungsgesetz besteht bei Vorliegen von → Arbeitsunfähigkeit aufgrund von → Krankheit für bestimmte Versicherte der gesetzlichen Krankenversicherung Anspruch auf K. K. auslösende Tatbestände sind zudem eine stationäre → Krankenhausbehandlung sowie ein stationärer Aufenthalt in einer Vorsorge- oder Rehabilitationseinrichtung zulasten der → Krankenkasse. Nach § 44 a SGB V besteht auch Anspruch auf K. für Spender von Organen, Geweben oder Blut zur Separation von Blutstammzellen, wenn diese aufgrund der Spende arbeitsunfähig sind. In diesem Fall erbringt die Krankenkasse des Empfängers der Spende das (in gewisser Hinsicht privilegierte) K.

Das K. nach § 40 SGB V beträgt grundsätzlich 70% des regelmäßig erzielten Arbeitseinkommens bis zur Beitragsbemessungsgrenze. K. wird regelmäßig ohne zeitliche Begrenzung gezahlt. Eine Einschränkung besteht für Arbeitsunfähigkeit wegen derselben Krankheit. Hier wird K. für längstens 78 Wochen innerhalb einer Rahmenfrist von drei Jahren gezahlt. Tritt in der Rahmenfrist eine weitere Krankheit zu derjenigen Krankheit hinzu, wegen der bereits Arbeitsunfähigkeit besteht, wird die Leistungsdauer nicht verlängert. Diese Regelung dient der

Abgrenzung zu anderen Sozialsystemen. Die gesetzliche Krankenversicherung soll nicht zum Ausgleich dauerhafter Einschränkungen der → Erwerbsfähigkeit herangezogen werden. Dies ist Aufgabe der gesetzlichen → Rentenversicherung.

Anspruch auf K. besteht nach § 45 SGB V ferner für Versicherte der gesetzlichen Krankenversicherung, wenn ihr Kind, das unter zwölf Jahre alt oder behindert und auf Hilfe angewiesen ist, erkrankt ist und sie deshalb der Arbeit fernbleiben. Die Krankheit des Kindes sowie das Erfordernis der Beaufsichtigung, Betreuung oder Pflege müssen durch ärztliches Gutachten belegt sein. Weiterhin darf keine weitere im Haushalt lebende Person vorhanden sein, die die erforderliche Pflege ebenfalls vornehmen könnte. Dieser Anspruch ist pro Kind auf zehn Kalendertage im Jahr, max. auf 25 Arbeitstage, beschränkt. Für → Alleinerziehende besteht der Anspruch pro Kind für 20 Tage im Jahr, max. für 50 Tage. Für die Pflege und Beaufsichtigung von Kindern, die ohne Heilungsaussicht fortgeschritten schwerwiegend erkrankt sind, bestehen keine zeitlichen Begrenzungen für den Anspruch auf K. Flankiert ist der Anspruch jeweils durch einen arbeitsrechtlichen Freistellungsanspruch gegen den Arbeitgeber. Einen Anspruch auf unbezahlte Freistellung bei Erkrankung des Kindes i.S. dieser Regelung haben auch Arbeitnehmer/innen, die gerade nicht Versicherte der gesetzlichen Krankenversicherung mit Anspruch auf K. sind.

*Katja Fahlbusch*

**Krankenhaus** K. sind nach dem Krankenhausfinanzierungsgesetz (§ 2 KHG) Einrichtungen, in denen durch ärztliche und pflegerische Hilfeleistungen → Krankheiten, Leiden oder Körperschäden festgestellt, geheilt oder gelindert werden sollen oder Geburtshilfe geleistet wird und in denen die zu versorgenden Personen untergebracht und verpflegt werden können. Der Sicherstellungauftrag für die Krankenhausversorgung liegt bei den Bundesländern. Durch Aufnahme in den Krankenhausplan eines Landes übernehmen die K. einen Versorgungsauftrag. Die Zahl der K. lag im Jahr 2013 nach der amtlichen Statistik (vgl. Statistisches Bundesamt, Fachserie 12, Reihe 6.1.1., 2013) bei insgesamt 1.996 Häusern (davon 596 öffentliche, 706 freigemeinnützige und 694 private Kliniken) mit rund 500.000 Betten und 1,2 Mio. Beschäftigten bzw. 850.099 Vollkräften (darunter 146.988 Ärzt/innen und 316.275 Pflegekräfte). Stationär behandelt wurden in diesem Jahr insgesamt 18,8 Mio. Patient/innen und die durchschnittliche Verweildauer im K. lag bei 7,5 Tagen. Eine Krankenhausbehandlung kann nach § 39 SGB V vollstationär, teilstationär, vor- und nachstationär (§ 115 a) sowie ambulant (§ 115 b) erbracht werden. Nach dem Gesetz haben Versicherte Anspruch auf vollstationäre Behandlung in einem zugelassenen K. (§ 108), wenn die Aufnahme nach Prüfung durch das K. erforderlich ist, weil das Behandlungsziel nicht durch teilstationäre, vor- und nachstationäre oder ambulante Behandlung einschließlich → häuslicher Krankenpflege erreicht werden kann. Ferner umfasst die Krankenhausbehandlung im Rahmen des Versorgungsauftrags des K. alle Leistungen, die im Einzelfall nach Art und Schwere der Krankheit für die medizinische Versorgung der Versicherten im K. notwendig sind, insbesondere ärztliche Behandlung (§ 28 Abs. 1), Krankenpflege, Versorgung mit Arznei-, → Heil- und → Hilfsmitteln, Unterkunft und Verpflegung; die akutstationäre Behandlung umfasst auch die im Einzelfall erforderlichen und zum frühestmöglichen Zeitpunkt einsetzenden Leistungen zur Frührehabilitation. Zur Qualitätssicherung gibt der → Gemeinsame Bundesausschuss (§ 91 SGB V) Maßnahmen und Richtlinien zur Krankenhausversorgung vor. Diese enthalten zum Beispiel Mindestmengen, die ein K. an bestimmten Behandlungen erbringen muss, strukturelle Voraussetzungen und Vorgaben für den strukturierten Qualitätsbericht, den die K. zu veröffentlichen haben.

Bei der Krankenhausfinanzierung wird unterschieden in Investitionskosten und laufende Betriebskosten. Die Investitionskosten tragen die Bundesländer und die laufenden Betriebskosten die → Krankenkassen (duale Finanzierung). Die gesetzliche Grundlage der Krankenhausfinanzierung bildet das »Gesetz zur wirtschaftlichen Sicherung der Krankenhäuser und zur Regelung der Krankenhauspflegesätze« (Krankenhausfinanzierungsgesetz – KHG). Der Gesetzgeber bezweckt mit diesem Gesetz die wirtschaftliche Sicherung der K. Er will damit eine bedarfsgerechte Versorgung der Bevölkerung mit leistungsfähigen, eigenverantwortlich wirtschaftenden K. gewährleisten und zu sozial tragbaren Leistungsentgelten beitragen. Ebenso ist die Vielfalt der Krankenhausträger zu beachten (§ 1 KHG). Zur Verwirklichung dieser Ziele obliegt es den Bundesländern, Krankenhauspläne und Investitionspläne aufzustellen (§ 6 Abs. 1 KHG). Auf die Investitionsförderung durch die Bundesländer haben die K. einen Anspruch, soweit und solange sie in den Krankenhausplan des Landes aufgenommen sind. Bei der Errichtung von Krankenhäusern einschließlich der Erstausstattung mit den für den Krankenhausbetrieb notwendigen Anlagegütern ist zusätzlich die Aufnahme in das Investitionsprogramm erforderlich (§ 8 Abs. 1 KHG). Ein Anspruch auf Feststellung der Aufnahme in den Krankenhausplan und in das Investitionsprogramm besteht nicht (§ 8 Abs. 2 KHG). Die sogenannte Fehlbelegung von Krankenhausbetten ist auch für die Krankenhausplanung von Bedeutung. Deshalb ist es erforderlich, dass die Bundesländer diese Planung auf die pflegerischen Leistungserfordernisse des SGB XI (→ Pflegeversicherung) abstimmen und die K. von Pflegefällen entlastet werden. Ein Abstimmungsbedarf zwischen mehreren Bundesländern ist dann erforderlich, wenn ein K. auch für die Versorgung der Bevölkerung anderer Länder wesentliche Bedeutung hat (§ 6 Abs. 2, 3 KHG). Unbeschadet der einzelnen Länderregelungen verlangt § 7 KHG die Zusammenarbeit der an der Krankenhausversorgung Beteiligten (z.B. mit den Spitzenverbänden der Krankenkassen und Spitzenverbänden der Krankenhausträger). Das betroffene K. ist in diesem Verfahren anzuhören. Der Gesetzgeber erwartet ausdrücklich, dass bei der Krankenhausplanung und der Aufstellung der Investitionsprogramme einvernehmliche Regelungen mit den unmittelbar Beteiligten anzustreben sind.

Die Investitionsförderung erfolgt zum einen durch Einzelförderung auf Antrag (§ 9 Abs. 1, 2 KHG) und zum anderen mit Förderpauschalen für die Wiederbeschaffung kurzfristiger Anlagegüter sowie Durchführung kleinerer Baumaßnahmen (§ 9 Abs. 3 KHG). Diese Pauschalfördermittel werden durch die Bundesländer festgesetzt und sind unterschiedlich hoch. Die laufenden Betriebskosten der K. werden nach den Regelungen des Gesetzes über die Entgelte für voll- und teilstationäre Krankenhausleistungen (Krankenhausentgeltgesetz – KHEntgG) durch die Krankenkassen finanziert. Die allgemeinen Krankenhausleistungen werden gegenüber den Patient/innen oder ihren Kostenträgern nach § 7 KHEntgG abgerechnet über Fallpauschalen nach dem auf Bundesebene von den Spitzenverbänden der Krankenkassen, dem Verband der Privaten Krankenversicherungen und der → Deutschen Krankenhausgesellschaft vereinbarten Entgeltkatalog, Zusatzentgelten sowie Zu- und Abschlägen. Die Entgelte sind für alle Benutzer/innen des K. einheitlich zu berechnen und dürfen nur im Rahmen des Versorgungsauftrages des K. berechnet werden (§ 8 KHEntgG). Mit den Fallpauschalen wird der komplette Behandlungsfall abgerechnet. Zusatzentgelte kommen zum Beispiel für die Behandlung von Blutern oder Dialysen, wenn die Behandlung des Nierenversagens nicht die Hauptleistung ist (§ 8 Abs. 2 Nr. 1. KHEntgG) zum Tragen. Ergänzende Entgelte und Abschläge werden berücksichtigt bei Überschreiten bzw. Unterschreiten der sogenannten Grenzverweildauer der Fallpauschale.

*Thomas Vortkamp*

**Krankenhilfe** → Hilfen zur Gesundheit

**Krankenkassen** als Träger der gesetzlichen → Krankenversicherung (GKV) sind Körperschaften des öffentlichen Rechts mit → Selbstverwaltung unter staatlicher Aufsicht. Alle K. sind prinzipiell insolvenzfähig, allerdings sollte die K. vor Eintritt der Zahlungsunfähigkeit mit anderen K. fusionieren oder von der zuständigen Aufsichtsbehörde geschlossen werden. Die Unterscheidung in verschiedene Kassenarten ist primär historischer Natur. Heute sind fast alle K. frei wählbar; nur wenige auf den Trägerbetrieb bezogene Betriebskrankenkassen sowie das Sondersystem der Krankenversicherung für Landwirte sind nicht in den Wettbewerb einbezogen. Die Selbstverwaltung der meisten K. besteht aus einem ehrenamtlich tätigen, bis zu 30-köpfigen Verwaltungsrat und einem hauptamtlichen, bis zu 3-köpfigen Vorstand. Alle versicherungspflichtigen und -berechtigten Personen haben umfassende Wahlrechte zu allen am Wohn- oder Beschäftigungsort vertretenen K. Dem entspricht ein Kontrahierungszwang auf Seiten der K. Sie dürfen Versicherte, die die Voraussetzungen für eine Mitgliedschaft erfüllen, nicht abweisen. Das gilt speziell für die subsidiäre allgemeine Versicherungspflicht nach § 5 Abs. 1 Nr. 13 SGB V, die eine Rückkehr Unversicherter in die GKV ermöglicht. Wahlfreiheit und Kontrahierungszwang sind die Eckpfeiler eines intensiven Wettbewerbs. Zur Vermeidung von Risikoselektion dient ein kassenartenübergreifender morbiditätsorientierter Risikostrukturausgleich, der vom Bundesversicherungsamt im Rahmen des Gesundheitsfonds durchgeführt wird.

*Franz Knieps*

**Krankenkostzulagen** → Mehrbedarf

**Krankenpflegeberufe** → Pflegeberufe

**Krankenschwester/-pfleger** → Pflegeberufe

**Krankenversicherung** ist – im Unterschied zur privaten Krankenversicherung (PKV) durch Versicherungsunternehmen der Privatwirtschaft – die soziale oder gesetzliche K. (GKV) nach Maßgabe des → Sozialgesetzbuches (SGB) V. Die GKV gehört zu den klassischen Zweigen der → Sozialversicherung. Sie hat historische Wurzeln bis ins Mittelalter, geht in ihrer heutigen Form auf die Bismarcksche Sozialgesetzgebung (Krankenversicherungsgesetz für Arbeiter 1883) zurück und hat seit ihrer Gründung bahnbrechend und beispielgebend für viele Staaten Europas und der Welt gewirkt. Die K. wurde und wird kontinuierlich und schrittweise den sozioökonomischen Veränderungen angepasst

In der GKV sind knapp 90% der Bevölkerung versichert. Sie ist durch die Strukturprinzipien → Solidarität, → Subsidiarität, → Sachleistung, → Wirtschaftlichkeit und → Selbstverwaltung geprägt, an denen auch bei der Umgestaltung des Systems festgehalten wird. Versicherungspflichtig in der K. sind v.a. Arbeiter/innen und Angestellte, Auszubildende, Landwirt/innen und ihre mitarbeitenden Familienangehörigen, Künstler/innen, Leistungsempfänger/innen der → Arbeitslosenversicherung einschließlich der Empfänger/innen von → Arbeitslosengeld I und → Arbeitslosengeld II, Rehabilitand/innen, → behinderte Menschen, Studierende und Praktikant/innen sowie Rentner/innen und Rentenantragsteller/innen (vgl. § 5 Abs. 1 SGB V). Unversicherte Personen, die den Schutz der GKV verloren haben oder zur Sphäre der gesetzlich Versicherten gehören, unterliegen der subsidiären Versicherungspflicht des § 5 Abs. 1 Nr. 13 SGB V, wenn sie keinen anderen Anspruch auf Absicherung im Krankheitsfall (z.B. nach dem SGB XII, → Sozialhilfe) haben. Arbeitnehmer/innen, deren Jahresarbeitsverdienst regelmäßig die Jahresarbeitsentgeltgrenze übersteigt, Beamte und beamtenähnliche Personen sind prinzipiell versicherungsfrei (§ 6 SGB V), müssen sich aber gegen das Krankheitsrisiko (privat) versichern. Familienangehörige, die nur geringfügige Einkommen erzielen und nicht selbst versichert sind, unterliegen der → Familienversicherung; für Kinder gelten gestufte Altersgrenzen ab 18 Jahren (§ 10 SGB V).

Versicherte haben Anspruch auf Dienst-, Sach- und → Geldleistungen zur → Krankheitsverhütung, zur 2015 stark ausgeweiteten → Prävention, Empfängnisverhütung sowie bei → Schwangerschaftsabbruch und Sterilisation, zur Früherkennung von Krankheiten, zur → Krankenbehandlung und als Mutterschaftshilfe. Um die Leistungen bei → Krankheit, die als regelwidriger Körper- oder Geisteszustand definiert wird, der Behandlungsbedürftigkeit und/oder → Arbeitsunfähigkeit zur Folge hat, gruppieren sich weitere Leistungen einer modernen Gesundheits-, → Sozial- und → Familienpolitik, wie z.B. Leistungen zur spezialisierten ambulanten → Palliativversorgung (§ 37 b SGB V). Umstritten bleibt nach vielen Gesundheitsreformen, inwieweit Wahltarife (§ 53 SGB V), Leistungsausschlüsse oder Zuzahlungen bis zu einer Belastungsgrenze (§§ 61, 62 SGB V) mit dem Solidarprinzip vereinbar sind und die Inanspruchnahme durch die Versicherten steuern.

Die Beziehungen der → Krankenkassen zu den → Leistungserbringern (Ärzt/innen, Zahnärzt/innen, → Krankenhäuser, Rehabilitationseinrichtungen, Apotheken, Arzeneimittelhersteller, Masseur/innen, Krankengymnast/innen, Logopäd/innen etc.) werden im Allgemeinen durch Verträge geregelt, deren Einzelheiten in den §§ 69–140 SGB V vorgegeben sind. Ausnahmen davon sind im Rahmen von Modellvorhaben zur Weiterentwicklung der Versorgung (§§ 63ff. SGB V) und der besonderen Versorgung (§ 140 a SGB V) möglich und werden ggf. durch Mittel aus einem bis Ende 2019 befristeten Innovationsfonds (§ 92 a SGB V) gefördert. Die ambulante → vertragsärztliche Versorgung wird durch niedergelassene Vertragsärzt/innen und ärztlich geleitete Einrichtungen – → Medizinische Versorgungszentren (MVZ) – sichergestellt. Versicherte haben grundsätzlich die freie Wahl zwischen den zugelassenen Leistungserbringern. Sie müssen (mit Ausnahme der gesetzlich bestimmten Zuzahlungen) nicht in Vorkasse treten, sondern die Leistungserbringer rechnen mit ihrer jeweiligen Krankenkasse ab. Diese Funktion übernehmen in der vertragsärztlichen Versorgung die Kassenärztlichen Vereinigungen. In begrenztem Rahmen und nur aufgrund eigener Entscheidung kann der Versicherte statt der Sachleistung eine Kostenerstattung wählen.

GKV-Mitglieder haben grundsätzlich das Recht, ihre Krankenkasse frei zu wählen. Für diese besteht grundsätzlich Kontrahierungszwang. Ausnahmen gibt es nur für die Krankenversicherung für Landwirte sowie für geschlossene Betriebskrankenkassen, die lediglich Betriebsangehörigen offenstehen. Die Ausgaben der K. werden durch Beiträge und einen politisch immer wieder in Frage stehenden Staatszuschuss finanziert. Der paritätisch finanzierte allgemeine Beitragssatz, den Arbeitnehmer/innen und Arbeitgeber, Rentner/innen und Rentenversicherungsträger, Arbeitslose und Arbeitsagentur je zur Hälfte tragen, ist bei 14,6% eingefroren. Die Beiträge werden an einen nationalen Gesundheitsfonds abgeführt (§ 271 SGB V). Aus diesem Fonds, der vom Bundesversicherungsamt verwaltet wird, erfolgen die Zuweisungen an die Krankenkassen entsprechend dem morbiditätsorientierten Risikostrukturausgleich, der Alter, Geschlecht und Krankheitslast der Versichertenpopulation der jeweiligen Krankenkasse berücksichtigt. Reichen diese Zuweisungen nicht aus, um die Ausgaben einer Krankenkasse zu decken, muss diese einen Zusatzbeitrag erheben, der allein durch die jeweiligen Mitglieder der Krankenkasse ohne Begrenzung der Höhe nach finanziert wird (§ 242 SGB V).

Die Aufgabe der medizinischen Beratung und Begutachtung ist dem → Medizinischen Dienst der K. (§§ 275ff. SGB V) zugeordnet. Der Verwendung von Versicherungs- und Leistungsdaten, insbesondere zur Qualitäts- und Wirtschaftlichkeitsprüfungen, setzen die §§ 284ff. SGB V enge Grenzen. Die Einführung einer → elektronischen Gesundheitskarte (§ 291 a SGB V) wird durch praktische Probleme und erhebliche politische Widerstände immer wieder verzögert. Die Schwierigkeiten bei der Einführung von eHealth stehen exemplarisch für die Auseinandersetzungen um Macht und Geld, die sich v.a. auf der Ebene der Verbände (Korporatismus) abspielen und die die konsequente Erneuerung und Modernisierung des → Gesundheitswesens behindern.

*Lit.* Becker, U./Kingreen, T. (Hrsg.): SGB V .Gesetzliche Krankenversicherung, Kommentar, 4. Aufl., München 2014; Ebsen, I. (Hrsg.): Handbuch Gesundheitsrecht, Bern 2015; Ebsen, I.: Krankenversicherungsrecht, in: von Maydell, B./ Ruland, F./Becker, U. (Hrsg.): Sozialrechtshandbuch (SRH), 5. Aufl., Baden-Baden 2012, S. 723–801; Knieps, F./Reiners, H.: Gesundheitsreformen in Deutschland – Geschichte, Intentionen, Kontroversen, Bern 2015.

*Franz Knieps*

**Krankheit** bezeichnet eine Störung des körperlichen, seelischen, geistigen und sozialen Wohlbefindens. Aus medizinischer Sicht ist K. eine Erkrankung mit bestimmten Symptomen und Ursachen. Unterschieden werden muss zwischen einem medizinischen und einem versicherungsrechtlichen Krankheitsbegriff. Das → Sozialgesetzbuch (SGB) enthält keine Legaldefinition des versicherungsrechtlichen Krankheitsbegriffs. Nach der ständigen → Rechtsprechung des Reichsversicherungsamtes und des Bundessozialgerichts ist die K. i.S. des gesetzlichen → Krankenversicherung ein regelwidriger körperlicher oder geistiger Zustand, der entweder Behandlungsbedürftigkeit oder → Arbeitsunfähigkeit oder beides zur Folge hat (vgl. BSGE 13, 134; BSGE 59, 119). Das Vorliegen einer K. ist hierbei Voraussetzung für den Anspruch auf Leistungen der → Krankenbehandlung, § 27 SGB V. Leistungen wegen K. kommen in Betracht, wenn sie benötigt werden, um eine K. zu erkennen oder die Arbeitsfähigkeit der Versicherten zu erhalten oder wiederherzustellen bzw. die künftige → Erwerbsfähigkeit günstig zu beeinflussen. Der zweigliedrige Krankheitsbegriff ist von seiner Funktion geprägt, der Bestimmung des versicherungsrechtlichen Risikos und der Auslösung der Leistungspflicht. Die Regelwidrigkeit eines Körper- oder Geisteszustandes ist bereits mit der Abweichung von der durch das Leitbild des gesunden Menschen geprägten Norm gegeben (→ Gesundheit). Entscheidende Kriterien für die Beurteilung als Krankheit im → Sozialrecht sind: Behandlungsfähigkeit und nach den Regeln der ärztlichen Kunst eine Behandlung mit dem Ziel der Heilung bzw. Besserung. Auf die Krankheitsursache kommt es für das Vorliegen eines Versicherungsfalls der K. nicht an. Dadurch ist der medizinische Krankheitsbegriff nicht deckungsgleich mit dem sozialrechtlichen.

K. wird oft als das Gegenteil von Gesundheit definiert. Die → Weltgesundheitsorganisation definiert Gesundheit als Zustand vollständigen körperlichen, seelischen und sozialen Wohlbefindens und nicht nur als das Freisein von Krankheit und Gebrechen (Bekanntmachung v. 22.1.1974, BGBl. II S. 43).

Im Recht der → Rehabilitation wird der Begriff der Behinderung verwendet, mit dem eine Abweichung von der normalen körperlichen, geistigen oder seelischen Verfassung bezeichnet wird (BSGE 48, 258). Erfordert die Behinderung eine ärztliche Behandlung, liegt eine K. i.S. des gesetzlichen Krankenversicherung vor.

*Christine Kleiber-Bischof*

**Krankheitsverhütung** → Prävention, → Vorbeugende Hilfe

**Kreativität** Eine Idee gilt als kreativ, wenn sie originell ist oder zumindest neuartige Elemente enthält und wenn sie sinnvoll erscheint, d.h. wenn ein angemessener Beitrag zur Lösung eines Problems oder eines Spannungszustands erkennbar wird. Erst wenn sie vom jeweiligen → sozialen Umfeld akzeptiert wird, kann sie ihre Wirkung im sozialen Feld entfalten. Was als kreativ gilt, hängt vom Urteil der Rezipienten ab, wobei es sich um Expert/innen oder um interessierte Laien handeln kann. Dieses Urteil ist abhängig vom Zeitgeist und kann als Ergebnis einer sozialen Konstruktion aufgefasst werden.

Kreative Ideen werden in einem mehrstufigen Problemlösungsprozess hervorgebracht: Problemwahrnehmung, Zielklärung, Informationssammlung, bewusste oder unbewusste Informationsverarbeitung, Einfall und Überprüfung. Dabei kommt es u.a. auf das Zusammenspiel von Motivation, Interessen, Wissen, anschaulich-intuitivem und sprachlich-logischem → Denken an. Die K. begünstigende Bedingungen sind intellektuelle Fähigkeiten wie Flexibilität und Originalität (→ Intelligenz), Persönlichkeitsmerkmale wie Neugier, Konflikttoleranz und Unabhängigkeit sowie günstige Umweltbedingungen. Eine positive Arbeitsatmosphäre sollte aktivieren, zielgerichtet motivieren, Vertrauen aufbauen, Hemmungen abbauen und die Unabhängigkeit des Denkens fördern. Umweltfaktoren sind sowohl in → Erziehung und → Sozialisation als auch in der aktuellen Situation bedeutsam. Systematische K.förderung besteht u.a. im Training einzelner Fähigkeiten oder im Einüben von Methoden zur Stimulierung von Einfällen. K.techniken fördern über ihre Spielregeln u.a. eine aufgeschlossene Haltung, flexible Denkprozesse, eine lockere und vertrauensvolle Gruppenatmosphäre; sie stimulieren freie Assoziationen, bildhafte Vorstellungen und Analogien, sie begünstigen Verfremdungen und Umformungen. Weit verbreitete, oft auch unkritisch genutzte Techniken sind → Brainstorming, Brainwriting und Brainwalking. Auch außerhalb von speziellen K.förderungsprogrammen lassen sich grundlegende Haltungen und Merkmale wie Neugier, Spontaneität, geistige Unabhängigkeit und Komplexität im pädagogischen oder beruflichen Alltag fördern.

K. ist nicht beschränkt auf Künstler/innen und Kinder, Erfinder/innen und Wissenschaftler/innen; bei jedem Menschen lässt sich ein kreatives Potenzial entwickeln. Von besonderer Bedeutung ist die »soziale K.«: Darunter versteht man sowohl die Kompetenz zur unkonventionellen und phantasievollen Bewältigung alltäglicher → sozialer Konflikte als auch die Fähigkeit zur flexiblen und originellen Lösung politischer, gesellschaftlicher und pädagogischer Probleme. Zukunftswerkstätten, Szenariotechniken, Zukunftskonferenzen, Informationsmärkte und Open Space sind Arbeitsformen, mit denen komplexe gesellschaftliche Probleme innovativ angegangen werden (→ Großgruppenverfahren).

*Siegfried Preiser*

**Kreisangehörige Städte** sind Städte, die einem → (Land-)Kreis angehören. Den Gegensatz hierzu bilden die → kreisfreien Städte. Hinter der Zweiteilung kreisangehörig/kreisfrei steht die Überlegung, dass die Wahrnehmung bestimmter kommunaler Aufgaben oder auf kommunaler Ebene zu erledigender Aufgaben von der Verwaltungskraft einer Stadt abhängt. Kleinere Städte mit einer geringeren Anzahl von Einwohner/innen haben teilweise nicht die Verwaltungskraft, um allein alle notwendigen Leistungen für ihre Bürger/innen zu erbringen. Die erforderliche Leistungsfähigkeit wird dann durch den die Städte zusammenfassenden Gemeindeverband, den Landkreis, erzielt. Den k. S. obliegt deshalb nur ein Teilbereich der staatlichen Aufgaben. Viele Einzelheiten hinsichtlich der Beziehungen der k. S. zum Kreis sind trotz der »Rastede-Entscheidung« des → Bundesverfassungsgerichts (BVerfG) noch immer nicht geklärt. Das Gericht hat in dieser Entscheidung die Auffassung, nach der die → Gemeinden/kreisangehörigen Städte und Kreise in Bezug auf ihre Aufgabenzuständigkeit gleichwertig nebeneinander stehen, mit dem Argument abgelehnt, dass an ein bestimmtes kommunales Leistungsniveau anzuknüpfen sei, das im kreisfreien Raum von den Städten, im kreisangehörigen dagegen erst von Gemeinden und Kreisen gemeinsam erreicht werden könne. Zwar komme den Kreisen eine »Ausgleichs- und Ergänzungsfunktion« im Hinblick auf weniger leistungsstarke Gemeinden zu; gleichwohl blieben Angelegenheiten, die das Zusammenleben und -wohnen der Menschen in der Gemeinde betreffen, Angelegenheiten der örtlichen Gemeinschaft. Die Städte sind die bürgernahste Stufe der Verwaltung. Deshalb sollten Aufgaben auch grundsätzlich auf dieser Ebene angesiedelt werden. Auch sollte die gemeindliche → Kooperation Vorrang vor einer Kreiszuständigkeit haben. Das BVerfG hat in einer Entscheidung aus dem Jahr 2015 erfreulicherweise klargestellt, dass eine Hochzonung örtlicher Aufgaben nur unter engen Grenzen möglich ist.

Obwohl mit Gebietsreformen Anfang der 1970er-Jahre den k. S. durch eine Zusammenlegung vieler ehemals selbstständiger Städte und Gemeinden mehr Verwaltungskraft verliehen worden ist, wird die Diskussion der Aufgabenabgrenzung weitergeführt, weil es z.B. in Nordrhein-Westfalen k. S. mit mehr als 150 000 Einwohner/innen gibt, andererseits z.B. in den süd- oder ostdeutschen Ländern Landkreise, aber auch viele kreisfreie Städte unter 100.000 Einwohner/innen bleiben. Die Diskussion, welche Aufgaben k. S. wahrnehmen sollen, unterscheidet sich daher auch von Land zu Land. K. S. sind grundsätzlich keine → Träger der Sozialhilfe und keine Träger des → öffentlichen Gesundheitsdienstes. Beides sind Kreisaufgaben. Hingegen wird die → Kinder- und Jugendhilfe bereits heute vielfach auch von Städten mit eigenen → Jugendämtern wahrgenommen, z.B. in Nordrhein-Westfalen. Auch ohne gesetzliche Zuständigkeit nehmen k. S. »freiwillig« soziale Aufgaben wahr, z.B. als Träger von → Kindertageseinrichtungen, in der → Jugendarbeit, bei der Mitträgerschaft von → Sozialstationen, in der Altenpolitik oder durch finanzielle Zuschüsse an soziale Einrichtungen. Die Entwicklung zeigt, dass die Bedeutung der k. S. in der → Sozial- und → Jugendpolitik wächst.

*Uwe Lübking*

**Kreisfreie Städte** sind → Gemeinden (Städte), die keinem → Landkreis angehören. Sie nehmen alle originären Gemeindeaufgaben sowie Pflichtaufgaben und z.T. auch Aufgaben als untere staatliche Verwaltungsbehörden selbst wahr (→ Selbstverwaltung). In Baden-Württemberg werden die k. S. auch Stadtkreise genannt. In Nordrhein-Westfalen wird die der Region Aachen zugehörige Stadt Aachen gesetzlich als k. S. eingeordnet; ebenso behielt Hannover den Status als k. S., nachdem sie in die Region Hannover eingegliedert wurde. Dagegen hat die Stadt Saarbrücken im Regionalverband Saarbrücken einen Status eigener Art. Zu den Sonderfällen k. S. zählen auch die Stadtstaaten Berlin und Hamburg, in denen die rechtlichen Qualitäten Gemeinde, Kreis, Land zusammenfallen. Das Land Bremen besteht dagegen aus zwei k. S., nämlich der Stadt Bremen und der Seestadt Bremerhaven.

Die Bündelung kommunaler → Zuständigkeiten in den k. S. eröffnet Gestaltungsspielräume, die sich auf nahezu alle Felder der Innenpolitik und Verwaltung erstrecken. Neben den allen Gemeinden vorbehaltenen Aufgaben der Bauplanung und Bauordnung, des Schulwesens und der Kultur sind die k. S. – seit der am 1.9.2006 in Kraft getretenen Föderalismusreform I (→ Föderalismus) nur noch nach Art. 125 a → Grundgesetz (GG) fortgeltend – Adressaten bundesgesetzlicher Zuständigkeitszuordnung der → Sozial- und → Jugendhilfe, der → Grundsicherung für Arbeitsuchende (SGB II) sowie der → Grundsicherung im Alter und bei Erwerbsminderung (SGB XII). Weitere Zuständigkeiten im Sozialbereich betreffen u.a. → Sozialversicherung (Versicherungsämter), Wohngeldwesen (→ Wohngeld), → Ausbildungsförderung, → Lastenausgleich (LA), → Kriegsopferfürsorge, Schwerbehindertenrecht (→ schwerbehinderte Menschen) und Unterhaltssicherung. Unter den sozialpolitischen Aufgaben der k. S. stehen die → Grundsicherung nach dem SGB II sowie die Sozial- und Jugendhilfe und die Behindertenhilfe (→ Rehabilitation und Teilhabe behinderter Menschen – SGB IX) der Bedeutung nach an erster Stelle. Neben einer neuen Erkenntnissen geöffneten Fortentwicklung der Praxis auf diesen Gebieten bietet sich in den k. S. die Chance, Gesichtspunkte der Sozial- und Jugendhilfe auch in andere Aufgabengebiete zu integrieren, z.B. in die Bauplanung, das Schulwesen, die Grünflächenplanung, das Kulturleben sowie das → Gesundheitswesen.

Die Notlage der kommunalen Finanzen trifft in den k. S. auf wachsende Ausgaben, besonders in der Kinder- und Jugendhilfe und der Behindertenhilfe. Unter diesem Finanzierungsdruck ist eine Bewegung der Verwaltungsreform (Ressourcenverantwortung, → Neues Kommunales Finanzmanagement, neue Steuerungsmodelle) entstanden, die durch Verschlankung der Verwaltung mehr → Effektivität und → Effizienz bewirken soll (→ Verwaltungsmodernisierung). Zudem soll das in den Landesverfassungen aller Flächenländer statuierte Konnexitätsprinzip den Schutz der k. S. vor der Übertragung von (neuen) Aufgaben bewirken, für die kein ausreichender finanzieller Belastungsausgleich seitens des Landes gewährt wird.

*Stephan Articus*

**Kreisjugendamt** → Jugendamt

**Kriegsopferfürsorge** ist ein eigenständiger Leistungsteil der → Kriegsopferversorgung nach dem → Bundesversorgungsgesetz (BVG). Die K. ist in §§ 25–27 j BVG und der Verordnung zur K. (KFürsV) geregelt und soll die übrigen BVG-Leistungen durch besondere Hilfen im Einzelfall ergänzen.

Leistungsberechtigt sind nach § 25 BVG Beschädigte, die Grundrente nach § 31 BVG beziehen oder Anspruch auf Heilbehandlung nach § 10 Abs. 1 BVG haben, Hinterbliebene, die bestimmte Hinterbliebenenleistungen nach §§ 38 ff. BVG beziehen, sowie Familienangehörige, die von dem oder der Beschädigten überwiegend unterhalten werden und bedürftig sind. Die K. wird in entsprechender Anwendung auch an andere Personen mit Sonderopfern erbracht, so u.a. nach dem → Opferentschädigungsgesetz (OEG), Infektionsschutzgesetz (IfSG).

Weitere Voraussetzung für die K. ist Bedürftigkeit i.S. des § 25 a BVG (sog. wirtschaftliche Kausalität). Dabei muss ein Zusammenhang zwischen Schädigung und Notwendigkeit der Leistung vorliegen. Die K. umfasst Leistungen zur Teilhabe am Arbeitsleben und ergänzende Leistungen, Krankenhilfe, Hilfe zur Pflege, Hilfe zur Weiterführung des Haushalts, Altenhilfe, Erziehungsbeihilfe, ergänzende Hilfe zum Lebensunterhalt, Erholungshilfe, Wohnungshilfe, Hilfen in besonderen Lebenslagen (vgl. § 25 b Abs. 1 BVG).

Die K. wird ab → Antrag gewährt und kann nach § 54 KFürsV auch von Amts wegen erbracht werden. Sachlich → zuständig sind die Hauptfürsorgestellen (§ 24 Abs. 2 SGB I).

*Ragnar Hoenig*

**Kriegsopferversorgung** gewährt Entschädigung für Gesundheitsschäden, die durch Ableistung von Wehrdienst und Kriegseinwirkungen verursacht worden sind. Die Versorgung nach dem → Bundesversorgungsgesetz (BVG) ist Teil des sozialen Entschädigungsrechts (→ Soziale Entschädigung), wobei das BVG auch als »Grundgesetz« oder »Leitgesetz« der sozialen Entschädigung bezeichnet wird. Mit dem BVG vom 20.12.1950 (BGBl. I S. 791) wurde eines der ersten großen Sozialgesetze der Bundesrepublik Deutschland geschaffen. Alle Personen deutscher und ausländischer Staatsangehörigkeit mit Wohnsitz im Geltungsbereich des BVG, die durch Kriegseinwirkung Schäden an der Gesundheit erlitten hatten, oder deren Hinterbliebene erhielten einen Anspruch auf Versorgungsleistungen. Über § 5 SGB I hat der Gesetzgeber das Recht der sozialen Entschädigung zum Bestandteil des → Sozialgesetzbuchs gemacht. Wesentliche materiell-rechtliche Grundsätze im Leistungssystems der K. sind: (1) das Antragsprinzip; (2) die Kausalitätstheorie der wesentlichen Bedingung (→ Kausalitätsprinzip); danach tritt der Staat so lange für die Folgen einer Schädigung ein, als die Einflüsse aus der von ihm zu verantwortenden Risikosphäre wenigstens gleichwertig neben anderen Bedingungen den Erfolg (Eintritt des schädigenden Ereignisses) mitverursacht haben; (3) die gesundheitliche und berufliche Rehabilitation Geschädigter (→ medizinische Rehabilitation, → berufliche Rehabilitation); (4) verbleibende gesundheitliche und wirtschaftliche Defizite werden durch das Rentenleistungssystem abgegolten. Die Leistungen der K. gehen über das Bedürftigkeitsprinzip anderer Leistungsgesetze hinaus. Das Leistungssystem der K. gilt gleichermaßen für die sog. Nebengesetze des sozialen Entschädigungsrechts wie z.B. das Soldatenversorgungsgesetz, das → Opferentschädigungsgesetz, das Infektionsschutzgesetz und das Zivildienstgesetz.

*Hans-Jörg Schweinlin*

**Kriminalität** Der Begriff K. bezeichnet ein gesellschaftliches Massenphänomen, das sich aus vielen Millionen einzelnen Straftaten zusammensetzt, und geht auf das lateinische crimen (Anklage, Beschuldigung) zurück. Entsprechend dem strafrechtlichen K.begriff ist kriminell ein Verhalten, das durch ein Strafgesetz verboten ist. Der Begriff K. knüpft also an Definitionen der Strafgesetze an, die sich ändern können (z.B. die Strafbarkeit der Homosexualität, des Ehebruchs und der Vergewaltigung in der Ehe) und die im internationalen Vergleich durchaus unterschiedlich aussehen. Von daher gibt es eine Debatte darüber, ob es einen »natürlichen Kriminalitäts- oder Verbrechensbegriff« gibt, eine Art Kernbestand, zu dem bspw. Mord, Vergewaltigung und Raub zählen. Das mag einem Bedürfnis nach moralischem Konsens entsprechen und es mag diesbezüglich besonders große interkulturelle Überschneidungen der Wertesysteme geben. Aber für eine wissenschaftliche Definition taugt es wenig, denn jede dieser K.formen wurde in anderen historischen Kontexten bereits als Heldentat gefeiert und keineswegs immer als Straftat und K. verurteilt.

Es muss differenziert werden, ob mit K. alle Verhaltensweisen gemeint sind, die objektiv den Strafrechtsnormen widersprechen oder nur solche, die der Polizei bekannt und damit verfolgt werden. Die letztgenannten bilden die Hellfeldkriminalität und die restlichen bleiben im Dunkelfeld. 2014 wurden insgesamt 6.082.064 Straftaten (ohne Verkehrsdelikte) polizeilich registriert – deutlich weniger als bei der Einführung der gesamtdeutschen Statistik 1993. Diese registrierte Gesamtkriminalität wird zu 40% von Diebstählen dominiert, wozu 16% Betrug und 10% Sachbeschädigung kommen, womit fast zwei Drittel der Taten erfasst werden. Die Polizeiliche Kriminalstatistik weist knapp 3% der Delikte als Gewaltkriminalität aus. Die polizeilich registrierte Gewaltkriminalität ist in Deutschland seit 2007 Jahr für Jahr gesunken. Neben der polizeilichen Kriminalstatistik, die auch Tatverdächtige erfasst, gibt es Rechtspflegestatistiken sowie Opfer- und Täterbefragungen.

Seit fast 200 Jahren beschäftigen sich empirische Wissenschaften mit der Erklärung von K. Dabei geht es immer um eine Interaktion von individuellem Verhalten und gesellschaftlicher Zuschreibung, sodass viele Erklärungsansätze nebeneinander stehen: individual- und sozialpsychologische, sozialisationstheoretische, lernpsychologische und tiefenpsychologische, makrosoziologische und situationsbezogene sowie kontrollparadigmatische. Von Bedeutung hinsichtlich des Phänomens K. sind nicht nur Tatsituationen und Täter/in, sondern auch Institutionen der → sozialen Kontrolle und (potenzielle) Opfer.

Sowohl hinsichtlich der → Kriminalprävention als auch im Rahmen von Strafprozess, → Strafvollzug und → Straffälligenhilfe spielt Soziale Arbeit eine bedeutende Rolle. Man denke an Jugendgerichtshilfe (→ Mitwirkung des Jugendamtes in Verfahren nach dem Jugendgerichtsgesetz), soziale → Gerichtshilfe, Haftentscheidungshilfe, soziale Hilfe in Untersuchungshaft und → Strafvollzug, Haftentlassenenhilfe bei Freien Trägern und Kommunen sowie → Bewährungshilfe und Führungsaufsicht. Mit K. hat aber auch fast jede/r Sozialarbeiter/in in Jugendfreizeiteinrichtungen und → Schulsozialarbeit zu tun.

*Heinz Cornel*

**Kriminalprävention** Der Begriff K. umfasst die Gesamtheit aller privaten und staatlichen Bemühungen, die darauf ausgerichtet sind, das Ausmaß und die Schwere der → Kriminalität zu vermindern. Der Begriff der → Prävention (lat. zuvorkommen, vorbeugen, verhüten) beschreibt ein grundsätzliches Handlungsprinzip, wonach etwas getan wird, so dass ein bestimmtes Ereignis nicht eintritt oder seine Folgen begrenzt werden. Als K. bezeichnete Maßnahmen beziehen sich häufig auf bestimmte Erscheinungsformen von Kriminalität, teilweise aber auch allgemeiner auf abweichendes Verhalten mit (möglichem) Bezug zu Kriminalität (z.B. Schulschwänzen). Im strafrechtlichen Sprachgebrauch wird zwischen generalpräventiven (d.h. auf die Allgemeinheit) und spezialpräventiven (d.h. auf den konkreten Täter bezogenen) Zwecken von Strafe und Sanktionierung differenziert.

Hinsichtlich der K. wird einerseits unterschieden zwischen den Zielgruppen Täter/in, Opfer und Situation, andererseits zwischen der Nähe zum zu verhindernden kriminellen Ereignis: Die primäre (d.h. an der Wurzel ansetzende, an die Allgemeinheit gerichtete) K. soll, ohne dass ein konkrete Risiko vorliegt, durch Einwirkung auf Bevölkerungsgruppen, Sozialisationsinstanzen und gesellschaftliche Bedingungen Kriminalität vorbeugen. Sie will z.B. durch Familien-, Schul-, Sozial- und Städtebaupolitik Ursachen kriminellen Verhaltens reduzieren, indem an bekannten Risikofaktoren für Kriminalität angesetzt wird. Hierzu zählen z.B. Teilhabesicherung benachteiligter Personengruppen, schulbezogene Präventionsprogramme zur Konfliktbearbeitung und zum Drogenkonsum, Selbstbehauptungstrainings für Frauen oder Gestaltung öffentlicher Räume. Die sekundäre K. adressiert potenzielle Täter/innen mit einem erkennbaren Risiko kriminellen Verhaltens (z.B. durch Abschreckung mittels hoher Kontrolldichte, gezielte Unterstützung für verhaltensauffällige Schüler/innen), gefährdete Objekte (z.B. durch Polizeipräsenz), und potenzielle Opfer (z.B. Trainings für Opfer von Mobbing oder häuslicher Gewalt). Die tertiäre K. zielt auf die Rückfalleindämmung durch Einflussnahme auf die Täter/innen (z.B. Unterstützung durch Soziale Arbeit, Therapieangebote, Sicherung durch Freiheitsentzug), durch Maßnahmen bezogen auf besonders kriminalitätsgefährdete Situationen (z.B. Verbot von Demonstrationen, Widerruf von Konzessionen/Gaststättenerlaubnis) und durch Unterstützung von Opfern bzw. Geschädigten (→ Frauenhaus, Notruf für Opfer, → Täter-Opfer-Ausgleich).

Die K. hat in den letzten Jahrzehnten einen sehr hohen Institutionalisierungsgrad erreicht durch Gremien und Tagungen auf kommunaler, Landes- und Bundesebene. Deren Zuschnitte und Zielrichtungen sind dabei sehr heterogen. Die Soziale Arbeit ist oftmals sehr intensiv involviert, teilweise auch federführend, oftmals ist aber auch die Polizei der zentrale Akteur. Kritik gegen die K. richtet sich gegen die mit der präventiven Perspektive verbundene Wahrnehmung von Menschen und ihrer Entwicklung als potenzieller Gefahr und der Delegitimierung sozialer Unterstützung aus sich selbst heraus.

*Theresia Höynck*

**Kriminologie** → Kriminalität, → Kriminalprävention

**Krippe** → Kindertageseinrichtungen

**Krisenintervention** findet in stationären und ambulanten psychosozialen, pädagogischen und (sozial- und gemeinde-)psychiatrischen Zusammenhängen statt und gehört zum Standardrepertoire der Sozialen Arbeit. Eine Krise ist durch den Verlust des seelischen Gleichgewichts gekennzeichnet, wenn ein Mensch mit Ereignissen oder Lebensumständen konfrontiert wird, die er im Augenblick nicht bewältigen kann, weil sie seine bisherigen Problemlösefähigkeiten übersteigen. Man unterscheidet üblicherweise »traumatische Krisen« (Lindemann, Cullberg) von »Veränderungskrisen« (Caplan). Nicht alle Krisen jedoch lassen sich in die Dichotomie »traumatisch« vs. »Veränderung« einordnen, da manche gerade aus dem wiederholten Scheitern und aus Stressphänomenen nach ursprünglich traumatischen oder Veränderungskrisen entstehen – nicht selten auch vor dem Hintergrund einer vorliegenden psychischen Störung oder psychiatrischen Erkrankung – und damit einen »chronischen Charakter« entwickeln können (chronisch-protrahierte Krisen, → Burnout usw.). Die Abfolge bestimmter zeitlicher Phasen im Krisenerleben (z.B. Schock-, Reaktions-, Bearbeitungs-, Neuorientierungsphase) erweist sich als heuristisch sinnvolles Modell. Die den genannten Phasen zugeordneten Gefühlszustände werden jedoch häufig eher in spiralförmigen Bewegungen durchlaufen. Als eine Gemeinsamkeit unterschiedlicher Krisenverständnisse kann jedoch die situative Einschränkung kognitiver Fähigkeiten, des emotionalen Erlebens und der Handlungsoptionen konstatiert werden.

K. zeichnet sich dazu komplementär durch eine – gegenüber dem psychotherapeutischen Vorgehen – aktivere Haltung des Beratenden aus. K. überlässt im Gegensatz zum psychiatrischen Notfall jedoch weitestmöglich die Entscheidungsverantwortung beim Ratsuchenden. »Psychosoziale Krise« und »psychiatrischer Notfall« sollten als zwei Pole eines Kontinuums verstanden werden. Jede Richtung der → Beratung und → Therapie bemüht sich zudem um einen eigenen Beitrag zur psychosozialen K. Da die jeweiligen Nutzer/innen und das dazugehörige Krisen-Setting sich gegenseitig beeinflussen, wechselt das Erscheinungsbild der Krise auch je nach institutionellem Kontext. Als Herangehensweise hat sich eine prozessorientierte Interaktion der Aspekte: Kontakt herstellen, Setting klären, emotional entlasten, Problem-, Coping- und Ressourcenanalyse (→ Psychosoziale Diagnostik), Zieldefinition, Problembearbeitung, Abschiedsgestaltung und Follow-up bewährt (Schnyder). In Zeiten rasant verlaufender Um- und Abbauprozesse der Sozialsysteme wie der Gesundheitsversorgung spielt die Tragfähigkeit sozialer Netzwerke eine immer größere Rolle.

Die Diskussion der Bedeutung kritischer Lebensereignisse und deren Bewältigung spielt vor dem Hintergrund gesellschaftlicher Umwälzungsprozesse (Entwurzelung durch → Migration, kollektive und individuelle → Traumata, Verlust von Lebensperspektiven) eine zunehmend größere Rolle. Eine psychosoziale biografiesensible K. sollte daher in der Lage sein, die Dimensionen des (Er-)Lebens, das Innerpsychische in seiner Wechselwirkung mit dem sozialen Kontext (Inklusions- und Exklusionsprozesse) miteinander zu verknüpfen (Ortiz-Müller; → Psychosoziale Beratung). Niedrigschwelligkeit und ressourcenorientierte Vorgehensweisen werden dadurch zu einem immer wichtigeren Qualitätskriterium angemessener K. im postmodernen Alltag (Schürmann). Dafür sind multidisziplinäre inner- und interinstitutionelle Vernetzungsstrukturen mit fließenden Übergängen gefragt, jedoch auch die Kompetenz, professionelle Bindungs- und Beziehungsarbeit zu leisten (→ Bindung/Beziehung in der Sozialen Arbeit). Suizidalität als am stärksten zugespitzte Form der Krise (→ Suizid) erwartet von dem/der Helfenden eine besonders hohe Beziehungskompetenz, da suizidale Situationen insbes. durch Bindungsverlust gekennzeichnet sind. Als gleichermaßen wichtig erweist sich die Ambivalenzklärung der suizidalen Anteile und der Anteile der Person, die weiterleben wollen.

*Lit.* Ortiz-Müller, W./Scheuermann, U./Gahleitner, S. B. (Hrsg.): Praxis Krisenintervention. Ein Handbuch für helfende Berufe: Psychologen, Ärzte, Sozialpädagogen, Pflege- und Rettungskräfte, 2. Aufl., Stuttgart 2010.

*Silke Birgitta Gahleitner/Wolf Ortiz-Müller*

**Kronberger Kreis für Dialogische Qualitätsentwicklung e.V.** (KK) ist 1995 aus dem Modellversuch »Orte für Kinder« des → Deutschen Jugendinstituts hervorgegangen. Als Zusammenschluss von → Fachkräften der Qualitätsentwicklung, → Organisations- und Fachberatung hat sich der KK zur Aufgabe gemacht, Qualitätsentwicklungen (→ Qualitätsmanagement) in der → Sozialen Arbeit, im Bildungs- und → Gesundheitswesen, v.a. in der kommunalen → Kinder- und Jugendhilfe, der Kindertageserziehung (→ Kindertageseinrichtungen) und → Familienbildung, zu initiieren, wissenschaftlich und praktisch zu begleiten und zu evaluieren (→ Evaluation). Der KK verfolgt dabei ein Konzept dialogischer Qualitätsentwicklung, das auf das Interesse und die Kompetenz der Fachkräfte setzt und darauf zielt, die eigene Praxis selbstkritisch und in der Auseinandersetzung mit den anderen Beteiligten (Nutzer/innen, Trägern, Kooperationspartnern) mehrseitig zu reflektieren und weiterzuentwickeln. Dies geschieht insbesondere durch → Beratung von Fachkräften, Trägern, Verbänden und Politik, durch Projekte und Modellvorhaben sowie durch → Fort- und Weiterbildungen und Qualifizierungsmaßnahmen, wie z.B. regionale Reformwerkstätten nach dem Modell »Lernen vom Erfolg«. Ein wichtiger Bereich sind Projekte zur Qualitätsentwicklung in der Kinderschutzarbeit (→ Kinderschutz), wie z.B. das Bundesmodellprojekt »Aus Fehlern lernen. QM im Kinderschutz«. Der KK bildet Fachkräfte zu Expert/innen in dialogischer Qualitätsentwicklung aus und ist zusammen mit der Alice Salomon Hochschule Berlin Träger des ersten deutschen Master-Studiengangs „Dialog. QE in den Frühen Hilfen und im Kinderschutz". Er übernimmt Aufgaben der → Praxisforschung, Evaluation und → Zertifizierung.

*Anschrift*: Küstriner Straße 39, 13055 Berlin, www.kronbergerkreis.de

*Reinhart Wolff*

**Kultusministerkonferenz** Die Ständige Konferenz der Kultusminister der Länder (KMK) ist ein Zusammenschluss der für → Bildung und → Erziehung, Hochschule und Forschung sowie kulturelle Angelegenheiten zuständigen Minister/innen bzw. Senator/innen der Länder. Ziel der

KMK ist das erreichbare Höchstmaß an Mobilität für die Lernenden, Studierenden und Lehrenden. Daraus leitet sich die Aufgabe ab, ein Mindestmaß an Gemeinsamkeit und Vergleichbarkeit des Bildungswesens in Deutschland zu schaffen bzw. zu wahren. Die organisatorische und curriculare Ausgestaltung des Bildungssystems beruht ebenso wie die Strukturvorgaben für die Akkreditierung von Bachelor und Masterstudiengängen auf Beschlüssen der KMK. Die → Ausbildung in sozialen Berufen ist in Deutschland aber nicht einheitlich.

Die i.d.R. einstimmig zu fassenden Vereinbarungen der KMK wirken als politische Beschlüsse und müssen in landesrechtliche Rechtsvorschriften umgesetzt werden. Die KMK vertritt die gemeinsamen Interessen der Länder gegenüber dem Bund, der → Europäischen Union (EU), der Organisation für wirtschaftliche Zusammenarbeit und Entwicklung (OECD) und der → UNESCO. Sie ist zugleich ein Instrument partnerschaftlicher Zusammenarbeit der Länder mit dem Bund und begreift sich als Forum kritischer Diskussion. An die KMK angegliedert sind der Pädagogische Austauschdienst und die Zentralstelle für ausländisches Bildungswesen. Die KMK veröffentlicht ihre Berichte und Beschlüsse sowie Datenbanken zu Rechtsnormen, Lehrplänen und ein Informationssystem zu Anerkennung ausländischer Bildungsabschlüsse.

*Larissa Meinunger*

**Kunden/Kundinnen im sozialen Bereich** sind aus Sicht der → Leistungserbringer Personen und Organisationen, die Interesse an → sozialen Dienstleistungen haben, weil sie diese nutzen, nutzen wollen, finanzieren, kontrollieren, planen oder vermitteln. Der K.begriff konkurriert mit allen anderen Bezeichnungen für individuelle und kollektive Akteure im Sozialbereich wie Nutzer/innen, Klient/innen, → Adressat/innen, Angehörige, Patient/innen, Arbeitslose, → Leistungsberechtigte, Gäste, Aufsichtsbehörden, Finanzierungsträger usw. Insofern stellt der K.begriff im sozialen Sektor den Versuch dar, die Beziehungen zwischen den Leistungserbringern und deren durch Operationen verbundenen Bezugspersonen und Bezugsorganisationen als Dienstleistungsbeziehungen zu bezeichnen. Insbesondere mit der semantischen Umdeutung von Klient/innen, Patient/innen oder Leistungsempfänger/innen zu K. (»der Kunde ist König«) wird ein Perspektivenwechsel vorgenommen, der anzeigen soll, dass die Leistungserbringer im Sozialbereich ihre Existenz und Existenzberechtigung den → Bedürfnissen, → Bedarfen und Nachfragemustern anderer verdanken. K. wird das Recht zugestanden, die Menge, Art und Qualität der sozialen Dienstleistungen zu definieren und durch ihre Nachfrage zu steuern.

K. und Dienstleistungsorganisation sind in diesem Sinne komplementär aufeinander bezogen; die K. sind das Gegenüber einer wirtschaftlichen Transaktion. Mit dieser Steuerungsfunktion der K. sind auch Voraussetzungen an die Rationalität der K. verbunden: Die Fähigkeit, das Preis-Qualitäts-Leistungsverhältnis zwischen Angeboten zu vergleichen, Zahlungsfähigkeit, Zahlungsbereitschaft, Definitionskompetenz der eigenen Bedürfnisse und Bedarfe, eine relativ stabile Präferenzstruktur und die Fähigkeit, die eigene Präferenzstruktur in Kauf- und Wahlentscheidungen umzusetzen. Mit dem K.begriff und dem damit hergestellten Anspruch der K.orientierung werden zuweilen im Sozialbereich typische Merkmale der Beziehung zwischen sozialen Dienstleistern und (potenziellen) Dienstleistungsnutzer/innen ausgeblendet bzw. sprachlich umgangen. Gerade Menschen mit geistigen Behinderungen, → psychisch kranke Menschen, Drogenabhängige, Gewaltopfer, Notfallpatient/innen, Kinder, Klient/innen in → Zwangskontexten, demente Senior/innen oder pflegebedürftige Hochaltrige und andere »Kundengruppen« entsprechen eben nicht oder nur sehr eingeschränkt den Modellanforderungen an die rationalen K. Ebenso bestehen in der → Diagnose sowie in der Therapie- und Hilfeplanung bei sozialen Dienstleistungen regelmäßig wissensbasierte Kompetenzasymmetrien zwischen sozialen Professionen und hilfsbedürftigen Menschen, die eine maßgebliche Steuerung des Dienstleistungsprozesses in Qualität, Leistungsart und Leistungsmenge durch die »K.« funktional nicht rechtfertigen. Ob Dienstleistungsbeziehungen, die durch Angebotsmonopole geprägt sind, systematisch überhaupt als K.beziehungen bezeichnet werden können, erscheint zumindest zweifelhaft: Arbeitslose als »K.« der (einzigen) → Agentur für Arbeit, die Familie als »K.« des einzig zuständigen → Jugendamtes, Obdachlose als »K.« des → Sozialamtes? Begriffliche Verschiebungen allein lösen noch keine Beziehungsstrukturen auf.

*Bernd Halfar*

**Kundenorientierung** → Verwaltungsmodernisierung

**Kündigung (im Arbeitsrecht)** Die K. ist eine Möglichkeit der Beendigung eines → Arbeitsverhältnisses. Bei der K. handelt es sich um eine einseitige rechtsgestaltende Erklärung, die auf die Beendigung des

Dauerschuldverhältnisses »Arbeitsverhältnis« gerichtet ist. Das Kündigungsrecht steht grundsätzlich beiden Parteien eines → Arbeitsvertrags zu, wobei die Kündigungsbefugnis des Arbeitgebers aus Gesichtspunkten des Arbeitnehmerschutzes stark eingeschränkt ist. Regelmäßig bedarf eine wirksame Kündigung der Einbindung von → Betriebs- oder → Personalrat (sofern vorhanden).

Die Kündigungsbefugnisse der Arbeitgeber sind zudem durch das Kündigungsschutzgesetz (KSchG) stark reglementiert. Nach dem KSchG ist eine K. von Arbeitnehmer/innen, deren Arbeitsverhältnis mehr als sechs Monate in demselben Betrieb ununterbrochen besteht, rechtsunwirksam, wenn sie sozial nicht gerechtfertigt sind. Die soziale Rechtfertigung fehlt, wenn es für die K. keinen Grund in der Person oder im Verhalten der Arbeitnehmer/innen gibt und dringliche betriebliche Erfordernisse der Weiterbeschäftigung der Arbeitnehmer/innen in dem Betrieb nicht entgegenstehen. Des Weiteren kann eine K. sozial ungerechtfertigt sein, etwa wenn bei → Fort- und Weiterbildung die Möglichkeit einer Weiterbeschäftigung besteht. Die soziale Rechtfertigung ist hingegen gegeben, wenn dem Arbeitgeber bei Berücksichtigung der widerstreitenden Interessen die Aufrechterhaltung des Arbeitsverhältnisses nicht zugemutet werden kann. Die Auflösung des Arbeitsverhältnisses muss Ultima Ratio sein, d.h. das letzte mögliche Mittel, welches ergriffen wird. Es ist Ausdruck des → Verhältnismäßigkeitsgrundsatzes, dass zunächst zu prüfen ist, ob die betroffenen Person, die gekündigt werden soll, an einem anderen Arbeitsplatz in demselben Betrieb oder in einem anderen Betrieb des Unternehmens weiterbeschäftigt werden kann. Eine personenbedingte K. kommt in Betracht, wenn der oder die Betroffene nicht (mehr) über die Fähigkeiten oder die Eignung verfügt, die geschuldete Arbeitsleistung ganz oder teilweise zu erbringen. Ursache kann etwa eine → Krankheit sein, wobei diese nicht für sich Grund für die K sein kann, sondern allein die sich aus der Krankheit u.U. ergebenden Beeinträchtigungen des Betriebsablaufs. Dies ist anhand einer Prognose sowie einer Interessenabwägung zu überprüfen. Eine verhaltensbedingte K. kann erfolgen, wenn die Person regelmäßig verschuldet Störungen des Vertragsverhältnisses hervorgerufen hat, etwa durch Verweigerung der Arbeitsleistung, häufige Schlechterfüllung oder durch Verstoß gegen vertragliche Nebenpflichten. Vor einer K. muss grundsätzlich eine Abmahnung durch den Arbeitgeber erfolgt sein. Auch im Fall der verhaltensbedingten K. soll es nach neuerer Auffassung erforderlich sein, mittels einer Prognose zu entscheiden, ob es bei Fortsetzung des Arbeitsverhältnisses zukünftig zu verhaltensbedingten Störungen kommen wird. Bei der betrieblichen K. ist ein Grund aus der Sphäre des Unternehmens erforderlich, etwa dass dieses nicht mehr über ausreichend Beschäftigungsmöglichkeiten verfügt. Grund hierfür kann aber auch eine unternehmerische Entscheidung des Arbeitgebers sein; äußerer Druck ist nicht erforderlich. Im Fall betriebsbedingter K. ist eine soziale Auswahl unter den Beschäftigten des Betriebs vorzunehmen, die von einer K. betroffen sein könnten. Maßgeblich sind dabei in jedem Fall die Dauer der Betriebszugehörigkeit, das Lebensalter und bestehende Unterhaltsverpflichtungen.

Die etwaige Sozialwidrigkeit einer K. kann nur dann Platz greifen, wenn die K. rechtzeitig angegriffen wird, sprich innerhalb einer Frist von drei Wochen nach Zugang der K. Kündigungsschutzklage beim zuständigen Arbeitsgericht erhoben ist. Die Klage ist darauf zu richten, dass festgestellt wird, dass das Arbeitsverhältnis durch die K. nicht aufgelöst ist. Die in § 626 → Bürgerliches Gesetzbuch (BGB) vorgesehene außerordentliche K. beendet das Arbeitsverhältnis ungeachtet jedweder Fristen mit sofortiger Wirkung. Die Gründe, die zu einer außerordentlichen K. berechtigen, müssen so schwerwiegend sein, dass selbst eine Weiterbeschäftigung bis zum Ablauf der ordentlichen Kündigungsfrist nicht zumutbar ist. Gegebenenfalls hat auch die oder der Gekündigte Anspruch auf Weiterbeschäftigung so lange, bis der Kündigungsschutzprozess rechtskräftig abgeschlossen ist.

Eine Sonderform der K. ist die Änderungskündigung. Diese ist gegeben, wenn eine Weiterbeschäftigung unter veränderten Arbeitsbedingungen oder auf einem anderen Arbeitsplatz erfolgen soll.

*Lit.* Lieb, M./Jacobs, M.: Arbeitsrecht, 9. Aufl., Köln 2006; Schaub, G.: Arbeitsrecht-Handbuch. Systematische Darstellung und Nachschlagewerk für die Praxis, 13. Aufl., München 2009.

*Katja Fahlbusch*

**Kündigungsschutz für schwerbehinderte Menschen** Der besondere K. ist in Teil 2 des SGB IX geregelt, der die Vorschriften des Schwerbehindertenrechts enthält. Er gilt gemäß § 85 i.V.m. § 68 Abs. 3 SGB IX für → schwerbehinderte und ihnen gleichgestellte → behinderte Menschen. Die Schwerbehinderung bzw. die Gleichstellung muss zum Zeitpunkt der Kündigung nachgewiesen sein (§ 90 Abs. 2 a SGB IX) durch Feststellungsbescheid des → Versorgungsamtes bzw. der nach Landesrecht zuständigen Behörde über einen Grad der Behinderung (GdB) von mindestens 50 bzw. einen Gleichstellungsbescheid der → Agentur für Arbeit.

Der besondere K. besteht darin, dass der Arbeitgeber zur → Kündigung des → Arbeitsverhältnisses eines schwerbehinderten oder gleichgestellten behinderten Menschen grundsätzlich die vorherige Zustimmung des → Integrationsamtes benötigt (§ 85 SGB IX). Die Zustimmung ist notwendig für die ordentliche (§§ 85 ff. SGB IX) und die außerordentliche Kündigung (§ 91 SGB IX) durch den Arbeitgeber. Eine ohne vorherige Zustimmung des Integrationsamtes ausgesprochene Kündigung ist unwirksam. Sie kann auch nicht nachträglich durch das Integrationsamt genehmigt werden.

Zustimmungspflichtig ist ferner die Beendigung des Arbeitsverhältnisses eines schwerbehinderten Menschen, wenn sie im Falle des Eintritts einer teilweisen Erwerbsminderung, der Erwerbsminderung auf Zeit, der Berufsunfähigkeit oder der Erwerbsunfähigkeit auf Zeit ohne Kündigung erfolgt (erweiterter Beendigungsschutz, § 92 SGB IX). Ausnahmen vom besonderen K. zählt § 90 SGB IX auf.

Der Arbeitgeber muss die Zustimmung zur Kündigung schriftlich bei dem für den Sitz des Betriebes zuständigen Integrationsamt beantragen. Vor einer Entscheidung holt das Integrationsamt eine Stellungnahme des → Betriebsrates oder → Personalrates und der → Schwerbehindertenvertretung ein und hört den schwerbehinderten Menschen an. Falls erforderlich kommt es vor einer endgültigen Entscheidung des Integrationsamtes zu einer mündlichen Kündigungsverhandlung (§ 88 Abs. 1 SGB IX), zu der alle Beteiligten eingeladen werden. Ziel der Verhandlung ist es, eine gütliche Einigung zu erreichen, z.B. die Rücknahme des Kündigungsantrages. Kommt eine solche Einigung nicht zustande, hat das Integrationsamt seine Entscheidung nach pflichtgemäßem Ermessen zu treffen. Abzuwägen sind dabei das Interesse des/der schwerbehinderten Arbeitnehmer/in am Fortbestand des Beschäftigungsverhältnisses gegen das Interesse des Arbeitgebers an einer wirtschaftlichen Nutzung des Arbeitsplatzes.

Der besondere K. nach den §§ 85–92 SGB IX ist ein zusätzlicher Schutz. Daneben hat der schwerbehinderte Mensch wie jede/r Arbeitnehmer/in den allgemeinen Kündigungsschutz nach dem Kündigungsschutzgesetz.

*Katja Kruse*

**Kündigungsschutz im Mietrecht** → Mieterschutz

**Kunst- und Kulturpädagogik** Die Hauptaufgabe der K. u. K. ist nicht die Vermittlung von Kunst und Kultur, sondern ihre Grundintention zielt auf die Ermöglichung ästhetischer Erfahrungen in und mit Kultur. Hier setzen auch die Konzepte der ästhetischen Erziehung an. Ästhetische Erfahrungen lassen sich sowohl produktiv im eigenen bildnerischen Gestalten als auch rezeptiv, etwa in der Kunst- und Kulturbetrachtung, aber auch in Ereignissen des Alltags machen, die »das aufmerksame Auge und Ohr des Menschen auf sich lenken, sein Interesse wecken und sein Gefallen hervorrufen« (J. Dewey 1934). Um die aktive → Wahrnehmung und kulturelle → Kreativität zu fördern, wurden und werden kontroverse didaktische Konzepte entwickelt: Ausbildung einer visuellen und kulturellen Kompetenz insbesondere in Bezug auf Mediennutzung, Orientierung an zeitgenössischer intermedialer Kunst (Performance, Installationen, Medienkunst), Stärkung der → Persönlichkeit durch Subjektorientierung überwiegend in Bezug auf die Alltagskultur und Subkulturen. Die einstigen Grenzen zwischen Kunstpädagogik (vorwiegend schulisch) und Kulturpädagogik (vorwiegend außerschulisch, z.B. in Jugendkunstschulen) verlieren mit der Einführung der → Ganztagsschule an Bedeutung.

*Georg Peez*

**Kur** → Medizinische Rehabilitation

**Kuratorium Deutsche Altershilfe – Wilhelmine-Lübke-Stiftung e.V. (KDA)** Das KDA wurde 1962 vom damaligen Bundespräsidenten Heinrich und seiner Frau Wilhelmine Lübke ins Leben gerufen. Mitglieder des KDA sind über 50 Persönlichkeiten aus der Wohlfahrtspflege, Gerontologie, Geriatrie, Politik, Kommunalverwaltung und Wirtschaft. Schirmherr ist der Bundespräsident. Die unabhängige und gemeinnützige Institution hat laut Satzung den Zweck, die Selbstbestimmung und Lebensqualität alter Menschen »zu erforschen und so zu beeinflussen, dass sie eine Lebensführung erlaubt, die der Würde des Menschen entspricht«. Das KDA entwickelt zu diesem Zweck im Dialog mit seinen Partnern Lösungskonzepte und Modelle für die Arbeit mit älteren Menschen und hilft, diese in der Praxis umzusetzen. Es trägt durch seine Projekte, Beratung, Fortbildungen, Tagungen und Veröffentlichungen wesentlich dazu bei, die Lebensqualität älterer Menschen zu verbessern. Dabei versteht sich das KDA als Wegbereiter für eine moderne → Altenhilfe und Altenarbeit.

Ein multidisziplinäres Team aus den Bereichen Betriebswirtschaft, Architektur, Sozial-, → Gesundheits- und → Pflegewissenschaften, Psychologie, → Sozialer Arbeit, Biologie sowie Geografie berät, bildet fort, vernetzt und informiert Führungskräfte und Mitarbeitende sowie Entscheidungsträger und Verantwortliche in allen Bereichen sowie auf allen Ebenen der Altenhilfe und Altenarbeit. Das KDA hat eine Reihe von Angeboten für die Arbeit mit älteren Menschen (weiter-)entwickelt, wie Pflegestützpunkte, Quartierskonzepte, Demenz-Service-Zentren Nordrhein-Westfalen, Tages-, Nacht- und Kurzzeitpflege, Hausgemeinschaften und ambulant betreute Wohngemeinschaften für Pflegebedürftige und Menschen mit Demenz.

*Anschrift*: An der Pauluskirche 3, 50677 Köln, www.kda.de

*Peter Michell-Auli*

**Kurzzeitpflege** bezeichnet den zeitlich befristeten Aufenthalt eines pflegebedürftigen Menschen in einer vollstationären → Pflegeeinrichtung, wenn die → häusliche Pflege vorübergehend noch nicht oder nicht im erforderlichen Umfang sichergestellt werden kann (§ 42 SGB XI). Ähnlich wie die → Verhinderungspflege dient K. v.a. der Entlastung und Stärkung der häuslichen Pflege. Gleichwohl ist K. auch dann möglich, wenn im Anschluss eine vollstationäre Pflege erforderlich ist, aber kurzfristig kein Platz in einer Pflegeeinrichtung verfügbar ist. Tritt im Laufe einer Behandlung im → Krankenhaus → Pflegebedürftigkeit ein und die Angehörigen bzw. → sozialen Dienste haben die Vorbereitung der häuslichen Pflege bis zur Beendigung der stationären Behandlung nicht abgeschlossen, ist die Inanspruchnahme von K. möglich. Bei Verhinderung der Pflegeperson aufgrund von Urlaub oder → Krankheit kann K. ebenfalls gewährt werden, wenn mit den Leistungen der Verhinderungspflege (§ 39 SGB XI) nicht überbrückt werden kann. Weiterhin dient die K. zur → Krisenintervention beispielsweise bei kurzfristiger Verschlechterung des Gesundheitszustandes der/des Pflegebedürftigen.

Der Anspruch auf K. ist auf die Dauer von vier Wochen im Kalenderjahr begrenzt. Die Leistung muss nicht im Zusammenhang abgerufen werden, sondern kann sich auf mehrere Zeiträume erstrecken. Die Pflegekasse übernimmt im Rahmen der K. die pflegebedingten Aufwendungen, die Aufwendungen der sozialen Betreuung und die Leistungen der medizinischen Behandlungspflege bis zu einem Gesamtbetrag von 1.612 Euro (unabhängig von der Pflegestufe). Durch das Pflegestärkungsgesetz I (PSG I) wurde eine größere Flexibilität zwischen den pflegeentlastenden Leistungen geschaffen. So kann der genannte Gesamtbetrag um bis zu 1.612 Euro aus noch nicht in Anspruch genommenen Mitteln der Verhinderungspflege auf insgesamt 3.224 Euro im Kalenderjahr erhöht werden. Der Anspruch auf K. ist in diesem Fall auf längstens acht Wochen pro Kalenderjahr beschränkt (§ 42 Abs. 2 SGB XI). Der für die K. in Anspruch genommene Erhöhungsbetrag wird mit dem Leistungsbetrag der Verhinderungspflege entsprechend verrechnet.

Mit der Einführung des PSG I haben zuhause gepflegte Pflegebedürftige in begründeten Einzelfällen einen Anspruch auf K. auch in geeigneten → Einrichtungen der Behindertenhilfe und anderen geeigneten Einrichtungen, wenn die Pflege in einer Pflegeeinrichtung nicht möglich oder nicht zumutbar ist (§ 42 Abs. 3 S. 1 SGB XI). Nimmt die Pflegeperson eine Vorsorge- und Rehabilitationsmaßnahme wahr und ist die gleichzeitige Unterbringung der/des Pflegebedürftigen notwendig, kann K. auch in → Rehabilitationseinrichtungen in Anspruch genommen werden (§ 42 Abs. 4 SGB XI). K. wird, gegenüber dem SGB XI nachrangig, auch im Rahmen der → Hilfe zur Pflege in der → Sozialhilfe (§ 61 Abs. 2 S. 1 SGB XII) gewährt. Zu berücksichtigen sind die durch das 2. Pflegestärkungsgesetz (PSG II) zum 1.1.2017 eintretenden Änderungen.

*Ulrike Häcker*

**Labeling approach** (Etikettierungs-, Definitionsansatz) ist eine seit den 1930er-Jahren in den USA diskutierte Perspektive in der Kriminologie, die in Deutschland in den 1970er-Jahren prominent wurde, und den Analysefokus grundlegend verschiebt: weg von der Suche nach den Ursachen von → Devianz und → Kriminalität (Ätiologie) hin zur Analyse der Instanzen und Prozesse → sozialer Kontrolle. Diese überwiegend als Paradigmenwechsel bezeichnete Betrachtungsweise gründet darauf, dass Abweichung/Kriminalität keine Eigenschaft von Subjekten oder bestimmten Handlungen ist, sondern sozial – durch Normsetzung (Gesetzgebung) und Normdurchsetzung (durch Polizei, Justiz) – hergestellt wird: Erst die situativ erfolgreiche Zuschreibung von Devianz durch formelle oder informelle Instanzen auf Basis einer gesetzten → Norm konstituiert demnach Kriminalität/Abweichung als soziale Tatsache. Entsprechend stehen in den unterschiedlichen Ansätzen des L.a. nicht die abweichenden Subjekte, deren Lebensumstände und Verhaltensweisen im Zentrum, sondern die Regeln, Normensysteme und Kategorien sowie die Interaktionen und Prozesse, in denen Abweichung hervorgebracht wird.

Die eher mikrosoziologischen Ansätze des L.a. zielen auf die Auswirkungen der Etikettierung auf die Akteure, zentral gehören hierzu Modelle der kriminellen/abweichenden Karriere (H. S. Becker, S. Quensel). Diese beinhalten einen ätiologischen Rest, da die Bedeutung der offiziellen Etikettierung bzw. → Stigmatisierung für die Verfestigung abweichender Verhaltensweisen herausgestellt wird, mit der konforme Handlungsoptionen und Lebenschancen beschnitten werden und das Stigma zum Selbstbild werden kann. Der Fokus liegt jedoch auf dem Handeln der Instanzen sozialer Kontrolle. Diese Perspektive und ihre Forschungen haben wesentlich zur Begründung der → Diversion beigetragen.

Die eher makrosoziologischen Ansätze (F. Sack) fokussieren die Selektionsprozesse der Normsetzung (welche Verhaltensweisen können als abweichend definiert werden?) sowie der Normanwendung (welchen Personengruppen wird das Etikett abweichend/kriminell vorwiegend zugeschrieben?), und fragen damit auch nach gesellschaftlichen und Herrschaftsverhältnissen. Danach sind bspw. Armut, ein Migrantenstatus oder das Geschlecht relevante Kriterien für die Entdeckung von Normbrüchen und die Zuschreibung des Etiketts kriminell. Die Überrepräsentation von Menschen mit niedrigem sozioökonomischem Status in Gefängnissen ist damit im Wesentlichen das Ergebnis selektiver Zuschreibungsprozesse sowie der Normen, auf denen diese basieren. Dieser reflexive Bezug auf und über die Norm sowie auf die Instanzen sozialer Kontrolle und deren Rationalitäten sind ein wesentlicher Ertrag des L.a. auch für die Soziale Arbeit. Er eröffnet die Perspektive auf die Untersuchung aller Kategorisierungen (aktuell z.B. Kindeswohlgefährdung) auf die zugrunde liegenden gesellschaftlichen Konflikte und Problemdeutungen, aber auch auf ihren konkreten Kontroll- und Ausschließungsanteil.

*Tilman Lutz*

**Landesärztinnen/Landesärzte** In den einzelnen Bundesländern können L. bestellt werden, die über besondere Erfahrungen in der Hilfe für → behinderte und von Behinderung bedrohte Menschen verfügen (§ 62 Abs. 1 SGB IX).

Sie haben v.a. folgende Aufgaben: (1) Erstattung von → Gutachten für die Landesbehörden, die für das → Gesundheitswesen und die → Sozialhilfe zuständig sind, sowie für die zuständigen → Träger der Sozialhilfe in besonders schwierig gelagerten Einzelfällen oder in Fällen von grundsätzlicher Bedeutung, (2) Beratung und Unterstützung der für das Gesundheitswesen zuständigen obersten Landesbehörden beim Erstellen von Konzeptionen, Situations- und Bedarfsanalysen und bei der Landesplanung zur → Teilhabe behinderter und von Behinderung bedrohter Menschen sowie entsprechende eigene Initiativen, (3) regelmäßige Unterrichtung der für das Gesundheitswesen zuständigen Landesbehörden über Art und Ursachen von Behinderungen und notwendige Hilfen sowie über den Erfolg von Leistungen zur Teilhabe behinderter und von Behinderung bedrohter Menschen (§ 62 Abs. 2 SGB IX), (4) Mitwirkung bei der Aufstellung des → Gesamtplanes und der Durchführung der Leistungen durch den Sozialhilfeträger (§ 58 Abs. 2 SGB XII).

Die Regelungen in § 62 SGB IX haben den früheren § 126 a BSHG ersetzt und fortgeschrieben. Demnach sind die Länder nicht verpflichtet, L. zu bestimmen. Die Aufgaben sind den obersten Landesbehörden zugeordnet. Hervorzuheben ist die Möglichkeit, ggf. selbst initiativ zu werden. Der Einsatz der L. ist in den einzelnen Bundesländern sehr unterschiedlich geregelt. Z.T. sind L. regelmäßig in die Arbeit von → Einrichtungen der Behindertenhilfe sowie von Schulen eingebunden oder führen regelmäßig Sprechtage durch, z.T. geschieht dies nur auf Anfragen der → Gesundheitsämter oder der Betroffenen, z.T. werden die L. gar nicht in Anspruch genommen. Einige L. arbeiten hauptamtlich, andere nebenamtlich, in einigen Bundesländern wurden keine L.

benannt oder ihre Aufgaben auf andere Stellen übertragen, z.B. auf den Ärztlichen Dienst der Versorgungsverwaltung. Wie sich die Stellung der L. in Zukunft entwickeln wird, ist weiterhin ungewiss. Die Beteiligung an Sprechtagen und die → Beratung einzelner Menschen mit Behinderung sind vielerorts möglich. Eine wichtige Rolle können L. bei der Erstellung des individuellen Hilfeplans spielen, v.a. wenn medizinischer Sachverstand bei trägerübergreifenden Budgets gefragt ist. L. können durch ihre spezielle fachliche Kompetenz bei angemessener organisatorischer Einbindung einen wichtigen Beitrag zur umfassenden Förderung und gesundheitlichen Versorgung im Einzelfall, v.a. aber in der Arbeit von Institutionen leisten und zur angemessenen Berücksichtigung gesundheitlicher Probleme und Fördermöglichkeiten von Menschen mit Behinderung unter Nutzung medizinischen Wissens in Konzeption und Umsetzung von Hilfsangeboten beitragen. Sie können die Befriedigung des Anspruchs behinderter Menschen auf Beratung und Auskunft (Kap. 8 Titel 1 SGB IX) sichern helfen.

*Matthias Schmidt-Ohlemann*

**Landesblindengeldgesetze** → Blindengeld

**Landesjugendamt** ist eine von einem überörtlichen öffentlichen → Jugendhilfeträger errichtete Jugendbehörde, die überregionale Aufgaben der → Kinder- und Jugendhilfe wahrnimmt. Als zentrale Fachbehörde mit Dienstleistungsfunktion plant, koordiniert und fördert das L. die Tätigkeit der → Jugendämter und → freien Träger. Wie das Jugendamt ist auch das L. eine zweigliedrige Behörde, die aus dem Landesjugendhilfeausschuss (→ Jugendhilfeausschuss) und der Verwaltung des L. besteht. Die Verpflichtung zur Errichtung von L. beruht auf § 69 Abs. 3 SGB VIII. Die Bestimmung der überörtlichen Träger obliegt dem jeweiligen Landesgesetzgeber.

In § 85 Abs. 2 SGB VIII sind dem L. folgende Hauptaufgaben zugewiesen: (a) → Fach- und → Organisationsberatung der Jugendämter und freien Träger in Grundsatz- und Einzelfragen der Jugendhilfe; (b) Vernetzung der örtlichen Planung durch Förderung der Zusammenarbeit zwischen Jugendämtern und freien Trägern zur sachgerechten und flächendeckenden Erfüllung der Jugendhilfeaufgaben; (c) Qualifizierung und Weiterentwicklung fachlicher Standards durch Förderung und Schaffung neuer Angebote und Konzepte sowie durch Unterstützung und Durchführung von Modellprojekten; (d) differenziertes Fortbildungsangebot für die → Fachkräfte in der Jugendhilfe; (e) Entwicklung von Empfehlungen zur Erfüllung der Jugendhilfeaufgaben als Ergebnis von Informations- und Erfahrungsaustausch, Beratung und Fortbildung; (f) spezifische Beratung der Jugendämter bei → Hilfen zur Erziehung, insbesondere bei der Auswahl einer → Einrichtung oder der Vermittlung einer Pflegeperson in schwierigen Einzelfällen; (g) Beratung der Träger von Einrichtungen, Erteilung der → Betriebserlaubnis gem. § 87 a SGB VIII und Schutz von Kindern und Jugendlichen in Einrichtungen gem. §§ 45–48 a SGB VIII (insoweit stehen dem L. auch Weisungsrechte gegenüber den Jugendämtern zu). Nach der Neuregelung der Vorschriften über eine vorläufige → Inobhutnahme übernehmen die L. darüber hinaus die Aufgaben der Landesstelle für die Verteilung von → unbegleiteten minderjährigen Flüchtlingen (§ 42 a Abs. 4 i.V.m. § 42 b Abs. 3, S. 3 SGB VIII).

Außerdem ist beim L. die zentrale Adoptionsstelle nach dem Adoptionsvermittlungsgesetz (AdVermiG → Adoptionsvermittlung) eingerichtet. Das L. erfüllt darüber hinaus Aufgaben, die ihm durch Landesrecht übertragen werden. Dabei handelt es sich im Allgemeinen um die Umsetzung der → Landesjugendpläne bzw. Kinder- und Jugendförderpläne der einzelnen Länder, insbesondere in den Bereichen Förderung der → Jugendarbeit, der → Jugendsozialarbeit und des erzieherischen → Kinder- und → Jugendschutzes. S. auch → Bundesarbeitsgemeinschaft der Landesjugendämter (BAGLJÄ).

*Magdalene Dubiel*

**Landesjugendhilfeausschuss** → Jugendhilfeausschuss

**Landesjugendpläne** Im § 82 SGB VIII ist die Verpflichtung der Bundesländer verankert, die Tätigkeit der → öffentlichen Träger der → Kinder- und Jugendhilfe und die Weiterentwicklung ihrer Aufgaben und Einrichtungen anzuregen sowie deren gleichmäßigen Ausbau zu unterstützen. Um diesem Auftrag gerecht zu werden, erhalten die Handlungsfelder → Jugendarbeit, → Jugendsozialarbeit sowie erzieherischer → Kinder- und → Jugendschutz (zusammen weithin als das Feld der Kinder- und → Jugendförderung gemäß §§ 11–14 SGB VIII bezeichnet) finanzielle Zuwendungen in Form von Förderprogrammen der Länder: den L. Einrichtungen und Angebote der Kinder- und Jugendförderung können aus dem L. gefördert werden, wenn sie über die Leistungsverpflichtungen der öffentlichen Träger der Kinder- und Jugendhilfe hinaus zur Verwirklichung entsprechender Aufgaben im Land bedeutsam sind.

In den Bundesländern sehen Ausführungsgesetze zum SGB VIII vor, dass das jeweilige Ministerium für jede Legislaturperiode einen Kinder- und Jugendförderplan erstellt, der Ziele und Aufgaben dieses Praxisfeldes im Land beschreibt und die finanzielle Unterstützung in ihrem Umfang festlegt (häufig im Rahmen sog. Kinder- und Jugendförderungsgesetze). Aus Mitteln des L.s können auf Antrag Sach- und Personalausgaben finanziert werden, insbesondere für Angebote, Maßnahmen, Einrichtungen und projektbezogene pädagogische Ansätze z.B. in den Bereichen: → Gleichstellung von Mädchen und Jungen, → interkulturelle Erziehung und Bildung, sozialpädagogische Förderung benachteiligter Kinder und Jugendlicher, → Partizipation junger Menschen, → politische und soziale Bildung in der Kinder- und Jugendarbeit, Förderung der Medienkompetenz (→ Medienbildung), Gewaltprävention, → Integration sowie das Zusammenwirken mit der Schule.

Zielten die ersten J. 1950 v.a. auf die Minderung eingeschränkter → Lebenslagen und Not junger Menschen in der Nachkriegszeit sowie auf die Etablierung des Praxisfeldes Kinder- und Jugendarbeit, so wiederspiegeln heutige L. in ihren Grundlegungen und Handlungsrahmen aktuelle Entwicklungstendenzen und fachliche Standards. Hierzu zählt z.B. die gegenwärtig verstärkt diskutierte Schnittstellenbildung der Kinder- und Jugendhilfe mit benachbarten Feldern, v.a. mit der Schule im Kontext des Ausbaus von Ganztagsangeboten sowie mit dem → Gesundheitswesen. L. formulieren für die Kinder- und Jugendförderung demnach immer auch zentrale fachpolitische Herausforderungen, genauso wie Voraussetzungen für die entsprechende Gestaltung effektiver Angebote und Einrichtungen: z.B. die Anwendung von Verfahren der Qualitätsentwicklung, die Mitwirkung an der Entwicklung kommunaler → Bildungslandschaften, die Ausrichtung der Konzepte an Anforderungen der → Inklusion oder die Einbindung der aus Landesmitteln mitgeförderten Maßnahmen in die kommunale → Jugendhilfeplanung.

L. ergänzen den → Kinder- und Jugendplan des Bundes (KJP), der auf der Grundlage des § 83 SGB VIII die Tätigkeit der Kinder und Jugendhilfe anregen, fördern und ihre Innovationsmöglichkeiten aufzeigen soll. Der KJP bezieht sich in der Fassung von 2012 u.a. auf Förderziele wie den Schutz von Kindern und Jugendlichen, politische Bildung, die Unterstützung junger Menschen mit Behinderungen, die Stärkung im Umgang mit Medien sowie die Integration von → Kindern und Jugendlichen mit Migrationshintergrund.

*Stephan Maykus*

**Landespflegeausschuss** Die Bildung mindestens eines L. ist in § 92 SGB XI (→ Pflegeversicherung) für jedes Bundesland vorgesehen. Ein L. hat, anders als der Bundespflegeausschuss, nicht nur Beratungsfunktion, sondern kann auch einheitliche Empfehlungen abgeben. Der L. soll die Zusammenarbeit zwischen Ländern, → Pflegekassen, → Trägern der Sozialhilfe und → Einrichtungen sicherstellen. Die Entwicklung der pflegerischen Infrastruktur sowie Fragen des Vergütungsrechts sind Aufgabenschwerpunkte eines L. I.d.R. werden L. bei Fragen der → Bedarfsplanung und Investitionsförderung beteiligt. Seine Empfehlungen sind dabei angemessen bei der Umsetzung zu berücksichtigen. Die Länder können Näheres, insbesondere über die Zahl der Mitglieder sowie deren Bestellung und der Dauer der Mitgliedschaft, regeln. Neben Vertretern von Pflegekassen, des → Medizinischen Dienstes der Krankenversicherungen (MDK), der Sozialhilfeträger, der → Kommunalen Spitzenverbände und von Verbänden der Einrichtungsträger, die dem L. angehören müssen, gehören dem L. i.d.R. auch Mitglieder von Angehörigen- und Selbsthilfeorganisationen an (z.B. Landesseniorenrat).

*Franz Schmeller*

**Landespflegegesetze** Die Bundesländer sind verpflichtet und ermächtigt, das Nähere zu Planung (→ Altenhilfeplanung) und Errichtung von → Pflegeeinrichtungen durch Landesrecht zu regeln (§ 9 SGB XI). Hiervon haben die Länder durch den Erlass von L. und teilweise von Landespflegegesetzverordnungen (→ Rechtsverordnung) in unterschiedlicher Weise Gebrauch gemacht. Inhalt der L. ist die Gewährleistung einer leistungsfähigen, bedarfsgerechten, wirtschaftlichen, ortsbezogenen und aufeinander abgestimmten pflegerischen Versorgung der Bevölkerung. Die dazu erlassenen Normen regeln Fragen betreffend die Pflege und die finanzielle Unterstützung der Pflegeeinrichtungen durch das Land sowie die → Landkreise und → kreisfreien Städte. Regelmäßig ist die finanzielle Förderung von Pflegeeinrichtungen vorgesehen. Der Inhalt dieser Förderung ist unterschiedlich. In Schleswig-Holstein etwa werden Pflegeeinrichtungen gefördert, die Pflegebedürftige in → Tages- und → Nachtpflege (teilstationäre Pflege), in → Kurzzeitpflege sowie in zeitlich unbefristeter vollstationärer Pflege betreuen. Die Förderung ist dabei an persönliche Voraussetzungen der Pflegebedürftigen geknüpft und durch einen Höchstbetrag gedeckelt. Neben diesen Zuschussarten, die an persönliche Voraussetzungen anknüpfen, gibt es weitere Fördermöglichkeiten, die die

»laufenden betriebsnotwendigen Investitionsaufwendungen« der Einrichtungen betreffen und der Finanzierung von Modernisierungs-, Sanierungs- und Umstrukturierungsmaßnahmen dienen. Diese Förderungen finden ausschließlich im Verhältnis Einrichtung und → Träger der Sozialhilfe statt. Die L. sehen regelmäßig die Einrichtung von → Pflegekonferenzen vor, die das Ziel verfolgen, eine ausreichende Struktur für die pflegerische Versorgung der Bevölkerung zu schaffen und zu erhalten.

*Katja Fahlbusch*

**Landesversicherungsanstalten** → Regionalträger

**Landeswohlfahrtsverbände** → Träger der Sozialhilfe

**Landkreise** sind verfassungsrechtlich garantierte kommunale Gebietskörperschaften mit eigener demokratischer Legitimation und eigenem Recht der kommunalen → Selbstverwaltung. Die 295 L. in der Bundesrepublik umfassen rd. 96% der Fläche und mit knapp 56 Mio. Einwohnern ca. 68% der Bevölkerung Deutschlands.

Die L. sind zusammen mit den → Gemeinden Fundament der vom → Grundgesetz (GG) vorgegebenen dezentralen, also kommunalen Verwaltung. Nach Art. 28 Abs. 1 S. 2 GG muss das Volk in den L. eine Vertretung haben, die aus allgemeinen, unmittelbaren, freien, gleichen und geheimen Wahlen hervorgegangen ist. Den L. steht nach Art. 28 Abs. 2 S. 2 GG das Recht der kommunalen Selbstverwaltung zu. Der kreisliche Aufgabenbestand bestimmt sich in der Regel nach den → Gesetzen. Das Recht der L. ist durchgehend landesrechtlich geregelt, insbesondere in den Landesverfassungen, den Landkreisordnungen, die den L. Aufgaben generalklauselartig zuweisen, und auch in den meist entsprechend geltenden Bestimmungen der Gemeindeordnungen über das kommunale Wirtschaftsrecht. In Schleswig-Holstein und in Nordrhein-Westfalen gibt die Kreisordnung die Bezeichnung Kreise vor, in allen anderen Bundesländern heißen sie L. Organe des L. sind je nach Landkreisordnung der von der Kreisbevölkerung gewählte Kreistag und der Landrat (außer Hessen), zum Teil auch der Kreisausschuss.

Die L. sind örtliche → Träger der Sozialhilfe, örtliche Träger der öffentlichen Jugendhilfe (→ Jugendhilfeträger) und → Träger der Grundsicherung für Arbeitsuchende (SGB II) und nehmen darüber hinaus im gesamten sozialen Bereich eine Vielzahl wichtiger Aufgaben z.B. im Rahmen des → Asylbewerberleistungsgesetzes, der rechtlichen → Betreuung und des → öffentlichen Gesundheitsdienstes wahr. Weiter obliegen ihnen kreiskommunale (übergemeindliche) Aufgaben wie das Sparkassenwesen, das regionale Verkehrswesen, die stationäre Krankenversorgung (→ Krankenhaus), Fragen der Wirtschaftsförderung, der Regionalplanung, des Tourismus oder der Umwelt. Je nach Aufgabenzuweisung handelt es sich um Selbstverwaltungsangelegenheiten des eigenen Wirkungskreises, so insbesondere bei den übergemeindlichen Aufgaben, oder um pflichtige Selbstverwaltungsaufgaben. Daneben prägen staatliche Aufgaben (Pflichtaufgaben zur Erfüllung nach → Weisung) wie das Ordnungsrecht, das Ausländerwesen, das Straßenverkehrsrecht sowie das Schulverwaltungswesen das Aufgabenspektrum der L.

Haupteinnahmequellen der L. sind Finanzzuweisungen von den Ländern, insbesondere Schlüsselzuweisungen, die bei den kreisangehörigen Gemeinden erhobene Kreisumlage sowie in zunehmenden Maße Bundesbeteiligungen an von den L. ausgeführten Geldleistungsgesetzen (→ Geldleistung) wie z.B. → Unterkunftskosten nach dem SGB II oder → Grundsicherung im Alter und bei Erwerbsminderung nach dem SGB XII. Weitere, vergleichsweise geringe Einnahmen erzielen die L. u.a. durch Gebühren, Ersätze sozialer Leistungen, Einnahmen aus wirtschaftlicher Betätigung und Veräußerungserlöse. Als eigene Steuerquelle steht den L. nur die Jagdsteuer zu.

Die Interessen der L. werden in den Bundesländern durch die jeweiligen Landkreistage, auf Bundes- und Europaebene (→ Europäische Union) durch den → Deutschen Landkreistag vertreten.

*Irene Vorholz*

**Landschaftsverbände** sind kommunale Zusammenschlüsse, die unter diesem Namen nur in Nordrhein-Westfalen und Niedersachsen bestehen. Während L. in Niedersachsen überwiegend im Bereich der Kulturarbeit und Kulturförderung tätig sind, erfüllen der L. Westfalen-Lippe und der L. Rheinland darüber hinaus als höhere Kommunalverbände vielfältige Aufgaben im Bereich der Sozialen Arbeit, v.a. als Träger von → Einrichtungen in der Behindertenhilfe, der → Jugendhilfe, des Gesundheits- und Schulwesens und der → psychiatrischen Versorgung. Mitglieder der L. in Nordrhein-Westfalen sind → kreisfreie Städte und → Landkreise, die die L. tragen und finanzieren. Organe der L. sind u.a. die Landschaftsversammlung, der Landschaftsausschuss und ein Direktor/eine Direktorin als gesetzliche Vertretung des L.

*Ralf Mulot*

**Landwirt/innen** → Alterssicherung der Landwirt/innen

**Längsschnitterhebung** → Empirische Sozialforschung, → Statistische Grundlagen der Sozialen Arbeit

**Langzeitarbeitslosigkeit** → Arbeitslosigkeit

**Lastenausgleich** war ein in der Bundesrepublik Deutschland (Westdeutschland ohne Beitrittsgebiet) aufgelegtes umfassendes Eingliederungs- und Entschädigungsprogramm für Millionen von Menschen, die im Zusammenhang mit den Ereignissen des Zweiten Weltkrieges und dessen Folgen aus ihrer Heimat flüchten mussten oder vertrieben wurden. Zwischen 1944 und 1949 waren etwa 8 Mio. Vertriebene (→ Bundesvertriebenengesetz) aus den Gebieten des (ehemaligen) Deutschen Reichs östlich von Oder und Neiße und aus Ländern Ost- und Südosteuropas nach Westdeutschland gekommen (sowie 4 Mio. in die sowjetische Besatzungszone und 1 Mio. nach Österreich, Westeuropa und Übersee). Nach 1950 folgten aus dem Vertreibungsgebiet bis 2007 (seit 1990 in das gesamte Bundesgebiet) – mit zuletzt stark abnehmender Tendenz (2007: 5.792 Personen) – knapp 4,5 Mio. → Spätaussiedler/innen. Vom Territorium der DDR waren bis Mitte 1990 rund 4,6 Mio. Übersiedler/innen in die Bundesrepublik zugezogen. Ziel des L. war es, für die Betroffenen die frühere soziale Stellung durch Beseitigen von Notlagen, Eingliederung und Entschädigung wieder herzustellen. Schädigende Ereignisse gibt es seit den politischen Veränderungen in Mittel- und Osteuropa nicht mehr – Anträge auf L. konnten daher nur bis zum 31.12.1995 gestellt werden. In den neuen Bundesländern gab es L. nur bei Spätaussiedler/innen, die dort nach dem 3.10.1990 und vor dem 1.1.1993 ihren ständigen → Aufenthalt genommen haben. Wegen der Vermögensrückgaben im Beitrittsgebiet (ehemalige DDR) hat der im Lastenausgleichsgesetz (LAG) vom 14.8.1952 geregelte L. nur noch Bedeutung hinsichtlich der Rückforderung von Leistungen. Zuständig sind in den Ländern die Ausgleichs-/Lastenausgleichsämter sowie als obere Bundesoberbehörde das (seit 2008 in Verwaltungsgemeinschaft mit dem Bundesamt für zentrale Dienste und offene Vermögensfragen geführte) Bundesausgleichsamt mit Sitz in Bad Homburg.

*Gottfried Eichhoff*

**Lastenzuschuss** → Wohngeld

**Lebenshaltungskosten** → Regelbedarf

**Lebenskrise** → Krisenintervention

**Lebenslage** Als L. werden die äußeren Bedingungen bezeichnet, die das Leben von Personen oder → Gruppen beeinflussen. Die natürlichen und gesellschaftlichen Lebensbedingungen an einem Ort innerhalb einer zeitgeschichtlichen Phase bilden einen Handlungsspielraum, den eine Person mit ihren Interessen, Fähigkeiten und Einschränkungen nutzen kann. Diese konkrete Einbindung einer Person in ihre sozioökonomische, soziohistorische und soziokulturelle Umgebung ist ihre L.

Das Konzept der L. wurde von O. Neurath begründet, der die Mehrdimensionalität der Lebensumstände und deren Wirkung auf Personen betont: L. ist der »Inbegriff all der Umstände, die verhältnismäßig unmittelbar die Verhaltensweise eines Menschen, seinen Schmerz, seine Freude bedingen. Wohnung, Nahrung, Kleidung, Gesundheitspflege, Bücher, Theater, freundliche menschliche Umgebung, all das gehört zur Lebenslage …« (Neurath 1931, 512). G. Weisser greift dies auf und legt den Akzent auf die Realisierung von Lebenschancen. Er versteht L. als den »Spielraum, den einem Menschen (einer Gruppe von Menschen) die äußeren Umstände nachhaltig für die Befriedigung der Interessen bieten, die den Sinn seines Lebens bestimmen« (Weisser 1956, 986). Dieser Handlungsspielraum als Interaktion von persönlichen Kompetenzen und äußeren Faktoren kommt dem nahe, was A. Sen (2000) als »Capabilities« bezeichnet.

In einer funktional differenzierten Gesellschaft sind Personen in mehrere Teilsysteme eingebunden (→ Inklusion), die die Gesellschaft für einzelne Funktionsbereiche ausgebildet hat (z.B. Bildungssystem, Erwerbssystem, Gesundheitssystem, lokale Nachbarschaften, familiäre Systeme). Diese sozialen Bezüge beeinflussen die jeweiligen Bereiche der L. Für eine gelingende Inklusion sind die Zugangsvoraussetzungen zu gesellschaftlichen Teilsystemen zu erfüllen: So setzt z.B. eine gute Wohn- und Lebensqualität die Verfügbarkeit finanzieller Ressourcen voraus, die i.d.R. durch Einbindung in Erwerbsarbeit erlangt werden. Diese hat wiederum berufliche Qualifikationen sowie physische und psychische Leistungsfähigkeit zur Voraussetzung. Daraus lassen sich Bildung, Gesundheit, soziale Netzwerke sowie Zugang zu Erwerbstätigkeit und Wohnqualität als zentrale Dimensionen der L. rekonstruieren. Die Zugangsschwellen verändern sich in dem Maße, wie sich diese gesellschaftlichen Bereiche verändern: So macht es für die L. eines Kindes mit Beeinträchtigungen (→ behinderte Menschen) einen Unterschied, ob das Bildungssystem vor Ort inklusiv gestaltet ist oder nicht. Für die L. von Arbeitslosen (→ Arbeitslosigkeit) macht es einen Unterschied, ob der lokale Arbeitsmarkt angespannt ist oder ein Mangel an Arbeitskräften herrscht. Die Konstellation der L. verändert sich auch in unterschiedlichen Lebensphasen, für die L. von Kindern sind andere Bereiche zentral als für Erwerbstätige oder für ältere Menschen.

Das L.-Konzept findet in einer → Sozialberichterstattung Anwendung, die nicht nur über monetäre Armut berichtet, sondern die Mehrdimensionalität unterschiedlicher Lebensbereiche in ihrer Wechselwirkung analysiert. Auch in mehrdimensional angelegten Konzepten der Sozialen Arbeit wie z.B. → Quartiersmanagement und → Sozialraumorientierung werden die L. der Bevölkerung im Zusammenwirken von Bildungsressourcen, Erwerbschancen, Wohnverhältnissen sowie familiären und nachbarschaftlichen Konstellationen berücksichtigt (siehe auch → Hilfe in besonderen L.).

*Lit.* Engels, D.: Lebenslagen und soziale Exklusion, Sozialer Fortschritt 5 (2006), S. 109–117; Neurath, O.: Empirische Soziologie (1931), abgedruckt in: Neurath, O.: Gesammelte philosophische und methodologische Schriften, B. 1, Wien 1981, S. 423–527; Sen, A.: Ökonomie für den Menschen, München 2000; Weisser, G.: Artikel »Wirtschaft«, in: Ziegenfuss, W. (Hrsg.): Handbuch der Soziologie, Stuttgart 1956, S. 986.

*Dietrich Engels*

**Lebenslanges Lernen** → Lernen

**Lebenslaufforschung** Die L. befasst sich mit der Abfolge von sozialen (Lebens-)Ereignissen oder Übergängen (z.B. Beginn oder Ende einer Ausbildung, Heirat oder Ehescheidung, Beginn oder Ende einer Erwerbstätigkeit) und der Dauer von Aktivitäten und Zuständen (z.B. Ausbildungs-, Ehe- oder Erwerbstätigkeitsdauer) in verschiedenen Lebensbereichen von der Geburt bis zum Tod. Die L. untersucht, in welcher Weise → Individuen im Zeitablauf in gesellschaftliche Teilbereiche (z.B. Bildungssystem, Ehe, Familie, Arbeitsmarkt) eingebunden sind und leistet daher einen eigenständigen Beitrag zur Gesellschaftsanalyse. Sie hat sich in den 1970er-Jahren als Soziologie des Lebenslaufs etabliert, wobei es inhaltliche und methodische Überschneidungen zur neueren → Entwicklungspsychologie gibt, die ebenfalls die gesamte Lebensspanne in den Blick nimmt. Die L. verfolgt u.a. eine theoretische Perspektive, in der die unverbundene Erforschung einzelner Lebensabschnitte (wie → Kindheit, → Jugend, → Alter) überwunden werden soll.

Zentrale Gegenstände der L. sind: (1) die Erklärung des Handelns und der sozialen Lage durch Merkmale des vorangegangenen Lebenslaufs. Allgemein sollen diejenigen Lebensereignisse und -erfahrungen genauer bestimmt werden, die den weiteren Lebenslauf dauerhaft prägen. Hierzu gehören z.B. Untersuchungen zu den Folgen der ersten Erwerbstätigkeit im Lebenslauf für die weitere Erwerbskarriere, zu den Auswirkungen des erreichten Bildungsniveaus auf den Erwerbs- und Familienverlauf oder zu den Konsequenzen des Hauseigentums für die weitere räumliche Mobilität; (2) die Analyse von Ereignissen in Bezug auf ihre Altersabhängigkeit und ihr zeitliches Verhältnis zueinander als Elemente einer gesellschaftlich regulierten Struktur des Lebenslaufs. So wird z.B. nicht nur die Streuung des Heiratsalters oder des Alters bei der Familiengründung betrachtet, sondern auch der Einfluss staatlich festgelegter Altersgrenzen und gesellschaftlicher Altersnormen auf die zeitliche Struktur von Lebensläufen (z.B. Schulpflicht, Altersgrenzen beim Übergang in die Rente usw.). Es gerät zudem in den Blick, dass sich im dritten und am Beginn des vierten Lebensjahrzehnts Lebensereignisse häufen (»Rushhour des Lebens«) oder manche soziale Übergänge sehr früh oder spät stattfinden, womit bestimmte Risiken verbunden sein können (Schwangerschaften im Jugendalter oder späte Geburten); (3) der insbesondere bei der Unterscheidung nach Kohorten oder Generationen erkennbare Einfluss soziohistorischer Ereignisse (wie Krieg, Wirtschaftskrisen) auf den Lebenslauf. Eine unterschiedliche Prägung von Lebensläufen durch historische Ereignisse ist ein wichtiges Element für die Erklärung des sozialen Wandels von → Gesellschaften. Die L. hat dann eine sozialkritische Funktion, wenn sie herkunftsbedingte Chanceungleichheiten oder im Lebenslauf kumulierende → soziale Ungleichheiten aufdeckt und darauf bezogene sozialpolitische Maßnahmen (→ Sozialpolitik) einer Beurteilung unterzieht.

*Michael Wagner*

**Lebenspartnerschaft** Das »Gesetz über die Eingetragene Lebenspartnerschaft« vom 16.2.2001 (BGBl. I 2001 S. 266), geändert durch das »Gesetz zur Überarbeitung des Lebenspartnerschaftsrechts« vom 15.12.2004 (BGBl. I 2004, S. 3396) und mehrere Änderungsgesetze haben für gleichgeschlechtliche Paare (→ Gleichgeschlechtliche Lebensweisen) ein familienrechtliches Institut geschaffen, an dessen Begründung eine Verantwortungs- und Einstehensgemeinschaft geknüpft wird, die sog. »Eingetragene Lebenspartnerschaft«. Nach der Entscheidung des

→ Bundesverfassungsgerichts (BVerfG) vom 17.7.2001 verstößt das L. nicht gegen den Schutz von → Ehe und → Familie des Art. 6 → Grundgesetz (GG).

Die L. wird durch die Abgabe der Erklärung vor der zuständigen Behörde begründet. An sie werden weitgehend der Ehe entsprechende Rechtsfolgen geknüpft. Nach mehreren Entscheidungen des BVerfG, welches die Verletzung von Art. 3 GG rügte, wurden weitergehende gesetzliche Gleichstellungen mit der Ehe umgesetzt. Ein/e Lebenspartner/in gilt als Familienangehörige/r des/der anderen. Er/sie kann das Kind des/der anderen Lebenspartner/in annehmen, auch wenn dieser das Kind adoptiert hat (Sukzessivadoption). Eine gemeinsame Adoption ist weiterhin nicht möglich. An die amtliche Eintragung werden familienrechtliche, steuerrechtliche und Folgen u.a. im Sozialversicherungs-, Ausländer- und Mietrecht geknüpft. In der Fürsorge werden von den Partner/innen einer eingetragenen L. dieselben Einstandspflichten wie von Eheleuten erwartet.

*Karen Peters*

**Lebensstil** Als explizites Konzept geht der Begriff des L. auf soziologische Klassiker zurück. Er hat in den 1980er- und 1990er-Jahren in der Soziologie erneut Aufmerksamkeit erhalten, als die Konzepte von Klasse und Schicht zunehmend in Frage gestellt wurden und L.- und Milieukonzepte als Alternativen diskutiert wurden. Am Beginn der wissenschaftlichen Verwendung des Begriffs stehen G. Simmel, der Stilisierung und → Individualisierung des Lebens in Zusammenhang brachte, und M. Weber, der Lebensführung als Ausdruck der Zugehörigkeit zu ständischen Lagen thematisierte. Auch in modernen L.konzepten haben diese Aspekte zentralen Stellenwert. Wenn der L.begriff auch unterschiedlich verwendet wird, so versteht man darunter doch meistens ästhetische und expressive Muster der Lebensführung von → Individuen und → Gruppen. L. bezeichnen ein → Verhalten, nicht etwa Werte oder Einstellungen, wobei es genauer um ein kohärentes Verhaltensmuster geht, das über längere Zeiträume stabil und für eine Person bedeutsam ist. Der L. umfasst u.a. die Art der Freizeitgewohnheiten, des Konsumverhaltens, kultureller Aktivitäten, der Wohnverhältnisse, der Mediennutzung, der Kleidung bis hin zu Formen der Geselligkeit. Teils synonym zu L., teils davon unterschieden wird auch von sozialen Milieus gesprochen. Während aber der Milieubegriff auf einen sozialen Kontext verweist, ist der L. ein individuelles Merkmal. Für die Individuen ist die Entwicklung und Zugehörigkeit zu einem L. identitätsstiftend. Er symbolisiert eine Gruppenzugehörigkeit, dient aber auch der Distinktion, also der Abgrenzung zu sozialen Gruppen.

Die Bedeutung des L.konzeptes besteht darin, dass es wie das Konzept der → Lebenslagen auf eine verfeinerte Analyse der → Sozialstruktur moderner Gesellschaften zielt. Es geht meist von der nachlassenden Bedeutung von Klassen und Schichten aus und kennzeichnet einen neuen Typus von Sozialstruktur. Im Zusammenhang mit Individualisierungstendenzen und zunehmenden Wahlmöglichkeiten, die sich aufgrund steigenden Wohlstands und vermehrter Freizeit ergeben, erfolgt eine Pluralisierung der Sozialstruktur, die sich auch als Vielfalt von L.gruppen charakterisieren lässt. Nach P. Bourdieu wird der L. durch einen klassenspezifischen Habitus geprägt. Der Habitus ist ein System von Dispositionen und Neigungen, also verinnerlichten Wahrnehmungs- und Bewertungsmustern. Er wird wiederum durch die Klassenzugehörigkeit geprägt, die vom Volumen des ökonomischen und kulturellen Kapitals sowie der relativen Anteile dieser Kapitalsorten abhängt. Der L. beruht zum einen auf individuellen Wahlentscheidungen, Werthaltungen und Gestaltungsleistungen, wird zum anderen aber auch durch die ökonomischen, kulturellen und sozialen → Ressourcen geprägt, über die Individuen verfügen. Personen lassen sich auch danach unterscheiden, ob sie eher einen »traditionellen« oder »modernen« L. pflegen bzw. in welcher Weise sie ihren L. an einer Lebensphase oder Altersgruppe ausrichten.

*Michael Wagner*

**Lebensunterhalt** → Hilfe zum Lebensunterhalt, → Leistungen zur Sicherung des Lebensunterhalts

**Lebenswelt** Mit L. wird in der Sozialen Arbeit heute überwiegend die alltägliche Wirklichkeitserfahrung eines verlässlichen, → soziale Sicherheit und Erwartbarkeit bietenden primären Handlungszusammenhangs (→ Familie, Nachbarschaft, Gemeinwesen, bestimmte → Gruppen, soziokulturelle Milieus usw.) bezeichnet. In der L. wird in einer stillschweigenden, gemeinsamen Unterstellung bzw. Auslegung der Geltung sozialer Regeln, Strukturen und Abläufe die Grundlage sozialen Handelns gelegt. In einer Zeit zunehmenden Zerfalls der L., d.h. insbesondere auch der Auflösung primärer sozialer Hilfeerwartungen und -beziehungen, stellt sich – so die Schlussfolgerung in diesem Denkmodell – für Soziale Arbeit die Aufgabe, noch funktionierende soziale Zusammenhänge der L.

durch Aktivierung vorhandener → Ressourcen zu entwickeln, zu stützen oder durch geeignete Hilfeangebote zu ergänzen. L.orientierte Ansätze der Sozialen Arbeit unterscheiden sich in diesem Sinne von kontrollierend-intervenierenden Konzepten (→ Kontrolle). Neben dem L.begriff sind in der Sozialen Arbeit ähnlich akzentuierte Begriffe Lebensraum oder Alltagswelt in Gebrauch. Die genauen Abgrenzungen zwischen diesen Begriffen sind derzeit unklar, jedoch sind sie meist alle vom gleichen Zielverständnis einer modernen Form der Hilfe zur → Selbsthilfe getragen: der Stärkung alltagsbezogener Handlungskompetenzen und Formen der → Solidarität.

Mit dem Begriff der L. verbindet sich ursprünglich eine durch E. Husserl begründete philosophische Grundlagentheorie, welche sich zur Aufgabe setzt, die universell-menschlichen Voraussetzungen der Wissenschaften aufzudecken. Die These von der Begründung der Wissenschaften in den Fundamenten der L. leitete eine neue Epoche der Wissenschaftsphilosophie ein. Der L.begriff wurde in der Folge insbesondere durch A. Schütz weiterentwickelt, mit bedeutenden Konsequenzen für die Wissenschaften vom Menschen wie bspw. die Anthropologie, Psychologie, Pädagogik (Erziehungswissenschaft) und Soziologie, in denen ganz neue theoretische Denkrichtungen und Forschungsprogramme angeregt werden (z.B. die Ethnomethodologie in der Soziologie). Schütz' fundamentale Annahme besteht darin, dass die Menschen auf der Grundlage eines gemeinsamen, naiven Wissens um die Gültigkeit einer intersubjektiv geteilten Weltsicht handeln. Die L. stellt für Schütz den Wirklichkeitsbereich dar, den der Einzelne in der »Einstellung des gesunden Menschenverstandes« als gegeben vorfindet und der für ihn »bis auf Weiteres« unproblematisch ist. J. Habermas hat in Würdigung der von Schütz entwickelten Anschauungen eine gesellschaftskritische Perspektive auf den L.begriff entwickelt. Auf der Grundlage verständigungsorientierten Handelns ist die L. für ihn der Rahmen, in dem sich soziale → Integration vollzieht. Habermas unterscheidet drei strukturelle Komponenten der L., die sich historisch herausgebildet haben: a) Sie enthält den kulturellen Wissensvorrat der Wert- und Deutungsmuster als gemeinsame Wissensbasis zur Bewältigung der Alltagspraxis; b) sie stiftet und regelt durch einen Grundbestand fraglos anerkannter → Normen soziale Ordnung und interpersonale Beziehungen; c) sie bildet den Hintergrund von Sozialisationsprozessen (→ Sozialisation), die den/die Einzelne/n für eine realitätsgerechte Teilnahme an → Interaktionen befähigen, d.h. sie stiftet personale → Identität. Habermas' Fassung des L.begriffs mündet in eine Gesellschaftskritik, die zunächst eine zunehmende Entkoppelung lebensweltlicher Strukturen von Strukturen der sog. Systemintegration feststellt. Neben den drei fundamentalen Strukturen lebensweltlicher Integration differenziert die Gesellschaft bestimmte abstrakt-funktionale Strukturen der Systemintegration aus: z.B. Recht, Ökonomie, Politik. Die Ausdifferenzierung lebensweltlicher und systemischer Strukturen (→ Systemischer Ansatz) der Gesellschaft mündet Habermas zufolge in einer zunehmenden Durchdringung bzw. Aushöhlung der L. durch Mechanismen der Systemintegration. Ein bekanntes Beispiel hierfür ist die »Verrechtlichung sozialer Beziehungen«.

Vor dem Hintergrund der Fachdiskussion um diese »Kolonialisierung der L.« gewinnt der L.begriff einen normativen Stellenwert für die Bewertung der gesellschaftlichen Funktion bzw. der Ziele Sozialer Arbeit: Die Authentizität menschlicher Erfahrung und die Bedeutung eigener Handlungsressourcen werden gegen die Bedrohungen durch systemische Eingriffe in die L., etwa durch die Bevormundung durch Expert/innen, gestellt. Eine lebensweltorientierte Soziale Arbeit engagiert sich für die Stützung primärer Hilfebeziehungen und nimmt generell eine Perspektive ein, die an den subjektiven Sichtweisen, → Bedürfnissen und Möglichkeiten der Hilfesuchenden anknüpft. L.orientierung zielt auf alltägliche Handlungskompetenz (→ Kompetenz), auf Förderung der Lebenspraxis, auf Aktivierung der Betroffenen und Selbstorganisation.

Eine wichtige Folge lebensweltorientierter Ansätze in der Sozialen Arbeit findet sich demgemäß in einer Kritik der Bürokratisierung und Professionalisierung sozialer Dienstleistungsorganisationen (→ Subsidiarität) und in einer Kritik der zunehmenden Methodisierung und Spezialisierung beruflichen Handelns. Auch die steigende Bedeutung ambulanter sozialer Hilfeformen (z.B. → sozialpädagogische Familienhilfe) und der Rückbau stationärer und zentralisierter Einrichtungen sind ein Ergebnis der aus dem L.begriff entwickelten Kritik an der die persönlichen Handlungsressourcen enteignenden Entwicklung des modernen → Sozialstaates. → Prävention, Alltagsnähe, Integration, → Partizipation und Dezentralisierung gelten als die tragenden Prinzipien lebensweltorientierter Sozialer Arbeit, auf deren Grundlage eine eingriffsorientierte, zentralistische und bloß systemischen Erfordernissen folgende Soziale Arbeit vermieden werden soll. L.orientierte Ansätze werden dort kritisiert, wo sie für die Soziale Arbeit keine allgemeine gesellschaftliche Perspektive mehr formulieren wollen, wo sie mit dem Blick auf L. die Bedeutung übergreifender Steuerungsprobleme einer sozialen Dienstleistungsgesellschaft, also die »Systemperspektive«, ganz aus den Augen verlieren.

*Lit.* Habermas, J.: Theorie des kommunikativen Handelns, 2 Bde., 9. Aufl., Frankfurt a.M. 2014; Müller, S./Otto, H. U. (Hrsg.): Verstehen oder kolonialisieren?, 2. Aufl., Bielefeld 1986; Schütz, A./Luckmann, T.: Strukturen der Lebenswelt, Konstanz 2003; Thiersch, H.: Lebensweltorientierte Soziale Arbeit. Aufgaben der Praxis im sozialen Wandel, 9. Aufl., Weinheim u.a. 2014.

*Gerhard Frank*

**Legalität** → Gesetzmäßigkeit der Verwaltung

**Legasthenie** → Lese- und/oder Rechtschreibstörung

**Legislative** → Gesetzgebung

**Leidensdruck** bezeichnet das selbst wahrgenommene und reflektierte Leiden an einem (äußeren) Zustand oder an sich selbst infolge von Belastungen, → Konflikten, → Krankheiten, das die normale subjektive Belastungsfähigkeit zu übersteigen droht. Aus dem L. ergeben sich Gefahren zusätzlicher körperlich-seelisch-sozialer Komplikationen. L. ist oft der Anstoß für die Bereitschaft zu einer Veränderung, insbesondere durch Psychotherapie (→ Therapie). Ein ausreichender L. ist deshalb eine wesentliche Voraussetzung für eine Psychotherapie, da hierbei Anforderungen an möglicherweise schmerzhaftes Selbsterkennen und mühsame Wandlungen vertrauter Haltungen und Werte gestellt werden. Daher ist bei jeder Indikationsstellung zu einer Psychotherapie das Verhältnis von L. zum sekundären Krankheitsgewinn (Vergünstigungen und Zuwendungen, die der/die Patient/in aufgrund seines/ihres Leidens von der Umwelt erfährt) zu überprüfen.

*Klaus Fröhlich-Gildhoff*

**Leihmutter** → Ersatzmutter

**Leistungen für Bildung und Teilhabe (BuT)** ergänzen seit dem Jahr 2011 die Sozialleistungsansprüche von Kindern, Jugendlichen und jungen Erwachsenen. Mit ihnen werden die besonderen → Bedarfe zur Sicherstellung des menschenwürdigen → Existenzminimums junger Menschen im Bereich der Bildungsteilhabe und der → Teilhabe am sozialen und kulturellen Leben anerkannt.

Bedarfe für BuT werden berücksichtigt in der Grundsicherung für Arbeitsuchende nach SGB II, in der Sozialhilfe nach SGB XII, bei Bezug von → Kinderzuschlag nach dem Bundeskindergeldgesetz (BKGG) und → Wohngeld nach dem Wohngeldgesetz (WoGG) sowie bei Bezug von Grundleistungen nach dem Asylbewerberleistungsgesetz (AsylbLG). Je nach Rechtskreiszugehörigkeit ist § 19 Abs. 2 i.V.m. § 28 SGB II, § 34 SGB XII, § 6 b BKGG oder § 3 Abs. 3 AsylbLG die gesetzliche Anspruchsgrundlage für den Bezug von BuT-Leistungen.

Obwohl häufig zusammenfassend vom »Bildungspaket« (bzw. »Bildungs- und Teilhabepaket«) gesprochen wird, handelt es sich um sieben Einzelleistungen, die sich hinsichtlich des Umfangs der Bedarfsdeckung unterscheiden. Kostenübernahmen sowohl für (1) eintägige Ausflüge als auch für (2) mehrtägige Fahrten: Für die durch Schule, Kindertageseinrichtung oder Kindertagespflege veranlassten Ausflüge und mehrtägige (nach den schulrechtlichen Bestimmungen übliche) Fahrten werden die tatsächlich Aufwendungen in voller Höhe übernommen. (3) Ausstattung mit persönlichem Schulbedarf: Hierfür wird ein Pauschalbetrag von insgesamt 100 Euro jährlich als Bedarf berücksichtigt. (4) Schülerbeförderung: Unter Anrechnung eines zumutbaren Eigenanteils von i.d.R. 5 Euro monatlich werden die nicht anderweitig abgedeckten Kosten der Schülerbeförderung in tatsächlicher Höhe übernommen. Der Anspruch setzt voraus, dass die Schülerbeförderungskosten für den Besuch der nächstgelegenen Schule des gewählten Bildungsgangs entstehen und der/die Schüler/in wegen der Entfernung auf die Beförderung angewiesen ist. (5) Außerschulische Lernförderung: Zur Sicherung zukünftiger Bildungsteilhabe werden die Aufwendungen für eine angemessene, die schulischen Angebote ergänzende Lernförderung berücksichtigt, wenn diese geeignet und erforderlich ist, um die nach den schulrechtlichen Bestimmungen festgelegten wesentlichen Lernziele zu erreichen. Der Anspruch auf Lernförderung ist restriktiv ausgestaltet und weist auf der Tatbestandsseite eine Vielzahl → unbestimmter Rechtsbegriffe auf, die der Ausfüllung bedürfen. Hierzu gehört auch eine prognostische Einschätzung zum Erfolg der Lernförderung. (6) Gemeinschaftliche Mittagsverpflegung: Unter Anrechnung eines Eigenanteils von 1 Euro pro Tag und Mahlzeit zur Berücksichtigung der → häuslichen Ersparnis werden die entstehenden Mehraufwendungen für die Teilnahme an einer gemeinschaftlichen Mittagsverpflegung in Schule, Kindertageseinrichtung oder Kindertagespflege als Zuschuss geleistet. (7) Teilnahme an sozialen und kulturellen Aktivitäten: Um bei

Sport, Spiel und Kultur nicht ausgeschlossen zu sein, werden tatsächliche Aufwendungen in Höhe von bis zu 10 Euro pro Monat für die Teilnahme am sozialen und kulturellen Leben in der Gemeinschaft (z.B. für den Mitgliedsbeitrag im Sportverein oder die Gebühren der Musikschule) erbracht.

Während Kinder und Jugendliche nach dem SGB II, dem SGB XII und dem AsylbLG einen individuellen → Rechtsanspruch auf Leistungen für BuT haben, steht der Anspruch nach dem BKGG den Kindergeldberechtigten, also i.d.R. den Eltern zu. Sie erhalten nach § 6 b BKGG Leistungen für ein Kind, wenn sie den Kinderzuschlag oder Wohngeld beziehen. Die Leistungen für BuT sind grundsätzlich bedarfsauslösend ausgestaltet. Kinder aus Familien, die keine der genannten Sozialleistungen beziehen, können (bei Vorliegen der weiteren Voraussetzungen) ebenfalls Anspruch auf BuT-Leistungen haben, wenn mit eigenen Einkünften zwar die sonstigen Bedarfe gedeckt werden können, nicht jedoch die spezifischen BuT-Bedarfe des Kindes. Anspruch auf die Leistungen (1) bis (6) haben bedürftige Kinder, Jugendliche und junge Erwachsene unter 25 Jahren (anders im SGB XII: ohne Altersgrenze), die eine allgemein- oder berufsbildende Schule besuchen und keine Ausbildungsvergütung erhalten. Ein Bedarf zur Teilhabe am sozialen und kulturellen Leben in der Gemeinschaft (7) wird nur bis zur Vollendung des 18. Lebensjahres berücksichtigt.

Die Umsetzung der BuT-Leistungen liegt in der Trägerverantwortung der Kommunen. Die kommunale Praxis ist sehr heterogen ausgestaltet. Bedarfe werden auf gesonderten Antrag anerkannt. Lediglich der persönliche Schuldbedarf ist im Antrag auf die Regelleistung nach SGB II und SGB XII bereits enthalten. Für eine Inanspruchnahme der Leistungen ist es wichtig, dass Familien über das Bildungspaket informiert werden und die Leistungsstellen dem Hinwirkungsgebot gerecht werden. Die Schulbedarfsausstattung und die Schülerbeförderungskosten werden durch → Geldleistungen gedeckt. Alle übrigen Leistungen werden im Regelfall als → Sach- und Dienstleistungen, insbesondere durch Ausgabe personalisierter → Gutscheine oder durch Direktzahlungen an Anbieter erbracht. Das Sach- und Dienstleistungsprinzip ist für die kommunalen Träger mit hohem Verwaltungsaufwand verbunden. Gesetzesänderungen im Jahr 2013 zielten darauf ab, den Verwaltungsvollzug zu vereinfachen. Seither steht es im → Ermessen der Leistungsträger, Bedarfe für Ausflüge und mehrtägige Fahrten durch Geldleistungen zu decken.

Anlass für die Einführung der BuT-Leistungen waren die Ausführungen des → Bundesverfassungsgerichts im Urteil zu den Regelleistungen vom 9.2.2010. Das Gericht hatte darin u.a. festgestellt, dass notwendige Aufwendungen zur Erfüllung schulischer Pflichten zum existenziellen Bedarf von Kindern gehören, ohne deren Deckung »der Ausschluss von Lebenschancen« droht (BVerfG, Urt. v. 9.2.2010 – 1 BvL 1/09 u.a., Rn. 190 ff.).

*Lit.* Deutscher Verein für öffentliche und private Fürsorge (Hrsg.): Empfehlungen zur Umsetzung der Leistungen für Bildung und Teilhabe, 3. Aufl., Berlin 2015.

*Bojana Marković*

**Leistungen zum Lebensunterhalt für Ausländer/innen** Ob Ausländer/innen einen Anspruch auf L. nach dem Asylbewerberleistungsgesetz (AsylbLG), dem SGB II (→ Grundsicherung für Arbeitsuchende) oder dem SGB XII (→ Sozialhilfe) haben, richtet sich nach ihrem Aufenthaltsrecht.

(1) AsylbLG: In § 1 Abs. 1 AsylbLG sind unterschiedliche Aufenthaltsrechte aus dem Aufenthaltsgesetz (AufenthG, → Zuwanderungsgesetz) und dem → Asylgesetz (AsylG) aufgeführt. Inhaber/innen der in § 1 Abs. 1 AsylbLG genannten Aufenthaltsrechte erhalten ausschließlich L. nach AsylbLG. Nach § 1 Abs. 1 AsylbLG → Leistungsberechtigte sind gem. § 7 Abs. 1 S. 2 Nr. 3 SGB II und § 23 Abs. 2 SGB XII von der Grundsicherung für Arbeitsuchende bzw. der Sozialhilfe ausgeschlossen. Leistungsberechtigte nach AsylbLG erhalten nach einem Aufenthalt von 15 Monaten Leistungen entsprechend der Regelungen des SGB XII, soweit sie die Dauer ihres Aufenthalts nicht rechtsmissbräuchlich selbst beeinflusst haben (§ 2 Abs. 1 AsylbLG).

(2) Grundsicherung für Arbeitsuchende: Ausländer/innen, die nicht nach § 1 Abs. 1 AsylbLG leistungsberechtigt sind und die persönlichen Anspruchsvoraussetzungen aus § 7 Abs. 1 S. 1 Nr. 1–4 SGB II erfüllen, können nach dem SGB II leistungsberechtigt sein. Voraussetzung ist, dass der/die Ausländer/in nicht nach § 7 Abs. 1 S. 2 Nr. 1 u. 2 SGB II von Leistungen ausgeschlossen ist. Gem. § 7 Abs. 1 S. 2 Nr. 1 SGB II haben Ausländer/innen, die nicht Arbeitnehmer/innen oder Selbstständige sind oder deren Freizügigkeitsrecht (→ europäische Grundfreiheiten) nicht nach dem unfreiwilligen Verlust ihrer Arbeit (§ 2 Abs. 3 Freizügigkeitsgesetz [FreizügG/EU]) fortbesteht, sowie ihre Familienangehörigen für die ersten drei Monate ihres Aufenthalts keinen Anspruch auf Leistungen nach dem SGB II. Gem. § 7 Abs. 1 S. 2 Nr. 2 SGB II bleiben Ausländer/innen und ihre Familienangehörigen auch nach diesem Zeitraum von

Leistungen ausgeschlossen, wenn sich ihr Aufenthaltsrecht allein aus dem Zweck der Arbeitsuche ergibt. Beide Regelungen betreffen in erster Linie Unionsbürger/innen, die ein voraussetzungsloses dreimonatiges Aufenthaltsrecht genießen und mind. für einen Zeitraum von sechs Monaten auch zur Arbeitsuche aufenthaltsberechtigt sind (§ 2 Abs. 1 Nr. 1 a FreizügG/EU). Die Regelungen beruhen auf der Unionsbürgerrichtlinie (→ Unionsbürgerschaft) der → Europäischen Union (RL 2004/38), die in Art. 24 Abs. 2 den Schutz der nationalen Sozialhilfesysteme in einem → europäischen Binnenmarkt, der die Freizügigkeit der Unionsbürger/innen voraussetzt, bezweckt. Der → Europäische Gerichtshof (EuGH) hat in der Rechtssache »Alimanovic« (EuGH, Urt. v. 15.9.2015 – C-67/14) entschieden, dass der Leistungsausschluss für arbeitsuchende Ausländer/innen in § 7 Abs. 1 S. 2 Nr. 2 SGB II europarechtskonform ist.

(3) Sozialhilfe: § 23 SGB XII regelt abschließend und speziell die Gewährung von Sozialhilfe an Ausländer/innen. Ausländer/innen, die sich tatsächlich im Inland aufhalten, haben einen Anspruch auf → Hilfe zum Lebensunterhalt, → Hilfe bei Schwangerschaft, Hilfe bei → Krankheit, → Hilfe zur Pflege und auf → Grundsicherung im Alter und bei Erwerbsminderung, soweit sie die Anspruchsvoraussetzungen der jeweiligen Normen (§§ 19, 27, 41 ff., 48, 50 u. 61 ff. SGB XII) erfüllen. Die Gewährung der übrigen Leistungen des SGB XII steht im → Ermessen (§ 23 Abs. 1 S. 3 SGB XII). Die in § 23 Abs. 1 S. 1 SGB XII normierten Einschränkungen gelten nicht für Ausländer/innen, die deutschen Staatsangehörigen (→ Staatsangehörigkeit) gleichgestellt sind (§ 23 Abs. 1 S. 4 SGB XII, z.B. → Asylberechtigte und Ausländer/innen mit Niederlassungserlaubnis). Der Anspruch auf Leistungen des SGB XII ist unter folgenden Voraussetzungen eingeschränkt oder ausgeschlossen: Ausländer/innen, die eingereist sind, um Sozialhilfe zu erlangen, haben gem. § 23 Abs. 3 S. 1, 1. Alt. SGB XII keinen Anspruch auf Sozialhilfe. Ausländer/innen, deren Aufenthaltsrecht sich allein aus dem Zweck der Arbeitsuche ergibt, haben ebenfalls keinen Anspruch auf Sozialhilfe (§ 23 Abs. 3 S. 1, 2. Alt. SGB XII). Ausländer/innen, die eingereist sind, um eine Krankheit behandeln zu lassen, erhalten gem. § 23 Abs. 3 S. 2 SGB XII nur die unaufschiebbar und unabweisbar gebotene Behandlung.

(4) Europäisches Fürsorgeabkommen (EFA): Das EFA enthält das Gebot, Staatsangehörigen der Unterzeichnerstaaten Belgien, Dänemark, Estland, Frankreich, Griechenland, Irland, Island, Italien, Luxemburg, Malta, Niederlande, Norwegen, Portugal, Schweden, Spanien, Türkei, England und Österreich unter gleichen Bedingungen Fürsorgeleistungen zu gewähren wie eigenen Staatsangehörigen. Die Bundesregierung hat 2012 einen Vorbehalt gegen das EFA erklärt: Das Gleichbehandlungsgebot des EFA gilt demnach nicht für Leistungen nach dem SGB II und für Leistungen nach dem 8. Kapitel SGB XII (→ Hilfen zur Überwindung besonderer sozialer Schwierigkeiten). Die Rechtmäßigkeit des erklärten Vorbehalts ist umstritten. Das Bundessozialgericht (BSG) hat in seinem Vorlagebeschluss an den EuGH v. 12. Dezember 2013 (B 4 AS 9/13 R) zur Frage der Europarechtskonformität des Ausschlusses in § 7 Abs. 1 S. 2 Nr. 2 SGB II erklärt, der Vorbehalt sei rechtmäßig.

*Lit.* Birk, U.-A. in: Bieritz-Harder, R./Conradis, W./Thie, S. (Hrsg.): LPK-SGB XII. Sozialgesetzbuch XII. Sozialhilfe, 10. Aufl., Baden-Baden 2015, § 23; Valgolio, L. in: Hauck, K./Noftz, W. (Hrsg.): Sozialgesetzbuch SGB II – Grundsicherung für Arbeitsuchende. Kommentar, Loseblattsammlung, Berlin, Stand 2015, § 7.

*Constanze Rogge*

**Leistungen zur Sicherung des Lebensunterhalts** werden in der → Grundsicherung für Arbeitsuchende (SGB II) und der → Sozialhilfe (SGB XII) erbracht. Sie sollen ein → Existenzminimum gewährleisten, das nicht lediglich grundlegende → Bedarfe wie Nahrung, Kleidung und Unterkunft deckt (physisches Existenzminimum), sondern »in vertretbarem Umfang auch eine → Teilhabe am sozialen und kulturellen Leben in der Gemeinschaft«« (§ 27 a Abs. 1 SGB II) ermöglicht (soziokulturelles Existenzminimum). Nur unter dieser Maßgabe kann die in § 1 SGB II und § 1 SGB XII normierte Aufgabe der beiden Mindestsicherungssysteme verwirklicht werden, den Leistungsberechtigten eine Lebensführung zu ermöglichen, die »der Würde des Menschen entspricht«.

Trotz teilweise unterschiedlicher Formulierungen in beiden Gesetzbüchern sind die finanziellen Leistungen weitgehend identisch. Sie sind in den §§ 19–30 SGB II bzw. §§ 27 a–38 SGB XII geregelt. Sie umfassen den → Regelbedarf, Leistungen für → Unterkunft und → Heizung, Leistungen für → Mehrbedarfe, einmalige Sonderleistungen nach § 24 Abs. 3 SGB II, § 31 SGB XII (für Erstausstattungen für die Wohnung einschließlich Haushaltsgeräten, Erstausstattungen für Bekleidung und bei Schwangerschaft und Geburt, Anschaffung und Reparatur von orthopädischen Schuhen und therapeutischen Geräten). Unter bestimmten Voraussetzungen können Beiträge für die → Kranken- und → Pflegeversicherung sowie die → Alterssicherung übernommen werden. Kinder, Jugendliche und junge Erwachsene können Leistungen für → Bildung und Teilhabe erhalten.

Der Regelbedarf wird durch → Regelsätze gedeckt. Er umfasst insbesondere → Ernährung, Kleidung, Körperpflege, Hausrat, Haushaltsenergie ohne die auf die Heizung und Erzeugung von Warmwasser entfallenden Anteile sowie Bedarfe des täglichen Lebens. Im SGB II ist – im Gegensatz zum SGB XII (§ 27a Abs. 4 SGB XII) – keine vom pauschalierten Regelbedarf individuell abweichende Festsetzung möglich. Ggf. ist ein Mehrbedarf nach § 21 Abs. 6 SGB II anzuerkennen.

Leistungen für Mehrbedarfe sind nach § 21 Abs. 1–4 SGB II bzw. § 30 Abs. 1–4 SGB XII in festgelegten Prozentsätzen des Regelbedarfs vorgesehen für Personen, die die Altersgrenze nach § 41 Abs. 2 SGB XII erreicht haben bzw. voll erwerbsgemindert nach dem SGB VI sind und über einen Schwerbehindertenausweis mit dem Merkmal G verfügen. Weiterhin ist für werdende Mütter, für → Alleinerziehende, für → behinderte Menschen (für die z.B. Leistungen der → Teilhabe am Arbeitsleben nach § 33 SGB IX oder der → Eingliederungshilfe erbracht werden) ein Mehrbedarf als gesetzlich bestimmter Prozentsatz des jeweils maßgebenden Regelbedarfs anzuerkennen. Für Personen, die aus medizinischen Gründen einer kostenaufwendigeren Ernährung bedürfen, ist ein Mehrbedarf in angemessener Höhe anzuerkennen; die Leistungsträger orientieren sich hierbei überwiegend an den Empfehlungen des → Deutschen Vereins zu den »Krankenkostzulagen in der Sozialhilfe« (zuletzt 2014). Bei einer dezentralen Warmwasserbereitung im Haushalt der Leistungsberechtigten ist ein Mehrbedarf für Warmwasserbereitung anzuerkennen. Nach § 21 Abs. 6 SGB II ist in der Grundsicherung für Arbeitsuchende ein Mehrbedarf anzuerkennen, »soweit im Einzelfall ein unabweisbarer, laufender, nicht nur einmaliger besonderer Bedarf« besteht. Ein solcher kann z.B. im Zusammenhang mit der Wahrnehmung des → Umgangsrechts entstehen.

Die Kosten für Unterkunft und Heizung werden anerkannt, soweit sie angemessen sind. Die Angemessenheit der Unterkunftskosten bestimmt sich nach Kriterien wie Wohnfläche, Wohnstandard, Bedingungen des örtlichen Wohnungsmarkts und persönlicher Situation der Leistungsberechtigten. Bei unangemessen teuren Wohnungen besteht ein befristeter Bestandsschutz i.d.R. bis zu sechs Monaten (§ 22 Abs. 1 SGB II, § 35 Abs. 2 SGB XII). Im SGB II bestehen Sonderregelungen für die Übernahme der Unterkunftskosten bei jungen Volljährigen bis zum 25. Geburtstag (§ 22 Abs. 5 SGB II).

*Reiner Höft-Dzemski*

**Leistungsabsprache** ist ein (im Vergleich mit dem früheren Bundessozialhilfegesetz) neu in das SGB XII (→ Sozialhilfe) aufgenommenes Instrument. Nach § 12 SGB XII sollen »vor oder spätestens bis zu vier Wochen nach Beginn fortlaufender Leistungen (...) in einer schriftlichen L. die Situation der leistungsberechtigten Personen sowie ggf. Wege zur Überwindung der Notlage und zu gebotenen Möglichkeiten der aktiven Teilnahme in der Gemeinschaft gemeinsam festgelegt und die L. unterzeichnet werden«. Die enge Zeitvorgabe erklärt sich durch den besonderen Wert, der im Zuge der parallelen Einführung des SGB II (→ Grundsicherung für Arbeitsuchende) und des SGB XII darauf gelegt worden ist, dass von Leistungen, die über die Existenzsicherung hinausweisen, nicht nur die nach dem SGB II berechtigten Personen, sondern auch die Personen erreicht werden, die nicht imstande sind, unter den üblichen Bedingungen des Arbeitsmarktes mindestens drei Stunden täglich erwerbstätig zu sein. Hinsichtlich einer Bestandsaufnahme bzw. Feststellung zur persönlichen Situation der → Leistungsberechtigten ist zu erwarten, dass die Zeitvorgabe eingehalten werden kann. Die Festlegung möglicher Wege zur Überwindung der Notlage und die Festlegung gebotener Möglichkeiten aktiver Teilnahme in der Gemeinschaft wird allerdings nicht selten einen längeren zeitlichen Vorlauf erforderlich machen; insbesondere dann, wenn die persönliche Situation der leistungsbeechtigten Person offenkundig besonders schwierig ist, wird es häufig darauf ankommen, dass diese ausreichend Gelegenheit bekommt, Offenheit gegenüber der für die Sachbearbeitung zuständigen Person entwickeln zu können.

Die L. beruht im Wesentlichen auf einer Falldiagnose und dokumentiert eine Maßnahmeprognose, zu der im Hinblick auf die sie tragenden Ziele (z.B. Suchtentwöhnung) auch eine Überprüfung (z.B. Aufnahme oder Fortdauer einer Suchttherapie) festgelegt werden kann. Das dynamische Moment der L. kommt darin zum Ausdruck, dass sie regelmäßig gemeinsam überprüft und fortgeschrieben werden soll. Auch daran wird deutlich, dass Leistungsberechtigte in keinem Fall mit der bloßen Existenzsicherung allein gelassen werden dürfen, wenn erkennbar ist, dass materielle Leistungen für eine Stabilisierung und Verbesserung ihrer Lebenssituation nicht ausreichend sind. In der Sachbearbeitung ist deshalb darauf hinzuwirken, dass sich die leistungsberechtigte Person einer ganzheitlichen Betrachtung ihrer Lebenssituation stellt, und ein Aushandlungsprozess darüber eingeleitet wird, ob und wie sie ihre Situation verbessern kann und wie sie dabei durch die Sozialhilfe unterstützt werden soll.

In der Gesetzesbegründung ist klargestellt, dass die L. keinen öffentlich-rechtlichen Vertrag darstellt. Es liegt auch kein → Verwaltungsakt vor. Anders als im SGB II bei der → Eingliederungsvereinbarung besteht damit im Aushandlungsprozess über die L. »gleiche Augenhöhe«. Die Nichteinhaltung von Absprachen hat keine Konsequenzen für den Leistungsprozess und kann demnach bloß Anlass für einen neuen Aushandlungsprozess sein. Leistungen des → Trägers der Sozialhilfe, die im Rahmen einer L. in Aussicht genommen werden – z.B. Nachweis eines Therapieplatzes zur Suchtentwöhnung binnen einer bestimmten Frist –, sind auf Grundlage der L. für die Berechtigten nicht einklagbar. Eine Klarstellung in der L., dass es sich dabei nicht um eine Zusicherung i.S. von § 34 SGB X handelt, enthebt die Sachbearbeitung nicht der Verantwortung, der/dem Leistungsberechtigten redlicherweise keine Unterstützung in Aussicht zu stellen, die gar nicht verfügbar gemacht werden kann.

*Gottfried Eichhoff*

**Leistungsarten** bezeichnen, in welcher Weise → Sozialleistungen im Einzelfall gesetzlich vorgesehen sind, nämlich als → Geldleistung, → Sachleistung oder → soziale Dienstleistung (§ 11 SGB I). In § 4 SGB II und in § 10 SGB XII werden sie Leistungsformen genannt. Gutscheine sind als Sachleistung zu betrachten. Zu den Dienstleistungen gehören die → persönlichen Hilfe und die erzieherische Hilfe (→ Hilfe zur Erziehung) (§ 11 S. 2 SGB I). Persönliche Hilfen sind die therapeutischen und pflegerischen Leistungen in der → Eingliederungshilfe und bei den Pflegeleistungen, die direkt der betreffenden Person zugutekommen. Erzieherischen Hilfen sind die sozialpädagogischen Hilfen (→ sozialpädagogische Familienhilfe) des Kinder- und Jugendhilferechts (→ Kinder- und Jugendhilfe) nach §§ 27 ff. SGB VIII (vgl. auch § 10 Abs. 2 SGB XII). Manche Sozialleistungsgesetze kennen nur eine Leistungsart, etwa die Geldleistung. Das SGB VIII handelt hingegen ganz überwiegend von sozialen Dienstleistungen. Die Sozialleistungssysteme des SGB II und des SGB XII kennen wiederum Leistungen in allen drei Arten. Dann stellt sich die Frage, ob der → Sozialleistungsträger die jeweilige Art der Leistung auswählen kann oder ob gesetzlich eine bestimmte Leistungsart vorgesehen ist. → Einmalige Leistungen nach § 24 Abs. 3 Nr. 1 und 2 SGB II können z.B. nach → Ermessen des Leistungsträgers als Sach- oder Geldleistung erbracht werden (§ 24 Abs. 3 S. 5 SGB II). Leistungen für den → Regelbedarf nach §§ 20 SGB II, 27 a SGB XII sind von vornherein in Geld ausgewiesen und werden daher auch als Geldleistung gewährt. Eine → Sozialleistung kann auch in einer Kombination aus mehreren Leistungsarten bestehen. So zum Beispiel bei der Aufnahme in ein Blindenheim, die mit Verpflegung (Sachleistung), persönlicher Hilfe bei der Körperpflege (Dienstleistung) und → Blindengeld (Geldleistung) verbunden sein kann.

*Christian Grube*

**Leistungsberechtigte/r** ist im → Sozialrecht eine Person, die die Tatbestandsvoraussetzungen eines Anspruches auf eine → Sozialleistung erfüllt. Teilweise wird der Begriff L. im SGB ausdrücklich definiert, teilweise ergibt sich die Leistungsberechtigung aus den einzelnen Anspruchsnormen, z.B. im SGB VIII. In der → Grundsicherung für Arbeitsuchende wird der Begriff der bzw. des erwerbsfähigen Leistungsberechtigten (→ Erwerbsfähigkeit) in § 7 Abs. 1 S. 1 SGB II legaldefiniert. Auf diese Definition greift das SGB II an verschiedenen Stellen zurück, z.B. beim Anspruch auf → Arbeitslosengeld II, der nur erwerbsfähigen Leistungsberechtigten zusteht. Der Begriff L. wird ferner in der Überschrift von § 19 SGB XII verwendet. Diese Vorschrift enthält in den Abs. 1–3 die Anspruchsgrundlagen für die einzelnen Leistungen der → Sozialhilfe und benennt deren Anspruchsvoraussetzungen, in Abs. 1 für die → Hilfe zum Lebensunterhalt, in Abs. 2 für die → Grundsicherung im Alter und bei Erwerbsminderung, in Abs. 3 für die sonstigen Leistungen der Sozialhilfe. Die Anspruchsvoraussetzungen werden in den Vorschriften zu diesen Leistungen präzisiert, z.B. für die Grundsicherung im Alter und bei Erwerbsminderung in den §§ 41 ff. SGB XII. Im Wohngeldrecht wird nicht von leistungsberechtigter, sondern von wohngeldberechtigter Person gesprochen (§ 3 Wohngeldgesetz [WoGG] → Wohngeld). Anders als in der Grundsicherung für Arbeitsuchende und in der Sozialhilfe ist die → Hilfebedürftigkeit nicht Voraussetzung der Wohngeldberechtigung. Die Hilfebedürftigkeit ist erst im Rahmen der Höhe des Wohngeldanspruches zu prüfen (§ 4 WoGG). Entsprechend ist die Regelungsstruktur im nicht zum Sozialrecht gehörenden Asylbewerberleistungsgesetz (AsylbLG). In § 1 AsylbLG wird der leistungsberechtigte

Personenkreis aufgezählt. Die Bedürftigkeit ist außerhalb der Leistungsberechtigung zu prüfen.

*Jürgen Winkler*

**Leistungsbescheid** Für die Inanspruchnahme von Angeboten der → Kinder- und Jugendhilfe kann nach § 90 Abs. 1 SGB VIII ein → Kostenbeitrag festgesetzt werden. Im Rahmen der → Kostenbeteiligung wird der → Kostenbeitrag gegenüber den verpflichteten Personen nach § 92 Abs. 2 SGB VIII ausdrücklich durch L. festgesetzt. Der Begriff »L.« wird auch außerhalb des SGB VIII als feststehender Rechtsbegriff verwendet (OVG RhPf, 24.10.2014 – 7 D 10511/14), er wird gleichwohl i.S. der Bewilligung einer → (Sozial-)Leistung verwendet.

Der L. nach § 92 Abs. 2 SGB XIII ist ein → Verwaltungsakt, der vom → Jugendhilfeträger erlassen wird. → Adressat/en sind die zum Kostenbeitrag verpflichteten Personen. Soweit beide Elternteile verpflichtet sind, wird der Kostenbeitrag gegenüber den Elternteilen – auch, wenn diese zusammenleben – jeweils getrennt ermittelt und festgesetzt (§ 92 Abs. 2 HS 2 SGB VIII. Zu den Anforderungen an einen Verwaltungsakt siehe dort). Wird im L. zwar der konkrete Zahlbetrag genannt, hinsichtlich des Zahlungszeitpunkts aber auf eine gesondert ergehende Zahlungsmitteilung verwiesen, entspricht der L. dennoch dem Bestimmtheitsgrundsatz (BayVGH, 22.5.2014 – 12 ZB 12.2509). Die Bekanntgabe des L. erfolgt, soweit Minderjährige zum Kostenbeitrag verpflichtet sind, gegenüber den gesetzlichen Vertretern. Widerspruch und Anfechtungsklage gegen den L. haben nach § 80 Abs. 2 Nr. 1 Verwaltungsgerichtsordnung (VwGO) keine aufschiebende Wirkung, d.h. der L. ist sofort vollziehbar. Auf Antrag kann das Verwaltungsgericht die aufschiebende Wirkung jedoch anordnen (vgl. § 80 Abs. 5 – 8 VwGO).

*Thorsten Wieland*

**Leistungsentgelte** → Vereinbarungen

**Leistungserbringer in der Sozialen Arbeit** Die → Sachleistungen, → sozialen Dienstleistungen und → persönlichen Hilfen werden den sozialleistungsberechtigten Bürger/innen vom → Sozialleistungsträger gewährt, aber i.d.R. nicht eigenhändig von ihm, sondern von → sozialen Diensten und → Einrichtungen erbracht (Leistungserbringer). Man unterscheidet drei Arten von Trägern: die → freien (gemeinnützigen) Träger der Wohlfahrtspflege, die → privat-gewerblichen Träger und die → öffentlichen Träger (überwiegend → Gemeinden). Die Rechtsformen dieser Träger reichen vom eingetragenen → Verein über die (gemeinnützige) GmbH (→ Gemeinnützigkeit von Körperschaften), die → Stiftung des Privatrechts bis zu Stiftungen und Körperschaften des öffentlichen Rechts (z.B. Kirchgemeinden, Kommunen). Ein großer Teil der Leistungsträger ist in den sechs Spitzenverbänden der → Freien Wohlfahrtspflege organisiert (→ Arbeiterwohlfahrt, → Deutscher Caritasverband, → Deutscher Paritätischer Wohlfahrtsverband, → Deutsches Rotes Kreuz, → Diakonie Deutschland – Evangelischer Bundesverband, → Zentralwohlfahrtsstelle der Juden in Deutschland). Über den beeindruckenden Umfang und die Arbeitsfelder der freien Träger berichtet die im Vier-Jahres-Rhythmus von der → Bundesarbeitsgemeinschaft der Freien Wohlfahrtspflege herausgegebene Gesamtstatistik.

Die einzelnen Sozialgesetze (→ Sozialgesetzbuch) ordnen einen Vorrang der freien und gewerblichen Träger vor den öffentlich-rechtlichen Trägern an (§ 4 Abs. 2 SGB VIII, §§ 5 Abs. 4, 11 Abs. 5 S. 1 SGB XII, §§ 11 Abs. 2 S. 3, 72 Abs. 3 S. 2 SGB XI) und schränken die Befugnis der Sozialleistungsträger zur eigenhändigen Leistungserbringung ein (§§ 17 Abs. 1 S. 1 SGB II, 250 SGB III, 140 Abs. 2 SGB V, § 77 Abs. 2 SGB XI, 75 Abs. 2 S. 1 SGB XII). Dieser grundsätzliche Vorrang der freien und gewerblichen Träger wird gern als Ausprägung des aus der katholischen → Soziallehre stammenden Prinzips der → Subsidiarität verstanden. Heute ist kaum mehr streitig, dass dieses Prinzip kein Verfassungsrechtssatz ist.

Die Leistungsabwicklung erfolgt i.d.R. im sozialrechtlichen → Dreiecksverhältnis zwischen sozialleistungsberechtigten Bürger/innen, Sozialleistungsträger und L. Die Entwicklung des Leistungserbringungsrechts, besonders deutlich im Recht der → Sozialhilfe (SGB XII) und im Pflege-Versicherungsgesetz (→ Pflegeversicherung) sowie seit 1999 auch im Recht der → Kinder- und Jugendhilfe (insbesondere §§ 78 a–78 g SGB VIII), geht in die Richtung einer stärkeren gesetzlichen Strukturierung. Die Vergütung von sozialen Dienstleistungen darf grundsätzlich nur noch erfolgen, wenn mit den L. ein Versorgungsvertrag oder eine Leistungs-, Vergütungs-/Entgelt- oder Prüfungs-/Qualitätsentwicklungsvereinbarung abgeschlossen ist (→ Vereinbarungen über Leistungen, Vergütungen sowie die Prüfung der Einrichtungen, → Qualitätsmanagement). Motor dieser Entwicklung ist die Absicht der Kostensenkung, die sich u.a. in der Einführung prospektiver → Pflegesätze, der Deckelung der Vergütung, der Intensivierung des → Wettbewerbs zwischen den freien gemeinnützigen Trägern und der Freisetzung des

Wettbewerbs mit gewerblichen Leistungserbringern niederschlägt. Zugleich wird die Stellung der Verbände der L. gegenüber den Mitgliedseinrichtungen gestärkt.

In der Literatur wird vereinzelt behauptet, dass es neben den genannten Leistungserbringungsvereinbarungen (und Zuwendungsverträgen) noch sog. »echte Leistungsverträge« gebe, deren Merkmale die Privatrechtlichkeit, Entgeltlichkeit und strikte Gegenseitigkeit seien. Der Vorteil dieses in der ersten Hälfte der 1990er-Jahre erfundenen Vertrages soll die Entbindung von den Anforderungen des Zuwendungsrechts (→ Zuwendungen) und vom Abschluss der angeblich ineffektiven Leistungserbringungsverträge im sozialrechtlichen Dreiecksverhältnis sein. Auf die echten Leistungsverträge sind die Regelungen des → Vergaberechts anwendbar. Die Bindungen an das öffentliche Vergaberecht wogen wenig, solange der Rechtsschutz der Bieter defizitär geregelt war. Das hat sich mit der Neufassung des öffentlichen Vergaberechts in §§ 97–129 des Gesetzes gegen Wettbewerbsbeschränkungen (GWB) grundlegend geändert. Der echte Leistungsvertrag ist im Übrigen mit den gesetzlichen Regelungen zur Gewährung und Erbringung von Sozialleistungen unverträglich.

*Lit.* Bundesarbeitsgemeinschaft der freien Wohlfahrtspflege: Einrichtungen und Dienste der freien Wohlfahrtspflege, Gesamtstatistik 2012, abrufbar unter www.bagfw.de; Goll, E.: Die freie Wohlfahrtspflege als eigener Wirtschaftssektor, Berlin 2004; Köppel, M.: Existenzgründung in der Sozialen Arbeit, 3. Aufl., Lage 2011; Merchel, J.: Trägerstrukturen in der Sozialen Arbeit, 2. Aufl., Weinheim u.a. 2008.

*Renate Bieritz-Harder*

**Leistungsträger** → Sozialleistungsträger

**Leistungsvereinbarungen** → Vereinbarungen über Leistungen, Vergütungen sowie die Prüfung der Einrichtungen

**Leistungsverträge** → Leistungserbringer in der Sozialen Arbeit, → Vereinbarungen über Leistungen, Vergütungen sowie die Prüfung der Einrichtungen

**Leitbild(-entwicklung)** Ein L. ist die Verfassung einer Institution (bspw. Verwaltung, Unternehmen); ihm steht oft ein Motto oder ein Slogan vorweg. Alle sozialen Systeme können sich ein L. geben (auch ehrenamtliche Projekte oder → Familien) und so ihre → Organisation beschreiben. Sie festigen damit ihr Erscheinungsbild, werden erkennbar und geben den handelnden Personen eine Orientierung. Der Nutzen eines L. ist die Gleichgerichtetheit der Handlungen aller Akteure. In einem L. sind grundsätzliche Aussagen getroffen zu allen relevanten Handlungsfeldern, bspw. zu der Art der Führung und zum sozialen Miteinander, zur Art der Dienstleistung, zur Form der Aufbau- und Ablauforganisation oder der Beziehung zur Umwelt. Diese Leitsätze gehen zumeist auf den ursprünglichen Stiftungszweck oder die Vision der Gründungsperson zurück. Auch eine drohende Krise kann eine Neuausrichtung und ein L. als Richtschnur erfordern.

Bezüglich der Erarbeitung eines L. unterscheiden wir zwei typische Formen: die Erarbeitung durch die oberste Leitung oder ein direkt partizipatives Vorgehen. Beide sind geeignet, eine → Organisationsentwicklung als geplanten, zielgerichteten Wandlungsprozess einzuleiten. Das Risiko eines im kleinen Kreis (»Top-down«) erarbeiteten L. ist eine u.U. große Diskrepanz zur wahrgenommenen Realität bei den Organisationsmitgliedern (Beschäftigten). Um diesem »nicht gelebten« L. zu begegnen, muss eine Vielzahl von Maßnahmen ergriffen werden (Bekanntgabe, Begründung und Durchsetzung). Vorteile sind eine rasche Erstellung des L., geringer Zeit- und Kostenaufwand sowie konsequente Ausrichtung in die Zukunft (5–7 Jahre). Auch ein partizipatives Vorgehen startet mit einer klaren Willensbekundung der Leitung. »Bottom-up« übernehmen die Erarbeitung dann aber weitestgehend die Mitglieder des sozialen Systems. Methoden sind Großgruppenmoderation oder (viele) Projektgruppen und Zirkel, in denen Themen erarbeitet und das Material für die Leitsätze gesammelt werden. Eine zentrale Projektgruppe übernimmt die Ausformulierung. Vorteil ist ein lebendiges und akzeptiertes L., Nachteil sind der Zeitaufwand und die stärkere Verhaftetheit im Hier und Jetzt. Beide Verfahren sollten in einen Soll-Ist-Abgleich münden, um die Entwicklungsthemen zu entdecken. Die Diskrepanz zwischen dem zukünftigen L.-Soll und dem gemessenen Ist begründet und legitimiert die Veränderungen. Diese »Reibung« erzeugt die notwendige Energie für Veränderungsprozesse. Ohne eine solche Begründung verharrt das System in seinem momentanen Zustand.

Einen Schubs für die sozialen Systeme mit L. kann die → DIN EN ISO 9001:2015 bedeuten, die nun stärker den externen Kontext eines Betriebes und alle interessierten Parteien, v.a. deren mögliche Risiken, betont. Und gerade für Dienstleistungen gilt es nun, die Kompetenz der Beschäftigten zu sichern, da (nur) sie die Konformität des Produktes sicherstellt. Möglicherweise ist dies eine Triebfeder zur partizipativen Gestaltung.

*Hartmut O. Genz-Bideau*

**Lernbehinderung** Im pädagogischen Kontext werden die Begriffe L. und → Lernstörung für unterschiedlich intensive Beeinträchtigungen des → Lernens verwendet. Der Begriff L. wurde in den 1960er-Jahren in dem deutschsprachigen Raum eingeführt. Der Sonderpädagoge G. O. Kanter entwickelte eine eingängige Definition: L. sei ein »langandauerndes, schwerwiegendes und umfängliches Schulleistungsversagen«. I.d.R. ist hierfür eine Beeinträchtigung der → Intelligenz ursächlich; allerdings ist diese nicht so schwerwiegend, dass es sich um einen Fall von geistiger Behinderung handeln würde (→ Geistig behinderte Menschen). Intelligenz kann mit Hilfe testpsychologischer Verfahren gemessen werden, wobei die Ergebnisse lediglich einen relativen Wert aufweisen und nicht dauerhaft gelten müssen. Bei entsprechend getesteten Personengruppen mit Verdacht auf eine L. liegt im Regelfall ein verringerter Intelligenzquotient (IQ) vor, der zwischen 70 und 80 IQ beträgt (Intelligenzminderung). Lernstörung hingegen ist eine zeitlich begrenzte, partielle und leichtere Form der Lernerschwernis. Bis in die 1960er-Jahre hinein galt das Erklärungsmodell für eine L. das individualtheoretische Paradigma als primäres Erklärungsmodell für das Lern- und Schulversagen. Heute wissen wir, dass L. und Leistungs- und Intelligenzminderungen durch viele Einflüsse verursacht werden können. So spielt z.B. auch die Qualität der zwischenmenschlichen Beziehungsgestaltung zwischen Lehrer/in und Schüler/in eine Rolle dabei, ob Lernen gelingt. Besonders die seit Beginn des 21. Jh. entwickelten → »Frühen Hilfen« sollen dazu beitragen, benachteiligte Kinder und ihre Familien zu unterstützen, damit ungünstige Entwicklungsfaktoren kompensiert werden können. So wurde das früher eher auf Kinder mit Behinderung fokussierte Hilfenetz der »Frühförderung« durch weitere professionell angelegte Hilfen, die zunehmend einen vorbeugenden Arbeitsansatz haben, erweitert. (Familien-)Hebammen, Kinderkrankenschwestern mit spezieller Ausbildung und weitere → Gesundheitsberufe bilden heute mit (heil-)pädagogischen und therapeutischen Fachkräften multiprofessionelle Teams, die »Frühe Hilfen« zur Vermeidung und/oder → Kompensation von Entwicklungsverzögerung oder Behinderung anbieten.

In den ersten drei Lebensjahren entwickelt sich das menschliche Gehirn und schafft wesentliche Voraussetzungen für die Ausbildung von Intelligenz. In dieser Zeit tragen die → Lebenswelten eines Kindes sehr dazu bei, wie es sich insgesamt entwickelt. Neue Sichtweisen vom Lernen, wie das »Lernen mit allen Sinnen« oder die Schaffung von angemessenen Lernbedingungen z.B. im vorschulischen Bereich, worunter Projektarbeit, Bildungsnischen oder Funktionsräume und weitere experimentelle Lernformen fallen, bilden sich bis heute weiter aus. Die aktuelle Hirnforschung bestätigt diese Annahmen und liefert darüber hinaus ausreichend Beweise dafür, dass die alte Aussage: »Was Hänschen nicht lernt, lernt Hans nimmermehr« als überholt anzusehen ist. Der Mensch lernt immer und ständig. »Lebenslanges Lernen« bedeutet schließlich, dass L. und Lernstörungen nicht permanent gegeben sein müssen.

*Frank Johannes Lemke*

**Lernen** In denjenigen wissenschaftlichen Disziplinen, die sich mit lebenden Dingen beschäftigen, gibt es kaum einen schillernderen Begriff als den des L. Insbesondere in den »Humanwissenschaften« (v.a. Erziehungswissenschaft, → pädagogische Psychologie, Soziologie und neuerdings den Neurowissenschaften) ist die Begriffsgeschichte des L. praktisch endlos. L. als Leistung des Gehirns ist nicht unmittelbar feststellbar, sondern kann nur anhand von Indikatoren (→ Verhalten, Sprache, Standpunkte, Bewegungen) erschlossen werden. Auch die Neurowissenschaften können L. mit ihren bildgebenden Verfahren nicht eindeutig (wie etwa das Sehen) im Gehirn verorten. L. ist daher eher ein allgemeines Erklärungsprinzip, auf das hin unentwegt begrifflich innovativ gearbeitet wird: ganzheitliches, selbstgesteuertes, affektives, antizipatorisches und vieles andere L.

L. ist ein Tätigkeitswort. Auch in der substantivierten Form steckt noch diese Tätigkeit. Mehr als das: Im semantischen Verständnis des Begriffs wird nicht eine einmalige Kurzzeittätigkeit assoziiert, sondern eher ein Prozess. Auch im Konstatieren eines Ergebnisses (»Da habe ich gelernt …«, »Daraus habe ich gelernt …« usw.) wird ein Prozess suggeriert, der erfolgreich war, zu einem »Lernerfolg« führte. Auch liefert der Begriff weitere Assoziationen, die sich erschließen, wenn man andere, oft synonym oder ersatzweise verwendete Tätigkeitswörter betrachtet: aneignen, erfassen, begreifen, behalten, sich merken, erwerben usw. Alle diese Begriffe verweisen darauf, dass hier am Ende ein »Besitz« entsteht, ein Eigentum desjenigen, der gelernt hat. In vielen Mythen wird gerade dieser Aspekt des L. herausgehoben; alle Besitztümer können jemandem genommen werden, nicht aber das erlernte Wissen, die erworbene → Kompetenz. Im Alltagsverständnis heißt dies: Mit dem Begriff L. wird eine prozesshafte Tätigkeit verbunden, die zu einem individuellen Besitz führt. Nicht ausgesagt ist dabei, aus was dieser Besitz besteht, von welcher Art und welcher Dauer die Tätigkeit ist und von welchem Nutzen.

Wie bei vielen Besitztümern wächst auch dasjenige, welches über das L. entsteht. Und da es unveräußerlich ist, wächst es unweigerlich an. Bei zunehmendem Besitz ist es erforderlich, die Übersicht zu behalten, den Besitz zu ordnen und im richtigen Moment das Richtige zu fients, sich zu erinnern. Mit dem L. sind also auch Prozesse verbunden, die mit denen einer ständig wachsenden Bibliothek vergleichbar sind: Klassifizierung, Katalogisierung, Kategorisierung, Standort, Neugruppierung, Zugriffs- und Ausleihmöglichkeiten. Auch der Aufbau dieser Strukturierungen ist L. Je mehr der Besitz wächst, desto mehr stellt sich aber auch die Frage, ob alles gebraucht wird (»Vergessen«) oder ob einiges nicht mehr richtig oder aktuell ist (»Verlernen«). Gerade der Prozess des »Verlernens« ist schmerzhaft, weil er den Verzicht auf ein Besitztum impliziert, das im Prinzip unveräußerlich ist. Vielleicht liegt es daran, dass der Prozess des »Umlernens« etwa im Deutungsbereich nicht wirklich mit einem Verlernen gekoppelt ist, sondern das Neugelernte gewissermaßen wie eine Schicht über das bereits Gelernte gelegt wird.

In der Summe sind die wissenschaftlichen Definitionen des Begriffs L. nicht wesentlich präziser als seine alltagssprachlichen Konnotationen. Sie betonen jeweils unterschiedliche Aspekte und definieren im Hinblick auf diese das L. legitimerweise für ihren jeweiligen – theoretischen oder empirischen – Arbeitskontext. Dabei setzen schon die einzelnen disziplinären Zugriffe ihre Schwerpunkte, wie unschwer bei Betrachtung der Disziplinen und ihrer Erkenntnissinteressen angenommen werden kann. Innerhalb der jeweiligen Disziplinen variieren die Begriffsdefinitionen je nach theoretischem Anspruch und Ansatz und der Notwendigkeit, den jeweiligen Begriff als wissenschaftliches Instrument zu verwenden. Viele der Ansätze, L. zu qualifizieren und Elemente des L. festzumachen, sind im jeweiligen Kontext außerordentlich hilfreich. Sie ermöglichen es, Vorgehensweisen und Verwendungskontexte von L. gegeneinander abzugrenzen und zu spezifizieren. L. bezeichnet zwar nur den Prozess des Erwerbs von Fähigkeiten, Kompetenzen und Wissen, verweist aber auch auf das Ergebnis dieses Prozesses, ähnlich wie der Begriff → Bildung. Definitionen beziehen sich daher einerseits auf das Ergebnis, andererseits den Prozess.

Gagné hat schon früh (1969) eine seitdem unstrittige Kategorisierung von Lernergebnissen vorgenommen: Gelernt werden können intellektuelle Fähigkeiten, kognitive Strategien, sprachgebundenes Wissen, motorische Fertigkeiten und → Einstellungen (Werte, → Normen). Je nach der Kategorie des zu Lernenden bzw. des Erlernten ergibt sich auch eine Modifikation des Lernprozesses. Mandl und Kopp (2006) nennen aus psychologischer Sicht sechs Elemente des Lernprozesses: Danach ist L. ein aktiver Konstruktionsprozess, ein konstruktiver, ein emotionaler, ein selbstgesteuerter, ein sozialer und ein situativer Prozess. Illeris (2006) differenziert das L. als kumulativem, assimilativem, akkomodativem und transformativem Prozess. Löwe (1970) hat in seiner Einführung in die Lernpsychologie des Erwachsenenalters den damaligen (psychologischen) Stand der Lernforschung resümiert und dabei definiert: »Lernen ist ein aktives – und nicht rezeptives, ein personal motiviertes – und nicht personenindifferentes, ein sozial und nicht endogen determiniertes und ein hochgradig methodenabhängiges Verhalten«; damit betont er das aktive, das soziale und das methodische (»Lernstrategie«) Element von L. Aus neurowissenschaftlicher Sicht definiert Scheich (2006) »Lernen im Sinne von Einspeichern von abrufbarer Information« und grenzt dies gegen den Aspekt des »Begreifens« ab. Stern (2006) verwendet aus psychologischer Perspektive eine andere Definition: »Lernen ist ein Sammelbegriff für eine Vielzahl von Prozessen, die im zentralen Nervensystem ablaufen und es Lebewesen ermöglichen, die in ihrem jeweiligen Lebensumfeld gestellten Anforderungen zunehmend besser zu bewältigen.« Die allgemeine Definition des L. wird spezifischer und konkreter, wenn sie mit anderen Aspekten verbunden wird. Besonders bedeutsam sind dabei: → Gedächtnis, Alter und Geschlecht, Erfahrungen, Inhalt, Situation.

*L. und → Gedächtnis*: In der Bildungsreform der 1970er-Jahre wurde das »Auswendiglernen« zugunsten eines selbstständigen → Denkens und Argumentierens in den Hintergrund gedrängt. Wichtig, so wurde damals argumentiert, sei die → Kreativität für das L., der verstehende Umgang mit dem Wahrgenommenen und Aufgefassten. Heute wird wieder stärker darauf verwiesen, dass es eines soliden Wissens bedarf, um differenziert und kreativ denken und handeln zu können. Ganz offensichtlich wird dies von lernpsychologischen und neurowissenschaftlichen Befunden gestützt: Vokabeln beim Spracherwerb, das Einmaleins im Kopf, Grundregeln der Mathematik setzen Kräfte frei für Kreativität und Denken und eröffnen breitere Horizonte. Die japanische Erziehungswissenschaft führt die guten Ergebnisse Japans in der PIAAC-

Kompetenz-Studie der Erwachsenen auf ebendiese Formen des »Erlernens« zurück.

Wissen in diesem kognitiven Sinn muss, wenn es die erwartete Aufgabe beim Denken spielen soll, gespeichert und abrufbar sein. Die mit dem L. beschäftigten Disziplinen haben hier zwei Stufen festgestellt: die Stufe des kurzfristig gelernten und rasch wieder vergessenen und die Stufe des langfristig eingelagerten Wissensbestandes. Für die erste Stufe werden Begriffe wie »Arbeitsspeicher« oder »Kurzzeitgedächtnis« verwendet, für die zweite »Langzeitgedächtnis« oder nur »Gedächtnis«.

*Alter und Geschlecht:* Demografische Merkmale wie Alter und Geschlecht kennzeichnen auch unterschiedliche Lernprozesse, die tendenziell zu anderen Ergebnissen führen. Es hat sich eingebürgert, zwischen fünf biografischen Phasen zu unterscheiden: die frühe → Kindheit, das Kindesalter, das Alter als Heranwachsender und Jugendlicher (→ Jugend), das Erwachsenenalter und das spätere → Alter. In jeder Phase – insbesondere der längsten, der des Erwachsenen – gibt es allerdings auch immanente Unterschiede. Eine besondere Qualität hat das L. im frühen Kindesalter, das in manchen neurowissenschaftlichen und psychologischen Forschungen auch den Status der Embryonen einschließt. Hier besteht das L. in gewisser Weise aus einem »Verlernen«: Aus dem Universum möglicher neuronaler Vernetzungen und Wegen werden diejenigen »stillgelegt«, die nicht gefragt sind. Es erfolgt also eine Fokussierung auf die für das Leben wesentlichen Bereiche. In Bezug auf die beiden nächsten Gruppen, die der Kinder und Heranwachsenden, stellt sich immer wieder die Frage, ob sie anders lernen als Erwachsene. Neurophysiologisch betrachtet heißt die Antwort: nein. Die neuronalen Strukturen und die biochemischen Prozesse ändern sich im Lebenslauf nur unwesentlich. Neuropsychologisch aber bestehen große Unterschiede. Das → Bewusstsein ändert sich, die → Motivationen und die Relevanzkriterien entwickeln sich, werden präziser, selektiver und dominanter. Kinder (und auch noch Jugendliche) sind neugierig, fragen: »warum« und sind aufmerksam. Erwachsene lernen das, was ihnen wichtig und nützlich erscheint, ihre → Wahrnehmung ist selektiver und zielgerichteter. Sie sind aber auch vergesslicher. Die Gehirnforschung verweist auf einen weiteren Unterschied: Kinder und Jugendliche eigenen sich neue Inhalte und damit neuronale Strukturen an, während Erwachsene nicht genutzte Areale abbauen. Kinder und Jugendliche haben starke lernsensible Phasen, aber auch Erwachsene verfügen noch über eine bedeutende Plastizität des Gehirns. Dies ändert sich – langsam – mit der fünften Lebensphase, deren Beginn zwischen 60 und 70 angesetzt wird. Zwar sind alle Lernvorgänge des Verknüpfens weiter vorhanden, beginnen sich jedoch zu verlangsamen, und die Gebundenheit des L. an die eigenen Motive und → Emotionen steigt. Insbesondere die Relevanz des »Anschlusses«, des Anknüpfens an Erfahrungen und bereits Gelerntes, gewinnt immer mehr an Bedeutung.

Hinsichtlich der Lernunterschiede nach Geschlecht besteht die Gefahr, dass Stereotypen bedient werden. Geschlecht (→ Gender Studies) ist nur ein Faktor neben Alter, Bildung, Milieu u.a., welche L. und Lernstrategien beeinflussen. Mittlerweile haben Mädchen in der Schule bessere und höhere Abschlüsse als Jungen, sie stellen auch – zu Beginn – die Mehrheit der Studierenden. Mädchen tendieren zu konzentrierterem L., haben Vorteile im sprachlichen und kommunikativen Sektor und sind nicht selten »interessierter«. Mädchen (und Frauen) steuern ihr L. eher mit der Frage: »Wozu nutzt das? «, während Jungen (und Männer) eher fragen: »Wie funktioniert das? «. Der Vorsprung der Mädchen im Bildungssystem verkehrt sich allerdings ins Gegenteil beim Eintritt ins Berufsleben – dies liegt jedoch nicht am L., sondern am allgemein unbefriedigenden Stand der gesellschaftlichen → Gleichstellung der Geschlechter.

*L. und Inhalt:* Der Inhalt des zu Lernenden ist sicherlich alles andere als marginal. Dabei empfiehlt es sich, zwischen »Inhalt« und »Thema« zu unterscheiden. Ein Inhalt wie etwa »Solidarität« oder »Interesse« kann an unterschiedlichsten Themen gelernt werden; letztlich ist die thematische Struktur nur die neutrale → Kognition einer Sache, der Inhalt dagegen das mit Bewertung besetzte und im biografischen Lernprozess Wichtige. Dies wird umso deutlicher, je näher ein Inhalt an die lernende Person kommt, je stärker die emotionalen Anteile werden und je weniger Dinge rein kognitiv sind. Die Emotionalität im Lernprozess und gegenüber dem zu lernenden Inhalt ist eine wichtige Bedingung für das L. (vgl. Arnold 2002).

Die Bedeutung des zu lernenden Inhalts ist eng mit der neurowissenschaftlichen und psychologischen Erkenntnis verbunden, dass sich das Lerninteresse im Prinzip auf diejenigen Inhalte richtet, die für das Überleben des Organismus von Bedeutung oder zumindest positiv besetzt sind (vgl. Stern u.a. 2005). Dabei haben die Inhalte für unterschiedliche → Individuen in unterschiedlichen sozialen Situationen und Milieus, mit unterschiedlichem

Alter und Geschlecht auch jeweils einen anderen Sinn. Die Frage von Thema und Inhalt sind für das lernende Subjekt eine Frage des Anschlusses an das bereits Gelernte, wobei es hinsichtlich des Themas meist um weitere Kognitionsbestände (Fakten) geht, bezüglich des Inhalts um erworbene Deutungen. Natürlich ist gerade bezüglich des Inhalts der individuelle Zugang zum Stoff stark determiniert durch die jeweils geltenden gesellschaftlichen Werte und Normen, die Aktualität, das jeweilige Milieu, Alter und Geschlecht

*L. und Erfahrungen:* Erfahrungen haben zwei wesentliche Funktionen für das → Individuum und sein L.: Zum einen selektieren sie die Wahrnehmung, zum anderen strukturieren sie den Übergang des Wahrgenommenen in das Langzeitgedächtnis. Erfahrung ist der Steuerungsrahmen für die Unterscheidung von »wichtig« und »unwichtig« bei allem, was wahrgenommen wird. Gäbe es eine solche Unterscheidung und das Aussondern des Unwichtigen nicht, wäre der Mensch angesichts der Fülle seiner permanenten Sinneseindrücke nicht handlungsfähig. Die Kriterien für »wichtig« und »unwichtig« sind abhängig von den Erfahrungen. Natürlich ist dies keine Einbahnstraße, sonst wären Menschen nicht lernfähig; L. und Wahrnehmen wirken wechselseitig aufeinander, Wahrnehmung wird durch Erfahrung gesteuert, Wahrgenommenes geht aber auch durch das Kurzzeitgedächtnis hinein in das Langzeitgedächtnis und verändert die Erfahrungen. Dabei werden bestehende Erfahrungen weniger neu gedeutet, sondern eher durch weitere Erfahrungen modifiziert oder überlagert.

Dies geschieht aber nur dann, wenn neue Erfahrungen beim Übergang in das Langzeitgedächtnis zugelassen werden. Dabei spielen die genannten Bewertungs- und Steuerungsmechanismen eine Rolle. Die Erfahrung, das bereits gespeicherte Wissen und seine Interpretation durch das limbische System ermöglichen eine Steuerung und Auswahl der neuen Informationen. Das heißt auch, dass Wahrnehmung ein aktiver Prozess ist, der immer mit unserem Vorwissen, unseren Erwartungen verknüpft ist. Es gibt somit keine Realität, die unabhängig von unserer Person wahrgenommen wird (Kullmann/Seidel 2005). Allerdings: Für Lebewesen ist die Realität konstituierende und verbindende Klammer die Notwendigkeit, zu kommunizieren und sich sozial zu verhalten, gewissermaßen »viabel« im sozialen Kontext zu bestehen. Den Erkenntnissen auch der Neurowissenschaften zufolge ist die steuernde Kraft von Erfahrungen (als kontextualisiertes Wissen) insbesondere dort dominant, wo es um den Nutzen für das Individuum geht – sofern es denn mit entsprechendem Wissen verbunden ist: Der zweite Griff auf die heiße Herdplatte ist höchst unwahrscheinlich, das Fortsetzen eines Herzinfarkt fördernden Lebensstils schon eher.

*L. und Situation:* Die Verbindung von Lernprozessen mit Handlungsanforderungen und -situationen wird insbesondere unter dem Begriff des »Lernortes« thematisiert. In der → beruflichen Bildung ist dies ein wesentlicher Ansatz zur Verbindung von Schule und Betrieb, konkreter: zur Verbindung von analytisch-abstraktem mit instrumentell-konkretem Wissen. Lernortkombinationen sind unter diesem Aspekt durchaus auch gezielte »Arrangements«, um ein handlungsrelevantes und handlungserprobtes L. zu ermöglichen.

Die Erkenntnisse aus Psychologie und Neurowissenschaften unterstützen ein L., das mit Handeln verbunden ist: Hier sind am ehesten eigene Erfolgserlebnisse zu erreichen, v.a. aber der individuelle Nutzen bei der Anwendung von Gelerntem konkret erfahrbar. Auch die Zeit, die beim Übergang in das Langzeitgedächtnis benötigt wird, ist in handlungsrelevanten Umgebungen am ehesten vorhanden. Hiermit bestätigt sich die Erfahrung, dass am ehesten gelernt wird, wenn alle fünf Sinne und das eigene Handeln einbezogen sind. In der → Erwachsenenbildung heißt dies: L. mit Kopf, Herz und Hand (vgl. Köhler 2001).

Die Lernortdiskussion ist letztlich eine solche der Lehrenden: Sie reflektieren über Distanz und Nähe des Lernortes zum Gegenstand des Lehr-Lern-Prozesses (etwa bei arbeitsplatzrelevanten Inhalten) und zur Sozialität, also zur Frage des Einzel- oder Gruppenlernens. Gelerntes wird letztlich immer nur dann gelernt, wenn es an der Praxis erprobt ist, die zeitliche Verschiebung des L. zu seiner Anwendung ist ein pädagogischer Kunstgriff mit Tücken. Dies gilt nicht nur für kurzzeitpädagogische Maßnahmen mit Erwachsenen, sondern ganz generell für das »Auf-Vorrat-Lernen« der Jugendlichen für ihr späteres Erwachsenenalter.

Ähnlich ambivalent ist die Frage dann, wenn es um das Verhältnis der Lernsituation zum Inhalt des zu Lernenden geht. Hier ist eine situationsabhängige Lernstruktur denkbar, die vom Besonderen ausgeht, an Fällen und Beispielen arbeitet, konkret ist und oft induktiv zu Ergebnissen kommt. Diese situationsabhängige Lernorganisation impliziert immer Transferprobleme, also Probleme dabei, an einem Fall erworbene Erkenntnisse auf neue, andere Fälle anzuwenden und dabei zu übergreifenden Erkenntnissen zu kommen. Der situationsunabhängige Typ von

Lernorganisationen kann demgegenüber mit analytischen und abstrahierenden Zugängen arbeiten (etwa bei der Begriffsbildung) und hat größere Möglichkeiten der Übertragung, ist allerdings oft nicht sehr konkret und nah am Lernenden. Hier zeigt sich interessanterweise, dass eher das am Fall Gelernte ins Langzeitgedächtnis wandert als die abstrakte Kategorie, der man eigentlich eher Steuerungspotenzial zugetraut würde.

*L. und Erfolg:* Das oberste Ziel aller pädagogischen Bemühungen ist das erfolgreiche L. der Menschen. Hier existieren ebenso viele Ansätze wie beim Begriff des L. In der Erwachsenenbildung reicht der definierbare Erfolg von einem Beitrag zur Entfaltung des Individuums in der Schule bis hin zur verbesserten Handlungsfähigkeit in definierten (meist beruflichen) Kontexten. In der Psychologie ist der Erfolg ganz eng verbunden mit dem Begriff der Leistung, einerseits des Ausreizens der gegebenen Möglichkeiten, andererseits des Erfüllens vorgegebener Aufgaben. In den Neurowissenschaften geht es im Wesentlichen darum, dass ein Individuum für sich einen Erfolg verbucht – ein Lernergebnis erzielt, einen Widerstand überwunden, einen Zusammenhang erkannt zu haben. Solche Erfolge werden mit einer »Dopamindusche« belohnt, erzeugen ein Glücksgefühl. Dieses Glücksgefühl, das bestätigen die neurowissenschaftlichen Erkenntnisse, kann sich auch abgreifen, wenn das erreichte Ergebnis »erwartet« wurde – ein auch in pädagogischen Situationen bekanntes Phänomen. Der innere Lohn für den Erfolg ist aber nicht zu verwechseln mit der äußeren Belohnung – wichtig für die → Erziehung von Kindern.

Bei Erwachsenen ist das System von Leistung und Erfolg differenzierter, aber auch härter und enger. Nicht erbrachte Leistung wird häufiger bestraft, erbrachte seltener belohnt. V.a. ist das System des eigenen, selbst vergebenen Lohns für den Erfolg differenzierter. Die basalen Stufen der Bedürfnisse, die zu befriedigen Erfolg bedeutet, sind durch vielschichtige sekundäre Bedürfnisstrukturen überlagert. In den heutigen Gesellschaften ist die unterste Ebene der Maslow'schen Bedürfnispyramide nur in Ausnahmefällen Anlass für Lohn. Es geht eher um die optionalen Bedürfnisstrukturen, die mit Überlebensfragen nur mittelbar verbunden sind. So belohnen sich Erwachsene häufiger für Erfolge in Bereichen, die weltanschaulich oder ideologisch begründet sind.

Entscheidend für den Erfolg beim L. Erwachsener ist in erster Linie das Erfolgserlebnis. Dieses ist immer eng an die biografischen Voraussetzungen der Individuen gebunden. Ob etwas Gelingendes für ein Individuum ein Erfolg ist, hängt gerade bei Erwachsenen nicht mehr von externen Leistungsparametern ab, sondern von internen und individuellen Bewertungssystemen. Diese werden zwar beeinflusst durch externe Faktoren (wie Anerkennung durch andere), stellen aber ein relativ selbstständiges System dar. In vielen Feldern des L. (wie etwa beim Sprachenlernen) zeigt sich die hohe Bedeutung des individuellen emotionalen Hintergrundes dafür, dass erfolgreich gelernt wird.

*L. und Strategie:* In der Psychologie steht die Frage nach der Lernstrategie seit Jahrzehnten im Zentrum der pädagogisch orientierten Forschung, sie hat hoch differenzierte Definitionen strategischer Verfahren beim L. gefunden. Ihren Ergebnissen insbesondere ist es zu verdanken, dass wir wissen, dass die Lernstrategie ebenso individuell ist wie der Fingerabdruck – das gilt für junge ebenso wie für ältere Menschen. Löwe hat bereits 1970 die Lernstrategien danach klassifiziert, in welchen Bereichen Potenziale vorhanden und realisierbar sind. So wies er etwa darauf hin, dass Lernstrategien davon abhängig sind, wie groß die Kapazität des L. ist, wie leicht gelernt wird, wie nachhaltig gelernt wird, wie groß das Interesse am L. ist und wie die generelle Lernbereitschaft einzuschätzen ist. Gerade in Bezug auf die aktuelle Diskussion um das selbstgesteuerte L. werden diese Potenziale der Lernenden eingeschätzt hinsichtlich der Stufen, zu denen im Lernprozess individuelle Herangehensweisen existieren: → Lernziel definieren, Lerngegenstand umreißen, Lernschritte festlegen, Aneignungsmethoden planen, Lernfortschritte evaluieren, Lernschwierigkeiten beheben.

Es ist kein Zufall, dass die Notwendigkeit des »Lernen Lernens« in den letzten Jahren immer intensiver diskutiert wurde. Gerade wenn Erwachsene vielfach selbstgesteuert lernen sollen, bedürfen sie einer entwickelten eigenen Lernstrategie, die aber – allen Erkenntnissen zufolge – vor Eintritt in das Erwachsenenalter festgelegt ist. Dies gilt auch für Lernwiderstände, die aus dieser Zeit stammen und das gesamte L. im Erwachsenenalter mitbestimmen. Allerdings zeigt sich gerade bei dieser Diskussion, dass die empirische Lernforschung unter einem weitreichenden Defizit leidet: Die Integration der inhaltlichen Seite des Lernprozesses in den Lernvorgang selbst. Nur beim L. eines Inhalts kann man strategische Kompetenzen entwickeln.

*Lit.* Ciompi, L.: Die emotionalen Grundlagen des Denkens, Frankfurt a.M. 1997; Faulstich, P.: Menschliches Lernen, Bielefeld 2013; Nuissl, E. (Hrsg.): Vom Lernen zum Lehren, Bielefeld 2006; Roth, G.: Bildung braucht Persönlichkeit, Stuttgart

2011; Siebert, H.: Lernen als Konstruktion von Lebenswelten, Frankfurt a.M. 1994; Spitzer, M.: Lernen, Heidelberg 2003.

*Ekkehard Nuissl*

**Lernschwierigkeiten** → Geistig behinderte Menschen

**Lernstörungen** ist ein Oberbegriff für die Beeinträchtigung von Lernprozessen (→ Lernen). Dies umfasst (einzelne und kombinierte) Defizite in den grundlegenden Fertigkeiten der Informationsverarbeitung, den metakognitiven Fertigkeiten zur Planung/Regulation von Lernhandlungen, den Lernstrategien, der → Motivation sowie der vorhandenen Wissensbasis. In der Folge können Leistungen nur eingeschränkt erbracht, Fertigkeiten nur unsicher oder sehr langsam reproduziert und damit Lernpotenziale nicht genutzt werden.

L. lassen sich auf zwei Dimensionen einordnen: (1) persistierend vs. passager, (2) partiell vs. generell (Einschränkungen in allen schulischen/außerschulischen Bereichen). → Lese- und/oder Rechtschreibstörung sowie → Rechenstörung zählen zu den überdauernden/partiellen L., die kombinierte Störung schulischer Fertigkeiten zu den überdauerenden/generellen L. Einige Autor/innen berücksichtigen hier auch Personen mit → Intelligenzminderungen, was die Abgrenzung zum Begriff → Lernbehinderung erschwert. Zu temporären/partiellen L. gehören Lernrückstände in einzelnen Fächern, temporäre/generelle. L. treten oft im Zusammenhang mit emotionalen und → Verhaltensstörungen auf. Das Internationale → Klassifikationssystem → ICD-10 der → Weltgesundheitsorganisation (WHO) ordnet L. im Abschnitt F8 unter Entwicklungsstörungen ein und berücksichtigt Defizite im Bereich schulischer Fertigkeiten sowie im Sprechen/der Sprache und der Motorik. Die Diagnostik nach ICD-10 erfordert a) Defizite in den betroffenen Bereichen, die deutlich unterhalb des Niveaus, das aufgrund von Alter und allgemeiner Intelligenz zu erwarten wäre, liegen b) den Ausschluss von Seh-/Hörstörungen und neurologischen Erkrankungen c) eine Beschulung/Erziehung in – entsprechend der Kultur – erwartbarem Rahmen.

Aktuelle Modelle zu Entstehung/Aufrechterhaltung von L. sind multikausal und berücksichtigen biologische, genetische und neurophysiologische sowie psychologische, psychosoziale und didaktische Faktoren. Diese zeigen sich in mangelnder Informationsverarbeitung (bedingt durch geringes Sprachbewusstsein, Entwicklungsverzögerungen, verminderte Gedächtnis- und Konzentrationsleistungen), in Defiziten in den Lernaktivitäten (bspw. ineffektive Strategien und dysfunktionale Metakognition), aber auch in voneinander abweichenden Erwartungen/Einstellungen/Ursachenzuschreibungen der Sozialisationsinstanzen Familie und Schule. Zudem kommt es zu Wechselwirkungen dieser Aspekte, die Teufelskreise bedingen und Sekundärsymptomatiken (emotionale und Verhaltensstörungen) nach sich ziehen können. Die → Prävention gestaltet sich schwierig, da viele L. erst im Schulalter erkannt werden. → Interventionen zielen zum einen auf die systematische Förderung der Lernfähigkeit und auf die Erhöhung der Motivation und Selbstwirksamkeitserwartung zur Verbesserung der Lernaktivität ab. Zum anderen fokussieren sie konkrete soziale und pädagogische Umgebungsbedingungen. Für Interventions- und Fördermaßnahmen der Rechtschreibfähigkeiten liegen empirische Wirksamkeitsbelege vor, Defizite gibt es in der Evidenzforschung zur speziellen Förderung von Lese- und Rechenfertigkeiten sowie zur Frühförderung.

*Marlis Pesch*

**Lernziel** Der Begriff L. drückt das vorweggenommene Ergebnis eines pädagogischen Prozesses als dessen Zielsetzung aus. Es beschreibt die Erwartung, was Lernende am Ende dieses Prozesses an Veränderungen der persönlichen Disposition erreicht haben sollen. In diesem Sinne kann L. auch als die Intention für die Durchführung des Lernprozesses verstanden werden. Verschiedene Differenzierungen von L. sind möglich. Die gebräuchlichsten sind: (1) Unterschieden wird nach der Art der Zielsetzung eine kognitive (Wissen, intellektuelle Fertigkeiten), eine affektive (→ Einstellung, Werthaltung) und eine psychomotorische (manuelle Fähigkeiten) Dimension. (2) Weiter wird nach dem Grad der Konkretisierung des L. in Richtziele, Grobziele und Feinziele unterteilt. (3) Es können hierarchisch verschiedene Intensitätsstufen von L. unterschieden werden: Kennen, Verstehen, Anwenden und Beurteilen.

Der Begriff L. fand in der zweiten Hälfte der 1960er-Jahre Einzug in den deutschen Sprachraum. In dieser Zeit begann sich die deutsche Pädagogik stärker mit der im angloamerikanischen Raum begründeten Curriculumforschung (→ Curriculum) auseinanderzusetzen. Im Zuge dieser Diskussion wird die traditionelle Bezeichnung »Ziel des Unterrichts« z.T. durch den Begriff L. ersetzt. Mittels genauer → Operationalisierung soll eine Lernerfolgskontrolle ermöglicht werden. Das L. wird so zur Setzung des/der Lehrenden und die Perspektive des/der Lernenden wird vernachlässigt. In der kritischen Auseinandersetzung wird deshalb zwischen Lehr- und Lernzielen differenziert. In der Praxis des → Lernens finden sich diese zwei Perspektiven auf L., die nicht identisch sein müssen, jedoch in einem dialektischen Prozess teilweise oder ganz miteinander verschmelzen. Die pädagogische Literatur verweist darauf, dass L. eine Inhalts- und eine Handlungskomponente besitzen. Die Zielsetzung selbst und die Darstellung der Zielerreichung durch entsprechendes → Verhalten werden in der Konstruktion von L. verknüpft. Lernen selbst ist ein intrapsychischer Prozess, welcher an sich nicht beobachtbar ist und der erst durch Verhalten des Lernenden sichtbar wird.

Der Begriff L. wird in der pädagogischen Praxis der → Sozialen Arbeit bisher selten verwendet. Hier werden eher die Begriffe → Erziehung und Entwicklung (vgl. → Sozialisation) sowie Kompetenzerwerb genutzt und dementsprechend → Erziehungs- und Entwicklungsziele formuliert. Hintergrund bilden die explizite Zieloffenheit und der emanzipative Charakter des sozialpädagogischen Bildungsbegriffs, die sich auch im → Kinder- und Jugendhilfegesetz (KJHG) widerspiegeln. Der Schwerpunkt liegt auf Aushandlung und Beteiligung (→ Partizipation). Eine → Didaktik der Sozialen Arbeit, die Lernprozesse in den Blick nimmt und Grundlage für L. ist, ist bisher kaum ausgearbeitet. Erste Ansätze in dieser Hinsicht verstehen sozialpädagogische L. als eine Synthese aus → Erziehungszielen des/der Lehrenden und Handlungszielen des/der Lernenden.

*Stefan Heeg*

**Lese- und/oder Rechtschreibstörung** (LRS, Legasthenie) bezeichnet eine Störung, die durch ausgeprägte Schwierigkeiten beim Erlernen des Lesens und/oder des Rechtschreibens gekennzeichnet ist. Eine LRS liegt dann vor, wenn die unzureichenden Lese- und/oder Rechtschreibfähigkeiten nicht Folge von intellektuellen Einschränkungen, einer allgemeinen Entwicklungsverzögerung, unkorrigierten Seh- oder Hörstörungen, unzureichender Beschulung, verminderten Sprachfähigkeiten sowie → psychischen, neurologischen oder motorischen Störungen sind. Nach dem → Klassifikationssystem → ICD-10 der → Weltgesundheitsorganisation (WHO) gehört die LRS zu den umschriebenen Entwicklungsstörungen schulischer Fertigkeiten und es wird zwischen einer Lese-Rechtschreibstörung und einer isolierten Rechtschreibstörung unterschieden. In den letzten Jahren konnte jedoch gut belegt werden, dass auch eine Lesestörung isoliert und ohne Beeinträchtigung der Rechtschreibfähigkeit auftreten kann.

Eine Lesestörung kann sich in Schwierigkeiten bei der Lesegenauigkeit, der Lesegeschwindigkeit und im Leseverständnis äußern. Eine Rechtschreibstörung ist durch eine erhöhte Anzahl an Rechtschreibfehlern gekennzeichnet. Bei der kombinierten LRS treten die Symptome der Lesestörung und Rechtschreibstörung gemeinsam auf. Nach der aktuellen Leitlinie LRS basiert die Diagnose einer LRS auf der Diskrepanz zwischen der Lese- und/oder Rechtschreibleistung und der Alters- oder Klassennorm oder der → Intelligenz. Die Diskrepanz muss mindestens eine Standardabweichung (1 SD) betragen und die Leistung in den einzelnen Lernbereichen mindestens 1 SD unterhalb des Durchschnitts liegen.

Im Bereich der Ursachen kann von einer genetischen Disposition für die LRS ausgegangen werden, die sich auf veränderte Hirnfunktionen des temporo-parietalen und okzipito-temporalen Systems und damit auf eine verminderte visuelle und auditive Reizwahrnehmung und -verarbeitung auswirkt, die wiederum zu reduzierten kognitiven Fähigkeiten im phonologischen und orthografischen Bereich führen und in einer verringerten Lese- und/oder Rechtschreibfähigkeit münden. Die LRS zeigt einen persistierenden Verlauf, der oft mit Angststörungen, → Verhaltensauffälligkeiten sowie Aufmerksamkeitsdefizits- und Hyperaktivitätsstörungen (→ ADHS), → Rechenstörungen und Sprachentwicklungsstörungen einhergeht. Die Anwendung eines schulischen Nachteilsausgleiches entlastet die Betroffenen meist und sollte in Verbindung mit der Anwendung evidenzbasierter Fördermaßnahmen gewährt werden. Je früher eine Förderung einsetzt, umso eher zeigen sich Leistungsverbesserungen. Durch eine Förderung lassen sich deutliche Fortschritte erzielen, spezifische Probleme bleiben jedoch meist bis ins Erwachsenenalter bestehen.

*Katharina Galuschka*

**Liniensystem** → Matrixorganisation

**Logopädie** bezeichnet Theorie und Praxis der Interventionen, die auf die Funktionsfähigkeit und Gesundheit der Sprach-, Sprech-, Stimm- und Schluckfähigkeiten eines Menschen und seine gesellschaftliche Teilhabe gerichtet sind. In der Entwicklung und Begründung konkreter Maßnahmen nutzt die L. Sprachwissenschaften, Medizin, Psychologie, Pädagogik, deren Subdisziplinen und zunehmend auch die Gesundheits- und Sozialwissenschaften als Bezugswissenschaften. Die

Eigenständigkeit der L. als angewandte Wissenschaft beruht auf der klinischen Anwendung wissenschaftlicher Erkenntnisfortschritte in → Prävention, Diagnostik, → Therapie, → Beratung und → Rehabilitation von Kindern, Jugendlichen und Erwachsenen mit Sprach-, Sprech-, Stimm- und Schluckstörungen und der → Evaluation von Therapiefortschritten sowie der Erforschung der Interventionen.

Die L. in Deutschland hat sich eng verbunden mit der Medizin entwickelt. Logopäd/innen arbeiten v.a. im Rahmen des Gesundheitssystems (SGB V; ambulant und stationär) und der → Rehabilitation und Teilhabe behinderter Menschen (SGB IX; u.a. Frühförderung → frühe Hilfen). Bisher ist die L. in Deutschland strukturell nicht im Bildungswesen (→ frühkindliche Bildung, Sprachförderung) verankert. Lokal haben sich aber vielfältige Kooperationen in der → Kinder- und Jugendhilfe entwickelt.

Die L. ist seit 1980 berufsgesetzlich geregelt, die Ausbildung findet danach an Berufsfachschulen statt. Seit 1991 bzw. 2001 gibt es einzelne Modellstudiengänge, seit 2009 sind Modellstudiengänge im Berufsgesetz verankert. Neben den Logopäd/innen sind aus historischen Gründen akademische Sprachtherapeut/innen in den Aufgabenfeldern der L. tätig (→ Sprachtherapie).

*Monika Rausch*

**Logotherapie** (lat.: logos = Sinn) ist eine sinnzentrierte Psychotherapie (→ Therapie), die wissenschaftlich fundiert und als die »Dritte Wiener Schule der Psychotherapie« weltweit anerkannt ist. 1938 formulierte der Wiener Psychiater und Philosoph V. E. Frankl die drei Bausteine der L, was sie zu einer non-deterministischen Psychologie, sinnzentrierten Psychotherapie und positiven Weltanschauung macht: (1) Freiheit des Willens: Der Mensch ist frei, zu seinen inneren und äußeren Bedingungen Stellung zu nehmen. (2) Wille zum Sinn: Der Mensch will primär sinnvoll leben. Er kann erkranken, wenn sein »Wille zum Sinn« frustriert wird. (3) Sinn des Lebens: Das Leben hat einen bedingungslosen Sinn, den es unter keinen Umständen verliert. Frankls Verdienst ist es, die geistige Dimension des Menschen als die spezifisch humane in die herkömmliche Psychotherapie integriert zu haben. Hier sind Entscheidungsfreiheit, Intentionalität und Gewissen verwurzelt. Ziel der L. ist die Sinnfindung in jeder konkreten Lebenssituation. Der Mensch antwortet auf den Sinn-Anruf des Lebens, indem er schöpferische Werte, Erlebniswerte und Einstellungswerte verwirklicht. Den Einstellungswerten kommt Superiorität zu. Durch Annehmen eines unabänderlichen Schicksals kann der Mensch höchsten Sinn verwirklichen. Einstellungsmodulation, Dereflexion und Paradoxe Intention sind die drei Methodengruppen der L. Logotherapie ist angezeigt als präventive Pädagogik und als → Krisenintervention, als stützende Begleitung bei → Psychosen, als Therapie bei neurotischen Störungen und als spezifische Therapie noogener Neurosen.

*Johanna Fischer*

**Lohnersatzleistung** → Alterssicherung, → Arbeitslosengeld (Alg)

**Lohnfortzahlung** → Entgeltfortzahlung

**Lokale Bündnisse für Familie** (**LBfF**) sind freiwillige Zusammenschlüsse familienpolitischer Akteure aus Politik, Verwaltung, Wirtschaft und Zivilgesellschaft auf der lokalen Ebene (z.B. aus Kommunalverwaltung, Verbänden, Stiftungen, Hochschulen, Krankenhäusern, Kirchen , freien Trägern der Kinder- und Jugendhilfe, Gewerkschaften sowie Betrieben und Unternehmen). Durch → Koordination, → Kooperation und konkrete Initiativen/ Projekte sollen verbesserte Lebens- und Arbeitsbedingungen für → Familien vor Ort entstehen. Wichtige Handlungsfelder dieser Netzwerke sind z.B. die → Vereinbarkeit von Familien- und Erwerbsleben, verlässliche Kinderbetreuung oder familiengerechte Infrastruktur. Die Arbeit der LBfF kann dazu beitragen, dass die Transparenz des Angebots für die Familien verbessert und die Standortqualität der Kommune gesteigert wird. Sowohl die Zusammensetzung der LBfF als auch die jeweilige inhaltliche Arbeit sind von Bündnis zu Bündnis unterschiedlich. Für eine gelingende Arbeit ist die Ausstattung mit ausreichenden personellen und finanziellen Ressourcen bedeutsam. V.a.die Arbeit von (verantwortlichen) Bündniskoordinator/innen ist für den Erfolg der LBfF wichtig. Die Initiative wurde 2004 vom → Bundesministerium für Familie, Senioren, Frauen und Jugend (BMFSFJ) gegründet. Ende 2015 gab es an rund 650 Standorten ein LBfF. Beratung und Unterstützung erhalten die LBfF durch eine zentrale Servicestelle, die aus Mitteln des BMFSFJ und des → Europäischen Sozialfonds finanziert wird.

*Angelika Engelbert*

**Macht in der Sozialen Arbeit** Von gesellschaftlichen M.balancen und -beziehungen hängen sowohl die Entstehung wie auch die Definition → sozialer Probleme, die Durchsetzung professioneller Bewältigungsformen und die Anerkennung der Sozialen Arbeit als Wissenschaftsdisziplin ab. M.strukturen und die daraus resultierenden sozialen Probleme als Gegenstand der Sozialen Arbeit konstituieren das Praxisfeld der Profession. M. ist ein Kräfteverhältnis und das Ergebnis sozialer Beziehungen, das sich in sozialen Systemen über die → Interaktionen von → Individuen widerspiegelt. M.beziehungen zeichnen sich durch eine ungleiche Verteilung von M.mitteln aus (→ Ressourcen, Fähigkeiten und Symbole). Hierarchisch angeordnete Beziehungen sind sowohl Voraussetzung für soziale Chancen und → Integration als auch deren Ergebnis. Sie verweisen auf Status und Position und somit auf Teilhabechancen innerhalb der → Gesellschaft. → Adressat/innen der Sozialen Arbeit nehmen i.d.R. eine niedrige soziale Position ein, die auf strukturelle Abhängigkeiten bzw. → soziale Ungleichheit verweist. Ihre Lebenssituation ist geprägt durch einen Mangel an ökonomischen, bildungsmäßigen, symbolischen und sozialen Ressourcen. Sie leiden nach sozialarbeitswissenschaftlicher Auffassung unter praktischen sozialen Problemen, die als M.probleme zuungunsten der Adressat/innen strukturiert sind, denn sie erschweren ihnen, ihre biologischen, psychischen und sozialen → Bedürfnisse angemessen zu befriedigen.

Die Ausstattung eines Menschen bildet M.quellen, die, sofern sie erkannt und genutzt werden, über das Maß an Einfluss in sozialen Beziehungen i.S. von Position, Anerkennung und Status entscheiden. Als M.quellen gelten: (1) Körpermacht i.S. von physischer Stärke und Attraktivität, (2) Ressourcenmacht i.S. von kapitalwerten Gütern, Bildung, soziokulturellen Eigenschaften (Position) und Mitgliedschaften, (3) Modell- und Artikulationsmacht i.S. von Überzeugungsfähigkeit, Wissen und Problemlösungsfähigkeit, (4) Positions- und Organisationsmacht i.S. von Vernetzungs- und Organisationsfähigkeit. Die Erschließung von M.quellen und der Aufbau legitimer M. zur Bewältigung von sozialen Problemen können durch problemorientierte Arbeitsweisen wie Ressourcenerschließung, Bewusstseinsbildung, Vernetzung und → Empowerment-Strategien erreicht werden. Ob M. problematisch i.S. von menschenverachtender und behindernder Ungleichheitsordnung ist oder gerecht i.S. von bedürfnis- und menschengerechter sozialer Ordnung, hängt ab von der Art, wie die Verteilungsmuster von Gütern und die Arbeitsteilung geregelt sind, wie Ideen und Werte institutionalisiert, legitimiert und sanktioniert werden.

S. Staub-Bernasconi unterscheidet für die Soziale Arbeit zwei Formen der M.: die legitime, menschengerechte Begrenzungsmacht und die illegitime, menschenverachtende Behinderungsmacht. Begrenzungsmacht als bedürfnisnahe und einschränkende Steuerung von M.bildungsprozessen ermöglicht den Individuen in allen Lebensbereichen den legitimen Zugang zu allen verfügbaren Ressourcen, die Menschen für ihre Existenzsicherung und gesellschaftliche → Teilhabe benötigen – unabhängig von Alter, Geschlecht, Nationalität, Religion, Hautfarbe. Behinderungsmacht dagegen schließt willkürlich einzelne Gruppen von der gesellschaftlichen → Partizipation aus, indem vorhandene Güter künstlich verknappt werden. Behinderungsregeln beschränken und disziplinieren nach unten und entgrenzen und eröffnen die Umverteilung nach oben. Soziale Arbeit als Menschenrechtsprofession ist ohne eine theoretische Reflektion und einen kritisch professionellen Umgang mit M. nicht denkbar. Denn M. ist allgegenwärtig auf allen gesellschaftlichen Niveaus, auf denen Soziale Arbeit agiert. Die theoretisch basierte, kritische Reflexion reicht von der professionellen Hilfebeziehung (→ Hilfe/Helfen) über die M. der → Fachkräfte und der ihnen zur Verfügung stehenden Hilfe- und Kontrollinstrumente, der M. und Ohnmacht der Adressat/innen bis hin zu den Macht- und Hierarchiestrukturen der Trägerorganisationen.

B. Kraus unterscheidet zwischen Instruktiver Macht, mit der er die Chance bezeichnet, das → Verhalten oder → Denken eines Menschen zu determinieren, und Destruktiver Macht als Chance zur Reduktion der Möglichkeiten eines Menschen. Anders als bei Staub-Bernasconis normativer Unterscheidung erfolgt bei Kraus die qualitative Unterscheidung der beiden M.formen entlang des Kriteriums der Wirksamkeit und der Frage, ob diese abhängig oder unabhängig vom Eigensinn der Betroffenen ist. Mit dieser Perspektive lassen sich die Durchsetzungspotenziale in professionellen Interaktionsbeziehungen reflektieren.

Für die Beschreibung, Erklärung und normative Bewertung von M.verhältnissen bieten sich Denkfiguren an, die M. als menschliche Fähigkeit zu handeln definieren; darauf verweisen die klassische Definition von M. Weber, die handlungstheoretische Konzeption von H. Arendt und die phänomenologische Perspektive von H. Popitz. M. bedeutet nach Weber die Chance, innerhalb einer sozialen Beziehung den eigenen Willen auch gegen das

Widerstreben anderer durchzusetzen, unabhängig davon, worauf diese Chance beruht. Ein Akteur kann sich zum eigenen Nutzen gegenüber einem Schwächeren durchsetzen und dessen Gehorsam erzwingen, indem er die Chance nutzt, seine M.quellen einzusetzen. Institutionalisierte M. legitimiert sich als Herrschaft über Recht, Tradition und Charisma. Für Arendt entspringt M. der menschlichen Fähigkeit, sich mit anderen zusammenzuschließen und im Einvernehmen mit ihnen zu handeln. Über M. verfügt ihr zufolge niemals ein Einzelner, sie ist im Besitz organisierter Gruppen und bleibt nur so lange existent, wie diese zusammenhalten. Die menschliche Fähigkeit zur M.bildung verweist auf die Vergänglichkeit und Veränderbarkeit von M.strukturen und Abhängigkeiten. Popitz beschreibt Grundformen der M. analog ihrer historischen Entwicklung und bezieht diese auf die anthropologischen Voraussetzungen und Handlungsfähigkeiten des Menschen. M. ist eine notwendige Kraft, um soziale Ordnungen zu schaffen und zu stabilisieren. Da M. von Menschen geschaffene Strukturen sind, sind sie veränderbar und müssen legitimiert werden, da sie freiheitsbegrenzend wirken. M.beziehungen entstehen aufgrund der Entsprechung von menschlichen Fähigkeiten einerseits (zu zerstören, zu drohen, Sicherheit und Anerkennung zu geben und die Natur technisch zu verändern) und den biologischen, psychischen und sozialen Abhängigkeiten andererseits (Verletzbarkeit, → Angst, Orientierungs- und Anerkennungsbedürfnis und Abhängigkeit von einer künstlich veränderten Umwelt).

*Lit.* Kraus, B.: Erkennen und Entscheiden. Grundlagen und Konsequenzen eines erkenntnistheoretischen Konstruktivismus für die Soziale Arbeit, Weinheim/München 2013; Kraus, B./Krieger, W.: Macht in der Sozialen Arbeit. Interaktionsverhältnisse zwischen Kontrolle, Partizipation und Freisetzung, Lage 2016; Sagebiel, J./Pankofer, S.: Soziale Arbeit und Machttheorien. Reflexionen und Handlungsansätze, Freiburg i.Br. 2015.

*Juliane Sagebiel*

**Mädchenarbeit** → Geschlechtsspezifische Kinder- und Jugendarbeit

**Magersucht** → Anorexia nervosa

**Mahlzeitendienste** → Ambulante Dienste für ältere Menschen

**Mahnverfahren** Als besondere Verfahrensart des Zivilprozesses in §§ 688–703 d Zivilprozessordnung (ZPO) geregelt (entsprechend anwendbar gem. § 46 a Arbeitsgerichtsgesetz [ArbGG]), dient das M. dem Ziel, den Gläubiger/innen rasch, einfach und kostengünstig ohne mündliche Verhandlung einen Vollstreckungstitel (→ Zwangsvollstreckung) zu beschaffen. Im M. können nur Ansprüche auf Zahlung einer bestimmten Geldsumme, die nicht (mehr) von einer Gegenleistung der Gläubiger/innen abhängig sind, durchgesetzt werden. Das M. wird durch Antrag auf Erlass eines Mahnbescheids beim zuständigen Zentralen Mahngericht (www.mahngerichte.de) eingeleitet. Antragsformulare sind im Internet (www.online-mahnantrag.de) verfügbar. Für Ansprüche aus Verbraucherdarlehensverträgen (§ 491 ff. → Bürgerliches Gesetzbuch [BGB]) muss der Antrag das Datum des Vertragsabschlusses und den effektiven Jahreszins angeben; liegt dieser um mehr als 12% über dem Basiszinssatz, findet das M. nicht statt (§ 688 Abs. 2 Nr. 1 ZPO). Bei Vorliegen der Zulässigkeitsvoraussetzungen erlässt das Gericht – ohne materiell-rechtliche Prüfung – einen Mahnbescheid (Inhalt: § 692 ZPO) und veranlasst die Zustellung. Besteht der Anspruch zu Recht, empfiehlt es sich zur Vermeidung weiterer Verfahrenskosten, unverzüglich die verlangten Beträge zu bezahlen oder mit dem/der Antragsteller/in Verhandlungen über evtl. Zahlungsaufschub oder Ratenzahlung aufzunehmen. Bei Zweifeln an der Berechtigung des Anspruchs (oder eines Teils) sollte Widerspruch (Frist: zwei Wochen ab Zustellung) eingelegt werden, der dann den Weg für ein streitiges Verfahren mit mündlicher Verhandlung eröffnet. Wird weder der Betrag gezahlt noch rechtzeitig Widerspruch erhoben, so erlässt das Gericht auf Antrag einen Vollstreckungsbescheid. Dieser kann binnen zwei Wochen mit Einspruch angefochten werden.

*Hans-Ulrich Weth*

**Management** → Sozialmanagement

**Manie** ist eine psychische Erkrankung, die entsprechend dem → Klassifikationssystem → ICD 10 zu den Affektiven Störungen gezählt wird. Klinisch-symptomatische Anzeichen sind eine gehobene Affektlage mit Heiterkeit, Euphorie, Rededrang, Ideenflucht und Enthemmung im Vordergrund. Inhaltlich liegen meist ein übersteigertes Selbstwertgefühl und Größenideen vor. Die Patient/innen sind irritierbar, reizbar und haben Schlafstörungen, unter denen sie aber meist nicht leiden. Die euphorische Stimmung kann jedoch scheinbar unbegründet in eine dysphorisch-missmutig-gereizte Stimmung umschlagen. In der manischen Phase neigen die Betroffenen zu unermüdlicher Aktivität und Geschäftigkeit, leben über ihre

Verhältnisse und tätigen unsinnige Anschaffungen bzw. gewagte Geschäftsabschlüsse. Dies kann zu größeren finanziellen Verlusten und Verschuldungen führen. Das → Denken ist durch eine assoziative Lockerung und Ideenflucht mit aneinander gereihten Einfällen ohne klares Denkziel gekennzeichnet. Die Fähigkeit, sich einer strukturierten Tätigkeit zu widmen, sowie die Aufmerksamkeits- und Konzentrationsfähigkeit sind eingeschränkt. Das enthemmte und distanzlose → Verhalten kann auch in Aggressivität umschlagen.

Die Störung tritt in unterschiedlichen Ausprägungsgraden auf. Das ICD unterscheidet a) Hypomanie, »charakterisiert durch eine anhaltende, leicht gehobene Stimmung, gesteigerten Antrieb und Aktivität und in der Regel auch ein auffallendes Gefühl von Wohlbefinden und körperlicher und seelischer Leistungsfähigkeit. Gesteigerte Geselligkeit, Gesprächigkeit, übermäßige Vertraulichkeit, gesteigerte Libido und vermindertes Schlafbedürfnis (sowie verringerter Appetit) sind häufig vorhanden, aber nicht in dem Ausmaß, dass sie zu einem Abbruch der Berufstätigkeit oder zu sozialer Ablehnung führen«, b) M. ohne psychotische Symptome (die o.g. Anzeichen sind stärker und länger andauernd ausgeprägt, zudem ist die »Selbsteinschätzung ... mit Größenideen oder übertriebenem Optimismus häufig weit überhöht. Der Verlust normaler sozialer Hemmungen kann zu einem leichtsinnigen, rücksichtslosen oder in Bezug auf die Umstände unpassenden und persönlichkeitsfremden Verhalten führen.«) sowie c) M. mit psychotischen Symptomen (hier liegen Wahn-Symptome, v.a. realitätsferner Größenwahn und Halluzinationen vor). Häufig tritt die M. nicht »isoliert«, sondern in Form der manisch-depressiven (bipolaren) affektiven Störung auf – dabei wechseln manische und depressive Phasen (→ Depression) einander ab.

Die M. wird insbes. in der Anfangsphase von vielen Betroffenen eher als angenehm erlebt, daher ist eine → Motivation zur Unterstützung oder Behandlung oftmals nicht leicht aufzubauen und eine Zusammenarbeit schwierig. Andererseits haben die in einer manischen Phase verursachten → Konflikte im privaten und beruflichen Umfeld nicht selten nachhaltige negative Konsequenzen. Insbesondere beim Auftreten psychotischer Symptome (→ Psychose) und bei selbst- wie fremdgefährdenden Konflikten im → sozialen Umfeld ist eine psychiatrische Behandlung – häufig auch im stationären Setting – erforderlich. In der akuten Phase erfolgt die medikamentöse Behandlung im Wesentlichen mit modernen, atypischen Neuroleptika, Antiepileptika oder Lithium. Die medikamentöse Rückfallprophylaxe insbesondere mit Lithium kann Häufigkeit und Ausmaß sowohl depressiver als auch manischer Phasen verringern oder diese sogar verhüten und hat daher eine besondere Bedeutung. Begleitend ist eine unterstützende Psychotherapie (→ Therapie) wichtig. Es ist wichtig, auch die Angehörigen zu unterstützen, die oftmals unter der Symptomatik, der fehlenden Krankheitseinsicht und der gereizten Stimmung leiden. Für Kontaktpersonen der Betroffenen ist es wichtig, sich nicht durch die übersteigerten Stimmungen provozieren zu lassen. Über die Ursachen der Erkrankung gibt es keinen fachlichen Konsens. Die meistverbreitete Position geht von einer multifaktoriellen Genese aus, bei der mögliche genetische/vorgeburtliche Dispositionen und/oder frühkindliche Belastungen sowie aktuelle Stresssituationen eine besondere Rolle spielen.

*Klaus Fröhlich-Gildhoff*

**Marketing** → Sozialmarketing

**Maßregeln der Besserung und Sicherung** wurden durch das »Gesetz gegen gefährliche Gewohnheitsverbrecher« im Jahr 1933 ins Strafgesetzbuch (StGB) eingeführt. Sie stellen neben den (Haupt-)Strafen (→ Freiheits- und → Geldstrafe) Reaktionen auf eine Straftat dar. Im Gegensatz zur → Strafe dienen sie nicht dem Ausgleich für begangenes Unrecht, sondern sind schuldunabhängig. Zweck der M. ist es, gefährliche Täter/innen zu bessern (→ Resozialisierung) und/oder die Allgemeinheit vor ihnen zu schützen. Bei M. muss der → Verhältnismäßigkeitsgrundsatz strikt beachtet werden, d.h. sie dürfen nicht angeordnet werden, wenn sie zur Bedeutung der von dem/der Täter/in begangenen und zu erwartenden Taten sowie zu dem Grad der von ihm/ihr ausgehenden Gefahr außer Verhältnis stehen (§ 62 StGB). Die M., die in § 61 StGB abschließend aufgezählt sind, unterscheiden sich in stationäre und ambulante M. Zu den stationären (freiheitsentziehenden) M. gehören:

(1) Die Unterbringung in einem psychiatrischen Krankenhaus (§ 63 StGB): Sie setzt voraus, dass jemand eine rechtswidrige Tat im Zustand der Schuldunfähigkeit oder der verminderten Schuldfähigkeit (→ Schuld) begangen hat »und die Gesamtwürdigung des Täters und seiner Tat ergibt, daß von ihm infolge seines Zustandes erhebliche rechtswidrige Taten zu erwarten sind und er deshalb für die Allgemeinheit gefährlich ist«. Die Unterbringung nach § 63 StGB dauert so lange, bis die Strafvollstreckungskammer der Auffassung ist, dass die betreffende Person

nicht mehr gefährlich ist und daher in Freiheit entlassen werden kann (§ 67d Abs. 2 StGB). Diese Überprüfung erfolgt jährlich (§ 67e Abs. 2 StGB). Treffen Freiheitsstrafe und Unterbringung nach § 63 StGB zusammen, wird im Normalfall die Maßregel vor der Strafe vollzogen (§ 67 Abs. 1 StGB). Die in ihr verbrachte Zeit kann bis zu zwei Dritteln auf die Strafe angerechnet werden (§ 67 Abs. 4 StGB). Am Stichtag 31.3.2014 befanden sich allein im alten Bundesgebiet bei zuletzt fallender Tendenz 6.540 Personen im Vollzug dieser M.

(2) Die Unterbringung in einer Entziehungsanstalt (§ 64 StGB): Sie setzt zum einen voraus, dass jemand, der den Hang hat, alkoholische Getränke oder andere berauschende Mittel (→ Sucht) im Übermaß zu sich zu nehmen, wegen einer rechtswidrigen Tat, die er im Rausch begangen hat oder die auf seinen Hang zurückgeht, verurteilt oder nur deshalb nicht verurteilt wird, weil seine Schuldunfähigkeit erwiesen oder nicht auszuschließen ist. Zum anderen muss die Gefahr bestehen, dass er infolge seines Hanges weitere erhebliche rechtswidrige Taten begehen wird. Die Anordnung setzt zudem eine hinreichend konkrete Aussicht voraus, die süchtige Person zu heilen oder über eine erhebliche Zeit vor dem Rückfall in den suchtbedingten Rauschmittelkonsum zu bewahren. Die Unterbringung in einer Entziehungsanstalt darf zwei Jahre nicht überschreiten (§ 67d Abs. 1 StGB). Am Stichtag 31.3.2014 waren 3.822 Personen im alten Bundesgebiet in dieser M. untergebracht.

(3) Die → Sicherungsverwahrung (§§ 66–66c StGB) wird im Anschluss an die Freiheitsstrafe vollzogen. Sie gilt als eine der schärfsten Sanktionen des Strafrechts und richtet sich gegen gefährliche Hangtäter/innen.

Zu den ambulanten (nicht freiheitsentziehenden) M. sind zu zählen:

(4) Die Führungsaufsicht (§ 68 StGB): Sie hat den Zweck, gefährliche oder gefährdete Täter/innen nach Strafverbüßung oder Entlassung aus einer M. über einen kritischen Zeitraum (2–5 Jahre) hinweg durch Weisungen mit Hilfe eines Bewährungshelfers/einer Bewährungshelferin zu unterstützen und zu überwachen. Zu unterscheiden ist die Führungsaufsicht nach Strafverbüßung (z.B. nach gerichtlicher Anordnung bei bestimmten rückfallträchtigen Delikten [§ 68 Abs. 1 StGB] oder nach Vollverbüßung [§ 68f StGB]) und die Führungsaufsicht, die an eine freiheitsentziehende M. geknüpft ist, z.B. nach Aussetzung der Vollstreckung zur Bewährung (§ 67d Abs. 2 Satz 2 StGB). Derzeit (2014) geht man von einer Zahl von etwa 36.700 Personen aus, die unter Führungsaufsicht stehen.

(5) Die Entziehung der Fahrerlaubnis (§ 69 StGB): Voraussetzung dieser in der Rechtspraxis häufigen M. ist zum einen, dass jemand wegen einer rechtswidrigen Tat, die er bei oder im Zusammenhang mit dem Führen eines Kraftfahrzeuges oder unter Verletzung der Pflichten eines Kraftfahrzeugführers begangen hat, verurteilt oder nur deshalb nicht verurteilt wird, weil seine Schuldunfähigkeit erwiesen oder nicht auszuschließen ist. Zum anderen muss sich aus der Tat ergeben, dass er zum Führen von Kraftfahrzeugen ungeeignet ist. Die Fahrerlaubnis ist i.d.R. bei bestimmten Verkehrsdelikten zu entziehen (§ 69 Abs. 2 StGB). Das Gericht ordnet eine Sperrfrist von sechs Monaten bis fünf Jahren an (ausnahmsweise für immer), in der die Verwaltungsbehörde keine neue Fahrerlaubnis erteilen darf (§ 69a Abs. 1 StGB). Von dieser M. ist das Fahrverbot als Nebenstrafe zu unterscheiden, das zwischen einem und drei Monaten dauert (§ 44 StGB). Im Jahr 2013 wurde in Deutschland 94.213 Personen die Fahrerlaubnis entzogen, ein Fahrverbot wurde gegen 26.232 Personen angeordnet.

(6) Ein Berufsverbot ist zulässig, wenn jemand wegen einer rechtswidrigen Tat, die er unter Missbrauch seines Berufs oder Gewerbes oder unter grober Verletzung der mit ihnen verbundenen Pflichten begangen hat, verurteilt oder nur deshalb nicht verurteilt wird, weil seine Schuldunfähigkeit erwiesen oder nicht auszuschließen ist. In diesem Fall kann ihm das Gericht die Ausübung des Berufs, Berufszweiges, Gewerbes oder Gewerbezweiges für die Dauer von einem Jahr bis zu fünf Jahren (ausnahmsweise für immer) verbieten, wenn »die Gesamtwürdigung des Täters und der Tat« die Gefahr erkennen lässt, dass er bei weiterer Ausübung einer solchen Tätigkeit erhebliche rechtswidrige Taten der bezeichneten Art begehen wird (§ 70 StGB).

Die ehedem in § 65 StGB vorgesehene Unterbringung in einer → sozialtherapeutischen Anstalt trat als M. nie in Kraft. Stattdessen kann in bestimmten Fällen aus dem → Strafvollzug in eine solche Anstalt verlegt werden (§ 9 Strafvollzugsgesetz und die entsprechenden Landesgesetze).

*Lit.* Fischer, T.: Strafgesetzbuch mit Nebengesetzen, 62. Aufl., München 2015; Meier, B.-D.: Strafrechtliche Sanktionen, 4. Aufl., Berlin/Heidelberg u.a. 2015; Schönke, A./Schröder, H.: Strafgesetzbuch: StGB. Kommentar, 29. Aufl., München 2014; Streng, F.: Strafrechtliche

Sanktionen. Die Strafzumessung und ihre Grundlagen, 3. Aufl., Stuttgart 2012.

*Jörg Kinzig*

**Maßregelvollzug** Das Strafrecht differenziert zwischen schuldfähigen, schuldunfähigen und vermindert schuldfähigen Täter/innen (→ Schuld). Der freiheitsentziehende M. wird bei Täter/innen angewandt, die das Unrecht ihres Handelns nicht einsehen oder nicht nach dieser Einsicht handeln können. Für diese Täter/innen kann nach § 63 Strafgesetzbuch (StGB) Unterbringung im psychiatrischen Krankenhaus bzw. nach § 64 StGB in einer Entziehungsanstalt angeordnet werden, wenn zum Tatzeitpunkt eine schwere psychiatrische Erkrankung oder Störung (§ 20 StGB) bestand und die in der Tat zutage getretene Gefährlichkeit fortbesteht. M. gem. § 64 StGB ist auf eine Dauer von zwei Jahren begrenzt; gem. § 63 StGB besteht zunächst keine zeitliche Begrenzung. Die Entlassung erfolgt zur Bewährung, wenn zu erwarten ist, dass der/die Untergebrachte außerhalb des M. keine rechtswidrigen Taten mehr begehen wird. Gleichzeitig tritt Führungsaufsicht ein. Im M. gilt der gesetzliche Auftrag der »Besserung und Sicherung« (→ Maßregeln der Besserung und Sicherung). Die Untergebrachten werden als Patient/innen betrachtet, deren Behandlung unter dem Gesichtspunkt der Sicherheit der Bevölkerung durchgeführt wird. Problematisch sind neben den schwierigen Rahmenbedingungen die Verdoppelung der Unterbringungszahlen in den letzten 15 Jahren, sowie die im Zuge der Strafrechtsreformen ab 1998 erschwerten Entlassmöglichkeiten. Die Nachsorge entlassener Patient/innen ist eng an forensische Ambulanzen geknüpft, wodurch sich Effekte hinsichtlich Senkung der Rückfallhäufigkeit und bessere Eingliederungsmöglichkeiten ergeben.

*Gernot Hahn*

**Master-Studiengang** → Studium der Sozialen Arbeit

**Matrixorganisation** ist ein Strukturprinzip, nach dem Aufgaben und Zuständigkeiten in einer → Organisation oder in einem Unternehmen festgelegt und zugeordnet werden können. Das Strukturprinzip besteht darin, eine vertikale Gliederung oder Linie und eine horizontale Gliederung oder Linie zu schaffen und diese in Beziehung zu setzen. Die in der Sozialen Arbeit bekannte Verteilung von Aufgaben und Zuständigkeiten nach gesetzlichen Vorgaben auf Fachbereiche wird z.B. in der horizontalen Gliederung verortet. In der vertikalen Linie werden z.B. Ortsteilteams gebildet. Jede Linie hat eine eigene Leitungskraft. Deshalb müssen bei der M. zwei Leitungssysteme miteinander kombiniert werden. Die Mitarbeiter/innen stehen in mehreren Weisungsbeziehungen. Sie sind z.B. den Leitungen der Fachbereiche und den Leitungen der Ortsteilteams unterstellt. Die hierbei entstehenden Zuständigkeitsüberkreuzungen führen in der Praxis jedoch häufig zu so großen Problemen, dass in aller Regel die personelle Weisungsbefugnis auf eine einzige Linie beschränkt wird, jede/r Mitarbeiter/in also nur einen unmittelbar weisungsberechtigten Vorgesetzten hat. Z.B. könnten die Leitungen der Ortsteilteams die personelle Weisungsbefugnis haben und die Fachleitungen fachliche Weisungsbefugnisse (für alle Ortsteilteams).

Eine M. bietet den Vorteil, dass sich Leitungskräfte entweder umfassend und auf fachlich hohem Niveau um das operative Geschäft kümmern können, weil sie von Fachdiensten unterstützt werden, oder Leitungskräfte sich fachspezifisch hoch qualifizieren können und ihre Sachkompetenz aufgewertet wird. Es ist auch möglich, dass Mitarbeiter und Mitarbeiterinnen in einer Matrixstruktur mehr Verantwortung übernehmen und ihre Arbeit deutlich verbessern. M. können den Nachteil haben, dass mehr als in einfachen Linienorganisationen über Zuständigkeiten und Kompetenzen, auch über Ressourcen gestritten wird und vermehrt Machtkämpfe stattfinden. Ziemlich sicher erhöht eine M. den Aufwand für → Koordination, → Kommunikation und → Kooperation. Entscheidungen können schwieriger und »faule« Kompromisse wahrscheinlicher werden. Eine M. kann z.B. geschaffen werden, um Soziale Arbeit sozialräumlich zu organisieren und sozialräumliches Handelns zu unterstützen (→ Sozialraumorientierung). Oft wählen Organisationen die M., um größere, zeitlich befristete Projekte so weit wie möglich mit eigenen Kräften durchzuführen und zu managen.

*Eberhard Funk/Andreas Kuhn*

**Median** → Statistische Grundlagen der Sozialen Arbeit

**Mediation** (lat. Vermittlung) ist eine einvernehmlichen Konfliktlösung (→ Konflikt), die die Konfliktparteien eigenverantwortlich mit Hilfe des Mediators/einer Mediatorin entwickeln. Ziel der M. ist es, eine interessengerechte und zukunftsorientierte Lösung zu erarbeiten. Die M. ist eine Alternative zur streitigen Konfliktlösung durch Gerichte und Schiedsgerichte. Die wesentlichen Grundsätze der M. sind: Akzeptanz des Mediators/der Mediatorin durch alle Konfliktparteien, Freiwilligkeit der Teilnahme bei jederzeitigen Möglichkeit der Beendigung, Selbstverantwortlichkeit der Konfliktparteien für die Konfliktlösung, Vertraulichkeit aller in der M. bekanntwerdenden Informationen, Neutralität und Allparteilichkeit des Mediators/der Mediatorin, Informiertheit aller Beteiligten und Transparenz über alle Tatsachen und die Rechtslage.

In der M. geht es nach einer Vorbereitungsphase um die Sachverhaltsaufklärung. Als Kernstück der M. gilt die Interessenklärung der Parteien, um ein wachsendes Verständnis von sich selbst, dem anderen und ihrer Sicht der Realität aufzubauen. Die Lösungsfindung erfolgt mit Hilfe kreativer Techniken. Am Ende der M. steht eine schriftliche M.vereinbarung. Es gibt verschiedene M.stile: die sachorientierte M. stellt das Konfliktfeld in den Vordergrund, die verfahrens-orientierte M. fokussiert auf Auswahl und Gestaltung des Verfahrens, während bei der beziehungsorientierten M. die am Konflikt beteiligten Personen und ihre konfliktbelastete Beziehung im Vordergrund stehen (transformativer Ansatz, der von einer inneren Veränderung der Beteiligten in der M. ausgeht)

Anwendungsfelder sind Politik: M. zwischen verfeindeten Staaten oder Völkergruppen; Justiz: → Täter-Opfer-Ausgleich, Miet- oder Baukonflikte, Erbschaftskonflikte, Nachbarschaftsstreitigkeiten, Wirtschafts- und Arbeitswelt: unternehmensinterne Konflikte, Streitigkeiten zwischen Arbeitgeber/innen und -nehmer/innen bzw. Gewerkschaften, unternehmensexterne Konflikte zwischen Unternehmen, Zulieferern und Verbrauchern, in Umweltfragen; → Familienrecht: M. bei Trennungen, Scheidungen und Sorgerechtsverhandlungen; Schule: Vermittlung bei Schüler-Schüler-Konflikten durch Schüler (Peer-M.) oder bei Schüler-Lehrer-Konflikten.

In Deutschland gibt es seit dem 26.7.2012 ein M.gesetz, ein Berufsgesetz, das eine einheitliche rechtliche Grundlage für die Tätigkeit der Mediator/innen bildet. Es ist ein Spezialgesetz, das etwaig widersprechende berufsrechtliche Vorschriften, die aus dem Grundberuf des Mediators, gleich ob dieser Anwalt, Notar, Architekt, Psychologe oder Sozialpädagoge ist oder einem anderen Beruf angehört, verdrängt. Die Tätigkeit der Mediator/innen bedarf einer geeigneten Ausbildung und regelmäßiger Fortbildung (→ Supervision).Sie müssen sowohl über Kenntnisse des Rechts der M. und die Rolle des Rechts in der M. sowie über die Grundlagen der M. und deren Ablauf und Rahmenbedingungen verfügen.

*Petra Padberg*

**Medien** → Medienbildung, → Öffentlichkeitsarbeit

**Medienbildung** wird als Aufgabe → Sozialer Arbeit in der digitalen Gesellschaft thematisiert. Dabei geht es zunächst um die Befähigung zu einem selbstbestimmten, angemessenen und gestalterischen Gebrauch von Medien und die Sensibilisierung für Risiken und Gefährdungen, die durch Medieninhalte oder Mediennutzung bedingt sein können. Dies wird als M. bzw. Medienkompetenzförderung bezeichnet. Klassische Medienkompetenzmodelle sind darauf ausgerichtet, Fähigkeiten zur Medienkunde und -kritik zu vermitteln mit dem Ziel, zu einer reflexiven Mediennutzung und -gestaltung anzuregen. Kritik erfährt die Konzentration auf → Kompetenz dahingehend, dass dabei stark kognitive und qualifikatorische Aspekte anvisiert werden, wodurch genuss- und unterhaltungsbezogene Mediennutzungsweisen tendenziell abgewertet und als inadäquat konnotiert werden. Darüber hinaus geht es in der M. um grundlegende Bildungsfragen, die sich auch im Medienkontext stellen. So wird verstärkt diskutiert, ob das Ziel von M. nicht eher in einer auf die Belange der → Adressat/innen gerichteten Bildungs- und Teilhabeförderung statt in der Förderung normativer und von außen zugeschriebener Kompetenzen liegen sollte. Mit einer solchen im Kern sozialpädagogischen, an der → Lebenswelt orientierten M. ist die Idee verbunden, dass neben produktiven auch stärker rezeptive Mediennutzungsweisen Anerkennung finden und somit gerade auch den Bedürfnissen benachteiligter Zielgruppen besser Rechnung getragen werden kann. Diese auf der theoretischen Ebene vorgetragene Kritik ist für die medienpädagogische Praxis insofern bedeutsam, als dass sich zentrale Bereiche der M. wie Jugendmedienarbeit, »aktive Medienarbeit« und Mediendidaktik stark an Medienkompetenz und damit verbundenen normativen Ideen und potenziellen Ausschlüssen orientieren. Während sich Mediendidaktik mit dem kompetenten Einsatz von Medien in auf Vermittlung von Wissen ausgerichteten Kontexten (z.B. Schule) befasst, bezieht sich »aktive Medienarbeit« bzw. Jugendmedienarbeit in ihren zumeist projektförmig angelegten Angeboten mehrheitlich auf gestalterische Mediennutzungspraxen im Kontext von Jugendarbeit. Diese produktorientierten pädagogischen Zielsetzungen von Jugendmedienarbeit stehen mitunter den überwiegend prozesshaften und aktionistischen von den Adressat/innen präferierten Mediennutzungspraxen entgegen, so dass stärker sozialpädagogisch ausgerichtete an der Lebenswelt der Adressat/innen ausgerichtete Angebote, die

die jeweiligen Mediennutzungspraxen anerkennen, höhere Grade der Beteiligung versprechen.

Im Zuge einer zunehmenden Mediatisierung sehen sich M. wie auch Soziale Arbeit mit neuen Herausforderungen, Aufgaben und Verantwortlichkeiten konfrontiert. Beispiele für mediatisierte Angebote finden sich etwa in der → Schulsozialarbeit und in der → mobilen Jugendarbeit bzw. → Streetwork, indem dort oftmals soziale Netzwerke und Smartphone-Apps für den Kontakt mit den → Adressat/innen genutzt werden, aber auch in der Onlineberatung. Darüber hinaus findet Mediatisierung in vielen Handlungsfeldern der Sozialen Arbeit durch die Nutzung digitaler Falldokumentations- und Diagnostiksoftware statt, sodass diese medialen Formen die Praktiken Sozialer Arbeit mit verändern. Hierbei werden die Frage nach den Auswirkungen auf Fallkonstitution, Standardisierung und Objektivierung von Handlungsabläufen und Entscheidungen, aber auch die Einschränkung professioneller Entscheidungsspielräumen relevant.

In vielen Alltagsbezügen wird heute eine kompetente Nutzung digitaler Medien vorausgesetzt. Dabei bieten soziale Netzwerke und weitere Angebote im Web 2.0 einen potenziellen Zugewinn an Partizipationsmöglichkeiten. Gerade die Nutzung mobiler Medien wie Smartphones und Tablet-PCs, die es zeit- und ortsunabhängig erlaubt, Kontakte zu pflegen, den Alltag zu organisieren sowie sich zu orientieren, führt dazu, dass die Grenzen zwischen einem Online- und Offline-Sein der Mediennutzer/innen immer mehr verschwimmen. Neue Formen riskanter Mediennutzungsweisen wie Online-(Spiel-)Sucht, Cybermobbing sowie die Konfrontation mit beleidigenden Kommunikationen und unangenehmen bzw. extremistischen Inhalten im Internet stellen die M. im Kontext der Sozialen Arbeit vor Herausforderungen und Aufgaben, welchen u.a. mit Konzepten zu → (Jugend-)Schutz (→ Jugendmedienschutz) und Aufklärung begegnet wird. Der immer frühere Einstieg in die Nutzung digitaler Medien, die Ausweitung mobiler Formen der Mediennutzung, Entwicklungen der Metadatenaggregation, die Diskrepanzen zwischen den technischen Fähigkeiten der heranwachsenden Generation und der Erwachsenengeneration sowie damit verbundene Optionen der frühen Ablösung führen dazu, dass sich viele pädagogische Fachkräfte wie auch Eltern überfordert fühlen. So sind im fachpraktischen Umgang mit digitalen Medien in der Sozialen Arbeit derzeit sowohl eine Haltung abwehrender Medienskepsis als auch naiver Technikeuphorie beobachtbar – wobei beides nach einer mediatisierungssensiblen Reflexion bzw. (Weiter-)Bildung verlangt, um eine professionelle pädagogische Praxis zu ermöglichen.

Insgesamt erfordert die mediale Durchdringung der Alltagsräume von Adressat/innen wie Fachkräften eine bewusste Befassung mit den digitalen Medien als Möglichkeitsräumen sowohl für erweiterte Bildungs- und Teilhabechancen der Adressat/innen als auch als innovative Angebotsformen der Sozialen Arbeit. Gleichzeitig sind pädagogische und lebensweltliche Praxen hinsichtlich der mit der Digitalisierung verbundenen Probleme zu reflektieren. Erstens ist mit der Nutzung digitaler Medien eine permanente und allgegenwärtige Datenproduktion verbunden, die eingelagert ist in die Aggregation von »Big Data«, d.h. die algorithmisierte Auswertung von Metadaten, welche mitunter auch in den mediatisierten Angeboten der Sozialen Arbeit zu einer Prekarisierung und Enteignung persönlicher Daten führt – mit weitreichenden Implikationen der Verantwortung für die Daten anderer Personen (→ Datenschutz). Zweitens zeigt sich im Kontext der digitalen Angebote, dass sich Ungleichheiten, die offline bestehen, online reproduzieren bzw. verstärken, indem durch den überwiegenden Teil an Online-Angeboten durch Inhalte, Themen oder mediale Formen benachteiligte Adressat/innen kaum erreicht werden.

*Lit.* Farrenberg. D./Kutscher, N.: Teilhabe und soziale Kompetenz durch die Nutzung von digitalen Medien: Herausforderungen für die Kinder- und Jugendpolitik. Expertise für den 10. Kinder- und Jugendbericht des Landes Nordrhein-Westfalen (i.E.); Jörissen, B./Marotzki, W.: Medienbildung – eine Einführung. Theorie – Methoden – Analysen, Stuttgart 2009; Kutscher, N.: Mediatisierung der Kinder- und Jugendhilfe – Herausforderungen der digitalen Gesellschaft für professionelle Handlungskontexte, in: Arbeitsgemeinschaft für Kinder und Jugendhilfe (Hrsg.): Gesellschaftlicher Wandel – Neue Herausforderungen für die Kinder- und Jugendhilfe?!, Berlin 2015, S. 39–58; Kutscher, N./Ley, T./Seelmeyer, U.: Mediatisierung (in) der Sozialen Arbeit, Hohengehren 2015.

*Dominik Farrenberg/Nadia Kutscher*

**Medienkompetenz** → Medienbildung

**Medikamentensucht** → Sucht

**Medizinischer Dienst der Krankenversicherung (MDK)** Der MDK ist der medizinische Begutachtungs- und Beratungsdienst der gesetzlichen → Kranken- und → Pflegekassen. Die Rechtsgrundlagen des MDK finden sich im Neunten Kapitel des → Sozialgesetzbuches (SGB) V (§§ 275–283). Der MDK ist i.d.R. landesweit organisiert und wird von den Krankenkassen im Land getragen. Er ist eine eigenständige Arbeitsgemeinschaft, die überwiegend mit eigenem, beim MDK angestellten Ärzt/innen und Pflegefachkräften (→ Pflegeberufe) arbeitet. Grundlage der Tätigkeit des MDK ist das Prinzip der fachlichen Unabhängigkeit (§ 275 Abs. 5 SGB V). Bei der Beurteilung medizinischer und pflegerischer Sachverhalte unterliegen die Gutachter/innen des MDK keinen Weisungen der Auftraggeber. Mit dem GKV-Versorgungsstärkungsgesetz ist festgelegt worden, dass bei den MDK ein Beirat aus Vertretern der Pflegebedürftigen und ihrer Angehörigen sowie der Pflegeberufe einzurichten ist. Der Beirat ist an allen Entscheidungen des MDK-Verwaltungsrates zu beteiligen. Die Finanzierung des MDK erfolgt durch eine Umlage, die für jedes Mitglied in der gesetzlichen → Krankenversicherung (GKV) erhoben wird und die je zur Hälfte von der Kranken- und → Pflegeversicherung getragen wird.

Auf Bundesebene nimmt der Medizinische Dienst des Spitzenverbandes Bund der Krankenkassen (MDS) die Aufgaben einer Spitzenorganisation wahr. Seine Aufgabe ist neben der Beratung des GKV-Spitzenverbandes in medizinischen und pflegerischen Fragen v.a. die → Koordination der Arbeit der MDK. Auf der Ebene des MDS werden Begutachtungsrichtlinien erarbeitet, die vom GKV-Spitzenverband erlassen werden. Diese Richtlinien, z.B. zur → Pflegebedürftigkeit oder → Arbeitsunfähigkeit, sind für die Gutachter des MDK wie für die Mitarbeiter/innen der Krankenkassen gleichermaßen verbindlich.

Aufgaben des MDK für die Pflegeversicherung sind: (1) Begutachtung bei Pflegebedürftigkeit: Das SGB XI schreibt vor, dass die Pflegekassen den MDK mit den Ermittlungen zur Feststellung der Pflegebedürftigkeit zu beauftragen haben. Die Ermittlungen umfassen sowohl die medizinischen Voraussetzungen der Pflegebedürftigkeit, die Feststellung des Hilfebedarfs anhand der Verrichtungen des täglichen Lebens als auch die Empfehlung zu Pflegestufen. Darüber hinaus ist zu prüfen, ob die Antragsteller/innen in ihrer Alltagskompetenz eingeschränkt sind. Die Begutachtung durch den MDK findet im Rahmen eines Haus-, Krankenhaus- oder Heimbesuchs statt. Das Pflegegutachten des MDK bildet die Grundlage für die Entscheidung der Pflegekasse über das Vorliegen von Pflegebedürftigkeit, die zuerkannte Pflegestufe, die Einschränkung der Alltagskompetenz und ihres Grades sowie die notwendigen Pflegeleistungen. Ebenso wird das Pflegegutachten des MDK bei der Entscheidung der → Träger der Sozialhilfe über Leistungen bei → Hilfe zur Pflege herangezogen. Mit dem Zweiten Pflegestärkungsgesetz wird zum 1. Januar 2017 ein neuer Pflegebedürftigkeitsbegriff eingeführt werden, der gleichermaßen körperliche wie kognitive oder psychische Beeinträchtigungen der Selbstständigkeit und Fähigkeiten einbezieht. Die heutigen drei Pflegestufen werden zukünftig durch fünf Pflegegrade abgelöst. (2) Qualitätsprüfung von → Pflegeeinrichtungen: Dem MDK obliegt auch die jährliche Prüfung der → Qualität von Pflegediensten und Pflegeheimen. Die Prüfung des MDK findet im Auftrag der Landesverbände der Pflegekassen statt. Sie fokussiert auf die Prozess- und Ergebnisqualität der Pflege und erhebt die Pflegesituation durch eine Inaugenscheinnahme einer Stichprobe von Pflegebedürftigen. Als Ergebnis seiner Prüfung erstellt der MDK einen Prüfbericht, der der Einrichtung, den Pflegekassen und der → Heimaufsicht zur Verfügung gestellt ist. Der MDK vertritt eine beratungsorientierte Prüfkonzeption und gibt der Einrichtung Anregungen für qualitätsverbessernde Maßnahmen. Bei erheblichen Qualitätsdefiziten können die Pflegekassen der Pflegeeinrichtung Auflagen erteilen oder sogar den Versorgungsvertrag kündigen. Die MDK-Prüfergebnisse sind in laienverständlicher Form zu veröffentlichen. Grundlage der Darstellung bilden Transparenzvereinbarungen, die zwischen dem GKV-Spitzenverband, den Trägern der Sozialhilfe und den Verbänden der → Leistungserbringer unter Beteiligung des MDS geschlossen werden. Die Transparenzberichte werden im Internet veröffentlicht.

Aufgaben des MDK für die Krankenversicherung sind: (1) Einzelfallbezogene Begutachtung: Die Krankenkassen können in allen Leistungsangelegenheiten eine gutachtliche Stellungnahme des MDK einholen. Ziel ist es dabei, die medizinischen Voraussetzungen der Notwendigkeit, Zweckmäßigkeit und → Wirtschaftlichkeit sowie die Qualität der Leistungen zu prüfen. Wesentliche Begutachtungsbereiche sind die Prüfung von Rehabilitationsanträgen, Hilfsmittelversorgungen und Arbeitsunfähigkeit sowie die Überprüfung von Krankenhausabrechnungen. Die Erledigung von Aufträgen erfolgt in Form von sozialmedizinischen Fallberatungen und einzelfallbezogenen → Gutachten. Diese schließen mit einer sozialmedizinischen Empfehlung ab und werden von der Krankenkasse in eine Leistungsentscheidung umgesetzt. Versicherte haben das Recht auf Einsicht in das Gutachten. (2) Grundsatzberatung: MDK und MDS beraten die Krankenkassen und deren Verbände in allgemeinen medizinischen und pflegerischen Fragen. Wichtige Beratungsfelder sind die Bewertung neuer medizinischer Verfahren, die Unterstützung der gemeinsamen Selbstverwaltung im → Gemeinsamen Bundesausschuss sowie die Qualitätssicherung im → Gesundheitswesen. In allen Beratungsfeldern arbeiten die Gutachter/innen des MDK nach den Grundsätzen der evidenzbasierten Medizin und geben Empfehlungen zur Weiterentwicklung des Versorgungssystems.

*Lit.* Cramer, D.: Der Medizinische Dienst der Krankenversicherung, München 1998; Müller-Held, W./Rebscher, H./Schütgens, K.: Medizinischer Dienst der Krankenversicherung. Handbuch, St. Augustin 1995; Pick, P./Windeler, J.: Der MDS – Aufgabenschwerpunkte und Perspektiven, in: Die Krankenversicherung 2005, S. 76–79.

*Peter Pick*

**Medizinische Rehabilitation** zielt darauf ab, Behinderungen einschließlich → chronischer Krankheiten abzuwenden, zu beseitigen, zu mindern oder sie durch Ersatzstrategien wie Kompensation zu verbessern; Ziel ist ebenso die Vermeidung von Einschränkungen der Erwerbsfähigkeit bzw. von → Pflegebedürftigkeit. Mit m. R. wird ein ganzheitlicher Ansatz verfolgt, der über das Erkennen, Behandeln und Heilen einer → Krankheit hinaus die wechselseitigen Beziehungen (Mehrdimensionalität) zwischen den Gesundheitsproblemen einer Person – beschrieben in Form von Schädigungen, Beeinträchtigungen der Aktivitäten sowie der Teilhabe – und ihren Kontextfaktoren (s.u.) berücksichtigt, um einen bestmöglichen Rehabilitationserfolg i.S. der → Teilhabe am gesellschaftlichen wie beruflichen Leben zu erreichen. Das bedeutet für die Ärzt/innen, dass ihr auf Krankheitsursachen bezogenes Denk- und Handlungsmodell erweitert werden muss um das Handeln des Betroffenen auf der sozialen Ebene. Denn nach dem biopsychosozialen Modell der → ICF (Internationale Klassifikation der Funktionsfähigkeit, Behinderung und Gesundheit) der → Weltgesundheitsorganisation (WHO) kann der Zustand der funktionalen → Gesundheit einer Person als das Ergebnis der Wechselwirkung zwischen dem Gesundheitsproblem (nach ICD) einer Person und ihren Kontextfaktoren, d.h. allen externen Gegebenheiten der Welt, in der die betreffende Person lebt (Umweltfaktoren, z.B. Verfügbarkeit von → Hilfsmitteln oder angepassten Technologien, Möglichkeiten der Arbeitsplatzanpassung) sowie ihren persönlichen Eigenschaften und Attributen (personenbezogene Faktoren, z.B. → Alter, Geschlecht, Ausbildung, Motivation, Leistungsbereitschaft) aufgefasst werden. Die m. R. ist oft die Voraussetzung erfolgreichen Handelns in den Bereichen der → Teilhabe am Arbeitsleben und am Leben in der Gemeinschaft. Eine soziale → Integration bedeutet nicht nur die Anpassung des → behinderten Menschen an die soziale Umgebung, sondern auch die Gestaltung der Umwelt entsprechend seiner Behinderung. Aufgrund der weit gefassten Ziele ist eine Kooperation mit Vertretern anderer Berufe aus dem medizinischen und sozialen Spektrum notwendig. Sie wird im fachübergreifend (interdisziplinär) besetzten Rehabilitationsteam verwirklicht. Der Rehabilitationsbedarf des behinderten bzw. von Behinderung bedrohten Menschen muss frühzeitig erkannt werden. Das bedeutet für den Vertragsarzt oder den Arzt im → Krankenhaus, dass er beim Vorliegen einer chronischen Krankheit daran denken muss, ob eine Behinderung droht oder schon eingetreten ist. Dies erfordert Erfahrungen, die durch eine Weiterbildung zum Erlangen der Zusatzbezeichnung »Rehabilitationswesen« erreicht werden kann. Im individuellen Bedarfsfall muss eine geeignete Rehabilitationsmaßnahme stets frühzeitig (i.S. von rechtzeitig) eingeleitet werden. Dazu dient auch die Anschlussheilbehandlung (AHB). Ihr Vorteil ist die direkte Verbindung zwischen dem Krankenhaus und der Rehabilitationsklinik oder eine Eilverbindung über die Zentralverwaltungen der → Rehabilitationsträger. Ziel ist es, eine Nahtlosigkeit zwischen Krankenhausbehandlung und stationärer → Rehabilitation zu erreichen. Die Rehabilitationsleistungen werden in hohem Maße stationär in Rehabilitationskliniken erbracht. Die → ambulante medizinische Rehabilitation wird weiter auf- und ausgebaut in Form entsprechender Leistungsangebote bei Erkrankungen, für die ein länger andauernder oder wiederholter Rehabilitationsbedarf besteht, bei Erkrankungen, die eine enge Einbindung in das berufliche und soziale bzw. familiäre Umfeld (Wohnort-, Sozialraumnähe) erfordern, sowie für Personengruppen, die aus verschiedenen Gründen eine stationäre Rehabilitation nicht in Anspruch nehmen können. Alle Rehabilitationsträger haben sich auf »Rahmenempfehlungen zur ambulanten m. R.« geeinigt, mit denen der Flexibilität in der Durchführung der Rehabilitationsbausteine wie Krankengymnastik, → Ergotherapie, → Logopädie, psychosoziale Betreuung und Gesundheitstraining pro Tag und für die Reha-Gesamtdauer Rechnung getragen wird. So können bei Teilzeitbeschäftigten solche ambulanten Maßnahmen neben der Berufstätigkeit durchgeführt werden. Ein Problem ist, dass in Ballungsgebieten die Infrastruktur schnell aufgebaut werden kann, in ländlichen Gebieten die langen Anfahrtszeiten ein Hindernis darstellen. Neben den schon bestehenden Grundsätzen »Rehabilitation vor Rente« und »ambulant vor stationär« gewinnt der Begriff »Rehabilitation vor → Pflege« in Anbetracht dessen, dass Behinderung und Pflege nahe beieinander liegen können, zunehmende Bedeutung. Die → Pflegekassen sind verpflichtet, bei dem zuständigen Rehabilitationsträger darauf hinzuwirken, dass frühzeitig eine m. R. eingeleitet wird, um den Eintritt einer Pflegebedürftigkeit zu vermeiden oder bei vorhandener zu erreichen, dass diese überwunden wird oder ihr Grad nicht erhöht werden muss. Alle Leistungen der m. R. stehen unter dem Leitsatz »Hilfe zur → Selbsthilfe«. Die Betroffenen müssen in dem ihnen möglichen Ausmaß an ihnen mitwirken. Die Multimorbidität muss bei der Einleitung einer Rehabilitation berücksichtigt werden.

Für die m. R. sind zuständig die Träger der gesetzlichen → Krankenversicherung, der gesetzlichen → Unfallversicherung, der gesetzlichen → Rentenversicherung (→ Rentenversicherungsträger), der → sozialen Entschädigung bei Gesundheitsschäden und subsidiär die → Träger der Sozial- und Jugendhilfe (→ Jugendhilfeträger). Alle Träger sind sowohl zur Zusammenarbeit wie zur → Auskunft und → Beratung verpflichtet. Eine besondere Stellung nimmt die Beihilfe, eine eigene beamtenrechtliche Krankenfürsorge, ein. Durch sie beteiligt sich der Dienstherr auch an Rehabilitationsleistungen. Für alle Rehabilitationsleistungen gilt, dass sie grundsätzlich einen → Antrag voraussetzen. Nur bei der gesetzlichen Unfallversicherung sowie in der Sozialhilfe werden sie von Amts wegen erbracht, wenn die gesetzlichen Voraussetzungen dafür vorliegen.

Ärztliche Dienste der → Sozialleistungsträger, bei der gesetzlichen Krankenversicherung (GKV) der → Medizinische Dienst der Krankenversicherung (MDK), prüfen die Rehabilitationsbedürftigkeit, die Reha-Fähigkeit (bezogen auf die somatische und psychische Verfassung des Rehabilitanden für die Teilnahme an einer geeigneten Rehabilitation) und Art und Umfang der beantragten bzw. ärztlich empfohlenen Leistungen. Sozialmedizinisch zu prüfen ist überdies die Rehabilitationsprognose, d.h. eine medizinisch begründete Wahrscheinlichkeitsaussage über den Erfolg der Leistungen zur m. R. auch unter Beachtung und Förderung individueller Ressourcen (Rehabilitationspotenzial).

Das Bundeskabinett hat am 28.6.2016 einen Regierungsentwurf zu einem → Bundesteilhabegesetz verabschiedet, der wesentliche Änderungen des Rechts der Rehabilitation und Teilhabe behinderter Menschen und der Eingliederungshilfe vorsieht.

*Lit.* Empfehlungen, Arbeitshilfen und Materialien der Bundesarbeitsgemeinschaft für Rehabilitation finden sich unter www.bar-frankfurt.de

*Thomas Stähler*

**Medizinische Versorgungszentren (MVZ)** sind fachübergreifende oder arztgruppengleiche, ambulante und stationäre ärztlich geleitete → Einrichtungen, in denen Ärzt/innen als Angestellte oder Vertragsärzt/innen tätig sind (§ 95 Abs. 1 SGB V). Sie dienen auch der Sicherstellung der → vertragsärztlichen Versorgung (§ 72 Abs. 1 SGB V). Für sie gelten die Vorschriften des 4. Kapitels des SGB V daher entsprechend. Traditionell war in Deutschland die ambulante ärztliche Leistungserbringung weitgehend den freiberuflich niedergelassenen Ärzt/innen vorbehalten. Dies führte zu Versorgungsbrüchen bei der Inanspruchnahme von einerseits fachärztlicher und andererseits hausärztlicher ambulanter Versorgung sowie zu Abstimmungsschwierigkeiten zwischen ambulanter und stationärer Versorgung. Mit der Einführung der MVZ durch das GKV-Modernisierungsgesetz vom 1.1.2004 sollte die Verzahnung dieser Versorgungssektoren und der ärztlichen Fachrichtungen verbessert werden. So können gem. § 95 Abs. 1 SGB V neben den einzeln zugelassenen Ärzt/innen auch MVZ, also fachübergreifende oder arztgruppengleiche Einrichtungen von Ärzt/innen, an der vertragsärztlichen Versorgung der Versicherten teilnehmen. Zusätzlich ist es im Rahmen eines MVZ möglich, ambulante und stationäre Leistungen zu verzahnen, etwa dadurch, dass Krankenhausärzt/innen gleichzeitig als Teilzeitbeschäftigte im MVZ ambulant tätig sind. Auch andere Berufsgruppen wie Apotheker/innen und Physiotherapeut/innen können an einem MVZ beteiligt werden. In diesem Fall ist eine kooperative Leitung möglich.

Abgesehen von einer besseren Verzahnung der sektoralen Leistungen sollen MVZ zur Entlastung der → Leistungserbringer von Managementaufgaben beitragen. MVZ sind nur in der Rechtsform einer Personengesellschaft, einer eingetragenen Genossenschaft, einer Gesellschaft mit beschränkter Haftung oder in einer öffentlich-rechtlichen Rechtsform möglich (→ Gesellschafts- und Unternehmensformen im sozialen Bereich). Sie haben eine zentrale Leitung, der aber mindestens ein Arzt bzw. eine Ärztin angehören muss. Damit soll gewährleistet sein, dass eine primär an medizinischen Interessen orientierte Leitung der Zentren besteht. Ein MVZ kann von zugelassenen Ärzt/innen, zugelassenen Krankenhäusern, Erbringern nichtärztlicher Dialyseleistungen, gemeinnützigen Trägern, die an der vertragsärztlichen Versorgung teilnehmen, oder von Kommunen gegründet werden. Der Unterschied zwischen einem MVZ und einer herkömmlichen Gemeinschaftspraxis ist, dass nicht die einzelnen dort arbeitenden Ärzt/innen, sondern das MVZ selbst zur Versorgung zugelassen wird. Für die Patient/innen bedeutet das, dass sie keinen Anspruch auf Behandlung durch eine/n bestimmte/n Arzt/Ärztin haben. Vertragsärzt/innen können sich jedoch dem Zentrum anschließen und in Form der Gemeinschaftspraxis oder der Praxisgemeinschaft mit dem Zentrum zusammenarbeiten. In diesem Fall bliebe der Anspruch der Patient/innen auf Behandlung durch eine/n bestimmte/n Arzt/Ärztin bestehen.

*Heike Hoffer*

**Medizinsoziologie** ist die Anwendung von Methoden und Theorien der Soziologie auf medizinische Themen. M. ist ein Fach, das Forschungs-, Lehr- und Beratungsleistungen erbringt, ohne unmittelbar an der Patientenversorgung beteiligt zu sein. Aufgabe der M. ist es, durch Gewinnung und Verbreitung von Erkenntnissen zu zwei wichtigen Problembereichen der Medizin Beiträge zu leisten: (1) zum Problembereich gesellschaftlicher Einflüsse auf Entstehung und Verlauf von → Krankheiten sowie die Förderung von → Gesundheit (Sozialepidemiologie, Soziologie in der Medizin); (2) zum Problembereich gesellschaftlicher Einflüsse auf die Struktur und Funktion des medizinischen Versorgungssystems, dessen Inanspruchnahme durch Patient/innen sowie die Leistungserbringung durch seine Berufsgruppen (sozialwissenschaftliche Versorgungsforschung, Soziologie der Medizin).

Die Sozialepidemiologie befasst sich mit den Einflüssen der sozialen Umwelt auf Gesundheit und Krankheit. Dabei stehen Konzepte wie → soziale Ungleichheit, soziale → Integration, sozialer Rückhalt, psychosoziale Belastungen im Erwerbsleben (→ Stress) und → Arbeitslosigkeit im Vordergrund. Praktische Bedeutung erhalten die in diesem Arbeitsgebiet der M. gewonnenen Erkenntnisse vor allem in den Bereichen Diagnostik, → Prävention und → Gesundheitsförderung. Die sozialwissenschaftliche Versorgungsforschung beschäftigt sich mit gesellschaftlichen Einflüssen auf die Inanspruchnahme von Versorgungsleistungen, auf die Leistungserbringung durch → Gesundheitsberufe sowie die Organisation der medizinischen Versorgung. Wichtige Themen sind dabei: Arzt-Patienten-Beziehung, → Professionalisierung und Deprofessionalisierung von Gesundheitsberufen sowie Entwicklung und → Evaluation von neuen Versorgungskonzepten. Die sozialwissenschaftliche Versorgungsforschung zeichnet sich durch eine besondere Nähe zur Anwendung ihrer Erkenntnisse auf die Praxis der Versorgung aus. Erkenntnisse aus diesem Bereich der M. haben u.a. Einfluss auf die Gestaltung von → Therapien und Versorgungsformen mit dem Ziel einer rationalen Weiterentwicklung der Medizin.

Anwendung erfährt die M. darüber hinaus in der Gesundheitspolitik, -planung und -verwaltung, auch Gesundheitsmanagement genannt, sowie in den → sozialen Diensten im → Gesundheitswesen. Beides erlangt eine wachsende Bedeutung, da die Expansion des Gesundheitswesens zur Planung und Steuerung zwingt und eine zunehmende Ergänzung, teilweise auch Ersetzung medizinischer durch → soziale Dienstleistungen (Sozialstationen, Gesundheitszentren, Suchtberatungsstellen, Kontakt- und Informationsstellen für → Selbsthilfe) stattfindet.

*Olaf v.d. Knesebeck*

**Mehrbedarf** wird von Rechtsprechung und Gesetzgeber zur Sicherung des Lebensunterhalts im Rahmen der → Unterhaltspflicht oder im Rahmen der staatlichen Gewährleistung des → Existenzminimums in der → Sozialhilfe oder in der → Grundsicherung für Arbeitsuchende anerkannt. Ein Hauptteil sozialer Leistungen wird in einem Grundbedarf (in Sozialhilfe und Grundsicherung für Arbeitsuchende als → Regelbedarf bezeichnet) pauschaliert (→ Pauschalierung) ermittelt. Um in Einzelfällen der besonderen Bedarfssituation der Leistungsberechtigten gerecht zu werden, werden über diese Pauschalen hinaus im Gesetz auch sog. »Mehr«bedarfe anerkannt. Diese Anerkennung führt zu Leistungen, die in der Regel monatlich gezahlt werden und sich dadurch von den → einmaligen Leistungen abgrenzen. In der Mehrzahl der Fälle muss M. nicht gesondert beantragt werden und es besteht ein → Rechtsanspruch auf erhöhte → Sozialleistungen, sofern die gesetzlichen Voraussetzungen erfüllt sind.

Gesetzliche M. neben den Regelbedarfen gibt es in der Sozialhilfe (§ 30 SGB XII) und der Grundsicherung für Arbeitsuchende (§§ 21, 23 Ziff. 2–4 SGB II). Auch wenn die Bezeichnung als M. in beiden Rechtskreisen identisch ist und sich die M. im Grundsatz entsprechen sollen, bestehen im Detail unterschiedliche Regelungen. Unter diesem Aspekt ist fraglich, warum nur in der Sozialhilfe eine

Öffnungsklausel für bestimmte M. vorgesehen ist, wenn »im Einzelfall ein abweichender Bedarf besteht« (§ 30 Abs. 1 SGB XII), die zu höheren Sozialleistungen führt.

Eine notwendige gesetzliche Neujustierung erhielten die Regelungen zu den M. im Jahr 2011 infolge der Entscheidung des Bundesverfassungsgerichts (BVerfG) aus dem Jahr 2010 (BVerfGE 125, 175 ff.). Die gesetzliche Verankerung von M. muss auch das → Grundrecht auf Gewährleistung des Existenzminimums beachten. Die kritischen Diskussionen zu den M. sind insoweit in die Generaldebatte zur Struktur und Höhe der Regelbedarfe einzubetten.

Gesetzliche M. berücksichtigen erhöhte typisierte Kosten für den Lebensunterhalt bei bestimmten Personengruppen oder in bestimmten Bedarfssituationen, die nicht durch den Regelsatz abgegolten sind. Sie führen zu höheren monatlichen, oft am Regelbedarf ausgerichteten Mehrleistungen. Im Einzelfall können auch verschiedene M. nebeneinander zur Anwendung kommen. Allerdings soll die Summe einzelner klar definierter Leistungen im Rahmen des M. die Höhe des maßgebenden Regelbedarfes nicht übersteigen (§ 21 Abs. 8 SGB II, § 30 Abs. 6 SGB XII). Angesichts der Grundrechtsrelevanz der M. dürfte diese Kappungsgrenze nicht in jedem Fall von Bestand sein.

M. sind für folgende Personengruppen relevant: (1) Personen, bei denen eine erhebliche Einschränkung des Gehvermögens vorliegt, wird unter bestimmten Umständen ein M. von 17% des jeweiligen Regelbedarfs zuerkannt (§ 30 Abs. 1 SGB XII, § 23 Ziff. 4 SGB II). (2) → Menschen mit Behinderungen haben einen Anspruch auf M. in Höhe von 35% des jeweiligen Regelbedarfs (§§ 21 Abs. 4, 23 Ziff. 2–3 SGB II, § 30 Abs. 4 SGB XII). (3) Werdenden Müttern wird nach der 12. Schwangerschaftswoche ein M. in Höhe von 17% des jeweiligen Regelbedarfs zuerkannt (§ 30 Abs. 2 SGB XII, § 21 Abs. 2 SGB II).(4) → Alleinerziehenden steht ein M. zu, wenn sie mit einem oder mehreren minderjährigen Kindern zusammenleben und allein für deren Pflege und Erziehung sorgen. Die Höhe des M. richtet sich nach Alter und Anzahl der Kinder und beträgt höchstens 60% des jeweiligen Regelbedarfs (§ 30 Abs. 3 SGB XII, § 21 Abs. 3 SGB II). (5) Auszubildende haben Ansprüche auf M., auch wenn sie selbst generell von bestimmten Leistungen nach dem SGB II oder SGB XII ausgeschlossen sind. Nach h. M. gelten die Grundsätze der Regelung im § 27 Abs. 2 SGB II auch für die Sozialhilfe, auch wenn eine konkrete Regelung im SGB XII nicht erfolgte (§ 22 SGB XII).

M. sind für folgende Bedarfssituationen gesetzlich anerkannt: Bei einer kostenaufwendigen → Ernährung aus medizinischen Gründen ist ein M. in angemessener Höhe gerechtfertigt (§ 21 Abs. 5 SGB II, § 30 Abs. 5 SGB XII). Bei Entscheidungen zu solchen M. kommen in der Regel die Empfehlungen des → Deutschen Vereins für öffentliche und private Fürsorge zur Gewährung der Krankenkostzulage in der Sozialhilfe vom 10.12.2014 zur Anwendung. Ein bereits vom BVerfG aus dem Grundrecht auf eine menschenwürdige Existenz abgeleiteter und nunmehr im SGB II geregelter Anspruch auf M. wird anerkannt, soweit im Einzelfall ein unabweisbarer, laufender, nicht nur einmaliger besonderer Bedarf besteht (§ 21 Abs. 6 SGB II). Er bezieht sich nach ständiger → Rechtsprechung beispielsweise auf Kosten zur Ausübung des → Umgangsrechts mit einem getrenntlebenden Kind, Zusatzkosten für medizinische Versorgung, Hygienebedarf bei HIV-Infektionen oder Kosten der Haushaltshilfe für einen erwerbsfähigen Leistungsberechtigten mit Behinderungen. Im Falle einer dezentralen Warmwassererzeugung in einer Unterkunft – wie z.B. Durchlauferhitzer oder Boiler – besteht ein Anspruch auf M., der für jede im Haushalt lebende leistungsberechtigte Person (→ Haushaltsgemeinschaft) anhand sozialer Kriterien in unterschiedlicher Höhe pauschal oder in tatsächlicher Höhe besteht (§ 21 Abs. 7 SGB II, § 30 Abs. 7 SGB XII). Hintergrund dieser Regelung ist die verfassungsrechtlich gebotene Gleichstellung mit leistungsberechtigten Personen, die in Unterkünften mit zentraler Warmwasserversorgung leben und Ansprüche für diese Kosten im Rahmen der Kosten für → Unterkunft und → Heizung geltend machen.

*Hans Lühmann*

**Mehrfachbehinderte Menschen** Ein an der Begrifflichkeit und dem Modell der → ICF orientiertes Verständnis von Behinderung, wie es sich seit Inkrafttreten des Neunten Buches → Sozialgesetzbuch (SGB) IX in Deutschland durchsetzt, lässt eine eindeutige Definition des Begriffs m. M. wenig sinnvoll erscheinen. Selbst eine klar abzugrenzende Schädigung einer Körperfunktion, z.B. Blindheit, kann vielfältige Beeinträchtigungen der Aktivitäten und der → Teilhabe (z.B. → Lernen, Selbstversorgen, → Kommunikation, Gemeinschaftserleben) zur Folge haben. Mehrfachbehinderung ist demnach die Regel, eine »einfache« Behinderung die Ausnahme. Pragmatisch kann eine Mehrfachbehinderung beschrieben werden als das Zusammentreffen von zwei und mehr Beeinträchtigungen, die einen rehabilitativen Bedarf begründen, der über den einer bestimmten Behinderungsart hinausgeht.

Mehrfachbehinderung entsteht (1) durch die schicksalhafte Kumulierung mehrerer Behinderungen (z.B. ein blinder Mensch erleidet einen Unfall und wird körperbehindert), (2) als Folge eines Schädigungssyndroms (z.B. cerebrale Bewegungsstörung bewirkt eine Sprachbehinderung), (3) als obligate Folgebehinderung (z.B. Sprachbehinderung als Folge von Gehörlosigkeit), (4) als nicht zwangsläufige Folgebehinderung (z.B. Lernbehinderung und Problemverhalten können sich wechselseitig bedingen).

Mehrfachbehinderung ist durch die sich wechselseitig beeinflussenden, bedingenden und verstärkenden Schädigungen und Beeinträchtigungen unter den Aspekten der Pädagogik, → Rehabilitation und Teilhabe mehr als die Summe einzelner Behinderungen. Schwere Behinderung ist i.d.R. mit Mehrfachbehinderung verbunden. Hier wird der Begriff dazu benutzt, um eine erhebliche Beeinträchtigung und einen dementsprechenden Förderbedarf zu beschreiben. Der Anteil der Menschen mit schweren und mehrfachen Behinderungen nimmt in den Sonder- und → Förderschulen und den Betreuungseinrichtungen deutlich zu. Der medizinische Fortschritt, pädagogische Förderung und eine verbesserte → Pflege haben zu größeren Überlebenschancen und einer höheren Lebenserwartung dieser Menschen geführt. Die komplexen Beeinträchtigungen betreffen den gesamten Menschen in allen seinen Erlebnis- und Ausdrucksmöglichkeiten. Emotionale, kognitive und körperliche, aber auch soziale und kommunikative Fähigkeiten sind erheblich eingeschränkt oder verändert. Die Förderung und Betreuung von Menschen mit schweren und mehrfachen Behinderungen ist eine Aufgabe, die eine interdisziplinäre Zusammenarbeit von pädagogischen, medizinischen, pflegerischen und therapeutischen Fachkräften und die unmittelbare Einbeziehung der → Familie und des → sozialen Umfelds erforderlich macht.

*Norbert Müller-Fehling*

**Mehrgenerationenhäuser** Der Begriff M. wird unterschiedlich verwendet. (1) Umgangssprachlich wird meist das Wohnen mehrerer Generationen im selben Haus oder Gebäudekomplex gemeint. Ein gemeinschaftliches, generationenübergreifendes Wohnen kann privat oder auch in Form genossenschaftlicher und sozialer Projekte organisiert sein und junge mit alten Menschen, Menschen mit oder ohne Behinderungen verschiedenen Alters, Alleinstehende und → Alleinerziehende mit Paaren und Familien zum Zweck des gemeinsamen Lebens »unter einem Dach« zusammenführen. Oft erfolgt das gemeinschaftliche Wohnen zum einen in Privaträumen, zum anderen zum Zweck gemeinsamer Aktivitäten und gegenseitiger Unterstützung und Hilfe in Gemeinschaftsräumen und auf Gemeinschaftsflächen. Diese »Wohngemeinschaften« müssen gut geplant sein. Zunächst sind rechtliche Fragen zu klären, wie z.B. die Besitzverhältnisse, Fragen im Falle von Scheidung, Tod und Erbschaft.

(2) Der Begriff M. beschreibt seit 2006 ein Programm des → Bundesministeriums für Familie, Senioren, Frauen und Jugend (BMFSFJ), in dem sich in z.Zt. ca. 450 Häuser mit offenen Treffs Menschen aller Altersgruppen und jeder Herkunft begegnen und gegenseitig unterstützen (www.mehrgenerationenhaeuser.de). Die M. erhalten im aktuell laufenden Programm eine jährliche Förderung von 40.000 Euro aus Bundes- und kommunalen bzw. Landesmitteln. Hauptamtliche Koordinatorinnen und Koordinatoren bieten neben Information und → Beratung niedrigschwellige Angebote und Projekte in den Bereichen → Alter und → Pflege, → Integration und → Bildung, → haushaltsnahe Dienstleistungen und Förderung von Freiwilligem Engagement (→ Ehrenamtliche/freiwillige Tätigkeit im sozialen Bereich). In den 450 M. engagieren sich mehr als 17.000 Menschen unterschiedlichen Alters ehrenamtlich, was ihre Eigenverantwortung für ihr direktes Umfeld und andere Menschen und Generationen stärkt. M. stärken zudem die → soziale Infrastruktur in den Kommunen und begegnen den Folgen der → demografischen Entwicklung und veränderter Familienstrukturen. Junge Familien erhalten Unterstützung bei der Kinderbetreuung. Die Alltagskompetenzen und das Erfahrungswissen älterer Menschen werden bewahrt, und sie erhalten Hilfen im Haushalt, wenn sie Arbeiten nicht mehr alleine schaffen. Oft können sie dadurch länger selbstbestimmt in ihrem vertrauten Umfeld leben.

Einige der aus Bundesmitteln geförderten M. haben eigene Mehrgenerationen-Wohnprojekte, bieten → betreutes Wohnen und → Demenz-Wohngruppen, z.T. in Kooperation mit einem Bauträger; fast jedes zweite M. bietet zumindest Information und Beratung zum Thema gemeinschaftliches Wohnen.

Die Schaffung eines für alle Generationen geeigneten Wohnumfeldes und einer bedarfsgerechten Infrastruktur sowohl in Ballungsgebieten und Großstädten als auch in ländlichen Regionen, das Rücksicht auf die → Bedarfe älterer Menschen und ihren Anspruch auf ein → selbstbestimmtes und eigenständiges Leben nimmt, ist Gegenstand weiterer verschiedener Programme und Maßnahmen des BMFSFJ (www.serviceportal-zuhause-im-alter.de).

*Paloma Miersch*

**Meinungsforschung** → Demoskopie

**Meldepflichtige Krankheiten** Die Pflicht zur Meldung übertragbarer → Krankheiten gehört zu den ältesten Bestimmungen der Seuchenbekämpfung. Der Schutz der Bevölkerung vor Infektionskrankheiten ist eng geknüpft an zeitnahe und effektive Interventionsmaßnahmen durch eine länderübergreifende Überwachung (Surveillance) übertragbarer Erkrankungen. Die hierzu notwendigen Informationen erhalten die zuständigen Behörden durch eine im Infektionsschutzgesetz (IfSG) geregelte Meldepflicht für Krankheiten (§ 6) und für Krankheitserreger (§ 7). Das IfSG unterscheidet die Meldung von Krankheiten und Krankheitserregern von der Übermittlung der Fälle durch das → Gesundheitsamt als zuständiger Behörde. Diese Trennung soll eine Verbesserung der Datenqualität erbringen, da die eingehenden Meldungen der meldepflichtigen Personen (§ 8 IfSG) mit Falldefinitionen des Robert Koch-Institutes verglichen und auf Plausibilität überprüft werden. Erst der durch das Gesundheitsamt festgestellte und überprüfte Fall wird in der epidemiologischen Datenauswertung, die bundesweit im Robert Koch-Institut vorgenommen wird, anonym erfasst und publiziert.

Die in den §§ 6 und 7 IfSG beschriebenen Krankheiten und Krankheitserreger erfordern das direkte Handeln des Gesundheitsamtes, ggf. auch die Anordnung von Schutzmaßnahmen. Entsprechend müssen diese Meldungen namentlich unter Aufhebung der ärztlichen → Schweigepflicht erfolgen. Bei den m. K. handelt es sich um jeden Verdacht, Krankheitsfall oder Tod an Botulismus, Cholera, Diphtherie, humaner spongiformer Enzephalopathie, akuter Virushepatitis, enteropathischem hämolytisch-urämischem Syndrom, virusbedingtem hämorrhagischem Fieber, Masern, Meningokokken-Meningitis oder -Sepsis, Milzbrand, Poliomyelitis, Pest, Tollwut und Typhus abdominalis bzw. Paratyphus sowie die Erkrankung oder der Tod an Tuberkulose. Besondere Regelungen gelten für Durchfallerkrankungen und Kontakte von Menschen mit tollwutkranken Tieren. Der Katalog der meldepflichtigen Krankheitserreger ist deutlich umfassender und beinhaltet insgesamt 47 verschiedene Keime. Die Meldungen nach § 6 IfSG machen nur einen Bruchteil der Meldungen aus, die aus Laboren kommen (§ 7 IfSG). Dies ist problematisch, da der Erstkontakt der Patient/innen i.d.R. mit einem Hausarzt oder einem → Krankenhaus stattfindet und die Erregersuche im Labor meist länger dauert. Dies führt zu – vermeidbaren – Verzögerungen für das Einleiten seuchenhygienischer Maßnahmen.

*René Gottschalk*

**Menschenhandel** liegt vor, wenn Betroffene mittels Täuschung, Nötigung, Drohungen oder physischem oder psychischem Zwang angeworben und zur Aufnahme oder Fortsetzung von Dienstleistungen und Tätigkeiten gebracht oder gezwungen werden, die ausbeuterisch oder sklavenähnlich sind. Der Zwang kann verschiedene Formen annehmen; neben der Androhung und Ausübung physischer → Gewalt gehören bspw. auch Erpressung, die soziale Isolation der Betroffenen oder das unrechtmäßige Einbehalten von Dokumenten und Lohn dazu. Auch das Ausnutzen einer hilflosen Lage, z.B. aufgrund des Aufenthaltes im Ausland, Autoritätsmissbrauch und die Schuldknechtschaft sind Formen von Zwang.

Meist wird unterschieden zwischen »Menschenhandel zum Zweck der sexuellen Ausbeutung«, »Menschenhandel zum Zweck der Arbeitsausbeutung« und »anderen Formen von Menschenhandel«. Das deutsche Strafrecht sanktioniert M. im Wesentlichen mit den §§ 232, 233 Strafgesetzbuch (StGB). Weitere wichtige Rechtsgrundlagen sind u.a. das → Aufenthaltsgesetz, das Freizügigkeitsgesetz (→ Personenfreizügigkeit), das → Asylbewerberleistungsgesetz, das SGB II und XII, das → Opferentschädigungsgesetz sowie die Strafprozessordnung. Sind minderjährige Personen betroffen, spricht man landläufig von → Kinderhandel, auch wenn dieser Begriff im StGB für Adoptionshandel verwendet wird.

Die Definition von M. nach deutschem Recht setzt keinen Grenzübertritt voraus, von M. betroffen können deutsche wie ausländische Personen sein. Die Erfahrungen der Fachberatungsstellen zeigen, dass Arbeitsausbeutung in den Branchen → Pflege, Haushalt und → Prostitution besonders viele Frauen betrifft. Weitere Branchen, die in Deutschland mit Arbeitsausbeutung vermehrt in Erscheinung treten, sind Landwirtschaft, fleischverarbeitende Industrie, Gastronomie sowie das Baugewerbe. Die Ursachen sind vielfältig; als drei wesentliche Punkte sind zu nennen: wachsende Armut in den Herkunftsländern, die restriktive Migrationspolitik (→ Migration, → Zuwanderungsgesetz) der Zielländer sowie die Aussicht der Täter/innen auf immense Gewinne bei gleichzeitig äußerst geringem Risiko, für ihre Straftaten zur Verantwortung gezogen zu werden. → Nichtregierungsorganisationen wie der Bundesweite Koordinierungskreis gegen Menschenhandel (KOK) e.V. empfehlen dringend, einen Systemwechsel von der bisherigen Strafverfolgungsperspektive auf die Opferperspektive vorzunehmen. Zentrale Elemente sind hierbei die Gewährleistung eines gesicherten und dauerhaften Aufenthaltsstatus (→ Aufenthalt) für die Betroffenen unabhängig von ihrer Kooperationsbereitschaft mit den deutschen Strafverfolgungsbehörden, die Sicherstellung des Lebensunterhaltes, der Zugang zu Entschädigungsrechten und entgangenem Lohn sowie eine umfassende medizinische Versorgung. Die Betroffenen haben u.a. gemäß der Konvention des → Europarats zur Bekämpfung des Menschenhandels ein Recht auf → Beratung und Unterstützung. Sie finden sie kostenlos und anonym bei entsprechend spezialisierten Fachberatungsstellen.

*Naile Tanış*

**Menschenrechte** sind Rechte aller Menschen, die ihnen individuell im Wesen des Menschen und seiner Würde begründet unverletzlich und unveräußerlich zustehen sollen. Die M. sollen wegen ihrer naturrechtlichen Grundlegung unabhängig von staatlicher Anerkennung oder Gewährleistung gelten. Insofern sind sie in Verfassungsstaaten mit geschriebenen → Grundrechten die vorpositive Grundlage derselben. Innerstaatlich werden als M. auch diejenigen Grundrechte bezeichnet, die allen Menschen zustehen und die nicht nur den Staatsbürgern gewährleistet sind. Die M. können Gegenstand und Grundlage Sozialer Arbeit sein (Rosemann).

M. sind zuerst in der Virginia Bill of Rights von 1776, in der amerikanischen Bundesverfassung als Zusatzartikel von 1790 und in der französischen Erklärung der Menschen- und Bürgerrechte von 1789 positivrechtlich verbürgt. Sie haben in die deutschen Verfassungen des Konstitutionalismus und als Grundrechte in die Frankfurter Reichsverfassung von 1848 und in die Weimarer Reichsverfassung von 1919 Eingang gefunden. Im → Grundgesetz (GG) steht die Gewährleistung von Grundrechten unter der Verpflichtung aller staatlichen Gewalt, die unantastbare → Menschenwürde zu achten und zu schützen, und dem Bekenntnis zu unverletzlichen und unveräußerlichen M. (Art. 1 Abs. 2 GG). Nach Art. 2 des Vertrags über die Europäische Union (EUV) ist die Achtung der M. grundlegender Wert der → Europäischen Union (EU) (siehe auch → Charta der Grundrechte der Europäischen Union).

International wurden M. zunächst nur grundsätzlich deklariert (Allgemeine Erklärung der M. der → Vereinten Nationen von 1948). Als völkerrechtliche Verträge zur Anerkennung der M. sind von Deutschland ratifiziert die → Europäische Konvention zum Schutze der Menschenrechte und Grundfreiheiten (EMRK) von 1950 mit Zusatzprotokollen, die Konvention gegen Rassendiskriminierung (ICERD) von 1965, Internationale Pakte über bürgerliche und politische Rechte (Zivilpakt, ICCPR) und über wirtschaftliche, soziale und kulturelle Rechte (Sozialpakt, ICESCR) von 1966, Frauenrechtskonvention (CEDAW) von 1979, Anti-Folter-Konvention (CAT) von 1984, die → UN-Kinderrechtskonvention (CRC) von 1989 und die → UN-Behindertenrechtskonvention von 2008 (CRPD). Noch nicht von Deutschland unterzeichnet ist die Wanderarbeiterkonvention (CMW) von 1990. Diese Verträge sehen Institutionen und Verfahren der Sicherung der M. vor. Wegen der Verletzung der EMRK kann von Einzelnen der Europäische Gerichtshof für Menschenrechte (EGMR) in Straßburg angerufen werden. Der Bundestag unterhält einen Ausschuss für M. Die Bundesregierung unterstützt das unabhängige Deutsche Institut für M. in Berlin, das u.a. das innerstaatliche Monitoring der UN-Behindertenrechtskonvention übernommen hat.

Eine gerechte Verteilung von Gütern – des »gemeinsamen Erbes der Menschheit« – und das Recht aller Völker auf soziale und ökonomische Entwicklung werden als M. der dritten Generation (neben bürgerlichen und politischen Rechten der ersten und sozialen Rechten der zweiten Generation) gefordert.

*Felix Welti*

**Menschenwürde** »Das Grundgesetz sieht die freie menschliche → Persönlichkeit und ihre Würde als höchsten Rechtswert an« (BVerfGE 12, 53). Die M. gehört »zu den tragenden Konstitutionsprinzipien« (BVerfGE 6, 36). Sie ist Verfassungsgrundsatz und → Grundrecht zugleich. Um Verletzungen der M. wie im Nationalsozialismus künftig zu verhindern, hat das → Grundgesetz (GG) die »Würde des Menschen« an die Spitze gestellt, für »unantastbar« erklärt und die staatliche Gewalt verpflichtet, sie »zu achten und zu schützen« (Art. 1 Abs. 1 GG). Zusammen mit dem → Sozialstaatsprinzip bildet der M.grundsatz ein unveränderbares Kernelement der Verfassung (vgl. Art. 79 Abs. 3 GG), das die Subjektstellung des Menschen gegenüber allem staatlichen Handeln fordert. Obwohl es nicht möglich ist, das vielfältig verwendbare Wort M. für alle akzeptabel zu definieren und daraus konkrete Rechtsfolgen abzuleiten, ist es von großer praktischer Bedeutung. Es vermittelt die nach unserem gesellschaftlichen Verständnis gewachsenen und mehr oder weniger stillschweigend vermittelten Überzeugungen v.a. darüber, was mit dem Menschen nicht geschehen dürfe, ohne ihn in unerträglicher Weise zu erniedrigen. Den Schutz vor solchen Verletzungen der M. garantieren primär die Grundrechte (vgl. Art. 1 Abs. 2 und 3 GG). Das Prinzip der M. soll bei der Auslegung der Grundrechte und ihrer Schranken als Richtschnur dienen sowie Gefährdungen der menschlichen Integrität dort abfangen, wo die Grundrechte sich aufgrund ihrer sprachlichen Fassung aus dem 19. Jh. als unzureichend erweisen. In der Praxis werden dem Schutzbereich der M. bspw. folgende Fallgruppen unterstellt: Schutz der Identität und des Eigenwertes jedes Menschen; Schutz der körperlichen, seelischen Integrität sowie der Intimität gegen elementare Beeinträchtigungen; Kernbereich der menschlichen Selbstbestimmung und Sozialbezogenheit; Schutz des → Existenzminimums.

Die wissenschaftlich-technische Entwicklung bringt eine neue Qualität von Eingriffen hervor (z.B. durch Abhörtechniken, Rasterfahndung, Datensammlungen [→ Datenschutz]), Lügendetektoren, Psychopharmaka, Organtransplantation, künstliche Insemination, Gentechnik, Apparatemedizin und → Sterbehilfe, Embryonenforschung, Verletzungen der Intimsphäre durch Medien und Werbung, Überwachung am Arbeitsplatz usw.).

Der Grundsatz der M. liegt der gesamten → Sozialen Arbeit als Zielvorstellung zugrunde. Zentrale Aufgabe der → Sozialhilfe ist es, dem → Leistungsberechtigten ein Leben zu ermöglichen, das der M. entspricht (§ 1 S. 1 SGB XII, § 9 SGB I). Dies ist notwendige Folge der verfassungsrechtlichen Verpflichtung, die materielle Basis, das Existenzminimum der Einzelnen sicherzustellen. Das → Bundesverfassungsgericht (Urt. v. 9.2.2010 – 1 BvL 1/09) hat aus der Verbindung der M. mit dem Sozialstaatsprinzip (Art. 1 Abs. 1 GG i.V.m. Art. 20 Abs. 1 GG) einen Leistungsanspruch auf Gewährleistung des Existenzminimums festgestellt. Die M. fordert also neben der physischen Existenz auch ein Mindestmaß an Möglichkeiten zur → Teilhabe am Leben in der Gemeinschaft. Das damit soziokulturell zu bestimmende Existenzminimum muss in einem transparenten und nachvollziehbaren Verfahren ermittelt werden. Der Anspruch auf Gewährleistung eines Existenzminiums ist nach Art. 1 Abs. 1 GG als → Menschenrecht einzuordnen und steht deutschen wie ausländischen Staatsangehörigen, die sich in der Bundesrepublik Deutschland aufhalten, gleichermaßen zu. Eine Differenzierung (z.B. nach dem Aufenthaltsstatus) ist nur möglich, sofern der Bedarf an existenznotwendigen Leistungen signifikant abweicht. Migrationspolitische Erwägungen allein können eine geringere Bemessung der Leistungen an Asylbewerber/innen (→ Asylberechtigte) und → Flüchtlinge nicht rechtfertigen (BVerfG Urt. v. 18.7.2012 – 1 BvL 10/10).

*Frank Ehmann*

**Messung** → Statistische Grundlagen der Sozialen Arbeit

**Metaplan** (Moderationsmethode) ist die geschützte, inzwischen in den allgemeinen Sprachgebrauch übernommene Bezeichnung für eine systematische und ergebnisorientierte → Moderation von → Gruppen. Sie eignet sich für Gruppen mit einem gemeinsamen Auftrag oder mit widerstreitenden Interessen. Sie ist ein Instrument der Beteiligung von interessierten Gruppen (z.B. Mitarbeiter/innen) an Entwicklungs- und Entscheidungsprozessen. Kennzeichnend sind das aktive und gleichberechtigte Einbeziehen aller Teilnehmer/innen in den Prozess, die Visualisierung aller Beiträge (Prinzip der schriftlichen Diskussion) und die Leitung durch eine Moderatorin bzw. einen Moderator. Dissense werden nicht ausdiskutiert, sondern kenntlich gemacht. Jede Moderation endet mit konkreten Vereinbarungen.

Der Prozess wird u.a. durch Kartenabfragen, Zuordnungen (Cluster), Bewertung mit Punkten und Szenarien (Ist, Soll, Widerstände, Lösungen) strukturiert. Im Alltag wird die Kartenabfrage oft aus dem methodischen Zusammenhang gerissen und allein als Instrument zum Erstellen von Meinungsbildern genutzt. Bei einigen Praktikern hat dies zu einer gewissen »Kartenmüdigkeit« geführt. Für die Durchführung einer Moderation sind Hilfsmittel erforderlich: M.wände, Papierbögen, Karten, Filzstifte, Klebepunkte. Moderatoren sollen bestimmte Anforderungen erfüllen (neutral sein, aktivierende und offene Fragestellungen entwickeln, Konflikte erkennen, Prozesse gestalten), die in speziellen M.trainings erworben werden können.

*Wolfgang Lerche*

**Methoden der Sozialen Arbeit** → Soziale Arbeit

**Miete** → Unterkunft, Kosten der

**Mieterschutz** ist das Ziel des auf den Ausgleich der schutzwürdigen Interessen von Mieter/innen und Vermieter/innen ausgerichteten sozialen Mietrechts (§§ 535–577 a → Bürgerliches Gesetzbuch [BGB]). Als Ergänzung zu den materiellen öffentlichen Leistungen wie Wohnraumförderung (→ sozialer Wohnungsbau), → Wohngeld und neben anderen Maßnahmen der → Wohnungssicherung sehen die zwingenden, d.h. nicht zum Nachteil der Mieter/innen vertraglich abänderbaren Vorschriften des sozialen Mietrechts angesichts der existenziellen Bedeutung der Wohnung und der wirtschaftlichen Ungleichheit von Vermieter/in und Mieter/in Regelungen zum M. v.a. bei Kündigungen und Mieterhöhungen vor. Das Recht der Vermieter/innen zur außerordentlichen fristlosen Kündigung aus wichtigem Grund ist eingeschränkt auf bestimmte, im Gesetz genannte Gründe (§§ 543, 569 BGB): insbesondere wenn trotz Abmahnung eine erhebliche Gefährdung der Wohnung durch mangelnde Sorgfalt der Mieter/innen, die unbefugte Gebrauchsüberlassung oder eine nachhaltige Störung des Hausfriedens die Fortsetzung des Mietverhältnisses unzumutbar machen oder bei nicht unerheblichem Zahlungsverzug. Dieser letztgenannte Kündigungsgrund kann nachträglich beseitigt werden, wenn innerhalb von zwei Monaten nach Erhebung der Räumungsklage (→ Klage) der rückständige Mietzins gezahlt wird oder eine öffentliche Stelle, z.B. der → Träger der Grundsicherung oder der Sozialhilfe, die Übernahme der Mietschulden bescheinigt (§ 569 Abs. 3 Nr. 2 BGB). Eine ordentliche (an Fristen gebundene, vgl. § 573 c BGB) Kündigung durch Vermieter/innen ist nur wirksam, wenn sie ein berechtigtes Interesse an der Beendigung des Mietverhältnisses nachweisen. Die Kündigungsfrist verlängert sich für Vermieter/innen nach fünf bzw. acht Jahren seit der Überlassung des Wohnraums auf sechs bzw. neun Monate (§ 573 c BGB). Die Kündigung muss schriftlich erfolgen, andernfalls ist sie nichtig, und die Kündigungsgründe angeben. Als berechtigte Interessen gelten gem. § 573 BGB v.a.: nicht unerhebliche schuldhafte Vertragsverletzungen der Mieter/innen, Eigenbedarf der Vermieterin/des Vermieters, Verhinderung einer angemessenen wirtschaftlichen Verwertung (noch nicht anzunehmen bei Möglichkeit anderweitiger günstigerer Vermietung oder Umwandlung in Wohnungseigentum). Im Falle einer wirksamen Kündigung haben Mieter/innen bei Vorliegen von Härtegründen das Recht, bis spätestens zwei Monate vor der beabsichtigten Beendigung des Mietverhältnisses schriftlich zu widersprechen und für eine angemessene Zeit die Fortsetzung zu verlangen (Sozialklausel, §§ 574 ff. BGB); als Härtegründe kommen in Betracht: kein angemessener Ersatzwohnraum zu zumutbaren Bedingungen, hohes Alter, Behinderung, schwere Krankheit, Schwierigkeiten für die Kinder usw. Den tatsächlichen Auszug aus der Wohnung können Vermieter/innen nur durch Räumungsklage erzwingen.

Eine Kündigung zum Zwecke der Mieterhöhung ist gesetzlich ausgeschlossen. Sofern keine Staffel- oder Indexmiete vereinbart wurde und ungeachtet der Möglichkeit einer Umlegung von Modernisierungskosten und Betriebskostenerhöhungen ist eine Mieterhöhung (Kappungsgrenze: höchstens 20% innerhalb von drei Jahren bzw. 15% in Gemeinden mit Wohnungsknappheit) nur bis zur ortsüblichen Vergleichsmiete möglich und bedarf der ggf. gerichtlich einzuklagenden Zustimmung der Mieterin/des Mieters (§§ 557–561 BGB). Eine Dämpfung des Mietenanstiegs und den Schutz wohnungsuchender Mieter/innen bezweckt die zum 1.6.2015 in Kraft getretene sog. Mietpreisbremse (§§ 556 d–556 g BGB). Danach darf die Miete in Gebieten mit angespanntem Wohnungsmarkt, die von den Ländern durch Rechtsverordnung für einen Zeitraum von max. fünf Jahren festgelegt werden, bei Mietbeginn die ortsübliche Vergleichsmiete höchstens um 10% übersteigen. Ausgenommen sind nach dem 1.10.2014 erstmals genutzte und vermietete sowie umfassend modernisierte Wohnungen.

*Hans-Ulrich Weth*

**Mietzuschuss** → Wohngeld

**Migrantenorganisation** Seit den 1960er-Jahren entstanden im Zuge der sog. Gastarbeiterzuwanderung (→ Migration) Freizeit-, Kultur-, religiöse und soziale Vereine der verschiedenen Zuwanderungsgruppen als Reaktion auf die verschiedensten Notwendigkeiten und Bedürfnisse ihrer Mitglieder und entwickelten sich zu einer ausdifferenzierten Landschaft von M. Die große Mehrheit der heute in Deutschland eingetragenen sog. Ausländervereine wurde in den 1980er- und 1990er-Jahren gegründet; derzeit (2015) zählt das Ausländervereinsregister des Bundesverwaltungsamts gut 15.000 Drittstaaten-Ausländervereine.

Wurden Menschen mit Migrationshintergrund lange Zeit eher als Klient/innen von sozialarbeiterischem Handeln gesehen, haben öffentliche Beachtung und wissenschaftliche Beschäftigung mit dem freiwilligen und → bürgerschaftlichen Engagement von Menschen mit Migrationshintergrund in M. seit Mitte der 1990er-Jahre deutlich zugenommen. Bis etwa 2008 wurde vorwiegend der Begriff der Migrantenselbstorganisation benutzt, der weitgehend durch den der M. abgelöst wurde. Es finden sich auch die Begriffe Migrantenverein und ethnischer Verein. Wurden M. lange Zeit polarisierend entweder als Brückenbauer in die Gesellschaft oder als Elemente einer sich bildenden Parallelgesellschaft gesehen, hat inzwischen ein Perspektivwechsel stattgefunden. M. werden als Partner in der Integrationspolitik und -förderung (→ Integration) wahrgenommen und v.a. in den Kommunen, aber auch auf Bundesebene einbezogen.

M. bieten neben kulturellen, Freizeit- und religiösen Aktivitäten auch in den Bereichen Alltagsintegration, Sprachförderung, Gesundheit, Bildungs- und berufliche Integration sowie in der politischen und Interessenvertretung eine Vielzahl von Aktivitäten und Leistungen hauptsächlich auf der Basis → ehrenamtlicher Tätigkeit an. Sie zeichnen sich durch ihren guten Zugang zu Menschen mit Migrationshintergrund aus, die institutionellen Integrations- und Begegnungsangeboten eher fern bleiben, und übernehmen dabei vielfach Multiplikatoren- und Vermittlungsfunktionen. Kommunen und etablierte Träger im Integrationsbereich binden M. als Partner und Multiplikatoren in die Integrationsarbeit ein und bauen Kontakte und Kooperationsbeziehungen zu ihnen auf, da die Zusammenarbeit mit M. große Potenziale für die Integrationsarbeit bietet, die es durch eine Stärkung der M. zu nutzen gilt. In diesem Zusammenhang werden weitere Anerkennung, → Fort- und Weiterbildung, Qualifizierung und Förderung von M. als notwendig erachtet, die häufig mit knappen personellen, finanziellen und räumlichen Ressourcen arbeiten. Zahlreiche Förderprogramme adressieren M. daher gezielt, wobei neben der Projektförderung zum Teil auch eine strukturelle Förderung in Betracht kommt.

Bundesweite Bestandsaufnahmen sowie empirisch belastbare Daten über Strukturen, Rahmenbedingungen, Aktivitäten und Funktionen von M. liegen aufgrund der Heterogenität der M.landschaft und des damit verbundenen Forschungsaufwands nicht vor.

*Susanne Huth*

**Migration** (lat. u. engl. = Wanderung) bezeichnet die Wanderung von Einzelnen oder → Gruppen innerhalb von Staaten oder über Grenzen hinweg. Gründe für M. gibt es viele. Es gibt Push-Faktoren, die Menschen aus einem Land »wegdrücken«, wie → Armut, → soziale Ausgrenzung oder insgesamt fehlende Lebensperspektiven. Und es gibt Pull-Faktoren, die Menschen anziehen, wie etwa die Aussicht auf Arbeit oder gute Bildungschancen. Bei M., die durch Verfolgung, gewaltsame Konflikte, Krieg oder Verletzungen von → Menschenrechten verursacht wird, spricht man von Flucht oder Vertreibung. »Fliehen« Menschen vor Hunger oder Klimakatastrophen, werden sie nicht als → Flüchtlinge angesehen. Da diese Migrant/innen nicht verfolgt werden oder vor Krieg fliehen, sondern auf der Suche nach besseren Lebensperspektiven sind, werden sie der ökonomisch motivierten M. vulgo Arbeitsmigration zugeordnet. Neben Flucht und ökonomischen Motiven ist ein Hauptgrund für M. das Zusammenleben mit der Familie. M. ist oft ein Familienprojekt, bei dem Ehepartner/innen und Kinder von Auswander/innen ihrerseits zu Migrant/innen werden, indem sie mitkommen oder nachziehen.

Die Menschheitsgeschichte ist eine Geschichte der M. Wanderungsbewegungen fanden immer schon statt – expansiv wie etwa die Völkerwanderungen der Spätantike oder im Kolonialismus, infolge von Kriegen oder religiösen Auseinandersetzungen und manchmal erwünscht wie die Wanderung von Deutschen ins zaristische Russland. Abenteuerlust, die Suche nach Freiheit und/oder nach besseren Lebensbedingungen führten seit der Entdeckung beider Amerikas und Australiens vor allem im 19. und beginnenden 20. Jh. zur Auswanderung vieler Mio. Europäer nach Übersee. Das 20. Jh. ist geprägt von den Folgen zweier Weltkriege und einer Vielzahl kleinerer Kriege und Konflikte weltweit, in deren Folge es immer wieder zu großen Migrationsbewegungen kam. In Europa spielten neben den Weltkriegen die Kriege beim Auseinanderfallen Jugoslawiens, aber auch die wiedergewonnene Reisefreiheit durch das Ende des Ostblocks eine große Rolle.

Im 21. Jh. führten politische Umbrüche und eine Fülle von regionalen Kriegen und Konflikten ebenfalls zu Fluchtbewegungen großer Menschenmengen. Aber auch die → Globalisierung und die Möglichkeit schnellen Reisens haben zu einem Anwachsen der M. geführt. Insgesamt hat M. mittlerweile ein Ausmaß erreicht, das sie zu einem prägenden Faktor der heutigen Zeit macht. Das 20. Jh. wurde von vielen als das Jahrhundert des Flüchtlings bezeichnet. Schon ist vom 21. als dem Jh. der M. die Rede.

Derzeit leben weltweit 2,5 bis 3% der Weltbevölkerung (ca. 230 Mio. Menschen) befristet oder dauerhaft außerhalb ihres Geburtslandes. Trotz dieser großen Zahl stellt die Binnenm. innerhalb einzelner Staaten noch immer den größten Anteil an der M. insgesamt. Allein in China liegt die Zahl der Binnenmigrant/innen mit ca. 270 Mio. Menschen höher als die Zahl der weltweit grenzüberschreitenden Migrant/innen. Fluchtmigration wird zwar besonders stark wahrgenommen, macht aber nur einen Bruchteil der gesamten M. aus. Der → Hohe Flüchtlingskommissar der Vereinten Nationen (UNHCR) erfasste 2014 ca. 19 Mio.

Flüchtlinge, die ihr Herkunftsland verlassen haben, und 38 Mio. Binnenflüchtlinge. Auch hier zeigte sich also ein ähnliches Muster wie bei der M. im Allgemeinen: Den größten Anteil haben die Binnenbewegungen, gefolgt von (intra)regionaler M. Nur ein Bruchteil der Flüchtlinge kommt in einen Staat, der zu den Industrienationen zählt. Auch was die M. insgesamt angeht, wandern nur rund 40% der Migrant/innen aus den armen in die gut entwickelten Weltregionen. Die größten Migrationsbewegungen finden jeweils innerhalb Asiens, Afrikas und Europas statt.

Prägend für das Migrationsgeschehen im heutigen Europa ist u.a. die Freizügigkeit innerhalb der → Europäischen Union (EU) als eine der → Europäischen Grundfreiheiten (→ Personenfreizügigkeit). In der EU halten sich Binnenm. und die M. von außen in etwa die Waage. Derzeit leben rund 20 Mio. EU-Bürger/innen nicht in ihrem Geburtsland, sondern in einem anderen EU-Mitgliedstaat. 45% der in Deutschland lebenden Ausländer/innen kommen aus EU-Staaten. Der EU-Freizügigkeit mit offenen Grenzen nach innen steht ein strenges Grenzregime nach außen gegenüber. Die M.politiken der EU und ihrer Mitgliedstaaten setzen einen Schwerpunkt auf der Steuerung bzw. Verhinderung von M. Ein wesentliches Ziel ist die Bekämpfung der illegalen Einreise u.a. durch engere Zusammenarbeit mit Herkunfts- und Transitstaaten.

Die Zusammenarbeit mit Herkunftsstaaten wird in den letzten Jahren zunehmend auch unter dem Gesichtspunkt der Vorteile von M. für die Entwicklung armer Herkunftsregionen gesehen. M. nützt der Herkunftsgesellschaft durch die Geldtransfers der Migrant/innen in die Heimat. Diese Transfers übersteigen die weltweite Entwicklungshilfe und sind in manchen Staaten überlebenswichtig. M. kann auf diesem Weg auch zur Stabilisierung in fragilen Staaten beitragen. Als weitere Entwicklungsgewinne kann die mit M. oft einhergehende Verbesserung der hygienischen Verhältnisse in der Herkunftsgesellschaft und das steigende Interesse an → Bildung gelten, die M. erst ermöglicht. Auch die Kenntnisse und Erfahrungen von Rückkehrer/innen sind ein M.gewinn. Zur Kehrseite gehören bspw. auseinandergerissene Familien.

Wie die meisten Industriestaaten werben auch die EU-Staaten einschließlich Deutschlands seit Langem für die Zuwanderung von hochqualifizierten Arbeitskräften. Erst seit kurzer Zeit setzt sich mit Blick auf die → demografische Entwicklung die Einsicht durch, dass nicht nur Hochqualifizierte, sondern auch Fachkräfte benötigt werden. Diese Form der M. wird mittlerweile als wünschenswert angesehen. Dass eine alternde und schrumpfende Gesellschaft auch Bedarf an billigen Arbeitskräften für einfache Tätigkeiten hat, wird politisch hingegen noch wenig akzeptiert. In der Praxis zeigt sich dieser Bedarf u.a. in der Saisonarbeit und der Beschäftigung von Ausländer/innen (→ Ausländerbeschäftigung) ohne Aufenthaltserlaubnis (→ aufenthaltsrechtliche Illegalität) und ohne Arbeitserlaubnis.

*Informationen:* www.bamf.de; www.bpb.de/gesellschaft/migration/; www.oecd.org/migration/; www.worldbank.org/en/topic/migrationremittancesdiasporaissues (10.6.2016).

*Elke Tießler-Marenda*

**Migrationsberatung für erwachsene Zuwanderer (MBE)** ist ein Grundangebot der Integrationsförderung nach dem → Zuwanderungsgesetz (→ Integration, → Migrationssozialarbeit) und ergänzt als migrationsspezifisches Beratungsangebot den → Integrationskurs. Ziel der MBE ist es, Menschen mit Migrationshintergrund zu einem selbstständigen und selbstverantworteten Leben in der Bundesrepublik Deutschland zu befähigen. Auftrag der MBE ist die Hinführung von Zugewanderten zum Integrationskurs und ihre Begleitung vor, während und nach der Teilnahme, ihre Unterstützung bei der Aufnahme von Ausbildung und Beruf, in Krisensituationen sowie in allen Angelegenheiten des täglichen Lebens. Mit ihren weiteren Aufgaben, an der → Interkulturellen Öffnung sozialer Dienste und der Verwaltung und in Netzwerken mitzuwirken, ist sie auf ein umfassendes Integrationsmanagement ausgerichtet. Die MBE arbeitet nach dem Verfahren des → Case Management. Sie setzt individuell ausgehandelte Förderpläne ein. Ein projektbegleitendes → Controlling wurde 2011 eingeführt. Träger der MBE sind die in der → Bundesarbeitsgemeinschaft der Freien Wohlfahrtspflege zusammengeschlossenen Verbände und der Bund der Vertriebenen. Sie organisieren die Beratung vor Ort. Bewilligungsbehörde ist das → Bundesamt für Migration und Flüchtlinge (BAMF). Die MBE wird ergänzt durch die → Jugendmigrationsdienste. Gegenwärtig gibt es etwa 590 MBE-Beratungsstellen mit etwa 800 Mitarbeitenden bundesweit (Stand 2014).

*Heinz Knoche*

**Migrationspolitik** → Europäische Flüchtlingspolitik, → Migration

**Migrationssozialarbeit** meint Soziale Arbeit mit Migrant/innen bei migrationsspezifischen → Bedarfen. Der Begriff ist weder gesetzlich geregelt, noch fachlich geschützt. I.d.R. umfasst er die → Migrationsberatung des Bundes bzw. Migrationsdienste der Wohlfahrtsverbände (→ Freie Wohlfahrtspflege), die → Jugendmigrationsdienste und die → Flüchtlingssozialarbeit, zu ergänzen sind noch Antidiskriminierungsarbeit, Beratung zur → Anerkennung ausländischer Berufsabschlüsse und kommunale Stellen für Migration und Integration. Als Migrant/innen werden im bundesdeutschen Diskurs Personen mit Migrationshintergrund bezeichnet, die selbst aus dem Ausland zugewandert sind oder bei denen mindestens ein Elternteil nach 1950 aus dem Ausland zugewandert ist. Migrationshintergrund ist ein transitorischer Begriff, das Merkmal verschwindet formell zumindest in zeitlicher Perspektive. Nach dem Migrationsbericht des → Bundesamts für Migration und Flüchtlinge hatte 2013 20% der Bevölkerung Migrationshintergrund, davon haben zwei Drittel eine eigene Migrationsgeschichte und ca. ein Drittel ist hier geboren. Zu den größten Gruppen zählen Spätaussiedler/innen aus den Ländern der ehemaligen Sowjetunion, Menschen aus der Türkei, Polen, Rumänien und anderen Ländern der → Europäischen Union (EU). Die Migrationsbevölkerung ist durchschnittlich jünger; 2013 war der Anteil der → Kinder mit Migrationshintergrund unter fünf Jahren mit 7,3% mehr als doppelt so hoch wie bei Kindern ohne Migrationshintergrund (3,4%). Der größte Teil der Migrant/innen lebt schon lange in Deutschland und betrachtet sich als Teil der → Gesellschaft. Migrationshintergrund geht oft mit → sozialer Benachteiligung einher, d.h. Migrant/innen sind u.a. proportional stärker von → Armut, → Arbeitslosigkeit und schlechten Wohnverhältnissen betroffen (Die Beauftragte 2014). Dies ist auf strukturelle Gründe und → Diskriminierung zurückzuführen.

Die Migrationsbevölkerung ist hinsichtlich Alter, Aufenthaltsdauer, Bildungsstand, Migrationsmotiv, sozialer Lage sowie religiöser und kultureller Orientierung sehr vielfältig. Als allgemeine Merkmale sind neben der sozialen Benachteiligung allenfalls transnationale → Lebenswelten und Orientierungen, Mehrsprachigkeit und Diskriminierungserfahrungen zu nennen – aber auch dies ist nicht zu verallgemeinern. Rechtlich lassen sich nach dem Aufenthaltsgesetz (→ Zuwanderungsgesetz) drei Gruppen unterscheiden: EU-Bürger/innen unterliegen der Freizügigkeit (→ Personenfreizügigkeit); Drittstaatsangehörige brauchen einen Aufenthaltsgrund wie Arbeit, Studium, Familienzusammenführung und eine Aufenthaltserlaubnis/Niederlassungserlaubnis, wenn sie nicht eingebürgert sind; Asylbewerber/innen (→ Asylrecht) erhalten nur eine Aufenthaltsgestattung. Ausnahmen gelten für hochqualifizierte Fachkräfte.

→ Migration selbst legitimiert kein Arbeitsfeld Sozialer Arbeit, sondern eher deren Begleitumstände von Zuwanderung wie Neuorientierung, Spracherwerb, die gesamten ausländerrechtlichen Einschränkungen, mangelnde Diversität in der Verwaltung und im Sozialsystem sowie Diskriminierung und Rassismus. Von staatlicher Seite wird ein Integrationsgebot an Migrant/innen herangetragen, allerdings wird → Integration dabei oft assimilatorisch verstanden und eine Bringschuld bei den Zugewanderten gesehen (Castro Varela 2013). M. bewegt sich daher in einem Spannungsfeld von politisch geforderter Integration, professionell verstandener Begleitung von Personen in kritischen → Lebenslagen, anwaltschaftlicher Vertretung für Ausgegrenzte und Sicherung gleichwertiger → Teilhabe (Kunz 2011). Neben der staatlich geförderten Migrationsberatung, dem Jugendmigrationsdienst und der Flüchtlingssozialarbeit bieten Wohlfahrtsverbände in Fachdiensten für Migration die verschiedensten Hilfen und begegnungsorientierte Projekte für länger hier lebende Migrant/innen und → Flüchtlinge an. Auf Bundesebene und in einigen Orten ist aufbauend auf das → Allgemeine Gleichbehandlungsgesetz (AGG) Antidiskriminierungsarbeit in Beratungsstellen, mit Beschwerdeverfahren und → Öffentlichkeitsarbeit institutionalisiert. Die meisten Kommunen und Kreise verfügen über Büros oder Beauftragte für Migrations- oder Integrationsarbeit und setzen Projekte zum Abbau von Spannungen und zur besseren Förderung von ethnisch segregierten Stadtvierteln, zur → interkulturellen Öffnung der Verwaltung und zum besseren Zusammenleben um. M. wird häufig als Querschnittarbeit verstanden, ist mit vielen Diensten der Sozialen Arbeit vernetzt und soll interkulturelle Öffnung befördern.

Für eine gleichberechtigte Berufs- und Lebensplanung ist eine Anerkennung von im Herkunftsland erworbenen Abschlüssen zentral; dies wird im Anerkennungsgesetz geregelt und die Anerkennungsberatung soll die Prozesse erleichtern.

Wichtige Partner in der M. sind die → Migrantenorganisationen wie Elternvereine, Moscheevereine, Kulturzentren und deren Jugendverbände. Sie zu unterstützen, stellt gleichfalls eine wichtige Aufgabe von M. dar. Darüber hinaus gehört auch die Beratung von Migrant/innen ohne legalen Aufenthaltsstatus (→ aufenthaltsrechtliche Illegalität) zur M. Sie umfasst Zugang zu medizinischer Versorgung, soziale Beratung, Bildung für die Kinder oder andere humanitäre Fragen. Nicht nur bei diesem Thema zeigt sich, dass die Situation von Migrant/innen und damit auch die M. extrem abhängig von politischen und rechtlichen Bedingungen sind. Ausländerrecht und Migrationspolitik, → Arbeitsmarktpolitik und → Sozialpolitik grenzen über gesetzliche Einschränkungen Personengruppen aus und erschweren Teilhabe. In der M. bedarf es daher neben sozialarbeiterischen Interventionen auch einer kontinuierlichen politischen Arbeit und Lobbyarbeit (Schirilla 2016).

*Lit.* Castro Varela, M. do Mar: Ist Integration nötig? Eine Streitschrift, Berlin 2013; Die Beauftragte der Bundesregierung für Migration, Flüchtlinge und Integration (Hrsg.): 10. Bericht der Beauftragten der Bundesregierung für Migration, Flüchtlinge und Integration über die Lage der Ausländerinnen und Ausländer in Deutschland, Berlin 2014; Kunz, T./ Puhl, R. (Hrsg.): Arbeitsfeld Interkulturalität. Grundlagen, Methoden und Praxisansätze der Sozialen Arbeit in der Zuwanderungsgesellschaft, Weinheim u.a. 2011; Schirilla, N.: Migration und Flucht. Orientierungswissen für die Soziale Arbeit, Stuttgart 2016.

*Nausikaa Schirilla*

**Mikrozensus** ist eine repräsentative Erhebung über die Bevölkerung und den Arbeitsmarkt, bei der rund 390.000 Haushalte bzw. 830.000 Personen (1% der Bevölkerung in Deutschland) zu unterschiedlichen Themen befragt werden. Damit ist der M. die größte jährliche Haushaltsbefragung in Deutschland und Europa. Seit 1957 wird der M. in den alten und seit 1991 in den neuen Bundesländern durchgeführt. Durch die Vielfalt der Merkmalskombinationen auf Personenebene und durch die Abbildung des Haushalts- und Familienzusammenhangs bietet er ein großes Potenzial an statistischen Informationen. Für den größten Teil der Fragen hat der Gesetzgeber im Mikrozensusgesetz eine Auskunftspflicht festgelegt. Ob es um Erwerbstätigkeit, → Arbeitsmarkt, → Bildung, → Migration, Wohnsituation, → Gesundheit oder um Personen unterhalb der Armutsgrenze (→ Armut) geht: Der M. liefert Daten und Fakten zu diesen und vielen weiteren Themen. Die Statistischen Ämter des Bundes und der Länder sind für die Durchführung des M. verantwortlich. Sie veröffentlichen die Ergebnisse in Form von Textbeiträgen, Tabellen und grafischen Darstellungen in Printpublikationen oder Online auf ihren Internetseiten. Somit stehen die statistischen Ergebnisse nicht nur Regierung, Parlament, Verwaltung und Wirtschaft, sondern auch der Wissenschaft, den Medien und allen interessierten Bürgerinnen und Bürgern zur Verfügung. Regelmäßige Pressemitteilungen und Pressekonferenzen zu den Ergebnissen des M. erfreuen sich großer Resonanz in den Medien.

*Hermann Seewald*

**Milieu, soziales** → Sozialstruktur

**Milieuspezifische Erziehung** ist das Ergebnis einer soziokulturellen Lebenspraxis, die sich an gegebenen Lebensverhältnissen orientiert. Um die lebensweltliche Verankerung solcher Lebenspraktiken zu erfassen, bietet sich der Begriff des sozialen Milieus an, weil mit ihm neben den ungleichheitsgenerierenden Kriterien der Bildungs- und Berufserfahrung auch Erfahrungen der alltäglichen Lebensführung in den Blick genommen werden, die sich auch auf die Gestaltung sozialer Beziehungen (→ soziales Kapital) und gesellschaftlicher → Teilhabe (kulturelles Kapital) beziehen (→ Sozialstruktur).

Die Analyse der m. E. wurde seit den 1960er-Jahren im Zuge anstehender Bildungsreformen und der einsetzenden Bildungsexpansion v.a. in der schichtspezifischen und sozialökologischen Sozialisationsforschung thematisiert (→ Sozialisation). Diese Forschungen fanden ihren Niederschlag in pädagogischen Modellen der → kompensatorischen Erziehung, mit denen Bildungsnachteile in bildungsfernen Milieus durch spezifische Förderprogramme aufgehoben werden sollten. In neueren Bildungsstudien und in → internationalen Vergleichsstudien wie PISA wird jedoch offenbar, dass milieuspezifische Bildungsbenachteiligung das Resultat bildungssystemischer Selektionen und weniger das Produkt von m. E. ist. Dabei wirken sich v.a. selektive Leistungsbewertungen aus, die sich aus bildungsaffinen Erfahrungsmilieus speisen. Diese wirken sich bis in die Persönlichkeitsbildung Heranwachsender aus: auf Selbstbilder, Selbstwirksamkeitserfahrungen und Identitätsvorstellungen ebenso wie auf sozioemotionale Befindlichkeiten und Belastbarkeiten (→ Persönlickeit). Hinzu kommt, dass den Heranwachsenden durch negative Leistungsbewertungen auch Barrieren für ihre Bildungslaufbahn und Erwerbskarriere aufgebürdet werden. Diese systemischen Reproduktionsmechanismen sind mittlerweile gut entschlüsselt; dabei zeigt sich, dass sie insbesondere auch für die Bildungsbenachteiligung von → Kindern mit Migrationshintergrund aus ethnischen Herkunftsmilieus gelten.

Neuere Überlegungen zur m. E. finden sich in einer rationalen Pädagogik, die an die lebensweltlichen Erfahrungen von Kindern anschließt (→ Lebenswelt) und diese nicht als Defizit, sondern als Bildungsangebot betrachtet. Hier wird m. E. als eine erfahrungsweltliche Eigenleistung einer verstehenden Weltaneignung gedeutet, die sich in der Wertschätzung milieuspezifischer Beziehungs- und Deutungspraktiken vollziehen. Diese stehen dann nicht konträr oder in Wettbewerb zu hochkulturellen bildungssystemischen Leistungsbewertungen, sondern finden ihre Anerkennung in den lebensweltlichen Bewältigungs- und Gestaltungspotenzialen, die ihnen für die Betroffenen innewohnen.

*Matthias Grundmann*

**Milieutherapie** → Pädagogisch-therapeutisches Milieu

**Minderbegabung** → Intelligenz

**Minderheiten** Der Begriff M. wird für unterschiedliche Kontexte verwendet und verweist allgemein auf Kollektive, die aufgrund ihrer Minderzahl von einer Mehrheit unterschieden werden: Im Verfassungs- oder Staatsrecht bezieht sich M. auf einen bei Wahlen oder politischen Abstimmungen unterlegenen Teil einer Wahlbevölkerung oder der Wahlberechtigten in einem politischen Gremium. Das demokratische Modell verlangt, dass diese M. eine Möglichkeit haben muss, zu einem späteren Zeitpunkt zur politischen Mehrheit zu werden. Unabdingbarer Grundsatz einer Demokratie ist neben dem Mehrheitsprinzip der Schutz der politischen M.

Sozialwissenschaftlich verweist M. auf Kollektive (→ Gruppe), die sich hinsichtlich spezifischer Merkmale gegenüber der gesellschaftlichen Mehrheit als anders verstehen oder von der Mehrheit als anders verstanden werden. M. sind nicht zwingend mit Randgruppen identisch, auch wenn die Begriffe im alltäglichen und wissenschaftlichen Gebrauch nur vage unterschieden werden. M.probleme oder Randgruppen können entstehen, wenn sich die Werte und → Normen von M. und Mehrheiten unterscheiden oder inkompatibel sind, wenn Normabweichungen sanktioniert (→ Diskriminierung), wenn Anpassungswillige zurückgewiesen oder ausgestoßen (→ soziale Ausgrenzung) oder wenn als erstrebenswert erachtete Güter ungerecht verteilt werden (→ soziale Benachteiligung, → soziale Ungleichheit). Diskutiert wird dabei vornehmlich über die rechtliche, politische und gesellschaftliche Anerkennung von M. und über deren Lebenschancen und Handlungsmacht.

M. können autochthon sein, also seit jeher im M.gebiet leben, oder allochthon, also innerhalb eines absehbaren Zeitabschnittes zugewandert sein (→ Migration). Völkerrechtlich bindende Definitionen von M. liegen nicht vor. Die → Vereinten Nationen operieren für die Definition mit weit gefassten konstitutiven Merkmalen: (1) geringe Zahl in Bezug auf die Gesamtbevölkerung eines Staates; (2) politisch, wirtschaftlich, gesellschaftlich und kulturell nicht-dominierende Position; (3) ethnische, religiöse oder sprachliche Gemeinsamkeiten; (4) Selbstbild als geschlossenes Kollektiv, Gefühl der Zusammengehörigkeit, Identität als M.

In der Diskussion um M. wird häufig unterschieden nach: (1) ethnischen M. als Bevölkerungsgruppen, die auf dem Territorium eines Staates leben, dessen Bevölkerungsmehrheit als ethnisch anders definiert wird; (2) sprachliche M., die nicht als ethnische M. verstanden werden, aber eine andere Muttersprache haben als die Bevölkerungsmehrheit (z.B. frankophone Bevölkerung in der Schweiz); (3) religiöse oder konfessionelle M. (z.B. Protestanten in Frankreich, Aleviten in der Türkei); (4) nationale M. als solche ethnischen M., die unter die Bestimmungen des Rahmenübereinkommens zum Schutz nationaler M. des → Europarates von 1995 fallen. Das Rahmenübereinkommen garantiert Rechte für M. im Bildungs- und Kulturbereich. Die Bundesrepublik Deutschland erkennt diese Rechte nur für Gruppen an, die deutsche Staatsangehörige (→ Staatsangehörigkeit) sind, über eine abgrenzbare Identität verfügen und traditionell in Deutschland leben: Dänen, Friesen, Sorben sowie Sinti und Roma.

*Jochen Oltmer*

**Minderjährigkeit** Als minderjährig werden alle jungen Menschen von der Vollendung der Geburt bis zum Eintritt der → Volljährigkeit (18. Lebensjahr) bezeichnet (→ Kindheit, → Jugend). M. ist zentraler Anknüpfungspunkt für die Rechtstellung eines Menschen insbesondere im Privatrecht (→ Geschäftsfähigkeit, → Elterliche Sorge), aber auch – dann unter dem Begriff Kind und Jugendlicher – im öffentlichen Recht (z.B. im → Kinder- und Jugendhilfegesetz und im → Jugendschutzgesetz). Nicht nur erzieherische Aufgabe, sondern auch rechtliche Verpflichtung ist ein gestuftes Heranführen Minderjähriger an »soziale Reife« und »Mündigkeit« mit einem entsprechenden Zurücknehmen von Fremdbestimmung. Der Erziehung zur Selbstständigkeit entspricht daher in der Rechtsordnung eine allmähliche Verlagerung von Erziehungsverantwortung zur Eigenverantwortung des/der heranwachsenden Minderjährigen durch das Gewähren von Teilmündigkeiten. Personensorgeberechtigte werden dabei durch öffentliche Institutionen wie Schule und Einrichtungen der → Kinder- und Jugendhilfe unterstützt.

Minderjährige stehen zudem unter dem besonderen Schutz der staatlichen Gemeinschaft. Dieses staatliche Wächteramt, das auch gegenüber den Eltern von Minderjährigen besteht (Art. 6 → Grundgesetz) wird insbesondere durch die → Kinder- und Jugendhilfe (§ 8 a SGB VIII) und die → Familiengerichte (§§ 1666 f., 1684 → Bürgerliches Gesetzbuch) wahrgenommen. Gerade der Schutz von Kindern und Jugendlichen und die Entwicklung der → Kinderrechte in Deutschland werden zudem durch internationales Recht wie das → Haager Kinderschutzübereinkommen und die → UN-Kinderrechtskonvention gefördert.

*Birgit Hoffmann*

**Mindesteinkommen** → Grundeinkommen, → Grundsicherung, → Rente nach Mindesteinkommen

**Mindestentgeltpunkte bei geringem Arbeitsentgelt** → Rente nach Mindesteinkommen

**Mindestrente** → Rente nach Mindesteinkommen

**Mindestunterhalt minderjähriger Kinder** kann das Kind nach § 1612 a Abs. 1 → Bürgerliches Gesetzbuch (BGB) von einem Elternteil, mit dem es nicht in einem Haushalt lebt, verlangen. Nach der Mindestunterhaltsverordnung vom 3.12.2015 (BGBl. I S. 2188) beträgt der M. in der ersten Altersstufe (null bis fünf Jahre) 335 Euro ab dem 1.1.2016 und 342 Euro ab dem 1.1.2017, in der zweiten Altersstufe (sechs bis elf Jahre) 384 Euro bzw. 393 Euro und in der dritten Altersstufe (12 bis 17 Jahre) 450 Euro bzw. 460 Euro im Monat. Bei Kindergeldberechtigung des betreuenden Elternteils mindert sich gemäß § 1612 b BGB der Barbedarf des Kindes in Höhe der Hälfte des auf das Kind entfallenden → Kindergelds (Stand 2016: 190 Euro für das erste und zweite, 196 Euro für das dritte und 221 Euro für das vierte sowie jedes weitere Kind). Dementsprechend vermindert sich der Zahlbetrag für M. (bei dem ersten und zweiten Kind) je nach Altersstufe 2016 auf 240 Euro, 289 Euro oder 355 Euro. Ob der zum Barunterhalt verpflichtete Elternteil in dieser Mindesthöhe auch zur Zahlung verpflichtet werden kann, hängt davon ab, ob er i.S. des § 1603 BGB leistungsfähig ist. Danach muss dem/der Unterhaltspflichtigen der notwendige Selbstbehalt verbleiben. Dieser beträgt (Düsseldorfer Tabelle, Stand 1.1.2016) bei Nichterwerbstätigkeit 880 Euro und bei Erwerbstätigkeit 1.080 Euro; im Einzelfall kann dieser Selbstbehalt höher liegen, wenn der darin berücksichtigte Ansatz für Warmmiete in Höhe von 380 Euro unvermeidbar erheblich überschritten wird. Das Bundesministerium der Justiz und für Verbraucherschutz hat den M. alle zwei Jahre durch Rechtsverordnung festzulegen.

*Gottfried Eichhoff*

**Minijob** → Geringfügige Beschäftigung

**Missbrauch** → Sexueller Missbrauch, → Sozialleistungsmissbrauch

**Mitarbeitergespräch (MAG)** Das M. ist ein Führungsinstrument zur gezielten Entwicklung der Mitarbeitenden. M. stärken die Verbindung zwischen Organisation und Mitarbeitenden, indem Mitarbeitende Anerkennung und Wertschätzung durch die Führungskraft erfahren und sie über organisationsspezifische Belange informiert werden. Damit sind M. ein Instrument zur Vertrauensbildung zwischen Mitarbeitenden und Führungskraft. In der Regel finden M. einmal jährlich statt. M sind geplant, systematisch vorbereitet und folgen einem organisationsspezifischen Umsetzungskonzept. Ziele des Instruments sind, die Motivation und Arbeitszufriedenheit zu erhalten oder zu erhöhen, Entwicklungspotenziale der Mitarbeitenden zu erkennen und konkrete Maßnahmen zur → Personalentwicklung und/oder Arbeitsgestaltung zu vereinbaren. Auch wenn es kein allgemeingültiges Rezept für den Gesprächsablauf gibt, lassen sich Schritte für den Gesprächsablauf benennen: (1) Gesprächseröffnung durch die Führungskraft. (2) Rückschau auf das vergangene Jahr und Einschätzung der Arbeitsergebnisse und der Zusammenarbeit. (3) Betrachtung der Stärken und Schwächen der Mitarbeitenden verbunden mit einer gemeinsamen Diagnose. (4) Vorausschau auf das kommende Jahr und Vereinbarung beruflicher und persönlicher Zielsetzungen. (5) Vereinbarung konkreter Förder- und Unterstützungsmaßnahmen. (6) Gesprächsabschluss mit klaren Vereinbarungen. Die Einführung von M. erfordert die Entwicklung eines organisationsspezifischen Konzeptes.

*Klaus Titz*

**Mitbestimmung** im arbeitsrechtlichen Sinn ist auf zwei Ebenen geregelt: (1) Das Betriebsverfassungsgesetz (BetrVG) räumt durch den → Betriebsrat der Belegschaft die Möglichkeit ein, an Entscheidungen des Arbeitgebers über ihre Arbeitsbedingungen mitzuwirken. Für den öffentlichen Dienst gelten insoweit die Personalvertretungsgesetze des Bundes und der Länder

(→ Personalrat). (2) Das Mitbestimmungsgesetz (MitbestG) regelt im Wesentlichen die Bildung eines Aufsichtsrats in Betrieben. Es gilt jedoch nur für Unternehmen, die in bestimmten Rechtsformen – etwa Aktiengesellschaften und Genossenschaften – betrieben werden und die i.d.R. mehr als 2.000 Personen beschäftigen (vgl. § 1 MitbestG). Darüber hinaus gibt es zahlreiche weitere Ausnahmen (vgl. § 1 Abs. 4 MitbestG). Zentral ist die Vertretung der Arbeitnehmer/innen im Aufsichtsrat (zu dessen Zusammensetzung vgl. § 7 MitbestG). Die Rechte und Pflichten von Aufsichtsräten sind nur teilweise im MitbestG (vgl. § 25 u. 30 MitbestG), zum großen Teil in anderen Gesetzen geregelt. Nach § 26 MitbestG i.V.m. § 84 Aktiengesetz (AktG) ist der Aufsichtsrat für die Bestellung der Mitglieder des zur → gesetzlichen Vertretung des Unternehmens befugten Organs, beispielsweise des Vorstands einer Aktiengesellschaft, und den Widerruf der Bestellung zuständig. Der Aufsichtsrat in Aktiengesellschaften hat nach § 111 AktG u.a. die Geschäftsführung zu überwachen und er erteilt den Prüfauftrag für den Jahres- und Konzernabschluss.

*Dorette Nickel*

**Mitwirkung des Jugendamts im familiengerichtlichen Verfahren** Durch die Verfahrensvorschriften im → Familienverfahrensgesetz (FamFG) vom 1.9.2009 und die damit verbundenen Änderungen im → Sozialgesetzbuch (SGB) VIII ist die M. d. → Jugendamts im Verfahren vor dem → Familiengericht rechtlich neu strukturiert und inhaltlich geändert worden. Das Vormundschaftsgericht entfiel, alle Angelegenheiten in Familiensachen wurden dem Familienegericht zugewiesen (»Großes Familiengericht«). Die neuen Vorschriften zielen auf eine Verständigung der Eltern und versuchen, die Verantwortung der Beteiligten in der Wahrnehmung ihrer Elternrolle zu stärken. In Sorgerechts- und Umgangsverfahren soll eine nachhaltige Konfliktlösung erreicht werden, die die beteiligten Kinder als Subjekt mit eigenen Rechten behandelt. Dabei soll sich das Familiengericht frühzeitig konkret in einem frühen Anhörungstermin mit dem Familienkonflikt befassen. In Verfahren wegen Gefährdung des → Kindeswohls soll den Eltern ihre Verantwortung verdeutlicht und differenzierte Problemlösungen sollen angestrebt werden.

Die M. d. J. ist in den §§ 8 a, 50 SGB VIII und 155 bis 157 und 162 FamFG geregelt. Nach § 50 Abs. 1 S. 1 SGB VIII »unterstützt« das J. das Familiengericht bei allen Maßnahmen im Bereich der → elterlichen Sorge. Diese allgemeine Unterstützungsaufgabe wird in § 50 Abs. 1 S. 2 SGB VIII ergänzt durch die Pflicht des J., in den dort genannten Fällen »mitzuwirken«. Zur M. gehört auch die Anrufung des Familiengerichts nach § 8 a SGB VIII im Falle einer Kindeswohlgefährdung. Hinweise, wie die Unterstützungs- und Mitwirkungsaufgabe des J. gegenüber dem Familiengericht zu verstehen ist, gibt § 50 Abs. 2 SGB VIII. Danach soll das J. informierend tätig sein, es soll erzieherische und soziale Gesichtspunkte in das Verfahren einbringen und schließlich auf weitere Hilfsmöglichkeiten hinweisen. Da das J. als eigenständige Fachbehörde im Verfahren mitwirkt, ist eine Anordnungsbefugnis des Familiengericht gegenüber dem J. ausgeschlossen (vgl. auch § 36 a SGB VIII).

Die Beteiligtenstellung des J. ist nunmehr durch eine sog. »Zugriffslösung« geklärt. Das J. hat in allen Verfahren nach § 50 Abs. 1 SGB VIII das Recht auf Anhörung und das Beschwerderecht, nicht aber die förmliche Beteiligtenstellung nach § 7 FamFG im Verfahren. Diese muss das Familiengericht ihm gewähren, wenn das J. einen Antrag auf Beteiligung nach § 162 FamFG stellt. Lediglich in Verfahren wegen Gefährdung des Kindeswohls nach den §§ 1666, 1666 a BGB ist das J. auch ohne Antrag immer verfahrensbeteiligt (§ 162 Abs. 2 S. 1 FamFG). Das hat zur Folge, dass das J. alle Rechte eines Beteiligten im Verfahren geltend machen kann (u.a. → Akteneinsicht, Mitteilung aller Entscheidungen im Verfahren usw.). Mit diesen Regelungen ist eine Aufwertung der verfahrensrechtlichen Position des J. verbunden, sie stellen andererseits eine Herausforderung für alle Beteiligten bei einer Kooperation auf »Augenhöhe« dar.

*Hans-Jürgen Schimke*

**Mitwirkung in Verfahren nach dem Jugendgerichtsgesetz (JGG)** § 52 SGB VIII regelt die Mitwirkung in Verfahren nach dem → Jugendgerichtsgesetz. Danach hat das → Jugendamt nach Maßgabe der §§ 38 (Jugendgerichtshilfe [JGH]) und 50 Abs. 3 S. 2 JGG im Verfahren nach dem JGG mitzuwirken. Die JGH wird grundsätzlich als öffentliche → Kinder- und Jugendhilfe von den Jugendämtern ausgeübt. Sie kann allerdings gem. § 76 SGB VIII den anerkannten → freien Trägern der Jugendhilfe übertragen werden.

Die JGH hat ihre Wurzeln im täterorientierten Jugendstrafrecht. Erstmals nach 1900 von der »Frankfurter Zentrale für private Fürsorge« praktiziert, entwickelte sie sich von der Angeklagtenhilfe zu institutionalisierter Jugendgerichts- und Jugendlichenhilfe. Rechtlich verankert wurde die JGH 1922 im Reichsjugendwohlfahrtsgesetz und im Reichsjugendgerichtsgesetz. Bis Anfang der 1980er-Jahre überwog die Hilfe für das Gericht, sozialpädagogische Aufgaben erschienen nachrangig. JGH war bis dahin → Einzel(fall)hilfe. Angeregt durch die Zunahme lebensweltorientierter Ansätze (→ Lebenswelt) und kriminologischer Forschungen zur → Jugendkriminalität entwickelte die JGH ein erweitertes Tätigkeitsprofil, welches die alltagsgestaltende Hilfe für den jungen Menschen in den Vordergrund stellt. Neue ambulante Maßnahmen nach dem JGG (→ Diversion), wie soziale Trainingskurse, die Betreuungsweisung oder der → Täter-Opfer-Ausgleich, wurden von der JGH initiiert und weiterentwickelt. Mehrfach- und Intensivtäter/innen sind in der Praxis die Hauptadressaten der JGH, da ihnen der Beginn und die Vertiefung einer kriminellen »Karriere« droht.

Die sog. »klassische« Aufgabenstellung der JGH nach § 38 JGG, d.h. Persönlichkeitserforschung mit Berichterstattung, Teilnahme an den Hauptverhandlungen, Vollzugshilfe und nachgehende Fürsorge, wurde ergänzt durch eine beschleunigte Berichterstattung bei in Untersuchungshaft befindlichen jungen Menschen, um der Justiz Alternativen zur Haft aufzuzeigen. Zudem können gem. § 38 JGG Jugendgerichtshelfer/innen als Betreuungshelfer/innen vom Gericht bestellt werden. Das SGB VIII vermeidet bewusst den Begriff »Jugendgerichtshilfe« und spricht stattdessen umfassend von der »Mitwirkung der Jugendhilfe im Verfahren nach dem Jugendgerichtsgesetz«. JGH bleibt damit ein Begriff der Gesetze des Strafrechts, Jugendstrafrechts und Ordnungswidrigkeitenrechts. Schon die Wortwahl stellt klar, dass Strafverfolgung und -verfahren nicht in den Verantwortungsbereich der Jugendhilfe fallen und die »Mitwirkung« der Jugendhilfe eine Aufgabe darstellt, die ebenso wie die → Mitwirkung des Jugendamtes in familiengerichtlichen Verfahren oder die »anderen« Aufgaben in das Tätigkeitsfeld der Jugendhilfe insgesamt eingebunden ist.

Das Ziel des Jugendstrafrechts ist in § 2 Abs. 1 JGG ausdrücklich normiert. Danach soll das Jugendstrafrecht »vor allem erneuten Straftaten eines Jugendlichen oder Heranwachsenden entgegenwirken. Um dieses Ziel zu erreichen, sind die Rechtsfolgen und unter Beachtung des elterlichen Erziehungsrechts auch das Verfahren vorrangig am Erziehungsgedanken auszurichten.« Hieran anknüpfend hat die Jugendhilfe in Strafverfahren folgende Aufgaben: (1) → Beratung des jungen Menschen bzgl. seiner Rechte im Strafverfahren, der Jugendhilfe und anderer Leistungen, frühzeitige Prüfung des Hilfebedarfes, Vermittlung und Durchführung dieser Hilfen auch zur Vermeidung von (Untersuchungs-)Haft oder zur Vermeidung eines förmlichen Verfahrens, Vorbereitung auf die Verhandlung, Einbeziehung der Erziehungsberechtigten und Bezugspersonen; (2) Vertretung der Belange der Jugendhilfe bei Staatsanwaltschaft und Gericht, d.h. Darstellung der persönlichen, familiären und sozialen Gegebenheiten des jungen Menschen inkl. seiner aktuellen Lebenssituation, Unterbreitung von Jugendhilfeleistungen, Beratung der Justiz durch einen Entscheidungsvorschlag; (3) Koordination der sozialpädagogischen Fachkräfte, die im Jugendstrafverfahren tätig sind. Zu diesem Zweck hat sie verschiedene Beteiligungsrechte im gesamten Verfahren (z.B. Informationsrechte, Verkehrs- und Kontaktrechte).

Ungeachtet der Forderung des § 52 Abs. 3 SGB VIII nach einer durchgehenden Betreuung hat sich in der Praxis vielfach eine Arbeitsteilung ergeben. Während Aufgaben der »(verfahrens)begleitenden« JGH überwiegend von den Jugendämtern wahrgenommen werden, werden Aufgaben der »nachgehenden« JGH sehr häufig an → freie Träger delegiert. Es gibt Überlegungen, die JGH ganz aus dem Justizbereich herauszuziehen und sie i.S. einer Jugendstraffälligenhilfe auf rein pädagogische Funktionen zu beschränken, wobei die »gerichtsorientierten« Tätigkeiten durch die Justiz wahrgenommen werden sollen. In der Literatur wird die Dysfunktionalität der Institution JGH moniert. Hierfür erscheinen sich gegenseitig beeinflussende Faktoren verantwortlich, wie → Erziehung vs. Strafe im JGG, gesetzlich bedingte Marginalität der JGH im Verfahren selbst sowie ihre ungenügende strukturelle und personelle Ausstattung durch die Kommunen. Dies wird dadurch verstärkt, dass auch die Staatsanwaltschaften vielfach entgegen § 37 JGG auf Jugendstaatsanwält/innen verzichten.

Die Aufgabe der JGH an der Schnittstelle von Jugendhilfe und Justiz verlangt effektive Organisationsstrukturen mit regionalem Bezug und besonderes Fachwissen der → Fachkräfte (Vertiefungsgebiet im → Allgemeinen Sozialdienst oder als Besondere Sozialdienste). Um eine stärkere Einbindung der JGH bei gleichzeitig schnelleren Verfahren zu ermöglichen, wird in der Praxis verstärkt seit 1999 die Konzeption von »Häusern des Jugendrechts« genutzt. In ihnen werden Staatsanwaltschaften, Polizei, Jugendgerichte und JGH gemeinsam untergebracht, um Synergieeffekte zu schaffen und nutzbar zu machen. Die Interessenvertretung liegt bei der → »Deutschen Vereinigung für Jugendgerichte und Jugendgerichtshilfen e.V.« (DVJJ), Hannover. Diese gibt auch die Zeitschrift für Jugendkriminalrecht und Jugendhilfe (ZJJ) heraus und führt alle drei Jahre den Jugendgerichtstag durch (nächste Termine: 2017, 2020).

*Lit.* Coskun, A. N.: Kommunikation und Kooperation durch fachliche Konfrontation zwischen Jugend(gerichts)hilfe und Justiz in Verfahren nach dem Jugendgerichtsgesetz, Hamburg 2013; Drews, N.: Die Aus- und Fortbildungssituation von Jugendrichtern und Jugendstaatsanwälten in der Bundesrepublik Deutschland, Aachen 2005; Trenczek, T.: Die Mitwirkung der Jugendhilfe in Strafverfahren, Weinheim 2003.

*Robert Hotstegs*

**Mitwirkungspflichten** Das → Sozialstaatsprinzip beinhaltet für die einzelnen Bürger nicht nur Rechte auf öffentliche → Sozialleistungen, sondern auch Pflichten zu sozialem Verhalten. Wer → Rechtsansprüche auf Sozialleistungen in Anspruch nimmt, hat die Pflicht, die für die Gewährung der Leistungen erheblichen Tatsachen anzugeben, und hat in zumutbarem Umfang dazu beizutragen, dass keine unnötigen oder vermeidbaren Ausgaben entstehen (siehe auch → Sozialleistungsmissbrauch). Für alle Sozialleistungsbereiche, für die das → Sozialgesetzbuch (SGB) gilt, sind die M. der → Leistungsberechtigten in §§ 60–67 SGB I zusammengefasst. Einzelne Pflichten sind in den Besonderen Teilen des SGB näher ausgestaltet. Zu den M. zählen u.a. die Angabe der für die Leistung erheblichen Tatsachen und deren Änderungen (§ 60 SGB I) sowie auf Anordnung des → Sozialleistungsträgers das persönliche Erscheinen (§ 61 SGB I) und die Teilnahme an ärztlichen Untersuchungen (§ 62 SGB I) und Heilbehandlungen (§ 63 SGB I).

Die M. nach den §§ 60–64 SGB I können nicht gerichtlich eingeklagt oder erzwungen werden. Wird durch fehlende Mitwirkung die Aufklärung des von Amts wegen zu ermittelnden Sachverhalts erheblich erschwert, kann der Sozialleistungsträger ohne weitere Ermittlungen die Leistungen bis zur Nachholung der Mitwirkung versagen oder entziehen (→ Sanktion), soweit die Voraussetzungen der Leistungen nicht nachgewiesen sind. Auf diese Folge sind die Leistungsberechtigten zuvor schriftlich hinzuweisen. Dabei ist ihnen für die Mitwirkung eine angemessene Frist zu setzen (§ 66 SGB I). Wird die Mitwirkung nachgeholt, können die Sozialleistungen nachträglich erbracht werden (§ 67 SGB I). Die Nachgewährung von Leistungen steht im → Ermessen des Leistungsträgers.

*Antje Wrackmeyer-Schoene*

**Mobbing** ist ein phänomenologischer Begriff für psychische → Gewalt am Arbeitsplatz. Übersetzt bedeutet M. »anpöbeln« und »schikanieren«. Im englischsprachigen Ausland werden auch Synonyme wie «harassment« und »violent at work« benutzt. Mittlerweile wird M. nicht nur auf den Arbeitsplatz, sondern auch auf andere Bereiche wie die Schüler-Schüler-Beziehung und das Internet (Cyber-M.) benutzt.

M. ist in der betrieblichen Struktur wie folgt verteilt: horizontal 44%, vertikal von oben 37%, in Kombination der beiden Ebenen 10%, vertikal von unten 9%. In der Bundesrepublik Deutschland wird der Umfang auf 1,2 bis 1,8 Mio. Betroffene im Jahr geschätzt. Ursächlich lassen sich direkte Faktoren wie Führungsverhalten, dialogische, kooperative und konfliktlösende Kompetenzen, Arbeitsinhalte, Arbeitsstrukturen, arbeitsspezifische Belastungen und Beanspruchungen festhalten. Ebenso können indirekte Faktoren, wie negative Unternehmenskultur, Betriebsklima, betriebliche Krisen und Reorganisationen benannt werden.

M. am Arbeitsplatz sind Verhaltensweisen, die die persönlichen (Integritäts- und Identitäts-)Grenzen von Individuen unterlaufen und psychische sowie physische Verletzungen bewirken. M. unterteilt sich in Oberbegriffe: (1) Angriffe auf die Möglichkeit sich mitzuteilen, (2) Angriffe auf die sozialen Beziehungen, (3) Angriffe auf das soziale Ansehen, (4) Angriffe auf die Qualität der Berufs- und Lebenssituation sowie (5) Angriffe auf die Gesundheit. Diese Oberbegriffe unterteilen sich in 45 Verhaltensweisen, die hinsichtlich ihrer Bewusstheit differenziert werden: »zielstrategisches (bewusstes) M.« und »zielorientiertes (unbewusstes) M.«. Psychisch ist M. eine soziale Disstress-Situation, die durch ständige physische und psychische Überforderung negative Gesundheitsfolgen (symptomatisch: Schlafstörungen, Angstprozesse, Konzentrationsstörungen und reaktive → Depressionen) haben. M. führt zur sozialen Isolation der Betroffenen im Betrieb und im privaten Leben.

Das Ausgangskonzept von Leymann formuliert eine monokausale Verhaltensstruktur zwischen Täter/in und Opfer, die von Neuberger aus systemischer Perspektive hinsichtlich ihrer Erklärungstiefe und inhaltlichen Eindeutigkeit kritisiert wird. Systemische Beratungskonzepte formulieren ein rollenspezifisches Akteurmodell, das durch die berufliche Verantwortung der Beteiligten gekennzeichnet ist. Diese Beratungsansätze integrieren Methoden der → Personalentwicklung wie → Supervision, → Coaching und → Mediation und ordnen M. als »psychische Fehlbelastung am Arbeitsplatz« in das Belastungs- und Beanspruchungskonzept des → Arbeitsschutzes ein. Die unterschiedlichen Qualitäten der negativen Beanspruchungen bei Betroffenen führen dazu, dass die → systemischen Ansätze sich differenzieren in individuelle und betriebliche Beratungen sowie traumaspezifische Interventionen (→ Trauma), die M. als »bad-man-disaster« thematisieren.

M. in der Schule und am Arbeitsplatz lassen sich in Bezug auf M.dynamiken vergleichen; hinsichtlich ihrer Handlungsmöglichkeiten stehen die Schüler/innen jedoch in unterschiedlichen Abhängigkeitsverhältnissen, wie Eltern, Schule, Gesellschaft (vertreten durch entsprechende Ämter). Wenn in der jeweiligen Schule kein Interesse besteht, Konflikte zu lösen, M.handlungen zu unterbrechen, gibt es für die Schüler/innen kaum Hilfen wie im Betrieb über den Arbeitsschutz, Arbeitsrecht u.ä.

*Thomas von Eisenhart Rothe/Beate von Eisenhart Rothe*

**Mobile Jugendarbeit** Im Feld der Jugendhilfe hat sich die aus dem angloamerikanischen Raum stammende Arbeitsform → Streetwork durch konzeptionelle Erweiterung und praxisbezogene Ausdifferenzierung zur m. J. entwickelt. Zu Beginn der 1970er-Jahre zunächst regional auf den baden-württembergischen Raum konzentriert, hat sich m. J. inzwischen bundesweit etabliert. Die konzeptionellen und arbeitspraktischen Grenzen zu Streetwork, zu hinausreichender Jugendarbeit (outreach work), zu sozialraumorientierter Jugendarbeit und zu Gassenarbeit (insbesondere in der Schweiz) sind fließend: Spezifische Schwerpunkte liegen bei m. J. im Allgemeinen jedoch auf einer weniger szene-/brennpunktbezogenen Ausrichtung und einem stärker stadtteilorientierten/sozialräumlichen Fokus sowie auf der Verbindung zwischen lebensweltzentriertem Aufsuchen und einrichtungsgebundener Club-/Freizeitarbeit. Die überspitzten konzeptionellen Abgrenzungsdiskurse der 1970er- und 1980er-Jahre haben sich in den 1990er-Jahren zu einem produktiven Diskussionszusammenhang entwickelt, der schließlich zur Gründung einer übergreifenden fachverbandlichen Struktur in Form der Bundesarbeitsgemeinschaft Streetwork/Mobile Jugendarbeit führte (www.bundesarbeitsgemeinschaft-streetwork-mobile-jugendarbeit.de). Forciert durch die in Stuttgart ansässige »International Society for Mobile Youth Work (ISMO)« finden die Leitideen m. J. mittlerweile verstärkt Resonanz auf internationaler Ebene wie etwa im Zusammenhang mit dem Aufbau von Jugendhilfestrukturen in Osteuropa, aber auch in der Entwicklung gemeinwesennaher Projekte zur Arbeit mit Straßenkindern in Asien, Afrika und Süd-/Mittelamerika.

*Werner Steffan*

**Mobile medizinische Rehabilitation** → Ambulante medizinische Rehabilitation

**Moderation** (dt. Mäßigung) ist ein Verfahren, das dazu dient, den Prozess der Auseinandersetzung in einer → Gruppe mit unterschiedlichen Perspektiven und Interessen so zu steuern, dass einerseits die Unterschiede in der Sichtweise und im Anspruch deutlich werden, dass aber andererseits auch Chancen und Möglichkeiten gemeinsamen Handelns erschlossen werden. Auf der Basis dieser Erkenntnisse wird die Gruppe in die Lage versetzt, Prioritäten zu setzen, Entscheidungen zu treffen und die konkrete Umsetzung zu organisieren. Basis dafür sind Gesprächsführungs- und Visualisierungstechniken, die dazu dienen, alle Mitglieder der Gruppe einzubeziehen, die vorhandenen Ideen und Interessen anschaulich zu machen und das Vorgehen insgesamt so zu strukturieren, dass sowohl im Hinblick auf das Ziel als auch auf Strategien und konkrete Maßnahmen immer die Reihenfolge eingehalten wird: Sammeln – Ordnen – Gewichten – Entscheiden. Die hohe Kunst der M. besteht allerdings darin, mithilfe entsprechender Methoden und → Interventionen aus der angewandten Gruppendynamik die teilweise verdeckten und unbewussten treibenden und hemmenden Kräfte sowie die Verteilung der → Rollen in einer Gruppe erkennbar zu machen, um die Gruppe zu befähigen, die insgesamt vorhandene Energie gezielt auf das angestrebte Ziel auszurichten.

*Klaus Doppler/Bert Voigt*

**Modul** → Studium der Sozialen Arbeit

**Monetarisierung** Unter M. versteht man die Bezahlung → ehrenamtlicher/freiwilliger Tätigkeiten. Sie ist zu unterscheiden von einem Auslagenersatz, der die Kosten, die Freiwilligen während ihres Engagements entstanden sind (Porto, Fahrtkosten etc.), pauschal oder durch Abrechnung ersetzt.

Die M. des Ehrenamts hat eine gewisse Tradition. Dort, wo das Ehrenamt Teil staatlichen, demokratisch verfassten Handelns ist, z.B. bei → Schöff/innen oder im Katastrophenschutz, ist eine Vergütung durchaus üblich, aber auch bei bei den sog. Lerndiensten wie Freiwilliges Soziales und Freiwilliges Ökologisches Jahr (→ Freiwilligendienste). In den meisten Engagementfeldern war die Unentgeltlichkeit des Engagements jedoch Forderung von Wohlfahrtsverbänden und Politik und Teil der Definition von → Bürgerschaftlichem Engagement , wie sie z.B. die Enquetekommission »Zukunft des bürgerschaftlichen Engagements« 2002 formulierte. Seit etwa zehn Jahren setzt die Förderung von Engagement (→ Engagementpolitik) entgegen dieser Sprachregelungen in ihren praktischen Programmen auf die Finanzierung von Engagement. Gerade mit Blick auf die Pflege älterer Menschen sehen z.B. die Pflegekassen die Bezahlung niedrigschwelliger Dienstleistungen vor (§ 45 d SGB XI), die von Ehrenamtlichen erbracht werden. Aber auch die Aufstockung der Übungsleiter- oder der Ehrenamtspauschale verweist auf die M. Gerade dort, wo Ressourcen knapper werden, werden Ehrenamtliche mit lohnähnlichen Geldzahlungen für klar beschriebene »Arbeitsplätze« von Wohlfahrtsverbänden und Kommunen geworben.

M. ist ein schwer greifbares Phänomen, da – vielleicht aufgrund voneinander abweichender oder nicht klar definierter Begriffe bei der Befragung – wissenschaftliche Befunde stark voneinander abweichen. Der Freiwilligensurvey 2014 geht davon aus, dass 10% aller dort erfassten Freiwilligen einem bezahlten Engagement nachgehen, während eine Untersuchung des Diakonischen Werks (2012) die M. der Freiwilligen in seinen Einrichtungen auf 37% beziffert. Die einzelnen Engagementfelder sind unterschiedlich stark monetarisiert: So weist z.B. der Sportbereich starke M. auf, während im kirchlichen Bereich kaum Geld fließt (BMFSFJ/INBAS 2015). Hinsichtlich der Höhe der Bezahlung von Ehrenamt geht man im Sport von 6–7 Euro pro Stunde aus, während Zahlungen im Rahmen des § 45 d SGB XI zwar landesweit unterschiedlich sind, aber eine Höhe bis 25 Euro erreichen können.

Staatlicherseits gibt es keine Anzeichen, dass man die M. eingrenzen möchte, während die Wohlfahrtsverbände ob dieser Entwicklungen alarmiert sind. Problematiken, die im Zusammenhang mit der M. diskutiert werden, sind die Gefahr einer Deprofessionalisierung der Sozialen Arbeit sowie Ersetzen von Hauptamtlichen durch Freiwillige, das Unterlaufen des Mindestlohns, Vermischung von Erwerbsarbeit und Engagement, Ökonomisierung und damit Verlust des Eigensinns im freiwilligen Engagement. Lösungsversuche zur Klärung des Phänomens liegen im Moment in der trennscharfen Abgrenzung von Tätigkeiten mit und ohne Bezahlung. Umfassende wissenschaftliche Untersuchungen stehen noch aus.

*Martina Wegner*

**Monitoring** → Sozialmonitoring

**Montessori-Pädagogik** Nachdem im Jahre 1907 in einem Elendsviertel Roms das erste Kinderhaus, die Casa dei Bambini, von Maria Montessori gegründet worden war, hat ihre Pädagogik eine eindrucksvolle globale Verbreitung erlebt. Allein in Deutschland arbeiten inzwischen über 1.000 → Kindertageseinrichtungen nach ihren Prinzipien. Weltweit sind es über 40.000 Schulen. Damit gehört die Montessoribewegung zu den erfolgreichsten Konzepten aus dem Umkreis der sog. → Reformpädagogik – dem pädagogischen Aufbruch im ersten Drittel des 20. Jh., der sich einer neuen »Pädagogik vom Kinde aus« und einer dadurch erhofften Gesellschaftsreform verschrieben hatte.

Für Montessori stand »das Kind als Baumeister seiner selbst« im Zentrum ihres Menschenbildes. »Hilf mir, es selbst zu tun« ist eine Art übergeordnetes Motto vieler Montessori-Einrichtungen, das die Rolle der Pädagog/innen in der Ermöglichung von Lernerfahrungen neu bestimmt. Individualisierte, im eigenen Tempo sich vollziehende Lernfortschritte sollen durch geschickt konzipierte Lernmaterialien ermöglicht werden. Zur »vorbereiteten Umgebung« gehören nicht nur wohlsortierte altersgemäße Materialien für die verschiedenen Lernbereiche, sondern auch eine heitere Arbeitsatmosphäre. Nach einer Einführung in neue Materialien ist es den Schüler/innen freigestellt, wann sie sich wie lange mit welchen Übungen beschäftigen. Die Aufgabe der Lehrkraft wird mehr in der Beobachtung, Anregung und Lernbegleitung gesehen und weniger, wie im traditionellen Unterricht, in der Präsentation von Wissensstoff. In der von Montessori beschriebenen »Polarisation der Aufmerksamkeit« tauchen Kinder mit ihrer ganzen Person intensiv in die wiederholte Bewältigung einzelner Aufgaben ein und erfahren dadurch eine tiefe Befriedigung – die Voraussetzung für wirklich nachhaltiges → Lernen, bei dem der/die Einzelne mit der Umgebung verschmilzt und auch durch äußere Störfaktoren kaum ablenkbar ist. Die soziale Komponente wird u.a. durch die jahrgangsgemischten Lerngruppen betont, in denen ältere und jüngere Kinder gemeinsam bzw. voneinander lernen.

Die Betonung der individuellen Lernziele und Lernschritte öffnete die M. von Anfang an auch für die → Integration von Kindern unterschiedlichster Begabungen und Handicaps. Viele Montessorieinrichtungen haben dementsprechend lange vor der neueren Debatte um → Inklusion integrative Konzepte erfolgreich realisiert. Während im Vorschul- und Grundschulalter Montessorikonzepte am stärksten verbreitet sind und auch in der Regelschule inzwischen viele Elemente (z.B. Freiarbeit, Verzicht auf Ziffernzeugnisse) aufgegriffen werden, sind überzeugende Umsetzungen im Sekundarbereich bis heute eher selten zu finden. Dabei liefert die M. mit dem sog. Erdkinderplan auch für das Jugendalter (12–18 Jahre) Anhaltspunkte für eine entschulte Lernumgebung: In ländlicher Umgebung sollen Jugendliche eigenständig einen Bauernhof, einen Handelsgeschäft oder ein Gasthaus bewirtschaften und so auf das soziale Leben vorbereitet werden.

*Heiner Barz*

**Motivation** Unter M. versteht man diejenigen inneren Prozesse, welche einen Menschen dazu bewegen, in einer bestimmten Weise und Intensität zu handeln, d.h. in einer gegebenen Situation (in einem spezifischen Person-Umwelt-Bezug) Veränderungen in der Stärke, Dauer und Richtung des → Verhaltens bewirken (Thomae). M.konstrukte sollen somit erklären, warum ein → Individuum unter bestimmten Umständen bestimmt geartete Ziele hat und diese mit einer bestimmten Intensität (Durchsetzung und Beharrlichkeit) verfolgt. Die Zielsetzung kann explizit/bewusst, aber auch teil- oder nicht bewusst sein. M. hat somit zwei Hauptkomponenten: eine Aktivierungs- und Selektions-/Gerichtetheitsfunktion. Zur Erklärung des M.geschehens werden teils Begriffe herangezogen, welche auf innerorganismische Prozesse verweisen (→ Bedürfnis, Spannung, Streben, Verlangen, Antrieb, Trieb, Instinkt, Wunsch), teils aber auch solche, welche Veränderungen in der Bedeutsamkeit und Wertigkeit von »Objekten« signalisieren, mit denen das Individuum in Bezug tritt (Valenz, Aufforderungscharakter, Wert, Anreiz).

Als »M.formen« bezeichnet man Typen von Prozessmustern, welche sich im zeitlichen Verlauf, der Intensität und der Zeitperspektive sowie in der Klarheit des Objektbezugs unterscheiden (z.B. Drang, Trieb, Begierde, Wunsch) (Thomae). Unter »M.arten« versteht man unterschiedliche Klassen von Handlungsbereitschaften, welche jeweils durch ähnliche Zielsetzungen gekennzeichnet sind (z.B. sexuelle, aggressive, machtorientierte, prosoziale, leistungsmotivierte, ängstliche M.). Ein bedeutsames Thema der M.psychologie sind die zwischen M.arten auftretenden Konflikte sowie das gleichzeitige Bestehen von Annäherungs- und Vermeidungstendenzen. Auch Konflikte können unterschiedliche Bewusstseinsgrade aufweisen. Gefühle und M. stellen unterschiedliche Seiten desselben inneren Zustandes dar. Gefühle repräsentieren eine Gruppe von Bewusstseinszuständen (→ Bewusstsein), (erlebte) Gestimmtheiten, welche spezifische Handlungsbereitschaften (= M.) widerspiegeln. Die in einer bestimmten Situation auftretenden M.prozesse werden nicht nur von den Aspekten des gerade aktuellen Person-Umwelt-Bezugs bestimmt, sondern auch von zeitlich relativ stabilen, persönlichkeitsspezifischen M.strukturen, welche als → Einstellungen, Interessen und Temperamentsfaktoren bezeichnet werden. Es handelt sich bei diesen um überdauernde, konsistente Erwartungshaltungen und Bereitschaften zu einem bestimmt gearteten Verhalten (z.B. aggressivem oder ängstlichem).

Ein adäquates Verständnis des M.geschehens erfordert die Beachtung der → Interaktion von kognitiven (→ Wahrnehmung und Bewertung von Person-Umwelt-Beziehungen, Kausalattribuierungen, Grad der Bewusstheit und Strukturiertheit der Ziele) und psychophysiologischen (zentralnervösen, peripher-vegetativen, endokrinologischen) Prozessen mit sozialpsychologischen Bedingungsfaktoren (Bestimmtheit des Person-Umwelt-Bezugs durch → Normen, → Rollen- und Wertvorstellungen).

*Klaudius Siegfried*

**Mündel** → Vormundschaft

**Musiktherapie** ist der gezielte Einsatz von Musik in jeder Form innerhalb einer therapeutischen Beziehung mit dem Ziel der Wiederherstellung, Erhaltung, Förderung und Vorbeugung seelischer, körperlicher und geistiger → Gesundheit. In den »Kasseler Thesen« formuliert die »Bundesarbeitsgemeinschaft M.« folgende schulen- und verbandsübergreifende Definition: »M. ist eine praxisorientierte Wissenschaftsdisziplin, die in enger Wechselbeziehung zu verschiedenen Wissenschaftsbereichen steht, insbesondere der Medizin, den Gesellschaftswissenschaften, der Psychologie, der Musikwissenschaft und der Pädagogik. Der Begriff M. ist eine summarische Bezeichnung für unterschiedliche musiktherapeutische Konzeptionen, die ihrem Wesen nach als psychotherapeutische zu charakterisieren sind, in Abgrenzung zu pharmakologischer und physikalischer Therapie...« (vgl. www.bag-musiktherapie.de). Musiktherapeut/innen behandeln in kurativen, rehabilitativen, präventiven, palliativen sowie in Institutionen der Nachsorge und in freier Praxis stationär und teilstationär Kinder, Jugendliche, Erwachsene und ältere Menschen mit somatischen, psycho-somatischen und psychiatrisch-psychotherapeutischen Erkrankungen und Problemen, Behinderungen und Beeinträchtigungen einzeln oder in Gruppen.

Der World Federation of Music Therapy (WFMT) zufolge ist M. definiert durch die Anwendung von Musik bzw. Elementen von Musik, deren therapeutische

Handhabung durch qualifizierte Musiktherapeut/innen in einem Prozess, der Kommunikation, Beziehungsgestaltung, → Lernen, Mobilisation, Ausdruck und andere relevante therapeutische Vorgänge aufgrund vorhergehender Diagnostik fördert und so die Wiederherstellung von Funktionen und die Förderung von Potenzialen ermöglicht. Je nach Indikation und individuellen Gegebenheiten werden dazu rezeptive, aktive und psychophysische musiktherapeutische Vorgehensweisen angewandt wie: Musikhören, Imagination, Improvisation mit Stimme und Instrumenten, Einsatz von Bewegung und anderen Ausdrucksmedien sowie Komposition gemeinsam mit und für Klient/innen. Diese nonverbale → Kommunikation auf anderen Wegen kaum artikulierbarer Befindlichkeiten bahnt, wie die aktuelle neurowissenschaftliche Forschung bestätigt, heilsame Erfahrungen.

M. wird in Deutschland an privatrechtlichen Ausbildungsinstituten und (Fach-) Hochschulen in Bachelor- und Masterstudiengängen grundständig, als Aufbaustudiengang oder integriert in andere Studiengänge vermittelt. Zulassungsvoraussetzung für Aufbaustudiengänge kann u.a. der Sozialpädagogik-Abschluss sein (s. Studienführer der Deutschen Musiktherapeutischen Gesellschaft: www.musiktherapie.de).

M. ist in Deutschland als »Künstlerische Therapie« verankert in Leistungsverzeichnissen des Gesundheitswesens und Leitlinien Ärztlicher Fachgesellschaften (z.B. → Demenz, Schlaganfall). In Zusammenarbeit mit der BAG Künstlerische Therapien (www.bag-kuenstlerische-therapien.de) streben Musiktherapeuten in Deutschland eine berufsrechtliche Regelung an, wie sie in anderen Ländern bereits existiert (z.B. in Österreich, Estland).

*Beatrix Evers-Grewe*

**Musische Bildung** → Kunst- und Kulturpädagogik

**Muss-Leistung** → Pflichtleistung

**Mütterberatung** → Elternberatung

**Müttererholung** → Erholung, → Müttergenesungswerk

**Müttergenesungswerk** Die Elly-Heuss-Knapp-Stiftung, Deutsches M. (MGW), wurde 1950 von Elly Heuss-Knapp, der Frau des ersten Bundespräsidenten, gegründet. Auf ihre Initiative arbeiten die Frauenorganisationen der Verbände der → Freien Wohlfahrtspflege unter dem Dach der Stiftung zusammen. Entscheidendes Gremium der Stiftung ist das Kuratorium, Schirmherrin ist die Partnerin des amtierenden Bundespräsidenten. Gemeinsames Ziel ist die → Gesundheit von Müttern. Bundesweit stehen dafür 1.300 Beratungsstellen bei den Wohlfahrtsverbänden zur Verfügung. 76 vom Müttergenesungswerk anerkannte Kliniken führen Kurmaßnahmen nach den Qualitätsstandards des M. durch. Seit 2013 bietet das M. mit der „Zustiftung Sorgearbeit" auch spezifische Kurmaßnahmen für Väter und pflegende Angehörige an. Die stationären Präventions- und Rehabilitationsmaßnahmen (Mutter-/Vater-Kind-Maßnahmen, §§ 24, 41 SGB V; Maßnahmen für Pflegende, §§ 23, 40 SGB V) sind gendersensibel auf die jeweiligen Gesundheits- und Lebenssituationen ausgerichtet und werden durch die wohnortnahe → Beratung vor der Kurmaßnahme (→ Medizinische Rehabilitation) und die Kurnacharbeit (Therapeutische Kette) unterstützt. Die Spenden sammelnde Stiftung unterstützt neben ihrer politischen und öffentlichkeitswirksamen Arbeit in der Gesellschaft auch überlastete Mütter, Väter und pflegende Angehörige mit geringem Einkommen, damit die Teilnahme an einer notwendigen Kurmaßnahme nicht von finanziellen Gegebenheiten anhängt.

*Anschrift*: Bergstr. 63, 10115 Berlin, www.muettergenesungswerk.de

*Anne Schilling*

**Mutter-Kind-Einrichtungen** → Vater-/Mutter-Kind-Einrichtungen

**Mütterkuren** → Kur

**Mütterrente** → Kindererziehungszeiten, rentenrechtliche Anerkennung von

**Mutterschaftsgeld** → Mutterschaftsleistungen

**Mutterschaftsleistungen** Unter M. werden die Leistungen der gesetzlichen → Krankenversicherung bei Schwangerschaft und Mutterschaft zusammengefasst. Obwohl es sich bei der Schwangerschaft nicht um eine → Krankheit i.S. des Krankheitsbegriffs des Bundessozialgerichts handelt, sind die Regelungen zu M. der Krankenversicherung zugeordnet, da Schwangerschaft und Geburt besondere Maßnahmen zur Sicherung der → Gesundheit erforderlich machen. Die M. umfassen ärztliche Betreuung und Hebammenhilfe, Versorgung mit Arznei-, Verband- und → Heilmitteln, ambulante oder stationäre Entbindung, → häusliche Pflege, Haushaltshilfe sowie Mutterschaftsgeld (§§ 24 c ff. SGB V). Sollte wegen Schwangerschaft oder Entbindung eine häusliche Pflege erforderlich sein, kann die Versicherte dies geltend machen. Entsprechendes gilt für eine Haushaltshilfe, sofern der

Betroffenen wegen Schwangerschaft oder Entbindung die Weiterführung des Haushaltes nicht möglich ist und keine andere im Haushalt lebende Person dies leisten kann (→ Hilfe zur Weiterführung des Haushalts). Wesentliche Leistung der Krankenversicherung ist das Mutterschaftsgeld, dem Lohnersatzfunktion für finanzielle Einbußen in den Zeiten der gesetzlichen Beschäftigungsverbote zukommt. Das Mutterschaftsgeld wird bei Inanspruchnahme der Schutzfrist für die letzten sechs Wochen vor der Entbindung, sodann für den Entbindungstag und für die ersten acht Wochen (bei Mehrlings- und Frühgeburten zwölf Wochen) nach der Entbindung gezahlt. Seitens der Krankenversicherung beträgt das Mutterschaftsgeld höchstens 13 Euro pro Kalendertag. Übersteigt jedoch das Einkommen der Betroffenen diesen Betrag, so wird der Differenzbetrag vom Arbeitgeber oder von der nach den Vorschriften des Gesetzes zum Schutze der erwerbstätigen Mutter (MuSchG) zuständigen Stelle gezahlt (→ Mutterschutz, → Elterngeld).

*Katja Fahlbusch*

**Mutterschaftsurlaub** → Elternzeit

**Mutterschutz** ist der arbeitsrechtliche Schutz für berufstätige Schwangere und Mütter nach der Geburt eines Kindes durch das Gesetz zum Schutze der erwerbstätigen Mütter (MuSchG). Das erste Arbeitsverbot für Mütter drei Wochen nach der Entbindung brachte die Gewerbeordnung von 1878. Der damit verbundene Lohnausfall für die pflichtversicherte Frau wurde im Krankenversicherungsgesetz von 1883 in Form von Wochengeld in halber Lohnhöhe ausgeglichen. 1905 wurde zur Verbesserung der Stellung lediger Mütter und außerehelicher Kinder der »Bund für M.«, später »Bund für M. und Sexualreform« gegründet. Da viele Krankenhäuser ledige Mütter nicht zur Entbindung aufnahmen, richtete der Bund zwischen 1905 und 1911 acht Mütterheime ein. Seit 1919 besteht das internationale Washingtoner Übereinkommen über den Wöchnerinnenschutz, das sechs Wochen Arbeitsverbot nach und die Erlaubnis zur Arbeitsniederlegung – nach Vorlage eines ärztlichen Attestes – für sechs Wochen vor der Geburt vorsah. In Deutschland wurde das MuSchG 1927 ratifiziert, mit einem Kündigungsverbot während des Schutzurlaubs und der Zahlung eines zu vereinbarenden Entgelts durch den Arbeitgeber. 1930/31 führten die Brüningschen Notverordnungen dazu, dass der Schwangeren- und M. eingeschränkt wurde, das Stillgeld und die Entbindungshilfen gekürzt wurden. Als die Arbeitskraft der Frauen zunehmend für die Kriegswirtschaft benötigt wurde, erließen die Nationalsozialisten 1942 ein Gesetz zum Schutz der erwerbstätigen Frau, das Frauen »vor Gefahren für ihre Mutterschaftsleistung« schützen sollte. Die Frist für stillende Mütter wurde auf acht, bei Frühgeburten auf zwölf Wochen verlängert. Stillpausen wurden im Einzelnen festgesetzt. Der Kündigungsschutz wurde auf vier Monate nach der Geburt ausgedehnt. Diese Schutzzeiten gelten bis heute. Das MuSchG von 1952 enthielt neben den Schutzfristen vor und nach der Geburt auch ein Verbot der Akkordarbeit für werdende Mütter. Für Hausgehilfinnen und Tagesmädchen sah es noch immer kürzere Schonfristen vor der Niederkunft vor als für andere Arbeitnehmerinnen, zudem konnten sie die Schonfrist durch »freiwillige Arbeitsleistung« umgehen. Nach mehrmaliger Reformierung gilt der M. nach der Fassung MuSchG vom 20.6.2002 mit einer Änderung vom 23.10.2012 für Frauen in einem Ausbildungs-, Vollzeit- oder Teilzeitarbeitsverhältnis (auch für Heimarbeiterinnen und Hausangestellte). Während des Beschäftigungsverbots erhalten die Frauen Mutterschaftsgeld von der Krankenkasse (→ Mutterschaftsleistungen) und einen Arbeitgeberzuschuss. Zudem enthält das Gesetz eine Reihe von Schutzmaßnahmen wie das Verbot körperlich schwerer Arbeit und Fließband- und Akkordarbeit während der Schwangerschaft. Aus frauenpolitischer Sicht wurde M. immer zwiespältig diskutiert: Einerseits erhielten schwangere Frauen Schutz vor willkürlicher Behandlung durch Arbeitgeber, andererseits wurden erwerbstätige Frauen per se zu besonders schutzbedürftigen Wesen erklärt, und die Probleme Erwerbstätiger mit krankmachender Arbeit konnten auf die Probleme erwerbstätiger Mütter reduziert werden.

*Gisela Notz*

**Mütterzentren** → Familienzentren

**Nachbarschaftshilfe** wird nicht nur als spontane Hilfe in nachbarschaftlichen Bezugssystemen, sondern vielerorts auch organisiert geleistet. Organisierte N. will insbesondere → Familien mit Kindern und ältere Menschen unterstützen. Sie trägt damit der gesellschaftlichen Entwicklung Rechnung, dass immer weniger Menschen in traditionellen familiären Strukturen Unterstützung finden. Der → Träger der Sozialhilfe ist verpflichtet, darauf hinzuwirken, dass → häusliche Pflege einschließlich der hauswirtschaftlichen Versorgung durch Personen, die den Pflegebedürftigen nahestehen, oder im Wege der N. übernommen werden (§ 63 SGB XII). Die gesetzliche → Pflegeversicherung weist den Ländern, Kommunen, → Pflegeeinrichtungen und → Pflegekassen Verantwortung zur Förderung und Unterstützung der Pflegebereitschaft von Angehörigen, Nachbar/innen und → Selbsthilfegruppen zu (§ 8 SGB XI). Der Begriff der N. ist gesetzlich nicht definiert.

N. beinhaltet Prinzipien der → Gemeinwesenarbeit. Das Leistungsangebot umfasst ein breites Spektrum von sozialen und pflegerischen Hilfeleistungen und variiert in ihrer Ausgestaltung je nach regionalen und sozialen Gegebenheiten. → Beratung, Pflege- und Betreuungsleistungen, Hilfe im Haushalt und beim Einkaufen, Begleitung bei Spaziergängen und bei Behörden- und Arztgängen, Vorlesen und Zuhören sowie Essen auf Rädern, Fahrdienste, Kindergruppen, Basare, aber auch Informationsveranstaltungen, Feste und Freizeitaktivitäten gehören zum Angebot der N. Je nach Hilfe- und Unterstützungsbedarf werden Laienhelferinnen und -helfer für die benötigten Unterstützungsleistungen eingesetzt. Sie erbringen ihre Leistungen freiwillig, aber gemäß verbindlicher Absprachen. Dabei werden sie unentgeltlich oder gegen eine Aufwandsentschädigung oder geringe Vergütung tätig (→ Ehrenamtliche/freiwillige Tätigkeit im sozialen Bereich). Eine → Fachkraft oder eine ehrenamtlich organisierte → Koordination organisiert die Vermittlung der Einsätze, die Vorbereitung der Helferinnen und Helfer und ihre Unterstützung, wenn Probleme auftauchen.

Zielsetzung der N. ist es, mit alltäglichen Hilfeleistungen, mit dem Aufbau einer vertrauensvollen Beziehung zwischen helfenden und unterstützten Bürgerinnen und Bürgern einer → Gemeinde, mit der frühzeitigen Wahrnehmung veränderter oder neuer Problemlagen und durch entsprechende Hilfeangebote Verschlechterungen in der Lebenssituation hilfebedürftiger Personen entgegenzuwirken, z.B. dem Verlust der selbstständigen häuslichen Lebensführung. N. gewinnt somit an Bedeutung insbesondere in der Prävention von → Pflegebedürftigkeit. N. kooperiert mit Trägern professioneller Dienstleistungen ebenso wie mit → Selbsthilfegruppen und anderen → Bürgerinitiativen, z.B. → Sozialgenossenschaften. Zum Aufbau von N. gründen Bewohnerinnen und Bewohner einer Gemeinde oder eines Stadtteils gemeinnützige → Vereine. Örtliche Verbände der → Freien Wohlfahrtspflege sind dabei oft als Initiatoren oder unterstützend beteiligt. N. wird auch von Stadtteilzentren, den im Rahmen des Programms des Bundes seit 2006 geförderten → Mehrgenerationenhäusern und ähnlichen Einrichtungen geleistet. N. wird zudem von ambulant sozialpflegerisch tätigen Organisationen als zusätzlicher Baustein ihres Versorgungsangebots aufgebaut. Umgekehrt ergänzen Träger der N. ihr Angebot mitunter um professionell erbrachte Dienstleistungen (→ Sozialhilfe).

*Lit.* Born, G.: Probleme praktisch lösen. Nachbarschaftshilfe in einer Gemeinde, 2. Aufl., Freiburg 1978; Meyer, P. C./ Budowski, M. (Hrsg.): Bezahlte Laienhilfe und freiwillige Nachbarschaftshilfe, Zürich 1993; Uffrecht, B.: Nachbarn helfen sich selbst, 6. Aufl., Frankfurt a.M./ München 1980.

*Jenny Hahs*

**Nachgehende Hilfe** ist ein Sammelbegriff für Hilfen, die den Erfolg bzw. die Wirksamkeit der Hauptmaßnahme (i.d.R. nach deren Abschluss) sichern helfen oder diese als unselbständiger Teil der Hauptleistung ergänzen sollen.

N. H. werden von den → Sozialleistungsträgern nach Maßgabe der geltenden Leistungsgesetze gewährt. Im Bereich der → Rehabilitation und → Teilhabe von → behinderten Menschen sind mögliche ergänzende Leistungen der Leistungsgruppen der → medizinischen Rehabilitation und der → Teilhabe am Arbeitsleben zugeordnet. Die dort genannten Aufzählungen sind jeweils nur beispielhaft. Aufgrund des Vorrangs der Leistungsgesetze (§ 7 SGB IX) wird in den Leistungsgesetzen beschrieben, unter welchen Voraussetzungen n. H. des jeweiligen Leistungsträgers gewährt werden können. Annexleistungen der medizinischen Rehabilitation sind medizinische, psychologische und pädagogische Hilfen, soweit diese Leistungen erforderlich sind, um die Ziele der Hauptmaßnahme zu erreichen oder zu sichern und Krankheitsfolgen zu vermeiden, zu überwinden, zu mindern oder ihre Verschlimmerung zu verhüten. Flankierende Leistungen zur Teilhabe am Arbeitsleben enthalten erforderliche medizinische, psychologische und pädagogische

Hilfen, die zur Erreichung der Rehabilitationsziele erforderlich sind, etwa Aktivierung von Selbsthilfepotenzialen und Training lebenspraktischer Fähigkeiten.

Als ergänzende Rehabilitation der gesetzlichen → Krankenversicherung werden in § 43 SGB V sozialmedizinische Nachsorgemaßnahmen genannt. Nachsorge soll dann in Betracht kommen, wenn sie wegen Art, Schwere und Dauer der Erkrankung notwendig ist, um den stationären Aufenthalt zu verkürzen oder die anschließende ambulante ärztliche Behandlung zu sichern. Die Nachsorge umfasst auch die erforderliche Koordinierung der verordneten Leistungen sowie Anleitung und Motivation zu deren Inanspruchnahme, sowie die ggf. erforderliche Einbeziehung von Angehörigen und ständigen Betreuungspersonen. So soll die n. H. als Unterstützung von Hilfe zur → Selbsthilfe wirken, indem sie sektorenübergreifende Brückenfunktion einnimmt, die sich in Art, Umfang und Dauer an der Schwere der Erkrankung und dem interventions- und Unterstützungsbedarf orientiert.

Für die → Sozialhilfe regelt § 15 Abs. 2 S. 1 SGB XII, dass auch nach Beseitigung einer Notlage geleistet werden kann, wenn dies geboten ist, um die Wirksamkeit der zuvor erbrachten Leistung zu sichern. Die n. H. wird für die Leistung → Eingliederungshilfe im Rahmen des offenen Leistungskatalogs bisher in § 54 Abs. 1 S. 1 Nr. 5 SGB XII als benanntes Regelbeispiel betont. Danach soll n. H. zur Wirksamkeit der ärztlichen und ärztlich verordneten Leistungen und zur Sicherung der Teilhabe am Arbeitsleben von Menschen mit Behinderungen gewährt werden können. Damit soll sichergestellt werden, dass der erreichte Zustand durch eine nachgehende Betreuung von Dauer ist. Im Gesetzentwurf des Bundesteilhabegesetzes vom 28.6.2016 sind n.H. im offenen Leistungskatalog nicht als Regelbeispiel benannt.

*Daniel Heinisch*

**Nachrang der Sozialhilfe und der Jugendhilfe** ist ein rechtliches Ordnungsprinzip in der → Sozialhilfe und der → Kinder- und Jugendhilfe. Als Ausprägung des Prinzips der → Subsidiarität regelt der N. die Rangordnung der Personen bzw. Institutionen, in der diese für die Deckung eines individuellen → Bedarfes verantwortlich sind.

Der N. entfaltet Wirkung auf folgenden Ebenen, wobei sich die Details in der Sozialhilfe und in der Jugendhilfe unterscheiden: (1) → Leistungsberechtigte: Staatliche Hilfe erfolgt nur und soweit, wie der Einzelne sich selber und sein Umfeld ihm nicht helfen kann; (2) Leistungsträger: Steuerfinanzierte soziale Hilfen (→ Fürsorge) sind nachrangig gegenüber staatlichen Leistung der Vorsorge (→ Sozialversicherung) und der → sozialen Entschädigung; (3) → Leistungserbringer: Staatliche Einrichtungen und Diensten sollen nur dann geschaffen werden, wenn keine geeigneten Hilfsangebote → freier Träger vorhanden sind.

(1) N. der Sozialhilfe: Gemäß § 2 SGB XII erhält Sozialhilfe nicht, wer sich selbst helfen kann oder von anderen die erforderliche Hilfe erhält. Auf Ebene der/des Leistungsberechtigten ist damit die eigene Arbeitskraft sowie der Einsatz des → Einkommens oder → Vermögens angesprochen. Eigenes Einkommen bzw. Vermögen und dasjenige von Personen in der → Bedarfsgemeinschaft wird unmittelbar bei der Ermittlung der → Hilfebedürftigkeit angerechnet und mindert etwaige Leistungsansprüche. Trotz bestehender → Arbeitspflicht nach § 11 Abs. 3 S. 4 SGB XII spielt der Einsatz der eigenen Arbeitskraft im SGB XII nur eine untergeordnete Rolle. Bei Unterhalts- und anderen Forderungen gegen Dritte außerhalb des Haushalts wird der N. d. S. dadurch hergestellt, dass der → Träger der Sozialhilfe zwar Hilfe gewährt, sich die Kosten aber von dem Dritten im Rahmen der §§ 93, 94 SGB XII erstatten lässt. Selbiges gilt auch für den N. auf Ebene der Leistungsträger: Leistet der Sozialhilfeträger, obwohl ein Anspruch gegen einen anderen → Sozialleistungsträger besteht (z.B. auf → Krankengeld oder Rentenzahlung), hat der Sozialhilfeträger einen Erstattungsanspruch gegen diesen nach §§ 104 ff. SGB X. Der N. d. S. auf Ebene der Leistungserbringer bezieht sich v.a. auf die im Rahmen der besonderen Hilfen nach den Kapiteln 5–9 erforderlichen Dienstleistungen, um die vorhanden Bedarfe (z.B. auf → Teilhabe oder → Pflege) zu decken. Zur Erbringung dieser Leistung soll der Träger der Sozialhilfe gemäß § 75 Abs. 2 SGB XII eigene Dienste und Einrichtungen nicht neu schaffen, soweit »geeignete Einrichtungen anderer Träger vorhanden sind, ausgebaut oder geschaffen werden können«. Der Gesetzgeber verfolgt damit eine Trennung von Leistungsträger, denn der Träger der Sozialhilfe bleibt für die Bedarfsdeckung des Hilfebedürftigen verantwortlich, und Leistungserbringer. Im Regelfalls (»sollen«) dürfen keine Doppelstrukturen errichtet werden, wenn bedarfsdeckende Angebote Dritter vorhanden sind (s. auch § 5 Abs. 4 SGB XII). Selbst wenn dies nicht der Fall ist, muss der Sozialhilfeträger vor der Schaffung eigener Angebote prüfen, ob nicht Dritte dazu in der Lage sind.

(2) Der N. d. Jugendhilfe ist auch auf den o.g. drei Ebenen angelegt. Auf der Ebene

des Leistungsberechtigten ist der N. d. J. aufgrund der Tatsache, dass hier das → Kindswohl und die Persönlichkeitsentwicklung des Kindes im Familiensystem geschützt werden, anders ausgestaltet. Zuerst ist das vorrangige → Elternrecht und die einhergehende Pflicht zur Pflege und Erziehung der Kinder gemäß Art. 6 Abs. 2 S. 1 → Grundgesetz und § 1 Abs. 2 SGB VIII zu nennen. Der → Jugendhilfeträger darf sich deshalb nur dann und nur so weit in die Erziehung und Pflege der Kinder einmischen, wie entweder die Eltern dies erlauben oder es das staatliche Wächteramt gebietet, weil das Kindeswohl trotz oder gerade durch die → elterliche Sorge gefährdet wird. Auch in finanzieller Hinsicht gibt es einen N. d. J.: Gemäß § 10 Abs. 2 SGB VIII werden Unterhaltspflichtige nach Maßgabe der §§ 90 bis 97 b an den Kosten für Leistungen und vorläufige Maßnahmen (s. § 91 SGB VIII) beteiligt (→ Kostenbeteiligung); ebenso die Kinder, Jugendlichen und junge Volljährige selbst gemäß § 92 Abs. 1 Nr. 1 und 2 SGB VIII. Im Unterscheid zum SGB XII ist ein nach dem SGB VIII festgestellter Bedarf unabhängig von vorhandenem Einkommen und Vermögen durch den Jugendhilfeträger zu decken und der N. d. J. ggf. erst in einem weiteren Schritt durch Erhebung eines → Kostenbeitrages nach §§ 90 ff. SGB VIII herzustellen. Ansprüche der Leistungsberechtigten gegen dritte Personen kann der Träger der Jugendhilfe nach § 95 SGB VI-II auf sich überleiten (→ Übergang von Ansprüchen). Der N. d. J. auf Ebene der Leistungsträger ist ebenfalls in § 10 SGB VIII geregelt und etwas differenzierter als im SGB XII ausgestaltet. Gemäß dessen Absatz 1 können sich insbesondere Träger anderer Sozialleistungen und Schulen ihren Verpflichtungen nicht unter Hinweis auf entsprechende Leistungen nach dem SGB VIII entziehen; sie müssen also vorrangig leisten. § 10 Abs. 3 bestimmt, dass die Leistungen des SGB VIII im Verhältnis zum SGB II vorgehen mit Ausnahme derjenigen zur beruflichen Eingliederung und zur kulturellen Teilhabe (§§ 14 ff. und 28 Abs. 6 SGB II). Absatz 4 trifft eine vergleichbare Regelung bezogen auf das SGB XII mit der Einschränkung, dass Leistungen der → Eingliederungshilfe für junge Menschen mit körperlichen oder geistigen Beeinträchtigungen (→ behinderte Menschen) durch den → Träger der Sozialhilfe zu erbringen sind. Gewährt der Jugendhilfeträger Leistungen, obwohl ein anderer Sozialleistungsträger vorrangig verpflichtet gewesen wäre, kann er von diesem nach §§ 104 ff. SGB X → Kostenerstattung verlangen. Auf Ebene der Leistungserbringung von Dienstleistungen ist der N. d. J. gemäß § 4 Abs. 2 SGB VIII vergleichbar ausgestaltet wie der N. d. S.: soweit geeignete Einrichtungen und Dienste von anerkannten Trägern der freien Jugendhilfe betrieben werden oder rechtzeitig geschaffen werden können, soll die öffentliche Jugendhilfe von eigenen Maßnahmen absehen.

*Lit.* Kunkel, P.-C. in: Klinger, P./Kunkel, P.-C./Pattar, A./Peters, K.: Existenzsicherungsrecht, 3. Aufl., Baden-Baden 2012, S. 91 f. und 353–375; Meysen, T. in: Münder, J./Wiesner, R./Meysen, T. (Hrsg.): Kinder- und Jugendhilferecht, 2. Aufl., Baden-Baden 2011, S. 151–168; Münder, J. in: B Bieritz-Harder, R./Conradis, W./Thie, S. (Hrsg.): LPK-SGB XII. Sozialgesetzbuch XII. Sozialhilfe, 10. Aufl., Baden-Baden 2015, § 75 Rn. 6–10.

*Arne von Boetticher*

**Nachtpflege** Die N. ist – wie die → Tagespflege – ein teilstationäres Angebot für pflegebedürftige Menschen, die in ihrer eigenen Häuslichkeit leben. Das Angebot der N. umfasst die Beförderung von und zur Wohnung, das Abendessen und Frühstück, die Pflege und Betreuung sowie die notwendige → Behandlungspflege. Die finanzielle Beteiligung der → Pflegekassen an den Kosten der N. regelt § 41 SGB XI. N. wird in Anspruch genommen, wenn die häusliche Pflege während der Nachtstunden nicht oder nicht im ausreichenden Umfang gewährleistet werden kann. Die N. dient ausdrücklich auch zur Entlastung pflegender Angehöriger, die durch häufige nächtliche Unterbrechungen des Schlafs besonders belastet sind. Der Entlastungsaspekt kommt insbesondere bei der Pflege und Betreuung von Demenzkranken (→ Demenz) mit nächtlichen Unruhezuständen zum Tragen. Insoweit kann die N. einen Beitrag zur Stabilisierung familialer Pflegesysteme leisten. Der Einwand, dass ein Ortswechsel gerade während der Nachtstunden bei Demenzkranken zu einer Verstärkung der Desorientierung und der Unruhezustände führt, mag im Einzelfall zutreffen. Bei einer systemischen Betrachtung kann mit dem Ziel der Entlastung und der Stabilisierung der Pflegesituation ein N.aufenthalt selbst in diesen Fällen die richtige Wahl sein. In zahlreichen Fällen, in denen die Pflege und Betreuung in der eigenen Häuslichkeit tagsüber ausreichend gesichert ist, treten Defizite bei der nächtlichen Versorgung auf. Da diese oft den Grund für einen Heimeinzug darstellen, kann die Nutzung der N. direkt zur Vermeidung eines dauerhaften vollstationären Aufenthaltes beitragen.

N.plätze werden bisher nur von sehr wenigen Anbietern vorgehalten. Dies wird v.a. auf eine mangelnde Nachfrage zurückgeführt. Die Gründe für die geringe Nachfrage könnten einerseits darin liegen, dass es den Lebensgewohnheiten zu sehr widerspricht, die Nächte außerhalb der eigenen Häuslichkeit zu verbringen. Andererseits fehlt es den Angehörigen an Gründen zur Selbstlegitimation für den Wunsch zur Entlastung während der Nachtstunden, die etwa bei der Nutzung der Tagespflege durch die Notwendigkeit der eigenen Berufstätigkeit und Haushaltsführung sowie ggf. die Betreuung von Kindern gegeben sind. Mit Inkrafttreten des Pflege-Weiterentwicklungsgesetzes zum 1.7.2008 konnten die Ansprüche auf N., Pflegesachleistung nach § 36 SGB XI und Pflegegeld nach § 37 SGB XI nach Wahl des Leistungsberechtigten kombiniert werden. Seit dem Ersten Pflegestärkungsgesetz, das zum 1.1.2015 in Kraft getreten ist, können die Leistungen der N. zu 100% neben den übrigen Leistungen der häuslichen Pflege und insbesondere der Pflegesachleistung nach § 36 SGB XI in Anspruch genommen werden. Der Besuch einer N.einrichtung durch pflegebedürftige Menschen, die in ihrer eigenen Häuslichkeit leben, wird somit durch den Gesetzgeber ausdrücklich gefördert.

*Heike Hoffer*

**NAKOS (Nationale Kontakt- und Informationsstelle zur Anregung und Unterstützung von Selbsthilfegruppen)** ist die bundesweite Aufklärungs-, Service- und Netzwerkeinrichtung im Feld der → Selbsthilfe. Die NAKOS entwickelt und publiziert allgemeine Informationen über Möglichkeiten und Nutzen von → Selbsthilfegruppen und leistet so für viele Betroffene und Angehörige generelle Aufklärungsarbeit. Sie ermöglicht Interessierten über die Kontaktvermittlung zu örtlichen → Selbsthilfekontaktstellen und Selbsthilfeorganisationen auf Bundesebene Zugänge zu Selbsthilfegruppen und hält einen kostenfreien Anfragenservice vor. Fachleuten gibt sie Orientierungshilfen zur Zusammenarbeit mit Selbsthilfegruppen. Politischen und administrativen Entscheidungsträgern vermittelt sie über Fachtagungen, Studien und Stellungnahmen Konzepte für eine angemessene Förderung von Selbsthilfegruppen. Für Mitarbeiter/innen in Selbsthilfekontaktstellen entwickelt die NAKOS Arbeitshilfen und organisiert den fachlichen Austausch über Workshops und Fortbildungsangebote. Dabei arbeitet sie mit Landeseinrichtungen und Arbeitsgemeinschaften von Selbsthilfekontaktstellen auf Länderebene zusammen.

Träger der NAKOS ist die → Deutsche Arbeitsgemeinschaft Selbsthilfegruppen e.V. Die NAKOS wird über verschiedene Projektmaßnahmen durch das → Bundesministerium für Gesundheit (BMG) sowie durch die Gesetzliche → Krankenversicherung nach § 20 h SGB V gefördert. Die NAKOS gibt die Halbjahreszeitung NAKOS-INFO sowie regelmäßig weitere Fachpublikationen wie die NAKOS Studien: Selbsthilfe im Überblick heraus.

*Anschrift*: Otto-Suhr-Allee 115, 10585 Berlin-Charlottenburg, www.nakos.de

*Ursula Helms*

**Nationale Armutskonferenz (nak)** wurde 1991 als Netzwerk von Wohlfahrtsverbänden, dem Deutschen Gewerkschaftsbund sowie von Fach- und Betroffenenorganisationen gegründet. Sie ist Teil des → European Anti-Poverty Networks (EAPN) und versteht sich als Interessenvertretung der von → Armut Betroffenen. Ihre Arbeit liegt vorrangig im Bereich des politischen Lobbyings, der Politikberatung, der Selbstorganisation und der Öffentlichkeitsarbeit. Als Beitrag zu mehr Betroffenenbeteiligung organisiert sie seit 2006 das Treffen von Menschen mit Armutserfahrungen. Durch Stellungnahmen und den 2012 erstmals veröffentlichten »Schattenbericht« zu Armut in Deutschland macht die nak auf die wachsende Armut in Deutschland aufmerksam. Die soziale Ungleichheit nimmt demnach zu, die Ansprüche auf Sozialleistungen werden gekürzt. Armut steigt trotz wachsender Erwerbstätigkeit. Prekäre Beschäftigung ist laut nak ein zentrales Armutsrisiko. Weitere Hauptbetroffene seien Alleinerziehende und Langzeit-Erwerbslose. Ebenso setzt sich die nak für eine engagierte Politik gegen Kinderarmut ein und warnt vor dem ansteigenden Risiko von Altersarmut insbesondere für vorher erziehende Frauen. Die Positionen der nak werden im Sprecher_innenkreis beraten und von den Arbeitsgruppen Grundsicherung, Gesundheit, Partizipation, Frauen und weiteren temporären Arbeitszusammenhängen gemeinsam von Betroffenen und Praktiker/innen der Sozialen Arbeit erarbeitet. Zweimal jährlich tagt die Delegiertenversammlung mit Vertreter/innen der Mitgliedsverbände und trifft Grundsatzentscheidungen für das Netzwerk.

*Anschrift:* c/o Michael David, Zentrum Migration und Soziales, Diakonie Deutschland, Caroline-Michaelis-St. 1, 10115 Berlin.

*Michael David*

**Naturalleistung** → Sachleistung

**Netzplantechnik** ist eine Methode des → Projektmanagements und umfasst alle Verfahren zur inhaltlichen und zeitlichen Analyse, → Planung, → Koordination und Kontrolle der Abfolge von Vorgängen in Projekten unter Berücksichtigung terminlicher, kapazitäts- und kostenseitiger Abhängigkeiten. Der Erstellung von Netzplänen kommt mit zunehmender Projekt- und Organisationsgröße eine wachsende Bedeutung zu. Auf der Grundlage der Graphentheorie werden unterschieden: Vorgangspfeilnetze (Critical Path Method – CPM-N.), Vorgangsknotennetze (Metra Potential Method – MTM-N. und Precedence Diagramming Method – PDM-Netzpläne), Ereignisknotennetze (Program Evaluation and Review Technique – PERT-N.), Entscheidungsnetze (Graphical Evaluation and Review Technique – GERT-N.); ressourcen- und geschäftsprozessabbildende Netze (Critical Chain Project Management – CCPM-N.; Structured Analysis and Design Technique – SADT-N.; Line of Visibility Engineering Method – LOVEM-N.). Neben der eigentlichen Planung der bestimmenden Vorgangsfolge, der Einhaltung oder Verkürzung der Projektdauer, der Darstellung der Abläufe, der einzusetzenden → Ressourcen oder des Vergleichs von Varianten für Entscheidungen ist der Netzplan aber auch durch einen ständigen Soll-Ist-Vergleich als Management-Informationssystem zur Zielerreichung nutzbar. In der → Sozialen Arbeit ist die N. eine Methode zur Realisierung sozialer Projekte, der projektorientierten Realisierung von Aufgaben im Rahmen der → Sozialplanung oder bietet Ansätze zur Optimierung von Geschäftsprozessen und für das → Qualitätsmanagement sozialer Leistungen.

*Ingo Gottschalk*

**Netzwerke, soziale** → Soziales Kapital

**Neuansiedlung** → Resettlement

**Neue Fachlichkeit in der Jugendhilfe** Als Neue → Fachlichkeit wurde das mit dem Inkrafttreten des SGB VIII (→ Kinder- und Jugendhilfe) 1989/1990 einhergehende neue Rollenverständnis sozialer → Fachkräfte beschrieben. Kennzeichnend für dieses Rollenprofil sind (1) das dienstleistungsorientierte Selbstverständnis, (2) der eigenständige Hilfeauftrag der Jugendhilfe, (3) die kind- und elternorientierte biografische Begleitung und (4) die Netzwerkorientierung. So entwickelt die Kinder- und Jugendhilfe v.a. in kindeswohlgefährdenden Situationen im Rahmen ihres staatlichen → Wächteramtes zuallererst Hilfe- und Zugangsstrategien zu den betroffenen jungen Menschen und ihren Familien, die sich durch Unterstützungsorientierung und gleichzeitige Verbindlichkeit auszeichnen. Gerade in Situationen einer Gefährdung des → Kindeswohls gilt es, den Schutz des Kindes sicherzustellen und den Eltern gleichzeitig Hilfe anzubieten (vgl. auch § 8 a SGB VIII). N. ist damit eine zeitgemäße professionelle Form des Helfens (→ Hilfe/Helfen) in der modernen Gesellschaft, weil sie als vertrauensvolle »biografische Begleitung« Kind und Eltern unter Nutzung gesellschaftlicher (und personaler) → Ressourcen zu neuen Lebensperspektiven und zu besserer sozialer → Teilhabe verhilft, zur Entstigmatisierung sozialer Hilfen beiträgt und die Mitwirkungsbereitschaft der Familien/Kinder in Krisen erhöht. N. bezieht die betroffenen Kinder und Eltern konsequent in den Hilfeprozess ein, sie orientiert sich bei der Erarbeitung konkreter Hilfearrangements an deren biografischen Erfahrungen, Alltagsbedingungen und Bedeutungszuschreibungen und an den darin entwickelten Fähigkeiten/Ressourcen.

*Josef Faltermeier*

**Neues Kommunales Finanzmanagement** (NKF) in Nordrhein-Westfalen, ähnlich Neues Kommunales Rechnungswesen (NKR) in Niedersachsen und Neues Kommunales Rechnungs- und Steuerungssystem (NKRS) in Hessen, wurde entwickelt im Rahmen der unter dem Begriff »Neue Steuerungsmodelle« (NSM) betriebenen → Verwaltungsmodernisierung und ist der Oberbegriff für das doppische kommunale → Haushalts- und Rechnungswesen (Verwaltungsdoppik, → Doppik, → Haushalt). Das NKF/NKR/NKRS ist an das kaufmännische Rechnungswesen angelehnt, soweit nicht spezifische Ziele und Aufgaben des Rechnungswesens einer Kommune ohne Systembrüche mögliche Abweichungen erfordern. Gegenüber der Kameralistik kann es – je nach Ausgestaltung – folgende teilweise umstrittene Vorteile bieten: Darstellung des Gesamtressourcenaufkommens und -verbrauchs; Darstellung des vollständigen Vermögensbestandes; Integration aller Teilhaushalte; Hervorhebung der Ziele und Ergebnisse des Verwaltungshandelns mit der Folge einer output-orientierten Produktdarstellung; Unterstützung einer flexiblen Mittelbewirtschaftung; Unterstützung von Kosten- und Leistungsrechnung sowie → Controlling; erleichterter Einsatz betriebswirtschaftlicher Software einschließlich aller passender Steuerungsinstrumente; erleichterter Einsatz von Kennzahlensystemen. Als allgemeine Grundsätze für die Ausgestaltung des NKF/NKR/NKRS dienen die in Anlehnung an die kaufmännischen Grundsätze ordnungsmäßiger Buchführung entwickelten Grundsätze ordnungsmäßiger Buchführung für Kommunen (GoB-K): Vollständigkeit, Richtigkeit und Willkürfreiheit, Verständlichkeit, Öffentlichkeit, Aktualität, Relevanz, Stetigkeit,

Nachweis der Recht- und Ordnungsmäßigkeit, Dokumentation der intergenerativen Gerechtigkeit.

Das NKF setzt sich aus drei Komponenten zusammen: Ergebnisplan und -rechnung, Finanzplan und -rechnung, Bilanz. Der Ergebnisplan enthält alle Aufwendungen und Erträge einschließlich der periodengerechten Erfassung des gesamten Ressourcenverbrauchs, insbesondere auch der Abschreibungen und Rückstellungen, z.B. für die Altersversorgung. Mit der periodengerechten Erfassung wird nicht mehr auf den Zeitpunkt der Zahlung, sondern den des tatsächlichen Ressourceneinsatzes abgestellt. Im Finanzplan werden der Finanzbedarf und die Refinanzierung (z.B. Kreditaufnahmen) dargestellt. In der Bilanz werden auf der Aktivseite das Vermögen und auf der Passivseite das Eigenkapital sowie die Schulden ausgewiesen. Zusätzlich kann eine Kosten- und Leistungsrechnung angebunden werden (Integrierte Verbundrechnung [IVR]). Zur Integration von Leistungsvorgaben (Outputorientierung) werden Ziele formuliert und als messbare Vorgaben in die Pläne aufgenommen. Aus Gründen der Transparenz wird der Gesamthaushalt in Teilergebnis- und Teilfinanzpläne untergliedert. Hierbei wird zur Unterstützung der Outputorientierung und zur besseren Vergleichbarkeit mit anderen Kommunen eine Aufteilung nach Produkten vorgenommen. Das NKF oder ähnliche Instrumente werden zurzeit in den meisten Bundesländern eingeführt.

*Thomas von Holt*

**Neue Steuerungsmodelle** → Verwaltungsmodernisierung

**Neurose** → Psychose

**NGO** → Nichtregierungsorganisation (NRO)

**Nichteheliches Kind** Der Begriff »n. K.« wird durch den Gesetzgeber seit der Kindschaftsrechtsreform vom 19.12.1997 nicht mehr verwendet. Er meint Kinder, deren Eltern bei der Geburt nicht miteinander verheiratet waren bzw. bezüglich derer die Vaterschaftsvermutung nach §§ 1592 Nr. 1 → Bürgerliches Gesetzbuch (BGB) aufgrund einer rechtskräftigen → Vaterschaftsanfechtung keine Geltung hat. Die neue Begrifflichkeit, »Kind nicht miteinander verheirateter Eltern«, vermeidet die mit den Begriffen »nichtehelich« und »unehelich« verbundene Diskriminierung. Dem Gleichstellungsgebot ehelicher und n. K. des Art. 6 Abs. 5 → Grundgesetz (GG), der wohl als einzige Norm noch den Begriff »unehelich« verwendet, ist zwischenzeitlich weitgehend Rechnung getragen worden, so etwa im Namens-, → Umgangs-, Unterhalts-, und → Erbrecht (erbrechtliche Ausnahme für vor dem 1.7.1949 Geborene bei Erbfällen bis 29.5.2009). Relevanz hat die Unterscheidung, ob Eltern bei der Geburt des Kindes miteinander verheiratet sind, nach wie in Bezug auf Vaterschaft und Sorgerecht. So gilt die gesetzliche Vaterschaftsvermutung des § 1592 Nr. 1 BGB nur für den Ehemann der Mutter. Die Vaterschaft für das n. K. kann hingegen durch Anerkennung gegenüber dem → Jugendamt oder durch gerichtliche Feststellung (§ 1592 Nr. 2 u. 3 BGB) begründet werden. Während für eheliche Kinder automatisch gemeinsames Sorgerecht der Eltern entsteht, kann dies für n. K. durch übereinstimmende Sorgeerklärungen gegenüber dem Jugendamt, durch spätere Heirat oder durch gerichtliche Übertragung (§ 1626 a Abs. 1 BGB) begründet werden. Anderenfalls steht die → elterliche Sorge der Mutter zu (§ 1626 a Abs. 3 BGB). Sowohl die → Vaterschaftsanerkennung als auch die Sorgeerklärungen gegenüber dem Jugendamt können bereits vorgeburtlich erfolgen und sind öffentlich zu beurkunden (§ 1597 Abs. 1 bzw. 1626 d BGB).

*Romy Ahner*

**Nichtregierungsorganisation (NRO)** (engl. non-governmental organisation [NGO]) ist die international zunehmend verwendete Bezeichnung für bürgerschaftliche, organisierte Zusammenschlüsse (→ bürgerschaftliches Engagement), die von → Selbsthilfegruppen und → Bürgerinitiativen über → Vereine und Verbände bis zu nationalen und internationalen Netzwerken, z.B. der → Platform of European Social NGOs, mit unterschiedlichen Zielsetzungen reichen. I.d.R. handelt es sich um gemeinnützige bzw. Non-profit-Organisationen, die dem sog. → Dritten Sektor zugeordnet werden. Eine NRO ist nicht gewinnorientiert, unabhängig von staatlichen Stellen organisiert und setzt freiwillige Aktivitäten um. NRO gibt es z.B. in den Bereichen → Soziale Arbeit, Umwelt- und Tierschutz, Bildungsarbeit (→ Bildung), Schutz von → Menschenrechten. Sie sind ein wichtiger Bestandteil pluralistischer Demokratien, auch wenn ihnen jegliche demokratische Legitimation fehlt. Wesentliche Funktionen von NRO sind Information, Beratungs- und Koordinierungstätigkeiten für Mitglieder oder Dritte, fachpolitische Bewertung gesellschaftlicher Entwicklungen, z.B. im Zuge der → Globalisierung, Liberalisierung, Alterung der Bevölkerung (→ demografische Entwicklung) zwecks Interessenvertretung und Politikberatung. Bei den → Vereinten Nationen (UN), beim

→ Europarat und der → Europäischen Union existieren Akkreditierungsverfahren für NRO.

*Cornelia Markowski*

**Nichtsesshaftigkeit/Nichtsesshaftenhilfe**
→ Wohnungslosigkeit/Wohnunglosenhilfe

**Niederlassungsfreiheit** ist als Teil der → Dienstleistungsfreiheit eine Grundfreiheit des → europäischen Binnenmarktes (→ Europäische Grundfreiheiten). Sobald der infrastrukturelle Rahmen einer Dienstleistung auf Dauer angelegt ist, d.h. die Dienstleistung nicht nur vorübergehend, sondern ohne zeitliche Begrenzung erbracht werden soll, ist der speziellere Fall der Dienstleistungsfreiheit, die N., berührt. Die N. umfasst im Grundsatz die Aufnahme und Ausübung von selbstständiger Erwerbstätigkeit, ist aber vorwiegend auf unternehmerische Erwerbstätigkeit ausgerichtet. Der Beitrag der N. zur Realisierung des Binnenmarktes setzt den Abbau von innerstaatlichen Beschränkungen voraus, wie etwa die Gewährung von → Beihilfen (vgl. Art. 50 Abs. 2 h Vertrag über die Arbeitsweise der Europäischen Union [AEUV]). Im Fall Sodemare (vgl. EuGH, 4.6.1997, C-70/95) hat der → Gerichtshof der Europäischen Union (EuGH) die staatliche, den Markt beschränkende Regelung zugelassen, derzufolge sich allein private Wirtschaftsteilnehmer ohne Erwerbszweck im Bereich von Leistungen niederlassen und tätig werden durften, die über → Sozialhilfe abgerechnet wurden. Als Argument führte der EuGH an, die solidarische Ausrichtung der Sozialhilfe rechtfertige die Einschränkung der N. und erlaube auch in dieser Hinsicht die nationale Gestaltungsfreiheit des Sozialschutzes. Allgemein bedeutet die N.: Will sich eine EU-ausländische Einrichtung in Deutschland niederlassen, so kann sich ihr Träger auf die Grundfreiheiten berufen – es sei denn, dadurch würde die Funktions- und Lebensfähigkeit des Sozialschutzsystems gefährdet. Rechtfertigungsgründe für eine Beschränkung sind in diesem Sinne: die Gewährleistung spezieller Qualitätsstandards, allgemeine Zugänglichkeit, finanzielle Stabilität und Wirtschaftlichkeit des Systems.

*Stephanie Scholz*

**Niedrigschwellige Betreuungs- und Entlastungsleistungen nach dem SGB XI** dienen der Betreuung und Unterstützung von Pflegebedürftigen sowie von Versicherten, bei denen ein erheblicher Bedarf an allgemeiner Beaufsichtigung und Betreuung festgestellt wurde (§ 45 a SGB XI). Daneben unterstützen und entlasten sie die pflegenden Angehörigen und vergleichbar Nahestehenden in ihrer Eigenschaft als Pflegende. Für beanspruchte Betreuungs- und Entlastungsleistungen werden monatlich bis zu 104 Euro bzw. bis zu 208 Euro (erhöhter Betrag) erstattet.

Niedrigschwellige Betreuungsangebote wurden zum 1.1.2002 eingeführt. Dabei werden anspruchsberechtigte Personen durch Helfer/innen betreut. Dies sind überwiegend Ehrenamtliche, die durch Pflegefachkräfte (→ Pflegeberufe) angeleitet werden. Die Betreuung findet in Gruppen oder im häuslichen Bereich statt. Zudem unterstützen die Helfer/innen beratend die pflegenden Angehörigen und vergleichbar nahestehenden Pflegepersonen (§ 45 c Abs. 3 S. 1 SGB XI). Seit dem 1.1.2015 gibt es zudem einen Anspruch auf niedrigschwellige Entlastungsleistungen. Diese sollen helfen, den Bedarf der Versicherten an Unterstützung im Haushalt zu decken. Auch sollen allgemeine oder pflegebedingte Alltagsanforderungen oder die eigenverantwortliche Organisation individuell benötigter Hilfeleistungen besser bewältigt werden. § 45 c Abs. 3 a SGB XI nennt Beispiele niedrigschwelliger Entlastungsangebote. Erwähnt werden Serviceangebote für haushaltsnahe Dienstleistungen, Alltagsbegleiter sowie Pflegebegleiter. Wichtig ist, dass der Bezug zum konkreten Pflegealltag gegeben ist. Dies ist beispielsweise nicht der Fall, soweit es um die Erbringung reiner hauswirtschaftlicher Dienstleistungen wie die Übernahme von Gartenarbeiten geht.

Die Übergänge zwischen niedrigschwelligen Betreuungs- und Entlastungsangeboten sind fließend, zum Teil überschneiden sich die Angebote erheblich. Entscheidend soll laut Gesetzesbegründung die Schwerpunktsetzung des jeweiligen Angebots sein (BT-Drucks. 18/1798, S. 35 f.). Kosten werden nur für anerkannte niedrigschwellige Angebote erstattet. Die Einzelheiten zur Anerkennung bestimmen die Landesregierungen. Dies gilt auch für Vorgaben zur regelmäßigen Qualitätssicherung. Gegenwärtig überarbeiten die Bundesländer ihre bestehenden Verordnungen. Seit dem 1.1.2015 können Anspruchsberechtigte den nicht ausgeschöpften ambulanten Sachleistungsbetrag bis zu maximal 40% umwidmen und für niedrigschwellige Angebote verwenden.

Mit dem 2. Pflegestärkungsgesetz (BT-Drucks. 18/5926) soll der Inhalt der §§ 45 a–d SGB XI gestrafft und systematisch besser aufbereitet werden. Ab 1.1.2017 sollen niedrigschwellige Angebote unter dem neuen Oberbegriff »Angebote zur Unterstützung im Alltag« zusammengefasst und entstandene Aufwendungen in Höhe von bis zu 125 Euro monatlich ersetzt werden. Zudem sollen die Angebote in die Vergleichslisten der → Pflegekassen aufgenommen werden. Die Listen enthalten konkrete Angebotsinformationen, Preise sowie Angaben zu regionaler Verfügbarkeit.

*Jana Henneberger*

**Niedrigschwellige Leistungen** → Niedrigschwellige Betreuungs- und Entlastungsleistungen nach dem SGB XI

**Non-Profit-Organisationen** → Soziale Dienste

**Normen** stellen eine Form der Verhaltensregulation dar, ohne die weder Interaktionen noch gesellschaftliches Leben denkbar sind. Es handelt sich um einen allgemeinen Grundbegriff der Soziologie, der abstrakt in zwei Bedeutungsfacetten benutzt wird. Klassischerweise bezeichnen N. Verhaltensforderungen (→ Verhalten), als z.B. Gebote oder Verbote für bestimmte, wiederkehrende Situationen. Ihre Wirksamkeit, d.h. der Grad, mit dem das Handeln tatsächlich an ihnen ausgerichtet ist, wird durch verschiedene Formen von → sozialer Kontrolle abgesichert. Häufig wird deshalb die Definition von N. auch an die Existenz von → Sanktionen gebunden, die allerdings wiederum selbst normativen Regelungen unterliegen. N. werden bereits über Prozesse der → Sozialisation gelernt und internalisiert, sodass aus dem Vorliegen von Sanktionen nicht darauf geschlossen werden darf, dass die Befolgung von N. nur aus Angst vor Sanktionen erfolge. Die Nichtbefolgung von N. wird als → Devianz bezeichnet.

N. treten in unterschiedlichen Formen auf, z.B. als Sitte, als Vorschrift, als Recht (→ Rechtsnormen) oder als Verhaltenserwartung in der → Interaktion; sie legen ein typisches Handeln für bestimmte Situationen fest, die über die in ihnen herrschenden N. definiert werden können. Die in den verschiedenen Situationen handelnden Personen nehmen jeweils unterschiedliche Positionen ein, die als → Rollen verstanden werden und als Bündel normativer Verhaltenserwartungen dem Handeln Sinn geben, Handlungssicherheit, erwartbare Regelmäßigkeiten im Handeln und soziale → Integration erzeugen. Dabei variiert der Inhalt der Verhaltensforderungen je nach Situation, beteiligten Personen und Zeiten, sodass man nahezu keine N. finden kann, die immer, überall und für alle Situationen Gültigkeit beanspruchen können. Gleichwohl gibt es allgemeine N., die zu einer gegebenen Zeit und Situation als allgemein verbindlich angesehen werden und in Bezug zu gesellschaftlichen Wertvorstellungen stehen. In dieser Vorstellung treten N. den Individuen als äußere Macht und als gesellschaftlicher Zwang gegenüber, an die sie sich anpassen müssen (→ Anpassung).

Ein anderer Aspekt des Begriffs wird hervorgehoben, wenn man N. als eine besondere Form von Erwartung definiert. Im Unterschied zu kognitiven Erwartungen, d.h. der Erwartung, dass ein bestimmtes Ereignis oder ein Handeln eintreten wird, zeichnen sich normative Erwartungen dadurch aus, dass an ihnen festgehalten wird, auch wenn die Erwartung enttäuscht wird. So kann ich z.B. erwarten, dass es heute nicht regnen wird; falls es aber dennoch regnet, so war meine Erwartung offenbar falsch und ich kann nicht weiter daran festhalten. Wenn ich dagegen erwarte, dass jemand pünktlich zu einer Verabredung erscheint, so werde ich diese Erwartung nicht aufgeben, auch wenn jemand zu spät kommt. Diese Erwartungsenttäuschung wird dazu führen, dass ich zumindest eine Erklärung erwarten kann oder aber in einer Weise reagiere, die dem Zuspätkommenden seinen Fehler signalisiert. Jede Interaktion und jede soziale Beziehung ist auf derartige normative Erwartungen aufgebaut. Allerdings stehen die N. nicht fest, sondern setzen einen Verständigungs- und Aushandlungsprozess zwischen den Interaktionspartnern voraus. So muss zunächst einmal geklärt sein, in welchem Typus von Situation und Beziehung man sich befindet, um dann angemessen reagieren und handeln zu können. Die Definition jeder Situation und der in ihr herrschenden N. orientiert sich dabei an einem bestimmten, den Akteuren bekannten Typus von Situation; sodann muss interpretiert werden, welche normativen Erwartungen tatsächlich für die Interaktion relevant sind und von den Interaktionspartnern aktiviert werden. Situationen und Handlungsweisen, die unbekannt sind und keinem bekannten Typus zugeordnet werden können, führen zu Irritationen und Handlungsunsicherheiten, die dann über ein unsicheres versuchsweises Handeln oder durch eine Abweichungserklärung überbrückt werden müssen. So kann z.B. die Irritation, die ein Bahnreisender hervorruft, der im Zug laut singt, dadurch behoben werden, dass man ihn für betrunken oder verrückt erklärt, wodurch diese Person dann wiederum diesen normativen Erwartungen entspricht. Im Unterschied zur klassischen Perspektive werden N. hier also nicht als gesellschaftliche feststehende Handlungsvorschriften für bestimmte Situationen verstanden, sondern eher als mehr oder weniger vage Skripte, die von den Akteuren in jeder Situation jeweils immer wieder neu interpretiert und aktiv gestaltet werden müssen.

*Lit.:* Bahrdt, H. P.: Soziale Normen, in: ders.: Schlüsselbegriffe der Soziologie.

Eine Einführung in Lehrbeispielen, 10. Aufl., München 2014, S. 48–85; Groenemeyer, A.: Institutionen der Normativität, in: ders./Wieseler, S. (Hrsg.): Soziologie sozialer Probleme und sozialer Kontrolle – Realitäten, Repräsentationen und Politiken, Wiesbaden 2013, S. 70–97; Luhmann, N.: Normen in soziologischer Perspektive, in: Soziale Welt; 20/1; 1969, S. 28–48; Popitz, H.: Die normative Konstruktion von Gesellschaft, Tübingen 1980.

*Axel Groenemeyer*

**Notunterkunft** → Wohnungslosigkeit/ Wohnunglosenhilfe

**Obdachlosigkeit/Obdachlosenhilfe** → Wohnungslosigkeit/Wohnunglosenhilfe

**Obliegenheit zur Arbeit** → Arbeitspflicht

**OECD** → Organisation für wirtschaftliche Zusammenarbeit und Entwicklung (OECD)

**Offene Altenarbeit** → Altenhilfe, → Altenhilfeplanung

**Offene Jugendarbeit** → Jugendarbeit

**Offene Methode der Koordinierung (OMK)** geht zurück auf die Luxemburger Beschäftigungsstrategie (1997) der → Europäischen Union (EU), wurde als tatsächliches Politikinstrument allerdings erst im Rahmen der sog. Lissabon-Strategie eingesetzt. In den Schlussfolgerungen des Lissabonner Gipfels (2000) heißt es: »Die Umsetzung dieser Strategie wird mittels der Verbesserung der bestehenden Prozesse erreicht, wobei eine neue offene Methode der Koordinierung auf allen Ebenen, gekoppelt an eine stärkere Leitungs- und Koordinierungsfunktion des Europäischen Rates, eingeführt wird, die eine kohärentere strategische Leitung und eine effektive Überwachung der Fortschritte gewährleisten soll. Der Europäische Rat wird […] die entsprechenden Mandate festlegen und Sorge dafür tragen, daß entsprechende Folgemaßnahmen ergriffen werden.« Das Politikinstrument sucht nationale Entscheidungsfähigkeit und Besonderheiten im EU-Politikprozess zu verbinden. Betont wird Koordinierung statt Harmonisierung in verschiedenen Anwendungsbereichen: Beschäftigung (1997), → Gleichstellung, → Armut und → soziale Ausgrenzung (2000), → Alterssicherung (2001), Forschungsinvestition (2003), → Gesundheit/Langzeitpflege (2002), → Soziale Dienstleistungen des Allgemeinen Interesses (2006), Mobilität, → Erziehung, Jugend.

Da die OMK als erfolgreiche Strategie »forcierter Koordinierung« gilt, wird sie in immer mehr Bereichen eingesetzt. Grundsätzlich besteht folgender Ablauf: Die Europäische Kommission erarbeitet Richtlinien. Diese sind durch den Rat zu verabschieden und werden den Mitgliedstaaten als Vorgabe zugeleitet. Damit sind diese aufgefordert, im Rahmen eines Konsultationsprozesses nationale Aktionspläne auszuarbeiten. Die Pläne enthalten eine Analyse der gegebenen Situation und konkrete Maßnahmen. Die nationalen Berichte werden an die Kommission geleitet und in einem gemeinsamen Bericht zusammengeführt. Auf dieser Grundlage werden neue Richtlinien erarbeitet und Empfehlungen ausgesprochen. Diese haben allgemeinen Charakter und richten sich ebenso mit Einzelfragen konkret an einzelne Mitgliedstaaten. Dies ist die Basis für eine neue Runde der Beratung und Politikentwicklung. Von Bedeutung ist, dass nun Informationen über die Politik der anderen Staaten vorliegen.

Die Umsetzung der OMK wird in vielen Ländern immer häufiger als Problem gesehen. Oftmals wird bemängelt, dass es an Verbindlichkeit fehlt und dadurch die tatsächliche Wirkung unterminiert wird. Auch in Kommissionskreisen findet sich zunehmende Skepsis. So wird im Bereich Sport bspw. darauf orientiert, Art. 165 des Vertrags über die Arbeitsweise der Europäischen Union (AEUV) großzügig auszulegen: Statt auf eine OMK zu setzen, wird eine sehr weit verstandene Anhörungsinitiative überlegt. Für die Gesamteinschätzung der OMK ist aber wichtig, dass es sich nicht zuletzt um ein Instrument handelt, das die früher allgemein bestehenden Kompetenz-Kompetenz-Regelungen systematisiert.

*Peter Herrmann*

**Öffentliche Erziehung** → Hilfe zur Erziehung (HzE)

**Öffentlicher Auftrag** ist ein wirtschaftlicher Vorgang, auf den das → Vergaberecht Anwendung findet. Das Gesetz gegen Wettbewerbsbeschränkungen (GWB) definiert den ö. A. als entgeltlichen → Vertrag zwischen einem öffentlichen Auftraggeber und einem Unternehmen über die Beschaffung von Leistungen. Öffentliche Auftraggeber sind z.B. Gebietskörperschaften, d.h. Bund, Länder und → Gemeinden, sowie andere → juristische Personen des öffentlichen und privaten Rechts, die zu dem besonderen Zweck gegründet wurden, im Allgemeininteresse liegende Aufgaben nichtgewerblicher Art zu erfüllen, und die entweder überwiegend öffentlich finanziert oder beaufsichtigt sind. Hierzu zählen etwa alle Behörden, die Bundesagentur für Arbeit (→ Agentur für Arbeit) sowie → Sozialversicherungen und → Krankenkassen. Ö. A., die keine Bauaufträge sind, gelten als Dienstleistungsaufträge. Seit der Reform 2016 sind Auslobungsverfahren und Baukonzessionen (→ Konzession) keine Unterfälle des ö. A. mehr. Kein ö. A. liegt vor, wenn ein öffentlicher Auftraggeber ein Unternehmen beauftragt, welches er wie eine eigene Dienststelle kontrolliert und das seine Tätigkeit im Wesentlichen für diesen öffentlichen Auftraggeber verrichtet (sog. Inhouse-Vergabe; bspw. städtisches → Krankenhaus). → Soziale Dienstleistungen werden in Deutschland nur zu einem geringen Anteil auf der Grundlage von ö. A. erbracht, etwa im

Bereich der Arbeitsförderung des SGB II und SGB III.

*Anuschka Novakovic*

**Öffentlicher Gesundheitsdienst (ÖGD)** ist der Überbegriff für staatliche Einrichtungen, die aufgrund spezifischer rechtlicher Grundlagen bevölkerungsmedizinische Aspekte im Fokus haben. Diese Einrichtungen existieren in verschiedener Ausprägung und inhaltlichen Orientierung auf Bundes- und Landesebene. Zuständig für die Aufgabe des ÖGD sind auf Bundesebene das → Bundesministerium für Gesundheit (BMG) sowie fünf in dessen Geschäftsbereich befindliche Bundesoberbehörden (Robert-Koch-Institut [Infektionsschutz, → Gesundheitsberichterstattung], Bundesinstitut für Arzneimittel und Medizinprodukte, Paul-Ehrlich-Institut [Impfstoffe], → Bundeszentrale für gesundheitliche Aufklärung [ → Prävention] und das Deutsche Institut für Medizinische Dokumentation und Information). Auf Länderebene sind entsprechende Ministerien für den ÖGD zuständig. Meistens ist dabei der Bereich → Gesundheit in den Sozialministerien angesiedelt. Diese können ebenfalls nachgeordnete Behörden wie z.B. das Landesamt für Gesundheit und Soziales in Berlin in ihrem Aufgabenbereich haben. Die Arbeitsgemeinschaft der obersten Landesgesundheitsbehörden (AOLG) koordiniert die Arbeit zwischen den Landesgesundheitsministerien und bereitet die jährliche Gesundheitsministerkonferenz (GMK) vor. Die → Gesundheitsämter, als eigentliche ausführende Organe des ÖGD, werden als untere Gesundheitsbehörden bezeichnet, die auf Landkreisebene bzw. kreisfreier Städteebene existieren und wirken. Relevante gesetzliche Grundlagen sind u.a. das Infektionsschutzgesetz und das Präventionsgesetz als Bundesgesetze und die jeweiligen Gesundheitsdienstgesetze der Bundesländer, die eine detaillierte Beschreibung der Aufgaben des ÖGD beinhalten.

Der ÖGD wird nach wie vor häufig als sogenannte dritte Säule des → Gesundheitswesens bezeichnet. Damit soll die Stellung in Ergänzung zu der stationären und ambulanten Säule zum Ausdruck gebracht werden. Dies impliziert auch die Abgrenzung des ÖGD zu der in den beiden anderen Bereichen stattfindenden individualmedizinischen Behandlung. Allerdings ist der ÖGD – speziell in Form der Gesundheitsämter – nach dem Prinzip der → Subsidiarität auch prinzipiell in Ausnahmefällen befähigt, zu der (therapeutischen) Versorgung anderweitig nicht erreichbarer Personen beizutragen, verbunden mit dem Ziel, diese wieder in das Regelversorgungssystem zu vermitteln.

Im Aufgabenspektrum des ÖGD stehen allerdings folgende Punkte noch mehr im Vordergrund: (1) Gesundheitsschutz (z.B. Infektionsschutz, Überwachung der Hygiene in Kliniken, Praxen etc., Zuständigkeiten im Bereich der Trinkwasserverordnung), (2) → Gesundheitsförderung (mehrstufige Verhaltens- und Verhältnisprävention über die Lebensspanne mit Fokus auf primärer und sekundärer → Prävention; eine wichtige Ausgangsform ist hier z.B. die Schuleingangsuntersuchung), (3) Gesundheitsberichterstattung und -steuerung (Schaffen und Fortschreibung einer lebensweltbezogenen Datengrundlage, koordinierende Tätigkeiten das Versorgungssystem betreffend, z.B. → gemeindepsychiatrische Verbünde), (4) Gesundheitshilfen (z.B. → Gutachten, niedrigschwellige Beratungsangebote z.B. im sozialpsychiatrischen Bereich, auf dem Gebiet sexuell übertragbarer Erkrankungen oder auch in Folge von Schuleingangsuntersuchungen).
Historisch ist der ÖGD in der jetzigen Organisationsform eine relativ junge Einrichtung. Dies hängt vorrangig mit der auch im ÖGD stattgefundenen Gleichschaltung während der Zeit des Nationalsozialismus zusammen. Diese fand in dem Gesetz über die Vereinheitlichung des Gesundheitswesens vom 3.7.1934 ihren Ausdruck. Nach dem Ende des 2. Weltkrieges kam es nur schleppend zu einem Wiederaufbau eines differenzierten ÖGD, der sich in Form der Gesundheitsämter (aber auch z.B. des Robert-Koch-Institutes) mit dem Gesundheitsschutz befasste. Dieser war primär mit dem Infektionsschutz gleichzusetzen und spielt auch heute – neben der Hygienekontrolle – nach wie vor eine wichtige Rolle. Erst in Folge einer sich weiter entwickelnden Gesetzgebung, die auch maßgeblich durch die Wiedervereinigung beeinflusst wurde, wurden in den Gesundheitsdienstgesetzen der Länder differenziertere Aufgaben, wie z.B. im Bereich der Prävention (und Gesundheitsförderung), beschrieben, die auch die Identität des ÖGD veränderten. Dieser Wechsel lässt sich als ein Übergang von der bereits im 18. Jahrhundert beschriebenen »medizinischen Polizei« hin zu einem koordinierenden, bahnenden, unterstützenden Wirkprinzip beschreiben. Exemplarisch kommt dies in § 1 Abs. 3 des Hessischen Gesetzes über den ÖGD zum Ausdruck, in dem es heißt: »Die Behörden des öffentlichen Gesundheitsdienstes arbeiten mit den Behörden und Stellen eng zusammen, die Leistungen zur gesundheitlichen Versorgung erbringen oder gesundheitliche Interessen vertreten. Damit kommt dem öffentlichen Gesundheitsdienst eine zentrale Informations-, Steuerungs- und Koordinierungsfunktion in allen gesundheitlichen Fragen zu.«

Dabei ist hervorzuheben, dass dieser Prozess noch längst nicht abgeschlossen ist und auch oft durch eine personelle und finanzielle Unterversorgung des ÖGD verzögert wird. Durch die Ansiedlung der Gesundheitsämter auf kommunaler Ebene ist allerdings auch eine einmalige Chance gegeben, eine gesundheitliche Fachexpertise in der → Lebenswelt der Bürgerinnen und Bürger zu haben, die nicht ungenutzt bleiben sollte. Neben einem horizontalen Austausch (zwischen Gesundheitsämtern und anderen Akteuren auf Kreis- oder Landesebene) sollten auch die Möglichkeiten des vertikalen Austausches zwischen Kreis- Landes- und Bundesebene) zum Wohl der Bevölkerung noch intensiver umgesetzt werden.

*Lit.* BVÖGD (Hrsg.): 1950–2010: 60 Jahre BVÖGD, Engagement für die Gesundheit der Bevölkerung, Aalen 2010; Kuhn, J./Wildner, M./Zapf, A..: Der öffentliche Gesundheitsdienst Standortbestimmung mit freundlichem Ausblick, Deutsches Ärzteblatt 9/2012, A-413, B-355, C-351; Kuhn, J./Heyn, M. (Hrsg.): Gesundheitsförderung durch den öffentlichen Gesundheitsdienst, Bern 2015; Stehn, R.: Soziale Arbeit im Öffentlichen Gesundheitsdienst, München 2005.

*Thomas Götz*

**Öffentliches Recht** Traditionell wird die Gesamtrechtsordnung in das ö. R. und das Privatrecht (Zivilrecht, Bürgerliches Recht) unterteilt. Die abstrakte Abgrenzung ist Gegenstand eines Theorienstreites, für die Praxis jedoch nur bei der Feststellung der zuständigen Gerichtsbarkeit und der Definition des Begriffs → Verwaltungsakt von größerer Bedeutung. Den weitaus meisten Erfordernissen genügend ist die folgende Unterscheidung: Ö. R. umfasst alle Rechtsgebiete, in denen das Verhältnis der Bürger/innen zum hoheitlich handelnden Staat und der staatlichen Organe untereinander geregelt ist. Demgegenüber befasst sich das Privatrecht mit den Rechtsverhältnissen der Bürger/innen untereinander (→ Bürgerliches Gesetzbuch). Das Modell des klassischen Privatrechts geht dabei von einem Verhältnis der Gleichordnung aller Bürger/innen aus, während der Staat und seine Organe auf dem Gebiet des ö. R. den Bürger/innen übergeordnet sind. Dies drückt sich auch in den Formen staatlichen Handelns aus. Anstelle des von freien und gleichen Individuen ausgehandelten → Vertrages ergeht eine hoheitliche Anordnung in Form des Verwaltungsaktes, der in die Rechte der Bürger/innen auch gegen deren Willen eingreifen darf, soweit er eine Rechtsgrundlage hat. Dem entspricht das Gewalt- und Strafmonopol des Staates.

Als Abgrenzungskriterium wird dieses Über- und Unterordnungsverhältnis da fragwürdig, wo sich der Staat zur Erfüllung seiner Aufgaben privatrechtlicher Formen bedient, öffentlich-rechtliche Verträge schließt (§§ 54–62 Verwaltungsverfahrensgesetz) und zunehmend seine Tätigkeit vom klassischen Bereich der Eingriffsverwaltung zur Leistungsverwaltung (→ Daseinsvorsorge) hin verlagert. Auch in diesem Bereich bleibt allerdings die Bindung an die Verfassungsgrundsätze bestehen. Nach der traditionellen Einteilung umfasst das ö. R. neben dem Staatsrecht das Völkerrecht einschließlich des Rechts der supranationalen Gemeinschaften, das → Verwaltungsrecht, das Finanz- und Steuerrecht, das Strafrecht und das Recht der → Ordnungswidrigkeiten, das Gerichtsverfassungsrecht, das Prozessrecht mit seinen Verfahrensordnungen für die einzelnen Gerichtszweige (Gesetz über das Bundesverfassungsgericht [BVerfGG], Zivilprozessordnung [ZPO], Strafprozessordnung [StPO], → Jugendgerichtsgesetz [JGG], Verwaltungsgerichtsordnung [VwGO], Sozialgerichtsgesetz [SGG], Finanzgerichtsordnung [FGO]) und herkömmlicherweise auch das Kirchenrecht. Von besonderer Bedeutung ist das Verfassungsrecht als Kernbereich des Staatsrechts mit seinen im → Grundgesetz (GG) festgelegten Prinzipien (Republik, Föderalismus, Demokratie, → Rechtsstaat, → Sozialstaat [ → Sozialstaatsprinzip]) und den → Grundrechten, die unmittelbar oder mittelbar in alle übrigen Rechtsgebiete hineinwirken. Eine Änderung der Verfassungsprinzipien ist gem. Art. 79 Abs. 3 GG unzulässig. Daneben sind auch die einzelnen Landesverfassungen zu beachten.

Praktische Bedeutung erlangt die Unterscheidung zwischen ö. R. und Privatrecht im Wesentlichen nur bei der Frage der Zuständigkeit verschiedener Gerichtsbarkeiten für öffentlich-rechtliche und privatrechtliche Streitigkeiten. Abgesehen von Sonderzuweisungen ist im Verhältnis der Bürger/innen zum Staat und dessen Organen der durch Art. 19 Abs. 4 GG garantierte Rechtsweg gem. § 40 VwGO zu den → Verwaltungsgerichten eröffnet. Strafsachen sind der ordentlichen Gerichtsbarkeit (Amtsgerichte, Landgerichte, Oberlandesgerichte und der Bundesgerichtshof) zugewiesen, ebenso die privatrechtlichen Streitigkeiten mit Ausnahme der Arbeitsrechtverfahren. Bei Grundrechtsverletzungen können die Bürger/innen das → Bundesverfassungsgericht anrufen.

*Walter Roth*

**Öffentliche Träger** Unter ö. T. sind alle Körperschaften, Anstalten und → Stiftungen des → öffentlichen Rechts zu verstehen. Ö. T. i.S. des → Sozialgesetzbuchs (SGB) sind die → Sozialleistungsträger (§ 12 Abs. 1 SGB I). Ihnen obliegt die Verantwortung, die im SGB im Einzelnen umschriebenen Aufgaben zu erfüllen. Ö. T. führen die → Sozialleistungen durch und stellen deren tatsächliche Umsetzung sicher (§ 17 SGB I). Der Begriff ist vorwiegend in der → Sozialhilfe und der → Kinder- und Jugendhilfe gebräuchlich. Auch die Sozialversicherungsträger i.S. des § 29 SGB IV sowie die kommunalen → Träger der → Grundsicherung können als ö. T. bezeichnet werden. Als Gegenbegriff zu ö. T. gelten oft → freie Träger. Ein umfassendes Subsidiaritätsverhältnis (→ Subsidiarität) der ö. T. gegenüber den freien Trägern ist nicht nachweisbar (vgl. auch § 75 Abs. 2 S. 1 SGB XII, § 17 Abs. 1 S. 1 SGB II, § 4 Abs. 2 SGB VIII). Ein ö. T. kann und muss bei besonderem Bedarf auch selbst tätig werden. Im Zuge des Trends zur → Privatisierung öffentlicher Aufgaben(durchführung)und Ökonomisierung der Leistungserbringung werden dennoch zunehmend → privat-gewerbliche Träger als Leistungserbringer in das SGB einbezogen (bspw. § 11 Abs. 2 S. 3 SGB XI).

*Angela Busse*

**Öffentlich geförderte Beschäftigung** Durch ö. g. B. werden für Menschen, die sonst keine Erwerbsarbeit hätten, Arbeitsmöglichkeiten geschaffen, die es ohne die Förderung nicht geben würde. Ö. g. B. unterscheidet sich von Wirtschaftssubventionen mit Beschäftigungswirkung durch die unmittelbare Förderung von Beschäftigungsverhältnissen für bestimmte förderungsbedürftige Personen. Während Eingliederungszuschüsse die Einstellungschancen benachteiligter Personen bei der Besetzung ohnehin bestehender Arbeitsplätze erhöhen sollen, schafft die ö. g. B. befristet zusätzliche Arbeitsplätze. Die Förderung der → Teilhabe am Arbeitsleben für → behinderte Menschen, insbesondere in → Integrationsprojekten, hat zum Teil ähnliche Funktionen, wird aber aufgrund ihrer eigenständigen Tradition und gesetzlichen Grundlage in aller Regel getrennt davon diskutiert.

Die Zielsetzungen von ö. g. B. sind vielfältig, abhängig von der jeweiligen Arbeitsmarktlage und vom arbeitsmarktpolitischen Zeitgeist (→ Arbeitsmarktpolitik). (1) Bei krisenhaften Arbeitsmarktsituationen, wie z.B. während der Wirtschaftskrisen der 1920er-Jahre und der ostdeutschen Transformation der 1990er-Jahre, diente ö. g. B. zur Senkung der Arbeitslosenzahlen (→ Arbeitslosigkeit), zum Erhalt des sozialen Friedens und zur Stabilisierung regionaler Kaufkraft. (2) Da in solchen Situationen viele qualifizierte und leistungsfähige Menschen arbeitslos werden, konnte man ö. g. B. mit struktur- oder umweltpolitischen Zielen verbinden, d.h. die Geförderten für »öffentliche Arbeiten« einsetzen (Abbruch stillgelegter Industrieanlagen, Beseitigung von Umweltlasten, Bau von Radwegen), verbunden mit der Hoffnung, berufliche Qualifikationen für »bessere Zeiten« erhalten zu können. (3) Bei steigender Beschäftigung und verfestigter Restarbeitslosigkeit (Deutschland seit 2006) wird ö. g. B. eingesetzt, um Langzeitarbeitslose wieder an den allgemeinen Arbeitsmarkt heranzuführen. Die Ergebnisse der Wirkungsforschung sind in dieser Hinsicht jedoch eher ernüchternd, was außer auf »Einbindungseffekte« (die Geförderten fühlen sich im ö. g. B. versorgt und suchen keine andere Arbeit) auch auf die zunehmende Einschränkung auf marktferne Tätigkeiten und den weitgehenden Verzicht auf begleitende Qualifizierung (→ Fort- und Weiterbildung) zurückzuführen sein könnte. (4) Seit etwa 2010 wird ö. g. B. zunehmend unter dem Gesichtspunkt der sozialen Teilhabe gesehen: Ö. g. B. simuliert durch Erwerbsarbeit die Normalität gesellschaftlicher Teilhabe. (5) Den Gegenpol bildet die Nutzung von ö. g. B. als einer → Arbeitspflicht, die vom Bezug von → Sozialleistungen abschrecken soll, z.B. in Form eines »Sofortangebots«, dessen Annahme zur Voraussetzung der (vollen) Leistungsgewährung gemacht wird.

Die Geschichte der ö. g. B. ist wechselvoll: Massenhafter Einsatz von Arbeitsbeschaffungsmaßnahmen (ABM) in den neuen Bundesländern mit bundesweit über 450.000 Beschäftigten im Jahr 1992; befristete Schaffung ergänzender, nur im Osten einsetzbarer Instrumente und neuer Höhepunkt von fast 500.000 in 1999; Einbruch auf 130.000 in 2004 (lähmender Umbau der Arbeitsverwaltung nach den sog. Hartz-Reformen); Übernahme der → Arbeitsgelegenheiten aus dem Bundessozialhilfegesetz in das SGB II (→ Grundsicherung für Arbeitsuchende) und ihre massive Ausweitung mit einem erneuten Höhepunkt von fast 400.000 in 2009; Abbau der Förderung auf lediglich 110.000 in 2014. Seit 2012 gibt es Instrumente der ö. g. B. nur noch im SGB II und nach jahrelanger Vielfalt auch nur noch in zwei Formen: »Ein-Euro-Jobs« (Arbeitsgelegenheiten in der Mehraufwandsvariante) und die »Förderung von Arbeitsverhältnissen«.

In arbeits- und sozialrechtlicher Hinsicht gab es bisher drei Varianten der ö. g. B.: (1) voll sozialversicherungspflichtiges Arbeitsverhältnis (in den klassischen ABM); (2) seit den Hartz-Reformen eingeschränkt sozialversicherungspflichtiges Arbeitsverhältnis ohne → Arbeitslosenversicherung (ö. g. B. sollte nicht mehr zu neuen Ansprüche auf → Arbeitslosengeld führen); (3) »Ein-Euro-Jobs« (Arbeitsgelegenheiten) unter Fortzahlung von → Arbeitslosengeld II plus Mehraufwandsentschädigung, ohne Sozialversicherung.

Ö. g. B. sollen die Tätigkeit der Privatwirtschaft nicht wettbewerbsverzerrend (→ Wettbewerb) einschränken und Beschäftigung im allgemeinen Arbeitsmarkt nicht verdrängen. Zur Lösung dieses ordnungspolitischen Problems wurden bisher drei Ansätze verfolgt: (a) Die Arbeiten müssen im öffentlichen Interesse und zusätzlich sein (ABM bis zu ihrer Abschaffung) und seit 2012 auch noch »wettbewerbsneutral« sein (gilt aktuell für »Ein-Euro-Jobs«) – mit der Folge, dass nur Tätigkeiten gefördert werden können, die im allgemeinen Arbeitsmarkt kaum vorkommen; (b) gesetzliche Definition der als wettbewerbsunschädlich geltenden Tätigkeitsfelder bei den vorübergehend im ostdeutschen Transformationsprozess eingesetzten Instrumenten (u.a. Umwelt, wirtschaftsnahe und touristische Infrastruktur, Verbesserung des Wohnumfeldes, → soziale Dienste, → Jugendhilfe); (c) beim »Beschäftigungszuschuss« und dem Nachfolgeinstrument »Förderung von Arbeitsverhältnissen« gibt es keine Beschränkung der Tätigkeitsfelder, sodass Arbeitgeber jeglicher Art, die förderungsberechtigte Personen einstellen, einen Lohnkostenzuschuss von bis zu 75% des Arbeitgeber-Bruttos erhalten können. Soweit keine Förderung aus anderen Quellen hinzukommt, sind die Arbeitgeber zur Kostendeckung auf Markterlöse angewiesen. Indem die Geförderten zur Erwirtschaftung von Erlösen beitragen, erwerben sie marktnahe Arbeitserfahrungen.

Die verbliebenen Instrumente der ö. g. B. bilden die Grundlage für Diskussionen über einen »Sozialen Arbeitsmarkt«, an dem sich privatwirtschaftliche, erwerbsorientierte Unternehmen ebenso wie marktorientierte Sozialunternehmen (→ soziales Unternehmertum) mit dem primären Unternehmensziel der Beschäftigung Benachteiligter und auch klassische Beschäftigungsträger mit ergänzenden Förderungsquellen gleichermaßen beteiligen. Es wird gefordert, die unzureichenden Fördermittel durch einen »Passiv-Aktiv-Transfer« auszuweiten, d.h. die beim Arbeitslosengeld II sowie bei den → Kosten für Unterkunft und Heizung eingesparten Mittel für die Förderung der Arbeitsverhältnisse einzusetzen.

*Matthias Knuth*

**Öffentlichkeitsarbeit** bedeutet im sozialen Bereich die Initiierung eines bewussten, langfristig und systematisch angelegten Kommunikationsprozesses zwischen den Adressatengruppen Klient/in, Sozialarbeiter/innen bzw. Sozialpädagog/innen, Träger und Öffentlichkeit. Ö. will einen möglichst großen Teil der Gesellschaft erreichen, sie informieren und beteiligen, bestimmte Tatsachen oder Meinungen verbreiten, gewisse Tendenzen, Informationen oder auch Kontroversen in die öffentliche → Kommunikation einbringen. Zur Ö. im Feld → Sozialer Arbeit gehört deshalb neben Informationsvermittlung auch die Werbung um ein Verständnis für soziale Belange und den Aufbau von Vertrauen in sozialarbeiterisches Tun. In der Nutzung des Mediensystems (Massenkommunikation) sowie der publizistischen Darstellung sozialen und sozialpädagogischen Handelns liegt für die Institutionen der Sozialen Arbeit die Chance, öffentlich zur Kenntnis genommen und gesellschaftlich anerkannt zu werden.

Ö. ist die Methode, mit der Konzepte des → Kommunikationsmanagements umgesetzt werden. Unterschieden wird zwischen externer, nach außen gerichteter sowie interner, nach innen gerichteter Kommunikation. Die interne Kommunikation hat durch das Intranet an Bedeutung gewonnen. Bezüglich der externen Kommunikation erfüllt Ö. für Soziale Arbeit den vorgenannten Aufgabenkatalog, indem sie sich der direkten und indirekten Kommunikation bedient und die öffentlichen Kommunikationsmittel und -wege (Medien, Presse, Soziale Netzwerke) professionell und offensiv nutzt. Darunter fallen alle Formen mündlicher, schriftlicher und (audio-)visueller Informationsvermittlung, wobei Ausmaß und Bedeutung der Internet-vermittelten Information (Web-Präsenz; Homepage) enorm zugenommen haben.

Zur direkten Kommunikation zählen neben dem Bereich Internet eigene Medien wie Prospekte, Faltblätter, Plakate, Videofilme oder Informationsstände, aber auch das persönliche Gespräch, der Vortrag, die Ansprache von Zielgruppen in privatem Rahmen oder Veranstaltungen. Unter indirekter Kommunikation sind die Instrumente der massenmedial vermittelten Öffentlichkeit (Massenmedien) zu verstehen, die indirekt zu den Teilöffentlichkeiten gelangen (Information bzw. Unterrichtung der Medienvertreter durch Pressemitteilungen, Hintergrundberichte, Pressekonferenzen, Interviews, Auskünfte und Einladungen zu Veranstaltungen, Pressefahrten oder Präsentationen etc.).

Professionelle Ö. bedarf bestimmter Voraussetzungen: personell durch eine damit ständig beauftragte Person, eventuell in Kooperation mit dem kommunalen Presse- und Informationsamt; materiell durch

Ausstattung mit finanziellen, technischen und zeitlichen → Ressourcen; organisatorisch durch die Anbindung der Ö. an die Geschäftsleitung (Kommunikationsmanagement); inhaltlich durch die Vermittlung eines definierten fachlichen Selbstverständnisses, und zwar intentional (Corporate Identity) und optisch (Corporate Design); systematisch durch die Entwicklung und Durchführung einer PR-Konzeption auf der Grundlage zielorientierten Handelns (Stufenplan: Problemanalyse, Zielsetzung, Strategie, Realisation, Erfolgskontrolle); ethisch durch die Beachtung der internationalen Richtlinien des Code d'Athènes: die Achtung der Menschenwürde, Wahrheitstreue, Sachlichkeit und Aktualität.

Nach den Pressegesetzen der Länder sind die Behörden verpflichtet, den Vertreter/innen der Presse die Auskünfte zu erteilen, die der Erfüllung ihrer öffentlichen Aufgabe dienen (Auskunftspflicht gegenüber Presse). Dies gilt umso mehr, als § 13 SGB I die → Sozialleistungsträger, ihre Verbände und sonstigen öffentlich-rechtlichen Vereinigungen verpflichtet, »im Rahmen ihrer Zuständigkeiten die Bevölkerung über die Rechte und Pflichten nach diesem Gesetz aufzuklären«. Rechtlich von Bedeutung sind außerdem die verfassungsrechtlichen Bestimmungen des → Grundgesetzes (GG) zur Meinungs-, Informations- und Pressefreiheit, die urheber- und verwertungsrechtlichen Bestimmungen, bestimmte Persönlichkeitsrechte (z.B. das Recht am eigenen Bild), das Zeugnisverweigerungsrecht nach § 53 Strafprozessordnung (StPO) sowie die Sorgfaltspflicht und Gegendarstellungspflicht der Presse nach den Landespressegesetzen.

Obwohl die Bedeutung der Ö. für die Belange der Sozialen Arbeit seit den 1960er-Jahren immer wieder hervorgehoben wird und über die Notwendigkeit von Ö. heute Konsens zu bestehen scheint, ist das Verhältnis der Sozialen Arbeit zur Ö. ambivalent. Ö. wird normalerweise als Technik verstanden, und Kenntnis wie Repertoire praktischer Ö. sind bei kleineren Trägern oft unzureichend, bei größeren den Wirtschaftswissenschaften entlehnt. Die Soziale Arbeit hat bisher kein eigenständiges Profil für Ö. entwickelt. An den Ausbildungsstätten (→ Studium der Sozialen Arbeit) spielt Ö. als Unterrichtsfach eine sehr untergeordnete Rolle, gleichwohl wird in den Praxisfeldern Sozialer Arbeit der professionelle Umgang mit Ö. wie selbstverständlich vorausgesetzt. Dabei fällt auf, dass Ö. häufig aus zwei Gründen »situativ« eingesetzt wird: einmal reaktiv unter Legitimationsdruck bei Existenznöten oder aber, wesentlicher noch, instrumentell im Rahmen von Social Sponsoring (→ Sponsoring) und → Fundraising. Es stellt sich daher die Frage, ob die Konjunktur, die Ö. derzeit in der Sozialen Arbeit erlebt, nicht auf einem Missverständnis beruht, nämlich der Ansicht und Erwartung, Ö. habe in erster Linie der Einwerbung von Finanzmitteln für die Soziale Arbeit selbst zu dienen und erst nachgeordnet den Kommunikationsinteressen der Öffentlichkeit.

*Lit.* Pleiner, G./Heblich, B.: Lehrbuch Pressearbeit. Grundlagen und Praxismethoden für die Soziale Arbeit, Weinheim/München 2009; Puhl, R.: Klappern gehört zum Handwerk. Funktion und Perspektive von Öffentlichkeitsarbeit in der Sozialen Arbeit, Weinheim/München 2004.

*Ria Puhl*

**Öffentlich-Private Partnerschaft (ÖPP)** oder auch Public Private Partnership (PPP) bedeutet eine langfristige, vertraglich geregelte Zusammenarbeit von öffentlicher Hand und privater Wirtschaft bei der → Planung, der Erstellung bzw. Sanierung, der Finanzierung, dem Betrieb und ggf. der Verwertung von Immobilien Grundstücken und Infrastruktureinrichtungen. Die bislang von der öffentlichen Hand (teilweise) wahrgenommene Aufgabenerfüllung wird im Zuge einer ÖPP auf einen Privaten übertragen, der die Bereitstellungsverantwortung über die gesamte Nutzungsdauer übernimmt. Die Aufgabenträgerschaft und damit auch die politische Verantwortlichkeit verbleiben bei der öffentlichen Hand. Im Rahmen dieser Partnerschaft soll das Risikomanagement optimiert, d.h. die Risiken demjenigen zugeordnet werden, der sie am ehesten steuern kann und die Gesamtkosten von Infrastruktur und Hochbauobjekten durch den Lebenszyklusansatz reduziert werden. Dieser Ansatz zielt auf eine ganzheitliche und langfristige, am Lebenszyklus orientierte Betrachtung von Planung, Bau und Betrieb ab und entspricht damit dem Nachhaltigkeitsgrundsatz.

ÖPP finden vorwiegend in den Bereichen öffentlicher Hochbau, Verkehrsinfrastruktur und Dienstleistungen Anwendung. Bis Ende 2014 wurden in Deutschland 212 ÖPP-Verträge mit einem Investitionsvolumen von rd. 8,5 Mrd. Euro abgeschlossen. Im öffentlichen Hochbau, der den Schwerpunkt der ÖPP-Aktivitäten in Deutschland bildet, reicht das Spektrum von Investitionsvorhaben im Bereich der Bildung (Schulen, Hochschulen, Kitas) über Maßnahmen im Bereich der Verwaltungsgebäude bis zu Feuerwachen, Justizvollzugsanstalten, Krankenhäusern, Sport- und Kultureinrichtungen. Im öffentlichen Hochbau werden im Rahmen von ÖPP Neubau- und Sanierungsmaßnahmen abgewickelt, jedoch erstreckt sich die Anwendung von ÖPP auf den gesamten Bereich staatlicher → Daseinsvorsorge und Infrastrukturbereitstellung.

ÖPP ist v.a. ein Organisationsmodell, bei dem die Finanzierung einen – wenn auch wesentlichen – Baustein darstellt. Die einzelnen Modelle sind grundsätzlich zu unterscheiden nach (1) Erwerbermodell: Die baulichen Anlagen werden durch den ÖPP-Partner auf seinem eigenem Grundstück errichtet und betrieben und nach Fertigstellung dem öffentlichen Auftraggeber zur Nutzung überlassen; (2) Inhabermodell: Die baulichen Anlagen werden durch den ÖPP-Partner auf dem Grundstück des öffentlichen Auftraggebers errichtet und betrieben und ihm nach Fertigstellung der Baumaßnahmen zur Nutzung überlassen; (3) Mietmodell: entspricht weitgehend dem Leasingmodell, jedoch ohne Kaufoption mit zuvor festgelegtem Kaufpreis. Allenfalls kann das Gebäude zum im Zeitpunkt des Vertragsablaufs zu ermittelnden Verkehrswert erworben werden; (4) Gebühren- bzw. Konzessionsmodelle: Der Auftragnehmer verpflichtet sich, eine bestimmte Leistung auf eigenes wirtschaftliches Risiko unmittelbar an die Bürger/innen zu erbringen. Im Gegenzug erhält er das Recht, seine Kosten über Entgelte oder Gebühren von Nutzer/innen zu finanzieren.

*Frank Littwin*

**Ökologisches Jahr** → Freiwilligendienste

**Ombudschaft** als staatsrechtliches Konzept, das eine unabhängige Kontrollmöglichkeit der Verwaltung durch hochangesehene Persönlichkeiten ermöglicht, geht auf die erste unabhängige Institution des »Ombudsman« (dt. Bevollmächtigter, Vermittler) zurück, die 1809 in Schweden geschaffen wurde. Nach weiterer Verbreitung zunächst im skandinavischen Raum setzte sich die Idee der O. schließlich in ganz Europa und auch in der Privatwirtschaft durch. Inhaltlicher Kern der O. war und ist die Befassung mit Beschwerden der Bürger/innen gegenüber (Dienstleistungs-)Unternehmen und Behörden mit dem Ziel, durch Beratung den Betroffenen zur Durchsetzung ihrer Rechte zur verhelfen und eine gerechte Einigung bei Streifragen zu erzielen. In Deutschland ist in erster Linie die privat-rechtliche Variante der O. zu finden, da in Bezug auf die öffentlich-rechtliche Kontrolle das Petitionswesen (→ Petition) gegenüber der O. weiter verbreitet ist. Auf Bundesebene und auch in einigen Bundesländern findet sich das Modell der/des Bürgerbeauftragten, deren Ziele es sind, die Rechte der Bürger/innen gegenüber der (Landes-)Regierung und den Trägern der öffentlichen Verwaltung zu wahren und sie dabei zu beraten und zu unterstützen.

Im Zuge der erschreckenden Vorfälle massiver körperlicher, sexueller → Gewalt in Heim- und Internatseinrichtungen werden in der Praxis der → Kinder- und Jugendhilfe neben einrichtungsinternen und -externen Beschwerdestellen (→ Kinderbeauftragte/r, → Jugendhilfeausschuss) zunehmend auch externe Ombudsstellen aufgebaut, deren vorrangiges Ziel der Ausgleich struktureller Machtasymmetrien ist. In den vergangenen Jahren haben sich, ausgehend vom Berliner Rechtshilfefond Jugendhilfe (BRJ), in verschiedenen Bundesländern Ombudsstellen etabliert, die im vom BRJ koordinierten »Netzwerk Ombudschaft in der Jugendhilfe« zusammengeschlossen sind. Seit April 2014 baut der BRJ in Kooperation mit der zuständigen Senatsverwaltung im Rahmen eines Modellprojekts die unabhängige »Berliner Beratungs- und Ombudsstelle Jugendhilfe (BBO Jugendhilfe)« auf. Die BBO Jugendhilfe ist die erste externe, unabhängige und durch öffentliche Mittel finanzierte Ombudsstelle in der Kinder- und Jugendhilfe. Ihr Auftrag ist es, in Konflikten zwischen Kindern, Jugendlichen und deren Familien und den verantwortlichen Trägern der Kinder- und Jugendhilfe (→ Jugendamt und/oder → Leistungserbringer/innen) zu vermitteln.

*Petra Mund*

**Onlineberatung** → Beratung im Internet ist in den letzten Jahren stark ausgebaut worden. Neben Portalen, in denen → Fachkräfte zur Verfügung stehen, gibt es Beratung durch professionell angeleitete Peers. O. kann das Ziel haben, den Zugang zur Präsenzberatung zu ermöglichen, gilt aber als eigenständige Beratungsform mit einem niederschwelligen anonymem Zugang. Zur Sicherung des Vertrauensschutzes ist die Verschlüsselung über einen SSL-Server erforderlich. O. kann im Einzelsetting als webbasierte Mailberatung oder bei akuten Krisen als Einzelchat im Rahmen einer virtuellen offenen Sprechstunde stattfinden. Weiterhin können fachlich begleitete Gruppenchats mit oder ohne festgelegtes Thema in Anspruch genommen werden. Professionell moderierte Diskussionsforen können ohne Registrierung gelesen werden. Dabei wird vorrangig das Selbsthilfepotenzial der Ratsuchenden aktiviert. 2003 hat die Jugendministerkonferenz beschlossen, eine zentrale Beratungsplattform einzurichten, die seitdem von der → Bundeskonferenz für Erziehungsberatung e.V. (bke) betrieben wird. Eltern finden unter www.bke-elternberatung.de und Jugendliche unter www.bke-jugendberatung.de

Zugang zu den vier genannten Beratungsformen. Die Leistung wird von Mitarbeitenden örtlicher → Erziehungsberatungsstellen erbracht. Mit ca. 55% ca. 6.000 jährlichen Neuregistrierungen werden anteilig deutlich mehr Jugendliche erreicht als in der Präsenzberatung. Im Themenchat »Offene Tür« können Eltern und Jugendliche miteinander per Chat ins Gespräch kommen.

*Silke Naudiet*

**Open Space** → Großgruppenverfahren

**Operationalisierung** ist (1) in den empirisch ausgerichteten Sozialwissenschaften die Überführung theoretischer Fragestellungen, Konstrukte und einzelner Hypothesen in Messoperationen. Nur derart konkretisierte und intersubjektiv überprüfbar gemachte Hypothesen und Hypothesenverkettungen können nach Auffassung der empirisch-analytischen Wissenschaftstheorie (Carnap, Popper) wissenschaftliche Objektivität beanspruchen, die die Gütekriterien der Reliabilität und Validität erfüllen (→ Empirische Sozialforschung). Die Forderung, auch komplexe Theorien letztlich auf Beobachtungssätze hin zu operationalisieren, wurde im sog. Positivismusstreit von Vertretern der Kritischen Theorie (Adorno, Habermas) u.a. mit dem Argument kritisiert, dass die kritische Reflexion gesellschaftlicher Totalität (→ Gesellschaft), wie sie Aufgabe der Sozialwissenschaften sei, sich nicht (den Naturwissenschaften entlehnten) mathematisch-logischen Regeln beugen könne. Damit ist das Problem benannt, dass exakte O. in den Sozialwissenschaften höchstens noch für »Theorien mittlerer Reichweite« (Merton) möglich ist, umfassendere Erklärungsansätze z.B. für → Devianz sich jedoch einer stringenten empirischen Überprüfung sperren. Starres Festhalten an den Objektivitätskriterien empirisch-analytischer Wissenschaftstheorie könnte deshalb einen immer eingeschränkteren Geltungsbereich sozialwissenschaftlicher Theorien zur Folge haben.

(2) Für die lernzielorientierte → Didaktik ist die O. von → Lernzielen ein wesentlicher Aspekt bei der Planung, Durchführung und Analyse von Unterrichtseinheiten. Grundlage der lernzielorientierten Didaktik bildet dabei die behavioristische Theorie, die → Lernen als Verhaltensänderung definiert. Durch die Bestimmung von messbaren Verhaltensweisen (z.B. Erkenntnisse, Fähigkeiten und Fertigkeiten), die am Ende eines durchlaufenen → Curriculum beherrscht werden sollen, erfolgt die O. von Lernzielen, von Meyer definiert als »semantisch möglichst eindeutige Angabe der beobachtbaren Elemente der gewünschten Verhaltensdisposition eines Lernenden (Operationalisierung im weiteren Sinn)« bzw. »die Angabe der Meßoperationen (= Meßtätigkeiten) mit denen ein beobachtbares Element der gewünschten Verhaltensänderung des Schülerverhaltens erfasst werden kann (Operationalisierung im engeren Sinn)«. Die seit den 1970er- und 1980er-Jahren mit der O. von Lernzielen einhergehenden Verfahrensweise, Lernziele in Richt-, Grob- und Feinziele einzuteilen hat sich insgesamt als kritisch erwiesen. Eine O. der Lernziele erleichtert zwar die Verständigung über die Ziele eines Curriculums und die Kontrolle des Unterrichtserfolges. Gleichzeitig blendet der lernzielorientierte Unterricht die Perspektive der Schülerinnen und Schüler weitestgehend aus. Emanzipationsfördernde, von den Schülerinnen und Schülern selbst gewählte Unterrichtsziele, werden nicht in den Lernprozess integriert. Die O. von Lernzielen steht insgesamt für eine lehrerzentrierte und technologisierte Unterrichtsgestaltung und hat sich nicht nachhaltig gegen schülerzentrierte und prozessorientierte Formen der Unterrichtsdidaktik durchgesetzt.

*Claus Reis/Petra Mund*

**Opferentschädigungsgesetz** (OEG) Das Gesetz über die Entschädigung der Opfer von Gewalttaten vom 11.5.1976 (BGBl. I S. 1181) i.d.F. der Bekanntmachung vom 7.1.1985, zuletzt geändert durch Art. 3 des Gesetzes vom 20.6.2011 (BGBl. I S. 1114), gibt Opfern von Gewalttaten Anspruch auf Entschädigungsleistungen für erlittene gesundheitliche Schädigungen. Die Leistungen bestimmen sich nach dem → Bundesversorgungsgesetz (BVG) und beinhalten insbesondere Heilbehandlung, → Beschädigtenrenten und Leistungen für Hinterbliebene (→ Hinterbliebenenrenten). Wurde die Tat im Ausland begangen, sieht das OEG eingeschränkte Leistungen vor (§ 3 a OEG). Entschädigung wird auch für die Beschädigung eines bei der Gewalttat getragenen → Hilfsmittels, Brille, Kontaktlinsen oder → Zahnersatz geleistet. Heil- oder Krankenbehandlung kann auch vor Anerkennung eines Versorgungsanspruchs gewährt werden. Die Leistungen werden ab der Tat erbracht, wenn der Antrag binnen eines Jahres gestellt oder die Frist unverschuldet versäumt wird.

Leistungsvoraussetzung ist, dass die gesundheitliche Schädigung durch einen vorsätzlichen, rechtswidrigen tätlichen Angriff, der auch gegen eine andere Person gerichtet sein kann, oder durch dessen rechtmäßige Abwehr verursacht worden ist. Ein tätlicher Angriff ist eine in feindseliger Willensrichtung unmittelbar auf den Körper zielende gewaltsame Einwirkung. Ihm gleichstellt sind die vorsätzliche Beibringung von Gift und ein mit gemeingefährlichen Mitteln begangenes Verbrechen. Auch der → sexuelle Missbrauch ohne körperliche → Gewalt fällt in den Schutzbereich des OEG. Rein psychische Gewalt, wie z.B. Stalking, Erpressung oder Bedrohung, stellt nach der → Rechtsprechung keinen tätlichen Angriff dar. Erfolgt der tätliche Angriff durch den Gebrauch eines Kraftfahrzeugs, bestehen keine Ansprüche. Ansprechpartner ist die Verkehrsopferhilfe e.V. (www.verkehrsopferhilfe.de). Hat sich die Schädigung in der Zeit vom 23.5.1949 bis 15.5.1976 ereignet, wird Versorgung im Rahmen der Härteregelung geleistet. Voraussetzung sind dann die tatbedingte Schwerbeschädigung, Bedürftigkeit und Wohnsitz oder gewöhnlicher → Aufenthalt im Geltungsbereich des OEG. Ausländische Staatsangehörige haben Anspruch auf volle Leistungen, wenn sie Staatsangehörige eines Mitgliedsstaates der Europäischen Union (EU) sind, Rechtsvorschriften der EU die Gleichbehandlung mit Deutschen erforderlich machen oder die Gegenseitigkeit mit dem Heimatland gewährleistet ist. Andere ausländische Staatsangehörige, die sich rechtmäßig im Bundesgebiet aufhalten, erhalten nach Dauer des Aufenthaltes gestaffelte Leistungen. Leistungsberechtigte Ausländer/innen erhalten bei dauerhafter Ausreise eine Abfindung.

Leistungen sind zu versagen, wenn z.B. Geschädigte die Schädigung verursacht haben oder die Entschädigung aus sonstigen Gründen unbillig wäre. Geschädigte sind verpflichtet, bei der Aufklärung der Tat mitzuwirken, eine Strafanzeige ist jedoch nicht zwingende Voraussetzung für die Leistungsgewährung. Die gegen den Schädiger bestehenden Ansprüche auf → Schadensersatz gehen auf das zur Leistung verpflichtete Land über. Auf die Geltendmachung der Ersatzansprüche kann u.U. verzichtet werden. Stellt die Gewalttat gleichzeitig einen → Arbeitsunfall im Sinne der gesetzlichen → Unfallversicherung dar, ruhen die Leistungen nach dem OEG/BVG in Höhe der Bezüge aus der gesetzlichen Unfallversicherung.

*Barbara Wüsten*

**Optionskommune** → Agentur für Arbeit, → Träger der Grundsicherung

**Optionspflicht** → Staatsangehörigkeit

**Ordnungsmittel** sind gerichtliche Maßnahmen, die der Aufrechterhaltung der Ordnung im Gerichtsverfahren und der ordnungsgemäßen Durchführung eines Gerichtsverfahrens dienen. Dazu gehören das Ordnungsgeld, die Ordnungshaft sowie die Entfernung der Personen aus dem Gerichtsaal. O. können gegen ehrenamtliche Richter/innen, Parteien, Zeug/innen bzw. Sachverständige festgesetzt werden. Im Einzelnen können sich die O. je nach Verfahrensordnung unterscheiden.

O. gegen ehrenamtliche Richter/innen: Sie müssen ihre Pflichten erfüllen, insbesondere zu den Sitzungen erscheinen. Erscheinen sie ohne genügende Entschuldigung nicht oder nicht rechtzeitig, wird gegen sie ein Ordnungsgeld festgesetzt und sie tragen die verursachten Kosten (§ 56 Gerichtsverfassungsgesetz [GVG], § 28 Arbeitsgerichtsgesetz [ArbGG], § 33 Verwaltungsgerichtsordnung [VwGO], § 21 Sozialgerichtsgesetz [SGG], § 30 Finanzgerichtsordnung [FGO]).

O. gegen Parteien: Sie haben unter bestimmten Voraussetzungen die Pflicht zum persönlichen Erscheinen. Erscheinen sie nicht, kann gegen sie ein Ordnungsgeld festgesetzt werden (§ 141 Zivilprozessordnung [ZPO], § 51 ArbGG, § 95 VwGO, § 80 FGO). Erscheint ein/e Angeklagte/r zur Hauptverhandlung nicht, ist die Vorführung anzuordnen oder ein → Haftbefehl zu erlassen (§ 230 Strafprozessordnung [StPO]).

O. gegen Zeug/innen: Sie haben die Pflicht, zum Gerichtstermin zu erscheinen und auszusagen. Erscheinen sie unentschuldigt nicht, haben sie die durch ihr Ausbleiben verursachten Kosten zu tragen. Außerdem wird gegen sie ein Ordnungsgeld oder Ordnungshaft festgesetzt (§ 380 ZPO, § 51 StPO). Dies gilt auch, wenn ein/e Zeug/in das Zeugnis ohne Angabe eines Grundes oder aus einem für rechtskräftig für unerheblich erklärten Grund verweigert (§ 390 ZPO, § 70 StPO, → Zeugnisverweigerungsrecht). Die Höhe des Ordnungsgeldes und der Ordnungshaft bestimmt sich nach Art. 6 Einführungsgesetz zum Strafgesetzbuch (EGStGB): Ordnungsgeld zwischen fünf und 1.000 Euro, Ordnungshalft zwischen einem Tag und sechs Wochen.

O. gegen Sachverständige: Sie haben die Pflicht zur (rechtzeitigen) Erstattung eines → Gutachtens, zum Erscheinen vor Gericht und zur Rückgabe der Akten oder sonstiger Unterlagen. Weigern sie sich, wird gegen sie ein Ordnungsgeld festgesetzt. Die Festsetzung kann wiederholt werden (§§ 409, 411 ZPO, § 77 StPO).

Ordnungsgeld bei Ungehorsam bzw. Ungebühr: Das Gericht bzw. die/der Vorsitzende kann Parteien, Beschuldigte, Zeug/innen, Sachverständige oder bei der Verhandlung nicht beteiligte Personen bei Ungehorsam aus dem Sitzungssaal entfernen und zur Ordnungshaft bis zu 24 Stunden abführen lassen; bei Ungebühr kann ein Ordnungsgeld bis zu 1.000 Euro oder Ordnungshaft bis zu einer Woche festgesetzt und sofort vollstreckt werden (§§ 177, 178 GVG).

Gegen die Entscheidung über ein O. können die Betroffenen i.d.R. das Rechtsmittel der Beschwerde (→ Rechtsbehelf) einlegen, die nach den einzelnen Verfahrensordnungen unterschiedlich ausgestaltet sein kann.

*Uwe Klerks*

**Ordnungswidrigkeit** ist eine rechtswidrige und vorwerfbare Handlung, die den Tatbestand eines Gesetzes verwirklicht, das die Ahndung mit einer Geldbuße zulässt. Das Recht der O. ist seit 1952 im Gesetz über Ordnungswidrigkeiten (OWiG) kodifiziert. Einzelne O.tatbestände finden sich in einer Vielzahl gesetzlicher Vorschriften des Bundes- sowie des Landesrechts. I.d.R. wird eine O. durch Bußgeldbescheid der zuständigen Verwaltungsbehörde geahndet. Die Geldbuße beträgt grundsätzlich zwischen 5 und 1.000 Euro. Geldbußen können auch gegen → juristische Personen und Personenvereinigungen verhängt werden. Ihr Höchstmaß beträgt in solchen Fällen 1 Mio. Euro. Die Betroffenen können gegen einen Bußgeldbescheid innerhalb von zwei Wochen nach Zustellung Einspruch einlegen. Über den Einspruch entscheidet das Amtsgericht. Die Vollstreckung eines rechtskräftigen Bußgeldbescheides bestimmt sich mit wenigen Ausnahmeregelungen nach den Vorschriften des Verwaltungsvollstreckungsgesetzes des Bundes oder entsprechenden landesrechtlichen Vorschriften. Die Geldbußen fließen grundsätzlich in die Bundes- oder Landeskasse. Bei geringfügigen O. kann die Verwaltungsbehörde den/die Betroffene/n lediglich verwarnen und ein Verwarnungsgeld in Höhe von 5 bis 35 Euro erheben. Die Verwarnung wird nur bei Einverständnis des/der Betroffenen und fristgerechter Zahlung wirksam. Sofern Anhaltspunkte dafür vorliegen, dass eine O. zugleich einen Straftatbestand erfüllt, besteht für deren Verfolgung vorrangig die Zuständigkeit der Staatsanwaltschaft.

*Nina Bolowich*

**Organisation** O. sind soziale Einheiten, die im Wesentlichen durch zwei Merkmale charakterisiert werden können: 1. formale Mitgliedschaft und 2. Ziel- und Zweckgerichtetheit. In der Regel kommt hinzu, dass O. auch über eine rechtliche Gestalt verfügen (eingetragener → Verein, Gesellschaft mit beschränkter Haftung [GmbH], Körperschaft usw.). Organisieren ist Gestalten von Strukturen, Prozessen und Beziehungen in sozialen Systemen. Strukturen legen fest, welche O.einheiten auf welchen Ebenen es gibt (Aufbauorganisation), welche Aufgaben ihnen übertragen werden und welche Leistungen sie zu erbringen haben. Prozesse ordnen die zeitliche Folge der Arbeiten zur Herstellung einer Leistung sowie das Zusammenwirken von Mitarbeiter/innen und den Einsatz von Arbeitsmitteln (Ablauforganisation). Beziehungen bestimmen die notwendige → Kommunikation zwischen den einzelnen O.einheiten und Mitarbeiter/innen bei der Leistungserstellung.

Organisatorische Regelungen machen das Handeln der O.mitglieder erwartbar und damit berechenbar. Für die O.mitglieder ist das Verhältnis zu der O., der sie angehören, formalisiert. So sind Rechte und Pflichten der einzelnen Mitglieder verbindlich und im Zweifel einklagbar. Bei der Konzeption organisatorischer Regelungen ist neben dem O.zweck zu bedenken, wie sich Menschen in einer konkreten Situation typischerweise verhalten, wenn man möchte, dass diese Regelungen von den O.mitgliedern akzeptiert werden. Umfassende Veränderungsprozesse werden systematisch am Besten durch eine → Organisationsentwicklung angegangen. Diese umfasst in einem ersten Schritt eine → Organisationsanalyse, bei der häufig auf eine externe → Organisationsberatung zurückgegriffen wird, um einen methodisch fundierten und vorbehaltlosen Analyseprozess zu gewährleisten. Grundsätzliches Ziel ist dabei immer, den vorhandenen (unbefriedigenden) Ist-Zustand möglichst exakt zu erfassen, einen künftig angestrebten Zustand darzustellen und den Weg der Umsetzung zu planen.

Dem Führungspersonal von O. kommt neben seiner Fachverantwortung eine wesentliche Personal- und O.verantwortung zu, deren wirksame Ausübung Voraussetzung für die optimale Leistungserbringung ist. Eine umfassende O.verantwortung ist auch Ziel des Neuen Steuerungsmodells (→ Verwaltungsmodernisierung), bei dem aus diesem Grund Fach- und Ressourcenverantwortung zusammenzulegen sind.

Die jüngere O.theorie basiert auf systemtheoretischen Überlegungen. Die am weitesten gehende Variante gemäß der Theorie sozialer Systeme nach N. Luhmann geht gegenüber bisherigen Vorstellungen von einem sehr dynamischen O.verständnis aus. Danach entstehen und reproduzieren sich O., wenn es zur Kommunikation von Entscheidungen kommt. O. sind demnach sinnhafte, auf sich selbst bezogene Entscheidungszusammenhänge, mit deren Abbruch es zu einem Erliegen der O. kommt. Der Vorteil dieses theoretischen Ansatzes liegt vor allem darin, dass sich O. als eigenständige und eigensinnige soziale Systeme beschreiben lassen, deren

Veränderung immer einen Wandel bestehender Entscheidungs- und damit Kommunikationsstrukturen voraussetzt.

*Jürgen Burmeister*

**Organisation für wirtschaftliche Zusammenarbeit und Entwicklung** (OECD, engl. Organisation for Economic Co-operation and Development) ist eine Regierungsorganisation von über 30 Mitgliedstaaten, die auf der Grundlage des Bekenntnisses zu Demokratie und Marktwirtschaft arbeitet. Ihre Aufgaben bestehen nach der OECD-Konvention in der Förderung von Wirtschaftswachstum und Beschäftigung sowie der Erhöhung des Lebensstandards in den Mitgliedsstaaten, der Ausweitung des Welthandels und der Förderung der wirtschaftlichen Entwicklung in Drittstaaten.

Die OECD geht zurück auf die Koordinierung des (westeuropäischen) ökonomischen Wiederaufbaus nach dem Zweiten Weltkrieg durch Mittel des Marshallplans der USA. Bei den heutigen Mitgliedstaaten handelt es sich zumeist um Länder mit entwickelten Volkswirtschaften und hohem Pro-Kopf-Einkommen. Die praktische Zusammenarbeit bezieht jedoch über 100 Länder mit ein und findet einen Schwerpunkt in der Zusammenarbeit mit Schwellenländern wie Brasilien, China und Indien. Die Regierungsvertreter in den rd. 200 Ausschüssen und Arbeitsgruppen arbeiten in den Bereichen Wirtschaft, Gesellschaft, Entwicklung, Innovation, Finanzen, → Governance und Nachhaltigkeit, u.a. zu den Themen Beschäftigung, → Bildung, → Gesundheit, → Migration und → Sozialpolitik. Mit über 250 Publikationen pro Jahr und insbesondere ihren Länderberichten, Statistiken und Datenbanken ist die OECD eine wichtige Informationsquelle zu ökonomischen und sozialen Entwicklungen weltweit.

*Anschrift*: rue André Pascal 2, 75775 Paris, Frankreich; OECD Berlin Centre, Schumannstraße 10, 10117 Berlin, www.oecd.org

*Britta Spilker*

**Organisationsanalyse** ist ein Prozess, in dem → Daten gesichtet, erhoben und so ausgewertet werden, dass Entscheider in → Organisationen diese nutzen können. Dabei kann es um die ganze Organisation oder Teile davon gehen. Alle Hierarchieebenen sind potenziell Auftraggeber/ Adressaten von O. Auslöser für O. sind Optimierungsbedarfe und strukturelle oder strategische Neuausrichtungen von Organisationen.

Generell geht es bei O. um Leistungsprozesse, um Aufgaben, diesen zugeordnete Kompetenzen und Verantwortung sowie um die Umwelt der Organisation mit den Komponenten Markt, → Wettbewerb, Kund/innen.

Zwei Ausrichtungen der O. können unterschieden werden: betriebswirtschaftliche O., die Kosten-Nutzen-Relationen ermitteln (→ Kosten-Nutzen-Analyse). Eine dafür eingesetzte Methode ist die sog. Gemeinkostenwertanalyse GWA, eine andere die Prozesskostenanalyse. Andere O. arbeiten mit sozialwissenschaftlichen Methoden (schriftliche, heute oft webbasierte oder mündliche Befragungen, interaktive Erhebungen in Workshops, Gruppendiskussionen, nichtteilnehmende Beobachtung usw.; → Empirische Sozialforschung). Gegenstand solcher Erhebungen sind u.a. die → Kommunikation, die Motivation, der Werkstolz, die Identifikation, der Führungsstil oder das Menschenbild in einer Organisation. Solche O. sind oft in Prozesse der → Organisationsentwicklung eingebunden, die auch die »Kultur« einer Organisation insgesamt zum Gegenstand haben kann. Es kann auch um das Verhältnis der Organisation zu den Kund/ innen gehen.

Alle O. nutzen schriftliche Dokumente einer Organisation: Organigramme, Stellenbeschreibungen, Dienstanweisungen, Dienstvereinbarungen, Geschäftsberichte, Handbücher usw.

Die Modernisierung der öffentlichen Verwaltung (→ Verwaltungsmodernisierung) geht einher mit O. Bundes- und Landesbehörden wie Kommunen analysieren selbst verschiedene Aspekte der Organisation oder beauftragen externe Beratungsunternehmen damit. Das ist nur an einzelnen Fällen nachvollziehbar, eine aggregierte Erfassung von O. im öffentlichen Sektor gibt es nicht. Ein oft angewendetes Instrument ist die sog. Aufgabenkritik. Das von der → Kommunalen Gemeinschaftsstelle für Verwaltungsmanagement (KGSt) erarbeitete und für die Modernisierung der kommunalen Verwaltung empfohlene Neue Steuerungsmodell (NSM) basiert auf einer verallgemeinerten Analyse kommunaler Verwaltungspraxis (Schwächenanalyse) und ist betriebswirtschaftlich ausgerichtet. Kritiker erkennen darin eine Ökonomisierung des → Sozialstaats und der → Sozialen Arbeit.

Nach Einführung des SGB II (→ Grundsicherung für Arbeitsuchende) sind im Auftrag des → Bundesministeriums für Arbeit und Soziales mehrere Forschungsberichte erstellt worden, in denen die Aufgabenwahrnehmung bei der Umsetzung des Gesetzes untersucht wurde (→ Governance und Implementation beim Vergleich der ARGE und Optionskommunen; Governance und Management der Qualitätssicherung [ → Qualitätsmanagement];

Personalbemessung der Leistungsgewährung). Das SGB II ist ein Gesetz, dessen Umsetzung der Bund mit O. begleitet.

*Andreas Kuhn*

**Organisationsberatung** → Organisationen im Sozialbereich, ob Verbände, Verwaltungen, Unternehmen, → Einrichtungen oder → Soziale Dienste, sichern durch ihre Leistungen ab, dass das System Sozialer Arbeit dauerhaft, zuverlässig und v.a. relativ unabhängig von individuellen Motivationslagen funktioniert. Organisationen organisieren und garantieren als verdichtete Entscheidungsmaschinen die Kontinuität sozialer Hilfeprozesse; sie regeln Bedarfsprüfungen, → Anamnesen und → Diagnosen, → Aktenführungen, → Hilfeplanungen; die → Beratung, Förderung und Betreuung der Klientel, über Organisationen läuft die Finanzierung, das → Berichtswesen und die → Evaluation sozialer Hilfen. Zur Verbesserung ihrer Leistungsfähigkeit holen sich Organisationen zunehmend den »externen Blick« von Unternehmensberatungen. Die Themen, Aufgabenstellungen und methodischen Ansätze der O. im sozialen Bereich ändern sich zyklisch. Nach Phasen mit Beratungspräferenzen für → Organisationsentwicklung, Organisationskulturen, Leitbildprozesse oder Teamentwicklung bezieht sich die O. aktuell schwerpunktmäßig auf Themen wie Kostenmanagement, → Controlling, Strategiefindung, Kennzahlensysteme, Finanzierung, Prozessoptimierung, → Personalmanagement, IT-Management oder Marketing.

Mit den verschiedenen thematischen Dimensionen der O. sind auch unterschiedliche theoretische Konzeptionen und Methoden verknüpft. Systemisch-kulturelle Ansätze beziehen sich eher auf Personen, personelle Verknüpfungen und informelle Organisationsprozesse und stützen ihre Beratung methodisch auf Verfahren wie → Coaching, die → Moderation von Workshops, → Supervision und die qualitative Analyse systemischer Konstellationen. Ihre Aufgabenstellung konzentriert sich eher darauf, die Veränderungsbereitschaft, Veränderungsenergie und Veränderungsblockaden von Organisationen mit den Organisationsmitgliedern zu erarbeiten, um dadurch Prozesse der Organisationsentwicklung anzustiften und Leistungspotenziale der Organisation freizulegen. Betriebswirtschaftliche Beratungskonzepte konzentrieren sich auf die Funktionalität, → Effizienz und → Effektivität der Organisationsstrukturen und stützen ihre Beratung methodisch auf Schwachstellenanalysen, Gemeinkostenwertanalysen, Prozessanalysen, strategische Portfoliotechniken, → Benchmarking oder die Simulation von Organisationsmodellen. Zur Hebung von Effizienzreserven und zur Steigerung der Effektivität sind wichtige Ansatzpunkte der O. die Analyse der Aufbau- und Ablauforganisation, der Kern-, Unterstützungs- und Managementprozesse, der Kostenstruktur und Führungsqualität. In spezialisierter Form konzentriert sich die O. auch auf einzelne Managementfunktionen wie Immobilienmanagement, Controlling, strategisches Management, Finanzierungs-, Informations-, Personal-, Risiko-, Fuhrpark- oder Innovationsmanagement. An Bedeutung im Sozialbereich gewinnt die O. bei Fusionen und Akquisitionen von Unternehmen, bei der Verschmelzung von verbandlichen Organisationen der Wohlfahrtspflege und bei der Restrukturierung von Organisationen aus dem Blickwinkel der Steuer- und Finanzierungsoptimierung. Eine neue Entwicklung ist die ausdrücklich wissenschaftlich gestützte O., die »evidenzbasiertes Management« fördern will.

O. ist mit dem Anspruch der positiven Irritation verbunden: Die Organisation soll auf der Basis entsprechender → Organisationsanalysen erkennen, dass es zur Organisation der Organisation Alternativen gibt. Ob die Umsetzung und Implementierung neuer Organisationskonzepte auch zur Aufgabe bzw. Möglichkeit der O. gehört, ist umstritten.

*Bernd Halfar*

**Organisationsentwicklung** (OE) bezeichnet bewusst geplante, prozesshaft gestaltete Veränderungen von → Organisationen unter maßgeblicher → Partizipation der betroffenen Mitarbeiter/innen. OE unterstützt Problemlösungs- und Erneuerungskompetenzen und will diese dauerhaft in Organisationen verankern. Sie stellt eine aus dem »Human relations-Ansatz« abgeleitete sozialwissenschaftliche Methodik dar, die auf verschiedene Theorien zurückgreift (u.a. Aktionsforschung respektive Handlungsforschung, sozialpsychologische Konzepte, Organisationstheorien und nicht zuletzt die Systemtheorie). Eine konsistente Theorie oder Methodik hat sich aber noch nicht herausgebildet. OE verfolgt als längerfristig angelegter umfassender Entwicklungsprozess eine interdependente Zielsetzung; die Verbesserung der Leistungsfähigkeit (Steigerung von → Effektivität und → Effizienz) und der Qualität des Arbeitslebens (Humanität). Sie setzt sich mit ihren Verfahren, Methoden und Instrumenten von der expertenorientierten betriebswirtschaftlichen Beratung ab. OE beruht auf folgenden Prinzipien: a) bewusst »geplanten« und gestalteten Lern- und Entwicklungsprozessen, b) offenem Meinungsaustausch unter Mitwirkung der Betroffenen und c) ganzheitliche Sicht von Mensch, Organisation, Umwelt sowie von Zeit/Entwicklung. Besonderer Wert wird auf den gemeinsamen Lernprozess aller Beteiligter gelegt. Der organisationale Wandel wird mit einem Wandel der → Einstellungen aller betroffenen Mitglieder verbunden, da so langfristige Wirkung und hohe Akzeptanz der Veränderungen gewährleistet sind.

Der Lernprozess wird in Phasen organisiert. Auf der Grundlage einer Situationsanalyse und einer ersten Diagnose wird durch das Klientensystem eine systematische Datensammlung und -analyse vorgenommen. Über eine Handlungsplanung, die Durchführung von → Interventionen und deren Auswertung werden Veränderungen schrittweise, d.h. in aufeinander folgenden Zyklen durchgeführt, bis die notwendigen Veränderungsprozesse durchlaufen sind. OE-Berater/innen agieren als Moderatoren der Analysen, Bewertungen und Interventionen. Die Kompetenz zur Veränderung und deren Umsetzung verbleibt bei den Organisationsmitgliedern. Im Mittelpunkt der Diagnose stehen sechs Felder: Ziele und Werte, Arbeitsstrukturen, menschliche Beziehungen, formale und informelle Formen der Anerkennung sowie der Einsatz technischer Hilfsmittel (Produktionsmittel, Regularien, Abläufe usw.). Das sechste Feld – Führung – soll die Balance zwischen den Feldern halten.

OE wird in der Privatwirtschaft, in Verwaltungen und → Non-Profit-Organisationen angewandt. Der Schwerpunkt liegt auf der bewussten Gestaltung der Organisation verbunden mit einer Stärkung der → Teamarbeit und ist geeignet, Konflikte und Spannungen zwischen verschiedenen Berufsgruppen, z.B. Verwaltungsfachkräften und Sozialarbeiter/innen, abzubauen und ebenso geeignet zur Integration neuer Aufgabenbereiche bzw. zur Bewältigung neuer Anforderungen an die Organisation sowie größerer Umstrukturierungen. OE ist von → Supervision, die auf die Erweiterung der beruflichen Kompetenz abzielt, sowie von → Selbstevaluation als Selbstreflexion und Qualifizierung der beruflichen Handlungskompetenz abzugrenzen.

*Lutz Wende*

**Organisationskultur** Seit den 1980er-Jahren ist O. zu einem festen Bestandteil der internationalen Management- und Unternehmenslehre geworden. Betont wird, dass O. als Erfolgsfaktor wirken kann, was gleichzeitig impliziert, dass sie auch zum Misserfolg von → Organisationen beitragen kann. Der innerste Kern einer O. besteht aus den grundlegenden und gemeinsam geteilten Überzeugungen, Haltungen, → Einstellungen und Werten, die das Handeln, Denken und Empfinden aller Organisationsmitglieder maßgeblich prägen. Dies ist gleichsam die unsichtbare Basis von O., da die benannten Grundhaltungen den Organisationsmitgliedern in der Regel nicht bewusst sind. Sie prägen die → Kommunikation, ohne selbst kommuniziert zu werden. Der sichtbare Teil von O. sind die beobachtbaren Handlungs- und Verhaltensweisen, die nach innen und nach außen gezeigt werden. Insofern kann auf den Kern einer O. nur aus diesen Handlungs- und Verhaltensweisen rückgeschlossen werden. Die Relevanz von O. besteht darin, dass sie einerseits den Organisationsalltag prägt, andererseits aber nicht im Bewusstsein der Organisationsmitglieder verankert ist, was eine Veränderung von O. nicht einfach macht. Empirisch bestätigt ist, dass die O. einen positiven Beitrag für den Organisationserfolg leistet, wenn die Entwicklungen in der Umwelt und die → Bedürfnisse der (potenziellen) → Adressat/innen mithilfe der kollektiven grundlegenden Überzeugungen (konsequente Dienstleistungsorientierung, offen für Neues, keine Angst vor Veränderungen) erkannt werden können. Damit wird deutlich, welchen Stellenwert O. auch im Bereich der Sozialer Arbeit haben kann, da sie für die Innovationskraft von Organisationen entscheidend ist.

*Jürgen Burmeister*

**Organisationssoziologie** befasst sich mit allen Typen moderner → Organisationen – wie Unternehmen, Verwaltungen, Schulen, Sportvereine, Kirchen, Parteien, Gerichte, Krankenhäuser, Hilfsorganisationen usw. Ihre Einsichten gewinnt die O. daher häufig aus typenbezogenen Vergleichen v.a. organisatorischer Strukturen (Programme, Personal, Kommunikationsnetzwerke). Allgemein ist für Organisationen Mitgliedschaft als Form freiwilliger Teilnahme konstitutiv. Während für assoziative Formen der Interessenorganisation (z.B. → Vereine, Verbände) gilt, dass sie in ihrer Struktur und Funktionsweise von Teilnahme- und Beitragsmotiven ihrer Mitglieder weitgehend abhängig bleiben, ist es formalen Arbeitsorganisationen (z.B. Verwaltungen, Unternehmen usw.) auf der Grundlage bezahlter Mitgliedschaft möglich, ihre Strukturen und Prozesse unabhängig von Mitgliedermotiven einzurichten. Sie richten sich stattdessen an der Umwelt der Nichtmitglieder aus (z.B. individuelle Klient/innen, individuelle oder organisierte Kund/innen, anonyme Leser- oder Zuschauerpublika usw.).

Zu den zentralen Einsichten der O. gehört, dass formale Organisationen sich von ihren Umwelten operativ abgrenzen. Ihre Entscheidungs-, Handlungs- bzw.

Kognitionsprozesse sind damit nicht durch Bedingungen ihrer Umwelt bestimmt, sondern vielmehr durch systemeigene Strukturen und Prozesse. Wie z.B. im Einzelfall organisatorisch entschieden wird, erschließt sich nicht aus dem sachlichen Gehalt der Entscheidungsalternativen, sondern aus dem Netzwerk eigener anderer Entscheidungen der Organisation. Auch über ihre eigenen Strukturen können Organisationen entscheiden, aber auch hier gilt die Abhängigkeit jeder Einzelentscheidung vom Netzwerk der Entscheidungen. Hervorgegangen ist die moderne O. aus der empirisch fundierten Kritik der Verkürzungen klassischer Rationalmodelle der Organisation. Entsprechend folgt die moderne O. auch in Bezug auf moderne Management- und Reformkonzepte der Organisation nicht den damit typischerweise verbundenen Effizienz- und Rationalitätsversprechen. Der relevante Beitrag der O. für Beratungs- und Anwendungszusammenhänge besteht vielmehr gerade darin, auf ungesehene Konsequenzen, latente Strukturbedingungen, widersprüchliche Voraussetzungen und dysfunktionale Folgen aufmerksam zu machen, die mit dem Versuch der gezielten Steuerung und rationalen Gestaltung von Organisationen regelmäßig verbunden sind.

*Veronika Tacke*

**Örtliche Träger** → Jugendhilfeträger, → Träger der Sozialhilfe, → Zuständigkeit, sachliche und örtliche

**Österreichisches Komitee für Soziale Arbeit (ÖKSA)** fungiert de facto seit 1956 (de jure seit Januar 1957) als überparteiliche Kommunikations- und Dialogplattform zwischen öffentlichen und privaten Trägern der Sozialen Arbeit in Österreich und ist zugleich das Nationalkomitee Österreichs zum → Internationalen Rat für soziale Wohlfahrt (ICSW).

Das ÖKSA bezweckt statutengemäß die Förderung der Zusammenarbeit der auf dem Gebiet der → Sozialen Arbeit tätigen juristischen und physischen Personen sowie die Entwicklung neuer und die Verbesserung bestehender Arbeitsmethoden und sozialer Einrichtungen. Inhaltlich sind dem ÖKSA besonders die Bedürfnisse und Rechte von Menschen mit Behinderungen sowie älterer und pflegebedürftiger Menschen und ihrer Angehörigen ein Anliegen, aber auch andere wesentliche Fragen der Sozialarbeit (z.B. Kinder- und Jugendarbeit, → Kinderrechte in der Praxis usw.) werden regelmäßig im Rahmen von Workshops, Expertengesprächen und bundesweiten Tagungen aufgegriffen, publizistisch aufbereitet und diskutiert.

Das ÖKSA kennt ordentliche, fördernde und Ehrenmitglieder. Die Hauptversammlung findet jährlich statt, operativ spielt das Präsidium die zentrale Rolle. Darin sind das Sozialministerium, die drei größten Bundesländer Österreichs, der Österreichische Städtebund und der Gemeindebund mit jeweils einer Person sowie Repräsentant/innen der wichtigsten österreichischen Wohlfahrtsverbände (Caritas, Diakonie, Rotes Kreuz, Hilfswerk und Volkshilfe) vertreten, ergänzt um Vertreter/innen aus dem Bereich der Behindertenarbeit wie Jugend am Werk und Lebenshilfe sowie dem Arbeiter-Samariter-Bund und zu guter Letzt dem Fonds Soziales Wien.

*Anschrift*: Geigergasse 5–9, 1050 Wien, Österreich, www.oeksa.at

*Gerhard Melinz*

**OSZE** → Organisation für wirtschaftliche Zusammenarbeit und Entwicklung (OECD)

**Outcome-Orientierung** → Studium der Sozialen Arbeit

**Outsourcing** (Outside Resource Using) ist die Nutzung externer Ressourcen in betrieblichen Teilbereichen. Die Erscheinungsformen reichen vom externen O. (Contracting out) über Mischformen einer → Kooperation bis zur Ausgliederung einzelner Leistungssegmente auf Beteiligungsgesellschaften, dem Inhouse-O., welches den Regeln der → Ausgründung folgt. Das O. kann alle (Teil-)Funktionen, (Teil-) Prozesse und einzelne Segmente der Wertschöpfungskette betreffen. Ziele des O. sind vorrangig Kostenreduktion, Umstellung von Fixkosten auf variable Kosten, Konzentration auf Kernkompetenzen, Qualitätsverbesserung, Zugang zu fremdem Know-how, Erhöhung der Dienstleistungsorientierung und Förderung der Mitarbeitermotivation durch Einbindung in Aufstiegschancen eröffnende Leistungs- statt Gemeinkostenprozesse.

Unterschätzt werden häufig die Risiken, wie die Transaktions- und internen Umstellungskosten, die Verringerung der Flexibilität wegen der erforderlichen Abstimmungsprozesse, die unzureichende Berücksichtigung individueller Anforderungen des Betriebes, Ineffizienz der Schnittstellen mit der Folge von Koordinations- und Kommunikationsproblemen sowie der Verlust an Know-how. Das O. ist häufig, aber nicht generell vorteilhaft oder kostensparend; insbesondere ist eine schablonenhafte Anwendung von Lösungskonzepten sehr risikobehaftet. Viele O.partner verfolgen die Strategie, zusätzliche Renditechancen aus unklaren Leistungsvereinbarungen, mit Hilfe von Wettbewerbsklauseln, Vetorechten und anderen langfristigen Ausstiegsbarrieren abzusichern.

*Thomas von Holt*

**Pädagogik** → Erziehungswissenschaftliche Grundlagen der Sozialen Arbeit

**Pädagogische Psychologie** ist eine angewandte Teildisziplin der Psychologie. Ihre Vertreter/innen befassen sich mit der Beschreibung, Erklärung und Vorhersage des → Verhaltens und Erlebens von Personen in pädagogischen Situationen, d.h. in Situationen, in denen Personen unter Erziehungseinflüssen stehen (→ Erziehung). Die p. P. versteht sich als empirische Wissenschaft; ihre Erkenntnisse beruhen auf wissenschaftlichen Theorien und deren Überprüfung mithilfe empirischer Untersuchungen. Die Untersuchungen analysieren häufig Zusammenhänge zwischen Personmerkmalen, die nicht unmittelbar der → Wahrnehmung oder dem Erleben zugänglich sind (Beispiel → Motivation, → Intelligenz, Schulleistung). In der Forschung wird das typische Methodenspektrum der Psychologie von Experimenten bis zu Quer- und Längsschnittstudien eingesetzt. Zu den wissenschaftlichen Aufgaben der p. P. zählen sowohl die Generierung grundlagenorientierten Wissens als auch die Bereitstellung praktisch nutzbaren Wissens. Zentrales Inhaltsgebiet sind Lehr- und Lernprozesse, die unter Beachtung individueller, sozialer und institutioneller Perspektiven untersucht werden. Dabei werden Erziehungsprozesse über die gesamte Lebensspanne untersucht vom Ungeborenen bis zum sehr hohen Erwachsenenalter. Ein deutlicher Schwerpunkt findet sich allerdings im Schulalter. Typische Forschungsfelder sind Themen wie → Lernen und → Gedächtnis, schulische und familiäre Erziehung, Schulleistung, Intelligenz und Hochbegabung, Motivation, Interesse, Selbstkonzept (→ Selbst-Entwicklung), Leistungsbewertung und Leistungsdiagnostik, Unterricht, Lehr- und Lernstrategien, kooperatives Lernen usw. Zu den wesentlichen praktischen Aufgaben pädagogischer Psycholog/innen zählen die Schulpsychologie (→ Schulpsychologischer Dienst), die → Erziehungs- und Schullaufbahnberatung, die Leistungs- und Persönlichkeitsdiagnostik sowie die → Evaluation von Maßnahmen im Erziehungskontext. Im Zusammenhang mit dem Aufkommen empirischer Schulleistungsuntersuchungen wie der PISA-Studie ist die empirische Bildungsforschung zu einem wichtigen Arbeitsfeld der p. P. geworden. Ein weiterer thematischer Schwerpunkt liegt auf der Analyse der Prozesse beim Lernen mit neuen Medien. Inhaltliche Berührungspunkte zur sozialen Arbeit ergeben sich auch bei Themen wie → Prävention, Schulunlust, Hyperaktivität und → Verhaltensauffälligkeiten.

*Jens Möller*

**Pädagogisch-therapeutisches Milieu** Milieutherapie, als ursprünglich von W. Bion definierter »gemeinsamer therapeutischer Prozess im Rahmen einer temporären Lebensgemeinschaft« ist heute zu einem Sammelbegriff für Behandlungs-, Betreuungs-, und Begleitungssettings geworden, die das räumliche und → soziale Milieu von Institutionen auf eine heilungs- und entwicklungsfördernde Art und Weise gestalten. Besonders bekannt wurden B. Bettelheim und F. Redl mit der Begriffsprägung »Therapeutisches Milieu« im klinisch-psychiatrisch-pädagogischen Bereich. Die Zielgruppe hat sich jedoch heute auf viele Bereiche der stationären Kinder- und Jugendhilfe, auf kranke oder beeinträchtigte Menschen im Rehabilitationsbereich, im Gerontologiebereich (→ Demenz) usw. ausgeweitet. Die Herausforderung des P. M. besteht in der Herstellung einer qualitativ hohen Betreuungsqualität durch die Komplexität eines multiprofessionellen Verständnisses der vorliegenden Problematik und eines ebenso interdisziplinär angelegten Fall- und Systemmanagements, ohne jedoch die klinisch-individuelle Perspektive aus den Augen zu verlieren. Das P. M. realisiert sich als nachsozialisierender Rahmen inmitten der → Lebenswelt, jedoch durch ein vorhandenes positives Netz von Beziehungs- und Dialogangeboten hindurch. Betroffene und Angehörige werden als Mitgestaltende verstanden. Ziel ist i.d.R. die Erlangung von einem – an der Problematik gemessen – möglichst hohen Maß an Selbstverantwortung und Eigenständigkeit trotz der erschwerten Bedingungen durch die jeweilige Beeinträchtigung. Inklusionsaspekte und eine grundsätzlich dialogisch und partizipativ orientierte Vorgehensweise sind dabei von hoher Bedeutung.

Die Kernthese F. Redls, dass alle Faktoren in der Lebensumwelt auch förderliche Auswirkungen haben und therapeutische Hilfen nicht allein auf die kurze Dauer von Einzel- oder Gruppentherapiesitzungen begrenzt bleiben, sondern im natürlichen Lebensalltag des Kindes präsent sein sollten, hat an Bedeutung keineswegs verloren. Die Forderungen nach Entwicklungsorientierung, Nachnährung, Milieu- und Umfeldorientierung, der Minimierung schädlicher Einflüsse sowie einer angemessenen Mischung aus Beziehungsorientierung und Strukturgebung im Alltag und einer grundsätzlichen Flexibilität in einer teamabgestimmten Interventionsgestaltung besitzen bis heute Aktualität, werden aber in den letzten Jahren v.a. in der Sozialen Arbeit theoretisch weiterentwickelt (Gahleitner). Im Bereich der Sozialen Arbeit müssen dafür sozialarbeiterische Unterstützung, sozialpädagogisches

Handeln und therapeutisches Verstehen im Lebensalltag miteinander in Einklang gebracht werden. Die Herstellung eines förderlichen Milieus erfordert eine fundierte professionelle Beziehungsgestaltung (→ Bindung/Beziehung in der Sozialen Arbeit). Unterschiedliche Beziehungs-, Bearbeitungs- und Behandlungsräume müssen hergestellt und in ein fruchtbares Zusammenspiel gebracht werden. Aus dieser Perspektive sollte daher künftig von einem p. M. gesprochen werden, um den interdisziplinären Charakter deutlich zu machen (zum pädagogischen Milieu Böhnisch). Die Teams sind i.d.R. interdisziplinär zusammengesetzt und müssen über ein breites Kompetenzspektrum verfügen, das für die Klientel ein konstruktives Zusammenspiel von Unterstützung und Verbundenheit im Zweier-, Gruppen- und Systemkontext ebenso wie angemessene Strukturgebung und Grenzsetzung sowie einen vorsichtigen Wiederaufbau der Selbstorganisation und Dialogfähigkeit ermöglicht.

*Lit.* Gahleitner, S. B.: Das pädagogisch-therapeutische Milieu in der stationären Arbeit mit traumatisierten Kindern und Jugendlichen, in: Heilpädagogik 58, 2015, Nr. 2, S. 2–10; Böhnisch, L.: Milieubildung als pädagogisches Konzept einer lebensweltorientierten Jugendhilfe, in: Grunwald, K./Thiersch, H. (Hrsg.): Praxis Lebensweltorientierter Sozialer Arbeit. Handlungszugänge und Methoden in unterschiedlichen Arbeitsfeldern, Weinheim 2004, S. 435–441; Otto, B.: Bruno Bettelheims Milieutherapie, 2. Aufl., Weinheim 1993; Redl, F.: Erziehung schwieriger Kinder. Beiträge zu einer psychotherapeutisch orientierten Pädagogik, München 1971.

*Silke Birgitta Gahleitner*

**Pädophilie** ist die sexuelle Ansprechbarkeit durch das kindliche (vorpubertäre) Körperschema, die sich auf Jungen oder auf Mädchen, aber auch auf beide Geschlechter richten kann. Der Begriff sagt lediglich etwas über die sexuelle Ausrichtung der Personen auf das präferierte (kindliche) Entwicklungsalter begehrter Sexualpartner aus und nicht darüber, ob entsprechende Wünsche in → Verhalten umgesetzt werden. Wenn es zu konkreten sexuellen Handlungen eines Erwachsenen vor, an oder mit einem Kind kommt, wird dies als Pädosexualität bezeichnet. Diese → sexuellen Missbrauchshandlungen können, müssen aber nicht auf eine P. zurückgehen. Die P. hingegen stellt eine Besonderheit der sexuellen Präferenz eines Menschen dar, manifestiert sich im Jugendalter und ändert sich dem derzeitigen Stand der sexualwissenschaftlichen Forschung zufolge nach Abschluss der → Pubertät genauso wenig wie eine sexuelle Orientierung auf (erwachsene) Frauen oder Männer; sie ist Schicksal und nicht Wahl und wie jede andere Präferenzausbildung das Produkt eines biopsychosozialen Entstehungsprozesses (→ Sexualität), der sich nicht willentlich beeinflussen lässt. Aus diesem Grund darf man die sexuelle Präferenzstruktur auch niemandem zum Vorwurf machen. Die Betroffenen sind nicht schuld an ihren sexuellen Gefühlen, aber sie sind verantwortlich für ihr sexuelles Verhalten. Verurteilen und bestrafen kann und muss man sexuelle Verhaltensweisen, die mit Fremdgefährdung einhergehen – wie die Nutzung von Missbrauchsabbildungen (verharmlosend als »Kinderpornografie« bezeichnet) oder sexuelle Übergriffe auf Kinder, und zwar unabhängig davon, ob ein Täter pädophil ist oder nicht.

Die Häufigkeit pädophiler Neigungen bei Männern wird auf der Basis epidemiologischer Untersuchungen mit ca. 1% angegeben (das Auftreten bei Frauen ist extrem selten). Da davon ausgegangen werden kann, dass sich – im Gegensatz zu der pädophilen Neigung selbst – das Verhalten beeinflussen lässt , wird der primären → Prävention von sexuellem Kindesmissbrauch im Dunkelfeld immer mehr Beachtung geschenkt: Männern mit pädophiler Neigung therapeutische Hilfen anzubieten, bevor aus Phantasien Taten werden. Dies ergänzt auf sinnvolle Weise die sich an Kinder (und Eltern) richtende pädagogische Primärprävention: Präventive Therapie von potenziellen Tätern ist aktiver Opferschutz. In Anbetracht der zu vermutenden Opferzahlen im Dunkelfeld (in Deutschland ca. 9% der Mädchen und 3% der Jungen) ist zu wünschen, dass die gesellschaftliche Auseinandersetzung mit der P. differenzierter erfolgt: Je mehr die Betroffenen sich darauf verlassen können, dass sie nicht wegen ihrer Neigung verurteilt werden, sondern ohne Diskriminierung Hilfen in Anspruch nehmen können, um keinen Übergriff zu begehen, desto geringer werden ihre (derzeit extrem hohen) Schwellenängste sein, um geeignete Angebote in Anspruch zu nehmen. In Deutschland wurden erhebliche Bemühungen unternommen, um eine entsprechende Versorgungsstruktur aufzubauen, die gewährleisten soll, dass eigenmotivierten, therapiesuchenden potenziellen oder realen (Dunkelfeld-)Tätern adäquate Therapieplätze zur Verfügung gestellt würden. Ausgehend von der Initiierung dieses Präventionsansatzes am Institut für Sexualwissenschaft und Sexualmedizin der Charité (Universitätsmedizin Berlin) im Jahre 2005 gibt es mittlerweile zehn weitere Standorte in verschiedenen Bundesländern, die sich zu einem Präventionsnetzwerk zusammengeschlossen haben (www.kein-taeter-werden.de). In Berlin wurde dies ergänzt um ein seit 2014 bestehendes Angebot für Jugendliche, die eine Ansprechbarkeit für das kindliche Körperschema aufweisen (vgl. www.dutraeumst-von-ihnen.de).

*Klaus M. Beier*

**Palliativversorgung** Anknüpfend an die → Hospizbewegung steht die P. (engl. »Palliative Care«) für einen Reformansatz in der Gesundheits- und Sozialversorgung von schwer kranken, sterbenden und ihnen nahestehenden Menschen. Laut einer Definition der → Weltgesundheitsorganisation (WHO) integriert die P. evidenzbasierte medizinische, pflegerische, psychosoziale und spirituelle Interventionen, die auf eine systematische Kontrolle und Linderung von nicht ursächlich behandelbaren Krankheitssymptomen sowie insgesamt die Erhöhung der Lebensqualität bei schweren chronischen (→ Chronische Krankheiten) und tödlich verlaufenden Erkrankungen abzielen. Die professionsübergreifende Zusammenarbeit ist für die P. ebenso selbstverständlich wie die Kooperation mit der Hospizbewegung. Als ein Interventionsansatz, der auf umfassendes Wohlbefinden zielt, ist P. nicht allein bei Sterbenden anwendbar. Sie erweitert das Handlungsspektrum der Professionellen und die Angebotsstrukturen des Versorgungssystems ebenso wie die Selbstbestimmungs- und die Wahlmöglichkeiten der Nutzer/innen.

Grundsätzlich kann P. in allen Versorgungssettings praktiziert werden (→ Krankenhaus, Pflegeheim, häusliches Umfeld usw.). Hierzulande wurde seit den 1980er-Jahren nach internationalem Vorbild zunächst mit dem Aufbau spezialisierter → Einrichtungen begonnen – insbesondere von stationären Hospizen und Palliativstationen an Krankenhäusern. Inzwischen wurde deren Integration in die sozialrechtlichen Strukturen des → Gesundheitswesens weit vorangetrieben. Seit 2007 gibt es mit der Spezialisierten Ambulanten Palliativversorgung (SAPV) auch einen sozialrechtlich definierten Leistungsanspruch, um Schwerkranken und Sterbenden den Verbleib im privaten Umfeld zu ermöglichen. Eine gleichmäßige und flächendeckende P. steht trotz dieser Fortschritte noch immer aus. In Einrichtungen der Regelversorgung und in ländlichen Regionen treffen schwer kranke, sterbende und ihnen nahestehende Menschen nach wie vor selten auf bedarfsgerechte Angebote. Dem soll künftig durch einen Ausbau der allgemeinen P. und der Umsetzung von deren Prinzipien in allen Versorgungssettings begegnet werden.

Die P. stellt hohe Anforderungen an die Qualifikation der → Gesundheitsberufe und → sozialen Berufe. Dem muss durch Integration des Themas in die Primärausbildung und durch gezielte → Fort- und Weiterbildung begegnet werden. International haben sich Palliativmedizin, Palliativpflege, palliative Sozialarbeit oder Spiritual Care längst zu Spezialgebieten der jeweiligen Professionen und zu einem anspruchsvollen multiprofessionellen Handlungsfeld entwickelt. Darüber hinaus ist die Forschung zu Fragen der P. auszubauen oder zu intensivieren. Notwendig sind gleichermaßen mono- wie multidisziplinäre Initiativen, um den vielen, unterschiedlich gelagerten Anforderungen in der Versorgung von schwer kranken, sterbenden und ihnen nahestehenden Menschen gerecht werden und den Anschluss an internationale Entwicklungen in der P. herstellen zu können.

*Michael Ewers*

**Paraphilien** → Sexualität

**Parität International** → Deutscher Paritätischer Wohlfahrtsverband (DPWV)

**Partizipation** Unter P. (lat.: Teilnahme, Teilhabe) versteht man zunächst in einem umfassenden Sinn die Beteiligung von Personen an der Gestaltung sozialer Zusammenhänge und an der Erledigung gemeinschaftlicher Aufgaben sowie die Bindung an soziale → Institutionen bzw. an sozial maßgebliche Strömungen innerhalb einer → Gesellschaft. In einem engeren Sinn bezeichnet P. die → Teilhabe von Bürgerinnen und Bürgern an politischen Strukturen und demokratischen Willensbildungsprozessen. P. gilt allgemein als wünschenswert, weil dadurch aus demokratietheoretischer und organisationssoziologischer Sicht die Legitimität und → Effektivität von → Organisationen sowie von politischen Institutionen und Prozessen durch Demokratisierung gesteigert werden können. Insbesondere auf kommunaler Ebene avancierte bürgerschaftliche P. seit Ende der 1990er-Jahre zum Mechanismus der Öffnung zentralisierter und bürokratisierter Politik- und Verwaltungsstrukturen. Im Leitbild der → »Bürgerkommune« verdichtet sich konzeptionell neben einer gesteigerten Kundenorientierung auch die seit den 1970er-Jahren konsequent verstärkte Praxis der Zusammenarbeit kommunaler Entscheidungsträger mit Verwaltungen einerseits und mit bürgerschaftlichen Gruppierungen andererseits. In Ergänzung des repräsentativen politischen Systems manifestiert sich letztere in einer Etablierung von → Bürgerinitiativen, Bürgerräten, → Bürgerhaushalten und einer Vielzahl weiterer P.formen, die über die herkömmliche Teilnahme an Wahlen hinausreichen und den Bürger/innen Möglichkeiten zur Mitsprache einräumen, um einer sich ausbreitenden Distanz zur Politik entgegenzuwirken. P. führt jedoch realpolitisch nicht zwangsläufig zu einem offeneren politischen Gemeinwesen, ebenso können sich Aus- und Abgrenzungsbedürfnisse gegenüber bestimmten Personengruppen durch Beteiligungsverfahren Bahn brechen.

Parallel zum politischen Spektrum öffneten sich Organisationen und Institutionen durch Mechanismen der P. sowohl gegenüber ihren Mitarbeiter/innen (z.B. durch → Teamarbeit, → Qualitätszirkel oder Kundenbefragungen) als auch gegenüber ihren → Kunden/Kundinnen bzw. Nutzer/innen (z.B. Kundenparlament, Kundenbefragung). Dies betrifft insbesondere den Bereich der Sozialen Arbeit, deren professionelles Handeln sich seit den 1980er-Jahren verstärkt an der → Lebenswelt von Klient/innen ausrichtet. Eine Orientierung am → Sozialraum und die aktive Beteiligung betroffener Menschen an der Erbringung → sozialer Dienstleistungen sollen dazu beitragen, Intransparenz, bürokratische Fehlsteuerungen und eine ausschließliche Orientierung am Einzelfall zu vermeiden. P. ist somit ein Element der → Professionalisierung sozialer Dienste. Gleichwohl garantiert P. nicht zwangsläufig den Abbau von Hierarchien oder die Berücksichtigung bisher marginalisierter Interessenslagen im politischen System, innerhalb von Organisationen oder bei der Erbringung sozialer Dienstleistungen. Auch P.mechanismen können von etablierten Interessenlagen beeinflusst werden bzw. verstärkt von Personen wahrgenommen werden, die über einen hohen Bildungsstand und gesicherte gesellschaftliche Positionen verfügen.

*Jens Wurtzbacher*

**Partnerschaftsberatung** Unter P. versteht man alle Angebote von → Beratung, die sich an Paare oder Einzelne richten und die die Paarbeziehung sowie damit verbundene Probleme zum Thema haben. Dabei ist die Dauer oder der rechtliche Status der Partnerschaft (→ Ehe, nichteheliche Lebensgemeinschaft, eingetragene → Lebenspartnerschaft) oder die sexuelle Orientierung heute unerheblich. In der Vergangenheit arbeiteten Partnerschaftsberater/innen überwiegend methoden-integrativ. Daraus entwickelten sich aktuelle Paartherapiekonzepte wie Schematherapie mit Paaren, die Acceptance- und Commitmenttherapie, das Differenzierungskonzept nach D. Schnarch sowie die Emotionsfokussierte Paartherapie. P. findet als Einzelberatungen, Paarberatungen oder auch Paar-zu-Paarberatungen, bei denen zwei Berater/innen gemeinsam mit einem Paar arbeiten. Inhalte sind neben traditionellen Themen wie Streit, Konflikteskalation, Entfremdung oder Außenbeziehung Angebote wie Sexualberatung, Kommunikationstraining für Paare oder auch die Trennungsberatung. P. wird im Rahmen von Beratungsstellen v.a. im Zusammenhang mit Aufgaben der Jugendhilfe oder des Schwangeren- und Familienhilfegesetzes niedrigschwellig und kostengünstig bis kostenfrei angeboten. P wird von den gesetzlichen Krankenkassen nicht als Heilverfahren anerkannt. Bei Ehe- und Beziehungsproblemen erweist sich Paartherapie wirksamer als Einzeltherapie. In zwei Drittel der Fälle bewirkt sie positive Ergebnisse in den Bereichen eheliche Zufriedenheit und Reduktion von negativem ehelichen Stress.

*Berit Brockhausen*

**Patchwork-Familie** ist eine relativ moderne Definition, die 1990 erstmals im deutschen Sprachraum aufkam und zwar im Zuge der Übersetzung eines amerikanischen Bestsellers von A. C. Bernstein unter dem deutschen Titel: »Die Patchwork-Familie. Wenn Väter oder Mütter in neuen Ehen weitere Kinder bekommen«. Der Begriff P. ersetzt inzwischen zunehmend den traditionellen Begriff der Stieffamilie und wird zur Bezeichnung der infolge von Trennung oder → Ehescheidung eines Paares mit Kindern nach Wiederheirat eines Elternteils oder dem Eingehen einer weiteren heterosexuellen oder gleichgeschlechtlichen nichtehelichen Lebensgemeinschaft sich herausbildenden neuen Familienkonstellationen verwendet, die den gemeinsamen Alltag nunmehr mit ihren aus vorherigen Beziehungen stammenden Kindern und ggf. noch weiteren, gemeinsam gezeugten und/oder adoptierten Kindern (→ Annahme als Kind) oder auch → Pflegekindern gestalten. Somit ergeben sich hochkomplexe Familien- und Verwandtschaftsbeziehungen, die noch komplizierter werden, wenn sich Paare nach einer zweiten oder dritten Trennung neu zusammenfinden. Erfahrungen aus der Ehe-, Familien- und Lebensberatung zeigen, dass es etwa fünf Jahre dauert, bis sich eine P. konsolidiert hat. Kinder, die in P. aufwachsen, entwickeln aufgrund der vergleichsweise großen Zahl von relevanten Bezugspersonen im Generationenzusammenhang und infolge ausgeprägter Familiendynamiken auffallend häufig ein hohes Maß an Sozialkompetenz.

*Uta Meier-Gräwe*

**Patientenbeteiligung** Mit Inkrafttreten des Gesetzes zur Modernisierung der gesetzlichen Krankenversicherung (GKV-Modernisierungsgesetz [GMG]) vom 14.11.

2003 (BGBl. I S. 2190) wurden erstmals die Rechte von Patient/innen gestärkt und die Berücksichtigung ihrer Interessen in den Gremien der gemeinsamen → Selbstverwaltung der gesetzlichen → Krankenversicherung (GKV), der Vertrags(zahn-)ärzt/innen und der → Krankenhäuser zur Pflicht. Auf der Grundlage des § 140 f SGB V werden Patient/innen seit 2004 an der Ausgestaltung des Leistungsrechts in der GKV beteiligt. Insbesondere die in § 140 f Abs. 2 SGB V geregelte Möglichkeit der Wahrnehmung der Interessen von Patient/innen und chronisch kranken (→ Chronische Krankheiten) sowie → behinderten Menschen beim → Gemeinsamen Bundesausschuss (§ 91 SGB V) ist hier hervorzuheben. Eine P. ist gemäß § 140 f Abs. 3 SGB V auch verpflichtend in Ausschüssen der gemeinsamen Selbstverwaltung vorgesehen, die sich auf Landesebene mit der Sicherstellung der → ambulanten ärztlichen Versorgung befassen (§§ 90, 90 a, 96 u. 97 SGB V) sowie bei Beratungen zur Qualitätssicherung in der medizinischen Versorgung. Mit dem Gesetz zur Stärkung der Gesundheitsförderung und der → Prävention (Präventionsgesetz [PrävG]) vom 24.7.2015 (BGBl. I S. 1368) ist ein Mitberatungsrecht gemäß § 140 f SGB V auch in der Nationalen Präventionskonferenz nach § 20 e Abs. 1 SGB V vorgesehen.

Gemäß § 140 f Abs. 1 SGB V wird die P. durch die für die Wahrnehmung der Interessen der Patient/innen und der → Selbsthilfe chronisch kranker und behinderter Menschen maßgeblichen Organisationen gesichert. In der Verordnung zur Beteiligung von Patientinnen und Patienten in der GKV (Patientenbeteiligungsverordnung [PatBeteiligungsV]) vom 19.12. 2003 (BGBl. I S. 2753) wurden Anforderungen an die maßgeblichen Organisationen auf Bundesebene formuliert. Danach sind der → Deutsche Behindertenrat, die Bundesarbeitsgemeinschaft der PatientInnenstellen, die → Deutsche Arbeitsgemeinschaft Selbsthilfegruppen e.V. sowie die Verbraucherzentrale Bundesverband e.V. anerkannte Organisationen i.S. der Verordnung. Im Binnenverhältnis haben sich die anerkannten Organisationen auf eine Geschäfts- und Verfahrensordnung zur Herstellung von Einvernehmen bei der P. gemäß §§ 140 f und 140 g SGB V geeinigt. Mit der P. wird die Betroffenensicht in die Leistungsausgestaltung der gesetzlichen Krankenversicherung eingebracht und Transparenz sowie Patient/innenorientierung werden gestärkt. Die von den anerkannten Organisationen entsandten sachkundigen Personen haben ein Mitberatungs- und Antragsrecht, jedoch kein Mitentscheidungsrecht in den Gremien der gemeinsamen Selbstverwaltung.

*Ursula Helms*

**Patientenverfügung** ist in § 1901 a Abs. 1 S. 1 Halbs. 1 → Bürgerliches Gesetzbuch (BGB) legaldefiniert. Durch sie legen einwilligungsfähige Volljährige für den Fall ihrer Einwilligungsunfähigkeit schriftlich fest, ob sie in bestimmte, zum Zeitpunkt der Festlegung noch nicht unmittelbar bevorstehende Untersuchungen ihres Gesundheitszustandes, Heilbehandlungen oder ärztliche Eingriffe einwilligen oder sie untersagen. Die P. bedarf der Schriftform (§ 126 Abs. 1 BGB). Ein Widerruf einer P. ist formfrei möglich. Die Bindungswirkung ist inhaltlich begrenzt. Sie endet, wenn die Festlegungen der P. nicht mehr auf die aktuelle Lebens- und Behandlungssituation zutreffen (§ 1901 a Abs. 2 BGB). In diesen Fällen ist weiterhin der mutmaßliche Wille der Patienten ausschlaggebend. Diesen Willen müssen die behandelnden Ärztinnen und Ärzte und die Betreuer/innen (→ Betreuung) aufgrund konkreter Anhaltspunkte, wie z.B. früherer Äußerungen, ermitteln (§ 1901 a Abs. 2 S. 2 BGB) und als bindend berücksichtigen (§ 1901 b Abs. 1, § 1901 a Abs. 1 S. 2 BGB).

*Angela Busse*

**Pauschalierung** Bei der Bemessung von Leistungen kann das Sozialrecht entweder einen individuellen → Bedarf decken oder im Wege der P. vorgehen. Bei der P. legt das → Sozialrecht einen typisierten Bedarf zugrunde, zu dessen Deckung die Berechtigten einen Festbetrag erhalten. Beispiele für pauschalisierte Leistungen sind das → Arbeitslosengeld II (Alg II) nach § 20 SGB II und der notwendige → Lebensunterhalt nach § 27 a SGB XII. Die gemeinsame Rechtsgrundlage für deren Festlegung ist das Gesetz zur Ermittlung der Regelbedarfe (RBEG, → Regelbedarfs-Ermittlungsgesetz), das neben den für die Ermittlung relevanten Angaben die Regelbedarfsstufen und die Fortschreibung der → Regelsätze regelt.

Auch im Rahmen einer Leistung, die sich wie Leistungen gem. § 9 Abs. 1 SGB XII allgemein nach den Bedarfen des Einzelfalls richtet, kann die Erbringung von Pauschalleistungen sachgerecht sein: Sie verschaffen den Berechtigten Autonomie in der Gestaltung des eigenen Lebens und Eigenverantwortung und tragen so der → Menschenwürde der → Leistungsberechtigten besonders Rechnung.

Das → Bundesverfassungsgericht hat in seinem Urteil vom 9.2.2010 inhaltliche Anforderungen an die Ausgestaltung einer Pauschalleistung beschrieben. Insbesondere muss die generalisierende Leistung auf einer stimmigen und realitätsgerechten Herleitung beruhen. Das Erfordernis einer solchen stimmigen Herleitung der Leistung ist z.B. verletzt, wenn einzelne Festlegungen nicht mehr auf nachvollziehbare Sachgründe und belegbare Bedarfe zurückzuführen sind, sondern als willkürlich angenommener Vomhundertwert aus einem Eckregelsatz (»ins Blaue«) abgeleitet werden. Damit die Leistungsberechtigten autonom über die Leistung verfügen können, muss bei der Bemessung eines pauschalierten Festbetrags Spielraum für einen sog. internen Austausch zwischen den anerkannten Bedarfspositionen bleiben. Dieser erlaubt beispielsweise, die für nicht benötigte Bedarfe vorgesehenen Mittel stattdessen für tatsächlich erforderliche Anschaffungen zu verwenden. Zudem muss sich die Erwartung des Gesetzgebers, dass sich Leistungsberechtigte mit eigenen Ansparleistungen an größeren Anschaffungen beteiligen, konsequenterweise in der Bemessung der Regelbedarfe niederschlagen. Wenn der Pauschalbetrag hingegen regelmäßig allenfalls für die laufenden Bedarfe ausreicht, läuft diese Erwartung eigener Ansparleistungen ins Leere. Schließlich muss das Leistungsrecht ergänzend zu den Pauschalleistungen Vorkehrungen treffen, um neben den typisierbaren auch unabweisbare, atypische Bedarfe decken zu können, die im Einzelfall für die Gewährleistung des menschenwürdigen → Existenzminimums erforderlich sind. Da diese Auffangleistung bis 2010 fehlte, erklärte das Bundesverfassungsgericht auch diesen Aspekt der Regelleistung für verfassungswidrig. Die vom Bundesverfassungsgericht gerügten Mängel in der Ermittlung der Pauschalleistungen führten 2011 zu einer Reform der Regelsatzermittlung (BT-Drucks. 17/3404), die am 24.3.2011 in Kraft getreten ist (BGBl. I S. 453).

*Friederike Mußgnug*

**PDCA-Zyklus** → Qualitätsmanagement

**Peergroup** bezeichnet eine → Gruppe Gleichaltriger oder Gleichgesinnter mit analogen Interessen, ähnlichen sozialen Abstammungen und oftmals gleichem Geschlecht. Der aus der Soziologie stammende Fachbegriff P. geht auf den amerikanischen Soziologen C. H. Cooley (1864–1929) zurück, der das Konzept der Primärgruppen entwickelte, zu denen bspw. neben der → Familie und Nachbarschaft auch die P. zählen. Für das Konzept der Primärgruppen ist zentral, dass besonders Kinder und Jugendliche sich stärker an Gruppenstandards und Menschen ähnlichen Alters als an denen der Eltern oder anderer Erwachsenen orientieren und dass auch später die Menschen und ihre Ansichten häufig von den Menschen der unmittelbaren Umgebung geprägt werden. Die P. ist neben Elternhaus und Schule eine zentrale Sozialisationsinstanz (→ Sozialisation). Dabei zeigen die Erkenntnisse aus der sozialwissenschaftlichen Kindheitsforschung, das bereits Kinder unter drei Jahren soziale Beziehungen untereinander entwickeln und daher auch für sie die Gruppe der Gleichaltrigen von wesentlicher Bedeutung für das eigene Handeln und die Entwicklung eigener Standpunkte ist. Mit zunehmendem Alter der Kinder nimmt die Orientierung an den Gleichaltrigen eine immer stärkere Bedeutung ein. P. übernehmen bei Kindern und Jugendliche wichtige Sozialisationsfunktionen; erst durch sie kann die Bewältigung von alterstypischen Entwicklungsaufgaben wie das Erproben und Einüben von sozialen Mustern und Verhaltensweisen gelingen. Die P. ist somit ein Gegenmodell zum Elternhaus und macht die → Emanzipation von diesem überhaupt erst möglich. Einzelne P. zeichnen sich oftmals durch formalisierte Codes der Selbstdarstellung und Verständigung aus und grenzen sich somit auch äußerlich von anderen P. bzw. der Welt der Erwachsenen ab. Insbesondere bei → Konflikten mit dem Elternhaus übernimmt die P. eine wesentliche Funktion für die Kinder und Jugendlichen; der Austausch über Gefühle, Erlebnisse und Wahrnehmungen mit den Gleichaltrigen unterstützt sie bei der Bewältigung dieser Konflikte. Die sozialisierende Kraft der P. ist Chance und Risiko zugleich: Der z.T. sehr stark ausgeprägte Gruppendruck in P. kann Kinder und Jugendliche zu problematischen Verhaltensweisen wie Drogenkonsum oder → Delinquenz veranlassen. Mit einem großen Risiko behaftete Aufnahmerituale mancher P. bergen ebenfalls, insbesondere für Kinder und Jugendliche mit einem schwach ausgeprägten Selbstbewusstsein, ein hohes Gefährdungspotenzial. Der Wunsch nach Zugehörigkeit überwiegt in solchen Momenten und lässt alles andere in den Hintergrund treten. Gleichwohl ist es eine zentrale Erkenntnis des in den 1970er-Jahren in Amerika entwickelten Konzeptes der Positive Peer Culture, dass Kinder und Jugendliche unabhängig von eigenen Störungen und Auffälligkeiten in der Lage sind, andere Kinder und Jugendliche bei ihrer sozialen Weiterentwicklung zu unterstützen, was wiederum positive Auswirkungen auf die eigene Entwicklung hat.

*Petra Mund*

**Peergroup education** Mit Peers (Gleichaltrige, Clique, informelle Gruppe) sind Jugendliche gemeint, die (annähernd) gleich alt sind. → Peergroups bilden einen informellen Sozialisationskontext und beeinflussen sich gegenseitig. Peerforschung betont die Bedeutung der Peerbeziehungen für die Persönlichkeitsentwicklung, Bildung und Lebensbewältigung. P. e. ist ein pädagogisches Setting in Schule und → Jugendarbeit, welches auf der wechselseitig gegebenen positiven Grundeinstellung zwischen Gleichaltrigen aufbaut. Authentizität, Glaubwürdigkeit und Gleichrangigkeit wird den »agierenden Peers« zugeschrieben. In Peer-to-Peer-Ansätzen werden Inhalte vermittelt bzw. → Kompetenzen erprobt sowie Wissen, Einschätzungen und spezifische Fähigkeiten weitergegeben. Peer-to-Peer-Projekte bearbeiten Präventionsthemen, z.B. Risikominimierung bezüglich Alkohol- und Drogenkonsum, Gesundheitsbildung, Streitschlichtung, Anti-Aggressions-Training und → Jugendmedienschutz. Prinzipiell können aber alle Themen aus der Perspektive der Jugendlichen bzw. der Jugendarbeit als P. e. konzipiert werden. Die Projekte folgen entweder Trainingsansätzen, die nur geringen thematischen und methodischen Spielraum für die Akteure lassen oder handlungsorientierten und emanzipatorischen Ansätzen. Pädagogische Fachkräfte arrangieren die Projekte, begleiten zurückhaltend die Aktivitäten und Prozesse der Peers und verorten diese in der jugend- und bildungspolitischen Infrastruktur.

*Andreas Thimmel*

**Personalbemessung** P. als Teil des → Personalmanagements sucht in systematisierten Verfahren Antworten auf die Frage, welcher Umfang von Personal mit welchen Grundqualifikationen (Ausbildung) aktuell und voraussichtlich in absehbarer Zukunft erforderlich ist, um die Aufgaben der Organisation erfüllen zu können. Der als erforderlich angenommene und begründete Personalbedarf wird mit der Ist-Situation verglichen, um eventuell vorhandene oder künftig absehbare Lücken im Personalbedarf schließen zu können. Für die P. können bei einigen Organisationen relativ eindeutige Maßstäbe herangezogen werden: die in gesetzlichen Bestimmungen oder in Förderungsbedingungen enthaltenen oder die in Leistungs- und Entgeltvereinbarungen niedergelegten Personalschlüssel. Für Arbeitsbereiche, in denen solche eindeutigen Maßstäbe nicht existieren, müssen Verfahren entwickelt werden, mit deren Hilfe systematisch der Bedarf an Personal berechnet und der Aufgabenentwicklung kontinuierlich angepasst werden kann. Solche Verfahren der P. können unterschiedlich komplex angelegt sein: von einer relativ simpel erscheinenden Zuordnung einer bestimmten Anzahl von Fällen (Richtwerte), die man für eine Fachkraft als bearbeitbar erachtet (aber häufig schwierig: ab wann ist ein »Fall« ein »Fall«?) bis hin zu komplexen zeitbasierten und an inhaltlichen Kriterien ausgerichteten Bemessungsverfahren. Kriterienbasierte P.verfahren haben einen Bezug zur Organisationsgestaltung, weil sie zur Reflexion über Arbeitsweisen und Arbeitsstrukturen herausfordern. Damit wird explizit entschieden, in welcher Weise eine Organisation ihre Aufgaben interpretiert, welche Bearbeitungsformen sie mit welchem Zeitaufwand festlegen will und nach welchen Prioritäten die einzelnen Teilaufgaben bearbeitet werden sollen.

*Joachim Merchel*

**Personalentwicklung** P. ist traditionell derjenige Teilbereich des → Personalmanagements, der sich vor allem auf die Qualifikationen und die Motivation der in der Organisation tätigen Mitarbeiter/innen bezieht: die Erkundung des Qualifikationspotenzials der Mitarbeiter/innen, den Abgleich zwischen notwendiger und vorhandener Qualifikation sowie die Entwicklungsmaßnahmen zur besseren Ausrichtung der Qualifikationen an den Erfordernissen der Organisation – Qualifikation umfassend zu verstehen: Kenntnisse, Fähigkeiten und Einstellungen/Haltungen sowie die zugrunde liegende Motivation und Handlungsbereitschaft der Mitarbeiter/innen. Über diese anpassungsorientierte Ausrichtung hinaus sollte P. – nicht zuletzt unter dem Aspekt der Personalbindung und eines lernoffenen Arbeitsklimas mit förderlichen Auswirkungen auf die → Organisationsentwicklung – auch den Qualifizierungs- und Gestaltungsbedürfnissen der Mitarbeiter/innen Rechnung tragen. P. hat also auch einen Ausgleich von Organisationszielen und Individualzielen im Blick. P. lässt sich somit definieren als die systematische Beobachtung und Förderung der Fähigkeiten und der Motivation der Mitarbeiter/innen in aktiver und prozessualer Abstimmung mit deren eigenen beruflichen Erwartungen, mit den Erfordernissen der Arbeitsaufgaben und mit den Organisationszielen der Einrichtung. Eine gute P. führt zu einer inneren Bindung der Mitarbeiter/innen an die Organisation – ein Effekt, der zum einen für die Verarbeitung des strukturell angelegten Spannungsverhältnisses zwischen Individuum und Organisation bedeutsam ist und der zum anderen insbesondere in solchen Arbeitsfeldern erstrebenswert erscheint, in denen es schwierig wird, frei gewordene Stellen adäquat zu besetzen.

Organisationen der Sozialen Arbeit bedürfen in besonderer Weise einer methodisch sorgfältigen P., weil bei sozialen

Dienstleistungsorganisationen die Qualität der Arbeit entscheidend von der Qualifikation, der Kompetenz und der Leistungsbereitschaft der Mitarbeiter/innen abhängt; denn die Qualität der Arbeit entscheidet sich in den vielfältigen Interaktionen zwischen der jeweiligen → Fachkraft und den Leistungsadressaten. Diese Interaktionen erfordern Fähigkeiten der Fachkräfte, trotz der begrenzten Planbarkeit der Interaktionssituationen immer wieder neu und situationsangemessen passende hilfreiche → Kommunikationen und Unterstützungen in Gang zu setzen. Qualitätvolles Handeln bei → sozialen Dienstleistungen setzt eine gut konzipierte und realisierte P. voraus.

Grundlage für P. ist ein Bewusstsein in einer Organisation darüber, welche Kompetenzen Mitarbeiter/innen an welchen Stellen und in welchen Arbeitsbereichen für eine gute Aufgabenerfüllung benötigen. Es bedarf also differenzierter und explizit in der Organisation erörterter Kompetenzprofile, damit verschiedene Maßnahmen der P. eine genauere Konturierung erhalten können.

Eine sorgfältige und methodisch gut strukturierte Personalauswahl erhöht die Wahrscheinlichkeit, die richtige Person für den jeweiligen Arbeitsplatz zu finden und damit dem Aufwand bei möglichen Neuausschreibungen infolge einer verfehlten ersten Personalauswahl zu entgehen; ferner kann dadurch eine für die Aufgabenbewältigung problematische Personalfluktuation begrenzt bzw. reduziert werden.

Eine qualifizierte und strukturierte Einarbeitung neuer Mitarbeiter/innen verbessert die Kompetenz und das schnellere Hineinwachsen dieser Personen in das jeweilige Arbeitsfeld und in die spezifischen Arbeitsweisen und Handlungsbedingungen einer Organisation. Eine verlässlich organisierte Einarbeitung wirkt somit qualitätsfördernd für die Arbeit, ermöglicht der neuen Person eine Orientierung in der Organisation und schafft dadurch eine verbesserte Grundlage für eine Bindung der neuen Fachkraft an die Organisation.

R Fort- und Weiterbildung nimmt zum einen die individuellen Fortbildungsbedürfnisse der Mitarbeiter/innen auf. Zum anderen ist die Organisation gefordert, die Fort- und Weiterbildung aktiv zu steuern im Sinne der Entwicklungsziele der Organisation und der dafür benötigten Qualifikationen bei den Mitarbeiter/innen. Fort- und Weiterbildung ist somit auch ein Teil der strategischen und operativen Ausrichtung der Organisation. Ferner ist von der Organisation der Transfer des in der Fortbildung Gelernten in die Alltagspraxis der Organisation zu beachten. Denn ein solcher Transfer stellt sich nicht von selbst her. Vielmehr ist von einer markanten Differenz zwischen Fortbildungssituation und Fortbildungsinhalten einerseits und den Alltagsanforderungen andererseits auszugehen – eine Differenz, die sich darin auswirkt, dass Fortbildungserkenntnisse sich häufig am Alltag der Organisation und der zu bewältigenden Aufgaben stoßen und Transferbemühungen dann im Alltag verpuffen. Für einen gelingenden Transfer bedarf es daher gezielter Impulse, die im Schnittpunkt von mitarbeiterbezogener Steuerung, fachlicher Steuerung und organisationsbezogener Steuerung angesiedelt sind.

In Mitarbeiterentwicklungsgesprächen kommen viele unterschiedliche Aspekte der P. zusammen: Dort werden individuelle Belastungen thematisierbar, es können Probleme und Verbesserungsmöglichkeiten in den Arbeitsabläufen erörtert werden, Potenziale und Defizite in der Qualifikation sowie Entwicklungsbedürfnisse von Mitarbeiter/innen können besprochen werden etc. Damit solche Mitarbeiterentwicklungsgespräche nicht zur unproduktiven Routine werden, bedarf es zum einen der Sensibilisierung für den Sinn solcher Gespräche, zum zweiten einer Gesprächsmethodik, die diesen Sinn zu realisieren vermag, sowie zum dritten einer spezifischen Ausrichtung auf die Gegebenheiten und Aufgaben in der jeweiligen Organisation, damit die Beteiligten sich und ihre Arbeit angemessen in den Gesprächsthemen und im Gesprächsverlauf wiederfinden können.

Die Beobachtung von Leistungen und arbeitsbezogenen Verhaltensweisen von Mitarbeiter/innen, also eine Form der Personalbeurteilung – hier nicht unbedingt in einem tarifrelevanten Sinn zu verstehen (!) – bildet eine Basis für eine gut konzipierte, wirkungsvolle und personenbezogen differenzierende P.

Der Aufbau, die Aufrechterhaltung und die kontinuierliche Weiterentwicklung von P. liegen in der Verantwortung von Leitung und bedürfen sowohl in der Konzipierung als auch in der Umsetzung des koordinierten Zusammenwirkens der unterschiedlichen Hierarchie-Ebenen.

*Lit.* Friedrich, A.: Personalarbeit in Organisationen Sozialer Arbeit. Theorie und Praxis der Professionalisierung, Wiesbaden 2010; Pamme. H./Merchel, J.: Personalentwicklung im Allgemeinen Sozialen Dienst (ASD), Berlin 2014.

*Joachim Merchel*

**Personalmanagement** umfasst die Gesamtheit der auf die Mitarbeiter/innen einer → Organisation bezogenen Steuerungsaktivitäten. Die Aufgaben des P. sind zum einen die Definition des für die Zielerreichung der Organisation erforderlichen Personals in quantitativer und qualitativer Hinsicht sowie zum anderen die Gewinnung, die Entwicklung und die Bindung der entsprechenden Mitarbeiter/innen an die Organisation. Das P. zielt gleichermaßen auf das Verhalten der Mitarbeiter/innen (»Verhaltenssteuerung«) wie auf Entscheidungen, die mit einer mitarbeiterbezogenen Steuerungsabsicht strukturell in der Organisation verankert werden (»Systemgestaltung«; z.B. Qualifikationsrahmen, Entlohnungssysteme, Muster der Einarbeitung usw.). Das P. ist verknüpft mit den anderen Bereichen des Managements: z.B. über die Personalbedarfs- und Personalkostenplanung mit der ökonomischen Steuerung; über Modalitäten der Teamzusammensetzung, der Leitung oder der → Organisationsentwicklung mit der organisationsbezogenen Steuerung; über die Bewertung des qualitativen Gehalts der Arbeit mit der fachlichen Steuerung usw. Die Konzentration auf die Mitarbeiter/innen und deren Dispositionen und Qualifikationen macht die spezifische Steuerungsrichtung aus, die dem P. eine eigene Bedeutung innerhalb des Managements verleiht. P. sollte strategisch in eine umfassende Managementstrategie der Organisation eingebettet sein.

Die Anforderungen des P. lassen sich bündeln in zwei Säulen: »Management des Personalbedarfs« (→ Personalbemessung; Personalrekrutierung; Personalauswahl; Personaleinsatz) und → »Personalentwicklung« (Gewährleistung und Entwicklung von Qualifikation vorhandener Mitarbeiter/innen; Bindung des Personals an die Organisation). In beiden Säulen bedarf es der »Personalbeurteilung« (Bewertungen hinsichtlich des Personalbestandes, Eignung von Mitarbeiter/innen im Rahmen des Personaleinsatzes, Bewerberqualifikationen bei der Personalbeschaffung, Beobachtung von individuellen Stärken und Schwächen als Grundlage für gezielte Personalentwicklung usw.). Grundlage für das Handeln in diesen P.bereichen ist eine in der Organisation erarbeitete Vorstellung darüber, welche Kompetenzen benötigt werden, damit Mitarbeiter/innen in verschiedenen Funktionen und Aufgabenbereichen die an sie gerichteten Arbeitsanforderungen gut realisieren können. Die Basis für gutes P. wird somit durch die Erarbeitung differenzierter Kompetenzprofile für die verschiedenen Aufgaben- und Funktionsbereiche in der Organisation gelegt.

P. kann nicht einseitig als »Zulieferbetrieb« angesehen werden, der die Organisation mit den für die Aufgabenbewältigung und Zielerreichung notwendigen »Humanressourcen« versorgt. Gegenüber einer solchen organisationsdominanten Perspektive müssen auch die Gestaltungsperspektiven der Mitarbeiter/innen in das P. einbezogen werden. Somit sollen mit Hilfe des P. (a) die Organisation mit den für die Aufgabenerfüllung notwendigen Qualifikationen und Motivationen versorgt werden, (b) für die Mitarbeiter/innen Möglichkeiten eröffnet werden, ihre Entwicklungsbedürfnisse, ihre persönlichen Gestaltungsvorstellungen in der Organisation zur Geltung zu bringen, (c) ein erforderliches Maß der Identifikation der Mitarbeiter/innen mit den Zielen und Werten einer Organisation hervorgerufen und gehalten werden.

*Joachim Merchel*

**Personalrat** ist die Interessenvertretung der Beschäftigten (Beamte und Arbeitnehmer) im öffentlichen Dienst und insofern dem → Betriebsrat in der Privatwirtschaft vergleichbar. Im Unterschied zum Betriebsrat, dessen Rechte und Pflichten im Betriebsverfassungsgesetz (BetrVG) festgelegt sind, gibt es keine einheitlichen Regelungen des Personalvertretungsrechts für den gesamten öffentlichen Dienst. Für die Beschäftigten des Bundes regelt das Bundespersonalvertretungsgesetz (BPersVG) die Aufgaben und Pflichten der Personalvertretung. Für die Bediensteten der Länder gelten die Landespersonalvertretungsgesetze. Der P. wird in geheimer und unmittelbarer Wahl von den Beschäftigten gewählt. Aus wie vielen Mitgliedern er besteht, hängt von der Zahl der Wahlberechtigten in einer Dienststelle ab. Zu den allgemeinen Aufgaben des P. gehört es, die Einhaltung der zugunsten der Beschäftigten geltenden Gesetze und sonstigen Regelungen zu überwachen. Darüber hinaus nimmt er Anregungen und Beschwerden der Beschäftigten entgegen und beantragt gegebenenfalls bei der Leitung der jeweiligen Dienststelle Maßnahmen, die den Beschäftigten dienen. Er nimmt die Rechte und berechtigten Interessen der Beschäftigten in sozialen (z.B. Gewährung von Vorschüssen), personellen (z.B. Einstellungen, Eingruppierungen, Versetzungen, → Kündigungen), organisatorischen und sonstigen Angelegenheiten (z.B. Verteilung der Arbeitszeit, Urlaubspläne, Gestaltung der Arbeitsplätze) wahr.

*Dorette Nickel*

**Personenfreizügigkeit** Der freie Personenverkehr zählt zu den vier Grundfreiheiten des → europäischen Binnenmarkts (→ Europäische Grundfreiheiten). Im Vertrag über die Arbeitsweise der Europäischen Union (AEUV) ist er in den Art. 45 ff. und 49 ff. (in Form der → Niederlassungsfreiheit) geregelt. Ausgangspunkt war der Gedanke, dass sich die Nutzer/innen der Arbeitnehmerfreizügigkeit und der Niederlassungsfreiheit dauerhaft in Wirtschaft und Gesellschaft eines anderen Mitgliedstaats eingliedern und deshalb eine Inländergleichbehandlung erfahren. Mittlerweile hat sich die Rechtsprechung des → Gerichtshofs der Europäischen Union (EuGH) insofern weiterentwickelt, als eine Inländergleichbehandlung allenfalls durch zwingende Gründe des Allgemeininteresses eingeschränkt werden darf: durch Gründe der öffentlichen Ordnung, der Sicherheit und der Gesundheit. Erst im Jahr 2004 kam es zur Verabschiedung der europäischen Freizügigkeitsrichtlinie, die den freien Personenverkehr von der bloßen Arbeitnehmerfreizügigkeit hin zu einer Freizügigkeit der Unionsbürger/innen weiterentwickelt hat. Sie verhalf Art. 21 AEUV zum Leben, in dem es heißt: »Jeder Unionsbürger hat das Recht, sich im Hoheitsgebiet der Mitgliedstaaten vorbehaltlich der in diesem Vertrag und in den Durchführungsvorschriften vorgesehenen Beschränkungen und Bedingungen frei zu bewegen und aufzuhalten.« Die Richtlinie änderte die Verordnung über die Freizügigkeit der Arbeitnehmer, VO Nr. 1612/68. Neu an dem jetzt geltenden freien Personenverkehr ist, dass die Berufung auf die Freizügigkeit nicht mehr die Ausübung einer wirtschaftlichen Tätigkeit voraussetzt. Vielmehr kann jede/r Unionsbürger/in die Freizügigkeit und ein Aufenthaltsrecht in den EU-Mitgliedstaaten geltend machen, nach einem → Aufenthalt von mehr als drei Monaten allenfalls eingeschränkt durch den Nachweis einer ausreichenden Existenzgrundlage und einer → Krankenversicherung. Ganz praktisch resultiert aus dieser europäischen Grundfreiheit z.B. die Berufsanerkennungsrichtlinie, die → Diskriminierungen beim Zugang zu einer Beschäftigung beseitigen soll, indem Kriterien für die Anerkennung von Berufsabschlüssen eines anderen Mitgliedstaates festgelegt wurden. Wichtig ist auch das Recht, dass Familienangehörige das gleiche Einreise- und Aufenthaltsrecht in einem anderen Mitgliedstaat haben, selbst wenn sie aus einem Drittstaat stammen.

*Stephanie Scholz*

**Personensorge** → Elterliche Sorge

**Personenstand** ist die Stellung einer Person innerhalb der Rechtsordnung und umfasst die einen Menschen individualisierenden Daten über Geburt, Begründung einer → Ehe oder → Lebenspartnerschaft und Tod sowie damit in Verbindung stehende familien- und namensrechtliche Tatsachen. Mit der Reform des P.rechts zum 1.1.2009 erfolgten wesentliche Änderungen des Personenstandsgesetz (PStG): Anstelle der bisherigen P.bücher wurden elektronische P.register eingeführt, das bisherige Familienbuch ist entfallen. Die Abstammungsurkunden und Geburtsscheine wurden abgeschafft, die Geburtsurkunde blieb erhalten. Die zuständigen Standesämter führen die P.register und beurkunden den P. aufgrund der registrierten Tatsachen. Die Beurkundungen in den P.register beweisen Geburt, Eheschließung, Begründung einer Lebenspartnerschaft und Tod. Gemäß § 21 Abs. 1 Nr. 3 PStG ist im Geburtsregister auch das Geschlecht des Kindes zu beurkunden. Diesen Zwang zur Festlegung des Geschlechts auf »männlich« oder »weiblich« wertete der Deutsche Ethikrat als einen »nicht zu rechtfertigenden Eingriff in das Persönlichkeitsrecht und das Recht auf Gleichbehandlung« Intersexueller (→ Trans- und Intergeschlechtlichkeit). Der Bundestag änderte daraufhin das PStG, sodass § 22 Abs. 3 seit 1.11.2013 lautet: »Kann das Kind weder dem weiblichen noch dem männlichen Geschlecht zugeordnet werden, so ist der Personenstandsfall ohne eine solche Angabe in das Geburtenregister einzutragen.« Lehnt der/die Standesbeamte die Vornahme einer Amtshandlung ab, kann das Amtsgericht angerufen werden. Das gerichtliche Verfahren bestimmt sich nach dem → Familienverfahrensgesetz (FamFG).

*Hans-Otto Burschel*

**Persönliche Assistenz** ist eine Form der Unterstützungsleistung, bei der → behinderte Menschen selbst über Inhalt und Erbringungsmodalitäten der konkreten Assistenzleistung entscheiden. Bislang ist die p. A. nicht im Gesetz definiert, kann jedoch als Leistung der sozialen → Teilhabe im Rahmen der → Eingliederungshilfe nach § 55 SGB XII als Leistung zur Teilhabe am Leben in der Gemeinschaft bereits erbracht werden, da der dortige Leistungskatalog offen ausgestaltet ist. Den maßgeblichen Rahmen für p. A. bilden die neun Lebensbereiche der → ICF (→ Kommunikation, Mobilität, → Lernen, Selbstversorgung, häusliches Leben, interpersonale Interaktionen, → Erziehung und → Bildung und Arbeit, Gemeinschaftliches-soziales-staatsbürgerliches Leben, allgemeine Aufgaben und Anforderungen).

Die → Behindertenverbände beklagen Defizite bei der Gewährung p. A. in der Praxis und fordern, p. A. als besondere Form der Unterstützungsleistung sozialer Teilhabe gesetzlich zu verankern, wie dies mit der → Arbeitsassistenz (§ 102 Abs. 4 SGB IX), Assistenz im Krankenhaus im

Arbeitgebermodell (§ 11 Abs. 3 SGB V) sowie in der → Hilfe zur Pflege (§ 66 Abs. 4 SGB XII) bereits erfolgt ist. Gestützt wird die p. A. durch Art. 19 → UN-Behindertenrechtskonvention, der von den Vertragsstaaten fordert, dass behinderte Menschen Zugang zu den sonstigen gemeindenahen Unterstützungsdiensten, einschließlich p. A., haben. In der Gesetzesdebatte zum Bundesteilhabegesetz wird die gesetzliche Verankerung der p. A. diskutiert.

*Claudia Tietz*

**Persönliche Bedürfnisse des täglichen Lebens** → Bedürfnisse, persönliche, des täglichen Lebens

**Persönliche Hilfe** taucht als gesetzlicher Begriff (noch) in § 11 S. 2 SGB I auf. Dort (wie früher in der → Sozialhilfe) wird P. H. als → Soziale Dienstleistung zur Unterscheidung von → Geld- und → Sachleistungen verwendet. Bereits unter Geltung des Bundessozialhilfegesetzes (BSHG) wurde P. H. durch die Regelung zu → Beratung und Unterstützung ausdifferenziert und inzwischen in § 11 SGB XII zu »Beratung und Unterstützung, Aktivierung« weiter ausgeformt. Insoweit geht es bei der P. H. – angesichts dessen, dass materielle Notlagen bei einer Vielzahl der nach dem SGB XII auf Geldleistungen angewiesenen Bürger/innen mit sozialen und persönlichen Problemen einhergehen – darum, soziale und persönliche Probleme von → Leistungsberechtigten möglichst zuverlässig wahrzunehmen, Angebote zur Stabilisierung und Verbesserung der Lebenssituation aufzuzeigen und darauf hinzuwirken, dass die »ausgestreckte Hand« der Sozialhilfe ergriffen werden kann und ergriffen wird: Diese Anforderung stellt sich i.d.R. zuerst im Rahmen der wirtschaftlichen Hilfe, wenn Geld- oder Sachleistungen bei den für die Sachbearbeitung zuständigen → Verwaltungsfachkräften nachgefragt werden.

Beratung ist eine → Pflichtleistung des → Trägers der Sozialhilfe, die nicht förmlich beantragt werden muss. Allerdings lässt sich Beratung nicht aufzwingen. Damit sie geleistet werden kann, ist Mitwirkungsbereitschaft unerlässlich. Fehlt diese bei Leistungsberechtigten, können sie deswegen nicht sanktioniert werden (→ Sanktion). Zur P. H. gehört nach § 11 Abs. 2 S. 4 SGB XII auch eine gebotene Budgetberatung. Mit ihr soll offenkundig auf die weitgehende Abschaffung bzw. seit 2005 abschließende Fassung der → einmaligen Leistungen sowie darauf reagiert werden, dass den leistungsberechtigten Bürger/innen mit der Regelsatzleistung (→ Regelbedarf) eine – abgesehen von Fällen des § 27 a Abs. 4 S. 1 SGB XII – nach oben nicht erweiterbare Grenze, also ein in aller Regel unveränderbares Budget, vorgegeben ist. In der Beratung lässt sich dann z.B. aufzeigen, welche Möglichkeiten zur Wahrnehmung hauswirtschaftlicher Erkenntnisse, die sich budgetorientiert mit der Zubereitung abwechslungsreicher und gesunder Mahlzeiten befassen, zur Verfügung gestellt oder vermittelt werden können. Aus § 11 Abs. 1 SGB XII ergibt sich, dass Beratung – soweit erforderlich – in Unterstützung übergeht. Dabei ist aufgedrängte Unterstützung genauso aussichtslos wie aufgezwungene Beratung. Vor dem Hintergrund von Freiwilligkeit umfasst die Unterstützung soweit erforderlich, also wenn z.B. zu erkennen ist, dass die Schwelle für die Inanspruchnahme eines Angebotes, zu dem Hinweise gegeben werden, für die Leistungsberechtigten zu hoch ist, auch die Vorbereitung von Kontakten zu den entsprechenden → sozialen Diensten bzw. Möglichkeiten der aktiven Teilnahme am Leben in der Gemeinschaft.

Die von § 11 Abs. 3 S. 2 bis 4 SGB XII in den Blick genommene Aktivierung zur Aufnahme einer Tätigkeit stößt bei den nach dem SGB XII leistungsberechtigten Personen auf enge Grenzen, weil deren Restarbeitsvermögen grundsätzlich weniger als drei Stunden täglich (ansonsten Berechtigung nach dem SGB II [→ Grundsicherung für Arbeitsuchende]) beträgt bzw. eine Erwerbstätigkeit wegen Alters oder bei Erwerbsminderung gar nicht zugemutet werden darf. Unterstützung in Form von Angeboten zur Aufnahme einer Tätigkeit lässt sich deshalb nur auf dem Boden einer korrespondierenden Nachfrage der Leistungsberechtigten realisieren. Schwer vertretbar im Rahmen einer wohlverstandenen P. H. wäre es, die Menschen, die in der → Hilfe zum Lebensunterhalt verblieben und sehr häufig krank, psychisch instabil oder suchtmittelabhängig sind – im Hinblick auf das Gebot in § 11 Abs. 3 S. 3 SGB XII, auf die Wahrnehmung von Unterstützungsangeboten hinzuwirken, und die nach § 11 Abs. 3 S. 4 SGB XII bestehende Verpflichtung, solchen Angeboten nachzukommen –, zur Aufnahme einer von ihnen nicht selbst erstrebten Tätigkeit oder in die Teilnahme an einer erforderlichen Vorbereitung zu drängen; eine sich womöglich anschließende – nach § 39 SGB XII theoretisch denkbare – Sanktionierung bei den Regelleistungen wäre erst recht kontraproduktiv.

*Gottfried Eichhoff*

**Persönliches Budget (PB)** Mit dem Neunten Buch → Sozialgesetzbuch (SGB IX) wurde zum 1.7.2001 das PB gesetzlich eingeführt und vom 1.7.2004 bis zum

31.12.2007 in 14 Modellprojekten bundesweit erprobt. Seit dem 1.1.2008 müssen die → Rehabilitationsträger auf Antrag des Berechtigten die Leistungserbringung in Form des PB anbieten (§ 159 Abs. 5 SGB IX). Außerhalb des PB erbringen die Rehabilitationsträger ihre Leistungen zur → Teilhabe an die Anbieter von Leistungen und diese → Leistungserbringer erbringen die Leistung an die → Leistungsberechtigten. Das PB gibt nun den Leistungsberechtigten die Möglichkeit, dieses Leistungsdreieck aufzuheben. Im PB erhält der/die Leistungsberechtigte direkt eine Geldleistung vom Rehabilitationsträger und kann damit die benötigten Leistungen »einkaufen«. Eine weitere Eigenart des PB ist der trägerübergreifende Charakter. Rechtliche Grundlagen des PB sind § 17 Abs. 2 bis 4 SGB IX sowie die Budgetverordnung.

Die Budgetverordnung regelt das Verfahren, nach dem das PB erbracht wird. Es muss ein Antrag bei einem der Rehabilitationsträger oder einer → Servicestelle gestellt werden. Bei mehreren zuständigen Rehabilitationsträgern muss der erstangegangene Träger das Verfahren in Gang setzen. Es folgt ein Budgetfeststellungsverfahren, bei der die Höhe des → Bedarfes ermittelt und ggf. ein trägerübergreifendes Bedarfsfeststellungsverfahren eingeleitet wird. Anschließend wird zwischen Budgetnehmer/in (Leistungsberechtigte/r) und Budgetgeber (von den zuständigen Rehabilitationsträgern »beauftragter Leistungsträger«) eine → Zielvereinbarung geschlossen. Diese Zielvereinbarung ist ein Vertrag, der mindestens die Förder- und Leistungsziele, die Höhe des Bedarfs sowie Aussagen darüber beinhalten soll, wie der/die Budgetnehmer/in nachzuweisen hat, dass der festgestellte Bedarf tatsächlich gedeckt und wie die Qualität der Leistungen sichergestellt wird. An die Entscheidung ist der/die Budgetnehmer/in sechs Monate lang gebunden. Anschließend gilt das PB i.d.R. für einen Zeitraum von zwei Jahren. Danach erfolgt eine Neufeststellung. Treten Umstände ein, die gegen eine Fortsetzung des vereinbarten Budgets sprechen, kann es auch vor Ablauf der zwei Jahre jederzeit gekündigt werden. Nach einer Kündigung können die Leistungen wieder als → Sachleistung bezogen werden. Die ermittelten Leistungen werden von den Kostenträgern nicht einzeln, sondern als sog. trägerübergreifende Komplexleistung erbracht. Auch die Vergabe von → Gutscheinen ist ausnahmsweise möglich (§ 17 Abs. 3 SGB IX).

Als PB können Leistungen zur Teilhabe, Leistungen der → Kranken-, → gesetzlichen Pflege- und → Unfallversicherungen sowie → Hilfe zur Pflege der → Sozialhilfe erbracht werden, die sich auf alltägliche und regelmäßig wiederkehrende Bedarfe beziehen und als → Geldleistung oder durch Gutscheine erbracht werden können. In der Höhe soll das PB die Kosten aller bisher individuell gewährten Leistungen nicht überschreiten.

*Informationen:* www.budget.bmas.de; www.bar-frankfurt.de; www.forsea.de; die Interessenvertretung Selbstbestimmt Leben e.V. bietet ein bundesweites Beratungstelefon 01805/474712.

*Antje Welke*

**Persönlichkeit** Von den zahlreichen P.definitionen sind besonders die von Allport und Guilford bekannt geworden. Allport definiert P. als »die dynamische Ordnung derjenigen psychophysischen Systeme im → Individuum, die seine einzigartigen Anpassungen an die Umwelt bestimmen«. Guilford begreift P. als die »einzigartige Struktur von Wesenszügen« eines Individuums. Als Wesenszug (oder P.eigenschaft) gilt jedes abstrahierbare und relativ konstante Merkmal, in dem sich Menschen voneinander unterscheiden. Solche Merkmale sind als Verhaltensdispositionen aufzufassen. Guilford unterscheidet folgende P.bereiche: a) den körperlichen Bereich: morphologische und physiologische Eigenschaften; b) den Bereich der hormetischen (motivspendenden) Wesenszüge: → Bedürfnisse, Interessen, → Einstellungen; c) den Temperamentsbereich (z.B. Aktivität, Impulsivität, Geselligkeit, emotionale Stabilität); d) den Begabungsbereich (intellektuelle, künstlerische, psychomotorische Leistungsfähigkeit). Neben der breiten Definition, welche Begabungen einschließt, wird bisweilen, vor allem in der psychiatrischen Literatur (vgl. »abnorme P.« bzw. → P.störungen), eine engere P.definition verwendet, welche nur Temperamentseigenschaften umfasst. Die verschiedenen Eigenschaftstheorien der P. stimmen in einem Kernbestand von fünf Einstellungs- und Temperamentsdimensionen überein: »Extraversion«, »Verträglichkeit«, »Gewissenhaftigkeit«, »Emotionale Stabilität vs. Neurotizismus« und »Offenheit für Erfahrungen« (Amelang u.a.). Diese sind noch durch Begabungsdimensionen (→ Begabung) zu ergänzen.

P.theorien (oder -modelle) unterscheiden sich in der Konzeption der überdauernden Ordnungsstrukturen von Erlebnis- und Verhaltensdispositionen. So gibt es typologische (Kretschmer, Sheldon), eigenschaftsorientierte (Cattell, Eysenck, Guilford), psychodynamische (vgl. psychoanalytisches Strukturmodell: Ich–Es–Über-Ich), selbsttheoretische (Allport, Rogers) oder kognitive (Kelly) Modelle. Gemeinsames Ziel dieser Modelle ist es einerseits, ein Individuum in seiner Einzigartigkeit beschreibbar zu machen, andererseits aber auch → Verhalten in einer spezifischen Situation besser vorhersagen zu können. Cattell fasst Letzteres in die Formel „R = f (S, P)«, was bedeutet: Die Reaktion (R) einer Person ist eine Funktion (f) sowohl der momentanen Situation (S) als auch der Struktur ihrer P (P). Inwieweit für solche Vorhersagen stärker Situationsvariablen (»Situationismus«), P.variablen (traditionelle Eigenschaftsmodelle), oder eine Interaktion zwischen beiden (»Interaktionismus«) bedeutsamer sind, ist kontrovers. Vermutlich variiert die Antwort auf diese Frage je nach Art der betrachteten Reaktionsvariablen und der Eindeutigkeit des Aufforderungscharakters der Situation. Typische Fragen der P.forschung sind der Einfluss von Erziehungs-, kulturellen, genetischen und Geschlechtsfaktoren auf die Entwicklung und Ausprägung von P.aspekten.

*Klaudius Siegfried*

**Persönlichkeitsstörungen** Im → Klassifikationssystem psychischer Störungen → ICD-10 werden unter der Kategorie P. »eine Reihe von klinisch wichtigen, meist länger anhaltenden Zustandsbildern und Verhaltensmustern« zusammengefasst: »Sie sind Ausdruck des charakteristischen, individuellen → Lebensstils, des Verhältnisses zur eigenen Person und zu anderen Menschen. Einige dieser Zustandsbilder und Verhaltensmuster entstehen als Folge konstitutioneller Faktoren und sozialer Erfahrungen schon früh im Verlauf der individuellen Entwicklung, während andere erst später im Leben erworben werden. [Es] sind tief verwurzelte, anhaltende Verhaltensmuster, die sich in starren Reaktionen auf unterschiedliche persönliche und soziale → Lebenslagen zeigen. Sie verkörpern gegenüber der Mehrheit der betreffenden Bevölkerung deutliche Abweichungen im Wahrnehmen, Denken, Fühlen und in den Beziehungen zu anderen. Solche Verhaltensmuster sind meistens stabil und beziehen sich auf vielfältige Bereiche des Verhaltens und der psychologischen Funktionen. Häufig gehen sie mit einem unterschiedlichen Ausmaß persönlichen Leidens und gestörter sozialer Funktionsfähigkeit einher«. Die Diagnose einer P. wird nicht im Kindesalter, sondern frühestens in der Adoleszenz gestellt – aber auch für diese Altersphase ist die entsprechende Diagnostik umstritten.

Im System des ICD-10 werden folgende P. unterschieden: (1) Paranoide P.: Sie ist gekennzeichnet durch übermäßige Empfindlichkeit bei Rückschlägen und Zurücksetzung, Neigung zu ständigem Groll und Misstrauen, ausgeprägte Neigung, Erlebtes zu verdrehen oder zu missdeuten, streitsüchtiges oder beharrliches Bestehen auf den eigenen Rechten und starke Selbstbezogenheit. (2) Schizoide P.: Hervorstechend sind starke emotionale Kühle und Distanziertheit, geringe Fähigkeit, Gefühle anderen gegenüber zu zeigen, anscheinende Gleichgültigkeit bei Lob oder Kritik, übermäßige Vorliebe für einzelgängerische Beschäftigungen, Mangel an engen Freunden oder vertrauensvollen Beziehungen und deutlich mangelnde Sensibilität im Erkennen und Befolgen gesellschaftlicher Regeln. (3) Dissoziale P.: Sie ist gekennzeichnet durch eine große Distanz zwischen dem → Verhalten und den geltenden sozialen → Normen, was sich u. a. in folgenden Verhaltensweisen zeigt: herzloses Unbeteiligtsein gegenüber den Gefühlen anderer, Verantwortungslosigkeit, Missachtung sozialer Normen und Verpflichtungen, Unvermögen zum Beibehalten längerfristiger Beziehungen, geringe Frustrationstoleranz, begrenzte Fähigkeit zum Erleben von Schuldbewusstsein oder Lernen aus Erfahrungen, Neigung, andere zu beschuldigen und anhaltende Reizbarkeit. (4) Emotional instabile P.: Es besteht eine deutliche Tendenz, impulsiv zu handeln, ohne Berücksichtigung von Konsequenzen. Die Fähigkeit vorauszuplanen ist gering, es kommt häufig zu Ausbrüchen intensiven Ärgers und gewalttätigen Verhaltens. (5) Histrionische P.: Sie ist gekennzeichnet durch eine Dramatisierung bzgl. der eigenen Person, theatralisches Verhalten, Suggestibilität, Oberflächlichkeit und labile Affektivität sowie ein andauerndes Verlangen nach Aufregung, Anerkennung und Im-Mittelpunkt-Stehen. Die Selbstbezogenheit der Betreffenden ist ein vorherrschendes Merkmal. (6) Anankastische P.: Bei ihr stehen zwanghafte Verhaltensweisen im Vordergrund, gepaart mit übermäßigen Zweifeln und Vorsicht, ständige Beschäftigung mit Details, Regeln, Listen, Ordnung und Organisation, Perfektionismus, übermäßige Gewissenhaftigkeit und Skrupelhaftigkeit, Pedanterie, → Rigidität und Eigensinn. (7) Ängstlich-vermeidende P.: Vorherrschende Kennzeichen sind bei dieser Störung andauernde und umfassende Gefühle der Anspannung und Besorgtheit, Überzeugung, selbst sozial unbeholfen, unattraktiv und minderwertig zu sein, eine ausgeprägte Sorge, von Anderen abgelehnt zu werden, eine Abneigung, sich auf Kontakte mit anderen Menschen einzulassen sowie die Vermeidung sozialer oder beruflicher Aktivitäten aus Furcht vor Kritik oder Ablehnung. (8) Abhängige P.: Die Betroffenen sind stark abhängig von anderen Menschen, an deren Hilfe sie appellieren oder denen sie die Entscheidung über sich selbst am liebsten überlassen möchten. Sie ordnen eigene → Bedürfnisse denen anderer Personen unter, zeigen eine mangelnde Bereitschaft zur Äußerung angemessener Ansprüche, sind ängstlich, wenn sie allein sind, weil sie das Gefühl haben, sich nicht selbst versorgen zu können, haben häufig Angst, von anderen Personen verlassen zu werden, und sind in ihrer Fähigkeit eingeschränkt, Alltagsentscheidungen zu treffen.

Im Fachdiskurs sind Diagnose und Begriff der P. nicht unumstritten, da die Grenzen zwischen ausgeprägten Charaktereigenschaften, P. und manifesten psychischen Erkrankungen (→ Psychisch kranke Menschen) fließend sind. Als Ursachen für P. werden sehr frühe Entwicklungsstörungen, insbes. nicht gelungene Bindungsprozesse und fehlende Unterstützungen bei der Emotionsregulation sowie beim Aufbau von Selbstwirksamkeitserwartungen gesehen. Die Behandlung von Menschen mit einer P. – angezeigt ist eine Psychotherapie (→ Therapie) – ist nicht immer einfach, weil oftmals kein oder nur geringer → Leidensdruck gegeben ist. Im Rahmen der Behandlung wird versucht, neue Beziehungserfahrungen anzubieten, ausgebliebene Lernprozesse nachzuholen bzw. defizitäre Erfahrungen zu überwinden. Verlaufsuntersuchungen zeigen eine Besserung der Symptomatik mit zunehmendem Lebensalter.

*Lit.* Barnow, S.: Persönlichkeitsstörungen – Ursachen und Behandlungen, Bern 2007; Sachse, R.: Persönlichkeitsstörungen: Leitfaden für die Psychologische Psychotherapie, Göttingen 2013; Wöller,W./ Reddemann, L.: Trauma und Persönlichkeitsstörungen: Ressourcenbasierte Psychodynamische Therapie (RPT) traumabedingter Persönlichkeitsstörungen, Stuttgart 2013.

*Klaus Fröhlich-Gildhoff*

**Pestalozzi-Fröbel-Verband (pfv)** ist ein politisch und konfessionell unabhängiger Fachverband für Kindheit und Bildung. Als Deutscher Fröbelverband wurde er 1873 gegründet und ist somit historisch der erste Fachverband der sich, ganz in der Tradition seines Namensgebers Friedrich Fröbel, für die Verbesserung der → frühkindlichen Bildung, Betreuung und Erziehung einsetzt. Gegenstand seiner fachlichen und fachpolitischen Arbeit sind in erster Linie die Belange der Kinder und deren Eltern, sowie die der Einrichtungen der → Kinder- und Jugendhilfe und die Qualifizierung der → Fachkräfte in diesem Feld. Seine Unabhängigkeit ermöglicht ihm, aktuelle Themen unkonventionell aufzunehmen, d.h. gelegentlich auch Positionen außerhalb des Mainstreams zu vertreten. Die historische Entwicklung des pfv hat zu einer breiten Mitgliederstruktur geführt. Expert/innen aus der Politik, Wissenschaft und Forschung, Aus-, Fort- und Weiterbildung sowie aus der Praxis bemühen sich im pfv gemeinsam um die Verbesserung der frühkindlichen Bildung, Erziehung und Betreuung.

Die fachlichen und fachpolitischen Diskussionen werden auf den jährlich stattfindenden Bundesfachtagungen sowie auf Experten- und Dialogveranstaltungen geführt und die Ergebnisse in der Reihe pfv-Jahrbuch zusammengefasst. Des Weiteren werden die pfv- Positionen in andere bundesweite Zusammenschlüsse und Gremien eingespeisst. Im internationalen Kontext pflegt der pfv Kontakte in viele europäische und außereuropäische Länder. Durch die pfv-Studienreisen erhalten Mitglieder und Interessierte Einblick in die pädagogische Praxis vor Ort und haben Gelegenheit zum Ausbau eigenständiger Netzwerke.

Anschrift: Barbarossastr. 64,1078 Berlin, www.pfv.info

*Magda Göller*

**Petition** (lat. petitio = Ersuchen, Bitte) bezeichnet eine schriftliche Eingabe an eine zuständige Stelle oder an die Volksvertretung, etwa den Petitionsausschuss des Deutschen Bundestages. Sie kann als Beschwerde, Vorschlag oder Ersuchen abgefasst sein und sich auf öffentliche oder private Interessen beziehen. Die P. darf keine Verstöße gegen Strafgesetze beinhalten oder zum Ziel haben. Sie kann auch mithilfe eines Internetformulars vorgetragen werden. Art. 17 des → Grundgesetzes (GG) und entsprechende Bestimmungen der Landesverfassungen gewähren »jedermann« das entsprechende → Grundrecht. Soweit Art. 17 a GG keine ausdrückliche Einschränkung zulässt, kann jeder Mensch unabhängig von → Geschäftsfähigkeit oder → Staatsangehörigkeit, einzeln oder in Gemeinschaft mit anderen eine P. einreichen. Auch → juristische Personen des Privatrechts sind uneingeschränkt petitionsberechtigt. Juristischen Personen des → öffentlichen Rechts steht dieses Recht nur insoweit zu, als die P. einen Gegenstand aus dem Bereich ihrer sachlichen → Zuständigkeit betrifft (Art. 19 Abs. 4 GG). Adressat der P. ist die für die Sachbearbeitung zuständige Stelle, in jedem Fall aber die Volksvertretung. Diese ist verpflichtet, die Petition entgegenzunehmen, sachlich zu prüfen und einen Bescheid zu erteilen. Ein Anspruch auf Begründung der Bescheidung besteht nicht. Aufgrund der Gewaltenteilung dürfen P., die eine Änderung richterlicher Entscheidungen verlangen, nicht behandelt werden. Auch eine wiederholende P. muss nicht neu beschieden werden.

*Olgierd Adolph*

**Pfändung** → Pfändungsschutz, → Zwangsvollstreckung

**Pfändungsschutz** Erscheinungsform des → Vollstreckungsschutzes zur Sicherung des → Existenzminimums. (1) Sachgüter: § 811 Zivilprozessordnung (ZPO) erklärt insbesondere für unpfändbar die zur Führung eines bescheidenen Hauswesens unentbehrlichen Dinge, die Arbeitsmittel des körperlich oder geistig Schaffenden zur Fortsetzung der Erwerbstätigkeit, die Sachmittel des landwirtschaftlichen Betriebs zur Fortführung der Bewirtschaftung, Kleinvieh und zur Sicherung der Ernährung benötigte Nutztiere, persönlich benötigte → Heil- und medizinische → Hilfsmittel. Z.T. ist die Austauschpfändung zulässig (§ 811 a ZPO). (2) Lohn- und Gehaltsforderungen, sonstige Vergütungen für hauptberufliche Dienstleistungen, Karenzentschädigungen, Renten und Versorgungsbezüge sind nach den §§ 850 ff. ZPO nur pfändbar oberhalb einer Grenze (vgl. Tabelle zu § 850 c ZPO). Der P. gilt auch noch, wenn der Forderungsbetrag bereits auf das Gehaltskonto der Schuldnerin/des Schuldners überwiesen worden ist (§ 850 k ZPO), ebenso, wenn der Betrag schon ausgezahlt wurde (§ 811 Nr. 8 ZPO). Unpfändbar sind beispielsweise Überstundenlöhne (zur Hälfte), Urlaubsgeld, soziale Entgeltzulagen etc. Unter besonderen Voraussetzungen pfändbar sind z.B. Schädigungs- und Unterhaltsrenten, private Fürsorgezahlungen etc. Die Tabellengrenze des § 850 c ZPO gilt nach § 850 d ZPO i.d.R. nicht bei Unterhaltsvollstreckung. Schiebungen und Schmälerungen der Pfändbarkeit durch vereinbarte Nicht- oder Untervergütung schaltet § 850 h ZPO aus. → Sozialleistungen (→ Sozialversicherung) sind nach näherer Maßgabe des § 54 SGB I begrenzt pfändbar.

*Lutz Haertlein*

**Pflege** ist ein Oberbegriff mit nach Kontext verschiedenen Bedeutungsgehalten, die nicht immer trennscharf und nicht statisch sind. Für die Soziale Arbeit sind insbesondere folgende relevant:

(1) Im → Sozialgesetzbuch (SGB) XI, XII, IX und V wird mit P. vorrangig die professionelle, an medizinisch-pflegerischen Standards ausgerichtete Versorgung und Unterstützung von Menschen mit eingeschränkter Selbstsorgefähigkeit (z.B. ältere, behinderte oder chronisch kranke Menschen) bezeichnet. P. i.e.S. ist die Tätigkeit von professionell Pflegenden (unterschieden nach Gesundheits- und Krankenpflege sowie Altenpflege); i.w.S. die Gesamtheit aller professionell Pflegenden und die Rahmenbedingungen ihrer Tätigkeit. P. beschreibt im SGB XI auch die Versorgung und Unterstützung durch Personen ohne fachspezifische Qualifikation (Laienpflege). Grund ist der politisch gewollte Vorrang der → häuslichen Pflege. An anderer Stelle im SGB XI und im SGB V erfasst P. nur die professionelle Leistungserbringung, so z.B. in §§ 112 ff. SGB XI (→ Qualität in der P.), aber auch in § 37 SGB V (→ Häusliche Krankenpflege).

Zentraler Deutungsrahmen für den Begriff der P. im SGB XI ist der Begriff der → Pflegebedürftigkeit in §§ 14, 15 SGB XI. Zum 1.1.2017 werden nach jahrelangen Vorarbeiten ein neuer Begriff der Pflegebedürftigkeit und ein neues Begutachtungsinstrument in die → Pflegeversicherung eingeführt. Damit ist nicht mehr der Hilfebedarf bei einem engen Verrichtungskatalog, sondern sind die Beeinträchtigungen der Selbstständigkeit oder der Fähigkeiten Maßstab für das Vorliegen von Pflegebedürftigkeit. Körperliche, psychische und kognitive Beeinträchtigungen werden dann gleichermaßen berücksichtigt.

(2) Der Begriff der P. existiert auch in der → Kinder- und Jugendhilfe (SGB VIII). → Kindertagespflege (§ 23 SGB VIII) ist die Tagesbetreuung von Kindern durch Privatpersonen mit sozialer und pädagogischer Kompetenz. Im Rahmen der → Hilfen zur Erziehung existieren verschiedene Formen der Unterkunft, Betreuung und Erziehung eines Kindes oder Jugendlichen, die mit dem Begriff der (Familien-)P. beschrieben werden. Bei der sog. → Vollzeitpflege (§ 33 SGB VIII) leben Kinder und Jugendliche Tag und Nacht vorübergehend oder dauerhaft in der → Pflegefamilie, bei der »Teilzeitpflege« (§ 32 S. 2 SGB VIII) nur tagsüber. Auch → Eingliederungshilfe für behinderte Kinder und Jugendliche kann durch geeignete Pflegepersonen in einer Pflegefamilie geleistet werden (§ 35 a Abs. 2 Nr. 3 SGB VIII). Die → Bereitschaftspflege/Familiale Bereitschaftbetreuung dient der vorläufigen Unterbringung bei → Inobhutnahme von Kindern und Jugendlichen (§ 42 SGB VIII). Adoptionspflege (§ 8 Adoptionsvermittlungsgesetz) ist keine Vollzeitpflege i.S. des § 33 SGB VIII, sondern eine der Vorbereitung der → Annahme als Kind dienende Probezeit. Weiterhin existiert im SGB VIII der Begriff der → Amtspflegschaft (§ 55 SGB VIII), der sich auf die verschiedenen Arten der → Pflegschaft nach dem → Bürgerlichen Gesetzbuch (BGB) (z.B. Ergänzungs- und Ersatzpflegschaft, §§ 1909, 1630 BGB, Sorgerechtspflegschaft, § 1666 BGB usw.) bezieht.

*Heike Hoffer*

**Pflegebedürftigkeit** Im Zuge der → demografischen Entwicklung gewinnt P. in allen Industriegesellschaften zunehmend an Bedeutung. Durch die erhöhte Lebenserwartung wächst die Zahl der Menschen mit Gesundheitsstörungen, die typischerweise in den späten Lebensjahren auftreten und Einbußen der selbstständigen Lebensführung nach sich ziehen.

Der Begriff der P. wird in unterschiedlichen Zusammenhängen und mit unterschiedlicher Bedeutung verwendet. Er bezeichnet zunächst einmal ganz allgemein den Umstand, dass eine Person infolge eines Krankheitsereignisses oder anderer gesundheitlicher Probleme auf pflegerische Hilfe angewiesen ist. Bereits die frühen Pflegetheoretikerinnen wie V. Henderson und D. Orem haben diesen Kerngedanken ausgeführt. Danach kann mangelnde Selbstständigkeit im Umgang mit Krankheitsfolgen und bei der Verrichtung von gesundheitlich relevanten Alltagsaktivitäten als konstitutives Merkmal von P. angesehen werden. Orem spricht von Selbstpflegeerfordernissen (self-care requisites), denen jedes Individuum zur Erhaltung oder Wiederherstellung von → Gesundheit nachkommen müsse. Eine Notwendigkeit zur pflegerischen Unterstützung entstehe immer dann, wenn eine Störung des Gleichgewichts zwischen diesen Erfordernissen und der Selbstpflegefähigkeit auftritt. Gesundheitliche Beeinträchtigungen stellen für sich genommen also keine P. dar. Sie tritt erst ein, wenn das betroffene Individuum nicht (mehr) in der Lage ist, erforderliche Selbstpflegeaktivitäten und elementare Lebensaktivitäten selbstständig durchzuführen und daher auf personelle Hilfe angewiesen ist. P. kann daher auch infolge eines Mangels an Motivation oder Wissen beim Umgang mit gesundheitlichen Störungen und ihren Folgen entstehen.

Das sozialrechtliche Verständnis von P. in der gesetzlichen → Pflegeversicherung (»P.begriff«) unterschied sich ursprünglich stark von diesem fachlichen Grundverständnis. Als pflegebedürftig galten nach Einführung der Pflegeversicherung Personen, die wegen einer → Krankheit oder Behinderung auf Dauer (voraussichtlich für mindestens sechs Monate) Unterstützung bei bestimmten Verrichtungen des täglichen Lebens benötigten. Hierbei waren lediglich Verrichtungen der Körperpflege, Ernährung, Mobilität und hauswirtschaftlichen Versorgung relevant. Der Grad der P. wurde anhand der Zeit bestimmt, die eine nicht zur Pflege ausgebildete Person für Hilfen bei diesen Verrichtungen aufwenden musste oder hätte aufwenden müssen, wenn die Versorgung wie in stationären → Pflegeeinrichtungen durch ausgebildetes Personal erfolgte. Je nach Zeitaufwand und unter Berücksichtigung eines etwaigen nächtlichen Bedarfs wurde eine von drei Pflegestufen zugeordnet, von denen Art und Umfang der Leistungsansprüche gegenüber der Pflegeversicherung maßgeblich abhingen. Mit der einseitigen Verrichtungsorientierung blendete die Pflegeversicherung wichtige Problem- und Bedarfslagen pflegebedürftiger Menschen aus, was schon seit Einführung der Pflegeversicherung kritisiert wurde. Benachteiligte Personengruppen waren v.a. Menschen mit → Demenz, Menschen mit anderen psychischen Störungen und chronisch kranke Kinder und Jugendliche.

Ende 2006 begannen die konzeptionellen Vorbereitungen für eine Revision des sozialrechtlichen Verständnisses von P. Im Jahre 2008 wurden erstmals pflegewissenschaftlich fundierte Vorschläge zur Neufassung des P.begriffs vorgelegt. Ein vom → Bundesministerium für Gesundheit (BMG) einberufener Beirat folgte diesen Vorschlägen und empfahl Anfang des Jahres 2009 eine entsprechende gesetzliche Umsetzung, die allerdings erst 2015 mit der Verabschiedung des zweiten Pflegestärkungsgesetzes erfolgte.

Durch diese weitreichende Reform wird der Grad der P. als Grad der Beeinträchtigung von Selbstständigkeit im Umgang mit den Folgen von Krankheit und Behinderung verstanden und somit ohne Rückgriff auf Pflegezeiten erfasst. Die dabei zu berücksichtigenden Aktivitäten und Fähigkeiten gehen weit über den Bereich der Alltagsverrichtungen hinaus. Sie umfassen neben den Alltagsverrichtungen verschiedene weitere Aspekte der Mobilität, kognitive und kommunikative Fähigkeiten, Verhaltensweisen und psychische Problemlagen, den Umgang mit krankheits- oder therapiebedingten Belastungen und Anforderungen sowie die Selbstständigkeit bei der Gestaltung des Alltagslebens einschließlich der sozialen Kontakte. Ab dem Jahr 2017 erfolgt die Begutachtung nach einem gänzlich neuen Verfahren. Statt drei Pflegestufen gibt es nunmehr fünf Pflegegrade, nach denen die individuellen Leistungsansprüche bemessen werden. Das neue System führt unter anderem dazu, dass auch Personen mit geringer P. (Pflegegrad 1), die bislang keine Pflegestufe erreichten, zum Kreis der Leistungsberechtigten zählen. Von der Neufassung des P.begriffs gehen zahlreiche Impulse zur strukturellen Weiterentwicklung der pflegerischen Versorgung aus.

Die veränderte Definition hat auch für die Statistik Konsequenzen. So gab es Ende 2013 nach Angaben des Statistischen Bundesamtes 2,63 Mio. dauerhaft pflegebedürftige Menschen in Deutschland. Diese Zahl beruht jedoch auf den alten

Kriterien der Pflegeversicherung und stellt daher eine systematische Unterschätzung dar. Ausgeschlossen bleiben beispielsweise Pflegebedürftige, bei denen der Pflegezeitaufwand bei Alltagsverrichtungen unterhalb der Schwelle zur Pflegestufe I lag (täglich 46 Minuten). Wie hoch die Zahlen nach der Umstellung auf das neue Begutachtungsverfahren sind, ist noch nicht bekannt.

Wichtige Erkenntnisse zur P. alter Menschen in Deutschland liefern u.a. die sog. MuG-Studien (»Möglichkeiten und Grenzen selbstständiger Lebensführung«) und der Alterssurvey, aber auch verschiedene Forschungsprojekte, die sich auf bestimmte, ausgewählte Aspekte der P. konzentrieren. Ihre Ergebnisse werden zumeist in Fachzeitschriften oder wissenschaftlichen Zeitschriften der → Pflege veröffentlicht, zum Teil auch in Zeitschriften angrenzender Bereiche wie der → Gerontologie. Aufgrund von Forschungsergebnissen ist beispielsweise bekannt, dass Mobilitätseinbußen und kognitive Beeinträchtigungen die wichtigsten Faktoren sind, die dauerhafte P. begründen. Verhaltensauffälligkeiten, die bei Demenzkranken vermehrt auftreten, gehören zu den häufigsten Anlässen für die Aufnahme in ein Pflegeheim.

Viele wichtige Erkenntnisse stammen allerdings aus der internationalen Forschung. V.a. im englischsprachigen Raum, aber auch in verschiedenen europäischen und manchen asiatischen Ländern ist P. weit besser erforscht als in Deutschland. Dies gilt auch für P. bei den jüngeren Generationen. Studien zur P. im jüngeren oder mittleren Erwachsenenalter sind hierzulande selten, Studien zur P. schwerkranker Kinder und Jugendlicher kaum vorhanden. Insgesamt existiert in Deutschland bei allen Altersgruppen zum Thema P. noch erheblicher Forschungsbedarf.

*Lit.* Bundesministerium für Gesundheit: Bericht des Beirats zur Überprüfung des Pflegebedürftigkeitsbegriffs, Berlin 2009; Landtag Nordrhein-Westfalen: Situation und Zukunft der Pflege in NRW. Bericht der Enquête-Kommission des Landtags Nordrhein-Westfalen, Düsseldorf 2005; Schaeffer, D./Moers, M./Steppe, H./Meleis, A. (Hrsg.): Pflegetheorien. Beispiele aus den USA, 2. Aufl., Bern 2008; Schneekloth, U./Wahl, H. W. (Hrsg.): Möglichkeiten und Grenzen selbständiger Lebensführung in stationären Einrichtungen (MuG IV). Integrierter Abschlussbericht, Berlin 2008; Wingenfeld, K./Büscher, A./Schaeffer, D.: Recherche und Analyse von Pflegebedürftigkeitsbegriffen und Einschätzungsinstrumenten, Bielefeld 2007; Wingenfeld, K. u.a.: Pflegebedürftigkeit, Pflegebedarf und pflegerische Leistungen, in: Rennen-Allhoff, B./Schaeffer, D. (Hrsg.): Handbuch Pflegewissenschaft, Weinheim 2003, S. 339–361.

*Klaus Wingenfeld*

**Pflegeberatung** ist ein umfassender Begriff. Es ist nicht das Alltagsgespräch in der → Pflege, gleichzeitig aber in Pflegesituationen und im Pflegealltag verankert. P. grenzt sich zur reinen Information ab, beinhaltet diese aber auch. Adressat ist der pflegebedürftige Mensch. Unter P. lassen sich unterschiedliche Aufgaben subsumieren: Beraten im Pflegealltag, sozialrechtliche und pflegekassenrechtliche → Beratung nach der gesetzlichen → Pflegeversicherung, Beratung in speziellen Situationen wie Gesundheitsberatung oder von chronisch kranken Menschen und auf Ebene der → Organisationsberatung und → -entwicklung in → Einrichtungen des → Gesundheitswesens.

Beratung im Prozess der Pflege bewegt sich im Spannungsfeld zwischen Gesundsein und Kranksein, unterstützt Menschen in der Bewältigung veränderter Lebenssituationen, verfolgt das Ziel, gemeinsam mit Betroffenen und Angehörigen situationsbezogene Entscheidungen zu finden, fördert die Selbstbestimmung der Einzelnen. P. zeichnet sich durch eine hohe Kontinuität im Kontakt sowie durch eine große Nähe zum Alltag aus. P. beginnt oft in Situationen konkreter praktischer Unterstützungsleistungen. Aus diesem Kontakt entwickelt sich nicht selten der → Bedarf an psychosozialer Unterstützung. Beratung hat dann die Bewältigung einer veränderten Lebenssituation zum Ziel. P. ist somit eine pflegebezogene Beratung, die von professionell Pflegenden mit Beratungskompetenz durchgeführt wird. Beraten werden Patient/innen und Angehörige. Es werden gemeinsam die individuellen Pflege- sowie Betreuungsprobleme erörtert und durch die Verbindung von Fachkompetenz und individueller Lebenskompetenz nach Lösungen gesucht. P. will nicht nur informieren, sondern Orientierung geben und gemeinsam Entscheidungsalternativen entwickeln. Sie will Ängste nehmen und die Ratsuchenden in ihrer Eigenkompetenz stärken. Neben dem Wiederbeleben von vorhandenem Wissen wird neues Wissen vermittelt und bestehende oder potenzielle Handlungskompetenzen aktiviert. P. kann eine leistungsbezogene oder personenbezogene Beratung sein. Bei ersterer wird über die möglichen Leistungen des → Sozialgesetzbuchs sowie über Versorgungskonzepte beraten. Seit 2009 besteht ein Beratungsanspruch in den Pflegestützpunkten, welcher sich auf das vorhandene Leistungsangebot der gesetzlichen Pflegeversicherung bezieht und den Betroffenen eine persönliche Begleitung offeriert. P. kann zusätzlich auch daheim stattfinden. Alle Versicherten, die Pflegeleistungen von der Pflegeversicherung erhalten oder beantragt haben, haben einen gesetzlichen Anspruch auf kostenlose P. (§ 7a SGB XI). Pflegebedürftige sollen eine umfassende Unterstützung bei der Auswahl und Inanspruchnahme notwendiger Hilfe- und Pflegeleistungen bekommen, und es sollen eine bestmögliche häusliche Pflegesituation sowie die dazu erforderlichen Maßnahmen geschaffen werden. Die Pflegekasse hat einen konkreten Beratungstermin anzubieten oder einen Beratungsgutschein auszustellen (§ 7b SGB XI), welcher innerhalb von zwei Wochen nach Antragseingang eingelöst werden muss. Ziel ist, Pflegebedürftigen und Angehörigen, die von einer Pflegeversorgungssituation betroffen sind, kurzfristig zu helfen, ausreichende Informationen zur Entscheidungsfindung zu erhalten.

Bei der personenbezogenen P. steht die individuelle Kompetenzstärkung im Zentrum. Beratungsanlässe sind vielfältig: von konkreten Pflegefragen bis hin zu vollständigen Versorgungskonzepten. Innerhalb der P. wird eine fundierte Situationsanalyse vorgenommen, mit dem zu Beratenden und den Angehörigen, Ziele und → Interventionen vereinbart und die notwendige Anleitung für die Umsetzung gegeben. Außerdem werden Beurteilungskriterien abgesprochen, anhand derer der Erfolg der geplanten Interventionen gemessen und gegebenenfalls korrigiert werden kann. Hier zeigt sich, dass der Beratungsprozess stets in Bewegung ist. Pflegende nehmen aufgrund ihrer Präsenz und ihrer Aufgabenstellung in besonderem Maße die Bedarfe und Bedürfnisse der Patient/innen wahr und sind daher in der Lage, eine angemessene Versorgung sicher zu stellen und Beratungsaufgaben zu übernehmen. Sie sind aufgrund ihrer Ausbildung und ihres beruflichen Selbstverständnisses befähigt, die Gesamtversorgung zu beurteilen, Strategien zu entwickeln, → Kooperation und → Koordination der Hilfsangebote zu übernehmen.

Durch die Überalterung der Bevölkerung, die damit verbundenen Änderungen im Krankheitsspektrum und den komplexeren Strukturen im Gesundheitswesen verlassen Patient/innen früher das → Krankenhaus und bleiben vielfach chronisch krank oder pflege- und hilfebedürftig. Als Folge müssen sie ihr Kranksein oder die → Pflegebedürftigkeit in ihr Leben und in den familiären Alltag integrieren. Bei einer Sichtweise des hilfe- oder pflegebedürftigen Menschen als Subjekt bedarf es einer P., die sich im Prozess auf die Perspektive der Patient/innen einlässt, ihre Eingebundenheit in ihre Biografie und ihr soziales Netz beachtet und versucht, partnerschaftlich Lösungen zu finden, die die Betroffenen akzeptieren können. In diesem Aushandlungsprozess sind die Pflegenden Experten ihres Faches und Betroffene Experten ihres Lebens. In diesem Verständnis ist P. Teil des Pflegeprozesses und gehört zum Alltag der → Pflegeberufe. Wichtig ist das Bewusstsein, dass in jeder Begegnung zwischen Pflegenden und Patient/in potenziell ein Ansatz von Beratung gegeben ist. Pflegende müssen Beratungsbedarf entdecken, da dieser aus unterschiedlichen Gründen von Patient/innen nicht eingefordert wird, sondern sich in bestimmten Verhaltensweisen nonverbal durch Ängste, Schmerzen, Angespanntheit usw. leiblich äußert. P. erfordert deshalb Kompetenzen, die über die allgemein menschliche Bereitschaft zu Mitgefühl und zum Gespräch hinausgehen. P. vor dem Hintergrund eines ganzheitlichen Verständnisses von gesund sein und krank sein, konzentriert sich nicht nur auf die medizinisch-pflegerische Sicht, sie begreift die Situation als ein Ereignis, das viele Dimensionen ihres Lebens erfasst. Die Integration von P. in den Alltag der Pflege befördert die sich im Gesundheitswesen entwickelnde Vorstellung von Patient/innen als souverän, autonom entscheidende Menschen. P. beschränkt sich nicht auf aufklärende und handlungsleitende Informationen: es geht um eine mehrdimensionale, ganzheitliche Wahrnehmung der Situation der Patient/innen, ihre physischen und psychosozialen Beschwerden und Einschränkungen betreffend und um die Wahrnehmung und gemeinsame Suche nach individuellen und umfeldbezogenen → Ressourcen und Entwicklungschancen sowie um das gemeinsame Erkunden von Entwicklungs- und Lösungsschritten auf der Basis der Ressourcen, Wünsche und Erfahrungen sowie der Achtung der Selbstbestimmung der Patient/innen. Die menschliche Fähigkeit zu Empathie und das Bedürfnis, sich dem Betroffenen zuzuwenden, sind als beratende Haltung notwendig. P. unterstützt die professionelle Gestaltung der Pflegebeziehung, die für Pflegende und Pflegebedürftige schwierige Balance zwischen Nähe und Distanz professionell zu gestalten.

*Lit.* Hellige, B./Hüper, C.: Professionelle Pflegeberatung und Gesundheitsförderung für chronisch Kranke. Rahmenbedingungen-Grundlagen-Konzepte-Menschen, Frankfurt a.M. 2015; Langer, J./Ewers, M.: Es ist nicht mehr das alte Leben, das wir führen ... – Beratung von Angehörigen im pflegerischen Entlassungsmanagement, in: Pflege. Wissenschaftliche Zeitschrift für Pflegeberufe 5/2013, S. 311–320; Palesch, A.: Ambulante Pflegeberatung. Grundlagen und Konzepte für die

Praxis, Stuttgart 2012; Zwicker-Pelzer, R.: Sorgende und umsorgende Aspekte in der Beratung von Familien im Kontext von Alter und Pflegebedürftigkeit, in: Kontext 3/2013, S. 273–281.

*Birgit Vosseler*

**Pflegebericht der Bundesregierung** Die Bundesregierung ist nach § 10 SGB XI verpflichtet, den gesetzgebenden Körperschaften des Bundes (Bundestag und Bundesrat) in regelmäßigen Abständen über die Entwicklung der → Pflegeversicherung und den Stand der pflegerischen Versorgung in der Bundesrepublik Deutschland zu berichten. Ab dem Jahr 2016 ist der Bericht im Abstand von vier Jahren vorzulegen. Seit Einführung der gesetzlichen Pflegeversicherung wurden fünf P. erstattet (1997, 2001, 2004, 2008, 2011). Sie enthalten einen umfassenden Überblick und eine Vielfalt an Detailinformationen über die Entwicklung der → Pflege und der Pflegeversicherung in der Bundesrepublik Deutschland im jeweiligen Berichtszeitraum. Entsprechend dem gesetzgeberischen Berichtsauftrag geben die P. insbesondere Auskunft über die gesetzgeberischen Maßnahmen im SGB XI, die finanzielle Entwicklung der Pflegeversicherung, die Anzahl und Struktur der Leistungsempfänger/innen, die Entwicklung der Pflegeinfrastruktur, die Leistungsqualität sowie die Qualitätssicherung. Grundlage der P. bilden unter anderem die amtliche Pflegestatistik, die Leistungs- und Empfängerstatistiken der → Pflegekassen, Angaben der Länder oder Qualitätsberichte des Medizinischen Dienstes des Spitzenverbandes Bund der Krankenkassen.

Die P. lassen eine Stabilisierung der Versorgung pflegebedürftiger Menschen in der Bundesrepublik Deutschland erkennen. Dies lässt sich etwa am stetigen Anstieg der Beschäftigten in der Pflege sowie dem Auf- und Ausbau der pflegerischen Infrastruktur mit dem Schwerpunkt auf der Sicherung und Stärkung der häuslichen Versorgung ablesen. So wird im fünften P. der Bundesregierung aus dem Jahr 2011 dargestellt, dass in der Zeit von 2003 bis 2009 in der ambulanten Versorgung ein Anstieg der Zahl der Beschäftigten um 33,8% und im stationären Bereich um 21,6% zu verzeichnen war. Auch die Zahl der zugelassenen Pflegedienste und -heime hat sich auf hohem Niveau stabilisiert. Der fünfte P. weist für 2009 12.026 zugelassene Pflegedienste und 11.634 zugelassene Pflegeheime aus. Hervorzuheben aus dem fünften P. sind die Ausführungen zu den ersten Erfahrungen mit den Maßnahmen des im Jahr 2008 in Kraft getretenen Pflege-Weiterentwicklungsgesetzes. Dies betrifft etwa leistungsrechtliche Anpassungen für Menschen mit eingeschränkter Alltagskompetenz und deren Auswirkungen auf die Entwicklung niedrigschwelliger Angebote sowie die Umstrukturierungen im Bereich der Qualitätssicherung oder die ersten Erfahrungen mit den neu geschaffenen Pflegestützpunkten und der seit 1.1.2009 bestehenden Verpflichtung zur → Pflegeberatung. Der sechste P. wird im Jahr 2016 vorgelegt.

*Jörg Rudolph*

**Pflegeberufe** sind Berufe zur medizinisch-pflegerischen und/oder sozial-pflegerischen Versorgung und Betreuung von Menschen aller Altersgruppen. Nach Definition des International Council of Nursing schließt → Pflege »die Förderung der Gesundheit, Verhütung von Krankheiten und die Versorgung und Betreuung kranker, behinderter und sterbender Menschen ein«. Damit umfasst Pflege medizinisch intendierte Tätigkeiten, → Beratung und Anleitung zum Erhalt und zur Förderung der Fähigkeit zur → Selbsthilfe und zu einer selbständigen, gesundheitsfördernden Lebensführung, die ersatzweise Übernahme von Alltagsaktivitäten, z.B. Körperpflege oder Ernährung, und die Förderung eines unterstützenden, sicheren sozialen und räumlichen Umfelds. I.e.S. fallen unter die P. in Deutschland die Gesundheits- und Krankenpflege (GKP), die Gesundheits- und Kinderkrankenpflege (GKiKP) und die Altenpflege (AP) sowie die jeweiligen Assistenzberufe. Die Zuordnung der Entbindungspflege (EP) und der Heilerziehungspflege (HEP) zu den P. ist strittig. Während Hebammen und Entbindungspfleger sich berufspolitisch eher dagegen wehren, setzen sich Vertreter/innen der HEP für die leistungsrechtliche Anerkennung als P. ein. Diese Zuordnungsproblematik hat mehrere Ursachen: Der Begriff »Pflege« ist unspezifisch. Die Berufe unterscheiden sich sowohl im berufsrechtlichen Status als auch in der sozialleistungsrechtlichen Einordnung. Schließlich spielt Abgrenzung der Kompetenzen zwischen Medizin und Pflege eine zentrale Rolle. Weitere Berufe wie die medizinische Fußpflege oder die Haus- und Familienpflege führen den Begriff »Pflege« im Titel. Sie werden gemeinhin jedoch nicht zu den P. gerechnet. Nach offizieller Berufeklassifikation der Bundesanstalt für Arbeit (KldB 2010) sind die P. »Personen bezogene Dienstleistungsberufe«, wobei GKiKP, GKP und EP zu den »medizinischen → Gesundheitsberufen«, die AP zu den »nichtmedizinischen Gesundheitsberufen« und die HEP zur Gruppe »Erziehung, soziale und hauswirtschaftliche Berufe« gehören. Auch der Deutsche Qualifikationsrahmen

(DQR) behandelt die P. nicht als homogene Gruppe. Die Fachberufe AP, EP, GKiKP und GKP sind ebenso wie die Pflegeassistenzberufe dem Niveau 4, die HEP dem Niveau 6 zugeordnet.

Historisch ist Pflege mit Ausnahme der EP eine originäre Aufgabe der → Familie. Bis heute konkurrieren in den Berufsfeldern der Pflege professionelle Leistungen und Laientätigkeit. Gesellschaftliche Umwälzungen und ein rasanter Fortschritt der Medizin führten ab Mitte des 18. Jh. zur Gründung von Krankenanstalten. Dort wurde Personal gebraucht, das die Patient/innen betreute und die Arbeit der Ärzte unterstützte. Der Beruf des »Krankenwärters« entstand. Daneben übernahmen karitativ motivierte »Schwestern« kirchlicher und weltlicher Mutterhausverbände diese Aufgaben. Unter ihrem Einfluss und dem großer Teile der Ärzteschaft entwickelte sich die Krankenpflege als »bürgerlicher und christlich-weiblicher Beruf« (Bischoff-Wanner in Stöcker u.a., 19) nach dem Vorbild der bürgerlichen Frau und fürsorglichen Mutter. »Qualifizierte Hilfskraft der Medizin zu sein und an deren Orientierungen und Wissen zu partizipieren, gleichzeitig aber auch dem Patienten ganzheitlich, individuell und emotional gegenüberzutreten und seine Subjektivität zu respektieren« ist nach Bischoff-Wanner ein Widerspruch, an dem die Pflege noch heute kranke (ebd., 20). Anfang des 20. Jh. bildete sich mit der Gründung pädiatrischer Kliniken der Beruf der »Säuglings- und Kleinkinderpflege« heraus, der in den 1950er-Jahren zur Kinderkrankenpflege wurde. Das Berufsprofil ist stark durch das sich wandelnde Beziehungsdreieck Kind – Mutter bzw. Familie – berufliche Pflegekraft geprägt. In den Anfängen der Pädiatrie war die Pflegerin Mutterersatz, Spielgefährtin und Erzieherin für das Kind; mit der Einbeziehung familiärer Bezugspersonen in die stationäre Behandlung wurde sie zur Partnerin und Beraterin der Eltern. Aktuell beeinflussen u.a. die → Ambulantisierung der Pädiatrie und die Konzentration der Kinderkliniken auf schwerstkranke Kinder das Berufsprofil. Bis in die 1950er-Jahre blieb die Pflege alter Menschen außerhalb der Krankenhäuser weitgehend der Familie und angelernten Helfer/innen überlassen. Die → demografische Entwicklung, neue Anforderungen an die Aufgabe und der Wandel familialer Strukturen ließen die AP in den 1960er-Jahren zu einem qualifizierten Beruf mit stark sozialpflegerischer Ausrichtung werden.

Neben den Veränderungen des Berufsfeldes sind die Berufsgesetze konstitutiv für die P. Nach der Wiedervereinigung Deutschlands galt zunächst bundeseinheitlich das Krankenpflegegesetz (KrPflG) von 1985, in dem die Zulassung zu den Krankenpflegeberufen und ihre Ausbildungen geregelt sind. Analoge Berufsabschlüsse aus der DDR-Zeit wurden anerkannt. Mit dem KrPflG von 2004 wurde die Berufsbezeichnung Gesundheits- und Kinderkrankenpfleger/in bzw. Gesundheits- und Krankenpfleger/in eingeführt. Sie ist Ausdruck für ein neues Verständnis von Pflege und schaffte den als veraltet empfundenen Begriff »Schwester« ab. Die AP war bis zur Jahrtausendwende föderal geregelt. Mit dem Urteil des → Bundesverfassungsgerichts von 2002 wurde ihr der Status eines Heilberufs gemäß Art. 74 → Grundgesetz zuerkannt. Die Gesetzgebungskompetenz lag damit beim Bund. Das Bundesaltenpflegegesetz von 2000 konnte in Kraft treten. Die Ausbildung in der AP dauert nun wie in der GKiKP und der GKP drei Jahre mit mindestens 2.100 Stunden theoretischer und 2.500 Stunden betriebspraktischer Ausbildung. Den Assistenzberufen der Pflege wurde im gleichen Urteil der Status als Heilberuf aberkannt, ihre Regelung in die Zuständigkeit der Bundesländer verwiesen.

Die Differenzierung in drei grundständige P. ist eine deutsche Besonderheit. Innerhalb der EU wird bislang nur der Beruf der GKP automatisch anerkannt. Aktuell plant die Bundesregierung, die P. in einer einheitlichen Ausbildung zusammenzuführen. Ziel ist die generalistische Pflegefachkraft. Unter den Verbänden ist dieses Vorhaben hoch umstritten.

*Lit.* Heumer, M./Kühn, C.: Die Entstehung und Entwicklung der Altenpflegeausbildung, Hamburg 2010; Igl, G.: Weitere öffentlich-rechtliche Regulierung der Pflegeberufe und ihrer Tätigkeit. Voraussetzungen und Anforderungen, München 2008; Satrapa-Schill, A.: Betrachtungen zur Ausbildungsreform in der Pflege und in den Gesundheitsberufen aus Sicht der Robert Bosch Stiftung, in: Kaufhold, M. u.a.(Hrsg.): Bildung im Gesundheitsbereich, Berlin 2014; Stöcker, G. u.a.: Bildung und Pflege: Eine berufs- und bildungspolitische Standortbestimmung, Hannover 2002.

*Gabriele Keymling*

**Pflegeberufsgesetz** Das P. (Pflegeberufereformgesetz – PfBRefG) wird Ende 2017 (Gesetzentwurf der Bundesregierung) oder 2018 (Forderung des Bundesrats) in Kraft treten. Es löst sowohl das bisherige Altenpflegegesetz als auch das Krankenpflegegesetz ab, die in ihrer heutigen Form 2003 bzw. 2004 in Kraft traten. Es führt die bestehenden drei Pflegeausbildungen (Gesundheits- und Krankenpflege, Gesundheits- und Kinderkrankenpflege und Altenpflege) in einer einheitlichen dreijährigen Ausbildung und einem einheitlichen Berufsabschluss »Pflegefachkraft« zusammen (mit einem im Zeugnis ausgewiesenen Vertiefungsbereich/-einsatz). Die Ausbildung besteht wie bisher aus einer 3-jährigen schulischen und praktischen Ausbildung mit staatlicher Prüfung.

Die Praxisanleitung in der Ausbildung wird verstärkt. Einsätze in Pflichtbereichen und ein Vertiefungsbereich werden vorgeschrieben. Die Eckpunkte für eine Ausbildungs- und Prüfungsverordnung sowie Stundentafeln für die praktische Ausbildung wurden den beiden zuständigen Ausschüssen (Gesundheit sowie Familie, Senioren, Frauen und Jugend) des Deutschen Bundestages vorgelegt. Der neue Beruf soll mit der Europäischen Berufsanerkennungsrichtlinie (2013/55/EU) kompatibel sein.

Die Ausbildung soll für die Auszubildenden kostenfrei sein; die Auszubildenden erhalten eine angemessene Ausbildungsvergütung. Finanziert wird die generalistische Pflegeausbildung durch ein bundesweit geltendes Umlageverfahren, wobei die entsprechenden Fonds auf Landesebene errichtet werden. In die Fonds sollen alle Einrichtungen und Träger, die gesetzliche und private → Krankenversicherung, die → Pflegeversicherung sowie die Bundesländer einzahlen.

Zudem ergänzt das Gesetz die Pflegeausbildung um eine hochschulische grundständige Ausbildung. Zulassungsvoraussetzung soll die Hochschulreife oder ein nach landesrechtlicher Regelung gleichwertiger Abschluss sein.

*Eberhard Funk*

**Pflegedienst** → Häusliche Pflege, → Pflegeeinrichtung

**Pflegeeinrichtung** ist die ambulante, teil- oder vollstationäre Vertragseinrichtung der → Pflegekassen zur Erbringung der Pflegeleistungen nach dem SGB XI (gesetzliche → Pflegeversicherung). Nach § 72 Abs. 1 SGB XI dürfen Pflegekassen → Pflege nur durch P. gewähren, mit denen ein Versorgungsvertrag besteht (zugelassene P.). In ihm sind Art, Inhalt und Umfang der angebotenen Pflegeleistungen festzulegen. Der Versorgungsvertrag wird zwischen dem Träger der P. oder seinem bevollmächtigten Dachverband und den Landesverbänden der Pflegekassen abgeschlossen. Die Pflegekassen haben wegen der in § 75 Abs. 5 SGB XII festgelegten Auswirkung auf die → Sozialhilfe das Einvernehmen mit dem zuständigen → Träger der Sozialhilfe herzustellen (§ 72 Abs. 2 SGB XI). Gemäß § 72 Abs. 3 S. 1 SGB XI besteht für entsprechend qualifizierte P. ein Anspruch auf Abschluss eines Versorgungsvertrages. Eine Angebotssteuerung durch zurückhaltende Zulassungspolitik der Pflegekassen ist im Gesetz nicht vorgesehen. § 11 Abs. 2 SGB XI geht ausdrücklich von einer Trägervielfalt aus. Er auferlegt den Pflegekassen, Selbstständigkeit, Selbstverständnis und Unabhängigkeit der P. zu achten. Eine Auswahl zwischen → Leistungserbringern ist nach § 72 Abs. 3 S. 2 SGB XI nur zulässig, wenn sie notwendig ist. Eine Notwendigkeit in diesem Sinne kann nur angenommen werden, wenn ein derartiges Überangebot an Pflegeleistungen besteht, dass bei Zulassung weiterer Leistungserbringer massive Unwirtschaftlichkeit zu erwarten wäre.

Der Zulassungsanspruch ist allerdings an einige gesetzlich fixierte Voraussetzungen gebunden. Einen Versorgungsvertrag können nur P. erhalten, die selbstständig wirtschaften und unter ständiger Verantwortung einer ausgebildeten Pflegefachkraft (→ Pflegeberufe) Pflegebedürftige pflegen. Teil- und vollstationäre P. müssen darüber hinaus Unterkunft und Verpflegung bieten. Eine P. wirtschaftet selbstständig, wenn sie ausschließlich Leistungen nach dem SGB XI erbringt. Das Merkmal der wirtschaftlichen Selbstständigkeit des Betriebsbereiches Pflege ist aber auch dann erfüllt, wenn für diesen eine eigene Kostenstelle eingerichtet ist. Eine weitergehende organisatorische oder gar rechtliche Ausgliederung ist nicht erforderlich. Weitere Vorgaben enthält die Pflege-Buchführungs-Verordnung. Als ausgebildete Pflegefachkraft erkennt § 71 Abs. 3 SGB XI (Kinder-)Krankenschwestern und -pfleger (→ Pflegeberufe) sowie → Altenpfleger/innen mit bestimmter Berufserfahrung an. Bei ambulanten P., die überwiegend → behinderte Menschen pflegen und betreuen, gelten auch nach Landesrecht ausgebildete → Heilerziehungspfleger/innen sowie Heilerzieher/innen als Pflegefachkräfte. Weitere Festlegungen hinsichtlich Qualitätssicherung und → Qualitätsmanagement enthalten die nach § 113 SGB XI zwischen Pflegekassen und Verbänden der P. abgeschlossenen Qualitätsvereinbarungen. Der Abschluss eines Versorgungsvertrages ist weiterhin davon abhängig, dass die P. wirtschaftlich und leistungsfähig ist. Bei der → Wirtschaftlichkeit geht es im Grunde darum, dass die Leistungen das Maß des Notwendigen nicht überschreiten sollen (§ 29 SGB XI). Die Anforderungen an die Leistungsfähigkeit ergeben sich aus den Qualitätsvereinbarungen.

Als P. gelten nach § 71 Abs. 4 SGB XI ausdrücklich nicht voll- und teilstationäre Einrichtungen, in denen die medizinische Vorsorge, → Krankenbehandlung oder → Rehabilitation, die berufliche oder soziale Eingliederung, die schulische Ausbildung oder die Erziehung Kranker oder Behinderter im Vordergrund des Einrichtungszwecks steht, auch wenn dort in erheblichem Umfang Pflege geleistet wird. Kommt ein Versorgungsvertrag zustande, ist dieser für die Pflegekassen im Inland verbindlich (§ 72 Abs. 2 S. 2 SGB XI). Wegen § 75 Abs. 5 SGB XII erstreckt sich diese Verbindlichkeit ebenfalls auf alle Sozialhilfeträger. Auch wenn Bewohner/innen aus anderen Bundesländern in eine stationäre P. aufgenommen werden möchten, muss mit den dortigen Kostenträgern nicht noch eine weitere Zulassung vereinbart werden. Mit Abschluss des Versorgungsvertrages ist die P. zur Leistungserbringung zugelassen und auch verpflichtet (§ 72 Abs. 4 SGB XI). Die Qualitätsvereinbarungen sind ebenso zu beachten wie die Rahmenverträge nach § 75 SGB XI. Dem Grunde nach entsteht ein Vergütungsanspruch gegen die Pflegekasse nach § 75 Abs. 4 SGB XI.

Die Höhe der Vergütung bleibt indes gesonderten Verhandlungen und Verträgen nach §§ 84 ff. SGB XI und §§ 89 ff. SGB XI vorbehalten. Der Versorgungsvertrag bleibt wirksam, bis er durch einen neuen Versorgungsvertrag einvernehmlich abgelöst oder gemäß § 74 SGB XI gekündigt wird (§ 73 Abs. 3 S. 4 SGB XI). Er kann seitens des Einrichtungsträgers schriftlich mit Jahresfrist gekündigt werden. Auch die Landesverbände der Pflegekassen können mit dieser Frist schriftlich kündigen. Zusätzlich ist aber Bedingung, dass die Voraussetzungen für den Anspruch auf einen Versorgungsvertrag nicht mehr gegeben sind und der zuständige Sozialhilfeträger der Kündigung zugestimmt hat. Darüber hinaus können die Landesverbände der Pflegekassen fristlos im Einvernehmen mit dem zuständigen Sozialhilfeträger kündigen, wenn die P. ihre gesetzlichen oder vertraglichen Verpflichtungen gegenüber dem Pflegebedürftigen oder dessen Kostenträgern derart gröblich verletzt, dass ein Festhalten an dem → Vertrag nicht zumutbar ist. »Das gilt insbesondere dann, wenn Pflegebedürftige infolge der Pflichtverletzung zu Schaden kommen oder die Einrichtung nicht erbrachte Leistungen gegenüber den Kostenträgern abrechnet« (§ 74 Abs. 2 S. 2 SGB X).

Ende 2013 gab es 12.745 ambulante P. mit 320.000 Beschäftigten und über 600.000 Kundinnen und Kunden. In 13.300 stationären P. arbeiteten etwa 685.000 Beschäftigte. 858.756 Plätze für vollstationäre Dauerpflege wurden vorgehalten, 11.051 für → Kurzzeitpflege, 43.562 für → Tagespflege und 564 für → Nachtpflege.

*Lit.* Statistisches Bundesamt (Hrsg.): Pflegestatistik 2013. Pflege im Rahmen der Pflegeversicherung. Deutschlandergebnisse, Wiesbaden 2015.

*Werner Hesse*

**Pflegeeltern** → Pflegefamilie, → Pflegekinderhilfe

**Pflegeerlaubnis** (1) Wer Kinder im Rahmen der → Kindertagespflege außerhalb ihrer Wohnung während des Tages mehr als 15 Stunden wöchentlich gegen Entgelt betreuen möchte, bedarf gem. § 43 Abs. 1 SGB VIII einer P. Seit dem Inkrafttreten des Gesetzes zur Weiterentwicklung der Kinder- und Jugendhilfe zum 1.10.2005 ist ab der Betreuung des ersten Kindes eine P. notwendig, die in der Folge zur Betreuung von insgesamt fünf gleichzeitig anwesenden, fremden Kindern befugt. Voraussetzung der Erteilung der P. ist die Geeignetheit der Person für die Kindertagespflege nach den Kriterien des § 43 Abs. 2 SGB VIII.

(2) Gleichfalls bedarf grundsätzlich einer P., wer ein Kind oder einen Jugendlichen in → Vollzeitpflege in seinen Haushalt aufnehmen will (§ 44 SGB VIII). In § 44 Abs. 1 S. 2 SGB VIII sind jedoch umfassende Ausnahmen benannt, in denen keine P. benötigt wird. Keiner P. bedarf bspw. gem. § 44 Abs. 1 S. 2 Nr. 1 SGB VIII, wer im Rahmen von → Hilfe zur Erziehung oder von → Eingliederungshilfe für behinderte Menschen aufgrund einer Vermittlung durch das → Jugendamt ein Kind oder eine/n Jugendliche/n über Tag und Nacht aufnimmt. In diesen Fällen ist durch das Verfahren der → Hilfeplanung gem. § 36 SGB VIII der besondere Schutz der Kinder und Jugendlichen gewährleistet. Die institutionalisierte → Aufsichtspflicht, sichergestellt durch die Bestimmungen der P., ist auf Fälle der privaten Unterbringung in einer anderen Familie beschränkt.

*Petra Mund*

**Pflegefachkraft** → Fachkraft, → Pflegeberufe

**Pflegefamilie** ist eine Form unkonventioneller → Familie, bei der die Erwachsenen die zentrale Elternfunktion wahrnehmen, nicht die biologischen Eltern sind. Das → Pflegekind wird als (zunächst) fremdes Kind in die Familie aufgenommen (Fremdpflege) oder als ein zwar bekanntes Kind, zu dem die Erwachsenen aber keine genetische Verbindung haben (Netzwerkpflege) oder in einer anderer Verwandtschaftsbeziehung stehen (→ Verwandtenpflege). P. sind keine Organisationen, sondern Familien, die allerdings wegen der besonderen Merkmale der aufgeteilten Elternfunktionen und einer rechtlichen Position, die den Pflegeeltrn Rechte vorenthält, die leibliche Eltern und Adoptiveltern zunächst – d.h. solange nicht ein → Familiengericht in ihre Rechte eingegriffen hat – haben, besondere Aufgaben zu bewältigen hat. Die P. besteht aus mindestens einem oder einer Erwachsenen und mindestens einem Kind. Ungefähr die Hälfte der Pflegeeltern hat außerdem ein oder mehrere leibliche Kinder. Die Figuration P. besteht daher aus (mindestens) zwei Generationen, die unmittelbar in einem gemeinsamen Haushalt zusammenleben. Da sowohl die Pflegeeltern als auch das Kind ihren privaten Lebensmittelpunkt in der P. haben, haben sie einen Anspruch auf einen besonderen Schutz dieses privaten Lebens, auch wenn sie in der Betreuung eines Kindes im Rahmen der → Hilfen zur Erziehung einen öffentlichen Auftrag durchführen. Da die Pflegeeltern besondere Voraussetzungen erfüllen müssen und hinsichtlich ihrer Eignung geprüft werden, unterliegen sie einer weitergehenden Kontrolle als andere Familien. Sie benötigen wegen der komplizierten Konstellationen aufgeteilter Elternfunktionen eine gute Begleitung und Unterstützung durch leistungsfähige Dienste, die sich als Dienstleister für die P. und das Pflegekind verstehen und auch mit der → Herkunftsfamilie zusammenarbeiten können.

Das Spektrum der Familienformen in einer Gesellschaft kann sich grundsätzlich auch bei den P. widerspiegeln. P. können also auch Einelternfamilien sein, aus gleichgeschlechtlichen Paaren bestehen, eine Migrationsgeschichte und unterschiedliche kulturelle, soziale und religiöse → Lebensstile haben. Ob das volle Spektrum familialer Lebensformen ausgeschöpft werden soll, wird von den Diensten unterschiedlich bewertet. Die Klage, dass nicht genügend geeignete P. gefunden werden, hängt u.a. mit dem Ausschluss einiger Familienformen zusammen.

Neue britische Studien zeigen, dass Pflegeeltern unterschiedliche Identitätskonzepte entwickeln, in denen die P. unterschiedliche Funktionen erfüllen. Die Pflegeeltern mit Carer-Identität übernehmen die Betreuung eines Kindes für eine bestimmte Zeit, arbeiten mit dem Pflegekind zusammen und kooperieren gern mit den → Sozialen Diensten. Die mit Parents-Identität betrachten das Pflegekind als normales Familienmitglied, begründen ihr Handeln damit, dass andere Eltern das auch so täten und reagieren auf Einmischungen durch Soziale Dienste empfindlich. Beim Matching – also der Auswahl einer für dieses Kind gut geeigneten P. – sollten diese Identitätskonzepte berücksichtigt werden, z.B. um Abbrüche oder gravierende Spannungen zu vermeiden.

*Klaus Wolf*

**Pflegegeld für Pflegebedürftige** Das P. ist eine Leistung der gesetzlichen → Pflegeversicherung (SGB XI), die pflegebedürftige Personen von ihrer → Pflegekasse beanspruchen können. Rechtsgrundlage ist § 37 SGB XI. Voraussetzungen für den Bezug von P. sind ein bestehendes Versicherungsverhältnis zu einer Pflegekasse, ein → Antrag sowie bestehende → Pflegebedürftigkeit. Das P. ist in der Höhe abhängig von der je nach Umfang der Pflegebedürftigkeit zu bestimmenden Pflegestufe. Für Pflegebedürftige der Stufe I beträgt es derzeit monatlich 244 Euro, für die Stufe II 458 Euro und für die Stufe III 728 Euro. Der monatliche Betrag für das P. ist damit geringer als bei den Pflegesachleistungen in den jeweiligen Stufen (vgl. § 36 SGB XI). Das P. wird alternativ zur Pflegesachleistung (→ Häusliche Pflege, Pflegedienst, stationäre Pflege) gewährt. Es ist auch eine Kombination aus Pflegesachleistung und P. möglich (§ 38 SGB XI). Hierbei wird das P. anteilig ausgezahlt. Obwohl das P. eine Alternative zu einer → Sachleistung und damit möglicherweise Sachleistungssurrogat darstellt, ist es rechtlich als → Geldleistung zu qualifizieren. Es soll Anreiz bieten, die Pflegebereitschaft von Angehörigen, Freund/innen und Nachbar/innen zu erhalten. Es stellt eine materielle Anerkennung dar und ist nicht darauf angelegt, die erforderlichen Hilfen in vollem Umfang zu finanzieren. Anspruchsberechtigt sind nicht die pflegenden Personen, sondern die Pflegebedürftigen selbst. Diese müssen mit dem P. sicherstellen, dass die erforderlichen Pflegeleistungen erbracht werden. Bezieher von P. sind verpflichtet, bei Pflegestufe I und II einmal halbjährlich, bei Pflegestufe III einmal vierteljährlich eine Beratung durch eine zugelassene → Pflegeeinrichtung oder durch eine von der Pflegekasse beauftragte Person abzurufen. Dieser → Beratungsbesuch findet in der häuslichen Umgebung des Pflegebedürftigen statt und dient der Sicherung und Förderung der Qualität der Pflege (→ Qualitätsmanagement). Die Kosten für diese Einsätze trägt die zuständige Pflegekasse. Wird diese Beratung nicht in Anspruch genommen, ist das P. angemessen zu kürzen und im Wiederholungsfall zu entziehen. Das P. stellt kein → Einkommen i.S. des Steuerrechts dar (§ 3 Nr. 1 a Einkommensteuergesetz). Neben den Regelungen im SGB XI finden sich Rechtsgrundlagen für die Zahlung von P. bei Pflegebedürftigkeit zudem im Recht der → Unfallversicherung (§ 44 SGB VII) und der → Sozialhilfe (§ 64 SGB XII). Zu berücksichtigen sind die durch das 2. Pflegestärkungsgesetz (PSG II) zum 1.1.2017 eintretenden Änderungen. Zudem hat das Bundeskabinett hat am 28.6.2016 einen Regierungsentwurf zu einem 3. Pflegestärkungsgesetz (PSG III) verabschiedet, mit dem u.a. der neue Pflegebedürftigkeitsbegriff auch für die Hilfe zur Pflege nach dem SGB XII zum 1.1.2017 eingeführt werden soll.

*Katja Fahlbusch*

**Pflegegeld für Vollzeitpflege** Werden Kinder oder Jugendliche im Rahmen einer → Hilfe zur Erziehung in → Vollzeitpflege gem. § 33 SGB VIII oder im Rahmen der Eingliederungshilfe nach § 35 a Abs. 2 Nr. 3 SGB VIII von Pflegepersonen betreut, besteht zugleich ein Anspruch auf Sicherstellung des notwendigen Unterhalts gem. § 39 SGB VIII als Annexleistung der → kinder- und Jugendhilfe. Der Unterhalt umfasst sowohl die Kosten für den Sachaufwand als auch für die Pflege und Erziehung des Kindes oder Jugendlichen (sog. Erziehungsbeitrag). Dabei soll der gesamte regelmäßig wiederkehrende Bedarf des/der Minderjährigen durch laufende Leistungen gedeckt werden. Deren Grundlage sind die tatsächlichen Kosten, soweit diese angemessen sind. Auch nachgewiesene Aufwendungen für Beiträge zu einer → Unfallversicherung sowie hälftig zu einer angemessenen → Alterssicherung der Pflegeperson werden erstattet. I.d.R. werden die laufenden Leistungen in einem monatlichen Pauschalbetrag gewährt werden, den die nach Landesrecht zuständigen Behörden festsetzen. Die meisten dieser Behörden – sei es auf Landes- oder auf Kreisebene – orientieren sich bei der Festsetzung an den Empfehlungen des → Deutschen Vereins zur Fortschreibung der Pauschalbeträge in der Vollzeitpflege, die jährlich fortgeschrieben werden. Neben den laufenden Leistungen sind ggf. einmalige Beihilfen oder Zuschüsse zu gewähren, etwa zur Erstausstattung einer Pflegestelle oder für Urlaubs- und Ferienreisen des Kindes (§ 39 Abs. 3 SGB VIII).

*Dorette Nickel*

**Pflegehelfer/in** → Altenpflegehelfer/in, → Pflegeberufe

**Pflege, Hilfe zur** → Hilfe zur Pflege

**Pflegehilfsmittel** Pflegebedürftige haben Anspruch auf Versorgung mit P., die zur Erleichterung der → Pflege oder zur Linderung der Beschwerden beitragen oder eine selbstständigere Lebensführung der Pflegebedürftigen (→ Pflegebedürftigkeit) in ihrer häuslichen Umgebung ermöglichen (§ 40 Abs. 1 SGB XI). Der Anspruch orientiert sich an der individuellen Pflegesituation. Grundlage ist in der Regel die Begutachtung durch den → Medizinischen Dienst der Krankenversicherung (MDK). Eine ärztliche Verordnung ist nicht erforderlich. Die → Pflegekasse leistet nur dann, sofern das jeweilige P. nicht wegen → Krankheit oder Behinderung von der → Krankenversicherung oder von anderen → Sozialleistungsträgern zu finanzieren ist. Wählen Versicherte ein aufwendigeres P. als notwendig, haben sie die Mehrkosten dafür selbst zu tragen. Ist für ein erforderliches P. ein → Festbetrag festgesetzt (§ 78 Abs. 1 SGB XI i.V.m. § 36 SGB V), trägt die Pflegekasse die Kosten bis zur Höhe dieses Betrages. Für andere P. übernimmt sie die jeweils vertraglich vereinbarten Preise.

Bei den P. ist zu unterscheiden zwischen zum Verbrauch bestimmten P., z.B. Desinfektionsmitteln, Einmalhandschuhen sowie saugenden Schutzeinlagen, und technischen P., z.B. Pflegebetten, Hausnotrufanlagen. Die Aufwendungen der Pflegekassen für zum Verbrauch bestimmte P. dürfen je Pflegebedürftigem monatlich den Betrag von 40 Euro nicht übersteigen (§ 40 Abs. 2 SGB XI) und können auch als Kostenerstattung erbracht werden. Aufwendungen über 40 Euro im Monat fallen in den Eigenverantwortungsbereich der Pflegebedürftigen. Technische P. (Einzelheiten regeln das Hilfsmittel- und das P.verzeichnis) sollen den Pflegebedürftigen in allen geeigneten Fällen vorrangig leihweise zur Verfügung gestellt werden (§ 40 Abs. 3 S. 1 SGB XI). Lehnen Pflegebedürftige die leihweise Überlassung eines technischen P. ohne zwingenden Grund ab, haben sie die Kosten der P. in vollem Umfang selbst zu tragen. Ist eine leihweise Überlassung nicht möglich oder sinnvoll, haben Versicherte, die am Tage der Abnahme des P. das 18. Lebensjahr vollendet haben, eine Zuzahlung zu den Kosten in Höhe von 10%, jedoch höchstens 25 Euro je P. zu leisten. Soweit Versicherte die Belastungsgrenze nach § 62 SGB V erreicht haben, sind sie von darüber hinausgehenden Zuzahlungen auch für P. befreit. Werden P. von Bewohner/innen stationärer → Pflegeeinrichtungen benötigt, sind die P. von der Einrichtung zur Verfügung zu stellen.

*Edna Rasch*

**Pflegekammer** Seit einigen Jahren gibt es in allen Bundesländern Bestrebungen, P. einzurichten. Berufskammern sind berufliche Selbstverwaltungsorganisationen; als Körperschaft öffentlichen Rechts würden Pflegekräfte (→ Pflegeberufe) obligatorisch (beitragspflichtig) mit Abschluss ihrer Ausbildung Mitglied einer P. Selbstverwaltungsorganisationen übernehmen Aufgaben, die bisher die Politik wahrgenommen hat. Sie nehmen die beruflichen, wirtschaftlichen und sozialen Belange der Kammermitglieder in ihrer Gesamtheit wahr. Sie definieren Inhalte und das Spektrum der → Pflege, Dauer und Inhalt von Ausbildungen (→ Ausbildung in sozialen Berufen); sie sichern eine flächendeckende Versorgung der Bevölkerung und agieren als Schiedsstelle, die sich um Beschwerden (Pflegefehler) kümmert. Gegner/innen der P. befürchten einen bürokratischen Zwangsapparat; Aufgaben der P. würden bereits heute durch Gewerkschaften, staatliche Behörden und Berufsverbände erfüllt. Zudem seien Kammern typischerweise eine Interessenvertretung von Selbstständigen.

Weit gediehen ist die Entstehung von P. in Rheinland-Pfalz, Niedersachsen, Schleswig-Holstein und Baden-Württemberg; zunächst verworfen wurde sie von den beruflich Pflegenden in Hamburg. Bayern und Berlin erwägen eine freiwillige Mitgliedschaft; in Hessen ist die P. im Koalitionsvertrag vereinbart. Sollte sich eine größere Anzahl von P. gründen, würde die Bundesregierung möglicherweise die Bildung eines Dachverbandes der P., einer Bundespflegekammer, initiieren.

*Eberhard Funk*

**Pflegekassen** sind Träger der Sozialen → Pflegeversicherung (§ 1 Abs. 3, § 46 Abs. 1 SGB XI). Die → Krankenkasse errichtet eine P. und übernimmt ihre Aufgaben. Aufgrund § 46 Abs. 1 S. 2 SGB XI ist bei jeder Krankenkasse kraft Gesetzes eine P. errichtet. Mithin besteht bei jeder Allgemeinen Ortskrankenkasse, Betriebskrankenkasse, Innungskrankenkasse, landwirtschaftlichen Krankenkasse sowie Ersatzkasse eine P. Für die Versicherten der → knappschaftlichen Rentenversicherung nach § 46 Abs. 1 S. 3 SGB XI gilt eine Sonderregelung. Seit dem 1.4.2007 ist bei der Deutschen Rentenversicherung Knappschaft-Bahn-See die P. errichtet. Die P. sind nach § 46 Abs. 2 S. 1 SGB XI rechtsfähige Körperschaften des öffentlichen Rechts mit → Selbstverwaltung. Wie für alle Versicherungsträger gelten auch hinsichtlich der Rechtsstellung der P. die Vorschriften des SGB IV über die Verfassung der Versicherungsträger sowie die Zusammensetzung, Wahl und Verfahren der Selbstverwaltungsorgane, über das Haushalts- und Rechnungswesen, das Vermögen und die Aufsicht. § 46 Abs. 2 S. 4 SGB XI stellt klar, dass bei der Ausführung des SGB XI das erste Kapitel SGB X (Verwaltungsverfahren) anzuwenden ist. Die Kranken- und Pflegekasse können für Mitglieder, die ihre Beiträge selbst zahlen, einen gemeinsamen Beitragsbescheid festsetzen und einen gemeinsamen Widerspruchsbescheid erlassen.

Die P. ist als Selbstverwaltungskörperschaft des → öffentlichen Rechts finanziell selbstständig. Sie handelt im eigenen Namen und hat eine eigene → Satzung. Jedoch bildet sie mit der Krankenkasse, bei der sie errichtet ist, eine Verwaltungsgemeinschaft, die die Krankenkasse verpflichtet, ihre räumliche, sachliche und personelle Infrastruktur der P. zur Verfügung zu stellen. Dies folgt einerseits aus § 46 Abs. 2 S. 1 SGB XI, insbesondere aber aus den Regelungen des § 46 Abs. 2 S. 2 und 3, wonach Organe der P. die Organe der Krankenkasse und Arbeitgeber für die bei der P. Beschäftigten die Krankenkassen sind. Da die P. die Infrastruktur der Krankenkasse in Anspruch nehmen, sind sie zur Abgeltung der dadurch entstehenden Aufwendungen verpflichtet, an die Krankenkassen eine Verwaltungskostenpauschale von 3,5% (ab dem 1.7.2018 in Höhe von 3,2%) des Mittelwerts von Leistungsaufwendungen und Beitragseinnahmen zu zahlen.

*Nadine-Michèle Szepan*

**Pflegekinder** sind Kinder, Jugendliche und junge Volljährige, die vorübergehend oder auf lange Dauer über Tag und Nacht in einer anderen → Familie als ihrer → Herkunftsfamilie ihren (zeitweiligen) Lebensmittelpunkt haben. Meistens erfolgt ihre Unterbringung im Rahmen der → Hilfen zur Erziehung, in der informellen → Verwandtenpflege aber auch außerhalb. Die Elternfunktionen – biologischer, sozialer, und rechtlicher Elternschaft – sind bei ihnen auf verschiedene Personen aufgeteilt. Ein Teil der P. findet in ihren Pflegeeltern die zentralen Bindungspersonen, andere Bezugspersonen auf Zeit oder sie haben sowohl relevante Beziehungen zu den Eltern als auch zu den Pflegeeltern. Die Bedeutung dieser Beziehungen kann sich bis weit in das Erwachsenenalter immer wieder verändern. Ein Drittel der P. wurde aufgrund von familiengerichtlichen Eingriffen in das Sorgerecht der Eltern in → Pflegefamilien untergebracht. Der Anteil von Kindern, die gravierende Erfahrungen von → Gewalt oder → Kindesvernachlässigung gemacht haben, unter einer posttraumatischen Belastungsstörung (→ Trauma) leiden und als besonders vulnerabel eingestuft werden ist, deutlich höher als in der Gleichaltrigengruppe.

Neben der adoptionsähnlichen Dauerpflege, bei der eine dauerhafte Beheimatung der Kinder in der Pflegefamilie angestrebt und manchmal erreicht wird, gibt es eine Vielzahl an anderen Konstellationen. Neuere Forschungen zeigen, dass auch ältere Kinder und Jugendliche, die noch auf der Suche nach einer festen Bezugsperson sind, gut in Pflegefamilien zurechtkommen und dass ihre biografischen Prozesse nachhaltig eine neue Ausrichtung erfahren können(»turning point«). Auch zeitlich befristete Unterbringungsperspektiven in der → Krisenintervention, der → Bereitschaftspflege und anderen Formen der Kurzzeitpflege sind etabliert. → Kinder mit Migrationshintergrund sind unterrepräsentiert. Das Statistische Bundesamt meldet, dass zum Stichdatum 31.12.2013 in Deutschland 67.812 Jungen und Mädchen in Pflegefamilien nach § 33 SGB VIII untergebracht waren. In diesen Zahlen ist die Verwandtschaftspflege nur zu dem Teil erfasst, bei dem sie als Hilfe zur Erziehung »offiziell« etabliert ist.

In der aktuellen Fachdiskussion spielt die Kontinuitätssicherung in der Dauerpflege eine wichtige Rolle. Die Auseinandersetzung mit der Herkunft und den Beziehungen zur Herkunftsfamilie wird zunehmend als pflegekinderspezifische Entwicklungsaufgabe anerkannt. Die für die Entwicklung der P. relevanten Fragen ihrer → Partizipation, der Perspektivklärung, Begleitung von Übergängen, von gut vorbereiteten Rückkehrprozessen und der Notwendigkeit für junge erwachsene P. und ehemalige P. neue rechtliche Absicherungen zu schaffen, werden verstärkt diskutiert. Auch die gemeinsame Unterbringung von Geschwistern wird ernsthafter geprüft. Ursachen der relativ hohen Abbruchquoten und der Suche nach Konsequenzen zur Stabilisierung von Pflegeverhältnissen und des Erhalts von Beziehungen zur Pflegefamilie auch nach einem Auszug werden diskutiert. In Deutschland wird die Migrationsgeschichte von P. erst sehr allmählich bei der Unterbringung berücksichtigt.

*Klaus Wolf*

**Pflegekinderdienst** bezeichnet in erster Linie einen besonderen → sozialen Dienst bzw. Fachdienst als Organisationseinheit beim örtlichen Träger der öffentlichen Jugendhilfe. Da die Jugendhilfe kommunale Selbstverwaltung ist, obliegt die Aufgabenorganisation im → Jugendamt der Stadt bzw. dem Landkreis. Nicht überall sind die Aufgaben der → Pflegekinderhilfe in einem eigenen Dienst zusammengefasst, sondern übernimmt teilweise der → Allgemeine Sozialdienst (ASD) diese mit.

Besteht ein P. im Jugendamt, ist dieser i.d.R. für die Gewinnung, Schulung, Eignungsprüfung, Begleitung sowie Beratung und Unterstützung der → Pflegefamilien und die Sicherstellung des Schutzes der → Pflegekinder und die Erteilung der → Pflegeerlaubnis nach § 44 SGB VIII verantwortlich. Die Begleitung der → Herkunftsfamilie und Betreuung von Umgangskontakten ist teilweise ebenfalls Aufgabe des P. Außerdem wird häufig – zumindest bei auf längere Zeit angelegten Pflegeverhältnissen oder etwa regelhaft nach zwei Jahren – auch die → Hilfeplanung und damit die Fallsteuerung vom ASD auf den P. übertragen. In einigen Regionen werden auch Träger der freien Jugendhilfe als P. mit unterschiedlichen Aufgabenprofilen tätig – anstelle von oder zusätzlich zum P. des Jugendamtes. → Freie Träger können viele Aufgaben der Pflegekinderhilfe übernehmen, die Hilfeplanung und Fallsteuerung muss aber durch das Jugendamt selbst erfolgen.

Pflegepersonen haben gem. § 37 Abs. 2 SGB VIII einen Anspruch auf Beratung und Unterstützung gegenüber dem zuständigen Jugendamt, der ortsnah zu erfüllen ist. Sie können dafür auch die Angebote eines P. eines freien Trägers nutzen, indem sie ihr → Wunsch- und Wahlrecht (§ 5 SGB VIII) ausüben, wenn die Kosten, die dem zuständigen Jugendamt durch diese Inanspruchnahme entstehen, nicht unverhältnismäßig höher sind als was die Begleitung durch den eigenen P. das Jugendamt kosten würde (Unverhältnismäßigkeit der Mehrkosten wird i.d.R. ab 20% höherer Kosten angenommen). Der P. muss die Pflegepersonen über ihre Rechte informieren und sie entsprechend beraten.

Da Pflegeeltern meist keinen professionellen sozialpädagogischen Hintergrund haben, sind eine genaue Auswahl und Passung von Pflegekind und Pflegefamilie auch mit Blick auf die besondere Bedeutung der leiblichen Familie für die Pflegekinder sowie eine gute Fachberatung und Begleitung für das Gelingen der → Vollzeitpflege wichtig. Mitarbeiterinnen und Mitarbeiter des P. sollten daher besonders geschult sein, um diese Aufgaben erfüllen zu können.

*Diana Eschelbach*

**Pflegekinderhilfe,** auch Pflegekinderwesen, umfasst alle Aufgaben, Funktionen und Handlungsbereiche → öffentlicher und → freier Träger der → Kinder- und Jugendhilfe, die im Zusammenhang mit der kurz- oder längerfristigen → Fremdunterbringung von Kindern, Jugendlichen und jungen Volljährigen in → Pflegefamilien stehen. In den letzten Jahren ist eine Weiterentwicklung der P. aufgrund vermehrt durchgeführter Forschung, vieler Veröffentlichungen sowie des breiten fachlichen Diskurses und Austauschs in der P. zu verzeichnen.

Die Unterbringung, Betreuung und Erziehung bei einer Pflegeperson kann aus verschiedenen Gründen erfolgen und von unterschiedlichen Personen initiiert werden, auch die Ausgestaltung kann vielfältige Formen und Bezeichnungen haben, wie → Vollzeitpflege, → Bereitschaftspflege, Sonderpflege, → Erziehungsstelle, Gastfamilie, familienanaloge Wohnform usw. Die meisten dieser Begriffe sind nicht gesetzlich definiert und werden bundesweit auch innerhalb der P. nicht einheitlich verwendet. Besteht ein entsprechender → erzieherischer Bedarf, muss bei Geeignetheit und Notwendigkeit im Einzelfall eine Vollzeitpflege als → Hilfe zur Erziehung nach §§ 27, 33 SGB VIII gewährt werden. Gem. § 33 S. 2 SGB VIII sind für besonders entwicklungsbeeinträchtigte Kinder und Jugendliche geeignete Formen der → Familienpflege zu schaffen und auszubauen. Die Unterbringung bei einer geeigneten Person kann aber auch im Rahmen einer (vorläufigen) → Inobhutnahme nach § 42 und § 42 a SGB VIII erfolgen. Darüber hinaus können eine → Eingliederungshilfe bei (drohender) seelischer Behinderung gem. § 35 a SGB VIII oder auch eine → Hilfe für junge Menschen/Volljährige nach § 41 SGB VIII in Form der Unterbringung in einer anderen Familie gewährt werden. Die Dauer der Unterbringung in der Pflegefamilie ist je nach Einzelfall unterschiedlich und reicht von kurzfristiger Unterbringung aufgrund einer Notsituation in einer Bereitschaftspflegestelle bis zu Dauerpflegeverhältnissen, die über die ganze Kindheit und Jugend und darüber hinaus bestehen. Entsprechend bestehen jeweils unterschiedliche Aufgaben der P. Eine aktuelle Herausforderung für die P. ist die Unterbringung von → unbegleiteten minderjährigen Flüchtlingen. Hier müssen passende Pflegepersonen gefunden, qualifiziert und ihren Aufgaben entsprechend begleitet werden. Auch die geplante Umsetzung der → Inklusion, die zu einer Gesamtzuständigkeit der Jugendhilfe für alle Kinder und Jugendliche mit und ohne Behinderungen führen soll, bedeutet eine begrüßenswerte, aber große Herausforderung für die P.

Eine wichtige Aufgabe in der P. ist die Perspektivklärung (§ 37 Abs. 1 SGB VIII), die leider oft nicht innerhalb eines für das Kind vertretbaren Zeitraums erreicht wird. Die Ungewissheit bedeutet eine große Belastung für alle Beteiligten, insbesondere die → Pflegekinder. Dies liegt auch an der grundsätzlichen Vorläufigkeit von familiengerichtlichen Entscheidungen zur → Elterlichen Sorge (§ 166 → Familienverfahrensgesetz [FamFG], § 1696 → Bürgerliches Gesetzbuch [BGB]). In der Praxis ist zudem zu beobachten, dass qualifizierte Elternarbeit mangels Ressourcen und passender Konzepte kaum stattfindet und vorherige ambulante Hilfen eingestellt bzw. keine neuen, jetzt zur (Re-)stabilisierung notwendigen installiert werden, wenn das Kind erst einmal fremduntergebracht ist. Wenn eine Rückführung nicht (mehr) in Betracht kommt, soll mit den Beteiligten eine dauerhafte Lebensperspektive erarbeitet werden (§ 37 Abs. 1 S. 4 SGB VIII). Der Kontakt zur oder das Wissen um die → Herkunftsfamilie ist jedoch i.d.R. wichtig für die Entwicklung und Identitätsfindung auch von Dauerpflegekindern und damit ist Elternarbeit eine bleibende Aufgabe der P. Eine häufig geforderte zivilrechtliche Absicherung der Dauerpflege besteht bislang nicht, lediglich die Möglichkeit des Erlasses einer Verbleibensanordnung nach § 1632 Abs. 4 BGB.

Eine Besonderheit der P. im Spektrum der Jugendhilfe ist, dass die Pflegeeltern zwar → Leistungserbringer sind, aber trotzdem auch Privatpersonen bleiben. Alle Pflegepersonen haben deshalb – auch dann, wenn keine Jugendhilfe gewährt wird – einen Anspruch auf (ortsnahe) Beratung und Unterstützung gegenüber dem → Jugendamt (§ 37 Abs. 1 SGB VIII). Dabei gilt das → Wunsch- und Wahlrecht nach § 5 SGB VIII, d.h. Pflegeeltern dürfen sich grundsätzlich aussuchen, wer sie beraten soll: zuständiges Jugendamt, Jugendamt vor Ort, → Pflegekinderdienst eines freien Trägers oder auch eine Beratungsstelle.

Das Thema → Kinderschutz in der P. hat in den letzten Jahren durch tragische Fälle, in denen Kinder in Pflegefamilien zu Tode gekommen sind, immer mehr Aufmerksamkeit erfahren. Pflegepersonen, die als Leistungserbringer für das Jugendamt tätig werden oder von diesem eine → Pflegeerlaubnis nach § 44 SGB VIII benötigen, müssen geeignet sein. Die Anforderungen, die an die Geeignetheit vor Ort gestellt werden, sind sehr unterschiedlich, in einigen Regionen wurden als Reaktion auf die Kinderschutzfälle die Anforderungen verschärft. Darüber hinaus gilt auch in der P. der Schutzauftrag bei Gefährdung des → Kindeswohls gem. § 8 a SGB VIII und ist es Aufgabe der professionellen Akteure im Jugendamt und ggf. freier Träger, Absprachen zum Vorgehen bei Anhaltspunkten für eine Kindeswohlgefährdung zu treffen.

Die P. ist kein einheitliches Gebilde, vielmehr bestehen große regionale Unterschiede hinsichtlich Organisation, Bedingungen, Konzepten und Akteuren. Es gibt keine bundesweiten Standards, was insbesondere bei Zuständigkeitswechseln, v.a. aufgrund der Sonderzuständigkeit bei Dauerpflege gem. § 86 Abs. 6 SGB VIII immer noch zu Schwierigkeiten für die Betroffenen führt, auch wenn mit dem Bundeskinderschutzgesetz (BKiSchG) zum 1.1.2012 die Pflicht zur Dokumentation der Modalitäten der Hilfegewährung inklusive des Umfangs der Beratung der Pflegeeltern und der Höhe des → Pflegegeldes im Hilfeplan sowie die Gültigkeit dieser Vereinbarungen bis zu einer Änderung des Hilfebedarfs vorgeschrieben ist.

Derzeit ist geplant, das SGB VIII umfassend zu modernisieren. Betroffen sind u.a. die Themenkomplexe Hilfen zur Erziehung, inklusive Lösung für Kinder- und Jugendliche mit Behinderungen im SGB VIII, Pflegekinderhilfe, Betriebserlaubnisverfahren, Qualitätsentwicklung in der Kinder- und Jugendhilfe. Die Änderungen sollen je nach Regelungsbereich entweder 2017 oder 2022 in Kraft treten.

*Lit.* Blandow, J.: Pflegekinder und ihre Familien. Geschichte, Situation und Perspektiven des Pflegekinderwesens, Weinheim 2004; Deutsches Institut für Jugendhilfe und Familienrecht (DIJuF) e.V.: Weiterdenken in der Pflegekinderhilfe. Texte von Praktiker/inn/en für Praktiker/inn/en, Heidelberg 2015; Kindler, H./Helming, E./Meysen, T./Jurczyk, K. (Hrsg.): Handbuch Pflegekinderhilfe, München 2011; Wiesner, R. (Hrsg.): SGB VIII. Kinder- und Jugendhilfe, 5. Aufl., München 2015.

*Diana Eschelbach*

**Pflegekonferenz** Die Bildung von P. ist in den → Landespflegegesetzen vorgesehen. Die Voraussetzungen im Einzelnen sind demgemäß in den jeweiligen Bundesländern unterschiedlich. Ziel der Landes-P., die regelmäßig von den → kreisfreien Städten oder den → Landkreisen eingerichtet werden, ist jedoch stets die Sicherung und qualitative bzw. quantitative Weiterentwicklung der pflegerischen Versorgungsstruktur sowie eine Koordinierung der Leistungsangebote. Hierbei steht etwa bei notwendig gewordener → Pflege im Sinne der gesetzlichen → Pflegeversicherung (SGB XI) der unmittelbare Übergang von einem → Krankenhaus oder einer Rehabilitationseinrichtung (→ Rehabilitation) in zugelassene → Pflegeeinrichtungen im Fokus der Regelungen. Folgende Institutionen sind regelmäßig an einer P. beteiligt: → Pflegekassen, → Medizinischer Dienst der Krankenversicherung, Träger der ambulanten, teilstationären und vollstationären Pflege (→ Leistungserbringer in der Sozialen Arbeit), die zuständige Behörde sowie zugelassene Krankenhäuser und Rehabilitationseinrichtungen. Daneben sind – nach jeweiliger Ausgestaltung in den gesetzlichen Grundlagen – andere Institutionen oder Gruppierungen beteiligt bzw. können hinzugezogen werden. Die P. kann teilweise gemeinsam und einheitlich → Vereinbarungen schließen, die dann für die Pflegeeinrichtungen, Pflegekassen, zugelassenen Krankenhäuser und Rehabilitationseinrichtungen unmittelbar verbindlich sind.

*Katja Fahlbusch*

**Pflegekräfte** → Pflegeberufe

**Pflegekurse** Die → Pflegekassen sind verpflichtet, für Angehörige und sonstige an einer ehrenamtlichen Pflegetätigkeit interessierte Personen Schulungskurse unentgeltlich durchzuführen. Die P. haben soziales Engagement im Bereich der → Pflege zu fördern und zu stärken, Pflege und → Betreuung zu erleichtern und zu verbessern sowie pflegebedingte körperliche und seelische Belastungen zu mindern (§ 45 SGB XI). Die P. sollen privat Pflegende qualifizieren, eine eigenständige Pflege durchzuführen. Sie leisten somit einen Beitrag zur Stabilisierung der → häuslichen Pflege und dienen der Entlastung von privat Pflegenden. Auf Wunsch der Pflegeperson oder des Pflegebedürftigen findet der P. in der häuslichen Umgebung statt. Die Pflegekassen haben die Möglichkeit, die P. entweder selbst oder gemeinsam mit anderen Pflegekassen durchzuführen oder geeignete Einrichtungen mit der Durchführung von P. zu beauftragen. Die allgemeinen P. vermitteln krankheits- und problembezogenes Wissen (Krankheitsbilder, deren Auswirkungen auf pflegebedürftige Menschen und ihre Umwelt) sowie Pflegetechniken, mit dem Ziel, diese selbstständig im Alltag anzuwenden. Spezielle P. können zu spezifischen Krankheitsbildern wie → Demenz oder Parkinson durchgeführt werden oder an bestimmten Zielgruppen ausgerichtet sein (kultursensible P.). Bei einer individuellen häuslichen Schulung ist die Einwilligungserklärung des Pflegebedürftigen nach Maßgabe des § 114 a Abs. 3 a SGB XI in Textform einzuholen. Ist der Pflegebedürftige einwilligungsunfähig, ist die Einwilligung eines hierzu Berechtigten einzuholen.

*Nadine-Michèle Szepan*

**Pflegeplanung** → Altenhilfeplanung

**Pflegesachleistung** → Häusliche Pflege

**Pflegesatz** ist ein Begriff für die Vergütung von Leistungen i.d.R. in stationären und teilstationären Einrichtungen der → Sozialhilfe, → Kinder- und Jugendhilfe, gesetzlichen → Pflegeversicherung. Das P.wesen wurde in den letzten Jahren durch zahlreiche gesetzliche Neuregelungen (z.B. im → Sozialgesetzbuch [SGB] XII, VIII und XI) umgestaltet. Zuletzt hat das 2. Pflegestärkungsgesetz (PSG II) Änderungen gebracht, die zum 1.1.2017 in Kraft treten.

Für Vergütungen von Sozialhilfeleistungen, v.a. nach §§ 53 ff., 67 SGB XII gilt das 10. Kapitel des SGB XII (§§ 75 ff.), bei Leistungen nach §§ 61 ff. SGB XII nur, wenn das SGB XI keine Regelung vorsieht, also für Pflegeleistungen unterhalb der Pflegestufe 1 und Investitionskosten nach § 82 Abs. 3 und 4 SGB XI (§ 75 Abs. 5 SGB XII). Leistungen von → Trägern der Sozialhilfe an → Einrichtungen zur Erfüllung von Rechtsansprüchen erfordern i.d.R. → Vereinbarungen über Leistungen, Vergütungen sowie die Prüfung von Einrichtungen. In der Leistungsvereinbarung ist mindestens zu regeln: die erforderliche personelle Ausstattung, die Qualifikation des Personals, die erforderliche sächliche Ausstattung inkl. der betriebsnotwendigen Anlagen der Einrichtung, der zu betreuende Personenkreis sowie Art, Ziel und Qualität der angebotenen Leistung. Die Leistungsvereinbarung ist Grundlage der Vergütungsvereinbarungen für die Maßnahmen-, die Unterkunfts- und Verpflegungsleistung und ggf. Aufwendungen für notwendige Investitionen. Unstimmigkeiten über den Inhalt von Leistungsvereinbarungen, die von den Vertragspartnern nicht gelöst werden können, sind von den → Sozialgerichten zu entscheiden. Die → Schiedsstellen können nur bei Streitigkeiten über die Vergütung angerufen werden. Der P. wird unabhängig von den tatsächlichen Kosten einer konkreten Einrichtung nach einheitlichen Grundsätzen in einer Vergütungsvereinbarung geregelt. Kalkulationsbasis ist der fiktive künftige Aufwand für eine entsprechend der Leistungsvereinbarung zu erbringende Leistung. Mit diesem P. sind alle der Einrichtung entstehenden Kosten (Personal- und Sachkosten), unabhängig von deren Entwicklung, abgegolten. Die Landesregierungen haben die Möglichkeit, eine → Rechtsverordnung zur näheren Abgrenzung der den Vergütungsbeträgen zugrunde zu legenden Kostenarten zu erlassen (§ 81 SGB XII). Auf Landesebene abgeschlossene Rahmenverträge, die Grundlage für Einzelvereinbarungen darstellen, regeln dies. Vereinbarte P. gelten nur für die Zukunft (prospektive Wirkungsweise). Ein nachträglicher Ausgleich von Verlusten oder Gewinnen ist unzulässig. Eine Neuverhandlung während des laufenden Vereinbarungszeitraums ist nur bei unvorsehbaren, wesentlichen Veränderungen möglich. Die P. gelten nach Ablauf des Vereinbarungszeitraums bis zur Vereinbarung neuer P. weiter. Kommt es zu keiner Einigung, ist ein Schiedsverfahren vorgesehen. Führt ein Schiedsverfahren zu keinem Einvernehmen, können die Vertragsparteien die Auseinandersetzung vor dem Sozialgericht fortsetzen. Die näheren Umstände, → Wirtschaftlichkeit und → Qualität der vereinbarten Leistungen zu prüfen, sind in einer Prüfungsvereinbarung zu regeln.

P. nach dem SGB XI können nur für anerkannte → Pflegeeinrichtungen (§§ 71 f. SGB XI) vereinbart werden. Aufwendungen für Investitionen werden gesondert geregelt (§ 82 SGB XI, → Investitionsfinanzierung in der Pflegeversicherung). Der P. wird gemäß → Rechtsprechung des Bundessozialgericht vom 29.1.2009 in einem zweistufigen Verfahren ermittelt. Nach Prüfung der Plausibilität der prospektiven Kosten erfolgen die Prüfung der Wirtschaftlichkeit und schließlich der Vergleich der Vergütung anderer externer vergleichbarer Einrichtungen. Maßstab ist eine leistungsgerechte Vergütung, die es der Einrichtung ermöglicht, bei wirtschaftlicher Betriebsführung den Versorgungsauftrag zu erfüllen. Das SGB XI schreibt verbindlich eine Einteilung der P. für allgemeine Pflegeleistungen in drei Klassen vor. P. dürfen nur im Voraus für einen zukünftigen Zeitraum vereinbart werden. Vor den Verhandlungen sind Leistungsnachweise zu Art, Inhalt und Umfang der Kosten vom Pflegeheim zu erbringen. Die Pflege-Buchführungs-Verordnung verpflichtet die Einrichtungen zu Jahresabschlüssen. Kommt es innerhalb von sechs Wochen nach Aufforderung zu Vertragsverhandlungen zu keiner Einigung, setzt eine Schiedsstelle den P. unverzüglich fest. Gegen diese Festsetzung können die Vertragsparteien vor den Sozialgerichten Klage erheben. Seit 1.7.2001 regeln Bestimmungen des Pflegequalitätssicherungsgesetzes Näheres über Prüfung der vereinbarten und erbrachten Qualität.

Die → Jugendhilfeträger sind gehalten (§ 77 SGB VIII), Vereinbarungen mit den Trägern der freien Jugendhilfe über die Höhe der Kosten bei Inanspruchnahme ihrer Einrichtungen bzw. Dienste anzustreben. Die Bestimmungen des SGB VIII (§§ 78 a ff.) sind denen der Sozialhilfe nachgebildet. Neben Leistungs- und Entgeltvereinbarungen sind auch Qualitätsentwicklungsvereinbarungen abzuschließen. Streitigkeiten sind hier vor den → Verwaltungsgerichten auszutragen.

*Franz Schmeller*

**Pflegestelle, (semi-)professionelle Formen** → Heilpädagogische Handlungsfelder, → Pflegekinderhilfe

**Pflegestellenvermittlung** → Pflegekinderdienst

**Pflegestützpunkte** → Pflegeberatung

**Pflegeunterstützungsgeld** → Familienpflegezeit

**Pflegeversicherung** Unter P. wird die versicherungsrechtliche Absicherung des Risikos der → Pflegebedürftigkeit verstanden. Die P. unterteilt sich in die gesetzliche P., die im → Sozialgesetzbuch XI – Soziale P. – (SGB XI) geregelt ist und der Pflichtversicherung in den anderen Zweigen der → Sozialversicherung entspricht, und in die private Pflegepflichtversicherung. Daneben können zur Deckung der durch die Pflichtversicherungen nicht abgedeckten Kosten Pflegezusatzversicherungen abgeschlossen werden. Das Pflege-Versicherungsgesetz vom 26.5.1994 (BGBl. I S. 1014), in dem das SGB XI enthalten ist, ist in vier Stufen in Kraft getreten: Zum 1.6.1994 wurden die organisationsrechtlichen Bestimmungen, zum 1.1.1995 die Bestimmungen über die Beitragspflicht, zum 1.4.1995 die erste Leistungsstufe für die ambulanten Pflegehilfen und am 1.7.1996 die zweite Leistungsstufe für die stationären Pflegehilfen in Kraft gesetzt.

Der Verabschiedung des Pflege-Versicherungsgesetzes war eine langjährige sozialpolitische Diskussion vorangegangen. Als neuer Zweig der Sozialversicherung wurde die gesetzliche P. wirtschaftspolitisch und sozialpolitisch für entbehrlich gehalten. Die Kritiker führten einerseits die mit ihr verbundene Steigung der Lohnnebenkosten, andererseits ihre Wirkung als »Erbenschutzprogramm« und drittens den Zweifel an ihrer sozialstaatlichen Begründung gegen die Einführung einer verpflichtenden gesetzlichen P. ins Feld. Kernfrage der Debatte war, ob das Risiko, pflegebedürftig zu werden, ein allgemeines Lebensrisiko darstellt, das wie in Deutschland üblich, von einer großen Solidargemeinschaft abgesichert werden muss. Die gesetzliche P. konnte schließlich nur eingeführt werden, weil die Bundesländer zugunsten der Wirtschaft auf einen nach Landesrecht gesetzten Feiertag verzichteten und damit eine Kompensation des Arbeitgeberbeitrages zur gesetzlichen P. in Form eines zusätzlichen Arbeitstages ermöglichten. Mit Ausnahme des Freistaates Sachsen schafften die Bundesländer deshalb den Buß- und Bettag als gesetzlichen Feiertag ab. In Sachsen zahlen Arbeitnehmer/innen im Verhältnis zur Arbeitgeberseite einen höheren Beitragssatz zur P.

Seit seinem Inkrafttreten wurde das Pflege-Versicherungsgesetz durch mehrere große Änderungsgesetze modifiziert. Die beiden Reformen des Jahres 2001 hatten zum einen die Sicherung der Qualität der pflegerischen Versorgung in den stationären → Pflegeeinrichtungen (Pflege-Qualitätssicherungsgesetz vom 9.9.2001, BGBl. I S. 2320) und zum anderen die moderate Ausweitung der Leistungen auch zugunsten von Menschen mit erheblichem allgemeinen Betreuungsbedarf (Pflegeleistungs-Ergänzungsgesetz vom 14.12.2001, BGBl. I S. 3728) zum Ziel. Eine sehr weitreichende, mit strukturellen, systematischen und leistungsrechtlichen Änderungen verbundene Reform erfolgte durch das Gesetz zur strukturellen Weiterentwicklung der Pflegeversicherung (vom 28.5.2008, BGBl. I S. 874). Entscheidende Aspekte für die Reform 2008 waren u.a. eine endlich realistische Wahrnehmung für die Folgen der → demografischen Entwicklung in Deutschland mit der Zunahme einer hochbetagten Bevölkerungsgruppe, die Veränderungen der abhängigen Beschäftigungsverhältnisse und der damit verbundenen Einnahmeschwäche der Sozialversicherungen und beim Steueraufkommen, das Phänomen der Zunahme demenzieller Erkrankungen (→ Demenz) sowie die Belebung eines bedeutenden Dienstleistungsmarktes in der Pflege. Die mit dem Pflegeweiterentwicklungsgesetz gefundenen Lösungen konnten jedoch nicht alle diese Herausforderungen abschließend bewältigen.

Eine den sich verändernden Bedürfnissen der pflegebedürftigen Menschen sowie ihrer pflegenden Angehörigen und den demografischen Anforderungen gerecht werdende gesetzliche P. erfordert vornehmlich ein entsprechendes Verständnis von Pflegebedürftigkeit. Der gesetzlichen P. liegt der verrichtungsbezogene Pflegebedürftigkeitsbegriff zugrunde. Die seit vielen Jahren geübte Kritik an diesem Verständnis hat zunehmend den Druck auf Gesetzgeber und Politik erhöht, einen neuen Begriff der Pflegebedürftigkeit, welcher die besonderen → Bedürfnisse und → Bedarfe insbesondere von demenzkranken Personen hinreichend berücksichtigt, einzuführen. Mit dem Gesetz zur Neuausrichtung der Pflegeversicherung (PNG v. 23.10.2012, BGBl. I S. 2246) blieb die langerwartete Einführung eines neuen Begriffs jedoch aus. Vielmehr wurden Übergangsregelungen geschaffen, die für die Zeit bis zur Einführung eines neuen Pflegebedürftigkeitsbegriffs gelten. Der Gesetzgeber sah es als notwendig an, vor dessen Einführung die noch offenen Fragen zur Umsetzung von einem Expertenbeirat klären zu lassen. Mit dem PNG wurden insbesondere Leistungsverbesserungen für demenziell erkrankte Menschen, die zu Hause betreut werden, herbeigeführt. Die ebenfalls enthaltene staatliche Förderung einer zusätzlichen Pflegevorsorge wurde zum Teil erheblich kritisiert. Die Neuausrichtung der gesetzlichen P. hat mit der 18. Legislaturperiode begonnen. Die große Reform unterteilt sich dabei in mehrere Stufen. Mit dem Ersten Gesetz zur Stärkung der pflegerischen Versorgung und zur Änderung weiterer Vorschriften (PSG I v. 17.12.2014, BGBl. I S. 2222) gingen im Wesentlichen Leistungsverbesserungen zur Stärkung und Entlastung pflegender Angehöriger sowie zur Vereinbarkeit von Pflege, Familie und Beruf einher. Als einer der umstrittensten Punkte des PSG I wurde der Aufbau eines Pflegevorsorgefonds beschlossen. Mit dem Zweiten Pflegestärkungsgesetz (PSG II v. 21.12.2015, BGBl. I S. 2424) wurden im Kern mit Wirkung zum 1.1.2017 ein neuer Pflegebedürftigkeitsbegriff, der auf den Grad der Selbstständigkeit bei der Durchführung von Aktivitäten und bei der Gestaltung von Lebensbereichen abstellt, sowie ein neues Begutachtungsinstrument eingeführt. Die außen vor gelassene Anpassung wichtiger Regelungen im SGB XII (→ Sozialhilfe) wurde von der Fachwelt als höchst diffizil angesehen. Die Überarbeitung der Regelungen im SGB XII steht – neben dem Ziel, die Kommunen stärker in die Strukturen der Pflege verantwortlich einzubinden – im Fokus der dritten Stufe der Pflegereform. Das Bundeskabinett hat am 28.6.2016 den Entwurf eines Dritten Gesetzes zur Stärkung der pflegerischen Versorgung und zur Änderung weiterer Vorschriften (Drittes Pflegestärkungsgesetz – PSG III) beschlossen. Das Gesetz bedarf der Zustimmung des Bundesrats und sieht vor, den neuen Pflegebedürftigkeitsbegriff für die Hilfe zur Pflege nach dem SGB XII ebenfalls zum 1.1.2017 einzuführen.

Systematisch ist die gesetzliche P. ein besonderer Teil des Sozialgesetzbuches und numerisch im SGB XI verortet. In sozialpolitischer Hinsicht bricht das System der gesetzlichen P. mit Grundprinzipien des deutschen Sozialversicherungssystems. Als »Teilkaskoversicherung« weist sie einen grundlegenden Unterschied zu anderen Zweigen der Sozialversicherung auf. Aufgrund der gedeckelten Leistungsbeträge erweisen sich die Leistungen häufig als unzureichend, weshalb die pflegerischen Bedarfe ergänzend durch die Pflegebedürftigen bzw. durch den zuständigen → Träger der Sozialhilfe finanziert werden müssen. Die gesetzliche P. ist im Verhältnis zu anderen Systemen zur Absicherung von Pflegebedürftigkeit wie auch gegenüber Leistungen zur → Rehabilitation nachrangig. Leistungen zur Pflege nach dem Recht der → Unfallversicherung oder der → sozialen Entschädigung gehen Leistungen nach dem SGB XI vor, nicht allerdings Leistungen der Sozialhilfe im Rahmen der → Hilfe zur Pflege.

In organisationsrechtlicher Hinsicht sind die → Pflegekassen als Träger der Leistungen der gesetzlichen P. den gesetzlichen → Krankenkassen zugeordnet. Das Gesetz schreibt vor, dass bei jeder Krankenkasse eine Pflegekasse errichtet wird. Die Pflegekassen sind rechtsfähige Körperschaften des → öffentlichen Rechts mit → Selbstverwaltung. Beitrags- und Mitgliederwesen folgen den Grundprinzipien der gesetzlichen Krankenversicherung. Dies gilt ebenfalls für Fragen der → Zuständigkeit, Wahrnehmung der Verbandsaufgaben, die Finanzierung, die Verwendung und Verwaltung der Mittel, den Finanzausgleich und die innere Organisation der Selbstverwaltungskörperschaften.

Das SGB XI ist in mehrere Abschnitte gegliedert: In den allgemeinen Vorschriften wird der Grundsatz hervorgehoben, dass den Pflegebedürftigen trotz ihres Hilfebedarfs ein möglichst selbstständiges und selbstbestimmtes Leben ermöglicht werden soll, das der Würde des Menschen entspricht. Die gesetzliche P. ist im Verhältnis zur → Prävention und → medizinischen Rehabilitation nachrangig. Innerhalb der gesetzlichen P. gilt zwischen den Versorgungsformen ambulant und stationär der Vorrang der häuslichen Pflege. Die Versicherten werden aufgerufen, durch gesundheitsbewusste Lebensführung, durch frühzeitige Beteiligung an Vorsorgemaßnahmen und durch aktive Mitwirkung an → Krankenbehandlung und an Leistungen zur medizinischen Rehabilitation dazu beizutragen, Pflegebedürftigkeit zu vermeiden. In der P. sollen Länder, Kommunen, die Pflegeeinrichtungen und die Pflegekassen eng zusammenarbeiten, um den Herausforderungen des Risikos der Pflegebedürftigkeit gerecht zu werden. Insbesondere den Ländern wird eine hohe Infrastrukturverantwortung für die Versorgung aller Versicherten mit Pflegedienstleistungen aufgegeben. Zur Erfüllung dieser Aufgabe haben die Länder sämtlich eigene gesetzliche Regelungen erlassen (→ Landespflegegesetze). Zudem gibt es seit mehreren Jahren Bestrebungen, die Kompetenzen der Kommunen im Pflegebereich zu stärken. Der Regierungsentwurf eines PSG III sieht u.a. vor, dass im Rahmen von Modellvorhaben kommunale Stellen Beratungsaufgaben nach dem SGB XI in eigener Zuständigkeit erbringen können.

Leistungsberechtigt nach der gesetzlichen P. sind Personen, die pflegebedürftig i.S.d. SGB XI sind. Dies sind Menschen, die wegen einer körperlichen, geistigen oder seelischen → Krankheit oder Behinderung für die gewöhnlichen und regelmäßig wiederkehrenden Verrichtungen im Ablauf des täglichen Lebens auf Dauer, voraussichtlich für mindestens sechs Monate, in erheblichem oder höherem Maße der Hilfe bedürfen. Krankheiten oder Behinderungen in diesem Sinne sind Verluste, Lähmungen oder Funktionsstörungen am Stütz- und Bewegungsapparat, Funktionsstörungen der inneren Organe und

Störungen des Zentralnervensystems sowie seelische und geistige Behinderungen. Der gegenwärtige Begriff der Pflegebedürftigkeit knüpft an den Begriff von Verrichtungen im Ablauf des täglichen Lebens an. Erfasst sind gewöhnliche und regelmäßig wiederkehrende Verrichtungen in den Bereichen der Körperpflege, der Ernährung, der Mobilität und der hauswirtschaftlichen Versorgung. Das eingeschränkte Verständnis der Pflegebedürftigkeit i.S.d. SGB XI ist ein Stück weit gelöst von der Definition von Pflegebedürftigkeit nach anderen wissenschaftlichen Erkenntnissen, insbesondere in der → Pflegewissenschaft (zu den Neuregelungen ab 2017 s. unten).

Pflegebedürftigkeit ist der Grad oder das Maß an Hilfen, die für die Durchführung oder Erledigung der im Gesetz genannten Verrichtungen benötigt wird. Das Maß der Pflegebedürftigkeit wird derzeit in drei Stufen erfasst (zu den Neuregelungen ab 2017 s. unten). Leistungen nach der gesetzlichen P. erhalten entsprechend Personen, die in eine der drei Pflegestufen eingestuft sind. Unterschieden wird zwischen erheblich Pflegebedürftigen (Pflegestufe I), Schwerpflegebedürftigen (Pflegestufe II) und Schwerstpflegebedürftigen (Pflegestufe III). Beispielsweise muss für die Zuordnung zur Pflegestufe I der Zeitaufwand, den ein Familienangehöriger oder eine andere nicht als Pflegekraft ausgebildete Pflegeperson für die erforderlichen Leistungen in der Pflegestufe I benötigt, wöchentlich im Tagesdurchschnitt mindestens 90 Minuten betragen, wobei auf die → Grundpflege mehr als 45 Minuten entfallen müssen. Zur näheren Bestimmung der Pflegebedürftigkeit und ihrer Feststellung hat der Gesetzgeber vorgesehen, dass durch Richtlinien (Pflegebedürftigkeits- und Begutachtungsrichtlinien) das Nähere zum Verfahren der Feststellung und Bestimmung des jeweiligen Zeitaufwandes getroffen wird. Diese Richtlinien sind für die Praxis von ausschlaggebender Bedeutung, denn sie enthalten zahlreiche Erläuterungen und Beschreibungen zum Verständnis der einzelnen Verrichtungen. Ferner ist in den Richtlinien ein Fragebogen vorgegeben, der vom → Medizinischen Dienst der Krankenversicherung bei der Erhebung über die Pflegebedürftigkeit verwendet wird.

Als Leistungen der gesetzlichen P. gewährt das SGB XI Pflegesachleistungen, → Pflegegeld für selbstbeschaffte Pflegehilfen, eine Kombination von → Geldleistung und → Sachleistung, Verhinderungspflege, → Pflegehilfsmittel und wohnumfeldverbessernde Maßnahmen, → Tagespflege, → Nachtpflege, → Kurzzeitpflege, vollstationäre Pflege, Leistungen zur sozialen Sicherung der Pflegepersonen, → Pflegekurse für Angehörige und ehrenamtliche Pflegepersonen, zusätzliche → Betreuungs- und Entlastungsleistungen, zusätzliche Leistungen in ambulant betreuten Wohngruppen sowie Anschubfinanzierung zur Gründung von ambulant betreuten Wohngruppen. Grundform der Leistungen der gesetzlichen P. ist die Pflegesachleistung. Pflegesachleistung bedeutet, dass Pflegebedürftige Grundpflege und hauswirtschaftliche Versorgung erhalten, die durch einen von der Pflegekasse zugelassenen Pflegedienst oder durch Einzelpersonen, mit denen die Pflegekasse einen Vertrag abgeschlossen hat, erbracht werden. Durch das PNG wurden in der → häuslichen Pflege ebenfalls Betreuungsleistungen (häusliche Betreuung) in das Leistungsspektrum der ambulanten Pflegedienste einbezogen. Ab 1.1.2017 fallen unter Pflegesachleistungen körperbezogene Pflegemaßnahmen, pflegerische Betreuungsmaßnahmen sowie Hilfen bei der Haushaltsführung. Die zur Finanzierung des Pflegedienstes erforderlichen Geldleistungen werden im Verhältnis zwischen der Pflegekasse und dem Dienst direkt abgewickelt. Der Versicherte muss für solche Dienstleistungen aufkommen, die nicht in das Leistungsspektrum der gesetzlichen P. fallen. Pflegegeld dient hingegen der Vergütung selbstbeschaffter Pflegehilfen und wird deshalb regelmäßig dann in Anspruch genommen, wenn pflegebedürftige Menschen durch Angehörige, Nachbarn oder durch andere selbstorganisierte Formen die von ihnen benötigten Dienstleistungen selbst organisieren und nicht einen zugelassenen Pflegedienst in Anspruch nehmen. Pflegegeld und Pflegesachleistungen können auch geteilt – als sogenannte Kombinationsleistung – in Anspruch genommen werden.

Die monatlichen Leistungsbeträge für die häusliche Pflegehilfe sind gedeckelt. Bis einschließlich 31.12.2016 werden Pflegeeinsätze für Pflegebedürftige der Pflegestufe I bis zu einem Gesamtwert von 468 Euro, für Pflegebedürftige der Pflegestufe II bis zu einem Gesamtwert von 1.144 Euro und für Pflegebedürftige der Pflegestufe III bis zu einem Gesamtwert von 1.612 Euro (bzw. 1.995 Euro zur Vermeidung von Härten in besonders gelagerten Fällen) gezahlt. Ergänzend zu den ambulanten Hilfen gibt es eine häusliche Pflege bei Verhinderung der Pflegeperson, Tages- und Nachtpflege sowie Kurzzeitpflege. Die teilstationären → Einrichtungen wie auch die Kurzzeitpflege sehen vor, dass der pflegebedürftige Mensch aufgrund unterschiedlicher Umstände nur vorübergehend in einer stationären Einrichtung betreut wird. Vollstationäre Pflege wird dann gewährt, wenn häusliche oder teilstationäre Pflege nicht möglich ist oder wegen der Besonderheit des einzelnen Falles nicht in Betracht kommt. Die Leistungsbeträge in der vollstationären Pflege sind in der Vergangenheit im Vergleich zur ambulanten Pflege wesentlich höher gewesen. In den letzten Jahren haben sich die Beträge etwas angenähert bzw. in der Pflegestufe III sowie für als Härtefall anerkannte Pflegebedürftige angeglichen. Der Leistungsumfang für vollstationäre Pflege beträgt monatlich bis einschließlich 31.12.2016 für Pflegebedürftige der Pflegestufe I 1.064 Euro, der Pflegestufe II 1.330 Euro, der Pflegestufe III 1.612 und für als Härtefall anerkannte Pflegebedürftige 1.995 Euro. (Zu den Neuregelungen ab 2017 s. unten).

Aufgrund des in der gesetzlichen P. geltenden verrichtungsbezogenen Pflegebedürftigkeitsbegriffs nehmen versicherte Personen, die aufgrund einer erheblich eingeschränkten Alltagskompetenz einen festgestellten erheblichen allgemeinen Beaufsichtigungs- und Betreuungsbedarf haben (§ 45 a SGB XI), eine Sonderstellung im Leistungssystem ein. Es handelt sich dabei insbesondere um Personen mit demenzbedingten Fähigkeitsstörungen, geistigen Behinderungen oder psychischen Erkrankungen. Das SGB XI gewährt Personen ohne Pflegestufe mit einem solchen Bedarf ebenfalls Leistungen der häuslichen, teilstationären und Kurzzeitpflege (§§ 123 f. SGB XI). Daneben können sie zusätzliche Leistungen in ambulant betreuten Wohngruppen, Anschubfinanzierung zur Gründung von ambulant betreuten Wohngruppen sowie zusätzliche Betreuungs- und Entlastungsleistungen beanspruchen. Bei Personen mit der Pflegestufe I und II, die einen solchen Bedarf aufweisen, erhöhen sich das Pflegegeld sowie die Beträge für Pflegesachleistungen und teilstationäre Pflege. Für die zusätzliche Betreuung demenziell erkrankter Personen in vollstationären Pflegeeinrichtungen werden von der P. zusätzliche Betreuungskräfte voll finanziert. Mit dem PSG I wurde die Zielgruppe für die zusätzlichen Betreuungsangebote nach § 87 b SGB XI ausgeweitet.

Der Gesetzgeber hat den besonderen Bedarf bei Verlust oder Einschränkung der Alltagskompetenz zwar anerkannt, allerdings bilden die Leistungen die Bedarfe nicht im Rahmen der Pflegebedürftigkeit ab, wie dies nach pflegewissenschaftlichen Erkenntnissen möglich wäre. Dies ändert sich mit dem in der gesetzlichen P. ab 1.1.2017 geltenden neuen Pflegebedürftigkeitsbegriff. Der Begriff stellt auf den Grad der Selbstständigkeit bei der Durchführung von Aktivitäten und bei der Gestaltung von Lebensbereichen ab. Danach sind Personen pflegebedürftig i.S.d. SGB XI, die gesundheitlich bedingte Beeinträchtigungen der Selbstständigkeit oder der Fähigkeiten in insgesamt sechs pflegerelevanten Bereichen (→ Pflegebedürftigkeit) aufweisen und deshalb der Hilfe durch andere bedürfen. Zudem wird durch das neue Begutachtungsinstrument die Einstufung für alle antragstellenden Personen einheitlich – und nicht mehr mit gesonderter Feststellung, ob eine erheblich eingeschränkte Alltagskompetenz vorliegt – in fünf Pflegegrade vorgenommen. Der Anspruch auf häusliche Pflegehilfe für Pflegebedürftige des Pflegegrades 2 umfasst dann Leistungen bis zu einem Gesamtwert von 689 Euro, für Pflegebedürftige des Pflegegrades 3 Leistungen bis zu einem Gesamtwert von 1.298 Euro, für Pflegebedürftige des Pflegegrades 4 Leistungen bis zu einem Gesamtwert von 1.612 Euro, für Pflegebedürftige des Pflegegrades 5 Leistungen bis zu einem Gesamtwert von 1.995 Euro. Für vollstationäre Pflege übernimmt die Pflegekasse einen Betrag von 770 Euro für Pflegebedürftige des Pflegegrades 2, 1.262 Euro für Pflegebedürftige des Pflegegrades 3, 1.775 Euro für Pflegebedürftige des Pflegegrades 4 und 2.005 Euro für Pflegebedürftige des Pflegegrades 5. Pflegebedürftige des Pflegegrades 1 haben Anspruch auf Leistungen, die der Erhaltung und Wiederherstellung der Selbständigkeit sowie der Vermeidung der Pflegebedürftigkeit dienen. Neben den in einem Katalog aufgeführten Leistungen gelten grundsätzlich auch die sonstigen SGB-XI-Regelungen.

Für die Inanspruchnahme von Leistungen der gesetzlichen P. ist ein entsprechender → Antrag bei der zuständigen Pflegekasse notwendig. Mit Antragstellung werden bei Vorliegen der gesetzlichen Voraussetzungen Leistungen der gesetzlichen P. gewährt. Vor der Bewilligung der Leistung durch die Pflegekasse erfolgt eine Untersuchung und Begutachtung durch den Medizinischen Dienst der Krankenversicherung oder die von der Pflegekasse beauftragten Gutachter im Wohnbereich der antragstellenden Person. Kommt es zur Gewährung der Leistungen der gesetzlichen P., so kann die pflegebedürftige Person auswählen, ob sie Leistungen in Form von Sach- oder Geldleistungen in Anspruch nehmen möchte.

Die Pflegekassen dürfen ambulante und stationäre Pflege nur durch Pflegeeinrichtungen gewähren, mit denen ein Versorgungsvertrag besteht (zugelassene Pflegeeinrichtungen). Er enthält Festlegungen über Art, Inhalt und Umfang der allgemeinen Pflegeleistungen. Einfluss auf die Inhalte haben Rahmenverträge und Bundesempfehlungen über die pflegerische Versorgung, in denen angefangen von den pflegerischen Befähigungen bis zur Personalausstattung und Personalanhaltszahlen zahlreiche Vorgaben gemacht werden. Eine bedeutende Rolle spielen auch → Vereinbarungen über die Maßstäbe und Grundsätze zur Sicherung und Weiterentwicklung der Pflegequalität. Ebenfalls in das Vertragswesen fallen die Vereinbarungen über die Finanzierung der Pflegeeinrichtungen. Auch wenn Leistungen der Unterkunft und Verpflegung nicht aus dem Budget der gesetzlichen P. entrichtet werden, so werden die Vergütungssätze zusammen mit der Pflegevergütung im Verhältnis zwischen der Einrichtung und den Pflegekassen ausgehandelt und vereinbart. An diesen Vereinbarungen ist dann auch der → Träger der Sozialhilfe beteiligt.

*Lit.* Hauck, K./Noftz, W./Schlegel, R. (Hrsg.): Sozialgesetzbuch (SGB) XI. Kommentar, Loseblattausgabe, Berlin (Stand: 2015); Udsching, P.: SGB XI. Soziale Pflegeversicherung, 4. Aufl., München 2015; Klie, T./Krahmer, U./Plantholz, M. (Hrsg.): Sozialgesetzbuch XI. Soziale Pflegeversicherung. Lehr- und Praxiskommentar, 4. Aufl., Baden-Baden 2014; BT-Drucks. 18/5926.

*Jana Henneberger*

**Pflegevertrag in der Jugendhilfe** (1) Das sozialrechtliche → Dreiecksverhältnis wirkt auch in der → Vollzeitpflege gem. § 33 SGB VIII. Gem. § 27 SGB VIII ist der/die Personensorgeberechtigte (→ Elterliche Sorge) Inhaber/in des Rechtsanspruchs auf → Hilfe zur Erziehung, die als Annexleistung im Rahmen der Vollzeitpflege auch die Kosten für den Sachaufwand sowie die Pflege und Erziehung beinhaltet (§ 39 SGB VIII). Zur Rechtssicherheit und Transparenz empfiehlt sich, einen zivilrechtlichen Vertrage zwischen Pflegeeltern und Personensorgeberechtigten über die Ausgestaltung des Pflegeverhältnisses abzuschließen. In Ergänzung zu den Entscheidungsbefugnissen des § 1688 BGB erteilen die Personensorgeberechtigten den Pflegeeltern umfassende Vollmachten. Insbesondere sollte die Vereinbarung Regelungen über die voraussichtliche Dauer des Pflegeverhältnisses, Besuchskontakte und die von den Personensorgeberechtigten bestimmte Grundrichtung der → Erziehung enthalten. Im Rahmen dieser Vereinbarung empfiehlt sich auch, eine → Vollmacht zur Geltendmachung des Anspruches aus §§ 27, 33 und 39 SGB VIII durch die Pflegeeltern aufzunehmen. In Ergänzung ist der Abschluss eines P. zwischen → Jugendamt und Pflegeeltern sinnvoll, der die Unterhaltsgewährung für das Kind oder den Jugendlichen regelt. Dieser P. sollte einerseits die Erbringung der Betreuungs-, Erziehungs- und Unterstützungsleistung der Pflegeeltern und andererseits Vereinbarungen zur Auszahlung des → Pflegegeldes für Vollzeitpflege sowie Beratungs- und Fortbildungsleistungen des Jugendamtes enthalten.

(2) Auch im Rahmen von → Kindertagespflege gem. § 23 SGB VIII sollte zur Rechtsklarheit ein P. abgefasst werden, der Vereinbarungen über den Umfang der Tagespflege, Vergütung, Gruppengröße, Regelungen in Krankheits- und Urlaubssituationen u.ä. beinhaltet.

*Petra Mund*

**Pflegevorsorgefonds** → Pflegeversicherung

**Pflegewissenschaft** zielt darauf, wissenschaftliche Erkenntnisse zu erarbeiten, die die → Pflege – größte Berufsgruppe im → Gesundheitswesen (→ Pflegeberufe) – benötigt, um den Anforderungen in der Praxis gerecht zu werden. Denn verursacht durch gesellschaftliche Entwicklungen – besonders die demografische Alterung und den Wandel des Krankheitspanoramas – haben sich die Anforderungen und Aufgaben der Pflege grundlegend verändert. Um sie kompetent anzugehen, sind neue wissenschaftliche Konzepte und Interventionsstrategien gefordert, und es ist notwendig, in der Pflege von einem erfahrungsgestützten zu einem evidenzbasierten Handeln zu gelangen.

Mit der Etablierung von P. Mitte der 1990er-Jahre wurden in Deutschland die dazu nötigen Voraussetzungen geschaffen und eine nachholende Modernisierung eingeleitet. Denn international verfügt die Pflege seit Langem über eine Tradition als wissenschaftliche Disziplin – in den USA seit fast einem Jahrhundert, in vielen europäischen Nachbarländern seit mehreren Jahrzehnten. Mit großen Schritten wurde begonnen, den Anschluss an diese Entwicklung zu suchen, die überfällige Akademisierung einzuleiten und P. an deutschen Hochschulen zu etablieren (→ Studium der Sozialen Arbeit). Auch Aufgaben der Theorie-, Forschungs- und Methodenentwicklung wurden angegangen. So existiert mittlerweile eine breite Forschungslandschaft, in der die Instrumentenentwicklung eine wichtige Rolle spielt. Weitere Themen von P. und Pflegeforschung sind: → Pflegebedürftigkeit/Pflegebedarf, Bedingungen des Pflegehandelns, Entwicklung und Evaluation wissens- und evidenzbasierter Pflegekonzepte und -interventionen, bedarfsgerechte pflegerische Versorgungsgestaltung und Pflegequalität.

Die erreichten Erfolge sind beachtlich, dennoch sind Herausforderungen offen: So ist es noch nicht gelungen, eine international anschlussfähige, in sich stimmige konsekutive Studiengangsstruktur herzustellen. Die Forschungsentwicklung ist zwar gut vorangekommen, Pflegeforschung aber strukturell und finanziell nicht ausreichend gesichert. Auch der Ausbau wichtiger Pflegeforschungstraditionen steht noch aus, so v.a. der klinischen Pflegeforschung, pflegerischen Versorgungsforschung und der patientenorientierten Pflegeforschung. Schließlich sind die Nachwuchsförderung, die universitäre Verankerung und auch die Theorie-Praxis-Verknüpfung noch verbesserungsbedürftig. Letzteres ist besonders zu unterstreichen, weil es mit der Etablierung von P. darum geht, nicht nur einen Modernisierungs-, sondern einen Professionalisierungsprozess anzustoßen und die Pflege in die Lage zu versetzen, sich zu einer »caring profession« zu entwickeln, die auf der Basis eigenständiger Konzepte und Instrumente agiert. Dazu ist es notwendig, dass sie ihre Aufgabenfelder theoretisch aufarbeitet und wissenschaftlich fundiert und auch ihre Praxis entsprechend verändert. Hier zeigen sich Parallelen zur Sozialen Arbeit: Auch sie zählt zu den »caring professions« und auch ihr stellen sich – trotz Entwicklungsvorsprungs – ähnliche Aufgaben (→ Sozialarbeitswissenschaft).

*Doris Schaeffer*

**Pflegezeitgesetz** → Familienpflegezeit

**Pflegezulage** → Beschädigtenrente

**Pflegschaft** Minderjährige erhalten für diejenigen Angelegenheiten, an deren Besorgung ihre sorgeberechtigten Eltern oder ihrVormund verhindert sind, eine/n Pfleger/in (§ 1905 → Bürgerliches Gesetzbuch [BGB]). Die Verhinderung kann auf einem gerichtlichen Eingriff in die → elterliche Sorge beruhen (§§ 1666 Abs. 3 Nr. 6, 1796 Abs. 1, 1837 Abs. 4 BGB) oder bereits kraft Gesetzes bestehen (§§ 1629 Abs. 2, 1795 BGB). Für welche Teile der elterlichen Sorge eine P. besteht, ergibt sich allein aus der gerichtlichen Entscheidung, durch die die P. angeordnet wurde. Entsprechend dem Grundsatz der Verhältnismäßigkeit und der Vorgaben in Art. 6 Abs. 2 → Grundgesetz (GG) ist heute eine → Vormundschaft die Ausnahme und eine P. der Regelfall, wenn die rechtlichen Eltern eines/einer Minderjährigen bekannt sind und noch leben.

Bei einer P. ist der/die Pfleger/in demnach anders als bei einer → Beistandschaft (§ 1716 BGB) ausschließlich und nicht neben den sorgeberechtigten Eltern oder dem Vormund zur Erledigung der Angelegenheit(en), für die eine P. angeordnet wurde, befugt. Vom Vormund unterscheidet sich ein/e Pfleger/in dadurch, dass er/sie nur in Teilen der elterlichen Sorge Vertreter/in des/der Minderjährigen ist, vom → Verfahrensbeistand in familiengerichtlichen Verfahren dadurch, dass er/sie im betreffenden Aufgabenkreis überhaupt zur Vertretung des Kindes befugt ist (vgl. etwa § 158 Abs. 4 S. 6 → Familienverfahrensgesetz [FamFG]).

Für die P. gelten grundsätzlich die gleichen Regelungen wie für die Vormundschaft (§ 1915 Abs. 1 BGB). Allerdings setzt eine P. immer eine gerichtliche Anordnung voraus. Eine der → Amtsvormundschaft vergleichbare Amtspflegschaft des Jugendamts kennt das Gesetz seit 1998 nicht mehr. Nach allgemeinen Regelungen kann das Gericht jedoch das → Jugendamt oder einen Verein (→ Vereinspflegschaft) zum Pfleger bestellen. Sonderregelungen werden für die → Umgangspflegschaft getroffen (§§ 1684 Abs. 2, Abs. 3, 1685 Abs. 3 BGB). Die → Betreuung als gesetzliche Vertretung für Volljährige (§§ 1896 ff. BGB) kann inhaltlich einer P. ähneln, wenn der/die Betreuer/in nur für bestimmte Angelegenheiten bestellt wird, oder einer Vormundschaft, wenn eine Betreuung für alle Angelegenheiten angeordnet wird. Durch die Anordnung einer Betreuung verlieren die Betreuten jedoch nicht die Kompetenz, selbst rechtlich wirksam für sich zu handeln. Sie bleiben vielmehr handlungsfähig, sofern ihre Handlungsfähigkeit nicht durch andere Regelungen, wie denen zur → Geschäftsfähigkeit (§§ 104 ff. BGB), eingeschränkt wird.

*Birgit Hoffmann*

**Pflichtarbeitsplatz** → Beschäftigungspflicht der Arbeitgeber

**Pflichtleistung** ist im Sozialleistungsrecht eine gebräuchliche Bezeichnung für Leistungen, auf die → Leistungsberechtigte einen → Rechtsanspruch haben. Das heißt, bei Vorliegen der Tatbestandsvoraussetzungen muss eine solche Leistung vom Leistungsträger erbracht werden. → Sozialleistungen sind P., soweit nicht der → Sozialleistungsträger ausnahmsweise nach seinem → Ermessen handeln kann. Dies folgt aus der allgemein geltenden Vorschrift des § 38 SGB I. Ermessensleistungen in diesem Sinne sind Leistungen, die ein Leistungsträger nach dem Wortlaut des → Gesetzes gewähren »soll« oder »kann« (→ Soll-Leistung und → Kann-Leistung). Diese sind nach den Umständen des Einzelfalls zu treffen. Richtlinien zur Sicherstellung einer einheitlichen Praxis haben für die Verwaltung selbstbindenden Charakter zur Sicherstellung einer einheitlichen Ermessensausübung.

*Franz Schmeller*

**Phobien** sind übermäßige → Ängste vor bestimmten Situationen oder Objekten, deren pathologische Dimension in dem Missverhältnis zwischen Auslösereiz und der Heftigkeit der darauf folgenden Furcht- und Vermeidungsreaktionen begründet liegt. Die Vermeidung der – zumeist real ungefährlichen – Auslösesituation verfestigt sich, oft erzeugt schon die Vorstellung der phobieauslösenden Situation Erwartungsangst; häufig treten sekundäre Ängste auf vor dem Gefühl, die Kontrolle zu verlieren, wahnsinnig zu werden oder zu sterben. Der psychische → Leidensdruck Betroffener ergibt sich aus den extremen situativen Angstbindungen, die als weitgehend unbegründet erkannt werden und meist mit heftigen vegetativen Begleitreaktionen (Herzrasen, Atemnot, Zittern, Schwindel, Schwitzen usw.) verbunden sind. Die kompensatorischen Vermeidungsreaktionen führen oft zu schweren Lebensbeeinträchtigungen (Vernachlässigung alltäglicher Pflichten, Behinderung normaler Lebensentfaltungen in Beruf, Familie und Freizeit). Die Lebenszeit-Prävalenz liegt – je nach Studienergebnis – zwischen 5 und 8%; es besteht vielfach eine hohe Komorbidität (20–40%) mit unterschiedlichen Ausprägungsgraden der → Depression.

Im Klassifikationssystem → ICD-10 werden folgende Formen der P. unterschieden: Agorap. (Platzangst; Furcht, auf die Straße oder über einen freien Platz zu gehen), Soziale P. (»Furcht vor prüfender Betrachtung durch andere Menschen, die zu Vermeidung sozialer Situationen führt. Umfassendere soziale Phobien sind in der Regel mit niedrigem Selbstwertgefühl und Furcht vor Kritik verbunden. Sie können sich in Beschwerden wie Erröten, Händezittern, Übelkeit oder Drang zum Wasserlassen äußern«, ICD-10) und sog. Spezifische (isolierte) P. (Furcht vor bestimmten Objekten wie Spinnen; hierunter wird auch die Klaustrop. gefasst, die Furcht vor geschlossenen, engen Räumen).

Die Ursachen werden je nach theoretischem Konzept unterschiedlich betrachtet: Aus psychodynamischer Sicht liegt der P. ein unbewusster innerpsychischer Konflikt zugrunde, die übermäßige Angst hat die Funktion der Abwehr bzw. »Verschiebung« dieses Konflikts; die P. kann ebenfalls als symbolischer Ausdruck verdrängter infantiler Wünsche oder unbewältigter innerer Ängste gesehen werden. Im Sinne der → Verhaltensorientierten Beratung und Therapie werden P. als konditionierte (gelernte) Furchtreaktionen betrachtet, die selbstverstärkend aufrecht erhalten werden. Therapeutisch haben sich zumindest kurzfristig verhaltenstherapeutische Methoden als besonders effektiv erwiesen, insbes. solche, die nach dem Prinzip der Reizkonfrontation vorgehen. Die Effektivität tiefenpsychologischer Langzeittherapie ist gleichfalls belegt (→ Therapie).

*Klaus Fröhlich-Gildhoff*

**PISA** → Internationale Vergleichsstudien

**Planspiel** In der Praxis der → Sozialen Arbeit bezeichnet das P. eine Methode, mit deren Hilfe bestimmte Situationen oder Prozesse durchgespielt, d.h. simuliert werden. Mithilfe des P. können die Teilnehmer/innen Entscheidungen vorbereiten, Handlungsstrategien entwerfen und die Folgen von fachlichen oder politischen Entscheidungen antizipieren. Ursprünglich aus der militärischen und ökonomischen Simulation stammend, werden P. in der Sozialen Arbeit häufig als Lehr- und Lernmethode in der Aus-, → Fort- und Weiterbildung eingesetzt, um den Teilnehmer/innen zu ermöglichen, im Wege der Übernahme bestimmter Rollen (→ Rollenspiel) spezifische Interessen zu vertreten und zum Ausdruck zu bringen. Im Zentrum eines P. steht häufig ein (Ziel-)Konflikt. Die beteiligten Kleingruppen simulieren die soziale Wirklichkeit, indem sie versuchen, in einer komplexen Umwelt mit ihren Mitteln Einfluss auf Konzeptionen und Entscheidungen zu nehmen. Die Gruppen erhalten zu Beginn des P. ein Rollenprofil oder eine Konfliktbeschreibung mit den notwendigen Informationen über den Ablauf des Prozesses. In der Auswertung werden der Spielverlauf analysiert und reflektiert, der Prozess kritisch hinterfragt und einem Realitätstest unterzogen und das Ergebnis bewertet. Im Vergleich zu traditionellen Lern- und Arbeitsformen können P. die Motivation von Teilnehmer/innen erhöhen, weil es ihnen ermöglicht, eigene Erfahrungen unmittelbar in den Prozess einzubeziehen.

*Ralf Mulot*

**Planung** ist der Versuch, durch eine methodisch gestützte und systematische Informationssuche, -auswahl und -verarbeitung Handlungsoptionen zu entwickeln, deren Umsetzung zu gewünschten Ergebnissen führen soll. Der Planungsprozess besteht in der Entwicklung von Zielen, in der Analyse der Ausgangssituation, in der Auswahl geeigneter Mittel, in der Festlegung einer Durchsetzungsstrategie und in der Kontrolle der Zielerreichung. Dabei können unterschiedliche Methoden und Planungstechniken zum Einsatz kommen. Zur Ideenfindung wird häufig ein → Brainstorming genutzt; als Methoden zur Entscheidungsfindung können eine → Kosten-Nutzen-Analyse, eine → Kosten-Wirksamkeits-Analyse oder eine Nutzwertanalyse zur Anwendung gelangen und zur Erfolgskontrolle wird in der Regel eine → Evaluation durchgeführt. Das Planungsverständnis weist in den einzelnen Fachdisziplinen charakteristische Unterschiede auf. Die ökonomische Entscheidungstheorie versteht P. in erster Linie als ein Instrument zur »rationalen Allokation knapper Mittel zur Erreichung vorgegebener Ziele«. P. ist eine wertneutrale Methode zur Erhöhung der Zweckrationalität im Hinblick auf vorgegebene Zwecke. Die kritische Reflexion der Ziele (→ Zielkonflikt), des Handelns und ihrer gesellschaftlichen und politischen Folgen, mit anderen Worten die Berücksichtigung sozialer Zusammenhänge ist nicht Teil der P. Demgegenüber ist P. in der Sozialen Arbeit nur als partizipatives Geschehen denkbar. Dies betrifft sowohl die P. einer personenbezogenen Hilfeleistung wie auch den Bereich der → Sozialplanung, die regional bzw. sozialräumlich ausgerichtet ist. Es wird grundsätzlich davon ausgegangen, dass Veränderungsprozesse nur dann erfolgreich gestaltet werden können, wenn die betroffenen Menschen auf der Grundlage einer Vertrauensbeziehung aktiv in den Hilfe- bzw. Planungsprozess einbezogen werden.

Planungstheorien beziehen sich auf grundsätzliche Überlegungen, inwiefern und ob überhaupt eine zielgerichtete Steuerung im Hinblick auf einen vorab definierten Zweck möglich ist. Die Vorstellung, dass eine umfassende rationale P., die von einer instrumentellen Rationalität bestimmt ist, möglich ist, gilt als überholt und wissenschaftlich nicht haltbar. Soziale Gegebenheiten sind zu komplex, als dass sie als Ganzes logisch und empirisch erfasst werden könnten, was auch bedeutet, dass man davon ausgehen muss, niemals über sämtliche relevanten Informationen bezüglich des Planungsgegenstandes zu verfügen. In der Abkehr von diesem umfassenden Planungsverständnis sind inkrementalistische Ansätze formuliert wurden, für die stellvertretend Popper mit seinem Konzept des Piecemeal Engineering und Lindblom mit seinem Ansatz des Muddlingthrough genannt sein sollen. Beide Konzepte gehen von einer Steuerung in kleinen, überschaubaren und daher korrigierbaren Schritten aus. Es wird Abstand genommen von der Vorstellung einer zentralen Steuerungsinstanz. Das Ergebnis von Steuerung ergibt sich vielmehr durch wechselseitig untereinander erfolgende Abstimmungsprozesse der beteiligten Akteure. Eine Abkehr von einem umfassenden Planungsverständnis erfolgte auch durch die Theorie Sozialer Systeme nach Luhmann. Auf der Grundlage des Organisationsprinzips der Autopoiesis ist eine unmittelbare und damit direkte Steuerung unmöglich, da soziale Systeme auf Umweltinformationen eigensinnig, das heißt ausschließlich nach Maßgabe ihrer internen Systemlogik reagieren. Dies hat mit Willke zum Konzept der direkten und dezentralen Kontextsteuerung geführt, wonach solche Umweltbedingungen zu setzen sind, an denen sich das zu steuernde System mit seinen eigenen Unterscheidungen orientieren kann und mutmaßlich auch wird. Wie die Reaktion jedoch genau aussehen wird und ob es eventuell auch zu nicht intendierten Effekten kommt, kann nicht präzise prognostiziert bzw. völlig ausgeschlossen werden. Auf der Grundlage von Habermas´ Theorie des kommunikativen Handelns hat sich auch ein diskursiver Planungsansatz entwickelt, wonach Planen gleichgesetzt wird mit einem intersubjektiv zu konstituierenden rationalen Handeln. So sollen nicht vorgegebene Machtverhältnisse, sondern die Kraft des besseren Arguments P. bestimmen. Dem jeweiligen Planungsverständnis folgend oszilliert die Rolle des Planers zwischen dem allwissenden Macher und dem Moderator. Aktuell lässt sich beobachten, dass sich dem Stand der Planungstheorie entsprechend auch der Staat von einem umfassenden Steuerungsanspruch verabschiedet. Ziele werden als Grundwerte vorgegeben, die noch nicht ausformuliert sind. Oberster Leitgedanke ist dabei in der Folge der Rio-Deklaration und der Agenda 21 eine nachhaltige Entwicklung. Dieses Planungsverständnis fordert den Planer als begleitende Fachkraft und führt zu einem nicht-verrechtlichten, nicht-regulativen, informellen und kooperativen Planungsgeschehen. Diese Entwicklung kann auch als eine Reaktion darauf gesehen werden, dass Bürger/innen wegen der wachsenden Komplexität und Intransparenz der Planungsvorgänge und der Distanz zwischen ihnen und den Expert/innen der planenden Verwaltung die Forderung nach Beteiligung an den für sie relevanten Planungs- und Entscheidungsprozessen zunehmend deutlich gestellt haben; und zwar nicht nur in den Fällen, in denen es rechtlich vorgesehen ist, sondern grundsätzlich. Neben institutionalisierten Formen der Beteiligung (z.B. Bebauungsplan, Planfeststellungsverfahren bei Großprojekten) gibt es vor allem bei der → Sozialplanung offene Formen der Beteiligung, die die Informierung der Betroffenen, die Anhörung, die Mitberatung bis hin zur Mitwirkung umfassen können. Während Bürgerversammlungen, Hearings und vergleichbare Formen der Beteiligung weitgehend Praxis sind, werden alternative Modelle der → Partizipation wie Anwaltsplanung oder Planungszelle nur selten eingesetzt. Verschiedentlich werden schon unterschiedliche Formen einer online-gestützten Beteiligung praktiziert, die als ePartizipation firmieren. Hier lassen sich sowohl kommunale Beispiele (Zürich) wie auch private (nexthamburg) finden, die Ideen für die Stadtplanung sammeln, die zu einer Bürgervision verdichtet werden sollen.

*Lit.* Altrock, U. u.a. (Hrsg.): Perspektiven der Planungstheorie, Berlin 2004; Luhmann, N.: Soziale Systeme, 4. Aufl., Frankfurt a.M. 1991.

*Jürgen Burmeister*

**Planungshoheit** bedeutet, dass ein Träger öffentlicher Verwaltung, sei es Bund, Land oder Kommune, aufgrund staatlicher Souveränität oder des Rechts auf kommunale → Selbstverwaltung zur Erfüllung hoheitlicher Aufgaben eigenständig planen und damit eigenverantwortlich gestalten darf. Sie findet sich in Organisations-, → Finanz- und Personalplanung sowie in Raum- und → Fachplanung auf den verschiedenen Ebenen des Staates wieder. Standardbeispiel für P. ist die bauplanungsrechtliche Hoheit der Gemeinden aufgrund ihres in Art. 28 Abs. 2 → Grundgesetz garantierten Selbstverwaltungsrechts, welche auch ausdrücklich in Fachgesetzen konkretisiert ist (v.a. im Baugesetzbuch). Entsprechend bedeutet P. in der Sozialplanung die Hoheit über die planmäßige Gestaltung sozialer Prozesse. Sie dient der zielgerichteten, an → Bedürfnissen und → Bedarfen orientierte Ausgestaltung und Weiterentwicklung der sozialen Leistungen insbesondere nach dem → Sozialgesetzbuch (z.B. der → Kinder- und Jugendhilfe nach SGB VIII, der → Rehabilitation und Teilhabe behinderter Menschen nach SGB IX oder der sozialen → Pflegeversicherung nach SGB XI). Öffentliche Träger der P. in der → Sozialplanung sind die Bundesländer und die Kommunen.

Die P. wird generell dadurch eingeschränkt, dass gesetzliche Vorgaben und ggf. übergreifende → Planungen zu beachten sind. So muss sich die gemeindliche Raumplanung in die überörtliche Planung und Fachplanung einpassen. Für den sozialen Bereich ergibt sich zudem eine staatliche Planungspflicht aus dem → Sozialstaatsprinzip. Vielfach sind Beteiligungsverfahren vorgeschrieben, um betroffene Bürger und Institutionen in den Planungsprozess einzubeziehen (→ Partizipation). So werden in die Sozialplanung → Einrichtungen und → Dienste der anerkannten → Träger der Jugendhilfe und der Wohlfahrtspflege (→ Freie Wohlfahrt) sowie Interessenvertretungen einbezogen, beispielsweise diejenigen der Kirchen, Wohlfahrtsverbände oder freien Initiativen, sowie → Selbsthilfegruppen und Betroffene. Weiter lassen die finanziellen Möglichkeiten nicht jede wünschenswerte Leistung zu.

Die Vorgaben aus Vorschriften und Beteiligungsverfahren dürfen aber nicht so eng sein, dass sie den Planungsträgern, insbesondere den Kommunen, keinen Spielraum mehr lassen und dadurch faktisch zu einem Entzug der P. führen. Die P. umfasst ein Recht der Gemeinden auf eigenständige Planung und Regelung der Bodennutzung für das Gemeindegebiet sowie auf Mitwirkung an überörtlichen ortsrelevanten Planungen. Ebenso muss sichergestellt sein, dass dem Träger der P. hinreichend finanzielle Mittel zur Verfügung stehen, um effektiv noch P. ausüben zu können. Die P. erstreckt sich weiter auf die Planung der eigenen Haushalte (→ Haushaltsplan) und die Finanzplanung sowie die nach speziellen Zuständigkeitsbestimmungen verteilte Fachplanungshoheit der Verwaltungsträger.

*Christiane Trüe*

**Planungsrecht** regelt die → Planung von gesellschaftlicher Gestaltung sowie von Vorhaben unterschiedlichster Art. → Sozialplanung ist ein Instrument zur zielgerichteten, an → Bedürfnissen und → Bedarfen orientierten Ausgestaltung und Weiterentwicklung der verschiedenen sozialen Leistungen nach dem → Sozialgesetzbuch. Daneben gibt es Pläne in einer Vielzahl weiterer öffentlich-rechtlich geregelter Sachbereiche, so in der Landes- und Regionalplanung in Form von Raumordnungsplänen, Bauleitplanung, Verkehrsplanung, Telekommunikationsplanung, Personenbeförderungsplanung, Umweltplanung bis hin zu behörden- oder gerichtsinternen Dienst- und Geschäftsverteilungsplänen, aber auch übergreifend z.B. als → Haushalts- und → Finanzplanung. Eine staatliche Planungspflicht ergibt sich für den sozialen Bereich aus dem → Sozialstaatsprinzip, das den Staat zur Verwirklichung der → Menschenwürde im sozialen Bereich verpflichtet. Ähnlich haben im Baurecht gem. § 1 Abs. 3 Baugesetzbuch die → Gemeinden Bauleitpläne aufzustellen, sobald und soweit es für die städtebauliche Entwicklung (→ Stadtentwicklung) und Ordnung erforderlich ist. Einen korrespondierenden Anspruch auf Planerstellung hat der Einzelne dagegen i.d.R. nicht; Ausnahmen gibt es z.B. nach dem Recht der → Europäischen Union bei der Aktionsplanung zur Luftreinhaltung. Für die Sozialplanung verleiht das dahinter stehende Sozialstaatsprinzip mit Ausnahme des Anspruchs auf das → Existenzminimum allein keine Rechte. Im Bereich der pflichtigen kommunalen Selbstverwaltungsaufgaben (→ Selbstverwaltung) gehören zur Sozialplanung die Planung von Schulen, → Einrichtungen der → Jugendhilfe und Kinderbetreuung (→ Kindertageseinrichtungen), bei den freiwilligen kommunalen Selbstverwaltungsaufgaben z.B. die Bereitstellung von Altenpflege (→ Pflege) oder Suchtberatung (→ Drogenberatung), bei den Landesaufgaben die Krankenhausplanung.

Die rechtliche Form der Pläne variiert: Sie können als formelle → Gesetze (Haushaltspläne), → Rechtsverordnungen (Raumordnungspläne in manchen Bundesländern), → Satzungen (Raumordnungspläne in anderen Bundesländern, Bauleitpläne) oder → Verwaltungsakte (Planfeststellungsbeschluss) erlassen werden oder interne Verwaltungsvorschriften (→ Bedarfsplanung, Geschäftsverteilung) sein. Entsprechend unterschiedlich sind ihre Rechtswirkungen: Sie können unmittelbar die nächste Planungsebene oder sogar das → Verhalten der Betroffenen binden, den Einsatz staatlicher Lenkungsmittel vorprogrammieren oder lediglich Datensammlungen oder Vorausberechnungen wiedergeben.

Der verwaltungsrechtliche Planungsprozess erfolgt, soweit eine Feststellungspflicht besteht und keine anderweitigen Regelungen getroffen sind, in einem förmlichen Planfeststellungsverfahren gem. §§ 72 ff. Verwaltungsverfahrensgesetz, das insbesondere eine Abwägung etwaiger Interessen eines Vorhabenträgers mit denen der Allgemeinheit und betroffener Dritter auf der Basis ihrer Beteiligung am Verfahren vorsieht. Das Sozialgesetzbuch regelt für den Sozialbereich kein besonderes Planfeststellungsverfahren.

*Christiane Trüe*

**Platform of European Social NGOs (Social Platform)** Die Plattform der europäischen → Nichtregierungsorganisationen im sozialen Bereich, kurz Social Platform, setzt sich seit 1995 für → soziale Gerechtigkeit, Gleichheit und partizipative Demokratie (→ Partizipation) auf europäischer Ebene ein und möchte die soziale Dimension der → Europäischen Union (EU) stärken. Die P. hat über 40 Mitglieder, die als europäische Dachorganisationen wiederum mehr als 2.800 nationale NROs, Vereine und andere ehrenamtlichen Gruppen auf lokaler, regionaler und nationaler Ebene in EU-Mitgliedsstaaten repräsentieren. Mitglieder sind unter anderem die → AGE, → Eurodiaconia, Caritas Europa, Eurochild, das → European Anti-Poverty Network (EAPN), das European Youth Forum, der → International Council on Social Welfare (ICSW) und → Solidar. Die P. ist das wichtigste Netzwerk im Bereich der → Europäischen Sozialpolitik. Die drei zentralen Organe der EU, der Rat der EU, die Europäische Kommission und das Europäische Parlament, akzeptieren die P. als Ratgeberin in sozialpolitischen Fragen und stehen in einem zwar informellen, aber regelmäßigen Dialog mit ihr.

Die Vielzahl ihrer Mitglieder und deren inhaltliche Bandbreite verleihen der P. ihre politische Bedeutung. Das Themenspektrum reicht von sozialer Gerechtigkeit über die → sozialen Dienste und Gesundheitsdienste, → Inklusion, Beschäftigungspolitik (→ Arbeitsmarktpolitik), → Migration, Bekämpfung von → Diskriminierung bis zu zivilgesellschaftlichem Dialog (→ Zivilgesellschaft). Die P. setzt sich auf europäischer Ebene für diese Themen ein und stärkt das Bewusstsein für die sozialen Belange in der europäischen Politik und Gesetzgebung, indem sie ihre Positionen und Belange dort einbringt. Die P. steht in regem Kontakt mit Entscheidungsträger/innen in den verschiedenen Politikfeldern und fördert den Austausch sowie die → Kooperation zwischen den Mitgliedern. Zentrale Ziele sind soziale und ökologische Nachhaltigkeit, soziale Inklusion und die Bekämpfung von → Armut, angemessene → Sozialleistungen oder Zugang zu Beschäftigung. Mit Stellungnahmen, Kampagnen und Öffentlichkeitsarbeit sowie in Konferenzen und Seminaren setzt sich die P. für diese Ziele ein.

Die Positionen werden in Arbeitsgruppen (sog. Taskforces) mit den Mitgliedern erarbeitet. So gibt es bspw. Taskforces zum Zugang zu sozialen Diensten, zu Menschenrechten, zu Europäischer → Governance, zu sozialen Standards und zum → Vergaberecht der EU. Ein zentrales Gremium aus stimmberechtigten Vollmitgliedern beschließt die Stellungnahmen. Das in Brüssel ansässige Sekretariat unterstützt die Arbeit der Gremien und Arbeitsgruppen und informiert die Mitglieder über aktuelle Entwicklungen der europäischen Sozialpolitik. Die P. finanziert sich zu ca. 80% aus Mitteln der Europäischen Kommission.

*Anschrift:* Square de Meeus, 18, 1050 Brüssel, Belgien, www.socialplatform.org

*Anke Böckenhoff*

**Politische Bildung** bestimmt sich über ihren Gegenstand, der weit gefasst als Politik in demokratischer Gesellschaft und Staat beschreibbar ist. Demokratie und p. B. stehen in einem engen Vermittlungsverhältnis. Einerseits ist Demokratie die Staats- und Gesellschaftsform, die immer wieder neu vermittelt, erlernt und angeeignet werden muss, anderseits ist nur unter demokratischen Verhältnissen p. B. als die Befähigung zur eigenen Urteilsbildung denkbar. Beide Bezugsbegriffe Politik und Demokratie sind als gesellschaftspolitische Konzepte selbst Gegenstand politischer Auseinandersetzungen. Die Diskussion über Konzepte der p. B. sind selbst Teil des Ringens um gesellschaftliche und politische Alternativen.

Konzepte der p. B. können bezogen werden auf Politik als System, dessen Institutionen und Mechanismen erlernt werden müssen, oder auf Politik als Prozess, in Bezug auf die sich stets im Wandel befindenden Machtverhältnisse, die es zu begreifen gilt. P. B. kann sich auf Demokratiekonzepte beziehen, die Demokratie in unterschiedlicher Betonung als Staats-, Gesellschafts- oder Lebensform beschreiben. Die einen heben die Formen der Beteiligung vor allem am repräsentativen System der Politik hervor. Die anderen beziehen sich auf die inhaltliche Dimension von Demokratie und thematisieren die Demokratisierung aller Lebensbereiche als Strategie gesellschaftlicher Veränderung. Entsprechend vielfältig sind die Konzepte der p. B.

P. B. in Deutschland umfasst einerseits die schulische p. B., deren Randständigkeit in den Stundenplänen in den letzten Jahren wieder Gegenstand von Debatten wurde. P. B. in der Schule wird über das Unterrichtsfach hinausgehend auch als wesentliches Element einer demokratischen Schulentwicklung diskutiert, ohne dass dies bisher in der Bildungspolitik der Länder eingelöst worden wäre. Die außerschulische → Jugendbildung ist Bestandteil der im § 11 SGB VIII gesetzlich normierten → Jugendarbeit. Sie ist ebenso wie die politische → Erwachsenenbildung durch ein weltanschaulich differenziertes Spektrum von Trägern geprägt. Viele der Träger der p. B. sind in der Tradition verschiedener politischer Bewegungen wie christliche Sozialbewegungen, Arbeiterbewegung, Frauen-, Friedens-, Ökologie- und diverse Alternativbewegungen (→ Soziale Bewegungen) entstanden. Bei aller Pluralität sind sich die unterschiedlichen Ansätze einig in den zentralen Zieldimensionen von p. B.: P. B. will Wissen über → Institutionen, Akteure, Themen- und Handlungsfelder und Prozesse der Politik vermitteln. P. B. will die Orientierungssuche der → Individuen bei komplexen gesellschaftspolitischen Fragen unterstützen und zur eigenen Urteilsbildung anregen. Zudem will sie die individuelle und kollektive Handlungsbefähigung im Bereich des Politischen fördern. Einige Konzepte der p. B. betonen die Bedeutung von → Emotionen für die Urteilsbildung und dass p. B. dementsprechend nicht nur kognitiv orientiert sein darf. Umstritten ist das Verhältnis von p. B. zum politischen Handeln. Insbesondere die schulische p. B. betont, dass p. B. dem politischen Handeln vorgelagert ist. Einige Ansätze der außerschulischen p. B. verweisen auf die Bedeutung der mit politischem Handeln verbundenen Erfahrungen für politische Lernprozesse. P. B. will die Teilnehmenden der Angebote darin unterstützen, ihre Erfahrungen mit Machtkonstellationen, politischen Konflikten und Prozessen zu reflektieren. Dazu gehört die Klärung der eigenen Interessen, die sowohl individuell als auch gesellschaftlich bestimmt sind. Die eigenen Lebensinteressen sind immer mit dem Gefüge gesellschaftlicher Herrschaft verwoben. Das Interesse auf Anerkennung der eigenen Würde (→ Menschenwürde) und auf Freiheit von → Diskriminierung verweist auf gesellschaftspolitische Alternativen. P. B. unterstützt die Teilnehmenden beim Erkennen und Klären der eigenen Interessen. Sie will die Teilnehmenden befähigen, diese zu formulieren, öffentlich zu vertreten und Interessenskonflikte auszuhandeln. Interessengegensätze und Gemeinsamkeiten mit anderen werden dabei thematisiert. Je nach Trägertradition werden auch Fragen der kollektiven Interessenvertretung und der → Solidarität thematisiert.

Aktuelle Herausforderungen der p. B. stehen in engem Zusammenhang mit den gesellschaftlichen Prozessen, die durch die Sozialwissenschaften mit den Begriffen: Postdemokratie, Zunahme → sozialer Ungleichheit und Individualisierung bzw. Diversität beschrieben werden. Diese Entwicklungen haben Auswirkungen auf den Bereich der Politik: zunehmend sozial selektiver werdende Teilnahme an Wahlen und anderen Formen der politischen Beteiligung, Erfolge populistischer Parteien und Bewegungen, die offen die Diskriminierung und Ausgrenzung von Minderheiten propagieren, und dauerhafte Präsenz rechtsextremer Gewalttaten. In den letzten Jahren hat p. B. die Frage der Erreichbarkeit von ausgegrenzten, benachteiligten Zielgruppen stärker in den Blick genommen. Diskutiert werden Ansätze einer »aufsuchenden politischen Bildung«. Diskutiert werden bei diesen Zielgruppen Prozesse der Fremd- und Selbstausgrenzung, die zu einer Abwendung von staatlicher Politik führen, da ihre unmittelbaren Lebensinteressen auf der politischen Ebene oft keine Berücksichtigung finden. Ihre Artikulationsformen und deren Emotionalität, da persönliche existenzielle Fragen betroffen sind wie Wohnen, Arbeit, Gesundheit, Kindererziehung etc., erschweren den Dialog mit Politik und auch p. B. Erfolgreich scheinen Konzepte zu sein, welche die → Ressourcen, Rechte und lebensweltlich bezogenen Handlungsmöglichkeiten (→ Lebenswelt) in den Mittelpunkt stellen. Menschenrechtlich orientierte Ansätze machen deutlich, dass es um die Unterstützung bei der Durchsetzung der den Menschen zukommenden → Menschenrechte geht. Wenn einerseits Ansätze der sozialen Arbeit durch die p. B. aufgegriffen werden und anderseits eine Politisierung der Lebensinteressen sozial Benachteiligter im Sinne von eigenständiger politischer Artikulations- und Verhandlungsfähig gelingt, können beide Bereiche von einer Kooperation im Interesse der Teilnehmenden profitieren.

*Lit.* Balzter, N./Ristau, Y./Schröder, J.: Wie politische Bildung wirkt, Wirkungsstudie zur biographischen Nachhaltigkeit politischer Jugendbildung, Schwalbach/Ts. 2014; Eis, A./Salomon, D. (Hrsg.): Gesellschaftliche Umbrüche gestalten, Transformationen in der Politischen Bildung, Schwalbach/Ts. 2014; Mouffe, C.: Über das Politische: Wider die kosmopolitische Illusion, Berlin 2007; Nonnenmacher, F./Widmaier, B. (Hrsg.): Unter erschwerten Bedingungen, Politische Bildung mit bildungsfernen Zielgruppen, Schwalbach/Ts. 2012.

*Thomas Gill*

**Posttraumatische Belastungsstörung** → Trauma

**Praktikum** ist eine traditionelle Form der Berufsorientierung in Form der Vorbereitung, Durchführung und Auswertung als Entscheidungs- und Erkenntnishilfe. Unterschieden werden Stunden-, Tages-, Block- oder längerfristige P. (Jahres-/Anerkennungspraktikum). In der (integrierten) akademischen Ausbildung innerhalb und außerhalb der Hochschule bedeutet P. Aufklärung über die Arbeitsbedingungen, Aufgaben und Herausforderungen des künftigen Berufes sowie Ermöglichung der Selbsterkenntnis über Eignung und tatsächliche Neigung für die Berufsausübung. Vermittelt werden Erfahrungen, die geeignet sind, Logik, Reichweite und Verfügbarkeit der im Studium erworbenen Theorie zu prüfen und deren Vertiefung zu inspirieren. Das spätlat. »practice« meint Ausübung, Vollendung; das griech. Wort bezeichnet die Lehre vom aktiven Handeln. Die Sache/Handlung (von griech. »pragma«) ist auf das Leben gerichtet, d.h. praxisorientiert. »Pragmatik« bezeichnet gewonnene Erfahrungen mit Blick auf die (Nutz-)Anwendung für das künftige berufliche Handeln. Der Pragmatismus i.S. Deweys (Projektlernen) lehrt die Bedeutung der Erkenntnis für die Praxis. Alles Wissen ist im Prinzip fehlbar und vorläufig; die Theorien, mit denen wir die Wirklichkeit beschreiben, erklären und »behandeln«, sind keine unabänderlichen Bedingungen, sondern durch Konventionen gegeben. Darin Einblick zu gewinnen, ist die Aufgabe des P.; dieses Wissen – für die Profession unabdingbar – kann vermittelt werden, wenn Einsicht besteht in eine Praxis, die reflektiert, d.h. theoretisch durchleuchtet wird. Die Reflexion ist in der Praxis selbst durch kollegiale Kritik auf professioneller Basis und in der Wissenschaft (im Studium) durch empirische Erforschung sicherzustellen: Die inhaltliche Planung des P. erfolgt durch die Hochschule, die Durchführung in der professionellen Praxis, die Auswertung/Evaluation mit Mitteln der Disziplin. Das P. lässt sich als ethnografischer Lernprozess u.a. mit den Phasen des schockartigen Abstreifens von Alltagskategorien und des Erlernens veränderter Rationalitätsstrukturen verstehen, wie dies in der Tradition von Fritz Schütze steht. Ziele des P. liegen darin, berufstypische Erfahrungen in einer spezifischen, in der Didaktik des P. begründeten Als-ob-Struktur klinischer Interaktion zu ermöglichen, da in beruflichen Situationen eine fertige professionelle Handlungsstruktur gefordert ist. Die realisierte Ernstfallsituation ermöglicht (z.B. durch die Triade: erfahrener Professioneller, erfahrender Praktikant, faktischer Klient) das Erleben größerer Komplexität institutioneller und organisatorischer Bedingungen/Strukturen/Hierarchien, als dies in der Hochschule allein erfahrbar ist.

*Klaus Kraimer*

**Pränataldiagnostik** dient der vorgeburtlichen Feststellung von Erkrankungen und Behinderungen eines Fetus. Sie ist umstritten, da in vielen Fällen keine Behandlungsmöglichkeiten zur Verfügung stehen. P. dient dann zumeist der Vorbereitung eines → Schwangerschaftsabbruchs – und wird deswegen kritisiert. Allerdings kann P. auch dazu dienen, andere Entscheidungen vorzubereiten, bspw. dass bei einem absehbar schwer behinderten Kind dessen → Palliativversorgung unmittelbar nach der Geburt einsetzt und keine Verlegung auf eine Intensivstation vorgenommen wird. Das Gendiagnostik-Gesetz erlaubt P., wenn eine Beratung durchgeführt wird. Es untersagt nur die vorgeburtliche Feststellung von Behinderungen und Erkrankungen, wenn diese nach dem Stand der Erkenntnis erst nach dem 18. Lebensjahr zutage treten.

Methoden der P. sind vielfältig. Einerseits gibt es nicht invasive Untersuchungen, bei denen in verschiedenen Formen Ultraschall eingesetzt wird. Sie ermöglichen vielfältige Aussagen auch über die Lage und die Entwicklung des Fetus. Diagnosen auf dieser Basis erfordern aber eine zuverlässigere Abklärung, bspw. die Amniozentese oder die Chorionzottenbiopsie.

Diese invasiven Methoden können zum eingriffsbedingten Risiko einer Fehlgeburt führen.

Eine neue Generation von pränataldiagnostischen Verfahren erfordert lediglich eine Blutprobe der Schwangeren. Diese Tests ermöglichen derzeit die Feststellung von Trisomie 13, 18, 21 sowie einigen weiteren chromosomalen Besonderheiten. Sie können ab der neunten Schwangerschaftswoche eingesetzt werden und ermöglichen damit in Deutschland, anders als die älteren Verfahren, einen legalen Schwangerschaftsabbruch innerhalb der ersten drei Monate der Schwangerschaft. Bislang werden die neuen Verfahren, die etwa 500 Euro kosten, nicht als Kassenleistung übernommen.

*Oliver Tolmein*

**Prävention** Bezogen auf → Gesundheit bezeichnet P. (von lat. praevenire: zuvorkommen) die individuellen und gesellschaftlichen Maßnahmen und Strategien, die darauf zielen, einen schlechteren Gesundheitszustand zu vermeiden (Krankheitsverhütung, Prophylaxe, Vorbeugung), während Heilbehandlung (Kuration) und → Rehabilitation einen besseren Zustand zu erreichen suchen. P. setzt zeitlich vor Eintritt eines Risikos an, Therapie danach.

Primär-P. bezeichnet die Verminderung von (Teil-)Ursachen bestimmter Erkrankungen (spezifische P.) oder von → Krankheit überhaupt (unspezifische P.). Bis auf die medizinische Primär-P. (→ Impfungen) ist dieser Interventionstyp in Deutschland deutlich unterentwickelt, große Potenziale bleiben ungenutzt. Sekundär-P. (Früherkennung, Screening) ist die Entdeckung von symptomlosen, aber biomedizinisch feststellbaren Frühstadien einer Erkrankung zur Vorverlegung des Beginns therapeutischer Interventionen mit dem Ziel der Verbesserung von Heilungschancen. Sekundär-P. ist in Deutschland im medizinischen Leistungskatalog der gesetzlichen → Krankenversicherung stark ausgebaut. Probleme bestehen v.a. in der geringen Inanspruchnahme, insbesondere durch Männer sowie in den sozialen Unterschichten, und in der Qualität der Durchführung. Der Nutzen einiger Programme, z.B. des Screenings auf Brustkrebs, ist umstritten. Zuweilen wird unter Sekundär-P. auch die Vermeidung des Wiedereintritts einer Erkrankung (Rezidivprophylaxe) verstanden. Tertiär-P. zielt darauf, Folge- und Spätschäden eingetretener Erkrankungen zu verzögern, zu begrenzen oder zu verhindern. Diese Aufgabe wird in Deutschland vom Medizinsystem bei der Versorgung chronisch Kranker sowie in der Rehabilitation methodisch zunehmend erfolgreich, jedoch mit erheblichen Qualitätsmängeln (Unter-, Über- und Fehlversorgung) und insgesamt zu wenig wahrgenommen.

Bis auf Impfungen und Früherkennungsuntersuchungen handelt es sich bei P. nicht um medizinische, sondern um soziale → Interventionen (→ Soziale Arbeit, → Pflege, Public Health etc.). P. kann sich entweder an die gesamte Bevölkerung oder an bestimmte, vom jeweiligen Risiko besonders betroffene Zielgruppen oder auch an Individuen richten. Verhaltens-P. verfolgt das Ziel, v.a. durch Aufklärung, → Erziehung, → Beratung und Anreize individuell Gesundheitsrisiken zu senken. Verhaltens-P. ist relativ einfach zu organisieren, ihr Erfolg ist meist relativ gering. Durch Verhältnis-P. sollen Gesundheitsgefahren in der physischen und sozialen Umwelt verringert und zugleich Anreize für gesundheitsgerechtes Verhalten vermittelt werden. Historisch wurden mit unspezifischer Verhältnis-P. die größten Erfolge z.B. beim Sieg über die Tuberkulose und andere große Infektionsseuchen des 19. Jh. errungen (Verbesserung der Bildung, Arbeits- und Ernährungsbedingungen, Stadtsanierung sowie dadurch induzierte Verhaltensänderungen).

Moderne Ansätze der Primär-P. versuchen an diese Erfolge anzuknüpfen. Dabei wird zunehmend die Erkenntnis berücksichtigt, dass das Risiko von Erkrankungen nicht nur vom Ausmaß der Gesundheitsbelastungen abhängt, sondern ebenso von der Verfügbarkeit von Gesundheitsressourcen (v.a. materielle und kognitive Potenziale, Selbstwertgefühl, Selbstwirksamkeit, funktionierende soziale Netze). Die Entwicklung und Stärkung von Gesundheitsressourcen ist Aufgabe und Gegenstand der → Gesundheitsförderung. Gesundheitsförderung ist heute integraler und unverzichtbarer Bestandteil der P. In der Primär-P. findet die Kombination vom Verhaltens- und Verhältnis-P. sowie von Belastungssenkung und Ressourcenförderung ihren paradigmatischen Ausdruck in Interventionen, bei denen die Nutzer/innen einer → Lebenswelt (Betrieb, Schule, Kita, Stadtteil, Altenheim, Freizeiteinrichtung etc.) durch professionelle Initiative dazu gebracht werden, ihre jeweilige (Teil-)Umwelt im Hinblick auf physische und psychosoziale Gesundheitsgefahren, Fehlanreize und Belastungen sowie auch auf Quellen des Wohlbefindens zu »durchforsten« und entsprechend ihren Bedürfnissen zu gestalten (Setting-Intervention-Ansatz der → Weltgesundheitsorganisation). In diesem Konzept der Primär-P. als partizipativer → Organisationsentwicklung stehen die Bedürfnisse und Prioritäten der Nutzer/innen (Zielgruppe) sowie ihre Selbsttätigkeit (und damit die Entwicklung von Gesundheitsressourcen) im Vordergrund. Dadurch gewinnen die unspezifischen Belastungen und → Ressourcen regelmäßig den ihnen gesundheitswissenschaftlich zukommenden hohen Stellenwert. Durch Berücksichtigung und Veränderung von Kontextfaktoren der physischen und sozialen Umwelt werden zudem die Potenziale des Wechselspiels von Verhältnissen und Verhalten nutzbar gemacht. Schließlich führt die aktive und gleichberechtige Einbeziehung der Nutzer bzw. Zielgruppen zu größerer Kontinuität und Nachhaltigkeit der Intervention. Genutzt wird der Ansatz auch als Komponente moderner Gesundheitskampagnen (z.B. AIDS-Prävention), bei denen die bevölkerungsweit gesendeten Streubotschaften (der → Bundeszentrale für gesundheitliche Aufklärung) von lokalen Akteuren (z.B. → AIDS-Hilfen) in ihren jeweiligen Settings aufgegriffen und durch Aktionen und Projekte mit den Zielgruppen umgesetzt werden (Mehrebenen-Kampagne). Insbesondere die Aktivierung der Zielgruppen durch → Partizipation bei der Planung, Durchführung und Qualitätssicherung macht diesen Ansatz besonders geeignet und wirksam für Menschen mit geringer formaler Bildung, beengten Lebensverhältnissen und schwacher Verankerung in sozialen Netzen. Bei diesen Gruppen finden sich zumeist sowohl höhere Gesundheitsbelastungen als auch geringere Ressourcen. P. in Settings kann deshalb auch einen Beitrag zur Verminderung sozial bedingter Ungleichheit von Gesundheitschancen leisten, die eine zentrale Herausforderung der Gesundheitspolitik darstellen. Trotz ihres erwiesenen Nutzens und ihres großen Potenzials stößt die Umsetzung qualitativ hochwertiger Setting-Interventionen häufig noch auf große Schwierigkeiten und Widerstände und erfährt zu wenig Förderung. Mit dem Präventionsgesetz 2015 (Novellierung der §§ 20–20 g SGB V) wurde der Versuch unternommen, dieser Tendenz entgegen zu wirken: Die → Krankenkassen sollen nunmehr deutlich mehr als die Hälfte der für P. verfügbaren Ressourcen für »P. in Lebenswelten« ausgeben.

P. als → Sozialleistung findet sich implizit und explizit unter verschiedenen Bezeichnungen in allen Gesetzen zur Sozial- und Gesundheitspolitik, wird aber nur selten ihrer Bedeutung und ihren Potenzialen entsprechend praktisch aufgegriffen und durchgeführt.

*Informationen*: www.gesundheitliche-chancengleichheit.de

*Lit.* Hurrelmann, K./Klotz, T./Haisch, J. (Hrsg.): Lehrbuch Prävention und Gesundheitsförderung, 4. Aufl., Bern 2014; McKeown, T.: Die Bedeutung der Medizin für die Gesundheit. Traum, Trugbild oder Nemesis, Frankfurt a.M. 1982; Nutbeam, D./Harris, E.: Theorien und Modelle der Gesundheitsförderung, Gambach 2001; Rosenbrock, R./Gerlinger, T.: Gesundheitspolitik. Eine systematische Einführung, 3. Aufl., Bern 2014; Rosenbrock, R./Michel, C.: Primäre Prävention. Bausteine für eine systematische Gesundheitssicherung, Berlin 2007.

*Rolf Rosenbrock*

**Praxisanleitung** → Praktikum

**Praxisberatung** → Supervision

**Praxisbezug** → Theorie-Praxis-Verhältnis

**Praxisforschung** Unter P. wird die wissenschaftliche Untersuchung der Praxis → Sozialer Arbeit verstanden (→ Sozialarbeitsforschung). Ein allgemein gültiges oder akzeptiertes Konzept über Ziele, methodische Vorgehensweise, Gegenstände und die Reichweite der Beteiligung der → Fachkräfte der Sozialen Arbeit selbst existiert nicht. Der Begriff ist nicht trennscharf definiert im Hinblick auf andere forschungsrelevante Ansätze wie z.B. die → Evaluation oder → Selbstevaluation.

Ein wichtiger Ansatz, der in den 1970er-Jahren ausgeprägt wurde, sah mit der Aktionsforschung (Handlungsforschung) eine Möglichkeit, die Erforschung der Praxis mit einem Interesse an Kritik, Aufklärung und Weiterentwicklung zu verbinden Aktionsforschung war gedacht als durch externe Forscher/innen angeleitete Selbstreflexion der Fachkräfte Sozialer Arbeit und der → Adressat/innen ihrer Hilfeprogramme. Sie verfolgte das politisch-emanzipatorische Ziel der Veränderung von Praxis und stellte – in kritischer Distanz zur Auffassung der traditionellen empirischen Forschung – ein neues Verständnis des Subjekt-Objekt-Verhältnisses für den Forschungsprozess heraus (→ Empirische Sozialforschung).

Dieses Konzept ist heute, allerdings in stark modifizierter Form, weiter bedeutsam. Im Vordergrund steht weniger die emanzipatorische Zielsetzung als die Herstellung eines Kontextes, in dem Forscher/innen und Praktiker/innen gemeinsam die Bedingungen, fachlichen Konzepte und Wirkungen des Handelns in → sozialen Diensten und → Einrichtungen untersuchen können In diesem Verständnis ist P. stark anwendungsbezogen, d.h. auf die Weiterentwicklung der Praxis → Sozialer Arbeit orientiert. Forschung und Praxis verschränken sich in diesem Konzept, indem sich methodologische und technische Forschungskompetenz mit der Bereitschaft verbindet, das Feld Sozialer Arbeit systematischer Beobachtung und einer kritischen Reflexion zugänglich zu machen.

Als wichtiger Aufgabenbereich der P. gelten u.a. die Programm- und Produktentwicklung, die Analyse und Unterstützung der Programm- und Methodenimplementation, die → Organisationsanalyse und → Organisationsentwicklung, Arbeitsfeldstudien sowie Zielgruppenanalysen. Als Methoden der P. kommen, abhängig von der Fragestellung, sowohl quantitative und statistische Verfahren infrage (→ Statistische Grundlagen der Sozialen Arbeit), auch i.S. von Sekundäranalysen, als auch qualitative Erhebungs- und Auswertungsmethoden. Zuletzt stark gewachsen ist die Bedeutung interpretativer Verfahren der Sozialforschung, die insbesondere in Form von → Fallstudien, ethnografischen Untersuchungen und von Text- und Dokumentenanalysen der Praxis Sozialer Arbeit Möglichkeiten professioneller Selbstreflexion und Daten zur Weiterentwicklung ihrer Handlungsfelder an die Hand geben. Wissenschaftstheoretisch besonders wichtig ist in diesem Zusammenhang die Reflexion über die forschungslogische Bedeutung des → Fallverstehens. In diesem Zusammenhang wurde auch die sog. rekonstruktive Sozialarbeitsforschung als Verfahren professioneller Selbstreflexion bedeutsam.

*Gerhard Frank*

**Preisindex für die Lebenshaltung** → Verbraucherpreisindex

**Prekarisierung** Die Ausbreitung unsicherer Arbeits- und Lebensverhältnisse wird als P. bezeichnet. Der Wortstamm geht auf das lateinische precarium zurück: Die Bittleihe ermöglichte dem Geber, die Nutzung eines an andere verliehenen Gutes jederzeit zu widerrufen. Die zeitgenössische P.diskussion thematisiert die Ausbreitung sozialer Unsicherheit infolge instabiler und stark asymmetrischer Vertragsbeziehungen in den → Wohlfahrtsstaaten des globalen Nordens. Prekäre Arbeits- und Lebensverhältnisse hat es in modernen → Gesellschaften immer gegeben. Zu Beginn der industriellen Revolution war Lohnarbeit nützlich, aber nicht anerkannt und wurde deshalb als unwürdig betrachtet. In der Gegenwart thematisiert P. die Wiederkehr entwürdigender Arbeit auf einem ungleich höheren gesellschaftlichen Reichtumsniveau. Wohlfahrtsstaatlich eingehegte Lohnarbeit wird aus ihrer schützenden Hülle herausgelöst. Dies geschieht ungleichmäßig, selektiv und von Land zu Land verschieden. Moderne Arbeitsgesellschaften spalten sich sukzessive in drei Zonen: Personen mit halbwegs sicherer Beschäftigung befinden sich in einer Zone der → Integration. Darunter expandiert eine Zone der Verwundbarkeit mit unsicheren, schlecht entlohnten und wenig anerkannten Arbeits- und Beschäftigungsverhältnissen. Wer keine Chance auf eine reguläre Beschäftigung hat, rutscht in eine Zone der Entkoppelung ab.

P. ist eine relationale Kategorie, die sich auf gesellschaftlich definierte Normalitätsstandards bezieht und unterschiedliche → Lebenslagen umfasst. Subjektiv ist auch die Angst vor Statusverlust bei Festangestellten ein wichtiger P.treiber. In Deutschland ist eine Vollerwerbsgesellschaft entstanden, in der Erwerbslosigkeit tendenziell verschwindet, weil Beschäftigungsformen mit hohem P.risiko zulasten geschützter Vollzeitbeschäftigung zunehmen. V.a. Frauen im Dienstleistungssektor werden über prekäre Beschäftigung in den → Arbeitsmarkt integriert. P. findet auch jenseits von Erwerbsarbeit statt. Das gilt für Jugendliche ohne Chance auf reguläre Erwerbsarbeit oder für Pensionär/innen, die im Alter in unsichere Verhältnisse geraten. Migrantische Hausangestellte verkörpern P. in transnationalen Sorgeketten. Politische Apathie und Wahlenthaltungen könne ebenso eine Folge von P. sein wie rechtspopulistische Mobilsierungen oder Formen der Selbstorganisation und gewerkschaftlichen Organisierung.

P. ist ein klassen- und schichtenübergreifendes Phänomen (→ Sozialstruktur). Die Herausbildung eines Prekariats als Klasse ist empirisch nicht nachweisbar. Gemeinsam ist von P. betroffenen Gruppen indessen der Status von Halbbürger/innen (denizens) mit eingeschränkten Teilhaberechten. In vielen Ländern des globalen Südens und in europäischen Krisenstaaten leben Bevölkerungsmehrheiten in unsicheren Verhältnissen. Historische Kontinuitäten unsicherer Lebensverhältnisse sind nicht als P. zu klassifizieren. Im Extremfall entstehen precarius societies, in denen gesellschaftliche Basisinstitutionen instabil werden.

*Klaus Dörre*

**Pressearbeit** → Öffentlichkeitsarbeit

**Private Altersvorsorge** ist neben der gesetzlichen → Rentenversicherung und der → betrieblichen Altersversorgung die dritte Säule des deutschen Systems der → Alterssicherung. Sie gewinnt zunehmend an Bedeutung, da mit der Senkung des Leistungsniveaus der gesetzlichen Rentenversicherung der Lebensstandard im Alter nur durch ergänzende Vorsorge aufrechterhalten werden kann. Private Vorsorgeprodukte sind insbesondere Versicherungen (z.B. private Rentenversicherungen),

Kapitalmarktprodukte (Banksparpläne, Aktien, Fonds usw.) und Immobilien.

Seit 2002 fördert der Staat den Aufbau einer zusätzlichen p. A. mit finanziellen Zuschüssen und Steuerersparnissen (»Riester-Rente«). Wer jährlich einen Anlagebetrag (Eigenbeitrag plus staatliche Zulage) von insgesamt 4% seines maßgeblichen Vorjahreseinkommens (max. 2.100 Euro) in zertifizierten Verträgen (private Rentenversicherungen, Bank- oder Fondssparpläne) anspart (Sockelbetrag: 60 Euro/Jahr), erhält als maximale Zulage 154 Euro im Jahr, zuzüglich 185 Euro jährlich für jedes kindergeldberechtigte Kind (→ Kindergeld). Für alle ab 1.1.2008 geborenen Kinder beträgt die Kinderzulage 300 Euro im Jahr. Außerdem können in der Einkommensteuererklärung bis zu 2.100 Euro jährlich als zusätzliche Altersvorsorgeaufwendungen steuermindernd geltend gemacht werden. Dieser steuerlichen Entlastung in der Ansparphase entspricht die volle Besteuerung der Leistungen in der Auszahlungsphase (nachgelagerte Besteuerung). Voraussetzung für die → Zertifizierung von Altersvorsorgeprodukten ist u.a., dass zu Beginn der Auszahlungsphase mindestens die eingezahlten Beiträge zur Verfügung stehen und eine monatliche lebenslange Leibrente nicht vor Vollendung des 62. Lebensjahres (bzw. des 60. Lebensjahres bei vor 2012 abgeschlossenen Verträgen) gezahlt wird. Seit 2008 wird auch selbstgenutztes Wohneigentum in die staatlich geförderte Altersvorsorge einbezogen (»Eigenheimrente«, »Wohn-Riester«). Die Riester-Förderung erhalten nicht nur versicherungspflichtige Arbeitnehmer/innen und Beamt/innen, sondern z.B. auch Bezieher/innen von → Arbeitslosen- und → Krankengeld oder Pflegepersonen. Ehegatten und Lebenspartner/innen von Zulageberechtigten haben bei Abschluss eines eigenen Riester-Vertrages und Zahlung des Sockelbetrages von 60 Euro/Jahr ebenfalls Anspruch auf die Förderung. Förderberechtigte Personen, die nicht älter als 25 Jahre sind, erhalten bei Abschluss eines Riester-Vertrages einen einmaligen Bonus in Höhe von 200 Euro (»Berufseinsteiger-Bonus«). Auch bestimmte Formen der betrieblichen Altersversorgung können von der staatlichen Förderung profitieren.

Insbesondere für Selbstständige wurde 2005 eine kapitalgedeckte Leibrentenversicherung eingeführt (»Basis«- oder »Rürup-Rente«). Die Beiträge sind in der Ansparphase steuerlich abziehbar (zwischen 60% im Jahr 2005 und 100% im Jahr 2025). Die Rente muss – je nach Zeitpunkt des Rentenbeginns – teilweise oder voll versteuert werden.

*Monika Rahn*

**Private Träger** → Privat-gewerbliche Träger

**Privat-gewerbliche Träger** bieten ihre soziale Dienstleistung als Unternehmer an. Hierbei unterliegen sie den gleichen Qualitätsanforderungen wie die Angebote gemeinnütziger oder kommunaler Anbieter. Auch preislich gelten für alle Anbieter vergleichbare Rahmenbedingungen. Durchgesetzt hat sich mittlerweile der Begriff private Träger, den auch der Gesetzgeber verwendet. In Ausführung des Subsidiaritätsgebotes (→ Subsidiarität) hat der Gesetzgeber einen Vorrang von freigemeinnützigen und p. T. gegenüber → öffentlichen Trägern im SGB XI verankert. Eine Gleichstellung privater Anbieter hat sich in den letzten Jahren auch in weiteren Leistungsbereichen, z.B. im SGB V oder im SGB XII, faktisch durchgesetzt. Auswirkungen wettbewerbsverzerrender öffentlicher Förderung nur bestimmter Träger können nach entsprechender höchstrichterlicher Rechtsprechung künftig wohl weitestgehend vermieden werden. Im Rahmen der → Selbstverwaltung sind die Verbände der p. T. sowohl als Vertragspartner gefordert wie auch in der Besetzung der entsprechenden Gremien, z.B. → Schiedsstellen. P. T. setzen seit Jahrzehnten ein Finanzierungsmodell um, welches heute als → Öffentlich-Private Partnerschaft auch für gemeinnützige und öffentliche Träger entdeckt wird. Vereinbarungen mit dem → Sozialhilfeträger sichern, dass alle Kund/innen bei entsprechender Bedürftigkeit die Angebote in Anspruch nehmen können. Insbesondere im Pflegebereich gewinnt der Anteil der p. T. immer mehr an Bedeutung. Mittlerweile sind über 40% der Pflegeheime und 55% der Pflegedienste in privater Trägerschaft. Ein flächen- und bedarfsdeckendes Versorgungsangebot ist somit ohne p. T. nicht zu gewährleisten.

*Herbert Mauel*

**Privatinsolvenz** → Schuldnerberatung, → Verbraucherinsolvenz

**Privatisierung** Der Begriff ist mehrdeutig. (1) In der sozialversicherungsrechtlichen Diskussion wird mit P. die Herausnahme bestimmter Risiken aus der Solidarhaftung (→ Solidarität, → Sozialversicherung) und Verlagerung der Verantwortung auf Einzelne bezeichnet. Begründet werden diese Sparmaßnahmen häufig mit dem Abbau von Entmündigung bzw. der Stärkung der Verantwortung der/des Einzelnen. Die Folgen der Entwicklung sind nicht einschätzbar; seriöse Analysen der gesellschaftlichen Folgekosten gehören nicht zum Standard des deutschen Gesetzgebungsverfahrens.

(2) Als Begriff der Organisationstransformation sind folgende Grundmodelle der P. zu unterscheiden: (a) Organisations- oder formale P.: Teile der öffentlichen Verwaltung werden im Wege der → Ausgründung auf einen eigenständigen Rechtsträger übertragen, bleiben aber weiterhin vollständig dem öffentlichen Sektor zugeordnet. (b) Materielle P.: Das Eigentum an Unternehmen des öffentlichen Sektors wird an den privaten Sektor abgegeben, i.d.R. durch Verkauf. (c) Funktionelle P.: Die Durchführung bestimmter öffentlicher Aufgaben wird an private Unternehmen vergeben; die Aufgabenverantwortung verbleibt beim öffentlichen Träger. Beispiele hierfür sind das Contracting out oder → Outsourcing. (d) Finanzierungsprivatisierung: Hierbei werden vorrangig Finanzierungsaufgaben auf den privaten Sektor übertragen, wie z.B. bei der Leasingfinanzierung. Diese Grundmodelle können zu Mischformen kombiniert werden, z.B. kann das Outsourcing oder Leasing mit der materiellen P. verbunden werden. Ein weiteres Beispiel hierfür ist die → Öffentlich-Private Partnerschaft (Public Private Partnership). Neben den unter Ausgründung dargestellten Zielen und Risiken sind bei der materiellen und funktionellen P. folgende Aspekte zu beachten: (a) Öffentlicher und privater Sektor verfolgen bei der Zusammenstellung, Ausgestaltung und Preiskalkulation der Leistungsangebote ganz unterschiedliche, häufig gegenläufige Zielsetzungen. So werden sich gewinnorientierte private Betreiber mit der Folge einer Ausdünnung des Leistungsangebots auf die renditeträchtigen Leistungsangebote konzentrieren und hier zusätzliche Nachfrageanreize entwickeln wollen. Bei der Ausgestaltung des Leistungsangebots könnten sie das Managen sozialer Missstände gegenüber deren Beseitigung bevorzugen. (b) Private Betreiber werden die mit der öffentlichen Verwaltung zur Sicherstellung einer geordneten Aufgabenwahrnehmung abgeschlossenen → Vereinbarungen in gleicher Weise wie die Betriebsabläufe auf alle Gewinnpotenziale – auch durch Leistungsausdünnung, Qualitätsabbau und Preistreibung – überprüfen, sodass die Vereinbarungen eine ausdifferenzierte Leistungsbeschreibung einschließlich stillschweigend unterstellter Selbstverständlichkeiten enthalten und alle Eventualitäten detailliert erfassen sowie Bedingungen zur Vertragsanpassung enthalten müssen. (c) Renditeaspekte können einen privaten Betreiber zu einer niederschwelligen/unauffälligen Verletzung von Leistungsabsprachen, anderer Vereinbarungen oder Rechtsvorschriften veranlassen, die nur mit zusätzlichem Controllingaufwand (→ Controlling) festgestellt werden können. (d) Mit der P. kann die öffentliche Verwaltung in marktbedingte Abhängigkeiten mit der Folge einer Angebotsverschlechterung oder Kostensteigerung geraten. (e) Z.B. aus den vorstehenden Gründen sollten zur Marktentwicklung nach der P. und zum Verhalten des privaten Betreibers eine möglichst exakte Folgeabschätzung vorgenommen und deren Ergebnisse in die Verträge eingearbeitet werden. (f) Die Motive der privaten Betreiber müssen detailliert analysiert werden, denn diese können im Extremfall auf Betriebsschließung zum Zwecke der Etablierung eines substituierenden, renditeträchtigeren Folgeangebots gerichtet sein. (g) P. stellt ungewohnte Anforderungen an die öffentliche Verwaltung, z.B. hinsichtlich des Vertragscontrollings, Vertrags- oder Beteiligungsmanagements. (h) Gelegentlich befinden sich Betriebe aus historischem Anlass in öffentlicher Trägerschaft, ohne dass dafür eine nachvollziehbare Rechtfertigung besteht oder dies noch zeitgemäß wäre. (i) Bei verfestigten Unternehmenskulturen und Organisationsstrukturen öffentlich-rechtlicher Unternehmen wird in der P. häufig der effizienteste Weg zur Reorganisation oder die einzige realistische Alternative gegenüber einer Betriebsschließung gesehen. (j) Eine P. kann notwendig sein, um einem nicht mehr marktfähigen Unternehmen das zur nachhaltigen Fortführung notwendige Kapital und Know-how zuzuführen. Ein Sonderproblem der materiellen P. ist der häufig viel zu geringe Verkaufserlös, den der Käufer gelegentlich bereits durch Verkauf nicht benötigter Betriebsteile refinanzieren kann.

(3) In der öffentlichen Diskussion wird weitergehend jede Form der Ausgründung aus einem Wohlfahrtsverband oder einem anderen gemeinnützigen Verein undifferenziert als P. bezeichnet.

*Lit.* Ambrosius, G.: Hybride Eigentums- und Verfügungsrechte, Berlin 2012; Holt, T. v./Koch, C.: Gemeinnützige GmbH, 3. Aufl., München 2015.

*Thomas von Holt*

**Produkt** → Verwaltungsmodernisierung

**pro familia – Deutsche Gesellschaft für Familienplanung, Sexualpädagogik und Sexualberatung e.V.** wurde 1952 als gemeinnütziger, nichtstaatlicher und nichtkonfessioneller Fachverband für Fragen der → Sexualität als »Deutsche Gesellschaft für Ehe und Familie e.V.« in Kassel gegründet. 1991 assoziierte die ostdeutsche Gesellschaft »Ehe und Familie« mit pro familia und baute zahlreiche Beratungsstellen in den neuen Bundesländern auf. Heute engagieren sich etwa 4.500 Mitglieder in der föderativ strukturierten Organisation, die 180 Beratungsstellen und vier Familienplanungszentren sowie zwei kooperierende Zentren (→ Familienplanung) mit ca. 1.600 Mitarbeiter/innen unterhält. Pro familia ist Gründungsmitglied der im gleichen Jahr entstandenen International Planned Parenthood Federation (IPPF). Der Verband setzt sich für die Interessen von Frauen, Männern, Jugendlichen und Kindern ein und tritt seit seiner Gründung für selbstbestimmte Sexualität und für unterschiedliche sexuelle und partnerschaftliche Lebensweisen, mit und ohne (eigene) Kinder, ein. Auf politischer Ebene beinhaltet das die Forderung nach Streichung des § 218 Strafgesetzbuch (→ Schwangerschaftsabbruch). Heute zählt pro familia national wie europaweit zu den bedeutendsten nichtstaatlichen Dienstleistungseinrichtungen der Sexualpädagogik, Familienplanungs, Sexual- und Schwangerschaftsberatung (→ Beratung). Die qualifizierten Beratungsangebote stehen Menschen aller sozialen Schichten, Religionen und Nationalitäten offen. Ein Schwerpunkt der Arbeit ist die besondere Förderung und Unterstützung sozial benachteiligter Gruppen (→ soziale Benachteiligung).

*Informationen*: www.profamilia.de

*Gisela Notz*

**Professionalisierung** (Prozess des Übergangs von Berufen zu Professionen) ist die Begründung und Entwicklung einer Berufsausübung auf wissenschaftlicher Grundlage in einem Bildungsprozess als Habitualisierung (verinnerlichte Haltung zur Ausübung einer stellvertretenden Krisenbewältigung). Professionen sind generell »gehobene« oder »höhere« Berufe – ein Phänomen, das der Rationalisierungstendenz der (dritten) Moderne in Form einer »funktionalen Differenzierung« (Parsons) einer Gesellschaft entspricht. Das historisch auffällige Merkmal ist die Entwicklung einer institutionellen Erscheinungsform im Verbund mit einem gesellschaftlichen Mandat zur autonomen Berufsausübung. Der Prozess der P. vollzieht sich idealiter durch eine lang andauernde akademische »Einprägungsarbeit« (→ Studium der Sozialen Arbeit), eine Zeit des beruflichen Noviziats und die anschließende Gründung einer Berufspraxis – welche wie selbstverständlich → Fort- und Weiterbildung einschließt. Durch die Ausgestaltung einer akademischen Habitualisierung einschließlich der Kultivierung zentraler → Kompetenzen (z.B. Sach-, Sozial- und Selbstkompetenz) in Studium und Praxis, erwirbt der/die Professionelle eine gewohnheitsmäßige Deutung der Welt, für welche die Orientierung an Zentralwerten und berufsspezifischen ethischen Grundhaltungen unabdingbar ist. Dies bedarf der beruflichen Aus-, Fort-, und Weiterbildung und kollegialen Selbstkontrolle auf wissenschaftlicher Begründungsbasis, um einen in sich stimmigen professionellen Habitus zu ermöglichen. Professionen zielen qua Lizenz und Mandat auf die Her- oder Wiederherstellung von Autonomie und Integrität und werden immer dann tätig, wenn Menschen Probleme nicht autonom lösen können. Dabei ist die Wahrung der Autonomie/Integrität der Klient/innen und die des professionellen Auftrages gleichermaßen zentral, um einer offenen Zukunft gemäß handeln zu können. Die habitualisierte P. bildet in diesem Falle eine Handlungssicherheit, die in Souveränität und Selbstbewusstsein gründet.

P. besteht ebenso darin – besonders in der Sozialen Arbeit – ehrenamtlich Tätige zu fördern (→ Ehrenamtliche/freiwillige Tätigkeit im sozialen Bereich), um lebenspraktische Problemsituationen auf Dauer gemeinsam lösen oder abmildern zu können. Als Prototyp für einen gelungenen P.prozesss stehen die klassischen Professionen (Ärzt/innen und Jurist/innen), welche sich durch Strukturmerkmale wie Autonomie und wissenschaftlichen Habitus auszeichnen. Diese werden – wie das noch junge »Projekt der P.« der Sozialen Arbeit zeigt – durch Bürokratisierung, Expertisierung und Ökonomisierung unterlaufen. Dies behindert die P. ebenso wie typische Fehlerquellen (vgl. Riemann) sowie eine ökonomisierte Entwicklung im Zuge der Postmoderne. Eine Deformation der P. besteht z.B. in der strategischen Aneignung von Prestige und Einfluss, ohne konstitutive Merkmale des professionellen Habitus (Ethos, engagiertes → Fallverstehen, Gestaltung von Arbeitsbündnissen) anzuerkennen.

Die P.debatten beziehen sich seit Mitte der 1980er-Jahre – angesichts theoretischer Differenzierungen – mehr und mehr auf die Struktur professionellen Handelns; zentrale Modelle sind der systemtheoretische (Stichweh), der interaktionstheoretische (Schütze) und der strukturtheoretische Ansatz (Oevermann). Für die P. der Sozialen Arbeit ist die Diskussion über Paradoxien professionellen Handelns (Schütze) und die handlungsleitende Idee einer stellvertretenden Krisenbewältigung (Oevermann) zentral. Im Anschluss an Oevermann formuliert Becker-Lenz ein Professionsideal, das für die Soziale Arbeit handlungsleitend ist.

Die entscheidende (innere) Instanz für eine gelingende P. ist bereits in der Berufswahl angelegt, die mit der biografischen Entscheidung für das Studium einhergeht, um dort aufgenommen, ggf. korrigiert und i.S. eines sachhaltigen Professionsideals ausgeformt zu werden. Insbesondere durch Teilhabe an Forschung bzw. an

Ausbildungssupervision/Fallwerkstätten, die in der professionellen Praxis kein Anwendungs-, sondern ein Erkenntnisfeld darstellen, erfolgt die (Vor-)Bildung eines professionellen Habitus als innere Formung eines dauerhaft wirksam bleibenden Bildungsmodells. Möglich wird dies in der Realisierung der Idee der Universität: Lehre führt Studierende in die Forschung ein, die u.a. Erkenntnisse über die Praxis bereitstellt. Dies ist keine direkte Vorbereitung für einen Beruf, in dem Wissenschaft zur Anwendung gelangt, sondern ein Bildungsprozess, der mit einer hermeneutischen Kunstlehre korrespondiert. In der »radikalisierten Version einer Theorie der Professionen« (Oevermann) ist die Unterscheidung der wissenschaftlichen und der hermeneutischen Kompetenz des Fallverstehens zentral. Professionelles Handeln besteht »wesentlich in der Vermittlung von Theorie und Praxis [...] und in der Respektierung und Wiederherstellung einer beschädigten Autonomie der Praxis im Namen von Wissenschaft derart, [...] dass dabei diese Autonomie durch eine bevormundende Wissenschaftspraxis nicht auf anderer Ebene Schaden leidet« (Oevermann). Als spezialisierte Instanz arbeitet die professionalisierte Praxis zur Krisenbewältigung für eine Lebenspraxis mit der widersprüchlichen Einheit einer diffusen und spezifischen sozialen Beziehung. Der Wertbezug zur Gewährleistung einer somato-psychosozialen Integrität ist zentral. Mit Schütze lässt sich davon ausgehen, dass Soziale Arbeit eine Profession und keine Wissenschaft ist – wie dieser an den Ähnlichkeiten zur Medizin aufzeigt. Vielmehr ist Soziale Arbeit ein Hybridgebiet, das aus unterschiedlichen Antrieben heraus bearbeitet wird, um den Professionsaufbau in den sich ausdifferenzierenden Handlungs- und Forschungsfeldern wissenschaftlich zu fundieren.

*Lit.* Becker-Lenz, R. u.a. (Hrsg.): Professionalität in der Sozialen Arbeit. Standpunkte – Kontroversen – Perspektiven, 3. Aufl., Wiesbaden 2013; Kraimer, K.: Das Projekt der Professionalisierung – Zur Strukturlogik individueller Krisenbewältigung und professioneller Krisenbewährung, in: Schwarz, M. P. u.a. (Hrsg.): Professionalität: Wissen – Kontext. Sozialwissenschaftliche Analysen und pädagogische Reflexionen zur Struktur bildenden und beratenden Handelns, Bad Heilbrunn 2014, S. 102–127; Oevermann, U.: Professionalisierungsbedürftigkeit und Professionalisiertheit pädagogischen Handelns, in: Kraul, M. u.a. (Hrsg.): Biographie und Profession, Bad Heilbrunn 2002, S. 19–63; Schütze, F. (2014): Professionelles Handeln auf der Basis der Fallanalyse – Soziale Arbeit als Profession, in: Schwarz, M. P. u.a. (Hrsg.): Professionalität: Wissen – Kontext. Sozialwissenschaftliche Analysen und pädagogische Reflexionen zur Struktur bildenden und beratenden Handelns, Bad Heilbrunn 2014, S. 140–161.

*Klaus Kraimer/Lena Altmeyer*

**Profiling** → Anamnese

**Projektmanagement** ist eine Methode, die den Steuerungsprozess eines Projektes ermöglicht. Wesentliche Schritte sind die Zielbildung, die → Planung, Entscheidung, Durchführung und Auswertung von Projekten. Ein Projekt ist gekennzeichnet durch die Wesensmerkmale Neuartigkeit und Einmaligkeit (keine Linienaufgabe!), Komplexität, bereichsübergreifende Zusammenarbeit, zeitliche Befristung, definiertes Projektergebnis, definierte (Wirkungs-)Ziele, planmäßiges und systematisches Arbeiten und Definition einer Projekthierarchie neben der normalen Linienorganisation. P. ist eine wesentliche Methode für die Gestaltung von Veränderungs- und Entwicklungsprozessen. Im Bereich der → Sozialen Arbeit sind Projekte u.a. erforderlich aufgrund von finanziellen Gesichtspunkten im → Wettbewerb mit gewinnorientierten Anbietern, wachsendem Selbstbewusstsein und sich verändernden Anforderungen der Nachfrager/innen, der Qualitätsentwicklung im Hinblick auf Struktur-, Prozess-, Produkt- und Wirkungsqualität (→ Qualitätsmanagement).

Eine entscheidende Bedeutung kommt der Projektplanung zu. Eine alte Projektleiterweisheit sagt: »Sage mir, wie ein Projekt beginnt – und ich sage Dir, wie es endet!« Viele Projekte starten ohne konkrete und genaue Planung. Notwendig ist eine eindeutige Zieldefinition, die das »handgreifliche« Ergebnis des Projekts (z.B. »Am Ende liegt ein Konzept vor«, oder »Die Mitarbeiter/innen arbeiten in der neuen Struktur« oder: »Die Software ist implementiert«) ebenso benennt wie die Wirkungen des Projekts. Projekte werden häufig aufgrund von Defizitaussagen initiiert. Insoweit müssen sich die Wirkungen des Projekts auf die Situation beziehen, die »stattdessen« sein soll. Mögliche Ziele sind: »Die Bearbeitungszeit für die Kundinnen und Kunden beträgt max. sechs Wochen« oder »Die Zahl der Schnitt-(Verbindungs-)Stellen wurde auf max. fünf reduziert«. Die Wirkungen können erst nach Ablauf des Projekts – wenn in der neuen Struktur gearbeitet wurde – evaluiert werden (→ Evaluation).

Entscheidende Rahmenbedingungen für das Gelingen von Projekten sind: (1) Qualifikation der Projektleiter/innen. Diese sind entsprechend ihrer fachlichen, methodischen und führungstechnischen Qualifikation sowie ihrer Motivation für das Projekt auszuwählen. Die hierarchische Position sollte nicht das entscheidende Kriterium sein. (2) Auftraggeber/innen müssen eindeutige und verlässliche Projektaufträge erteilen. Oft sind politische Veränderungen und Risiken für den »Rückzug« der Auftraggeber ausschlaggebend. (3) Beachtung von aktivem oder passivem Widerstand. Aktiver Widerstand zeigt sich im Willen zur konstruktiven Auseinandersetzung. Mit ihm kann aktiv umgegangen werden. Passiver Widerstand ist oft nur zu erahnen und ihm ist wesentlich schwerer zu begegnen. Er zeigt sich z.T. daran, dass Aufträge wiederholt vergessen oder nicht fristgerecht fertiggestellt werden. (4) Ausreichende Ressourcen- und Zeitplanung für das Projekt. Da Mitarbeiter/innen nur selten für Projekte von ihren Linienaufgaben freigestellt werden, ist der voraussichtliche Ressourcenaufwand möglichst genau zu kalkulieren, da es ansonsten zu Überlastungen bei ohnehin engagierten Fachkräften kommt. (5) Klarer Projektaufbau. An der Spitze eines Projekts steht der/die Auftraggeber/in. Eine Lenkungs- oder Steuerungsgruppe, die für die Festlegung der Projektziele, die Einsetzung der Projektleiter/in, die Entgegennahme der Projektergebnisse und die Gegensteuerung bei negativen Abweichungen von den vereinbarten Projektergebnissen zuständig ist, wird meistens durch Auftraggeber gebildet. In der Lenkungsgruppe sind alle Personen oder Organisationen zu beteiligen, die für die produktive und positive Umsetzung der Projektergebnisse maßgeblich sind. Eine durch die Projektleiter/innen geleitete Projektgruppe, die wird aus denjenigen Fachkräften gebildet, die für den Projekterfolg wertvolle Beiträge und Arbeit leisten können. Bei Bedarf und bei größeren Projekten werden Teilprojektgruppen mit Teilprojektleiter/innen gebildet. (6) Intensive Auseinandersetzung mit der Komplexität des Projekts und den Systemzusammenhängen, in denen das Projekt steht. Die Komplexität von Projekten führt in etlichen Fällen dazu, dass Projekte nicht termingerecht beendet werden. Komplexität zeigt sich an der Anzahl und den Erwartungen der Stakeholder. Stakeholder nennt man die an einem Projekt »von Amts wegen« Beteiligten (z.B. verschiedene Behörden, → Personalrat usw.) sowie diejenigen, deren Interessen durch das Projekt (im positiven wie auch im negativem Sinne) berührt werden. Im Rahmen einer Risikoanalyse sollten die Erwartungen der Stakeholder identifiziert und in den Prozess einbezogen werden. Stakeholder sollten in der Projektgruppe vertreten sein.

In Projekten können die Methoden der produktiven → Teamarbeit (z.B. → Brainstorming, → Metaplan) eingesetzt werden. Auch Netzwerktechnik, Erstellung von Flussdiagrammen, Abweichungs- und Wirtschaftlichkeitsanalysen (→ Kosten-Nutzen-Analyse, → Kosten-Wirkungs-Analyse) sind stellvertretend zu nennen. Im Projektauftrag werden Ziele, methodische Vorgehensweise, Budget, personelle Ressourcen und Berichtspflichten verbindlich vereinbart. Im Rahmen des → Controllings des Projekts werden Ziele, Zeiten, Projektaufwand, Budgets usw. gemessen. Die Projekt-(zwischen-)ergebnisse sind mit den Betroffenen zu diskutieren. Projekte sollten aus Gründen der Akzeptanz eine intensive → »Öffentlichkeitsarbeit« und den Fachaustausch suchen. Projektberichte informieren die Auftraggeber/innen über den Fortschritt, Ressourcenverbrauch sowie die zeitliche Entwicklung des Projekts. Abweichungsberichte werden erstellt, um Auftraggeber/innen rechtzeitig über Abweichungen zu informieren, die den Projekterfolg gefährden (z.B. Terminüberschreitungen, erhöhter Ressourcenverbrauch). Im Abschlussbericht werden die Ergebnisse, der Projektverlauf, gemeisterte Schwierigkeiten und die Lernerfahrungen dokumentiert.

*Jürgen Berenfänger*

**Prospektive Pflegesätze** → Pflegesatz

**Prostitution** (lat. prostituere = öffentlich preisgeben) bezeichnet das Vornehmen sexueller Handlungen gegen Entgelt oder andere Werte. Der Begriff gilt unabhängig vom Geschlecht der Person, die sich prostituiert. Grundlegend ist die Unterscheidung zwischen freiwilliger P. i.S. von Sexarbeit bzw. sexuellen Dienstleistungen und erzwungener P. Die Übergänge sind jedoch fließend.

Die gesellschaftliche Diskussion zum Umgang mit P. ist seit jeher kontrovers. Die Verteidigung der individuellen Rechte, wie der persönlichen Freiheit, des Rechts auf freie Berufswahl und der Anerkennung von sexuellen Dienstleistungen als gesellschaftliche Realität, auf der einen Seite und die Forderung nach Abschaffung und Verbot der P. als menschenunwürdige, ausbeuterische Praxis auf der anderen Seite, stehen einander unversöhnlich gegenüber.

Für den Einstieg in und die Ausübung von P. gibt es vielfältige Gründe: → Armut, mangelnder Zugang zum allgemeinen → Arbeitsmarkt, familiärer Druck, Neugier und Wunsch nach Anerkennung, Beschaffung von Drogen, Täuschung oder Zwang im Rahmen von kriminellen oder gewalttätigen Strukturen.

Die Ausübung der P. ist nicht an einen Ort gebunden. Traditionell findet sie in zur P. ausdrücklich vorgesehenen Räumlichkeiten (Bordelle, »Laufhäuser«, »Stundenhotels«), im öffentlichen Raum (Straßenstrich, Wohnwagen) oder an beliebig vereinbarten Orten bei Vermittlung über Agenturen (Call-Girls, Begleitservice) statt.

Nach wie vor gehören Prostituierte zu den tabuisierten Randgruppen und sind von → Stigmatisierung und → Diskriminierung betroffen. Dies gilt insbesondere für transsexuelle Menschen (→ Trans- und Intergeschlechtlichkeit). Die gesellschaftliche Bewertung entspricht nicht der liberalisierten Gesetzeslage, nach der die P. nicht mehr als sittenwidriges Geschäft gilt: Das Gesetz zur Regelung der Rechtsverhältnisse Prostituierter (Prostitutionsgesetz – ProstG) ordnet die P. seit 1.1.2002 als Dienstleistung ein, erlaubt Beschäftigungsverhältnisse und öffnet den Zugang zu den Systemen der sozialen Sicherung. Die Bundesregierung bewertet P. jedoch selbst nicht als Beruf wie jeden anderen, sondern als eine »autonome Entscheidung zu einer riskanten Tätigkeit« (Bundesministerium für Familie, Senioren, Frauen und Jugend [BMFSFJ]).

Eine gesundheitliche Untersuchungspflicht für Prostituierte besteht seit 1.1.2001 nicht mehr. Damit steht die → Beratung von Prostituierten durch → Gesundheitsämter zur Disposition der Länder. Für die Ausübung der P. sind die sog. Sperrbezirksverordnungen für die Länder (Art. 297 Einführungsgesetz zum Strafgesetzbuch) und das Werbeverbot (§ 120 Ordnungswidrigkeitengesetz [OWiG]) von Bedeutung. Strafbar ist die Ausbeutung von Prostituierten, die Förderung der P. bei Personen unter 18 Jahren (§ 180 a Strafgesetzbuch [StGB]) sowie Zuhälterei (§ 181 a StGB). Zwangsp. ist strafbar als → Menschenhandel zum Zwecke der sexuellen Ausbeutung (§ 232 StGB).

Die Evaluation des ProstG durch das BMFSFJ im Jahr 2007 sowie Erfahrungen aus der Praxis zeigen, dass sich nur ein Teil der mit dem Gesetz verknüpften Erwartungen erfüllt hat. Die Bundesregierung plant für 2016 ein Prostituiertenschutzgesetz (ProstSchG), in dem umfassende Regelungen für das P.gewerbe und für die in der Prostitution tätigen Personen getroffen werden sollen mit dem Ziel, fachgesetzliche Grundlagen zur Gewährleistung verträglicher Arbeitsbedingungen und zum Schutz der Gesundheit für die in der Prostitution Tätigen zu schaffen und deren Selbstbestimmungsrecht zu stärken.

Es liegen keine verlässlichen empirischen Daten darüber vor, wie viele Personen in Deutschland der P. nachgehen. Selbst seriöse Hochrechnungen zur Anzahl weiblicher Prostituierter schwanken zwischen 64.000 bis zu 200.000. Die Strukturen und Zusammensetzung der P.szene haben sich insbes. durch die Osterweiterung der → Europäischen Union (EU) stark verändert. Rund 60% der Prostituierten in der Bundesrepublik sind ausländischer Herkunft, wobei der Anteil aus den neuen EU-Ländern sehr hoch ist. Vor allem bei den ausländischen, aber auch bei Prostituierten deutscher Staatsangehörigkeit sind die Grenzen zur sexuellen Ausbeutung fließend. Häufig werden sie von kriminellen Vermittlern und ausbeuterischen Arbeitgebern in verschieden intensiver Form bis hin zu Menschenhandel ausgenutzt.

Die Lebenslage zahlreicher Prostituierter ist gekennzeichnet von finanziellen Problemen, Isolation und fehlenden Kontakten zu Menschen außerhalb des Milieus, Gefühlen von Schuld und Wertlosigkeit, Abhängigkeiten, → Sucht, Angst vor → Gewalt, → Krankheit und Alter wie auch Bedrohung durch Zuhälter oder Kriminelle aus dem organisierten Verbrechen. Viele Prostituierte sind unzureichend über gesundheitliche Risiken informiert. Der Ausstieg aus der P. ist schwierig, da er in der Regel mit einer sofortigen Veränderung aller sozialen und ökonomischen Rahmenbedingungen verbunden ist.

Beratung und Hilfen für Prostituierte in Notlagen werden von spezialisierten Beratungsstellen geleistet, die besonders bei den Kirchen und ihren Verbänden teilweise eine lange Tradition haben. Auch staatliche Stellen halten Beratungsangebote vor. Daneben gibt es seit den 1980er-Jahren → Selbsthilfegruppen, die sich der sog. Hurenbewegung zuordnen (Hydra, Dona Carmen u.a.). Sie bemühen sich offensiv, P. als Beruf zu etablieren und die Selbstbestimmung der in der P. Tätigen zu stärken. Für sich prostituierende und gefährdete Mädchen und junge Frauen (Minderjährigenp.) gibt es spezifische Einrichtungen der Jugend- und Drogenhilfe sowie besonders ausgerichtete medizinische und psychotherapeutische Angebote (→ Therapie).

Während Motiv- und Problemlagen von Prostituierten zumindest qualitativ erforscht sind, liegen zu den Ursachen der P.nachfrage keine sozialwissenschaftlich gesicherten Erkenntnisse vor. Nach einer häufig verwendeten Schätzzahl suchen in Deutschland bis zu eine Mio. Freier täglich eine Prostituierte auf. Als mögliche Motive von Freiern kommen die Vorstellung, Einsamkeit oder sexuelle Hemmungen zu überwinden, der Wunsch, Anerkennung und Zärtlichkeit zu finden, ausgeprägte Bindungs- und Kommunikationsunfähigkeit oder in der Partnerschaft unerfüllt gebliebene sexuelle Wünsche in Betracht.

*Johanna Thie*

**Prozessfähigkeit** → Handlungsfähigkeit

**Prozesskostenhilfe (PKH)** bietet für natürliche und → juristische Personen mit geringem → Einkommen bzw. → Vermögen die Möglichkeit der gerichtlichen Rechtsverfolgung, ohne dass diese Personen der Gefahr hoher Kosten, insbesondere Gerichts- und Anwaltskosten, ausgesetzt sind. Geregelt ist die PKH in den §§ 114 ff. Zivilprozessordnung (ZPO) und gilt damit für den Zivilprozess. Über Verweisungen finden die §§ 114 ff. ZPO aber auch für den sozialgerichtlichen Prozess (vgl. § 73 a Sozialgesetzbuch [SGG]) und den verwaltungsgerichtlichen Prozess (vgl. § 166 Verwaltungsgerichtsordnung [VwGO]) Anwendung. Für den Anwendungsbereich des → Familienverfahrensgesetzes (FamFG) finden sich in den §§ 76 ff. FamFG Regelungen zur Verfahrenskostenhilfe, die der PKH vergleichbar ist. Verfassungsrechtliche Grundlage der PKH ist das Prinzip des sozialen Rechtsstaates (Art. 28 Abs. 1 → Grundgesetz [GG], Art. 20 GG → Rechtsstaat → Sozialstaatsprinzip). Die PKH wird daher auch als staatliche Fürsorgeleistung bzw. → Sozialhilfe in besonderen Lebenslagen bezeichnet – auch wenn sie nicht in den dortigen Regelungen (z.B. im SGB XII) zu finden ist. Ergänzt wird die PKH durch die → Beratungshilfe nach dem Beratungshilfegesetz, wonach Hilfe durch (Rechts-)Beratung außerhalb des gerichtlichen Verfahrens für bedürftige Personen erbracht wird. Die PKH ist antragsabhängig (§ 117 ZPO), d.h. die Partei muss bei dem zuständigen Prozessgericht einen → Antrag auf PKH stellen.

Voraussetzung für die Gewährung der PKH sind: a) Bedürftigkeit: Die Partei muss nach ihren wirtschaftlichen und persönlichen Verhältnissen nicht, nur zum Teil oder nur in Raten in der Lage sein, die Kosten der Prozessführung aufzubringen (§ 114 Abs. 1 S. 1 ZPO). Danach erfolgt ein Einsatz von Einkommen und Vermögen, der sich an sozialhilferechtlichen Regelungen (SGB XII) orientiert. Die nach § 115 Abs. 1 ZPO vom Einkommen abzusetzenden Beträge lassen sich der jährlichen Prozesskostenhilfebekanntmachung (PKHB) entnehmen. Dies sind festgelegte Beträge für die Partei, ggf. Ehegatten/Lebenspartner (→ Ehe, → Lebenspartnerschaft) und Personen, denen die Partei Unterhalt schuldet (→ Unterhaltspflicht) und auch tatsächlich leistet. Weiter abzusetzen sind Wohnkosten und ggf. Kosten aufgrund besonderer Belastungen, z.B. wegen Behinderung. Je nach einzusetzendem Einkommen/Vermögen ist die komplette Befreiung von den Prozesskosten, die teilweise Befreiung bzw. die Verpflichtung zur Ratenzahlung die Folge; b) hinreichende Aussicht auf Erfolg: Die Rechtsverfolgung hat hinreichende Aussicht auf Erfolg, wenn eine rechtliche und tatsächliche Erfolgsaussicht gegeben ist, d.h. grundsätzlich die rechtliche Auffassung vertretbar scheint und die Beweisführung möglich ist. Die Anforderungen an diese Voraussetzung dürfen jedoch nicht überspannt werden, um die Rechtsverfolgung zu ermöglichen; c) keine Mutwilligkeit: Mutwillig ist die Rechtsverfolgung oder Rechtsverteidigung gem. § 114 Abs. 2 ZPO, wenn eine Partei, die keine PKH beansprucht, bei verständiger Würdigung aller Umstände von der Rechtsverfolgung oder Rechtsverteidigung absehen würde, obwohl hinreichende Aussicht auf Erfolg bestünde. Da auch Selbstzahler/innen durchaus um kleinere Geldbeträge vor Gericht streiten, ist eine solche Streitigkeit damit nicht von vornherein mutwillig.

Die PKH besteht dann in der vollen oder teilweise Übernahme (je nach Einsatz des eigenen Einkommens/Vermögens) der Gerichtskosten und der Kosten des eigenen Rechtsbeistandes. Die Kosten der Gegenpartei, insbesondere des gegnerischen Anwaltes/der gegnerischen Anwältin, werden jedoch nicht erstattet.

*Corinna Grühn*

**Prozessqualität** → Qualitätsmanagement

**Prüfungsvereinbarungen** → Vereinbarungen über Leistungen, Vergütungen sowie die Prüfung der Einrichtungen

**Psychiatrie** → Psychiatrische Versorgung

**Psychiatrie-Erfahrene** → Bundesverband Psychiatrie-Erfahrener (BPE)

**Psychiatrische Krankenhäuser** → Psychiatrische Versorgung

**Psychiatrische Versorgung** Schon in den Anfängen des Fachs Psychiatrie vor über 200 Jahren wurde kontrovers gesehen, welche Rahmenbedingungen einer Behandlung psychisch kranker Menschen förderlich seien (Brink) – in der Stadt oder auf dem Lande, räumlich und funktional mit der übrigen Medizin verbunden, unter Ausschluss oder Einbezug der Angehörigen. In den 1960er-Jahren forderten Psychiater in der Bundesrepublik und in der DDR eine Reform der psychiatrischen Krankenversorgung. Die Psychiatrie-Enquête entwickelte 1975 aus einer umfassenden Kritik der »Lage der Psychiatrie in der Bundesrepublik« Grundprinzipien einer bedarfsgerechten psychiatrischen Versorgung wie Gemeindenähe, multidisziplinäre Zusammenarbeit, ambulant vor stationär, individueller Hilfebedarf, Förderung von Früherkennung, Vorbeugung und → Selbsthilfe, rechtliche und soziale Gleichstellung psychisch und körperlich Kranker. Zugleich regte sie Kooperations- und Steuerungszusammenhänge wie → Psychosoziale Arbeitsgemeinschaft (PSAG) und → Gemeindepsychiatrischer Verbund an, um die psychosozialen Leistungsanbieter einer Region verbindlich in die Verantwortung auch unterversorgter Patientengruppen (Kinder und Jugendliche, ältere Menschen, Suchtkranke z.B.) einzubinden. In den Folgejahrzehnten wurden die Zahl der Krankenhausbetten halbiert, Liegedauern verkürzt, 203 psychiatrische Abteilungen an Allgemeinkrankenhäusern mit definierter Versorgungsregion und zunehmend differenzierte Formen betreuten Wohnens geschaffen. Zugleich stieg die Zahl niedergelassener Nervenärzt/innen und Psychotherapeut/innen, → Tageskliniken, Institutsambulanzen, → Sozialpsychiatrische Dienste und vielfältige komplementäre Betreuungsangebote entstanden, um die Bedingungen von Wohnen, Arbeit und Freizeit gerade auch langandauernd → psychisch kranker Menschen zu verbessern. Angehörige und Psychiatrie-Erfahrene begannen sich zu organisieren (→ Aktion Psychisch Kranke [APK]; → Bundesverband Psychiatrie Erfahrene) und verschaffen sich z.B. in trialogischen Psychoseseminaren und in der Entwicklung von Behandlungsleitlinien bei den Professionellen Gehör; erste Genesungsbegleiter/innen mit EX-IN-Ausbildung arbeiten in psychiatrischen Institutionen.

Psychiatrische Patient/innen nehmen aufgrund ihres komplexen Hilfebedarfs eher langfristig gesundheitsbezogene Leistungen u.a. der Eingliederungshilfe und der Rentenversicherung bei krankheitsbedingt eingeschränkter Erwerbstätigkeit in Anspruch. Die Ermittlung des individuellen Unterstützungsbedarfs und seine Umsetzung sind über Instrumente wie Integrierter Behandlungs- und Rehabilitationsplan (IBRP) und Formen von → Case-Management verbessert worden. Ambulante Versorgungsangebote vor Ort mit den verschiedenen Kostenträgern und Leistungserbringern auszuhandeln, setzt umfassendes Feldwissen und hohe soziale Kompetenzen in der sozialpädagogischen Begleitung voraus.

Qualität im psychiatrischen Krankenhaus gründet wesentlich auf Güte und Umfang seiner personellen Ressourcen. Vor 25 Jahren ist mit der Psychiatriepersonalverordnung (PsychPV) der Personalbedarf in Minuten je Patient/in und Woche normiert und gesetzlich verankert worden – inzwischen steht wegen der eingetretenen, erheblichen Leistungsverdichtung (u.a. Verdoppelung der Fallzahlen), der Weiterentwicklung wirksamer psychotherapeutischer Verfahren und der zeitaufwendigen Leistungsdokumentation für die Behandlung der einzelnen Klient/innen nicht mehr das notwendige qualifizierte Personal zur Verfügung.

Anders als z.B. Großbritannien verfügt Deutschland nicht über eine zentrale Steuerung seines Gesundheitssystems: Insbesondere die regional z.B. zwischen Bundesländern (Flächen- und Stadtstaat) und abhängig von der jeweiligen Kassenärztlichen Vereinigung unterschiedliche p. V. (z.B. Zahl von Facharztpraxen) ist verschiedenen Leistungssektoren zugeordnet. Diese Fragmentierung der Finanzierungszuständigkeiten (z.B. für Akut- und Rehabilitationsbehandlung) gilt als teures Reformhindernis: Beziehungskontinuität voraussetzende → Therapien und die breite Einführung integrativer Versorgungsformen sind hierdurch gefährdet; Probleme entstehen auch durch fehlende Transparenz von (Parallel-)Angeboten oder unzureichende Abstimmung zwischen psychiatrischen Praxen und gemeindepsychiatrischen Einrichtungen.

Die internationale Forschung hat in den letzten Jahren nachgewiesen, dass aufsuchende psychosoziale → Interventionen im Lebensumfeld wirksam sind, und dass Genesungsförderung sich viel stärker an Fähigkeiten und Ressourcen statt an Defiziten orientieren sollte (Becker u.a.). Anders als in Deutschland gehört Home-Treatment in vielen europäischen Ländern, Australien und den USA zur psychiatrischen Standardversorgung: Ein mobiles, multidisziplinäres Team kann innerhalb von 24 Stunden flexibel tätig werden; das »Assertive Community Treatment« (ACT) z.B. stellt regelmäßige, in Krisen vorübergehend tägliche Behandlungs- und Betreuungsangebote für eher »schwierige«, psychotisch Kranke zur Verfügung und kann bei stationärer → Krisenintervention auch die Rückkehr in den Alltag begleiten. Dieser grundlegende Wechsel von der Angebots- bzw. Institutionsorientierung zur Ausrichtung am Bedarf und an »personenzentrierten Hilfen« verfolgt langfristig das Ziel, eine zunehmend selbstbestimmte → Teilhabe am Leben in der Gemeinde zu ermöglichen.

Der für 2017 vorgesehenen Einführung des Pauschalierenden Entgeltsystems für Psychiatrie und Psychosomatik (PEPP) werfen Kritiker/innen u.a. vor, dass psychiatrisches Handeln einer fortschreitenden Ökonomisierung unterworfen werde und die psychiatriespezifischen Wechselwirkungen zwischen ambulanter und stationärer Behandlung einerseits und gemeindepsychiatrischen Unterstützungsangeboten andererseits nicht berücksichtigt werden – eine zeitgemäße Finanzierung müsse sektorübergreifend und auf eine Versorgungsregion bezogen sein. P. V. lässt sich nicht ressourcenoptimierend beliebig beschleunigen oder rationieren (APK; Deister/Wilms).

*Lit.* APK: Positionspapier der Aktion Psychisch Kranke zur Entwicklung eines zukunftsfähigen, qualitätssichernden Finanzierungssystems in der Psychiatrie, in der Psychosomatik und in der Kinder- und Jugendpsychiatrie, 2015; Becker, T./Riedel-Heller, S./Weinmann, S.: DGPPN S3-Leitlinie Psychosoziale Therapien bei schweren psychischen Erkrankungen, Berlin/Heidelberg 2013; Brink, C. (2010): Grenzen der Anstalt: Psychiatrie und Gesellschaft in Deutschland 1860–1980, Göttingen; Deister, A./Wilms, B.: Regionale Verantwortung übernehmen – Modellprojekte in Psychiatrie und Psychotherapie nach § 64 b SGB V., Köln 2014.

*Hasso Klimitz*

**Psychische Störungen** können in Anlehnung an die gängigen → Klassifikationssysteme (F-Kapitel der → ICD-10 sowie DSM-V der American Psychiatric Association) als Verhaltens- und Erlebensmuster (die z.B. → Wahrnehmung, → Denken, emotionale Regulationsmöglichkeiten sowie Kompetenzen der zwischenmenschlichen → Interaktion betreffen) definiert werden, die mit nachhaltigem Leid für die/den Betroffene/n und/oder ihr/sein soziales Umfeld verbunden sind und die zu erheblichen Beeinträchtigungen in zentralen Lebensbereichen und -zielen (Beruf, Familie, Freizeitgestaltung etc.) führen. In der psychologisch-psychiatrischen Fachsprache hat der Begriff der p. S. den der psychischen Erkrankung weitgehend abgelöst. Damit wird u.a. zum Ausdruck gebracht, dass p. S. nicht in erster Linie auf somatisch-biologische Ursachen zurückzuführen sind, sondern multifaktoriell und nur unter Einbezug biologischer, psychologischer und sozialer Einflussfaktoren zu verstehen sind (siehe → psychosoziale Gesundheit). Dabei ist die Grenze zwischen p. S. und psychischer Gesundheit fließend. Vor dem Hintergrund eines modernen biopsychosozialen Verständnisses von → Krankheit bzw. Störung und → Gesundheit (wie es auch der → Klinischen Sozialarbeit zugrunde liegt) ist auch eine trennscharfe Differenzierung zwischen p. S. und körperlichen Erkrankungen wenig angemessen: Etliche p. S. gehen mit ausgeprägten körperlichen Beschwerden einher und körperliche Erkrankungen sind oftmals eng mit innerpsychischen sowie psychosozialen Belastungsmomenten verbunden. Dennoch orientieren sich sowohl Forschung als auch Praxis nach wie vor überwiegend an dieser Dichotomie. Die in der ICD und im DSM benannten p. S. sind letztlich als Konstrukte einzuordnen, die den gegenwärtigen Wissens- und Forschungsstand widerspiegeln, sich aber durch aktuelle Erkenntnisse verändern werden. Darüber hinaus bleibt die Definition p. S. auch aufgrund der engen Verzahnung mit gesamtgesellschaftlich und kulturell geprägten Vorstellungen von »Normalität« herausfordernd.

P. S. sind weltweit sehr verbreitet (ca. die Hälfte aller Menschen erkrankt im Lauf ihres Lebens an mindestens einer p. S.), wobei → Adressat/innen der Sozialen Arbeit überdurchschnittlich häufig betroffen sind. Dies liegt daran, dass gravierende soziale Belastungssituationen mit einem erhöhten Risiko für die Entwicklung von p. S. verbunden sind und dass das Vorliegen von p. S. häufig die gesellschaftliche → Teilhabe beeinträchtigt. Die im Rahmen der Psychiatrie-Enquête (→ Psychiatrische Versorgung) geforderte Gleichstellung von psychischen und körperlichen Erkrankungen ist noch immer nicht vollständig eingelöst, sodass Menschen mit p. S. mitunter → Stigmatisierung und → Diskriminierung erleben müssen. Für die fallbezogene Soziale Arbeit ist es hilfreich, p. S. als »Überlebensstrategien« von Individuen zu konzeptionalisieren, die vor dem Hintergrund schädigender biografischer Erfahrungen zwar sinnhaft und nachvollziehbar sind, gleichzeitig aber beeinträchtigend in Gegenwart und Zukunft hineinwirken.

*Christine Kröger*

**Psychisch kranke Menschen** Der Begriff »p. k. M.« bedeutet eine Abgrenzung von dem Begriff »körperlich Kranke« und bezeichnet Menschen, die an einer psychischen oder seelischen Erkrankung leiden. Die Diagnoseklassifikation der → Weltgesundheitsorganisation (→ ICD-10) listet im Kapitel V »Psychische und Verhaltensstörungen« alle psychiatrischen Diagnosen auf. Daher werden die Begriffe psychische Krankheit und → psychische Störung synonym verwendet. Zu den psychischen Störungen werden u.a. affektive, neurotische, Entwicklungs- und Verhaltensstörungen einschließlich emotionaler Störungen in der Kindheit und Jugend, → Schizophrenie, Störungen durch Alkohol und andere psychotrope Substanzen sowie → Demenzen und andere organisch bedingte Störungen gezählt. Die häufigsten Diagnosen sind weltweit → Depressionen und Angststörungen (→ Angst). Laut der Studie »Gesundheit Erwachsener in Deutschland« des Robert Koch Instituts (RKI) lassen sich jährlich 15,3% der Erwachsenen in Deutschland (9,8 Mio., 21,4% der Frauen, 9,3% der Männer) wegen einer Angststörung ärztlich behandeln, 13,1% der Frauen und 6,4% der Männer wegen einer Depression. Bei etwa 2% der Frauen und 4,8% der Männer liegt eine Alkoholabhängigkeit vor. Die Zahl der Demenzen ist demografiebedingt stark angestiegen auf 1,5 Mio (2016). Demenz ist bei Frauen die vierthäufigste Todesursache, bei Männern die neunthäufigste. Schätzungsweise 65–90% der jährlich über 10.000 → Suizide stehen im Zusammenhang mit einer psychischen Erkrankung. 30,3% der Frauen und Männer leiden an einer klinisch relevanten Ein- oder Durchschlafstörung. Ein Fünftel der Kinder und Jugendlichen zeigt psychische Auffälligkeiten.

Es werden jährlich mehr psychiatrische Diagnosen gestellt; die Zahlen der Fehltage und Frühberentungen aufgrund psychischer Störungen steigen absolut und anteilsmäßig deutlich. Der RKI-Bericht »Gesundheit in Deutschland 2015« sieht allerdings auf der Bevölkerungsebene in den letzten Jahren keinen Anstieg der Prävalenz von Angststörungen und Depressionen. Dies kann auf eine Enttabuisierung psychischer Erkrankungen hinweisen, aber auch auf veränderte Anforderungen im Arbeitsleben.

Noch teilweise bis ins 20. Jh. hinein war für p. k. M. die Bezeichnung »Irre« geläufig; man unterschied »Geisteskranke« von »Gemütskranken«, wobei auch der Begriff »geisteskrank« zunehmend als diffamierend angesehen wurde und inzwischen nur noch sozialrechtlich i.S. von geistiger Behinderung (→ Geistig behinderte Menschen) bei wesentlicher Intelligenzminderung gebraucht wird. Dennoch sind p. k. M. auch heute noch dem Verdacht des »Verrücktseins« und damit der → Stigmatisierung und der → Diskriminierung ausgesetzt.

Ein Mensch weicht von der → Norm ab, indem er mit Veränderungen des subjektiven Erlebens und des objektivierbaren Verhaltens reagiert (→ Verhaltensauffälligkeit). Ärztliche Aufgabe ist es dabei, jeweils diagnostisch (→ Psychodiagnostik) hinsichtlich des Bedingungsgefüges einer Normabweichung zu analysieren, warum der betroffene Mensch mit seiner Umwelt nicht mehr zurechtkommt. Oft löst das Erleben von p. k. M. Befremden, Betroffenheit, Angst und Abwehr aus. Daraus resultiert die Forderung nach ausreichender Erfahrung und Selbsterfahrung für die Mitglieder aller therapeutisch beteiligten Berufsgruppen.

*Ulrich Krüger*

**Psychisch-Kranken-Gesetze (PsychKG)** der Länder: Die ursprünglichen Gesetze waren als Ausführungsgesetze zu Art. 2 Abs. 2 und 104 Abs. 2 → Grundgesetz (GG) konzipiert und regelten ausschließlich die Unterbringung → psychisch kranker und suchtkranker Menschen (→ Sucht). Die von den meisten Bundesländern zwischenzeitlich erlassenen PsychKG regeln dagegen nicht nur die Unterbringung (→ Unterbringungssachen), sondern auch Hilfen und Schutzmaßnahmen für psychisch Kranke. Da die zwangsweise Unterbringung, regelmäßig in psychiatrischen Krankenhäusern oder Abteilungen, eine → Freiheitsentziehung darstellt, ist eine gerichtliche Anordnung erforderlich.

Voraussetzung der Unterbringung ist eine behandlungsbedürftige erhebliche → psychische Störung oder Behinderung (→ Geistig behinderte Menschen), → Psychose oder Suchtkrankheit und die Notwendigkeit, die hierdurch hervorgerufenen Gefahren abzuwenden. Es muss eine erhebliche Gefährdung des/der Kranken selbst oder erheblicher Rechtsgüter anderer Personen gegeben sein. Die Formulierungen der einzelnen Gesetze unterscheiden sich. Nach den neueren PsychKG steht der Gesichtspunkt der → Krisenintervention und der Hilfe für den psychisch kranken Menschen oder Suchtkranken im Vordergrund, wodurch auch eine → Stigmatisierung dieser Kranken vermieden wird. Alle Gesetze gehen ihrem Sinne nach davon aus, dass die Anordnung der Unterbringung erforderlich sein muss, um die von dem/der Kranken ausgehenden Gefährdungen abzuwehren, d.h., dass dies auf andere Weise nicht möglich ist. Die Anordnung darf auch nur ergehen, wenn diese/r mit der Unterbringung nicht einverstanden ist, wobei es auf den natürlichen Willen ankommt. Steht der/die Kranke unter → elterlicher Sorge, → Vormundschaft, (Sorgerechts-)Pflegschaft oder ist ein/e Betreuer/in mit entsprechendem Aufgabenkreis (§ 1896 → Bürgerliches Gesetzbuch [BGB]) bestellt, so hat der/die Sorgeberechtigte über die Unterbringung zu befinden, zu der er familien- bzw. betreuungsgerichtlicher Genehmigung bedarf, wenn der/die Betroffene mit der Unterbringung nicht einverstanden ist (§§ 1631 b, 1906 BGB).

Das Verfahren ist das der → freiwilligen Gerichtsbarkeit, das bundeseinheitlich in den §§ 312 ff. → Familienverfahrensgesetz geregelt ist. Zuständig ist das → Betreuungsgericht. Die sofortige behördliche und polizeiliche Unterbringung verbleibt in der Regelungskompetenz der Bundesländer. Wegen Art. 104 Abs. 2 GG ist spätestens am Tag nach der Einweisung eine richterliche Entscheidung herbeizuführen. Die Unterbringungs- und PsychKG der Bundesländer regeln auch weiterhin nicht nur die Voraussetzungen der Unterbringung, sondern auch den Vollzug der Unterbringung, d.h. die Zulässigkeit von Zwangsmaßnahmen und Zwangsbehandlung, sowie die Rechte der Untergebrachten auf Kontakt nach außen (Besuch, Post- und Fernmeldeverkehr) sowie die Vollzugslockerungen (Ausgang, Urlaub).

*Rolf Marschner*

**Psychoanalytische Beratung und Therapie** Psychoanalytische Theorien befassen sich mit der Verknüpfung leibgebundener, unbewusster Prozesse mit allen Varianten des menschlichen Wahrnehmens, Denkens, Fühlens und Handelns einschließlich ihrer (auch institutionalisierten) Manifestationen. Folglich steht auch im Denk- und Handlungszentrum von p. B. u. T. die Freudsche Annahme eines »ubiquitären dynamischen Unbewussten«. Der Grundgedanke hierbei lautet, dass Menschen sich regelmäßig mit Erlebnisinhalten konfrontiert sehen, die sie unbewusst als bedrohlich, zumindest beunruhigend erleben und deshalb mithilfe verschiedener Formen von Abwehr- und Sicherungsaktivitäten vom Bereich des bewusst Wahrnehmbaren fernzuhalten versuchen. Diese Abwehrprozesse bringen für den Menschen Einschränkungen in der → Wahrnehmung der inneren und äußeren Welt mit sich, die Einfluss darauf nehmen, wie Menschen wahrnehmen, denken, fühlen und handeln. Insofern sind diese Vorgänge nicht auf als psychopathologisch geltende Zustandsbilder – unter denen Menschen leiden – zu begrenzen.

Entsprechend unserer gesellschaftlichen Konvention hat → Therapie mit »kranken« Menschen zu tun, → Beratung dagegen mit »gesunden«. Diese Kategorien sind Konventionen über jeweils geltende – institutionalisierte – Werte und → Normen, die sich verändern, was die Fortschreibung der gebräuchlichen Diagnosemanuale belegt. Tatsächlich können wir von gleitenden Übergängen zwischen beiden kommunikativen Gattungen ausgehen: Man kann einen versicherungsrechtlich kranken Menschen auch beraten und Menschen können therapeutisch behandelt werden, obwohl sie – versicherungsrechtlich – nicht krankheitswertig leiden.

Psychoanalytische Therapie (p. T.) bedient sich in Diagnostik und Therapie ihres spezifisch methodischen Verfahrens der »talking cure«, der freien Assoziation und gleichschwebenden Aufmerksamkeit. Die Haltung der Abstinenz und Neutralität der p. T. gibt dem Patienten/der Patientin Raum für ihre spezifische Gestaltung der therapeutischen Situation, in der unbewusst gewordene, verborgene Gefühle, Haltungen und Erfahrungen aus früheren Erlebnisschichten sichtbar werden, die auf ihre bewussten und unbewussten, emotionalen und kognitiven Anteile hin untersucht und bewusst gemacht werden können (Übertragungsbeziehung). Für den Prozess der Übertragungsanalyse sind die Rahmenbedingungen, das Setting, wichtig. Dadurch entsteht ein Fantasieraum, ein »intermediärer Raum«, in dem sich übertragungshafte Beziehungsfantasien besonders deutlich abbilden, was eine besondere »Tiefe« im Umgang mit dem Unbewussten ermöglicht. Mittlerweile haben sich verschiedene Varianten der p. T. entwickelt, die bezüglich Dauer, Sitzungsfrequenz, Anzahl der beteiligten Personen und Gegenstand der Behandlung von der klassischen Vorgehensweise (Couch-Sessel-Anordnung) abweichen: Fokal-, → Kinder- und Jugendlichenpsychotherapie, → Familien- und Paartherapie, → Spiel-, Körpertherapie sowie verschiedene Formen von psychoanalytischer → Gruppentherapie. Z.B. trägt die psychoanalytische Kindertherapie dem Sachverhalt Rechnung, dass die Entwicklung von Kindern noch nicht abgeschlossen ist und daher die Erinnerungsarbeit – wie sie in der p. T. mit Erwachsenen entwickelt wurde – schädlich sein kann. Demgegenüber werden pädagogische Maßnahmen betont und v.a. die ichstützende und ichstärkende Funktion des Kinderanalytikers/der -analytikerin für die Kinder hervorgehoben. In der Fokaltherapie (Kurzzeittherapie) versucht der/die Therapeut/in zu Anfang den Kernkonflikt oder Fokus des Patienten/der Patientin durch gezieltes Fragen herauszufinden. Der/die Patient/in soll direkt zu diesem Kernkonflikt Gefühle und Gedanken aussprechen, die der/die Therapeut/in deutet.

Psychoanalytische Beratung (p. B.) bietet, unter Verwendung der psychoanalytischen Methode, den Ratsuchenden in einer schwierigen aktuellen Lebenssituation eine Entscheidungshilfe an. Das älteste Feld der p. B. ist die → Erziehungsberatung, die maßgeblich von A. Aichhorn, einem Wiener Pionier der psychoanalytischen Pädagogik, bereits in den 1920er-Jahren entwickelt wurde. Er suchte in der Arbeit mit Kindern, Jugendlichen und Erziehungsverantwortlichen einen Zugang zur unbewussten Bedeutung manifester Schwierigkeiten, um Veränderungen sowohl im manifesten als auch latenten Lebensbereich einzuleiten. Auf dieser Basis haben sich weitere Varianten von p. B. entwickelt (z.B. Fraibergs Konzept der Eltern-Kleinkind-Beratung oder das fokussierte Konzept »Under Five Counselling«).

P. B. als kommunikative Praxis der Sozialen Arbeit findet überwiegend in Institutionen statt. Die zu gestaltenden Settings können daher nicht völlig frei gewählt werden, sondern die Beteiligten müssen sich in diesem vorgegebenen Rahmen (z.B. → Streetwork) bewegen, wenn sie ihr Arbeitsbündnis aushandeln, ohne das sinnvolle p. B. nicht möglich ist. Dabei richtet sich p. B. pragmatisch an den Fragen einer alltäglichen Lebensführung aus; zugleich konzentriert sich der/die Berater/in darauf, mit den → Adressat/innen in einen klärenden Prozess darüber einzutreten, welche Bedeutungen die krisenhaften Phänomene, die zur Inanspruchnahme der Beratung geführt haben, für diese besitzen. Die p. B. fokussiert ihre → Interventionen auf das sog. Gegenwartsunbewusste, wodurch die Selbstreflexion der Hilfesuchenden unterstützt wird und regressive Prozesse eingedämmt werden. Die Tragfähigkeit eines Arbeitsbündnis erweist sich (neben der Kenntnis von Theorieelementen) in der Kunst der Professionellen, die Beziehungsdimension im Beratungsprozess tiefenhermeneutisch zu verstehen und mittels einer hinreichenden Fähigkeit zur Übernahme der Holding/Containerfunktion (Bion) sowie zur Mentalisierung (Fonagy) in die weitere Beziehungsgestaltung aufzunehmen. Bereits seit den 1930er-Jahren gehören Praxisberatung, Einzel-, Gruppen- und Teamsupervision (→ Supervision) sowie seit 1950 Balint-Gruppen zur breit anerkannten, eigenständigen Form einer p. B. In jüngerer Zeit hat sich die psychodynamische → Organisationsberatung etabliert. Sie basiert ebenfalls auf den o.g. Prämissen und betrachtet dysfunktionale Strukturen, Verhaltensweisen und Prozesse als Ausdruck psychosozialer und institutionalisierter Abwehrprozesse.

*Lit.* Bohleber, W.: Was Psychoanalyse heute leistet, Stuttgart 2010; Eggert-Schmid Noerr, A. u.a. (Hrsg.): Beratungskonzepte in der Psychoanalytischen Pädagogik, Gießen 2009; Schnoor, H.: Psychoanalytische Beratung, Göttingen 2011.

*Margret Dörr*

**Psychodiagnostik** umfasst alle Erhebungsinstrumente, mit denen in Anwendungsgebieten der Psychologie systematisch und regelgeleitet psychologische Erkenntnisse gewonnen werden können. P. untersucht u. a. psychische Funktionen und die Ausprägung von psychologischen Merkmalen wie → Intelligenz, → Wahrnehmung, Konzentration, Merkfähigkeit, → Aggression usw. Dabei wird mit den verschiedensten Erhebungsinstrumenten gearbeitet: psychologische Testverfahren, die eine quantitative Beschreibung ermöglichen, aber auch Fragebögen und Verhaltensbeobachtungen, Interviews und mehr oder weniger systematisierte Bewertungen und Messungen.

Als Aufgabenbereiche der P. sind anzuführen: Deskription: Beschreibung von Personen hinsichtlich verschiedener Merkmale; Klassifikation: Zuordnung eines Individuums zu einer definierten Merkmalsgruppe; Ätiologie: Frage nach den Ursachen der festgestellten Merkmale; Prognose: ableitbare Voraussagen aus den gefundenen Ergebnissen; Hilfestellung für einen Behandlungsplan; Dokumentation des Verlaufs von Störungen; Überprüfung von Trainingseffekten. Obwohl P. i.e.S. eine Domäne von Psycholog/innen mit dem Schwerpunkt Testpsychologie ist, benötigen im interprofessionellen Gefüge auch andere Berufsgruppen wie Psychiater/innen und Sozialarbeiter/innen Kenntnisse und Anwendungskompetenzen. Die im klinischen Bereich angesiedelten Verfahren zur Erhebung von → Verhaltensauffälligkeiten und Störungen sind auch für die Soziale Arbeit von zentraler Bedeutung. Als Beispiele wären hier die SCL (Symptomchecklist) oder CBCL (Child Behavior Checklist) zu nennen. Ebenfalls von großer Bedeutung für die Soziale Arbeit ist das breite Spektrum an Verfahren und Zugängen, die darauf abzielen zentrale Aspekte zwischenmenschlicher Beziehungen zu erfassen (Bindungsdiagnostik, aber auch Verfahren zur Erfassung der Partnerschaftsqualität, zum Erfassen des Erlebens von Familienbeziehungen usw.) oder auch der Lebenszufriedenheit. Systematische psychologische Testverfahren müssen die Gütekriterien von Objektivität, Reliabilität (Zuverlässigkeit) und Validität (Gültigkeit) erfüllen. Die Normierung in der Erhebung testpsychologischer Verfahren muss jedoch kritisch reflektiert werden. Prozess- und subjektorientierte Erhebungen als Widerpart testpsychologischer Verfahren werden ins besondere in psychosozialen Arbeitsfeldern ebenfalls benötigt.

*Silke Birgitta Gahleitner/Christine Kröger*

**Psychodrama** ist eine der ältesten gruppen- und einzelpsychotherapeutischen Methoden, entwickelt zusammen mit der Soziometrie von J. L. Moreno (1889–1974) in Wien und ab 1925 in den USA. Entsprechend Morenos Maxime: »Handeln ist heilender als Reden« wird die verbale Ebene, das Erzählen, in die Handlungsebene, den Interaktionsraum der psychodramatischen Bühne übergeführt. Neben der Begegnung ist eine zentrale Technik des P. das → Rollenspiel. Das Ziel des P. ist die Steigerung der Fähigkeit, alltagsrelevante Beziehungen im privaten, beruflichen und gesellschaftlichen Bereich angemessen und zufriedenstellend zu gestalten. Das klassische P. im Gruppensetting ist in drei Phasen gegliedert: in der (1) Erwärmungsphase wird eine Atmosphäre des Vertrauens in der Gruppe hergestellt und ein Gruppenmitglied als Protagonistin/Protagonist gewählt, deren Thema in der (2) Spielphase auf der psychodramatischen Bühne vom Reden in Handeln umgesetzt und in einem kooperativen Prozess mit Hilfe anderer Gruppenmitglieder und diverser → Interventionen dargestellt und bearbeitet wird. Die (3) Abschlussphase dient als aufarbeitende Nachbesprechung, in der die Mitspielenden bekanntgeben, was sie in der jeweiligen Rolle erlebt haben (Rollenfeedback), und schließlich berichten alle Teilnehmenden über ihre eigenen Erfahrungen, an die sie der szenische Bericht des Einzelnen/der Einzelnen erinnert (Sharing). Die wichtigsten Techniken des P. sind: Rollenübernahme, Doppeln, Rollenwechsel und Rollentausch, Spiegeln, innerer Monolog, Zeitlupe u.a. Im Einzelsetting werden Gegenstände und Spielmaterialien (Inter- und Intraintermediärobjekte) zu Hilfsobjekten zur Repräsentation von Rollen genutzt. Prozessuale Diagnostik begleitet die psychodramatische Arbeit im Gruppen- wie auch im Einzelsetting.

Das P. findet seine störungsspezifische Anwendung in der → Therapie, wird angewandt in der Pädagogik, in der → Selbsterfahrung, im Setting der → Beratung, → Supervision bis hin zur → Organisationsentwicklung. Ziel dabei ist das Reflektieren von Verhaltens- und Handlungsmustern und deren Veränderung, die Erweiterung individueller Handlungskompetenzen, die Entwicklung von Empathie und die Rollenerprobung und Rollenerweiterung. Die theoretische Fundierung des P. wurde v.a. durch die Arbeiten von M. Schacht maßgeblich weiterentwickelt und es existieren verlässliche Studien zur Wirksamkeit, die zur Anerkennung als psychotherapeutisches Verfahren in Österreich geführt haben (die Anerkennung in Deutschland ist noch nicht abgeschlossen).

Die Berechtigung zur Anwendung der Methode des P. wird in 4–5-jähriger Selbsterfahrung und theoretischer sowie praktischer Ausbildung in anerkannten Instituten bzw. Universitäten (Österreich) erworben. Curricula und Standards werden durch den Deutschen Fachverband für Psychodrama e.V. (www.psychodrama-deutschland.de) bzw. der Fachsektion Psychodrama im Österreichischen Arbeitskreis für Gruppentherapie und Gruppendynamik (ÖAGG, www.psychodrama-austria.at) entwickelt.

*Kurt Fellöcker*

**Psychologische Grundlagen der Sozialen Arbeit** Als Bezugswissenschaft bringt die Disziplin Psychologie Erkenntnisse über das Erleben und → Verhalten des Menschen, Aspekte der Persönlichkeits- und Identitätsentwicklung (→ Selbst-Entwicklung) und dabei auftretende individuelle und psychosoziale Problemlagen und Bedingtheiten sowie sozialpsychologische Aspekte (→ Sozialpsychologie) in die Theorie und Praxis der Sozialen Arbeit ein. Die → Sozialarbeitswissenschaft ist folglich gefordert, psychologische Wissensbestände zu akquirieren, kritisch zu reflektieren sowie auf das Spektrum sozialarbeiterischer Anforderungen und Zielgruppen für Forschung, Theorie und Praxis zu beziehen (Gahleitner/Pauls).

Psychologische Wissensbestände eröffnen auf der Basis allgemeinpsychologischer und sozialpsychologischer Erkenntnisse reflexive Zugänge zum eigenen und fremden Erleben und Verhalten Einzelner, im Kontext der umgebenden → Lebenswelt sowie in Gruppenzusammenhängen (→ Gruppe). Aspekte der → Entwicklungspsychologie über die Lebensspanne bieten unter Einbezug von Konzepten → Klinischer Psychologie zu → Gesundheit, → Stress und Bewältigung Zugänge zu → Lebenslagen, Lebensweisen und Lebenskrisen und deren Veränderungen unter den jeweils gegebenen biografischen Bedingungen. Wissen um die Bedeutung von → Diversity-Phänomenen wie Klasse, Geschlecht, Ethnizität, Behinderung und Alter ist bedeutsam, um in Forschung, Theorie und Praxis Differenzen und Machtverhältnisse weder festzuschreiben noch zu negieren, sondern professionelle Umgangsformen mit ihnen zu finden.

Klinisch-psychologische Inhalte stellen verschiedenste Modelle der Diagnostik bereit, die zur Entwicklung indikationsspezifischer und situationsadäquater sozialarbeiterischer Interventionskonzepte bedeutsam sind (→ Klinische Sozialarbeit, → Psychosoziale Diagnose, → Psychosoziale Beratung). In der Verknüpfung Subjekt, Milieu und Struktur widmet sich die Psychologie insbes. dem Feld der innerpsychischen Vorgänge und Prozesse und beleuchtet aus dieser Perspektive Gesundheit, Krankheit, Benachteiligung und Beeinträchtigung. Auf der interventiven Ebene beraterischer (→ Beratung) und therapeutischer (→ Therapie) Aspekte der Sozialen Arbeit sind Basiskompetenzen der Gesprächsführung wie Authentizität, Wertschätzung und Empathiefähigkeit sowie Ambiguitätstoleranz und Reflexionsfähigkeit aus den verschiedenen psychoanalytischen, behavioristischen, kognitiven und humanistischen Ansätzen (→ psychoanalytische, → verhaltensorientierte, → humanistische, → systemische

Therapie und Beratung) tief verankert. Dazu gehören auch Selbsterfahrungsmomente (→ Selbsterfahrung), die die reflexive Sichtweise auf und Strukturierung eigener und fremder Erfahrungen, z.B. auch in Supervisionsprozessen (→ Supervision), ermöglicht.

*Lit.* Gahleitner, S. B./Pauls, H.: Soziale Arbeit und Psychotherapie – zum Verhältnis sozialer und psychotherapeutischer Unterstützungen und Hilfen, in: W. Thole (Hrsg.): Grundriss Soziale Arbeit. Ein einführendes Handbuch, 3. Aufl., Wiesbaden 2010.

*Silke Birgitta Gahleitner*

**Psychose** ist ein unscharfer Oberbegriff für schwere psychiatrische Erkrankungen mit Störungen des Realitätsbezugs und einer Reihe von anderen psychischen Funktionen. Traditionell wurde – und wird z.T. bis heute – im Rahmen psychiatrischer Diagnosen zwischen P. und Neurosen unterschieden; dabei sollten die eher hirnorganisch bedingten psychischen Krankheiten (→ Psychisch kranke Menschen) von den eher psychogenen bzw. reaktiv bedingten Störungen abgegrenzt werden. Da man heute bei den meisten seelischen Erkrankungen und Störungen von einer multifaktoriellen Genese ausgeht, bei der sowohl somatische als auch psychologische Faktoren eine Rolle spielen, lässt sich die Definition des Begriffes P. als eine überwiegend hirnorganisch bedingte Erkrankung nicht aufrechterhalten.

Im Bereich der P., bei denen immer gravierende Veränderungen des Erlebens, des → Verhaltens und/oder der kognitiven Funktionen (→ Kognitionen) der Betroffenen im Vordergrund stehen, wurde zwischen exogenen und endogenen P. unterschieden: während Erstere auf äußere Faktoren wie hirnorganische Verletzungen oder Alkoholabusus zurückgeführt werden, stehen bei Letzteren innerpsychische Prozesse im Vordergrund; dabei wird oft eine primär genetische und/oder biologische Verursachung angenommen. Zu den endogenen P. wurden insbesondere die Erkrankungen aus dem schizophrenen Formenkreis (→ Schizophrenie) und die affektiven P. (manisch-depressive Erkrankung, → Manie, → Depression) sowie die sog. schizoaffektiven P. (Mischpsychosen) gezählt. In den heutzutage angewandten → Klassifikationssystemen psychischer Störungen wie dem → ICD-10 wird die Trennung zwischen P. und Neurosen nicht mehr aufrechterhalten, sondern es werden inhaltlich zusammengehörende Symptomkomplexe – z.B. die affektiven Störungen – zu Clustern zusammengefasst und unterschiedliche Schweregrade differenziert.

Die Ursachen für schwere psychische Erkrankungen werden kontrovers diskutiert. Am ehesten ist von einem Zusammenspiel biologischer, sozialer und psychischer Faktoren auszugehen; möglicherweise genetisch bedingte Vulnerabilitätsfaktoren treffen mit starken, nicht mehr zu bewältigenden psychosozialen Stressfaktoren zusammen, sodass es zum Ausbruch der Erkrankung kommt. Aufgrund des Realitätsverlusts ist im akuten Fall – nach sorgfältiger Diagnose – i.d.R. eine medikamentöse Behandlung durch Fachärzt/innen für Psychiatrie und oft auch eine stationäre Behandlung angezeigt. Nach Abklingen der Akutphase sind psychotherapeutische Hilfen (→ Therapie) und bei chronischen Verläufen in jedem Fall sozial- und gemeindepsychiatrische Unterstützungen (→ Sozialpsychiatrie, → Gemeindepsychiatrie) wichtig für die Betroffenen.

*Klaus Fröhlich-Gildhoff*

**Psychosomatik** Der Begriff P. wird in unterschiedlichen Bedeutungen gebraucht: Zunächst bezeichnete er in seinem klassischen, engeren Sinne ein Teilgebiet der Medizin, das sich mit einer umgrenzten Anzahl von Krankheitsbildern beschäftigt. Bei diesen → Krankheiten treten – im Unterschied etwa zu Neurosen – i.d.R. nachweisbare pathologische Organveränderungen auf, für ihre Genese werden jedoch vor dem Hintergrund genetisch bedingter somatischer Reaktionsbereitschaft psychische Prozesse entscheidend mitverantwortlich gemacht. Das Vorliegen spezifischer Konfliktkonstellationen für einzelne psychosomatische Erkrankungen wird heute kaum noch angenommen. Eher wird eine allgemein psychosomatische Persönlichkeitsstruktur bzw. eine Ätiologie aufgrund psychischer Defekte diskutiert. In diesem Sinne wird z.B. beobachtet, dass viele psychosomatische Patient/innen klinisch durch ihre Unfähigkeit, Zugang zu ihren Gefühlen, Ängsten und Wünschen zu finden und diese in Worte zu kleiden, sowie durch ihre Phantasielosigkeit beeindrucken (Alexithymie). Mit Somatisierung wird die misslungene Verarbeitung seelischer → Konflikte und Belastungen in körperlichen Symptomen, z.B. Schmerzen, bezeichnet. Entsprechend den psychosozialen Erklärungsfaktoren ist bei psychosomatischen Krankheiten eine psychotherapeutische (Mit-)Behandlung angezeigt. Diese ist denkbar im Rahmen eines stationären Aufenthaltes in einer Akut- oder einer Reha-Klinik, als ambulante Psychotherapie (→ Therapie) oder auch als psychologische Betreuung durch entsprechend orientierte Hausärzt/innen (sog. »Psychosomatische Grundversorgung«).

Ein moderner, weiter gefasster Begriff von P. bezeichnet eine ganzheitliche Betrachtungsweise des kranken Menschen, die über die übliche, ausschließlich somatisch orientierte Medizin hinausgeht. Selbst wenn eine Erkrankung rein organischen Ursprungs sein sollte, findet das Krankheitsgeschehen und das Krankheitserleben des/der Patient/in doch immer in einem psychosozialen Kontext statt und kann für ihn/sie und seine/ihre unmittelbare Umgebung tiefgreifende psychische Konsequenzen haben. Dies gilt besonders für → chronische Krankheiten, von denen ein ständig wachsender Prozentsatz aller Patient/innen betroffen ist. Veränderungen ergeben sich für die Betroffenen etwa am Arbeitsplatz (bis hin zu Umschulung und vorzeitiger Berentung), in Partnerschaft und Familie (wo z.B. die vertraute → Rolle als Ehepartner oder Elternfigur nicht mehr ausgefüllt werden kann) oder im Freundeskreis, von dessen Aktivitäten man vielleicht ausgeschlossen bleibt. Neben der Notwendigkeit, einen beträchtlichen Teil seines Alltagslebens umzustellen, wären subjektive Gefühle der Deprimiertheit, der latenten Aggressivität, der Gekränktheit und des Neides auf Gesunde zu bearbeiten. Entsprechend diesem umfassenden bio-psycho-sozialen Verständnis von Krankheit und Genesung wird die individuelle medizinische oder psychotherapeutische Behandlung mehr und mehr ergänzt durch Paar- und → Familientherapie sowie durch → Selbsthilfegruppen der Betroffenen. Eine wachsende Aufmerksamkeit erfährt auch der »Umgang mit Patienten mit nicht-spezifischen, funktionellen und somatoformen Körperbeschwerden«. Hierzu gibt es eine aktuelle Behandlungsleitlinie (und eine eigene Patienten-Leitlinie).

*Informationen:* www.awmf.org/uploads/tx_szleitlinien/051-001l_S3_Nicht-spezifische_funktionelle_somatoforme_Koerperbeschwerden_2012-04.pdf (20.5.2016)

*Jürgen Matzat*

**Psychosoziale Arbeitsgemeinschaft (PSAG)** Ausgehend von der Überlegung, dass die Planung einer verbesserten, gemeindenahen psychosozialen Versorgung der stärkeren Koordination und Kooperation der daran beteiligten Dienste bedarf (→ Gemeindepsychiatrie), haben sich seit den 1970er-Jahren vielerorts PSAG gebildet. Die Bildung von P. wurde auch als Empfehlung in die Psychiatrie-Enquête (1975) aufgenommen. Sie benennt als die wesentlichen Aufgaben der PSAG: (1) den (institutionsübergreifenden) Erfahrungsaustausch der Mitarbeiter/innen, (2) wechselseitige, fachliche und institutionelle Unterstützung (bei Konflikten: fachlich orientierte Vermittlung), (3) gemeinsame Fort- und Weiterbildungsaktivitäten. Damit ist die PSAG als Austauschgremium auf Mitarbeiterebene beschrieben. Als Gremien auf Leitungsebene sind vielerorts Psychiatriebeiräte berufen worden. Einige PSAG sind im Zusammenhang mit dem Modellprogramm »Psychiatrie« entstanden; die Beraterkommission hatte zur Bedingung gemacht, dass in allen Modellregionen eine PSAG existieren muss. Unabhängig von Anlass und Zeitpunkt der Gründung sind Trägerschaft, Organisationsstruktur und Selbstverständnis der PSAG sehr unterschiedlich. Oft werden sie von den → Gesundheitsämtern organisiert.

PSAG sind oft federführend bei der Organisation gemeinsamer regionaler Öffentlichkeitsarbeit oder bei der Erstellung gemeinsamer Informationen über psychiatrische Hilfen (»Psychiatrie-Wegweiser«). Sie haben nur beratende Funktion. Ihre Beschlüsse binden weder die Mitglieder noch die Einrichtungen, Dienste und Verbände, die Vertreter in die PSAG entsenden. Um auch verbindliche Beschlüsse zu ermöglichen, werden → Gemeindepsychiatrische Verbünde gebildet.

*Ulrich Krüger*

**Psychosoziale Beratung** → Beratung in psychosozialen Feldern Sozialer Arbeit, verstanden als ein Prozess dialogischer Problemlösung zwischen theoretisch und methodisch im Handlungsfeld geschulten Professionellen und einem oder mehreren Menschen in inneren und äußeren Problemsituationen, findet in unterschiedlichen theoretischen Bezügen, methodischen Konzepten, Settings und Institutionen statt. Ziel ist die Verbesserung der Lebensbewältigung und -gestaltung, der Persönlichkeitsentfaltung, der psychosozialen Gesundheit und der Orientierung in der (Lebens-)Welt und dem (Lebens-)Umfeld. Das Kompetenzspektrum P. B. erstreckt sich – in seiner Gleichzeitigkeit von Theorie und Fallorientierung – von Kompetenzen der → Psychosozialen Diagnostik, der professionellen Bindungs- und Beziehungsgestaltung (→ Bindung/Beziehung in der Sozialen Arbeit) über Gesprächsführungskompetenzen und Wissensbestände individueller klinischer und lebensweltbezogener Veränderungsmodelle bis in System-, Vernetzungs- und Fallmanagementkompetenzen. Häufig müssen neben den existenziellen und emotionalen Bedarfslagen der Klientel komplexe Interventionsnetzwerke unter Berücksichtigung rechtlicher, institutioneller und sozialräumlicher Aspekte indikationsspezifisch, zielgruppenorientiert sowie situationsadäquat gehandhabt werden. P. B. muss dem Umstand Rechnung tragen, dass jedes → Individuum – insbesondere im Kontext → sozialer Benachteiligung – fortwährend vor der Aufgabe steht, vor dem Hintergrund seiner bisher entwickelten psychischen Struktur und seiner aktuellen psychosozialen Situation bedeutsame Veränderungen seiner Lebenslage psychisch zu verarbeiten.

Durch die Verortung der Psychotherapie als Heilberuf seit Einführung des Psychotherapiegesetzes im Jahre 1999 ist eine Versorgungslücke für Menschen in psychosozialen Problemlagen entstanden, in welcher die Grenze zwischen krank und gesund nicht eindeutig verläuft. Berichte der → Weltgesundheitsorganisation (WHO) zeigen diese Verschränkung bio-psycho-sozialer Prozesse und Strukturen, insbesondere jedoch das Defizit aufseiten der psychosozialen Komponente, seit Jahrzehnten auf. Soziostrukturelle Veränderungen, insbesondere Exklusions- und Fragmentierungsprozesse, haben in den letzten Jahren weiter zugenommen. Menschen, deren psychosoziale Problemlagen mit Rückgriff auf die eigenen Bewältigungspotenziale nicht adäquat bewältigt werden können, benötigen passgerechte Konzepte bei den Bewältigungsversuchen in den umgebenden Verhältnissen. Durch den Rückzug der Psychotherapie aus diesem Versorgungsbereich wurde dem Professionalisierungsschub der P. B. insbesondere im Feld → Klinischer Sozialarbeit ein weiterer Raum geöffnet. Als Handlungsmethode Sozialer Arbeit wie als sich stetig entwickelnde Profession steht P. B. stets unter der Anforderung einer Doppelverortung von Feld- und Handlungsverständnis und muss sich durch kontinuierliche Selbstreflexion immer wieder neu verorten, um effektiv zu einer Verbesserung der psychosozialen Passung in den verschiedenen Dimensionen des menschlichen Lebens innerhalb eines fließenden Spektrums zwischen Gesundheit und Krankheit und der jeweils vorhandenen sozialen Chancenstruktur beizutragen. Unter Einbezug interdisziplinärer Wissensbestände im Sinne einer produktiven Korrespondenz zwischen sozialarbeiterischer Unterstützung, sozialpädagogischem Handeln und psychotherapeutischem Verstehen umfasst P. B. daher sowohl die Gestaltung von individueller wie auch sozialer und gesellschaftlicher Realität.

*Silke Birgitta Gahleitner*

**Psychosoziale Diagnose** (→ Diagnose) hat zum Ziel, bio-psycho-soziale → Lebenslagen, Lebensweisen und Lebenskrisen und deren Veränderungen unter den jeweils gegebenen Kontextbedingungen zu verstehen, um psychosoziale → Intervention fachlich zu begründen. P. D. geschieht dialogisch, im Rahmen kommunikativer Prozesse. Um das Verhältnis zwischen Subjekt, Milieu und strukturierender Außenwelt zu erfassen, muss p. D. in der Lage sein, fallverstehend Komplexität abzubilden, in der Summe jedoch auf eine Strukturierung der komplexen Verschränkung biologischer, psychischer und sozialer Prozesse und Strukturen in ihrer Bedeutung für Gesundheit und Wohlbefinden hinauszulaufen. Mit der Entwicklung eigenständiger diagnostischer Konzepte in der Sozialen Arbeit wurde an historische Überlegungen von A. Salomon, M. Richmond u.a. angeknüpft und eine Dekade pauschaler Ablehnung einerseits und unreflektierter Übernahme psychiatrischer Modelle andererseits beendet – mit dem Ziel einer eigenständigen und fruchtbaren Verknüpfung der bei diagnostischen Prozessen unauflöslichen Ambivalenz von Komplexitätsgewinnung und Komplexitätsreduktion.

Die »Person-in-der-Situation« ist in der Sozialen Arbeit eine Person in psychosozialer Not. Ausgangspunkt für dialogisch orientiertes → Fallverstehen ist das Verständnis von → Gesundheit, → Krankheit und Beeinträchtigung als biografisch und in soziokulturellen Milieus verankert, welches ohne eine hinreichende Betrachtung der individuellen Faktoren ebenso wenig möglich ist wie durch eine zu enge Fokussierung auf psychophysische Aspekte. Eine im Interventionsprozess brauchbare psychosoziale Diagnostik ist daher eine lebens-, subjekt- und situationsnahe Diagnostik, die in einer Perspektiven-Verschränkung von Subjekt und Struktur klassifikatorische Diagnostik berücksichtigt, jedoch insbesondere Aspekte der Biografie und → Lebenswelt zusammenträgt, um für biografische Aneignungsprozesse und Anschlussmöglichkeiten geeignet zu sein. Es empfiehlt sich daher eine Systematik im Vorgehen, die an der Schnittstelle zwischen psychischen, sozialen, medizinischen und alltagssituativen Dimensionen einen gezielten Blick auf alle diese Phänomene wirft. In den letzten Jahren hat sich dafür der Begriff »Diagnostisches Fallverstehen« (Heiner) etabliert.

Klassifikationssysteme sind als kumuliertes verdichtetes Fachwissen für viele Bereiche psychosozialer Arbeit verbindlich, da sie als Grundlage für Behandlungsentscheidungen Voraussetzung sind, auch wenn sie kritisch betrachtet immer auch Normalitätskonstruktionen transportieren. Inzwischen wurden neben den ausschließlich medizinisch geprägten Systemen wie dem → ICD-10 der → Weltgesundheitsorganisation auch Klassifikationssysteme für den stärkeren Einbezug sozialer Dimensionen entwickelt (→ ICF; PIE). Damit der gesamtbiografische Prozess und dessen Bewältigungsanforderungen oder -möglichkeiten nicht aus dem Blick geraten, ist jedoch in der Verbindung wissenschaftlich-theoriegeleiteter und fallverstehender Kompetenz in erster Linie subjekt-, lebenswelt- und biografieorientiert an den Selbstdeutungen der Klientel anzuknüpfen. Unter sozialtherapeutischen Aspekten geht es bei den i.d.R. multiplen Problemstellungen immer auch um eine diagnostische Differenzierung der beteiligten Problemebenen. Die Verfahren der psychosozialen Praxis hierzu sind vielfältig: Verstehende Zugänge aus der rekonstruktiven Biografieforschung und der daraus entstandenen narrativen Handlungspraxis bewegen sich eher im sprachlichen Bereich, Methoden wie das »Lebenspanorama« sowie die »5 Säulen der Identität« der integrativen Therapie und Beratung eher im bildhaft-symbolischen Raum. Bewährte sozialdiagnostische Instrumente wie das soziale Netzwerkinventar, Genogramme oder Ecomaps bieten die Möglichkeit, das Umfeld und die beteiligten Institutionen des Hilfenetzwerkes in die Diagnostik zu integrieren. Verfahren der Zielerreichungsanalyse erlauben eine Integration von quantifizierenden und qualitativen Vorgehensweisen bei hoher → Partizipation der Klientel. Zur »Objektivierung« und Systematisierung der Gesamtinformation eignen sich die von H. Pauls vorgeschlagenen Koordinaten psychosozialer Diagnostik und Intervention.

Mit der rekonstruktiv orientierten biografie- und lebensweltorientierten Diagnostik wird der Fokus auf »sozialpathologische« Risikofaktoren und Dynamiken gelegt, die innerhalb psychologischer und psychiatrischer Diagnostik häufig ausgeblendet werden: auf ökonomische Deprivation/Armut, Agismus, Rassismus, Sexismus, die Soziogenese von Krankheit und Gesundheit im Rahmen eines erweiterten in der Lebenswelt verankerten Persönlichkeitsverständnisses. Dialogisch und prozessual orientiert fördert sie damit Selbstaneignungsprozesse und ist zugleich auch immer schon Intervention, um der (un-)sozialen Chancenstruktur und den bis in das Selbsterleben und in die Verarbeitungs- und Bewältigungsstrategien vorgedrungenen psychosozialen Beeinträchtigungen angemessen begegnen – und damit auf Inklusionsprozesse hinwirken – zu können.

Die Ansprüche an die Diagnostik in der Sozialen Arbeit sind gewachsen. So besteht z.B. eine bis heute als Herausforderung zu betrachtende Aufgabenstellung in der Abklärung der »Teilhabebeeinträchtigung« bei dem zweigliedrigen Verfahren zur Feststellung einer (drohenden) „seelischen Behinderung“ (gemäß § 35 a SGB VIII), resultierend aus einer diagnostizierten → psychischen Störung bzw. Funktionsbeeinträchtigung. Diese Feststellung ist Teil der Diagnostik in den → Sozialen Diensten und wird verantwortet von den → Jugendämtern.

*Lit.* Gahleitner, S. B./Pauls, H.: Biopsychosoziale Diagnostik als Voraussetzung für eine klinisch-sozialarbeiterische Interventionsgestaltung: Ein variables Grundmodell, in: Gahleitner, S. B./Hahn, G./Glemser, R. (Hrsg.): Psychosoziale Diagnostik, Bonn 2013, S. 61–77; Heiner, M.: Wege zu einer integrativen Grundlagendiagnostik in der Sozialen Arbeit, in: Gahleitner, S. B./Hahn, G./Glemser, R. (Hrsg.): Psychosoziale Diagnostik, Bonn 2013, S. 18–34; Pantuček, P./Röh, D. (Hrsg.): Perspektiven Sozialer Diagnostik: über den Stand der Entwicklung von Verfahren und Standards, Wien 2009; Pauls, H.: Klinische Sozialarbeit. Grundlagen und Methoden psycho-sozialer Behandlung, 2. Aufl., Weinheim 2011.

*Silke Birgitta Gahleitner/Helmut Pauls*

**Psychosoziale Dienste** → Gemeindepsychiatrie

**Psychosoziale Gesundheit** → Gesundheit

**Psychotherapeutengesetz** → Therapie

**Psychotherapie** → Therapie

**Pubertät** (lat.: Zeit der eintretenden Geschlechtsreife) ist der gebräuchliche Begriff für die biologische Umgestaltung, die mit körperlicher und sexueller Reife im Alter von ca. 8–17 Jahren einhergeht (→ Jugend). Die P. ist der Inbegriff eines schnellen umfassenden körperlichen Wandels im postnatalen Leben und ein universales Merkmal der Adoleszenz. Die Veränderungen werden im Zusammenspiel von physiologischen, endokrinologischen und hirnstrukturellen Prozessen ausgelöst, denen eine koordinierte Aktivierung pubertätsrelevanter Gene durch epigenetische Prozesse vorausgeht. In der Folge nimmt die Sensitivität des Hypothalamus gegenüber Gonadenhormonen ab, was zur Freisetzung größerer Mengen an Gonadotropinen (Testosteron/Östrogen) führt, bis das Gleichgewicht zwischen Hypophysen- und Gonadenfunktion wiederhergestellt ist. Anstiege der Gonadenhormone (besonders Östrogene) sind direkt und indirekt mit → Verhalten und → Emotionen (z.B. depressive Verstimmung) assoziiert. Funktionelle/morphologische Veränderungen in der Motorik und verschiedenen Organsystemen sowie geschlechtstypische Veränderung der Körperproportionen und -behaarung sind Pubertierenden gemein. Gehirnstrukturen und die Funktion erregender und hemmender neuronaler Systeme verändern sich, was relevant für jugendtypisches – z.B. risikoreiches – Verhalten ist, wie der Konsum psychoaktiver Substanzen. Weitere Veränderungen für Mädchen sind Schambehaarung (im Alter von 9–13), Brustentwicklung (9–13), Längenwachstum (10–14) und Menarche (11–15). Bei Jungen kommt es in der Pubertät zu Hodenwachstum (9–14), Schambehaarung (10–15), Penisvergrößerung (11–16), Längenwachstum (12–16), Stimmbruch und Spermarche.

Sowohl die Abfolge der Veränderungen als auch ihr Zeitpunkt, Tempo und Synchronität während der Adoleszenz variieren zwischen → Individuen. Als Ursachen werden neben einem bedeutsamen genetischen Einfluss ethnische Unterschiede und kulturelle Gegebenheiten sowie das Zusammenspiel psychosozialer Faktoren (Ernährung, Sport, kritische Lebensereignisse) diskutiert. Übergewicht und Anteil des Fettgewebes scheinen demgegenüber weniger bedeutend zu sein für das körperliche Reifealter als bislang angenommen. Über die letzten 150 Jahre ergab sich allgemein ein Wandel zu früherem Reifealter. Ursachen werden in besserer Ernährung und Hygiene gesehen; bevölkerungsweite genetische Veränderungen sind auszuschließen. Demgegenüber dauert die Hirnentwicklung und damit die Entwicklung kognitiver Kompetenzen bis ins frühe Erwachsenenalter an (insbesondere präfrontaler Kortex), was den Jugendlichen erschwert, die neuartigen und starken Affekte der P. zu regulieren, auch weil sie angesichts des fortgeschrittenen Entwicklungsstandes weniger externe Unterstützung erfahren. Überforderung sowie Problemverhalten kann dadurch befördert werden, besonders bei Jugendlichen, die schon in der Kindheit zu Impulskontrollproblemen neigen. Die psychosozialen Folgen von Unterschieden in Zeitpunkt und Tempo der körperlichen Veränderungen werden unter Bedingungen wie familiärem → Stress oder Kontakt mit devianten Gleichaltrigen (→ Devianz) verstärkt. Früh- und Spätreifende werden oft mit unangemessenen Erwartungen konfrontiert, auf die sie reagieren (z.B. durch erste romantische Beziehungen in einem früheren Alter), was Konsequenzen für die Anpassung bis ins Erwachsenenalter haben kann (z.B. frühe Elternschaft).

*Karina Weichold/Rainer K. Silbereisen*

**Public Health** → Gesundheitswissenschaften , → Sozialmedizin

**Public Private Partnership** → Öffentlich-Private Partnerschaft (ÖPP)

**Qualifikationsrahmen** sind Instrumente zur formalen Einordnung von Bildungsabschlüssen. Die Kriterien für die Einordnung in Niveaustufen sind idealerweise an Lernergebnissen bzw. angezielten → Kompetenzen ausgerichtet. Q. sollen durch den Vergleich von Bildungsabschlüssen zur Transparenz in Bildungssystemen beitragen. Obwohl Q. eine deskriptive Sprache benutzen, sollen sie normativ wirken und werden als bildungspolitische Steuerungsinstrumente eingesetzt. Es gibt Q. unterschiedlicher Mächtigkeit und Reichweite: Der Europäische Q. für Lebenslanges Lernen (EQR) beruht auf einer Empfehlung des Europäischen Parlamentes und Rates aus dem Jahr 2008. Er soll als Referenzinstrument für die auf ihn bezogenen nationalen Q. den Vergleich der Qualifikationsniveaus der europäischen Qualifikationssysteme möglich machen und so die Bildungsabschlüsse aller Richtungen und Höhenlagen in Beziehung setzen. Der Deutsche Q. (DQR) ist der nationale Q. für Deutschland. Neben EQR und DQR gibt es den von den europäischen Bildungsministern im Jahr 2005 beschlossenen, mit EQR und DQR kompatiblen, europäischen Q. für Hochschulabschlüsse sowie eine Reihe sog. sektoraler bzw. Fach-Q. Der Q. Soziale Arbeit (QRSArb) wurde 2006 als erster sektoraler Q. in Deutschland vom → Fachbereichstag Soziale Arbeit beschlossen. Er verzichtet, wie andere Q. auch, auf detaillierte Angaben zum Inhalt der Ausbildung und markiert stattdessen durch die Unterscheidung verschiedener Ranghöhen der Qualifikationsziele bzw. Kompetenzen die drei Abschlusslevel der Hochschulausbildung Bachelor, Master und Doktorat (→ Studium der Sozialen Arbeit).

*Peter Buttner*

**Qualität** Verbindlich und allgemeingültig definiert ist der Begriff Q. in der international gültigen Normierung des → Qualitätsmanagements. Danach ist Q. der Grad, in dem eine Gesamtheit inhärenter Merkmale eines Produktes, Systems oder Prozesses die Anforderungen von Kund/innen und anderen interessierten Parteien erfüllt. Inhärent, also innewohnend ist z.B. bei Gummi die Dehnbarkeit. Inhärentes Merkmal → Sozialer Arbeit könnte bspw. zielorientierte → Kommunikation sein. Umgangssprachlich bezeichnet Q. die Güte und Beschaffenheit bzw. den Wert von etwas. Auch bei der Anwendung des normierten Fachbegriffs ist es möglich, Q. als schlecht, gut oder ausgezeichnet zu bezeichnen. Eine Bewertung erfolgt hier jedoch nicht aufgrund persönlicher Einschätzungen, sondern aufgrund des nachvollziehbaren Vergleichs der realisierten Beschaffenheit einer betrachteten Einheit mit einer Q.anforderung. Q. ist auf einen Maßstab bezogen. Welche Anforderungen es sind, die bspw. ein Prozess erfüllen soll, und wie der Grad der Erfüllung dieses Anspruchs festgestellt werden kann, hängt davon ab, worum es sachlich-inhaltlich geht.

Der Maßstab für Q. kann von ethischen Werten oder Interessen bestimmt sein. Der Vergleich zur Bestimmung von Q. kann in einem dialogischen Prozess erfolgen, regelmäßig und kontinuierlich. Q. kann beschrieben werden z.B. als Zuverlässigkeit, als Wirksamkeit, als optimales Preis-Leistungs-Verhältnis, als Gleichbehandlung, Akzeptanz oder in den Dimensionen Potenzial-/Strukturqualität, Prozessqualität und Ergebnisqualität. Als Dienstleistung in volkswirtschaftlicher Größenordnung sollte Soziale Arbeit den relationalen Q.begriff ausfüllen und Maßstäbe definieren, an denen ihre Q. festgestellt und auch gemessen werden kann.

*Andreas Kuhn*

**Qualität in der Kindertagesbetreuung** kann auf unterschiedlichen Ebenen erfasst und gemessen werden. Die erste Ebene beschreibt die Strukturqualität. Hierunter fallen die Fachkraft-Kind-Relation, die Gruppengröße sowie die Qualifikation der → Fachkräfte. Diese Merkmale werden auch als das »eiserne Dreieck« der Q. i. d. K. bezeichnet, da sie einen besonders stabilen Zusammenhang zur → Qualität der pädagogischen Prozesse aufweisen. Zur Strukturqualität gehören u.a. auch Merkmale wie das Raumangebot, die mittelbare pädagogische Arbeitszeit sowie das Einkommen des pädagogischen Personals. Hingegen umfasst die Orientierungsqualität v.a. die Konzeption der Einrichtung oder Tagespflegestelle sowie die Haltung der Fachkräfte, ihre pädagogischen Vorstellungen, Werte und Überzeugungen sowie das Bild vom Kind. Die Prozessqualität steht für die pädagogische Arbeit und umfasst die gesamte → Interaktion und Erfahrung, die ein Kind in der → Kindertagesbetreuung mit seiner sozialen und räumlich-materiellen Umwelt macht. Darüber hinaus gilt auch der konkrete Umgang mit den Eltern und deren Beteiligungsmöglichkeiten (→ Elternarbeit) als Merkmale der Prozessqualität. Seit einigen Jahren wird in Qualitätsforschung zudem das kindliche Verhalten im Betreuungssetting sowie die kindliche Entwicklung als Ergebnisqualität erfasst und beschrieben. Hiermit können Aussagen dazu gemacht werden, wie es der Kindertagesbetreuung gelingt, mit den verfügbaren Strukturen und Prozessen, den Bildungsauftrag gemäß den Vorgaben des SGB VIII umzusetzen.

Die Qualitätsebenen können mit unterschiedlichen Methoden und Verfahren erfasst und gemessen werden. Erstmals entstanden in der »Nationalen Qualitätsinitiative«, einer Initiative des Bundesfamilienministeriums (1999–2003) Qualitätskriterien und Selbstevaluationsmaterialien zur pädagogischen Qualität für Kinder in den ersten Lebensjahren von 0–3 Jahren und 3–6 Jahren sowie für Schulkinder und für Träger von → Kindertageseinrichtungen. Einschätzskalen zur externen Evaluation wurden für die → Kindertagespflege (TAS), Schulkinder (HOS), Kindertagestättenkinder (KES-R) und Kinder unter drei Jahren (KRIPS) veröffentlicht. Standardisierte → Qualitätsmanagementverfahren auf der Grundlage international geltender Normen (→ DIN EN ISO, → EFQM) hielten Einzug in einzelne Trägergruppen, andere folgten prozessorientierten Verfahren. Angebote der Kindertagesbetreuung verfügen heute i.d.R. über entsprechende Qualitätsentwicklungs- und –sicherungsverfahren (→ Qualitätsmanagement). Die Implementierung von Bildungsplänen, -programmen und -empfehlungen Anfang der 2000er-Jahre hat einen weiteren wichtigen Beitrag zur Qualitätsentwicklung der Kindertagesbetreuung geleistet. Sie markieren seither die fachlich pädagogischen Aufgaben und Anforderungen an die Fachkräfte. Seit einigen Jahren steht nicht nur die Q. im Fokus des fachlichen und öffentlichen Interesses, sondern es wird auch verstärkt zu diesem Thema geforscht.

*Marion von zur Gathen*

**Qualitative Erhebungs- und Auswertungsmethoden** → Empirische Sozialforschung

**Qualitätsentwicklung** → Qualitätsmanagement

**Qualitätsmanagement** ist nach DIN EN ISO 9000:2005 die zusammenfassende Bezeichnung für alle aufeinander abgestimmten Tätigkeiten zum Leiten und Lenken einer → Organisation bezüglich → Qualität. »Leiten und Lenken« richten sich hier darauf, die Anforderungen des Q.systems zu erfüllen, nicht auf die Anforderungen an Produkte oder Leistungen. Q. umfasst das Festlegen der Qualitätspolitik, der Qualitätsziele, die Qualitätslenkung, die Qualitätssicherung und die Qualitätsverbesserung. Q. ist i.d.R. Teil des Managementsystems einer Organisation. Leiten und Lenken sind die Kernkompetenzen jedes Managements. Soweit → Soziale Arbeit systematisch geleitet und gelenkt wird, kann Q. dafür genutzt werden.

Anforderungen an Leistungen oder Produkte werden von Kunden sowie gesetzlichen und behördlichen Vorschriften festgelegt. So schreibt bspw. die Akkreditierungs- und Zulassungsverordnung Arbeitsförderung – AZAV vor, dass einem Träger, der Leistungen der → Arbeitsförderung nach dem SGB III erbringt, von einer fachkundigen Stelle dafür eine Zulassung erteilt wurde. Die fachkundige Stelle wiederum muss von der dafür eingerichteten Stelle akkreditiert worden sein.

In der → DIN EN ISO 9001:2015 sind die seit 2015 international gültigen Anforderungen an ein Q.system beschrieben. Q. ist prozessorientiert und konsequent an den Anforderungen sowie der Zufriedenheit der Kunden ausgerichtet. Bei der Neufassung der Norm wurde die Kundenorientierung explizit um die »Erfordernisse und Erwartungen interessierter Parteien« erweitert; weggefallen sind die institutionellen Verpflichtungen für Q. (Handbuch und Beauftragte/r). Ebenso wie die Normen der ISO 9000-Familie ermöglichen Excellence-Modelle wie das der → EFQM (European Foundation for Quality Management) einer Organisation, ihre Stärken und Schwächen zu erkennen, sich anhand eines allgemeinen Modells zu beurteilen, sich ständig zu verbessern und externe Anerkennung zu erlangen. Beide Ansätze des Q. unterscheiden sich darin, dass Excellence-Modelle nicht ausschließlich das Q., sondern alle Tätigkeiten einer Organisation umfassen und eine Grundlage dafür bieten, sich mit anderen zu vergleichen. Die → Kommunale Gemeinschaftsstelle für Verwaltungsmanagement (KGSt) empfiehlt kommunalen Verwaltungen die Anwendung des europäische Qualitätsbewertungssystems CAF (Common Assessment Framework), welches das Excellence-Modell der EFQM für den öffentlichen Sektor adaptiert. Ein analoges Modell für Leistungserbringer in sozialen Hilfesystemen sind die »Qualitätsziele der Wohlfahrtsverbände zur Erreichung ihrer spezifischen Dienstleistungsqualität«. Die Sozialgesetzbücher schreiben für die Leistungserbringung kein Q.system vor. Sie enthalten unterschiedliche Vorgaben für Maßnahmen, die als Formen von Q. zu verstehen sind.

Das Q. ist aus den klassischen Ansätzen der Qualitätssicherung und Qualitätsprüfung hervorgegangen. Die herkömmliche Qualitätssicherung setzte darauf, die für Qualität relevanten Kriterien zu definieren, und forderte von den Organisationen, schriftlich zu dokumentieren, wie sie diese Kriterien erfüllen. Das brachte dieser Art des Q. den Vorwurf ein, Organisationen zu einem bürokratischen Aktionismus zu drängen, dessen Kosten (eigentlich) berechenbar sind, dessen Nutzen aber unklar ist. Ein besonderer, wichtiger Teil der Dokumente sind sog. Verfahrensanweisungen oder Arbeitsanweisungen. Diese legen fest, wie eine bestimmte Leistung zu erbringen ist, sodass unabhängig von der jeweiligen Person, die diese Leistung erbringt, eine gleichbleibende Qualität dieser Leistung erreicht wird. Diese Art, Qualitätsstandards zu schaffen, trug der Qualitätssicherung die Kritik ein, Tendenzen der Stagnation von Organisationen zu befördern oder sogar auszulösen und Mitarbeiter/innen auf einen Status quo festzulegen.

Qualitätsentwicklung ist keine originäre Kategorie des Q. Q. beschäftigt sich nicht mit der Entwicklung von Produkten und Dienstleistungen, sondern regelt, wie Entwicklungen geplant, durchgeführt, geprüft und bewertet werden. Q. fordert von den Organisationen, die Wirksamkeit des Q.systems ständig zu verbessern. In sozialen Hilfesystemen ist Qualitätsentwicklung eine Aufgabe von → Sozialleistungsträgern und → Leistungserbringern und nicht mit ständiger Verbesserung gleichzusetzen, die eine betriebliche Aufgabe und nur durch betriebliche Aktivitäten zu realisieren ist. Ein derzeit praktiziertes Verfahren der Qualitätsentwicklung von Leistungsträgern und Leistungserbringern sind Qualitätsdialoge, die auf der Grundlage von Qualitätsberichten geführt werden. Q. bietet Konzepte und Instrumente, die geeignet sind, die Zusammenarbeit zwischen Leistungsträgern und Leistungserbringern zu unterstützen. Der → Deutsche Verein für öffentliche und private Fürsorge hat vorgeschlagen, die Zusammenarbeit als ein kooperatives Q. zu verstehen, zu organisieren und umzusetzen.

Q. unterscheidet drei Dimensionen, um personenbezogene soziale Dienstleistungen zu erfassen und zu bewerten: Potenzialqualität (oder Strukturqualität), Prozessqualität und Ergebnisqualität. Die Potenzialqualität umfasst die Bereitstellungsleistungen, die zur Erbringung der Dienstleistung vorgehalten werden; das sind technische Ausstattungen und organisatorische Regelungen ebenso wie die Qualifikation und Motivation von Mitarbeiter/innen. Die Prozessqualität bezieht sich auf die fachliche und organisatorische Art und Weise, wie zusammen mit den Klient/innen und Partnern → soziale Dienstleistungen ausgestaltet werden. Zum Prozess personenbezogener Dienstleistungen gehört immer auch die Ko-Produktion von Dienstleister und → Adressat/in. Ergebnisqualität wird an der Erreichung von Zielen gemessen und ist daran erkennbar, welche Effekte und Nutzen sich bei den Kund/innen und anderen Interessensgruppen ergeben.

Zu den Anforderungen eines Q. für personenbezogene Dienstleistungen gehört es, Ergebnisse einschließlich Wirkungen von Hilfen zu erfassen und daraus Konsequenzen für die weitere Arbeit zu ziehen. Dass es bei personenbezogenen sozialen Dienstleistungen meist keinen einfachen linearen Zusammenhang zwischen → Ressourcen, Prozessen und Ergebnissen gibt, ist kein grundsätzliches Argument gegen Q., sondern Anlass, geeignete Methoden zu finden und anzuwenden, um die Ergebnisse zu erfassen und gestützt auf → Daten plausibel bewerten zu können. In sozialen Hilfesystemen werden Ergebnisse heute als Zielerreichungen beschrieben, mit Kennziffern (→ Kennzahl) erfasst und in sog. Vergleichsringen oder im Rahmen eines → Benchmarking verglichen oder mit fachlich-spezifischen Bewertungsmodellen (Diagnoseinstrumente) gemessen, in der Jugendhilfe z.B. mit WIMES.

Eine originäre Komponente eines Q. ist der PDCA-Zyklus: Plan (planen), Do (machen), Check (prüfen), Act (verbessern). In Japan ist der PDCA-Zyklus als sog. Deming-Kreis eine Routine im Arbeitsalltag und der Kern des KAIZEN, das in Deutschland als kontinuierliche Verbesserung bekannt und insbesondere in → Qualitätszirkeln umgesetzt wurde. Bei der kontinuierlichen Verbesserung geht es darum, Standards für die tägliche Arbeit zu definieren, diese zu realisieren, zu prüfen, wie sie funktionieren, und sie zu modifizieren oder durch einen neuen Standard zu ersetzen.

Q. fordert von den Organisationen sicherzustellen, dass ein Q.system die Anforderungen erfüllt, die an dieses System gestellt werden (Konformität). Dazu sind verschiedene Nachweise etabliert worden. Der bekannteste Nachweis ist die → Zertifizierung der Erfüllung der Anforderungen der DIN EN ISO 9001:2015.

*Lit.* Bundesarbeitsgemeinschaft der Freien Wohlfahrtspflege: Qualitätsziele der Wohlfahrtsverbände zur Erreichung ihrer spezifischen Dienstleistungsqualität, Berlin 2008; Deutscher Verein für öffentliche und private Fürsorge: Eckpunkte des Deutschen Vereins für ein kooperatives Qualitätsmanagement von Leistungsträgern und Leistungserbringern in sozialen Hilfesystemen, NDV 2010, S. 216–223; Donabedian, A./Bashshur, R.: An Introduction to Quality Assurance in Health Care, Oxford 2003; Kommunale Gemeinschaftsstelle für Verwaltungsmanagement: Qualitätsmanagement, Bericht 2/2009, Köln 2009.

*Andreas Kuhn*

**Qualitätssicherung** → Qualitätsmanagement

**Qualitätssiegel** werden für immer mehr Dienstleistungen entwickelt. Durch Festlegung von verbindlichen Standards werden diese Leistungen im Hinblick auf ihre Beschaffenheit (→ Qualität) definiert und dadurch für die Nutzer/innen überprüfbar gemacht. Anbieter dokumentieren durch die → Zertifizierung mit dem Q. die Qualität ihrer Leistungen in Konkurrenz zu anderen Anbietern. Q. verbessern den → Verbraucherschutz, fördern die Angebotstransparenz und schaffen Vorbilder. Beispielsweise wird seit 1996 das »Q. Betreutes Wohnen für Senioren Baden-Württemberg« von den Kommunalen Landesverbänden Gemeindetag, Landkreistag und Städtetag und dem Kommunalverband für Jugend und Soziales Baden-Württemberg an solche Betreute Wohnanlagen für Senioren (→ Wohnen im Alter) verliehen, die die definierten Standards erfüllen. In einem Handbuch sind detaillierte Anforderungen an das Bauwerk, den Umfang und die Organisation der Dienstleistungen und die Vertragsgestaltung zusammengefasst. Das Wesentliche bei diesem Q. ist eine optimale Verknüpfung von Produkt- und Dienstleistungsqualität. Geprüft wird sowohl die barrierefreie Bauweise (→ Barrierefreiheit) als auch die Qualität des Betreuungs- und Serviceangebots. In Baden-Württemberg verfügen ca. 12% der Seniorenwohnanlagen über die Auszeichnung mit diesem Q. Die darin formulierten Mindeststandards sind zur bundesweit anerkannten Definitions- und Planungsgrundlage für Betreutes Seniorenwohnen (und bspw. Basis für das vergleichbare Q. in Nordrhein-Westfalen) geworden und finden auch bei Rechtsstreitigkeiten Anwendung.

*Werner Stocker*

**Qualitätsstandards** → Qualitätsmanagement

**Qualitätszirkel** sind innerorganisatorische, nicht liniengebundene Teams/Arbeitskreise, die das Potenzial von Kenntnissen, Erfahrungen und Ideen der Mitarbeiter/innen aktivieren und nutzbar machen. Die Optimierungen können Dienstleistungen und Produkte betreffen sowie Prozesse zu deren Erzeugung. Verbesserung des Arbeitsklimas, des → Arbeitsschutzes oder der → Gesundheit am Arbeitsplatz (Gesundheitszirkel) können ebenfalls angestrebt werden. Die Idee der Q. wurde aus Japan übernommen, in den 1960er-Jahren wurden Q. in den USA, in den 1980er-Jahren in Deutschland eingeführt. Q. sind zu unterscheiden von Lernstattgruppen und Werkstattzirkeln. Die Ergebnisse der Q. zeichnen sich vielfach durch hohe Praxistauglichkeit und Akzeptanz in der Mitarbeiterschaft aus. Teilnehmer/innen der Q. sind unmittelbar an den Arbeitsprozessen beteiligte Mitarbeiter/innen, die über fachliche und kommunikative Kenntnisse verfügen und nicht in einer übergeordneten Vorgesetztenfunktion stehen sollten. Die Teilnahme an Q. ist freiwillig, die Treffen finden regelmäßig alle 2–3 Wochen mit ca. 1,5 Stunden Dauer statt. In Q. treffen sich ca. acht Mitarbeiter/innen unter Leitung einer/eines qualifizierten Moderatorin/Moderators. Diese/r hat die Aufgabe, in einem strukturierten Erarbeitungsprozess den Teilnehmer/innen eine Fokussierung auf die Lösungen zu ermöglichen. Spezielle Analyse-, Problemlösungs- und Kreativitätstechniken kommen zum Einsatz. Der/die Moderator/in trägt die Verantwortung für den Erarbeitungsprozess, die Teilnehmer/innen tragen die Verantwortung für die Ergebnisse. Diese werden dem Management zur Umsetzung übergeben. Die Motivation zur Mitarbeit in Q. ist in hohem Maße von der Wertschätzung der Ergebnisse durch das Management geprägt. Q. können ein Instrument des → Qualitätsmanagements und der Qualitätssicherung sein und zu Qualitätsverbesserungen eingesetzt werden. Sie sind innerhalb der unterschiedlichen Qualitätsmanagementsysteme anwendbar.

*Frank Paratsch*

**Quartiersmanagement** ist die zeitlich befristete, kommunale Intervention auf Stadtteilebene, die konsequent partizipativ alle Möglichkeiten (soziointegrative und bauliche Maßnahmen, Regelangebote der → Daseinsversorge und → Zivilgesellschaft) nutzt, um den sozialen Zusammenhalt eines Quartiers zu stärken und strukturell die Lebensperspektiven und -bedingungen eines Stadtteiles zu verbessern. Mit Q. werden neue → Kooperationen innerhalb eines Stadtteils, zwischen Verwaltung und Stadtteil sowie innerhalb der Verwaltung etabliert. Q. verfolgt einen ämterübergreifenden, sozialraumorientierten (→ Sozialraumorientierung) und integrierenden Ansatz, der mittels → Empowerment Menschen motiviert, Verantwortung für die Entwicklung ihres Stadtteiles zu übernehmen. Übergreifendes Ziel des Q. sind solidarische Nachbarschaften (→ Solidarität), deren Integrationskraft es erlaubt, negative Folgen → sozialer Benachteiligung zu mildern bzw. zu kompensieren. Maßnahmen des Q. greifen Schwächen und Stärken eines Stadtteils auf. Vorrangig sollen sie sich auf eine Verbesserung der Lebensperspektiven (→ Integration und Akkulturation, → Bildung, Erwerbstätigkeit) beziehen. Investive Maßnahmen sollten aktivierend genutzt werden, mehr → Kommunikation ermöglichen und die → Soziale Infrastruktur stärken.

Q. wird in Gebieten angewandt, in denen kommunale Regelversorgung eine gleichwertige Entwicklung des Stadtteils in Bezug zur Gesamtstadt nicht mehr gewährleistet (Gefahr der → Exklusion). Gekennzeichnet sind diese Gebiete durch Konzentration schwieriger Lebensbedingungen wie → Arbeitslosigkeit und strukturelle Benachteiligung am → Arbeitsmarkt, → Armut und Abhängigkeit von Transfereinkommen. Die Überlagerung verschiedener Benachteiligungen in Quartieren kann zur Potenzierung negativer Folgen führen. Diese Gebiete fallen dann durch soziale Erosionerscheinungen wie mangelnde → soziale Kontrolle, delinquente Formen der Bewältigung von → Konflikten, systematische → soziale Ausgrenzung mit struktureller Verschlechterung der Lebensperspektiven auf (Desintegrationstrend). Der → demografische Wandel kann dazu beitragen, Problemkonstellationen dieser hoch segregierten Quartiere noch zu verstärken.

Grundelemente erfolgreichen Q. sind: ein lebensweltlich orientiertes Interventionsgebiet, wobei Gebietsgröße und -zuschnitt den Nachbarschaftsbezug unterstützen sollen; eine verwaltungsexterne Gebietsbetreuung durch ein Team im Stadtteil als Prozessmanager; eine ämterübergreifende Zusammenarbeit mit Sozialraumorientierung bezogen auf das Quartier; ein integriertes Handlungs- und Entwicklungskonzept als gemeinsamer Plan mit einer verbindlichen Einbindung von Partnern; Empowerment und → Partizipation zur Aktivierung und als Ansatz der Verantwortungswahrnehmung auf Stadtteilebene; ein Budget als Ausgangspunkt für Kommunikation und Netzwerkbildung sowie zur Finanzierung von Maßnahmen; stadtteilnahe Maßnahmen, die neue Lösungen und kommunale Angebote ausprobieren und herausarbeiten und den Regelkanon kommunaler Daseinsvorsorge ergänzen bzw. ihn strukturanpassend neu ausrichten.

*Philipp Mühlberg*

**Querschnittuntersuchung** → Empirische Sozialforschung, → Statistische Grundlagen der Sozialen Arbeit

**Rahmenplan** Ein R. dokumentiert Zielstellungen zur regionalen oder sektoralen Entwicklung einer Kommune. R. basieren auf den Zielaussagen der Gesamtheit der → Fachplanungen einer Kommune. Mit Hilfe von Indikatoren (→ Sozialindikatoren) werden auf der Basis einer Analyse der bestehenden Verhältnisse in diskursiven Prozessen allgemeine normative Leitbilder für die künftige Entwicklung aufgestellt (z.B. städtebauliche Rahmenplanung, sozialpolitische Rahmenplanung). R. beziehen sich auf Entwicklungspfade einer Kommune. Sie dienen dem Zielabgleich unterschiedlicher Perspektivebenen (Planungen für zusammenhängende Teilbereiche mit gleicher Planungsproblematik, z.B. technische bzw. → soziale Infrastruktur; Planungen für Teilräume oder sachliche Teilbereiche, z.B. Nutzungs-, Verkehrs-, Versorgungsflächen-, Freiflächen usw. oder Gestaltungspläne). Die Rahmenplanungen entfalten nur interne Bindungswirkung in einer Kommune. Besondere Formvorschriften für Rahmenplanungen gibt es nicht. Städte benötigen heutzutage neue Strategien und Konzepte, um sich bei veränderten gesellschaftlichen, wirtschaftlichen und politischen Rahmenbedingungen behaupten zu können. Die Rahmenplanung fixiert die planerischen Eckdaten.

Im Prozess der kommunalen → Sozialplanung werden die übergeordneten Zielbezüge zur Steuerungsunterstützung aller folgenden Fachplanungen der sozialen Bereiche (→ Kinder- und Jugendhilfe, der → Eingliederungshilfe für behinderte Menschen, der Pflegestruktur usw.) erarbeitet und sind Voraussetzung für abzuleitende → Kennzahlen bzw. Richtwerte zur Steuerung der Produkte einer Kommune. Die Konkretisierung der sozialen Entwicklungsziele und die Sicherung aller raumbezogenen Flächenansprüche zur Entwicklung der sozialen Infrastruktur ist durch kommunale Sozialplanung in Abstimmung zur städtebaulichen Rahmenplanung herzustellen. Die städtebauliche Rahmenplanung ist in der Planungshierarchie zwischen den Ebenen des vorbereitenden Flächennutzungsplanes (F-Plan) und des verbindlichen Bebauungsplanes (B-Plan) angesiedelt.

*Ingo Gottschalk*

**Rahmenverträge nach SGB VIII** R. nach § 78 f SGB VIII sind auf Landesebene abzuschließende Verträge zum Inhalt von Leistungs- und Entgeltvereinbarungen (→ Vereinbarungen über Leistungen, Vergütungen sowie die Prüfung der Einrichtungen) sowie Qualitätsentwicklungsvereinbarungen, die zwischen den zuständigen → Trägern der öffentlichen Jugendhilfe und den Einrichtungsträgern (teil-)stationärer Leistungsangebote der → Kinder- und Jugendhilfe abzuschließen sind. Vertragsparteien sind die → kommunalen Spitzenverbände und die Vereinigungen der Träger der freien Jugendhilfe auf Landesebene, d.h. die Landesuntergliederungen der Spitzenverbände der → freien Wohlfahrtspflege sowie die Vereinigungen sonstiger Leistungserbringer auf Landesebene. Letztere sind insbesondere Verbände privatgewerblicher Leistungsanbieter infrage, wenn es sich bei ihnen um einen Verband handelt, der nach Satzung landesweit tätig ist, entsprechende Einrichtungen repräsentiert und nicht nur aus einem Träger besteht. Die → Landesjugendämter sind zwingend an der Aushandlung der R. zu beteiligen. Der Bundesgesetzgeber räumt ihnen diese Beteiligung als Mittler und sachverständige Behörde für den Schutz von Kindern und Jugendlichen in Einrichtungen mit überregionalem Erfahrungshintergrund ein.

Hinsichtlich des Inhalts der R. verweist das Gesetz lediglich auf die Inhalte der drei abzuschließenden Vereinbarungen nach § 78 b SGB VIII, die z.T. in § 78 c SGB VIII bundesrechtlich weiter konkretisiert sind. Damit bleiben den Vertragspartnern weite Gestaltungsspielräume. I.d.R. regeln R. neben Inhalten auch Verfahren und Fristen. Bei der Ausgestaltung der R. empfiehlt es sich, eine möglichst große Zahl von standardmäßig zu erwartenden Problemen landesweit zu lösen, um so die Einzelverhandlungen effektiv zu entlasten. Andererseits sollten die R. aber auch die fachlich gewollten Gestaltungsspielräume für die Einrichtungsträger und die örtlichen Träger nicht zu sehr durch Standardisierungen oder z.B. durch die Übernahme von Regelungsstrukturen aus dem Sozialhilferecht dort einengen, wo der Bundesgesetzgeber bewusst auf deren Verbindlichmachung verzichtet hat. Gegenstand von R. können auch z.B. landesweite Informationssysteme über abgeschlossene Vereinbarungen sein, die zur Transparenz von Leistungen und Entgelten beitragen können.

R. haben eher eine praktische als eine rechtlich zwingende Bedeutung. Sie haben keine unmittelbar bindende Wirkung für die nach § 78 e SGB VIII vertragschließenden Parteien. Ggf. kann eine solche Verbindlichkeit durch Beitritt von örtlichen Trägern und Einrichtungsträgern zum Rahmenvertrag auf Vertragsbasis förmlich ausgestaltet werden. Die praktische Bedeutung von R. ergibt sich einerseits aus ihrer Orientierungsfunktion, aber auch aus der Spruchpraxis der → Schiedsstellen nach § 78 g SGB VIII, die zwar nicht förmlich an die Inhalte der R. gebunden werden, in ihnen aber doch praktisch wirksame sachliche Bezugspunkte für ihre Entscheidungsfindung haben.

Derzeit ist geplant, das SGB VIII umfassend zu modernisieren. Betroffen sind u.a. die Themenkomplexe Hilfen zur Erziehung, inklusive Lösung für Kinder- und Jugendliche mit Behinderungen im SGB VIII, Pflegekinderhilfe, Betriebserlaubnisverfahren, Qualitätsentwicklung in der Kinder- und Jugendhilfe. Die Änderungen sollen je nach Regelungsbereich entweder 2017 oder 2022 in Kraft treten.

*Norbert Struck*

**Randgruppen** → Minderheiten, → Soziale Benachteiligung

**Räumungsklage** → Klage

**Realtransfers** → Soziale Transfers

**Rechenstörung** (Dyskalkulie) bezeichnet eine Störung, die durch starke Beeinträchtigungen der Rechenfertigkeiten gekennzeichnet ist. Eine R. liegt vor, wenn unzureichende Rechenleistungen nicht Folge einer → Intelligenzminderung oder einer unangemessenen Beschulung sind. Nach dem → Klassifikationssystem → ICD-10 der → Weltgesundheitsorganisation (WHO) gehört die R. zu den umschriebenen Entwicklungsstörungen schulischer Fertigkeiten. Die R. liegt bei Beginn der Entwicklung der Rechenfähigkeit vor und kann sich im Vorschulalter durch ein eingeschränktes Mengenverständnis und beeinträchtigte Zählfertigkeiten äußern. Im Schulalter treten v.a. Schwierigkeiten beim Erlernen arithmetischer Fakten, bei der Zuordnung von Ziffern und Zahlen zu den Zahlwörtern, sowie beim Verständnis arithmetischer Prozeduren auf.

Die Diagnose einer R. basiert nach ICD-10 auf einer Diskrepanz zwischen der Rechenleistung, gemessen mit psychometrischen Leistungstests und der Intelligenz. Bei den Ursachen wird von einer genetischen Disposition ausgegangen, die sich negativ auf die Entwicklung basisnumerischer Fähigkeiten, sprachlicher, visuell-räumlicher sowie exekutiver Funktionen auswirkt. Die R. zeigt einen persistierenden Verlauf, der oft mit Angststörungen (→ Angst), → Verhaltensauffälligkeiten, → ADHS sowie → Lese- und/oder Rechtschreibstörung einhergeht. Die Förderung ist an die Bedürfnisse der Betroffenen anzupassen. Zunächst sind die notwendigen mathematischen Basiskompetenzen zu beherrschen, bevor Grundrechenarten und weitere curriculare Inhalte in die Förderung integriert werden.

*Katharina Galuschka*

**Rechnungsprüfung** bei → Vereinen und → Stiftungen durch gewählte, häufig ehrenamtlich tätige Kräfte und bei Körperschaften des öffentlichen Rechts durch dafür ausgebildete Verwaltungsbeamte hat die Rechtmäßigkeit, Ordnungsmäßigkeit und → Wirtschaftlichkeit sowie Sparsamkeit der Haushalts- und Wirtschaftsführung zum Gegenstand. Die Prüfung der Ordnungsmäßigkeit erstreckt sich auch auf die korrekte Umsetzung von Gremienbeschlüssen. Sie unterscheidet sich damit von der Jahresabschlussprüfung durch Wirtschaftsprüfer, die zudem ohne Erweiterung des Prüfungsauftrags nicht die Wirtschaftlichkeit und Sparsamkeit umfasst. Dennoch ist es bei wirtschaftlich umfänglich tätigen Vereinen und Stiftungen unverzichtbar, mit der Abschlussprüfung wie bei Kapitalgesellschaften darauf spezialisierte Wirtschaftsprüfer (ggf. zusätzlich) zu beauftragen. Die R. bei den Körperschaften des öffentlichen Rechts betrifft v.a. den Bund, die Länder und die Kommunen (einschließlich kommunaler Zusammenschlüsse und Zweckverbände) sowie die sonstigen → Sozialleistungsträger (z.B. → Krankenkassen, → Rentenversicherungsträger u.a.) mit ihren → Einrichtungen.

Die R. dient der Feststellung, ob der Wirtschafts- bzw. → Haushaltsplan eingehalten wurde, die Einnahmen und Ausgaben formell, rechnerisch und sachlich einwandfrei nachgewiesen und hierbei die einschlägigen Vorschriften beachtet wurden sowie die Verwaltung zweckmäßig und wirtschaftlich geführt wurde. Begründete Ermessensentscheidungen (→ Ermessen) können dabei – soweit keine Ermessensfehler vorliegen – durch das Prüfungsorgan nicht beanstandet werden; in der Rechnungsprüfungspraxis ist dies einer der häufigsten Streitpunkte. Zuständig für die R. sind bei einer → Gemeinde der Gemeinderat oder R.ausschuss, der sich bei größeren Gemeinden eines R.amts bedient, bei überörtlicher Prüfung der Landesrechnungshof, überregionale Prüfungsverband oder die R.stelle der Rechtsaufsichtsbehörde. Neben dieser R. werden die Jahresabschlüsse der Eigenbetriebe und die Verwendung öffentlicher Zuschüsse durch → Freie Träger und Verbände nach den vorstehenden Grundsätzen geprüft. Zunehmend enthalten zudem Vergütungsvereinbarungen mit den Trägern sozialer Einrichtungen ein Recht zur Prüfung der Wirtschaftlichkeit und Qualität der Leistungen (z.B. § 75 Abs. 2 SGB XII).

Die Ermächtigung zur R. kann sich aus → Gesetz, Zuwendungsbescheid (→ Zuwendungen) oder → Vertrag ergeben. Damit werden zugleich, ggf. durch Auslegung der Ermächtigungsnorm, der zulässige Umfang und anzulegende Maßstab der R. festgelegt. Eine darüber hinausgehende R. ist rechtswidrig; Hintergrund ist neben dem → Datenschutz die Abwägung zwischen dem mit der R. und der Bearbeitung seiner Anfragen und Prüfungsfeststellungen verbundenen Aufwand und dem zusätzlichen Erkenntnisgewinn.

Die → Effizienz und → Effektivität der R. steht immer wieder in der Kritik wegen der unzureichenden Differenzierung zwischen Bagatellen und Verstößen mit gravierenden wirtschaftlichen Auswirkungen.

*Thomas von Holt*

**Rechtliches Gehör** Dem Grundsatz des r. G. zufolge hat jede Person das Recht, sich in einer sie betreffenden Streitsache vor Gericht zu äußern, bevor eine Entscheidung getroffen wird. Er ist einem → Grundrecht gleichgestellt (s. Art. 103 Abs. 1 → Grundgesetz [GG] und Landesverfassungen), gilt vor allen Gerichten und kommt allen natürlichen und → juristischen Personen zu. Er wird durch die jeweiligen Prozessordnungen im Einzelnen und teilweise unterschiedlich ausgestaltet. Art. 103 Abs. 1 GG regelt nur das Verfahren vor Gericht. Der Grundsatz gilt aber auch sinngemäß für das → Verwaltungsverfahren (s. §§ 28, 45, 46 Verwaltungsverfahrensgesetz [VwVfG] und Landes-VwVfG sowie §§ 24, 41, 42 SGB X für das Sozialverwaltungsverfahren). Er umfasst auch ein Informationsrecht der betroffenen Person hinsichtlich des sie betreffenden Verfahrens. Außerdem darf das Gericht bzw. der Hoheitsträger seine Entscheidung nur auf Tatsachen, Beweise oder rechtliche Gesichtspunkte stützen, zu denen sich der/die Betroffene vorher äußern konnte. Darüber hinaus muss das Vorbringen der/des Betroffenen in der Entscheidungsfindung berücksichtigt werden. Das r. G. findet seine Grenzen in Fristenregelungen und dem Sinn und Zweck der zugrunde liegenden Entscheidung bzw. Maßnahme. Eine Verletzung des Grundsatzes kann im gerichtlichen Verfahren gerügt werden. Ggf. kommt eine Anhörungsrüge in Betracht (vgl. § 152 a Verwaltungsgerichtsordnung, § 187 a Sozialgerichtsgesetz).

*Olgierd Adolph*

**Rechtsanspruch** ist »das Recht, von einem anderen ein Tun oder Unterlassen zu verlangen« (§ 194 Abs. 1 → Bürgerliches Gesetzbuch [BGB]). Der Anspruch kann auf jede denkbare Handlung (z.B. Abgabe einer Willenserklärung, Zahlung, Herausgabe) oder auf ein Nichthandeln (Unterlassen oder Dulden) gerichtet sein. Im → öffentlichen Recht bezeichnet R. ein dem Einzelnen zustehendes subjektives öffentliches Recht, vom Staat oder einem anderen Träger öffentlicher Gewalt, die Vornahme oder Unterlassung einer bestimmten Handlung zu verlangen. Voraussetzung für einen R. ist die Erfüllung der jeweiligen Tatbestandsmerkmale. Der R. auf → Sozialleistungen entsteht »sobald die hierfür im Gesetz bestimmten Voraussetzungen vorliegen« (§ 40 Abs. 1 SGB I). R. auf Sozialleistungen werden in der Regel mit ihrem Entstehen fällig (§ 41 SGB I). In der → Grundsicherung für Arbeitsuchende ist die Stellung eines → Antrags Voraussetzung für den Leistungsanspruch (§ 37 SGB II). In der → Sozialhilfe entsteht der R. hingegen bereits mit Bekanntwerden der → Hilfebedürftigkeit (§ 18 SGB XII). Der Anspruch auf Sozialhilfe »besteht, soweit bestimmt wird, dass die Leistung zu erbringen ist« (§ 17 Abs. 1 S. 1 SGB XII). Er »kann nicht übertragen, verpfändet oder gepfändet werden« (§ 17 Abs. 1 S. 2 SGB XII). Im Sozialleistungsrecht ist der R. überwiegend auf → Geldleistungen aber auch auf → Sach- und die Vornahme von → sozialen Dienstleistungen gerichtet. Auf Sozialleistungen besteht ein R., »soweit nicht die Leistungsträger ermächtigt sind, bei der Entscheidung über die Leistung nach ihrem Ermessen zu handeln« (§ 38 SGB I). Kein R. ist somit gegeben, wenn das Gesetz einer Behörde ein → Ermessen einräumt. Steht der Behörde ein Ermessenspielraum zur Verfügung, »hat sie ihr Ermessen entsprechend dem Zweck der Ermächtigung auszuüben und die gesetzlichen Grenzen des Ermessens einzuhalten« (§ 39 Abs. 1 SGB I). Im Falle einer Ermessensleistung hat der Einzelne einen Anspruch auf eine ermessensfehlerfreie Entscheidung. Der R. kann gerichtlich durchgesetzt werden. R. unterliegen der → Verjährung und können danach nicht mehr geltend gemacht werden. »R. auf Sozialleistungen verjähren in vier Jahren nach Ablauf des Kalenderjahres, in dem sie entstanden sind« (§ 45 Abs. 1 SGB I).

*Anika Cieslik*

**Rechtsaufsicht** ist die rechtliche Kontrolle öffentlicher Verwaltungstätigkeit durch übergeordnete Behörden. Im Gegensatz zur (umfassenden) Kontrolle der Verwaltungstätigkeit innerhalb bestehender Verwaltungshierarchien (also innerhalb ein- und desselben Verwaltungsträgers) dient Aufsicht (R. oder Fachaufsicht) der Kontrolle der mittelbaren Staatsverwaltung, also von rechtlich selbstständigen Verwaltungsträgern (Anstalten, Körperschaften, Stiftungen, kommunalen Gebietskörperschaften) durch die staatliche Verwaltung (Bundes- oder Landesbehörde) sowie der Kontrolle einer staatlichen Ebene durch eine andere (Aufsicht des Bundes über die Länder) und ist auf bestimmte Aufsichtsmittel beschränkt. Im Gegensatz zur

Fachaufsicht erstreckt sich R. nur auf die Kontrolle der Gesetzmäßigkeit (Rechtmäßigkeit), nicht auch auf die Zweckmäßigkeit der Verwaltungstätigkeit. Gebundene Verwaltungsentscheidungen (ohne Ermessensspielraum, → Ermessen) unterliegen daher der vollständigen Kontrolle, Ermessensentscheidungen lediglich der Kontrolle im Hinblick auf Ermessensfehler. Zur R. gehört die rechtliche Beratung der beaufsichtigten Behörde. Förmliche R.maßnahmen sind typischerweise Beanstandung, Entsendung von Beauftragten, Ersatzvornahme. Gegen förmliche Maßnahmen steht der Rechtsweg offen. Einzelheiten und zuständige Aufsichtsbehörde ergeben sich für Bundesbehörden aus bundesrechtlichen, für Landesbehörden aus landesrechtlichen Bestimmungen (z.B. für die Kommunen aus den Gemeindeordnungen, Landkreisordnungen usw.).

*Jochen Schumacher*

**Rechtsbehelf** ist jede innerhalb der Rechtsordnung zugelassene Möglichkeit, die Abänderung oder Aufhebung einer hoheitlichen Entscheidung zu verfolgen oder eine dienstaufsichtliche Würdigung zu initiieren.

Unterschieden wird zwischen formlosen und förmlichen R. Formlose R. sind die Gegenvorstellung, die Aufsichtsbeschwerde, die → Dienstaufsichtsbeschwerde und die → Petition (vgl. Art. 17 → Grundgesetz [GG]). Die Gegenvorstellung wird bei der Ausgangsbehörde mit der Bitte um nochmalige Überprüfung der Sachbehandlung erhoben. Die Aufsichtsbeschwerde bezweckt die Überprüfung der Sachbehandlung durch die Aufsichtsbehörde. Mit der Dienstaufsichtsbeschwerde wird das persönliche Verhalten einer/eines Behördenbediensteten gerügt. Die Petition wendet sich an das Parlament. Bei förmlichen R. ist zwischen Rechtsmitteln und anderen förmlichen R. zu unterscheiden (vgl. § 66 Abs. 1 Sozialgerichtsgesetz [SGG], § 58 Abs. 1, § 152 a Abs. 1 S. 1 Nr. 1, § 155 Abs. 2 Verwaltungsgerichtsordnung [VwGO]). Rechtsmittel sind nach dem Sprachgebrauch der Prozessordnungen Berufung, Revision, Beschwerde, Erinnerung und Anhörungsrüge (vgl. die Abschnittsüberschriften vor § 143 SGG und § 124 VwGO). Sie richten sich nicht gegen → Verwaltungsakte, sondern gegen gerichtliche Entscheidungen und sind i.d.R. mit Suspensiveffekt und Devolutiveffekt ausgestattet. Suspensiveffekt bedeutet, dass der Eintritt der formellen → Rechtskraft gehemmt ist. Die angefochtene Entscheidung darf vor der Entscheidung über das Rechtsmittel nicht vollzogen werden. Devolutiveffekt bedeutet, dass der Rechtsstreit insgesamt oder der vom Rechtsmittel betroffene Teil des Rechtsstreites in einer höheren Instanz anhängig wird. Zu den anderen förmlichen R. gehören insbesondere der Widerspruch und die → Klage (vgl. § 62 SGB X, § 79 Verwaltungsverfahrensgesetz [VwVfG], §§ 54, 78, 83 SGG, §§ 42, 43, 68 ff., § 155 Abs. 2 VwGO), aber auch die Anträge auf → einstweiligen Rechtsschutz, auf → Wiedereinsetzung in den vorigen Stand, auf → Wiederaufnahme des Verfahrens und – im Verwaltungsgerichtsprozess – auf Normenkontrolle. Anfechtungswiderspruch und Anfechtungsklage haben grundsätzlich aufschiebende Wirkung (§ 86 a Abs. 1 SGG, § 80 Abs. 1 VwGO). Der Devolutiveffekt tritt bei Widerspruch und bei der Beschwerde nur dann ein, wenn die Behörde bzw. das Gericht einem solchen R. nicht abhilft. Auf eine Klage oder ein Rechtsmittel darf das Gericht die angefochtene Entscheidung grundsätzlich nicht zum Nachteil derjenigen abändern, die den R. (allein) führen (sog. Verbot der reformatio in peius, vgl. § 123 SGG, § 88 VwGO); ob das für die Widerspruchsbehörde entsprechend gilt, ist umstritten. Werden förmliche R. in einem noch nicht bestands- oder rechtskräftig abgeschlossenen Verfahren ergriffen, so spricht man von ordentlichen R. Mit außerordentlichen R. (z.B. → Antrag auf Wiedereinsetzung in den vorigen Stand, auf Wiederaufnahme des Verfahrens usw.) will man erreichen, dass ein bereits bestandskräftig abgeschlossenes → Verwaltungsverfahren oder ein bereits rechtskräftig abgeschlossenes gerichtliches Verfahren erneut behandelt wird.

Schriftliche Verwaltungsakte müssen nur dann mit einer Belehrung über die statthaften förmlichen R. (R.belehrung) versehen werden, wenn das gesetzlich besonders vorgeschrieben ist (z.B. in § 36 SGB X, §§ 59, 73 Abs. 3 S. 1 VwGO, § 85 Abs. 3 S. 4 SGG). Im gerichtlichen Verfahren besteht mit Ausnahme des Zivilprozesses eine Pflicht zur Belehrung über das statthafte Rechtsmittel (Rechtsmittelbelehrung; § 117 Abs. 2 Nr. 6 VwGO, § 136 Abs. 1 Nr. 7 SGG, § 9 Abs. 5 S. 1 Arbeitsgerichtsgesetz [ArbGG], § 105 Abs. 2 Nr. 6 Finanzgerichtsordnung [FGO]). Fehlt es an Belehrung über R. oder Rechtsmittel oder ist diese fehlerhaft, so beginnt die Widerspruchs-, Klage- oder Rechtsmittelfrist nicht zu laufen; es läuft eine Jahresfrist (§§ 66, 84, Abs. 2 S. 3 SGG, §§ 58, 70 Abs. 2 VwGO, § 55 FGO).

*Olgierd Adolph*

**Rechtsberatung** → Rechtsdienstleistung

**Rechtsdienstleistung** ist jede Tätigkeit in konkreten fremden Angelegenheiten, sobald sie eine rechtliche Prüfung des Einzelfalls erfordert. Unterschieden wird zwischen gerichtlichen und außergerichtlichen R. Die Zulässigkeit von R. innerhalb von gerichtlichen Verfahren ist in den einzelnen Verfahrensordnungen der Gerichte geregelt. Hier ist die nicht-anwaltliche Vertretung nur ausnahmsweise erlaubt, beispielsweise in Verfahren vor den → Sozialgerichten. Die außergerichtlichen R. sind hingegen Gegenstand des Rechtsdienstleistungsgesetzes (RDG). Unter diese fallen insbesondere Inkassodienstleistungen, für die § 2 Abs. 2 RDG eine Legaldefinition enthält. § 2 Abs. 3 RDG listet auf, welche Tätigkeiten nicht zu den R. zählen, darunter die Erstattung wissenschaftlicher Gutachten, die Tätigkeit von Einigungs- und Schlichtungsstellen, Schiedsrichterinnen und Schiedsrichtern sowie die Mediation und sonstige Formen der alternativen Streitbeilegung.

Das RDG löste zum 1. Juli 2008 das Rechtsberatungsgesetz (RBerG) ab, das die außergerichtliche Rechtsberatung weitgehend den Rechtsanwälten vorbehielt. Dieses strenge Zuordnungsregime wurde heftig kritisiert, weil es kaum Spielräume für nicht-anwaltliche unentgeltliche oder einfache R. bot. Auch nach dem RDG ist eine R. aber weiterhin grundsätzlich eine erlaubnispflichtige Tätigkeit. Das dient dem Schutz des Rechtsuchenden vor unqualifizierter Beratung. Weitere im Gesetz nicht ausdrücklich genannte Schutzgüter sind der Rechtsverkehr, die Rechtsordnung und die Anwaltschaft (Wolf, § 1 RDG Rn. 5 ff.). Das Gesetz enthält Erlaubnistatbestände, die sich auf die Art der R., auf den beratenen Personenkreis der die R. erbringenden Stelle oder auf die besondere Sachkunde der die R. erbringende Person/Stelle beziehen.

Demnach ist es erlaubt, eine R. im Rahmen einer Testamentsvollstreckung, einer Haus- und Wohnungsverwaltung oder einer Fördermittelberatung durchzuführen (sog. Annexberatung). Eine unentgeltliche R. ist generell zulässig, wenn sie innerhalb der → Familie, der Nachbarschaft (→ Nachbarschaftshilfe) oder ähnlich persönlicher Beziehungen erbracht wird. Außerhalb dieser Beziehungen müssen ein/e Volljurist/in (erfolgreich bestandenes Zweites Staatsexamen) oder eine Person, die zur entgeltlichen R. befugt ist, die Beratung durchführen oder die beratende Person anleiten. Zur Anleitung gehören eine Einweisung und Fortbildung sowie eine Mitwirkung bei der Erbringung der R., soweit dies im Einzelfall erforderlich ist (§ 6 Abs. 2 RDG). Berufs- und Interessenvertretungen sowie Genossenschaften dürfen innerhalb ihres satzungsgemäßen Bereichs R. für ihre Mitglieder erbringen. Voraussetzung ist, dass die R. im Verhältnis zu anderen Aufgaben eine untergeordnete Rolle spielt. Beraten dürfen die in § 6 Abs. 2 RDG genannten Personen (s.o.). Darüber hinaus dürfen öffentliche und öffentlich anerkannte Stellen R. innerhalb ihres Aufgabenbereichs erbringen. Zu den öffentlich anerkannten Stellen zählen nach der Insolvenzordnung (InsO) anerkannte → Schuldnerberatungsstellen, Verbraucherzentralen, Verbände der → freien Wohlfahrtspflege, wenn sie Beratung im Rahmen der → Sozialhilfe nach dem SGB XII durchführen, → Träger der freien Jugendhilfe und Verbände für die Belange von → behinderten Menschen. Sie dürfen R. für Mitglieder und Nichtmitglieder anbieten. Sie müssen über die zur sachgerechten Erbringung der R. erforderliche personelle, sachliche und finanzielle Ausstattung verfügen. Eine satzungsmäßige Gebührenpflicht für die Verbandsvertretung ist rechtmäßig (BSG, Urt. v. 18.9.2014 – B 14 AS 5/14 R). Für die öffentlich anerkannten Stellen gelten die gleichen personellen Voraussetzungen wie für die unentgeltliche Beratung außerhalb persönlicher Beziehungen (s.o. zu § 6 Abs. 2 RDG). Das bedeutet, dass R. durch entsprechend fortgebildete → Sozialarbeiter/innen für ihren Verband zulässig sind. Der vierte Erlaubnistatbestand betrifft natürliche und juristische Personen, die besondere Sachkunde besitzen. Diese dürfen, wenn sie registriert sind, Inkassodienstleistungen, Rentenberatungen und R. in einem ausländischen Recht durchführen. Die behördliche Registrierung erfolgt in der Regel beim Amts- oder Landgericht. Auch Rechtsdienstleister aus dem EU-Ausland oder der Schweiz dürfen diese drei speziellen Arten von R. erbringen, wenn sie im Ausland einen entsprechenden Beruf erlernt haben und wenn die R. nur vorübergehend sind. Das bemisst sich im Einzelfall anhand ihrer Dauer und Häufigkeit sowie ihrer regelmäßigen Wiederkehr und Kontinuität. Die Ausübung der R. durch ausländische Rechtsdienstleister unterliegt der behördlichen Meldepflicht.

*Lit.* Hesse, W.: Das neue Rechtsdienstleistungsgesetz, Regensburg 2008; Wolf, C. in: Gaier, R./Wolf, C./Göcken, S.: Anwaltliches Berufsrecht, 2. Aufl., Köln 2014, § 1 RDG.

*Caroline von Kries*

**Rechtsfähigkeit** ist die Fähigkeit, Träger von Rechten und Pflichten zu sein. Rechtsfähige Personen können sich daher auf ihre (von der Rechtsordnung vermittelten) subjektiven Rechte berufen, die den Einzelnen berechtigen, von einem anderen ein bestimmtes Tun oder Unterlassen zu verlangen. Das Zivilrecht ordnet subjektive Rechte Personen zu und unterscheidet zwischen natürlichen Personen und Personenvereinigungen. Während jeder Mensch eine solche natürliche Person und damit rechtsfähig ist, sind Personenvereinigungen nur dann rechtsfähig, wenn sie als → juristische Personen von der Rechtsordnung als Träger von Rechten und Pflichten anerkannt sind (z.B. rechtsfähige → Vereine nach §§ 21 ff. → Bürgerliches Gesetzbuch [BGB], rechtsfähige → Stiftungen nach §§ 80 ff. BGB, die Gesellschaft mit beschränkter Haftung [GmbH], → Gemeinden, die Bundesagentur für Arbeit, → Agentur für Arbeit). Die R. des Menschen beginnt im Zivilrecht mit der Vollendung der Geburt (§ 1 BGB) und endet mit dem Gehirntod. Das schließt aber nicht aus, dass das → Erbrecht und das Recht auf → Schadenersatz davon abweichende Schutzvorschriften für die Leibesfrucht enthalten. Von der R. zu unterscheiden sind beispielsweise die Grundrechtsfähigkeit, → Geschäftsfähigkeit, → Strafmündigkeit, die Testierfähigkeit, die Eidesfähigkeit und die → Ehemündigkeit. Die Grundrechtsfähigkeit kann im Einzelfall über den Rahmen der R. hinausgehen, insbesondere setzt der Grundrechtsschutz aus Art. 1 → Grundgesetz (GG) bereits mit der Einnistung der befruchteten Eizelle (Nidation) ein.

*Olgierd Adolph*

**Rechtshilfe** → Amtshilfe

**Rechtskraft** bewirkt, dass richterliche Entscheidungen zugunsten des Rechtsfriedens und der Rechtssicherheit Bestand haben. Es wird zwischen der formellen und der materiellen R. unterschieden. Formelle R. tritt ein, wenn es kein ordentliches Rechtsmittel mehr gegen die Entscheidung gibt (z.B. bei Ablauf der Rechtsmittelfrist, Rechtsmittelverzicht oder Rechtswegerschöpfung). Die formelle R. wird ausnahmsweise durchbrochen von der Möglichkeit der → Wiedereinsetzung in den vorherigen Stand gegen die Versäumnis der Rechtsmittelfrist oder der Wiederaufnahme- oder Abänderungsklage (→ Klage). Ist formelle R. eingetreten, so entfaltet die rechtskräftig gewordene Entscheidung Bindungswirkung (materielle R.). Materielle R. hat zur Folge, dass die am Verfahren Beteiligten (Kläger/in, Beklagte/r und etwa Beigeladene) sowie deren Rechtsnachfolger/innen an den Inhalt der Entscheidung gebunden sind, dass die Entscheidung von allen Gerichten und Behörden zu beachten ist und dass über denselben Streitgegenstand nicht nochmals entschieden werden darf. Am Verfahren nicht beteiligte Dritte werden von der R. nicht berührt. In R. erwächst vornehmlich die Urteilsformel, zur Auslegung können die Entscheidungsgründe und der Tatbestand ergänzend herangezogen werden. Bei → Verwaltungsakten wird nicht von R., sondern von Bestandskraft gesprochen (siehe die Überschriften vor § 39 SGB X und § 43 Verwaltungsverfahrensgesetz [VwVfG]).

*Olgierd Adolph*

**Rechtsmittel** → Rechtsbehelf

**Rechtsnachfolge** (Sukzession) meint den Übergang bestehender Rechte und Pflichten von einer Person auf eine andere durch Eintritt in ein einzelnes bestimmtes Rechtsverhältnis (Einzelrechtsnachfolge, Singularsukzession) oder durch Übernahme einer Gesamtheit von Rechten und Pflichten (Gesamtrechtsnachfolge, Universalsukzession). Als abgeleiteter Rechtserwerb kann die R. durch Rechtsgeschäft, staatlichen Hoheitsakt oder kraft Gesetzes eintreten. Für den Übergang eines Anspruchs auf → Sozialleistungen ist das SGB I vorrangig anzuwenden: § 53 SGB I räumt dem Empfänger von → Geldleistungen die Befugnis zur rechtsgeschäftlichen Übertragung und Verpfändung ein, § 54 SGB I regelt die Pfändbarkeit eines Anspruchs auf Geldleistungen. Gem. Abs. 1 beider Vorschriften sind Ansprüche auf Dienst- (→ soziale Dienstleistung) und → Sachleistungen weder übertrag- und pfändbar, noch können sie gepfändet werden. Im Falle des Todes eines → Leistungsberechtigten regeln die §§ 56–59 SGB I als lex specialis gegenüber dem allgemeinen → Erbrecht nach den §§ 1922 ff. → Bürgerliches Gesetzbuch (BGB) den Übergang von Sozialleistungsansprüchen auf einen Dritten. Die Sonderrechtsnachfolge (§ 56 SGB I) setzt voraus, dass es sich um fällige Ansprüche auf laufende Geldleistungen handelt. Ansprüche auf Sach- und Dienstleistungen erlöschen mit dem Tod des Berechtigten (§ 59 S. 1 SGB I). Sonderregelungen gelten für Ansprüche auf → Sozialhilfe: Sie können nicht übertragen, verpfändet oder gepfändet werden (§ 17 Abs. 1 S. 2 SGB XII). Wegen ihrer höchstpersönlichen, bedarfsorientierten Natur sind sie nur in eng begrenzten Ausnahmefällen vererblich. Für den Fall, dass der Anspruch auf Hilfe in Einrichtungen oder auf → Pflegegeld zu Lebzeiten des Berechtigten nicht erfüllt wurde, bestimmt § 19 Abs. 6 SGB XII eine Sonderrechtsnachfolge für vorleistende Dritte.

*Bojana Marković*

**Rechtsnormen** stellen einen Unterfall von → Normen dar. In einem ausdifferenzierten Rechtssystem kann man sie von Normen der Sitte und der Moral dadurch unterscheiden, dass ihre Verletzung durch Inanspruchnahme der Staatsgewalt in einem eigens zu ihrer Durchsetzung vorgesehenen Verfahren sanktioniert werden kann. Im Unterschied zu Normen der Sitte, deren Verletzung meist in einem spontanen und nicht professionalisierten Verfahren der → sozialen Ausgrenzung sanktioniert wird, richtet sich die → Sanktion für die Verletzung von R. nach einem vorgegebenen Verfahren mit vorhersehbaren Sanktionsmöglichkeiten. Im Einzelfall kann die Abgrenzung zwischen R. und anderen sozialen Normen insbesondere in historischer Perspektive schwierig sein. R. haben in einer ausdifferenzierten → Gesellschaft die Funktion, das gesellschaftliche Zusammenleben zu gewährleisten, indem sie gemeinsame Verhaltenserwartungen ermöglichen. Im Gegensatz zu → Verwaltungsvorschriften haben R. eine Außenwirkung. Als R. werden → Gesetze, Staatsverträge, → Rechtsverordnungen, → Satzungen und Tarifverträge angesehen. Soweit ein → Gewohnheitsrecht als Recht anerkannt wird, kommt diesem auch die Qualität einer R. zu.

*Anusheh Rafi*

**Rechtsprechung** (Jurisdiktion, Judikative) tritt im gewaltengeteilten Staat als »Dritte Gewalt« neben → Gesetzgebung (Legislative) und Regierung bzw. Verwaltung (Exekutive). Kernaufgabe der R. ist die Entscheidung von Rechtsstreitigkeiten durch Gesetzesanwendung und die Gewährung von → Rechtsschutz. Die R. ist gemäß Art. 92 → Grundgesetz (GG) »den Richtern anvertraut; sie wird durch das Bundesverfassungsgericht, durch die in diesem Grundgesetz vorgesehenen Bundesgerichte und durch die Gerichte der Länder ausgeübt«. R. unterliegt von Verfassungs wegen danach materiell einem weitreichenden funktionalen Richtervorbehalt. R. wird in aller Regel durch unabhängige, nach Art. 97 GG nur dem Gesetz unterworfene Richterinnen und Richter ausgeübt. Die R. ist bis auf Randbereiche eine notwendige Aufgabe des Staates und bei ihm monopolisiert. Zunehmend macht der Gesetzgeber den Zugang zu staatlichen Gerichten von vorgerichtlichen Streitschlichtungsverfahren abhängig (→ Mediation, → Schiedsstellen). Nach Art. 95 GG ist R. organisatorisch in verschiedene Gerichtsbarkeiten (Gerichtszweige) gegliedert: ordentliche Gerichtsbarkeit (Zivil- und Strafgerichte), Verwaltungs, Finanz, Arbeits- und Sozialgerichtsbarkeit. Diese sind in mehrere Instanzen gegliedert und jeweils einem obersten Gerichtshof des Bundes unterstellt, so für die Sozialgerichtsbarkeit dem Bundessozialgericht in Kassel. Eine Sonderstellung nimmt das → Bundesverfassungsgericht (BVerfG) ein, das sich auch als Verfassungsorgan versteht. In den für die → Soziale Arbeit relevanten Gebieten ist die R. vor allem der ordentlichen Gerichtsbarkeit (→ Zivilgerichte; → Familienrecht, Strafrecht) und der Arbeits- und Sozialgerichtsbarkeit (→ Arbeitsgerichte, → Sozialgerichte) zugeordnet. Wegen der Europäisierung der Rechtsordnung unterliegt die R. dem wachsenden Einfluss des Europarechts, namentlich die R. des → Gerichtshofs der Europäischen Union (EuGH) ist von stetig zunehmender Bedeutung.

*Michael Droege*

**Rechtsschutz** War es in der Frühzeit des Rechts jeder/jedem Einzelnen überlassen, einen Rechtsanspruch selbst durchzusetzen, ist es heute Aufgabe des Staates, R. zu gewährleisten. R. kann jedermann in Anspruch nehmen. Der/die Inhaber/in eines subjektiven Rechts muss, will sie/er es geltend machen und ggf. durchsetzen, das vom Staat vorgegebene Verfahren beachten. Selbstschutz ist nur noch in den gesetzlich vorgesehenen Fällen der Notwehr, der Nothilfe, des Notstandes, des Besitzschutzes usw. zulässig. Die Garantie des R. durch den Staat ist ein wesentliches Element eines → Rechtsstaates und in Art. 19 Abs. 4 des → Grundgesetzes (GG) verankert. R. wird nicht nur im Verhältnis der Bürger/innen untereinander gewährt, sondern insbesondere auch gegenüber der staatlichen Gewalt. Der Staat gewährleistet R. durch die Gerichte der ordentlichen Gerichtsbarkeit (= → Zivil- und → Strafgerichte) sowie die → Verwaltungs-, Finanz-, → Arbeits- und → Sozialgerichte (Art. 95 Abs. 1 GG). Für den Schutz der → Grundrechte sind, neben den anderen Gerichten, auch die Verfassungsgerichte des Bundes (→ Bundesverfassungsgericht) und der Länder verantwortlich. Die einzelnen Prozessordnungen (Bundesverfassungsgerichtsgesetz [BVerfGG], Zivilprozessordnung [ZPO], Strafprozessordnung [StPO], Verwaltungsgerichtsordnung [VwGO], Finanzgerichtsordnung [FGO], Arbeitsgerichtsgesetz [ArbGG], Sozialgerichtsgesetz [SGG]) regeln den Zugang zu den Gerichten. Dabei kann der Zugang zu den Gerichten von bestimmten Voraussetzungen (Formen, Fristen, konkretes R.bedürfnis, Durchführung eines Vorverfahrens, Kostenvorschuss usw.) abhängig gemacht werden. Er darf aber nicht verhindert oder in unzumutbarer Weise erschwert werden und auch nicht durch sachfremde Erwägungen eingeschränkt werden. So muss etwa R.suchenden, die keine finanziellen Mittel zur Verfolgung ihres Rechts aufbringen können, regelmäßig → Prozesskostenhilfe (§§ 114 ff. ZPO, § 166 VwGO, § 142 FGO, § 73 a SGG) gewährt werden, wenn ihre Rechtsverfolgung eine gewisse Erfolgsaussicht hat. In Verfahren vor den

Verwaltungs- und Sozialgerichten besteht zudem Gerichtskostenfreiheit für hilfesuchende Bürger/innen nach Maßgabe von § 188 VwGO, § 183 SGG. R. muss effektiv sein. Das betrifft insbesondere auch die Verfahrensdauer, die es ermöglichen muss, das Recht tatsächlich und zeitnah durchzusetzen. Dazu dient i.d.R. der → einstweilige R., mit dem der unveränderte Fortbestand einer Rechtsposition vorläufig ebenso gesichert werden kann, wie im Wege der Regelungsanordnung einstweilen existenzsichernde Leistungen erzwungen werden können. Vollendete Tatsachen können auf diesem Weg verhindert werden, ohne dass die Entscheidung in der Hauptsache vorweggenommen wird. Anstelle des verletzten Rechts kann in den gesetzlich vorgesehenen Fällen auch → Schadenersatz zugesprochen werden.

Die zwangsweise Durchsetzung eines gerichtlich festgestellten (= titulierten) Anspruches (→ Zwangsvollstreckung) ist ebenfalls Teil des vom Staat zu gewährleistenden R.

*Olgierd Adolph*

**Rechtsstaat** bezeichnet ein Staatsstrukturprinzip, das alle staatliche Gewalt an das Recht bindet und Grundlage des modernen Verfassungsstaats ist. Für den im Deutschland des 19. Jh. entwickelten formalen R. waren insbesondere der Vorbehalt des (konstitutionell an die parlamentarische Zustimmung gebundenen) → Gesetzes für Eingriffe in Freiheit und Eigentum und die Bindung der (monarchischen) Verwaltung an das Gesetz wesentlich. Spezifikum des → Grundgesetzes (GG) ist die Erweiterung des R. um materielle Elemente und seine gleichrangige Verknüpfung mit dem → Sozialstaatsprinzip zum sozialen Rechtsstaatsprinzip, das insbesondere die Auslegung der → Grundrechte prägt. R. schützt auch in der Demokratie die Rechte der Einzelnen und die Sphäre des Rechts gegen kampagnenhafte Formen des Politischen. Damit werden ein eigenes System des Rechts und die Bedingungen diskursiver Rechtsentstehung gesichert.

Im GG ist der R. in Art. 20 Abs. 1 verankert, durch Art. 23 Abs. 1 zur Bedingung der europäischen Integration gemacht, in Art. 28 Abs. 1 den Ländern vorgegeben und nach Art. 79 Abs. 3 GG unabänderlich Teil der Verfassung. Nach Art. 2 des Vertrags über die Europäische Union (EUV) ist Rechtsstaatlichkeit grundlegender Wert der → Europäischen Union (EU). Die Bindung der → Gesetzgebung an die Verfassung, insbesondere an die → Grundrechte (Art. 1 Abs. 3 GG) und der Verwaltung und → Rechtsprechung an Gesetz und Recht (Art. 20 Abs. 2 GG, → Gesetzmäßigkeit der Verwaltung) sichern die vorrangige Zuständigkeit der Parlamente für alle wesentlichen Entscheidungen. Die Rechtsbindung der Verwaltung wird durch die Garantie des Rechtswegs gegenüber der öffentlichen Gewalt (Art. 19 Abs. 4 GG) gesichert und kontrolliert (→ Rechtsschutz). Die Gewaltenteilung (Art. 20 Abs. 2 GG) ist tragendes Organisationsprinzip des GG und fordert die Aufteilung der Staatsfunktionen auf die Träger von Gesetzgebung, Verwaltung und Rechtsprechung zur gegenseitigen Kontrolle und Mäßigung, nicht zu ihrer absoluten Trennung voneinander. Materielle Elemente des R. sind neben den Grundrechten der → Verhältnismäßigkeitsgrundsatz (Übermaßverbot), die Rechtssicherheit als Inbegriff von Erkennbarkeit (Bestimmtheitsgebot) und Verlässlichkeit der Rechtsordnung und von Vertrauensschutz gegenüber Rechtsänderungen. Vertrauensschutz bedeutet insbesondere, dass Rechtsänderungen nur für die Zukunft erfolgen (Rückwirkungsverbot) und zu prüfen ist, ob eine Übergangsregelung erforderlich ist, damit Rechtsänderungen nicht unverhältnismäßig wirken. Eine Reihe rechtsstaatlicher Gewährleistungen gelten für die Rechtsprechung: Unabhängigkeit der Richter, Verbot von Ausnahmegerichten, Garantie des gesetzlichen Richters, Anspruch auf → rechtliches Gehör, Verbot rückwirkender Strafgesetze und mehrfacher Bestrafung sowie die Rechtsgarantien bei → Freiheitsentziehungen (Art. 97, 101, 103, 104 GG). Rechtsstaatlich garantiert ist auch die Entschädigung (Staatshaftung, Art. 34 GG) für Rechtsverletzungen durch die öffentliche Gewalt (→ Amtshaftung).

*Felix Welti*

**Rechtsverordnung** ist eine → Rechtsnorm, die von der Exekutivgewalt erlassen wird. R. stehen in der Normhierarchie unterhalb der → Gesetze und dürfen nur aufgrund einer ausdrücklichen gesetzlichen Ermächtigung erlassen werden. Rechtsgrundlage hierfür ist Art. 80 → Grundgesetz (GG). Ziel von R. ist es, den Gesetzgeber zu entlasten und es der zuständigen Exekutivbehörde (z.B. einer Bundesministerin oder einer Landesregierung) zu ermöglichen, schnell auf neue Entwicklungen zu reagieren. Zu diesem Zweck wird über die R. die legislative Befugnis zur Rechtssetzung teilweise an die Exekutivgewalt delegiert. Damit die demokratisch stärker legitimierte Legislative nicht zu viel von ihren Aufgaben auf die Exekutive überträgt, muss der → Gesetzgeber wesentliche Entscheidungen selbst treffen und Inhalt, Zweck und Ausmaß der Ermächtigung klar umreißen und begrenzen (Art. 80 Abs. 1 S. 2 GG). Die Verordnung muss ihre gesetzliche Grundlage nennen, um ihre Überprüfbarkeit anhand dieser zu erleichtern. Ähnliche Regelungen wie in Art. 80 GG finden sich auch in den einzelnen Landesverfassungen (z.B. Art. 64 Abs. 1 der Verfassung von Berlin). Verordnungsermächtigungen finden sich z.B. in § 120 SGB XII und § 16 SGB XI.

*Anusheh Rafi*

**Rechtswidrigkeit** (Widerrechtlichkeit) ist die Charakterisierung einer Handlung, die der Rechtsordnung widerspricht. Sie gehört zu den kategorialen Grundbegriffen des Rechts und wird in allen Rechtsgebieten einheitlich gebraucht (Grundsatz der Einheitlichkeit der Rechtsordnung). R. ist zu unterscheiden vom Begriff der → Schuld, die gleichfalls ein Werturteil beinhaltet, das zwar notwendigerweise eine rechtswidrige Handlung voraussetzt, aber darüber befindet, ob diese Handlung der Täterin/dem Täter persönlich vorwerfbar ist. Insoweit die strafrechtlichen Bestimmungen Unrechtstatbestände typisieren, wird in aller Regel mit der Tatbestandsmäßigkeit auch die R. angezeigt (§ 11 Nr. 5 Strafgesetzbuch [StGB]). Die R. ist in der Regel ausgeschlossen, soweit Rechtfertigungsgründe vorliegen. Solche sind im Strafrecht und auch im Zivilrecht normiert (z.B. Notwehr, rechtfertigender Notstand, Pflichtenkollision, Einwilligung) und schließen das Unrecht einer Handlung mit Wirkung für alle Rechtsgebiete aus. Die R. kann Voraussetzung für zivilrechtliche Ansprüche auf Abwehr, Beseitigung oder → Schadenersatz und für die Strafbarkeit im Strafrecht sein. Rechtswidrige → Verwaltungsakte sind anfechtbar und aufhebbar, aber nicht notwendigerweise nichtig (§§ 44, 43 Abs. 3 Verwaltungsverfahrensgesetz [VwVfG]).

*Nicola Leiska-Stephan*

**Reformpädagogik** Unter dem Titel der R. werden mehrere Phänomene zugleich behandelt, die in der älteren, primär pädagogisch-normativen Idealisierung oder in der nur ideologisch fundierten Kritik nicht angemessen unterschieden wurden. Heute sollten zumindest drei Existenzweisen von R. gesehen werden: (1) der im späten 19. Jh. einsetzende Diskurs pädagogischer Reformbewegungen, der eher programmatische Selbstbeschreibungen der diversen Akteure überliefert als eine distanzierte Reflexion und Analyse pädagogischer Ideen und Praktiken; (2) die historische und aktuelle Gestalt von pädagogischen Einrichtungen und Praktiken, die einem Komplex zugeordnet werden, der im Anspruch einer »Reform der Erziehung« seine lockere Klammer hat, aber sowohl älter ist als der erstgenannte Diskurs über R. und breiter als die meist diskutierten Vorzeigeeinrichtungen. Diesen zweiten Komplex von R. macht die historische Bildungsforschung zum Thema, in der distanzierten Beobachtung unterschiedlicher Praxen, nicht in der sympathetischen Propaganda; (3) R. als politisch kursierenden und in der Moderne, spätestens im 20. Jh. notorisch werdenden Jargon der »Reform« von → Bildung und → Erziehung, kaum mehr als ein Slogan, jedenfalls nicht reflexiv oder materiell eindeutig bestimmt, öffentlich höchst belastet und bereits als Reformgerede ironisiert. Diese differenten Gestalten von R. sind aktuell in diffuser Gemengelage präsent, verwirren das öffentliche Bild von R. und erschweren damit auch die Klärung der Frage, welche Bedeutung den historischen Reformprojekten angesichts ihrer tatsächlichen Geschichte heute noch zukommt.

Angesichts der aktuellen Befunde über den kontinuierlichen → sexuellen Missbrauch von Kindern nicht nur in der kirchlichen oder staatlichen → Heimerziehung, sondern auch in prominenten Reformschulen, u.a. in Landerziehungsheimen wie der Odenwaldschule, aber auch außerdeutsch, hat R. ihre einst unbestrittene Anerkennung und pädagogische Vorbildfunktion stark eingebüßt. R. stellt auch keine einfach kopierbaren Praxen bereit, bietet aber ein bis heute inspirierendes Reservoir grundlegender pädagogisch-professioneller Ideen und Erfindungen. Das gilt für die vormodernen und frühbürgerlichen Erziehungsideen von Erasmus oder Comenius bis zu Rousseau oder Fröbel. Das Repertoire wird erweitert durch die vielfältigen praktischen und programmatischen Bemühungen seit 1880, das Erziehungssystem in Deutschland – vergleichbar in den USA, in westeuropäischen Ländern, Asien oder Südamerika – gegen intellektualistische, autoritäre, lebens- wie schülerferne Strukturen hin zu stärkerer Verbindung mit dem Leben, zu Aktivität und Selbsttätigkeit »vom Kinde aus« zu verändern. Diese Bestrebungen stehen in Deutschland im Kontext von Kulturkritik (Nietzsche, Langbehn, Lagarde) und Lebensphilosophie, sie sind auch beeinflusst von Gedanken der Eugenik sowie zugleich religiös und naturalistisch geprägt, und sie werden durch parallele »Bewegungen« (→ Soziale Bewegungen) gestützt. In Frankreich, Belgien, der Schweiz oder den USA sind die pädagogischen Reformprojekte stärker demokratisch und z.T. im Sinne eines demokratischen Perfektionismus begründet und realisiert. Die Vielfalt der pädagogischen und Sozialbewegungen in Deutschland ist insofern auch Indiz dafür, dass Staat und → Zivilgesellschaft hier in Spannung zueinander stehen. Das gemeinsame Thema dieser Bewegungen, u.a. der Volkshochschul-, Kunsterziehungs-, Arbeitsschul-, Landerziehungsheim- und Einheitsschulbewegung, ist es deshalb auch, die pädagogische Praxis zu aktivieren, um vom Erziehungssystem her das gesellschaftliche System zu »heilen«, die »neue Gesellschaft« zu gründen und aus »Gesellschaft« endlich »Gemeinschaft« zu machen.

Historisch ist R. schließlich weder gleichzusetzen mit der neu entstehenden Erziehungswissenschaft (→ Erziehungswissenschaftliche Grundlagen der Sozialen Arbeit), noch deckt sie die Praxis der Erziehung bis 1933. Zur Theorie bleibt ihr Verhältnis distanziert und für die Wirklichkeit des staatlichen Bildungssystems ist R. von marginaler Bedeutung. Im Bereich der → Sozialen Arbeit verdeutlichen das Jugendwohlfahrtsgesetz und das → Jugendgerichtsgesetz, vereinzelte Versuche in Heimerziehung, → Jugendstrafvollzug und die Ausbildungsformen hauptamtlicher → Erzieher/innen die historisch-politisch mögliche reformpädagogische Erziehung. Nationalsozialistische Pädagogik konnte 1933 relativ leicht, wenn auch nicht immer bruchlos an Selbstbegründung (Führerideologie), Denkstil (Irrationalismus) und Organisationsprinzipien (Gemeinschaft und Volksgemeinschaft) der R. anknüpfen; die Abgrenzung der R. vom Nationalsozialismus wurde durch ihre geringe theoretische Fundierung erschwert. Doch liefert sie Modelle erzieherischen Handelns, die bis heute inspirierend sind. Ein Beispiel für die langfristige sozialpädagogische Wirksamkeit ist das → Kinder- und Jugendhilfegesetz (SGB VIII) und das Konzept des → Kindeswohls, die von Ideen der R. mitgeprägt wurden.

Etwa 1.200 Schulen in Europa gestalten gegenwärtig ihr Schulleben gemäß einer der Traditionen der R. Starke innovative Breitenwirkung ging von Daltonplan-, → Freinet-, Jenaplan-, → Montessori- und → Waldorfpädagogik aus. Auch »Alternative« oder »Freie« Schulen stehen mit ihren Konzepten häufig Modellen der R. nahe. Ein Kanon von Grundsätzen ist vielen von ihnen gemeinsam: »Kindorientierung«; »ganzheitliche« und vielseitige Erziehung; Kooperation statt Konkurrenz. Was als »kindgerechte« Erziehung definiert wird, ist je nach weltanschaulichen Grundannahmen und Deutungen der kindlichen Entwicklung jedoch sehr unterschiedlich. R. in ihrer Vielschichtigkeit wird weiterhin – auch bezüglich notwendiger Schulentwicklung und Schulreform – wissenschaftliche Diskurse herausfordern.

*Lit.* Keim, W./Schwerdt, U. (Hrsg.): Handbuch der Reformpädagogik in Deutschland. 2 Bde, Frankfurt a.M. u.a. 2013; Oelkers, J.: Eros und Herrschaft. Die dunklen Seiten der Reformpädagogik, Weinheim/Basel 2011; Skiera, E.: Reformpädagogik in Geschichte und Gegenwart. Eine kritische Einführung, München 2003; Tenorth, H.-E.: „Reformpädagogik“. Erneuter Versuch, ein erstaunliches Phänomen zu verstehen, Berlin 1994; Tenorth, H.-E.: Rezension zu Oelkers (2011), in: Sozialwissenschaftliche Literatur Rundschau 34, 2011, Nr. 63, S. 18–25.

*Heinz-Elmar Tenorth/Heide Kallert*

**Regelbedarf** (nach § 20 Abs. 1 SGB II, § 27 a SGB XII) umfasst im Rahmen der → Leistungen zur Sicherung des Lebensunterhalts insbesondere → Ernährung, Kleidung, Körperpflege, Hausrat, Haushaltsenergie ohne die auf die Heizung und Erzeugung von Warmwasser entfallenden Anteile sowie → Bedarfe des täglichen Lebens. Zur Deckung des R. sind monatliche → Regelsätze zu gewähren (§ 27 a Abs. 3 SGB XII). Die Formulierung in § 20 Abs. 1 S. 3 SGB II, dass der »Regelbedarf (…) als monatlicher Pauschalbetrag berücksichtigt« wird, ist im Ergebnis inhaltsgleich.

Der R. ist eine pauschale → Geldleistung. Nach dem sozialhilferechtlichen → Individualisierungsprinzip ist sie abweichend festzusetzen, wenn im Einzelfall ein Bedarf anderweitig gedeckt ist oder seiner Höhe nach erheblich vom durchschnittlichen Bedarf abweicht (§ 28 Abs. 1 SGB XII). Eine Besonderheit des Einzelfalls liegt vor, wenn ein Bedarf im Rahmen der pauschalen.Bemessung des R. nicht oder nicht im vollen Umfang berücksichtigt werden konnte, da er einzelfallabhängig ist (BVerwG, Urt. v. 15.12.1994 – NDV-RD 1996, 10). Im SGB II ist eine abweichende Festsetzung des Regelbedarfs nicht möglich. Soweit hier »im Einzelfall ein unabweisbarer, laufender, nicht nur einmaliger besonderer Bedarf besteht« (§ 21 Abs. 6 S. 1 SGB II), ist ein → Mehrbedarf anzuerkennen.

Der R. ist der Höhe nach so zu bemessen, dass der (durchschnittliche) Bedarf damit gedeckt werden kann – was als Bedarf anerkannt werden soll, ist letztendlich Ergebnis von normativen Setzungen und von Wertungen. Dabei ist aber die Aufgabe der → Sozialhilfe in den Blick zu nehmen, »den Leistungsberechtigten die Führung eines Lebens zu ermöglichen, das der Würde des Menschen entspricht« (§ 1 SGB XII). Für die Konkretisierung und Begründung des R. kommt ein → Bedarfsbemessungssystem zur Anwendung.

§ 28 SGB XII i.V.m. dem → Regelbedarfs-Ermittlungsgesetz regeln hierbei das Verfahren.

Das → Bundesverfassungsgericht hat mit Urteil vom 9.2.2010 (1 BvL 1/09 u.a.) erkannt, dass die nach der → Regelsatzverordnung 2004 festgesetzten Regelbedarfe nicht verfassungsrechtlichen Anforderungen entsprachen. Ursache waren insbesondere methodische Unzulänglichkeiten bei der Bemessung. Die Neubemessung auf Basis des → Regelbedarfs-Ermittlungsgesetzes aus 2011 entsprach hingegen noch verfassungsrechtlichen Anforderungen (BVerfG, Beschl. v. 23.7.2014 – 1 BvL 10/12 u.a.). Die Höhe des R. beeinflusst nicht nur den Lebensstandard von Leistungsberechtigten, sondern entscheidet im Rahmen der Bedürftigkeitsprüfung auch darüber mit, ob Anspruch auf existenzsichernde Leistungen nach SGB II oder SGB XII besteht.

*Reiner Höft-Dzemski*

**Regelbedarfs-Ermittlungsgesetz** (RBEG) ist die Kurzbezeichnung für das Gesetz zur Ermittlung der → Regelbedarfe nach § 28 SGB XII vom 24.3.2011 (BGBl. I S. 453), das zum 1.4.2011 in Kraft getreten ist und auf die verfassungskonforme Ermittlung und Ausgestaltung der Regelbedarfe in der → Sozialhilfe (SGB XII) und in der → Grundsicherung für Arbeitsuchende (SGB II) zielt. Es hat als formelles Bundesgesetz die Nachfolge früherer Regelsatzverordnungen (RSV) angetreten.

Das RBEG war erforderlich geworden, nachdem das → Bundesverfassungsgericht (BVerfG) in seinem Urteil vom 9.2.2010 (1 BvL 1/09 u.a.) die bisherige Ermittlung der Regelsätze für unvereinbar mit dem Grundrecht auf ein menschenwürdiges → Existenzminimum (Art. 1 Abs. 1 i.V.m. Art. 20 Abs. 1 → Grundgesetz [GG]) erachtet hatte.

Die Regelbedarfsermittlung nach dem RBEG fußt wie bisher auf dem → Statistikmodell. Grundlage für die Festlegungen des Ursprungsgesetzes ist die → Einkommens- und Verbrauchsstichprobe (EVS) 2008 (§ 1 RBEG), die im RBEG festgesetzten Regelbedarfe sind jedoch nach Maßgabe des § 7 RBEG ins Jahr 2011 fortgeschrieben. Das RBEG definiert sechs Regelbedarfsstufen (§ 8 Abs. 1 RBEG). Referenzhaushalte sind nach § 2 RBEG Einpersonenhaushalte und Paarhaushalte mit einem Kind (Familienhaushalte), wobei die Familienhaushalte nur zur Bestimmung der Kinderregelbedarfe (Regelbedarfsstufen 4–6) (→ Kinderregelleistung) herangezogen werden. Grundlage der Bemessung ist das Verbrauchsverhalten des jeweils in § 4 RBEG definierten unteren Perzentils der nach ihrem Nettoeinkommen geschichteten Haushalte. Zuvor sind zur Vermeidung von Zirkelschlüssen diejenigen Haushalte ausgeschlossen worden, die existenzsichernde Leistungen beziehen, ohne daneben über anrechnungsfreies Erwerbseinkommen (→ Einkommen) zu verfügen (§ 3 RBEG). Die durchschnittlichen Verbrauchsausgaben der Referenzhaushalte wurden durch Herausrechnen bzw. Substituieren von nicht als regelbedarfsrelevant eingestuften Positionen (z.B. Alkohol, Tabak, Kfz-Kosten) bereinigt. Das Verfahren wird in der Gesetzesbegründung (BT-Drucks. 17/3404, S. 49 ff.) im Einzelnen erläutert.

Die Methodik ist u.a. wegen der Behandlung verdeckter Armut und der Abgrenzung der unteren Einkommensschichten voneinander kritisiert worden. Das BVerfG hält die Regelbedarfe nach dem RBEG für verfassungsgemäß (Beschluss v. 23.7.2014 – 1 BvL 10/12 u.a.), hat aber Anpassungsbedarfe formuliert, die bei der erforderlichen Novellierung des RBEG auf Grundlage der EVS 2013 zu berücksichtigen sind. Eigene Weiterentwicklungsziele hat der Gesetzgeber in § 10 RBEG festgelegt.

Bisweilen wird der Begriff Regelbedarfs-Ermittlungsgesetz auch synonym verwendet für das Gesetz zur Ermittlung von Regelbedarfen und zur Änderung des Zweiten und Zwölften Buches Sozialgesetzbuch vom 24.3.2011 (BGBl. I S. 453), das als Artikelgesetz neben dem RBEG zahlreiche leistungsrechtliche Änderungen im SGB II und SGB XII enthielt, u.a. die Einführung der → Leistungen für Bildung und Teilhabe.

*Andy Groth*

**Regelleistung nach dem SGB II** → Regelbedarf

**Regelsatz** Der R. nach § 27 a Abs. 4 SGB XII (→ Sozialhilfe) ist ein Geldbetrag zur Deckung des monatlichen → Regelbedarfs in der Sozialhilfe und der → Grundsicherung für Arbeitsuchende (SGB II). „Der Regelsatz stellt einen monatlichen Pauschalbetrag zur Bestreitung des Regelbedarfs dar, über dessen Verwendung die Leistungsberechtigten eigenverantwortlich entscheiden; dabei haben sie das Eintreten unregelmäßig anfallender Bedarfe zu berücksichtigen“ (§ 27 a Abs. 3 S. 2 SGB XII).

*Reiner Höft-Dzemski*

**Regelsatzverordnung** war die Verordnung zur Durchführung des § 28 SGB XII (→ Sozialhilfe). Sie regelte Inhalt, Bemessung und Aufbau der Regelsätze sowie ihre Fortschreibung und ist mit dem → Regelbedarfs-Ermittlungsgesetz von 2011 obsolet geworden

*Reiner Höft-Dzemski*

**Regenbogenfamilien** → Familien, in denen sich mindestens ein Elternteil als lesbisch, schwul, bisexuell oder als Transgender bezeichnet (→ Gleichgeschlechtliche Lebensweisen, → Trans- und Intergeschlechtlichkeit), werden R. genannt. Der Regenbogen in dem Wort R. hat seinen Ursprung in der lesbisch-schwulen Emanzipationsbewegung und wurde 1978 als dessen Symbol durch den amerikanischen Künstler G. Baker eingeführt. R. können unterschiedlich entstehen. Entweder stammen die Kinder aus einer früheren heterosexuellen Beziehung, sind → Pflege- oder Adoptivkinder (→ Annahme als Kind) oder werden als leibliche Kinder in Paarbeziehungen, Mehrelternkonstellationen oder von Alleinstehenden geboren.

Die rechtliche Absicherung dieser Familien unterscheidet sich gegenwärtig noch in vielerlei Hinsicht gegenüber Familien mit heterosexuellen Eltern, da die seit 2001 in Deutschland bestehende Eingetragene → Lebenspartnerschaft mit der → Ehe nicht gleichgestellt ist und es darüber hinaus keine Möglichkeiten der Verantwortungsübernahme gibt. Gemeint sind z.B. → Vaterschafts- oder Mutterschaftsanerkennungen in gleichgeschlechtlichen Beziehungen. So sind gleichgeschlechtliche Eltern in Eingetragener Lebenspartnerschaft nicht automatisch gemeinsame rechtliche Eltern ihres Kindes, wie es bei der Ehe der Fall ist. Bei der Adoption eines fremden Kindes können die Eingetragenen Lebenspartner/innen das Kind nicht gemeinsam adoptieren sondern nur sukzessiv nacheinander in unterschiedlichen Verfahren. Es wird von der Sukzessivadoption gesprochen, die 2013 durch das → Bundesverfassungsgericht als Schritt hin zur gemeinsamen Adoption für gleichgeschlechtliche Paare gefordert wurde. Für die Adoption des leiblichen Kindes der Lebenspartnerin/des Lebenspartners ist seit 2005 ein sogenanntes Stiefkindadoptionsverfahren nötig, bei dem → Familiengericht und → Jugendamt beurteilen müssen, ob die Stiefkindadoption des in den meisten Fällen gemeinsam geplanten Kindes dem Wohl des Kindes entspricht. Bei Mehrelternfamilien, also Familien, bei denen bspw. ein schwules und ein lesbisches Paar gemeinsam Eltern werden, ist es nicht möglich, dass alle Beteiligten einen gleichwertigen rechtlichen Elternstatus bekommen. Der Kinderwunsch bei alleinstehenden Frauen und lesbischen Paaren wird zudem erschwert, da der Zugang zur Reproduktionsmedizin durch die Bundesärztekammer nicht erwünscht und in den einzelnen Bundesländern unterschiedlich geregelt ist.

Neben diesen strukturellen → Diskriminierungen erleben R. immer wieder Ausgrenzung im Alltag. Als Beispiel kann der Zugang zu öffentlichen Einrichtungen wie Schwimmbad oder Zoo genannt werden, wo ihnen mitunter eine Familienkarte verwehrt wird. Hier greift allerdings das → Allgemeine Gleichbehandlungsgesetz, das solche Formen der Ungleichbehandlungen auch aufgrund der sexuellen Orientierung verbietet. Studien über die Entwicklung der Kinder in R. gibt es in Deutschland nur wenige. Allerdings ist sich die Wissenschaft einig, dass es nicht auf das Geschlecht der Eltern ankommt, sondern auf die Beziehungsfähigkeit in den Familien. Kinder in R. entwickeln sich genauso gut wie Kinder mit heterosexuellen Eltern.

*Constanze Körner*

**Regionalträger** → Rentenversicherungsträger

**Rehabilitation** wird allgemein als Begriff für die (Wieder-)Eingliederung → behinderter oder von Behinderung bedrohter Menschen in die → Gesellschaft, insbesondere in Arbeit und Beruf, verwendet. Unter R. wird dabei das anzustrebende Ziel, zugleich aber auch die Gesamtheit der Leistungen und Maßnahmen, die diesem Ziel dienen, einschließlich des Verfahrens verstanden. Unerheblich ist, ob beim betroffenen Menschen die Behinderung von Geburt an besteht oder erst später – etwa durch → Krankheit oder Unfall – eingetreten ist. Auch bei Menschen mit Behinderung, die noch nie in die Gesellschaft eingegliedert waren und entsprechende Leistungen bzw. Maßnahmen erhalten, spricht man von R.

Im Ablauf der R. werden vier Phasen unterschieden: die → medizinische, die pädagogisch(vorschulisch)- → schulische R., die berufliche R. und die → soziale R. Dabei sieht man teilweise die pädagogisch-schulische R. als Teil der sozialen an. Das → Sozialgesetzbuch Neuntes Buch – Rehabilitation und Teilhabe behinderter Menschen – (SGB IX) verwendet in Anlehnung an die Definitionen der → Weltgesundheitsorganisation (WHO) den Begriff der → »Teilhabe« und unterscheidet dementsprechend unter dem »Oberbegriff« der Leistungen zur Teilhabe am Leben in der Gesellschaft im Einzelnen – als Leistungsgruppen – die Leistungen zur medizinischen R., Leistungen zur → Teilhabe am Arbeitsleben und Leistungen zur Teilhabe am Leben in der Gemeinschaft. Wesentlich ist das → Individualisierungsprinzip. Dies bedeutet, dass im Einzelfall die R. weder grundsätzlich in dieser Reihenfolge durchlaufen werden muss noch dass stets alle Phasen und die damit verbundenen R.leistungen erforderlich werden.

Entscheidend für den Erfolg der R. ist, dass sie rechtzeitig i.S. von möglichst frühzeitig einsetzt (vgl. § 12 Abs. 1 Nr. 1 SGB IX). Das gilt insbesondere bei behinderten und von Behinderung bedrohten Kindern (→ Frühförderung behinderter Menschen). Auch deshalb kommt der → Auskunft und → Beratung (§§ 12 Abs. 1 Nr. 3, 22 Abs. 1 SGB IX, § 11 SGB XII (→ Sozialhilfe), §§ 14, 15 SGB I) große Bedeutung zu. Weiter müssen – was durch verschiedene Vorschriften des SGB IX (u. a. §§ 10 Abs. 1, 11 Abs. 1, 12 Abs. 1 Nr. 1) sichergestellt werden soll – die Leistungen nahtlos ineinander greifen. Schließlich muss der behinderte Mensch bei der R. mitwirken (§§ 60 ff. SGB I), auch ist die Unterstützung seiner R. durch die Familie bzw. seine Bezugspersonen wesentlich.

Die R. ist in Anbetracht ihrer humanitären, gesellschaftspolitischen und auch volkswirtschaftlichen Bedeutung ein wesentliches Element im System der sozialen Sicherung (→ Soziale Sicherheit), das seine Aufgabe nicht allein in einem Ausgleich der Folgen bestimmter ursächlicher Schädigungen (z. B. Kriegsbeschädigung, → Arbeitsunfall) sieht (→ Kausalprinzip), sondern auch auf das Ziel ausgerichtet ist, allen behinderten Menschen unabhängig von der Ursache ihrer Behinderung die Eingliederung in die Gesellschaft zu ermöglichen (→ Finalprinzip).

Das SGB I sieht ein soziales Recht auf → Teilhabe behinderter Menschen vor. Wer körperlich (→ Körperbehinderte Menschen), geistig (→ Geistig behinderte Menschen) oder seelisch behindert (→ Seelische behinderte Menschen) ist oder wem eine solche Behinderung droht, hat ein Recht auf die Hilfe, die notwendig ist, um die Behinderung abzuwenden, zu beseitigen, zu mindern, auszugleichen, ihre Verschlimmerung zu verhüten oder ihre Folgen zu mildern, Einschränkungen der Erwerbsfähigkeit oder → Pflegebedürftigkeit zu vermeiden, zu überwinden, zu mindern oder eine Verschlimmerung zu verhüten sowie den vorzeitigen Bezug von → Sozialleistungen zu vermeiden oder laufende Sozialleistungen zu mindern und ihm einen seinen Neigungen und Fähigkeiten entsprechenden Platz in der Gesellschaft, insbesondere im Arbeitsleben, zu sichern (§ 10 SGB I).

Nach dem Recht der R. und Teilhabe behinderter Menschen (§ 29 Abs. 1 SGB I) können in Anspruch genommen werden: (1) Leistungen zur medizinischen R., insbesondere Frühförderung behinderter und von Behinderung bedrohter Kinder, ärztliche und zahnärztliche Behandlung, Arznei- und Verbandmittel, → Heilmittel einschließlich physikalischer → Sprach- und Beschäftigungstherapie, Körperersatzstücke, orthopädische und andere → Hilfsmittel sowie → Belastungserprobung und Arbeitstherapie. (2) Leistungen zur Teilhabe am Arbeitsleben, insbesondere Hilfen zur Erhaltung oder Erlangung eines Arbeitsplatzes, Berufsvorbereitung, berufliche Anpassung, → Ausbildung und Weiterbildung sowie sonstige Hilfen zur Förderung der Teilhabe am Arbeitsleben. (3) Leistungen zur Teilhabe am Leben in der Gemeinschaft, insbesondere Hilfen zur Entwicklung der geistigen und körperlichen Fähigkeiten vor Beginn der Schulpflicht, zur angemessenen Schulbildung, zur heilpädagogischen Förderung, zum Erwerb praktischer Kenntnisse und Fähigkeiten, zur Ausübung einer angemessenen Tätigkeit, soweit Leistungen zur Teilhabe am Arbeitsleben nicht möglich sind, zur Förderung und Verständigung mit der Umwelt sowie zur Freizeitgestaltung und sonstigen Teilhabe am gesellschaftlichen Leben. (4) Unterhaltssichernde und andere ergänzende Leistungen, insbesondere → Krankengeld, Versorgungskrankengeld, Verletztengeld, Übergangsgeld, Ausbildungsgeld oder Unterhaltsbeihilfe, Beiträge zur gesetzlichen Kranken-, Unfall-, Renten- und Pflegeversicherung sowie zur Bundesagentur für Arbeit (→ Arbeitslosenversicherung), Reisekostenerstattung, Haushalts- oder Betriebshilfe und Übernahme von Kinderbetreuungskosten sowie → Rehabilitationssport und → Funktionstraining. (5) Besondere Leistungen und sonstige Hilfen zur Teilhabe schwerbehinderter Menschen am Leben in der Gesellschaft, insbesondere am Arbeitsleben.

Im Gegensatz zu den anderen → sozialen Rechten, die nur in einem Sozialleistungsbereich eine gesetzliche Regelung gefunden haben, ist die R. eine Aufgabe, die in fast allen Sozialleistungsbereichen wahrgenommen wird. Den Trägern der → Krankenversicherung, → Unfallversicherung, → Rentenversicherung unter Hinzunahme der → Alterssicherung der Landwirte, → Arbeitsförderung, → sozialen Entschädigung bei Gesundheitsschäden, Schwerbehindertenhilfe (→ Integrationsamt, → Versorgungsamt, → Schwerbehinderte Menschen) sowie der → Sozialhilfe und der öffentlichen → Kinder- und Jugendhilfe ist die R. als weitere Aufgabe zu ihrer jeweiligen Grundaufgabe übertragen. Diese → Sozialleistungsträger sind für den von ihnen zu betreuenden (versicherten) Personenkreis zugleich → Rehabilitationsträger.

Mit dem Gesetz über die Angleichung der Leistungen zur R. (RehaAnglG) wurden die bis dahin unterschiedlichen Begriffe und Leistungen der verschiedenen von diesem Gesetz erfassten R.trägerbereiche angeglichen und allgemeine Vorschriften für die Einleitung und Durchführung des R.verfahrens aufgestellt. Mit dem am 1.7.2001 in Kraft getretenen SGB IX wurde das RehaAnglG aufgehoben, die seinerzeit eingeleitete Entwicklung jedoch fortgeschrieben. Stellten die Vorschriften des RehaAnglG lediglich »Grundsätze« dar, so enthält das SGB IX nunmehr Vorschriften, die originär für alle R.träger Anwendung finden. Die ersten drei Kapitel des Ersten Teils des SGB IX enthalten dabei Regelungen, die für alle R.träger maßgeblich sind, nämlich allgemeine Regelungen, Regelungen zur Ausführung von Leistungen zur Teilhabe und zu → Servicestellen. In Kapitel 4 bis 7 werden die Leistungen bestimmt, die einheitlich von den jeweils zuständigen R.trägern als Leistungen zur medizinischen Rehabilitation, zur Teilhabe am Arbeitsleben, als unterhaltssichernde und andere ergänzende Leistungen sowie als Leistungen zur Teilhabe am Leben in der Gemeinschaft erbracht werden. Entsprechend wurden durch Art. 2 ff. SGB IX die für die R.träger maßgebenden Leistungsgesetze geändert, sodass diese nur noch Regelungen enthalten, die allein für die jeweiligen R.träger gelten, insbesondere über die → Zuständigkeit und die Leistungsvoraussetzungen. Art, Gegenstand, Umfang, Qualität und Ausführung der Leistungen richten sich dagegen nach dem SGB IX, soweit die Leistungsgesetze der R.träger nicht darüber hinaus Besonderheiten regeln. Im Gegensatz zum früheren RehaAnglG werden vom SGB IX auch die Träger der Sozialhilfe, der öffentlichen Jugendhilfe und der Schwerbehindertenhilfe erfasst.

Die Krankenversicherung erbringt Leistungen zur medizinischen R. sowie unterhaltssichernde und andere ergänzende Leistungen, die notwendig sind, um Behinderungen einschließlich → chronischer Krankheiten oder Pflegebedürftigkeit abzuwenden, zu mindern, auszugleichen, ihre Verschlimmerung zu verhüten oder ihre Folgen zu mildern (§ 11 Abs. 2 SGB V). Die Rentenversicherung erbringt Leistungen zur medizinischen R., → Leistungen zur Teilhabe am Arbeitsleben sowie ergänzende (einschließlich unterhaltssichernde) und sonstige Leistungen, um den Auswirkungen einer Krankheit oder einer körperlichen, geistigen oder seelischen Behinderung auf die Erwerbsfähigkeit der Versicherten entgegenzuwirken oder sie zu überwinden und dadurch Beeinträchtigungen der Erwerbsfähigkeit oder ihr vorzeitiges Ausscheiden aus dem Erwerbsleben zu verhindern oder sie möglichst dauerhaft in das Erwerbsleben wiedereinzugliedern (§ 9 Abs. 1 SGB VI). Die Unfallversicherung erbringt Heilbehandlung einschließlich Leistungen zur medizinischen R., Leistungen zur Teilhabe am Arbeitsleben und am Leben in der Gemeinschaft, ergänzende (einschließlich unterhaltssichernde) Leistungen, Leistungen bei Pflegebedürftigkeit sowie Geldleistungen bei → Arbeitsunfall, Wegeunfall, → Berufskrankheit und drohender Berufskrankheit (insbesondere §§ 7-13, 26-52 SGB VII). Die Arbeitsförderung erbringt unter der Voraussetzung, dass kein anderer R.träger i. S. d. SGB IX vorrangig zuständig ist, Leistungen zur Teilhabe am Arbeitsleben und ergänzende (einschl. unterhaltssichernde) Leistungen, um bei behinderten oder von einer Behinderung bedrohten Menschen, die auf dem allgemeinen Arbeitsmarkt tätig werden können, ihre Erwerbsfähigkeit entsprechend ihren Neigungen und ihrer Leistungsfähigkeit zu erhalten, zu verbessern, herzustellen und ihre Teilhabe am Arbeitsleben möglichst auf Dauer zu sichern (§§ 4 Abs. 1 Nr. 3, 33 Abs. 1 SGB IX i. V. m. § 97 Abs. 1 SGB III); bei behinderten Menschen, die wegen Art und Schwere ihrer Behinderung nicht, noch nicht oder noch nicht wieder auf dem allgemeinen Arbeitsmarkt beschäftigt werden können (§ 136 Abs. 1 SGB IX) und die deshalb Leistungen in einer → Werkstatt für behinderte Menschen benötigen, sind die Leistungen darauf gerichtet, die Leistungsfähigkeit so weit wie möglich zu entwickeln, zu verbessern oder wiederherzustellen und dadurch – nach der Teilnahme an Leistungen im Berufsbildungsbereich der Werkstatt für behinderte Menschen – wenigstens ein Mindestmaß an wirtschaftlich verwertbarer Arbeitsleistung zu erzielen (§ 40 Abs. 1 Nr. 2 SGB IX).

Nach dem sozialen Entschädigungsrecht werden Leistungen zur medizinischen R., Leistungen zur Teilhabe am Arbeitsleben und ergänzende Leistungen erbracht bei (gesundheitlichen) Schäden bzw. Beschädigungen, die verursacht sind durch militärische oder militärähnliche Dienstverrichtungen, Kriegseinwirkung, Kriegsgefangenschaft, Internierung (§§ 1-8 b BVG), Inhaftierung i. S. d. §§ 1, 3, 4 Häftlingshilfegesetz (HHG), Wehrdienstbeschädigung (§§ 80-82 Soldatenversorgungsgesetz [SVG]), Zivildienstbeschädigung (§§ 47-48 Zivildienstgesetz [ZDG]), Impfung (§ 60 Gesetz zur Verhütung und Bekämpfung von Infektionskrankheiten – Infektionsschutzgesetz [IfSG]) sowie einen vorsätzlichen, rechtswidrigen tätlichen Angriff gegen seine oder eine andere Person oder dessen rechtmäßige Abwehr (§ 1 Opferentschädigungsgesetz [OEG]).

Die Träger der Schwerbehindertenhilfe erbringen nachrangig gegenüber den Leistungen der bereits genannten Bereiche → begleitende Hilfe im Arbeits- und Berufsleben (§ 102 Abs. 2 SGB IX). Mit Inkrafttreten des SGB IX sind die Träger der Sozialhilfe in den Kreis der R.träger einbezogen (§ 6 Abs. 1 SGB IX). Sie erbringen Leistungen zur medizinischen R., Leistungen zur Teilhabe am Arbeitsleben, Leistungen zur Teilhabe am Leben in der Gemeinschaft (§ 5 SGB IX) sowie weitere Leistungen der → Eingliederungshilfe für behinderte Menschen (§§ 53 ff. SGB XII). Leistungen der Sozialhilfe erhält nicht, wer sich selbst helfen kann oder die erforderliche Hilfe von anderen, besonders von Angehörigen oder von anderen Sozialleistungsträgern erhält; dieser Grundsatz ist jedoch durch die Sonderregelung des § 92 Abs. 2 SGB XII für Leistungen der Eingliederungshilfe weitgehend aufgehoben; eine Bedürftigkeitsprüfung findet deshalb für die in § 19 Abs. 3 SGB XII genannten Personen bei Leistungen zur → medizinischen R. und zur Teilhabe am Arbeitsleben einschließlich der Leistungen im Arbeitsbereich anerkannter Werkstätten für behinderte Menschen und in vergleichbaren sonstigen Beschäftigungsstätten nicht statt.

Mit Inkrafttreten des SGB IX sind auch die → Jugendhilfeträger in den Kreis der R.träger einbezogen (§ 6 Abs. 1 SGB IX). Sie erbringen für seelisch behinderte oder von einer solchen Behinderung bedrohte Kinder und Jugendliche Leistungen zur medizinischen R., Leistungen zur Teilhabe am Arbeitsleben und Leistungen zur Teilhabe am Leben in der Gemeinschaft sowie weitere Leistungen der Eingliederungshilfe (§§ 53 Abs. 3, 4, 54-57 SGB XII, § 35 a Abs. 3 SGB VIII). Verpflichtungen anderer, insbesondere Unterhaltspflichtiger oder der Träger anderer Sozialleistungen, werden durch das SGB VIII nicht berührt. Leistungen anderer dürfen nicht deshalb versagt werden, weil nach SGB VIII entsprechende Leistungen vorgesehen sind (§ 10 Abs. 1 SGB VIII). Die Leistungen nach dem SGB VIII gehen Leistungen nach dem SGB XII vor. Leistungen der Eingliederungshilfe nach dem SGB XII für junge Menschen, die körperlich oder geistig behindert oder von einer solchen Behinderung bedroht sind, gehen Leistungen nach dem SGB VIII vor. Landesrecht kann regeln, dass Leistungen der Frühförderung für Kinder unabhängig von der Art der Behinderung vorrangig von anderen Leistungsträgern erbracht werden (§ 10 Abs. 4 S. 3 SGB VIII).

Für die Durchführung der medizinischen, pädagogisch (vorschulisch)-schulischen, beruflichen und sozialen R. stehen v.a. folgende R.einrichtungen zur Verfügung: → Krankenhäuser, Vorsorge- und R.einrichtungen, medizinisch-berufliche R.einrichtungen (Phase II), → Förderkindergärten (→ Integrative Erziehung), → Förderschulen, Berufsbildungswerke, → Berufsförderungswerke, Werkstätten für behinderte Menschen, Übergangseinrichtungen, Wohnheime, Freizeit- und Erholungseinrichtungen (→ Erholung).

Neben den Leistungen der R.träger sind die Aktivitäten der Verbände der → Freien Wohlfahrtspflege, der Behindertenorganisationen (→ Behindertenverbände), der Interessenvertretungen behinderter Frauen und der → Selbsthilfegruppen von hoher Bedeutung. Mit der im Ganzen positiven Entwicklung im Bereich der R. hat die Einstellung der Bevölkerung nicht voll Schritt gehalten. Hier bestehen noch immer Vorurteile, die einer vollen Eingliederung dieses Personenkreises im Wege stehen. Fortschritte sind allerdings von dem im → Grundgesetz (GG) verankerten Verbot der Benachteiligung wegen Behinderung (Art. 3 Abs. 3 S. 2 GG) sowie der → UN-Behindertenrechtskonvention (Übereinkommen über die Rechte von Menschen mit Behinderungen) im Rahmen damit einhergehender Bewusstseinsbildung und entsprechender Aktivitäten auf verschiedenen gesellschaftlichen Ebenen zunehmend zu erwarten.

Nach Inkrafttreten des SGB IX kommt es nach wie vor darauf an, das R.system den feststellbaren Veränderungen anzupassen, die durch eine Zunahme der chronischen und besonders psychischen Erkrankungen sowie durch einen schnellen Anstieg der Zahl alter multimorbider Menschen gekennzeichnet ist. Hierbei kommt der ambulanten wohnortnahen R. zunehmende Bedeutung zu. Insgesamt bedarf es einer noch engeren Zusammenarbeit aller an der R. Beteiligten. Die Leistungen zur Teilhabe am Arbeitsleben müssen verstärkt an die Veränderungen des Arbeitsmarktes angepasst werden. Auch weiterhin wird es zudem darauf ankommen, durch Aufklärung der Bevölkerung die Einstellung gegenüber den behinderten Menschen zu verändern. Schließlich muss die Forschung in allen Bereichen, die für die R. von Bedeutung sind, auch in Zukunft gefördert, zugleich aber eine eigenständige Forschung im R.bereich weiter ausgebaut werden. Die Entwicklung einer rehabilitationswissenschaftlichen Struktur unter Einbeziehung von Hochschulen, R.einrichtungen und → R.trägern wird von allen Beteiligten als notwendig erachtet und unterstützt.

Das Bundeskabinett hat am 28.6.2016 einen Regierungsentwurf zu einem → Bundesteilhabegesetz verabschiedet, der wesentliche Änderungen des Rechts der Rehabilitation und Teilhabe behinderter Menschen und der Eingliederungshilfe vorsieht. Das Bundesteilhabegesetz soll stufenweise zwischen 2017 und 2020 in Kraft treten.

*Lit.* Empfehlungen, Arbeitshilfen und Materialien der Bundesarbeitsgemeinschaft für Rehabilitation finden sich unter www.bar-frankfurt.de; Lachwitz, K./ Schellhorn, H./Welti, F.(Hrsg.): Handkommentar zum Sozialgesetzbuch IX (HK-SGB IX). Rehabilitation und Teilhabe behinderter Menschen, 3. Aufl., Köln 2010.

*Thomas Stähler*

**Rehabilitationsassessment** ist ein Instrument zur Beurteilung von Fähigkeiten von → behinderten Menschen oder von Behinderung bedrohten Menschen, für die ein anerkannter Rehabilitationsbedarf festgestellt worden ist (→ Rehabilitation). Im R. werden Anforderungen und Fähigkeiten für einen konkreten oder einen angestrebten Arbeitsplatz oder für eine bestimmte Berufsausbildung ermittelt (→ Berufliche Bildung).

Es handelt sich um ein bundesweit nach einheitlichen Standards angebotenes Beurteilungssystem in der beruflichen Rehabilitation auf modularer Basis in den Bereichen der → Prävention, Diagnostik und Orientierung. Das Instrument des R. ist vor allem in → Berufsförderungswerken und Berufsbildungswerken in Anwendung.

Es ist dazu geeignet, den Entscheidungsprozess von der Antragstellung einer Leistung zur beruflichen Teilhabe bis hin zur erfolgreichen Integration auf den Arbeitsmarkt unter dem Gesichtspunkt der Wirtschaftlichkeit und Zielorientierung zu beschleunigen (→ Teilhabe am Arbeitsleben für Menschen mit Behinderung). Die modularen Angebote sollen eine passgenaue Durchführung der beruflichen Rehabilitation ermöglichen. Im R. ist ein interdisziplinäres Team aus Arbeitspädagog/innen, Arbeitsmediziner/innen und Psycholog/ innen beteiligt. Im R. wird auf gutachterlicher Basis ein Rehabilitationsplan erstellt, der dem Rehabilitanden ausgehend von seinen Fähigkeiten und Potenzialen die berufliche Rehabilitationsprognose aufzeigt.

*Janina Bessenich/Thorsten Hinz*

**Rehabilitationsberater/innen** sind entweder bei einem → Rehabilitationsträger (z.B. → Deutsche Rentenversicherung Bund, Bundesagentur für Arbeit, Gesetzliche → Unfallversicherung) tätig oder in → Rehabilitationseinrichtungen und -diensten. Jeder Rehabilitationsträger ist zur → Beratung gesetzlich verpflichtet und entscheidet selbst, wie diese zu erfolgen hat. R. haben die Aufgabe, → Leistungsberechtigte bei allen Fragen der → Rehabilitation zu beraten und zu begleiten. Es handelt sich um → Fachkräfte, die über medizinische und pädagogische Kenntnisse sowie über berufsspezifisches Wissen verfügen und die den Leistungsberechtigten während des Rehabilitationsprozesses zur Verfügung stehen. Sie beraten in den Feldern der sozialen, beruflichen und → medizinischen Rehabilitation.

Über das Instrument des → Case Managements werden die Aufgaben der Rehabilitationsberatung erfasst. Auf Grundlage der Empfehlungen der → Bundesarbeitsgemeinschaft für Rehabilitation e.V. (BAR) spielt bei der Rehabilitationsberatung die Anwendung der → ICF eine wichtige Rolle. R. sind abzugrenzen von beispielsweise Rehassistenten/innen und Reha-Assist-Berater/innen, die von Rehabilitationsträgern zur Durchführung der Rehabilitationsberatung extern beauftragt werden.

*Janina Bessenich/Thorsten Hinz*

**Rehabilitationseinrichtungen für psychisch Kranke und behinderte Menschen** → Komplementäre Dienste und Einrichtungen für psychisch kranke/seelisch behinderte Menschen

**Rehabilitationseinrichtungen im Sinne der gesetzlichen Krankenversicherung** → Kur

**Rehabilitationssport** zielt darauf, Menschen mit Behinderung oder jene, denen eine Behinderung droht, dauerhaft in das Arbeitsleben einzugliedern und ihnen das Leben in der Gemeinschaft zu ermöglichen, indem er die allgemeine Leistungsfähigkeit stärkt. Darin unterscheidet er sich vom → Funktionstraining, das auf ein spezielles Organ gerichtet ist. Ziel des R. ist, Ausdauer und Kraft zu stärken, Koordination und Flexibilität zu verbessern sowie darüber hinaus das Selbstbewusstsein zu stärken und Hilfe zur → Selbsthilfe zu bieten. Übungen zur Stärkung des Selbstbewusstseins sind dabei insbesondere an Frauen und Mädchen gerichtet, die mit Behinderung leben und bei denen eine Behinderung droht. Unter ärztlicher Überwachung und mit qualifizierten Übungsleiter/innen wird R. in Gruppen als Sport oder auch mit gezielten bewegungstherapeutischen Übungen, die sich nach den Vorerkrankungen richten, durchgeführt. R. kann auch unmittelbar nach anderen Maßnahmen der → Krankenbehandlung und → Rehabilitation zur Anwendung kommen. Rechtsgrundlage des R. als ergänzende Maßnahme der Rehabilitation ist § 44 Abs. 1 Nr. 3 SGB IX in Verbindung mit den jeweiligen Vorschriften weiterer → Rehabilitationsträger. Weitere trägerübergreifende Grundlage bildet die Rahmenvereinbarung über den R. und das Funktionstraining in der aktuellen Neufassung. R. wird nach Vereinbarungen mit den → Krankenkassen zumeist von Sportvereinen durchgeführt, die über die Landesbehinderten-Sportverbände dem Deutschen Behindertensportverband (DBS) angehören.

*Jeanne Nicklas-Faust*

**Rehabilitationsträger** sind in § 6 Abs. 1 SGB IX genannte → Sozialleistungsträger, die für Leistungen zur → Teilhabe von → behinderten Menschen an und in der Gesellschaft zuständig sind. Diese Leistungen sind wie folgt gruppiert: → medizinische Rehabilitation, → Teilhabe am Arbeitsleben, unterhaltssichernde und andere ergänzende Leistungen sowie Leistungen zur Teilhabe am Leben in der Gemeinschaft (soziale Teilhabe). Mit dem Gesetzentwurf zum Bundesteilhabegesetz vom 28.6.2016 soll als neue Gruppe Teilhabe an → Bildung dazugekommen. R. sind u.a. die Träger der → Eingliederungshilfe (zurzeit meist die → Träger der Sozialhilfe), die gesetzliche → Rentenversicherung, → Unfallversicherung, → Krankenversicherung und Bundesagentur für Arbeit. Über die Hälfte der Leistungsausgaben zur Teilhabe entfielen 2014 auf die Eingliederungshilfe. Die gesetzliche → Pflegeversicherung ist trotz ihrer z.T. großen Bedeutung für Menschen mit Behinderung bisher kein R. Das SGB IX trifft für R. Regelungen zum Verfahren (z.B. trägerübergreifende → Beratung), beschreibt einzelne Leistungen, deren → Koordination und Ausführung (z.B. als → Persönliches Budget) und das Zusammenwirken von R. und deren Leistungen, einschließlich der koordinierten Qualitätssicherung. Voraussetzungen und Zuständigkeit richten sich jedoch nach den jeweiligen Leistungsgesetzen der R. (§ 7 SGB IX). Besondere Wirkung hat der durch die Rechtsprechung gestärkte § 14 SGB IX entfalten können, wonach der erstangegangene R. grundsätzlich innerhalb von zwei Wochen die Zuständigkeitsprüfung abgeschlossen haben muss.

*Daniel Heinisch*

**Rehabilitationsvorbereitung** Eine R. erfolgt im Rehabilitationsprozess im Rahmen der Leistungen zur → Teilhabe am Arbeitsleben nach § 33 SGB IX, wenn der Leistungsberechtigte aufgrund eines komplexen Unterstützungsbedarfs nicht gleich eine Qualifizierungsmaßnahme oder berufliche Ausbildung beginnen kann. Der zuständige → Rehabilitationsträger (z.B. Bundesagentur für Arbeit, → Deutsche Rentenversicherung Bund, Deutsche → Unfallversicherung) veranlasst die R., um die Chancen zur Absolvierung der Leistungen der Teilhabe am Arbeitsleben und zur Eingliederung ins Arbeitsleben zu verbessern. Die R. kommt in Fällen von beruflicher Neuorientierung und häufig bei Menschen mit multiplen Beeinträchtigungen in Betracht. Die Ziele und der Umfang der Unterstützung in der R. richten sich nach der Art und Schwere der Teilhabeeinschränkung und den individuellen → Ressourcen der Leistungsberechtigten. Zur Erfassung des individuellen Unterstützungsbedarfs werden Abklärungsgespräche von einem multiprofessionellen Team geführt und ein Prozessprofiling anhand bestimmter Kriterien (zunehmend aufsetzend auf die → ICF) erstellt. Individuelle Leistungsprofilbögen runden die R. ab. Durch die R. werden in speziellen Lehrgängen (z.B. in → Berufsförderungswerken) bestimmte Fähigkeiten und Kenntnisse vermittelt, die Voraussetzungen für eine bestimmte und individuell angepasste Rehabilitationsmaßnahme sind. Die R. dauert in der Regel drei Monate. Bei → psychisch kranken Menschen und Menschen mit anderen multiplen Behinderungen oder bei Menschen mit Migrationshintergrund kann eine erweiterte R. von bis zu zwölf Monaten bewilligt werden.

*Janina Bessenich/Thorsten Hinz*

**Rehabilitation und Teilhabe behinderter Menschen – SGB IX** Das → Sozialgesetzbuch – Neuntes Buch (SGB IX) vom 19.6.2001 (BGBl. I S. 1046) ist ein gesetzlicher Rahmen für die Regelungen zur → Rehabilitation und → Teilhabe → behinderter Menschen. Das SGB IX enthält in seinem Teil 1 verbindliche Ziele, Begriffsbestimmungen und Verfahrensregelungen der → Rehabilitationsträger mit dem Ziel der Koordination und Kooperation sowie der Konvergenz des Leistungs- und Leistungserbringungsrechts. Das SGB IX ist verbindlich, soweit in den Leistungsgesetzen der Rehabilitationsträger (→ Krankenkassen, → Rentenversicherungsträger, Unfallversicherungsträger, Bundesagentur für Arbeit, Versorgungsverwaltung, → Träger der Sozialhilfe, → Jugendhilfeträger) nichts Abweichendes geregelt ist (§ 7 S. 1 SGB IX). Das SGB IX regelt nicht die → Zuständigkeit und die Voraussetzungen der Leistungen zur Teilhabe, wie z.B. den Versicherungsstatus oder die → Hilfebedürftigkeit sowie Leistungseinschränken, wie z.B. Zuzahlungen (§ 7 S. 2 SGB IX).

In § 2 Abs. 1 SGB IX sind behinderte Menschen definiert. In §§ 1, 4 Abs. 1 SGB IX sind ihr → selbstbestimmtes Leben, ihre gleichberechtigte Teilhabe und der Abbau von Benachteiligungen als übergreifende Ziele der Leistungen bestimmt. § 8 SGB IX regelt den Vorrang der Rehabilitation vor → Renten wegen Alters und anderen Geldleistungen sowie vor → Pflege. In § 9 SGB IX ist das → Wunsch- und Wahlrecht der → Leistungsberechtigten spezifisch bestimmt. §§ 10, 11 SGB IX regeln die Feststellung des → Bedarfs an Leistungen, §§ 12, 13 SGB IX verpflichten die Rehabilitationsträger zu gemeinsamen Empfehlungen über Verfahren und Leistungsinhalte, §§ 14, 15 SGB IX verpflichten die Rehabilitationsträger zu schneller Zuständigkeitsklärung und Bedarfsfeststellung. Der erstangegangene Träger muss einen → Antrag innerhalb von zwei Wochen weiterleiten, sonst ist er im Außenverhältnis endgültig zuständig. Der zweitangegangene Träger muss jedenfalls unverzüglich entscheiden. § 17 Abs. 2 SGB IX enthält das Recht auf ein → Persönliches Budget. §§ 17–21 SGB IX verpflichten die Rehabilitationsträger zu gemeinsamer Qualitätssicherung (→ Qualitätsmanagement), zu einem gemeinsamen Vertragsrecht und geben ihnen die Verantwortung für die nötige → soziale Infrastruktur. §§ 22–25 SGB IX regeln die Einrichtung gemeinsamer → Servicestellen. §§ 26–32 SGB IX sind der Leistungsrahmen für die → Medizinische Rehabilitation einschließlich der → Frühförderung, der Förderung der → Selbsthilfe, der stufenweisen Wiedereingliederung und der meisten → Hilfsmittel zum Behinderungsausgleich. In §§ 33–43 SGB IX ist das Leistungsrecht der Teilhabe am Arbeitsleben einschließlich → Werkstätten für behinderte Menschen enthalten. §§ 44–53 SGB IX enthalten das Recht der ergänzenden und unterhaltssichernden Leistungen zu anderen Leistungen zur Teilhabe wie → Krankengeld und Übergangsgeld. In §§ 54–59 SGB IX ist der Rahmen der Leistungen zur Teilhabe am Leben in der Gemeinschaft enthalten, der insbesondere für die → Eingliederungshilfe für behinderte Menschen zu beachten ist.

In Teil 2 des SGB IX ist das Recht → schwerbehinderter Menschen geregelt, das die Feststellung und Bescheinigung der Eigenschaft als schwerbehindert durch das → Versorgungsamt (§ 69 SGB IX), besondere Schutzvorschriften im → Arbeitsrecht einschließlich der Einrichtung der → Schwerbehindertenvertretungen (§§ 94 ff. SGB IX) umfasst, die auch → Integrationsvereinbarungen (§ 83 SGB IX) abschließen können. Den Arbeitgebern ist nach dem → Allgemeinen Gleichbehandlungsgesetz (AGG) verboten, behinderte Menschen zu benachteiligen, Teil 2 des SGB IX konkretisiert angemessene Vorkehrungen wie die → Beschäftigungspflicht der Arbeitgeber (§ 71 SGB IX) mit der Regelung einer Ausgleichsabgabe, das Recht auf behinderungsgerechte Arbeitsplatzgestaltung (§ 81 SGB IX) und das präventive Betriebliche Eingliederungsmanagement (§ 84 SGB IX). In Teil 2 des SGB IX sind weiterhin die Rechtsgrundlagen des → Integrationsamts und der begleitenden Hilfen im Arbeitsleben (§ 102 SGB IX), der → Integrationsfachdienste (§ 109 SGB IX), von → Integrationsprojekten (§ 132 SGB IX) und Werkstätten für behinderte Menschen (§ 136 SGB IX) sowie der → Unentgeltlichen Beförderung schwerbehinderter Menschen (§ 145 SGB IX) zu finden.

Das SGB IX enthält auch die Rechtsgrundlagen für den → Beirat für die Teilhabe behinderter Menschen und für die → Teilhabeberichterstattung der Bundesregierung (§ 66 SGB IX). Ärzt/innen, → Sozialarbeiter/innen und andere Angehörige von → sozialen Berufen und → Gesundheitsberufen sind verpflichtet, behinderte Menschen und ihre Personensorgeberechtigten zu beraten und auf die → Servicestellen oder andere Beratungsstellen für behinderte Menschen hinzuweisen (§§ 60–62 SGB IX).

Das SGB IX sollte nach dem Willen des Gesetzgebers das grundgesetzliche Benachteiligungsverbot wegen einer Behinderung in das → Sozialrecht umsetzen. Art und Umfang der Umsetzung des SGB IX in tatsächliches Handeln sind Gegenstand kritischer Diskussion in Wissenschaft, Politik und Praxis (vgl. Fuchs). Wenn eingefahrene Routinen und gegenläufige Handlungsorientierungen bei Rehabilitationsträgern der Umsetzung des SGB IX entgegenstehen, müssen die darin enthaltenen Verfahren und Rechte eingefordert werden. → Behindertenverbände, Sozialverbände und Gewerkschaften haben dabei ein wichtiges Aufgabenfeld ebenso wie die → Beratung durch Angehörige der Sozialen Arbeit. Die Umsetzung der Regelungen des SGB IX ist auch ein wichtiger Gradmesser für die Umsetzung der → UN-Behindertenrechtskonvention.

Das Bundeskabinett hat am 28.6.2016 einen Regierungsentwurf zu einem → Bundesteilhabegesetz verabschiedet, der wesentliche Änderungen des Rechts der Rehabilitation und Teilhabe behinderter Menschen und der Eingliederungshilfe vorsieht. Das Bundesteilhabegesetz soll stufenweise zwischen 2017 und 2020 in Kraft treten.

*Lit.* Deinert, O./Welti, F. (Hrsg.): Stichwortkommentar Behindertenrecht, Baden-Baden 2014; Feldes, W./Kohte, W./Stevens-Bartol, E. (Hrsg.): SGB IX. Rehabilitation und Teilhabe, 3. Aufl., Frankfurt a.M. 2015; Fuchs, H.: Vernetzung und Integration im Gesundheitswesen am Beispiel der medizinischen Rehabilitation, Sankt Augustin 2008; Luthe, E.-W.

(Hrsg.): Rehabilitationsrecht, 2. Aufl., Berlin 2014.

*Felix Welti*

**Rehabilitative Pflege** → Aktivierende Pflege

**Reichtumsberichterstattung** → Armuts- und Reichtumsberichterstattung

**Reisekosten** → Fahrkosten

**Rekonstruktive Sozialforschung** → Praxisforschung, → Sozialarbeitsforschung

**Rektorenkonferenz der kirchlichen Hochschulen für Angewandte Wissenschaften Deutschlands (RKHD)** Die RKHD wurde im Januar 2016 in der Nachfolge der Rektorenkonferenz kirchlicher Fachhochschulen in der Bundesrepublik Deutschland (r-k-f) als eingetragener Verein mit Sitz in Berlin gegründet. In der RKHD sind fünf katholische und acht evangelische Hochschulen für angewandte Wissenschaften in Deutschland zusammengeschlossen, die alle staatlich anerkannt sind und neben Kirchenmitteln auch staatliche Zuschüsse bei der Grundfinanzierung erhalten. Zweck der RKHD ist die Förderung der Zusammenarbeit zwischen den Mitgliedshochschulen und die Vertretung gemeinsamer Interessen gegenüber relevanten gesellschaftlichen, kirchlichen, hochschulpolitischen und zivilgesellschaftlichen Akteuren (→ Zivilgesellschaft). An den Mitgliedshochschulen waren 2015 ca. 21.500 Student/innen immatrikuliert. Alle Hochschulen sind über den Deutschen Wissenschaftsrat institutionell akkreditiert, ihre Studiengänge über entsprechende Agenturen. Die kirchlichen Hochschulen sind ihrerseits Mitglieder der Landeshochschulkonferenzen und der Hochschulrektorenkonferenz (HRK). Sie bieten Bachelor- und Masterstudiengänge insbesondere in den Bereichen → Soziale Arbeit, Kindheitspädagogik, → Heilpädagogik, Religionspädagogik, → Pflegewissenschaft, Berufspädagogik und Management im → Gesundheitswesen sowie des → Sozialmanagements an. In der Forschung widmen sie sich → sozialen Problemen, aber auch der Evaluation von Projekten der Gesundheitsversorgung, → Bildung, → Inklusion und Ethik. Die meisten dieser Hochschulen sind mit spezifischen Schwerpunkten auf der Forschungslandkarte der HRK vertreten. Das Spektrum der → Fort- und Weiterbildung umfasst Workshops, Seminare und Fachkongresse.

*Edgar Kösler*

**Reliabilität** → Statistische Grundlagen der Sozialen Arbeit

**Religionsmündigkeit** Unter R. versteht man das an die Erreichung eines bestimmten Lebensalters gebundene Recht eines Kindes oder Jugendlichen, selbst über seine Religionszugehörigkeit zu entscheiden. Ob das Kind bzw. der Jugendliche oder die Eltern über die religiös-weltanschaulichen Angelegenheiten des Kindes oder Jugendlichen entscheiden, ist in Deutschland in dem aus dem Jahr 1921 stammenden „Gesetz über die religiöse Kindererziehung" (RelKEG; KErzG) geregelt. Die Altersgrenzen des KErzG sind gestuft: Im Fall elterlicher Auseinandersetzungen und der Entscheidung des → Familiengerichts über die Religionszugehörigkeit ist das Kind zu hören, wenn es das zehnte Lebensjahr vollendet hat (§ 2 S. 3). Ab dem zwölften Lebensjahr kann es gegen seinen Willen nicht in einem anderen Bekenntnis als bisher erzogen werden (§ 5 S. 2). Mit dem vollendeten 14. Lebensjahr steht dem Kind bzw. Jugendlichen das Recht zu, darüber zu entscheiden, „zu welchem Bekenntnis es sich halten will" (§ 5S. 1). Dies schließt auch die eigenständige Abmeldung vom Religionsunterricht ein (in Bayern und dem Saarland bis zum 18. Lebensjahr unter Zustimmung der Eltern). § 6 KErzG erweitert die Mündigkeit auf die nicht bekenntnmäßigen Weltanschauungen. Mit der Altersgrenze von 14 Jahren für die allgemeine R. entspricht die deutsche gesetzliche Regelung in der Tendenz Art. 14 der → Kinderrechtskonvention der → Vereinten Nationen (UN).

*Karl Gabriel*

**Religiosität** Mit R. ist die individuelle, subjektive Dimension der Religion angesprochen. R. beruht auf Erfahrungen der Transzendenz (T. Luckmann) bzw. auf Kommunikationen, die von einer Trennung und Wiedereinführung der Transzendenz in die Immanenz ausgehen (N. Luhmann). In der R. überschreiten die Menschen ihre alltägliche → Lebenswelt auf eine transzendente, unverfügbare Größe hin und stellen durch religiöse Praxisformen wie Kult und Gebet Bezüge zur Transzendenz her.

Die Zugänge zu einer angemessenen wissenschaftlichen Definition von R. lassen sich nach substanziellen und funktionalen Definitionen unterscheiden. Die ersteren stellen einen Gottesbezug, Erfahrungen des Heiligen im Gegensatz zum Profanen oder das elementare Gefühl »schlechthinniger Abhängigkeit« (Schleiermacher) in den Mittelpunkt. Letztere nähern sich der R. über die Funktionen, die sie für die Einzelnen und die → Gesellschaft erfüllt. So geht man in der funktionalen Zugangsweise davon aus, dass R. dort zu finden ist, wo für die Menschen Identitätsstiftung, Handlungsführung im Außeralltäglichen, Kontigenzbewältigung, Sozialintegration, Sinngebung der Welt als Ganzes und Distanzierung von einer als ungerecht und unmoralisch empfundenen Welt und Gesellschaft geleistet wird (F. X. Kaufmann).

Die empirische Erfassung der R. setzt die Unterscheidung von Dimensionen der R. voraus. Häufig werden fünf Dimensionen unterschieden: die intellektuelle Dimension religiösen Wissens, die ideologische bzw. Glaubensdimension, die Dimension öffentlicher (Gottesdienst, Ritual) und privater (Gebet, Meditation) religiöser Praxis, die Erfahrungsdimension sowie die Dimension der Konsequenzen bzw. der handlungspraktischen Folgen im alltäglichen Leben. Nach den Ergebnissen des Religionsmonitors der Bertelsmannstiftung, der mit einem Konzept einer mehrdimensionalen R. arbeitet, sind im Landesdurchschnitt 18% der Deutschen hoch religiös und 52% religiös. Im Kontrast dazu lassen sich nach den Ergebnissen der Studie 44% der Italiener/innen als hoch religiös und 45% als religiös bezeichnen. Für die USA kommt die Untersuchung auf 62% Hoch-Religiöse und 27% Religiöse. Wie die Ergebnisse schon andeuten, ist es heute umstritten, ob die R. mit dem Grad der Modernität einer Gesellschaft tatsächlich abnimmt. Die sog. Säkularisierungsthese ging davon aus, dass die Spannungen zwischen R. und wirtschaftlichem Wohlstand, wissenschaftlichem Wissen und autonomer Kunst und Kultur notwendig zu deren Marginalisierung führt. Es ist unbestritten, dass die kirchlich geprägte R. in Westeuropa im Rückgang begriffen ist. Lange Zeit war die Überzeugung herrschend, dass die übrige Welt dem westeuropäischen Beispiel folgen werde. Inzwischen gibt es viele empirische Anhaltspunkte dafür, dass Westeuropa eher die Ausnahme von der Regel einer weltweit eher wachsenden R. darstellt. Welche Wirkungen der in den letzten Jahren insbesondere durch Migrationsprozesse stark angestiegene Pluralismus auf die R. in Westeuropa haben wird, ist gegenwärtig noch schwer abzusehen.

*Karl Gabriel*

**Rentenabfindung** Mit der Wiederheirat der/des verwitweten Berechtigten erlischt der Anspruch auf → Witwen- oder Witwerrente. Als Ausgleich wird eine Abfindung in Höhe des 24-Fachen der in den letzten zwölf Kalendermonaten durchschnittlich bezogenen Witwen- oder Witwerrente gezahlt. Bei einem Anspruch auf eine kleine Witwen- oder Witwerrente, der seit dem 1.1.2002 längstens für 24 Kalendermonate besteht, wird die grundsätzlich mögliche (Gesamt-)Abfindung von 24 Monatsrenten um die Anzahl der Renten reduziert, die bereits beansprucht wurden (vgl. § 107 Abs. 1 S. 3 SGB VI). Diese Anrechnung erfolgt jedoch nicht, wenn der Ehegatte vor dem 1.1.2002 verstorben ist oder die Ehe vor dem 1.1.2002 geschlossen wurde und mindestens ein Ehegatte vor dem 2.1.1962 geboren wurde (§ 242 a Abs. 1 SGB VI).

Maßgeblich für die Höhe der Rentenabfindung ist der Rentenbetrag nach erfolgter Anrechnung von → Einkommen, aber vor dem eventuellen Abzug der Kranken- und Pflegeversicherungsbeiträge. Die höheren Rentenzahlungen im »Sterbevierteljahr« werden für die Berechnung des Abfindungsbetrages nicht zugrunde gelegt. Nach einer Rente nach dem vorletzten Ehegatten oder Lebenspartner oder nach einer → Erziehungsrente kann keine Abfindung gezahlt werden.

Wiederheirat ist auch die Wiederbegründung einer → Lebenspartnerschaft, die Heirat nach einer Lebenspartnerschaft sowie die Begründung einer Lebenspartnerschaft nach einer → Ehe (§ 107 SGB VI).

*Dana Matlok*

**Rente nach Mindesteinkommen** Die R. n. M. wurde mit der → Rentenreform 1972 eingeführt. Die Bezeichnung lautet heute – korrekter – »Mindestentgeltpunkte bei geringem Arbeitsentgelt«. Die Regelung erstreckt sich nur auf Pflichtbeiträge vor dem 1.1.1992 (§ 262 SGB VI). Ziel der Regelung ist es, erwerbsbiografische Nachteile auszugleichen. Begünstigt werden Personen, die – unabhängig vom Grund – über längere Zeit nur einen geringen Arbeitslohn erzielten. Von der Regelung profitieren damit bspw. Frauen, die nach einer Phase der Kindererziehung oder wegen Pflegetätigkeiten nicht mehr voll arbeiten konnten. Die Gewährung von Mindestentgeltpunkten bei geringem Arbeitsentgelt stellt eine Maßnahme des → sozialen Ausgleichs dar. Sie begründet eine Ausnahme von dem das Rentenrecht bestimmenden Prinzip, demzufolge sich die Höhe der Altersrente nach der Höhe des beitragspflichtigen Arbeitseinkommens und der Versicherungsdauer richtet (→ Äquivalenzprinzip). Vor diesem Hintergrund ist die neue Bezeichnung »Mindestentgeltpunkte bei geringem Arbeitsentgelt« auch treffender als die frühere Bezeichnung »R. n. M.«, denn eine »Mindestrente« kennt das deutsche Rentenrecht gerade nicht.

Sind mindestens 35 Jahre mit → rentenrechtlichen Zeiten (z.B. Zeiten mit Pflichtbeiträgen oder freiwilligen Beiträgen, Anrechnungszeiten oder Berücksichtigungszeiten) vorhanden und ergibt sich aus den

Kalendermonaten mit Pflichtbeiträgen ein Durchschnittswert, der niedriger als 75% des Durchschnittsverdienstes aller Versicherten ist, wird nach § 262 SGB VI die Summe der Entgeltpunkte für Beitragszeiten erhöht. Die zusätzlichen Entgeltpunkte sind so zu bemessen, dass sich für die Kalendermonate mit vollwertigen Pflichtbeiträgen vor dem 1.1.1992 ein Durchschnittswert in Höhe des 1,5-Fachen des tatsächlichen Durchschnittswertes ergibt, allerdings gedeckelt auf einen Höchstwert an Entgeltpunkten. Damit wird der geringe Lohn nicht als Ausgangswert für die Rentenberechnung herangezogen.

Die Regelung wurde seit 1972 mehrfach geändert, und zwar sowohl im Hinblick auf die Voraussetzungen als auch hinsichtlich der Art und des Umfangs der Mindestbewertung. Eine Ausdehnung auf Versicherungszeiten nach 1992 oder eine Entfristung der Regelung wird zwar vielfach gefordert, ist bislang aber nicht umgesetzt worden. Mit dem Rentenreformgesetz 1992 vom 18.12.1989 (RRG 1992) wurde die Vorschrift in einer stark modifizierten Form in das neue SGB VI überführt. Art. 82 des RRG 1992 bestimmte, dass auch für Versicherten- und → Hinterbliebenenrenten, die nach dem bis zum 31.12.1991 geltenden Rentenrecht berechnet wurden und Pflichtbeiträge nach dem 31.12.1972 enthalten, ein Zuschlag zu zahlen ist, wenn die Voraussetzungen der Regelung erfüllt sind. Die Ermittlung des Zuschlags erfolgt in diesem Fall allerdings in einem vereinfachten Verfahren. Durch das → Rentenüberleitungsgesetz wurde geregelt, dass vollwertige Pflichtbeiträge vor 1992 mit Entgeltpunkten (Ost) zwar in die Sonderbewertung einbezogen werden, die auf sie entfallenden zusätzlichen Entgeltpunkte aber ebenfalls Entgeltpunkte (Ost) sind.

*Sylvia Dünn*

**Rentenanpassungsformel** Mit der R. wird die jährliche Dynamisierung (Erhöhung) der Renten berechnet. Ihr Ergebnis – der aktuelle Rentenwert bzw. der aktuelle Rentenwert (Ost) (AR) (§§ 68, 255 a SGB VI) – entspricht dem Monatsbetrag einer → Rente wegen Alters der allgemeinen → Rentenversicherung, wenn für ein Jahr Beiträge aufgrund des Durchschnittsentgelts gezahlt worden sind. Bei der Rentenanpassung wird jeweils zum 1.7. eines Jahres durch → Verordnung der Bundesregierung der bisherige AR durch den neuen AR ersetzt. Der AR ist Bestandteil der → Rentenformel, aus der sich der individuelle Monatsbetrag der Rente ergibt. Die Festsetzung des AR richtet sich grundsätzlich nach der Lohn- und Gehaltsentwicklung bei den Arbeitnehmer/innen. Außerdem werden die Veränderung des Beitragssatzes zur allgemeinen Rentenversicherung und der Nachhaltigkeitsfaktor berücksichtigt.

Die R. lautet wie folgt:

$$AR_t = AR_{t-1} * \frac{BE_{t-1}}{BE_{t-2}} * \frac{100 - AVA_{2012} - RVB_{t-1}}{100 - AVA_{2012} - RVB_{t-2}} * \left(\left(1 - \frac{RQ_{t-1}}{RQ_{t-2}}\right) * \alpha + 1\right)$$

Für die Höhe der Anpassung ist zunächst entscheidend, wie sich die versicherten Entgelte (BE) und der Beitragssatz zur allgemeinen Rentenversicherung (RVB) in den maßgeblichen Jahren entwickelt haben. In die Formel gehen auch die Aufwendungen für die geförderte private Altersvorsorge (Altersvorsorgeanteil – AVA) in Höhe von 4% ein. Der Nachhaltigkeitsfaktor gibt die Veränderung des zahlenmäßigen Verhältnisses von Rentner/innen zu Beitragszahler/innen wieder (»Rentnerquote«, RQ). Niedrigere bzw. höhere Werte werden in der Anpassung jeweils zu einem Viertel (Faktor α) berücksichtigt. Dadurch werden neben der → demografischen Entwicklung auch die Arbeitsmarktsituation und das Rentenzugangsverhalten bei der Rentenanpassung erfasst. Eine Schutzklausel (§ 68 a SGB VI) stellt sicher, dass die dämpfenden Faktoren (Beitragssatz, AVA, Nachhaltigkeitsfaktor) nicht dazu führen, dass die Bruttorenten im Fall einer negativen Lohnentwicklung sinken (»Minusanpassung«). Die unterbliebenen Rentenminderungen (»Ausgleichsbedarf«) werden mit späteren Rentenerhöhungen verrechnet.

*Monika Rahn*

**Rentenarten** Grundsätzlich werden in der gesetzlichen → Rentenversicherung nach § 33 SGB VI drei Rentenarten unterschieden: → Renten wegen Alters, → Renten wegen Erwerbsminderung und Renten wegen Todes (→ Hinterbliebenenrente). Renten wegen Alters oder wegen Erwerbsminderung erhält die/der Versicherte selbst, Renten wegen Todes dagegen werden an Hinterbliebene gezahlt. Damit wird sichergestellt, dass Personen, die aus verschiedenen Gründen nicht selbst für ihr finanzielles Auskommen sorgen können, eine ausreichende Versorgung erhalten. Die Altersrente ist die häufigste der Rentenarten. Dabei wird zwischen der Regelaltersrente und den vorgezogenen Altersrenten unterschieden. Zu den vorgezogenen Altersrenten gehören die Altersrenten für langjährig oder besonders langjährig Versicherte, die Altersrente für → schwerbehinderte Menschen und die Altersrente für langjährig unter Tage beschäftigte Bergleute (→ knappschaftliche Rentenversicherung). Renten wegen Erwerbsminderung werden als Renten wegen teilweiser oder voller Erwerbsminderung und als Renten für Bergleute geleistet. Nach den besonderen Vorschriften des Fünften Kapitels des SGB VI werden außerdem geleistet Altersrente wegen Arbeitslosigkeit oder nach Altersteilzeitarbeit und Altersrente für Frauen sowie Rente wegen Berufs- und Erwerbsunfähigkeit. Die Renten wegen Todes umfassen die → Witwen- und Witwerrente, die → Erziehungsrente und die → Waisenrente.

*Dana Matlok*

**Rentenauskunft** → Renteninformation

**Rentenformel** Nach der R. ergibt sich die Monatsrente, wenn die persönlichen Entgeltpunkte (PEP) mit dem aktuellen Rentenwert (AR) und dem Rentenartfaktor (RAF) multipliziert werden (§§ 64, 254 b SGB I). Die PEP wiederum sind das Ergebnis der Multiplikation der Entgeltpunkte (EP) mit dem Zugangsfaktor (ZF). Die R. lautet somit:

(EP x ZF =) PEP x AR x RAF = Monatsrente.

Die EP geben an, in welchem Verhältnis je Versicherungsjahr das individuelle Bruttojahresarbeitsentgelt der einzelnen Versicherten zum durchschnittlichen Bruttojahresarbeitsentgelt aller Versicherten gestanden hat. Hat eine versicherte Person z.B. durchschnittlich verdient, erhält sie je Versicherungsjahr einen EP, bei dem Anderthalbfachen des Durchschnittsverdienstes 1,5 EP, bei halbem Durchschnittsverdienst 0,5 EP. Der andere Grundfaktor der R. ist der AR. Er gibt den monatlichen Betrag der → Rente wegen Alters an, der sich errechnet, wenn für ein Kalenderjahr Beiträge nach dem Durchschnittsentgelt aller Versicherten entrichtet werden. Der AR ist der Dynamisierungsfaktor der Rente und wird mithilfe der → Rentenanpassungsformel angepasst. Der RAF bestimmt das Sicherungsziel der jeweiligen Leistungsart. Er beträgt z.B. für die Altersrenten und die → Rente wegen voller Erwerbsminderung 1, für die große → Witwen- und Witwerrente 0,55. Der ZF führt zu Zu- oder Abschlägen (0,5% bzw. 0,3% je Monat), wenn die Rente nach bzw. vor dem Erreichen der Regelaltersgrenze (→ rentenrechtliche Zeiten) in Anspruch genommen wird.

*Monika Rahn*

**Renteninformation** Versicherte, die das 27. Lebensjahr vollendet und mindestens fünf Beitragsjahre haben, erhalten jährlich eine schriftliche R. Nach Vollendung des 55. Lebensjahres wird diese alle drei Jahre durch die Rentenauskunft ersetzt. Soweit ein berechtigtes Interesse besteht, kann die Rentenauskunft auch jüngeren Versicherten oder in kürzeren Abständen erteilt werden. Die R. und die Rentenauskunft werden auf der Grundlage des geltenden Rechts erstellt. Die R. stellt die bisher gezahlten Beiträge dar sowie die Höhe der bislang erworbenen Rentenanwartschaften sowohl für eine → Rente wegen Alters als auch für eine Rente wegen voller Erwerbsminderung (→ Rente wegen verminderter Erwerbsfähigkeit). Darüber hinaus enthält sie eine Prognose über die zu erwartende Regelaltersrente. Diese Prognose erfolgt jeweils gesondert für den Fall, dass keine Steigerung erfolgt bzw. dass die Steigerungsrate 1,0 bzw. 2,0% pro Jahr beträgt. Kaufkraftverluste werden bei der Berechnung nicht berücksichtigt. Bei den in der R. dargestellten Beträgen handelt es sich um Bruttowerte. Von ihnen sind noch Kranken- und Pflegeversicherungsbeiträge sowie gegebenenfalls Steuern zu bezahlen. Auf → Antrag und sofern die Erfüllung der versicherungsrechtlichen Voraussetzungen für eine vorzeitige Rente wegen Alters nicht offensichtlich ausgeschlossen ist, wird in der Rentenauskunft auch die Höhe der Beitragszahlung, die zum Ausgleich einer Rentenminderung bei vorzeitiger Inanspruchnahme einer Rente wegen Alters erforderlich ist, und die ihr zugrunde liegende Altersrente dargestellt.

*Dana Matlok*

**Rentenrechtliche Zeiten** sind Zeiträume, die sich auf den Rentenanspruch (z.B. Erfüllung von Wartezeiten) und die Rentenhöhe auswirken. Es werden nach § 54 SGB VI Beitragszeiten, beitragsfreie Zeiten und Berücksichtigungszeiten unterschieden.

Ein Rentenanspruch setzt in der gesetzlichen → Rentenversicherung voraus, dass die Wartezeit vor Eintritt des Versicherungsfalles erfüllt ist. Ausnahme hiervon ist, dass voll erwerbsgeminderte Versicherte einen Anspruch auf Rente wegen voller Erwerbsminderung (→ Renten wegen Erwerbsminderung) haben, wenn sie während einer Wartezeit von 20 Jahren voll erwerbsgemindert waren. Dies ist insbesondere für Personen bedeutsam, die von Geburt an voll erwerbsgemindert sind oder vor Eintritt ins Berufsleben voll erwerbsgemindert wurden. Es wird zwischen der allgemeinen Wartezeit (fünf Jahre) und den besonderen Wartezeiten (15, 20, 25, 35 und 45 Jahre) unterschieden. Die allgemeine Wartezeit kann vorzeitig erfüllt werden, wenn die Erwerbsminderung durch einen → Arbeitsunfall oder eine → Berufskrankheit verursacht wurde oder die Versicherten vor Ablauf von sechs Jahren nach Beendigung einer → Ausbildung voll erwerbsgemindert geworden sind (§ 53 SGB VI). Besondere Wartezeiten werden bei den

→ Renten wegen Alters wegen → Arbeitslosigkeit, der Altersrente für Frauen (15 Jahre) und für langjährige Versicherte und Schwerbehinderte (35 Jahre) und seit 2012 für die Altersrente für besonders langjährig Versicherte (45 Jahre) verlangt. Bei der → Hinterbliebenenrente muss die/der verstorbene Versicherte die fünfjährige Wartezeit erfüllt haben oder bis zum Tode Rente bezogen haben.
Zu den Beitragszeiten gehören die Pflichtbeitragszeiten und die Zeiten mit freiwilligen Beiträgen (§ 55 SGB VI). Beitragsfreie Zeiten sind Kalendermonate, die nur mit Anrechnungszeiten (§ 58 SGB VI), einer Zurechnungszeit (§ 59 SGB VI) oder Ersatzzeit (§ 250 SGB VI) und nicht zugleich mit Beiträgen belegt sind. Anrechnungszeiten sollen bei der Rentenberechnung einen Ausgleich für Zeiten schaffen, in denen Versicherte aus bestimmten persönlichen, gleichwohl sozial relevanten Gründen keine sozialversicherungspflichtige Beschäftigung oder Tätigkeit gegen Entgelt ausüben und deshalb keine Beiträge zur Rentenversicherung entrichten konnten. Dies sind z.B. Zeiten der → Arbeitsunfähigkeit, der → Rehabilitation; Zeiten der Arbeitslosigkeit, in denen Versicherte eine Leistung der → Arbeitslosenversicherung bezogen oder nur deshalb nicht bezogen haben, weil → Einkommen oder → Vermögen berücksichtigt wurden; Zeiten einer schulischen Ausbildung nach dem vollendeten 17. Lebensjahr, höchstens jedoch bis zu acht Jahren; und Zeiten des Bezugs einer Rente, soweit diese Zeiten als Zurechnungszeiten berücksichtigt wurden (§ 58 SGB VI). Zeiten der → Krankheit, der Schwangerschaft oder Mutterschaft und der Arbeitslosigkeit nach Vollendung des 25. Lebensjahres sind nur dann Anrechnungszeiten, wenn sie eine versicherungspflichtige Beschäftigung oder einen Wehr- oder → Zivildienst unterbrochen haben. Bei mehreren, aufeinander folgenden Anrechnungszeiten genügt es, wenn Versicherungspflicht vor der ersten bestand. Im Übergangsrecht gibt es aus Besitzschutzgründen Sondertatbestände, von denen sich viele durch Zeitablauf bereits erledigt haben. Einzelheiten dazu finden sich in den §§ 252–254 SGB VI. Die Bedeutung der Anrechnungszeiten ist zurückgegangen, da die Politik den ordnungspolitisch richtigen Weg eingeschlagen hat, soweit möglich für diese Zeiten Beitragszahlungen vorzusehen. Anrechnungszeiten können sich über die Gesamtleistungsbewertung rentensteigernd auswirken oder werden selbst bewertet. Zudem kann die Anwartschaft für eine Erwerbsminderungsrente erhalten bleiben (Anwartschaftserhaltungszeit).
Die sog. Zurechnungszeiten gelten für erwerbsgeminderte Versicherte und bei Hinterbliebenenrenten. Es handelt sich um die Zeit, die bei einer Rente wegen Erwerbsminderung oder einer Rente wegen Todes den sonstigen Zeiten hinzugerechnet wird, wenn die/der Versicherte oder die/der Verstorbene das 62. Lebensjahr noch nicht vollendet hatte (§ 59 SGB VI). Durch die Zurechnungszeit wird die Lücke ausgeglichen, die durch die fehlenden Beitragsjahre im Rentenkonto entsteht, ohne dass dafür Beiträge gezahlt werden müssen. Sie wirkt sich rentensteigernd aus. Seit 2001 wird die Zurechnungszeit stärker berücksichtigt, um die seit diesem Zeitpunkt eingeführten Abschläge bei den Renten wegen Erwerbsminderung und den → Hinterbliebenenrenten abzumildern. Bei einer Nachfolgerente entfällt die Übernahme der in der bisherigen Rente enthaltenen Zurechnungszeit. Diese Zeit wird dann als Anrechnungszeit berücksichtigt. Die Berücksichtigung der Zurechnungszeit ist seit 1992 von keiner weiteren speziellen Voraussetzung abhängig. Es müssen jedoch insbesondere bei den Erwerbsminderungsrenten die Voraussetzungen gegeben sein, von denen die Zahlung dieser Leistung abhängt (z.B. 36 Pflichtbeiträge in den letzten fünf Kalenderjahren).

Ersatzzeiten sind Zeiten ohne Beitragsleistungen, die Beiträge ersetzen sollen. Sie sollten in der Vergangenheit hauptsächlich Auswirkungen des Zweiten Weltkriegs (militärischer Dienst, Internierung, politische Verfolgung) auf die Versicherungsbiografie ausgleichen, spielen heute aber kaum mehr eine Rolle. Ersatzzeiten können ab dem 1.1.1992 nicht mehr entstehen, da sich die Tatbestände hauptsächlich auf die Kriegs- und Nachkriegszeit beziehen. Ersatzzeiten können nur vorliegen, wenn keine Versicherungspflicht bestanden hat. Voraussetzung ist, dass mindestens ein rechtswirksamer Beitrag im Konto vorhanden ist, der auf die allgemeine Wartezeit anrechenbar ist. Ersatzzeiten sind in den §§ 250 f. SGB VI aufgezählt.

Berücksichtigungszeit (§ 57 SGB VI) ist die Zeit der Kindererziehung bis zum zehnten Lebensjahr des jüngsten Kindes und wegen nicht erwerbstätiger Pflege in der Zeit vom 1.1.1992 bis 31.3.1995 (§ 249 b SGB VI).

*Lit.* Brettschneider, H.: Das Rentenrecht. Lehr- und Arbeitsbuch für die Praxis, 3. Aufl., St. Augustin 2009; Försterling, J. in: Ruland, F./Försterling, J. (Hrsg.): GK-SGB VI. Gemeinschaftskommentar zum Sozialgesetzbuch – Gesetzliche Rentenversicherung, Köln, Stand Okt. 2015, §§ 54 ff.; Ruland, F. in: von Maydell, B./ Ruland, F./Becker, U. (Hrsg.): Sozialrechtshandbuch, 5. Aufl., Baden-Baden 2012, § 17.

*Dana Matlok*

**Rentenreform** Ebenso wie die Systeme der → Sozialversicherung und die anderen Altersversorgungssysteme (→ Alterssicherung) muss auch das System der gesetzlichen → Rentenversicherung ständig an die sich ändernden gesellschaftlichen Rahmenbedingungen angepasst werden. Darunter fällt ganz maßgeblich die → demografische Entwicklung, die durch die anhaltend niedrige Geburtenrate und die steigende Lebenserwartung geprägt ist. Von 1960 bis 2014 hat sich die durchschnittliche Bezugsdauer von Versichertenrenten von 9,9 Jahre auf 19,3 Jahre nahezu verdoppelt. Anpassungsbedarf entsteht auch durch andere gesellschaftliche Veränderungen wie den Wandel der Geschlechterrollen und der Arbeitswelt oder die Arbeitsmarktsituation. Die gesetzliche Rentenversicherung hat diesen Veränderungen durch die R. der vergangenen Jahre in besonderem Maße Rechnung getragen. Zu den wichtigsten Reformen:

(1) Die R. des Jahres 1957 führte dazu, dass das Leistungsniveau der gesetzlichen Rentenversicherung erstmals deutlich über die Bedarfsgrenze des → Existenzminimums hinausging. Die Rentenversicherung sollte nach einem durchgehenden Arbeitsleben den Versicherten den Lebensstandard im Alter sichern (Lohnersatzfunktion der Rente). Gewährleistet wurde dies u.a. durch eine Dynamisierung der Renten.

(2) Die Reform des Jahres 1972 war mit der Öffnung der Rentenversicherung für Selbstständige und mit der Flexibilisierung der Altersgrenzen (ohne Abschläge) gleichzeitig Höhe- und Endpunkt im Prozess des Ausbaus des bestehenden Systems.

(3) V.a. in den 1990er-Jahren waren die R. demgegenüber vom Gesichtspunkt der Kostendämpfung bestimmt. Zu nennen ist bspw. der Wechsel von der bruttolohnbezogenen zur nettolohnbezogenen Dynamisierung und die Anhebung der vorgezogenen Altersgrenzen von 60 und 63 Jahren auf die Regelaltersgrenze von 65 Jahren, um den gestiegenen Trend zur Frühverrentung abzubremsen (Rentenreformgesetz 1992).

(4) Die Neuregelungen des Rentenreformgesetzes 1999 v. 22.12.1997 wurden z.T. durch das Gesetz zur Sicherung der Arbeitnehmerrechte und Korrekturen in der Sozialversicherung v. 19.12.1998 ausgesetzt. In Kraft trat aber eine Regelung, wonach eine vorzeitige Inanspruchnahme der Renten ab dem 62. Lebensjahr nur noch mit entsprechendem Abschlag möglich ist. Außerdem wurden → Kindererziehungszeiten für die ersten drei Lebensjahre des Kindes aufgewertet (additive Anrechnung).

(5) Unter dem Begriff der R. 2000/2001 lassen sich verschiedene Reformvorhaben zusammenfassen: Das Gesetz zur Reform der Renten wegen Minderung der Erwerbsfähigkeit v. 23.12.2000 trat am 1.1.2001 in Kraft. Mit dem Altersvermögensgesetz (AVmG) v. 26.6.2001 und dem Altersvermögensergänzungsgesetz (AVmEG) v. 21.3.2001 wurde der Anstieg der Renten durch eine neu ausgestaltete Anpassungsformel verlangsamt. Gleichzeitig wurde eine steuerlich geförderte zusätzliche private Altersvorsorge, die sogenannte »Riester-Rente«, eingeführt. Auch das → Hinterbliebenenrecht wurde im Zuge der Reform 2000/2001 neu geregelt. Die große → Witwen- bzw. Witwerrente wurde – mit Übergangsregelung – auf einen Versorgungssatz von 55% nach dem Sterbevierteljahr abgesenkt. Im Gegenzug wurde die rentenrechtliche Bewertung der Kindererziehung verbessert. Außerdem wurde die → Renteninformation eingeführt. Außerhalb der Rentenversicherung wurde zum 1.1.2003 eine bedarfsabhängige → Grundsicherung im Alter und bei Erwerbsminderung geschaffen.

(6) Auch in den Jahren 2003 und 2004 traten Reformgesetze in Kraft. Im Zweiten Gesetz zur Änderung des Sechsten Buches Sozialgesetzbuch und anderer Gesetze v. 27.12.2003 wurde die Nachhaltigkeitsrücklage zur Stabilisierung des Beitragssatzes von 50% auf 20% einer Monatsausgabe herabgesetzt. Die Rentenanpassung zum 1.7.2004 wurde ausgesetzt. Außerdem wurde festgelegt, dass Rentnerinnen und Rentner ihren Beitrag zur gesetzlichen → Pflegeversicherung ab dem 1.4.2004 selbst tragen müssen.

Das Dritte Gesetz zur Änderung des Sechsten Buches Sozialgesetzbuch und anderer Gesetze v. 27.12.2003 regelte u.a. die Verlegung des Auszahlungszeitpunktes der Renten für den Rentenzugang vom 1.4.2004 an auf das Monatsende. Mit Wirkung vom 1.8.2004 regelte das Alterseinkünftegesetz v. 5.7.2004 die Besteuerung der Leistungen der Altersvorsorge neu. Mit dem Gesetz zur Sicherung der nachhaltigen Finanzierungsgrundlagen der gesetzlichen Rentenversicherung v. 21.7.2004 wurde ab dem 1.1.2005 ein sogenannter Nachhaltigkeitsfaktor in die Rentenanpassungsformel eingefügt. Mit diesem Faktor wird bei der Rentenanpassung auch das Verhältnis von Beitragszahler/innen zu Leistungsempfänger/innen berücksichtigt. Außerdem wurde die Altersgrenze für den frühestmöglichen Bezug einer Altersrente wegen → Arbeitslosigkeit oder nach Altersteilzeitarbeit – mit einer Übergangsregelung für die Zeit von 2006 bis 2008 – schrittweise vom 60. auf das 63. Lebensjahr angehoben.

(7) Das Gesetz zur Organisationsreform in der gesetzlichen Rentenversicherung v. 9.12.2004 trat zum 1.1. bzw. 1.7.2005 in Kraft. Im Wege der Organisationsreform wurde die Anzahl der Institutionen reduziert und die organisatorische Unterscheidung in Arbeiterrenten- und Angestelltenversicherung aufgegeben.

(8) Mit dem RV-Altersgrenzenanpassungsgesetz v. 20.4.2007 wurde die Regelaltersgrenze mit Wirkung ab 2012 bis 2029 vom 65. auf das 67. Lebensjahr angehoben. Ebenfalls mit Wirkung ab 2012 wurde die Rente für besonders langjährig Versicherte eingeführt, die Personen mit 45 und mehr Versicherungsjahren einen abschlagsfreien Rentenzugang ab 65 Jahren ermöglichte.

(9) Am 1.9.2009 trat die grundlegende Reform des → Versorgungsausgleichsrechts in Kraft.

(10) Die letzten wesentlichen Neuerungen brachte zum 1.7.2014 das RV-Leistungsverbesserungsgesetz v. 23.6.2014 (BGBl. I S. 787). Es führte zu einer besseren rentenrechtlichen Bewertung von Kindererziehung bei vor 1992 geborenen Kindern (zwei Jahre statt ein Jahr Kindererziehungszeit bei Neurentner/innen bzw. entsprechender Zuschlag bei Bestandsrentner/innen, sog. »Mütterrente«, → Kindererziehungszeiten), zur vorübergehenden Absenkung des Renteneintrittsalters bei der Rente für besonders langjährig Versicherte auf 63 Jahre (sog. »Rente ab 63«) und zu Verbesserungen bei der Erwerbsminderungsrente (→ Renten wegen Erwerbsminderung).

*Lit.:* Ruland, F. in: von Maydell, B./ Ruland, F./Becker, U. (Hrsg.): Sozialrechtshandbuch, 5. Aufl., Baden-Baden 2012, § 17.

*Sylvia Dünn*

**Renten-Überleitungsgesetz (RÜG)** Mit dem Gesetz zur Herstellung der Rechtseinheit in der gesetzlichen Renten- und Unfallversicherung vom 25.7.1991 – Renten-Überleitungsgesetz RÜG (BGBl I S. 1606, zuletzt geändert durch Gesetz vom 8.12.2010, BGBl I S. 1864) wurde das seit 1992 im SGB VI kodifizierte Rentenrecht auf die neuen Bundesländer übergeleitet. Die unterschiedliche wirtschaftliche Situation sowie das von Fest- und Mindestbetragsregelungen geprägte Rentenrecht der ehemaligen DDR machten zahlreiche Überleitungsregelungen notwendig. Die Bestandsrenten wurden in Abhängigkeit von der Zahl der Arbeitsjahre und dem individuellen Durchschnittseinkommen der letzten 20 Arbeitsjahre zum 1.1.1992 umgestellt. War der sich aus den persönlichen Entgeltpunkten (Ost) und dem aktuellen Rentenwert (Ost) ergebende Rentenbetrag niedriger als der Ende 1991 geleistete Zahlbetrag, wurde in Höhe der Differenz ein »Auffüllbetrag« gezahlt. Bei Rentenzugängen bis Ende 1993 erfolgte der Besitzschutz durch einen »Rentenzuschlag«. Auffüllbetrag und Rentenzuschlag wurden bis Ende 1996 ohne Dynamisierung gezahlt und werden seitdem im Rahmen der Rentenanpassungen abgeschmolzen. Durch das R. wurden auch Ansprüche und Anwartschaften aus Zusatz- und Sonderversorgungssystemen der ehemaligen DDR in die → Rentenversicherung überführt. Für die Versorgung der Personen, die kraft ihrer gehobenen Funktion dem politischen System der ehemaligen DDR besonders nahestanden, gelten Sonderregelungen.

*Monika Rahn*

**Rentenversicherung** Die gesetzliche R. ist ein Zweig der → Sozialversicherung. Ende 2013 waren in der R. knapp 53 Mio. Personen versichert (darunter rd. 36 Mio. aktiv Versicherte, z.B. versicherungspflichtig Beschäftigte). Die R. zahlte Ende 2014 an rd. 21 Mio. Rentnerinnen und Rentner 25,3 Mio. Renten, und zwar 19,6 Mio. Versicherten- und 5,7 Mio. → Hinterbliebenenrenten. Darüber hinaus wurden 2014 über 1 Mio. Leistungen zur Teilhabe (→ Rehabilitation) erbracht. Die Einnahmen der R. beliefen sich 2014 auf rd. 269 Mrd. Euro, die Ausgaben auf rd. 266 Mrd. Euro.

Die R. ist im Gesamtsystem der → Alterssicherung die Regelsicherung für über 90% der Bevölkerung. Sie wird durch → betriebliche Altersversorgung und → private Altersvorsorge ergänzt. Ihr Sicherungsziel wird seit der → Rentenreform 2001 unter Einbeziehung der Leistungen der geförderten zusätzlichen Altersvorsorge (Riester-Rente) bestimmt. Das auf die Standardrente (= 45 Jahre mit Durchschnittsbeitrag) bezogene Sicherungsniveau vor Steuern wird wegen der geänderten → Rentenanpassungsformel nach den derzeitigen Annahmen bis 2028 auf 44,4% sinken. Zusammen mit der Riester-Rente wird für den Rentenzugang 2028 ein Versorgungsniveau vor Steuern von 50,6% prognostiziert.

Die R. gliedert sich seit 2005 in zwei Zweige: die allgemeine R. und die → knappschaftliche R. (→ Rentenversicherungsträger). Die knappschaftliche R. kombiniert die Regelsicherung mit einer betrieblichen Altersversorgung und gewährt höhere Leistungen zu einem für die

Arbeitgeber höheren Beitragssatz; von den 24,8% (statt 18,7% in der allgemeinen R.) tragen sie 15,45% (statt 9,35% in der allgemeinen R.) (Stand 2015).

Versicherungspflichtig sind neben den gegen Entgelt oder zu ihrer Berufsausbildung (abhängig) Beschäftigten unter anderem Personen, die Kinder erziehen, Angehörige unentgeltlich pflegen, Wehrdienst leisten, ein freiwilliges soziales Jahr bzw. ein freiwilliges ökologisches Jahr absolvieren oder am Bundesfreiwilligendienst (→ Freiwilligendienste) teilnehmen, ferner Personen, die Kranken-, Übergangs- oder Arbeitslosengeld beziehen, Gewerbetreibende in Handwerksbetrieben (→ Rentenversicherung der Handwerker), Künstler/innen und bestimmte arbeitnehmerähnliche Selbstständige, wie z.B. Hausgewerbetreibende. Sonstige Selbstständige können sich auf Antrag pflichtversichern. Wer nicht pflichtversichert ist, kann sich freiwillig versichern.

Die R. gewährt neben Leistungen zur Teilhabe vor allem → Renten wegen Alters, → Rente wegen Erwerbsminderung und Renten wegen Todes (→ Witwen- und Witwerrente, → Waisenrente). Die Höhe der Renten hängt von der Höhe und Dauer der Beitragszahlung ab. Die Standardrente beträgt ab 1.7.2015 in den alten Bundesländern 1.314,45 Euro, in den neuen Bundesländern 1.217,25 Euro (45 Versicherungsjahre x 29,21 [aktueller Rentenwert] bzw. 27,05 [aktueller Rentenwert Ost]). Die R. zahlt ferner den Arbeitgeberanteil zur → Krankenversicherung der Rentner. Bei der Rentenberechnung werden auch beitragsfreie Zeiten (→ rentenrechtliche Zeiten) berücksichtigt. Die Altersgrenze für die Regelaltersrente wird bis 2029 stufenweise von 65 auf 67 Jahre angehoben. Wer die Rente vorzeitig in Anspruch nimmt, muss Abschläge (0,3% je Monat) in Kauf nehmen, wer ihren Beginn hinausschiebt, bekommt Zuschläge (0,5% je Monat). Die große Witwen- und Witwerrente beträgt 55% der Versichertenrente. Versicherte, die das 27. Lebensjahr vollendet haben, erhalten eine jährliche → Renteninformation über die zu erwartenden Leistungen bei Erwerbsminderung und im Alter. Seit 2005 werden die Renten der gesetzlichen R. schrittweise bis 2040 in die nachgelagerte Besteuerung überführt und damit in der Endstufe – bei steuerlicher Freistellung der Beiträge – voll besteuert.

Die R. wird vor allem durch Beiträge (Beitragssatz in der allgemeinen Rentenversicherung 2015: 18,7%) finanziert, die hälftig vom Arbeitgeber und Arbeitnehmer bis zur Beitragsbemessungsgrenze (2015: 72.600 Euro in den alten bzw. 62.400 Euro in den neuen Bundesländern) zu tragen sind. Die Bundeszuschüsse machten 2013 bezogen auf die Rentenausgaben 27,3% aus. Sie sollen die Kosten für die der R. übertragenen gesamtgesellschaftlichen Aufgaben abdecken. Es gilt das Umlageverfahren. Von der »Nachhaltigkeitsrücklage« abgesehen, die zwischen 0,2 und 1,5 Monatsausgaben schwanken darf, werden mit den Einnahmen des laufenden Jahres die Ausgaben bestritten.

Die R. geht auf die Kaiserliche Botschaft vom 17.11.1881 zurück (Vorläufer u.a. im Preußischen Landrecht vom 5.2.1794). Für die Arbeiter wurde am 22.6.1889 das Gesetz betreffend die Invaliditäts- und Altersversicherung erlassen, ein Angestelltenversicherungsgesetz folgte zum 1.1.1913. Für Bergleute führte das Preußische Knappschaftsgesetz vom 10.4.1854 die staatlich garantierte Alters- und Invalidensicherung ein (→ soziale Gerechtigkeit).

Die R. wurde seit ihrem Bestehen kontinuierlich weiterentwickelt und an die sich verändernden demografischen, ökonomischen und gesellschaftlichen Rahmenbedingungen (→ demografische Entwicklung) angepasst. Die in den letzten Jahren beschlossenen Reformen (u.a. Senkung des Rentenniveaus bei gleichzeitiger Ausweitung der zusätzlichen Altersvorsorge, Anhebung des Rentenalters) sollen der Alterung der Bevölkerung Rechnung tragen und den Anstieg des Beitragssatzes begrenzen. Leistungsverbesserungen wurden zuletzt insbesondere für Kindererziehende (»Mütterrente«, → Kindererziehungszeiten, rentenrechtliche Anerkennung) vorgenommen.

*Lit.* BMAS: Bericht der Bundesregierung über die gesetzliche Rentenversicherung, insbesondere über die Entwicklung der Einnahmen und Ausgaben, der Nachhaltigkeitsrücklage sowie des jeweils erforderlichen Beitragssatzes in den künftigen 15 Kalenderjahren gemäß § 154 Abs. 1 und 3 SGB VI (Rentenversicherungsbericht 2015), www.bmas.de; Rische, H. in: Eichenhofer, E./Rische, H./Schmähl, W.: Handbuch der gesetzlichen Rentenversicherung, 2. Aufl., Köln 2012, Kap. 36; Ruland, F.: Die Rentenversicherung in Deutschland im Zeichen der Jahrhundertwende, in: Deutsche Rentenversicherung 1/2 (2000), S. 23–49.

*Monika Rahn*

**Rentenversicherung der Handwerker/innen** Gewerbetreibende in Handwerksbetrieben (bis 31.12.2003 »Handwerker«), die in die Handwerksrolle eingetragen sind und in ihrer Person die für die Eintragung erforderlichen Voraussetzungen erfüllen, unterliegen bei Ausübung ihrer selbstständigen Tätigkeit der Versicherungspflicht in der gesetzlichen

→ Rentenversicherung (§ 2 S. 1 Nr. 8 SGB VI). Voraussetzung ist, dass ein zulassungspflichtiges Handwerk nach der Anlage A zur Handwerksordnung (HwO) betrieben wird. Die Ausübung zulassungsfreier Handwerke (bei Neueintragungen nach dem 31.12.2003) bzw. handwerksähnlicher Gewerbe nach der Anlage B zur HwO führt nicht zur Versicherungspflicht. Ist eine Personengesellschaft (z.B. KG, OHG) in die Handwerksrolle eingetragen, gilt als Gewerbetreibender, wer als Gesellschafter in seiner Person die Voraussetzungen für die Eintragung in die Handwerksrolle erfüllt. Wird neben der selbstständigen Tätigkeit als Gewerbetreibende/r in einem Handwerksbetrieb eine abhängige Beschäftigung als Arbeitnehmer/in ausgeübt, führen beide Versicherungsverhältnisse zur Rentenversicherungspflicht (Mehrfachversicherung). Die Beiträge zur Rentenversicherung werden von den Gewerbetreibenden allein aufgebracht. Sie zahlen ohne Einkommensnachweis einen Regelbeitrag, der sich aus dem jeweiligen Durchschnittsentgelt der gesetzlichen Rentenversicherung (= Bezugsgröße) berechnet. Bei Nachweis eines niedrigeren oder höheren Arbeitseinkommens (→ Einkommen) können entsprechend niedrigere oder höhere Beiträge bis zur Beitragsbemessungsgrenze gezahlt werden (einkommensgerechter Beitrag). Bis zum Ablauf von drei Kalenderjahren nach dem Jahr der Aufnahme der selbstständigen Tätigkeit darf ohne Einkommensnachweis ein halber Regelbeitrag (berechnet aus 50% der Bezugsgröße) gezahlt werden (§ 165 Abs. 1 S. 2 SGB VI). Die Gewerbetreibenden in Handwerksbetrieben können sich von der Versicherungspflicht befreien lassen, wenn für sie mindestens 18 Jahre (216 Monate) Pflichtbeiträge gezahlt worden sind (§ 6 Abs. 1 S. 1 Nr. 4 SGB VI). Dies gilt seit 1.1.2013 auch für bevollmächtigte Bezirksschornsteinfeger/innen oder Bezirksschornsteinfegermeister/innen. Für die Durchführung der Versicherung sind die Regionalträger der Deutschen Rentenversicherung (→ Rentenversicherungsträger) zuständig.

*Monika Rahn*

**Rentenversicherungsträger** Die gesetzliche → Rentenversicherung wird von 16 öffentlich-rechtlichen Selbstverwaltungskörperschaften (→ Selbstverwaltung) in mittelbarer Staatsverwaltung durchgeführt. Sie unterliegen der → Rechtsaufsicht des Bundes oder der Länder. Die R. führen Versichertenkonten, aus denen z.B. Versicherungsdauer oder Beitragszeiten hervorgehen. Aufgrund dieser Konten berechnen sie die individuellen Rentenleistungen. Für die allgemeine Rentenversicherung sind 14 Regionalträger (vorher: Landesversicherungsanstalten), die → Deutsche Rentenversicherung Bund mit Sitz in Berlin (vorher: Bundesversicherungsanstalt für Angestellte, BfA) und die Deutsche Rentenversicherung Knappschaft-Bahn-See mit Sitz in Bochum (vorher: Bundesknappschaft, Seekasse und Bahnversicherungsanstalt) zuständig. Die Deutsche Rentenversicherung Knappschaft-Bahn-See ist außerdem zuständig für die Durchführung der → knappschaftlichen Rentenversicherung. Neben der Betreuung ihrer Versicherten, Rentner und Arbeitgeber obliegt der Deutschen Rentenversicherung Bund seit der Organisationsreform 2005 (→ Rentenreform) die Wahrnehmung von Grundsatz- und Querschnittsaufgaben und gemeinsamen Angelegenheiten der R.

In der allgemeinen Rentenversicherung richtet sich die Zuordnung der Versicherten zur Bundes- oder Regionalebene nach gesetzlichen Quoten. Sie erfolgt im Rahmen der Vergabe der Versicherungsnummer. Den Regionalträgern werden 55% der Neuversicherten zugeordnet, der Deutschen Rentenversicherung Bund 40% und der Deutschen Rentenversicherung Knappschaft-Bahn-See 5%. Die Unterscheidung zwischen Angestelltenversicherung und Arbeiterrentenversicherung wurde mit der Organisationsreform aufgegeben.

*Sylvia Dünn*

**Rente wegen Alters** wird auf Antrag von der gesetzlichen → Rentenversicherung gewährt, wenn Versicherte die jeweilige Altersgrenze erreicht und die entsprechende Wartezeit (→ rentenrechtliche Zeiten) erfüllt haben. Die Möglichkeit des vorzeitigen oder herausgeschobenen Rentenbezugs mit entsprechendem Abschlag oder Zuschlag und die Varianten Voll- oder Teilrente bieten die Möglichkeit, die Höhe und den Zeitpunkt des Rentenbezugs in gewissen Grenzen selbst zu bestimmen.

Für die Regelaltersrente muss die Regelaltersgrenze vollendet sein (§ 35 SGB VI). Seit 2012 wird diese Grenze für die ab 1947 Geborenen von 65 Jahren schrittweise auf 67 Jahre angehoben (§ 235 SGB VI). Die Anhebung ist 2029 abgeschlossen und greift in vollem Umfang erstmalig für die 1964 Geborenen. Eine vorzeitige Inanspruchnahme der Regelaltersrente ist nicht möglich.

Die Altersrente für langjährig Versicherte kann mit Vollendung des 67. Lebensjahres in Anspruch genommen werden, wenn die Wartezeit von 35 Jahren erfüllt wurde (§ 36 SGB VI). Für Versicherte, die vor 1949 geboren wurden, verbleibt die abschlagsfreie Altersgrenze bei 65 Jahren und für die Geburtsjahrgänge 1949 bis 1963 wird diese schrittweise auf 67 Jahre angehoben (§ 236 Abs. 2 SGB VI). Eine vorzeitige Inanspruchnahme ist im Regelfall ab Vollendung des 63. Lebensjahres bzw. bei besonderem Vertrauensschutz ab Vollendung des 62. Lebensjahres (§ 236 Abs. 3 SGB VI) möglich.

Für die abschlagsfreie Altersrente für besonders langjährig Versicherte (§ 38 SGB VI) muss die Wartezeit von 45 Jahren erfüllt werden. Die vor 1953 Geborenen können diese Rente in Anspruch nehmen, wenn sie das 63. Lebensjahr vollendet haben. Für Versicherte, die ab 1953 geboren sind, wird die Altersgrenze von 63 Jahren stufenweise angehoben. Ab den Jahrgang 1964 beträgt die Altersgrenze dann 65 Jahre. Eine vorzeitige Inanspruchnahme ist ausgeschlossen.

Versicherte, die als → schwerbehinderte Menschen anerkannt sind und die Wartezeit von 35 Jahren erfüllt haben, erhalten ab Vollendung des 65. Lebensjahres eine Altersrente. Ab Vollendung des 62. Lebensjahres ist ein vorzeitiger Rentenbezug möglich (§ 37 SGB VI). Versicherte, die vor 1952 geboren sind, können bei Vollendung des 63. Lebensjahres abschlagsfrei und nach Vollendung des 60. Lebensjahres vorzeitig in Rente gehen. Für die Geburtsjahrgänge 1952 bis 1963 wird der abschlagsfreie sowie der vorzeitige Bezug schrittweise um zwei Jahre erhöht. Für bestimmte Jahrgänge verbleibt aus besonderen Vertrauensschutzgründen die abschlagsfreie Altersgrenze bei 63 bzw. 60 Jahren (§ 236 a SGB VI).

Die Rente wegen → Arbeitslosigkeit oder nach Altersteilzeit läuft für die nach 1951 Geborenen aus. Die Rente wird unter sehr eingeschränkten Voraussetzungen gewährt (§ 237 SGB VI). Ab dem Jahrgang 1942 liegt die Altersgrenze beim 65. Lebensjahr. Vorgezogen können Arbeitslose, die älter sind, ab 60 Jahren Rente beanspruchen. Für die ab 1946 Geborenen erhöht sich diese Grenze monatlich; die Ende 1948 Geborenen können Rente wegen Arbeitslosigkeit frühestens mit 63 Jahren beanspruchen. Auch die vorgezogene Rente für Frauen (§ 237 a SGB VI), die nach Vollendung des 40. Lebensjahres mehr als zehn Jahre Pflichtbeitragszeiten haben, läuft für die nach 1951 Geborenen aus. Die frühere Altersgrenze von 60 Jahren ist für die ab 1940 geborenen Frauen in monatlichen Schritten angehoben worden. Sie liegt für die Ende 1944 Geborenen bei 65 Jahren. Vorgezogen kann die Rente für Frauen ab 60 Jahren beansprucht werden.

Wird eine Altersrente vorzeitig in Anspruch genommen, wird sie als Ausgleich für die längere Bezugsdauer um einen Abschlag von 0,3% je Monat (3,6% pro Jahr) gekürzt. Die Minderung gilt für die gesamte Laufzeit der Rente, also auch über die Regelaltersgrenze hinaus. Die Kürzung kann durch eine zusätzliche Zahlung von Beiträgen bis zum Erreichen der Regelaltersgrenze ganz oder teilweise ausgeglichen werden (§ 187 a SGB VI). Beginnt der Bezug der R. w. A. nach der Regelaltersgrenze, erhöht sie sich je Monat um 0,5% (6% pro Jahr). Dazu kommt eine weitere Rentenerhöhung, wenn in dieser Zeit weitere Beiträge gezahlt wurden.

Während Bezieher/innen einer Regelaltersrente beliebig viel hinzuverdienen können, sind bei R. w. A. vor Vollendung der Regelaltersgrenze bestimmte Hinzuverdienstgrenzen einzuhalten (§ 34 Abs. 2 SGB VI). Abhängig vom Hinzuverdienst wird die R. w. A. vor Erreichen der Regelaltersgrenze in voller Höhe oder vermindert als Teilrente (von zwei Dritteln, der Hälfte oder einem Drittel der vollen Rente) gezahlt. Für die Vollrente gilt die Hinzuverdienstgrenze von 450 Euro brutto monatlich. Für die Teilrenten wird die Hinzuverdienstgrenze individuell bestimmt. Die Hinzuverdienstgrenze darf zweimal im Kalenderjahr bis zum Doppelten ihres Betrages überschritten werden. Wird die höchste Hinzuverdienstgrenze überschritten, entfällt die R. w. A.

Die R. w. A. beginnt mit dem Kalendermonat, zu dessen Beginn die Voraussetzungen für die Rente erfüllt sind (§ 99 SGB VI), wenn der Rentenantrag innerhalb von drei Kalendermonaten nach Ablauf des Monats gestellt wird, in dem die Anspruchsvoraussetzungen vorliegen. Wird die Rente später beantragt, beginnt die Rente mit dem Antragsmonat.

Für ein Jahr Beitragszahlung nach dem Durchschnittsverdienst (vorläufiger Wert für 2015: 34.999 Euro) erhalten Versicherte einen Entgeltpunkt. Ein Entgeltpunkt entspricht zurzeit einer Monatsrente von 29,21 Euro in den alten und 27,05 Euro in den neuen Bundesländern (Werte ab Juli 2015). Die Höhe der zu erwartenden R. w. A. nach dem derzeitigen Stand des Versicherungskontos kann der jährlichen → Renteninformation entnommen werden.

Besteht für denselben Zeitraum ein Anspruch auf mehrere R. w. A., wird nur die höchste Rente geleistet (§ 89 SGB VI). Nach der bindenden Bewilligung einer R. w. A. oder für Zeiten des Bezugs einer solchen ist ein Wechsel in eine andere R. w. A. oder in eine → Rente wegen Erwerbsminderung ausgeschlossen (§ 34 Abs. 4 SGB VI).

*Lit.* Binne, W./Matlok, D.: Rente mit 67 in Deutschland, in: Zukunftsvorsorge aktuell 2/2008, S. 31–37; Brettschneider, H.: Das Rentenrecht. Lehr- und Arbeitsbuch für die Praxis, 3. Aufl., St. Augustin 2009; Ruland, F. in: von Maydell, B./Ruland, F./ Becker, U. (Hrsg.): Sozialrechtshandbuch, 5. Aufl., Baden-Baden 2012, § 17.

*Dana Matlok*

**Rente wegen Erwerbsminderung** ersetzt ab dem 1.1.2001 die frühere Berufsunfähigkeitsrente und Erwerbsunfähigkeitsrente. Sie wird zweistufig gewährt. Entscheidend für die teilweise (Rentenartfaktor 0,5 – § 67 Nr. 2 SGB VI) oder volle R. (Rentenartfaktor 1,0 – § 67 Nr. 1 SGB VI) ist die medizinische Leistungsfähigkeit der Versicherten auf dem allgemeinen → Arbeitsmarkt. Die Arbeitsmarktlage ist grundsätzlich unerheblich. Bei einem Leistungsvermögen von mehr als sechs Stunden besteht kein Anspruch auf eine R. (§ 43 Abs. 3 SGB VI). Ist die Leistungsfähigkeit so weit gemindert, dass der/die Versicherte keine drei Stunden täglich mehr erwerbstätig sein kann, steht ihm/ihr die volle R. zu (§ 43 Abs. 2 SGB VI). Auch Selbstständige können eine volle R. beanspruchen. Können Versicherte zwischen drei bis unter sechs Stunden täglich arbeiten, erhalten sie eine teilweise R. (§ 43 Abs. 1 SGB VI). Die teilweise R. hat keine volle Lohnersatzfunktion, sodass die Versicherten zur Deckung ihres Lebensunterhalts weiteres → Einkommen erzielen müssen. Steht kein Teilzeitarbeitsplatz zur Verfügung (sog. verschlossener Teilzeitarbeitsmarkt), erhalten Versicherte wegen der vom Bundessozialgericht (BSG) entwickelten »konkreten Betrachtungsweise« eine volle R. Damit trägt die → Rentenversicherung einen Teil des Arbeitsmarktrisikos.

Neben der verminderten → Erwerbsfähigkeit müssen grundsätzlich die allgemeine Wartezeit und 36 Monate an Pflichtbeitragszeiten in den letzten fünf Jahren vor Eintritt der Erwerbsminderung vorliegen (→ rentenrechtliche Zeiten). Dies ist nicht nötig, wenn die Erwerbsminderung z.B. aufgrund eines → Arbeitsunfalls oder einer → Berufskrankheit eingetreten ist (§§ 43 Abs. 5, 53 SGB VI). Bestimmte beitragsfreie Zeiten (z.B. Berücksichtigungszeiten für Kindererziehung [ → Kindererziehungszeiten, rentenrechtliche Anerkennung] oder Zeiten der schulischen → Ausbildung nach dem 17. Lebensjahr; §§ 43 Abs. 4, 241 Abs. 1 SGB VI) verlängern den Fünfjahreszeitraum.

R. sind mit versicherungstechnischen Abschlägen (§ 77 Abs. 2 Nr. 3 SGB VI) behaftet, wenn sie vor Vollendung des 63. Lebensjahres (seit 2012 schrittweise Anhebung auf das 65. Lebensjahr) in Anspruch genommen werden. Sie betragen für jeden Monat 0,3%, max. sind es 10,8%. Beginnt die Rente nach Vollendung des 63. Lebensjahres, ist sie abschlagsfrei. Zum Ausgleich der Abschläge ist die sog. Zurechnungszeit bis zum vollen 62. Lebensjahr verlängert worden (§ 59 Abs. 2 S. 2 SGB VI). Durch die Zurechnungszeit wird die Lücke ausgeglichen, die durch die fehlenden Beitragsjahre im Rentenkonto entsteht, ohne dass dafür Beiträge gezahlt werden müssen.

Eine R. wird nur gezahlt, wenn die Hinzuverdienstgrenzen eingehalten werden. Je nach Höhe des Hinzuverdienstes kann die teilweise R. in Höhe von drei Vierteln, der Hälfte oder von einem Viertel des vollen Rentenbetrages gezahlt werden (§ 96 a Abs. 1 a Nr. 2 SGB VI). Diese Hinzuverdienstgrenzen sind individuell und wegen ihrer Anbindung an den aktuellen Rentenwert dynamisch. Sie richten sich nach dem Verdienst der Versicherten in den letzten drei Kalenderjahren vor dem Eintritt der vollen Erwerbsminderung. Wer eine volle R. erhält, kann höchstens 450 Euro brutto monatlich hinzuverdienen (§ 96 a Abs. 2 Nr. 2 SGB VI). Die Hinzuverdienstgrenze darf im Laufe eines jeden Kalenderjahres in zwei Monaten bis zur doppelten Hinzuverdienstgrenze überschritten werden (z.B. durch Sonder- oder Einmalzahlungen).

R. sind grundsätzlich Zeitrenten. Die einzelne Befristung darf nicht länger als drei Jahre andauern. Nach Ablauf der Befristung und Prüfung des Gesundheitszustands kann die Rente erneut bewilligt werden. Erst wenn die Besserung der Leistungsfähigkeit unwahrscheinlich ist, was nach spätestens neun Jahren medizinischer Befristung der Fall ist, wird die Rente unbefristet gezahlt (§ 102 Abs. 2 SGB VI). Renten, die vom verschlossenen Teilzeitarbeitsmarkt abhängen, sind immer Zeitrenten.

Die frühere Berufsunfähigkeitsrente wurde durch die Rente wegen teilweiser Erwerbsminderung bei Berufsunfähigkeit (§ 240 SGB VI) ersetzt. Sie wird in der gesetzlichen Rentenversicherung nur gewährt, wenn bereits am 1.1.2001 ein Anspruch auf die Rente bestand oder wenn Versicherte berufsunfähig werden, die vor dem 2.1.1961 geboren wurden. Berufsunfähig sind Versicherte, die in ihrem zuletzt ausgeübten Hauptberuf oder einem zumutbaren Verweisungsberuf nicht mehr einsatzfähig sind, wohl aber auf dem allgemeinen Arbeitsmarkt. Im Vergleich mit körperlich, geistig und seelisch gesunden Versicherten mit ähnlicher Ausbildung und gleichwertigen Kenntnissen und Fähigkeiten muss die → Erwerbsfähigkeit der Bezieher/innen einer solchen R. wegen Krankheit oder Behinderung (→ behinderte Menschen) auf weniger als sechs Stunden täglich gesunken sein. Um die Erwerbsfähigkeit von Versicherten zu beurteilen, werden alle Tätigkeiten einbezogen, die ihren Kräften und Fähigkeiten entsprechen und ihnen unter Berücksichtigung der Dauer und des Umfangs ihrer Ausbildung sowie ihres bisherigen Berufs und der besonderen Anforderungen ihrer bisherigen Berufstätigkeit zugemutet werden können. Zumutbar ist stets eine Tätigkeit, für die die Versicherten durch Leistungen zur beruflichen → Teilhabe am Arbeitsleben mit Erfolg ausgebildet oder umgeschult worden sind. Angelernte und ungelernte Arbeitnehmer/innen können grundsätzlich auf den allgemeinen Arbeitsmarkt verwiesen werden. Berufsunfähig ist nicht, wer eine zumutbare Tätigkeit mindestens sechs Stunden täglich ausüben kann; die jeweilige Arbeitsmarktlage bleibt dabei außer Betracht (§ 240 Abs. 2 SGB VI). Die Höhe dieser R. beträgt – von Übergangsfällen abgesehen – die Hälfte der Erwerbsminderungsrente.

Die frühere Erwerbsunfähigkeitsrente wurde durch die Rente wegen voller Erwerbsminderung ersetzt. Es gibt sie daher nur noch in den Übergangsfällen, in denen vor dem 1.1.2001 ein Anspruch auf die Rente bestand. Sie wird längstens bis zur Vollendung der Lebensaltersgrenze gewährt (§ 302 b SGB VI).

*Lit.* Köbl, in: Ruland, F./Försterling, J. (Hrsg.): GK-SGB VI. Gemeinschaftskommentar zum Sozialgesetzbuch – Gesetzliche Rentenversicherung, Köln, Stand Okt. 2015, §§ 43, 240; Ruland, F. in: von Maydell, B./Ruland, F./Becker, U. (Hrsg.): Sozialrechtshandbuch, 5. Aufl., Baden-Baden 2012, § 17; Stichnoth, U./Wiechmann, T.: Reform der Renten wegen verminderter Erwerbsfähigkeit, in: DAngVers 2001/2, S. 53–65.

*Dana Matlok*

**Rente wegen Todes** → Erziehungsrente, → Hinterbliebenenrenten, → Waisenrente, → Witwen- und Witwerrente

**Repräsentativität** → Empirische Sozialforschung

**Resettlement** ist der Fachbegriff für die Neuansiedlung von besonders schutzbedürftigen → Flüchtlingen in einem aufnahmebereiten Drittstaat, der vollen Flüchtlingsschutz gewährt und die Möglichkeit bietet, sich im Land zu integrieren. R. ist neben der → Integration im Erstaufnahmeland und der freiwilligen Rückkehr in das Herkunftsland eine von drei so genannten »dauerhaften Lösungen«, die der → Hohe Flüchtlingskommissar der Vereinten Nationen (UNHCR) für die Unterstützung von Flüchtlingen vorsieht. Neben den klassischen R.ländern wie USA, Kanada und Australien, die rund 80% der weltweiten R.plätze zur Verfügung stellen, beteiligen sich mittlerweile auch europäische Länder in einem vergleichsweise geringen Umfang an dem R.programm des UNHCR. Deutschland hat zunächst im Rahmen eines Pilotprojekts von 2012–2014 jeweils 300 Flüchtlinge jährlich aufgenommen und sich inzwischen verpflichtet, ab 2015 regelmäßig 500 Flüchtlinge pro Jahr aufzunehmen. In den Jahren 2016 und 2017 wird sich Deutschland auch an einem R.programm der → Europäischen Union (EU) beteiligen und dann insges. 800 Flüchtlinge pro Jahr im Wege des R. aufnehmen. Voraussetzung für eine Teilnahme an dem R.programm ist, dass UNHCR die jeweiligen Personen als Flüchtling anerkennt und die besondere Schutzbedürftigkeit anhand eines Kriterienkatalogs feststellt. In Deutschland entscheidet dann das → Bundesamt für Migration und Flüchtlinge (BAMF) nach einem individuellen Interview über die Aufnahme. Für 2016 rechnet der UNHCR mit einem Bedarf von mehr als 1.150.000 R.plätzen.

*Kerstin Becker*

**Residenzpflicht** bezeichnet die Einschränkung des räumlichen Aufenthaltsbereichs, der Asylbewerber/innen in den ersten drei Monaten ihres Verfahrens oder längstens, solange sie in einer Erstaufnahmeeinrichtung zu wohnen verpflichtet sind, unterliegen (§§ 56 ff. Asylgesetz [AsylG], → Asylrecht). Für das Verlassen des regelmäßig auf den Bezirk der Ausländerbehörde beschränkten → Aufenthalts benötigen Asylsuchende während dieser Zeit grundsätzlich eine Erlaubnis; ein Verstoß kann zu einem Bußgeld (→ Ordnungswidrigkeit) oder einer → Geldstrafe führen. Auch Personen, deren → Abschiebung ausgesetzt worden ist, sind in ihrer Fortbewegungsfreiheit beschränkt, und zwar auf das Gebiet des betreffenden Bundeslandes, durch Auflage der Ausländerbehörde ggf. auch auf kleinere räumliche Gebiete (§ 61 a Aufenthaltsgesetz [AufenthG], → Zuwanderungsgesetz). Auch bei diesen Personen entfällt die R. nach drei Monaten, es sei denn die Ausländerbehörde verlängert die R. (oder verhängt sie erneut) aus bestimmten zugelassenen Gründen (z.B. zur Sicherung einer bevorstehenden Abschiebung). Von der R. ist die Wohnsitzauflage zu unterscheiden, die Ausländer/innen auf einen bestimmten Ort der Wohnsitznahme verpflichtet, nicht aber die allgemeine Fortbewegungsfreiheit im Bundesgebiet einschränkt. Wenn die Wohnsitzauflage, wie zumeist, nur unter der Bedingung des Bezugs von → Sozialleistungen erteilt wird, kann die ausländische Person die Streichung beantragen, wenn sie in einer anderen Stadt eine Arbeitsstelle nachweist.

*Stephan Hocks*

**Resilienz** ist die Fähigkeit von → Individuen, erfolgreich mit belastenden Lebensereignissen und Krisen umzugehen. R. wird auch als »seelische Widerstandskraft« verstanden. Der Begriff wurde geprägt aus den Erkenntnissen von Langzeitstudien (v.a. E. Werner), bei denen sich zeigte, dass einem Teil von Kindern und Jugendlichen trotz schwierigster Lebensumstände eine körperlich und seelisch gesunde Entwicklung gelang. R. ist keine angeborene Persönlichkeitseigenschaft, sondern wird im Verlauf des Lebens entwickelt; von besonderer Bedeutung sind dabei die frühen Lebensjahre. Das Kind wird als aktiver »Bewältiger« und (Mit-)Gestalter seines Lebens gesehen; die Fähigkeit der seelischen Widerstandskraft entwickelt sich aus der → Interaktion mit den Bezugspersonen und realen positiven Bewältigungserfahrungen. R. ist eine dynamische Fähigkeit, die sich im Lebenslauf verstärken oder abbauen und in verschiedenen Lebensbereichen unterschiedlich stark ausgeprägt sein kann.

Empirisch konnte eine Reihe von protektiven (R.-)Faktoren identifiziert werden, die die Widerstandskraft gegenüber Belastungen stärken. Den wichtigsten Schutz stellt eine stabile emotionale Beziehung zu mindestens einer primären Bezugsperson dar; kompensatorisch können diese Bedeutung auch spätere (professionelle) Bezugspersonen wie Erzieher/innen oder Lehrer/innen übernehmen. Weitere, resilienzfördernde Faktoren sind: soziale Unterstützung außerhalb der Familie, ausgeprägte Selbststeuerungs- bzw. Selbstregulationsfähigkeiten, → soziale Kompetenzen, Problemlösefähigkeiten und ein positives Selbstwirksamkeitserleben.

Das R.-Konzept steht in enger Verbindung zum Paradigmenwechsel in den Sozialwissenschaften hin zu einer Ressourcenorientierung und zu Ansätzen der → Salutogenese (Antonovsky). Die Fähigkeit der R. kann in den Sozialisationsinstanzen Kindertageseinrichtung und Schule gezielt gefördert werden, hierzu liegen einige wenige Programme vor. Von besonderer Bedeutung ist dabei ein multimodales Vorgehen, das die Qualifizierung pädagogischer Fachkräfte, die Arbeit mit Kindern und Eltern sowie eine institutionelle Vernetzung umfasst.

*Lit.* Fröhlich-Gildhoff, K./Rönnau-Böse, M.: Resilienz und Resilienzförderung über die Lebensspanne, Stuttgart 2015.

*Klaus Fröhlich-Gildhoff/Maike Rönnau-Böse*

**Resozialisierung** gilt als Ziel des → Strafvollzugs und hat als Strafzweck i.S. der Spezialprävention (→ Kriminalprävention) hinsichtlich der Straflegitimationen die gerechte Vergeltung abgelöst. Man versteht darunter die Wiedereingliederung einer straffällig gewordenen Person in die Gesellschaft, wobei man sich das als einen wechselseitigen Prozess zwischen → Individuum und → Gesellschaft vorstellen muss. R. meint Rückführung in die Gesellschaft und ist zugleich Teil des lebenslangen Prozesses der Sozialisation. Der Begriff der R. wurde zuerst von K. Liebknecht 1918 gebraucht und dann von H. Ellger 1922 in die spezifische Fachliteratur eingeführt. Heute wird R. im Kontext der → Delinquenz oft synonym zur sozialen Integration verwendet und entspricht der angelsächsischen Rehabilitation.

Das → Bundesverfassungsgericht hat der R. Verfassungsrang zugemessen. Es entschied, dass »vom Täter aus gesehen das Interesse an der R. aus seinem Grundrecht aus Art. 2 Abs. 1 GG in Verbindung mit Art. 1 GG [erwächst]. Von der Gemeinschaft aus betrachtet, verlangt das Sozialstaatsprinzip staatliche Vor- und Fürsorge für Gruppen der Gesellschaft, die aufgrund persönlicher Schwäche oder Schuld, Unfähigkeit oder gesellschaftlicher Benachteiligung in ihrer persönlichen, sozialen Entfaltung gehindert sind; dazu gehören die Gefangenen und Entlassenen« (BVerfGE 35, 202, 236). Die Strafvollzugsgesetze der Länder haben durchweg R. i.S. von Wiedereingliederung in die Gesellschaft und Befähigung zu einem straffreien Leben in sozialer Verantwortung als Ziel normiert – meist neben dem Schutz der Allgemeinheit, wobei verkannt wird, dass durch R. der nachhaltigste Schutz erreicht wird.

Soweit R. als spezialpräventive Legitimation des Strafens verwendet wird, müssen auch tatsächlich erfolgversprechende wirksame Angebote und Hilfen zur R. unterbreitet werden, denn ansonsten würde man durch eine Behandlungsideologie nur andere, wahre Motive, wie beispielsweise Vergeltung und Abschreckung, verschleiern. Das heißt nicht, dass bei der Strafzumessung nicht die Schuldangemessenheit und die generalpräventive Wirkung ebenfalls eine Rolle spielen dürfen. R. setzt nicht nur an der Straftat als einem Bruch der strafrechtlichen Normen an, sondern (seit der modernen Strafrechtsschule F. v. Liszts vor 130 Jahren) darüber hinaus an der empirischen kriminologischen Erkenntnis, dass → soziale Benachteiligungen, Desintegration und schwierige Sozialisationsbedingungen das Auftreten und die Verstetigung von Delinquenz begünstigen. R. geht einher mit → sozialer Kontrolle.

In den Fachdiskursen der → Sozialen Arbeit ist heute unstrittig, dass R. weder mit Zwangsmaßnahmen verknüpft sein muss noch erzwungen werden kann. Häufig wird deshalb im Kontext der → Straffälligenhilfe von R.hilfen oder R.angeboten gesprochen. R. ist nicht nur ein Ziel des Strafvollzugs, sondern auch zahlreicher ambulanter Hilfeinstitutionen beispielsweise der Sozialen Dienste der Justiz (→ Bewährungshilfe, → Gerichtshilfe, Führungsaufsicht) und der Freien Straffälligenhilfe. Sie findet ehrenamtlich und hauptamtlich statt, im Rahmen von Jugendhilfe und Sozialhilfe. Weil es häufig an klaren Zuständigkeitsregelungen, gesicherten Ressourcen und gesetzlichen Grundlagen mangelt, wird seit einiger Zeit in Fachdiskussionen und in landespolitischen Debatten ein R.gesetz gefordert, das die ambulanten Hilfen so auf eine gesetzliche Grundlage gestellt, wie dies 1976 durch das Strafvollzugsgesetz geschah (vgl. Cornel u.a. 2015).

Inhaltlich setzen R.hilfen am → Bedarf der unterschiedlichen Zielgruppen straffällig gewordener Personen an, der bei einem drogenabhängigen jungen Mann anders ist als bei einer hoch verschuldeten Frau im Strafvollzug kurz vor ihrer Haftentlassung. Es geht um Lebenslagenverbesserungen und Beratung über persönliche Probleme, von der Unterstützung zur Absicherung der Lebenshaltungskosten bis zur Arbeits- und Wohnungssuche, von der Angehörigenarbeit bis zur Begleitung in Krisensituationen. Aus den Erfahrungen mit Kriminalisierungsprozessen und dem Aufschaukeln krimineller Karrieren setzen R.hilfen zum einen früh an, um Eskalationen zu vermeiden, und wissen zugleich, dass Non-Intervention manchmal die beste Hilfe sein kann. Die Vermeidung von Untersuchungshaft, der Vollstreckung von Ersatzfreiheitsstrafen, → Freiheitsstrafen und → Jugendstrafen durch ambulante R.hilfen fördern Deeskalation und Integration. Oft wird die erfolgreiche R. dadurch erreicht, dass Ausgrenzung und Einsperrung vermieden und eine straffällig gewordene Person mit schwierigen biografischen Erfahrungen und Vernachlässigungen durch eine krisenhafte Lebensphase begleitet wird, um dann wieder selbstständig und straffrei zu leben. Die R.hilfen müssen zu diesem Zweck für die Hilfesuchenden erreichbar sein und institutionell koordiniert werden, um Versorgungslücken und Doppelbetreuung zu vermeiden. Unter den Begriffen der durchgehenden Hilfe und des Übergangsmanagements wurden in den letzten Jahren entsprechende Konzeptionen diskutiert, die dafür sorgen sollen, dass der/die Sozialarbeiter/in im Strafvollzug mit dem/der Bewährungshelfer/in und diese mit den → Drogenberatungen und Mitarbeiter/innen der Freien Straffälligenhilfe oder Jugendhilfe i.S. des Zieles der R. zusammenwirken. All dies ist in den unterschiedlichen Phasen des Strafverfahrens und der Strafvollstreckung sowie nach der Haftentlassung nötig und sinnvoll, um zukünftigen Straftaten vorzubeugen und damit auch potenzielle Opfer zu schützen.

*Lit.* Cornel, H./Dünkel, F./Pruin, I./ Sonnen, B.-R./Weber, J.: Diskussionsentwurf für ein Landesresozialisierungsgesetz. Nichtfreiheitsentziehende Maßnahmen und Hilfeleistungen für Straffällige, Mönchengladbach 2015; Cornel, H./ Kawamura-Reindl, G./ Maelicke, B./ Sonnen, B.-R.: Resozialisierung. Handbuch, 3.Aufl., Baden-Baden 2009; Feest, J./Lesting, W.: Kommentar zum Strafvollzugsgesetz, Köln 2012; Kawamura-Reindl, G./Schneider, S.: Lehrbuch Soziale Arbeit mit Straffälligen, Weinheim/Basel 2015.

*Heinz Cornel*

**Ressourcen** sind Mittel, Gegebenheiten oder auch Merkmale und Eigenschaften, die Personen nutzen können, um alltägliche oder spezifische Lebensanforderungen und psychosoziale Entwicklungsaufgaben zu bewältigen, Bedürfnisse, Wünsche und (Lebens-)Ziele zu verfolgen und zu erfüllen und um → Gesundheit und Wohlbefinden zu erhalten bzw. wieder herzustellen. Gelegentlich werden dafür auch die Begriffe Stärken oder Kraftquellen benutzt.

Neben physiologischen (Gesundheit), ökonomischen und strukturellen R. (gesellschaftliches Umfeld) werden personelle und soziale R. unterschieden. Personelle R. sind individuelle Fähigkeiten, Handlungskompetenzen, kognitive und emotionale Bewältigungsstile und Selbstauffassungen, die eine Person in der Auseinandersetzung mit belastenden Lebensereignissen produktiv zu nutzen vermag. Das sind u.a. ein positives Selbstwertgefühl, internale Kontrollüberzeugung und Bewältigungsoptimismus, aktive Auseinandersetzung mit Umweltanforderungen sowie soziale und (interaktionelle → Interaktion) → Kompetenzen, u.a. die Bereitschaft und Fähigkeit, unter belastenden Lebensanforderungen Hilfe und Unterstützung einzuholen.

Soziale R. umfassen soziale → Integration, emotionale Verbundenheit (→ Emotionen) und Unterstützungen, die eine Person in → Familie, Partnerschaft, Freundschaften und weiteren Netzwerken (→ Soziales Kapital) erfährt (Liebe, Zuwendung, Wertschätzung; Anerkennung und soziale Einbindung; handfeste instrumentelle, informative, orientierende und emotional ermutigende Unterstützung im Umgang mit Lebensbelastungen), sowie Möglichkeiten der → Teilhabe an sozialstaatlichen und sozialkulturellen R. (Bildung, Gesundheits- und Unterstützungsleistungen; → Partizipation).

Die Auffassung darüber, was als R. dient, variiert je nach Person, Situation oder individueller Lebensphase. Ihre Dienlichkeit entsteht, wenn sie von der Person oder von relevanten Bezugspersonen in einem bestimmten Kontext (z.B. situativ oder biografisch bedingte Anforderungen, Zielsetzungen) als sinnvoll und brauchbar bewertet werden. Vorher sind sie als potenzielle Ressourcen bzw. als Möglichkeiten zu verstehen. Zudem werden R. benötigt, um andere R. zu erhalten, zu erweitern oder mit anderen Personen zu tauschen.

Verfügbarkeit und Qualität von R. können als Kenngrößen für Lebensqualität, Gesundheit, für individuelle Handlungsspielräume und gelingende Lebensgestaltung herangezogen werden (Capability). Besonders in kritischen Lebenssituationen puffern R. psychosoziale Belastungen ab, schützen vor Überforderung und der Entwicklung von psychosozialen Auffälligkeiten und wirken stabilisierend auf Gesundheit und Identitätssicherung. In der Bewältigung von psychosozialen Lebens- und Entwicklungsanforderungen begünstigen sich vorhandene R. gegenseitig (»R.gewinnspirale«) und beeinträchtigen sich bei unzureichender Ausprägung (»R.verlustspirale«). Soziale Arbeit hat u.a. zum Ziel, R.verlustspiralen zu unterbrechen: Sie identifiziert bei Betroffenen und im sozialen und strukturellen Umfeld (auch minimal) vorhandene R., knüpft aktivierend an sie an, fördert verschüttete R. oder bearbeitet Beeinträchtigungen in der Zugänglichkeit oder im Austausch von R.

*Franz-Christian Schubert*

**Restschuldbefreiung** → Verbraucherinsolvenz

**Retardierung** Unter R. wird ein im Allgemeinen aufholbarer, nicht erkennbar hirnorganisch verursachter, mäßiger psychophysischer Entwicklungsrückstand verstanden. Durch die Vermengung mit dem aus der englischen Sprache übernommenen Begriff »mental retardation« kommt es häufig zu Missverständnissen, weil hierunter ein geistiger Entwicklungsrückstand oft erheblichen Grades verstanden wird. Die seelisch-geistige Entwicklung retardierter Kinder verläuft langsamer als in der Norm, kann jedoch den in der Durchschnittsbevölkerung üblichen Reifezustand erreichen bzw. sich ihm annähern. Die Grenzziehung zu minimal hirnvorgeschädigten Kindern ist v.a. in den ersten Lebensjahren schwierig. Emotional retardierte Kinder sind meist erzieherisch ohne gravierende Probleme, benötigen aber besonderes Verständnis. Sie zeigen sich meist unkompliziert und zuwendungsbedürftig. In der Schulklasse geraten sie nicht selten in eine Außenseiterposition, da der Pseudostandard einer Klasse oft von den entwicklungsbeschleunigten Kindern bestimmt wird. Die Ursachen für eine R. können Vernachlässigungen (→ Kindesvernachlässigung) oder starke seelische und/oder körperliche → Traumata sein.

*Klaus Fröhlich-Gildhoff*

**Revision** → Rechtsbehelf

**Riester-Rente** → Alterssicherung, → Private Altersvorsorge

**Rigidität** (lat. rigidus: starr, steif) bezeichnet ganz allgemein ein unflexibles Festhalten an Reaktionen, Gewohnheiten, → Einstellungen oder Handlungen trotz Variation der situativen Gegebenheiten. Die (unpassende) Wiederkehr bzw. das Fortwirken von früherem → Verhalten und früheren Vorstellungen werden auch als Perseveration bezeichnet. Die Verwendung des Begriffs der R. ist in der Literatur nicht einheitlich, da man sich teilweise auf unterschiedliche Klassen von Verhaltensweisen bezieht. Cattell/Tiner (1949) fanden aufgrund ihrer Analyse von 17 R.tests zwei Faktoren: (1) eine das motorische Verhalten betreffende R. (»habituelle« oder »dispositionelle« R.: die Schwierigkeit, motorische Reaktionen zu ändern) und (2) eine R., welche kognitive Prozesse betrifft. Letztere wird von Guilford als negative Variante zweier unterschiedlicher Intelligenzfaktoren (→ Intelligenz) betrachtet, die als »adaptive Flexibilität« (Unfähigkeit, Einstellungen zu ändern) und als »Spontanflexibilität« (Fähigkeit, vielfältige Ideen zu einem Thema zu produzieren; vgl. dazu auch den Begriff der »divergenten Fähigkeiten« und der → »Kreativität«) bezeichnet werden. Letztere ist bedeutsam für kreatives → Denken.

Im Rahmen der Sozialen Arbeit trifft man auf hohe R., erkennbar durch häufige Perseverationen und die Unfähigkeit, sich auf neue Aufgaben umzustellen, sowohl bei Klient/innen mit starker Affektivität, als auch bei solchen mit bestimmten organischen Psychosyndromen und → psychischen Störungen, bspw. der zwanghaften → Persönlichkeitsstörung (→ Zwangssymptome).

*Stephan R. Siegfried/Klaudius Siegfried*

**Rolle** Als Grundbegriff der Soziologie (→ Soziologische Grundlagen der Sozialen Arbeit) dient R. zur Bezeichnung der → Sozialstruktur i.e.S., die sich aus Verhaltensformen (→ Verhalten) im Zusammenhang mit dem Status ergibt. Während der Status (statisch) den Rang bzw. die Rangordnung innerhalb eines Gefüges bezeichnet, ist R. der Begriff für die dem Rang zugehörige Art und Weise (dynamisch), einen gegebenen Status einzunehmen, handzuhaben und auszufüllen. Das R.system steht in dem (unteilbaren) Interdependenzverhältnis von Position und R., wenn Änderungen der ersteren Veränderungen der letzteren nach sich ziehen. Zwischen den für ein soziales Geschehen maßgeblichen Variablen sind Interdependenz-Relationen erklärungshaltig. Deren Bestimmung lässt die Bedeutung der Bündel von Rechten und Pflichten erkennen, die die R.träger (R.spieler, R.inhaber) in der sozialen Wirklichkeit haben. Das Gesellschaftssystem oder spezifische Bezugsgruppen tragen gemäß sozialer Normvorstellungen Verhaltens- oder Handlungserwartungen an den R.träger und dessen (berufliche) Position heran. Durch die R.differenzierung von Gesellschafts- bzw. Gruppenangehörigen werden R. als zugeschriebene, erworbene, existenzielle, periphere usw. erkennbar. Oft stehen diese nebeneinander oder überschneiden sich, da Einzelne im Lebensverlauf unterschiedliche Positionen und R. gleichzeitig innehaben. Spielerisch werden Positionen und R. modellbildend im Kindesalter, in biografischen Übergangsphasen und innerhalb von Freiräumen der kulturell-ästhetischen → Bildung sowie zur Probe bzw. Erprobung eingenommen (→ Rollenspiel), um Entfaltungsmöglichkeiten des Selbst, spätere Ernstsituationen oder Optionen zu erkunden, die kathartischen/heilenden Charakter haben (→ Therapie, → Soziodrama bzw. → Psychodrama), aber auch krank machen können, bspw. wenn keine Klarheit über die objektive Bedeutungsstruktur von Position und R. herrscht. Der R.begiff setzt das Postulat des »homo sociologicus« (Dahrendorf) voraus; dies ist ein Prüfstein für die Soziologie in der Annahme, dass der Mensch sich rollenförmig/-gemäß verhält. Die R.theorie steht vor der Herausforderung, normative und interaktive Konzeptionen zu verbinden, z.B. um gesellschaftliche Autoritätsr. und deren Tendenz zur Bildung von Überschussautorität oder zu Autoritätskartellen aufzuklären.

*Klaus Kraimer*

**Rollenspiel** ist eine kreative, körperorientierte Lernform, bei der die Beteiligten in selbst gewählte oder vorgegebene Rollenvorgaben (→ Rolle) schlüpfen und in diesen agieren. Bei gelungener Einfühlung gestalten sie dabei die Figuren mit ihren eigenen Erlebnisweisen und → Emotionen aus. Während die gespielte Situation fiktiv bleibt, können die Emotionen der Spielenden aber real empfunden werden. Ein R. kann sowohl ein Probehandeln im geschützten Rahmen ermöglichen, als auch zur Verarbeitung von realen Erlebnissen dienen. Mithilfe pädagogischer R., die unter Anleitung in der → Gruppe stattfinden, können problematische Interaktionssituationen analysiert und bearbeitet werden. Diese lassen sich im R. aus unterschiedlichen Perspektiven erleben und reflektieren, sodass die Denk- und Handlungsweisen einzelner Figuren nachvollziehbar werden. Zudem können andere Verhaltensweisen erprobt und in ihrer Wirkung beobachtet und reflektiert werden. Hierbei ist die Innenperspektive (durch die Spielenden) als auch die Außenperspektive (durch die Beobachtenden) für den Prozess gleichermaßen wichtig. Darüber hinaus schult das R. die Reflexionsfähigkeit und ermöglicht einen erweiterten Blick auf die individuelle Konstruktivität von → Wahrnehmung. So kann das pädagogische R. sowohl themenorientierte Lernprozesse ermöglichen, als auch Identitätsentwicklung anregen. Professionell angeleitete R. ermöglichen transferfähige, personenzentrierte Lernprozesse, die weit über die konkrete Situation hinausgehen. Im pädagogischen Alltag (z.B. der Schule) besteht die Gefahr, dass von der kurzfristigen Übernahme einer Rolle langfristige Verhaltensänderungen der Teilnehmenden erhofft werden. Dies ist jedoch nur bei vertiefter Reflexion und Transferarbeit möglich. Hierfür braucht diese körperorientierte Lernform einen wertschätzenden und bewertungsfreien Rahmen, der z.B. im zensurenorientierten Schulalltag nur schwer zu erreichen ist.

Eine differenzierte Ausarbeitung des R. liefert das von I. Scheller entwickelte Szenische Spiel bzw. die Szenische Interpretation. Diese Lernform stellt neben einer gezielt angeleiteten Einfühlungsphase für die Spielenden ein weit reichendes Repertoire für eine szenische Reflexion vor, das die verbale Interpretation eines R. wesentlich erweitern kann. Es lässt sich sowohl als pädagogische Methode zur Interpretation von Dramentexten als auch zur Bearbeitung sozialer Themen, in der → Supervision und als qualitative Forschungsmethode (→ Empirische Sozialforschung) verwenden. Zu unterscheiden ist das pädagogische R. von den freien, spontanen kindlichen R. (z.B. Vater-Mutter-Kind) und von den in vielen Formen auftretenden Fantasy-R., sei es als Papier-und-Bleistift-R., Live-R. oder Computer-

Role-Player-Games, bei denen keine Lernprozesse angestrebt werden, sondern die Freude am Spiel, der Spielerfolg und die gelingende Geschichte im Vordergrund stehen.

*Friederike Tilemann*

**Rückfall** → Vorstrafe

**Rundfunkbeitrag, Befreiung vom** Der Rundfunkbeitrag ist eine öffentlich-rechtliche Abgabe und dient der Finanzausstattung des öffentlich-rechtlichen Rundfunks. Jede/r Wohnungsinhaber/in ist gesetzlich verpflichtet, den Beitrag zu entrichten, unabhängig davon, ob sie/er Empfangsgeräte besitzt. Auf Antrag erhalten Wohnungsinhaber/innen, die bestimmte Voraussetzungen erfüllen, eine Beitragsermäßigung oder werden von der Beitragspflicht befreit. Einen Anspruch auf Befreiung haben u.a. Wohnungsinhaber/innen, die → Sozialhilfe, → Grundsicherung für Arbeitsuchende oder Leistungen nach dem → Asylbewerberleistungsgesetz beziehen, Auszubildende oder Studierende, die → Ausbildungsförderung nach dem Berufsausbildungsförderungsgesetz oder Berufsausbildungsbeihilfe nach dem SGB III (→ Arbeitsförderung) erhalten und nicht bei ihren Eltern wohnen. Eine Ermäßigung des Rundfunkbeitrags steht u.a. Wohnungsinhaber/innen zu, die hörgeschädigt oder gehörlos (→ hörbehinderte Menschen), blind (→ blinde Menschen) oder sehbehindert (→ sehbehinderte Menschen) mit einem Grad der Behinderung von mind. 60% sind. Weitere Personengruppen, die einen Anspruch auf Befreiung oder Ermäßigung haben, sind in § 4 Rundfunkbeitragsstaatsvertrag genannt. Anträge auf Befreiung sind bei Städten, Gemeinden und bei leistungsgewährenden Stellen (z.B. → Jobcenter) verfügbar. Dem an den Beitragsservice von ARD, ZDF und Deutschlandradio zu richtenden schriftlichen Antrag sind Nachweise beizufügen, bspw. der Schwerbehindertenausweis oder ein → Bewilligungsbescheid.

*Constanze Rogge*

**Rürup-Rente** → Alterssicherung, → Private Altersvorsorge

**Sachleistung** ist neben der → Geldleistung und der → sozialen Dienstleistung eine der drei Leistungsarten des Sozialleistungsrechts (§ 11 SGB I). Die S. kann auch als Naturalleistung bezeichnet werden. S. prägen vor allem das Recht der → Krankenversicherung. Dabei besteht die S. darin, dass die → Krankenkasse dem Versicherten die benötigten Sachen oder Dienstleistungen zur Verfügung stellt. Der Versicherte braucht sie nicht selbst einzukaufen. Bedient sich der → Sozialleistungsträger eines Dritten zur Erbringung der Leistung (→ Dreiecksverhältnis, sozialrechtliches), erhält der Leistungsberechtigte zwar eine Geldleistung bewilligt, die aber in aller Regel nicht an ihn ausgezahlt, sondern direkt an den → Leistungserbringer überwiesen wird. Das Bundessozialgericht (→ Sozialgerichte) hat diese Leistungsart wegen der Nähe zum krankenversicherungsrechtlichen System als eine Form der Sachleistungsverschaffung bezeichnet (Urt. v. 28.10. 2008 – B 8 SO 22/08). → Gutscheine gehören zu den S. Eine S. anstelle einer Geldleistung kommt nur in Betracht, wenn das jeweilige Leistungsgesetz dies vorsieht oder zulässt. In der → Grundsicherung für Arbeitsuchende (SGB II) und in der → Sozialhilfe (SGB XII) können unter bestimmten Umständen Gutscheine anstelle von Geldleistungen gewährt werden. In § 10 Abs. 3 SGB XII ist ausdrücklich der Vorrang von Geldleistungen gegenüber Gutscheinen und S. vorgeschrieben.

*Christian Grube*

**Sachleistungsprinzip** ist maßgebendes Organisationsprinzip in der gesetzlichen → Krankenversicherung (§ 2 Abs. 2 S. 1 SGB V). Das S. gewährleistet, dass Anspruchsberechtigte eine (medizinische) Leistung als Ganze, in Natur, vollständig und im notwendigen Umfang von einem → Sozialleistungsträger beanspruchen können. Die Anspruchsberechtigten sind nicht zu finanziellen Vorausleistungen im Hinblick auf die konkrete Leistung verpflichtet. Den Leistungsträgern obliegt eine Verschaffungspflicht. Alternatives Organisationsprinzip zur Sachleistungserbringung ist das Kostenerstattungssystem. Hierbei haben Betroffene gerade keinen Anspruch (→ Rechtsanspruch) auf die jeweilige Leistung, sondern allein auf finanzielle Beteiligung an bzw. Erstattung von Kosten einer selbst organisierten und in Anspruch genommenen Leistung durch den Leistungsträger. Als weiteres Organisationsmodell wird zumeist noch der Nationale bzw. → Öffentliche Gesundheitsdienst genannt. Da dieser aber ebenfalls die Leistungen als Ganze an die Berechtigten erbringt und eine Berechtigung für die jeweilige Leistung selbst vorsieht, handelt es sich systematisch um ein Sachleistungssystem, welches nur in der konkreten Ausgestaltung andere Modalitäten vorsieht.

Aufgrund des S. muss der Leistungsträger organisatorisch sicherstellen, dass die Berechtigten die Leistung erhalten. Im Rahmen der gesetzlichen Krankenversicherung in Deutschland wird dies durch → Verträge bzw. → Vereinbarungen mit → Leistungserbringern bzw. ihren → Organisationen gewährleistet. Die → Krankenkassen dürfen die Leistungen regelmäßig nicht selbst erbringen. Dies unterscheidet das deutsche Sachleistungssystem teilweise von Systemen, die nach den Vorgaben eines Nationalen Gesundheitsdienstes arbeiten. Trotz Einführung der Möglichkeit für Versicherte, auch → Kostenerstattung zu wählen (§ 13 Abs. 2 SGB V), bleibt das S. für die deutsche Krankenversicherung prägend. Denn die Kostenerstattung ist jeweils davon abhängig, ob die Leistung auch als → Sachleistung hätte erbracht werden können, sprich insbesondere, ob ein Vertragsarzt/ eine Vertragsärztin in Anspruch genommen wurde und die Leistung im Leistungskatalog der gesetzlichen Krankenversicherung enthalten ist. Durchbrochen bzw. ergänzt wird das S. allerdings in den Fällen, in denen das System »versagt« hat, namentlich wenn eine unaufschiebbare Leistung nicht rechtzeitig erbracht werden konnte oder eine (im Vorhinein beantragte) Leistung von der Kasse zu Unrecht abgelehnt wurde. In diesen Fällen ist ein echter Kostenerstattungsanspruch vorgesehen, d.h. die Kosten werden in der tatsächlichen Höhe erstattet.

Versicherte der gesetzlichen Krankenversicherung können Leistungen im Rahmen des S. nunmehr auch im europäischen Ausland in Anspruch nehmen. § 140 e SGB V ermöglicht den Krankenkassen zur Versorgung ihrer Versicherten, unter Berücksichtigung der Vorgaben des SGB V sowie der weiteren untergesetzlichen Vorgaben Verträge mit Leistungserbringern im Geltungsbereich der → Europäischen Union bzw. des Europäischen Wirtschaftsraums (→ Europäischer Binnenmarkt) zu schließen. Die Leistungserbringer müssen dabei bestimmte Anforderungen an ihre Ausbildung und die Berufsausübung erfüllen (vgl. § 13 Abs. 4 SGB V). Alternativ können die Versicherten für im Ausland in Anspruch genommene Leistungen nach § 13 Abs. 4 SGB V Kostenerstattung von ihren Leistungsträgern verlangen.

*Katja Fahlbusch*

**Sachverständige/r** → Gutachten

**Salutogenese** ist ein von A. Antonovsky entwickeltes Modell zur Entstehung und Erhaltung von → Gesundheit. Gegenbegriff ist die Pathogenese (Entstehung von → Krankheit). Das Modell der S. betont, dass Gesundheit kein Zustand, sondern ein Prozess ist, wobei nicht Gesundheit als Normalzustand (Homöostase) begriffen wird, sondern Ungleichgewicht und Leid als Bestandteil der menschlichen Existenz angesehen werden (Heterostase). Damit befindet sich jeder Mensch immer auf einem Kontinuum von Krankheit und Gesundheit. Zentral ist, welche Faktoren das Entstehen und die Erhaltung von Gesundheit beeinflussen. Wesentlicher Faktor ist das sog. Kohärenzgefühl (engl.: sense of coherence). Dieses besteht aus drei Komponenten: Verständlichkeit (comprehensibility), Machbarkeit (manageability) und Bedeutsamkeit (meaningfulness). Wesentlich für das Modell der S. ist die Veränderung der Sichtweise auf Krankheit und Gesundheit und insbesondere den Umgang mit Stressoren. → Stress wird als Entwicklungschance begriffen, mit der eine Entwicklung in Richtung Gesundheit ermöglicht wird. Inhaltlich ist das Modell Konzepten aus der → Prävention und → Gesundheitsförderung (z.B. dem Modell der Selbstwirksamkeit – self-efficacy – oder dem Modell der Kontrollüberzeugungen – locus of control) ähnlich. Der Begriff der S. hat jedoch als gedankliches Konzept nachhaltig Eingang in die gesundheitswissenschaftliche Diskussion gefunden (→ Gesundheitswissenschaften).

*Heike Hoffer*

**Sammlungsrecht** Um Spender vor unredlichen Sammlern zu schützen, stellt das S. die Durchführung von Sammlungen, die von Person zu Person an jedermann zugänglichen Plätzen oder von Haustür zu Haustüre stattfinden unter den Vorbehalt einer Erlaubnis. Allerdings haben bis auf Rheinland-Pfalz, dem Saarland und Thüringen alle Bundesländer ihre Sammlungsgesetze außer Kraft gesetzt.

Das S. gibt dem Sammlungsveranstalter einen Anspruch auf die Erlaubnis, wenn weder die Sammlung noch ihr Zweck die öffentliche Sicherheit und Ordnung stören und die ordnungsgemäße Durchführung der Sammlung gewährleistet ist. Neben dem Antragserfordernis sichern Auskunftspflichten (Berichte und Vorlage von Dokumenten bei der Erlaubnisbehörde) einen transparenten und korrekten Verlauf der Sammlung. Solange Kirchen, Religions- und Weltanschauungsgemeinschaften die Sammlungen entweder in ihren Gebäuden, in örtlichem Zusammenhang mit diesen z.B. als Kollekten oder als Haussammlung unter ihren Mitgliedern durchführen, sind diese nicht erlaubnispflichtig.

Auch ohne die spezielle Regelung in den Sammlungsgesetzen können die Ordnungsbehörden Sammlungen aufgrund der polizei- bzw. ordnungsrechtlichen Generalklausel untersagen oder regulieren, um drohende Rechtsverletzungen durch intransparente oder betrügerische Sammlungen zu unterbinden. Wenn die Sammlung z.B. an Informationsständen durchgeführt werden soll, kommt auch eine präventive Prüfung im Rahmen einer Sondernutzungserlaubnis in Betracht.

*Friederike Mußgnug*

**Sanktion** Soziale Arbeit wird mit dem S.begriff heutzutage v.a. im Kontext sozialer Sicherungssysteme konfrontiert. S. sind insofern staatliche Reaktionen auf ein gesetzlich definiertes Fehlverhalten des/der Leistungsempfänger/in und äußern sich regelmäßig als Entzug oder Minderung der staatlichen → Sozialleistung. S. verdanken sich einerseits der Grundidee, dass der/die Einzelne im Interesse der Funktionsfähigkeit des sozialen Sicherungssystems an dessen Spielregeln gebunden ist und einer gesteigerten Sozialpflichtigkeit unterliegt, wenn er/sie von der Allgemeinheit finanzierte Sozialleistungen in Anspruch nimmt. Andererseits können S. aber auch ein wirksames Mittel der Verhaltensänderung im wohlverstandenen Interesse der Klient/innen Sozialer Arbeit sein.

Diesem Aspekt wird heute durch die sozialpolitische Idee des »Förderns und Forderns« und dem hierauf fußenden Fallmanagement bei der Integration (bedürftiger) Langzeitarbeitsloser besonders Anerkennung verschafft (§§ 1, 2, 14 ff. SGB II). Im Rahmen der → Grundsicherung für Arbeitsuchende (SGB II) wurde im Gegensatz zu den wenig wirksamen S.regelungen des früheren Bundessozialhilfegesetzes (BSHG) mittlerweile ein ebenso differenziertes wie verbindliches Regelungssystem mit unterschiedlichen S.gründen und S.stufen geschaffen, die – stets mit zeitlicher Befristung – von der Kürzung bis zum Totalentzug der Leistung reichen (§ 31 a SGB II). Im → Arbeitsförderungsrecht (SGB III) wird der/die Leistungsempfänger/in bei mangelnder Verfügbarkeit für den Arbeitsmarkt sowie im Falle sonstiger Pflichtverletzungen mit einem zeitlich befristeten Leistungsentzug (sog. Sperrzeit) belegt oder verliert die Leistung sogar vollständig (§§ 159, 161 SGB III). Auch das Recht der → Sozialhilfe (SGB XII) kennt ein gestuftes System von Leistungskürzungen bei Verstößen gegen die Verpflichtung zur Aufnahme einer »Tätigkeit« und dies, obwohl es sich bei den unter dieses

Gesetz fallenden Leistungsbezieher/innen regelmäßig um Personen mit einer eingeschränkten Erwerbsfähigkeit handelt (§§ 11 Abs. 3, 39 SGB XII). Im Bereich der solidarisch finanzierten → Krankenversicherung (SGB V) ist v.a. im Blick auf zukünftige Gestaltungen die Erkenntnis gewachsen, dass es Konsequenzen haben muss, wenn der/die Einzelne durch gesundheitsgefährdendes oder gesundheitsbewusstes Verhalten zur Erhöhung oder Minderung der Kostenlast im Gesundheitswesen beiträgt: Als S. ist hier die Beitragserhöhung oder Selbstbeteiligung an den Behandlungskosten denkbar, umgekehrt bspw. die »Bonusregelung« (vgl. § 52 SGB V, § 3 Abs. 1 EFZG, § 65 a SGB V). Im Recht der → Kinder- und Jugendhilfe (SGB VIII) sind S. unbekannt; gleichwohl sollte der Gesetzgeber hier im Kontext von Versorgungsleistungen für ältere Jugendliche und Heranwachsende über flexibel handhabbare Regelungen dieser Art intensiver nachdenken.

Das stark idealisierende Professionsverständnis Sozialer Arbeit lässt einen positiven Umgang mit dem Instrument der S. (derzeit) nicht zu. Bei nüchterner Betrachtung und im Blick auf eine anders gar nicht machbare Praxis effektiver Hilfen aber kann die S. als wirksames Mittel (neben anderen) angesehen werden, das es verdient hätte, in den etablierten Methodenkanon Sozialer Arbeit aufgenommen zu werden.

*Ernst-Wilhelm Luthe*

**Satzung** ist eine → Rechtsnorm, die von bestimmten → juristischen Personen im Rahmen ihrer Regelungshoheit erlassen werden kann. S. richten sich grundsätzlich nur an Mitglieder, können aber auch begrenzt Regelungen für Dritte enthalten (z.B. Regelungen zur Aufnahme neuer Mitglieder). Üblicherweise enthalten sie Regelungen zur → Selbstverwaltung (Eintritt, Austritt, Wahlen, Beitragspflichten, Zuständigkeiten usw.). Die S. steht in der Normhierarchie unterhalb der → Gesetze. Die Befugnis, S. zu erlassen, muss sich daher aus einer gesetzlichen Ermächtigungsgrundlage ergeben. Anders als bei einer → Rechtsverordnung geht es bei dieser Ermächtigung nicht in erster Linie um die Delegation legislativer Entscheidungskompetenzen, sondern um die Gewährleistung einer eigenständigen Rechtsgestaltungsbefugnis für die jeweilige juristische Person. Im Privatrecht z.B. regeln → Vereine und Aktiengesellschaften die Zusammenarbeit der Mitglieder über eine S. Im → öffentlichen Recht werden S. z.B. von Gemeindeverbänden, → Gemeinden (Art. 28 Abs. 2 → Grundgesetz) oder → Hochschulen erlassen.

*Anusheh Rafi*

**Säuglingsfürsorge** beinhaltet die frühzeitig und präventiv ausgerichtete Unterstützung aller Eltern bei Pflege, Versorgung und Erziehung ihrer Neugeborenen. Ursprünglicher Kerngedanke der S. war es, durch Einrichtungen und Maßnahmen insbesondere aus dem Bereich der Gesundheitsfürsorge, die Lebensbedingungen der Neugeborenen zu verbessern und ihre Sterblichkeit herabzusetzen. Dabei ist die im Rahmen der S. durch Hausbesuche geleistete aufsuchende Aufklärung über gesundheitliche und psychosoziale Beratungs- und Unterstützungsangebote ein zentraler methodischer Kern. Auf diesem Wege können gerade bei Eltern in schwierigen Lebenssituationen Überforderungssituationen vermieden und ihre → Kompetenzen ausgebaut werden. Die S. war lange regelhaft ein präventives Angebot des → öffentlichen Gesundheitsdienstes. Aufgrund fehlender finanzieller Mittel ist es jedoch vielerorts zu einer deutlichen Einschränkung bis hin zu einer Einstellung dieser Leistung gekommen. Im Zuge des Diskurses um die Verbesserung des → Kinderschutzes hat die S. jedoch wieder an Bedeutung gewonnen und es ist zu einer (Re-)Aktivierung der zentralen Gedanken dieses Ansatzes gekommen. Somit finden sich Inhalte der ursprünglichen S. in den unterschiedlichen Angeboten der → Frühen Hilfen und Familienhebammen wider, deren Aufbau und Weiterentwicklung auch durch die beim »Nationalen Zentrum Frühe Hilfen (NZFH)« angesiedelte Bundesinitiative Frühe Hilfen vorangetrieben werden.

*Petra Mund*

**Schadenersatz** Zu Inhalt und Umfang des S. statuiert § 249 Abs. 1 → Bürgerliches Gesetzbuch (BGB), dass derjenige, der zum S. verpflichtet ist, den Zustand herzustellen hat, der bestehen würde, wenn der zum Ersatz verpflichtende Umstand nicht eingetreten wäre (Haftungsausfüllung; Grundsatz der sog. Naturalrestitution). Ansprüche auf S., d.h. die Regeln zur Haftungsbegründung, finden sich u.a. im Vertragsrecht, im Deliktsrecht (§§ 823 ff. BGB), im → Familien- und im → Erbrecht. S. soll lediglich entstandene Nachteile ausgleichen; er hat keinen Strafcharakter und soll auch nicht zu einer Bereicherung der Geschädigten führen. Eine Pflicht zum S. tritt nur ein, wenn die Zufügung des Schadens zurechenbar ist; ist kein strengerer oder milderer Haftungsmaßstab bestimmt, kommt es im Bereich zwischen Vorsatz und Fahrlässigkeit zur → Haftung. Bei Verletzungen einer Person oder Beschädigung einer Sache kann die Gläubigerin/der Gläubiger anstelle der Wiederherstellung (Naturalrestitution) den dazu erforderlichen Geldbetrag fordern (§ 249 Abs. 2 BGB). Kann die Wiederherstellung nicht rechtzeitig erfolgen oder ist sie unmöglich, besteht ebenfalls ein Anspruch auf Geldersatz (§§ 250, 251 BGB). Zu ersetzen ist i.d.R. nur der materielle Schaden, d.h. der tatsächlich eingetretene messbare Vermögensschaden. Ein immaterieller Schaden kann nach dem in § 253 Abs. 1 BGB aufgestellten Grundsatz nur abgegolten werden in den vom Gesetz bestimmten Fällen, z.B. über das sog. → Schmerzensgeld, dessen wichtigste Tatbestände in § 253 Abs. 2 BGB aufgeführt sind. Der S. umfasst neben dem unmittelbaren auch den mittelbaren Schaden, z.B. den entgangenen Gewinn (§ 252 BGB) und bei Personenverletzungen u.a. auch die durch Beeinträchtigung der Arbeitskraft entstehenden Schäden (§§ 842 ff. BGB). Wurde der verletzten Person der Schaden bereits durch einen Träger der sozialen Sicherung ausgeglichen, z.B. durch → Entgeltfortzahlung im Krankheitsfall, durch eine → Unfall- oder → Krankenversicherung oder einen → Träger der Sozialhilfe, so kann dieser Träger seinerseits Ansprüche aus abgeleitetem Recht gegenüber dem Schädiger geltend machen (gesetzlicher Forderungsübergang nach § 116 SGB X und § 616 BGB i.V.m. § 6 Entgeltfortzahlungsgesetz). Geschädigte müssen sich ein an der Entstehung des Schadens mitwirkendes Verschulden zurechnen lassen und haben die Pflicht, den Schaden gering zu halten (§ 254 BGB).

*Gottfried Eichhoff*

**Scheidung** → Ehescheidung

**Schengener Abkommen** Das S. A. bildet die Grundlage des sog. Schengen-Raums, innerhalb dessen ein freier Personenverkehr mit möglichst einheitlichen Regeln angestrebt wird. Die Mitgliedstaaten der → Europäischen Union (EU) sowie Island, Norwegen und die Schweiz schaffen damit eine gemeinsame Außengrenze unter Verzicht auf klassische Personenkontrollen an ihren Binnengrenzen. Benannt ist das S. A. nach dem Ort in Luxemburg, an dem es 1985 von Deutschland, Frankreich und den Benelux-Staaten unterzeichnet wurde. Die Anwendung des S. A. und darauf beruhender Regelungen (Schengen-Besitzstand) weicht in einigen Staaten in Teilbereichen ab, was für die Bürger/innen eine Recherche ihres Einzelfalls notwendig machen kann. Grundsätzlich führt die Zusammenarbeit jedoch zu gemeinsamen Regeln für Einreise und Kurzaufenthalte von Ausländer/innen im Schengen-Raum (Schengenvisum). Auch die Durchführung von Grenzkontrollen und die Behandlung von Asylanträgen wurden grundsätzlich angeglichen. Ergänzt werden diese Maßnahmen durch eine verstärkte Zusammenarbeit von Justiz und Polizei. Das gemeinsame Schengener Informationssystem (SIS) ermöglicht den Grenzkontroll- und Justizbehörden den Austausch über Personen und Objekte. Das Ziel der Maßnahmen ist ein einheitlicher Raum der Sicherheit und des Rechts. Kritik verbindet sich mit dem S. A. u.a. bei der Durchführung der Kontrolle der Außengrenzen in Zusammenhang mit der gemeinsamen Asylpolitik (→ Europäische Flüchtlingspolitik) und den Reisemöglichkeiten für Bürger/innen aus Nachbarstaaten des Schengen-Raums.

*Britta Spilker*

**Schicht** → Sozialstruktur

**Schiedsstellen** Sozialrechtliche S. haben die Aufgabe, Streitigkeiten zwischen Leistungsträgern (→ Sozialleistungsträger) und → Leistungserbringern außergerichtlich zu schlichten. Sie sollen zeitnah sachlich trag- und konsensfähige Kompromisse um die Erbringung → sozialer Dienstleistungen erarbeiten. Langwierige gerichtliche Auseinandersetzungen insbesondere um Leistungsentgelte lassen sich so meist vermeiden.

S. können in der → Sozialhilfe von den Vertragsparteien (Leistungsträger und → Einrichtungen, Verbände) angerufen werden, wenn innerhalb bestimmter Fristen eine Einigung über Vergütungen nicht erzielt werden konnte (§ 77 SGB XII). In der sozialen → Pflegeversicherung und in der → Kinder- und Jugendhilfe sind die S. auch bei Streitigkeiten über Leistungs-, Prüf- und Qualitätsvereinbarungen (→ Vereinbarungen über Leistungen, Vergütungen sowie die Prüfung der Einrichtungen) zuständig (§§ 75 Abs. 4, 80 a Abs. 3, 85 Abs. 6, 89 Abs. 3 SGB XI; § 78 g SGB VIII). S.regelungen finden sich auch im Recht der gesetzlichen → Krankenversicherung und der Krankenhausfinanzierung (§§ 89, 112 Abs. 3, 114 SGB V; § 18 a Krankenhausfinanzierungsgesetz). Die S. bestehen paritätisch aus Vertretern der jeweiligen Leistungs- und Einrichtungsträger und i.d.R. einem/r unabhängigen Vorsitzenden. Sie verhandeln nicht öffentlich. Die Länder haben Ausführungsverordnungen über Zusammensetzung, Beratungs- und Entscheidungsverfahren sowie Gebühren erlassen.

Gegen Entscheidungen sozialrechtlicher S. ist der Rechtsweg zu den → Sozialgerichten gegeben, zuständig sind die Landessozialgerichte (§ 29 Abs. 2 Nr. 1 Sozialgerichtsgesetz). Die Klage richtet sich in der Sozial- und Jugendhilfe gegen den anderen Beteiligten des Verfahrens, in der → Pflegeversicherung gegen die S. selbst (§ 78 g Abs. 2 SGB VIII, § 77 Abs. 1

SGB XII, § 85 Abs. 5 SGB XI). Die Rechtsprechung geht von einer eingeschränkten Kontrolldichte bei S.entscheidungen aus (»Einschätzungsprärogative«). Die Gerichte überprüfen Entscheidungen der S. i.d.R. nur daraufhin, ob ein faires Verfahren stattgefunden hat oder Sachverhalte zutreffend ermittelt oder willkürlich bewertet wurden. Wichtige Hinweise zum Verfahren einer sachgemäßen Preisfindung finden sich im Urteil des Bundessozialgerichts vom 29.1.2009 – B 3 P 8/07 R.

Probleme bereiten die rechtliche Einordnung der S.entscheidungen, die inkonsistenten gesetzlichen Grundlagen und die mangelnde → Partizipation und Transparenz. S. sind einerseits Institutionen der Vertragshilfe, andererseits kommt ihren Entscheidungen gegenüber den Vertragspartnern und evtl. auch nicht direkt Beteiligten eine unmittelbare → Bindungswirkung zu; S.entscheidungen entfalten also eine rechtliche Doppelwirkung als → Verwaltungsakte und Normenverträge. Dort, wo der Gesetzgeber eine vorgerichtliche Schlichtung über S. anordnet, erhöhen sich die Chancen für eine gleichgewichtige und transparente → Kooperation von Leistungsträgern und Leistungserbringern; andernorts sind die Vertragsparteien bei → Konflikten auf den langwierigen und wenig kalkulierbaren Weg der gerichtlichen Streitschlichtung angewiesen. Nicht bewährt haben sich Teil-Zuständigkeiten wie in der Sozialhilfe, wo nur Streitigkeiten über Vergütungen, nicht aber über Leistungen schiedsstellenfähig sind (§§ 76 Abs. 2, 77 Abs. 1 S. 2 SGB XII). Eine Mitwirkung der → Leistungsberechtigten und ihrer Verbände (»Dritte Bank«) ist derzeit noch nicht vorgesehen.

*Wolfgang Schütte*

**Schizophrenie** Der Begriff S. bezeichnet eine schwere seelische Erkrankung mit grundlegenden und charakteristischen Störungen von → Denken und → Wahrnehmung; diese sind oft verbunden mit (situations-)unangemessenen Affekten. Nach dem → Klassifikationssystem → ICD-10 sind »die wichtigsten psychopathologischen Phänomene Gedankenlautwerden, Gedankeneingebung oder Gedankenentzug, Gedankenausbreitung, Wahnwahrnehmung, Kontrollwahn, Beeinflussungswahn oder das Gefühl des Gemachten, Stimmen, die in der dritten Person den Patienten kommentieren oder über ihn sprechen, [sowie] Denkstörungen und Negativsymptome«. Klinisch ist das akute Krankheitsbild geprägt von z.T. deutlich verändertem Realitätsbezug, Wahrnehmungsstörungen, Wahnideen, Ich-Störungen und Denkstörungen. Weniger auffällig und spezifisch, aber für die soziale Prognose u.U. noch relevanter sind Veränderungen der Affektivität, des Antriebs und der kognitiven Funktionen. Der akuten psychotischen Erkrankung geht häufig eine Wochen bis Monate dauernde Phase mit diskreten Veränderungen im Erleben und Sozialverhalten des Patienten voraus, die sog. »Prodromalphase«. In dieser Phase können Leistungseinbußen in verschiedenen Bereichen, verminderte soziale Aktivitäten, → Angst, → Depression und mangelnde Körperpflege auftreten. Die Diagnose kann aber meist erst gestellt werden, wenn o.g. spezifischere Symptome auftreten. Bei der sog. katatonen S., die heute seltener auftritt, stehen psychomotorische Symptome wie Erregung, Haltungsstereotypien oder Negativismus im Vordergrund. Die Erkrankung wurde/wird der Gruppe der → Psychosen zugeordnet.

Die Wahrscheinlichkeit, mindestens einmal im Leben an einer S. zu erkranken, liegt weltweit durchschnittlich bei ca. 1%. Die Erkrankung tritt meist im dritten Lebensjahrzehnt auf, zwei Drittel der Betroffenen erkranken vor dem 30. Lebensjahr. Frauen erkranken durchschnittlich etwa drei bis vier Jahre später als Männer. Patient/innen mit Schizophrenie haben häufig komorbide psychische und körperliche Erkrankungen und betreiben insbes. einen häufigen Substanzmissbrauch; ihre Lebenserwartung ist etwa 20% kürzer als die der Gesamtbevölkerung. Das kann u.a. mit einer Häufung von Risikofaktoren für körperliche Erkrankungen wie z.B. Rauchen und schlechte Ernährung zusammenhängen. Die häufigste Todesursache ist jedoch der → Suizid, die Rate liegt bei etwa 10–13%.

Über die Ursachen der S. gibt es keinen eindeutigen fachlichen Konsens. Am ehesten ist von einem Zusammenspiel biologischer, sozialer und psychischer Faktoren auszugehen, möglicherweise genetisch bedingte Vulnerabilitätsfaktoren treffen mit starken, nicht mehr zu bewältigenden psychosozialen Stressfaktoren zusammen, sodass es zum Ausbruch der Erkrankung kommt. Die moderne → Therapie der S. ist vielgestaltig und trägt damit dem multikausalen Krankheitsmodell Rechnung. In der akuten Phase wie auch zur Rückfallprophylaxe steht die Psychopharmakotherapie insbes. mit Neuroleptika, aber auch vorübergehend mit Benzodiazepinen im Vordergrund. Bei entsprechender Symptomatik kann auch eine antidepressive Pharmakotherapie erforderlich werden. In der akuten Phase der stationären Behandlung kommt es darauf an, den Patient/innen eine möglichst reizarme, schützende und sichere Umgebung zu bieten, akute Symptome wie Erregung und

Angst medikamentös zu behandeln und sie auch körperlich zu pflegen. Später bekommen aktivierende Therapieverfahren wie die Arbeits- und → Ergotherapie und andere lebenspraktische Übungen im Rahmen des psychosozialen Gesamtbehandlungsplans eine zunehmende Bedeutung. Bereits während der stationären Phase spielt heute die sog. »Psychoedukation«, an der möglichst auch Angehörige und andere Bezugspersonen beteiligt werden sollen, eine größer werdende Rolle. Ziel ist es, Patient/innen und Angehörige durch angemessene Schulung und Informationen zu möglichst gleichberechtigten Partner/innen im meist länger dauernden Therapieprozess zu machen. Etwa 20% der Patient/innen können nach der Therapie als weitgehend geheilt angesehen werden, bei mehr als 50% aber muss mit längerfristigen Einschränkungen der → sozialen und kognitiven Kompetenzen sowie der Lebensqualität gerechnet werden. Daher ist nach der stationären Behandlung für viele Patient/innen eine medizinische und psychologische → Rehabilitation erforderlich, die auf möglichst komplette Wiedereingliederung in unterschiedliche gesellschaftliche Bezüge abzielt. Bei lang andauernden Erkrankungen bzw. phasenhaften Verläufen sind unterstützende sozial- bzw. gemeindepsychiatrische Unterstützungen hilfreich (→ Sozialpsychiatrie, → Gemeindepsychiatrie).

*Klaus Fröhlich-Gildhoff*

**Schlüsselkompetenzen** → Kompetenzen

**Schmerzensgeld** Dass physische Schmerzen als immaterieller Schaden anzuerkennen sind und schuldhafte Verursachung eines solchen Schadens einen Ersatzanspruch in Geld nach sich zieht, war in Deutschland schon vor der Kodifizierung des bürgerlichen Rechts (→ Bürgerliches Gesetzbuch [BGB]) – trotz in der Rechtslehre geäußerter Kritik hinsichtlich einer Wiederkehr der »Privatstrafe« im Gewand des S. – herrschende Praxis in der → Rechtsprechung. Als Rechtsquelle der dem römischen Recht fremden Klage auf S. gilt Art. 20 der Constitutio Criminalis Carolina (»Halsgerichtsordnung«) von 1532, wonach demjenigen, der unzulässig gemartert (Folter) wurde, Ersatz wegen Schmach und Schmerzen (Kosten und Schaden) gebührt. Auf Grundlage des § 253 Abs. 2 BGB kann derjenige, dem wegen Verletzung des Körpers, der Gesundheit, der Freiheit oder der sexuellen Selbstbestimmung → Schadenersatz zu leisten ist, auch wegen des Schadens, der nicht Vermögensschaden ist, eine angemessene (»billige«) Entschädigung in Geld verlangen. Haftungsbegründend können z.B. unerlaubte Handlungen (§§ 823 ff. BGB), bestimmte Vertragsverletzungen (z.B. »Kunstfehler« im Arzthaftungsrecht) oder von Verschulden (Vorsatz, Fahrlässigkeit) unabhängige Tatbestände der sog. Gefährdungshaftung (z.B. im Straßenverkehr, § 11 S. 2 Straßenverkehrsgesetz [StVG]) sein. Hinzu kommen Ansprüche auf S. wegen Verletzung des von der → Rechtsprechung entwickelten allgemeinen Persönlichkeitsrechts (Art. 1 Abs. 1 i.V.m. Art. 2 Abs. 1 → Grundgesetz [GG]) und für rechtswidrige Inhaftierung bei fehlender Hafttauglichkeit (Art. 5 Abs. 5 → Europäische Konvention zum Schutze der Menschenrechte und Grundfreiheiten [EMRK]). In den haftungsbegründenden Fällen wird S. zur Verwirklichung der Ausgleichsfunktion des Schadenersatzes für die Beeinträchtigungen der Lebensführung (z.B. für körperliche Schmerzen, seelische Leiden, Beeinträchtigung physischer oder psychischer Funktionen, insbesondere bei Misshandlungen von Frauen und Kindern) und auch unter dem Gesichtspunkt der Genugtuung (Genugtuungsfunktion) geschuldet. Beide Funktionen bestimmen die Höhe des Ersatzanspruchs, der als einmalige Geldzahlung oder Rente oder in einer Mischform vom Gericht für den Einzelfall unter »Würdigung aller Umstände nach freier Überzeugung« (§ 287 Abs. 1 Zivilprozessordnung [ZPO]) festgesetzt wird. Ausnahmsweise wird neben einer einmaligen → Geldleistung S. zusätzlich auch als eine nicht dynamisierbare Rente gewährt, wenn die lebenslängliche Beeinträchtigung des Geschädigten sich fortlaufend erneuert, als schmerzlich empfunden wird und somit als erhebliche Beeinträchtigung der Lebensqualität zu bewerten ist (z.B. bei schwersten Kopf- und Gesichtsverletzungen). Der Anspruch auf S. ist übertragbar, pfändbar und vererblich, ohne dass der Verstorbene einen entsprechenden Anspruch geltend gemacht haben muss. Mögliche Spätfolgen einer Schädigung können durch Feststellungsurteil gesichert werden. Die Praxis orientiert sich dabei an aus der Rechtsprechung entwickelten Tabellen zum S.

*Gottfried Eichhoff*

**Schnittstellen im Sozialrecht** entstehen dann, wenn zur Deckung der → Bedarfe berechtigter Sozialleistungsempfänger und -empfängerinnen mehrere Maßnahmen oder Hilfen in Betracht kommen, die auf der Grundlage unterschiedlicher Gesetze von verschiedenen → Sozialleistungsträgern gewährt werden. Teilweise sind diese deckungsgleich, sodass letztendlich nur ein Träger verantwortlich ist, teilweise geht es aber auch um sich ergänzende Hilfen mehrerer Träger. Darüber hinaus entstehen S., wenn ein Übergang von einem Sozialleistungssystem in ein anderes vorgesehen ist und vollzogen wird.

Bedeutsames Beispiel für schwierige S. im → Sozialrecht sind die Abgrenzung und das Zusammenwirken der unterschiedlichen Rehabilitationsträger im Rahmen der → Eingliederungshilfe für Menschen mit Behinderungen. Zu den möglichen Rehabilitationsträgern zählen nach § 6 SGB IX u.a. die gesetzlichen Krankenkassen, die Bundesagentur für Arbeit, die Träger der gesetzlichen Unfall- und Rentenversicherung, Jugendämter und Sozialhilfeträger. Das im Jahr 2001 als übergreifendes Verfahrensgesetz in Kraft getretene SGB IX soll helfen für behinderte oder von Behinderung bedrohte Menschen Selbstbestimmung und Teilhabe am Leben in der Gesellschaft zu ermöglichen (§ 1 SGB IX). Von der Konzeption des Gesetzes her soll schnelle und unbürokratische Hilfe aus einer Hand ermöglicht werden, dem dient auch die Zuständigkeitsklärung innerhalb von zwei Wochen gem. § 14 SGB IX. Der danach zuständige Träger muss entscheiden und bei Vorliegen der Voraussetzungen die Leistung gewähren – ggf. auch auf der Grundlage eines für ihn fremden Gesetzes des Sozialrechts.

Ein weiteres Beispiel betrifft den Übergang junger Menschen von der Schule in den Beruf. Insbesondere für benachteiligte Jugendliche kann dieser eine Aufgabe sein, bei deren Bewältigung sie Unterstützung benötigen. Hinsichtlich Berufsorientierung, Berufsvorbereitung, Suche nach einem Ausbildungsplatz oder einer Arbeitsstelle oder weitergehend bei sozialpädagogischem Bedarf hinsichtlich der Lebensführung oder Wohnungssuche kommen verschiedene Teile des Sozialgesetzbuchs als Anspruchsgrundlage in Betracht: insbesondere → Arbeitsförderung (SGB III), → Grundsicherung für Arbeitsuchende (SGB II), → Kinder- und Jugendhilfe (SGB VIII) und → Sozialhilfe (SGB XII). Es stellt sich dann in jedem Einzelfall die Frage, welche Aufgaben die Arbeitsverwaltung auf der einen und die Kinder- und Jugendhilfe oder Sozialhilfe auf der anderen Seite im Bereich der Jugendberufshilfe haben und wie die S. so gestaltet werden kann, dass junge Menschen passende und nachhaltige Unterstützung finden.

Sehen mehrere Gesetze gleichartige Leistungen vor und sind mehrere Leistungsträger zuständig, bedarf es einer gesetzlichen Regelung, die festschreibt, welcher Träger vorrangig zum Tätigwerden verpflichtet ist. Im Bereich der beruflichen Integration junger Menschen und der Eingliederungshilfe für junge Menschen etwa finden sich zur Abgrenzung zwischen Arbeitsverwaltung, Sozialhilfe und Jugendhilfe Regelungen zum Vor- und Nachrang in § 10 SGB VIII, deren Anwendung allerdings schwierig ist. Auch die Vorschriften zur → Kooperation werden nicht immer im notwendigen Umfang eigenhalten. In der Praxis kommt es daher an den S. im Sozialrecht immer wieder zu Unsicherheiten und Lücken in der Hilfegewährung.

*Diana Eschelbach*

**Schöff/innen** (althochdt. sceffino; lat. scabini) sind Personen, die dort, wo es gesetzlich vorgesehen ist (vgl. §§ 28 ff. Gerichtsverfassungsgesetz [GVG]), neben den Berufsrichter/innen in Strafverfahren an der Hauptverhandlung und an der Entscheidungsfindung beteiligt sind (Haupt, Hilfs- und Ergänzungss.). Sie haben grundsätzlich die gleichen Rechte wie Berufsrichter/innen. Auch sie können ggf. kraft Gesetzes von der Mitwirkung an einer konkreten Entscheidung ausgeschlossen sein oder wegen der Besorgnis der Befangenheit abgelehnt werden. Die Teilnahme juristischer Laien an Entscheidungen der Judikative ist als Akt der unmittelbaren Demokratie zu verstehen. Sie soll der Kontrolle der rechtsprechenden Gewalt dienen, aber auch das Vertrauen des Volkes in die Rechtspflege stärken und helfen, Rechtskenntnisse im Volk zu verbreiten. S.gerichte werden bei den Amtsgerichten gebildet (§ 28 GVG). S. sind auch an den Strafkammern beim Landgericht tätig (§ 76 GVG). Die an den Schwurgerichten tätigen S. wurden bis 1972 Geschworene genannt. Sind S. im Jugendstrafverfahren beteiligt, werden sie als Jugends. bezeichnet (§ 33 a → Jugendgerichtsgesetz [JGG]). Das Amt der S. ist ein Ehrenamt, das nur von Deutschen versehen werden kann (§ 31 GVG) und das auf Zeit verliehen wird (S.wahl). Auch bei den → Zivil, → Verwaltungs, Finanz-, → Arbeits- und → Sozialgerichten ist eine dem S.amt vergleichbare Beteiligung juristischer Laien vorgesehen. Dort sind das die ehrenamtlichen Richter/innen (§ 105 GVG, §§ 19 ff. Verwaltungsgerichtsordnung, §§ 16 ff. Finanzgerichtsordnung, §§ 20 ff. Arbeitsgerichtsgesetz, §§ 45 ff. → Sozialgerichtsgesetz).

*Olgierd Adolph*

**Schonvermögen** → Vermögen

**Schulärztlicher Dienst** → Jugendärztlicher Dienst

**Schuld** wurde in der älteren Rechtslehre als psychologischer Begriff verstanden. Vorsatz und Fahrlässigkeit waren Formen dieser S. Demgegenüber steht heute ein normatives Verständnis der S. im Vordergrund. Der Große Senat des Bundesgerichtshofes (BGHSt 2, 200) hat S. wie folgt definiert: »Strafe setzt S. voraus. S. ist Vorwerfbarkeit. Mit dem Unwerturteil der S. wird dem Täter vorgeworfen, dass er sich nicht rechtmäßig verhalten, dass er sich für das Unrecht entschieden hat, obwohl er sich rechtmäßig verhalten, sich für das Recht hätte entscheiden können.« Dabei geht das geltende Recht bei Personen ab 18 Jahren davon aus, dass sie im Normalfall schuldfähig sind. Dagegen sind Kinder, die bei Begehung der Straftat noch nicht vierzehn Jahre alt waren, schuldunfähig (§ 19 Strafgesetzbuch [StGB]). Bei Jugendlichen zwischen 14 und noch nicht 18 Jahren muss die strafrechtliche Verantwortlichkeit im Einzelfall festgestellt werden. Sie ist vorhanden, wenn der/die Jugendliche zur Zeit der Tat nach seiner/ihrer sittlichen und geistigen Entwicklung reif genug war, das Unrecht der Tat einzusehen und nach dieser Einsicht zu handeln (§ 3 → Jugendgerichtsgesetz [JGG]).

S.unfähigkeit (früher Zurechnungsunfähigkeit) liegt im Übrigen vor bei (§ 20 StGB): a) einer krankhaften seelischen Störung: dazu werden endogene sowie exogene → Psychosen gezählt. Praktisch häufigster Fall sind nach der Rechtsprechung akute Intoxikationspsychosen, also Rauschzustände infolge Alkohols oder Drogen. Eine alkoholbedingte S. ist ab 3‰ Blutalkoholkonzentration (BAK) zu prüfen. Ab einem Wert von 2‰ BAK kommt eine verminderte S.fähigkeit (§ 21 StGB) in Betracht; b) einer tief greifenden Bewusstseinsstörung: häufigste Beispiele sind Zustände hochgradigen Affekts; c) Schwachsinn: dazu zählt eine angeborene Intelligenzschwäche; d) einer schweren anderen seelischen Abartigkeit. Darunter werden stoffgebundene und nicht stoffgebundene Suchtstörungen (→ Sucht), Triebstörungen und sonstige → Persönlichkeitsstörungen gefasst.

Bei Vorliegen einer der in a) bis d) genannten biologischen Voraussetzungen wird S.unfähigkeit dann angenommen, wenn der/die Täter/in zur Tatzeit infolge dieses Zustandes unfähig war, das Unrecht der Tat einzusehen oder nach dieser Einsicht zu handeln. Insoweit spricht man von einem zweistufigen Modell aus empirischen und normativen Merkmalen. Entschuldigt werden kann eine Tat im Falle eines Verbotsirrtums (§ 17 StGB), einer Notwehrüberschreitung (§ 33 StGB) und einem entschuldigenden Notstand (§ 35 StGB). War jemand zur Zeit der Tat schuldunfähig, kann er für die Tat dennoch möglicherweise nach den Grundsätzen der »actio libera in causa« verantwortlich gemacht werden. Anknüpfungspunkt dieser Rechtsfigur ist der (vorverlagerte) Vorwurf, jemand habe schuldhaft nicht bedacht, er werde z.B. im Rausch eine bestimmte Straftat begehen. Trotz fehlender S. kann unter bestimmten Voraussetzungen eine → Maßregel der Besserung und Sicherung angeordnet werden. Bei erheblich verminderter S.fähigkeit (§ 21 StGB) kann die → Strafe gemindert werden.

*Jörg Kinzig*

**Schuldfähigkeit** → Schuld

**Schuldnerberatung** Schuldenerlass und Armenfürsorge bilden bereits frühe Formen der Schuldnerhilfe. Auch das Problem privater Überschuldung weist historisch eine lange Tradition auf, doch erst in den 1970er- und 1980er-Jahren wurde es infolge neuer Absatzstrategien beim Konsumentenkredit, Massenarbeitslosigkeit (→ Arbeitslosigkeit), zunehmender → Armut, verändertem Konsumverhalten und hoher Scheidungsraten zu einem → sozialen Problem. Im Jahre 2013 galten in Deutschland rd. 3,3 Mio. Privathaushalte bzw. 6,6 Mio. Personen als überschuldet. Neben strukturellen ökonomischen Faktoren haben kritische Lebensereignisse, individuelles Wissen, Kompetenzen und Verhalten wie auch sozialstaatliche Regulierungen einen Einfluss auf die Überschuldung privater Haushalte. Um nachhaltig wirksam zu sein, muss S. diesem Ursachengefüge entsprechend vielfältig agieren.

Bereits Anfang der 1980er-Jahre entwickelte sich die S. als Reaktion auf die wachsende private Überschuldung als spezialisiertes Berufsfeld der → Sozialen Arbeit. Zu unterscheiden sind integrierte Stellen, etwa im → Allgemeinen Sozialdienst (ASD), in der → Bewährungshilfe, der → Straffälligenhilfe, der Wohnungslosenhilfe (→ Wohnungslosigkeit) usw., von spezialisierten Stellen. Die Mehrzahl der Stellen befindet sich in Trägerschaft der Wohlfahrtsverbände (→ Freie Wohlfahrtspflege), eine geringere Anzahl ist direkt in → Sozialämtern angesiedelt. Mit Arbeitsmarktreformen (»Hartz IV«) wurden die Organisationsformen der S. seit 2005 z.T. verändert und variieren lokal. Einzelne Stellen bieten S. auch integriert im → Jobcenter an. Dabei sind → Datenschutz und die fachliche Unabhängigkeit zu beachten, um die methodischen Grundsätze wie Vertraulichkeit, Freiwilligkeit, Ergebnisoffenheit und Ganzheitlichkeit zu gewährleisten. In jüngster Zeit wird S. vereinzelt auch gewerblich seriös angeboten. Die seriöse S. ist von unseriöser S., die z.T. mit Kreditvermittlung verbunden ist, klar zu unterscheiden. Die Anzahl spezialisierter Stellen hat sich von rd. 100 Anfang der 1980er-Jahre auf bundesweit rd. 1.100 Ende der 1990er-Jahre erhöht. Im Jahre

2013 wurde von bundesweit ca. 1.000 spezialisierten S.stellen ausgegangen, die als »bescheinigende Stellen« anerkannt waren. Somit ist ein leichter Rückgang bzw. eine Stagnation der öffentlich geförderten S. feststellbar. Eine dem Bedarf entsprechende flächendeckende Versorgung ist nicht überall gesichert und regional bestehen für eine Intensivberatung z.T. mehrmonatige Wartezeiten.

Die Finanzierung der S. erfolgt auf der Basis unterschiedlicher Rechtsgrundlagen: §§ 11, 17 SGB I, §§ 16 a, 17 SGB II, § 11 SGB XII, auf Basis der Insolvenzordnung (§ 305 InsO) und durch Eigenmittel der Träger. Kostenbeteiligungen der Klient/innen werden im Fachdiskurs weitgehend abgelehnt. Kostenfreiheit für die Klient/innen kann als ein Merkmal seriöser S. gelten. Das SGB sieht S. inzwischen als Leistung ausdrücklich vor, wenn zur Vermeidung oder Überwindung von → Hilfebedürftigkeit eine weitergehende → Beratung notwendig ist. Als »Soll-Vorschriften« weisen die Regelungen des SGB II und XII zwar eine Verbindlichkeit auf. In der Praxis zeigen sich lokal aber äußerst heterogene Finanzierungsvarianten, sowohl im Niveau wie auch in den Formen (Einzelfallabrechnung, Pauschalfinanzierung, Mischvarianten). Mit der Insolvenzrechtsreform und Einführung der → Verbraucherinsolvenz zum 1.1.1999 wurde die S. weitergehend im Rechts- und Sozialsystem verankert und gefördert. Heute wird zumeist eine kombinierte Schuldner- und Verbraucherinsolvenzberatung angeboten. Mit den auf das Verbraucherinsolvenzverfahren bezogenen beratenden und vermittelnden Tätigkeiten übernimmt die S. die Funktion einer anerkannten »geeigneten Stelle« gem. § 305 Abs. 1 InsO. Über die Anerkennung als »geeignete Stelle« entscheiden zuständige Landesbehörden. Auch Umfang und Art der Finanzierung der Verbraucherinsolvenzberatung innerhalb der S. variieren je nach Bundesland. Die Verbraucherinsolvenzberatung beinhaltet für die S. eine weitere Spezialisierung, die besondere Rechtskenntnisse erfordert. Bei der Vorbereitung und Begleitung von Verbraucherinsolvenzverfahren kommt der S. inzwischen eine hohe Bedeutung zu und ihre effektiven Arbeitsweisen sind empirisch gut belegt.

In der S. sind vorwiegend → Sozialarbeiter/innen und Sozialpädagog/innen, vereinzelt auch Jurist/innen sowie Bankkaufleute tätig. Vollzeitstellen überwiegen, doch sind Teilzeitstellen auch verbreitet. Multidisziplinär besetzte Stellen bilden bisher die Ausnahme. Der Diskurs um geeignete Methoden sowie die → Professionalisierung der S. ist noch nicht abgeschlossen. Bisherige Arbeitsansätze umfassen vier Dimensionen: (1) finanziell-rechtliche Beratung (inkl. Forderungsüberprüfung und Schuldenregulierung); (2) lebenspraktische Beratung (Klärung und Aufarbeitung der individuellen und sozialen Probleme, die zur Überschuldung geführt haben); (3) psychosoziale Hilfen (Aufarbeitung schuldenbedingter sozialer und persönlicher Folgeprobleme) sowie (4) → Prävention und → Öffentlichkeitsarbeit (Bildungsarbeit, Medieninformation, Aufklärung, rechtspolitische Aktivitäten). Zentrale Aufgabe der S. ist dabei stets eine existenzsichernde Hilfe, die auch den Zugang zu materieller → Grundsicherung für Einzelpersonen und Familien gewährleistet.

In der Praxis dominiert S. als personenbezogene → soziale Dienstleistung. Während die Beratung durch Verbraucherzentralen und Rechtsanwält/innen stärker juristisch akzentuiert ist, steht in der S. im Kontext der Sozialarbeit/Sozialpädagogik eine auf die verschiedenen → Lebenslagen der Klient/innen bezogene ganzheitliche Arbeitsweise im Vordergrund. Entsprechend breit ist das Spektrum von Beratungsmethoden und konzeptionellen Ansätzen. → Onlineberatung wird mancherorts modellhaft angeboten. Im Rahmen von Schuldenprävention werden in jüngster Zeit auch Gruppenarbeit und Elemente der → Gemeinwesenarbeit genutzt. Der → Prävention kommt eine wachsende Bedeutung zu, sie ist bisher aufgrund der rechtlich stark auf individuelle Notlagen ausgerichteten Finanzierungsgrundlagen sowie der begrenzten finanziellen und personellen Kapazitäten aber nur eingeschränkt möglich und vielerorts noch im Aufbau. Die Methodenentwicklung, die Definition eines klaren Berufsbildes, eine trägerübergreifende verbindliche Festlegung von Leistungs- und Qualitätsstandards (→ Qualitätsmanagement) sowie bundesweit einheitliche oder zumindest vergleichbare Instrumente der Statistik, Dokumentation und → Evaluation bilden wesentliche Ziele in der jüngsten Fachdebatte.

*Lit.* Ansen, H.: Methodik der Sozialen Schuldnerberatung – ein vernachlässigtes Thema, in: IFF Institut für Finanzdienstleistungen: Iff-Überschuldungsreport 2014, Hamburg 2014, S. 67–86, abrufbar unter www.iff-hh.de; Ebli, H.: Pädagogisierung, Entpolitisierung und Verwaltung eines gesellschaftlichen Problems? Die Institutionalisierung des Arbeitsfeldes „Schuldnerberatung“, 1. Aufl., Baden-Baden 2003; Gastiger, S./Stark, M. (Hrsg.): Schuldnerberatung – eine ganzheitliche Aufgabe für methodische Sozialarbeit, Freiburg 2012; Schwarze, U.: Schuldnerberatung. Profession zwischen Armenfürsorge und Insolvenzmanagement, Arch SozArb 1/1998, S. 32–52.

*Uwe Schwarze*

**Schuldunfähigkeit** → Schuld

**Schuleingangsphase** umfasst die ersten zwei Schuljahre. In dieser Phase herrscht noch eine große Heterogenität unter den Kindern im Blick auf ihre Schuleignung und auf die Transition von der → Kindertageseinrichtung in die Schule. Deshalb findet i.d.R. eine flexible S. in jahrgangsübergreifenden Klassen statt. Sie ist dadurch gekennzeichnet, dass sowohl systematische Zugänge zum Lernstoff als auch spielerische ermöglicht werden, und dass das → Lernen in Lerngemeinschaften von Kindern im Übergang zur Schule mit solchen, die schon länger in der Schule und mit allem vertraut sind, erfolgt. Die S. zielt darauf ab, das sehr unterschiedliche Vorwissen und die sehr verschiedenen Schuleignungsstände der Kinder auszugleichen und somit einer Unter- wie auch Überforderung zu vermeiden. Deshalb gehört die S. auch zu den zentralen Empfehlungen der → Kultusministerkonferenz. In die S. sollen die Eltern so weit wie möglich einbezogen werden. Im optimalen Fall sind an der Begleitung der Kinder pädagogische Fachkräfte aus den Kindertageseinrichtungen, Lehrkräfte aus den Schulen sowie die Eltern beteiligt. Die S. ist also ein personell und dadurch auch finanziell aufwendiges Unternehmen, was ein Grund dafür sein dürfte, dass sie noch nicht in einem Bundesgesetz für alle Kitas/Schulen als obligatorisch festgeschrieben wurde. 13 Bundesländer haben die S. als Option eingeführt (z.B. Baden-Württemberg, Berlin, Brandenburg, Niedersachsen, Sachsen, Sachsen-Anhalt, Schleswig-Holstein, Thüringen; Stand: 2016). In einigen Bundesländern (z.B. Sachsen) ist ein Schulvorbereitungsjahr in der Kindertageseinrichtung verpflichtend. Für die Kooperation zwischen Kindertageseinrichtungen und Schulen wird i.d.R. ein Kooperationsvertrag abgeschlossen. Die Intensität, mit der die S. durchgeführt wird; ist in den Bundesländern uneinheitlich. Denn sie ist abhängig von der Kontinuität der politischen Entscheidungen der Kommunen und vom Umfang der professionellen Unterstützung in den Schulen sowie der Einbindung von Kita-Fachkräften und Eltern.

Die Anmeldung der Kinder für die S. erfolgt in der Grundschule. Sie ist i.d.R. mit einer Schulaufnahmeuntersuchung durch die Kinder- und Jugendärzt/innen des → öffentlichen Gesundheitsdienstes und der Ermittlung des aktuellen Entwicklungsstandes des Kindes verbunden. Für die Gestaltung der S. erstellt die Grundschule ein Konzept, in dem auch die Zusammenarbeit mit den Eltern und den Kindertageseinrichtungen geregelt ist. Die S. liegt also in Verantwortung der Grundschulen.

*Matthias Hugoth*

**Schule mit sonderpädagogischem Förderbedarf** → Förderschule

**Schüler-Unfallversicherung** → Unfallversicherung für Kinder, Schüler, Studierende

**Schulfähigkeit** Kriterien für S. waren ihrem Ursprung nach Selektionskriterien, um eine möglichst homogene Gruppe von Schulanfänger/innen einzuschulen. Umgangssprachlich hat sich auch der Begriff der »Schulreife« erhalten, der häufig synonym benutzt wird. Die zugrunde liegenden theoretischen Konzepte sind jedoch verschieden. Während »Schulreife« als endogen gesteuerter Reifungsprozess zu verstehen ist, basiert S. ursprünglich auf der Eigenschaftstheorie. Es wurde davon ausgegangen, dass eindeutig unterschieden werden könne, ob ein Kind schulfähig sei oder nicht. Die Schuleingangsdiagnostik hat sich aber als nicht ausreichend valide erwiesen. In der weiteren Entwicklung gewannen Sozialisations- und Lerntheorien an Bedeutung. Heute betont ein ökologisch-systemisches Verständnis von S. die Notwendigkeit der Passung der schulischen Bedingungen und der individuellen Voraussetzungen jedes werdenden Schulkindes.

Homogenität in Schuleingangsklassen hat sich nie herstellen lassen. Diversität entsteht auch durch die Vorverlegung des Schuleintrittsalters und die damit wachsende Altersspanne unter den Schulanfänger/innen, die Vielfalt der kulturellen, sozialen und strukturellen Familienhintergründe und nicht zuletzt Geschlechtsunterschiede. Nicht mehr die Selektion steht heute im Vordergrund, sondern die Förderung von Fähigkeiten und Fertigkeiten von Kindern bzw. die Veränderung von Lernumgebungen für Kinder. Diagnostische Maßnahmen sind nur sinnvoll, wenn sie eine entsprechende Förderung zur Folge haben.

In der Fachdiskussion gilt heute: Es gibt keine allgemein gültige Definition von S., sondern unterschiedliche S.philosophien bzw. subjektive Theorien von Erzieher/innen, Lehrer/innen und Eltern. Auf die Anschlussfähigkeit von Bildungsprozessen zwischen → Kindertageseinrichtungen, Grundschulen und → Familien wird durch die Bildungspläne für Kindertageseinrichtungen und die Lehrpläne für Grundschulen auf Länderebene verstärkt geachtet. Das gilt sowohl für schulunterrichtsnahe → Kompetenzen wie mathematisches Vorwissen oder z.B. phonologische Bewusstheit als Teil der Sprachkompetenz, als auch für sog. Basiskompetenzen wie die Fähigkeit zur Selbstregulation, Selbstwirksamkeitsüberzeugung oder altersgemäße lernmethodische Kompetenzen. S. wird demzufolge nicht mehr als Eigenschaft eines Kindes verstanden, sondern als Aufgabe aller Beteiligten. Gute Kooperation zwischen Kindertageseinrichtungen, Familien und Schulen, die einen kontinuierlichen Austausch über Bildungsziele, Bildungsinhalte und über Stärken und Förderbedarfe im vorschulischen Bildungsverlauf von Mädchen und Jungen mit rechtzeitiger Förderung verknüpfen, machen eine S.debatte weitgehend überflüssig. Die Erlangung von S. ist als längerfristiger Prozess zu verstehen, der in der Familie und in Kindertageseinrichtungen beginnt und erst in der Schule, wenn das Kind schulspezifische Erfahrungen machen konnte, abgeschlossen werden kann.

*Renate Niesel*

**Schulformen** Die Statistik der → Kultusministerkonferenz (KMK) weist für die Bundesländer vier bis sechs S. in der Sekundarstufe I aus: → Förder-, Haupt-, Realschulen, Schulen mit mehreren Bildungsgängen (MSB), Gesamtschulen sowie Gymnasien. Mittlerweile ist die Landschaft der S. jedoch vielfältiger und unübersichtlich geworden. In Westdeutschland war die sog. »Dreigliedrigkeit« (mit den Sonder- bzw. Förderschulen waren es schließlich vier S.), in der Kinder bereits in frühem Alter auf Hauptschul-, Realschul- oder Gymnasialniveau sortiert werden, immer wieder in die Diskussion geraten. So hatte bereits 1970 der Deutsche Bildungsrat eine bessere Überschaubarkeit des Schulsystems angemahnt und eine gemeinsame Sekundarstufe empfohlen. Einige Bundesländer haben darauf mit der Einführung von Orientierungsstufen und Gesamtschulversuchen reagiert. Nach der Wende wurde das ostdeutsche System aus Polytechnischer Oberschule (POS) und Hilfsschule durch die westdeutschen S. und Abschlüsse abgelöst. Allerdings haben drei der fünf neuen Länder keine eigenständigen Hauptschulen eingeführt, sondern nur eine Schulform neben dem Gymnasium. In Sachsen war dies die »Mittelschule«, in Thüringen die »Regelschule« und in Sachsen-Anhalt die »Sekundarschule«. Auch hat sich die Gesamtschule im Osten nicht überall etabliert.

V.a. infolge der PISA-Studien (→ Internationale Vergleichsstudien) sowie der → UN-Behindertenrechtskonvention geriet das gegliederte Schulwesen seit den 2000er-Jahren vermehrt in die Kritik. So haben die PISA-Befunde deutlich gemacht, dass die frühe Aufteilung auf verschiedene S. sowohl die Leistungen als auch die Chancengleichheit beeinträchtigt. Auch bildungsökonomisch ist das mehrgliedrige Schulangebot immer weniger zu legitimieren (→ Bildungsökonomie). Sinkende Schülerzahlen sowie der vermehrte Wunsch von Eltern nach höheren Bildungsabschlüssen für ihre Kinder haben dazu geführt, dass die Hauptschule als eigenständige Schulform (nicht jedoch ihr Abschluss) mittlerweile in fast allen Ländern abgeschafft worden ist. Auch haben manche Bundesländer begonnen, die Anzahl der Förderschulen abzubauen, um dem internationalen Auftrag der → Inklusion gerechter zu werden.

In der bildungspolitischen Diskussion ist die Rede von einer Entwicklung zur »Zweigliedrigkeit«. Einige Bundesländer bieten neben dem Gymnasium (und der Förderschule) nur noch eine Schulform an. In Hamburg ist dies z.B. die »Stadtteilschule«, in Bremen die »Oberschule« oder im Saarland die »Gemeinschaftsschule«. Andere Länder lösen die alten S. nicht ab, sondern ergänzen sie durch neue verbundene S., wie etwa die »Sekundarschule« in Nordrhein-Westfalen und die »Gemeinschaftsschule« in Baden-Württemberg oder Thüringen. Auch wenn dabei im Regelfall Haupt- und Realschulen – mitunter auch Gesamtschulen – ersetzt wurden: Übersichtlicher ist das Schulwesen nicht geworden. Die neuen S. der Sekundarstufe I unterscheiden sich im deutschen Bildungsföderalismus nicht nur vom Namen her, sondern auch hinsichtlich ihrer Verbindlichkeit, ihrer Organisation und ihrer pädagogischen Ausrichtung.

*Martina Schmerr*

**Schulische Integration** → Inklusion

**Schulische Rehabilitation** Generell versteht man unter → Rehabilitation die Nachbehandlung bzw. möglichst umfassende Wiederherstellung der → Gesundheit und Leistungsfähigkeit eines/einer durch Geburt, → Krankheit oder Unfall Beeinträchtigten. Vor diesem Hintergrund ist s. R. Teil eines umfassenden – sich aus den sich ergänzenden Teilbereichen der → medizinischen, beruflichen und sozialen Rehabilitation zusammensetzenden – Gesamtprozesses der Rehabilitation. S. R. beinhaltet alle Maßnahmen der Schulen, um behinderten oder von Behinderung bedrohten Kindern und Jugendlichen eine im Rahmen der allgemeinen Schulpflicht oder einer weiterführenden Schule üblicherweise erreichbare → Bildung und → Erziehung zu ermöglichen, damit ihnen eine gesellschaftliche → Teilhabe, soziale und berufliche Eingliederung und eine selbstständige Lebensgestaltung möglich werden kann.

Die »Empfehlungen zur sonderpädagogischen Förderung in den Schulen der Bundesrepublik Deutschland« der → Kultusministerkonferenz aus dem Jahr 1994 bilden die Grundlage für die s. R. junger Menschen. Innerhalb der Empfehlungen wird der zu fördernde Personenkreis wie folgt definiert: Sonderpädagogischer Förderbedarf ist bei den Kindern und Jugendlichen anzunehmen, die in ihren Bildungs-, Entwicklungs- und Lernmöglichkeiten so beeinträchtigt sind, dass sie im Unterricht der allgemeinen Schule ohne sonderpädagogische Unterstützung nicht hinreichend gefördert werden können. Dabei wird die Bildung behinderter oder von Behinderung bedrohter junger Menschen zunehmend als eine gemeinsame Aufgabe aller Schulformen verstanden, bei der sich die sonderpädagogische Förderung immer mehr als eine notwendige Ergänzung und Schwerpunktsetzung der allgemeinen Pädagogik versteht. Vor diesem Hintergrund kann die sonderpädagogische Unterstützung sowohl durch eine spezifische Förderung in → Förderschulen als auch in allgemeinen Schulen (einschließlich der beruflichen Schulen) erfolgen. Innerhalb einer integrativen Beschulung der betroffenen Kinder und Jugendlichen in allgemeinen Schulen wird ihrem sonderpädagogischen Förderbedarf durch zusätzliche Lehrerstunden, eine individuelle Begleitung im Rahmen einer Schul- oder auch Bildungsassistenz und eine entsprechende räumliche und technische Ausstattung des Schulgebäudes Rechnung getragen. Gesetzliche Grundlage für die sonderpädagogische Förderung bilden die Schulgesetze der Länder. Vor dem Hintergrund der Debatte um → Inklusion ist in vielen Ländern gesetzlich ein Vorrang des gemeinsamen Unterrichts vor einer gesonderten Beschulung vorgesehen. Einen unbedingten → Rechtsanspruch auf gemeinsamen Unterricht gibt es jedoch bislang in keinem Bundesland. Auch die → UN-Behindertenrechtskonvention, die von Deutschland Anfang 2009 ratifiziert wurde, sieht in Art. 24 das gemeinsame Lernen als Regelfall vor. Ob damit ein individueller Rechtsanspruch begründet worden ist, ist derzeit umstritten.

Von der Grundannahme ausgehend, → Bildung als einen Prozess der Selbstbildung zu verstehen, ist gerade für die Organisation von Bildungsprozessen und schulischen Fördermaßnahmen von Kindern und Jugendlichen mit Behinderungen die Orientierung an ihren individuellen Sichtweisen und Zugangsweisen zentral, denn nur dann werden die jungen Menschen überhaupt erst in die Lage versetzt, sich selbst bilden zu können. Dieser Fokus hat Konsequenzen für die Organisation der Lern- und Bildungsangebote für die verschiedenen Behinderungsformen, da die Förderung jeweils an der spezifischen Beeinträchtigung ansetzen muss, damit der Zugang zu weiteren Lern- und Bildungsmöglichkeiten gelingen kann. Im Einzelnen bedeutet dies: blinde Schülerinnen und Schüler (→ Blinde Menschen) durch den Einsatz von Blindenhilfsmitteln und -techniken in der Schulung des Tastsinns, der übrigen Sinne und somit in der Wahrnehmung ihrer Umwelt insgesamt zu stärken; gehörlose Schülerinnen und Schüler (→ Hörbehinderte Menschen, → Hörstumme Menschen) unter Verwendung von elektronischen Hörhilfen und dem Erlernen der Laut- und → Gebärdensprache zur Begegnung mit der Welt der Hörenden zu befähigen; Kindern und Jugendlichen mit geistiger Behinderung (→ Geistig Behinderte Menschen) neben den lebenspraktischen Fertigkeiten und sozialen Verhaltensweisen, Körperbeherrschung, Wahrnehmung, Denk- und Sprachschulung auch die Fertigkeiten des Lesens, Rechnens und Schreibens entsprechend dem individuellen Leistungsvermögen der geistig Behinderten zu vermitteln; lernbehinderten jungen Menschen (→ Lernbehinderung) durch die Schaffung strukturierter Lernsituationen v.a. in den elementaren Bereichen wie Motorik, → Wahrnehmung, → Kognition, sprachliche → Kommunikation, Emotionalität und → Interaktion zu schulen; → sprachbehinderte Menschen zu befähigen, über einen dialoggerichteten Gebrauch Sprache auf- und auszubauen, sprachliches Handeln in Bewährungssituationen zu bewältigen und sich als kommunikationsfähig erleben zu können; verhaltensauffällige Kinder und Jugendliche (→ Verhaltensauffälligkeiten) durch besondere persönliche Zuwendung und pädagogisch-psychologische Unterstützung in dem Aufbau von sozial angemessenen Grundverhaltensweisen zu unterstützen, Hilfen zur Orientierung im → sozialen Umfeld und zur Selbststeuerung zu geben, damit ihnen ein positiv besetzter Umgang mit ihren Mitmenschen möglich wird. Das Ansetzen an den jeweiligen Beeinträchtigungen der jungen Menschen und die daran anknüpfende spezifische Förderung werden auf diesem Wege zu Brücken zu einem umfassenden Bildungs- und Lernprozess und der gesellschaftlichen Teilhabe.

Derzeit ist geplant, das SGB VIII umfassend zu modernisieren. Betroffen sind u.a. die Themenkomplexe Hilfen zur Erziehung, inklusive Lösung für Kinder- und Jugendliche mit Behinderungen im SGB VIII, Pflegekinderhilfe, Betriebserlaubnisverfahren, Qualitätsentwicklung in der Kinder- und Jugendhilfe. Die Änderungen sollen je nach Regelungsbereich entweder 2017 oder 2022 in Kraft treten.

*Petra Mund*

**Schulpsychologischer Dienst** Aufgabe dieser Beratungsstellen ist die Unterstützung und → Beratung aller am Schulleben Beteiligter. Dies beinhaltet a) die Arbeit mit Einzelpersonen und Gruppen wie Schüler/innen, Eltern, Lehrkräften, Schulleitungen, Lehrerkollegien, Schulklassen oder Schulaufsicht (durch Diagnostik, Beratung, Projektarbeit, → Fort- und Weiterbildung, → Supervision, → Coaching); b) Schulentwicklung und Organisationsberatung; Krisen (z.B. Amok, → Suizid, Tod und Trauer), Entwicklungs- und Verhaltensprobleme (z.B. → ADHS, → Motivation, → Mobbing), Förderung besonderer Begabungen (z.B. Hochbegabung), Leistungsprobleme (z.B. → Rechenstörung, → Lese- und/oder Rechtschreibstörung, allgemeine Lernschwierigkeiten), Entwicklung von Förderplänen und -maßnahmen, Schullaufbahnberatung; c) Unterstützung auf der Makroebene, z.B. die Entwicklung präventiver Maßnahmen, die Beratung der Öffentlichkeit und der Politik hinsichtlich schulrelevanter Fragen oder Maßnahmen, die die Fortbildung und den Erhalt der Gesundheit von Lehrkräften betreffen. Die Unterstützung bei schulischen Fragen zur → Inklusion sowie zur → Migration, insbesondere die Eingliederung von (z.T. traumatisierten) Flüchtlingen in den schulischen Alltag, findet im Rahmen der schulpsychologischen Arbeit auf allen Systemebenen statt.

Die o.g. Aufgabenbereiche erfordern von den Schulpsycholog/innen u.a. umfassende Kenntnisse über Schulsystem, psychosoziale Infrastruktur, konkrete Schulen vor Ort, Unterrichtsdidaktik, Schulentwicklung, Klassenführung, Diagnostik, psychotherapeutische, klinische, systemische und lerntherapeutische Interventions- und Präventionsmöglichkeiten, Beratungskonzepte, Gesprächsführung, Visualisierungs- und Moderationstechniken, Supervisons- und Coachingmethoden, Mediation, Konfliktmamagement sowie psychologische Krisenintervention. Diese Qualifikationen erlangen sie durch das Diplom oder einen Masterabschluss im Fach Psychologie sowie die Teilnahme an Fortbildungen. Eine Ausnahme bildet Bayern, wo die Qualifikation zum/zur Schulpsycholog/in auch im Lehramtsstudium erworben werden kann.

Da der S. D. in Deutschland eine freiwillige Aufgabe der Länder und Kommunen ist, gibt es für ihn kein bundesweit verbindliches Gesetz. Neben den fachlichen Qualifikationen der Schulpsycholog/innen wird die Qualität der Arbeit durch berufsbezogene Fortbildung, Orientierung am aktuellen Stand der psychologischen Wissenschaft, regelmäßige Supervision, kollegialen Austausch, interdisziplinäres Arbeiten, Evaluation der eigenen Arbeit und der Orientierung an den berufsethischen Grundsätzen des Berufsverbands Deutscher Psychologinnen und Psychologen e.V. (BDP) und der Deutschen Gesellschaft für Psychologie e.V. (DGP) sichergestellt. Weiterhin orientiert sich die Schulpsychologie an der → UN-Kinderrechtsorganisation sowie der → UN-Behindertenrechtskonvention. Neben der → Schweigepflicht sind Freiwilligkeit, freier Zugang, Neutralität, Kostenfreiheit und Unabhängigkeit wesentliche Arbeitsprinzipien.

*Informationen:* www.schulpsychologie.de; www.bdp-schulpsychologie.de

*Denise Pissulla-Wälti*

**Schulschwierigkeiten** Schule ist eine Sozialisationsinstanz, in deren Rahmen die Kinder und Jugendlichen zentrale »Entwicklungsaufgaben« (Havighurst) im körperlichen, seelischen und sozialen Bereich zu bewältigen haben, um später als vollwertige Mitglieder der Erwachsenengesellschaft fungieren zu können (Hurrelmann/Richter.). Den meisten der Schüler/innen gelingt die Lösung dieser Entwicklungsaufgaben, auch wenn dies mit hohen Anforderungen und – teilweise – Schwierigkeiten verbunden ist; bei kleineren Gruppen kommt es zu Problemen, in manchen Fällen zu einer Akkumulation von Risikofaktoren.

S. ist eine Sammelbezeichnung, unter welcher derartige Problemlagen, zuvörderst individuelle Leistungs- und Verhaltensprobleme der Schüler/innen – unterschiedlicher Art, Signifikanz und Häufigkeit des Vorkommens – zusammengefasst werden können. Gemeint sind damit bspw. → Lernstörungen, Teilleistungsschwächen, wie → Lese- und/oder Rechtschreibstörung oder → Rechenstörung, partielles oder umfassendes Schulversagen, → Erziehungsschwierigkeiten (→ Verhaltensauffälligkeiten) oder psychosomatische Beschwerden (→ Psychosomatik). Folgt man einer Definition der → Weltgesundheitsorganisation (WHO) von »Gesundheit« als umfassendem Wohlbefinden lassen sich S. in physische, psychische und soziale Einschränkungen und Probleme klassifizieren.

Verbreitete und häufig auftretende Belastungssymptome sind psychosomatische Beschwerden in der Schülerschaft, von der Mädchen stärker als Jungen betroffen sind (Kolip u.a.). Entgegen der häufig artikulierten Behauptung, dass sich das → Sozialverhalten der Schüler/innen sukzessive verschlechtert habe, konnte in den letzten Jahren eine leichte Tendenz zur Verbesserung ermittelt werden – aber immer noch müssen jeweils ca. 8–10 % von ihnen zur Gruppe der »Täter« bzw. der »Opfer« von → Mobbing gerechnet werden (ebd., 150). Bei den physischen Aspekten stehen Bewegungsmangel, häufig in Verbindung mit Medienkonsum sowie Über- und Untergewichtigkeit, die wiederum auch mit Ernährungsverhalten in Verbindung stehen, als Probleme im Vordergrund (ebd., 77 ff., 112 ff.).

Bei Kindern aus unteren Sozialschichten treten individuelle S. i.d.R. gehäuft auf. Dies bezieht sich v.a. auf kognitive und sprachliche Probleme und den Schulerfolg, gemessen durch Noten und Abschlüsse, insgesamt Prenzel u.a.). Laut PISA 2000 (→ internationale Vergleichsstudien) gehörte Deutschland im Hinblick auf die → soziale Gerechtigkeit in der → Bildung zu den am schlechtesten abschneidenden OECD-Ländern; die Problematik hat sich bis PISA 2012 verringert. Dennoch ist in allen an der Studie beteiligten Ländern ein deutlicher Zusammenhang zwischen sozialer Herkunft und den → Kompetenzen der Schüler/innen feststellbar. Bei Problemen im Sozialverhalten und damit verbundenen Erziehungsschwierigkeiten ist die Forschungslage weniger eindeutig: Während beim Mobbing in der »Opfer«-Perspektive Kinder aus unteren Sozialschichten stärker betroffen sind, rekrutieren sich die »Täter« aus allen Gesellschaftsschichten, sodass wir neben einer »Unterschichtdeprivation« auch so etwas wie eine »Oberschichtverwahrlosung« registrieren können. Unabhängig davon, wo die Ursachen dieser Probleme liegen, treten sie im Schulalltag auf und erfordern eine professionelle Strategie des Umgangs damit durch das pädagogische Personal. Dieses wiederum kann selbst von derartigen Problemen und Schwierigkeiten betroffen sein, wie u.a. die Untersuchungen zum → Burnout von Lehrkräften gezeigt haben.

S. entstehen durch fehlgeleitetes Bewältigungshandeln und erhalten durch unterschiedliche Verarbeitungsmodi ihre spezifische Ausprägung: Inferiorisierende, d.h. nach innen gerichtete Strategien (z.B. psychosomatische Störungen), exteriorisierende, d.h. nach außen geleitete Verhaltensweisen (z.B. Aggressionen) sowie evadierende Bewältigungsversuche, die darauf gerichtet sind, bestehende und als problematisch empfundene Anforderungen durch Ausweichen (z.B. Substanzkonsum) zu »neutralisieren« (Hurrelmann/Richter, 137). Mädchen neigen tendenziell eher zu inferiorisierenden Verarbeitungsmechanismen, bei ihnen treten z.B. psychosomatische Beschwerden sehr viel häufiger auf, während bei Jungen ein fehlgeleitetes Bewältigungshandeln durch aggressives Verhalten vergleichsweise stärker ausgeprägt ist. Bei evadierendem Verhalten ist der Alkohol- und Drogenkonsum eine Domäne der Jungen, während Nikotinkonsum eher von den Mädchen bevorzugt wird (→ Sucht).

Schule ist einerseits der Ort, an dem S. auftreten und bearbeitet werden müssen, andererseits kann die Schule als Mitverursacher der auftretenden Probleme betrachtet werden. Angesprochen sind damit strukturelle gesellschaftliche Vorgaben und Widersprüchlichkeiten der Institution Schule, die in ihren Folgen tendenziell zur Entstehung der oben angesprochenen individuellen Schwierigkeiten beitragen. In der Schule verlaufen Entwicklungs- und Lernprozesse *nicht* in einem gleichsam natürlichen Lebenszusammenhang, wie in der → Familie oder in den → Peergroups. Vielmehr werden sie durch eine bürokratische Organisation gerahmt, die allgemeinen gesellschaftlichen Zielen und Zwecken folgt, welche mit den individuellen Bedürfnissen und Aspirationen der Schüler/innen sowie deren Eltern in Widerspruch stehen können. Diese widersprüchliche Grundstruktur ist für mögliche S. mitverantwortlich. Zudem ist die Relevanz einiger schulinterner Faktoren, wie Schulklima, Schülerunterstützung oder Lehrerkooperation, als Risiko- und Schutzfaktoren für S. gut belegt (Melzer/Sandfuchs).

Die Qualitätsentwicklung von Schule und Unterricht erweist sich damit als ein probates Mittel, um S. zu vermeiden bzw. zu bearbeiten. Zur Früherkennung sich abzeichnender S. empfiehlt sich eine Verbesserung der diagnostischen Kompetenz und die Qualifizierung der Lehrkräfte – auch im Hinblick auf die daran anschließende individuelle Förderung und Unterstützung der betroffenen Schüler/innen. Eine enge Zusammenarbeit mit den Eltern ist dabei ebenso wichtig wie die Nutzung von Unterstützung durch → Schulsozialarbeit und den → schulpsychologischen Dienst. Eine Bereitstellung von Ressourcen durch die Bildungsadministration ist eine weitere Gelingensbedingung. Die Maßnahmen sind dann besonders wirksam, wenn sie gleichermaßen auf eine Modifizierung des → Verhaltens und der verursachenden Faktoren gerichtet sind.

*Lit.* Hurrelmann, K./Richter, M.: Gesundheits- und Medizinsoziologie. Eine Einführung in die sozialwissenschaftliche Gesundheitsforschung, 8. Aufl., Weinheim/Basel 2013; Kolip, P./Klocke, A./Melzer, W./Ravens-Sieberer, U. (Hrsg.): Gesundheit und Gesundheitsverhalten im Geschlechtervergleich. Ergebnisse des WHO-Jugendgesundheitssurvey „Health Behaviour in School-aged Children",

Weinheim/Basel 2013; Melzer, W./Sandfuchs, U. (Hrsg.): Was Schule leistet. Funktionen und Aufgaben von Schule, Weinheim/München 2001; Prenzel, M./Sälzer, C./Klieme, E./Köller, O. (Hrsg.): PISA 2012. Fortschritte und Herausforderungen in Deutschland, Münster u.a. 2013.

*Wolfgang Melzer*

**Schulsozialarbeit** hat in Deutschland eine lange Tradition, deren Wurzeln bis ins 18. Jh.zurückverfolgt werden können. Wie die meisten Berufsfelder der → Sozialen Arbeit ist die S. durch die Institutionen und Entwicklungen beeinflusst und geprägt worden, auf die sie sich bezieht. Insofern spiegelt sich in der Geschichte der S. auch die Geschichte des deutschen Bildungssystems (vgl. Aden-Grossmann). S. wird heute zunehmend als Oberbegriff für diverse Begriffe akzeptiert, die im Handlungsfeld gebraucht werden: schulbegleitende Sozialarbeit, schulbezogene → Jugendarbeit, → Jugendsozialarbeit an Schulen, Schuljugendarbeit etc. Allerdings wird sie ebenfalls zunehmend von der »Sozialen Arbeit an Schulen« abgegrenzt, unter die sozialpädagogische Angebote fallen, die sich in ihrer Arbeit nicht auf den Lern- und Lebensraum Schule beziehen, sondern lediglich am Ort Schule stattfinden.

Grundsätzlich finden sich in der Fachliteratur drei unterschiedliche Wege S. zu definieren: a) als eine Beschreibung dessen, was in der Praxis zu beobachten ist; b) unter Bezug auf die rechtlichen Grundlagen; c) als Ableitung von theoretischen Überlegungen. Insgesamt überwiegen bislang die Definitionen in den Kategorien a) und b). Beide Wege sind aber aus unterschiedlichen Gründen problematisch. In ersterem Fall verändert sich die Definition der S. mit den ihr zugewiesenen Aufgaben. Als jüngstes Beispiel kann hier auf die durch die Mittel aus dem Bildungs- und Teilhabepaket (BuT, → Regelbedarfs-Ermittlungsgesetz) geschaffenen Stellen verwiesen werden, die i.d.R. die Antragsstellung von Eltern für BuT-Mittel unterstützen sollten. In letzterem Fall setzt sich inzwischen die Erkenntnis durch, dass eine eindeutige rechtliche Grundlage gar nicht existiert und erst noch geschaffen werden muss.

Ein Minimalkonsens besteht darin, S. als ein eigenständiges sozialpädagogisches Dienstleistungsangebot am Ort der Schule zu beschreiben, welches die intensivste Form der → Kooperation von → Kinder- und Jugendhilfe und Schule darstellt. Grundsätzlich ergibt sich aus dem § 1 SGB VIII ein Einmischungsauftrag an die Jugendhilfe, d.h. überall dort, wo die Belange von Kindern und Jugendlichen betroffen sind, muss die Jugendhilfe sich anwaltschaftlich für deren Interessen einsetzen, sodass sie sich zu einer gemeinschaftsfähigen und eigenverantwortlichen → Persönlichkeit entwickeln können. Hieraus lässt sich auch ein Auftrag in Bezug auf den Lern- und Lebensraum Schule ableiten. i.d.R. beziehen sich Landesprogramme und Projektträger jedoch auf § 13 SGB VIII und/oder auf §§ 11, 14, 16 und 81 SGB VIII. § 13 SGB VIII thematisiert explizit schulische und berufliche Benachteiligungen als Unterstützungsanlass. Die Zielgruppe wird mit Bezug auf diesen Paragrafen auch oft auf die »sozial benachteiligten und/oder individuell beeinträchtigten« Kinder und Jugendlichen beschränkt. Die aktuellen Entwicklungen deuten jedoch an, dass sich der Auftrag der S. auch auf andere Zielgruppen ausweitet. Des Weiteren gibt es in den Schulgesetzen der Bundesländer weitere gesetzliche Bestimmungen (vgl. Alicke/Hilkert).

Je nach politischem Auftrag, rechtlicher Verortung oder theoretischer Folie ergeben sich durchaus sehr unterschiedliche Zielsetzungen, Zielgruppen und Aufgaben der S. Einen Überblick über die derzeitigen Aufgabengebiete bietet das »Anforderungsprofil« des Kooperationsverbunds Schulsozialarbeit (2015). Darüber hinaus gibt es inzwischen zahlreiche Veröffentlichungen der wichtigsten → freien Träger der S. (z.B. → Arbeiterwohlfahrt [AWO], → Deutsches Rotes Kreuz [DRK], Internationaler Bund [IB], IN VIA), aber auch der Gewerkschaft Erziehung und Wissenschaft [GEW], der Bundesarbeitsgemeinschaft Evangelische Jugendsozialarbeit [BAG EJSA] oder des Kooperationsverbunds Jugendsozialarbeit). Grundsätzlich spannen sich die Themen über das gesamte Themenfeld von der Berufsorientierung bis zur Gewaltprävention, von der Öffnung der Schule in den → Sozialraum bis zur Gesundheitsförderung, von der Bewältigung schwieriger Übergänge bis zur → Inklusion besonderer Zielgruppen. Meist wird das Angebot durch die Vorgaben der Programme bestimmt, aus denen die S. finanziert wird. Wenn die S. keine solchen Vorgaben hat, ist es i.d.R. dennoch notwendig, Schwerpunkte festzulegen, da der Personalschlüssel kein umfassendes Angebot zulässt. Hierbei sollten die Rahmenbedingungen der Schule, die aktuellen Bedarfe und die → Kompetenzen der → Fachkräfte Berücksichtigung finden.

Es besteht in der Öffentlichkeit, in der Politik und in der Fachwelt weitgehend darüber Konsens, dass S. eine notwendige und wirksame Unterstützung an allen Schulen darstellt bzw. darstellen könnte. Dennoch sind die meisten Stellen bisher zeitlich befristet, die personellen und materiellen Rahmenbedingungen entsprechen oft nicht den Minimalstandards. Durch die Befristungen handelt es sich eher um ein Arbeitsfeld, in dem viele Berufseinsteiger/innen arbeiten und sich dann wieder aus dem Bereich wegbewegen. S. benötigt aber Kontinuität und verlässliche Strukturen, um effektiv arbeiten zu können (vgl. Speck/Olk).

Inzwischen findet sich S. in allen Schularten, -formen und -stufen. Auch wenn durch die Vorgaben mancher Länderprogramme immer noch der Schwerpunkt auf der Hilfe für »sozial benachteiligte und individuell beeinträchtigte« Kinder und Jugendliche liegt, versteht sie sich vor Ort meist als Ansprechpartnerin für alle Schülerinnen und Schülern einer Schule. Dies entspricht einem niedrigschwelligen Ansatz, einer präventiven Arbeitsweise und einer nicht stigmatisierenden Angebotsform. Die zunehmende Verbreitung der S. stellt auch eine Herausforderung für die Ausbildung der Fachkräfte dar. Zwar bieten fast alle Hochschulen Seminare, Vorlesungen etc. zum Themenbereich an, einen Ausbildungsschwerpunkt zum Thema gibt es aber i.d.R. nicht.

*Lit.* Aden-Grossmann, W.: Geschichte der sozialpädagogischen Arbeit an Schulen. Entwicklung und Perspektiven von Schulsozialarbeit, Wiesbaden 2016; Alicke, T./ Hilkert, M.: Schulsozialarbeit und die Kooperation von Jugendhilfe und Schule im Jugendhilferecht, Frankfurt a.M. 2012; Kooperationsverbund Schulsozialarbeit: Schulsozialarbeit – Anforderungsprofil für einen Beruf der Sozialen Arbeit, Frankfurt a.M. 2015; Speck, K./Olk, T.: Wie wirkt Schulsozialarbeit? Ein Überblick über die Wirkungs- und Nutzerforschung, in: Archiv für Wissenschaft und Praxis der sozialen Arbeit 1/2014, S. 38–47.

*Nicole Pötter*

**Schulsystem** → Bildung, → Schulformen

**Schulverweigerung** Unter S. ist ein aktives oder passives schulabstinentes Verhalten schulpflichtiger junger Menschen zu verstehen. Sie zeigen damit ihre Distanz bzw. Verdrossenheit oder Angst in Bezug auf die Schule entweder offensiv durch Fernbleiben, oder eben durch Passivität und Rückzug im Unterricht. Von S. betroffen sind Kinder und Jugendliche aus allen sozialen Kontexten, jedoch zeigt sie sich bei sozial benachteiligten Bevölkerungsschichten (→ Soziale Benachteiligung) und → Kindern mit Migrationshintergrund unmittelbarer nach außen und wird damit »auffällig«. Erfahrungsberichte zeigen, dass v.a. Schüler/innen der Altersstufen 10–14 Jahre eine für S. besonders »anfällige« Gruppe darstellen. Hierfür gibt es u.a. eine entwicklungspsychologische Erklärung: Das mit Beginn der → Pubertät verstärkte Verselbstständigungsstreben junger Menschen korrespondiert mit dem wachsenden Bedürfnis nach Abgrenzung gegenüber der Erwachsenenwelt und dem Wunsch nach »gelebter Autonomie«. Damit verbindet sich auch die Bereitschaft, Unzufriedenheit ggf. auch mit Verweigerungshaltung auszudrücken. Kommen nun noch ungünstige Rahmenbedingungen (Probleme in → Familie oder/und Schule) hinzu, kann dieses Alter leicht zur »S.falle« werden. Dabei zeigt sich, dass Jungen offensichtlich stärker betroffen sind als Mädchen; gleichwohl weisen Praxisberichte darauf hin, dass bei Mädchen die S.haltungen zwar weniger auffällig, aber dafür v.a. eher in passiven Formen auftreten (Rückzug).

Die Ursachen für S. sind selten linear, sondern komplex: Diskontinuitäten in der Familie, → Mobbing in der Schule, Konflikte zwischen Schüler/innen und Lehrkräften, auf die → Peergroup bezogene Loyalitäts- und Nachahmungseffekte (v.a. bei älteren Schüler/innen) usw. I.d.R. sind fehlende Ansprechpartner/innen in Schule und Familie und Erfahrungen von Selbstentwertungen (Beschämung) mit ausschlaggebend für die Verweigerungshaltung. Insofern liegt ein wichtiges Verursachungspotenzial nach wie vor auch in den traditionellen Strukturen und Rahmenbedingungen des allgemeinbildenden Schulwesens, die insbesondere Kindern in schwierigen sozialen Lebensverhältnissen häufig nicht die entsprechenden individuellen Förderbedingungen zur Verfügung stellen.

Eine erfolgreiche Reintegration von Schüler/innen mit schulverweigernder Haltung ist nach Auswertung bundesweiter Modellprogramme v.a. von folgenden Faktoren abhängig: (1) Die enge → Kooperation zwischen Schule, → Kinder- und Jugendhilfe und Familie ist durch verbindliche Vereinbarungen zu regeln, die Aufgaben sind aufeinander abzustimmen; dadurch wird die bisherige »Versäulung« dieser zentralen Sozialisationsfelder aufgehoben. (2) Es gibt einen signifikanten Zusammenhang zwischen den Leistungen der Schüler/innen, ihrer Beziehung zu den Pädagog/innen und der Qualität des Unterrichts. (3) Die individuelle Bildungsplanung und Entwicklungsförderung ist Voraussetzung für eine gezielte Entwicklung der Leistungspotenziale der Schüler/innen und der Aufarbeitung ihrer schulischen Defizite. (4) Die Einbeziehung der Eltern in den Bildungsprozess baut ungünstige familiäre Bildungsbedingungen ab. (5) Die (sozialräumliche) Öffnung der Schule insbesondere zur Wirtschaft und der damit verbundene »Wechsel der Lernorte« sind notwendig. (6) Die Einrichtung kommunaler Bündnisse für Jugend und Bildung fördert die Vernetzung und den Ressourcenaustausch zwischen den Institutionen.

*Josef Faltermeier*

**Schutzimpfung** → Impfungen

**Schwägerschaft** → Verwandtschaft

**Schwangerschaftsabbruch** (auch: Abtreibung) ist die künstlich ausgelöste vorzeitige Beendigung einer Schwangerschaft. Seit der Antike wurden Frauen, die einen S. durchführten und ihre Helfer/innen zunehmend aus religiös-ethischen und bevölkerungspolitischen Gründen verfolgt und bestraft. Zur Zeit der nationalsozialistischen Herrschaft drohte Frauen nach einem S. die Todesstrafe.

Der Zugang zum sicheren und legalen S. ist eine zentrale Forderung der internationalen Bewegung für sexuelle und reproduktive Gesundheit und Rechte, aber auch der Frauenbewegung. Demnach ist es das Selbstbestimmungsrecht der Frau, darüber zu entscheiden, ob sie eine Schwangerschaft austragen möchte oder nicht. Daran anknüpfend wurde auf der Internationalen Konferenz der → Vereinten Nationen (UN) für Bevölkerung und Entwicklung 1994 in Kairo der globale Konsens erzielt, sich weltweit für sexuelle und reproduktive Gesundheit und Rechte einzusetzen und diese zu schützen. Eine zentrale Forderung und Gradmesser für die Umsetzung des Aktionsplans von Kairo ist der Zugang zum sicheren S. In den letzten Jahrzehnten des 20. Jh. gab es weltweit eine Tendenz, die Strafrechtsbestimmungen zum S. zu liberalisieren. Seit einigen Jahren verlangsamt sich diese Tendenz und in vielen Ländern der Erde verschlechterte sich die rechtliche und medizinische Situation für Frauen, die eine Schwangerschaft abbrechen möchten. Ist der Zugang zum sicheren S. durch Kriminalisierung der Frauen und/oder der Ärzt/innen oder durch hohe Kosten behindert, steigt die Zahl unsachgemäßer durchgeführter S. Dies gefährdet die Gesundheit und das Leben von Frauen. Nach Angaben der → Weltgesundheitsorganisation (WHO) wird jährlich bei 19 Mio. Frauen ein unsachgemäßer S. durchgeführt. 59% der Betroffenen sind zwischen 15 und 24 Jahre alt. Unzählige dieser Frauen, meistens aus armen Ländern, erleiden schwere Verletzungen, 68.000 sterben daran.

Es besteht ein allgemeiner Konsens, dass der S. nicht als Methode der → Familienplanung verwendet werden soll und stattdessen empfängnisverhütende Mittel und umfassende Sexualaufklärung zugänglich sein sollten. Die WHO erachtet sowohl den medikamentösen wie auch den instrumentellen S. als sichere und effektive Methode, um eine Schwangerschaft zu beenden. Die gebräuchlichsten medizinischen Techniken des S. in Deutschland sind die Absaugmethode (74%) – zugleich die schonendste instrumentelle Methode –, die Ausschabung der Gebärmutter (11%) und die medikamentöse Behandlung mit Mifepriston in Kombination mit einem Prostaglandin (12%). Die instrumentellen Methoden werden in Deutschland mit Allgemein- oder Lokalanästhesie durchgeführt. Die Komplikationsrate ist bei sachgerechter Durchführung in den ersten zehn Wochen sehr gering und steigt danach an. Medizinisch ist daher eine möglichst frühzeitige Vornahme des S. zu befürworten. S. im ersten Schwangerschaftsdrittel werden in Deutschland heute überwiegend ambulant in entsprechend eingerichteten Arztpraxen durchgeführt. Fast 80% der S. werden in Deutschland bis vor der zehnten Schwangerschaftswoche durchgeführt.

Nach geltendem Recht (§§ 218 ff. Strafgesetzbuch [StGB]) ist der S. in Deutschland grundsätzlich mit Strafe bedroht. Er ist aber straffrei, wenn er auf Verlangen der Frau von einem Arzt/einer Ärztin innerhalb von zwölf Wochen nach Empfängnis und frühestens am vierten Tag nach → Beratung in einer anerkannten Beratungsstelle (→ Schwangerschaftskonfliktberatung) vorgenommen wird. Unter diese sog. Beratungsregel fallen mehr als 97% der S. Nicht rechtswidrig sind S., bei denen eine medizinische oder kriminologische »Indikation« ärztlich festgestellt wurde: Bei einer medizinischen Indikation (die Fortsetzung der Schwangerschaft würde die körperliche oder seelische → Gesundheit der Schwangeren erheblich gefährden) ist ein S. bis Ende der Schwangerschaft erlaubt, bei »kriminologischer« Indikation (Schwangerschaft als Folge einer Straftat, z.B. Vergewaltigung) bis zum Ende der zwölften Woche. Ein nicht indizierter S. nach der zwölften Woche, etwa im Ausland, bleibt für die Schwangere selbst – nicht aber für andere am S. oder seiner Vorbereitung Beteiligte – straffrei, sofern er vor Ende der 22. Woche von einem Arzt vorgenommen und die Frau zuvor in einer anerkannten Beratungsstelle beraten wurde. Die »Pille danach« oder »Spirale danach« als Methoden der Schwangerschaftsverhütung, die nach einem ungeschützten Geschlechtsverkehr angewendet werden und in bestimmten Zeitspannen eine Schwangerschaft verhindern können, sind keine S. nach § 218 Abs. 1 StGB.

Die Kosten indizierter S. werden durch die gesetzliche → Krankenversicherung (GKV) übernommen. Bei S. nach der Beratungsregelung kommt nach Art. 5 Schwangeren- und Familienhilfeänderungsgesetz (SFHÄndG) die GKV ohne Weiteres nur für einen Teil der Kosten auf. Den Eingriff selbst, die Anästhesie und ggf. Medikamente muss die Frau selbst bezahlen. Bei (auch nicht in der GKV versicherten) Frauen allerdings, die kein oder nur geringes persönliches Einkommen haben, treten die Krankenkassen der GKV hierfür auf Antrag der Frau in Vorleistung; die Bundesländer erstatten den Kassen diese Auslagen.

Die gesetzlichen Regelungen zum S. wurden 1995 nach langjährigem politischen Streit beschlossen. Zuvor waren S. im alten Bundesgebiet seit 1976 nur bei ärztlicher Feststellung bestimmter Indikationen und nach Beratung zulässig, in der DDR hingegen seit 1972 innerhalb von zwölf Wochen nach Empfängnis auf Antrag der Frau. Die Kosten zulässiger S. wurden in beiden Landesteilen von der GKV bzw. Sozialversicherung übernommen. Ein vom Parlament 1992 verabschiedetes gesamtdeutsches Schwangeren- und Familienhilfegesetz (SFHG) war nach einstweiliger Anordnung des → Bundesverfassungsgerichts nicht in Kraft getreten und 1993 teilweise für nichtig erklärt worden. Seit 1976 besteht in der Bundesrepublik eine Meldepflicht für S. (in der DDR seit 1972); über sie wird eine Bundesstatistik geführt. Mit einer Häufigkeit von 71 Schwangerschaftsabbrüchen pro 10.000 Frauen im Alter von 15 bis 44 Jahren gehört Deutschland zu den Ländern mit der weltweit niedrigsten S.häufigkeit.

*Lit.* Abortion incidence between 1990 and 2014: global, regional and subregional levels and trends, in: The Lancet, Mai 2016; Boltanski, L.: Soziologie der Abtreibung: Zur Lage des fötalen Lebens, Frankfurt a.M. 2007; Jütte, R.: Geschichte der Abtreibung. Von der Antike bis zur Gegenwart, München 1993; WHO: Safe Abortion: Technical and Policy Guidance for Health Systems, 2. Aufl., Genf 2012.

*Elke Thoß*

**Schwangerschaftskonfliktberatung** Im juristischen Sinne ist S. ist die gesetzlich vorgeschriebene Beratung für schwangere Frauen, die bis zur zwölften Schwangerschaftswoche (entspricht der 14. Woche nach medizinischer Zählweise) einen Schwangerschaftsabbruch wünschen oder erwägen. Inhalte und Durchführung der S. sind mit Bezug auf das Strafgesetzbuch (StGB §§ 218, 219) im Schwangerschaftskonfliktgesetz (SchKG, §§ 5 ff.) geregelt. Der Gesetzgeber hat festgelegt, dass die S. ergebnisoffen durchzuführen ist, und betont die Eigenverantwortlichkeit der Frau. Die S. ist zu unterscheiden von einer Schwangerschaftsberatung nach § 2 SchKG.

Im Fachverständnis → psychosozialer Beratung ist S. eine freiwillige, psychosoziale Beratung einer Frau, die ihre Schwangerschaft in innerem oder äußerem Konflikt erlebt und daher einen Schwangerschaftsabbruch erwägt oder wünscht. Die S. wird auf der Grundlage eines interdisziplinär entwickelten und sozialwissenschaftlich fundierten Handlungskonzeptes durchgeführt. Das Ziel einer S. ist i.d.R. erreicht, wenn die Ratsuchende eine selbstbestimmte Entscheidung über den Fortgang oder Abbruch der Schwangerschaft treffen kann und Problembewältigungswege gefunden hat, die sie bewusst und eigenverantwortlich umsetzen kann. Die S. wird von Schwangerschaftsberatungsstellen angeboten und umfasst auch die Beratung über soziale und wirtschaftliche Hilfen, Schwangerschaftsverhütung, Methoden des Schwangerschaftsabbruchs.

Mit Bezug auf die UN-Konferenz über Bevölkerung und Entwicklung in Kairo (1994) konkretisierte die internationale Familienplanungsbewegung unter dem Dach der International Planned Parenthood Federation (IPPF) den Schwerpunkt sexuelle und reproduktive Gesundheit und Rechte (SRGR). Die schwangere Frau ist Trägerin individueller Rechte auf sexuelle und reproduktive Gesundheit. Der S. liegt ein Empowermentansatz zugrunde. Sie ist ein freiwilliges Beratungsangebot unter Achtung der individuellen Selbstbestimmungsrechte, der Rechte auf Zugang zu bestmöglichen Angeboten der Gesundheitsförderung, zu Angeboten zur Stärkung der Gesundheitskompetenz, der Schwangerschaftsvorsorge (safe motherhood) und zum medizinisch sicher und schonend durchgeführten, legalen Schwangerschaftsabbruch (safe abortion).

Die S. darf nur von → Fachkräften in anerkannten Beratungsstellen durchgeführt werden. Das nach § 7 SchKG vorgeschriebene flächendeckende, weltanschaulich plurale Netz anerkannter Beratungsstellen besteht aus Einrichtungen freier Träger von nichtkonfessionellen Verbänden (→ pro familia, → Arbeiterwohlfahrt, → Deutsches Rotes Kreuz) und von freien Trägern kirchlich gebundener Verbände (→ Diakonie Deutschland) oder des → öffentlichen Gesundheitsdienstes oder des besonderen Sozialdienstes. Die katholische Kirche beteiligt sich nicht an der S. An ihre Stelle sind katholische Laienorganisationen, z.B. Donum Vitae, getreten. Ferner können auch Ärzte/innen als Berater/innen anerkannt werden.

*Sigrid Weiser*

**Schweigepflicht** Die S. betrifft das im § 203 Abs. 1 Strafgesetzbuch (StGB) strafrechtlich bewehrte Gebot der Verschwiegenheit hinsichtlich bestimmter Tatsachen (Geheimnisse) für abschließend in dieser Norm aufgezählte Berufsgruppen. Zu den geheimhaltungspflichtigen Personen zählen neben den traditionell zur Verschwiegenheit verpflichteten Berufsgruppen der Ärzte- und Anwaltschaft auch Berufspsycholog/innen, Berater/innen in Ehe-, Familien-, Jugend-und Suchtfragen, Mitglieder oder Beauftragte von Beratungsstellen nach dem Schwangerschaftskonfliktgesetz (→ Schwangerschaftskonfliktberatung) sowie ganz allgemein staatlich anerkannte → Sozialarbeiter/innen und Sozialpädagog/innen inkl. deren Gehilf/innen und Auszubildenden.

§ 203 Abs. 2 StGB normiert eine allgemeine S. für Amts- und Funktionsträger/innen der öffentlichen Verwaltung, um Bürger/innen vor Verletzungen ihrer Geheimsphäre zu schützen (sog. → Amtsgeheimnis). Die Norm schützt die »Unverletzlichkeit der Eigensphäre in ihrer speziellen Ausformung als informationelle Dispositionsbefugnis« (Kindhäuser u.a. StGB, § 203 Rn. 4) und dient insoweit neben dem allgemeinen Interesse an der S. der Berufsangehörigen dem Individualrechtsgüterschutz. Strafbewehrt ist in beiden Fällen die unbefugte Offenbarung eines in beruflicher Eigenschaft erlangten fremden Geheimnisses, namentlich eines zum persönlichen Lebensbereich gehörendes Geheimnisses oder eines Betriebs- oder Geschäftsgeheimnisses. Fremde Geheimnisse sind Tatsachen, die lediglich einem beschränkten Personenkreis bekannt sind und nach dem subjektiven Interesse des Betroffenen nicht weiter verbreitet werden sollen. Maßgeblich ist demnach sowohl der subjektive Geheimhaltungswille als auch die objektive Geheimhaltungswürdigkeit. Gegenstand des Geheimnisses kann jeder Umstand aus der persönlichen, wirtschaftlichen oder beruflichen Sphäre des Betroffenen sein. Die Geheimnisse müssen nicht notwendigerweise berufsspezifisch sein, aber sie müssen dem/der Schweigepflichtigen anvertraut oder sonst bekannt geworden sein. Grundvoraussetzung ist daher ein innerer Zusammenhang zwischen Aufgabenwahrnehmung und Bekanntwerden des Geheimnisses. Für den umstrittenen Schutz von sog. Drittgeheimnissen, also von geheimnisfähigen personenbezogenen Informationen, die eine dritte Person und gerade nicht bspw. die anvertrauende Mandantin oder den Patienten betreffen, gilt diese Voraussetzung ebenfalls.

Offenbaren eines Geheimnisses ist das Mitteilen geheim zu haltender Tatsachen unter Bezugnahme auf den/die verfügungsberechtigte/n Betroffene/n an eine dritte Person, die diese Tatsachen noch nicht kennt oder nicht sicher kennt. Das gilt auch, wenn diese Person ihrerseits zur Verschwiegenheit nach § 203 StGB verpflichtet ist. Die Form der Mitteilung ist völlig gleichgültig; auch ist nicht erforderlich, dass der/die Adressat/in die Mitteilung intellektuell versteht.

Strafrechtlich relevant ist das »unbefugte« Offenbaren eines Geheimnisses, welches durch Offenbarungsbefugnisse ausgeschlossen sein kann. Eine Offenbarungsbefugnis kann sich aus der ausdrücklichen, konkludenten (stillschweigenden) oder mutmaßlichen Einwilligung der durch die S. geschützten verfügungsberechtigten Person (der/des Betroffenen) ergeben oder aus gesetzlichen Vorschriften, die ein Offenbaren ausdrücklich zulassen. Verfügungsberechtigte sind diejenigen Personen, deren Privatsphäre durch die S. geschützt werden soll, im Bereich der Sozialen Arbeit bspw. die Klient/innen und deren Angehörige. Willigen sie ausdrücklich oder konkludent rechtswirksam ein, d.h. nach entsprechender Aufklärung und im Zustand der sog. natürlichen Einsichtsfähigkeit, ist die an sich geheimnispflichtige Person zur Offenbarung befugt. Eine Befugnis kann sich auch aus der mutmaßlichen Einwilligung ergeben, wenn aus praktischen Gründen das Einverständnis nicht eingeholt werden kann, etwa um die Angehörigen von bewusstlosen Patient/innen zu benachrichtigen. Schließlich kann eine Offenbarungsbefugnis auch aus gesetzlichen Mitteilungspflichten resultieren, z.B. für Sozialarbeiter/innen aus der Anzeigepflicht hinsichtlich einer geplanten Straftat gem. § 138 StGB oder aus einer Aussagepflicht im Strafverfahren aufgrund eines nicht bestehenden → Zeugnisverweigerungsrechts des/der Sozialarbeiter/in gem. § 53 Strafprozessordnung (StPO). Ausdrücklich in der StPO geregelt ist das Recht auf Zeugnisverweigerung nur für Mitarbeiter/innen einer anerkannten Stelle der Schwangerenkonfliktberatung sowie der → Sucht- und → Drogenberatung (vgl. § 53 Abs. 1 Nr. 3 a und b StPO). Des Weiteren kann im Einzelfall auch der rechtfertigende Notstand gem. § 34 StGB als Rechtfertigungsgrund für die Befugnis der Verletzung der S. in Betracht kommen, und zwar dann, wenn nach den Grundsätzen der Güter- und Interessenabwägung das Offenbaren das einzige Mittel zum Schutz erheblich höherwertiger Interessen oder höherrangiger Rechtsgüter ist.

Eine Verfolgung der Verletzung der S. nach § 203 StGB erfolgt nur auf Antrag des Geschädigten (vgl. § 205 StGB). Die Bedeutung der Norm liegt allerdings ohnehin nicht so sehr in der unmittelbaren

Strafverfolgung, sondern in der Tatsache, dass sie maßgeblicher Anknüpfungspunkt für ein Zeugnisverweigerungsrecht der Berufsgruppen im zivil-, familien-, straf- und verwaltungsgerichtlichen Verfahren ist. Für die Soziale Arbeit ist das Zeugnisverweigerungsrecht auf die o.g. Fälle der Schwangerschafts- und Suchtberatung begrenzt.

Eine vorrangige Bedeutung kommt der S. auch im System des Sozialdatenschutzes zu (→ Sozialgeheimnis). So sind bei besonders schutzwürdigen, insbesondere medizinischen Daten gem. § 76 SGB X die Übermittlungsbefugnisse durch Bezugnahme auf die Sanktionen bei Verletzung des Privatgeheimnisses nach § 203 StGB zusätzlich eingeschränkt. Die S. aller in § 203 Abs. 1 StGB genannten Berufsgruppen ist somit vorrangig gegenüber allgemeinen Weitergabevorschriften. In gleicher Weise wird der Sozialdatenschutz im → Kinder- und Jugendhilferecht in § 65 Abs. 1 Nr. 5 SGB VIII durch Bezugnahme auf § 203 StGB gestärkt. Der insbesondere auch die Sozialarbeiter/innen verpflichtende → Daten- und Vertrauensschutz ist damit zusätzlich strafrechtlich über § 203 StGB abgesichert.

*Lit.* Dölling, D./Duttge, G./Rössner, D. (Hrsg.): Gesamtes Strafrecht. Handkommentar, 3. Aufl., Baden-Baden 2013; Kindhäuser, U.: Strafgesetzbuch, Lehr- und Praxiskommentar, 5. Aufl., Baden-Baden 2013; Kindhäuser, U./Neumann, U./Paeffgen, H.-U. (Hrsg.): Strafgesetzbuch, Bd. 2, 4. Aufl., Baden-Baden 2013; Lackner, K./Kühl, K.: StGB. Kommentar, 28. Aufl., München 2014.

*Maria Meyer-Höger*

**Schweizerische Konferenz für Sozialhilfe (SKOS)** ist der nationale Fachverband für die → Sozialhilfe. Mitglieder des privatrechtlichen Vereins sind insgesamt rd. 900 Institutionen: Städte, → Gemeinden, alle Kantone, verschiedene Bundesämter, das Fürstentum Lichtenstein sowie private Organisationen. Die bereits im Jahre 1905 gegründete SKOS (vormals Konferenz der Armenpfleger) versteht sich als Akteurin der schweizerischen Sozialpolitik und ist in der Fachwelt sowie in Verwaltung und Politik stark verankert.

Die SKOS hat in der Schweiz eine historisch bedingte Sonderstellung. Da die Sozialhilfe in der Schweiz in die Zuständigkeit der Kantone fällt, fehlt ein nationales Sozialhilfegesetz. Um die Rechtsgleichheit und Rechtssicherheit über die Kantonsgrenzen hinweg zu fördern, erarbeitet die SKOS in Zusammenarbeit mit der Konferenz der kantonalen Sozialdirektoren und Sozialdirektorinnen Empfehlungen für die Ausgestaltung und Bemessung der Sozialhilfe. Diese definieren den Umfang der Leistungen und normieren eine Vielzahl von Fragen des Vollzugs. Die sogenannten SKOS-Richtlinien sind in den vergangenen Jahrzehnten faktisch zur Norm für die Sozialhilfe geworden. Sie haben in viele kantonale und kommunale Erlasse sowie in die → Rechtsprechung Eingang gefunden und rechtliche Verbindlichkeit erlangt.

Die SKOS veranstaltet Fachtagungen und Weiterbildungen. Sie führt selbst wissenschaftliche Untersuchungen durch und beteiligt sich an solchen. Dank ihrer breiten Mitgliedschaft und ihrem Ruf als fachkundige, praxisnahe Institution wirkt sie in vielen politischen und wissenschaftlichen Projekten mit.

*Anschrift*: Monbijoustrasse 22, Postfach, CH-3000 Bern 14, Schweiz, www.skos.ch

*Walter Schmid*

**Schwerbehinderte Menschen** sind Personen, deren Grad der Behinderung (GdB) mindestens 50 beträgt und die ihren Wohnsitz, ihren gewöhnlichen → Aufenthalt oder ihre Beschäftigung auf einem Arbeitsplatz i.S. des § 73 SGB IX rechtmäßig im Bundesgebiet haben (§ 2 Abs. 2 SGB IX). Der GdB gilt im Schwerbehindertenrecht (→ Rehabilitation und Teilhabe behinderter Menschen) als Maß für die Auswirkung, die die körperliche, geistige oder seelische Beeinträchtigung auf die → Teilhabe am Leben in der Gesellschaft hat. Er wird nach der Versorgungsmedizin-Verordnung (VersMedV) bemessen und nach Zehnergraden abgestuft festgestellt. Die VersMedV listet einzelne Körperregionen und Organe tabellarisch auf und enthält Anhaltswerte dazu, wie Schäden und Funktionsstörungen an den jeweiligen Körperteilen in Bezug auf ihre teilhabebeeinträchtigende Wirkung zu bewerten sind. Hyperaktivität bei Kleinkindern als Beeinträchtigung von Nervensystem und Psyche kann z.B. – je nach Ausmaß der Verhaltensstörung – mit einem GdB zwischen 30 und 100 bemessen werden.

Das Vorliegen einer Behinderung und der GdB wird auf Antrag des → behinderten Menschen festgestellt. Zuständig hierfür sind in den meisten Bundesländern die → Versorgungsämter. In einigen Bundesländern (z.B. in Baden-Württemberg und Nordrhein-Westfalen) sind diese jedoch aufgelöst und deren Aufgabengebiete auf Städte und → Landkreise bzw. Landratsämter übertragen worden. Beträgt der GdB mindestens 50, ist auf Antrag des behinderten Menschen ein Schwerbehindertenausweis auszustellen, dessen Gültigkeitsdauer befristet wird. Ausgestellt werden seit 1.1.2015 nur noch die neuen Ausweise, die das Format einer Scheckkarte haben. Alte Ausweise behalten bis zum Ablauf ihrer Befristung weiterhin ihre Gültigkeit. Im Ausweis können gegebenenfalls weitere gesundheitliche Merkmale als sogenannte Merkzeichen eingetragen werden. Diese berechtigen zur Inanspruchnahme bestimmter Leistungen. Das Merkzeichen »aG«, das s. M. erhalten, die außergewöhnlich gehbehindert sind, erlaubt z.B. unter anderem die Nutzung von Behindertenparkplätzen. Das Vorliegen einer Schwerbehinderung ist Voraussetzung für zahlreiche Leistungen und Nachteilsausgleiche. S. M. haben z.B. Anspruch auf → Zusatzurlaub für s. M. und unterliegen einem besonderen → Kündigungsschutz für s. M.

Personen mit einem GdB von 30 oder 40 sollen auf Antrag s. M. gleichgestellt werden, wenn sie infolge ihrer Behinderung ohne die Gleichstellung einen geeigneten Arbeitsplatz nicht erlangen oder nicht behalten können. Die Gleichstellung erfolgt durch die für den Wohnort zuständige → Agentur für Arbeit. Gleichgestellte behinderte Menschen genießen ebenfalls den besonderen Kündigungsschutz für s. M., haben im Gegensatz zu diesen aber keinen Anspruch auf Zusatzurlaub.

Das Bundeskabinett hat am 28.6.2016 einen Regierungsentwurf zu einem → Bundesteilhabegesetz verabschiedet, der wesentliche Änderungen des Rechts der Rehabilitation und Teilhabe behinderter Menschen und der → Eingliederungshilfe vorsieht.

*Katja Kruse*

**Schwerbehindertenausweis** → Schwerbehinderte Menschen

**Schwerbehindertenrecht** → Rehabilitation und Teilhabe behinderter Menschen – SGB IX

**Schwerbehindertenvertretung** In Betrieben und Dienststellen, in denen wenigstens fünf → schwerbehinderte bzw. ihnen gleichgestellte Menschen nicht nur vorübergehend beschäftigt sind, werden von den schwerbehinderten Beschäftigten eine Vertrauensperson und ein stellvertretendes Mitglied gewählt. Darüber hinaus gibt es Sonderregelungen für Richter und Staatsanwälte und verschiedene Stufenvertretungen, wie z.B. die Konzern-S. für mehrere Unternehmen eines Konzerns, die Gesamt-S. für mehrere Betriebe eines Arbeitgebers oder für den Geschäftsbereich mehrerer Dienststellen und die Haupt-S. bei den obersten Dienstbehörden. Die S. wird i.d.R. für vier Jahre gewählt und fördert die Eingliederung schwerbehinderter Menschen in Betrieb bzw. Dienststelle. Dabei hat sie v.a. darüber zu wachen, dass die zugunsten der schwerbehinderten Menschen geltenden Gesetze, Verordnungen, Tarifverträge, Betriebs- oder Dienstvereinbarungen und Verwaltungsanordnungen durchgeführt, insbesondere auch die dem Arbeitgeber obliegenden Verpflichtungen erfüllt werden. Die S. hat Maßnahmen, die den schwerbehinderten Menschen dienen, bei den zuständigen Stellen zu beantragen, Anregungen und Beschwerden von schwerbehinderten Menschen entgegenzunehmen und durch Verhandlung mit dem Arbeitgeber auf eine Erledigung hinzuwirken. Die S. unterstützt Beschäftigte auch bei Anträgen auf Feststellung einer (Schwer-)Behinderung, ihres Grades und bei Anträgen auf Gleichstellung. Mit dem Gesetzentwurf des Bundesteilhabegesetzes vom 28.6.2016 soll die S. in großen Betrieben gestärkt werden.

*Daniel Heinisch*

**Schwerhörige Menschen** → Hörbehinderte Menschen

**Schwerstbeschädigtenzulage** → Beschädigtenrente

**Seelisch behinderte Menschen** Der Begriff der seelischen Behinderung ist keine statische Kategorie, sondern dem historischen und gesellschaftlichen Wandel unterworfen. Er ist zu unterscheiden von psychischer Krankheit (→ Psychisch kranke Menschen). Für das jeweilige Verständnis von → Krankheit und Behinderung findet dieser Wandel seinen Niederschlag in der Entwicklung internationaler Klassifikationssysteme, wie der von der → Weltgesundheitsorganisation (WHO) lancierten »International Classification of Functioning, Disability and Health« (→ ICF). Darin wird der negativ konnotierte Begriff »Behinderung«, wie er von Betroffenen und Angehörigen schon seit Längerem als diskriminierend kritisiert wird, durch neutrale Begriffe wie »Funktionen« und »Strukturen« ersetzt. Hervorgehoben wird der soziale Kontext von Behinderung sowohl bei ihrer Entstehung als auch bei ihrer Behandlung. Leitende Kategorien einer sog. personenzentrierten Rehabilitation sind Selbstbestimmung, Ressourcenorientierung und Lebensfeldbezug. Seelische Beeinträchtigungen machen heute einen wesentlich höheren Anteil am Diagnosespektrum – z.B. bezogen auf Behandlungsleistungen, Arbeitsunfähigkeitszeiten und Frühverrentungen – aus als früher. Vor dem Hintergrund gesamtgesellschaftlicher Entwicklungen erwarten Fachleute eine weitere Zunahme psychisch kranker und s. b. M.

Die → UN-Behindertenrechtskonvention (BRK) definiert Behinderung als Ergebnis einer gestörten Wechselwirkung zwischen dem Individuum mit begrenzten Fähigkeiten (funktionelle Störung) und Anforderungen seiner materiellen und sozialen Umwelt. Im überholten Verständnis von Behinderung wurden nur die funktionellen Einschränkungen des behinderten Menschen beachtet. Heute gilt, dass diese oft erst dann zu Behinderung führen, wenn Anforderungen mit »Barrieren« verbunden sind. Im deutschen → Sozialrecht wird Behinderung zwar auch auf die Einschränkung der → Teilhabe am Leben in der Gesellschaft bezogen, allerdings wird im Gegensatz zur UN-BRK noch nicht ein wechselseitiger, sondern ein kausaler Zusammenhang zwischen funktionaler Fähigkeitsstörung bzw. seelischer Krankheit einerseits und Teilhabe andererseits hergestellt (§ 2 Abs. 1 SGB IX, § 35 a SGB VIII). Die Begrifflichkeiten des SGB IX finden sich im 6. Kapitel des SGB XII (→ »Eingliederungshilfe für behinderte Menschen«) und der dazu gehörigen Eingliederungshilfe-Verordnung wieder. Diese definiert in § 3 – anknüpfend an § 53 Abs. 1 Satz 1 SGB XII – den Personenkreis der seelisch *wesentlich* behinderten Menschen: »1. körperlich nicht begründbare → Psychosen, 2. seelische Störungen als Folge von Krankheiten oder Verletzungen des Gehirns, von Anfallsleiden oder von anderen Krankheiten oder körperlichen Beeinträchtigungen, 3. Suchtkrankheiten (→ Sucht), 4. Neurosen und → Persönlichkeitsstörungen.« Die dortige Aufzählung seelischer Störungen folgt einer inzwischen als überholt geltenden Klassifizierung psychischer Krankheiten.

Auch das → Kinder- und Jugendhilfegesetz (SGB VIII) normiert für seelisch behinderte Kinder und Jugendliche in § 35 a SGB VIII → Eingliederungshilfen als eigenständige Leistungsart. Von einer Behinderung wird ausgegangen, wenn die seelische Gesundheit des Kindes länger als sechs Monate von dem für das jeweilige Alter typischen Zustand abweicht. Kinder und Jugendliche mit → psychischen Störungen oder Verhaltensstörungen fallen in die Zuständigkeit der Jugendhilfe unabhängig davon, ob von einer Behinderung ausgegangen wird oder nicht. Diese Zusammenführung der Zuständigkeit (»Große Lösung«) wird von vielen Fachverbänden auch für Kinder und Jugendliche mit anderen Behinderungen gefordert. Für Hilfen für Kinder und Jugendliche mit geistiger oder körperlicher Behinderung ist der Träger der Eingliederungshilfe zuständig (das örtliche oder überörtliche → Sozialamt). Diese unterschiedlichen Zuständigkeiten führen insbesondere dann zu Schwierigkeiten, wenn neben einer geistigen oder körperlichen Behinderung auch eine seelische besteht. Entscheidend ist dann, welche Behinderung überwiegt.

Das Bundesamt für Statistik gibt für Ende 2013 332.846 Schwerbehinderte mit vorwiegend psychischer Behinderung an. Diese Zahl erfasst nur Personen, die einen Antrag auf Anerkennung ihrer Behinderung gestellt haben.

*Ulrich Krüger*

**Sehbehinderte Menschen** haben nach Art und Ausmaß sehr unterschiedliche Beeinträchtigungen des Sehvermögens. Für deren Beurteilung als Behinderung ist in erster Linie die korrigierte Sehschärfe (Prüfung mit Gläsern) maßgebend; daneben sind u.a. Ausfälle des Gesichtsfeldes und des Kontrastsehens zu berücksichtigen. Die Einzelheiten ergeben sich aus Teil B Abschnitt 4. der Anlage zu § 2 Versorgungsmedizin-Verordnung (VersmedV). Danach ist ein Anspruch auf Einstufung als → schwerbehinderter Mensch (GdB 50) erreicht, wenn die Sehschärfe auf dem besseren Auge auf 0,2 oder weniger gemindert ist. Bei einer Sehschärfe von maximal 0,3 liegt die Grenze für die Einstufung als wesentlich sehbehindert, die gemäß § 1 S. 1 Nr. 4 → Eingliederungshilfe-Verordnung Voraussetzung für die Inanspruchnahme von → Eingliederungshilfe für behinderte Menschen ist. Bei demselben Wert liegt nach der von der → Weltgesundheitsorganisation empfohlenen Klassifikation (→ ICD 10: H54.0) eine schwere Sehbeeinträchtigung der Stufe 1 vor, worauf § 33 Abs. 2 SGB V (Gesetzliche → Krankenversicherung) Bezug nimmt, das heißt: Die betreffenden Personen werden auch nach dem 18. Lebensjahr von den → Krankenkassen mit Sehhilfen (Produktgruppe 25 des Hilfsmittelverzeichnisses) versorgt. Als hochgradig Sehbehinderte bezeichnet man Personen mit einer Sehschärfe von 0,05 und weniger, die noch nicht zu den → blinden Menschen (Sehschärfe 0,02 und weniger) gehören.

*Christiane Möller*

**Sekten** Im weitesten Sinn versteht man unter S. religiöse Sondergemeinschaften, die sich von den Kirchen abgespalten haben. Auf M. Weber und E. Troeltsch geht die einflussreichste typologische Charakterisierung der S. im Gegenüber zur Kirche zurück. Danach sind S. religöse Gruppierungen, die sich gegenüber anderen religiösen Gemeinschaften, der übrigen → Gesellschaft und dem Staat abgrenzen und ablehnend verhalten, auf freiwilligem Eintritt bzw. Konversion beruhen, sich als Gemeinschaft religiös besonders Qualifizierter verstehen, eine strenge religiöse Disziplin ausüben und keine Heilsvermittlung durch hierarchische Institution oder Priesterschaft kennen. Mit Blick auf das Christentum lässt sich sagen, dass sektenartige religiöse Abspaltungen seine gesamte Geschichte durchziehen. I.e.S. bezieht sich der Begriff der S. auf religiöse Sondergemeinschaften, die sich seit dem 18. Jh. von den großen christlichen Kirchen abgespalten haben. Von B. R. Wilson stammt der Vorschlag, die Vielfalt der S. nach ihren dominierenden theologischen Lehren und ihrer spezifischen missionarischen Ausrichtung zu unterscheiden.

Eine erste Gruppe ist durch eine starke Orientierung an Bekehrung und Konversion geprägt. Darunter lassen sich die weltweit wachsende Zahl evangelikaler und pfingstlicher Gemeinschaften subsumieren. Eine zweite Gruppe betont die unmittelbar bevorstehende Wiederkehr des Messias und des Weltuntergangs. Der Mensch wird entsprechend erst nach der von »Oben« kommenden Zerstörung der Welt gerettet. Zu den adventistischen Gruppierungen dieser Art sind die Zeugen Jehovas und ihre zahlreichen Ableger in der Dritten Welt zu rechnen. Eine dritte Gruppe betont Innerlichkeit und Frömmigkeit, zieht sich von allen weltlichen Aufgaben zurück und setzt auf innerliche Erleuchtung und Geisterfüllung. Neupietistische Gemeinden lassen sich dieser Orientierung zurechnen. Esoterische, gnostisch ausgerichtete Gruppierungen setzen auf mystische Erleuchtung, um die Probleme des Lebens zu bewältigen. Hierher gehören etwa die aus dem 19. Jh. stammende Christliche Wissenschaft und die durch die Anthroposophie beeinflusste Christengemeinschaft. Eine Reihe von neuen religiösen Gruppierungen beschränkt sich nicht mehr auf die Gedankenwelt des Christentums. So ist für die Mormonen oder die Vereinigung Universellen Lebens charakteristisch, dass sie neben christlichen auch nichtchristliche Lehren und Offenbarungen vertreten. Eine weitere Strömung verbindet mit christlichem Gedankengut auch weltanschauliche Elemente, ohne eigene religiöse Kultformen zu pflegen. Zu diesen religiösen Weltanschauungsgemeinschaften zählen etwa die Freidenker, die Antroposophie und die Theosophie.

Für die Soziale Arbeit von besonderer Bedeutung sind Phänomene und Gruppierungen, die in der Öffentlichkeit als Jugendsekten, Jugendreligionen oder Psychosekten bezeichnet werden. In der Wissenschaft hat sich für sie der Begriff der Neuen Religiösen Bewegungen (NRB) durchgesetzt. Sie sind neu, weil sie alle erst nach dem Zweiten Weltkrieg entstanden sind. Religiös sind sie i.S. eines weiten Religionsbegriffs: Auf weltanschaulicher oder religiöser Grundlage behaupten sie Mittel bereitzustellen, um transzendentes Wissen oder Ziele, spirituelle Erleuchtung oder Selbstverwirklichung zu erreichen (→ Religiosität). Insbesondere die auf die Rezeption östlicher Religionen zurückgehenden Bewegungen haben im Westen zuerst in den → Jugendkulturen der 1960er-Jahre Fuß gefasst, was zur Bezeichnung Jugendsekten geführt hat.

Heute lassen sich drei Grundrichtungen unterscheiden: christlich-fundamentalistische Gruppierungen, östlich orientierte Bewegungen und therapeutisch ausgerichtete Gruppen. Bei den christlich-fundamentalistischen Gruppen geht es um das persönliche Heil und die Erlösung von der Sünde. Sie glauben an eine wörtliche Bedeutung der Bibel und warten auf die Wiederkunft Christi. Die östlich orientierten Gruppierungen suchen die überpersönliche Erleuchtung und das Nirwana, orientieren sich an Worten erleuchteter Meister und sehen sich jenseits von Zeit und Raum. Die therapeutischen Gruppen sind am Ziel von Heilung, Wachstum und Selbstverwirklichung orientiert. Die weltweit stark zunehmenden pfingstlich-evangelikalen Gemeinden repräsentieren die erste Richtung. Zu den östlich orientierten Gruppen ist etwa die aus dem Hinduismus hervorgegangene Gemeinschaft ISKON (International Society for Krishna Consciousness) zu rechnen. Die 1954 von L. R. Hubbard gegründete Scientology-Kirche lässt sich zu den therapeutischen Gruppen rechnen, wenn auch vieles dafür spricht, sie nicht als Religionsgemeinschaft, sondern als Wirtschaftsunternehmen zu betrachten.

Gemeinsam sind die den NRB zuzurechnenden S. durch eine das gesamte Leben bestimmende religiöse Orientierung, intensive persönliche Transzendenzerfahrungen, erlösendes Sonderwissen und charismatische religiöse Führer gekennzeichnet. Damit sind auch schon die Probleme angesprochen, die insbesondere für Jugendliche aus der Mitgliedschaft in einer S. entstehen können. Die Geschlossenheit und hohe Emotionalität der → Gruppe kann zu einer Verengung der Sozialkontakte und zu großen psychischen Schwierigkeiten beim Versuch führen, die Gruppe wieder zu verlassen. Das Bewusstsein des Außerwähltseins und der Überlegenheit der Mitglieder macht nicht selten immun gegen Kritik von außen und erschwert einen kritischen Blick auf die eigene Gruppe. Mit dem Austritt bzw. dem Ausschluss aus der S. ist i.d.R. die Drohung verbunden, vom Heil, der Erleuchtung oder der Perfektion endgültig abgeschnitten zu sein. Betroffene Eltern, Freunde und Akteure der Kirchen (S.beauftrage) haben von Beginn des Auftretens der NRB an auf die psychischen und sozialen Probleme im Zusammenhang mit der S.mitgliedschaft Jugendlicher hingewiesen, Hilfen beim Ausstieg aus der

Gruppe organisiert und Unterstützung auf dem Weg zurück in die Gesellschaft angeboten. Die hohe mediale Beachtung der NRB steht in einem gewissen Kontrast zu ihrer relativ geringen Mitgliederzahl (ca. 0,8% der deutschen Bevölkerung).

*Lit.* Deutscher Bundestag (Hrsg.): Endbericht Enquete-Kommission „Sogenannte Sekten und Psychogruppen", Bonn 1998; Troeltsch, E.: Die Soziallehren der christlichen Kirchen und Gruppen, Tübingen 1912; Weber, M.: Gesammelte Aufsätze zur Religionssoziologie, 9. Aufl., Tübingen 1988; Wilson, B. R.: Religiöse Sekten, München 1970.

*Karl Gabriel*

**Sekundäranalyse** → Statistische Grundlagen der Sozialen Arbeit

**Sekundärstatistik** → Statistische Grundlagen der Sozialen Arbeit

**Selbstbehalt** → Unterhaltspflicht

**Selbstbehauptungstraining** Selbstbehauptung ist die Fähigkeit, sich in grenzüberschreitenden Situationen der eigenen Grenzen bewusst zu sein und diese nach außen hin deutlich vertreten zu können. Dies ist die wichtigste Voraussetzung, um sich vor Übergriffen zu schützen, und bildet deshalb das Fundament des S. Die frühzeitige Wahrnehmung einer kritischen Situation, eine eindeutige Grenzziehung, wie das »Nein im richtigen Moment«, der »Selbstverständlichkeit«, sich Hilfe zu holen, und das Training von Techniken der körperlichen Gegenwehr sind grundlegende Inhalte vom S. Während in den 1970er- und 1980er-Jahren die Trainings speziell auf Frauen zugeschnitten waren, sind heute Angebote für Mädchen und Jungen in allen Altersstufen vom Kindergarten über das Grundschulalter bis hin in das Erwachsenalter Standard in der Praxis. Vor dem Hintergrund, dass Mädchen wie Jungen Opfer von Übergriffen werden können (→ Sexueller Missbrauch), ist geschlechtshomogene Förderung verbindliches Qualitätskriterium. Unter dem Stichwort Persönlichkeitsentwicklung sind S. als fester Bestandteil z.B. im Schulprofil oder in der → Jugendarbeit verankert. Ein gutes S. zeichnet sich dadurch aus, dass es keine Ängste schürt, sondern Aufklärungsarbeit leistet, vorhandene → Ressourcen der Teilnehmerinnen und Teilnehmer stärkt und Techniken zum Selbstschutz trainiert.

*Ulrike Herle*

**Selbstbestimmtes Leben** Beginnend in den 1970er-Jahren entwickelte sich eine neue behindertenpolitische Strömung, aus der die Forderung nach s. L. für Menschen mit Behinderungen erwuchs. S. L. schließt das Recht ein, den eigenen Aufenthaltsort zu wählen und zu entscheiden, wo und mit wem man lebt. Voraussetzung für ein s. L. ist es nicht, dass ein Mensch alle Dinge seines Lebens selber erledigen kann. Vielmehr muss er in die Lage versetzt werden, eigenverantwortlich, also selbstbestimmt entscheiden zu können, wie er leben möchte. Um dies zu sichern, müssen Zugang und Nutzbarkeit von gemeindenahen Unterstützungsdiensten gewährleistet werden, einschließlich der persönlichen Assistenz, die zum gleichberechtigten Leben in der Gemeinschaft notwendig ist. Eine Grundbedingung für ein s. L. ist → Barrierefreiheit. Heute wird s. L. als Begriff vielfach gebraucht, aber auch missbraucht. Viele → Einrichtungen, in denen → behinderte Menschen leben, lernen und arbeiten, verwenden den Begriff, obwohl sie ganz zentrale Anforderungen an das s. L. behinderter Menschen nicht erfüllen können. Hauptursache ist oft, dass die Strukturen der Institutionen so dominant sind, dass auf die dort Wohnenden, Lernenden oder Arbeitenden ein erheblicher Anpassungsdruck ausgeübt wird. Selbstbestimmung meint aber gerade, dass Menschen mit Behinderungen die volle → Teilhabe in allen Bereichen des Lebens ermöglicht wird.

*Michael Spörke*

**Selbstbestimmung** → Selbstbestimmtes Leben, → Selbst-Entwicklung

**Selbstbeteiligung in der Krankenversicherung** → Krankenversicherung

**Selbst-Entwicklung** Der Begriff des »Selbst« wird in der Psychologie vielfältig verwendet: Er drückt zum einen den Rückbezug auf die eigene Person aus (z.B. in der Kategorie Selbstwert), zum anderen wird das Selbst als das Gesamt der innerpsychischen Struktur angesehen, als reizverarbeitende und handlungsleitende Instanz. Aus den frühen Erfahrungen des Kindes mit eigenen inneren Zuständen und mit der Außenwelt erfolgt die Bildung innerer psychischer Ordnungsmuster, der inneren psychischen Struktur, eben des Selbst. Dieser Prozess vollzieht sich in der Auseinandersetzung des Säuglings – bzw. allgemein des Menschen – auf Grundlage seiner biologischen Ausstattung mit der Umwelt über die Bildung von Erfahrungen, die dann innerpsychisch abgebildet (repräsentiert) werden. Der Säuglingsforscher D. N. Stern definiert dieses Selbst bzw. Selbstempfinden folgendermaßen: »Wir empfinden ein Selbst als einzelnen, abgegrenzten, integrierten Körper, wir empfinden ein Selbst als Handlungsinstanz, ein Selbst, das unsere Gefühle empfindet, unsere Absichten fasst, unsere Pläne schmiedet, unsere Erfahrungen in Sprache umsetzt und unser persönliches Wissen mitteilt. Meistens bleiben diese Selbstempfindungen (ähnlich wie das Atmen) außerhalb des Bewusstseins, aber sie können in das Bewusstsein gebracht und dort behalten werden. Instinktiv verarbeiten wir unsere Erfahrungen so, dass sie zu einer Art einzigartiger, subjektiver Organisation zu führen scheinen.«

Die Strukturbildung des Selbst basiert auf realen Erfahrungen und deren innerer (emotionaler) Bewertung; von besonderer Bedeutung sind dabei Beziehungserfahrungen. Die emotionale Bewertung erfolgt zunächst danach, ob diese Erfahrungen dem Organismus dienlich oder schädlich sind. Mehrere ähnliche Erinnerungen werden miteinander vernetzt oder »zusammengeschaltet« zu generalisierten Repräsentationen, also verallgemeinerten Abbildungen dieser Erinnerungen, die aber deutlich über die Einzel-Erinnerungen hinausgehen. Mehrere dieser Erinnerungen wiederum werden auf einer weiteren, »höheren« Ebene zu Schemata zusammengeführt. Die Entwicklung folgt also Ordnungsprinzipen, einem System hierarchisch geordneter Schemata – hier finden sich Entsprechungen zu Ergebnissen der Neurobiologie zum Aufbau neuronaler Netzwerke. Die so entwickelten Schemata sind – notwendigerweise – sehr stabil und streben tendenziell eher danach, wieder bestätigt zu werden. Die einmal gebildete Struktur versucht »Störungen« – z.B. durch andere Erfahrungen – zunächst auszuschalten oder abzuwehren. Diese sehr stabilen Strukturelemente bilden die grundlegende Art eines Menschen ab, mit der er der Welt begegnet – z.B. ein grundsätzlicher Optimismus, eine Weltzugewandtheit und Hoffnung auf Erfolg oder das »Urvertrauen«, ebenso sind natürlich ein grundsätzliches Misstrauen oder eine »Furcht vor Misserfolg« im Entwicklungsprozess zu verstehen.

Im Lebenslauf lassen sich verschiedene Abschnitte der S. differenzieren. Stern hat die frühen Phasen des »auftauchenden Selbst«, der »Kernselbst-Bildung«, des »subjektiven Selbst« und des »verbalen Selbst« beschrieben. Die auf diese Weise von der ersten Lebensminute an durch aktive Auseinandersetzung mit der Umwelt entwickelte Selbststruktur bildet den Kern der → Persönlichkeit und damit die Grundlage der Identitätsbildung (→ Identität). Die gebildeten Strukturen lassen sich – analog den Prinzipien der Neuroplastizität – durch neue Erfahrungen verändern, bedeutsam sind hier vor allem neue Beziehungserfahrungen. Allerdings gilt das Grundprinzip: Je früher sich Selbststruktur-Anteile gebildet haben, umso verfestigter sind sie und umso schwerer sind sie auch zu verändern.

Die eigenen – dem → Bewusstsein zugänglichen – → Einstellungen, Werthaltungen und Überzeugungen zur eigenen Person, also über das eigene Selbst, werden als Selbst-Konzept bezeichnet. Sie sind so gewissermaßen das individuelle Abbild der bewerteten eigenen Erfahrungen mit der Umwelt. Das Selbst-Konzept wird i.d.R. unterschieden in Real-Selbst(-konzept) und Ideal-Selbst(-konzept). Weitere Unterscheidungen werden getroffen in emotionales, soziales, Fähigkeits- und Körper-Selbstkonzept. Andere Autor/innen differenzieren zwischen einer kognitiven, einer emotionalen und einer Handlungs-Perspektive des Selbst-Konzepts. In diesem Sinne ergeben sich wiederum starke Ähnlichkeiten zum Begriff des Selbst-Bildes und zum Begriff der Identität – hierdurch wird die Antwort auf die Fragen: »Wer bin ich?« und »Wer will ich sein?« gegeben. Eine wichtige Grundlage für die Bildung des Selbst-Konzepts ist die Selbst-Wahrnehmung. Diese umfasst das Aufnehmen und Verarbeiten eigener Gefühle, Gedanken, Motive und körperlicher Zustände. Der Prozess der Selbst-Wahrnehmung ist wiederum abhängig von der schon gebildeten Struktur des Selbst, die diesen Wahrnehmungsprozess steuert.

*Lit.* Dornes, M.: Der kompetente Säugling, Frankfurt a.M. 2003; Fröhlich-Gildhoff, Mischo, C./Castello, A. u.a.: Entwicklungspsychologie für Fachkräfte in der Frühpädagogik, 3. Aufl., Köln 2015; Stern, D. N.: Die Lebenserfahrung des Säuglings, Stuttgart 1992.

*Klaus Fröhlich-Gildhoff*

**Selbsterfahrung** ist ein Prozess der bewussten → Wahrnehmung des eigenen und fremden Erlebens (→ Emotionen, → Bedürfnisse, Wertvorstellungen, Fähigkeiten, Begrenzungen und Möglichkeiten). G. H. Mead vertrat die Auffassung, dass → Persönlichkeit aus der Reflexion über Reaktionen von Anderen auf das eigene → Verhalten entsteht und sich entwickelt. Auf der S. fußende Selbstkenntnis und Selbstbewusstheit sind Grundbedingungen für die Fähigkeit zur Verantwortungsübernahme für die eigenen Reaktionen und das eigene Handeln. Die Fähigkeit zum Selbstbezug (Orlinsky/Howard) umfasst Selbsterleben (→ Kognitionen, Affekte, Verhalten), Selbstachtung und Selbstkontrolle. Das Ausmaß der bewussten Fähigkeit zur Selbstwahrnehmung variiert auf einem Kontinuum zwischen »Offenheit« bzw. »Öffnung« und »Verschlossenheit« bzw. »Abwehr«. Ein Mensch ohne Selbst-Bewusstheit verliert die Stimmigkeit und Kohärenz seiner Gesamtpersönlichkeit. Er kann den vollen Umfang seiner individuellen Entwicklungsmöglichkeiten nicht mehr erkennen und sie daher auch nicht verwirklichen; oder er verhält sich partiell blind gegen den Komplex menschlicher Faktoren, den jede Situation verkörpert. S. ist wichtiger Bestandteil von → Therapie und → Beratung. In einem schulenübergreifenden Sinne zielt S. auf die Fähigkeit von Therapeut/innen bzw. Berater/innen, sich selbst, d.h. ihre emotionalen, körperlichen und kognitiven Reaktionen in der Beziehung zur Klientel und deren Umfeld wahrzunehmen und mit dem eigenen Handeln abzustimmen – ein auch in der Verhaltenstherapie geteiltes Verständnis (→ Verhaltensorientierte Beratung und Therapie). Schon S. Freud vertrat für die Psychoanalyse die Notwendigkeit der Lehranalyse zur Kontrolle von Übertragung und Gegenübertragung (→ Psychoanalytische Beratung und Therapie). Für die → Systemische Beratung und Therapie geht es um das Erfahren, Erkennen und Auflockern bzw. Überwinden der eigenen nichtbewussten Gebundenheit in die Herkunftsfamilie, an die erfahrenen Regeln, Grenzen, Koalitionen, übernommenen Delegationen, Tabus usw. Insbesondere in der → Humanistischen Psychologie haben die Begriffe Selbst, Selbstverwirklichung und Selbstentfaltung eine zentrale Bedeutung. Eng verbunden damit ist der Begriff des Selbst-Konzeptes in der Gesprächspsychotherapie nach C. Rogers, der dem → Individuum grundsätzlich die Möglichkeit zuschreibt, unter der Bedingungen wertschätzend-einfühlender Begegnung sein Selbst-Konzept und das eigene Erleben und Verhalten, Selbstverstehen und Selbstakzeptanz zu verändern.

In neuerer Zeit spielt die S. in Gruppen, aber auch im Einzelsetting, auch in der Verhaltenstherapie eine wichtigere Rolle, für deren Ausbildung das Psychotherapeutengesetz in Deutschland 120 Stunden berufliche S. vorschreibt. Insbesondere die Schematherapie, aber auch Kognitive Weiterentwicklungen und systemische Ansätze sind für Elemente der S. offen. Das → Psychodrama, die Gestalttherapie (→ Gestaltpsychologie), die → Themenzentrierte Interaktion (TZI), Encounter-Gruppen usw. nutzen die Gruppendynamik bzw. Gruppenprozesse, um mittels Feedback der Teilnehmenden, die Selbst- und → Fremdwahrnehmung erfahrbar zu machen und Veränderungsprozesse in Gang zu setzen.

*Helmut Pauls*

**Selbstevaluation** ist eine methodisch disziplinierte, wissenschaftliche Praxis im Rahmen der Bemühungen um Qualitätssicherung und Qualitätsentwicklung (→ Qualitätsmanagement) in → sozialen Diensten und → Einrichtungen. S. bedeutet, dass → Fachkräfte der Sozialen Arbeit mithilfe von Methoden der → empirischen Sozialforschung die Qualität des eigenen Handelns und die Qualität der Praxis Sozialer Arbeit überprüfen. Diese Qualität lässt sich – in der klassischen Dreiteilung – im Hinblick auf ihre strukturellen Voraussetzungen sowie ihre prozess- und ergebnisbezogenen Aspekte untersuchen. Als problematisch gelten Verfahren, in denen mithilfe von nur zwei Messzeitpunkten (zum Beginn und zum Ende einer → Intervention) Veränderungen beobachtet werden. Demgegenüber haben Untersuchungsansätze in Form von Prozessanalysen, in denen Aktivitäten der Fachkräfte und die Interaktionen mit den Hilfeadressat/innen laufend beobachtet und optimiert werden (formative → Evaluation), die größere Plausibilität und Praktikabilität im Rahmen einer S.

Das allgemeine fachliche Interesse an S. kann in verschiedenen Aspekten gesehen werden, die alle einer Qualitätssicherung und -verbesserung dienen: u.a. in einer leistungsbezogenen Selbstkontrolle, dem Gewinnen fachlicher Sicherheit, dem Lernen der Fachkräfte, in Alternativen zu denken, Distanz zu gewinnen sowie gezielter zu handeln. Auf der Grundlage einer systematischen Dokumentation, Auswertung und Bewertung der Prozesse der Leistungserbringung in sozialen Diensten und Einrichtungen kann S. verschiedenen spezifischen Zielen und Zwecken dienen: (a) der Kontrolle der Wirkungen des eigenen Handelns (Aspekt der Zielerreichung, der → Effektivität und der → Effizienz); (b) der Reflexion der Fachkräfte über die Denk- und Deutungsmuster, die ihren Handlungen zugrunde liegen (Aspekt der Aufklärung); (c) der Entwicklung der eigenen Kompetenzen (Aspekt der Qualifizierung); (d) der Überprüfung und Entwicklung von Grundlagen zur → Planung der weiteren Arbeit (Aspekt der → Innovation).

Wie bei jeder anderen Untersuchungsform muss bei einer S. besonderes Augenmerk methodischer Sorgfalt und Systematik gelten. Je nach Gegenstand und Ziel der S. sind quantitative und qualitative Erhebungs- und Auswertungsverfahren als Methoden einsetzbar. Bei Letzteren spielen insbesondere prozessorientierte »Fallstudien« auf der Basis von Beobachtungen, Befragungen, Akten- und Dokumentenanalysen, Gruppendiskussionen und Expert/innengesprächen eine Rolle.

Ein Problem der praktischen Durchführung von Projekten der S. stellen blockierende Interessen oder Widerstände seitens der beteiligten Fachkräfte gegenüber den zu erwartenden Erkenntnissen dar. Solche Blockierungen oder Widerstände, auch blinde Flecken, sollten nicht unterschätzt werden. Von ihrer Reflexion und Bearbeitung hängt ab, ob wissenschaftliche Erkenntnisse über die eigene Praxis möglich sind und ob es gelingt, die Ergebnisse der S. in eine innovative Gestaltung von Praxis und Organisation umzusetzen. Als wichtige Voraussetzung einer gelingenden S. gilt die Schaffung eines Arbeitsklimas, das es den Beteiligten leicht macht, selbstkritisch über ihre eigenen Stärken und Schwächen zu kommunizieren.

*Gerhard Frank*

**Selbsthilfe** hat zwei Bedeutungsebenen: eine rechtliche und eine soziale. Rechtlich ist S. ein Rechtfertigungsgrund für Bürgerinnen und Bürger ohne bzw. statt staatlicher Instanzen zu handeln, wenn sofortiges Eingreifen erforderlich ist (Gefahrenabwehr, Selbstverteidigungsrecht, Recht zur Arrestierung, s. §§ 229, 230 BGB). Eine soziale Bedeutung hat S. im Rahmen der Abwendung materieller Risiken und Notlagen und der Gewährleistung von → Teilhabe. Den Sicherungssystemen des → Sozialstaats (→ Krankenversicherung, → Unfallversicherung, → Alterssicherung) gingen vielfach Selbsthilfebemühungen voraus. Das gegenwärtige deutsche → Sozialrecht ist subsidiär darauf ausgerichtet, besondere Belastungen auch durch Hilfe zur S. abzuwenden oder auszugleichen (§ 1 Abs. 1 SGB I; Prinzip der → Subsidiarität).

Gegenwärtig wird unter S. zum einen informelle Eigenhilfe im privaten Alltag z.B. innerhalb von → Familie, Freundeskreis und Nachbarschaft verstanden; ohne oder mit abgegrenztem Einbezug von Fachleuten geht es um Selbsttätigkeit, gegenseitige Unterstützung und arbeitsteilige Erstellung lebensrelevanter Güter in »natürlichen« primären Netzen (z.B. Kinderbetreuung, → Pflege, Hausbau).

Zum anderen wird S. als gemeinschaftlicher Prozess angesehen, um gleiche Probleme ohne fachliche/professionelle Hilfe zusammen zu bearbeiten und zu bewältigen. Gemeinschaftliche S. entfaltet sich in selbst organisierten, sekundären sozialen Netzen (→ Selbsthilfegruppen). → Kommunikation und Handeln geschehen auf freiwilliger Basis, dienen der Selbstsorge und der Fremdsorge (»sorgende Netze«, → NAKOS). Gemeinschaftliche S. setzt auf die Verbindung von Eigenständigkeit und Selbstverantwortung, Gegenseitigkeit und → Solidarität, Aktivierung und Mündigkeit. Sie ist eine bedeutsame Form des → bürgerschaftlichen Engagements mit den Koordinaten persönliche Problembewältigung/Problemverarbeitung, solidarische Wechselseitigkeit in der Gruppe, Hilfe für außenstehende Gleichbetroffene und Einflussnahme auf Gesellschaft und Politik.

Ausgangspunkt für ein Engagement in gemeinschaftlicher S. ist in aller Regel ein spezifisches gesundheitliches, psychosoziales oder soziales Problem, von dem die Engagierten selbst oder mittelbar, z.B. als Angehörige, Freunde usw., betroffen sind. Gut unterscheidbare Formen sind z.B.: Elternkreise und Eltern-Kind-Initiativen, Gruppen chronisch erkrankter/behinderter Menschen, Angehörigengruppen und -initiativen, Gruppen und Initiativen sozialer S., Senioren-S. Das Spektrum möglicher → Lebenslagen, die Auslöser für ein Engagement in der gemeinschaftlichen. S. sind, ist sehr breit: es reicht von Allergie und → Arbeitslosigkeit bis Zahnmetallschädigung und Zwillingselternschaft. Die NAKOS hat zurzeit (August 2015) 1.231 Stichworte/Themen identifiziert und klassifiziert, die die verschiedenen Bezugsfelder gemeinschaftlicher S. kenntlich machen.

Die unterschiedlich akzentuierten Handlungsfelder gemeinschaftlicher S. sind: Austausch und gegenseitige Hilfe in der Gruppe, → Öffentlichkeitsarbeit/Interessenvertretung, Information/Hilfe für Außenstehende, Gruppengemeinschaft/Geselligkeit, Wissenserwerb/gemeinsames → Lernen, Netzwerkbildung/ → Kooperation.

Gemeinschaftliche S. ist ganzheitlich ausgerichtet. Alle möglichen Lebensbereiche, die durch die Problemstellung berührt sind, geraten in den Horizont: Versorgungsfragen, soziale Sicherung, Familie, Arbeit, Freizeit, Mobilität, Schule, Ausbildung usw. Gemeinschaftliche S. entlastet primäre Stützsysteme (Familie) und ergänzt das professionelle Hilfesystem.

Aus der gestiegenen Anerkennung der gesundheitsbezogenen S. resultieren auch Praxisprobleme. Gesundheitsbezogene S. hat sich zu einem Bestandteil der Versorgung entwickelt. Damit geht eine Verfachlichung und Dienstleistungsorientierung des Engagements einher – nicht selten zulasten der Aktivierung und Gewinnung von Mitgliedern.

In den letzten Jahren sind im Zuge der Entwicklung der neuen Medien auch Formen virtueller S. im Internet entstanden, die einen niederschwelligen Zugang schaffen, sich jederzeit über Probleme, Hilfen und Anliegen auszutauschen. Vor allem bei seltenen Erkrankungen, großen Entfernungen und Mobilitätsproblemen verbessern sich die Bedingungen, unterstützende Beziehungen aufzubauen und zu erhalten. In sensiblen Notlagen (etwa bei Suchtproblemen → Sucht) werden durch die Möglichkeiten bewusster Anonymität Kontaktschwellen reduziert.

Im Feld der Sozialen Arbeit hat der Perspektivenwechsel vom »Fall« zum »Feld« auch Interesse an Aktionsformen der solidarischen Hilfen zur S. hervor gebracht. Neben Hilfen für natürliche Netze gewinnen Hilfen zur Entwicklung von Netzen der gemeinschaftlichen S. an Bedeutung (→ Empowerment → Nachbarschaftshilfe → Sozialgenossenschaften → Gemeinwesenarbeit).

Eine besondere Rolle als Leitbild und für die Praxis regionaler Problemlösungen spielt die Hilfe zur S. auch in der Entwicklungspolitik.

Bei der in den 1980er-Jahren einsetzenden → Selbsthilfeförderung kann man drei Formen unterscheiden: (1) die Förderung durch Infrastruktur, Organisationshilfe und → Beratung (→ Selbsthilfekontaktstellen), (2) die Einzelgruppen-Förderung auf kommunaler/Landesebene und durch → Sozialversicherungen, (3) die politische Förderung durch Selbsthilfebeiräte und Möglichkeiten zur Mitwirkung an Gremien und Ausschüssen.

Die Selbsthilfeförderung wurde vom Bundesgesetzgeber für die gesetzlichen → Krankenkassen in § 20 h (ehemals § 20 c) SGB V und für die soziale → Pflegeversicherung (gebunden an eine komplementäre Förderung durch die Bundesländer) in § 45 d Abs. 2 SGB XI verpflichtend geregelt. Für die Träger der gesetzlichen → Rentenversicherung ist sie nach § 31 Abs. 1 Nr. 5 SGB VI eine Ermessensleistung. Die öffentliche → Jugendhilfe wiederum soll nach § 4 Abs. 3 SGB VIII die freie Jugendhilfe fördern und dabei die verschiedenen Formen der S. stärken. Für die Förderung der öffentlichen Hand gibt es keine verbindliche Grundlage.

Eine besondere Einbeziehung von Vertretern der S. findet im Rahmen der in § 140 f SGB V gesetzlich geregelten → Patientenbeteiligung statt. Das → Kinder und Jugendhilfegesetz (KJHG/SGB VIII) eröffnet der S. als Arbeitsform und Träger ebenfalls Möglichkeiten institutioneller Anerkennung und Mitwirkung z.B. im → Jugendhilfeausschuss (§ 71 Abs. 1 SGB VIII) und bei der → Jugendhilfeplanung der → Jugendämter (§ 80 Abs. 3 SGB VIII).

*Lit.* Hill, B. u.a. (Hrsg.): Selbsthilfe und Soziale Arbeit: das Feld neu vermessen. Grundlagentexte Soziale Berufe, Weinheim/Basel 2013; Keupp, H.: Das Ich braucht das Wir. Zur Selbstsorge befähigen, in: Deutsche Arbeitsgemeinschaft Selbsthilfegruppen e.V. (Hrsg.): Selbsthilfegruppenjahrbuch 2012, Gießen 2012, S. 169–188; Meggeneder, O. (Hrsg.): Selbsthilfe im Wandel der Zeit. Neue Herausforderungen für die Selbsthilfe im Gesundheitswesen, Frankfurt a. M. 2011; Walther, M./Hundertmark-Mayser, J.: Virtuell ist auch real – Selbsthilfe im Internet. Formen, Wirkungsweisen und Chancen, NAKOS EXTRA 38, Berlin 2011.

*Wolfgang Thiel*

**Selbsthilfeförderung** lässt sich einteilen in drei sich ergänzende Instrumente: direkte, infrastrukturelle und indirekte Förderung. Die direkte finanzielle Förderung durch die Übernahme von Kosten (z.B. für Informationsmaterialien) erfolgt durch die Träger der → Sozialversicherung (vorrangig → Krankenkassen und Träger der → Pflegeversicherung) und die öffentliche Hand (Bund, Länder und Kommunen). Die infrastrukturelle S. umfasst einerseits z.B. die Bereitstellung von Räumlichkeiten, andererseits die Einrichtung und Unterhaltung von örtlichen → Selbsthilfekontaktstellen als selbsthilfeunterstützende und beratende Infrastruktur. Die indirekte, ideelle S. zielt auf die Schaffung eines selbsthilfefreundlichen Klimas und die Akzeptanz der → Selbsthilfe. Hinzu kommen private Geldgeber (Spender, Sponsoren und → Stiftungen).

Die S. der öffentlichen Hand ist eine freiwillige, nicht gesetzlich verpflichtend geregelte Aufgabe und eine Pflichtaufgabe der Kranken- und (seit 2008) der Pflegekassen. Nach einer Studie der → NAKOS stellten die Bundesländer in 2013 10,6 Mio. Euro zur Förderung der Selbsthilfe zur Verfügung. Gefördert werden durchgängig örtliche → Selbsthilfegruppen oder landesweite Selbsthilfeorganisationen, die zu gesundheitlichen Themen arbeiten (z.B. Suchtselbsthilfe, Krebs), seltener solche zu sozialen oder psychosozialen Anliegen (z.B. → Arbeitslosigkeit). In den meisten Ländern erfolgt auch eine infrastrukturelle Förderung durch Zuwendungen an Selbsthilfekontaktstellen. Der Umfang der S. durch die Bundesländer ist jedoch uneinheitlich und reicht von durchschnittlich 0,02 Euro bis 1,02 Euro pro Einwohner/in. Im Vergleich zu 2007 sanken die Zuwendungen durch die Bundesländer durchschnittlich um 8%. Auf der Ebene der Kommunen werden vorrangig örtliche Selbsthilfegruppen sowie Selbsthilfekontaktstellen gefördert. Der Förderumfang ist je nach kommunalen Gegebenheiten sehr unterschiedlich und lässt sich nicht genau bestimmen. Die NAKOS ermittelte, dass im Jahr 2010 rund 59% der Selbsthilfekontaktstellen kommunale Mittel erhielten.

Die direkte, finanzielle S. erfolgt weiter durch die Gewährung von Fördermitteln durch die Sozialversicherungsträger bspw. nach § 20 h SGB V und § 29 SGB IX bzw. § 31 Abs. 5 SGB VI sowie nach § 45 d SGB XI.

Die Förderung der gesundheitsbezogenen Selbsthilfe durch die Krankenkassen richtete sich seit dem 1.1.2008 nach § 20 c SGB V und seit 1.1.2016 nach § 20 h SGB V. Die gesetzlichen Krankenkassen und ihre Verbände sind seitdem verpflichtet, Selbsthilfegruppen, -organisationen und -kontaktstellen zu fördern, die sich die → Prävention oder die → Rehabilitation von Versicherten bei bestimmten Erkrankungen zum Ziel gesetzt haben. In 2014 verausgabten die gesetzlichen Krankenkassen knapp 43 Mio. Euro für die Förderung der gesundheitsbezogenen Selbsthilfe und der gesundheitsbezogenen Unterstützungsarbeit der Selbsthilfekontaktstellen. Nach einer Auswertung des Verbands der Ersatzkassen wurden in 2014 310 Bundesorganisationen der Selbsthilfe, 584 Landesorganisationen, 14.638 Selbsthilfegruppen und 267 Selbsthilfekontaktstellen gefördert (Niederbühl 2015). Die Förderung erfolgt über zwei Förderwege. Mindestens 50% der Fördermittel müssen über die kassenartenübergreifende Pauschalförderung, die restlichen Mittel können kassenindividuell verausgabt werden. In 2014 wurden mehr als 25 Mio. Euro als Pauschalförderung bereit gestellt, mit welchen die Kosten der täglichen Selbsthilfearbeit gedeckt werden können. Durch die Anhebung der Fördermittel im Präventionsgesetz (BGBl. I S. 1368 vom 24.7.2015) um mehr als 60% unterstreicht der Gesetzgeber die Bedeutung, die den Aktivitäten der gemeinschaftlichen Selbsthilfe für die Vermeidung von Folgeerscheinungen → chronischer Krankheiten (Tertiärprävention) zukommt.

Die Träger der gesetzlichen Rentenversicherungen fördern die Selbsthilfe auf der Grundlage des § 31 Abs. 1 Nr. 5 SGB VI durch »Zuwendungen für Einrichtungen, die auf dem Gebiet der Rehabilitation forschen oder die Rehabilitation fördern«. Hierbei handelt es sich um eine freiwillige Leistung. In den letzten Jahren förderte die → Deutsche Rentenversicherung Bund die Selbsthilfe mit jeweils rund 3,1 bis 3,5 Mio. Euro. Knapp 9% der Selbsthilfekontaktstellen erhielten in 2010 Fördermittel durch die → Rentenversicherungsträger der Länder.

Ebenfalls seit dem Jahr 2008 stellt die Fördermöglichkeit der → Pflegekassen nach § 45 d SGB XI eine Neuerung im Spektrum der S. dar. Die neue Regelung des § 45 d im SGB XI, zuletzt geändert in 2013, schreibt vor, dass für den Auf- und Ausbau von Selbsthilfegruppen und -kontaktstellen, die sich die Unterstützung von Pflegebedürftigen, von Personen mit erheblichem allgemeinen Betreuungsbedarf sowie deren Angehörigen zum Ziel gesetzt haben, 10 Cent je Versichertem bereit zu stellen sind. Die Mittel werden vom Ausgleichsfonds der Pflegekassen bereitgestellt. Die Förderung dient einer dauerhaften Weiterentwicklung der Versorgungsstrukturen und nachhaltigen Sicherung der geförderten → Einrichtungen, → Gruppen und → Organisationen. Die privaten Pflegeversicherungsunternehmen beteiligen sich an dieser Förderung mit 10%. Diese Mittel sind zwingend durch Komplementärfinanzierung der Bundesländer in jeweils gleicher Höhe für die einzelne Fördermaßnahme zu ergänzen. Entsprechend könnten jährlich insgesamt 16 Mio. Euro für diese Aufgabe in den Bundesländern zur Verfügung stehen. Nach einer Befragung der NAKOS wurden in 2013 jedoch lediglich insgesamt 331.050 Euro durch die Bundesländer (ohne Kommunen) verausgabt, der Ausgleichsfonds der Pflegekassen stellte im gleichen Jahr insgesamt 467.900 Euro bereit.

Trotz der gestiegenen Anerkennung der (gesundheitsbezogenen) Selbsthilfe in der Gesellschaft fehlt weiterhin eine einheitliche und gemeinsam getragene Förderpraxis, die dem erheblichen Potenzial der Selbsthilfe Rechnung trägt. Die Förderung von gegenseitiger Hilfe, sozialem und → bürgerschaftlichem Engagement, → Solidarität, → Teilhabe und Beteiligung ist als vorsorgende Investition in der Gesellschaft zu begreifen. Für die Förderung der Selbsthilfe werden gesetzliche Regelungen und Vereinbarungen benötigt, bei denen die S. als Gemeinschaftsaufgabe der öffentlichen Hand sowie der gesetzlichen Sozialversicherungsträger erfolgt.

*Lit.* Geene, R./Huber, E./Hundertmark-Mayser, J./Möller-Bock, B./Thiel, W.: Entwicklung, Situation und Perspektiven der Selbsthilfeunterstützung in Deutschland, in: Bundesgesundheitsblatt – Gesundheitsforschung – Gesundheitsschutz 1/2009, S. 11–20; NAKOS (Hrsg.): Selbsthilfeförderung durch die Bundesländer in Deutschland im Jahr 2013. NAKOS Studien. Selbsthilfe im Überblick 4, Berlin 2014; NAKOS (Hrsg.): Zahlen und Fakten 2011/2012. NAKOS Studien. Selbsthilfe im Überblick 3, Berlin 2013; Niederbühl, K.: Selbsthilfeförderung durch die gesetzlichen Krankenkassen und ihre Verbände, in: NAKOS (Hrsg.): NAKOS INFO 112, April 2015, S. 12–13.

*Jutta Hundertmark-Mayser*

**Selbsthilfegruppen** Die Zahl der S. wird bundesweit auf ca. 100.000 geschätzt. Der Fachverband → Deutsche Arbeitsgemeinschaft Selbsthilfegruppen e.V. definiert sie folgendermaßen: »S. sind freiwillige, meist lose Zusammenschlüsse von

Menschen, deren Aktivitäten sich auf die gemeinsame Bewältigung von → Krankheiten, psychischen oder sozialen Problemen richten, von denen sie – entweder selber oder als Angehörige – betroffen sind. Sie wollen mit ihrer Arbeit keinen Gewinn erwirtschaften. Ihr Ziel ist eine Veränderung ihrer persönlichen Lebensumstände und häufig auch ein Hineinwirken in ihr soziales und politisches Umfeld. In der regelmäßigen, oft wöchentlichen Gruppenarbeit betonen sie Authentizität, Gleichberechtigung, gemeinsames Gespräch und gegenseitige Hilfe. Die Gruppe ist dabei ein Mittel, die äußere (soziale, gesellschaftliche) und die innere (persönliche, seelische) Isolation aufzuheben. Die Ziele von S. richten sich v.a. auf ihre Mitglieder und nicht auf Außenstehende; darin unterscheiden sie sich von anderen Formen des Bürgerengagements. S. werden nicht von professionellen Helfern geleitet; manche ziehen jedoch gelegentlich Experten zu bestimmten Fragestellungen hinzu.« Diese Definition betont die Wirkung der Gruppenselbsthilfe »nach innen«, auf die unmittelbar Beteiligten und Engagierten, ohne die soziale und politische Dimension auszuklammern. Es geht im Wesentlichen um Probleme, zu deren Lösung individuelle Erkenntnis- und Veränderungsprozesse beitragen können, weniger um die Interessenvertretung und die Hoffnung auf Veränderung anderer oder »der Verhältnisse«. Für Letzteres sind eher bundesweit agierende Selbsthilfeorganisationen zuständig, wie sie in den Dachverbänden → Bundesarbeitsgemeinschaft Selbsthilfe, → Deutscher Paritätischer Wohlfahrtsverband oder → Deutsche Hauptstelle für Suchtfragen zusammengeschlossen sind. Wichtigste Kooperationspartner von S. sind die örtlichen → Selbsthilfekontaktstellen.

Als eine besondere Ausprägung können psychologisch orientierte Gesprächs-S. gelten. Sie machen sich in besonderer Weise das Gruppenprinzip und die Heilkraft des Wortes zunutze: »Reden hilft!« Gesprächs-S. haben ihre Stärke in der Bearbeitung seelischer Probleme, neurotischer, psychosomatischer oder funktioneller Störungen, aber auch bei der emotionalen Verarbeitung anderer Krankheiten (z.B. Krebs) und Krisen (z.B. nach Verlusterlebnissen). Sie stiften neues »Kohärenzgefühl« i.S. des Salutogenese-Konzepts von Antonovsky und tragen so zu Genesung und Gesunderhaltung bei. Ihre Gruppendynamik lebt von der unmittelbaren persönlichen Begegnung, von der Entwicklung vertrauensvoller kontinuierlicher Beziehungen untereinander, von Offenheit und Selbstenthüllungsbereitschaft, von Introspektion und Einfühlung, von aktivem Zuhören und dem Angebot neuer Sichtweisen. Dabei gehen sie von den realen Lebens- und Leidenserfahrungen der Betroffenen aus. Insbesondere unter Aspekten der Nachsorge, d.h. der Stabilisierung von professionell erzielten Behandlungserfolgen und der → Rehabilitation, kommt diesen Gruppen eine enorme Bedeutung zu, die auch gesundheitsökonomisch zu Buche schlägt. Die »Betroffenen-Kompetenz« etwa von chronisch kranken oder → behinderten Menschen, zumal in ihrer Bündelung in S. und Selbsthilfeorganisationen, erstaunt oft auch Fachleute. Gruppenselbsthilfe kann jedoch nur bei einem hohen Maß von Engagement der Beteiligten gelingen. In der Debatte über S. und ihre positiven Wirkungen wird dies allzu gerne vergessen: S. liefern nicht nur einen Output (Hilfe, Unterstützung, Information, Erfahrungsaustausch etc.), sondern sie benötigen auch einen Input, und der muss im Wesentlichen von den Mitgliedern selber kommen. Diese sind, je nach Situation, Helfer/in und Hilfeempfänger/in zugleich. Wer jedoch solche → Ressourcen nicht (oder nicht mehr oder noch nicht wieder) aktivieren kann, für den kommt der S.-Ansatz eben nicht infrage. Person und »Methode« müssen zueinander passen, sonst ist erfolgreiche Arbeit nicht zu erwarten. Aus diesem Grund sind S. auch nicht beliebig planbar, die Teilnahme daran kann nicht »verschrieben« werden, und sie können keinen »Versorgungsauftrag« übernehmen. Hier lauert vielmehr eine Gefahr des Missbrauchs und der Indienstnahme der → Selbsthilfe für fremde Interessen.

Das hier am Typus der Gesprächs-S. Ausgeführte gilt in vielerlei Weise ebenso für S. zu anderen gesundheitlichen Themen, etwa bzgl. Motivation und Engagement, Struktur und Qualität der Beziehungen oder Kontinuität und Drop-out-Probleme. Wesentliche Unterschiede bestehen in der Bedeutung, die der Beschaffung und Verbreitung von Informationen und unmittelbarem eigenen Handeln zugeschrieben wird. Information über diagnostische und therapeutische Möglichkeiten, über spezialisierte Praxen und Kliniken, über Rechtsansprüche (etwa auf Reha-Maßnahmen, oder einen Ausweis für → schwerbehinderte Menschen) und Versorgung mit → Hilfsmitteln, über Nach- und Nebenwirkung, über Lebensumstellung. Gemeinsame Aktivitäten, etwa in Form von Krankengymnastik, Wandern und Basteln oder dem Besuch von Veranstaltungen spielen eine große Rolle. Es soll alles zur Behandlung der Erkrankung und zur Linderung der Beschwerden getan werden und eine Integration ins Alltagsleben, ein »Leben mit der Krankheit«

erreicht werden. Es wird eine neue Form der »Normalität« gesucht, die bestmögliche Lebensqualität bei »bedingter Gesundheit«.

Darüber hinaus werden oft Aktivitäten zur Aufklärung der Bevölkerung über die jeweilige Krankheit entfaltet. Damit sollen Vorurteile und Ängste abgebaut bzw. einer → Stigmatisierung entgegengewirkt werden und wenn möglich zu vorbeugenden bzw. Früherkennungs-Maßnahmen ermuntert werden. Hier erfüllen S. mit großem Engagement Aufgaben der → Prävention und der → Gesundheitsförderung für die gesamte Bevölkerung. In neuester Zeit ist die Mitwirkung in Gremien des Gesundheitssystems (→ Patientenbeteiligung) als weitere Aufgabe der Selbsthilfe hinzugekommen, meist wahrgenommen von den bundesweiten Selbsthilfeorganisationen. Die inzwischen stark gestiegene Wertschätzung der Selbsthilfe in unserer Gesellschaft drückt sich auch in der gesetzlich vorgeschriebenen Förderung der Selbsthilfe nach § 20 h SGB V und in ihrer Beteiligung an Entscheidungsgremien unseres Gesundheitswesens (z.B. nach § 140 f SGB V) aus.

*Lit.* Haller, F./Gräser, H.: Selbsthilfegruppen, München 2012; Hundertmark-Mayser, J. u.a.: Selbsthilfe im Gesundheitsbereich, Gesundheitsberichterstattung des Bundes 23/2004; Kofahl, C./Schulz-Nieswandt, F./Dierks, M.-L. (Hrsg.): Selbsthilfe und Selbsthilfeunterstützung in Deutschland, Münster 2016; Moeller, M. L.: Anders helfen: Selbsthilfegruppen und Fachleute arbeiten zusammen, Gießen 2007.

*Jürgen Matzat*

**Selbsthilfekontaktstellen** sind Einrichtungen mit hauptamtlichem Personal zur Unterstützung von Selbsthilfeaktivitäten auf örtlicher/regionaler Ebene (→ Selbsthilfe). Institutioneller Ansatz und Fachkonzept wurden von der → Deutschen Arbeitsgemeinschaft Selbsthilfegruppen e.V. (DAG SHG), entwickelt; die DAG SHG hat Empfehlungen zu Ausstattung, Aufgabenbereichen und Arbeitsinstrumenten von S. vorgelegt. Das → Bundesministerium für Familie, Senioren, Frauen und Jugend (BMFSFJ) hat 1987–1991 in den alten und 1992–1996 in den neuen Bundesländern Modellprogramme zu S. durchgeführt, die zur Profilierung und Verankerung beitrugen.

Die Nationale Kontakt- und Informationsstelle zur Anregung und Unterstützung von Selbsthilfegruppen (→ NAKOS) führt im Jahr 2015 in der Datenbank ROTE ADRESSEN – Selbsthilfeunterstützung in Deutschland 297 S. Durch zusätzlich 46 Außenstellen gibt es an 343 Standorten in Deutschland Selbsthilfeunterstützungsangebote. Nach Rückmeldung von 220 S. bei einer NAKOS-Erhebung werden allein von diesen rund 40.000 Selbsthilfegruppen im Einzugsgebiet unterstützt.

In dem Forschungsprojekt »Gesundheitsbezogene Selbsthilfe in Deutschland« (SHILD) wurde im Jahr 2014 erhoben, dass S. durchschnittlich über 2,1 angestellte Mitarbeiter/innen verfügen, die sich eine Vollzeitstelle teilen. Ermittelt wurden im Schnitt 180 Selbsthilfegruppen pro S., wobei rund drei Viertel informelle, nicht verbandlich organisierte Gruppen sind, sowie insgesamt 300.000 Beratungsfälle.

S. arbeiten niedrigschwellig, öffentlichkeits- und netzwerkorientiert. Die Angebote sind sektoren-, themen- und trägerübergreifend. Besondere Zugangsvoraussetzungen für Nutzer/innen bestehen nicht. Leistungen sind z.B. Information und Aufklärung von Bürger/innen und professionellen → Fachkräften, Vermittlung an → Selbsthilfegruppen, Bereitstellung von Räumen/Arbeitsmitteln, Unterstützung bei der Gründung sowie Hilfen bei der Gruppenarbeit (Fortbildung, supervisorische Begleitung), bei der Öffentlichkeitsarbeit und bei Fragen der Selbsthilfeförderung. S. stärken Selbstorganisation und Selbstverantwortung, Freiwilligkeit und Gegenseitigkeit sowie die gemeinschaftliche Problemlösungsfähigkeit und Interessenvertretung (→ Empowerment, → Patientenbeteiligung). S. sind Impulsgeber für → bürgerschaftliches Engagement. Im Versorgungssystem haben sie Wegweiserfunktion, im Gemeinwesen sind sie Orte der Begegnung und Drehscheibe für die Zusammenarbeit von Gruppen untereinander und mit anderen Organisationen/Einrichtungen. Die Förderung von S. durch Kommunen/Länder ist uneinheitlich und oft unzureichend; eine verbindliche Grundlage fehlt. Verpflichtet zur Förderung sind die gesetzlichen → Krankenkassen (§ 20 h SGB V) und bei komplementärer Förderung durch die Bundesländer auch die soziale → Pflegeversicherung (§ 45 d Abs. 2 SGB XI) (→ Selbsthilfeförderung).

Zur Zusammenarbeit und Interessenvertretung bestehen in allen Bundesländern Arbeitsgemeinschaften von S. In Bayern, Berlin, Nordrhein-Westfalen und Niedersachsen gibt es landesweit tätige Koordinierungsstellen für die Selbsthilfeunterstützung, im Saarland eine landesweit arbeitende S. Auf Bundesebene fungiert die NAKOS als Fachstelle, Netzwerk- und Serviceeinrichtung.

*Wolfgang Thiel*

**Selbst-Konzept** → Selbst-Entwicklung, → Selbsterfahrung

**Selbststeuerung** und andere Begriffe mit dem Präfix »Selbst« (Selbstorganisation, Selbstregulation, Selbstbestimmtheit, Selbsttätigkeit, → Selbst-Entwicklung, Autodidaktik usw.) finden im pädagogischen Diskurs stets hohe Wertschätzung, da hierdurch eine besondere Anerkennung eines Systems/Subjekts im Handlungs- und Entwicklungsprozess zum Ausdruck gebracht wird. Die theoretischen Zugänge erfolgen bspw. aus gesellschaftspolitischen, erwachsenenpädagogischen, bildungstheoretischen, bildungspolitischen, bildungsökonomischen, erkenntnistheoretischen oder betriebspädagogischen Perspektiven. Insbesondere die Rezeption der konstruktivistischen Erkenntnistheorie hat in den letzten Jahren zu einer verstärkten Belebung der Diskussion um S. geführt, da sie eine kausale Einflussnahme auf die inneren Prozesse von Systemen (Selbstorganisation) durch Steuerung von außen prinzipiell infrage stellt. Selbstorganisation als einer der zentralen Begriffe dieser Theorieperspektive beschreibt die Dynamik von Systemen, die all ihre bestandsnotwendigen Strukturen durch eine interne Dynamik selbst hervorbringen. Selbstorganisation ist also ein Erklärungsprinzip für *systeminterne* (Informations-)Verarbeitungsprozesse, bei denen das Subjekt die aktive Konstruktionsinstanz darstellt. Steuerung bezeichnet im Gegensatz dazu Dynamiken, die von außen auf ein System einwirken und dessen kontrollierte Veränderung intendieren. Steuerung hat also prinzipiell die Lenkung von Systemen oder Vorgängen zum Ziel. Aus Perspektive des gesteuerten Systems stellt Steuerung folglich eine exogene Systemanforderung dar, woraus sich eine Differenz zwischen Ist- und Zielzustand ergibt. Steuerung wird nur dann zur S., wenn das lernende System selbst diese Differenz mit dem Ziel einer eigenen Strukturveränderung vor dem Hintergrund der eigenen Vorstellungen erzeugt. S. ist dabei determiniert durch die Viabilität (Nützlichkeit, Gangbarkeit) für die Selbstorganisation. Im Kontext → Sozialer Arbeit fokussiert S. exogene Systemdimensionen wie die Gestaltbarkeit der Außenbezüge sozialer Aktionseinheiten (Initiativen, → Gruppen, Verbände usw.) und die Beeinflussbarkeit der finanziellen, sozialen, rechtlichen und politischen Rahmenbedingungen sozialer → Intervention i.S. der eigenen Systemlogik, also der Anpassung von Umweltfaktoren i.S. der eigenen Systemstrukturen. S. kann z.B. darin bestehen, durch politische Aktionen eine gesellschaftliche Anerkennung der Probleme von Mitgliedern bzw. Klient/innen zu bewirken, womit wichtige Voraussetzungen zur Erschließung von Fördermöglichkeiten geschaffen werden. S. kann sich aber auch darauf richten, durch neue Formen der Zusammenarbeit (→ Kooperation) und Interessenvertretung (Aktionsbündnisse, Verbandsbildung, institutionalisierte Netzwerke) die eigenen Handlungsmöglichkeiten zu verbessern.

*Markus Walber*

**Selbsttötung** → Suizid

**Selbstverwaltung** im Rechtssinn bedeutet das Handeln öffentlich-rechtlicher Körperschaften in eigener sachlicher und finanzieller Verantwortung. Die Entscheidungen unterliegen nur der allgemeinen Rechtsaufsicht der staatlichen Aufsichtsbehörden. Das S.recht im kommunalen Bereich schließt die eigenverantwortliche Rechtsetzung durch → Satzungen ein. S. bedeutet das Recht der → Gemeinden, von staatlicher → Fachaufsicht unabhängige Behördenapparate einrichten und S.aufgaben zu erledigen. Im Sozialwesen ist das S.recht der Gemeinden und Gemeindeverbände von besonderer Bedeutung, da die Befriedigung sozialer → Bedürfnisse im Rahmen der allgemeinen → Daseinsvorsorge zu den wichtigsten kommunalen Aufgaben gehört. S. im politischen Sinn ist die bürgerschaftliche S. wie sie für die kommunale S. prägend ist. Den → Gemeinden und Gemeindeverbänden ist in Art. 28 Abs. 2 des → Grundgesetzes (GG) sowie in den Länderverfassungen das Recht der S. garantiert, wobei das GG den Rechtsbegriff als solchen voraussetzt und nicht näher beschreibt. Die begriffliche Konkretisierung (»im Rahmen der Gesetze«) bleibt einzelgesetzlichen Regelungen überlassen. Das Recht der S. wird v.a. in den Gemeindeordnungen und für die → Landkreise in den Landkreisordnungen näher ausgeformt.

Von der kommunalen S. zu unterscheiden ist die S. der → Sozialversicherung, die wegen des gesetzlichen Ausbaus des Leistungssystems im Wesentlichen die Organisation des Vollzugs gesetzlicher Vorgaben in S. wahrzunehmen hat.

Das S.recht ist einem Wandel unterworfen, der fast als Krise der S. bezeichnet werden kann: Die Vorschriftenflut engt das eigenverantwortliche Handeln immer mehr ein; die Finanzlage der Kommunen ist so dramatisch, dass kaum Raum für die Wahrnehmung der S.aufgaben bleibt. Da die S. nicht »europafest« ist, wirkt sich das Gemeinschaftsrecht auch auf die Garantie des Art. 28 Abs. 2 GG aus.

S. im sozialen Bereich: Der Vollzug v.a. der → Sozialhilfe (SGB XII), der → Grundsicherung für Arbeitsuchende (SGB II) und der → Kinder- und Jugendhilfe (SGB VIII) obliegt den örtlichen und überörtlichen → Trägern der Sozialhilfe und → Jugendhilfeträgern. Insbesondere bei den institutionellen Aufgaben der Sozialhilfe und der Jugendhilfe berühren sich hier kommunale Maßnahmen mit den Aktivitäten der → freien Träger der Wohlfahrtspflege (zur Abgrenzung der Aufgabenbereiche der → öffentlichen und der freien Träger vgl. die grundlegende Entscheidung des → Bundesverfassungsgerichts vom 18.7.1967 [BVerfGE 22, 180]). Sozialarbeit und Sozialverwaltung stehen wegen des Gebots individueller Hilfeleistung einerseits und der Notwendigkeit einer allgemeinen Umschreibung von Art und Maß der Hilfen andererseits in einer gewissen Spannung zueinander. Im Bereich der S. besteht ein ähnliches Spannungsverhältnis, da die → sozialen Dienste auf der Grundlage der von den S.organen vorgegebenen Rahmenbedingungen zu leisten sind. Durch gesellschaftspolitische Grundvorstellungen und bestimmte Prioritätsentscheidungen der S.organe, aber auch durch → Haushaltsplan und Behördenorganisation sind der Sozialarbeit rechtliche, finanzielle und organisatorische Rahmenbedingungen vorgegeben, die ihr Verhältnis zur kommunalen S. bestimmen. Darüber hinaus ist davon auszugehen, dass auch die sozialen Dienste zunehmend als Markt erkannt und von Privaten angeboten werden. Die → Europäische Union (EU) wird diesen Prozess beschleunigen.

*Uwe Lübking*

**Selbst-Wahrnehmung** → Selbst-Entwicklung

**Seniorenbeirat** → Seniorenvertretungen

**Seniorenbüros** sind Informations-, Beratungs- und Vermittlungsstellen für freiwilliges Engagement und selbstbestimmtes Leben älterer Menschen. Das Aufgabenspektrum orientiert sich an den regionalen Lebens- und Bedarfslagen. Derzeit gibt es mehr als 350 S. bundesweit. Menschen, die nach ihrer Berufs- und Familienphase die Gesellschaft mitgestalten wollen, erhalten in S. individuelle → Beratung über die Möglichkeiten → bürgerschaftlichen Engagements. S. unterstützen nicht nur engagierte Bürger/innen bei der Umsetzung ihrer Ideen, sondern initiieren selbst Projekte wie Patenschaften zwischen Jung und Alt, Nachbarschaftshilfen oder Demenzcafés. S. vermitteln Ehrenamtliche an Organisationen und Einrichtungen, begleiten ältere Freiwillige und bieten Qualifizierung. Gleichzeitig setzen sich S. für die Lebensqualität älterer Menschen ein, vermitteln Hilfen zur Bewältigung des Alltags, unterstützen das → Wohnen im Alter in der vertrauten Umgebung, bieten Beratung und → Case-Management und initiieren entsprechende Projekte. Viele S. übernehmen kommunale Aufgaben in der offenen → Altenhilfe und der → Sozialplanung. Träger von S. sind Kommunen, Verbände der → Freien Wohlfahrtspflege oder Vereine, wo Haupt- und Ehrenamtliche zusammen wirken. Ursprung der S. war ein Modellprogramm des → Bundesministeriums für Familie, Senioren, Frauen und Jugend (BMFSFJ). Die S. haben sich 1995 in der Bundesarbeitsgemeinschaft Seniorenbüros e.V. (BaS) zusammengeschlossen. Die BaS vernetzt die Aktivitäten der S. bundesweit, bietet Fachberatung und wirkt als Impulsgeberin im demografischen Wandel.

*Gabriella Hinn*

**Seniorengenossenschaft** → Sozialgenossenschaft

**Seniorengerechte Produkte** → Universelles Design

**Seniorenstift** → Wohnen im Alter

**Seniorenverbände** sind soziale Organisationen älterer Menschen, die sich zusammengeschlossen haben, um sich gemeinsam für bestimmte Ziele zu engagieren. Die Anfangsphase ist häufig durch lose Gruppierungen geprägt; die Konsolidierung führt i.d.R. zur Gründung eines eingetragenen → Vereins, der nicht auf wirtschaftlichen Gewinn ausgerichtet ist. Somit liegt eine → Satzung vor, in der die Zwecksetzung, die Entscheidungsbefugnisse und die Aufgabenverteilung geregelt sind.

Die Interessen älterer Menschen sind ebenso heterogen wie die anderer Altersgruppen. Als Konsequenz ergibt sich so ein weit gefächertes Verbandsspektrum mit vielfältigen Angeboten, die folgenden Aktivitätsbereichen zugeordnet werden können: soziale Hilfen für einzelne Menschen und Gruppen; Unterstützung ehemaliger Berufskolleginnen und -kollegen; Pflege von Kunst, Kultur und Geselligkeit; Förderung körperlicher und seelischer → Gesundheit und geistiger Fitness; Engagement in Kirchengemeinden; politische Interessenvertretung Älterer; Weitergabe von Kompetenzen und Erfahrungswissen; Engagement für lebenslanges → Lernen (→ Bürgerschaftliches Engagement). Auch die Organisationsstruktur von S. ist vielgestaltig und schwer zu überblicken. Dies gilt besonders für diejenigen, die überörtliche Bedeutung haben, sich verzweigen und kleinere Netzwerke bilden. Zur Orientierung kann wie folgt unterteilt werden: (1) in einem oder mehreren Bundesländern vertretener Verband, (2) Bundesverband mit Struktur bis zur Ortsebene, (3) Zentralstelle mit bundesweiter (Einzel-)Mitgliedschaft, (4) Dachverband mit Verbänden unterschiedlicher Aufgabenstellung und Struktur, (5) organisatorisch verankerte Untergruppe »Senioren«, »Ehemalige« u.a. in einem Bundesverband mit eigener Aufgabenstellung.

Die ältesten S. bestanden bereits zu Beginn des 20. Jahrhunderts, viele wurden im Nationalsozialismus aufgelöst und gründeten sich nach 1945 wieder. Seitdem ist eine explosive Entwicklung zu beobachten, die von unterschiedlichen Interessenlagen beeinflusst wurde. So erfolgten in der Nachkriegszeit viele Verbandsgründungen aus wirtschaftlicher Not, z.T. in Bezug auf den Berufsverband (oft des verstorbenen Ehemannes oder Vaters). Etwa ab 1980 wurden gesundheitliche Aktivitäten aktuell, bald darauf die politische Interessenvertretung Älterer. Ihr wachsendes Selbstverständnis zeigt sich auch an der Bildung eigener Untergruppen »Ehemaliger« in Gewerkschaften, Kirchen und Parteien. Relativ neue Handlungsfelder sind die gezielte »Weitergabe von Kompetenzen und Erfahrungswissen an Jüngere« sowie »Lebenslanges Lernen«, bei dem die neuen Medien, besonders das Internet, eine große Rolle spielen. Auch die Gründung der → Bundesarbeitsgemeinschaft der Senioren-Organisationen (BAGSO) als Dachverband erfolgte zum Zweck der Interessenvertretung Älterer gegenüber Politik, Gesellschaft und Wirtschaft. Ihr rasches Anwachsen von elf Gründungsmitgliedern (1989) auf nunmehr 112 bundesweite Mitgliedsorganisationen (2015) spiegelt die Dynamik der Verbandsentwicklung wider.

*Ursula Lenz*

**Seniorenvertretungen** sind ehrenamtliche Interessenvertretungen älterer Menschen gegenüber allen Handelnden in der kommunalen Altenpolitik. S. formulieren den Wunsch und Willen Älterer nach Einflussname auf Entscheidungen im Gemeinwesen. S. sind, außer in Berlin und Hamburg, freiwillige Einrichtungen. Aufgrund der Freiwilligkeit ihrer Einrichtung existieren S. in unterschiedlichen Formen und Qualitäten. Um alle diese Formen wie Seniorenräte, -beiräte usw., einzuschließen, wird von der Bundesarbeitsgemeinschaft der Landesseniorenvertretungen e.V. (BAG LSV) der Oberbegriff »S.« verwandt. Die BAG LSV verbindet die 16 Landesseniorenvertretungen, die Dachorganisationen der kommunalen S. Die rd. 1.300 kommunalen, in der Regel mit einem Mandat der Älteren ausgestatteten S. sind den Grundsätzen parteipolitischer Neutralität, konfessioneller und verbandlicher Unabhängigkeit verpflichtet. S. bieten Älteren die Möglichkeiten, in unterschiedlichen Bereichen aktiv zu sein. Ziel dabei ist es, die Stadt oder Gemeinde mitzugestalten, d.h. im vorparlamentarischen Raum politisch mitzuwirken und zu partizipieren. S. sind daher z.B. bei Wohnraumplanungen, bei Pflegeplanungen, bei der Sanierung von Bahnhöfen, bei der Einrichtung von Bürgerbussen in ländlichen Räumen, im Kulturbereich, bei Bewegungs- und Sportaktivitäten, in → Pflegeeinrichtungen, → Kindertagseinrichtungen sowie Schulen tätig. S. bieten Kommunen die Chance, Ältere als bedeutende Akteure bei der Weiterentwicklung der Gemeinwesen einzubeziehen.

*Barbara Eifert*

**Service Learning** → Civic Education

**Servicestellen** Ein zentrales Anliegen des → Sozialgesetzbuches Neuntes Buch (SGB IX) sind die Selbstbestimmung, → Rehabilitation und gleichberechtigte → Teilhabe → behinderter und von Behinderung bedrohter Menschen. Das SGB IX schreibt den Gemeinsamen S. als trägerübergreifende Anlaufstellen insoweit eine wichtige Rolle zu, als sie die betroffenen Menschen (ggf. Vertrauenspersonen und Personensorgeberechtigten, § 60 SGB IX) umfassend, qualifiziert und bürgernah beraten sowie deren Anliegen auf eine unverzügliche Leistungserbringung unterstützen. Bei → schwerbehinderten Menschen erstreckt sich die Pflicht zur → Auskunft und → Beratung (§§ 14, 15 SGB I) auch auf die besonderen Möglichkeiten nach den Regelungen für schwerbehinderte Menschen (§§ 68 ff. SGB IX). Je nach Fallgestaltung ist eine Beteiligung der Integrationsämter, der → Pflegekassen, der → Behindertenverbände, → Selbsthilfegruppen, Interessenvertretungen behinderter Frauen an der Beratung unter den gesetzlichen Voraussetzungen (§ 22 Abs. 1 S. 3–5 SGB IX) verpflichtend vorgesehen. Der Gesetzgeber hat mit den Ausweitungen der gesetzlichen Aufgaben der S. z.B. im Rahmen des betrieblichen Eingliederungsmanagements nach § 84 Abs. 2 SGB IX und durch die Beratung und Unterstützung bei der Inanspruchnahme eines → Persönlichen Budgets nach § 17 Abs. 2 SGB IX (vgl. auch die dazu ergangene Budgetverordnung vom 27.5.2004) klare Signale gesetzt, welche hervorgehobene Rolle den S. zukommen soll. Mit der auf Ebene der → Bundesarbeitsgemeinschaft für Rehabilitation vereinbarten und am 1.1.2008 in Kraft getretenen Rahmenvereinbarung »Gemeinsame Servicestellen«, ergänzt um die Materialien »Qualitätssicherung in den Gemeinsamen Servicestellen« (i.d.F. vom 1.1.2013), Struktur-Erfassungsbogen, Prozess-Erfassungsbogen und Kundenfragebogen, haben die → Rehabilitationsträger die

Grundlagen für deren Weiterentwicklung geschaffen. Ein Verzeichnis der Gemeinsamen S. findet sich unter www.reha-servicestellen.de. Über die Arbeit der Gemeinsamen S. ist alle drei Jahre ein Bericht nach § 24 SGB IX zu erstellen.

*Thomas Stähler*

**Seuchenbekämpfung** → Infektionsschutz

**Sexualerziehung** ist kein einheitlich verwendeter Begriff. Andere Termini wie Sexualpädagogik, -unterricht, -aufklärung, sexuelle Bildung werden synonym gebraucht. Zuordnungen von Sexualpädagogik als Teil- und Forschungsdisziplin der Erziehungswissenschaften und S. als Praxis finden keine allgemeine Verwendung. Sexualaufklärung/-kunde richtet sich in erster Linie auf Wissensvermittlung; sexuelle Bildung gewinnt als Begriff mit der aktuellen Debatte um → Bildung an Bedeutung.

Die Notwendigkeit von S. begründet sich aus verschiedenen Annahmen. Sexualität ist von Kindheit bis ins Alter ein existenzielles Grundbedürfnis und zentraler Bestandteil von → Identität und Entwicklung der → Persönlichkeit. Sie umfasst biologische, psychosoziale und emotionale Aspekte und Vorgänge. Die sexuelle Entwicklung von Kindern und Jugendlichen geschieht zwar auch ohne eine explizite S.; jedoch kann nicht davon ausgegangen werden, dass Kinder und Jugendliche ohne Unterstützung aus sich heraus eine befriedigende und positiv empfundene Sexualität entwickeln. Deshalb müssen sie in ihrer sexuellen → Sozialisation durch Eltern, → Kindertageseinrichtungen, Schule und der außerschulischen → Jugendbildung unterstützt und befähigt werden, ihre Persönlichkeit und Beziehungen zu anderen Menschen bewusst zu gestalten und Sexualität zu integrieren. I.d.R. werden fünf Aspekte von Sexualität unterschieden: Fortpflanzung, Beziehung, Lust, Identität und → Kommunikation. Neben einer fundierten und altersangemessenen Wissensvermittlung geht es um die Befähigung zu einem gesundheitsfördernden, lustvollen, befriedigenden, eigen- und partnerverantwortlichen sowie respektvollen Umgang mit der eigenen Sexualität und der des anderen Geschlechts. S. ist eingebettet in ein komplexes Netz von → Normen und Wertvorstellungen auf individueller wie gesellschaftlicher Ebene. Soziale und gesellschaftliche Entwicklungen setzen neue Akzente in der S.: Pluralisierung der Lebensformen; verstärkte Bemühungen um Gendergerechtigkeit; zunehmende Akzeptanz der sexuellen Selbstbestimmung von Kindern und Jugendlichen sowie von → gleichgeschlechtlichen Lebensweisen, → Inklusion, Verbreitung von Aids, Enttabuisierung sexualisierter Gewalt, zunehmende Medialisierung von Sexualität, das Aufeinandertreffen unterschiedlicher kultureller Werte und Normen. Dies stellt die S. vor neue Herausforderungen. Gleichzeitig müssen sich Fachkräfte mit ihrer eigenen sexuellen Sozialisation auseinandersetzen, damit eine emanzipatorische, ganzheitliche und interkulturelle S. möglich wird. S. erfordert eine gute Kooperation zwischen Eltern und Einrichtungen.

Wissenschaft, Politik und Praktiker/innen heben in jeder Epoche bestimmte gesellschaftliche oder medizinische Phänomene hervor, auf die die S. reagieren bzw. resultierenden Bedrohungen entgegenwirken sollte. Dies hat S. den Ruf einer »Gefahrenabwehr« eingebracht. Auch heute noch bezieht S. ihre Berechtigung weniger aus der Förderung genussvoller Sexualität, selbstbestimmter Beziehungsgestaltung oder umfangreichen Körperwissens, sondern wird v.a. als Prävention von gefahrvollen Verhaltensweisen bzw. Entwicklungen gesehen. Die Sexualaufklärung des 19. Jh. arbeitete weitgehend repressiv. Sie zielte darauf, Geschlechterrollen festzuschreiben, Angst vor Sexualität zu erzeugen und reduzierte Sexualität ausschließlich auf Fortpflanzung. Anfang des 20. Jh. bildeten sich mit der Psychoanalyse und → Reformpädagogik liberalere Ansätze heraus. Diese Liberalisierung fand im Nationalsozialismus mit seiner menschen- und sexualfeindlichen und dem rein auf die Fortpflanzung gerichteten Verständnis von Sexualität ein Ende. Erst Ende der 1960er- bis Mitte der 1970er-Jahre fand mit W. Reich, H. Kentler, der 68er-Bewegung und der antiautoritären Erziehung eine Enttabuisierung von Sexualität und damit auch der S. statt. Die emanzipatorische S. erfuhr in diesen Jahren eine Blütezeit. 1968 forderte die → Kultusministerkonferenz, S. fächerübergreifend in den Schulen zu behandeln und Sexualkundeunterricht in die Lehrer/innenausbildung aufzunehmen. Anfang der 1970er-Jahre wurde Sexualkunde in den meisten Schulen der Bundesrepublik in den Fächerkanon aufgenommen. Der Fokus richtete sich dabei aber v.a. auf die biologischen Vorgänge und klammerte die emotionalen, erotischen Bereiche aus. In der DDR wurde mit dem 1974 verabschiedeten »Gesetz über das einheitliche sozialistische Bildungssystem der DDR« S. zwar nicht als expliziter Bestandteil in den einzelnen Bildungs- und Erziehungseinrichtungen etabliert, aber es erging die Aufforderung an die Lehr- und Fachkräfte, sexuelle Fragen zu thematisieren. Das Fehlen expliziter Konzepte wie auch die in der DDR weit verbreitete Freikörperkultur prägten ein eher situationsorientiertes Verständnis von S. In den 1980er-Jahren verhalfen der S. v.a. zwei Entwicklungen zu einem unerwarteten Aufschwung: 1982 wurde der HI-Virus entdeckt. Es wurde erkannt, dass nur eine umfassende S., die sich nicht ausschließlich auf Informationsvermittlung beschränkt, zu einer Änderung von → Einstellungen und → Verhalten führen kann. Parallel dazu konstatierte 1984 der 6. Jugendbericht der Bundesregierung eine eklatante Benachteiligung von Mädchen. Daraus resultierte eine problemorientierte Konzentration der S. auf Themen von Mädchen und jungen Frauen. In den 1990er-Jahren prägte das Bekanntwerden von sexualisierter Gewalt (→ Sexueller Missbrauch) die Ausrichtung der S. Hieraus entwickelte sich die sexualpädagogische Mädchen- und Jungenarbeit. Inzwischen ist S. als explizite Aufgabe von Bund und Ländern im Schwangeren- und Familienhilfegesetz sowie als Aufgabe der Schulen in den Landesschulgesetzen festgeschrieben. Mit der aktuellen Bildungsdebatte sowie der Forschung zur Entwicklung kindlicher Sexualität gewinnt S. auch im Bereich der → frühkindlichen Erziehung, Bildung und Betreuung an Bedeutung.

*Lit.* Bundeszentrale für gesundheitliche Aufklärung (Hrsg.): Richtlinien und Lehrpläne zur Sexualerziehung. Eine Analyse der Inhalte, Normen, Werte und Methoden zur Sexualaufklärung in den sechzehn Ländern, Köln 2004; Henningsen, A.: Theorie der Sexualpädagogik – Herkömmliches und neue Impulse als Antwort auf individuelle und gesellschaftliche Herausforderungen, in: Unsere Jugend 1/2015; Quindeau, I./Brumlik, M. (Hrsg.): Kindliche Sexualität, Weinheim/Basel 2012; Schmidt, R.-B./Sielert, U. (Hrsg.): Handbuch Sexualpädagogik und sexuelle Bildung, 2. Aufl., Weinheim/Basel 2013.

*Maria-Theresia Münch*

**Sexualität** ist der mit Aufkommen der Sexualwissenschaft und der Psychoanalyse Anfang des 19. Jh. in den westlichen Industriegesellschaften zunehmend genutzte Begriff zur Beschreibung des sexuellen Erlebens und → Verhaltens. Aus sexualwissenschaftlicher Perspektive wurde S. immer biopsychosozial, d.h. als Zusammenspiel biologischer, psychologischer und sozialer Faktoren, verstanden und daher zu ihrer Erforschung ein interdisziplinärer Ansatz favorisiert. Ergänzt durch die klinischen Erfahrungen der Sexualmedizin wird gegenwärtig die Multifunktionalität von S. betont, die darin zum Ausdruck kommt, dass sich drei ihr inhärente Dimensionen unterscheiden lassen: die v.a. von den Medien und der Werbung zu Verkaufszwecken besonders in den Vordergrund gestellte Lustdimension, die immer stärker neuen Reproduktionstechniken ausgesetzte Fortpflanzungsdimension und die in der allgemeinen Wahrnehmung vernachlässigte Beziehungsdimension, d.h. die Funktion von S. für die Erfüllung grundlegender Bedürfnisse nach Sicherheit, Vertrauen, Angenommenheit, Geborgenheit und Nähe, die sich am intensivsten durch körperliche Intimität mit einem anderen Menschen erfahren lassen. Auch die Beziehungsdimension von S. hat biologische Wurzeln, die zum Beispiel daran erkennbar sind, dass der Mensch wie alle sozial organisierten Säugetiere über Verhaltensprogramme verfügt, die auf Bindung ausgerichtet sind (Greifreflex, Lächelreaktion etc.). Zu den neurobiologischen Hintergründen sind inzwischen konkrete Details bekannt, etwa über das komplexe Zusammenspiel zwischen Strukturen zur kritischen sozialen Erkennung in Strukturen des Vorderhirns und den sog. Mandelkernen, die an der emotionalen Situationsbewertung, der Entstehung von → Angst, → Aggression und → Stress mit den entsprechenden vegetativen Reaktionen beteiligt sind, dem Belohnungszentren im Gehirn, aber auch den Sexualzentren einschließlich der entsprechenden Botenstoffe, v.a. dem Bindungshormon Oxytocin, das bei positiven Beziehungserfahrungen freigesetzt wird. Diese Erfahrungen werden von jedem/jeder Einzelnen psychisch verarbeitet und gleichzeitig fortlaufend kulturell überformt. Auch die Beziehungsdimension muss daher wie die Lust- und die Fortpflanzungsdimension zusammengedacht werden mit den soziokulturellen Besonderheiten unseres Zeitalters: die mit der sog. »zweiten Moderne« verknüpften Entscheidungszwänge für → Individuen in einer Zeit, in der alles zur Disposition steht und in der neue technische Errungenschaften – und damit mehr Handlungsmöglichkeiten – zur Verfügung stehen, um diese Dispositionen zu treffen. Kennzeichnend für diese neue Qualität der gesellschaftlichen Verhältnisse ist der Übergang von der Industriegesellschaft zur Risikogesellschaft: Die Individuen werden einerseits konfrontiert mit zunehmenden Gefährdungen ihrer Existenzgrundlagen (Umweltschäden, Arbeitslosigkeit etc.) und müssen andererseits mit einer Auflösung von Sinnquellen zurechtkommen.

Die mit diesen gesellschaftlichen Veränderungen verbundene Radikalisierung individueller Entscheidungsmöglichkeiten und der Zwang, sich entscheiden zu müssen, haben zu einer emotionalen Überfrachtung aller Dimensionen von S. geführt, wobei gerade hinsichtlich der Beziehungsdimension deutlich wird, dass das Individuum zwar zum Souverän für alle Dispositionen wird, diesbezüglich aber an den prinzipiell nicht disponiblen Voraussetzungen seiner eigenen Existenz scheitert: der Angewiesenheit auf andere Menschen, im Speziellen auf Sicherheit und Geborgenheit bietende (Intim-)Bindungen, deren Erlebnispotenzial i.S. einer psychoemotionalen Stabilisierung sich eben nicht aus sich selbst heraus schöpfen lässt. Die gegenwärtige Sexualwissenschaft versucht, diesem Wandel der menschlichen S. und daraus resultierender Leidenszustände durch epidemiologische, klinische und Grundlagenforschung gerecht zu werden.

Vor allem die Prävalenzraten sexueller (Funktions-)Störungen sind hoch und diese Symptombilder als Verursacher hohen → Leidensdrucks und zwischenmenschlicher Schwierigkeiten mit ihren Auswirkungen auf Gesundheit und Wohlbefinden von besonderer klinischen Relevanz. Auch bei der → Therapie sexueller Störungen wird der Beziehungsdimension besonders Rechnung getragen und davon ausgegangen, dass der Mensch existenziell auf Bindung programmiert ist und seine Lebensqualität von der Qualität seiner Beziehungen, d.h. vom Ausmaß der in ihnen erlebten Erfüllung seiner psychosozialen Grundbedürfnisse abhängt (→ Beziehung/Bindung in der Sozialen Arbeit). Dementsprechend ist das Ziel sexualtherapeutischer Bemühungen nicht (eindimensional) nur die rasche Beseitigung einer Funktionsstörung, sondern (mehrdimensional) die Erhöhung der sexuellpartnerschaftlichen Zufriedenheit insgesamt und damit die (Wieder-)Freisetzung grundlegender biopsychosozialer Ressourcen, eben des salutogenen Potenzials der S.

In diesem Zusammenhang ist unter klinischen Aspekten eine weitere Besonderheit der menschlichen S. zu beachten: Die enorme Vielfalt der sexuellen Präferenzbesonderheiten und ihre weitgehende individuelle Stabilität. Die sexuelle Präferenzstruktur des Menschen manifestiert sich im Jugendalter und ist nach Abschluss der → Pubertät nicht mehr durch gravierende kategoriale Änderungen gekennzeichnet. Dies betrifft die Ausrichtung auf das Geschlecht (auf das männliche oder auf das weibliche Geschlecht, selten auf beide Geschlechter), das körperliche Entwicklungsschema des begehrten Partners (kindliches, jugendliches, erwachsenes Körperschema) sowie begehrte Praktiken in der Interaktionsgestaltung. Auch wenn empirisch mittlerweile die große Vielzahl von sexuellen Präferenzbesonderheiten (z.B. Fetischismus, Masochismus etc.) und ihre weite Verbreitung in der Allgemeinbevölkerung nachgewiesen werden konnte, sind nur wenige von diesen mit potenzieller Fremdgefährdung verbunden, wenn sie ausgelebt würden (z.B. eine sadistische oder pädophile Neigung). Akzentuierungen der sexuellen Präferenz werden aber nur dann als Störungen angesehen, wenn bei den Betroffenen ein damit verknüpfter Leidensdruck besteht oder es zu Beeinträchtigungen der sozialen Integrationsfähigkeit kommt bzw. wenn die sexuelle Selbstbestimmung anderer verletzt wird. Um letzteres zu verhindern, ist in Berlin am Institut für Sexualmedizin der Charité ein Präventionsprojekt etabliert worden, das Menschen mit pädophiler Neigung präventiv Therapie anbietet, damit aus ihren Phantasien keine Taten werden (→ Pädophilie). Dabei gilt ein wichtiger Grundsatz im Umgang mit sexuellen Präferenzbesonderheiten bzw. Paraphilien (Begriff im Diagnostischen und Statistischen Manual psychischer Störungen [DSM-5]) Diese selbst dürfen nicht moralisch verurteilt werden – sie sind Schicksal und nicht Wahl. Sie können aber die Beziehungsfähigkeit und damit die Erfüllung der psychosozialen Grundbedürfnisse beeinträchtigen (dies gilt bspw. auch für fetischistische Neigungen), sodass sich hier Lust- und Beziehungsdimension als schwer vereinbar erweisen und gegebenenfalls Anlass für die Inanspruchnahme therapeutischer Hilfen werden.

*Lit.* Beck, U./Bonß, W.: Die Modernisierung der Moderne, 3. Aufl., Frankfurt a.M. 2009; Beier, K. M./Bosinski, H. A. G./Loewit, K.: Sexualmedizin. Grundlagen und Praxis, 2. Aufl., München 2005; Beier, K. M. u.a.: The German Dunkelfeld Project: A Pilot Study to Prevent Child Sexual Abuse and the Use of Child Abusive Images, in: The Journal of Sexual Medicine 12/2015, S. 529–542; Freud, S.: Drei Abhandlungen zur Sexualtheorie, Frankfurt a.M. 2009.

*Klaus M. Beier*

**Sexueller Missbrauch** (auch »sexuelle Gewalt« oder »sexualisierte Gewalt«) an Kindern ist jede sexuelle Handlung, die mit, an oder vor einem Kind gegen seinen Willen vorgenommen wird oder der es aufgrund körperlicher, psychischer, kognitiver oder sprachlicher Unterlegenheit nicht wissentlich zustimmen kann. Der Täter oder die Täterin nutzt dabei seine/ihre Macht- und Autoritätsposition aus, um seine/ihre eigenen Bedürfnisse auf Kosten des Kindes zu befriedigen. Bei Kindern unter 14 Jahren ist grundsätzlich davon auszugehen, dass sie nicht zustimmen können. Das heißt: selbst wenn ein Kind sein Einverständnis erklärt, liegt s. M. vor. Das Fotografieren oder Filmen von Missbrauchshandlungen ist eine besondere Form des s. M.

Zum Begriff: Das Strafgesetzbuch und das → Kinder- und Jugendhilfegesetz sprechen von s. M. Der in der Fachdebatte geläufige Begriff »sexuelle Gewalt an Kindern und Jugendlichen« betont den Aspekt der → Gewalt, die mit sexuellen Mitteln ausgeübt wird. Der Begriff »sexualisierte Gewalt«, der aus feministischen Diskursen stammt, verdeutlicht, dass → Sexualität benutzt und funktionalisiert wird, um Gewalt auszuüben.

Die Polizeiliche Kriminalstatistik erfasste im Jahr 2014 12.134 Fälle s. M. an Kindern, 1.154 Fälle s. M. an Jugendlichen und 388 Fälle s. M. an minderjährigen Schutzbefohlenen. In einer Studie von Häusner u.a. (2011) berichten 12,6% der 2.504 Befragten von s. M. in Kindheit und Jugend und 1,6% von schwerem s. M. (Frauen 15,2%, Männer 9,6%). Mädchen erleben häufiger s. M. als Jungen. S. M. findet in etwa 80–90% der Fälle durch Männer/männliche Jugendliche statt, zu etwa 10–20% durch Frauen/weibliche Jugendliche. Missbrauchende Männer stammen aus allen sozialen Schichten, leben hetero- und homosexuell. Die Minderheit der Täter ist pädosexuell (→ Pädophilie). Über missbrauchende Frauen gibt es wenig Forschung. S. M. durch Frauen wird möglicherweise seltener entdeckt, weil es Wahrnehmungsblockaden gibt. Anders als in der medialen Darstellung kommen zwei Drittel der Täter/innen aus dem sozialen Nahraum, davon ca. ein Drittel aus der Familie.

Die Folgewirkungen bei sexualisierter Gewalt sind für betroffene Kinder/Jugendliche unterschiedlich. Sie hängen z.B. von der Intensität und Dauer des s. M. ab, vom Grad der Abhängigkeit zum Missbrauchenden oder von den schützenden Beziehungen der Mädchen und Jungen. Geschlechtsspezifische Aspekte spielen bei der Verarbeitung der Tat eine Rolle. S. M. ist häufig schwieriger zu erkennen als andere Formen von Kindeswohlgefährdung, da es keine Signale oder spezifischen Symptome gibt, die eindeutig auf s. M. hinweisen, und die Kinder meistens unter einem hohen Geheimhaltungsdruck stehen. Intervention muss immer zuerst den Schutz der betroffenen Mädchen und Jungen sicherstellen. Spezialisierte Fachberatungsstellen bieten Mädchen und Jungen, Frauen und Männern, die von s. M. betroffen sind, Beratung und Unterstützung an. Sie beraten auch unterstützende Personen und Fachpersonen, die beruflich mit dem Thema konfrontiert sind.

*Iris Hölling*

**SGB II** → Grundsicherung für Arbeitsuchende

**SGB VIII** → Kinder- und Jugendhilfe (SGB VIII)

**SGB IX** → Rehabilitation und Teilhabe behinderter Menschen – SGB IX

**SGB XI** → Pflegeversicherung

**SGB XII** → Sozialhilfe

**Shell Jugendstudie** → Jugendforschung

**Sicherstellungsauftrag** bezeichnet in der gesetzlichen → Krankenversicherung die Aufgabe, die ordnungsgemäße Versorgung der Versicherten mit vertragsärztlicher Behandlung (→ vertragsärztliche Versorgung) sicherzustellen. Es ist zu unterscheiden zwischen dem allgemeinen S. und dem besonderen S. Der allgemeine S. obliegt den → Krankenkassen und den → Leistungserbringern (Ärzt/innen, Zahnärzt/innen, Psychotherapeut/innen und → medizinische Versorgungszentren) gemeinsam (§ 72 SGB V). Zu diesem Zweck schließen die Krankenkassen und die die Leistungserbringer repräsentierenden Kassenärztlichen Vereinigungen Kollektivverträge ab. Der besondere S. obliegt den Kassenärztlichen Vereinigungen (§ 75 SGB V). Diese haben gegenüber den Krankenkassen sicherzustellen, dass die vertragsärztliche Versorgung den gesetzlichen und (kollekiv-)vertraglichen Erfordernissen entspricht. Der S. beschreibt die Funktion der Kassenärztlichen Vereinigung für die Vertragsärzte/innen gegenüber den Krankenkassen; die Kassenärztlichen Vereinigungen sind die Ansprechpartner der Kassen, nicht die einzelnen Vertragsärzt/innen. Die Kassenärztlichen Vereinigungen erhalten von den Krankenkassen eine sogenannte Gesamtvergütung, für deren Verteilung gegenüber den Vertragsärzt/innen sie Gewähr leisten. Ebenso haben die Kassenärztlichen Vereinigungen auch die Inhalte der von den Vertragsärzt/innen erbrachten Leistungen zu prüfen. Dies erfolgt durch Qualitätskontrollen. Der S. kann an die Krankenkassen zurückfallen (§ 72a SGB V). Dies ist der Fall, wenn 50% der Vertragsärzt/innen in einem Zulassungsbezirk auf die Zulassung zur vertragsärztlichen Versorgung verzichten oder die vertragsärztliche Versorgung verweigern.

*Katja Fahlbusch*

**Sicherungsverwahrung** gehört zu den → Maßregeln der Besserung und Sicherung und ist eine Reaktion auf eine Straftat. Sie wurde im Jahr 1933 in nationalsozialistischer Zeit eingeführt und gilt als eine der schärfsten Sanktionen des Strafrechts. Nach Entscheidungen des Europäischen Gerichtshofs für → Menschenrechte und des → Bundesverfassungsgerichts im Jahre 2011 (BVerfGE 128, 326) wurde der Vollzug der S. reformiert. Die S. richtet sich gegen gefährliche Straftäter/innen und wird i.d.R. im Anschluss an eine zu verbüßende → Freiheitsstrafe in einer Justizvollzugsanstalt vollstreckt.

Die Voraussetzungen der S. sind in den §§ 66 ff. Strafgesetzbuch (StGB) geregelt. Zu unterscheiden sind nach vielfältigen Reformen, die ab Mitte der 1990er-Jahre einsetzten und bis heute andauern, die primäre S. (geregelt in § 66 StGB), die vorbehaltene S. (§ 66 a StGB) sowie die nachträgliche S. (§ 66 b StGB). Das Gesetz differenziert bei allen Spielarten der S. zwischen Voraussetzungen formeller und solchen materieller Art. Zu denen formeller Art gehören i.d.R. (etwa bei der primären S. nach § 66 Abs. 1 StGB) eine Verurteilung zu einer Freiheitsstrafe in einer gewissen Höhe (z.B. mindestens zwei Jahre) und das Vorliegen einer bestimmten Zahl und Art von → Vorstrafen, für die der/die Straftäter/in eine gewisse Zeit im → Strafvollzug gewesen sein muss. Als materielle Voraussetzung verlangt das Gesetz regelmäßig, dass »die Gesamtwürdigung des Täters und seiner Taten ergibt, dass er infolge eines Hanges zu erheblichen Straftaten […] für die Allgemeinheit gefährlich ist«. Mit dieser Kriminalprognose, für die vorbereitend häufig Psychiater/innen oder Psycholog/innen als Sachverständige angehört werden, sind vielfältige Probleme verbunden.

Während die primäre S. vom erkennenden Gericht neben der → Strafe angeordnet wird, entscheidet die Strafkammer, wenn sie sich die S. im Urteil (nur) vorbehalten hat, erst in einem weiteren Verfahren gegen Ende der Zeit im Strafvollzug, ob gegen die verurteilte Person endgültig S. angeordnet wird (§ 66 a StGB). Darüber hinaus besteht seit dem Jahr 2004 auch die Möglichkeit einer nachträglichen S. Bei ihr bestimmt ein Strafgericht in einer besonderen Verhandlung, wiederum am Ende der Freiheitsstrafe oder nach Erledigung einer Maßregel nach § 63 StGB, bei Vorliegen enger Voraussetzungen, dass die betreffende Person nicht entlassen wird, sondern in S. kommt. Die S. dauert so lange an, bis die Strafvollstreckungskammer der Auffassung ist, dass die/der Gefangene nicht mehr gefährlich ist und daher in Freiheit entlassen werden kann (§ 67 d Abs. 2 StGB). Diese Überprüfung erfolgt i.d.R. jährlich (§ 67 e Abs. 2 StGB).

§ 66 c StGB trifft neben den S.vollzugsgesetzen der Bundesländer Vorgaben für den Vollzug der S. Aufgrund des Maßregelcharakters der S. müssen die in ihr untergebrachten Personen im Vollzug gegenüber Strafgefangenen bessergestellt sein (»Abstandsgebot«). Zum Stichtag 31.3.2014 befanden sich in Deutschland 508 Personen in S.

*Jörg Kinzig*

**Sinnesbehinderung** → Behinderte Menschen, → Hörbehinderte Menschen, → Sehbehinderte Menschen

**Situationsansatz** ist eine professionelle Orientierung für die Arbeit in → Kindertageseinrichtungen. Innerhalb des S. bilden die konkreten Erfahrungen und Erlebnisse der Kinder in ihren jeweiligen → Lebenswelten den Ausgangs- und Mittelpunkt der pädagogischen Arbeit. Kinder werden als Akteure ihrer Entwicklung verstanden. In der pädagogischen Arbeit sollen Situationen geschaffen werden, in denen die Kinder befähigt werden, ihr gegenwärtiges Leben selbstbestimmt, kompetent und verantwortlich zu gestalten. In der Praxis kommt es hier immer wieder zu Missverständnissen, da der verwendete Situationsbegriff über das herkömmliche Verständnis hinausgeht und daher einer inhaltlichen Konkretisierung bedarf. Wenngleich auch die alltäglichen Situationen für die Arbeit im S. handlungsleitend und ausschlaggebend sind, beinhaltet die Arbeit nach den Prinzipien des S. mehr als ein flexibles Eingehen und Aufgreifen dieser Situationen durch die → Fachkräfte. Es gilt vielmehr solche Situationen zu identifizieren, die für das Kind von größerer Relevanz sind, da sich aus ihnen wichtige, vor dem Hintergrund der aktuellen Lebenssituationen bedeutsame Lerninhalte ableiten lassen. Diese auch als Schlüsselsituationen bezeichneten Situationen werden aufgegriffen und zu größeren und kleineren Projekten ausgeweitet. Methodisch werden diese Projekte in einem durch vier Phasen gekennzeichneten Prozess umgesetzt. Nach der Auswahl der Schlüsselsituation erfolgt eine umfassende Situationsanalyse, aus der sich die Definition der zu erreichenden Ziele ableitet. Bei der konkreten Umsetzung ist die Kompetenzerweiterung der Kinder ein wesentliches Ziel. Schließlich erfolgt eine Reflexion des Gesamtprozesses, der die verschiedenen Ergebnisse für die weitere Arbeit sichert.

Ausgangspunkt für die Auswahl der Schlüsselsituationen bilden die unterschiedlichen sozialen und kulturellen Lebenswelten der Kinder. Dies beinhaltet auch die gemeinsame Betreuung von Kindern mit und ohne Behinderung. Durch diese Einbeziehung von Unterschiedlichkeiten wird die Vielfältigkeit von Lebenswirklichkeiten unterstrichen und für die Kinder zur Normalität. Zentral für die Arbeit ist zudem das Verständnis, das innerhalb des S. → Lernen ein eigenaktiver

Prozess des Forschens und Entdeckens ist. Hier greift der S. zentrale Erkenntnisse der Lernforschung (erfolgreiche Lernprozesse zeichnen sich im Wesentlichen durch eine aktive Beteiligung der Lernenden an Art und Ausgestaltung der Wissensvermittlung aus) auf. Im S. ist das Lernen durch die Herstellung von für das Kind nachvollziehbaren Sinnzusammenhängen geprägt. Es werden Lern- und Bildungsprozesse initiiert, in denen – in Bezug auf ihre aktuelle Lebenssituation – die soziale und die kognitive Förderung des Kindes miteinander verschränkt sind und in einer wechselseitigen Beziehung zueinander stehen.

Um dieses anspruchsvolle Konzept verwirklichen zu können, sind weitere Dimensionen von Bedeutung. Die Zusammensetzung der → Gruppen im S. zeichnet sich durch eine Altersmischung aus, die es den Kindern erleichtert, sich in unterschiedlichen → Rollen zu erleben. Durch die in altersgemischten Gruppen weniger ausgeprägte Konkurrenz zwischen den Kindern werden individuelle und gleichzeitig aufeinander bezogene Lernsituationen geschaffen. Die älteren Kinder können ihr Wissen und ihre sozialen Fähigkeiten an den jüngeren Kindern erproben und die jüngeren Kinder lernen modellhaft durch die Orientierung an den Älteren (→ Altersgemischte Gruppen in Kindertageseinrichtungen). Für Einrichtungen der Elementarpädagogik, die nach dem S. arbeiten, ist die Beteiligung der Eltern und anderer Erwachsener, bspw. Nachbarn der Einrichtung, am pädagogischen Geschehen von Bedeutung. Nur auf diesem Wege kann eine wirkliche Einbeziehung der Lebenswelt der Kinder und des Umfelds gelingen. Durch die gleichzeitige Öffnung der Einrichtung hin zum Gemeinwesen wird die Verknüpfung der unterschiedlichen Lebenswelten der Kinder, ihrer Eltern und aller weiteren am pädagogischen Prozess, mittelbar wie unmittelbar, Beteiligten unterstützt und gefördert. Die Kindertageseinrichtung ist nicht mehr nur ein Ort, an dem die Kinder einen mehr oder weniger großen Teil ihres Tages verbringen, sondern sie wird so zu einem Teil der unterschiedlichen Lebenswelten der Kinder, die miteinander verknüpft ein Ganzes bilden.

Ein weiteres bedeutendes Element der Arbeit im S. ist die Realisierung des größtmöglichen Maßes an → Partizipation der Kinder. Die Kinder werden an allen für sie relevanten Entscheidungen beteiligt, damit sie so Eigenverantwortung und Selbstständigkeit erleben und erlernen können. Die Gestaltung des Alltags und des Raumkonzepts bilden dabei zentrale Bereiche der Mitbestimmung. Innerhalb des S. ist das Raumkonzept durch unterschiedliche Spielbereiche, die für die Kinder Erfahrungsräume darstellen, geprägt.

Nach dem S. arbeitende → Fachkräfte verstehen sich als Begleiter/innen für die Kinder. Sie unterstützen die Kinder auf ihrem Weg, die Welt zu entdecken. Die Aufgabe der Fachkräfte im S. ist es, Erlebnissituationen derart zu gestalten, dass sie für die Kinder tatsächlich zu neuen Erfahrungen werden, die sie durch die Unterstützung der Erzieher/innen gemäß ihrem Tempo in ihren Wissensschatz eigenverantwortlich integrieren können. Diese verantwortungsvolle Aufgabe kann nur durch einen kontinuierlichen Austausch im Team gelingen. Das Beobachten und die Dokumentation der Entwicklungen der Kinder und die gemeinsame Verständigung sind die Basis der pädagogischen Arbeit im S. Die Dimensionen des S. entfalten sich durch das pädagogische Handeln der Fachkräfte. Sie tragen dafür Sorge, dass alltägliche Situationen durch das methodische Aufgreifen die ihnen innewohnenden Bildungsinhalte entfalten können und dass sich die Kinder durch Partizipation Schritt für Schritt entfalten und entwickeln können. Der S. stellt somit ein umfassendes Konzept in der Elementarpädagogik dar, das die Vorbereitung der Kinder auf die Lebensvielfalt zum Ziel hat.

*Lit.* Heller, E.: Der Situationsansatz in der Praxis: Von Erzieherinnen für Erzieherinnen, Berlin 2010; Kobelt-Neuhaus, D./ Pesch, L.: Das Methodenbuch zum Situationsansatz – Planungsschritte in der Praxis umsetzen, Freiburg i.Br. 2015.

*Petra Mund*

**SMART** → Zielvereinbarung

**Social Entrepreneur** → Soziales Unternehmertum

**Social Platform** → Platform of European Social NGOs

**Social Return on Investment (SROI)** ist ein Ansatz zur Bewertung des gesellschaftlichen Mehrwerts von sozialen Maßnahmen und sozialen → Organisationen. Er stellt den sozialen Mehrwert (Social Return) in Relation zu den aufgewendeten öffentlichen oder privaten Fördermitteln (Investment).

Die Wirkungen der sozialen Maßnahme werden dabei soweit wie möglich in Geldeinheiten bewertet (monetarisiert) und zukünftige Wirkungen diskontiert. Es kann dann entweder eine Prozentzahl (monetarisierte soziale Wirkung zu Aufwand) oder ein Nettoeffekt (monetarisierte soziale Wirkung abzüglich Aufwand) ermittelt werden. Methodisch bedient sich der SROI in weiten Bereichen der → Kosten-

Nutzen-Analysen und → Kosten-Wirksamkeits-Analysen. Der SROI ist dabei insbesondere auf die Berücksichtigung der Wirkungen auf die Zielgruppe der sozialen Maßnahme ausgerichtet.

Die Wirkungen werden nach Stakeholdern differenziert. In der Regel werden im Sozialbereich die direkten Rückflüsse durch Steuer- und Beitragszahlungen, die induzierten Wirkungen sowie die vermiedenen gesellschaftlichen Kosten erfasst. Die Ermittlung der vermiedenen Kosten (Opportunitätskosten) erfolgt durch Vergleichsrechnungen zu alternativen Angeboten oder Maßnahmen. Hier werden vermiedene Kosten der öffentlichen Hand (insbesondere → Sozialleistungen) und zusätzliche Erträge (bspw. aus ermöglichter Beschäftigung) in verschiedenen Settings verglichen. Die nicht in Geldeinheiten beschreibbaren Wirkungen (etwa Lebensqualität oder gesellschaftliches Klima) werden entweder nur verbal beschrieben oder über Indexwerte dargestellt, die dann in Relation zu den eingesetzten Mitteln gesetzt werden.

Der SROI baut auf vorhandenen empirischen Wirkungsdaten oder auf angenommenen Wirkungszusammenhängen (Wirkungsketten) auf. Dabei werden nicht Einzelmaßnahmen oder Einzelpersonen, sondern gesamte Programme oder Organisationen aggregiert betrachtet.

Der SROI ist kein geschlossenes Konzept, vielmehr finden sich unter dem Oberbegriff zahlreiche verschiedene Ansätze und Methoden. Der ursprünglich in den USA entwickelte SROI richtete sich zunächst auf die Rechenschaftslegung über die Verwendung von Projektmitteln und Spenden (→ Spendenwesen), während in Europa und speziell in Deutschland mit seiner sozialstaatlichen Tradition (→ Sozialstaat) die Verwendung öffentlicher Mittel im Mittelpunkt steht. In den letzten Jahren wird der SROI als Instrument zur Beurteilung von Social Entrepreneurships (→ Soziales Unternehmertum, → Sozialwirtschaft) und zur gesellschaftlichen Rechenschaftslegung von Non-Profit- sowie For-Profit-Unternehmen diskutiert. Er setzt an der gesellschaftlichen Wirkung im Gegensatz zu den betriebswirtschaftlichen Ergebnissen an.

Eingesetzt wird der SROI derzeit hauptsächlich von Leistungsanbietern (Sozialunternehmen, → Leistungserbringer) zur gesellschaftlichen Rechnungslegung und politischen Kommunikation sowie von Förderinstitutionen zur Beurteilung ihres Mitteleinsatzes. Zunehmend wird über die Verbindung mit wirkungsorientiertem → Controlling nachgedacht.

*Klaus Schellberg*

**Solidar** → Arbeiterwohlfahrt (AWO)

**Solidarität** (von lat. solidus = dicht, fest, solide und frz. solidarité = gegenseitige Verpflichtung) bezeichnet soziale Beziehungen zwischen Akteuren, die durch ein Bewusstsein wechselseitiger Verbundenheit gekennzeichnet sind und sich in Handlungen gegenseitiger Hilfe, → Kooperation und Unterstützung niederschlagen. S.beziehungen haben insofern eine moralische Dimension, als ein sich verbunden fühlendes Kollektiv aus seiner Binnenperspektive heraus von seinen Mitgliedern die Bereitschaft zur Unterstützung und Hilfeleistung normativ erwartet. In gesellschaftspolitischer und sozialtheoretischer Perspektive wird das Prinzip der S. als eine wichtige Grundlage des gesellschaftlichen Zusammenhalts und der sozialen → Integration angesehen. In der öffentlichen und wissenschaftlichen Debatte wird kontrovers diskutiert, inwiefern Tendenzen der »Entsolidarisierung« moderne Gesellschaften kennzeichnen und S. daher im Niedergang begriffen sei. So diagnostizierte bereits Ende des 19. Jahrhunderts der Soziologe Ferdinand Tönnies in seiner Studie *Gemeinschaft und Gesellschaft*, dass die größeren sozialen Einheiten in der Moderne nicht mehr dem Typus der Gemeinschaft entsprächen, in welcher soziale Beziehungen auf Ähnlichkeit und geteilten Werten beruhen. Vielmehr glichen sie zunehmend dem Typus der Gesellschaft, in der individuelle Interessenverfolgung und wechselseitiger Interessenausgleich die Beziehungen der Menschen zueinander prägen. Zu einem ähnlichem Zeitpunkt konstatierte dagegen der französische Soziologe Emile Durkheim in seiner Untersuchung *Über soziale Arbeitsteilung* einen Gestaltwandel von S. in Folge gesellschaftlicher Differenzierung: Während der soziale Zusammenhalt traditionaler Gesellschaften vorrangig auf gefühlten Gemeinsamkeiten und geteilten Werten – der mechanischen S. – beruhte, würden moderne, arbeitsteilige Gesellschaften durch die funktionale Interdependenz und gegenseitige Abhängigkeit der Menschen voneinander – die organische S. – zusammengehalten. Wichtige, in der erfahrungswissenschaftlichen Soziologie jedoch umstrittene (und ungelöste) theoretische Fragen betreffen die Grundlagen und Motive von S.: Ist S. auf gemeinsam geteilte Werte und Normen angewiesen oder kann auch die Verfolgung gemeinsamer Ziele und Interessen S.beziehungen stiften? In welchem Maße ist solidarisches Handeln durch Freiwilligkeit charakterisiert und welche Rolle spielen → soziale Kontrolle und → Sanktionen? Diese Fragen stellen sich insbesondere angesichts der für moderne Gesellschaften typischen – teils auch rechtlich fixierten – Institutionalisierungen von S., wie sie im deutschen → Grundgesetz etwa im Bereich der → Sozialversicherung verankert sind. Darüber hinaus ist eine weitere, auch für die → Sozialpolitik und soziale Arbeit bedeutsame Frage, worin der Bezugsrahmen bzw. die Grenze von S. im Zeitalter der Globalisierung besteht: Während die etablierten Formen der Sozialpolitik implizit den Nationalstaat zugrunde legen, werfen anhaltende Migrationsbewegungen (→ Migration, → Flüchtlinge) und zunehmende transnationale Verflechtungen die Frage nach den Möglichkeiten von S. über nationale Grenzen hinweg auf (→ internationale Sozialpolitik).

*Patrick Sachweh*

**Soll-Leistung** Zum → Sozialrecht gehört eine Vielzahl von Leistungen, die zum Teil als → Rechtsansprüche (→ Pflichtleistungen) ausgestaltet sind, zum Teil aber auch im → Ermessen des Leistungsträgers stehen. Bei den Ermessensleistungen wird unterschieden zwischen → Kann-Leistungen und S. »Soll« eine Leistung nach dem Gesetzeswortlaut gewährt werden, gibt das Gesetz der Behörde vor, in der Regel so zu verfahren, wie es im Gesetz steht (Regelfall). Anders als bei Kann-Leistungen hat sie keinen weiten Entscheidungsspielraum, sondern ist an die gesetzlich vorgesehen Rechtsfolge gebunden. Im Regelfall besteht mithin ein Anspruch auf die S., ein Abweichen vom Regelfall ist nur in atypischen Fällen möglich. Hier müssen besondere Gründe vorliegen, die ausnahmsweise eine andere Entscheidung rechtfertigen. Die Beweispflicht für die atypischen Umstände trifft die Behörde. Als Beispiel für eine S. lässt sich das → Wunsch- und Wahlrecht in der → Kinder- und Jugendhilfe nennen. Nach § 5 Abs. 2 S. 1 SGB VIII »soll« der Wahl und den Wünschen des/der → Leistungsberechtigten entsprochen werden, sofern dies nicht mit unverhältnismäßigen Mehrkosten verbunden ist.

*Claire Vogt*

**Somatisierung** → Psychosomatik

**Sonderkindergarten** → Förderkindergarten

**Sonderpädagogik** (früher: Defektologie, Orthopädagogik; heute auch: Behindertenpädagogik, → Heilpädagogik, Rehabilitationspädagogik) beschreibt, analysiert und reflektiert in Theorie und Praxis alle Maßnahmen von → Bildung und → Erziehung unter erschwerten Bedingungen, die sich infolge von individuellen Schädigungen, individuellen und sozialen Aktivitätsbeschränkungen oder gesellschaftlichen Partizipationseinschränkungen ergeben. S. analysiert, entwickelt und begründet einerseits normative Vorstellungen, andererseits untersucht sie die realen Prozesse von Bildung und Erziehung hinsichtlich ihrer gewollten Wirkungen und ungewollten Nebenwirkungen (→ Empirische Sozialforschung) und vergleicht sie mit ideal gedachten Prozessen und Ergebnissen, um die Lebensumstände der Menschen auch bei drohenden oder manifesten Behinderungen entwicklungsfördernd zu gestalten und sukzessive zu verbessern.

Erschwerungen von Bildung und Erziehung sind dann gegeben, wenn gravierende Diskrepanzen zwischen den aktuellen Leistungsmöglichkeiten oder Verhaltensdispositionen von Personen und den an sie gestellten Anforderungen und Erwartungen bestehen. Im Hinblick auf Art und Ausmaß der Erschwerungen wird zwischen Behinderungen, Störungen und Gefährdungen unterschieden. Behinderungen sind umfängliche, schwerwiegende und langdauernde Diskrepanzen, d.h. sie betreffen mehrere wichtige Lern- und Entwicklungsbereiche, liegen graduell erheblich unter dem Regelbereich und bedürfen längerfristig oder dauerhaft der gezielten Förderung (→ Behinderte Menschen, → Körperbehinderte Menschen, → Geistig behinderte Menschen, → Lernbehinderung). Störungen sind partielle, weniger schwerwiegende und zeitlich vorübergehende Diskrepanzen, die nur einen Lern- oder Entwicklungsbereich betreffen, graduell weniger vom Regelbereich abweichen und mittelfristig mit entsprechenden Fördermaßnahmen dem Regelbereich anzugleichen sind (Sprachstörung, → Verhaltensauffälligkeit, → Lernstörungen, → Schulschwierigkeiten). Gefährdungen ergeben sich aufgrund materieller oder → sozialer Benachteiligungen, die Störungen oder Behinderungen bewirken oder verstärken können (→ Armut, → Krankheit, Elternverlust), denn Gefährdungen, Störungen und Behinderungen treten häufig kombiniert auf.

S. versucht, durch individuelle Person/Umfeld-Diagnostik und spezifische Fördermaßnahmen Diskrepanzen zwischen Sollen und Können zu verringern, indem sie einerseits die Qualifikationen der → Individuen aktiv zu verbessern sucht und andererseits die Integrationsfähigkeit des → sozialen Umfeldes zu verbessern trachtet. Sonderpädagogische → Interventionen richten sich folglich nicht nur an benachteiligte und behinderte Personen, sondern ebenso an benachteiligende und behindernde → Institutionen. S. versteht sich in diesem Sinne als besondere, aber nicht als absondernde Pädagogik: S. bedarf keiner separierenden Institutionen und S. ist deshalb nicht zu verwechseln mit einer Pädagogik der → Förderschule.

Sonderpädagogischer Förderbedarf kann viele oder wenige ausgesuchte Lebensbereiche betreffen und dauerhaft oder nur vorübergehend bestehen: In jedem Fall gilt es, durch frühzeitig einsetzende, spezifisch ausgerichtete und individuell angepasste Interventionen drohende Störungen oder Behinderungen zu verhindern, bestehende Störungen zu beheben oder manifeste Behinderungen in ihren Auswirkungen zu minimieren. Folglich nimmt S. den gesamten Lebenslauf in den Blick, von der → Frühförderung über die → schulische Rehabilitation bis in die berufliche Integration und die soziale → Partizipation im Erwachsenenalter. Sie erarbeitet Hilfen bei sensorischen, motorischen, kognitiven, emotionalen und sozialen Funktionseinschränkungen durch intensive individuelle Förderung des oder der Einzelnen und pädagogisch gezielte Gestaltung der Lernumwelten und Lebensverhältnisse. Sie arbeitet mit den Betroffenen und deren → Selbsthilfegruppen zusammen, sucht den Kontakt zu den → Familien und → Elterninitiativen, kooperiert mit allgemeinen Pädagog/innen und Trägern und Verbänden der → freien Wohlfahrtspflege sowie verwandten Einrichtungen der psychosozialen Versorgung, seien dies die → Erziehungsberatung, die → Kinder- und Jugendhilfe, der Schulkindergarten oder der → Schulpsychologische Dienst.

Leitziel der S. ist die bestmögliche individuelle Qualifikation bei größtmöglicher sozialer → Integration und Partizipation. S. ist folglich subsidiär zur allgemeinen Pädagogik: Sie kann diese nicht ersetzen und darf nur tätig werden, wenn gravierendes Versagen vorliegt und wenn ohne besondere Hilfen weiteres Versagen droht. In einer → Gesellschaft, die sich → Inklusion als Leitziel setzt, muss sich S. in den Dienst der Vermeidung jedweder Ausgrenzung stellen. Dies gilt auch für den zentralen Bereich der schulischen Bildung und Erziehung: Während das Schulsystem in den deutschsprachigen Ländern bei Behinderungen und Schulleistungsversagen traditionell mit der Überweisung in besondere Schulen (Hilfs-, Sonder-, → Förderschule) reagiert hat, dürfte sich – nicht zuletzt als Folge der Ratifizierung der → UN-Behindertenrechtskonvention durch die Bundesregierung 2009 – das gemeinsame Lernen in Regelschulen zunehmend durchsetzen (→ Integrative Erziehung). In einer inklusiven Schule, die allen Heranwachsenden optimale Lern- und Entwicklungsbedingungen ohne jedwede Ausgrenzung bieten soll, sind Behinderungen und Störungen nur als Aspekte von vielfältiger Heterogenität zu verstehen und S. ist als Disziplin aufgehoben in einer umfassenderen inklusiven Pädagogik, welche den Nachweis wirksamer schulischer Förderung im Sinne einer → schulischen Rehabilitation erbringen muss.

S. ist Pädagogik, als solche Hilfe zur → Selbsthilfe und somit → Selbsthilfeförderung. Sie versteht sich angesichts drohender oder manifester Gefährdungen, Störungen und Behinderungen als subsidiär zu den Eigenaktivitäten und Kräften der Heranwachsenden (→ Subsidiaritätsprinzip): Ein jeder Mensch ist und sei Akteur seiner Entwicklung.

*Lit.* Bleidick, U./Ellger-Rüttgardt, S.: Behindertenpädagogik – eine Bilanz: Bildungspolitik und Theorieentwicklung von 1950 bis zur Gegenwart, Stuttgart 2008; Dederich, M./Beck, I./Antor, G./Bleidick, U. (Hrsg.): Handlexikon der Behindertenpädagogik: Schlüsselbegriffe aus Theorie und Praxis, 3. Aufl., Stuttgart 2015; Haeberlin, U.: Grundlagen der Heilpädagogik: Einführung in eine wertgeleitete erziehungswissenschaftliche Disziplin, 2. Aufl., Stuttgart 2005; Leonhardt, A./Wember, F. B. (Hrsg.): Handbuch Grundfragen der Sonderpädagogik: Bildung, Erziehung, Behinderung, Weinheim 2003.

*Franz B. Wember*

**Sonderschule** → Förderschule

**Sorgearbeit** → Care

**Sorgerecht** → Elterliche Sorge

**Sozialamt** (veraltet: Fürsorge-/Wohlfahrtsamt) Umgangssprachliche Bezeichnung derjenigen Organisationseinheit, die der örtliche → Träger der Sozialhilfe (→ Landkreise und → kreisfreie Städte bzw. nach Landesrecht bestimmte → Gemeinden oder Gemeindeverbände; § 28 Abs. 2 SGB I i.V.m. § 3 SGB XII) für die Gewährung von Sozialhilfeleistungen nach dem SGB XII eingerichtet hat.

Der klassische Begriff S. wird nicht mehr durchgängig verwendet. Im Hinblick auf das breite Spektrum sozialer Aufgaben und kommunaler Strategien finden sich zunehmend auch andere Bezeichnungen wie z.B. »Fachbereich Soziales und Integration«, »Geschäftsbereich Soziales und Gesundheit«, »Fachbereich Soziales und Jugend«.

Bezogen auf die → Sozialhilfe erbringt das S. traditionell subsidiär (→ Subsidiarität) existenzsichernde Leistungen, daneben Leistungen zur Ermöglichung der → Teilhabe am gesellschaftlichen Leben: → Hilfe zum Lebensunterhalt (mit Bildungs- und Teilhabeleistungen), → Grundsicherung im Alter und bei Erwerbsminderung, → Hilfen zur Gesundheit, → Eingliederungshilfe für → behinderte Menschen, → Hilfe zur Pflege, → Hilfe zur Überwindung besonderer sozialer Schwierigkeiten (u.a. Wohnungslosenhilfe), → Hilfe in besonderen Lebenslagen sowie → Beratung und Unterstützung.

Das S. nimmt dabei häufig auch Aufgaben des überörtlichen Trägers der Sozialhilfe (z.B. Länder, Landeswohlfahrtsverbände) im Rahmen landesrechtlicher Heranziehungsregelungen (→ Aufgabenübertragung) wahr, ebenso staatliche Aufgaben zur Erfüllung nach → Weisung im Rechtskreis des SGB XII (Bundesauftragsverwaltung; so seit 2013 Grundsicherungsleistungen nach dem 4. Kapitel SGB XII). Erwerbsfähige Hilfebedürftige zählen seit 2005 nicht mehr zur Klientel des S. (→ Grundsicherung für Arbeitsuchende, → Jobcenter).

Darüber hinaus sind im S. häufig planerische Aufgaben angesiedelt, die für die kommunale soziale Infrastruktur und deren Weiterentwicklung von besonderer Bedeutung sind, z.B. → Hilfeplanung in der Sozialhilfe, der Pflege und → Altenhilfeplanung einschl. → Sozialberichterstattung, Umsetzung der → UN-Behindertenrechtskonvention (→ Inklusion) sowie die wirkungsorientierte Steuerung kommunaler Sozialleistungen (→ Verwaltungsmodernisierung). Da das Aufgabenspektrum eines S. je nach örtlichen Schwerpunkten und regionalen Gegebenheiten sehr unterschiedlich sein kann, variiert auch seine Struktur entsprechend.

Weitere sozialrechtliche Aufgaben, die häufig durch das S. wahrgenommen werden sind, z.B. → Wohngeld, → Elterngeld, → Ausbildungsförderung, → Blindengeld, → Leistungen für Asylsuchende (→ Asyl) und → Flüchtlinge, → Soziale Dienste, → Heimaufsicht, → Schuldnerberatung, Fürsorgeleistungen nach dem → sozialen Entschädigungsrecht (z.B. → Kriegsopferfürsorge, Leistungen nach dem → Opferentschädigungsgesetz). Nicht zuletzt sind im S. vielfach auch Einrichtungen wie → Senioren- und → Pflegestützpunkte (§ 92 c SGB XI), Versicherungsämter (§ 93 SGB IV) sowie → Betreuungsbehörden zu finden.

*Dietmar Grajcar*

**Sozialarbeiter/innen und Sozialpädagog/innen** sind zu Beginn des 21. Jh. aus dem gesellschaftlichen Teilbereich der personenbezogenen sozialen Dienstleistungen nicht mehr wegzudenken. Im Verlauf des 20. Jh. hat sich → Soziale Arbeit als soziale Dienstleistungsprofession etabliert: Sie ist die Institution, die gesellschaftlich verursachte Desintegrationsprozesse abzufedern sucht. Soziale Arbeit verfolgt dabei folgende Aufgaben: Menschen in spezifischen Problemlagen zu unterstützen und Menschen in einer zunehmend komplexer werdenden gesellschaftlichen Realität zu begleiten. Sie hat zudem einen (gesellschafts-)politischen Auftrag. Vor dem Hintergrund neoliberalistischer Politikstrategien, → soziale Probleme zu individualisieren und damit gesellschaftlich zu dethematisieren, kommt S. u. S. der Auftrag zu, die für den → Sozialstaat zentrale Prämisse → sozialer Gerechtigkeit immer wieder einzufordern und sich auf unterschiedlichen Ebenen in gesellschaftliche und politische Verhältnisse einzumischen (Thiersch).

Als S. u. S. werden → Fachkräfte bezeichnet, die im gesellschaftlichen Teilsystem Soziale Arbeit tätig sind und über einen entsprechenden akademischen Abschluss zumindest auf Bachelorniveau (erworben an Hochschulen für angewandte Wissenschaften, Gesamthochschulen, Universitäten, Dualen Hochschulen) verfügen (→ Ausbildung in sozialen Berufen, → Studium der Sozialen Arbeit). Der 1999 besiegelte Bologna-Prozess und der damit einhergehende Umbau des Hochschulsystems hin zu gestuften Studiengängen (Bachelor/Master/Promotion) führte zu einer Expansion von Studiengängen, die sich zwischen einer generalistischen Ausrichtung und einem hohen Grad an Spezialisierung bewegen.

Die akademische Ausbildung von S. u. S. zielt auf die Qualifizierung von wissenschaftlich ausgebildeten professionellen Praktiker/innen (Lüders; Otto; → Professionalisierung), die nicht nur über wissenschaftliches Wissen, sondern auch über die Fähigkeit der situativen und kommunikativen Auslegung und Deutung lebensweltlicher Bedingungen und Lebensschwierigkeiten verfügen. Hierdurch wird es möglich, den → Adressat/innen Begründungen für selbst zu verantwortende Entscheidungen anzubieten, neue Perspektiven zu eröffnen sowie Handlungsoptionen aufzuschließen. Professionelles Handeln ist insofern als stellvertretendes Handeln zu verstehen. Professionelles Handeln umfasst die stellvertretende Interpretation von Handlungsproblemen und stellt Deutungsangebote und Handlungsmöglichkeiten zur Verfügung, nicht aber die stellvertretende Bearbeitung von Problemen; diese bleibt in der Verantwortung der Adressat/innen.

Konstitutiv für das professionelle Handeln im Kontext Sozialer Arbeit ist das sog. doppelte Mandat. S. u. S. sind hier herausgefordert zwischen den Interessen, Bedarfen und rechtlichen Ansprüchen ihrer Adressat/innen und gesellschaftlichen bzw. politischen Interessen, die auch mit den Aspekten »Kontrolle« bzw. Disziplinierung verknüpft sind, zu vermitteln. Als intermediäre Instanz bewegen sich S. u. S. im Spannungsfeld von lebensweltlichen Bewältigungsmustern und gesellschaftlichen Anforderungen, Hilfe und Kontrolle sowie Abweichung und Normalität. Staub-Bernasconi erweitert das Doppelmandat um eine professionsorientierte Perspektive zum sog. Tripelmandat. Demzufolge bewegen sich S. u. S. zwischen drei Perspektiven: dem sozialstaatlichen Mandat mit dem Ziel der sozialen bzw. gesellschaftlichen → Inklusion, dem Mandat der Adressat/innen mit dem Ziel der selbstständigen und selbstbemächtigenden Lebensführung und dem Mandat der Profession mit dem Ziel der Förderung der Inklusion und einer selbstständigen Lebensführung auf Grundlage wissenschaftlich fundierter Professionalität und Fachlichkeit. Dieses ist zugleich die Legitimation für die Formulierung, Annahme oder auch Verweigerung von Handlungsaufträgen.

S. u. S. sind in ihrem professionellen Handeln mit mehreren strukturellen Widersprüchen und paradoxen Anforderungen konfrontiert. Heiner benennt in ihrem Rahmenmodell zur Analyse und Planung von professionellem Handeln in der Sozialen Arbeit folgende Aspekte: (1) die Reflektierte Parteilichkeit und hilfreiche Kontrolle bei der Vermittlung zwischen → Individuum und → Gesellschaft, (2) die Entwicklung realisierbarer und herausfordernder Ziele angesichts ungewisser Erfolgsaussichten in unterstrukturierten Tätigkeitsfeldern, (3) die aufgabenorientierte, partizipative Beziehungsgestaltung und begrenzte Hilfe in alltagsnahen Situationen, (4) die institutionelle/multiprofessionelle → Kooperation bei unklaren und/oder umstrittenen beruflichen Profil, (5) die Weiterentwicklung der institutionellen und infrastrukturellen Rahmenbedingungen eines sozialstaatlich abhängigen Berufes sowie (6) die Nutzung ganzheitlicher Deutungsmuster als Basis entwicklungsoffener Lösungsansätze auf wissenschaftlicher Basis.

Festzuhalten ist, dass Sozialarbeiter/innen und Sozialpädag/innen zu Beginn des 21. Jh. zu einem zentralen Bestandteil öffentlicher → Bildung und → Erziehung sowie personenbezogener sozialer Dienstleistungen geworden sind. Dies zeigt sich auch in der Weiterentwicklung ihrer Methoden, der Ausdifferenzierung ihrer Arbeitsfelder, der Akademisierung und Differenzierung der Ausbildung sowie in der Vielfalt empirischer Forschung, wissenschaftlicher Publikationen sowie innovativer Entwicklungen der Praxis. Die Paradoxien professionellen Handelns, mit denen Soziale Arbeit konfrontiert ist, sind konstitutiver Bestandteil professionellen Handelns und Kennzeichen einer modernen sozialen Dienstleistungsprofession (Schütze). Sozialarbeiter/innen und Sozialpädag/innen sind zentral für eine moderne Gesellschaft und übernehmen im steten Rekurs auf gesellschaftliche Veränderungen vielfältige Aufgaben der Sozialintegration und Bildung (gesellschaftlicher) Identität.

*Lit.* Amthor, R. C.: Soziale Berufe im Wandel: Vergangenheit, Gegenwart und Zukunft Sozialer Arbeit, Baltmannsweiler 2008; Heiner, M.: Soziale Arbeit als Beruf. Fälle – Felder – Fertigkeiten, München 2007; Rauschenbach, T./Züchner, I.: Berufs- und Professionsgeschichte, in: Otto, H.-U./Thiersch, H. (Hrsg.): Handbuch Soziale Arbeit, 5. Aufl., München 2015, S. 175–186; Schilling, M. u.a. (Hrsg.): Soziale Arbeit quo vadis? Programmatische Entwürfe auf empirischer Basis, Weinheim 2013.

*Cornelia Füssenhäuser*

**Sozialarbeitsforschung** steht im Dienst der → Sozialen Arbeit und vergrößert in zielgerichteter Weise das Wissen dieser Wissenschaftsdisziplin, ihrer Profession und ihrer Handlungsfelder. Sie ist grundlagentheoretisch, empirisch und handlungsorientiert ausgerichtet und sie ist bestrebt, der Sozialen Arbeit ein breites Wissensfundament zu verschaffen. Mit einer eigenen Forschung zeigt die Soziale Arbeit ihre disziplinäre Eigenständigkeit. Bezog die Soziale Arbeit ihr empirisches Wissen über → Gesellschaft und deren Veränderungen, über → soziale Probleme und deren Folgen sowie über individuelle Entwicklungen früher von der Forschung ihrer Bezugswissenschaften – der Soziologie (→ Soziologische Grundlagen der Sozialen Arbeit), der Psychologie (→ Psychologische Grundlagen der Sozialen Arbeit), der Pädagogik (Erziehungswissenschaftliche Grundlagen der Sozialen Arbeit), den Politikwissenschaften, der Medizin usw. – so entwickelt sich seit ca. 25 Jahren in stärkerem Maße eine eigene disziplinäre Forschungstradition. Die Fragestellungen umfassen neben anderem so verschiedene Bereiche wie die Grundlagenforschung, die Evaluationsforschung, die Theorienentwicklung, die → Sozialberichterstattung, die Sozialraumerkundung, die → Sozial- und → Hilfeplanung, die ethische Begründung sozialarbeiterischen Handelns (→ Ethik in der sozialen Arbeit), Projekte der Entwicklung von Konzepten, Methoden und Verfahren in diversen Handlungsfeldern der Sozialen Arbeit und nicht zuletzt die Untersuchung von Fragen der Professionsforschung einschließlich des professionellen Selbstverständnisses.

Das wissenschaftstheoretische und methodologische Selbstverständnis in der S. ist dabei nicht einheitlich. Neben den traditionellen standardisierten, quantitativ orientierten Methoden der → empirischen

Sozialforschung gewinnen interpretative Ansätze und die damit verbunden qualitativen Forschungsmethoden (Bohnsack) zunehmend mehr Raum und Bedeutung. Interpretative Ansätze haben sich inzwischen weitgehend konsolidiert und finden z.B. mit der sog. rekonstruktiven Sozialforschung einen Weg, das Wissen in der Sozialen Arbeit entscheidend zu vergrößern (Dausien). Rekonstruktive Sozialforschung beschreibt die Anwendungsbereiche qualitativer Methoden in der Sozialen Arbeit auf drei Ebenen: In der Wissenschaft geht es um Forschung über anonymisierte Akteure und ihre sozialen Welten, in der Praxis der Sozialen Arbeit dienen qualitative Methoden der Forschung mit ihren → Adressat/innen und schließlich öffnen sie den Weg zu einem kontrollierten Selbstverstehen als Person und als → Fachkraft. Diesem Selbstverständnis zufolge hat eine rekonstruktive S. verschiedene Ziele: zum einen das wissenschaftliche Ziel der Theorienbildung, zum zweiten die Förderung der Lebensgestaltung in der sozialen Praxis und zum dritten die professionelle Ausgestaltung sozialpädagogischer Prozesse mittels einer methodischen kontrollierten Selbstreflexion. Ethnografien, qualitative Interviews, Text- und Dokumentenanalysen, Gruppendiskussionen u.a. sind die Methoden i.e.S., mit deren Hilfe Sinn und Struktur sozialer Wirklichkeiten in der Sozialen Arbeit rekonstruiert werden (Schmidt-Grunert). Die These, dass S. aufgrund des Prozesscharakters der Sozialen Arbeit, ihres Einzelfallbezugs und der Komplexität einzelner Problemlagen eine besondere Affinität für qualitative Sozialforschung aufweist, z.B. in Form der Fallanalyse, ist mittlerweile nachvollziehbar begründet (Giebeler). Insgesamt ist ein Trend zu einer parallelen, sich wechselseitig ergänzenden Verwendung von qualitativen und quantitativen Methoden zu beobachten.

Was den Beitrag verschiedener Institutionen der S. betrifft, so ist das Bild uneinheitlich. Institute arbeiten eher entwicklungs- und anwendungsorientiert, und sie sind auf besondere Forschungsgegenstände und -gebiete spezialisiert (z.B. das → Deutsche Jugendinstitut). Grundlagenforschung in den Bezugswissenschaften der Sozialen Arbeit bleibt eine Domäne universitärer Institute. Große Bedeutung haben Bestrebungen, die rekonstruktive S. als eine Forschungsrichtung zu entwickeln, die sich rein gegenstandsorientiert und mit einer spezifischen forschungslogischen Konzeption in verschiedenen institutionellen Zusammenhängen, also unabhängig vom Hochschultypus, etabliert. An Fachhochschulen (Hochschulen für angewandte Wissenschaften) sind die Forschungsbedingungen aufgrund eines hohen Lehrdeputats und unzureichender finanzieller Ausstattung ganz allgemein immer noch weniger gut entwickelt, obgleich die Anstrengungen um eine stärkere Forschungsausrichtung zunehmen. Die sprunghaft angestiegene Zahl von → Evaluationen, wissenschaftlichen Begleitungen, Sozialraumanalysen, Feldstudien, auch in Form von Abschlussarbeiten und Dissertationsprojekten, in den letzten Jahren zeigen die bereits lebhaften Bemühungen der Hochschulen für angewandte Wissenschaften um einen Ausbau der S. Dennoch hat S. hier oft noch Projektcharakter und hängt stark von der Initiative Einzelner und von der Frage ab, wie weit eigene Forschungsinstitute ausgebaut wurden. Auch die Ausschreibungslage und Förderung einer spezifischen S. durch Ministerien, Stiftungen, Unternehmen usw. ist trotz Verbesserungen in den letzten Jahren noch keineswegs befriedigend.

*Lit.* Bohnsack, R.: Rekonstruktive Sozialforschung. Einführung in qualitative Methoden, 7. Aufl., Opladen/Farmington Hills 2008; Dausien, B. u.a.: Die Analyse, Selbstreflexion und Gestaltung professioneller sozialer Arbeit als Gegenstand der Biographieforschung und anderer interpretativer Zugänge – Eine Einführung in den Themenschwerpunkt, in: Forum Qualitative Sozialforschung, Vol. 9, 1/2008; Giebeler, C. u.a.: Fallverstehen und Fallstudien. Interdisziplinäre Beiträge zur rekonstruktiven Sozialforschung, Leverkusen 2008; Schmidt-Grunert, M. (Hrsg.): Sozialarbeitsforschung konkret. Problemzentrierte Interviews als qualitative Erhebungsmethode, 2. Aufl., Freiburg 2004.

*Gerhard Frank*

**Sozialarbeit/Sozialpädagogik** → Soziale Arbeit

**Sozialarbeitswissenschaft** Im Diskurs zum Status und zum Wissenschaftscharakter der → Sozialen Arbeit, der sich im Begriff S. fokussiert, sind unterschiedliche Zugänge zu unterscheiden. Diese befassen sich grundsätzlich mit der Frage nach der Identität der Sozialen Arbeit als Wissenschaft (und Praxis) sowie deren Positionierung im Kontext weiterer Disziplinen. Der Begriff S. wurde 1964 durch Hunziker unter dem Titel »Theorie und Nomenklatur der Sozialpädagogik« ein- und im Übergang der 1960er- zu den 1970er-Jahren durch Pfaffenberger, Lukas und Rössner weitergeführt. Ein kontroverser Höhepunkt der Debatte lässt sich für die 1990er-Jahre konstatieren (Merten u.a.; Engelke), hier zeigte sich eine deutliche Polarisierung zwischen Befürworter/innen einer eigenständigen S. und Vertreter/innen einer sozialwissenschaftlich aufgeklärten Erziehungswissenschaft (→ Erziehungswissenschaftliche Grundlagen der Sozialen Arbeit), die sich zunehmend für Fragen und Aufgaben der Sozialen Arbeit öffnete. Seit der Jahrtausendwende lässt sich in der Vielfältigkeit der Diskurse jedoch eine zunehmende Reflexivität und Intensität der Theorieproduktion Sozialer Arbeit konstatieren. Damit einher ging eine Beruhigung des Diskurses um den Begriff der S. und eine weitere Differenzierung, wie sie u.a. in den Veröffentlichungen von Birgmeier u.a., Göppner, Mühlum, Pfaffenberger deutlich wird.

Erziehungswissenschaftlich rückgebundene Überlegungen, die sich eher universitären Positionierungen zuordnen lassen, verweisen auf die historische Differenz der beiden Traditionslinien der Sozialpädagogik und Sozialarbeit (Niemeyer; Mollenhauer; C. W. Müller) und stellen die Frage, ob die Soziale Arbeit in der Diversifizierung ihrer Aufgaben zwischen → Hilfe, Unterstützung, → Erziehung und Organisation von Ressourcen sowie der Ausweitung auf alle Lebensphasen noch über eine klar abgrenzbare Identität verfügt, zumal sie Wissen weiterer Disziplinen wie der Ökonomie, Kriminologie, Soziologie, Psychologie aufgreift und im sozialpolitischen Horizont agiert. Daneben finden sich auch Positionen wie die von Thiersch, die die Soziale Arbeit als begriffliche Integration unterschiedlicher historischer Traditionen und als konstitutiv für eine moderne → Gesellschaft verstehen.

Zudem finden sich Überlegungen, wie sie insbesondere von Befürworter/innen einer eigenständigen S. formuliert werden. Diese sind an der Etablierung und Anerkennung einer eigenständigen Disziplin der S. interessiert und fragen, ob die Soziale Arbeit sich nicht stärker als eigenständige und wissenschaftlich fundierte Handlungswissenschaft etablieren und problembezogen inter- bzw. transdisziplinäre Zugänge verfolgen sollte (Mühlum; Göppner; Pfaffenberger; Staub-Bernasconi). Die kontroverse Diskussion um eine S. verweist auf ungeklärte Fragen der Gegenstands- und Identitätsbestimmung Sozialer Arbeit. Sie ermöglicht insofern eine weitergehende Reflexion der Frage, mit welchen theoretischen, methodischen und gesellschaftskritischen Bezügen gegenwärtige Herausforderungen der Disziplin und Profession angegangen und weiterentwickelt werden (Birgmeier u.a.; Erath; Merten u.a.; Mührel u.a.).

Vor dem Hintergrund der Debatte der S. bzw. der Wissenschaft Sozialer Arbeit stellt sich die Frage, inwieweit gegenwärtig von einer eigenständigen Profession und Disziplin Sozialer Arbeit gesprochen werden kann. Im Rückblick auf die letzten Jahrzehnte wird der Sozialen Arbeit seit den 1980er-Jahren eine deutliche Normalisierung attestiert (Füssenhäuser/Thiersch 2001; Lüders/Winkler 1992; Rauschenbach 1999). Diese These der Normalisierung muss jedoch differenzierend betrachtet werden: Für Rauschenbach, Thiersch u.a. steht, in Blick auf die Differenzierung und Erweiterung der Arbeitsfelder Sozialer Arbeit und ihrer zunehmenden Akzeptanz als Teil → sozialer Infrastruktur sowie der Etablierung einer akademischen Ausbildung und der Institutionalisierung des Wissenschaftsbetrieb (→ Professionalisierung), die These der Normalisierung außer Frage. Demgegenüber stehen Positionen wie z.B. die von Mührel/Birgmeier unter dem Stichwort »Theorie-Dilemma«, oder Neumann/Sandermann, die den theoretischen Diskurs Sozialer Arbeit trotz seiner Vielfalt und zunehmenden Intensität als klärungs- und systematisierungsbedürftig betrachten.

In Blick auf die Kontroverse um die Etablierung einer eigenständigen S. ist an die für die Soziale Arbeit konstitutive Spannung von Theorie und Praxis, von Disziplin- und Professionswissen zu erinnern (→ Theorie-Praxis-Verhältnis). Diese zeichnet sich aus durch eine historisch entstandene spezifische Verteilung von Aufgaben, die in der Vermittlung von Disziplin- und Professionswissen nicht hierarchisch, sondern als sich gegenseitig bedingend und anregend zu verstehen ist. Die Disziplin bzw. das Disziplinwissen steht beobachtend in Distanz zu den unmittelbaren Erfordernissen der Praxis und nutzt diesen Freiraum zur Analyse von zentralen Voraussetzungen und Herausforderungen des Feldes, zur Klärung eines transparenten und überprüfbaren Zusammenhangs von Aussagen und empirischen Belegen, zur Abwägung von Folgen und Nebenfolgen, zur reflexiven Analyse und zum Entwurf von Optionen und neuen Perspektiven in der Gestaltung von Praxis. Hingegen ist die Profession gebunden an Aufgaben der Praxis. Entsprechend reflektiert und rekonstruiert Professionswissen Herausforderungen in den unterschiedlichen Feldern der Sozialen Arbeit, z.B. Regeln, Zusammenhänge, Wirkungen und Nebenwirkungen professioneller Handlungsmuster und institutioneller Rahmenbedingungen. Dementsprechend zielt Professionswissen auf Unterstützung, Beratung und Klärung von Lebensgestaltungsaufgaben und der Inszenierung veränderter sozialer Realität.

Vor diesem Hintergrund kann in Blick auf die Entwicklung einer S. bzw. Wissenschaft Sozialer Arbeit festgehalten werden, dass diese sich seit den 1980er-Jahren sowohl im wissenschaftlichen Diskurs als auch in ihrem Selbstverständnis differenziert und konsolidiert hat und in der damit einhergehenden Theoriediskussion vielfältige Zugänge deutlich werden.

*Lit.* Birgmeier, B./Mührel, E.: Die Sozialarbeitswissenschaft und ihre Theorie(n) Positionen, Kontroversen, Perspektiven, Wiesbaden 2009; Erath, P.: Sozialarbeitswissenschaft. Eine Einführung, Stuttgart 2006; Füssenhäuser, C.: Theoriekonstruktion und Positionen der Sozialen Arbeit, in: Otto, H.-U./Thiersch, H. (Hrsg.): Handbuch Soziale Arbeit, 5. Aufl., München 2015, S. 1741–1754; Mühlum, A./Rieger, G. (Hrsg.): Soziale Arbeit in Wissenschaft und Praxis. Festschrift für Wolf Rainer Wendt, Lage 2009.

*Cornelia Füssenhäuser*

**Sozialassistent/in** Der Beruf der/des S. mit dem Abschluss Staatlich geprüfte/r S. existiert seit 1994 als eigenständiger Beruf und erste Einmündung in die Sozial- und Erziehungsberufe (→ Soziale Berufe). In Schleswig-Holstein und Hamburg schließen die Ausbildungsgänge mit dem Abschluss Staatlich geprüfte/r Sozialpädagogische/r Assistent/in ab. Die Ausbildung zum/zur S. bzw. zur sozialpädagogischen Assistent/in gibt es (z.T. mit etwas abweichenden Bezeichnungen) inzwischen in fast allen Bundesländern. Der Beruf ist den sozialpädagogischen und heilerziehungspflegerischen Arbeitsfeldern zugeordnet. Die Ausbildung erfolgt an berufsbildenden Schulen (Berufsfachschulen) als berufliche Erstausbildung in Vollzeitform über zwei Jahre (s. Rahmenvereinbarung der → Kultusministerkonferenz [KMK] über Berufsfachschulen vom 17.10.2013). Die Zugangsvoraussetzungen werden durch das Landesrecht geregelt, i.d.R. ist dies ein mittlerer Bildungsabschluss. Während die Tätigkeitsprofile für → Erzieher/innen in den letzten Jahren bundesweit durch die Rahmenvereinbarungen der KMK weitgehend vergleichbar sind, gilt dies für S. nur begrenzt.

Der/die Sozialassistent/in unterstützt die sozialpädagogische oder heilerziehungspflegerische Fachkraft (→ Heilerziehungspflege); er/sie darf i.d.R. keine Gruppe leiten. Auch wenn der Anteil der S. an den pädagogischen Fachkräften in → Kindertageseinrichtungen deutlich gestiegen ist, bleibt er bundesweit sehr gering. Dabei lassen sich große bundeslandspezifische Unterschiede des Anteils der Sozialassistenzkräfte im Verhältnis zu den pädagogischen Fachkräften in Kindertageseinrichtungen insgesamt ausmachen (von 0,6% in Brandenburg bis 22,3% in Schleswig-Holstein). Wie viele der S. nach ihrem Abschluss im Beruf tätig werden, ist unbekannt, da die Ausbildung eine der Zugangsvoraussetzungen für die Ausbildung zur/zum Erzieher/in ist (→ Ausbildung in sozialen Berufe).

Vor dem Hintergrund der Debatte um → Professionalisierung in der Frühpädagogik fällt eine Einschätzung der Zukunftsperspektiven des Berufs eher skeptisch aus. Einerseits wird argumentiert, dass der Beruf jungen Menschen mit einfacher schulischer Vorbildung einen Start in das Berufsleben eröffne. Andererseits wird konstatiert, dass er angesichts zunehmender Anforderungen an die Fachkräfte in Kindertageseinrichtungen keine qualitativ ausreichenden Qualifikationen besäße und daher allenfalls als Einstiegsqualifizierung gelten könne, der weitere Qualifizierungsschritte folgen müssen.

*Raingard Knauer*

**Sozialberichterstattung** Aufgabe der S. ist es, die soziale Lage von ausgewählten Bevölkerungs- und gesellschaftlichen → Gruppen dauerhaft zu beobachten. S. hat dabei den Anspruch, zentrale sozialstaatliche Entwicklungen systematisch zu beschreiben und sozialpolitischen Handlungsbedarf (→ Sozialpolitik) aufzuzeigen. Anhand von oft sehr unterschiedlichen Standards mit inhaltlichem Fokus auf zentralen Tendenzen der Wohlfahrtsentwicklung dient sie als öffentlichkeitswirksames Instrument zur gesellschaftlichen Analyse, aber auch als Grundlage zur politischen Steuerung. Im besten Fall bildet die S. sowohl objektive Lebensbedingungen wie auch das subjektive Wohlbefinden der Bevölkerung (oder einzelner Bevölkerungsgruppen) ab. Welche → Daten hierfür geeignet sind, ist regelmäßig umstritten. Wichtigste Informationsquellen sind neben der amtlichen Statistik repräsentative Bevölkerungsumfragen der sozialwissenschaftlichen Forschung.

In Literatur und Praxis ist häufig von Armuts- und S. die Rede. Allerdings basiert die S. im Gegensatz zur erst später eingeführten und spezifischeren Armutsberichtserstattung (→ Armuts- und Reichtumsberichterstattung) auf dem bereits zu Beginn der 1970er-Jahre entstandenen Social Indicator Movement und gilt als wichtigster Anwendungsbereich der Forschung zu → Sozialindikatoren (→ Empirische Sozialforschung).

In den letzten Jahren haben sich zunehmend Berichtssysteme auf unterschiedlichen Ebenen etabliert. Verfolgt werden dabei u.a. folgende Ansätze: (1) das Konzept der relativen Einkommensarmut (→ Armut, → Einkommen), das auf Analysen zur Verteilung materieller → Ressourcen beruht und in erster Linie auf die Darstellung einkommensbasierter Armutsindikatoren zielt; (2) der Lebenslagenansatz, der über ökonomische Ressourcen hinaus weitere Dimensionen der → Lebenslage von Individuen untersucht, wie bspw. → Bildung, Erwerbssituation, → Gesundheit, Wohnen, soziale Einbindung, → Partizipation; (3) das Konzept der Verwirklichungschancen (nach Amartya Sen), das sich mit der Messung gesellschaftlich bedingter Möglichkeiten zur → Teilhabe beschäftigt und diese mit individuellen Potenzialen verbindet.

Bereits in den 1990er-Jahren haben einige Bundesländer, Kommunen und auch Wohlfahrtsverbände erste Sozialberichte veröffentlicht. Der erste Armuts- und Reichtumsbericht der Bundesregierung wurde im Jahr 2001 vorgelegt. Eine Übersicht der aktuellen Sozialberichte auf Landes-, Bundes- und europäischer Ebene und für NRW auch für Kommunen bietet »Sozialberichte NRW online« (www.sozialberichte.nrw.de).

Die S. der amtlichen Statistik enthält umfangreiche und vergleichbare Daten für Bund und Länder. In einem Online-Angebot unter www.amtliche-sozialberichterstattung.de werden Indikatoren zur Mindestsicherung sowie zur Beschreibung von Armut und → sozialer Ausgrenzung vorgehalten und im jährlichen Turnus aktualisiert. Ein differenziertes Bild der Lebensverhältnisse in Deutschland zeichnet darüber hinaus der sog. »Datenreport«, für den das Statistische Bundesamt, das Wissenschaftszentrum Berlin für Sozialforschung und das Deutsche Institut für Wirtschaftsforschung Ergebnisse der amtlichen Statistik und der sozialwissenschaftlichen Forschung zusammenführen.

*Andreas Keil*

**Sozialbudget** wird vom → Bundesministerium für Arbeit und Soziales (BMAS) jährlich zusammengestellt (www.bmas.de) und einmal pro Legislaturperiode im Sozialbericht (→ Sozialberichterstattung) veröffentlicht (2013: BT-Drucks. 17/14332). Das S. vermittelt einen Überblick über die jährlichen sozialen Leistungen nach Funktionen, über die für die Leistung zuständigen Institutionen sowie über die Finanzierungsart und quellen.

Nach den Ergebnissen des BMAS wies das S. für das Jahr 2014 ein Leistungsvolumen von insgesamt 849 Mrd. Euro aus. Die Gliederung nach Funktionen macht deutlich, welche Ziele und Risiken primär abgedeckt werden. Die größten Teile der Mittel werden mit rd. 349 Mrd. Euro für → Krankheit und Invalidität und für die → Alters- und → Hinterbliebenenversorgung mit rd. 318 Mrd. Euro aufgewendet. Als weitere Funktionen werden aufgeführt: Ehe und → Familie mit knapp 91 Mrd. Euro und → Arbeitslosigkeit mit knapp 32 Mrd. Euro. Bei der Gliederung nach Institutionen kommt den Systemen der → Sozialversicherung (2014: 513 Mrd. Euro) die größte Bedeutung zu, darunter → Rentenversicherung 271 Mrd. Euro; → Krankenversicherung 204 Mrd. Euro; gesetzliche → Pflegeversicherung 25,4 Mrd. Euro; → Unfallversicherung 12,3 Mrd. Euro und → Arbeitsförderung 28,2 Mrd. Euro. Im Jahr 2014 betrug das Verhältnis von → Sozialleistungen zum Bruttoinlandsprodukt – die Sozialleistungsquote – 29,2%. Die Sozialleistungen pro Kopf der Bevölkerung beliefen sich 2014 auf rd. 10.350 Euro. Das S. wurde im Jahr 2014 zu 65,2% aus Sozialbeiträgen und zu rd. 33,2% aus Zuschüssen des Staates finanziert.

*Hans-Jürgen Stubig*

**Sozialdaten** → Sozialberichterstattung

**Sozialdatenschutz** → Datenschutz, → Sozialgeheimnis

**Sozialdiagnostik** ist ein methodischer Ansatz der Sozialen Arbeit, der das weitere professionelle interventorische Handeln der Fachkräfte fundiert, sowohl, wenn auch unter diesem Begriff verbreiteter, in der → Einzel(fall)hilfe als auch in der Gruppenarbeit und der → Gemeinwesenarbeit. S. ist die Methode zur kriteriengeleiteten Sammlung und Bewertung derjenigen Informationen über die soziale Lage von Klienten(-gruppen), die für die Einschätzung der Notwendigkeit, Dringlichkeit und Intensität sozialarbeiterisch/sozialpädagogischer → (Nicht-)Intervention benötigt werden. Sie grenzt sich insofern von → Psychodiagnostik ab, als sie nicht nur personal-psychologisch relevante Informationen, z.B. über das → Verhalten von → Individuen oder deren → Kompetenzen, abfragt, sondern dies immer im Wechselverhältnis mit Situations- und Umweltfaktoren sieht (Person-in-Umwelt-Modell). Sie grenzt sich von → Psychosozialer Diagnose ab, als sie stärker die sozialen Variablen der → Lebenslagen von Menschen in Betracht zieht. Allerdings verbindet S. über dieses Trennende hinaus viel mit der Psychosozialen Diagnostik, gerade weil das psychische Erleben und Verarbeiten der sozialen Lage häufig mit in Betracht gezogen werden muss.

Wortursprünglich bedeutet »dia-gnosis« (griech: dia = durch, gnosis = Wahrheit/ Erkenntnis) sowohl »unterscheiden« als auch »durch und durch erkennen«. Mit allen diagnostischen Verfahren teilt sie aber die erkenntnistheoretische Einschränkung, dass ihre Ergebnisse nie »endgültig wahr« sein, sondern immer nur eine Annäherung an die Wirklichkeit darstellen können. Diese Wirklichkeit kann dann in Hypothesen, die »mehr oder weniger wahr« sind, durch verschiedenste Darstellungsformen (sprachlich, bildlich) zu erkennen gegeben werden. Ebenfalls ist mit S., wie mit aller Diagnostik, die Gefahr moralischer Probleme gegeben, d.h. Diagnosen können einen stigmatisierenden Charakter (→ Stigmatisierung), jedenfalls aber eine kategorisierenden Effekt entfalten. Eine stigmatisierende Wirkung ist dann zu erwarten, wenn rein das Verhalten oder die Person oder nur ihre Probleme »diagnostiziert« werden. Dies ist im Fall der S., ebenso wie bei der Psychosozialen Diagnose, allerdings durch die Fokussierung auf das Wechselverhältnis von Person und Umwelt vermeidbar. Der kategorisierende Effekt tritt fast notwendig auf, weil sich mit der S. ein zu bearbeitender Fall abzeichnet, der durchaus in dem konkreten Arbeitsfeld »typisch« ist.

Die Entwicklung, Erprobung und → Evaluation entsprechender sozialdiagnostischer Instrumente wird in der Sozialen Arbeit seit der letzten Jahrtausendwende sowohl wissenschaftlich als auch praktisch intensiv betrieben und findet ihren Niederschlag in einerseits stärker hermeneutisch orientierten Konzepten des sog. → Fallverstehens (v.a. in sozialpädagogischen Kontexten) und stärker klassifikatorischen bzw. kategoriengeleiteten Konzepten, wobei diese Trennung mittlerweile als künstlich und nicht zielführend angesehen wird. In jedem Verstehen des besonderen Einzelfalls, der besonderen Gruppensituation oder der spezifischen Lage eines Stadtteils stecken immer schon zu Beginn dieses Verstehens Vorannahmen, die den Blick auf eine bestimmte Art und Weise ausrichten und leiten. Der S. geht es darum, diese Vorannahmen feldspezifisch zu erfassen und zu konkretisieren, sodass der »Fall im Feld« angemessen erfasst und eine Intervention geplant werden kann.

Grundsätzlich fußt eine S. auf folgenden Prinzipien: Sie ist eine dialogische Diagnostik, da sie den Klienten/die Klientin partizipativ in den Erkenntnisprozess einbindet. Sie ist eine mehrperspektivische Diagnostik, da sie die soziale Lage aus mehreren Richtungen betrachtet. Sie ist eine reflexive Diagnostik, da sie sich selbst falsifizieren lässt und ihr Ergebnis ein »hypothetisches« Konstrukt darstellt. Zentral ist das oben bereits angesprochene Modell der Person-in-Umwelt (ursprünglich US-amerikanisch: Person-in-Environment), das eng verknüpft mit der → Sozialökologie menschliches Handeln eingebunden und beeinflusst (ermöglicht oder behindert) sieht in strukturelle (natürlich und gesellschaftliche) Verhältnisse (→ ICF). S. umfasst verschiedene Kategorien, wie z.B. Biografie, → Ressourcen und Probleme, Krisen, Soziale Beziehungen/Netzwerke, Sozialräume, Soziale Sicherung, um die Ausgangslage einer Intervention zu bestimmen.

Das manchmal auch als Ersteinschätzung, Situationsbeschreibung oder Assessment beschriebene Sammeln von Daten über die Person-Umwelt-Wechselwirkung ist dabei nur der erste Schritt der S.; dazu kommt – ganz wesentlich – die Bewertung und Beurteilung der Relevanz der Daten für die Einschätzung, ob und welche Maßnahmen der Selbst- und Fremdhilfe ergriffen werden sollen. Nicht nur, weil aus moralischen Gründen immer → Selbsthilfe in Betracht gezogen werden muss, um die Klient/innen nicht zu entmündigen (→ Hilfe/Helfen), sondern auch, weil S. praktisch nur als koproduktiver Prozess ablaufen kann, sind partizipative Elemente unverzichtbar.

In Abhängigkeit vom Arbeitsfeld, dem Auftrag und dem professionellen Erkenntnisinteresse können die verschiedensten Instrumente zum Einsatz kommen. Das Spektrum reicht von Beobachtung, Befragung, bildgebenden Verfahren (z.B. mithilfe der verschiedenen Varianten der Netzwerkdiagnostik, Genogramm, Soziogramm, Stadtteilkarte) bis hin zu narrativ-deskriptiven Methoden (Fallgeschichte, biografisches Essay, videografischer Stadtspaziergang).

*Lit.* „Diagnose und Diagnostik in der Sozialen Arbeit". Archiv für Wissenschaft und Praxis der sozialen Arbeit, Heft 4/2010.

*Dieter Röh*

**Sozialdienst** → Allgemeiner Sozialdienst (ASD)

**Sozialdienst im Krankenhaus** umfasst ein spezielles Arbeitsfeld der → Sozialen Arbeit im → Gesundheitswesen. Der S. i. K. ergänzt die ärztliche und pflegerische Versorgung im → Krankenhaus durch fachliche Hilfen für Patient/innen mit Fokus auf die soziale, ökonomische und psychische Dimension von → Krankheit. Ziel des Handelns ist die gezielte → Intervention und Unterstützung der Betroffenen, um die → Teilhabe am Leben in der Gesellschaft sicherzustellen. Der S. i. K. orientiert sich qua Berufsauftrag an der Würde und am Selbstbestimmungsrecht des Menschen, gleichzeitig aber auch an der Aufgabenstellung des Krankenhauses.

Für Krankenhäuser gilt, die soziale Betreuung und → Beratung sowie den nahtlosen Übergang von der Krankenhausbehandlung zur → Rehabilitation oder → Pflege sicherzustellen (§ 112 Abs. 2 Nr. 4 und Nr. 5 SGB V). Die → Leistungserbringer im → Sozialgesetzbuch V sind ferner verpflichtet, im Rahmen des Versorgungsmanagements für eine sachgerechte Anschlussversorgung der Versicherten zu sorgen (§ 11 Abs. 4 SGB V). Die → Krankenbehandlung umfasst gemäß § 39 Abs. 2 SGB V ein sogenanntes Entlassmanagement zur Unterstützung einer sektorenübergreifenden Versorgung der Versicherten beim Übergang in die Versorgung nach Krankenhausbehandlung. Die Versicherten haben gegenüber der → Krankenkasse bzw. → Pflegekasse einen Anspruch auf Unterstützung des Entlassmanagements. Die konkrete Umsetzung insbesondere hinsichtlich der Zusammenarbeit zwischen den Leistungserbringern wird in einem Rahmenvertrag zwischen dem Spitzenverband Bund der Krankenkassen/Pflegekassen, der Kassenärztlichen Vereinigung und der → Deutschen Krankenhausgesellschaft unter Berücksichtigung der Richtlinien des → Gemeinsamen Bundesausschusses festgelegt.

In den Mittelpunkt der Patientenversorgung rückt seit Einführung der Krankenhausfinanzierung über diagnosebezogene Fallpauschalen (den sog. → Diagnosis-Related Groups – DRGs) die effektive und effiziente Fallsteuerung der Patient/innen während der Krankenhausbehandlung, aber auch hinsichtlich der rechtzeitigen Entlassung aus dem Krankenhaus. Es erfolgte eine zunehmende Standardisierung und Optimierung des Behandlungs- und Entlassprozesses. Die konkrete organisatorische Einbindung und Qualifikation des S. i. K. obliegt der Verantwortung der einzelnen Krankenhausträger. Je nach Leitbild und inhaltlicher Gewichtung der Aufgabenschwerpunkte durch die Träger wurde der S. i. K. umgestaltet und neben Absolventinnen der Sozialen Arbeit verschiedenste Berufsgruppen/Qualifikationen (u.a. Gesundheits-/Krankenpfleger/innen, Case Manager/innen, Controller/innen) zur Erfüllung der gesetzlichen Aufgaben eingebunden.

Der S. i. K. übernimmt jeweils in enger Abstimmung mit den Betroffenen und den relevanten Berufsgruppen im Krankenhaus sowie den nachstationären Diensten und Einrichtungen folgende Aufgaben: Ermitteln der individuellen → Ressourcen und des → Bedarfes, Transparentmachen der gesetzlichen Bestimmungen, bürokratischen Regelungen, Hilfesystemen und Prozessen, Erschließen der passgenauen gesellschaftlichen, materiellen, sozialen und persönlichen Ressourcen, Analysieren der Probleme und Brüche im Versorgungssystem und in den Prozessabläufen sowie die Erarbeitung von Lösungen, sowie Handeln auf Systemebene. Die Aufgaben des S. i. K. beinhalten folgende Einzelleistungen: Psychosoziale Intervention bei der Krankheits-/Lebensbewältigung, bei Problemen mit dem sozialen Umfeld, bei existenziellen Ängsten, Interventionen zur sozialen Sicherung (Wohnraum, Unterbringung), Interventionen zur wirtschaftlichen Sicherung, Maßnahmen zur ambulanten und stationären Nachsorge und Vermittlung in medizinische und berufliche → Rehabilitation. Folgende Methoden werden angewandt: Soziale Einzelhilfe, → Krisenintervention, → Empowerment, → Soziale Gruppenarbeit und → Case Management bei komplexen Problemlagen.

Der S. i. K. ist mit Diplom-Sozialarbeiter/innen und Diplom-Sozialpädagog/innen bzw. Bachelor- oder Master-Absolvent/innen der Sozialen Arbeit besetzt; diese unterliegen der gesetzlichen → Schweigepflicht und den Bestimmungen des → Datenschutzes. Der S. i. K. ist fachlich eigenständig. Der Sozialdienst in den Rehabilitationskliniken ist durch verschiedene Rahmenkonzepte der → Rentenversicherungsträger und Rahmenempfehlungen der BAR fest in das Gesamtbehandlungskonzept der → medizinischen Rehabilitation integriert. Die konkreten Leistungen sind jeweils in der Klassifikation therapeutischer Leistungen (KTL) beschrieben. Die Psychiatrie-Personalversordnung vom 18.12.1990 regelt die konkreten Rahmenbedingungen (Personalbemessung und Tätigkeitsmerkmale) für die Sozialdienste in Psychiatrischen Krankenhäusern und Abteilungen (→ Psychiatrische Versorgung).

Der S. i. K. befindet sich nicht nur qua Berufsauftrag (unbedingte Patientenorientierung) und qua Angestelltenverhältnis (Loyalitätspflicht) in einem Spannungsverhältnis. Durch sein Wirken an der Sektorengrenze zwischen stationärer und rehabilitativer bzw. ambulanter Versorgung sowie durch seine Broker- und Übersetzerfunktion zwischen Laien- und Experten-System und den verschiedenen Leistungsbereichen der Sozialgesetze erlebt der S. i. K. den Druck, die Veränderungen und die nach wie vor bestehenden Systembrüche im → Gesundheitswesen besonders deutlich. Diese mehrdimensionale Schnittstellenfunktion bietet allerdings nach wie vor die Chance, dieses Potenzial einzubringen, um strukturelle Defizite, Benachteiligungen und Teilhabestörungen aufzuzeigen und zur Entwicklung von patientenorientierten Lösungen und einer sektorenübergreifenden Versorgung sowohl auf Einzelfallebene als auch auf Systemebene beizutragen.

*Lit.* Ansen, H./Gödecker-Geenen, N./Nau, H.: Soziale Arbeit im Krankenhaus, München/Basel 2004; Deutsche Vereinigung für Soziale Arbeit im Gesundheitswesen: DVSG Positionspapier – Entlassungsmanagement durch Soziale Arbeit in Krankenhäusern und Rehabilitationskliniken, Berlin 2013; Mühlum, A./Gödecker-Geenen, N.: Soziale Arbeit in der Rehabilitation, München/Basel 2003.

*Sibylle Kraus*

**Soziale Arbeit** Die Konsolidierung der Profession Sozialer Arbeit im Laufe des 20. Jh. wurde von Galuske mit den Stichworten Institutionalisierung, Verrechtlichung und Ausdifferenzierung der Sozialen Arbeit und ihrer zentralen Handlungsfelder beschrieben. Zudem war eine Ausweitung ihrer Zuständigkeiten im Blick auf ihre → Adressat/innen zu beobachten. Soziale Arbeit entwickelte sich von den gesellschaftlichen Rändern und der Fokussierung auf → soziale Probleme zu einer modernen Dienstleistungsprofession, die das Hineinwachsen in die → Gesellschaft begleitet bzw. institutionell abfedert und sich zu einem »Leistungsangebot für alle« (Thiersch) entwickelte. Darüber hinaus war bereits zum Ausgang des 20. Jh. eine deutliche Zunahme empirisch gestützter Selbstbeobachtung sowie einer empirisch und gesellschaftstheoretisch fundierten Theoriediskussion zu beobachten (Galuske).

Diese Entwicklung wurde im Ausgang des 20. Jh. unter dem Schlagwort »sozialpädagogisches Jahrhundert« diskutiert (Rauschenbach; Thiersch u.a.). Unstrittig ist hierbei, dass sich die Soziale Arbeit im Verlauf des 20. Jh. zu einem differenzierten Praxis- und Theoriefeld entwickelte und zunehmend als ein unverzichtbares gesellschaftliches Teilsystem verstanden wurde. Zentrales Merkmal moderner Gesellschaften ist, dass spezifische → Organisationen und Professionen entstehen, die soziale Desintegrationsprozesse und individuumsbezogene → Exklusionen thematisieren und lebensweltlich bearbeiten (Böhnisch; Kleve). Am Beginn des 21. Jh. hat sich die Soziale Arbeit zu einem gesellschaftlichen Allgemeinangebot entwickelt, sie ist zudem weiterhin die → Institution, die gesellschaftlich verursachte Desintegrationsprozesse abzufedern sucht.

*Begriff*: Die Schwierigkeiten in der Abgrenzung der Begriffe Sozialpädagogik, Sozialarbeit und Soziale Arbeit sowie verwandter Begriffe, mit denen primär das Feld der sozialen Praxis (z.B. → Kinder- und Jugendhilfe, Wohlfahrtspflege, → soziale Dienste) bezeichnet wird, stellt nicht nur ein semantisches Problem dar, sondern setzt auch inhaltliche Markierungen, die auf unterschiedliche Theorietraditionen und wissenschaftsinterne Debatten verweisen (→ Sozialarbeitswissenschaft).

Festzuhalten ist, dass die Vielfältigkeit und Differenz der Begriffe sich eng mit der Heterogenität der Arbeitsfelder Sozialer Arbeit verknüpft. Die Begriffe Kinder- und Jugendhilfe, soziale Dienste, Sozialwesen usw. betonen unterschiedliche inhaltliche Schwerpunkte und Zuständigkeiten und verweisen zugleich auf die Schwierigkeit der Grenzziehung zu anderen gesellschaftlichen Systemen wie der → Sozialpolitik, der → sozialen Sicherung oder der Psychiatrie (Hering/Münchmeier). Zudem werden die Begriffe Sozialarbeit und Sozialpädagogik, aber auch Soziale Arbeit im Fachdiskurs einerseits synonym verwendet, andererseits jedoch zur Differenzierung von Praxisfeldern und Bezugsdiskursen genutzt (Hering/Münchmeier; Mühlum). Dabei fällt auf, dass einige Autor/innen bis heute an einem Unterschied sowohl der Arbeitsfelder (entweder als primär auf → Erziehung bzw. → Bildung oder als primär auf → Hilfe und Unterstützung hin ausgelegte Felder) als auch der disziplinären Verortung in einer primär erziehungs- oder fürsorgewissenschaftlichen Tradition festhalten. Der Begriff Sozialpädagogik steht dabei in einer pädagogischen sowie mit der → Reformpädagogik und Jugendbewegung verbundenen Tradition, während der Begriff Sozialarbeit in der Tradition der Armenfürsorge wurzelt und sich mit der bürgerlichen Frauenbewegung verbindet (Hering/Münchmeier; Niemeyer). Weitere Positionen, wie z.B. die von C. W. Müller und Thiersch sowie die in diesem Beitrag präferierte, betonen dagegen die historisch rekonstruierbare Annäherung dieser beiden Traditionen im Laufe des 20. Jh. und bezeichnen diese mit dem Begriff Soziale Arbeit.

*Geschichte*: Die → Geschichte der Sozialen Arbeit ist geprägt von einer starken Expansion und deutliche (Binnen-)Differenzierung ihrer Aufgaben und Arbeitsfelder in den letzten 150 Jahren. Historisch betrachtet liegen die zentralen Wurzeln der Sozialen Arbeit in der Armenfürsorge des 18. und 19. Jh. sowie den → sozialen Bewegungen des 20. Jh. (Frauenbewegung, Jugendbewegung, Heimkampagne, Selbsthilfebewegungen, Psychiatriereform). Sie ist zudem eng verknüpft mit dem Übergang von der Neuzeit in die Moderne im Kontext der Industrialisierung und der damit einhergehenden »sozialen Frage« (Landflucht, Verstädterung, Entstehung freier Lohnarbeit, soziale Desintegration). Die Entwicklung des deutschen → Sozialstaates im Anschluss an die Sozialgesetzgebung von Bismarck ermöglichte einen ersten Entwicklungsschub und eine beginnende Institutionalisierung Sozialer Arbeit.

Im Anschluss an Rauschenbach/Züchner sowie Thole lassen sich folgende Wurzeln Sozialer Arbeit unterscheiden: Eine erste Wurzel im 19. Jh. stellen die solidarisch organisierte Armen- und Gesundheitsfürsorge sowie → Altenhilfe der Kirchen, privaten Initiativen, Parteien und Genossenschaften und später die Angebote der Länder und Gebietskörperschaften des Deutschen Reiches dar. Von besonderer Bedeutung war hierbei die Entwicklung der kommunalen Armenverwaltung in Preußen (Armenkommissionen, Elberfelder System, Straßburger System), die zum einen als Vorbild für die deutsche Reichgesetzgebung zu betrachten ist und zum anderen die Entwicklung Sozialer Arbeit hin von ehrenamtlicher Tätigkeit (Armenpfleger) zur Verberuflichung (Einführung von Berufsbeamten) verdeutlicht. Aus diesen auf Versorgung und Unterstützung fokussierten Angeboten entwickelten sich im Verlauf des 20. Jh. die unterschiedlichen Aufgaben und Leistungen Sozialer Arbeit im Feld der → Jugend- und → Sozialämter. Parallel zur Ausweitung der Leistungsangebote veränderte sich deren institutionelle Perspektive weg von → Fürsorge, Eingriff und Kontrolle hin zu ausdifferenzierten, dienstleistungsorientierten Angeboten, für die die Koproduktion der Adressat/innen bedeutsam ist.

Die zweite Wurzel verweist auf Entwicklungen in der Neuzeit und der Aufklärung; die Veränderung von menschlichem → Verhalten, aber auch von gesellschaftlichen Verhältnissen wird relevant. Vor diesem Hintergrund wird → Erziehung zu einem zentralen gesellschaftlichen wie individuellen Moment. Dies spiegelt sich u.a. in der Waisen- und Anstaltserziehung, die sich über Pestalozzis Überlegungen zur Volksbildung, kirchliche Rettungshäuser, Fürsorgeerziehungsanstalten hin zur heutigen Form der → Hilfen zur Erziehung herausgebildet hat und heute ein ausdifferenziertes Spektrum familienunterstützender und familienersetzender Maßnahmen aufweist. Diese Entwicklung zielt darauf, Kindern und Jugendlichen Erziehungs- und Lernangebote im Horizont eines allgemeinen Bildungsanspruches zu ermöglichen, diese in ihren Bewältigungsherausforderungen zu unterstützen und gemeinsam mit ihnen Bildungs- und Bewältigungsstrategien zu entwickeln (Thiersch).

Eine dritte Wurzel liegt in der Entstehung der Jugendpflege und Ausdifferenzierung der Jugendfürsorge bis hin zur Entwicklung moderner → Jugendarbeit sowie → Jugendsozialarbeit. Diese differenzierte sich recht früh in die verbandliche sowie kommunale Jugendarbeit, sie veränderte sich zudem im Laufe des 20. Jh. in ihrem Profil und entwickelte sich weg von der eingriffsorientierten und kontrollierenden Jugendfürsorge hin zu einer bildungs- und adressatenorientierten Jugendsozialarbeit (Thole).

Als vierte Wurzel sind die ab Mitte des 19. Jh. durch Oberlin, Fröbel, Fliedner u.a. gegründeten Angebote vorschulischer Betreuung (Kleinkinderschulen, Kleinkinderbewahranstalten) zu betrachten. In den kirchlichen und privaten Einrichtungen stand zunächst der Kerngedanke des Bewahren und Betreuens im Vordergrund, Fliedner erweiterte diesen um den Aspekt der religiösen Erziehung, und Fröbel gab 1840 seiner außerfamilialen Kleinkinderbetreuung den Namen Kindergarten, eine Bezeichnung, die als vorschulische Betreuungsform bis weit in das 20. Jh. hinein bestehen blieb. Aus diesen Anfängen außerfamiliären Betreuung und Erziehung entwickelten sich im Laufe der Jahrzehnte die unterschiedlichen familienergänzenden → Kindertageseinrichtungen wie Kindertagesstätte, -hort, -krippe.

Als fünfte Wurzel war die englische Settlement-Bewegung von Bedeutung. Toynbee und Barnetts Interesse an sozialen Reformen und bürgerlicher Verantwortung führten 1884 zur Einrichtung der Toynbee-Hall in London als erstem Settlement. In dieser bildeten wohlhabende und gebildete Bürger/innen eine Nachbarschaft, um für kulturelle Angebote und soziale Verbesserungen im Stadtteil einzutreten. J. Addams gründete 1889 das Hull House in Chicago und entwickelte erste Ansätze einer interkulturellen Arbeit. Settlements als Vorläufer einer gemeinwesenorientierten Sozialen Arbeit wurden u.a. von A. Salomon mit ihren Arbeiterinnenclubs aufgegriffen.

*Auftrag und Funktion*: Soziale Arbeit ist von heute aus betrachtet ein zentrales Produkt der Moderne. Sie ist eine zentrale Reaktion auf die mit der Modernisierung einhergehenden Phänomene sozialer Desintegration und Entfremdung (Böhnisch) und hat sich im Verlauf des 20. Jh. und ihrer Institutionalisierung (→ Institutionelle Sozialarbeit), → Professionalisierung und Akademisierung zu einem genuinen Bestandteil einer ausdifferenzierten modernen Gesellschaft entwickelt. Soziale Arbeit ist zu verstehen als Verbindung der historisch verankerten Aufgaben der besonderen Unterstützung in spezifischen Problemlagen von Menschen mit den im Laufe des 20. Jh. immer deutlicher werdenden Aufgaben der Unterstützung in den »normalen« Lebensbewältigungsforderungen und Krisen der Moderne.

Als integraler Bestandteil moderner Infrastruktur ist Soziale Arbeit eingebettet in Politik und Sozialpolitik. Sie ist von daher zentraler Bestandteil der zunehmenden Vergesellschaftung der → Lebenswelt und Aufgaben der Lebensbewältigung (Thiersch). Soziale Arbeit agiert als intermediäre Instanz mit durchaus ambivalentem Charakter. In der Vermittlung lebensweltlicher Bewältigungsmuster und gesellschaftlicher Ansprüchen bewegt sie sich im Spannungsfeld von Hilfe und Kontrolle sowie von Abweichung und Normalität. Professionelle der Sozialen Arbeit sind hier herausgefordert, Zugänge zu Menschen zu finden, Vertrauen aufzubauen sowie Freiwilligkeit herzustellen – selbst dann, wenn Menschen unfreiwillig zu Adressat/innen Sozialer Arbeit werden oder wenn aus gesellschaftlicher Perspektive problematische Deutungs- und Handlungsmuster für die Adressat/innen selbst zentrale Normalitätsmuster darstellen. Soziale Arbeit gerät so in der zweiten Moderne zunehmend in eine paradoxe Situation: Einerseits soll sie (gesellschaftliche) Normalität herstellen, andererseits werden gesellschaftliche Normalitätsmuster zunehmend brüchig, entgrenzt und soziale Probleme individualisiert.

Nach einer Definition des → Deutschen Berufsverbands für Soziale Arbeit (DBSH) von 2014 ist Soziale Arbeit zugleich eine »praxisorientierte Profession und eine wissenschaftliche Disziplin, dessen bzw. deren Ziel die Förderung des sozialen Wandels, der sozialen Entwicklung und des sozialen Zusammenhalts sowie die Stärkung und Befreiung der Menschen ist. Die Prinzipien der sozialen Gerechtigkeit, die Menschenrechte, gemeinsame Verantwortung und die Achtung der Vielfalt bilden die Grundlagen der Sozialen Arbeit.«

*Methoden und Handlungsfelder:* Das 20. Jh. war nicht nur das Jahrhundert der Institutionalisierung, → Professionalisierung und Akademisierung Sozialer Arbeit, sondern auch das Jahrhundert der Ausdifferenzierung und Weiterentwicklung ihrer Methoden und Handlungsfelder. Diese sind dadurch charakterisiert, dass in ihnen öffentlich organisierte, soziale und/oder pädagogische Angebote zur Lebensbewältigung und/oder → Bildung initiiert werden (Thole). Dabei können zunächst die Felder der Kinder- und Jugendhilfe, der (auf Erwachsene orientierten) Sozialen Hilfen, der Altenhilfe sowie der → Hilfen zur Gesundheit unterschieden werden. Arbeitsfelder können zudem nach lebensweltunterstützenden, -ergänzenden und -ersetzenden Angeboten weiter ausdifferenziert werden (Thiersch).

Methoden Sozialer Arbeit beziehen sich vorrangig auf die Soziale Arbeit und ihre Professionellen, sie fragen nach der Strukturierung, Kontrolle und Handhabung der Wirkungen und Nebenwirkungen professionellen Handelns (→ Wirkungsanalyse), ihrer organisationalen und institutionellen Einbindung; zudem sind sie ein Bestandteil der Professionalisierung Sozialer Arbeit. Methoden sind in sich ambivalent zu verstehen, sie sind einerseits positiv für die Adressat/innen Sozialer Arbeit, da sie Rationalität, Kalkulierbarkeit und Distanz gewährleiten. Andererseits sind Methoden konservativ, orientieren sich am Gegebenen und erschweren kreative Lösungen (Winkler). Methodisches Handeln bedarf von daher auch der Strukturierten Offenheit (Thiersch), einer situativen Offenheit, die von der Eigensinnigkeit der Adressat/innen ausgeht und interessiert ist an einem ganzheitlichen Zusammenhang von Lebensschwierigkeiten und den in der Lebenswelt verfügbaren → Ressourcen und → Kompetenzen.

Die Anfänge methodischen Handelns in der Sozialen Arbeit wurden bereits von A. Salomon beeinflusst. Mit ihrer Veröffentlichung »Soziale Diagnose« versuchte sie in den 1920er-Jahren die von M. Richmond in den USA entwickelte Methode des Case Work auch in Deutschland zu verankern. Als klassische Methoden der Sozialen Arbeit, die bis in die 1970er-Jahre Ausbildung und Praxis dominierten und bis heute von Relevanz sind, gelten die aus der angloamerikanischen Tradition importierte soziale → Einzel(fall)hilfe, → Soziale Gruppenarbeit sowie die → Gemeinwesenarbeit. Die Methodenkritik der 1970er-Jahre sowie die Handlungskompetenzdebatte in den 1980er-Jahren führten zu einer weitergehenden wissenschaftlichen Begründung methodischen Handelns und zu einer Ausdifferenzierung und Weiterentwicklung der genannten Methoden.

Galuske unterscheidet direkt interventionsbezogene Konzepte und Methoden von indirekt interventionsbezogenen Methoden (→ Supervision, → Selbstevaluation) sowie von struktur- und organisationsbezogenen Methoden (→ Sozialmanagement, → Jugendhilfeplanung, → Sozialplanung). Bei den direkt interventionsbezogene Konzepten und Methoden sind einzelfall- und primärgruppenbezogene Methoden wie soziale Einzel(fall)hilfe, sozialpädagogische → Beratung, klientenzentrierte Beratung, multiperspektivische Fallarbeit, → Case-Management und → Mediation von gruppen- und sozialraumbezogenen Methoden wie Soziale Gruppenarbeit, → Themenzentrierte Interaktion, Gemeinwesenarbeit, → Sozialraumorientierung, → Erlebnispädagogik, → Empowerment, → Streetwork, → Prävention sowie sozialer Netzwerkarbeit zu unterscheiden.

Expansion und Ausdifferenzierung von Handlungsfeldern und Methoden Sozialer Arbeit, die vermutlich noch nicht an ihr Ende gekommen sind, werden seit einigen Jahren zunehmend infrage gestellt. So zeigen sich derzeit Entwicklungen, die erkennen lassen, dass sich die Soziale Arbeit unter verstärktem ökonomischem und gesellschaftlichem Druck befindet und nach einer Phase der Expansion in eine Phase des Abbaus, zumindest aber des Umbaus geraten ist.

*Theorien Sozialer Arbeit:* Die Theoriediskussion in der Sozialen Arbeit ist charakterisiert durch das Nebeneinander unterschiedlicher Positionen (Theorienpluralismus). Dieser kann im Anschluss an Mittelstraß und Stichweh als Indikator für eine entwickelte sozialwissenschaftliche Disziplin und die Normalisierung der Theoriedebatte verstanden werden. Das heißt, es gibt nicht die eine Theorie Sozialer Arbeit, sondern Theorien und ein Netz von Kommunikationen zwischen den unterschiedlichen Theoriepositionen.

Zur begrifflichen Schärfung des Theoriebegriffs sind Konkretisierungen sinnvoll. Unter Theorie sind einerseits vielfältige theoretische Diskurse zu Detailfragen einer sozialwissenschaftlich fundierten Sozialen Arbeit zu verstehen, z.B. zu → Lebenslagen von Menschen, zum Spannungsfeld von Normalität und Abweichung, zu Methoden und Handlungsfeldern, zur Struktur von Trägern und Institutionen der Sozialen Arbeit. Daneben scheint es sinnvoll, hiervon Theorie der Sozialen Arbeit i.e.S. zu unterscheiden. Theorie bzw. Theorien Sozialer Arbeit zielen auf die Klärung des Status und Wissenschaftscharakters der Sozialen Arbeit, auf die Beschreibung und Klärung ihres Gegenstandsbereiches und ihrer Funktion(en), auf ihre historische Selbstvergewisserung und die Positionierung gegenüber anderen Disziplinen und dem Bereich der professionellen Praxis. Sie entwerfen dabei ein spezifisches und in sich (möglichst) konsistentes System.

In Blick auf die Pluralität von Theorien Sozialer Arbeit sind einige zentrale Strukturmerkmale zu identifizieren (Kristallisationspunkte), die Theorien i.e.S. charakterisieren: (1) Theorien der Sozialen Arbeit setzen eine Bestimmung des Gegenstands der Sozialen Arbeit als Wissenschaft, aber auch der Praxis voraus. (2) Sie bestimmen ihren Wissenschaftscharakter im Kontext der unterschiedlichen historischen Traditionen und wissenschaftlichen Bezüge Sozialer Arbeit, hierzu gehört auch die Klärung der genuinen Identität Sozialer Arbeit im Verhältnis zu anderen Disziplinen unter dem Aspekt der Transdisziplinarität. (3) Sie klären das Verhältnis von Theorie und Praxis (→ Theorie-Praxis-Verhältnis), d.h. die wissenssoziologische Frage nach der Differenz der unterschiedlichen Wissensformen in Theorie und Praxis, dem Disziplin- und Professionswissen sowie nach der Relationierung der unterschiedlichen Wissensformen. (4) Sie beschreiben und klären die gesellschaftlichen und sozialen Rahmenbedingungen Sozialer Arbeit. (5) Sie diskutieren die Lebenslagen und Lebensweisen der Adressat/innen und beschrieben diese dabei auch in der Spannung von Normalität und Abweichung. (6) Sie analysieren die Organisation und Institutionen der Sozialen Arbeit und ihre Ausdifferenzierung in Institutionalisierungs- und Arbeitsprogrammen. (7) Sie zielen auf eine Konkretisierung der professionellen Handlungsmuster der Sozialen Arbeit. Diese erfolgt im Horizont einer Analyse der allgemeinen Strukturen eines helfenden, erziehenden, bildenden und unterstützenden Handelns in seiner Spannung von asymmetrischer und symmetrischer Kommunikation, in seiner Verbindung von Nähe, Stellvertretung und Distanz, in seinen strukturellen Widersprüchen oder Paradoxien. Diese Handlungsmuster müssen für unterschiedliche Arbeitsfelder und unterschiedliche Settings und Handlungsformen differenziert werden und in Abgrenzung zu anderen Professionen bestimmt werden. (8) Soziale Arbeit als Wissenschaft ist immer auch mit berufsethischen Fragestellungen und ihren normativen Voraussetzungen konfrontiert. Theorien Sozialer Arbeit klären von daher auch die sozialethischen Grundlagen des professionellen Handelns sowie die in der Praxis vorfindlichen, oftmals nicht bewussten normativen Konzepte.

In den vergangenen Jahrzehnten hat sich die Theoriediskussion der Sozialen Arbeit in ihrem Selbstverständnis konsolidiert und differenziert. In Blick auf die Wissenschaft wie auch die Profession Soziale Arbeit sind insbesondere folgende Theoriepositionen von Relevanz: alltags, lebenswelt- und bewältigungstheoretische Positionen (Thiersch; Böhnisch), systemtheoretische und system(ist)ische Positionen (Bommes; Scherr; Staub-Bernasconi; Kleve), ökosoziale Positionen (Wendt), profession- und professionalisierungstheoretische Positionen (Dewe/Otto; Schaarschuch; B. Müller), bildungs- und diskurstheoretische sowie kritische Positionen (Mollenhauer; Winkler; Sünker).

*Ausblick und Perspektiven:* Zu Beginn des 21. Jh. und mit den Herausforderungen der (zweiten) Moderne mit ihren Phänomen von Individualisierung, Entgrenzung und Auflösung von Nationalstaatlichkeit stellt sich die Frage, wie es gelingen kann, → soziale Gerechtigkeit und lebensweltliche Bewältigungsorientierung als Kernprinzipien einer den Menschen zugewandten Sozialen Arbeit in Zukunft zu sichern. Soziale Arbeit steht heute vor vielfältigen Aufgaben und Herausforderungen: Prozesse der Biografisierung, → Globalisierung und Ökonomisierung, der Strukturwandel der Arbeitsgesellschaft sowie die Entwicklung hin zu einer Einwanderungsgesellschaft stellen neue Anforderungen an die Integrationskraft des Sozialstaates und erfordern veränderte Strategien der System- und Sozialintegration.

Soziale Probleme als öffentliche Aufgabe werden dethematisiert und privatisiert. Soziale Arbeit ist dabei sowohl zwischen Staat und Markt als auch zwischen dem Anspruch von sozialer Gerechtigkeit und Aufgaben der Lebensbewältigung angesiedelt. Gleichzeitig bewegt sie sich zwischen öffentlicher Verantwortung und professionell unterstützten Bürgeraktivitäten und benötigt verlässliche materielle und rechtliche Absicherung durch politische wie institutionelle Rahmungen.

Vor diesem Hintergrund kommt Sozialer Arbeit eine zunehmende Bedeutung und gesellschaftliche Relevanz und Eigenständigkeit zu. Dies belegt auch die Weiterentwicklung und Verstetigung akademischer Ausbildung in weitere Arbeitsfelder hinein (→ Studium der Sozialen Arbeit) sowie der zunehmende Fachkräftemangel z.B. in den Feldern Frühe Bildung, Erziehungshilfen, Gesundheit. Offen bleibt hier die Frage, inwieweit dies zu einer Ausweitung und Stärkung der Angebote Sozialer Arbeit an den gesellschaftlichen Rändern oder zu einer weiteren Normalisierung der Sozialen Arbeit als soziale Dienstleistung für alle führt.

*Lit.* Füssenhäuser, C.: Theoriekonstruktion und Positionen der Sozialen Arbeit, in: Otto, H.-U./Thiersch, H. (Hrsg.): Handbuch Soziale Arbeit, 5. Aufl., München 2015, S. 1755–1769; Füssenhäuser, C./Thiersch, H.: Theorie und Theoriegeschichte der Sozialen Arbeit, in: Otto, H.-U./Thiersch, H. (Hrsg.): Handbuch Soziale Arbeit, 5. Aufl., München 2015, S. 1741–1754; Galuske, M.: Methoden der Sozialen Arbeit: Eine Einführung, 10. Aufl., Weinheim 2013; Hering, S./Münchmeier, R.: Geschichte der Sozialen Arbeit: Eine Einführung, 5. Aufl., Weinheim 2014; May, M.: Aktuelle Theoriediskurse sozialer Arbeit: eine Einführung: 3. Aufl., Wiesbaden 2010; Thiersch, H.: Soziale Arbeit und Lebensweltorientierung. Konzepte und Kontexte. Gesammelte Aufsätze, Band 1, Weinheim 2015; Thole, W. (Hrsg.): Grundriss Soziale Arbeit: Ein einführendes Handbuch, 4. Aufl., Wiesbaden 2011;Wendt, W.: Geschichte der Sozialen Arbeit, Bd. 1 u. 2, 5. Aufl., Stuttgart 2008.

*Cornelia Füssenhäuser*

**Soziale Ausgrenzung** Der Begriff s. A. bezieht sich auf ähnliche Sachverhalte wie die Begriffe »underclass« und »exclusion«, die der US-amerikanischen bzw. französischen Soziologie entstammen. Gemeint ist ein extremer und dauerhafter Zustand der Unterversorgung, → Diskriminierung oder Isolation, der einem weitgehenden Ausschluss vom gesellschaftlichen Leben gleichkommt. Demnach wird → soziale Benachteiligung nicht nur als ein Problem der Verteilung ökonomischer → Ressourcen (→ Einkommensverteilung) begriffen, sondern auch als Problem des Ausmaßes sozialer → Integration. S. A. ist ein mehrdimensionaler Prozess. Er kann verschiedene Formen annehmen und sich nicht nur auf die häufig betrachtete Ausgrenzung vom → Arbeitsmarkt, sondern auch auf ökonomische, kulturelle, soziale, räumliche und institutionelle Sachverhalte bzw. Lagen beziehen. Besonders gravierend ist es, wenn eine Ausgrenzung vom Arbeitsmarkt mit einer Ausgrenzung aus anderen gesellschaftlichen Bereichen einhergeht. Die Ausgrenzung vom Arbeitsmarkt liegt vor, wenn Individuen nur prekär beschäftigt (→ geringfügige Beschäftigung) oder arbeitslos sind und nur eine geringe Chance haben, jemals (wieder) eine reguläre Erwerbsarbeit ausführen zu können. Der Begriff der ökonomischen Ausgrenzung meint, dass Personen nicht in der Lage sind, für ihren oder den Lebensunterhalt von Haushaltsmitgliedern aufzukommen. Ökonomische Ausgrenzung ist daher weitgehend identisch mit einem dauerhaften Verbleib in → Armut und geht meistens mit dem Bezug sozialstaatlicher Leistungen (→ Sozialleistungen) einher. So werden dauerhafte Arbeitslosigkeit und Einkommensarmut häufig als die wichtigsten Determinanten auch anderer Formen s. A. angesehen. Unter kultureller Ausgrenzung wird verstanden, dass Individuen nicht in der Lage sind, ihr Leben gemäß gesellschaftlich anerkannter Verhaltensmuster, Ziele und Werte einzurichten. Dies kann insbesondere dann mit negativen gesellschaftlichen Sanktionen einhergehen, wenn gesellschaftliche Ziele und Werte aufgegeben oder durch illegitime Mittel erreicht werden sollen. Eine spezielle Form der s. A. ist die gesellschaftliche Isolation, entweder als massive Reduktion von Sozialkontakten und geringem Rückhalt durch soziale Netzwerke oder als eine weitgehende Konzentration der Sozialkontakte auf Angehörige einer Subkultur oder eines sozialen Milieus. Für Personen, die von ökonomischer Ausgrenzung betroffen oder arbeitslos sind, ist eine gesellschaftliche Isolation besonders gravierend, da ihnen soziale Ressourcen zur Bewältigung ihrer prekären materiellen Lage fehlen. Eine räumliche Ausgrenzung lässt sich am Vorhandensein von benachteiligten Wohnvierteln ablesen. Hierzu zählen z.B. in den USA einige Armenviertel in Großstädten sowie manche Vororte französischer Großstädte, in denen überproportional viele arbeitslose oder marginal beschäftigte Jugendliche leben. In deutschen Großstädten wurden die Entstehung neuer Armutsgebiete und eine räumliche Verfestigung der Armutsbevölkerung in benachteiligten Wohngebieten beobachtet. Von einer institutionellen Ausgrenzung wird gesprochen, wenn vor allem staatliche Einrichtungen für bestimmte bedürftige Personen keine Leistungen erbringen und deren soziale Lage nicht verbessern können. Mitunter wird auch dann von institutioneller Ausgrenzung gesprochen, wenn Einrichtungen wie z.B. Schulen die Weichen für den weiteren Lebensweg so stellen, dass das Risiko zukünftiger s. A. erhöht wird.

Um das Ausmaß der s. A. zu bestimmen, ist zudem die Unterscheidung von objektiven und subjektiven Chancen von Bedeutung. So wird die → Lebenslage der Empfänger/innen von → Sozialhilfe oder → Arbeitslosengeld auch dadurch beeinflusst, wie sie ihre eigene Situation deuten und welche Bewältigungsstrategien sie verfolgen. Ausgrenzungserfahrungen werden von den Betroffenen häufig an ihrer beruflichen oder finanziellen Situation sowie an gesundheitlichen Problemen (→ Krankheit) festgemacht. Die s. A. wird dann verschärft, wenn es diesen Personen nicht gelingt, die alltäglichen und institutionellen Probleme zu lösen, die als Folge ihrer prekären finanziellen, beruflichen oder gesundheitlichen Lage auftreten. Schließlich wird man insbesondere dann von s. A. sprechen können, wenn Personen dauerhaft unter mehreren Formen objektiver und subjektiver Chancenlosigkeit leiden.

Der Begriff der s. A. ist v.a. aus zwei Gründen umstritten. Erstens wird unterstellt, dass sozial Ausgegrenzte eine Bevölkerungsgruppe bilden, die durch bisherige Konzepte der sozialen Schicht oder Klasse nicht mehr hinreichend präzise erfasst werden können. Ob es aber Spaltungen der → Gesellschaft gibt, die nicht die üblichen vertikalen Ungleichheitsdimensionen markieren, sondern – diese überlagernd – eine gesellschaftliche → Inklusion und → Exklusion, ein »Drinnen« und »Draußen« beinhalten, ist ebenso umstritten wie die Frage, wo und wie tief diese Spaltungen genau verlaufen. Zweitens hat die dynamische Armutsforschung, also die Untersuchung von Sozialhilfe- oder Armutsverläufen, gezeigt (→ Lebenslaufforschung), dass der Verbleib in diesen marginalisierten Lebenslagen häufig nicht dauerhaft ist. Es gibt zwar eine beträchtliche Mobilität in die Armut oder → Arbeitslosigkeit, doch ist sie für viele kein lang anhaltender Zustand. Nur dann wäre es aber sinnvoll, von einer »sozialen Schicht« i.S. einer abgegrenzten und abgrenzbaren gesellschaftlichen »Randgruppe« oder »Unterschicht« zu sprechen. Insofern besteht kein Konsens darüber, ob der Begriff der s. A. zur Beschreibung der → Sozialstruktur geeignet ist.

*Lit.* Böhnke, P.: Am Rande der Gesellschaft. Risiken sozialer Ausgrenzung, Opladen 2006; Groh-Samberg, O./Voges, W.: Armut und soziale Ausgrenzung. In: Mau, S./Schöneck, N. M. (Hrsg.): Handwörterbuch zur Gesellschaft Deutschlands, 3. Aufl., Wiesbaden 2013, S. 58–79; Kronauer, M.: „Soziale Ausgrenzung“ und „Underclass“: Über neue Formen der gesellschaftlichen Spaltung, Leviathan 1/1997, S. 28–49; Leisering, L./Buhr, P.: Dynamik von Armut, in: Huster, E.-U./Boeckh, J./Mogge-Grotjahn, H. (Hrsg.): Handbuch Armut und Soziale Ausgrenzung, 2. Aufl., Wiesbaden 2012, S. 118–132.

*Michael Wagner*

**Soziale Benachteiligung** In den Debatten um die → Sozialstruktur, die Bedingungen des Aufwachsens und das Bildungssystem (post-)moderner → Gesellschaften hat der Begriff s. B. – oder auch Unterprivilegierung, Deprivation, → Exklusion – seit Beginn des 20. Jh. eine lange Tradition. So waren die soziale und ethnische Herkunft, die sozialräumlichen Sozialisationsbedingungen (Soziale Milieus, → Sozialraum, → Familie, → Peergroups), das gegliederte und ausgrenzende Schulsystem sowie die Einmündung in Ausbildung und Arbeit wiederholt Gegenstand der Forschung und Thema der Gesellschafts-, Bildungs- und → Sozialpolitik. Es hat sich ein Verständnis von strukturell (und sozialisationsvermittelt) verursachten und kollektiven s. B. (von sozialen und ethnischen → Gruppen) etabliert, das v.a. mit Erfahrungen von → Arbeitslosigkeit und → Armut sowie prekären Lebensbedingungen und Exklusion verbunden ist.

In der neueren Forschung zu → Sozialer Ungleichheit mit ihrer Unterscheidung von »alten« und »neuen« Dimensionen s. B. werden neben strukturell verursachten Desintegrations-, Exklusions- und Armutsprozessen v.a. auch die subjektive Verarbeitung, der Pluralismus der individuellen und milieubezogenen Lebensweisen und der Wertevorstellungen thematisiert. Die Folgen der → Globalisierung, von Freisetzungs- und Entgrenzungsprozessen, des Strukturwandels der Arbeitsgesellschaft und die »Krise« des nationalen → Sozialstaats haben einerseits die Grundspannung des Verhältnisses von Individuellem und Sozialem, von → Inklusion und Exklusion neu deutlich gemacht; andererseits hat dies zu neuen sozialintegrativen Suchbewegungen wie auch Bewältigungsstrategien bei den Betroffenen geführt.

In der Sozial-, Arbeits- und Bildungspolitik sowie der Sozialen Arbeit gibt es zahlreiche staatliche Programme und Projekte (u.a. → Soziale Stadt, berufliche Integration, integrierte Sozial- und → Bildungslandschaften), mit deren Hilfe s. B. abgebaut und Lebenschancen verbessert werden sollen; gleichzeitig wird der Anpassungs- und Kontrolldruck (→ soziale Kontrolle) auf die Betroffenen erhöht. Dabei richtet sich v.a. seit → Internationalen Vergleichsstudien wie PISA der Blick auf die junge Generation und die herkunftsbedingten sozialen und ethnischen Bildungsbenachteiligungen, dann auf die »Schere« auf dem Ausbildungs- und → Arbeitsmarkt und die Probleme der Übergänge sowie der beruflich-sozialen Integration. Damit wird die traditionsreiche Debatte um Konzepte von → sozialer Gerechtigkeit und Bildungsgerechtigkeit (→ Chancengerechtigkeit), um Gerechtigkeits- und Verteilungsnormen in einer Demokratie, um → Teilhabe und → Integration erneut aufgenommen und deren Regulierung zwischen Staat, Markt und sozialer Bürgergesellschaft (→ Zivilgesellschaft) dann auch anhand von Konzepten wie → Soziales Kapital, → Empowerment und → Ressourcen diskutiert. Bildungs- und Sozialstaat bleiben einerseits Garant für soziale Integration und Sicherheit für die Mehrheit der Bürger/innen; andererseits wird der Abschied vom »alten« Sozialstaatsmodell mit seinen Regulierungen markiert und es werden neue Wege im Spannungsverhältnis von sozialstaatlicher Absicherung und der Autonomie der Menschen gesucht (z.B. Bürgergeld [ → Grundsicherung], garantiertes Mindesteinkommen, → Grundeinkommen).

*Benno Hafeneger*

**Soziale Berufe** (gelegentlich auch: Sozialberufe) ist ein Sammelbegriff für eine gegenüber anderen Berufsgruppen nicht eindeutig abgegrenzte Gruppe von Berufen, die mit sozialen und pflegerischen Dienstleistungen, sozialer Hilfe und Kontrolle, Beratung, Erziehung, Betreuung, Unterstützung und verwandten Formen personennaher Tätigkeiten im Sozial-, Gesundheits- und Bildungswesen, teilweise auch im Justizwesen und der Arbeitsverwaltung betraut sind. Durch ihre professionalisierte Kommunikations-, Vermittlungs- und Organisationsarbeit helfen sie, Leid zu mindern, Not abzuwenden, persönliche Entwicklung und gemeinschaftlichen Zusammenhalt zu fördern und schließlich auch die soziale Ordnung zu stabilisieren. S. B. üben damit elementare zwischenmenschliche, gemeinschaftliche und gesellschaftliche Funktionen aus.

Eine abschließende Auflistung der s. B. ist wegen der Unschärfe des Begriffs nicht möglich. Es lassen sich jedoch drei nach Umfang gestaffelte Begriffsvarianten unterscheiden: In der engsten Variante sind nur die zentralen sozialpädagogischen Berufe enthalten, also die in der → Sozialen Arbeit oder Kindheitspädagogik mit Fachhochschul- oder Universitätsabschluss Tätigen sowie die → Erzieher/innen und Kinderpfleger/innen bzw. → Sozialassistent/innen. Die mittlere Variante umfasst darüber hinaus die Heilpädagog/innen (→ Heilpädagogik), Heilerziehungspfleger/innen (→ Heilerziehungspflege) und die in spezialisierten Pädagogikfeldern Tätigen wie z.B. Sonderpädagog/innen (→ Sonderpädagogik), aber auch Kultur- und Medienpädagog/innen (jedoch ohne Lehrer/innen) sowie die Altenpfleger/innen. Diese mittlere Begriffsvariante ist die gängigste. Im weitesten Verständnis des Begriffs kommen noch hinzu: die anderen → Pflegeberufe, die sonstigen → Gesundheitsberufe (auch Diätassistent/innen, Motopädagog/innen), die seelsorgerischen und die Beratungsberufe (→ Beratung) sowie in beschränktem Umfang Bildungsberufe (Lehrer/innen). Jedoch werden → Freiwilligendienste, obwohl sich deren Tätigkeitsspektrum mit denen einfacher s. B. teilweise deckt, nicht zu den s. B. gezählt, weil es sich nicht um berufliche Tätigkeiten i.e.S. handelt.

Rechtlich gesehen unterscheiden sich die s. B. von den Heilberufen durch die gesetzgeberische Zuständigkeit: die Mehrzahl der s. B. unterliegen dem Landesrecht. Die s. B. der Sozialarbeit/Sozialpädagogik, Kindheitspädagogik, Heilerziehungspflege, Heilpädagogik und der Erzieher/innen sind in Deutschland durch Landesgesetze reglementiert und mit einer staatlichen Anerkennung verbunden. Die Heilberufe unterliegen dagegen nach Art. 74 Abs. 1 → Grundgesetz (GG) dem Bundesrecht. Mit Urteil des → Bundesverfassungsgerichts vom 24.10.2002 wurde auch die Altenpflege ein »anderer« (d.h. nichtärztlicher) Heilberuf im Sinne des Art. 74 GG und mit dem im Januar 2016 vom Bundeskabinett beschlossenen Pflegeberufsgesetz werden die Gesundheits- und Kranken-, die Kinderkranken- und die Altenpflege in eine generalistische Ausbildung zusammengeführt. Bundesrechtlich geregelt sind des Weiteren Gesundheitsfachberufe wie die der der Physiotherapie, → Ergotherapie und → Logopädie. Dagegen unterliegen die sog. Helferberufe wie die der Alten- und Krankenpflegehilfe der Regelungskompetenz der Länder.

Zu den landesrechtlich geregelten s. B. gehören ferner die Erzieher/innen. Das Tragen der Berufsbezeichnung »staatlich anerkannter Erzieher/staatlich anerkannte Erzieherin« ist nach Vereinbarung der → Kultusministerkonferenz vom 28.1. 2000 an die erfolgreich abgeschlossene Ausbildung und meist weitere im Landesrecht festgelegte Voraussetzungen gebunden (ähnlich: Heilpädagogik). Die staatliche Anerkennung für → Sozialarbeiter/innen und Sozialpädagog/innen mit Bachelorabschluss ist in vielen Bundesländern Voraussetzung für die Berufsausübung. Die landesrechtlichen Voraussetzungen für die Erteilung der staatlichen Anerkennung unterscheiden sich in ihrer Regelungsstiefe, orientieren sich aber grosso modo an den Vorschlägen des → Fachbereichstages Soziale Arbeit, nach denen neben dem Bachelorabschluss in einem → Studium der Sozialen Arbeit die ausgewiesene Kenntnis der relevanten deutschen Rechtsgebiete, eine mindestens 100-tägige angeleitetete Praxistätigkeit in anerkannten fachlich ausgewiesenen Einrichtungen der Sozialen Arbeit und eine kritische Reflexion des erworbenen Fachwissens unter den Bedingungen angeleiteter Praxis gefordert ist. Die staatliche Anerkennung für Kindheitspädagog/innen geht auf eine Empfehlung der Jugend- und Familienministerkonferenz der Länder (JFMK) im Jahr 2010 zurück und ist mittlerweile (2015) in den meisten Bundesländern umgesetzt. Auch hier ist die Regelungstiefe unterschiedlich. Sie reicht vom erfolgreichen Abschluss eines Bachelorstudienganges (Baden-Württemberg) bis zu detaillierten inhaltlichen Voraussetzungen, die die Studiengänge erfüllen müssen in Verbindung mit dem Nachweis, sich nicht eines Verhaltens schuldig gemacht zu haben, »aus dem sich die Unzuverlässigkeit zur Ausübung des Berufs ergibt, insbesondere nicht rechtskräftig wegen einer in § 72 a SGB VIII genannten Straftat verurteilt worden« zu sein (Bayern). Bei der Erteilung der staatlichen Anerkennung in den s. B. geht es allgemein darum, den Zugang zum Beruf an die Erfüllung festgelegter Mindeststandards der durchlaufenen Ausbildung zu knüpfen. Zu den für die s. B. wichtigen rechtlichen Regelungen zählt auch das Fachkräftegebot für die → Kinder- und Jugendhilfe im § 72 SGB VIII, das aber nur abstrakte Vorgaben macht und keine einzelnen Berufe bzw. Ausbildungen als Voraussetzung für den Fachkräftestatus nennt (ähnlich auch § 6 SGB XII) (→ Ausbildung in sozialen Berufen).

Die s. B. waren seit ihren Anfängen im 19. Jh. Frauenberufe und sind es bis heute im Wesentlichen geblieben. Der Name »Soziale Frauenschulen« belegt die weibliche Ausrichtung für die Gründerzeit der beruflichen Ausbildung in der Sozialen Arbeit vor ca. 100 Jahren (vgl. Salomon). Diese soziale Berufstätigkeit entsprang zu guten Teilen der bürgerlichen Frauenbewegung. Sie stellte für Frauen eine der wesentlichen Eintrittspforten in die Arbeitswelt dar und auch heute noch sind die fach- und hochschulischen Bildungsgänge für viele junge Frauen der erste tertiäre Bildungsweg innerhalb ihrer Herkunftsfamilie. Die s. B. sind damit also typische Aufstiegsberufe, v.a. für den Bildungsaufstieg, weniger i.S. eines zu erwartenden Einkommenszuwachses. Immerhin aber erlangen in den s. B. nach den Angaben des Statistischen Bundesamtes relativ viele Frauen Führungspositionen: Nach einer Auswertung für das Jahr 2012, der die Berufklassifikation ISCO-08 zugrundliegt, ist der Frauenanteil bei den Führungspositionen im Berufsfeld Unterricht und Erziehung im Jahr 2012 mit erstaunlichen 65% angegeben, im Feld Gesundheits- und Sozialwesen liegt er bei 54%. Bei einer entsprechenden Zählung für das Jahr 2010 auf Basis der Vorgängerklassifikation ISCO-88 lagen diese Anteile noch weit darunter: Für Unterricht und Erziehung bei 49% und im Gesundheits- und Sozialwesen bei 44%. Der hohe Zuwachs in kurzer Zeit dürfte zwar in der Hauptsache methodisch durch den Wechsel des Klassifikationssystems bedingt sein, gleichwohl lässt sich im Vergleich zu anderen Branchen festhalten, dass der Frauenanteil an Führungspositionen im Feld der s. B. besonders groß ist. Der Männeranteil an den Beschäftigten in der Sozialarbeit/Sozialpädagogik insgesamt liegt bei unter 20%, in → Kindertageseinrichtungen bei etwa 5%. Heute spielt für den hohen Frauenanteil auch die Tatsache eine Rolle, dass viele Stellen in Teilzeit angeboten werden. Die überwiegende Mehrzahl der in den s. B. Tätigen arbeitet im Angestelltenverhältnis. In der Sozialarbeit/Sozialpädagogik gibt es auch einen kleinen Prozentsatz an Beamten und Selbstständigen.

S. B. sind mit der funktionalen Differenzierung der → Gesellschaft entstanden. Was in der traditionellen → Fürsorge (→ Geschichte der Sozialen Arbeit) von Laien oder Ordensleuten erbracht wurde, liegt heute zu guten Teilen in den Händen spezialisiert ausgebildeter → Fachkräfte, deren Handeln durch professionelle Traditionen oder explizite Professionalisierungsstrategien vorgezeichnet, durch gesetzliche Vorgaben gebunden und durch Wissenschaftlichkeit sowie sozialberufliche Ethik-Kodizes (→ Ethik in der Sozialen Arbeit) legitimiert ist. Zwar ist das nicht-professionelle Helfen (→ Hilfe/Helfen) in Form von Betreuung durch Angehörige, gegenseitiger Hilfe, privat erbrachter Pflege, ehrenamtlicher Tätigkeit etc. nach wie vor ein elementar wichtiger Teil der in Summe geleisteten Hilfen, jedoch sind die s. B. nicht durch freiwillige Hilfen und Ehrenamt ersetzbar (→ Ehrenamtliche/freiwillige Tätigkeit im sozialen Bereich). Wegen des derzeitigen und prognostizierten Fachkräftemangels und auch aufgrund zivilgesellschaftlicher Überlegungen ist es für beide Seiten wichtig, immer wieder Formeln für die ergänzende und kooperierende Zusammenarbeit auszuhandeln. Dazu gehört in hohem Maße die Qualifizierung des Ehrenamts. Die Abgrenzungsbemühungen seitens der s. B. gegenüber nicht professionellen Hilfen fußen in erster Linie auf fachlichen Erwägungen, können aber auch als ein symbolischer Aspekt des eigenen Professionalisierungsstrebens interpretiert werden. In jedem Falle stellen Anleitung und Qualifizierung des Ehrenamtes eine eigene professionelle Herausforderung und Aufgabe für die s. B. dar. Die zunehmende Ausdifferenzierung sozialprofessioneller Tätigkeiten und ihrer Ausbildungen und die Konkurrenzen um berufliche Claims erfordern auch eine erhöhte Aufmerksamkeit für die Formen der Kooperation zwischen den einzelnen s. B. Dies gilt umso mehr, je weiter sich die s. B. in der Vertikale (hierarchisch) wie auch Horizontale (Spezialisierungen) weiter diversifizieren. Die akademischen Ausbildungen haben sich mit dem Bolognaprozess und den Hochschulstrukturreformen vervielfacht, insbesondere im Segment der Masterstudiengänge: auf diesem Wege haben sich z.B. das → Sozialmanagement als akademischer Beruf mit enger Beziehung zu den s. B., die → klinische Sozialarbeit und die → Schulsozialarbeit als Spezialisierung innerhalb der Sozialen Arbeit etabliert. Im Segment der Bachelorstudiengänge sind es v.a. die Studiengänge zur Erziehung und Bildung (akademisierte Erzieher/innenausbildung). Die Diversität der Berufe nimmt aber auch am unteren Ende der Qualifikationsskala zu: So beruht beispielsweise die »Fachkraft für Gesundheits- und Sozialdienstleistungen« auf einem Zertifikatslehrgang, der Pflegehelfer/innen die »Mitarbeit im Haushalt und der täglichen Versorgung« erleichtern soll. Für die → Kindertagespflege erfolgt auf Basis eines 160-Stunden-Curriculums eine Grundqualifizierung von Tagespflegepersonen.

Berufssystematisch werden die s. B. nicht ganz konsistent behandelt. In der seit 2011 gültigen, vom Statistischen Bundesamt herausgegebenen »Klassifizierung der Berufe 2010« (KldB 2010) finden sich s. B. nicht nur im Berufsbereich 8 (Gesundheit, Soziales, Lehre und Erziehung), sondern vereinzelt (Kultur- und Medienpädagogik) auch im Bereich 9, in dem sonst u.a. die Gesellschaftswissenschaften verortet werden. Innerhalb des Berufsbereiches 8 ist die Mehrzahl der s. B. in der Berufshauptgruppe 83 (Erziehung, soziale und hauswirtschaftliche Berufe, Theologie) untergebracht, aber auch bei den Gesundheitsberufen lassen sich verschiedene s. B. finden, wenn man den weiteren Begriff zugrunde legt. Auch die Hierarchisierung der Berufe nach Anforderungsniveaus in der KldB 2010 beinhaltet im Feld der s. B. gewisse Inkonsistenzen: Während die Berufe in der Kinderbetreuung und -erziehung nur für die beiden einfacheren der insgesamt vier Anforderungsniveaus verzeichnet sind (für Helfer- und Anlerntätigkeiten sowie für fachlich ausgerichtete Tätigkeiten), sind für die Berufe der Sozialarbeit/Sozialpädagogik nur die beiden höheren Niveaus (komplexe Spezialistentätigkeiten und hoch komplexe Tätigkeiten) vorgesehen. Insbesondere die Beschränkung der erzieherischen Berufe auf die beiden einfacheren Anforderungsniveaus entspricht nicht mehr der Ausbildungs- und Berufswirklichkeit, weil es inzwischen nicht nur viele kindheitspädagogische Bachelorstudiengänge, sondern auch schon eine Reihe einschlägiger Masterstudiengänge gibt und im Übrigen auch das Anforderungsniveau für die Beschäftigten in Kindertageseinrichtungen insgesamt merklich gestiegen ist. Ähnlich ist es bei der Alten- und der Fachkrankenpflege: Hier fehlt das höchste Anforderungsniveau.

In der durch die Europäische Kommission auf den Weg gebrachten »International Standard Classification of Occupations« ISCO-08, die in den Mitgliedsstaaten der → Europäischen Union seit dem Jahr 2011 die Vorgänger-Klassifikation ISCO-88 abgelöst hat, sind nicht Berufe abgebildet, sondern Tätigkeiten im Sinne von Aufgaben und Pflichten, die eine Person hat. Statt berufsfachlich gegliederte Gruppen aufzuführen, wird primär nach Tätigkeits- und Qualifikationsniveau aufgeschlüsselt und erst sekundär nach berufsfachlichen Kriterien. Deshalb sind die s. B. hier nicht in einer Gruppe zusammengefasst, sondern ziehen sich, wie andere Berufsgruppen auch, als ein loser Strang durch die weitgehend hierarchisch geschichteten Hauptgruppen: Von den »Führungskräften in der Erbringung von Dienstleistungen der Sozialfürsorge« über die akademisch ausgebildeten Sozialarbeiter/innen und die »nicht akademischen sozialpflegerischen Fachkräfte« bis zu verschiedenen s. B. auf niedrigem Qualifikationsniveau z.B. Kinderbetreuer/innen, Haus- und Familienpfleger/innen, Pflegehelfer/innen.

Der Bedarf an → sozialen Dienstleistungen und der Mengenzuwachs an Beschäftigten hängen mit der Entwicklung des → Wohlfahrtsstaates und der Etablierung sozialer Rechte zusammen. Die Beschäftigtenzahl ist seit den 1950er-Jahren drastisch gestiegen. Gleichwohl besteht heute ein Fachkräftemangel im pflegerischen und teils auch im erzieherischen und sozialarbeiterischen Bereich. Für die nahe bis mittlere Zukunft wird von verschiedenen Seiten ein Zuwachs des Fachkräftemangels prognostiziert. Die Geschichte der s. B. und möglicherweise auch ihre Zukunft sind also durch Expansion gekennzeichnet. Dies ist auch mit der → demografischen Entwicklung begründbar: einer abnehmenden Zahl von Arbeitskräften stehen voraussichtlich eine zunehmende Zahl an potenziellen Klient/innen bzw. Patient/innen gegenüber. Auch wenn man annimmt, dass durch Asyl- und Flüchtlingsmigration langfristig mehr Arbeitskräfte zur Verfügung stehen, dürfte dies mittelfristig den Fachkräftemangel nicht beheben, denn allein schon die Integration dieser Personengruppe in den Arbeitsmarkt erfordert den Einsatz vieler zusätzlicher Fachkräfte aus den s. B.

Die weitere Entwicklung der s. B. dürfte in mehrerlei Hinsicht dynamisch bleiben, alleine schon, weil der zunehmende Bedarf abzusehen und nicht klar ist, wie er zu decken ist. Zugleich stehen die s. B. unter einem steigenden Legitimationsdruck in puncto → Effektivität ihres beruflichen Handelns (Effektestudien) sowie Transparenz der eigenen Leistungen. Auch der Qualifizierungsdruck steigt. Beispiele für den erhöhten Qualifizierungsbedarf sind neben vielen anderen: haftungsrechtliche Fragen, evidenzbasiertes berufliches Handeln (evidence based social work), → Sozialdiagnostik, Umgang mit bzw. Nutzung von neuen Medien (→ Medienbildung), Digitalisierung der sozialen Dienste, interkulturelle Kommunikation. Auch das Zusammenwirken der s. B. ist Veränderungen unterworfen: Die stationäre wie auch ambulante Pflege beansprucht zunehmend auch sozialarbeiterische Funktionen für sich. Zugleich fördert der Kostendruck in der Pflege und bei anderen sozialen Dienstleistungen die Anstellung von Arbeitskräften ohne Fachkraftstatus. Was im Prinzip aber bestehen bleibt, ist die persönliche und institutionelle Verantwortung, die sich mit der Ausübung s. B. und dem damit privilegierten Zugang zur Privatsphäre der einbezogenen Menschen ergibt. Diese lässt sich durch formelhafte berufsethische Kodizes, wie sie heute verbreitet sind, nur bedingt einfangen. Der Mehrzahl der in den s. B. Tätigen fällt somit die Aufgabe persönlicher moralischer Auseinandersetzung mit den beruflich entstandenen Fragen in besonderem Maße zu.

*Lit.* Amthor, R. C.: Einführung in die Berufsgeschichte der Sozialen Arbeit, Weinheim/Basel 2012; Bundesagentur für Arbeit: Klassifikation der Berufe 2010, Bd. 1 u. 2, Nürnberg 2011; Buttner, P. (Hrsg.): Das Studium des Sozialen: aktuelle Entwicklungen in Hochschule und den sozialen Berufen, Berlin 2007; Heiner, M.: Soziale Arbeit als Beruf, 2. Aufl., München 2010; International Labour Organisation: ISCO-08 – International Standard Classificaton of Occupations, http://www.ilo.org/public/english/bureau/stat/isco/isco08/ (23.3.2016); Pundt, J./Kälble, K. (Hrsg.): Gesundheitsberufe und gesundheitsberufliche Bildungskonzepte, Bremen 2015; Rauschenbach, T./ Züchner, I.: Soziale Berufe, in: Horn, K. P. (Hrsg.): Klinckhardt Lexikon Erziehungswissenschaft, Bd. 3, Bad Heilbrunn 2012; Salomon, A.: Die Ausbildung zum sozialen Beruf, Berlin 1927; Soziale Berufe zwischen Fachkräftemangel und Akademisierung. Archiv für Wissenschaft und Praxis der sozialen Arbeit, Nr. 4/2012; Züchner, I./Cloos, P.: Das Personal der Sozialen Arbeit, in: Thole, W. (Hrsg.): Grundriss Soziale Arbeit, 4. Aufl., Wiesbaden 2012.

*Peter Buttner*

**Soziale Bewegungen** sind kollektive Aktivitäten von einer gewissen Dauer, die auf eine mehr oder weniger tiefgreifende Veränderung der → Gesellschaft oder deren Verhinderung abzielen und sich dabei überwiegend nicht institutionalisierter politischer Formen bedienen. Sie schaffen ein Wir-Gefühl, das in erster Linie durch gemeinsames Agieren geprägt, aber auch durch geteilte Überzeugungen, Symbole, Rituale, Sprache, Verhaltensweisen und andere Zeichen der Zugehörigkeit bekräftigt wird. Für ihre Ziele setzen s. B. in erster Linie auf Protest, mit dem sie auf die öffentliche Meinungsbildung, politische Gegner und staatliche Politik einzuwirken versuchen. Je nach Orientierung und Radikalität kann zwischen revolutionären und reformerischen, zwischen progressiven und reaktionären Bewegungen unterschieden werden.

Historisch hat sich der Begriff s. B. mit den frühbürgerlichen Revolutionen und dem Aufkommen der Arbeiterbewegung durchgesetzt und wird seitdem für eine Vielzahl kollektiver Aktionen reklamiert. In liberal verfassten Demokratien westlicher Prägung haben s. B. – neben Verbänden, Gewerkschaften und Parteien – einen festen Platz im System der politischen Interessenvermittlung erobern können. Sie agieren überwiegend auf lokaler Ebene, aber auch transnationale Mobilisierungen haben im Zuge beschleunigter Prozesse der → Globalisierung an Bedeutung gewonnen. Neben dieser politischen Dynamik entfalten s. B. eine soziokulturelle Praxis, bringen eigene Milieus und Einrichtungen hervor. S. B. fordern die soziokulturellen → Normen und Lebensweisen der Mehrheitsgesellschaft heraus und versuchen, alternative Orientierungen auch praktisch zu leben. Sie stellen zumeist nicht nur Forderungen an staatliche Politik, sondern versuchen ihre Bewegungsziele durch eine vorwegnehmende eigene Praxis zum Ausdruck zu bringen. Alternative Zuschreibungen von »Machtorientierung« einerseits und »Kulturorientierung« andererseits (Raschke) betonen jeweils spezifische Gewichtungen in einzelnen s. B.

In jüngerer Zeit hat sich das allgemeine Interesse v.a. auf die neuen s. B. konzentriert. Dieser Begriff hat sich als Sammelname für einen bestimmten Ausschnitt zeitgenössischer s. B. in den 1980er-Jahren in Westeuropa sowohl wissenschaftlich als auch in der politischen Öffentlichkeit eingebürgert. Auch wenn der Umfang der eingeschlossenen Einzelbewegungen nicht fest umrissen und für neue Protestthemen offen ist, gehören zumindest die neue Frauenbewegung, die Ökologie- und die neue Friedensbewegung zum definitorischen Kernbestand. Häufig werden auch die neue Schwulenbewegung, Solidaritätsbewegungen, Hausbesetzungen, neuere Studentenbewegungen, lokale Alternativprojekte, → Selbsthilfegruppen u.a. hinzugezählt. Die Gemeinsamkeiten dieser vielfältigen Einzelbewegungen sind in einem »links-libertären« Politikverständnis, in weitgehend gewaltfreien, auf öffentliche Debatten setzenden Mobilisierungen, einem projektorientierten Praxisverständnis und im Verzicht auf zentrale bürokratische → Organisationen sowie der Bevorzugung lockerer Vernetzungen zu sehen. Die Dominanz der neuen s. B. hat seit den 1990er-Jahren deutlich nachgelassen, auch wenn das Protestniveau hoch ist und ihre Initiativen keineswegs verschwunden sind. Dazu haben verschiedene politische Entwicklungen beigetragen. Zum ersten sind die Themen der neuen s. B. heute in allen Gesellschaftsbereichen und → Institutionen – allerdings mit begrenztem Einfluss auf das übrige politische Geschehen – zu finden. Zweitens gewinnen seit den 1990er-Jahren rechtsradikale Mobilisierungen, aber auch progressive Proteste entlang »alter« sozialer Themen (→ Arbeitslosigkeit, → Armut etc.) an Gewicht. Drittens schaffen ökonomisch vorangetriebene, kulturelle und soziale Globalisierungsprozesse neue Impulse für s. B. Die Folge ist ein schnelles Wachstum transnational agierender Gruppen und Organisationen, die nicht nur Gipfelkonferenzen und Regierungstreffen begleiten, sondern auch – wie Greenpeace, attac u.a. – eine dichte Folge von transnationalen Protesten und eigene Sozialforen hervorgebracht haben. Nicht zuletzt die krisenhafte Entwicklungen, die mit den jüngsten Globalisierungsprozessen verbunden sind (von den Finanz- und Bankenkrisen bis zu verstärkten Migrations- und Fluchtbewegungen), haben die Grenzen nationalstaatlich verfasster Demokratien und die Mängel im System der politischen Repräsentation sichtbar werden lassen. Es zeichnet sich eine neue Runde der Demokratisierungen liberaler Demokratien ab.

Die besondere Nähe zwischen s. B., → sozialen Berufen und → Sozialpolitik geht zurück auf eine Phase, in der → soziale Probleme und s. B. noch in der Einzahl verhandelt wurden. Die Arbeiterbewegungen des 19. Jh. konnten als »die« soziale Bewegung betrachtet werden. Spätestens seit dem beginnenden 20. Jh. gilt der Plural sowohl für s. B. als auch für soziale Probleme. S. B. sind zum Schwungrad für die Artikulation sozialer Probleme geworden, die dann in Wohlfahrtsverbänden, Sozialwissenschaften und staatlicher Politik »kleingearbeitet« werden. Zugespitzt in der Gleichsetzung »social problems as social movements« (Mauss) wird die kreative sozialpolitische Rolle der s. B. betont. Da soziale Probleme nicht »objektiv« vorgegeben sind, ist deren erfolgreiche Thematisierung ein vielstufiger öffentlicher Prozess, in dem der sichtbare Protest von s. B. wichtige Akzente setzt.

Gegen das Trugbild einer erfolgreichen sozialstaatlichen Lösung sozialer Fragen hatten bereits die neuen s. B. in ihren vielfältigen Initiativen mobilisiert. Thematisiert wurden nicht nur die Blind- und Schwachstellen → sozialer Dienste und Sicherungen, sondern auch ihre herrschaftlich-bevormundenden Formen. Erinnert sei an die Skandalisierung der Lebensbedingungen in totalen Institutionen (z.B. Kinder- und Jugendheime, psychiatrische Anstalten, Gefängnisse, Alten- und Pflegeheime) und die Versuche, Alternativen (Wohngemeinschaften, gemeindenahe, offene, niedrigschwellige Einrichtungen, ambulante Dienste, Selbsthilfegruppen) zu entwickeln, in denen die → Menschenrechte der Betroffenen respektiert und deren eigene Handlungspotenziale gefördert werden (→ »empowerment«). Mit ihren Randgruppenmobilisierungen, Krüppelinitiativen, Irrenoffensiven, Jugendzentrumsinitiativen, Altenmobilisierungen oder der Gesundheitsbewegung haben die neuen s. B. die politisch-kulturelle Doppelrolle von s. B. erfüllt. Es gibt wohl keinen Bereich der Sozial- und Gesundheitspolitik, in dem diese bewegte Infragestellung nicht stattgefunden hätte. Die enorme sozialpolitische Dynamik, die von der Skandalierung sozialer Missstände durch s. B. über bewegungseigene Alternativen bis zu sozialen Regeleinrichtungen reicht, lässt sich wohl am eindrucksvollsten am Beispiel männlicher → Gewalt gegen Frauen und Kinder zeigen. In den 1970er-Jahren setzte die neue Frauenbewegung Vergewaltigung und → sexuellen Missbrauch auf die politische Agenda und schuf eigene, zunächst meist »autonome« Einrichtungen wie → Frauenhäuser, Notrufe und Beratungsstellen, die oft nach wenigen Jahren in kommunale Regie genommen wurden. Ähnliches lässt sich für die kommunale → Selbsthilfeförderung oder die → Hospizbewegung zeigen. Der Aufschwung der Tafel-Initiativen signalisiert, dass die Dynamik der s. B. ungebrochen ist.

Die Nähe von Sozialpolitik und s. B. bringt es mit sich, dass die → Geschichte der Sozialen Arbeit und der → sozialen Berufe und ihrer → Professionalisierung nachhaltig von s. B. geprägt wurde und noch immer geprägt wird (Wagner). Unter der Überschrift »Mütterlichkeit als Beruf« (Sachße) wurden z.B. die Verbindungen zwischen historischer »bürgerlicher« Frauenbewegung und der Entwicklung des Berufsfeldes Sozialer Arbeit seit dem Ende des 19. Jh. freigelegt. Auch auf das modernisierte berufliche Selbstverständnis, das mit der akademischen Aufwertung und Professionalisierung seit der zweiten Hälfte der 1960er-Jahre einherging, wirkten s. B. ein. Die Anstöße aus der außerparlamentarischen Opposition und den neuen s. B. waren zeitweilig so nachhaltig, dass von einer »Sozialarbeiterbewegung« die Rede war (Baron u.a.). Sie nahm Abschied vom fürsorgenden Mitgefühl und klientelistisch-bürokratischer Fallbearbeitung, indem sie anwaltliche Interessenvertretung und gemeinsame Mobilisierung auf ihre Fahnen schrieb und in Projekten neue Formen Sozialer Arbeit erprobte. Die Suche nach einer »neuen Professionalität« sozialer Berufe ist keineswegs abgeschlossen. Eine weitere Verwissenschaftlichung ist ebenso im Gespräch wie eine verstärkte Orientierung an Arbeitsformen und Zielvorstellungen, die wesentliche Anstöße durch zeitgenössische s. B. erhalten haben – etwa die Orientierung an Empowerment, → Menschenrechten und globaler → sozialer Gerechtigkeit.

*Lit.* Baron, R. (Hrsg.).: Sozialarbeit zwischen Bürokratie und Klient, Offenbach 1978; Mauss, A. L.: Social Problems as Social Movements, Philadelphia 1975; Nowak, J.: Soziale Probleme und soziale Bewegungen, Weinheim 2010; Roth, R./Rucht, D. (Hrsg.): Die Sozialen Bewegungen in Deutschland seit 1945. Ein Handbuch, Frankfurt a.M./New York 2008; Sachße, C.: Mütterlichkeit als Beruf, Weinheim/München 2003; Wagner, L. (Hrsg.): Soziale Arbeit und Soziale Bewegungen, Wiesbaden 2009.

*Roland Roth*

**Soziale Dienste** Von → Fachkräften der → Sozialen Arbeit erbrachte Leistungen mit dem Ziel → soziale Probleme von Einzelnen, → Gruppen und Gemeinwesen zu lösen und durch → Prävention zu verhindern. S. D. sind eine spezifische Form von Organisations- und Verwaltungsformen in der Sozialen Arbeit. → Öffentliche und → freie Träger setzen die s. D. in unterschiedlichen Organisationsformen zur Aufgabenerfüllung in → Sozial-, → Jugend- und Gesundheitshilfe ein. Sie stellen das institutionalisierte Bedingungsgefüge Sozialer Arbeit im wohlfahrtstaatlichen Arrangement dar. Der Begriff s. D. wird unterschiedlich verwendet. Beispielsweise als Organisationseinheit der → Sozialstruktur, als allgemeine Beschreibung für den sozialen Bereich oder für Dienste, die aus der klassischen → Fürsorge hervorgingen. Historisch entstanden sind die modernen s. D. aus der Almosen- und karitativen Armenfürsorge (→ Geschichte der Sozialen Arbeit). Diese reichte in der zweiten Hälfte des 19. Jahrhunderts nicht mehr aus, der – durch Verstädterung und Industrialisierung zunehmenden – → Armut der Bevölkerung effektiv zu begegnen. Im Jahre 1853 wurde mit der Elberfelder Verordnung eine Trennung von → Arbeitsunfähigkeit und Arbeitsfähigkeit beschlossen. Dies sollte bewirken, die Arbeitsfähigen so schnell wie möglich wieder in Arbeit zu bringen und den »Arbeitsunfähigen« eine zeitlich befristete Zahlung zum Erhalt ihres → Existenzminimums zu gewähren. Das war der Beginn der Institutionalisierung von öffentlichen Hilfeleistungen in den Kommunalverwaltungen. Das Elberfelder System hatte Ansätze der heutigen kommunalen Sozialarbeit, wie z.B. die örtliche → Zuständigkeit für Bezirke und Stadtteile oder die → Individualisierung von Problemsicht und Einzelfallhilfe. Die herkömmliche Armen- und Wohlfahrtspflege wandelte sich zur öffentlichen Fürsorge. Die Kommunen übernahmen schon vor dem Ersten Weltkrieg die Bereitstellung von Energie und Verkehrsmitteln, von Schlachthöfen, Abfallbeseitigung, Trinkwasserver- und Abwasserentsorgung, und sie entwickelten spezialisierte soziale Hilfeformen personenbezogener → sozialer Dienstleistungen auf dem Gebiet der → Gesundheits-, Wohnungs-, Jugend- und Arbeitslosenfürsorge.

S. D. sind historisch als Teil kommunaler → Daseinsvorsorge entstanden, und sie werden bis heute als zentrales Element kommunaler Daseinsvorsorge betrachtet. Das bis heute vorherrschende System der gesellschaftlichen Organisation s. D. hat sich in der Zeit der Weimarer Republik herausgebildet. In der Zeit der ersten Republik wurde das Reich (zentrale Politikebene) zum entscheidenden Faktor für die Entwicklung der kommunalen Sozialpolitik. In Gestalt des Reichsarbeitsministeriums gab es dafür eine zentrale politische Steuerungsinstanz. Die Weimarer Republik war die hohe Zeit der Zentralisierung der → freien Wohlfahrtspflege. Aus der lockeren, lokal verankerten »Vereinskultur« des deutschen Kaiserreichs entwickelte sich ein zentralisiertes System straff organisierter Verbände. Die von der konfessionellen Wohlfahrtspflege bereits in der Vorkriegszeit entwickelten Ansätze einer Spitzenverbandsbildung erwiesen sich dabei als zukunftsweisend. Gesetzlich geregelt wurde das Neben- und Miteinander von öffentlicher und freier Wohlfahrtspflege in der neuen Fürsorgegesetzgebung des Reiches, dem Reichsjugendwohlfahrtsgesetz von 1922 und der Reichsverordnung über die Fürsorgepflicht von 1924 (→ Geschichte der Sozialen Arbeit). Daraus entwickelte sich jene spezifische »duale« Struktur, die das System der Wohlfahrtspflege in Deutschland bis heute kennzeichnet, nämlich die gesetzliche Bestands- und Eigenständigkeitsgarantie der freien Wohlfahrtspflege bei gleichzeitiger Förderungsverpflichtung und Gesamtverantwortung der → öffentlichen Träger. In diesem Gesamtkomplex kommunaler Daseinsvorsorge wurde den konfessionellen und nicht konfessionellen Spitzenverbänden der freien Wohlfahrtspflege eine besonders privilegierte Stellung eingeräumt. Das Verhältnis zwischen öffentlicher und freier Wohlfahrtspflege wurde insbesondere vom Prinzip der → Subsidiarität geprägt. Von den übrigen Bereichen der kommunalen Daseinsvorsorge (z.B. → Rentenversicherungsträger) unterscheiden sich die s. D. organisatorisch und ordnungspolitisch dadurch, dass sich hier nicht »Staat« und »Markt« gegenüberstehen, sondern »Staat« und → »Dritter Sektor« (mit den Verbänden der freien Wohlfahrtspflege im Zentrum). Das duale System der kommunalen s. D. unterliegt gegenwärtig einem tiefgreifenden Wandel. Von Fürsorgemaßnahmen für gesellschaftliche Problemgruppen haben sich die s. D. binnen eines Jahrhunderts zu Dienstleistungen für breite Bevölkerungsschichten entwickelt (z.B. Betreuungsangebote für Kleinkinder und alte Menschen). Gerade der quantitative und qualitative Bedeutungszuwachs der s. D. hat dazu geführt, dass sich hier attraktive Märkte für kommerzielle Anbieter entwickeln. Private Unternehmen treten, zumindest in Teilbereichen, neben die traditionellen Anbieter, die Kommunen und die Freie Wohlfahrtspflege. Die klassischen »Non-Profit-Organisationen« erhalten Konkurrenz von den »profit«-orientierten Anbietern sozialer Dienstleistungen. Non-Profit-Organisationen sind der »Dritte Sektor« neben Markt und Staat, der für die gesellschaftliche Güterversorgung zuständig ist. Dieser Bereich hat sich in den letzten Jahrzehnten zu einem wesentlichen Wirtschaftsfaktor entwickelt. Kennzeichen einer Non-Profit-Organisation sind unter anderem: ein Mindestmaß an regelmäßiger formaler Organisation; klare Abgrenzung von staatlichen Organisationen; Gewinnausschüttungsverbot gegenüber Mitgliedern oder Eigentümer/innen; ein Minimum an → Selbstverwaltung und Entscheidungsautonomie, sowie Freiwilligkeit des Angebotes. In der letzten Zeit wird für Non-Profit-Organisationen häufig der Begriff Social-Profit-Betriebe verwendet. Die Unterscheidung besteht darin, dass diese Social-Profit-Betriebe, unter ausdrücklichem Verzicht auf betriebswirtschaftlichen Gewinn, einen nachhaltigen gesellschaftlich relevanten Gewinn anstreben. Der sogenannte → »Wohlfahrtsmix« erweitert sich ständig. Der »Markt« tritt neben den »Staat« und den »Dritten Sektor«. Diese Konkurrenz hat verschiedene Vorteile. Unter anderem werden durch die → privat-gewerblichen Träger neue Ideen und unter Umständen kostengünstigere, flexiblere Angebote eingebracht. Dies führt zu mehr → Wettbewerb im sozialen Bereich und unter den s. D. Die Ökonomisierung hat im »Dritten Sektor« zunehmend mehr Bedeutung bekommen. Diese Veränderungen im sozialen Bereich haben aber nur dort Aussicht auf Erfolg, wo eine ausreichende Finanzierung von Dienstleistungen vorliegt, wie z. B. im Bereich der Gesetzlichen → Pflegeversicherung. Soziale Arbeit und Soziale Dienste sind immer noch im unbestimmten und undefinierten Verhältnis in der post-wohlfahrtstaatlichen Phase. Zurzeit werden dazu Diskussionen um ein neues Verständnis von Staat und Staatsaufgaben geführt, die im anglo-amerikanischen Raum schon seit längerer Zeit unter dem Stichwort »New Public Management« diskutiert werden. Grundsätzlich geht es dabei um die Rückführung des Staates auf seine »Kernaufgaben«, die im Rahmen der Daseinsvorsorge und einer gesetzlichen Verpflichtung originär von kommunaler Seite selbst oder im Auftrag angeboten werden müssen (→ Garantenpflicht). Der Staat soll vom versorgenden zum ermöglichenden Staat, vom Organisator und Anbieter zum Moderator und Koordinator werden. Dieses gewandelte Staatsverständnis, dem auch ein verändertes Hilfeverständnis zugrunde liegt, verlangt dementsprechend auch eine Modernisierung der kommunalen Verwaltung unter den Ökonomisierungsgrundsätzen. Hierunter sind u.a. ein betriebswirtschaftliches Denken und Handeln, ein Umgang mit neuen Verfahren des Konflikt-, → Qualitäts- und → Personalmanagements sowie die Abkehr von einer Verfahrens- und Input-Orientierung hin zu einer output-orientierten, markt- und bedarfsgerechten Anbieterleistung zu verstehen. Für die kommunale Daseinsvorsorge im Allgemeinen und die Kommunalen Sozialen Dienste (→ Allgemeiner Sozialdienst [ASD]) im Besonderen bedeutet dies, dass die Kommune zwar die Gesamtverantwortung für und die Steuerungshoheit über eine angemessene Versorgung behält, Organisation und Durchführung der Dienste aber an (private) externe Träger vergibt. Darin liegt zunächst noch kein signifikanter Unterschied zum herkömmlichen dualen System, in dem den (privaten) Spitzenverbänden der Freien Wohlfahrtspflege von jeher eine führende Rolle eingeräumt wurde. Die entscheidende Veränderung liegt darin, dass die Kriterien der Vergabe im neuen Modell nicht mehr von den klassischen Maximen des Subsidiaritätsprinzips – gesellschaftlicher Vielfalt und weltanschaulicher Pluralität – bestimmt werden, sondern von den ökonomischen Prinzipien des → Kontraktmanagements, der → Budgetierung, und der Qualitätskontrolle.

Nicht mehr wertgebundenes Engagement, sondern verstärkt betriebswirtschaftliche → Effizienz werden zum Bestimmungsmoment sozialpolitischen Handelns. Damit entstehen neue Herausforderungen für die s. D. In den letzten Jahrzehnten hat es trotz wirtschaftlichen Wachstums keine Entlastung des → Sozialstaats gegeben. Neue Aufgaben sind dazugekommen; bestehende Aufgabenfelder sind ausgeweitet worden. In der Vergangenheit wurden die Angebote an s. D. in Deutschland im Wesentlichen durch den hochentwickelten Sozialstaat finanziert. Derzeit befindet sich dieses Konzept im Umbruch. Angesichts der gesellschaftspolitischen Entwicklung (Neue Armut, → Arbeitslosigkeit, → Migration, → Globalisierung) kann der Sozialstaat die alleinige Finanzierung nicht mehr gewährleisten. Die Weiterentwicklung der s. D. unter diesen Gegebenheiten erfordert ein Umdenken in der Wahrnehmung der Aufgaben und dem Anbieten von Dienstleistungen. Das bedeutet, dass der schon laufende gesellschaftliche Diskurs über mehr Eigenverantwortung der Einzelnen und weniger Versorgungsstaat weitergeführt werden muss. Seit den 1970er-Jahren hat sich die Erkenntnis durchgesetzt, dass die festgefahrenen bürokratischen Prinzipien des Verwaltungshandelns durch ein neues Steuerungskonzept (→ Verwaltungsmodernisierung) verändert werden sollen. Im Mittelpunkt soll die Produktorientierung stehen. Verwaltungen sollen wie Profitorganisationen ihre Produkte markt- und kundengerecht anbieten. Die → Kommunale Gemeinschaftsstelle für Verwaltungsmanagement (KGSt) hat diese Überlegungen und Grundprinzipien als das neue Steuerungsmodell in den 1990er-Jahren initiiert. Es basiert auf betriebswirtschaftlichen Strukturen. Demzufolge muss die Verwaltung aktiviert werden, mehr Wettbewerb, eine bessere Kundenorientierung und eine → dezentrale Fach- und Ressourcenverantwortung zuzulassen und zu implementieren. Im Zuge dieser Verwaltungsmodernisierung und der Diskussion über Effizienz und Effektivität sind verschiedene Aufgabenbereiche und Leistungen der s. D. besonders im Fokus: Begrenzte finanzielle → Ressourcen und notwendige Reformen der Verwaltung fordern von allen Trägern Sozialer Arbeit umfassendes strategisches Handeln, um den eigenen Leistungsbereich in seiner Ausgestaltung bedarfsangemessen zu optimieren. Zwischen Staat, Wohlfahrtsverbänden und Markt muss eine neue Balance gefunden werden; dabei sind Standardentwicklung und Qualitätssicherung von besonderer Bedeutung (→ Qualitätsmanagement). Eine Lösung der Finanzierungsprobleme der s. D. erfordert neben einer Fortsetzung von Kostensenkungsmaßnahmen auch die Erschließung privater Finanzquellen. Die Bereitschaft, s. D. privat zu bezahlen, ist relativ gering, solange eine öffentliche Finanzierung bereitsteht. Diskutiert wird derzeit, ob die Angebotsstruktur der s. D. auf eine Grundversorgung reduziert werden soll. Dafür muss geklärt werden, welche s. D. öffentlich finanziert, von den Nutzer/innen mitfinanziert oder rein privat finanziert werden sollen. In diesem Zusammenhang sind folgende Faktoren unter den Steuerungs-, Produkt- und Qualitätserfordernissen zu berücksichtigen und zu diskutieren: (1) → Sozialplanung und Sozialverträglichkeit: Sozialplanung ist die qualifizierte Steuerungsunterstützung für die fachlichen und politischen Entscheidungsträger auf den unterschiedlichen Ebenen. Auf kommunaler Ebene erkennt sie Auswirkungen gesellschaftlicher Entwicklungen und greift sie auf, indem sie Modelle und Konzepte, die den sozialen Frieden zwischen Einzelnen, aber auch Bevölkerungsgruppen fördern, entwickelt und erprobt. (2) → Bürgerschaftliches Engagement unterstützt die Gestaltung sozialer Räume, verhindert → soziale Ausgrenzung und fördert die → Integration von sozialen Gruppen und Personen. (3)

Durch den veränderten Blick auf die Bürger/innen, durch neue Formen der Organisation und Finanzierung s. D. entstehen neue Anforderungen an die → Organisations- und → Personalentwicklung. Bestrebungen, durch eine Vernetzung von Trägern und Dienstleistungen eine Optimierung des Angebotes zu erreichen, verstärken sich. Diese Entwicklung erfordert eine betriebswirtschaftliche Kompetenz, aber auch die Erarbeitung eines spezifischen Begriffs des → Qualitätsmanagements unter dem Aspekt von Wirksamkeit und Effizienz für die Soziale Arbeit. (4) Qualitätsentwicklung, Qualitätssicherung, → Evaluation: Die Bürger/innen erhalten den Status von Kund/innen in einer Verwaltung und werden somit in ihrer Position gestärkt. Die Ansprüche an die s. D. erhöhen sich dadurch. Entsprechend muss die Qualität sozialer Dienstleistungen über Qualitätsmanagementverfahren und Bewertungskriterien überarbeitet bzw. neu definiert, entwickelt und im System abgebildet werden. Die Funktion der Controller/innen und der Qualitätsbeauftragten muss beschrieben werden und sowohl in der Hierarchie wie auch im Dienstleistungsprozess eingebunden sein. (5) → Finanzierung s. D. und Einrichtungen: Durch verschuldete Haushalte der Kommunen, Reduzierung der öffentlichen Mittel und der damit verbundenen Konsolidierungsmaßnahmen werden die Träger und Anbieter sozialer Dienstleistungen mehr und mehr gezwungen, alternative Finanzierungsquellen zu erschließen und bestimmte Aufgaben nicht oder nur noch eingeschränkt zu tätigen. In der Folge davon müssen s. D. verstärkt eine → Aufgabenkritik vornehmen unter der Fragestellung: Was sind unsere originären Aufgaben und Produkte, und welche Produkte und Bereiche können wir durch Dritte erfüllen lassen oder ganz aus der kommunalen Dienstleistung im Rahmen eines → Outsourcing herausgeben. (6) → Professionalisierung im sozialen Dienstleistungssektor: Die Anforderungen an die professionelle Kompetenz von → Fachkräften haben sich in den vergangenen Jahren rasant verändert. Nicht mehr Fürsorge und Helfen, sondern Unterstützen, Motivieren, Managen und Steuern sind die Inhalte. Nicht mehr der reine Hilfeakt steht im Vordergrund, sondern es geht um den Prozess der Eigenverantwortung, Wirtschaftlichkeit, der → Effizienz und der → Effektivität des sozialen Handelns. Entsprechend erfordert dies Qualifikationen in der → Sozialdiagnostik, im → Case Management, im → Sozialmanagement sowie im Bereich der Betriebswirtschaft.

*Lit.* Badelt, C. (Hrsg.): Handbuch der Non Profit Organisationen, Stuttgart 2002; Deutscher Verein für öffentliche und private Fürsorge: Steuerungsunterstützung durch Sozialplanung und Controlling auf kommunaler Ebene, Berlin 2005; KGSt: Das Neue Steuerungsmodell. Begründung, Konturen, Umsetzung, Bericht 1993/5, Köln 1993; Rauschenbach, T./Sachße, C./Olk, T.: Von der Wertgemeinschaft zum Dienstleistungsunternehmen, 2. Aufl., Frankfurt a.M. 1996; Sachße, C./Tennstedt, F.: Geschichte der Armenfürsorge in Deutschland, 3 Bde., Stuttgart 1992–1998.

*Karl-Heinz Weyrich*

**Soziale Dienstleistung** ist neben der → Geldleistung und der → Sachleistung eine der drei → Leistungsarten des Sozialleistungsrechts (§ 11 SGB I). Bei Geld- und Sachleistungen geht es um die Zuwendung materieller Werte an → Leistungsempfänger/innen. Dienstleistungen hingegen sind ein Teilbereich wirtschaftlicher Güter, die nicht materiell und daher nicht transportierbar und nicht lagerfähig sind. Im Unterschied zu sachbezogenen Dienstleistungen, die an einer Sache verrichtet werden, sind s. D. personenbezogen, also auf unmittelbare Leistungen am Menschen gerichtet. Anders als Geldleistungen sind s. D. wie Sachleistungen nicht übertragbar und nicht pfändbar. S. D. dienen der Umsetzung der Rechte aus §§ 3–10 SGB I und umfassen sowohl Hilfen in außergewöhnlichen Notlagen als auch Dienstleistungen, die in der Regel jeder Mensch im Laufe seines Lebens nachfragen wird. In § 11 S. 2 SGB I wird klargestellt, dass → persönliche Hilfen und erzieherische Hilfen (→ Hilfe zur Erziehung) zu den Dienstleistungen gehören. Damit wird deutlich, dass s. D. im Bereich der → Fürsorge eine besondere Bedeutung haben. Beispiele für s. D. sind → Beratung, → Betreuung, Pflege, Haushaltshilfe sowie Arbeitsvermittlung (→ Arbeitsförderung).

*Sabine Gallep*

**Soziale Distanz** meint den sozialen, räumlichen und/oder psychologischen Abstand zwischen verschiedenen Gruppen bzw. Angehörigen dieser Gruppen, der auf Unterschieden in der Zugehörigkeit zu Kasten, Klassen, Schichten, Aussehen, Berufsgruppen oder sozialen Milieus basiert (→ Sozialstruktur). S. D. kann sich ausdrücken in der Vermeidung direkter Kontakte, in Kommunikations- und Beziehungsbeschränkungen bzw. im expliziten Ignorieren im öffentlichen Raum, aber auch in sprachlichen Differenzierungen, z.B. Duzen oder Siezen gegenüber bestimmten Gruppen bzw. ihrer Angehörigen, sowie unmittelbar in der Körpersprache und normativ regulierten räumlichen

Distanz in der → Kommunikation. S. D. drückt sich als Indikator für Respekt zwischen Angehörigen verschiedener Gruppen aus, häufiger wird sie aber als Folge und Ausdruck von Hierarchien und sozialer → Diskriminierung untersucht, z.B. im Hinblick auf Beziehungen und → Einstellungen zu Fremden, ethnischen Minderheiten, Behinderten oder Kategorien von als abweichend behandelten Personen oder Milieus. S. D. ist hier die Grundlage für → Stigmatisierungs- und Ausgrenzungsprozesse und wird innerhalb der → Sozialpsychologie als wichtiges Konzept der Vorurteilsforschung behandelt.

Eine besonders deutliche s. D. zeigt sich über eine räumliche Segregation, bei der sich verschiedene Gruppen in jeweils abgetrennten Stadtteilen konzentrieren. Empirische Untersuchungen zur s. D. als affektive Einstellung wurden zuerst in den USA von Vertretern der Chicago-School durchgeführt und führten zur Entwicklung einer auch heute noch häufig verwendeten »Soziale-Distanz-Skala«, mit der die Einstellung gegenüber ethnischen Gruppen oder, in abgewandelter Form, z.B. gegenüber Personen mit → psychischen Störungen gemessen werden kann.

S. D. ist in der Sozialen Arbeit von erheblicher Bedeutung, insofern sie einerseits mit Personen aus unterschiedlichen und z.T. fremden und diskriminierten Milieus zu tun hat, andererseits aber zur beruflichen Tätigkeit der Aufbau professioneller persönlicher Beziehungen gehört. Hieraus ergibt sich das Spannungsverhältnis zwischen sozialer Nähe und s. D. in der Sozialen Arbeit. Das Ausbalancieren zwischen diesen beiden Polen stellt ein grundlegendes Problem professionellen Handelns dar und ist notwendig, um einerseits ein Verständnis für Problemlagen der (fremden) Klientel zu entwickeln, sich andererseits aber nicht zu stark mit deren Problemlagen zu identifizieren.

*Axel Groenemeyer*

**Soziale Entschädigung** Das Recht der s. E. ist eine der vier Säulen des → Sozialrechts und steht gleichwertig neben der → sozialen Vorsorge (→ Sozialversicherung), der sozialen Förderung sowie der sozialen Hilfe (→ Sozialhilfe). Das Recht der s. E. regelt die Versorgung bei Gesundheitsschäden, für deren Folgen die staatliche Gemeinschaft in Abgeltung eines besonderen Opfers (»Sonderopferentschädigung«) oder aber aus anderen Gründen nach versorgungsrechtlichen Grundsätzen einzustehen hat (§ 5 Erstes Buch → Sozialgesetzbuch – Allgemeiner Teil [SGB I]).

Nach den Regelungen des Rechts der s. E. haben die Betroffenen (Beschädigten) nach Maßgabe der einzelnen Leistungsgesetze zum einen ein Recht auf notwendige Maßnahmen zur Erhaltung, zur Besserung und zur Wiederherstellung der → Gesundheit und der Leistungsfähigkeit. Zum anderen haben sie und ihre Angehörigen ein Recht auf eine angemessene wirtschaftliche Versorgung (§ 5 SGB I). Im Jahr 2009 hat der Bund für die s. E. ca. 3,5 Mrd. Euro aufgewendet.

Gesetzeshistorisches und systematisches Kernstück der s. E. ist auch heute die → Kriegsopferversorgung nach dem → Bundesversorgungsgesetz (BVG). Zwar ist die praktische Bedeutung der Kriegsopferversorgung geringer geworden, doch das BVG mit seinen zahlreichen Verordnungen ist nach wie vor normatives Zentrum des gesamten Rechts der s. E. Auf das BVG nehmen folgende Gesetze Bezug:

(1) Soldatenversorgungsgesetz (SVG). Soldatinnen und Soldaten der Bundeswehr, die eine »Wehrdienstbeschädigung« (das sind u.a. gesundheitliche Schädigungen durch Wehrdienstverrichtung, Unfälle während der Ausübung des Dienstes) erlitten haben, sowie die Hinterbliebenen von ehemaligen Soldatinnen und Soldaten der Bundeswehr, die wegen einer Wehrdienstbeschädigung verstorben sind, erhalten nach dem Dritten Teil des SVG eine Versorgung. Das gilt ebenso bei humanitären und unterstützenden Maßnahmen im Ausland, v.a. bei sog. UN-Blauhelmeinsätzen. (2) Zivildienstgesetz (ZDG). Das ZDG regelt die Versorgung beschädigter Zivildienstpflichtiger und deren Hinterbliebener; insoweit entsprechen seine Vorschriften weitgehend denen des Dritten Teils des SVG. (3) → Opferentschädigungsgesetz (OEG). Das OEG regelt schließlich die Versorgung für Personen, die durch einen vorsätzlichen, rechtswidrigen Angriff gegen ihre oder eine andere Person oder durch dessen rechtmäßige Abwehr eine gesundheitliche Schädigung erlitten haben. (4) Häftlingshilfegesetz (HHG). Deutsche, die aus politischen Gründen u.a. in der ehemaligen DDR in Gewahrsam genommen worden sind und dadurch eine gesundheitliche Schädigung erlitten haben, sowie deren Hinterbliebene werden vom HHG erfasst. (5) Gesetz zur Verhütung und Bekämpfung von Infektionskrankheiten beim Menschen (Infektionsschutzgesetz – IfSG). Das IfSG, das zum 1.1.2001 an die Stelle des Bundes-Seuchengesetzes getreten ist, sieht für Impfgeschädigte und deren Hinterbliebene eine Versorgung vor. Geschützt sind insbesondere Schutzimpfungen und andere Maßnahmen der spezifischen Prophylaxe, die entweder von der zuständigen Behörde öffentlich empfohlen und in ihrem Bereich vorgenommen oder aufgrund des IfSG angeordnet wurden. (6) Gesetz über die Rehabilitierung und Entschädigung von Opfern

rechtsstaatswidriger Strafverfolgungsmaßnahmen im Beitrittsgebiet (Strafrechtliches Rehabilitierungsgesetz – StrRehaG). (7) Gesetz über die Aufhebung rechtsstaatswidriger Entscheidungen im Beitrittsgebiet und die daran anknüpfenden Folgeansprüche (Verwaltungsrechtliches Rehabilitierungsgesetz – VwRehaG). (8) Gesetz über den Bundesgrenzschutz (Bundesgrenzschutzgesetz – BGSG). (9) Gesetz über die Unterhaltsbeihilfe für Angehörige von Kriegsgefangenen (Unterhaltsbeihilfegesetz – UBG). (10) Gesetz zur Regelung der Rechtsverhältnisse der unter Artikel 131 des → Grundgesetzes fallenden Personen (G 131 GG).

In diesen sog. Nebengesetzen ist jeweils nur aufgeführt, ob den dort genannten Personen ein Versorgungsanspruch zusteht. Hinsichtlich des Umfangs dieses Anspruchs gilt auch für diese Personen grundsätzlich nur das BVG. Nicht zum vom § 5 SGB I erfassten Bereich der s. E. zählt allerdings die sog. unechte → Unfallversicherung gem. § 2 Abs. 1 Nr. 8–16 SGB VII. Zu den Versorgungsleistungen gehören insbesondere Heil- und → Krankenbehandlung sowie andere Leistungen zur Erhaltung, Besserung und Wiederherstellung der Leistungsfähigkeit einschließlich wirtschaftlicher Hilfen, ferner besondere Hilfen im Einzelfall sowie Leistungen zur Teilhabe am Arbeitsleben. Hierher gehören auch → Renten wegen verminderter Erwerbsfähigkeit sowie Renten an Hinterbliebene (→ Hinterbliebenenrenten), Bestattungsgeld und → Sterbegeld (vgl. § 24 Abs. 1 SGB I).

Zuständige Verwaltungsbehörden sind die → Versorgungsämter, die Landesversorgungsämter und die orthopädischen Versorgungsstellen, für die besonderen Hilfen im Einzelfall die → Landkreise und → kreisfreien Städte sowie die Hauptfürsorgestellen (vgl. § 24 Abs. 2 S. 1 SGB I).

*Lit.* Gelhausen, R.: Soziales Entschädigungsrecht: eine Einführung; mit Bundesversorgungsgesetz und Opferentschädigungsgesetz u.a., 2. Aufl., Neuwied u.a. 1998; Knickrehm, S.: Schwerbehindertenfeststellung und die soziale Entschädigung in Rechtsprechung und Literatur: Berichtszeitraum 2014, in: Jahrbuch des Sozialrechts 36, 2014, S. 321-344.

*Dirk Waschull*

**Soziale Gerechtigkeit** ist eine konstitutive Kategorie der Wissenschaft und Praxis der → Sozialpolitik. Soziale Rechtfertigungsdiskurse und politische Ordnungsvorstellungen standen religionsgeschichtlich bereits am Anfang menschlicher Kulturentwicklung. Geschlechterordnungen waren implizit ebenso ein Thema wie die kulturelle Umgangsweise mit vulnerablen Gruppen (alte Menschen, Witwen und Waisen etc.). Rechtsphilosophisch muss s. G. als die zentrale Idee des Rechts überhaupt verstanden werden. Das Verhältnis zu Solidarnormen ist allerdings kontrovers: S. G. kann → Solidarität nach sich ziehen, muss es aber nicht. Geklärt werden muss: Solidarität mit wem, durch wen und warum? Die Schlüsselfrage einer jeden Sozialpolitik ist: Wer bekommt was, wie und warum?

Zum näheren systematischen Verständnis von s. G. ist zwischen der distributiven und der redistributiven G. zu unterscheiden. In Bezug auf moderne Marktgesellschaften ist unter redistributiver G. ein Prinzip der Umverteilung als Korrektur der primären Marktverteilung zu verstehen. Unter distributiver G. ist die lebenslaufbezogene Chancengleichheit als Chancenverteilung in Bezug auf → Bildung, → Gesundheit etc. zu verstehen (→ Chancengerechtigkeit). Beide Formen können theoretisch unterschieden werden, sie gehen in der geschichtlich-gesellschaftlichen Realität jedoch Synthesen ein. Rechtsphilosophisch fundamental für eine optimale Mischung ist das → Grundrecht auf freie Entfaltung der menschlichen → Persönlichkeit (§ 1 SGB I im Lichte des Art. 2 → Grundgesetz [GG]). Mit Blick auf die soziale → Daseinsvorsorge sind die Zusammenhänge mit Art. 28 GG i.V.m. Art. 72 GG vor dem Hintergrund von Art. 20 GG zu sehen. Diese Zusammenhänge fügen sich wiederum in das Mehrebenensystem mit dem EU-Recht (→ Europäische Sozialpolitik) und dem UN-Völkerrecht. Hierbei ragt das Normalisierungsparadigma des Inklusionsregimes (Überwindung der sozialen → Exklusion des homo patiens) heraus.

Dies alles verweist aus der Perspektive einer philosophischen Anthropologie der menschlichen Existenz auf die Begrenzung der Freiheit der einzelnen Bürger/innen durch das gleiche Grundrecht der anderen Bürger/innen: Personsein ist nur im Modus des sozialen Mitseins möglich. Das System der → Sozialgesetzbücher materialisiert somit aus der Perspektive des Sozialstaatsgebotes des Art. 20 GG dieses Grundrecht der Person. S. G. nimmt im Lichte empirischer Befunde im Verständnis der Bürger/innen aber sektorspezifische Formen an: z.B. Bedarfsgerechtigkeit in der gesetzlichen → Krankenversicherung und Äquivalenzgerechtigkeit in der gesetzlichen → Rentenversicherung. Der → Sozialstaat weist entsprechend vielfältige Mischungen von unterschiedlichen G.konzepten auf, je nach sozialem Risiko und Verständnis von Kausalitäten: Eigenverantwortung/Verhaltensfreiheit vs. soziales Schicksal. Das Verhältnis von Selbstständigkeit und Selbstverantwortlichkeit, von sozialer Mitverantwortung und sozialer Ressourcenabhängigkeit wird problemorientiert sehr unterschiedlich akzentuiert. Das Prinzip der → Subsidiarität fungiert hier als produktive Leerformel und muss im sozialen Raum und in der historischen Zeit immer wieder neu gefüllt und politisch gelebt werden. Schutzrechte der Bürger/innen und Förderrechte stellen komplementäre Größen dar; die ältere verfassungsrechtliche Position der Unvereinbarkeit von Rechts- und Sozialstaatlichkeit ist heute nicht mehr haltbar. Wichtig bleibt aber die Einsicht, dass nur der → Rechtsstaat, nicht aber der Sozialstaat der Akteur ist.

Zunehmende Bedeutung (europarechtlich) gewinnt ein dreidimensionales Verständnis des Menschen als Wirtschafts-, Staats- und Sozialbürger/in. In das Zentrum rückt damit die Dogmatik der grundrechtlich verbürgten Rechte auf → Teilhabe an den ökonomischen, politischen, sozialen und kulturellen Gütern. Differenztheoretisch setzt dies die Unterscheidung zwischen anerkennungswürdiger Differenz und illegitimer → sozialer Ungleichheit voraus. Sozialpolitisch konkretisiert sich die oben angeführte Materialisierung des Sozialstaatsprinzips durch → Interventionen, die die personengebundenen → Kompetenzen ebenso fördern und steigern wie die Sicherstellung von Umwelten (→ Soziale Infrastruktur, Daseinsvorsorge) für die gelingende Daseinsbewältigung der Menschen im Lebenslauf. Die hierbei angetriebenen »Modernisierungen« der Dienstleistungsmärkte hin zu mehr Markt- und Wettbewerbsorientierung betreffen effizienzorientiert die Art und Weise der Leistungserstellung, nicht aber das Grundrecht auf freien Zugang zu den »Dienstleistungen von allgemeinem (wirtschaftlichen) Interesse«.

Zum G.verständnis aktueller Diskurse gehört aber auch zunehmend das ökonomische Argument, dass die normativ begründeten sozialen Sicherungssysteme anreizkompatibel ausgestaltet sein, also Fehlverhalten minimieren sollen. Die moderne ökonomische Theorie sieht in diesem Lichte produktive Schnittflächen zwischen s. G. und → Effizienz dort, wo Win-Win-Situationen (faire Rawlsianische Lösungen als Teilmenge des Pareto-Prinzips) realisiert werden können. Hier werden v.a. Humankapitalinvestitionen im Rahmen »investiver Sozialpolitik« verstärkt eingefordert, um die Integrationsmöglichkeiten in die Arbeitsmärkte zu steigern (→ »Workfare« statt »Welfare«). Diese Effizienzstrategie wird durchaus als spezifisches Verständnis s. G. vorgetragen; sie verweist kulturgeschichtlich auf puritanisch-autoritäre Wurzeln sozialen Paternalismus. Immerhin kann die moderne ökonomische Theorie in Grenzen aufzeigen, wie sich Spielräume rationalen Altruismus abzeichnen: Da der Wohlstand der Bürger/innen interdependent ist, sind Umverteilungsprozesse in bestimmten Grenzen im Konsens möglich. Die moderne Psychologie konnte allerdings die Voraussetzungen dieser Umverteilungsbereitschaft aufdecken: Die Menschen müssen durch → Sozialisation und → Erziehung die Kompetenz zur → Empathie erwerben, um selbst bindungs- und liebesfähig zu sein und auf dieser Basis auch für Mitbürger/innen pro-soziale → Einstellungen entwickeln zu können. Die experimentelle Spieltheorie konnte zeigen, dass die Mehrzahl der Menschen nicht rein eigensinniges → Verhalten zeigt, sondern auch faire Orientierungen einbringt und erwartet. Ob diese Fairnessbereitschaft sowie die Neigung zum rationalen Altruismus ausreichen, um ein sozial gerecht geordnetes Zusammenleben zu ermöglichen, bleibt kontrovers. Oftmals muss auch eine Solidarität (einseitiges Gabe-Verhalten) möglich sein, die letztendlich – nicht ohne tiefe → Ambivalenzen – nur als unbedingte Barmherzigkeit und Gnade verstehbar bleibt.

*Lit.* Kaufmann, F.-X.: Sozialpolitisches Denken, Frankfurt a.M. 2003; Schulz-Nieswandt, F.: Im alltäglichen Labyrinth der sozialpolitischen Ordnungsräume des personalen Erlebnisgeschehens, Berlin 2016; Schulz-Nieswandt, F.: „Sozialpolitik geht über den Fluss“. Zur verborgenen Psychodynamik in der Wissenschaft von der Sozialpolitik, Baden-Baden 2015.

*Frank Schulz-Nieswandt*

**Soziale Grundrechte** ergänzen die bürgerlichen und politischen → Grundrechte. Während erstere als Beteiligungs- und Abwehrrechte unmittelbar auf staatliches Handeln und Unterlassen gerichtet sind, zielen s. G. darauf, die Freiheitssphäre der Einzelnen und die soziale Gleichheit in der → Gesellschaft zu erweitern. S. G. schützen die Voraussetzungen des Gebrauchs von Freiheitsrechten. Hierzu wird der Staat als Garant von s. G. in Anspruch genommen. S. G. können sich unmittelbar als Leistungsrechte an den Staat richten oder Gewährleistungsrechte sein, durch die der Staat verpflichtet wird, im Rahmen des → Sozialstaatsprinzips bestimmte soziale Ziele zu erreichen oder zu optimieren (→ soziale Gerechtigkeit). S. G. gehen dem einfachen Recht vor und können seine Auslegung bestimmen. Ist auch die Art ihrer Gewährleistung verschieden, können doch soziale → Rechtsstaaten nicht auf s. G. verzichten.

Im → Grundgesetz (GG) sind s. G. nur sparsam explizit normiert. Zu nennen sind der Schutz von → Ehe und → Familie (Art. 6 Abs. 1) und der Anspruch der

Mütter auf Schutz und Fürsorge (Art. 6 Abs. 4, → Mutterschutz), das Gleichstellungsgebot nichtehelicher Kinder (Art. 6 Abs. 5), das Gebot der → Gleichstellung der Geschlechter (Art. 3 Abs. 2 mit Art. 3 Abs. 3 S. 1) sowie das Benachteiligungsverbot wegen einer → Behinderung (Art. 3 Abs. 3 S. 2). Dem Schutz der → Menschenwürde durch den Staat (Art. 1 Abs. 1 S. 2) wird die Pflicht entnommen, das → Existenzminimum staatlich zu gewährleisten. Dadurch erhält die → Grundsicherung durch das SGB XII und SGB II sowie das → Asylbewerberleistungsgesetz eine verfassungsrechtliche Fundierung und Untergrenze (vgl. BVerfG, Urt. v. 10.2.2010 – BVerfGE 125, 175; BVerfG Urt. v. 18.7.2012 – BVerfGE 132, 134; BVerfG Urt. v. 23.7.2014 – NJW 2014, 3425). Durch Interpretation können auch die übrigen Grundrechte einen sozialen Inhalt als Schutz- und Teilhaberechte erlangen. So wird das Recht auf Leben und körperliche Unversehrtheit (Art. 2 Abs. 2 S. 1) als Gewährleistungsrecht für die gesetzliche → Krankenversicherung oder äquivalenten Schutz herangezogen. Das Koalitionsrecht der Gewerkschaften und Arbeitgeberverbände zur Regelung der Arbeits- und Wirtschaftsbedingungen (Art. 9 Abs. 3) hat einen sozialen Inhalt. Aus der Ausbildungs- und Berufsfreiheit (Art. 12 Abs. 1) folgen ein Teilhaberecht an staatlichen Bildungskapazitäten (BVerfG Urt. v. 18.7.1972 – BVerfGE 33, 303 – numerus clausus, → Bildung) und eine Schutzpflicht gegen Machtungleichgewichte im Arbeitsverhältnis. In den Verfassungen der deutschen Länder sind zum Teil ausführliche s. G. und soziale Ziele enthalten. S. G. sind somit bei den Gerichten justiziabel, im Falle ihrer Verletzung auch durch die Verfassungsbeschwerde.

Im Recht der → Europäischen Union (EU) werden im Rahmen der markt- und integrationsbezogenen Freiheits- und Gleichheitsrechte auch soziale Rechtspositionen geschützt, so beim Benachteiligungsverbot wegen der → Staatsangehörigkeit (Art. 18 Vertrag über die Arbeitsweise der EU [AEUV]). Als s. G. kann auch das Lohngleichheitsgebot der Geschlechter (Art. 157 AEUV) gelten. Die Gemeinschaftscharta der s. G. der Arbeitnehmer von 1989 hat im Wesentlichen nur deklaratorische Bedeutung. Die → Charta der Grundrechte der EU ist durch Art. 6 Abs. 1 Vertrag über die EU (EUV) rechtsverbindlich, wenn auch nur als Bindung der EU, nicht der Mitgliedstaaten. Sie enthält s. G., so die Gleichheit von Männern und Frauen (Art. 23), Rechte des Kindes (Art. 24), älterer Menschen (Art. 25), den Anspruch auf → Integration → behinderter Menschen (Art. 26), Rechte auf Unterrichtung und Anhörung der Arbeitnehmer im Unternehmen (Art. 27), auf Kollektivverhandlungen und Streik (Art. 28), auf Zugang zu einem Arbeitsvermittlungsdienst (Art. 29), auf Schutz bei ungerechtfertigter Entlassung (Art. 30, → Kündigung), auf gerechte und angemessene Arbeitsbedingungen (Art. 31), das Verbot von → Kinderarbeit und die Pflicht zum → Jugendarbeitsschutz (Art. 32), den Schutz der → Familie (Art. 33), Rechte auf → soziale Sicherheit (Art. 34), Gesundheitsschutz (Art. 35) und Zugang zur öffentlichen → Daseinsvorsorge (Art. 36).

Die Notwendigkeit s. G. ist auch in den internationalen Verträgen über → Menschenrechte berücksichtigt, insbesondere durch den Internationalen Pakt über wirtschaftliche, soziale und kulturelle Rechte (Sozialpakt, ICESCR) von 1966, die Frauenrechtskonvention (CEDAW) von 1979, die → UN-Kinderrechtskonvention (CRC) von 1989 und die → UN-Behindertenrechtskonvention (CRDP) von 2007. Noch nicht von Deutschland unterzeichnet ist die Wanderarbeiterkonvention (CMW) von 1990. S. G. werden völkerrechtlich auch durch die über 170 Konventionen der → Internationalen Arbeitsorganisation (ILO) gewährleistet. Völkerrechtlich verbürgte s. G. haben in Deutschland den Rang einfachen Rechts. Sie verpflichten immer den Staat, berechtigen die Einzelnen jedoch nicht immer. Sie sind aber zur Auslegung des Rechts durch Gerichte und Behörden heranzuziehen.

*Lit.* Arango, R.: Der Begriff der sozialen Grundrechte, Baden-Baden 2001; Banafsche, M./Platzer, H.-W. (Hrsg.): Soziale Menschenrechte und Arbeit, Baden-Baden 2015; Eichenhofer, E.: Soziale Menschenrechte im Völker-, europäischen und deutschen Recht, Tübingen 2012; Staub-Bernasconi, S.: Soziale Arbeit und Menschenrechte, Leverkusen 2016.

*Felix Welti*

**Soziale Gruppenarbeit** wird in der Fachliteratur und in der akademischen Lehre neben der → Einzel(fall)hilfe und der → Gemeinwesenarbeit zum »Dreigestirn« der klassischen Methoden der → Sozialen Arbeit gezählt. Die Zielsetzungen der S. G. lagen zu Anfang weniger in der Entwicklung produktiver Gruppenprozesse als in der Schaffung einer demokratischen Gruppenkultur und einer erfolgreichen Interaktionsfähigkeit im gesellschaftlichen Leben; sie betreffen aber heute stärker auch Aspekte der persönlichen Reifung durch Selbstkonfrontation und der Verbesserung der → sozialen Kompetenzen.

Die Methode der S. G. basiert historisch v.a. auf den freizeitpädagogischen Arbeitsweisen der Social Workers in den 1920er-Jahren, den Grundlagen der Kleingruppenforschung Lewins in den 1930er- und 1940er-Jahren in den USA und schließlich ihren Anwendungsentwicklungen in den gruppendynamischen Trainings (sog. T-Gruppen). Nachdem sie in der sozialarbeiterischen Ausbildung Fuß gefasst hatte und die Amerikanische Nationale Konferenz für Soziale Arbeit 1935 die Gründung einer Sektion »social group work« zugelassen hatte, war S. G. als Methode der Sozialen Arbeit in den USA etabliert. Ihr »Export« nach Deutschland fand erst ab 1949 in der neu gegründeten Bundesrepublik statt. Im Zuge der Entnazifizierung und Demokratisierung bedienten sich die Jugendoffiziere der amerikanischen Besatzungsarmee nach dem Ende des Zweiten Weltkrieges gezielt dieser Konzepte als Mittel der Umerziehung und Demokratisierung der Jugend. Diese Bemühungen wurden Ende der 1950er-Jahre durch das Erwachsenenpädagogische Zentrum in Bethel, das Haus Schwalbach unter Leitung von M. Kelber und einige Jugendhöfe und Jugendbildungsstätten fortgesetzt. Zahlreiche pädagogische Fachkräfte ließen sich in Austauschprogrammen in den USA in S. G. schulen.

Mit dem Erscheinen des ersten deutschen Lehrbuchs zur sozialpädagogischen Gruppenarbeit (Lattke 1962) war besiegelt, dass S. G. auch in Deutschland zum etablierten methodischen Wissen der Sozialpädagogik gehörte. Sie war als Methode in der → Jugendarbeit, der außerschulischen → Jugendbildung und der → Kinder- und Jugendhilfe etabliert und fand an den Höheren → Fachschulen für Sozialarbeit ihre curriculare Anerkennung als eine der drei »klassischen« Methoden der Sozialarbeit. S. G. wurde an den Fachschulen v.a. als Errungenschaft aus der amerikanischen Sozialen Arbeit gefeiert. Historische Wurzeln der Gruppenpädagogik finden sich aber auch in Deutschland, zum einen in der → Reformpädagogik, die – autoritäts- und gesellschaftskritisch – auf die sozialisierende und erzieherische Wirkung von → Gruppen setzte mit dem Ziel, junge Menschen zu mündigen, verantwortungsbewussten und engagierten Bürger/innen heranzubilden, zum andern in der Jugendbewegung, die mit dem Prinzip »Selbsterziehung in der Gruppe Gleichgesinnter« eine zugleich selbstbestimmte wie auch solidarische Lebensform propagierten.

S. G. gilt als eine Sonderform der allgemeinen Gruppenarbeit. Im Unterschied zur Gruppenarbeit zielt sie v.a. darauf ab, soziale Erfahrungen zu vermitteln und so → Sozialisations- und Entwicklungsdefizite bei den Einzelnen zu beheben. Umstritten ist die Abgrenzung der S. G. von der Gruppenpädagogik und anderen Gruppeninterventionsformen in der Sozialen Arbeit. Einige Autor/innen vertreten die Auffassung, Gruppenpädagogik stehe nur für Interventionsformen mit bewussten pädagogischen Zielsetzungen, während die S. G. infolge ihrer Herkunft aus der Gruppendynamik zwar regelgeleitet, aber doch in ihrem Verlauf offen zu erfolgen habe. Unzweifelhaft ist, dass die Arbeit mit Gruppen heute in der Sozialen Arbeit teilweise weder notwendigerweise pädagogischen Zielen noch dem Konzept der S. G. folgt. Es ist daher zu empfehlen, in der Methodendiskussion der Sozialen Arbeit einen übergeordneten Begriff »Arbeiten mit Gruppen« einzuführen, der neben den Anwendungsformen der Gruppenpädagogik und der S. G. auch andere Interventionsformen umschließt. Unter diesem Begriff ließen sich Formen der Gruppenarbeit im Bereich → Bildung und → Erziehung (Gruppenpädagogik), von sozialtherapeutischen Formen (→ Resozialisierung etc.) und Formen der Gemeinwesenarbeit (→ Nachbarschaftshilfe/ → Selbsthilfegruppen) unterscheiden.

Durch die Einführung von S. G. 1991 als eine ambulante Form der → Hilfen zur Erziehung (HzE) durch § 29 SGB VIII hat die Methode eine Aufwertung erfahren, während dabei allerdings der Begriff eine in jedem Fall engere Bedeutung erhalten hat. Spezifischer wurde er zum einen inhaltlich durch die Zielsetzungen, die das Gesetz für die S. G. vorgibt (»Entwicklung älterer Kinder und Jugendlicher durch soziales Lernen in der Gruppe«), zum anderen aber auch im Zielgruppenanspruch durch die deutliche Ausrichtung auf eine bestimmte Klientel mit »Entwicklungsschwierigkeiten und Verhaltensproblemen«. Zugleich steht in den voll- und teilstationären Formen der HzE der Begriff »Gruppenpädagogik« aktuell für eine Erziehung durch die Gruppe und im Milieu der Gruppe; dieser Anspruch ist allerdings noch immer eher eine Entwicklungsaufgabe als ein Konzept.

Während die Wertschätzung gegenüber der S. G. bezüglich ihrer gruppendidaktischen Einsichten weiter besteht, ergeben sich heute zugleich Tendenzen zur Erweiterung der älteren gruppenpädagogischen Konzepte durch Zielsetzungen und Methoden anderer Modelle aus der Arbeit mit Gruppen. Gruppenarbeit verbindet sich mit systemischen Konzepten, Ansätzen der kognitiven Lerntheorie, mit Ansätzen der Konfliktpädagogik, Modellen des Teamworking und Verfahren aus der Großgruppenarbeit. Gruppenarbeit sieht sich heute – insbesondere in ihren Arbeitsfeldern der Jugendarbeit, Jugendhilfe, Beschäftigungsförderung, Gemeinwesenarbeit, → Bewährungshilfe, Suchtkrankenhilfe – nicht mehr als Selbstzweck, sondern ist stärker an spezifischen Inhalten und Zielen auch außerhalb des Gruppengeschehens ausgerichtet.

*Lit.* Edding, C./Schattenhofer, K.-P. (Hrsg.): Handbuch Alles über Gruppen. Theorie, Anwendung, Praxis, 2. Aufl., Weinheim u.a. 2015; Nebel, G./Woltmann-Zingsheim, B.: Werkbuch für das Arbeiten mit Gruppen. Texte und Übungen zur Sozialen Gruppenarbeit, Aachen 1997; Rechtien, W.: Angewandte Gruppendynamik. Ein Lehrbuch für Studierende und Praktiker, 4. Aufl., Weinheim 2007; Schmidt-Grunert, M.: Soziale Arbeit mit Gruppen. Eine Einführung, 3. Aufl., Freiburg 2009.

*Wolfgang Krieger*

**Soziale Infrastruktur** ist die Gesamtheit → sozialer Dienstleistungen und → Einrichtungen in einem abgegrenzten → Sozialraum und beinhaltet materiell das Angebot und funktionell das Netz von Informations- und Kommunikationsprozessen. S. I. soll gleichwertige Lebensbedingungen schaffen und → soziale Benachteiligung abbauen. Sie ist ein Dienstleistungsmix aus Staat, → Sozialwirtschaft, Markt, → Selbsthilfe und Freiwilligenarbeit. S. I. bezeichnet Orte der Begegnung, → Beratung und Versorgung, die familiäre, nachbarschaftliche und ehrenamtliche Strukturen ergänzen. S. I. ermöglicht den Einbezug (→ Inklusion) in die Gemeinschaft mit Raum für eine selbstbestimmte Gestaltung der eigenen Lebensumstände (→ Teilhabe). Das → Sozialstaatsprinzip und die kommunale → Selbstverwaltung in Art. 20 und Art. 28 → Grundgesetz geben den Kommunen den grundsätzlichen Auftrag zur sozialen → Daseinsvorsorge und damit zur Vorhaltung s. I. Konkretisiert wird diese Verpflichtung insbesondere im Bau- und → Planungsrecht, im → Sozialrecht, in speziellen Landesgesetzen (z.B. Kindergartengesetze) und in den Gemeindeordnungen der Bundesländer. Hinzu kommen Ausführungsgesetze der Länder zum → Sozialgesetzbuch, eine Vielzahl überörtlicher → Rechtsverordnungen, Richtlinien, Verwaltungsvorschriften und Förderungsbestimmungen als weitere Orientierungsrahmen für die Gestaltung s. I.

Einrichtungen der S. I. sind nach Zielsetzungen und Zielgruppen zu unterscheiden, z.B. Erziehungs- und Bildungseinrichtungen, Einrichtungen der → Kinder- und Jugendhilfe, der Familien-, Behinderten-, → Altenhilfe und → Pflege sowie der → Gesundheits- und → Arbeitsförderung. Die Grenzen zum Sport-, Freizeit- und Kulturbereich sind fließend. Angesichts vielerorts rückläufiger Bevölkerungszahlen, »schrumpfender Städte« und enger werdender finanzieller Spielräume geht die Entwicklung s. I. nur noch zum Teil in Richtung Ausbau, überwiegend in Richtung Konsolidierung, Umbau, Rückbau, Mehrfachnutzung und Vernetzung. Insbesondere vier Trends erfordern eine Anpassung s. I.: die gesellschaftliche Differenzierung (Veränderung der Erwerbsarbeit, Pluralisierung von Lebensformen und → Lebensstilen, → Individualisierung, Auflösung traditioneller Familienstrukturen), die → demografische Entwicklung (Ausdünnung von Angeboten im vorschulischen, schulischen und Jugendhilfebereich zugunsten einer Aufstockung von Angeboten für ältere Menschen), die regionale und sozialräumliche Differenzierung (Abwanderung und Überalterung in strukturschwachen Gebieten, Konzentration → sozialer Probleme in einzelnen Stadtquartieren bzw. Gemeindeteilen und zunehmende räumliche Segregation in den Kommunen) sowie Prozesse der → Migration und → Integration mit Zugewinn an Vielfalt und → interkultureller Kompetenz bei wachsender Konfrontation zwischen Geflüchteten und Gruppen von Einheimischen. Angesichts begrenzter finanzieller → Ressourcen wächst der Legitimationsdruck auf die s. I.; Gesichtspunkte der → Effektivität und → Effizienz rücken in den Vordergrund, neue Finanzformen sind gefragt und der Einbezug von Potenzialen der → Zivilgesellschaft ist unverzichtbar.

Die → Bedarfsanalyse ist eines der schwierigsten, aber auch wichtigsten Elemente für die → Planung, Steuerung und (Wirkungs-)Kontrolle s. I. Eine systematische Planung s. I. ermittelt in einem festgelegten Zeitrahmen → Bedarf/Nachfrage/Akzeptanz, Standorte/Flächen/Grundstücke, Trägerschaft/Akteure/Netzwerke und Investitions-/Betriebskosten. Zu den Methoden der Bedarfsermittlung gehören Partizipationsprozesse (→ Partizipation) vielfältigster Art, Begehungen, subjektive Landkarten, Expertengespräche, Soll-Ist-Vergleiche, Befragungen, Nutzungsanalysen, Richtwerteverfahren, Informationssysteme mit sozialen → Indikatoren, Kennzahlenvergleiche u.a. Kritisch zu sehen sind methodische Verfahren ohne Beteiligung von Bürger/innen. Zum Standard für die Erfassung und Präsentation s. I. gehören heute geografische Informationssysteme (GIS). Die Planung s. I. ist ein elementarer Bestandteil der → Sozialplanung. Gängige Planungsmaßstäbe sind Normalität, Bürgernähe, frühzeitige Beteiligung, Erreichbarkeit, gleichmäßige Versorgung, Prioritätensetzung auf defizitäre Gebiete und einkommensschwache Gruppen sowie → Barrierefreiheit. Normales Leben im örtlichen Sozialraum setzt Barrierefreiheit s. I. voraus und erhöht die Nutzbarkeit für alle (design for all). Die Planung s. I. lässt sich top-down oder bottom-up organisieren. Je diskursiver der Planungsprozess angelegt ist, desto höher ist i.d.R. die Akzeptanz und Legitimität. Die Planung und Weiterentwicklung s. I. hat mehr Gewicht, wenn sie frühzeitig im Zusammenhang kommunaler Entwicklungsplanung (→ Stadtentwicklung) verortet und gleichwertig neben die Planung privater Infrastruktur, die Stadtplanung, Verkehrs- und Wohnungsplanung, Ver- und Entsorgung und Wirtschaftsförderung platziert wird. Isolierte Infrastrukturplanung führt nicht zum Erfolg.

Die auf nationaler und europäischer Ebene forcierte Einführung von Wettbewerbsprinzipien in den Markt für soziale Dienstleistungen zwingt alle Träger, insbesondere die → freien Träger, zu einer betriebswirtschaftlichen Neuorientierung ihrer Sozialunternehmen. → Kontraktmanagement mit → Vereinbarungen über Leistungen, Vergütungen sowie der Prüfung der Einrichtungen wird zum Standardinstrument der Vertragsgestaltung und Beauftragung. Das im Jahr 2009 novellierte → Vergaberecht (Neufassung des § 97 GWB – Gesetz gegen Wettbewerbsbeschränkungen) bietet mehr Möglichkeiten, soziale Aspekte bei der Auftragsvergabe für s. I. stärker zu berücksichtigen, z.B. Beschäftigung → behinderter oder langzeitarbeitsloser Menschen, Barrierefreiheit für Gebäude, d.h. öffentliche Aufträge sozial verantwortlich zu vergeben. Eine gut ausgebaute s. I. ist heute ein Standort- und Marketingfaktor für Kommunen. Eine zukunftsorientierte s. I.-Politik sollte multithematisch – inklusiv, generationenübergreifend und interkulturell – ausgerichtet sein und den Blick gleichermaßen auf die sozialen, räumlichen, ökonomischen und ökologischen (Wechsel-)Wirkungen bestehender oder geplanter s. I.-Einrichtungen richten. Leistungsfähigen Informationssystemen fällt dabei eine Schlüsselrolle für eine (bessere) Analyse, Entscheidungsvorbereitung, Kontrolle und Transparenz zu.

*Lit.* Albers, G./Wekel, J.: Stadtplanung. Eine illustrierte Einführung, Darmstadt 2009; Bauer, R.: Personenbezogene Soziale Dienstleistungen: Begriff, Qualität und Zukunft, Wiesbaden 2001; Cremer, G./ Goldschmidt, N./Höfer, S.: Soziale Dienstleistungen. Ökonomie, Recht, Politik, Tübingen 2013; Dahme, H.-J./Wohlfahrt, N.: Soziale Dienstleistungspolitik, Wiesbaden 2015.

*Walter Werner*

**Sozialeinkommen** sind soziale, zumeist auch sozialpolitisch motivierte Leistungen (→ Sozialpolitik), die auf Einkommensübertragungen (→ Soziale Transfers) an private Personen und Haushalte beruhen. Einen Überblick über zahlreiche Leistungen gibt das SGB I. Zu den S. zählen Einkommensleistungen aus öffentlichen Mitteln, insbesondere der → Sozialversicherung, wie Alters- und Erwerbsminderungsrenten (→ Rentenversicherung), → Arbeitslosengeld (Alg), → Krankengeld und → Pflegegeld; Leistungen zum Zweck einer → sozialen Entschädigung, z.B. für Personen, die durch Kriegsereignisse gesundheitliche Schäden erlitten haben (→ Kriegsopferfürsorge); Leistungen mit dem Ziel eines → sozialen Ausgleichs, insbesondere des → Familienleistungsausgleichs, wie → Kindergeld und → Elterngeld; sowie soziale Hilfen, die bei gegebenem Bedarf wegen fehlendem bzw. zu geringem eigenem → Einkommen und → Vermögen gewährt werden, z.B. → Wohngeld, → Arbeitslosengeld II (Alg II), Sozialgeld, → Sozialhilfe, → Grundsicherung im Alter und bei Erwerbsminderung; ferner Leistungen nach dem → Asylbewerberleistungsgesetz sowie zur → Ausbildungsförderung. Zu den S. zählen außerdem soziale Leistungen von Unternehmen, u.a. Betriebsrenten und -pensionen (→ Betriebliche Altersversorgung und Sozialleistungen).

*Hans-Jürgen Stubig*

**Soziale Innovation** → Soziales Unternehmertum

**Soziale Kontrolle** Das Konzept s. K. gehört seit Langem zu den soziologischen Grundbegriffen, ohne dass allerdings eine Einigung über seine genaue Bedeutung und Verwendung erzielt worden wäre. In einer sehr weiten Definition bezeichnet s. K. alle sozialen Mechanismen, Strukturen und Handlungsweisen, die in irgendeiner Weise zur sozialen Ordnung beitragen, sei sie beabsichtigt oder unbeabsichtigt (→ Anpassung). Bei sozialer Ordnung handelt es sich dabei nicht um eine bestimmte Ordnung, sondern meint nur jede Art von Regelmäßigkeiten und Erwartbarkeiten des Handelns. Diese weite Verwendung des Konzepts ist heutzutage allerdings nicht mehr verbreitet, da es sich kaum von anderen Konzepten, z.B. → Sozialisation, unterscheiden lässt und im Prinzip das gesamte Themenspektrum der Soziologie bezeichnet. In engeren Definitionen, die heutzutage gebräuchlicher sind, wird s. K. auf abweichendes Verhalten (→ Devianz) bezogen und meint dann alle Mechanismen, Strukturen, → Institutionen und Handlungsweisen, die abweichendes Verhalten definieren und zu vermindern suchen. In diesem Sinne ist s. K. auf die Herstellung von Konformität, d.h.

auf die Einhaltung von → Normen und den Schutz der moralischen Ordnung einer → Gruppe, Gemeinschaft oder der → Gesellschaft bezogen.

S. K. findet einerseits in informellen sozialen Beziehungen als wechselseitige Anpassung in der → Interaktion statt (informelle s. K.) und ist somit ein normaler und unvermeidlicher Aspekt des gesellschaftlichen Lebens. Andererseits haben sich in modernen Gesellschaften aber auch auf s. K. spezialisierte Institutionen und → Organisationen (Instanzen der s. K.) herausgebildet, deren Aufgabe in der Herstellung von Normkonformität besteht und die darauf zielen, abweichendes Verhalten zu reduzieren. Die Formen und Mittel der Reaktion auf abweichendes Verhalten sind allerdings keineswegs auf die Ausübung von Zwang, Strafe, Überwachung und Ausgrenzung beschränkt; auch → Therapie, Behandlung, → Erziehung, → Beratung, Gruppendruck oder die Bereitstellung von Ressourcen im Rahmen der → Sozialpolitik oder Formen von Konfliktschlichtung können als Mittel der Verhinderung oder Reduzierung abweichenden Verhaltens, d.h. als s. K., beschrieben werden. In diesem Sinne gehört auch Soziale Arbeit selbstverständlich zu den Instanzen der s. K., insofern sie mit abweichendem Verhalten befasst ist, was innerhalb der Profession häufig als »Doppelmandat von Hilfe und Kontrolle« diskutiert wird.

Auch wenn es sich bei s. K. zunächst um ein neutrales wissenschaftliches Konzept zur Erklärung sozialer Ordnung von Interaktionen, Gruppen und Gesellschaften handelt, so wird es häufig auch als ein politisches Konzept verwendet, das mit Repression oder Unterdrückung gleichgesetzt wird. Tatsächlich ist s. K. immer auch mit Macht und Herrschaft assoziiert, insofern die Definition abweichenden Verhalten und ihre Durchsetzung niemals frei sein kann von jeweils spezifischen Werten und Interessen. Allerdings gehen gegenwärtige Diskussionen um die Entwicklung von s. K. davon aus, dass die Herstellung von Konformität und die Steuerung von Individuen zunehmend über subtile Mechanismen der Herstellung von Selbstkontrolle und die Produktion von Bedürfnissen im Rahmen der Konsumgesellschaft erfolgen, sodass sich s. K. heutzutage zwar immer noch durch explizite Reaktionen auf gezeigtes abweichendes Verhalten zeigt, gleichzeitig eine mehr implizite Verinnerlichung und Disziplinierung bestimmter Orientierungen und Bedürfnisse erfolgt (über Medien, Überwachung, Herstellung sogenannter Sachzwänge und Etablierung von Risikobewusstsein), sodass z.B. auch die Wirksamkeit von Prozessen der Macht und Herrschaft weniger explizit sichtbar ist. Über diese Prozesse wird externe Kontrolle über Disziplinierung und Verantwortungszuschreibung ersetzt (oder ergänzt) durch die Etablierung von Selbstkontrolle.

*Axel Groenemeyer*

**Soziale Organisationen in Europa** existieren in allen Mitgliedstaaten der → Europäischen Union (EU). Ihr Ziel ist die Erbringung persönlicher Dienstleistungen (services) oder die Vertretung von Interessen Betroffener in ihrer Rolle als → Adressat/innen sozialer Hilfeleistungen (voice). Sie unterscheiden sich aufgrund der Rahmenbedingungen der einzelnen Sozialschutzsysteme der europäischen Länder in Organisationsstruktur, Finanzierung, Selbstverständnis und volkswirtschaftlicher Bedeutung. S. O. werden u.a. als »Wohlfahrtsverbände« (→ Freie Wohlfahrtspflege), »charities«, »voluntary organisations« oder »économie sociale et solidaire« bezeichnet. In Großbritannien sind s. O. erst in jüngerer Zeit mit der Erbringung persönlicher Dienstleistungen betraut. Zuvor oblag diese Aufgabe den staatlichen Stellen; die s. O. nahmen die Interessen benachteiligter Personengruppen wahr und beschränkten sich auf ergänzende Dienste, wenn die öffentliche Hilfe versagte. S. O. in Großbritannien weisen einen geringen Organisationsgrad auf. Sie machen einen kleinen Anteil im Sozial- und Gesundheitssektor aus. In den skandinavischen Staaten gibt es wenige s. O. als Träger → sozialer Dienste, da der Sektor immer noch überwiegend öffentlich organisiert ist. Die Funktion der Interessenvertretung dominiert die Dienstleistungsfunktion, die sich auf Kinderbetreuung, → Pflege von älteren und von → behinderten Menschen, → Familienberatung usw. konzentriert. Die schwedischen nationalen Fachverbände haben umfangreiche Anhörungsrechte im Rahmen der nationalen Gesetzgebungsverfahren. Auf regionaler und lokaler Ebene existieren einflussreiche Fachräte zur Organisation der örtlichen sozialen Hilfsangebote. In Frankreich ist die Soziale Arbeit öffentlich und dezentral organisiert, z.B. durch Kommunen und Départements. Dachverbände von s. O. dienen vorwiegend der Interessenvertretung, z.B. UNIOPSS (nationale Fachverbände), URIOPSS (regionale Fachverbände, Träger). In den osteuropäischen Ländern sind s. O. seit dem Fall des »Eisernen Vorhangs« im Aufbau begriffen. Sie orientieren sich stark an Marktprinzipien und dem Bedürftigkeitsprinzip bzw. dem britischen Modell. Auf der europäischen Politikebene traten s. O. Ende der 1980er-Jahre in Erscheinung, so im Diskurs über die Vollendung des

→ Europäischen Binnenmarkts und die Gestaltung des Sozialschutzes bzw. der → Sozialwirtschaft. In ihrer Rolle als europäische Interessenvertretung haben sich s. O. inzwischen in Form von Dachorganisationen oder Netzwerken etabliert, z.B. → Platform of European Social NGOs. Ausgewählte s. O. sind im → Europäischen Wirtschafts- und Sozialausschuss (EWSA) vertreten.

*Cornelia Markowski*

**Soziale Probleme** Sozial-, Gesundheits- und Kriminalpolitik ebenso wie auch die → Soziale Arbeit zielen auf die Bearbeitung, Kontrolle oder Verwaltung von s. P. bzw. auf von s. P. betroffene Personen oder Milieus. In diesem Sinne bilden s. P. die Grundlage oder das Material für → Interventionen im Rahmen verschiedener Politikfelder; sie sind die Basis für die Mobilisierung → sozialer Bewegungen und Themen für Skandalisierungen und Dramatisierungen in den Massenmedien und der Unterhaltungsindustrie. Häufig werden Phänomene wie Armut, Obdachlosigkeit, Kriminalität, Alkoholismus und Drogenkonsum, Gewalt, Rassismus, ethnische Konflikte, teilweise aber auch psychische Störungen, Behinderungen oder sexuelle Abweichungen als s. P. bezeichnet, ohne dass allerdings klar wäre, was diese sehr unterschiedlichen Phänomene denn an Gemeinsamkeiten aufweisen, die es rechtfertigen könnten, sie mit einem Begriff zu bezeichnen. So wird der Begriff s. P. häufig als ein unpräziser Sammelbegriff für alle möglichen Phänomene benutzt, die irgendwie als störend, abweichend oder Leiden verursachend angesehen werden. Ganz allgemein bezeichnet ein Problem die Wahrnehmung einer Diskrepanz zwischen einem angestrebten Ziel oder Wert, dem Soll-Zustand, und der tatsächlichen Situation, dem Ist-Zustand, die durch Maßnahmen der Problemlösung reduziert oder gar aufgehoben werden soll. In diesem Sinne ist zunächst einmal jedes Handeln problemorientiert, insofern es auf Realisierung von Zielen oder Intentionen basiert. Ein s. P. unterscheidet sich von individuellen oder privaten Problemen dadurch, dass die Probleme als eine kollektive Betroffenheit interpretiert werden und eine kollektive, d.h. i.d.R. eine politische oder gesellschaftliche Veränderung angemahnt wird.

S. P. werden als Störung der sozialen Ordnung oder als Verursacher von Schäden, Risiken und Leiden definiert, die gleichzeitig als öffentlich und im Prinzip kollektiv und/oder politisch veränderbar interpretiert werden. Dabei ist sowohl die Grenze zwischen individuell privaten und s. P. als auch die Einschätzung einer grundsätzlichen kollektiven Veränderbarkeit der Situation außerordentlich variabel und Gegenstand öffentlicher und politischer Problematisierungsprozesse. Auch ist die Aufmerksamkeit, die s. P. in der Öffentlichkeit und Politik gewidmet wird, durchaus wechselhaft. Manche s. P. tauchen plötzlich auf und werden in den Massenmedien breit behandelt, diskutiert oder auch skandalisiert, Aufträge für wissenschaftliche Expertisen werden vergeben und politische Maßnahmen beschlossen. Manchmal verlieren sie an Aufmerksamkeit und werden »vergessen«, eher selten werden sie sogar gelöst, aber zumeist sind sie als dauerhaft zu bearbeitende Probleme angelegt und gehören zum festen Bestandteil moderner → Gesellschaften oder werden als notwendige Folgeerscheinung gesellschaftlicher und/oder ökonomischer Entwicklungen hingenommen und in ihren Auswirkungen durch spezialisierte → Institutionen und → Organisationen, d.h. durch die Verteilung öffentlicher Gelder, durch rechtliche Regelungen und ihre Durchsetzung durch → soziale Dienste bearbeitet, verwaltet oder kontrolliert. So war z.B. sehr lange Zeit auch in modernen westlichen Gesellschaften → Gewalt in der Familie, Vergewaltigung in der Ehe oder die → Diskriminierung von Frauen kein s. P., weil diese Zustände entweder als Privatangelegenheit oder als konsequente Folge einer naturgegebenen Unterlegenheit der Frau interpretiert wurden. Erst die Aktivitäten der Frauenbewegung haben diese Zustände zu öffentlichen, d.h. s. P. gemacht und die Institutionalisierung politischer Regulierungen und Kontrollen – z.B. durch das Strafrecht sowie die Etablierung von Beratungsstellen und → Frauenhäusern – erreicht. S. P. sind also nicht einfach jede Art von Störungen der sozialen Ordnung oder von Schaden und Leiden verursachende Verhaltensweisen, vielmehr müssen diese Situationen erst durch kollektives bzw. politisches Handeln problematisiert werden.

S. P. werden durch kollektive Akteure (z.B. soziale Bewegungen, politische Parteien, Massenmedien, öffentliche Verwaltungen, Professions- und Wohlfahrtsverbände, Religionsgruppen oder Interessenorganisationen) aktiv hergestellt und sind in diesem Sinne immer sozial konstruiert. Deshalb ist in Bezug auf öffentliche Probleme immer zu fragen, durch welche kollektiven Akteure und Interessengruppen bestimmte gesellschaftliche Phänomene in einer bestimmten Perspektive problematisiert und als Problembearbeitung institutionalisiert werden (oder worden sind). Die Soziale Arbeit (wie auch andere Institutionen der Problembearbeitung, wie Polizei, Justiz, Arbeitsagenturen, Psychiatrie, Medizin) verwenden die in öffentlichen Diskursen etablierten Problemkategorien ganz selbstverständlich als Grundlage der Konstituierung von Fällen und sind in diesem Sinne am Problematisierungsprozess im Alltag beteiligt.

Grundlage dieser Problematisierung ist die Vorstellung von für allgemein verbindlich erachteten gesellschaftlichen Wertvorstellungen, z.B. von → Menschenwürde, Gleichheit oder → sozialer Gerechtigkeit, gegen die die problematisierten Verhältnisse oder Verhaltensweisen verstoßen sollen, was allerdings keineswegs Konflikte um die Definition von s. P. ausschließt. Schließlich bedeutet die öffentliche und politische Anerkennung sowie die damit verbundene Institutionalisierung von Interventionen und politischen Programmen immer auch eine Neuverteilung von Ressourcen und Macht. Umstritten ist dabei nicht nur, ob ein Phänomen als öffentliches Problem einer kollektiven oder politischen Kontrolle unterworfen werden soll, sondern auch, in welcher Weise das Problem, seine Ursachen und die Verantwortlichen definiert werden, denn davon hängt es ab, welche Institutionen für die Problembearbeitung eine Zuständigkeit erhalten. Es liegt also nicht in der »Natur« eines sozialen Problems, ob es z.B. als → Krankheit, → Kriminalität oder als Folge einer verfehlten → Sozialisation interpretiert wird, vielmehr ist die Konsequenz einer erfolgreichen Problematisierung durch kollektive Akteure, die damit durchaus auch eigene Interessen verfolgen können. Je nachdem, ob z.B. der Konsum von Drogen und Alkohol als Kriminalität, als Krankheit oder als Folge schwieriger Lebensumstände interpretiert wird, sind jeweils andere Instanzen → sozialer Kontrolle und Politikbereiche für die Bearbeitung zuständig. Dabei wird ein problematisiertes → Verhalten dann zu Kriminalität erklärt, wenn davon ausgegangen wird, dass der Verursacher für sein Handeln voll verantwortlich gemacht werden kann und ihm damit eine → Schuld zugeschrieben wird; nur dann sind die Institutionen der Polizei, Justiz und Strafverfolgung zuständig und der Täter oder die Täterin kann bestraft werden. Wenn allerdings dasselbe Handeln als Ausdruck einer körperlichen oder psychischen Krankheit interpretiert wird, so sind die Institutionen der Medizin, Therapie oder Psychiatrie zuständig; wer als krank angesehen wird, ist nicht voll verantwortlich für sein Handeln, kann von daher auch nicht bestraft, sondern muss behandelt werden. Demgegenüber setzt eine Zuständigkeit der Sozialen Arbeit voraus, dass ein problematisiertes Handeln oder eine problematisierte Situation zumindest auch als durch soziale Umstände der Lebensweise oder der Biografie verursacht angesehen werden, die zu Sozialisationsdefiziten oder zu fehlenden Ressourcen geführt haben; nur dann wird ein s. P. legitimerweise zu einem Fall der Sozialen Arbeit.

In der Sozialen Arbeit wurden verschiedene Theorien entwickelt, die explizit einen Bezug zu s. P. herstellen und damit ihre Bedeutung, gesellschaftliche Funktionen und Methoden begründen. Dies gilt insbesondere für den Ansatz von Staub-Bernasconi, die Soziale Arbeit explizit an der Durchsetzung allgemeiner → Menschenrechte orientiert und damit auch einen politischen Anspruch der Sozialen Arbeit bei der Konstruktion von s. P. i.S. einer Interessenvertretung für die Klientel als professionelle Aufgabe formuliert. Die Perspektive der Problembewältigung von Böhnisch orientiert sich bei der Funktions- und Aufgabenbegründung Sozialer Arbeit am Konzept der Anomie und der sozialen Desintegration von Durkheim und thematisiert damit bestimmte Typen von s. P. Schließlich ist in diesem Kontext der systemtheoretische Ansatz von Bommes/Scherr zu nennen, die sich mit dem Konzept der sozialen → Exklusion ebenfalls auf einen bestimmten Typ von s. P. als Grundlegung Sozialer Arbeit beziehen. Allerdings gibt es auch einflussreiche theoretische Perspektiven der Sozialen Arbeit, z.B. den Lebensweltansatz von Thiersch, mit denen versucht wird, die Soziale Arbeit von ihrem Bezug auf s. P. zu lösen und sie als universelle Bildungsinstitution für alle → Lebenslagen und biografische Phasen zu etablieren.

*Lit.* Albrecht, G./Groenemeyer, A. (Hrsg.): Handbuch Soziale Probleme, 2. Aufl., Wiesbaden 2012; Böhnisch, L./Schefold, W.: Lebensbewältigung. Soziale und pädagogische Verständigungen an den Grenzen der Wohlfahrtsgesellschaft, Weinheim 1985; Bommes, M./Scherr, A.: Soziologie der Sozialen Arbeit. Eine Einführung in Formen und Funktionen organisierter Hilfe, Weinheim 2000; Groenemeyer, A. (Hrsg.): Doing Social Problems. Mikroanalysen der Bearbeitung und Konstruktion sozialer Probleme und sozialer Kontrolle in institutionellen Kontexten, Wiesbaden 2010.

*Axel Groenemeyer*

**Sozialer Ausgleich** beschreibt systematisierte Verfahren in entwickelten Volkswirtschaften zur Versorgung aller Gesellschaftsmitglieder mit zumindest das → Existenzminimum sichernden Gütermengen. Im → Sozialstaat ist dieser s. A. ein Ziel, das steten gesellschaftlichen Aushandlungsprozessen unterworfen ist. Im europäischen Kulturkreis steht dabei der Erwartung, dass jeder Bürger dem Lebensstandard seines Landes entsprechend leben kann, die Pflicht gegenüber, sich auch entsprechend seiner Leistungsfähigkeit in die → Gesellschaft einzubringen und zuvorderst selbst die Mittel für die Befriedigung seiner → Bedürfnisse zu erarbeiten. Weil dazu aber nicht allen Gesellschaftsmitgliedern in jeder Lebensphase Boden, Kapital oder Arbeitsfähigkeit in ausreichendem Maße zur Verfügung stehen, können nicht alle Gesellschaftsmitglieder aus eigener Kraft für ihren Lebensunterhalt und einen angemessenen Lebensstandard sorgen. Der Sozialstaat entwickelt Regelungen und Maßnahmen, um Zeiten und Umstände, in denen die der Lebensunterhalt nicht gewährleistet ist, durch intertemporäre und interpersonale Umverteilung abzusichern Dabei wird nicht ganz überschneidungsfrei in → soziale Vorsorge und s. A. unterschieden. Vorhersehbare Lebensrisiken wie → Alter und → Krankheit stellen Fälle der sozialen Vorsorge dar, die prinzipiell durch die eigene Leistungsfähigkeit gedeckt werden könnten, wenn geeignetes Spar- oder Versicherungsverhalten vorliegt oder die Absicherung eben durch die sozialen Pflichtversicherungen herbeigeführt wird. S. A. sichert darüber hinaus auch jene Lagen ab, in denen keine Chance auf ausreichende eigene Verdienst- oder Vorsorgemöglichkeit besteht. Der s. A. schlägt sich nieder in der sozialen → Fürsorge, im der egalisierenden Funktion der sozialen → Kranken- und → Pflegeversicherung und in den Regelungen zum familiären Unterhalt (→ Unterhaltspflicht), in der → Ausbildungsförderung usw.

Im politischen Prozess wird s. A. iterativ ausgehandelt und kontinuierlich nachjustiert. Leitziele für den s. A. sind sozialer Frieden und Gerechtigkeit. Sozialer Friede soll zu Stabilität, → Integration und Leistungsfähigkeit führen und den Aufwand für Störungsbeseitigung verringern. Der Begriff der Gerechtigkeit wird in der sozialen Marktwirtschaft nicht als Gleichheit interpretiert, sondern als ein Bündel konkurrierender Gerechtigkeitsziele, insbesondere Leistungs- und Bedarfsgerechtigkeit (→ Soziale Gerechtigkeit). Wie stark in einer Gesellschaft der staatlich organisierte und garantierte s. A. für erforderlich gehalten wird und verfassungsmäßig verankert ist, ist von Staat zu Staat sehr unterschiedlich. Hier spielen Wertvorstellungen eine starke Rolle, kollektive Überzeugungen und gewohnte Pfade der sozialen Sicherung. In den jeweils aktuellen Auseinandersetzung der gesellschaftlichen Kräfte werden diese Einflussfaktoren bewusst übernommen oder infrage gestellt und neu interpretiert.

*Johannes Zacher*

**Sozialer Dialog** bezeichnet Verhandlungen und Konsultationen der Sozialpartner auf europäischer Ebene, die von der Europäischen Kommission gefördert werden (Art. 154 Vertrag über die Arbeitsweise der Europäischen Union [AEUV]). Bereits vor der Unterbreitung von Gesetzesinitiativen im Bereich der → Sozialpolitik und der → Arbeitsmarktpolitik haben die Sozialpartner ein Recht auf Anhörung. Im weiteren Verlauf können sie Stellungnahmen und Empfehlungen abgeben. Im sektoralen S. D. werden Ausschüsse eingesetzt, um die Sozialpartner (branchenspezifische Dachverbände der Arbeitgeber und Arbeitnehmer/innen) in die Diskussion über die Verbesserung der Lebens- und Arbeitsbedingungen in ihrem jeweiligen Sektor einzubeziehen. Im intersektoralen S. D. verhandeln die Sozialpartner (Arbeitgeberorganisationen BUSINESSEUROPE, UEAPME und CEEP sowie Europäischer Gewerkschaftsbund ETUC) übergreifende sozialpolitische Themen. Gemeinsame Erklärungen (etwa zu arbeitsbedingtem Stress, Telearbeit) können europäische Standards festsetzen, die auf nationaler Ebene gesetzlich oder tarifvertraglich umgesetzt werden. Ergebnis des sektoralen und intersektoralen S. D. können auch Vereinbarungen sein, die auf Beschluss des Rates der → Europäischen Union rechtsverbindlich werden (Art. 155 AEUV). Beispiele hierfür sind die Richtlinien zum Elternurlaub (→ Elternzeit), zur Teilzeitarbeit, zu befristeten Arbeitsverträgen, zur Arbeitszeit von Seeleuten. Durch den S. D. nehmen die europäischen Arbeitgeber- und Arbeitnehmerverbände gegenüber anderen Vertretern der → Zivilgesellschaft im sozialpolitischen Bereich eine privilegierte Stellung ein.

*Johannes Eisenbarth*

**Soziale Rechte** sind im → Sozialgesetzbuch – Allgemeiner Teil – (SGB I) vom 11.12.1975 geregelt. Sie weisen auf die durch Einzelgesetze zu verwirklichenden sozialstaatlichen Aufgaben (→ Sozialstaat) hin, ohne den einzelnen Bürger/innen einen → Rechtsanspruch auf → Sozialleistungen zur Verwirklichung dieser Rechte zu geben. Es handelt sich um objektives Recht. Bedeutung erlangen die s. R. gemäß § 2 Abs. 2 SGB I bei der Auslegung der Vorschriften des SGB und bei der Ausübung des → Ermessens. Bei der Auslegung von Sozialleistungsrecht anhand der s. R. sind die klassischen Auslegungsregeln zu berücksichtigen. Sprechen danach die überwiegenden Gründe für eine Begrenzung eines Anspruchs, sind die Grenzen der Anspruchsnorm erreicht. Sie darf auch durch die s. R. nicht überwunden werden. Dies gebietet der Gesetzesvorbehalt für Sozialleistungen nach § 31 SGB I. Der Sozialleistungsanspruch bleibt durch die Regelungen der besonderen Teile des SGB begrenzt (§ 2 Abs. 1 S. 2 SGB I). Die s. R. sind in §§ 3–10 SGB I einzeln aufgezählt. S. R. sollen grundlegende sozialpolitische Leitvorstellungen (→ Sozialpolitik) sichtbar machen. Dadurch soll das → Sozialrecht transparenter und für die Bürger/innen überschaubarer werden. Die s. R. der §§ 3 ff. SGB I haben somit Aufklärungsfunktion. Sie sollen auch ein rechtspolitisches Programm darstellen. Dieses Programm soll dem Gesetzgeber immer wieder vor Augen führen, dass das Sozialrecht an den durch die s. R. festgelegten Grundprinzipien auszurichten ist. In diesen Rahmen hat sich neues Sozialrecht einzufügen. Da es sich um einfaches Gesetzesrecht handelt, ergeben sich aus den s. R. keine Bestandsgarantien sozialrechtlicher Positionen.

S. R. werden zunehmend als in dieser Form unzeitgemäß kritisiert. U.a. wird die Forderung erhoben, die Eigenverantwortung der → Leistungsberechtigten müsse gestärkt werden. Die s. R. müssten deshalb auch Hinweise auf die damit zusammenhängenden Pflichten enthalten. Im → Grundgesetz (GG) sind verfassungsrechtlich verbürgte soziale (Grund-) Rechte nicht vorgesehen. Es herrscht das liberale Grundrechtsverständnis vor, wonach → Grundrechte staatliche Eingriffe in die Rechte der Bürger/innen abwenden sollen. Vermittelt durch das Sozialstaatsprinzip des Art. 20 Abs. 1 GG werden aber Teilhabe- und Leistungsrechte aufgrund der Grundrechte auch auf Verfassungsbasis anerkannt. Das Bundesverfassungsgericht hat einen verfassungsunmittelbaren Anspruch auf das individuelle → Existenzminimum aus Art. 1 Abs. 1 i.V.m. Art. 20 GG abgeleitet (Urt. v. 9.2.2010, BVerfGE 125, 175). In einzelnen Länderverfassungen finden sich → soziale Grundrechte meist in der Form von Staatszielbestimmungen. Klassische soziale Grundrechte sind das Recht auf Arbeit, Wohnung, Bildung und Existenzsicherung.

*Angela Busse*

**Sozial erfahrene Dritte** Durch eine Beteiligung s. e. D. wird das Ziel verfolgt, deren besondere Sachkunde und praktische Erfahrung für das → Sozialhilferecht nutzbar zu machen. Gleichzeitig soll hierdurch ein Interessensschutz der Leistungsberechtigten erreicht werden. Es handelt sich um Dritte i.S. von § 78 SGB X, die somit zur Wahrung des → Sozialgeheimnisses verpflichtet sind. S. e. D. sind nach § 116 Abs. 1 SGB XII vor dem Erlass allgemeiner → Verwaltungsvorschriften zu hören und gem. Absatz 2 vor dem Erlass des → Bescheides über den Widerspruch (→ Rechtsbehelf) gegen die Ablehnung der → Sozialhilfe und die Festsetzung ihrer Art und Höhe beratend zu beteiligen. Die Beteiligung ist rein konsultativ, ohne echte Entscheidungsbefugnis. Nach dem Wortlaut der Vorschrift sind mindestens zwei Personen (»Dritte«) zu beteiligen. Es muss sich um Personen außerhalb des → Sozialhilfeträgers handeln, wie z.B. Mitarbeiter/innen der Verbände der → freien Wohlfahrtspflege oder kirchlicher Einrichtungen, Gewerkschafter/innen oder Politiker/innen. Die Vorschrift gilt für alle in § 8 SGB XII genannten Leistungsarten der Sozialhilfe.

Die Anhörung vor dem Erlass von Verwaltungsvorschriften (Richtlinien, Dienstanweisungen usw., aber keine → Rechtsverordnungen) nach § 116 Abs. 1 SGB XII dient dem Zweck, Dritten die Möglichkeit zu geben, sich mündlich oder schriftlich zu einer geplanten Norm zu äußern. Werden die Vorschriften ohne eine Anhörung erlassen, führt das nicht zwangsläufig zur Rechtswidrigkeit der hierauf gestützten → Verwaltungsakte, da deren Rechtmäßigkeit ausschließlich davon abhängt, ob sie dem gültigen Recht entsprechen.

Die beratende Beteiligung nach Absatz 2 geht über die Anhörung nach Absatz 1 weit hinaus. In Betracht kommen nur Widerspruchsbescheide (§ 85 Abs. 2–4 Sozialgerichtsgesetz [SGG]), nicht aber Abhilfebescheide, demnach also Bescheide, die die Hilfe ganz oder teilweise (z.B. aufgrund anzurechnenden → Einkommens bzw. → Vermögens) ablehnen, Bescheide, die nach Art und/oder Höhe der Hilfe angegriffen werden, Leistungskürzungen (§ 26 SGB XII) oder -einstellungen, Leistungsentziehungen wegen mangelnder Mitwirkung (§ 66 SGB I) sowie Rücknahme und Aufhebung von Bewilligungsbescheiden (§§ 45, 48 SGB X). Eine Beteiligung ist nicht erforderlich, wenn lediglich der → Nachrang der Sozialhilfe wiederhergestellt wird (z.B. Überleitung, Kostenersatz). Die Nichtbeteiligung stellt einen Verfahrensfehler dar und führt zur Anfechtbarkeit des Widerspruchsbescheides.

Die Regelung steht unter Vorbehalt abweichenden Landesrechts, was bedeutet, dass die Anhörung nach Absatz 1 und die Beteiligung nach Absatz 2 entweder anders geregelt oder ganz abgeschafft werden können; einige Bundesländer haben in ihren Ausführungsgesetzen zum SGB XII hiervon mit unterschiedlichen Ergebnissen bis hin zur Abschaffung Gebrauch gemacht: Baden-Württemberg, Bayern, Brandenburg, Hamburg, Hessen, Mecklenburg-Vorpommern, Rheinland-Pfalz, Sachsen, Sachsen Anhalt, Schleswig

Holstein, Thüringen. Die Vorschrift in der jetzigen Form lässt keinen wesentlichen Vorteil für die Betroffenen erkennen, zumal die Anhörung nach Absatz 1 in der Praxis so gut wie nicht stattfindet und die Beteiligung nach Absatz 2 die Entscheidung über den Widerspruch verzögert. Eine vergleichbare Regelung im SGB II fehlt.

*Rainer Gilles*

**Sozialer Konflikt** von lat. »socialis« (die Gesellschaft betreffend, gesellig) und »conflictus« (Zusammenstoß, Widerstreit) ist ein sozialwissenschaftlicher Begriff für krisenhafte Abläufe zwischen → Gruppen, Verbänden, → Organisationen, Geschlechtern, Generationen, → Gesellschaften, Staaten. Widerstreitende Interessen und Aktivitäten bedingen ein Zerwürfnis, das zu Unfrieden und → Gewalt bis hin zu kriegerischen Auseinandersetzungen führt. In der griechischen Antike ist im ewigen Krieg der Frieden lediglich eine von den Göttern gewährte Pause, womit der konfliktuöse Charakter menschlicher Sozialität zum Ausdruck kommt.

S. K. werden – je nach Schule – als dysfunktional oder konstitutiv für den sozialen Wandel angesehen. Gleichgewichtsmodelle, die die Struktur von → Konflikten in der strukturell-funktionalen Theorie (Parsons) darlegen, zeigen, dass Ungewissheit/Pluralität einerseits und der Zwang zur Stabilisierung anderseits sozialen Wandel zwar hervorrufen, doch – im Sinne einer Balance – eine realistische Interpretation des Zusammenlebens zu stärken ist. S. K. geben Anlass für interne Selbst-, Gruppen- oder gesellschaftliche Reflexion z.B. im politischen Leben oder für externe → Beratung, führen aber ebenso zu unkontrollierter Gewaltausübung. Das Bedeutungsfeld einschlägiger Phänomene lässt sich im Anschluss an Dahrendorfs Definition des modernen s. K. aus dem Jahre 1992 unterscheiden 1. in charakteristische Konfliktzusammenhänge (soziale Einheiten, in denen Konflikte ausbrechen); 2. nach Ausdrucksformen (z.B. Rollen-, Proporz- oder internationale Konflikte); 3. im Hinblick auf Erscheinungsformen als manifeste (gewollte) und latente (unterschwellige) s. K.

In der → Sozialpsychologie wird zwischen intra- und interpersonellen Konflikten differenziert. Freuds Theorieentwicklung hält konfliktträchtige Dualismen vor: Trieb vs. Wahrnehmung, Lust- vs. Realitätsprinzip, Sexualität vs. Aggressivität, Lebens- vs. Todestrieb, bewusst vs. unbewusst, Abwehr vs. Trieb, Über-Ich vs. Es. In der Ethnologie wird vielfach ein angeborenes Aggressionspotenzial angenommen; die Theoriebildung zielt auf die Zuordnung von Triebimpulsen und sublimierten Ausdrucksformen menschlichen Handelns. Vergleichbar der Struktur des Ödipuskonfliktes, in dem Triebwünsche einem (elterlichen) Gebot gegenüberstehen, zeichnen sich s. K. durch ein Spannungsgefüge aus, das auf (sozioökonomische) Widersprüche (→ soziale Ungleichheit) zurückverweist. In der Pädagogik zählt der Konflikt-Begriff seit den 1960er-Jahren zu den Schlüsselbegriffen der → politischen Bildung. Optionen zur »Lösung s. K. « (Kurt Lewin), zur Gewaltprävention und zur Theorie bestehen in der Rezeption des Modells der Kommunikationsgemeinschaft (Apel), der Theorie des kommunikativen Handels (Habermas) und in der modernen Version des Sokratischen Gesprächs. Ziel dieser Ansätze ist Verständigung i.S. der wechselseitigen Einvernahme. Diskussionswürdig ist, ob der »eindimensionale Mensch« (Marcuse), der Konsument der Mediengesellschaft, Konflikte rational auszutragen imstande ist bzw. ob s. K. überhaupt noch verändernd wirken. Im Zuge der Friedensforschung und der Sichtbarmachung globaler Konflikte hat sich eine weltumspannende Konfliktforschung entwickelt, die u.a. die Möglichkeit der Deeskalation sowie die Eindämmung militärischer Rüstung und internationaler Konflikte thematisiert.

*Klaus Kraimer*

**Sozialer Status** → Rolle, → Soziale Ungleichheit

**Sozialer Wohnungsbau** ist ein Begriff aus dem II. Wohnungsbaugesetz (II. WoBauG), das 1956 in Kraft trat. Als s. W. wird dort die Förderung des Baus von Wohnungen bezeichnet, die für die breiten Schichten des Volkes bestimmt sind. Die Förderung sollte den Wohnungsmangel beseitigen, für weite Kreise der Bevölkerung Eigentum schaffen und eine ausreichende Wohnungsversorgung für alle Bevölkerungsschichten ermöglichen, insbesondere aber für Wohnungssuchende, die hierzu selbst nicht in der Lage waren. Gefördert wurde ausschließlich der Wohnungsbau, d.h. die Schaffung von Wohnraum durch Neubau, Ausbau und Erweiterung. Seit 1994 wird auch die Modernisierung als Wohnungsbau angesehen.

2001 wurde das II. WoBauG durch das Wohnraumförderungsgesetz (WoFG) abgelöst. Die soziale Wohnraumförderung unterscheidet sich vom s. W. durch eine Erweiterung der Fördergegenstände sowie eine abweichende Zielgruppendefinition. Neben dem Wohnungsbau können nun auch andere Maßnahmen gefördert werden, soweit sie der Versorgung mit Mietwohnungen oder der Bildung selbst genutzten Wohneigentums dienen. Dazu gehören der Erwerb von Belegungsrechten im Wohnungsbestand und der Erwerb bestehender Wohnungen. Die Erweiterung erfolgte, weil es auf entspannten Märkten nicht sinnvoll ist, die Abnahme der Sozialwohnungsbestände durch Neubaumaßnahmen auszugleichen. Während sich die Förderung nach dem II. WoBauG an breite Bevölkerungsschichten richtete, zielt das neue Recht auf Haushalte, die sich aufgrund ihres geringen → Einkommens oder aufgrund fehlender Akzeptanz bei den Vermietern nicht eigenständig am Markt versorgen können und deshalb auf Unterstützung angewiesen sind. Die engere Zielgruppendefinition wurde damit begründet, dass die Versorgung mittlerweile weitgehend dem Markt überlassen werden kann. Durch die Föderalismusreform im Jahr 2006 ist die Zuständigkeit für die Wohnraumförderung, die bis dorthin bei Bund und Ländern gemeinsam lag, auf die Länder übergegangen. Als Ausgleich für den Wegfall der Bundesfinanzhilfen für die soziale Wohnraumförderung erhalten die Länder vom Bund bis einschließlich 2019 jährlich 518 Mio. Euro.

Mit dem Ziel, die kriegsbedingt hohen Defizite schnell zu beseitigen, wurden in Westdeutschland in den 1950er-Jahren mehr als 60% der Neubauten gefördert, wobei es sich in der Mehrheit um Mietwohnungen handelte. Danach nahm der Anteil der geförderten Wohnungen und unter diesen der Anteil der Mietwohnungen ab. Als es Ende der 1980er- und Anfang der 1990er-Jahre aufgrund von Zuwanderungen aus Osteuropa und Ostdeutschland zu erheblichen Engpässen auf den Wohnungsmärkten kam, stieg die Förderquote wieder an. Zwischenzeitlich ist sie aber erneut stark zurückgegangen. Aufgrund der aktuellen Engpässe auf den Wohnungsmärkten der wachstumsstarken Ballungsräume, die durch die gegenwärtig starke Zuwanderung von → Flüchtlingen verschärft werden, ist zukünftig wieder mit einer stärkeren Förderung zu rechnen. Der Bund hat seine bis 2019 zugesagten Mittel an die Länder bereits verdoppelt.

Als Sozialwohnung werden nur die geförderten Mietwohnungen bezeichnet, die aufgrund der Förderung einer Belegungs- und Mietbindung unterliegen. Diese gilt allerdings nicht dauerhaft. Nach Ablauf des Förderungszeitraums können die Wohnungen ohne Einschränkungen vermietet werden. Da der Wegfall der Sozialbindungen nicht kompensiert werden konnte, ist der Sozialwohnungsbestand stark gesunken, von 4,2 Mio. im Jahr 1978 (frühere Bundesrepublik) auf nur noch 1,5 Mio. im Jahr 2013 (Gesamtdeutschland). Die Vergabe der Sozialwohnungen richtet sich danach, ob eine einfache Belegungsbindung oder ein kommunales Benennungsrecht besteht. Bei der einfachen Bindung kann der Eigentümer die Wohnung an eine/n Wohnberechtigte/n seiner Wahl vergeben. Das Benennungsrecht gibt den Gemeinden das Recht, dem Eigentümer drei Bewerber/innen zur Auswahl zu benennen. Als problematisch wird insbesondere der mit dem Abbau des Sozialwohnungsbestandes einhergehende Verlust kommunaler Benennungsrechte betrachtet, weil dadurch die Vermittlungsmöglichkeiten für besonders benachteiligte Haushalte eingeschränkt werden. Allerdings befinden sich viele ehemalige Sozialwohnungen im Eigentum kommunaler Wohnungsunternehmen, die von ihren Eigentümern auch ohne förderungsrechtliche Bindung zu einer sozial verantwortlichen Vermietungspraxis verpflichtet werden können.

*Joachim Kirchner*

**Soziale Schwierigkeiten, besondere** → Hilfe zur Überwindung besonderer sozialer Schwierigkeiten

**Soziale Sicherheit** Das Bestreben des Menschen nach Absicherung seiner sozialen Belange kann in seiner vielfältigen Abhängigkeit u.a. von wirtschaftlichen, gesamtgesellschaftlichen, zwischenmenschlichen und persönlichen (insbesondere auch gesundheitlichen und sozialen) Faktoren niemals vollständig gewährleistet sein. Bei s. S. geht es letztlich um relative Sicherheiten mit jeweils unterschiedlichem Grad und Umfang der Absicherung. Der Begriff wird in unterschiedlichen Zusammenhängen verwendet und auf unterschiedliche Strukturen sozialer Sicherung bezogen. I.w.S. umfasst s. S. auch »öffentliche Sicherheit« (i.S.des Polizeirechts), »militärische Sicherheit« sowie »Rechtssicherheit« als unverzichtbare Voraussetzungen für s. S. i.e.S. Hierunter kann man jede durch »gesellschaftliche Umwelt garantierte Sicherheit« verstehen (Neuloh).

(1) In der sozialwissenschaftlichen Forschung erscheint der Begriff s. S. als eine analytische Kategorie zur Deutung subjektiv erlebter Sicherheitsgefühle im gesellschaftlichen Kontext. S. S. wird dabei als menschliches Handlungsziel verstanden, in gesellschaftlichen Lebensbezügen Sicherheitsgefühle zu erleben. Determiniert ist diese »subjektive Sicherheitsbefindlichkeit« (Kaufmann) durch die gesellschaftliche Garantie der materiellen Existenzmittel, wenn die Selbstsicherung einmal ausfällt und das »Bewusstsein des Eingeordnetseins in einen sinnvollen und für das eigene Dasein bedeutungsvollen gesellschaftlichen Zusammenhang« fehlt (Kluth). Während diese Auffassung von

s. S. rein theoretischer Natur ist oder allenfalls als Zielvariable der (soziologisch beeinflussten) → Sozialpolitik erscheint, hat sich in der praktischen Sozialpolitik ein wesentlich reduzierterer und präziserter Begriffsinhalt durchgesetzt.

(2) Sozialpolitische Bedeutung erhielt der heute international geprägte Begriff zunächst im angelsächsischen Sprachraum. Anfänglich galt er als politische Parole, die unter dem Eindruck der Weltwirtschaftskrise und der Politik des »New Deal« in einem amtlichen Text erstmalig in dem von F. D. Roosevelt für die Vereinigten Staaten erlassenen »Social Security Act« vom 14.8.1935 auftauchte. Unter »Social Security« wurden sozialpolitische Schutzmaßnahmen für Alte, Bergarbeiter, Arbeitsunfähige, Blinde und Arbeitslose verstanden. Die → Internationale Arbeitsorganisation (ILO) machte – v.a. mit Blick auf die Sozialpolitik der Nachkriegszeit – 1944 auf einer Konferenz in Philadelphia den Versuch, s. S. institutionell und funktionell zu definieren. In einem acht standardisierte Risiken umfassenden Katalog sollten Leistungen zur »Sicherung des Lebensunterhalts« bei folgenden → Lebenslagen gewährt werden: Krankheit, Schwangerschaft, Invalidität, Alter, Tod des Versorgers, Arbeitslosigkeit, außerordentliche Ausgaben, berufliche Schädigungen. Die 1948 von der Generalversammlung der → Vereinten Nationen (UN) erlassene »Allgemeine Erklärung der Menschenrechte« (→ Menschenrechte) greift in Art. 25 diesen Begriffsinhalt auf und bestätigt ihn: »(1) Jeder Mensch hat Anspruch auf eine Lebenshaltung, die seine und seiner Familie Gesundheit und Wohlbefinden, einschließlich Nahrung, Kleidung, Wohnung, ärztlicher Betreuung und der notwendigen Leistungen der sozialen Fürsorge, gewährleistet; er hat das Recht auf Sicherheit im Falle von Arbeitslosigkeit, Krankheit, Invalidität, Verwitwung, Alter oder von anderweitigem Verlust seiner Unterhaltsmittel durch unverschuldete Umstände. (2) Mutter und Kind haben Anspruch auf besondere Hilfe und Unterstützung«. Mit dieser Deklaration erhielt der Begriff der s. S. eine international verbindliche Formulierung. Er diente nahezu allen nachfolgenden internationalen Dokumenten als Richtmaß für praktische Gestaltungen. Auch das Übereinkommen über Mindestnormen der s. S. (Beschluss der 34. Sitzung der Internationalen Arbeitskonferenz, Genf 1951) greift auf die Systematik des Risiken-Katalogs von Philadelphia zurück. S. S. ist danach durch folgende Voraussetzungen bestimmt: a) Das Ziel der Versicherungs- oder Versorgungseinrichtung muss darin bestehen, heilende oder verhütende ärztliche Behandlung zu gewähren oder bei unfreiwilligem Verlust des ganzen oder eines großen Teils des Arbeitseinkommens Mittel für den Lebensunterhalt zu garantieren oder Personen mit Familienangehörigen ein zusätzliches Einkommen zu gewähren; b) Die Einrichtung muss durch → Gesetzgebung geschaffen sein, die bestimmte individuelle → Rechtsansprüche gewährt oder öffentlichen, halböffentlichen oder autonomen Organisationen fest umgrenzte Verpflichtungen auferlegt; c) Die Einrichtung muss durch eine öffentliche, halböffentliche oder autonome Körperschaft verwaltet werden. Neben der ILO ist als spezielle Organisation die Internationale Vereinigung für Soziale Sicherheit (IVSS) um die Förderung der s. S. bemüht. Mit der Fixierung der Mindestnormen s. S. und der Konsolidierung der IVSS hat die Diskussion über die Idee der s. S. einen gewissen Abschluss gefunden. Durch die weltweite Einrichtung von öffentlichen Systemen s. S. entwickelte sich der Begriff zu einem »Quasi-Grundrecht der menschlichen Gesellschaft und zu einem selbständigen Wert« (Pfeffer). Er setzt anerkannte Standards, ermöglicht internationale Vergleichbarkeit der Sicherungssysteme und ist Bezugspunkt für eine inhaltliche Weiterentwicklung s. S.

(3) In der → Europäischen Union (EU) wurde von Beginn an bewusst darauf verzichtet, für die Belange s. S. eine Gemeinschaftskompetenz zu begründen. Dies beinhaltet eine Absage an eine umfassende soziale Harmonisierung i.S. einer Vereinheitlichung des → Sozialrechts der Mitgliedstaaten, auch wenn dies seit Längerem für die Zukunft gefordert wird (→ Europäische Sozialpolitik). Bisher gibt es auf europäischer Ebene zahlreiche Förder- und Ausgleichsprogramme, die zu einer Vereinheitlichung der Lebensbedingungen innerhalb der EU beitragen und Ausdruck übergreifender Zielvorstellungen sind (→ Europäisches Sozialmodell). Individuelle Absicherung der EU-Bürger/innen erfolgt aber lediglich durch zahlreiche Regelungen zur Koordinierung (nicht: Harmonisierung) sehr unterschiedlicher Systeme s. S. innerhalb der Gemeinschaft. Diese Regelungen sind v.a. von Bedeutung für Personen, die aufgrund ihres Rechts auf → Personenfreizügigkeit innerhalb der EU ihren Arbeits- oder Lebensort wechseln. Lediglich soweit s. S. durch den freien Markt erfolgt, hat über das europäische Wettbewerbsrecht teilweise eine Vereinheitlichung der Art der Leistungserbringung stattgefunden.

(4) In Deutschland ist es nach dem → Sozialstaatsprinzip (Art. 20 Abs. 1 → Grundgesetz) Aufgabe des Staates, s. S. zu ermöglichen. Entsprechend dem Grundsatz der → Subsidiarität sind aber gleichzeitig

die Eigenverantwortung der Bürger/innen und vielfältige gesellschaftliche und wirtschaftliche Strukturen s. S. staatlicherseits zu respektieren und zu fördern. Dies hat zu außergewöhnlich vielgliedrigen Strukturen s. S. geführt, die kaum noch überschaubar sind und letztlich nur in ihrer geschichtlichen Entwicklung verständlich werden. Die Ende des 19. Jh. einsetzende Sozialgesetzgebung zielte vor dem Hintergrund eines liberalen Staatsverständnisses weder darauf ab, vorhandene gesellschaftliche → Sozialstrukturen (v.a. → Familien und christliche Kirchen) zu entlasten, noch sollten Bürger/innen von der Verpflichtung entbunden werden, für Lebensrisiken selbst Vorsorge zu betreiben (z.B. durch Versicherungen). Der Gesetzgeber greift bis heute weitgehend nur nachrangig (subsidiär) ein, soweit vorhandene Strukturen s. S. nicht ausreichen, hat aber gleichzeitig Ordnungsverantwortung für ein funktionierendes Gesamtsystem (→ Sozialstaat).

Die wesentlichen Leistungsansprüche und Ordnungsstrukturen öffentlich-rechtlich geregelter s. S. ergeben sich heute im Wesentlichen aus dem → Sozialgesetzbuch (SGB). Man spricht insoweit auch von einem »System sozialer Sicherung«. Aus dem Allgemeinen Teil des SGB I ergibt sich ein Katalog → sozialer Rechte, die der Verwirklichung → sozialer Gerechtigkeit und s. S. in Deutschland dienen: (§ 3) Bildungs- und → Arbeitsförderung (→ Ausbildungsförderung, Berufsbildungsgesetz, Arbeitsförderungsgesetz, → Arbeitslosenversicherung); (§ 4) → Sozialversicherung; (§ 5) → Soziale Entschädigung bei Gesundheitsschäden; (§ 6) Minderung des Familienaufwandes (→ Familienleistungsausgleich, → Kindergeld, → Elterngeld); (§ 7) Zuschuss für eine angemessene Wohnung (→ Wohngeld); (§ 8) → Kinder- und Jugendhilfe; (§ 9) → Sozialhilfe; (§ 10) Teilhabe behinderter Menschen (→ Rehabilitation und Teilhabe behinderter Menschen). Die Leistungen s. S. ergeben sich im Einzelnen aus den Büchern I–XII des SGB sowie den in § 68 SGB I genannten Gesetzen. Diese → Sozialleistungen umfassen neben → Geldleistungen auch → soziale Dienst- und → Sachleistungen.

Klassischerweise wird unterschieden zwischen → Versicherungs-, → Versorgungs- und → Fürsorgeprinzip als drei möglichen Grundlagen sozialer Sicherungssysteme. Die gesetzlichen Sozialversicherungen (→ Krankenversicherung, → Rentenversicherung, → Arbeitslosenversicherung, → Unfallversicherung, → Pflegeversicherung) sind in Deutschland unverändert die wichtigsten Säulen s. S., auf die knapp zwei Drittel aller Sozialausgaben entfallen. Sie verfahren nach dem Versicherungsprinzip, das auf den Ideen der gegenseitigen Hilfe durch Beitragsleistungen und des kollektiven Risikoausgleichs beruht und an den Prinzipien von Selbstverantwortung und → Solidarität ausgerichtet ist. Der weitaus größte Teil der Bevölkerung (v.a. Arbeitnehmer/innen) ist gesetzlich zur Mitgliedschaft verpflichtet und leistet durch seine Beiträge und die der Arbeitgeber in solidarischer Weise Vorsorge für sich und die anderen Versicherungsmitglieder. Aufgrund der → demografischen Entwicklung und versicherungsfremder Leistungen (z.B. deutsche Wiedervereinigung, rentenrechtliche Berücksichtigung von → Kindererziehungszeiten) muss v.a. die gesetzliche Rentenversicherung seit Jahrzehnten mit erheblichen staatlichen Zuschüssen gestützt werden (61,4 Mrd. Euro im Jahre 2014).

Außerdem wurde in allen fünf Zweigen der gesetzlichen Sozialversicherung die Versicherungspflicht kontinuierlich ausgeweitet, um für alle Bürger/innen einen weitgehend einheitlichen Standard s. S. zu gewährleisten. Möglich ist dies nur durch direkte oder indirekte staatliche Transferleistungen (→ soziale Transfers) (z.B. durch die Übernahme von Beiträgen für die gesetzliche Krankenversicherung durch die → Träger der Grundsicherung bzw. die → Träger der Sozialhilfe). Das Alternativkonzept einer breit angelegten, also verschiedene Sozialbereiche und alle Bürger/innen umfassenden, staatlich verantworteten einheitlichen → Grundsicherung ist mit den in Deutschland gewachsenen Versicherungsstrukturen, welche auf einer Wahl zwischen unterschiedlichen Trägern und unterschiedlichen Leistungsstandards basieren, nur schwer in Einklang zu bringen. Personengruppen, die in besonderer Weise für die staatliche Gemeinschaft Opfer (insbesondere Kriegsopfer, Hinterbliebene, Opfer von Gewalttaten) oder besondere Leistungen erbracht haben (Beamte, Richter/innen, Soldat/innen), haben Versorgungsansprüche gegenüber dem Staat ohne selbst entrichtete Beiträge. Rechtsansprüche auf staatliche Fürsorgeleistungen bestehen, soweit Betroffene weder durch eigene Leistungen noch durch die bisher genannten Strukturen oder andere Zuwendungen bzw. Ansprüche in der Lage sind, ihren Lebensbedarf zu decken (→ Bedarfsdeckungsprinzip, → Individualisierungsprinzip). Die Fürsorgeleistungen können (abgesehen von wichtigen Ausnahmen) nur nachrangig und in vielen Fällen ergänzend zu anderen Leistungen in Anspruch genommen werden (→ Nachrang der Sozialhilfe und der Jugendhilfe). Diese Leistungen werden als → Grundsicherung für Arbeitsuchende, Sozialgeld (→ Arbeitslosengeld II), Sozialhilfe bzw. Leistungen nach dem → Asylgesetz erbracht. Die unterschiedlichen Träger sozialer Sicherung (→ Sozialleistungsträger) haben – abgesehen von Versorgung und Fürsorge – die Rechtsform eigenständiger öffentlich-rechtlicher Körperschaften mit → Selbstverwaltung. Die Finanzierung der Sozialversicherungen erfolgt (außer Unfallversicherung) im Wesentlichen durch Beitragsleistungen von Versicherten und Arbeitgebern (gespaltener Beitragssatz) sowie bei Versorgung und Fürsorge aus dem allgemeinen Steueraufkommen.

Die klassischen Prinzipien s. S. (Versicherung, Versorgung, Fürsorge) reichen zur Beschreibung des Sozialsystems in Deutschland nicht aus. So gibt es auf Bundes- und Landesebene zahlreiche Leistungsgesetze (Kindergeld, → Ausbildungsförderung, → Elterngeld etc.), die den beschriebenen Prinzipien s. S. nicht zugeordnet werden können und im Unterschied zu den Fürsorgeleistungen häufig nicht lediglich nachrangig erbracht werden. V.a. aber spielte neben gesetzlich verpflichtenden Strukturen die private Vorsorge in Deutschland schon immer eine wichtige Rolle. Dies gilt bereits deshalb, weil nach wie vor große Teile der Bevölkerung nicht von der Sozialversicherungspflicht erfasst werden bzw. alternativ private Sicherungsmöglichkeiten gewählt werden können. Aufgrund nachlassender Leistungsfähigkeit der öffentlich-rechtlichen Systeme hat die Bedeutung privater Vorsorge seit dem Ende des 20. Jh. zudem ständig zugenommen. V.a. private Renten-, Erwerbsunfähigkeits-, Kranken- und Lebensversicherungen sind für einen größer werdenden Teil der Bevölkerung nicht nur Alternativen zu den öffentlich-rechtlich geregelten Sicherungsstrukturen, sondern zunehmend auch notwendige Ergänzung (→ private Altersvorsorge). Merkmal der privaten Vorsorge ist, dass sie freiwillig erfolgt (Ausnahme Kranken- und Pflegeversicherung) und die Konditionen grundsätzlich privatrechtlich ausgehandelt werden.

Wesentliche Elemente s. S. sind auch → Unterhaltspflichten gegenüber Verwandten in gerader Linie (§§ 1601 ff. → Bürgerliches Gesetzbuch [BGB]) und Ehepartner/innen bzw. eingetragenen gleichgeschlechtlichen Lebenspartner/innen (→ Lebenspartnerschaft). Wie weit diese zivilrechtlichen Unterhaltsansprüche Ansprüche auf öffentliche Sozialleistungen verdrängen, ist zunehmend unübersichtlich geregelt (vgl. § 43 Abs. 2, § 94 Abs. 1 u. 2 SGB XII, § 33 Abs. 2 SGB II). Diese privatrechtlichen Rechte und Pflichten sind nicht lediglich Ausdruck unzulänglicher staatlicher Strukturen s. S.; vielmehr haben Gemeinsinn, → Selbsthilfe und menschliche Solidarität in der Familie und darüber hinaus eine eigene Qualität. Die Strukturen des Sozialstaats sind nach wie vor nicht darauf angelegt, diese vollständig zu ersetzen, sondern ergänzen diese und bauen letztlich darauf auf. Wie das Verhältnis dieser sehr unterschiedlichen Säulen s. S. zueinander ausgestaltet und austariert sein soll und wie es zukünftig sinnvoll weiterentwickelt werden kann, ist Gegenstand kontinuierlicher kontroverser Auseinandersetzungen.

(5) Leistungen s. S. werden in Deutschland zu einem großen Teil von → freien Trägern erbracht. Traditionell bestimmen diese ihre Leistungsangebote selbst und finanzieren sie auf unterschiedliche Weise aus eigenen Mitteln. V.a. nach dem Zweiten Weltkrieg hat sich aber entsprechend dem Subsidiaritätsprinzip eine enge Kooperation mit öffentlichen (staatlichen) Leistungsträgern entwickelt. So erfolgt die Erbringung öffentlich-rechtlicher Leistungen von der Jugendhilfe über die Sozialhilfe bis zu Pflegeleistungen zu einem großen Teil durch gemeinnützige wie auch → privat-gewerbliche freie Träger, soweit diese effektive, wirtschaftliche und Qualitätsansprüchen genügende Leistungen gewährleisten. Hierdurch wird gleichzeitig Bürgernähe, ein vielfältiges, auch weltanschaulich geprägtes Angebot und → Wettbewerb zwischen unterschiedlichen Anbietern ermöglicht. Aus dem Zusammenspiel zwischen öffentlich-rechtlichen Leistungsträgern, privatrechtlichen Leistungserbringern und Leistungsberechtigten bzw. Bürger/innen entsteht ein sog. sozialrechtliches → Dreiecksverhältnis mit unterschiedlich gearteten Rechtsbeziehungen und Leistungsansprüchen zwischen den Beteiligten. Die Leistungen der freien Träger zur s. S. werden zum einen über → Zuwendungen, → öffentliche Ausschreibungen bzw. Vereinbarungen mit → öffentlichen Trägern und zum anderen aus eigenen Mitteln und privatrechtlich vereinbarten Beiträgen der Leistungsempfänger/innen finanziert. Insgesamt ergibt sich daraus ein ausgesprochen vielfältiges, flexibles und durchaus leistungsstarkes Angebot s. S. (→ Wohlfahrtsmix), welches unmittelbar staatlicher Kontrolle weitgehend entzogen ist.

(6) Der Reformbedarf des öffentlich-rechtlichen Systems s. S. in Deutschland und anderen europäischen Staaten ist nicht nur abhängig von der Konjunkturlage und der Leistungsfähigkeit der öffentlichen Haushalte. Von erheblich größerer und grundsätzlicher Bedeutung sind das auf einem → Generationenvertrag beruhende Umlageverfahren der gesetzlichen Sozialversicherungen, die Kriterien der Beitragsbemessung und Fragen einer Vereinheitlichung bzw. Diversifizierung

des Standards s. S. Aufgrund der demografischen Entwicklung verschiebt sich das Verhältnis zwischen Beiträge zahlenden Arbeitnehmer/innen und v.a. Leistungen in Anspruch nehmenden älteren Menschen in eklatanter Weise. Außerdem führt der medizinische Fortschritt dazu, dass immer mehr und meist aufwendigere Behandlungsmethoden möglich und notwendig sind. Diese Entwicklungen sind politisch kaum beeinflussbar und verursachen zwangsläufig ständig steigende Kosten. Hinzu kommt, dass die überwiegende Finanzierung der Sozialleistungen über Lohnnebenkosten (Arbeitnehmer- und Arbeitgeberanteil bei den Sozialversicherungen) im Zeitalter der → Globalisierung zu entscheidenden Wettbewerbsnachteilen führt. Ein bisher nur sehr zögerlich begonnener Umbau des Sozialversicherungssystems erscheint aus diesen Gründen unabdingbar. Derzeit gibt es sowohl Ansätze für eine stärkere Betonung eigenverantwortlicher Vorsorge (steuerliche Anreize für private kapitalgedeckte Rentenversicherungen, Kürzungen von Sozialleistungen z.B. bei Erwerbsunfähigkeit, Arbeitslosigkeit etc.), aber auch in manchen Bereichen zunehmende staatliche Verantwortung (Ausbau der Sozialversicherungspflicht, Gesundheitsfonds in der Krankenversicherung, Ausbau von → Kindertageseinrichtungen, Erziehungsgeld). In diesem Zusammenhang wird auch die These vertreten, dass ein radikaler Modernisierungsdruck und Sozialabbau Verunsicherungen in den Betrieben und der Gesellschaft hervorrufen können, die sich letztlich als Leistungs- und Motivationsbremse auswirken.

Die künftige Entwicklung ist Gegenstand bereits lange anhaltender und heftiger sozialpolitischer Auseinandersetzungen. Es besteht mittlerweile ein breiter Konsens, dass die vorhandenen Instrumente s. S. sowohl in fiskalischer Hinsicht als auch unter Gerechtigkeitsaspekten (→ soziale Gerechtigkeit) nicht mehr zukunftstauglich sind. Dabei muss auch infrage gestellt werden, ob allein die Anwendung standardisierter, verrechtlichter Sozialleistungssysteme die mit der industriellen Entwicklung verloren gegangenen gemeinschaftlich-solidarischen Sicherungsformen ersetzen können. Denn mit einer ökonomisch fundierten Sicherungspolitik, die lediglich materielle Risiken zu beheben versucht, lässt sich von der »Existenz des Menschen nur die ökonomische Komponente« (Boettcher) in den Griff bekommen. Mit der zunehmenden Erwerbstätigkeit von Frauen wächst z.B. ein häufig nicht gedeckter Bedarf an sozialen und erzieherischen Hilfen (→ Hilfe zur Erziehung). Höhere finanzielle → Familienleistungen fördern aber nicht automatisch die → Bildung der Kinder und deren soziale → Integration. In der neueren Diskussion geht es daher nicht nur um eine quantitativ monetär begründete Sicherungspolitik (Umbau des Sozialstaats). Gegenstand eines immer neuen gesellschaftspolitischen Definitionsprozesses ist vielmehr die Frage, welche Bedarfslagen als → soziale Probleme und Risiken staatlich anerkannt und regelungsbedürftig betrachtet werden und was als privates Problem anzusehen ist und deshalb eigenverantwortlich gelöst werden muss. In diesem Kontext ist es zu einer Renaissance der Selbsthilfeidee u.a. in Form → Bürgerschaftlichen Engagements gekommen. In diesem Kontext wird auch die Rolle des Staats grundsätzlich diskutiert (aktivierender Sozialstaat). Dabei wird hervorgehoben, dass eine soziale und demokratische Gesellschaft nicht allein durch Maßnahmen und Leistungen des Staates gesichert werden kann, sondern die Lebensbedingungen der Bevölkerung entscheidend von der Fähigkeit der Gesellschaft abhängen, ihren sozialen und moralischen Zusammenhalt durch Bürgersinn und Gemeinwohlorientierung auch außerhalb von Markt und Staat zu gestalten. Der Sozialstaat kann das vielfältige soziale Engagement der Familie und im Gemeinwesen nicht ersetzen, sondern baut vielmehr darauf auf. Gemeinsinn und Selbsthilfepotenziale entwickeln sich allerdings nicht von selbst, sondern bedürfen entsprechender gesellschaftlicher und sozialpolitischer Rahmenbedingungen. Eine allein auf wirtschaftlichen Profit ausgerichtete, alle Lebensbereiche durchdringende Wettbewerbsideologie ist ebenso wenig geeignet, Strukturen mitmenschlicher Solidarität zu befördern, wie auf totale Flexibilität ausgerichtete Beschäftigungssysteme und von existenzieller Unsicherheit geprägte Lebensverhältnisse.

*Lit.* Bundesministerium für Arbeit und Soziales: Soziale Sicherung im Überblick, abrufbar unter www.bmas.de; Eichenhofer, E.: Sozialrecht, 9. Aufl., Tübingen 2015; Falterbaum, J.: Rechtliche Grundlagen Sozialer Arbeit, 4. Aufl., Stuttgart 2012; Kaufmann, F.-X.: Variations of the Welfare State, Berlin 2014; von Maydell, B./Ruland, F./Becker, U. (Hrsg.): Sozialrechtshandbuch, 5. Aufl., Baden-Baden 2012; Naegele, G. u.a.: Sozialpolitik und soziale Lage in Deutschland, 2 Bde., Heidelberg 2010; Waltermann, R.: Sozialrecht, Heidelberg 2014.

*Johannes Falterbaum*

**Soziale Sicherheit in der Europäischen Union** Unter s. S. versteht man im europäischen Kontext v.a. den Schutz bei → Krankheit, Mutterschaft (→ Mutterschutz), → Ehe und Elternschaft (→ Kindergeld und sonstige → Familienleistungen), → Arbeitslosigkeit, Invalidität, → Arbeitsunfällen und → Berufskrankheiten, → Alter, → Pflegebedürftigkeit, Tod. Über Jahrzehnte hinweg war die s. S. für die → Europäische Union (EU) nur insoweit ein Thema, als es um die Erleichterung des grenzüberschreitenden freien Personenverkehrs ging. Als eine der vier → europäischen Grundfreiheiten soll die sog. »Freizügigkeit« dafür sorgen, dass Menschen, die im EU-Ausland leben und arbeiten, für ihre s. S. keine Nachteile in Kauf nehmen müssen. Gleichzeitig muss durch Kollisionsregeln geklärt werden, welches der betroffenen nationalen Systeme der s. S. für mobile Arbeitnehmer/innen zur Anwendung kommt. Die Details regelt die europäische Koordinierungsverordnung 883/2004 einschließlich der hierzu ergangenen Durchführungsvorschriften.

Im letzten Jahrzehnt hat sich jedoch der Einfluss Europas auf die immer noch mitgliedstaatlich definierte und organisierte s. S. über ihre bloße Koordinierung für mobile Bürger/innen hinaus erheblich ausgeweitet. Dies geschieht zunächst explizit mit Hilfe der sog. → Offenen Methode der Koordinierung (OMK). Im Gegensatz zur Koordinierung der Sozialsysteme für mobile EU-Bürger/innen handelt es sich hierbei um ein nichtlegislatives Instrument, welches im Rahmen der globalen Mehrebenen- → »Governance« längst bekannt ist. Im Kern geht es darum, dass sich Mitgliedstaaten – nachdrücklich motiviert durch die Europäische Kommission – gemeinsame sozialpolitische Ziele geben (→ Europäische Sozialpolitik), → Indikatoren zur quantitativen Messung des Fortschritts entwickeln, den Fortschritt bei der Zielerreichung öffentlich dokumentieren und sich für eine »non-compliance« rechtfertigen müssen. Der konkrete Inhalt der OMK wird durch verschiedene Politikstränge der EU geprägt. Der wichtigste Strang ist in diesem Zusammenhang die makroökonomische Strategie der EU. Die öffentlichen → Haushalte unterliegen nach der Einführung des Euro einer strikten Kontrolle auf europäischer Ebene. Im Rahmen des Stabilitäts- und Wachstumspakts haben sich die Mitgliedstaaten verpflichtet, Schritte zur langfristigen Nachhaltigkeit ihrer Haushalte zu ergreifen – der Horizont reicht bis ins Jahr 2060. Da Renten und Gesundheitsausgaben überall zu den größten Ausgabenblöcken zählen, bilden sie auch den Kern der OMK. Er wird sichtbar in der energischen Forderung nach kostensenkenden Reformen der öffentlichen Systeme der s. S., in Verbindung mit einer Umstellung der → Alterssicherung auf mehr Kapitaldeckung. Des Weiteren wird die konkrete Ausgestaltung der s. S. durch die regelmäßige Überprüfung der mitgliedstaatlichen Sozialpolitiken im Rahmen des sog. Europäischen Semesters beeinflusst. Hier geht es nicht mehr nur um die Kontrolle der öffentlichen Ausgaben der Mitgliedstaaten, sondern auch um soziale Ziele wie die Vermeidung von → Armut, berufliche und gesellschaftliche → Integration oder Beseitigung von → sozialen Ungleichheiten. Unter dem Vorwand, den Stabilitäts- und Wachstumspakt wenigstens für die Euro-Zone zu einer »wahren Währungsunion« vollenden zu müssen, wird inzwischen eine Vergemeinschaftung zumindest eines Teils der s. S. vorbereitet, einschließlich der Finanzierung. Das prominenteste Beispiel ist die Diskussion der Einführung einer Europäischen → Arbeitslosenversicherung – ein Projekt, das nur vorläufig zurückgestellt wurde. Konkreter sind dagegen Planungen zur Errichtung einer »europäischen Säule → Sozialer Rechte«. Beabsichtigt ist hierbei ein verbindlicher Katalog sozialer Mindestrechte. Ist er erst einmal erstellt, wird sich jedenfalls die Euro-Zone nicht länger der Frage entziehen können, wie Krisen- oder auch nur ärmere Staaten diese Rechte finanzieren sollen. Es ist jedenfalls zu erwarten, dass alle Zweige der s. S. unmittelbar berührt werden. Schließlich ist auch der – v.a. vom → Gerichtshof der Europäischen Union (EuGH) geschaffene – Einfluss des → europäischen Binnenmarktes und der → Dienstleistungsfreiheit auf die Systeme der s. S. nicht zu übersehen. In einem ersten Schritt ging es darum, die etwa von der → Sozialversicherung finanzierten → Sachleistungen zu grenzüberschreitend handelbaren »Gütern« zu machen und ausländischen Anbietern den Zugang zum bisher »verschlossenen« nationalen Markt der Gesundheits- und Sozialdienstleistungen zu öffnen. Mittelbar übt die europäische Öffnung der Gesundheitsmärkte auch einen Druck auf die öffentlichen Gesundheitssysteme aus, das → Sachleistungsprinzip durch das Kostenerstattungsprinzip zu ersetzen. Dies wird die Patient/innen unvermeidlich erhöhten finanziellen Risiken aussetzen. In einem zweiten Schritt hat der EuGH dann auch die Systeme der s. S. selbst – d.h. im Hinblick auf ihre Finanzierungs- und Versicherungsfunktion – dem Binnenmarkt geöffnet. Das heißt v.a., dass die Pflichtversicherung nicht über eine »Mindestsicherung« hinausgehen darf und im Übrigen in Zukunft in ihre einzelnen Komponenten zerlegt wird. Jede einzelne Komponente muss sich kritisch hinterfragen lassen, ob sie nicht auch – ohne substanziellen Verlust an Solidarität – im (Binnen-)Markt organisiert werden könnte.

Zusammenfassend lässt sich feststellen, dass äußerlich betrachtet die Ausgestaltung der Systeme der s. S. nach wie vor in der Kompetenz der Mitgliedstaaten liegt. Allerdings stehen zumindest weitere Schritte zu einer europäischen Harmonisierung offiziell auf der Tagesordnung. Denn insbesondere seit dem »Ausbruch« der Finanzkrise will Europa nicht länger darauf warten, dass sich gleichsam automatisch eine Konvergenz einstellt. Schon jetzt übernehmen die verschiedenen europäischen Instanzen zunehmend die Verantwortung für die Ausgestaltung sowie die Grundzüge der Organisation und Finanzierung. Dabei wurde sukzessive das Ziel einer Konvergenz im Wege des Fortschritts durch das Primat einer »Modernisierung« des → Europäischen Sozialmodells abgelöst und implizit die s. S. am Leitbild eines residualen → Wohlfahrtsstaats ausgerichtet, konzentriert auf berufliche Eingliederung und Armutsbekämpfung. Darüber hinausgehende und aus der Vergangenheit übernommene Ziele der s. S. – wie etwa die Lebensstandardsicherung beim Wegfall von Erwerbseinkommen – werden dem Markt und privaten Finanzdienstleistern überantwortet.

*Wolfgang Schulz-Weidner*

**Soziales Jahr** → Freiwilligendienste

**Soziales Kapital** Professionelle → Soziale Arbeit hat in ihrer Entstehungszeit die → Ressourcen des sozialen Umfeldes von Adressaten ganz selbstverständlich erfasst und neben der direkten Arbeit mit Adressaten als wertvolles Reservoir für die indirekte Arbeit genutzt. Verrechtlichung, Psychologisierung und Ökonomisierung der Sozialen Arbeit machten später die Umwelt- und Netzwerkperspektive scheinbar verzichtbar, die erst durch die sog. ökologischen Modelle eine Renaissance erlebte und in der → Sozialraumorientierung als s. K. als wesentliche Interventionsressource angesehen wird.

Der Vorstellung, Gesellschaft bestehe aus einer Menge unabhängiger → Individuen, ausgestattet mit individuellen sozialstaatlichen → Rechtsansprüchen, die durch professionelle Sozialarbeit einlösbar seien, unterliegt ein untersozialisierter Begriff des Menschen, der die Bedeutung der aktuellen und potenziellen Ressourcen, die mit dem Besitz eines Netzes mehr oder weniger institutionalisierter Beziehungen verbunden sind (vgl. Bourdieu 1983), systematisch unterschätzt und durch die Theorie des s. K. ergänzt werden soll, dessen grundlegende Wirkweise von Coleman und Putnam untersucht wurde. S. K. kann verstanden werden als gegenseitige Verpflichtungen, die entstehen, wenn Menschen sich unterstützen. Sie erwerben so einen sozialen Kredit, helfen aber oft in einer für sie schwachen Währung (einfache Sache für mich), bekommen aber die Gegenleistung als starke Währung zurück (etwas, was ich nicht kann/habe). Sie erarbeiten sich nicht nur selbst einen Gewinn, sondern durch Akkumulation des s. K. werden auch die Beziehungen und Gegenseitigkeitsnormen zwischen Menschen gestärkt, ein Effekt, der sich bei ökonomisierten Sozialstaatsleistungen, die nicht auf Reziprozität aufbauen, verliert. S. K entsteht auch als Überschussprodukt von Organisationen bzw. Zusammenschlüssen, die nebenbei für ihre Mitglieder wertvolle soziale Funktionen haben. Grundsätzlich wird behauptet, dass erst die im s. K. angelegte Gegenseitigkeitsperspektive sozialen Normen ihre Wirksamkeit verleiht, wenn sie nicht im unmittelbaren Eigeninteresse liegen. S. K. ist damit zugleich individuelles und kollektives Gut. Der Umfang des s. K. hängt ab von der Ausdehnung des eigenen Netzwerks und ist kein Naturprodukt, sondern Ergebnis fortlaufender Investitionsarbeit, wobei Zufallsbeziehungen in Beziehungen mit dauerhaften Verpflichtungen umgewandelt werden. Dabei lassen sich starke (enge) und schwache Beziehungen unterscheiden. Das Leistungspotenzial der ersten liegt auf der Hand, das Potenzial schwacher Beziehungen wird in der Sozialen Arbeit häufig übersehen. Sie bringen Adressaten in Verbindung mit Möglichkeiten, über die ihr engeres soziales Netz nicht verfügt und sind damit eine wesentliche Veränderungsressource, die durch fallunspezifische Arbeit auch professionell erweitert werden können. Durch das Aufspüren von lebensweltlichen Kapazitäten des Stadtteils (→ Lebenswelt) entstehen Sozialkapitallager bei den → Fachkräften, die im Einzelfall zur Verfügung gestellt werden können. S. K. nutzende Fallarbeit verwendet Anamnesemethoden wie Eco-Mapping, Netzwerkkarten, Genogramme, Ressourcenchecks und das Hilfeplanverfahren des → Familienrates, um Potenziale, die in den Netzwerken von Adressaten stecken, sichtbar und für sozialkapitalintensive Intervention nutzbar zu machen.

*Frank Früchtel/Wolfgang Budde*

**Soziales Lernen** Der Begriff s. L. wird in Praxis und Wissenschaft der Sozialen Arbeit vielfältig verwendet. Dabei bleibt eine eindeutige Begriffsbestimmung aus. In der Analyse der Diskurse können zwei Hauptlesarten unterschieden werden: (1) Das Erlernen sozialer Verhaltensweisen und sozialer Handlungsfähigkeit. Hier geht es klassisch um den Erwerb akzeptierten Sozialverhaltens und um Fragen der Sozialerziehung, also der Vermittlung von → Normen, Werten und Moral. Aktuell wird die Perspektive auf das Erlernen → sozialer Kompetenzen fokussiert. (2) Das → Lernen in sozialen Situationen, in dem eine Verbindung des fachlich-inhaltlichen Lernens mit dem s. L. hergestellt wird. In der Verknüpfung der beiden Aspekte wird der Erwerb sozialer Kompetenz Gegenstand von Lernarrangements des »Lernens mit anderen Menschen zusammen«.

Die Perspektive auf das Lernen in sozialen Situationen öffnet den Blick auf weitere Aspekte: zunächst darauf, dass es sich um Lernarrangements handelt, die durch soziale → Interaktionen zwischen den Beteiligten geprägt werden. In diesen wird die gesellschaftliche Dimension des Sozialen reproduziert. Hier finden, neben der Vermittlung von fachspezifischen Lerninhalten, Prozesse der Entwicklung und → Sozialisation statt, die sich u.a. in der Perspektiven- und Rollenübernahme von »signifikanten Anderen« (Mead), also von bedeutsamen Menschen, die wichtige Bezugspunkte für das eigene → Denken, Handeln und → Verhalten bilden, zeigen. Die »signifikanten Anderen« können Gruppenmitglieder oder auch Gruppenleiter/innen sein. Hinzu kommen die Lernprozesse und -resultate, welche die Lernenden durch die eigene Erfahrung (Dewey) in der Auseinandersetzung mit den anderen Beteiligten machen. S. L. bleibt demnach ergebnisoffen. Über die → Lernziele können sich die Beteiligten lediglich im Prozess verständigen und diese hierbei ggf. auch modifizieren. Dies verweist auf eine mögliche Paradoxie s. L. in der Sozialen Arbeit mit sog. Problemgruppen wie z.B. straffälligen Jugendlichen: Es muss davon ausgegangen werden, dass sich das Soziale als Bestandteil jeder sozialen Interaktion durch gemeinsames Lernen in der → Gruppe positiv entfalten lässt (inkl. sozialer Verhaltensweisen), auch wenn der Anlass eine destruktive soziale Interaktion (delinquente Handlung) war.

Aus der Perspektive der Lehrenden bzw. Gruppenleiter/innen stellt sich die Frage nach der Methodik und → Didaktik des s. L. Methoden sind bspw. die → Soziale Gruppenarbeit, Projektarbeit, Werkstattarbeit, Gruppendynamik, → Rollenspiel. Beim s. L. in der Sozialen Arbeit können i.d.R. drei Akteure differenziert werden: die Einzelnen, deren Selbsterkenntnisse, -konstruktionen und → Selbst-Entwicklung durch aktive Aneignungsprozesse (statt passiver Anpassung) in sozialen Interaktionen gefördert werden; die Gruppe, welche die gesellschaftliche Einbindung der Einzelnen repräsentiert und in der – im Zusammenwirken vieler – die Vielfalt, Kreativität und Stärke des Sozialen erschlossen werden kann; die Lehrenden, welche gleichzeitig das Lernarrangement u.a. durch geeignete methodische und didaktische Settings gestalten und selbst Teil der Gruppe sind. Letztere verlassen die klassische Rolle des Lehrens und werden zu Koordinatoren des Lern- und Aneignungsprozesses der Lernenden, indem sie s. L. ermöglichen. Der aktuelle paradigmatische Wechsel in der Methodik und Didaktik, der als »vom Lehren zum Lernen« bezeichnet wird, zeigt sich auch in der starken Thematisierung von Fragen des informellen und non-formalen Lernens. Hier nimmt die Soziale Arbeit eine herausragende Position ein, da ihre originären Lernarrangements s. L. fördern.

S. L. ermöglicht gleichermaßen das Lernen von Kindern, Jugendlichen, Erwachsenen und im Alter. Es findet als lebenslanges Lernen in und außerhalb von Institutionen statt. Die Ziele s. L. beinhalten eine starke sozialpädagogische Intention. Sie bestehen ganz allgemein in dem Erreichen von individueller Freiheit, Selbstbestimmung und → Emanzipation, sozialer Kompetenz, Kooperationsfähigkeit und → Solidarität sowie dem Gemeinschaftsgefühl, also der Übernahme und Tradierung von Verantwortung für die Gesellschaft in ihrer offenen, pluralen, demokratischen Grundstruktur. Es geht hierbei um den Erwerb von Handlungsfähigkeit und -kompetenzen, in verschiedenen – auch überraschenden – Lebenssituationen kompetent sozial agieren, Probleme lösen und mit anderen Menschen gemeinsam handeln zu können.

Die Diskussion um Sozialerziehung als eine Erziehung zu sittlichem Verhalten ging in der Vergangenheit maßgeblich von Vertretern der katholischen Kirche aus. In der erziehungswissenschaftlichen Diskussion nach dem Zweiten Weltkrieg wurden hingegen – in Abgrenzung zu den Konzepten der Sozialerziehung – ganzheitliche Lernprozesse diskutiert, die am menschlichen Leben orientiert waren und eine Verbindung zwischen Lehrinhalten und Vermittlungsaspekten schafften. In den 1970er-Jahren wurde der Begriff s. L. engagiert in der Öffentlichkeit diskutiert. Dies geschah auch vor dem Hintergrund des gesellschaftlichen Interesses an → Bildung und Bildungschancen sowie Fragen der Erziehung zu Demokratie und Demokratiebewusstsein. S. L. erhielt hier eine gesellschaftskritische Komponente, indem nach den äußeren Bedingungen des Lernens gefragt wurde. Eine breite Beachtung fanden die empirischen Studien des nordamerikanischen Lerntheoretikers A. Bandura, der herausarbeitete, dass Sozialverhalten immer in einer sozialen Situation gelernt wird (z.B. Familie, Kindergarten,

Schule, Jugendarbeit). Dabei beeinflusst die Selbststeuerung des eigenen Verhaltens des Kindes die mittelbaren Erfahrungen, welche das Kind bspw. durch die Beobachtung anderer Menschen macht.

Große Bedeutung erhielt der Begriff s. L. durch die Sozialisationstheorie des Symbolischen Interaktionismus (Mead). Der Blick wird hier auf die sozialen Inhalte des Lernens gerichtet. Die wesentlichste Aussage besteht darin, dass die gesamte gesellschaftliche Kultur, inkl. ihrer Normen, Werte und Inhalte, durch die soziale Interaktion mit anderen Lernenden angeeignet und übernommen wird. Diese Erkenntnis führte zu einer Erweiterung des Lernbegriffs, da nun neben dem fachspezifischen Lehrinhalt auch das Soziale in seiner gesamten gesellschaftlichen und kulturellen Dimension in den Blick genommen wurde. Zu Beginn des 21. Jh. werden (auch ausgelöst durch die Ergebnisse der PISA-Studien) im Kontext des s. L. Fragen des informellen und non-formalen Lernens diskutiert, wobei hier der Erwerb von individuellen Kompetenzen im Mittelpunkt steht. Die Diskussion ist allerdings in der Gefahr, die gesellschaftliche und sozialpolitische Dimension des s. L. zu vernachlässigen und aufzugeben. Aktuelle Fragen des s. L. stellen sich des Weiteren in bürgerschaftlichen Bewegungen, bspw. in der → Gemeinwesenarbeit.

*Lit.* Bandura, A.: Lernen am Modell. Ansätze zu einer sozial-kognitiven Lerntheorie, Stuttgart 1976; Dewey, J.: Demokratie und Erziehung. Eine Einleitung in die philosophische Pädagogik, 5. Aufl, Weinheim/Basel 2011; Mead, G. H./Morris, C. W.: Geist, Identität und Gesellschaft aus der Sicht des Sozialbehaviorismus, 15. Aufl., Frankfurt a.M. 2008; Müller, B./Schmidt, S./Schulz, M.: Wahrnehmen können. Jugendarbeit und informelle Bildung, 2. Aufl., Freiburg i.Br. 2008.

*Regina Rätz*

**Soziales Milieu** → Sozialstruktur

**Soziale Stadt** steht für den Politikansatz einer integrierten → Stadt(teil)entwicklung, mit dem der wachsenden sozialräumlichen Polarisierung in den Städten begegnet werden soll (§ 171e Baugesetzbuch). Er wird durch das 1999 aufgelegte Bund-Länder-Programm »Stadtteile mit besonderem Entwicklungsbedarf – die Soziale Stadt« gefördert. Als Leitlinie gilt, dass die Verbesserung der Lebensverhältnisse in Quartieren mit sozialen, ökonomischen und städtebaulichen Problemen nur durch konzertiertes Vorgehen aller Fachressorts erreicht werden kann. Deshalb stehen bei dem Handlungsansatz s.S. die politikfelderübergreifende Koproduktion sowie die Aktivierung der Bevölkerung im Mittelpunkt (→ Stadtteilarbeit, → Gemeinwesenarbeit). Zur Mobilisierung aller → Ressourcen sollen neue Management- und Informationsstrukturen auf allen Ebenen (Quartier, Kommune, Land) etabliert werden. Dazu werden quartierbezogene Planungs- und Steuerungsverfahren (→ Quartiersmanagement) sowohl auf Gemeindeebene (Stadtrat, Verwaltung) als auch auf Quartiersebene (Gebietsforen, Trägerverbünde, Verfügungsfonds usw.) geschaffen. Die lokale Ebene ist aufgefordert, ein »auf Fortschreibung angelegtes gebietsbezogenes integriertes stadtentwicklungspolitisches Handlungskonzept« zu erarbeiten, das die vielfältigen lokalen Handlungsbedarfe in einem realisierbaren Konzept bündelt und verstärkt die Bereiche → Bildung, lokale Ökonomie, Beschäftigung, → Gesundheit, Kultur und → Inklusion in den Blick nimmt. Dazu dient die Ausbildung neuer Verwaltungs-, Netzwerk- und Beteiligungsstrategien, die über Förderperioden hinaus Wirkung zeigen. Erfahrungen zeigen ortspezifisch unterschiedliche Ergebnisse. Bei der Umsetzung des Programms »Soziale Stadt« dominiert häufig der städtebauliche Bereich; das Potenzial der lokalen Wirtschaft wird häufig nicht genutzt. Durch begleitende Modellprogramme des → Europäischen Sozialfonds (Jugend stärken im Quartier, BIWAQ usw.) können soziale Handlungsfelder stärker Berücksichtigung finden. Es bleibt schwierig, die oft vielfältigen und kleinteiligen Projektaktivitäten in Regelstrukturen zu verankern und die bedarfsgerechte Kontinuität zu sichern. Dem auf Dauer funktionsfähigen, mit personellen und finanziellen Ressourcen ausgestatteten Quartiersmanagement kommt für die Nachhaltigkeit der s. S. eine Schlüsselbedeutung zu. Für seine Leistungsfähigkeit ist es unerlässlich, dass die Kompetenzen Gemeinwesenarbeit und Stadtplanung (→ Sozialplanung) gleichberechtigt zum Tragen kommen. Gemeinwesenarbeit nimmt als Unterstützungssystem zur Aktivierung der → Zivilgesellschaft und Begleitung der Bewohner/innen eine zentrale Funktion ein (→ Bundesarbeitsgemeinschaft Soziale Stadtentwicklung und Gemeinwesenarbeit).

*Informationen:* www.staedtebaufoerderung.info, www.stadtteilarbeit.de, www.bürgergesellschaft.de

*Reinhard Thies*

**Soziales Umfeld** bezeichnet Lebensraum, Netzwerk, Umwelt, → Sozialraum von Menschen und → Gruppen und wurde ursprünglich durch die Humanökologie der Chicago-School als sozialwissenschaftliches Konzept entwickelt. Darin gelten Menschen nicht länger als Ausnahmespezies, deren Individualität, Einzigartigkeit und Selbstbestimmtheit das herausragende Merkmal ist. Statt Menschen als von ihrer Umwelt unabhängig bzw. als anpassungsfähig an jede Umwelt zu sehen, werden sie als mit dem s. U. interagierend betrachtet. Demnach sind Menschen von ihrem s. U. beeinflusst und abhängig, sie erhalten von ihm Unterstützung und Anerkennung, werden aber auch durch ihr s. U. begrenzt, benachteiligt und evtl. geschädigt. Der ökosystemische Ansatz U. Bronfenbrenners zeigt eine Systematik der Einflussfaktoren aus dem s. U. auf die menschliche Entwicklung. In der → Sozialen Arbeit wird dem s. U. in den ökologischen Ansätzen eine zentrale Rolle zugewiesen, zuerst durch J. Richmond, die Case Work (→ Case Management) als Prozess der Anpassungen zwischen Menschen und ihrem s. U. definierte. Das »Life Model« begreift die Aufgabe Sozialer Arbeit darin, Fehlanpassungen zwischen Menschen und ihrem s. U. zu reduzieren. »Person-Environment-Practice« nennt Interventionsmethoden wie natürliche Helfer mobilisieren, Netzwerktreffen organisieren (→ Familienrat), Ecological Mapping (Netzwerkkartierung, → Soziales Kapital), → Selbsthilfegruppen organisieren, Netzwerker-Training. Die Netzwerkintervention des Social-Support-Ansatzes bietet auf Individual- und Gruppenebene Methoden an, um das s. U. für Unterstützungsleistungen zu mobilisieren. W. R. Wendts ökosoziale Theorie reflektiert Probleme des Einzelnen in ihrem Einfluss auf das Leben der anderen. Hilfen für Einzelne sind damit immer auch Leistungen für den sozialen Zusammenhalt des s. U. und des Gemeinwesens. Schließlich wurde mit der → Sozialraumorientierung der Sozialraum zum einem zentralen Bezugspunkt der Intervention.

*Frank Früchtel*

**Soziales Unternehmertum** wird häufig synonym mit Begriffen wie Social Business oder Social Entrepreneurship verwendet, weshalb den neueren Entwicklungen und Trends vielfach eine angelsächsische Herkunft unterstellt wird. In den deutschsprachigen Debatten hat sich zwar bisher keine einheitliche Bezeichnung durchgesetzt, der Begriff s. U. bietet sich aber als durchaus geeignet an.

Grundsätzlich kann unter s. U. eine → Organisation verstanden werden, die auf unternehmerische Art und Weise einen gesellschaftlich-sozialen oder ökologischen Zweck verfolgt und die damit erzielten ökonomische Gewinne in diesen sozial-gesellschaftlich bzw. ökologischen Zweck reinvestiert. Über diese Grundidee hinaus verstehen wissenschaftliche Literatur, Politik und sozialunternehmerische Akteure s. U. aber durchaus unterschiedlich. Es finden sich teilweise weitere Definitionsmerkmale wie etwa im Hinblick auf die organisationale Struktur oder die Frage, ob staatliche → Zuwendungen als Finanzierungsquelle auszuschließen sind oder welcher Anteil des Gewinns reinvestiert werden sollte. Weitestgehend Einigkeit besteht über die Abgrenzung von s. U. zu → Corporate Citizenship/Corporate Social Responsibility, da hier die Gewinnorientierung privatwirtschaftlicher Unternehmen im Vordergrund steht. Die begriffliche Diskussion wird dadurch erschwert, dass es in Deutschland keine bestimmte Rechtsform für s. U. gibt. Die Bandbreite der Rechtsformen reicht von (gemeinnützigen) GmbHs (→ Gemeinnützigkeit von Körperschaften), → Vereinen und → Stiftungen bis hin zu Genossenschaften (siehe auch → Sozialgenossenschaften).

Die deutsche Diskussion um s. U. setzt häufig andere Schwerpunkte als die Debatte bspw. in Großbritannien oder den USA. Das liegt auch daran, dass der Begriff nur unter Berücksichtigung der bestehenden Strukturen des → Wohlfahrtsstaates vernünftig diskutiert werden kann und in seiner Definition ggf. entsprechend angepasst werden muss. In der deutschen Diskussion stehen soziale Ziele weitaus mehr im Vordergrund als ökologische Ziele, wie u.a. die Begriffsbestimmung von Heinze et al. (2011) zeigt: Demnach vereint s. U. zwei Eigenschaften. Es ist zum einen sozial, weil es entweder mit seiner Tätigkeit einen gesellschaftlichen Beitrag leistet oder Dienstleistungen anbietet, die sich an bedürftige Menschen richten und deren Hilfebedarf reduzieren. Zum zweiten ist s. U. insofern unternehmerisch, als es → Innovationen anstrebt, von einem strategischen Management durchzogen ist und sein Geschäftsrisiko selbst trägt.

Seit einigen Jahren findet s. U. sowohl auf nationaler wie auch auf europäischer und internationaler Ebene zunehmende Beachtung. International hat das Phänomen v.a. mit dem Nobelpreisträger Muhammed Yunus Aufmerksamkeit erhalten, der mit seiner Idee der Mikrokredite als Begründer des Social Business genannt wird. In Deutschland kann jedoch nicht unbedingt von einem neuen Phänomen gesprochen werden. So lässt sich bspw. die Genossenschaftsbewegung aus dem 19. Jh. bereits als ältere Form von s. U. einordnen. Ferner wird diskutiert, inwiefern die Organisationen der → Freien Wohlfahrtspflege als Form von s. U. gelten. Häufig stellen Studien fest, dass »altes« s. U. und neu gegründeten Organisationen des s. U. parallel zueinander bestehen.

Die → Europäische Union (EU) sieht in s. U. Potenzial für die Bewältigung aktueller gesellschaftlicher Herausforderungen und hat sich zum Ziel gesetzt, s. U. in den Mitgliedsstaaten zu fördern. Der EU-Kommission (2011) zufolge umfasst s. U. »Unternehmen, für die das soziale oder gesellschaftliche gemeinnützige Ziel Sinn und Zweck ihrer Geschäftstätigkeit darstellt, was sich oft in einem hohen Maße an sozialer Innovation äußert, deren Gewinne größtenteils wieder investiert werden, um dieses soziale Ziel zu erreichen und deren Organisationsstruktur oder Eigentumsverhältnisse dieses Ziel widerspiegeln, da sie auf Prinzipien der Mitbestimmung oder Mitarbeiterbeteiligung basieren oder auf soziale Gerechtigkeit ausgerichtet sind«. Dabei ist das Stichwort gemeinnützig hier nicht im engen steuerrechtlichen Sinn zu verstehen, sondern eher als gemeinwohlorientiert zu interpretieren.

Sowohl in der deutschen als auch in der europäischen Debatte ist s. U. eng mit dem Begriff der sozialen Innovation verknüpft. Auch dieser Begriff ist in der (deutschen) Forschungsliteratur nicht neu. Schon 1989 definierte z.B. der Soziologe W. Zapf soziale Innovationen in Abgrenzung zu technischen Innovationen als »neue Wege, Ziele zu erreichen, insbesondere neue Organisationsformen, neue Regulierungen, neue Lebensstile, die die Richtung des sozialen Wandels verändern, Probleme besser lösen als frühere Praktiken, und die deshalb wert sind, nachgeahmt und institutionalisiert zu werden«. Hier wird das Potenzial zur Problemlösung angesprochen, das auch die Europäische Kommission mit sozialen Innovationen und s. U. verbindet. Des Weiteren verweist die Definition von Zapf auf die Notwendigkeit von Skalierung, also der Verbreitung und dem Wachstum von sozialer Innovation und s. U.

Zur Förderung von s. U. und von sozialen Innovationen gehört die Frage nach der Finanzierung. Ein internationaler Trend ist das sog. Social Impact Investing. Dieser Begriff wird in Deutschland noch nicht lange diskutiert, sodass bisher keine einheitliche Übersetzungsvariante vorliegt. Eine von der Bertelsmann Stiftung organisierte Arbeitsgruppe mit Vertreter/innen aus der → Sozialwirtschaft, der Finanzwirtschaft, der Wissenschaft sowie aus → Stiftungen und der öffentlichen Hand übersetzte den Begriff als Wirkungsorientierte Investitionen. Darunter sind demnach private Kapitalanlagen zu verstehen, die sowohl eine finanzielle als auch soziale Rendite anstreben, wobei die soziale Rendite i.S. einer sozialen Wirkung messbar nachgewiesen werden muss. Eine Möglichkeit dieser Wirkungsmessung bietet die Analyse des → Social Return on Investment.

*Lit.* Bertelsmann Stiftung: Wirkungsorientiertes Investieren: Neue Finanzierungsquellen zur Lösung gesellschaftlicher Herausforderungen, 2015, abrufbar unter www.bertelsmann-stiftung.de; Europäische Kommission: Initiative für soziales Unternehmertum. Schaffung eines „Ökosystems" zur Förderung der Sozialunternehmen als Schlüsselakteure der Sozialwirtschaft und der sozialen Innovation, KOM(2011) 682 endgültig, abrufbar unter ec.europa.eu; Heinze, R. G./Schneiders, K./Grohs, S.: Social Entrepreneurship im deutschen Wohlfahrtsstaat. Hybride Organisationen zwischen Markt, Staat und Gemeinschaft, Konstanz 2011; Zapf, W.: Über soziale Innovationen, in: Soziale Welt 1/2, 1989, S. 170–183.

*Anke Böckenhoff*

**Soziale Transfers** Sozialpolitische Ziele (→ Sozialpolitik) wie Einkommenssicherung oder Familienförderung (→ Familienleistungen) werden in hohem Maße über s. T. des Staates an private Haushalte (z.B. → Leistungen zur Sicherung des Lebensunterhalts nach SGB II) und Unternehmen (z.B. Eingliederungszuschuss) umgesetzt. Transferzahlungen von Privaten zu vergleichbaren Zwecken (z.B. Einkommenssicherung durch Betriebsrenten oder Unterhaltszahlungen) werden nicht als s. T. bezeichnet.

Unterschieden wird zwischen monetären s. T., die unmittelbare Einkommenswirkungen haben, und realen s. T., bei denen es sich um → soziale Dienstleistungen und → Sachleistungen handelt, die von privaten Haushalten unentgeltlich oder zu subventionierten Preisen in Anspruch genommen werden. Auch Realtransfers haben einen Einkommenseffekt, weil für die Leistungen nicht oder nicht in voller Höhe gezahlt werden muss. Dadurch erhöht ihre Inanspruchnahme indirekt das → Einkommen der Transferempfänger/innen (geldwerter Vorteil). Zu den monetären s. T. zählt die große Gruppe der direkten Transfers. Ihnen werden alle Formen von → Sozialeinkommen (u.a. gesetzliche Rentenzahlungen, → Kindergeld) zugerechnet. Bei den indirekten s. T. handelt es sich um steuerliche Erleichterungen bspw. bei Unterhaltszahlungen (→ Unterhalt). Wie bei allen staatlichen Transfers ist auch bei s. T. unterstellt, dass ihnen (im Unterschied zum Tausch) keine entsprechende Gegenleistung der Privaten gegenübersteht. Für beitragsfinanzierte Sozialversicherungsleistungen (→ Sozialversicherung) trifft diese Charakterisierung nicht oder nur begrenzt zu.

Daher werden diese Leistungen nicht immer den s. T. zugerechnet.

*Monika Burmester*

**Soziale Ungleichheit** ist die Menge der Differenzierungen in einer Gesellschaft nach Merkmalen, die (a) zu unterschiedlichen gesellschaftlichen Positionen führen (→ Sozialstruktur), (b) unterschiedliche → Lebenslagen nach sich ziehen, dadurch (c) eine unterschiedliche individuelle und kollektive → Teilhabe an Entwicklungschancen sowie knappen und begehrten Gütern einräumen (→ soziale Benachteiligung), verstärkt dadurch, dass (d) sich deren Träger unterschiedlich im Raum positionieren.

In Westeuropa setzte sich in der Nachkriegszeit das wohlfahrtsstaatliche keynesianische Nationalstaatsmodell mit dem expliziten Ziel durch, s. U. abzubauen. Seit Mitte der 1980er-Jahre wird diese Sichtweise aus neoliberaler Sicht kritisiert, nach der ein Staat sich auf seine Kernaufgaben konzentrieren solle und den »freien Marktkräften« mehr Entwicklungsspielräume gegeben werden sollen. Dieses hat seither zu einem deutlichen Wiederanstieg der s. U. geführt (Öffnung der Einkommensschere). Merkmale s. U. waren v.a. »erworbene Merkmale« wie → Einkommen, → Vermögen, → Bildung, Berufsposition, Herrschaft, Macht. Die Ausprägungen dieser Dimensionen werden in einer → Gesellschaft i.S. des »Oben« und »Unten« bewertet. Die Veränderung von Personen und sozialen Gruppen im Gefüge s. U. wird (vertikale) soziale Mobilität genannt.

Die lange dominante wissenschaftliche, aber auch alltagsrelevante Kategorie zur Beschreibung s. U. ist soziale Schicht, die auf Überlegungen von M. Weber zu Ständen, sozialen Klassen und Parteien zurückgeht. Daneben wurden in den Sozialwissenschaften auch unterschiedliche Formen von Klassen diskutiert. Zu Beginn der 1980er-Jahre fand in (West-)Deutschland ein Paradigmenwechsel statt: »Jenseits von Klasse und Stand« (Beck 1983) wurden »quer« zu den bestehenden s. U. liegende »neue s. U.« wie Geschlecht, Alter, Kohorte, Rasse/Hautfarbe, Ethnie, Region ausgemacht. Damit sollte der Einfluss insbesondere der Berufsposition auf die Modellierung s. U. überwunden werden, der für die Schichtungstheorien der 1960er- und 1970er-Jahre kennzeichnend war. Eine zunehmende Statusinkonsistenz (unterschiedliche Lagerung bezüglich einzelner → Indikatoren s. U.), die Schwierigkeit der Zuordnung nicht erwerbstätiger Menschen sowie die wachsende Bedeutung »neuer« Formen der s. U. boten den Anlass, die etablierte Schichtungstheorie zu überwinden.

Als konsequente Fortführung der Distanzierung von Vorstellungen vertikaler Formen wurde »soziale Ungleichheiten« erstmals im Plural verwendet. Kreckel (1992) expliziert das Zentrum-Peripherie-Modell s. U. Damit erweitert er die nationalstaatliche Engführung durch eine Sicht auf die Gesellschaft im Weltmaßstab. Hradil (1992) forciert das erweiterte Konzept der »sozialen Lage«, wobei die Ebenen der strukturellen Lebensbedingungen, der milieuspezifischen → Lebenswelten und der individuellen Lebenslagen die herkömmliche Schichtung ersetzt. Bourdieu (1982) beruft sich auf eine neo-weberianische Strukturierung, indem er das ökonomische, kulturelle und → soziale Kapital als Strukturierungsmerkmale s. U. im Rahmen einer Klassentheorie hervorhebt. Eine zentrale Bedeutung hat in seinen Überlegungen der klassenabhängige Habitus als relativ stabiler Wertevorrat, aber auch als Geschmacksausrichtung von alltäglichem Handeln.

Dennoch geht ein Teil der Wissenschaftler/innen von weiter bestehenden vertikalen Strukturierungen s. U. aus, die nach wie vor statistisch beschreibbar sind. Zudem wird von »neuen Unterklassen« aufgrund der Verfestigung von Langzeitarbeitslosigkeit und Sozialhilfebezug in städtischen Wohnquartieren gesprochen. Zusätzlich wird vor dem Hintergrund des Um- und Abbaus des → Sozialstaates im Zusammenhang mit »neuer Armut« diesseits der Armutsdynamik die offensichtlicher werdende s. U. wieder stärker kritisiert und skandalisiert (→ Exklusion). Schließlich vertritt Beck (1986) die Position der entstrukturierten Nach-Industriegesellschaft, die er später zur Risikogesellschaft und im Rahmen der Individualisierungsthese zur »reflexiven Moderne« weiterentwickelte (dis-embedding-Ansatz).

Mit einem soziokulturellen Ansatz wird zwar ebenfalls die Überwindung der traditionellen Schichtungsstrukturen thematisiert, aber auf neue Formen der Vergesellschaftung entlang gemeinsamer → Einstellungen und Wertvorstellungen (soziale Milieus) und demonstrativer Verhaltensweisen (→ Lebensstil) verwiesen (re-embedding-Ansatz). Es gibt bislang jedoch keinen Konsens über die relevanten Subdimensionen des Milieukonzeptes, deren Messung und der Methodologie.

Neben s. U. als gesamtgesellschaftlicher Kategorie hat die räumliche Verteilung sozialer Gruppen im Raum eine zunehmende politische und administrative Bedeutung erhalten. Aufgrund der räumlichen Konzentration (residenzielle Segregation) »sozialer Problematik« (Armut, Ausländeranteil, Migrationshintergrund) wurde mit spezifischen Programmen der → Stadtentwicklung, → Gemeinwesenarbeit und beruflicher Qualifikation (→ Quartiers- resp. Stadtteilmanagement) reagiert. Unter den Bedingungen im kontinentalen Westeuropa wurden jedoch empirisch kaum negative Effekte von Konzentrationen unterer sozialer Gruppen nachgewiesen (Blasius/Friedrichs 2009). Eine »soziale Mischung« kann sich positiv-integrativ, aber auch negativ aufgrund unerwünschter Nähe auswirken (»überforderte Nachbarschaften«). Die Ursachen liegen v.a. darin, dass keine Rückschlüsse aus dem statistischen Nebeneinander in einer Nachbarschaft auf die Art und Intensität sozialer Beziehungen geschlossen werden kann. Vielmehr hänge eine gelingende → Integration von intervenierenden Faktoren wie »politische Kultur« und »soziales Klima« ab (Heitmeyer/Anhut 2000).

*Lit.* Dangschat, J. S. (Hrsg.): Modernisierte Stadt – Gespaltene Gesellschaft. Ursachen von Armut und sozialer Ausgrenzung, Opladen 1999; Heitmeyer, W./ Anhut, R. (Hrsg.): Bedrohte Stadtgesellschaft. Soziale Desintegrationsprozesse und ethnisch-kulturelle Konfliktkonstellationen, Weinheim 2000; Hradil, S.: Alte Begriffe und neue Strukturen. Die Milieu-, Subkultur- und Lebensstilforschung der 80er Jahre, in: Hradil, S. (Hrsg.): Zwischen Bewußtsein und Sein. Die Vermittlung „objektiver" Lebensbedingungen und „subjektiver" Lebensweisen, Opladen 1992, S. 15–55; Kreckel, R.: Politische Soziologie der sozialen Ungleichheit, Frankfurt a.M./New York 1992.

*Jens S. Dangschat*

**Soziale Vorsorge** befasst sich mit der Tatsache, dass → Einkommen im Lebenslauf der Erwerbstätigen nicht lebenslang in gleicher Höhe fließt. Zeiten der Kindheit, der Ausbildung und des Alters begrenzen die Erwerbsbiografie, dazu kommen Einschränkungen und Unterbrechungen der Erwerbszeit wegen → Krankheit, Behinderung und → Arbeitslosigkeit. S. V. beschreibt nun Systeme, die geeignet sind, das den Lebensunterhalt sichernde Einkommen auf den Bedarfszeitraum umzuverteilen. Vorsorgesysteme werden insbesondere dann als S. V. bezeichnet, wenn der Staat mit Garantien, aber auch Zwangsmitgliedschaften und Strukturvorgaben für eine funktionierende und für alle Bürger/innen offene Vorsorge Sorge trägt.

S. V. umfasst die → Rentenversicherung, die → Krankenversicherung, die → Arbeitslosenversicherung, die → Unfallversicherung und die → Pflegeversicherung. Dabei zählen zur s. V. sowohl die gesetzlichen Versicherungen als auch die staatlichen Regelungen zur betrieblichen Vorsorge und die staatliche Förderung analoger Verträge bei privaten Versicherungen. S. V. hat in vielen Fällen im Gegensatz zum → sozialen Ausgleich die Aufgabe, nicht nur die unmittelbare Notlage zu beseitigen oder das → Existenzminimum zu sichern, sondern auch den Lebensstandard zu erhalten. Die Leistungen sind teilweise abhängig vom bisherigen Einkommen, so beim → Krankengeld, bei der → Rente und beim → Arbeitslosengeld.

Wie stark die S. V. staatlich reguliert oder durch öffentlich-rechtliche Körperschaften getragen werden soll, oder wo es in Teilen vielleicht besser wäre, der privaten Wirtschaft die Entwicklung entsprechender Angebote zu überlassen, ist wirtschaftswissenschaftlich umstritten (Luckenbach; vgl. → Generationenvertrag). Von der Ausgestaltung der s. V. und ihrer Fähigkeit, die meisten vorhersehbaren Notlagen tatsächlich abzusichern, hängt auch der Bedarf an sozialem Ausgleich für diejenigen ab, die trotz der Vorsorge nicht in der Lage sind, das Lebensnotwendige zu bestreiten. Die Grenzen zwischen s. V. und sozialem Ausgleich sind fließend.

Die Diskussion einer übertriebenen s. V. und die stärkere Einbeziehung der sog. Selbstverantwortung zur eigenen Vorsorge wird ebenfalls kontrovers diskutiert. Gegen die Selbstverantwortung spricht die schwierige Beurteilung des Einkommensverzichts in der Gegenwart zugunsten der in weiter Zukunft liegenden Folgen eventueller Unter- oder Fehlvorsorge. Auch die Auswirkungen auf Ausbildungsneigung, Arbeitsbereitschaft und Leistungsfähigkeit sind wichtige Argumente. Alle diese angestrebten Nutzen und Ziele sind aber nicht monokausal zurechenbar.

*Johannes Zacher*

**Sozialforschung** → Empirische Sozialforschung

**Sozialgeheimnis** Das S. nach § 35 SGB I i.V.m. § 67 SGB X beinhaltet den Schutz von Sozialdaten, einem spezifisch sozialrechtlichen Bestandteil des allgemeinen → Datenschutzes nach dem Bundesdatenschutzgesetz (BDSG). Dieser hat seine Grundlage seit dem Volkszählungsurteil des Bundesverfassungsgerichts (BVerfG) im → Grundrecht auf informationelle Selbstbestimmung (BVerfGE 65, 1), welches sich aus dem grundrechtlichen Allgemeinen Persönlichkeitsrecht des Art. 2 Abs. 1 i.V.m. Art. 1 Abs. 1 → Grundgesetz (GG) herleitet.

Sozialdaten i.S.d. § 67 Abs. 1 SGB X sind Einzelangaben über persönliche oder sachliche Verhältnisse einer bestimmten oder bestimmbaren Person, die von einer entsprechenden Stelle erhoben, verarbeitet oder genutzt werden. Als Sozialdaten in Betracht kommen u.a. Angaben über Name, Geburtsdatum und -ort, → Staatsangehörigkeit, Versicherungsnummer, Familienstand, Namen des Ehegatten, äußeres Erscheinungsbild (Foto) sowie Angaben über Einkommens- und Vermögensverhältnisse, → Krankheit, Bezug von → Sozialleistungen, Vorsprechen bei einer Behörde etc. Das S. erstreckt sich auch auf Betriebs- und Geschäftsgeheimnisse, die den Sozialdaten gleichgestellt werden. Zum Sozialdatum werden diese Angaben erst, wenn sie von der zur Wahrung des S. pflichtigen Stelle erhoben, verarbeitet oder genutzt werden.

Nach § 35 SGB I hat jede Person einen → Rechtsanspruch darauf, dass sie betreffende Sozialdaten i.S. des § 67 Abs. 1 SGB X von den Leistungsträgern nicht unbefugt erhoben (i.S. von Beschaffen), verarbeitet (i.S. von Speichern, Verändern, Sperren und Löschen) oder genutzt (i.S. von Verwenden und Weitergeben) werden.

Zur Wahrung des S. unmittelbar verpflichtet sind alle → Sozialleistungsträger, alle Verbände und Arbeitsgemeinschaften der Leistungsträger, die im SGB genannten öffentlich-rechtlichen Vereinigungen und gemeinsamen Servicestellen sowie alle sonstigen explizit in § 35 SGB I genannten Behörden. Andere private oder öffentliche Stellen sind nur dann S.pflichtig, wenn ihnen Sozialdaten übermittelt werden (vgl. § 78 Abs. 1 u. 2 SGB X). Gem. §§ 78 a ff. SGB X haben die zur Wahrung des S. verpflichteten Stellen die technischen und organisatorischen Maßnahmen einschließlich der Dienstanweisungen zu treffen, die zur Gewährleistung der Erfüllung ihrer datenschutzrechtlichen Aufgaben erforderlich sind.

Die ausnahmsweise gestattete Erlaubnis zur Erhebung, Verarbeitung und Nutzung von Sozialdaten bestimmt sich nach den Rechtfertigungsvorschriften der §§ 67–85 a SGB X sowie ergänzend nach den modifizierenden Bestimmungen in den besonderen Teilen des SGB. Das Erheben von Sozialdaten der betroffenen Person ist nach § 67 a SGB X nur zulässig, wenn ihre Kenntnis zur Aufgabenerfüllung nach dem SGB erforderlich ist. Diese Erforderlichkeit ist gegeben, wenn die Angabe notwendig ist, um die Aufgabe rechtmäßig, vollständig und angemessen erfüllen zu können. Die Sozialdaten sind grundsätzlich bei den Betroffenen zu erheben, die über den Erhebungs-, Verarbeitungs- und Nutzungszweck zu unterrichten sind. Nur unter engen gesetzlichen Voraussetzungen dürfen Sozialdaten auch ohne Mitwirkung der Betroffenen bei Dritten (Arbeitgeber, Vermieter, Banken, Versicherungen) erhoben werden (vgl. § 67 a Abs. 2 SGB X). Verdeckte Ermittlungen sind im Sozialdatenbereich wegen der Schwere des Grundrechtseingriffs grundsätzlich unzulässig.

Die Befugnis zur Verwendung von Daten regelt § 67 b SGB X. Danach sind Datenverarbeitung und -nutzung nur zulässig, soweit eine Rechtsvorschrift des SGB dies erlaubt, sie anordnet oder die betroffene Person schriftlich einwilligt.

Die Übermittlung als intensivste Verarbeitungsform unterliegt – sofern der Betroffene nicht eingewilligt hat – den besonderen gesetzlichen Übermittlungsbefugnissen der §§ 67 d ff. SGB X, insbesondere den §§ 68–77 SGB X. Neben den praktisch wichtigsten Übermittlungsbefugnissen für Sozialdaten in § 69 Abs. 1 SGB X beinhalten die anderen Vorschriften besondere Übermittlungsbefugnisse vor allem im Falle der → Amtshilfe, der Durchführung des → Arbeitsschutzes, der Erfüllung besonderer gesetzlicher Pflichten und Mitteilungsbefugnisse, der Durchführung eines Strafverfahrens sowie bei Verletzung der → Unterhaltspflicht und zu Zwecken der Forschung und Planung. In der → Grundsicherung für Arbeitsuchende (SGB II) ist zur Bekämpfung des Leistungsmissbrauchs (→ Sozialleistungsmissbrauch) und illegaler Beschäftigung eine gegenseitige Datenübermittlung zwischen der Bundesagentur für Arbeit (→ Agenturen für Arbeit) und dem kommunalen Träger der Regelfall (§ 50 SGB II). Darüber hinaus sehen sowohl die Grundsicherung für Arbeitsuchende (§ 52 SGB II) als auch die → Sozialhilfe (§ 118 SGB XII) jeweils einen automatisierten Datenabgleich zur Vermeidung rechtswidriger Inanspruchnahme von Sozialleistungen vor (→ Sozialleistungsmissbrauch). Die gesetzliche Grundlage für die übrigen Verwendungsformen (Speichern, Verändern und Nutzen) ist in § 67 c SGB X geregelt.

Die Verletzung des S. führt zu einem Verwertungsverbot hinsichtlich der unrechtmäßig erlangten Sozialdaten (vgl. § 78 SGB X) und kann ggf. Ansprüche der Betroffenen auf → Schadenersatz (vgl. § 82 SGB X, §§ 7, 8 BDSG) bzw. → Amtshaftung aus Art. 34 GG, § 839 → Bürgerliches Gesetzbuch (BGB) auslösen. Die Verletzung des S. ist bußgeld- und strafbewehrt (§§ 85, 85 a SGB X, § 203 Abs. 2 Strafgesetzbuch [StGB]). Schließlich kann sich jede in ihren Datenschutzrechten potenziell verletzte Person an den/die → Datenschutzbeauftragte/n des Bundes bzw. des jeweiligen Bundeslandes wenden sowie subsidiär auf Feststellung der Verletzung des S. vor dem → Sozialgericht klagen.

Der Sozialdatenschutz gem. § 35 SGB I geht als bereichsspezifischer Datenschutz dem allgemeinen Datenschutz vor. Soweit in den besonderen Teilen des SGB zusätzliche Datenschutzregelungen enthalten sind, gelten diese ergänzend bzw. konkretisierend. Dies gilt insbesondere auch für den Sozialdatenschutz in der → Kinder- und Jugendhilfe gem. §§ 61 ff. SGB VIII sowie für die dort tätigen Einrichtungen und Dienste der → freien Träger. Der Datenschutz der nicht kirchlichen freien Träger ist sowohl über das BDSG (§§ 27 ff.) als auch über die Schutzvorschrift des § 78 SGB X für nicht öffentliche und private Stellen sicherzustellen. Für kirchliche Einrichtungen gelten darüber hinaus deren spezielle Datenschutzregelungen.

*Lit.* Krahmer, U. in: Krahmer, U./Trenk-Hinterberger, P. (Hrsg): LPK-SGB I. Sozialgesetzbuch I. Lehr- und Praxiskommentar, 3. Aufl., Baden-Baden 2014, §§ 35, 36; Pattar, A.: Datenschutz und Existenzsicherung, in: Berlit, U./Conradis, W./ Sartorius, U. (Hrsg.): Existenzsicherungsrecht. Handbuch, 2. Aufl., Baden-Baden 2013, S. 1004–1025; Seidel, K.:, in: Diering, B./Timme, H./Waschull, D. (Hrsg.): LPK-SGB X. Sozialgesetzbuch X. Sozialverwaltungsverfahren und Sozialdatenschutz. Lehr- und Praxiskommentar, 3. Aufl., Baden-Baden 2011, Vorbem. zu den §§ 67 bis 85 a; Simitis, S. (Hrsg.): Bundesdatenschutzgesetz, 8. Aufl., Baden-Baden 2014.

*Maria Meyer-Höger*

**Sozialgeld** → Arbeitslosengeld II (Alg II)

**Sozialgenossenschaft** ist rechtlich eine seit 2006 zulässige Betätigungsform der eingetragenen Genossenschaft (§ 1 Genossenschaftsgesetz [GenG]). Organisationssoziologisch handelt es sich um Personenvereinigungen, die ihre Mitglieder fördern, indem sie gemeinschaftliche soziale Aufgaben mit unternehmerischen Handlungsinstrumenten verbinden. Beispiele sind der Betrieb eines Dorfladens zum Erhalt der Einkaufsmöglichkeiten vor Ort oder die Initiierung eines Beschäftigungsprojektes für langzeitarbeitslose Menschen. S. richten sich aus an den genossenschaftlichen Grundprinzipien der → Selbsthilfe, Selbstverwaltung und inneren Demokratie, insbesondere der Einheit von Träger und Nutzer sowie dem gleichen Stimmrecht unabhängig von der Höhe einer Kapitalbeteiligung. In institutionell-wohlfahrtsstaatlicher Perspektive treten S. neben etablierte Akteure des → Wohlfahrtsmixes wie die Wohlfahrtspflege (→ freie Wohlfahrtspflege) oder privat-gewerbliche Anbieter.

S. lassen sich auf verschiedene Weise charakterisieren, so etwa nach den Akteuren (Selbsthilfe Betroffener), der Zielgruppe (Leistungen für → Familien, Menschen mit Migrationshintergrund usw.), der Erbringung von Fremdhilfe unter Aktivierung → Bürgerschaftlichen Engagements (z.B. Ehrenamtliche unterstützen benachteiligte Jugendliche bei der Arbeitsmarktintegration) oder als spezifische Form marktergänzender → sozialer Dienstleistungen (z.B. Gestaltung des häuslichen Umfeldes schwerst erkrankter Personen). Nicht immer ist dabei eine trennscharfe Abgrenzung zu anderen genossenschaftlichen Aktivitäten möglich, etwa von Wohn(bau)genossenschaften. Besonderes Potenzial für die Bewältigung sozialer Aufgaben gewinnen S. daraus, dass sie durch die gleichberechtigte Mitgliedschaft strukturell geeignet sind, der Zusammenarbeit verschiedenster Stakeholder (z.B. Selbsthilfe, Freiwillige, Kommunen, Wohlfahrtsverbände, örtliche Vereine und Handwerkerschaft vor Ort) eine Plattform zu bieten.

Angesichts ihres Aufgabenspektrums und ihrer Zielgruppe bilden *Seniorengenossenschaften (SG)* eine spezifische Form der S. Sie sind Vereinigung von und für Seniorinnen und Senioren, die der Unterstützung eines selbstbestimmten Lebens im Alter dienen, insbesondere durch Einbringung und Inanspruchnahme von Alltagshilfen. Die z.T. generationenübergreifend organisierte Tätigkeit von SG schafft verbindliche Unterstützungsstrukturen, die im Bedarfsfalle auch die eigene Hilfestellung gewährleisten sollen. Insbesondere für SG herrscht zumeist ein Begriffsverständnis vor, das solche Vereinigungen auch in der Rechtsform des eingetragenen → Vereins oder etwa als nicht eingetragene Gesellschaft des Bürgerlichen Rechts erfasst. Insoweit wirkt die genossenschaftliche Handlungsweise typusbestimmend und nicht die rechtliche Gestalt i.e.S.

S. verfolgen die Interessen ihrer Mitglieder in kooperativen, solidarischen Binnenstrukturen (→ Solidarität), ohne sie anderen, außerhalb ihrer Zwecksetzung liegenden Belangen unterzuordnen. Dies steht im Widerspruch zur These, S. als Inbegriff einer Gemeinwesenökonomie zu verorten.

*Doris Rosenkranz*

**Sozialgerichte** Die erst 1954 als eigenständiger Rechtsweg installierte Sozialgerichtsbarkeit ist ein Produkt der Transformation der Bismarck'schen Sozialgesetzgebung in den vom Prinzip strikter Gewaltenteilung geprägten rechtsstaatlichen Rahmen (→ Rechtsstaat) des → Grundgesetzes. In sozialversicherungsrechtlichen Angelegenheiten existierten innerhalb der Verwaltungsorganisation bereits seit 1884 gerichtsähnliche Formen der Streitentscheidung. Materiell-rechtlich deckte sich der Aufgabenbereich der Sozialgerichtsbarkeit bis zum Ende des Jahres 2004 weitgehend mit dem von der → Sozialversicherung (einschließlich der → Arbeitsförderung) ausgefüllten Sicherungsspektrum, ergänzt um die Materien des Rechts der → sozialen Entschädigung, die aus der → Kriegsopferversorgung hervorgegangen sind. Hinzugetreten sind folgende Sondermaterien: Schwerbehindertenrecht (→ Rehabilitation und Teilhabe behinderter Menschen), Künstlersozialversicherung und Erziehungsgeld (→ Elterngeld) sowie seit Beginn des Jahres 2005 die → Grundsicherung für Arbeitsuchende (»Hartz IV«) und die → Sozialhilfe.

Die S. sind besondere → Verwaltungsgerichte. Sie üben nicht nur eine allgemeine Kontrolle der Rechtmäßigkeit der Verwaltung aus, sondern dienen vielmehr der Durchsetzung der individuellen subjektiven Rechte der Bürger/innen. Für Klagen gegen Verwaltungsentscheidungen der → Sozialleistungsträger sind erstinstanzlich die S. zuständig, die in der Besetzung mit einer Berufsrichterin/einem Berufsrichter und zwei ehrenamtlichen Richter/innen entscheiden. Die Beteiligung des ehrenamtlichen Elements an der Entscheidungsfindung ist eine gewichtige Besonderheit des sozialgerichtlichen Verfahrens. Ehrenamtliche Richter/innen wirken in allen drei Instanzen neben den Berufsrichter/innen mit gleichem Stimmrecht an der Entscheidungsfindung mit. Entscheidungen der S. können im Regelfall mit der Berufung (→ Rechtsbehelf) angefochten werden, für die die Landessozialgerichte zuständig sind; eine Überprüfung zweitinstanzlicher Entscheidungen durch das Revisionsgericht (Bundessozialgericht) findet nur auf Zulassung hin statt; die unterbliebene Zulassung der Revision (→ Rechtsbehelf) im zweitinstanzlichen Urteil kann durch Beschwerde zum Bundessozialgericht angefochten werden. Zu den grundlegenden Prinzipien des sozialgerichtlichen Verfahrens zählt der Untersuchungsgrundsatz (Amtsermittlungsprinzip): Nicht die Parteien bestimmen den Prozessstoff, über den das Gericht zu befinden hat, sondern das Gericht hat diesen selbst, von Amts wegen, zu ermitteln. Es besteht grundsätzlich Kostenfreiheit für Versicherte und Leistungsbezieher/innen; sie müssen zudem auch die Kosten der Sozialleistungsträger selbst dann nicht erstatten, wenn sie den Prozess verlieren. Das Verfahrensrecht der S. zeichnet sich durch geringe Formstrenge aus; auch rechtlich nicht geschulten Personen soll es möglich sein, einen Prozess zu führen, ohne eine Rechtsanwältin/einen Rechtsanwalt in Anspruch nehmen zu müssen. Rechtskundige Vertretung ist nur vor dem Bundessozialgericht vorgeschrieben.

*Peter Udsching*

**Sozialgesetzbuch (SGB)** Das S. stellt keine Gesamtkodifizierung aller Rechtsnormen mit sozialpolitischer Zielsetzung dar. Üblicherweise wird an das S. angeknüpft, wenn man den bundesrechtlich und öffentlich-rechtlich geregelten Teil der Sozialrechtsordnung als formelles → Sozialrecht bezeichnet. Das S. sollte die historisch stark zersplitterte und unübersichtliche Sozialleistungslandschaft dogmatisch und inhaltlich ordnen. Erklärtes Ziel seiner Einführung war es, Transparenz für Bürger/innen und → Verwaltung herzustellen und die als unnötig empfundenen Differenzierungen der einzelnen Sozialleistungszweige einzudämmen (BT-Drucks. 7/868). Allerdings fühlt sich die Kodifizierung des Sozialrechts (vermeintlichen) politischen Notwendigkeiten eher verpflichtet als der Schaffung eines systematisch geschlossenen Kodexes nach dem Vorbild des alten → Bürgerlichen Gesetzbuches.

Der Prozess der Realisierung des S. ist noch nicht abgeschlossen. Als erste Stufe wurde der Allgemeine Teil (SGB I) verabschiedet, der am 1.1.1976 in Kraft trat. Neben den → sozialen Rechten enthält er Einweisungsvorschriften, in denen die in den einzelnen Sozialleistungsbereichen vorgesehen → Sozialleistungen benannt werden, sowie allgemeine Vorschriften zu den Sozialleistungsansprüchen und ihrer Geltendmachung. Teilweise enthält das SGB I auch Regelungen, die zum → Verwaltungsverfahren gezählt werden können (z.B. §§ 16, 35, 36 SGB I). Die in § 68 SGB I genannten Gesetze gelten als Besondere Teile des SGB. Das SGB IV – Gemeinsame Vorschriften für die Sozialversicherung – trat am 1.7.1977 in Kraft. Es normiert Organisationsvorschriften für die → Sozialversicherung und Beitragsrecht. Die Kapitel 1 und 2 des SGB X (Verwaltungsverfahren, Schutz der Sozialdaten) traten am 1.1.1981 in Kraft. Das Verwaltungsverfahrensrecht des SGB X entspricht in vielerlei Hinsicht den Verwaltungsverfahrensgesetzen des Bundes und der Länder. Es enthält darüber hinaus Regelungen zum → Datenschutz (→ Sozialgeheimnis). Das 3. Kapitel über die Zusammenarbeit der → Leistungsträger und ihre Beziehungen zu Dritten trat am 1.7.1983 in Kraft. Während das SGB IV weitgehend für alle Bereiche der Sozialversicherung gilt, gelten SGB I und X vorbehaltlich abweichender Spezialregelungen für alle Sozialleistungsbereiche. Das S. enthält ferner die folgenden Teile:

SGB II – → Grundsicherung für Arbeitsuchende – vom 24.12.2003,

SGB III – → Arbeitsförderung – vom 24.3.1997,

SGB V – Gesetzliche → Krankenversicherung – vom 20.12.1988,

SGB VI – Gesetzliche → Rentenversicherung – vom 18.12.1989,

SGB VII – Gesetzliche → Unfallversicherung – vom 7.8.1996,

SGB VIII – → Kinder- und Jugendhilfe – vom 26.6.1990,

SGB IX – → Rehabilitation und Teilhabe behinderter Menschen – vom 19.6.2001,

SGB XI – Soziale → Pflegeversicherung – vom 26.5.1994,

SGB XII – → Sozialhilfe – vom 27.12.2003.

Auch wenn das SGB ursprünglich lediglich eine Harmonisierung der Vorschriften herbeiführen sollte, brachte bereits der Übergang der Gesetzlichen Kranken- und Rentenversicherung aus der Reichsversicherungsordnung (RVO) in das SGB V und SGB VI eine begrenzte Sachreform. Das gilt auch für die Überführung des Jugendwohlfahrtsgesetzes (JWG) in das SGB VIII sowie des Arbeitsförderungsgesetzes (AFG) in das SGB III. Mit der Einführung der Sozialen Pflegeversicherung als Versicherungszweig ohne historischen Vorgänger wurde der Boden einer bloßen (begrenzten Sachreform und) Vereinheitlichung schließlich ganz verlassen. Demgegenüber wurde die Unfallversicherung inhaltlich nahezu identisch von der RVO in das SGB VII übernommen. Mit der Integration der Sozialhilfe in das S. wurde auch die Grundsicherung für Arbeitsuchende geschaffen. Das kurzlebige Grundsicherungsgesetz (GSiG) mit seinen Leistungen für alte und erwerbsunfähige Menschen wurde in die Sozialhilfe des SGB XII integriert.

Ob das Kodifizierungsprojekt wirklichen Einfluss auf die Gestaltung der Sozialleistungen zu nehmen vermag, ist fraglich. Denn die eigentliche konkrete inhaltliche Ausgestaltung der Sozialleistungen findet durch zahlreiche untergesetzliche Normen statt, die Art, Inhalt und Qualität der Sozialleistungen bestimmen. Somit suggeriert das S. eine Transparenz, Systematisierung und Einheit, die faktisch nicht (mehr) bestehen. Diese Tendenz erschwert den Zugang zu den Sozialleistungen. Ob sie der Verwirklichung sozialer Rechte zuträglich ist, muss bezweifelt werden. Auch Gerichte gestalten das Sozialleistungsrecht intensiv. In existenziellen Bereichen wie der Gesetzlichen Krankenversicherung und der Grundsicherung für Arbeitsuchende ist die → Rechtsprechung des → Bundesverfassungsgerichts oftmals als Korrektiv zu → Rechtsnormen jeglicher Normsetzungsebene aufgetreten. Die vormals wenigstens auf gesetzlicher Ebene sichtbare Zersplitterung des Sozialrechts ist einer versteckten und damit äußerst intransparenten Zersplitterung des Sozialrechts auf untergesetzlicher Ebene gewichen. Das Kodifizierungsprojekt S. bedarf daher einer intensiven Bestandsaufnahme und Neudefinition von Gestaltungsleitlinien.

*Lit.* Ehmann, F./Karmanski, C./Kuhn-Zuber, G.: Gesamtkommentar Sozialrechtsberatung, Baden-Baden 2015; Knickrehm, S./Kreikebohm, R./Waltermann, R.: Kommentar zum Sozialrecht, 4. Aufl., München 2015; Rolfs, C./Giesen, R./Kreikebohm, R./Udsching, P.: Sozialrecht – Beckscher-Online-Kommentar, München (Stand 1.6.2015); Schlegel, R./Voelzke, T.: juris Praxiskommentar zum SGB, Saarbrücken 2012–2015.

*Angela Busse*

**Sozialhilfe** Begrifflich ist S. zunächst lediglich die modernere Bezeichnung für die öffentliche Fürsorge. Der Begriff der → Fürsorge seinerseits war erst seit dem Ende des 19. Jh. gebräuchlich. Er umfasst seiner klassischen Definition nach all das, was aus der Wohltätigkeit und Gemeinnützigkeit erwächst, um das Los der minderbemittelten Volksschichten zu bessern. Die weitere Aufgabe der Fürsorge ist die Erhaltung des gesellschaftlichen Zusammenhalts, dessen Bestand durch die Ausgliederung armer Menschen aus dem Verband gemeinschaftlichen Lebens gefährdet ist. Die Fürsorge umfasst im Eigentlichen Hilfen für Arme. Der Begriff S. seinerseits war eine Weiterentwicklung oder Modernisierung des als stigmatisierend empfundenen Begriffs Fürsorge und ist durch Einführung des Bundessozialhilfegesetzes (BSHG 1961) allgemein gebräuchlich geworden. Der Begriff und die Inhalte dessen, was S. ist oder bezeichnet, ist seitdem so eng mit dem BSHG bzw. dem Zwölften Buch → Sozialgesetzbuch (SGB XII) verknüpft, dass nach heutigem Verständnis das Wort S. die → Normen und Leistungszusammenhänge des im S.recht geregelten Sozialleistungssystems der S. zusammenfasst. Aus dem ursprünglich übergreifenden, Formen der kirchlichen Diakonie und Caritas sowie die allgemeine Armenfürsorge zusammenfassenden, auch die Leistungen für Kinder und Jugendliche umfassenden Fürsorgebegriff ist mit dem Wort S. ein reiner Rechtsbegriff geworden, der eine bestimmte Anspruchslage i.S.des SGB darstellt.

Als nunmehr weit überwiegend positivrechtlich geprägter Begriff sind die Inhalte der S. aus dem SGB XII zu entnehmen. Dieses ist durch das Gesetz zur Einordnung des S.rechts in das SGB v. 27.12.2003 (BGBl. I S. 3022) am 1.1.2005 in Kraft gesetzt worden. Durch dieses Gesetz ist das BSHG außer Kraft getreten bzw. abgelöst, aber auch materiell in vielerlei Hinsicht verändert worden. Wesentlicher Schritt bei der Einordnung der S. in das SGB war die Zusammenlegung der → Hilfe zum Lebensunterhalt für erwerbsfähige Menschen und die im Arbeitsförderungsrecht verortete → Arbeitslosenhilfe zu einer → Grundsicherung für Arbeitsuchende (nunmehr SGB II). Schwerpunkt der Zusammenlegung der Hilfesysteme war die Eingliederung in Arbeit und die Umsetzung der aus der Hartz-Kommission zusammengetragenen Ideen zur verbesserten Förderung erwerbsloser Menschen. Die klassische S. erfuhr dabei sowohl in systematischer als auch in materieller Hinsicht nur wenige grundlegende Änderungen, insbesondere ist keine Gleichsetzung der Hilfesysteme der Grundsicherung für Arbeitsuchende und der S. erfolgt. Als wesentliche Neuerungen sind zu nennen die Ausgliederung der Hilfe zur Arbeit und der Hilfe zum Lebensunterhalt für Erwerbsfähige in das SGB II, die Einbeziehung der → Grundsicherung im Alter und bei Erwerbsminderung in das SGB XII und die Ablösung des früheren Grundsicherungsgesetzes, der weitgehende Wegfall der → einmaligen Leistungen und deren Ersatz durch Pauschalen, die Aufgabe der Unterscheidung von Hilfe zum Lebensunterhalt und → Hilfe in besonderen Lebenslagen mit dem Wegfall der Verklammerung von Lebensunterhalt und Kosten der Maßnahmen im stationären Bereich (§ 27 Abs. 3 BSHG) und der Wechsel der gerichtlichen Zuständigkeit von den → Verwaltungs- zu den → Sozialgerichten.

Schon die Armenfürsorge des 19. Jh. fußte auf dem Prinzip der → Subsidiarität, durch Fürsorge die Reproduktion des Individuums durch eigene Arbeit zu fördern, dem → Individualisierungsprinzip und dem Heimatprinzip. In der modernen S. finden sich diese Strukturprinzipien wieder, im SGB II – Grundsicherung für Arbeitsuchende – werden sie im verkürzten Slogan »fordern und fördern« ausgedrückt. Historisch betrachtet folgt die S. dem Grundprinzip, dass staatlicherseits eine Versorgung der ärmsten Bevölkerungsteile, die nicht in der Lage sind, sich selbst zu helfen, zu erfolgen hat. Sie dient im modernen Staat als unterstes Auffangnetz für soziale Notlagen. Auf dem Boden des → Grundgesetzes (GG) fußt sie in der → Menschenwürde und den diese stützenden bzw. flankierenden → Grundrechten. Entsprechend definiert die Einweisungsvorschrift des SGB XII als Aufgabe der S., den Leistungsberechtigten die Führung eines Lebens zu ermöglichen, das ihrer Würde entspricht (§ 1 SGB XII). Die Leistung soll soweit wie möglich befähigen, unabhängig von ihr zu leben. S. erhält derjenige nicht, der sich v.a. durch Einsatz seiner Arbeitskraft, seines → Einkommens und seines → Vermögens selbst helfen kann oder der die erforderliche Leistung von anderen, insbesondere von Angehörigen oder von Trägern anderer → Sozialleistungen erhält.

Die S. folgt dem Individualisierungsprinzip: Die Leistung ist entsprechend den Besonderheiten des Einzelfalles zu gewähren (§ 9 SGB XII). Zwar gibt es durch die Etablierung von → Regelbedarfen eine starke Tendenz zur Vereinheitlichung der Leistungen der Hilfen zum Lebensunterhalt. Die Besonderheit des Einzelfalles, insbesondere die Art des → Bedarfs, die örtlichen Verhältnisse, die eigenen Kräfte und Mittel der Person oder des Haushalts sind jedoch die grundsätzlichen Richtgrößen für die Bestimmung der Hilfe. Das Gesetz erlaubt ausdrücklich eine abweichende Bedarfsfestlegung (§ 28 Abs. 1 SGB XII). Verwaltungstechnisch hat sich gleichwohl mit wenigen Ausnahmen durchgesetzt, nicht mehr und nicht weniger als die allgemeinen Regelbedarfe zu gewähren. In der → Eingliederungshilfe für behinderte Menschen, der → Hilfe zur Pflege oder → Hilfe zur Überwindung besonderer sozialer Schwierigkeiten wird wesentlich deutlicher, dass die Besonderheiten des Einzelfalles ausschlaggebend für die inhaltliche Ausgestaltung und das Maß der Hilfe sind. Denn hierbei geht es um die Maßnahmen, die an individuellen Bedarfslagen ansetzen.

Weiteres Strukturprinzip der S. ist der Grundsatz des → Nachrangs: Bis auf die Eingliederungshilfe für behinderte Menschen, die im System der S. eine Sonderstellung einnimmt, sind alle Leistungen der S. im Verhältnis zu anderen Sozialleistungen und im Verhältnis zu Eigenmitteln nachrangig. Dies bedeutet, dass vor der Inanspruchnahme von S. alle Möglichkeiten ausgeschöpft werden müssen, anderweitige Hilfen zu gewinnen bzw. alle Mittel eingesetzt werden müssen, die bereit und einsetzbar sind.

Mit dem Prinzip des Nachrangs in enger Verbindung stehen der Grundsatz der Bedürftigkeit und der Grundsatz der Zumutbarkeit. Die Ausgestaltung des Zumutbarkeitsprinzips beinhaltet, dass beim → Einsatz des Einkommens/Vermögens gewisse Schongrenzen bestehen, die den Hilfeempfänger/innen ermöglichen sollen, unabhängig von der staatlichen Hilfe Eigenmittel zur Verfügung zu behalten. Nach geltender Rechtslage müssen Menschen, die in stationären → Einrichtungen leben, aber auch unterhalb dieser Schongrenzen in näher beschriebenem Umfang ihr Einkommen einsetzen. Sie erhalten einen Barbetrag zur persönlichen Verfügung, der es erlaubt, Bedürfnisse des täglichen Lebens zu decken. Aus der Fachdebatte zur Reform der Eingliederungshilfe ergibt sich allerdings, dass sowohl die

Leistungsformen ambulant/stationär als auch die Koppelung mit dem Lebensunterhalt in Einrichtungen zur Disposition stehen. Favorisiert wird eine Trennung der Lebensunterhaltsleistungen von der sog. Fachleistung. Die Leistungen der S. werden weit überwiegend als → Geldleistungen erbracht. Daneben sieht das Gesetz auch vor, Dienstleistungen und → Sachleistungen zu gewähren. Dienstleistungen sind insbesondere die → Beratung und Unterstützung sowie die Aktivierung der Hilfesuchenden bzw. → Leistungsberechtigten. Leistungen der S. sind die Hilfe zum Lebensunterhalt, die Grundsicherung im Alter und bei Erwerbsminderung, → Hilfen zur Gesundheit, Eingliederungshilfe für behinderte Menschen, Hilfe zur Pflege, Hilfe zur Überwindung besonderer sozialer Schwierigkeiten, Hilfe in anderen Lebenslagen (→ Hilfe zur Weiterführung des Haushalts, → Altenhilfe, Blindenhilfe, Hilfe in sonstigen Lebenslagen und → Bestattungskosten) sowie die jeweils gebotene Beratung und Unterstützung (§ 8 SGB XII).

Mit der Einbeziehung des S.rechts in das SGB ist die frühere Unterscheidung in Hilfen zum Lebensunterhalt und Hilfe in besonderen Lebenslagen entfallen. Mit dieser Gesetzesänderung sind Bedeutung und Umfang der Hilfe zum Lebensunterhalt als Leistungsart stark zurückgegangen, weil erwerbsfähige Bezieher/innen von S. nunmehr Grundsicherung für Arbeitsuchende nach SGB II beziehen. Hilfe zum Lebensunterhalt beziehen nach aktueller Rechtslage nur solche Personen, die nicht erwerbsfähig i.S.des § 8 SGB II sind. Erwerbsfähig in diesem Sinne sind Menschen, die nicht voll erwerbsgemindert sind – erwerbsgemindert sind Personen, die wegen → Krankheit oder Behinderung auf nicht absehbare Zeit außerstande sind, unter den Bedingungen des allgemeinen Arbeitsmarktes mindestens drei Stunden erwerbstätig zu sein (→ Erwerbsfähigkeit). Freilich können diejenigen Menschen, die Leistungen der Eingliederungshilfe oder Pflege erhalten, auch Leistungen der Hilfe zum Lebensunterhalt, auch in Form der Grundsicherung im Alter und bei Erwerbsminderung beziehen. In der S. i.S. des SGB XII sind mithin heute die Personengruppen besonders stark, die im Rahmen der früheren Hilfen in besonderen Lebenslagen Fürsorgeleistungen erhalten haben. Mit der Einführung des SGB XII im Jahr 2005 stellen sich die unterschiedlichen Leistungsarten der S. in ihrer Gewichtung nunmehr höchst unterschiedlich dar: Bereits durch das GKV-Modernisierungsgesetz v. 14.11.2003 ist mit Wirkung zum 1.1.2004 die Krankenhilfe vollständig dem Regelungssystem der gesetzlichen → Krankenversicherung angeglichen worden. Nur einige wenige Personenkreise der Hilfeempfänger/innen der S. sind von der Angleichung mit den Versicherten i.S.des GKV-Rechts ausgenommen (§ 264 SGB V). Die Hilfe zur Gesundheit hat damit ihre Bedeutung verloren und würde, wenn sich der politische Wille zur Eingliederung der S.empfänger/innen in den Kreis der Pflichtversicherten durchsetzte, entbehrlich sein.

Auch die Leistungen der → Hilfe zur Pflege machen einen relativ geringen Anteil an den S.leistungen aus. Mit Einführung der gesetzlichen → Pflegeversicherung im Jahre 1996 sind die Leistungsberechtigten der Hilfe zur Pflege zu einem großen Teil aus der S. herausgefallen und in den Genuss von Sozialversicherungsleistungen gekommen. Mit der stufenweisen Einführung eines neuen Pflegebedürftigkeitsbegriffs und der Verbesserung der Leistungen für Menschen mit demenziellen Erkrankungen sowie der Anhebung der Leistungsbeträge im SGB XI hat der Gesetzgeber sichergestellt, dass die Hilfeart der Hilfe zur Pflege in ihrer Bedeutung weiter abnimmt. Sie wird in der Folge des zweiten Pflegestärkungsgesetzes, das im Jahr 2017 in Kraft tritt, reformiert. Die Hilfe für Menschen in besonderen sozialen Schwierigkeiten ist zwar von gleichbleibender sozialhilferechtlicher Bedeutung. Ihr Volumen und die hier betreute Klientel bleiben mit einigen Schwankungen eine Herausforderung, insbesondere im Bereich der Wohnungslosen, sie weist allerdings Schnittstellen zur Erwerbsintegration im Rahmen des SGB II auf. Sie stellt innerhalb der Hilfearten aber traditionell den kleinsten Anteil.

Die Kernleistung des noch geltenden S.rechts ist damit die Eingliederungshilfe für Menschen mit Behinderungen. Schon zur Zeit der Geltung des BSHG machte die Anzahl der Bezieher/innen von Eingliederungshilfe zwar nur ein gutes Viertel der Anzahl der Bezieher/innen von Hilfe zum Lebensunterhalt aus. Für die Eingliederungshilfe wurde aber ca. 40% des Gesamtvolumens der S. ausgegeben. Wegen ihres bedeutenden Finanzvolumens und ihrer Stellung als originäre Rehabilitations- und Teilhabeleistung für insbesondere → geistig behinderte Menschen ist sie seit ihrer Einbeziehung in das BSHG in gewisser Weise ein Fremdkörper im Fürsorgerecht geblieben. Sowohl hinsichtlich des Einsatzes von Einkommen und Vermögen als auch in ihrem Verhältnis zu anderen Sozialleistungen, etwa der Pflegeversicherung, vermitteln Sonderbestimmungen den eigenen Status dieser Hilfeart. Weil in dieser Hilfeart zudem eine zunehmende Anzahl von Menschen betreut wird, genießt sie besondere Aufmerksamkeit im politischen Raum. Seit vielen Jahren werden deshalb Überlegungen angestellt, wie einerseits sozialpolitisch die Eingliederungshilfe aus der S. herausgelöst werden kann und andererseits wie die weit überwiegend die kommunalen Haushalte treffenden Belastungen vermindert werden können. Beiden Überlegungen widmet sich der → Deutsche Verein für öffentliche und private Fürsorge (DV) seit vielen Jahren etwa durch seine Überlegungen zur Einführung eines → Bundesteilhabegeldes oder der Schaffung eines Rehabilitations- und Teilhabeleistungsgesetzes. Neue Dynamik hatte die Debatte durch die Ratifikation der → UN-Behindertenrechtskonvention (BRK) über die Rechte von Menschen mit Behinderungen gewonnen.

In der 18. Legislaturperiode soll die S. wiederum drei große Reformen erfahren. Nach der Überführung der Finanzierung der Grundsicherung im Alter und bei voller Erwerbsminderung in eine volle Bundesfinanzierung, ist diese Hilfe nunmehr eine sozialpolitische Aufgabe innerhalb des SGB XII, die in Form der Bundesauftragsverwaltung ausgeführt wird und nicht mehr wie die klassische S. im Rahmen der kommunalen → Selbstverwaltung. Nach einem umfangreichen Dialogprozess mit Ländern, Kommunen, den → Rehabilitationsträgern, der → Freien Wohlfahrtspflege und den → Behindertenverbänden im Jahr 2015 soll die Eingliederungshilfe für behinderte Menschen grundlegend neu kodifiziert werden. In der Folge der stufenweisen Einführung eines neuen Pflegebedürftigkeitsbegriffs im SGB XI steht eine Neuordnung der Hilfe zur Pflege an. Schließlich ist im Jahr 2016 aufgrund der abgeschlossenen → Einkommens- und Verbrauchsstichprobe ein neues → Regelbedarfs-Ermittlungsgesetz zu erwarten, in dem die Grundlage der Regelbedarfe neu bestimmt wird. Auch die grundlegenden Fragestellungen wie das Nebeneinander der Hilfe zum Lebensunterhalt und der Grundsicherung im Alter und bei Erwerbsminderung, das Verhältnis der ambulanten und der stationären Versorgungsformen zueinander, die Finanzierungsformen (Leistungserbringungsrecht) und die Kosten sowie die Steuerung der Fallzahlen und Fälle selbst (→ Case Management) sollen die genannten Reformen Antworten geben.

Die Zusammensetzung der Personengruppen in den einzelnen Hilfearten und die von ihr beanspruchten Leistungen, ihre Verteilung auf die unterschiedlichen Versorgungsformen stationär, teilstationär und ambulant ergeben sich im Einzelnen aus der S.statistik (→ Statistik der sozialen Mindestsicherungssysteme). Soweit die Leistungen der Eingliederungshilfe für behinderte Menschen und für Menschen in besonderen sozialen Schwierigkeiten sowie der Hilfe zur Pflege erfolgen, wird S. noch immer häufig in stationären, teilstationären und ambulanten Hilfeformen durch Einrichtungen und → soziale Dienste erbracht. Die Einrichtungen selbst werden in weit überwiegendem Umfang von → freien Trägern betrieben, zu einem sehr kleinen Teil von den → Trägern der S. selbst. Diese freien Träger unterteilen sich in solche, die der → freien Wohlfahrtspflege angehören, und solche, die die Leistungen privatgewerblich erbringen. In der Pflege haben sich die → privatgewerblichen Träger in weit größerem Umfang etabliert als in der Eingliederungshilfe. Das Leistungsgeschehen der S. lässt sich ohne die Betrachtung der Rolle und Bedeutung der freien Träger nicht verstehen. Seit jeher – historisch betrachtet sogar im umgekehrten Maße – sind die freien Träger bei der Erbringung der Sozialleistungen Partner der öffentlichen Hand. Nach eigenem Selbstverständnis und gesetzlicher Klarstellung (§ 5 SGB XII) ist die Stellung der Kirchen und Religionsgesellschaften des öffentlichen Rechts sowie der Verbände der freien Wohlfahrtspflege als Träger eigener sozialer Aufgaben in ihrer Tätigkeit zur Erfüllung dieser Aufgaben durch das S.recht nicht berührt. Das Gesetz schreibt vor, dass die Träger der S. bei der Durchführung des S.rechts mit den Kirchen und Religionsgesellschaften und den Verbänden der freien Wohlfahrtspflege zusammenarbeiten. Dabei soll die Zusammenarbeit darauf gerichtet sein, dass sich die S. und die Tätigkeit der freien Wohlfahrtspflege zum Wohl der Leistungsberechtigten wirksam ergänzen. Die enge Zusammenarbeit zwischen der öffentlichen und der freien (privaten) Fürsorge findet ihren besonderen Niederschlag in zahlreichen Vereinbarungen nach dem Gesetz und traditionell in der institutionalisierten Zusammenarbeit im DV, der seit 1880 das Forum sämtlicher Aktivitäten auf dem Gebiet der Fürsorge und S. darstellt.

Die Zusammenarbeit mit den Trägern der Einrichtungen wird neben der grundsätzlichen Sicherung über das Kooperationsprinzip über das sog. Leistungserbringungsrecht organisiert. In Leistungs-, Vergütungs- und Qualitätsprüfungsvereinbarungen (→ Vereinbarungen) zwischen den jeweiligen Einrichtungen und Diensten und den Trägern der S. werden die Modalitäten der Leistungen festgelegt, die die Leistungsberechtigten zulasten der S. abrufen können (§§ 75 ff. SGB XII). Die Vereinbarungen zwischen den Einrichtungen und den Trägern der S. werden inhaltlich stark geprägt von Landesrahmenverträgen, die auf Verbandsebene in den

Bundesländern ausgehandelt werden. Dabei ist eine Neuerung im SGB XII zum BSHG, dass die Inhalte der Landesrahmenverträge auch durch eine Rechtsverordnung des Landes ersetzt werden können, wenn ein Vertrag auf Landesebene nicht zustande kommt. Auf Bundesebene wiederum soll eine Bundesempfehlung einen Rahmen für die Gestaltung der Landesrahmenverträge vorgeben. Für einen begrenzten Teil von Streitigkeiten über die Vereinbarungen und ihre Inhalte gibt es eine → Schiedsstelle in jedem Bundesland, die dem gerichtlichen Verfahren vorgelagert eine Streitschlichtung vornehmen soll. Die Grundpfeiler der Leistungserbringung durch freie Träger und die Finanzierung durch die Träger der Eingliederungshilfe bleiben auch in dem in der Reformdiskussion favorisierten Modell der Abbildung der Eingliederungshilfe in einer Fachleistung erhalten. Träger der S. sind die → Landkreise und → kreisfreien Städte als örtliche, Länder, Bezirke oder Kommunalverbände (→ Landschaftsverbände, Landeswohlfahrtsverbände) nach der jeweiligen Bestimmung der Bundesländer als überörtliche Träger. Grundsätzlich gilt, dass nach der Zuordnung der sachlichen → Zuständigkeit nach dem Gesetz die überörtlichen Träger im Prinzip für Leistungen in Einrichtungen, die örtlichen Träger für alle sonstigen Leistungen zuständig sind. Nach der sehr weitgehenden Öffnungsklausel, die das Gesetz für die Zuständigkeitsregelungen den Ländern ermöglicht, hat ein starker Trend in den Ländern eingesetzt, die Leistungen der S. weitgehend zu kommunalisieren, d.h. nach Möglichkeit die sachliche Zuständigkeit für alle oder zumindest die meisten Hilfen bei den Kommunen anzusiedeln. Hierbei wirkt sich auch die Änderung des GG im Jahr 2006 aus (Föderalismusreform), die die verwaltungsverfahrensrechtliche Gestaltungsfreiheit der Länder gestärkt und die Möglichkeiten des Bundes, den Gesetzesvollzug in den Ländern vorzugeben, an höhere Anforderungen gebunden hat. In der Reformdiskussion zur Eingliederungshilfe und in der Logik der UN-Behindertenkonvention wird eine starke Verminderung der stationären Leistungsangebote und Hilfegestaltungen angestrebt. Dies hat Folgen für die Organisation und Finanzierung der Hilfeangebote.

Die Kosten der S. werden fast ausschließlich aus allgemeinen Steuermitteln aufgebracht. Dabei hat der Bund insbesondere durch die Übernahme der Aufwendungen für die Grundsicherung im Alter seine Beteiligung an den Kosten zur Entlastung der Kommunen stark ausgebaut. Auch im Rahmen der Reform der Eingliederungshilfe, die sich besonders kostenintensiv entwickelt hat, erhoffen sich Länder und Kommunen weitere Entlastungen.

Ebenfalls zur S. i.w.S., auch wenn sich diese nicht nach dem SGB XII richtet, gehören Leistungsberechtigte nach dem → Asylbewerberleistungsgesetz (AsylbLG). Hierbei handelt es sich um Ausländer/innen, die sich tatsächlich im Bundesgebiet aufhalten und die eine Aufenthaltsgestattung nach dem Asylverfahrensgesetz besitzen, sich im sog. Flughafenverfahren befinden, Kriegsflüchtlinge sind, eine Duldung nach dem Ausländerrecht besitzen oder bei denen Abschiebungshindernisse bestehen, sowie Ehegatten oder minderjährige Kinder der vorgenannten Personen. Leistungsberechtigte nach dem AsylbLG erhalten im Prinzip nach den entsprechenden Vorschriften des SGB XII Leistungen der S. Mit der im Jahr 2015 erfolgten verstärkten Zuwanderung von Menschen insbesondere aus Syrien, Iran, Irak und Afghanistan steigen die Aufwendungen und der politische Druck auf das System der Unterhaltssicherung und Versorgung durch die Leistungen des Asylbewerberleistungsgesetzes. Die nach der Entscheidung des → Bundesverfassungsgerichts (BVerfG) vom 18.7.2012 zu den Leistungen des AsylbLG einsetzenden Diskussionen, dieses Sondergesetz abzuschaffen, sind aktuell wieder in den Hintergrund gerückt.

*Lit.* Berlit, U./Conradis, W./Sartorius, U.: Existenzsicherungsrecht, 2. Aufl., Baden-Baden 2013; Fahlbusch, J. I. (Hrsg.): 50 Jahre Sozialhilfe. Eine Festschrift, Berlin 2012; Fichtner, O./Wenzel, G.: Kommentar zum SGB XII – Sozialhilfe: Asylbewerberleistungsgesetz, 4. Aufl., München 2009; Grube, C./Wahrendorf, V.: SGB XII – Sozialhilfe. Kommentar, 3. Aufl., München 2010; Hauck, K./Luthe, E.-W./Noftz, W.: Sozialgesetzbuch. SGB XII. Sozialhilfe. Kommentar, Loseblattausgabe, Berlin (Stand: 2015); Münder, J. (Hrsg.): Sozialgesetzbuch II Grundsicherung für Arbeitsuchende. Lehr- und Praxiskommentar (LPK-SGB II), 5. Aufl., Baden-Baden 2013; Rothkegel, R.: Die Strukturprinzipien des Sozialhilferechts, Baden-Baden 2000.

*Jonathan I. Fahlbusch*

**Sozialhilfebescheid** → Leistungsbescheid

**Sozialhilfe für Deutsche im Ausland** Der Grundsatz in § 24 Abs. 1 S. 1 SGB XII, wonach Deutsche, die ihren gewöhnlichen → Aufenthalt im Ausland haben, keine Leistungen der → Sozialhilfe erhalten, folgt dem Territorialprinzip: Fürsorgeleistungen werden nur an Personen im eigenen Hoheitsgebiet erbracht. Abweichungen hiervon lässt die seit 1993 mehrfach restriktiver gefasste Bestimmung über die S. nur im Einzelfall zu. Voraussetzung für die Leistung ist dabei, dass die S. wegen einer außergewöhnlichen Notlage unabweisbar ist und zugleich nachgewiesen wird, dass eine Rückkehr bzw. Einreise nach Deutschland aufgrund (1) Pflege und Erziehung eines Kindes, das aus rechtlichen Gründen im Ausland bleiben muss, (2) längerfristiger stationärer Betreuung in einer → Einrichtung oder Schwere der → Pflegebedürftigkeit oder (3) hoheitlicher Gewalt ausscheidet. Aber auch dann werden von Deutschland aus – dem → Nachrang der Sozialhilfe entsprechend – keine Leistungen erbracht, soweit sie von dem hierzu verpflichteten Aufenthaltsland oder von anderen erbracht werden oder zu erwarten sind. Vorrangig gegenüber der S. ist insbesondere auch die nach § 5 Konsulargesetz an Deutsche im Ausland geleistete Hilfe. Die innerhalb eines Zeitraums von bis zu zwei Monaten vorrangige Hilfe nach dem Konsulargesetz kann insbesondere eine Heimführung, Krankenhilfe, → Rechtsschutz, eine Bestattung sowie die Kosten zur Behebung von ähnlichen Notlagen umfassen. Wenn es zur S. kommt, richten sich Art und Maß der aus Deutschland erbrachten Leistung sowie der → Einsatz des Einkommens und des Vermögens nach den besonderen Verhältnissen im Aufenthaltsland. Für Deutsche, die vor dem 1.1.2004 Sozialhilfe im Ausland bezogen haben, gelten die Übergangsregelungen des § 132 SGB XII.

Die Leistungen sind antragsabhängig. Anträge können insbesondere auch bei den deutschen Dienststellen, mit denen die → Träger der Sozialhilfe kooperieren müssen, aufgenommen werden. Für die S. ist der überörtliche Träger der Sozialhilfe zuständig, in dessen Bereich die antragstellende Person geboren ist. Liegt der Geburtsort im Ausland oder ist er nicht zu ermitteln, wird der örtlich zuständige Träger von einer → Schiedsstelle bestimmt. Leben Ehegatten oder Lebenspartner, Verwandte und Verschwägerte bei → Einsetzen der Sozialhilfe zusammen, richtet sich die örtliche Zuständigkeit nach der ältesten Person von ihnen, die im Inland geboren ist. Ist keine dieser Personen im Inland geboren, ist ein gemeinsamer örtlich zuständiger Träger zu bestimmen.

*Gottfried Eichhoff*

**Sozialhilfe in der Europäischen Union**
Das Recht der → Europäischen Union (EU) ist im Vertrag von Lissabon und der → Charta der Grundrechte (GRC) niedergelegt und umrissen. Durch die nach Art. 6 des Vertrags über die EU (EUV) für die Mitgliedstaaten verpflichtende Charta werden die → Sozialhilfe und andere Institutionen des Rechts der Existenzsicherung gewährleistet. Ferner sichert das europäische koordinierende Sozialrecht, dass unter Bürger/innen der EU und des Europäischen Wirtschaftraums (EWR) eine → Diskriminierung aufgrund der → Staatsangehörigkeit nicht statthaft ist. In Art. 34 Abs. 3 GRC erkennt die EU zur Bekämpfung → sozialer Ausgrenzung und → Armut ferner ein Recht auf soziale Unterstützung und Wohnung an. Es soll allen Bewohner/innen, die nicht über ausreichende Mittel verfügen, ein menschenwürdiges Dasein sichern. Jede Person hat ein Recht auf Gesundheitsvorsorge und -leistungen sowie Dienstleistungen von allgemeinem wirtschaftlichem Interesse (Art. 35 f. GRC). Das auf Art. 48 des Vertrags über die Arbeitsweise der EU (AEUV) gestützte und in der VO (EG) Nr. 883/2004 niedergelegte europäische koordinierende Sozialrecht verknüpft die → soziale Sicherheit der Mitgliedstaaten (→ Soziale Sicherheit in der Europäischen Union). Die S. ist davon zwar ausdrücklich ausgenommen (Art. 3 Abs. 5 VO [EG] 883/2004). Dennoch sind auch die deutsche S. und sonstige Institutionen des Rechts der Existenzsicherung den Einflüssen des EU-Rechts ausgesetzt. Art. 7 Abs. 2 VO (EU) 492/2011 untersagt den Mitgliedstaaten, Wanderarbeitnehmer/innen bei »sozialen Vergünstigungen« wegen ihrer Staatsangehörigkeit zu diskriminieren. Es fallen darunter Leistungen an behinderte Menschen, Fahrpreisermäßigungen für Einkommensschwache, zinslose Geburtsdarlehen, Mindesteinkommen im Alter, an die Eltern des/der Wanderarbeitnehmer/in, S. an Studierende, Ausbildungsförderung für Kinder, das Bestattungsgeld oder die Zahlung des Mindesteinkommens an Bedürftige sowie Zuwendungen des Staates für den Aufbau einer → privaten Altersvorsorge. Auch S. und → Grundsicherungen sind »soziale Vergünstigungen«.

Wegen der Autonomie von EU-Recht gegenüber dem → Sozialrecht der Mitgliedstaaten sind die Leistungen der Existenzsicherung ferner darauf zu prüfen, ob sie als soziale Sicherheit zu qualifizieren sind. Denn »beitragsunabhängige Geldleistungen« (Art. 3 Abs. 3, 70 VO [EG] 883/2004) sind in das koordinierende Recht einbezogen und haben darin einen Sonderstatus, weil sie nicht zu exportieren sind. Sie werden aus Steuern finanziert, decken einen an den Bedingungen der Mitgliedstaaten ausgerichteten Mindestbedarf und werden nur bei fehlender anderweitiger Sicherung erbracht. Aus den Anhängen zur VO (EG) 883/2004 folgt, dass Leistungen des Rechts der Existenzsicherung erfasst sind. Die → Grundsicherung im Alter und bei Erwerbsminderung (§§ 41 ff. SGB XII) und für die → Grundsicherung für Arbeitsuchende (SGB II) sind beitragsunabhängige Geldleistungen. Sie unterliegen dem Diskriminierungsverbot (Art. 4 VO (EG) 883/2004). Dies hat zur Folge, dass Grundsicherung an zuwandernde EU-Bürger/innen nicht gewährt werden muss, wenn ihr gewöhnlicher → Aufenthalt nicht durch ein Aufenthaltsrecht begründet ist.

Mit Erweiterung der → Personenfreizügigkeit auf die Nichterwerbstätigen durch die Richtlinie 2004/38/EG gilt die besagte Freiheit für alle EU/EWR-Bürger/innen – allerdings mit der Einschränkung, dass bei Einreise ein tatsächlicher Krankenversicherungsschutz bestehen muss und keine Bedürftigkeit vorliegen darf.

*Eberhard Eichenhofer*

**Sozialhilfestatistik** → Statistik der sozialen Mindestsicherungssysteme

**Sozialhilfe, Strukturprinzipien der** → Strukturprinzipien der Sozialhilfe

**Sozialhilfeträger** → Träger der Sozialhilfe

**Sozialindikatoren** sind statistische Messgrößen, die Aussagen über objektive Lebensbedingungen und subjektive Lebensqualität machen, um damit die langfristige Wohlfahrtsentwicklung und den Wandel der → Sozialstruktur einer Gesellschaft sichtbar zu machen. Da in der → Sozialen Arbeit, → Sozialplanung und in der Sozialforschung theoretisch relevante Tatsachen – z.B. → soziale Ausgrenzung – i.d.R. nicht unmittelbar beobachtbar sind, müssen Indikatorentatsachen identifiziert werden, die einen Rückschluss auf die eigentlich relevante Tatsache zulassen, jedoch nicht unmittelbar mit ihr identisch sind. Mehrdimensionale Indikatoren für soziale Ausgrenzung können bspw. Langzeitarbeitslosigkeit (→ Arbeitslosigkeit), politische Entfremdung oder die Selbsteinschätzung von Teilhabechancen sein. Bei der Auswahl angemessener S., der Datenerhebung und → Datenanalyse sowie der Interpretation sind die Instrumente und methodischen Rahmenbedingungen der → empirischen Sozialforschung zu beachten. Die S.bewegung stellt die Wohlfahrt der Individuen in den Mittelpunkt. Es sollen also weniger Strukturmerkmale gemessen werden (z.B. Zahl der Gesundheits- und Sozialeinrichtungen einer Region), als vielmehr Lebensqualität und -bedingungen der Bevölkerung empirisch sichtbar gemacht werden.

Ihren Ursprung hat die S.bewegung in den 1960er-Jahren in den USA, die mit Verzögerung im Laufe der 1970er-Jahre auch Europa und Deutschland erreichte. Seitdem wurden bis dato fragmentierte Indikatorensätze zu verschiedenen Lebensbereichen zunehmend in ein abgestimmtes S.system integriert bzw. Indikatorensätze weiter- und neu entwickelt. Zentren der S.forschung waren seinerzeit die Universitäten Frankfurt am Main und Mannheim und auch heute ist das GESIS – Leibniz-Institut für Sozialwissenschaften an Standorten in Mannheim, Köln und Berlin mit dem Zentrum für Sozialindikatorenforschung (ZSi) eine zentrale Anlaufstelle für die S.forschung. Das ZSi bietet Infrastruktur- und Serviceleistungen sowie inhaltliche und methodische Forschung im Bereich der S.forschung an. Aktuelle Forschungsergebnisse werden im zweimal jährlich erscheinenden Informationsdienst Soziale Indikatoren (ISI) publiziert. Das ZSi betreut seit ca. 30 Jahren das System sozialer Indikatoren für Deutschland mit knapp 400 Indikatoren in folgenden Lebens- und Politikbereichen: Bevölkerung, Sozioökonomische Gliederung und Schichteinstufung, → Arbeitsmarkt und Beschäftigungsbedingungen, Einkommen und seine Verteilung (→ Einkommensverteilung), Einkommensverwendung und Versorgung, Verkehr, Wohnung, → Gesundheit, → Bildung, → Partizipation, Umwelt, Öffentliche Sicherheit und Kriminalität, Freizeit, globale Wohlfahrtsmaße. Diese Lebensbereiche werden wiederum in Zielbereiche und letztlich zu einzelnen Indikatoren ausdifferenziert. So ist bspw. die »Wohnfläche pro Person« einer von mehreren Indikatoren im Zielbereich »Versorgung mit Wohnraum« im Lebensbereich »Wohnung«.

Neben Forschungseinrichtungen sind auch andere nationale und supranationale Akteure in der Konzipierung von S.systemen aktiv. National sind dies etwa Behörden, Verwaltungen und die → Kommunale Gemeinschaftsstelle für Verwaltungsmanagement (KGSt), aber auch »Think Tanks«, → Stiftungen und Verbände. Wichtige supranationale Akteure, die S.systeme entwickeln und Daten bereitstellen, sind die → Europäische Union, die → Vereinten Nationen (UN) und die → Organisation für wirtschaftliche Zusammenarbeit und Entwicklung (OECD).

In den thematischen Dimensionen überschneiden sich die zur Anwendung kommenden S.systeme verschiedener Akteure häufig, sie ergänzen sich und/oder setzen durchaus auch unterschiedliche Akzente. Beispiele prominenter Veröffentlichungen sind der regelmäßig gemeinsam vom Statistischen Bundesamt und dem Wissenschaftszentrum Berlin für Sozialforschung publizierte »Datenreport« sowie »Armuts- und Reichtumsberichte«

(→ Armuts- und Reichtumsberichterstattung) und »Sozialberichte« (→ Sozialberichterstattung) von Bund, Ländern, Kommunen und auch von Wohlfahrtsverbänden (→ freie Wohlfahrtspflege). Je nach räumlicher Ebene der Berichterstattung variiert die Datenverfügbarkeit. Für die Bundes- und Landesebene herrscht in Deutschland durch die Strukturen der amtlichen Statistik und bestehende sozialwissenschaftliche Datensätze eine vergleichsweise umfangreiche Datenlage. Auf einer kleinräumigeren Ebene von bspw. → Landkreisen und → Gemeinden wird die Datenlage oftmals jedoch komplizierter, sodass – je nach Erkenntnisinteresse – eine Primärerhebung notwendig sein kann, also die Erhebung anderweitig nicht verfügbarer Daten, etwa durch Bevölkerungsbefragungen.

In der politischen Diskussion sind S. aktuell: So wurde auf Antrag mehrerer Bundestagsfraktionen Ende 2010 eine Enquete-Kommission eingerichtet, deren Ziel u.a. die Entwicklung eines ganzheitlichen Wohlstands- und Fortschrittsindikatorensystems war. Mit dem Endbericht 2013 wurde das mehrere Dimensionen umfassende Indikatorensystem »W3-Wohlstandsindikatoren« präsentiert, das neben materiellem Wohlstand, der häufig in Gestalt des Bruttoinlandsprodukts dargestellt wird, auch ökologische und soziale Indikatoren wie Bildung und Gesundheit einbezieht.

Die Entwicklung und Anwendung von S. ist kein Selbstzweck. S. liefern Aussagen zur mehrdimensionalen Entwicklung der Lebensqualität und Wohlfahrt der Bevölkerung und ermöglichen die Beobachtung des sozialen Wandels. Ihren praktischen Nutzen entfalten S. somit, indem sie die empirischen Grundlagen für Sozialberichterstattung, → Sozialmonitoring und Sozialplanung liefern. S. tragen somit zur → Evaluation (sozial-)politischer Programme bei und stellen in einer prognostischen Funktion auch Planungs- und Entscheidungsgrundlagen für politische Interventionen zur Verfügung. S. haben somit auch eine Funktion für Prozesse der Steuerung und des → Controllings. Für Verbände der freien Wohlfahrtspflege ist der Rückgriff auf S. wichtig, um die eigene anwaltschaftliche Funktion für die hilfebedürftigen Menschen und Bevölkerungsgruppen ausfüllen zu können und auf empirischer Grundlage auf mögliche gesellschaftliche Fehlentwicklungen hinweisen zu können.

*Informationen*: www.gesis.org/soziale-indikatoren/home

*Lit.* Böhnke, P.: Nothing left to lose? Poverty and Social Exclusion in Comparison. Empirical Evidence on Germany. WZB discussion paper, FS III 01-402, Berlin 2001; Noll, H.-H.: German System of Social Indicators, in: Michalos, A. C. (Hrsg.): Encyclopedia of Quality of Life and Well-Being Research, Heidelberg 2014, S. 2541–2544; Werner, R.: Soziale Indikatoren und politische Planung, Reinbek 1975.

*Thomas Rinklake*

**Sozialinformatik** befasst sich mit der elektronischen Verarbeitung von Informationen in der → Sozialen Arbeit und → Sozialwirtschaft. Schwerpunkte sind die fachliche und technische Konzeption entsprechender Software-Systeme, ihre Einführung und Anwendung sowie die Erforschung von Effekten, die sich aus ihrer Nutzung ergeben. Nach Wendt nimmt die S. »fachliche Verantwortung für den Produktionsfaktor Information im System sozialer Dienstleistungen und ihrem Umfeld wahr.« Etwa seit der Jahrtausendwende begann sich die S. als Begriff und Disziplin zu etablieren. Ihr Charakter ist interdisziplinär, ihre primären Bezugspunkte sind Soziale Arbeit und → Sozialmanagement; die Angewandte Informatik liefert analytische und technische Werkzeuge. Anknüpfungspunkte gibt es zu anderen Fachinformatiken wie Wirtschafts-, Pflege- oder Verwaltungsinformatik.

Anwendungsbezüge der S. finden sich dort, wo sich soziale → Organisationen der Informationstechnologie (IT) bedienen. Dazu zählen etwa die Anwendung von fachspezifischer Software in der Handlungspraxis Sozialer Arbeit oder im Management, der Einsatz elektronischer Kommunikations- und Informationsplattformen für Mitarbeiter/innen, Ehrenamtliche und → Adressat/innen oder die Interaktion mit Adressat/innen via → Onlineberatung oder telematischer Systeme. Übergänge gibt es zur → Medienpädagogik, die jedoch ein eigenständiges disziplinäres Feld darstellt. Im Kontext eines lebensweltlich ausgerichteten Reflexionshorizontes Sozialer Arbeit thematisiert die S. vom Anspruch her auch die Folgeerscheinungen der Digitalisierung sowie die → Teilhabe benachteiligter Menschen an der Informationsgesellschaft.

Aus Sicht der Fachpraxis ist es Aufgabe der S., geeignete IT-Lösungen für Tätigkeiten wie Klientenverwaltung, Leistungsmanagement, Hilfeplanung, Dokumentation, → Evaluation oder Onlineberatung zu entwickeln, zu implementieren und zu optimieren. Da hier oft fachliche Kernprozesse Sozialer Arbeit tangiert sind, ist eine Verzahnung mit deren Theorie- und Methodenentwicklung unerlässlich. Aus sozialwirtschaftlicher Perspektive ist es Aufgabe von S., geeignete IT-Strategien und Methoden des IT-Managements zu entwickeln. Dazu gehören betriebswirtschaftliche Fragen wie → Kosten-Nutzen-Analysen, die organisatorische Verankerung der IT-Verantwortung und der IT-Services, das IT-Outsourcing oder technische Grundsatzfragen wie Netzwerk-Architekturen und der Einsatz von cloudbasierten und mobilen Systemen.

In die Ausbildung wie auch der → Fort- und Weiterbildung hat die S. bislang erst teilweise Eingang gefunden (→ Ausbildung in sozialen Berufen, → Studium der Sozialen Arbeit). In einigen Bachelor-Studiengängen ist sie als Pflicht- oder Wahlfach verankert, in manchen Sozialmanagement-Masterstudiengängen ist sie als (Teil-)Modul vertreten. Es existieren ein weiterbildender Masterstudiengang und ein Bachelor-Studiengang Sozialinformatik. Schwerpunkte in der Forschung sind empirische Studien über die Formen der IT-Nutzung in der Branche und zum Wertbeitrag der IT. Forschungen etwa zur Wirkung von IT-Lösungen auf die fachliche Qualität Sozialer Arbeit oder zur Entwicklung hybrider Dienstleistungen sind noch selten.

*Helmut Kreidenweis*

**Sozialisation** Der Begriff »S.« (engl. »socialisation«) bezeichnet den Prozess, durch den der Mensch eine sozusagen »zweite« soziokulturelle Geburt erlebt und zur gesellschaftlich handlungsfähigen → Persönlichkeit wird. Der Begriff erfasst sowohl die Anpassung des IR ndividuums an die gesellschaftlichen → Rollen- und → Verhaltensanforderungen (die affirmative Funktion) als auch die Entwicklung des Menschen zur autonomen, gefestigten Persönlichkeit (die emanzipative Funktion). Seit etwa 1980 hat sich der Begriff »S.« interdisziplinär v.a. in der Soziologie, Psychologie und Pädagogik, zunehmend aber auch in der Theologie, Humanbiologie, Psychiatrie und Sozialmedizin durchgesetzt.

S. bezeichnet den Prozess in dessen Verlauf sich der mit einer biologischen Ausstattung und der körperlichen und psychischen Konstitution (»innere Realität«) versehene menschliche Organismus zu einer sozial handlungsfähigen Persönlichkeit bildet, die sich über den Lebenslauf hinweg in Auseinandersetzung mit den Lebensbedingungen – der sozialen und materiellen Umwelt (»äußere Realität«) – weiterentwickelt (Hurrelmann/Bauer, 18).

Die → empirische Sozialisationsforschung zeigt sehr deutlich, dass Menschen in allen Lebensabschnitten nicht nur durch soziale, kulturelle, ökonomische und physikalische Umweltfaktoren geprägt werden, sondern dass sie sich auf eine jeweils individuelle Weise produktiv mit dieser sozialen und räumlichen Umwelt auseinandersetzen und soweit wie möglich durch eigenes, aktives Handeln auf sie einwirken. Das Gleiche gilt für ihre ständige innere Auseinandersetzung mit ihrem Körper und den Grundstrukturen ihrer Persönlichkeit, etwa dem Temperament. Der Begriff »produktiv« soll keine objektive Wertung menschlichen Handelns aussprechen, sondern auf die ihrer Natur nach aktiven individuellen Impulse für die Gestaltung der Lebenspraxis verweisen, die jeder Mensch auf seine Weise gibt. Wie aktiv diese Gestaltung ist, hängt sehr stark auch von genetischen Faktoren (Anlage und Umwelt), der körperlichen Konstitution und dem psychischen Temperament ab.

Es gibt v.a. neurobiologische, psychologische und soziologische Theorien, die sich dem Prozess der S. widmen. Die soziologischen Theorien konzentrieren sich darauf, den Einfluss von sozialen Lebensbedingungen auf die Persönlichkeitsentwicklung zu untersuchen. Die psychologischen Theorien stellen die Art und Weise der Verarbeitung von Lebensbedingungen durch den einzelnen Menschen und die psychischen Regelmäßigkeiten der Persönlichkeitsentwicklung in den Vordergrund. Die neurobiologischen Theorien konzentrieren sich auf die Interaktion der genetischen Anlagen mit Umweltanreizen. Alle diese Ansätze ergänzen sich und müssen zur vollständigen Erklärung miteinander in Beziehung gesetzt werden.

Bekannte psychologische Theorien sind die Lerntheorie von A. Bandura, die psychoanalytische Theorie von S. Freud und E. H. Erikson, die Entwicklungstheorie von J. Piaget und die ökologische Theorie von U. Bronfenbrenner. Bekannte soziologische Theorien der S. sind die Systemtheorie von T. Parsons und N. Luhmann, die Handlungs- und Kommunikationstheorie von G. H. Mead und die Gesellschaftstheorie von J. Habermas. Bei den neurobiologischen Theorien kann der Ansatz von Plomin (1986) hervorgehoben werden.

S. ist ein lebenslanger Prozess. Die Entwicklungsschritte in jeder einzelnen Lebensphase bilden die Voraussetzung für die darauf folgende. Entsprechend sind die frühen S.phasen von großer Ausgangsbedeutung. In ihnen werden die Grundstrukturen der Persönlichkeit in den Bereichen »Sprache« (→ Sprachentwicklung), → »Denken« und »Empfinden« (→ Emotionen) herausgebildet und die fundamentalen Muster für soziales Verhalten (→ Sozialverhalten) entwickelt.

Das Erlernen von sozialen Regeln und Umgangsformen, aber auch die kognitive Entwicklung (→ Kognitionen), das Erlernen der Sprache und von Vertrauen in der frühen → Kindheit, das überwiegend in Familien stattfindet, kann aus diesem

Grund auch als primäre S. bezeichnet werden. Die darauf aufbauende Weiterentwicklung und Variation von Verhaltensmustern kann als sekundäre S. bezeichnet werden. Sie setzt etwa nach Vollendung des dritten Lebensjahres ein, doch sind die Grenzen zwischen diesen beiden Phasen fließend. Während der sekundären S. lernt das Individuum, welche Verhaltensweisen in einer bestimmten Situation erwartet werden. Außerdem werden Formen des sozialen Umganges, soziale Regeln sowie Denkweisen und → Einstellungen vermittelt, wie sie in der → Gesellschaft vorherrschen und in Brauch, Sitte und Recht ihren Niederschlag finden.

In allen Gesellschaften gibt es feste Definitionen dafür, wie sich ein Mensch als kleines Kind, Jugendlicher, Erwachsener oder alter Mensch angemessen zu verhalten hat (»Entwicklungsaufgaben«). Im Bewusstsein breiter Bevölkerungsschichten existiert die Vorstellung von einer »Normalbiografie«, die ein Mensch zu durchlaufen habe. Die unbeschwerte Kindheitsphase endet mit dem Eintritt in die Schule; die schulische Ausbildungsphase führt zur Vorbereitung auf den Berufseintritt (→ Berufsberatung) und bereitet auch auf ein späteres eigenes Familienleben vor. Nach Abschluss der schulischen und beruflichen Ausbildung wird der Eintritt in eine verantwortliche Berufstätigkeit erwartet, meist parallel dazu auch die Gründung einer Familie mit Kindern; nach einer kontinuierlichen beruflichen Tätigkeit wird, v.a. bei Männern, ein Höhepunkt der Berufslaufbahn um das 50. Lebensjahr herum erwartet. Durch die Pensionierung wird der Austritt aus dem aktiven Berufsleben definiert; die anschließende Altersphase soll weitgehend von gesellschaftlichen Verpflichtungen freigestellt sein. In heutigen offenen Gesellschaften sind diese festen Rhythmen weitgehend außer Kraft gesetzt worden, entsprechend verlagert sich die Verantwortung für das »Management« des eigenen Lebenslaufes stark auf das Individuum.

*Lit.* Hurrelmann, K./Bauer, U.: Einführung in die Sozialisationstheorie, 11. Aufl., Weinheim 2015; Hurrelmann, K./Bauer, U./Grundmann, M./Walper, S.: Handbuch Sozialisation Forschung, 8. Aufl., Weinheim 2015; Thielemann, K. J.: Sozialisationstheorien, 4. Aufl., Reinbek 2010.

*Klaus Hurrelmann*

**Soziallehren** sind Aussagen der christlichen Kirchen zu Fragen der Ordnung der → Gesellschaft. Im Sinne »christlicher Weltverantwortung« wollen die Kirchen damit ihre Beitrag zur Zukunftsgestaltung leisten. Im Gegensatz zur Auffassung einer wertfreien Sozialwissenschaft erheben S. einen normativen Anspruch. S. richten sich an eine allen Menschen gemeinsame Vernunft, ihre Adressaten sind nicht nur Gläubige, sondern »alle Menschen guten Willens« (Papst Johannes XXIII.). Die traditionellen S. argumentieren mit philosophisch-naturrechtlichen Begründungen ihrer Prinzipien. Von einem durch die Vernunft erkannten »Wesen« des Menschen deduktiv konkrete ethische Prinzipien abzuleiten, wird heute als wenig anschlussfähig an empirische und auch sozialphilosophische Diskurse gesehen. Letztere argumentieren »nachmetaphysisch«, empirisch und diskursorientiert. In aktuellen Beiträgen wird dementsprechend die Diskursethik als das neue Paradigma auch der S. verstanden. In der Geschichte der S. haben sich zwischen den Konfessionen unterschiedliche Akzente herauskristallisiert. So will evangelische Sozialethik i.S. der »Freiheit eines Christenmenschen« das → Individuum in die Verantwortung für sich und seine Welt rufen. Die katholische S. will ihre in ihrer über 100-jährigen Geschichte entwickelten Prinzipien (Personalität, → Subsidiarität und → Solidarität) auf Fragestellungen der Zeit anwenden. Den Ausgangspunkt der S. bilden stets aktuelle → soziale Probleme: So widmet sich die erste päpstliche Sozialenzyklika »Rerum Novarum« (1891) der Arbeiterfrage des Frühkapitalismus, die vorerst letzte von Papst Franziskus »Laudato si« (2015) beschäftigt sich u.a. mit Umweltethik, Verteilungsgerechtigkeit (→ soziale Gerechtigkeit), Urbanisierung und → Stadtentwicklung. Neuerdings werden die konfessionellen Unterschiede zwischen katholischer S. und evangelischer Sozialethik für eher gering erachtet.

Die S. haben direkte und indirekte Auswirkungen auf die → Soziale Arbeit. Direkt fließen sie in Prozesse der → Leitbildentwicklung der großen christlichen Wohlfahrtsverbände (→ Deutscher Caritasverband und → Diakonie Deutschland – Evangelischer Bundesverband) ein, gestalten deren Auftreten in der Öffentlichkeit sowie deren Profile (z.B. Kampagnen und Berichte zu → Armut). Indirekt werden S. diskutiert, wenn es um die Wertfragen und Gestaltungsprinzipien des modernen → Sozialstaats geht. So spielt das Solidaritätsprinzip eine große Rolle bei der Gesundheitsreform, das Subsidiaritätsprinzip ist richtungweisend für die Konstruktion der Verteilung von Kompetenzen in einem vereinten Europa (→ Europäische Union), das Personalitätsprinzip wiederum ist die Grundlage für die Diskussion um → Menschenrechte.

Neue Herausforderungen entstehen den S. aus zwei Richtungen: Die Postmoderne akzentuiert das Subjekt als letzten Träger der Wahrheit, → Interkulturelles Lernen geht mit dem Bewusstsein der kulturellen Bedingtheit von Aussagen über gelingendes Menschsein und der rechten Ordnung des gesellschaftlichen Miteinanders einher.

*Wolfgang Klug*

**Sozialleistungen** sind → Geldleistungen und → Sachleistungen, die zur Deckung bestimmter sozialer Risiken, zur Deckung bestimmter → Bedarfe oder zur Erfüllung bestimmter sozialpolitischer Aufgaben (→ Sozialpolitik) erbracht werden. Zu den Sozialleistungen gehören Leistungen der → Ausbildungsförderung, → Wohngeld, Leistungen der → Arbeitsförderung, Leistungen der → Grundsicherung für Arbeitsuchende, Leistungen der → Sozialhilfe, Leistungen beim gleitenden Übergang älterer Arbeitnehmer in den Ruhestand, Leistungen der gesetzlichen → Rentenversicherung und der → Alterssicherung der Landwirt/innen, Leistungen der gesetzlichen → Krankenversicherung und der sozialen → Pflegeversicherung, Leistungen bei → Schwangerschaftsabbrüchen, Leistungen der gesetzlichen → Unfallversicherung, Versorgungsleistungen bei Gesundheitsschäden, → Kindergeld, → Kinderzuschlag, → Elterngeld, → Betreuungsgeld, → Leistungen für Bildung und Teilhabe, Leistungen der → Kinder- und Jugendhilfe, Leistungen der → Rehabilitation und Teilhabe behinderter Menschen (vgl. §§ 18–29 SGB I). Die Bundesregierung veröffentlicht regelmäßig das → Sozialbudget, in dem die innerhalb eines bestimmten Zeitraums erbrachten Sozialleistungen und ihre Finanzierung ausgewiesen werden. Den größten Anteil an den erbrachten Sozialleistungen machen regelmäßig Leistungen der → Sozialversicherung aus. Ein sozialpolitisches Instrument zur Ausgabenbegrenzung ist die → Deckelung von Sozialleistungen.

*Constanze Rogge*

**Sozialleistungsbescheid** → Bewilligungsbescheid, → Leistungsbescheid

**Sozialleistungsmissbrauch** begehen Antragsteller/innen und Leistungsbezieher/innen, wenn sie zumindest grob fahrlässig oder vorsätzlich dem → Sozialleistungsträger gegenüber entweder unrichtige Angaben machen oder für die Hilfegewährung wesentliche Daten und Fakten nicht offenlegen (→ Mitwirkungspflichten), um sich hierdurch zulasten der öffentlichen Hand einen ungerechtfertigten finanziellen Vorteil zu sichern. Weit verbreitet ist hier das Verschweigen von Vermögenswerten (wie Kapitalanlagen, → Vermögen) oder eines → Einkommens, aber auch das Unterlassen richtiger Angaben über die persönlichen Verhältnisse (z.B. über eine eheähnliche Partnerschaft oder den Auszug von Kindern aus der Familienwohnung). Ein derartiges Verhalten erfüllt auch den Straftatbestand des Betrugs (§ 263 Abs. 1 Strafgesetzbuch [StGB]): Wenn Antragsteller/innen → öffentliche Träger über die wahren persönlichen und wirtschaftlichen Verhältnisse wissentlich und willentlich täuschen, um bei der Sachbearbeitung eine gesetzwidrige Bewilligung von Leistungen, d.h. eine zu einem Vermögensschaden führende Vermögensdisposition der öffentlichen Hand, zu bewirken. Von S. wird ebenfalls gesprochen, wenn sich Ausländer/innen in das Bundesgebiet begeben, um hier Sozialleistungen in Anspruch zu nehmen, obwohl ihnen die Rechtswidrigkeit dieses Verhaltens bekannt ist. Als S. wird schließlich auch die von Sozialleistungsträgern zu verantwortende, vom Gesetz her nicht gedeckte Verwehrung von Hilfen oder Verwendung öffentlicher Mittel (nach Unterschlagung) bezeichnet.

*Manfred Hammel*

**Sozialleistungsträger** Mit dem Begriff des S. werden die für die → Sozialleistungen zuständigen Körperschaften, Anstalten und Behörden (Leistungsträger) bezeichnet (§ 12 SGB I). Welcher Leistungsträger für die jeweilige Sozialleistung sachlich und örtlich zuständig ist, ergibt sich aus einer Vielzahl weiterer Vorschriften des SGB I (§§ 18–29) und der weiteren Sozialleistungsgesetze. Vielfach bestimmt sich die sachliche und örtliche → Zuständigkeit aber auch nach Landesrecht.

Zum Verständnis des Begriffes S. ist ferner das Element der Aufgabe heranzuziehen. Dem Begriff S. wohnt die Pflicht des Trägers der Leistungen inne, über Art, Maß und Umfang der Leistungen entsprechend der gesetzlichen Vorgaben im Einzelnen zu entscheiden und die Aufwendungen hierfür zu übernehmen. Der S. ist mithin für die Erbringung der Leistung verantwortlich. Zusammenfassend sind S. mithin Träger der öffentlichen Verwaltung, denen der Bundesgesetzgeber Zuständigkeiten im Bereich der Bearbeitung und Erbringung von Sozialleistungen zuweist.

S. sind unterschiedlich verfasst. Im Bereich der → Sozialversicherung sind sie Körperschaften des öffentlichen Rechts mit → Selbstverwaltung (§ 29 Abs. 1 SGB I). In der → Fürsorge sind die S. Gebietskörperschaften, zum einen → Landkreise, aber auch Kommunalverbände und → kreisangehörige Städte und → Gemeinden sowie die Bundesländer. Schließlich sind S. Behörden, die aufgrund bundes- oder landesgesetzlicher Errichtung

Leistungen erbringen, wie z.B. die Künstlersozialkasse oder die Versorgungsverwaltung oder Wohngeldbehörden.

*Jonathan I. Fahlbusch*

**Sozialmanagement** Der Begriff S. ist im deutschsprachigen Raum seit mehr als dreißig Jahren gebräuchlich. Während anfänglich in diesem Kontext noch die fachlich-technischen Aspekte → Sozialer Arbeit sowie Fragen der Gestaltung des Sozialwesens gleichbedeutend mit Ansätzen zur Leistungsverbesserung sozialer → Organisationen erörtert wurden, ist bei der Begriffsverwendung mittlerweile eine inhaltliche Konzentration auf die betriebswirtschaftliche Steuerung von und das Führen und Leiten in Institutionen der → Sozialwirtschaft und bei → öffentlichen Trägern zu konstatieren. Die Hinwendung zu betrieblichen Problemen und Führungsaufgaben sowie die mittlerweile durchgehende Akzeptanz des S. als eine an → Effizienz und → Effektivität ausgerichtete Funktion ist insbesondere zu erklären durch die veränderten Rahmenbedingungen, welche sich für die Institutionen des Sozialwesens durch implementierte neue Steuerungsmodelle (→ Verwaltungsmodernisierung), intensivierten → Wettbewerb zwischen den Leistungsträgern sowie einen gestiegenen Kostendruck für → privat-gewerbliche wie öffentliche Träger ergeben haben.

In der fachlichen Diskussion der allgemeinen und besonderen Tätigkeits- und Anforderungsprofile im S. spiegelt sich die erhebliche Breite von Branchen, Leistungsformen, Trägerschaften, institutionellen Arrangements und organisationalen Ebenen in der Sozialen Arbeit wieder. Je nach Organisation und Managementebene und den damit verbundenen Aufgaben finden sich die klassischen betrieblichen Funktionen Planen, Entscheiden, Organisieren, Führen etc. ebenso wie die eigenschaftsorientierte Dimensionierung in technische, soziale und konzeptionelle → Kompetenzen. Zur Orientierung über die wesentlichen Felder des Gegenstands soll im Folgenden inhaltlich zwischen (1) funktionalen und (2) institutionellen Faktoren des S. differenziert werden.

(1) Aufgrund der Personenabhängigkeit und Personenbezogenheit der Leistungserbringung in der Sozialen Arbeit ist (a) das Führen und Leiten nach wie vor ein prominentes Aufgabengebiet des S. Zum Tragen kommen hierbei verhaltenswissenschaftliche bzw. psychologische ebenso wie verwaltungswissenschaftliche Grundlagen, so z.B. im Teammanagement (→ Teamarbeit), aber auch bei der → Motivation von Mitarbeiter/innen, im Management von → Konflikten oder in der systemischen → Organisationsentwicklung. Von Bedeutung sind in diesem Zusammenhang auch konzeptionelle Strategien des Führens und Leitens im Sinne von Management-by-Ansätzen. Als Paradigma in der Sozialen Arbeit gilt die stark an → Partizipation orientierte Ausrichtung von Führungskräften, mithin das Streben nach möglichst intensiver Beteiligung von Mitarbeiter/innen bei Entscheidungen über wesentliche Faktoren der betrieblichen Praxis. Mit zunehmender Isomorphie von Erwerbs- und Sozialwirtschaft konnte auch ein (b) Transfer von Methoden und Instrumentengruppen der Betriebswirtschaftslehre (je nach Arbeitsfeld mit mehr oder weniger geringfügigen Anpassungen an die Spezifika des Sozialbereichs) in das S. vorgenommen werden. Zu nennen sind bspw. Instrumente der Prozessanalyse, der → Kosten- und Leistungsrechnung und des Kostenmanagements, aber auch personalwirtschaftliche Verfahren ebenso wie Marketingkonzeptionen (→ Sozialmarketing) und Instrumente der → Planung und Kontrolle wurden mittlerweile in das S. integriert. Auch die Bedeutung von Ansätzen der strategischen Steuerung nahm in vielen sozialwirtschaftlichen Organisationen zu. Instrumente wie → Balanced Scorecard und Methoden der mittelfristigen Geschäftsfeldplanung gewannen insbesondere in größeren Institutionen der Sozialwirtschaft an Akzeptanz. Für viele Träger und Einrichtungen der Sozialen Arbeit ist zudem die Beteiligung an Betriebsvergleichen (→ Benchmarking) zur Routine geworden. Neueste Bestrebungen widmen sich der Steuerung der sozialen Organisation über → Kennziffern, entsprechende Ansätze implementieren die betriebswirtschaftliche Strategie des »Cockpit-« beziehungsweise »Data-Warehouse-Managements«. Als sehr komplexe, sensible und noch nicht in jeder sozialen Institution abschließend bewältigte Managementaufgabe hat sich die Etablierung eines systematischen und effektiven → Qualitätsmanagements erwiesen. Erheblicher Bedarf an Forschung und Praxisentwicklung ist diesbezüglich noch bei der Bestimmung von Prozessqualität und Outcome (Wirkung) zu konstatieren.

(2) Die institutionelle Verortung des S. (a) im organisatorischen Kontext von Verbänden, Trägern, Einrichtungen, aber auch von Verwaltungen und weiteren Komplementärorganisationen kann in Analogie zur Lehre des erwerbswirtschaftlichen Managements über eine Dreiteilung in eine obere Managementebene (Verantwortung für die Gesamtorganisation, meist Vorstand und Geschäftsführung, aber auch Amtsleitung), eine mittlere (Verantwortung für Arbeitsbereiche, Abteilungen etc.) sowie eine un-

tere Managementebene (Verantwortung an der Schnittstelle zur operativen Praxis, bspw. Teamleitung) vorgenommen werden. Im Hinblick auf die (b) Qualifikation der Personengruppen, die Funktionen des S. wahrnehmen, ist die zunehmende Praxis hervorzuheben, Stellen des mittleren, aber auch bereits Positionen des unteren Managements nur noch an hierfür spezifisch aus- oder fortgebildete Personen zu vergeben. Die Rollenprofile richten sich in der Praxis des S. einerseits an den → Leitbildern der jeweiligen Trägerschaft aus, orientieren sich infolge des gestiegenen Leistungs- und Wettbewerbsdrucks im Sektor der Sozialen Arbeit in wachsendem Maße aber auch an Maßgaben eines zwar fachlich und sozial kompetenten, jedoch gleichzeitig durchsetzungs- und wettbewerbsfähigen Gestalter- und Unternehmertums. (c) Institutionen der Fort- und Weiterbildung offerieren eine Vielzahl von Angeboten, die allgemeine und spezifische Kompetenzen in S. vermitteln. An Hochschulen für Soziale Arbeit/Sozialpädagogik ist das S. als Lehrgebiet ebenfalls fest etabliert, S. wird als Bestandteil von Bachelorstudiengängen vermittelt, aber auch im Rahmen spezieller S.-Masterstudiengänge (→ Studium der Sozialen Arbeit).

*Lit.* Arnold, U./Grunwald, K./Maelicke, B. (Hrsg.): Lehrbuch der Sozialwirtschaft, 4. Aufl., Baden-Baden 2014; Christa, H./ Clausnitzer, S. (Hrsg.): Verantwortung im Führen und Leiten in der Sozialen Arbeit, Leipzig 2006; Merchel, J.: Sozialmanagement, 3. Aufl., Weinheim/München 2009; Wendt, W. R./Wöhrle, A.: Sozialwirtschaft und Sozialmanagement in der Entwicklung ihrer Theorie, Augsburg 2007.

*Harald Christa*

**Sozialmarketing** ist im Zusammenhang mit der Entwicklung des Marketings im erwerbswirtschaftlichen Sektor zu sehen. S. wurde analog dazu noch in den 1970er-Jahren hauptsächlich verstanden als das Management von Programmen und Sozialkampagnen zur Veränderung gesellschaftlicher Vorstellungen oder Verhaltensweisen (z.B. die Kampagne »Keine Macht den Drogen«). Dieses reduzierte Marketingverständnis ist im Zuge sich verändernder Rahmenbedingungen im → Dritten Sektor (Ökonomisierung, geringere staatliche → Zuwendungen) zunehmend unangebracht. Seit den 1990er-Jahren wird ebenso wie im Marketing des erwerbswirtschaftlichen Sektors die herausragende Bedeutung der Beziehungsorientierung (»Relationship-Marketing«) erkannt und auf die besonderen Belange nichtkommerzieller → Organisationen übertragen. S. ist die »Analyse, Planung, Umsetzung und Kontrolle sämtlicher interner und externer Aktivitäten, die durch eine Ausrichtung am Nutzen und den Erwartungen der Anspruchsgruppen darauf abzielen, die finanziellen, mitarbeiterbezogenen und insbes. aufgabenbezogenen Ziele der Nonprofit-Organisation zu erreichen« (M. Bruhn). S. als Management-Philosophie muss sich in der praktischen Unternehmenstätigkeit wiederfinden und hat die Beschaffung benötigter Ressourcen, die Gewinnung und Bindung qualifizierter Mitarbeiterinnen und Mitarbeiter, das Finden der richtigen Abnehmer der Nonprofit-Leistungen und die Erhöhung des Images der Nonprofit-Organisation bzw. → Nichtregierungsorganisation (NRO) zum Ziel. Besonderheiten von gemeinnützigen Organisationen finden im S. ihre Berücksichtigung: die Vorrangigkeit gemeinwohlorientierter Sachziele, die Gleichzeitigkeit von Produktion und Konsumtion der Dienstleistung (Uno-actu-Prinzip), die triadische Beziehung zwischen → Leistungsberechtigten, Mitarbeiter/innen sowie öffentlichen und privaten Finanziers, persönlich erbrachte und personenbezogene Dienstleistungen; schließlich ein Steuerprivileg, aber auch nichtmarktlicher Druck durch politische Rahmenbedingungen.

S. orientiert die Prozesse an der Mission einer Organisation, also ihrer Kultur und ihrem Leitbild (→ Leitbild[-entwicklung]), was manchmal mit einer kurzfristigen Kundenzufriedenheit kollidieren kann (z.B. in der → Jugendsozialarbeit). Die vier klassischen Teilelemente des Marketing-Mix (Leistungs-, Vertriebswege-, Gegenleistungs- und Kommunikationspolitik) sind im aktuellen S. den drei Kernaufgaben Gewinnung, Bindung und Rückgewinnung jeweils gemeinter Anspruchsgruppen (z.B. Kund/in, Spender/in, Nutzer/in, Gast) untergeordnet. S. zeigt Wege auf, wie sich eine NRO konsequent marktorientiert verhalten kann, indem sie die Beziehungen zu ihren Stakeholdern (Anspruchsgruppen) und die → Kommunikation mit ihnen als entscheidenden Wettbewerbsvorteil nutzt. Die digitale Kommunikation erlaubt stärker als klassische Kanäle die Ausrichtung des S. am Dialog mit den Stakeholdern. Als eine wesentliche Teilfunktion des S. wird heute das → Fundraising besonders hervorgehoben.

*Friedrich Haunert*

**Sozialmedizin** Gegenstand der S. in Theorie und Praxis sind die Ausprägung und die sozialen Bedingungen von → Gesundheit, → Krankheit und Behinderung (→ Behinderte Menschen) sowie deren Beziehungen zu Organisation und Struktur der gesundheitlichen Versorgung des Individuums und der Bevölkerung. Dieses komplexe und dynamische Beziehungssystem wird geprägt von der ökonomischen Situation, der → sozialen Ungleichheit in der Verteilung von Gesundheitschancen und der kulturellen Vielfalt in der Gesellschaft. Moderne → Sozialpolitik einschließlich Gesundheitspolitik folgt nicht dem Gebot der Barmherzigkeit, sie versucht vielmehr auch mithilfe sozialmedizinischer Expertise die Frage nach der → sozialen Gerechtigkeit als Rechtsanspruch zu beantworten.

In der Bundesrepublik ist die S. in unterschiedlicher Weise präsent. Gemäß → Sozialgesetzbuch (SGB) sind sozialmedizinische Dienste Teil des Gesundheitssystems. Sozialmediziner/innen sind individualmedizinische Gutachter/innen und Berater/innen in den → Medizinischen Diensten der Kranken-, Renten-, Pflegeversicherung und der Arbeitsverwaltung, ebenso in Systemfragen und in der Qualitätssicherung in der Versorgung. Ihre Stellungnahmen sind wichtige Beiträge zur → Chancengerechtigkeit und Versorgungssicherheit der Bürger/innen bei der Ressourcenallokation in den solidarisch finanzierten Sozialversicherungen. Weiterhin werden sozialmedizinische Aufgaben im → Öffentlichen Gesundheitsdienst (ÖGD) und in Beratungsstellen erbracht. In der klinischen S. werden Ansprüche und Bedarfe der Patient/innen geklärt und Übergänge in andere Versorgungsbereiche (Rehabilitation, Rente, Pflege u.a.) gestaltet. In der Tradition der sozialen Medizin des 19. Jh. steht auch heute die medizinische Basisversorgung unzureichend bzw. nicht krankenversicherter Personengruppen neben gesundheitsbezogener Verhältnisprävention in Kommunen.

In den 1960er-Jahren geriet die überwiegend naturwissenschaftlich ausgerichtete Medizin in die Kritik wegen der Ausblendung psychischer und sozialer Ursachen von Morbidität und Mortalität. Als eine Reaktion wurden die Fächer psychosomatische Medizin, S. und Medizinsoziologie 1974 in die Approbationsordnung für Ärzte aufgenommen und an den medizinischen Fakultäten der Universitäten in Lehre und Forschung eingeführt. Das biopsycho-soziale Krankheitsmodell gewann an Bedeutung. Auch an den Hochschulen für Angewandte Wissenschaften wurde das Fach S. etabliert. Die Akademien für S. starteten 1984 gemäß der Weiterbildungsordnung für Ärzte den Theorieteil zur Erlangung der Zusatzbezeichnung »Sozialmedizin«. Diese zielt in erster Linie auf die Qualitätssicherung in der sozialmedizinischen Begutachtung im Rahmen der Sozialversicherung. S. in Lehre und Forschung befasst sich mit den systemischen Zusammenhängen von Medizin und Gesellschaft und ist dabei ein interdisziplinäres Brückenfach der Medizin zu den Sozialwissenschaften.

Die S. in Deutschland verweist auf zwei Entwicklungslinien: Die prekären Lebens-, Arbeits- und Gesundheitsbedingungen des Proletariats im 19. Jh. verlangten eine neue Sozialpolitik. Im Revolutionsjahr 1848 erhob in Paris J. Guerin die Forderung nach einer gesundheitlichen Versorgung für Arme und prägte dabei den Begriff »medicine sociale«. In Deutschland sind als Begründer einer sozialen Medizin der Berliner Pathologe R. Virchow (1821–1902) und der Armenarzt und Medizinalstatistiker S. Neumann (1819–1908)zu nennen. Als Reichstagsabgeordneter war Virchow ein Verfechter einer gesundheitlichen Basisversorgung durch den Staat. Der Reichskanzler v. Bismarck entwickelte mit der Einführung der gesetzlichen → Krankenversicherung 1883, der → Unfallversicherung 1884 und der → Rentenversicherung 1889 eine andere Sozialpolitik. Diese Gesetze führten zur Gründung solidarisch und staatlich organisierter Versicherungen mit Selbstverwaltung und Zwangsmitgliedschaft. Dies erwies sich in der Praxis als ein zukunftsfähiges Modell, das heute ca. 90% der Bevölkerung erreicht. An der Evaluation der neuen sozialen Sicherungssysteme interessierte Wissenschaftler gründeten 1905 die Berliner Gesellschaft für Soziale Medizin, Hygiene und Medizinalstatistik. Als Kontrollinstanz im System wurde 1930 der Vertrauensärztliche Dienst der Krankenkassen eingerichtet zur Prüfung kassenärztlicher Verschreibungen von → Arbeitsunfähigkeit und anderer Kassenleistungen. Dieser Dienst wurde 1989 durch den von Krankenkassen unabhängigen → Medizinischen Dienst der Krankenversicherung (MDK) ersetzt. Die erste Phase der Entwicklung der sozialen Medizin wurde 1933 durch den Nationalsozialismus abgebrochen, an die Stelle der Sozialhygiene wurde die Rassenhygiene gesetzt.

Nach 1960 entwickelte sich bei gesicherter individualmedizinischer Versorgung der Bevölkerung eine neue Form der sozialen Medizin, die systemisch und präventiv orientierte S. Auslösend war das Erkenntnisdefizit über die Ursachen → chronischer Krankheiten und eine innovative Perspektive auf der Basis des Risikofaktorenkonzeptes. Offensichtlich war der Wandel im Krankheitspanorama von den Infektions- und akuten hin zu chronischen Krankheiten; dabei sind Herzkreislauf- und Krebserkrankungen die häufigsten Todesursachen. Die neue S. startete 1963 mit Gründung der Deutschen Gesellschaft für S. durch H. Schaefer mit Unterstützung der Vertrauensärzte, allerdings ohne weitergehenden konkreten

Versorgungsauftrag in der Bevölkerung. Das Risikofaktorenkonzept auf Bevölkerungsebene eröffnet aber Möglichkeiten der Krankheitsvermeidung durch gezieltes präventives Handeln. Epidemiologische Studien liefern dazu Daten.

Die Ottawa-Charta der → Weltgesundheitsorganisation (WHO) von 1986 konfrontierte die pathogenetisch orientierte Medizin mit den Konzepten der → Salutogenese und der Gesundheitsförderung/ Public Health. Dazu kamen auch im Gesundheitssystem neoliberale Vorstellungen zum Tragen mit der Tendenz zur Individualisierung (Eigenverantwortung) bislang sozial abgesicherter Risiken wie Krankheit, Behinderung und Alter. Die Vertreter/innen der aktuellen S. mit ihren Schwerpunkten in den Sozialmedizinischen Diensten der Sozialversicherung,im ÖGD und in der akademischen S. müssen angesichts der gesellschaftlichen Entwicklung mit wachsender sozialer Ungleichheit die Notwendigkeit einer sozialen Medizin für gesundheitlich benachteiligte Menschen wieder stärker fokussieren.

*Gert von Mittelstaedt/ Johannes G. Gostomzyk*

**Sozialmonitoring** Monitoring hat als Instrument der Qualitätsentwicklung (→ Qualitätsmanagement) und Politiksteuerung (→ Governance) zunehmend an Bedeutung gewonnen. Es bezeichnet alle Arten der unmittelbaren systematischen Erfassung, Beobachtung oder Überwachung eines Vorgangs oder Prozesses mittels technischer Hilfsmittel oder anderer Beobachtungssysteme. Die Funktion des Monitoring besteht darin, eingeleitete Maßnahmen zu beobachten und zu dokumentieren, ob ein Ablauf bzw. Prozess den gewünschten Verlauf nimmt bzw. bestimmte Schwellwerte unter- bzw. überschritten werden. Mit der Einschätzung der Zielerreichung kann gleichzeitig die Wirksamkeit der Maßnahme überprüft werden. S. ist ein Instrument, mit dem sozial riskante und auffällige Entwicklungen frühzeitig erkannt werden und sozialpolitischer Handlungsbedarf (→ Sozialpolitik) identifiziert wird, um geeignete Gegenmaßnahmen einleiten zu können. Dabei beschreibt S. empirisch die Existenz sozialräumlicher Effekte und Wirkungszusammenhänge als Wechselwirkungen zwischen sozialer und räumlicher Struktur (→ Sozialraum, → Sozialstruktur). In diesem Sinne ist S. eine auf → Indikatoren gestützte und zukunftsgerichtete Beobachtung von gesellschaftlichen, wirtschaftlichen und politisch-administrativen sozialen Trends in räumlichen Einheiten. In Abgrenzung zum → Controlling, das der operativen Prozesssteuerung dient (»Tun wir die Dinge richtig?«), gibt S. eine Antwort auf die Frage »Tun wir die richtigen Dinge?«. Mithin ist S. ein Frühwarnsystem und eine Grundlage für die politisch-strategische → Planung und Steuerung. Dazu gehören qualitative und quantitative Bestands-, → Bedarfs-, Sozialraum- und Zielgruppenanalysen sowie die aufgaben- und organisationskritische Bewertung der Ist-Situation.

S. dient der Überprüfung von sozialstrukturellen und sozialräumlichen Veränderungen und zur Vorbereitung von Entscheidungen in der Kommunalpolitik. Ebenso wie die → Sozialberichterstattung unterstützt S. planvolles Verwaltungshandeln. S. bildet die Grundlage für ein interkommunales Problembewusstsein und eröffnet die Möglichkeit regionaler Problemlösungen. Dadurch werden interkommunal vergleichbare sozialräumliche Daten generiert. Dennoch besteht ein großes Gefälle sozialräumlicher Planung und Berichterstattung zwischen → kreisfreien Städten mit eigener Statistikstelle und → Gemeinden bzw. kreisangehörigen Städten. Letztere sind auf Daten mit höherer Aggregationsebene aus den statistischen Landesämtern angewiesen. Dadurch wird ein regelmäßiges S. erschwert. Auch erfordert S. personelle, fachliche und technische → Ressourcen, die kleineren Kommunen oftmals nicht zur Verfügung stehen. Die Praxis kommunaler Sozialraumbeobachtung ist deshalb sehr vielgestaltig und von Kommune zu Kommune verschieden. Mit dem Programm → Soziale Stadt wurde 1999 von Bund und Ländern auf breiter Ebene S. als kleinräumiges Stadtraumbeobachtungsinstrument eingeführt.

*Uwe Hellwig*

**Sozialökologie** Durch Übertragung von Vorstellungen und Begriffen aus der biologischen Ökologie in den sozialen Bereich haben sich verschiedene Ansätze einer S. herausgebildet. Dabei geht es stets um die wechselseitigen Beziehungen zwischen Menschen und ihrer sozialen, biologischen und physischen Umwelt. In den 1920er-Jahren ist in den USA in der Form einer raumbezogenen Soziologie (→ Soziologische Grundlagen der Sozialen Arbeit) eine S. ausgearbeitet worden (»Chicago Schule«), die auch heute noch eine wichtige Rolle in der → Sozialen Arbeit spielt. Sie war von Anfang an eng mit Problemen der Stadt- und Regionalplanung verknüpft und grenzte die »community« scharf von der → Gesellschaft ab, ohne aber die damals in Deutschland übliche ideologische Trennung von »Gemeinschaft« und »Gesellschaft« zu übernehmen. Analysiert wird die räumliche Organisation und Differenzierung v.a. großstädtischer Gebiete in zwei Dimensionen: (1) als Verteilung sozialer Aktivitäten und Funktionen (z.B. City, Wohngebiete, Gewerbegebiete), aus denen typische Muster und Entwicklungen städtischer Flächennutzung bestimmt werden; (2) als Verteilung einer nach sozialen Schichten, Familienstruktur, Ethnien und Kulturen differenzierten Bevölkerung (→ Sozialstruktur) über die Wohngebiete. Die hierdurch entstehende charakteristische sozialräumliche Verteilung (»Segregation«) von Subkulturen und sozialen Milieus bildet den Ansatzpunkt einer stadtteilbezogenen Sozialen Arbeit (→ Stadtteilarbeit). Sie verwendet die Methode der Sozialraumanalyse (→ Sozialraum), die es ermöglicht, → Lebenslagen und Lebensformen in einzelnen Wohnquartieren differenziert zu untersuchen.

Aus einer Kritik an der unreflektierten Übertragung biologischer Vorstellungen auf die Gesellschaft und als wissenschaftliche Reaktion auf wachsende ökologische Krisen seit den 1970er-Jahren ist in Deutschland zunächst außerhalb der Universitäten und quer zu den akademischen Disziplinen eine fachübergreifende und problemorientierte sozial-ökologische Forschung entstanden. Konkrete Krisenerscheinungen (Klimawandel, Wasser- und Luftverschmutzung, Verkehrschaos, großtechnische Risiken usw.) werden dabei nicht als außergesellschaftliche »Umweltprobleme« aufgefasst, sondern als Ausdruck tiefgreifend gestörter »gesellschaftlicher Naturverhältnisse«. In Bereichen wie Produktion und Konsum, → Gesundheit und → Ernährung, Mobilität und Fortbewegung, → Sexualität und Geschlechterverhältnisse werden deren materiell-energetische Regulation sowie die Formen ihrer kulturellen Symbolisierung analysiert. Zusammen mit den von Krisenphänomenen betroffenen unterschiedlichen Akteursgruppen wird nach alternativen gesellschaftlichen Entwicklungswegen und neuen Regulationsformen gesucht. Ideen der Kritischen Theorie, der ökologischen Technik- und Wissenschaftskritik und des Feminismus (→ Soziale Bewegungen) werden in der S. mit naturwissenschaftlichen Erkenntnissen und kulturanthropologischen Einsichten verbunden. Durch die internationale Anerkennung von Nachhaltigkeit als Leitbild mit dem »Erdgipfel« 1992 in Rio de Janeiro und der seit 2002 von den Bundesregierungen verfolgten Strategie zur nachhaltigen Entwicklung hat die S. politisch und wissenschaftlich an Bedeutung gewonnen. Sie hat sich in Deutschland und auch in Österreich zum eigenständigen Wissenschaftsgebiet der Sozialen Ökologie entwickelt.

*Thomas Jahn*

**Sozialpädagogik** → Erziehungswissenschaftliche Grundlagen der Sozialen Arbeit, → Soziale Arbeit

**Sozialpädagog/in** → Sozialarbeiter/innen und Sozialpädagog/innen

**Sozialpädagogische Diagnose** Zur Grundlage sozialarbeiterischen Handelns gehört eine fundierte → Diagnose. In der → Sozialen Arbeit wird ständig über Hilfeleistungen und die Art der weiteren Bearbeitung auf der Grundlage diagnostischer Einschätzungen entschieden. Der Begriff der Diagnose in der Sozialen Arbeit hat eine lange Tradition, die auf M. Richmond (1917) und A. Salomon (1926) zurückzuführen ist. Es existieren unterschiedliche Modelle zur s. D., die sowohl in der Theorie als auch in der Praxis entwickelt worden sind. Die Vorstellungen reichen von biografischer Aufarbeitung von Lebensthemen, Klassifikations- und Selektionsdiagnostik (z.B. → Klinische Psychologie), das sozial-pädagogische-hermeneutische Diagnosemodell nach Uhlendorf, (biografisch-rekonstruktives Verfahren), die → psychosoziale Diagnose (angelehnt an die Expertendiagnostik der Medizin oder Psychotherapie) nach M. Heiner und V. Harnach-Beck, Sozialpädagogische Diagnostik und → Fallverstehen (beziehungsanalytisches-inszenierendes Verfahren) bis hin zu Modellen, die sich der »Ganzheitlichkeit« annähern (z.B. systemische Denkfigur nach Geiser, Staub-Bernasconi). Anders als medizinische oder psychologische Diagnoseverfahren bezieht sich die s. D. nicht ausschließlich auf das → Individuum. Sie berücksichtigt immer die komplexe Situation oder, weiter gefasst, die Art und Qualität der sozialen Einbindung der Hilfesuchenden in → Familie, → Gruppe, Heim, am Arbeitsplatz, in der Nachbarschaft oder sonstigen sozioökonomischen Gegebenheiten.

In einer s. D. wird – bezogen auf die Klient/innen – festgestellt, ob es ein Problem gibt, das vom gesellschaftlichen Auftrag eines → kommunalen Sozialdienstes (→ Allgemeiner Sozialdienst) oder eines → freien Trägers erfasst wird, was das Problem ist, wodurch es verursacht ist, ob es dauerhaft bleibt, wodurch es verstärkt wird und was verändert werden sollte und möglicherweise verändert werden kann. Auf dieser Grundlage wird durch die s. D. ein strukturiertes Fallverstehen geschaffen. Dazu gehört bspw., dass die s. D. alle fallrelevanten Aspekte zuverlässig aufgreift und berücksichtigt, Wahrnehmungen und Erkenntnisse in Beziehung bringt, Auswirkungen beschreibt und fachlich begründet sowie Grundlagen für eine gezielte, effektive Lösung im Einzelfall bietet.

Der Fokus Sozialer Arbeit ist ausgerichtet auf Individuen und soziale Systeme. Leiden Individuen unter → sozialen Problemen, fallen sie in die Zuständigkeit Sozialer Arbeit. Soziale Probleme sind nicht das Objekt selbst, sondern eine Aussage zur Selbstorganisation der Betroffenen. Darunter wird die einzelne Person sowohl in ihrer individuellen Ausstattung als auch mit ihren Beziehungen zu ihren → Lebenswelten verstanden. Alle Faktoren, Umstände, Gegebenheiten und Entwicklungen in einem System sind zu berücksichtigen und entsprechend ihrer Relevanz für eine Problemlösung miteinzubeziehen. Sie bilden somit den ursächlichen Gegenstand der Sozialen Arbeit (Possehl). Die s. D. bezieht sich auf die individuelle Ausstattung, das soziale System des Individuums und die jeweilige Sichtweise der Hilfesuchenden, dritter Personen und der Fallverantwortlichen. Bei einer medizinischen Diagnose werden vorrangig → Krankheiten, bei einer psychologischen Diagnose bspw. → psychische Störungen festgestellt. Das Anliegen einer s. D. ist es, gemeinsam mit den Klient/innen deren Lebenswelten wahrzunehmen und ihren Einfluss auf das Problem und die Lösung festzustellen.

Durch die s. D. ist eine bedarfsgenauere und zielgerichtete → Hilfeplanung möglich. Wird sie organisatorisch in einem → sozialen Dienst oder Träger verankert und institutionalisiert, ist sie ein verbindliches, transparentes und nachvollziehbares Instrument zur Ergebnisfindung und damit zur Unterstützung von Entscheidungsprozessen. Die s. D. integriert die Grundlagen, Prinzipien, Haltungen und Methoden der Sozialarbeit/Sozialpädagogik. Sie vermittelt ein ganzheitliches Verständnis der sozialen Problemlagen und ist damit eine fundierte Handlungstheorie der Sozialen Arbeit. Grundsätzlich empfiehlt es sich, die s. D. in Fallkonstellationen anzuwenden, die einer umfangreichen Klärung bedürfen. Die s. D. soll in einem dialogischen, transparenten Prozess mit den Klient/innen stattfinden. Dies schließt nicht aus, dass sie auch bei nicht mitwirkungsbereiten Klient/innen angewandt werden kann. Sie muss so dokumentiert und fachlich aufbereitet sein, dass sie für Dritte nachvollziehbar ist. In den Hochschulen sollte die s. D. als ein Schwerpunkt in der Handlungs- und Methodenlehre Eingang finden (→ Ausbildung in sozialen Berufen; → Studium der Sozialen Arbeit).

*Lit.* Deutscher Verein für öffentliche und private Fürsorge (Hrsg.): Die sozialpädagogische Diagnose im kommunalen Sozialdienst, Berlin 2005; Possehl, K.: Struktur und Logik professioneller diagnostischer Informationsarbeit in der sozialen Arbeit, in: Archiv für Wissenschaft und Praxis der sozialen Arbeit 3/2004, S. 29–67; Schrapper, C.: Diagnostik, sozialpädagogische und Fallverstehen, in: Kreft, D./Mielenz, I. (Hrsg.): Wörterbuch Soziale Arbeit, 7. Aufl., Weinheim/Basel 2013, S. 205–213; Staub-Bernasconi, S.: Soziale Arbeit als eine besondere Art des Umgangs mit Menschen, Dingen und Ideen. Zur Entwicklung einer handlungstheoretischen Wissensbasis sozialer Arbeit, in: Soziale Arbeit 10/1986, S. 2.

*Karl-Heinz Weyrich*

**Sozialpädagogische Familienhilfe** ist eine ambulante und betreuungsintensive Form öffentlicher Erziehungshilfe (→ Hilfe zur Erziehung [HzE]). Rechtliche Grundlage der s. F., als Regelangebot der → Kinder- und Jugendhilfe, ist § 31 SGB VIII. Der Anlass für den Einsatz einer s. F. liegt zumeist darin, dass Kinder im sozialen Umfeld, im Kindergarten oder in der Schule auffällig geworden sind und die öffentliche Jugendhilfe das Wohl der Kinder in der Familie gefährdet sieht. S. F. hat eher selten einen präventiven Charakter i.e.S.; sie wird meist in Krisen- und Gefährdungssituationen eingesetzt. In dieser Hinsicht ist sie eine eher »höherschwellige« Maßnahme i.w.S., wenngleich niedrigschwellig nach der Art ihres Handelns. Dies bedeutet auch, dass s. F. nicht immer ganz »freiwillig« beginnt und dass die Motivierung der Familienmitglieder eine wesentliche Aufgabe ist. Die Adressaten der Hilfe sind sozial benachteiligte → Familien. Die Hälfte der Familien, die s. F. erhalten, sind Ein-Elternteil-Familien, hauptsächlich → alleinerziehende Mütter. Die Hilfe soll im Wesentlichen durch die Unterstützung der Eltern die Lebensbedingungen von Kindern und Jugendlichen in der Familie verbessern; dabei ist die Förderung der Erziehungsfähigkeit von Müttern und Vätern ein Kernelement. Die Hilfe hat eine überwiegende Geh-Struktur, d.h. die → Fachkräfte suchen die Familien in ihren Wohnungen auf; ein Setting, in dem die Balance von Distanz und Nähe nicht einfach einzuhalten ist (→ Familienhelfer/in). Im Lebensraum armer Familien tätig zu sein bedeutet, dass die gegenseitigen Bedingungsverhältnisse von erzieherischem Verhalten gegenüber den Kindern, Armut und struktureller Benachteiligung – meist schon seit Generationen – und das Wohl der Kinder im Blick behalten werden müssen. Da es um den Alltag und seine oft diffusen und unstrukturierten Schwierigkeiten geht, ist der Ansatz der Hilfe mehrdimensional, d.h. sie orientiert sich am gesamten Familiensystem und dessen sozialem Netzwerk mit seinen Erziehungs-, Beziehungs-, materiellen und → sozialen Problemen und

→ Ressourcen. S. F. muss auf vielen Ebenen für und mit den unterversorgten Familien inner- und außerfamiliäre Ressourcen erschließen unter dem Aspekt der (Wieder-)Gewinnung von Handlungsfähigkeit zur Gestaltung des eigenen Lebens.

S. F. zeichnet sich aus durch zeitliche Variabilität, je nach Familie, Konzeption des Dienstes und Erfahrung der jeweiligen Fachkraft. Allerdings zeichnet sich eine Entwicklung ab, nach der den Fachkräften immer weniger Zeit eingeräumt wird für die Arbeit mit einer einzelnen Familie; abzuwarten bleibt zudem die Entwicklung der s. F. im Kontext von → Kinderschutz und wachsendem Kontrollansinnen der → Jugendämter.

Bei der Realisierung der Hilfemaßnahme sind i.d.R. drei Parteien mit differenten Intentionen beteiligt: Familie, s. F. und Jugendamt als Vertreter normativer Erwartungshaltungen, als Träger sozialer Verantwortung gemäß SGB VIII und als die die Maßnahme finanzierende Institution. Differenzen müssen im Hilfeplanverfahren ausgehandelt werden (→ Hilfeplanung in der Jugendhilfe). S. F. wird bundesweit in unterschiedlicher Qualität und in unterschiedlichen Organisationsformen durchgeführt. Für diese hoch komplexe Form methodischen Handelns sind bestimmte Rahmenbedingungen der Arbeit unabdingbar, bspw. → Supervision. Des Weiteren gibt es eine Ausdifferenzierung intensiver Arbeit mit Familien in verschiedene Richtungen, z. B. als aufsuchende → Familientherapie, als (teil-)stationäre Arbeit mit Familien, oder familienorientierte → Kriseninterventionen, angelehnt an das »Families First«-Programm. Eine Weiterentwicklung aufsuchender → familienunterstützender Hilfen findet sich in den → Frühen Hilfen. Hier stellen sich jedoch etliche Fragen zu Arbeitsweisen, jeweiligen professionellen Blickwinkeln, normativen Haltungen gegenüber Eltern, Abgrenzungen/Überschneidungen, z.B. zu Familienhebammen.

Derzeit ist geplant, das SGB VIII umfassend zu modernisieren. Betroffen sind u.a. die Themenkomplexe Hilfen zur Erziehung, inklusive Lösung für Kinder- und Jugendliche mit Behinderungen im SGB VIII, Pflegekinderhilfe, Betriebserlaubnisverfahren, Qualitätsentwicklung in der Kinder- und Jugendhilfe. Die Änderungen sollen je nach Regelungsbereich entweder 2017 oder 2022 in Kraft treten.

*Elisabeth Helming*

**Sozialpädiatrie** ist eine Querschnittswissenschaft der Kinderheilkunde und Jugendmedizin, die sich mit den Einflüssen der sozialen und dinglichen Umwelt auf → Gesundheit und Entwicklung befasst. Zu ihren Aufgaben gehört die praktische Umsetzung dieses Wissens in der → Prävention sowie in der → Rehabilitation mit besonderer Berücksichtigung der Lebensqualität und der gesellschaftlichen → Teilhabe. Zielgruppen sind dabei v.a. Kinder und Jugendliche »mit besonderen Bedürfnissen« (behinderte, chronisch kranke sowie misshandelte, missbrauchte und vernachlässigte Kinder). Diesen unterschiedlichen Indikationsbereichen ist gemeinsam, dass die Einflussnahme auf das → soziale Umfeld den entscheidenden Faktor für den Erfolg einer präventiven, therapeutischen oder rehabilitativen → Intervention darstellt. Hierfür sind eine interdisziplinäre Arbeitsweise und besondere Versorgungsstrukturen erforderlich. In dieser Funktion haben sich die → Sozialpädiatrischen Zentren bewährt.

In den Praxen der niedergelassenen Kinder- und Jugendärzt/innen und im öffentlichen Jugendgesundheitsdienst spielt die S. eine immer größere Rolle wegen der erheblichen Zunahme von Störungsbildern der sog. »Neuen Morbidität«. Darunter versteht man insbesondere Störungen des → Verhaltens und der Emotionalität, funktionelle Entwicklungsstörungen der Sprache, des → Lernens und der Motorik, Essstörungen und Fettleibigkeit, Substanzmissbrauch (→ Sucht) sowie → Gewalt und Dissozialität. Diese Störungen sind bei Kindern und Jugendlichen der unteren Sozialschicht um das Zwei- bis Vierfache häufiger als in der oberen Sozialschicht, woraus hervorgeht, dass sozioökonomische und psychosoziale Faktoren eine wesentliche Bedeutung bei der Entstehung und Ausprägung dieser Gesundheitsstörungen haben. Nach neueren Forschungsergebnissen sind es v.a. soziogene Defizite der psychischen Gesundheit, welche die Ausschöpfung individueller Entwicklungspotenziale behindern.

Gesundheit und Entwicklung beruhen nicht einfach auf der Abwesenheit von krankhaften Störungen, sondern auf einem dynamischen Gleichgewicht bzw. einem günstigen Verhältnis von protektiven und belastenden Einflüssen. Wesentliche bevölkerungsmedizinische Aufgaben der S. sind v.a. die systematische Erforschung dieser Faktoren und die praktische Umsetzung dieser Forschungsergebnisse im → Gesundheitswesen, z.B. durch die epidemiologische Erfassung von Gesundheits- und Entwicklungsstörungen (einschließlich der Einflüsse des psychosozialen, insbes. familiären Umfelds), die → Planung und → Evaluation präventiver Maßnahmen sowie die Mitwirkung an der Gestaltung kindlicher Lebensräume und der kindgerechten Organisation des Gesundheitswesens. Dem entsprechend versteht sich S. auch als der medizinische

Sektor der → Gesundheitswissenschaften (Public Health) in → Kindheit und → Jugend. Aus diesem Aufgabenverständnis geht hervor, dass die S. neben der individualmedizinischen Fürsorge eine bevölkerungs-(sozial-)medizinische Dimension hat.

*Hans G. Schlack*

**Sozialpädiatrische Zentren** sind in § 119 SGB V als eine besondere Form institutioneller Ambulanzen definiert, deren Ermächtigung zur Teilnahme an der vertragsärztlichen Versorgung durch § 96 SGB V geregelt wird. Die Ermächtigung erstreckt sich i.d.R. auf die Untersuchung und Behandlung von Kindern und Jugendlichen mit Entwicklungsstörungen und Behinderungen (→ behinderte Menschen) aller Art einschließlich der neuropsychiatrischen Folgen → chronischer Krankheiten und → psychischer Störungen. Inzwischen gibt es in Deutschland ein flächendeckendes Netz von rund 130 s. Z.; einige von ihnen sind – abhängig vom regionalen Versorgungsbedarf – auch zur Behandlung von Kindern und Jugendlichen mit chronischen internistischen Krankheiten ermächtigt. Voraussetzung für eine Ermächtigung sind eine ständige ärztliche Leitung und die Gewährleistung »einer leistungsfähigen und wirtschaftlichen sozialpädiatrischen Behandlung«. Die personelle Ausstattung s. Z. umfasst Ärzt/innen, Psycholog/innen und Therapeut/innen (→ Therapie) aus medizinischen und pädagogischen Ausbildungsgängen (Physiotherapie, → Ergotherapie, → Logopädie; → Heil- und Sozialpädagogik, Motopädie u.a.) sowie → Sozialarbeiter/innen. Ein »sozialpädiatrisches Team« wird i.d.R. aus einem Arzt/ einer Ärztin, einem/einer Psycholog/in und drei bis vier Therapeut/innen verschiedener Fachrichtungen gebildet; ein s. Z. soll über wenigstens zwei solcher Teams verfügen. Die Leitung soll Kinder- und Jugendarzt/-ärztin mit besonderer Qualifikation sein; auch für die anderen in einem s. Z. vertretenen Berufsgruppen wurden im »Altöttinger Papier« der Deutschen Gesellschaft für Sozialpädiatrie und Jugendmedizin besondere Anforderungsprofile festgelegt. Die s. Z. arbeiten mit niedergelassenen Ärzt/innen und Therapeut/innen, Frühförderstellen, Kindergärten, Schulen, → Jugendämtern und anderen Einrichtungen eng zusammen. Einige s. Z. verfügen auch über stationäre Behandlungsmöglichkeiten für spezielle Fragestellungen.

Die ambulante Behandlung in s. Z. wird überwiegend, aber nicht ausschließlich, durch die gesetzliche → Krankenversicherung finanziert. Der zum 1.1.1992 eingefügte § 43 a SGB V schließt psychologische, heilpädagogische und psychosoziale Leistungen, soweit sie nicht der Diagnostik und der Aufstellung des Behandlungsplans dienen, aus der Zuständigkeit der → Krankenkassen aus. Für die sich daraus ergebende Mischfinanzierung sollte nach den Vorstellungen des Gesetzgebers das SGB IX eine Lösung bringen; mit der Einführung des SGB IX wurden die → Sozialhilfe (→ Eingliederungshilfe für behinderte Menschen) und die → Kinder- und Jugendhilfe in den Kreis der → Rehabilitationsträger einbezogen. Für die → Frühförderung behinderter Menschen als Komplexleistung sieht § 30 SGB IX eine gemeinsame Finanzierung durch die verschiedenen Kostenträger vor. Bedauerlicherweise hat es der Gesetzgeber bei der Formulierung des SGB IX unterlassen, den Begriff der Komplexleistung genauer zu definieren und Regeln für die anteilige Zuständigkeit der einzelnen Kostenträger festzulegen. Deshalb gibt es bis heute keine bundesweit geltende, verlässliche Finanzierungsregelung, sondern nur örtlich unterschiedliche vertragliche Regelungen, von denen die Ausstattung und das Leistungsangebot der einzelnen s. Z. abhängen.

*Hans G. Schlack*

**Sozialplan** (1) Im → Arbeitsrecht bezeichnet der S. eine Vereinbarung zwischen → Betriebsrat und Unternehmen über den Ausgleich oder die Milderung der wirtschaftlichen Nachteile, die den Arbeitnehmerinnen und Arbeitnehmern infolge von geplanten Betriebsänderungen entstehen (vgl. § 112 Betriebsverfassungsgesetz [BetrVG]). Betriebsänderungen sind neben der Stilllegung oder Verlegung des gesamten Betriebs oder wesentlicher Betriebsteile auch die Einführung grundlegend neuer Arbeitsmethoden und Fertigungsverfahren oder grundlegende betriebliche Umorganisationen sowie der Zusammenschluss mit anderen Betrieben oder die Spaltung von Betrieben (§ 111 BetrVG). Kommt eine Einigung über den S. nicht zustande, wird die Einigung in der Regel durch einen Spruch der Einigungsstelle über die Aufstellung eines S. ersetzt (vgl. § 112 Abs. 4 BetrVG, zu den Ausnahmen § 112 a BetrVG). Typische Inhalte von S. sind z.B. Einstellungssperren, Umschulungen, Kündigungsverbote oder Abfindungen bzw. vorzeitige betriebliche Rentenleistungen bei → Kündigung.

(2) Im Bauplanungsrecht ist ein S. aufzustellen, wenn sich Bebauungspläne, städtische Sanierungsmaßnahmen, städtebauliche Entwicklungsmaßnahmen oder Stadtumbaumaßnahmen voraussichtlich nachteilig auf die persönlichen Lebensumstände der in dem Gebiet wohnenden oder arbeitenden Menschen auswirken. In dem

S. sind Maßnahmen darzulegen, die geeignet sind, nachteilige Auswirkungen zu vermeiden oder zumindest zu mildern (vgl. § 180 Baugesetzbuch [BauGB]).

*Dorette Nickel*

**Sozialplanung** S. ist planvolle Ausgestaltung des Sozialen. Eine zukunftsgerichtete → Sozialpolitik braucht S. für solide und innovative Antworten auf die aktuellen gesellschaftlichen und demografischen Trends: Veränderung von Haushalts- und Familienstrukturen, Schieflagen im → Generationenvertrag, → soziale Ungleichheit, → Armut und → soziale Ausgrenzung, Migrations- und Zuwanderungsprozesse (→ Migration), → Individualisierung gesellschaftlicher Risiken, Verunsicherung zentraler Berufs- und Lebensperspektiven, Schrumpfung traditioneller Solidargemeinschaften, stärkeres Gewicht von Markt und Ökonomie im sozialen Sektor, neue Kooperationsformen, soziale Netzwerke und Initiativen zur → Zivilgesellschaft, die v.a. auf der lokalen Ebene zur Entfaltung kommen. Mit dem Umbau sozialer Sicherungssysteme stellen sich neue Anforderungen an die sozialpolitische Steuerung und bieten sich neue Gestaltungsspielräume, die mit einer professionellen S. am wirkungsvollsten eingelöst werden können.

Begriff: S. ist das maßgebliche Instrument zur Analyse, Aufklärung und Steuerung sozialer Prozesse und hat sich hierzu ein breites Instrumentarium quantitativer und qualitativer Methoden zugelegt. S. vermittelt zwischen der → Lebenswelt betroffener Menschen und dem komplexen System der Verwaltung, mobilisiert die → Ressourcen auf beiden Seiten und organisiert den politischen und sozialen Aushandlungsprozess, bei dem sich die beteiligten Akteure über soziale Handlungsprogramme, Prioritäten und die Mittelverteilung verständigen. Hauptaufgabe der S. ist es, Dienste, Leistungen und Ressourcen dort einzusetzen, wo der → Bedarf am größten ist. S. leistet damit einen Beitrag zu mehr → sozialer Gerechtigkeit und Sozialstaatlichkeit (→ Sozialstaat) auf der lokalen Ebene.

Historische Entwicklung: S. hat sich in Deutschland (ähnlich wie in den USA) als Reformansatz an der Schnittstelle von → Sozialer Arbeit und Stadt- und Quartierplanung (Sanierungsprogramme für Slums) formiert. Ihre Geschichte ist deshalb eng mit der Entstehung der → Gemeinwesenarbeit verknüpft. Die Nachkriegsgeschichte der S. baut auf den Bestrebungen zur Schaffung eines deutschen Sozialplanes auf mit dem Ziel, dem Sozialstaatsgebot im → Grundgesetz mit dem Konzept der Sozialgemeinde auch auf der lokalen Ebene Gestalt zu geben. Dieser Auftragslage verschreibt sich S. auch heute, wenn sie ihre Gestaltungsfunktion im → Wohlfahrtsmix zwischen sozialen Sicherungssystemen, Markt und Zivilgesellschaft wahrnimmt.

Die Ansätze der S. lassen sich nach Planungsebenen (EU, Bund, Länder, Regionen, Kommunen, Quartiere), nach gesellschaftspolitischer Relevanz und Reichweite (Anpassungs-, Entwicklungs- und Veränderungsplanung) und nach Zielgruppen (→ Altenhilfeplanung, → Jugendhilfeplanung, Behindertenplanung u.a.) systematisieren. Historisch ausdifferenziert hat sich S. zunächst als Anpassungsplanung mit dem Auftrag, dem ermittelten oder erwarteten Bedarf ein entsprechendes Angebot an → sozialen Dienstleistungen oder Infrastruktureinrichtungen gegenüberzustellen oder zum Ausgleich bereits eingetretener Benachteiligungen für bestimmte Zielgruppen beizutragen (z.B. in der → Sozialversicherung, beim → Arbeitsschutz oder Unfallschutz). Diese reaktive Planung hat sich zur Entwicklungsplanung gewandelt, als mit dem Wandel der Sozialpolitik von der gruppenspezifischen zu einer umfassenden sozialen Sicherung eine koordinierende und vorausschauende Entwicklungssteuerung zu einem langfristigen, zielorientierten, abgestimmten Gesamtkonzept zum Leitbild geworden ist. Nach Maßgabe festgelegter Entwicklungsziele soll dabei aktiv gesteuert werden. Veränderungsplanung steht für einen Planungsansatz, der bestehende Strukturen durch wirksamere Alternativen ablösen will und häufig mit einem aktiven und selbstbewusst auftretenden außerparlamentarischen Akteursfeld verbunden ist.

Kommunale S.: Die wichtigste Planungsebene der S. ist die Kommune. S. gehört zu den Aufgaben kommunaler → Selbstverwaltung. In der Kommune tritt S. als Planungs- und Handlungsprozess im Rahmen der sozialen Infrastrukturplanung, der kommunalen Sozialpolitik, der sozialen Kommunalpolitik und der aktiven Gesellschaftspolitik auf kommunaler Ebene in Erscheinung. Zum Kerngeschäft kommunaler S. zählen die zielgruppen- und bereichsbezogene Fach-S., die sozialräumliche Planung, die soziale Infrastrukturplanung und als unverzichtbare Basis für jeden sozialplanerischen Handlungsprozess die → Sozialberichterstattung.

S. als Fach-S.: Die Fach-S. (für junge, alte, arbeitslose, alleinerziehende, ausländische, behinderte, pflegebedürftige u.a. Menschen; → Fachplanung) hat zum Ziel, Defizite sozial benachteiligter Bevölkerungsgruppen auszugleichen, ihre Selbsthilfepotenziale zu mobilisieren und eine → Integration in die Gesellschaft zu ermöglichen. Die Fach-S. greift auch Querschnittsthemen wie → Gesundheit, → Bildung, → Migration oder → Inklusion auf.

S. als Sozialraumplanung: Sozialräumlich organisierte Planung tritt mit dem Ziel an, positive Lebensbedingungen für die Bevölkerung in ihrem unmittelbaren Wohngebiet zu erhalten oder zu schaffen und im Dialog Wege für ein bedarfsgerechtes Dienstleistungsangebot zu eröffnen. Die Sozialraumanalyse ist ein Ansatz, Lebensräume möglichst wirklichkeitsnah abzubilden, bei dem die Wechselwirkung räumlicher und sozialer Prozesse im Vordergrund steht (Raumwirkung und Raumnutzung). Ein wirksames Steuerungsinstrument zur Aufwertung von Wohngebieten ist hier das → Quartiersmanagement, das im Rahmen des Bund-Länder-Programms → Soziale Stadt zu einem ressortübergreifenden Handlungskonzept mit hoher Beteiligungsintensität, neuer Managementstruktur und kombinierter Förderung entwickelt wurde.

S. als Sozialinfrastrukturplanung: Zur Planung → sozialer Infrastruktur gehört die Entscheidung über die räumliche Verteilung sozialer Dienstleistungen und Gemeinbedarfseinrichtungen und ihre Ausstattung (→ Kindertageseinrichtungen, Jugendhäuser, → Pflegeeinrichtungen, Einrichtungen für → behinderte Menschen, Beratungsstellen u.a.) zu einem frühzeitigen Zeitpunkt, sodass die Betroffenen und späteren Nutzer/innen sich an der Planung beteiligen können. Entscheidend ist hier die Auswahl und Festlegung geeigneter → Indikatoren in einem fachlichen und politischen Dialog. Für eine raumbezogene Infrastrukturplanung ist der Einsatz geografischer Informationssysteme (GIS) heute unverzichtbar. Die Erfassung digitaler Geoinformationen gehört heute zum Standard der S.

Sozialberichterstattung als Basis der S.: Sozialberichterstattung ist als Geschäftsgrundlage für S. unverzichtbar, sie ist Voraussetzung für fach-, raum- und gruppenbezogene Planungen. Im Zentrum der Sozialberichterstattung steht der Aufbau eines sozialen Planungsinformationssystems in der Kommune, der sich am Standard wissenschaftlicher Sozialberichterstattung orientiert. Ein solches Monitoringsystem zur Beobachtung des sozialen Wandels und gesellschaftlicher Entwicklungen vor Ort ist zugleich ein Instrument für die Politikberatung. In ausgereifter Form bietet es die Möglichkeit, bestimmte Risikogruppen (von → Arbeitslosigkeit betroffene Menschen, Migrant/innen, → Alleinerziehende, behinderte Menschen etc.) im Hinblick auf bestimmte Risikofaktoren (Arbeit, → Einkommen, → Bildung, Wohnen, → Gesundheit, soziale Netze, → Teilhabe) unter bestimmten Rahmenbedingungen (rechtlicher Art, Hilfesystem vor Ort) näher zu betrachten. S. hat sich i.d.R. in der Praxis dieses Datenfundament der Sozialberichterstattung geschaffen, um die zentralen → Lebenslagen und Ausgrenzungsprozesse anhand aussagekräftiger → Sozialindikatoren zu beschreiben und die Gestaltungsspielräume für eine soziale Kommunalpolitik auszuloten und wirkungsorientiert zu steuern, z.B. für eine sozial orientierte Siedlungsentwicklung, den Erhalt einer ausgewogenen → Sozialstruktur oder eine → Ambulantisierung des Hilfesystems.

S. als soziale Kommunalpolitik: S. ist über den engeren Rahmen hinaus auch als sozial bewusste → Planung in der Wirtschaftspolitik, Stadt- und Verkehrsplanung, Umweltpolitik, Freizeit- und Grünflächenplanung zu verstehen, wo es darum geht, nachteilige soziale Entwicklungen aus diesen Feldern in ihrer Wirkung auf die Lebensqualität betroffener Menschen zu verhindern oder auszugleichen. S. erfolgt hier als integrierter Bestandteil der Kreis- bzw. Stadtentwicklungsplanung (→ Stadtentwicklung). Allerdings ist die systematische Abstimmung der Fachplanungen und räumlichen Planung in einer koordinierten Entwicklungsplanung in deutschen Kommunen noch lange nicht der Regelfall. Sektorale Problembetrachtung, Ressortegoismus und Angst um die eigene Autonomie unter Bürgermeister/innen und Landrät/innen, parteipolitisch unterschiedliche Färbungen der Ressorts, unterschiedliche Entwicklungsniveaus in der Planung und eingefahrene Verwaltungsabläufe verhindern häufig die Integration der S. in eine übergeordnete kommunale Entwicklungsplanung. S. wird mit diesem Anspruch einer sozialen bzw. sozialverträglichen Kommunalpolitik zur Querschnittsaufgabe.

S. als aktive Gesellschaftspolitik: In diesem Bereich wird S. tätig, wenn sie die Vorgaben des Bundes und/oder der Länder in konkrete kommunale Vorhaben umsetzt und dabei die sozialen Konsequenzen dieser Politik in ihren lokalen Auswirkungen verdeutlicht und Alternativen hierzu (z.B. innovative Modelle zu selbstständigem Wohnen mit Wohnungsservice in Kooperation mit der Wohnungswirtschaft, häuslicher Versorgung behinderter und/oder pflegebedürftiger Menschen, → Case Management und → Care Management, → Selbsthilfe- und Netzwerkstrukturen oder zur integrierten Quartierentwicklung) entwickelt. Die Bundes- und Landesebene holt sich durch die Förderung lokaler und regionaler Modellvorhaben (z.B. trägerübergreifendes Budget, Dezentralisierung der Erziehungshilfe, Ambulantisierung der → Eingliederungshilfe) gezielt Know-how für die Weiterentwicklung und ggf. Kurskorrektur ihrer Struktur- und Förderpolitik.

Rechtliche Grundlagen der S.: Für S. sind das → Grundgesetz (→ Sozialstaatsprinzip: Art. 20 GG), das gesamte → Sozialrecht (mit explizitem Planungsauftrag im → Sozialgesetzbuch (SGB) V, VIII, IX, XI, XII und zuletzt im SGB II mit dem Auftrag zur Bereitstellung flankierender sozialer Leistungen zur → Arbeitsförderung für Arbeitsuchende), das Bau- und → Planungsrecht (Bundesraumordnungsgesetz, Landesplanungsgesetze und Landesbauordnungen, Baugesetzbuch) und die Gemeindeordnungen maßgebend.

Für S. als Fach-S. sind die allgemeinen Vorschriften des SGB I (§§ 1, 17, 35) und des SGB X (§§ 67–85, 95) sowie – mit der stringentesten Planungsverpflichtung – das SGB VIII (→ Kinder- und Jugendhilfegesetz, §§ 1, 4, 6, 71 Abs. 2 Nr. 2, 78–80), das SGB XI (Gesetzliche → Pflegeversicherung, §§ 7 a, 8, 9, 92 c), das SGB XII (→ Sozialhilfe, §§ 1, 10, 93 Abs. 1, 95 Abs. 1) und spezielle Landesgesetze mit Ausführungsbestimmungen (z.B. Kindergartengesetze, Spielplatzgesetze, → Landespflegegesetze) und → Rechtsverordnungen, Richtlinien und Förderbestimmungen der jeweils rechtliche Handlungsrahmen. Diese Bestimmungen verpflichten i.d.R. die Kommunen, den für ihren Bereich erforderlichen längerfristigen Bedarf an → Einrichtungen – frühzeitig, ausreichend, umfassend, bedarfsgerecht – festzustellen, geben örtliche Umsetzungsempfehlungen und kombinieren bestimmte Aufgaben mit einer Bundes- oder Landesförderung. Die zunehmende Reduzierung überregionaler Förderung bringt die Kommunen aber immer mehr in Schwierigkeiten bei der Wahrnehmung ihres verfassungsmäßigen Auftrags der → Daseinsvorsorge. Bund und Länder hebeln hier im Zuge ihrer Haushaltssanierung das verfassungsmäßige Konnexitätsprinzip (finanzieller Ausgleich für übertragene Aufgaben) zunehmend aus und entziehen den Kommunen die Basis für eine solide Komplementärfinanzierung sozialer Leistungen.

Beteiligung als Grundprinzip der S.: Beteiligung macht die besondere Qualität sozialplanerischer Praxis aus. Sie dient der demokratischen Legitimierung von Zielen und der Konsensbildung sowie der Aktivierung von Selbsthilfekräften und → Bürgerschaftlichem Engagement (→ Empowerment). Neben den repräsentativen Beteiligungsverfahren (Beiräte, sachkundige Einwohner/innen in Ausschüssen, Bürgerversammlungen) und stellvertretenden Verfahren (Anwaltsplanung, Experteninterviews) sind es in der S. insbesondere die informellen, diskursiven Verfahren (Runder Tisch, World Cafe, Zukunftswerkstatt, Projektgruppe, Workshop, → Planspiel, Open Space (→ Großgruppenverfahren), → Mediation, aktivierende Befragung (→ Empirische Sozialforschung, Szenariotechnik, SWOT-Analyse), die heute die Methodik sozialplanerischer Beteiligung prägen. Zeit für Beteiligungsprozesse zahlt sich in der Akzeptanz aus. Die Beschleunigung von Verwaltungs- und Planungsabläufen im Zuge der → Verwaltungsmodernisierung, die Einlassungen von Betroffenen und Konflikte aus Effizienzgründen auf ein Minimum beschränken will (z.B. im Baurecht), ist für einen transparenten Planungsprozess, der die Machtbeziehungen, Einflusssphären und Entscheidungsregeln offenlegt, kontraproduktiv. In der Gemeinwesenarbeit verdichten sich die verschiedenen Beteiligungsformen. S. ist ein kontinuierlicher, kommunikativer und kooperativer Prozess. Diesem Maßstab ist auch Beteiligung verpflichtet, unabhängig davon, ob es um die Beteiligung von Betroffenen, Trägern oder Mitarbeiter/innen geht. → Freie Träger sind zum einen Partner des → öffentlichen Trägers bei der Daseinsgestaltung mit eigenem Auftrag, zum anderen über → Verträge gebundene → Leistungserbringer.

Planungsablauf in der S.: Der typische Ablauf eines Sozialplanungsprozesses folgt dem Kreislauf Problemdiagnose, Zielbestimmung, Bedarfsklärung, Bestandsaufnahme, Soll-Ist-Vergleich, Maßnahmen/soziale Dienstleistungen, Finanzierung, Umsetzung, Kontrolle. S. ist strategisches Management in der Sozialverwaltung zur Ausschöpfung von Steuerungspotenzialen, Einführung einer Bedarfssteuerung (statt Anbieterkultur), Beeinflussung der → Fallzahlen- und Kostenentwicklung, Organisation einer bedarfsgerechten Fallsteuerung im Einzelfall (Fallmanagement), Koordination des Hilfesystems und unterstützender Netzwerke (Systemmanagement), Aushandlung von Leistungsvereinbarungen im Leistungsspektrum der Sozialgesetze (→ Kontraktmanagement), Wirkungskontrolle von Leistungen/Programmen/Projekten und Prüfung der → Wirtschaftlichkeit (→ Controlling) und Einordnung der lokalen Strategie (→ Benchmarking). In der Praxis kann S. dabei durchaus in unterschiedlichen Phasen dieses Planungskreislaufes ansetzen. S. beginnt den Planungsprozess i.d.R. mit der Begleitung des politischen und fachlichen Zielbildungsprozesses als Abstimmungsprozess mit freien und privaten Trägern sowie Betroffenen und ihrer Lobby. Die Festlegung von Qualitätsstandards (→ Qualitätsmanagement) im Zielfindungsprozess ist dabei vielfach die Vorstufe für Leistungsvereinbarungen (→ Vereinbarungen). Die Politik setzt die Ziele, S. liefert die notwendigen Managementinformationen. Der Planungsprozess endet i.d.R. mit der Umsetzung in Verwaltungsentscheidungen und ihrer Wirkungskontrolle im Vollzug und bei einer späteren Fortschreibung.

Organisation der S.: Der Bedeutung kommunaler Entwicklungsplanung angemessen sollte S. in jedem Stadt- und Landkreis als Daueraufgabe eingerichtet werden. Für die Organisation der S. gibt es folgende Varianten, die von der Gemeindegrößenklasse abhängen: Planer/in oder Planungsbeauftragte/r im Fachamt (Stabsstelle), Planungsgruppe im Fachamt oder direkt beim Sozialdezernat (Planungsstab), eigenes Sachgebiet oder Abteilung (Linienorganisation), ämterübergreifende Planungsgruppe bei der Verwaltungsspitze mit eigener Zuständigkeit (Kooperationsmodell).

Wo sich S. noch nicht organisiert hat, bieten sich zum Aufbau einer organisatorischen Grundstruktur die Kooperation mit lokal oder regional ansässigen Hochschulen oder die Auftragsvergabe an ein externes Planungsbüro für die Begleitung des Planungsprozesses oder zur Entwicklung eines Fachsozialplanes bzw. Sozialberichtes an. Unabhängig von der gewählten Organisationsform der S. ist es wichtig, grundlegende Prinzipien der Arbeitsform auch von der Organisation her sicherzustellen: Lebensweltbezug, Praxisbezug, Interdisziplinarität, Vernetzung bzw. → Koordinierung in Planungsforen, Beteiligung von Betroffenen, Trägern und Mitarbeiter/innen.

Anforderungsprofil der S.: Sozialplaner/innen benötigen eine fortlaufende Qualifizierung (Grundqualifizierung und training on the job) für diese mehrdimensionale, vernetzte und interdisziplinäre Planungsarbeit: Kenntnisse in Kommunal- und Sozialpolitik, → Sozialrecht, Bau- und Planungsrecht, Planungs- und Verwaltungswissen, Kenntnisse in Statistik und Sozialforschung, → Controlling und → Evaluation, Kommunikations- und Moderationsmethoden.

S. und Neue Steuerung: Mit der Einführung Neuer Steuerungsmodelle ist die Kommunalverwaltung nach dem → Leitbild eines Dienstleistungsunternehmens grundlegend verändert worden (→ Verwaltungsmodernisierung). Die neue Steuerungslogik, die von der → Kommunalen Gemeinschaftsstelle für Verwaltungsmanagement (KGSt) maßgeblich forciert wurde, führte zum schrittweisen Aufbau einer dezentralen Führungs- und Organisationsstruktur nach betriebswirtschaftlichen Standards. Die öffentlichen (und damit auch die sozialen) Dienstleistungen wurden von Ausgabeermächtigungen (Inputsteuerung) auf eine Steuerung nach Zielen (Outputsteuerung) umgestellt. Die einzelnen Steuerungselemente wie Strategische Planung und Entscheidung, → dezentrale Fach- und Ressourcenverantwortung, Kontrakt- und Qualitätsmanagement, Output-Orientierung, → Budgetierung, Controlling und Kundenorientierung weisen viele Parallelen zur S. auf, zu ihren Zielen, Methoden und Verfahren. Sowohl S. als auch die Neuen Steuerungsverfahren beschäftigen sich mit der Bestandsaufnahme bisheriger Leistungen und Produkte, mit Analysen und Auswertungen für strategische Ziele und Entscheidungen sowie Wirkungskontrollen zur Zielerreichung (→ Evaluation). S. und Controlling sind komplementäre Instrumente zur Zielentwicklung und Wirkungsmessung mit Kennzahlen bzw. steuerungsrelevanten Daten, im ersten Fall eher zur Wirksamkeit (→ Effektivität) und im zweiten Fall zur → Wirtschaftlichkeit (→ Effizienz). S. liefert fachlich fundierte Konzepte für → soziale Dienstleistungen, hilft bei der Operationalisierung der Leistungsziele, verknüpft Leistungs- und Finanzziele und fördert die → Kommunikation und Beteiligung der Akteure der Planung. S. trägt über Kontrakte bzw. Vereinbarungen (Leistungs-, Qualitäts- und Prüfvereinbarungen) mit Leistungserbringern dazu bei, Produktfelder (z.B. → Familienberatung, → Schuldnerberatung) neu zu strukturieren. Im Prozess der Verwaltungsmodernisierung ist S. ein wichtiges Korrektiv gegen oberflächliche Produkterstellung, unreflektierte Anwendung von Kennzahlen und interkommunalen Vergleichen (→ Benchmarking), weil sie die Komplexität von → Lebenslagen, → Bedürfnissen und → Bedarfen ins Spiel bringt. In der Verbindung von Neuen Steuerungsmodellen und S. liegt die große Chance, Fach- und Ressourcenplanung wirksam zu integrieren. Eine gute S. ist unabdingbare Voraussetzung für die Umsetzung der Neuen Steuerungslogik.

Stand der S. und Entwicklungsperspektiven: Die Verwaltungsmodernisierung seit Anfang der 1990er-Jahre und der Paradigmenwechsel vom fürsorgenden zum aktivierenden Sozialstaat zu Anfang des 21. Jh. haben den Stellenwert der S. zur Steuerung sozialpolitischer Prozesse erheblich vorangebracht. S. hat in diesen strategischen Prozessen im Wesentlichen drei Funktionen: (1) konstruktive Funktion als politisch-strategisches Instrument zur (Neu-)Formierung von Sozialpolitik, Modellierung sozialer Infrastruktur und Verteilung sozialer Dienstleistungen, (2) reflexive Funktion als analytisches Instrument zum Erklärungszusammenhang zwischen Lebenslagen und Leistungs- und Kostenstrukturen, (3) diskursive Funktion als Dialoginstrument zur gemeinsamen Situationsanalyse und Aushandlung sozialpolitischer Handlungsprogramme und ihrer Voraussetzungen.

Diesen Anspruch gilt es in den verschiedenen Praxisfeldern der S. mit der notwendigen Professionalität einzulösen. Die Berufsrollen der Sozialplaner/innen haben in den letzten beiden Jahrzehnten deutlich an Kontur gewonnen. Die Standard- und Qualitätsentwicklung der S. ist vorangeschritten. Die Anforderungsprofile sind klarer geworden und die einschlägigen Fortbildungsträger für S. haben ihre Qualifizierungsangebote darauf eingestellt. → Sozialmanagement in den Ausbildungsprogrammen → sozialer Berufe ist hier kein Ersatz für S. Die Promotoren für die fachliche Weiterentwicklung der S. in der Praxis sind v.a. der Verein für Sozialplanung e.V. (VSOP), der → Deutsche Verein für öffentliche und private Fürsorge e.V. und eine Reihe von → Landschaftsverbänden/Landeswohlfahrtsämtern. Der VSOP ist 1991 als bundesweites selbstorganisiertes Netzwerk von Sozialplaner/innen gegründet worden, organisiert seitdem den Erfahrungsaustausch zwischen Praxis und Wissenschaft und betreibt bundesweit Lobby- und Bildungsarbeit für S., mit einer eigenen VSOP-Akademie, durch Fachtagungen, Workshops, fachpolitische Stellungnahmen, Positionspapiere, eine länderübergreifende Vernetzung und eine entsprechende Öffentlichkeitsarbeit (www.vsop.de).

*Lit.* Böhmer, A.: Konzepte der Sozialplanung (Band 1), Verfahren und Handlungsfelder der Sozialplanung (Band 2), Wiesbaden 2015; Brülle, H./Reis, C.: Neue Steuerung in der Sozialhilfe. Sozialberichterstattung, Controlling, Benchmarking, Casemanagement, München 2002; Deutscher Verein für öffentliche und private Fürsorge (Hrsg.): Handbuch der örtlichen Sozialplanung, Frankfurt a.M. 1986; Gottschalk, I./Werner, W. u.a.: Integrierte Sozialberichterstattung. Grundlage für die politische Steuerung, Oldenburg 2008; Haber, M./Danielzyk, R. u.a. (Hrsg.): Daseinsvorsorge in der Raumentwicklung. Sicherung – Steuerung – Vernetzung – Qualitäten, Essen 2014; Hammer, V./Lutz, R. u.a. (Hrsg.): Gemeinsam leben – gemeinsam gestalten. Zugänge und Perspektiven Integrierter Sozialraumplanung, Frankfurt a.M. 2010; Libbe, J.: Orientierungen für kommunale Planung und Steuerung – Ein Handlungsleitfaden, Berlin 2014; Probst, G./Wiedemann, C: Strategieleitfaden für die Praxis, Wiesbaden 2013; Verein für Sozialplanung e.V.: Kompass Sozialplanung, Speyer 2008.

*Walter Werner*

**Sozialpolitik** umfasst alle auf das Individual- wie Gemeinwohl (bonum commune) zielenden Versuche staatlicher wie nichtstaatlicher Akteure, die sozialen Verhältnisse insbesondere in den Bereichen → Einkommen, Arbeit, → Gesundheit, Wohnen und → Bildung zu gestalten. Als Begriff taucht »Social-Politik« im deutschen Sprachraum erstmals im Umfeld der revolutionären Ereignisse von 1848 auf und bezeichnet dort die notwendige Vermittlung zwischen marktgesellschaftlicher Privatsphäre und Staat zur Lösung der sich zunächst als Pauperismus dann zunehmend als Arbeiterfrage stellenden »socialen Frage«. Sowohl (1) gewachsene, institutionelle Rahmenbedingungen (polity) als auch (2) die von Interessenkonflikten (Kapital vs. Arbeit, Leistungsempfänger vs. Beitragszahler usw.) bestimmten politischen Prozesse (politics) sowie (3) deren Inhalte und Ergebnisse in Form → sozialer Rechte, → Geld- bzw. → Sachleistungen und → sozialer Dienste (policy) charakterisieren S.

(1) Moderne S. gestaltet sich im nationalstaatlichen Rahmen. Der → Sozialstaat mit seinen Institutionen, Prinzipien, Regelungen und Verfahren prägt, erweitert und begrenzt den sozialpolitischen Gestaltungsspielraum. Er ist Ergebnis wie Grundlage sozialpolitischer Prozesse. So haben sich seit der Einführung des Bismarck'schen Versicherungssystems in der Trennung zwischen Arbeiter- und Armenpolitik und der starken Stellung weltanschaulich und kirchlich geprägter Wohlfahrtsverbände (→ Freie Wohlfahrtspflege) typische Strukturmerkmale bundesrepublikanischer S. ausgeprägt. → Menschenwürde, → Grund- und → Menschenrechte, → Solidarität, → soziale Gerechtigkeit und → Subsidiarität gelten als leitende Prinzipien staatlicher S. mit Verfassungsrang. Das eng verflochtene, von wechselseitigen Abhängigkeiten geprägte Mehrebenensystem zwischen → Europäischer Union (EU), Bund, Ländern und Kommunen sowie die Leistungsprinzipien → Versicherung-, → Versorgungsprinzip und → Fürsorge und die spezifischen, subsidiären Arrangements im Zusammenspiel → öffentlicher und → freier Träger der Wohlfahrtspflege kennzeichnen die sozialpolitische Arena.

(2) Als politischer Prozess vollzieht sich S. in der Auseinandersetzung staatlicher (EU, Bund, Länder, Kommunen) und nichtstaatlicher Akteure (Gewerkschaften, Arbeitgeberverbände, Kirchen, Wohlfahrtsverbände, Betroffenenorganisationen, soziale → Einrichtungen, → soziale Bewegungen, Medien usw.). Während EU, Bund und Länder insbesondere für die Gestaltung der gesetzlichen und finanziellen Rahmenbedingungen zuständig sind,

fällt der kommunalen Ebene die Ausführung der dort beschlossenen Programme zu. Dabei gelingt sozialpolitische Steuerung auf den unterschiedlichen Ebenen immer weniger über exklusive, konsensuale Aushandlungsstrategien zwischen Staat und quasistaatlichen Großverbänden (Neokorporatismus). Finanzkrisen und die im Zuge der Individualisierung und Pluralisierung der → Gesellschaft zunehmende Vielfalt zivilgesellschaftlicher Akteure erfordern zunehmend einen als → Governance bezeichneten Steuerungsmix aus politischer (Hierarchie/Gesetze), wirtschaftlicher (Markt) und zivilgesellschaftlich solidarischer Steuerung. Der gestalterische Einfluss nichtstaatlicher Akteure hängt dabei von ihrem Organisationsgrad, der Stellung im Wirtschaftsprozess, ihrer fachlichen Expertise und normativen Glaubwürdigkeit sowie von ihrer Bedeutung für die Ausführung sozialpolitischer Programme ab. Generell gilt, dass sozialpolitische Interessen als schwache Interessen oft wenig organisations- und durchsetzungsfähig sind. Selbstorganisation und Eigenvertretung bedürfen deshalb regelmäßig der advokatorischen Unterstützung öffentlicher Stellen und privater Wohlfahrtsorganisationen.

(3) Inhaltlich verfolgt S. mit → sozialer Sicherheit, → sozialer Gerechtigkeit und sozialem Frieden bzw. gesellschaftlicher Stabilität drei übergreifende Ziele. Während soziale Sicherung auf die Bewältigung von Notsituationen im Rahmen sog. Lebensstandardrisiken (→ Krankheit, → Arbeitslosigkeit, Unfall, → Alter und → Pflege) zielt und über bedarfsorientierte Leistungen der → Grundsicherung → Teilhabe gewährleisten und Exklusion (→ soziale Ausgrenzung) verhindern soll, fordert soziale Gerechtigkeit einen fairen Ausgleich zwischen gesellschaftlichen Gruppen sowie die Verwirklichung elementarer Chancengleichheit. Schließlich dient S. aber auch der Erzeugung von Massenloyalität in modernen kapitalistischen Marktwirtschaften, der Förderung von Solidarität und wechselseitiger Anerkennung der Gesellschaftsmitglieder im Rahmen einer funktionierenden → Zivilgesellschaft sowie der Gestaltung stabiler gesellschaftlicher Verhältnisse (→ demografische Entwicklung, → Familienpolitik usw.). Staatlicher S. stehen dazu nach Kaufmann grundsätzlich vier Interventionsformen zur Verfügung: Der Sozialstaat beeinflusst kompensatorisch, konstitutiv oder präventiv die → Lebenslagen von Personen und Personengruppen, indem er (a) soziale Rechte zur »Verbesserung des rechtlichen Status von Personen« (Mietrecht, Kündigungsschutz, Mitbestimmungsrechte usw.) schafft, (b) → Ressourcen (Geld- und Sachleistungen als Versicherungs-, Versorgungs- und Fürsorgeleistungen) zur Verfügung stellt, (c) → soziale Infrastruktur zur »Verbesserung der Gelegenheitsstruktur« zur sozialen Teilhabe von Personen gestaltet und schließlich (d) über pädagogische → Interventionen in → sozialen Diensten die Handlungskompetenz von Personen stärkt. Dabei hat sich S. als zentrale staatliche Aufgabe längst in unterschiedliche (Sub-)Politikfelder wie → Beschäftigungspolitik, Gesundheitspolitik, Jugendpolitik, Rentenpolitik, Vermögenspolitik, → Wohnungspolitik usw. ausdifferenziert und ist eng verwoben mit angrenzenden Politikfeldern wie Bildungspolitik (die international meist direkt der S. zugeordnet wird) oder Kriminalpolitik.

Herausgefordert ist S. gegenwärtig durch innergesellschaftlichen Wandel einerseits und → Globalisierung andererseits. Der durch die Leistungen und Interventionen vergangener S. erst ermöglichte bzw. forcierte gesellschaftliche Wandel (demografischer Wandel, Individualisierung, Wertewandel, Wandel der Lebensformen und Arbeitsverhältnisse) stellt bisherige sozialstaatliche Leistungen und Arrangements grundsätzlich in Frage. Der lohnarbeitszentrierte Sozialversicherungsstaat mit den Prämissen Vollbeschäftigung, Normalerwerbsbiografie, Hausfrauenehe usw. bedarf dringend der sozialpolitischen Reform. Gleichzeitig wird nationalstaatliche S. heute durch Phänomene der Globalisierung (Welthandel, internationale Konkurrenz, → Migration) in ihrer Steuerungs- und Gestaltungsfähigkeit eingeengt. Es geht darum, in welcher Form und auf welche Weise Solidarität in postindustriellen Gesellschaften zu stiften ist und wie Internationalisierung (→ internationale Sozialpolitik), Europäisierung (→ europäische Sozialpolitik) und Kommunalisierung von S. zu einem schlüssigen politikfähigen Konzept gefügt werden können. Aktivierender Staat, Fördern und Fordern, → Grundsicherung, → Privatisierung und → Bürgerschaftliches Engagement sind Stichworte der auf diese Herausforderungen reagierenden S. der Gegenwart. Dabei bleibt in der sozialpolitischen Debatte umstritten, ob es sich bei den Reformen des aktivierenden Sozialstaates um notwendige Anpassungen an veränderte gesellschaftliche Rahmenbedingungen zu seiner Weiterentwicklung bzw. Stabilisierung handelt oder ob hier ein neoliberaler Sozialstaatsabbau mit den Konsequenzen wachsender Ungleichheit (→ soziale Ungleichheit) und neuen Formen der Disziplinierung und Kontrolle (→ soziale Kontrolle) vor sich geht.

*Lit.* Bäcker, G./Bispinck, R./Hofemann, K./Naegele, G./Neubauer, J.: Sozialpolitik und soziale Lage in Deutschland, 2 Bde.,

5. Aufl., Wiesbaden 2010; Böhnisch, L./Schröer, W.: Sozialpolitik und Soziale Arbeit. Eine Einführung, Weinheim/Basel 2012; Kaufmann, F.-X.: Sozialpolitik und Sozialstaat: Soziologische Analysen, 3. Aufl., Wiesbaden 2009; Lessenich, Stephan: Die Neuerfindung des Sozialen. Der Sozialstaat im flexiblen Kapitalismus, 3. Aufl., Bielefeld 2013; Schmidt, M. G.: Sozialpolitik in Deutschland. Historische Entwicklungen und internationaler Vergleich, 3. Aufl., Opladen 2005.

*Günter Rieger*

**Sozialpsychiatrie** ist Teil der → Sozialmedizin, allerdings mit einer historisch eigenen Entwicklung und vergleichsweise großen Bedeutung für das Fachgebiet Psychiatrie. Die S., die die Empfehlungen in der Psychiatrie-Enquête von 1975 geprägt hat und sich danach breiter etabliert hat, postuliert, → psychisch kranke Menschen in ihrem → sozialen Umfeld zu verstehen und sie auch dort zu behandeln. Praktische Folge solcher Forderungen war und ist eine sich seit den 1970er-Jahren entwickelnde → Gemeindepsychiatrie. Vielerorts sind → psychosoziale Arbeitsgemeinschaften (PSAG), in zahlreichen Regionen auch → Gemeindepsychiatrische Verbünde (GPV) gebildet worden. Dauerhaft institutionalisiert haben sich im Zuge der gemeindepsychiatrischen Entwicklungen → sozialpsychiatrische Dienste an den → Gesundheitsämtern. Als einer der wichtigsten Verfechter für eine S. in Deutschland gilt K. Dörner, dem die Aussage zugeschrieben wird: »Psychiatrie ist Sozialpsychiatrie, sonst ist sie keine Psychiatrie.«

S. geht davon aus, dass seelisches Leid in der Gemeinde entsteht und dass es dort auch getragen, gelindert oder beseitigt werden muss. Auf keinen Fall soll das Leiden durch Ausgliederung oder Institutionalisierung verlagert und verstärkt werden. S. ist somit ein Haltungs- und Handlungsprinzip. Dieses Verständnis hat seit den 1970er-Jahren ein tief greifendes Umdenken der Betroffenen wie der Professionellen verlangt. Es betrachtet Gesunde und Kranke als Mitglieder derselben Gemeinde, mit denen man zusammenlebt. S. steht deshalb in grundlegendem Widerspruch zu jeder Form der Ausgliederung: Sie ist gegen eine Psychiatrisierung von Schwierigkeiten, die aus den Störungen des Zusammenlebens erwachsen (wie etwa → Wohnungslosigkeit oder → Arbeitslosigkeit). S. ist gegen die Tendenz, aufkommende Schwierigkeiten im Zusammenleben vorschnell in die Hände von Fachleuten zu legen. Sie betont dagegen → Selbsthilfe und den Vorrang von nicht spezialisierten professionellen Hilfen, also solchen Hilfen, die auch nicht → psychisch kranken Menschen zur Verfügung stehen.

Das erfordert Nachdenken und Handeln zur Förderung seelischer Gesundheit, d.h. Vorsorge zu treffen, das Selbsthilfepotenzial auszunutzen und Fachleute dort einzusetzen, wo die Menschen mit → psychischen Störungen leben (lebensweltbezogene Hilfen). Jede Form der gemeindenahen professionellen Hilfe versucht, mit einem Minimum an Versorgung und Behandlung auszukommen. Es sollte gelingen, die Klient/innen (Patient/innen) selbst, ihr familiäres, soziales oder berufliches Umfeld oder in der Gemeinde vorhandene Hilfspotenziale in die Lösung von Problemen und Schwierigkeiten einzubeziehen. Die Organisation der Hilfe muss so erfolgen, dass Selbsthilfe vor Fremdhilfe, → Nachbarschaftshilfe vor professioneller Hilfe, professionelle nicht psychiatrische vor psychiatrischer Hilfe und ambulante vor teilstationärer und stationärer Hilfe erfolgt. Das Leben zu Hause ist dem Leben in einer betreuten Wohngemeinschaft und diese einem Heim vorzuziehen (→ Betreutes Wohnen behinderter und psychisch kranker Menschen). Ein normaler Arbeitsplatz ist gegenüber einem Platz in einer → Werkstatt für behinderte Menschen zu bevorzugen. Freizeitgestaltung und Bildung sollen keine gesonderten Orte für psychisch beeinträchtigte Menschen bzw. emotional förderbedürftige Kinder und Jugendliche geschaffen werden. Selbstständigkeit geht vor gesetzlicher → Betreuung.

*Ulrich Krüger*

**Sozialpsychiatrischer Dienst** in der heutigen Form gründet in der offenen »Geisteskrankenfürsorge«, die in den ersten drei Jahrzehnten des 20. Jh. eine Blüte erlebte. Nach ihrem Missbrauch während der nationalsozialistischen Gewaltherrschaft erlebte sie in den 1950er- und 1960er-Jahren einen erneuten Aufschwung. Der Begriff S. D. wurde erstmals 1967 in Berlin eingeführt. Hinter der Bezeichnung stehen verschiedene Organisationstypen mit z.T. weit auseinander liegenden Aufgabenfeldern. Fachlich bestimmt wird das Aufgabenfeld eines S. D. durch die gesetzlichen Regelungen der verschiedenen Bundesländer, durch seine Trägerschaft, die Anbindung an andere Institutionen, die Einbindung in das bestehende Versorgungsnetz und durch die jeweils beteiligten Berufsgruppen. Schwierigkeiten bestehen z.T. in der Abgrenzung vom Aufgabenspektrum der Psychiatrischen Institutsambulanzen (→ Psychiatrische Versorgung).

Neben Ärzt/innen gehören im Kern immer → Sozialarbeiter/innen zu den Mitarbeitenden. Pflegefachpersonen und Psycholog/innen werden fakultativ beschäftigt. Chronisch → psychisch kranke Menschen mit komplexem Betreuungsbedarf werden für die Mehrzahl der S. D. als Zielgruppe genannt. Weitere Zielgruppen sind schwierig zu behandelnde Personen mit mangelnder Behandlungsbereitschaft, Personen, die nicht in der Lage sind aus eigenem Antrieb Hilfe nachzufragen, Personen mit → Verhaltensauffälligkeiten und Substanzmissbrauch (→ Sucht) wie auch zunehmend gerontopsychiatrische Patient/innen (→ Gerontopsychiatrie). Bei den Betreuungsmaßnahmen finden sich i.d.R. vorsorgende, begleitende und nachgehende Hilfen für chronifizierte Krankheitsverläufe mit erheblichen Beeinträchtigungen der psychosozialen und beruflichen Leistungsfähigkeit. Einigkeit besteht über die Notwendigkeit von ambulant-aufsuchender Betreuung. Dabei liegt ein Schwerpunkt in der Einübung von Alltagsfertigkeiten im Umgang mit der personalen und dinglichen Umwelt.

In den letzten Jahren wurde das Aufgabenspektrum um die Erschließung und Koordinierung von Ressourcen in fragmentierten Versorgungssystemen erweitert (→ Case Management). Während die reine Erschließung und Koordinierung wenig erfolgversprechend ist, haben Weiterentwicklungen zum sog. »Intensive Case Management« und »Assertive Community Training« sehr gute Ergebnisse gebracht für die langfristige Krankheitsentwicklung wie auch im Hinblick auf eine Reduzierung von Krankenhausaufenthalten. Merkmale einer solchen Betreuung durch S. D. sind Betreuungskonstanz, Beziehungsqualität und Integration von medizinischen und sozialen Leistungen. Zunehmend Bedeutung in der Betreuung findet auch die Fokussierung auf die → Ressourcen der Betroffenen. Neue therapeutische Ansätze orientieren sich am »Recovery«-Konzept.

Das Aufgabenspektrum von S. D. hat Eingang gefunden in die gesetzlichen Regelungen der Soziotherapie im § 37 a SGB V. Die neuere Entwicklung auf dem Gebiet der ambulanten sozialpsychiatrischen Betreuung geht dahin, regionalen Belangen mehr Raum bei der Planung und Organisation von S. D. als bisher zu lassen. Vernetzung und Integration im Rahmen → gemeindepsychiatrischer Verbünde spielen eine wesentliche Rolle bei der Weiterentwicklung der S. D.

*Wulf Rössler*

**Sozialpsychologie** Einen relativ breiten Konsens unter Sozialpsycholog/innen finden untheoretische, beschreibende Definitionen von S. wie die von Secord u.a. und Allport. Erstere stellen fest, dass die S. »menschliches → Verhalten im sozialen Kontext« untersucht. Allport beschreibt S. als »Versuch zu verstehen, wie das → Denken, Fühlen und Verhalten von → Individuen durch die reale, vorgestellte oder implizite Anwesenheit anderer beeinflusst wird«. Eine konkrete Vorstellung von S. lässt sich durch Beschreibung ihrer einzelnen Forschungsbereiche vermitteln: a) soziale → Wahrnehmung (bzw. → Kognitionen) und Personwahrnehmung; b) Einstellungsforschung; c) Gruppenstrukturen und -prozesse (→ Kommunikation und → Interaktion in → Gruppen); d) Theorie und Erforschung sozialer → Rollen; e) Sozialisationsforschung (→ Sozialisation).

a) Soziale Wahrnehmung (engl.: social perception) bezeichnet eine Forschungsrichtung, welche die Beeinflussung der Wahrnehmung durch soziale Faktoren, etwa sozial vorgeformte Erwartungen und Werthaltungen, untersucht. Diese bestimmen in Interaktion mit sensorischen Prozessen die Aufmerksamkeitsselektion und Interpretation. Da dies über Prozesse der reinen sensorischen Verarbeitung hinausgeht, wird der Begriff »soziale Kognition« häufig dem der Wahrnehmung vorgezogen. Zum Bereich der sozialen Wahrnehmung gehört auch die Personwahrnehmung. Diese befasst sich mit der Erforschung von Faktoren und Prozessen, durch welche Eindrücke von anderen Menschen sowie die damit verbundenen Gefühle geformt werden (z.B. Wirkung des ersten Eindrucks, Bedeutung von Stereotypen). b) Soziale → Einstellungen oder Attitüden sind überdauernde Haltungen einem »psychologischen Objekt« (d.h. Personen, Gruppen, Institutionen, Ideen) gegenüber. Diese bestehen aus einer kognitiven (»Meinung«), einer affektiven und einer Handlungskomponente. Eine besondere Gruppe von Einstellungen stellen Vorurteile dar. Die Einstellungsforschung untersucht die Entstehung, Beeinflussbarkeit und Veränderung von Einstellungen. c) Bei Gruppenstrukturen und -prozessen werden Affekt-, Macht-, Status- und Kommunikationsstrukturen unterschieden. Die S. widmet sich der Erfassung dieser Strukturen, der Analyse ihrer gegenseitigen Abhängigkeit sowie den Determinanten und Prozessen ihrer Entstehung und Veränderung. Weitere Themen der Gruppenpsychologie sind die Entstehung von Gruppennormen und -konformität (→ Normen), die Führerrolle in der Gruppe sowie die Beziehungen (einschließlich der → Konflikte) zwischen Gruppen. d) Soziale Rollen beziehen sich auf Erwartungen mit verpflichtendem Charakter, die an die Inhaber bestimmter Positionen innerhalb eines bestimmten sozialen Systems gestellt werden. Rollengemäßes Verhalten wird durch

Sanktionen überwacht. Die Rollenforschung beschreibt diese Rollen und analysiert die Faktoren ihrer Entstehung, Aufrechterhaltung und Veränderung. e) Die Sozialisationsforschung befasst sich mit dem Erlernen sozialer Normen und Werte sowie der Entwicklung sozialer Verhaltensweisen.

*Klaudius Siegfried*

**Sozialraum** Das Konzept des Sozialen Raums wurde ursprünglich von Bourdieu zur Sozialstrukturanalyse (→ Sozialstruktur) entwickelt. Raum wurde metaphorisch als Arena aufgefasst, in der soziale Dynamiken um Verteilunge nund individuelle Positionierungen im Zugang zu ökonomischen, kulturellen und → sozialen Kapital beobachtbar sind. Seit Mitte der 1990er-Jahre wurde das Konzept des »Sozialen Raums« in der Sozialen Arbeit zum Hybrid aus sozialen Prozessen und geografischen Orten weiterentwickelt. S. entsteht durch Macht- und Besitzverhältnisse, die sich zeigen, indem Menschen sich positionieren (Spacing = Aneignungs- und Enteignungsprozesse von Räumen). Wie viele Flächen für Gemeinbedarf es im Flächennutzungsplan einer Stadt gibt, wie groß sie sind und wo sie liegen, ist das Ergebnis interessengesteuerter raumschaffender Prozesse. Räume stehen nicht jedem gleichermaßen offen, sondern definieren durch ihre Portale, wer zugelassen oder ausgeschlossen wird. Raum entsteht auch durch Zuschreibungsprozesse, die Orten und dort lebenden Menschen gleichsam ihre Namen geben (z.B. Etikettierung als »sozialer Brennpunkt«).

Das Konzept des S. schließt aber auch eine humanökologische Perspektive ein. Menschen sind mit ihrer sozialen Umwelt fundamental verbunden, ihre Möglichkeiten und Chancen werden zu einem großen Teil aus diesen Einbindungen gespeist und von ihnen begrenzt. Für sozialraumorientierte Soziale Arbeit (→ Sozialraumorientierung) sind die Prozesse zentral, in denen Räume konstruiert werden, die Effekte, die von diesen Aufteilungen ausgehen, die Interessen und Konstruktionspläne, die dahinter stehen, wer die Akteure dabei sind und wie sie zu beeinflussen sind. Es geht darum, geschützte Räume ohne dysfunktionale Be- und Ausgrenzungen zu organisieren, Räume zu öffnen, Handlungsspielräume und Nutzungsmöglichkeiten von und für → Adressat/innen Sozialer Arbeit zu steigern, indem deren Gestaltungswille ernst genommen wird. Gleichsam sollen Hilfebedarfe und -prozesse so gestaltet werden, dass sie das → soziale Umfeld der Betroffenen einbeziehen und darauf bezogen sind.

Wenn es gelingt, professionelle Hilfe und mit Familien-, Netzwerk- und Nachbarschaftsressourcen zu verbinden, entstehen inklusive Effekte (→ Inklusion). Dazu müssen zielgruppenbezogene Spezialisierungen überwunden werden und fachliche Zugänge zu einem weiteren S. der Adressat/innen gefunden werden. Das verlangt von den → Fachkräften ein Agieren in der Fallarbeit, im Stadtteil, in der → Zivilgesellschaft, in Organisationen, Kommunalpolitik, Wirtschaft, Medien und intermediär zwischen diesen Feldern.

*Frank Früchtel/Wolfgang Budde*

**Sozialraumbudget** ist ein Finanzierungssystem, das ursprünglich in der → Hilfe zur Erziehung (HzE) als pauschales und raumbezogenes Abrechnungsverfahren die Einzelfallfinanzierung über → Fachleistungsstunden oder Tagessätze ersetzen sollte, um problematische Effekte der Einzelfallfinanzierung zu korrigieren, deren Logik den fachlichen Zielen, der präventiven Arbeit, der Ressourcenmobilisierung im → sozialen Umfeld und der Aktivierung von Eigeninitiative entgegenläuft. Einzelfallfinanzierung lege es aus betriebswirtschaftlichen Gründen nahe, Fälle möglichst intensiv und lange zu bearbeiten. Weiterhin wurde kritisiert, dass die Einzelfallfinanzierung eine »Versäulung« von spezialisierten Hilfen (offen, ambulant, teilstationär, stationär) stabilisiere.

Als eine fachliche Antwort auf diese Kritikpunkte wird heute die → Sozialraumorientierung gesehen. Das S. als Finanzierungsinstrument unterstützt die Ziele dieses Konzepts. → Träger oder Trägerverbünde übernehmen die Versorgungsverantwortung für einen geografischen Raum. Das S. umfasst das diesen zur Verfügung stehende, vorab kalkulierte monetäre Äquivalent für alle Hilfen, die von → Leistungsberechtigten in Anspruch genommen werden. Kalkulationsbasis sind üblicherweise die bisherigen Ausgaben. Die betriebswirtschaftliche Sicherheit des S. soll Trägern ermöglichen, maßgeschneiderte Lösungsarrangements zu entwickeln, die sich flexibel den Veränderungen im individuellen Fall anpassen, Ressourcen des → Sozialraums zu nutzen und zu entwickeln (fallunspezifische Arbeit) und in wohnort- und lebensweltnahe Lösungen einzubringen. Der ökonomische Anreiz für präventives Arbeiten liegt darin, dass den Trägern Budgetunterschreitungen zur Verfügung bleiben und gemäß Vereinbarungen im Sozialraum investiert werden können.

Die Einführung von S. in einigen Städten ist auf Kritik gestoßen wegen einer evtl. Einschränkung des → Wunsch- und Wahlrechts und der Berufsfreiheit von Leistungsanbietern. Mittlerweise wurden Budgetformate entwickelt, die dieser Kritik Rechnung tragen: Einrichtungsbudgets, für die sich Träger entscheiden können, aber nicht müssen, werden auf der Basis des Vorjahres berechnet. Eine andere Variante sind regionale Budgets beim → öffentlichen Träger, für deren Verwaltung der öffentliche und die in dieser Region tätigen → freien Träger gemeinschaftlich verantwortlich sind. Budgetunterschreitungen werden jeweils für fallunspezifische Arbeit verwendet.

*Wolfgang Budde/Frank Früchtel*

**Sozialraumorientierung** wurde seit Anfang der 1990er-Jahre zum bestimmenden Fachdiskurs und führte zu sozialräumlichen Umbauprozessen der kommunalen → Kinder- und Jugendhilfe, insbesondere der H Hilfe zur Erziehung (z.B. in Stuttgart, Kreis Nordfriesland, Rosenheim, Berlin, Augsburg). Im Programm Stadtteile mit besonderem Entwicklungsbedarf – → Soziale Stadt werden städtebauliche, ökonomische, bürgerschaftliche und sozialstaatliche → Ressourcen sozialräumlich verknüpft. Mittlerweile nutzen Entwicklungen von Konzeptionen in nahezu jedem sozialarbeiterischen Arbeitsfeld sozialräumliche Handlungsmaximen, insbesondere in der → Jugendarbeit, der Behindertenhilfe und der → Sozialpsychiatrie (Kerbe 2/2010).

In der S. geht es nicht darum, mit spezialisiertem Methodenarsenal und pädagogischer Absicht Menschen zu verändern, sondern darum, → Lebenswelten zu gestalten und Arrangements zu kreieren, die leistungsberechtigten Menschen helfen, auch in prekären Lebenssituationen zurechtzukommen. Dabei sind folgende Prinzipien von Bedeutung: (1) Ausgangspunkt der Arbeit sind Wille und Interessen der leistungsberechtigten Menschen in Abgrenzung zu wissenschaftlich definierten Bedarfen; (2) Aktivierende Arbeit hat Vorrang vor betreuender Tätigkeit; (3) bei der Gestaltung einer Hilfe spielen die Ressourcen der Betroffenen und sozialräumliche Ressourcen eine wesentliche Rolle; (4) Aktivitäten sind immer zielgruppen- und bereichsübergreifend angelegt; (5) sozialraumbezogene Vernetzung und Integration verschiedener Dienste und Abteilungen.

Auf theoretischer Ebene ist das eigentlich Neue der S. ihr transdisziplinärer Ansatz: Psychologisches, pädagogisches Wissen aus der Fallarbeit (Stärkemodell) wird mit soziologischem (Sozialkapitalmodell), ökonomischem (→ Sozialraumbudget), Organisationsentwicklungswissen (Flexibilisierung, Sozialraumteam) und Organizingwissen (fallunspezifische Arbeit) kombiniert, um den disziplinären Reduktionismus, der klassisch versäulten Arbeitsformen durch die Verknüpfung verschiedener Handlungsfelder zu überwinden (SONI-Schema): (a) Auf einer sozialstrukturellen Ebene (S; → Sozialstruktur) geht es um die Thematisierung von ungleichen Verteilungen von Einfluss, Besitz und Entwicklungschancen, nicht nur durch wissenschaftliche → Sozialberichterstattung, sondern auch durch die gezielte Sammlung, Auswertung und lokalpolitische Verwendung von Informationen mit sozialpolitischer Relevanz aus der täglichen sozialpädagogischen Praxis und durch die Unterstützung von Aneignungsstrategien durch Betroffene selbst. (b) Auf der Ebene der Organisation (O) geht es um (1) Flexibilisierung versäulter Organisations- und Verwaltungsrahmen für individuell maßgeschneiderte Hilfearrangements, um (2) sozialraumbezogene, fachdienstübergreifende Aufbauorganisation, um (3) die Steigerung des Inklusionspotenzials von Regelsystemen (→ Inklusion) statt der Aussonderung in Spezialeinrichtungen und (4) die Ergänzung inputbezogener Fallfinanzierung durch ein Finanzierungssystem, das sozialräumliches Handeln ermöglicht und wirtschaftlich sinnvoll macht. (c) Auf der Netzwerkebene (N) nutzen und schaffen Sozialarbeiter/innen im Rahmen fallunspezifischer Arbeit → soziales Kapital, Gelegenheiten des Austauschs, der → Kooperation, des Vertrauens zwischen → Nachbar/innen, Bewohner/innen, Gewerbebesitzer/innen, Vereinsfunktionär/innen oder Betroffenen, die als Ressourcen des → Sozialraums sowohl solidarisch helfend als auch solidarisch bemächtigend (→ Empowerment) wirken können. Fallunspezifische Arbeit entdeckt und pflegt Ressourcen, um im Bedarfsfall darauf zurückgreifen zu können, allerdings zu einem Zeitpunkt, an dem noch nicht absehbar ist, ob und wie diese Gelegenheiten genutzt werden können. Sie liegt folglich quer zum klassischen Muster linearer Planung und Behandlung (Bedarfsfeststellung, Zielplanung, Mittelfestlegung, Umsetzung, → Evaluation). Ressourcen werden stattdessen (im Rahmen von Sozialraumprojekten, Kompetenzkartierungen, One-to-ones, aktivierender Beratung, Gewinnen von Organisationen und Zusammenschlüssen) »breit« gesammelt und in Ressourcenkarteien gespeichert, in der Erwartung, dass die darin steckenden nützlichen Gelegenheiten Einfluss auf Zielbestimmung und Lösung zukünftiger Fälle nehmen können. (d) Auf der individuellen Ebene (I) wird das klassische Bedarfsmodell der Hilfe zum Stärkemodell entwickelt, das sich qualifiziert durch Verhandlungen auf Augenhöhe i.S. einer aktivierenden Orientierung an Willen, Stärken und Ressourcen von einzelnen → Adressat/innen (→ Familienrat).

Die Felder S und O beziehen sich auf die System- und Steuerungsebene Sozialer Arbeit. Diese Ebenen werden in gesellschafts- und organisationszentrierten Ansätzen in den Vordergrund gestellt. Probleme werden als strukturverursacht begriffen und bearbeitet. Die Felder N und I thematisieren die Lebenswelt, die Sphäre, in der Gestaltungswille und Lösungskompetenz und Netzwerkressourcen der betroffenen Akteure und ihres Umfeldes aktiviert werden. Hier bilden individuums- bzw. gruppenbezogene Ansätze den Fokus. Probleme werden als durch die Einzelnen und ihre Umwelt zu lösende Phänomene begriffen.

Die Praxis verdeutlicht jedoch auch den hohen fachlichen, personellen wie organisatorischen Anspruch, dem sich öffentliche und freie Träge in der Umsetzung des Konzeptes stellen müssen. So ist mitunter die Vereinfachung des Sozialraumbegriffs auf eine bezirkliche Zuständigkeit zu beobachten, genauso wie der Verzicht auf flexible Angebote zwischen ambulanten und stationären Hilfen oder die Marginalisierung von fallunspezifischer Arbeit sowie eine oberflächliche Mobilisierung der Ressourcen von Betroffenen. Kritisiert wurde, dass das fachlich breit akzeptierte Konzept der S. ausgenutzt werden könne, um die Reduzierung von → Sozialleistungen zu verbrämen und → Rechtsansprüche aufzuweichen.

Lit. Deinet, U./Sturzenhecker, B. (Hrsg.): Sozialräumliche Jugendarbeit. Grundlagen, Methoden, Praxiskonzepte, 4. Aufl., Wiesbaden 2013; Früchtel, F./Budde, W./ Cyprian, G.: Sozialer Raum und Soziale Arbeit. Bd. 1: Theoretische Grundlagen, Bd. 2: Methoden und Techniken, 3. Aufl., Wiesbaden 2013; Fürst, R./Hinte, W. (Hrsg.): Sozialraumorientierung – Ein Studienbuch zu fachlichen, institutionellen und finanziellen Aspekten, Wien 2014; Theunissen, G.: Lebensweltbezogene Behindertenarbeit und Sozialraumorientierung, Freiburg 2014.

*Wolfgang Budde/Frank Früchtel*

**Sozialrecht** Einen feststehenden allgemeinen Begriff des S. kennt die Rechtsordnung nicht. Auch in der wissenschaftlichen Diskussion ist es nicht gelungen, ihn zu entwickeln.

(1) Sozialpolitischer Begriff: Das S. ist dasjenige Rechtsgebiet, in dem sich der sozialpolitisch gewollte Ausgleich von → Einkommen und Chancen zwischen verschiedenen Bevölkerungsgruppen und auch innerhalb derselben mit dem Ziel vollzieht, → soziale Gerechtigkeit herzustellen und soziale Sicherungen zu gewährleisten. Eine solche Verknüpfung des Begriffs S. mit der sozialpolitischen Entwicklung (→ Sozialpolitik) ist problematisch, da sie die Zuordnung einer Rechtsmaterie zum S. von deren gesteigertem sozialpolitischen Gehalt abhängig macht. Damit müssten eine Vielzahl zivil- oder arbeitsrechtlicher Materien (z.B. → Mieterschutz, → Verbraucherschutz, → Kündigung [im Arbeitsrecht]) dem S. zugeordnet werden.

(2) Entwicklungsgeschichtlicher Begriff: S. ist das Recht des seit Beginn der Industrialisierung gewachsenen Systems der → sozialen Sicherheit mit ihren Säulen der sozialen Versorgung (→ Versorgungsprinzip) bzw. → sozialen Entschädigung, der → Sozialversicherung (→ Versicherungsprinzip), der → Fürsorge (→ Fürsorgeprinzip) und der Förderungsleistungen. Sein ursprünglicher Auftrag, die physische Existenz unmittelbar gefährdende Not abzuwenden, hat sich im gegenwärtigen sozialen → Rechtsstaat erweitert: Er orientiert sich an Art. 1 Abs. 1 → Grundgesetz (GG), der den Staat verpflichtet, die → Menschenwürde zu achten und zu schützen. In Verbindung mit dem → Sozialstaatsgebot des GG geht es darum, ein soziales → Existenzminimum zu sichern und gleiche Voraussetzungen für die Entfaltung der Persönlichkeit zu schaffen, insbesondere durch → Hilfen für junge Menschen, für → Familien (z.B. → Elterngeld und → Kindergeld) und zur Erlangung einer angemessenen Ausbildung und eines frei gewählten Arbeitsplatzes (z.B. Ausbildungsbeihilfen nach dem Bundesausbildungsförderungsgesetz [ → Ausbildungsförderung] und dem Recht der → Arbeitsförderung des SGB III). Dies schlägt sich in der Zielsetzung des Sozialgesetzbuchs (vgl. § 1 SGB I) nieder.

(3) Formaler Begriff: S. ist das Recht der unter dem Titel → Sozialgesetzbuch (SGB) zusammengefassten Rechtsgebiete. Hierzu gehören die Bereiche der Sozialversicherung (SGB III, V bis VII und XI), der → sozialen Entschädigung (→ Bundesversorgungsgesetz, → Opferentschädigungsgesetz), der Fürsorge (→ Grundsicherung für Arbeitsuchende [SGB II], → Sozialhilfe [SGB XII]), des Zuschusses für eine angemessene Wohnung (→ Wohngeld), der → Kinder- und Jugendhilfe (SGB VIII, → Kinder- und Jugendhilfegesetz), der → Rehabilitation und Teilhabe behinderter Menschen (SGB IX, → Soziale Rechte). Der formelle Begriff des S. ist enger als der entwicklungsgeschichtliche, denn er erfasst das S. nicht völlig (vgl. auch → Internationales Sozialrecht, → Schnittstellen im Sozialrecht).

*Renate Bieritz-Harder*

**Sozialreform** meint umfassend alle bewusst herbeigeführten und geplanten Veränderungen hin zu einer freieren und gerechteren → Gesellschaft und bezeichnet i.e.S. Maßnahmen, die einer Verbesserung der → Sozialpolitik bzw. dem Aus- oder Umbau des → Sozialstaates dienen. S. sind von oben (Staat) wie unten (→ Zivilgesellschaft) angestoßene und gestaltete Reaktionen auf gesellschaftliche Krisen und → soziale Probleme mit dem Ziel, sozialen Frieden, → soziale Sicherheit und → soziale Gerechtigkeit zu fördern.

Politikwissenschaftlich ist Reform eine von Revolution abzugrenzende Form politischen Handelns. Dabei wird ein enger, unauflöslicher Zusammenhang zwischen (politischer) Reform und Demokratie angenommen, weil die Demokratie als einziges politisches System über die notwendige Elastizität verfügt, um auf ökonomischen und sozialen Wandel angemessen zu reagieren, und genügend Responsivität besitzt, um die für Reformen notwendigen Kompromisse und übergreifenden Konsens herzustellen. Im Gegensatz zu Revolution vollziehen sich Reformen innerhalb des vorgegebenen politisch-institutionellen, verfassungsrechtlichen Rahmens und bedienen sich legaler Mittel. Die im Rahmen des sozialistischen Diskurses (Reformismusvorwurf; vgl. R. Luxemburg) behauptete Überlegenheit der Revolution zur Veränderung gesellschaftlicher Verhältnisse gegenüber Reformen, die bestenfalls Mittel zum Zweck der Revolution sein könnten, ist zu bezweifeln, weil auch dort, wo sie beispielsweise zum Sturz einer Diktatur unumgänglich ist, eine nachhaltige Veränderung der Gesellschaft nur auf dem Wege der Demokratisierung und kontinuierlicher Reformprozesse zu erreichen ist. Insgesamt erkennt die Politikwissenschaft einen engen Zusammenhang zwischen ökonomischen Entwicklungen, sozialen Emanzipationsprozessen und politischen Reformbewegungen (→ Soziale Bewegungen). Die staatliche Fähigkeit, gesellschaftliche Reformprozesse zu steuern, wird heute allgemein skeptisch eingeschätzt. Während man für die 1960/70er-Jahre von einer Steuerungs- und Planungseuphorie sprechen kann, dominieren gegenwärtig Positionen, welche die Steuerungsfähigkeit von Politik aufgrund der Autopoiesis der gesellschaftlichen Teilsysteme gänzlich infrage stellen (N. Luhmann) oder aber mindestens die Problematiken und Begrenzungen politischer Steuerung aufgrund der ständig steigenden Komplexität gesellschaftlicher Regelungsverhältnisse (Verrechtlichung, Spezialisierung, → Professionalisierung usw.) betonen.

S. nehmen ihren Ausgang in gesellschaftlichen Krisen und gestalten sich im Wechselspiel zwischen staatlichen Maßnahmen und zivilgesellschaftlichen Forderungen. So entstand das deutsche Wohlfahrtsstaatsmodell (→ Sozialstaatsmodell, → Wohlfahrtsstaat) als Reaktion auf die sich mit der beginnenden Industrialisierung des 19. Jh. stellende »soziale Frage«. Bevölkerungswachstum, die Verelendung weiter Bevölkerungsteile wie das Erstarken der Arbeiterselbsthilfe (Gewerkschaften, Arbeiterparteien usw.) führten im Kontext der deutschen Nationalstaatswerdung zu den Bismarck'schen S. Staatliche Reformen von oben werden von Anfang an vorangetrieben, ergänzt und begleitet von bürgerlich-liberalen, sozialistischen wie christlichen sozialreformerischen Initiativen. Dabei sind nach J. Althammer/H. Lampert (2014) Zustandekommen und Verlauf von S. von drei grundlegenden, sich wechselseitig beeinflussenden Faktoren abhängig: (1) der Problemlösungsdringlichkeit (Gefährdung des sozialen Friedens; → Armut; Gefährdung der Volksgesundheit, Bildungsmangel usw.), (2) der Problemlösungsfähigkeit (materielle Ressourcen, administratives und sozialtechnologisches Know-how usw.) und (3) der Problemlösungsbereitschaft (der politischen und wirtschaftlichen Eliten, der Religionsgemeinschaften, der Öffentlichkeit usw.). Keine dieser Determinanten bildet für sich eine hinreichende Bedingung für S. Erst ihr Zusammenwirken öffnet Policy-Fenster zur Umsetzung von S. und lässt sie eine bestimmte Richtung nehmen.

Widersprüche prägen die Gegenwart der S.: (a) Einerseits und im Detail können Reformvorhaben heute auf gesicherteres wissenschaftliches Wissen zurückgreifen. → Sozialberichterstattung, → Sozialplanung und die kontinuierliche → Evaluation sozialer/sozialarbeiterischer Interventionen schaffen eine breite Datengrundlage. Andererseits stoßen S. gesamtgesellschaftlich in einer zunehmend komplexen, pluralisierten, individualisierten und verrechtlichten Gesellschaft an Grenzen. Die Folgen von Reformen sind immer schwerer abzuschätzen und die durch sie verursachten, unbeabsichtigten Nebenfolgen verkehren eine Reform schnell in ihr Gegenteil. (b) Einerseits gestaltet Politik S. angesichts der Pfadabhängigkeit der Sozialpolitik weiterhin als »Durchwursteln« (engl. muddling through; C. E. Lindblom) oder »Stückwerk-Sozialtechnologie« (engl. piecemeal engineering; K. R. Popper). Andererseits wird angesichts tiefreifender Herausforderungen für den Sozialstaat über die Notwendigkeit grundlegender Reformalternativen diskutiert (→ Grundeinkommen, Bürgerversicherung, Bildungsreform usw. als S.). (c) Schließlich ist selbst die normative Richtung des Begriffs S. nicht mehr eindeutig. Während S. bis in die 1970er-Jahre ausschließlich mit sozialem Fortschritt, mehr sozialer Gerechtigkeit, → Emanzipation und sozialer Sicherheit assoziiert wurde, werden die in Zusammenhang mit der Krise des Sozialstaates neoliberal inspirierten Reformen zum Umbau (Aktivierung, mehr Eigenverantwortung, Fördern und Fordern usw.) bzw. Abbau (→ Privatisierung, Leistungskürzungen usw.) des Sozialstaates zunehmend negativ belegt.

*Lit.* Althammer, J./Lampert, H.: Lehrbuch der Sozialpolitik, 9. Aufl., Berlin u.a. 2014; Bruch, R. v. (Hrsg.): „Weder Kommunismus noch Kapitalismus". Bürgerliche Sozialreform in Deutschland vom Vormärz bis zur Ära Adenauer, München 1985; Glotz, P./Schultze, R.-O.: Reform, in: Nohlen, D./Schultze, R.-O. (Hrsg.): Lexikon der Politikwissenschaft, Bd. 2, 4. Aufl., München 2010, S. 893–899; Luxemburg, R.: Sozialreform oder Revolution?, 2. Aufl., Leipzig 1908.

*Günter Rieger*

**Sozialstaat** Im S. ist die staatliche Macht bestrebt, soziale Unterschiede – v.a., aber nicht nur materieller Natur – innerhalb des Gemeinwesens auszugleichen, um → Teilhabe möglichst aller an den gesellschaftlichen und politischen Entwicklungen zu gewährleisten. Durch diese staatliche Aufgabe werden v.a. auch Grenzen des freien Marktes und der individuellen Verantwortung des Menschen beschrieben. Sie wird jedoch bedingt und auch begrenzt durch andere Merkmale eines Staates (vgl. → Rechtsstaat, → Föderalismus, → Subsidiarität). Historisch ist der S. eine Folge der politischen Auseinandersetzung mit der »sozialen Frage« im 19. Jh. Punktuelle Armenfürsorge wurde allmählich ersetzt durch verlässliche Strukturen → sozialer Sicherheit, die zum Bestandteil staatlicher Ordnungspolitik wurden (→ Geschichte der Sozialen Arbeit). Erst nach dem Zweiten Weltkrieg hat sich der Begriff S. gegenüber → Wohlfahrtsstaat weitgehend durchgesetzt, ohne dass eine trennscharfe Unterscheidung der Begriffe möglich wäre (engl. einheitlich: »welfare state«). Ansätze sozialstaatlicher Strukturen gab es bereits in der Antike und im Mittelalter. Welche konkreten Bedürfnisse auf welchem Niveau mithilfe welcher Strukturen im S. staatlich garantiert sein sollten, war stets Gegenstand sozialpolitischer Kontroversen, deren Konturen heute zunehmend unübersichtlich geworden sind. Im Hintergrund der Auseinandersetzungen steht das Bemühen, → soziale Gerechtigkeit zeitgemäß zu definieren.

Aus Art. 20 Abs. 1 und Art. 28 Abs. 1 S. 1 → Grundgesetz (GG) ergibt sich, dass Deutschland auf allen Ebenen (Bund, Länder und Gemeinden) ein S. ist. Die deutsche Verfassung gibt mit der Bezeichnung »sozial« aber keine fest umschriebenen Ordnungsstrukturen für die Art und Weise vor, in der sozialer Ausgleich und soziale Gerechtigkeit zu regeln sind, und gewährleistet auch keine individuellen Leistungs- oder Teilhabeansprüche (z.B. Recht auf Arbeit). Der Gesetzgeber ist in der Gestaltung sozialer Sicherung vielmehr weitgehend frei, weshalb man in Abgrenzung zu einklagbaren Grundrechtsansprüchen (→ Grundrechte) von einem sich aus dem GG ergebenden → Sozialstaatsprinzip spricht. Aus der → Rechtsprechung des Bundesverfassungsgerichts (BVerfG) ergibt sich jedoch, dass in Anbetracht der staatlichen Verpflichtung zum Schutz der → Menschenwürde (Art. 1 GG) die minimalen Existenzgrundlagen (→ Existenzminimum) – auf welche Weise auch immer – gesichert sein müssen (»Menschenrecht auf Existenzsicherung«). Die Realität des S. ergibt sich somit aus einer Vielzahl einzelner Bestimmungen sozialer Sicherung (additive S.bestimmung), auch wenn letztlich das gesamte gesellschaftliche Leben neben anderen Zielen am Anspruch sozialer Gerechtigkeit auszurichten ist. Ausdruck des S. sind nicht nur die großen Sicherungssysteme (→ Sozialversicherung, Versorgung, → Fürsorge), sondern ebenso staatliche Maßnahmen in unterschiedlichen Bereichen, von der Arbeitsmarkt- und Beschäftigungsförderung über → sozialen Wohnungsbau, → Familienleistungsausgleich, Bildungswesen, → Arbeitsschutz, → Mieterschutz bis hin zum Steuerrecht.

Der Aufbau und die Entwicklung des S. in Deutschland ist ein dynamischer, vielfältiger und mit Widersprüchen behafteter Prozess. Auf theoretischer Ebene ist er v.a. geprägt von einem nicht vollständig auflösbaren Spannungsfeld zwischen Gleichheit und Freiheit (bzw. sozialer Gerechtigkeit und Eigenverantwortung) und dem Prinzip der → Subsidiarität, welches die Einbeziehung der → freien Träger sowie der Länder und Gemeinden in die Strukturen des S. begründet. Im Bemühen um ein abgestimmtes System sozialer Sicherung (→ Sozialleistungen i.e.S.) kommt dem Aufbau des → Sozialgesetzbuchs (SGB) seit 1976 wesentliche Bedeutung zu. Daneben sind aber nach wie vor zahlreiche weitere Leistungsgesetze auf Bundes-, Landes- und kommunaler Ebene von Bedeutung, die außerhalb des SGB geregelt wurden. Die weltweit einmalige Vielgliedrigkeit des deutschen S., die in dem Respekt vor gewachsenen gesellschaftlichen und politischen Strukturen begründet ist, führt im Ergebnis zu einer beispiellosen Komplexität und Undurchschaubarkeit.

Die Rolle des Staates bei der sozialen Sicherung wird seit den 1990er-Jahren wieder grundsätzlich thematisiert. Teilweise wird auch von einer Krise des S. gesprochen. V.a. durch den Ausbau der Sozialleistungssysteme in der zweiten Hälfe des 20. Jh., anhaltend hohe → Arbeitslosigkeit, enorme Verschuldung der öffentlichen Haushalte, die → demografische Entwicklung und aufwendige bürokratische Strukturen ist die Finanzierbarkeit des erreichten sozialen Standards zunehmend infrage gestellt. Im Rahmen der → Globalisierung bedeutet außerdem die lohnbezogene Finanzierung der gesetzlichen Sozialversicherungen einen Wettbewerbsnachteil auf dem internationalen Arbeitsmarkt. Dies hat dazu geführt, dass eine allmähliche Umstellung auf lohnunabhängige Sicherungssysteme in der Altersvorsorge (→ Rentenreform, → private Altersvorsorge) und im Gesundheitswesen (Gesundheitsreform, gesetzliche → Pflegeversicherung) begonnen hat. An zahlreichen Stellen wurden Einschnitte im sozialen Netz vorgenommen, die nur durch private (freiwillige) Vorsorgemaßnahmen kompensiert werden können. Außerdem gewinnen kapitalgedeckte Systeme gegenüber dem Modell des → Generationenvertrags an Bedeutung. Häufig werden die bestehenden Probleme aufgrund fehlender realisierbarer und sozialpolitisch verantwortbarer Konzepte nicht offen thematisiert, sondern tatsächlich entstehende Einschnitte kaschiert wie z.B. bezüglich der in vielen Bereichen nicht mehr bedarfsdeckenden Leistungen (→ Bedarfsdeckungsprinzip) der gesetzlichen → Krankenversicherung. Es gibt aber auch Erweiterungen staatlicher Verantwortung, z.B. die Einbeziehung der Empfänger/innen von → Sozialhilfe und → Arbeitslosengeld II in die Sozialversicherung, den Ausbau der → Kindertagesbetreuung und der Einführung von → Elterngeld.

Es gehört zu den unabdingbaren Aufgaben des S., Personen ein Minimum sozialer Sicherheit zu gewährleisten, die hierzu aus eigenen Mitteln und Kräften nicht in der Lage sind (→ Fürsorgeprinzip). An der grundlegenden Strukturreform in diesem Leistungsbereich seit 2005 wird ein gewandeltes Verständnis des S. deutlich. So bestehen Ansprüche auf existenzsichernde Leistungen in Abhängigkeit von der Bereitschaft der Berechtigten, alle ihnen zumutbaren Maßnahmen zur Abwendung der Bedürftigkeit zu unternehmen. Die Erfüllung differenziert geregelter → Mitwirkungspflichten der Leistungsberechtigten ist weitgehend zur Voraussetzung öffentlicher Existenzsicherung geworden. Auf diese Weise sollen die Bedürftigen entsprechend den Grundrechten zur Eigenverantwortung befähigt und Abhängigkeiten von staatlichen Leistungen gemindert werden. Aufgrund der damit verbundenen Feststellungs- und Beweislastprobleme hat soziale Absicherung aber gleichzeitig an Zuverlässigkeit eingebüßt. Unter dem Schlagwort »vom Versorgungsstaat zum aktivierenden S.« werden unterschiedliche, sich aber letztlich wechselseitig ergänzende Prinzipien des S. gegeneinander ausgespielt. Vor dem Hintergrund der vielfältigen gewachsenen Strukturen des S. in Deutschland kann es aber mittelfristig nur darum gehen, Akzente zu verschieben, ohne auf eine staatlich garantierte → Grundsicherung zu verzichten (»Fördern und Fordern«).

*Lit.* Butterwegge, C.: Krise und Zukunft des Sozialstaates, 5. Aufl., Heidelberg 2014; Kaufmann, F.-X.: Sozialstaat als Kultur, Heidelberg 2015; Lessenich, S.: Theorien des Sozialstaats zur Einführung, Hamburg 2012; Schmidt, M.: Der deutsche Sozialstaat. Geschichte und Gegenwart, München 2012.

*Johannes Falterbaum*

**Sozialstaatsprinzip** ist ein im → Grundgesetz (GG) in Art. 20 Abs. 1 verankertes und durch Art. 79 Abs. 3 gegen Verfassungsänderungen geschütztes Ziel und Strukturprinzip des Staates. Das S. ist allgemeiner gefasst als → soziale Grundrechte und kann als Auslegungsgrundsatz eine ähnliche Funktion erfüllen. Es gilt nach Art. 28 Abs. 1 für die Länder, deren Verfassungen oft präzisere soziale Staatsziele enthalten. Nach Art. 23 Abs. 1 GG ist es Bedingung der europäischen Integration. Auch die → Europäische Union (EU) ist sozialen Zielen verpflichtet (Art. 2 Vertrag über die EU [EUV]; Art. 9 Vertrag über die Arbeitsweise der EU [AEUV], → europäische Sozialpolitik). Der Begriff Sozialstaat wird z.T. synonym mit dem → Wohlfahrtsstaat benutzt, weist aber über diesen hinaus normativen Charakter auf, wie an seiner Benutzung als Prinzip deutlich wird.

Im GG wird das S. ohne inhaltliche Konkretisierung normiert. Es verpflichtet den Staat, insbesondere die → Gesetzgebung, auf Aktivitäten zur Erreichung und Wahrung von → sozialer Sicherheit, → sozialer Gerechtigkeit und → sozialem Ausgleich. Soziale Bedarfslagen dürfen nicht willkürlich vernachlässigt werden. Der soziale → Rechtsstaat lässt die → Gesellschaft nicht gewähren, sondern gestaltet sie, jedoch nicht durch einseitige Lenkung, sondern im dialektischen Wechselverhältnis von Staat und Gesellschaft. Somit steht das S. auch im Wechselverhältnis zur Demokratie. Das S. gilt nicht nur für spezifisch soziale Felder der Gesetzgebung (öffentliche → Fürsorge, → Sozialversicherung, → Arbeitsrecht, → Gesundheitswesen), sondern ist in allen staatlichen Handlungsfeldern zu beachten. Art und Maß der Verwirklichung des S. sind dem Gesetzgeber mit weitem Spielraum vorgegeben. Insofern ist das S. auch nicht unmittelbar Grundlage von Ansprüchen gegen den Staat. Allerdings ist der Gesetzgeber aus dem Schutz der → Menschenwürde in Verbindung mit dem S. verpflichtet, Hilfebedürftigen die Mindestvoraussetzungen für ein menschenwürdiges Dasein sicherzustellen und darüber hinaus gesellschaftliche → Integration anzustreben (Bundesverfassungsgericht [BVerfG] v. 18.6.1975 – BVerfGE 40, 121, 133) sowie das → Existenzminimum, auch im → Asylbewerberleistungsgesetz, zu gewährleisten (BVerfG v. 10.2.2010 – BVerfGE 125, 175; BVerfG v. 18.7.2012 – BVerfGE 132, 134; BVerfG v. 23.7.2014 – NJW 2014, 3425). Dies umfasst auch einen Mindestbestand an Hilfen zur Erhaltung der → Gesundheit. Auch kann das S. im Zusammenwirken mit anderen Grundrechten, insbesondere dem → Gleichheits(grund)satz, staatsgerichtete Leistungsansprüche (Rechte auf → Teilhabe) begründen. Das S. legitimiert, wenn → Gesetze, die den Zielen soziale Sicherheit und Gerechtigkeit dienen, in Grundrechte eingreifen, insbesondere auch bei der Sozialbindung des Eigentums (Art. 14, 15 GG). Gerade die dem Gesetzgeber aufgegebene Vermittlung von Freiheit und sozialer Gleichheit sowie die Moderation des sozialen → Konflikts in rechtlichen Formen ist das Spezifikum des sozialen Rechtsstaats (Heller).

*Felix Welti*

**Sozialstation** → Ambulante Dienste für ältere Menschen

**Sozialstruktur** Es wird unterschieden zwischen einer mikrosoziologischen und einer makrosoziologischen Definition der S. Auf mikrosoziologischer (auf soziales Handeln bezogenen) Ebene meint S. das Geflecht der Beziehungen zwischen Handelnden in ihrer Eigenschaft als Träger von → Rollen. Für → Organisationen und → Institutionen ist es hilfreicher, auf den makrosoziologischen (auf soziale Gebilde bezogenen) Begriff zurückzugreifen. Unter S. in diesem weiteren Sinn wird die spezifische Zusammensetzung der Bevölkerung unter sozialen und demografischen Gesichtspunkten verstanden. Die Bevölkerung wird dabei anhand bestimmter → Indikatoren eingeteilt, bspw. danach, wie zentrale → Ressourcen wie → Bildung, → Einkommen und Beruf verteilt sind, welche Gliederung nach Klassen und Schichten, sozialen Milieus und → Lebensstilen die Bevölkerung aufweist oder wie das Verhältnis zwischen Stadt- und Landbevölkerung oder von in Deutschland geborenen und zugewanderten Personen ist (Migrationsdichte, → Migration). Weil sich der Begriff S. früher im Allgemeinen auf Über- und Unterordnungsverhältnisse (→ soziale Ungleichheit) bezog, lässt sich auch der Begriff → Lebenslagen darunter subsumieren. Indikatoren müssen objektiv feststellbar (messbar und zählbar) sein und klar voneinander abgegrenzt werden können. Solche Indikatoren können z.B. der Geburtenjahrgang, das Geschlecht, das Einkommen, die Wohnverhältnisse, die Schulbildung, die Berufsqualifikation, die Kinderzahl oder der Familienstand sein.

Die S. gibt Auskunft darüber, wie bestimmte sozio-demografische Merkmale in der Bevölkerung in einem bestimmten Gebiet verteilt sind (Häufigkeit). Die Indikatoren eignen sich dazu, Informationen über die Struktur von Problemlagen und sozialen Auffälligkeiten sichtbar zu machen. Veränderungen der Indikatoren zeigen einen Strukturwandel an, etwa wenn sich in einem Stadtteil durch Neubauvorhaben die Zahl der Familien und der Kinder signifikant erhöht, wo vorher ein hoher Anteil von alten Menschen zu verzeichnen war. → Sozialarbeiter/innen und Sozialpädagog/innen müssen dementsprechend die S. eines Stadtteils/Bezirkes oder einer Kommune kennen und die vielfältigen Entwicklungen beobachten, um bedarfsorientiert und zielgerichtet zu arbeiten, also bspw. sinnvolle Netzwerke aufbauen zu können oder sozialplanerische Maßnahmen (z.B. Bau einer Kinderkrippe) anzustoßen. Voraussetzung einer genauen → Sozialplanung und Prognosenerstellung ist deshalb die Analyse der S. auf der Grundlage von statistischem Datenmaterial (→ statistische Grundlagen der Sozialen Arbeit) in den jeweiligen Kommunen oder Stadtteilen. Ziele einer solchen empirischen Sozialstrukturanalyse sind unter anderem die Beschreibung sozialer Strukturen und Prozesse, die Erklärung von sozialstrukturellen Zusammenhängen und Politikberatung. Untersuchungen über die S. interessieren sich zum einen für den sozialen Wandel, also für die Veränderung der S. einer Gesellschaft über die Zeit, zum anderen für regionale Unterschiede in den S. innerhalb einer Gesellschaft wie auch den Vergleich der S. mehrerer Gesellschaften und die damit verbundenen Einflussfaktoren. Angesichts der → demografischen Entwicklung und zunehmender sozialer Ungleichheit wird der Sozialstrukturanalyse in den letzten Jahren wieder mehr Aufmerksamkeit geschenkt.

*Lit.* Geißler, R.: Die Sozialstruktur Deutschlands, 7. Aufl., Wiesbaden 2014; Zapf, W.: Sozialstruktur und gesellschaftlicher Wandel in der Bundesrepublik Deutschland, in: Weidenfeld, W./Zimmermann, H. (Hrsg.): Deutschland-Handbuch. Eine doppelte Bilanz 1949–1989, München/Wien 1989, S. 99–124; Zapf, W./Habich, R. (Hrsg.): Wohlfahrtsentwicklung im vereinten Deutschland. Sozialstruktur, sozialer Wandel und Lebensqualität, Berlin 1996.

*Karl-Heinz Weyrich*

**Sozialstrukturanalyse** → Sozialstruktur

**Sozialtherapeutische Anstalt** ist eine spezifische Form des → Strafvollzugs und wird derzeit in sechs eigenständigen Anstalten bzw. in 62 speziellen Abteilungen des Strafvollzugs angeboten, die über ein besonders intensives Behandlungsangebot verfügen. Indikationskriterien sind v.a. Gefangene, bei denen gefährliche Straftaten wegen einer erheblichen Störung ihrer persönlichen und sozialen Entwicklung zu befürchten sind und die erkennen lassen, dass sie sich um eine Änderung ihrer → Einstellungen und ihres → Verhaltens bemühen wollen. Ziel der → Sozialtherapie ist es, mit besonderen therapeutischen Mitteln das Rückfallrisiko nach der Haft zu minimieren. Die als integrative Sozialtherapie bezeichnete intensive Behandlung fußt auf psychotherapeutischen Ansätzen und bezieht sozialpädagogische und berufsbildende Maßnahmen ein. Mindestanforderungen an Organisation und Ausstattung der s. A. wurden vom Arbeitskreis Sozialtherapeutische Anstalten im Justizvollzug e.V. festgelegt, um die Wiedereingliederung der in s. A. Inhaftierten zu bewirken.

Die Chance der s. A., neue und qualifizierte Formen der Behandlung von Gefangenen zu erproben und eine Differenzierung der Anstaltsbehandlung einzuleiten, wird allerdings geschmälert durch ihre oft unzureichende personelle Ausstattung und ihre Zugehörigkeit zum Justizvollzug, dessen traditionelle Orientierung an Sicherheit und Ordnung eine eigenständige Entwicklung der s. A. behindert. Zwar konnte das ursprüngliche Ziel, mit der s. A. eine weitere behandlungsorientierte → Maßregel der Besserung und Sicherung einzuführen, nicht realisiert werden, doch bietet die sog. Vollzugslösung in s. A. bzw. sozialtherapeutischen Abteilungen des Justizvollzugs zumindest eine freiere Handhabung der Angebote des allgemeinen Vollzugs. Außerdem kann in erweitertem Maße (bis zu sechs Monaten) Urlaub zur Vorbereitung der Entlassung (§ 124 Strafvollzugsgesetz [StVollzG]) gewährt werden, wobei Weisungen und die Unterstellung unter eine Betreuungsperson angeordnet werden können. Seit der Föderalismusreform 2006 haben die Länder in ihren jeweiligen Landesgesetzen zum Strafvollzug ähnliche Regelungen zu den s. A. aufgenommen.

Mit ihrer Zustimmung können Gefangene aus dem allgemeinen Strafvollzug in eine s. A. verlegt werden, »wenn die besonderen therapeutischen Mittel und sozialen Hilfen der Anstalt« zur → Resozialisierung angezeigt sind. Ohne ihre Zustimmung sind nach dem mit dem Gesetz zur Bekämpfung von Sexualdelikten und anderen gefährlichen Straftaten vom 26.1.1998 eingeführten neuen § 9 Abs. 1 StVollzG Gefangene in eine s. A. zwangsweise zu verlegen, die wegen Sexualdelikten (§§ 174 bis 180, 182 Strafgesetzbuch [StGB]) zu mehr als zwei Jahren → Freiheitsstrafe verurteilt sind.

2014 gab es in Deutschland 2.365 Plätze (davon nur 3,3% für Frauen) in s. A., ganz überwiegend im geschlossenen Vollzug, die aufgrund des o.g. Gesetzes zu 50,7% von Inhaftierten mit Sexualdelikten belegt sind. Hinsichtlich der Wirksamkeit bezüglich der Senkung der Rückfallquote lässt sich bei aller Ungenauigkeit und Unterschiedlichkeit der Messinstrumente ein moderater positiver Effekt im Vergleich zum Regelvollzug nachweisen, wobei der Behandlungserfolg nicht zuletzt von der Nachsorge der aus s. A. entlassenen Gefangenen abhängen dürfte.

*Gabriele Kawamura-Reindl*

**Sozialtherapie** ist ein Verfahren der fachlich-gezielten Einflussnahme und Intervention auf pathogene Faktoren in der sozialen Umgebung bzw. in den sozialen Beziehungen (→ Pädagogisch-therapeutisches Milieu) von Klient/innen. Der Ansatz findet sich u.a. bei M. Richmond (1917) und A. Salomon (1926), bei denen die Bedeutung der sozialen Kontextfaktoren und deren Erhebung in einer sozialen → Diagnose Grundlage für die soziale therapeutische → Intervention sein sollten. V. v. Weizsäcker führte den Begriff 1947 in die Medizin ein und sprach von einer Methode, in der neben der Arbeit mit Patient/innen die soziale Mitwelt beeinflusst und verändert werden sollte. S. findet sich als interdisziplinäre Behandlung von Klient/innen in ambulanten oder stationären therapeutischen Gemeinschaften und auch in Einzelsettings. Schwerpunkt ist die Schaffung eines heilsamen sozialen Rahmens, in dem mit milieutherapeutischen Mitteln ein Lebens- und Reflektionsraum geschaffen wird, der auf die Verbesserung der Passung zwischen → Individuum und → Gesellschaft zielt. Es gibt bis heute keine einheitliche Begriffsverwendung, vielmehr wird von S., Sozialer Therapie, Soziotherapie oder auch Sozialer Psychotherapie gesprochen. Ebenso uneinheitlich ist die Auffassung hinsichtlich der methodischen Aspekte, es kommen Ansätze der Milieutherapie, der Psychotherapie, der Netzwerkarbeit, der Förderung im Alltag, der sozialraumorientierten Sozialen Arbeit, der psychosozialen Beratung, der Angehörigenarbeit, kreative Methoden u.a. zum Einsatz. Als institutions- und gesellschaftskritischer Standpunkt entwickelte S. einen gesellschaftspolitischen Impetus, der v.a. den Zusammenhang zwischen gesellschaftlichen Verhältnissen und individuellen Problemlagen (Leidenszuständen) benannte (Gaertner 1982). Die Entwicklung eines einheitlichen fachlichen Methodenkanons steht weiterhin aus. In letzter Zeit ist eine verstärkte Publikationsdichte zum Thema S. zu beobachten (z.B. Pauls u.a. 2013; Lammel u.a. 2015).

S. kommt in verschiedenen Arbeitsfeldern zum Einsatz. Im → Strafvollzug verfügt sie über eine lange Tradition im Rahmen der Behandlung in einer → Sozialtherapeutischen Anstalt. Hier meint S. die Schaffung eines Lebens- und Erfahrungsraums, der förderlich auf die Entwicklung der Inhaftierten wirken und längerfristige Entwicklungsprozesse ermöglichen und eine Re-Sozialisierung ermöglichen soll. Das Konzept gilt als wichtiger Ansatz zur Behandlung im Strafvollzug, insbesondere bei verurteilten Gewalt- und Sexualstraftäter/innen. Als wichtige Forderung besteht hier die Öffnung der Strafanstalten z.B. im Rahmen eines umfangreichen Übergangsmanagements. In der → Forensischen Psychiatrie wird unter dem Begriff der Forensischen S. die Behandlung, → Rehabilitation und → Resozialisierung psychisch kranker Straftäter/innen verstanden, wobei kriminaltherapeutische Methoden mit einem interdisziplinären Ansatz zur Anwendung kommen. In der → Psychiatrischen Versorgung fokussiert S. auf soziale Lebensumstände anstelle einer reinen Zentrierung auf Symptome. Der Veränderungsansatz geht also über den individuumzentrierten Behandlungsrahmen hinaus und greift organisatorische, institutionelle und sozialräumliche Faktoren auf. Als Versicherungsleistung in der psychiatrischen Behandlung nach § 27 a SGB V ist S. seit 2000 in den Leistungskatalog der Gesetzlichen → Krankenversicherung eingeführt und meint hier die Unterstützung schwer → psychisch kranker Menschen bei der Inanspruchnahme ärztlicher oder ärztlich verordneter Leistungen, mit dem Ziel einer Verselbstständigung und eigenständigen Erschließung und Nutzung therapeutischer Maßnahmen und Unterstützungsleistungen, v.a. durch Koordination, Anleitung und Motivationsarbeit. In heilpädagogischen Zusammenhängen ist S. eine Methode, um → geistig behinderten Menschen eine Verbesserung oder den Neuaufbau sozialer Beziehungen zu ermöglichen. Ferner werden soziale Strukturen entwickelt, welche die individuellen Entwicklungsbedürfnisse der Betroffenen berücksichtigen können und einen heilenden Einfluss (»heilende Entwicklungsraumgestaltung«) haben können. In der Suchtkrankenhilfe bzw. -therapie (→ Sucht) ist S. eine von den Kostenträgern anerkannte Aus- bzw. Weiterbildung, in der Erkenntnisse der klinischen Psychologie, der Neurowissenschaften und der Psychotherapieforschung berücksichtigt werden und methodisch Elemente der → verhaltensorientierten Beratung und Therapie , der Tiefenpsychologie und der Integrativen Psychotherapie zum Einsatz kommen. In der → Kinder- und Jugendhilfe finden sich sozialtherapeutische Elemente im Rahmen der Eingliederungshilfe für seelisch behinderte Kinder und Jugendliche, v.a. bei der Überwindung sozialer Teilhabebeeinträchtigungen. Allerdings wird der Begriff S. hier nur sehr zögerlich verwendet. In der → Klinischen Sozialarbeit wird S. als Teil der gesundheitsorientierten → Fachsozialarbeit verstanden. Grundlagen sind hier das biopsychosoziale Paradigma, eine eigenständige psychosoziale Diagnostik, spezifische fachliche Kompetenzen (Pauls u.a. 2013) und Interventionsmethoden, welche auf die Bewältigung psychosozialer Krisen, die Erschließung und Förderung personaler und sozialer Ressourcen, die soziale Unterstützung, die Verbesserung der sozialen Umfeldfaktoren und die Gestaltung sozialer Netzwerke zielt.

Aus- und Weiterbildungen werden im Rahmen therapeutischer Qualifikationsmöglichkeiten (z.B. bei Ausbildungsinstituten für Sucht- oder Integrative S.) und als Studienangebot in Masterstudiengängen (z.B. an den Hochschulen Coburg, Alice-Salomon-Hochschule Berlin, Fachhochschule Frankfurt) angeboten. Ein einheitliches Berufsbild S. wurde bislang nicht entwickelt. Die fachliche und berufliche Organisation von Sozialtherapeut/innen erfolgt z.B. im Bundesverband anthroposophisches Sozialwesen, dem Berufsverband der Soziotherapeuten, dem Deutschen Fachverband für Sozialtherapie oder der Deutschen Gesellschaft für Systemisch-konstruktivistische Beratung, Sozialtherapie und Supervision (DG3S).

*Lit.* Gaertner, A. (Hrsg.): Sozialtherapie. Konzepte zur Prävention und Behandlung des psychosozialen Elends, Neuwied/Darmstadt 1982; Lammel, U./Jungbauer, J./Trost, A. (Hrsg.): Klinisch-therapeutische Soziale Arbeit. Grundpositionen, Forschungsbefunde, Praxiskonzepte, Dortmund 2015; Pauls, H./Stockmann, P./Reicherts, M. (Hrsg.): Beratungskompetenzen für die psychosoziale Fallarbeit. Ein sozialtherapeutisches Profil, Freiburg

2013; Schwendter, R.: Einführung in die Soziale Therapie. Tübingen 2000.

*Gernot Hahn*

**Sozialunternehmen** → Soziales Unternehmertum, → Sozialwirtschaft

**Sozialverband Deutschland e.V. (SoVD)**, ehemals Reichsbund der Kriegs- und Wehrdienstopfer, Behinderten, Sozialrentner und Hinterbliebenen e.V. Der 1917 gegründete, im Mai 1933 aufgelöste und im November 1946 wieder gegründete SoVD ist mit heute ca. 560.000 Mitgliedern eine der ältesten und mitgliederstärksten Organisationen mit sozialpolitischer Zielsetzung. Er setzt sich insbesondere für kranke, chronisch kranke, behinderte, pflegebedürftige und ältere Männer und Frauen ein, versteht sich insgesamt aber als eine Interessenvertretung aller sozial benachteiligten Menschen. Der SoVD hat sich nach seiner Satzung und seinem sozialpolitischen Programm das Ziel gesetzt, ein Höchstmaß an sozialer Gerechtigkeit und Chancengleichheit für den von ihm vertretenen Personenkreis zu erreichen. Seine Forderungen sind auf die fortschrittliche Weiterentwicklung des → Sozialstaats und die Gestaltung einer solidarischen Bürgergesellschaft gerichtet.

Sozialpolitisch wirkt er mit eigenen Konzeptionen und Vorschlägen zur Weiterentwicklung des → Sozialrechts auf Gesetzgeber, Ministerien und Verwaltungen auf Bundes- und Landesebene ein. Der SoVD gewährt seinen Mitgliedern Sozialberatung und -vertretung bei der Durchsetzung sozialer Leistungsansprüche. In seinen Landes-, Kreis- und Ortsverbänden leistet er individuelle Betreuung von behinderten und älteren Menschen. Die Organisation verfügt über Erholungszentren und Einrichtungen der beruflichen Teilhabe. Der SoVD fördert durch eine eigene Jugendorganisation, die SoVD-Jugend, die gesellschaftliche Eingliederung behinderter junger Menschen und führt turnusmäßig auch das Sekretariat des → Deutschen Behindertenrats. Die sozialpolitische Unterrichtung seiner Mitglieder wird durch Herausgabe einer SoVD-Bundeszeitung und durch vielfältige Informationsschriften sichergestellt.

*Anschrift*: Stralauer Str. 63, 10179 Berlin, www.sovd.de

*Claudia Tietz*

**Sozialverband VdK Deutschland e.V.** vertritt mit 1,75 Mio. Mitgliedern die Interessen von → behinderten, chronisch kranken und älteren Menschen. Der Verband ist parteipolitisch und konfessionell neutral sowie finanziell unabhängig und setzt sich für → Solidarität in der Gesellschaft, → soziale Gerechtigkeit und die Fortentwicklung der sozialen Sicherungssysteme ein. Neben der sozialpolitischen Lobbyarbeit ist ein wesentlicher Tätigkeitsschwerpunkt die rechtliche → Beratung und Vertretung im gesamten → Sozialrecht. Er vertritt seine Mitglieder in Antrags- und Widerspruchsverfahren bei Behörden und Klagen vor den → Sozialgerichten bis hin zu dem Bundessozialgericht. Seit vielen Jahren engagiert er sich für die berufliche → Integration behinderter Menschen auf dem allgemeinen → Arbeitsmarkt und kann eine erfolgreiche Beratungs- und Schulungsarbeit in großen und kleinen Betrieben vorweisen. Hinzu kommt ein umfangreiches Dienstleistungsangebot seiner Landesverbände. Der Sozialverband VdK ist Gesellschafter bei dem Institut Mensch, Ethik und Wissenschaft (IMEW), dem Institut für barrierefreie Gestaltung und Mobilität (IbGM). Er ist u.a. auch Mitglied im → Deutschen Behindertenrat (DBR) und im → Deutschen Paritätischen Wohlfahrtsverband. Auf europäischer Ebene ist er in der Dachorganisation der Behindertenverbände Action Europeènne des Handicapès (AEH) aktiv.

*Informationen*: www.vdk.de

*Achim Backendorf*

**Sozialverhalten** (engl.: social behavior) ist nach einer sehr umfassenden Definition des Behaviorismus jede Reaktion auf soziale Reizung. Homans schränkt die Aussage ein, indem er feststellt, dass S. immer nur dann vorliegt, wenn sich das → Verhalten tatsächlich abspielt und eine oder mehrere Personen von anderen Personen für eine Handlung entweder belohnt oder bestraft werden bzw. Belohnung oder Bestrafung gegenüber anderen vollziehen. In diesem Sinne liegt also S. nur bei Belohnung oder Bestrafung einer Handlung vor. Homans entwickelte seine Definition in Anlehnung an die Lernpsychologie (→ Lernen). S. wird dabei auf gelerntes Verhalten reduziert, das nicht speziell durch Lohn oder Strafe gelernt wurde.

Die → Sozialpsychologie hat sich in Bezug auf das S. lange Zeit hauptsächlich mit der Erforschung »antisozialen« (d.h. nicht angepassten, unerwünschten) Verhaltens und des → sozialen Lernens befasst. Besonders die Erforschung aggressiven – gegen Personen, Sachen oder sogar gegen sich selbst gerichteten – Verhaltens (z.B. durch Berkowitz und Milgram) stand im Vordergrund. Erst seit Mitte der 1960er-Jahre wurden Untersuchungen zum Verhalten mit positiven sozialen Konsequenzen, dem »prosozialen« Verhalten, durchgeführt (z.B. Bar-Tal; Lück). Prosoziales Verhalten ist nach Lück jede Hilfeleistung, der die Intention zugrunde liegt, bedürftigen anderen Personen Erleichterung oder Besserung ihrer augenblicklichen Lebenssituation zu verschaffen. Diese Definition schließt sowohl altruistisches als auch helfendes Verhalten als Wiedergutmachung für selbst erhaltene Hilfe mit ein.

*Hans-Jörg Rippe*

**Sozialversicherung** Das deutsche S.system beruht in seinen Grundzügen auf der Bismarck'schen Sozialgesetzgebung, die ihren Ausgang in der »Kaiserlichen Botschaft«, einer von Bismarck am 17.11. 1881 verlesenen Kronrede, genommen hat. Sie führte zur Begründung der »klassischen« drei Zweige der S.: → Krankenversicherung – 1883, → Unfallversicherung – 1884, → Rentenversicherung (ursprünglich Invaliditäts- und Altersversicherung) – 1889. 1911 kamen die Angestelltenversicherung und 1927 die → Arbeitslosenversicherung hinzu. Die gesetzliche → Pflegeversicherung wurde zuletzt – in Stufen 1995 und 1996 – eingeführt. Heute besteht das deutsche S.system demzufolge aus fünf Säulen: Rentenversicherung, Unfallversicherung, Krankenversicherung, Arbeitslosenversicherung und Pflegeversicherung. Es hat sich zu einem umfassenden Instrument der → Daseinsvorsorge entwickelt.

Ursprünglich waren die Regelungen zur S. in der Reichsversicherungsordnung zusammengefasst. Heute enthält das → Sozialgesetzbuch (SGB) gemeinsame Vorschriften (SGB I: Allgemeiner Teil; SGB IV: Gemeinsame Vorschriften für die S.; SGB X: Sozialverwaltungsverfahren und Sozialdatenschutz) und Regelungen zu den S.zweigen (SGB III: Arbeitslosenversicherung; SGB V: Krankenversicherung; SGB VI: Rentenversicherung; SGB VII: Unfallversicherung; SGB XI: Pflegeversicherung). Daneben bestehen weitere Gesetze und Verordnungen (z.B. das Künstlersozialversicherungsgesetz vom 27.7.1981 oder das Gesetz über die → Alterssicherung der Landwirte vom 29.7.1994) sowie zwischenstaatliche Abkommen.

Die S. wird von (durch Versicherte und Arbeitgeber) selbstverwalteten Versicherungsträgern organisiert (mittelbare Staatsverwaltung), die der staatlichen Aufsicht unterliegen. Die Finanzierung erfolgt im Umlageverfahren durch Beiträge, die grundsätzlich paritätisch von Arbeitgebern und Versicherten aufzubringen sind. Die Höhe der Beiträge orientiert sich im Wesentlichen an der Höhe des Bruttoeinkommens (→ Einkommen) der Versicherten. Die Beiträge zur Unfallversicherung trägt der Arbeitgeber alleine. Zur Finanzierung versicherungsfremder Leistungen werden z.T. Bundeszuschüsse gezahlt.

Überwiegend besteht Versicherungspflicht für die Personen, die in einem Beschäftigungsverhältnis stehen. Das Leistungsspektrum erstreckt sich auf → Geld- und → Sachleistungen. Zu den Aufgaben der S. gehören auch → Prävention und → Rehabilitation. Anders als Fürsorgeleistungen (z.B. → Sozialhilfe, → Grundsicherung im Alter und bei Erwerbsminderung) sind die Leistungen der S. grundsätzlich nicht bedarfsabhängig. Auf die Leistungen besteht – sowohl dem Grunde als auch der Höhe nach – ein → Rechtsanspruch. Eine exakte Äquivalenz zwischen Leistung und Gegenleistung (→ Äquivalenzprinzip) existiert allerdings auch im Bereich der S. nicht. Das → Versicherungsprinzip ist in zahlreichen Punkten durch Elemente des → sozialen Ausgleichs modifiziert.

Zu den Zweigen der S.:

(1) Die Rentenversicherung deckt die Risiken der Langlebigkeit, der Erwerbsminderung und des Todes ab. Zum Leistungsspektrum gehören u.a. die → Renten wegen Alters, die → Renten wegen Erwerbsminderung und die → Hinterbliebenenrenten, aber auch Leistungen der → medizinischen Rehabilitation und der → Teilhabe am Arbeitsleben. Durchgeführt wird die gesetzliche Rentenversicherung von zwei Bundesträgern (→ Deutsche Rentenversicherung Bund und Deutsche Rentenversicherung Knappschaft-Bahn-See [→ knappschaftliche Rentenversicherung]) und 14 → Regionalträgern. Seit der Organisationsreform des Jahres 2005 (→ Rentenreform) gilt in der Rentenversicherung ein einheitlicher Versichertenbegriff; die organisatorische Trennung zwischen Arbeiterrenten- und Angestelltenversicherung wurde aufgehoben.

Außerhalb des SGB VI ist die Alterssicherung der Landwirte geregelt. Zu den laufenden Geldleistungen gehören die Renten wegen Alters, die Erwerbsminderungsrenten und die Hinterbliebenenrenten. Auch Leistungen zur Rehabilitation werden erbracht. Träger der Alterssicherung der Landwirte ist die Sozialversicherung für Landwirtschaft, Forsten und Gartenbau (SVLFG).

(2) Zu den Leistungen der gesetzlichen Krankenversicherung gehören neben den Leistungen bei → Krankheit und bei Schwangerschaft und Mutterschaft auch Leistungen zur Verhütung und Früherkennung von Krankheiten (→ Hilfen zur Gesundheit). Durchgeführt wird die gesetzliche Krankenversicherung von den → Krankenkassen, die in mehrere Kassenarten gegliedert sind (z.B. AOK, Betriebskrankenkassen, Ersatzkassen). Die soziale Pflegeversicherung wird von den → Pflegekassen durchgeführt, die bei den Krankenkassen errichtet wurden.

(3) Die Unfallversicherung deckt z.B. die Risiken des → Arbeitsunfalls und der → Berufskrankheit ab und gewährt u.a. auch Leistungen an Kindergartenkinder, Schüler/innen und Studierende, die beim Besuch der Einrichtung einen Unfall erleiden. Die → Haftung und Fürsorgepflicht des Arbeitgebers wird durch die Unfallversicherung des abhängig Beschäftigten eingeschränkt. Versicherte haben nach Maßgabe des SGB VII Anspruch auf Heilbehandlung einschließlich Leistungen zur medizinischen Rehabilitation, auf Leistungen zur Teilhabe am Arbeitsleben und am Leben in der Gemeinschaft, auf ergänzende Leistungen, auf Leistungen bei → Pflegebedürftigkeit und auf Geldleistungen. Träger der gesetzlichen Unfallversicherung sind die nach Branchen organisierten gewerblichen → Berufsgenossenschaften, die landwirtschaftlichen Berufsgenossenschaften sowie die Unfallversicherungsträger der öffentlichen Hand (z.B. die Unfallkasse des Bundes).

(4) Die Arbeitslosenversicherung ist im SGB III geregelt. Versicherungspflichtig sind grundsätzlich alle gegen Entgelt beschäftigten Arbeitnehmer/innen. Zum Leistungsspektrum gehören neben dem → Arbeitslosengeld z.B. auch das Übergangsgeld, das Kurzarbeitergeld und das Insolvenzgeld. Für die Durchführung ist die Bundesagentur für Arbeit (→ Agentur für Arbeit) zuständig.

*Lit.:* von Maydell, B./Ruland, F./Becker, U. (Hrsg.): Sozialrechtshandbuch, 5. Aufl., Baden-Baden 2012, Teil 3.

*Sylvia Dünn*

**Sozialversicherungsausweis** Nach § 18 h SGB IV stellt die Datenstelle der → Rentenversicherungsträger Personen, für die sie eine Versicherungsnummer vergibt, einen S. aus. Der Ausweis soll illegale Beschäftigungen (sog. Schwarzarbeit) aufdecken, Leistungsmissbrauch verhindern sowie dem Missbrauch der Geringfügigkeitsgrenze (→ geringfügige Beschäftigung) entgegenwirken.

Der S. enthält die Versicherungsnummer sowie den Familien- und Geburtsnamen und den Vornamen des Inhabers bzw. der Inhaberin. Weitere personenbezogene Daten enthält der S. nicht. Seit 1.1.2009 ist kein Passfoto mehr vorgesehen. Die Gestaltung des S. legt die → Deutsche Rentenversicherung Bund in Grundsätzen fest, die vom → Bundesministerium für Arbeit und Soziales zu genehmigen und im Bundesanzeiger zu veröffentlichen sind.

Beschäftigte sind verpflichtet, dem Arbeitgeber den S. bei Beginn einer Beschäftigung vorzulegen bzw. dies unverzüglich nachzuholen, wenn eine Vorlage zu Beschäftigungsbeginn nicht möglich ist. Seit 1.1.2009 muss der S. nicht mehr mitgeführt werden. Geht er verloren, muss dies der zuständigen Einzugsstelle unverzüglich angezeigt werden. Wenn der S. zerstört wurde oder abhandengekommen ist, wird auf → Antrag ein neuer S. ausgestellt. Hat sich die Versicherungsnummer oder der Name geändert, wird von Amts wegen ein neuer S. erstellt. Der Beschäftigte kann seinen S. direkt bei seiner Krankenkasse oder seinem Rentenversicherungsträger anfordern. Eine Person darf nur einen auf ihren Namen ausgestellten S. besitzen.

*Dana Matlok*

**Sozialwirtschaft** Die S. (engl.: social economy, franz.: économie sociale) bezeichnet einen Bereich des Wirtschaftens, in dem das individuelle und gemeinsame Wohlergehen von Menschen unmittelbar und direkt das Sachziel der Betätigung ist. Institutionell sind die → Organisationen, → sozialen Dienste, → Einrichtungen und anderen Unternehmungen gemeint, die zu sozialen Zwecken betrieben werden. Sie bilden eine Infrastruktur der personen- und gemeinschaftsbezogenen Versorgung. Funktional bedeutet S. die Art und Weise, in der man die Aufgaben in diesem Bereich zu erfüllen sucht: nicht primär erwerbs- und gewinnorientiert, sondern in Deckung eines humanen Bedarfs, gemeinschaftlich und demokratisch betrieben und, soweit gemeinnützig veranstaltet, auch öffentlich zu verantworten. So wie sie funktioniert, ist die S. insgesamt als ein Prozess aufzufassen, in dem eine Menge Akteure definierte soziale Aufgaben erfüllen. Sie bewirtschaften die soziale und gesundheitliche Versorgung und die Problembewältigung im Leben von einzelnen Menschen und bestimmten Personengruppen. Dafür gibt es auf der politischen Ebene einen Sozialhaushalt, und administrativ werden Dispositionen über die verfügbaren Mittel zum wohlfahrtsdienlichen Handeln getroffen. Das sozialwirtschaftliche Geschehen umfasst den Einsatz für Wohlfahrt mit den Entscheidungen in der Zuweisung (Allokation) von Mitteln und zu deren zweckmäßiger Verteilung, die Beziehungen, in denen die Akteure auf den Ebenen der → Sozialleistungsträger, der → Leistungserbringer und der Leistungsnehmer zueinander stehen, und die ökonomischen Prozesse, in denen Unternehmen, Dienste und Einrichtungen personen- und auch gemeinwesenbezogen eine bedarfsentsprechende Wohlfahrtsproduktion leisten.

Die S. wird oft mit dem → »Dritten Sektor« bzw. dem »Nonprofit-Sektor« der Ökonomie identifiziert, deckt sich aber nur teilweise mit ihm und schließt öffentliche Gewährleistungs- und → privat-gewerbliche Träger ein. In der → Europäischen Union gilt die S. als gewichtiger Faktor der Beschäftigung, der → Daseinsvorsorge, des sozialen Zusammenhalts und der Qualität des Lebens in der Gemeinschaft, als Experimentierfeld sozialer Eingliederung und auch der lokalen Wirtschaftsentwicklung. Das Verständnis ist allerdings kein einheitliches: frankophon liegt die Betonung auf genossenschaftlichen Lösungen und in Großbritannien auf dem Freiwilligeneinsatz und der Funktion von Sozialunternehmen, während in Deutschland herkömmlich die → freie Wohlfahrtspflege den Hauptteil der organisierten S. bildet. Historisch hat die Idee der S. insbesondere in Frankreich eine lange Tradition, die auf die frühsozialistischen Projekte und Genossenschaftsgründungen im 19. Jh. zurückgeht. Das Konzept wurde dort nach 1970 im Sinne eines solidarischen, assoziativen Wirtschaftens neu belebt. Die S. steht seit 1986 auf der Agenda der Europäischen Union. Auf ihrer Ebene wird, der französischen Auffassung folgend, von »vier Familien« der S. gesprochen: (soziale) Genossenschaften, Gegenseitigkeitsgesellschaften, gemeinnützige Vereinigungen inkl. → Stiftungen und Unternehmen, die nicht primär auf einen finanziellen Gewinn aus sind. Die Zusammensetzung der S. ist in den Mitgliedstaaten der EU verschieden und es gibt keine einheitliche Zuordnung. Generell kann man Mitgliedervereinigungen und Dienstleistungserbringer für Andere unterscheiden. Während die einen für den Bedarf ihrer Mitglieder wirtschaften, sind die anderen im öffentlichen Interesse tätig, um einen sozial ausgemachten Bedarf zu decken.

Die Lissabon-Strategie der EU 2000 wies der S. die Aufgabe zu, in der Gemeinschaft zu Wirtschaftswachstum und sozialem Zusammenhalt beizutragen. Nachfolgend hat die »Social Business Initiative« der EU 2011 das Soziale Unternehmertum zur treibenden Kraft in der S. erklärt und Programme zu seiner Förderung auf den Weg gebracht. In ihrer Zuständigkeit für den gemeinsamen Markt zieht die EU die wirtschaftlich tätigen Unternehmen in Betracht, nicht aber die »nicht-wirtschaftlichen« Akteure, die im nationalen Sozialleistungssystem tätig sind. Die Abgrenzung ist schwierig. Funktional wirken in der S. die öffentlich-rechtlichen Leistungsträger, gemeinnützige und gewerbliche Dienstleister sowie zivil und freiwillig Engagierte und die Nutzer der Versorgung mit. Sie nehmen teil an der »gemischten Produktion von Wohlfahrt«, die im Verhältnis der Versorgungsinstitutionen Staat, Markt, → Familie und → Zivilgesellschaft im nationalen Wohlfahrtsregime bewirtschaftet wird. Die soziale Versorgung erfolgt dabei nur zu einem geringen Teil »marktlich« und in schlüssigen Tauschbeziehungen von Anbietern und Abnehmern. Größtenteils ist sie sozialgesetzlich normiert und in Leistungsverträgen von Kostenträgern mit Dienstleistern reguliert.

Auf der Mikroebene der sozialen Zweckerfüllung verbindet sich die organisierte S. mit individueller, familiärer und gemeinschaftlicher Eigenwirtschaft. Soziale Arbeit und Humandienste erfüllen in Beziehung auf sie eine komplementäre und kompensatorische Funktion. Die Beteiligten können in für sie angemessenen Wohlfahrtsarrangements (u.a. zu hinreichender → Teilhabe, Absicherung, Unterstützung, → Pflege oder → Erziehung) übereinkommen. Die personenbezogen und gemeinschaftlich gestaltete Versorgung und insgesamt die dazu formell und informell erbrachten Leistungen, deren Erstellung und Bewertung (i.S. sozialer Wertschöpfung) sind Gegenstand der Sozialwirtschaftslehre. Diese erörtert auch die Funktionen des → Sozialmanagements in der S. und liefert den theoretischen Rahmen für die Ausbildung von Sozialwirt/innen und Sozialmanager/innen (vorwiegend in Masterstudiengängen).

*Lit.* Arnold, U./Grunwald, K./Maelicke, B. (Hrsg.): Lehrbuch der Sozialwirtschaft, 4. Aufl., Baden-Baden 2014; Wendt, W. R.: Der soziale Unterhalt von Wohlfahrt. Elemente der Sozialwirtschaftslehre, Baden-Baden 2011; Wendt, W. R.: Soziale Versorgung bewirtschaften. Studien zur Sozialwirtschaft, Baden-Baden 2015; Wendt, W. R.: Sozialwirtschaft. Ein Brevier ihrer Lehre, Freiburg i.Br. 2013.

*Wolf Rainer Wendt*

**Sozialwohnung** → Sozialer Wohnungsbau

**Soziobiologie** → Verhaltensforschung

**Soziodrama** wurde von J. L. Moreno (1889–1974) als Spezialform des → Psychodrama definiert, die sich mit Inter-Gruppen-Beziehungen und kollektiven Ideologien befasst. Der Fokus der Gruppenarbeit liegt auf dem sozialen und kulturellen Kontext der → Gruppe und bezieht sich auf gesellschaftliche Determinanten im Erleben und Handeln der Einzelnen. Das S. zielt darauf, soziale Szenarien besser zu verstehen und neue Rollenkompetenzen und Performanzen in diesen Szenarien zu entwickeln. Eingesetzt wird das S. als Instrument mit akut betroffenen Personengruppen in der sozioemotionalen → Krisenintervention (z.B. bei sozioökonomischen Krisen, Naturkatastrophen, Terroranschlägen, usw.), in der → politischen Bildungsarbeit oder als Diversity

Sociodrama zur Aufdeckung der Problematiken von Mehrheiten und → Minderheiten. Typische Anwendungsbereiche sind z.B. das Antirassismustraining, die Auseinandersetzung mit politischen Veränderungen, interkulturelle Thematiken, → Teamentwicklung und → Organisationsberatung. Der Aufbau des S. ist ähnlich strukturiert wie im Psychodrama: (1) Erwärmung und Planung, die Gruppenmitglieder werden in Kontakt zum Thema gebracht, (2) Spielphase im Bühnensettig meist mit Rollentausch/Rollenwechsel: alle übernommenen Rollen haben nicht individuellen, sondern kollektiven Charakter, (3) Analyse und Integration des Spielgeschehens und (4) Änderungsstrategien i.S. der Verwertung neuer Erkenntnisse zu eigenen und fremden Rollen und Erweiterung des eigenen Rollenrepertoires.

*Kurt Fellöcker*

**Soziologische Grundlagen der Sozialen Arbeit** Soziologie ist ein international verwendeter Begriff für die Gesellschaftswissenschaft zur Erforschung sozialer Phänomene. Sie zielt im Kontext der Sozialwissenschaften auf Erklärung, Sinninterpretation und Ermittlung gültiger sozialer Tatbestände, um zu erkennen und ggf. auf die Zukunft einwirken zu können. Charakteristisch ist die Bestimmung als »Wirklichkeitswissenschaft« (M. Weber). Der Begriff gibt ein Verständnis vor: »Sozial« von lat. »socialis« (die Gesellschaft betreffend, gesellig) gehört zum Stamm »sequi« (begleiten, nachfolgen); »socius« bedeutet Gefährte, Genosse, Mitmensch, Teilnehmer; griech. »Iógos« Lehre, Wissenschaft. A. Comte prägte als erster den Begriff Soziologie (frz. »sociologie«) und ersetzte damit »physique sociale« (Sozialphysik).

Soziologie ist nicht einheitlich ausgestaltet, sondern so, dass die Forschung umfassend repräsentiert ist. Dies bedeutet, dass »Wirklichkeit« interpretativen Charakter hat. Gegenstandsspezifisch werden Methoden der → empirischen Sozialforschung angewendet. Allgemeine soziale Ordnungen und spezifische Kulturerscheinungen werden – je nach Denkrichtung und wissenschaftlicher Schule (z.B. Symbolischer Interaktionismus, Funktionalismus, Strukturalismus, Objektive Hermeneutik) – in der Wechselwirkung mit der Natur erklärt bzw. sinninterpretierend verstanden. Eine erste Systematik der Soziologie entstand bei Comte. In der Folge wurde Soziologie neu bzw. anders konzeptualisiert. E. Durkheim z.B. geht von einem »Kollektivbewusstsein« aus, das im Menschen existiert, jedoch mehr frei »wählbar« ist. »Soziale Tatsachen« stellen objektive Gegebenheiten dar. Durkheim lehrt, dass soziale Prozesse aus dem Gruppengeschehen als solchem zu erklären sind. Folglich ist bei deren Analyse sozio- und nicht psychologisch zu verfahren. R. Merton baut die Anomietheorie zur empirischen Sozialforschung aus. Durkheim sucht moralische Vorstellungen über die Lehrerbildung zu vermitteln und gibt Impulse für die Bildungssoziologie, wenngleich er → Erziehung als Einwirkung der Erwachsenengeneration versteht, um das Kind auf gesellschaftliche Funktionen vorzubereiten. Die durch K. Marx inspirierte Soziologie stellt demgegenüber den gesellschaftlichen Wandel im Lichte der Produktionsverhältnisse dar und zeigt Kapitalismus als ein System, das Menschen in zwei → Klassen (herrschende Klasse und Lohnarbeiter) bzw. die Menschen selbst spaltet. M. Weber zufolge haben Ideen und Werte einen den wirtschaftlichen Entwicklungen vergleichbaren Einfluss auf den → sozialen Wandel. Seine verstehende Soziologie ist die »Wissenschaft, welche soziales Handeln deutend verstehen und dadurch in seinem Ablauf und seinen Wirkungen ursächlich erklären will«. Seine Arbeiten zur Wertfreiheit sind für die Diskussion der Wissenschaft der Soziologie maßgeblich. Die Systemtheorie entwickelte sich in der Folge z.B. als struktur-funktionale: T. Parsons gründet das Modell des sozialen Systems zur Analyse funktionaler Differenzierung der Gesellschaft (Teilsysteme: Wirtschaft, Politik, gesellschaftliche Gemeinschaft, Kultur) im Kontext struktureller Funktionsprobleme (Anpassung an die Systemumwelt, Zielerreichung, → soziale Kontrolle, Rechtsnormen). Seit den 1960er-Jahren findet die Systemtheorie (systembildende Unterscheidung von »System« und »Umwelt«) z.B. in Form der Autopoiesis (Selbststeuerung) bei N. Luhmann oder der lnterpenetration (wechselseitige Durchdringung von Subsystemen wie Persönlichkeit, Kultur, Soziales) bei R. Münch eine Fortsetzung. Neben Makrotheorien sind Handlungs- oder Mikrotheorien – seit den 1980er-Jahren bedeutsam – in der Folge von G.-H. Mead, der die Bedeutung der Sprache und der Symbole betont, bedeutend. Als Symbolischer Interaktionismus wurden diese Soziologien z.B. durch H. Blumer bekannt. Ein anderes Beispiel ist die Rational-Choice-Theorie mit Ursprung im Utilitarismus des 19. Jh.; die Entwicklung weist Parallelen zur kognitiven Psychologie und neoklassischen Ökonomie auf. Einen konkurrierenden Ansatz bildet die Kritische Theorie. Vertreter sind u.a. T. Adorno, H. Marcuse, E. Fromm und J. Habermas. Die »Lebendigkeit der kritischen Theorie« wird z.B. in den materialen Analysen U. Oevermanns deutlich.

Soziologie wird als Allgemeine Soziologie an der Universität (ähnlich der Allgemeinen Pädagogik oder Psychologie) und als spezielle Soziologie (Zweig-Soziologie, auch »Bindestrich-Soziologie«) z.B. in Form der → Organisations-, → Familien-, → Jugend- oder → Medizinsoziologie gelehrt und verstanden. Zu den Aufgaben der Soziologie gehört die unabhängige Rekonstruktion und konstruktive Kritik gesellschaftlicher Bedingungen und Wertordnungen mit Blick auf deren latente und manifeste Funktionen. In Lehre und Forschung ist Soziologie als universitäre Disziplin und in wissenschaftlichen Institutionen vertreten. Soziolog/innen sind in Standesorganisationen und Gesellschaften (z.B. Deutsche Gesellschaft für Soziologie [DGS]) zusammengeschlossen.

*Lit.* Durkheim, E.: Erziehung, Moral und Gesellschaft. Vorlesung an der Sorbonne 1902/1903, Frankfurt am Main 1984; Gruschka, A./Oevermann, U. (Hrsg.): Die Lebendigkeit der kritischen Gesellschaftstheorie. Dokumentation der Arbeitstagung aus Anlass des 100. Geburtstages von Theodor W. Adorno, 4.–6. Juli 2003 an der Johann-Wolfgang-Goethe-Universität, Frankfurt a.M. u.a. 2004; Parsons, T.: The Social System, London 1951; Weber, M.: Wirtschaft und Gesellschaft: Grundriß der verstehenden Soziologie, Frankfurt a.M. 2005.

*Klaus Kraimer*

**Sozio-oekonomisches Panel (SOEP)** Das SOEP stellt für die gesamte sozial-, verhaltens- und wirtschaftswissenschaftliche Grundlagenforschung und unabhängige Politikberatung anonymisierte Daten (Mikrodaten) bereit und gehört deshalb zu den bedeutsamsten → statistischen Grundlagen der Sozialen Arbeit.

Das SOEP ist eine repräsentative Wiederholungsbefragung von in Deutschland lebenden Menschen (Multi-Kohortenansatz), die im jährlichen Rhythmus seit 1984 bei denselben Personen und Familien in der Bundesrepublik durchgeführt wird und bereits seit Juni 1990 auch die ostdeutschen Bundesländer (einschließlich Ostberlin) umfasst. Die Stichproben des SOEP zeichnen sich durch eine hohe Stabilität aus: 1984 beteiligten sich im SOEP (West) 5.921 zufällig ausgewählte Privathaushalte mit 16.252 Personen an der Erhebung, darunter 12.245 Erwachsene mit realisierten Interviews. Die Stichproben wurden seitdem mehrfach erweitert – für das Jahr 2015 liegen anonyme Querschnitts- und Verlaufsinformationen von 51.058 Personen aus 16.037 Haushalten vor.

Das SOEP liefert kontinuierlich Informationen über Erwerbs- und Familienbiografien, Kinderbetreuung und → Bildung, Erwerbsbeteiligung und berufliche Mobilität, Einkommensverläufe, Lebenszufriedenheit, gesellschaftliche → Partizipation und Zeitverwendung, psychologische Persönlichkeitsmerkmale, körperliche und mentale → Gesundheit, Haushaltszusammensetzung und zur Wohnsituation. Das Fragenprogramm wird im Detail ständig angepasst, um die Vielfalt und die Veränderungen des modernen Lebens messen zu können.

Die wissenschaftlichen Stärken des SOEP bestehen in seinen besonderen Analysemöglichkeiten durch das Längsschnittdesign (Panelcharakter), den Haushaltskontext (Befragung aller erwachsenen Haushaltsmitglieder und Informationen über Kinder) und die differenzierte Erhebung von Migrant/innen. Seit 2000 werden jugendspezifische Biografiedaten (→ Jugend) erhoben und 2003 wurden Befragungsmodule für die Entwicklung in der → Kindheit eingeführt. Mit dem Geburtsjahrgang 2003 stellt das SOEP damit auch eine Kohortenstudie für Neugeborene mit eigenen altersspezifischen Erhebungsmodulen zur kindlichen Entwicklung dar. Zudem bietet das SOEP die Möglichkeit umfassender regionaler Vergleiche sowie die Nutzung von kleinräumigen Kontextindikatoren.

Seit 2011 werden neben den seit mehr als 30 Jahren etablierten SOEP-Daten auch innovative Forschungsdaten auf Basis einer speziellen Stichprobe (SOEP-IS: Innovationsstichprobe) u.a. zu Gerechtigkeit (→ soziale Gerechtigkeit), Nachhaltigkeit, Einsamkeit, Mobilität und Identität, Arbeitsangebote und Schlaf erhoben. Dabei werden auch neuartige Erhebungstechniken genutzt, wie bspw. Adaptive Test of Environmental Behavior, IAT (Implicit Association Test), ökonomische Verhaltensexperimente, DRM (Day Reconstruction Method), ESM (Experienced Sampling Method).

Die Durchführung und Entwicklung der Längsschnittstudie SOEP erfolgt als »Serviceeinrichtung für die Forschung« im Rahmen der Leibniz-Gemeinschaft (WGL) am Deutschen Institut für Wirtschaftsforschung (DIW) Berlin (www.leibniz-soep.de). Die anonymisierten MikroDaten des SOEP werden zeitnah der interessierte Fachöffentlichkeit zur Verfügung gestellt. Die Feldarbeit führt TNS Infratest Sozialforschung (München) durch.

*Peter Krause/Gert G. Wagner*

**Soziotherapie** → Sozialtherapie

**Spätaussiedler/innen** sind im Sinne des § 4 → Bundesvertriebenengesetz (BVFG) deutsche Volkszugehörige, die nach dem 31.12.1992 im Wege des Aufnahmeverfahrens aus den Gebieten der ehemaligen Sowjetunion in die Bundesrepublik umgezogen sind, nachdem sie (oder ihre Eltern) unter Erfüllung verschiedener Stichtagsregelungen zuvor in den sog. Aussiedlungsgebieten ihren Wohnsitz genommen hatten. Die Aussiedlungsgebiete sind in § 1 Abs. 2 Nr. 3 BVFG definiert und umfassen u.a. die Gebiete der ehemaligen Sowjetunion einschließlich der baltischen Staaten sowie das heutige Polen, Ungarn, Tschechien, Slowakei und Rumänien.

Personen, die als S. aufgenommen werden, erhalten verschiedene Eingliederungshilfen in der Bundesrepublik, hierzu benötigen sie allerdings vor dem endgültigen Verlassen des Herkunftsgebiets einen Aufnahmebescheid (§§ 26 ff. BVFG), der bei dem Bundesverwaltungsamt in Köln zu beantragen ist. Deutsche/r Volkszugehörige/r ist nach § 6 Abs. 1 BVFG, wer sich in seiner Heimat zum deutschen Volkstum bekannt hat, und dieses Bekenntnis durch bestimmte Merkmale wie Abstammung, Sprache, Erziehung und Kultur bestätigt wird.

*Stephan Hocks*

**Spende** → Sammlungsrecht, → Spendenwesen

**Spendenwesen** zur Unterstützung von Bedürftigen hat eine uralte religiöse Tradition und ist z.B. aus Ägypten oder Griechenland schon lange vor unserer Zeitrechnung überliefert. Heute verteilt sich das Spendenaufkommen auf Kirche/Glaubensgemeinschaften; Sofort-/Nothilfen in Kriegs- und Katastrophengebieten; Kunst; weltanschauliche und humanitär-karitative Zwecke; Sport; Umwelt- und Naturschutz; Bildung, Wissenschaft und Forschung. Nach den Angaben des Deutschen Spendenrates wurde im Jahr 2014 in Deutschland mit rund 5 Mrd. Euro Spendenaufkommen ein Rekordergebnis erzielt. Etwa 2 Mrd. entfallen auf den humanitär-karitativen Bereich und umfassen nur die Geldspenden, nicht die Sach- und Zeitspenden (z.B. → ehrenamtliche Tätigkeit). Seit einigen Jahren ist die Entwicklung des Spendenaufkommens für den karitativen Bereich, insbesondere für kirchliche oder kirchennahe Einrichtungen, rückläufig: Von den 240.000 bis 280.000 gemeinnützigen → Organisationen in Deutschland werben etwa 20.000 Spenden ein, aber nur 250 bis 300 treten mit Spendenaufrufen (→ Sammlungsrecht) bundesweit in Erscheinung. Der Anteil der Spendeneinnahmen an den Gesamteinnahmen gemeinnütziger Organisationen liegt in Deutschland bei 3%. Auch ein offensives Spendenmarketing (→ Fundraising) wirkt sich nicht auf die Höhe der Durchschnittsspende aus. Außerdem hat sich das Spendenverhalten verändert: Spender bedenken nicht mehr nur eine Organisation, sondern verteilen ihre Spenden häufiger auf mehrere Zuwendungsnehmer. Dadurch ist ein Verdrängungswettbewerb zwischen den Hilfsorganisationen entstanden, wobei Spender/innen die Zwecke »Kinder- und Jugendhilfe« und »Wohlfahrt« bevorzugt unterstützen und die Bereiche »Krankheit/Behinderung« und »Langfristige Entwicklungsprojekte« immer weniger fördern. Spender/innen wollen mit sachlicher Information und auf der Gefühlsebene angesprochen werden, wollen einen sichtbaren Erfolg, Anerkennung, ein Gefühl der Zugehörigkeit, d.h. einen Bezug zur Organisation oder zum Spendenzweck. Für die Spenden sammelnde Organisation bedeutet das: Nutzung von Synergieeffekten einer systematischen → Öffentlichkeitsarbeit, z.B. durch professionellen Datenbankeinsatz oder informative Mailings, und generell → Qualitätsmanagement in der Spendenverwaltung, etwa durch Berücksichtigung der Neuerungen im Spendenrecht und in der Förderung von → Stiftungen zur rechtssicheren Abwicklung beim Zuwendungsempfänger.

Das humanitär-karitative S. ist in Deutschland durch einen harten Wettbewerb um Spendenmittel, kritische Spendermentalität und eine Unübersichtlichkeit des Spendenmarktes gekennzeichnet. Um Transparenz und Vertrauen zu erhöhen und die Spendenbereitschaft zu erhalten, haben verschiedene Institute Leitlinien zur Ethik und Selbstverpflichtung entwickelt, die zur Kontrolle der Spenden sammelnden Organisationen beitragen sollen, etwa durch die Vergabe eines Spenden-Siegels (→ Deutsches Zentralinstitut für soziale Fragen [DZI]).

*Ria Puhl*

**Spiel** Mit S. wird im Allgemeinen eine Handlung bezeichnet, die sich von anderen Handlungen, der Arbeit und dem → Lernen abgrenzt. Der niederländische Spielforscher und Historiker Huizinga beschreibt S. als eine freiwillige Handlung, die begleitet wird von einem »Bewusstsein des ›Andersseins‹ als das ›gewöhnliche Leben‹«. Eine allgemein gültige Definition der Tätigkeit S. gibt es jedoch bisher nicht. In der S.forschung wird die Frage danach, was S. ist, mit Hilfe von Merkmalskatalogen beantwortet. Es besteht weitgehend Einigkeit darüber, dass bestimmte Merkmale einer Handlung mit großer Wahrscheinlichkeit auf eine S.handlung hinweisen.

S.handlungen sind zweckfrei. Bei vielen Handlungen, insbes. bei der Arbeit, stehen die Folgen für die Gestaltung des Alltags im Vordergrund. Beim S. fehlt die Berücksichtigung der Folgen, entscheidend ist die Tätigkeit selbst und manchmal auch ihr Ergebnis. S.handlungen sind intrinsisch motiviert. Menschen nehmen S.tätigkeiten aus eigenem Antrieb auf. Die Handlung selbst bzw. das dabei auftretende Flusserlebnis motiviert zur Beibehaltung der Tätigkeit. Im S. wird eine andere Realität konstruiert. Spielende deuten ihre Umwelt nach Belieben um und passen sie den eigenen aktuellen Bedürfnissen an. S. stellt damit einen Handlungsrahmen dar, in dem Gegenstände, Handlungen und Personen etwas anderes bedeuten können als in der Realität außerhalb des S. Beim gemeinsamen S. müssen sich die S.partner auf einen Handlungsrahmen einigen. Im S. kommt es häufig zu Wiederholung von Handlungen, die z.T. Ritualcharakter haben. Die wiederholte Freude am Effekt gibt es in allen Altersstufen. Manchmal ist der Drang zur Wiederholung jedoch so stark, dass der Spielende Schwierigkeiten hat, dagegen anzukämpfen. Freud hat dafür die Bezeichnung Wiederholungszwang eingeführt.

Aufgrund der Komplexität des Begriffs S. gibt es keine S.theorie, die Allgemeingültigkeit beanspruchen könnte. Einig sind sich S.theoretiker über die entwicklungsfördernde Wirkung des S. Es trägt dazu bei, dass sensorische und motorische Funktionen geformt werden. Insbesondere das Fantasiespiel ist förderlich für die Denkentwicklung. → Rollen- und Regelspiele haben einen positiven Einfluss auf die Entwicklung des → Sozialverhaltens und der Fähigkeit zur sozialen → Kommunikation und → Interaktion. Der Frage, warum Menschen spielen, widmen sich verschiedene S.theorien mit unterschiedlichem theoretischen Hintergrund.

Nach Meinung der Psychoanalyse folgt das S. zum einen dem Lustprinzip und dient zur Erfüllung von Triebwünschen. Erreicht wird die Wunscherfüllung durch das Ausleben tabuisierter Bedürfnisse (→ Aggression) im S. oder durch die Identifikation mit mächtigen Personen, die entweder bewundert oder gefürchtet werden. Des Weiteren werden im S. aber auch Erlebnisse symbolisch wiederholt, die in der Vergangenheit nicht ausreichend bewältigt wurden. Das S. hilft dabei, diese Erlebnisse zu verarbeiten.

Der russische Entwicklungspsychologe Wygotzki sieht in der S.tätigkeit für Kinder die Möglichkeit, unrealistische Wünsche zu erfüllen, z.B. den Wunsch, groß und mächtig zu sein wie die Erwachsenen. Diese Wünsche kann sich das Kind in der Realität nicht erfüllen. Andererseits ist es jedoch auch nicht dazu in der Lage, die Wünsche aufzuschieben, bis es erwachsen ist. Als Lösungsstrategie aus dieser aussichtslosen Lage bietet sich das S. an. Der Schweizer Entwicklungspsychologe Piaget sieht im S. zum einen die Möglichkeit, erworbene Handlungsschemata aus Freude am eigenen Können zu üben und sich seine Fähigkeiten zu beweisen. Zum anderen sieht Piaget insbesondere im Symbolspiel eine Gegenreaktion des Kindes gegen den Sozialisationsdruck (→ Sozialisation). Auf der Basis seiner bisherigen sozialen Erfahrungen deutet das Kind im Symbolspiel einen S.gegenstand sowie das auf ihn bezogene Handeln nach eigenen Wünschen um.

Aufbauend auf diesen psychologischen Theorien kommt der Entwicklungspsychologe Oerter zu dem Schluss, dass das S. Aufgaben der Lebensbewältigung zu einem Zeitpunkt übernimmt, da andere Techniken und Möglichkeiten noch nicht zur Verfügung stehen. S. ermöglicht dem Kind einen intensiven Austausch mit der Umwelt. Die Herstellung und Manipulation von Gegenständen aller Art vermittelt die emotionale Grunderfahrung von Macht und Kontrolle über die Umwelt. Dies gilt bspw. auch für das S. von Jugendlichen am Computer, durch das sie eine symbolische Existenzmeisterung erfahren. S. hilft bei der Bewältigung spezifischer Probleme, die das Kind noch nicht einordnen kann, die ihm unangenehm sind und mit denen es nicht zurechtkommt. Entwicklungsthematiken, wie das Ausspielen von Macht und Kontrolle, der Wunsch nach Herausbildung eines Selbst bzw. einer → Identität oder die Sauberkeitserziehung werden im S. bearbeitet. Weitere S.inhalte beschäftigen sich mit Beziehungsthematiken, d.h. mit Erfahrungen und Problemen, die das Kind oder der Jugendliche in seinen Sozialbeziehungen mit Eltern, Geschwistern und Gleichaltrigen erlebt.

Im Erwachsenenalter erfolgt eine Transformation des S. als Integration in die Arbeit und die soziale Interaktion. Bei intensiven Arbeitstätigkeiten kann man z.B. ein Flusserlebnis finden, welches der Versenkungen des Kindes in das S. ähnelt. Auch in der Freude an ritualisierten und übertriebenen Interaktionsformen finden sich Elemente des S. wieder. Des Weiteren weisen öffentliche und private Regelspiele darauf hin, dass dem S. auch im Erwachsenenalter ein Platz bei der Bearbeitung gesellschaftlicher Probleme und Konflikte zukommt.

*Lit.* Csikszentmihalyi, M.: Das Flow-Erlebnis. Jenseits von Angst und Langeweile: im Tun aufgehen, 10. Aufl., Stuttgart 2008; Huizinga, J.: Homo Ludens. Vom Ursprung der Kultur im Spiel, 21. Aufl., Reinbek 2009; Oerter, R.: Psychologie des Spiels. Ein handlungstheoretischer Ansatz, Weinheim/Basel 1999; Piaget, J.: Nachahmung, Spiel und Traum, 6. Aufl., Stuttgart 2009.

*Petra Völkel*

**Spielpädagogik** bedeutet, → Spiel als Methode für die → Bildung einzusetzen. Spielpädagog/innen fördern die Spieltätigkeit von Kindern, Jugendlichen und Erwachsenen und setzen das Spiel in organisierten Lernprozessen ein. S. bietet einen Rahmen, der Selbstbestimmung, Erfahrung, Reflexion, Muße und Glück ins Zentrum stellt, und bewegt sich zwischen dem sinnvollen Einsatz von Spielen und den Grenzen einer pädagogisch angeleiteten Spielerfahrung. Sie befasst sich mit der Erforschung, Theorie und Didaktik des freien und des angeleiteten Spiels.

Die S. als eigenes Feld entwickelt sich v.a. Ende der 1970er-Jahre, wenngleich man in F. Fröbel mit seinen »Spielgaben« einen Vater der S. sehen kann. Es gab zwei Gründe für diese Entwicklung: (1) das Interesse an neuen Lebensformen, damit verbunden das Interesse an → sozialem Lernen, die New-Games-Bewegung aus den USA sowie die Entwicklung von kooperativen Spielen in Deutschland. Aus dieser Bewegung sind der Spielmarkt und spielpädagogische Fortbildungen als Teil beruflicher Qualifizierung in der Akademie Remscheid entstanden. (2) Ausgehend von der Kritik an Spielplätzen und fehlenden → Spielräumen im wörtlichen wie übertragenen Sinne wurde die Bedeutung des Spielens im öffentlichen Raum entdeckt. Zu den realen Räumen sind die virtuellen Spielwelten dazu gekommen. Sie vermischen sich zu virrealen Spielräumen, in der beide Spielwelten sich vermischen. Insgesamt geht es nicht mehr allein um das Spielen i.e.S., sondern es wird immer wichtiger, für und mit Kindern (Spiel-)Politik mitzugestalten. S. findet dort statt, wo in einem institutionellen Rahmen die Spielwelt der Kinder pädagogisch gestaltet wird. Dies sind neben → Kindertageseinrichtungen und Schule Spielmobile, Spielhäuser, -aktionen, -feste, -werkstätten, Ferienspiele und Spiele in (→ Ganztags-)Schule.

*Gerhard Knecht*

**Spielräume** Noch vor zwei Generationen war es üblich, dass Kinder ihre S. im direkten Wohnumfeld fanden – auf Wiesen, am Waldrand, am Bach usw. Durch die zunehmende Verstädterung gingen viele informelle Spiel- und Aufenthaltsmöglichkeiten verloren. Ausgewiesene Spielplätze, im Kindergarten, in der Schule oder auf öffentlichen Flächen, stellen demnach einen Ersatz für diese verlorengegangenen Räume dar. Ein den kindlichen Entwicklungsbedürfnissen angepasster Raum ermöglicht Erfahrungen, die Kinder im städtischen Wohnumfeld oft nicht mehr machen können; dazu zählen Bewegung, Sinneserfahrungen, Räume für → Rollenspiele, zum Beobachten und Gesehenwerden. Sinnvollerweise werden diese verschiedenen Aktivitäten im S. voneinander getrennt und an die alters- und geschlechtsspezifischen Bedürfnisse angepasst. (Naturnahe) Spielelemente können sein: Geländemodellierungen/Hügel, Vielfalt an natürlichen Materialien wie unbehandeltes Holz oder Steine, bespielbare Bepflanzungen, Wasser, Angebote zum Balancieren, Klettern, Wippen und Rutschen. Diese Elemente helfen den Kindern, ihre motorischen und kommunikativen Fähigkeiten, Sinne, → Sozialverhalten und → Kreativität weiterzuentwickeln (→ Spiel). DIN-Normen dienen der Sicherheit in den S., aber auch dazu, überschaubare Risiken und Gefahren zuzulassen. Die Qualität des Wohnumfeldes mit seinen S. beeinflusst direkt die Qualität des Kinderalltags in Städten und Gemeinden. Instrumente wie die Spielleitplanung ermöglichen, gezielt auf die Belange von Kindern und Jugendlichen einzugehen. Ziel sollte es sein, den Kindern ihr Wohnumfeld wieder als Ort zur Verfügung zu stellen, an dem sie vielfältige Spiel-, Lern- und Entwicklungsmöglichkeiten vorfinden.

*Norbert Schäfer*

**Spieltherapie** Unter dem Begriff S. wird eine Vielzahl an unterschiedlichen Verfahren subsumiert, die sowohl bezüglich der Art und Weise, der Ausbildung (»Schnellkurs« oder langjährige Ausbildung), als auch der Zielsetzung stark variieren. Oftmals wird alles, was im psychotherapeutischen Kontext mit Kindern im mehrmaligen Kontakt »gespielt« wird, als S. bezeichnet. Prinzipiell wird jedoch zwischen der direktiven und non-direktiven S. unterschieden. In der direktiven S. (Theraplay) übernimmt der/die Therapeut/in eine aktive Rolle und versucht, die im Spiel auftretenden Konflikte zu steuern. Bei der non-direktiven S. verhält sich der/die Therapeut/in passiv und beobachtet das Spielverhalten, um es mit Blick auf das allgemeine → Verhalten und die zu therapierende Störung sowie die möglicherweise ursächlichen Erlebnisse zu deuten.

S. kann in Einzel- oder → Gruppentherapie durchgeführt werden. Das → Spiel eignet sich zum einen (hauptsächlich bei kleinen Kindern, aber z.T. auch bei Jugendlichen) aufgrund seiner kommunikationsfördernden Komponente dazu, dem Kind die Scheu vor dem Therapeuten/der Therapeutin zu nehmen und das für die weitere → Therapie notwendige Vertrauen aufzubauen. Zum anderen hat es aber auch eine eigene, kathartische bzw. konfliktentlastende Kraft. Dem Kind eröffnet das Spiel ein weites Spektrum von Ausdrucksmöglichkeiten für seine Erlebnisse,

Gedanken und Gefühle, mit denen es sonst allein bliebe. Die S. wird v.a. bei Kindern mit akuten Krisen, → psychischen und psychosomatischen Störungen, → Verhaltensauffälligkeiten (z.B. → ADHS), Entwicklungsstörungen (z.B. Sprachstörungen) oder körperlichen und geistigen Behinderungen angewendet. Inhalt der Therapie ist das (freie) Spiel des Kindes, das durch alters- und situationsangemessenes Spielmaterial (Wasser, Sand, Farben, Ton, Puppen) in regelmäßigen Spielstunden angeregt wird. S. bietet ein intensives und geschütztes Lernfeld zur Ermöglichung, Erprobung und Festigung neuer sozialer Verhaltensweisen mit korrigierenden und erweiterten Erfahrungen für das Kind.

Begründer/innen der S. waren A. Freud (1927), M. Klein (1932) und H. Zulliger. Im Gegensatz zu den psychoanalytischen Verfahren der Deutung und Analyse (→ Psychoanalytische Beratung und Therapie), jedoch unter Beibehaltung der kathartischen Intention und der Bedeutung von Übertragung vertrat Zulliger die Auffassung, dass das Spiel des Kindes eine ihm eigene, ursprüngliche und schöpferische Potenz ist, die für die Bearbeitung von Konflikten genutzt werden kann und sollte. Die S. erfuhr dann in Anlehnung an C. Rogers (→ Humanistische Beratung und Therapie) durch V. M. Axline eine methodische Weiterentwicklung. Hier steht zunächst die non-direktive, später die klientenzentrierte Einstellung der Therapeut/innen im Vordergrund. S. wird heute bspw. auch in heil-, erlebnis-, sonderpädagogische und familientherapeutische Konzepte integriert.

*Maria-Theresia Münch*

**Sponsoring** ist ein öffentlichkeitswirksames Geschäft, das auf dem Prinzip von Leistung und Gegenleistung beruht. Leistungen der Sponsoren sind Geld, Sachleistungen und Know-how. Gegenleistungen der Gesponserten bestehen in aktiver → Kommunikation sowie in der Überlassung von Werbefläche, Lizenzen oder eigenen → Ressourcen. S. dient der Förderung von Personen, Projekten, Veranstaltungen, Kampagnen oder (sozialen) → Organisationen. S. kommt für zeitlich begrenzte, aufmerksamkeitsstarke, spezielle Maßnahmen und Projekte in Frage, laufende Personalkosten lassen sich i.d.R. nicht durch S. finanzieren. S. lässt sich aufgrund einer unterschiedlichen steuerlichen Wirkung von Spenden (→ Spendenwesen) abgrenzen. Für Spenden dürfen keine Gegenleistungen erbracht werden. Bei S. sind Gegenleistungen jedoch essenziell. Aus Sicht von → Nichtregierungsorganisationen ist S. ein spezifisches Instrument des → Fundraisings. Gewinnorientierten Unternehmen dient S. hingegen als Marketinginstrument, das auch im Zusammenhang von → Corporate Citizenship/Corporate Social Responsibility genannt wird. Motive und Ziele von Sponsoren sind die Erwartung eines positiven Imagetransfers, Demonstration gesellschaftlicher Verantwortung oder eine Verbesserung der internen Kommunikation. Ziele der Gesponserten sind v.a. die Mittelbeschaffung zur Umsetzung anderweitig unterfinanzierter Maßnahmen, eine verstärkte → Öffentlichkeitsarbeit, die Professionalisierung ihres Marketings und eine Integration in ihr Fundraisingkonzept.

*Friedrich Haunert*

**Sprachbehinderte Menschen** (Menschen mit sekundär bedingten Sprachstörungen) sind → behinderte Menschen, die in ihrer → Kommunikation aufgrund organischer, psychischer oder umweltbedingter Ursachen eingeschränkt sind, wobei Sprach-, Sprech-, Stimm-, Schluck- und Hörfunktionen in unterschiedlichem Ausmaß betroffen sein können.

Grundsätzlich lassen sich folgende Ursachen für sekundär bedingte Sprachstörungen nennen: angeborene Hörstörungen, cerebrale Bewegungsstörungen, geistige Behinderung (→ geistig behinderte Menschen), Teilleistungsstörungen (Dyslexie/-graphie, → Hörstumme Menschen), Lippen-Kiefer-Gaumenspalten (Anomalien der peripheren Sprechorgane); Chromosomenanomalien wie Trisomie 21; familiär bedingte Sprachschwäche. Hinzu kommen folgende medizinische Ursachen: traumabedingte Gesichts-/Kopf-/Hirnverletzungen, vasculärer Insult (Schlaganfall), Kehlkopf-/Zungenkrebs sowie psychische/altersbedingte neuro-degenerative Erkrankungen wie Alzheimer oder Morbus Parkinson. Die Beeinträchtigung der Kommunikation ist in Art und Ausprägungsgrad verschieden und lässt sich in folgende Störungsgruppen einteilen:

1. Rezeptive und produktive Sprachstörungen, die das Lautsystem (Phonologie), den Wortschatz (Semantik/Lexikon) und die Grammatik (Morphologie/Syntax) der Sprache betreffen, dazu zählen Sprachentwicklungsstörungen (z.B. Dyslalien, Dysgrammatismus) und zentral bedingte Sprachstörungen bei Aphasie. 2. Sprechstörungen, die die Artikulation und den Redefluss betreffen, dazu gehören z.B. der Sigmatismus lateralis und interdentalis und das Stottern im Kindes-, Jugend- und Erwachsenenalter. 3. Organisch und funktionell bedingte Stimmstörungen, z.B. psychogen bedingte Aphonie, Stimmverlust nach Larynektomie oder infolge einer Stimmbandlähmung. 4. Komplexe Störungen, wie Poltern (Sprach- und

Sprechstörung), Dysarthrie (Sprech- und Stimmstörung), Rhinophonie (Sprech- und Stimmstörung) oder Sprach-, Sprech- und Stimmstörungen infolge von Hörstörungen oder cerebralen Bewegungsstörungen.

Die häufigste Störung im Kindesalter ist die Sprachstörung mit phonetisch-phonologischem Schwerpunkt (Dyslalie), d.h. der Erwerb des Lautsystems und die korrekte Artikulation der Laute sind betroffen, während im Erwachsenenalter Sprachstörungen infolge von Traumata, Insulten oder progredienten Erkrankungen am häufigsten sind. Die Sprachdiagnostik wird mit Hilfe von Tests und Screeningverfahren von Mediziner/innen, Logopäd/innen, akademischen Sprachtherapeut/innen und klinischen Linguist/innen durchgeführt. Alle Störungen mit eindeutig medizinischer Verursachung sind in der → ICD-10 (Klassifikation der Erkrankungen nach der → Weltgesundheitsorganisation [WHO]) aufgeführt, d.h. Diagnostik und Therapie sind Teil der Gesundheitsversorgung, die sowohl in klinischen Einrichtungen (Neurologie, HNO/Phoniatrie, [Neuro-]/Pädiatrie) als auch ambulant (z.B. → Sozialpädiatrische Zentren oder Neurologische Tageskliniken sowie freie Praxen) sichergestellt wird. Sonderpädagogische Einrichtungen, z.B. Sprachheilkindergärten oder -schulen, kommen ergänzend hinzu.

*Dietlinde Schrey-Dern*

**Sprachentwicklung** Der Begriff bezeichnet den genetisch determinierten Prozess des Auf- und Ausbaus sprachlicher → Kompetenzen, die weitestgehend aus impliziten Kenntnisstrukturen bestehen: Diese umfassen Lautinventar, Regeln der Lautkombinatorik sowie rhythmisch-melodische Eigenschaften einer Zielsprache, Wortschatz, morphologische Prinzipien von Wortbildung und Flexion, Prinzipien des Satzbaus und der Satzinterpretation sowie das Wissen um pragmatische und kulturspezifische Konventionen verbaler → Interaktion. Unterstützt wird die S. in der → Kindheit von primären Bezugspersonen in der → Familie sowie von → Fachkräften Sozialer Arbeit in Krippe, → Kindertageseinrichtung und → Hort durch zugewandte, dialogische → Kommunikation, die mit einem komplexen Sprachangebot i.d.R. einen ungestörten Spracherwerb garantiert. Anhaltende Auffälligkeiten in der Wortstellung oder das prinzipielle Fehlen grammatisch relevanter Flexionsendungen sind meist Anzeichen einer spezifischen Spracherwerbsstörung (SSES), der häufigsten Entwicklungsstörung der frühen Kindheit. Unterschieden wird zwischen mono- und mehrlingualem Erstspracherwerb, bei letzterem sind Kinder von Geburt an mindestens zwei Inputsprachen ausgesetzt.

Unabhängig von → Intelligenz, Zielsprache(n), sozialem Hintergrund und Erziehungspraxis durchlaufen Kinder beim Aufbau sprachlicher Kompetenzen sehr ähnliche Phasen. Gegen Ende des zweiten Lebensjahres markiert das Überschreiten der 50-Wort-Grenze mit einer explosiven Wortschatzerweiterung und dem Übergang von Ein- zu Zwei-Wort-Sätzen den Abschluss einer ersten S.phase. Etwa ab dem dritten Lebensjahr wissen Kinder i.d.R. implizit, wie die Satzbauprinzipien ihrer Umgebungssprache(n) funktionieren und begreifen das Satzklammerprinzip deutscher Sätze, in denen finite Verben, die mit dem Subjekt in Person und Numerus übereinstimmen und für Tempus markiert sind, in Haupt- und Nebensätzen unterschiedliche Positionen besetzen. Auch unter den reduzierten Inputbedingungen des zeitversetzten Zweitspracherwerbs wird die Satzklammer zügig – in 1,5–2 Jahren nach dem erstem Kontakt mit Deutsch – erworben.

Der Schriftspracherwerb basiert als ein entscheidender Abschnitt der S. auf frühkindlichen, komplexen Erfahrungen im Umgang mit Schriftkultur – Bilderbüchern, Reimen, Märchen-, Sachbücher usw. –, mit denen Literacy (Whitehead 2007) als Fähigkeit des Zugangs zu symbolischen Systemen einer Kultur entwickelt wird, die mit metakognitiven Fähigkeiten des Abstrahierens, Reflektierens und Interpretierens ein Verständnis für mathematische Konzepte, die Grundlagen für Medienkompetenz sowie non-verbale, symbolische Darstellung/Selbstdarstellung (Theater-/Rollenspiele, Zeichnen, Malen, Basteln) einschließt.

Um Kinder mit risikobehafteter S. rechtzeitig fördern zu können, werden in der Bundesrepublik landesweit sechs bis 24 Monate vor der Einschulung Sprachstandserhebungen durchgeführt. Es existiert dafür ein beachtliches Angebot an Sprachbeobachtungs-, dokumentations- und -testverfahren. Zudem ist eine Fülle an Sprachförderprogrammen, Projekten bzw. Maßnahmen entwickelt worden, die sich entweder an linguistischen Sprachmitteln oder der sozial-kommunikativen Praxis orientieren.

*Edith Bauer*

**Sprachtherapie** ist ein Sammelbegriff für Lehr-Lern-Prozesse im Bildungswesen und sprachrehabilitative Prozesse im → Gesundheitswesen zugunsten von Menschen mit Beeinträchtigungen von Sprache und → Kommunikation. In der Leitwissenschaft Pädagogik werden Sprachtherapie und Sprachpädagogik als Einheit betrachtet. Eine selbstreflexive

Grundhaltung vermittelt zwischen Anwendungsbezügen konkreter sprachtherapeutischer Konzepte und Handlungen einerseits und Wissenschaftsbezügen verschiedener Theorieebenen andererseits. Die S. hat ihre Wurzeln in der → Sonder- oder Behindertenpädagogik, insbesondere der Sprachheilpädagogik (→ Heilpädagogik). Ursprünglich im Kontext von (vor-)schulischer Bildung, Förderung und Unterricht behinderter und von Behinderung bedrohter Kinder (→ behinderte Menschen) wurden sprachtherapeutische Konzepte entwickelt, die durch Übungen, systematische Hilfen und kompensatorische Techniken → Bildung und → Erziehung von Kindern und Jugendlichen mit Beeinträchtigungen von Sprache und Kommunikation ermöglichen und erleichtern. Im Laufe der Zeit wurde der Blickwinkel der pädagogischen Sprachtherapie erweitert und schließt heute die gesamte Lebensspanne von Menschen mit Sprach-, Sprech-, Stimm-, Rede- und Schluckstörungen ein.

S. orientiert sich am Menschen und seiner individuellen und gesellschaftlichen Verwirklichung, weniger an sprachlichen, linguistisch beschreibbaren Defiziten im engeren Sinne. Sie zielt darauf ab, vorhandene → Ressourcen zu stärken, Kompensation zu entwickeln, Eigenaktivität anzuregen und sprachlich-kommunikative Fähigkeiten in ihrer Vernetzung mit Körperlichkeit, Affektivität und sozialen Bezügen positiv zu beeinflussen. S. ist ein geplanter, institutionell verankerter, interaktionaler Prozess zur Behandlung von Sprach- und Kommunikationsstörungen und deren Begleit- und Folgezuständen. Handlungsfelder der S. können anhand des institutionellen Rahmens (Krippe, Kita, Schule, Praxis, Klinik) oder der Aufgaben (Diagnostik, → Therapie, → Prävention, → Beratung, Bildung, Erziehung, Unterricht, Förderung, → Evaluation) systematisiert werden. Eine Systematik anhand von Teilfähigkeiten (Sprache, Sprechen, Stimme, Redefluss, Schlucken) tritt zugunsten einer anthropologisch-ganzheitlichen Sichtweise in den Hintergrund.

Zwei Entwicklungsstränge haben die sprachheilpädagogisch fundierte S. in Deutschland wesentlich beeinflusst. Die Überwindung der Einschränkung auf eine Sprachheil*schul*pädagogik und die Erschließung außerschulischer Aufgabenfelder (Sprachheilpädagogik solle sich auf alle Formen sprachlicher Beeinträchtigung in allen Altersstufen erstrecken) seit den 1980er-Jahren hat zu großen Überschneidungen der S. mit der → Logopädie geführt. Der zweite Strang, die Weiterentwicklung der Sonderpädagogik hin zu einer Integrations- und schließlich Inklusionspädagogik (→ Integration, → Inklusion), erfordert eine Neubestimmung des Verhältnisses zur Regelschulpädagogik (»Sprachunterricht«) und zur → frühkindlichen Bildung (»Sprachförderung«).

*Monika Rausch*

**Staatsangehörigkeit** ist die rechtliche Zugehörigkeit einer Person zu einem Staat. Die S. vermittelt zwischen dem Staat und seinem Staatsangehörigen Rechte und Pflichten, die über diejenigen hinausgehen, die solche Personen betreffen, die nicht Inhaber der S. sind, auch wenn sie sich auf dem Gebiet des betreffenden Staates aufhalten. Zu solchen staatsbürgerlichen Rechten und Pflichten gehören insbesondere die politischen Rechte, wie das passive und aktive Wahlrecht und der Zugang zu öffentlichen Ämtern. Auf der Seite der besonderen Pflichten kann die Wehrpflicht genannt werden. Die grundsätzlich legitime Differenzierung nach der S. bei der Gewährung staatlicher Leistungen und → Teilhabe findet in der Bundesrepublik in dem Gemeinschaftsrecht der → Europäischen Union (EU) eine Grenze, da Staatsangehörige anderer EU-Staaten in Deutschland Freizügigkeit (→ Personenfreizügigkeit) genießen und vielfach gleichgestellt sind. Bei Fragen der → sozialen Grundrechte ist die Differenzierung nach der S. im Einzelfall durch den → Gleichheits(grund)satz und das Recht auf ein → Existenzminimum eingeschränkt, weswegen der Ausschluss von Ausländer/innen von → Sozialleistungen rechtswidrig sein kann. Regelungen über Erwerb und Verlust der S. fallen in die Souveränität des jeweiligen Staates. Die S. wird durch Geburt oder → Einbürgerung erworben. Der Geburtserwerb knüpft entweder an die → Abstammung (ius sanguinis-Prinzip) oder die Geburt auf dem Staatsgebiet (ius soli-Prinzip) an. In der Praxis gibt es hierbei auch Mischformen.

In der Bundesrepublik ist die S. in dem Staatsangehörigkeitsgesetz (StAG) vom 22.7.1913 in der im BGBl. Teil III, Gliederungsnummer 102-1, veröffentlichten bereinigten Fassung, das zuletzt durch Art. 5 des Gesetzes vom 27.7.2015 (BGBl. I S. 1386) geändert worden ist, geregelt. Hinsichtlich des S.erwerbs gilt seit der Reform 1999 unter der rot-grünen Regierungskoalition ebenfalls eine Mischform. Zu dem Abstammungserwerb durch deutsche Eltern (was auch den Erwerb durch Adoption umfasst), kam damals auch das ius soli-Prinzip in das S.recht. Seitdem erwirbt auch das Kind nichtdeutscher Eltern die deutsche S., wenn es in der Bundesrepublik geboren wird und ein Elternteil eine bestimmte qualifizierte Aufenthaltserlaubnis besitzt (→ Zuwanderungsgesetz) sowie einen achtjährigen rechtmäßigen Aufenthalt im Bundesgebiet vorweisen kann (§ 4 Abs. 3 StAG). Da das Kind hierbei neben der deutschen auch die S. der Eltern erhält, führt das ius soli-Prinzip zu Mehrstaatigkeit, die der Gesetzgeber eigentlich begrenzen will. Die Lösung suchte er darin, dass er das mehrstaatige Kind bei Erreichen der → Volljährigkeit verpflichtete, sich für eine S. zu entscheiden (sog. Optionspflicht). Nach der Reform des § 29 StAG im Dezember 2014 sind die Anwendungsfälle für die Optionspflicht allerdings gering, weil von ihr nunmehr alle diejenigen ausgenommen sind, die wenigstens zeitweise in Deutschland aufgewachsen sind.

*Stephan Hocks*

**Stadt** → Kreisangehörige Städte, → Kreisfreie Städte

**Stadtentwicklung** ist entgegen enger Interpretationen kein ausschließlich bauliches oder stadtplanerisches Thema, sondern umfasst alle auf den Stadtraum bezogenen Entwicklungsprozesse. Damit sind neben baulichen auch ökonomische, kulturelle, politische etc. und insbesondere stetige soziale stadträumliche Veränderungen angesprochen, die die Dynamik von Stadt kennzeichnen und sich wechselseitig beeinflussen. Stadträumliche Strukturen sind insofern auch immer das Ergebnis gesellschaftlicher Entwicklungen. S. meint dabei sowohl den (vielfach ungeplanten) Einfluss von inneren und äußeren Faktoren in und von diesen Bereichen auf die Stadt und ihre räumliche Struktur wie auch die gezielte politische und planerische Steuerung dieser Prozesse (Stadtentwicklungsplanung). Im Rahmen der kommunalen → Selbstverwaltung obliegt diese Aufgabe den Städten und Gemeinden. Im Rahmen des → Föderalismus wirken aber auch die übergeordneten staatlichen Ebenen (Bund und Länder) durch rahmensetzende rechtliche Regelungen und Förderungen (z.B. Städtebauförderung) auf die S. ein und beeinflussen diese. Und auch die europäische Ebene hat sich in den letzten Jahren explizit durch Förderprogramme (z.B. Urban) und inhaltliche Beiträge mit Fragen der S. beschäftigt. Bedeutend ist in diesem Zusammenhang die Leipzig Charta (2007), in der sich alle EU-Staaten auf die Prinzipien einer integrierten S. verpflichtet haben. Das trägt dem Umstand Rechnung, dass als Ergebnis von weltweit wirkenden Urbanisierungsprozessen immer mehr Menschen in Städten leben, während gleichzeitig die zunehmenden sozio-ökonomischen Ungleichheiten zu stadträumlichen Disparitäten und Polarisierungen führen. Die Teilung der Stadt in arme und reiche Stadtteile und die räumliche Konzentration und Trennung (Segregation) von Bevölkerungsgruppen in bestimmten Stadtgebieten sind Kennzeichen dieser Entwicklungen. Neben Prozessen der sozialen Ungleichheitsentwicklung in der Gesellschaft sind es vor allem die Entwicklungen auf den Wohnungsmärkten, die soziale Segregationsprozesse verursachen. Während auf stagnierenden und schrumpfenden Wohnungsmärkten ein Überangebot an Wohnraum dazu führt, dass auch Durchschnittsverdiener sich gut auf dem Wohnungsmarkt versorgen können und daher benachteiligte Quartiere verlassen, tritt auf wachsenden und angespannten Wohnungsmärkten aktuell wieder stärker das Problem der sozialen Verdrängung auf (Gentrifizierung). Die Verteuerung von Wohnraum in Innenstädten führt dazu, dass einkommensschwächere Bevölkerungsgruppen an den Stadtrand gedrängt werden. Gleichzeitig beobachten wir eine abnehmende Fähigkeit der Kommunen, in grundlegende Probleme ihrer S. steuernd einzugreifen. Ursächlich dafür ist eine seit Jahren politisch gewollte oder zumindest geduldete Verarmung der kommunalen öffentlichen Haushalte, die viele Städte an den Rand der finanziellen Handlungsfähigkeit gebracht hat. Damit verbundene Sozial- und Ausgabenkürzungen verschärfen die soziale und räumliche Ungleichheit weiter. Wirtschaftlich starken Kommunen stehen vermehrt schwächere und stark verschuldete Städte und → Gemeinden gegenüber. Diese Städte fallen im interkommunalen Wettbewerb weiter zurück. Angesichts dieser Auseinanderentwicklung zwischen den Städten bei der sozialen Problembelastung und der Problemlösungsfähigkeiten sowie der innerstädtischen Segregation und Polarisierung sprechen wir in diesem Zusammenhang von der »doppelten Polarisierung« der S. Integrierte S. zielt inhaltlich zum einen darauf, diesen negativen Entwicklungsprozessen entgegenzutreten, um den sozialen und räumlichen Zusammenhalt der Stadt zu gewährleisten bzw. herzustellen. Zum anderen ist damit instrumentell ein ganzheitliches Verständnis und integriertes Vorgehen von Politik gemeint, das die Einbeziehung und Bündelung der verschiedenen Fachpolitiken, Akteure und → Ressourcen zum Ziel hat. Aspekten der Vernetzung durch neue Kooperations- und Governancestrukturen kommt dabei eine wichtige Rolle zu. Dem liegt ein neues kooperatives Verständnis von S. zugrunde, das insbesondere auch in der Aktivierung und Beteiligung der Bürgerinnen und Bürger bzw. Betroffenen (→ Partizipation) liegt. Dabei kommt insbesondere den Stadtquartieren als Handlungsebene eine wichtige Bedeutung zu, da es offenbar angesichts der Unübersichtlichkeiten der → Globalisierung und der scheinbaren Anonymität von Großstadt einen verbreiteten Wunsch nach räumlicher Verortung in überschaubaren Stadtquartieren gibt. Die Einflüsse und Wirkungen, die in und von Stadtquartieren ausgehen, sind allerdings ambivalent. Einerseits verstärken sich in sozial benachteiligten Stadtteilen durch sogenannte negative Ortseffekte Formen der → sozialen Ausgrenzung. Die räumliche Konzentration von benachteiligten Bevölkerungsgruppen führt zu Formen des negativen sozialen Lernens, und meist sind diese Gebiete auch mit Blick auf die soziale und kulturelle Infrastrukturausstattung benachteiligt. Häufig werden sie in der öffentlichen Wahrnehmung zusätzlich stigmatisiert. Das Wohnen in diesen Gebieten wird damit selbst zu einem Faktor der Benachteiligung. Andererseits ist das Stadtquartier gerade auch für benachteiligte Bevölkerungsgruppen eine wichtige Ressource, da sie besonders auf nahräumliche soziale Netzwerke angewiesen sind. Das in Deutschland seit 1999 existierende Städtebauförderungsprogramm → »Soziale Stadt« hat zum Ziel, solche Stadtteile mittels einer integrierten Handlungsstrategie sozial zu stabilisieren. Es ist in vielen Städten Plattform für eine intensive → Kooperation und das Zusammenwirken unterschiedlicher fachlicher Disziplinen. Insbesondere die Einführung von → Quartiersmanagement, das vielfach starke inhaltliche Bezüge zur sozialen → Gemeinwesenarbeit aufweist, hat sich dabei bewährt. Die neu geschaffenen Arbeits- und Kooperationsstrukturen haben in vielen Fällen zu einer deutlichen Verbesserung der Zusammenarbeit zwischen öffentlichen, intermediären und privaten Akteuren sowie innerhalb der Verwaltungen geführt. Mit dem Programm haben in vielen Kommunen auch verstärkt Sicht- und Handlungsweisen einer → Sozialraumorientierung Einzug gehalten.

*Lit.* BMVBS (Hrsg.): 5 Jahre Leipzig Charta – Integrierte Stadtentwicklung als Erfolgsbedingung einer nachhaltigen Stadt, Berlin 2012; Franke, T.: Raumorientiertes Verwaltungshandeln und integrierte Quartiersentwicklung. Doppelter Gebietsbezug zwischen „Behälterräumen" und „Alltagsorten", Wiesbaden 2011; Kronauer, M./ Siebel, W. (Hrsg.): Polarisierte Städte – soziale Ungleichheit als Herausforderung für die Stadtpolitik, Frankfurt a.M. 2013; Schnur, O. (Hrsg.): Quartiersforschung – Zwischen Theorie und Praxis, 2. Aufl., Wiesbaden 2014.

*Ralf Zimmer-Hegmann*

**Stadtteilarbeit** bezieht sich grundsätzlich auf sozialräumlich ausgerichtete Projekte, die auf eine Veränderung der infrastrukturellen Bedingungen eines Stadtteils ausgerichtet sind. Merkmale sind dabei insbesondere die zielgruppen-, bereichsübergreifenden und auf → Partizipation der Akteure (insbesondere der Bewohner/innen) basierende Sozialraum-/Gemeinwesenarbeitsstrategien. Das stadtteilbezogene Element in der professionellen Sozialen Arbeit wird dabei sowohl auf die Arbeit mit Einzelnen als auch auf die mit Gruppen angewendet.

Wesentliches Ziel der S. ist die Verbesserung von Infrastrukturen, die zu einer Einschränkung der sozialen → Teilhabe insbesondere von Bewohnergruppen in benachteiligten sozialen Rahmenbedingungen führen. Idealtypischerweise werden Veränderungen von Infrastrukturen durch das Zusammenspiel von Bewohner/innen und weiteren Akteuren im Stadtteil (Organisationen, Institutionen usw.) eingeleitet/mitgestaltet. Es wird davon ausgegangen, dass soziale → Ressourcen im Gemeinwesen und die Lebensstrategien der Bewohner/innen im engen Zusammenspiel stehen. S. will diesen gegenseitigen Bedingungsrahmen für eine Verbesserung von Lebensverhältnissen nutzen. Einstellungen, Haltungen und Verhaltensstrategien werden im Wesentlichen als Antwort und Ausdrucksformen auf soziale Lebensbedingungen und -erfahrungen gesehen. Der Stadtteil ist nach Oelschlägel »Ort, in dem → Lebenslagen bestimmt und gestaltet werden, ebenso wie Verhaltensweisen und Einstellungen, Identifikationsort und Lernort für die betroffene Bevölkerung.«

Die ökonomischen und sozialen Disparitäten im → Sozialraum verstärken sich häufig gegenseitig und führen zu → sozialen Konflikten. Sie sollen durch die gezielte Nutzung v.a. sozialräumlicher Ressourcen und durch die Herstellung günstiger Infrastrukturbedingungen so beeinflusst werden, dass dies zu einem »gelingenden Alltag« (Thiersch) für die Betroffenen beiträgt. Es sollen die Zugänge der Bürger/innen zu den gesellschaftlichen Ressourcen verbessert und damit gesellschaftliche Teilhabe ermöglicht werden. S. setzt dabei auf das → Empowerment; die Aktivierung der Betroffenen, ihre Lebensverhältnisse im Stadtteil selbst mitzugestalten und Verantwortung hierfür zu übernehmen, ist zentrales Element der S. Beteiligung ist in Form einer Interessenvertretung für Akteursgruppen ebenso möglich wie die direkte Beteiligung der einzelnen Bürger/innen. Das → Quartiersmanagement versteht sich als Bindeglied zwischen Bürger/innen und Behörden bzw. Institutionen. Es setzt sich für den Aufbau bzw. die Weiterentwicklung von Beteiligungs- und Aktivierungsstrukturen im Stadtteil ein und stellt sicher, dass diese

»offiziell« auch gewollt sind. Stadtteilbezogene Sozialarbeit ist eine am Sozialraum orientierte, zielgruppenübergreifende und lebensweltbezogene Arbeit. Sie greift im besonderen Maße die → Bedürfnisse und Interessen sozial benachteiligter Menschen auf und versucht, ihnen durch eine Verbesserung der lebensweltlichen Rahmenbedingungen (→ Lebenswelt) gerecht zu werden.

Im Unterschied zur → Gemeinwesenarbeit, die als sogenannte dritte Methode der Sozialen Arbeit gesehen wird (neben → Einzel[fall]hilfe und → sozialer Gruppenarbeit), ist S. ein methodenübergreifender Arbeitsansatz, da er von den sich gegenseitig bedingenden und beeinflussenden Verhältnissen im Stadtteil ausgeht. Stadtteilbezogene Soziale Arbeit versteht sich in erster Linie als eine auf sozial benachteiligte Gruppen und Kohorten (z.B. alte Menschen, Kinder, Jugend, alleinerziehende Eltern usw.) bezogene Interventionsform. Es geht um → soziale Benachteiligungen v.a. im ökonomischen/materiellen Sinne; i.S.d. unzureichenden sozialen und bildungspädagogischen Infrastruktur (→ Chancengleichheit) und in der damit verbundenen drohenden oder bereits bestehenden Ausgrenzung von gesellschaftlicher Teilhabe und Begrenzung von Lebens- bzw. Zukunftschancen.

Auf der Grundlage von Sozialraum- und Ressourcenanalysen werden auch Strategien, die v.a. den Zusammenhalt im Stadtteil fördern (u.a. Stadtteilbegehung, Spurensuche, Subjektive Landkarten, Cliquenraster, Straßenfeste, Stadtteilfeste, Zusammenarbeit mit vorhandenen Projekten und Einrichtungen) realisiert und insbesondere Methoden der Aktivierung und Beteiligung der Bewohner/innen angewendet.

*Josef Faltermeier*

**Stakeholder** → Projektmanagement

**Stalking** beschreibt das vorsätzliche und beharrliche Nachstellen, Verfolgen und Belästigen einer Person gegen deren Willen. Eingesetzt werden dabei vielfältige Verhaltensweisen wie Anrufe, SMS, Ausspähen, Beschatten, unerwünschte Geschenke, Warenbestellungen, Beschädigen von Eigentum, Eindringen in die Wohnung, Drohungen und körperliche Angriffe. Cyberkriminelle Handlungen (Cyberstalking) umfassen z.B. Identitätsdiebstahl, Verbreitung von Informationen oder Bildern via E-Mail/Twitter u.a. gegen den Willen der Betroffenen. Etwa 12% der Menschen in Deutschland werden im Laufe des Lebens mindestens einmal Opfer von S. Frauen werden deutlich häufiger Opfer als Männer: ca. 70% der Täter/innen sind männlich. In 80-90% der S.fälle besteht eine Vorbeziehung zwischen Opfer und Täter/in. In etwa jedem zweiten Fall geht S. von einem ehemaligen Beziehungs- bzw. Ehepartner aus (→ häusliche Gewalt).

S. löst physischen und psychischen → Stress aus. Gesundheitliche Folgen reichen von Schlafstörungen über → Ängste und → Depressionen bis hin zum → Suizid. Als sozioökonomische Folgen werden u.a. Arbeitsplatzverlust, Umzüge, soziale Isolation und Verlust oder Entfremdung von sozialen Beziehungen beschrieben. Seit 2007 ist S. ein Straftatbestand (§ 238 StGB, BGBI I S. 354) wobei von vielen Seiten Nachbesserungen eingefordert werden. Die Verurteilungsquote liegt bei unter 2%. Zivilrechtlich können Opfer von S. auch eine Schutzanordnung nach dem → Gewaltschutzgesetz beantragen.

*Karin Wieners*

**Standardabweichung** → Statistische Grundlagen der Sozialen Arbeit

**Stationäre Pflegeeinrichtung** → Pflegeeinrichtung

**Statistik der sozialen Mindestsicherungssysteme** liefert Informationen zu finanziellen Hilfen des Staates an → Leistungsberechtigte, die ihren grundlegenden Lebensunterhalt nicht aus eigenen finanziellen Mitteln decken können (→ Leistungen zur Sicherung des Lebensunterhalts, → soziale Transfers). Hierzu werden die amtlichen Statistiken über folgende → Sozialleistungen herangezogen: → Arbeitslosengeld II (Alg II) und Sozialgeld nach dem SGB II (→ Grundsicherung für Arbeitsuchende), Laufende → Hilfe zum Lebensunterhalt außerhalb von Einrichtungen nach dem SGB XII (→ Sozialhilfe), → Grundsicherung im Alter und bei Erwerbsminderung nach dem SGB XII, Regelleistungen nach dem → Asylbewerberleistungsgesetz (AsylbLG) und Leistungen der → Kriegsopferfürsorge nach dem → Bundesversorgungsgesetz (BVG). Es handelt sich hierbei um gesetzlich angeordnete Statistiken, die über die Anzahl und Struktur der Leistungsempfänger/innen informieren. Die Daten werden als Sekundärstatistiken erhoben, was bedeutet, dass bereits vorliegende Verwaltungsdaten statistisch aufbereitet werden.

Im Jahr 2013 bezogen 7,4 Mio. Personen Transferleistungen auf der Grundlage der genannten sozialen Mindestsicherungssysteme. Damit waren in Deutschland 9,1% der Bevölkerung oder etwa jede elfte Person auf existenzsichernde finanzielle Hilfen des Staates angewiesen. Dabei lag diese sog. Mindestsicherungsquote 2013 im früheren Bundesgebiet bei 8,1% und in den neuen Bundesländern (einschl. Berlin) bei 13,3%. Im Jahr 2006 hatte sie noch 10,1% betragen. Weitere Ergebnisse werden jährlich auf der Website www.amtliche-sozialberichterstattung.de (→ Sozialberichterstattung) dargestellt.

Das Inkrafttreten des Vierten Gesetzes für moderne Dienstleistungen am Arbeitsmarkt im Jahr 2005, mit welchem Arbeitslosenhilfe und Sozialhilfe für Erwerbsfähige zur »Grundsicherung für Arbeitsuchende« zusammengelegt wurde, bewirkte einen bedeutenden Einschnitt in das System der Sozialen Mindestsicherung in Deutschland. Diese im SGB II geregelte Leistung setzt sich aus dem Arbeitslosengeld II (Alg II) und dem Sozialgeld zusammen. Alg II erhalten erwerbsfähige Personen im Alter von 15 Jahren bis zur Regelaltersgrenze, die ihren Lebensunterhalt nicht aus eigenen Mitteln bestreiten können. Ihre im Haushalt lebenden nicht erwerbsfähigen Familienangehörigen (vor allem Kinder) (→ Haushaltsgemeinschaft) erhalten Sozialgeld. Die statistischen Angaben über die Leistungsgewährung werden monatlich als Vollerhebung von der Bundesagentur für Arbeit (→ Agentur für Arbeit) in der SGB II-Statistik zusammengestellt. Am Jahresende 2013 waren insgesamt rd. 6 Mio. Personen auf diese umgangssprachlich als »Hartz-IV« bezeichneten Leistungen angewiesen, davon bezogen 4,4 Mio. Alg II und 1,7 Mio. Sozialgeld. Im Jahr 2006 betrug die Anzahl der Leistungsbezieher/innen 7,3 Mio. Einen weiteren Einschnitt in die Sozialstatistik brachte das in 2003 in Kraft getretene Gesetz über eine bedarfsorientierte Grundsicherung im Alter und bei Erwerbsminderung. Dieses Gesetz sah die Sicherstellung des Lebensunterhalts ab der Regelaltersgrenze sowie dauerhaft voll erwerbsgeminderte Personen ab 18 Jahren vor. Zum Jahresbeginn 2005 wurde diese Leistung als Grundsicherung im Alter und bei Erwerbsminderung als 4. Kapitel in das SGB XII integriert. Im Jahr 2013 bezogen fast 1 Mio. Personen diese Leistung; am Jahresende 2005 waren es noch 630.000 Empfänger/innen.

Bis 2011 lag das Renteneintrittsalter im Rahmen der Grundsicherung nach SGB II und XII bei 65 Jahren. Dies gilt für Geburtsjahrgänge 1947 und älter. Für Personen, die im Jahr 1947 oder später geboren sind, gilt jetzt die Regelaltersgrenze. Für diese Personen wird die Altersgrenze sukzessive bis auf 67 Jahre für die ab dem Jahr 1964 Geborenen angehoben. Erstmals sind ab 2012 die Personen des Geburtsjahrgangs 1947 von dieser Anhebung betroffen. Für sie gilt eine Altersgrenze von 65 Jahren und 1 Monat. Für den Geburtsjahrgang 1948 gilt eine Altersgrenze von 65 Jahren und 2 Monaten usw.

Das AsylbLG regelt die Sicherstellung des Lebensunterhalts von → Asylbewerber/innen sowie sonstigen Berechtigten nach dem AsylbLG. Am Jahresende 2013 erhielten rd. 225.000 Personen laufende Leistungen (sog. Regelleistungen) nach dem AsylbLG.

Laufende Hilfe zum Lebensunterhalt außerhalb von Einrichtungen erhalten die nicht erwerbsfähigen Hilfebedürftigen, die ihren Lebensunterhalt nicht aus eigenen Mitteln oder durch andere Ansprüche decken können. Am Jahresende 2013 gab es 122.000 Leistungsberechtigte.

Eine weitere Quelle der S. sind die Statistiken zur Kriegsopferfürsorge nach dem BVG. Die vorrangige Aufgabe der Kriegsopferfürsorge besteht darin, Personen, die bei militärischen Diensten geschädigt wurden, sowie deren Familienmitglieder und Hinterbliebene zu unterstützen, soweit sie nicht in der Lage sind, ihren Lebensunterhalt selbst oder durch vorrangige Sozialleistungen (z.B. Renten, Arbeitslosengeld) zu decken. Unter entsprechenden Voraussetzungen können neben Opfern des Krieges auch Soldaten, Zivildienstleistende, Opfer von Gewalttaten, Impfgeschädigte sowie politische Häftlinge in der ehemaligen DDR anspruchsberechtigt sein. Die Statistiken zur Kriegsopferfürsorge werden alle zwei Jahre erhoben. Am Jahresende 2012 betrug deren Anzahl rd. 34.000 Personen.

*Information*: www.amtliche-sozialberichterstattung.de

*Bernd Becker*

**Statistikmodell** Das S. ist ein → Bedarfsbemessungssystem für die → Regelbedarfe in der → Sozialhilfe und → Grundsicherung für Arbeitsuchende. Es wurde 1990 aufgrund eines Beschlusses der Ministerpräsidenten der Länder vom Oktober 1989 eingeführt. Es ersetzte das frühere Warenkorbmodell und geht auf Ausarbeitungen der → Konferenz der obersten Landessozialbehörden (Regelsätze für Haushaltsvorstände/Alleinstehende) und des → Deutschen Vereins für öffentliche und private Fürsorge (Regelsätze für sonstige Haushaltsangehörige) zurück. Das S. basiert auf der Grundannahme, dass das Verbrauchsverhalten unterer Einkommensgruppen ein geeigneter Maßstab für die Bemessung der → Regelsätze sein kann. Datengrundlage für das S. ist die → Einkommens- und Verbrauchsstichprobe des Statistischen Bundesamts. Für die Bedarfsbemessung nach dem S. werden Ausgaben für Verbrauchspositionen (z.B. für Nahrungsmittel) berücksichtigt, die dem durch Regelsätze zu deckenden notwendigen Lebensunterhalt (→ Hilfe zum Lebensunterhalt) entsprechen. Originäres Ziel war, leistungsberechtigten Personen einen Lebensstandard (z.B. im Bereich → Ernährung) zu ermöglichen, der dem Lebensstandard von einkommensschwachen, aber nicht hilfebedürftigen Personen entspricht.

Das 1990 eingeführte S. wurde infolge der → Regelsatzverordnung 2004 durch ein modifiziertes S. für die Regelsatzfestsetzungen ab 2005 ersetzt. Beide Modelle unterscheiden sich im Wesentlichen in zwei Punkten: (a) Im Hinblick auf die Bestimmung der »Referenzgruppen«, deren Ausgabeverhalten als → Indikator für den notwendigen, durch Regelsätze zu deckenden Lebensunterhalt zugrunde gelegt wird: Im früheren Modell wurde das Verbrauchsverhalten unterer Einkommensgruppen, deren verfügbares Haushaltseinkommen deutlich oberhalb der Bedürftigkeitsgrenze (»Sozialhilfeschwelle«) lag, analysiert. Mit diesem Schwellenkonzept sollte ausgeschlossen werden, dass das Verbrauchsverhalten von Leistungsberechtigten und verdeckt Armen in die statistischen Grundlagen für die Regelsatzfestsetzung einfloss. Im S. von 2005 hingegen wird das Verbrauchsverhalten der untersten 20% der Einkommensschichtung (nach Herausnahme der Empfänger/innen von Sozialhilfe) untersucht. Bei diesem Schwellenkonzept besteht die Möglichkeit, dass das Verbrauchsverhalten von sog. »verdeckt Armen«, die ihren Leistungsanspruch nicht realisieren, die Höhe der Regelsätze beeinflusst. (b) Im Hinblick auf Personen, für die eine Bedarfsbemessung erfolgt: Im S. von 1990 wurde der Bedarf von Alleinstehenden bzw. Haushaltsvorständen und sonstigen Haushaltangehörigen (bei Minderjährigen auch differenziert nach Altersgruppen) analysiert.

Im S. von 2005 hingegen finden nur die Ausgaben von Alleinstehenden Beachtung. Die Höhe des Bedarfs von sonstigen Haushaltsangehörigen wurde hingegen durch eine normative Setzung bestimmt. Das → Bundesverfassungsgericht hat mit Urteil vom 9. Februar 2010 (1 BvL 1/09 u.a.) die Unvereinbarkeit der Regelbedarfe mit der Verfassung erkannt; Ursache waren insbesondere methodische Unzulänglichkeiten bei der Bemessung. Die Neubemessung auf Basis des → Regelbedarfs-Ermittlungsgesetzes aus 2011 entsprach hingegen noch verfassungsrechtlichen Anforderungen (BVerfG, Beschl. v. 23.7.2014 – 1 BvL 10/12 u.a.).

*Reiner Höft-Dzemski*

**Statistische Grundlagen der Sozialen Arbeit** Statistik ist eine quantitativ ausgerichtete wissenschaftliche Disziplin, die überall eingesetzt wird, wo empirische → Daten erhoben oder ausgewertet werden. Besonders häufig findet sie in den Wirtschafts- und Sozialwissenschaften Anwendung (→ Empirische Sozialforschung). Zur Aufgabe der angewandten Statistik gehört die Gewinnung, Beschreibung und Bewertung (Analyse) von Daten. Die Auswertung und Analyse der durch Erhebung und Aufbereitung gewonnenen statistischen Daten erfolgt dabei zum Zwecke der Deskription (beschreibende Statistik) oder zum Zwecke der Inferenz (schließende Statistik), je nach Ausgangslage und Erkenntnisziel, mit und ohne Anwendung der Wahrscheinlichkeitsrechnung.

Ziel statistischer Methoden ist es, Aussagen über die Gesamtheit (Massenerscheinungen, Kollektive) und nicht über Einzelobjekte (→ Individuen) zu machen. Beispiele solcher Massenerscheinungen, an denen ein statistisches Interesse besteht, sind im Bereich der Wirtschafts- und Sozialwissenschaften die Bevölkerung, die Erwerbslosen oder die Geburten und Sterbefälle. Ist die Zugehörigkeit von Einzelobjekten einer Massenerscheinung statistisch eindeutig bestimmbar (Operationalisierung), wird von einer statistischen Masse gesprochen. Eine statistische Masse (z.B. Wohnbevölkerung am Jahresende) besteht aus statistischen Einheiten (Personen, Familien, Haushalten). Die Anzahl der statistischen Einheiten wird als Umfang der statistischen Masse bezeichnet. Je nachdem ob ein bestimmter Zeitpunkt oder ein bestimmter Zeitraum Gegenstand der statistischen Erfassung ist, wird zwischen Bestandsmassen (Zahl der Sozialhilfeempfänger/innen am Jahresende) und Ereignis- bzw. Bewegungsmassen (Zahl der Geburten, Zahl der Gerichtsurteile) unterschieden. Korrespondierende Bestandsmassen (Wohnbevölkerung am Jahresanfang) und Ereignismassen (Geburten, Sterbefälle, Zu- und Abwanderungen während des Jahres) können dazu benutzt werden, eine Massenerscheinung und ihren Veränderungsprozess im Zeitverlauf (Bevölkerungsfortschreibung) zu beschreiben.

Statistische Massen und ihre Einheiten weisen statistische Merkmale (Variablen) auf. Diese dienen einerseits zur Abgrenzung der statistischen Masse (Begriffsmerkmale) und zum anderen zur Gewinnung von Informationen (Erhebungsmerkmale) über die Einheiten bzgl. des Untersuchungsziels oder des Untersuchungsgegenstandes. Zur Abgrenzung einer statistischen Masse sind stets räumliche, zeitliche und sachliche Merkmale notwendig. Es gibt qualitative Merkmale, die nach ihren Arten unterschieden werden (z.B. der Familienstand), und quantitative Merkmale, die sich durch Zahlen kennzeichnen lassen (z.B. Größenklassen wie die Größe einer Wohnung). Quantitative Merkmale können stetig (kontinuierlich) sein, z.B. Körpergröße und -gewicht, oder unstetig (diskret und diskontinuierlich), z.B. die Zahl der Räume einer Wohnung.

Nach Definition bzw. Abgrenzung der statistischen Masse und Festlegung der Erhebungsmerkmale (Untersuchungsmerkmale), die an sämtlichen Einheiten der statistischen Masse festgestellt werden sollen, beginnt die Erhebung (Beobachtung durch Augenschein, mündliche oder schriftliche Befragung). In der Erhebungsphase wird die Massenbeobachtung faktisch vollzogen und die zu erhebenden Merkmale werden festgestellt bzw. gemessen. Die Messung eines statistischen Merkmals erfolgt durch seine zahlenmäßige Zuordnung (der Codierung) gemäß einer bestimmten Regel oder Vorschrift. Die systematische Anordnung der gemessenen Eigenschaften des statistischen Merkmals erfolgt über Skalen. Je nach Art des Merkmals bzw. nach dem Verfahren seiner Messung lassen sich verschiedene Stufen der Skalierung unterscheiden. Die wichtigsten Skalenniveaus sind: Nominalskala (Geschlecht, Familienstand), Ordinalskala (Schulnoten), Intervallskala (Kalenderzeit) und Verhältnisskala (Einkommen, Alter).

Erfolgt die Erfassung der statistischen Einheiten und die Feststellung der Merkmale und Merkmalsausprägungen unmittelbar und ausschließlich für statistische Zwecke, handelt es sich um primärstatistische Erhebungen. In Primärstatistiken kann die Abgrenzung der statistischen Einheiten und Merkmale ganz nach dem Untersuchungsziel ausgerichtet werden. Beispiele hierfür sind der → Mikrozensus und die → Einkommens- und Verbrauchsstichprobe. Demgegenüber werden bei sekundärstatistischen Erhebungen bereits vorhandene, zunächst für andere, überwiegend nichtstatistische Zwecke gesammelte (registrierte) Daten, z.B. aus Akten bei Behörden und Gerichten, nachträglich zu statistischen Zwecken ausgewertet. Die begrifflichen Abgrenzungen werden vom ursprünglichen Erfassungszweck der Daten bestimmt. Beispiele für Sekundärstatistiken sind die Steuerstatistik und die Leistungsstatistik der Träger der → Sozialversicherung. Die Gesamtheit aller potenziellen Einheiten (Untersuchungsobjekte), über die statistische Informationen erhoben werden sollen, wird als Grundgesamtheit bezeichnet.

Eine Erhebung kann als Vollerhebung (Totalerhebung) oder als Teilerhebung (Stichprobe) durchgeführt werden. Als Vollerhebung wird die Erfassung aller Einheiten einer statistischen Masse bezeichnet, als Teilerhebung nur die Erfassung eines ausgewählten Teils der statistischen Einheiten. Durch eine Teilerhebung sollen im Allgemeinen Informationen über wenige Einheiten zu Aussagen über die Gesamtheit führen. Zu diesem Zweck ist es erforderlich, dass die Teilerhebung bzgl. der Gesamtheit repräsentativ ist, d.h. ein möglichst gutes Abbild der Gesamtheit darstellt. Teilerhebungen sind danach zu unterscheiden, ob die Auswahl der Erhebungseinheiten (Haushalte, Personen, Unternehmen) zufällig (Zufallsstichprobe) oder systematisch, d.h. nach dem Prinzip der bewussten Auswahl (z.B. als Quotenstichprobe) erfolgt. Bei einer reinen Zufallsauswahl hat jede statistische Einheit (jedes Element) der Grundgesamtheit die gleiche Wahrscheinlichkeit, für die Erhebung ausgewählt (gezogen) zu werden. Bei großen statistischen Massen mit einer differenzierten Struktur der Grundgesamtheit (z.B. der Wohnbevölkerung) wird die zufällige Auswahl erst nach Zerlegung der Grundgesamtheit in Teilmassen (Schichtung) durchgeführt. Der Mikrozensus stellt bspw. eine Stichprobe mit geschichteten Auswahlverfahren dar. Bei Anwendung des Prinzips der bewussten Auswahl werden die Einheiten der Grundgesamtheit auf Basis von Vorkenntnissen über ihre Zusammensetzung ausgewählt. Das Quotenverfahren ist ein häufig zur Anwendung kommendes Verfahren einer bewussten Auswahl. Die statistischen Einheiten, die zu befragen sind, werden dabei nur in grober Struktur (z.B. nach altersmäßiger Zusammensetzung, Zahl der Haushaltsmitglieder) vorgegeben. Quotenverfahren kommen v.a. in Markt- und Meinungsumfragen (→ Demoskopie) zum Einsatz. Auch die Einkommens- und Verbrauchsstichprobe des Statistischen Bundesamtes wird als Quotenstichprobe durchgeführt. Stichproben, die mittels des Zufallsprinzips gebildet wurden, ermöglichen eine Berechnung des Zufallsfehlers, d.h. es lassen sich mithilfe der Wahrscheinlichkeitsrechnung Angaben über die Genauigkeit der Ergebnisse bzgl. der Grundgesamtheit gewinnen. Ob eine Voll- oder Teilerhebung durchgeführt werden soll, richtet sich in erster Linie nach Art und Umfang der statistischen Masse und den zu erhebenden Merkmalen sowie nach den maximal zulässigen Kosten und dem zur Verfügung stehenden Zeitrahmen. Anstelle von Totalerhebungen werden häufig Stichprobenerhebungen durchgeführt, weil sie weniger kosten und überschaubarer sowie schneller abzuwickeln sind.

Statistische Erhebungen werden zusätzlich nach der zeitlichen Dimension ihres Beobachtungsansatzes in Querschnitts-,

Längsschnitts-, und Panelerhebungen unterteilt. Eine Querschnittserhebung gibt eine Zustandsbeschreibung der zu erfassenden Erhebungstatbestände für die statistischen Einheiten zum Zeitpunkt der Erhebung (z.B. Stichtag) an. In Längsschnitterhebungen werden Daten über längere Zeiträume (z.B. bei retrospektiven Befragungen) oder auf verschiedene Zeitpunkte bezogene Informationen erfasst. Eine wichtige Funktion kommt Längsschnittdaten im Rahmen der Zeitreihenanalyse zu. Ziel hierbei ist zum einen, über Gleichläufe unterschiedlicher Variablen im Zeitablauf kausale Zusammenhänge aufzudecken (z.B. Arbeitslosigkeit, Zahl der Sozialhilfeempfänger/innen). Zum anderen wird z.B. im Rahmen der Wirtschaftswissenschaften bei der Konjunkturbeobachtung und -prognose der Versuch unternommen, Längsschnittdaten in wiederkehrende (Saison, Zyklen) oder einmalige (deutsche Wiedervereinigung) Komponenten zu zerlegen. Eine spezielle Form von Längsschnitterhebungen, die besonders für Verlaufsstatistiken geeignet sind, stellen Panelerhebungen dar. In diesen werden durch mehrere Befragungen (Wiederholungsbefragungen, Wellen) die gleichen statistischen Einheiten über mehrere Zeitpunkte statistisch erfasst. Die Ergebnisse aus Panelerhebungen ermöglichen Aussagen über dynamische Prozesse (Bewegungsvorgänge, Verhaltensänderungen, Trends) und können zur Erklärung von Strukturänderungen dienen. Die Aussagekraft von Ergebnissen aus Panelerhebungen kann durch Paneleffekte (unter dem Einfluss der Teilnahme am Panel bedingte Verhaltensänderungen, z.B. bewussteres Ausgabeverhalten) und die Panelsterblichkeit (Verringerung der Zahl der Teilnehmenden durch Tod, Haushaltsauflösung oder nachlassendes Interesse) stark beeinträchtigt werden. Durch Aufstockung der Zahl der Teilnehmer/innen (bei Panelsterblichkeit) und Austausch der Teilnehmer/innen (bei Paneleffekten) wird versucht, die Beeinträchtigungen gering zu halten. Der Austausch und die Aufstockung der Erhebungseinheiten im Panel durch bewusste Auswahl neuer Teilnehmer/innen haben Auswirkungen auf die Repräsentanz und die Reliabilität (Verlässlichkeit, Zuverlässigkeit) der gewonnenen Daten. Eine Panelerhebung, die als jährliche Wiederholungsbefragung in privaten Haushalten durchgeführt wird und die auf repräsentativer Basis eine Beobachtung des gesellschaftlichen, sozialen und wirtschaftlichen Wandels ermöglicht, ist das → Sozio-oekonomische Panel (SOEP).

An die Erhebung der Daten schließt sich deren Aufbereitung an. Hierzu gehören das Übertragen der Erhebungsdaten auf Datenträger (soweit dieser Arbeitsschritt nicht schon im Rahmen der Erhebung erfolgt ist), das Prüfen des Datenmaterials auf Vollständigkeit und Glaubwürdigkeit (verbunden mit manuellen und maschinellen Plausibilitätskontrollen), das Signieren (Verschlüsseln von qualitativen Merkmalsausprägungen), das Sortieren nach Maßgabe der Merkmalsausprägungen (Gruppenbildung) und das Auszählen der sich für die einzelnen statistischen Merkmale oder Merkmalskombinationen ergebenden Besetzungszahlen (Häufigkeiten). Im Verlauf der Aufbereitung können die erhobenen Daten in Form von Tabellen und Schaubildern (z.B. Kreis-, Kurven-, Stab- oder Balkendiagrammen) in überschaubarer Form dargestellt werden. Um Irrtümer bei der späteren Interpretation der Ergebnisse zu vermeiden, sollten Tabellen in ihrem Titel grundsätzlich Angaben zur statistischen Masse und zur räumlichen und zeitlichen Abgrenzung enthalten.

Besonders bei umfangreichem Beobachtungsmaterial genügt das in Häufigkeitstabellen (Häufigkeitsverteilungen) ausgezählte und aufbereitete Datenmaterial nicht zur Charakterisierung einer statistischen Masse. Eine Informationsverdichtung kann durch die Berechnung (Ermittlung) sog. Verteilungsmaßzahlen (Verteilungsparameter) erreicht werden. Zu diesen zählen die Mittelwerte (Lageparameter) sowie die Maßzahlen für die Streuung (Streuungsmaße). Allgemein dient die Ermittlung von Mittelwerten der Informationsverdichtung zwecks Erhöhung der Übersichtlichkeit, d.h. der Mittelwert soll Stellvertreter der beobachteten Werte sein, also einen repräsentativen Wert für alle Daten darstellen. Der einzige Mittelwert, der sowohl für qualitative wie quantitative Merkmale bestimmt werden kann, ist der Modalwert (Modus, häufigster Wert, dichtester Wert). Er zeichnet sich durch seine Realitätsnähe aus und gibt die typische, am meisten beobachtete Merkmalsausprägung an. Bei in Größenklassen aufbereitetem Datenmaterial ist die Bestimmung des Modalwerts nur näherungsweise möglich. In diesen Fällen wird der Modalwert als Klassenmitte jener Größenklasse mit der größten Häufigkeitsdichte (modale Klasse) ermittelt. Die sachliche Bedeutung des Modalwerts ist – sofern die Merkmalsverteilung ein charakteristisches Dichtemaximum hat, wie z.B. bei empirischen Einkommensverteilungen – hoch einzuschätzen. Werden alle statistischen Einheiten nach der Größe ihres Merkmalswertes geordnet, so ergibt sich als weiterer Mittelwert der Median (50-Prozentpunkt, Zentralwert). Der Median gewährleistet, dass mindestens 50% der statistischen Einheiten einen Merkmalswert kleiner oder gleich dem Median und mindestens 50% einen Merkmalswert größer oder gleich dem Median haben. Bei einer ungeraden Anzahl von statistischen Einheiten ist der Median direkt als die Merkmalsausprägung des mittleren Wertes ermittelbar. Bei einer geraden Anzahl von statistischen Einheiten fällt der Median zwischen zwei Werte. Wie der Modalwert, ist auch der Median unempfindlich gegenüber Veränderungen im unteren und oberen Bereich einer Merkmalsverteilung und wird von Extremwerten nicht beeinflusst. Er ist ein sehr anschaulicher Mittelwert und eignet sich deshalb v.a. für deskriptive Zwecke. Der wohl gebräuchlichste Mittelwert ist das arithmetische Mittel (Durchschnitt). Es ergibt sich, indem die Summe der Merkmalswerte durch die Anzahl der statistischen Einheiten dividiert wird. Das arithmetische Mittel gibt den Merkmalswert an, der sich bei gleicher Aufteilung der Merkmalssumme auf die statistischen Einheiten ergeben würde. In das arithmetische Mittel gehen alle Merkmalswerte ein, sodass dieser Mittelwert – im Gegensatz zum Median und Modalwert – einerseits die Abstände der Beobachtungswerte zueinander einbezieht, andererseits aber relativ stark von Extremwerten beeinflusst wird. Nicht zuletzt wegen seiner formalen Eigenschaften ist das arithmetische Mittel der am meisten verwendete Mittelwert, der v.a. im Bereich der statistischen Inferenz dominiert.

Obwohl Mittelwerte die in der täglichen Praxis am häufigsten verwendeten Verteilungsmaßzahlen sind, liefern sie nur eine unvollständige Beschreibung einer statistischen Verteilung, da sie keine Aussage über die Abweichung der einzelnen Merkmalswerte von diesen Mittelwerten ermöglichen. Maßzahlen, die hierüber Auskunft geben, werden als Streuungsmaße bezeichnet. Das einfachste Streuungsmaß, das v.a. bei statistischen Massen kleineren Umfangs angewendet werden kann, ist die Spannweite (range). Diese wird als Differenz zwischen dem größten und dem kleinsten beobachteten Merkmalswert ermittelt. Ein weiteres Streuungsmaß stellt die »durchschnittliche absolute Abweichung« dar. Diese wird definiert als Summe der absoluten Beträge der Abstände der einzelnen Merkmalswerte vom Mittelwert dividiert durch die Anzahl der statistischen Einheiten. Ein drittes Streuungsmaß ist die Varianz (mittlere quadratische Abweichung), die als Quotient aus der Summe der quadratischen Abweichungen der einzelnen Merkmalswerte vom arithmetischen Mittel und der Anzahl der beobachteten statistischen Einheiten errechnet wird. Die Bedeutung der Varianz, auch als Streuung bezeichnet, liegt in ihren ausgezeichneten formalen Eigenschaften. Sie besitzt jedoch die Dimension eines Quadrates der Maßeinheit der jeweiligen Merkmalswerte und ist deswegen für deskriptive Zwecke ungeeignet. Im Bereich der angewandten Statistik findet deshalb die Standardabweichung, die sich aus der Quadratwurzel der Varianz ergibt, häufiger Anwendung. Die Standardabweichung weist die gleiche Dimension wie die erhobenen Merkmalswerte und die Mittelwerte auf und ist anschaulich interpretierbar. Als Variationskoeffizient wird das Verhältnis zwischen Standardabweichung und arithmetischem Mittel bezeichnet. Er ermöglicht anschauliche Aussagen zur Variabilität der einzelnen Merkmalswerte. Die Beziehung zwischen zwei oder mehr statistischen Merkmalen wird als Korrelation bezeichnet. Häufig wird die Korrelation bzw. die Korrelationsrechnung benutzt, um einen Hinweis darauf zu bekommen, ob zwei oder mehr statistische Merkmale ursächlich miteinander zusammenhängen. Dies ist besonders dann gegeben, wenn zwischen den statistischen Merkmalen eine »Je ... desto«-Beziehung besteht. Es gibt positive (je mehr, desto mehr) und negative (je mehr, desto weniger) Korrelationen. Eine mathematisch-statistisch festgestellte Korrelation ist nicht gleichzusetzen mit einer kausalen, funktionalen Abhängigkeit der statistischen Merkmale. Eine sachliche Interpretation der festgestellten Zusammenhänge ist in jedem Fall erforderlich, um Scheinkorrelationen aufzudecken.

Soziale, wirtschaftliche und finanzielle Daten über die Lebensverhältnisse in der Bundesrepublik Deutschland werden von zahlreichen Institutionen gesammelt. Je nach Daten- bzw. Statistikproduzenten wird unterschieden in die amtliche und die nicht-amtliche (private) Statistik. Träger der amtlichen Statistik sind zum einen die Ministerien (Ressortstatistik) und zum anderen eigens für statistische Zwecke eingerichtete Fachbehörden (ausgelöste Statistik). Statistisch zu erfassende Tatbestände, die aus den Geschäftsvorfällen einer Verwaltung ersichtlich sind und deshalb der Natur der Sache nach nicht aus der Verwaltungsbehörde herausgelöst werden sollten, bilden die Datenbasis der »nicht ausgelösten« amtlichen Statistik (z.B. Statistik der Arbeitsvermittlung, der → Sozialversicherung, der Deutschen Bundesbank). Die fachlich verselbstständigte Statistik wird vom Statistischen Bundesamt, von den Statistischen Landesämtern sowie den statistischen Ämtern und Dienststellen der Gemeinden durchgeführt. Das Statistische Bundesamt hat insbesondere die Aufgabe, Statistik für Bundeszwecke vorzubereiten und weiterzuentwickeln sowie Ergebnisse auf Bundesebene zusammenzustellen und zu veröffentlichen. Die statistischen Ämter von Bund und Ländern erstellen insgesamt über 200 Bundesstatistiken. Die Ergebnisse der einzelnen Statistiken werden vom Statistischen Bundesamt außer in Querschnittspublikationen, wie dem Statistischen Jahrbuch für die Bundesrepublik Deutschland, der Monatszeitschrift »Wirtschaft und Statistik«, dem Zahlenkompass oder dem Datenreport, v.a. in der Reihe der Fachserien größtenteils in digitalisierter Form veröffentlicht. Die rechtlichen Grundlagen amtlicher statistischer Tätigkeit leiten sich aus Art. 73 Nr. 11 und Art. 83 → Grundgesetz (GG) ab und ergeben sich u.a. aus dem Gesetz über die Statistik für Bundeszwecke (Bundesstatistikgesetz) vom 22.1.1987 (BGBl. I S. 462, berichtigt S. 565), zuletzt geändert durch Art. 13 des Gesetzes zur Förderung der elektronischen Verwaltung vom 25.7.2013 (BGBl. I S. 2756).

Neben den veröffentlichten Ergebnissen wird das Datenangebot in immer stärkerem Maße durch die Verfügbarkeit von Mikrodatensätzen ergänzt. Diese Mikrodatensätze enthalten Informationen über jeden in der Stichprobe erhobenen Fall (Einzelangaben) und werden Datennutzer/innen in anonymisierter Form als sog. Public Use Files (speziell für die wissenschaftliche Forschung als Scientific Use Files) zur Verfügung gestellt. Die statistische Auswertung dieser Mikrodatensätze eröffnet den Wirtschafts- und Sozialwissenschaften neue Erkenntnismöglichkeiten über empirische Sachverhalte. Das Angebot für Sekundäranalysen wird deutlich erweitert. Diese Analysemethode basiert auf der neuerlichen Auswertung bereits vorliegender Daten. Das Verfahren der Sekundäranalyse erlaubt (auch im internationalen Rahmen) Vergleiche von Ergebnissen unterschiedlicher Untersuchungen und bietet die Möglichkeit der Kumulation mehrerer repräsentativer Datensätze aus verschiedenen Zeitpunkten (Trendanalysen). Sekundäranalysen sind kostengünstig, da das statistische Material bereits in Datenarchiven und Dokumentationsstellen (Forschungsdatenzentren), die mit öffentlicher Unterstützung eingerichtet wurden, vorliegt. Während für die amtliche Statistik ein Informationsauftrag gegenüber allen Teilen der Gesellschaft besteht, haben die Träger der nichtamtlichen Statistik eine auf ihre jeweiligen Aufgaben und individuellen Zwecke bezogene Informationsbeschaffung zum Ziel. Träger der nichtamtlichen Statistik sind Unternehmen, Wirtschaftsverbände, Kammern, Wirtschaftsforschungsinstitute sowie Markt- und Meinungsforschungsinstitute. Über den vom Bundesministerium für Bildung und Forschung (BMBF) berufenen Rat für Sozial- und Wirtschaftsdaten (RatSWD) arbeiten Produzent/innen und Nutzer/innen von Daten an einer steten Verbesserung des Zugangs zu statistischen Daten. Die Empfehlungen des RatSWD unterstützen Politik und Wissenschaft bei der Weiterentwicklung der statistischen Infrastruktur.

Die Grundlage einer modernen statistischen Informationsinfrastruktur bilden die Daten aus einer Volkszählung (→ Zensus). Der Zensus hat das Ziel, eine möglichst genaue Momentaufnahme von Basisdaten zur Bevölkerung, zur Erwerbstätigkeit und zur Wohnsituation zu liefern. Stichtag des letzten Zensus war in Deutschland der 9.5.2011. Statt wie in den früheren Volkszählungen, die als Vollerhebungen durchgeführt wurden, hat sich Deutschland für eine registergestützte Methode entschieden. Das bedeutet, dass bereits vorhandene Verwaltungsregister als Datenquellen genutzt wurden, die in bestimmten Bereichen durch eine Verknüpfung von Haushaltsbefragungen ergänzt wurden. Mit dem Zensus 2011 nahm Deutschland an einer Volkszählungsrunde teil, die im Abstand von zehn Jahren in der gesamten → Europäischen Union durchgeführt wird.

*Lit.* Bleymüller, J./Gehlert, G./Gülicher, H.: Statistik für Wirtschaftswissenschaftler, 17. Aufl., München 2015; Hansen, G.: Methodenlehre der Statistik, 3. Aufl., München 1985; Hochstädter, D.: Statistische Methodenlehre, 8. Aufl., Frankfurt a.M. 1996; Krug, W./Nourney, M./Schmidt, J.: Wirtschafts- und Sozialstatistik, 6. Aufl., München u.a. 2001; Menges, G.: Grundriß der Statistik. Teil 1: Theorie, 2. Aufl., Opladen 1972; Menges, G./Skala, H. J.: Grundriß der Statistik. Teil 2: Daten, Köln 1973; Wehrt, K.: Beschreibende Statistik, Frankfurt a.M./New York 1985; Yamane, T.: Statistik, Frankfurt a.M. 1981.

*Hans-Jürgen Stubig*

**Status, sozialer** → Rolle, → Soziale Ungleichheit

**Stellungnahme des Jugendamtes** → Gutachtliche Stellungnahmen (Äußerungen) in der Sozialen Arbeit

**Sterbebegleitung** ist die individuelle Begleitung eines Menschen in der letzten Zeit seines Lebens. Früher war S. v.a. die Aufgabe der Familie und der Religionsgemeinschaften. Da immer mehr Menschen in → Einrichtungen starben, erlebten Angehörige Krankheit, Sterben und Tod immer weniger unmittelbar mit und wichen diesen Erfahrungen aus. Zunehmend trat in den Einrichtungen der Aspekt der medizinisch-pflegerischen und materiellen Versorgung für möglichst viele Menschen nach einheitlichen Standards in den Vordergrund.

Der Wunsch der meisten Menschen, nicht in Institutionen, sondern zu Hause in vertrauter Umgebung selbstbestimmt ihr Leben in Würde zu Ende zu leben, wurde von der Gesellschaft im Rahmen der → Hospizbewegung wahrgenommen. Sie stellt die Bedürfnisse und Wünsche sterbender Menschen in den Mittelpunkt und will die individuelle Begleitung und Versorgung der Betroffenen ermöglichen. Das bedeutet eine fachkompetente, an den Bedürfnissen des Einzelnen ausgerichtete → Palliativversorgung im körperlichen, psychischen, sozialen und spirituellen Bereich in Zusammenarbeit mit allen Beteiligten. Wesentliches Element der S. ist aber auch die persönliche Zuwendung und Unterstützung durch ehrenamtliche Hospizbegleiter/innen als Ausdruck der Wertschätzung für den sterbenden Menschen ebenso wie für seine Angehörigen. Die Ehrenamtlichen leisten Beistand im Alltag und ermutigen zur Auseinandersetzung mit der Krankheit, dem Leiden und dem bevorstehenden Abschied. Dazu benötigen sie intensive Vorbereitung und Begleitung durch → Supervision und → Fortbildung.

Die zunehmende Akzeptanz des Sterbens als Teil des Lebens hat dazu geführt, dass auch die mit der Betreuung Sterbender befassten Professionen neue Wege gehen, um deren Lebensqualität sowie die ihrer Angehörigen zu verbessern, so z.B. in den »Grundsätzen der Bundesärztekammer zur ärztlichen Sterbebegleitung« (2011) und durch die Einführung der Spezialisierten Ambulanten Palliativversorgung (§ 37 b SGB V, 2007). In den fünf Leitsätzen der »Charta zur Betreuung schwerstkranker und sterbender Menschen« (2008) wurde formuliert, dass jeder Mensch ein Recht auf Sterben unter würdigen Bedingungen erhält. Seit der sog. »Sterbehilfedebatte« im Jahre 2015 ist die S. wieder verstärkt im Focus der Bevölkerung und der Medien. Das geplante Hospiz- und Palliativgesetz (HPG) soll den Ausbau der Hospiz- und Palliativstrukturen in Deutschland fördern, da sie mit ihrem Angebot der S. als Gegenentwurf zum Verlangen nach organisierter → Sterbehilfe gelten.

Die Prinzipien der Hospizidee werden gegenwärtig immer mehr in die entsprechenden Professionen und Institutionen integriert. In der Zukunft darf nicht erneut der Tod und der sterbende Mensch aus dem Bewusstsein der Gesellschaft verdrängt werden. Die individuelle, ehrenamtliche S. – i.S. einer Begleitung des Lebens bis zuletzt – ist als Ausdruck der mitmenschlichen und gesellschaftlichen → Solidarität zu erhalten und weiterzuentwickeln.

*Uwe Vilz*

**Sterbegeld** Nachdem die Regelungen zum S. in der gesetzlichen → Krankenversicherung (§§ 58, 59 SGB V) zum 1.1.2005 aufgehoben worden sind, existiert das S. als Leistung der → Sozialversicherung nur noch im Rahmen der → Unfallversicherung (§§ 63, 64 SGB VII). Voraussetzung für die Gewährung von S. ist, dass der Todesfall infolge eines Versicherungsfalles nach § 7 Abs. 1 SGB VII eingetreten ist. Leistungsberechtigt sind Witwen, Witwer, Kinder, → Stiefkinder, → Pflegekinder, Enkel, Geschwister, frühere Ehegatten und Verwandte der aufsteigenden Linie der Versicherten, sofern sie die Bestattungs- und Überführungskosten getragen haben (primär → Leistungsberechtigte). Ist ein/e solche/r Anspruchsberechtigte/r nicht vorhanden, werden die → Bestattungskosten bis max. zur Höhe des S. an diejenige Person gezahlt, die die Kosten tatsächlich trägt (sekundär Leistungsberechtigte). Diese Regelung zielt vorrangig auf nichteheliche Lebensgefährten der Verstorbenen ab. Das S. beträgt für primär Leistungsberechtigte pauschal ein Siebtel der im Zeitpunkt des Todes geltenden Bezugsgröße nach § 18 SGB IV. Für die sekundär Leistungsberechtigten ist das S. auf die Höhe der tatsächlich übernommenen Kosten beschränkt. Die Regelungen zum S. werden im SGB VII flankiert durch Regelungen zur Übernahme der Kosten der Überführung an den Ort der Bestattung. Weiterhin ist nach § 37 → Bundesversorgungsgesetz (BVG) beim Tod eines/einer Geschädigten ein S. in Höhe des Dreifachen der Versorgungsbezüge zu zahlen. Dies für die nach dem BVG Anspruchsberechtigten den Übergang in die veränderten wirtschaftlichen Verhältnisse erleichtern. Erfolgt eine Vorsorge für den Fall des Todes durch Zahlung von Beiträgen in eine (private und angemessene) Sterbegeldversicherung, können Beiträge hierfür vom → Träger der Sozialhilfe übernommen werden, falls der Betroffene bedürftig im Sinne des SGB XII wird (§ 33 SGB XII).

*Katja Fahlbusch*

**Sterbehilfe** bedeutet ursprünglich Hilfe im Sterben, wurde durch die Rechtsprechung des Bundesgerichtshofs (BGH) aber um die Bedeutung Hilfe zum Sterben erweitert. Es geht also einerseits um → Sterbebegleitung, die grundsätzlich die Zeit des Sterbens nicht verkürzt, und andererseits um die gezielte Verkürzung menschlichen Lebens, insbesondere durch den Abbruch lebenserhaltender Behandlungen oder deren Unterlassung. Als medizinische Behandlung gilt dabei auch die künstliche Ernährung durch eine Magensonde. Die zunehmend intensiv geführte Diskussion um die rechtliche und ethische Dimension der S. ist eng verbunden mit der kontroversen Debatte über die Bedeutung von → Patientenverfügungen sowie Entscheidungen von Bevollmächtigten bzw. Betreuer/innen, die zum Tod führen. Mit dem 2009 beschlossenen 3. Betreuungsrechtsänderungsgesetz ist die Patientenverfügung nach mehrjähriger parlamentarischer Debatte gesetzlich geregelt worden. Auch der Abbruch lebenserhaltender Behandlungen bei nicht einwilligungsfähigen Menschen ohne Patientenverfügung wurde auf eine neue Basis gestellt: Entscheidend für Fortführung oder Abbruch der Behandlung ist der in der Patientenverfügung antizipierend schriftlich niedergelegte, bestimmte Wille des/der Patient/in bzw. die von dem/der Betreuer/in festzustellenden Wünsche des/der Patient/in bzw. der aufgrund konkreter Indizien festgestellte »mutmaßliche Wille«.

Bei lebensverkürzender S. wird im Allgemeinen unterschieden zwischen aktiver, indirekter und passiver S. Die Wortwahl ist unpräzise und bisweilen missverständlich. Aktive S. ist demnach die gezielte Tötung eines Menschen durch einen Dritten – sie ist nach § 216 Strafgesetzbuch (StGB) oder schon nach § 212 StGB verboten Passive S. ist die gezielte Lebensverkürzung durch Unterlassen, z.B. einer indizierten lebenserhaltenden Behandlung. Auch die Beendigung einer künstlichen Beatmung oder einer künstlichen Ernährung gilt als passive S. Für diese Fallgruppe, der passiven S. durch aktives Tun, hat eine Entscheidung des 2. Strafsenats des BGH von 2010 für Rechtsklarheit gesorgt: Demnach ist aktives Tun im Rahmen der S. nicht strafbar, wenn es dazu führt, dass eine nicht mehr gewünschte medizinische Behandlung beendet wird. Indirekt ist S., wenn im Rahmen einer Schmerztherapie bewusst die Verkürzung des Lebens als nicht beabsichtigte Nebenfolge in Kauf genommen wird. In der aktuellen Diskussion spielt auch der ärztlich unterstützte → Suizid eine wichtige Rolle. Dabei wird dem Patienten/der Patientin unter bestimmten Bedingungen von einem Arzt/einer Ärztin der Zugang zu einer tödlichen Medikation verschafft, die der Patient/die Patientin aber selbst einnimmt.

Der rechtliche Rahmen für S. ist gesetzt durch das → Grundgesetz (der Schutz der → Menschenwürde impliziert das Recht auf menschenwürdiges Sterben; Lebensschutz), das Strafrecht (Tötung, auch auf Verlangen, steht unter Strafe), das → Betreuungsrecht sowie durch allgemeine zivilrechtliche Regeln (Patient/innen haben das Recht, medizinische Behandlungen abzulehnen). Auch wenn ausdrückliche gesetzliche Regelungen für manche Formen der S. fehlen, hat sich seit 1994 doch eine differenzierte Rechtsprechung über die Zulässigkeit der Nichtaufnahme und des Abbruchs lebenserhaltender Behandlungen, über möglicherweise lebensverkürzende hochdosierte Schmerztherapie und zu Patiententötungen entwickelt, sodass hier nicht mehr von einer Grauzone gesprochen werden kann. Besondere Bedeutung hat in den letzten Jahren die Förderung der Selbsttötung erfahren. Ende 2015 wurde das Verbot der geschäftsmäßigen Förderung der Selbsttötung (§ 217 StGB) beschlossen. Im Einzelnen gilt: Beihilfe zur → Selbsttötung ist weiterhin grundsätzlich straffrei, es sei denn sie erfolgt geschäftsmäßig (auf Wiederholung angelegt mit Eigeninteressen des Förderers). Auch ärztlich assistierter Suizid ist straffrei, wenn er nicht geschäftsmäßig erfolgt. Allerdings gilt er nach ärztlichem Berufsrecht in zehn von 17 Landesärztekammern als Verstoß gegen das Standesrecht. Da die freie Entscheidung eines entscheidungsfähigen Menschen für die Abkürzung eines unweigerlichen Sterbeprozesses zu respektieren ist, ist passive S. in diesen Fällen zulässig. Kann der/die Patient/in nicht mehr selbst entscheiden, hängt die Zulässigkeit von passiver S. davon ab, ob eine wirksame Patientenverfügung vorliegt bzw. ob ein → Betreuungsgericht den Behandlungsabbruch gebilligt hat. Strittig ist, ob es reicht, wenn sich Bevollmächtigte/r bzw. Betreuer/in und Arzt/Ärztin darüber einig sind, dass der Behandlungsabbruch bzw. die Nichtbehandlung dem mutmaßlichen Willen des Patienten entspricht. Aktive S. ist dagegen nicht zulässig und zwar unabhängig davon, ob sie dem Willen der Patient/innen entspricht (Totschlag auf Verlangen) oder nicht (Totschlag oder Mord). Aber auch eine dem Willen der Betroffenen widersprechende Behandlung, die das Leben verlängert ist, ist verboten. Umstritten ist derzeit die rechtliche Einordnung des Sterbefastens, das manche als Form der Selbsttötung ansehen, andere als besondere Ausprägung eines natürlichen Sterbeprozesses. Das ist für die Einordnung der Unterstützung relevant: Handelt es sich um ggf. verbotene Beihilfe zur Selbsttötung oder um kein strafrechtlich relevantes Verhalten?

Rechtsprobleme wirft auch die Frage auf, wie bei Menschen, die nie einen rechtlich relevanten Willen bilden konnten, entschieden werden soll, z.B. bei schwerstgeschädigten Neugeborenen oder erheblich → geistig behinderten Menschen. Auch hier ist aktive S. verboten. Bei passiver S. wird i.d.R. davon auszugehen sein, dass das Wohl der Betroffenen die Weiterbehandlung erfordert. Anders ist zu entscheiden, wenn der Sterbeprozess bereits eingesetzt hat. Auch wenn die erforderliche Behandlung in erheblichem Maße belastend und invasiv ist (z.B. Multi-Organtransplantation, Chemotherapie) könnte im Einzelfall nach Genehmigung durch ein Betreuungssgericht eine lebenserhaltende Behandlung unterlassen werden. Ärztlich nicht (mehr) indizierte Behandlungen sind in keinem Fall geboten.

Brisanz gewinnt die Diskussion um S. angesichts allgemein erhöhter Lebenserwartung, verbunden mit der Verbesserung von Behandlungsverfahren. Außerdem schlagen auch die zunehmend offen geführte Diskussion um Allokation von Kosten im → Gesundheitswesen und die erheblich steigenden Kosten für eine qualitativ gute → Pflege behinderter oder alter Menschen auf die Debatte um S. durch, denn manche sehen hier in der letzten Lebensphase einen hohen Ressourcenverbrauch bei geringer Verbesserung der Lebensqualität. Nach Auffassung von Kritiker/innen einer weitgehenden Deregulierung der S. spielt der Zusammenhang von unzureichendem Ausbau der → Palliativversorgung und der ambulanten pflegerischen Versorgung schwerstkranker Menschen mit der S. eine Rolle, weil eine schlechte schmerzmedizinische und pflegerische Betreuung den Lebenswillen schwächt und den Tod als Ausweg erscheinen lässt. S. hat insofern eine soziale Dimension: die Notwendigkeit von Betreuung und Begleitung bei → Pflegebedürftigkeit und beim Sterben. Mitleiden Dritter, Interessen am optimalen Einsatz medizintechnischer Verfahren sowie die Verknappung von Mitteln im Sozial- und Gesundheitswesen gewinnen demgegenüber an Boden. Dem hat der Gesetzgeber 2015 durch die Verabschiedung des Gesetzes zur Stärkung der Hospiz- und Palliativversorgung (HPG) versucht Rechnung zu tragen.

Die Entwicklung in den Niederlanden und in Belgien wo Tötung auf Verlangen in großem Umfang legalisiert ist und jetzt neben der Tötung psychisch kranker oder dementer alter Menschen auch versucht wird, die Tötung von schwerbehinderten Neugeborenen durch formelle Verfahren zu regeln , dient in der deutschen Diskussion als Beleg dafür, dass die Legalisierung von aktiver S. in eng umrissenen Fallkonstellationen eine erhebliche Gefahr der Ausweitung in sich birgt.

*Lit.* Borasio, G. D.: selbst bestimmt sterben: Was es bedeutet. Was uns daran hindert. Wie wir es erreichen können, München 2014; Brand, M. (Hrsg.): Sterbehilfe oder Sterbebegleitung – Die Debatte, Freiburg i.Br. 2015; Tolmein, O.: Keiner stirbt für sich allein – Sterbehilfe, Pflegenotstand und das Recht auf Selbstbestimmung, München 2007; van Loenen, G.: Das ist doch kein Leben mehr! Warum aktive Sterbehilfe zu Fremdbestimmung führt, Frankfurt a.M. 2014.

*Oliver Tolmein*

**Sterilisation, Hilfen bei** → Hilfen zur Gesundheit

**Steuerfreiheit des Existenzminimums** Nach der Rechtsprechung des → Bundesverfassungsgerichts muss Steuerpflichtigen nach Erfüllung ihrer Einkommensteuerschuld von ihrem Erworbenen zumindest so viel verbleiben, wie sie zur Bestreitung ihres notwendigen Lebensunterhalts und – unter Berücksichtigung von Art. 6 Abs. 1 → Grundgesetz (GG) – desjenigen ihrer Familie (→ Familienbesteuerung) bedürfen (→ Existenzminimum). Die Höhe des steuerlich zu verschonenden Existenzminimums hängt von den allgemeinen wirtschaftlichen Verhältnissen und dem in der Rechtsgemeinschaft anerkannten Mindestbedarf ab. Diesen einzuschätzen ist Aufgabe des Gesetzgebers. Soweit der Gesetzgeber jedoch im Sozialhilferecht (→ Sozialhilfe) den Mindestbedarf bestimmt hat, darf das von der Einkommensteuer zu verschonende Existenzminimum diesen Betrag jedenfalls nicht unterschreiten. Maßgröße für das einkommenssteuerliche Existenzminimum ist demnach der im Sozialhilferecht anerkannte Mindestbedarf (BVerfGE 87, 153, 169 ff.). Letzteres gilt sinngemäß auch für die Ermittlung des sächlichen Existenzminimums von Kindern (BVerfGE 82, 60, 93 f.), bei denen allerdings zusätzlich ein Betreuungsbedarf und ein Erziehungsbedarf zu berücksichtigen sind (BVerfGE 99, 216 ff.).

Nach einem Beschluss des Deutschen Bundestages vom 2.6.1995 hat die Bundesregierung alle zwei Jahre einen Bericht über die Höhe des Existenzminimums von Kindern und Familien vorzulegen. Für die im Einkommensteuerrecht notwendige Typisierung sind Generalisierungen bei der Auswertung der Sozialhilfestatistik (→ Statistik der sozialen Mindestsicherungssysteme) zur Ermittlung des zu verschonenden Existenzminimums zulässig. Das betrifft insbesondere die Zugrundelegung eines gewichteten Durchschnitts hinsichtlich der in der → Sozialhilfe nach Alter gestaffelten Regelsätze für Kinder sowie die Orientierung an einem unteren Wert bei den Wohnkosten. Letzteres ist zulässig, weil der Gesetzgeber zur ergänzenden Deckung des Wohnbedarfs, wie mit dem → Wohngeld, zugleich nach dem Einzelfall bemessene → Sozialleistungen zur Verfügung stellt.

Nach dem zehnten Bericht über die Höhe des Existenzminimums von Erwachsenen und Kindern für das Jahr 2010 (BT-Drucks. 18/3983) ergeben sich für das 2016 steuerfrei zu stellende Existenzminimum von Alleinstehenden 8.652 Euro und von Ehepaaren 14.472 Euro sowie für das (sächliche) Existenzminimum eines Kindes 4.608 Euro. Dementsprechend sind die 2016 geltenden Grundfreibeträge nach § 32 a Einkommensteuergesetz (EStG) für Ledige bzw. zusammen veranlagte Ehepaare in Höhe von 8.652/17.304 Euro sowie der Kinderfreibetrag nach § 32 Abs. 6 EStG in Höhe von 4.608 (sächliches Existenzminimum) zzgl. 2.640 Euro (für den Betreuungs- und Erziehungs- oder Ausbildungsbedarf) 2016 zur verfassungsrechtlich gebotenen S. ausreichend.

*Gottfried Eichhoff*

**Steuerungsmodelle, neue** → Verwaltungsmodernisierung

**Steuervergünstigungen** → Gemeinnützigkeit von Körperschaften

**Stichprobe** → Einkommens- und Verbrauchsstichprobe, → Statistische Grundlagen der Sozialen Arbeit

**Stiefkind** ist das mit in die → Ehe gebrachte Kind eines Ehegatten im Verhältnis zum anderen Ehegatten. Für das S. entsteht ein bedeutsames faktisches Eltern-Kind-Verhältnis, dessen Entwicklung u.a. von der Rolle des Stiefelternteils in der → Familie, vom Alter und Geschlecht des Kindes und der Bedeutung des abwesenden leiblichen Elternteils im Bewusstsein des Kindes abhängt (vgl. → Patchwork-Familie).

Eine Adoption (→ Annahme als Kind) des minderjährigen S. durch den Stiefelternteil ist grundsätzlich nur mit Einwilligung des anderen Elternteils möglich (§ 1747 Abs. 1 → Bürgerliches Gesetzbuch [BGB]). Die Ersetzung der fehlenden Einwilligung durch das → Familiengericht ist nur bei anhaltender gröblicher oder besonders schwerer Pflichtverletzung oder bei Gleichgültigkeit des Elternteils möglich. Haben der Elternteil und der Stiefelternteil den Namen des Stiefelternteils als Ehenamen gewählt, so können sie mit Einwilligung des anderen Elternteils dem S. diesen Ehenamen erteilen oder den Ehenamen dem bisherigen Namen des S. voranstellen oder anfügen (Einbenennung § 1618 BGB). Ist es für das Wohl des S. erforderlich, kann das Familiengericht die fehlende Einwilligung des anderen Elternteils auf Antrag ersetzen. Das Recht der S.adoption und der Einbenennung steht seit 6.2.2005 auch einer → Lebenspartnerschaft nach dem Lebenspartnerschaftsgesetz (§ 9 Abs. 5–7 LPartG) zu.

Steht einem Elternteil die → elterliche Sorge allein zu, so steht seinem Ehegatten, der nicht Elternteil ist (Stiefelternteil), gemäß § 1687 b Abs. 1 BGB das Recht der Mitentscheidung in Angelegenheiten des täglichen Lebens des S. zu. Bei Gefahr im Verzug ist der Stiefelternteil berechtigt, alle Rechtshandlungen vorzunehmen, die zum Wohle des S. erforderlich sind (§ 1687 b Abs. 2 BGB). Die gleichen Rechte hat der Stiefelternteil, der mit dem alleinsorgeberechtigten Elternteil eine Lebenspartnerschaft führt (§ 9 LPartG). Beim Tod des Elternteils kann zugunsten des Stiefelternteils gemäß § 1682 BGB eine Verbleibensanordnung ergehen, wenn anderenfalls das Wohl des S. gefährdet wäre. Kommt es zur Trennung, haben Stiefeltern gemäß § 1685 Abs. 2 BGB ein eigenes Recht auf Umgang mit dem S. wenn sie mit dem S. längere Zeit in häuslicher Gemeinschaft gelebt haben und dieser Umgang dem → Kindeswohl dient.

Während im öffentlichen Recht die enge familiäre Beziehung von Stiefelternteil und S. (allerdings unterschiedlich) berücksichtigt wird (z.B. bei → Kinder- und → Wohngeld, im Steuer- und Sozialversicherungsrecht), besteht zwischen beiden keine gesetzliche → Unterhaltspflicht. Sorgt aber der Stiefelternteil finanziell für das S. mit und nimmt auch entsprechende öffentlich-rechtliche Vergünstigungen in Anspruch, wird dies als vertragliche Verpflichtung interpretiert, die nicht ohne triftigen Grund aufgekündigt werden kann, wenn das in demselben Haushalt lebende Kind anderenfalls → Sozialhilfe in Anspruch nehmen müsste. Diese verwaltungsgerichtliche Rechtsprechung erscheint im Ergebnis fragwürdig, weil die anfangs freiwillige Leistung zur Verpflichtung wird und dies die Situation des S. in der Familie erheblich belasten könnte. Heiratet ein bislang alleinerziehender Elternteil, verliert er damit den Anspruch auf Leistungen für das S. nach dem → Unterhaltvorschussgesetz.

*Hans-Otto Burschel*

**Stiftung** S. haben eine lange Tradition. Bereits im Mittelalter gab es in Deutschland die ersten S. Damals waren es v.a. die Kirchen, die S. mit sozialen bzw. mildtätigen und kirchlichen Zwecken gründeten, um ihre christlichen Aufgaben in einer Institution nachhaltig erfüllen zu können. So waren S. damals häufig Träger sozialer → Einrichtungen wie Waisenhäuser und Spitäler. Eine erneute Blütezeit erlebte das S.wesen im 19. Jh. Mangels vorhandener staatlicher Sozialsysteme im beginnenden Industriezeitalter übernahm das aufstrebende Bürgertum immer mehr

Verantwortung. Im darauf folgenden 20. Jh. musste das S.wesen starken Belastungen standhalten. Durch die beiden Weltkriege kam es zu einem empfindlichen Rückgang an S. Nach dem Zweiten Weltkrieg erholte sich das S.wesen in Westdeutschland wieder, während es in der DDR unterdrückt wurde. Seit den 1980er-Jahren ist in den alten Ländern eine wahre Renaissance in Bezug auf die Gründung neuer S. zu beobachten, die bis heute anhält. Einen zusätzlichen Anreiz für S.gründer schuf das Gesetz zur weiteren steuerlichen Förderung von S. vom 14.7.2000 (BGBl. I S. 1034) und das Gesetz zur weiteren Stärkung des → bürgerschaftlichen Engagements vom 15.10.2007 (BGBl. I S. 2332 ff.), was die Errichtungszahlen der letzten Jahre deutlich widerspiegeln.

Der Begriff der S. ist im Gesetz nicht definiert. Auch wenn somit nicht automatisch eine bestimmte Rechtsform mit dem Begriff der S. einhergeht, verfügen S. über einheitliche charakteristische Merkmale. Die S. ist gekennzeichnet als Vermögensmasse, die einem bestimmten, meist gemeinnützigen Zweck auf Dauer gewidmet ist. Klassisches Instrument zur Verwirklichung eines auf Dauer angelegten Zwecks ist die rechtsfähige (→ Rechtsfähigkeit) S. bürgerlichen Rechts. Ihre Entstehungsvoraussetzungen sind in §§ 80 ff. des → Bürgerlichen Gesetzbuches (BGB) geregelt, die durch die Landesstiftungsgesetze ausgefüllt werden. Die rechtsfähige S. bürgerlichen Rechts unterscheidet sich von sonstigen → juristischen Personen des Privatrechts (z.B. GmbH, eingetragener → Verein) durch ihre fehlende Verbandsstruktur. Sie hat keine Mitglieder oder Eigentümer.

Entscheidende Voraussetzung für die Errichtung einer rechtsfähigen S. ist, dass die/der Stifter/in den Willen zum Ausdruck bringt, eine S. zu gründen. Dies erfolgt im Rahmen des S.geschäfts, in dem sich die/der Stifter/in verpflichtet, ein bestimmtes Vermögen auf die noch zu entstehende S. zu übertragen. In einer das S.geschäft ausfüllenden Satzung entwirft die/der Stifter/in dann das rechtliche Gerüst für die S. Hier legt sie/er insbesondere fest, welchen Zweck die S. verfolgen soll und welche Organe für die S. handeln sollen. Bei der Gestaltung ist die/der Stifter/in grundsätzlich rechtlich frei. Zwingendes Organ ist der S.vorstand, dem die Vertretung der S. im Rechtsverkehr obliegt. Daneben ist es möglich, weitere Kontrollorgane wie z.B. einen S.rat oder ein S.kuratorium einzusetzen. Erst mit der staatlichen Anerkennung des S.geschäfts durch die zuständige S.behörde erlangt die S. Rechtsfähigkeit. Nachdem die/der Stifter/in das Vermögen übertragen hat, kann sie/er nicht mehr darauf zugreifen. Für die Zweckverfolgung werden regelmäßig nur die Erträge aus der Vermögensverwaltung sowie Zuwendungen Dritter eingesetzt. Aus diesem Grund ist die Erhaltung des S.vermögens primäres Postulat an die S.organe.

Eine S. kann sowohl privatnützige als auch gemeinnützige Zwecke verfolgen. Gemeinnützig ist der Zweck einer S. dann, wenn er darauf gerichtet ist, die Allgemeinheit auf materiellem, geistigem oder sittlichem Gebiet selbstlos zu fördern (→ Gemeinnützigkeit von Körperschaften). Soll nach dem S.zweck nur ein abgeschlossener Personenkreis – wie bspw. die Mitglieder einer Familie (Familiens.) – gefördert werden, liegt keine Förderung der Allgemeinheit und damit keine Gemeinnützigkeit vor. Verfolgt eine S. jedoch ausschließlich und unmittelbar gemeinnützige, mildtätige oder kirchliche Zwecke, kann sie in den Genuss der Steuerbegünstigungen gem. §§ 51–68 Abgabenordnung (AO) kommen. Entspricht die Satzung den Vorgaben der AO, erteilt das Finanzamt einen entsprechenden Freistellungsbescheid. Zuwendungsgeber können → Zuwendungen an eine steuerbegünstigte S. unter bestimmten Voraussetzungen als Sonderausgabe i.S. des § 10 b Einkommensteuergesetz (EStG) in Abzug bringen. Unter Zuwendungen versteht man sowohl die klassische Spende (→ Spendenwesen), als auch die Zustiftung, eine Vermögensübertragung, die auf ausdrücklichen Wunsch des Zuwendungsgebers in den Kapitalstock einer S. fließt.

Die unterschiedlichen Erscheinungsformen von S. sind vielfältig. Begrifflich unterscheidet man zwischen selbstständigen und unselbstständigen S., kirchlichen und operativen S. sowie zwischen Förders., unternehmensverbundenen S. und Bürgers. Eine nichtrechtsfähige S., die auch als unselbstständige, treuhänderische oder fiduziarische S. bezeichnet wird, wird durch einen → Vertrag zwischen der/dem Stifter/in und dem Treuhänder (Träger) errichtet. Der/die Stifter/in überträgt das S.vermögen an den Treuhänder, der es getrennt von einem eigenen Vermögen verwaltet. Da es an einer eigenen Rechtspersönlichkeit fehlt, finden die Vorschriften der §§ 80 ff. BGB auf diese S.form keine Anwendung. Steuerlich wird die unselbstständige S. jedoch genauso behandelt wie die rechtsfähige S. Von einer operativen S. spricht man, wenn eine S. eigene Projekte durchführt, also nicht nur die Förderung fremder Projekte bzw. die Förderung anderer gemeinwohlorientierter Körperschaften bezweckt. Gerade im sozialen Bereich werden viele Aufgaben von S. übernommen. Rd. ein Viertel aller S. in Deutschland verfolgen soziale Zwecke.

Unter unternehmensverbundenen S. versteht man solche, die Anteile an Unternehmen halten oder ein Unternehmen selbst betreiben. Sie werden häufig als Instrument zur Regelung der Unternehmensnachfolge eingesetzt. Bürgers. haben ihren Ursprung in den USA und genießen dort als sog. Community Foundations eine weite Verbreitung. Es handelt sich i.d.R. um gemeinnützige S. von Bürger/innen für Bürger/innen, deren S.zweck möglichst breit gefasst ist und dessen Verwirklichung in einem geografisch begrenzten Raum erfolgt (→ Bürgerstiftungen). Zur Vertretung ihrer Interessen haben sich etliche S. im → Bundesverband Deutscher Stiftungen zusammengeschlossen.

*Lit.* Liermann, H.: Geschichte des Stiftungsrechts, 2. Aufl., Tübingen 2002; Seifart, W./Camphausen, A. v. (Hrsg.): Stiftungsrechts-Handbuch, 3. Aufl., München 2009.

*Hedda Hoffmann-Steudner*

**Stiftung Deutsche Jugendmarke e.V.** wurde als rechtlich selbstständiger Verein am 5.3.1965 gegründet und ist beim Amtsgericht Bonn in das Vereinsregister eingetragen. Der Verein ist wegen Förderung der Jugendpflege und Jugendfürsorge als gemeinnützig anerkannt.

Die → Stiftung verwaltet Zuschlagerlöse, die ihr aus dem Verkauf der jährlich vom Bundesminister der Finanzen herausgegebenen Sonderpostwertzeichen »Für die Jugend« zufließen. Ihre satzungsmäßige Aufgabe besteht darin, Maßnahmen für junge Menschen in Deutschland zu fördern. Sie unterstützt Vorhaben im Bereich der → Kinder- und Jugendhilfe, die bundeszentrale/überregionale und modellhafte/innovative Bedeutungen haben. Antragsberechtigt sind anerkannte → freie Träger der Kinder- und Jugendhilfe. Die Zuwendungen der Stiftung sind freiwillige Leistungen, auf die kein → Rechtsanspruch besteht.

Der Stiftung gehören satzungsgemäß acht Mitglieder an: die Bundesministerin oder der Bundesminister für Familie, Senioren, Frauen und Jugend (→ Bundesministerium für Familie, Senioren, Frauen und Jugend), die Arbeitsgemeinschaft der Obersten Landesjugend- und Familienbehörden, die → Bundesarbeitsgemeinschaft der Landesjugendämter, die → Bundesvereinigung der kommunalen Spitzenverbände, die → Bundesarbeitsgemeinschaft der Freien Wohlfahrtspflege e.V., der Bundesausschuss Politische Bildung, die Bundesvereinigung Kulturelle Kinder- und Jugendhilfe e.V. und der → Deutsche Bundesjugendring e.V.

*Anschrift*: 53123 Bonn, Rochusstraße 8–10, www.jugendmarke.de

*Hans-Peter Bergner*

**Stiftung Deutscher Verein für öffentliche und private Fürsorge** Die S. wurde 2010 als rechtsfähige → Stiftung des bürgerlichen Rechts errichtet und hatte ihren Sitz zunächst in Frankfurt a.M., seit 2016 in Berlin. Ihr Zweck ist die Förderung des Wohlfahrtswesens durch die Förderung der → Sozialen Arbeit, insbesondere der Aufgaben des → Deutschen Vereins für öffentliche und private Fürsorge e.V. (DV).

Die S. steht für folgende Aktivitäten: Analyse der und Anregungen für die → Sozialpolitik und Soziale Arbeit in der Bundesrepublik Deutschland und in Europa; Veröffentlichungen zur Sozialen Arbeit und zum → Sozialrecht; Förderung der für die Soziale Arbeit bedeutsamen Wissenschaften, z.B. Durchführung von wissenschaftlichen Veranstaltungen und Forschungsvorhaben, Vergabe von Forschungsaufträgen, Gewährung von Stipendien; Auslobung eines Preises für besonderes Engagement im Bereich der Sozialen Arbeit und des Sozialrechts in der Bundesrepublik Deutschland; Qualitätsentwicklung und -sicherung durch Fortbildungen von im sozialen Bereich tätigen Fach- und Führungskräften einschließlich der Mitarbeiter/innen des DV.

Organe der Stiftung sind der Vorstand und der Stiftungsrat. Der Vorstand besteht aus mindestens zwei Mitgliedern. Zusätzlich gehört ihm der Vorstand des DV mit beratender Stimme an. Der Stiftungsrat besteht aus bis zu zehn Mitgliedern. Mitglieder kraft Amtes sind der/die Präsident/in des DV und der/die Vorsitzende des Vereins zur Förderung der öffentlichen und privaten Fürsorge e.V.

*Informationen:* www.stiftung-deutscher-verein.de

*Karl Janssen*

**Stiftung Mitarbeit** fördert bundesweit → bürgerschaftliches Engagement und Bürgerbeteiligung. Dies geschieht durch → Beratung, Information und → Öffentlichkeitsarbeit, durch Fachtagungen und ein breit gefächertes Qualifizierungsangebot für die Initiativarbeit vor Ort. In dem Verlag der Stiftung erscheinen Beiträge zur politischen → Partizipation und Arbeitshilfen mit praktischem Know-how für das Engagement. Das Internetportal »Wegweiser Bürgergesellschaft« (www.buergergesellschaft.de) ist ein zentrales Informationsangebot zu allen Fragen des bürgerschaftlichen Engagements und der Bürgerbeteiligung in Deutschland. Als Fachinstanz für Bürgerbeteiligung unterstützt die Stiftung beispielhafte Ansätze zur Förderung der politischen Partizipation. Ziel ist es, die lokale Demokratie zu stärken, in den Kommunen eine umfassende und alltagstaugliche Beteiligungskultur zu etablieren und die Rechte auf → Teilhabe derjenigen zu fördern, die sich aufgrund ihrer Lebenssituation, ihrer Bildung und gesellschaftlichen Stellung nicht oder nur in geringem Maße artikulieren können. Die Stiftung hat das bundesweite Netzwerk Bürgerbeteiligung (www.netzwerk-buergerbeteiligung.de) initiiert. Die Stiftung ist auch fördernd tätig. Sie vergibt Starthilfezuschüsse an neue Initiativen, Projekte und Gruppen. Die 1963 gegründete überparteiliche → Stiftung bürgerlichen Rechts finanziert ihre Arbeit durch öffentliche → Zuschüsse, Eigenmittel, Einnahmen aus Projekten und Spenden (→ Spendenwesen).

*Anschrift*: Eller Str. 67, 53119 Bonn, www.mitarbeit.de, www.buergergesellschaft.de

*Hanns-Jörg Sippel*

**Stigmatisierung** ist der Prozess, in dem einer Person oder Gruppe ein Stigma von der personalen bzw. gesellschaftlichen Umwelt kontinuierlich zugeschrieben wird. Stigma (Zeichen, Brandmal) beschreibt ursprünglich körperliche Zeichen, mit denen Personen als ungewöhnlich und unehrenhaft erkennbar gemacht wurden, etwa als versklavt oder kriminell (am Begriff »Schlitzohr« noch sichtbar), die oft zugleich als Sanktion dienten. Heute steht bei S. die negative Kategorisierung im Vordergrund. Diese beschränkt sich i.d.R. nicht auf das zugeschriebene oder vorhandene Merkmal, charakteristisch ist die Zuschreibung weiterer negativer Eigenschaften ohne notwendigen Bezug zu diesem Merkmal (z.B. Fastfoodkonsum der sog. Unterschicht).

S. entstehen wie andere Etikettierungen (→ Labeling approach), indem aus der Fülle tatsächlicher und möglicher Eigenschaften eine Auswahl getroffen und einer Person oder Klasse von Personen zugeschrieben wird (selektive Zuschreibung). Wesentlich ist dabei nicht das Merkmal selbst, sondern dessen Definition als negative Abweichung (→ Devianz). Danach ist ein Stigma das Produkt sozialer → Interaktion und Zuschreibung. Demgegenüber existiert eine essenzialistische Perspektive, die die sichtbare Abweichung als Ausgangspunkt für S. begreift. Diese wird z.B. von den Disability Studies und im Kontext der Debatte um → Inklusion kritisiert.

Anlässe für S. lassen sich grob in körperliche Eigenschaften (Behinderungen), phylogenetische Merkmale (Ethnie, Nationalität, Religion) und charakterliche Eigenschaften, die z.B. aus Gefängnisaufenthalt, regelmäßigem Substanzenkonsum, Erwerbsarbeitslosigkeit abgeleitet werden, unterteilen. S. sind kontextabhängig und relativ: was gesellschaftlich, regional, in unterschiedlichen Milieus oder Lebensbereichen und → Rollen (etwa privat oder in der Arbeitswelt) als »normal« bzw. als positiv oder negativ abweichend gilt, kann sich unterscheiden. Allerdings kann ein Stigma auch alle Lebensbereiche umfassen.

S. führt nicht selten zur Integration des zugeschriebenen abweichenden Status in das eigene Selbstbild sowie zu unterschiedlichen, oft passiven Umgangsweisen: von dem Versuch, sich des Merkmals zu entledigen, über das Geheimhalten, die Abschwächung des Stigmas (etwa durch die negative Abgrenzung von anderen stigmatisierten Personen), die → Kompensation in anderen Lebensbereichen, bis hin zur Selbstausschließung (sozialer Rückzug bis zum → Suizid). Darüber hinaus sind auch die aktive Nutzung des Stigmas für andere Zwecke (sekundäre Gewinne) sowie die kollektive Überwindung von S. möglich, indem stigmatisierende Etikettierungen umgewertet und/ oder öffentlichkeitswirksam als → Diskriminierung und ungerechtfertigt thematisiert werden. In solchen gesellschaftlichen Konflikten können unterdrückte → Minderheiten auch Selbststigmatisierungen nutzen und die soziale Ächtung als Verstoß gegen allgemein akzeptierte Werte skandalisieren (das bekannteste Beispiel ist die Umwertung des Begriffes »schwul«).

*Tilman Lutz*

**Strafaussetzung** → Freiheitsstrafen können gem. § 56ff. Strafgesetzbuch (StGB) zur Bewährung ausgesetzt werden, »wenn zu erwarten ist, daß der Verurteilte sich schon die Verurteilung zur Warnung dienen lassen und künftig auch ohne die Einwirkung des Strafvollzugs keine Straftaten mehr begehen wird« (§ 56 Abs. 1 StGB; ähnlich § 21 → Jugendgerichtsgesetz zur Aussetzung von Jugendstrafen zur Bewährung). Die Bewährungszeit liegt zwischen zwei und fünf Jahren (im Jugendstrafrecht drei Jahren). Bei der Mehrheit der Verurteilungen zu Freiheitsstrafe wird die Strafe ausgesetzt. Soweit eine Freiheitsstrafe im → Strafvollzug vollstreckt wird, kann später ein Strafrest ausgesetzt werden.

Das Gericht kann für die Bewährungszeit Auflagen oder Weisungen erteilen. Eine wichtige Weisung ist die Unterstellung der verurteilten Person unter die Aufsicht und Leitung einer Bewährungshelferin oder eines Bewährungshelfers (→ Bewährungshilfe), wenn dies angezeigt ist, um von

Straftaten abzuhalten (bei Jugendlichen gem. § 24 JGG immer). Gem. § 56 d Abs. 3 StGB steht der Bewährungshelfer oder die Bewährungshelferin der verurteilten Person helfend und betreuend zur Seite und überwacht im Einvernehmen mit dem Gericht die Erfüllung der Auflagen und Weisungen. Das Gericht kann gem. § 56 f. StGB die S. widerrufen, wenn die verurteilte Person neue Straftaten begeht oder gröblich und beharrlich gegen Weisungen und Auflagen verstößt. Ansonsten erlässt das Gericht gemäß § 56 d StGB die Strafe nach Ablauf der Bewährungszeit. Mehr als 70% der Unterstellungen unter eine Bewährungshelferin oder einen Bewährungshelfer enden erfolgreich mit Straferlass.

*Heinz Cornel*

**Strafbefehl** ist eine richterliche Entscheidung, die anstelle eines Strafurteils ergeht. Auf Antrag der Staatsanwaltschaft können Strafrichter/innen und Vorsitzende des Schöffengerichts (→ Strafgerichte) wegen eines Vergehens (§ 12 Strafgesetzbuch [StGB]) im schriftlichen Verfahren, also ohne vorherige Hauptverhandlung, eine → Geldstrafe festsetzen; ferner kann u.a. auch ein Entzug der Fahrerlaubnis (→ Maßregeln der Besserung und Sicherung) mit einer Sperre bis zu zwei Jahren ausgesprochen werden (§ 407 Strafprozessordnung [StPO]). Auch Jugendrichter/innen und Vorsitzende des Jugendschöffengerichts (→ Jugendgerichte) können gegen Heranwachsende bei Anwendung von Erwachsenenrecht (§ 105 → Jugendgerichtsgesetz [JGG]) entsprechende Rechtsfolgen festsetzen. Gegen Jugendliche darf ein S. nicht erlassen werden (§ 79 Abs. 1 JGG).

Falls die/der Angeschuldigte (§ 157 StPO) eine/n Verteidiger/in hat oder ein/e solche/r zuvor vom Gericht bestellt worden ist (§§ 407 Abs. 2, 408 b StPO), darf gegen Erwachsene, nicht jedoch gegen Heranwachsende (§ 109 Abs. 3 JGG), → Freiheitsstrafe bis zu einem Jahr mit → Strafaussetzung zur Bewährung verhängt werden. Hat das Gericht Bedenken, ohne Hauptverhandlung zu entscheiden, oder will es vom Antrag der Staatsanwaltschaft bei Festsetzung der Strafe abweichen, so beraumt es eine Hauptverhandlung an. Der/die Angeklagte kann gegen den S. binnen zwei Wochen nach Zustellung Einspruch einlegen. Durch den Einspruch erzwingt der/die Angeklagte die Durchführung einer Hauptverhandlung. Erscheint der/die Angeklagte ohne genügende Entschuldigung zur Hauptverhandlung nicht und wird er/sie auch nicht wirksam durch eine/n Verteidiger/in vertreten (§ 411 Abs. 2 StPO), wird der Einspruch ohne Beweisaufnahme durch Urteil verworfen (§ 412 StPO). Wird nicht rechtzeitig Einspruch eingelegt, so erlangt der S. die Wirkung eines rechtskräftigen Urteils (§ 410 StPO). Die → Wiederaufnahme des Verfahrens ist allerdings unter erleichterten Voraussetzungen zugelassen (§ 373 a StPO).

*Peter Gast*

**Strafe** ist die absichtliche Zufügung eines Übels als Reaktion auf missbilligtes Verhalten, i.w.S. sowohl Maßnahmen im privaten Bereich (z.B. Erziehungsmaßnahmen, Vertragsstrafen) als auch im öffentlichen Bereich (z.B. Bußgeld, Disziplinarstrafen) umfassend. I.e.S. ist die Kriminalstrafe als staatliche Sanktion für die Begehung von Straftaten gemeint. Die Wurzeln des Strafrechts liegen in den sozialethischen Wertvorstellungen der Rechtsgemeinschaft. Ihre Rechtfertigung findet die Kriminalstrafe als Instrument des Rechtsgüterschutzes. Hinsichtlich der Frage nach dem Zweck der S. haben sich verschiedene Theorien herausgebildet. Dabei unterscheiden sich im Wesentlichen die absoluten Strafzwecktheorien, die auf die repressive Wirkung der S. losgelöst von ihren gesellschaftlichen und persönlichen Auswirkungen abstellen und S. als reine »Wiederherstellung« der Rechtsordnung ansehen, und die relativen Strafzwecktheorien, die Sinn und Zweck der S. in ihrer präventiven Funktion sehen, wobei wiederum General- und Spezialprävention unterschieden werden (→ Kriminalprävention). Die Grundsätze der Kriminalstrafe regelt das Strafgesetzbuch (StGB), das vom Schuld- und Verantwortungsprinzip ausgeht. Verhängt wird sie in einem förmlichen Gerichtsverfahren, das sich nach den Vorschriften der Gesetze über das Strafverfahren – namentlich der Strafprozessordnung, des Gerichtsverfassungsgesetzes und des → Jugendgerichtsgesetzes – richtet. Als Hauptstrafarten kennt das StGB → Freiheitsstrafe und → Geldstrafe. Die Grundsätze der Strafbemessung sind in den §§ 46 ff. StGB normiert.

*Nina Bolowich*

**Strafentlassene** → Hilfe zur Überwindung besonderer sozialer Schwierigkeiten

**Straffälligenhilfe** ist eine Sammelbezeichnung für die verschiedenen behördlichen und nicht-behördlichen Dienstleistungen der Fürsorge und gesellschaftlichen Wiedereingliederung straffällig gewordener Menschen. Sie schließt auch die Unterstützung und Beratung mitbetroffener Angehöriger ein. Die behördliche S. umfasst die justizielle Soziale Arbeit (→ Bewährungshilfe, Führungsaufsicht, → Gerichtshilfe), die Sozialarbeit im → Strafvollzug sowie die Gefängnisseelsorge. Jugendliche Straffällige werden durch das Jugendamt (→ Jugendgerichtshilfe) behördlich begleitet. Die nicht-behördliche S. ist besser unter dem Namen Freie Straffälligenhilfe bekannt. Es existieren mehrere Hundert meist kleine und kleinste Straffälligenhilfestellen, die sich meist als gemeinnützige Vereine organisiert haben. Ein gutes Drittel gehört dem Paritätischen Gesamtverband an, ein Viertel der Diakonie, ein Fünftel der Caritas und eine Minderheit der Arbeiterwohlfahrt. Man kann die Freie S. als komplementäres Angebot zur behördlichen S. sehen. Wegen ihrer relativen Unabhängigkeit zur Justiz und der Freiwilligkeit der Angebote genießt sie Vertrauensvorschuss bei den Betroffenen, was ihre Wirksamkeit potenziell fördert.

Am stärksten wird die allgemeine Beratung nachgefragt. Darunter fallen Inhalte wie der »Umgang mit Behörden« oder Probleme mit Partner/in oder Kindern. Große Bedeutung haben Angebote rund um das Thema Wohnen (Betreutes Wohnen, Wohnungsvermittlung, stationäre Wohnungseinrichtungen), → Schuldnerberatung, → Drogen- und Suchtberatung, gemeinnützige Arbeit zur Vermeidung von Ersatzfreiheitsstrafen und die Vermittlung in Arbeit. Als Reaktionsweise auf schwierige finanzielle Rahmenbedingen zeichnet sich seit geraumer Zeit ein Trend zur stärkeren Übernahme justiznaher Aufgaben durch die Anlaufstellen der Freien S. ab. Beispielsweise werden anstaltsinterne Sozialsprechstunden, Anti-Gewalt-Trainings für Gefangene oder auch Familienaktivitäten für inhaftierte Eltern und ihre Angehörigen durchgeführt. Weitere Tätigkeitsfelder bestehen in Maßnahmen zur Vermeidung und Verkürzung der Untersuchungshaft, in gendersensibler Beratung (Zielgruppe straffällige Frauen [ → Frauenstrafvollzug]), → Täter-Opfer-Ausgleich, Gewinnung und Schulung von freiwillig Engagierten, Arbeit mit Sexual- und Gewaltstraftätern sowie Ex-Sicherungsverwahrten.

Auf Bundesebene vertritt die → Bundesarbeitsgemeinschaft für Straffälligenhilfe e.V. (BAG-S) überverbandliche Interessen der S., mit dem Ziel, straffällig gewordenen Menschen mit ihren Hilfebedarfen eine hörbare Stimme in Politik und Öffentlichkeit zu geben. Dabei macht sie auf sozialpolitische Missstände wie die fehlende Einbeziehung von arbeitenden Gefangenen in die gesetzliche → Rentenversicherung oder die unzureichenden Kontakt- und Besuchsmöglichkeiten zwischen Kindern und ihren inhaftierten Eltern aufmerksam.

*Klaus Roggenthin*

**Strafgefangene** → Frauenstrafvollzug, → Jugendstrafvollzug, → Strafvollzug

**Strafgerichte** sind im Unterschied zur besonderen Gerichtsbarkeit (→ Arbeits-, → Sozial- und → Verwaltungsgerichte) Teil der ordentlichen Gerichtsbarkeit und von der Exekutive getrennte, unabhängige, nur dem Gesetz unterworfene Institutionen (→ Rechtsprechung). Sie entscheiden im Strafprozess u. a. über die Eröffnung des Hauptverfahrens, über die → Schuld des Angeklagten, über die zu verhängende → Strafe und ggf. über → Maßregeln der Besserung und Sicherung. Ihr Aufbau, ihre sachliche und funktionelle Zuständigkeit wird durch das Gerichtsverfassungsgesetz (GVG) geregelt, die örtliche Zuständigkeit bestimmt sich nach den Vorschriften der §§ 7–21 Strafprozessordnung (StPO), wonach u.a. das Gericht zu entscheiden hat, in dessen Bezirk sich der Tatort, der Wohnsitz des/der Angeschuldigten oder der Ergreifungsort (Festnahme) befindet.

Beim Amtsgericht (AG) entscheidet der/die Strafrichter/in über Privatklagen und Vergehen, wenn nicht mehr als zwei Jahre → Freiheitsentziehung zu erwarten sind (§ 25 GVG), dennoch darf der/die Strafrichter/in im Einzelfall bis zu vier Jahren → Freiheitsstrafe verhängen. Das ebenfalls beim AG bestehende Schöffengericht (ein/e Berufsrichter/in, zwei → Schöff/innen) ist sachlich für Vergehen und Verbrechen zuständig, sofern nicht mehr als vier Jahre Freiheitsentziehung oder die Unterbringung in einem psychiatrischen Krankenhaus oder eine → Sicherungsverwahrung zu erwarten ist (§ 74 Abs. 1 GVG), anderenfalls hat die große Strafkammer des Landgerichts (LG) mit drei Berufsrichter/innen und zwei Schöff/innen (§ 76 Abs. 2 GVG) zu entscheiden. Für schwere Verbrechen, so z.B. Mord, Totschlag, Kindestötung, ist eine Strafkammer des LG als sog. Schwurgericht ebenfalls mit drei Berufsrichter/innen und zwei Schöff/innen zuständig (§ 74 Abs. 2 GVG). Der beim Oberlandesgericht (OLG) bestehende Strafsenat entscheidet mit drei bzw. bei entsprechendem Umfang oder Schwierigkeit der Sache mit fünf Berufsrichter/innen (§ 122 Abs. 2 GVG) in 1. Instanz über Staatsschutzdelikte und Völkermord (§ 120 GVG). Im Rechtsmittelverfahren (2. Instanz, → Rechtsbehelf) ist die kleine Strafkammer des LG (ein/e Berufsrichter/in, zwei Schöff/innen) für Berufungen gegen die Urteile des AG zuständig. Über die Revision gegen die Urteile des AG (sog. Sprungrevision) sowie gegen die zweitinstanzlichen Urteile des LG entscheidet der Strafsenat des OLG. Über die Revision gegen die erstinstanzlichen Urteile des LG sowie OLG ist allein der Bundesgerichtshof (BGH) (fünf Berufsrichter/innen) zur Entscheidung berufen.

Die Schuldfeststellung erfordert eine Zweidrittel-, die übrigen Entscheidungen eine einfache Mehrheit der beteiligten Richter/innen und Schöff/innen. Die Schöff/innen sind während der Hauptverhandlung den Richter/innen gleichgestellt (§ 30 GVG). Sie werden durch einen beim AG alle fünf Jahre zusammentretenden Schöffenwahlausschuss aus Vorschlagslisten der Gemeindevertretungen ausgewählt. Für Verfahren gegen Jugendliche und Heranwachsende sind der/die Jugendrichter/in, das Jugendschöffengericht sowie die Jugendkammer, die auch über schwere Verbrechen zu entscheiden hat, zuständig (→ Jugendgerichte).

*Karl-Christian Schelzke*

**Strafmündigkeit** beschreibt das Erreichen eines Alters, ab dem einem Mensch vom Gesetzgeber her zugetraut wird, die Folgen seiner Handlungen so weit zu überblicken, dass er bewusst anderen schaden kann und daher für diese Handlungen die Verantwortung übernehmen muss. Die S. beginnt mit Vollendung des 14. Lebensjahres. § 19 Strafgesetzbuch (StGB) bestimmt, dass schuldunfähig (→ Schuld) ist, wer bei Begehung der Tat noch nicht 14 Jahre alt ist. Maßgebend ist das Alter der beschuldigten Person z.Zt. der Tatbegehung, nicht der Entdeckung, des Eintritts des Erfolges oder der Einleitung des → Ermittlungsverfahrens. Anhängige Ermittlungsverfahren gegen noch nicht Strafmündige sind von der Ermittlungsbehörde gem. § 170 Abs. 2 Strafprozessordnung (StPO) einzustellen. Jugendliche sind nur bedingt strafmündig; nach § 3 S. 1 → Jugendgerichtsgesetz (JGG) ist in jedem einzelnen Fall zu überprüfen, ob der/die Jugendliche z.Zt. der Tat nach seiner/ihrer sittlichen und geistigen Entwicklung reif genug war, das Unrecht der Tat einzusehen und nach dieser Einsicht zu handeln. Fehlt es an dieser Feststellung, so ist das Verfahren einzustellen oder der/die Jugendliche in der Hauptverhandlung freizusprechen. In jedem Fall, in dem ein Kind oder ein/e Jugendliche/r mangels S. nicht zur Verantwortung gezogen werden kann, können durch Jugend- oder Vormundschaftsrichter/in → Erziehungsmaßregeln angeordnet werden (§ 3 S. 2 JGG). Unbeschadet dessen können jedoch zivilrechtliche Ansprüche gegen das Kind und eventuell gegen die Aufsichtspflichtigen (z.B. → Haftung für Aufsichtspflichtverletzung) geltend gemacht werden, weil die zivilrechtliche Deliktsfähigkeit nach anderen Kriterien zu beurteilen ist als die S.

*Réka Fazekas*

**Strafregister** → Bundeszentralregister

**Strafvollzug** ist der Vollzug von → Freiheitsstrafen sowie der → Sicherungsverwahrung in Justizvollzugsanstalten (bei Soldat/innen ggf. in Einrichtungen der Bundeswehr). Zum Vollzug der freiheitsentziehenden → Maßregeln der Besserung und Sicherung in psychiatrischen Krankenhäusern und Entziehungsanstalten s. → Maßregelvollzug. Ein im Schrifttum auch gebräuchlicher weiter S.begriff bezieht diese Maßregeln mit ein. Zum 31.3.2014 befanden sich 54.515 Personen in Strafhaft, davon 3.096 im → Frauenstrafvollzug und 4.910 im → Jugendstrafvollzug.

Soziologisch gesehen dient der S. der Verbrechenskontrolle und gehört damit in das Gesamtsystem → sozialer Kontrolle. Vollzugsanstalten sind als »totale Institutionen« (Goffman) zu begreifen, die die Entstehung einer besonderen Insassenkultur (Subkultur) bedingen. S. ist hoheitliche Aufgabe und im Rahmen von Ökonomisierungsbestrebungen verfassungsrechtlich nur Teilprivatisierungen zugänglich. Der S. ist Gegenstand internationalen (z.B. → Europäische Konvention zum Schutze der Menschenrechte und Grundfreiheiten; Europäische Strafvollzugsgrundsätze von 2006) und nationalen Rechts. Bundesrechtliche Grundlage für den S. bei Erwachsenen bildete lange Zeit das Strafvollzugsgesetz (StVollzG) vom 16.3.1976 (BGBl. I S. 581). Durch Änderung des → Grundgesetzes (GG) im Rahmen der Föderalismusreform (Gesetz vom 28.8.2006, BGBl. I S. 2034) liegt die Gesetzgebungskompetenz für den S. seit 1.9.2006 ausschließlich bei den Ländern. Der Großteil hat davon Gebrauch gemacht. In den übrigen Ländern gilt das StVollzG fort. Das StVollzG behält als Ergebnis seit Ende des 19. Jh. währender Reformbemühungen, eine einheitliche und umfassende gesetzliche Regelung für den S. zu schaffen, seine Maßstabfunktion. Divergierende landesspezifische Konzepte zum S. bergen im Kontext restriktiver Kriminal- und Finanzpolitik die Gefahr des Innovationsstops im S. bzw. des Zurückschraubens mit dem StVollzG geschaffener Grundsätze und Standards. Verbindlicher Richtwert für die Gesetzgebung bleiben neben den internationalen Vorgaben nach wie vor die bisher vom → Bundesverfassungsgericht in Auslegung von GG und StVollzG in ständiger Rechtsprechung entwickelten Maßstäbe.

Aus dem → Sozialstaatsprinzip i.V.m. Art 1, 2 GG entwickeltes Vollzugsziel ist die

→ Resozialisierung der Straftäter/innen. Es ist in § 2 S. 1 StVollzG als die Befähigung der Gefangenen beschrieben, künftig in sozialer Verantwortung ein Leben ohne Straftaten zu führen. Der Schutz der Allgemeinheit vor weiteren Straftaten ist als integraler Bestandteil der Resozialisierung zu sehen, versteht sich damit nicht als zusätzliches Vollzugsziel. Ebenso wenig ist der Schuldausgleich Vollzugsziel. Ihm dient allein das gerichtlich bestimmte Strafmaß (§ 46 StGB), nicht die Vollzugsgestaltung. Das Vollzugsziel lässt sich durch allgemeine Gestaltungsgrundsätze näher konkretisieren (vgl. § 3 StVollzG): Angleichung des Lebens im Vollzug soweit wie möglich an die allgemeinen Lebensverhältnisse (Angleichungsgrundsatz); Entgegenwirken von schädlichen Folgen des Freiheitsentzuges (Gegenwirkungsgrundsatz); Unterstützung der Gefangenen, sich in das Leben in Freiheit einzugliedern (Eingliederungsgrundsatz). Der Anspruch der Resozialisierung findet sich im Widerstreit zu dem S. immanenten restriktiven Strukturen, insbesondere zum Grundsatz von Sicherheit und Ordnung in der Anstalt – zu deren Durchsetzung der Vollzugsverwaltung besondere (Disziplinar-)Maßnahmen zur Verfügung stehen (vgl. §§ 81–107 StVollzG) – und zum Interesse am reibungslosen Vollzugsablauf. Der S. versteht sich als Behandlungsvollzug. Der Behandlungsbegriff umfasst alle der Resozialisierung dienenden Maßnahmen und Methoden und ist nicht – wie der Begriff suggeriert – einem an einem Krankheitsbegriff orientierten »medizinischen Modell« verpflichtet. Als Behandlungsideal gilt vielfach das ganzheitliche Handlungskonzept (→ systemischer Ansatz) der → Sozialtherapie, das persönliche und soziale Bedingungen aufeinander bezieht. In der Vollzugspraxis wird es jedoch selten konsequent umgesetzt. Als Orientierungsrahmen für den Vollzugsablauf dient ein individueller Vollzugsplan, der aufgrund einer mit Strafantritt grundsätzlich einzuleitenden Behandlungsuntersuchung erstellt wird und Angaben über bestimmte Behandlungsmaßnahmen enthält. U.a. muss er sich äußern zur Frage der Unterbringung in einer → Sozialtherapeutischen Anstalt, im geschlossenen oder offenen Vollzug, zum Arbeitseinsatz und zu Lockerungen des Vollzugs. Zu den Vollzugslockerungen gehört die Möglichkeit, außerhalb der Anstalt einer Beschäftigung nachzugehen (z.B. als Freigänger/in). Anstalten des offenen Vollzugs sehen im Gegensatz zu solchen des geschlossenen Vollzugs keine oder nur verminderte Vorkehrungen gegen Entweichungen vor (vgl. § 141 Abs. 2 StVollzG). Der offene Vollzug stellt nach dem StVollzG (§ 10 Abs. 1) grundsätzlich die Regelvollzugsform dar. In der Praxis bildet er allerdings immer noch die Ausnahme.

Den im S. tätigen → Sozialarbeiter/innen kommt neben den anderen Mitwirkenden, u.a. auch Ehrenamtlichen (→ Ehrenamtliche/freiwillige Tätigkeit im sozialen Bereich), die Aufgabe zu, die Inhaftierten vom Zeitpunkt des Strafantritts bis zur Entlassung nach dem Grundsatz der Hilfe zur → Selbsthilfe mit einer Reihe von sozialen Hilfen zu unterstützen (vgl. §§ 71 ff. StVollzG). Die Kollision von Resozialisierungsziel und Sicherheitsdenken macht sich hier besonders bemerkbar und mündet in für die Sozialarbeit im S. charakteristische Ziel- und Rollenkonflikte. Zudem sind viele notwendige Hilfe- und Betreuungsleistungen allein aufgrund eines unzureichenden Personalschlüssels nicht realisierbar.

Die Ursache für die Diskrepanz von Resozialisierungsanspruch und dessen Umsetzung wird von Kritikern des S. z.T. nicht nur im strukturell eingeschränkten Handlungsrahmen des S. gesehen; z.T. wird bezweifelt, dass in der totalen Institution S. überhaupt die notwendige Freiwilligkeit für Behandlung erreicht und Wege zu einer tatsächlichen Chancenverbesserung für das Leben in Freiheit entwickelt werden können. Die kritischen Positionen reichen bis hin zur Forderung der Abschaffung des S. (Abolitionismus). Andere Forderungen zielen auf die Entwicklung und den Ausbau von Alternativen zur Freiheitsstrafe (z.B. Arbeitsverpflichtungen, elektronisch überwachter Hausarrest) oder auch als extreme Position auf »Reprivatisierung«, wonach den Beteiligten die selbstständige Regelung der Vorfälle überlassen bleibt (z.B. Schlichtung, → Wiedergutmachung, → Täter-Opfer-Ausgleich).

*Lit.* Laubenthal, K./Nestler, N./Neubacher, F./Verrel, T.: Strafvollzugsgesetze. Kommentar, 12. Aufl., München 2015; Mathiesen, T.: Überwindet die Mauern, Neuwied/Darmstadt 1979; Preusker, H./Maelicke, B./Flügge, C. (Hrsg.): Das Gefängnis als Risiko-Unternehmen, Baden-Baden 2010; Rusche, G./Kirchheimer, O.: Sozialstruktur und Strafvollzug, Frankfurt a.M. 1981.

*Hannelore Häbel*

**Straßenkinder** sind in der aktuellen bundesdeutschen Debatte definiert als Minderjährige, altersmäßig aber meist Jugendliche und junge Volljährige, die sich weitgehend und dauerhaft abgewendet haben von gesellschaftlich vorgesehenen Sozialisationsinstanzen, sich im Wesentlichen, meist im Kontext von Gruppen am Lebensmittelpunkt »öffentlicher Raum« als hauptsächlichem aktuellen Sozialisationsort aufhalten und sich in ihrem Handeln weniger an gesellschaftlich anerkannten »Normalzuständen« orientieren. Je nach Definition geht man von 2.500 bis 20.000 Minderjährigen aus, die v.a. in großstädtischen Ballungsräumen und dort vornehmlich in den urbanen Zentren, oft im Umfeld von Bahnhöfen und Einkaufspassagen leben.

Die S.debatte orientiert sich an Erkenntnissen aus den historischen Vorgängerdiskursen, die unter den Begriffen »Trebegänger und Ausreißer«, »Drogenkinder« oder historisch der sog. »Gassenjungen« nachweisbar bereits im 18. Jh. geführt wurden. Der Begriff S. selbst ist wegen seiner Assoziationen zu den S. Südamerikas und Osteuropas umstritten; insbesondere für die südamerikanische Situation wird von der → UNICEF zwischen Kindern, die vornehmlich auf der Straße arbeiten und solchen, die dort ihr Alltagsleben verbringen, unterschieden. Offen bleibt derzeit, wie die in vielen afrikanischen Kriegsgebieten tätigen Kindersoldat/innen einzuordnen sind, die ebenfalls ohne festen Bezugsort leben.

In den bisherigen, meist in den 1990er-Jahren durchgeführten Untersuchungen werden Typisierungen nach Szenen, Aufenthaltsorten und Motivgruppen vorgenommen: Jordan u.a. unterscheiden zwischen kurzfristig weglaufenden »Ausreißern« in verfestigten, subkulturellen Lebensformen. Das → Deutsche Jugendinstitut (DJI) differenziert zwischen City-/ Bahnhofs-, Stadtteilszenen in Neubaugebieten und Abbruchhäusern, »Straßenpunks« auf innerstädtischen Plätzen sowie nach psychosozialen Charakteristika: Ausgegrenzte, Auffällige, Gefährdete und Verweigerer. Kilb unterscheidet zwischen orientierungsuchenden und experimentierenden Jugendlichen in alternativen Wohngelegenheiten, Migranten- und Flüchtlingsjugendlichen mit kultureller und adoleszenter Bruchproblematik sowie solchen mit gescheiterten »Jugendhilfekarrieren und Schulabbrüchen«. Die »Straßenkarrieren« Jugendlicher werden dabei als »multiples Problemverhalten im komplexen Gefüge von Risikofaktoren« identifiziert, in dem biografisch bedingte, familiale und im sozialen Umfeld liegende Risikofaktoren »multifaktoriell« zusammenwirken.

Die Handlungskonzepte differieren je nach Einschätzungen und Erklärungsansätzen und reichen vom Vorschlag einer »non-intervention« (Müller) bis zur generellen Reform der der → Kinder- und Jugendhilfe (Peters). Die Handlungsformen schließen sowohl strukturelle Veränderungen wie auch neue Projekte und konzeptionelle Ansätze ein. Pfennig schlägt ein Stufensystem von → Streetwork, Notschlafstelle und betreutem Wohnen vor (→ Wohnformen für Jugendliche), das Institut für soziale Arbeit (ISA) präferiert eher frühpräventive Angebote, während das DJI strukturelle Veränderungen der Jugendhilfe fordert. Insgesamt gilt es, in den Angeboten zu differenzieren nach gefährdenden Einstiegs- und Verfestigungssituationen sowie stabilisierenden kommunikativen Selbsthilfeaspekten. Möbius schlägt hierzu Streetwork nach Zielgruppen vor: für gefährdete Stadtteilszenen, für Jugendliche mit alternativen Lebensformen und ausstiegsorientierte Ansätze für bereits ausgegrenzte Jugendliche. In den Metropolen sind mittlerweile i.d.R. Notschlafstellen und Streetworkprojekte eingerichtet, häufig ergänzt durch »alternative« oder betreute Wohn- und Arbeitsprojekte. In neuerer Zeit sind auch Organisationen der Essensversorgung zu Anlaufstellen für S. geworden. Als aktuell problematisch stellt sich im Zusammenhang meist kriegsbedingter → Migration die Situation → unbegleiteter minderjähriger Flüchtlingen in vielen Kommunen dar, die häufiger auch mobil zwischen verschiedenen Orten und EU-Ländern pendeln.

*Rainer Kilb*

**Streetwork** Ende der 1960er-/Anfang der 1970er-Jahre taucht der Begriff »S.«, entlehnt aus der angloamerikanischen und skandinavischen Fachdiskussion, vermehrt im deutschsprachigen Raum auf zur Bezeichnung einer damals als innovativ geltenden aufsuchenden Form → Sozialer Arbeit insbesondere im Milieu »auffälliger« informeller Jugendgruppen und in den sich allmählich herausbildenden Lebensweltkonturen (→ Lebenswelt) der Drogenszene. In Deutschland finden sich ebenfalls frühe Spuren, z.B. schon im 19. Jh. im Wirken der »Pilgernden Brüder«, aber auch im 20. Jh. in der v.a. christlich-karitativ motivierten Milieuarbeit von Ordensleuten.

Auf diese Vorbilder im deutschsprachigen Raum nehmen allerdings die Initiatoren kaum Bezug. Ausgehend von konzeptionell und methodisch kaum reflektierten, meist auf angloamerikanische Vorbilder fixierten ersten Anfängen hat sich S. nach einer Phase der Ausbreitung in unterschiedliche Zielgruppenszenen (auffällige, »aggressive«, informelle Jugendgruppen und »Jugendbanden«, Fans, Wohnungslose, Drogenkonsument/innen) ab Ende der 1970er- bis Mitte der 1980er-Jahre zunehmend im Angebotsspektrum Sozialer Arbeit etabliert. Ende der 1980er- bis Ende der 1990er-Jahre erfuhr die aufsuchende Prävention und Betreuung in Zielgruppen-Milieus einen nachhaltigen Entwicklungsschub. Angesichts neuer gesellschaftlicher Herausforderungen (z.B. Aufbau der Jugend-/Sozialarbeit in den östlichen Bundesländern) und verschärfter Problemlagen (Ausbreitung des HI-Virus, gesteigertes Gewaltpotenzial bei Jugendlichen, zunehmende Zahl an Drogentoten und obdachlosen Jugendlichen usw.) setzte eine breite nationale Modellförderung ein. Aus Begleitstudien zur Modellförderung, zusätzlichen Forschungsprojekten (vgl. etwa delphi) sowie aus aktuell konsensualisierten Fachstandards (vgl. Bundesarbeitsgemeinschaft Streetwork/Mobile Jugendarbeit) lassen sich zusammenfassend folgende streetworktypischen Konzeptelemente und Handlungsvollzüge herauskristallisieren: Von der konzeptionellen Ausrichtung her mit ausgeprägtem Gemeinwesenbezug arbeiten sozialräumlich orientierte Projekte (etwa in der → Mobilen Jugendarbeit). Daneben stehen Konzepte mit Milieubezug, etwa bei der Arbeit in der Drogen-, Prostitutions-, → Straßenkinder- oder Fußballfanszene.

Abstrahierend von konzeptions- und zielgruppenspezifischen Variationen sind Streetworker/innen v.a. auf folgenden Handlungsebenen tätig: Knüpfen eines Kontaktnetzes in der Lebenswelt und Vertrauenserwerb; Pflege des Kontaktnetzes und Vertrauenserhalt; einzelfallorientierte psychosoziale Unterstützung; Gruppen-/Cliquenarbeit; → Stadtteil- und → Gemeinwesenarbeit; institutionelle Innovation in Hintergrundeinrichtungen und durch den Aufbau von Unterstützungsangeboten; Konfliktvermittlung/Deeskalation; institutionelle Vernetzung und Verbundarbeit; → Öffentlichkeitsarbeit, Einmischung/Lobbyarbeit und Aktivierung.

*Werner Steffan*

**Stress** Ursprünglich aus der Materialwissenschaft stammender Begriff, der psychologisch und sozialwissenschaftlich als i.d.R. aversiver Zustand verstanden wird (»gestresst sein«), welcher durch eine erhöhte Aktivierung des sympathischen Nervensystems gekennzeichnet ist. S. beinhaltet spezifische Merkmale auf mehreren Ebenen: physiologisch (erhöhte Anspannung, erhöhte Herzrate, Schwitzen), emotional (Gefühle des Gehetztseins und der Unzulänglichkeit), kognitiv (Gedanken, den anstehenden Anforderungen nicht gewachsen zu sein) sowie motorisch (Fahrigkeit, Unruhe).

Wissenschaftlich begründete S.theorien lassen sich grob unterteilen in reaktionsorientierte Theorien (z.B. Selye: »allgemeines Adaptationssyndrom«), stimulusorientierte Ansätze (z.B. Holmes und Rahe: »social readjustment rating scale«) sowie transaktionale S.modelle (z.B. von R. Lazarus). Aktuell sind insbesondere transaktionale Modelle von Bedeutung, die S. als Resultat einer Abwägung der Umgebungsanforderungen und der persönlichen Bewältigungsmöglichkeiten (»Coping«) konzipieren. S. entsteht diesen Modellen zufolge in Situationen, in denen Menschen Umgebungsanforderungen als Bedrohung (»threat«) wahrnehmen, denen sie keine hinreichenden persönlichen Bewältigungsfertigkeiten entgegenzusetzen haben.

Grundsätzlich lassen sich problemorientierte Bewältigungsstrategien und emotionsorientierte Bewältigungsstrategien unterscheiden: Erstere streben die Veränderung belastender Umweltfaktoren an, während zweitere dadurch gekennzeichnet sind, dass die mit belastenden Situationen einhergehenden belastenden → Emotionen bewältigt werden sollen. Häufig findet sich auch die Unterscheidung von »Eustress« (Belastungen, die für Menschen bewältigbar sind und die deshalb stimulierend wirken können) und »Distress« (der im o.g. Sinne belastend wirkt). Neben der individuumszentrierten Konzeption von S. ist von herausragender Bedeutung, dass S. und S.erleben in erheblichem Maße sozial determiniert sind: so sind etwa → Lebenslagen marginalisierter und unterprivilegierter Menschen mit erhöhten S.belastungen verbunden. In hierarchischen Organisationen zeigt sich, dass Menschen mit hohen Entscheidungsspielräumen und großer Verantwortung i.d.R. geringer ausgeprägte S.symtome zeigen als MitarbeiterInnen, die niedriger in der Hierarchie stehen. Eine erfolgreiche S.bewältigung wird unterstützt durch Kompetenzen, die in verschiedenen S.bewältigungstrainings vermittelt werden: neben der Fähigkeit zu entspannen und ein erhöhtes Anspannungsniveau abzusenken gehören hierzu in erster Linie eine Verbesserung der Problemlösekompetenz sowie die Identifikation und Modifikation stressverschärfender Gedanken.

*Thomas Heidenreich*

**Streuungsmaße** → Statistische Grundlagen der Sozialen Arbeit

**Strukturprinzipien der Sozialhilfe** beruhen auf teilweise jahrhundertealten fürsorgerechtlichen Grundsätzen und wurden unter Geltung des Bundessozialhilfegesetzes (BSHG) durch die → Rechtsprechung des → Bundesverwaltungsgerichts (BVerwG) weiterentwickelt. Sie sollten dem besonderen Wesen der → Sozialhilfe als Hilfe in einer gegenwärtigen Notlage Rechnung tragen. Unter Geltung des BSHG wurde den S. d. S. »normative Kraft« zugesprochen, die zu einem Anwendungsvorrang vor Allgemeinen Regeln des SGB I und SGB X führte. Seit der Neuordnung der Existenzsicherungssysteme zum 1.1.2005 setzt sich zunehmend die Erkenntnis durch, dass die S. d. S. dem Recht nicht vorgelagert sind, sondern als Nachvollzug gesetzlicher Vorgaben aus ihm abgeleitet werden. In diesem Verständnis wirken sie unter Geltung der neuen Rechtslage fort. So gewährleistet das → Bedarfsdeckungsprinzip die Erbringung von Leistungen der → Grundsicherung und Sozialhilfe zur Sicherung eines menschenwürdigen → Existenzminimums, gleichzeitig begrenzt es den Leistungsanspruch auf das dafür Erforderliche. Konsequent räumt daher das nunmehr zuständige Bundessozialgericht (BSG) (→ Sozialgerichte) den S. d. S. keinen Vorrang mehr ein vor allgemeinen Regeln des Sozialverwaltungs- und Sozialgerichtsverfahrens und wendet z.B. § 44 SGB X (Rücknahme eines rechtswidrigen nicht begünstigenden → Verwaltungsaktes) ganz selbstverständlich an. Dies war unter Geltung des BSHG mit Verweis auf das Strukturprinzip »Keine Sozialhilfe für die Vergangenheit« stets verneint worden.

*Karina Krohn*

**Studium der Sozialen Arbeit** Ein Studium wird in Deutschland an Hochschulen absolviert. Hochschulen sind Einrichtungen des tertiären Bildungsbereichs zum Zweck von Forschung, Lehre, Studium und Weiterbildung. Sie dienen der Pflege und Entwicklung der Wissenschaft und Künste und bereiten auf eine berufliche Tätigkeit vor, die die Anwendung wissenschaftlicher Erkenntnisse und Methoden erfordern (§ 2 Hochschulrahmengesetz [HRG]). In Zusammenhang mit Art. 5 → Grundgesetz (GG) sichert das HRG die Freiheit von Forschung, Lehre und S. für Hochschulen. Diese können nach ihrer Art grundsätzlich unterschieden werden in Universitäten, Pädagogische Hochschulen, Kunsthochschulen und Fachhochschulen (FH). Einzelne Landeshochschulgesetze regeln dabei den Namensschutz und ermöglichen Bezeichnungen wie bspw. Duale Hochschule, Hochschule für angewandte Wissenschaften, Technische Hochschulen oder entsprechende fremdsprachige Übersetzungen. Hochschulen verleihen akademische Grade, wobei bisher nur Universitäten und andere wissenschaftliche Hochschulen über ein Promotionsrecht verfügen. Als aktuelle Entwicklung (seit 2015) ist ein Trend zu beobachten, der die Promotionsbegleitung und -beteiligung an FH verstärkt ermöglichen soll. Dies reicht von Regelungen zur Verleihung des Promotionsrechts an ausgewählte, forschungsstarke Fakultäten an FH (z.B. Hessen) bis zur institutionalisierten, kooperativen Promotion zwischen FH und Universität (z.B. Bayern). Neben staatlichen gibt es auch nichtstaatliche Hochschulen. Diese werden in privater Trägerschaft oder als staatlich anerkannte Hochschulen in kirchlicher Trägerschaft betrieben. Nichtstaatliche Hochschulen werden vom Wissenschaftsrat institutionell akkreditiert. Das Hochschulsystem ist Ländersache und wird durch deren Gesetze geregelt; das HRG des Bundes ist die korrespondierende Rahmenvorgabe.

1999 unterzeichneten zunächst 29 europäische Nationen in Bologna eine Erklärung, wonach bis 2010 ein System leicht verständlicher und vergleichbarer Studienabschlüsse zu schaffen war und die Zusammenarbeit auf dem Gebiet der europäischen Hochschulbildung gefördert werden sollte (Bologna-Prozess). Eine umfassende Reform der deutschen Hochschullandschaft war die Folge. Der Bologna-Prozess ist vom Kopenhagen-Prozess zu unterscheiden, der sich dem Feld der → beruflichen Bildung und dem → Arbeitsmarkt in Europa widmet. Da beide Prozesse zunehmend miteinander verschränkt wurden, gewinnt die »Lissabon-Strategie« mit ihrer Zielsetzung, Europa zum herausragenden, dynamischen Wirtschaftsraum zu machen, auch für den akademischen Bereich richtungweisende Bedeutung.

Kernelement der Bologna-Hochschulreform sind die gestuften Studienabschlüsse: Bachelor (BA), Master (MA) und Doctor of Philosophy (PhD)/Doktorat, die bisherige nationale Abschlüsse wie Diplom und Magister weitgehend ersetzt haben. Bereits seit der Novellierung des HRG 1998 hatten deutschen Hochschulen die Möglichkeit gestufte Studiengänge einzuführen und zu erproben. Der strukturelle Rahmen für die Abschlüsse ist in den Ländergemeinsamen Strukturvorgaben der → Kultusministerkonferenz (KMK) festgelegt: (1) Studiengänge sind modularisiert und mit einem Leistungspunktesystem versehen. (2) Berechtigungen, die die Abschlüsse verleihen, sind unabhängig vom Hochschultyp. (3) Masterstudiengänge, die an Universitäten und FH erworben werden, berechtigen grundsätzlich zur Promotion. (4) Qualität und Studierbarkeit werden in einem unabhängigen Akkreditierungsverfahren und in regelmäßigen Evaluationen überprüft und gesichert. Für die → Soziale Arbeit in Deutschland eröffnete diese Entwicklung insbesondere die Ausweitung der akademischen Qualifizierung auf die Masterebene für FH. Eine umfassende Beschleunigung der Akademisierung des Berufsfeldes war eine Folge (→ Soziale Berufe, → Ausbildung in sozialen Berufen).

Die Soziale Arbeit richtet sich an einzelne Personen und bestimmte Gruppen, interveniert aber auch in größeren sozialen Einheiten – wie Stadteilen, Schulen oder Organisationen. Dabei hat sie sowohl die

Interessen und Bedürfnisse ihrer Klientel wie auch der Allgemeinheit/Gesellschaft zu berücksichtigen. → Sozialarbeiter/innen treten weniger zur Lösung von Problem- bzw. Aufgabenstellungen an, als dass sie die Bedingungen für einen Lösung durch die Betroffenen verbessern wollen. Das S. d. S. A. bereitet auf diese breitgestreuten Anforderungen durch eine breite grundständige hochschulische Bildung vor.

Das Qualifikationsniveau der Abschlüsse ist durch den von der KMK und HRK verabschiedeten Qualifikationsrahmen für Deutsche Hochschulabschlüsse (QR HS, 2005) beschrieben und fachspezifisch vom Fachbereichstags Soziale Arbeit (FBTS) durch den Qualifikationsrahmen Soziale Arbeit (QR SArb, 2006/2008) verabschiedet worden. Der FBTS als übergeordnetes, kollegiales Organ der akademischen Selbstverwaltung bündelt die Aktivitäten von etwa 80 hochschulischen Standorten, an denen ein S. d. S. A. aufgenommen werden kann. Fachspezifische Qualifikationsrahmen wie der QR SArb beziehen sich auf den QR HS und stellen ein »Allgemeines Ausbildungsversprechen« der Fachbereiche für Soziale Arbeit auf Bachelor- und Masterniveau dar. Das Qualifikationsprofil des S. d. S. A. ist entlang einer allgemeinen Charakterisierung der Bewältigung von professionellen Aufgabenstellungen entwickelt. Die für die Bearbeitung von »solchen Aufgabenstellungen notwendigen allgemeinen Fähigkeiten und professionellen Eigenschaften sind einerseits individuell verortet. Andererseits sind sie auch Teil des kollektiven Wissens- und Fähigkeitskanons sowie eines grundlegend geteilten Selbstverständnisses der Mitglieder der Profession. Die Mitglieder der Profession können auf dieser Basis und damit im Bewusstsein der Folgen ihrer Tätigkeit für Klientinnen und Klienten, wie unterschiedlich komplexe soziale Zusammenhänge und in kritischer Reflexion gesellschaftlicher Funktionszusammenhänge, handeln« (Bartosch u.a. 2007).

Die vielfältige inhaltliche Differenzierung der einzelnen Studienangebote wird durch eine ebenso vielfältige Differenzierung unterschiedlicher Schwerpunktbildungen an den deutschen Studienorten erzeugt.

Eine Besonderheit für das Studienangebot der Sozialen Arbeit in Deutschland betrifft die Fusion von Sozialpädagogik und Sozialarbeit unter dem gemeinsamen disziplinären Dach der Sozialen Arbeit. Das S. d. S. A. wurde Mitte der 1960er-Jahre in einzelnen Bundesländern an den sog. »Höheren Fachschulen für Sozialpädagogik« oder »Höheren Fachschulen für Sozialarbeit« mit dem Abschluss »Sozialpädagoge/Sozialpädagogin (grad.)« oder »Sozialarbeiter/Sozialarbeiterin (grad.)« eingeführt und mit der Überführung der Höheren Fachschulen in FH 1971 neu geordnet. Die früher unterschiedenen Bereiche werden heute gleichwertig und gemeinsam behandelt. Nach Versuchen, die wissenschaftlich, disziplinäre Fundierung im Rahmen einer → »Sozialarbeitswissenschaft« zu leisten, wird nun vornehmlich von der »Wissenschaft der Sozialen Arbeit« gesprochen, die sozialpädagogische und sozialarbeiterische Perspektiven ausprägt. Die Frage, ob die Soziale Arbeit als Teildisziplin der Erziehungswissenschaft verstanden werden muss, oder gegenteilig, die Sozialpädagogik eine fachliche Facette der Sozialen Arbeit ausmacht, wird weiterhin kontrovers beantwortet.

Diese beiden fachlichen Wurzeln – Sozialarbeit und Sozialpädagogik – wurden bis in die 1990er-Jahre in getrennten Fachbereichen und mit unterschiedlichen Curricula und Prüfungsanforderungen gelehrt und examiniert. So gab es FH, die Fachbereiche für Soziale Arbeit und für Sozialpädagogik ausgewiesen haben (z.B. Frankfurt und Köln). Grundsätzlich war die Sozialpädagogik aber eher an Universitäten vertreten und dort als Teildisziplin der Erziehungswissenschaft organisiert. Die FH dagegen setzten die Tradition der ehemaligen Höheren Fachschulen für Sozialarbeit fort und übernahmen von dort auch die Studienstruktur. Nach dem S. von sechs Semestern folgte ein Anerkennungsjahr, das an einem Praxisort unter fachlicher Begleitung und mit abschließendem Kolloquium an der Hochschule beendet wurde. Damit war dann zugleich die staatliche Anerkennung als Sozialarbeiter/in erworben, die bis heute für viele Stellen, z.B. im Bereich der Jugendhilfe, als Einstellungsvoraussetzung (i.S. des Fachkräftegebots) gilt. Seit der hochschulischen Etablierung der Ausbildung ab den 1970er-Jahren entwickelte sich in einigen Bundesländern neben dem genannten zweiphasigen Modell auch eine einphasige Studienstruktur, in der die Studienphase am Lernort Praxis (»Praxissemester«) in den Studienablauf integriert wurde. Die Studierenden absolvieren dann diesen Studienabschnitt z.B. als viertes und fünftes Studiensemester unter Begleitung der Hochschule, die auch für die Auswahl der Praxisstellen (im In- und Ausland) verantwortlich zeichnet.

Im gestuften Studiensystem der Bologna-Zyklen (BA, MA, PhD) ist diese Einteilung für den Lernort Praxis – in beiden Formen – v.a. für das S. an FH weiterhin (innerhalb des BA-Cycle) gegeben. Allerdings wurde im Zuge der Verkürzung des S. im BA-Zyklus von acht auf sechs bzw. sieben Semester die Praxisphase i.d.R. auf ein halbes Jahr verkürzt. Auch die staatliche Anerkennung wurde beibehalten und gilt als Qualitätsmerkmal der anwendungsorientierten Ausrichtung des Hochschulstudiums. Die Kriterien wurden von der Jugend- und Familienminister-Konferenz (JFMK) neu bestimmt. Das Gremium folgte dabei den spezifischen Vorschlägen im QR SArb des FBTS.

Studiengänge der Sozialen Arbeit sind – wie der überwiegende Anteil von Studienprogrammen an deutschen Hochschulen – in einem Akkreditierungsverfahren einer externen Begutachtung und förmlichen Freigabe zu unterziehen. Wesentliche Leitlinien sind die oben erwähnten ländergemeinsamen Strukturvorgaben für die Akkreditierung von Bachelor- und Masterstudiengängen der KMK. In einem System der Europäischen Qualitätssicherung sind Akkreditierungsagenturen organisiert, die auf nationaler und internationaler Ebene geregelte Verfahren durchführen. Oberste nationale Instanz ist der Akkreditierungsrat, der die Aktivitäten der einzelnen Akkreditierungsagenturen überwacht und die Leitlinien der Verfahren weiterentwickelt. Der Akkreditierungsrat ist als Stiftung organisiert und agiert zugleich als Hüter der hochschulischen Autonomie und als Vermittler zwischen verschiedenen Interessengruppen. Damit wird einerseits die grundsätzliche autonome Zuständigkeit der Hochschulen für das S. unterstrichen und andererseits die Mitwirkung des Staates, internationaler Expert/innen sowie der Berufspraxis für die qualitative Stärkung von Studienprogrammen ermöglicht. Die einzelnen Akkreditierungsagenturen werden selbstständig im rechtlichen Rahmen tätig und verleihen im Auftrag des Akkreditierungsrats ein Gütesiegel für BA- und MA-Studienprogramme (Programm-Akkreditierung) sowie für Hochschulen insgesamt (System-Akkreditierung). Derzeit (2016) weist der Akkreditierungsrat zehn Akkreditierungsagenturen aus, die in seinem Auftrag arbeiten dürfen. Diese haben unterschiedliche fachliche Schwerpunkte und verschiedene nationale Standorte.

Im Akkreditierungsverfahren liefern die Hochschulen bzw. ihre Fakultäten einen umfassenden Selbstbericht, der die qualitative Einschätzung und Prüfung von Studienprogrammen oder dem Hochschulsystem insgesamt als »Produzent« von Studienprogrammen ermöglicht. Im Fokus sind insbesondere die Sicherung und Steuerung von Prozessen der Verwaltung und der Lehre. Es ist nachzuweisen, dass die geltenden Vorgaben für Studienprogramme eingehalten werden und die Studierenden hinreichend garantiert erfolgreich studieren können (Studierbarkeit). Außerdem ist die Passung der angestrebten Qualifikationsziele mit den Anforderungen (Nachfrage/requirements) des Arbeitsmarktes zu überprüfen und auszuweisen (Beschäftigungsbefähigung/employability). Damit wird der Zielsetzung Rechnung getragen, dass hochschulische Bildung nicht selbstbezüglich ausschließlich auf den Wissenschaftsbetrieb ausgerichtet sein darf. Sie muss eine ausreichend erfolgreiche Einmündung in berufliche Tätigkeit sicherstellen. Der BA ist dabei – als erster akademischer Abschluss – insbesondere in seiner Qualität für diese Einmündung auszurichten.

Die Anbieter der Studiengänge dokumentieren die Studienprogramme in ausführlichen Modulhandbüchern. Sie beschreiben die spezifische Struktur des Studienganges und seine Gliederung in einzelne Einheiten (Module), die einen inhaltlichen, didaktischen Zusammenhang aufweisen und mit einer gemeinsamen Prüfung absolviert werden. Die Modularisierung der Studiengänge folgt den Strukturvorgaben und richtet sich an der zugestandenen Zeitstrecke von insgesamt zehn Semestern für ein durchgängiges BA- und MA-Studium aus. Die Zeitbemessung erfolgt durch Kreditpunkte/Creditpoints (CP), die den mittleren Zeitverbrauch angeben, den Studierende für den erfolgreichen Durchlauf benötigen. Für das Studienjahr werden 1.500–1.800 Zeitstunden angenommen. Einem CP wird in Deutschland ein Zeitaufwand von 30 Zeitstunden zugeordnet. Im Rahmen eines europäischen Kreditsystems/European Credit Transfer System (ECTS) ist es dann möglich, die extern absolvierten Studienleistungen in des heimischen Studiengang zu übertragen (Anrechnung).

Die Formulierung der Qualifikationsziele von Studienprogrammen muss kompetenzorientiert erfolgen. Die Position der Studierenden rückt dabei in den Mittelpunkt von Organisation und → Didaktik (Lernerzentrierung/student centered approach). Sie werden entsprechend der drei Studienzyklen (study cycles) als unterschiedlich anspruchsvoll angelegt und in Form von Lernergebnissen (learning outcomes) ausgedrückt. Damit soll die Vergleichbarkeit unterschiedlicher Studienprogramme ermöglicht werden, indem beschrieben wird, was die Absolvent/innen erfolgreich zu tun in der Lage sind. Es geht also darum, was eine Person kann und nicht darum, was jemand wie lange und wo gelernt hat (Outcome-Orientierung). Die Ausrichtung der Anforderungen (BA, MA, PhD) erfolgt an den sog. Dublin Descriptors bzw. den hochschulischen Qualifikationsrahmen auf europäischer, nationaler und fachlicher Ebene. Deskriptoren sind Befähigungsbeschreibungen umfassender Art, die als Ergebnis eines Lernprozesses angesehen werden und durch den Grad ihrer Komplexität auf ein spezifisches Niveau des Qualifikationsprofils verweisen, in dem sie nachgewiesen werden.

Dreh- und Angelpunkt der Qualitätssicherung von Studienprogrammen/Hochschulsystemen ist die Vor-Ort-Begehung durch eine Gutachter/innen-Gruppe, die von der Akkreditierungsagentur für ein Akkreditierungsverfahren bestellt wird. Sie ist mit Vertreter/innen der Professor/innen, Student/innen, Arbeitgeber/innen, Gewerkschaft und ggf. Behörde/Ministerien besetzt. Die Gruppe prüft unabhängig die Qualität des Angebots und bestätigt insbesondere dessen fachlich-wissenschaftliche Güte. In den Verfahren der Sozialen Arbeit spielt weiterhin die Vergabe der staatlichen Anerkennung eine wichtige Rolle. Sie ist grundsätzlich unabhängig geregelt, aber wurde strukturell an die Akkreditierungsverfahren gekoppelt (mit länderspezifischen Differenzierungen).

Zugangsvoraussetzungen zum grundständigen S. d. S. A. sind eine Hochschulzugangsberechtigung (allgemeine oder fachgebundene Hochschulreife oder Fachhochschulreife) oder durch Länderrecht geregelte Möglichkeiten des Hochschulzugangs für beruflich qualifizierte Bewerber/innen ohne schulische Hochschulzugangsberechtigung (z.B. über Fachschulen oder -akademien für Sozialpädagogik). Die Regelstudienzeit beträgt dabei mindestens drei und höchstens vier Jahre. BA-Abschlüsse werden also mit 180, 210 oder 240 CP verliehen. Der BA berechtigt zur Aufnahme eines MA-Studiengangs, in Ausnahmefällen zur Promotion. BA-Studiengänge der Sozialen Arbeit lösen den bisherigen Diplomstudiengang ab und verleihen dieselben Berechtigungen wie vormalige Diplomabschlüsse an FH. MA-Studiengänge der Sozialen Arbeit können nur nach einem ersten berufsqualifizierenden Hochschulabschluss (BA) studiert werden und schließen mit dem zweiten akademischen Grad des MA ab. Diese verleihen grundsätzlich dieselben Berechtigungen wie vormalige Diplom- und Magisterabschlüsse an Universitäten. Grundsätzlich gibt es drei Typen eines Master-Studiums: (1) konsekutive Masterstudiengänge sind als vertiefende, verbreiternde oder fachübergreifende Studiengänge ausgestattet und schließen mit dem akademischen Titel „»Master of Arts (MA)« ab. Die Regelstudienzeit beträgt nach § 19 HRG mindestens ein und höchstens zwei Jahre (60, 90 oder 120 CP). Zusammen mit dem Bachelor-Studium beträgt die Gesamtregelstudienzeit höchstens fünf Jahre. (2) Nicht konsekutive MA-Studiengänge bauen fachlich nicht auf einem vorausgehenden BA-Studiengang auf. (3) Weiterbildende MA-Studiengänge setzten eine berufspraktische Erfahrung von i.d.R. nicht unter einem Jahr voraus und knüpfen an die beruflichen Erfahrungen an. Für Weiterbildungsstudiengänge werden auch spezifizierte Mastergrade verliehen (z.B. Master of Arts in Social Protection, Master of Mental Health, Master of Social Management).

Insgesamt gibt es momentan ca. 150 Bachelorstudiengänge der Sozialen Arbeit, von denen mehr als 90% an FH angeboten werden. Auf Masterniveau werden circa 95 Studiengänge angeboten, von denen circa 80% von FH angeboten werden. Die Bundesländer tragen gemäß § 9 Abs. 2 HRG dafür Sorge, dass die Gleichwertigkeit entsprechender Studien- und Prüfungsleistungen sowie Studienabschlüsse auch im S. d. S. A. gewährleistet ist. Mehr als zwei Drittel der BA- und etwas weniger als die Hälfte der MA-Studiengänge sind bereits akkreditiert (www.akkreditierungsrat.de, Stand 12/2015).

Statistiken der Studierenden fassen unter dem Bereich „»Sozialwesen« Studiengänge der Sozialen Arbeit, der Sozialpädagogik und des Sozialwesens zusammen. Grundsätzlich studieren ca. 85% an FH und 15% an Universitäten. Insgesamt sind im Wintersemester 2014/2015 61.705 Studierende in ein FH-Studium immatrikuliert, davon sind circa 78% weiblich und 22% männlich. An Universitäten studieren im selben Zeitraum 9.110 Personen im Bereich „»Sozialwesen«, in einer analogen Geschlechterverteilung. Im Jahr 2012 absolvierten insgesamt 11.588 Studierende ein S. im Bereich Sozialwesen an FH, 1.152 Absolvent/innen verließen die Universität mit einem Abschuss im selben Bereich. Das Studienfach der Sozialen Arbeit., das durch die HRK und KMK seit 2001 als anerkannte Fachwissenschaft geführt wird, belegt im Wintersemester 2014/15 den Platz 19 der am stärksten besetzten Studienfächer (Statistisches Bundeamt 2015).

Die Zahl der Erwerbstätigen mit einem akademischen Abschluss in der Sozialen Arbeit hat sich seit 2004 um zwei Drittel erhöht: Waren 2004 noch etwa 169.000 Menschen erwerbstätig, die über einen Hochschulabschluss in der Sozialen Arbeit verfügen, stieg diese Zahl bis zum Jahre 2013 auf rund 283.000 Personen. Die Beschäftigungsstatistik belegt, dass knapp ein Drittel im klassischen Feld des Sozialwesens tätig ist, jede/r Vierte in einer Heimeinrichtung. Ein Sechstel ist im Bereich des öffentlichen Dienstes angestellt und jede/r zehnte Sozialarbeiter/in übt eine Tätigkeit im Bildungswesen aus. Die Arbeitslosenquote akademischer Fachkräfte im Bereich der Sozialen Arbeit lag 2014 bei 2,5% (Bundesagentur für Arbeit 2015). Insgesamt ist die Nachfrage nach Personen, die ein S. absolviert haben, auf hohem Niveau, wenn auch Stellen vielfach befristet und in Teilzeit angeboten werden.

*Ulrich Bartosch/Anita Maile-Pflughaupt*

**Subjektivität** beschreibt eine Grundtatsache menschlichen Seins: Alles Wahrnehmen und Denken ist nur subjektiv erfahrbar. S. entwickelt sich im Dialog mit anderen Subjekten, so dass sich das, was mit Subjekt gemeint ist, vom Begriff des → Individuums unterscheiden lässt: Während das Subjekt den Träger individuellen Ichbewusstseins meint, bildet das Individuum als materielle Basis für die S. die kontingente Grundlage. Die Lehre, dass Erkennen vom Subjekt bestimmt ist, heißt Subjektivismus, im Gegensatz zum Objektivismus, nach dem die Geltung der Erkenntnis vom Subjekt unabhängig ist. Extremer Subjektivismus wird in der Philosophie als Solipsismus bezeichnet. Das subjektive Erleben von Wirklichkeit, das sich der Mitwelt nicht erschließt (z.B. Hören von Stimmen), kann als seelische Erkrankung diagnostiziert werden (z.B. → Schizophrenie).

Die Philosophie beschäftigt sich seit Langem mit dem Subjekt-Objekt-Verhältnis (z.B. Kant, Fichte, Husserl). Neuerdings wird das Postulat der S. der Erkenntnis durch den Konstruktivismus wieder aufgenommen, der als erkenntnistheoretisches Modell Eingang in postmodernen Entwürfe der Sozialen Arbeit (z.B. Kleve) findet. Deren Grundüberzeugung ist die Pluralisierung der Maßstäbe menschlicher Erkenntnis, die nichts anderes als ein kontextabhängiges Interpretationskonstrukt sei und erst durch deutende Prozesse des Subjekts zu dem werde, was wir »Wirklichkeit« nennen. Damit sei das, was gemeinhin als »Wahrheit« bezeichnet wird, abhängig von der Perspektive des Betrachters und damit nicht mehr allgemeingültig. Für die Beurteilung der ethischen Qualität einer Handlung bedeutet ein radikaler Subjektivismus, dass diejenigen Handlungen als ethisch gut gelten, die das Subjekt als »gut« konstruiert. Mit der Preisgabe eines übersubjektiven Normengerüsts (→ Normen) und Abweichungen davon (→ Devianz) wäre allerdings die traditionell der Sozialen Arbeit zugeschriebene Rolle als Normalisierungsinstanz (→ Soziale Kontrolle) obsolet.

Auch die Systemtheorie Luhmanns klammert die Subjekt-Objekt-Dialektik aus, indem sie den Systemsinn dem Subjekt vorordnet. Damit stellt sich an von Luhmann abgeleitete Sozialarbeitstheorien die Frage, ob sie Wert- und Machtfragen, ja menschliches Handeln insgesamt, auf »menschenleere« Systeme verlagern (Staub-Bernasconi). Zudem muss gefragt werden, ob eine Gesellschaft des radikalen Subjektivismus lebensfähig ist, da ihr die notwendige gemeinsame Wertebasis (z.B. → Solidarität) fehlt. Auch bleibt bei der Auflösung von gemeinsamen Normen zugunsten eines ethischen Individualismus unklar, inwieweit Normen generell subjektivistisch relativierbar sind, da sie als Reflex auf menschliche Grundbedürfnisse immer auch Ausdruck personaler (→ Persönlichkeit) Konstitutionsbedingungen sind.

Für die Soziale Arbeit bedeutet das Faktum der S. einerseits die Notwendigkeit, Menschen als Subjekte mit ihrer je eigenen Weltsicht und → Lebenswelt ernst zu nehmen, andererseits aber zwischen Subjekt und Gemeinschaft zu vermitteln.

*Wolfgang Klug*

**Subkultur** → Jugendkultur

**Subsidiarität** ist ein Begriff der Sozialphilosophie zur Kennzeichnung einer bestimmten Ordnung im Verhältnis von Staat und Gesellschaft. Er stammt vom »subsidium« (lat. Hilfe, Reserve). S. bedeutet, dass Aufgaben, Handlungen und Problemlösungen so weit wie möglich selbstbestimmt und eigenverantwortlich vom Einzelnen, von der kleinsten → Gruppe wie etwa der → Familie oder der untersten Ebene einer → Organisation wie etwa der → Gemeinde durchgeführt werden. Nur wenn dies nicht oder nicht ausreichend möglich ist, sollen sukzessive größere Gruppen, öffentliche Kollektive oder höhere Ebenen einer Organisation die Aufgaben und Handlungen subsidiär, d.h. unterstützend, übernehmen.

Die Idee der subsidiären Hilfeleistung tauchte erstmals in der calvinistischen Konzeption des Gemeinwesens auf. Im 19. Jh. wurde sie von der katholischen → Soziallehre übernommen und entscheidend weiterentwickelt. Mit der zunehmenden Ausgestaltung der Eigenverantwortlichkeit der Arbeiter und ihrer Selbstorganisation in Vereinen und Genossenschaften fand das Konzept in immer mehr Bereichen Eingang in Politik und Gesellschaft. Dem Recht zur → Selbsthilfe wurde erstmals Vorrang eingeräumt vor subsidiärem staatlichen Beistand.

Heute ist das S.prinzip in vielen gesetzlichen Regelungen im Bereich der sozialen Sicherung verankert. Es verknüpft das Personalprinzip mit dem Prinzip der → Solidarität. Das Personalprinzip bedeutet, dass jede einzelne Person das Recht hat, sich frei zu entfalten und den eigenen Lebensentwurf zu gestalten, wobei die Allgemeinheit sie in Risiko- und Notlagen unterstützen muss. Das Solidaritätsprinzip dagegen hebt hervor, dass jede/r an die Gesellschaft gebunden und zu Hilfe und zum Mittragen von Lasten aufgerufen ist; da jede/r hilfsbedürftig werden kann, trägt jede/r Verantwortung für das Gemeinwesen. Das S.prinzip greift das Personalprinzip auf, indem es die Verantwortung und Kompetenz für die Bewältigung von Aufgaben auf die/den Einzelne/n oder die jeweils kleinste Gruppe überträgt. So hat im Rahmen der → Kinder- und Jugendhilfe bspw. das → Wunsch- und Wahlrecht der/des Jugendlichen bei der Auswahl einer Einrichtung Vorrang vor einer Auswahl durch → Träger der öffentlichen Jugendhilfe, das selbstbestimmte Leben in → häuslicher Pflege hat Vorrang vor stationärer Pflege. Andererseits greift das S.prinzip das Solidaritätsprinzip auf, indem es einen Anspruch der/des Einzelnen oder der untergeordneten Einheit auf Hilfe durch die übergeordnete Einheit postuliert. So hat der Staat bei → Pflegebedürftigkeit den Bedarf an → Grundpflege und hauswirtschaftlicher Versorgung (→ Hauswirtschaft) zu sichern.

Auch das Verhältnis zwischen staatlicher und → freier Wohlfahrtspflege kann mit dem S.prinzip beschrieben werden (vgl. §§ 17 SGB I, 17 Abs. 2 SGB II, 4 Abs. 2 SGB VIII, 11 Abs. 2 SGB XI, 5 SGB XII). Der Gesetzgeber hatte mit den Regelungen intendiert, den Vorrang der freien vor der öffentlichen Wohlfahrtspflege zu verankern. Nach Auffassung der katholischen Soziallehre sind zur Realisierung dieser Ordnungsvorstellung alle Mittel einzusetzen; hoheitliche Träger sollten verpflichtet sein, freie Träger finanziell zu fördern, damit die Aufgabenerfüllung in kleiner Einheit gewährleistet ist. Das → Bundesverfassungsgericht hat die Definition des S.prinzips in dieser Abstraktheit nicht aufgegriffen. Ihm zufolge dient das S.prinzip dazu, die Aufgaben von Gemeinden und privaten Trägern voneinander abzugrenzen, um eine vernünftige Arbeitsteilung und eine wirtschaftliche Verwendung der öffentlichen und privaten Mittel sicherzustellen. Diese Form des gemeinsamen arbeitsteiligen Wirkens bezeichnete man in der Folgezeit als partnerschaftliche Zusammenarbeit, die auch → Korporatismus genannt wird. Dabei wird der freien Wohlfahrtspflege in Zielsetzung und Durchführung der Aufgaben Eigenständigkeit und Selbstständigkeit zugesprochen. Die Frage der S. stellt sich in diesem Zusammenhang bezogen auf die Art der Organisationsform der freien Träger. Inwieweit auf dieser Ebene ausreichend Hilfe geleistet wird, hängt davon ab, ob der freie Träger Komponenten der Betroffenennähe, Überschaubarkeit, Einflussnahme der Betroffenen und Toleranz gewährleistet. Ist dies nicht der Fall, sollen die öffentlichen Träger aktiv werden.

In neuerer Zeit ist problematisch, dass öffentliche Träger – häufig bedingt durch haushalterische Zwänge – bei der Ausschreibung von Leistungen zunehmend konkrete Vorgaben für die Aufgabenerfüllung machen, die über die gesetzlichen Vorgaben hinausgehen. Es wird kritisiert, dass dadurch der Kern des S.prinzips ausgehöhlt wird und freie Träger in der Gestaltung ihrer Aufgabenerfüllung nicht mehr eigenständig sind.

Der Begriff der institutionellen S. bezeichnet die → Nachrangigkeit der → Sozialhilfe (SGB XII) gegenüber anderen Systemen der sozialen Sicherung. Das SGB XII soll andere gesetzliche Vorschriften in dem Sinne ergänzen, dass Sozialhilfe nur dann zu leisten ist, wenn andere Sozial- und Hilfeleistungen zur Sicherstellung eines menschenwürdigen Lebens (→ Menschenwürde) ausbleiben oder nicht ausreichen.

Im Europarecht ist das S.prinzip explizit verankert. Es ist Handlungsmaxime aller Organe der → Europäischen Union (EU) und auch vor dem → Europäischen Gerichtshof (EuGH) justiziabel. Es bedeutet, dass die EU dort, wo sie nicht ausschließlich zuständig ist, nur handeln darf, sofern und soweit die Ziele dieser Handlung nicht ausreichend auf Ebene der Mitgliedstaaten erreicht werden können, sondern vielmehr auf Unionsebene besser zu verwirklichen sind.

*Lit.* Münder, J. in: Bieritz-Harder, R./Conradis, W./Thie, S.: LPK-SGB XII. Sozialgesetzbuch XII. Sozialhilfe. Lehr- und Praxiskommentar, 10. Aufl., Baden-Baden 2015, § 5; Münder, J. in: Münder, J.: LPK-SGB II. Sozialgesetzbuch II. Grundsicherung für Arbeitsuchende. Lehr- und Praxiskommentar, 5. Aufl., Baden-Baden 2013, § 17; Neumann, V./Sommer, I. in: Krahmer, U./Trenk-Hinterberger, P.: LPK-SGB I. Sozialgesetzbuch I. Allgemeiner Teil. Lehr- und Praxiskommentar, 3. Aufl., Baden-Baden 2014, § 17; Rixen, S./Weißenberger, C. in: Eicher, W. u.a.: SGB II. Grundsicherung für Arbeitsuchende. Kommentar, 3. Aufl., München 2013, § 17.

*Caroline von Kries*

**Subventionen** → Zuwendungen

**Sucht** geht etymologisch auf die alt- und mittelhochdeutschen Wörter »suht« und »siechen« zurück, dem Leiden an einer Krankheit allgemein. 1969 ersetzte die → Weltgesundheitsorganisation (WHO) den umgangssprachlichen Begriff S. durch das Wort »Abhängigkeit«. S. wird medizinisch definiert als ein seelischer, eventuell auch körperlicher Zustand, der dadurch gekennzeichnet ist, dass ein Mensch trotz körperlicher, seelischer oder sozialer Nachteile ein unüberwindbares Verlangen nach einer bestimmten Substanz oder einem bestimmten Verhalten empfindet, das er nicht mehr steuern kann und von dem er beherrscht wird. Nach der Internationalen Klassifikation psychischer Störungen → ICD-10 der WHO sind mindestens drei von sechs Kriterien relevant für die Diagnose eines Abhängigkeitssyndroms: ein starker Wunsch oder eine Art Zwang, psychotrope Substanzen zu konsumieren; eine verminderte Kontrollfähigkeit in Bezug auf den Beginn, die Beendigung oder die Menge des Konsums; ein körperliches Entzugssyndrom bei Beendigung oder Reduktion des Konsums; der Nachweis einer Toleranz gegenüber der Substanz; eine fortschreitende Vernachlässigung anderer Vergnügungen oder Interessen zugunsten des Substanzkonsums sowie ein erhöhter Zeitaufwand, um die Substanz zu konsumieren oder sich von den Folgen zu erholen und ein anhaltender Substanzkonsum trotz des Nachweises eindeutig schädlicher Folgen.

Die Entstehung einer Abhängigkeitserkrankung ist ein multifaktorieller Prozess, der von der Person selbst, dem konsumierten S.mittel und den Umweltbedingungen beeinflusst wird. Wirksame präventive und therapeutische Maßnahmen müssen daher auch alle drei Aspekte im Blick haben. Das generelle Ziel der Suchthilfe ist die Suchtmittelfreiheit i.S. von Freiheit von Abhängigkeit. In der sog. S3 Leitlinie »Screening, Diagnose und Behandlung alkoholbezogener Störungen« der Arbeitsgemeinschaft der Wissenschaftlichen Medizinischen Fachgesellschaften e.V. (AWMF) erfolgte ein therapeutischer Paradigmenwechsel: Neben der Abstinenz wird erstmalig auch die Reduktion der Trinkmengen (kontrolliertes Trinken oder »Punktabstinenz«) als zumindest intermediäres Therapieziel anerkannt. In der S.hilfe gewinnt die personen- und teilhabeorientierte Sichtweise zunehmend an Bedeutung. Dies entspricht dem Paradigmenwechsel des SGB IX (→ Rehabilitation und Teilhabe behinderter Menschen), der Entwicklung der International Classification of Functioning, Disability and Health (→ ICF) der WHO und der → UN-Behindertenrechtskonvention (BRK). Neben der → medizinischen Rehabilitation sind die frühzeitige berufliche Rehabilitation und Teilhabe von zentraler Bedeutung für die Inklusion von Menschen mit Abhängigkeitserkrankungen.

Weltweit gehen Fachleute davon aus, dass ca. 10% einer Bevölkerung ein S.problem mit unterschiedlichem Schweregrad haben. Schätzungen der → Deutschen Hauptstelle für Suchtfragen (DHS) zufolge missbrauchen in Deutschland ca. 1,6 Mio. Menschen in der Altersgruppe der 18–64-Jährigen Alkohol und ca. 1,8 Mio. sind abhängig; zwei Drittel von ihnen sind Männer, ein Drittel Frauen. Nach den Daten des → Mikrozensus 2013 rauchen 29% der 15-jährigen und älteren Männer und 20% der gleichaltrigen Frauen. Am stärksten verbreitet ist das Rauchen im jungen und mittleren Erwachsenenalter. Abhängig von Tabak sind etwa 5,5 Mio. Menschen in Deutschland. Die DHS schätzt die Zahl der pathologischen Glücksspieler auf über 200.000, darüber hinaus gibt es ca. 300.000 Personen mit einem pathologischen Glücksspielverhalten. Glücksspielende sind überwiegend männlich. Von Cannabismissbrauch (ca. 0,5% der Bevölkerung zwischen 18 und 64 Jahren) und Cannabisabhängigkeit (weitere ca. 0,5% der Bevölkerung zwischen 18 und 64 Jahren) sind ebenfalls zwei- bis viermal so häufig Männer betroffen. Medikamentenabhängigkeit mit ca. 1,9 Mio. Betroffenen und einer hohen Dunkelziffer ist zu zwei Dritteln weiblich. Aufgrund der demografischen Entwicklungen und der steigenden Zahl älterer Menschen gewinnt das Thema Suchtmittelmissbrauch im Alter zunehmend an Bedeutung. Auch Kinder aus suchtbelasteten Familien werden verstärkt als unterstützungsbedürftig wahrgenommen, es gibt für sie bisher aber nur wenig Hilfsangebote.

Unter den Begriff S.mittel fallen legale Drogen, wie Alkohol, Tabak und Medikamente, und illegale Drogen, wie Cannabis, Heroin, Kokain, Ecstasy und Crystal Meth. Ein aktueller Schwerpunkt in der drogenpolitischen Fachdiskussion ist die Frage, wie angemessen und zielführend das Drogenstrafrecht auch im Hinblick auf Generalprävention ist. Eine zunehmende Anzahl von Expert/innen fordert die Überprüfung der Wirksamkeit des Betäubungsmittelgesetzes (BtMG), das 1971 verabschiedet wurde. Zuständig für die Drogen- und Suchtpolitik in Deutschland ist die/der Drogenbeauftragte der Bundesregierung, der/die dem → Bundesministerium für Gesundheit (BMG) zugeordnet ist. Im Drogen- und Suchtbericht der Bundesregierung werden jährlich Daten und Fakten zu Drogen und Sucht veröffentlicht und Schwerpunkte der Drogen- und Suchtpolitik dargestellt. Dabei stehen die → Prävention, der → Kinder- und → Jugendschutz sowie die Behandlung, Versorgung und auch zunehmend die Schadensminimierung im Mittelpunkt.

Im deutschen Sprachraum hat sich der Begriff S. fest etabliert. In der Fachdiskussion wie auch im Namen von Institutionen und Einrichtungen wird nach wie von S. gesprochen. Obwohl der Begriff S. alle Formen einer Abhängigkeitserkrankung umfasst, bestehen die Bezeichnungen Drogenhilfe und S.hilfe nebeneinander. Drogenhilfe wird dabei mit Hilfe für Menschen mit dem Konsum illegaler Drogen und S.hilfe mit dem Konsum legaler Drogen assoziiert.

Deutschland verfügt über ein differenziertes weltweit anerkanntes S.hilfesystem. S.prävention und S.beratung wird mehrheitlich von Beratungsstellen der → Freien Wohlfahrtspflege angeboten und ist der erste und wichtigste Zugang für Menschen mit Abhängigkeitserkrankungen (→ Drogenberatung). Die Entzugsbehandlung wird von den → Krankenkassen übernommen, eine anschließende medizinische Rehabilitationsbehandlung trägt die → Rentenversicherung, sofern die Versicherungsvoraussetzungen vorliegen. Ist dies nicht der Fall oder sind darüber hinaus ergänzende Wiedereingliederungsmaßnahmen erforderlich, übernimmt der → Träger der Sozialhilfe die Kosten. Hilfeleistungen für Jugendliche werden auch über die Krankenkassen (→ Familienversicherung) bzw. die → Kinder- und Jugendhilfe finanziert.

*Lit.* DHS: Suchthilfe und Versorgungssituation in Deutschland, Hamm 2014; DHS (Hrsg.): Jahrbuch Sucht 2014, Lengerich 2014; Die Drogenbeauftragte der Bundesregierung (Hrsg.): Drogen- und Suchtbericht 2015, www.drogenbeauftragte.de; Dilling, H. u.a. (Hrsg.): Internationale Klassifikation psychischer Störungen ICD-10 Kapitel V (F), 10. Aufl., Göttingen 2015.

*Gabriele Sauermann*

**Suizid** oder Selbsttötung sind neutrale, nicht mit einer Bewertung (wie Freitod, Selbstmord) verbundene Bezeichnungen für die erfolgreiche (sonst: S.versuch) Vornahme einer Handlung zur bewussten Beendigung des eigenen Lebens. Davon zu unterscheiden sind selbstgefährdende Verhaltensweisen wie Hochrisikosportarten oder Drogenmissbrauch, die nicht notwendig oder nicht gewollt zum Tode führen. Ebenso ist der S. vom Recht der Patient/innen auf Ablehnung lebenserhaltender Maßnahmen abzugrenzen.

2014 registrierte das Statistische Bundesamt 10.209 S., die damit als Todesursache viel zahlreicher sind als Verkehrsunfälle (3.723) und vorsätzliche Tötungsdelikte (624 Opfer nach Polizeilicher Kriminalstatistik). Obwohl sich die – interkulturell und regional stark differierende – S.rate (S. pro 100.000 Einwohner/innen) in Deutschland in den letzten 30 Jahren von 23,9 auf 12,4 halbiert hat, bleibt der S. ein quantitativ bedeutsames und nicht zuletzt wegen ihrer gravierenden Folgen für Dritte (z.B. Schuldgefühle von Angehörigen, Traumatisierung von Lokführern) besorgniserregendes Phänomen. Die Zahl der S.versuche wird auf das Zehnfache der S. geschätzt. Frauen und junge Menschen begehen häufiger S.versuche, während ältere Männer die höchsten S.raten aufweisen. Als Ursachen für S. gelten Vereinsamung, familiäre und wirtschaftliche Schwierigkeiten, berufliche Überforderung, Beziehungskonflikte, → Sucht, psychische Erkrankungen, insbesondere → Depressionen. Da die Wahl der S.methode von der Verfügbarkeit bestimmt wird, steht das leicht zu realisierende Erhängen mit Abstand an erster Stelle (48%), gefolgt von Vergiftungen (19%) und Stürzen in die Tiefe (10%). S. werden häufig vorher angekündigt.

Die ethische Beurteilung des S. ist bis heute umstritten und kreist um die Frage nach einem Verfügungsrecht über das eigene Leben. Philosophische Autonomiekonzepte, welche den S. als Ausdruck menschlicher Freiheit, als Privileg des Humanen verstehen, konkurrieren mit religiösen, metaphysischen und (moral-)theologisch motivierten Ablehnungen des S., die darin eine Zurückweisung des Lebens als Geschenk und Auftrag Gottes sowie einen Verstoß gegen die natürliche Selbsterhaltung, die allgemeine Sittlichkeit und die Verantwortung gegenüber der Gemeinschaft sehen. Besondere Bedeutung hat diese Diskussion im Kontext der → Sterbehilfe für Patient/innen, die ihren Sterbeprozess verkürzen und dazu die Dienste von Sterbehilfeorganisationen oder ärztliche Hilfe in Anspruch nehmen wollen.

Rechtlich stellt sich in erster Linie die Frage nach der Strafbarkeit derjenigen, die einen S. nicht verhindert oder sogar aktiv daran mitgewirkt haben. Ebenso kann es zu Schadensersatz- und Schmerzensgeldforderungen der Suizident/innen, ihrer Angehörigen oder Drittbetroffener kommen. Die strafrechtliche Beurteilung der S.teilnahme hat durch den 2015 eingefügten Straftatbestand der geschäftsmäßigen Förderung der Selbsttötung (§ 217 Strafgesetzbuch [StGB]) eine erhebliche Änderung erfahren. Bis dahin war die Beihilfe zum S. in Deutschland unter zwei Voraussetzungen straflos: Der/die Suizident/in muss erstens die Herrschaft über das unmittelbar zum Tode führende Geschehen haben, da andernfalls eine mit Strafe bedrohte Tötung auf Verlangen (§ 216 StGB) vorliegt. So ist z.B. die Beschaffung des vom Suizidenten selbst eingenommenen Gifts Beihilfe, die dem Suizidenten von einem anderen verabreichte Giftspritze dagegen strafbare Fremdtötung. Schwieriger zu beurteilen ist das zweite Erfordernis eines freiverantwortlichen, d.h. insbesondere nicht auf psychischen Erkrankungen oder mangelnder Einsicht beruhenden S. Wer einen unfreien S. veranlasst oder fördert, kann sich wegen eines vorsätzlichen oder fahrlässigen Tötungs- oder Körperverletzungsdelikts strafbar machen. Gleiches gilt, wenn Personen, die eine → Garantenpflicht gegenüber dem/der Suizident/in haben (z.B. Ärzt/innen, Pflegekräfte, enge Familienangehörige), einen unfreien S. nicht verhindern; Dritte können in diesen Fällen wegen unterlassener Hilfeleistung (§ 323 c StGB) strafbar sein. Da der freiverantwortliche (Bilanz- oder Abwägungs-)S. nach Erkenntnissen der S.forschung selten ist, jedenfalls i.d.R. eine sichere Beurteilungsgrundlage für den Ausschluss eines unfreien (Appell- oder Hilferuf-)S. fehlen wird, besteht im Zweifel eine strafrechtliche Pflicht zur S.verhinderung.

Die frühere Rechtsprechung des Bundesgerichtshofs, nach der eine Rettungspflicht auch bei freiem S. besteht, sobald der/die Suizident/in die Handlungsherrschaft verloren hat, ist überholt. Mit der Einführung von § 217 StGB ist jetzt aber die Förderung freiverantwortlicher S. dann strafbar, wenn sie »geschäftsmäßig« erfolgt, d.h. auf Wiederholung angelegt ist. Ob die damit vom Gesetzgeber beabsichtigte Unterscheidung zwischen strafbarer organisierter und weiterhin erlaubter individueller S.hilfe rechtssicher umgesetzt werden kann, bleibt abzuwarten. Vorschläge, die (ärztliche) S.hilfe nach ausländischen Vorbildern (Schweiz, Oregon) ausdrücklich zu legalisieren, fanden keine Mehrheit. Uneinheitlich ist die standesrechtliche Beurteilung der ärztlichen S.teilnahme. In den Grundsätzen der Bundesärztekammer zur ärztlichen Sterbebegleitung wurde die vormals strikte ethische Missbilligung zugunsten der Einschätzung geändert, dass die S.mitwirkung keine ärztliche Aufgabe sei. Zugleich wurde aber in § 16 der Musterberufsordnung ein berufsrechtliches Verbot der ärztlichen S.hilfe normiert. Dieses Verbot haben bislang zehn der insgesamt 17 Landesärztekammern in ihre Berufsordnungen übernommen. Das gesteigerte S.risiko im Rahmen einer medizinischen, psychiatrischen oder psychotherapeutischen (stationären) Behandlung kann das Behandlungspersonal erheblich belasten, führt aber nur selten zu straf- oder zivilrechtlichen Verurteilungen; die Rechtsprechung gesteht den Verantwortlichen einen Einschätzungs- und Beurteilungsspielraum bei der Abwägung des S.risikos einerseits und der Therapiegefährdung durch Sicherungs- und Überwachungsmaßnahmen andererseits zu.

*Lit.* Pohlmeier, H./Schöch, H./Venzlaff, U. (Hrsg.): Suizid zwischen Medizin und Recht, Stuttgart u.a. 1996; Ringel, E.: Der Selbstmord. Abschluss einer krankhaften psychischen Entwicklung, 7. Aufl., Eschborn 1999; Verrel, T.: Suizidbeihilfe – geschäftsmäßig verboten, im Einzelfall erlaubt? Kritische Anmerkungen zu § 217 StGB, in: Gesundheit und Pflege 2016, S. 49; Wolfslast, G./Schmidt, K. W. (Hrsg.): Suizid und Suizidversuch, München 2005.

*Torsten Verrel*

**Sukzession** → Rechtsnachfolge

**Supervision** ist ein durch Kontrakt verbindlich geregeltes Lehr- und Lernverfahren, das durch Erfahrungslernen die → Fachlichkeit und die Persönlichkeit der Supervisanden sowie die Koordinationsfähigkeit von Arbeitsgruppen kontrolliert und entwickelt mit dem Ziel einer Steigerung der → Effektivität ihrer Arbeit. S. ist somit eine systematische Reflexion des beruflichen Handelns und zielt auf Veränderungen im Erleben und Handeln. Dabei werden die beruflichen Handlungen im Kontext der individuellen, institutionellen und gesellschaftlichen Bedingungen reflektiert und der S.prozess so gestaltet, dass die jeweilige Problemsicht in einem Kontinuum erscheint, welches sich sukzessiv diese verschiedenen Bedingungen erschließt. S. beugt der Gefahr vor, dass die Arbeit der → Fachkräfte unwirksam oder in ihrer Wirkung eingeschränkt wird. Sie ist somit ein Instrument der Qualitätssicherung (→ Qualitätsmanagement) und der → Personalentwicklung. Die Kosten trägt daher der Anstellungsträger. Durch die → Deutsche Gesellschaft für Supervision (DGSv) sind Standards für diese Aus- und Weiterbildung zur Supervisorin/zum Supervisor sowie der Mitgliedschaft festgelegt. Vergleichbare Qualifikationen können anerkannt werden und ermöglichen die Mitgliedschaft in der DGSv.

Der Begriff S. kommt aus dem Englischen und heißt übersetzt: (Ober-)Aufsicht, Beaufsichtigung, Überwachung; Supervisor heißt übersetzt: Aufseher, Inspektor, Tutor. Die Entwicklung der supervisorischen Konzepte ist nach dem Zweiten Weltkrieg durch Einflüsse der niederländischen, amerikanischen und schweizerischen Sozialarbeit und S. geprägt worden. Über das Casework, psychotherapeutische, gruppendynamische, organisationssoziologische sowie systemische Theorien und Konzepte hat sich das Verständnis von S. differenziert und professionalisiert.

S. wird in der Sozialen Arbeit als ein wichtiges Instrument der Qualitätssicherung anerkannt. Das → Kinder- und Jugendhilfegesetz (SGB VIII) führt Praxisberatung verpflichtend ein. Dieser Gesetzesauftrag zur Praxisberatung schließt S. ein. S. wird ebenfalls in pädagogischen Bereichen (Schule, → Fort- und Weiterbildung), der Wirtschaft und der Verwaltung gezielt eingesetzt. Dieser Ausdehnungsprozess der S. wird begleitet von unterschiedlichen S.konzepten und Aus- und Weiterbildungsangeboten mit der Folge, dass die Unterschiede der Formate wie → Coaching und S. für die Kund/innen nicht klar erkennbar sind.

In der Sozialen Arbeit wird S. nach Bedarf gewährt, insbesondere für Mitarbeiter/innen, die in ihrem Berufsalltag mit komplexen Problemen und Belastungen konfrontiert sind, neue Aufgaben übernehmen, sich als Berufsanfänger/innen einarbeiten, in bestimmten Zeitabständen ihre Arbeit systematisch reflektieren wollen oder wenn Konflikte mit Klient/innen, Mitarbeiter/innen bzw. der Institution zu bearbeiten sind. Zielgruppen der S. sind Personen in Arbeitsfeldern, deren Hauptaufgabe die berufliche Gestaltung von Beziehungen zu anderen Menschen sind und deren Dienstleistung nachhaltig Einfluss auf das Leben von Menschen haben. Dazu zählen nicht nur die Angehörigen sozialer, therapeutischer, beratender, pflegerischer und im weitesten Sinne bildender Berufe, sondern auch Verwaltungsfachkräfte (z.B. in → Sozial- und → Jugendämtern), und Personen, die Leitungs- und Führungspositionen innehaben.

Wesentliche Prinzipien, die einen erfolgreichen S.prozess ermöglichen, sind Freiwilligkeit, d.h. S. kann nicht dienstlich angeordnet werden, sondern erfordert die Motivierung auch durch Führung, die freie Auswahl der Supervisorin/des Supervisors sowie die Vertraulichkeit bzw. Verschwiegenheit bezogen auf die Inhalte und Fragen, die Gegenstand der S. waren. Ein wesentliches Element der S. ist der Kontrakt (→ Kontraktmanagement). Bestandteile sind u.a.: Zielsetzungen, Sitzungsanzahl, Prozessdauer, Ort, Zeitrahmen der Sitzungen, Formen und Methoden, Verschwiegenheit, Formen der Auswertung sowie das Honorar. Als »Dreier-Kontrakt« wird er zwischen dem Anstellungsträger, der Supervisorin/dem Supervisor und dem Supervisanden geschlossen. Im Rahmen des Kontraktgespräches ist zu klären, welche Organisationsform für welches Ziel sinnvoll ist.

Es gibt Einzel-S., Gruppen-S., Team-S., Leitungs-S. und die kollegiale S. (→ kollegiale Beratung). Darüber hinaus kann S. den Anstoß zu → Organisationsberatung und → Organisationsentwicklung geben. In den 1970er-Jahren entstand als Weiterentwicklung im Rahmen der → Familientherapie die sogenannte Life S. Dabei wird ein Supervisand während der Sitzung z.B. mit einer → Familie oder einer → Gruppe von seiner Supervisorin/seinem Supervisor beraten. In den letzten Jahren bieten Supervisoren vermehrt Coaching und Kurzzeits. an, die in einem Umfang von ca. fünf Sitzungen kontraktiert werden, um eine aktuelle Problemlage oder Krise zu bearbeiten.

Supervisor/innen können mit unterschiedlicher Funktion für eine → Organisation tätig werden. Möglich sind derzeit in der Praxis folgende Organisationsformen: externe S., S. in Stabsfunktionen und S. aus der Leitungsfunktion. Externe Supervisor/innen führen mit zeitlich befristetem Auftrag S. durch. Weil diese Supervisor/innen nicht zur Organisation gehören, können sie aus der Sicht von Außenstehenden kritische Fragen an die Arbeit stellen und daher in besonderer Weise zur → Innovation beitragen. Sie genießen bei den Supervisanden eine hohe Akzeptanz und erleichtern den Trägern einen flexiblen, bedarfsgerechten Einsatz. Supervisor/innen in Stabsfunktion gehören zur Organisation, allerdings ohne Dienst- und Fachaufsicht. Die Kontinuität dieser Organisationsform von S. stärkt die Wirksamkeit des beruflichen Handelns und verankert fachliche Linien durch Reflexion. Supervisor/innen in Stabsfunktion werden in der Regel zusätzlich mit Aufgaben der internen Fortbildung und Ausbildungsleitung beauftragt. Die S. aus der Leitungsfunktion ergänzt externe S. und S. in der Stabsfunktion. Bei der S. aus der Leitungsfunktion ist besondere Sorgfalt bei der Kontraktierung notwendig. Dies bezieht sich insbesondere auf die Prinzipien Vertraulichkeit, Freiwilligkeit und Wählbarkeit der Supervisorin/des Supervisors. Interne S. ist gezielt durch externe S.angebote zu ergänzen.

*Lit.* Belardi, N.: Supervision für helfende Berufe, Freiburg 2015; Belardi, N.: Supervision. Von der Praxisberatung zur Organisationsentwicklung, 2. Aufl., Paderborn 1994; Buer, F.: Lehrbuch der Supervision, Münster 1999; Kühne, H. (Hrsg.): Supervision und Soziale Arbeit: Geschichte – Praxis – Qualität, Berlin 2015.

*Herbert Retaiski*

**Symptombehandlung** ist ein Begriff aus den Krankheitsmodellen der Medizin und der tiefenpsychologisch orientierten Psychotherapien, insbesondere der klassischen Psychoanalyse (→ Psychoanalytische Beratung und Therapie). Symptome sind nach diesen Modellen einzelne Zeichen oder Erscheinungsbilder, die einen krankhaften Funktionszustand des Körpers oder der Psyche anzeigen (z.B. Fieber als Zeichen einer Infektion, → Angst als Zeichen einer → Neurose). In der Notfall-

und Palliativmedizin erfolgt eine S. zur Sicherstellung des Überlebens bzw. eines belastungsarmen Sterbeprozesses. Für die Psychoanalyse ist S. eine – i.d.R. als ungeeignet bezeichnete – Behandlung von Erscheinungsbildern im Gegensatz zur eigentlich notwendigen Behandlung ihrer Ursachen, z.B. einer Neurose. Als Folge können Symptomverschiebungen auftreten, d.h. ein anderes Krankheitssymptom wird relevant. → Verhaltensorientierte Beratung und Therapie wird u.a. nach diesem Modell als (oberflächliche) S. bezeichnet. Neue sozialwissenschaftliche und psychotherapeutische Schulen (→ Labeling Approach, Verhaltenstherapie) lehnen das beschriebene Modell aus verschiedenen Gründen als veraltet und ungeeignet für den Bereich der → psychischen Störungen ab. In der Verhaltenstherapie werden z.B. Symptome im Rahmen eines dysfunktionalen Gefüges von vorausgehenden und nachfolgenden motorischen, kognitiven und emotionalen Bedingungen analysiert und behandelt.

*Gerhard Bühringer*

**Symptomverschiebung** → Symptombehandlung

**Systemische Beratung und Therapie** bilden ein gemeinsames, aber kein einheitliches Feld helfender Kommunikationsmodelle, die auf dem → systemischen Ansatz basieren. Abgrenzungen zwischen systemischer → Beratung und systemischer → Therapie bleiben unscharf, da systemische Therapeut/innen sich oft als Beratende (und nicht im klassischen Sinn »Heilende«) sehen und systemische Berater/innen ihrerseits auch auf therapeutische Methoden und Techniken zurückgreifen. S. B. u. T. wird in unterschiedlichen Settings mit Einzelnen, Paaren (→ Partnerschaftsberatung), Familien (→ Familienberatung, → Erziehungsberatung) oder → Gruppen praktiziert, und sowohl in der direkten Arbeit mit → Adressat/innen Sozialer Arbeit als auch auf Organisationsebene für → Supervision, → Coaching, oder → Organisationsberatung eingesetzt.

Je nach Ausrichtung greifen S. B. u. T. auf verschiedene Systemtheorien aus Natur-, Geistes- und Sozialwissenschaften zurück. Gemeinsam ist ihnen, dass sie → Verhalten und → Denken von Menschen als kontextabhängig betrachten. Soziale → Interaktionen und deren Deutungen, also auch »Probleme«, sind nicht primär individuell oder intrapsychisch determiniert und auch nicht »objektiv« beschreibbar, sondern nur im Zusammenhang der rekursiven Interaktionen von beteiligten Personen, → Institutionen, und innerhalb der jeweiligen Situation verstehbar. Zirkuläre und komplexe Erklärungsmodelle ersetzen daher die Suche nach linearen Zusammenhängen von Ursache und Wirkung. Gleichzeitig wird S. B. u. T. gekennzeichnet von der Annahme, dass Systeme ihrer jeweils eigenen Logik folgen und selbstreferenziell operieren. Darum gehen systemische Berater/innen und Therapeut/innen davon aus, dass sie Systeme zwar »irritieren« können, um bestehende Muster zu verändern, aber keine direkt gesteuerte Veränderung herbeiführen können. Daraus ergibt sich u.a., dass Helfende nicht nur keine Expert/innen für das Leben von Adressat/innen sind, sondern dass alle Versuche des »Helfens« auch zu unerwarteten Ergebnissen führen und sowohl positive wie negative oder gar keine Auswirkungen haben können. Diese Konzepte von Kontingenz und einer »operationalen Geschlossenheit« lebender Systeme, die nur bedingt Informationen aus der Umwelt aufnehmen, finden im aktuellen neurophysiologischen Diskurs Entsprechungen in der Synergieforschung zu Phasenübergängen in dynamischen Systemen.

Zentral für die Auflösung von Problemkonstellationen in S. B. u. T. ist der Fokus auf → Kommunikation und sprachliche (Re-)Konstruktionen. Um bestehende Muster im System aufzulösen, wird der konsequente Wechsel von Perspektiven eingesetzt. Perspektivwechsel zielen darauf, einen »Unterschied zu finden, der einen Unterschied macht«, wie Bateson es nannte, und so über die Erweiterung der → Wahrnehmung mehr Handlungsoptionen zu ermöglichen. Um mehrfache und unterschiedliche Beschreibungen zu erhalten, gehören u.a. zirkuläres Fragen, Reframing, grafische Umsetzungen wie Genogramm oder Ecomap sowie Reflecting Teams und systemische Aufstellungen zum methodischen Repertoire.

S. B. u. T. hielt ab den 1970er-Jahren Einzug in die Methodenlandschaft der Sozialen Arbeit. Ihre konkreten Wurzeln liegen v.a. in den Anfängen der → Familientherapie. Neben strukturellen Ansätzen von Minuchin sind hier v.a. Bateson und die Gruppe des Mental Research Instituts (MRI) in Palo Alto um Watzlawick, Haley und Satir zu nennen. Strategische Ansätze des MRI fanden Entsprechungen in den Ideen der Mailänder Gruppe um Palazzoli, Boscolo, Cecchin und Prata, die u.a. für paradoxe Interventionen bekannt wurden. In den letzten Jahren haben verstärkt narrative und lösungsorientierte (mitunter auch »lösungsfokussiert« genannte) Ansätze Schwerpunkte gesetzt. Beide Ansätze sind maßgeblich von Sozialarbeiter/innen (Berg/de Shazer sowie White/Epston) mitentwickelt worden; sie rücken eine radikal kooperative und ressourcenorientierte Hilfebeziehung in den Vordergrund (→ Ressourcen, → Bindung/ Beziehung in der sozialen Arbeit). Ausgehend von der konstruktivistischen Annahme, dass sprachliche Dialoge Realitäten konstruieren, fokussieren diese Varianten von S. B u. T. auf die schon vorhandenen Ausnahmen vom Problemzustand bzw. auf Lösungs- und Zielvorstellungen der Klient/innen, um daraus im gemeinsamen Dialog neue und alte Handlungsmöglichkeiten zu (re-)konstruieren. In lösungsorientierter Arbeit rücken die Beschreibung und → Exploration des Problems gänzlich in den Hintergrund. Narrative Ansätze thematisieren Probleme zwar, orientieren sich dabei aber auch an kritischen Theorien Foucaults und stellen individualisierte Probleme in Zusammenhang mit größeren politischen und sozialen Diskursen. Neuere Entwicklungen knüpfen an Traditionen ökosystemischer Prinzipien von Einzelfallarbeit in der Sozialen Arbeit an, die auf die gegenseitige Anpassungsleistung zwischen Person und Umwelt abzielen, und erweitern den systemischen Fokus um die Auseinandersetzungen mit → Emotionen sowie um aufsuchende multisystemische sowie gemeinwesenorientierte Aspekte.

Interessenvertreter/innen von S. B. u. T. sind vor allem in drei Verbänden, der Deutschen Gesellschaft für Systemische Therapie, Beratung und Familientherapie (DGSF), der Systemischen Gesellschaft (SG) und der Deutschen Gesellschaft für systemische Pädagogik (DGsP), organisiert. 2008 hat der Wissenschaftliche Beirat Psychotherapie (WBP) »Systemische Therapie« als wissenschaftlich anerkanntes Psychotherapieverfahren eingestuft, und seit 2013 läuft ein Bewertungsverfahren durch den → Gemeinsamen Bundesausschuss (G-BA) für die Anerkennung Systemischer Therapie als Leistung der Krankenkassen. Während ein Teil der Vertreter/innen S. B. u. T. diese Entwicklung samt der dazu gehörenden klinisch-diagnostischen Ausrichtung und Wirkungsforschung unterstützt, warnen andere vor dem drohenden Verlust zentraler systemischer Grundhaltungen, die »Expertenwissen« und kodifizierte »Diagnosen« zugunsten eines stets kontingenten, kontextualisierten Verstehens ablehnen.

*Lit.* Hargens, J.: systemisch = lösungsorientiert?, in: Zeitschrift für Systemische Therapie und Beratung 2/2015, S. 55–58; Kleve, H.: Ambivalenz, System und Erfolg: Provokationen postmoderner Sozialarbeit, Heidelberg 2007; Schlippe, A. v./ Schweitzer, J.: Lehrbuch der systemischen Therapie und Beratung I, 2. Aufl., Göttingen 2013; White, M./Epston, D.: Die Zähmung der Monster – Der narrative Ansatz in der Familientherapie, 7. Aufl., Heidelberg 2013.

*Uta M. Walter*

**Systemischer Ansatz** Ein von der → Familientherapie und der Systemtheorie (→ Soziologische Grundlagen der Sozialen Arbeit) inspiriertes Konzept, das zugleich theoretische, methodische und haltungsspezifische Perspektiven für Wissenschaft und Praxis offeriert und in nahezu allen Arbeitsfeldern der Sozialen Arbeit Einfluss gewonnen hat. Typisch für den s. A. ist der Blick auf Kontexte des Handelns und → Verhaltens von Menschen, z.B. auf soziale Systeme.

Systeme werden als von Umwelten sich abgrenzende Einheiten betrachtet, die sich durch wechselseitig aufeinander bezogene Elemente bilden. Die Beziehungen zwischen den Elementen führen zur Etablierung von Strukturen und sich wiederholenden Mustern. Daher ist für den s. A. zentral, dass Reaktionen von Einzelelementen (z.B. Verhaltensweisen von Personen) nur dann in passender Weise verstanden und erklärt werden können, wenn der Kontext, also das sie einbettende System (z.B. → Familie, Team, Organisation, Gesellschaft) grundlegend mitberücksichtigt wird. Erst vor diesem Hintergrund lassen sich Sinn und Funktion von Verhalten und Handeln erschließen.

Ausgehend von der Systemtheorie kann zwischen biologischen, psychischen und sozialen Systemen unterschieden werden. Biologische Systeme bilden sich auf der Basis von organismischen/körperlichen Lebensprozessen. Psychische Systeme etablieren sich durch kognitive Operationen des Denkens. Und soziale Systeme vollziehen sich durch kommunikative Prozesse zwischen Menschen (→ Kommunikation). Diese Systeme werden einerseits als operational voneinander unabhängig, als selbstreferenziell geschlossen (autopoietisch) und andererseits als aufeinander bezogen (strukturell gekoppelt) beschrieben. Weil Systeme somit gleichzeitig unabhängig und abhängig voneinander sind, können sie sich gegenseitig nur sehr eingeschränkt beeinflussen, jedoch wechselseitig irritieren. So bleiben bspw. Gedanken des psychischen Systems und Kommunikationen des sozialen Systems voneinander separiert und verschmelzen niemals miteinander, können aber ineinander übersetzt werden. Psychische und soziale Systeme regen sich zum Denken oder zum Kommunizieren an, ohne sich gegenseitig determinieren zu können. Deshalb werden diese Systeme auch als nicht-trivial charakterisiert: Sie sind in ihren Reaktionsweisen nicht steuer- oder prognostizierbar, können aber

Selbstveränderungen beim jeweils anderen System herausfordern.

Diese Einsicht ist grundlegend für die Soziale Arbeit, erinnert sie doch an die klassische Vorstellung der Hilfe zur → Selbsthilfe, zu der Professionshandeln bestenfalls führt. Demnach kann Soziale Arbeit, wenn sie zu einem relevanten Kontext ihrer Nutzer/innen wird, Anregungen zur Selbständerung bieten, ohne jedoch determinieren zu können, wie diese Änderungen konkret aussehen.

Der s. A. integriert eine Vielfalt an Methoden, die Selbstveränderungen von Systemen bewirken können. Als besonders hilfreich haben sich hier Beratungsmethoden erwiesen (→ Systemische Beratung und Therapie), die mit einer an den → Ressourcen und Stärken der Nutzer/innen orientierten Haltung einhergehen sowie die Gegenwart, Vergangenheit und Zukunft als Kontexte von bereits erreichten oder noch zu kreierenden Lösungen betrachten.

*Heiko Kleve*

**Systemtheorie** → Soziologische Grundlagen der Sozialen Arbeit

**Tageseinrichtungen für Kinder** → Kindertagesbetreuung, → Kindertageseinrichtungen

**Tagesförderstätte für schwerst- und mehrfachbehinderte Jugendliche und Erwachsene** ist eine teilstationäre Einrichtung im Rahmen der → Eingliederungshilfe für → behinderte Menschen nach dem → Sozialgesetzbuch (SGB) XII (→ Sozialhilfe). Ihre Aufgabe besteht darin, durch geeignete psychologische, pädagogische und therapeutische Maßnahmen Menschen mit schweren Behinderungen die → Teilhabe am Leben in der Gemeinschaft und die Ausübung einer der Behinderung entsprechenden Tätigkeit zu ermöglichen, zur Weiterentwicklung ihrer Gesamtpersönlichkeit beizutragen und sie ggf. auf die Arbeit in einer → Werkstatt für behinderte Menschen (WfbM) vorzubereiten. Dies geschieht entweder in eigenständigen T. oder in besonderen Gruppen, die der WfbM oder anderen Einrichtungen der Behindertenhilfe angegliedert sind.

Immer mehr T. verstehen sich heute nicht mehr nur als betreuende Einrichtungen »unterhalb« der WfbM, sondern als diesen gleichgestellt. Ihr Beschäftigungs- und Förderangebot gilt v.a. schwerst- und → mehrfachbehinderten Menschen, die aufgrund extremer motorischer und kommunikativer Einschränkungen sowie eines erhöhten Pflegebedarfs in anderen Einrichtungen keinen Platz finden, weil dort entsprechende konzeptionelle, sachliche und/oder personelle Voraussetzungen fehlen. Ihr besonderer Rehabilitationsauftrag (→ Rehabilitation) liegt nicht in dem Bestreben, das Restarbeitsvermögen dieser Menschen i.S. wirtschaftlicher Verwertbarkeit zu nutzen. Er besteht vielmehr darin, ein angepasstes Angebot an Beschäftigungsmöglichkeiten zu schaffen, die der Arbeitswelt zuzuordnen sind und die den individuellen Fähigkeiten und Bedürfnissen schwerst- und mehrfachbehinderter Menschen entsprechen, um diesen eine angemessene Form der Lebensbewältigung und Lebensgestaltung zu ermöglichen. Entscheidend ist dabei der Grundsatz, dass für Menschen mit schwersten Behinderungen der soziale und der (re-)habilitative Charakter der Arbeit als gleichwertig anzusehen sind.

Durch die Regelung in § 92 Abs. 2 S. 1 Nr. 8 SGB XII, insbesondere durch den dort hergestellten Bezug zur Arbeitswelt, soll eine Gleichbehandlung behinderter Menschen, die in T. oder Fördergruppen betreut werden, mit den behinderten Beschäftigten im Arbeitsbereich einer WfbM erreicht werden. Die Regelung kommt zur Anwendung, wenn die Hilfen zum Erwerb praktischer Fähigkeiten geeignet und erforderlich sind, behinderten Menschen die für sie erreichbare Teilhabe am Arbeitsleben zu ermöglichen. Um ihrem Auftrag gerecht zu werden, werden T. als kleinere, personell und sachlich entsprechend ausgestattete Einrichtungen bzw. Einrichtungsteile betrieben. Zur personellen Ausstattung gehören → Fachkräfte für die einzelnen Arbeitsbereiche mit sozialpädagogischer Zusatzausbildung, → Erzieher/innen, ergo- und physiotherapeutisches Fachpersonal und Pflegefachkräfte. Sonderdienste wie z.B. psychologische Hilfen oder logopädische Angebote sind dem Bedarf entsprechend einzurichten. Den Mitarbeiterinnen und Mitarbeitern ist eine nach Art und Umfang ihrer Tätigkeit entsprechende Teilnahme an Maßnahmen zur Fortbildung und → Supervision zu ermöglichen. Räumliche Konzeption, Architektur und Ausstattung müssen den Bedürfnissen schwerst- und mehrfachbehinderter Menschen entsprechen und einen sinnvoll strukturierten Tagesablauf ermöglichen.

Das Bundeskabinett hat am 28.6.2016 einen Regierungsentwurf zu einem → Bundesteilhabegesetz verabschiedet, der wesentliche Änderungen des Rechts der Rehabilitation und Teilhabe behinderter Menschen und der Eingliederungshilfe vorsieht. Das Bundesteilhabegesetz soll stufenweise zwischen 2017 und 2020 in Kraft treten.

*Reinhard Jankuhn*

**Tagesklinik** ist das häufigste teilstationäre Angebot zur Behandlung von → psychisch kranken Menschen, deren Erkrankung ambulant nicht mehr ausreichend behandelbar ist, deren Krankheitsverlauf aber eine vollstationäre Behandlung nicht oder nicht mehr erforderlich macht. Die T. stellt eine Schnittstelle zwischen stationärer und ambulanter → Therapie dar und kann dazu dienen, den stationären Aufenthalt zu verkürzen und damit einer sekundären Behinderung durch Hospitalisation entgegenzuwirken. Die Behandlung findet tagsüber an den Wochentagen statt. Abends, nachts und am Wochenende können sich die Patient/innen in ihrem gewohnten häuslichen Umfeld bewegen. Diagnostische und therapeutische Maßnahmen entsprechen denen des → Krankenhauses. Der Schwerpunkt der Zielsetzung von T. liegt im Aufbau, in der Nutzung und Übung von Verhaltenspotenzial für die medizinische, berufliche und soziale Wiedereingliederung oder in der Suche nach kompensatorischer Hilfe zum Ausgleich von krankheitsbedingter Behinderung. Prinzipiell kann jede psychiatrische Erkrankung in Abhängigkeit von der Schwere des Verlaufes tagesklinisch behandelt werden. Lediglich bei manifester Suizidgefahr (→ Suizid) sollte von einer tagesklinischen Behandlung Abstand genommen werden. Patient/innen und therapeutisches Team orientieren sich im Behandlungsprozess an verbliebenen Fähigkeiten bzw. Entwicklungsmöglichkeiten und nicht an psychopathologischen Defiziten. Die tagesklinische Behandlung ist i.d.R. an den Prinzipien der therapeutischen Gemeinschaft orientiert.

*Silvia Schöller*

**Tagesmütter** → Kindertagespflege

**Tagespflege** ist, wie die → Nachtpflege, ein teilstationäres Angebot für pflegebedürftige Menschen, die in ihrer eigenen Häuslichkeit leben. Das Angebot der T. umfasst die Beförderung von und zur Wohnung, die Mahlzeiten, die während des Besuchs der T. erforderliche Pflege und Betreuung und die notwendige → Behandlungspflege. Die finanzielle Beteiligung der → Pflegekassen an den Kosten der T. regelt § 41 SGB XI. T. wird zur Ergänzung und Stärkung der → häuslichen Pflege in Anspruch genommen oder dann, wenn die häusliche Pflege nicht im ausreichenden Umfang gewährleistet werden kann. Insbesondere für alleinlebende, unterstützungsbedürftige Menschen bietet die T. die Möglichkeit, soziale Kontakte zu pflegen. Darüber hinaus dient die T. auch der Entlastung pflegender Angehöriger. Dies gilt insbesondere im Hinblick auf die Mehrfachbelastung der Pflegenden durch die eigene Berufstätigkeit und Haushaltsführung sowie ggf. die Betreuung von Kindern. Der Entlastungsaspekt kommt v.a. auch bei der Pflege und Betreuung von Demenzkranken (→ Demenz) zum Tragen. Insoweit kann die T. einen wichtigen Beitrag zur Stabilisierung familialer Pflegesysteme leisten. Die T. ist ein Gruppenangebot. Die Tagesgäste verbringen den Tag weitgehend gemeinsam, wobei tagesstrukturierende und alltagsorientierte Angebote sowie Angebote zur Aktivierung im Vordergrund stehen.

Erste modellhafte T.einrichtungen sind bereits zu Anfang der 1980er-Jahre entstanden. Die Angebotsentwicklung ist, auch nach dem Inkrafttreten des Pflege-Versicherungsgesetzes 1995, zunächst zögerlich verlaufen. Aus Anbietersicht wurde hierfür eine nicht auskömmliche Pflegesatzgestaltung verantwortlich gemacht. Gleichzeitig waren aus Nutzersicht die Kosten für die T., verglichen mit den Kosten für eine vollstationäre Pflege, relativ hoch. Mit Inkrafttreten des Pflege-Weiterentwicklungsgesetzes zum 1.7.2008 konnten die Ansprüche auf T., Pflegesachleistung nach § 36 SGB XI und Pflegegeld nach § 37 SGB XI nach Wahl des Leistungsberechtigten kombiniert werden. Seit dem Ersten Pflegestärkungsgesetz, das zum 1.1.2015 in Kraft getreten ist, können die Leistungen der T. zu 100% neben den übrigen Leistungen der häuslichen Pflege und insbesondere der Pflegesachleistung nach § 36 SGB XI in Anspruch genommen werden. Der Besuch einer T.einrichtung durch pflegebedürftige Menschen, die in ihrer eigenen Häuslichkeit leben, wird somit durch den Gesetzgeber ausdrücklich gefördert. Als Ergänzung zur häuslichen Pflege ist die T. ein wesentliches Element des Altenhilfesystems.

*Heike Hoffer*

**Tagespflege für Kinder** → Kindertagespflege

**Taschengeld in der Jugendhilfe** Das Erlernen eines angemessenen und verantwortungsvollen Umgangs mit Geld ist eine zentrale Entwicklungsaufgabe in → Kindheit und → Jugend. Das regelmäßige Zahlen eines festen Betrages (T.), über den die Kinder und Jugendlichen frei verfügen können, ist ein wichtiges Unterstützungsinstrument in diesem Prozess. Auch Kinder und Jugendliche, die im Rahmen einer → Hilfe zur Erziehung in einer → Pflegefamilie (§ 33 SGB VIII), in einer Heimeinrichtung (→ Heimerziehung) oder sonstigen betreuten Wohnformen (§ 34 SGB VIII) sowie im Rahmen einer → intensiven sozialpädagogischen Einzelbetreuung (§ 35 SGB VIII) stationär untergebracht sind, haben Anspruch auf Zahlung eines regelmäßigen T. § 39 Abs. 2 SGB VIII verpflichtet – als Teil der zu gewährenden Leistungen zum Unterhalt – zur Zahlung eines angemessenen Barbetrages an die Kinder und Jugendlichen. Dieser Betrag steht ihnen zur freien Verfügung und darf nicht mit Verhaltensmaßgaben gekoppelt werden. Die Zahlung des T. darf daher nicht aus disziplinarischen Erwägungen versagt werden. Kinder und Jugendliche sollen so die Gelegenheit bekommen, Ausgaben zu tätigen, die nicht durch die pauschalierten Leistungen zur Versorgung abgedeckt sind. Bezogen auf die Kinder und Jugendlichen, die im Rahmen einer Heimeinrichtung, einer sonstigen betreuten Wohnform oder einer intensiven sozialpädagogischen Einzelbetreuung untergebracht sind, wird die Höhe der zu zahlenden Beträge von der nach Landesrecht zuständigen Behörde festgesetzt; sie sollen nach Altersgruppen gestaffelt sein (§ 39 Abs. 2 S. 3 SGB VIII). Generell – in der Praxis der Erziehungshilfe wie in der Familienerziehung – sollte die Staffelung der Auszahlung des vorgesehenen Betrages abhängig vom individuellen Entwicklungsstand des Kindes bzw. Jugendlichen in Bezug auf den Umgang mit Geld sein. Gerade bei älteren Jugendlichen ist es zudem aus pädagogischen Gesichtspunkten sinnvoll, auch einen Teil des pauschalen Unterhaltsbetrages direkt an sie auszuzahlen, damit sie sich sukzessive auf ein selbstständiges Leben vorbereiten können. Für Kinder und Jugendliche, die im Rahmen der → Vollzeitpflege gem. § 33 SGB VIII untergebracht sind, existieren keine normativen Vorgaben über die Höhe des auszuzahlenden Barbetrages. Es besteht daher die Möglichkeit für die Pflegeeltern, die Höhe des T. eigenverantwortlich festzulegen. Bei weiteren, eigenen Kindern im Haushalt der Pflegeeltern sollten die an diese gezahlten Beträge als Orientierungswert betrachtet werden. Zudem sollten – wenn möglich – die Vorstellungen der Personensorgeberechtigten (→ Elterliche Sorge) in die Erwägungen über die konkrete Höhe einbezogen werden.

*Petra Mund*

**Taschengeld in der Sozialhilfe** → Barbetrag, angemessener

**Täter-Opfer-Ausgleich (TOA)** verfolgt zwei wesentliche Zielgedanken: außergerichtliche Konfliktschlichtung und Wiedergutmachung. TOA beinhaltet die wechselseitigen Bemühungen von Täter/in und Opfer nach einer Straftat, die zwischen ihnen bestehenden Konflikte, Verletzungen und Probleme zu bearbeiten. Der staatliche Anspruch auf Strafverfolgung tritt in den Hintergrund zugunsten einer unmittelbaren Konfliktregulierung durch die Konfliktparteien selbst. Infolgedessen können Opferbelange stärker berücksichtigt werden, die verletzte Rechtsnorm wird dem/der Täter/in verdeutlicht, strafende Maßnahmen erübrigen sich oder werden abgemildert. Im Fokus stehen die Bedürfnisse des Opfers und die Verantwortung des Täters/der Täterin, das Übel wiedergutzumachen. Rechtsstreitigkeiten der Betroffenen um → Schmerzensgeld oder → Schadensersatz können entfallen. Opfer und Täter/in erhalten im TOA die Gelegenheit, aktiv und eigenverantwortlich an der Regulierung der Tatfolgen mitzuwirken. Hierin liegt die Chance dieses Instruments, so insbesondere auch präventiv wirksam werden zu können. Die Mehrbeachtung der Opferinteressen sollte ohne eine Einschränkung der Rechte von Beschuldigten und Hilfen für Straftäter/innen erfolgen.

Gesetzliche Grundlage des TOA sind im Jugendstrafrecht die §§ 10 Abs. 1 S. 3 Nr. 7, 45 Abs. 2 S. 2 und 47 Abs. 1 S. 1 Nr. 3 → Jugendgerichtsgesetz, im Erwachsenenrecht § 46 a Nr. 1 Strafgesetzbuch und § 153 a Abs. 1 S. 2 Nr. 5 Strafprozessordnung. Für die → Soziale Arbeit stellt die Durchführung des TOA eine besondere Herausforderung dar. TOA fördert eine humane Rechtspflege, die auf die Wiederherstellung des sozialen Friedens abzielt (im internationalen Kontext als Restorative Justice bekannt). Unverzichtbare Voraussetzung des TOA ist die freiwillige Bereitschaft von Opfer und Täter/in, an der Konfliktvermittlung teilzunehmen. Nur dann kann das Verfahren die angestrebten Ziele erreichen. Rechtsstaatliche Garantien wie Gleichbehandlung, → Datenschutz und Unschuldsvermutung müssen gewährleistet werden. Darüber hinaus setzt die Eignung zum TOA aus methodischen und rechtlichen Gründen voraus, dass die schädigende Handlung durch den/die Täter/in eingeräumt bzw. der Sachverhalt geklärt ist. Liegen die genannten Voraussetzungen vor, kann es zu einem Vermittlungsgespräch unter Anleitung von Konfliktregler/innen kommen. Aufgabe der Mediator/innen im Strafverfahren ist es, den kommunikativen Prozess zwischen Täter/innen und Geschädigten zu fördern und zu begleiten; im Übrigen wird von ihnen auch Sensibilität im Umgang mit den Kooperationspartner/innen bei der Justiz erwartet, insbesondere um die vermehrte Anwendung des TOA zu erreichen, der bislang mehr im Jugend- als im Erwachsenenrecht verbreitet ist. Für jugendliche Straftäter/innen wird er von der Jugendgerichtshilfe im Zusammenwirken mit → freien Trägern, für Erwachsene von der Gerichtshilfe oder freien Verbänden (in geringem Umfang) durchgeführt. Allerdings wird eine Professionalisierung für die Schlichter/innen angestrebt. Gerade im Bereich der → Jugendsozialarbeit stellt der TOA eine ernstzunehmende Alternative zu herkömmlichen Maßnahmen als Beitrag zur → Kriminalprävention dar.

*Angelika Gregor*

**Tatsächlicher Aufenthalt** → Aufenthalt

**Teamarbeit** hat sich aus der Gruppenarbeit als Methode der Sozialen Arbeit entwickelt. Einen weiteren Entwicklungsstrang stellen die Kollektive in der ehemaligen DDR dar. T. ist eine kooperative Arbeitsform, bei der mehrere → Fachkräfte gemeinsam die Lösung von Aufgaben bearbeiten. T. erleichtert die Integration von Fachwissen unterschiedlicher Personen und Professionen, z.B. wenn bestimmte Aufgaben nicht von einer Person gelöst werden können oder sollen, wenn komplexe Aufgaben zu lösen sind oder auch wenn unkonturierte Probleme zur Lösung anstehen. T. ergänzt im Interesse wirksamer Hilfe für die Bürger/innen die Linienorganisation dort, wo bürokratische Strukturen allein sich negativ auf den Erfolg sozialpädagogischer Hilfen auswirken würden. T. erfolgt ergebnis- und prozessorientiert; sie dient der Erhöhung der → Effektivität, der Verbesserung der Qualität der Arbeit (→ Qualitätsmanagement) und der Steigerung der Arbeitsmotivation der Mitarbeiter/innen.

Grundprinzipien der T. sind Gleichordnung der Mitglieder unabhängig von der Position in der Hierarchie oder der Besoldungsgruppe, vernetzte → Kommunikation und vernetzte → Kooperation. Teams können in die Hierarchie eingebaut sein, aber auch neben oder zwischen ihr stehen. Es gibt Teams mit Entscheidungs- und Teams mit Beratungsfunktion. Die jeweilige Funktion muss klar beschrieben sein. Teams sollten als Arbeitsform eingeführt werden; dafür ist schriftlich festzulegen, bei welchen Aufgaben mehrere Personen gemeinsam tätig werden. Ein Team sollte für seine innere Struktur, seine Arbeitsweise und seine Ergebnisse verantwortlich sein und ihm sollte für seinen Zuständigkeitsbereich die Fach-, Ressourcen- und Entscheidungsverantwortung übertragen sein. Optimal sind fünf bis neun Mitglieder. Die Teammitglieder müssen Fachleute sein, die umfassendes Wissen, komplexe Kenntnisse und Perspektivenvielfalt für die Erörterung des jeweiligen Problems mitbringen. Weitere sachverständige Fachkräfte sollten von Fall zu Fall beratend hinzugezogen werden können.

Aus der Art der zu lösenden Probleme ergibt sich, dass im sozialen Bereich institutionalisierte Teams mit ständigen Mitgliedern und verbindlich zugeschriebenen Aufgaben und Zuständigkeiten notwendig sind. Daneben sind auch Teams sinnvoll, die – je nach zu beratendem Problem – zwar in wechselnder Besetzung, jedoch mit klarer Zuständigkeit arbeiten. Das Team sollte sich eine Geschäftsordnung geben und aus seiner Mitte ein Mitglied mit den geschäftsleitenden Funktionen betrauen. Die Übernahme der geschäftsleitenden Funktionen kann turnusmäßig wechseln. Zu den notwendigen Regeln der T. gehören insbesondere solche über die Entscheidungsbildung, über die Beschlussfassung (z.B. Beschlussfähigkeit, Einstimmigkeitserfordernis, Enthaltungsmöglichkeit) sowie Diskussionsregeln. Die Aufgabe, die dem Team gestellt ist, sowie die Zielvorgabe müssen klar sein und sinnvoll in Einzelaufgaben gegliedert werden, die entsprechend dem Fachwissen auf die einzelnen Teammitglieder verteilt werden. Besondere Bedeutung kommt dem Prozess der Teamentwicklung zu, bei dem sich vier Phasen (Formierung, Auseinandersetzung, Konsolidierung, Aufgabenerfüllung) unterscheiden lassen. Die Teammitglieder müssen sich untereinander als Fachleute akzeptieren, d.h., die Vorschläge und Informationen der anderen Teammitglieder zur Lösung des Problems müssen akzeptiert und in die eigenen Überlegungen einbezogen und weiterentwickelt werden. T. bedeutet, dass der Teamerfolg entscheidend ist und nicht der persönliche Erfolg eines einzelnen Mitglieds. Jedes Teammitglied ist entsprechend seiner Funktion im Team und entsprechend seinem Fachwissen mitverantwortlich für die Qualität des Ergebnisses.

Teamfähigkeit ist für die Besetzung und auch für die Arbeitsfähigkeit und die → Effizienz von Beratungen/Entscheidungen des Teams ein wichtiges Kriterium: Zwar muss die Verwaltung mit dem Personal, das zur Verfügung steht, arbeiten; aber Teamfähigkeit ist erlernbar. T. hat Fortbildungseffekte und führt zu gleichmäßigeren Entscheidungen in ähnlich gelagerten Fällen. T. kann → Organisationsentwicklung fördern, die Neue Steuerung (→ Verwaltungsmodernisierung) beleben und dient nicht zuletzt der Modernisierung von Leitungsstrukturen. Allerdings sind auch Konstellationen möglich, in denen T. unwirksam wird, z.B. wenn vor den Teamberatungen Koalitionen gesucht und Absprachen bzgl. des Ergebnisses getroffen werden.

*Lit.* Bauer, C.: Das Teamprinzip in der öffentlichen Verwaltung, München 1995; Feldmann, U. u.a.: Teamarbeit und Teamentwicklung, Frankfurt a.M. 2002; Francis, D./Young, D.: Mehr Erfolg im Team, 3. Aufl., Hamburg 2009; Schneider, H.: Lexikon zu Team und Teamarbeit, Münster 1996.

*Jürgen Termath*

**Technische Arbeitshilfen** fördern vorhandene und ersetzen zumindest teilweise nicht vorhandene Fähigkeiten. Ebenso wie → Arbeitsassistenz gehören t. A. zu Leistungen der → Teilhabe am Arbeitsleben von → behinderten Menschen. Ziel ist es, die Arbeitstätigkeit zu ermöglichen, die Ausführung zu erleichtern, Belastungen zu verringern und Arbeitssicherheit zu gewährleisten. Im Unterschied zu → Hilfsmitteln zur Teilhabe können t. A. auch neben der Verpflichtung des Arbeitgebers erfolgen. Zuständig sind für t. A. die → Rehabilitationsträger im Rahmen der Teilhabe am Arbeitsleben oder das → Integrationsamt aus der Ausgleichsabgabe im Rahmen der → begleitenden Hilfe im Arbeits- und Berufsleben. T. A. können an → schwerbehinderte Menschen, aber auch an Arbeitgeber, gewährt werden. Die Hilfen kommen als einzelne Maßnahme der behindertengerechten Gestaltung des Arbeitsplatzes in Betracht (z.B. Vorlesegerät für → sehbehinderte Menschen, Hebehilfen im industriellen

Bereich), werden vornehmlich aber als integraler Bestandteil einer umfassenden Arbeitsplatzgestaltung oftmals nach → Beratung des Integrationsamts gewährt. Zuschüsse oder Darlehen für die Beschaffung t. A., ihrer Wartung, Instandsetzung und Ausbildung des schwerbehinderten Menschen im Gebrauch der t. A. können nach der Schwerbehindertenausgleichsabgabeverordnung bis zur vollen Höhe übernommen werden. Gleiches gilt für die Ersatzbeschaffung und die Beschaffung zur Anpassung an die technische Weiterentwicklung.

*Daniel Heinisch*

**Teilhabe** Der Begriff der T. hat Überschneidungen mit den Begriffen der → Inklusion und der → Partizipation, weist zu diesen aber auch Unterschiede auf. Insbesondere hat der Begriff der T. an verschiedenen Stellen Eingang in die deutsche Gesetzessprache gefunden.

Das → Sozialrecht anerkennt die Teilnahme am Leben in der Gemeinschaft als Grundbedürfnis des täglichen Lebens und damit als relevantes Element der → Sozialhilfe (§ 9 SGB I). Davon zu unterscheiden ist das Recht → behinderter Menschen auf gleichberechtigte T. (§ 10 SGB I). Konkrete, ausdrücklich auf T. bezogene Leistungen finden sich u.a. im Zweiten Buch → Sozialgesetzbuch (SGB II). Nach §§ 28 ff. SGB II werden die sog. → Leistungen für Bildung und T. für unter 25-Jährige zusätzlich zum → Regelbedarf gewährt. Dies geht zurück auf die → Rechtsprechung des → Bundesverfassungsgerichts zur Verfassungswidrigkeit der Regelbedarfsbemessung. Dabei wird betont, dass das in Art. 1 und Art. 20 GG garantierte → Existenzminimum nicht nur materielle Güter, sondern auch ein Mindestmaß an T. am gesellschaftlichen, kulturellen und politischen Leben umfasst. Besondere Bedeutung wird dabei der Bildung zur Ermöglichung von T. beigemessen, insbesondere dem Bereich (früh)kindlicher Förderung. Nicht → Armut im Sinne wirtschaftlicher Bedürftigkeit, sondern als Mangel an sozialen → Ressourcen (→ Bildung, → Gesundheit, Netzwerke etc.) gilt als wesentlicher Grund für Exklusion/ → Soziale Ausgrenzung und verringerte T.chancen.

Konkretisiert wird das T.-Recht vor allem durch das 2001 in Kraft getretene Neunte Buch Sozialgesetzbuch – Rehabilitation und Teilhabe behinderter Menschen (SGB IX). T. kommt im SGB IX eine dreifache Bedeutung zu: (1) Mangel an T. ist konstitutives Merkmal von Behinderung, (2) Herstellung von T. ist Leistung zur Überwindung/Milderung von Behinderung und zugleich (3) T. ist Ziel aller Hilfen des SGB IX. Zu (1): Behinderung verlangt gemäß § 2 Abs. 1 SGB IX, dass die körperliche Funktion, geistige Fähigkeit oder seelische → Gesundheit eines Menschen für voraussichtlich mehr als sechs Monate von dem für das Lebensalter typischen Zustand abweichen und daher seine T. am Leben in der Gesellschaft beeinträchtigt ist. Behinderung ist somit ein durch viele Faktoren bestimmter Prozess, bei dem es nicht allein auf die Schädigung des einzelnen Menschen, sondern auf die Beeinträchtigung seiner Möglichkeiten zur gesellschaftlichen T. ankommt. Zu (2): Die Leistungen zur T. werden im SGB IX in Leistungsgruppen aufgegliedert (§ 5 SGB IX). Es geht aber letztlich bei allen Leistungen um T. am gesellschaftlichen Leben, d.h. um soziale T. (bspw. berufliche Teilhabe führt zu Gemeinschaft, Anerkennung etc., also zu gesellschaftlicher T.). Folgerichtig haben die Leistungen zur T. am Leben in der Gemeinschaft (§ 55 Abs. 1 SGB IX) eine Auffangfunktion. Dazu gehören alle Leistungen, die einem behinderten Menschen die T. am Leben in der Gemeinschaft ermöglichen und die im Rahmen der übrigen Leistungsgruppen tatsächlich nicht erbracht werden bzw. erbracht werden müssen. Zu den T.-Leistungen gehören auch Hilfen zu selbstbestimmtem Leben in betreuten Wohnformen (→ Betreutes Wohnen behinderter und psychisch kranker Menschen) und zur T. am gemeinschaftlichen und kulturellen Leben. Die Hilfen haben keine inhaltlichen, zeitlichen oder altersbezogenen Grenzen, es hängt vom Einzelfall ab, was T. ermöglicht und erfordert. Zu (3): Die T.-Leistungen des SGB IX sind als → Sozialleistungen kompensatorischer Natur. Sie unterstützen Einzelne bei der T., welche die → Gesellschaft aus sich heraus nicht ermöglicht.

Obwohl die Umsetzung des SGB IX bisher nur zögerlich erfolgt, ist der Begriff der T. zum Synonym eines veränderten Verständnisses im Hinblick auf behinderte Menschen in der Gesellschaft geworden: Im Vordergrund stehen Selbstbestimmung, Autonomie und T. in Form von Beteiligung und Teilnahme auf allen Ebenen des politischen, gesellschaftlichen und kulturellen Lebens. Dies setzt möglichst normale Lebensbedingungen für behinderte Menschen voraus. Erforderlich sind u.a. → Barrierefreiheit (→ Gleichstellungsgesetz für Menschen mit Behinderung), Antidiskriminierung (→ Allgemeines Gleichbehandlungsgesetz) und Wahlmöglichkeiten zwischen verschiedenen individuellen Lebens- und Wohnformen. Zur Verstärkung der Selbstbestimmung werden T.-Leistungen auf → Antrag als → Persönliches Budget ausgeführt, § 17 SGB IX. Hinsichtlich der Möglichkeiten der politischen T. wird seit einigen Jahren scharfe Kritik geäußert am bestehenden Wahlrecht, welches Menschen ausschließt, die eine rechtliche Betreuung in allen Angelegenheiten haben. Eine Verfassungsbeschwerde beim Bundesverfassungsgericht ist dazu anhängig.

Befördert und weiterentwickelt wird der T.-Ansatz durch die seit 2009 in Deutschland geltende → UN-Behindertenrechtskonvention. Nach der UN-Behindertenrechtskonvention wird die Beeinträchtigung der gleichberechtigten T. an der Gesellschaft ausdrücklich verstanden als das Resultat einer Wechselwirkung zwischen Menschen mit Beeinträchtigungen und einstellungs- und umweltbedingten Barrieren. Durch die UN-Behindertenrechtskonvention sind nicht zuletzt die Forderungen nach mehr politischer T. erheblich gestärkt worden. Das Motto »Nichts über uns, ohne uns« hat seinen Niederschlag in Art. 4 Abs. 3 der Konvention gefunden. Wie dies konkret in der Tat umgesetzt werden kann, ist jedoch für alle Beteiligten noch mit vielen Unsicherheiten verbunden. Dies zeigt sich insbesondere im Prozess der Reform der → Eingliederungshilfe bzw. bei den Vorarbeiten des noch für die 18. Legislaturperiode angekündigten sog. Bundesteilhabegesetzes. Der Name dieses Gesetzgebungsvorhabens spiegelt ebenfalls die gestiegene Bedeutung des T.Begriffs sowie das gewandelte Behinderungsverständnis wider.

Nachdem der Bericht der Bundesregierung über die Lage von Menschen mit Behinderungen für die 16. Legislaturperiode noch »Behindertenbericht 2009« hieß, hat die Bundesregierung auf der Basis der UN-Behindertenrechtskonvention die Berichterstattung inzwischen umgestaltet und für die 17. Legislaturperiode einen an den Lebenslagen orientierten »Teilhabebericht« veröffentlicht (→ Teilhabeberichterstattung).

*Lit.* Bundesministerium für Arbeit und Soziales (Hrsg.): Teilhabebericht der Bundesregierung über die Lebenslagen von Menschen mit Beeinträchtigungen, Bonn 2013; Bundesverfassungsgericht, Urteil vom 9. Februar 2010 – 1 BvL 1/09; Wansing, G.: Teilhabe an der Gesellschaft. Menschen mit Behinderung zwischen Inklusion und Exklusion, Wiesbaden 2005; Welke, A.: UN-Behindertenrechtskonvention mit rechtlichen Erläuterungen, Berlin 2012.

*Edna Rasch*

**Teilhabe am Arbeitsleben für Menschen mit Behinderung** Die T. a. A. ist wesentlich für die gesellschaftliche → Teilhabe → behinderter Menschen. Dementsprechend stellen die Leistungen zur T. a. A. neben denen zur → medizinischen Rehabilitation, zur Teilhabe am Leben in der Gemeinschaft und neben den unterhaltssichernden und anderen ergänzenden Leistungen einen bedeutsamen Bereich des Rechts der → Rehabilitation und Teilhabe behinderter Menschen dar (§ 5 Nr. 2 SGB IX). Die T. a. A. ist generell und zusammenfassend beschrieben in den §§ 33 ff. SGB IX. Das SGB IX ist jedoch kein Leistungsgesetz, sodass sich die konkreten Leistungen aus den vorrangigen Leistungsgesetzen der jeweiligen → Rehabilitationsträger ergeben (SGB II, SGB III, SGB VI, SGB VII, SGB VIII, SGB XII u.a.). Rehabilitationsträger für die Leistungen zur T. a. A. sind nach §§ 6, 6 a SGB IX die Bundesagentur für Arbeit, die Träger der gesetzlichen → Unfallversicherung, die Träger der gesetzlichen → Rentenversicherung (außer den Trägern der → Alterssicherung der Landwirt/innen), die Träger der → Kriegsopferfürsorge und → Kriegsopferversorgung, der → Kinder- und Jugendhilfe und der → Sozialhilfe.

Ziel der Leistungen zur T. a. A. ist es nach § 33 Abs. 1 SGB IX, die Erwerbsfähigkeit behinderter und von Behinderung bedrohter Menschen entsprechend ihrer Leistungsfähigkeit zu erhalten, zu verbessern, herzustellen oder wiederherzustellen und ihre T. a. A. möglichst auf Dauer zu sichern. Das SGB I beschreibt allgemein als ein wesentliches Element der Teilhabe behinderter Menschen ein Recht auf die Hilfe, die notwendig ist, um dem behinderten Menschen einen seinen Neigungen und Fähigkeiten entsprechenden Platz im Arbeitsleben zu sichern (§ 10 SGB I). Wie vielfältig die Leistungen sein können, zeigt die nicht abschließende Aufzählung nach § 33 Abs. 3 SGB IX, die von Hilfen zur Erhaltung oder Erlangung eines Arbeitsplatzes (einschließlich Leistungen zur Aktivierung und beruflichen Eingliederung) über Berufsvorbereitung (einschließlich einer wegen der Behinderung erforderlichen Grundausbildung) bis zu beruflicher Anpassung und Weiterbildung (auch soweit die Leistungen einen zur Übernahme erforderlichen schulischen Abschluss einschließen) und beruflichen Ausbildung sowie Gründungszuschüssen und sonstigen Hilfen zur Förderung der T. a. A. reichen. Seit dem 1.1.2009 ist außerdem die Qualifizierung im Rahmen → Unterstützter Beschäftigung hinzugekommen, wobei das gesetzlich eingeführte Instrument von dem wesentlich breiteren Konzept der Bundesarbeitsgemeinschaft für Unterstützte Beschäftigung zu unterscheiden ist.

Die Inhalte der Leistungen zur T. a. A. werden in § 33 Abs. 4–8 SGB IX näher spezifiziert. So können die Leistungen etwa auch medizinische, psychologische und pädagogische Hilfen umfassen, soweit im Einzelfall erforderlich. Zu den

Leistungen können unter bestimmten Umständen auch Kosten für Unterkunft und Verpflegung sowie Kraftfahrzeughilfe, unvermeidbarer Verdienstausfall bei An- und Abreise zu einer Bildungsmaßnahme oder Vorstellung bei einem Arbeitgeber, die Kosten einer notwendigen → Arbeitsassistenz für → schwerbehinderte Menschen als Hilfe zur Erlangung eines Arbeitsplatzes, Kosten für → Hilfsmittel und technische Arbeitshilfen, die wegen Art oder Schwere der Behinderung zur Berufsausübung erforderlich sind, sowie Kosten der Beschaffung, der Ausstattung und der Erhaltung einer behinderungsgerechten Wohnung in angemessenem Umfang gehören. Zur T. a. A. können Leistungen auch direkt an den Arbeitgeber erbracht werden (§ 34 SGB IX). Damit sollen insbesondere betriebliche Maßnahmen gefördert werden, die die Chance einer direkten Übernahme in ein festes Beschäftigungsverhältnis erhöhen und somit weitere Vermittlungsbemühungen entbehrlich machen.

Soweit insbesondere aufgrund der Art oder Schwere der Behinderung erforderlich, werden die Leistungen durch Berufsbildungswerke, → Berufsförderungswerke und vergleichbare Einrichtungen der beruflichen Rehabilitation ausgeführt (§ 35 Abs. 1 SGB IX). Von besonderer Bedeutung sind außerdem → Werkstätten für behinderte Menschen, in denen ebenfalls Leistungen zur T. a. A. erbracht werden können (§§ 39 ff., 136 ff. SGB IX). Sie bieten denjenigen Menschen, die wegen Art oder Schwere der Behinderung nicht, noch nicht oder noch nicht wieder auf dem allgemeinen → Arbeitsmarkt tätig sein können, eine → berufliche Bildung und eine Beschäftigung, die darauf gerichtet ist, die Leistungsfähigkeit zu erhalten bzw. weiterzuentwickeln. Werkstätten spielen in der Bundesrepublik traditionell eine wichtige Rolle im Rahmen der T. a. A. Zudem ist die Zahl der Arbeitsplätze in den letzten Jahren mit einer jährlichen Steigerungsrate von ca. 3–4% stark ansteigend. Die aktuelle Kritik entzündet sich v.a. an der Tatsache, dass kaum Menschen den Sprung von der Werkstatt auf den allgemeinen Arbeitsmarkt schaffen (ca. 0,17%). Mit der Zunahme älterer behinderter Menschen wird aktuell auch die Frage nach Altersgrenzen für die Aufnahme in Werkstätten diskutiert. Es bestehen Zweifel daran, ob sich die Grenze des Renteneintrittsalters der gesetzlichen Rentenversicherung allgemein auf die → Eingliederungshilfe für behinderte Menschen übertragen lässt, wie bislang gerichtlich geschehen. Zunehmend an Bedeutung gewinnt auch die Forderung nach mehr Möglichkeiten zur Teilzeitarbeit in Werkstätten. Entsprechend dem Bestreben behinderter Menschen nach mehr Auswahlmöglichkeiten, die den individuellen Bedürfnissen und Fähigkeiten flexibler angepasst sind, gewinnen neben den Werkstätten zunehmend auch alternative Beschäftigungsformen an Bedeutung wie beispielsweise Tätigkeiten im Rahmen von Zuverdienstangeboten, in Integrationsbetrieben, im Rahmen unterstützter Beschäftigung, aber auch auf betriebsintegrierten bzw. ausgelagerten Arbeitsplätzen von Werkstätten. Der Ausschuss der → Vereinten Nationen für die Rechte von Menschen mit Behinderungen hat in seinen abschließenden Bemerkungen über den ersten Staatenbericht Deutschlands die schrittweise Abschaffung der Behindertenwerkstätten gefordert.

Vor diesem Hintergrund sowie aufgrund der gestiegenen Fallzahlen und des Kostenanstiegs spielt der Bereich der T. a. A. seit langem eine wichtige Rolle im Rahmen der Diskussion um die Reform der Eingliederungshilfe. Angestrebt werden insgesamt eine stärker personenorientierte Ausrichtung und eine stärkere Flexibilisierung der Unterstützungsleistungen u.a. durch Modularisierung der Leistungen und Zulassung anderer Anbieter. In der Diskussion steht außerdem die Einführung eines Budgets für Arbeit sowie eines dauerhaften Nachteilsausgleichs, um die Chancen von derzeit als werkstattbedürftig geltenden Menschen auf eine sozialversicherungspflichtige Beschäftigung auf dem allgemeinen Arbeitsmarkt zu erhöhen.

*Lit.* Abschlussbericht der Arbeitsgruppe Bundesteilhabegesetz, Bonn 2015; Teilhabebericht der Bundesregierung über die Lebenslagen von Menschen mit Beeinträchtigungen, Bonn 2013.

*Edna Rasch*

**Teilhabeberichterstattung** Der Deutsche Bundestag beschließt seit 1982 in jeder Wahlperiode einen Bericht über »die Lage der behinderten Menschen und die Entwicklung ihrer Teilhabe«. Die Berichtspflicht der Bundesregierung wird in § 66 Abs. 1 und 2 SGB IX (→ Rehabilitation und Teilhabe behinderter Menschen) weiter konkretisiert. Ausgehend von der Verpflichtung zur Sammlung von Daten und Statistik zur Umsetzung der → UN-Behindertenrechtskonvention aus Art. 31 UN-BRK legt das → Bundesministerium für Arbeit und Soziales (BMAS) seit 2013 einmal in jeder Legislaturperiode den »Teilhabebericht der Bundesregierung über die Lebenslagen von Menschen mit Beeinträchtigungen« vor. Dieser ersetzt den o.g. »Bericht über die Lage von Menschen mit Behinderungen« und unterscheidet sich in Qualität und Inhalt wesentlich von der alten Form der Berichterstattung.

Für den Teilhabebericht werden die Teilhabechancen von Menschen mit Behinderung empirisch untersucht, um eine fundierte Informationsbasis für Politik und Fachpraxis zu schaffen. Daten werden dabei zu großen Teilen nicht neu erhoben, sondern auf der Grundlage bereits veröffentlichter Studien zusammengefasst und den verschiedenen politischen Zielen im Kontext Behinderung zugeordnet. Der indikatorenbasierte Bericht orientiert sich in Aufbau und Darstellung an der UN-Behindertenrechtskonvention und an der Internationalen Klassifikation der Funktionsfähigkeit, Behinderung und Gesundheit (→ ICF). Anstelle einer rein personenzentrierten Sichtweise wird auch der Sozialraum berücksichtigt (→ Sozialraumorientierung). Inhalte des Berichts sind u.a. die Lebenssituation und -qualität von Menschen mit Behinderung in Deutschland sowie Alltagsprobleme bzw. Teilhabechancen. Der Bericht orientiert sich am Lebenslagenansatz (→ Lebenslage) und »analysiert, wie räumliche, soziale und infrastrukturelle Umweltbedingungen sowie personale Faktoren eine gleichberechtigte Teilhabe behindern oder stärken«.

Im Teilhabebericht wird nicht nur die Situation von Menschen mit (schwerer) Behinderung, sondern auch die von Menschen mit psychischen Behinderungen (→ Psychisch kranke Menschen) und → chronischen Krankheiten betrachtet. Menschen mit Behinderung werden dabei als Expertinnen und Experten in eigener Sache betrachtet und ihre Perspektive wird im inklusionsorientierten Teilhabebericht berücksichtigt. Drei der neun Mitglieder eines Wissenschaftlichen Beirats wurden vom → Deutschen Behindertenrat benannt. Ergebnisse eines Fachaustauschs mit der Monitoringstelle zur UN-Behindertenrechtskonvention, mit dem/der Beauftragten der Bundesregierung für die Belange behinderter Menschen und der Antidiskriminierungsstelle des Bundes (ADS) werden einbezogen.

Der erste Teilhabebericht umfasst 460 Seiten und gliedert sich in sechs Teile. Herausgegeben vom BMAS erscheint er sowohl in regulärer als auch in Leichter Sprache sowie als Hörbuch. Zudem wurde eine Version in englischer Sprache veröffentlicht.

*Frederik Poppe*

**Teilrente** → Rente wegen Alters

**Teilstationäre Pflege** → Nachtpflege, → Pflegeeinrichtung, → Tagespflege

**Telefonseelsorge** Deutschlandweit bilden 105 Stellen das Netzwerk der T. Unter den Rufnummern 0800-1110111 bzw. 0800-1110222 können Ratsuchende jederzeit, kostenfrei und deutschlandweit eine Ansprechperson erreichen (aus dem Festnetz wie aus den Mobilfunknetzen). Hinzu kommt die Erreichbarkeit der T. per Webmail bzw. Chat über die offizielle Homepage www.telefonseelsorge. de. Der Schutz der Anonymität und des Seelsorgegeheimnisses sind für die T. unverzichtbare Voraussetzungen, darum legt sie auch in ihrer Internetarbeit größtmöglichen Wert auf Datensicherheit (→ Datenschutz).

T. bekommt es in ihrer Arbeit mit der ganzen Bandbreite an Problemen in unserer Gesellschaft zu tun: von → Arbeitslosigkeit und Hartz IV, Schulden (→ Schuldnerberatung), → Migration und → Integration, über Einsamkeit, Beziehungsschwierigkeiten und psychischen Erkrankungen (→ psychisch kranke Menschen) bis hin zu Suizidabsichten, → Gewalt- und Missbrauchserfahrungen (→ sexueller Missbrauch). Sehr häufig verketten sich diese Probleme miteinander, sodass sich die Anrufenden in einem Teufelskreis erleben, aus dem sie keinen Ausweg mehr sehen. Ein Gespräch kann helfen, wieder etwas Abstand zu bekommen, um Alternativen in den Blick zu nehmen. Seit ihrer Gründung 1956 ist die T. Ansprechpartnerin für Menschen in suizidalen Krisen und sieht in der Suizidprävention (→ Suizid, → Prävention) einen wichtigen Auftrag, dem sie sich auch heute verpflichtet fühlt. Aus der Forschung ist bekannt, dass suizidale Krisen häufig eng mit → Depressionen verbunden sind. Menschen mit Depressionen bzw. psychisch kranke Menschen gehören zu der stärksten Anrufergruppe der T. Mit dem Abbau stationärer → Einrichtungen und dem Bestreben, psychisch kranken Menschen ein Leben zuhause zu ermöglichen, geht eine Zunahme an Anrufen von Betroffenen bei der T. einher.

Das Angebot der T. basiert auf dem Engagement Ehrenamtlicher (→ ehrenamtliche/freiwillige Tätigkeit im sozialen Bereich). Derzeit arbeiten ca. 7.500 Ehrenamtliche mit. In einer einjährigen Ausbildung (ca. 100 Ausbildungsstunden) werden sie auf diese Arbeit vorbereitet. Ihre Kompetenz liegt in ihrer Offenheit gegenüber dem Anliegen der Ratsuchenden, ihrer Bereitschaft, sich jetzt Zeit zu nehmen für diesen Menschen mit seinem Anliegen, ihm zuzuhören und ihm klärend und unterstützend zur Seite zu stehen. In ihrer Arbeit werden die Ehrenamtlichen von Hauptamtlichen begleitet. Die vorbereitende Ausbildung, die kontinuierliche → Supervision und regelmäßige → Fort-

und Weiterbildungen tragen zur Sicherung der → Qualität der Arbeit bei und sorgen für die erforderliche Entlastung.

Die T.stellen sind in zwei Bundesverbänden zusammengeschlossen, die von der Evangelischen und der Katholischen Kirche getragen werden. In ökumenischer Zusammenarbeit werden in diesen Verbänden die Standards festgelegt. Seit 1997 gibt es eine Partnerschaft zwischen der Deutschen Telekom AG und der T., die Anrufenden die kostenfreie Erreichbarkeit der T. ermöglicht. Seit 1999 ist »Telefonseelsorge« als geschützte Marke eingetragen.

*Bernd Blömeke*

**Telefon, Sozialtarif** Die Deutsche Telekom AG gewährt einen Sozialtarif für Privatkunden, wenn der/die Anschlussinhaber/in oder ein Mitglied seines/ihres Haushalts (→ Haushaltsgemeinschaft) wegen verminderter → Erwerbsfähigkeit von der Entrichtung des → Rundfunkbeitrags befreit ist bzw. wegen geringen → Einkommens einen ermäßigten Rundfunkbeitrag zu entrichten hat oder → Ausbildungsförderung nach dem Berufsausbildungsförderungsgesetz erhält oder blind (→ blinde Menschen), gehörlos (→ hörbehinderte Menschen) oder sprachbehindert (→ sprachbehinderte Menschen) mit einen Grad der Behinderung von mindestens 90% ist. Die Deutsche Telekom AG unterscheidet zwei verschiedene Sozialtarife, die für bestimmte Produkte gelten. Der jeweilige Sozialtarif wird mit Verbindungsentgelten verrechnet. Die Höhe der Sozialtarife und Einzelheiten der Verrechnung sind den jeweils aktuell geltenden Allgemeinen Geschäftsbedingungen der Deutschen Telekom AG zu entnehmen. Privatkunden können bei der Deutschen Telekom AG schriftlich die Gewährung des Sozialtarifs beantragen.

*Constanze Rogge*

**Tendenzbetriebe** sind Unternehmen und Betriebe, die politischen, koalitionspolitischen, konfessionellen, karitativen, erzieherischen, wissenschaftlichen oder künstlerischen Bestimmungen sowie Zwecken der Berichterstattung oder Meinungsäußerung dienen. Für T. gilt das Betriebsverfassungsgesetz (BetrVG) nur eingeschränkt (§ 118 Abs. 1 BetrVG). Bei Betriebsänderungen findet es aber Anwendung, soweit es um Ausgleich oder Milderung wirtschaftlicher Nachteile für die Arbeitnehmer/innen geht (§ 118 Abs. 1 S. 2 BetrVG). Karitativen oder erzieherischen Zielsetzungen dienen regelmäßig die → Einrichtungen und → Organisationen im Bereich der → Freien Wohlfahrtspflege. Die Einschränkung des Mitbestimmungsrechts kommt nur in Betracht, wenn eine Maßnahme die Verwirklichung der ideellen Zielrichtung der Organisation beeinträchtigen würde. Bei personellen Einzelmaßnahmen kann der → Betriebsrat jedoch oft mitbestimmen, weil es sich z.B. bei Eingruppierungsfragen um Fragen der Lohngerechtigkeit handelt und ein Bezug zur Tendenz des Unternehmens fehlt oder es sich nicht um Mitarbeiter/innen handelt, die die Tendenz des Unternehmens persönlich prägen. Auf Religionsgemeinschaften und ihre karitativen und erzieherischen Einrichtungen innerhalb des → Deutschen Caritasverbandes und der → Diakonie Deutschland – Evangelischer Bundesverband findet das Gesetz überhaupt keine Anwendung (§ 118 Abs. 2 BetrVG), weil sie ein verfassungsrechtliches Selbstbestimmungsrecht haben (BVerfGE 46, 73 und 95). In den kirchlichen Einrichtungen wird → Mitbestimmung durch besondere kircheneigene Mitarbeitervertretungs-Ordnungen ermöglicht.

*Gertrud Tacke*

**Test** → Psychodiagnostik

**Testament** → Erbrecht

**Themenzentrierte Interaktion (TZI)** Ruth C. Cohn, (geboren 27.8.1912 in Berlin; gestorben 30.1.2010 in Düsseldorf) floh 1933 als deutsche Jüdin vor den Nationalsozialisten in die Schweiz (Studium der Psychologie und Ausbildung zur Psychoanalytikerin). 1941 Emigration in die USA; ab 1946 Psychoanalytikerin und Gruppentherapeutin. Im Herbst 1955 gewann sie aus einem Gegenübertragungs-Seminar entscheidende Anstöße für ihre pädagogische Methode der TZI, die auf psychoanalytischen, gruppen- und erlebnistherapeutischen Grundlagen und existentialphilosophischen Prämissen der humanistischen Psychologie basiert. 1970 brachte sie die TZI nach Europa. 1974 kehrte sie in die Schweiz zurück und gründete das jetzt nach ihr benannte Ruth-Cohn-Institut für TZI (ruth-cohn-institue for TCI international).

Den philosophischen Hintergrund des Systems der TZI bilden drei Axiome: a) Die Persönlichkeit ist eine psychosomatische Ganzheit, die eine Einheit von Wahrnehmen, Fühlen und Denken auszeichnet; b) der Mensch verfügt über die Möglichkeit der freien Entscheidung innerhalb gewisser Kausalitätsgesetze. Sie ist durch die Gleichzeitigkeit von biologischer Autonomie und sozialer Interdependenz (Vernetzung) paradox gekennzeichnet; c) der Mensch lebt in der Notwendigkeit zu werten und zu entscheiden. Daraus erwächst ihm die humane Verpflichtung, allem Lebendigen, seinem Wachstum und

Vergehen, Ehrfurcht entgegenzubringen. Aus diesen Axiomen leiten sich die beiden grundlegenden Postulate der TZI ab: »Sei deine eigene ›chairperson‹, dein eigener Leiter in der Gruppe!« und »Störungen und Betroffenheiten haben Vorrang!« Individuelle und gruppale Störungen sollen so weit angesprochen werden, dass der Einzelne und die → Gruppe wieder lern- und arbeitsfähig werden.

Das Vier-Faktoren-Modell der TZI besagt: Jede Lern- und Arbeitssituation in Gruppen wird bestimmt durch drei gruppeninterne Faktoren, die ein Dreieck bilden: das »ICH« jeden Individuums, das »WIR« der Gruppe und das »ES«, den Sachverhalt bzw. die Aufgabe der Gruppe; sowie durch einen gruppenexternen Faktor: den »Globe«, das Umfeld, das als Kreis das Dreieck umschließt. Der Globe wird sowohl durch die institutionellen Rahmenbedingungen (Ort, Raum, Zeit usw.) als auch durch historische und gesellschaftliche Umweltbezüge der Gruppe und der einzelnen Teilnehmer gebildet.

Die TZI-Leitung ermöglicht »Lebendiges Lernen« dadurch, dass sie (1) das Thema so setzt, dass jeder Teilnehmende seinen persönlichen Bezug dazu finden und das Thema im Hier und Jetzt bearbeiten kann; (2) Angst in der Gruppe reduziert und Vertrauen und offene Kommunikation fördert durch klare Themen- und Struktursetzung und durch teilnehmende Leitung (Leitung als »partizipierende Leitung« d.h. 50% Leitung und 50% Teilnehmer; »selektive Authentizität«); (3) klare Kommunikationsregeln (v.a. Chairperson- und Störungspostulat) einhält; (4) auf die Balance zwischen Ich, Wir, Es und Globe und den Wechsel in Strukturen, Methoden und Arbeitsmitteln achtet.

*Eike Rubner*

**Theorien der Sozialen Arbeit** → Soziale Arbeit

**Theorie-Praxis-Verhältnis** Theorie und Praxis gehören unterschiedlichen Bereichen an. Zwischen Beschreibungen und dem Vollziehen von Handlungen besteht eine grundsätzliche Differenz – die Landkarte ist nicht die Landschaft. Aber über Sprache, Wahrnehmungsprozesse (→ Wahrnehmung) und Entscheidungen beeinflussen sich die Bereiche wechselseitig. Wissenschaftliche Theorien sind an Erklärungspotenzial und Wahrheit ausgerichtet, die in der Praxis gebräuchlichen an Entscheidungen, Angemessenheit und Wirksamkeit. Naturwissenschaftliche Theorien können ihre Geltungsbedingungen leichter kontrollieren. Sozial ausgelegte Wissenschaften sind Teil ihres Erkenntnisprozesses und stärker darauf angewiesen, sich reflexiv zu setzen. Sozialarbeitswissenschaftliche Theorien (→ Sozialarbeitswissenschaft) stellen sich anwendungsbezogenen Fragen und gehören zum Wissenschaftssystem und zum Gesellschaftsbereich → Soziale Arbeit. In der Sozialen Arbeit vollzieht sich eine zunehmende Intensivierung und Systematisierung des T. u.a. durch Forschung und disziplinäre Diskurse.

Soziale Arbeit ist Reflexionswissenschaft und Profession. Beiden Seiten liegen eigene Relevanzstrukturen zugrunde. Das T. in der Sozialen Arbeit ist von besonderen Bedingungen geprägt: (1) Die Anwendung einer Theorie kann in der Praxis nicht zu linear vorhersagbaren Ergebnissen führen, da Effekte auf der Mitwirkung der → Adressat/innen und anderer unabhängiger Organisationen (z.B. → Gesundheitsämter) und sozialer Systeme (→ Familien, Nachbarschaften usw.) beruhen. (2) Die Möglichkeiten zur Gestaltung des T. sind geprägt von vorenthaltener gesellschaftlicher Anerkennungen der → sozialen Probleme und der Profession. (3) Die Nutzung von Theorie und die Gestaltung des T. sind durch geschlechtsspezifische Interpretations- und Hierarchiemuster beeinflusst.

Soziale Arbeit enthält immer Theorie. Zwar ist jeder Fall immer anders, aber die Regeln des professionellen Handelns und die herangezogenen Wissensbestände sind an unterschiedlichen Theorien ausgerichtet, z.B. vollzieht sich das Erstellen von → Diagnosen oder Hypothesen als ein risikobelasteter Prozess eines spezifischen T. Praktisches Handeln kann nur bedingt durch Theorie begründet werden. Das Verhältnis von Theorie und Praxis ist produktiv zu gestalten. Praxis ist auf Beschreibungen, Modelle und theoriegeleitete Reflexionen angewiesen und theoriegeleitetes Arbeiten (Wissenschaft) auf empirische Überprüfungen und praxisgeleitete Reflexionen. Das Hervorbringen von Wissensbeständen baut auf passenden T. auf, was wiederum Professionalität und Eigenständigkeit fördert. Aus-, → Fort- und Weiterbildung, Forschung, → Evaluation sowie wissenschaftliche und politische → Kooperationen sind davon geprägt, in welcher Art, Qualität und Vielfalt das T. in der Sozialen Arbeit gestaltet und kommuniziert wird.

*Wilfried Hosemann*

**Therapeutenvariablen** Der Begriff T. entstand in der Psychotherapieforschung, wobei versucht wurde, definierbare Elemente der → Persönlichkeit, der → Rolle und des → Verhaltens von Therapeut/innen als Wirkfaktoren für therapeutischen Erfolg bzw. für persönliche Weiterentwicklung zu erfassen. Es sollte beachtet werden, dass dabei einerseits persönliche Haltungen (bzw. die Beziehungsebene), andererseits professionelle Strategien und konkrete Interventionsformen (bzw. die Inhaltsebene in der Psychotherapie) zu unterscheiden sind. Letzterem entsprechend werden Psychotherapieformen oft (nur) als theoriegeleitete Expertise-Systeme (Handlungstechnologien) gesehen. Grawe (1995) postuliert hier auf empirischer Grundlage vier Wirkfaktoren einer Allgemeinen Psychotherapie: Ressourcenaktivierung, Problemaktualisierung, aktive Hilfe zur Problembewältigung und Klärung/Explikation inneren Erlebens. Die Klienten-/Personzentrierte Psychotherapie (→ Humanistische Beratung und Therapie) besteht hingegen ausdrücklich auf einer bestimmten persönlichen Grundhaltung, aus der heraus die therapeutische Beziehung gestaltet wird, als notwendigem Wirkfaktor. Die wesentlichen Elemente dieser Grundhaltung sind persönliche Echtheit und Offenheit ohne professionelle Fassade (Kongruenz mit sich selbst), nicht an Bedingungen gebundene grundlegende Wertschätzung (emotionale Wärme) und empathisches Verstehen (→ Empathie) des Klienten aus dessen innerem Bezugsrahmen. Finke hat paradigmatisch dargestellt, wie aus diesen Grundhaltungen (»Therapieprinzipien«) konkrete Vorgehensweisen (»Therapietechniken«) abgeleitet werden.

Personzentrierte Beratung ist dadurch charakterisiert, dass die verschiedensten, den jeweiligen Problemfeldern entsprechenden Interventionsformen (→ Intervention) und -strategien auf der Basis einer derartigen Grundhaltung verwirklicht bzw. von dieser her geformt werden. Sander/Ziebertz unterscheiden dabei die methodischen Interventionsformen der Information/Orientierung, der Deutung/Klärung und der (Hilfe für konkrete) Handlung/Bewältigung, und zwar in den Problem- und Konfliktfeldern der Lebenswelt (bzw. des Gemeinwesens), der zwischenmenschlichen Beziehungen sowie der individuellen Problematiken des Individuums.

Aus einer personzentrierten Grundhaltung können darüber hinaus allgemein verwendbare kommunikative Vorgehensweisen (→ Gesprächsführung, Methoden der) abgeleitet werden. Beispielhaft sei hier auf das Aktive Zuhören (Gordon), das Kommunikationsquadrat von Schulz von Thun oder die Klärungsgespräche nach Thomann hingewiesen.

*Lit.* Finke, J.: Gesprächspsychotherapie, Grundlagen und spezifische Anwendungen, 3. Aufl., Stuttgart 2004; Sander, K./Ziebertz, T.: Personzentrierte Beratung, Ein Lehrbuch für Ausbildung und Praxis, Köln/Weinheim/München 2010.

*Wolfgang W. Keil*

**Therapie** wird i.d.R. mit »Psychotherapie« gleichgesetzt, bezeichnet jedoch zunächst alle Maßnahmen zur Behandlung von → Krankheiten und Verletzungen mit dem Ziel der Wiederherstellung der psychosozialen Gesundheit. Neben medizinischen T.formen gibt es eine Reihe anderer Formen wie Physio-, → Ergo-, → Musik-, Kunst-, Tanztherapie usw. Aus Sicht der Sozialen Arbeit stehen soziale T.formen mit Einzelnen, Familien und Gruppen zur Förderung psychosozialer Kompetenzen im Fokus, die auf Unterstützungs- und Netzwerkinterventionen beruhen. Dabei handelt es sich um wissenschaftlich begründete, systematisierte, lehrbare Formen personaler → Interaktion und → Kommunikation auf der Basis von Theorien über menschliches Erleben und Verhalten in den umgebenden Verhältnissen und dessen Veränderung. Soziale T. (bzw. → Sozialtherapie) als professionelle Behandlungsform ist bei schweren Störungen und Erkrankungen daher weder ein aus Mangel an psychotherapeutischer Kapazität erwachsender Ersatz noch ein Anhängsel an eine eigentlich medizinische oder psychologische Behandlung, sondern oft die »eigentliche« T. Klassische psychologisch-psychotherapeutische Handlungskonzepte werden den heute häufig anzutreffenden schweren psychosozialen Störungen von schwer erreichbaren Menschen in Multiproblemsituationen allein nicht gerecht (Pauls 2013).
Aus dieser übergreifenden Sicht ist Psychotherapie ein Spezialfall psychosozialer Behandlungsformen. Mit der Einführung des Psychotherapeutengesetzes (1998) wurde das Verständnis von Psychotherapie in Deutschland als verordnungsfähige Kassenleistung zudem stark auf die individuum- und störungszentrierte ärztliche und psychologische Psychotherapie eingegrenzt. Bereits in den 1970er-Jahren übten die Sozialwissenschaften Kritik an zu engen, pathologisierenden Konzeptionen und Praktiken der Medizin und Psychologie (→ Psychologische Grundlagen der Sozialarbeit). Auch Psychotherapie i.e.S. als »bewusster, geplanter, interaktioneller Prozess zur Beeinflussung von Verhaltensstörungen und psychischen Leidenszuständen« (H. Strotzka) ist ursprünglich ein interdisziplinäres Forschungs- und Praxisfeld der Medizin, Psychologie und Sozialwissenschaften, das sich mit der Behandlung von psychischen und psychosomatischen Erkrankungen sowie der Behandlung von psychischen Folgen körperlicher Erkrankungen und Behinderungen befasst, u.a. mit Themen wie Diagnostik, → Intervention, → Prävention und → Rehabilitation.
Soziale Arbeit, insbesondere in klinisch geprägten psychosozialen Arbeitsfeldern

(→ Klinische Sozialarbeit), nutzt neben Kompetenzen der Sozialen T. und → Psychosozialen Beratung eine Reihe (psycho-)therapeutischer Methoden. Eine Vielzahl von Beratungsstellen, der jugendhilfenahe Bereich der → Kinder- und Jugendlichenpsychotherapie usw. fußen auf und arbeiten mit (psycho-)therapeutisch geprägten Ansätzen, Methoden und Techniken, die inzwischen für eine Reihe von Arbeitsfeldern und Zielgruppen der Sozialen Arbeit ausdifferenziert wurden (Gahleitner/Pauls 2010). Professionelle Beziehungsarbeit, → Gesprächsführung, → Beratung, Soziotherapie und → Krisenintervention sind ohne diese Wissensbestände gar nicht denkbar. Neben der klassischen Psychoanalyse (→ Psycholanalytische Beratung und Therapie) und ihren Varianten stehen Verfahren und Methoden → verhaltensorientierter, → humanistischer und → systemischer Beratung und T. dafür zur Verfügung. Die von K. Grawe entwickelten übergreifenden Interventionsaspekte: Beziehungsgestaltung (→ Bindung/Beziehung in der Sozialen Arbeit), Ressourcenaktivierung, Problemaktualisierung, motivationale Klärung und Problembewältigung als grundlegende Wirkfaktoren sind auch für diesen Bereich gültig. Die Aneignung des T.begriffes und die Weiterentwicklung von Konzepten der Sozialen T., in ihrer Spezialisierungen z.T. auch bereits gesetzlich verankert (→ Sucht) ist für die Soziale Arbeit i.S. einer angemessenen Versorgung von Menschen in psychosozialen Problemlagen essenziell.

*Lit.* Gahleitner, S. B./Pauls, H.: Soziale Arbeit und Psychotherapie – zum Verhältnis sozialer und psychotherapeutischer Unterstützungen und Hilfen, in Thole, W. (Hrsg.): Grundriss Soziale Arbeit. Ein einführendes Handbuch, 3. Aufl., Wiesbaden 2010, S. 367–374; Pauls, H.: Klinische Sozialarbeit. Grundlagen und Methoden psychosozialer Behandlung, Weinheim/München 2013.

*Silke Birgitta Gahleitner/Helmut Pauls*

**Tiefenpsychologie** → Kinder- und Jugendlichenpsychotherapie, analytische, → Psychoanalytische Beratung und Therapie

**Träger** → Freie Träger, → Jugendhilfeträger, → Öffentliche Träger, → Privat-gewerbliche Träger, → Sozialleistungsträger, → Träger der Grundsicherung, → Träger der Sozialhilfe

**Träger der Grundsicherung** (1) T. d. G. im Alter und bei voller Erwerbsminderung nach dem Grundsicherungsgesetz (GSiG → Grundsicherung im Alter und bei Erwerbsminderung) waren die → Landkreise und → kreisfreien Städte (§ 4 Abs. 1 GSiG). Nachdem die Grundsicherung zum 1.1.2005 als Viertes Kapitel in das Zwölfte Buch → Sozialgesetzbuch (SGB XII → Sozialhilfe) überführt wurde, gelten für sie die Regelungen über die → Träger der Sozialhilfe. Die Finanzierung erfolgt aber seit 2014 durch den Bund.

(2) T. d. G. für Arbeitsuchende: Die Frage, wer zuständiger Träger für die Grundsicherung für Arbeitsuchende werden sollte, war schon im Gesetzgebungsverfahren zur Einführung des Zweiten Buches Sozialgesetzbuch – → Grundsicherung für Arbeitsuchende (SGB II) sehr umstritten. Während sich insbesondere einige Bundesländer (Hessen, Schleswig-Holstein) und der → Deutsche Landkreistag für eine rein kommunale Trägerschaft ausgesprochen hatten, befürwortete vor allem die damalige Bundesregierung eine Trägerschaft der Bundesagentur für Arbeit (BA) (→ Agentur für Arbeit) (vgl. BT-Drucks. 15/1516). Der Bundesrat lehnte diesen Vorschlag ab und brachte mit dem »Gesetz zur Sicherung der Existenzgrundlagen« (Existenzgrundlagengesetz, BR-Drucks. 654/03) einen Gegenentwurf ein, der eine kommunale Trägerschaft vorsah. Im daraufhin notwendig gewordenen Vermittlungsverfahren wurde schließlich ein komplizierter Kompromiss gefunden, dessen Grundstruktur auch noch heute – nach der Neuordnung der Organisation der Grundsicherung für Arbeitsuchende – Bestand hat. Folge des politischen Streits war ein Kommunalverfassungsstreit, den das → Bundesverfassungsgericht (BVerfG) mit seiner Entscheidung vom 20.12.2007 (BVerfGE 119, 331) neu entfachte: Wegen der Form der Zusammenarbeit verwarf das BVerfG die Zusammenarbeit der beiden Träger in → Arbeitsgemeinschaften als verfassungswidrige Mischverwaltung und ordnete die Neuorganisation bis zum Ablauf des Jahres 2010 an. Nach nochmals langwierigen politischen Auseinandersetzungen kam es Mitte 2010 zu einem fraktionsübergreifenden Kompromiss, der einerseits die Fortsetzung des in wesentlichen Teilen gleichen Zusammenarbeitens der beiden Träger und eine Absicherung dieser Form der Zusammenarbeit im → Grundgesetz (GG) (Art. 91 e GG) sowie eine Ausweitung des sog. Optionsmodells beinhaltete.

Nach § 6 SGB II ist die BA Träger der Leistung, soweit das Gesetz nichts anderes bestimmt. Die kreisfreien Städte und Kreise sind Träger der Kosten der → Unterkunft und → Heizung, der Leistungen nach § 16 a SGB II (Betreuung minderjähriger oder behinderter Kinder, → häusliche Pflege von Angehörigen, → Schuldnerberatung, psychosoziale Betreuung und die Suchtberatung) sowie der nach

§ 24 Abs. 3 SGB II im Einzelfall noch zu gewährenden → einmaligen Leistungen (Erstausstattungen für die Wohnung einschließlich Haushaltsgeräten, Erstausstattung für Bekleidung und Erstausstattung bei Schwangerschaft und Geburt und mehrtägige Klassenfahrten im Rahmen der schulrechtlichen Bestimmungen). Durch Landesrecht können für die den Kommunen übertragenen Aufgaben auch andere Träger bestimmt werden (so in Niedersachsen bspw. die Region Hannover). Die Kreise können zudem nach § 6 Abs. 2 SGB II wie in der Sozialhilfe die ihnen zugehörigen → Gemeinden oder Gemeindeverbände zur Durchführung ihrer Aufgaben heranziehen (→ Aufgabenübertragung).

Um die geteilte Trägerschaft im Außenverhältnis wieder in »einer Hand« zu bündeln, bilden die beiden Träger nach § 44 b SGB II gemeinsame Einrichtungen zur Durchführung der Grundsicherung für Arbeitsuchende. Diese gemeinsamen Einrichtungen heißen → Jobcenter (§ 6 d SGB II). Die schon im Vermittlungsverfahren 2004, damals im Rahmen einer Experimentierklausel, geschaffene Möglichkeit für 69 Kommunen nach § 6 a SGB II, die alleinige Trägerschaft für die Dauer von zunächst sechs Jahren zu übernehmen (»zugelassene kommunale Träger«, umgangssprachlich »Optionskommunen«), ist durch das Gesetz zur Weiterentwicklung der Organisation der Grundsicherung für Arbeitsuchende als dauerhafte Möglichkeit ausgestaltet und in der Anzahl auf max. 25% der Gesamtzahl der Jobcenter angehoben worden. Die Zahl der »Optionskommunen« wird danach auf – je nach Nutzung der Optionsmöglichkeit und Veränderungen durch Gebietsreformen – max. 110 steigen. Die Zulassung richtet sich nach einer Reihe von gesetzlichen Voraussetzungen bezogen z.B. auf die Eignung zur Aufgabenwahrnehmung und Selbstverpflichtungen bei Personal und Zielvereinbarungen und wird unter Beteiligung des jeweiligen Landes durch das → Bundesministerium für Arbeit und Soziales (BMAS) vorgenommen. Die zugelassenen kommunalen Träger übernehmen neben den ohnehin kommunalen Leistungen auch die Aufgaben, die nach § 6 Abs. 1 SGB II der BA obliegen. Auch die in den sog. Optionskommunen gebildeten besonderen Einrichtungen heißen nach dem Gesetz nunmehr Jobcenter. Die in der Zeit von 2005 bis Ende 2010 mögliche Form der getrennten Trägerschaft in der Aufgabenwahrnehmung ist nicht mehr möglich.

*Jonathan I. Fahlbusch*

**Träger der Sozialhilfe** Die → Sozialhilfe wird nach § 3 Abs. 1 SGB XII von den örtlichen und überörtlichen T. d. S. geleistet.

Örtliche T. d. S. sind die → kreisfreien Städte und die → Landkreise, soweit nicht nach Landesrecht etwas anderes bestimmt wird. Werden durch Landesrecht andere Träger bestimmt, ist zu gewährleisten, dass die zukünftigen örtlichen Träger mit der Übertragung dieser Aufgaben einverstanden und nach ihrer Leistungsfähigkeit zur Erfüllung der Aufgaben des SGB XII geeignet sind und dass die Erfüllung dieser Aufgaben in dem gesamten Kreisgebiet sichergestellt ist (§ 3 Abs. 2 SGB XII). Die überörtlichen T. d. S. werden von den Ländern bestimmt (§ 3 Abs. 3 SGB XII, Landesausführungsgesetze zum SGB XII). Diese haben als überörtlichen T. d. S. teilweise das Land bestimmt, welches die Aufgaben durch Landesämter wahrnehmen lässt (so in Thüringen, Schleswig-Holstein, Sachsen-Anhalt, Saarland, Rheinland-Pfalz, Niedersachsen und Brandenburg). In den drei Stadtstaaten Berlin, Bremen und Hamburg werden sowohl die Aufgaben des örtlichen als auch die des überörtlichen T. d. S. vom Land wahrgenommen (die Grundlage für diese abweichende Regelung enthält § 101 Abs. 2 SGB XII). Teilweise sind höhere Kommunalverbände zu überörtlichen T. d. S. bestimmt worden (so in Baden-Württemberg der Kommunalverband für Jugend und Soziales, in Mecklenburg-Vorpommern und Sachsen jeweils der Kommunale Sozialverband). In Bayern sind die Bezirke überörtliche T. d. S. In Hessen und Nordrhein-Westfalen nehmen die Landeswohlfahrtsverbände (LWV) diese Rolle wahr (in Hessen der LWV mit Sitz in Kassel, in Nordrhein-Westfalen der Landschaftsverband Rheinland mit Sitz in Köln und der Landschaftsverband Westfalen-Lippe mit Sitz in Münster). LWV sind Zusammenschlüsse der Landkreise und kreisfreien Städte, die als Körperschaften des öffentlichen Rechts im Rahmen der Gesetze ihre Aufgaben in eigener Verantwortung wahrnehmen und neben ihrer Aufgabe als überörtliche T. d. S. häufig weitere, ihnen durch → Gesetz übertragene Aufgaben wahrnehmen, insbesondere im Bereich der → Kinder- und Jugendhilfe und → Kriegsopferfürsorge.

Über die sachliche → Zuständigkeit der T. d. S. enthielt § 100 Bundessozialhilfegesetz (BSHG) eine sehr ausdifferenzierte Regelung. Durch die Einführung des SGB XII ist die Entscheidung darüber, welche Aufgaben vom überörtlichen T. d. S. wahrzunehmen sind, weitgehend den Ländern übertragen worden. Nach § 97 Abs. 1 SGB XII ist der örtliche T. d. S. sachlich zuständig, soweit nicht der überörtliche Träger zuständig ist. Die sachliche Zuständigkeit des überörtlichen Trägers bestimmt sich nach Landesrecht (§ 97 Abs. 2 SGB XII). Soweit das Landesrecht keine Bestimmung trifft, richtet sich die Zuständigkeit des überörtlichen Trägers nach § 97 Abs. 3 SGB XII. Hiernach ist der überörtliche Träger zuständig für die → Eingliederungshilfe, die → Hilfe zur Pflege, die → Hilfe zur Überwindung besonderer sozialer Schwierigkeiten und die Blindenhilfe. Bei der Bestimmung durch Landesrecht soll berücksichtigt werden, dass für Leistungen nach § 8 Nr. 1–6 SGB XII (→ Hilfe zum Lebensunterhalt, → Grundsicherung im Alter und bei Erwerbsminderung, → Hilfen zur Gesundheit, Eingliederungshilfe, Hilfe zur Pflege, Hilfe zur Überwindung besonderer sozialer Schwierigkeiten) soweit möglich jeweils eine einheitliche Zuständigkeit gegeben ist. Der überörtliche Träger ist darüber hinaus immer zuständig für die → Sozialhilfe für Deutsche im Ausland (§ 24 Abs. 4 S. 2 SGB XII), die → Kostenerstattung bei Einreise aus dem Ausland nach § 108 Abs. 1 SGB XII sowie die Weiterentwicklung der Sozialhilfe nach § 97 Abs. 5 SGB XII.

Die Ausführungsgesetze der Länder sehen sehr unterschiedliche Aufgabenaufteilungen vor, die teilweise von § 97 SGB XII abweichen. Dabei sind häufig die Aufgaben nach dem 5.–9. Kapitel dem überörtlichen Träger zugewiesen (insbesondere wenn diese in stationären → Einrichtungen erbracht werden). In einigen Bundesländern (Brandenburg, Bremen, Mecklenburg-Vorpommern, Thüringen) werden die Aufgaben der Sozialhilfe hingegen fast ausschließlich vom örtlichen T. d. S. wahrgenommen, in Sachsen-Anhalt und dem Saarland fast ausschließlich vom überörtlichen T. d. S.

In Baden-Württemberg ist der überörtliche T. d. S. nur für die durch Bundesrecht festgeschriebenen Aufgaben zuständig, in Schleswig-Holstein nur für Hilfen zur Überwindung besonderer sozialer Schwierigkeiten, wenn diese stationär erbracht werden.

Nach § 99 Abs. 1 SGB XII können die Länder bestimmen, dass und inwieweit die Kreise ihnen zugehörige → Gemeinden oder Gemeindeverbände zur Durchführung von Aufgaben heranziehen und ihnen dabei → Weisungen erteilen können. Die Heranziehung kann entweder im Einzelfall durch Beauftragung oder allgemein durch Delegation (→ Aufgabenübertragung) erfolgen. Wird die Aufgabe delegiert, nehmen die kreisangehörigen Gemeinden die Aufgaben als Selbstverwaltungsangelegenheit (→ Selbstverwaltung) wahr. Die staatlichen Behörden unterliegen dem Weisungsrecht im Rahmen der → Fachaufsicht. Auch die überörtlichen T. d. S. können – soweit sie nicht Stadtstaaten sind – nach näherer Maßgabe der hierzu erlassenen landesrechtlichen Vorschriften die örtlichen T. d. S. und die Gemeinden und Gemeindeverbände zur Durchführung ihrer Sozialhilfeaufgaben heranziehen (§ 99 Abs. 2 SGB XII).

*Lit.* Klinger, R./Kunkel, P.-C./Pattar, A. K./Peters, K.: Existenzsicherungsrecht, 3. Aufl., Baden-Baden 2012; Bieritz-Harder, R./Conradis, W./Thie, S. (Hrsg.): LPK-SGB XII. Sozialgesetzbuch XII. Sozialhilfe, 10. Aufl., Baden-Baden 2015; Schellhorn, W./Hohm, K.-H./Schneider, P. (Hrsg.): SGB XII. Kommentar zum Sozialgesetzbuch XII, 19. Aufl., Köln 2015.

*Karen Peters*

**Transfer** »Transport« oder »Übertragung« des in einer »künstlichen« sozialen Lernsituation (Therapiegruppe, Trainingsgruppe, Teamworkshop) erarbeiteten → Verhaltens in die Alltagssituation und ihre konkreten Problemlagen. 1958 stellte D. McGregor fest, dass isoliertes Gruppentraining zwar bestimmte soziale und innovative Fähigkeiten vermittelt (→ soziale Kompetenz), deren Anwendbarkeit im Arbeitsalltag und insbesondere in Arbeitsorganisationen aber begrenzt ist. In isolierten Trainings fernab von der konkreten Lebens- bzw. Arbeitssituation erarbeitete Verhaltensänderungen haben eher geringe Stabilität, wenn nicht auch der Kontext mit geändert wird, der das Ausgangsverhalten geprägt und gefördert hat.

Neues Verhalten wird vom → sozialen Umfeld nicht bereitwillig akzeptiert. Im Gegenteil: Veränderungsbestrebungen induzieren im sozialen Umfeld gleichsam Widerstände gegen diese Veränderung. McGregor befasste sich als erster Sozialwissenschaftler systematisch mit den Möglichkeiten, den T. zu verbessern. Im Rahmen der neueren verhaltensbezogenen Lernformen (→ Therapie, → Teamarbeit, → Organisationsentwicklung, → Change-Management) wird deshalb der sozialen und organisatorisch-strukturellen Verankerung von Verhaltensänderungen besondere Beachtung geschenkt (T.planung). Hier hat der Begriff T. auch die Bedeutung von Implementierung einer sozialen oder soziotechnischen → Innovation in einem organisatorischen Kontext und deren Erhaltung (nachhaltige Umsetzung), Weiterentwicklung und Weitervermittlung durch dieses System selbst (Kontinuierlicher Verbesserungsprozess/KVP).

*Bert Voigt/Klaus Doppler*

**Transfergesellschaft** → Beschäftigungsgesellschaften

**Transfers, soziale** → Soziale Transfers

**Transsexualität** → Trans- und Intergeschlechtlichkeit

**Trans- und Intergeschlechtlichkeit** Transgeschlechtliche Menschen identifizieren sich nicht (nur) mit dem ihnen bei der Geburt zugewiesenen Geschlecht. Weitere Begriffe sind z.B. Trans*, transgender, transident, transsexuell. Transsexualität ist ein Begriff aus der Medizin. Im → ICD-10 wird sie noch immer als (psychische) Störung der Geschlechtsidentität geführt, dies soll im Neuentwurf des ICD-11 entfallen. Viele transsexuelle Menschen streben an, rechtlich und sozial in ihrem Identitätsgeschlecht anerkannt zu werden. Transition ist der Prozess, der mit körperlichen, rechtlichen und mit Veränderungen des Geschlechtsausdrucks (Kleidung, Auftreten, Verhalten) einhergehen kann. Um medizinische und rechtliche Maßnahmen im Rahmen der Transition in Anspruch nehmen zu können, müssen transsexuelle Menschen psychiatrische Begutachtungsverfahren durchlaufen. In Deutschland gibt es seit 1980 das sog. Transsexuellengesetz (TSG). Es regelt die Änderung von Vornamen und → Personenstand. Das → Bundesverfassungsgericht hat große Teile des Gesetzes wegen Verstoßes gegen → Grund- und → Menschenrechte mittlerweile außer Kraft gesetzt. Transexuelle Menschen können hetero-, bi- oder auch homosexuell sein (→ Gleichgeschlechtliche Lebensweisen). Sie erfahren in Familie und sozialem Umfeld, in der Arbeitswelt und in der Öffentlichkeit → Diskriminierungen und → Gewalt (Transphobie).

Intergeschlechtliche Menschen werden mit Variationen der Geschlechtsmerkmale geboren, deren Erscheinungsbild sich von den herkömmlichen Vorstellungen von weiblich oder männlich unterscheidet, die sich häufig auch erst im Laufe der Adoleszenz zeigen. Medizinisch werden diese vielfältigen Variationen als »DSD« (Disorder of sexual Development) definiert. Intersexuell geborene Kinder wurden bislang dem weiblichen oder männlichen Geschlecht zugeordnet. Die seit den 1950er-Jahren damit verbundene, übliche medizinische (Operationen, Hormonbehandlung), juristische und soziale Zuordnung führt häufig zu Traumatisierungen (→ Trauma). Der Deutsche Ethikrat hat 2011 im Auftrag der Bundesregierung die Probleme durch diese Praxis aufgezeigt. Er fordert professionelle Unterstützung der Eltern und Kinder, Aufklärung der Fachkräfte und der Öffentlichkeit. Seit 2013 besteht lt. § 22 Personenstandsgesetz die Möglichkeit, bei der Geburt eines Kindes kein Geschlecht einzutragen, wenn dies nicht eindeutig ist. Inter- und transsexuelle Menschen sind Diskriminierungen und Gewalt ausgesetzt, die durch das »Zwei-Geschlechter-System« (→ Gender Studies) ausgelöst werden. In Argentinien, Dänemark und Malta gibt es Gesetze zum Schutz der selbstbestimmten Geschlechtsidentität.

Die Soziale Arbeit ist gefordert, Menschen zu unterstützen, für die T. u. I. ein Thema ist (biografisch, familiär, in Schule, Freizeit oder im Beruf). Belastungen führen nicht selten zu Krisen bis hin zur Suizidgefährdung (→ Suizid). Offenheit gegenüber der Geschlechtsidentität und ihrer individuellen Entwicklung ist geboten. Bei allen Angeboten und Maßnahmen ist zu bedenken, dass nicht nur Frauen/Mädchen und Männer/Jungen, sondern Menschen aller Geschlechtszugehörigkeiten angesprochen werden.

*Lela Lähnemann*

**Trauerbegleitung** kann erforderlich sein bei Verlusten nahestehender Personen, v.a. durch Tod. Als Folgen von Trauer sind sowohl psychische als auch (psycho-)somatische Reaktionen zu finden. Zu letzteren zählen fast alle körperlichen Erkrankungen und eine Schwächung des Immunsystems. Ferner können Arbeitsstörungen, sozialer Rückzug oder ausagierende Verhaltensweisen (z.B. ständig wechselnde neue Beziehungen) auftreten. Es zeigen sich v.a. im weiteren Verlauf auch positive Folgen wie gesteigerte Selbstständigkeit, Reife, Entfaltung von → Kreativität und Entdeckung bisher nicht genutzter → Ressourcen. Eine besonders häufige Begleiterscheinung von Trauer sind Täuschungen der → Wahrnehmung, bei denen Hinterbliebene glauben, noch Lebensäußerungen des Toten wahrzunehmen. Ein ausgiebig untersuchter Bereich der Trauerfolgen ist der des sog. Nachsterbens, d.h. dass der Tod eines Angehörigen dem Personenverlust wider Erwarten schnell folgt. Stroebe spricht vom »Sterben am gebrochenen Herzen«, da die Haupttodesursache hierbei Herz- und Kreislauferkrankungen sind. Rituale in Zusammenhang mit Trauer sind kulturell außerordentlich verschieden. Sie beeinflussen die Trauerverarbeitung.

Ältere Versuche, die Verlustverarbeitung in Phasen (meist drei oder vier) zu gliedern, sind vom Modell sog. Traueraufgaben (Realität des Verlusts anerkennen, Schmerz und → Emotionen zulassen, für die verstorbene Person eine neue Bedeutung finden, sich an die veränderte Realität anpassen) abgelöst worden. Häufig wird unterschieden zwischen »normaler« und »komplizierter« Trauer. Risikogruppen, die besonders von Personenverlusten gefährdet werden, sind u.a. Personen ohne funktionierendes → soziales Netzwerk.

Erklärungsmodelle für die Trauerreaktion nach Personenverlust sind z.B. der Verlust von Möglichkeiten der Motivbefriedigung und somit notwendig gewordene Abwehren (psychoanalytisch), die Auswirkung frühkindlicher Bindungserfahrungen für die Verarbeitung (Bindungsanalyse), Verstärkerverlust (lerntheoretisch).

Bewährte therapeutische Interventionsmethoden bei Trauerklient/innen sind z.B.: Klientenzentrierte Trauertherapie (Jerneizig u.a.), der leere Stuhl aus der Gestalttherapie (Auseinandersetzung mit einer nicht vorhandenen Person, die auf einem leeren Stuhl vorgestellt wird und Rollentausch) oder die transitional family therapy, die generationenübergreifend Muster der Verarbeitung von → Traumen und Verlusten untersucht und modifiziert.

Wesentliche Kontroversen gegenwärtig sind: Wie effektiv ist T. (generell effektiv oder nur bei komplizierter Trauer)? Ist das Ziel das Loslassen des Verstorbenen oder bestehen generell über den Tod des Angehörigen hinaus lebenslang überdauernde Bindungen? Welche Bedeutung hat das Zulassen von → Emotionen für den Trauerprozess? Gegenwärtig wird betont, dass der Verstorbene in ein soziales Netzwerk eingebunden war und sein Tod und dessen Auswirkungen vor diesem Hintergrund zu betrachten sind.

*Arnold Langenmayr*

**Trauma** kann nach G. Fischer und P. Riedesser definiert werden als ein »vitales Diskrepanzerlebnis«, ausgelöst durch ein Ereignis, das die Bewältigungsmöglichkeiten Betroffener bei Weitem überschreitet und Ohnmacht, Kontrollverlust, Entsetzen und (Todes-) → Angst auslöst. Das Ausmaß der Traumatisierung ist abhängig von Art, Umständen und Dauer des Ereignisses, vom Entwicklungsstand des Opfers und von vorhandenen Schutz- und Risikofaktoren. Einmalige traumatische Erfahrungen (sog. Typ I-Traumata) haben daher andere Auswirkungen als wiederholte bzw. anhaltende (Typ II-Traumata). Auch das »Mit-Erleben« (z.B. von → Gewalt zwischen den Eltern) kann traumatisierend wirken.

Besonders gravierend sind frühe und anhaltende, im sozialen Nahraum bzw. von Fürsorgepersonen verursachte Traumatisierungen durch physische, sexuelle oder psychische → Gewalt und Vernachlässigung. Das Gefühl von Sicherheit und Geborgenheit in der Welt, das sich über die ersten Bindungsbeziehungen herstellt (→ Bindung/Beziehung in der Sozialen Arbeit), wird grundlegend erschüttert. Die Traumatisierung beeinflusst die gerade erst entstehende → Persönlichkeit entscheidend in ihrer Entwicklung. Neben sozialen, psychischen und psychosomatischen Auffälligkeiten lässt sich dies auch hirnphysiologisch nachweisen. Die Wahrnehmung fokussiert hauptsächlich auf »traumarelevante« Reize. Traumatische Erfahrungen können daher zu Belastungsreaktionen und posttraumatischen Belastungsstörungen führen, die v.a. durch unfreiwilliges Wiedererleben, nachhaltiges Vermeidungsverhalten und erhöhte Erregung gekennzeichnet sind. Aber auch bei vielen anderen Störungen (z.B. → Anorexia und → Bulimia nervosa, dissoziativen und → Persönlichkeitsstörungen, → Sucht) finden sich in der Lebensgeschichte Betroffener vermehrt traumatische Erfahrungen.

Insbesondere für Typ I-T. sind viele traumatherapeutische Behandlungsstrategien entwickelt worden. Der Umgang mit T. und schwierig(st)en Lebensbedingungen ist jedoch neben individuellen Bewältigungsstrategien auch von sozialen und gesellschaftlichen → Ressourcen geprägt. Sog. sekundäre Traumatisierung bzw. Retraumatisierung können durch unangemessene Reaktionen des → sozialen Umfeldes entstehen. Auf der Ebene der professionellen Beziehungsgestaltung sind bindungs- und beziehungssensible Herangehensweisen bedeutsam, die Unterstützung, Wertschätzung und Respekt vor der Überlebenskraft vermitteln. Insbesondere bei komplexen Traumatisierungen, die in multidimensionale lebensweltliche Problemzusammenhänge eingebettet sind und bei denen die zielgerichtete medizinische und psychotherapeutische Behandlung erschwert ist, gibt es einen hohen Bedarf an psychosozialen Hilfestellungen – von T.pädagogik, → Beratung, → Therapie und Betreutem Wohnen über → Selbsthilfe bis hin zu gemeindenahen → Empowermentansätzen zur Stabilisierung der krisengeprägten Lebenssituation.

In der Geschichte der T.forschung kam es nach J. L. Herman zu zahlreichen gesellschaftlichen Verleugnungstendenzen, die immer wieder neu überwunden werden mussten. In den letzten Jahren entwickelt sich durch die zunehmende Erkenntnis der gravierenden Einflüsse des sozialen und gesellschaftlichen Umfeldes auf Entstehung und Verlauf traumatischer Belastungsreaktionen die Psychotraumatologie innerhalb der Sozialen Arbeit zur »psychosozialen Traumatologie« als interdisziplinärem Forschungs- und Handlungsfeld mit zentraler Bedeutung für Diagnostik und Interventionsgestaltung Sozialer Arbeit. Insbesondere die T.pädagogik hat sich dabei als spezifische Fachrichtung herausentwickelt (Weiß u.a.) und auch die Bedeutung der psychosozialen T.beratung ist in den letzten Jahren stetig gestiegen.

*Lit.* Weiß, W./Kessler, T./Gahleitner, S. (Hrsg.): Handbuch Traumapädagogik, Weinheim (i. V.).

*Silke Birgitta Gahleitner*

**Trennungs- und Scheidungsberatung** hat sich aus → Partnerschaftsberatung und → Familientherapie entwickelt und ist heute ein zentrales Leistungsangebot der → Kinder- und Jugendhilfe für sich trennende oder scheidende Eltern und für die davon betroffenen Kinder. Trennung und Scheidung der Eltern sind in der Biografie von Kindern »Einschnitte« mit häufig erheblichen psychischen und sozialen Folgewirkungen. Deshalb ist für die psychosoziale Entwicklung der Kinder in dieser Übergangsphase die einvernehmliche Verständigung der Eltern über den weiteren (kontinuierlichen) Kontakt des Kindes/der Kinder zu beiden Elternteilen in der Nachscheidungsphase von großer Bedeutung. Hinderlich für die kindliche Entwicklung sind Rivalitäten zwischen den Eltern, die häufig zu Loyalitätskonflikten bei den Kindern führen. Das eigentliche Problem für Kinder liegt nicht in der Scheidung der Eltern, sondern in deren oftmals unversöhnlichen Haltung zueinander. Ein wichtiger Impuls, diese veränderte Sichtweise des familialen Scheidungsgeschehens auch im gerichtlichen Verfahren zu berücksichtigen, ging von der Rezeption der in den USA als Alternative zum klassischen, gegnerschaftlichen Streitverfahren entstandenen Divorce Mediation aus. → Mediation ist heute als spezieller Beratungsansatz in der T. u. S. fachlicher Standard.

Rechtsgrundlage für T. u. S. ist § 17 SGB VIII. T. u. S. als Leistung der Jugendhilfe soll die Eltern in ihrem Bemühen unterstützen, auch unter konflikthaften Bedingungen die Voraussetzungen für die Wahrnehmung gemeinsamer Elternverantwortung zu schaffen. Die T. u. S. will Kinder und Eltern bei der Neuorganisation ihrer Beziehungen unterstützen. Dies verlangt einen geschützten Raum, der es den Eltern ermöglicht, sich vertrauensvoll zu offenbaren, ohne befürchten zu müssen, dass Informationen gegen ihren Willen durch die Jugendhilfe an das → Familiengericht (FamG) weitergegeben werden. Diese Brückenfunktion der Jugendhilfe, durch Unterstützung der Eltern beim Aufbau von Kommunikationsmöglichkeiten auch nach Trennung und Scheidung zur Entlastung von Kindern und Jugendlichen beizutragen, darf nicht gefährdet werden. Für das Beratungshandeln ist die deeskalierende, konfliktreduzierende → Beratung und Unterstützung von Kindern und Eltern richtungsweisend. T. u. S. ist Krisenhilfe für die Familie und nicht Entscheidungshilfe für das FamG. T. u. S. und → Mitwirkung des Jugendamtes im familiengerichtlichen Verfahren sind kohärent. Dies ist Ausdruck der → Neuen Fachlichkeit der Jugendhilfe. In den letzten Jahren hat sich das sog. »Wechselmodell« etabliert, das den wechselnden Lebensmittelpunkt des Kindes bei den getrennten/ geschiedenen Eltern vorsieht.

Durch die Kindschaftsrechtsreform (1998) wurde der Vorrang von Beratung nach § 17 SGB VIII vor gerichtlicher Streitentscheidung betont und die Beteiligung von Kindern im Rahmen der T. u. S. ausdrücklich hervorgehoben. Da nun eine obligatorische Sorgerechtsentscheidung (→ Elterliche Sorge) im Scheidungsverfahren nicht mehr vorgesehen ist, sind die Jugendämter nach § 17 Abs. 2, 3 SGB VIII verpflichtet, die Eltern über die Beratungsmöglichkeiten in der Region zu informieren. Durch die Inanspruchnahme von Beratung soll erreicht werden, dass die Eltern sich bewusst und in Kenntnis der Anforderungen an Kooperationswilligkeit und -fähigkeit für die gemeinsame Sorge und deren besonderen Ausgestaltung (§ 1687 → Bürgerliches Gesetzbuch [BGB]) entscheiden.

*Josef Faltermeier*

**Trisomie 21**, auch Down-Syndrom. Im Jahr 1866 vom englischen Arzt John Langdon Down erstmals beschrieben. Trisomie 21 ist eines der häufigsten angeborenen Syndrome. Hierbei liegt statt der üblichen 46, paarweise vorkommenden Chromosomen das Chromosom 21 dreifach vor, zumeist spontan bei der Zellteilung entstanden. Die Häufigkeit variiert vor allem mit dem Alter der Mutter und liegt zwischen 1:1000 und 1:100. Die Ausprägung des Syndroms ist sehr unterschiedlich. Besonders wenn nicht alle Zellen die erhöhte Chromosomenzahl aufweisen, sind die Veränderungen häufig gering ausgeprägt. Typisch sind einige Merkmale wie die schrägstehenden Augen, häufig kommen Herzfehler vor und die Empfänglichkeit für einige → Krankheiten ist erhöht, wie z.B. Alzheimer Demenz. Daneben ist die kognitive Entwicklung zumeist beeinträchtigt. Die Perspektiven für Menschen mit T. sind heute gut. Bis ins hohe Erwachsenenalter bleiben sie lernfähig. Ihre Lebenserwartung liegt bei ca. 60 Jahren. Kinder können oft lesen und schreiben lernen. Sie treiben Sport, spielen Musikinstrumente und verbringen ihre Freizeit mit Altersgenossen. Erwachsene mit T. wohnen heute zumeist in kleinen Wohngruppen. Sie arbeiten in → Werkstätten für behinderte Menschen oder auf dem allgemeinen → Arbeitsmarkt. Sie entwickeln Freundschaften, können in einer Partnerschaft zusammenleben und als Bürger/innen an der Gesellschaft teilhaben. Häufig wird die Diagnose schon vorgeburtlich gestellt und hat in vielen Fällen einen → Schwangerschaftsabbruch zur Folge.

*Jeanne Nicklas-Faust*

**Typologie** Typen i.S. der typologischen Persönlichkeitstheorien sind »Komplexe von dispositionellen Merkmalen« (Strunz), mit denen unterschiedliche → Charaktere oder → Persönlichkeiten dargestellt werden. Die genannten Merkmalskomplexe sollen die Eigenart eines Menschen in besonders »reiner« (»typischer«) Weise repräsentieren. Diese Art von Schilderung ist zwar eingängig und somit von didaktischem Wert, hat jedoch eine Reihe von Nachteilen: Die typologische Darstellung von Eigenschaftskombinationen bringt es mit sich, dass die so entworfenen Persönlichkeiten stets Ideal-Typen sind, die kaum in dieser reinen Form in der Realität vorzufinden sind. Dort gibt es vielmehr vielfältige Abstufungen von Merkmalen und entsprechend viele Varianten von Merkmalskombinationen, die sich besser mit einem dimensionalen Ansatz darstellen lassen.

Die unter Laien wohl bekannteste T. geht auf Hippokrates und von Galen zurück (Einteilung in Sanguiniker, Choleriker, Melancholiker und Phlegmatiker). Bekannte T. der neueren Zeit stammen von Kretschmer (Konstitutionst.: Pykniker, Leptosome), C. G. Jung (Extravertierte, Introvertierte) und Spranger (Lebensformen, rezipiert als Werttypen). Als → Klassifikationssysteme psychischer Störungen werden T. auch heute noch in der Psychiatrie verwendet (DSM-IV, → ICD-10), dort aber zunehmend durch dimensionale Betrachtungsweisen ergänzt (DSM-5). Die Kontroverse über den Wert beider Klassifikationsformen wird besonders bei der Einteilung von → Persönlichkeitsstörungen (DSM-5) deutlich.

*Klaudius Siegfried*

**Übergangseinrichtungen für psychisch kranke und seelisch behinderte Menschen** → Komplementäre Dienste und Einrichtungen für psychisch kranke/seelisch behinderte Menschen

**Übergang von Ansprüchen** Ansprüche des/der Leistungsempfänger/in gegen einen anderen, der nicht → Sozialleistungsträger i.S. des § 12 SGB I ist, gehen zugunsten des leistenden Sozialleistungsträgers auf diesen entweder aufgrund eines gesetzlichen Forderungsübergangs (cessio legis) oder dadurch über, dass der Sozialleistungsträger durch schriftliche Anzeige an den anderen erst bewirkt, dass ein bestimmter Anspruch auf ihn übergeht (Überleitung). Der Anspruchsübergang setzt den Sozialleistungsträger in die Lage, mit der Geltendmachung der gegen einen Dritten gerichteten Forderung den Grundsatz der → Subsidiarität von Fürsorgeleistungen nachträglich wieder herzustellen. Neben der cessio legis und der Überleitung kommt im Verhältnis von Leistungsempfänger/in und Sozialleistungsträger ein Forderungsübergang aufgrund privatrechtlicher Vereinbarungen (z.B. Abtretung) regelmäßig nicht in Betracht; nach § 32 SGB I sind privatrechtliche Vereinbarungen, die zum Nachteil der → Leistungsberechtigten von Vorschriften des → Sozialgesetzbuches abweichen, nichtig.

Die Regelungen zum Ü. v. A. in der → Grundsicherung für Arbeitsuchende (SGB II) und in der → Sozialhilfe (SGB XII) weichen voneinander ab. Bei Leistungen der Grundsicherung für Arbeitsuchende zur Sicherung des Lebensunterhalts wird in § 33 SGB II nicht zwischen solchen Ansprüchen, die kraft → Gesetzes übergehen, und solchen unterschieden, deren Übergang im Wege der Überleitung erst durch einen – dem üblichen sozialgerichtlichen Rechtsschutz unterliegenden – → Verwaltungsakt (schriftliche Anzeige an den Dritten) bewirkt wird; sämtliche Ansprüche werden nach den Maßgaben des § 33 SGB II von der cessio legis erfasst. In der Sozialhilfe werden bürgerlich-rechtliche Unterhaltsansprüche nach den Maßgaben des § 94 SGB XII von der cessio legis erfasst, andere Ansprüche gegen Dritte müssen auf der Grundlage von § 93 SGB XII durch Verwaltungsakt übergeleitet werden.

Bei den Maßgaben zum gesetzlichen Übergang von Unterhaltsansprüchen (→ Unterhaltspflicht) gilt übereinstimmend, dass der Anspruch nur bis zur Höhe der geleisteten Aufwendungen übergehen kann, dass zwischen dem bestehenden Unterhaltsanspruch und dem Zeitraum der Fürsorgeleistung zeitliche Deckungsgleichheit sowie außerdem eine kausale Verknüpfung in der Weise bestehen muss, dass bei rechtzeitiger Unterhaltsleistung die Hilfe nicht erbracht worden wäre. Übereinstimmend gilt außerdem, dass mit dem Unterhaltsanspruch auch der unterhaltsrechtliche Auskunftsanspruch übergeht und der übergegangene Anspruch für die Vergangenheit außer unter den Voraussetzungen des bürgerlichen Recht nur von der Zeit an geltend gemacht werden kann, zu welcher dem Unterhaltsverpflichteten durch die in der Praxis sogenannte Rechtswahrungsanzeige die Erbringung der Leistung schriftlich mitgeteilt worden ist. Wenn die Leistung voraussichtlich auf längere Zeit erbracht werden muss, können die Träger der Leistungen bis zur Höhe der bisherigen monatlichen Aufwendungen auch auf künftige Leistungen klagen; zuständig für Unterhaltsklagen sind im ersten Rechtszug die → Familiengerichte bei den Amtsgerichten. Die Träger der Fürsorgeleistung können den auf sie übergegangenen Anspruch in ausdrücklich zugelassener Abweichung von § 31 SGB I im Einvernehmen mit der leistungsberechtigten Person auf diese zur gerichtlichen Geltendmachung rückübertragen und sich den geltend gemachten Anspruch abtreten lassen. Gegenseitige Unterhaltsansprüche von Personen, die eine → Bedarfsgemeinschaft bilden, sind vom Forderungsübergang ausgeschlossen, weil bereits bei der Feststellung des → Einkommens und → Vermögens (→ Einsatz des Einkommens/Vermögens) stets zu prüfen ist, ob unter Berücksichtigung aller einzusetzenden Einkommen und Vermögenswerte, die in der Bedarfs- bzw. (daher kommt es in der Sozialhilfe auch zur Verwendung des Begriffs) Einsatzgemeinschaft vorhanden sind, überhaupt ein Anspruch auf die Fürsorgeleistung besteht. Ausdrücklich aufgenommen ist in § 33 SGB II und § 94 SGB XII die an sich selbstverständliche Aussage, dass der Übergang des Unterhaltsanspruchs ausgeschlossen ist, soweit er durch laufende Zahlung erfüllt wird. Implizit kommt darin aber auch zum Ausdruck, dass ein gesetzlich zunächst bloß dem Grunde nach bestehender Unterhaltsanspruch überhaupt nur übergehen kann, wenn er wegen Leistungsfähigkeit des dem Grunde nach Verpflichteten auch tatsächlich in einer im Einzelfall festzustellenden Höhe geschuldet wird. Ob das der Fall ist, ergibt die Prüfung der unterhaltsrechtlichen Bestimmungen, die wegen der geringen Regelungsdichte in §§ 1603 ff. → Bürgerliches Gesetzbuch (BGB) ihre maßgebliche Ausformung durch die einer ständigen Weiterentwicklung unterliegenden Unterhaltsrechtsprechung erlangt haben.

Die Prüfung der unterhaltsrechtlichen Fragen erübrigt sich, wenn der Übergang des Unterhaltsanspruchs sozialrechtlich ausgeschlossen ist. Dies ist im SGB II und SGB XII übereinstimmend bei Unterhaltsansprüchen von Schwangeren und solcher Personen gegen ihre Eltern der Fall, die ihr leibliches Kind bis zur Vollendung seines sechsten Lebensjahres betreuen. Anders als in der Sozialhilfe wird aber in der Grundsicherung für Arbeitsuchende der Übergang des Unterhaltsanspruches gegen Großeltern bzw. umgekehrt gegen Enkel sowie noch weiter entfernt Verwandte nicht ausgeschlossen. Hier gibt es auch nicht wie in der Sozialhilfe den ausfüllungsbedürftigen Tatbestand, wonach der Unterhaltsanspruch nicht übergeht, wenn dies eine unbillige Härte bedeuten würde. Demgegenüber gelangt die Grundsicherung für Arbeitsuchende aber zu einer weitreichenden Einschränkung des Übergangs von Unterhaltsansprüchen gegen Verwandte, weil der Übergang davon abhängig ist, dass die unterhaltsberechtigte Person diesen Anspruch geltend macht; auf die Geltendmachung des Unterhaltsanspruchs kommt es aber dann nicht an, wenn es um den Unterhaltsanspruch einer Leistungen beziehenden minderjährigen oder unter 25 Jahre alten Person gegen ihre Eltern geht (sofern nicht der Ausschluss des Anspruchübergangs wegen Schwangerschaft oder Kinderbetreuung gilt).

Da in der Grundsicherung für Arbeitsuchende aufgrund ihres Leistungszuschnitts Unterhaltsansprüche nur wegen Leistungen zum Lebensunterhalt übergehen können, ergibt sich zur Sozialhilfe kein Unterschied daraus, dass dort für den Übergang von Unterhaltsansprüchen von behinderten und pflegebedürftigen volljährigen Personen gegen ihre Eltern eine Beschränkung auf monatlich bis zu 20 Euro hinsichtlich der für die → Hilfe zur Pflege und die → Eingliederungshilfe erbrachten Aufwendungen vorgesehen ist; in der Beschränkung des Anspruchsübergangs auf monatlich bis zu 26 Euro wegen der Leistungen der → Hilfe zum Lebensunterhalt an diese Personen in der Sozialhilfe besteht allerdings ein Unterschied gegenüber der Grundsicherung für Arbeitsuchende. In der Sozialhilfe ist der Übergang des Unterhaltsanspruchs außerdem ausgeschlossen, wenn die unterhaltspflichtige Person Hilfe zum Lebensunterhalt erhält oder bei Erfüllung des Unterhaltsanspruchs erhalten würde. In Anbetracht der im Unterhaltsrecht geltenden Selbstbehalte ist zwar ohnehin unwahrscheinlich, dass diese Situation beim Unterhaltspflichtigen eintreten kann, ggf. liegt es aber an ihm, den → Träger der Sozialhilfe davon in Kenntnis zu setzen. Eine in dieselbe Richtung gehende Einschränkung des Übergangs von Unterhaltsansprüchen wird in der Grundsicherung für Arbeitsuchende mit der Bestimmung erreicht, dass der Anspruch nur übergeht, soweit das Einkommen und Vermögen der unterhaltspflichtigen Person das nach §§ 11 und 12 SGB XII zu berücksichtigende Einkommen und Vermögen übersteigt. Wegen der bei der Grundsicherung für Arbeitsuchende im Vergleich zur Sozialhilfe relativen Großzügigkeit bei der Schonung des einzusetzenden Einkommens und Vermögens kann es dort eher zu einer Konstellation kommen, in der zwar eine unterhaltsrechtliche Leistungsfähigkeit des/der Verpflichteten vorliegt, aber wegen der nach §§ 11 und 12 SGB II zu berücksichtigenden Beträge der Anspruch ganz oder teilweise nicht übergeht.

*Lit.* Deutscher Verein: Empfehlungen für die Heranziehung Unterhaltspflichtiger in der Sozialhilfe, Berlin 2014; Plagemann, H.: Ersatzpflicht Dritter, in: Maydell, B. v./Ruland, F./Becker, U. (Hrsg.): Sozialrechtshandbuch (SRH), 5. Aufl., Neuwied 2012; Scholz, H.: Unterhalt und Sozialleistungen, in: Wendl, P./Dose, H.-J.: Das Unterhaltsrecht in der familiengerichtlichen Praxis, 9. Aufl., München 2015.

*Gottfried Eichhoff*

**Überleitung** → Übergang von Ansprüchen

**Überörtliche Träger** → Jugendhilfeträger, → Träger der Sozialhilfe

**Überschuldung** → Schuldnerberatung

**Übertragung** → Psychoanalytische Beratung und Therapie

**Umgangspflegschaft** Wenn ein Elternteil dauerhaft oder wiederholt seine auf den Umgang bezogenen Wohlverhaltenspflichten (§ 1684 Abs. 2 → Bürgerliches Gesetzbuch [BGB]) so erheblich verletzt, dass dadurch das Verhältnis des Kindes zum anderen Elternteil beeinträchtigt oder die Erziehung erschwert wird, kann eine → Pflegschaft für die Durchführung des Umgangs angeordnet werden (§ 1684 Abs. 3 S. 3 BGB). Die Anordnung einer U. ist zu befristen (§ 1684 Abs. 3 S. 5 BGB). Eine U. kommt auch in Betracht, wenn ein Elternteil das Verhältnis zu nach § 1685 BGB Umgangsberechtigten wie den Großeltern des Kindes dauerhaft oder wiederholt erheblich beeinträchtigt. Insoweit ist jedoch erforderlich, dass durch das Verhalten des einen Umgang boykottierenden Elternteils die Voraussetzungen des § 1666 Abs. 1 BGB erfüllt sind, sein Verhalten demnach das → Kindeswohl gefährdet (§ 1685 Abs. 3 S. 3 BGB).

Die U. umfasst nach § 1684 Abs. 3 S. 4 BGB das Recht, die → Herausgabe des

Kindes zur Durchführung des Umgangs zu verlangen und für die Dauer des Umgangs dessen Aufenthalt zu bestimmen. Der/die Umgangspfleger/in besitzt diese Rechte, um auf einen Umgang hinwirken zu können. Er/sie kann bspw. den Umgang vorbereiten, bei der Über- und Rückgabe des Kindes an den umgangsberechtigten Elternteil vor Ort sein und die konkrete Ausgestaltung des Umgangs bestimmen. Bei elterlichen Meinungsverschiedenheiten über die Umgangsmodalitäten wie Ort des Umgangs oder der Übergabe des Kindes, Nachholtermine usw. kann der/die Umgangspfleger/in nach eigenem Ermessen zwischen den Eltern vermitteln oder vom Bestimmungsrecht Gebrauch machen. Soweit der Aufgabenbereich der U. reicht, wird das elterliche Sorgerecht wie bei der Bestellung einer Pflegschaft eingeschränkt (§ 1630 Abs. 1 BGB). Die Bestimmung des Umfangs des Umgangs, insbesondere der Häufigkeit und Dauer der Umgangskontakte, und anderer wesentlicher Fragen des Umgangs sind dem → Familiengericht vorbehalten. Der/die Umgangspfleger/in hat keine Befugnis, die Herausgabe eines Kindes vom betreuenden Elternteil mithilfe unmittelbaren Zwangs zu erzwingen.

Ersatz von Aufwendungen und Vergütung von Umgangspfleger/innen richten sich durch die Verweisung auf § 277 → Familienverfahrensgesetz [FamFG] nach den Vorschriften für → Verfahrenspfleger/innen und nicht nach denen für Pflegschaften.

*Birgit Hoffmann*

**Umgangsrecht** (§§ 1684, 1685 → Bürgerliches Gesetzbuch [BGB]) bezeichnet zum einen das Recht des Kindes mit seinen rechtlichen Eltern (§§ 1591, 1592, 1754 BGB) und zum anderen das Recht der rechtlichen Eltern sowie bestimmter anderer dem Kind nahestehender Personen (Großeltern, Geschwister, ferner enge Bezugspersonen), mit dem Kind Kontakt zu pflegen. Rechtliche Eltern haben unabhängig von ihrer Befugnis zur → elterlichen Sorge ein U. Der Umgang des Kindes mit seinen rechtlichen Eltern und anderen ihm nahestehenden Personen ist Teil des → Kindeswohls (§ 1626 Abs. 3 BGB). Das Kind hat einen → Rechtsanspruch auf Umgang nur gegenüber seinen Eltern (§ 1684 Abs. 1 Halbs. 1 BGB), nicht gegenüber anderen ihm nahestehenden Personen. Der Vollstreckung eines gerichtlichen Umgangstitels gegen den Willen eines Elternteils wird vielfach das Kindeswohl entgegenstehen. Das Recht von Großeltern und Geschwistern auf Umgang mit dem Kind steht unter dem Vorbehalt des Kindeswohls (§ 1685 Abs. 1 BGB), das Recht der dem Kind nahestehenden Personen zudem unter dem, dass diese für das Kind tatsächliche Verantwortung tragen oder getragen haben (§ 1685 Abs. 2 BGB), insbesondere weil die Person mit dem Kind längere Zeit in häuslicher Gemeinschaft zusammengelebt hat. Für alle Umgangsberechtigten außer dem Kind gilt die sog. Wohlverhaltensklausel (§§ 1684 Abs. 2, 1685 Abs. 3 BGB), nach der alles zu unterlassen ist, was das Verhältnis des Kindes zum anderen Elternteil bzw. zu beiden Eltern beeinträchtigt oder die Erziehung des Kindes erschweren könnte.

Art und Weise des Umgangs kann bei einem Konflikt zwischen umgangsberechtigten Eltern vom → Familiengericht geregelt werden (§ 1684 Abs. 3 BGB). Dieses kann auch Anordnungen zur Einhaltung der Wohlverhaltenspflicht treffen oder eine → Umgangspflegschaft anordnen (§ 1684 Abs. 3 BGB) sowie das U. oder den Vollzug früherer Entscheidung zum Umgang einschränken oder ausschließen, wenn dies zum Wohl des Kindes erforderlich ist (§ 1684 Abs. 4 S. 1 BGB). Eine Einschränkung oder ein Ausschluss für längere Zeit oder auf Dauer ist nur zulässig, wenn andernfalls das Wohl des Kindes gefährdet wäre (§ 1684 Abs. 4 S. 2 BGB). Das Familiengericht kann zudem die Anwesenheit eines mitwirkungsbereiten Dritten während der Umgangskontakte anordnen (§ 1684 Abs. 4 S. 3 BGB, → begleiteter Umgang). Unter dem Aspekt des Kindeswohls ist oberstes Ziel, dem Kind Kontakte zu seinen Eltern, seien sie zur Sorge oder allein zum Umgang berechtigt, zu erhalten. Daher werden die Eltern in Fragen des Umgangs, bei der Suche nach einvernehmlichen Umgangsregelungen und bei der Durchführung von Umgangskontakten durch die → Fachkräfte der → Kinder- und Jugendhilfe beraten und unterstützt (§§ 17, 18 SGB VIII). Das Familiengericht hat die Pflicht, in allen Phasen eines entsprechenden Verfahrens auf ein Einvernehmen hinzuwirken und auf Beratungsstellen hinzuweisen (§ 156 → Familienverfahrensgesetz [FamFG]). Für derartige Verfahren gilt zudem das Vorrang- und Beschleunigungsgebot: Möglichst früh, jedenfalls aber innerhalb eines Monats nach Verfahrensbeginn soll ein erster Erörtungstermin stattfinden (§ 155 FamFG).

Der Vollstreckung von Umgangstiteln dienen die → Ordnungsmittel Ordnungsgeld und Ordnungshaft sowie die Anwendung unmittelbaren Zwangs (§§ 88 ff. FamFG). Ein U. darf jedoch nicht mit Gewalt gegenüber dem Kind erzwungen werden (§ 90 Abs. 2 S. 1 FamFG).

*Birgit Hoffmann*

**Umverteilung** → Sozialer Ausgleich

**Unbegleitete minderjährige Flüchtlinge** Als unbegleitete minderjährige → Flüchtlinge werden Kinder und Jugendliche unter 18 Jahren bezeichnet, die ohne Eltern oder erwachsene nahe Verwandte aus ihrem Herkunftsland geflohen sind und Schutz in einem anderen Staat suchen. In der Praxis werden unter diesen Begriff zumeist auch Kinder und Jugendliche gefasst, die alleine auf der Suche nach einer besseren Lebensperspektive ihr Herkunftsland verlassen haben. Die häufigsten Flucht- und Migrationsgründe (→ Migration) sind Krieg, ethnische, religiöse oder geschlechtsspezifische Verfolgung, (drohende) Zwangsrekrutierung als Kindersoldaten, → Kinderhandel, → sexueller Missbrauch und allgemeine Perspektivlosigkeit. Schätzungen zufolge hielten sich im Jahr 2015 über 10.000 u. m. F. in Deutschland auf; die Mehrheit davon war über 14 Jahre alt und männlich. In den Jahren 2014 und 2015 kamen die meisten dieser jungen Menschen aus Syrien, Eritrea und Afghanistan.

Die Rechtslage der Flüchtlingskinder wird im Wesentlichen bestimmt durch minderjährigenspezifische Bestimmungen im → Haager Minderjährigenschutzabkommen, im SGB VIII (→ Kinder- und Jugendhilfe), im → Bürgerlichen Gesetzbuch (BGB) (→ Vormundschaft) und im Art. 22 der → UN-Kinderrechtskonvention sowie durch ausländer- und asylrechtliche Bestimmungen im Asylgesetz (AsylG) und Aufenthaltsgesetz (AufenthG; → Zuwanderungsgesetz) sowie in den Asylrichtlinien der → Europäischen Union.

In Deutschland angekommen, werden die u. m. F. zunächst vom → Jugendamt in Obhut genommen (§ 42 Abs. 1 S. 1 Nr. 3 SGB VIII). Es wird ein Clearingverfahren durchgeführt, um den Hilfebedarf der jungen Menschen zu ermitteln und herauszufinden, ob eine Rückführung oder Zusammenführung mit Verwandten möglich ist. Die Kinder und Jugendlichen erhalten einen gesetzlichen Vertreter (Vormund, vgl. § 42 Abs. 3 SGB VIII) und sollen Zugang zu geeigneten Bildungsangeboten bekommen. Wenn keine Verwandten ausfindig gemacht werden, die die Minderjährigen aufnehmen können, sollen sie baldmöglichst in einer ihrem Entwicklungsstand entsprechenden Jugendhilfeeinrichtung untergebracht werden (§ 34 SGB VIII). Im November 2015 wurde mit der Erweiterung des § 42 SGB VIII ein bundesweites Verfahren verankert, um u. m. F. gerechter auf die Bundesländer zu verteilen.

Nur in einigen wenigen Ausnahmefällen haben u. m. F. in den letzten Jahren politisches Asyl nach § 16 a → Grundgesetz (GG) erhalten. Den meisten (insbesondere aus Irak, Eritrea und Syrien) wurde jedoch Flüchtlingsschutz nach §§ 3–4 Abs. 1 AsylG oder ein Abschiebeverbot (→ Abschiebung) nach § 60 Abs. 5 oder 7 AufenthG zuerkannt, die mit einer zunächst befristeten Aufenthaltserlaubnis verbunden sind.

U. m. F., deren Schutzbegehren abgelehnt wurde, erhalten zumeist eine Duldung (§ 60 a AufenthG). Da sie oft keine gültigen Dokumente aus ihrem Herkunftsland besitzen und eine kindgerechte Aufnahme dort bei einer Rückführung nicht gewährleistet wäre, können sie aus minderjährigenspezifischen Gründen auch als Geduldete zumeist nicht abgeschoben werden und halten sich oft über einen langen Zeitraum mit unsicherem Aufenthaltstitel in der Bundesrepublik auf. Immer wieder gelingt es einigen dennoch, über eine Bleiberechtsregelung oder Anerkennung als Härtefall eine langfristige Aufenthaltserlaubnis in Deutschland zu bekommen. Andere wiederum werden nach Erreichen der Volljährigkeit in ihr Herkunftsland abgeschoben oder reisen freiwillig aus.

*Andreas Meißner*

**UN-Behindertenrechtskonvention (BRK)** Die BRK (Übereinkommen über die Rechte von Menschen mit Behinderungen der → Vereinten Nationen), die zusammen mit dem dazugehörigen Fakultativprotokoll am 3.5.2008 international und am 26.3.2009 für Deutschland in Kraft getreten ist, ist der erste universelle Völkerrechtsvertrag, der die allgemein anerkannten → Menschenrechte auf die spezifische Lebenssituation von → behinderten Menschen abstimmt und postuliert, dass Menschen mit Behinderung ein uneingeschränktes Recht auf → Teilhabe besitzen. Staat und Gesellschaft sind verpflichtet, die volle Verwirklichung aller Menschenrechte und Grundfreiheiten für alle Menschen mit Behinderung ohne jede Diskriminierung aufgrund von Behinderung zu gewährleisten und zu fördern. Die BRK besitzt in Deutschland den Rang einfachen Bundesrechts.

Der Allgemeine Teil (Art. 1–9) enthält Zweck, Definitionen und allgemeine Prinzipien, die für die Auslegung und Anwendung der BRK von Bedeutung sind. Dazu gehören neben dem Leitgedanken der gleichberechtigten Teilhabe an der Gesellschaft, der → Inklusion, u.a. die Definition von »angemessenen Vorkehrungen« zur Überwindung von bestehenden Barrieren (Art. 2 Unterabs. 4) und die Beschreibung, wer im Sinne der Konvention als Mensch mit Behinderung verstanden wird (Art. 1 Abs. 2), aber auch Spezifizierungen der Rechte von Frauen (Art. 6) und Kindern (Art. 7) mit Behinderungen. Der bei der Umsetzung der BRK grundsätzlich geltende Finanzierungs- bzw. Progressionsvorbehalt (Art. 4 Abs. 2) gilt nicht bei unmittelbar anwendbaren Verpflichtungen wie dem Diskriminierungsverbot. Der Besondere Teil (Art. 10–30) enthält einen Katalog an klassischen Menschenrechten (Recht auf Leben, gleiche Anerkennung vor dem Recht, Zugang zur Justiz, Freiheit und Sicherheit der Person, Freiheit von Folter, Freiheit von Ausbeutung, Gewalt und Missbrauch, Schutz der Unversehrtheit der Person, Freizügigkeit und Staatsangehörigkeit, Achtung der Wohnung und Familie, Bildung, Gesundheit, Arbeit und Beschäftigung, angemessener Lebensstandard und sozialer Schutz, Recht der freien Meinungsäußerung und Zugang zu Informationen, Achtung der Privatsphäre, Teilhabe am politischen und öffentlichen Leben, Teilhabe am kulturellen Leben sowie an Erholung, Freizeit und Sport), aber auch an Rechten, die der besonderen Situation behinderter Menschen Rechnung tragen (Bewusstseinsbildung, → Barrierefreiheit, persönliche Mobilität, Habilitation und → Rehabilitation, unabhängige Lebensführung und Einbeziehung in die Gesellschaft). Weiterhin enthält die BRK Regelungen zur Durchführung und Überwachung (ab Art. 33). Die staatliche Anlaufstelle liegt in Deutschland beim → Bundesministerium für Arbeit und Soziales (BMAS), die staatliche Koordinierung bei der → Beauftragten der Bundesregierung für die Belange behinderter Menschen (Art. 33 Abs. 1). Als unabhängige Stelle zur innerstaatlichen Überwachung wurde das Deutsche Institut für Menschenrechte gemäß Art. 33 Abs. 2 bestimmt. Auf internationaler Ebene übernimmt der Ausschuss für Rechte von Menschen mit Behinderungen die Überwachung gemäß Art. 34. Der Ausschuss prüft anhand der regelmäßig vorzulegenden Staatenberichte die Einhaltung und den Umsetzungsstand der BRK und bezieht in seinen »Abschließenden Bemerkungen« Stellung. Darin formuliert er (formal nicht bindende) Auslegungshilfen für die einzelnen Bestimmungen der BRK. Parallel dazu ist er nach dem Fakultativprotokoll befugt, Individualbeschwerde- und Untersuchungsverfahren durchzuführen.

*Susann Kroworsch*

**Unbestimmter Rechtsbegriff** ist ein im Gesetz verwendeter Begriff, der in besonderem Maß der Konkretisierung und Auslegung bedarf, bevor er auf einen konkreten Sachverhalt angewendet werden kann. Beispiele für u. R. sind: »öffentliches Interesse«, »Zuverlässigkeit«, »wichtiger Grund«, »Gemeinwohl«. Bei der Ermittlung des Sinngehalts des u. R. ist zu berücksichtigen, dass sich die Anschauungen und Wertungen im Laufe der Zeit wandeln können. Mittlerweile hat die → Rechtsprechung durch Auslegung einige u. R. wie bspw. »Gefahr« weitgehend objektiv bestimmt.

U. R. sind notwendig, um der Verwaltung ein situationsangepasstes und flexibles Handeln zu ermöglichen. Denn durch sie sollen Sachverhalte erfasst werden, die man nicht genau vorhersehen oder definitorisch eingrenzen kann. Der u. R. hat seinen Standort im gesetzlichen Tatbestand. Erst wenn seine Voraussetzungen erfüllt sind, muss oder darf eine Behörde handeln. Das → Ermessen ist dagegen auf der Rechtsfolgenseite angesiedelt. Wenn z.B. eine gewerberechtliche → Norm die Zuverlässigkeit des/der Gewerbetreibenden fordert, muss auch in Zweifelsfällen die Verwaltungsbehörde eine Entscheidung hinsichtlich der Frage treffen, ob er/sie zuverlässig i.S. der Norm ist und oder nicht. Da die Anwendung der u. R. im Einzelfall eine Wertung und oft auch eine Prognose in die Zukunft erfordert und hierbei unterschiedliche Gesichtspunkte berücksichtigt, bewertet und gegeneinander abgewogen werden müssen, lässt sich eine einzig rechtmäßige Entscheidung nicht immer eindeutig feststellen. Ob in diesen Fällen bei einer Rechtskontrolle die → Verwaltungsgerichte ihre Auffassung über die richtige Entscheidung an die Stelle der Verwaltungsbehörde setzen können oder ob diese einen diesbezüglichen Beurteilungsspielraum hat, ist umstritten. Von wenigen Ausnahmen abgesehen, sieht die Rechtsprechung u. R. als gerichtlich voll überprüfbar an und billigt der Verwaltung nur in einigen bestimmten Fallgruppen wie z.B. bei Prüfungsentscheidungen, nicht aber grundsätzlich einen Beurteilungsspielraum zu. U.a. mit der Begründung, dass den Behörden ein Beurteilungsspielraum zustehe, wird in der Literatur hingegen eine nur beschränkte gerichtliche Überprüfung der Anwendung u. R. vertreten. Es gibt auch Stimmen, die für die Aufhebung der strikten Unterscheidung von Beurteilungsspielraum und Ermessen eintreten.

*Edna Rasch*

**Unentgeltliche Beförderung schwerbehinderter Menschen** → Schwerbehinderte Menschen, die infolge ihrer Behinderung in ihrer Bewegungsfähigkeit im Straßenverkehr erheblich beeinträchtigt oder hilflos oder gehörlos oder blind sind, können gegen einen Kostenbeitrag von 36 Euro für ein halbes oder 72 Euro für ein ganzes Jahr eine Wertmarke erhalten und damit öffentliche Nahverkehrsmittel unentgeltlich nutzen (§ 145 SGB IX). Nachzuweisen sind diese Voraussetzungen durch die Merkzeichen »G«, »aG«, »H«, »Gl« oder

»Bl« im Schwerbehindertenausweis. Ist das Merkzeichen »H« oder »Bl« eingetragen, wird die Wertmarke auf Antrag kostenlos abgegeben. Auch freifahrtberechtigte Menschen mit Schwerbehinderung, die → Arbeitslosengeld II nach dem SGB II oder Leistungen der → Grundsicherung im Alter und bei Erwerbsminderung nach dem SGB XII beziehen, können die Wertmarke kostenlos erhalten.

Erforderlich zur Nutzung der Freifahrtberechtigung ist ein Beiblatt zum Schwerbehindertenausweis, das mit einer gültigen Wertmarke zu versehen ist. Ausweis, Beiblatt und Wertmarke werden auf → Antrag vom → Versorgungsamt bzw. der nach jeweiligem Landesrecht zuständigen Behörde ausgestellt. Bei der Fahrkartenkontrolle sind Beiblatt und Schwerbehindertenausweis im Original vorzuzeigen. Kostenfrei genutzt werden können z.B. Straßen-, U- und S-Bahnen sowie Busse des Nahverkehrs. Die Freifahrtberechtigung gilt nun auch bundesweit in der 2. Klasse für alle Nahverkehrszüge der Deutschen Bahn AG und Schienenpersonennahverkehrszüge anderer Eisenbahnverkehrsunternehmen. Die »50-Kilometer-Regelung«, die die Nutzung von Nahverkehrszügen in der Vergangenheit auf einen entsprechenden Umkreis beschränkte, ist seit 1.9.2011 entfallen. Im Fernverkehr sind schwerbehinderte Menschen stets zahlungspflichtig. Können behinderte Menschen durch das Merkzeichen »B« im Schwerbehindertenausweis nachweisen, dass sie zur Mitnahme einer Begleitperson berechtigt sind, wird die Begleitperson des behinderten Menschen sowohl im Nah- als auch im Fernverkehr unentgeltlich befördert.

Freifahrtberechtigte Menschen mit den Merkzeichen »G« oder »Gl« im Schwerbehindertenausweis können nach § 3 a Kraftfahrzeugsteuergesetz (KraftStG) eine Ermäßigung ihrer Kraftfahrzeugsteuer um 50% erhalten. Die Inanspruchnahme der Steuerermäßigung ist vom Hauptzollamt im Fahrzeugschein zu vermerken und hat zur Folge, dass das Recht zur unentgeltlichen Beförderung im öffentlichen Personennahverkehr entfällt. Sind dagegen die Merkzeichen »H«, »Bl« oder »aG« im Schwerbehindertenausweis eingetragen, wird der/die Ausweisinhaber/in nach § 3 a KraftStG in vollem Umfang von der Kraftfahrzeugsteuer befreit und ist gleichzeitig zur unentgeltlichen Nutzung öffentlicher Nahverkehrsmittel berechtigt.

*Katja Kruse*

**UNESCO** Die Organisation der Vereinten Nationen für Erziehung, Wissenschaft und Kultur (engl. United Nations Educational, Scientific and Cultural Organization), kurz: UNESCO, ist eine 1945 gegründete Sonderorganisation den → Vereinten Nationen (UN) mit Sitz in Paris.

Die UNESCO wurde vor dem Hintergrund der zwei Weltkriege gegründet, um den Dialog zwischen den Kulturen in den Bereichen → Bildung, Wissenschaft und Kultur zu etablieren und damit die Grundlage für weltweiten Frieden zu schaffen. Die Themenfelder sind mittlerweile um den Bereich der Medienpolitik erweitert worden. Die UNESCO hat sich u.a. zum Ziel gesetzt, dass jedes Kind Zugang zu → Bildung und → Menschenrechte hat. Weiterhin soll das interkulturelle Verständnis gefördert werden. Dazu hat die UNESCO die Idee des Welterbes entwickelt; auf der bekannten Liste des Welterbes stehen auch zahlreiche Stätten in Deutschland. Des Weiteren setzt sich die UNESCO für wissenschaftliche Kooperationen ein, um bspw. Frühwarnsysteme für Tsunamis zu entwickeln. Ein weiteres Ziel der UNESCO ist der Schutz der Meinungsfreiheit als Basis für Demokratie und → Menschenwürde.

Drei Organe sichern die Umsetzung des Programms der UNESCO: die Generalkonferenz, der Exekutivrat und das Sekretariat. Letzteres wird von einem Generaldirektor bzw. einer Generaldirektorin geleitet. Seit 2009 ist als erste Frau die Bulgarin Irina Bokowa Generaldirektorin der UNESCO.

Die UNESCO hat 195 Mitglieder. In den Mitgliedstaaten bestehen Nationalkommissionen, welche die Regierung bei der Mitwirkung in der UNESCO unterstützen. Die Deutsche UNESCO-Kommission e.V. (DUK) hat ihren Sitz in Bonn.

*Informationen*: www.unesco.org

*Anke Böckenhoff*

**Unfallrente** Versicherte nach §§ 2 ff. SGB VII, deren Erwerbsfähigkeit infolge eines Versicherungsfalls, d.h. eines → Arbeitsunfalls oder einer → Berufskrankheit (§ 7 Abs. 1 SGB VII), über die 26. Woche nach dem Versicherungsfall um wenigstens 20% gemindert ist, haben Anspruch auf eine Rente (§ 56 Abs. 1 S. 1 SGB VII). Anspruch hierauf haben auch die Hinterbliebenen eines Versicherten, dessen Tod infolge eines Versicherungsfalles eingetreten ist (§ 63 SGB VII). Die Höhe der U. bemisst sich nach der Minderung der → Erwerbsfähigkeit (MdE) und dem Jahresarbeitsverdienst (JAV), § 56 Abs. 3 SGB VII. Die MdE (§ 56 Abs. 2 SGB VII) richtet sich nach dem Umfang der sich aus der Beeinträchtigung des körperlichen und geistigen Leistungsvermögens ergebenden verminderten Arbeitsmöglichkeiten auf dem gesamten Gebiet des Erwerbslebens. Bei Jugendlichen ist gesetzlich klargestellt, dass die MdE nach den

Auswirkungen zu bemessen ist, die sich bei Erwachsenen mit gleichen Gesundheitsschäden ergeben würden. Individuelle, besondere berufliche Kenntnisse und Erfahrungen, die nicht oder nur noch eingeschränkt genutzt werden können, sind zu berücksichtigen, soweit die sich hieraus ergebenden Nachteile nicht zumutbar durch die Nutzung sonstiger Fähigkeiten ausgeglichen werden können. Der JAV ist regelmäßig der Gesamtbetrag aller berücksichtigungsfähigen Entgelte und Arbeitseinkommen des Versicherten in den zwölf Kalendermonaten vor dem Monat, in dem der Versicherungsfall eingetreten ist (§ 82 SGB VII). Sonderregelungen (§§ 82 ff. SGB VII) bestehen für besondere Versichertengruppen (→ Unfallversicherung für Kinder, Schüler, Studierende). Ist infolge des Versicherungsfalls die Erwerbsfähigkeit vollständig entfallen (100% MdE), wird eine Vollrente geleistet, die zwei Drittel des JAV beträgt (§ 56 Abs. 3 S. 1 SGB VII); ab einer Minderung der Erwerbsfähigkeit von mindestens 20% wird eine Teilrente entsprechend dem Grad der MdE geleistet (§ 56 Abs. 3 S. 2 SGB VII). Für die Dauer der Heimpflege kann die Rente gemindert werden (§ 60 SGB VII). Bei mehreren Renten ist ein Höchstbetrag zu beachten (§ 59 SGB VII). Ist der/die Versicherte infolge des Versicherungsfalls verstorben, erhalten deren Witwen bzw. Witwer bis zu ihrem Tode (§ 73 Abs. 6 SGB VII) oder bis zu ihrer Wiederverheiratung eine → Witwen- bzw. Witwerrente (§ 65 SGB VII). Die Höhe ist gestaffelt nach bestimmten Zeiträumen und beträgt bis zum dritten Kalendermonat nach Ablauf des Monats, in dem die versicherte Person verstorben ist, zwei Drittel des JAV; nach Ablauf des dritten Kalendermonats wird eine Rente in Höhe von mindestens 30%, in besonderen Fällen in Höhe von 40% des JAV für 24 Monate nach dem Tod des Ehegatten gezahlt. Beim Zusammentreffen der Rente (bei Witwen/Witwern) mit Erwerbseinkommen oder Erwerbsersatzeinkommen (z.B. → Rente wegen Alters) sowie bestimmten Arten von Vermögenseinkommen erfolgt in bestimmten Grenzen eine Anrechnung in Höhe von 40% des verbleibenden anrechenbaren → Einkommens.

*Harald Dahm*

**Unfallverhütung** → Prävention

**Unfallversicherung** Die gesetzliche U. ist ein Zweig der → Sozialversicherung und im SGB VII normiert. Aufgabe der gesetzlichen U. ist es, sowohl arbeitsbedingte Gesundheitsgefahren zu verhüten, als auch nach Eintritt von → Arbeitsunfällen und → Berufskrankheiten die Gesundheit und Leistungsfähigkeit der Versicherten mit allen geeigneten Mitteln wiederherzustellen (→ Rehabilitation) und sie oder ihre Hinterbliebenen durch Geldleistungen zu entschädigen (Kompensation). Damit dient die gesetzliche U. in erster Linie dem Schutz der Arbeitnehmer/innen. Über diese Schutzfunktion hinaus bezweckt sie die Entlastung der Unternehmer (Arbeitgeber), indem sie deren → Haftung gegenüber den Versicherten sowie deren Angehörigen und Hinterbliebenen beschränkt (§§ 104 ff. SGB VII). In den Fällen, in denen der Unternehmer den Versicherungsfall vorsätzlich oder auf einem versicherten Weg (§ 8 Abs. 2 Nr. 1–4 SGB VII) herbeigeführt hat, bleibt jedoch seine Verpflichtung zum Ersatz des hierdurch entstandenen Personenschadens bestehen (§ 104 SGB VII).

Begründet wurde die gesetzliche U. durch das Unfallversicherungsgesetz vom 6.7.1884, mit dem die Unternehmer zur Bildung von → Berufsgenossenschaften als Versicherungen auf Gegenseitigkeit bei Betriebsunfällen verpflichtet wurden. Im Gegenzug erfolgte durch dieses Gesetz eine weitgehende Freistellung der Unternehmer von ihrer allgemeinen zivilrechtlichen Haftpflicht gegenüber ihren Arbeitnehmern bei Betriebsunfällen. Dies führte auch zu einer rechtlichen Besserstellung der Arbeitnehmer/innen, da sie nunmehr ihrem Arbeitgeber (Unternehmer) nicht mehr ein individuelles Verschulden nachweisen mussten, was im Einzelfall sehr schwierig war und vielfach zum Scheitern des Anspruchs auf → Schadensersatz führte.

Träger der gesetzlichen U. sind neben den gewerblichen und der Sozialversicherung für Landwirtschaft, Forsten und Gartenbau (SVLFG) der Bund, die Länder und → Gemeinden bzw. Gemeindeunfallverbände.

Der versicherte Personenkreis wird in §§ 2 ff. SGB VII umschrieben. Hierzu gehören die kraft → Gesetzes Versicherten, die sich aus verschiedenen Personengruppen zusammensetzen, wie z.B. tatsächlich oder fiktiv Beschäftigte oder selbstständig Tätige, die einer Erwerbstätigkeit nachgehen, sich hierfür (betriebsnah) aus- oder fortbilden (→ Fort- und Weiterbildung) bzw. sich Prüfungen oder Tests für die Aufnahme einer solchen Tätigkeit unterziehen; Kinder, Jugendliche und junge Erwachsene als Besucher von Erziehungseinrichtungen, allgemein- und berufsbildenden Schulen und Hochschulen (→ Unfallversicherung für Kinder, Schüler, Studierende); Personen, die im Interesse der Allgemeinheit tätig werden; Personen in stationärer Krankenhausbehandlung oder Rehabilitation auf Kosten eines Sozialversicherungsträger oder solche, die auf Aufforderung zur Vorbereitung von berufsfördernden Maßnahmen eine bestimmte Stelle aufsuchen oder auf Kosten eines Unfallversicherungsträgers an Maßnahmen gegen Berufskrankheiten teilnehmen; Pflegepersonen nach § 19 SGB XI; Personen (einschließlich solcher in Freiheitsentzug), die wie Beschäftigte nach § 2 Abs. 1 Nr. 1 SGB VII tätig werden. § 3 SGB VII sieht für bestimmte Personengruppen (z.B. Unternehmer, in Unternehmen mitarbeitende Ehegatten, sich in der Unternehmensstätte aufhaltende Personen) die Möglichkeit einer Versicherungspflicht kraft → Satzung des Unfallversicherungsträgers vor. Eine freiwillige Versicherung für bestimmte Personengruppen ist auf schriftlichen → Antrag möglich (§ 6 SGB VII). Die Personengruppen, die Versicherungsfreiheit genießen, sind in § 4 SGB VII bestimmt; jene, die sich auf Antrag von der Versicherungspflicht befreien lassen können, werden in § 5 SGB VII aufgeführt.

Versicherungsfälle sind nach § 7 SGB VII Arbeitsunfälle und Berufskrankheiten. Die gesetzliche U. tritt nur ein, wenn die versicherte Tätigkeit zum Versicherungsfall geführt hat, d.h. sie muss wesentlich für dessen Eintritt kausal gewesen sein (Theorie der wesentlichen Bedingung). Wäre der Versicherungsfall auch ohne diese Tätigkeit eingetreten, z.B. bei einem Arbeitsunfall durch eine Naturkatastrophe oder bei einer → Krankheit aufgrund einer sog. inneren Ursache, greift die gesetzliche U. nicht. Weitere Voraussetzung ist, dass der Körperschaden durch den Versicherungsfall verursacht worden ist. Verbotswidriges Handeln als solches führt nicht zum Ausschluss des Versicherungsfalls (§ 7 Abs. 2 SGB VII). Eine teilweise oder gänzliche Versagung von Leistungen ist unter bestimmten Voraussetzungen bei vorsätzlichem bzw. strafbarem Handeln möglich (§ 101 SGB VII).

Die gesetzliche U. erbringt dem Versicherten umfangreiche Leistungen, wie Heilbehandlung einschließlich Leistungen der → medizinischen Rehabilitation (§§ 27 ff. SGB VII); Leistungen zur Teilhabe am Arbeitsleben, am Leben in der Gemeinschaft und ergänzende Leistungen (§§ 35 ff. SGB VII); Leistungen bei → Pflegebedürftigkeit (§ 44 SGB VII); Geldleistungen während der Heilbehandlung und Leistungen zur Teilhabe am Arbeitsleben (§§ 45 ff. SGB VII). Führen die ergriffenen Maßnahmen der Heilbehandlung und Rehabilitation der/des Verletzten/Erkrankten nicht zu der Erlangung der vollen → Erwerbsfähigkeit, so erhält der Versicherte eine → Unfallrente (§§ 56 ff. SGB VII), deren Höhe sich nach der Minderung seiner Erwerbsfähigkeit und seinem letzten Jahresverdienst bemisst. Hinterbliebene haben auch Anspruch auf Leistungen der gesetzlichen U., wenn der Tod des Versicherten infolge eines Versicherungsfalles eingetreten ist, so z.B. → Sterbegeld, Überführungskosten, → Hinterbliebenenrenten und → Beihilfen (§§ 63 ff. SGB VII).

*Lit.* Becker, P.: Gesetzliche Unfallversicherung – Arbeits- und Wegeunfälle, Berufskrankheiten, München 2004; Leube, K.: Gesetzliche Unfallversicherung – SGB VII. Leitfaden für die Praxis, 2. Aufl., Wiesbaden 2005; Marburger, H.: Arbeitsunfall – Berufskrankheit. Ansprüche gezielt durchsetzen bei Berufsunfall und Invalidität, Regensburg 1998; Schulin, B.: Handbuch des Sozialversicherungsrechts. Bd. 2: Unfallversicherungsrecht, München 1996.

*Harald Dahm*

**Unfallversicherung für Kinder, Schüler, Studierende** Nach § 2 Abs. 1 Nr. 8 a–c SGB VII sind Kinder während des Besuchs von → Kindertageseinrichtungen, Schüler während des Besuchs von allgemein- oder berufsbildenden Schulen und während der Teilnahme an unmittelbar vor oder nach dem Unterricht von der Schule oder im Zusammenhang mit ihr durchgeführten Betreuungsmaßnahmen sowie Studierende während der Aus- und Fortbildung (→ Fort- und Weiterbildung) an Hochschulen kraft Gesetzes in der gesetzlichen → Unfallversicherung versichert. Damit ist ein Unfall von Kindern, Schülern und Studierenden im Zusammenhang mit dem Besuch der genannten Einrichtungen in gleichem Maße versichert wie ein → Arbeitsunfall (→ Unfallrente). Der Versicherungsschutz erstreckt sich u.a. auf den Aufenthalt in Kindergärten, Krippen und → Horten sowie Schulen und Hochschulen, auf den Weg dorthin und zurück, wenn und soweit er in unmittelbarem Zusammenhang mit dem Besuch dieser Einrichtungen gestanden hat, sowie bei Schulen auch auf Schulwanderungen, Klassenfahrten, Schulfreizeiten usw. Ziel der U. ist es, die Leistungsfähigkeit der Unfallopfer mit allen geeigneten Mitteln bis hin zu aufwendigen → Rehabilitationen und Sonderuntersuchungen wiederherzustellen. Organisiert ist dieser Versicherungsschutz über die Unfallversicherungsträger der öffentlichen Hand. Die Kosten hierfür tragen die Länder und Kommunen (→ Gemeinde). Die Versicherten selbst zahlen keine Beiträge.

*Harald Dahm*

**Ungleichheit, soziale** → Soziale Ungleichheit

**UNICEF** Das Kinderhilfswerk der Vereinten Nationen (engl. United Nations

Children's Fund), kurz: UNICEF, ist eine 1946 von den → Vereinten Nationen (UN) gegründete → Organisation. Ihr ursprüngliches Ziel war, in Europa nach dem Zweiten Weltkrieg Nahrung, Kleidung und Gesundheitsversorgung für Kinder bereitzustellen. Heute setzt sich UNICEF entwicklungspolitisch weltweit in über 190 Ländern für Kinder und Mütter ein, schwerpunktmäßig in den Bereichen → Bildung, → Gesundheit und → Kinderschutz. Die Organisation initiiert dazu u.a. öffentlichkeitswirksame Kampagnen, identifiziert gute Praktiken, unterstützt staatliche Maßnahmen zum Schutz von Familien und Kindern und führt direkte Hilfen zur HIV-Prävention sowie zum Schutz von HIV-infizierten Kindern und Frauen durch.

UNICEF arbeitet vielfach eng mit der UN zusammen, beide haben ihren Hauptsitz in New York. UNICEF finanziert sich primär über Beiträge von Staaten und Privatspenden. 1965 erhielt UNICEF den Friedensnobelpreis.

UNICEF hat in 36 Industriestaaten nationale Komitees, die an die Dachorganisation gebunden und von den nationalen Regierungen anerkannt sind. Das deutsche Komitee für UNICEF, kurz: UNICEF Deutschland, wurde 1953 gegründet und engagiert sich vor allem in der Informations- und Spendenarbeit, im politischen Einsatz für → Kinderrechte sowie in der Förderung → bürgerschaftlichen Engagements. Der Hauptsitz von UNICEF Deutschland ist in Köln, Arbeitsgruppen mit ehrenamtlichen Unterstützer/innen gibt es jedoch deutschlandweit.

*Informationen*: www.unicef.org

*Anke Böckenhoff*

**Unionsbürgerschaft** wurde 1992 durch den Vertrag von Maastricht eingeführt. Die Vorstellung, dass Bürger/innen der → Europäischen Union (EU) das Recht auf Freizügigkeit nur in Anspruch nehmen können, wenn sie einer wirtschaftlichen Betätigung im Rahmen der → europäischen Grundfreiheiten nachgehen, wurde damit um eine politisch-bürgerrechtliche Dimension erweitert. Die U. ist seit dem Inkrafttreten des Vertrags von Lissabon in Art. 20–25 des Vertrags über die Arbeitsweise der EU (AEUV) verankert. Unionsbürger/in ist, wer die → Staatsangehörigkeit eines Mitgliedstaats besitzt. Die U. ersetzt die nationale Staatsbürgerschaft nicht, sondern ergänzt sie. Mit der U. werden den Bürger/innen der EU eine Reihe von Rechten und Pflichten verliehen – vorbehaltlich der im Primär- und Sekundärrecht erlassenen Maßnahmen. Im Mittelpunkt steht das Recht auf Freizügigkeit und freien Aufenthalt im gesamten Gebiet der EU (→ Personenfreizügigkeit). Zudem haben Unionsbürger/innen ein aktives und passives Wahlrecht bei den Kommunalwahlen und den Wahlen zum EU-Parlament, ein Recht auf diplomatischen und konsularischen Schutz im Hoheitsgebiet eines Drittlandes, in dem der Mitgliedstaat, dessen Staatsangehörigkeit sie besitzen, nicht vertreten ist, sowie ein Petitionsrecht zum EU-Parlament und zum EU-Bürgerbeauftragten. Mit der allgemeinen Freizügigkeitsrichtlinie 2004/38/EG enthält die U. eine sekundärrechtliche Ausgestaltung. Daneben hat der → Gerichtshof der Europäischen Union (EuGH) die Auslegung des Rechts der Unionsbürger/innen auf Freizügigkeit konkretisiert und dabei unter anderem aus dem Institut der U. ihre Rechte auf Zugang zu → Sozialleistungen in einem anderen Mitgliedstaat abgeleitet (→ Sozialhilfe in der Europäischen Union).

*Ilka Wölfle*

**Universelles Design** ist ein Konzept zum Entwurf von Produkten, Infrastrukturen, Umfeldern, Programmen und Dienstleistungen mit dem Ziel, dass sie von allen Menschen möglichst weitgehend ohne eine Anpassung oder ein Sonderdesign genutzt werden können. U. D. ist ein inklusives Konzept (→ Inklusion), schließt aber → Hilfsmittel für bestimmte Gruppen von → behinderten Menschen, soweit sie benötigt werden, nicht aus (Art. 2 Abs. 5 → UN-Behindertenrechtskonvention).

U. D. strebt Lösungen an, die von Menschen der breitest möglichen Palette unterschiedlichster Fähigkeiten in der breitest möglichen Variation von Situationen (Umgebungen, Konditionen und Umständen) benutzt werden können. Es birgt damit für die Anbieter ein beträchtliches Marktpotenzial, für die sozialen Systeme eine mögliche Entlastung und insgesamt eine inklusive Strategie durch die Vermeidung von Sonderlösungen. In Europa werden als eng verwandte Entwurfskonzepte das »Design für alle« und das »inklusive Design« oft auch synonym verwendet. Die → Barrierefreiheit der Lösungen für Menschen mit Behinderungen ist dabei eingeschlossen, wird aber durch das Augenmerk auf die Gebrauchstauglichkeit für alle Nutzergruppen signifikant ergänzt. So kann z.B. ein Treppenlift zwar Barrierefreiheit für Rollstuhlbenutzer/innen herstellen, wird aber sicher nicht als Lösung für alle anzusehen sein. Ein barrierefrei ausgestatteter Personenaufzug dagegen bietet eine hohe Gebrauchstauglichkeit für alle und kann damit als U. D. angesehen werden.

Als grundlegende Richtlinien des U. D. gelten die »Sieben Prinzipien des Universellen Design« (The Center for Universal

Design, New York State University): breite Nutzbarkeit, Flexibilität in der Benutzung, einfache und intuitive Benutzung, sensorisch wahrnehmbare Informationen, Fehlertoleranz, niedriger körperlicher Aufwand sowie Größe und Platz für Zugang und Benutzung. Als praxisorientierte Vorgehensweise kann die von der → Europäischen Union vorgeschlagene priorisierte Folge von drei Strategien angesehen werden: zunächst der Entwurf von Produkten und Diensten, die von allen unmittelbar nutzbar sind, dann der Entwurf von Produkten und Diensten, die von den Nutzer/innen angepasst werden können oder sich den Nutzer/innen anpassen können, und zuletzt zumindest die Implementierung von standardisierten Schnittstellen zu speziellen Hilfsmitteln.

U. D. steht sowohl aufgrund der Alterung der Gesellschaft (→ demografische Entwicklung) als auch durch die Forderung in der UN-Behindertenrechtskonvention in der Aufmerksamkeit v.a. der Politik und im Sozialbereich, aber auch bei Industrie, Handwerk und Handel. Neben klassischen Anwendungsfeldern im Bau- und Verkehrswesen gewinnt U. D. heute zunehmend im Bereich der Information und → Kommunikation an Bedeutung. Die Inklusion und → Teilhabe aller kann durch den Einsatz moderner Technologien mit U. D. gefördert werden. Mobile Kommunikation, Internet für alle, Ubiquitous Computing und Ambient Intelligence seien hier als wichtige Beispiele genannt. Dabei kann durch U. D. vorausschauend sichergestellt werden, dass bei der Einführung neuer Produkte und Dienste möglichst alle Nutzer/innen berücksichtigt werden und niemand ausgeschlossen wird. Ähnliche Überlegungen werden vermehrt bei Dienstleistungen angewendet, etwa in der Bildung, in Bürgerdiensten usw.

*Christian Bühler*

**Universitäten** → Studium der Sozialen Arbeit

**UN-Kinderrechtskonvention** (KRK) ist die Kurzbezeichnung für das Übereinkommen über die Rechte des Kindes, das die → Menschenrechte des Kindes, insbesondere bezüglich Förderung, → Teilhabe und Entwicklung, für alle Kinder weltweit ausnahmslos sichern soll. Kinder i.S. der Konvention sind alle Menschen unter 18 Jahren. In insgesamt 54 Artikeln benennt die KRK die → Kinderrechte. Dem → Kindeswohl (im engl. Original: »best interest of the child«) ist bei allen Entscheidungen des Staates Vorrang einzuräumen, damit Kinder unter bestmöglichen Bedingungen aufwachsen können.

Die KRK wurde von der Generalversammlung der → Vereinten Nationen (UN) am 20. November 1989 verabschiedet, der Jahrestag ist seitdem Internationaler Tag der Kinderrechte. Das Übereinkommen erkannte Kinder erstmals in völkerrechtlich verbindlicher Weise als Rechtssubjekte an. Als solche werden Kinder nicht nur als passive Empfänger von Schutz (→ Kinderschutz) und Versorgung verstanden, sondern als berechtigt und in der Lage, über ihre Entwicklung, ihr Leben und alle sie betreffende Angelegenheiten selbst (mit) zu entscheiden. Deutschland ratifizierte die KRK zunächst mit (ausländerrechtlichen) Vorbehalten, die 2010 zurückgenommen wurden. Seitdem gelten die Kinderrechte uneingeschränkt für alle hier lebenden Kinder.

Der KRK sind mehr Länder beigetreten als jeder anderen Konvention: Mit Ausnahme der USA und Somalias haben alle Staaten der Welt das Übereinkommen ratifiziert, zuletzt der Südsudan im Januar 2015. Die meisten dieser Staaten haben die Grundsätze der KRK in ihre nationale Gesetzgebung aufgenommen; die reale Umsetzung der Kinderrechte hat jedoch noch längst nicht den von der KRK vorgesehenen Zustand erreicht. Obwohl von vielen Kinderrechtsexpert/innen hierzulande gefordert, sind im deutschen → Grundgesetz immer noch keine Kinderrechte verankert. Gleichwohl ist die starke Wirkung der Kinderrechte auch in Deutschland nicht zuletzt dadurch zu sehen, dass sie zunehmend zahlreiche gesellschaftliche Debatten mit beeinflussen.

Die KRK wird durch drei Zusatzprotokolle ergänzt. Das erste betrifft die Beteiligung von Kindern an bewaffneten Konflikten, ein zweites → Kinderhandel, Kinderprostitution (→ Prostitution) und Kinderpornografie (→ Kindesmisshandlung). Das seit April 2014 geltende dritte Fakultativprotokoll beinhaltet ein Individualbeschwerdeverfahren, das Kindern ermöglichen soll, nach Ausschöpfung des innerstaatlichen Rechtsweges ihre Rechte einzuklagen (→ Rechtsschutz).

Der UN-Ausschuss für die Rechte des Kindes fungiert als Kontrollorgan und überwacht die Einhaltung der Bestimmungen der KRK. Die Vertragsstaaten müssen periodisch Berichte zur aktuellen Kinderrechtssituation ihres Landes einreichen, die vom Ausschuss ausgewertet und mit Empfehlungen und Stellungnahmen versehen werden. In Deutschland setzt sich die National Coalition (»Netzwerk für die Umsetzung der UN-KRK«) in sog. Schattenberichten kritisch mit den Staatenberichten auseinander.

*Verena Lingg*

**Unmittelbarer Zwang** → Zwangsmittel

**Unterbringungsgesetze** → Psychisch-Kranken-Gesetze (PsychKG)

**Unterbringungssachen** sind nach § 312 S. 1 → Familienverfahrensgesetz (FamFG) Verfahren der Genehmigung einer freiheitsentziehenden Unterbringung von Betreuten oder Vollmachtgebern, einer ärztlichen Zwangsmaßnahme oder einer unterbringungsähnlichen Maßnahme nach § 1906 BGB sowie der Anordnung von → Freiheitsentziehung nach den → Psychisch-Kranken-Gesetzen (PsychKG) durch das → Betreuungsgericht. Auf U. ist einheitlich das in §§ 312 bis 339 FamFG geregelte Verfahren anwendbar, während sich die materiellen Voraussetzungen entweder aus § 1906 BGB (zivilrechtliche U.) oder dem PsychKG (öffentlich-rechtliche U.) ergeben. Das FamFG knüpft an diese Unterscheidung allerdings insoweit an, als bestimmte Regelungen ausschließlich die öffentlich-rechtliche, andere ausschließlich die zivilrechtliche Unterbringung betreffen. Die Unterbringung kann in der Form der einstweiligen Anordnung (§§ 331 bis 333 FamFG), der einstweiligen Maßregel nach § 1846 BGB (§ 334 FamFG) oder als Hauptsacheentscheidung (vgl. § 323 FamFG) beschlossen werden. Begrifflich keine U. sind Verfahren vor dem → Familiengericht zur freiheitsentziehenden Unterbringung Minderjähriger nach § 151 Ziff. 6 FamFG (materielle Grundlage: §§ 1631 b, 1800, 1915 BGB) und § 151 Ziff. 7 FamFG (materielle Grundlage: PsychKG). Auf diese Kindschaftssachen sind aber nach § 167 FamFG – mit den sich aus der Vorschrift ergebenden Abweichungen – die jeweils entsprechenden Regelungen für U. anzuwenden.

*Michael Grabow*

**Unterhaltspflicht** Die gesetzliche U. entsteht, wenn zeitgleich ein unterhaltsrechtliches Grundverhältnis (beruhend auf → Verwandtschaft, → Ehe, → Lebenspartnerschaft oder nichtehelicher Geburt) vorliegt, der/die Berechtigte den eigenen Bedarf nicht selbst decken kann und daher bedürftig ist (§§ 1577, 1602 → Bürgerliches Gesetzbuch [BGB]) und der/die Verpflichtete leistungsfähig ist (§§ 1581, 1603 BGB).

Keine Unterhaltspflichten bestehen zwischen Geschwistern untereinander, zwischen Stiefeltern und → Stiefkindern sowie zwischen Schwiegereltern und Schwiegerkindern. Die U. zwischen Verwandten in gerader Linie (§§ 1601 ff. BGB), Ehegatten (§§ 1360, 1361 und 1569 ff. BGB) sowie Lebenspartnern (§§ 12, 16 Lebenspartnerschaftsgesetz [LPartG]) ist gegenseitig. Die U. des Vaters gegenüber der nicht mit ihm verheirateten Mutter aus Anlass der Geburt eines gemeinsamen Kindes ist einseitig und beginnt sechs Wochen vor der Entbindung, endet acht Wochen danach und gilt auch hinsichtlich der Kosten, die infolge der Schwangerschaft und Entbindung außerhalb dieses Zeitraums anfallen (§ 1615 l Abs. 1 BGB).

Die U. aus Anlass der Betreuung eines Kindes ist für nicht miteinander verheiratete Partner in § 1615 l BGB und für (geschiedene) Ehegatten in § 1570 BGB geregelt. Mit Inkrafttreten des Gesetzes zur Änderung des Unterhaltsrechts (UÄndG, BGBl. 2007 I S. 3189) besteht die U. seit dem 1.1.2008 bei Betreuung des Kindes für mindestens drei Jahre nach der Geburt (sog. Basisunterhalt). Mit der Vollendung des dritten Lebensjahrs des Kindes tritt eine Zäsur ein: Mit diesem Zeitpunkt endet grundsätzlich der Betreuungsunterhaltsanspruch und die unterhaltsrechtliche Eigenverantwortung beginnt, solange und soweit nicht aus Billigkeitsgründen eine Verlängerung des Anspruchs notwendig ist. Die Gründe, die eine Verlängerung rechtfertigen können, sind insbesondere die Belange des Kindes und die bestehenden Möglichkeiten der Kinderbetreuung. Das Wort »insbesondere« stellt dabei klar, dass neben diesen »kindbezogenen« Gründen auch »elternbezogene« Gründe vorliegen können, die eine Anspruchsverlängerung erlauben. Zu den kindbezogenen Belangen gehören z.B. eine Behinderung oder schwere Entwicklungsstörungen des Kindes, aus denen eine besondere Betreuungsbedürftigkeit resultiert. Als elternbezogener Belang kommt z.B. das Verhältnis der Eltern zueinander in Betracht, also die individuellen Umstände und das Maß ihrer Bindung. Im Rahmen des Ehegattenunterhalts verlängert sich der Betreuungsunterhaltsanspruch auch, wenn dies unter Berücksichtigung der Gestaltung von Kinderbetreuung und Erwerbstätigkeit in der Ehe sowie der Dauer der Ehe entspricht (§ 1570 Abs. 2 BGB). Damit wurden im Zuge des UÄndG die Betreuungsunterhaltsansprüche geschiedener oder getrennt lebender Partner denen nicht verheirateter Partner weitestgehend angeglichen.

Im Rahmen des Ehegattenunterhalts sind Personen einander unterhaltspflichtig, die miteinander verheiratet sind (in häuslicher Gemeinschaft oder getrennt lebend §§ 1360 ff. BGB) oder verheiratet waren, wenn die Ehe durch Scheidung (→ Ehescheidung) oder Aufhebung aufgelöst worden ist (§§ 1569 ff., 1318 Abs. 2 BGB). In § 1569 BGB wird das Prinzip der Eigenverantwortung besonders hervorgehoben und die einzelnen Unterhaltstatbestände sind nicht mehr im Sinne einer umfassenden Lebensstandardgarantie ausgestaltet. Wegen → Alters oder → Krankheit kann ein geschiedener Ehegatte Unterhalt verlangen, wenn eine Erwerbstätigkeit nicht (mehr) erwartet werden kann (§§ 1571, 1572 BGB). Ausdruck der »Stärkung« der Eigenverantwortung ist § 1578 b BGB, der die Möglichkeiten, den Unterhalt einzuschränken oder zu befristen, in einer Norm bündelt. § 1578 b BGB hat damit eine die → Haftung begrenzende Funktion.

Die U. bei Verwandtschaft in gerader Linie besteht auch bei einer durch Adoption (→ Annahme als Kind) begründeten rechtlichen Verwandtschaft (§§ 1754, 1755 BGB). Beruht die Verwandtschaft auf nichtehelicher Geburt (→ nichteheliches Kind), so ist erforderlich, dass der als Erzeuger in Betracht kommende Mann die Vaterschaft anerkannt hat (→ Vaterschaftsanerkennung) oder dass sie das Gericht rechtskräftig (→ Rechtskraft) festgestellt hat (Rechtsausübungssperre nach §§ 1594 Abs. 1, 1600 d Abs. 4 BGB).

Zwischen eingetragenen Lebenspartnern bestehen U. wie zwischen Ehegatten während der Partnerschaft (§ 5 LPartG), bei Getrenntleben (§ 12 LPartG) und auch nach Aufhebung der Partnerschaft (§ 16 LPartG).

Eine U. kann auch durch → Vertrag begründet werden, z.B. zwischen einem Stiefkind und einem Stiefelternteil, zwischen Schwiegereltern und Schwiegerkindern oder zwischen Partnern einer nichtehelichen Lebensgemeinschaft.

Der Unterhalt umfasst den gesamten Lebensbedarf. Das Gesetz erwähnt in Bezug auf einzelne Unterhaltsverhältnisse ausdrücklich besondere Bedarfsgruppen wie Erziehung, Ausbildung, Fortbildung und Umschulung und die Kosten einer angemessenen Versicherung gegen die Risiken Krankheit, Alter und verminderte Erwerbsfähigkeit (Vorsorgeunterhalt).

Der Barunterhalt bemisst sich bei Ehegatten nach den ehelichen Lebensverhältnissen (§ 1578 BGB) bzw. bei Kindern nach deren Lebensstellung (§ 1610 Abs. 1 BGB). Da das Kind wirtschaftlich nicht selbstständig ist, leitet es seine Lebensstellung von den Eltern bzw. deren Einkommensverhältnissen ab. Leben die Eltern getrennt, so bemisst sich die Höhe des geschuldeten Unterhalts allein nach den Einkommensverhältnissen desjenigen Elternteils, der Barunterhalt schuldet, also i.d.R. demjenigen Elternteil, mit dem das minderjährige Kind nicht in einem Haushalt lebt. Eltern schulden ihren Kindern eine angemessene Vorbildung zu einem Beruf (§ 1610 Abs. 2 BGB). Ihre U. umfasst aber regelmäßig keine Zweitausbildung, es sei denn, die Weiterbildung (Studium) steht in engem sachlichen und zeitlichen Zusammenhang mit der abgeschlossenen praktischen Ausbildung und ist den Eltern wirtschaftlich zumutbar (BGH v. 7.6.1989, FamRZ 1989, 853; betrifft sog. Abitur-Lehre-Studium-Fälle). Ob auch während eines Masterstudiums ein Unterhaltsanspruch entsteht, ist noch nicht höchstrichterlich entschieden. Der Trend in der veröffentlichten untergerichtlichen → Rechtsprechung geht jedoch dahin, die Bachelor-Master-Konstellation wie Abitur-Lehre-Studium-Fälle zu behandeln. In der Ausbildungsvariante Mittlere Reife-Lehre-Fachoberschule-Fachhochschule hängt die U. der Eltern davon ab, ob das Kind von vornherein die Absicht hatte, nach der Lehre die Fachoberschule zu besuchen, um anschließend zu studieren (BGH v. 30.11.1994, FamRZ 1995, 416). Der Anspruch auf Ausbildungsunterhalt entfällt, wenn sich das Kind nach Abgang von der Schule nicht binnen einer angemessenen Orientierungsphase um die Aufnahme einer seinen Fähigkeiten und Neigungen entsprechenden Berufsausbildung bemüht oder eine begonnene Ausbildung nicht in angemessener und üblicher Zeit beendet (BGH v. 4.3.1998, FamRZ 1998, 671). Allerdings besteht keine feste Altersgrenze im unterhaltsrechtlichen Sinne für den Zeitpunkt der Aufnahme einer Ausbildung. Längere Verzögerungen des Ausbildungsbeginns, bspw. infolge von Schwangerschaft und Kindererziehung (BGH v. 29.6.2011, JAmt 2011, 548) oder eines notenschwachen Schulabschlusses (BGH v. 3.7.2013, FamRZ 2013, 1375), sind vom Unterhaltspflichtigen hinzunehmen.

Gedeckt werden muss auch ein etwaiger Sonderbedarf. Dies ist ein außergewöhnlich hoher Bedarf, der nicht mit Wahrscheinlichkeit vorauszusehen und aus diesem Grund überraschend ist, d.h. er konnte bei vorausschauender Planung nicht durch die Bildung von Rücklagen einkalkuliert werden (z.B. Krankheitskosten infolge eines Verkehrsunfalls; Kosten für kieferorthopädische Behandlung). Davon zu unterscheiden ist der Mehrbedarf. Hierunter sind regelmäßig anfallende Kosten (langfristig anfallende Behandlungskosten, Kosten für die Fahrt zum regelmäßigen Schulbesuch) zu verstehen. Sie zählen zum laufenden Bedarf, der entsprechend der Lebensstellung und den Lebensverhältnissen besteht. Der BGH rechnet die für den Besuch einer → Kindertageseinrichtung entstehenden Kosten wegen der Übernahme von erzieherischen und bildungsmäßigen Aufgaben grundsätzlich dem Bedarf des Kindes zu, unabhängig davon, ob es sich um eine Halbtags- oder Ganztagsbetreuung handelt. Seit der Entscheidung des BGH vom 26.11.2008 (XII ZR 65/07, FamRZ 2009, 962 = JAmt 2009, 266) sind Beiträge für den Besuch einer Kindertageseinrichtung nicht mehr im laufenden Unterhalt nach der sog. Düsseldorfer Tabelle enthalten, sondern stellen (ausschließlich der Verpflegungskosten) Mehrbedarf des Kindes dar. Rechtlich noch nicht abschließend geklärt ist die Einordnung der Kosten für eine Betreuung für unter dreijährige Kinder (hierzu Rechtsgutachten des Deutschen Instituts für Jugendhilfe und Familienrecht, JAmt 2013, 395). Zu beachten ist, dass ein leistungsfähiger betreuender Elternteil sich unter Umständen anteilig an den Kosten des Sonder- und Mehrbedarfs zu beteiligen hat.

Junge Volljährige bis zum 21. Lebensjahr, die im Haushalt eines Elternteils leben und sich noch in der allgemeinen Schulausbildung befinden, stehen in den Selbstbehalt- und Rangvorschriften minderjährigen Kindern gleich (§§ 1603 Abs. 2 S. 2, 1609 Nr. 1 BGB). Der Unterhaltsbedarf eines volljährigen Kindes wird – insbesondere wenn es nicht mehr bei einem Elternteil wohnt – mit einem festen Bedarfssatz veranschlagt, auf den das staatliche Kindergeld nach § 1612 b Abs. 1 Nr. 2 BGB in voller Höhe bedarfsdeckend anzurechnen ist. Der Unterhalt minderjähriger Kinder wird allgemein der sog. Düsseldorfer Tabelle entnommen, die seit dem 1.1.2008 auf dem nach § 1612 a BGB definierten → Mindestunterhalt aufbaut. Gem. § 1612 a Abs. 1 S. 2 BGB richtet sich der Mindestunterhalt seit dem 1.1.2016 nach dem steuerfrei zu stellenden sächlichen → Existenzminimum des minderjährigen Kindes und nicht mehr nach dem doppelten Freibetrag für das sächliche Existenzminimum eines Kindes (Kinderfreibetrag) nach § 32 Abs. 6 S. 1 Einkommensteuergesetz (EStG) (so die Rechtslage bis 31.12.2015). Der Mindestunterhalt wird seit dem 1.1.2016 per Mindestunterhaltsverordnung (BGBl. 2015 I S. 2188) des Bundesministeriums der Justiz und für Verbraucherschutz (BMJV) festgelegt. Der Mindestunterhalt beträgt (ab dem 1.1.2016) 335 Euro in der ersten, 384 Euro in der zweiten und 450 Euro in der dritten Altersstufe. Die Unterhaltsverordnung sieht ab dem 1.1.2017 erneut eine Erhöhung des Mindestunterhalts vor, auf 342 Euro in der ersten, 393 Euro in der zweiten und 460 Euro in der dritten Altersstufe. Ein minderjähriges Kind kann von seinem barunterhaltspflichtigen Elternteil Unterhalt als Prozentsatz des jeweiligen Mindestunterhalts verlangen. Der für das Kind maßgebliche Prozentsatz leitet sich aus dem unterhaltsrelevanten → Einkommen des Schuldners und seinem Selbstbehalt ab. Maßgebend ist allein das Nettoeinkommen des barunterhaltspflichtigen Elternteils, weil der sorgeberechtigte Elternteil durch die Pflege und Erziehung einen gleichgewichtigen Unterhaltsbeitrag leistet (§ 1606 Abs. 3 S. 2 BGB).

Erfüllt ein Elternteil seine Unterhaltspflicht durch Betreuung des Kindes, ist das jeweilige Kindergeld hälftig bedarfsdeckend anzurechnen (§ 1612 b Abs. 1 Nr. 1 BGB). Für 2015 galt allerdings die gesetzliche Ausnahme, dass die Kindergelderhöhung ab 1.1.2015 beim Kindesunterhalt im Jahr 2015 nicht zu berücksichtigen ist (Art. 8 Abs. 3 des Gesetzes zur Nichtanrechnung rückwirkender Erhöhung des Kindergeldes).

Der Ehegattenunterhalt wird grundsätzlich auf der Grundlage des Halbteilungsgrundsatzes berechnet, der aus dem → Gleichheits(grund)satz folgt. Bei der Ermittlung des bereinigten Einkommens werden zunächst pauschal 5% berufsbedingte Aufwendungen abgezogen. Bei höheren Aufwendungen bedarf es einer konkreten Auflistung. Auch Kindesunterhalt (minderjährige Kinder und privilegierte Volljährige) und zu berücksichtigende Schulden werden vorweg herausgerechnet. Zudem wird von den Erwerbseinkünften – zur pauschalen Abgeltung von allgemein mit der Berufstätigkeit verbundenen Ausgaben und als Erwerbsanreiz – ein Erwerbstätigenbonus abgezogen, der den jeweiligen Leitlinien der Gerichte zu entnehmen ist. Nach den Unterhaltsrechtlichen Leitlinien der Familiensenate in Süddeutschland (SüdL) beträgt der Erwerbstätigenbonus ein Zehntel, die Leitlinien des Oberlandesgerichts Köln gehen von einem Bonus von einem Siebtel aus. Im Falle des Zusammentreffens mehrerer unterhaltsberechtigter Ehegatten werden die ehelichen Lebensverhältnisse i.S.v. § 1578 Abs. 1 BGB durch die Umstände bestimmt, die bis zur Rechtskraft der Ehescheidung eingetreten sind. Nacheheliche Entwicklungen wirken sich auf die Bedarfsbemessung nach den ehelichen Lebensverhältnissen dann aus, wenn sie auch bei fortbestehender Ehe eingetreten wären oder in anderer Weise in der Ehe angelegt und mit hoher Wahrscheinlichkeit zu erwarten waren (Bundesverfassungsgericht [BVerfG] v. 25.01.2011, FamRZ 2011, 437). Die Unterhaltspflichten für neue Ehegatten sowie für nachehelich geborene Kinder und den dadurch bedingten Betreuungsunterhalt nach § 1615 l BGB werden bei der Bemessung des Unterhaltsbedarfs eines geschiedenen Ehegatten nach § 1578 Abs. 1 nicht einbezogen (BGH v. 7.12.2012 – XII ZR 151/09). Erst bei der Ermittlung der unterhaltsrechtlichen Leistungsfähigkeit des

Unterhaltspflichtigen werden weitere U. berücksichtigt und zwar entsprechend der Rangfolge des § 1609 BGB.

Wer ganz oder teilweise außerstande ist, durch Einsatz des (effektiven oder potenziellen) Einkommens und → Vermögens seinen – angemessenen – Unterhalt zu decken, ist (insoweit) bedürftig, was bei minderjährigen Kindern i.d.R. der Fall ist. Meist sind sie aufgrund ihres Alters oder ihres Ausbildungsstands nicht in der Lage, sich selbst zu unterhalten.

Eine wichtige Rolle bei der Bedürftigkeitsprüfung spielt die Obliegenheit des Unterhaltsberechtigten zum Einsatz seiner Arbeitskraft. Ein nicht mehr in der Ausbildung stehendes volljähriges Kind ist gehalten, auch berufsfremde Tätigkeiten aufzunehmen. Soweit ein Kind im Rahmen einer Ausbildung Einkommen erzielt, ist diese Ausbildungsvergütung – nach Abzug des ausbildungsbedingten Mehrbedarfs – auf den Unterhaltsanspruch anzurechnen. Auch Einkünfte aus Vermögen des Minderjährigen sind einzusetzen.

Unterhaltsbedürftig ist nicht, wer eine/n vorrangig Verpflichtete/n heranzuziehen vermag. Grundsätzlich haftet der Ehegatte (auch der geschiedene) vor den Verwandten (§ 1608 BGB). Derjenige Elternteil, der ein nichteheliches Kind betreut, muss sich vorrangig an den anderen Elternteil halten (§ 1615 l Abs. 3 S. 2, Abs. 4 BGB).

Die U. findet ihre Grenze in der Leistungsfähigkeit der zum Unterhalt Verpflichteten. Aus dem Sozialstaatsgedanken (→ Sozialstaat) folgt, dass niemand wegen seiner U. sozialhilfebedürftig werden darf (→ Sozialhilfe). Auch in den Fällen einer gesteigerten U., wie sie gegenüber minderjährigen unverheirateten Kindern besteht (§ 1603 Abs. 2 BGB), ist eine äußerste Opfergrenze, der sog. kleine oder notwendige Selbstbehalt, zu beachten. Die Höhe dieses notwendigen Eigenbedarfs muss geringfügig über dem Sozialhilfebedarf liegen. Der notwendige Eigenbedarf (Selbstbehalt) gegenüber minderjährigen unverheirateten Kindern und gegenüber volljährigen unverheirateten Kindern bis zur Vollendung des 21. Lebensjahrs, die im Haushalt der Eltern oder eines Elternteils leben und sich in der allgemeinen Schulausbildung befinden, beträgt bei nicht erwerbstätigen Unterhaltspflichtigen monatlich 880 Euro, bei erwerbstätigen Unterhaltspflichtigen 1.080 Euro (Stand 1.1.2016). Bei hohen Unterkunftskosten (mehr als 380 Euro warme Miete) ist der Selbstbehalt nach oben zu korrigieren. Eine Herabsetzung des Selbstbehalts bei geringen Unterhaltskosten kommt hingegen nicht in Betracht, da Verpflichtete innerhalb des Selbstbehalts Gestaltungsautonomie haben sollen (BGH v. 23.8.2006 – XII ZR 26/04). Gegenüber einem volljährigen Kind in der Ausbildung und erst recht gegenüber Volljährigen mit eigener Lebensstellung muss Unterhaltspflichtigen der sog. große oder angemessene Selbstbehalt bleiben (§ 1603 Abs. 1 BGB; Höhe nach der Düsseldorfer Tabelle: 1.300 Euro). Darin ist eine Warmmiete bis 480 Euro enthalten. Der Selbstbehalt gegenüber Eltern (Elternunterhalt) beträgt 1.800 Euro. Der Selbstbehalt gegenüber dem geschiedenen Ehegatten ist gem. § 1581 BGB nach Billigkeit festzulegen und wird regelmäßig über dem notwendigen Unterhalt liegen (BGH v. 18.10.1989, FamRZ 1990, 260; Mittelwert zwischen großem und kleinem Selbstbehalt).

Reichen die verfügbaren Mittel nicht für alle Unterhaltsberechtigten, ist die Rangfolge des § 1609 BGB einzuhalten, die zum 1.1.2008 grundlegend geändert wurde. Zuerst kommen die minderjährigen unverheirateten und privilegierten volljährigen Kinder. An zweiter Stelle stehen Elternteile, die wegen der Betreuung eines Kindes unterhaltsberechtigt sind oder im Falle einer Scheidung wären, sowie (geschiedene) Ehegatten mit langer Ehedauer. Danach kommen (geschiedene) Ehegatten, die nicht an zweiter Stelle stehen. Erst an vierter Stelle folgen Kinder, die nicht unter den ersten Rang fallen. Zuletzt folgen Enkel, weitere Abkömmlinge, Eltern sowie weitere Verwandte der aufsteigenden Linie. In beengten Verhältnissen müssen die Ansprüche der gleichrangig Berechtigten im Verhältnis gekürzt werden (Formel für die Kürzung im Mangelfall: Verteilungsmasse [Differenz zwischen Selbstbehalt und bereinigtem Nettoeinkommen] geteilt durch die Summe der Bedarfe).

Abgesehen vom Familienunterhalt (Naturalunterhalt) haben Verpflichtete den gesetzlichen Unterhalt in Form einer Geldrente zu leisten, bei Sonderbedarf schulden sie zusätzliche Zahlungen. Haben Eltern einem unverheirateten Kind Unterhalt zu gewähren, so können sie bestimmen, in welcher Art (Bar- oder Naturalunterhalt) und für welche Zeit im Voraus der Unterhalt gewährt werden soll (§ 1612 Abs. 2 BGB). Die Vorschrift wurde eingeführt, um die Unterhaltslast der Eltern zu erleichtern. Sie gilt auch gegenüber volljährigen Kindern.

Für vergangene Zeiträume kann laufender Unterhalt bereits von dem Zeitpunkt an gefordert werden, zu welchem Verpflichtete zu Unterhaltszwecken aufgefordert worden sind, über ihre Einkünfte und ihr Vermögen Auskunft zu erteilen (§ 1613 Abs. 1 S. 1 BGB). Der Unterhalt wird dann ab dem Ersten des Monats geschuldet, in dem die Auskunft verlangt oder der Unterhalt angemahnt wurde. Um eine Unterhaltsverzinsung zu erreichen, bedarf es in jedem Fall der Anmahnung eines bestimmten Betrags. Zinsen können nach § 288 Abs. 1 BGB in Höhe von 5% über dem Basiszinssatz verlangt werden, der im Abstand von vier Monaten im Bundesanzeiger veröffentlicht wird.

Auf den gesetzlichen Unterhaltsanspruch für die Zukunft können Berechtigte im Allgemeinen nicht verzichten (§ 1614 BGB); eine Ausnahme bildet der Unterhaltsanspruch des geschiedenen Ehegatten, auf den sogar schon vor der Heirat wirksam verzichtet werden kann (§ 1585 c BGB). Auch auf einen wirksamen Unterhaltsverzicht kann sich die/der Unterhaltspflichtige dann nicht berufen, wenn dies aufgrund einer späteren Entwicklung – z.B. Geburt eines Kindes – mit Treu und Glauben (§ 242 BGB) unvereinbar ist (BGH v. 28.11.1990, FamRZ 1991, 306).

In Fällen mit Auslandsberührung ist in Deutschland seit Juni 2011 die Europäische Unterhaltsverordnung (EG-Verordnung Nr. 4/2009) anwendbar: Sie schafft für Unterhaltspflichten ein einheitliches System, das über die herkömmliche Anerkennung und Vollstreckung von unterhaltsrechtlichen Entscheidungen deutlich hinausgeht. Für die Titelfreizügigkeit gilt der Grundsatz wechselseitigen Vertrauens, d.h. das sog. Exequaturverfahren (Verfahren der Zulassung ausländischer Vollstreckungstitel zur Zwangsvollstreckung im Inland) wird für die EU-Staaten abgeschafft. Ferner wird der Gläubiger in der Geltendmachung eines Titels sowie der Zwangsvollstreckung durch ein Kooperationssystem von → Zentralen Behörden unterstützt. Hervorzuheben ist für den internationalen Bereich zudem das → Haager Übereinkommen über die internationale Geltendmachung der Unterhaltsansprüche von Kindern und anderen Familienangehörigen vom 23.11.2007.

Der Unterhaltsanspruch des Kindes gegen einen Elternteil geht auf den Dritten über, der das Kind unterhalten hat (§ 1607 Abs. 3 BGB). Bei Leistung von → Unterhaltsvorschuss, → Sozialhilfe sowie Sozialgeld sehen § 7 Unterhaltsvorschussgesetz (UVG), § 94 SGB XII und § 33 SGB II einen gesetzlichen Forderungsübergang vor. Durch Rückabtretung kann dem bisherigen Gläubiger die Befugnis zur gerichtlichen Geltendmachung verschafft werden. Zulasten des → Trägers der Sozialhilfe darf nicht auf Unterhalt verzichtet werden (BGH v. 8.12.1982, BGHZ 86, 82).

Weil das Unterhaltsrecht wegen der Häufung → unbestimmter Rechtsbegriffe weitgehend Richterrecht ist, haben fast alle Oberlandesgerichte zur Wahrung der Rechtseinheit in ihrem Bezirk Leitlinien als Orientierungshilfe herausgegeben. Sie können auf der Internetseite des Deutschen Familiengerichtstags e.V. (www.dfgt.de) aufgerufen werden.

*Lit.* Brühl, G./Göppinger, H./Wax, P.: Unterhaltsrecht, 9. Aufl., Bielefeld 2008; Büte, D./Poppen, E./Menne, M. (Hrsg.): Unterhaltsrecht, Kommentar, 3. Aufl., München 2015; Eschenbruch, K./Schürmann, H. (Hrsg.): Der Unterhaltsprozess. Praxishandbuch des materiellen Unterhaltsrechts und des Verfahrens in Unterhaltssachen, 6. Aufl., Köln 2013; Niepmann, B./Schwamb, W.: Die Rechtsprechung zur Höhe des Unterhalts, 12. Aufl., München 2013; Wendl, P./Dose, H. J. (Hrsg.): Das Unterhaltsrecht in der familienrichterlichen Praxis. Handbuch, 9. Aufl., München 2015.

*Petra Birnstengel/Thomas Meysen*

**Unterhaltspflichtiger, Inanspruchnahme/ Heranziehung** → Übergang von Ansprüchen

**Unterhaltssicherungsgesetz** (USG) ist Teil der vom Deutschen Bundestag nach der im Februar 1955 erfolgten Ratifizierung der Pariser Verträge (Aufhebung des Besatzungsstatuts, Aufnahme in die Westeuropäische Union und in die NATO) und der damit faktisch verbundenen Besiegelung der – bis zum Wirksamwerden des Beitritts der Deutschen Demokratischen Republik am 3.10.1990 andauernden – deutschen Zweistaatlichkeit beschlossenen Wehrverfassung und Wehrgesetzgebung (Freiwilligengesetz vom 23.7.1955, Soldatengesetz vom 19.3.1956, Wehrpflichtgesetz vom 21.7.1956) – als Gesetz über die Sicherung des Unterhalts für Angehörige der zum Wehrdienst einberufenen Wehrpflichtigen vom 26.7.1957 (BGBl. I S. 1046) mit Wirkung vom 1.4.1957 in Kraft getreten, seit 1961 unter der Bezeichnung Gesetz über die Sicherung des Unterhalts der zum Wehrdienst einberufenen Wehrpflichtigen und ihrer Angehörigen (Unterhaltssicherungsgesetz – USG) mehrfach in neuer Fassung bekanntgemacht und nach konstitutiver Neufassung (Art. 2 des Gesetzes zur Neuregelung der Unterhaltssicherung sowie zur Änderung soldatenrechtlicher Vorschriften vom 29.6.2015, BGBl. I S. 1061) seit dem 1.11.2015 als Gesetz über die Leistungen an Reservedienst Leistende und zur Sicherung des Unterhalts der Angehörigen von freiwilligen Wehrdienst Leistenden (Unterhaltssicherungsgesetz – USG) in Kraft. Die Zuständigkeit für die Durchführung des USG ist nunmehr beim Bundesamt für das Personalmanagement der Bundeswehr in Düsseldorf zentralisiert, sodass vom Ergebnis einem Gutachten entsprochen wird, in dem der Bundesrechnungshof (Modernisierung der Verwaltungsbeziehungen von Bund und Ländern, 2007, 111 ff.) die Aufgabenwahrnehmung durch seinerzeit 509 – vornehmlich in Landkreisen, kreisfreien Städten und größeren kreisangehörigen Städten eingerichteten – Unterhaltssicherungsstellen als nicht verwaltungsökonomisch kritisiert hat. Nach dem USG wird den Reservistendienst Leistenden im Rahmen von Mindest- und Höchstbeträgen der Verdienstausfall (Nichtselbstständige) ersetzt bzw. eine Entschädigung (Selbstständige) erbracht, die der Nettobesoldung von Soldatinnen und Soldaten des gleichen Dienstgrades entspricht oder mit den Tagessätzen einen ggf. höheren zivilen Verdienstausfall abdeckt. Neben diese Sicherung des Einkommens treten bisher im Wehrsoldgesetz geregelte Zulagen und Prämien, mit denen das USG zu einem Anreizsystem für mehr Reservistendienstleistung gebündelt wird. Angesichts der seit Juli 2011 (nur noch) im Spannungs- oder Verteidigungsfall geltenden Wehrpflicht gewährleistet das USG bei freiwilligem Wehrdienst, dass die deshalb Anspruchsberechtigten und ihre Familien unter Maßgabe der u.a. zur Erstattung von Aufwendungen für Wohnraum, zur Wirtschaftsbeihilfe an Landwirte, Gewerbetreibende und Selbstständige sowie für Angehörige im gemeinsamen Haushalt und für getrennt lebende Angehörige in §§ 12 ff. USG eingerichteten Leistungstatbestände nicht den allgemeinen Fürsorgegesetzen anheimfallen können.

*Gottfried Eichhoff*

**Unterhaltsvorschuss/Unterhaltsvorschussgesetz (UVG)** Der U. wurde als bedarfs- und einkommensunabhängige → Sozialleistung zum 1.1.1980 mit dem Gesetz zur Sicherung des Unterhalts von Kindern alleinstehender Mütter und Väter durch Unterhaltsvorschüsse und -ausfallleistungen – Unterhaltsvorschussgesetz (UVG) eingeführt. Als vorübergehende Leistung konzipiert sollte der U. als typisierter → Mindestunterhalt in Fällen ausbleibender oder unregelmäßiger Unterhaltszahlungen zur Existenzsicherung des Kindes beitragen. Aufgrund vielfach auch langfristig ausbleibenden Unterhalts hat der U. in der Praxis als eine der zentralen sozial- und gleichzeitig familienpolitischen Leistungen (→ Familienleistungen) für Kinder alleinerziehender Mütter und Väter (→ Alleinerziehende) einen hohen Stellwert.

Anspruch auf U. haben Kinder, die das zwölfte Lebensjahr noch nicht vollendet haben (§ 1 UVG), bei einem ihrer Elternteile leben, der ledig, verwitwet, geschieden oder dauerhaft von seinem Ehegatten oder Lebenspartner getrennt lebt, und die vom anderen Elternteil nicht oder nicht regelmäßig Unterhalt erhalten (→ Unterhaltspflicht). Gleiches gilt, wenn der andere Elternteil verstorben ist und die Waisenbezüge (→ Waisenrente) nicht die Höhe des U. erreichen. Sofern der Bedarf des Kindes durch Leistungen nach dem SGB VIII gedeckt ist, besteht kein Anspruch auf U. U. kann längstens für die Dauer von 72 Monaten bezogen werden (§ 3 UVG). Unerheblich für die Bezugsdauer sind dabei Monate, in denen U. trotz unverzüglicher Mitteilung der Änderungen der Verhältnisse, die leistungserheblich sind bzw. über die im Zusammenhang mit der Leistung Erklärungen abgegeben worden sind, zunächst gezahlt worden ist, sofern die betreffenden U.-Leistungen nach § 5 UVG vollständig ersetzt oder zurückgezahlt worden sind. Eine anteilige Zahlung von U. ist möglich, sofern die Voraussetzungen nur für einen Teil des Monats vorliegen. Der Anspruch ist ausgeschlossen, wenn der alleinstehende Elternteil mit dem anderen Elternteil zusammenlebt, wenn er sich weigert, Auskünfte zu erteilen, die zur Durchführung des UVG notwendig sind, oder nicht zur Mitwirkung bei der Feststellung der Vaterschaft oder des → Aufenthalts des anderen Elternteils bereit ist. Der Anspruch entfällt zudem, wenn der Elternteil, bei dem das Kind lebt, einen neuen Partner/eine neue Partnerin heiratet, obwohl weder eine Unterhaltspflicht zwischen Stiefelternteil und → Stiefkind besteht noch sich an der bestehenden Unterhaltspflicht des nicht betreuenden Elternteils etwas ändert.

Die Leistungen nach dem UVG richten sich nach dem Mindestunterhalt (§ 1612 a → Bürgerliches Gesetzbuch [BGB]) und sollen das sächliche → Existenzminimum abdecken. Von dem sich nach § 1612 a BGB ergebenden Mindestunterhalt wird das → Kindergeld in der für das erste Kind zu zahlenden Höhe abgezogen, sofern der alleinstehende Elternteil, wie es regelmäßig der Fall ist, das Kindergeld bezieht. Gleiches gilt bei Erhalt einer dem Kindergeld vergleichbaren Leistungen (§ 65 Abs. 1 Einkommensteuergesetz [EStG] oder § 4 Abs. 1 Bundeskindergeldgesetz [BKGG]) und in Fällen, in denen ein Dritter, der nicht der andere Elternteil ist, Anspruch auf diese Leistungen hat. Nach Abzug des Kindergeldes ergeben sich ab 1.1.2016 folgende Zahlbeträge des UVG: bis zu 145 Euro monatlich für Kinder bis unter sechs Jahren und bis zu 194 Euro monatlich für Kinder von sechs bis unter zwölf Jahren. Unterhaltszahlungen des anderen Elternteils sind ebenso wie Waisenbezüge und entsprechende

Schadensersatzleistungen, die wegen des Todes des anderen Elternteils oder eines Stiefelternteils gezahlt werden, anzurechnen und die Zahlbeträge in den betreffenden Monaten entsprechend zu mindern. Auszahlungsbeträge werden auf volle Euro aufgerundet, wobei Beträge unter 5 Euro nicht geleistet werden (§ 9 UVG).

Der monatlich im Voraus zu zahlenden U. muss durch den Elternteil, bei dem das Kind lebt, oder den → gesetzlichen Vertreter des Kindes schriftlich bei der örtlich (→ Zuständigkeit, sachliche und örtliche) zuständigen, durch Landesrecht bestimmten Stelle, i.d.R. dem → Jugendamt, beantragt werden. Dabei erfolgt eine rückwirkende Zahlung maximal für den letzten Monat vor dem Monat der Antragstellung, es sei denn, der Elternteil, bei dem das Kind lebt, hat sich nicht in zumutbarer Weise darum bemüht, den anderen Elternteil zu Unterhaltszahlungen zu veranlassen. Das UVG regelt in § 6 Auskunfts- und Anzeigepflichten. Diese treffen in unterschiedlicher Ausführung zum einen den Elternteil, bei dem das Kind lebt, zum anderen auch dessen Arbeitgeber sowie Versicherungsunternehmen. Änderungen der Verhältnisse, die leistungserheblich sind oder über die im Zusammenhang mit der Leistung des U. Erklärungen abgegeben worden sind, müssen vom Elternteil, bei dem das Kind lebt, oder dem gesetzlichen Vertreter des Kindes unverzüglich mitgeteilt werden. Zudem sieht § 6 UVG Möglichkeiten des → Datenabgleichs und des Kontenabrufs vor, um die zuständigen Stellen bei der Durchführung des UVG, insbesondere auch der Geltendmachung von Regressansprüchen, zu unterstützen.

Die Finanzierung erfolgt zu einem Drittel durch den Bund, zu zwei Dritteln durch die Länder (§ 8 Abs. 1 S. 1 UVG), wobei die Länder die Ermächtigung haben, die Kommunen an den Ausgaben und Einnahmen der Leistungen nach dem UVG zu beteiligen (§ 8 Abs. 1 S. 2). Die Beteiligungspraxis der Länder wird sehr unterschiedlich gehandhabt. Sofern öffentliche Kassen U. zahlen, geht der Unterhaltsanspruch des Kindes gegen den Unterhaltsschuldner auf das Land über (§ 7). Hiernach eingezogene Beträge gehen zu einem Drittel an den Bund (§ 8 Abs. 2 UVG). UVG schließt den Anspruch auf Leistungen der → Grundsicherung für Arbeitssuchende (SGB II) oder → Sozialhilfe (SGB XII) nicht aus, wird aber als → Einkommen des Kindes angerechnet. In Fällen des Parallelbezugs von SGB II und U. führt die Zahlung des UV daher nicht zu einer Verbesserung der finanziellen Situation. Da dies einen Großteil der Alleinerziehenden, die UV erhalten, betrifft und mit diesem Parallelbezug hohe Bürokratiekosten verbunden sind, gibt es aktuell Reformüberlegungen zu einer Neuregelung des Verhältnisses UVG und SGB II.

*Romy Ahner*

**Unterkunft, Kosten der (KdU)** Das »Dach über dem Kopf« zählt mit zu den grundlegendsten → Bedürfnissen. Das → Grundrecht auf Gewährleistung eines menschenwürdigen → Existenzminimums sichert den Berechtigten von → Arbeitslosengeld II und → Sozialhilfe und ihren Angehörigen auch die für ihre physische Existenz unerlässlichen → Bedarfe in Verbindung mit ihrer Unterkunft zu (vgl u.a. BVerfG, Urt. v. 9.2.2010 – 1 BvL 1/09). Im SGB II und SGB XII werden ergänzend zum Mietzins auch Bedarfe wie → Heizkosten, Umzugskosten, Mietkaution, Miet- und Energieschulden sowie die Direktzahlung an Vermieter oder Energieversorgungsunternehmen geregelt.

Bei Mietwohnungen umfassen die KdU i.d.R. die Kaltmiete sowie die Betriebskosten (inkl. → Heizkosten), bei Eigenheimen die notwendigen laufenden Ausgaben. Die KdU werden in tatsächlicher Höhe anerkannt, soweit sie »angemessen« sind. Die Angemessenheitsgrenzen ergeben sich aus den von den Kommunen nach einem bestimmten Verfahren entwickelten Referenzwerten, die oft auch Richtwerte oder Mietobergrenzen genannt werden.

Liegen die KdU über dem Referenzwert, wird die unangemessene KdU (nur) so lange anerkannt, wie es den Betroffenen nicht möglich oder nicht zumutbar ist, die Aufwendungen z.B. durch Untervermietung, einen Wohnungswechsel (ultima ratio) oder auf andere Weise zu senken, i.d.R. jedoch längstens für sechs Monate. Hierfür ist ein Kostensenkungsverfahren durchzuführen. Die Sechsmonatsfrist ist keine starre Frist. Je nach den Umständen des Einzelfalls kann sie sich verkürzen oder verlängern. Werden überhaupt keine Kostensenkungsversuche unternommen, ist die Absenkung spätestens nach Ablauf der Sechsmonatsfrist berechtigt. Die Kostensenkungsaufforderung leitet das Senkungsverfahren ein. Sie ist zwingende Voraussetzung für eine spätere Absenkung. Sie ist kein → Verwaltungsakt, ein Widerspruch dagegen ist unzulässig. Sie klärt lediglich über die angemessene Höhe der KdU auf und fordert zur Kostensenkung auf. Sie stellt ein Angebot des Leistungsträgers dar, in den Dialog einzutreten. → Leistungsberechtigte haben so die Gelegenheit vorzutragen, aus welchen Gründen sie die Einschätzung der Behörde für nicht zutreffend halten, z.B. weil ein Kind erwartet wird oder bei → Alleinerziehenden die Kinderbetreuung nach dem Umzug nicht mehr gesichert ist.

Unterkünfte sind Einrichtungen oder Anlagen, die geeignet sind, vor Wind und Wetter zu schützen, und die eine gewisse Privatsphäre gewährleisten. So zählen neben Wohnungen und Eigenheimen auch Wohnwagen, Wohnmobile und Unterkünfte im Rahmen der Wohnungsnotfallhilfe (→ Wohnungslosigkeit/Wohnungslosenhilfe) dazu, nicht dagegen Geschäftsräume.

Als KdU sind sämtliche Zahlungsverpflichtungen berücksichtigungsfähig, die sich aus einem wirksam geschlossenen Mietvertrag ergeben und tatsächlich gezahlt werden. Soweit das Jobcenter/das Sozialamt eine Regelung des Mietvertrags für unwirksam hält, muss es ein Kostensenkungsverfahren (s.o.) einleiten und die Betroffenen »an die Hand nehmen«, indem es ihnen das befürwortete Vorgehen gegenüber den Vermietern aufzeigt und sie in die Lage versetzt, ihre Rechte gegenüber diesen wahrzunehmen. Dies kann z.B. auch durch die Übernahme von Mietervereinsbeiträgen geschehen. Bei Eigenheimen zählen die mit dem Eigentum unmittelbar verbundenen Lasten als Bedarfe der KdU wie Schuldzinsen (i.d.R. keine Tilgungsraten), die kalten Betriebskosten inkl. Grundsteuer, Versicherungsbeiträge und die Heizkosten. Die Angemessenheit wird hier ermittelt, indem die Gesamtkosten im Kalenderjahr mit dem – auf ein Jahr hochgerechneten – Referenzwert (s.o.) verglichen werden. Unabweisbare Aufwendungen für Instandhaltung und Reparaturen am Eigenheim sind ebenfalls übernahmefähig, soweit sie unter Berücksichtigung der Jahresangemessenheitsgrenze insgesamt angemessen sind. Wird diese Obergrenze überschritten, kann das Jobcenter für den übersteigenden Betrag ein → Darlehen gewähren.

Das Jobcenter kann die KdU direkt an Vermieter und Energieversorgungsunternehmen auszahlen, wenn eine zweckentsprechende Verwendung z.B. wegen Mietschulden, die zur außerordentlichen Kündigung berechtigen, nicht sichergestellt ist oder auf Antrag der Leistungsberechtigten. Nachzahlungen aus Betriebs- und Heizkostenabrechnungen werden grundsätzlich berücksichtigt, wenn zum Zeitpunkt ihrer Fälligkeit Leistungen nach dem SGB II/SGB XII bezogen werden. Dies gilt nicht, soweit die Nachzahlung auf bereits gewährten, aber nicht weitergeleiteten Leistungen beruht.

Bei einem Umzug sollen sich die Berechtigten vor Abschluss eines Mietvertrags die Zusicherung einholen, dass die neuen KdU berücksichtigungsfähig sind. Ist der Umzug erforderlich oder durch den Träger veranlasst und sind die KdU angemessen, ist die Zustimmung zu erteilen. Zwingend erforderlich ist ein Umzug z.B. bei einer Gehbehinderung, wenn die Wohnung mangels Aufzug kaum noch oder nicht mehr ohne fremde Hilfe erreichbar ist oder wenn eine Arbeitsaufnahme einen Umzug wegen unverhältnismäßiger Pendelzeiten bedingt. Nicht zwingend, im Einzelfall aber möglich, kann sich die Notwendigkeit eines Umzugs auch aus der bevorstehenden Geburt eines Kindes, bei Alleinerziehung, Trennung, Ausübung des → Umgangsrechts, dem Älterwerden der Kinder oder/und aus dem baulichen Zustand, dem Zuschnitt bzw. der Lage und Umfeld einer Wohnung ergeben. Erwerbsfähige unter 25-Jährige erhalten die Zusicherung nur, wenn schwerwiegende soziale Gründe vorliegen oder wenn ein Umzug wegen der Integration in den → Arbeitsmarkt erforderlich ist.

Umzugs- und Wohnungsbeschaffungskosten sowie Mietkautionen/Genossenschaftsanteile können bei vorheriger Zustimmung übernommen werden. Mietkautionen werden i.d.R. als Darlehen gewährt. Mietschulden oder Schulden beim Energieversorger können übernommen werden, soweit dies zur Sicherung der Unterkunft oder der Energieversorgung gerechtfertigt ist, z.B. Wohnungslosigkeit einzutreten droht. In stationären Einrichtungen, z.B. Pflegeeinrichtungen, sind die KdU Bestandteil des Pflegesatzes und werden separat ausgewiesen.

*Thorsten Wieland*

**Unternehmenskultur** → Leitbild(-entwicklung)

**Unternehmertum, soziales** → Soziales Unternehmertum

**Unterstützte Beschäftigung** wurde Ende der 1970er-Jahre in den USA als Konzept für Menschen mit Behinderung und besonderem Unterstützungsbedarf entwickelt (supported employment).

Der europäische Dachverband European Union of Supported Employment (www.euse.org) definiert das Konzept U. B. als Unterstützung von → behinderten Menschen oder anderen benachteiligten Gruppen beim Erlangen und Erhalten von bezahlter Arbeit (tarifliche/ortsübliche Entlohnung) in Betrieben des allgemeinen Arbeitsmarktes so lange wie erforderlich.

U. B. ist ein wertegeleiteter, methodischer Ansatz zur beruflichen Teilhabe (→ Teilhabe am Arbeitsleben für Menschen mit Behinderung) und orientiert sich an den Zielen der → UN-Behindertenrechtskonvention. Hierbei sind die Lebensbereiche Arbeit, Wohnen und Freizeit ganzheitlich zu berücksichtigen (→ Sozialraumorientierung). Ausgangspunkt ist der Mensch mit seinen Fähigkeiten, Interessen und Potenzialen. Zugleich werden die Anforderungen von Betrieben analysiert. Auf dieser Basis wird ein Arbeitsplatz gesucht und ggf. angepasst. Kerninhalte von U. B. sind: (1) Vorbereitung durch individuelle Berufsplanung; (2) Erprobung auf Qualifizierungsplätzen in verschiedenen Betrieben und Akquisition eines Arbeitsplatzes (Prinzip »erst platzieren, dann qualifizieren«); (3) individuelle Passung: Eine betriebliche Eingliederung gelingt umso eher, je mehr die Fähigkeiten der Beschäftigten und die Anforderungen am Arbeitsplatz übereinstimmen; (4) Job Coaching: Unterstützung zur Einarbeitung und sozialen Integration im Betrieb durch geschulte Fachkräfte (Job Coaches); (5) Vermittlung in ein → Arbeitsverhältnis, Stabilisierung der Beschäftigung sowie ggf. weitergehende Unterstützung. Ein Fachdienst bzw. Job Coach begleitet den Prozess in Abstimmung mit allen Beteiligten, ggf. auch Schulen, Bildungsanbietern und → Werkstätten für behinderte Menschen (WfbM). Die Unterstützung im Betrieb schließt nicht aus, erforderliche Bildungsinhalte ergänzend überbetrieblich zu vermitteln.

Ausgehend von positiven Erfahrungen mit dem Konzept U. B. hat das → Bundesministerium für Arbeit und Soziales mit dem Gesetz zur Einführung »Unterstützter Beschäftigung« vom 22.12.2008 mit § 38 a SGB IX eine neue Leistung verankert. U. B. nach § 38 a SGB IX steht seit Anfang 2009 für behinderte Personen, die einen besonderen Unterstützungsbedarf haben, aber nicht das Angebot der WfbM benötigen und einen sozialversicherungspflichtigen Arbeitsplatz anstreben bundesweit zur Verfügung. Nach Einführung des § 38 a SGB IX ist zwischen dieser gesetzlichen Maßnahme und dem zuvor beschriebenen Konzept U. B. zu unterscheiden. Letzteres ist umfassender und gilt auch dann, wenn ein sozialversicherungspflichtiges Arbeitsverhältnis nicht erreicht werden kann. Inhalte des Konzepts U. B. finden sich – neben § 38 a SGB IX – z.B. in der Berufsorientierung in Schulen, in Übergangskonzepten der WfbM auf den allgemeinen Arbeitsmarkt und v.a. in der Aufgabenbeschreibung der → Integrationsfachdienste (vgl. www.bag-ub.de).

*Jörg Bungart*

**Unterstützte Kommunikation** bezeichnet Formen der → Kommunikation, die mit → Hilfsmitteln oder körpereigenem Ausdruck unterstützt werden. Mit dem Oberbegriff U. K. werden vielfältige Kommunikationsmöglichkeiten für nicht lautsprachlich kommunizierende oder kaum sprechende Menschen (→ sprachbehinderte Menschen) beschrieben, die in ein System münden sollen: Blickbewegungen, Mimik, Laute, Gestik, Körperhaltung, Körperbewegungen, Gebärden (→ Gebärdensprache), Handzeichen ebenso wie nichtelektronische Hilfen (Piktogrammsysteme, Kommunikationstafeln), elektronische Hilfen (Sprachausgabegeräte- und schalter, PC-Ansteuerungen, spezielle Software, Tablets/I-Pads) und u.U. auch Schriftsprache. U. K. erklärt bei den Betroffenen keine bestimmte kognitive Ausgangslage oder spezifische Fertigkeiten zur Mindestvoraussetzung einer Förderung; stattdessen wird davon ausgegangen, dass die kommunikativen Kompetenzen jedes Menschen erweitert werden können (Voraussetzungslosigkeit als Prinzip). Die Methode der Anbahnung und des Aufbaus eines Kommunikationssystems muss den jeweiligen individuellen Möglichkeiten des Menschen angepasst werden. U. K. sollte für nicht lautsprachlich kommunizierende Menschen in allen Feldern der → Sonder- und Sozialpädagogik in Zusammenarbeit mit den Familien eingesetzt werden: in der → Frühförderung, im Kindergarten, im → Hort, in der Schule, in der → Werkstatt, in Wohnheimen und Freizeiteinrichtungen. Betroffenen die U. K. vorzuenthalten, ist einem Verwehren von Entwicklungsmöglichkeiten gleichzusetzen. Im Sinne der → UN-Behindertenrechtskonvention sollte ein »Recht auf Kommunikation« in Betracht gezogen werden.

*Angelika Rothmayr*

**Unwirtschaftliches Verhalten** ist ein tatsächliches Kriterium, das in der → Grundsicherung für Arbeitsuchende (SGB II) im Einzelfall eine vom Regelfall der → Geldleistung abweichende Bedarfsdeckung in Form der → Sachleistung rechtfertigen kann (§ 24 Abs. 2 SGB II). Die Abweichung bezieht sich nur auf die Deckung des → Regelbedarfs. → Mehrbedarfe sowie Bedarf für → Unterkunft und → Heizung können nicht als Sachleistung erbracht werden. Voraussetzung für die Abweichung ist, dass die leistungsberechtigte Person ungeeignet ist, ihren → Bedarf mit der ihr zustehenden Geldleistung zu decken; Indiz dafür ist neben einer Drogen- und Alkoholabhängigkeit (→ Sucht) u.a. das im Einzelfall zu belegende u. V.

U. V. wird verstanden als ein verschwenderischer, mit dem üblichen Verbraucherhalten nicht zu vereinbarender Umgang mit den zum Lebensunterhalt zur Verfügung stehenden Mitteln. Die Beurteilung als u. V. hat dabei die Grenzen zu beachten, die sich aus dem → Verhältnismäßigkeitsgrundsatz und der wirtschaftlichen Dispositionsfreiheit ergeben. Weder reichen einmalige, möglicherweise auf ein u. V. hinweisende Vorkommnisse aus, noch kann es auf die Vorwerfbarkeit ankommen, ebenso wenig sind pauschale Annahmen zulässig. Das Vorliegen u. V. und die daraus resultierende Ungeeignetheit sind immer anhand konkreter Tatsachen im Einzelfall zu beurteilen.

Zur Stärkung der gesetzlich geforderten Eigenverantwortung (§ 1 SGB II) der Betroffenen ist vorab zu prüfen, ob sie nicht durch andere vorrangige persönliche und soziale Unterstützungsmaßnahmen (z.B. Erlernen von Haushalts-/Wirtschaftsplanung, → Schuldnerberatung) zum adäquaten Umgang mit Geld angeleitet werden können und damit das u. V. abgestellt werden kann. Erst wenn diese sozialen Hilfen nicht erfolgreich sind, kann aufgrund des nachgewiesenen u. V. eine abweichende Erbringung in Form der vollen oder anteiligen Sachleistung in Betracht kommen. Die Umstellung auf die Sachleistung setzt eine → Anhörung und eine Belehrung über die Rechtsfolgen voraus.

Die Fortsetzung des u. V. trotz Belehrung über die Rechtsfolgen stellt gem. § 31 Abs. 2 Ziff. 3 SGB II eine Pflichtverletzung dar mit der Folge, dass sie eine → Sanktion in Form der Leistungskürzung auslöst. Im Rahmen der → Sozialhilfe rechtfertigt die Fortsetzung des u. V. die Beschränkung der Leistungen bis auf das für den Lebensunterhalt Unerlässliche unter Berücksichtigung des Schutzes der anderen Haushaltsangehörigen (→ Haushaltsgemeinschaft) (vgl. § 26 Abs. 1 SGB XII). Diese Sanktionsnormen begegnen erheblichen verfassungsrechtlichen Bedenken. Voraussetzung der Sanktionierung der Fortsetzung u. V. ist neben der gesetzlich erforderlichen Rechtsfolgenbelehrung die Zurechen- und Vorwerfbarkeit des u. V., d.h. der/die → Leistungsberechtigte muss die Unwirtschaftlichkeit des eigenen → Verhaltens erkennen können und bewusst daran festhalten. Die Sanktionierung darf wie im Falle der Erbringung der Sachleistungen aufgrund u. V. weder zu einer generellen Einschränkung der Dispositionsfreiheit noch zu einer allgemeinen Verwendungs- bzw. »Lebensführungskontrolle« (→ soziale Kontrolle) verwendet werden.

*Maria Meyer-Höger*

**Variablen** → Statistische Grundlagen der Sozialen Arbeit

**Vätermonate** → Elternzeit

**Vater/Mutter-Kind-Einrichtungen** Anspruch auf Hilfe in gemeinsamen Wohnformen gemäß § 19 SGB VIII haben Schwangere, Mütter oder Väter, die allein für ein Kind unter sechs Jahren zu sorgen haben (→ Alleinerziehende) und wegen persönlicher und sozialer Schwierigkeiten für sich und das Kind gezielte Hilfen benötigen. Eine rechtlich bestehende gemeinsame Sorge steht dem Leistungsanspruch nicht entgegen. Das Statistische Bundesamt zählte 2010 bundesweit 329 V. mit insgesamt 4.021 Plätzen, davon 3.822 Plätze in Einrichtungen freier Träger. Zum Betrieb der Einrichtungen ist i.d.R. eine Erlaubnis gemäß § 45 SGB VIII erforderlich.

Aufnahmegründe sind die Verknüpfung von Persönlichkeitsproblemen der Schwangeren/Mütter/Väter mit Problemen bei der Pflege und Versorgung des Kindes und bei der Alltagsbewältigung. In den letzten Jahren ist der Anteil der Eltern mit psychischen Beeinträchtigungen (→ Borderline-Störung, → Depression, Traumafolgestörung [ → Trauma] usw.) deutlich gestiegen. In vielfältigen Wohn- und Betreuungsformen werden komplexe Hilfeleistungen erbracht, die sich am individuellen Hilfebedarf der Klient/innen (gemäß § 36 SGB VIII) und ihrer Kinder orientieren und darauf zielen, diesen spezifischen Hilfebedarf ganzheitlich abzudecken und zu einem gemeinsamen Leben mit Kind zu befähigen. Das Leistungsspektrum umfasst tagesstrukturierende Maßnahmen, Hilfen im lebenspraktischen Bereich, sozialpädagogische Beratung zur Persönlichkeitsent-wicklung, Anleitung und Förderung der Mutter/Vater-Kind-Beziehungen und der Erziehungskompetenz sowie Hilfe und Unterstützung bei der Geltendmachung finanzieller Ansprüche und → Sozialleistungen, bei rechtlichen Unsicherheiten, bei der Gesundheitsvorsorge oder der Entwicklung beruflicher Perspektiven.

Da die Bewohner/innen überwiegend mehrere Risikofaktoren aufweisen (jugendliche Mutterschaft, fehlende Schulabschlüsse, Alleinverantwortung für das Kind, psychische Instabilität oder Erkrankung, eingeschränkte intellektuelle Kompetenzen, Suchtprobleme, Gewalt- oder andere traumatische Erfahrungen u.a.) zählt der → Kinderschutz und die Förderung von → Resilienz zu den Kernaufgaben der Einrichtungen. Die Mitarbeiter/innen verfügen über besondere Erfahrungen und Kompetenzen im Kontext von Kindeswohlgefährdung (§ 8 a SGB VIII). Wenn die professionelle Einschätzung im Einzelfall eine Kindeswohlgefährdung anzeigt, erfolgen in Kooperation mit dem zuständigen → Jugendamt und ggf. dem → Familiengericht zeitnahe Konsequenzen (z.B. vorübergehende oder dauerhafte Trennungen von Mutter/Vater und Kind).

Zu den fachlichen Standards der Arbeit zählen die Beschäftigung festangestellter Fachkräfte (überwiegend → Sozialarbeiter/innen und Sozialpädagog/innen sowie → Erzieher/innen) und deren Zusammenarbeit im Team, fortlaufende fachliche Qualifizierung (→ Fort- und Weiterbildung, → Supervision) und eine gute Vernetzung mit anderen Diensten. In den letzten Jahren sind die neuesten Erkenntnisse der → Entwicklungspsychologie, der Bindungsforschung (→ Bindung/Beziehung in der Sozialen Arbeit), der Neuropsychologie und der Traumapädagogik zunehmend in die Konzepte der Einrichtungen eingeflossen.

*Petra Winkelmann*

**Vaterschaftsanerkennung** ist neben der → Ehe des Mannes mit der Mutter und der gerichtlichen Feststellung der Vaterschaft (→ Vaterschaftsprozess) dritter Rechtsgrund für die Begründung der Vaterschaft (§§ 1592 Nr. 2, 1594 ff. → Bürgerliches Gesetzbuch [BGB]). Die V. ist ein höchstpersönliches Rechtsgeschäft (§ 1596 Abs. 4 BGB), das öffentlicher Beurkundung bedarf (§ 1597 Abs. 1 BGB). Ein beschränkt geschäftsfähiger Mann bedarf zu seiner V. der Zustimmung seines → gesetzlichen Vertreters, für den Geschäftsunfähigen kann der gesetzliche Vertreter mit Zustimmung des → Familiengerichts die Vaterschaft anerkennen (§ 1596 Abs. 1 BGB). Die V. bedarf stets der Zustimmung der Mutter und zusätzlich des Kindes, wenn der Mutter insoweit die → elterliche Sorge nicht zusteht (§ 1595 BGB); die Zustimmung ist gleichfalls formbedürftig. Die V. und die Zustimmung sind bedingungs- und befristungsfeindlich und schon vor der Geburt des Kindes möglich (§§ 1594 Abs. 3 und 4, 1595 Abs. 3 BGB). Die Rechtswirkungen der V. können erst von dem Zeitpunkt geltend gemacht werden, zu dem die V. wirksam wird (§ 1594 Abs. 1 BGB); sie ist nicht wirksam, solange die (juristische) Vaterschaft eines anderen Mannes besteht (§ 1594 Abs. 2 BGB) oder wenn sie den Erfordernissen der §§ 1594 ff. BGB nicht genügt (§ 1598 Abs. 1 BGB; Ausnahme Abs. 2: Seit der Eintragung in ein deutsches Personenstandsregister sind fünf Jahre verstrichen). Der Mann kann die V. widerrufen, wenn sie ein Jahr nach Beurkundung noch nicht wirksam geworden ist. Ansonsten ist nur eine → Vaterschaftsanfechtung möglich.

*Lutz Haertlein*

**Vaterschaftsanfechtung** (§§ 1599–1600 c → Bürgerliches Gesetzbuch [BGB]) knüpft an die Regelungen zur Vaterschaft der §§ 1592, 1593 BGB an: Die Geltendmachung der Nichtabstammung (→ Abstammung) des Kindes von dem Mann setzt aus Gründen der Rechtssicherheit die rechtskräftige Feststellung voraus, dass der Mann nicht der Vater des Kindes ist (§ 1599 Abs. 1 BGB). Anfechtungsberechtigt sind der Mann, der gem. §§ 1592 Nr. 1, 2, 1593 BGB als Vater gilt (juristischer Vater), die Mutter und das Kind (§ 1600 Abs. 1 Nr. 1, 3, 4 BGB) sowie die nach § 1592 Nr. 2 BGB zuständige Behörde (§ 1600 Abs. 1 Nr. 5 BGB). Ausgeschlossen ist die V. durch den Mann oder die Mutter, wenn das Kind mit beider Einwilligung durch künstliche Befruchtung mittels Samenspende eines Dritten gezeugt worden ist (§ 1600 Abs. 4 BGB). Ferner ist anfechtungsberechtigt der Mann, der versichert, der Mutter während der Empfängniszeit beigewohnt zu haben, aber nur, wenn zwischen dem Kind und dem Mann, der als Vater gilt, keine sozial-familiäre Beziehung besteht oder bestanden hat und der Anfechtende leiblicher Vater des Kindes ist (§ 1600 Abs. 1 Nr. 2, Abs. 2 und 3 BGB). Das Anfechtungsrecht ist höchstpersönlich (§ 1600 a BGB). Die Anfechtungsberechtigten (außer dem Kind) können die Vaterschaft nur selbst anfechten, und zwar auch, wenn sie in der → Geschäftsfähigkeit beschränkt sind; bei Geschäftsunfähigkeit kann nur der → gesetzliche Vertreter anfechten, und nur, falls die Anfechtung dem Wohl des Vertretenen dient. Auch für ein geschäftsunfähiges oder beschränkt geschäftsfähiges Kind kann nur der gesetzliche Vertreter anfechten, und nur zum Wohl des Kindes. Ein unbeschränkt geschäftsfähiges Kind kann das Anfechtungsrecht nur höchstpersönlich ausüben. Die V. kann nur binnen einer Ausschlussfrist von zwei Jahren erfolgen, beginnend mit Erlangung der Kenntnis von den Umständen, die gegen die Vaterschaft sprechen, frühestens mit der Geburt des Kindes bzw. der Wirksamkeit der → Vaterschaftsanerkennung (§ 1600 b Abs. 1, Abs. 2 S. 1 BGB). Der Fristablauf ist gehemmt, solange der Anfechtungsberechtigte widerrechtlich durch Drohung an der Anfechtung gehindert wird (§ 1600 b Abs. 6 S. 1 BGB). Auch bei einer V. durch das Kind gelten die genannten Fristen gem. § 1600 b BGB. Hat allerdings der gesetzliche Vertreter eines minderjährigen oder geschäftsunfähigen Kindes die Vaterschaft nicht rechtzeitig angefochten, so kann noch das Kind nach Eintritt der → Volljährigkeit oder nach Wegfall der Geschäftsunfähigkeit selbst innerhalb einer Frist von zwei Jahren anfechten (§ 1600 b Abs. 3 und 4 BGB). Ferner beginnt die Zweijahresfrist erneut zu laufen, wenn das Kind von Umständen erfährt, aufgrund derer die Folgen der Vaterschaft für es unzumutbar werden (§ 1600 b Abs. 6 BGB), insbesondere. z.B. bei einer schweren Verfehlung des Mannes gegen das Kind. Anfechtungsgrund ist für alle Fälle die Nichtabstammung des Kindes von dem Ehemann der Mutter bzw. eine falsche Vaterschaftsanerkennung. Die V. vollzieht sich prozessual nach den Regelungen des §§ 169 ff. → Familienverfahrensgesetz (FamFG), wie der → Vaterschaftsprozess.

*Lutz Haertlein*

**Vaterschaftsprozess** ist ein gerichtliches Verfahren der → Freiwilligen Gerichtsbarkeit in Abstammungssachen (§ 169 → Familienverfahrensgesetz [FamFG]; → Abstammung) zur Feststellung des Bestehens oder Nichtbestehens eines Eltern-Kind-Verhältnisses einschließlich der Wirksamkeit oder Unwirksamkeit einer → Vaterschaftsanerkennung sowie zur → Vaterschaftsanfechtung. Ausschließlich zuständig ist das Amtsgericht (§ 23 a Nr. 1 Gerichtsverfassungsgesetz [GVG]), örtlich i.d.R. das Gericht, in dessen Bezirk das Kind seinen gewöhnlichen → Aufenthalt hat (§ 170 Abs. 1 FamFG). Antragsbefugt sind das Kind, der Vater, die Mutter und der Mann, dessen Vaterschaft vermutet wird (§ 1600 d Abs. 2 BGB). Auch der V. gegen Beteiligte, die verstorben sind, fällt nunmehr unter den § 169 FamFG. Neben dem Antrag auf Vaterschaftsanfechtung (§ 169 Nr. 4 FamFG) kommt dem Antrag auf Feststellung gem. § 169 Nr. 1 FamFG besondere Bedeutung zu, weil Unterhaltsansprüche (§§ 1601 ff. BGB) erst nach Feststellung der Vaterschaft geltend gemacht werden können. Besteht keine Vaterschaft gem. § 1592 Nr. 1 BGB (→ Ehe des Mannes mit der Mutter des Kindes) oder § 1592 Nr. 2 BGB oder § 1593 BGB (Geburt des Kindes innerhalb bestimmter Zeit nach dem Tod des Ehemannes), so muss die Vaterschaft gem. § 1600 d Abs. 1 BGB gerichtlich festgestellt werden. In diesem Verfahren wird als Vater vermutet, wer der Mutter während der Empfängniszeit beigewohnt hat, wenn nicht schwerwiegende Zweifel an der Vaterschaft bestehen (§ 1600 d Abs. 2 BGB). Ferner umfasst § 169 Nr. 1 FamFG Klagen, die im Falle einer Vaterschaftsanerkennung seitens des Anerkennenden auf Feststellung der Unwirksamkeit der Anerkennung (wegen Fehlens der Voraussetzungen der §§ 1594 ff. BGB) oder seitens des Kindes oder der Mutter auf Feststellung der Wirksamkeit der Anerkennung gerichtet sind.

Im V. gilt der Untersuchungsgrundsatz, sodass das Gericht von Amts wegen, d.h. ohne Beweisanträge, die Aufnahme von → Beweisen anordnen kann, z.B. von Blutgruppen- oder erbbiologischen Gutachten. Auch ein privates Abstammungsgutachten kann hinzugezogen werden, wenn die Beteiligten damit einverstanden sind und es mit Einwilligung aller Beteiligten eingeholt worden ist. Die in § 172 Abs. 1 FamFG genannten Beteiligten (Kind, Mutter, Vater) sind zwingend hinzuzuziehen. Der im V. ergehende rechtskräftige Beschluss wirkt gem. § 184 Abs. 2 FamFG für und gegen alle. Der Antrag auf Feststellung kann mit einem Antrag auf Inanspruchnahme wegen Unterhalts (§ 237 Abs. 1 FamFG) verbunden werden (§ 179 Abs. 1 FamFG). Es kann dabei nur der → Mindestunterhalt beantragt werden (§ 237 Abs. 3 FamFG).

*Lutz Haertlein*

**Verband alleinerziehender Mütter und Väter, Bundesverband e.V. (VAMV)** setzt sich seit 1967 als politische Interessenvertretung für die heute rund 2,7 Mio. Einelternfamilien in Deutschland ein – Familien, in denen ledige, geschiedene, getrennte und verwitwete Mütter oder Väter mit ihren Kindern leben (→ Alleinerziehende). Alleinerziehende sind weiter strukturell benachteiligt (→ soziale Benachteiligung), deshalb ist ihre → Lebenslage trotz hoher Erwerbsbeteiligung überdurchschnittlich oft durch → Armut gekennzeichnet. Der VAMV engagiert sich für die Anerkennung von Einelternfamilien als gleichberechtigter Familienform und für entsprechende Rahmenbedingungen, die er durch aktive Öffentlichkeits- und Lobbyarbeit durchzusetzen versucht. An erster Stelle stehen Themen wie das → Kindschaftsrecht und das → Familienrecht, insbesondere Unterhalt (→ Unterhaltspflicht), Umgang (→ Umgangsrecht) und → elterliche Sorge, sowie die materielle Existenzsicherung, v.a. Erwerbstätigkeit, Steuern und eine → Grundsicherung für Kinder. Der VAMV setzt sich für gute flächendeckende und kostenfreie Ganztagsangebote in Schule (→ Ganztagsschule) und Kita (→ Kindertageseinrichtungen) ein. Der VAMV führt Fachtagungen und Kampagnen durch und gibt Broschüren für Alleinerziehende sowie für Multiplikator/innen heraus.

In seinen Landes- und rund 200 Ortsverbänden nimmt der VAMV eine Lotsenfunktion ein und bietet u.a. persönliche → Beratung und Gesprächskreise an. Er arbeitet nach dem Grundsatz der → Selbsthilfe. Der VAMV ist u.a. organisiert in der → Arbeitsgemeinschaft der deutschen Familienorganisationen, im Deutschen Frauenrat und beim → Deutschen Paritätischen Wohlfahrtsverband.

*Anschrift*: Hasenheide 70, 10967 Berlin, www.vamv.de

*Miriam Hoheisel*

**Verband binationaler Familien und Partnerschaften, iaf e.V.** gründete sich 1972 in Frankfurt a.M. als Interessengemeinschaft der mit Ausländern verheirateten Frauen (iaf). Seitdem setzt er sich für die soziale und rechtliche → Gleichstellung von Menschen ungeachtet ihrer Hautfarbe oder kulturellen Herkunft ein und entwickelte sich zu dem heutigen interkulturellen Familienverband. Der Verband arbeitet in 25 Städten im Bundesgebiet. Ein Schwerpunkt der Arbeit liegt in der Beratung von Frauen und Männern in allen Fragen einer binationalen Beziehung. Rechtliche Einschränkungen sowie die vielfältigen Formen von Benachteiligung und → Diskriminierung nimmt der Verband zum Anlass, die Öffentlichkeit zu informieren und seine Vorstellungen beim Gesetzgeber einzubringen. Eines der wichtigsten Anliegen ist es, die Chancen und Möglichkeiten des Zusammenlebens von Menschen unterschiedlicher Kulturen deutlich zu machen. Dabei stützt er sich auf die Erfahrungen seiner Mitglieder und gibt dieses Wissen in Form von Publikationen, Veranstaltungen und Seminaren zur → Fort- und Weiterbildung weiter. Mit vielfältigen Projekten zu interkulturellen Themen trägt der Verband zu einer Kultur der Akzeptanz unterschiedlicher Lebensformen bei. Er ist u.a. Mitglied im → Deutschen Paritätischen Wohlfahrtsverband, im Deutschen Frauenrat, in der → Arbeitsgemeinschaft der deutschen Familienorganisationen e.V. (AGF), bei der National Coalition Deutschland – Netzwerk zur Umsetzung der UN-Kinderrechtskonvention e.V. (→ UN-Kinderrechtskonvention) sowie in europäischen Netzwerken.

*Anschrift*: Ludolfusstr. 2–4, 60487 Frankfurt a.M., www.verband-binationaler.de

*Hiltrud Stöcker-Zafari*

**Verbraucherinsolvenz** Die Insolvenzordnung (InsO) vom 5.10.1994 (BGBl. I S. 2866), die zum 1.1.1999 in Kraft getreten ist, regelt das Verfahren, mit dem bei Zahlungsunfähigkeit bzw. Überschuldung einer natürlichen oder → juristischen Person die Gesamtvollstreckung in das pfändbare Vermögen erfolgt. Anders als im früheren Konkursrecht bezweckt dieses Verfahren nach § 1 InsO nicht nur die gemeinschaftliche Befriedigung der Gläubiger eines Schuldners, sondern auch dessen Sanierung sowie die Chance der Restschuldbefreiung. Diese wird nach §§ 286 ff. InsO sämtlichen natürlichen Personen – also sowohl Verbraucher/innen als auch Unternehmer/innen – gewährt, wenn zuvor ein Insolvenzverfahren stattgefunden hat. Hat der/die Schuldner/in die Restschuldbefreiung rechtzeitig beantragt und sein/ihr pfändbares → Einkommen an einen Treuhänder für die Zeit von sechs Jahren ab Verfahrenseröffnung abgetreten, kündigt das Gericht sie im Schlusstermin an.

Anders als nach der früheren Vergleichsordnung (VglO) sieht die InsO keine gerichtliche Feststellung der Würdigkeit der Schuldner/innen vor; die Restschuldbefreiung kann nur ausgeschlossen sein, wenn ein Gläubiger einen der sieben in § 290 InsO abschließend aufgezählten Sachverhalte funktionswidrigen und als missbräuchlich qualifizierten Verhaltens eines Schuldners/einer Schuldnerin oder die Verletzung der diesem/dieser in § 295 InsO auferlegten Obliegenheiten während der sog. Treuhandperiode glaubhaft macht. Durch eine Reihe von Entscheidungen v.a. des Bundesgerichtshofs sind die Versagungsgründe inzwischen weitgehend eingegrenzt und konturiert. Nach erfolgreichem Ablauf der nunmehr gestaffelten Fristen stellt das Gericht nach § 300 InsO durch Beschluss die Erteilung der Restschuldbefreiung fest. Gläubiger können damit ihre Forderung gegen den Schuldner/die Schuldnerin nicht mehr durchsetzen; ausgenommen sind allerdings noch nicht erfüllte Unterhaltsforderungen, die nach der Eröffnung des Insolvenzverfahrens entstanden sind, Forderungen aus vorsätzlicher unerlaubter Handlung (§ 302 InsO) sowie aus einem Steuerschuldverhältnis im Kontext bestimmter Steuerstraftaten, wenn sie als solche zur Insolvenztabelle angemeldet wurden (§ 174 Abs. 2 InsO).

Bereits im Gesetzgebungsverfahren war die damalige Koppelung von Restschuldbefreiung und Insolvenz kritisiert worden, da mit diesen verfahrensrechtlichen Anforderungen für Verbraucher/innen schwer zu überwindende Zugangshindernisse aufgestellt worden waren. Der Rechtsausschuss des Bundestages hat daher 1994 spezielle Regeln für ein V.verfahren nach §§ 304 ff. InsO normiert, die allerdings die Kritik nur punktuell ausräumen konnten. Nach diesem Modell soll zunächst durch einen außergerichtlichen Einigungsversuch und danach durch ein gerichtliches Schuldenbereinigungsplanverfahren der Abschluss eines Vergleichs gefördert werden. Im gerichtlichen Verfahren kann das Insolvenzgericht mit dem Mittel der Zustimmungsersetzung unberechtigte Blockaden einzelner Gläubiger ausräumen. Gelingt dies nicht, so wird das Insolvenzverfahren wieder aufgenommen. Die bisherige Praxis der V. wird den Anforderungen an einen zügigen Zugang zum Restschuldbefreiungsverfahren bisher nur in eingeschränktem Umfang gerecht. Sowohl die Schwierigkeiten beim Wandel des Leitbilds von der hoheitlichen Würdigkeitsprüfung zur privatautonomen Verhandlungsregelung als auch die Kompliziertheit des Verfahrens sowie die unzureichende Finanzierung v.a. der Arbeit der Schuldnerberatungsstellen (→ Schuldnerberatung) haben bisher eine effektive Nutzung des V.verfahrens erschwert. V.a. die außergerichtliche Schuldenbereinigung ist noch nicht hinreichend entfaltet; nicht selten haben sich gerade öffentliche Gläubiger speziell bei den Insolvenzverfahren gescheiterter Selbstständiger als verhandlungs- und vergleichsunfähig erwiesen. Der anfangs zentrale Kritikpunkt einer fehlenden kostenrechtlichen Flankierung durch eine eindeutige Normierung von → Prozesskostenhilfe ist durch das am 1.12.2001 in Kraft getretene Modell der Verfahrenskostenstundung (§§ 4 a ff. InsO, BGBl. I 2001 S. 2710) ausgeräumt worden. Nach mehreren gesetzlichen Ergänzungen wurde das V.verfahren mit Wirkung ab 1.7.2014 novelliert (BGBl. I 2013 S. 2379) und die kontraproduktiven Reformvorschläge zur Abschaffung der Verfahrenskostenstundung verworfen. Die bisherigen, praktisch nicht beschleunigend wirkenden Verfahrensvereinfachungen in den §§ 312–314 InsO wurden im Allgemeinen aufgehoben. Der nun für Verbraucher zugängliche Insolvenzplan (§ 217 InsO) wird die oben aufgeführten Schwerfälligkeiten des V.verfahrens in seiner jetzigen Ausgestaltung voraussichtlich nicht abfedern können. Die eingeführten gestaffelten Fristen zur Erteilung der Restschuldbefreiung bei vollständiger Befriedigung der Insolvenz- und Massegläubiger sofort, nach drei Jahren bei Befriedigung von 35% der Insolvenzforderungen einschließlich Verfahrenskostendeckung oder nach fünf Jahren bei Verfahrenskostendeckung (§ 300 Abs. 1 InsO) sind immer noch zu lang. Hier müssen neue Wege gesucht werden, um sie abzukürzen. Eine wichtige Verbesserung der Sicherung des → Existenzminimums im Insolvenzverfahren ist mit dem 2011 eingeführten Pfändungsschutzkonto (→ Pfändungsschutz) gem. § 850 k Zivilprozessordnung (BGBl. I 2011 S. 615) eingetreten. Seit 2016 wird dieser Kontopfändungsschutz durch das Basiskonto verstärkt, dessen Schutzwirkung im Insolvenzverfahren ebenfalls abgesichert ist (siehe BT-Drucks. 18/7691).

*Lit.* Ahrens, M.: Das neue Privatinsolvenzrecht, Köln 2014; Kohte, W./Ahrens, M./Grote, H./Busch, D.: Verfahrenskostenstundung, Restschuldbefreiung und Verbraucherinsolvenz, 7. Aufl., Neuwied 2015; Kohte, W.: Das Drei-Stufen-Modell der neuen Regeln zur Kontenpfändung, VuR 2010, S. 257; Reill-Ruppe, N.: Anspruch und Wirklichkeit des Restschuldbefreiungsverfahrens, Baden-Baden 2013.

*Wolfhard Kohte/Dörte Busch*

**Verbraucherpreisindex** Der V. für Deutschland misst die durchschnittliche Preisentwicklung aller Waren und Dienstleistungen, die private Haushalte für Konsumzwecke kaufen. Darunter fallen zum Beispiel Nahrungsmittel, Bekleidung und Kraftfahrzeuge ebenso wie Mieten oder Reparaturen. Nach dem Inlandskonzept werden alle Ausgaben berücksichtigt, die in Deutschland getätigt werden, d.h. neben den Ausgaben von beispielsweise Single-Haushalten, Familien oder Rentnerehepaaren auch die Ausgaben ausländischer Tourist/innen. Die Veränderung des V. zum Vorjahresmonat bzw. zum Vorjahr wird umgangssprachlich auch als Inflationsrate bezeichnet. Aufbauend auf dem nationalen V. wird durch methodische Anpassungen zusätzlich ein europäisch standardisierter, besser vergleichbarer harmonisierter V. für Deutschland berechnet.

Der V. ist der zentrale Indikator zur Beurteilung der Geldwertentwicklung in Deutschland. Er dient insbesondere den Zentralbanken zur Beurteilung der Inflation, wird darüber hinaus zur Orientierung in Lohnverhandlungen verwendet und ist häufig Teil vertraglicher Vereinbarungen über die Höhe wiederkehrender Zahlungen (sog. Wertsicherungsklauseln). So dient der V. bspw. häufig in Mietverträgen zur Anpassung von Mietzahlungen. Zudem bilden die Verbraucherpreisdaten die Grundlage für die Preisbereinigung (Deflationierung) der Konsumausgaben in den Volkswirtschaftlichen Gesamtrechnungen.

Bei der Berechnung des V. geht man von einem sog. Warenkorb aus, der sämtliche von privaten → Haushalten in Deutschland gekaufte Waren und Dienstleistungen repräsentiert. Der Warenkorb wird laufend aktualisiert, damit immer diejenigen Gütervarianten in die Preisbeobachtung eingehen, die von den Konsumenten aktuell häufig gekauft werden.

Für die Messung der Preisentwicklung der einzelnen Güter des Warenkorbes werden in ganz Deutschland monatlich die Preise der gleichen Produkte in denselben Geschäften notiert. Zusätzlich erfolgt für viele Güterarten eine zentrale Preiserhebung, beispielsweise im Internet oder in Versandhauskatalogen. Für die Preismessung werden die Anschaffungspreise einschließlich Umsatzsteuer (Mehrwertsteuer) und Verbrauchsteuern beobachtet. Ein einmal für die Preisbeobachtung ausgewählter Artikel wird dann gegen einen anderen ausgetauscht, wenn er nicht mehr oder nur noch wenig verkauft wird. Beim Preisvergleich werden auch Mengen- und Qualitätsänderungen berücksichtigt. Verringert zum Beispiel ein Anbieter die Menge eines Produktes bei gleich bleibendem Preis, wird dies in der Preisstatistik wie eine Preiserhöhung behandelt, eine Qualitätserhöhung bei gleich bleibendem Preis dagegen wie eine Preissenkung.

Zur Berechnung des V. für Deutschland werden die Güter des Warenkorbs in rd. 600 Güterarten eingeteilt. Die durchschnittliche Preisentwicklung für eine Güterart wird jeweils mit dem Ausgabenanteil gewichtet, welchen die privaten Haushalte in Deutschland für diese Güterart ausgeben. Die Gewichtungsinformationen sind im sogenannten Wägungsschema enthalten. Im Gegensatz zum Warenkorb wird das Wägungsschema für den V. nur alle fünf Jahre aktualisiert, um innerhalb des Fünfjahreszeitraums die reine Preisentwicklung, unbeeinflusst von Änderungen des Konsumentenverhaltens und damit der Ausgabengewichte, darstellen zu können.

*Nadin Sewald/Matthias Bieg*

**Verbraucherschutz** Die ordnungspolitische Aufgabe des V. und der Verbraucherzentralen ist es, die strukturelle Unterlegenheit des Verbrauchers im Marktgeschehen auszugleichen. V.vorschriften und deren Umsetzung sind daher wie die → Mitbestimmung eine Grundvoraussetzung für das Funktionieren der sozialen Marktwirtschaft. Der V. hat dabei zunächst eine defensive Seite: Schutz der Verbraucher/innen vor gefährlichen oder unsicheren Produkten (Technischer Überwachungsverein [TÜV], Sicherheitssiegel), verbraucherfeindlichen Angebotsmonopolen (Kartellrecht), vertraglicher Übervorteilung (Allgemeine Geschäftsbedingungen [AGB]) oder unlauterem Wettbewerb (Gesetz gegen den unlauteren Wettbewerb [UWG]). Ein fairer Wettbewerb mit gleichen Bedingungen für alle ist ein Grundgebot der Marktwirtschaft. Deshalb sind spürbare Sanktionen bei Verstößen gegen grundlegende V.gesetze unerlässlich, wenn die Missachtung von Schutzstandards sich wirtschaftlich nicht lohnen soll.

V. hat aber auch eine präventive bzw. politische Seite (Verbraucherpolitik). Die Stärkung der Verbraucher/innen im Wettbewerb umfasst die Rechtsstellung der Verbraucher/innen gegenüber Anbieter/innen von Waren und Dienstleistungen (Vertragsrecht, → Bürgerliches Gesetzbuch [BGB]), die Informationsrechte der Verbraucher/innen (Verbraucher-Informations-Gesetz) sowie praktisch die Herstellung von Markttransparenz (Stiftung Warentest). Ziel der Verbraucherpolitik ist es, die Marktmacht der Verbraucher/innen zu erhöhen und als marktgestaltenden Faktor zu etablieren. Leitbild ist dabei eine aktive, vorsorgende Verbraucherpolitik, die sich an einem ethisch verantwortlichen und nachhaltigen Konsum orientiert. Die Nachfragemacht der Verbraucher/innen soll genutzt werden, um Produktion und Distribution von Waren und Dienstleistungen in diesem Sinne zu beeinflussen.

Beide Dimensionen, Verbraucherpolitik und V., gehören zusammen. Da das Ziel in der Teilhabe aller an den Marktprozessen besteht, setzt die Verbraucherpolitik gerade bei den besonders schutzbedürftigen Verbraucher/innen an. Darum sind soziale oder gesundheitliche Waren und Dienstleistungen zunehmend auch Gegenstand von V. und V.politik. Das Idealbild des mündigen Verbrauchers wird daher zunehmend kritisch diskutiert und durch empirisch fundiertere Verbraucherbilder ergänzt.

*Stefan Etgeton*

**Verbrechensprävention** → Kriminalprävention

**Verein** ist ein freiwilliger, auf Dauer angelegter Zusammenschluss von mehreren Personen zur Verwirklichung eines gemeinsamen Zweckes. Der V. ist körperschaftlich organisiert. Er führt einen eigenen V.namen, handelt durch einen Vorstand und ist vom Wechsel seiner Mitglieder unabhängig.

Die Freiheit, einen V. zu bilden, wird durch die Vereinigungsfreiheit in Art. 9 Abs. 1 des → Grundgesetzes (GG) gewährleistet. Öffentlich-rechtliche Beschränkungen ergeben sich aus Art. 9 Abs. 2 GG und dem Vereinsgesetz (VereinsG). Danach sind Vereinigungen verboten, deren Zweck oder Tätigkeit den Strafgesetzen zuwiderlaufen oder die sich gegen die verfassungsmäßige Ordnung oder den Gedanken der Völkerverständigung richten.

Vorschriften zur privatrechtlichen Stellung von V. enthalten die §§ 21–79 des → Bürgerlichen Gesetzbuches (BGB). Zum Teil können V. in ihren → Satzungen hiervon aber auch abweichende Regelungen treffen (§ 40 BGB).

Das Gesetz unterscheidet zwischen dem nicht wirtschaftlichen V. (sog. Idealverein) und dem wirtschaftlichen V. Der Zweck eines wirtschaftlichen V. ist auf einen wirtschaftlichen Geschäftsbetrieb gerichtet, der des Idealvereins nicht. Ein wirtschaftlicher V. erlangt seine → Rechtsfähigkeit durch staatliche »Verleihung« (§ 22 BGB). Allerdings ist anerkannt, dass der Erwerb der Rechtsfähigkeit in einer bundesgesetzlich besonders geregelten Rechtsform, wie z.B. der Gesellschaft mit beschränkter Haftung (GmbH) oder der Aktiengesellschaft (AG), grundsätzlich vorrangig ist. Für einen wirtschaftlichen V. kommt die Erlangung der Rechtsfähigkeit somit nur ausnahmsweise in Betracht.

Der Idealverein erlangt seine Rechtsfähigkeit durch Eintragung in das V.register (§ 21 BGB). Die Eintragung hat bei dem Amtsgericht zu erfolgen, in dessen Bezirk der V. seinen Sitz hat. Sie soll nach § 56 BGB nur dann erfolgen, wenn der V. mindestens sieben Mitglieder hat. Die Eintragung ist vom Vorstand des V. anzumelden. Der Anmeldung sind Abschriften der Satzung und der Urkunden über die Bestellung des Vorstands beizufügen. Mit der Eintragung erwirbt der V. die rechtliche Stellung einer → juristischen Person. Der Name des V. erhält den Zusatz »eingetragener V.« (e.V.). Neben der Gründung des V. bedürfen auch weitere Veränderungen der V.verhältnisse der Eintragung in das V.register, wie z.B. Satzungsänderungen, Änderungen des Vorstands, die Auflösung des V. oder die Entziehung der Rechtsfähigkeit.

Die Gründung eines V. setzt zunächst die Einigung der Gründungsmitglieder über die Einrichtung des V. und über dessen Satzung voraus. Darüber hinaus müssen die Gründungsmitglieder auch einen Vorstand bestellen. Mit der Beschlussfassung über die Satzung und der Bestellung des Vorstandes entsteht dann der nicht rechtsfähige V. Für nicht rechtsfähige V. sind nach § 54 S. 1 BGB die Vorschriften über die Gesellschaft des bürgerlichen Rechts (GbR) anzuwenden. Gleichwohl ist anerkannt, dass auch der nicht rechtsfähige Idealverein in vielen Fragen wie ein rechtsfähiger V. behandelt wird.

Die Mitgliedschaft in einem V. kann durch die Teilnahme an der V.gründung oder durch Beitritt zum V. erworben werden. Die Mitgliedschaft ist nach § 38 S. 1 BGB grundsätzlich nicht übertragbar und nicht vererblich. Sie endet insbesondere bei Austritt, Tod oder Ausschluss des V.mitglieds. Die Rechte und Pflichten von V.mitgliedern ergeben sich aus der Satzung und den Vorschriften des BGB. Mitgliedsrechte können z.B. die Ausübung von Wahl- und Stimmrechten, das Recht auf Benutzung von V.einrichtungen oder das Recht auf Teilnahme an V.veranstaltungen sein. Zu den Pflichten von V.mitgliedern gehört es beispielsweise, den vereinbarten Mitgliedsbeitrag zu bezahlen

(Beitragspflicht) und die Interessen des V. zu wahren (Treuepflicht).

Ein V. hat mindestens zwei Organe, die Mitgliederversammlung und den Vorstand. Die Mitgliederversammlung ist das oberste beschlussfassende Organ eines V. Durch ihre Beschlüsse werden alle V.angelegenheiten geregelt, soweit diese nicht dem Vorstand oder anderen V.organen zugewiesen sind. Zu den Aufgaben der Mitgliederversammlung gehören nach den gesetzlichen Regelungen insbesondere die Bestellung des Vorstands, Satzungsänderungen und die Entscheidung über die Auflösung des V. Der Vorstand ist ein gesetzlich vorgeschriebenes V.organ (§ 26 Abs. 1 S. 1 BGB). Er hat die Stellung eines → gesetzlichen Vertreters und vertritt den V. gerichtlich wie auch außergerichtlich. Darüber hinaus obliegt ihm die Geschäftsführung für den V. Er kann aus einer oder mehreren Personen bestehen. Zudem können für einzelne Geschäftsbereiche sog. besondere Vertreter eingesetzt werden (§ 30 BGB). Verletzen Vorstandsmitglieder schuldhaft ihre Pflichten, sind sie dem V. grundsätzlich zum Ersatz des daraus entstandenen Schadens verpflichtet (→ Schadenersatz). Allerdings ist nach § 31 a Abs. 1 S. 1 BGB in diesen Fällen die → Haftung begrenzt. Organmitglieder und besondere Vertreter, die unentgeltlich für einen V. tätig sind oder jährlich eine Vergütung von max. 720 Euro erhalten, haften dem V. danach nur im Fall von Vorsatz und grober Fahrlässigkeit. Entsprechendes gilt auch für V.mitglieder (§ 31 b BGB).

Besondere Anforderungen an die Gründung eines V. und die Führung der V.geschäfte können sich aus dem Steuerrecht ergeben, wenn ein V. Steuervergünstigungen in Anspruch nehmen will. Steuervergünstigungen werden V. gewährt, die nach ihrer Satzung und tatsächlicher Geschäftsführung gemeinnützige, mildtätige oder kirchliche Zwecke selbstlos, ausschließlich und unmittelbar verfolgen. Über die Anerkennung entscheidet das zuständige Finanzamt. Die Voraussetzungen sind in den §§ 51 ff. der Abgabenordnung (AO) festgelegt.

*Lit.* Bundesministerium der Justiz und für Verbraucherschutz: Leitfaden zum Vereinsrecht, abrufbar unter www.bmjv.de

*Kerstin Piontkowski*

**Vereinbarkeit von Familien- und Erwerbsleben** kennzeichnet Praxisformen, in denen Menschen im erwerbsfähigen Alter Fürsorgearbeiten (→ Care) für nahe Angehörige und Erwerbsarbeit miteinander in Einklang bringen, und Handlungsspielräume, die eine entsprechende Alltagspraxis ermöglichen. Fürsorgearbeiten können sich auf die Betreuung und Versorgung von Kindern und Jugendlichen und auf die Sorge für pflegebedürftige Angehörige (→ Pflegebedürftigkeit) beziehen. In Paarhaushalten verliert das Alleinverdienermodell an Bedeutung, und der Anteil → alleinerziehender Eltern steigt. V. hat für Eltern, die mit minderjährigen Kindern zusammenleben, daher eine hohe Relevanz. Mit der Alterung der Gesellschaft (→ Demografische Entwicklung) und dem Anstieg des Renteneintrittsalters ist die Zahl der pflegenden Angehörigen gewachsen, die selbst erwerbstätig sind. Auch ihre Lebenssituation wirft regelmäßig Fragen der V. auf.

Konflikte um V. entstehen auf drei Ebenen. Mit regelmäßiger Fürsorgearbeit für nahe Angehörige treten finanzielle Mehrbedarfe auf, die → Familien häufig nicht eigenständig decken können. Wenn sie Fürsorgeverantwortung für nahe Angehörige übernehmen, schränken Familienmitglieder ihren Erwerbsumfang immer wieder zumindest zeitweise ein. Familien haben dadurch ein verringertes Einkommen bei gleichzeitigen finanziellen Mehrbedarfen. In der lokalen Infrastruktur fehlen regelmäßig bedarfsgerechte Angebote, insbesondere für die → Kindertagesbetreuung und → (Tages-)Pflege, die Eltern und pflegende Angehörige benötigen würden, um ihre Erwerbswünsche auch verwirklichen zu können. In zeitlicher Dimension ruft die fehlende Passung von Arbeits- und Betreuungszeiten und die mangelnde Ausrichtung örtlicher Zeitstrukturen an den Zeitbedarfen der Eltern oder pflegenden Angehörigen regelmäßig Zeitstress und Zeitkonflikte hervor. In der sog. Rushhour des Lebens, insbesondere zwischen dem 30. und 45. Lebensjahr der Eltern, treten vermehrt kumulierte Vereinbarkeitskonflikte auf. Eltern müssen dann häufig sowohl den Berufseinstieg als auch die Herausforderungen der Familiengründung und frühen Elternschaft bewältigen. In einer späteren Phase des Zusammenlebens als Familie, wenn die eigenen Eltern pflegebedürftig werden, während die Kinder noch mit im Haushalt leben, sind Familienangehörige ebenfalls häufig mit kumulierten Konflikten um V. konfrontiert.

Zu den Folgen fehlender V. zählen auf der monetären Ebene u.a. das erhöhte (Alters-)Armutsrisiko (vorwiegend weiblicher) alleinerziehender Eltern und die »Teilzeitfalle«, in der Mütter dauerhaft verbleiben, nachdem sie ihre Erwerbstätigkeit in den ersten Lebensjahren der Kinder reduziert haben, um einen größeren Anteil der Betreuungsaufgaben zu übernehmen als die in Vollzeit erwerbstätigen Väter. Auf der infrastrukturellen Ebene kann fehlende V. zur Abwanderung junger Familien aus peripheren Regionen führen und dort die Aufrechterhaltung der örtlichen Infrastruktur für die → Daseinsvorsorge zusätzlich erschweren. In der Zeitdimension kann fehlende V. bei den Familienangehörigen dauerhaften → Stress verursachen, der zu → Burnout führt. Durch fehlende Regenerationszeiten haben pflegende Angehörige auch ein erhöhtes physisches Gesundheitsrisiko. Wenn gemeinsam verbrachte Familienzeit knapp wird, leidet die Qualität der familiären Beziehungen. Alltagspraktische Vereinbarkeitsmodelle haben immer wieder unbeabsichtigte langfristige Auswirkungen auf die Lebenschancen der Familienmitglieder. Aushandlungsprozesse um V., die darauf abzielen, langfristige negative Folgen abzuschätzen und zu vermeiden, haben im Familienalltag an Bedeutung gewonnen.

Die V. konstituiert ein eigenständiges familienpolitisches Handlungsfeld. Handlungsmaxime ist auch in diesem Feld der → Familienpolitik ein Dreiklang aus Zeit, Geld und Infrastruktur. Jüngstes familienpolitisches Leitbild ist die Partnerschaftlichkeit bei der Suche nach Vereinbarkeitslösungen. Ziel partnerschaftlicher V. ist eine gendergerechte Aufteilung der Fürsorgearbeit, um beiden Elternteilen die Realisierung ihrer eigenen Erwerbswünsche und eine eigenständige ökonomische Existenzsicherung zu ermöglichen. Ein wichtiges Instrument zur monetären Unterstützung der V. ist das → Elterngeld. Um insbesondere die partnerschaftliche V. zu fördern, wurde das Elterngeld reformiert und das Elterngeld Plus eingeführt. → Zeitpolitik für Familien hat sich seit dem 7. Familienbericht als familienpolitischer Ansatz etabliert. Mütter erleben andere Zeitkonflikte als Väter. Sie wünschen sich häufig mehr Zeit für sich selbst, an der sie sparen, um V. herzustellen. Väter wollen häufig ihre Wochenarbeitszeit reduzieren, um mehr Zeit mit ihren Kindern zu verbringen. → Elternzeit und → Familienpflegezeit gewährleisten Eltern und pflegenden Angehörigen zeitliche Flexibilität. Beide Instrumente wurden jüngst reformiert, um die zeitliche Autonomie Erwerbstätiger in der Realisierung gewünschter Vereinbarkeitsmodelle zu stärken. Infrastrukturell werden Eltern insbesondere durch den Ausbau der Kindertagesbetreuung und der → Ganztagsschulen sowie die Einrichtung von Anlaufstellen unterstützt, in denen sie Leistungen und Dienste gebündelt in Anspruch nehmen können. Pflegende Angehörige profitieren u.a. durch eine gut ausgebaute wohnortnahe Pflegeinfrastruktur, → Mehrgenerationenhäuser und Pflegestützpunkte (→ Pflegeberatung). Auf Fragen der V. spezialisierte Beratungsangebote sind in vielen Bundesländern und Kommunen ausgebaut worden. Familienpolitische Instrumente für eine bessere V. müssen in Zukunft nicht nur einer Lebensverlaufsperspektive, sondern auch der Vielfalt gelebter und akzeptierter Familienmodelle gerecht werden.

*Lit.*; Jurczyk, K./Klinkhardt, J.: Vater, Mutter, Kind? Acht Trends in Familien, die Politik heute kennen sollte, Gütersloh 2014; Peuckert, R.: Familienformen im sozialen Wandel, 8. Aufl., Wiesbaden 2012.

*Alexandra Krause*

**Vereinbarungen** Unter dem Begriff V., der in seiner Bedeutung mit dem Begriff → Vertrag synonym ist, werden v.a. im → Sozialrecht eine Reihe von zumindest zwei-, häufig mehrseitigen Verträgen verstanden, die zwischen den Trägern der Leistungen und den Trägern der Einrichtungen bzw. ihren Verbänden geschlossen werden. Damit eine V. rechtswirksam zustande kommt, sind von den Beteiligten wechselseitig Willenserklärungen abzugeben, über deren Gegenstand Einvernehmen besteht oder vor Abschluss der V. herzustellen ist. Eine V. besteht für einen vereinbarten Zeitraum oder auf unbestimmte Zeit. V. können einvernehmlich jederzeit geändert oder aufgehoben werden. Ob, in welcher Form und unter welchen Umständen eine einseitige Lösung eines Beteiligten von einer V. möglich ist, ergibt sich aus den für den V.gegenstand einschlägigen gesetzlichen Bestimmungen und ggf. aus Regelungen in der V. selbst. V. kommen privatrechtlich (z.B. gem. → Wohn- und Betreuungsvertragsgesetz [WBVG] zwischen → Leistungserbringer und leistungsberechtigten Bürger/innen) oder öffentlich-rechtlich (z.B. V. nach § 75 SGB XII zwischen dem → Träger der Sozialhilfe und leistungserbringenden → Einrichtungen und → sozialen Diensten) zustande. Auch im Recht der Gesetzlichen → Krankenversicherung finden sich ein Vielzahl von V. zwischen den Gesetzlichen Krankenkassen und den Verbänden der Leistungserbringer wie den Ärzten, Heil- und Hilfsmittelerbringern und Krankenhausgesellschaften. V. bestehen hier auf Bundes- sowie Landesebene. Privatrechtliche Vereinbarungspartner können im Rahmen geltender → Gesetze Gegenstand, Inhalt und Form der V. frei bestimmen (sog. Privatautonomie). Öffentlich-rechtliche V. sind nur zulässig, soweit sie nach Gegenstand, Inhalt und Form gesetzlich vorgesehen sind. Die Vertragsformen regeln §§ 53–55 SGB X. Im Übrigen sind in den einzelnen Leistungsgesetzen wie in §§ 78 a–78 g SGB VIII für die → Kinder- und Jugendhilfe, in §§ 71 ff., 79 ff. SGB XI für die Gesetzliche → Pflegeversicherung oder in §§ 75–81 SGB XII für die → Sozialhilfe oder hinsichtlich aller Leistungserbringer in der Gesetzlichen Krankenversicherung die näheren Umstände geregelt, unter denen zwischen den → Sozialleistungsträgern und den Einrichtungen und Diensten V. abzuschließen sind.

Der Abschluss von V. im o.g. Sinn ist gesetzlich vorgesehen, soweit die öffentliche Hand zur Gewährleistung von Sozialleistungen auf der Grundlage des → Sozialgesetzbuchs verpflichtet ist. Besteht diese Gewährleistungspflicht nicht, hat sie aber dennoch ein erhebliches Interesse an der Förderung von Aufgaben der sozialen Dienste und Einrichtungen, werden traditionell → Zuwendungen auf der Grundlage haushaltsrechtlicher Regelungen erbracht oder auch Vergabeverfahren (→ Vergaberecht) durchgeführt. Soweit die öffentliche Hand sich Waren oder Dienstleistungen zur Erfüllung öffentlicher Aufgaben beschaffen will, schließt sie zu diesem Zweck privatrechtliche Leistungsverträge mit Dritten ab, die auf der Grundlage von öffentlichen Ausschreibungen erfolgen müssen, soweit die Voraussetzungen des § 55 Bundeshaushaltsordnung (BHO), ergänzt durch die Verdingungsordnungen, vorliegen.

SGB VIII, SGB XI und SGB XII sehen einheitlich vor, dass die Träger stationärer Einrichtungen ihre Leistungen nur zulasten des zuständigen Leistungsträgers abrechnen können, wenn sie hierüber eine Leistungs- und Vergütungs- bzw. Entgeltvereinbarung abgeschlossen haben; SGB XI und SGB XII beziehen ausdrücklich auch ambulante Dienste in die Notwendigkeit solcher V. ein.

Den Einzelvereinbarungen vorgelagert sind Rahmenvereinbarungen zwischen Vertretern der Leistungsträger und Leistungserbringern auf Landesebene; SGB XI und SGB XII sehen darüber hinaus gemeinsame Empfehlungen der Parteienvertretungen auf Bundesebene vor. Auch diese gemeinsam verhandelten Empfehlungen sind im Rechtssinne die Parteien bindende Vereinbarungen. Diese Empfehlungen sollen den Abschluss der Landesrahmenvereinbarung vorbereiten und erleichtern. Den Bundesempfehlungen kommt keine aus der V. selbst fließende Bindungswirkung für die Landesebenen zu. Die Landesrahmenvereinbarung entfalten dagegen eine gesetzliche oder durch vertragliche Einbeziehung erwirkte Bindung der Leistungsträger und Leistungserbringer, die in den Geltungsbereich der V. fallen. Obwohl die mit den V. angelegte Systematik des Leistungserbringungsrechts im SGB VIII, SGB XI und SGB XII ähnlich angelegt erscheint, sind die sich daraus ergebenden rechtlichen und praktischen Probleme verschieden. Dabei sind die gesetzlichen Vorgaben für die Regelungsdichte der Landesrahmenvereinbarung unterschiedlich: Während § 78 f SGB VIII praktisch auf Vorgaben verzichtet, sind diese in § 75 SGB XI äußerst detailliert und beziehen sich sowohl auf einzelne Inhalte der Rahmenvereinbarung als auch auf darin zu vereinbarende Verfahren (z.B. zur Erhebung von Personalbedarf).

*Jonathan Fahlbusch*

**Vereinbarungen über Leistungen, Vergütungen sowie die Prüfung der Einrichtungen** sind gem. § 75 SGB XII (→ Sozialhilfe) von allen sozialhilfefinanzierten → Einrichtungen und → sozialen Diensten mit dem → Träger der Sozialhilfe abzuschließen (grundlegend dazu → Vereinbarungen). Ähnliche V. müssen auch die Einrichtungsträger im Bereich der Gesetzlichen → Pflegeversicherung (§§ 72 ff., 82 ff., 112 ff. SGB XI) und der → Kinder- und Jugendhilfe (§§ 77, 78 a SGB VIII) abschließen, um die erbrachten Leistungen mit den → Sozialleistungsträgern abrechnen zu können. Während in der Pflegeversicherung bereits zuvor mit einer V. in Gestalt eines Versorgungsvertrages (§§ 71, 72 SGB XI) die Zulassung zur Leistungserbringung erfolgt ist, ergibt sich das Recht zur Leistungserbringung zulasten der Sozial- und → Jugendhilfeträger für die Einrichtungen unmittelbar aus den V., welche die Leistungsträger nach pflichtgemäßer Ermessensausübung abzuschließen haben. Die → Leistungsberechtigten sind an den für ihre eigene Rechtsposition wichtigen V. nicht beteiligt.

Die V. gliedern sich in drei Teilvereinbarungen.: Leistungs-, Vergütungs- und Prüfungsveineinbarung (bzw. Qualitätsentwicklungsveinbarung im SGB VIII). Nur wenn alle drei V. abgeschlossen wurden, sind die Voraussetzungen für eine spätere Leistungsabrechnung im Einzelfall erfüllt. SGB VIII, SGB XI und SGB XII regeln in unterschiedlicher Weise, aber jeweils konkret, die Inhalte der V. So sind nach SGB VIII und SGB XII Art, Ziel und Qualität der Leistung, der zu betreuende Personenkreis, die personelle und sächliche Ausstattung sowie die Qualifikation des Personals Teil der Leistungsvereinbarung. Die Vergütung soll laut SGB VIII und SGB XI aus der erbrachten Leistung ableitbar sein, indem die Leistungs- und Qualitätsmerkmale Grundlage der Entgeltvereinbarung werden. Im SGB XII dagegen ist gesetzlich eine Entkoppelung von Leistungs- und Vergütungsv. angelegt. Wesentlicher Bestandteil der Vergütung ist danach nämlich die für den Betreuungsaufwand anzusetzende Maßnahmepauschale. Diese kann nach Gruppen von Hilfeempfänger/innen mit vergleichbarem Hilfebedarf kalkuliert werden. Damit richtet sie sich weder nach einem tatsächlich schon angefallenen noch nach einem künftig zu erwartenden Leistungsaufwand (→ Pflegesatz) für einzelne Leistungsberechtigte aus. Vielmehr wird ein Durchschnittsaufwand bezogen auf zuvor nach spezifischen Kriterien abgegrenzten Gruppen kalkuliert. Die V. werden für einen festgelegten Zeitraum abgeschlossen. Kommt trotz Bemühens einer Partei innerhalb eines gesetzlich bestimmten Zeitraums keine neue V. zustande, so entscheidet eine → Schiedsstelle im SGB VIII über alle drei V., im SGB XII nur über die Vergütungsvereinbarung, im SGB XI über die Pflegesätze und Landesrahmenverträge. Die Teile der V., die nicht schiedsfähig sind, und die Schiedssprüche selbst unterliegen gerichtlicher Kontrolle.

*Jonathan I. Fahlbusch*

**Vereinfachtes Verfahren über den Unterhalt Minderjähriger** ist ein Verfahren vor dem Rechtspfleger zur Erstfestsetzung eines Unterhaltsbetrags (→ Unterhaltspflicht) für das Kind gegen einen nicht im Haushalt lebenden Elternteil (§§ 249 ff. → Familienverfahrensgesetz [FamFG]). Der verlangte Unterhalt darf ohne Anrechnung des bedarfsmindernden Vorwegabzugs des → Kindergeldes oder anderer kinderbezogener Leistungen (§§ 1612 b f. → Bürgerliches Gesetzbuch [BGB]) das 1,2-Fache des → Mindestunterhalts nicht übersteigen. Andernfalls ist der überschießende Betrag oder der gesamte Unterhalt im Wege der normalen Unterhaltsklage geltend zu machen. Das vereinfachte Verfahren ist durch die Festlegungen hinsichtlich des Antrags (§ 250 FamFG) sowie die Möglichkeit der Einführung von einheitlichen Formularen (§ 259 FamFG) mit formalisierten Antragsangaben, schriftlich befristeter Anhörung des Antragsgegners und Einschränkungen der zulässigen Einwendungen (§ 252 FamFG) schematisiert; die Entscheidung kann ohne mündliche Verhandlung ergehen. Werden keine beachtlichen Einwendungen erhoben, so wird der Unterhalt durch Beschluss festgesetzt, der der sofortigen Beschwerde unterliegt. Sind beachtliche Einwendungen erhoben, so wird auf Antrag eines Beteiligten das streitige Verfahren durchgeführt (§ 255 FamFG).

Ein weiteres vereinfachtes Verfahren sieht § 237 Abs. 1 FamFG für den → Vaterschaftsprozess vor: Hier kann mit der Klage auf Feststellung der Vaterschaft die Klage auf Zahlung des Mindestunterhalts verbunden werden. Entscheidungen im vereinfachten Verfahren unterliegen der Möglichkeit der Abänderung (§ 240 FamFG) auf erhöhten oder herabgesetzten Unterhalt.

*Lutz Haertlein*

**Verein für Sozialplanung (VSOP)** → Sozialplanung

**Vereinsbetreuung** ist die Führung einer → Betreuung durch einen rechtsfähigen → Verein als → juristische Person, der gemäß § 1908 f → Bürgerliches Gesetzbuch (BGB) für das jeweilige Bundesland durch öffentlich-rechtlichen → Verwaltungsakt als Betreuungsverein anerkannt worden ist (zu den Voraussetzungen VG München v. 14.2.2008 – M 17 K 07.3605, zum Widerruf VG Ansbach v. 5.3.2009 – AN 16 K 05.01103). Die V. ist nach dem Leitbild des Betreuungsrechts, das von einem persönlichen Kontakt zwischen Betreuer/in und betreuter Person ausgeht (§§ 1897 Abs. 1, 1901 Abs. 3 S. 3 BGB), gegenüber der Betreuung durch eine natürliche Person nachrangig (§§ 1897 Abs. 1, 1900 Abs. 1 S. 1 BGB), geht aber nach dem Prinzip der → Subsidiarität der Bestellung der → Betreuungsbehörde als Betreuer vor (§ 1900 Abs. 4 S. 1 BGB). Für die Übernahme der V. ist die Einwilligung des Vereins erforderlich (§ 1900 Abs. 1 S. 2 BGB). Derzeit gibt es in Deutschland etwas mehr als 800 Betreuungsvereine, wobei die Zahl seit einigen Jahren leicht rückläufig ist. Der Verein überträgt die Wahrnehmung der Betreuungsaufgaben einzelnen Personen (§ 1900 Abs. 2 S. 1 BGB). Den Vorschlägen des/der Volljährigen ist dabei grundsätzlich zu entsprechen (§ 1900 Abs. 2 S. 2 BGB). Die Auswahl der Person kann betreuungsgerichtlich überprüft werden (§ 291 → Familienverfahrensgesetz [FamFG]). Die V. ist von dem Fall abzugrenzen, dass Vereinsmitarbeiter/innen – mit Zustimmung des Vereins – persönlich zum/zur Betreuer/in bestellt werden (Vereinsbetreuer/in, § 1897 Abs. 2 S. 1 BGB).

Bei der V. kann vom Verein keine Aufwandsentschädigung oder Vergütung verlangt werden (§§ 1908 i Abs. 1 S. 1, 1835 a Abs. 5, 1836 Abs. 3 BGB), → Aufwendungsersatz nur, wenn das dazu einzusetzende → Vermögen und → Einkommen des/der Betroffenen ausreicht (§§ 1908 i Abs. 1 S. 1, 1835 Abs. 5 BGB). Ist demgegenüber ein/e Mitarbeiter/in des Vereins als Vereinsbetreuer/in bestellt, kann der Verein für diese/n eine Vergütung sowie Aufwendungsersatz auf der Grundlage des Gesetzes über die Vergütung von Vormündern und Betreuern (VBVG) verlangen (§ 7 Abs. 1 VBVG).

Dem Betreuungsverein obliegt es nach § 1908 f Abs. 1 Nr. 2 BGB u.a., sich planmäßig um die Gewinnung ehrenamtlicher Betreuer/innen (→ Ehrenamtliche/freiwillige Tätigkeit im sozialen Bereich) zu bemühen, diese in ihre Aufgaben einzuführen und ihnen → Fort- und Weiterbildung sowie → Beratung zu bieten (sog. Querschnittsarbeit). Soweit ehrenamtliche Betreuer/innen von Betreuungsvereinen unterstützt und beraten werden, soll es sich um sog. »organisierte Einzelbetreuung« handeln (BT-Drucks. 11/4528, S. 101, 158). Betreuungsvereine haben nach § 1908 f Abs. 1 Nr. 2 a BGB u.a. planmäßig über die Errichtung einer → Vorsorgevollmacht zu informieren und gem. § 1908 f Abs. 4 BGB im Einzelfall bei deren Errichtung zu beraten.

Die V. ist insoweit eine befreite Betreuung, als der Betreuungsverein von bestimmten Beschränkungen im Rahmen der → Vermögenssorge (§§ 1852 Abs. 2, 1853 BGB) und von der jährlichen Rechnungslegung befreit ist (§§ 1854, 1857 a, 1908 i Abs. 2 S. 2 BGB).

*Michael Grabow*

**Vereinspflegschaft/Vereinsvormundschaft** ist die Führung einer → Pflegschaft nach §§ 1909, 1915 → Bürgerliches Gesetzbuch (BGB) oder einer → Vormundschaft nach § 1773 BGB durch einen rechtsfähigen → Verein, dem auf der Grundlage von § 54 Abs. 1 S. 1 SGB VIII bundeslandbezogen durch das zuständige → Landesjugendamt allgemein die Erlaubnis dazu erteilt worden ist. Ein Verein darf für einen Minderjährigen nur dann – durch Beschluss des → Familiengerichts (§ 1791 a Abs. 2 BGB) – bestellt werden, wenn eine geeignete ehrenamtlich tätige Einzelperson nicht vorhanden oder der Verein i.S. vom § 1776 BGB benannt worden ist (§ 1791 a Abs. 1 S. 2 BGB). Der Verein bedient sich bei der Führung der V. einzelner seiner Mitglieder oder Mitarbeiter/innen. Bei der V. kann vom Verein keine Aufwandsentschädigung oder Vergütung verlangt werden (§§ 1835 a Abs. 5, 1836 Abs. 3 BGB), Aufwendungsersatz nur, wenn das dazu einzusetzende Vermögen und Einkommen des Mündels ausreicht (§ 1835 Abs. 5 BGB). Wird ein Vereinsmitarbeiter in Person als Vereinsvormund bestellt, kann der Verein nach dem Beschluss des Bundesgerichtshofs vom 25.5.2011, FamRZ 2011, 1394, die dem Mitarbeiter zustehende Vergütung wie ein → Betreuungsverein gegenüber der Staatskasse geltend machen. Dem Verein kommen bei der V. insoweit Erleichterungen zu, als er von bestimmten Beschränkungen im Rahmen der → Vermögenssorge (§§ 1852 Abs. 2, 1853 BGB) und von der jährlichen Rechnungslegung befreit ist (§§ 1854, 1857 a).

*Michael Grabow*

**Vereinte Nationen** (engl. United Nations – UN) Die UN sind ein zwischenstaatlicher Zusammenschluss von gegenwärtig 193 Staaten (Stand: November 2015). Sie wurden am 24.10.1945 mit Inkrafttreten der Charta der UN gegründet. Die UN sind ein anerkanntes Völkerrechtssubjekt mit Hauptsitz in New York sowie weiteren offiziellen Filialen in Genf, Wien und Nairobi. Deutschland trat den UN 1973 bei. Die Charta der UN, die bereits während des Zweiten Weltkrieges konzipiert wurde, benennt die wesentlichen Ziele und Grundprinzipien der Organisation. Sie ist gewissermaßen die Satzung der UN und kommt formal der Verfassung eines Nationalstaates gleich. Die Souveränität der Staaten gilt darin als wichtigster Grundsatz. Die Funktionsfähigkeit der UN hängt maßgeblich von dem Kooperationswillen der Mitgliedstaaten ab. Hieraus ergibt sich das Ziel, die Gleichberechtigung und Selbstbestimmung der Völker zu achten und friedliche Beziehungen zu pflegen. Die Hauptaufgabe der UN ist es, Kriege zu verhindern, den Weltfrieden zu wahren und somit Sicherheit zu befördern. Weiter setzt sich die Organisation das Ziel, die globale wirtschaftliche und soziale Entwicklung zu verbessern. Der Schutz der → Menschenrechte ist der dritte Aufgabenschwerpunkt, der bereits in der 1948 beschlossenen Allgemeinen Erklärung der Menschenrechte zum Ausdruck kam. Die zunehmende Bedeutung dieses Schwerpunkts zeigt sich u.a. in der Verabschiedung zahlreicher Menschenrechtspakte. Neben dem Zivilpakt und dem Sozialpakt sind dies Abkommen für bestimmte Gruppen, wie z.B. die → UN-Kinderrechtskonvention, die UN-Frauenrechtskonvention und die → UN-Behindertenrechtskonvention. Im Bereich Menschenrechtsschutz spielen zudem → Nichtregierungsorganisationen eine wichtige Rolle. Ihre Position und ihre Handlungsmöglichkeiten innerhalb der UN wurden in den letzten 20 Jahren gestärkt. So können sich auch → Organisationen der → Sozialen Arbeit mit Berichten einbringen. Die UN haben sechs Hauptorgane: den Sicherheitsrat, die Generalversammlung, den Wirtschafts- und Sozialrat (ECOSOC), das Sekretariat, den Internationalen Gerichtshof sowie den Treuhandrat, der jedoch seit 1994 inaktiv ist. Zum UN-System gehören jedoch auch zahlreiche Unter-, Hilfs- und Sonderorgane sowie Sonderorganisationen, wie beispielsweise der Menschenrechtsrat mit Sitz in Genf und seine dazugehörigen Fachausschüsse. Bekannte Sonderorganisationen sind die die → UNESCO (Erziehung, Wissenschaft, Kultur), die → Weltgesundheitsorganisation (WHO) (Gesundheit) und nicht zuletzt die → Internationale Arbeitsorganisation (ILO). Sie sind durch bilaterale Beziehungsabkommen mit der Hauptorganisation verbunden. Vielfach wird kritisiert, dass die UN von den politischen und militärischen Großmächten dominiert wird. Dies drücke sich besonders in der Zusammensetzung des Sicherheitsrates und dem Vetorecht ihrer ständigen Mitglieder aus. Reformvorschläge, die einer Änderung der Charta bedürfen, scheiterten in der Vergangenheit an den hohen Hürden, die einen weitgehend Konsens unter den führenden Staaten verlangen.

*Informationen:* www.un.org

*Ingo Stamm*

**Verfahrensbeistand für Minderjährige** (§ 158 → Familienverfahrensgesetz [FamFG]): Sind im zivilrechtlichen Verfahren Interessenkonflikte zwischen einem Kind und gesetzlichen Vertretern anzunehmen, erhält das Kind eine Interessenvertretung. Sie wird vom → Familiengericht eingesetzt, besonders wenn es zum Schutz des Kindes um die Notwendigkeit und Gestaltung von Eingriffen in → Umgangs- bzw. Sorgerechte der Eltern (→ elterliche Sorge) geht. Die Aufgabe des V. ist es, durch Aktenstudium, Gespräche mit dem Kind und Auskünfte von dessen Bezugspersonen die Interessen des Kindes festzustellen und zu vertreten. Gestaltung (Dauer, Amtsermittlung) und Ausgang des Verfahrens sollen soweit möglich dem → Kindeswohl entsprechen. Das Kind ist von seiner Vertretung über den Gegenstand, Ablauf und möglichen Ausgang des Verfahrens zu informieren. Seine Wünsche und Befürchtungen sind laufend in das Verfahren einzubringen und, soweit sie mit seinem persönlichen Wohl vereinbar erscheinen, zu vertreten. Das Recht des Kindes auf eine direkte Begegnung mit dem Richter/der Richterin bleibt davon unberührt. Ein V. wird vom Gericht ausgewählt, meist sind dies juristische oder pädagogische und psychologische Fachkräfte. Seit Reform des FamFG erfolgt die Vergütung pro Verfahren nur als Pauschale. Dies wird kritisiert, denn der Arbeitsaufwand durch Ermittlungen, Aktenstudium, Termine, Fahrten etc. variiert entsprechend der individuellen Situation des einzelnen Kindes. V. und Anbieter von Fort- und Weiterbildungskursen sind organisiert in der BAG Verfahrensbeistandschaft.

*Maud Zitelmann*

**Verfahrenspfleger/in für Betreute** Die Rechtsfigur des/der V. f. B. findet im Verfahren für Betreuungssachen (→ Betreuung) in §§ 276, 278 → Familienverfahrensgesetz (FamFG) und für → Unterbringungssachen in §§ 317, 318 FamFG ihre gesetzliche Grundlage. V. f. B. sind Interessenvertreter/innen der Betroffenen im gerichtlichen Verfahren. Ihre Bestellung setzt voraus, dass dies zur Wahrnehmung der Interessen der Betroffenen erforderlich ist. § 276 Abs. 1 S. 2 Nr. 1 und 2 FamFG nennt Regelbeispiele für die Erforderlichkeit. Danach ist eine Bestellung regelmäßig in zwei Fällen erforderlich: (1) wenn von der persönlichen Anhörung des/der Betroffenen nach § 34 Abs. 2 FamFG abgesehen werden soll, weil diese/r offensichtlich nicht in der Lage ist, seinen/ihren Willen kundzutun, oder – nach ärztlichem Gutachten (§ 278 Abs. 4 FamFG) – erhebliche Nachteile für die Gesundheit des/der Betroffenen zu befürchten sind (Nr. 1), (2) wenn eine Betreuung für alle Angelegenheiten in Betracht kommt (Nr. 2). In Unterbringungssachen ist die Bestellung insbesondere erforderlich, wenn von einer Anhörung des/der Betroffenen abgesehen werden soll (§ 317 Abs. 1 S. 2 FamFG). Ein/e V. f. B. ist immer zu bestellen, wenn die Genehmigung der Einwilligung eines/einer Betreuer/in in die Sterilisation des/der Betroffenen in Betracht kommt (§ 297 Abs. 5 FamFG), wenn der/die Betreuer/in in eine lebensnotwendige Behandlung des/der Betroffenen nach § 1904 Abs. 2 → Bürgerliches Gesetzbuch (BGB) nicht einwilligen oder die Einwilligung widerrufen will (§ 298 Abs. 2 FamFG) oder im Rahmen der freiheitsentziehenden Unterbringung (→ Freiheitsentziehung) die Einwilligung des Betreuers in eine ärztliche Zwangsmaßnahme zu genehmigen ist (§ 312 S. 3 FamFG). Der/die V. f. B. ist als Beteiligte/r des gerichtlichen Verfahrens anzuhören, hat Mitwirkungspflichten sowie Äußerungs- und Antragsrechte. Er/sie kann im eigenen Namen Rechtsmittel (→ Rechtsbehelf) gegen die Endentscheidung des Gerichts einlegen (§§ 303 Abs. 3, 335 Abs. 2 FamFG). Die Bestellung des V. f. B. endet mit dem rechtskräftigen Abschluss oder der sonstigen Beendigung des Verfahrens.

*Michael Grabow*

**Verfahren zur Vermögensauskunft** dient in der → Zwangsvollstreckung (§§ 802 c ff., 836 Abs. 3 S. 2, 883 Abs. 2, Zivilprozessordnung [ZPO]), aber auch im Insolvenzverfahren (§ 153 Insolvenzordnung) sowie in der Abgabenvollstreckung durch die Steuerbehörden (§ 284 Abgabenordnung [AO]) dazu, zu Beginn des Vollstreckungsverfahrens die Schuldnerin/den Schuldner zur Offenlegung des → Vermögens zu zwingen, um den Zugriff auf versteckte, »verschobene« oder sonst unbekannte pfändbare Objekte zu ermöglichen (früher »Offenbarungseid«). Ist eine gütliche Einigung (§ 802 a ff. ZPO) gescheitert, hat die Schuldnerin/der

Schuldner auf Aufforderung des/der Gerichtsvollzieher/in eine Vermögensaufstellung zu fertigen und zusätzlich anzugeben, was sie/er in den letzten zwei Jahren an nahestehende Personen veräußert oder in den letzten vier Jahren verschenkt hat. Über die Richtigkeit hat sie/er vor dem/der gem. § 802 e ZPO zuständigen Gerichtsvollzieher/in eine Eidesstattliche Versicherung abzugeben. Weigert sich die Schuldnerin/der Schuldner, oder bleibt im Termin aus, so ergeht auf Antrag Haftbefehl zur Erzwingung. Auskünfte der Schuldnerin/des Schuldners werden von dem/der Gerichtsvollzieher/in in einem elektronischen Vermögensverzeichnis zusammengefasst, aus dem Informationen an Gerichte, Gerichtsvollzieher u.a. Behörden erteilt werden können (§ 882 f ZPO). Kommt die Schuldnerin/der Schuldner der Pflicht zur Abgabe der Vermögensauskunft nicht nach, erfolgt deren/dessen Eintragung in das Schuldnerverzeichnis (Löschung nach Befriedigung der Gläubigerin/des Gläubigers, spätestens nach drei Jahren), aus dem unter bestimmten Voraussetzungen (§§ 882 f ff. ZPO) Informationen an Dritte erteilt werden können. Eintragung in das Schuldnerverzeichnis und der einhergehende Verlust jeglicher Kreditwürdigkeit bringen für die Schuldnerin/den Schuldner erhebliche Nachteile mit sich, insbesondere drohen die Kündigung des Bankkontos und daraus resultierende Probleme mit Arbeitgeber und Vermieter.

*Lutz Haertlein*

**Verfügung von Todes wegen** → Erbrecht

**Vergaberecht** Als V. wird die Gesamtheit der → Rechtsnormen bezeichnet, die ein Träger der öffentlichen Verwaltung zu beachten hat, wenn er sich zur Erfüllung seiner Aufgaben am freien Markt Sachen und Dienstleistungen beschafft. Das V. hat haushaltsrechtliche, ordnungspolitische und europarechtliche Bedeutung. Zum einen soll die wirtschaftliche und sparsame Verwendung öffentlicher Gelder sichergestellt werden, indem die öffentliche Hand bei Beschaffungsvorgängen verpflichtet wird, dem wirtschaftlichsten – nicht zwangsläufig billigsten – Angebot den Vorzug zu geben. Zum anderen soll allen interessierten Unternehmen in einem transparenten und fairen Vergabeverfahren die Möglichkeit gegeben werden, öffentliche Aufträge zu erhalten, um Korruption und staatliche Willkür verhindern. Schließlich soll der Staat daran gehindert werden, einheimische Unternehmen bei der Auftragsvergabe zu bevorzugen und so den freien Handel auf dem Markt der → Europäischen Union (EU) zu hemmen (→ Wettbewerbsrecht).

V. findet Anwendung, wenn ein öffentlicher Auftraggeber oder Konzessionsgeber einen → öffentlichen Auftrag oder eine → Konzession i.S. des Gesetzes gegen Wettbewerbsbeschränkungen (GWB) erteilt. Welche gesetzlichen Vorschriften im Einzelfall Anwendung finden, richtet sich danach, ob der Wert des Auftrags oder der Konzession die EU-Schwellenwerte erreicht.

Werden die Schwellenwerte erreicht, findet das sog. Kartellvergaberecht Anwendung, welches die zwingenden europarechtlichen Vorgaben umsetzt. Die Vergabe richtet sich dann nach §§ 97 ff. GWB, der Verordnung über die Vergabe öffentlicher Aufträge (VgV) und bei Bauleistungen zudem nach der sog. Vergabe- und Vertragsordnung für Bauleistungen (VOB/A). Der öffentliche Auftraggeber hat die Vergabe europaweit bekannt zu machen. Der → Rechtsschutz ist besonders geregelt. Bieter und Bewerber können die Vergabeentscheidung vor den Vergabekammern und ggf. im zweiten Schritt vor den Oberlandesgerichten angreifen.

Unterschreitet der Auftrags-/Konzessionswert die EU-Schwellenwerte, gilt Haushaltsrecht, niedergelegt in der Bundeshaushaltsordnung (BHO), dem Haushaltsgrundsätzegesetz (HGrG), den Landeshaushaltsverordnungen, den Landesvergabegesetzen sowie in den Vergabe- und Vertragsordnungen für Bauleistungen (VOB/A), Dienstleistungen (VOL/A) und freiberufliche Leistungen (VOF). Die Vergabe muss hier nur auf nationaler bzw. regionaler Ebene bekannt gemacht werden. Wegen einer rechtswidrigen Auftragsvergabe können Wettbewerber auf dem üblichen Rechtsweg (Verwaltungs- und Sozialgerichte) nur Schadensersatz geltend machen.

2016 wurde das deutsche Kartellvergaberecht aufgrund geänderter europäischen Vorgaben reformiert. Die geltenden EU-Schwellenwerte ergeben sich aus dem GWB i.V.m. Art. 8 der Richtlinie 2014/23/EU und Art. 4 der Richtlinie 2014/24/EU. Der allgemeine EU-Schwellenwert für Dienstleistungsaufträge von 207.000 Euro wurde für → soziale Dienstleistungen auf 780.000 Euro angehoben. Es wird davon ausgegangen, dass über 90% aller Vergaben unterhalb der Schwellenwerte stattfinden.

Das V. kennt verschiedene Vergabearten: Im offenen Verfahren (öffentliche Ausschreibung) fordert der öffentliche Auftraggeber aufgrund einer vorab festgelegten, später kaum noch veränderbaren Leistungsbeschreibung eine unbeschränkte Anzahl von Unternehmen öffentlich zur Abgabe von Angeboten auf; im nicht offenen Verfahren (beschränkte Ausschreibung) werden alle Unternehmer zur

Angebotsabgabe aufgefordert, die sich in einem vorausgegangenen Teilnahmewettbewerb als interessiert und geeignet erwiesen haben. Im Verhandlungsverfahren (freihändige Vergabe) wendet sich der Auftraggeber mit oder ohne vorherigen Teilnahmewettbewerb an ausgewählte Unternehmen, um über die Auftragsbedingungen zu verhandeln. Grundsätzlich sind öffentliche Aufträge im offenen oder nicht offenen Verfahren zu vergeben. Bei der Konzessionsvergabe hat der Auftraggeber eine größere Gestaltungsfreiheit. Bei der Beauftragung mit sozialen und anderen besonderen Dienstleistungen kann der Auftraggeber das Verfahren mit Ausnahme des Verhandlungsverfahrens ohne Teilnahmewettbewerb frei wählen. Dieses ist nur in den gesetzlich vorgesehenen Fällen zulässig.

Soziale Dienstleistungen werden nur zu einem kleinen Anteil als öffentliche Aufträge vergeben (etwa im Bereich der Arbeitsförderung). Konzessionsvergaben haben für den sozialen Bereich keine Bedeutung. Rettungsdienste sind vom Vergaberecht ausgenommen. Die bloße Finanzierung sozialer Dienstleistungen, etwa durch öffentliche Förderung, ist nicht vom Vergaberecht erfasst. Dasselbe gilt, wenn soziale Dienstleistungen im Rahmen eines sozialrechtlichen Dreiecksverhältnisses (→ Dreiecksverhältnis, sozialrechtliches) erbracht werden, etwa in der → Kinder- und Jugendhilfe und der → Sozialhilfe. Leistungsvereinbarungen und Versorgungsverträge im Rahmen des sozialrechtlichen Dreiecks sind mangels Entgeltlichkeit keine öffentlichen Aufträge, da der → Leistungserbringer durch sie keinen unmittelbaren Zahlungsanspruch erwirbt. Erst der/die → Leistungsberechtigte gibt die konkrete Leistung im Rahmen ihres/seines → Wunsch- und Wahlrechtes in Auftrag und ist zur Vergütung verpflichtet. Durch den Leistungsbescheid tritt der Leistungsträger der Zahlungsverpflichtung bei. Leistungsvereinbarungen und Versorgungsverträge sind auch deshalb weder eine Dienstleistungskonzession noch ein öffentlicher Auftrag, weil durch sie keine exklusiven Rechte zur Leistungserbringung an einzelne Unternehmen übertragen werden. Der Leistungsträger hat vielmehr mit allen geeigneten Leistungserbringern ohne Rücksicht auf Bedarfserwägungen eine entsprechende Vereinbarung zu schließen. Die Leistungserbringer werden so grundsätzlich zur Leistungserbringung zugelassen. Das beeinträchtigt den freien Wettbewerb nicht.

*Lit.* Müller-Wrede, M. (Hrsg.): Kompendium des Vergaberechts, 2. Aufl., Köln 2013.

*Anuschka Novakovic*

**Vergleichsberechnung, sozialhilferechtliche** → Übergang von Ansprüchen

**Vergütungsvereinbarungen** → Vereinbarungen über Leistungen, Vergütungen sowie die Prüfung der Einrichtungen

**Verhalten** Das menschliche V. ist ein zentraler Gegenstand der Psychologie und der biologisch oder behavioristisch orientierten V.forschung. Nachdem sich die Psychologie im 19. Jh.vorrangig dem inneren Erleben des Menschen gewidmet hatte, gelangt durch den Behaviorismus das menschliche V. in ihren Fokus. Während der V.begriff anfangs sehr eng an beobachtbarem äußerem V. orientiert war, wird er heute ebenso selbstverständlich für inneres, nicht beobachtbares V. benutzt. In der → Verhaltensorientierten Beratung und Therapie wird V. standardmäßig auf verschiedenen Ebenen betrachtet. Unterschieden werden neben dem motorischen V., welches dem engen V.begriff entspricht und auch das Sprechen umfasst, das kognitive V., das physiologische V. und das emotionale V. Über die Erfassung dieser verschiedenen Ebenen soll die Gesamtheit relevanter menschlicher Lebensäußerungen berücksichtigt werden.

In der funktionalen V.analyse wird V. als Reaktion auf externe oder interne Reize verstanden und daraufhin untersucht, welche Konsequenzen es nach sich zieht. Wenn z.B. Eltern in der → Erziehungsberatung berichten, ihr Kind weigere sich, seine Hausaufgaben zu erledigen, so wird der v.orienterte Berater nicht nur die Situationsmerkmale und die Konsequenzen des V. genauer erfragen, sondern sich v.a. das V. auf allen Ebenen beschreiben lassen. Dabei könnten die Eltern besonders gut das sichtbare, motorische V. schildern, während das kognitive, emotionale und physiologische V. in Gesprächen mit dem Kind erarbeitet würde. I.d.R. ergeben sich auf allen vier Ebenen des V. Defizite (ein gewünschtes V. wird zu selten oder zu wenig intensiv gezeigt) oder Exzesse (ein unerwünschtes V. wird zu häufig oder zu intensiv gezeigt), woraus sich wiederum individuelle Zielvorstellungen ableiten lassen, auf die sich die beraterische oder therapeutische Arbeit ausrichtet.

In der → Sozialen Arbeit hat sich die beschriebene V.orientierung nur in einigen Bereichen durchgesetzt. So sind z.B. Elterntrainings häufig vor einem v.therapeutischen Hintergrund entstanden, ebenso Trainings zur sozialen → Kompetenz und z.T. auch Anti-Aggressions-Trainings und andere im Rahmen → sozialer Gruppenarbeit einsetzbare Maßnahmen. Da → V.auffälligkeiten häufiger Gegenstand der Sozialen Arbeit sind und sich v.orientierte Strategien in diesem Kontext als hilfreich erwiesen haben könnte eine stärkere V.orientierung in manchen Bereichen durchaus sinnvoll sein.

*Michael Borg-Laufs*

**Verhaltensauffälligkeiten** ist ein eher unscharfer Ober- bzw. Sammelbegriff für Verhaltensweisen (→ Verhalten), die von vorgegebenen → Normen abweichen. Diese Normen sind i.d.R. sozial – durch Bezugsgruppen – definiert; z.T. sind sie in feste Regeln »gegossen«, z.T. variieren sie alters- oder situationsspezifisch. So wird es zu Beginn des ersten Schuljahres vielfach toleriert, wenn ein Kind im Laufe des Unterrichts seinen Platz verlässt – dieses Verhalten wird noch als »normal« angesehen –, dagegen sollte das Kind am Ende des ersten Schuljahres verinnerlicht haben, dass es »normal«, also der Norm entsprechend ist, den Platz während der Unterrichtszeit nicht mehr zu verlassen. Ein Kind, das diese Norm oder Regel nicht einhält, kann das Etikett »V.« erhalten. Eine andere Form von Normen sind statistische Normen; diese beschreiben die Auftretenshäufigkeit von bestimmten Verhaltensweisen oder Merkmalen. Voraussetzung dafür ist, dass diese Merkmale relativ klar klassifizierbar sind und entsprechend gemessen werden können. Es wird dann davon ausgegangen, dass die Verteilung dieser Merkmale dem Modell der statistischen Normalverteilung folgt, Auftretenshäufigkeiten am Rande dieser Normalverteilung werden als auffällig definiert. Allerdings ist auch diese statistische Norm abhängig von denjenigen, die die Merkmale klassifizieren und dann messen – auch hier spielen soziale Definitionsprozesse die zentrale Rolle (→ Labeling approach). Problematisch ist die begriffliche Zuschreibung, eine Person »hat eine V.«. Damit wird die Person i.d.R. durch die V. beschrieben. Genauer wäre die Beschreibung: eine Person »verhält sich auffällig«, dann sind Fragen nach Kontext und Ursachen möglich. Eine eher interaktionistische oder systemische Perspektive besteht darin, Verhalten (z.B. eines Kindes) als »herausfordernd« (z.B. für eine Pädagogin) zu beschreiben.

Grundsätzlich wird im Fachdiskurs von einem Kontinuum zwischen (verhaltens-)auffällig und nicht auffällig ausgegangen, es lässt sich keine scharfe Grenze definieren. Dennoch kann ein Katalog solcher Kriterien aufgestellt werden, die eine Einschätzung erlauben, in welchem Ausmaß ein Abweichen von der Norm bedeutsam ist. Solche Kriterien sind: Alter und Geschlecht, Dauer des Verhaltens, Art und Vielfalt der Symptome, Häufigkeit und Intensität der Symptome, Situationsabhängigkeit bzw. Reaktivität auf spezifische Lebensumstände. Die Kategorisierung einer Verhaltensweise als »auffällig« bedarf immer einer umfassenden und sorgfältigen Beobachtung mit unterschiedlichsten Methoden, in unterschiedlichen Zusammenhängen und unter Zuhilfenahme der Informationen von verschiedenen Beteiligten. Verwandte Begriffe sind Verhaltensstörung oder seelische Erkrankung. Selbst in den Klassifikationssystemen der → Weltgesundheitsorganisation (WHO), → ICD-10, wird der Störungsbegriff relativ breit definiert.

Die Ursachen für V. werden je nach theoretischer Orientierung unterschiedlich gesehen: die Tiefenpsychologie sieht sie in unbewussten Konfliktkonstellationen, die Lerntheorien in Lern- und Verstärkungsprozessen in sozialen Situationen, aus systemischer Sicht ist die Auffälligkeit funktional zur Stabilisierung eines (z.B. Familien-)Systems. Die Ursachen für V. können nicht eindimensional betrachtet werden, i.d.R. handelt es sich um ein Zusammenspiel aus individuellen, innerseelischen Faktoren und aktuellen Interaktionsprozessen. Die V. ist immer funktional für das → Individuum, aber auch für das umgebende System. V. sind zugleich Anzeichen für eine Überforderung des Individuums bei der Bewältigung von Entwicklungsaufgaben oder besonderen Belastungen. Krisen sind Anzeichen für eine Disbalance von Risiko- und Schutzfaktoren. I.d.R. bestehen auch Zusammenhänge zu (frühkindlichen) dysfunktionalen Lebens- und Bewältigungserfahrungen.

*Klaus Fröhlich-Gildhoff*

**Verhaltensforschung** ist eine biologische Forschungsrichtung, bei der Gesetzmäßigkeiten tierischen und menschlichen → Verhaltens durch Beobachtung von Tieren oder kontrollierte Experimente mit Tieren entdeckt werden sollen. Hervorzuheben sind hier insbesondere die Arbeiten der Behavioristen (Pawlow, Watson, Thorndike, Skinner) und der Ethologen (Lorenz, Tinbergen, Eibl-Eibesfeld). Ein neuerer Ansatz der V. ist die Soziobiologie.

Im behavioristischen Paradigma wird überwiegend experimentell gearbeitet. Besondere Bekanntheit und Bedeutung haben die frühen Experimente von I. Pawlow (zu Beginn des 20. Jh.) und die Arbeiten von B. F. Skinner. Pawlow untersuchte das Lernen von Reflexen mittels der sog. klassischen Konditionierung. In seinem berühmtesten Experiment koppelte er die Gabe von Fleisch an einen Hund mehrmals mit einem Glockenton. Nach einigen Versuchsdurchgängen konnte der Glockenton allein – also ohne die parallele Gabe von Fleisch – beim Hund Speichelfluss hervorrufen. Der Glockenton war damit von einem neutralen zu einem konditionierten Reiz geworden. Skinner untersuchte v.a. an Tauben die sog. Instrumentelle oder operante Konditionierung. Durch gezielte Verstärkergabe ist es möglich, Tauben das »Tanzen«, also eine bestimmte Bewegungsabfolge, beizubringen. Das Erlernen solcher komplexer Verhaltensweisen erfolgte durch genau geplante Lernvorgänge, bei denen ein komplexes Verhalten in kleinen Schritten aufgebaut wurde. Beide Arten der Konditionierung waren konstitutiv für die Entwicklung der → Verhaltensorientierten Beratung und Therapie, denn die gefundenen Lernprinzipien wurden auf die Behandlung von Menschen mit psychischen Problemen oder → Verhaltensauffälligkeiten angewandt. Die beschriebenen Paradigmata sind auch heute noch aktuell, wurden aber im Laufe weiterer Forschungen in ihrem Erklärungswert eingeschränkt und um weitere Arten des → Lernens (Modelllernen, einsichtsorientiertes Lernen) erweitert.

Während beim Behaviorismus gelerntes Verhalten im Vordergrund steht, geht es bei der Ethologie vorwiegend um angeborene, eher nicht veränderbare Verhaltensweisen (Instinkte). Berühmt wurden etwa die Arbeiten von K. Lorenz, der u.a. zeigen konnte, dass Graugänse nach ihrer Geburt dem ersten sich in ihrer Umwelt bewegenden Objekt bedingungslos folgten, als ob es ihre Mutter wäre. Es handelt sich dabei um einen angeborenen Instinkt, der durch einen Schlüsselreiz (das sich bewegende Objekt) ausgelöst wird. Viele in der klassischen V. beschriebene Phänomene (z.B. die Schwellenwertänderung) halten allerdings einer kritischen empirischen Überprüfung nicht stand (Zippelius). Andere Erkenntnisse gelten auch heute noch als stimmig (z.B. Kindchenschema).

In der Soziobiologie sollen die biologischen Grundlagen des Sozialverhaltens erforscht werden. Ein Schwerpunkt liegt auf der Frage, inwieweit menschliches Sozialverhalten im evolutionären Sinne adaptiv ist, also das Fortbestehen der Art oder gar die Weitergabe individueller Gene fördert. Die Herangehensweise in der Soziobiologie wird trotz methodisch strenger Ausrichtung häufig kritisiert, da sie viele Aspekte menschlichen Verhaltens nicht hinreichend erklären kann und einige gesellschaftlich inakzeptable menschliche Verhaltensweisen (Rassismus, Sexismus) durch soziobiologische Argumentation Unterstützung erfahren können.

*Michael Borg-Laufs*

**Verhaltensorientierte Beratung und Therapie** sind professionelle Hilfsansätze, die ursprünglich auf die Anwendung lerntheoretischer Prinzipien in der angewandten (klinischen) Psychologie zurückgehen. Der grundsätzliche Herangehensweise bei der Fallkonzeptualisierung in V. betont die Relevanz situationsabhängigen → Verhaltens im Gegensatz zu beraterischen und therapeutischen Ansätzen, bei denen eher Personenfaktoren betont werden. Im Wesentlichen wird Problemverhalten dahingehend analysiert, welche vorausgehenden Stimuli es auslösen bzw. anregen und welche nachfolgenden Konsequenzen es aufrechterhalten. Im Gegensatz zum ursprünglich streng aus dem psychologischen Behaviorismus (→ Verhaltensforschung) abgeleiteten Modell, bei dem tatsächlich nur beobachtbares → Verhalten und äußere Situationsmerkmale berücksichtigt wurden, spielen heute aber auch akute interne Prozesse (→ Kognitionen, → Emotionen) und überdauernde interne Faktoren eine wichtige Rolle beim Fallverständnis. Es wird davon ausgegangen, dass in einem Selbstregulationsprozess situative/soziale, körperliche und intrapsychische Faktoren eine Rolle spielen.

Problemverhalten wird im Rahmen einer funktionalen Verhaltensanalyse (SORKC) betrachtet. Dabei wird genau herausgearbeitet, welches Verhalten (Reaktion: R) auf welchen äußeren oder inneren Reiz (Stimulus: S) vor dem Hintergrund welcher überdauernden körperlichen oder psychischen Dispositionen (Organismusvariable: O) gezeigt wird und wie regelmäßig (Kontingenz: K) auf dieses Verhalten welche Konsequenzen (Consequences: C) erfolgen. Als Verhalten gelten dabei auch innere Prozesse wie Denken oder Emotionen. In der V. wird somit also stets die Funktion eines Verhaltens in den Vordergrund der Betrachtung gerückt. Dadurch ergibt sich eine besondere Nähe auch zu → systemischer Beratung und Therapie, da die Funktion eines Verhaltens sich häufig aus den sozialen Reaktionen der Umwelt ergibt.

Während die V. in ihren Anfängen häufig als zu technizistisch und methodenorientiert kritisiert wurde, trifft diese Kritik auf aktuelle verhaltensorientierte Ansätze nicht mehr zu. Aufbauend auf den grundlegenden Arbeiten von F. H. Kanfer wird das Vorgehen in V. heute nach dem Selbstmanagement-Ansatz aufgebaut. Demnach steht die Auswahl, Planung und Durchführung spezifischer Methoden nicht mehr allein im Vordergrund der Behandlung, sondern ist eingebettet in einen → Beratungs- bzw. → Therapieprozess, in dem auch Beziehungsaufbau, Motivationsaufbau, Zielklärung, Evaluation und die Erfolgsoptimierung zum Abschluss der Behandlung zentrale Rollen spielen (Kanfer u.a; Borg-Laufs/Hungerige). Vor diesem Hintergrund lassen sich in der V.

sinnvolle Anknüpfungspunkte zu Ansätzen anderer Therapieschulen i.S. von deren Integration oder Überwindung entdecken.

Die Verhaltenstherapie wurde in den letzten Jahrzehnten durch ihre starke Verankerung an den Hochschulen und ihre grundsätzliche Grundlagen- und Forschungsorientierung außergewöhnlich stark beforscht und kann – bei aller Kritik an dem z.Zt. vorherrschenden Forschungsparadigma – letztlich doch eindrucksvolle Wirksamkeitsbelege für die Behandlung eines breiten Spektrums → psychischer Störungen und → Verhaltensauffälligkeiten sowohl bei Erwachsenen als auch bei Kindern und Jugendlichen vorweisen (Kröner-Herwig). Insbesondere bei der Behandlung von → Phobien gilt die Wirksamkeit verhaltenstherapeutischer Konfrontationstherapie heute als in herausragender Weise belegt. Aber auch bezügl. der Behandlung vieler anderer Probleme wie emotionale Störungen (→ Depression), expansive Störungen (→ Aggression, Hyperaktivität [→ ADHS]), Ausscheidungsstörungen, Zwangsstörungen, → Autismus, Essstörungen, Angststörungen, Suchtprobleme, Schlafstörungen, somatoforme Störungen, mangelnde soziale → Kompetenzen liegen – für das Kindes- wie für das Erwachsenenalter –umfangreiche Wirksamkeitsbelege vor.

V. umfasst eine Fülle verschiedener Einzeltechniken, die je nach individueller Problemkonstellation zum Einsatz kommen können. Eine verhaltensorientierte Behandlung hat i.d.R. mehrere Ansatzpunkte, sodass verschiedene Methoden innerhalb einer Behandlung zum Einsatz kommen. Klassische verhaltenstherapeutische Standardmethoden sind zunächst die verschiedenen und auch auf unterschiedlichen Wirkfaktoren beruhenden Konfrontationsverfahren, etwa die Systematische Desensibilisierung, die graduierte Exposition oder die massierte Exposition. Darüber hinaus spielen Methoden des Kontingenzmanagements, also des gezielten Einsatzes von Verhaltenskonsequenzen eine zentrale Rolle. Dabei ist zu beachten, dass die Erarbeitung und Durchführung eines Verstärkerplanes hinsichtlich der Komplexität des Vorgehens oft unterschätzt wird. Damit solche zum Verhaltensabbau oder -aufbau eingesetzten Verfahren wirken, müssen verschiedene Faktoren (Verstärkerwert der Belohnungen, intrinsiche Motivation der Klient/innen, kontingente Verstärkergabe, Angemessenheit der Anforderungen, usw.) beachtet und aufeinander abgestimmt werden.

In den 1970er-Jahren kamen im Rahmen der sog. »kognitiven Wende« weitere wichtige Methoden zum Spektrum verhaltenstherapeutischer Interventionen hinzu, wie z.B. → Rollenspiel, Selbstinstruktionstraining, Problemlösetraining, sowie verschiedene andere z.B. auf A. Ellis oder A. Beck zurückgehende Methoden der kognitiven Umstrukturierung. Neuere verhaltenstherapeutische Vorgehensweisen und Konzeptualisierungen (z.B. Selbstmanagementtherapie, Dialektisch-behaviorale Therapie, Schematherapie, achtsamkeitsbasierte kognitive Therapie), bei denen z.B. psychische Grundbedürfnisse, Emotionen und soziale Interaktion eine große Rolle spielen, werden häufig unter der Bezeichnung »dritte Welle der Verhaltenstherapie« zusammengefasst.

Die Unterscheidung zwischen verhaltensorientierter Beratung einerseits und Verhaltenstherapie andererseits ist kaum anhand der zum Einsatz kommenden Methoden zu treffen, hier gibt es große Überschneidungsbereiche. Der Unterschied dürfte v.a. in der Zielsetzung liegen, denn nur bei der Verhaltenstherapie geht es um die Heilung von Störungen mit Krankheitswert. Der früher konzeptionell nicht vorhandene Unterschied zwischen der Behandlung Erwachsener einerseits und Kinder und Jugendlicher andererseits wurde in den letzten zwanzig Jahren deutlich herausgearbeitet.

*Lit.* Borg-Laufs, M.: Verhaltensberatung nach dem kognitiv-behavioristischen Modell, in Nestmann, F./Engel, F./Sickendieck, U.: Handbuch der Beratung, Bd. 2, 2. Aufl., Tübingen 2007, S. 629–640; Borg-Laufs, M./Hungerige, H.: Selbstmanagementtherapie mit Kindern. Ein Praxishandbuch, 2. Aufl., Stuttgart 2010; Kanfer, F. H./Reinecker, H./Schmelzer, D.: Selbstmanagement-Therapie. Ein Lehrbuch für die klinische Praxis, 5. Aufl., Berlin 2012; Kröner-Herwig, B.: Die Wirksamkeit von Verhaltenstherapie bei psychischen Störungen von Erwachsenen sowie Kindern und Jugendlichen, Tübingen 2004.

*Michael Borg-Laufs*

**Verhaltensstörung** → Verhaltensauffälligkeiten

**Verhaltenstherapie** → Verhaltensorientierte Beratung und Therapie

**Verhältnismäßigkeitsgrundsatz** Der V. beinhaltet den Grundgedanken, dass der/die einzelne Bürger/in durch den Staat nur so weit in seiner/ihrer Freiheitssphäre beschränkt werden darf, wie dies im allgemeinen Interesse erforderlich ist. Er verbietet, dass staatliches Handeln die nachteilig Betroffenen übermäßig belastet. Verschiedentlich wird er auch als Übermaßverbot bezeichnet. Inhalt des V. ist letztlich die zur → Rechtsnorm erhobene praktische Handlungsmaxime, nicht »mit Kanonen auf Spatzen zu schießen«. Der V. wird meist aus dem → Rechtsstaatsprinzip des → Grundgesetzes (GG), zusätzlich aber auch aus den → Grundrechten hergeleitet. Unterhalb der Verfassung finden sich Ausprägungen des V. z.T. in einfachgesetzlichen Normen wie z.B. in § 4 Unmittelbarer Zwang-Gesetz, der die Beachtung des V. bei der Anwendung unmittelbaren Zwanges bei Ausübung öffentlicher Gewalt durch Vollzugsbeamte des Bundes besonders hervorhebt und konkretisiert. Konturen hat der V. v.a. durch die langjährige → Rechtsprechung des → Bundesverfassungsgerichts (BVerfG) erfahren. Der V. bindet alle drei staatlichen Gewalten, ist also überall da anwendbar, wo staatliches Handeln konkrete subjektive Rechtspositionen beeinträchtigt. Die Verletzung des V. macht bspw. einen → Verwaltungsakt im Ergebnis rechtswidrig.

Die Prüfung der Verhältnismäßigkeit setzt in einem ersten Schritt voraus, dass ein legitimer Zweck verfolgt wird, der vor dem GG und der Rechtsordnung insgesamt Bestand hat. Sodann umfasst der V. drei Elemente: Geeignetheit, Erforderlichkeit und Verhältnismäßigkeit i.e.S. Eine Maßnahme des Gesetzgebers oder der Verwaltung muss geeignet sein, den angestrebten Zweck auch wirklich zu erreichen. Sie ist nach dem Prinzip des geringstmöglichen Eingriffs erforderlich, wenn sie unter mehreren für die Verwirklichung des angestrebten Zwecks gleichermaßen in Betracht kommenden, gleichermaßen geeigneten Maßnahmen die am geringsten belastende darstellt. Die Verhältnismäßigkeit i.e.S. – auch Angemessenheit genannt – schließlich bedeutet, dass auch die mit dem geringstmöglichen Eingriff verbundene Belastung nicht außer Verhältnis zu dem verfolgten Zweck stehen darf, also angemessen sein muss. Die Verhältnismäßigkeit i.e.S. verlangt eine Abwägung zwischen den konkret verfolgten Gemeinwohlbelangen einerseits und den Auswirkungen auf die Rechtsgüter der davon Betroffenen andererseits.

Im Unterschied dazu bringt das vom BVerfG nur in wenigen Fällen herangezogene sog. Untermaßverbot zum Ausdruck, dass der Gesetzgeber nicht nur – soweit erforderlich – tätig werden darf, sondern aufgrund seiner Schutzpflichten u.U. sogar tätig werden muss und dass er dabei eine bestimmte Untergrenze nicht unterschreiten darf. Aktuell wurde das Untermaßverbot bisher nur im Hinblick auf grundrechtliche Schutzpflichten, insbesondere die Pflicht des Staates zum Schutz von Leben und Gesundheit (Art. 2 Abs. 2 GG), sowie das Grundrecht auf ein menschenwürdiges → Existenzminimum.

*Edna Rasch*

**Verhinderungspflege** → Kurzzeitpflege

**Verjährung** Das Recht, von einem/einer anderen ein Tun oder Unterlassen zu verlangen (Anspruch), unterliegt der V. (§ 194 Abs. 1 → Bürgerliches Gesetzbuch [BGB]). Macht der/die Berechtigte seinen/ihren Anspruch verspätet geltend, kann der/die Verpflichtete die Leistung wegen Zeitablaufs verweigern (Einrede der V. gem. § 214 Abs. 1 BGB). Die allgemeine V.frist beträgt drei Jahre zum Schluss des Jahres der Anspruchsentstehung und der Kenntniserlangung des Gläubigers von Anspruch und Schuldner (§§ 195, 199 BGB). Häufig finden sich kürzere (z.B. § 438 Abs. 1 Nr. 3, Abs. 2 BGB: Regelverjährung von Ansprüchen wegen Mängeln der Kaufsache nach zwei Jahren seit Ablieferung; § 548 BGB: sechsmonatige V. der Ersatzansprüche des Vermieters und der Aufwendungsersatzansprüche des Mieters) oder längere (z.B. §§ 438 Abs. 1 Nr. 2, 634 a Abs. 1 Nr. 2 BGB bei Kauf- und Werkmängeln an Bauwerken) V.fristen. Die Grundregel des § 194 Abs. 1 BGB ist auch im → öffentlichen Recht anwendbar.

Zur V. im → Sozialrecht bestimmt § 45 Abs. 1 SGB I, dass Ansprüche auf → Sozialleistungen in vier Jahren nach Ablauf des Kalenderjahres, in dem sie entstanden sind, verjähren. Der V. unterliegen nur die jeweils fällig werdenden Einzelleistungen. Das »Stammrecht« (der Leistungsanspruch als solcher) ist jedoch unverjährbar. Allerdings kann die Geltendmachung der V., d.h. die Leistungsverweigerung, durch den Sozialleistungsträger einen Verstoß gegen Treu und Glauben oder eine unzulässige Rechtsausübung darstellen (z.B. bei unzureichender Beratung durch eine Behörde). Gem. § 45 Abs. 2 SGB I gelten die Vorschriften des BGB über die Hemmung (§§ 203 ff. BGB), die Ablaufhemmung (§§ 210 f. BGB), den Neubeginn (§ 212 BGB) und die Wirkung der V. (§§ 214 ff. BGB) sinngemäß. Gehemmt wird die V. auch durch schriftlichen Antrag auf die Sozialleistung oder durch Erhebung eines Widerspruchs (§ 45 Abs. 3 SGB I; → Rechtsbehelf).

Von der V. ist die Verwirkung zu unterscheiden. Während für die V. allein der Zeitablauf maßgeblich ist, besteht die Verwirkung aus einem Zeit- und einem Umstandsmoment. Ein Recht ist verwirkt, wenn der/die Berechtigte es eine (nach den Umständen zu bemessende) längere Zeit nicht geltend gemacht hat und der/die Verpflichtete sich (schon vor Ablauf der V.frist) in berechtigtem Vertrauen darauf eingerichtet hat, dass der/die Berechtigte das Recht auch in Zukunft nicht ausüben werde. Die Geltendmachung eines verwirkten Rechts ist unzulässige Rechtsausübung.

*Lutz Haertlein*

**Vermögen** ist kein rechtlicher, sondern ein volkswirtschaftlicher bzw. ökonomischer Begriff. Als V. ist danach die Gesamtheit der einer Person gehörenden, in Geld schätzbaren Güter mit einer gewissen Wertigkeit zu verstehen. Insoweit können auch → Rechtsansprüche V. sein; Voraussetzung ist aber auch dann, dass es sich um ein in Geld schätzbares Gut handelt. Zum V. gehören somit Geld- und Geldeswerte, sonstige Sachen (bewegliche und unbewegliche), Forderungen (z.B. Wertpapiere, Bankguthaben) und sonstige vermögenswerte Rechte (z.B. Nießbrauch, Dienstbarkeiten, Urheberrechte). Gegenstände, die der Sicherung eines menschenwürdigen Lebens dienen, soweit sie ihrer Art und ihrem Umfang nach angemessen sind, zählen dagegen grundsätzlich nicht zum V.

Zur Vereinfachung der Abgrenzung des V. vom → Einkommen ist für das Sozialhilferecht das sog. Zuflussprinzip entwickelt worden, wonach Einkommen alles das ist, was jemand in der Bedarfszeit (bei längerem Bedarf = Monat des Zuflusses) wertmäßig dazuerhält, und V. das, was jemand in der Bedarfszeit bereits hat. Diese vom Bundesverwaltungsgericht (BVerwG) verwendete Abgrenzungformel gilt im SGB XII (→ Sozialhilfe) fort und ist vom Bundessozialgericht (BSG) auch für das SGB II (→ Grundsicherung für Arbeitsuchende) verbindlich gemacht worden. Soweit allerdings für die Sozialhilfe davon ausgegangen wird, dass der bei Ablauf des Bedarfsabschnitts nicht verbrauchte Teil des Einkommens dem V. zuwächst, hatte das BSG im Hinblick auf sog. Einmaleinkommen (z.B. Steuererstattung, Abfindungszahlung, Einnahme aus Erbfall) eine neue – 2011 bzw. 2016 durch § 11 Abs. 3 S. 3 SGB II bzw. § 82 Abs. 4 S. 2 SGB XII ins Gesetz übertragene – Weichenstellung vorgenommen: Einmaleinkommen behält danach auch über den Zuflussmonat und den Bewilligungszeitraum hinaus seinen Einkommenscharakter und wandelt sich über den gesamten »Verteilzeitraum« nicht in V.; erst wenn die Bedürftigkeit z.B. durch Erwerbseinkommen für mindestens einen Monat und ohne Berücksichtigung der zu verteilenden einmaligen Einnahme und ohne sonstige, nicht nachhaltige Zuwendungen Dritter überwunden wird, liegen bei erneutem Eintritt von Bedürftigkeit geänderte Verhältnisse mit der Folge vor, dass bei einem erneuten → Antrag auf Leistungen nach dem SGB II der seinerzeitige Zufluss ab diesem Zeitpunkt als V. zu berücksichtigen ist. Absicht des BSG war offenbar, einer bestimmten Form sog. leistungsoptimierenden Verhaltens (Unterbrechung des → Arbeitslosengeld II-Bezugs, um Einkommen in V. verwandeln zu können) einen Riegel vorzuschieben.

Berücksichtigt wird bzw. einzusetzen ist nur V., das verwertbar ist. Nicht verwertbar kann z.B. V. in Ländern sein, mit denen keine diplomatischen Beziehungen bestehen, oder ein Nutzungsrecht, das ausschließlich an die Person gebunden ist. Die Herkunft des V. ist dagegen unerheblich. Aus dem (verwertbaren) V. werden nicht berücksichtigt bzw. sind nicht einzusetzen angemessener Hausrat, Gegenstände, die zur Aufnahme oder Fortsetzung der Berufsausbildung oder der Erwerbstätigkeit unentbehrlich sind, sowie ein angemessenes Hausgrundstück und unter bestimmten Voraussetzungen V., das zur baldigen Beschaffung eines solchen Hausgrundstücks bestimmt ist. Insoweit sind die Regelungen des SGB II und SGB XII, abgesehen von bisweilen sprachlich abweichenden Formulierungen, inhaltlich weitgehend deckungsgleich. Allerdings stellt das SGB II über die »Riesterrente« hinaus auch frei gebildetes und verbindlich zur → privaten Altersvorsorge festgelegtes V. (altersabhängig und bis zu einem Höchstbetrag) sowie für jede in der SGB II-Bedarfsgemeinschaft lebende erwerbsfähige hilfebedürftige Person ein angemessenes Kraftfahrzeug frei. Bei verwertbarem und zu berücksichtigendem bzw. einzusetzendem V. bleibt stets zu prüfen, ob der Einsatz oder die Verwertung nach § 90 Abs. 3 SGB XII eine Härte bzw. nach § 9 Abs. 4 SGB II eine besondere Härte (→ Härtefall) bedeuten würde. Ist das zu verneinen, muss das V. eingesetzt werden. Allerdings ist für den Fall, dass der sofortige Verbrauch oder die sofortige Verwertung nicht möglich ist oder eine (besondere) Härte bedeuten würde, die Grundsicherung für Arbeitsuchende als → Darlehen zu erbringen bzw. soll die Sozialhilfe als Darlehen erbracht werden (§ 23 Abs. 6 SGB II, § 91 SGB XII).

Bei Leistungen nach dem SGB VIII (→ Kinder- und Jugendhilfegesetz) kommt es nicht zum Einsatz von V.

*Lit.* Bieritz-Harder, R./Conradis, W./Thie, S. (Hrsg.): Sozialgesetzbuch XII, Sozialhilfe, Lehr- und Praxiskommentar, 10. Aufl., Baden-Baden 2015; Eicher, W.: SGB II, Grundsicherung für Arbeitsuchende, Kommentar, 3. Aufl., München 2013; Schellhorn, W./Schellhorn, H./Hohm, K-H.:. Kommentar zum SGB XII, 19. Aufl., Köln 2015.

*Gottfried Eichhoff*

**Vermögensauskunft** → Verfahren zur Vermögensauskunft

**Vermögenssorge** → Elterliche Sorge

**Vernetzung** → Koordination

**Verordnung** → Rechtsverordnung

**Verpfändung** → Rechtsnachfolge

**Verpflichtungsklage** → Klage

**Verschulden** → Haftung, → Schuld

**Verschwiegenheitspflicht** → Amtsgeheimnis, → Schweigepflicht

**Versicherungsprinzip** ist ein Begriff aus dem Sozialversicherungs- und dem Privatversicherungsrecht. Es bringt zum Ausdruck, dass sowohl das Sozialversicherungsrecht als auch das Privatversicherungsrecht dadurch gekennzeichnet sind, dass eine größere Zahl gleichartig Betroffener in der Zukunft liegende zufällig eintretende und schätzbare → Bedarfe gegenseitig abdecken. Die Versicherten zahlen hierzu im Voraus Beiträge (Prämien), mit denen die Aufwendungen der Versicherung finanziert werden. Die zu leistenden Beiträge und die bei Risikoeintritt zu erbringenden Leistungen müssen dabei in einem Verhältnis der Äquivalenz zueinander stehen (→ Äquivalenzprinzip).

In der derzeit von der herrschenden Meinung bevorzugten Einteilung des → Sozialrechts in soziale Vorsorge, → soziale Entschädigung und Hilfs- und Förderungssysteme sind die → Sozialversicherung und die Privatversicherung Bestandteil der sozialen Vorsorge. Mit der Privatversicherung werden Risiken abgedeckt, die von der Sozialversicherung nicht erfasst sind (z.B. private Unfälle). Über Privatversicherungen müssen sich Menschen absichern, die nicht in die Sozialversicherung einbezogen sind (z.B. Selbstständige in Bezug auf Krankheits- und Pflegerisiko). Außerdem erfolgt über Privatversicherungen eine über die Sozialversicherung hinausgehende Absicherung (z.B. Pflege-Bahr, Riester-Rente; → Alterssicherung → private Altersvorsorge).

Die Sozialversicherung weist gegenüber der Privatversicherung einige Besonderheiten auf. Während in der Privatversicherung risikoorientiert über die Aufnahme in die Versicherung und die Höhe der Prämien entschieden wird, ist in der Sozialversicherung die Ablehnung »schlechter Risiken« ausgeschlossen und die Höhe der Beiträge richtet sich nach der wirtschaftlichen Leistungsfähigkeit der Versicherten. Weiter ist die Gegenseitigkeit der Deckung durch die beitragsfreie Mitversicherung in der gesetzlichen Krankenversicherung und der sozialen → Pflegeversicherung eingeschränkt. Schließlich besteht in der Sozialversicherung eine hohe Regelungsdichte, die kaum Raum für vertragliche Vereinbarungen lässt. Die versicherten Personen, die Versicherungsfälle, die Leistungen, die Beiträge und die Anforderungen an die Leistungserbringer werden detailliert festgelegt. Das Privatversicherungsrecht ermöglicht dagegen vertragliche Vereinbarungen im weiten Rahmen des Versicherungsvertragsgesetzes.

*Jürgen Winkler*

**Versorgungsamt** Versorgungsämter sind Behörden der Länder, denen nach § 24 SGB I die Zuständigkeit zur Erbringung der Versorgungsleistungen nach dem Recht der → sozialen Entschädigung (§ 5 SGB I) zugewiesen ist. Die V. unterstehen der Fachaufsicht der Landesversorgungsämter als Mittelbehörden und den Sozialministerien der Länder als obersten Fachaufsichtsbehörden (→ Fachaufsicht). Ursprünglich führten die V. ausschließlich die → Kriegsopferversorgung nach dem → Bundesversorgungsgesetz (BVG) durch. Im Lauf der Zeit wurden den V. u.a. folgende weitere Aufgaben übertragen: (1) die Versorgung der im Rahmen der Zivildienstausübung an der Gesundheit geschädigten Kriegsdienstverweigerer (Zivildienstgesetz), (2) die Versorgung der Personen, die infolge einer staatlich empfohlenen → Impfung einen Gesundheitsschaden erlitten haben (Infektionsschutzgesetz), (3) die Feststellung einer Behinderung und den Grad der Behinderung (GdB) sowie die Feststellung weiterer gesundheitlicher Merkmale als Voraussetzung für die Inanspruchnahme von Nachteilsausgleichen nach dem SGB IX (→ Rehabilitation und Teilhabe behinderter Menschen), (4) die Entschädigung von Opfern von Gewalttaten (→ Opferentschädigungsgesetz), (5) die Entschädigung von Opfern rechtsstaatswidriger Strafverfolgungsmaßnahmen der ehemaligen DDR, (6) in manchen Bundesländern die Durchführung des Bundeselterngeld- und Elternzeitgesetzes (→ Elterngeld, → Elternzeit). Die ursprünglich den V. ebenfalls übertragene Soldatenversorgung ging mit Wirkung vom 1.1.2015 auf das Bundesamt für das Personalmanagement der Bundeswehr über.

*Hans-Jörg Schweinlin*

**Versorgungsanstalt des Bundes und der Länder (VBL)** → Zusatzversorgung im öffentlichen Dienst

**Versorgungsausgleich** Durch den V. werden bei der → Ehescheidung die Anwartschaften auf Invaliditäts- und → Alterssicherung, die während der Ehezeit von beiden Partnern erworben wurden, zwischen ihnen geteilt und ausgeglichen, da sie als gemeinsame Leistung beider angesehen werden, unabhängig davon, wer in welcher Höhe diese Anwartschaften erworben hat. Der V. sichert oder begründet eine eigenständige Alterssicherung des während der → Ehe nicht oder nur zeitweise berufstätigen Ehegatten, in den meisten Fällen der Frau.

Der V. ist seit dem 1.9.2009 aus dem → Bürgerlichen Gesetzbuch (BGB) in ein eigenes Gesetz zur Strukturreform des V. (VersAusglG) überführt, in seinen Grundgedanken aber nicht verändert worden. Kernstück der Reform ist die »interne Teilung« der in der Ehe erworbenen Anwartschaften auf Versorgungsleistungen. Solche Anrechte können v.a. begründet sein in der gesetzlichen → Rentenversicherung, Beamtenversorgung, durch → betriebliche Altersversorgungen, private Versicherungen auf Rentenbasis oder berufsständische Versorgungseinrichtungen. Der Ausgleich wird durch das → Familiengericht vorgenommen. Er wirkt sich erst aus, wenn bei den Berechtigten die allgemeinen Voraussetzungen zum Bezug einer Versorgungsleistung erfüllt sind, z.B. Erreichen der Altersgrenze, Eintritt der Berufs- oder Erwerbsunfähigkeit. Er erfolgt unabhängig davon, ob nach der Scheidung Unterhalt (→ Unterhaltspflicht) gezahlt werden muss. Kein V. erfolgt bei grober Unbilligkeit (§ 27 VersAusglG). Abweichende Vereinbarungen, auch völliger Ausschluss des V., sind möglich durch notariell beurkundeten Ehevertrag bei Heirat, während der Ehe oder Scheidungsfolgevereinbarung, diese unterliegen allerdings einer strengen Inhaltskontrolle (→ Eheliches Güterrecht).

*Hans-Jürgen Schimke*

**Versorgungsmanagement** zielt darauf ab, abgestimmte Versorgungsstrukturen zu implementieren, um insbesondere bei komplexen Problemen, die verbunden sind mit hohen Risiken für Betroffene und mit erheblichen Kosten für → Sozialleistungsträger, die Abläufe sektoren- und disziplinübergreifend zu rationalisieren. Es geht um die Vermeidung von Unter-, Über- und Fehlversorgung durch eine systematisch aufeinander bezogene → Sozialdiagnostik und → Intervention. V. beachtet dabei auch die Passung zwischen professioneller Expertise (= grundsätzlich wirksames Vorgehen) und individuellen Versorgungspräferenzen der Klient/innen (= Förderung von Koproduktion). V. leistet Systemsteuerung unter Einbezug von Fallsteuerung.

Im V. sind Managing Care und Managed Care als Strategien zu unterscheiden. Erstgenannte Strategie wird i.d.R. durch → Leistungserbringer eingesetzt, um Versorgung pfadorientiert zu optimieren (z.B. psychiatrische Verbünde) mit dem Ziel, ambulante Versorgung zu stärken und/ oder Versorgungsbrüche bei Übergängen zu vermeiden. Letztgenannte Strategie wird von Leistungsträgern im → Gesundheitswesen angewandt, um Versicherten bei bestimmten chronischen Krankheitsbildern eine Alternative zur herkömmlichen Regelversorgung – bei Wahlmöglichkeit – anzubieten (z.B. Strukturierte Behandlungsprogramme).

Mit Hilfe der Typologie der Integration von Lore Blosser-Reisen sind Formen des V. weiter auszudifferenzieren. Zu unterschieden sind:

→ Koordination als freiwillig eingegangene, planvolle Zusammenarbeit rechtlich weiterhin selbstständiger Träger.

→ Kooperation als eine auf vertraglicher Grundlage basierende, verbindliche Abmachung, bei der die Beteiligten ihre Selbstständigkeit behaupten, aber ihr Handeln in bestimmten Bereichen festlegen.

Vernetzung als neue Organisationsform mit gemeinsamen, verbindlichen Regeln des Vorgehens, in der ehedem selbstständige Einzelglieder nunmehr aufgegangen sind.

Von Koordination bis Vernetzung wächst der Grad an Verbindlichkeit. Umgekehrt nimmt der Grad der Selbstständigkeit der Beteiligten ab. Managed Care repräsentiert ausschließlich den Integrationstyp Vernetzung, während Managing Care im Sozialwesen vorwiegend auf Koordination gründet, selten auf der verbindlicheren »Kooperation«.

Als V. wird auch der Anspruch von Versicherten gegenüber Leistungserbringern bezeichnet, insbesondere um zur Lösung von Problemen beim Übergang in die verschiedenen Versorgungsbereichen eine sachgerechte Anschlussversorgung (inkl. fachärztlicher Anschlussbehandlung) zu realisieren (§ 11 Abs. 4 SGB V).

*Roland Schmidt*

**Versorgungsprinzip** bedeutet, dass der Staat Leistungen bereitstellt, für die die → Leistungsberechtigten keine Beiträge bezahlen müssen. Das Versorgungsprinzip ist vom (→ Versicherungsprinzip) und vom (→ Fürsorgeprinzip) zu unterscheiden. Anders als in der Versicherung werden die Leistungen der Versorgung nicht durch Beiträge der Leistungsberechtigten finanziert. Im Gegensatz zur Fürsorge unterliegen die Leistungen der Vorsorge nicht einer individuellen Bedürfnisprüfung und sind nicht auf die Sicherung des → Existenzminimums beschränkt. Dem Versorgungsprinzip unterliegen die Leistungen der Kriegsopferversorgung

(→ Kriegsopferfürsorge), der → sozialen Entschädigung (z.B. der Kriminalopferentschädigung und der Impfopferentschädigung) und der sozialen Förderung (z.B. → Ausbildungsförderung, → Kindergeld und → Wohngeld). Außerhalb des → Sozialrechts gilt das Versorgungsprinzip vor allem bei der Versorgung der Beamt/innen, der Richter/innen und der Berufssoldat/innen.

*Jürgen Winkler*

**Versorgungsvertrag** → Dreiecksverhältnis, sozialrechtliches, → Pflegeeinrichtung, → Vereinbarungen über Leistungen, Vergütungen sowie die Prüfung der Einrichtungen

**Vertrag** (1) Privatrecht: Ein V. ist ein mindestens zweiseitiges Rechtsgeschäft. Er setzt zwei inhaltlich übereinstimmende, mit Bezug aufeinander abgegebene Willenserklärungen gerichtet auf den Abschluss einen Rechtsgeschäfts voraus. Ein V. besteht aus Angebot und anschließender Annahme (§§ 145 ff. → Bürgerliches Gesetzbuch [BGB]). Eine Annahme unter Einschränkungen und Änderungen gilt als Ablehnung und neues Angebot (§ 150 Abs. 2 BGB). Willenserklärungen können von natürlichen Personen oder für → juristische Personen abgegeben werden. Für V.schlüsse von natürlichen Personen wird i.d.R. die volle → Geschäftsfähigkeit vorausgesetzt (§§ 104 ff. BGB). Die Willenserklärung von Geschäftsunfähigen ist grundsätzlich nichtig. Minderjährige sind bis sieben Jahre geschäftsunfähig und danach beschränkt geschäftsfähig. Geschäftsunfähig ist auch, bei wem dauerhaft oder vorübergehend die freie Willensbildung ausgeschlossen ist. Dies kann sich auch nur auf Teilbereiche beziehen. Erwachsene Geschäftsunfähige können jedoch Geschäfte des täglichen Lebens wirksam tätigen (§ 105 a BGB). Die Bestellung einer gesetzlichen → Betreuung (§§ 1896 ff. BGB) hat keinen Einfluss auf die Geschäftsfähigkeit des/der Betreuten. Willenserklärungen müssen nur selten persönlich abgegeben werden (z.B. Schließung einer → Ehe) und sind daher auch durch einen (vertraglichen bzw. → gesetzlichen) Vertreter möglich.

Rechtsgeschäfte sind i.d.R. formlos wirksam. In einigen Fällen ist jedoch eine bestimmte Form vorgeschrieben (z.B. → Annahme als Kind). Des Weiteren besteht das Prinzip der Vertragsfreiheit. Diese bezieht sich auf die Abschluss-, wie auf die Gestaltungsfreiheit. Ein Kontrahierungszwang kann dann bestehen, wenn allgemein öffentliche Versorgungsaufgaben (z.B. Stromversorgung) erfüllt werden sollen. Einschränkungen der Gestaltungsfreiheit bestehen etwa für V., die gegen gesetzliche Verbote oder gegen die guten Sitten verstoßen (§§ 134, 138 BGB).

Willens- oder Formmängel führen zur Anfechtbarkeit oder Nichtigkeit des Rechtsgeschäfts, können u.U. jedoch auch durch eine Zustimmung des Vertreters (z.B. Eltern für Kind) geheilt werden. Für Streitigkeiten aus V. sind die ordentlichen Gerichte zuständig.

(2) → Öffentliches Recht/→ Sozialrecht: Das (Sozial-)Verwaltungsverfahren kann statt auf den Erlass eines Verwaltungsaktes auch auf den Abschluss eines öffentlich-rechtlichen V. gerichtet sein. Mindestens ein Vertragspartner ist dabei eine Behörde, die diesen V. schriftlich auf dem Gebiet des (Sozial-)Verwaltungsrechts abschließt. Die Regelungen im SGB X und Verwaltungsverfahrensgesetz (VwVfG) zum öffentlich-rechtlichen V. sind nahezu inhaltsgleich. Ein öffentlich-rechtlicher V. über → Sozialleistungen kann jedoch nur geschlossen werden, soweit die Erbringung der Leistungen im → Ermessen des Leistungsträgers steht (§ 53 SGB X). Ein Beispiel ist der öffentlich-rechtliche V. zwischen Leistungsträger und -erbringer nach §§ 75ff. SGB XII. Streitigkeiten aus öffentlich-rechtlichen V. werden vor den Verwaltungs- bzw. Sozialgerichten geführt. Dem kann auch vorgerichtlich ein Verfahren bei der → Schiedsstelle vorgeschaltet sein.

*Daniel Heinisch*

**Vertragsärztliche Versorgung** bezeichnet die Versorgung der in der gesetzlichen → Krankenversicherung versicherten Personen mit ambulanter ärztlicher Behandlung (→ ambulante ärztliche Versorgung). Sie wird sichergestellt von den zur v. V. zugelassenen Ärzt/innen, Zahnärzt/innen, Psychotherapeut/innen und → medizinischen Versorgungszentren. Die v. V. gliedert sich in die hausärztliche und die fachärztliche Versorgung (§ 73 SGB V). Sie umfasst – jeweils nach Maßgabe der Anspruchsnorm – ärztliche Behandlung, zahnärztliche Behandlung, einschließlich der Versorgung mit → Zahnersatz, kieferorthopädische Behandlung, Maßnahmen zur Früherkennung von → Krankheiten, ärztliche Betreuung bei Schwangerschaft und Mutterschaft, Verordnung von Leistungen zur → medizinischen Rehabilitation, Anordnung der Hilfeleistung anderer Personen, Verordnung von Arznei, Verband-, → Heil- und → Hilfsmitteln, Krankentransporten sowie Behandlung in → Krankenhäusern oder Vorsorge- und → Rehabilitationseinrichtungen, Verordnung → häuslicher Krankenpflege, Ausstellung von Bescheinigungen und Erstellung von Berichten, die die → Krankenkassen oder der → Medizinische Dienst der Krankenversicherung zur Durchführung ihrer gesetzlichen Aufgaben oder die die Versicherten für den Anspruch auf Fortzahlung des Arbeitsentgelts benötigen, medizinische Maßnahmen zur Herbeiführung einer Schwangerschaft, ärztliche Maßnahmen zur Empfängnisverhütung (→ Familienplanung), zum → Schwangerschaftsabbruch und zur Sterilisation sowie die Verordnung von Soziotherapie (→ Sozialtherapie). Die v. V. ist im Rahmen der gesetzlichen Vorschriften (Anspruchsnormen) und den diese weiter konkretisierenden Richtlinien des → Gemeinsamen Bundesausschusses durch schriftliche → Verträge zwischen den Kassenärztlichen Vereinigungen und den Verbänden der Krankenkassen zu regeln. Die Verträge sollen eine ausreichende, zweckmäßige und wirtschaftliche Versorgung der Versicherten unter Berücksichtigung des allgemein anerkannten Stands der medizinischen Erkenntnisse sowie eine angemessene Vergütung der Leistungen gewährleisten.

*Katja Fahlbusch*

**Vertrauen** → Bindung/Beziehung in der Sozialen Arbeit

**Vertrauensschutz** → Rechtsstaat

**Vertrauliche Geburt** Seit dem 1.5.2014 können Frauen in Deutschland vertraulich entbinden. Die v. G. ermöglicht schwangeren Frauen mit Anonymitätswunsch eine medizinisch begleitete Geburt und auf Wunsch die medizinische Vor- und Nachsorge. Schwangerschaftsberatungsstellen (→ Schwangerschaftskonfliktberatung) nach den §§ 3 und 8 Schwangerschaftskonfliktgesetz (SchKG) beraten die Frau vor, während und nach einer v. G., und sie begleiten das Verfahren. Um die Perspektivplanung des Kindes sicherzustellen, ist die Kooperation mit einer Adoptionsvermittlungsstelle vorgesehen. Bei einer v. G. weist sich die Frau einmalig der Schwangerschaftsberatungsstelle gegenüber aus und wählt ein Pseudonym. Ihre persönlichen Daten werden in einem Herkunftsnachweis versiegelt und nach der Geburt des Kindes zur sicheren Verwahrung an das Bundesamt für Familie und zivilgesellschaftliche Aufgaben übersendet. Die Anmeldung der Frau bei einer geburtshilflichen Einrichtung oder Hebamme, die Benachrichtigung des → Jugendamtes über die v. G. und alle weiteren Verfahrensschritte erfolgen unter ihrem Pseudonym. Um sein Recht auf Kenntnis der eigenen Herkunft (→ Abstammung) zu gewährleisten, darf das Kind seinen Herkunftsnachweis nach Vollendung des 16. Lebensjahres einsehen. Einen möglichen Widerspruch der Mutter prüft das → Familiengericht. Wird diesem stattgegeben, kann die Einsichtnahme nach frühestens drei Jahren erneut beantragt werden. Eine v. G. ist auch nach der Entbindung noch möglich, sofern sich die Frau beraten lässt und bis dahin anonym geblieben ist.

*Alexandra Krause*

**Vertreter, gesetzlicher** → Gesetzlicher Vertreter

**Vertriebene** → Bundesvertriebenengesetz (BVFG)

**Verwaltungsakt** Wenn der Staat durch seine Behörden begünstigend oder belastend, leistend oder fordernd, gestaltend oder feststellend, unmittelbar und verbindlich in die Lebensumstände der Bürger/innen eingreift, so geschieht dies überwiegend durch einen V. Neben dieser für die Praxis wichtigsten Rechtsfigur des → Verwaltungsrechts stehen der Verwaltung zur Erfüllung ihrer Aufgaben weitere öffentlich-rechtliche Handlungsformen wie die → Rechtsverordnung, die → Satzung, der öffentlich-rechtliche → Vertrag und das sog. schlichte Verwaltungshandeln (z.B. Auskunft über die Sprechzeiten der Behörden, Ausgabe von Antragsformularen) zur Verfügung. Der Begriff des V. ist durch § 35 S. 1 Verwaltungsverfahrensgesetz (VwVfG) gesetzlich definiert: »Verwaltungsakt ist jede Verfügung, Entscheidung oder andere hoheitliche Maßnahme, die eine Behörde zur Regelung eines Einzelfalles auf dem Gebiet des öffentlichen Rechts trifft und die auf unmittelbare Rechtswirkung nach außen gerichtet ist.«

Von besonderer Bedeutung sind die gestaltenden V., durch die Rechte oder Pflichten begründet, aufgehoben oder abgeändert werden. Nach ihrer Wirkung werden sie in begünstigende und belastende V. untergliedert. Bedeutsam ist diese Einordnung für die Klageart im Verwaltungsprozess. Neben den gesetzlichen Bestimmungen, die die Behörde bei Vorliegen der Voraussetzungen zum Erlass des V. verpflichten, ist in einer Vielzahl von Fällen der Verwaltung ein Ermessensspielraum eingeräumt. Auch in einem solchen Fall ist jedoch kein Raum für willkürliche Entscheidungen, die Behörden sind vielmehr verpflichtet, das ihnen eingeräumte → Ermessen pflichtgemäß und ohne sachfremde Erwägungen auszuüben. Ein belastender V. liegt vor, wenn von Betroffenen ein Tun, Dulden oder Unterlassen verlangt wird, Rechte beschränkt oder entzogen werden. Da in die Freiheit der Bürger/innen eingegriffen wird, bedürfen solche belastenden V. regelmäßig einer Rechtsgrundlage (→ Gesetzmäßigkeit der

Verwaltung, Art. 20 Abs. 3 → Grundgesetz [GG]).

Zu den wichtigsten Nebenbestimmungen gehören Befristung, Bedingung, Widerrufsvorbehalt und Auflage. Mit der Befristung wird die begünstigende oder belastende Wirkung des V. auf einen bestimmten Zeitraum begrenzt, mit der Bedingung wird sie vom ungewissen Eintritt eines zukünftigen Ereignisses abhängig gemacht und bei der Auflage wird den Begünstigten ein Tun, Dulden oder Unterlassen vorgeschrieben. Grundsätzlich dürfen V. mit Nebenbestimmungen versehen werden, die Möglichkeiten der Behörden sind jedoch durch § 36 VwVfG beschränkt.

Im Interesse der Rechtssicherheit und Rechtsklarheit ist ein V. nur wirksam, wenn er seinem Inhalt nach hinreichend bestimmt ist. Eine besondere Form ist für den V. regelmäßig nicht vorgeschrieben. Ein schriftlicher oder schriftlich bestätigter V. muss auch schriftlich begründet werden, wobei die Behörde die wesentlichen tatsächlichen und rechtlichen Gründe ihrer Entscheidung den Betroffenen mitzuteilen hat. Dies gilt insbesondere für Ermessensentscheidungen. Nur in Ausnahmefällen ist eine Begründung des schriftlichen V. entbehrlich. Wirksam kann ein V. schließlich erst dann werden, wenn er den Betroffenen bekannt gegeben worden ist. Ein schriftlicher V., der durch die Post übermittelt wird, gilt mit dem dritten Tage nach der Aufgabe zur Post als bekannt gegeben; die Behörde hat jedoch im Zweifel den Zugang und den Zeitpunkt nachzuweisen.

*Walter Roth*

**Verwaltungsfachkraft** V. arbeiten in allen Bereichen der öffentlichen Verwaltung, u.a. in → Sozial- und → Jugendämtern, im → Gesundheitswesen und auch in der Kirchenverwaltung. Die Aufgaben von V. liegen v.a. in der Durchführung von → Verwaltungsverfahren, auf dem Gebiet des → Haushalts- und Rechnungswesens (z.B. Haushaltsplanung und -vollzug) und in der Kommunikation mit den Bürger/innen.

V. werden als Angestellte analog zum und als Beamte im gehobenen (Abschluss als Dipl.-Verwaltungswirt/in an Verwaltungsfachhochschulen) und mittleren (Abschluss als Verwaltungswirt/in an Verwaltungsfachschulen) Dienst beschäftigt. Schwerpunkte des Studiums an Verwaltungsfachhochschulen sind rechts-, wirtschafts- und sozialwissenschaftliche Fächer sowie Psychologie. Ein wesentliches Ziel des Studiums stellt die Befähigung zur Rechtsanwendung dar. Ein weiterer Zugang zum Tätigkeitsfeld besteht in der Ausbildung zum/zur Verwaltungsfachangestellten. Im höheren Dienst sind in großer Zahl Jurist/innen als V. tätig. Von wesentlicher Bedeutung sind die Fachkräftegebote in der → Sozialhilfe (§ 6 SGB XII) und in der öffentlichen → Kinder- und Jugendhilfe (§ 72 SGB VIII). Zu den Voraussetzungen für die Arbeit als → Fachkraft in der Sozialhilfe oder hauptberuflich in der öffentlichen Jugendhilfe gehören persönliche Eignung und eine den jeweiligen Aufgaben entsprechende Ausbildung oder das Vorhandensein vergleichbarer oder besonderer Erfahrungen. Ausbildungswege und Abschlüsse werden von den → Sozialgesetzbüchern selbst nicht vorgegeben. Zwar werden V. weder im SGB XII noch im SGB VIII erwähnt, da jedoch die Erfüllung der Aufgaben bspw. der Jugendhilfe (§ 2 SGB VIII) ganz offenkundig nicht nur sozialpädagogische und sozialarbeiterische Qualifikationen, sondern zumindest auch verwaltungsrechtliche Kenntnisse erfordert, können auch V. unter das Fachkräftegebot des SGB VIII und XII subsumiert werden. Die → Träger der Sozialhilfe und der Jugendhilfe haben eine angemessene → Fortbildung der Fachkräfte zu gewährleisten. V., die an der Bereitstellung von Leistungen der Jugendhilfe mitwirken, sollen in Fortbildungen Einblicke in jugendhilferechtliche Sichtweisen sowie Methoden und Arbeitsweisen der Jugendhilfe erhalten.

Aufgabe der V. in der Sozial- und Jugendhilfe ist es v.a., Verwaltungsverfahren durchzuführen, in rechtlich geordneten Verfahren Leistungen zu erbringen und den → Nachrang der Sozialhilfe und der Jugendhilfe herzustellen. Dies geschieht durch → Verwaltungsakt (→ Leistungsbescheid) oder öffentlich-rechtlichen → Vertrag. In der Jugendhilfe sollen Fachkräfte verschiedener Fachrichtungen zusammenwirken, soweit die Aufgabe dies erfordert (§ 72 SGB VIII). Diese fachübergreifende Zusammenarbeit beeinflusst ganz wesentlich Qualität und Leistungsfähigkeit der Jugendhilfe und stellt aufgrund des fachspezifischen Selbstverständnisses und der unterschiedlichen Betrachtungsperspektiven der beteiligten Fachkräfte eine zentrale Herausforderung an Führung (→ Führungskonzeption) und → Teamarbeit dar.

*Ulrich Schwanecke*

**Verwaltungsgerichte** in einem allgemeinen Sinn sind die Gerichte der Verwaltungsgerichtsbarkeit. Der dreistufige Aufbau umfasst die V. i.e.S. (VG) als unterste Instanz, Oberverwaltungsgerichte (OVG), in manchen Ländern auch Verwaltungsgerichtshof (VGH) genannt, als Mittelinstanz (§ 184 Verwaltungsgerichtsordnung [VwGO]) und das Bundesverwaltungsgericht (BVerwG) mit Sitz in Leipzig als oberste Instanz (§ 2 VwGO). Es hat den

Status eines obersten Bundesgerichts (Art. 95 Abs. 1 → Grundgesetz [GG]). V. sind Staatsorgane zur Ausübung der → Rechtsprechung und personell mit unabhängigen Richter/innen besetzt (Art. 92, 97 Abs. 1 GG, § 1 VwGO, § 25 Deutsches Richtergesetz [DRiG]). Soweit nicht einem/r Einzelrichter/in der Rechtsstreit übertragen wurde (§ 6 VwGO) oder der/die Vorsitzende oder der/die Berichterstatter/in entscheidet (§ 87 a VwGO), ist der für die Entscheidung zuständige Spruchkörper grundsätzlich beim VG die Kammer (§ 5 Abs. 2 VwGO) und beim OVG bzw. VGH sowie beim BVerwG der Senat (§§ 9 Abs. 2, 10 Abs. 2 VwGO).

Zuständig für erstinstanzliche Streitigkeiten ist grundsätzlich das VG (Ausnahmen: §§ 47, 48, 50 VwGO). Die Kammern sind besetzt mit drei Berufsrichter/innen und mit zwei ehrenamtlichen Richter/innen, die nicht mitwirken bei Beschlüssen außerhalb der mündlichen Verhandlung und bei Gerichtsbescheiden (§ 5 Abs. 3 VwGO; zu ehrenamtlichen Richter/innen: §§ 19 ff. VwGO). Das OVG (der VGH) entscheidet als Rechtsmittelgericht (→ Rechtsmittel) über die Berufung gegen Urteile oder bei Beschwerden gegen andere Entscheidungen des VG (§ 46 VwGO). Es ist erste Instanz gem. § 47 VwGO (Normenkontrollverfahren) und gem. § 48 VwGO (z.B. Großvorhaben, Vereinssachen). Die Senate sind mit drei Berufsrichter/innen besetzt; die Landesgesetzgebung kann vorsehen, dass sie in der Besetzung von fünf Richter/innen, von denen zwei ehrenamtliche Richter/innen sein können, entscheiden (§ 9 Abs. 3 VwGO); zur Besetzung bei Verfahren nach § 48 Abs. 1 VwGO s. § 9 Abs. 3 S. 2 VwGO.

Das BVerwG entscheidet als Rechtsmittelgericht über die Revision gegen Urteile des OVG sowie u.a. über die Revision gegen Beschlüsse in Normenkontrollverfahren (§§ 47 Abs. 1 S. 5, 132 VwGO), über die Revision gegen Urteile des VG in den Fällen der Sprungrevision (§ 134 VwGO) und wenn die Berufung durch Bundesgesetz ausgeschlossen ist (§ 135 VwGO), bei Beschwerde nach § 99 Abs. 2, nach § 133 Abs. 1 VwGO sowie nach § 17 a Abs. 4 S. 4 Gerichtsverfassungsgesetz (GVG) (§ 49 VwGO). Ausnahmsweise ist das BVerwG erste und letzte Instanz gem. § 50 VwGO. Die Senate sind mit fünf Richter/innen besetzt, bei Beschlüssen außerhalb der mündlichen Verhandlung mit drei Richter/innen (§ 10 Abs. 3 VwGO). Berufung und Revision sind nur statthaft, wenn sie zugelassen sind (vgl. hierzu §§ 124, 124 a, 132 ff. VwGO; zu den großen Senaten bei OVG und BVerwG s. §§ 11, 12 VwGO).

Der Verwaltungsrechtsweg ist gem. § 40 VwGO in allen öffentlich-rechtlichen Streitigkeiten nichtverfassungsrechtlicher Art gegeben, soweit die Streitigkeiten nicht durch Bundesgesetz einem anderen Gericht ausdrücklich zugewiesen sind. Von besonderer Bedeutung sind dabei u.a. die nach § 51 Sozialgerichtsgesetz (SGG) ausdrücklich den → Sozialgerichten zugewiesenen Angelegenheiten wie beispielsweise die → Grundsicherung für Arbeitsuchende und die → Sozialhilfe.

*Edna Rasch*

**Verwaltungsmodernisierung** Die Strukturmomente der deutschen öffentlichen Verwaltung führten Ende der 1980er-Jahre zu Krisenerscheinungen, die zur Infragestellung dieses Modells »Klassischer Verwaltung« führten: (a) Die Finanzkrise der öffentlichen Haushalte zwang zur Überprüfung der Aufgaben des Staates und der Kommunen sowie zur Rationalisierung der Aufgabenerfüllung; (b) die Legitimationskrise einer gegenüber den Bürgerinteressen verselbständigten Bürokratie wurde in den Begriffen der »Bürgernähe« bzw. »Kundenorientierung« reflektiert; (c) die Anpassungskrise der starren Strukturprinzipien von Großorganisationen legte Reformen nahe, die auf »Flexibilität« abzielen. »Verwaltungsmodernisierung« bedeutet, die Qualität der Verwaltungsdienstleistungen zu verbessern und an sich ändernde Gegebenheiten anzupassen. Wichtige Ziele sind die Steigerung der → Effektivität und der → Effizienz sowie die Verbesserung von Kunden- und Bürgerfreundlichkeit und die Erweiterung der Gestaltungsspielräume für Kommunen und Wirtschaft.

In Deutschland war es v.a. die Kommunale Gemeinschaftsstelle für Verwaltungsmanagement (KGSt), die einen »Modernisierungsrückstand« der deutschen Kommunalverwaltungen konstatierte und dazu beitrug, dass die Konzepte des »New Public Management« unter dem Begriff »Neues Steuerungsmodell« rezipiert wurden. Die Prinzipien der in Deutschland zu verzeichnenden Reformprozesse sind konzentriert auf die Aspekte der Verwaltungsorganisation und der Binnenmodernisierung: Verwaltungsorganisation muss sich auf die Aufgaben auf kommunaler, Länder- und Bundesebene beziehen und sich im Rahmen der Modernisierungsdiskussion aufgabenkritische Prozessen unterziehen: Zweckkritik (Nehmen wir die richtigen Aufgaben wahr?) sowie Vollzugskritik (Nehmen wir die Aufgaben richtig wahr?). Das zweite Prinzip der V. ist die Reorganisation der Arbeitsabläufe in den Verwaltungen selbst. Die Binnenmodernisierung soll eine Verwaltung schaffen, die wirkungs- und ergebnisorientiert denkt und handelt; eine Verwaltung, für die Wettbewerb, Kostenbewusstsein oder Kundenorientierung selbstverständlich sind. Die Bestrebungen der Binnenmodernisierung sind in nationale und internationale Reformbewegungen eingebettet (New Public Management/Neues Steuerungsmodell/Wirkungsorientierte Verwaltungssteuerung). Die Kernpositionen der Modelle zeichnen sich durch folgende Elemente aus:

(1) → Leitbild des bürger-/kundenorientierten Dienstleistungsunternehmens: Es gilt das Leitbild der Marktorientierung bei gleichzeitiger eindeutiger Orientierung am Bürger-/Kundeninteresse. Entsprechend werden Wettbewerbsinstrumente und -surrogate entwickelt. Wo die Etablierung »echter« Märkte nicht möglich ist oder nicht gewollt wird, bleibt zur Umsetzung der Marktorientierung die Schaffung von »Quasi-Märkten«, auf denen der Wettbewerb die Form von Leistungsvergleichen durch Kennziffern (→ Benchmarking) annimmt. Die Bewertung dieser Kennziffernvergleiche erfolgt allerdings nicht auf einem »Markt«, sondern über die tradierten Modi (kommunal-)politischer Diskurse.

(2) Führen über → Zielvereinbarungen: Zielvereinbarungen sind verbindliche Absprachen zwischen unterschiedlichen Verwaltungsebenen und innerhalb einzelner Verwaltungen. Sie lösen Einzeleingriffe und detaillierte Regelungen ab. Durch Zielvereinbarungen wird festgelegt, welche Ergebnisse innerhalb eines bestimmten Zeitraums erreicht werden sollen. Die Festlegung der dafür erforderlichen Ressourcen als Budget und Berichtspflichten zu dessen Verwendung machen die Erreichung der Ziele überprüfbar.

(3) Dezentrale Ergebnis- und Ressourcenverantwortung wird dabei durch die Einführung von teilautonomen Arbeitsgruppen und Teamarbeit erreicht.

(4) Die Reform des kommunalen Haushalts- und Rechnungswesens sieht als Kernbestandteil die Einführung des doppischen (kaufmännischen) Rechnungsstils vor (→ Doppik). Entsprechende Konzepte des Neuen Kommunalen Finanzmanagements (NKF) wurden seit Anfang 1999 in den Kommunen umgesetzt. Die Reform des Haushalts- und Rechnungswesen umfasst darüber hinaus ergänzend die Strukturvorgaben: Einführung von Kosten- und Leistungsrechnungen, Aufstellung des Haushalts aufgrund von leistungs- und zielorientierten Budgetvorgaben, Aufstellung eines produkt- und (ergebnis-)bezogenen Haushalts, Einführung einer produktorientierten Steuerung inklusive eines → Controllings.

Die Transparenz über Kosten und Leistungen wird durch die Anwendung betriebswirtschaftlicher Instrumente hergestellt. Die produktorientierte Strukturierung des gesamten Haushalts- und Rechnungswesens soll die dezentrale Steuerung der Leistungen im Rahmen einer dezentralen Ressourcenverantwortung »zahlenmäßig« unterstützen. Die Produktdefinitionen sind so angelegt, dass interkommunale Leistungsvergleiche – als Vergleich der Daten mehrerer Kommunen (auch als Betriebsvergleich) möglich sind (Benchmarking). Modernisierungsfelder sind von den Fachaufgaben abgekoppelt und haben eine ressortübergreifende Relevanz.

Verwaltungspolitik, Aufgabenumbau, → Organisationsentwicklung, Planungs- und Prozessoptimierung, Neue Steuerung, → Personalentwicklung, Regelungsoptimierung und eGovernment sind Modernisierungsfelder, die zusammenhängen, voneinander abhängen, aufeinander aufbauen oder sich gegenseitig ergänzen können. Dabei nimmt der Einsatz von Informations- und Kommunikationstechnik einen hohen Stellenwert ein. Deshalb ist »eGovernment« als eines dieser Modernisierungsfelder ein zentraler Bestandteil der Verwaltungsmodernisierung.

Lit. Hopp, H./Göbel, A.: Management in der öffentlichen Verwaltung. Organisations- und Personalarbeit in modernen Kommunalverwaltungen, Stuttgart 2013; Merchel, J./Schrapper, C. (Hrsg.): „Neue Steuerung" – Tendenzen der Organisationsentwicklung in der Sozialverwaltung, Münster 1996; Naschold, F.: Ergebnissteuerung, Wettbewerb, Qualitätspolitik. Entwicklungspfade des öffentlichen Sektors in Europa, Berlin 1995; Wollmann, H.: Verwaltungsmodernisierung: Ausgangsbedingungen, Reformanläufe und aktuelle Modernisierungsdiskurse, in: Reichard, C./Wollmann, H. (Hrsg.): Kommunalverwaltung im Modernisierungsschub?, Basel/Boston/Berlin 1996.

*Hans-Christoph Reiss*

**Verwaltungsrecht** Unter den Gebieten des → öffentlichen Rechts hat das V. für die Praxis der Sozialen Arbeit besondere Bedeutung. Unter V. wird die Gesamtheit derjenigen → Rechtsnormen verstanden, die die Organisation und Tätigkeit der Verwaltung regeln. Es besteht aus den Bereichen des Allgemeinen und des Besonderen V.

Allgemeines V.: Alle verwaltungsrechtlichen Normen, die für sämtliche Formen der Verwaltung und ihrer Tätigkeit gelten, werden dem Allgemeinen V. zugeordnet. Es bestand früher überwiegend aus v.a. durch die → Rechtsprechung entwickeltem ungeschriebenem Recht und wurde erst mit dem Verwaltungsverfahrensgesetz (VwVfG) vom 25.5.1976 und den im Wesentlichen gleich lautenden Verfahrensgesetzen der Länder umfassend kodifiziert. Das Gesetz regelt die öffentlich-rechtliche Verwaltungstätigkeit der Behörden des Bundes und der Länder, soweit diese Bundesrecht im Auftrag des Bundes ausführen. Die Verwaltungsverfahrensgesetze der Länder gelten für die Verwaltungstätigkeit der Behörden der Länder. Das sozialrechtliche Verfahren ist im Zehnten Buch des → Sozialgesetzbuches (SGB) festgelegt. Es enthält wegen der im VwVfG zum Ausdruck kommenden rechtsstaatlichen Verfahrensgrundsätze zahlreiche Parallelregelungen, berücksichtigt daneben aber die Besonderheiten des → Sozialrechts. Das → Verwaltungsverfahren ist einfach und zweckmäßig durchzuführen und an bestimmte Formen (z.B. Schriftlichkeit) nicht gebunden, es sei denn, dass dies in einer gesetzlichen Vorschrift ausdrücklich bestimmt ist. Am Verwaltungsverfahren können natürliche und → juristische Personen, Vereinigungen und Behörden beteiligt sein. Einzelne Bürger/innen können Verfahrenshandlungen (z.B. Stellung eines → Antrags) vornehmen, wenn sie nach bürgerlichem Recht geschäftsfähig (→ Geschäftsfähigkeit) sind. Die juristischen Personen und Vereinigungen können dies durch ihre → gesetzlichen Vertreter oder besonders Beauftragte, die Behörden durch ihre Leitung, deren Vertretung oder Beauftragte. Jede/r am Verwaltungsverfahren Beteiligte kann sich durch eine/n Bevollmächtigten (z.B. durch einen Rechtsanwalt) vertreten lassen. Greift ein → Verwaltungsakt in die Rechte Beteiligter ein, so sind sie vor Erlass anzuhören (→ Anhörung Beteiligter). Ausdrücklich wird den betroffenen Bürger/innen ein Recht auf → Akteneinsicht und Geheimhaltung (→ Datenschutz) eingeräumt.

Wegen der Rechtsschutzmöglichkeiten der Bürger/innen gegen Maßnahmen der Verwaltung (→ Rechtsschutz) verweist § 79 VwVfG auf die Bestimmungen der Verwaltungsgerichtsordnung (VwGO). I.d.R. ist der verwaltungsgerichtlichen Überprüfung ein Widerspruchsverfahren (Vorverfahren) vorgeschaltet (§ 68 VwGO). Dabei wird verwaltungsintern das Verwaltungshandeln auf Rechtmäßigkeit und Zweckmäßigkeit überprüft. Stellt sich heraus, dass der Widerspruch (→ Rechtsbehelf) begründet ist, hilft die Behörde ab. Andernfalls endet das Vorverfahren mit dem Erlass eines Widerspruchsbescheids. Dagegen kann → Klage beim zuständigen → Verwaltungsgericht erhoben werden. Der Widerspruch ist innerhalb eines Monats nach Bekanntgabe des → Verwaltungsaktes bei der Behörde zu erheben (§ 70 VwGO), die Klage innerhalb eines Monats nach Zustellung des Widerspruchsbescheids (§ 74 VwGO). Sind Widerspruchs- oder Klagefrist ohne Verschulden versäumt worden, so ist auf Antrag → Wiedereinsetzung in den vorigen Stand zu gewähren (§ 60 VwGO). Der Antrag auf Wiedereinsetzung ist binnen zwei Wochen nach Wegfall des Grundes zu stellen, durch den der Bürger/die Bürgerin an der Fristwahrung gehindert war.

Besonderes V.: Das Besondere V. ist in einer fast unüberschaubaren Anzahl von Einzelgesetzen geregelt. Hat sich das V. zunächst im Bereich der sog. Eingriffsverwaltung entwickelt (belastender Verwaltungsakt), so steht heute die leistende Verwaltung (→ Daseinsvorsorge) nach Bedeutung und Umfang im Vordergrund. Auch das Besondere V. kann allerdings in einzelne Rechtsgebiete untergliedert werden, von denen hier nur das Beamten- und Disziplinarrecht, Schul- und Ausbildungsrecht, Datenschutzrecht, Gesundheitsrecht, Lebensmittelrecht, Umweltschutzrecht, Naturschutzrecht, Energie- und Wasserrecht einschließlich Atomrecht, Baurecht, Wohnraumversorgungsrecht, Denkmalschutzrecht, → Planungsrecht, Jugendrecht (→ Kinder- und Jugendhilfegesetz), Sozialrecht, Polizeirecht, Vereins- und Versammlungsrecht, Ausländerrecht, Kommunalrecht, Wehrrecht, Gewerbe- und Berufsrecht, Haushalts- und Steuerrecht, Straßen- und Wegerecht und schließlich das Straßenverkehrsrecht genannt werden sollen. Für alle Gebiete des Besonderen V. gelten die Bestimmungen des Allgemeinen V., soweit sie nicht durch speziellere Regelungen verdrängt werden, sowie die verfassungsrechtlichen Grundsätze. In der täglichen Praxis der sozialen Arbeit entstehen Probleme am häufigsten in den Teilen des Besonderen V., die die Tätigkeit und Organisationen der leistenden Verwaltung regeln (insbesondere im Sozialrecht). Für dieses Gebiet wurde mit Inkrafttreten des SGB I und des SGB X eine Zusammenfassung von Bestimmungen geschaffen, die für alle Bereiche des Sozialrechts gleichermaßen gelten.

In Zeiten der Wohnungsknappheit und Wohnungsverteuerung wird die Beschaffung und Erhaltung einer angemessenen Unterkunft zum besonderen Problem. Dementsprechend hat sich das Wohnraumversorgungsrecht als Teil des Besonderen V. entwickelt. Hierzu gehören die Bestimmungen über den → sozialen Wohnungsbau, die Wohnungsbauförderung, die kommunale Wohnungsvermittlung und die Wohnungsaufsicht. Für diesen Problembereich sind darüber hinaus eine ganze Reihe sozialrechtlicher Bestimmungen von Bedeutung, so z.B. § 36 Abs. 1 SGB XII (Hilfe zur Sicherung der Unterkunft), § 55 Abs. 2 Nr. 5 SGB IX – (Hilfe bei der Beschaffung und Erhaltung einer behindertengerechten Wohnung), § 68 Abs. 1 SGB XII (Hilfe bei der Beschaffung und Erhaltung einer Wohnung für Personen mit besonderen sozialen Schwierigkeiten) und § 71 Abs. 2 Nr. 2 SGB XII (Hilfe bei der Beschaffung und Erhaltung einer altengerechten Wohnung). Auch hier zeigt sich, dass der Untergliederung in einzelne Rechtsgebiete Bedürfnisse wissenschaftlicher Systematik und der Gesetzgebungstechnik zugrunde liegen. Auf die Lebensumstände der einzelnen Menschen kann und wird durch Bestimmungen aus ganz verschiedenen Rechtsgebieten eingewirkt werden. Dies sollte in der Praxis der Sozialen Arbeit stets bedacht werden, wenn juristische Probleme zu bearbeiten sind.

*Walter Roth*

**Verwaltungsverfahren** wird gesetzlich definiert als »die nach außen wirkende Tätigkeit der Behörden, die auf die Prüfung der Voraussetzungen, die Vorbereitung und den Erlass eines → Verwaltungsaktes oder auf den Abschluss eines öffentlich-rechtlichen → Vertrags gerichtet ist; es schließt den Erlass eines Verwaltungsaktes oder den Abschluss eines öffentlich-rechtlichen Vertrags ein« (§ 9 Verwaltungsverfahrensgesetz [VwVfG]; § 8 SGB X). Zum V. zählt demnach nur diejenige Tätigkeit der Behörden, die auf eine rechtserhebliche Wirkung gegenüber den Bürger/innen auf dem Gebiet des → öffentlichen Rechts abzielt. Es beginnt mit Aufnahme der Sachverhaltsermittlung durch die Behörde. Ob die Behörde tätig wird, kann sie grundsätzlich nach pflichtgemäßem → Ermessen selbst entscheiden. In bestimmten Fällen kann sie aber auch zur Aufnahme eines V. rechtlich verpflichtet sein oder nur auf → Antrag tätig werden dürfen (§ 18 SGB X). Sinn der Regelungen des V. ist insbesondere der Schutz der Rechte der Bürger/innen. Deshalb ist rechtlich festgelegt, wann die Behörde in welcher Form gegenüber den Bürger/innen tätig werden darf bzw. muss und welche Rechte den Bürger/innen gegenüber der Behörde zustehen. Wichtige Rechte der Betroffenen sind das Recht auf → rechtliches Gehör bzw. auf eine → Anhörung (§ 28 VwVfG; § 24 SGB X), das Recht auf → Akteneinsicht (§ 29 VwVfG; § 25 SGB X) und ein Recht auf Geheimhaltung persönlicher Daten (§ 30 VwVfG; § 35 SGB I; §§ 67 ff. SGB X; → Datenschutz). Ferner besteht gegenüber den Sozialbehörden ein → Anspruch auf → Aufklärung, → Beratung und → Auskunft (§§ 13 ff. SGB I). Schließlich können Betroffene auch geeignete Bevollmächtigte (→ Vollmacht) oder einen Beistand (→ Beistandschaft) zur Unterstützung im V. hinzuziehen (§ 13 SGB X). Die Behörde ermittelt den für das V. relevanten Sachverhalt von Amts wegen (§ 24 VwVfG; § 20 SGB X). Allerdings sind die am V. beteiligten Personen zur Mitwirkung verpflichtet (→ Mitwirkungspflichten) und haben der Behörde erforderliche Daten mitzuteilen (z.B. §§ 26 Abs. 2, 65 VwVfG; § 21 Abs. 2 u. 3 SGB X). Zum V. gehört auch das Widerspruchsverfahren (→ Rechtsbehelf), welches vor einer Anfechtungs- oder Verpflichtungsklage (→ Klage) grundsätzlich durchgeführt werden muss. Im Widerspruchsverfahren hat die Behörde Gelegenheit, die eigene Entscheidung auf ihre Recht- und Zweckmäßigkeit zu überprüfen (§§ 68 ff. Verwaltungsgerichtsordnung [VwGO]; §§ 78 ff. Sozialgerichtsgesetz [SGG]). Am V. beteiligt sind die handelnde Behörde und die Bürgerin/der Bürger als Antragsteller/in, Antragsgegner/in, Adressat/in eines → Verwaltungsakts oder als Vertragspartner/in eines öffentlich-rechtlichen → Vertrags. Soweit rechtliche Interessen Dritter vom Verfahrensausgang berührt werden können, kann die Behörde diese als Beteiligte zum Verfahren hinzuziehen. Führt das Verfahren zu direkten rechtlichen Änderungen für Dritte, ist deren Beteiligung zwingend, wenn sie beantragt wurde (§ 13 VwVfG; § 12 SGB X). Die Länder haben eigene V.gesetze, die inhaltlich dem V.gesetz des Bundes weitgehend entsprechen.

*Anusheh Rafi*

**Verwaltungsvorschriften** sind verbindliche Anordnungen innerhalb einer Behörde oder ergehen von einer Behörde an eine nachgeordnete Behörde. Sie betreffen die innere Ordnung einer Behörde oder das sachliche Verwaltungshandeln und bezwecken die Sicherung einer gleichmäßigen Verwaltungspraxis. In der Praxis werden sie unterschiedlich bezeichnet: neben V. auch als Richtlinie, Erlass, Rundverfügung, innerdienstliche → Weisung usw. Sie begründen keinen eigenen → Rechtsanspruch. Immer dort, wo die V. Ermessenshandhabungen (→ Ermessen) bestimmen oder → unbestimmte Rechtsbegriffe und damit tatbestandliche Voraussetzungen einer → Rechtsnorm interpretieren, kann ein Bürger bzw. eine Bürgerin jedoch unter Verweis auf den → Gleichheits(grund)satz in Art. 3 → Grundgesetz beanspruchen, dass eine für ihn/sie günstige rechtmäßige Verwaltungspraxis auch für seinen/ihren Fall Anwendung findet. V. können daher anspruchsbegründend herangezogen werden.

*Ulrike Peifer*

**Verwandtenpflege** meint, dass (erwachsene) Verwandte von Kindern oder Jugendlichen diese in ihren Haushalt aufgenommen haben und sie nun bei ihnen statt bei ihren Eltern leben. Es handelt sich dabei nicht um einen rechtlichen Begriff. Personensorgeberechtigte Eltern sind im Rahmen ihres Recht zur → Aufenthaltsbestimmung frei, darüber zu entscheiden, wo ihre Kinder leben sollen; sie können daher mit anderen Personen privatrechtlich vereinbaren, dass diese sich um die Kinder kümmern sollen.

Die V. kann aber auch als → Vollzeitpflege im Sinne von § 33 SGB VIII erfolgen. Dafür müssen die Personensorgeberechtigten eine → Hilfe zur Erziehung beim → Jugendamt beantragen, deren Voraussetzungen gegeben sein müssen; insbesondere muss ein → erzieherischer Bedarf vorliegen und müssen die verwandten Pflegepersonen auch aus der fachlichen Sicht des Jugendamts geeignet sein, das Kind angemessen zu versorgen. Grundsätzlich spricht rechtlich nichts dagegen, wenn ein Kind im Rahmen einer Hilfe zur Erziehung bei Verwandten lebt, selbst wenn diese, wie Großeltern, möglicherweise unterhaltspflichtig wären (§ 27 Abs. 2 a SGB VIII). Lediglich die durch das Jugendamt zu tragenden Kosten des Lebensunterhalts für das Kind können unter den in § 39 Abs. 4 S. 3 SGB VIII genannten Voraussetzungen nach pflichtgemäßem → Ermessen gekürzt werden. Aktuell besonders praxisrelevant ist das Thema, wenn es sich bei Kind und Verwandten um Geflüchtete handelt oder die Verwandten ihren eigenen Lebensunterhalt nicht sicherstellen können und auf Transferleistungen wie → Arbeitslosengeld II angewiesen sind. Die Geeignetheit ist grundsätzlich allein durch diese Umstände noch nicht zu verneinen.

Im Unterschied zu der Konstellation, in der vom Jugendamt bzw. einem → Pflegekinderdienst eine → Pflegefamilie für ein Kind gesucht wird, die häufig nicht aus dem Umfeld der → Herkunftsfamilie kommt, ist im Bereich der V. häufig die Unterbringung bei Verwandten schon erfolgt und das Jugendamt überprüft im Nachhinein, ob diese Unterbringung als Vollzeitpflege geeignet und notwendig ist. Hierfür bedarf es eines Abwägungsprozesses im Einzelfall und besonderer Kriterien, da die Bindungen und Beziehungen des Kindes Berücksichtigung finden müssen, sowie besonderer Konzepte für die Beratung und Unterstützung der V.personen, da die Nähe zu den Eltern des Kindes sowohl Vorteil als auch Nachteil sein kann. → Fachkräfte sollten für diese Aufgabe besonders geschult sein. In einigen Regionen und vermehrt wird auch gezielt im Rahmen der Netzwerkerkundung nach möglichen Pflegeeltern im Bereich des erweiterten Familienkreises und des → sozialen Umfelds des Kindes gesucht.

Handelt es sich um Verwandte bis zum dritten Grad i.S. von § 1589 → Bürgerliches Gesetzbuch (BGB) – also (Ur-)Großeltern, Tanten, Onkel oder ältere Geschwister (→ Verwandtschaft) – oder wird vom Jugendamt eine Vollzeitpflege gewährt, benötigen die Verwandten keine → Pflegeerlaubnis nach § 44 SGB VIII. In jedem Falle haben alle Pflegepersonen gegenüber dem Jugendamt einen Anspruch auf Beratung und Unterstützung nach § 37 Abs. 2 SGB VIII. In einigen Fällen sind unterstützende ambulante Hilfen in der V.familie notwendig, um die Entwicklung des Kindes angemessen zu fördern. Dann sollte im Rahmen der → Hilfeplanung die Gewährung solcher Hilfen vereinbart werden – statt oder auch ergänzend zu einer Vollzeitpflege in V.

*Diana Eschelbach*

**Verwandtschaft** bezeichnet die durch → Abstammung begründeten gegenseitigen Beziehungen von Personen. Nach § 1589 → Bürgerliches Gesetzbuch sind Personen, die unmittelbar voneinander abstammen, in gerader (auf- bzw. absteigender) Linie verwandt (z.B. Großeltern, Mutter, Vater, Kinder). Verwandt in der Seitenlinie sind Personen, die einen gemeinsamen Vorfahren haben, also von derselben dritten Person abstammen (z.B. Geschwister, Tante, Onkel, Nichte, Neffe). Ehepartner sind nicht miteinander verwandt. Die Verwandten eines Ehegatten bzw. Lebenspartners sind mit dem anderen Ehegatten bzw. Lebenspartner verschwägert. Die Schwägerschaft dauert fort, auch wenn die → Ehe oder → Lebenspartnerschaft, durch die sie begründet wurde, aufgelöst ist. Der Grad der V. bestimmt sich nach der Zahl der sie vermittelnden Geburten. V. bzw. der Grad der V. ist insbesondere von familienrechtlicher Bedeutung (→ Familienrecht): Nach ihr bestimmen sich personenrechtliche (→ Elterliche Sorge) und unterhaltsrechtliche Folgen, z.B. zwischen Verwandten gerader Linie im Unterhaltsrecht (→ Unterhaltspflicht). Sie zieht Rechtsfolgen im → Erbrecht oder auch in anderen Rechtsbereichen nach sich: Z.B. können durch V. → Zeugnisverweigerungsrechte im Zivilprozess (§ 383 Zivilprozessordnung) und im Strafprozess (§§ 52, 55 Strafprozessordnung) begründet werden.

*Ulrike Peifer*

**Verwarnung** → Ordnungswidrigkeit

**Verwirkung** → Verjährung

**Verzinsung von Sozialleistungen** Wie jeder private Schuldner einer → Geldleistung muss auch der öffentliche → Sozialleistungsträger als Schuldner einer → Sozialleistung in Form von Geld (wie z.B. Rente, → Arbeitslosengeld II [Alg II]) diese verzinsen, wenn sie nicht rechtzeitig erbracht wird. Hierfür ist ein Verschulden des Leistungsträgers nicht erforderlich. In § 44 SGB I hat der Gesetzgeber festgelegt, dass der Zinssatz (nur) 4% beträgt und die Verzinsung auf dem sozialen Gebiet nach dem Eintritt ihrer Fälligkeit, frühestens jedoch erst nach Ablauf von sechs Kalendermonaten nach Eingang des vollständigen Leistungsantrags (→ Antrag) beim zuständigen Leistungsträger (→ Zuständigkeit) beginnt. Zur Antragstellung ist ausreichend, dass die/der Berechtigte alle für die Entscheidung über den Leistungsantrag erforderlichen Unterlagen dem Leistungsträger vollständig zugänglich gemacht hat. Für den Fall, dass die Sozialleistung auch ohne Antrag erbracht wird (wie z.B. in der → Unfallversicherung) und ein solcher auch nicht gestellt wurde, beginnt die V. nach Ablauf eines Kalendermonats nach der Bekanntgabe der Entscheidung. Ihr werden volle Euro-Beträge zugrunde gelegt, ein Kalendermonat wird mit 30 Tagen berücksichtigt. Die V. v. S. endet mit Ablauf des Kalendermonats vor der Zahlung.

*Nicola Leiska-Stephan*

**Volkshochschule** (VHS) ist ein privatrechtliches oder öffentlich-rechtliches Dienstleistungsinstitut, das freiwillig oder zur Wahrnehmung kommunaler Pflichtaufgaben im Rahmen der → Erwachsenenbildung als vierte Säule des Bildungsgesamtsystems (→ Bildung) allgemein zugänglich ist, keine Gruppeninteressen vertritt und öffentlicher Kontrolle unterliegt. Vorläufer sind Volks- und Arbeiterbildungsansätze im 19. Jh. Erste Experimente nach dänischem Vorbild (Grundtvig) gab es bereits 1905, in der Weimarer Republik setzte ab 1919 eine Gründungsphase mit staatlicher Förderung ein. Im Nationalsozialismus wurden die Einrichtungen aufgelöst oder in die Deutsche Arbeitsfront integriert. 1945–1949 nahmen sie die Arbeit mit dem Ziel »re-education« wieder auf. In der DDR existierte eine Arbeitsteilung zwischen VHS (Schulabschlüsse/Hochschulvorbereitung) und Urania (populärwissenschaftliche Allgemeinbildung), in der BRD etablierte sich ein offenes Angebot in öffentlicher Verantwortung. Die gesetzgeberische Zuständigkeit liegt laut → Grundgesetz (GG) bei den Ländern und äußert sich sehr unterschiedlich in der Zuweisung finanzieller Mittel (Weiterbildungsgesetze, → Fort- und Weiterbildung). Ziel der VHS ist die Unterstützung bei biografischen und gesellschaftlichen Veränderungen über ein flächen- und bedarfsdeckendes und -weckendes Angebot im Bereich der allgemeinen, politischen, schulischen und beruflichen Bildung. Sinkende öffentliche Budgets führen zu zunehmender Finanzierung über Teilnehmendenbeiträge und Projekte, zur Einführung von → Qualitätsmanagement(systemen), verstärkter Kooperation und verändertem Leistungsspektrum.

*Jürgen Lange*

**Volkszählung** → Zensus

**Volljährigkeit** tritt kraft Gesetzes mit der Vollendung des 18. Lebensjahres ein (§ 2 → Bürgerliches Gesetzbuch [BGB]). Eine vorzeitige V.erklärung ist auch im Fall der Heirat einer oder eines Minderjährigen nicht möglich. Bei ausländischen Mitbürger/innen richtet sich die V. nach dem Recht des Heimatstaats (Art. 7 Einführungsgesetz zum BGB). V. ist im Zivil- wie im Öffentlichen Recht Anknüpfungspunkt für zahlreiche Rechte und Pflichten wie die unbeschränkte → Geschäftsfähigkeit (§§ 104 ff. BGB), die unbeschränkte deliktische Haftung (§§ 823-828 BGB), die → Ehemündigkeit (§ 1303 BGB), das Ende der → elterlichen Sorge (§ 1626 BGB), die Prozess- bzw. Verfahrensfähigkeit (§§ 50 ff. Zivilprozessordnung, § 9 → Familienverfahrensgesetz), das aktive und passive Wahlrecht (Art. 38 Abs. 2 → Grundgesetz) oder die unbeschränkte strafrechtliche Verantwortung (→ Strafmündigkeit). Personen zwischen dem 18. und 21. Lebensjahr können in Strafverfahren jedoch weiterhin nach dem Jugendstrafrecht (§§ 1, 105 ff. → Jugendgerichtsgesetz) zu behandeln sein. Die sozialwissenschaftliche Befunde zu Adoleszenzproblemen junger Volljähriger führen auch in anderen Rechtsgebieten zu besonderen Regelungen für junge Volljährige – vgl. etwa die besonderen Unterstützungsangebote durch Hilfen für junge Volljährige nach § 41 SGB VIII in der → Kinder- und Jugendhilfe.

*Birgit Hoffmann*

**Vollmacht** ist die »durch Rechtsgeschäft erteilte Vertretungsmacht« (§ 166 Abs. 2 → Bürgerliches Gesetzbuch [BGB]). Durch Erteilung der V. wird der Bevollmächtigte ermächtigt, im fremden Namen zu handeln. Gem. § 167 Abs. 1 BGB erfolgt die Erteilung der V. durch Erklärung gegenüber dem zu Bevollmächtigenden oder dem Dritten, dem gegenüber die Vertretung stattfinden soll. Die Erklärung unterliegt keinem Formerfordernis (§ 167 Abs. 2 BGB). Auch im Sozialverwaltungsverfahren kann sich ein Beteiligter (§ 12 Abs. 1 SGB X) durch einen Bevollmächtigten vertreten lassen. Sofern sich aus ihrem Inhalt nicht etwas anderes ergibt, ermächtigt die V. den Bevollmächtigten dabei zu allen das Verwaltungsverfahren betreffenden Verfahrenshandlungen (§ 13 Abs. 1 S. 1 SGB X). Ein schriftlicher Nachweis der V. ist auf Verlangen zu führen (§ 13 Abs. 1 S. 2 SGB X). Sofern ein Bevollmächtigter bestellt ist, muss sich die Behörde an diesen wenden (§ 13 Abs. 3 SGB X). Eine Besonderheit gilt für → Verwaltungsakte. Diese sind grundsätzlich demjenigen Beteiligten bekannt zu geben, für den sie bestimmt sind oder der von ihnen betroffen wird (§ 41 Abs. 1 Verwaltungsverfahrensgesetz [VwVfG]). Die Bekanntgabe kann jedoch mit Wirkung für den Beteiligten gegenüber dem Bevollmächtigten erfolgen (§ 37 Abs. 1 SGB X). Dies bedeutet nicht, dass die Behörde eine freie Wahl hat. Nach pflichtgemäßem → Ermessen ist eine Bekanntgabe an den Bevollmächtigten vorzunehmen, wenn dieser auch im übrigen Verwaltungsverfahren tätig war. Im Verfahren vor den → Sozialgerichten können sich die Beteiligten durch einen Bevollmächtigten vertreten lassen. Die V. ist schriftlich zu den Gerichtsakten einzureichen (§ 73 Abs. 6 Sozialgerichtsgesetz [SGG]). Zustellungen oder Mitteilungen des Gerichts sind an den Bevollmächtigten zu richten. Zur V. für den Fall eines späteren Wegfalls von → Geschäfts- und Einwilligungsfähigkeit siehe → Vorsorgevollmacht.

*Anika Cieslik*

**Vollstationäre Pflegeeinrichtung** → Pflegeeinrichtung

**Vollstreckung öffentlicher Ansprüche** ist die mit besonderen Mitteln des Staates in einem verwaltungseigenen Verfahren erzwungene Durchsetzung von nach → öffentlichem Recht begründeten Verpflichtungen. Sie ist sowohl von der → Zwangsvollstreckung zivilrechtlicher Ansprüche nach der Zivilprozessordnung wie auch dem zivilprozessualen → Mahnverfahren zu unterscheiden. Voraussetzung für die V. ö. A. ist ein (vollstreckungsfähiger) Titel. Hierbei kann es sich um einen → Verwaltungsakt handeln, der einen vollstreckbaren Inhalt hat und unanfechtbar geworden oder sofort vollziehbar (vgl. § 80 Verwaltungsgerichtsordnung [VwGO]) ist, oder um einen durch ein Gericht oder vor einem Gericht geschaffenen Vollstreckungstitel. Die Vollstreckung von Verwaltungsakten ist für den Bereich der Bundesverwaltung durch das Verwaltungs-Vollstreckungsgesetz (VwVG) des Bundes sowie das Gesetz über den unmittelbaren Zwang bei Ausübung öffentlicher Gewalt durch Vollzugsbeamte des Bundes (UZwG) geregelt. Auf Landesebene existieren entsprechende Regelungen. Bei Vollstreckung wegen einer öffentlich-rechtlichen Geldforderung verweist § 5 Abs. 1 VwVG weitgehend auf die Abgabenordnung (AO). → Zwangsmittel zur Durchsetzung eines Verwaltungsakts, gerichtet auf die Erzwingung von Handlungen, Duldungen oder Unterlassungen, sind Ersatzvornahme, Zwangsgeld (ggf. Ersatzzwangshaft, § 16 VwVG) und unmittelbarer Zwang (§§ 9 ff. VwVG). Allgemeines Prinzip des Verwaltungszwangs ist u.a. der → Verhältnismäßigkeitsgrundsatz zwischen Zweck und Zwangsmittel und der Einsatz des mildesten Mittels. Die Behörde hat bei der Auswahl des Zwangsmittels im Übrigen ein gewisses → Ermessen. Zum Schutz der Betroffenen setzt die Anwendung eines Zwangsmittels grundsätzlich zunächst dessen Androhung und Festsetzung voraus (§§ 13 ff. VwVG). Ausnahme hiervon ist der sofortige Vollzug (§ 6 Abs. 2 VwVG). Davon zu unterscheiden ist die Vollstreckung von durch ein Gericht oder vor einem Gericht geschaffenen verwaltungsrechtlichen Vollstreckungstiteln (vgl. § 168 Abs. 1 VwGO) wie z.B. rechtskräftige oder vorläufig vollstreckbare gerichtliche Entscheidungen und gerichtliche Vergleiche. Es ist zu unterscheiden zwischen V. ö. A. zugunsten der öffentlichen Hand und V. ö. A. gegen die öffentliche Hand. § 169 Abs. 1 VwGO verweist für erstere auf das VwVG des Bundes, Vollstreckungsbehörde ist jedoch die/der Vorsitzende des Gerichts des ersten Rechtszuges. Zur Vollstreckung gegen die öffentliche Hand vgl. §§ 167, 168, 170 ff. VwGO, §§ 198, 199, 201 Sozialgerichtsgesetz (SGG).

*Edna Rasch*

**Vollstreckungsbescheid** → Mahnverfahren

**Vollstreckungsschutz** ist im Prozessrecht teils durch gesetzliche Schranken der Vollstreckung, teils durch Ermächtigung zu gerichtlichen Anordnungen vorgesehen und dient dem Schutz vor allzu weitgehenden Vollstreckungsmaßnahmen. V. zählt zum Wertsystem des sozialen → Rechtsstaats, steht aber in einem Spannungsverhältnis zu dem durch den Titel legitimierten Gläubigerinteresse.

Da Urteile von Amts wegen für vorläufig vollstreckbar zu erklären sind, sieht § 712 Zivilprozessordnung (ZPO) vor, dass das Prozessgericht Schuldner/innen auf Antrag gestatten kann, die → Zwangsvollstreckung durch Sicherheitsleistungen oder Hinterlegung abzuwenden, wenn die Vollstreckung ihnen einen nicht zu ersetzenden Nachteil bringen würde und überwiegende Interessen der Gläubiger dem nicht entgegenstehen; sind Schuldner/

innen dazu nicht in der Lage, so kann sogar das Urteil für nicht vollstreckbar erklärt oder bloße Sicherungsvollstreckung (Pfändung, aber keine Verwertung) gem. § 720 a ZPO angeordnet werden.

Der Sicherung des → Existenzminimums dienen die Vorschriften über den → Pfändungsschutz. Gegen Verschleuderung des Pfändungsgut wirken §§ 817 a, 813 ZPO (Zuschlag in der Versteigerung nicht unter dem halben geschätzten Verkaufswert). Eine ratenweise Abtragung der Schuld eröffnet Schuldner/innen § 802 b ZPO (Aufschub der Vollstreckung bis zu einem Jahr sowie Vertagung des Termins auf Abgabe der Vermögensauskunft bei Abschluss einer Zahlungsvereinbarung und glaubhafter Zusicherung der Zahlungsbereitschaft; ähnlich §§ 30 a ff. Zwangsversteigerungsgesetz [ZVG] bei Grundstücksversteigerungen). Für Titel auf Räumung von Wohnraum ermöglichen §§ 721, 794 a ZPO die Anordnung eines Räumungsschutzes durch Gewährung von Räumungsfristen bis zu einem Jahr ab → Rechtskraft des Urteils bzw. Abschluss des Räumungsvergleichs. Nach der Generalklausel des § 765 a ZPO kann das Vollstreckungsgericht jede Zwangsvollstreckungsmaßnahme ganz oder teilweise aufheben, untersagen oder einstweilen einstellen, wenn sie unter voller Würdigung des Schutzbedürfnisses der Gläubiger/innen für die Schuldnerin/den Schuldner wegen ganz besonderer Umstände eine mit den guten Sitten unvereinbare Härte darstellt. Die Ausprägungen des V. sind im Rahmen der Zwangsvollstreckung die einzige Möglichkeit, sich gegen die Vollstreckung zu wehren.

*Lutz Haertlein*

**Vollzeitpflege** ist eine → Hilfe zur Erziehung gem. §§ 27, 33 SGB VIII. Die V. findet außerhalb der → Herkunftsfamilie in einer anderen Familie oder für besonders entwicklungsbeeinträchtigte Kinder und Jugendliche in einer sozialpädagogischen oder heilpädagogischen Pflegestelle statt (→ Pflegekinderhilfe). Gesetzliche Regelungen zur V. finden sich im SGB VIII (→ Kinder- und Jugendhilfe) und im → Bürgerlichen Gesetzbuch (BGB). Welche Pflegeform zu wählen ist, richtet sich nach den Bedürfnissen der betroffenen Kinder, den Wünschen der Eltern und dem Angebot des zuständigen → Jugendamtes.

Der → Rechtsanspruch auf V. ist dann gegeben, wenn das → Kindeswohl, d.h. die Entwicklungs- und Erziehungsbedingungen des Kindes, in der → Herkunftsfamilie nicht hinreichend gewährleistet sind und gerade diese erzieherische Hilfe geeignet und notwendig erscheint. Die Jugendämter haben diesbezüglich folgende Aufgaben: Pflegekindervermittlung, Klärung, ob eine Unterbringung auf (kurze) Zeit oder auf Dauer angezeigt ist, Erstellung eines Hilfeplans (§ 36 SGB VIII), Pflegekinderschutz, Beratung und Unterstützung der Beteiligten, insbesondere der Pflegeeltern, Arbeit mit den Herkunftseltern, insbesondere bei angestrebter Rückkehr ins Elternhaus (§ 37 SGB VIII), Vermittlung zwischen Pflegeeltern und Herkunftseltern bei Meinungsverschiedenheiten (§ 38 SGB VIII). Das SGB VIII sieht ausdrücklich die Mitwirkung der Beteiligten bei Fragen der V. vor (§§ 36, 37 SGB VIII). Die Jugendämter beraten die Beteiligten und müssen auf die möglichen Folgen der Inanspruchnahme einer V. hinweisen, d.h., dass je nach Entwicklung des Kindes und seiner Bindungen später möglicherweise dessen Verbleib in der → Pflegefamilie gesichert werden muss. Ist V. bewilligt, so ist gem. § 39 SGB VIII auch der notwendige Unterhalt des Kindes oder Jugendlichen außerhalb des Elternhauses einschließlich der Kosten der Erziehung sicherzustellen. Sie sollen i.d.R. in einem monatlichen Pauschalbetrag auf der Grundlage der tatsächlichen Kosten gewährt werden (→ Pflegegeld für Vollzeitpflege).

Das Pflegeverhältnis kann enden durch: Kündigung, Herausnahme des Kindes in Ausübung des Rechts der Eltern auf → Aufenthaltsbestimmung (§ 1631 Abs. 1 BGB), durch Widerruf der → Pflegeerlaubnis (§ 44 Abs. 3 S. 2 SGB VIII), durch Herausnahme und vorläufige anderweitige Unterbringung seitens des Jugendamtes (§ 42 SGB VIII). Gegen die Kündigung oder die Herausnahme des Kindes aus der Pflegefamilie können die Pflegeeltern im Konfliktfall eine Verbleibensanordnung beim → Familiengericht gem. § 1632 Abs. 4 BGB beantragen. Eine Entscheidung des Gerichts ist immer unter dem Gesichtspunkt des Kindeswohls zu treffen (vgl. § 1697 a BGB). Die Beteiligten und das Jugendamt sind gerichtlich anzuhören (§§ 162, 159, 160, 161 → Familienverfahrensgesetz [FamFG]). Um Konflikte zwischen Eltern und Pflegeeltern abzumildern bzw. ihnen vorzubeugen, ist gem. § 37 Abs. 1 S. 1 SGB VIII darauf hinzuwirken, dass Pflegepersonen und Eltern zum Kindeswohl zusammenarbeiten.

*Angelika Gregor*

**Vorbehalt des Gesetzes** → Gesetzmäßigkeit der Verwaltung

**Vorbeugende Hilfe** Durch v. H. sollen → Krankheiten, Behinderungen und andere Nachteile oder Notlagen, die Einzelnen drohen, wie z.B. → Erwerbsunfähigkeit, Erwerbsminderung oder → Arbeitslosigkeit ausgeschlossen oder gemildert werden. Zur Vorbeugung (→ Prävention) sind zahlreiche Schutzvorschriften erlassen worden, z.B. im Bundes-Immissionsschutzgesetz, im Infektionsschutzgesetz und im SGB VII (Gesetzliche → Unfallversicherung) über die Unfallverhütung (§§ 14 ff. SGB VII). Vorschriften zum Schutz bestimmter Personengruppen enthalten z.B. das Jugendschutzgesetz (→ Jugendschutz), Mutterschutzgesetz (→ Mutterschutz) und das SGB IX (→ Rehabilitation und Teilhabe behinderter Menschen). Die v. H. wird im Bereich der Sozialleistungsgesetze im Einzelfall von den → Sozialleistungsträgern nach Maßgabe der dafür geltenden Vorschriften gewährt. In § 4 SGB I ist für die → Sozialversicherung, in § 5 SGB I für die → soziale Entschädigung bei Gesundheitsschäden u.a. bestimmt, dass → Leistungsberechtigte ein Recht auf notwendige Maßnahmen zur Erhaltung der → Gesundheit und Leistungsfähigkeit haben. Ansprüche aus diesen → sozialen Rechten können nur aus den besonderen Teilen des SGB hergeleitet werden (§ 2 SGB I), soweit diese entsprechende Vorschriften enthalten.

Von besonderem Gewicht ist im Bereich der medizinischen v. H. die vorbeugende Gesundheitshilfe. Diese umfasst Maßnahmen zur Verhütung (§§ 20–24 SGB V) und zur Früherkennung von Krankheiten (§§ 25, 26 SGB V). Über § 47 SGB XII haben auch nicht gesetzlich krankenversicherte Sozialhilfeempfänger/innen Anspruch auf vorbeugende Gesundheitshilfe. Neben der einzelfallbezogenen v. H. kommen bei stark verbreiteten Krankheiten, z.B. Suchtkrankheiten (→ Sucht), allgemeine Vorbeugemaßnahmen zum Zuge, v.a. allgemeine Aufklärung über gesundheitliche Gefahren und allgemeine Maßnahmen zur Förderung gesundheitlichen Verhaltens. In § 15 Abs. 1 SGB XII ist allgemein für die → Sozialhilfe bestimmt, dass diese vorbeugend gewährt werden soll, wenn dadurch eine den Einzelnen drohende Notlage ganz oder teilweise abgewendet werden kann.

Durch das 2015 verabschiedete Präventionsgesetz wurden v. H. zur Gesundheit ausgeweitet und aufgewertet.

*Werner Hesse*

**Vorleistungspflicht** Das deutsche Sozialleistungsrecht ist stark gegliedert. Die Abgrenzung der Zuständigkeiten der → Sozialleistungsträger ist filigran und für die → Leistungsberechtigten oft undurchschaubar. Für die Gewährung derselben → Sozialleistung können den Bürger/innen gegenüber auch mehrere Sozialleistungsträger parallel zuständig sein (z.B. der → Träger der Sozialhilfe nach § 53 SGB XII) und der öffentliche → Jugendhilfeträger nach § 35 a SGB VIII) für die → Eingliederungshilfe zugunsten seelisch behinderter Kinder und Jugendlicher). Solche parallelen Leistungspflichten stehen dann zueinander regelmäßig in einem »Vorrang-/Nachrang-Verhältnis« (z.B. nach § 10 SGB VIII, vgl. BVerwGE 109, 325, 330).

Um zu vermeiden, dass Konflikte zwischen den Sozialleistungsträgern über ihre → Zuständigkeit auf dem Rücken der bedürftigen Leistungsberechtigten ausgetragen werden, regelt das → Sozialgesetzbuch an mehreren Stellen die V. eines Sozialleistungsträgers, welcher wiederum den nach den Leistungsgesetzen »wirklich« zuständigen Sozialleistungsträger auf Erstattung der Kosten in Anspruch nehmen kann (§ 102 SGB X; → Kostenerstattung). § 43 SGB I betrifft den Fall, dass unbestritten ist, dass ein Anspruch auf (bestimmte) Sozialleistungen besteht, jedoch zwischen mehreren Leistungsträgern streitig ist, wer für die Leistungsgewährung (örtlich oder sachlich) zuständig ist. Der Leistungsträger, an den sich die/der Leistungsberechtigte mit einem Begehren zuerst gewandt hat, kann dann vorläufig leisten bzw. muss es, wenn die/der Leistungsberechtigte das beantragt (§ 43 Abs. 1 S. 2 SGB I). Den Umfang der Vorleistungen bestimmt der vorleistende Sozialleistungsträger nach pflichtgemäßem Ermessen.

Die Regelung des § 43 SGB I kann in Konkurrenz zu § 14 SGB IX stehen, wenn die Sozialleistung die → Rehabilitation und → Teilhabe behinderter Menschen betrifft. Nach § 14 Abs. 1 SGB IX hat der → Rehabilitationsträger (regelmäßig) innerhalb von zwei Wochen nach Eingang eines Leistungsantrages seine Zuständigkeit festzustellen oder den Antrag an den Zuständigen weiterzuleiten, welcher dann »den Rehabilitationsbedarf unverzüglich« feststellt (§ 14 Abs. 2 SGB IX), also vorläufig zuständig ist (BSG, FEVS 56, 385). Nach wohl überwiegender → Rechtsprechung geht § 14 SGB IX in seinem Anwendungsbereich dem § 43 SGB I vor. Die Zuständigkeit nach § 14 SGB IX schließt einen Kostenerstattungsanspruch nach §§ 102 ff. SGB X gegen den nach dem jeweiligen Leistungsgesetz vorrangig zuständigen Träger nicht aus (BSG, FEVS 59, 298).

Für das Recht der → Kinder- und Jugendhilfe bestimmt § 86 d SGB VIII die V. des Jugendhilfeträgers, in dessen Bereich sich das Kind oder der/die Jugendliche vor Beginn der Leistung tatsächlich aufhält; im Falle eines Wechsels der Zuständigkeit bleibt der bisher zuständige Sozialleistungsträger gem. § 86 c SGB VIII zur Leistung verpflichtet, bis der zuständig gewordene Träger die Leistung fortsetzt. § 98 Abs. 2 S. 3 SGB XII regelt eine V. des Sozialhilfeträgers am Ort des tatsächlichen → Aufenthalts des/der Leistungsberechtigten für den Fall der ungeklärten örtlichen Zuständigkeit.

*Rüdiger Meier*

**Vormünder- und Betreuervergütungsgesetz (VBVG)** Das VBVG regelt die Vergütung von beruflich tätigen Vormündern, Betreuer/innen (→ Betreuung) und Pfleger/innen (§ 1). Berufsmäßigkeit liegt i.d.R. vor, wenn die Person mehr als zehn → gesetzliche Vertretungen führt oder (bei → Vormund- und → Pflegschaften) einen Zeitaufwand von mind. 20 Stunden/Woche hat. Die neuere → Rechtsprechung erschwert nachträgliche Feststellungen der Beruflichkeit. Vormünder und Pfleger/innen können eine Vergütung für nachgewiesenen Zeitaufwand geltend machen. Der Stundensatz liegt je nach Qualifikation zwischen 19,50 und 33,50 Euro (zzgl. Aufwendungsersatz, § 3). Berufs- und Vereinsbetreuer/innen (→ Vereinsbetreuung) erhalten eine pauschalierte Vergütung (§§ 4, 5, 7) zwischen 27 und 44 Euro pro Stunde inkl. Aufwendungsersatz. Die Einstufungen werden durch den Bundesgerichtshof in den letzten Jahren restriktiver gehandhabt. Seit 1.7.2013 besteht Umsatzsteuerfreiheit. Als zu vergütender Zeitaufwand für die Betreuung werden zwischen zwei und 8,5 Stunden pro Monat angesetzt (§ 5), abhängig von Betreuungsdauer, Wohnsituation (Heimbewohner oder nicht) sowie Vermögen der betreuten Person. Sterilisations- und Ergänzungsbetreuer/innen (§ 1899 → Bürgerliches Gesetzbuch [BGB]) erhalten eine Vergütung für Zeitaufwand, Vertretungsbetreuer/innen erhalten Pauschalvergütung. Weiter enthalten sind Regelungen für Behördenbetreuer/innen (§ 8; → Behördenbetreuung), Nachqualifizierungen (§ 11), die derzeit nicht angeboten werden, sowie Mitteilungen gegenüber der → Betreuungsbehörde (§ 10). Die Vergütungsregelung für → Verfahrenspfleger/innen (§§ 277, 318 → Familienverfahrensgesetz [FamFG]) verweist auf das VBVG.

*Horst Deinert*

**Vormundschaft** ist die rechtliche Fürsorge für Minderjährige (Mündel), die nicht (mehr) unter → elterlicher Sorge stehen, deren Eltern weder in den ihre Person noch in den ihr → Vermögen betreffenden Angelegenheiten vertretungsberechtigt sind oder deren Personenstand nicht zu ermitteln ist (Findelkinder, Babyklappenkinder, Kinder bei → anonymer Kindesabgabe nach § 25 Abs. 1 Schwangerschaftskonfliktgesetz), § 1773 → Bürgerliches Gesetzbuch (BGB). Im Gegensatz zur → Pflegschaft nach § 1909 BGB, die sich – von § 1909 Abs. 3 BGB abgesehen – lediglich auf einen Teil der elterlichen Sorge bezieht, steht dem Vormund die gesamte Personen- und Vermögenssorge einschließlich des Vertretungsrechts zu, § 1793 Abs. 1 BGB. Die V. ist abzugrenzen von der rechtlichen → Betreuung für Volljährige, die als Fürsorgemaßnahme durch das → Betreuungsgericht angeordnet wird, §§ 1896 ff. BGB. Die V. ist nach dem Gesetz vorrangig von einer natürlichen Person ehrenamtlich (§ 1896 Abs. 1 S. 1 BGB) als Einzelvormundschaft zu führen, nachrangig kommt ein rechtsfähiger Verein oder das → Jugendamt in Betracht (§§ 1791 a, 1791 b BGB, → Vereinspflegschaft/Vereinsvormundschaft, Amtsvormundschaft).

In der Praxis wird die überwiegende Anzahl der V. – etwa drei von vier – als → Amtsvormundschaft geführt. Neben der durch einen Beschluss des → Familiengerichts zustande kommenden, sog. bestellten V. tritt automatisch eine sog. gesetzliche Amtsvormundschaft ein, wenn eine minderjährige unverheiratete Mutter ein Kind zur Welt bringt (§ 1791 c BGB) oder die Eltern wirksam in die Adoption (→ Annahme als Kind) ihres Kindes eingewilligt haben (§§ 1751 Abs. 1 S. 2 BGB, 55 Abs. 1 SGB VIII).

Die Auswahl des zu bestellenden Vormundes erfolgt durch das Familiengericht, wobei eine bestimmte Rangfolge zu beachten ist: An erster Stelle ist diejenige Person berufen, die die Eltern für den Fall ihres Todes durch letztwillige Verfügung (§ 1777 Abs. 3 BGB) benannt haben, § 1776 BGB. In zweiter Linie kommen sonstige natürliche Personen, einschließlich Verwandten und Verschwägerten, in Betracht, die nach ihren persönlichen und wirtschaftlichen Verhältnissen geeignet sein müssen, vgl. § 1779 Abs. 2 BGB. Theoretisch besteht die Pflicht zur Übernahme der V., § 1785 BGB, eine Ablehnung ist nur bei Vorliegen besonderer Gründe möglich, § 1786 BGB. Diese Vorschriften werden in der Praxis aber nicht mehr angewandt. Bei bestellter V. wird der Vormund mit Ausnahme des Vereins und des Jugendamts mittels Handschlag an Eides statt durch Verpflichtung zu treuer und gewissenhafter Führung der V. bestellt (§ 1789 BGB, konstitutive Rechtswirkung) und erhält darüber eine sog. Bestallungsurkunde, § 1791 BGB. Die V. endet automatisch, wenn die Gründe für ihre Anordnung wieder entfallen, § 1882 BGB. Der Einzelvormund kann auch gegen seinen Willen durch das Familiengericht entlassen werden, § 1886 BGB, etwa wegen pflichtwidrigen Verhaltens.

Im Vorgriff auf eine umfassende Reform des Vormundschaftsrechts hat der Gesetzgeber die V. im Jahre 2011 als weitgehend elterngleiche Verantwortlichkeit ausgestaltet. Dabei unterliegt der Vormund einem Kontaktgebot, § 1793 Abs. 1a BGB, und hat den Minderjährigen regelmäßig einmal pro Monat in dessen üblicher Umgebung aufzusuchen. Außerdem ist für die Amtsvormundschaft eine als »Soll«-Vorschrift ausgestaltete Fallzahlbegrenzung auf höchstens 50 Vollzeitvormundschaften bzw. -pflegschaften eingeführt worden, § 55 Abs. 2 S. 4 SGB VIII. Die Pflege und Erziehung des Minderjährigen hat der Vormund persönlich zu fördern und zu gewährleisten, § 1802 S. 2 BGB, was nach § 55 Abs. 3 S. 3 SGB VIII auch für den Amtsvormund gilt.

Der Vormund unterliegt der (Rechts-)Aufsicht durch das Familiengericht (§ 1837 Abs. 2 BGB). Bei der Feststellung einer Pflichtverletzung ist er durch Gebote, Verbote und/oder Zwangsgeld zu rechtmäßigem Handeln anzuhalten. Notfalls ist er zu entlassen oder es sind ihm Teilrechte der elterlichen Sorge – nach § 1666 BGB – zu entziehen, vgl. §§ 1837 Abs. 3 und 4, 1886 BGB. Gegen das Jugendamt oder den Verein als Vormund wird Zwangsgeld aber nicht festgesetzt, § 1837 Abs. 3 S. 2 BGB. Zur Realisierung der Aufsicht ist der Vormund verpflichtet, auf Anforderung durch das Familiengericht jederzeit Auskunft über die Führung der Vormundschaft und die persönlichen Verhältnisse des Mündels zu erteilen (§ 1839 BGB) sowie in jährlichem Abstand ohne Anforderung darüber zu berichten und Rechnung über die Vermögensverwaltung zu legen, § 1840 BGB.

Zur Sicherung des Mündels bestehen verschiedene gesetzliche Beschränkungen. So ist etwa die Vertretungsbefugnis des Vormunds für bestimmte Rechtsgeschäfte generell ausgeschlossen oder jedenfalls ausschließbar, §§ 1795, 1796 BGB. Ferner ist im Gesetz eine eingehende Reglementierung der Ausübung der Vermögenssorge enthalten, §§ 1802–1834 BGB, in deren Rahmen etwa Rechtsgeschäfte, die sich auf Grundstücke beziehen, zu ihrer Wirksamkeit dem Erfordernis einer familiengerichtlichen Genehmigung unterliegen, §§ 1819–1825 BGB. Auch kann dem Vormund gemäß § 1801 BGB – sofern er ein Einzelvormund ist – die Sorge für die religiöse Erziehung des Mündels entzogen werden und bedarf er bei dem Abschluss eines Lehr- oder Arbeitsvertrages der gerichtlichen Genehmigung, § 1822 Nr. 6 und 7 BGB, es sei denn, es liegt Amtsvormundschaft vor, § 56 Abs. 2 S. 2 BGB. Hinsichtlich der Personensorge verweist § 1800 S. 1 BGB auf §§ 1631 ff. BGB. Danach hat der Vormund zwar grundsätzlich dieselbe personensorgerechtliche Kompetenz wie ein sorgeberechtigter Elternteil, unterliegt aber auch denselben Begrenzungen. Dem Amtsvormund kommen gemäß § 56 Abs. 2 und 3 SGB VIII bei der Ausübung der Vermögenssorge Erleichterungen zu. Darüber hinaus handelt es sich bei der Amts- ebenso wie bei der Vereinsvormundschaft nach § 1857a BGB um eine sog. befreite V. mit der Folge, dass bestimmte Genehmigungserfordernisse im Bereich der Vermögenssorge entfallen und grundsätzlich keine Pflicht zur jährlichen Rechnungslegung besteht.

*Michael Grabow*

**Vormundschaftsgericht** → Betreuungsgericht

**Vormundschaftssachen** Als V. sind diejenigen den → Familiengerichten zur Entscheidung zugewiesenen Kindschaftssachen zu bezeichnen, die die → Vormundschaft für Minderjährige betreffen (vgl. § 151 Nr. 4 FamFG). Vorrangig örtlich zuständig zur Entscheidung über V. ist das Familiengericht, bei dem eine Ehesache der Kindeseltern anhängig ist (oder war, wenn sich das Verfahren noch in der zweiten Instanz befindet), § 152 Abs. 1 FamFG. Ansonsten ist das Gericht zuständig, in dessen Bezirk sich das Kind gewöhnlich aufhält, § 152 Abs. 2 FamFG, hilfsweise gegebenenfalls das Gericht, bei dem das Bedürfnis der Fürsorge bekannt wird (§ 152 Abs. 3 und 4 FamFG). Bei den V. handelt es sich nicht um ein antragsgebundenes (vgl. § 23 FamFG), sondern um ein von Amts wegen zu betreibendes Verfahren, dessen Einleitung angeregt werden kann (§ 24 FamFG). Das Gericht hat von Amts wegen alle entscheidungserheblichen Tatsachen eigenständig zu ermitteln (§ 26 FamFG). Es hat dem Kind einen → Verfahrensbeistand zu bestellen, soweit dies zur Wahrnehmung seiner Interessen erforderlich ist, § 158 FamFG. Ein mindestens 14 Jahre altes Kind ist stets persönlich anzuhören, ein jüngeres Kind, wenn seine Neigungen, Bindungen oder sein Wille von Bedeutung sind oder die Anhörung aus sonstigen Gründen angezeigt ist, § 159 Abs. 1 und 2 FamFG. Die Eltern sollen persönlich angehört werden, § 160 Abs. 1 S. 1 FamFG, gegebenenfalls auch Pflegepersonen, § 160 Abs. 2 FamFG. Das → Jugendamt ist anzuhören, § 162 Abs. 1 FamFG. Dies korrespondiert mit der Pflicht zur → Mitwirkung des Jugendamtes in familiengerichtlichen Verfahren aus § 50 Abs. 1 SGB VIII. Das Jugendamt hat darüber hinaus dem Familiengericht Personen und Vereine vorzuschlagen, die sich im Einzelfall zum Vormund eignen (§ 53 Abs. 1 SGB VIII), die bestellten Vormünder regelmäßig und entsprechend des → erzieherischen Bedarfs des Mündels zu beraten und zu unterstützen (§ 53 Abs. 2 SGB

VIII) sowie darauf zu achten, dass die Vormünder für die Person des Mündels hinreichend Sorge tragen, ferner darauf hinzuwirken, dass festgestellte Mängel behoben werden und bei Nichtbehebung das Familiengericht anzurufen. Es hat dem Familiengericht über das persönliche Wohlergehen und die Einwicklung des Mündels Auskunft zu erteilen (§ 53 Abs. 3 SGB VIII).

Auf seinen → Antrag oder im Kinderschutzfall von Amts wegen ist das Jugendamt nach § 162 Abs. 2 FamFG förmlich am Verfahren i.S. von § 7 Abs. 2 Nr. 2 FamFG zu beteiligen. Ihm kommen dann Mitwirkungsrechte und -pflichten zu (etwa das Akteneinsichtsrecht, § 13 FamFG, und die Pflicht zur Mitwirkung bei der Ermittlung des Sachverhaltes, § 27 FamFG). Auch unabhängig von einer förmlichen Beteiligung steht dem Jugendamt in Verfahren, die die Person des Minderjährigen betreffen, das Rechtsmittel der Beschwerde gegen die Endentscheidung des Familiengerichts zu (§§ 162 Abs. 3 S. 2, 58 ff. FamFG), wobei eine Beschwerde (→ Rechtsbehelf) binnen eines Monats nach Zustellung der Entscheidung bei dem Familiengericht schriftlich oder zur Niederschrift der Geschäftsstelle eingelegt werden muss (§§ 63, 64 FamFG). Die Beschwerde soll begründet werden (§ 65 Abs. 1 FamFG).

*Michael Grabow*

**Vorrang des Gesetzes** → Gesetzmäßigkeit der Verwaltung

**Vorschulerziehung** Unter V. versteht man die → Erziehung und → Bildung von Kindern im Vorschulalter, also vom ersten bis zum sechsten Lebensjahr (→ Kindheit, → Frühkindliche, → Frühkindliche Bildung, Betreuung und Erziehung). Wichtigste Orte für die V. sind neben der → Familie die → Kindertageseinrichtung und die semiinstitutionelle → Kindertagespflege; ferner Vorschulklassen an Grundschulen sowie Schulkindergärten, die der Grundschule für schulpflichtige, aber noch nicht schulreife Kinder angeschlossen sind. Bis in die 1960er-Jahre wurden vorschulische Erziehungs- und Betreuungseinrichtungen in Westdeutschland v.a. als familienunterstützende Dienste verstanden, weshalb sie in fast allen Bundesländern den Sozialministerien zugeordnet wurden. In den 1960er-Jahren wurde die V. zu einem zentralen Thema der Bildungspolitik. Die Bildung der Kinder rückte in den Vordergrund, in Kindergärten wurden Trainings zur Intensivierung der Prozesse zur Erlangung der Schulreife eingeführt. In den 1970er-Jahren wurde vom Deutschen Bildungsrat die Entwicklung von vorschulischen → Curricula forciert, die in Modellkindergärten erprobt wurden. Diese Curricula zur Bildungsarbeit mit Kindern sollten diese befähigen, Wissen und Kompetenzen zu erlangen und selbstbestimmt handeln zu können. Die zahlreichen Modellprojekte distanzierten sich von einem bloßen funktionalen Training der Kinder und von den damals starken Tendenzen einer Verschulung des Vorschulbereichs; stattdessen sollten Lernprozesse i.S. einer ganzheitlichen, die Lebenswirklichkeit der Kinder einbeziehenden Bildung (→ Situationsansatz) konzipiert und erprobt werden. Seit dieser Zeit ist die V. als eigenständiger, eigengesetzlicher Bildungsbereich in Politik und Fachwelt anerkannt.

In der DDR diente die V. in den weit dichter als im Westen ausgebauten, als Ganztagsangebote konzipierten Einrichtungen (Kinderkrippen, Kindergärten, Horte) zur »Vorbereitung auf das spätere Leben und Lernen im Klassenkollektiv der Schule« (Ministerium für Volksbildung 1970).

Die institutionelle V. (in Kindergärten und Kindertagespflege) geschieht heute mit dem dreifachen Auftrag der Erziehung, Bildung und Betreuung von Kindern bis zum sechsten Lebensjahr. Während seit den 1980er-Jahren die Erziehung und Betreuung ebenso stark betont wurden wie die Bildung, wird gegenwärtig u.a. infolge der PISA- und anderer → internationaler Vergleichsstudien der Akzent wieder stärker auf die Bildung gelegt. Die Bundesländer haben Bildungspläne verpflichtend für ihre Kindertageseinrichtungen aufgelegt, die Vorbereitung auf die Schule wird – ähnlich wie in den 1960er-Jahren – wieder zu einem Schwerpunkt in der Zielsetzung der pädagogischen Arbeit, es werden die Kindergartenpflicht für Kinder im letzten Kindergartenjahr und eine Schulpflicht für Fünfjährige diskutiert, Modelle einer Eingangsstufe für die Grundschule (→ Schuleingangsphase) erprobt. Diese Maßnahmen und die V. insgesamt werden stärker ausgebaut v.a. mit Blick auf den besonderen Bedarf der Förderung und der Schulvorbereitung von Kindern aus sozial benachteiligtem Milieus, von → Kindern mit Migrationshintergrund und für Kinder aus bildungsfernen Familien. Der Bedeutungszuwachs der V. manifestiert sich auch darin, dass in vielen Hochschulen Studiengänge der Vorschulpädagogik bzw. der Bildung der frühen Kindheit eingerichtet wurden.

*Matthias Hugoth*

**Vorschuss** → Geldleistung, → Unterhaltsvorschuss/Unterhaltsvorschutzgesetz (UVG)

**Vorsorgeeinrichtungen im Sinne der gesetzlichen Krankenversicherung** → Kur

**Vorsorgeuntersuchungen** → Prävention

**Vorsorgevollmacht** wird im geschäfts- bzw. einwilligungsfähigen Zustand für den Fall des späteren Wegfalls von → Geschäfts- bzw. Einwilligungsfähigkeit erteilt. Sie bezieht sich i.S. von § 167 → Bürgerliches Gesetzbuch (BGB) auf rechtsgeschäftliche Bereiche (→ Vollmacht), kommt aber auch für die Einwilligung in ärztliche Eingriffe und in → Freiheitsentziehung in Betracht (§§ 1904 Abs. 5, 1906 Abs. 5 BGB). Die hergebrachte V. ist i.S. von § 158 Abs. 1 BGB aufschiebend auf den Verlust von Geschäfts- bzw. Einwilligungsfähigkeit bedingt. Den im Einzelfall schwierigen Nachweis des Bedingungseintritts vermeidet die unbedingt errichtete V., die allerdings ein höheres Missbrauchsrisiko birgt. Die V. ist formfrei wirksam. Indessen empfiehlt sich zum Nachweis die schriftliche Abfassung, am besten mit einer notariellen → Beurkundung oder mit der → Beglaubigung der Unterschrift versehen. Jede V. ist formfrei und frei widerruflich, sofern noch rechtliche → Handlungsfähigkeit besteht. Der Inhalt der V. kann je nach Bedarf ausgestaltet werden. Bei Rechtsgeschäften reicht eine sog. Generalvollmacht aus. Im Anwendungsbereich von §§ 1904 und 1906 BGB ist demgegenüber Voraussetzung, dass die V. die jeweilige Maßnahme ausdrücklich umfasst.

Die V. ist abzugrenzen von der → Betreuungsverfügung (§ 1897 Abs. 4 S. 3 BGB und § 1901 Abs. 3 S. 2 BGB, → Betreuung) und der → Patientenverfügung (§ 1901 a Abs. 1 S. 1 BGB). Liegt eine V. vor, ist die Bestellung einer Betreuerin/eines Betreuers nicht erforderlich (§ 1896 Abs. 2 S. 2 BGB).

*Michael Grabow*

**Vorstrafe** ist kein gesetzlich definierter Begriff. Gemeint ist die rechtskräftige Verurteilung zu einer Kriminalstrafe in der Vergangenheit, die der neuerlichen Ahndung einer weiteren Straftat vorausgeht. Man unterscheidet zwischen einschlägigen V. wegen gleichartiger Delikte und nicht einschlägigen V. V. sind vom Strafgericht in der Hauptverhandlung zu erörtern und bei der Strafzumessung zu berücksichtigen. Ihr Vorhandensein wirkt sich i.d.R. strafschärfend und ihr Fehlen stets strafmildernd aus. Von Bedeutung sind V. auch für diverse strafprozessuale Maßnahmen, insbesondere solche, die eine Gefährlichkeitsprognose oder das Vorliegen von Wiederholungsgefahr voraussetzen. Für die Unterbringung in der → Sicherungsverwahrung regelt § 66 Strafgesetzbuch (StGB) u.a. dezidiert, welche V. in welchem zeitlichen Rahmen gegeben sein müssen. Erfasst werden V. im → Bundeszentralregister (BZR), dessen Führung seit 1971 durch das Gesetz über das Zentralregister und das → Erziehungsregister (BZRG) geregelt wird. Das BZRG regelt auch den Inhalt des Führungszeugnisses, in das nicht sämtliche im BZR verzeichneten Eintragungen aufgenommen werden. Das BZRG enthält zudem Tilgungsvorschriften. Ist die Eintragung einer Verurteilung im BZR getilgt oder tilgungsreif, dürfen – mit wenigen Ausnahmen – die Tat und die Verurteilung den Betroffenen im Rechtsverkehr nicht mehr vorgehalten und nicht zu ihrem Nachteil verwertet werden. § 53 BZRG bestimmt darüber hinaus, dass Verurteilte sich als unbestraft bezeichnen dürfen, wenn die Verurteilung nicht in das Führungszeugnis aufzunehmen ist.

*Nina Bolowich*

**Vorverfahren, gerichtliches** → Ermittlungsverfahren

**Wächteramt** meint im → Sozial- und → Familienrecht die staatliche Einstandspflicht für die Gewährleistung des → Kindeswohls. Das W. des Staates (auch staatliches W.) wird in Art. 6 Abs. 2 → Grundgesetz (GG) normiert und bedeutet, dass Pflege und Erziehung von Kindern das natürliche Recht der Eltern und die zuvörderst ihnen obliegende Pflicht darstellen, aber über ihre Betätigung die staatliche Gemeinschaft wacht. Zunächst also stattet das GG das → Elternrecht mit Eigenständigkeit und Selbstverantwortlichkeit aus, gleichzeitig legt es aber eine Obliegenheit der Eltern fest für den Fall, dass sie nicht in der Lage oder nicht willens sind, ihrer Verantwortung gerecht zu werden. Damit ist das Elternrecht pflichtgebunden und unterscheidet sich von anderen → Grundrechten.

Für den Staat ergeben sich aus seinem W. verschiedene Schutzpflichten gegenüber Kindern und Jugendlichen. Diese hat der Gesetzgeber in erster Linie den → Jugendämtern und → Familiengerichten übertragen. Wie alles staatliche Handeln muss auch die Ausübung des W. dem → Verhältnismäßigkeitsgrundsatz folgen: Der Staat muss zunächst versuchen, Hilfe und Unterstützung anzubieten, um die (Wieder-)Herstellung eines verantwortungsvollen Verhaltens der Eltern zu erreichen. Das W. ist also in dem Sinne zu konkretisieren, dass bei staatlichen Maßnahmen nicht die Kontrolle des elterlichen Handelns im Vordergrund steht, sondern Maßnahmen der → Prävention, Unterstützung und → Beratung, also niedrigschwellige Angebote. Für die Jugendämter wird dies im SGB VIII konkretisiert: Gleich § 1 Abs. 2 SGB VIII wiederholt den Wortlaut des Art. 6 Abs. 2 GG; § 1 Abs. 3 SGB VIII stellt den Auftrag der → Kinder- und Jugendhilfe klar, dass Eltern und andere → Erziehungsberechtigte bei der → Erziehung beraten und unterstützt werden sollen. Das Jugendamt muss also Hilfe anbieten. Aus verfassungsrechtlicher Sicht hängen Art und Maß dieser Hilfeverpflichtung vom Einzelfall ab. Nicht jedes Versagen oder jede Nachlässigkeit der Eltern berechtigt den Staat, aufgrund seines W. die Eltern von der Pflege und Erziehung ihres Kindes auszuschließen oder gar selbst diese Aufgabe zu übernehmen. Es gehört nicht zum W., gegen den Willen der Eltern für eine bestmögliche Förderung der Fähigkeiten des Kindes zu sorgen. Der Staat darf seine eigenen Vorstellungen von einer gelungenen Kindererziehung grundsätzlich nicht an die Stelle der elterlichen Vorstellungen setzen.

Wenn Eltern trotz der angebotenen Unterstützung eine Gefährdung des → Kindeswohls nicht abwenden können oder wollen, darf das Jugendamt trotzdem nur in Ausnahmefällen in das Elternrecht eingreifen (z.B. bei einer → Inobhutnahme von Kindern und Jugendlichen nach §§ 42 ff. SGB VIII). Regelmäßig muss das Jugendamt zunächst das Familiengericht anrufen, welches dann Schutzmaßnahmen gegen den Willen der Eltern erzwingen kann. Auch das Familiengericht, dessen Handlungsmaßstab in §§ 1666 f. → Bürgerlichen Gesetzbuch (BGB) normiert ist, ist an den Grundsatz der Verhältnismäßigkeit gebunden und muss seine Entscheidungen unter Berücksichtigung der Umstände eines jeden Einzelfalls treffen.

*Réka Fazekas*

**Wahn** → Schizophrenie

**Wahrnehmung** Bei der W. handelt es sich um einen aktiven Prozess. Eine Person erstellt eine innere Repräsentation eines W.gegenstandes. Dabei ist zu beachten, dass es sich nicht um eine abbildende, neutrale Respräsentation handelt. Vielmehr spielen kognitive Schemata, Erwartungen, Wünsche, Vorwissen und Bedürfnisse eine große Rolle bei der Filterung und Transformation der W.gegenstände in die innere Repräsentation. So führt etwa die Erwartung, dass bestimmte Personen sich unangemessen verhalten, dazu, dass insbesondere unangemessen erscheinende Verhaltensweisen wahrgenommen werden, während situationsangemessene Verhaltensweisen im wahrsten Sinne des Wortes übersehen werden. Je stärker eine Erwartung ist, desto weniger werden erwartungsinkonsistente Informationen wahrgenommen. Aggressive Personen nehmen in den sozialen Handlungen anderer viel häufiger Angriffe oder Bedrohungen wahr, als dies bei weniger aggressiven Personen der Fall ist. Auch das Vorwissen über den W.gegenstand ist von zentraler Bedeutung für die W., so wird etwa ein erfahrener Arzt auf einer Ultraschallaufnahme Organe und Körperstrukturen entdecken, während ein Laie nur uneindeutige Gebilde sieht. Aus der Sozialpsychologie ist bekannt, dass sich die menschliche W. auch durch soziale Rahmenbedingungen verändert. Je stärker soziale Übereinkünfte in der Umgebung von Menschen von diesen erlebt werden, desto mehr wird auch die eigene W. diesen sozialen Übereinkünften angepasst.

Umstritten ist, ob es sich bei der W. überhaupt um eine zwar möglicherweise verzerrte aber dennoch realitätsorientierte Wiederspiegelung der Wirklichkeit handelt (Realismus/Materialismus), oder ob der Zusammenhang zwischen W. und Wirklichkeit völlig unklar ist (Idealismus/Konstruktivismus). Vertreter einer konstruktivistischen Position heben hervor, dass es keine Möglichkeit außerhalb der eigenen W. gibt, die Realität des Wahrgenommenen zu überprüfen. Demnach sind wir vollkommen abhängig davon, was unser Gehirn aus den eingehenden Sinnesreizen konstruiert und haben, da wir keinen direkten Zugang zur Wirklichkeit haben, keine Möglichkeit, diese Konstruktion zu überprüfen. Die konstruktivistische Position wird durch die Neurophysiologie der Sinneswahrnehmung unterstützt. Die Sinnesorgane selbst liefern keine spezifischen Sinnesreize an das Gehirn, sondern sie liefern unspezifische elektrische Impulse, die zu bestimmten Hirnregionen weitergeleitet werden. Erst im Gehirn entscheidet sich, und zwar ausschließlich in Abhängigkeit von der jeweils stimulierten Hirnregion, ob diese elektrischen Signale etwa als visueller, auditiver, gustatorischer oder taktiler Reiz wahrgenommen werden. Insofern werden also durch die Sinnesorgane keine spezifischen Umweltinformationen zur Verfügung gestellt. Die Bedeutungszuweisung erfolgt erst im Gehirn, zu der »Originalinformation« in der Umwelt gibt es keinen direkten Zugang. Ein wichtiges Argument für die kritisch-realistische Gegenposition ist, dass W. zwar in hohem Maße selektiv sei und wohl auch verzerrt, dass sie aber offensichtlich doch eine (wenn auch fehlerhafte) Abbildung der realen Umwelt sein muss, da wir in unserer Umwelt nicht überleben könnten, wenn unsere W. uns nicht die wesentlichen Informationen liefern würde.

Aus der Erkenntnis, dass unsere uns selbst vollkommen eindeutig erscheinende W. mindestens sehr einfach durch Vorstellungen, Wünsche, kognitive Schemata und die soziale Umgebung verzerrt sein kann, wenn nicht sogar der Zusammenhang zur äußeren Realität völlig unklar bleibt, ergeben sich auch für die → Soziale Arbeit wichtige Hinweise: So ist sowohl aufseiten der Klient/innen als auch aufseiten der → Sozialarbeiter/innen selbst zu beachten, dass die Beurteilung von Sachverhalten und die darauf aufbauenden Handlungen auf fehlerhaften W. beruhen können. Das Bewusstsein über diese Tatsache kann dazu führen, dass professionell handelnde Sozialarbeiter/innen darauf achten, ihre W. sozialer Situationen und anderer relevanter Sachverhalte nicht von vornherein für »richtig« zu halten, sondern sich sorgfältig darum zu bemühen, die W. anderer Beteiligter zu klären und in die eigenen Beurteilungen einfließen zu lassen. Eine Auseinandersetzung mit besonders häufigen Gründen für W.fehler kann schließlich dabei helfen, die Fehlerhaftigkeit der eigenen W. im beruflichen Kontext zu begrenzen (→ Fremdwahrnehmnung).

Besonders wichtige W.fehler sind den Ergebnissen der psychologischen Forschung und den Diskussionen in der psychologischen Fachliteratur zufolge: (1) Konsistenzeffekte: Einzelne Wahrnehmungen werden von einem bestehenden Gesamteindruck beeinflusst, z.B.: Bei einem bislang als verbal abwertend wahrgenommenen Klienten werden nun auch neutrale oder uneindeutige Äußerungen stets als abwertend wahrgenommen. (2) Erwartungseffekte: Beobachter nehmen das wahr, was sie in einer bestimmten Situation bzw. von einer bestimmten Person erwarten, z.B. das »Rosenhan-Experiment«: Geistig gesunde Personen ließen sich mit der Angabe, sie hörten Stimmen, freiwillig in psychiatrischen Kliniken aufnehmen. Obwohl sie sich im weiteren Verlauf völlig unauffällig verhielten, nahmen die behandelnden Ärzte und weitere Klinikmitarbeiter – im Gegensatz zu den Mitpatienten – psychiatrische Symptome wahr. (3) Emotionseffekte: Die W. wird durch den aktuellen Gefühlszustand des Wahrnehmenden verzerrt. (4) Projektionseffekte: Die W. des → Verhaltens einer anderen Person wird vor dem Hintergrund eigener Erfahrungen und Bedürfnisse konstruiert, z.B.: Ein Sozialarbeiter steht noch unter dem Eindruck einer heftigen Auseinandersetzung mit seinem eigenen Kind. Er beobachtet nun, wie eine Klientin ihrem Kind klar und eindeutig einen Wunsch abschlägt. In einer anderen emotionalen Situation hätte er konsequentes Elternverhalten wahrgenommen, nun nimmt er aber eine »herzlose Mutter« wahr.

*Lit.* Foerster, H. v.: Das Konstruieren einer Wirklichkeit, in: Watzlawick, P. (Hrsg.): Die erfundene Wirklichkeit, 5. Aufl., München 2010; Greve, W./ Ventura, D.: Wissenschaftliche Beobachtung, 2. Aufl., Heidelberg 1997; Rosenhan, D. L.: Gesund in kranker Umgebung, in: Watzlawick, P. (Hrsg.): Die erfundene Wirklichkeit, 5. Aufl., München 2010; Roth, G.: Aus Sicht des Gehirns, 4. Aufl., Frankfurt a.M. 2009.

*Michael Borg-Laufs*

**Waisenrente** In der gesetzlichen → Rentenversicherung wird W. als Vollw. oder als Halbw. gezahlt (vgl. § 48 SGB VI). Hat ein Kind noch einen (dem Grunde nach) unterhaltspflichtigen Elternteil (→ Unterhaltspflicht), ist es Halbwaise, hat es keinen unterhaltspflichtigen Elternteil mehr, ist es Vollwaise.

Neben den – ehelichen und nichtehelichen – leiblichen Kindern werden auch die als Kind angenommenen Kinder (→ Annahme als Kind) sowie → Stiefkinder geschützt, die im Zeitpunkt des Todes der/des Versicherten in den Haushalt der/des Versicherten aufgenommen waren, außerdem auch in den Haushalt der/des Versicherten aufgenommene oder von ihr/ihm überwiegend unterhaltene Enkel, Geschwister und → Pflegekinder. Für die Gewährung einer W. muss die/der Verstorbene bestimmte versicherungsrechtliche Voraussetzungen erfüllt haben, insbesondere die allgemeine Wartezeit von fünf Jahren (→ rentenrechtliche Zeiten). Der Anspruch auf W. besteht bis zur Vollendung des 18. Lebensjahres. Bei Schul- oder Berufsausbildung oder bei Ableistung eines → Freiwilligendienstes im Sinne des § 32 Abs. 4 S. 1 Nr. 2 d des Einkommensteuergesetzes sowie für behinderte Kinder (→ behinderte Menschen) sind Zahlungen bis zur Vollendung des 27. Lebensjahres möglich. Wird eine Schul- oder Berufsausbildung durch die Ableistung des gesetzlichen Wehrdienstes, → Zivildienstes oder eines gleichgestellten Dienstes verzögert oder unterbrochen, erhöht sich die Altersbegrenzung von 27 Jahren für den Bezug der W. um die Zeit des Dienstes, maximal jedoch um einen Zeitraum, der der Dauer des gesetzlichen Grundwehrdienstes oder Zivildienstes entspricht.

Die Rente für Halbwaisen beträgt in der gesetzlichen Rentenversicherung 10% der Versichertenrente, die Rente für Vollwaisen 20%. Die so ermittelten Beträge erhöhen sich um einen individuellen Zuschlag, dessen Höhe sich nach der Anzahl der von den verstorbenen Versicherten zurückgelegten Kalendermonate mit rentenrechtlichen Zeiten und dem Zugangsfaktor der verstorbenen Versicherten richtet (vgl. im Einzelnen § 78 SGB VI). Seit Juli 2015 wird → Einkommen auf Renten an volljährige Waisen nicht mehr angerechnet.

Die in anderen Versicherungs- und Versorgungssystemen – gesetzliche → Unfallversicherung (SGB VII), → Alterssicherung der Landwirt/innen (ALG), → Bundesversorgungsgesetz (BVG), → Opferentschädigungsgesetz (OEG) – gewährten Leistungen an Waisen folgen ähnlichen Grundsätzen. Die Hinterbliebenenversorgung für Beamte erfolgt nach Maßgabe des Beamtenversorgungsgesetzes (BeamtVG) und erfasst auch Waisengeld. Dieses beträgt für Halbwaisen 12% und für Vollwaisen 20% des Ruhegehalts, das die/der Verstorbene erhalten hat oder hätte erhalten können, wenn sie/er am Todestag in den Ruhestand getreten wäre (§ 24 BeamtVG).

Auch in der → betrieblichen Altersversorgung können Versorgungsleistungen an Waisen vorgesehen sein. Dabei wird die Zahlungspflicht häufig an die Berechtigung zum Bezug von → Kindergeld gekoppelt. Wird eine W. zugesagt, ist der Ausschluss nichtehelicher Kinder unzulässig.

*Sylvia Dünn*

**Waldorf-Pädagogik** gehört – wie die → Montessori-Pädagogik – zu den prominenten Konzepten der sog. → Reformpädagogik, die im ersten Drittel des 20. Jh. in vielen Ländern eine kulturelle Erneuerung der Gesellschaft durch eine neue → Erziehung auf den Weg bringen wollte. Ihre philosophischen und psychologischen Grundlagen wurzeln in der Anthroposophie, einer weltanschaulichen Strömung, die von Dr. Rudolf Steiner (1861–1925) begründet wurde. Die Anthroposophie hat in vielen gesellschaftlichen Bereichen nachhaltig Erneuerungsimpulse entwickelt, die bis in die heutige Zeit wirken. Zu nennen sind etwa die biologisch-dynamische Landwirtschaft, Heilmittel und natürliche Kosmetika, neue Ansätze im Bankwesen (Gemeinschaftsbank für Leihen und Schenken, GLS), die Schaffung einer neuen Bewegungskunst (Eurythmie), eine neue Christologie (Christengemeinschaft) oder die Gründung der ersten deutschen Privatuniversität (Witten-Herdecke).

Steiner wurde 1919 mit der pädagogischen Leitung einer Schule in Stuttgart betraut, in der den Kindern der Arbeiter der Waldorf-Astoria-Zigarettenfabrik ein zeitgemäßer Unterricht ohne soziale Schranken ermöglicht werden sollte. Im anthroposophischen Menschenbild spielt die Dreigliederung in Leib, Seele, Geist eine wichtige Rolle. Für die Pädagogik bedeutet dies, dass aller Unterricht immer auch die körperlichen und die gefühlsmäßigen Dimensionen bewusst und aktiv gestaltend einbeziehen soll. Gerade in den unteren Klassen sind dementsprechend Bewegungsspiele, Rhythmus und Märchen, Musisches und Handwerkliches deutlich stärker gewichtet als im herkömmlichen Lehrplan. Eine zweite zentrale Komponente der Anthroposophie als Weisheit vom Menschen betont die entwicklungspsychologischen Gesetzmäßigkeiten als Wechselspiel aus Reifung und Lernen. So durchläuft der heranwachsende Mensch nach Steiner ungefähr alle sieben Jahre eine bedeutende Metamorphose, die mit dem Freiwerden neuer Potenziale verbunden ist. In der für moderne Ohren gelegentlich etwas befremdlich klingenden Terminologie der W. wird dann etwa von der »Geburt des Ätherleibes« im Alter von ca. sieben Jahren gesprochen, womit u.a. die willentliche Verfügbarkeit von inneren Vorstellungsbildern verbunden ist. Mit ca. 14 Jahren folgt die »Geburt des Astralleibes« und damit eine neue Ansprechbarkeit für Gefühl und Sexualität. Als drittes konstitutives Element der

Anthroposophie könnte die Reinkarnationslehre genannt werden, d.h. die Überzeugung von der Seelenwanderung. In derartigen Konzepten verbinden sich alteuropäische esoterische Traditionslinien mit fernöstlicher Überlieferung, wie ja überhaupt die Anthroposophie aus der 1875 gegründeten theosophischen Gesellschaft hervorgegangen ist. Deren gemeinsames Anliegen ist der Brückenschlag zwischen Ost und West, zwischen Religion und Wissenschaft. Kritiker/innen setzen u.a. hier an und sehen einen Hang zur Verabsolutierung von Wahrheitsansprüchen und Erziehungsdogmen.

Dessen ungeachtet expandiert die W. gerade in den vergangenen Jahrzehnten. In Deutschland zählt man über 1.000 Waldorfkindergärten und 235 Waldorfschulen, weltweit über 1.000 Waldorfschulen. Neben Schulen und Kindergärten arbeiten auch viele sozial- und heilpädagogische Einrichtungen im In- und Ausland nach waldorfpädagogischen Prinzipien, wozu nicht zuletzt auch Selbstverwaltung gehört.

*Heiner Barz*

**Warenkorb** → Bedarfsbemessungssystem, → Verbraucherpreisindex

**Wartezeit** → Rentenrechtliche Zeiten

**Weisung** im allgemeinen Sinne kann als fallweise Einschränkung des Handlungsspielraums einer hierarchisch untergeordneten Einheit durch eine übergeordnete Organisationseinheit oder Person beschrieben werden. Arbeitsrechtliche W. ergehen vom Arbeitgeber an die Arbeitnehmer/innen aufgrund seines arbeitsvertraglichen Direktionsrechts. Gesetzlich geregelt ist es auch in § 106 Gewerbeordnung (GewO). Der Arbeitgeber kann anordnen, was zu tun ist und wie es zu tun ist. Grenzen des W.rechts sind der → Arbeitsvertrag (§ 611 → Bürgerliches Gesetzbuch [BGB]) i.V.m. dem → Arbeitsverhältnis), die Billigkeit sowie Kollektivvereinbarungen (bspw. Tarifvertrag).

W. im → Verwaltungsrecht sind verwaltungsrechtliche Willenserklärungen innerhalb der hierarchischen Verwaltungsordnung. Sie erzeugen Bindungswirkung gegenüber den nachgeordneten Verwaltungsinstanzen. Im Außenverhältnis zum Bürger kann eine mittelbare Bindungswirkung durch das Gebot der Gleichbehandlung (→ Gleichheits[grund]satz) eintreten. Sie können als Einzelweisung Einzelfälle oder als allgemeine W. eine Vielzahl von Fällen erfassen. Allgemeine W. werden auch als Richtlinie, Erlass, Runderlass oder Anordnung bezeichnet. W. sind ein Mittel der → Dienst-, → Fach- und → Rechtsaufsicht. Sie werden zur Ausübung der internen Leitungsmacht vielseitig eingesetzt. Bedenken gegen rechtswidrige W. sollten die angewiesenen Amtswalter/innen den übergeordneten Stellen mitteilen (remonstrieren).

*Angela Busse*

**Weiterbildung** → Fort- und Weiterbildung

**Weiterführung des Haushalts, Hilfe zur** → Hilfe zur Weiterführung des Haushalts

**Welfare mix** → Wohlfahrtsmix

**Weltgesundheitsorganisation** (WHO, engl. World Health Organization) ist eine Sonderorganisation den → Vereinten Nationen (UN). Sie wurde am 7. April 1948 gegründet (heutiger Weltgesundheitstag) und ist die führende und koordinierende → Organisation für internationale → Gesundheit innerhalb der UN.

Neben dem Hauptsitz in Genf hat die WHO sechs Regionalbüros und 150 Länderbüros, die sich für eine weltweite Gesundheitsversorgung einsetzen. Die WHO arbeitet mit zahlreichen politischen Entscheidungsträger/innen zusammen, mit → Nichtregierungsorganisationen, mit Akteuren der → Zivilgesellschaft, mit Wissenschaftler/innen und mit privatwirtschaftlichen Akteuren, um Staaten bei der Entwicklung von Gesundheitssystemen zu unterstützen. Des Weiteren fördert sie die Einführung von Maßnahmen der Gesundheitsvorsorge und Früherkennung (→ Prävention). Weitere Arbeitsbereiche sind die → Gesundheitsförderung im gesamten Lebensverlauf sowie die Bekämpfung von nicht-übertragbaren und übertragbaren → Krankheiten. In ihren Arbeitsprogrammen legt die WHO ihre jeweiligen Schwerpunkte und strategischen Ziele fest (zurzeit zwölftes Arbeitsprogramm von 2014 bis 2019).

Die WHO hat 194 Mitgliedstaaten. Entscheidungstragendes Gremium ist die jährliche Weltgesundheitsversammlung, an der Repräsentant/innen aller Mitgliedstaaten teilnehmen und über die organisatorischen, finanziellen und programmatischen Linien der WHO entscheiden. Daneben gibt es den Exekutivrat, bestehend aus 34 gewählten Gesundheitsexpert/innen, welche die Geschäfte zwischen den Weltgesundheitsversammlungen bestimmen.

*Informationen*: www.who.int

*Anke Böckenhoff*

**Weltkinderhilfswerk** → UNICEF

**Weltsozialgipfel** Der W. der → Vereinten Nationen (UN) fand 1995 in Kopenhagen statt und war das erste internationale

Gipfeltreffen, das sich ausschließlich mit Fragen der Sozialentwicklung befasste. Welche Bedeutung diesem Thema für die weltweite Entwicklung beigemessen wurde, spiegelte sich auch in der Tatsache wider, dass nie zuvor so viele Staats- und Regierungschefs zusammengekommen waren. Der W. brachte drei grundsätzliche Ergebnisse hervor: (1) Der Mensch muss im Zentrum von Politik und Entwicklung stehen; (2) Wirtschaftliche und soziale Entwicklung sind gleichermaßen wichtig und bauen aufeinander auf; (3) Sozialentwicklung muss mit einem breiten Ansatz verfolgt werden, sodass bspw. → Armut nicht allein monetär, sondern auch strukturell erfasst werden muss. Die in Kopenhagen versammelten Staats- und Regierungschefs nahmen eine Erklärung mit zehn Verpflichtungen und ein darauf aufbauendes Aktionsprogramm an. Damit wurde eine erste Grundlage für eine weltweite Sozial- und Strukturpolitik (→ internationale Sozialpolitik) geschaffen. Die Kopenhagener Beschlüsse beruhen auf drei Säulen: Armutsbekämpfung, Beschäftigung und soziale → Integration. Die Themenschwerpunkte des W. verdeutlichen, dass Sozialentwicklung angesichts der wirtschaftlichen und demografischen Herausforderungen (→ demografische Entwicklung) nicht allein für die Länder des Südens, sondern auch für die Länder des Nordens von Bedeutung ist. Sozialentwicklung darf deshalb auch in Zukunft nicht auf den Bereich der Entwicklungspolitik beschränkt werden. Vielmehr bedarf es eines gleichberechtigten globalen Dialogs über soziale Fragen zwischen allen Mitgliedstaaten der UN.

Auf dem W. der UN, der 2005 in New York stattfand, wurde fünf Jahre nach Annahme der Millenniumserklärung und der Millenniumsentwicklungsziele überprüft, inwieweit diese Ziele erreicht wurden. Auch die soziale Entwicklung der Welt spielte hier eine Rolle. Gegen große Widerstände konnte die → Europäische Union (EU) durchsetzen, dass »nachhaltige Entwicklung« in ihren drei Säulen Wirtschaft, Umwelt und Sozialentwicklung dargestellt wird und somit als Rahmen der Arbeit der UN festgeschrieben wurde. Es ist weiterhin gelungen, eine Verpflichtung der Mitgliedstaaten zu verankern, menschenwürdige Arbeit (→ Menschenwürde) für alle, insbesondere für junge Menschen und Frauen, zu einem zentralen Ziel nationaler und internationaler Politik zu machen. Die Sozialentwicklungskommission der UN, die für die Umsetzung und Überprüfung der Verpflichtungen von Kopenhagen zuständig ist, wird sich mit den Errungenschaften und Herausforderungen im Bereich Beschäftigung und menschenwürdige Arbeit auseinandersetzen. Die Sozialentwicklungskommission ist die wichtigste Stimme der UN im Bereich der internationalen Sozialentwicklung und bietet als multilaterales Organ eine einzigartige Plattform für den globalen Dialog über soziale Fragen. Obgleich soziale Entwicklung primär in der Verantwortung der Nationalstaaten liegt, kann sie nicht ohne das kollektive Engagement der Weltgemeinschaft verwirklicht werden. Gerade deshalb ist der Ansatz eines globalen Dialogs über soziale Fragen von besonderer Bedeutung: Er beschreibt nicht nur die Notwendigkeit eines Dialogs über nationale Grenzen hinweg, sondern auch die Art und Weise, wie dieser Dialog geführt werden soll – gleichberechtigt zwischen allen Mitgliedstaaten der UN. Ziel dieses Dialogs muss entsprechend des Auftrags der UN sozialer Fortschritt für alle sein.

*Claire Bortfeldt*

**Werkstatt für behinderte Menschen (WfbM)** ist eine → Einrichtung zur → Teilhabe von Menschen mit Behinderung am Arbeitsleben. Sie hat denjenigen → behinderten Menschen, die wegen Art oder Schwere der Behinderung nicht, noch nicht oder noch nicht wieder auf dem allgemeinen → Arbeitsmarkt beschäftigt werden können, (1) eine angemessene → berufliche Bildung und eine Beschäftigung zu einem ihrer Leistung angemessenen Arbeitsentgelt aus dem Arbeitsergebnis anzubieten und (2) zu ermöglichen, ihre Leistungsfähigkeit zu entwickeln, zu erhöhen oder wiederzugewinnen und dabei ihre → Persönlichkeit weiterzuentwickeln. Dabei gilt der Grundsatz der einheitlichen Werkstatt, § 1 Werkstättenverordnung (WVO).

Historisch gesehen ist das Konzept der WfbM untrennbar mit der sozialpolitischen Entwicklung der Bundesrepublik Deutschland verbunden. Mit der Einführung des Bundessozialhilfegesetzes (BSHG) 1961 wurde der Grundstein für ein flächendeckendes Werkstättennetz gelegt. 1974 verabschiedete der Deutsche Bundestag Grundsätze für eine Werkstattkonzeption, die auch heute noch Gültigkeit besitzt. 2014 gab es in der Bundesrepublik rd. 726 Werkstattträger mit rd. 2.600 anerkannten Einrichtungen und 310.000 Plätzen.

Der WfbM liegt ein Organisationsschema zugrunde, das zwischen Eingangsverfahren (EV), Berufsbildungsbereich (BBB) und Arbeitsbereich (AB) differenziert. Das EV dauert in der Regel drei Monate und ist obligatorisch durchzuführen. Es dient der Feststellung, ob die WfbM die geeignete berufliche Fördermaßnahme für den Menschen mit Behinderung darstellt oder ob andere Maßnahmen in Betracht kommen (§ 9 SGB IX: → Wunsch- und Wahlrecht: Bei der Entscheidung über die Leistungen und bei der Ausführung der Leistungen zur Teilhabe wird berechtigten Wünschen der Leistungsberechtigten entsprochen). Dem EV folgt eine i.d.R. zweijährige berufliche Qualifizierungsphase im BBB der Werkstatt. Der BBB gliedert sich in einen Grund- und einen Aufbaukurs von jeweils zwölf Monaten, in denen berufsspezifische Fähigkeiten und Fertigkeiten erlernt werden sollen. V.a. soll das Selbstwertgefühl der Werkstattbeschäftigten entwickelt und das Sozial- und Arbeitsverhalten gefördert werden. Nach dem BBB besteht für Werkstattbeschäftigte die Möglichkeit, in den AB der WfbM zu wechseln.

Die WfbM soll über ein möglichst breites Angebot an Arbeitsplätzen mit weitgehender Entsprechung zum allgemeinen Arbeitsmarkt verfügen, um der Art und Schwere der Behinderung, der unterschiedlichen Leistungsfähigkeit sowie Eignung und Neigung des betreffenden Menschen soweit wie möglich Rechnung zu tragen. Hierfür hat die WfbM entsprechend qualifiziertes Personal und begleitende Dienste vorzuhalten (§ 136 SGB IX, Begriff und Aufgaben der WfbM).

Menschen mit Behinderung im AB der WfbM stehen in einem arbeitnehmerähnlichen Rechtsverhältnis (§ 138 Abs. 1 SGB IX) zur WfbM. Die arbeitsrechtlichen und arbeitsschutzrechtlichen Vorschriften und Grundsätze, die für Arbeitnehmer/innen gelten, sollen kraft Gesetzes unmittelbar auch für die Werkstattbeschäftigten gelten (z.B. Arbeitszeiten, Urlaub, → Entgeltfortzahlung im Krankheitsfalle, → Mutterschutz).

Seit Einführung des SGB IX 2001 haben Werkstattbeschäftigte einen → Rechtsanspruch auf einen schriftlichen → Vertrag, in dem die beiderseitigen Rechte und Pflichten mit dem Werkstattträger konkret und individuell geregelt werden sollen. Die Frage der → Geschäftsfähigkeit eines Menschen ist hierbei nicht relevant. Ist ein volljähriger behinderter Mensch gemäß § 138 Abs. 1 SGB IX in den AB einer anerkannten WfbM aufgenommen worden und war er zu diesem Zeitpunkt geschäftsunfähig, so gilt der von ihm geschlossene Werkstattvertrag in Ansehung einer bereits bewirkten Leistung und deren Gegenleistung, soweit diese in einem angemessenen Verhältnis zueinander stehen, als wirksam (§ 138 Abs. 5 SGB IX).

Werkstattbeschäftigte haben zudem ein Recht auf Mitwirkung, das in der Werkstättenmitwirkungsverordnung (WMVO) geregelt ist. Sie erhalten ein Entgelt von durchschnittlich 180 Euro (2011) im Monat, das überwiegend aus dem Arbeitserlös erwirtschaftet wird.

Nach ihrem Grundauftrag, → Teilhabe am Arbeitsleben zu ermöglichen und zugleich die Persönlichkeit der Werkstattbeschäftigten weiterzuentwickeln, muss die WfbM ein wirtschaftliches Ergebnis erzielen. Folglich ist der AB nach betriebswirtschaftlichen Grundsätzen organisiert und strebt wirtschaftliche Arbeitsergebnisse an, um den Beschäftigten ein angemessenes Arbeitsentgelt zahlen zu können. In aller Regel reicht das Entgelt jedoch nicht zur Bestreitung des Lebensunterhalts aus. In diesen Fällen wird es durch Leistungen der → Grundsicherung im Alter und bei Erwerbsminderung ergänzt. Das SGB IX sieht vor, dass → Eingliederungshilfe in WfbM einkommens- und vermögensunabhängig gewährt wird.

Haupttätigkeitsfelder der WfbM sind Auftragsarbeiten, Herstellung eigener Produkte und Dienstleistungen. Die Arbeitsangebote innerhalb der WfbM wie auch ihre organisatorische Entwicklung sind wesentlich von der Struktur des Wirtschafts- und Erwerbslebens beeinflusst. Der Anstieg des Dienstleistungssektors wirkt sich entsprechend auf die WfbM aus.

Die zukünftige Herausforderung der WfbM bleibt die Bereitstellung von angemessenen Arbeiten. Aber auch veränderte Personenkreise, die in der Folge von gesellschaftlichen Veränderungsprozessen einen Anspruch auf Aufnahme in der WfbM erhalten, stehen im Fokus. Ein zentraler Aspekt zukünftiger Werkstattarbeit dürfte die Vernetzung mit anderen Trägern berufsfördernder Angebote darstellen.

Zuständig für die amtliche Anerkennung von WfbM ist die Bundesagentur für Arbeit (§ 142 SGB IX), die auch Leistungsträger für den BBB ist. Leistungsträger für den AB der WfbM sind in weit überwiegendem Maße die überörtlichen → Träger der Sozialhilfe, im Zuge der Kommunalisierung treten auch die örtlichen Träger der Sozialhilfe immer häufiger auf. Die Träger der WfbM haben sich 1975 zu einer → »Bundesarbeitsgemeinschaft Werkstätten für behinderte Menschen (BAG WfbM)« zusammengeschlossen.

Das Bundeskabinett hat am 28.6.2016 einen Regierungsentwurf zu einem → Bundesteilhabegesetz verabschiedet, der wesentliche Änderungen des Rechts der → Rehabilitation und Teilhabe behinderter Menschen und der → Eingliederungshilfe vorsieht. Das Bundesteilhabegesetz soll stufenweise zwischen 2017 und 2020 in Kraft treten.

*Informationen:* www.bagwfbm.de

*Martin Berg*

**Werkzeugstörungen** bezeichnen Störungen der höheren Hirnfunktion. Sie umfassen z.B. Aphasie (Sprachstörungen), Agraphie (Schreibstörungen), Alexie (Lesestörungen), Apraxie (Handlungsstörungen), aber auch Agnosie (Unfähigkeit, Dinge zu erkennen). Hierbei sind die Sinnes- und Ausführungsorgane nicht gestört, sondern die koordinierte → Wahrnehmung und Steuerung einzelner Funktionen im Gehirn. In den von Erkrankungen betroffenen Regionen, z.B. dem Sprachzentrum, treffen sensible, sensorische und motorische Nervenbahnen zusammen. W. treten bei verschiedenen Erkrankungen und Verletzungen des Gehirns auf. Durch die asymmetrische Verteilung der betroffenen Gebiete in der Großhirnrinde treten z.B. bei einem linksseitigen Schlaganfall eines Rechtshänders charakteristische Muster von W. mit Aphasie auf. Obwohl eine Zuordnung von höheren Hirnfunktionen zu bestimmten Regionen weiterhin nachweisbar ist, geht man heute von einer stärkeren Integration verschiedener Hirnregionen für die höheren Hirnfunktionen aus. Darüber hinaus sind diese Regionen äußeren Einflüssen zugänglich: Kinder, die zweisprachig aufwachsen, weisen ein verändertes Sprachzentrum auf, oder eine besondere Beanspruchung bestimmter Regionen führt zu ihrer Veränderung. Dies bezeichnet man als Plastizität des Gehirns. Nach Verletzungen und Erkrankungen kann es so auch zu Verbesserungen der W. kommen, wenn im Rahmen der Adaptation und → Rehabilitation Funktionen neu erlernt werden.

*Jeanne Nicklas-Faust*

**Wertschätzung** → Ressourcen

**Wettbewerb** bezeichnet allgemein das Streben von mindestens zwei Parteien nach einem Ziel, wobei der höhere Zielerreichungsgrad der einen i.d.R. einen geringeren Zielerreichungsgrad der anderen bedingt. W. im wirtschaftlichen Sinne ist durch Märkte gekennzeichnet. Es stehen idealerweise mehrere Anbieter mehreren Nachfragern gegenüber, die sich antagonistisch verhalten, da jede Seite ihren Nutzen zulasten der jeweils anderen mehren will. Durch ein solches Marktgeschehen können entstehende Bedarfslagen (→ Bedarf) und → Bedürfnisse sehr rasch bedient werden. Dies setzt jedoch die notwendige Kaufkraft aufseiten der Nachfrager voraus, damit sie entsprechende Güter zur Bedürfnisbefriedigung erstehen können. Märkte werden unter sozialpolitischen Gesichtspunkten als »sozial blind« kritisiert, da bestehende Bedürfnisse für die Anbieterseite eben nur dann bedeutsam sind, wenn sie mit Kaufkraft verbunden sind.

Einem marktwirtschaftlichem W. werden v.a. folgende Funktionen zugeschrieben: 1. Effizienzsteigerung (→ Effizienz), da → Ressourcen bei der Güterherstellung so eingesetzt werden, dass ein möglichst hoher Gewinn anfällt. 2. Kundensouveränität, da Nachfrager mit ihren Präferenzen das Güterangebot steuern können. Beim sogenannten Sozialmarkt (Pflegemarkt u.a.) handelt es sich um kein reines Marktgeschehen im engeren Sinn. Weder Preise noch Leistungsmengen entstehen durch das Aufeinandertreffen von Anbietern und Nachfragern. Vielmehr vereinbaren → Sozialleistungsträger (→ Sozialversicherungen, → Sozial- und → Jugendämter) mit den Anbietern sowohl den gesamten Umfang als auch das Entgelt bzw. den Kostensatz (Preis) für deren Leistungen. Anbieter erzielen ihre Erträge entweder durch Zuwendungen oder entsprechend eines Leistungsvertrages (→ Vereinbarungen über Leistungen, Vergütungen sowie die Prüfung der Einrichtung) oder sie rechnen die konkrete Leistung, die ein Leistungsberechtigter erhalten hat, mit dem/den zuständigen Sozialleistungsträger/n ab. Um die Anreizwirkung eines W. zu nutzen, werden zwei Wege gegangen. 1. Im stationären und teilstationären Bereich werden mit allen geeigneten Anbietern hinsichtlich einer Leistungserstellung Verträge oder Vereinbarungen geschlossen bzw. getroffen. Damit gibt es einen Angebotsüberhang, durch den auf der Anbieterseite ein Wettbewerb um Klienten entfacht wird. 2. Zunehmend werden soziale Leistungen über öffentliche Ausschreibungsverfahren (→ öffentliche Ausschreibung) an diejenigen Anbieter vergeben, die nach Maßgabe aller geforderten Kriterien das wirtschaftlichste Angebot eingereicht haben. Im öffentlichen Bereich begegnet man der Nicht-Marktsituation mit W.surrogaten, wie z.B. dem Interkommunalen Leistungsvergleich. Der W. orientiert sich hier nicht am Nachfrager, sondern an → Kennzahlen und → Sozialindikatoren. Die Kritik an diesem Vorgehen bemängelt, dass dies einerseits zu einer immensen Anhäufung von Daten geführt hat, ohne dass andererseits eine Effizienzsteigerung zu beobachten gewesen wäre, da durch Kennzahlen falsche Anreize gesetzt würden. So trägt z.B. eine reine Orientierung an Fallzahlen nichts zur Qualitätsverbesserung der Fallbearbeitung bei.

*Jürgen Burmeister*

**Wettbewerbsrecht** gehört zum Kern der sozialen Marktwirtschaft und soll die Konzentration wirtschaftlicher Macht verhindern. Die Verwendung des Begriffes ist nicht einheitlich. Teilweise wird das Lauterkeitsrecht (u.a. das Gesetz gegen den unlauteren Wettbewerb [UWG]) darunter gefasst, das den Schutz vor unlauteren Geschäftspraktiken zum Inhalt hat. I.d.R. geht es jedoch um das Gesetz gegen Wettbewerbsbeschränkungen (GWB) sowie weitere Normen, die darauf abzielen, das Bestehen eines → Wettbewerbs an sich zu schützen. Das GWB verbietet Kartelle und den Missbrauch marktbeherrschender Stellungen von Unternehmen und regelt die Kontrolle von Unternehmenszusammenschlüssen (Fusionen). Das GWB wird deswegen auch Kartellrecht genannt. Wesentliche Adressaten des W. sind die Unternehmen. Einen eigenständigen Bereich innerhalb des GWB bildet das → Vergaberecht, das sich an öffentliche Auftraggeber richtet. Mit dem → Binnenmarkt der → Europäischen Union (EU) ist das W. umfassend europäisiert. Erheblichen Einfluss übt zudem das EU-Beihilferecht aus, das sich an die öffentlichen Stellen richtet und wettbewerbsbeschränkende → Beihilfen an Unternehmen verbietet. Der zentrale Unternehmensbegriff wird einheitlich funktional ausgelegt. Dabei kommt es weder auf die Rechtsform des Unternehmens noch auf die Gewinnerzielungsabsicht an. Maßgeblich ist die wirtschaftliche Tätigkeit. Das EU-W. knüpft zudem an den Tatbestand des grenzüberschreitenden Wettbewerbs an, weswegen rein lokale Beihilfen nicht darunterfallen. Die EU-Fusionskontrolle setzt ebenso wie das EU-Vergaberecht an bestimmten Schwellenwerten von Umsatz- bzw. Ausschreibungssummen an. Grundsätzlich wird das Kartellrecht durch die nationalen Kartellbehörden und die EU-Kommission durchgesetzt. Für das EU-Beihilferecht ist die EU-Kommission zusammen mit nationalen Beihilfekontrollstellen zuständig. Die Einhaltung des EU-Vergaberechts in Form des GWB wird durch eigene Vergabekammern geprüft. Ansonsten haben die Wettbewerber die Möglichkeit, sich vor den Zivil- oder Verwaltungsgerichten gegen wettbewerbsverzerrende Handlungen zu wehren. Das Verhältnis zwischen W. und → Sozialrecht ist umstritten. Eine allgemeine Bereichsausnahme für Anbieter sozialer Dienstleistungen gibt es nicht. Diskutiert werden Kartellfragen vor allem im SGB V und bei Einkaufstätigkeiten der → Krankenkassen, wobei nach ständiger → Rechtsprechung des → Gerichtshofs der Europäischen Union (EuGH) die Kassen zwar als öffentliche Auftraggeber, grundsätzlich aber nicht als Unternehmen eingestuft werden. Ansonsten werden Fusionskontrollen aufgrund der Größe z.B. bei Zusammenschlüssen von Gesundheits-, Pharma- oder Krankenhausunternehmen durchgeführt. Noch umstrittener ist der Einfluss des Vergaberechts auf das Sozialrecht, v.a. das Leistungserbringungsrecht. Explizite Verweise auf das Vergaberecht finden sich zwar lediglich im Bereich der Arbeitsmarktdienstleistungen und bei den Selektivverträgen im SGB V. Das EU-Recht geht jedoch nationalem Recht vor. Allerdings belässt das EU-W. Freiräume. Die EU-Vergaberichtlinien von 2014 stellen klar, dass z.B. das sozialrechtliche → Dreiecksverhältnis in Form inklusiver Zulassungsverträge als ein alternatives Wettbewerbsmodell mit dem EU-Recht vereinbar ist. Auch das Recht der Beihilfen sieht Ausnahmen für Anbieter sozialer Dienstleistungen vor.

*Niklas Kramer*

**Widerspruch** → Rechtsbehelf

**Wiederaufnahme des Verfahrens** Die W. d. V. ist in §§ 578 ff. der Zivilprozessordnung (ZPO) geregelt. Danach sind Nichtigkeitsklage (§ 579 ZPO) und Restitutionsklage (§ 580 ZPO) geeignet, ein rechtskräftig durch Endurteil abgeschlossenes Verfahren wieder aufzunehmen. Die Gründe, aus denen eine W. d. V. stattfinden kann, sind in §§ 579 und 580 ZPO abschließend aufgezählt. Bei Erfolg führt das Wiederaufnahmeverfahren dazu, dass der Streitgegenstand erneut verhandelt werden kann. Die → Rechtskraft des Urteils wird durchbrochen. Andere Prozessordnungen verweisen in der Regel auf die Wiederaufnahmegründe der ZPO (vgl. auch § 179 Sozialgerichtsgesetz [SGG], § 153 Verwaltungsgerichtsordnung [VwGO]). Die Strafprozessordnung (StPO) sieht in §§ 359 ff. ein angepasstes Verfahren und spezielle Wiederaufnahmevoraussetzungen vor. Die Prüfung der W. d. V. erfolgt in drei Schritten: 1. Überprüfung der formalen Voraussetzungen der Wiederaufnahme; 2. Überprüfung, wie der Rechtsstreit vom Rechtsstandpunkt des früheren Gerichts bei Kenntnis des Wiederaufnahmegrundes zu entscheiden gewesen wäre; 3. Über den ursprünglichen Rechtsstreit wird neu befunden. Im bundesrechtlichen → Verwaltungsverfahren besteht mit § 51 Verwaltungsverfahrensgesetz (VwVfG) eine vergleichbare Regelung, die in den Verwaltungsverfahrensgesetzen der Länder wiederkehrt. Allerdings sind die Wiederaufnahmegründe den Umständen des Verwaltungsverfahrens entsprechend angepasst. Im Bereich der Sozialverwaltung nach dem → Sozialgesetzbuch (SGB) kommt das Verwaltungsverfahrensrecht nach dem SGB X zur Anwendung. Dort ersetzen §§ 44 ff. SGB X die §§ 48–51 VwVfG. Ein Wiederaufnahmeverfahren ist danach entweder integriert geregelt oder wird zumindest vorausgesetzt. Ein Indiz bietet § 45 Abs. 3 S. 2 SGB X, der auf die Wiederaufnahmegründe nach § 580 ZPO verweist, ohne jedoch ein eigenes Antragsverfahren vorzusehen. Die Behörde kann von Amts wegen ein Verfahren wegen Rücknahme und Widerruf eines → Verwaltungsakts nach den entsprechenden verwaltungsverfahrensrechtlichen Vorschriften betreiben. Daneben besteht die Möglichkeit, einen Überprüfungsantrag nach § 44 SGB X zu stellen. Dies ist unabhängig davon möglich, ob die Widerspruchsfrist versäumt wurde oder die Voraussetzungen für einen Antrag auf → Wiedereinsetzung in den vorigen Stand nach § 27 SGB X vorliegen. Inhaltlich können damit → Leistungsbescheide oder auch Aufhebungs- und Erstattungsbescheide (rückwirkend) überprüft werden.

*Angela Busse*

**Wiedereinsetzung in den vorigen Stand** eröffnet die Möglichkeit, für den Fall einer ohne Verschulden versäumten gesetzlichen Frist (z.B. im Falle einer → Klage) eine Rechts- oder Prozesshandlung nachzuholen. Die Zulässigkeit der durch Fristablauf versäumten Handlung kann wiederhergestellt werden mit der Folge, dass die Bestandskraft bei → Verwaltungsakten bzw. die → Rechtskraft gerichtlicher Entscheidungen nachträglich entfallen kann. Verschuldet ist die Säumnis, wenn die/der Beteiligte hinsichtlich der Fristwahrung diejenige Sorgfalt außer Acht lässt, die für gewissenhafte und sachgemäß Prozessführende geboten ist und die nach den Umständen des konkreten Falles zuzumuten ist. Das Verschulden einer/eines Bevollmächtigten (z.B. Rechtsbeistands) wird der/dem Vertretenen wie eigenes Verschulden zugerechnet. Der → Antrag auf W. ist fristgebunden (Frist von zwei Wochen nach Wegfall des Hindernisses, z.B. § 27 Abs. 2 SGB X, § 60 Abs. 2 S. 1 Halbs. 1 Verwaltungsgerichtsordnung [VwGO], § 32 Abs. 2 S. 1 Verwaltungsverfahrensgesetz [VwVfG]; anders z.B. § 60 Abs. 2 S. 1 Halbs. 2 VwGO, § 67 Abs. 2 Sozialgerichtsgesetz [SGG]). Innerhalb der Antragsfrist muss auch die versäumte Rechtshandlung nachgeholt werden; W. kann dann auch ohne Antrag gewährt werden (z.B. § 27 Abs. 2 S. 4 SGB X, § 60 Abs. 2 S. 4 VwGO). Nach einem Jahr seit Ende der versäumten Frist ist der Antrag unzulässig, mit Ausnahme des praktisch kaum bedeutsamen Falles der Verhinderung durch höhere Gewalt. Zu Einzelheiten – insbesondere zu den jeweiligen Voraussetzungen – vgl. z.B. §§ 233 ff. Zivilprozessordnung (ZPO), § 60 VwGO, § 67 SGG, §§ 17 ff. Familienverfahrensgesetz (FamFG), § 56 Finanzgerichtsordnung (FGO), § 32 VwVfG, § 27 SGB X.

*Edna Rasch*

**Wiedergutmachung** Ausgleich für Schäden, die Bürger/innen durch unrechtmäßiges Verhalten des Staates entstanden sind, vor allem die W. von (1) nationalsozialistischem Unrechts als Ausgleich für u.a. rassisch begründete Verfolgung und (2) von SED-Unrecht als Ausgleich u.a. für politische Verfolgung.

(1) Nach dem Bundesentschädigungsgesetz konnten Verfolgte des Nationalsozialismus bis zum 31.12.1969 für Schäden u.a. an Leben, Körper, Gesundheit, Freiheit, Eigentum und Vermögen einen Anspruch auf Entschädigung stellen. Ehemalige Zwangsarbeiter/innen wurden aufgrund des Gesetzes zur Errichtung der Stiftung »Erinnerung, Verantwortung und Zukunft« vom 2.8.2000 (ErrichtungsG, BGBl. I S. 1263) in der Zeit zwischen 2001 und 2007 entschädigt. Die Stiftung unterstützt nunmehr dauerhaft Projekte, die der Völkerverständigung, den Interessen von Überlebenden des nationalsozialistischen Regimes, dem Jugendaustausch, der sozialen Gerechtigkeit, der Erinnerung an die Bedrohung durch totalitäre Systeme und Gewaltherrschaft sowie der internationalen Zusammenarbeit dienen.

(2) Aufgrund des Strafrechtlichen Rehabilitierungsgesetzes vom 29.10.1992 (BGBl. I S. 1814) konnten strafrechtliche Entscheidungen von DDR-Gerichten zwischen dem 8.5.1945 und dem 2.10.1990 durch bis zum 31.12.2001 befristeten Antrag für rechtsstaatswidrig erklärt und aufgehoben werden, wenn sie u.a. politischer Verfolgung dienten. Entschädigungen für berufliche Nachteile konnten durch bis zum 31.12.2002 befristeten Antrag aufgrund des Beruflichen Rehabilitierungsgesetzes vom 23.6.1994 (BGBl. I S. 1311) gewährt werden. Die Rückgabe und Entschädigung von entschädigungslos enteigneten Vermögenswerten regelt das Entschädigungsgesetz vom 27.9.1994 (BGBl. I S. 2624).

*Uwe Klerks*

**Wirkungsanalyse** bezeichnet die Untersuchung eines ursächlichen (kausalen) Zusammenhangs zwischen einer Maßnahme (→ Intervention, Programm) und einer mit der Maßnahme in Verbindung stehenden Zielgröße. Die W. betrachtet eine Beobachtungseinheit (z.B. Person), die an einer Maßnahme (z.B. Fortbildungsprogramm, Medikamenteneinnahme) teilnehmen bzw. einer Intervention ausgesetzt sein kann oder nicht. Von Interesse ist der Effekt auf eine nach der Maßnahme gemessene Zielgröße (z.B. Beschäftigungswahrscheinlichkeit, Blutdruck). Die Zielgröße kann für jede Person zwei potenzielle Ergebnisse annehmen: eines im Teilnahmefall und eines im Nichtteilnahmefall. Die Differenz aus beiden misst den kausalen Effekt der Maßnahme. Da für die einzelne Beobachtungseinheit nur einer der Fälle tatsächlich eintreten kann, ist das jeweils andere potenzielle Ergebnis eine nicht in Daten beobachtbare kontrafaktische Größe: »Was wäre mit der teilnehmenden Person (hinsichtlich der Zielgröße) geschehen, wenn sie nicht teilgenommen hätte?« Die Beantwortung dieser Frage ist Kern der W. Hierzu verwendet die empirische W. i.d.R. Mittelwerte und vergleicht das durchschnittliche Ergebnis der Teilnehmenden mit dem durchschnittlichen Ergebnis einer sog. Vergleichs- oder Kontrollgruppe. Die Vergleichssituation ist begrifflich weit gefasst und kann z.B. auch durch den vor der Maßnahme ermittelten Wert der Zielgröße der Teilnahmegruppe abgebildet werden: Ein derartiger Vorher-Nachher-Vergleich ist eine Möglichkeit, die kontrafaktische Frage zu beantworten. Andere Methoden sind z.B. der Querschnittsvergleich oder Matching (Vergleich mit »statistischen Zwillingen«). Jeder Methode liegt eine Identifikationsannahme zur Beantwortung der kontrafaktischen Frage – d.h. der Auswahl der adäquaten Vergleichsdimension – zugrunde, deren Plausibilität abhängig vom Maßnahmenkontext ist.

Als methodisch stichhaltigste Vorgehensweise zur W. gilt das randomisierte Experiment, d.h. die zufällige Zuordnung aller potenziellen Teilnehmenden in Teilnahme- und Kontrollgruppe. Dies ist in der medizinischen Forschung üblich und wird z.B. in den USA auch zur W. arbeitsmarktpolitischer Programme verwendet. Ein Experiment gewährleistet die Vergleichbarkeit beider Gruppen in allen relevanten beobachtbaren (z.B. Alter, Geschlecht, Ausbildungsstand) und unbeobachtbaren (z.B. → Motivation, → Begabung) Faktoren. Nicht-experimentelle Ansätze können i.d.R. unbeobachtbare Charakteristika nicht berücksichtigen.

*Jochen Kluve*

**Wirtschaftlichkeit** ist eine Grundbedingung rationalen Handelns. »Handele so, dass der Zweck Deines Handelns mit kleinstmöglichem Mitteleinsatz erreicht wird (Minimalprinzip) oder dass mit den gegebenen Mitteln die gesetzten Ziele in möglichst vollkommener Weise erreicht werden (Maximalprinzip)« (Reinermann). Sowohl Knappheit der Mittel als auch Unbegrenztheit der → Bedürfnisse zwingen prinzipiell öffentliche und freigemeinnützige → Haushalte wie private Unternehmungen zur Beachtung des Zweck-/Mittelpostulats. Das Sparsamkeitsprinzip (als Hausvaterprinzip, Gebot der Enthaltsamkeit und letztlich Beschränkung der Aufgaben) kann im Widerspruch zur W. stehen. W. kann durch folgende Kennziffern (auch nebeneinander) dargestellt werden: Wirtschaftliche → Effizienz = hervorgebrachte Leistung/verbrauchte Einsatzmenge; Kostenwirksamkeit = Quotient aus Kosten (in Geld) und hervorgebrachten Leistungen in Mengen und bestimmten Eigenschaften, z.B. Anzahl der bearbeiteten Fälle zu den Verwaltungskosten (Basis für Zeit-, Betriebs-/Verwaltungs- und Verfahrensvergleiche im Rahmen von Ursachenforschung und Effizienzoptimierung). Bei vielen öffentlichen Maßnahmen ist auch die Auswirkung auf die Umwelt zu beachten (volkswirtschaftliche Vor- und Nachteile; soziale, gesellschaftliche, gemeinwirtschaftliche Nutzen und Kosten). → Kosten-Nutzen-Analyse, Sozialbilanz und gesellschaftsbezogene Rechnungslegung berücksichtigen diesen Aspekt. Mehr als private Unternehmen haben öffentliche Institutionen solche positiven oder negativen Effekte einzubeziehen.

Probleme in der Sozialen Arbeit sind, dass das Input-Output-Verhältnis nicht immer zahlenmäßig oder sonst eindeutig ausgedrückt werden kann, da der Output größtenteils weder marktgängig noch erfassbar und bewertbar ist (Entscheidung durch politisches Werturteil) und dass über die Knappheit der Mittel alle Aktivitäten eines Trägers sozialer Arbeit zusammenhängen. Die maximale W. kann nur über ein Totalmodell (System-Gesamtrationalität) erreicht werden: Kosten und Nutzen einer Maßnahme sind alle Nachteile und Vorteile im Hinblick auf die Systemzwecke und Systemfunktionen (des Staates und seiner Verwaltung); dieser W.begriff ist überkomplex und nicht operational.

Fügt man den betriebs- und volkswirtschaftlichen Zweck-Mittel-Kategorien außerökonomische Aspekte wie politische, kulturelle oder medizinische Zweckmäßigkeiten hinzu, ergibt sich aus der engeren die weiter gefasste Effizienz. Erweitert man den Effizienzbegriff i.S. eines möglichst günstigen Verhältnisses zwischen erstrebtem Ziel (Soll) und eingetretenem Ergebnis (Ist) um außerökonomische Kategorien, gelangt man zur → Effektivität.

Die von den öffentlichen Verwaltungen erwarteten und verlangten → sozialen Dienstleistungen, → Einrichtungen und Transferzahlungen steigen ständig nach Art, Umfang und Standard, die Steuer- und Staatsquote ist dagegen relativ konstant, z. Zt. sogar sinkend. Überall und zu allen Zeiten muss daher intensiv über die Kunst, aus weniger mehr zu machen, nachgedacht werden. Die Verbesserung von W., Effizienz und Effektivität sind Daueraufgaben. Strategische Ansätze (→ Aufgabenkritik, → Controlling), die ein Organisationskonzept und den systematischen Einsatz von Methoden und Instrumenten umfassen, gewinnen an Bedeutung (→ Organisationsentwicklung).

*Heinrich-Peter Drenseck*

**Wirtschaftlichkeitsprüfungen** Neben der Planung als Soll, der Steuerung (Organisation) als Ist, stellt die Überwachung den Soll-Ist-Vergleich dar; sie ist die dritte Phase im Managementprozess und die dritte Hauptaufgabe der Betriebsführung. Überwachung kann prozessabhängige Kontrolle oder prozessunabhängige Prüfung sein. Eine Prüfung liegt also immer dann vor, wenn eine Überwachungsmaßnahme von einer Person durchgeführt wird, die vom zu überwachenden Prozess oder Verantwortungsbereich weder direkt noch indirekt abhängig ist. Im betriebswirtschaftlichen Sprachgebrauch gibt es eine kaum überschaubare Reihe von Kontroll- und Prüfungsarten, z.B. nach der Intensität formelle (Ordnungsmäßigkeit) und materielle (→ Wirtschaftlichkeit). Ein Beispiel für interne Prüfung ist die Innenrevision im Auftrage des Leitungsorgans, sie wirkt präventiv und ihre Stellungnahmen sorgen für Verbesserungsvorschläge. Innenrevision überschneidet sich teilweise mit → Controlling bzw. beide Aufgaben ergänzen sich. Controlling entwickelt Systeme und hält sie auf dem Laufenden, Innenrevision prüft diese.

Wirtschaftsprüfung ist eine auf die Betriebswirtschaft bezogene Prüfung der Richtigkeit, sie umfasst nur ausnahmsweise die Prüfung der Wirtschaftlichkeit; sie legt Wert auf Prüfungsnormen, Prüfungsgrundsätze und Prüfungstechnik (Planung, Methoden, Handlungen).

W. oder Wirtschaftlichkeitsuntersuchungen sind das Instrument zur Untersuchung der Wirtschaftlichkeit. Statt formeller Kriterien stehen hier im Vordergrund die Ausprägungen des Wirtschaftlichkeitsprinzips (Bedarfs- oder Erwerbswirtschaftlichkeit, Eigen- oder Gemeinwirtschaftlichkeit, Einzel- oder Gesamtwirtschaftlichkeit) einschließlich Zielsetzung und optimaler Faktorkombination sowie etwaige außerökonomische Wirkungen (Sozial- und Ökobilanzen).

Wirtschaftlichkeit und Sparsamkeit sowie angemessene Wirtschaftlichkeitsuntersuchungen sind für alle finanzwirksamen Maßnahmen nach § 6 HGrG gefordert.

W. sind verschiedentlich im → Sozialrecht vorgesehen, z.B. im § 79 SGB XI (→ Pflegeversicherung). Danach können Landesverbände der → Pflegekassen Wirtschaftlichkeit und Wirksamkeit (also → Effizienz und → Effektivität) der ambulanten, teilstationären und vollstationären Pflegeleistungen durch von ihnen bestellte Sachverständige prüfen lassen. Die Prüfung kann auch freiwillig oder als Vorbereitung auf Pflegesatzverhandlungen (→ Pflegesatz) durchgeführt werden.

Zu den wichtigsten Instrumenten von Wirtschaftlichkeitsprüfungen und des Controlling zählen Betriebsvergleiche, auch diese können z.B. nach § 92 a SGB XI (Pflegeheimvergleich) angeordnet werden.

*Heinrich-Peter Drenseck*

**Wissensmanagement** bezeichnet die Gesamtheit aller organisatorischen Maßnahmen einer Person oder → Organisation, mit der ein planvoller, effizienter Umgang (Sicherung und Verteilung) mit der Ressource »Wissen«, auch »intellektuelles Kapital« genannt, erreicht wird. Als strategisches Konzept wird das W. i.d.R. in der betriebswirtschaftlichen und sozialwissenschaftlichen Literatur, v.a. in der Organisationslehre, beschrieben.

Das Bewusstsein für die Vorteile eines strukturierten W. in Organisationen, insbesondere in Unternehmen, ist in den letzten Jahren gestiegen. Die Gründe hierfür sind einerseits der (vermutete) Anstieg des weltweit verfügbaren Wissens, andererseits die erleichterten Möglichkeiten, auf dieses Wissen zuzugreifen, insbesondere durch moderne Kommunikationsmedien wie das Internet. Die Bedeutung von W. in Organisationen ist auch dadurch gestiegen, dass Mitarbeiterinnen und Mitarbeiter häufiger als in den vergangenen Jahrzehnten ihren Arbeitsplatz wechseln. Damit können Fach-, Erfahrungs- und institutionelles Wissen für die bisherige Organisation verloren gehen.

Die Literatur zum W. differenziert zwischen explizitem und implizitem Wissen: Explizites Wissen ist allgemein zugänglich, kaum kontextgebunden und kann gut beschrieben werden. Es ist daher dazu geeignet, in Dokumenten niedergelegt (sog. Kodifikation) und übermittelt zu werden. Als implizites Wissen wird das Wissen bezeichnet, welches individuell und personengebunden, mit subjektiven Wahrnehmungen verbunden und schwer beschreibbar, damit auch schwerer übermittelbar ist. Eines der Hauptziele des W. ist, einerseits das implizite Wissen in explizites Wissen zu verwandeln. Dies geschieht z.B. durch Dokumenten- und Datenbankmanagement. Datenbanken sind Informationssysteme, die Mitarbeiter/innen vernetzen und Informationen zur Verfügung stellen. Andererseits soll explizites Wissen in implizites Wissen verwandelt werden, d.h. Mitarbeiter/innen sollen ihre Qualifikationen und Fähigkeiten weiterentwickeln und zum Nutzen der Organisation einsetzen (sog. »lernende Organisation«). Gegenwärtig werden in Theorie und Praxis des W. v.a. die Bewertung (z.B. mithilfe der → »Balanced Scorecard«, eines indikatorengestützten strategischen Managementsystems) und Messbarkeit von Wissen sowie die Standardisierung des W., z.B. mittels Normierung (DIN usw.), diskutiert. Noch wenig problematisiert wird die Frage, wie die systematische und strukturierte Speicherung und Übertragung von Wissen in Einklang mit Rechtsvorschriften zum Schutz z.B. von Betriebsgeheimnissen oder → Datenschutz zu bringen ist.

*Heike Hoffer*

**Witwen- und Witwerrenten** In der gesetzlichen → Rentenversicherung werden als Renten von Todes wegen (§§ 46 ff. SGB VI) u.a. W. u. W. gezahlt. Eine kleine W. u. W. (Versorgungssatz von 25%) erhält, wer nach dem Tod seines Ehepartners bzw. Eingetragenen Lebenspartners nicht wieder heiratet (→ Ehe) bzw. keine neue Eingetragene → Lebenspartnerschaft begründet. Voraussetzung ist, dass der versicherte Ehegatte oder Eingetragene Lebenspartner die allgemeine Wartezeit von fünf Jahren erfüllt hat (→ rentenrechtliche Zeiten). Die Zahlung dieser Rente ist auf zwei Jahre begrenzt. Wer außerdem ein eigenes oder ein Kind des Versicherten unter 18 Jahren erzieht oder bereits das 45. Lebensjahr vollendet hat oder erwerbsgemindert ist, erhält eine große W. u. W. (Versorgungssatz von 55%); die Altersgrenze wird seit 2012 stufenweise auf das 47. Lebensjahr angehoben (§ 242 a Abs. 5 SGB VI). Im »Sterbevierteljahr« werden sowohl die kleine als auch die große W. u. W. in Höhe der Versichertenrente gezahlt. Auf W. u. W. wird nach dem »Sterbevierteljahr« selbst erworbenes → Einkommen, das einen bestimmten Freibetrag überschreitet, zu 40% angerechnet.

Hat die Ehe nicht mindestens ein Jahr gedauert, geht der Gesetzgeber von der Annahme einer »Versorgungsehe« aus und schließt den Anspruch auf W. u. W. grundsätzlich aus. Die Annahme kann aber widerlegt werden, bspw. wenn der Tod durch einen Unfall eingetreten ist. Hat ein überlebender Ehegatte wieder geheiratet, kann er Anspruch auf W. u. W. haben, wenn die erneute Ehe aufgelöst oder für nichtig erklärt ist (sogenannte W. u. W. nach dem vorletzten Ehegatten/Lebenspartner, vgl. § 46 Abs. 3 SGB VI).

Im Zuge der → Rentenreform 2000/2001 wurde das Hinterbliebenenrecht in der gesetzlichen Rentenversicherung mit Wirkung zum 1.1.2002 neu geregelt, wobei die Neuregelung aber nicht gilt, wenn entweder der Ehegatte vor dem 1.1.2002 verstorben ist oder wenn mindestens ein Ehegatte vor dem 2.1.1962 geboren ist und die Ehe vor dem 1.1.2002 geschlossen wurde. Mit der Reform wurde etwa der Versorgungssatz für die große W. u. W. von 60 auf 55% gesenkt. Die Einkommensanrechnung wurde auf sämtliche Einkommensarten, also auch auf Vermögenseinkünfte, erweitert, wenn ein bestimmter monatlicher Freibetrag überschritten wird. Ausgenommen sind Einkünfte aus staatlich geförderter Zusatzvorsorge. Für die W. u. W. werden seit der Reform der Jahre 2000/2001 zusätzliche Entgeltpunkte für → Kindererziehungszeiten in der Rentenberechnung berücksichtigt.

Als Alternative zur W. u. W. hat der Gesetzgeber mit der Rentenreform 2000/2001 ein »Rentensplitting« eingeführt, das dem Versorgungsausgleich nachgebildet ist. Für das Splitting können sich Ehepaare entscheiden, wenn sie nach dem 31.12.2001 geheiratet haben, wenn die Ehe zu diesem Zeitpunkt bestand und wenn beide Ehepartner nach dem 1.1.1962 geboren sind.

Auch in anderen Versicherungs- und Versorgungssystemen werden Leistungen an Hinterbliebene gewährt (vgl. → Hinterbliebenenrenten).

Der Gleichheitsgrundsatz gebietet es, dass Hinterbliebenenrenten gleichermaßen an Witwen und Witwer gewährt werden. Frühere Regelungen (z.B. in der gesetzlichen Renten- und → Unfallversicherung), nach denen Witwer nur unter eingeschränkten Voraussetzungen erfasst waren, waren verfassungswidrig und wurden deshalb aufgehoben. Auch in der → betrieblichen Altersversorgung darf eine zugesagte Hinterbliebenenversorgung nicht auf männliche Arbeitnehmer beschränkt werden. Sagt ein Arbeitgeber eine Witwenrente zu, kann auch der Witwer ohne ausdrückliche Regelung in der Versorgungsordnung eine Betriebsrente verlangen.

*Sylvia Dünn*

**Wohlfahrtsmix** Verschiedene Komponenten von Wohlfahrt (monetäre Vorsorge für das Alter, Versorgung und Pflege junger und alter Menschen) sind zugleich öffentliche und private Aufgabe. Neben dem Staat (und den Kommunen) kommen dafür oft simultan Akteure am Markt, im gemeinschaftlichen Bereich, insbesondere der Familie, und schließlich des → Dritten Sektors, also verschiedene Formen der Assoziation im Bereich der → Zivilgesellschaft, in Frage. Grundsätzlich hat es diese Teilsysteme als Mit-Träger von Wohlfahrt, einen dementsprechenden »Pluralismus« und »W.« seit Beginn der Markt- und Industriegesellschaften gegeben. Der Grund für die erstmalige Prägung des Begriffs W. Anfang der 1990er-Jahre mag darin liegen, dass in Zeiten der → Privatisierung, der Grenzen des traditionellen → Wohlfahrtsstaates, einer aktiveren Bürgergesellschaft und der Sorge um und der Aufwertung von → Familie traditionell eingespielte Kooperationsmuster und Arbeitsteilungen fragwürdig geworden sind. In der Diskussion unter dem Signum W. lassen sich seitdem zwei verschiedene Dimensionen unterscheiden: (1) die der »mixed economy of welfare« und mit ihr die Ressourcen-Dimension. Bürger/innen benötigen oft einen Mix von Versorgungsangeboten aus verschiedenen Sektoren, und viele Dienste und Einrichtungen operieren selbst mit einem Ressourcenmix. Bspw. erhalten → Kindertageseinrichtungen in freier Trägerschaft (→ freie Träger) staatliche/kommunale → Zuwendungen, Entgelte von Nutzer/innen und ihren Familien (Markteinkommen) und einen direkten Beitrag von Bürger/innen und ihren Organisationen (z.B. durch Spenden, freiwillige Mitarbeit, soziale Unterstützungsnetzwerke); (2) die Dimension gemischter Formen der → »Governance« (des Regierens) und der »Steuerung«. Im Bereich der Altenpflege (→ Pflege) spielen z.B. gleichzeitig Staat (Gewährleistung [→ Gewährleistungspflicht], Rahmenbestimmungen), Markt (Anbieterwettbewerb), freie Träger (eigene Entscheidungen und Partizipation am Steuerungssystem, etwa im Rahmen einer → Pflegekonferenz), aber auch die Betroffenen und ihre Familien als »eigensinnige« Akteure eine Rolle; es geht hier um die Abstimmung der jeweiligen Aufgaben und Mitbestimmungsmöglichkeiten in einem solchen gemischten Entscheidungssystem.

Der Begriff des W. gewinnt jenseits der akademischen Diskussion in der Praxis von → Sozialpolitik und → Sozialer Arbeit in dem Maße Konturen, wie anerkannt wird, dass man Aufgaben (Design → sozialer Dienste, kooperative Formen Sozialer Arbeit) nicht ganz oder fast ausschließlich einem bestimmten System, dem Staat, dem Markt, der Familie oder Bürgerorganisationen anvertrauen sollte. Die Attraktivität des Begriffs mag aber auch damit zu tun haben, dass er einen Denk- und Praxiszugang – Problembearbeitungen durch Formen der Zusammenarbeit eines gemischten Kreises von Akteuren, die nicht zur Gänze von einer Seite und ihrer Logik dominiert werden –, nicht jedoch eine bestimmte Lösung bezeichnet. Es bleibt Raum für Kontroversen, z.B. hinsichtlich der Frage, wie viel Verantwortung und Eigenmächtigkeit für Staat, Markt, Organisationen der Bürgergesellschaft und die Familie denn jeweils veranschlagt sein soll. Das berührt Fragen von → sozialer Gerechtigkeit und von Demokratie. Im Rahmen des W.-Konzepts wird auch deshalb für grundsätzlich mehrdimensionale Antworten, bei denen nicht irgendeine Seite einfach ausgeklammert wird, plädiert, weil alle vier Teilsysteme unterschiedliche idealtypische Funktionsprinzipien, Schwächen und Stärken haben. Die Stärke des Staates (Prinzip: Hierarchie) besteht z.B. in seinen einzigartigen Möglichkeiten zum sozialen und materiellen Ausgleich; seine Schwäche darin, dass er oft den Belangen von nicht für Wahlen relevanten Minderheiten wenig Aufmerksamkeit schenkt. Der Markt (Prinzip: Profit und → Wettbewerb) kann schnell Investitionen anziehen, wo immer neue → Bedarfe auftreten – aber nur dann, wenn die Nachfrage auch »kaufkräftig« ist. Familien (Prinzip: persönliche Verpflichtung) können in einzigartiger Weise persönliche Zuwendung bieten, aber die Familiengemeinschaft kann sich auch als Zwangssystem erweisen. Organisationen im Dritten Sektor (Prinzip: freiwillige Kooperation) können besonders auf die Vielfalt von → Bedürfnissen und Orientierungen eingehen, aber sie sind als Träger von Diensten und Angeboten auch oft unstabil oder partikularistisch. Auch deshalb geht es also um den rechten Mix verschiedener Logiken und Beiträge von Teilsystemen, in der Hoffnung, dabei »synergetische« Effekte zu erzielen und die Nachteile der jeweiligen Teillogiken und -systeme auszugleichen.

In jüngster Zeit wird das Denken in Kategorien des Mix auch auf einzelne → Organisationen selbst angewandt: Insoweit sie als »hybride Organisationen« verschiedene Funktionsprinzipien und Ressourcen bündeln, können sie evtl. verschiedenen Ansprüchen besser gerecht, aber auch durch die Rivalität und Spannung solcher verschiedener Leitprinzipien destabilisiert werden (z.B. eine Schule, die zugleich staatlich garantiert, stärker autonom und unternehmerisch geführt werden und sich zur lokalen Bürgergesellschaft öffnen soll). Kontroversen in der Öffentlichkeit, aber auch in der Wissenschaft betreffen heute v.a. die Rolle des Dritten Sektors und der Bürgergesellschaft. Eine zentrale Herausforderung besteht darin, dass die leitenden Prinzipien der verschiedenen Bereiche nicht länger eingegrenzt und ausbalanciert sind, sondern dass sich v.a. die Maximen des marktwirtschaftlichen Teilsystems (Wettbewerb, ökonomische Erfolgskriterien) »entgrenzen« und in alle anderen Sphären ausgebreitet zu haben scheinen.

*Lit.* Evers, A.: Wohlfahrtsmix und soziale Dienste, in: Evers, A./Heinze, R. G./Olk, T. (Hrsg.): Handbuch Soziale Dienste. Wiesbaden: VS Verlag für Sozialwissenschaften. Wiesbaden 2011, S. 265–283;

Evers, A.: Das Konzept des Wohlfahrtsmix, oder: Bürgerschaftliches Engagement als Koproduktion, in: Klein, A. u.a. (Hrsg.): Jahrbuch Engagementpolitik 2015, Schwalbach/Ts. 2015, S. 21–27; Gilbert, N.: Welfare Pluralism and Social Policy, in: Midgley, J. (Hrsg.): The Handbook of Social Policy, Los Angeles 2009, S. 236–246; Klie, T./Ross, P. S.: Wie viel Bürger darf's denn sein?, in: Archiv für Wissenschaft und Praxis der sozialen Arbeit, 4/2005, S. 20–43.

*Adalbert Evers*

**Wohlfahrtspflege** → Freie Wohlfahrtspflege

**Wohlfahrtsstaat** Im W. wird umfassende → soziale Sicherheit der Bevölkerung durch staatliche Gesetze und Leistungen angestrebt. Dies unterscheidet ihn sowohl vom → Rechtsstaat ausschließlich liberaler Prägung als auch von zahlreichen Diktaturen. Der Begriff entstand als Reaktion auf die Verelendung großer Bevölkerungsteile in der zweiten Hälfte des 19. Jh. Soziale Notlagen konnten nicht mehr allein privaten, kirchlichen und anderen gesellschaftlichen Kräften überlassen werden, sondern wurden zu politischen Herausforderungen des bürgerlichen Staates (→ Sozialpolitik, → Geschichte der Sozialen Arbeit). Nach heutigem Verständnis umfasst der W. neben der Existenzsicherung i.e.S. auch soziale und kulturelle Wohlfahrt sowie → Bildung. Lange wurde der Begriff gleichbedeutend verwendet mit → Sozialstaat (entsprechend der einheitlichen engl. Bezeichnung »welfare state«). Er wird in letzter Zeit – ausschließlich in der deutschen Übersetzung – häufig abwertend verwendet, um eine übertriebene staatliche Umverteilung ohne hinreichende Verantwortung des Einzelnen und die Überlastung des staatlichen Gemeinwesens (»Versorgungsstaat«) zu kennzeichnen. Auch Diktaturen und totalitäre Staaten können grundsätzlich W. sein. Im sozialen Rechtsstaat wird versucht, Freiheit und soziale Absicherung gleichgeordnet miteinander zu verbinden. Unterschiedliche Ausprägungen des W. erschweren eine klare Definition, zumal durch diesen Begriff allein ein Staatswesen nicht beschrieben werden kann. In den Sozialwissenschaften wird zwischen unterschiedlichen Typen des W. unterschieden (z.B. liberale, konservative und sozialdemokratische Regime). Gelegentlich wird auch von rudimentären oder postsozialistischen W. gesprochen.

*Johannes Falterbaum*

**Wohlfahrtsverbände** → Freie Wohlfahrtspflege

**Wohnen im Alter** Der Wohnung und dem unmittelbaren Wohnumfeld kommen im → Alter zentrale Bedeutung zu. Bei zunehmender Immobilität und → Hilfebedürftigkeit wird der räumliche Aktionsradius immer mehr eingeschränkt, und die Wohnung wird zum Mittelpunkt des täglichen Lebens. Je nach Gestaltung der Wohnung und des Wohnumfeldes ermöglichen oder verhindern bzw. erschweren sie bei Hilfe- und Pflegebedarf eine selbstständige Lebensführung und → Teilhabe an der sozialen Gemeinschaft. Gleichzeitig stellen ältere Menschen sehr unterschiedliche Anforderungen an das W. i. A., sodass es nicht die eine Wohnform geben kann, die für alle älteren Menschen geeignet ist. Auch haben sich in den vergangenen Jahren die Ansprüche an das W. i. A. gewandelt: Die Mehrheit älterer Menschen will so lange wie möglich selbstständig in ihrer vertrauten Umgebung wohnen. Es gibt aber auch eine wachsende Gruppe von v.a. jüngeren Senior/innen, die durchaus bereit ist, im Alter umzuziehen, und noch einmal etwas Neues ausprobieren will. Ältere Menschen wollen auch bei Hilfe- und → Pflegebedürftigkeit möglichst ein selbstbestimmtes Leben führen. Das Heim als institutionalisierte Wohnform, die primär auf eine funktionelle → Pflege ausgerichtet ist, stößt heute auf eine erheblich geringere Akzeptanz als noch vor einigen Jahren. Angesichts der veränderten und unterschiedlichen Wünsche an das Leben und W. i. A. hat sich das Wohnangebot für ältere Menschen in den vergangenen 20 Jahren erheblich verändert. Die Wahlmöglichkeiten, im Alter »zu Hause« zu bleiben oder in eine der traditionellen Sonderwohnformen wie z.B. das Alten- oder Pflegeheim oder eine Altenwohnung umzuziehen, haben sich durch ein breites Spektrum an alternativen Wohnangeboten für Senior/innen wesentlich erweitert. Auch die Möglichkeiten, das eigene Zuhause altersgerecht zu gestalten und hier Hilfen zu erhalten, sind in den vergangenen Jahren verbessert worden. Das Spektrum der Wohnangebote für ältere Menschen lässt sich wie folgt systematisieren:

(1) So lange wie möglich zu Hause bleiben: barrierefreie bzw. angepasste Wohnungen (→ Barrierefreiheit), betreutes Wohnen im Bestand/Wohnen plus. Die meisten älteren Menschen wollen in ihrem vertrauten Wohnumfeld bleiben und ihre angestammte Wohnung so lange wie möglich erhalten. Die Hauptprobleme für die Gestaltung einer bedarfsgerechten Wohnsituation im Alter bestehen hier v.a. darin, Versorgungssicherheit, soziale Kontakte und Integration in die soziale Umwelt sowie eine selbstständigkeitsfördernde räumliche Gestaltung von

Wohnung und Wohnumfeld sicherzustellen. Ansatzpunkte für eine bedarfsgerechte Gestaltung der Wohnsituation für diesen Grundtyp werden in Maßnahmen zur Anpassung der Wohnungen und der räumlichen Umwelt i.V.m. Betreuungs- und Gemeinschaftsangeboten gesehen.

(2) Wohnsituation nach eigenen Vorstellungen verändern: Altenwohnungen, selbstorganisierte Wohn-/Haus-/Nachbarschaftsgemeinschaften, → Mehrgenerationenhäuser, Betreutes Wohnen/Service Wohnen. Hier steht häufig der Wunsch im Vordergrund, Mängel der »normalen« Wohnsituation bzgl. der räumlichen Wohnverhältnisse, der sozialen Kontakte und der Versorgungssicherheit durch einen Wohnungswechsel auszugleichen. Der Wohnungswechsel wird bewusst in einer Phase geplant, in der eine selbstständige Haushaltsführung weitgehend möglich ist. Wesentliche Motive für einen Umzug sind, Vorsorge zu treffen für Hilfe- und Pflegebedürftigkeit, aber auch bewusst und aktiv eine neue Lebensform zu suchen. Entsprechend sind Merkmale wie Selbstständigkeit, Individualität, Gemeinschaft und häufig die Vorhaltung von Dienstleistungsangeboten typisch für Wohnformen, die in dieser Entscheidungssituation favorisiert werden. Hauptprobleme und Unterschiede zwischen den Einrichtungen bestehen hinsichtlich der Gewährleistung der gewünschten Versorgungssicherheit bei Eintreten von Pflegebedürftigkeit, der Transparenz von Betreuungsleistungen und der Mitwirkung der Bewohner/innen bei der Organisation des Zusammenlebens und auch bei der Projektentwicklung.

(3) Wohnsituation verändern, weil es nicht mehr anders geht: Altenpflegeheime, Wohnstifte/Seniorenresidenzen, betreute Pflegewohn- und -hausgemeinschaften. Im Vordergrund steht die Notwendigkeit, die bisherige Wohnform zu verlassen, weil der selbstständige Haushalt nicht mehr bewältigt werden kann. Im Rahmen dieser Entscheidungssituation ist das Auswahlspektrum für Wohnalternativen deutlich eingeschränkt. Die zur Verfügung stehenden Wohnformen dieses Grundtyps sind darauf ausgerichtet, das fehlende Hilfsangebot zu sichern: Pflege, hauswirtschaftliche Versorgung und soziale Kontakte. Zudem wird eine barrierefreie Wohnumwelt bereitgestellt. Hauptproblem ist hier die Berücksichtigung der individuellen Fähigkeiten und Bedürfnisse der Bewohner/innen, die Erhaltung des möglichen Maßes von Selbstbestimmung und Alltagsnormalität. Neue Wohnformen für diese Entscheidungssituation versuchen deshalb gezielt, Institutionalisierungseffekte zu vermeiden.

(4) Quartiersbezogene Wohn- und Betreuungskonzepte: In der Praxis werden verschiedene dieser altersgerechten Wohnmöglichkeiten zu sogenannten integrierten Wohnkonzepten verbunden. Man versucht durch die Kombination mehrerer Bausteine, den unterschiedlichen Bedarfslagen im Alter gerecht zu werden. Eine Form der integrierten Konzepte sind die sogenannten Quartierskonzepte. Quartierskonzepte gestalten die Lebensbedingungen in den sozialen Nahräumen ganzheitlich so, dass ältere Menschen mit unterschiedlichen Unterstützungsbedarfen in ihrem vertrauten Wohnumfeld verbleiben können. Sie sind aber mehr als eine kleinräumige Kombination und Organisation bedarfsgerechter Wohn- und Versorgungsangebote. Im Zentrum stehen die Bedürfnisse der Bewohner/innen, man beteiligt sie und bezieht die örtlichen Ressourcen in die Quartiersgestaltung ein. Die → Partizipation der Betroffenen und die Vernetzung der örtlichen Akteure sind daher zentrale Strukturprinzipien von Quartiersansätzen. Für den Erfolg dieses Konzeptes ist eine Verknüpfung von baulichen, sozialen und unterstützenden Maßnahmen auf kleinräumiger Ebene erforderlich. Ebenso bedarf es eines »Kümmerers«, der das → Quartiersmanagement übernimmt.

*Ursula Kremer-Preiß*

**Wohnformen für Jugendliche** Wohngemeinschaften und Wohngruppen wollen eine überschaubare, weitgehend autonome und auf Selbstversorgung eingerichtete Lebensform für Jugendliche außerhalb von Einrichtungen der → Heimerziehung sein, die im Rahmen der → Kinder- und Jugendhilfe belegt werden. Entweder als eigenständige Einrichtung oder als ausgegliederter Bestandteil einer differenzierten Heimerziehung in Form von Außenwohngruppen sind sie zu einem festen Bestandteil einer qualifizierten Erziehungshilfe (→ Hilfe zur Erziehung [HzE]) geworden.

Die Idee eines autonomen Lebens- und Lernraums für Jugendliche außerhalb isolierter Anstalten ist entstanden im Rahmen der sog. »Heimkampagnen« Anfang der 1970er-Jahre. In Jugendwohnkollektiven sollten neue, auch politisch motivierte Lebens-, Lern- und Arbeitsformen für Studierende und Fürsorgezöglinge verwirklicht werden. Sowohl repressive Reaktionen von Polizei und Jugendbehörden als auch enorme interne Probleme v.a. im alltäglichen Zusammenleben haben die meisten dieser Jugendwohnkollektive bald wieder zerschlagen bzw. aufgelöst. Heute existieren kaum noch W. f. J., die sich bewusst als Jugendwohnkollektiv verstehen.

W. f. J. ermöglichen pädagogisch wertvolle Lern- und Erfahrungsräume, vermeiden die Isolation und → Stigmatisierung »klassischer« Anstaltserziehung und eröffnen vielen Mitarbeiter/innen befriedigendere Arbeitsbedingungen. Andererseits stellt das Leben und Arbeiten in W. f. J. aber auch erhöhte Anforderungen an die Selbstständigkeit, Konfliktfähigkeit und persönliche Reife der Jugendlichen ebenso wie an das Engagement und die Belastbarkeit der Mitarbeiter/innen. In den letzten Jahren sind W. f. J. mehrfach auch als Alternativen zur »geschlossenen Unterbringung« für besonders schwierige Jugendliche entstanden. Sie versuchen, durch intensive Beziehungsangebote in einem überschaubaren Lebensraum repressive Erziehung und Freiheitsbeschneidungen überflüssig zu machen. 2012 gab es 210 Einrichtungen des Jugendwohnens im Rahmen der → Jugendsozialarbeit sowie 1.072 andere betreute Wohnformen.

*Christian Schrapper*

**Wohngeld** wird auf → Antrag nach Maßgabe des Wohngeldgesetzes (WoGG) gewährt. Es wird »zur wirtschaftlichen Sicherung angemessenen und familiengerechten Wohnens als Mietzuschuss (→ Zuschuss) bei Mietwohnungen oder als Lastenzuschuss bei Eigenheimen und Eigentumswohnungen zu den Aufwendungen für den Wohnraum geleistet« (§ 1 Abs. 2 WoGG). Im Gegensatz zu den Regelungen der → Grundsicherung für Arbeitsuchende und der → Sozialhilfe zielt das W. daher nicht auf die Deckung des → Bedarfs an Aufwendungen für die Unterkunft ab (→ Unterkunft, Kosten der).

Das W. ist eine der Grundsicherung für Arbeitsuchende vorrangige Leistung, wenn die Hilfebedürftigkeit nach dem SGB II für alle Mitglieder der → Bedarfsgemeinschaft für mindestens drei Monate ausgeschlossen werden kann. Im Übrigen sind Empfänger von Leistungen zur Sicherung des Lebensunterhalts nach dem SGB II oder SGB XII von dem Bezug von W. ausgeschlossen (§ 7 WoGG).

Das WoGG gilt als besonderer Teil des → Sozialgesetzbuchs (SGB) (§ 68 Nr. 10 SGB I). Beim Vollzug des WoGG sind deshalb das SGB I und SGB X zu beachten. Gleichwohl unterliegen Rechtsstreitigkeiten zum W. nicht der → Sozialgerichtsbarkeit, sondern der → Verwaltungsgerichtsbarkeit.

*Antje Wrackmeyer-Schoene*

**Wohngemeinschaften für Drogenabhängige** entstanden mit dem Aufbau des Drogenhilfesystems (→ Drogenberatung) Anfang der 1970er-Jahre als Selbsthilfe-Lebensgemeinschaften (→ Selbsthilfegruppen) und als selbstverwaltete therapeutische Gemeinschaften. Im Laufe der Jahrzehnte entwickelten sich → Einrichtungen im Rahmen personenzentrierter Leistungen. Ziel ist die Entwicklung suchtmittelfreier Bewältigungsstrategien, die Befähigung zu einer selbstständigen, suchtmittelfreien Lebensführung und Persönlichkeitsentwicklung. Es sind unterschiedliche Konzeptionen und Standards in der Zuständigkeit unterschiedlicher → Sozialleistungsträger und mit unterschiedlicher Verweildauer entwickelt worden. Die Inhalte werden als freiwillige Leistungen der Länder oder als personenbezogene Leistungen nach den → Sozialgesetzbüchern (SGB) umgesetzt. Das können Nachsorge-Wohngemeinschaften nach abgeschlossener Entwöhnungsbehandlung auf der Grundlage des SGB VI (Gesetzliche → Rentenversicherung) oder sozialhilferechtliche Ansprüche (→ Sozialhilfe) suchtkranker Menschen (→ Sucht) als therapeutische Wohnform nach § 53 SGB XII mit Fachpersonal sein. Die Leistungen umfassen u.a. Hilfen zur selbstständigen Lebensführung, Befähigung zur Selbstversorgung und aktiven Tagesgestaltung, Unterstützung beim Aufbau persönlicher und sozialer Beziehungen, Hilfe bei der Regulierung von Schulden (→ Schuldnerberatung), Integration in eine Beschäftigung, Arbeit und/oder Ausbildung, Vermittlung in eigenen Wohnraum. Grundlage ist eine individuelle → Hilfeplanung, die gemeinsam mit dem/der Leistungsberechtigten erstellt wird.

*Heike Drees*

**Wohngemeinschaften/Wohngruppen für alte Menschen** → Wohnen im Alter

**Wohngemeinschaften/Wohngruppen für behinderte und psychisch kranke Menschen** → Betreutes Wohnen behinderter und psychisch kranker Menschen

**Wohngemeinschaften/Wohngruppen für Jugendliche** → Wohnformen für Jugendliche

**Wohnheim** → Betreutes Wohnen behinderter und psychisch kranker Menschen, → Wohnformen für Jugendliche

**Wohnraumanpassung** → Barrierefreiheit

**Wohnraumförderung** → Sozialer Wohnungsbau

**Wohnsitz** → Aufenthalt, → Residenzpflicht, → Wohnungslosigkeit/Wohnunglosenhilfe

**Wohn- und Betreuungsvertragsgesetz (WBVG)** Im Rahmen der Föderalismusreform wurde die Gesetzeskompetenz hinsichtlich des → Heimrechtes (Änderung des Art. 74 Abs. 1 Nr. 7 GG) auf die Länder übertragen (BGBl. I 2006 S. 2035). Strittig war zunächst die Frage, ob darunter auch das Heimvertragsrecht fällt, was bisher in den §§ 5 bis 9 des Heimgesetzes geregelt war. Letztendlich regelte der Bund, gestützt auf Art. 74 Abs. 1 Nr. 1 GG, durch das WBVG das «alte« Heimvertragsrecht neu bzw. modifizierte dieses (BGBl. I 2009 S. 2319). Das WBVG ist ein Verbraucherschutzgesetz. Es werden vom Gesetzgeber bewusst die Begrifflichkeiten Verbraucher (statt Bewohner/in) und Unternehmer (statt Einrichtungsbetreiber/in) gewählt (vgl. die Definitionen gemäß §§ 13 und 14 BGB).

Der Wohn- und Betreuungsvertrag stellt einen zivilrechtlichen (eigenständigen) → Vertrag dar, der im Wesentlichen sowohl mietvertragliche (Unterkunft), als auch dienstvertragliche Elemente (wie z.B. Betreuung) regelt. § 1 WBVG bestimmt den Rahmen, in dem das Gesetz zur Anwendung kommt. Er erfasst nicht nur die Heimverträge gemäß des früheren § 5 HeimG, sondern erweitert den Anwendungsbereich über die stationäre Versorgung hinaus auf neue Wohn- und Betreuungsformen. Anwendbar ist das WBVG auf die Konstellation, in denen ein Unternehmer sich zur Überlassung von Wohnraum und zur Erbringung von Pflege- oder Betreuungsleistungen verpflichtet, die der Bewältigung eines durch → Alter, → Pflegebedürftigkeit oder Behinderung bedingten Hilfebedarfs dienen. Das WBVG umfasst u.a. Vorschriften über vorvertragliche Informationspflichten, Vertragsinhalt, Entgelterhöhung und Kündigung. § 15 WBVG stellt darüber hinaus klar, das insbesondere bei Pflegeeinrichtungen sowie → Einrichtungen für → behinderte Menschen der zwischen Verbraucher und Unternehmer geschlossene Vertrag vom öffentlichen Recht überlagert wird (u.a. von den Rahmen- und Versorgungsverträgen sowie den Leistungsvereinbarungen nach dem SGB XI [§§ 72 ff.] sowie SGB XII [§§ 75 ff.]). Für die Durchsetzbarkeit der Rechte der Verbraucherinnen und Verbraucher (Bewohnerinnen und Bewohner) steht der Zivilrechtsweg offen. Weiterhin kommen auch für die Durchsetzung Klagen von Verbraucherschutzverbänden auf der Grundlage des Unterlassungsklagegesetz in Betracht. Des Weiteren, je nach landesrechtlicher Regelung, haben auch die »Heimaufsichtsbehörden« die Möglichkeit, die Rechte der Verbraucher auf dem Verwaltungsrechtsweg durchzusetzen (vgl. VGH Kassel, Urteil vom 8.8.2013 – 10 A 902/13 – und BVerwG, Beschluss vom 28.5.2014 – 8 B 71.13 – i.S. »Wäschekennzeichnung«; VGH Kassel, Beschluss vom 24.3.2015 – 10 A 272/14 – und BVerwG, Beschluss vom 27.8.2015 – 3 B 36.15 – i.S. »Begleitung zum Arzt«; a.A. VGH Mannheim, Urteil vom 9.7.2012 – 6 S 773/11).

*Karlheinz Börner*

**Wohnung** → Unterkunft, Kosten der

**Wohnung, behindertengerechte** → Barrierefreiheit

**Wohnungsbau, sozialer** → Sozialer Wohnungsbau

**Wohnungslosigkeit/Wohnungslosenhilfe**
Die Begriffspaare Obdachlosigkeit/Wohnungslosigkeit, Obdachlose/Wohnungslose und Obdachlosenhilfe/Wohnungslosenhilfe werden im allgemeinen Sprachgebrauch, in den Medien und der Politik oft synonym gebraucht. In der Fachdiskussion und der öffentlichen Verwaltung wird entsprechend der traditionellen Trennung von kommunal getragener Obdachlosenhilfe und frei-gemeinnützig getragener Wohnungslosenhilfe (→ freie Träger) hingegen nach wie vor zwischen Wohnungslosen und Obdachlosen unterschieden. Im Verwaltungshandeln bezieht sich der Begriff Obdachlose auf den Personenkreis, der nach Ordnungsrecht behördlich in kommunalen Obdächern bzw. Notunterkünften untergebracht werden muss. Es kann sich dabei um deutsche Staatsangehörige, Angehörige anderer EU-Staaten oder Personen aus Drittstaaten handeln. Asylbewerber (→ Asylberechtigte) bzw. → Flüchtlinge gelten dann als obdachlos, wenn sie im Anschluss an die Erstunterbringung (sechs Monate) noch keine Wohnung gefunden haben.

Für die Teilgruppe der »alleinstehenden Wohnungslosen« ist in der Verwaltungspraxis und manchen Gesetzen und Verordnungen noch immer der Begriff »Nichtsesshafte« gebräuchlich, der von der Fachwelt wegen seines stigmatisierenden (→ Stigmatisierung) und einseitig auf die regionale Mobilität eines Teils dieser Gruppe abhebenden Begriffsbildung seit Anfang der 1990er-Jahre nicht mehr verwandt wird.

Auch um das unklare Nebeneinander der Begriffe Obdachlose und Wohnungslose zu beenden, ist seit 1987 der Begriff *Wohnungsnotfälle* gebräuchlich, der als Klammer für beide Gruppen verwandt wird: »Wohnungsnotfälle [sind] Haushalte und Personen mit einem Wohnungsbedarf von hoher Dringlichkeit, die aufgrund besonderer Zugangsprobleme (finanzieller und/oder nicht-finanzieller Art) zum Wohnungsmarkt der besonderen institutionellen Unterstützung zur Erlangung und zum

Erhalt von angemessenem Wohnraum bedürfen« (Forschungsverbund 2005, 8). Auf europäischer Ebene gibt es seit 2005 eine vergleichbare Definition der Wohnungslosigkeit im Kontext von Wohnungsnotfällen (»European Typology of Homelessness and Housing Exclusion"– ETHOS; www.feantsa.org).

Wohnungsnotfälle werden in fünf Untergruppen unterschieden: (1) Wohnungslose: aktuell von Wohnungslosigkeit betroffen, d.h. ohne eigene mietrechtlich abgesicherte Wohnung (oder Wohneigentum); (2) unmittelbar von Wohnungslosigkeit bedroht: der Verlust der derzeitigen Wohnung steht unmittelbar bevor wegen Kündigung von Vermieterseite, einer Räumungsklage (auch mit nicht vollstrecktem Räumungstitel), einer Zwangsräumung oder sonstigen Gründen; (3) in unzumutbaren Wohnverhältnissen lebend: eine Wohnung ist vorhanden, sie ist aber in verschiedenen Dimensionen unzureichend (bauliche Qualität, Größe, Ausstattung etc.); (4) ehemals von Wohnungslosigkeit betroffen oder bedroht: frühere Angehörige der ersten und zweiten Untergruppe, die mit Wohnungen versorgt wurden und zur Prävention eines erneuten Wohnungsverlusts noch auf Unterstützung angewiesen sind; (5) als Zuwanderinnen und Zuwanderer in gesonderten Unterkünften von Wohnungslosigkeit aktuell betroffen, mit (Spät-)Aussiedlerstatus in speziellen Übergangsunterkünften oder als Flüchtlinge mit Aufenthaltsstatus von länger als einem Jahr von Wohnungslosigkeit betroffen und in speziellen Übergangsunterkünften untergebracht.

Mit der Wohnungsnotfalldefinition wird eher ein Kontinuum verwandter → Lebenslagen in → Armut und Unterversorgung erfasst als völlig verschiedene → soziale Probleme. Die Gruppe der Menschen, die aktuell von Wohnungslosigkeit betroffen und nicht institutionell untergebracht ist, kann sich durch extreme Armutslagen in mehreren Lebensbereichen auszeichnen: Hier können sich Sucht- und Drogenprobleme, Langzeitwohnungs- und -arbeitslosigkeit, berufliche und schulische Unterqualifikation, → chronische Krankheiten und soziale Isolation zu einem schwer auflösbaren Bündel verbinden. Die auf der Straße sichtbare Obdachlosigkeit wird in der Öffentlichkeit oft fälschlicherweise für die einzig vorhandene Form der Wohnungslosigkeit gehalten. Damit wird die breiter verwurzelte Problematik auf die Spitze des Eisbergs reduziert. Zudem sind die Erscheinungsformen der Wohnungslosigkeit in den modernen westlichen Gesellschaften – so wie Armut generell – oft verdeckt, d.h. entweder nicht öffentlich sichtbar oder sie werden von den Betroffenen verheimlicht.

Für die von Wohnungslosigkeit bedrohten und aktuell betroffenen Menschen fehlt in Deutschland eine gesetzliche Wohnungslosen- bzw. Wohnungsnotfallstatistik, die die Fachwelt seit mehr als 30 Jahren von der Bundesregierung fordert. Nur im Bundesland Nordrhein-Westfalen gibt es eine regelmäßige öffentliche Erhebung der Wohnungslosenzahlen. Nach Schätzungen der → Bundesarbeitsgemeinschaft Wohnungslosenhilfe e.V. (BAG W) waren 2014 ca. 335.000 Menschen in Deutschland ohne Wohnung – das entspricht einem Anstieg seit 2012 um ca. 18%. Die BAG W prognostiziert von 2015 bis 2018 einen weiteren Zuwachs um 200.000 auf dann 536.000 wohnungslose Menschen. Das entspräche einer Steigerung um ca. 60%. 2014 waren nach Angaben der BAG W ca. 172.000 Haushalte vom Verlust ihrer Wohnung unmittelbar bedroht, 2012 waren es noch 144.000 (www.bagw.de/de/themen/zahl_der_wohnungslosen).

Mehrere Faktoren sind maßgeblich für den dramatischen Anstieg der Wohnungslosenzahlen: Dazu gehört das unzureichende Angebot an preiswertem Wohnraum in Verbindung mit dem ständig schrumpfenden sozialen Wohnungsbestand, dem nicht durch Neubau und soziale Wohnungspolitik gegengesteuert wurde. Seit 2002 gibt es eine Million Sozialwohnungen weniger. Es fehlen mindestens 2,7 Mio. Kleinwohnungen. Dieser Wohnungsmangel hat zu einem extremen Anstieg der Mietpreise vor allem in den Ballungsgebieten geführt. Der besonders großen Nachfragegruppe der Einpersonenhaushalte (16,4 Mio. Menschen) steht ein Angebot von lediglich 13,6 Mio. Ein- bis Dreizimmerwohnungen gegenüber. Die → Armut der unteren Einkommensgruppen hat sich verfestigt u.a. durch die Ausweitung des Niedriglohnsektors und der atypischen Beschäftigung (→ geringfügige Beschäftigung) sowie durch die unzureichende Höhe des → Regelsatzes.

Es gibt kein einheitliches, auf alle fünf Untergruppen der Wohnungsnotfälle bezogenes Hilfesystem; historisch hat sich für die Zielgruppe der alleinstehenden Wohnungslosen aus der traditionellen Nichtsesshaftenhilfe als Teil der → Gefährdetenhilfe die Wohnungslosenhilfe entwickelt. Während die Notversorgung für diese Gruppe durch Übernachtungsunterkünfte in kommunaler Trägerschaft auf der Grundlage des Ordnungsrechts (Obdachlosigkeit als »Störung der öffentlichen Ordnung«) erfolgt, werden die sozialen Hilfen nach dem Sozialgesetzbuch in ambulanter (Beratungsstellen, Tagesaufenthalte, → Betreutes Wohnen), teilstationärer und stationärer Form in vielfältigen organisatorischen Erscheinungsformen organisiert. Trotz des überwiegend noch geringen Integrationsgrades der Hilfen für die Untergruppen setzt sich zunehmend der Begriff »Hilfe in Wohnungsnotfällen« oder »Wohnungsnotfallhilfe« als Oberbegriff durch.

Für die Zielgruppe der wohnungslosen → Familien wurden früher i.d.R. Schlichtunterkünfte nach Ordnungsrecht zur Verfügung gestellt, die aber im Zuge der Beseitigung »sozialer Brennpunkte« zunehmend in Normalwohnraum umgewandelt werden. In vielen Kommunen ist man dazu übergegangen, Familien sofort wieder mit Wohnraum zu versorgen, falls sich die bisherige Wohnung nicht erhalten lässt. Dieser Ansatz wird für alleinstehende Haushalte bisher kaum verfolgt. Für diese Zielgruppe sind aufsuchende Hilfen notwendig.

Die Rechtsgrundlagen für die sozialen Hilfen für wohnungslose Menschen finden sich in den §§ 67–69 (→ Hilfe zur Überwindung besonderer sozialer Schwierigkeiten) SGB XII (→ Sozialhilfe) sowie für die erwerbstätigen/erwerbsfähigen Wohnungslosen (→ Erwerbsfähigkeit) in den einschlägigen Bestimmungen des SGB II (→ Grundsicherung für Arbeitsuchende). Die Hilfe nach §§ 67–69 SGB XII ist auf die Überwindung der mit der besonderen Lebenslage verbundenen sozialen Schwierigkeiten ausgerichtet. Auch erwerbsfähige → Leistungsberechtigte nach dem SGB II haben ergänzend einen → Rechtsanspruch auf diese Leistungen. Leistungsberechtigten nach § 67 SGB XII sind Leistungen zur Überwindung dieser Schwierigkeiten zu erbringen, wenn sie aus eigener Kraft hierzu nicht fähig sind. Nach § 68 SGB XII umfassen die Leistungen »alle Maßnahmen, die notwendig sind, um die Schwierigkeiten abzuwenden, zu beseitigen, zu mildern oder ihre Verschlimmerung zu verhüten, insbesondere Beratung und persönliche Betreuung für die Leistungsberechtigten und ihre Angehörigen, Hilfen zur Ausbildung, Erlangung und Sicherung eines Arbeitsplatzes sowie Maßnahmen bei der Erhaltung und Beschaffung einer Wohnung. Zur Durchführung der erforderlichen Maßnahmen ist in geeigneten Fällen ein Gesamtplan zu erstellen.« Abweichend von sonstigen Einkommensregelungen im SGB XII ist die Hilfe ohne Rücksicht auf → Einkommen und → Vermögen zu erbringen; ein Rückgriff auf Unterhaltsansprüche (→ Unterhaltspflicht) ist zu unterlassen, soweit dies den Erfolg der Hilfe gefährden würde. Die zum 1.1.2001 erlassene Durchführungsverordnung hat die bis dahin geltende Unterscheidung zwischen »Nichtsesshaften« und »Personen ohne ausreichende Unterkunft« (Obdachlose) aufgegeben. Stattdessen ist von dem Personenkreis ohne oder ohne ausreichende Wohnung die Rede. Diese Neudefinition ist leider bisher noch nicht vollständig in den Ausführungsgesetzen der Länder nachvollzogen worden. In SGB II und SGB XII finden sich auch Regelungen zur Mietschuldenübernahme, die zur Verhinderung von Wohnungsverlusten durch Fachstellen das wichtigste Instrument darstellt.

Zentral für die Wohnungslosenhilfe sind die Hilfen zur Vermittlung in den Wohnungsmarkt (Wohnhilfen), in den → Arbeitsmarkt (Arbeitshilfen), Hilfen zur Erlangung von Transfereinkommen (Einkommenshilfen) und Hilfen zur medizinischen Versorgung (Gesundheitshilfen). Die Sozial- und Arbeitsmarktreformgesetze ab 2005 haben für die Wohnungslosenhilfe zahlreiche Veränderungen gebracht, die die Zugangschancen wohnungsloser Menschen zum Arbeitsmarkt eher verschlechtert haben. Ca. 80% der aktuell Wohnungslosen sind erwerbsfähig und müssen neben dem → Sozialamt auch beim → Jobcenter (→ Träger der Grundsicherung) um Hilfe nachsuchen. Damit wurden die ohnehin schon zersplitterten Zuständigkeiten für diese Zielgruppe weiter zergliedert.

Die Wohnungslosenhilfe hat sich in den letzten Jahrzehnten zunehmend nach Zielgruppen und besonderen Lebenslagen differenziert und spezialisiert. Besondere Angebote gibt es für suchtkranke, → psychisch kranke oder → behinderte, alte und junge Menschen. Für die Wohnungslosen auf der Straße wurden in einigen Orten spezielle medizinische Versorgungsstrukturen aufgebaut. Für wohnungslose Frauen wird zunehmend ein frauenspezifisches Hilfesystem aufgebaut, da die traditionellen Hilfen zu stark auf wohnungslose Männer ausgerichtet waren und sind. Für Menschen, die unmittelbar von Wohnungsverlust bedroht sind, wurden seit 1990 verstärkt sog. → Zentrale Fachstellen zur Verhinderung von Wohnungsverlusten aufgebaut. Sie helfen durch Übernahme von Mietschulden, Intervention bei Zwangsräumungen und Vermittlung in Ersatzwohnraum. Im ländlichen Raum, insbesondere auch im Osten Deutschlands, ist das Hilfesystem bisher noch zu schwach ausgebaut.

Die sozialraumorientierte Wohnungslosenhilfe (→ Sozialraumorientierung) steckt noch in den Kinderschuhen. Erst ansatzweise sind Stadtteilläden oder Tagesaufenthalte für Wohnungslose auf die Sozialarbeit im sozialen Umfeld bzw. im Stadtteil ausgerichtet (→ Gemeinwesenarbeit).

*Lit.* Albrecht, G./Specht, T./Goergen, G./Großkopf, H.: Lebensläufe. Von der Armut zur „Nichtseßhaftigkeit“ oder wie man „Nichtseßhafte“ macht, Bielefeld

1990; Bundesarbeitsgemeinschaft Wohnungslosenhilfe: Wo + Wie. Verzeichnis der sozialen Dienste und Einrichtungen für wohnungslose Personen 2015/2016, Berlin 2015; Busch-Geertsema, V.: Beispielhafte Maßnahmen zur Bekämpfung der Wohnungslosigkeit in anderen Ländern der Europäischen Union, NDV 2001, S. 373–378; Forschungsverbund Wohnungslosigkeit und Hilfen in Wohnungsnotfällen (Hrsg.): Gesamtbericht, Darmstadt 2005.

*Thomas Specht*

**Wohnungsnotfälle** → Wohnungslosigkeit/ Wohnunglosenhilfe

**Wohnungspolitik** bezeichnet die Gesamtheit der Maßnahmen, mit denen Bund, Länder und Gemeinden die Wohnraumversorgung beeinflussen. Obwohl grundsätzlich dem Markt überlassen, wirkt eine Vielzahl staatlicher Eingriffe auf die Wohnungsversorgung ein. An erster Stelle ist die soziale Absicherung des Wohnens zu nennen. Weitere Aufgabenbereiche sind die Baulandbereitstellung, die Bauleitplanung, das Mietrecht, die Besteuerung, die städtebauliche Erneuerung und der Klimaschutz.

Die Wohnungsmarktlage ist momentan durch Zuwanderungen, Wohnungsdefizite und Mietsteigerungen in wachstumsstarken Gebieten sowie durch Abwanderungen und Leerstände in vielen ländlichen und altindustriellen Regionen gekennzeichnet. In innenstadtnahen Quartieren florierender Städte führt dies oftmals zur Verdrängung einkommensschwächerer Haushalte. Verschärft wird die Situation durch die starke Zuwanderung von → Flüchtlingen.

Das Mietrecht reguliert die vertraglichen Beziehungen zwischen Vermieter/innen und Mieter/innen. Zum Schutz der Wohnung als Lebensmittelpunkt ist die Vertragsfreiheit eingeschränkt (→ Mieterschutz). Vertragstreuen Mieter/innen darf nur bei einem berechtigten Interesse des Eigentümers gekündigt werden. Um eine Aushebelung des Kündigungsschutzes durch Mieterhöhungen zu verhindern, wird er durch das Mietpreisrecht flankiert. Danach sind Mieterhöhungen in bestehenden Mietverhältnissen auf die ortsübliche Vergleichsmiete beschränkt, wenn keine anderslautenden Vereinbarungen getroffen werden. Dies schützt die Mieter/innen vor überhöhten Mietforderungen, erlaubt der Vermieterseite aber auch eine Anpassung der Miete an das marktübliche Niveau. 2015 wurde die Mietpreisbremse mit dem Ziel eingeführt, eine Verdrängung der angestammten Wohnbevölkerung in den prosperierenden Städten zu verhindern. Diese begrenzt auf angespannten Märkten die zulässige Miete bei Wiedervermietungen auf die ortsübliche Miete zuzüglich 10%. Ausgenommen sind neu gebaute oder umfassend modernisierte Wohnungen.

Das Steuerrecht soll verhindern, dass Wohneigentum gegenüber anderen Anlageformen diskriminiert wird. Tatsächlich wurde es immer wieder zur Förderung des Wohnungsbaus eingesetzt. Angesichts der aktuellen Engpässe wird über eine Wiedereinführung der Ende 2005 abgeschafften degressiven Abschreibung für neu gebaute Wohnungen diskutiert. Diese begünstigt zwar in erster Linie die Bewohner/innen der Neubauwohnungen, über die Sickereffekte können aber auch einkommensschwächere Haushalte profitieren. Bestehende Mietwohnungen werden einerseits durch die Steuerfreiheit der Veräußerungsgewinne, soweit sie außerhalb der Spekulationsfrist von zehn Jahren anfallen, und andererseits dadurch begünstigt, dass viele Modernisierungen als Erhaltungsaufwand gelten, der nicht abgeschrieben werden muss, sondern sofort abgesetzt werden kann. Dies hat zu den guten Wohnungsqualitäten im Bestand beigetragen, kann aber auch die Abnahme des Bestands an preisgünstigen Altbauwohnungen beschleunigt haben. Selbstgenutztes Wohneigentum wird als Konsumgut behandelt und kann als mögliche Anlageform in die Förderung der → privaten Altersvorsorge (Riester-Rente) einbezogen werden.

Die soziale Absicherung des Wohnens erfolgt über angebots- und nachfrageseitig wirkende Instrumente. Ein zielgruppenspezifisches Wohnungsangebot kann über den → sozialen Wohnungsbau oder über öffentliche Wohnungsunternehmen bereitgestellt werden. Während die Bindungen der Sozialwohnungen nur zeitlich befristet gelten, stehen die Wohnungen öffentlicher Unternehmen den Zielgruppen unbefristet zur Verfügung.

Die wohnungsbezogene Zahlungsfähigkeit wird über zwei Leistungssysteme gestärkt: die Mindestsicherung und das → Wohngeld. Zur Mindestsicherung gehören u.a. die → Grundsicherung für Arbeitssuchende und die → Grundsicherung im Alter und bei Erwerbsminderung. Während die Mindestsicherung das verfassungsrechtlich garantierte → Existenzminimum gewährleisten soll, das neben dem → Bedarf für → Unterkunft und → Heizung auch den → Regelbedarf und → Mehrbedarfe einschließt, bietet das Wohngeld nur einen Zuschuss zu den Unterkunftskosten und ist somit an etwas besser gestellte Haushalte gerichtet. Die Mindestsicherung bietet wenig Anreize zur Einsparung von Unterkunfts- und Heizkosten. Da die Dualität aus Mindestsicherung und Wohngeld mit hohem Verwaltungsaufwand verbunden ist, wird verschiedentlich die Zusammenführung beider Leistungen gefordert.

Ob sich die Wohnungsversorgung einkommensschwacher Haushalte über das Wohngeld oder den sozialen Wohnungsbau effizienter verbessern lässt, ist nicht abschließend entschieden. Für das Wohngeld sprechen der → Rechtsanspruch, die gute Anpassung an das → Einkommen und die freie Wohnungswahl. Die Befürworter der Angebotsförderung weisen darauf hin, dass schnelle Angebotsausweitungen in Knappheitssituationen über eine Wohngelderhöhung nicht zu erreichen sind und dass nur ein Teil des Wohngelds in den Wohnkonsum fließt.

Bei der Stadterneuerung sind seit den 1990er-Jahren Stadtteile in den Fokus gerückt, die nicht nur bauliche Defizite aufweisen, sondern auch hinsichtlich ihrer → Sozialstruktur benachteiligt sind. Die Gemeinschaftsinitiative → »Soziale Stadt« hat sich zum Ziel gesetzt, stabile Sozialstrukturen zu schaffen, das Zusammenleben zu fördern und die Lebenschancen der Bewohner durch Beschäftigung, Bildung und Gesundheitsförderung zu verbessern.

Um die Klimaschutzziele zu erreichen, zu denen sich Deutschland verpflichtet hat, soll der Gebäudebestand bis 2050 nahezu klimaneutral werden. Dies soll über die energetische Modernisierung der Gebäudehülle und den gleichzeitigen Ausbau erneuerbarer Energien für die Raumwärme und die Wassererwärmung erreicht werden.

*Lit.* Kirchner, J.: Wohnungsversorgung für unterstützungsbedürftige Haushalte. Deutsche Wohnungspolitik im europäischen Vergleich, Wiesbaden 2006; Kirchner, J./Cischinsky, H.: Wohneigentum und Sozialstaat, in: Voigtländer, M./Depenheuer, O. (Hrsg.): Wohneigentum. Herausforderungen und Perspektiven, Heidelberg u.a. 2014, S. 157–189; Kirchner, J./Cischinsky, H./Rodenfels, M.: Transferleistungen zur Sicherung angemessenen Wohnens, Zeitschrift für Sozialreform 60/4 (2014), S. 379–412.

*Joachim Kirchner*

**Wohnungssicherung** unterstützt Personen bei der Erlangung und beim Erhalt von Wohnraum. W. i.w.S. dient der Sicherung der Wohnraumversorgung von einkommensschwachen Bevölkerungsgruppen (»soziale W.«). Sie umfasst als Subjektförderung das → Wohngeld sowie die Übernahme der Kosten der Unterkunft (→ Unterkunft, Kosten der). Das Mietrecht und das Steuerrecht setzen Rahmenbedingungen, indem sie den → Mieterschutz sicherstellen bzw. Anreize für Investitionen setzen (→ Wohnungspolitik).

W. i.e.S. ist darauf gerichtet, drohende Wohnungsverluste frühzeitig zu erkennen und durch → vorbeugende Hilfe zu vermeiden. Das wichtigste Instrument bildet die Übernahme von Mietschulden, die erfolgen soll, wenn die Betroffenen zu ihrer Begleichung nicht in der Lage sind und sonst → Wohnungslosigkeit einzutreten droht (§ 22 Abs. 8 SGB II, § 36 Abs. 1 SGB XII). Die W. erfordert eine intensive → Beratung. Nicht angemessener Wohnraum kann nur erhalten werden, wenn kein angemessener Wohnraum verfügbar und anmietbar ist. Besteht ein weiterer Kündigungsgrund oder gab es bereits eine Kündigung aus demselben Grund innerhalb der letzten zwei Jahre, ist die Zustimmung des/der Vermieter/in zur Sicherung des Mietverhältnisses erforderlich. Oft liegt eine Überschuldung vor (→ Schuldnerberatung). Entscheidend für den Erfolg der W. sind ein schneller Informationsfluss sowie eine → Koordination der verschiedenen Leistungsgesetze und Leistungsträger. Hierfür ist die → Zentrale Fachstelle das erste Mittel der Wahl.

*Andreas Krampe*

**Workfare** ist ein Neologismus, der aus einer Zusammenziehung der engl. Begriffe »welfare« und »work« gebildet ist. Er kam in den 1960er-Jahren in den USA auf und wurde als Konzept zum ersten Mal mit der Welfare-Reform der Clinton-Administration 1996 umfassend umgesetzt. Das sozial- und arbeitsmarktpolitische Prinzip »from welfare to work« lässt sich am besten übersetzen mit »Arbeit statt Sozialhilfe«. Kern einer W.-zentrierten → Sozialpolitik ist die Bindung der Anspruchsberechtigung für → Sozialleistungen an Gegenleistungen der hilfebedürftigen Person.

Gegenleistungen bestehen in Form von »Arbeit im weitesten Sinne«: Teilnahme an Aus- und Weiterbildungsprogrammen, die Annahme einer auf dem Arbeitsmarkt angebotenen Stelle, sozial nützliche Tätigkeit, Bewerbungsaktivitäten. Das gesamte Spektrum der Beschäftigungs- und → Arbeitsförderung, von Aktivierung bis Erwerbsintegration, kann je nach individuellem Fall als Zwangsangebot eingesetzt werden. W. ist in Deutschland mit »Hartz IV« in das System der sozialen Sicherung aufgenommen worden (→ Grundsicherung für Arbeitsuchende – SGB II). Unter der Leitidee »Fördern und Fordern« war es Hauptziel des SGB II, die Hilfebedürftigkeit durch Erwerbsintegration zu vermeiden, zu verringern und zu beenden. Aufgrund einer Entscheidung des → Bundesverfassungsgerichts wurde die Sicherung eines soziokulturellen → Existenzminimums als vorrangiges Ziel in das SGB II aufgenommen. Beide Ziele stehen nebeneinander.

Ökonomen haben das Konzept und Modellrechnungen für W. ausgearbeitet. In Deutschland ist das Institut Zukunft der Arbeit – IZA Promotor eines W. im deutschen Sozialsystem. W. kombiniert eine Leistungsvorschrift mit Anreizwirkungen und leitet daraus Folgewirkungen ab. Wird die Bereitschaft zur Annahme von Stellenangeboten und zur Ausübung von W.-Jobs (in Deutschland: sog. Ein-Euro-Jobs) zur Bedingung für den Bezug von → Arbeitslosengeld II, so werden einfach und gering bezahlte Tätigkeiten im regulären → Arbeitsmarkt auch ohne ergänzende Kombilöhne wieder attraktiv und die Belastung des sozialen Sicherungssystems geht merklich zurück. Erwerbsfähige → Leistungsberechtigte werden bereit sein, jede Tätigkeit im freien Markt anzunehmen, die bei gleichem Zeiteinsatz besser entlohnt ist als Ein-Euro-Jobs und im Gegensatz zu diesen auch Wiedereingliederungs- und Entwicklungsperspektiven bietet. Das W.-Prinzip stellt das Niveau der → Grundsicherung nicht in Frage, sondern senkt den Anspruchslohn auf dieses Niveau. Soziale Leistungen werden auf die »tatsächlich Bedürftigen« konzentriert. Die Arbeits- und Gegenleistungspflicht setze positive Signale für die Betroffenen – dieses Postulat ergänzt das W.konzept, ist aber nicht spezifisch für W., sondern Teil der allgemein geltenden Erwerbsarbeitsideologie. Ein willkommener Nebeneffekt sei es, dass den Hilfeempfänger/innen durch die Verpflichtung auf sozial nützliche Tätigkeiten die Möglichkeit zur Schwarzarbeit genommen werde. W. setzt auf stummen Zwang und individuelle Nutzenkalküle. »Moderne Dienstleistungen am Arbeitsmarkt« erübrigen sich, wenn beides so funktioniert wie erwartet, sind bestenfalls zweitrangig. Eine »bedingungslose Grundsicherung« gibt es in Deutschland nicht (und hat es nie gegeben), wie Befürworter von W. behaupten. Zu klären wäre, worin sich W. im SGB II vom W. der Ökonomen unterscheidet.

*Andreas Kuhn*

**Work-Life-Balance** erweitert die Frage nach der → Vereinbarkeit von Familien- und Erwerbsleben auf das Thema, wie eine Balance von Arbeit und Leben gelingen kann. Veränderungen in der Arbeitswelt, Umbrüche in den Geschlechterrollen und neue Anforderungen aufgrund der → demografischen Entwicklung erfordern eine neue Balance zwischen den verschiedenen Bereichen von Erwerbsarbeit, → Familie, Freizeit und → Zivilgesellschaft.

Die Debatte um W. wird aus verschiedenen Perspektiven geführt: Die frauen- und geschlechterpolitischer Sicht fokussiert darauf, dass die zunehmende Integration der Frauen in Bildungssystem und Erwerbsarbeit sowie ihr Anspruch auf ein »Stück eigenes Leben« eine neue innerfamiliäre Arbeitsteilung sowie einen Ausbau der öffentlichen → Kindertagesbetreuung erfordern. Die familienpolitische Debatte (→ Familienpolitik) hebt die Veränderungen in den familialen Lebensformen und daraus resultierende neue Anforderungen an die Organisation von Fürsorge (→ Care) hervor. Das traditionelle westdeutsche Familienmodell der Ernährer-Hausfrau-Familie mit den damit verbundenen Geschlechterrollen entspricht nicht mehr der gesellschaftlichen Realität. Die Verdichtung der Anforderungen in der mittleren Lebensphase, sich beruflich zu etablieren, eine Familie zu gründen und eventuell noch Familienangehörige zu pflegen, setzt die Einzelnen stark unter Druck. Diese Aufgaben erfordern nicht nur eine neue Zeitbalance in der alltäglichen Lebensführung, sondern auch neue Modelle für W. im gesamten Lebenslauf. Aus volkswirtschaftlicher und unternehmenspolitischer Sicht wird W. als ein Thema der → Personalentwicklung gesehen, bei dem es um lebenslanges → Lernen, altersgerechte Arbeitsplatzgestaltung und Gesundheitsvorsorge geht. W.-Maßnahmen wie familienfreundliche Arbeitszeiten, besondere Serviceleistungen für die Beschäftigten und gezielte Weiterbildungsangebote sollen dazu beitragen, dass sich die Mitarbeiter/innen mit dem Unternehmen identifizieren und gelten als Wettbewerbsvorteil des jeweiligen Unternehmens.

Lange Zeit war die Debatte auf die Vereinbarkeit von Beruf und Kinderbetreuung orientiert. Angesichts der Zunahme pflegebedürftiger Menschen rücken Fragen nach der Vereinbarkeit von Beruf und Anforderungen zur Pflege naher Angehöriger in den Fokus der Aufmerksamkeit. Dem hat der Gesetzgeber mit dem 2015 in Kraft getretenen Familienpflegezeitgesetz (→ Familienpflegezeit) Rechnung getragen. Die derzeitige W.-Debatte vernachlässigt die Perspektive der Kinder und deren Zeit- und Beziehungsbedürfnisse. Die Orientierung auf geschlechter-, familien- und unternehmenspolitische Zielsetzungen blendet aus, wie die Betreuungssituation aus der Sicht der Kinder gestaltet sein müsste und wie Erwachsene das strukturelle Dilemma unterschiedlicher Handlungslogiken in der Erwerbsarbeit und im Zusammenleben mit Kindern bewältigen können. Des Weiteren bleiben in der Debatte die Auswirkungen auf die Zivilgesellschaft unterbelichtet. Verlängerte Arbeitszeiten und steigende Arbeitsanforderungen begrenzen die Zeiten für → bürgerschaftliches Engagement. Aus einer zivilgesellschaftlichen Perspektive muss deshalb überlegt werden, wie Beteiligungs- und Mitwirkungsansprüche der Bürger/innen in das W.-Konzept integriert werden können und wie neue Organisationsmodelle dafür aussehen müssten.

*Gisela Jakob*

**Wunsch- und Wahlrecht des/der Hilfeempfänger/in** findet seinen gesetzlichen Niederschlag in § 33 S. 2 SGB I der Gemeinsamen Vorschriften zum → Sozialgesetzbuch und weiter ausdifferenziert in § 9 Abs. 2 SGB XII (→ Sozialhilfe), § 5 SGB VIII (→ Kinder- und Jugendhilfe), § 2 Abs. 2 SGB XI (Soziale → Pflegeversicherung) und § 9 SGB IX (→ Rehabilitation und Teilhabe behinderter Menschen). Das W. u. W. ist ein wesentlicher Eckpfeiler im sozialrechtlichen → Dreiecksverhältnis zwischen Kostenträger, Leistungserbringer und Hilfeempfänger/innen. Der/die Hilfeempfänger/in hat das Recht, bei der Inanspruchnahme von → Sozialleistungen in den o.g. Bereichen zwischen Hilfsangeboten, Einrichtungen und Einrichtungsträgern zu wählen und Wünsche bei der Ausgestaltung der Leistungen zu äußern. Der Wahl und den Wünschen soll entsprochen werden. Beschränkt wird das W. u. W. nur durch das Angemessenheitsprinzip (§ 33 S. 2 SGB I) und das Gebot der → Wirtschaftlichkeit, das den Kostenträger zu sparsamer Haushaltsführung verpflichtet. Eine spezielle Ausprägung des Wirtschaftlichkeitsgebots ist das Wirksamkeitsgebot. Beim Anspruch auf Teilhabeleistungen außerhalb einer Rehabilitationseinrichtung kann der Hilfeempfänger statt einer → Sachleistung eine → Geldleistung fordern, wenn diese für eine gleich wirksame Leistung eingesetzt wird (§ 9 Abs. 2 SGB IX).

Hat der Hilfeempfänger einen → Rechtsanspruch auf die Leistung, z.B. auf → häusliche Pflege, ist der Kostenträger unter dem Vorbehalt der Wirtschaftlichkeit verpflichtet, die Kosten des häuslichen Pflegedienstes zu übernehmen, den die/der Leistungsberechtigte ausgewählt hat. Besteht nur einen Anspruch auf Ausübung fehlerfreien → Ermessens bei der Ausgestaltung der Hilfe (z.B. in § 17 Abs. 2 SGB XII), so ist der Kostenträger im Rahmen der Ermessensausübung an das W. u. W. gebunden.

In der Rehabilitation und Teilhabe ist das W. u. W. Ausdruck der Förderung von Selbstbestimmung (→ selbstbestimmtes Leben), Selbstständigkeit und Eigenverantwortung der von einer Behinderung betroffenen oder bedrohten Menschen. Damit wird insbesondere der Autonomievorstellung der → UN-Behindertenrechtskonvention Rechnung getragen.

In der Sozialhilfe ergänzt das W. u. W. das → Individualisierungsprinzip und das → Bedarfsdeckungsprinzip. Es konkretisiert das Recht auf ein menschenwürdiges Leben (→ Menschenwürde) aus Art. 1 Abs. 1 → Grundgesetz (GG), weil es die Selbstverwirklichung nach eigenen Vorstellungen ermöglicht.

In der Kinder- und Jugendhilfe stärkt es die Stellung der Kinder und Jugendlichen und ihrer Eltern (→ Elternrecht) gegenüber dem Träger der öffentlichen Jugendhilfe. Das W. u. W. kann aber nur dann ausgeübt werden, wenn der → Jugendhilfeträger seiner Verpflichtung zur Gewährleistung eines pluralen Leistungsangebots nachkommt. Dazu gehört die vorrangige Übertragung von Aufgaben an hierfür qualifizierte → freie Träger der Jugendhilfe wie etwa der → freien Wohlfahrt. Verfassungsrechtlich problematisch sind daher Tendenzen von Trägern der öffentlichen Jugendhilfe, Leistungen zu definieren und auszuschreiben. Das führt zu einer Marktbereinigung zugunsten von Billigangeboten einzelner freier Träger und setzt das Kostenargument über die Fachlichkeit jahrelang bewährter Anbieter.

Vereinzelt wurden auch bereits Leistungen der → Schuldnerberatung und der Integrationshilfe ausgeschrieben. Im Zuge der aktuellen Umsetzung des europäischen → Vergaberechts wird daher darauf zu achten sein, dass das verfassungsrechtlich gebotene W. u. W. nicht ausgehöhlt wird.

*Caroline von Kries*

**Zahnersatz** erfasst alle Formen von aus künstlichen Materialien bestehendem Ersatz von Zahnteilen, verloren gegangenen Zähnen und/oder Kieferanteilen. Irrelevant ist, ob der Z. herausnehmbar oder festsitzend ist. Nach derzeit geltendem Recht (§ 55 SGB V) erhalten Versicherte der gesetzlichen Krankenversicherung befundbezogene Festzuschüsse, bei denen nicht auf die medizinisch notwendige Versorgung im Einzelfall, sondern auf prothetische Regelversorgung bei bestimmten Befunden abgestellt wird. Hierzu hat der → Gemeinsame Bundesausschuss zum einen die Z.-Richtlinien vom 8.12.2004, zuletzt geändert am 7.11.2007, zum anderen die Festzuschuss-Richtlinie vom 3.11.2004, zuletzt geändert am 3.12.2015 beschlossen. Die Festzuschüsse umfassen 50% der festgesetzten Beträge für die Regelversorgung, d.h. 50% der Kosten, die für die notwendige und erforderliche Z.behandlung im Regelfall anfällt. Wählen die Versicherten eine darüber hinausgehende Versorgung, haben sie die Mehrkosten selbst zu tragen. Der von der → Krankenkasse zu tragende Anteil erhöht um weitere 20%, wenn die Betroffenen eigene Bemühungen zur Gesunderhaltung der Zähne unternehmen. Die Erhöhung ist allerdings ausgeschlossen, wenn die Zähne regelmäßige Zahnpflege nicht erkennen lassen und die/der Betroffene nicht in den letzten fünf Jahren vor Beginn der Behandlung regelmäßig Kontrolluntersuchungen wahrgenommen hat. Diese sind für Versicherte unter 18 Jahren einmal im Kalenderhalbjahr, für Versicherte über 18 Jahren einmal im Kalenderjahr vorgesehen. Sind die Untersuchungen in den letzten zehn Jahren ununterbrochen wahrgenommen worden, erhöht sich der Anteil der Krankenkasse erneut um 10%. Für Betroffene, die durch den verbleibenden Eigenanteil unzumutbar belastet würden, kann der Anteil der Krankenkasse bis zu 100% der Festzuschüsse für die Regelversorgung betragen, begrenzt durch die Höhe der tatsächlich entstandenen Kosten.

*Katja Fahlbusch*

**Zeichnungsbefugnis** Befugnis zur Schlusszeichnung von Schriftstücken für Geschäftsvorfälle eines übertragenen Aufgabengebiets im hierarchischen System einer Behörde. Die Z. steht i.d.R. primär den gesetzlichen Vertretungsorganen von Behörden zu. Sie ist von der Sachbearbeitung zu unterscheiden, die wegen der Arbeitsteilung und Spezialisierung in Behörden auf nachgeordnete Mitarbeiter/innen delegiert werden kann. In Führungsmodellen wird vorgeschlagen, zusätzlich zur Sachbearbeitung auch die Z. zu delegieren, um selbstständiges und eigenverantwortliches Handeln auf allen Ebenen der öffentlichen Verwaltung zu erreichen. Sie unterscheiden sich hinsichtlich des Ausmaßes der Delegation: Nach dem Management by Delegation-Modell werden Entscheidungen möglichst weitgehend zur selbstständigen Erledigung delegiert, nach dem Management by Exception-Modell sind es nur die Routineaufgaben.

Innerhalb einer Behörde wird die Z. durch besondere Vorschriften (z.B. Geschäftsordnungen) festgelegt. Formen sind die Schlussz. (Verantwortung für den Inhalt der Entscheidung), Mitz. (Verantwortung für den sachlichen Inhalt, soweit er das Aufgabengebiet der/des Zeichnenden berührt), Ab- und Gegenz. (sie dienen der Information, Kontrolle oder Sicherung).

Die Leitung einer Behörde übt die Z. mit ihrem Namen ohne Zusätze aus. Vertreter/innen zeichnen mit dem Zusatz »in Vertretung« (i.V.), die übrigen Mitarbeiter/innen mit dem Zusatz »im Auftrag« (i.A.) oder »auf Anordnung« (a.A.).

*Uwe Klerks*

**Zeitpolitik** Moderne → Familienpolitik orientiert sich an den Wünschen und Lebensvorstellungen der Menschen. Diese sind in den letzten Jahren erheblich in Bewegung geraten. → Familien sind dynamisch und werden heute in vielfältigen Formen gelebt. Darüber hinaus zeichnet sich ein deutlicher Trend ab, wonach v.a. bei jüngeren Frauen und Männern das Familienleben mit der Fürsorge für Kinder oder ältere Familienmitglieder und die Berufstätigkeit einen festen und gleichwertigen Platz haben. Das Einverdienermodell mit oder ohne den geringen Hinzuverdienst der Partnerin ist nicht mehr Mainstream. Mehr Partnerschaftlichkeit bei der Vereinbarkeit fänden zwei Drittel aller Paare mit Kindern ideal. Die Rahmenbedingungen sind noch nicht ausreichend darauf ausgerichtet,

Die → Vereinbarkeit von Familien- und Erwerbsleben für Mütter und Väter ist eines der zentralen Handlungsfelder von Z. Mütter und Väter wollen sich im Beruf engagieren und Familie leben. Sie sehen Familie und Beruf als gleichgewichtig und wollen sich die Aufgaben teilen. Dafür sind zukunftsfähige Modelle nötig, die Familien ihren Wünschen gemäß fördern. Staat und Wirtschaft setzen mit gesetzlichen und betrieblichen Bedingungen entscheidende Rahmen für Zeit und Zeitgestaltung in Familien. Familienpolitik will die partnerschaftliche Vereinbarkeit von Familie und Beruf fördern und Müttern und Vätern Zeit für Familie ermöglichen. Z. für Familien hat deshalb in den letzten Jahren – wissenschaftlich begleitet durch den 7. und 8. Familienbericht (→ Familienberichterstattung) – einen wichtigen Stellenwert in der Familienpolitik erhalten, die in einem abgestimmten Dreiklang von Zeit, Geld und Infrastruktur nachhaltig gestaltet wird.

Familienleben kann nur gelingen, wenn Familien und ihren einzelnen Mitgliedern verlässlich und bedarfsgerecht Zeit für gegenseitige Zuwendung und Fürsorge und Gemeinsamkeit zur Verfügung stehen – sowohl in der Organisation des Familienalltags als auch in Lebensphasen über den gesamten Lebensverlauf hinweg. Zeit erweist sich immer mehr als eine Größe des Wohlstands und der Lebensqualität – für jede/n Einzelne/n und für die Familie als Ganzes. Zeit für Familie ist unter den Bedingungen einer modernen Gesellschaft nicht per se knapp, aber auch immer weniger selbstverständlich ausreichend vorhanden. V.a. in den Familien selbst hat sich in den letzten Jahren Einiges verändert. Eltern sind zeitlich stärker in Erwerbstätigkeit eingebunden als früher. Das gilt v.a. für die Mütter. Zugleich sind die Anforderungen und die eigenen Ansprüche an Elternschaft gestiegen. Insgesamt verbringen Eltern heute mehr Zeit mit ihren Kindern als vor gut zehn Jahren. So verbringen Mütter, die erwerbstätig sind, mit Gesprächen und Vorlesen sowie mit Hausaufgabenbetreuung etwa gleich viel Zeit mit ihren Kindern wie Mütter, die nicht erwerbstätig sind. An ihrer Zeit mit den Kindern wollen Eltern nicht sparen, auch und gerade dann nicht, wenn sie erwerbstätig sind. Heute erleben 62% der Mütter und 57% der Väter häufig Zeitdruck. 79% der Väter wünschen sich mehr Zeit für die Familie. Über die Arbeitswelt hinaus sind Familien in verschiedene gesellschaftliche Zeitsysteme eingebunden. Sie verlangen von Familien ein hohes Maß an zeitlicher Anpassung und schränken deren Möglichkeiten, über Zeit souverän, nach den eigenen Wünschen und Vorstellungen zu verfügen, ein. Zeitknappheit und Zeitkonflikte sind die Folge – und dies beeinflusst die Entscheidung für Kinder, die hinausgeschoben oder aufgehoben wird. Zeitpolitik für Familien umfasst – wie im 8. Familienbericht begründet – Strategien und Maßnahmen, die den Zeitwohlstand und die Zeitsouveränität der Familien erhöhen können und damit zu Wohlergehen und Lebensqualität von Familien beitragen.

Zeitkonflikte von Familien entstehen zugleich sowohl in der alltäglichen Organisation als auch in bestimmten Lebensphasen unmittelbar vor Ort: Wie passen Arbeitszeiten der Eltern mit Betreuungszeiten in Kitas und Schulen zusammen? Wie sind Fahrpläne abgestimmt auf diese Bedürfnisse, wann haben Behörden und Arztpraxen geöffnet und sind für Familien erreichbar, wie sieht die zeitliche Planung von Kultur-, Sport- und Freizeitangeboten aus? I.d.R. folgen diese »Taktgeber« einer eigenen Logik, die auch die Bedürfnisse von Einzelnen durchaus im Blick haben. Aber selten werden die Zeitfenster von Familien im Ganzen ausreichend berücksichtigt und die Angebote und Öffnungszeiten sind schlecht oder gar nicht aufeinander abgestimmt. Z. für Familien ist deshalb auch eine kommunale Aufgabe, denn hier können Lösungen entstehen, die es Familien besser ermöglichen, ihre Zeit nach den eigenen Wünschen zu gestalten. Kommunale Familienzeitpolitik umfasst alle Maßnahmen von Kommunen, Arbeitgebern, Bildungs- und Betreuungseinrichtungen, Dienstleistern, Verkehrsbetrieben und Freizeitanbietern, mit denen sie ihre Zeitstrukturen und Taktungen besser auf Familien ausrichten. Sie gelingt, wenn sie fest in den Organisationsstrukturen der Kommune verankert und bereichsübergreifend angelegt ist. Meist wird sie zentral von dort koordiniert und ist damit ein dauerhaftes Element kommunaler Planungsprozesse. Kommunen in Stadt und Land haben begonnen, Familienzeitpolitik als kommunale Aufgabe zu gestalten. Sie betreiben zugleich Standortpolitik im eigenen Interesse: Im Wettbewerb um Familien und nicht zuletzt um dringend benötigte Arbeitskräfte.

*Lit.* BMFSFJ: Kommunale Zeitpolitik für Familien. Ein Leitfaden für die Praxis: Familien unterstützen, Standorte sichern, Unternehmen fördern, Berlin 2014; BMFSFJ: Siebter Familienbericht. Familie zwischen Flexibilität und Verlässlichkeit. Perspektiven für eine lebenslaufbezogene Familienpolitik, Berlin 2006; BMFSFJ: Achter Familienbericht. Zeit für Familie. Familienzeitpolitik als Chance einer nachhaltigen Familienpolitik, Berlin 2012; Statistisches Bundesamt: Wie die Zeit vergeht – Ergebnisse zur Zeitverwendung in Deutschland 2012/2013, Wiesbaden 2015.

*Petra Mackroth*

**Zensus** (Volkszählung) ist eine Erhebung, die ermittelt, wie viele Menschen in einem Land, einer Stadt leben, wie sie wohnen und arbeiten. Er ist damit ein wesentliches Fundament der amtlichen Statistik. Der Z. liefert regional tief gegliederte demografische Grunddaten der Bevölkerung, wie Geschlecht, → Alter, Familienstand und → Staatsangehörigkeit, sowie sozioökonomische Strukturdaten zu Ausbildung, Erwerbsbeteiligung und Wohnsituation. An Z.daten sind auf nationaler Ebene die politischen Entscheidungsträger sowie Wirtschaft, Verbände und Wissenschaft, auf supranationaler Ebene die

→ Europäische Union (EU) und die → Vereinten Nationen (UN) interessiert. Die EU hat durch Verordnung (EG Nr. 763/2008) alle Mitgliedstaaten zur Durchführung einer europaweiten Z.runde 2011 verpflichtet. Rechtsgrundlage für den Z. in Deutschland bildet das Zensusgesetz 2011.

Die traditionellen Z. waren als Primär- und Vollerhebung konzipiert und dadurch mit großem organisatorischem, personellem sowie finanziellem Aufwand verbunden. Deshalb wurde für den neuen Z. 2011 ein Methodenwechsel zu einem weitgehend registergestützten Z. entwickelt und durchgeführt. Dabei wurden die Melderegister der Kommunen und die Karteien der → Bundesagentur für Arbeit für die Gewinnung von Daten zu Bevölkerung, Haushalten und Erwerbstätigen genutzt. Um Wohnungs- und Gebäudedaten zu erhalten, erfolgte zusätzlich eine postalische Befragung von Wohnungs- und Hauseigentümer/innen. Zur Sicherung der Datenqualität und zur Erfassung weiterer, z.B. erwerbs- und bildungsstatistischer Erhebungsmerkmale erfolgte eine Befragung von 8 Mio. Bürger/innen. Der Z. 2011 war das größte und wichtigste Projekt der amtlichen Statistik in den letzten 20 Jahren.

*Hans-Jürgen Stubig*

**Zentrale Anlaufstelle für grenzüberschreitende Kindschaftskonflikte (ZAnK)** Die ZAnK beim → Internationalen Sozialdienst (ISD) informiert und berät Privatpersonen und Fachleute (z.B. → Jugendämter, → Freie Träger, Rechtsanwält/innen) aus dem In- und Ausland umfassend und kostenfrei zu den Themen Sorge- und Umgangsrecht mit Auslandsbezug sowie Kindesentführung (child abduction). Sie trägt damit der zunehmenden Globalisierung von Familienkonflikten Rechnung. Entscheidend ist, dass die Beteiligten in mehreren Staaten leben (möchten), die → Staatsangehörigkeit ist unerheblich. Im Zentrum der Beratungen stehen das → Kindeswohl sowie das Bestreben, die einvernehmliche Lösung eines Konfliktes im Interesse der Kinder herbeizuführen. Das Mandat, erteilt vom Bundesministerium für Familie, Senioren, Frauen und Jugend, dem Bundesministerium der Justiz und für Verbraucherschutz, dem Auswärtigen Amt, dem Bundesministerium des Innern und der Innenministerkonferenz, nimmt der ISD wahr, der über langjährige Erfahrung, Kompetenzen und die erforderlichen Kontakte im In- und Ausland verfügt.

ZAnK, die auch die → Zentrale Anlaufstelle für Mediation beinhaltet, hat ihren Ursprung in der Forderung der Kinderkommission des Bundestages nach einer Anlaufstelle für Betroffene, deren Kinder ins Ausland entführt wurden. Am Ende eines ausführlichen Abstimmungsprozesses, an dem viele der in diesem Feld tätigen Organisationen und Fachleuten beteiligt waren, so der Verband binationaler Familien und Partnerschaften, das Bundesamt für Justiz, der Deutsche Städtetag, MiKK e.V. – Mediation bei internationalen Kindschaftskonflikten, stand das Konzept für eine Anlaufstelle, die allen an diesen Verfahren Beteiligten als Ansprechpartner zur Verfügung steht. An ZAnK können sich deshalb auch Menschen wenden, die ihr Kind entführt oder die Angst vor einer Entführung haben, die mit ihrem Kind in einen anderen Staat umziehen möchten oder die um Sorge- oder Umgangsrecht streiten.

Die Beratung erfolgt auf Grundlage der → UN Kinderrechtskonvention (KRK), des → Haager Kindesentführungs- und des → Haager Kinderschutzübereinkommens, der → Brüssel II a-Verordnung und anderer europäischer Rechtsvorschriften sowie auf deutschem und ausländischem Familien- und Kinder- und Jugendhilferecht. Es handelt sich um sozialpädagogische und nicht um Rechtsberatung, d.h. die Anrufenden sollen unterstützt werden, in Bezug auf ihr Problem an Klarheit, Orientierung sowie Bearbeitungs- und Bewältigungskompetenzen zu gewinnen. Auch interkulturelle Aspekte, sofern erheblich, finden Berücksichtigung.

Damit auch Kinder zunehmend zu Subjekten in den sie betreffenden Konflikten werden (→ Kinderrechte) und damit der KRK Rechnung getragen wird, gibt es unter www.ZAnK.de/Kinder kindgerecht aufbereitete Informationen.

ZAnK ist ein Erfolg. Die Anrufzahlen sind seit dem 1.1.2012 signifikant gestiegen (von 579 auf 885 in 2015). Vor allem Privatpersonen wenden sich zunehmend an ZAnK, die dadurch auch deutlich zu einer Entlastung der Jugendämter beiträgt.

*Informationen:* www.ZAnK.de

*Gabriele Scholz*

**Zentrale Anlaufstelle für Mediation** ist Teil der → Zentralen Anlaufstelle für grenzüberschreitende Kindschaftskonflikte beim → Internationalen Sozialdienst (ISD). Entstanden ist die Z. A. f. M. im sog. Malta-Prozess, der nach Lösungen für die Fälle sucht, in denen Kinder in einen Staat entführt wurden, in denen das → Haager Kindesentführungsübereinkommen (HKÜ) nicht gilt. Die »Malta-Prinzipien« empfehlen die Schaffung von Z. A. f. M. v.a. in diesen sog. Nicht-HKÜ-Staaten, zu denen insbesondere Staaten des Nahen und Mittleren Ostens zählen.

Anstelle → Zentraler Behörden sollen die Z. A. f. M. zumindest die wesentlichen Informationen über Möglichkeiten der → Mediation in ihrem Staat (Kosten, rechtliche Grundlage usw.) bereitstellen; zugleich sollen sie informieren, wie ein Kind ausfindig gemacht werden kann oder wo Rechtsrat erhältlich ist. Dahinter steht die Annahme, dass mit Mediation als einem Mittel der außergerichtlichen Streitbeilegung die Rückkehr eines Kindes eher und kostengünstiger erreicht werden kann als mit Gerichtsverfahren im Entführungsstaat. Bislang gibt es insgesamt zehn Z. A. f. M., allerdings nur eine einzige in einem Nicht-HKÜ-Staat (Pakistan). In der Praxis spielt Mediation eine nachgeordnete Rolle, psychosoziale Beratung und praktische Fragen z.B. zum Umgang mit dem Kind, zur Herstellung von Gesprächsbereitschaft usw. stehen im Vordergrund.

*Gabriele Scholz*

**Zentrale Behörden** (ZB, engl. Central Authority oder CA) sind nationale Behörden zur Durchführung von supra- oder internationalen Rechtsgrundlagen. Rechtsgrundlagen, nach denen eine ZB benannt wird, sind im Bereich von Kindern und Familien z.Zt. das → Haager Kindesentführungsübereinkommen (HKÜ), die → Brüssel II a-Verordnung, das Europäische Sorgerechtsübereinkommen, das → Haager Kinderschutzübereinkommen (KSÜ), das → Haager Adoptionsübereinkommen (HAÜ), das Auslandsunterhaltsgesetz, die EG-Unterhaltsverordnung sowie das UN-Übereinkommen von 1956. Im Bereich von Erwachsenen ist dies das → Haager Erwachsenenschutzübereinkommen. Die ZB hat gemäß den jeweiligen Rechtsgrundlagen die Aufgabe, die grenzüberschreitende Zusammenarbeit in den dort geregelten Fällen zu erleichtern. Insbesondere soll sie direkt mit den ZB der entsprechenden Vertrags- oder EU-Mitgliedstaaten sowie den zuständigen Behörden und Gerichten kommunizieren, die jeweils zuständigen Behörden und Gerichte im Inland benennen und diese bei der grenzüberschreitenden Fallbearbeitung unterstützen. Nach bestimmten Rechtsgrundlagen leitet die ZB Anträge ins Ausland weiter oder reicht Anträge aus dem Ausland bei deutschen Gerichten ein. Konkretisiert werden die Befugnisse und Aufgaben der ZB durch die jeweiligen Rechtsgrundlagen sowie die nationalen Aus- oder Durchführungsgesetze. In Deutschland ist die ZB für die oben genannten Rechtsgrundlagen das Bundesamt für Justiz (BfJ) mit Sitz in Bonn.

*Informationen:* www.bundesjustizamt.de

*Frauke Bachler*

**Zentrale Fachstelle** steht für eine Bündelung von sozialrechtlichen, ordnungsrechtlichen und wohnungsmarktlichen → Zuständigkeiten mit dem Ziel, in Wohnungsnotfällen schnelle und wirksame Hilfe zur Vermeidung und Überwindung von → Wohnungslosigkeit zu leisten. Die Z. F. stellt damit ein Instrument der → Wohnungssicherung und der Bekämpfung von → Armut dar.

Z. F. bestehen in Kommunen (→ Landkreise, → kreisfreie Städte, kreisangehörige → Gemeinden, ggf. Stadtteile). Aufgabenumfang, Organisationsform und Trägerschaft unterscheiden sich nach den örtlichen Bedingungen. Kernaufgaben bilden die → Beratung und persönliche Unterstützung von Menschen, die vom Verlust ihrer Wohnung bedroht sind, die Vermittlung von Wohnraum an wohnungslose Menschen, die Kontaktaufnahme und aufsuchende Hilfe für Menschen in Wohnungsnotfällen durch Straßensozialarbeit (→ Streetwork) sowie die Vermeidung von Obdachlosigkeit durch öffentlich-rechtliche Unterbringung. Weitere Aufgaben sind die sozialarbeiterische Beratung und Unterstützung von Menschen, die in Notunterkünften untergebracht sind, sowie die Auflösung dieser Notunterkünfte zugunsten von Normalwohnraum, um eine langfristige → soziale Ausgrenzung der betroffenen Personen und Haushalte und die Bildung von sozialen Brennpunkten zu vermeiden. Für die Aufgabenerfüllung sind eine enge Zusammenarbeit mit den Trägern der Wohnungslosenhilfe, mit Wohnungsunternehmen und Vermieter/innen sowie eine kontinuierliche Berichterstattung über das örtliche Wohnungsnotfallgeschehen und die geleisteten Hilfen (→ Sozialberichterstattung) erforderlich. Z. F. arbeiten in kommunaler Trägerschaft, in gemeinsamer Trägerschaft von Kommune und → freien Trägern sowie in freier Trägerschaft. Die → Kooperation und die Aufgabenverteilung werden i.d.R. vertraglich vereinbart.

Die Arbeit der Z. F. wird durch die Doppelgleisigkeit der Regelungen für die Übernahme von Miet- und Energieschulden (→ Unterkunft, Kosten der; → Heizung, Kosten der) nach dem SGB II (→ Grundsicherung für Arbeitsuchende) und dem SGB XII (→ Sozialhilfe) erschwert. Für eine wirksame Leistungserbringung empfiehlt es sich deshalb, die Hilfen zum Erhalt von bedrohten Mietverhältnissen nach dem SGB II und SGB XII für alle Wohnungsnotfälle auf die Z. F. zu übertragen. Dies kann durch eine Vereinbarung nach § 44 b Abs. 2 SGB II geregelt werden. In jedem Fall ist eine vertraglich vereinbarte Kooperation mit den örtlichen → Jobcentern anzustreben.

Die Rahmenkonzeption der Z. F. wurde vom → Deutschen Städtetag und von der → Kommunalen Gemeinschaftsstelle für Verwaltungsmanagement (KGSt) bereits Ende der 1980er-Jahre entwickelt. Das Ministerium für Arbeit und Soziales in Nordrhein-Westfalen gab im Jahr 1999 einen Praxisleitfaden für die Umsetzung von Z. F. heraus. Dennoch sind bis heute keine Daten über die Anzahl der Z. F. und über ihre Arbeitsweise in Deutschland verfügbar. Diese sind aber unerlässlich, um die Z. F. in Abhängigkeit von den örtlichen Bedarfen flächendeckend zu verbreiten und konzeptionell weiterzuentwickeln.

*Andreas Krampe*

**Zentralwohlfahrtsstelle der Juden in Deutschland e.V. (ZWST)** ist einer der sechs Spitzenverbände der → Freien Wohlfahrtspflege. Sie wurde im Jahre 1917 gegründet und verfügte bis zur Machtergreifung durch die Nationalsozialisten über eine breit gefächerte soziale Infrastruktur im Bereich der »offenen« und »geschlossenen« Sozialfürsorge. Die jüdische Bevölkerung betrug in Deutschland vor dem Zweiten Weltkrieg 600.000 Menschen, entsprechend umfassend war auch die → soziale Infrastruktur, wie → Krankenhäuser, Kinder-, Alten- und Pflegeheime. Im Jahre 1939 wurde die ZWST zwangsaufgelöst, die meisten ihrer Mitarbeiter/innen sind der Nazigewalt zum Opfer gefallen. Die Wiedergründung der ZWST erfolgte im Jahre 1951. Ein kleiner Kreis von Überlebenden hat mit Hilfe der amerikanisch-jüdischen Wohlfahrtsorganisation »Joint« die soziale Arbeit wieder aufgenommen und den Erfordernissen angepasst. Bedingt durch die zentrale geografische Lage zwischen Ost und West und die politischen Ereignisse des letzten Jahrhunderts in Europa war Deutschland stets ein Drehpunkt jüdischer Migrationsbewegung. Dementsprechend war die ZWST als Dachorganisation der jüdischen Sozialdienste im Nachkriegsdeutschland gefordert, neben den klassischen Bereichen der Sozialen Arbeit – wie → Kinder- und Jugend- sowie → Altenhilfe – auch Flüchtlingshilfe zu leisten.

Mit Beginn der Zuwanderung aus den Staaten der ehemaligen Sowjetunion zu Beginn der 1990er-Jahre haben sich die Strukturen der jüdischen Gemeinschaft in Deutschland und damit auch die Aufgaben der ZWST stark gewandelt. Die ZWST vertritt heute rund 100.000 Mitglieder in 17 Landesverbänden der jüdischen Gemeinden, sieben selbstständigen Gemeinden und dem Jüdischen Frauenbund auf dem Gebiet der Wohlfahrtspflege. Die jüdischen Migrant/innen bilden die Mehrheit in den jüdischen Gemeinden, daher ist ihre → Integration und die Stärkung ihrer jüdischen Identität ein Hauptanliegen der ZWST. Damit verbunden ist der Ausbau der sozial-religiösen Infrastrukturen in den jüdischen Gemeinden. Aufgrund der Unterdrückung jüdischer Religion und Tradition in der ehemaligen Sowjetunion, ist die Vermittlung lebendigen Judentums an die jüdischen Migrant/innen Bestandteil aller Aktivitäten der ZWST.

Aufgrund der stark gewachsenen jüdischen Gemeinden und der sich wandelnden sozioökonomischen Verhältnisse haben die ZWST und ihre Mitgliedsverbände ihr Prinzip der Sozialen Arbeit, die »Hilfe zur → Selbsthilfe«, weiter ausgebaut und gehen neue Wege bei ihrer projektbezogenen Arbeit. Psychosoziale Probleme aufgrund neuer Lebensumstände als Zugewanderte und drohender Langzeitarbeitslosigkeit erfordern von der jüdischen Sozialarbeit in Deutschland heute, Rahmenbedingungen zu schaffen, die die Betroffenen in die Lage versetzen, ihre Probleme selbst zu lösen. Eine fach- und zielgerechte Professionalisierung und Förderung der integrativen Kompetenzen sowie eine Vernetzung auf internationaler Ebene gewinnt für den Aufgabenbereich der ZWST immer mehr an Gewicht. Vor dem Hintergrund der zunehmenden Überalterung in den jüdischen Gemeinden ist die Seniorenarbeit ein Schwerpunkt. Eine weitere wichtige Zielgruppe ist die nachwachsende zweite Zuwanderergeneration: Jugendliche und junge Erwachsene. Mit Blick auf die Zukunft der jüdischen Gemeinschaft ist ihre Förderung ein weiteres zentrales Aufgabengebiet. Trotz aller historischen Umbrüche und aktuellen Veränderungen ist die »Zedaka« (hebräisch), das jüdische Verständnis von Wohltätigkeit, das Leitbild der ZWST geblieben: die Pflicht zur Hilfe im Sinne ausgleichender sozialer Gerechtigkeit.

*Heike von Bassewitz*

**Zertifizierung** Eine Z. ist eine von einer autorisierten Stelle ausgeführte Überprüfung einer → Organisation, ob diese bestimmte vorgegebene Anforderungen einer Norm erfüllt, mit anschließender Bestätigung durch ein Zertifikat. Produkte, Dienstleistungen, Verfahren und Managementsysteme, eine ganze Organisation oder Teile einer Organisation können zertifiziert werden. Der Nutzen einer Z. ist, über eine Bestätigung durch neutrale Dritte, nach außen, gegenüber Kunden und anderen Interessengruppen nachzuweisen, dass die Anforderungen einer bestimmten Norm erfüllt werden. Der Zertifizierungsprozess trägt auch dazu bei, über eine regelmäßige Betrachtung der

Organisation von außen Verbesserungspotenziale der Organisation zu erkennen und diese zur Qualitätsentwicklung zu nutzen. Des Weiteren kann die Motivation der Mitarbeiter/innen gefördert werden, weil eine Z. auch eine Bestätigung der eigenen Leistung ist. Zertifizierungsgesellschaften, die durch die Deutsche Akkreditierungsstelle GmbH (DAkks) zugelassen sind, sichern durch einheitliche Standards im Zertifizierungsverfahren zu, dass zertifizierte Organisationen vergleichbar sind. Managementsysteme können auf Basis der → DIN EN ISO 9001:2015 zertifiziert werden. Das Zertifikat gilt hier drei Jahre. In einem jährlichen Überwachungsaudit wird die Wirksamkeit des Managementsystems überprüft. Viele Branchen und Branchenverbände entwickeln eigene Anforderungen an Systeme des → Qualitätsmanagements, die auf die besonderen Rahmenbedingungen und die für die Branche relevanten Begriffe, Prozesse und Produkte abgestimmt und in den meisten Fällen mit der ISO 9001:2015 kompatibel sind. Damit eine Z. vorgenommen werden kann, muss die Organisation ein Qualitätsmanagementsystem entwickelt und eingeführt haben, welches den Anforderungen der gewählten Norm für die jeweilige Branche gerecht wird. Im Rahmen einer Z. nach DIN EN ISO 9001:2015 muss das Qualitätsmanagementsystem den Nachweis der »Lebendigkeit« führen: Es muss ein dokumentiertes Qualitätsmanagementsystem geben, die Regelungen der Dokumentation müssen in der Organisation bekannt sein und umgesetzt werden. Hat eine Organisation ein Qualitätsmanagementsystem wie oben beschrieben eingeführt, kann es sich an eine von der DAkks anerkannte Zertifizierergesellschaft wenden. Die Zertifizierergesellschaften arbeiten nach einer einheitlichen Gebührenordnung, unterscheiden sich aber in Nuancen in Bezug auf das Vorgehen und die Fähigkeit der Auditoren im Umgang mit den Menschen der zu zertifizierenden Organisation. In der Privatwirtschaft ist eine Z. nach der DIN EN ISO 9001:2015 das am meisten verbreitete Qualitätszertifikat, welches in den meisten Branchen auch als Voraussetzung zur Auftragsvergabe gefordert wird. Dieser Trend ist auch in den Bereichen, die der Sozialgesetzgebung unterliegen, erkennbar, auch wenn eine Z. (noch) nicht durchgängig und ausdrücklich gesetzlich gefordert ist. Für Maßnahmen der → Arbeitsförderung, die dem SGB III unterliegen, ist eine Z. auf Basis der Akkreditierungs- und Zulassungsverordnung Arbeitsförderung (AZAV) schon seit längerem Pflicht.

*Norbert Kohlscheen*

**Zeugnisverweigerungsrecht** Grundsätzlich besteht die allgemeine Pflicht, vor Gericht wahrheitsgetreu auszusagen, wenn man als Zeugin oder Zeuge geladen wird. Dabei bezieht sich die Aussagepflicht auf alle Tatsachen, die die Zeugin oder der Zeuge persönlich wahrgenommen hat bzw. wahrgenommen zu haben meint. Allerdings gilt diese Aussagepflicht nicht uneingeschränkt. Vielmehr dürfen Zeug/innen das Zeugnis verweigern, wenn ihnen eine Aussage aus persönlichen, beruflichen oder sachlichen Gründen nicht zugemutet werden kann. Wann dies der Fall ist, wird in den einzelnen Prozessordnungen unterschiedlich geregelt. Im Zivilprozess besteht beispielsweise ein Z. für nahe Verwandte, Verlobte, Ehegatten oder Lebenspartner/innen einer Prozesspartei. Ferner dürfen aus beruflichen Gründen z.B. Personen, denen Kraft ihres Amtes Tatsachen anvertraut sind, deren Geheimhaltung durch die Natur oder durch gesetzliche Vorschriften geboten ist, die Aussage verweigern (§ 383 Abs. 1 Nr. 6 Zivilprozessordnung [ZPO]). Hierunter fallen z.B. Ärzt/innen, Psycholog/innen, Rechtsanwält/innen, Mediator/innen und staatlich anerkannte → Sozialarbeiter/innen und Sozialpädagog/innen. Geistlichen steht bezüglich von Informationen, die ihnen bei Ausübung der Seelsorge anvertraut wurden, ein Z. aus § 383 Abs. 1 Nr. 4 ZPO zu. Wichtig für das Z. ist, dass ihnen die Aussage auch in der Amtsträgerfunktion mitgeteilt wurde. Das Z. erlischt für Amtsträger/innen, wenn sie von der Verschwiegenheitspflicht von der Partei oder bei → Amtsgeheimnissen vom zuständigen Dienstvorgesetzten entbunden werden (§ 386 Abs. 2 ZPO). Aus sachlichen Gründen besteht ein Z. nach § 384 ZPO z.B., wenn durch die Aussage ein unmittelbarer vermögensrechtlicher Schaden für nahe Angehörige entstehen würde (bspw. das Eingeständnis, dass die Verlobte tatsächlich ihrer → Aufsichtspflicht nicht genügt hat, als ihr Kind einen Schaden beim Nachbarn verursacht hat) oder diese aufgrund der Aussage wegen einer Straftat oder → Ordnungswidrigkeit verfolgt werden könnten (§ 384 ZPO). Gleiches gilt für Verfahren nach dem → Familienverfahrensgesetz (FamFG), welches auf die Vorschriften der Zivilprozessordnung verweist (§ 30 Abs. 1 FamFG). Im Strafprozess besteht ein Z. für nahe Angehörige der/des Beschuldigten (§ 52 Strafprozessordnung [StPO]) sowie aus beruflichen Gründen z.B. für Geistliche, Rechtsanwält/innen, Ärzt/innen, Psychologische Psychotherapeut/innen, Kinder- und Jugendlichenpsychotherapeut/innen, Hebammen und Berater/innen einer anerkannten Beratungsstelle nach den §§ 3 bis 8 des Schwangerschaftskonfliktgesetzes (§ 53 StPO) sowie die Mitarbeiter/

innen der genannten Personen (§ 53 a StPO). Ferner dürfen alle Aussagen verweigert werden, mit denen sich die Zeugin/der Zeuge selbst oder nahe Angehörige mit einer Straftat oder Ordnungswidrigkeit belasten würde (§ 55 StPO). Im → Sozialrecht steht den → Sozialleistungsträgern ein Z. soweit zu, wie es zur Wahrung des → Sozialgeheimnisses erforderlich ist (§ 35 Abs. 3 SGB I). In vielen Fällen geht mit dem Z. auch eine → Schweigepflicht einher. Wird ein Zeugnis verweigert, obwohl kein Z. besteht, kann dieses durch Androhung von → Ordnungsmitteln erzwungen werden.

*Anusheh Rafi*

**Zielkonflikt** Ein Z. entsteht, wenn in einem Leistungssystem das Anstreben eines Ziels die Erreichung eines anderen Ziels dieses Systems beeinträchtigt. Durch höchstrichterliche → Rechtsprechung ist in Deutschland die → Grundsicherung für Arbeitssuchende (SGB II) Beispiel für einen – potenziellen – Z. geworden. Die Leistungsträger (→ Träger der Grundsicherung) müssen sicherstellen, dass die erwerbsfähigen Leistungsberechtigten (→ Erwerbsfähigkeit) ein Leben führen können, das der → Menschenwürde entspricht. Gleichzeitig sind die Leistungen darauf auszurichten, dass Leistungsbezug durch Erwerbstätigkeit vermieden oder beseitigt wird. Das ist nicht bei jedem → Leistungsberechtigten ohne Z. umsetzbar. Zuvor galt im SGB II – explizit – nur das zweite Ziel. Mit dem SGB II entstanden auch neue Z. zwischen Leistungssystemen, mit der → Kinder- und Jugendhilfe und Beratungseinrichtungen. Ein klassisches Beispiel für einen Z. sind → Qualität und Kosten. Bis japanische Qualitätsmanagementsysteme (→ Qualitätsmanagement) das Gegenteil bewiesen, sah die Betriebswirtschaft es als konträr an, gleichzeitig Qualität steigern und Kosten senken zu wollen.

Z. sind Gegenstand systematischer Planungs- und Entscheidungsprozesse. Diese sollen Z. erkennbar und bearbeitbar machen. Eine Methode, Z. zu bearbeiten, besteht darin, die betreffenden Ziele zu vergleichen und zu bewerten, um daraus Prioritäten abzuleiten und die Ziele zu hierarchisieren. Eine andere Methode ist die → Balanced Scorecard. Diese gibt die Zieldimensionen vor, zu denen in einem Unternehmen Ziele zu vereinbaren sind. Z., die dabei deutlich werden, vermeiden die Unternehmen durch Anpassung der → Kennzahlen. In Hilfeplanprozessen sind Z. ein ständiges Thema (→ Hilfeplanung in der Jugendhilfe, → Hilfeplanung in der Sozialhilfe). Wünsche von Leistungsberechtigten sind oft nicht vereinbar mit ihren realen individuellen Möglichkeiten und denen des Leistungssystems. Zwar werden Z. oft durch → Partizipation und → Kooperation ausgelöst, Partizipation und Kooperation sind in Hilfesystemen aber auch die → Ressource, Z. zu bewältigen.

Institutionelle Z. werden durch Kooperationsvereinbarungen, Arbeitsgruppen, Fallkonferenzen usw. bearbeitet und vermieden. Methoden dafür sind u.a. → Moderation, → Mediation, Qualitätsmanagement.

*Andreas Kuhn*

**Zielvereinbarung** (→ Kontraktmanagement) basierend auf dem Konzept des Managements by Objectives (MbO), ist ein aus der Betriebswirtschaft und der Organisationslehre bzw. Unternehmensführung stammender Begriff und ist heute ein weit verbreitetes Management- und → Personalentwicklungsinstrument auf motivationstheoretischer Grundlage. Grundgedanke des Führens durch Z. ist, dass Vorgesetzte und Mitarbeiter/innen gemeinsam die zu erreichenden Ziele, ihre Bewertungsmaßstäbe und den daraus resultierenden Verantwortungsbereich festlegen. Die Ziele der Mitarbeiter/innen auf den unterschiedlichen Organisationsebenen leiten sich dabei i.S. einer Zielhierarchie aus den jeweils übergeordneten Zielen der Unternehmensebenen ab. Durch die gleichzeitige Berücksichtigung der jeweiligen individuellen, nicht unmittelbar arbeitsbezogenen Ziele der Mitarbeiter/innen soll insgesamt eine hohe Akzeptanz der vereinbarten Ziele erreicht werden. Voraussetzung für den Erfolg dieses Führungsinstruments sind insbesondere ein kooperatives Führungsverhalten der Vorgesetzten sowie → Motivation, Bereitschaft zur Verantwortungsübernahme und entsprechende → Kompetenzen zur Zielerreichung aufseiten der Mitarbeiterinnen und Mitarbeiter.

Im Rahmen regelmäßiger → Mitarbeitergespräche, auch Z.gespräche genannt, erfolgen die Festlegung der Ziele, ihre Überprüfung und Neuvereinbarung. Als ein Instrument für die Vereinbarung von Zielen hat sich die Orientierung an der SMART-Methode bewährt. Demnach sollten Ziele konkret und spezifisch, messbar, attraktiv, realistisch und terminiert sein. Ein konsistentes System des Führens mit Z. führt zu einem neuen Verhältnis der beteiligten Akteure. Diese output-(produkt-)orientierte Steuerung ist zentrales Element des Modells der Neuen Steuerung (→ Verwaltungsmodernisierung). Der Kern der Z., das Treffen verbindlicher Absprachen zwischen den Beteiligten für einen festgelegten Zeitraum über die zu erreichenden Wirkungen/Ergebnisse und/oder über die zu erbringenden Leistungen sowie die hierzu bereitgestellten Ressourcen, wird aufgrund seiner Transparenz und Verbindlichkeit mittlerweile auch in nicht hierarchischen Kontexten eingesetzt.

Das → Behindertengleichstellungsgesetz (BGG) führt in § 5 den Begriff der Z. zur Herstellung von → Barrierefreiheit i.S. des § 4 BGG ein. Demnach sollen zwischen den Verbänden, die nach § 13 Abs. 3 BGG anerkannt sind, und Unternehmen oder Unternehmensverbänden der verschiedenen Wirtschaftsbranchen für ihren jeweiligen sachlichen und räumlichen Organisations- oder Tätigkeitsbereich Z. abgeschlossen werden (vgl. § 5 Abs. 1 BGG). Diese Z. sollen insbesondere die Vereinbarungspartner, Regelungen zum Geltungsbereich und der Geltungsdauer, die Festlegung von Mindestbedingungen und den Zeitpunkt zur Erfüllung beinhalten (vgl. § 5 Abs. 2 BGG). Eine weitere Differenzierung erfolgt nicht. Der Praxis kommt daher ein Spielraum zu, um Z. zur Herstellung von Barrierefreiheit entsprechend der jeweiligen organisatorischen Gegebenheiten zu gestalten.

*Petra Mund*

**Zivildienst** → Freiwilligendienste

**Zivilgerichte** befassen sich als Teil der ordentlichen Gerichtsbarkeit mit bürgerlichen Rechtsstreitigkeiten und kraft besonderer gesetzlicher Zuweisung auch mit bestimmten öffentlich-rechtlichen Streitigkeiten (§ 13 Gerichtsverfassungsgesetz [GVG], § 40 Abs. 2 Verwaltungsgerichtsordnung [VwGO]).

Die Zivilgerichtsbarkeit ist vierstufig gegliedert; es bestehen Amtsgerichte (AG), Landgericht (LG), Oberlandesgerichte (OLG) als Ländergerichte und der Bundesgerichtshof (BGH) als oberstes Bundesgericht der ordentlichen Gerichtsbarkeit. In Bayern tritt hierzu noch das Bayrische Oberste Landesgericht unter bestimmten Voraussetzungen (§ 8 Einführungsgesetz zum Gerichtsverfassungsgesetz [EGGVG]). Das AG ist zuständig für Streitigkeiten bis zu einem Wert von 5.000 Euro und für Mietstreitigkeiten hinsichtlich Wohnraum. Weiterhin ist das AG zuständig in Kindschaftssachen und für ehe- und familienbezogene Verfahren (§§ 23, 23 a, 23 b GVG; → Kindschaftsrecht, → Eherecht, → Familienrecht). Für Letztere sind dort → Familiengerichte als Abteilungen eingerichtet worden. Das LG ist Berufungs- und Beschwerdegericht in den vom AG entschiedenen Zivilprozessen (§ 72 GVG). Darüber hinaus gehören vor das LG in erster Instanz nach § 71 GVG alle Streitigkeiten, die nicht den AG zugewiesen sind, sowie die Prozesse wegen → Amtshaftung (§ 839 → Bürgerliches Gesetzbuch [BGB] i.V.m. Art. 34 → Grundgesetz [GG]). Das OLG ist in der Hauptsache Berufungs- und Beschwerdegericht für die zivilrechtlichen Urteile und Beschlüsse der LG, in Familiensachen und Angelegenheiten der freiwilligen Gerichtsbarkeit für Entscheidungen der AG (§ 119 GVG). Der BGH in Karlsruhe entscheidet über die Rechtsmittel (→ Rechtsbehelf) der Revision, der Sprungrevision, der Rechtsbeschwerde und der Sprungrechtsbeschwerde (§ 133 GVG).

*Wolfgang Vomberg*

**Zivilgesellschaft** Als Z. (engl. civil society; vgl. Cohen/Arato) wird die Vielfalt und Vielzahl organisierter Formen → bürgerschaftlichen Engagements in ihrer Gesamtheit bezeichnet. Der Grad der Entwicklung einer Z. hat erheblichen Einfluss auf die wirtschaftliche Entwicklung und Innovationskraft sowie das soziale Integrationspotenzial westlicher → Gesellschaften (vgl. Putnam). Besondere Aufmerksamkeit fand die Idee der Z. mit dem Ende des »Ostblocks« in den mittelosteuropäischen Staaten (vgl. Rödel u.a.). Das Fehlen einer Z. wird als ein wesentlicher Grund für das Scheitern sozialistischer Gesellschaften angesehen und der Aufbau einer Z. ist zugleich eine unabdingbare Voraussetzung für eine erfolgreiche gesellschaftliche Transformation sozialistischer Gesellschaften. Angesichts globaler Wanderungs- und Flüchtlingsbewegungen (→ Migration) finden die Begriffe Z. und bürgerschaftliches Engagement weiter steigende Aufmerksamkeit.

Die relative Unbestimmtheit des Begriffs der Z. erlaubt es Gesellschaftsreformer/innen, die kreativen Potenziale und positiven wirtschaftlichen Effekte einer dynamischen Z. zu loben, während Kulturpessimisten unter Verweis auf den Werteverfall, erodierende Milieubindungen und den Bedeutungsverlust des Ehrenamtes gleichzeitig von einem Zerfall der Z. sprechen.

Versuche einer wortgetreuen Übersetzung des in den USA sozialkulturell bedeutungsvollen Begriffs der Civil Society blieben in Deutschland erfolglos. So wurde hier etwa mit den politischen Mitteln einer Enquete-Kommission des Bundestages versucht, den deutschen Begriff der Bürgergesellschaft gegenüber dem international gebräuchlichen Begriff der Z. zu profilieren und zu etablieren (vgl. Enquete-Kommission).

Die spezifische Bedeutung von Civil Society und Z. erschließt sich zunächst anhand ihrer jeweiligen Entstehungskontexte. In den USA gründet die Vorstellung einer Civil Society in den Aktivitäten europäischer Auswander/innen, die auf der

Flucht vor absolutistischen Herrschern und auf der Suche nach individueller – v.a. religiöser – Freiheit Europa verlassen hatten. Hier ist der Zusammenschluss freier Bürger/innen mit geteilten Wertvorstellungen und einer expliziten Gemeinwohlorientierung Ausdruck einer Civil Society von »unten« (vgl. Walzer). Ganz anders stellt sich die Situation in Westeuropa dar, wo sich die Idee einer Z. vielerorts erst gegen einen relativ starken, sich selbst als allzuständig erklärenden Staat durchsetzen muss. Gerade in Deutschland, mit seiner Tradition eines autoritären und relativ spät demokratisierten Staates, stellt die Idee der Z. eine latente politische Aufgabe dar. Politik bedeutet in Deutschland in erster Linie staatliches Entscheiden. Für den Erfolg der Idee einer Z. ist in Deutschland die Öffnung des politischen Institutionensystems für neue → soziale Bewegungen und Bürgergruppen i.S. einer deliberativen und assoziativen Demokratie von entscheidender Bedeutung (vgl. Habermas). Sie basiert auf den Prämissen Pluralismus und Selbstorganisation, kommunikative Verständigung (→ Kommunikation) und Aushandlung sowie Transparenz von Entscheidungsprozessen (vgl. Schuppert, Olk u.a.). Ein derartiges Demokratieverständnis steht in Kontrast zu den gepflegten Formen korporatistischen Entscheidens und widersetzt sich den in der deutschen politischen Kultur rhetorisch gern verabsolutierten staatsbürgerlichen Pflichten (vgl. Klein). Im Mittelpunkt der Idee einer Z. steht die Vorstellung vom politischen – am Gemeinwohl orientierten – Citoyen, der gewaltfreie Formen der Austragung und Schlichtung von → Konflikten praktiziert. Gesellschaftspolitisch betrachtet wird von der Idee der Z. erwartet, dass sie wichtige Beiträge zur → Sozialisation und Identitätsbildung leistet, zur sozialen → Inklusion beiträgt, eine Balance zwischen Eigeninteresse und Gemeinwohl herstellt und nicht zuletzt, dass sie elementare sozialmoralische Ressourcen – wie etwa Vertrauen und → Solidarität – erhält und erzeugt, auf die Staat und Markt existenziell angewiesen sind, die sie selbst aber nicht schaffen können (vgl. Nolte). Die Organisationen der Z. stiften aber nicht nur soziale Netzwerke und → Normen, sondern sind nach den Privathaushalten auch die wichtigsten Produzenten personenbezogener Dienstleistungen – mit steigender Tendenz (vgl. Evers u.a.).

Die Idee der Z. weist neben den skizzierten Leistungspotenzialen auch deutliche Grenzen auf. Politisch engagiert zu sein ist für viele Bürger/innen punktuell und befristet denkbar, aber eben kein erstrebenswerter Dauerzustand. Der Bürgerstatus kann auch nicht darüber hinwegtäuschen, dass die Teilnahmechancen (→ Partizipation) in der Z. ungleich verteilt sind. Staatliche Maßnahmen können zwar dazu beitragen, die → Chancengleichheit zu erhöhen; gleichwohl käme es gerade vor dem Hintergrund der staatszentrierten Politiktradition in Deutschland auf eine Selbstbegrenzung der staatlichen Machtausübung an, um die Selbstregelungskompetenzen der Z. zu fördern (vgl. Backhaus-Maul u.a.). Die Idee der Z. ist folglich eine »sensible« Angelegenheit, die nicht durch direkte staatliche Einflussnahme gesteuert werden kann, sondern Ausdruck des eigensinnigen Engagements selbst organisierter und bewusster Bürger/innen und → Gruppen ist, das allenfalls durch entsprechende politische und wirtschaftliche Rahmenbedingungen begünstigt werden kann (Olk u.a.). Insgesamt betrachtet konstituiert die Vorstellung von einer Z. kein neues Gesellschaftsmodell, sondern bildet – in der zu Einseitigkeiten neigenden staats- und neuerdings wirtschaftszentrierten deutschen Gesellschaft – ein erfrischendes gesellschaftspolitisches Korrektiv.

*Lit.* Backhaus-Maul, H./Nährlich, S./Speth, R.: Denkschrift Bürgergesellschaft. Plädoyer für eine bessere (Selbst-)Steuerungs- und Leistungsfähigkeit der Bürgergesellschaft, Berlin 2012; Enquete-Kommission »Zukunft des Bürgerschaftlichen Engagements« des Deutschen Bundestages (Hrsg.): Bürgerschaftliches Engagement. Auf dem Weg in eine zukunftsfähige Bürgergesellschaft, Opladen 2002; Klein, A.: Der Diskurs der Zivilgesellschaft. Politische Kontexte und demokratietheoretische Bezüge der neueren Begriffsverwendung, Opladen 2001; Olk, T./Klein, A./Hartnuß, B. (Hrsg.): Engagementpolitik. Die Entwicklung der Zivilgesellschaft als politische Aufgabe, Wiesbaden 2010; Putnam, R. D. (Hrsg.): Gesellschaft und Gemeinsinn. Sozialkapital im internationalen Vergleich, Gütersloh 2001

*Holger Backhaus-Maul*

**Zuchtmittel** (§§ 13 ff. → Jugendgerichtsgesetz [JGG]) Aus Anlass einer Straftat eines/einer Jugendlichen oder Heranwachsenden können nach dem JGG Z. angeordnet werden (§§ 5, 105 Abs. 1 JGG). Sie werden nach einer mündlichen Verhandlung von den → Jugendgerichten verhängt und sind die am häufigsten angeordneten Maßnahmen (2013 gegenüber etwa 70% der Verurteilten). Sie sollen die Straftaten solcher Jugendlichen und Heranwachsenden ahnden, die nachdrücklich in ihre Grenzen gewiesen werden müssen, aber noch nicht erheblich kriminell gefährdet erscheinen. Ist gleichzeitig eine erzieherische Einwirkung auf die Verurteilten angezeigt, so werden neben einem Z. geeignete → Erziehungsmaßregeln angeordnet. Z. (Verwarnung, Auferlegung besonderer Pflichten und Jugendarrest) sind eigenständige jugendstrafrechtliche Ahndungsmaßnahmen, die zwar fühlbare Reaktionen auf Fehlverhalten sind, die Verurteilten aber nicht als Bestrafte abstempeln: Sie gelten nicht als → Vorstrafen und gelangen nicht ins → Bundeszentralregister, werden allerdings ins → Erziehungsregister eingetragen.

Die Auflagen, den durch die Tat verursachten Schaden wiedergutzumachen und/oder sich persönlich bei dem/der Verletzten zu entschuldigen, machten 2013 nur 4,4% aus; der Großteil entfiel bei den Heranwachsenden auf die Ableistung gemeinnütziger Arbeit (57%) und die Zahlung einer Geldauflage (37%); bei den Jugendlichen machte die Arbeitsauflage sogar mehr als 80% aus. Die gemeinnützige Arbeit wird i.d.R. auf Vermittlung der Jugendgerichtshilfe bei einem öffentlichen oder gemeinnützigen Träger abgeleistet; nicht selten kommt es dabei zu Arbeitsstörungen, die ggf. weitere Maßnahmen des Gerichts nach sich ziehen. Der Jugendarrest (§ 16 JGG) wird als Freizeitarrest für mindestens ein, höchstens zwei Wochenenden oder als Dauerarrest für mindestens eine, höchstens vier Wochen verhängt. Er wird unter Aufsicht eines/einer Jugendrichter/in als Vollzugsleiter/in in selbstständigen Jugendarrestanstalten, der Freizeitarrest mitunter auch in gesonderten Arresträumen im Gericht nach den Vorschriften der Jugendarrestvollzugsordnung vollzogen. Im Dauerarrest werden erzieherische Kurse, Sport und gemeinsame Freizeit angeboten. Trotz einiger Verbesserungen wird der erzieherische und spezialpräventive Wert des Jugendarrests (→ Kriminalprävention) – insbesondere im Hinblick auf die hohen Rückfallzahlen – nach wie vor von der Wissenschaft bestritten.

Der Jugendarrest wurde 2013 gegen insgesamt 14.481 junge Männer und Frauen verhängt (17% der insgesamt verhängten Z.). Zusätzlich verbüßen pro Jahr vermutlich mehrere tausend junge Menschen Jugendarrest als Ungehorsamsarrest, weil sie schuldhaft Weisungen (Erziehungsmaßregeln) oder Auflagen nicht nachgekommen sind. Mit Wirkung zum 7.3.2013 hat der Gesetzgeber den sog. »Warnschussarrest« eingeführt, der von den Jugendgerichten als Ergänzung zu einer zur Bewährung ausgesetzten → Jugendstrafe verhängt werden kann.

*Jörg-Martin Jehle*

**Zugewinngemeinschaft** Seit 1.7.1958 leben Ehegatten, soweit sie nicht durch Ehevertrag etwas anderes vereinbart haben, im Güterstand der Z. (§§ 1363 bis 1390 → Bürgerliches Gesetzbuch [BGB]). Während der → Ehe behält und verwaltet jeder Ehegatte sein → Vermögen selbst. Am Ende der Ehe wird der während der Ehe erzielte Vermögenszuwachs (Zugewinn) ausgeglichen. Wird die Ehe durch den Tod eines Ehegatten aufgelöst, erfolgt der Ausgleich des Zugewinns schematisch durch Erhöhung des Erbteils des überlebenden Ehegatten um ein Viertel, unabhängig davon, ob sich das Vermögen des verstorbenen oder des überlebenden Ehegatten während der Ehe erhöht hat (§ 1371 BGB). Endet die Ehe durch → Ehescheidung (Aufhebung, Nichtigerklärung), wird der Zugewinn errechnet durch Vergleich des Vermögens beider Ehegatten bei der Eheschließung (Anfangsvermögen) und bei Scheidung (Endvermögen). Die Person, die weniger erzielt hat, erhält die Hälfte des Überschusses der anderen als Ausgleichsforderung (§ 1378 BGB). Durch das Gesetz zur Änderung des Zugewinnausgleichs- und Vormundschaftsrechts vom 6.7.2009 sind mit Wirkung vom 1.9.2009 Schwachstellen in der Berechnung des Zugewinnausgleichs behoben worden (§ 1378 BGB). Obwohl die Vermögen der Ehegatten während der Ehe getrennt bleiben, kann die Z. nicht als Gütertrennung (→ Eheliches Güterrecht) mit Ausgleich des Zugewinns am Ende der Ehe bezeichnet werden. Während der Ehe bestehen Verfügungsbeschränkungen (§§ 1365 bis 1367 und 1369 BGB). Durch Ehevertrag können die Ehegatten die Z. erweitern, einschränken oder ausschließen.

*Hans-Jürgen Schimke*

**Zukunftskonferenz** → Großgruppenverfahren

**Zumutbarkeit von Arbeit** spielt sowohl in der → Arbeitslosenversicherung nach dem SGB III als auch in der → Grundsicherung für Arbeitsuchende nach SGB II, bei der → Sozialhilfe nach dem SGB XII sowie bei Leistungen nach dem → Asylbewerberleistungsgesetz (AsylbLG) eine Rolle.

Im Rahmen der Grundsicherung für Arbeitsuchende müssen erwerbsfähige Leistungsberechtigte nach § 2 Abs. 2 S. 2 SGB II ihre Arbeitskraft zur Beschaffung des Lebensunterhalts einsetzen. Daraus folgt eine Obliegenheit zur Arbeit (→ Arbeitspflicht). Dies steht aber unter dem Vorbehalt der Zumutbarkeit. Nach § 10 Abs. 1 SGB II ist grundsätzlich jede Arbeit zumutbar, es werden nur besondere Ausnahmen festgelegt. Diese Grundsätze gelten entsprechend für die Teilnahme an

Eingliederungsmaßnahmen gemäß § 10 Abs. 3 SGB II.

Die Z. ist bedeutsam bei → Sanktionen nach §§ 31 ff. SGB II. Die Z. ist danach auch beim Abschluss von → Eingliederungsvereinbarungen nach § 15 SGB II relevant, da darin nur Eigenbemühungen um zumutbarer Arbeit festgelegt werden können. Ebenso drohen Sanktionen bei Abbruch oder Nichtantritt von Eingliederungsmaßnahmen nur dann, wenn es um zumutbare Eingliederungsmaßnahmen geht. Auch liegt eine Pflichtverletzung des Hilfebedürftigen bei Verweigerung einer → Arbeitsgelegenheit nach § 16 d SGB II nur im Falle der Z. vor.

Nach § 10 Abs. 1 SGB II ist jede Arbeit zumutbar, wenn nicht ein wichtiger Grund entgegensteht. Ohne Bedeutung sind nach § 10 Abs. 2 SGB II Verschlechterungen gegenüber bisheriger Tätigkeit, bisherigen Arbeitsbedingungen oder Ausbildung (Nr. 1, 2, 4) sowie eine weitere Entfernung als zum bisherigen Tätigkeitsort (Nr. 3). Es gibt auch keinen Schutz gegen Entwertung vorhandener Fähigkeiten. Mit Rücksicht auf die Arbeitsbedingungen ergeben sich allerdings Grenzen aus den allgemeinen gesetzlichen Bestimmungen über zulässige Inhalte von → Arbeitsverträgen. So können Befristungen ohne sachlichen Grund nur bis zu einer Höchstdauer von zwei Jahren vereinbart werden (§ 14 Abs. 2 Teilzeit- und Befristungsgesetz [TzBfG]) und die Vergütung darf nicht hinter dem gesetzlichen Mindestlohn zurückbleiben oder gegen die guten Sitten gem. § 138 → Bürgerliches Gesetzbuch (BGB) verstoßen (Bundesarbeitsgericht, Urt. v. 17.12.2014 – 5 AZR 663/13: 1/3 hinter üblicher Vergütung zurückbleibend). Für Hilfebedürftige, die ergänzend neben Arbeitseinkommen auf → Grundsicherung angewiesen sind (»Aufstocker«), ist Arbeit nach § 10 Abs. 2 Nr. 5 SGB II auch dann zumutbar, wenn sie mit der Beendigung einer Erwerbstätigkeit verbunden ist. Daraus folgt, dass sich diese Personengruppe um zusätzliche zumutbare Arbeit oder Ausweitung der bisherigen Beschäftigung bemühen muss. Gründe der Unzumutbarkeit sind Pflege von Kindern (i.d.R. bis zum 3. Lebensjahr) und nahen Angehörigen (Nr. 3, 4) (→ Pflege). Pflege steht der Z. allerdings dann nicht entgegen, wenn sie auf andere Weise gewährleistet werden kann. Die geistige, körperliche oder seelische Überforderung (Nr. 1) ist darüber hinaus ebenso ein wichtiger Grund, der der Z. entgegensteht, wie die Erschwerung einer bisherigen überwiegenden Arbeit (Nr. 2). Letztere kann insbesondere vorliegen, wenn bisherige Fähigkeiten dauerhaft beeinträchtigt werden könnten, bspw. wenn ein Klavierspieler durch schwere körperliche Arbeit seine Virtuosität verlieren könnte. Die Aufzählung ist aber nicht abschließend, nach Nr. 5 kommen sonstige Gründe in Betracht, etwa wenn religiöse Überzeugungen der Beschäftigung entgegenstehen (z.B. bei Alkoholausschank durch Muslime) oder die Schulpflicht eines Kindes die Erfüllung der Arbeitsleistung unmöglich macht.

Arbeitnehmer müssen nach § 2 Abs. 5 SGB III u.a. zumutbare Beschäftigungen aufrechterhalten bzw. bei → Arbeitslosigkeit zumutbare Beschäftigungen aufnehmen. Bezug von → Arbeitslosengeld setzt u.a. Arbeitslosigkeit voraus. Das erfordert nach § 138 Abs. 1 Nr. 2 SGB III Eigenbemühungen zur Beendigung der Beschäftigungslosigkeit. Der fehlende Nachweis geforderter Eigenbemühungen, die Arbeitsablehnung, die Aufgabe einer Beschäftigung sowie die Ablehnung oder der Abbruch einer beruflichen Eingliederungsmaßnahme führen zu einer Sperrzeit mit der Folge des Ruhens des Arbeitslosengeldes nach § 159 SGB III, wenn es an einem wichtigen Grund fehlt. Ein wichtiger Grund kann sich insbesondere aus der Unzumutbarkeit ergeben. § 140 SGB III regelt, welche Beschäftigungen zumutbar sind. Auch hier ist grundsätzlich jede Beschäftigung zumutbar (Abs. 1). Die Unzumutbarkeit ist aber großzügiger ausgestaltet als für Leistungsberechtigte nach dem SGB II. Sie kann sich nach § 140 Abs. 3 SGB III zunächst aus einem Entgeltverlust gegenüber der früheren Beschäftigung ergeben, wobei je nach Dauer der Arbeitslosigkeit differenziert wird. Darüber hinaus kann sich die Unzumutbarkeit aus den Pendelzeiten ergeben (Einzelheiten in § 140 Abs. 4 SGB III). Schließlich ist eine Beschäftigung nach § 140 Abs. 2 SGB III immer dann unzumutbar, wenn sie gegen gesetzliche oder tarifvertragliche Bestimmungen oder Betriebsvereinbarungen verstößt.

Im Sozialhilferecht ist ebenfalls eine Obliegenheit zur Aufnahme einer zumutbaren Tätigkeit geregelt (§ 2 Abs. 1, § 11 Abs. 3 S. 4 SGB XII). § 11 Abs. 4 regelt, dass eine Tätigkeit dann nicht zumutbar ist, wenn sie wegen Erwerbsminderung, → Krankheit, Behinderung (→ behinderte Menschen) oder → Pflegebedürftigkeit nicht ausgeübt werden kann, sowie bei Überschreiten der Regelaltersgrenze der gesetzlichen → Rentenversicherung. Darüber hinaus können Pflege von Kindern (in der Regel bis zum 3. Lebensjahr), Haushaltsführung oder Pflege eines Angehörigen der Z. entgegenstehen. Schließlich kann sich die Unzumutbarkeit aus einem sonstigen wichtigen Grund ergeben. Insoweit kann auf die Grundsätze im Rahmen des SGB II zurückgegriffen werden.

Arbeitsfähige Asylbewerber/innen (→ Asylberechtigte), die nicht mehr im schulpflichtigen Alter sind, sind zur Wahrnehmung einer zumutbaren Arbeitsgelegenheit nach § 5 Abs. 4 AsylbLG verpflichtet, anderenfalls droht der Leistungsverlust. Zur Konkretisierung der Zumutbarkeit kann ebenfalls auf die Grundsätze zum SGB II zurückgegriffen werden.

*Olaf Deinert*

**Zurechnungsfähigkeit** → Schuld

**Zurechnungszeit** → Rentenrechtliche Zeiten

**Zusatzurlaub für schwerbehinderte Menschen** Schwerbehinderte Beschäftigte haben einen Anspruch auf einen bezahlten zusätzlichen Urlaub von fünf Arbeitstagen im Urlaubsjahr (§ 125 SGB IX). Verteilt sich die regelmäßige Arbeitszeit des → schwerbehinderten Menschen auf mehr oder weniger als fünf Arbeitstage in der Kalenderwoche, erhöht oder vermindert sich der Z. entsprechend. Umfasst die Arbeitswoche des schwerbehinderten Menschen z.B. vier Arbeitstage, stehen ihm auch lediglich vier Urlaubstage zu. Ist die Arbeitszeit dagegen auf sechs Tage verteilt, erhöht sich der Z. ebenfalls auf sechs Tage. Der Z. tritt zu dem allgemeinen Erholungsurlaub, der allen Beschäftigten laut Gesetz, Tarif- oder → Arbeitsvertrag zusteht, hinzu und folgt dessen Regelungen, insbesondere was die Wartezeit, Übertragbarkeit, Abgeltung usw. angeht. Wird die Schwerbehinderteneigenschaft im laufenden Kalenderjahr anerkannt, besteht für jeden vollen Kalendermonat, für den sie festgestellt wurde, ein anteiliger Anspruch auf ein Zwölftel des Z. Der Anspruch auf Z. ist von dem/der Arbeitnehmer/in unter Vorlage des Schwerbehindertenausweises beim Arbeitgeber geltend zu machen. → Behinderte Menschen mit einem Grad der Behinderung (GdB) von 30 oder 40, die auf Antrag von der → Agentur für Arbeit schwerbehinderten Menschen gleichgestellt worden sind, haben keinen Anspruch auf Z. (§ 68 Abs. 3 SGB IX).

*Katja Kruse*

**Zusatzversorgung im öffentlichen Dienst** Der Begriff Z. erfasst herkömmlicherweise die → betriebliche Altersversorgung für Angestellte sowie Arbeiterinnen und Arbeiter des öffentlichen Dienstes. Die Z. ist tarifvertraglich geregelt. Derzeit gelten die Bestimmungen des »Tarifvertrags über die betriebliche Altersversorgung der Beschäftigten des öffentlichen Dienstes (Tarifvertrag Altersversorgung – ATV) vom 1.3.2002 (für die bei der Versorgungsanstalt des Bundes und der Länder [VBL] sowie der Zusatzversorgungskasse des Saarlands versicherten Beschäftigten) und der inhaltsgleiche »Tarifvertrag über die zusätzliche Altersvorsorge der Beschäftigten des öffentlichen Dienstes vom 1.3.2002 – Altersvorsorge-TV-Kommunal (ATV-K) (für die bei den kommunalen Z.kassen versicherten Beschäftigten), ergänzt um die Regelungen des Änderungsvertrags Nr. 5 zum ATV und ATV-K, mit Änderungen hinsichtlich der Startgutschriftberechnung für Personen, die vom Übergang 2002 betroffen waren Für jede/n Berechtigte/n wird mit Aufnahme der Beschäftigung eine Anmeldung bei der jeweils zuständigen Versicherungsanstalt vorgenommen. Die Beitragsleistungen aus 4% des Einkommens, die vom Arbeitgeber in ein kapitalgedecktes System eingezahlt und verzinst werden, werden in altersabhängige Versorgungspunkte umgewandelt. Im Rentenfall wird die jeweilige Punktezahl in eine monatliche Betriebsrente umgerechnet, die jährlich dynamisiert wird. Die Änderungen der Rahmenbedingungen 2002 haben zahlreiche gerichtliche Auseinandersetzungen zur Folge – welche noch zu weiteren Änderungen und Anpassungen führen können.

*Katja Fahlbusch*

**Zuschuss** Z. sind einmalige oder laufende → Geldleistungen öffentlich-rechtlicher Körperschaften an Empfänger aus dem nicht öffentlichen Bereich. Haushaltsrechtlich sind sie abzugrenzen von den Zuweisungen, die einmalige oder laufende Geldleistungen öffentlich-rechtlicher Körperschaften untereinander umfassen. Z. müssen in der Regel nicht zurückgezahlt werden, es sei denn, der Empfänger verwendet die Mittel nicht zweckentsprechend oder verstößt gegen die ihm obliegenden Pflichten. Die Leistungen für → Zuwendungen werden in der Regel im → Haushaltsplan der Hauptgruppe der Zuweisungen und Z. zugeordnet, sofern es sich dabei nicht um Investitionen handelt. Steuerrechtlich relevant ist die Qualifizierung als echter Z. Dieser unterliegt in Ermangelung eines Leistungsaustausches nicht der Umsatzsteuer. Ein echter Z. ist auch dann gegeben, wenn die/der Empfänger/in die Zahlungen aus strukturpolitischen, volkswirtschaftlichen oder allgemein politischen Gründen erhält, um allgemein in die Lage versetzt zu werden, ihre/seine Aufgaben zu erfüllen. Zuwendungen gehören in der Regel zu den echten Z. Jedoch kann auch hier ein umsatzsteuerbarer Leistungsaustausch vorliegen, wenn der Zuwendungsbescheid bzw. dessen Nebenbestimmungen entsprechend formuliert sind. Die Abgrenzung zwischen beiden war in den vergangenen Jahren mehrfach Gegenstand von Entscheidungen der Finanzgerichte.

*Wolfgang Teske*

**Zuständigkeit, sachliche und örtliche** Die Regelungen zur Z. sind Bestandteil der Ordnung des allgemeinen Staats- und Verwaltungsaufbaus und erfordern, dass für die Regelung eines bestimmten Einzelverhältnisses nur eine Behörde berechtigt und verpflichtet sein darf. Dies gilt für sämtliche Zweige der Verwaltung und ist insbesondere im Sozialleistungssystem (→ Soziale Sicherheit) als Teil der Leistungsverwaltung von besonderer Bedeutung. Die Regelungen zur Z. dienen der schutzwürdigen Sicherstellung wirksamer → Sozialleistungen, der Zuständigkeitsbegrenzung und Kostenverteilung zwischen den Trägern. Das → Sozialgesetzbuch (SGB) normiert ein gegliedertes Sozialleistungssystem mit einer Vielzahl von für Leistungen zuständigen Trägern. Daraus folgt, dass den um Leistungen Nachsuchenden verschiedene → Sozialleistungsträger zur Abdeckung ihres Bedarfs gegenüberstehen können. Durch die gesetzlichen Regelungen zur Z. wird bestimmt, welcher Träger letztlich zur Leistung verpflichtet ist.

(1) Die sachliche Z. beantwortet die Frage, welche Art von Behörde zuständig ist. Von Bedeutung ist dies innerhalb der → Sozialhilfe und der → Kinder- und Jugendhilfe (→ Kinder- und Jugendhilfegesetz [KJHG]), die von örtlichen Trägern (→ Gemeinden, → kreisfreien Städten, → Landkreisen) und überörtlichen Trägern (Länder, höhere Kommunalverbände) gewährt werden, wobei die örtlichen Träger (§ 3 SGB XII) eine Vermutung der Allzuständigkeit trifft. In der Sozialhilfe sind diese gem. § 97 Abs. 1 SGB XII sachlich zuständig, soweit nicht die Z. des überörtlichen Trägers gegeben ist. Ziel dieser Regelung ist eine für die Leistungsberechtigten bessere Transparenz durch die Leistungserbringung aus einer Hand. Die sachliche Z. des überörtlichen Trägers wird durch Landesrecht bestimmt und soll dem Grundsatz der Einheitlichkeit entsprechen. Für den Fall einer fehlenden landesrechtlichen Bestimmung greift gem. § 97 Abs. 3 SGB XII eine vorsorgliche bundesrechtliche Bestimmung der sachlichen Z. des überörtlichen Trägers (sog. Auffangzuständigkeit). In der Kinder- und Jugendhilfe ist nach § 85 Abs. 1 SGB VIII der örtliche Träger sachlich zuständig, soweit nicht der überörtliche Träger zuständig ist. Die in § 85 Abs. 2 SGB VIII abschließend erfassten Aufgaben der überörtlichen Träger haben dabei primär eine Koordinierungs-, Beratungs- und Ergänzungsfunktion. Durch § 85 Abs. 3 SGB VIII wurde eine konkurrierende örtliche Z. geschaffen, die dem örtlichen Träger ermöglicht, bestimmte Aufgaben der überörtlichen Träger wahrzunehmen, die den örtlichen Bereich betreffen.

(2) Durch die örtliche Z. wird bestimmt, welcher von mehreren gleichartigen, sachlich zuständigen Trägern zur Gewährung der Leistung im Einzelfall verpflichtet ist. Da der zuständige Träger letztlich auch die Kosten der Leistung zu tragen hat, schließt die sachliche und örtliche Z. die finanzielle Z. ein. Gem. § 98 Abs. 1 S. 1 SGB XII ist der → Träger der Sozialhilfe örtlich zuständig, in dessen Bereich sich Hilfesuchende tatsächlich aufhalten (sog. Aufenthaltsprinzip). Entscheidend ist also die rein physische Anwesenheit der Leistungsberechtigten im Bereich des Trägers, wobei Länge oder Zweck des → Aufenthalts unerheblich sind. Besonderheiten sind in § 98 Abs. 1 S. 2, Abs. 2 und 5 SGB XII geregelt. Für Leistungen der → Grundsicherung im Alter und bei Erwerbsminderung ist nicht der tatsächliche, sondern der gewöhnliche Aufenthaltsort – gA – (§ 30 Abs. 3 S. 2 SGB I) entscheidend. Bei stationären Leistungen ist der gA im Zeitpunkt der Aufnahme in die → Einrichtung maßgeblich. Bei Leistungen in Form ambulanter betreuter Wohnmöglichkeiten (→ Wohnen im Alter) besteht nach § 98 Abs. 5 SGB XII die örtliche Z. fort, d.h. derjenige Träger der Sozialhilfe ist zuständig, der vor Eintritt der Person in Formen ambulanter Wohnmöglichkeiten zuständig war. Maßgabe der örtlichen Z. im Kinder- und Jugendhilferecht ist nach § 86 Abs. 1 SGB VIII der gA der Eltern, womit der Gesetzgeber das Bezugssystem zwischen Eltern und Kind zum Ausdruck bringt. Erst wenn die Eltern verschiedene oder keine gA haben, treten andere Aspekte, hilfsweise der tatsächliche Aufenthalt des Kindes oder des Jugendlichen, in den Vordergrund (§§ 86 Abs. 2 SGB VIII ff.).

Das → Sozialrecht sieht verschiedentlich → Vorleistungspflichten zum Schutze der Anspruchsberechtigten vor, wenn die Z. zwischen mehreren Leistungsträgern strittig ist (z.B. § 43 Abs. 1 SGB I, § 44 a SGB II, § 86 d SGB VIII, § 14 SGB IX). Wird über einen → Antrag nicht rechtzeitig entschieden und liegt ein Eilfall vor, kann auch eine einstweilige Anordnung des Gerichts (→ einstweiliger Rechtsschutz) nach § 123 Verwaltungsgerichtsordnung (VwGO) bzw. § 86 b Abs. 2 Sozialgerichtsgesetz (SGG) erwirkt werden. Von besonderer Relevanz ist hierbei die Regelung des § 14 SGB IX. Diese Vorschrift trifft für Leistungen zur → Teilhabe (§§ 5 SGB IX, 29 SGB I) → behinderter Menschen eine für die → Rehabilitationsträger (§ 6 SGB IX) abschließende Regelung, die grundsätzlich den allgemeinen Regelungen zur vorläufigen Leistungserbringung im SGB I – also auch § 43 SGB I – vorgeht. § 14 SGB IX ist zudem anwendbar, wenn die Z. zwischen zwei Rehabilitationsträgern »gleicher Art« (z.B. zwischen zwei → Krankenkassen) umstritten ist. § 14 SGB IX bezweckt, Verfahrensverzögerungen durch Streitigkeiten der Z. zu vermeiden und mithin die Hilfesuchenden vor den Nachteilen des gegliederten Systems zu schützen. Die Z. bestimmt sich nach dem Verhalten des durch den Hilfesuchenden erstangegangenen Trägers, der innerhalb von zwei Wochen den Antrag hinsichtlich seiner Z. umfassend zu prüfen hat (§ 14 Abs. 1 SGB IX). Stellt er diese fest, ist er zuständig. Ansonsten hat er den Antrag nach § 14 Abs. 1 S. 2 SGB IX unverzüglich an den nach seiner Auffassung zuständigen Rehabilitationsträger weiterzuleiten, der sodann zuständig wird. Dieser prüft und erbringt in der Folge nicht nur trägerspezifische Leistungen, sondern solche aufgrund aller Rechtsgrundlagen, die in der spezifischen Bedarfssituation vorgesehen sind. Eine nochmalige Weiterleitung ist ausgeschlossen.

*Lit.* Bieritz-Harder, R./Conradis, W./Thie, S. (Hrsg.): LPK-SGB XII. Sozialgesetzbuch XII. Sozialhilfe, 10. Aufl., Baden-Baden 2015; Erlenkämper, A./Fichte, W.: Sozialrecht. Allgemeine Rechtsgrundlagen, Sozialgesetzbücher und sonstige Sozialgesetze, Verfahrensrecht, 6. Aufl., Köln u.a. 2008; Gagel, A.: Zur umfassenden Prüfungs- und Bearbeitungspflicht als Folge der besonderen Zuständigkeitsregelung in § 14 SGB IX – Teil I und II, 2009, abrufbar unter: www.reha-recht.de; Neumann, D./Pahlen, R./Majerski-Pahlen, M.: Sozialgesetzbuch IX – Rehabilitation und Teilhabe behinderter Menschen, 12. Aufl., München 2010.

*Matthias Krömer*

**Zuwanderungsgesetz** Das am 1.1.2005 in Kraft getretene Gesetz zur Steuerung und Begrenzung der Zuwanderung und zur Regelung des Aufenthalts und der Integration von Unionsbürgern und Ausländern (Zuwanderungsgesetz, BGBl. 2004 I S. 1950) ist ein Artikelgesetz, also ein Gesetzespaket, das die deutsche Migrationspolitik (→ Migration) neu ordnete. Neu verabschiedet wurden im Rahmen dieses Gesetzespakets das Aufenthaltsgesetz (AufenthG), das das alte Ausländergesetz abgelöst hat, sowie das Freizügigkeitsgesetz/EU als Spezialgesetz für Bürger/innen der → Europäischen Union (EU) (→ Unionsbürgerschaft). Außerdem wurden u.a. auch Vorschriften im Asylverfahrensgesetz, das 2015 in Asylgesetz (AsylG) umbenannt wurde, sowie im Asylbewerberleistungsgesetz neu geregelt.

Mit dem Z. bekannte sich der Bundesgesetzgeber 2005 erstmals formell dazu, dass Deutschland ein Zuwanderungsland ist. So wurden Regelungen zur Förderung der Integration und des Spracherwerbs von Zuwanderern sowie zur Erleichterung der Arbeitsmigration, insbesondere von hochqualifizierten Fachkräften (Einführung der Blue Card 2013, Beschäftigungsverordnung 2013) getroffen. Die wichtigsten Aufenthaltstitel im AufenthG sind die befristete zweckgebundene Aufenthaltserlaubnis und die unbefristete, nicht an bestimmte Zwecke gebundene Niederlassungserlaubnis. Im Flüchtlingsrecht (→ Flüchtlinge) wurde der Schutz vor nichtstaatlicher und geschlechtsspezifischer Verfolgung den der → Asylberechtigten unter bestimmten Voraussetzungen angepasst. Von der im AufenthG geschaffenen Rechtsgrundlage, Härtefallkommissionen einzurichten, haben inzwischen alle Bundesländer Gebrauch gemacht. So kann vollziehbar ausreisepflichtigen Ausländer/innen (→ Abschiebung) in bestimmten Härtefällen ein Bleiberecht außerhalb der gesetzlich geregelten Systematik des AufenthG und AsylG gewährt werden.

Seit 2005 wurden insbesondere das AufenthG und das AsylG vielfach geändert. Diese Änderungen waren zum einen durch die erforderliche Umsetzung von asyl- und aufenthaltsrechtlichen EU-Richtlinien bedingt; zum anderen beruhten sie auf integrations- und migrationspolitischen Entscheidungen des Bundesgesetzgebers. Neu eingeführt wurden z.B. Bleiberechtsregelungen für langjährig geduldete Menschen, aber auch für sog. »gut integrierte« Jugendliche, oder besondere Schutzvorgaben, die bei der Abschiebung von → unbegleiteten minderjährigen Flüchtlingen zu berücksichtigen sind. Die aufenthalts- und asylrechtliche Handlungsfähigkeit wurde Ende 2015 auf 18 Jahre angehoben. Das Ausweisungsrecht wurde neu geordnet und verschärft; diese Regelungen traten zum 1.1.2016 in Kraft. Seit Herbst 2015 hat die Dynamik der migrations- und integrationspolitischen Bundesgesetzgebung erheblich zugenommen. Integrationspolitische Verbesserungen wie z.B. die Lockerung der → Residenzpflicht oder der schnellere Zugang zum → Arbeitsmarkt für Asylbewerber/innen wurden teilweise wieder rückgängig gemacht.

Am 7.7.2016 wurde im Bundestag ein → Integrationsgesetz verabschiedet, das voraussichtlich im Sommer 2016 in Kraft tritt. Es ist ein Artikelgesetz und sieht insbesondere Änderungen im SGB II, SGB III, SGB XII sowie im → Asylbewerberleistungsgesetz (AsylbLG), im AsylG und im AufenthG vor.

*Melanie Kößler*

**Zuwendungen** sind nach den gesetzlichen Festlegungen in der Bundeshaushaltsordnung (BHO) bzw. den Landeshaushaltsordnungen (LHO) zweckgebundene Geldleistungen des Bundes und der Länder an Stellen außerhalb der Verwaltung zur Erfüllung öffentlicher Aufgaben. Sie dürfen nur veranschlagt werden, wenn die öffentliche Hand ein erhebliches Interesse an der Aufgabenerfüllung hat, das ohne die Z. nicht oder nicht im notwendigen Umfang befriedigt werden kann. Die Handlungsform der Verwaltung ist in diesem Zusammenhang entweder der Z.bescheid oder der Z.vertrag. Bei der Art der Förderung wird die Projektförderung – also die Förderung für einzelne abgegrenzte Vorhaben – von der institutionellen Förderung, mit der die gesamten oder anteiligen Ausgaben des Zuwendungsempfängers gedeckt werden, unterschieden. Die hierfür maßgeblichen Regelungen enthalten § 23 und § 44 BHO. Darüber hinaus sind die Verwaltungsvorschriften zu § 44 BHO und deren Anlagen relevant. Bei den Anlagen handelt es sich um die Allgemeinen Nebenbestimmungen (ANBest), in denen die Anforderungen an Z., die Finanzierungsart, die Vergabe von Aufträgen, Mitteilungspflichten des Z.empfängers sowie der Nachweis der Verwendung der Mittel einschließlich Erstattung und Verzinsung geregelt sind. Abzugrenzen sind Z. von Subventionen, die aus den → Haushalten zur Förderung der Wirtschaft an Unternehmen erbracht werden. Beide Formen der Finanzierung durch den Staat können europarechtlich als → Beihilfe qualifiziert werden und unterliegen dann entsprechenden Zulässigkeitserfordernissen.

*Wolfgang Teske*

**Zuzahlungen in der Krankenversicherung** → Selbstbeteiligung in der Krankenversicherung

**Zwangsgeld** → Zwangsmittel

**Zwangshaft** → Zwangsmittel

**Zwangskontexte in der Sozialen Arbeit** sind alle nicht von den Klient/innen selbst ausgehenden Einflüsse zum Aufsuchen von Einrichtungen der sozialen Arbeit. Hierzu zählen zum einen subjektiv interpretierte Druck-(Push-) und Anreiz-(Pull-)Faktoren des informellen und des formellen Netzwerks, zum anderen rechtliche Bestimmungen, die gelegentlich auch als Z. i.e.S. verstanden werden (Pflichtklientschaft). Insbesondere in den Arbeitsfeldern des → Strafvollzugs, der → Bewährungshilfe, der Jugendgerichtshilfe, im → Jugendamt, in der Arbeit mit → psychisch kranken Menschen und vermehrt im Bereich des → Sozialrechts sind derartige Pflichtberatungen nachweisbar. Bei den durch Netzwerkeinflüsse erzwungenen Kontaktaufnahmen können sich hinter der Fassade der Freiwilligkeit Ablehnung und mangelnde Einsicht verbergen. Umgekehrt bedeuten Z. nicht notwendig eine nicht vorhandene → Motivation zur → Kooperation: Eine latent vorhandene Bereitschaft zur Mitarbeit wird häufig erst durch den erzwungenen Kontakt zu → sozialen Diensten wirksam. Den Z. aufseiten der Klient/innen entsprechen häufig strukturell ähnliche Erscheinungsformen aufseiten der → Fachkräfte. Wichtigste Empfehlungen an Fachkräfte der Sozialen Arbeit für den Umgang mit Z. sind die Offenlegung der Voraussetzungen und Chancen, das Angebot, gemeinsam an der möglichst raschen Beendigung der erzwungenen Kontakte zu arbeiten, sowie die Überführung erzwungener Kontakte in eine von den Klient/innen erwünschte Zusammenarbeit.

*Harro Dietrich Kähler*

**Zwangsmittel** sind die im Verwaltungs-Vollstreckungsgesetz des Bundes (VwVG) und in den Vollstreckungs- und Polizeigesetzen der Länder vorgesehenen Instrumente zur Durchsetzung von → Verwaltungsakten, die die Adressaten zu einem Tun, Dulden oder Unterlassen verpflichten. Z. sind die Ersatzvornahme, das Zwangsgeld bzw. die Ersatzzwangshaft und der unmittelbar Zwang.

Welches Z. eingesetzt wird, hängt davon ab, welche Verpflichtung durchgesetzt werden soll. Die Ersatzvornahme (§ 10 VwVG) ist für die Durchsetzung einer Verpflichtung zu Handlungen statthaft, deren Vornahme durch einen anderen (Vollzugsbehörde oder dritte Person auf Kosten des Pflichtigen) möglich ist (vertretbare Handlung). Das Zwangsgeld bzw. – bei Uneinbringlichkeit des Zwangsgeldes aufgrund richterlicher Anordnung – die Ersatzzwangshaft (§§ 11, 16 VwVG) ist statthaft, wenn die pflichtige Person eine Handlung schuldet, die nur sie vornehmen kann (unvertretbare Handlung), oder wenn sie eine Duldung oder ein Unterlassen schuldet; ausnahmsweise kommt es auch zur Durchsetzung einer vertretbaren Handlung in Betracht. Unmittelbarer Zwang (§ 12 VwVG) in Form des Einsatzes körperlicher Gewalt gegen eine Person und/oder Sachen ist statthaft, wenn die Verpflichtung durch Ersatzvornahme oder Zwangsgeld nicht zum Ziel führt oder untunlich ist (u.a. bei Bestehen einer unmittelbaren Gefahr).

Z. können nur bei unanfechtbaren oder sofort vollziehbaren Verwaltungsakten angewendet werden. Die Wahl des Z. steht i.d.R. im → Ermessen der Behörde; sie hat dabei den → Verhältnismäßigkeitsgrundsatz zu beachten. Das Z. muss i.d.R. schriftlich mit Fristsetzung angedroht (§ 13 VwVG) und nach Ablauf der Frist festgesetzt werden (§ 14 VwVG). Erst danach kann es angewendet werden (§ 15 VwVG). Androhung, Festsetzung und Anwendung können als Verwaltungsakte mit den → Rechtsbehelfen (ohne aufschiebende Wirkung) angefochten werden, die gegen den durchzusetzenden Verwaltungsakt zulässig sind (§ 18 VwVG).

*Uwe Klerks*

**Zwangsneurose** → Zwangssymptome

**Zwangssymptome** Als Z. (manchmal auch benannt als »Zwangsneurose«) werden wiederkehrende Gedanken, Handlungsimpulse oder Handlungen bezeichnet, die von den Patient/innen als unangenehm empfunden werden und gegen die sie sich vergebens wehren. Die Handlungen oder Gedanken werden zumeist als unsinnig, aber doch der eigenen Person zugehörig erlebt. Patient/innen klagen über ein Geschehen, das sie selbst als fremdartig, unheimlich oder gar unsittlich verwerfen, zugleich jedoch erfolglos bekämpfen. Zumeist ist das Auftreten der Z. von ängstlichen Gefühlen (→ Angst) begleitet oder wird auch von diesen eingeleitet (z.B. die Angst, das Auto nicht abgeschlossen zu haben, und die daraus resultierende vielfache Kontrolle). Kennzeichnend ist ein → Leidensdruck; die Erlebnisweise des Fremdartigen bleibt in den meisten Fällen erhalten. Die Wiederholung einzelner Ideen und Vorstellungen kann so beherrschend sein, dass sie jede Eigenaktivität der Patient/innen lähmt.

Im → Klassifikationssystem → ICD-10 werden Zwangsgedanken (Grübelzwang), Zwangshandlungen (Zwangsrituale) und Mischformen differenziert. Z. treten aufgrund ihrer starken Belastung für die Betroffenen oft verbunden mit → Depressionen auf. Die Prävalenz liegt bei ca. 2%; Männer und Frauen sind gleich häufig betroffen. Zwangserkrankungen sind, insbesondere, wenn sie länger bestehen, meist stark verfestigt und schwer zu behandeln. Über die Ursachen besteht im wissenschaftlichen Diskurs kein Konsens. Es werden biologische, v.a. genetische Faktoren diskutiert, die zu Störungen der Interaktion bestimmter Hirnbereiche (Basalganglien, limbisches System und orbifrontaler Kortex) und zu Neurotransmitterstörungen führen. Dagegen gehen psychodynamische Konzepte davon aus, dass Z. die Funktion haben, starke Impulse und Affekte (z.B. im Bereich der Aggressivität oder Sexualität) abzuwehren: In der Lebensgeschichte war es nicht möglich, adäquate innerpsychische Strukturen zur Regulation dieser Affekte zu entwickeln, ihr Auftreten führt zum Entstehen von Angst, die wiederum im Rahmen des Zwangsgeschehens »kanalisiert« wird. Lerntheoretisch können sowohl operante als auch klassische Konditionierungen den Kreislauf der Z. aufgebaut haben.

Bei deutlichen Z. mit längerer Dauer ist unbedingt eine professionelle psychotherapeutische Behandlung erforderlich. Während der psychodynamische Ansatz in längerfristigen Prozessen an der grundlegenden Konfliktdynamik ansetzt, wird in der Verhaltenstherapie ein »Umlernen« initiiert, v.a. über Konfrontation. Der/die Patient/in muss sich der zwangsauslösenden Situation aussetzen, ohne die Zwangshandlung auszuführen. Dadurch lernt er/sie, dass sich Spannung und Angst verringern, auch wenn das Ritual nicht vollzogen wird. Die Erfolge der → Therapien sind abhängig vom Schweregrad der Störungen, anderen ergänzenden Behandlungsmöglichkeiten und Ansätzen, die das gedankliche Umgehen der Patient/innen mit den Symptomen verbessern. Ein vollständiger Therapieerfolg ist kurzfristig selten zu erreichen, zumal er nur bei langsam gesteigerter Aktivität und zunehmender Selbstkontrolle der Patient/innen stabilisiert werden kann.

*Klaus Fröhlich-Gildhoff*

**Zwangsvollstreckung** Verfahren zur zwangsweisen Durchsetzung von Ansprüchen, die der/dem Berechtigten aufgrund vollstreckbaren Titels gegen eine/n Verpflichtete/n zustehen (§§ 704 ff. Zivilprozessordnung [ZPO]). Vollstreckbare Titel sind rechtskräftige (→ Rechtskraft) oder vorläufig vollstreckbare Urteile eines → Zivilgerichts, daneben (§ 794 ZPO) u.a. vor Gericht geschlossene Vergleiche, Vollstreckungsbescheide im → Mahnverfahren, Beschlüsse auf Festsetzung des Regelunterhalts oder auf Unterhaltsanpassung im → vereinfachten Verfahren, einstweilige Verfügungen (→ einstweiliger Rechtsschutz) und (in der → Ehescheidung) einstweilige Anordnungen des Gerichts, Entscheidungen des → Familiengerichts nach § 1632 → Bürgerliches Gesetzbuch (BGB) über die → Herausgabe des Kindes, die allerdings im Verfahren der → Freiwilligen Gerichtsbarkeit vollstreckt werden.

Der Titel muss mit der Vollstreckungsklausel versehen sein, die den Eintritt der Vollstreckbarkeit bescheinigt (»Vollstreckbare Ausfertigung«). Die Vollstreckung erfolgt nur auf Antrag der Gläubigerin/des Gläubigers und nach Zustellung der Ausfertigung des Titels an die Schuldnerin/den Schuldner. Zahlungstitel vollstrecken Gerichtsvollzieher/innen (in bewegliche Habe) oder das Amtsgericht als Vollstreckungsgericht (in Forderungen und sonstige Rechte sowie in Grundstücke). Bei Pfändungen (→ Beschlagnahme, → Rechtsnachfolge) mehrerer Gläubiger/innen in denselben Gegenstand geht die frühere der späteren vor. Am Beginn der Z. wegen Geldforderung steht das → Verfahren zur Vermögensauskunft. Fruchtloser Vollstreckungsversuch führt zur sofortigen Abnahme der Vermögensauskunft. Für die Vollstreckung von Räumungs- und Herausgabetiteln sind ebenfalls Gerichtsvollzieher/innen zuständig; Handlungs- und Unterlassungstitel vollstreckt das Prozessgericht, ggf. das → Betreuungsgericht durch Ersatzvornahme (→ Zwangsmittel) und Beugemittel (Geld, Haft); Willenserklärungen gelten mit Rechtskraft des Titels als abgegeben. S. auch → Vollstreckungsschutz.

*Lutz Haertlein*

**Zweckbestimmte Leistungen** sind Leistungen, die aufgrund öffentlich-rechtlicher Vorschriften zu einem ausdrücklich genannten Zweck erbracht werden. In der → Sozialhilfe und der → Grundsicherung für Arbeitsuchende sind sie nur so weit als → Einkommen zu berücksichtigen, als die gesetzliche Leistung im Einzelfall demselben Zweck dient (§ 83 Abs. 1 SGB XII, § 11 a Abs. 3 S. 1 SGB II). In der → Kinder- und Jugendhilfe ist die Regelung im Rahmen der pauschalierten → Kostenbeteiligung entsprechend anzuwenden (§ 90 Abs. 4 SGB VIII), jedoch beim → Kostenbeitrag für stationäre und teilstationäre Leistungen nicht anzuwenden (§ 93 Abs. 1 S. 3 SGB VIII). Dem Erfordernis einer ausdrücklichen Zweckbestimmung ist genügt, wenn sich die Zweckbestimmung aus den Voraussetzungen für die aufgrund öffentlich-rechtlicher Vorschrift (dazu gehören auch → Verwaltungsvorschriften) gewährte Leistung ergibt. Als Z. L. in diesem Sinne sind z.B. anzusehen: Ausbildungs- und Erziehungsbeihilfen, Bestattungsgeld, → Pflegegeld, → Wohngeld, nicht dagegen z.B. → Kindergeld. Liegt keine Zweckübereinstimmung vor, müssen die von dritter Seite mit einer Zweckbestimmung gewährten Leistungen bei der Anrechnung als Einkommen außer Ansatz bleiben. Wenn nach § 88 Abs. 1 Nr. 1 SGB XII Aufbringung der Mittel auch aus dem Einkommen unter der Einkommensgrenze (→ Einsatz des Einkommens/Vermögens) verlangt werden kann, wird zur Zweckbestimmung ein weiter gefasstes Verständnis zugrunde gelegt; es genügt jede erkennbare Zweckbestimmung, auch wenn sie nur vom Zuwendungsgeber ausgeht (hierunter fallen z.B. Kindergeld und regelmäßig auch Unterhaltsleistungen).

*Gottfried Eichhoff*

**Zweckbetrieb** Fachbegriff des Gemeinnützigkeitsrechts (→ Gemeinnützigkeit von Körperschaften). Die den Rahmen einer Vermögensverwaltung nach § 14 AO überschreitende Tätigkeit einer als gemeinnützig anerkannten Körperschaft ist nur dann von der Körperschaft- und Gewerbesteuer befreit, wenn sie die Voraussetzungen eines Z. erfüllt. Dazu müssen die betrieblichen Tätigkeiten unmittelbar – und nicht nur mit den erwirtschafteten Überschüssen – den im Statut (→ Satzung) der Körperschaft genannten steuerbegünstigten Zwecken dienen und die weiteren Voraussetzungen einer der in den § 65 bis § 68 Abgabenordnung (AO) genannten Z.-Alternativen erfüllt sein. § 66 AO (Wohlfahrtspflege), § 67 AO (→ Krankenhaus) und § 68 AO (u.a. Altenheime, Mahlzeitendienste [ → Ambulante Dienste für ältere Menschen], → Kindertageseinrichtungen, Kinder-, Jugend- und Studentenheime, → Jugendherberge, → Werkstatt für behinderte Menschen, → Integrationsprojekte, Kultur- und Bildungseinrichtungen, Lotterien) enthalten vorrangig mit dem → Sozialstaatsprinzip begründete Privilegierungen. Dagegen erfasst der Auffangtatbestand des § 65 AO zwar grundsätzlich alle zur Zweckverfolgung unmittelbar erforderlichen Tätigkeiten, solange sie den zur Zweckerfüllung konkret erforderlichen Umfang eindeutig nicht überschreiten. Dieser Auffangtatbestand ist aber nicht anwendbar, wenn steuerpflichtige Marktteilnehmer konkret vergleichbare Leistungen anbieten oder anbieten könnten (Wettbewerbsvorbehalt). Als Z. nach § 65 AO kommen z.B. in Betracht: → Beschäftigungsgesellschaften, Verkauf von nicht marktgängigen Publikationen oder Wohlfahrtsbriefmarken.

Die Erfüllung der Voraussetzungen eines Z. muss dem Finanzamt im Falle einer Betriebsprüfung durch geeignete Unterlagen noch bis zu sieben Jahre später detailliert belegt werden können (z.B. Projektbeschreibungen, Nutzerstatistiken, Namenslisten, Dienst- und Einsatzpläne, Fallbeschreibungen, Kostenübernahme öffentlicher Kassen).

Als Z. eingestufte Tätigkeiten sind von der Körperschaft- und Gewerbesteuer befreit (§ 64 Abs. 1 AO). Soweit die Tätigkeiten nicht ohnehin von der Umsatzsteuer befreit sind, kann die Steuersatzermäßigung von 19% auf 7% für gemeinnützige Körperschaften greifen (§ 12 Abs. 2 Nr. 8 Buchstabe a UStG), deren Anwendungsbereich allerdings umstritten ist.

Der Bundesfinanzhof (BFH) stuft das Gemeinnützigkeitsrecht als grundsätzlichen gesetzlichen Fehlgriff ein und wendet die Z.-Voraussetzungen sowie die daran geknüpfte Umsatzsteuerermäßigung daher zunehmend restriktiv an.

*Thomas von Holt*

# Stichwortverzeichnis

# Abkürzungsverzeichis

**a.A.** andere Ansicht
**a.a.O.** am angegebenen Ort
**Abl.** Amtsblatt
**ABM** Arbeitsbeschaffungsmaßnahme
**Abs.** Absatz
**Abschn.** Abschnitt
**Abt.** Abteilung
**ACT** Assertive Community Treatment
**ADHS** Aufmerksamkeitsdefizithyperaktivitätssyndrom
**AdL** Alterssicherung der Landwirte
**ADS** Antidiskriminierungsstelle des Bundes; Aufmerksamkeitsdefizitsyndrom
**AdVermiG** Adoptionsvermittlungsgesetz
**AdWirkG** Adoptionswirkungsgesetz
**a.E.** am Ende
**AEH** Action Europeènne des Handicapès
**AEUV** Vertrag über die Arbeitsweise der Europäischen Union
**a.F.** alte Fassung
**AfA** Agentur für Arbeit
**AFET** Arbeitsgemeinschaft für Erziehungshilfe
**AFG** Arbeitsförderungsgesetz
**AG** Aktiengesellschaft, Amtsgericht, Ausführungsgesetz
**AGAST** Arbeitsgruppe Geriatrisches Assessment
**AGB** Allgemeine Geschäftsbedingungen
**AGF** Arbeitsgemeinschaft der deutschen Familienorganisationen
**AGG** Allgemeines Gleichbehandlungsgesetz
**AGJ** Arbeitsgemeinschaft für Kinder- und Jugendhilfe
**AHB/AR** Anschlussheilbehandlung/Anschlussrehabilitation
**Alg** Arbeitslosengeld
**ALG** Gesetz über die Alterssicherung der Landwirte
**Alg II-V** Arbeitslosengeld II/Sozialgeld-Verordnung
**allg.** allgemein
**althochdt.** althochdeutsch
**AltZertG** Altersvorsorgezertifizierungsgesetz
**ANBest** Allgemeine Nebenbestimmungen für Zuwendungen
**ÄndG** Änderungsgesetz
**Anm.** Anmerkung(en)
**AO** Abgabenordnung
**AOK** Allgemeine Ortskrankenkasse
**AOLG** Arbeitsgemeinschaft der obersten Landesgesundheitsbehörden
**AöR** Archiv für öffentliches Recht (Zeitschrift)
**AP** Altenpflege; Arbeitsgerichtliche Praxis (Zeitschrift)
**APK** Aktion Psychisch Kranke
**AR** Aktueller Rentenwert
**ArbG** Arbeitsgericht
**ArbGG** Arbeitsgerichtsgesetz
**ArbplSchG** Arbeitsplatzschutzgesetz
**ArbSchG** Arbeitsschutzgesetz
**ArchKomWiss.** Archiv für Kommunalwissenschaften (Zeitschrift)
**ArchSozArb** Archiv für Wissenschaft und Praxis der sozialen Arbeit (Zeitschrift)
**Art.** Artikel
**ASD** Allgemeiner Sozialdienst
**ASMK** Arbeits- und Sozialministerkonferenz
**ASS** Autismus-Spektrum-Störungen
**AsylbLG** Asylbewerberleistungsgesetz
**AsylG** Asylgesetz
**AsylVfG** Asylverfahrensgesetz
**AT** Autogenes Training
**ATV** Tarifvertrag Altersversorgung
**ATV-K** Altersvorsorge-TV-Kommunal
**AufenthG** Aufenthaltsgesetz
**Aufl.** Auflage
**AuslG** Ausländergesetz
**AVA** Altersvorsorgeanteil
**AVAVG** Gesetz über Arbeitsvermittlung und Arbeitslosenversicherung
**AVmEG** Altersvermögensergänzungsgesetz
**AVmG** Altersvermögensgesetz
**AVS** auditive Verarbeitungsstörung
**AWO** Arbeiterwohlfahrt
**Az.** Aktenzeichen
**AZAV** Akkreditierungs- und Zulassungsverordnung Arbeitsförderung
**AZWV** Anerkennungs- und Zulassungsverordnung Weiterbildung
**BA** Bundesagentur für Arbeit; Bachelor of Arts; Berufsakademie
**BABl.** Bundesarbeitsblatt
**BAföG** Bundesausbildungsförderungsgesetz
**BAFzA** Bundesamt für Familie und zivilgesellschaftliche Aufgaben
**BAG** Bundesarbeitsgericht; Bundesarbeitsgemeinschaft
**BAG BBW** Bundesarbeitsgemeinschaft der Berufsbildungswerke
**BAGE** Sammlung »Entscheidungen des Bundesarbeitsgerichts«
**BAG EJSA** Bundesarbeitsgemeinschaft Evangelische Jugendsozialarbeit
**bagfa** Bundesarbeitsgemeinschaft der Freiwilligenagenturen
**BAGFW** Bundesarbeitsgemeinschaft der Freien Wohlfahrtspflege
**BAG GPV** Bundesarbeitsgemeinschaft Gemeindepsychiatrischer Verbünde
**BAG KJPP** Bundesarbeitsgemeinschaft der Leitenden Klinikärzte für Kinder- und Jugendpsychiatrie, Psychosomatik und Psychotherapie
**BAGLJÄ** Bundesarbeitsgemeinschaft der Landesjugendämter
**BAG LSV** Bundesarbeitsgemeinschaft Landesseniorenvertretungen
**BAG-S** Bundesarbeitsgemeinschaft für Straffälligenhilfe

**BAG PLESA** Bundesarbeitsgemeinschaft Prekäre Lebenslagen
**BAG SELBSTHILFE** Bundesarbeitsgemeinschaft Selbsthilfe von Menschen mit Behinderung und chronischer Erkrankung und ihren Angehörigen
**BAG-SHI** Bundesarbeitsgemeinschaft der Sozialhilfeinitiativen
**BAGSO** Bundesarbeitsgemeinschaft der Seniorenorganisationen
**BAGüS** Bundesarbeitsgemeinschaft der überörtlichen Träger der Sozialhilfe
**BAG W** Bundesarbeitsgemeinschaft Wohnungslosenhilfe
**BAG WfbM** Bundesarbeitsgemeinschaft Werkstätten für behinderte Menschen
**BAJ** Bundesarbeitsgemeinschaft Kinder- und Jugendschutz
**BAK** Blutalkoholkonzentration
**bakd** Bundesakademie für Kirche und Diakonie
**BAMF** Bundesamt für Migration und Flüchtlinge
**BAnz.** Bundesanzeiger
**BAR** Bundesarbeitsgemeinschaft für Rehabilitation
**BAS** Bundesarbeitsgemeinschaft Seniorenbüros
**BAT** Bundesangestelltentarifvertrag
**BauGB** Baugesetzbuch
**BB** Der Betriebsberater (Zeitschrift)
**BBauG** Bundesbaugesetz
**BBE** Bundesnetzwerk Bürgerschaftliches Engagement
**BBiG** Berufsbildungsgesetz
**bbs** Bundesfachband Betriebliche Sozialarbeit
**Bd(e).** Band (Bände)
**BDA** Bundesvereinigung der Deutschen Arbeitgeberverbände
**BDKJ** Bund der katholischen Jugend
**BDP** Berufsverband Deutscher Psychologinnen und Psychologen
**BDSG** Bundesdatenschutzgesetz
**bE** besondere Einrichtungen
**b:e** betrifft: erziehung (Zeitschrift)
**BeamtVG** Beamtenversorgungsgesetz
**bearb.** bearbeitet
**BEEG** Bundeselterngeld- und Elternzeitgesetz
**BEG** Bundesentschädigungsgesetz
**BerHFV** Beratungshilfeformularverordnung
**BerHG** Beratungshilfegesetz
**BErzGG** Bundeserziehungsgeldgesetz
**Beschl.** Beschluss
**BetrVG** Betriebsverfassungsgesetz
**BeurkG** Beurkundungsgesetz
**BfA** Bundesversicherungsanstalt für Angestellte
**BFD** Bundesfreiwilligendienst
**BFDG** Bundesfreiwilligendienstgesetz
**BFF** Bundesforum Familie
**BfG** Bündnis für Gemeinnützigkeit
**BFH** Bundesfinanzhof
**BfJ** Bundesamt für Justiz
**BFS** Bank für Sozialwirtschaft
**BGA** Bundesgesundheitsamt
**BGB** Bürgerliches Gesetzbuch
**BGBl.** Bundesgesetzblatt
**BGG** Gesetz zur Gleichstellung behinderter Menschen
**BGH** Bundesgerichtshof
**BGHSt.** Sammlung »Entscheidungen des Bundesgerichtshofes in Strafsachen«
**BGHZ** Sammlung »Entscheidungen des Bundesgerichtshofes in Zivilsachen«
**BGSG** Bundesgrenzschutzgesetz
**BHO** Bundeshaushaltsordnung
**BHP** Berufs- und Fachverband Heilpädagogik
**BIBB** Bundesinstitut für Berufsbildung
**BIFH** Bundesinitiative Netzwerke Frühe Hilfen und Familienhebammen
**BIH** Bundesarbeitsgemeinschaft der Integrationsämter und Hauptfürsorgestellen
**BImSchG** Bundes-Immissionsschutzgesetz
**BITV** Barrierefreie Informationstechnik-Verordnung
**BJK** Bundesjugendkuratorium
**BKA** Bundeskriminalamt
**bke** Bundeskonferenz für Erziehungsberatung
**BKGG** Bundeskindergeldgesetz
**BKiSchG** Bundeskinderschutzgesetz
**BKJPP** Berufsverband für Kinder-Jugendpsychiatrie, Psychosomatik und Psychotherapie in Deutschland
**BldW** Blätter der Wohlfahrtspflege (Zeitschrift)
**BliWaG** Blindenwarenvertriebsgesetz
**BMAS** Bundesministerium für Arbeit und Soziales
**BMBF** Bundesministerium Bildung und Forschung
**BMF** Bundesministerium der Finanzen
**BMFSFJ** Bundesministerium für Familie, Senioren, Frauen und Jugend
**BMG** Bundesministerium für Gesundheit
**BMI** Bundesministerium des Innern
**BMJ** Bundesministerium der Justiz
**BMPPD** Bund Moslemischer Pfadfinder und Pfadfinderinnen Deutschland
**BMVBS** Bundesministerium für Verkehr, Bau und Stadtentwicklung
**BMZ** Bundesministerium für Entwicklung und Zusammenarbeit
**BpB** Bundeszentrale für politische Bildung
**BPE** Bundesverband Psychiatrie-Erfahrener
**BPersVG** Bundespersonalvertretungsgesetz
**BPjM** Bundesprüfstelle für jugendgefährdende Medien
**BPjS** Bundesprüfstelle für jugendgefährdende Schriften
**BQFG** Berufsqualifikationsfeststellungsgesetz
**BR** Bundesrat
**BRAGO** Bundesgebührenordnung für Rechtsanwälte

**BRD** Bundesrepublik Deutschland
**BR-Drucks.** Bundesratsdrucksache
**BRJ** Berliner Rechtshilfefonds Jugendhilfe
**BRK** UN-Behindertenrechtskonvention
**BSA** Berufsregister Soziale Arbeit des DBSH
**BSC** Balanced Scorecard
**BSD** Besonderer Sozialdienst
**BSG** Bundessozialgericht
**BSGE** Sammlung »Entscheidungen des Bundessozialgerichts«
**BSHG** Bundessozialhilfegesetz
**bspw.** beispielsweise
**BStBl.** Bundessteuerblatt
**BT** Bundestag
**BtBG** Betreuungsbehördengesetz
**BT-Drucks.** Bundestagsdrucksache
**BtG** Betreuungsgesetz
**BtMG** Betäubungsmittelgesetz
**BtPrax** Betreuungsrechtliche Praxis (Zeitschrift)
**BudgetV** Budgetverordnung
**BuT** Leistungen für Bildung und Teilhabe
**BVA** Bundesversicherungsamt
**BvB** Berufsvorbereitende Bildungsmaßnahmen
**BVerfG** Bundesverfassungsgericht
**BVerfGE** Sammlung »Entscheidungen des Bundesverfassungsgerichts«
**BVerfGG** Gesetz über das Bundesverfassungsgericht
**BVerwG** Bundesverwaltungsgericht
**BVerwGE** Sammlung »Entscheidungen des Bundesverwaltungsgerichts«
**BVFG** Bundesvertriebenengesetz
**BVG** Bundesversorgungsgesetz
**BV LH** Bundesvereinigung Lebenshilfe
**BVÖGD** Bundesverband der Ärztinnen und Ärzte des öffentlichen Gesundheitsdienstes
**BV-Päd.** Berufsverband der Erziehungswissenschaftlerinnen und Erziehungswissenschaftler
**BZAA** Bundeszentralstelle für Auslandsadoption
**BZgA** Bundeszentrale für gesundheitliche Aufklärung
**bzgl.** bezüglich
**BZR** Bundezentralregister
**BZRG** Gesetz über das Zentralregister und das Erziehungsregister
**bzw.** beziehungsweise
**CA** Central Authority (Zentrale Behörde)
**ca.** circa
**CAF** Common Assessment Framework
**CAPI** computerassistierte persönliche Interviews
**CATI** computerassistierte telefonische Interviews
**CC** Corporate Citizen(-ship)
**CDU** Christlich-Demokratische Union
**C.E.** Civic Education
**CEDAW** Convention on the Elimination of All Forms of Discrimination Against Women (UN-Übereinkommen zur Beseitigung jeder Form von Diskriminierung der Frau)
**CfbM** Conterganstiftung für behinderte Menschen
**christl.** christlich
**CM** Case Management
**CMW** International Convention on the Protection of the Rights of All Migrant Workers and Members of Their Families (UN-Wanderarbeiterkonvention)
**CO** Community Organizing
**COFACE** Confederation of Family Organisations in the European Union (Europäischer Zusammenschluss von Familienverbänden)
**CP** Creditpoint
**CSR** Corporate Social Responsability
**CSU** Christlich-Soziale Union
**CSW** Child Support Worldwide
**DAD** Diakonische Akademie Deutschland
**DAGPP** Deutsche Akademie für Gerontopsychiatrie und -psychotherapie
**DAG SHG** Deutsche Arbeitsgemeinschaft Selbsthilfegruppen
**DAH** Deutsche AIDS-Hilfe
**DAI** Dienste von allgemeinem Interesse
**DAKJEF** Deutscher Arbeitskreis für Jugend-, Ehe- und Familienberatung
**DAkks** Deutsche Akkreditierungsstelle
**DÄrztebl.** Deutsches Ärzteblatt (Zeitschrift)
**DAVorm.** Der Amtsvormund (Zeitschrift)
**dbb** Deutscher Beamtenbund und Tarifunion
**DBJR** Deutscher Bundesjugendring
**DBR** Deutscher Behindertenrat
**DBS** Deutscher Behindertensportverband
**DBSH** Deutscher Berufsverband für Soziale Arbeit
**DBT** Dialektisch-behaviorale Therapie
**DCGK** Deutscher Corporate Governance Kodex
**DCV** Deutscher Caritasverband
**DDR** Deutsche Demokratische Republik
**DEAS** Deutscher Alterssurvey
**ders.** derselbe
**DFT** Deutscher Fürsorgetag
**DFV** Deutscher Familienverband
**DG3S** Deutsche Gesellschaft für Systemisch-konstruktivistische Beratung, Sozialtherapie und Supervision
**DGB** Deutscher Gehörlosenbund; Deutscher Gewerkschaftsbund
**DGCC** Deutsche Gesellschaft für Care und Case Management
**DGfE** Deutsche Gesellschaft für Erziehungswissenschaft
**DGGÖ** Deutsche Gesellschaft für Gesundheitsökonomie
**DGGPP** Deutsche Gesellschaft für Gerontopsychiatrie und -psychotherapie
**DGIP** Deutsche Gesellschaft für Individualpsychologie
**DGKJP** Deutsche Gesellschaft für Kinder- und Jugendpsychiatrie, Psychosomatik und Psychotherapie

**dgl.** desgleichen, dergleichen
**DGP** Deutsche Gesellschaft für Psychologie
**DGPPN** Deutsche Gesellschaft für Psychiatrie und Psychotherapie, Psychosomatik und Nervenheilkunde
**DGS** Deutsche Gebärdensprache; Deutsche Gesellschaft für Soziologie
**DGSA** Deutsche Gesellschaft für Soziale Arbeit
**DGSF** Deutsche Gesellschaft für Systemische Therapie, Beratung und Familientherapie
**DGSMP** Deutsche Gesellschaft für Sozialmedizin und Prävention
**DGsP** Deutsche Gesellschaft für systemische Pädagogik
**DGSP** Deutsche Gesellschaft für Soziale Psychiatrie
**DGSv** Deutsche Gesellschaft für Supervision
**d.h.** das heißt
**DHS** Deutsche Hauptstelle für Suchtfragen
**DHW** Deutsches Hilfswerk
**dies.** dieselbe(n)
**DIJuF** Deutsches Institut für Jugendhilfe und Familienrecht
**DIMDI** Deutsches Institut für Medizinische Dokumentation und Information
**Diss.** Dissertation
**DIV** Deutsches Institut für Vormundschaftswesen
**DIW** Deutsches Institut für Wirtschaftsforschung
**dj** deutsche jugend (Zeitschrift)
**DJH** Deutsches Jugendherbergswerk
**DJHP** Deutscher Kinder- und Jugendhilfepreis
**DJHT** Deutscher Kinder- und Jugendhilfetag
**DJI** Deutsches Jugendinstitut
**DJO** Deutsche Jugend in Europa
**DKG** Deutsche Krankenhausgesellschaft
**DKSB** Deutscher Kinderschutzbund
**DLRG** Deutsche Lebensrettungs-Gesellschaft
**DLT** Deutscher Landkreistag
**DMP** Disease-Management-Programme
**DPRG** Deutsche Public Relations Gesellschaft
**DPSG** Deutsche Pfadfinderschaft Sankt Georg
**DPWV** Deutscher Paritätischer Wohlfahrtsverband (Kurzform »Der PARITÄTISCHE«)
**DQR** Deutscher Qualifikationsrahmen
**DRG** Diagnosis-Related Groups
**DRiG** Deutsches Richtergesetz
**DRK** Deutsches Rotes Kreuz
**Drucks.** Drucksache
**DRV** Deutsche Rentenversicherung
**DSM** Diagnostic and Statistical Manual of Mental Disorders (Diagnostisches und Statistisches Manual Psychischer Störungen)
**DST** Deutscher Städtetag
**DStGB** Deutscher Städte- und Gemeindebund
**dt.** deutsch
**DV** Deutscher Verein für öffentliche und private Fürsorge
**dvb** Deutscher Verband für Bildungs- und Berufsberatung
**DVBl.** Deutsches Verwaltungsblatt (Zeitschrift)
**DVfR** Deutsche Vereinigung für Rehabilitation
**DVJJ** Deutsche Vereinigung für Jugendgerichte und Jugendgerichtshilfen
**DVO** Durchführungsverordnung
**DVSG** Deutsche Vereinigung für Soziale Arbeit im Gesundheitswesen
**DVSK** Deutsche Vereinigung für Sozialarbeit im Krankenhaus
**DW** Diakonisches Werk
**DZA** Deutsches Zentrum für Altersfragen
**DZI** Deutsches Zentralinstitut für soziale Fragen
**EAF** Evangelische Arbeitsgemeinschaft Familie
**EAPN** European Anti-Poverty Network (Europäisches Armutsnetzwerk)
**EASSW** European Association of Schools of Social Work
**EB** Entbindungspflege
**ebd.** ebenda
**ECOSOC** Economic and Social Council of the United Nations (Wirtschafts- und Sozialrat der Vereinten Nationen)
**ECRE** European Council on Refugees and Exiles (Europäischer Flüchtlingsrat)
**ECTS** European Credit Transfer System
**EDV** Elektronische Datenverarbeitung
**EFA** Europäisches Fürsorgeabkommen
**EFD** Europäischer Freiwilligendienst
**EFQM** European Foundation for Quality Management
**EFRE** Europäischer Fonds für regionale Entwicklung
**EFZG** Entgeltfortzahlungsgesetz
**EG** Europäische Gemeinschaft(en)
**EGBGB** Einführungsgesetz zum Bürgerlichen Gesetzbuch
**EGMR** Europäischer Gerichtshof für Menschenrechte
**EGV** Vertrag zur Gründung der Europäischen Gemeinschaft
**EheG** Ehegesetz
**EinglHVO** Eingliederungshilfe-Verordnung
**EKD** Evangelische Kirche in Deutschland
**EMRK** Europäische Menschenrechtskonvention
**engl.** englisch
**EP** Entbindungspflege
**EQJ** Einstiegsqualifizierung
**EQR** Europäischer Qualifikationsrahmen für Lebenslanges Lernen
**Erl.** Erläuterungen
**ESC** Europäische Socialcharta
**ESF** Europäischer Sozialfonds

**ESN** European Social Network
**EStG** Einkommensteuergesetz
**etc.** et cetera
**EU** Europäische Union
**EuGH** Gerichtshof der Europäischen Union
**EuGHMR** Europäischer Gerichtshof für Menschenrechte
**EU-SILC** European Union Statistics on Income and Living Conditions
**EUV** Vertrag über die Europäische Union
**e.V.** eingetragener Verein
**EVS** Einkommens- und Verbrauchsstichprobe
**evtl.** eventuell
**EWG** Europäische Wirtschaftsgemeinschaft
**EWGV** Vertrag zur Gründung der Europäischen Wirtschaftsgemeinschaft
**EWR** Europäischer Wirtschaftsraum
**EWSA** Europäischer Wirtschafts- und Sozialausschuss
**f.** folgend(e)
**FAK** Fortbildungsakademie
**FAKD** Führungsakademie für Kirche und Diakonie
**FamFG** Gesetz über das Verfahren in Familiensachen und in den Angelegenheiten der freiwilligen Gerichtsbarkeit
**FamG** Familiengericht
**FamRZ** Zeitschrift für das gesamte Familienrecht
**FAO** Food and Agricultural Organization of the United Nations (Ernährungs- und Landwirtschaftsorganisation der Vereinten Nationen)
**F.B.B.E.** Frühkindliche Bildung, Betreuung und Erziehung
**FBTS** Fachbereichstag Soziale Arbeit
**FDJ** Freie Deutsche Jugend
**FDK** Familienbund der Katholiken
**FEVS** Sammlung »Fürsorgerechtliche Entscheidungen der Verwaltungs- und Sozialgerichte«
**ff.** fortfolgend(e)
**FG** Freiwillige Gerichtsbarkeit
**FGG** Gesetz über die Angelegenheiten der freiwilligen Gerichtsbarkeit
**FGO** Finanzgerichtsordnung
**FH** Fachhochschule
**FÖJ** Freiwilliges Ökologisches Jahr
**FPfZG** Familienpflegezeitgesetz
**FPG** Fallpauschalengesetz
**FreizügG/EU** Freizügigkeitsgesetz
**FRV** Fürsorgerechtsvereinbarung
**frz.** französisch
**FSA** Förderverein für Soziale Arbeit
**FSF** Freiwillige Selbstkontrolle Fernsehen
**FSJ** Freiwilliges Soziales Jahr
**FSK** Freiwillige Selbstkontrolle der Filmwirtschaft
**FSM** Freiwillige Selbstkontrolle Multimedia-Diensteanbieter
**FuR** Familie und Recht (Zeitschrift)
**GA, GÄ** Gesundheitsamt, Gesundheitsämter
**GastG** Gaststättengesetz
**G-BA** Gemeinsamer Bundesausschuss
**GBl.** Gesetzblatt
**GbR** Gesellschaft bürgerlichen Rechts
**GdB** Grad der Behinderung im Sinne des Schwerbehindertengesetzes (früher MdE)
**GdW** Gesamtverband der Wohnungswirtschaft
**gE** gemeinsame Einrichtungen
**gegr.** gegründet
**gem.** gemäß
**GemHVO** Gemeindehaushaltsverordnung
**GenG** Genossenschaftsgesetz
**GEW** Gewerkschaft Erziehung und Wissenschaft
**GewO** Gewerbeordnung
**GewSchG** Gewaltschutzgesetz
**GFK** Genfer Flüchtlingskonvention
**GG** Grundgesetz
**ggf.** gegebenenfalls
**GH** Gesamthochschule
**GiSA** Gilde Soziale Arbeit
**GIZ** Deutsche Gesellschaft für Internationale Zusammenarbeit
**GKiKP** Gesundheits- und Kinderkrankenpflege
**GKP** Gesundheits- und Krankenpflege
**GKV** Gesetzliche Krankenversicherung
**GmbH** Gesellschaft mit beschränkter Haftung
**GMBl.** Gemeinsames Ministerialblatt der Bundesregierung und der Bundesministerien
**GMK** Gesundheitsministerkonferenz der für das Gesundheitswesen zuständigen Minister und Senatoren der Länder
**GNotKG** Gesetz über Kosten der freiwilligen Gerichtsbarkeit für Gerichte und Notare
**GO** Gemeindeordnung
**GPV** Gemeindepsychiatrischer Verbund
**grad.** graduiert
**GRC** Charta der Grundrechte der Europäischen Union
**griech.** griechisch
**GrSiDAV** Grundsicherungs-Datenabgleichsverordnung
**GSiG** Gesetz über eine bedarfsorientierte Grundsicherung im Alter und bei Erwerbsminderung
**GVBl.** Gesetz- und Verordnungsblatt
**GVG** Gerichtsverfassungsgesetz
**GV.NRW** Gesetz- und Verordnungsblatt Nordrhein-Westfalen
**GWA** Gemeinwesenarbeit, Gemeinkostenwertanalyse
**GWB** Gesetz gegen Wettbewerbsbeschränkungen
**H.** Heft
**Halbs.** Halbsatz
**HAÜ** Haager Adoptionsübereinkommen
**HAW** Hochschule für angewandte Wissenschaft
**HdSW** Handwörterbuch der Sozialwissenschaften

**HdWW** Handwörterbuch der Wirtschaftswissenschaft
**HeimG** Heimgesetz
**HeimmwV** Heimmitwirkungsverordnung
**HEP** Heilerziehungspflege
**HGB** Handelsgesetzbuch
**HGrG** Haushaltsgrundsätzegesetz
**HHG** Häftlingshilfegesetz
**HKÜ** Haager Kindesentführungsübereinkommen
**HLU** Hilfe zum Lebensunterhalt
**h.M.** herrschende Meinung
**HMR** Heilmittelrichtlinie
**HPG** Gesetz zur Stärkung der Hospiz- und Palliativversorgung
**HRG** Hochschulrahmengesetz
**HRK** Hochschulrektorenkonferenz
**hrsg.** herausgegeben
**Hrsg.** Herausgeber/in
**HwO** Handwerksordnung
**HzE** Hilfe zur Erziehung
**iaf** Verband binationaler Familien und Partnerschaften
**IAO** Internationale Arbeitsorganisation
**IASSW** International Association of Schools of Social Work
**IB** Internationaler Bund
**IbGM** Institut für barrierefreie Gestaltung und Mobilität
**ICCFR** International Commission on Couple and Family Relations
**ICD** International Statistical Classification of Diseases and Related Health Problems (Internationale statistische Klassifikation der Krankheiten und verwandter Gesundheitsprobleme)
**ICF** International Classification of Functioning, Disability and Health (Internationale Klassifikation der Funktionsfähigkeit, Behinderung und Gesundheit)
**ICIDH** International Classification of Impairment, Disability and Handicap (Internationale Klassifikation der Schädigungen, Fähigkeitsstörungen und Beeinträchtigungen)
**ICSW** International Council on Social Welfare
**i.d.F.** in der Fassung
**i.d.R.** in der Regel
**i.E.** im Erscheinen
**i.e.S.** im eigentlichen Sinne, im engeren Sinne
**IfSG** Infektionsschutzgesetz
**IFSW** International Federation of Social Workers
**IGfH** Internationale Gesellschaft für erzieherische Hilfen
**IHK** Industrie- und Handelskammer
**IJAB** Fachstelle für Internationale Jugendarbeit der Bundesrepublik Deutschland
**IJFD** Internationaler Jugendfreiwilligendienst
**ILO** International Labour Organisation (Internationale Arbeitsorganisation)
**IM** Innere Mission
**IMEW** Institut Mensch, Ethik und Wissenschaft
**INBAS** Institut für berufliche Bildung, Arbeitsmarkt- und Sozialpolitik
**InEK** Institut für das Entgeltsystem im Krankenhaus
**inkl.** inklusive
**insges.** insgesamt
**InsO** Insolvenzordnung
**IPPF** International Planned Parenthood Federation
**IPR** Internationales Privatrecht
**IPWSKR** Pakt über wirtschaftliche, soziale und kulturelle Rechte
**IQ** Intelligenzquotient
**i.S.** im Sinne
**ISA** Institut für soziale Arbeit; Internationale Soziale Arbeit
**ISCO** International Standard Classification of Occupations
**ISD** Internationaler Sozialdienst
**IS-GBE** Indformationssystem der Gesundheitsberichterstattung des Bundes
**ISI** Informationsdienst Soziale Indikatoren
**ISMO** International Society for Mobile Youth Work
**ISO** Internationale Organisation für Normung
**ISS** Institut für Sozialarbeit und Sozialpädagogik; International Social Service
**IT** Informations- und Kommunikationstechnologie; Integrative Therapie (Zeitschrift)
**i.V.** In Vorbereitung
**i.V.m.** in Verbindung mit
**IVR** Integrierte Verbundrechnung
**IVSS** Internationale Vereinigung für Soziale Sicherheit
**i.w.S.** im weiteren Sinne
**IYHF** International Youth Hostel Federation
**IZVR** Internationales Zivilverfahrensrecht
**JA** Jugendamt
**JAmt** Das Jugendamt (Zeitschrift)
**JArbSchG** Jugendarbeitsschutzgesetz
**JBA** Jugendberufsagentur
**JFGD** Jugendfreiwilligendienstgesetz
**JFMK** Jugend- und Familienminister-Konferenz
**Jg.** Jahrgang
**JGG** Jugendgerichtsgesetz
**JGH** Jugendgerichtshilfe
**Jh.** Jahrhundert
**JMD** Jugendmigrationsdienst
**JMStV** Staatsvertrag über den Schutz der Menschenwürde und den Jugendschutz in Rundfunk und Telemedien
**JuSchG** Jugendschutzgesetz
**JWG** Jugendwohlfahrtsgesetz
**JZ** Juristenzeitung
**Kap.** Kapitel
**kath.** katholisch
**KDA** Kuratorium Deutsche Altershilfe
**KdU** Kosten der Unterkunft
**KDVG** Kriegsdienstverweigerungsgesetz

**KErzG** Gesetz über die religiöse Kindererziehung
**KFS** Konferenz der Fachbereichsleitungen der Fachbereiche Sozialwesen
**KFürsV** Verordnung zur Kriegsopferfürsorge
**Kfz** Kraftfahrzeug
**KG** Kammergericht
**KGSt** Kommunale Gemeinschaftsstelle für Verwaltungsmanagement
**KHEntG** Krankenhausentgeltgesetz
**KHG** Krankenhausfinanzierungsgesetz
**KHV** Kommunikationshilfeverordnung
**KICK** Kinder- und Jugendhilfeweiterentwicklungsgesetz
**KiföG** Kinderförderungsgesetz
**KJGD** Kinder- und Jugendgesundheitsdienst
**KJHG** Kinder- und Jugendhilfegesetz
**KJM** Kommission für Jugendmedienschutz
**KJP** Kinder- und Jugendplan des Bundes; Kinder- und Jugendpsychiatrie
**KJPsychThAPrV** Ausbildungs- und Prüfungsordnung für Kinder- und Jugendlichenpsychotherapeuten
**KJVVG** Kinder- und Jugendhilfeverwaltungsvereinfachungsgesetz
**KK** Kronberger Kreis für Dialogische Qualitätsentwicklung
**KKG** Gesetz zur Kooperation und Information im Kinderschutz
**KldB** Berufeklassifikation der Bundesanstalt für Arbeit
**KLR** Kosten- und Leistungsrechnung
**KMK** Kultusministerkonferenz
**KNA** Kosten-Nutzen-Analyse
**KOK** Koordinierungskreis gegen Menschenhandel
**KOLS** Konferenz der obersten Landessozialbehörden
**KomDat** Kommentierte Daten der Kinder- und Jugendhilfe. Informationsdienst der Dortmunder Arbeitsstelle Kinder- und Jugendhilfestatistik
**Komm.** Kommentar
**KraftStG** Kraftfahrzeugsteuergesetz
**KrimJ** Kriminologisches Journal (Zeitschrift)
**KRK** UN-Kinderrechtskonvention
**KrPflG** Krankenpflegegesetz
**KSchG** Kündigungsschutzgesetz
**KSD** Kommunaler Sozialdienst
**KSÜ** Haager Kinderschutzübereinkommen
**KWA** Kosten-Wirksamkeitsanalyse
**KZfSS** Kölner Zeitschrift für Soziologie und Sozialpsychologie
**KZG** Kurzzeitgedächtnis
**LAG** Landesarbeitsgericht; Lastenausgleichsgesetz
**lat.** lateinisch
**LBfF** Lokale Bündnisse für Familie
**LBG** Lautsprachbegleitetes Gebärden
**LG** Landgericht
**LGBTQ** lesbische, schwule, bisexuelle, transgender, queere Menschen
**LHO** Landeshaushaltsordnung
**Lit.** Literatur
**LJA** Landesjugendamt
**LKrO/GO** Gemeinde- und Landkreisordnung
**LPartG** Lebenspartnerschaftsgesetz
**LQW** Lernorientierte Qualitätstestierung in der Weiterbildung
**LRS** Lese-/Rechtschreib-Störung
**LVA** Landesversicherungsanstalt
**LVerf** Landesverfassung
**LWV** Landeswohlfahrtsverband
**LZG** Langzeitgedächtnis
**MA** Master of Arts
**MAG** Mitarbeitergespräch
**m.a.W.** mit anderen Worten
**max.** maximal
**MBE** Migrationsberatung für erwachsene Zuwanderer
**MbO** Management by Objectives
**MdE** Minderung der Erwerbsfähigkeit
**MDK** Medizinischer Dienst der Krankenversicherung
**MDS** Medizinischer Dienst des Spitzenverbandes Bund der Krankenkassen
**MGW** Müttergenesungswerk
**mind.** mindestens
**Mio.** Million(en)
**MitbestG** Mitbestimmungsgesetz
**Mrd.** Milliarde(n)
**MSA** Haager Minderjährigenschutzabkommen
**MschrKrim.** Monatsschrift für Kriminologie und Strafrechtsreform (Zeitschrift)
**MuSchG** Mutterschutzgesetz
**MVZ** Medizinische Versorgungszentren
**m.w.N.** mit weiteren Nachweisen
**MwSt.** Mehrwertsteuer
**nak** Nationale Armutskonferenz
**NAKOS** Nationale Kontakt- und Informationsstelle zur Anregung und Unterstützung von Selbsthilfegruppen
**NATO** North Atlantic Treaty Organization (Organisation des Nordatlantikvertrags)
**NBA** Neues Begutachtungsverfahren
**NDV** Nachrichtendienst des Deutschen Vereins für öffentliche und private Fürsorge (Zeitschrift)
**NDV-RD** Rechtsprechungsdienst als Beilage zum Nachrichtendienst des Deutschen Vereins
**n.F.** neue Fassung
**NFB** Nationales Forum Beratung in Bildung, Beruf und Beschäftigung
**NGO** non governmental organization (Nichtregierungsorganisation)
**NJW** Neue Juristische Wochenschrift (Zeitschrift)
**NKF** Neues Kommunales Finanzmanagement
**NKHR** Neues Kommunales Haushaltsrecht
**NKR** Neues Kommunales Rechnungs- und Steuerungssystem; Neues Kommunales Rechnungswesen

**NLP** Neurolinguistisches Programmieren
**NPrax.** Neue Praxis (Zeitschrift)
**Nr.** Nummer
**NRB** Neue Religiöse Bewegungen
**NRO** Nichtregierungsorganisation
**NRW** Nordrhein-Westfalen
**NSM** Neues Steuerungsmodell
**NStZ** Neue Zeitschrift für Strafrecht (Zeitschrift)
**NSV** Nationalsozialistische Volkswohlfahrt
**NVwZ** Neue Zeitschrift für das Verwaltungsrecht
**NZFH** Nationales Zentrum Frühe Hilfen
**NZS** Neue Zeitschrift für Sozialrecht
**o.Ä.** oder Ähnliche(s)
**OE** Organisationsentwicklung
**OECD** Organization for Economic Cooperation and Development (Organisation für wirtschaftliche Zusammenarbeit)
**OEG** Gesetz über die Entschädigung für Opfer von Gewalttaten
**o.g.** oben genannt
**ÖGD** Öffentlicher Gesundheitsdienst
**o.J.** ohne Jahr
**OKJA** Offene Kinder- und Jugendarbeit
**ÖKSA** Österreichisches Komitee für Soziale Arbeit
**OLG** Oberlandesgericht
**OMK** Offene Methode der Koordinierung
**o.O.** ohne Ortsangabe
**ÖPP** Öffentlich-Private Partnerschaft
**OVG** Oberverwaltungsgericht
**OWiG** Gesetz über Ordnungswidrigkeiten
**päd.ex.** päd. extra (Zeitschrift)
**PatBeteiligungsV** Patientenbeteiligungsverordnung
**PB** Persönliches Budget
**PD** Privatdozent/in
**PEKIP** Prager-Eltern-Kind-Programm
**PEP** Persönlicher Entgeltpunkt
**PfBRefG** Pflegeberufereformgesetz
**PflegeVG** Pflege-Versicherungsgesetz
**PflegeZG** Pflegezeitgesetz
**PflR** Pflegerecht (Zeitschrift)
**pfv** Pestalozzi-Fröbel-Verband
**PfWG** Pflege-Weiterentwicklungsgesetz
**P.H.** Public Health
**PhD** Doctor of Philosophy
**PIE** Person In Environment
**PKH** Prozesskostenhilfe
**PKS** Polizeiliche Kriminalstatistik
**PKV** Verband der Privaten Krankenversicherung
**PMR** Progressive Muskelrelaxation
**PNG** Gesetz zur Neuausrichtung der Pflegeversicherung
**POS** Polytechnische Oberschule
**PPP** Public Private Partnership
**PrävG** Präventionsgesetz
**ProstSchG** Prostituiertenschutzgesetz
**PSAG** Psychosoziale Arbeitsgemeinschaft
**PSG** Pflegestärkungsgesetz
**PStG** Personenstandsgesetz
**PsychKG** Psychisch-Kranken-Gesetze
**PsychThG** Psychotherapeutengesetz
**qm** Quadratmeter
**QR HS** Qualifikationsrahmen für Deutsche Hochschulabschlüsse
**QR SArb** Qualifikationsrahmen Soziale Arbeit
**RAF** Rentenartfaktor
**RAG** Rentenanpassungsgesetz
**RatSWD** Rat für Sozial- und Wirtschaftsdaten
**RBEG** Regelbedarfs-Ermittlungsgesetz
**rd.** rund
**RDG** Rechtsdienstleistungsgesetz
**RdJB** Recht der Jugend und des Bildungswesens (Zeitschrift)
**RdLH** Rechtsdienst der Lebenshilfe (Zeitschrift)
**Rdnr.** Randnummer
**RechtsVO** Rechtsverordnung
**RelKEG** Gesetz über die religiöse Kindererziehung
**resp.** respektive
**RFV** Reichsverordnung über die Fürsorgepflicht
**RGBl.** Reichsgesetzblatt
**RGr** Reichsgrundsätze über Voraussetzung, Art und Maß der öffentlichen Fürsorge
**RJWG** Reichsjugendwohlfahrtsgesetz
**RKEG** Gesetz über die religiöse Kindererziehung
**RKF** Bundeskonferenz der Rektoren und Präsidenten kirchlicher Fachhochschulen in der Bundesrepublik Deutschland
**RKHD** Rektorenkonferenz der kirchlichen Hochschulen für Angewandte Wissenschaften Deutschlands
**RKI** Robert Koch Institut
**RL** Richtlinie
**RPflG** Rechtspflegergesetz
**RSAV** Risikostruktur-Ausgleichsverordnung
**RsDE** Beiträge zum Recht der sozialen Dienste und Einrichtungen (Zeitschrift)
**Rspr.** Rechtsprechung
**RÜG** Rentenüberleitungsgesetz
**RVG** Reichsversorgungsgesetz
**RVO** Reichsversicherungsordnung
**s.** siehe
**S.** Satz; Seite
**s.o.** siehe oben
**SAE** Sammlung Arbeitsrechtlicher Entscheidungen
**SAPV** Spezialisierte Ambulante Palliativversorgung
**SchKG** Schwangerschaftskonfliktgesetz
**SchwbAV** Schwerbehinderten-Ausgleichsabgabenverordnung
**SchwbG** Schwerbehindertengesetz
**SED** Sozialistische Einheitspartei Deutschlands
**SF** Sozialer Fortschritt (Zeitschrift)
**SFHÄndG** Schwangeren- und Familienhilfeänderungsgesetz
**SFHG** Schwangeren- und Familienhilfegesetz

**SG** Sozialgericht; Systemische Gesellschaft
**SGb** Die Sozialgerichtsbarkeit (Zeitschrift)
**SGB I** Sozialgesetzbuch – Allgemeiner Teil – (Erstes Buch)
**SGB II** Sozialgesetzbuch – Grundsicherung für Arbeitsuchende – (Zweites Buch)
**SGB III** Sozialgesetzbuch – Arbeitsförderung – (Drittes Buch)
**SGB IV** Sozialgesetzbuch – Gemeinsame Vorschriften für die Sozialversicherung – (Viertes Buch)
**SGB V** Sozialgesetzbuch – Gesetzliche Krankenversicherung – (Fünftes Buch)
**SGB VI** Sozialgesetzbuch – Gesetzliche Rentenversicherung – (Sechstes Buch)
**SGB VII** Sozialgesetzbuch – Gesetzliche Unfallversicherung – (Siebtes Buch)
**SGB VIII** Sozialgesetzbuch – Kinder- und Jugendhilfe – (Achtes Buch)
**SGB IX** Sozialgesetzbuch – Rehabilitation und Teilhabe behinderter Menschen – (Neuntes Buch)
**SGB X** Sozialgesetzbuch – Verwaltungsverfahren, Schutz der Sozialdaten, Zusammenarbeit der Leistungsträger und ihre Beziehungen zu Dritten – (Zehntes Buch)
**SGB XI** Sozialgesetzbuch – Soziale Pflegeversicherung – (Elftes Buch)
**SGB XII** Sozialgesetzbuch – Sozialhilfe – (Zwölftes Buch)
**SGG** Sozialgerichtsgesetz
**SHIA** Selbsthilfeinitiative Alleinerziehender
**SIS** Schengener Informationssystem
**SKOS** Schweizerische Konferenz für Sozialhilfe
**s.o.** siehe oben
**SOEP** Sozio-oekonomisches Panel
**sog.** sogenannt
**SoVD** Sozialverband Deutschland
**SozArb** Soziale Arbeit (Zeitschrift)
**SoziDAV** Sozialhilfedatenabgleichsverordnung
**SozR** Sozialrecht. Rechtsprechung und Schrifttum (Loseblattausgabe)
**SozSich.** Soziale Sicherheit (Zeitschrift)
**Sp.** Spalte
**SPD** Sozialdemokratische Partei Deutschlands
**SPFH** Sozialpädagogische Familienhilfe
**SRGR** Sexuelle und reproduktive Gesundheit und Rechte
**SROI** Social Return on Investment
**StAG** Staatsangehörigkeitsgesetz
**StGB** Strafgesetzbuch
**StPO** Strafprozessordnung
**StRehaG** Strafrechtliches Rehabilitierungsgesetz
**StVG** Straßenverkehrsgesetz
**StVollstrO** Strafvollstreckungsordnung
**StVollzG** Strafvollzugsgesetz
**StWG** Gesetz zur Förderung der Stabilität und des Wachstums der Wirtschaft
**SVA** Sozialversicherungsabkommen
**SVG** Soldatenversorgungsgesetz
**SVHV** Verordnung über das Haushaltswesen in der Sozialversicherung
**SVLFG** Sozialversicherung für Landwirtschaft, Forsten und Gartenbau
**SVRV** Verodnung über den Zahlungsverkehr, die Buchführung und die Rechnungslegung in der der Sozialversicherung
**TAG** Tagesbetreuungsausbaugesetz
**TOA** Täter-Opfer-Ausgleich
**TSG** Transsexuellengesetz
**TuP** Theorie und Praxis der sozialen Arbeit (Zeitschrift)
**TÜV** Technischer Überwachungsverein
**TVöD** Tarifvertrag für den öffentlichen Dienst
**TzBfG** Gesetz über Teilzeitarbeit und befristete Arbeitsverträge
**TZI** Themenzentrierte Interaktion
**u.Ä.** und Ähnlich(es)
**u.a.(m.)** unter anderem (anderen), und andere(s) (mehr)
**UÄndG** Gesetz zur Änderung des Unterhaltsrechts
**überarb.** überarbeitet
**UBG** Unterhaltsbeihilfegesetz
**U.E.M.S.** Europäische Facharztvereinigung
**u.g.** unten genannt
**UJ** Unsere Jugend (Zeitschrift)
**UMF** Unbegleiteter minderjähriger Flüchtling
**UmwG** Umwandlungsgesetz
**UN** United Nations (Vereinte Nationen)
**UNESCO** United Nations Educational, Scientific and Cultural Organization (Organisation der Vereinten Nationen für Erziehung, Wissenschaft und Kultur)
**UNHCR** United Nations High Commissioner for Refugees (Hoher Flüchtlingskommissar der Vereinten Nationen)
**UNICEF** United Nations International Children's Emergency Fund (Kinderhilfswerk der Vereinten Nationen)
**Urt.** Urteil
**USA** United States of America (Vereinigte Staaten von Amerika)
**USG** Unterhaltssicherungsgesetz
**USK** Unterhaltungssoftware-Selbstkontrolle
**UStG** Umsatzsteuergesetz
**usw.** und so weiter
**u.U.** unter Umständen
**UVG** Unterhaltsvorschussgesetz
**UWG** Unterstützungswohnsitzgesetz; Gesetz gegen den unlauteren Wettbewerb
**UZwG** Gesetz über den unmittelbaren Zwang bei Ausübung öffentlicher Gewalt durch Vollzugsbeamte des Bundes
**v.** vom, von
**VA** Verwaltungsakt
**v.a.** vor allem

**VAEU** Vertrag über die Arbeitsweise der Europäischen Union
**VAKJP** Vereinigung analytischer Kinder- und Jugendlichen-Psychotherapeuten
**VAmB** Verzahnte Ausbildung mit Berufsbildungswerken
**VAMV** Bundesverband alleinerziehender Mütter und Väter
**VBL** Versorgungsanstalt des Bundes und der Länder
**VBVG** Gesetz über die Vergütung von Vormündern und Betreuern
**VdK** Sozialverband VdK Deutschland
**VereinhG** Gesetz über die Vereinheitlichung des Gesundheitswesens
**VersAusglG** Versorgungsausgleichsgesetz
**VersMedV** Versorgungsmedizin-Verordnung
**VerwArch.** Verwaltungsarchiv (Zeitschrift)
**VG** Verwaltungsgericht; Vormundschaftsgericht
**VGH** Verwaltungsgerichtshof
**vgl.** vergleiche
**VgV** Verordnung über die Vergabe öffentlicher Aufträge
**v.H.** vom Hundert
**VHS** Volkshochschule
**VKFD** Verband Kinderreicher Familien in Deutschland
**VMAV** Verband alleinerziehender Mütter und Väter
**VO** Verordnung
**VOB/A** Vergabe- und Vertragsordnung für Bauleistungen
**VOF** Vergabe- und Vertragsordnung für freiberufliche Leistungen
**VOL/A** Vergabe- und Vertragsordnung für Dienstleistungen
**Vorbem.** Vorbemerkung
**VormschG** Vormundschaftsgericht
**vs.** versus
**VSOP** Verein für Sozialplanung
**VSSR** Vierteljahresschrift für Sozialrecht (Zeitschrift)
**VuR** Verbraucher und Recht
**VwGO** Verwaltungsgerichtsordnung
**VwRehaG** Verwaltungsrechtliches Rehabilitierungsgesetz
**VwVfG** Verwaltungsverfahrensgesetz
**VwVG** Verwaltungs-Vollstreckungsgesetz
**WBVG** Wohn- und Betreuungsvertragsgesetz
**WfbM** Werkstatt für behinderte Menschen
**WFO** World Family Organisation
**WHO** World Health Organization (Weltgesundheitsorganisation)
**WMFT** World Federation of Music Therapy
**WoBauG** Wohnungsbaugesetz
**WoFG** Wohnraumförderungsgesetz
**WoGG** Wohngeldgesetz
**WRV** Weimarer Reichsverfassung
**WSI** Wirtschafts- und Sozialwissenschaftliches Institut des Deutschen Gewerkschaftsbundes
**WTG** Wohn- und Teilhabegesetz
**WVO** Werkstättenverordnung
**WZB** Wissenschaftszentrum Berlin für Sozialforschung
**ZAnK** Zentrale Anlaufstelle für grenzüberschreitende Kindschaftskonflikte
**ZB** Zentrale Behörde
**z.B.** zum Beispiel
**ZDG** Zivildienstgesetz
**ZfF** Zeitschrift für das Fürsorgewesen
**ZFF** Zukunftsforum Familie
**ZfJ** Zentralblatt für Jugendrecht (Zeitschrift)
**ZfSH/SGB** Zeitschrift für Sozialhilfe und Sozialgesetzbuch
**Ziff.** Ziffer
**ZJJ** Zeitschrift für Jugendkriminalrecht und Jugendhilfe
**ZKJ** Zeitschrift für Kindschaftsrecht und Jugendhilfe
**ZKS** Zentralstelle für Klinische Sozialarbeit
**ZPO** Zivilprozessordnung
**Zs.** Zeitschrift
**ZSR** Zeitschrift für Sozialreform
**z.T.** zum Teil
**ZuwanderungsG** Zuwanderungsgesetz
**ZVG** Zwangsversteigerungsgesetz
**ZWST** Zentralwohlfahrtsstelle der Juden in Deutschland
**zzgl.** zuzüglich
**z.Zt.** zur Zeit

# Verzeichnis der Autorinnen und Autoren

**Abels, Heinz,** Prof. Dr. Dr., Professor i.R. für Soziologie an der FernUniversität Hagen

**Adelmann, Martin,** Dr., Politikwissenschaftler, Geschäftsführer des Arnold-Bergstraesser-Instituts Freiburg

**Adolph, Olgierd,** Präsident Bayerisches Verwaltungsgericht Ansbach

**Ahner, Romy,** Dr. Assessorin jur., Wissenschaftliche Referentin im Deutschen Verein für öffentliche und private Fürsorge e.V., Berlin

**Alber, Michael,** Niedersächsisches Landesamt für Soziales, Jugend und Familie, Hildesheim

**Albrecht, Heidi,** Verband Evangelischer Diakone-, Diakoninnen- und Diakonatsgemeinschaften in Deutschland e.V., Berlin

**Altmeyer, Lena,** Sozialpädagogin M.A., Lehrkraft für besondere Aufgaben an der htw des Saarlandes, Fakultät für Sozialwissenschaften, Saarbrücken

**Anderson, Philip,** Fakultät für Sozial- u. Gesundheitswissenschaften, Hochschule Regensburg

**Articus, Stephan,** Dr. phil., Geschäftsführendes Präsidialmitglied und Hauptgeschäftsführer des Deutschen Städtetages, Köln

**Bachler, Frauke,** Dr., Volljuristin, Regierungsdirektorin beim Bundesamt für Justiz, Leiterin der Abteilung VI (Ordnungsgeld- und Bußgeldverfahren; Zwangsvollstreckung), Bonn

**Backendorf, Achim,** Sozialverband VdK Deutschland e.V., Abteilungsleiter Sozialpolitik, Bonn

**Backhaus-Maul, Holger,** Soziologe und Verwaltungswissenschaftler, Wissenschaftlicher Mitarbeiter, Martin-Luther-Universität Halle-Wittenberg, Philosophische Fakultät; Mitglied im Vorstand der Stiftung Aktive Bürgerschaft, Halle

**Baer, Susanne,** Prof. Dr. Dr. h.c., Richterin des Bundesverfassungsgerichts, Professur für öffentliches Recht und Geschlechterstudien, Humboldt-Universität zu Berlin

**Bakemeier, Christian,** Dipl.-Sozialarbeiter, Verband der Deutschen Evangelischen Bahnhofsmission e.V., Berlin

**Bals, Nadine,** Dr., Geschäftsführerin der Deutschen Vereinigung für Jugendgerichte und Jugendgerichtshilfen e.V., Hannover

**Bartels, Wiebke,** Referentin der Geschäftsleitung im Deutschen Verein für öffentliche und private Fürsorge e.V., Berlin

**Bartosch, Ulrich,** Prof. Dr., Professor für Pädagogik an der Fakultät für Soziale Arbeit der Katholischen Universität Eichstätt-Ingolstadt

**Barz, Heiner,** Prof. Dr., Heinrich-Heine-Universität, Düsseldorf

**Bassewitz, Heike von,** Zentralwohlfahrtsstelle der Juden in Deutschland, Öffentlichkeitsarbeit, Frankfurt am Main

**Bauer, Edith,** Prof. Dr., Fachbereich Sozialwesen, Hochschule Fulda

**Baum, Georg,** Hauptgeschäftsführer der Deutschen Krankenhausgesellschaft (DKG), Berlin

**Becker, Bernd,** Dr., LRD, Leiter Gruppe „Soziales“, Statistisches Bundesamt, Wiesbaden

**Becker, Irene,** Dr. rer. pol., Dipl.-Volkswirtin, freiberufliche Wissenschaftlerin, Riedstadt

**Becker, Kerstin,** Referentin für Asyl- und Migrationspolitik beim Deutschen Roten Kreuz (Generalsekretariat), Berlin

**Becker, Ulrich,** Prof. Dr., Max-Planck-Institut für Sozialrecht und Sozialpolitik, München

**Beier, Klaus M.,** Prof. Dr. med., Dr. phil., Facharzt für Psychotherapeutische Medizin, Psychoanalytiker, Direktor des Instituts für Sexualwissenschaft und Sexualmedizin am Zentrum für Human- und Gesundheitswissenschaften der Humboldt-Universität zu Berlin

**Bennewitz, Heiko,** Dipl.-Sozialwissenschaftler, Leiter des Projekts „Integrierte Förderstrukturen in Rheinland-Pfalz“ im Institut für Sozialpädagogische Forschung Mainz e.V. (ism) und Geschäftsführer der plusquam Gesellschaft für Beratung und systemisches Qualitätsmanagement mbH, Mainz

**Berenfänger, Jürgen,** Personal- und Organisationsentwickler, Die Lupe – Werkstatt für Management und Personaltraining, Köln

**Bereswill, Mechthild,** Prof. Dr. phil. habil., lehrt Soziologie sozialer Differenzierung und Soziokultur am Institut für Sozialwesen, Fachbereich Humanwissenschaften, Universität Kassel

**Berg, Martin,** Vorsitzender der Bundesarbeitsgemeinschaft Werkstätten für behinderte Menschen e.V., Frankfurt am Main

**Bergmann, Michael,** Dipl.-Sozialpädagoge (FH), Leiter des Arbeitsbereichs Engagementförderung, Deutscher Caritasverband, Freiburg

**Bergner, Hans-Peter,** Geschäftsführer der Stiftung Deutsche Jugendmarke e.V., Bonn

**Berlit, Uwe,** Prof. Dr., Vorsitzendender Richter am Bundesverwaltungsgericht, Leipzig

**Berner, Frank,** Dr., Deutsches Zentrum für Altersfragen, Geschäftsstelle für die Altenberichte der Bundesregierung, Berlin

**Bessenich, Janina,** stellvertretende Geschäftsführerin des Bundesverbandes Caritas Behindertenhilfe und Psychiatrie e.V., Freiburg

**Beucke, Jan,** Dr. rer. nat., Dipl.-Psychologe, Wissenschaftlicher Mitarbeiter am Institut für Psychologie, Abteilung Klinische Psychologie der Humboldt Universität zu Berlin

**Beutler, Jürg,** Deutsche Gesellschaft für Psychiatrie und Psychotherapie, Psychosomatik und Nervenheilkunde e.V. (DGPPN), Leitung Kommunikation, Berlin

**Beywl, Wolfgang,** Prof. Dr., Leiter der Professur für Bildungsmanagement sowie Schul- und Personalentwicklung an der Pädagogischen Hochschule FHNW, Campus Brugg-Windisch

**Bieg, Matthias,** Wissenschaftlicher Mitarbeiter Methoden und Kommunikation in der Preisstatistik, Statistisches Bundesamt, Wiesbaden

**Bierhoff, Hans-Werner,** Dr., Professor und ehemaliger Leiter der Arbeitseinheit Sozialpsychologie an der Fakultät für Psychologie der Ruhr-Universität Bochum

**Bieritz-Harder, Renate,** Prof. Dr., Fachbereich Soziale Arbeit und Gesundheit, Hochschule Emden/Leer

**Birnstengel, Petra,** Referentin für Unterhaltsrecht im Deutschen Institut für Jugendhilfe und Familienrecht e.V., Heidelberg

**Blaumeiser, Heinz,** Dipl.-Physiker und freiberuflicher Sozialwissenschaftler, Wien

**Blömeke, Bernd,** Dr., Evangelisches Werk für Diakonie und Entwicklung e.V. – Diakonie Deutschland, Telefonseelsorge im Zentrum Familie, Bildung und Engagement, Berlin

**Böckenhoff, Anke,** Sozialwissenschaftlerin (M.A.), Wissenschaftliche Referentin im Deutschen Verein für öffentliche und private Fürsorge e.V., Berlin

**Boetticher, Arne von,** Prof. Dr., Professor für Rechtswissenschaften, Dekan des Fachbereichs Sozialwesen an der Ernst-Abbe-Hochschule Jena

**Bolowich, Michael,** Dr., Leitender Oberstaatsanwalt, Staatsanwaltschaft Gießen

**Bolowich, Nina,** Staatsanwältin, Staatsanwaltschaft Hanau

**Borg-Laufs, Michael,** Prof. Dr., Dipl.-Psychologe, Kinder- und Jugendlichen-Psychotherapeut, Psychologischer Psychotherapeut, Professor für Theorie und Praxis psychosozialer Arbeit mit Kindern sowie Studiendekan am Fachbereich Sozialwesen der Hochschule Niederrhein, Mönchengladbach

**Börner, Karlheinz,** Dr. jur., Regierungsdirektor, stellvertretender Amtsleiter des Hessischen Amts für Versorgung und Soziales Wiesbaden und juristischer Leiter der Abteilung Betreuungs- und Pflegeaufsicht

**Bortfeldt, Claire,** Dr., M.A. Politikwissenschaft, Bundesministerium für Familie, Senioren, Frauen und Jugend, Berlin

**Bremmer, Michael,** M.A., Geschäftsführer Bundesfachverband Betriebliche Sozialarbeit e.V., Tübingen

**Brockhausen, Berit,** approbierte psychologische Psychotherapeutin, Supervisorin (DGfS), Dozentin (DGVT), Autorin, Berlin

**Buck, Günter,** Referent Bundesarbeitsgemeinschaft Evangelische Jugendsozialarbeit (BAG EJSA), Stuttgart

**Budde,** Wolfgang, Dipl.-Sozialarbeiter, Dozent an der Fakultät Soziale Arbeit und Gesundheit, Hochschule Coburg

**Bühler, Christian,** Dr., Universitätsprofessor für Rehabilitationstechnologie, Technische Universität Dortmund

**Bühringer, Gerhard,** Prof. Dr., Professor für Suchtforschung, TU Dresden

**Bungart, Jörg,** Geschäftsführer der Bundesarbeitsgemeinschaft für Unterstützte Beschäftigung (BAG UB), Hamburg

**Burmeister, Jürgen,** Dr. rer. pol., Professor und Leiter des Studienbereichs Sozialwesen an der Dualen Hochschule Heidenheim

**Burmester, Monika,** Prof. Dr., Professur für Ökonomie des Sozial- und Gesundheitswesen an der Ev. Fachhochschule Rheinland-Westfalen-Lippe, Bochum

**Burschel, Hans-Otto,** Familienrichter und Direktor des Amtsgerichts Bad Salzungen

**Busch, Dörte,** Dr. jur., Professur für Zivilrecht und Sozialrecht, Hochschule für Wirtschaft und Recht, Berlin

**Busse, Angela,** Dr. jur., Professorin an der Hochschule für angewandte Wissenschaften (HAW) Hamburg

**Buttner, Peter,** Prof. Dr., Professor an der Fakultät für angewandte Sozialwissenschaften der Hochschule München

**Christa,** Harald, Prof. Dr., Professor für Sozialmanagement an der Ev. Hochschule Dresden

**Cibis, Wolfgang,** Dr. med., Facharzt für Innere Medizin, Projektkoordinator, Bundesarbeitsgemeinschaft für Rehabilitation e.V., Frankfurt am Main

**Cieslik, Anika,** Assessorin jur., Wissenschaftliche Referentin im Deutschen Verein für öffentliche und private Fürsorge e.V., Berlin

**Cornel, Heinz,** Prof. Dr., Jurist, Dipl.-Pädagoge, Kriminologe, Professor für Jugendrecht, Strafrecht und Kriminologie an der Alice Salomon Hochschule

Berlin, ehemaliger Präsident des DBH-Fachverbandes für Soziale Arbeit, Strafrecht und Kriminalpolitik, Berlin

**Corsa, Mike,** Generalsekretär der Arbeitsgemeinschaft der Evangelischen Jugend in Deutschland e.V. (aej) und Vorsitzender des Bundesjugendkuratoriums, Hannover

**Cremer, Georg,** Prof. Dr., Generalsekretär und Vorstand Sozial- und Fachpolitik des Deutschen Caritasverbandes, Freiburg

**Dahm, Harald,** Assessor jur., Geschäftsführer der Berufsgenossenschaft Energie Textil Elektro Medienerzeugnisse, Bezirksverwaltung Braunschweig

**Dangschat, Jens S.,** Dr. phil., Dipl.-Soziologe, Professor für Stadt- und Regionalforschung, Technische Universität, Wien

**Danner, Martin,** Dr., Bundesgeschäftsführer der Bundesarbeitsgemeinschaft Selbsthilfe von Menschen mit Behinderung und chronischer Erkrankung und ihren Angehörigen e.V. (BAG SELBSTHILFE), Düsseldorf

**Daumüller, Rosemarie,** Geschäftsführerin Landesfamilienrat Baden-Württemberg, Stuttgart

**David, Michael,** Diakonie Deutschland, Sozialpolitik gegen Armut und soziale Ausgrenzung, stellvertretender Sprecher der nationalen Armutskonferenz, Berlin

**Decarli, Jutta,** Geschäftsführerin des AFET – Bundesverband für Erziehungshilfe e.V., Hannover

**Deinert, Horst,** Dipl.-Sozialarbeiter, Dipl.-Verwaltungswirt, Mitarbeitervertreter im Gesamtpersonalrat der Stadt Duisburg

**Deinert, Olaf,** Prof. Dr., Lehrstuhl für Bürgerliches Recht, Arbeits- und Sozialrecht an der Georg-August Universität Göttingen, ehrenamtlicher Richter am Bundesarbeitsgericht

**Deinet, Ulrich,** Prof. Dr., Professur für Didaktik und methodisches Handeln/Verwaltung und Organisation an der FH Düsseldorf

**Dembowski, Barbara,** Assessorin jur., Verwaltungsjuristin beim Hessischen Datenschutzbeauftragten, Wiesbaden

**Dienel, Christiane,** Prof. Dr., Präsidentin der HAWK Hochschule für angewandte Wissenschaft und Kunst, Hildesheim – Holzminden – Göttingen

**Dinter, Knut,** Referent für Presse- und Öffentlichkeitsarbeit des Deutschen Jugendherbergwerks, Detmold

**Diskowski, Detlef,** Ministerium für Bildung, Jugend und Sport des Landes Brandenburg, Potsdam

**Döcker, Martina,** Internationaler Sozialdienst im Deutschen Verein für öffentliche und private Fürsorge e.V., Berlin

**Döhner, Hanneli,** Dr., Koordinatorin der Regionalgruppe Großraum Hamburg von wir pflegen – Interessenvertretung begleitender Angehöriger und Freunde in Deutschland e.V. und Vizepräsidentin von Eurocarers – European Association Working for Carers, Brüssel

**Dollinger, Bernd,** Prof. Dr., Department Erziehungswissenschaft – Psychologie, Sozialpädagogik und Sozialarbeit, Universität Siegen

**Doppler, Klaus,** Dr. phil., selbstständiger Management- und Organisationsberater, München

**Dörr, Margret,** Prof. Dr. phil., Professur für Theorien Sozialer Arbeit und Gesundheitsförderung an der Katholischen Hochschule Mainz

**Dörre, Klaus,** Prof. Dr., , Institut für Soziologie, Lehrstuhl für Arbeits-, Industrie- und Wirtschaftssoziologie, Friedrich-Schiller-Universität Jena

**Dorschky, Lilo,** Dipl.-Soziologin, Wissenschaftliche Mitarbeiterin an der Ev. Hochschule Dresden

**Dreber, Marie-Luise,** Dipl.-Pädagogin, Direktorin von IJAB – Fachstelle für Internationale Jugendarbeit der Bundesrepublik Deutschland e.V., Bonn

**Drees, Heike,** Dipl.-Psychologin, Referentin für Gesundheit, Suchthilfe, HIV/Aids, Deutscher Paritätischer Wohlfahrtsverband, Landesverband Berlin e.V.

**Drenseck, Heinrich-Peter,** M.A., Dipl.-Betriebswirt, Stadtdirektor und Stadtkämmerer a.D. der Stadt Herne, Vorsitzender der Arbeiterwohlfahrt Ruhr-Mitte

**Droege, Michael,** Prof. Dr., Juristische Fakultät, Lehrstuhl für Öffentliches Recht, Verwaltungsrecht, Religionsverfassungs- und Kirchenrecht sowie Steuerrecht, Eberhard Karls Universität Tübingen

**Dubiel, Magdalene,** Juristin im Landesjugendamt Rheinland, Köln

**Dünn, Sylvia,** Stellvertretende Geschäftsführerin Deutsche Rentenversicherung Berlin-Brandenburg, Frankfurt (Oder)

**Echterhoff, Gerald,** Prof. Dr., Professor für Sozialpsychologie, Westfälische Wilhelms-Universität Münster

**Eckert, Detlef,** Dr., Koordinator des Arbeitsausschusses des Deutschen Behindertenrates, Berlin

**Effinger, Herbert,** Prof. Dr., Dipl.-Sozialpädagoge, Supervisor, Case Management Ausbilder, Professor für Sozialarbeitswissenschaft/Sozialpädagogik an der Evangelischen Hochschule Dresden

**Egloff, Birte,** Dr., Dipl.-Pädagogin, Akademische Rätin am Fachbereich Erziehungswissenschaften an der Goethe-Universität Frankfurt am Main

**Ehmann, Frank,** Dr. jur., Professor für Sozialrecht mit dem Schwerpunkt Arbeitsförderung/Arbeitslosenrecht an der Fachhochschule Frankfurt am Main

**Ehrhardt, Angelika,** Prof. Dr. phil., Dipl.-Pädagogin, Professorin am Fachbereich Sozialwesen der Hochschule RheinMain, Wiesbaden

**Eichenhofer, Eberhard,** Dr. Dr. h.c., Professor an der rechtswissenschaftliche Fakultät der Friedrich-Schiller-Universität Jena

**Eichhoff, Gottfried,** Assessor jur., Wissenschaftlicher Referent im Deutschen Verein für öffentliche und private Fürsorge e.V., Berlin

**Eifert, Barbara,** Dipl. Sozialwissenschaftlerin, Coach DGfC, Wissenschaftliche Beraterin der Landesseniorenvertretung Nordrhein-Westfalen, Wissenschaftliche Mitarbeiterin am Forschungsinstitut für Gerontologie an der TU Dortmund

**Eisenbarth, Johannes,** Dipl.-Volkswirt, Referent Europa und Internationales, GKV-Spitzenverband, Berlin

**Eisenhart Rothe, Beate von,** Krankengymnastin, Dipl.-Pädagogin, Supervisorin, profile e.V., Hannover

† **Eisenhart Rothe, Thomas von,** Dipl.-Psychologe, Dipl.-Pädagoge, Organisationsberater und Supervisor, profile e.V., Hannover

**Eisewicht, Paul,** Dr., wissenschaftlicher Mitarbeiter am Lehrstuhl für Allgemeine Soziologie der Technischen Universität Dortmund

**Elsuni, Sarah,** Dr., Vertretung der Professur für Öffentliches Recht und Geschlechterstudien, Humboldt-Universität zu Berlin

**Engelbert, Angelika,** PD Dr., Dipl.-Soziologin, Projektleiterin im Zentrum für interdisziplinäre Regionalforschung der Ruhr-Universität Bochum

**Engels, Dietrich,** Dr., ISG Institut für Sozialforschung und Gesellschaftspolitik, Köln

**Engels, Gerd,** M.A., Geschäftsführer der Bundesarbeitsgemeinschaft Kinder- und Jugendschutz e.V. (BAJ), Berlin

**Erath, Peter,** Dr. päd., Professor für Pädagogik und Sozialarbeit an der Fakultät für Sozialwesen der Katholischen Universität Eichstätt-Ingolstadt

**Eschelbach, Diana,** freie Referentin für Kinder- und Jugendhilferecht, Berlin

**Etgeton, Stefan,** Dr., Senior Expert im Programm „Versorgung verbessern", Bertelsmann Stiftung, Berlin

**Evers, Adalbert,** Dr. rer. pol., Politikwissenschaftler, Prof. i.R., Senior Fellow am Centrum für Soziale Investitionen (CSI) an derUniversität Heidelberg

**Evers-Grewe, Beatrix,** Beisitzerin im Vorstand der Deutschen Musiktherapeutischen Gesellschaft (DMtG) e.V., Berlin

**Ewers, Michael,** Prof. Dr., Master of Public Health (MPH), Institut für Gesundheits- und Pflegewissenschaft, Campus Virchow-Klinikums der Charité – Universitätsmedizin Berlin

**Fahlbusch, Jonathan I.,** Dr., Referent im Referat IIc4 - Leistungen zur Eingliederung, Bundesministerium für Arbeit und Soziales, Berlin

**Fahlbusch, Katja,** Dr. jur., stellvertretende Leiterin der Abteilung Recht beim Gemeinsamen Bundesausschuss, Berlin

**Falterbaum, Johannes,** Dr. jur., Professor und Studiengangleiter an der Dualen Hochschule Baden-Württemberg in Heidenheim

**Faltermeier, Josef,** Dr. phil., Dipl.-Pädagoge, Sozialarbeiter grad., Professor am Fachbereich Sozialwesen an der Hochschule RheinMain, Wiesbaden

**Farrenberg, Dominik,** Soziale Arbeit M.A., Pädagogik der frühen Kindheit B.A., Wissenschaftlicher Mitarbeiter im Arbeitsbereich Soziale Arbeit und Ethik an der Universität Vechta

**Faßhauer, Markus,** Assessor jur., Leiter des Arbeitsfeldes Kindheit, Jugend, Familie, Soziale Berufe im Deutschen Verein für öffentliche und private Fürsorge e.V., Berlin

**Fazekas, Rèka,** Assessorin jur., Wissenschaftliche Referentin im Deutschen Verein für öffentliche und private Fürsorge e.V., Berlin

**Fellöcker, Kurt,** Prof. (FH), M.A., MSc, DAS, Fachhochschule St. Pölten, Donauuniversität Krems, Lehrtherapeut im ÖAGG (Fachsektion PD)

**Feulner, Martina,** Dipl.-Oecotrophologin, H wie Hauswirtschaft, Bildung und Beratung, Freiburg

**Fischer, Johanna,** Deutsche Gesellschaft für Logotherapie und Existenzanalyse e.V. Berufsverband (DGLE), Pfaffenweiler

**Fix, Elisabeth,** Dr., Referentin für Pflege, Rehabilitation, Alten- und Gesundheitspolitik im Berliner Büro des Deutschen Caritasverbandes e.V., Berlin

**Fortmeier, Paul,** Geschäftsführer der Deutschen Gesellschaft für Supervision (DGSv), Köln

**Frank, Gerhard,** Dr. phil., Studiendekan und Professor an der Georg-Simon-Ohm-Fachhochschule, Nürnberg

**Franke, Pia Theresia,** M.A., Geschäftsführerin des Verbandes katholischer Kindertageseinrichtungen Bayern e.V., München

**Friede-Mohr, Christina,** Dr. rer. pol., Dipl.-Volkswirtin, Ministerialrätin, Referatsleiterin im Bundesministerium für Gesundheit, Bonn

**Frings, Dorothee,** Dr. jur., Professorin für Verfassungs-, Verwaltungs- und Sozialrecht an der Hochschule Niederrhein, Mönchengladbach

**Fröhlich-Gildhoff, Klaus,** Prof. Dr., Dipl.-Psychologe, Approb. Psychologischer Psychotherapeut und Kinder- und Jugendlichenpsychotherapeut, Dozent für Klinische Psychologie und Entwicklungspsychologie an der Evangelischen Hochschule Freiburg, Leiter des Zentrums für Kinder- und Jugendforschung

**Früchtel, Frank,** Prof. Dr., Professor für Soziale Arbeit am Fachbereich Sozialwesen der Fachhochschule Potsdam

**Funk, Eberhard,** Dr., Historiker, Politologe, Betriebswirt, Wissenschaftlicher Referent im Deutschen Verein für öffentliche und Private Fürsorge e.V., Berlin

**Füssenhäuser, Cornelia,** Prof. Dr., Professorin für Theorien, Geschichte und Ethik Sozialer Arbeit an der Hochschule RheinMain, Wiesbaden

**Gabriel, Karl,** Prof. Dr. Dr., Senior Professor am Exzellenszcluster „Religion und Politik" der Universität Münster

**Gahleitner, Silke Birgitta,** Dr., Professorin für Klinische Psychologie und Sozialarbeit, Arbeitsbereich Psychotherapie und Beratung an der Alice Salomon Hochschule, Berlin

**Gallep, Sabine,** Assessorin jur., Wissenschaftliche Referentin im Deutschen Verein für öffentliche und private Fürsorge e.V., Berlin

**Galuschka, Katharina,** Dr., M.A., Pädagogin, Bundesverband Legasthenie & Dyskalkulie e.V., Bonn, Klinik und Poliklinik für Kinder- und Jugendpsychiatrie, Psychosomatik und Psychotherapie/Forschungsabteilung Klinikum der Universität München

**Garms, Hinrich,** Dr., Sozialwissenschaftler, erwerbslos, eines von drei gleichberechtigten Vorstandsmitgliedern der BAG Prekäre Lebenslagen, Frankfurt am Main

**Gast, Peter,** Leitender Oberstaatsanwalt a.D., Heuchelheim

**Gathen, Marion von zur,** Leiterin Abteilung Soziale Arbeit, Deutscher Paritätischer Wohlfahrtsverband – Gesamtverband e.V., Berlin

**Genz-Bideau, Hartmut O.,** selbständig als Berater, Trainer und Visualisierer, Hamburg

**Gill, Thomas,** Leiter der Landeszentrale für politische Bildungsarbeit Berlin

**Gilles, Rainer,** Städtischer Oberverwaltungsrat, Leiter Rechtsstelle und Schuldner- und Insolvenzberatung, Amt für soziale Sicherung und Integration, Düsseldorf

**Goldmann, Gerd,** Niedersächsischer Landkreistag, Hannover

**Göller, Magda,** Leiterin der Bundesgeschäftsstelle des pfv – Pestalozzi-Fröbel-Verband e.V. Fachverband für Kindheit und Bildung, Berlin

**Gostomzyk, Johannes G.,** Prof. Dr., Leitender Medizinischer Direktor a.D., Ehrenpräsident der Deutschen Gesellschaft für Sozialmedizin und Prävention, Hamburg

**Gottschalk, Ingo,** Dr., Dezernat Soziales, Jugend und Gesundheit, Leiter der Stabsstelle für Jugendhilfe,- Sozial- und Gesundheitsplanung, Magdeburg

**Gottschalk, René,** Prof. Dr. Dr., Facharzt für Innere Medizin/Infektiologie und Öffentliches Gesundheitswesen, Leiter des Gesundheitsamtes der Stadt Frankfurt am Main

**Götz, Thomas, Dr.,** Senatsverwaltung für Gesundheit und Soziales, Berlin

**Grabow, Michael,** Richter am Amtsgericht Pankow Weißensee, Dozent für Familien- und Betreuungsrecht an der Steinbeis-Hochschule, Berlin

**Grajcar, Dietmar,** Leiter des Geschäftsbereichs Soziales beim Landkreis Helmstedt

**Graßl, Wolfgang,** Dipl.-Pädagoge/Sozialpädagoge, Regionalleiter Nord-Ost, Geschäftsstelle des SOS-Kinderdorf e.V., München

**Gregor, Angelika,** Dr. jur., Professorin im Fachbereich für Sozial- und Kulturwissenschaften an der Fachhochschule Düsseldorf, Fachgebiet Familien- und Kinder- und Jugendhilferecht

**Grein, Daniel,** Geschäftsführer des Deutschen Bundesjugendrings (DBJR), Berlin

**Groenemeyer, Axel,** Prof. Dr. habil., Professor für Theorie und Empirie der Sozialen Arbeit an der Fakultät Erziehungswissenschaft, Psychologie und Soziologie der Technischen Universität Dortmund

**Gromann, Petra,** Prof. Dr., Hochschulverbund basa-online, Fachbereich Sozialwesen, Hochschule Fulda

**Großkinsky, Gabriele,** Fachbereichsleiterin Hauswirtschaft an der Akademie für Landbau und Hauswirtschaft, Kupferzell

**Großmaß, Ruth,** Dr., Professorin an der Alice Salomon Hochschule, Berlin

**Groth, Andy,** Dr., Richter am Schleswig-Holsteinischen Landessozialgericht, Schleswig

**Grube, Christian,** Vorsitzender Richter am Verwaltungsgericht a.D., Rechtsanwalt, München

**Grühn, Corinna,** Prof. Dr. jur., Professorin für Sozial- und Familienrecht, Studiengang Soziale Arbeit, Hochschule Bremen

**Grundmann, Matthias,** Univ. Prof. Dr. phil. habil., Institut für Soziologie, Westfälische-Wilhelms-Universität Münster

**Grzeszick, Bernd,** Dr., LL.M., Professor, Direktor des Instituts für Staatsrecht, Verfassungslehre und Rechtsphilosophie, Universität Heidelberg

**Gutzmann, Hans,** Prof. Dr. med., Präsident der Deutschen Gesellschaft für Gerontopsychiatrie und -psychotherapie e.V. (DGGPP), Wiehl

**Habbe, Heiko,** Rechtsanwalt und Rechtsberater bei der Kirchlichen Hilfsstelle „fluchtpunkt“ in Hamburg

**Häbel, Hannelore,** em. Professorin für Recht und Verwaltung an der Ev. Hochschule Ludwigsburg

**Häcker, Ulrike,** Dipl.-Sozialjuristin, Erzieherin, v. Bodelschwinghsche Stiftungen Bethel, Bielefeld

**Haertlein, Lutz,** Prof. Dr. jur., Lehrstuhl für Bürgerliches Recht, Bank- und Kapitalmarktrecht, Universität Leipzig

**Hafeneger, Benno,** Prof. em. Dr., Institut für Erziehungswissenschaft, Philipps-Universität Marburg

**Hahn, Gernot,** Dr. phil., Dipl.-Sozialpädagoge, Dipl.-Sozialtherapeut, Leiter der Forensischen Ambulanz der Klinik für Forensische Psychiatrie Erlangen

**Hahs, Jenny,** Referentin für Migrationssozialarbeit, Deutscher Paritätischer Wohlfahrtsverband – Gesamtverband e.V., Berlin

**Halfar, Bernd,** Dr., Professor an der Katholischen Universität Eichstätt-Ingolstadt

**Hammel, Manfred,** Dr. rer. soc., Assessor des Verwaltungsdienstes, juristischer Mitarbeiter beim Caritasverband für Stuttgart e.V., Mitglied im Fachausschuss Sozialrecht der Bundesarbeitsgemeinschaft Wohnungslosenhilfe, Stuttgart

**Hammer, Veronika,** Dr. rer. pol., Professorin an der Hochschule für angewandte Wissenschaften Fachhochschule Coburg, Leiterin des konsekutiven Masterstudiengangs Soziale Arbeit

**Harms, Henriette,** Dipl.-Pädagogin, Pädagogische Regionalleiterin Kindertagesstätten Berlin Süd-West

**Hartnuß, Birger,** Referent in der Leitstelle Ehrenamt und Bürgerbeteiligung in der Staatskanzlei Rheinland-Pfalz, Mainz

**Haunert, Friedrich,** Dr. phil., Dipl.-Pädagoge, Organisationsberater, Berlin

**Heeg, Stefan,** M.A., Soziologe und Erziehungswissenschaftler, Mitarbeiter der Stiftung Sozialpädagogisches Institut (SPI), Lehrbeauftragter an der Fachhochschule Neubrandenburg

**Heidenreich, Thomas,** Prof. Dr., Dipl.-Psychologe, Professur „Psychologie für Soziale Arbeit und Pflege“ an der Hochschule Esslingen

**Heimes, Theresia,** Referentin der Abteilung Soziales und Gesundheit, Referat Kinder, Jugend, Familie und Generationen beim Deutschen Caritasverband, Freiburg i.Br.

**Heinisch, Daniel,** Wissenschaftlicher Referent im Deutschen Verein für öffentliche und private Fürsorge e.V., Berlin

**Hellwig, Uwe,** Wissenschaftlicher Referent im Deutschen Verein für öffentliche und private Fürsorge e.V., Berlin

**Helming, Elisabeth,** wissenschaftliche Referentin (Fachgruppe Familienhilfe und Kinderschutz), Deutsches Jugendinstitut e.V., München

**Helms, Ursula,** Geschäftsführerin der Nationalen Kontakt- und Informationsstelle zur Anregung und Unterstützung von Selbsthilfegruppen (NAKOS), Berlin

**Henneberger, Jana,** Assessorin jur., Wissenschaftliche Referentin im Deutschen Verein für öffentliche und private Fürsorge e.V., Berlin

**Hentze, Karl-Otto,** Psychotherapeut, Geschäftsführer der Gesellschaft für wissenschaftliche Gesprächspsychotherapie, Köln

**Herb, Verena,** Bundesministerium für Familie, Senioren, Frauen und Jugend, Berlin

**Herle, Ulrike,** M.A., Psychologin, Supervisorin (EAS), EMDR-Traumatherapeutin, Leiterin des Instituts für Frauen-SelbstManagement – Prävention von sexueller Gewalt gegen Mädchen, Jungen und Frauen, München

**Herrmann, Peter,** Prof. Dr. phil., Corvinus University, Institute of World Economy, Faculty of Social Sciences and International Relations, Budapest

**Hesse, Werner,** Assessor jur., Geschäftsführer im Deutschen Paritätischen Wohlfahrtsverband – Gesamtverband e.V., Berlin

**Hielscher, Hanna,** Wissenschaftliche Mitarbeiterin am Centrum für Soziale Investitionen und Innovationen (CSI) der Universität Heidelberg, Berlin

**Hillebrandt, Ingrid,** M.A., Soziologin, Referentin in der Bundesarbeitsgemeinschaft Kinder- und Jugendschutz e.V., Berlin

**Hinn, Gabriella,** Geschäftsführerin der Bundesarbeitsgemeinschaft Seniorenbüros e.V. (BaS), Bonn

**Hinte, Wolfgang,** Dr., Professsor am Institut für Stadtteilentwicklung, Sozialraumorientierte Arbeit und Beratung der Universität Duisburg-Essen

**Hinz, Thorsten,** Dr., Philosoph und Ethnologe, Geschäftsführer Caritas Behindertenhilfe und Psychiatrie e.V. (CBP), Freiburg i.Br.

**Hobelsberger, Alexander,** Dr. jur., Rechtsanwalt bei Nachmann Rechtsanwälte, München

**Hocks, Stephan,** Dr., Rechtsanwalt in Frankfurt am Main, Lehrbeauftragter am Fachbereich Rechtswissenschaft der Universität Gießen

**Hoenig, Ragnar,** Assessor jur., Leiter Abteilung Sozialpolitik, Sozialverband Deutschland SoVD, Berlin

**Hoffer, Heike,** Assessorin jur., LL.M. (Vanderbilt), Bundesministerium für Gesundheit, Berlin

**Hoffmann, Birgit,** Dr. jur., Professorin an der Fakultät Sozialwesen der Hochschule Mannheim

**Hoffmann-Steudner,** Hedda, Dr., Justiziarin beim Bundesverband Deutscher Stiftungen e.V., Berlin

**Höft-Dzemski, Reiner,** Dipl.-Soziologe, Leiter des Arbeitsfeldes III – Grundlagen sozialer Sicherung, Sozialhilfe, soziale Leistungssysteme – im Deutschen Verein für öffentliche und private Fürsorge e.V., Berlin

**Hoheisel, Miriam,** Bundesgeschäftsführerin des Verbandes alleinerziehender Mütter und Väter, Bundesverband e.V., Berlin

**Hohnerlein, Eva Maria,** Dr. jur., wissenschaftliche Referentin am Max-Planck-Institut für Sozialrecht und Sozialpolitik, München

**Hölling, Iris,** ehemalige Geschäftsführerin von Wildwasser Arbeitsgemeinschaft gegen sexuellen Missbrauch an Mädchen e.V., Berlin, Leiterin des Jugendamts Treptow-Köpenick, Berlin

**Holt, Thomas von,** Rechtsanwalt, Steuerberater mit Tätigkeitsschwerpunkt Recht und Steuerrecht der Nonprofit-Organisationen, Bonn

**Holz, Gerda,** Dipl.-Politikwissenschaftlerin, Sozialarbeiterin, Leiterin des Geschäftsfeldes Soziale Inklusion im Institut für Sozialarbeit und Sozialpädagogik, Frankfurt am Main

**Honkanen-Schoberth, Paula,** Geschäftsführerin Deutscher Kinderschutzbund Bundesverband e.V., Berlin

**Hoppe, Birgit,** Dr., Direktorin/Vorstandsvorsitzende der Stiftung SPI, Berlin

**Höschele-Frank,** Cornelia, Dr., Gleichstellungsbeauftragte, Büro für Chancengleichheit und Vielfalt, Erlangen

**Hosemann, Wilfried,** Prof. i.R., Dr., Mitglied im Vorstand der Deutschen Gesellschaft für Systemische Soziale Arbeit (DGSSA), Berlin

**Hotstegs, Robert,** Rechtsanwalt und Fachanwalt für Verwaltungsrecht, Mediator, stellvertretendes Mitglied der Synode der EKD, Düsseldorf

**Hoyer, Sören,** Dr., Wissenschaftlicher Mitarbeiter der Beobachtungsstelle für gesellschaftspolitische Entwicklungen in Europa, Institut für Sozialarbeit und Sozialpädagogik e.V., Berlin

**Höynck, Theresia,** Prof. Dr., Institut für Sozialwesen, Fachgebiet Recht der Kindheit und der Jugend, Universität Kassel

**Hugoth, Matthias,** Dr. theol., Professor für Erziehungswissenschaft und Elementarpädagogik im Studiengang Soziale Arbeit an der Katholischen Hochschule Freiburg i.Br.

**Hundertmark-Mayser,** Jutta, Dipl.-Psychologin, Wissenschaftliche Mitarbeiterin und stellvertretende Geschäftsführerin der Nationalen Kontakt- und Informationsstelle zur Anregung und Unterstützung von Selbsthilfegruppen (NAKOS), Berlin

**Hurrelmann, Klaus,** Dr., Professor of Public Health and Education, Hertie School of Governance Berlin

**Huth, Susanne,** Geschäftsführerin, INBAS-Sozialforschung GmbH, Frankfurt am Main

**Ibel, Carsten,** Dipl.-Verwaltungswirt (FH), Bundesministerium für Familie, Senioren, Frauen und Jugend, Bonn

**Isermeyer, Martin,** Dipl.-Sozialpädagoge, M.A. Sozialmanagement, Jugendamtsleiter, Landkreis Oder-Spree, Beeskow

**Iversen, Sven,** Geschäftsführer der Arbeitsgemeinschaft der deutschen Familienorganisationen (AGF) e.V., Berlin

**Jahn, Thomas,** Dr. phil., Leiter des Instituts für sozial-ökologische Forschung (ISOE), Frankfurt am Main

**Jakob, Gisela,** Dr., Dipl.-Pädagogin, Professorin für Theorien der Sozialen Arbeit, Hochschule Darmstadt

**Jakob, Johannes,** Bundesvorstand im Bereich Arbeitsmarktpolitik des Deutschen Gewerkschaftsbundes (DGB), Berlin

**Jankuhn, Reinhard,** Referent für Bildung, WfbM und Sport, Bundesverband für körper- und mehrfachbehinderte Menschen e.V., Düsseldorf

**Janßen, Karl,** Dipl.-Sozialpädagoge, Stadtdirektor a.D., Vorsitzender des Vorstandes der Stiftung Deutscher Verein für öffentliche und private Fürsorge, Berlin

**Jehle, Jörg-Martin,** Dr. jur. Dr. h.c., Universitätsprofessor, Geschäftsführender Direktor des Instituts für Kriminalwissenschaften, Leiter der Abteilung für Kriminologie, Jugendstrafrecht und Strafvollzug, Juristische Fakultät der Georg-August-Universität Göttingen

**July, Margarete,** Oberrätin, Leiterin des Dienstleistungszentrums ResoDienste Köln, Stadt Köln, Sozialamt

**Jurczyk, Karin,** Dr. phil., Dipl.-Soziologin, Leiterin der Abteilung Familie und Familienpolitik am Deutschen Jugendinstitut, e.V., München

**Kähler, Harro Dietrich,** Dr. phil., em. Professor, Redakteur des Internet-Rezensionsdienstes socialnet, Köln

**Kalben, Isa von,** Assessorin jur., Regierungsrätin im Land Berlin

**Kälble, Karl,** Dr. phil., M.A., Wissenschaftlicher Mitarbeiter der AHPGS Akkreditierung gGmbH, Freiburg i.Br.

**Kallert, Heide,** Dr. phil., Professorin i.R. am Institut für Sozialpädagogik und Erwachsenenbildung der Johann Wolfgang Goethe-Universität, Frankfurt am Main

**Kaltenbach, Katrin,** Leiterin der AWO Bundesakademie, Berlin

**Kaltenborn, Bruno,** Dr., Wirtschaftsforschung und Politikberatung, Inhaber und Leiter, Potsdam

**Kammermeier, Bernd,** Kriminologe (LL.M. Rostock), Mitarbeiter der Aufsichtsstelle Mecklenburg-Vorpommerns, Geschäftsführer der Gilde Soziale Arbeit e.V.

**Kawamura-Reindl, Gabriele,** Dipl.-Kriminologin, Dipl.-Sozialarbeiterin, Professorin an der Fakultät Sozialwissenschaften der Technischen Hochschule Nürnberg Georg Simon Ohm, Nürnberg

**Kegel, Thomas,** Organisationsentwickler und -berater, Hannover

**Keil, Andreas,** Referent im Ministerium für Arbeit, Soziales, Gesundheit, Frauen und Familie des Landes Brandenburg, Potsdam

**Keil, Sylvia,** MSc, Sozialarbeiterin und Psychotherapeutin, Lektorin am Bachelorstudiengang Soziale Arbeit, FH Campus Wien und im Universitätslehrgang Klientenzentrierte Psychotherapie, Donau Universität Krems

**Keil, Wolfgang W.,** Prof. Mag., freiberuflicher Psychotherapeut und Supervisor in Wien, Lehrgangsleiter für Klientenzentrierte Psychotherapie an der Donau-Universität Krems

**Keymling, Gabriele,** Dipl.-Pädagogin, Master of Arts in Organization Studies, Leiterin der Stabsstelle Bildung & Personalentwicklung, Landesgeschäftsstelle des Bayerischen Roten Kreuzes (KöR), München

**Kiessl, Heidrun,** Prof. Dr., Juristin, Dipl.-Heilpädagogin FH, systemische Therapeutin, Lehrstuhl Heilpädagogik Fachhochschule der Diakonie Bielefeld

**Kilb, Rainer,** Prof. Dr. phil., Hochschullehrer an der Hochschule Mannheim, Fakultät für Sozialwesen

**Kindler, Heinz,** Dr. phil., Dipl.-Psychologe, rechtspsychologischer Sachverständiger mit Schwerpunkt Kindeswohlgefährdung, wissenschaftlicher Referent beim Deutschen Jugendinstitut e.V., München

**Kinzig, Jörg,** Prof. Dr., Universitätsprofessor, Lehrstuhl für Kriminologie, Straf- und Sanktionenrecht, zugleich Direktor des Instituts für Kriminologie, Eberhard Karls Universität Tübingen

**Kipper, Christian,** Geschäftsführer der Stiftung Deutsches Hilfswerk/Deutsche Fernsehlotterie gGmbH, Hamburg

**Kirchner, Joachim,** Dr. rer. pol., Dipl.-Soziologe, Dipl.-Volkswirt, Mitarbeiter am Institut Wohnen und Umwelt GmbH, Darmstadt

**Klausch, Peter,** Dipl.-Pädagoge, Geschäftsführer der Arbeitsgemeinschaft für Kinder- und Jugendhilfe (AGJ), Berlin

**Kleiber-Bischof, Christine,** Dipl.-Soziologin, Wissenschaftliche Referentin im Deutschen Verein für öffentliche und private Fürsorge e.V., Berlin

**Klein, Ansgar,** Dr. phil., Dipl.-Soziologe, Privatdozent für Politikwissenschaften an der Humboldt-Universität Berlin, Geschäftsführer des Bundesnetzwerks Bürgerschaftliches Engagement (BBE), Berlin

**Klein, Lothar,** Balance – Forum für Freinet-Pädagogik, Wiesbaden

**Klerks, Uwe,** Rechtsanwalt, Fachanwalt für Sozialrecht und Versicherungsrecht, Essen

**Kleve, Heiko,** Prof. Dr., Sozialarbeiter und Soziologe, Professor für Soziale Arbeit an der Fachhochschule Potsdam

**Klie, Thomas,** Dr. jur., Professor für öffentliches Recht und Verwaltungswissenschaft an der Evangelischen Hochschule Freiburg

**Klimitz, Hasso,** Dr., Leiter Psychotherapie und Psychosomatik, Klinik für Psychiatrie, Psychotherapie und Psychosomatik, Potsdam

**Klug, Wolfgang,** Prof. Dr., Dipl.-Sozialpädagoge (FH), Professor für Methoden der Sozialen Arbeit, Katholische Universität Eichstätt-Ingolstadt

**Kluve, Jochen,** Prof. Dr., Leiter des Berliner Büros des Rheinisch-Westfälischen Instituts für Wirtschaftsforschung (RWI) und Professor für Empirische Arbeitsmarktökonomik, Humboldt-Universität zu Berlin

**Knauer, Raingard,** Dr., Professorin am Fachbereich Soziale Arbeit und Gesundheit der Fachhochschule Kiel

**Knecht, Gerhard,** Dozent für Spielpädagogik an der Akademie Remscheid

**Knesebeck, Olaf von dem,** Prof. Dr., Direktor des Instituts für Medizinische Soziologie, Sozialmedizin und Gesundheitsökonomie (IMSG) am Universitätsklinikum Hamburg-Eppendorf

**Knieps, Franz,** Vorstand des BKK Dachverbandes e.V., Berlin

**Knoche, Heinz,** Teamleiter, DRK-Generalsekretariat, Berlin

**Knuth, Matthias,** Prof. Dr., Institut Arbeit und Qualifikation, Fakultät für Sozialwissenschaften, Universität Duisburg-Essen, Campus Duisburg

**Koch, Christian,** Dipl.-Kaufmann, Unternehmensberater, Geschäftsführer der socialnet GmbH, Bonn

**Koch, Josef,** Geschäftsführer und Vorstandsmitglied der Internationalen Gesellschaft für erzieherische Hilfen (IGfH), Frankfurt am Main

**Köcher, Renate,** Prof. Dr., Geschäftsführerin des Instituts für Demoskopie Allensbach am Bodensee

**Koglin, Erika,** Rechtsanwältin, Referentin beim Paritätischen Wohlfahrtsverband – Gesamtverband e.V., Berlin

**Kohler, Susanne,** M.A., Dipl.-Psychogerontologin, Wissenschaftliche Mitarbeiterin am Fachbereich Gesundheit und Pflege an der Hamburger Fern-Hochschule

**Kohlrausch, Bettina,** Prof. Dr., Professorin für Bildungssoziologie an der Universität Paderborn

**Kohlscheen, Norbert,** NK excellence consulting, Systemischer Organisationsberater, Hamburg

**Kohte, Wolfhard,** Dr. jur., Martin-Luther-Universität, Gründungsprofessur Zivilrecht II, Halle

**Körner, Constanze,** Leiterin Regenbogenfamilienzentrum Lesben- und Schwulenverband (LSVD) Berlin-Brandenburg e.V.

**Kösler, Edgar,** Prof. Dr., Rektor der Katholische Hochschule Freiburg und Vorsitzender der RKHD

**Kößler, Melanie,** Juristin, Internationaler Sozialdienst im Deutschen Verein für öffentliche und private Fürsorge e.V., Berlin

**Kott, Kristina,** Referatsleiterin im Statistischen Bundesamt, Wiesbaden

**Köttig, Manuela,** Prof. Dr., Professorin für Grundlagen der Gesprächsführung, Kommunikation und Konfliktbewältigung, Fachbereich Soziale Arbeit und Gesundheit, Frankfurt University of Applied Sciences

**Koufen, Katharina,** Referat 323 – Leistungsfähigkeit des Bildungswesens im internationalen Vergleich, Bundesministerium für Bildung und Forschung, Berlin

**Kraimer, Klaus,** Dr. phil. habil., Professor für Theorie, Praxis und Empirie Sozialer Arbeit an der htw des Saarlandes, Fakultät für Sozialwissenschaften, Privatdozent Universität Osnabrück

**Kramer, Niklas,** M.A., Wissenschaftlicher Referent im Deutschen Verein für öffentliche und private Fürsorge e.V., Berlin

**Krampe, Andreas,** Wissenschaftlicher Referent im Deutschen Verein für öffentliche und private Fürsorge e.V., Berlin

**Kraus, Sibylle,** Dipl.-Sozialarbeiterin, Sozialmanagerin, Case Managerin (DGCC), Vorstandsmitglied der Deutschen Vereinigung für Soziale Arbeit (DVSG), Berlin

**Krause, Alexandra,** Dr., Wissenschaftliche Referentin im Deutschen Verein für öffentliche und private Fürsorge e.V., Berlin

**Krause, Peter,** Dr. rer. soc., Wissenschaftlicher Mitarbeiter an der Längsschnittstudie Sozio-oekonomisches Panel am Deutschen Institut für Wirtschaftsforschung (DIW Berlin), Berlin

**Krebs, Antje,** Fachberaterin, LWL-Landesjugendamt Westfalen

**Kreidenweis, Helmut,** Professor für Sozialinformatik an der Katholischen Universität Eichstätt-Ingolstadt, Vorstand des Fachverbandes für IT in Sozialwirtschaft und Sozialverwaltung FINSOZ e.V., Inhaber der IT-Beratung KI-Consult, Augsburg

**Kremer-Preiß, Ursula,** Sozialwissenschaftlerin, Referentin im Fachbereich Architektur und Wohnen im Kuratorium Deutsche Altershilfe, Köln

**Krieger, Wolfgang,** Prof. Dr., Dozent am Fachbereich Sozial- und Gesundheitswesen der Fachhochschule Ludwigshafen am Rhein

**Kries, Caroline von,** LL.M., Leiterin Arbeitsstelle Sozialrecht, Deutscher Caritasverband e.V, Freiburg i.Br.

**Kröger, Christine,** Prof. Dr. rer. nat., Dipl.-Psychologin, Psychologische Psychotherapeutin, Professorin für Psychologische Grundlagen der Sozialen Arbeit, Klinische Sozialarbeit und Klinische Heilpädagogik an der Hochschule Coburg

**Krohn, Karina,** Dr., Richterin, Sozialgericht Cottbus

**Krolzik, Udo,** Pastor, Prof. Dr., Leiter der Bundesakademie für Kirche und Diakonie, Berlin

**Krömer, Matthias,** Geschäftsführer der Bundesarbeitsgemeinschaft der überörtlichen Träger der Sozialhilfe (BAGüS), Münster

**Kron, Thomas, Dr.,** Professor für Soziologie und Geschäftsführender Direktor des Instituts für Soziologie an der Rheinisch-Westfälischen Technischen Hochschule Aachen

**Kroworsch, Susann,** Assessorin jur., Wissenschaftliche Referentin im Deutschen Verein für öffentliche und private Fürsorge e.V., Berlin

**Krüger, Ulrich,** Dipl.-Supervisor, Geschäftsführer der Aktion Psychisch Kranke, Bonn

**Kruse, Elke,** Prof. Dr., Dipl.-Pädagogin, Dipl.-Sozialpädagogin, Professorin für Erziehungswissenschaft, insbesondere Pädagogik der Kindheit und Familienbildung an der Hochschule Düsseldorf

**Kruse, Katja,** Rechtsanwältin und Referentin für Sozialrecht beim Bundesverband für körper- und mehrfachbehinderte Menschen e.V., Düsseldorf

**Kuhn, Andreas,** Dr., Wissenschaftlicher Referent im Deutschen Verein für öffentliche und private Fürsorge e.V., Berlin

**Kuhn-Zuber, Gabriele,** Dr. jur., Professorin für die rechtlichen Grundlagen der Sozialen Arbeit und der Heilpädagogik, Katholische Hochschule für Sozialwesen Berlin

**Kunina-Habenicht, Olga,** Dr., wissenschaftliche Mitarbeiterin an der Goethe-Universität Frankfurt am Main

**Kutscher, Nadia,** Dr. phil., Dipl.-Pädagogin, Dipl.-Sozialpädagogin (FH), Professorin für Soziale Arbeit und Ethik an der Universität Vechta

**Lähnemann, Lela,** Dipl.-Pädagogin, Mitarbeiterin des Fachbereichs für die Belange von Lesben, Schwulen, Bisexuellen, trans- und intergeschlechtlichen Menschen in der Landesantidiskriminierungsstelle (LADS) des Landes Berlin

**Landes, Benjamin,** Direktor des Institutes für Sozialarbeit und Sozialpädagogik (ISS), Frankfurt am Main

**Lange, Andreas,** Prof. Dr., Professur für Soziologie an der Hochschule Ravensburg-Weingarten, Fakultät für Soziale Arbeit und Pflege

**Lange, Jürgen,** Bildungsreferent, Arbeit und Leben DGB/VHS NW e.V., Düsseldorf

**Langenmayr, Arnold,** Dr., em. Professor am Fachbereich Bildungswissenschaften der Universität Duisburg-Essen

**Lehndorfer, Peter,** selbstständiger Psychotherapeut für Kinder- und Jugendliche, Psychoanalyse, Planegg

**Leinenbach, Michael,** Dipl.-Sozialarbeiter, Dipl.-Sozialpädagoge, Sozialplaner bei der Kreisstadt Saarlouis, 1. Vorsitzender des Deutschen Berufsverbands für Soziale Arbeit (DBSH)

**Leiska-Stephan, Nicola,** Assessorin jur., Wissenschaftliche Referentin im Deutschen Verein für öffentliche und private Fürsorge e.V., Berlin

**Lemke, Frank Johannes,** Dipl.-Heilpädagoge, Caritasdirektor

**Lengemann, Martin,** Sachbereichsleitung, LWL-Landesjugendamt Westfalen, Münster

**Lenz, Ursula,** Pressereferentin der Bundesarbeitsgemeinschaft der Seniorenorganisationen e.V. (BAGSO), Bonn

**Lerche, Wolfgang,** Dipl.-Sozialpädagoge, Geschäftsführer der Berufsbildungswerke Hamburg GmbH

**Lessenich, Stephan,** Prof. Dr., Lehrstuhl für Soziale Strukturen und Entwicklungen, Ludwig-Maximilians-Universität, München

**Leymann, Doris,** Sozialpädagogin, Dipl.-Ingenieurin, Leitung Jugendberatungshaus Spandau, Referentin, Berlin

**Liebel, Manfred,** Dr. phil., Dipl.-Soziologe, Professor a.D. der Soziologie an der Technischen Universität Berlin, Direktor des Instituts für internationale Studien zu Kindheit und Jugend (ISCY) an der Internationalen Akademie Berlin für innovative Pädagogik, Psychologie und Ökonomie (INA gGmbH), Berlin

**Lindheimer, Martin,** Mitglied im geschäftsführenden Vorstand, Bundesverband Psychiatrie-Erfahrener (BPE), Bochum

**Lingg, Verena,** Sozialpädagogin M.A. (European Master in Childhood Studies and Children's Rights, EMCR), Referentin im Internationalen Sozialdienst im Deutschen Verein für öffentliche und private Fürsorge e.V., Berlin

**Littwin, Frank,** Ministerialrat Dr., Referatsleiter Finanz- und volkswirtschaftliche Grundsatzfragen, Stabilitätsrat und Steuerschätzung, Europäisches PPP-Netzwerk, Finanzministerium NRW, Düsseldorf

**Lob-Hüdepohl, Andreas,** Prof. Dr., Professor für Theologische Ethik/Ethik sozialer Professionen, Katholische Hochschule für Sozialwesen Berlin

**Löcherbach, Peter,** Prof. Dr., Professor für Sozialarbeitswissenschaften an der Katholischen Hochschule Mainz, Vorsitzender der DGCC e.V.

**Löher, Michael,** Assessor jur., Vorstand des Deutschen Vereins für öffentliche und private Fürsorge e.V., Berlin

**Löhlein, Harald,** Leiter der Abteilung Migration und Internationale Kooperation beim Paritätischen Gesamtverband, Berlin

**Lohmann, Birgit,** Bundesvorsitzende Deutscher Verband für Bildungs- und Berufsberatung e.V. (dvb), Schwerte

**Longrée, Arnd,** Vorsitzender des Deutschen Verbandes der Ergotherapeuten e.V. (DVE), Karlsbad

**Lotz, Dieter,** Prof. Dr., Studiengangsleiter Heilpädagogik, Beauftragter für die Belange von Studierenden mit Behinderung und chronischer Krankheit, Evangelische Hochschule Nürnberg

**Lübking, Uwe,** Beigeordneter im Deutschen Städte- und Gemeindebund, Berlin

**Lüde, Rolf von,** Prof. Dr. rer. pol., Institut für Soziologie, Fachbereich Sozialwissenschaften der Universität Hamburg

**Lüders, Christian,** Dr., Leiter der Abteilung Jugend und Jugendhilfe im Deutschen Jugendinstitut e.V., München

**Lühmann, Hans,** Dr., Referatsleiter im Ministerium für Arbeit, Integration und Soziales des Landes Nordrhein-Westfalen, Düsseldorf

**Lukas, Helmut,** Dipl.-Soziologe, Dr. phil. (Erziehungswissenschaft), Dr. phil. habil. (Sozialpädagogik), apl. Prof. (Universität Hannover), Prof. i.R. (FH Erfurt)

**Lukas-Nülle, Werner,** Dipl.-Verwaltungswirt, Leiter der Fachstelle für Eingliederungshilfe des Landkreises Osnabrück

**Luthe, Ernst-Wilhelm,** Prof. Dr. jur. habil., Professor für Öffentliches Recht und Sozialrecht an der Ostfalia Hochschule für angewandte Wissenschaften, Braunschweig

**Lutz, Tilman,** Prof. Dr., Sozialarbeiter, Kriminologe und Diakon, Hochschul-

lehrer an der Ev. Hochschule für Soziale Arbeit & Diakonie Hamburg
**Machold, Claudia,** Dr., Fakultät für Erziehungswissenschaft, Migrationspädagogik und Kulturarbeit, Universität Bielefeld
**Mackroth, Petra,** Abteilungsleiterin Familie im Bundesministerium für Familie, Senioren, Frauen und Jugend, Berlin
**Maelicke, Hannelore,** Dipl.-Kriminologin, Dipl.-Sozialarbeiterin, Supervisorin (DV), Hamburg
**Maile-Pflughaupt, Anita,** M.A., Dipl.-Sozialpädagogin (FH), Wissenschaftliche Mitarbeiterin an der Professur für Pädagogik der Fakultät für Soziale Arbeit an der Katholischen Universität Eichstätt-Ingolstadt
**Maleh, Carole,** Industrie- und Diplomkauffrau, Carole Maleh ChangeConsultant, Hannover
**Maly, Dieter,** Dipl.-Sozialwirt, Leiter des Amtes für Existenzsicherung und soziale Integration – Sozialamt der Stadt Nürnberg
**Manderscheid, Michael,** Dipl.-Theologe, Fortbildungs-Akademie des Deutschen Caritasverbandes, Freiburg i.Br.
**Maragkos, Markos,** PD Dr. phil., Dipl.-Psychologe, Psychologischer Psychotherapeut, Arbeitsgemeinschaft für Verhaltensmodifikation (AVM), Aus- Fort- und Weiterbildung gGmbH, München
**Märker, Alfredo,** Dr., Mitarbeiter der Deutschen Gesellschaft für die Vereinten Nationen (DGVN), Berlin
**Marković, Bojana,** Assessorin jur., Wissenschaftliche Referentin im Deutschen Verein für öffentliche und private Fürsorge e.V., Berlin
**Markowski, Cornelia,** Assessorin jur., Leiterin der Stabsstelle Internationales im Deutschen Verein für öffentliche und private Fürsorge e.V., Berlin
**Marquard, Peter,** Dr., Dipl.-Pädagoge, Leiter des Stiftungsbereichs Kinder- und Jugendhilfe im Rauhen Haus, Hamburg
**Marschner, Rolf,** Dr. jur., Rechtsanwalt, München
**Marth, Sven,** Dipl.-Gesundheitsökonom, Prokurist der aktiva-Beratung im Gesundheitswesen GmbH Köln
**Marthaler, Thomas,** Dr. rer. pol., Dipl.-Pädagoge, Senior Lecturer im Institute for Research and Innovation in Social Work, Social Pedagogy and Social Welfare (IRISS), Universität Luxembourg
**Matlok, Dana,** Dr. jur., Referentin im Referat der Geschäftsführung bei der Deutschen Rentenversicherung Bund, Berlin
**Matzat, Jürgen,** Dipl.-Psychologe, Leiter der Kontaktstelle für Selbsthilfegruppen, Gießen
**Mauel, Herbert,** Geschäftsführer bpa – Bundesverband privater Anbieter sozialer Dienste e.V., Berlin
**Maykus, Stephan,** Dr. phil. habil., Professor für Methoden und Konzepte der Sozialen Arbeit an der Hochschule Osnabrück und Privatdozent für Erziehungswissenschaft an der Universität Hamburg
**Mecheril, Paul,** Dr. phil., Professor für Interkulturelles Lernen und Sozialer Wandel an der Fakultät für Bildungswissenschaften der Universität Innsbruck
**Meier, Rüdiger,** Rechtsanwalt, Hamburg
**Meier-Gräwe, Uta,** Prof. Dr. sc., Justus-Liebig-Universität Gießen, Professorin für Wirtschaftslehre des Privathaushalts und Familienwissenschaft, Gießen/Freiburg
**Meinunger, Larissa,** Assessorin jur., Wissenschaftliche Referentin im Deutschen Verein für öffentliche und private Fürsorge e.V., Berlin
**Meireis, Holger,** Dr. med., Leitender Medizinaldirektor a.D., Wiesbaden
**Meißner, Andreas,** Dipl.-Pädagoge, Referent bei terres des hommes, Osnabrück
**Melinz, Gerhard,** Dr. habil., Privatdozent Institut für Wirtschafts- und Sozialgeschichte der Universität Wien, hauptberuflich Lehrender FH Campus Wien, Department Soziales, Wien
**Melzer, Wolfgang,** Prof. Dr., Fakultät Erziehungswissenschaften, Technische Universität Dresden
**Menne, Claudia,** M.A., Gewerkschaftssekretärin, DGB Bundesvorstand, Berlin
**Merchel, Joachim,** Prof. Dr. phil., Dipl.-Pädagoge, Professor für „Organisation und Management in der Sozialen Arbeit" an der Fachhochschule Münster
**Meyer-Höger, Maria,** Dr. jur., Professorin an der Evangelischen Fachhochschule Darmstadt
**Meysen, Thomas,** Dr. jur., Fachlicher Leiter im Deutschen Institut für Jugendhilfe und Familienrecht e.V., Heidelberg
**Michell-Auli, Peter,** Dr., Dipl.-Volkswirt, TQM-Auditor und ZOOP-Moderator, Leiter der Geschäfte des Kuratoriums Deutsche Altershilfe, Köln
**Miersch, Paloma,** Referatsleiterin im Bundesministerium für Familie, Senioren, Frauen und Jugend, Berlin
**Mittelstaedt, Gert von,** Dr. med., Präsident der Deutschen Gesellschaft für Sozialmedizin und Prävention, Hamburg
**Möhring-Hesse, Matthias,** Prof. Dr., Professor für Theologische Ethik/Sozialethik an der Katholisch-theologischen Fakultät der Eberhard Karls Universität Tübingen
**Möller, Christiane,** Deutscher Blinden- und Sehbehindertenverband e.V. (DBSV), Berlin
**Möller, Jens,** Prof. Dr., Direktor am Institut für Psychologie der Christian-Albrechts-Universität zu Kiel, Lehrstuhl Psychologie für Pädagogen

**Mühlberg, Philipp,** Dipl.-Soziologe, Leiter Fachcontrolling der städtischen Wohnungsbaugesellschaften Berlin

**Mühlhausen, Marius,** Referent für Grundsatzfragen beim Bundesverband der Arbeiterwohlfahrt (AWO) e.V., Berlin

**Müller, Lutz,** Dr., Dipl.-Psychologe, Analytischer Psychotherapeut, Stuttgart

**Müller, Sebastian,** Dr., Wissenschaftlicher Mitarbeiter am Deutschen Institut für Menschenrechte, Berlin

**Müller-Fehling, Norbert,** Geschäftsführer, Bundesverband für körper- und mehrfachbehinderte Menschen e.V. bvkm, Düsseldorf

**Mulot, Ralf,** Dipl.-Politikwissenschaftler, Leiter des Arbeitsfeldes V – Bundeszentrale Fachpublikationen – im Deutschen Verein für öffentliche und private Fürsorge e.V., Berlin

**Münch, Maria-Theresia,** Erzieherin, Dipl.-Pädagogin, Wissenschaftliche Referentin im Deutschen Verein für öffentliche und private Fürsorge e.V., Berlin

**Mund, Petra,** Dr., Dipl.-Sozialpädagogin, M.A. Sozialmanagement, Professorin für Sozialarbeitswissenschaft und Sozialmanagement an der Katholischen Hochschule für Sozialwesen Berlin

**Mußgnug, Friederike,** Dr., Diakonie Deutschland, Evangelischer Bundesverband, Zentrum Recht und Wirtschaft, Berlin

**Nährlich, Stefan,** Dr., Wirtschaftswissenschaftler und Geschäftsführer der Stiftung Aktive Bürgerschaft, Berlin

**Naudiet, Silke,** Dipl.-Psychologin, Geschäftsführerin der Bundeskonferenz für Erziehungsberatung e.V., Fürth

**Neuffer, Manfred,** Dr. phil., Dipl.-Sozialarbeiter, em. Professor an der Hochschule für Angewandte Wissenschaften, Department Soziale Arbeit, Hamburg

**Neuhaus, Cordula,** Dipl.-Psychologin, Dipl.-Heilpädagogin, Kindertherapeutisches Zentrum Esslingen GmbH

**Neumann, Manfred,** Dipl.-Sozialarbeiter (M.A.), Teamleiter der Arbeitplus in Bielefeld GmbH

**Nickel, Dorette,** Hauptgutachterin und Wissenschaftliche Referentin im Deutschen Verein für öffentliche und private Fürsorge e.V., Berlin

**Nicklas-Faust, Jeanne,** Prof. Dr., Bundesgeschäftsführerin Bundesvereinigung Lebenshilfe e.V., Marburg/Berlin

**Niehoff, Ulrich,** Wissenschaftlicher Referent im Referat Konzepte der Bundesvereinigung Lebenshilfe, Berlin

**Niesel, Renate,** Dipl.-Psychologin, ehem. wissenschaftliche Referentin am Staatsinstitut für Frühpädagogik (IFP), München

**Notz, Gisela,** Dr. phil., freiberufliche Autorin, Sozialwissenschaftlerin und Historikerin, Berlin

**Novakovic, Anuschka,** Referentin für Grundlagen der Finanzierung im Paritätischen Wohlfahrtsverband – Gesamtverband e.V., Berlin

**Nuissl, Ekkehard,** Dr. Dr. h.c., Professor für Erwachsenenbildung an der Universität Duisburg-Essen, ehem. Wissenschaftlicher Direktor und Vorstand am Deutsches Institut für Erwachsenenbildung – DIE, Bonn

**Oberhäuser, Thomas,** Rechtsanwalt, Kanzlei am Ulmer Münster, Ulm

**Oltmer, Jochen,** Apl. Prof. Dr. phil. habil., Vorstand des Instituts für Migrationsforschung und Interkulturelle Studien (IMIS), Universität Osnabrück

**Ortiz-Müller, Wolf,** Dipl.-Psychologe, psychologischer Psychotherapeut Krisenberatung im Berliner Krisendienst, KUB e.V., Berlin

**Otto, Ulrich,** Prof. Dr. habil., Careum Stiftung, Leiter Careum Forschung, Forschungsinstitut der Kalaidos Fachhochschule Dep. Gesundheit, Zürich

**Padberg, Petra,** Wirtschaftsmediatorin und Lehrtrainerin BMWA ©, Executive Coach, Rechtsanwältin, Padberg Consultancy Ltd., Berlin

**Paratsch, Frank,** Dipl.-Sozialarbeiter, Trainer und Organisationsentwickler, Geschäftsführer SRH Berufsbildungswerk Neckargemünd GmbH

**Paschold, Ulrich,** Leiter des Referates 203 Familienbildung und -beratung, Erziehungskompetenz, Bundesministerium für Familie, Senioren, Frauen und Jugend, Berlin

**Pattar, Andreas,** Prof. Dr. jur., Hochschule für öffentliche Verwaltung Kehl, Professor für öffentliches Recht mit Schwerpunkt Sozialrecht, Kehl

**Pauls, Helmut,** Dr. phil., Dipl.-Psychologe und Psychologischer Psychotherapeut, Professor für Klinische Sozialarbeit, Handlungslehre der Sozialarbeit und Psychologie, Leiter des Masterstudienganges Klinische Sozialarbeit an der Hochschule Coburg

**Pechar, Hans,** Professor für Hochschulforschung an der Alpen-Adria Universität (Standort Wien)

**Peez, Georg,** Prof. Dr., Geschäftsführender Direktor, Institut für Kunstpädagogik, Goethe-Universität Frankfurt am Main

**Peifer, Ulrike,** Assessorin jur., Leiterin der Fachabteilung Öffentlicher Gesundheitsdienst Behörde für Gesundheit und Verbraucherschutz der Freien und Hansestadt Hamburg, Hamburg

**Penta, Leo Joseph,** Dr., Professor an der Katholischen Hochschule für Sozialwesen Berlin

**Pesch, Marlis,** Dipl.-Psychologin, Fakultät Erziehungswissenschaften Technische Universität Dresden

**Peters, Karen,** Richterin am Sozialgericht Berlin

**Pick, Peter,** Dr., Dipl.-Ökonom, Geschäftsführer des Medizinischen Dienstes der Spitzenverbände der Krankenkassen, Essen

**Pinquart, Martin,** Dr. phil. habil., Professor für Entwicklungspsychologie an der Philipps-Universität Marburg

**Piontkowski, Kerstin,** Juristin, Referentin beim Rechnungshof von Berlin

**Pissulla-Wälti, Denise,** Dipl.-Psychologin, Schulpsychologischer Dienst des Rhein-Kreises Neuss

**Pohl, Susanne,** Pressereferentin im Generalsekretariat, Deutsches Rotes Kreuz (DRK) e.V., Berlin

**Poller, Stefan,** Dr., Richter am Amtsgericht Laufen/Obb.

**Poppe, Frederik,** Dr., Wissenschaftlicher Referent im Referat Konzepte bei der Bundesvereinigung Lebenshilfe, Berlin

**Possinger, Johanna,** Dr., Professorin für Frauen- und Geschlechterfragen in der Sozialen Arbeit an der Evangelischen Hochschule Ludwigsburg

**Pötter, Nicole,** Prof. Dr., Professorin für Grundlagen der Sozialen Arbeit mit dem Schwerpunkt Bildungsfragen an der Fakultät für angewandte Sozialwissenschaften der Hochschule München

**Preiser, Siegfried,** Prof. Dr., Rektor der Psychologischen Hochschule Berlin und Professor für Psychologie des lebenslangen Lernens

**Puhl, Ria,** Prof. Dr. phil., Dipl.-Soziologin, Professorin im Fachbereich Sozialwesen der Katholische Hochschule Nordrhein-Westfalen, Abteilung Köln

**Quiring, Andreas W.,** Pressesprecher der Heilsarmee in Deutschland, Köln

**Raddatz, Guido,** Dr., Stiftung Marktwirtschaft, Verantwortlicher Mitarbeiter für die Bereiche Arbeitsmarkt, Sozialpolitik und Föderalismus, Berlin

**Räder, Evelyn,** Assessorin jur., Referentin für Arbeitsmarkt- und Teilhabepolitik im Bereich Recht/Rechtspolitik in der ver.di Bundesverwaltung, Berlin

**Rafi, Anusheh,** Prof. Dr., Rechtsanwalt, Mediator, Coach, Rektor der Evangelischen Hochschule Berlin

**Rahn, Monika,** Dr. jur., Geschäftsbereich Rechts- und Fachfragen, Deutsche Rentenversicherung Bund, Berlin

**Rasch, Edna,** Dr. jur., Referentin für Sozialrecht in der Bundesgeschäftsstelle Berlin der Bundesvereinigung Lebenshilfe

**Rätz, Regina,** Dr. phil., Dipl.-Sozialarbeiterin/Sozialpädagogin, Professorin für Soziale Arbeit, Alice Salomon Hochschule, Berlin

**Rausch, Monika,** Prof. Dr., Dipl.-Logopädin, Professur für Primäre Prävention an der Europäischen Fachhochschule Rhein/Erft in Brühl

**Rauschenbach, Thomas,** Prof. Dr., Vorstandsvorsitzender und Direktor Deutsches Jugendinstitut, München

**Rechtien, Wolfgang,** Dr., Klinischer Psychologe, Vorstandsmitglied und Geschäftsführer des Kurt Lewin Instituts für Psychologie der FernUniversität Hagen

**Reckling, Peter,** Bundesgeschäftsführer des DBH-Fachverbandes für Soziale Arbeit, Strafrecht und Kriminalpolitik, Köln

**Regitz, Sebastian,** Sozialpädagoge/Sozialarbeiter, M.A. Intercultural Conflict Management, Referent im Internationalen Sozialdienst im Deutschen Verein für öffentliche und private Fürsorge e.V., Berlin

**Reis, Claus,** Prof. Dr., Frankfurt University of Applied Sciences, Fachbereich Soziale Arbeit und Gesundheit, Professor für Organisation sozialer Dienste, Frankfurt am Main

**Reiss, Hans-Christoph,** Dr. rer. pol., Professor für Wirschaftswissenschaften und Volkswirtschaften an der Hochschule Mainz

**Reith, Niels,** Geschäftsführer des Bundesverbandes Deutscher Berufsförderungswerke e.V., Berlin

**Retaiski, Herbert,** Dipl.-Sozialarbeiter, Supervisor, Organisationsberater, Landesamt für Soziales, Jugend und Versorgung, Abteilungsleiter Soziales/Integrationsamt, Mainz

**Richter-Fuss, Katrin,** Individualpsychologische Beraterin, Hamburg

**Rieck, Karina,** Dr. med., Fachärztin für Nervenheilkunde und Geriatrie, Gemeinschaftspraxis, Wolgast

**Rieger, Günter,** Prof. Dr., Dipl.-Sozialpädagoge, Politikwissenschaftler (M.A.), ehem. Dekan der Fakultät Sozialwesen der Dualen Hochschule Baden-Württemberg Stuttgart, Studiengangleiter Soziale Dienste in der Justiz

**Rinklake, Thomas,** Dipl.-Soziologe, Berater bei der xit GmbH forschen.planen.beraten, Nürnberg

**Rippe, Hans-Jörg,** Dr., Psychologe, ehem. Projektleiter Fernuniversität Hagen und Lehrbeauftragter Fachhochschule für Ökonomie und Management, Essen

**Rogge, Constanze,** Assessorin jur., Wissenschaftliche Referentin im Deutschen Verein für öffentliche und private Fürsorge e.V., Berlin

**Roggenthin, Klaus,** Dr. phil., Geschäftsführer des Bundesarbeitsgemeinschaft für Straffälligenhilfe (BAG-S) e.V., Bonn

**Röh, Dieter,** Prof. Dr., Dipl.-Sozialarbeiter/Sozialpädagoge, Master Public Health, Professor an der Hochschule für Angewandte Wissenschaften Hamburg

**Rölke, Ursula,** Assessorin jur., kommissarische Leitung des Arbeitsfelds I – Grenzüberschreitende Sozialarbeit/ Internationaler Sozialdienst im Deutschen Verein für öffentliche und private Fürsorge e.V, Berlin

**Rönnau-Böse, Maike,** Prof. Dr., Professorin am Zentrum für Kinder- und Jugendforschung im Forschungsverbund FIVE e.V. an der Evangelischen Hochschule Freiburg

**Rose, Lotte,** Dr. phil, Dipl.-Pädagogin, Professorin an der Frankfurt University of Applied Sciences, Fachbereich Soziale Arbeit und Gesundheit, Frankfurt am Main

**Rosenbrock, Rolf,** Prof. Dr., Vorsitzender des Paritätischen Wohlfahrtsverbandes - Gesamtverband e.V, Berlin

**Rosenkranz, Doris,** Prof. Dr. rer. pol., Professorin an der Fakultät Sozialwissenschaften der Technischen Hochschule Nürnberg Georg Simon Ohm

**Rössler, Wulf,** Prof. Dr. med., Dipl.-Psychologe, Prof. em. der Universität Zürich, Professor für Post Graduation der Universität Sao Paulo

**Roters, Dominik,** Dr. jur, stellvertretender Geschäftsführer des Gemeinsamen Bundesausschusses, Berlin

**Roth, Roland,** Dr., Professor für Politikwissenschaft am Fachbereich Sozial- und Gesundheitswesen der Hochschule Magdeburg-Stendal

**Roth, Walter,** Ministerialrat a.D., Rechtsanwalt, Frankfurt am Main

**Rothmayr, Angelika,** Dr. phil., Studienrätin, Leitung Landesnetzwerk Unterstützte Kommunikation, Hessen, Heinrich-Hoffmann-Schule, Frankfurt am Main

**Rubner, Eike,** Dr. phil., Psychologe, Psychologischer Psychotherapeut, Psychoanalytiker, Graduierter in/für TZI, Nussdorf

**Rucht, Dieter,** Dr. rer. pol., Professor für Soziologie am Wissenschaftszentrum Berlin für Sozialforschung (WZB)

**Rudolph, Jörg,** Ministerialrat, Leiter des Referates Grundsatzfragen der Pflegeversicherung im Bundesministerium für Gesundheit

**Rüth, Stephanie,** Leiterin Kommunikation und Research der Bank für Sozialwirtschaft AG, Köln

**Sachweh, Patrick,** Dr., Akademischer Rat a.Z., Goethe-Universität Frankfurt, Institut für Soziologie, Frankfurt am Main

**Sagebiel, Juliane,** Dr. phil. Sozialarbeiterin, Dipl.-Pädagogin, Professorin an der Hochschule München

**Sandfuchs, Uwe,** Prof. i.R. Dr., Technische Universität Dresden

**Sauer, Franz-Josef,** Fachbereichsleiter Leistungsrecht und Leistungsmissbrauch SGB II, Bundesagentur für Arbeit, Nürnberg

**Sauermann, Gabriele,** Referentin Gefährdetenhilfe im Paritätischen Gesamtverband, Berlin

**Schaeffer, Doris,** Dr., Professorin für Gesundheitswissenschaften an der Universität Bielefeld

**Schäfer, Norbert,** Landschaftsarchitekturbüro STADT+NATUR, Klingenmünster

**Schäfer, Peter,** Prof. Dr., Professur für Familienrecht und Jugendhilferecht in der Sozialen Arbeit am Fachbereich Sozialwesen der Hochschule Niederrhein in Mönchengladbach

**Schäfter, Petra,** Dipl.-Politikwissenschaftlerin, Dipl.-Juristin, freie Wissenschaftslektorin, Berlin

**Schellberg, Klaus,** Prof. Dr. rer. pol., Professor an der Evangelischen Hochschule Nürnberg, Gesellschafter bei xit GmbH forschen. planen. beraten, Nürnberg

**Schelle, Regine,** Dr. phil., Deutsches Jugendinstitut e.V., München

**Schelzke, Karl-Christian,** Oberstaatsanwalt a.D., Geschäftsführender Direktor des Hessischen Städte- und Gemeindebundes, Mühlheim am Main

**Schenke Plisch, Genia,** Geschäftsführerin der Ökumenischen Bundesarbeitsgemeinschaft Asyl in der Kirche e.V., Berlin

**Scherr, Albert,** Prof. Dr. phil., Professor für Soziologie an der Pädagogischen Hochschule Freiburg i.Br.

**Schick, Stefan,** Prof. Dr., Rechtsanwalt/ Fachanwalt für Steuerrecht, Stuttgart

**Schilling, Anne,** Geschäftsführerin der Elly Heuss-Knapp-Stiftung, Deutsches Müttergenesungswerk, Berlin

**Schilling, Matthias,** Dr. phil, Geschäftsführer und wissenschaftlicher Mitarbeiter, Arbeitsstelle Kinder- und Jugendhilfestatistik an der Technischen Universität Dortmund

**Schimke, Hans-Jürgen,** Prof. em. Dr., Bürgermeister a.D. der Gemeinde Laer

**Schirilla, Nausikaa,** Prof. Dr. habil., Professorin für Soziale Arbeit, Migration und Interkulturelle Kompetenz, Katholische Hochschule Freiburg

**Schlack, Hans G.,** Prof. Dr. med., ehem. Chefarzt am Rheinischen Kinderneurologischen Zentrum, Bonn

**Schmeller, Franz,** Leiter des Dezernats Soziales im Kommunalverband für Jugend und Soziales Baden-Württemberg, Stuttgart

**Schmerr, Martina,** GEW Hauptvorstand Vorstandsbereich Schule, Leiterin des Organisationsbereichs Schule, Frankfurt am Main

**Schmid, Walter,** Prof. Dr. jur., Direktor der Hochschule Luzern Soziale Arbeit

**Schmid-Obkirchner, Heike,** Dr. jur., Referatsleiterin im Bundesministerium für Familie, Senioren, Frauen und Jugend, Berlin

**Schmidt, Carola,** AWO-Bundesverband e.V., Berlin

**Schmidt, Roland,** Prof. Dr., Fakultät Angewandte Sozialwissenschaften, Lehrgebiet Gerontologie und Versorgungsstrukturen der Fachhochschule Erfurt

**Schmidt-Ohlemann, Matthias,** Dr. med., Leitender Arzt des Rehabilitationszentrums Bethesda kreuznacher diakonie, Landesarzt für Körperbehinderte in Rheinland-Pfalz und Vorsitzender der Deutschen Vereinigung für Rehabilitation, Bad Kreuznach

**Schmitt, Sabine,** Dr. phil., M.A., Historikerin, Redakteurin im Arbeitsfeld V – Bundeszentrale Fachpublikationen – im Deutschen Verein für öffentliche und private Fürsorge e.V., Berlin

**Schneider, Ulrich,** Dr., Hauptgeschäftsführer des Deutschen Paritätischen Wohlfahrtsverbandes – Gesamtverband e.V., Berlin

**Scholl, Annette,** Leiterin des Bereichs Gemeinwesenorientierte Seniorenarbeit, Europa-Referentin, Kuratorium Deutsche Altershilfe Wilhelmine-Lübke-Stiftung e.V., Köln

**Schöller, Silvia,** Dr. med., Chefärztin an der LVR-Klinik, Mönchengladbach

**Scholz, Gabriele,** Leiterin Gemeinsame Zentrale Adoptionsstelle der Länder Bremen, Hamburg, Niedersachsen und Schleswig-Holstein bei der Behörde für Arbeit, Soziales, Familie und Integration Hamburg

**Scholz, Mathias,** Dr., Referent im Bundesministerium für Arbeit und Soziales, Berlin

**Scholz, Stephanie,** Dr., Europareferentin, Diakonie Deutschland Evangelischer Bundesverband, Berlin

**Schone, Reinhold,** Prof. Dr., Professor für Organisation und Management in der Sozialen Arbeit, Fachhochschule Münster

**Schönenberg, Lisa,** Referentin beim European Social Network, Brighton

**Schrapper, Christian,** Prof. Dr. phil., Dipl.-Pädagoge, Professor für Pädagogik an der Universität Koblenz-Landau

**Schrey-Dern, Dietlinde,** Lehrbeauftragte im Studiengang Lehr- und Forschungslogopädie der Rheinisch-Westfälischen Technischen Hochschule Aachen

**Schubert, Franz-Christian,** Prof. em. Dr., Dipl.-Psychologe, Lehrtätigkeit am Fachbereich Sozialwesen der Hochschule Niederrhein Krefeld/Mönchengladbach und eigene Praxistätigkeit in Mönchengladbach

**Schubert, Herbert,** Prof. Dr. phil. Dr. rer. hort. habil., Professor am Institut für angewandtes Management und Organisation in der Sozialen Arbeit (IMOS) der TH Köln – Technology, Arts, Sciences

**Schulze-Böing, Matthias,** Dr., Offenbach am Main

**Schulz-Nieswandt, Frank,** Univ.-Prof. Dr., Institut für Soziologie und Sozialpsychologie, Wirtschafts- und Sozialwissenschaftliche Fakultät der Universität zu Köln

**Schulz-Weidner, Wolfgang,** Dr., Deutsche Sozialversicherung Europavertretung/ Deutsche Rentenversicherung Bund, Brüssel

**Schumacher, Jochen,** Ministerialrat, Leiter Referat I 3 – Grundsicherung für Arbeitsuchende, Bayerisches Staatsministerium für Arbeit und Soziales, Familie und Integration, München

**Schuntermann, Michael F.,** PD, Dr., Deutsche Rentenversicherung Bund, Berlin

**Schürbüscher, Ruth,** Fachberaterin, LWL-Landesjugendamt Westfalen, Münster

**Schütte, Wolfgang,** Dr. jur., Prof. em. für Sozialrecht und Sozialpolitik Hochschule für Angewandte Wissenschaften Hamburg, Fakultät Wirtschaft und Soziales

**Schwanecke, Ulrich,** Dipl.-Verwaltungswissenschaftler, Verwaltungsleiter im Deutschen Verein für öffentliche und private Fürsorge e.V., Berlin

**Schwarze, Uwe,** Prof. Dr. rer. pol., Dipl.-Sozialpädagoge, Professor für Sozialpolitik und Soziale Arbeit an der HAWK Hildesheim/Holzminden/Göttingen, Fakultät Soziale Arbeit und Gesundheit

**Schwarzer, Uwe,** Sozial- und Verwaltungswissenschaftler, TQM-Systemauditor, Leiter der Abteilung Strategisches Management und Projektkoordination im Diakonischen Werk der Evangelischen Kirche in Deutschland, Berlin

**Schweikert, Birgit,** Dr., Juristin, Ministerialrätin, Leiterin der Unterabteilung 40 der Abteilung Gleichstellung im Bundesministerium für Familie, Senioren, Frauen und Jugend, Berlin

**Schweinlin, Hans-Jörg,** Leitender Regierungsdirektor, Referatsleiter im Landesversorgungsamt des Regierungspräsidiums Stuttgart

**Seewald, Hermann,** Regierungsdirektor, Statistisches Bundesamt, Wiesbaden

**Segebrecht, Susanne,** Dr. med., Fachärztin für Allgemeinmedizin, Forschungsgruppe Geriatrie, Charité – Universitätsmedizin Berlin

**Seibel, Friedrich W.,** Professor em. an der Hochschule Koblenz

**Selle, Matthias,** Kreisrat, Landkreis Osnabrück

**Senekowitsch, Martina,** Presse- und Öffentlichkeitsarbeit bei der Kommunalen Gemeinschaftsstelle für Verwaltungsmanagement (KGSt), Köln

**Sewald, Nadin,** Referentin Methoden und Kommunikation in der Preisstatistik, Statistisches Bundesamt, Wiesbaden

**Siegfried, Klaudius,** Prof. Dr., Apl. Professor am Institut für Klinische Psychologie und Psychotherapie der Goethe-Universität Frankfurt, Globaler Forschungsleiter Zentralnervensystem-Indikationen bei ICON Clinical Research, Langen

**Siegfried, Stephan R.,** Dr. Phil., Dipl.-Psychologe, Freiberufler, Frankfurt am Main

**Silbereisen, Rainer K.,** Prof. Dr., Direktor des Center for Applied Developmental Science, Friedrich-Schiller-Universität Jena

**Simon, Roland,** Geschäftsführer der Bundesstiftung Mutter und Kind, Berlin

**Sippel, Hanns-Jörg,** Stiftung Mitarbeit, Vorsitzender des Vorstands, Bonn

**Sitzenstuhl, Ingrid Maria,** Dipl.-Sozialarbeiterin und Supervisorin (DGSv, ASSP/Sk), Köln

**Smessaert, Angela,** Juristin, Wissenschaftliche Referentin der Arbeitsgemeinschaft Kinder- und Jugendhilfe – AGJ und Vorstandsmitglied des Berliner Rechtshilfefonds Jugendhilfe e.V. (BRJ), Berlin

**Sommer, Ralf,** Ministerialrat, Leiter des Referates Sozialhilfe im Sozialministerium des Landes NRW, Düsseldorf

**Specht, Thomas,** Dr., Geschäftsführer der Bundesarbeitsgemeinschaft Wohnungslosenhilfe (BAG W) e.V., Bielefeld

**Spilker, Britta,** Assessorin jur., Wissenschaftliche Referentin im Deutschen Verein für öffentliche und private Fürsorge e.V., Berlin

**Spörke, Michael,** Dr. rer. pol., Leiter Abt. Sozialpolitik, Sozialverband Deutschland Landesverband NRW – SoVD NRW e.V., Düsseldorf

**Stähler, Thomas P.,** Dr. jur., Rechtsanwalt, Justitiar der Bundesarbeitsgemeinschaft für Rehabilitation, Frankfurt am Main

**Stamm, Ingo,** Dr., Sozialarbeiter, Referent beim Internationalen Sozialdienst, im Deutschen Verein für öffentliche und private Fürsorge e.V., Berlin

**Steffan, Werner,** Prof. Dr., Professor für Sozialarbeit und Sozialpädagogik an der Fachhochschule Potsdam

**Steinhagen-Thiessen, Elisabeth,** Prof. Dr., Stoffwechsel Centrum – Altersmedizin, Charité – Universitätsmedizin Berlin

**Stocker, Werner,** Dipl.-Pädagoge, Sozialplaner im Kommunalverband für Jugend und Soziales Baden-Württemberg, Stuttgart

**Stöcker-Zafari, Hiltrud,** Bundesgeschäftsführerin Verband binationaler Familien und Partnerschaften, iaf e.V., Frankfurt am Main

**Stollenwerk, Nicole,** Dr. phil., Hochschullehrerin, Studiengangleitung der Studiengänge „Soziale Arbeit & Management", Fachhochschule des Mittelstands, Köln

**Stösser, Adelheid von,** Lehrerin für Pflegeberufe, Geschäftsführerin der Stösser-Standard, St.-Katherinen

**Struck, Norbert,** Dipl.-Pädagoge, Jugendhilfereferent im Deutschen Paritätischen Wohlfahrtsverband – Gesamtverband e.V., Berlin

**Stubig, Hans-Jürgen,** Bundesministerium für Arbeit und Soziales, Ministerialrat und Referatsleiter für Statistik und Rechnungswesen in der Sozialversicherung, Berlin und Bonn

**Stumm, Gerhard,** Dr., Psychotherapeut, Klinischer und Gesundheitspsychologe, Ausbilder des Forum Personzentrierte Psychotherapie, Ausbildung und Praxis, Wien

**Stürtz, Hanne,** Geschäftsführerin des Deutschen Instituts für Jugendhilfe und Familienrecht e.V., Heidelberg

**Suhre, Richard,** Dipl.-Sozialarbeiter, Deutsche Gesellschaft für Soziale Psychiatrie e.V., Geschäftsführung, Köln

**Sweers, Holger,** Referent für Aufklärung und Information bei der Deutschen AIDS-Hilfe e.V., Berlin

**Szepan, Nadine-Michèle,** Dipl.-Volkswirtin, Abteilungsleiterin Pflege, AOK-Bundesverband, Berlin

**Tacke, Gertrud,** Rechtsanwältin im Referat Arbeits-und Zivilrecht, Deutscher Paritätischer Wohlfahrtsverband – Gesamtverband e.V., Berlin

**Tacke, Veronika,** Prof. Dr., Professorin für Organisationssoziologie an der Universität Bielefeld

**Tanış, Naile,** Volljuristin, Geschäftsführerin KOK e.V. – Bundesweiter Koordinierungskreis gegen Menschenhandel, Berlin

**Tenorth, Heinz-Elmar,** Dr. phil., Professor i.R. am Institut für Erziehungswissenschaften der Humboldt-Universität zu Berlin

**Termath, Jürgen,** Dipl.-Sozialarbeiter, Jugendamtsleiter der Stadt Eschweiler

**Tesch-Römer, Clemens,** Prof. Dr. habil., Privatdozent und Institutsleiter des Deutschen Zentrums für Altersfragen, Berlin

**Teske, Wolfgang,** Dr. jur., Kaufmännischer Vorstand des Diakonischen Werkes Evangelischer Kirchen in Mitteldeutschland e.V., Halle

**Thaiss, Heidrun M.,** Dr. med., Bundeszentrale für gesundheitliche Aufklärung, Leiterin, Köln

**Thie, Johanna,** Arbeitsfeld Hilfen für Frauen, Diakonisches Werk der Evangelischen Kirche in Deutschland, Berlin

**Thiel, Wolfgang,** Soziologe, wissenschaftlicher Mitarbeiter und stellvertretender Geschäftsführer der Nationalen Kontakt- und Informationsstelle zur Anregung und Unterstützung von Selbsthilfegruppen (NAKOS), Berlin

**Thies, Reinhard,** Geschäftsführer Wohnbau Gießen GmbH, Gießen

**Thimmel, Andreas,** Dr. phil., Professor für Wissenschaft der Sozialen Arbeit, Leiter des Forschungsschwerpunktes Non-formale Bildung an der Technischen Hochschule Köln

**Thole, Werner,** Prof. Dr. phil. habil., Hochschullehrer für Erziehungswissenschaft, Schwerpunkt Soziale Arbeit und außerschulische Bildung am Fachbereich Humanwissenschaften der Universität Kassel

**Thoß, Elke,** Diplomsoziologin, Dozentin an der Hochschule Luzern, Beraterin zu internationalen Fragen sexueller und reproduktiver Gesundheit und Rechte

**Tiefel, Sandra,** Dr., Wissenschaftliche Mitarbeiterin Otto-von-Guericke-Universität Magdeburg, Institut 1: Bildung, Beruf, Medien, Magdeburg

**Tießler-Marenda, Elke,** Dr., Juristin, Referentin beim Deutschen Caritasverband im Referat Migration und Integration, Freiburg i.Br.

**Tietz, Claudia,** Referentin, Sozialverband Deutschland SoVD, Berlin

**Tilemann, Friederike,** Prof., Erziehungswissenschaftlerin, Dozentin für Medienbildung, Leiterin des Fachbereichs Medienbildung an der Pädagogischen Hochschule Zürich

**Timm, Gerhard,** Dr., Geschäftsführer der Bundesarbeitsgemeinschaft der Freien Wohlfahrtspflege Berlin

**Timpe, Kai-Raphael,** Geschäftsführer des Berufs- und Fachverbandes Heilpädagogik (BHP) e.V., Berlin

**Titz, Klaus-Jürgen,** Dipl.-Sozialpädagoge, Wissenschaftlicher Referent im Deutschen Verein für öffentliche und private Fürsorge e.V., Berlin

**Tolmein, Oliver,** Dr. jur., Rechtsanwalt in der Kanzlei Menschen und Rechte, Journalist, Hamburg

**Torrejón, José,** Dipl.-Sozialpädagoge, Referent der Bundesarbeitsgemeinschaft Katholische Jugendsozialarbeit (BAG KJS) e.V., Bundestutor Jugendmigrationsdienste, Berlin

**Trüe, Christiane,** Prof. Dr., Professur für öffentliches Recht, Hochschule Bremen

**Tschöpe-Scheffler, Sigrid,** Prof. Dr., Erziehungswissenschaftlerin, Technische Hochschule Köln, Fakultät für Angewandte Sozialwissenschaften, Institut für Kindheit, Jugend und Familie

**Udsching, Peter,** Prof. Dr., Vorsitzender Richter am Bundessozialgericht a.D., Kassel

**Ullrich, Sabine,** ehemalige Geschäftsführerin der Bundesstiftung „Mutter und Kind – Schutz des ungeborenen Lebens" im Bundesministerium für Familie, Senioren, Frauen und Jugend, Berlin

**van Santen, Eric,** Dr., Dipl.-Soziologe, Grundsatzreferent beim Deutschen Jugendinstitut e.V., München

**Verrel, Torsten,** Dr., Professor am Kriminologischen Seminar der Rheinischen Friedrich-Wilhelms-Universität Bonn

**Vilz, Uwe,** Krankenpfleger, Dipl.-Pflegewirt FH, Geschäftsführer der Mainzer Hospizgesellschaft

**Vogel, Helmut,** Präsident des Deutschen Gehörlosen-Bundes e.V., Berlin

**Vogt, Claire,** Juristische Referentin, Deutscher Caritasverband e.V., Referat Koordination Sozialpolitik, Freiburg

**Voigt, Bert,** Dr. rer. pol., Dipl.-Soziologe, Trainer für Gruppendynamik und Berater für Organisationsentwicklung, München

**Völkel, Petra,** Dr., Professorin für Entwicklungspsychologie, klinische Psychologie und Elementarpädagogik, Prorektorin der Evangelischen Fachhochschule Berlin

**Vomberg, Wolfgang,** Rechtsanwalt und Notar, Frankfurt am Main

**Vorberger, Stefanie,** Wissenschaftliche Referentin im Deutschen Verein für öffentliche und private Fürsorge e.V., Berlin

**Vorholz, Irene,** Dr., Beigeordnete für Soziales und Arbeit beim Deutschen Landkreistag, Berlin

**Vortkamp, Thomas,** Dipl.-Kaufmann, Geschäftsführer Katholischer Krankenhausverband Deutschlands e.V. (KKVD), Freiburg i.Br.

**Vosseler, Birgit,** Prof. Dr., Pflegewissenschaftlerin, Studiengangsleitung Pflegepädagogik, Hochschule Ravensburg-Weingarten, Fakultät Soziale Arbeit, Gesundheit und Pflege

**Wächter, Franziska,** Prof. Dr., Professur für Soziologie und Empirische Sozialforschung, Evangelische Hochschule Dresden

**Wagner, Britta,** Dr. rer. pol., Beraterin bei xit GmbH forschen. planen. beraten, Nürnberg

**Wagner, Gert G.,** Professor für empirische Wirtschaftsforschung und Wirtschaftspolitik an der TU Berlin, Vorstandsmitglied des DIW Berlin und Max-Planck-Fellow am MPI für Bildungsforschung in Berlin, Vorsitzender des Sozialbeirats der Bundesregierung

**Wagner, Michael,** Prof. Dr., Lehrstuhl für Soziologie an der Wirtschafts- und Sozialwissenschaftlichen Fakultät der Universität zu Köln

**Walber, Markus,** Dr. phil., Fakultät für Erziehungswissenschaft - AG 6 Weiterbildung und Governance of Lifelong Learning, Universität Bielefeld

**Walter, Uta M.,** Prof. Dr., Alice Salomon Hochschule Berlin

**Walwei, Ulrich,** Dr. rer. pol., Institutsleiter am Institut für Arbeitsmarkt- und Berufsforschung der Bundesagentur für Arbeit, Professor und Vizedirektor, Nürnberg

**Waschull, Dirk,** Prof. Dr. jur., Professor am Fachbereich Sozialwesen der Fachhochschule Münster

**Wasem, Jürgen,** Dr., Dipl.-Volkswirt, Professor für Medizinmanagement an der Universität Duisburg-Essen

**Wegner, Martina,** Prof. Dr., Professur für die Organisation von Zukunftsdiskursen, Fakultät für Angewandte Sozialwissenschaften, Hochschule München

**Weichold, Karina,** PD Dr. phil., Leitung der Professur für Psychologie und des Lehrstuhls für Entwicklungspsychologie, Friedrich-Schiller Universität Jena

**Weinbach, Heike,** Dr., Philosophin, Mediatorin, Gestaltpädagogin, freiberufliche Trainerin für Social Justice und Diversity, Argumentieren und Mediation, Lehrbeauftragte an der Alice Salomon Hochschule Berlin

**Weinkopf, Claudia,** Dr., Institut Arbeit und Qualifikation/Universität Duisburg-Essen, Stellvertretende Geschäftsführende Direktorin, Duisburg

**Weis, Christian,** Grundlagenreferent Deutscher Bundesjugendring, Berlin

**Weiser, Sigrid,** Dipl.-Soziologin, wissenschaftliche Referentin beim Bundesverband der pro familia – Deutsche Gesellschaft für Familienplanung, Sexualpädagogik und Sexualberatung e.V., Frankfurt am Main

**Welke, Antje,** Leiterin der Abteilung Konzepte und Recht, Bundesvereinigung Lebenshilfe, Berlin

**Welti, Felix,** Dr. jur., Professor für Sozial- und Gesundheitsrecht, Recht der Rehabilitation und Behinderung, Universität Kassel, Institut für Sozialwesen

**Wember, Franz B.,** Dr. päd., Professor für Rehabilitation und Pädagogik bei Lernbehinderungen an der Rehabilitationswissenschaftlichen Fakultät der Technischen Universität Dortmund

**Wende, Lutz,** M.A. Soziologie, wissenschaftlicher Mitarbeiter in diversen Forschungsprojekten, freiberuflicher Berater und Organisationsentwickler, Alfter-Witterschlick

**Wendt, Wolf Rainer,** Prof. Dr. phil. Dipl.-Psychologe, Vorsitzender der Deutschen Gesellschaft für Care und Case Management (DGCC), Stuttgart

**Weritz-Hanf, Petra,** Dipl.-Psychologin, Ärztin für Neurologie und Psychiatrie, Sozialmedizin, Ministerialrätin, Referatsleiterin „Gesundheit im Alter, Hilfen bei Demenz“ im Bundesministerium für Familie, Senioren, Frauen und Jugend, Bonn

**Werner, Walter,** Stadtsoziologe und Sozialplaner, Gründungsvorsitzender des VSOP, Planungsberater bei öffentlichen, freien Trägern und Initiativen, Mannheim

**Weth, Hans-Ulrich,** em. Professor für Recht und Verwaltung an der Ev. Hochschule Ludwigsburg

**Weyrich, Karl-Heinz,** Wissenschaftlicher Mitarbeiter im Sozialreferat München

**Wicke, Hans-Georg,** Dipl.-Sozialwissenschaftler, Leiter von JUGEND für Europa – Nationale Agentur für das EU Programm Erasmus + JUGEND IN AKTION, Bonn

**Wiebels, Katharina,** Assessorin jur., Leiterin der Geschäftsstelle Deutsche Gesellschaft für Kinder- und Jugendpsychiatrie, Psychosomatik und Psychotherapie, Berlin

**Wieland, Thorsten,** Abteilungsleiter Grundsatz und Recht, Jobcenter Stuttgart

**Wieler, Joachim,** Prof. em. Dr. phil., Dipl.-Sozialarbeiter (FH), Master of Social Work, Supervisor (DGSv), Weimar

**Wienberg, Christian,** Vorsitzender der Europäischen Arbeitsgemeinschaft der älteren Generation (EURAG), Hamburg

**Wieners, Karin,** Politik- und Gesundheitswissenschaftlerin, Referentin Koordinierungsstelle S.I.G.N.A.L. e.V., Berlin

**Wiesner, Reinhard,** Prof. Dr. jur., Dr. h.c., Ministerialrat a.D. im Bundesministerium für Familie, Senioren, Frauen und Jugend, Berlin

**Wilhelm, Oliver,** Prof. Dr., Professor an der Universität Ulm

**Wilke, Burkhard,** Geschäftsführer und wissenschaftlicher Leiter, Deutsches Zentralinstitut für soziale Fragen, Stiftung bürgerlichen Rechts, Berlin

**Wilkoszewski, Harald,** Dr., Max-Planck-Institut für demografische Forschung/Population Europe, Leiter des Informationszentrums und Brüsseler Büros

**Wingenfeld, Klaus,** Dr. PH, wissenschaftlicher Geschäftsführer des Instituts für Pflegewissenschaft an der Universität Bielefeld

**Winkelmann, Petra,** Dipl.-Pädagogin, Referentin, Sozialdienst katholischer Frauen, Gesamtverein e.V., Dortmund

**Winkler, Jürgen,** Prof. Dr., Professor für Sozialrecht, Katholische Hochschule Freiburg

**Wittler, Lutz,** Jobcenter Arbeit plus Bielefeld, z.Zt. abgeordnet zum Bundesministerium für Arbeit und Soziales Berlin, Referent bei Fortbildungsveranstaltungen zum Leistungsrecht nach dem SGB II

**Wolf, Klaus,** Professor für Sozialpädagogik an der Universität Siegen

**Wolff, Reinhart,** Dr., Professor i.R. an der Alice Salomon Hochschule Berlin, Vorstandssprecher des Kronberger Kreises für Dialogische Qualitätsentwicklung e.V.

**Wölfle, Ilka,** LL.M., Referentin der Deutschen Gesetzlichen Unfallversicherung in der Europavertretung der Deutschen Sozialversicherung, Brüssel

**Worseck, Thomas,** Dipl.-Sozialökonom, Dipl.-Wirtschafts- und Arbeitsjurist, Geschäftsführer Gehörlosenverband Hamburg e.V. und Bundesreferent Arbeit beim Deutschen Gehörlosen-Bund e.V., Berlin

**Wössner, Ulrike,** Referentin der Abteilung Soziales und Gesundheit, Referat Sozialraum, Engagement, Besondere Lebenslagen beim Deutschen Caritasverband, Freiburg i.Br.

**Wrackmeyer-Schoene, Antje,** Dr., Richterin am Sozialgericht Dessau-Roßlau

**Wurtzbacher, Jens,** Dr., Dipl.-Soziologe, Dipl.-Sozialpädagoge, Professor für Sozialpolitik an der Katholischen Hochschule für Sozialwesen, Berlin

**Wüsten, Barbara,** Referatsleiterin Opferrechte, Internationales und Ehrenamt, Weisser Ring e.V., Mainz

**Zacher, Johannes,** Dr., Professor für Sozialwirtschaft an der Fakultät Soziales und Gesundheit der Hochschule Kempten

**Zeller, Birgit,** Leiterin des Landesjugendamtes Rheinland-Pfalz, Mainz

**Zimmer-Hegmann, Ralf,** ILS – Institut für Landes- und Stadtentwicklungsforschung gGmbH, Dortmund

**Zindel, Gerhard,** Sozialversicherung für Landwirtschaft, Forsten und Gartenbau, Kassel

**Zink, Klaus J.,** Prof. Dr., Professor für Industriebetriebslehre und Arbeitswissenschaft an der Technischen Universität, Kaiserslautern

**Zitelmann, Maud,** Prof. Dr., Frankfurt University of Applied Sciences, Lehrgebiet: Pädagogik der Frühen Kindheit, Schwerpunkt Kinderschutz, Frankfurt am Main